湖北省学术著作出版专项资金资助项目

中国科举文化通志　主编　陈文新

明代科举与文学编年（下）

陈文新　何坤翁　赵伯陶　主撰

其他撰稿人　周勇　江俊伟　徐薇　韦芳玉　徐卓阳

武汉大学出版社

WUHAN UNIVERSITY PRESS

图书在版编目(CIP)数据

明代科举与文学编年：下/陈文新，何坤翁，赵伯陶主撰 . —武汉：武汉大
学出版社，2015.10
中国科举文化通志/陈文新主编
ISBN 978-7-307-16510-6

Ⅰ.明…　Ⅱ.①陈…　②何…　③赵…　Ⅲ.①科举制度—史料—中国—
明代　②中国文学—古典文学研究—明代　Ⅳ.①D691.3　②I206.2

中国版本图书馆 CIP 数据核字（2015）第 250202 号

责任编辑:李　琼　朱凌云　　责任校对:刘　欣　　版式设计:马　佳

出版发行:**武汉大学出版社**　（430072　武昌　珞珈山）
　　　　　（电子邮件: cbs22@ whu.edu.cn　网址: www.wdp.com.cn）
印刷:武汉中远印务有限公司
开本:787×1092　1/16　印张:66.75　字数:1457 千字　插页:4
版次:2015 年 10 月第 1 版　　2015 年 10 月第 1 次印刷
ISBN 978-7-307-16510-6　　定价:1380.00 元(全三册)

目 录

下

明世宗嘉靖三十八年己未（公元1559年）

正月

李舜臣（1499—1559）卒。李开先《大中大夫太仆寺卿愚谷李公合葬墓志铭》："愚谷于嘉靖己未正月八日长逝。据状，生于弘治己未九月十七日，甲子才一周耳。""愚谷名舜臣，字懋钦，一字梦虞，号愚谷。"乐安人，嘉靖癸未（1523）会元。"所著有《户部集》、《符台集》、《梦虞诗集》，而《五经字义》则成于闲居日。诗似枯削而有古意，文极精细而得古法。晚年尤刻苦，片纸数字亦不苟。余尝以书戏之曰：'君作原去皮存肉，去肉存筋；今则筋肉俱尽，而独存其骨矣！毕竟如画易卦而后已乎？'""余为文，窃愿效唐荆川明畅，熊南沙该博，王遵岩委曲，而简古则愚谷。愚谷但有作，必走使相示，甚至半篇亦来，急不待脱稿。生前既以文交，身后宜以文托也。欲步其简古体，以慰君地下，力不逮，况可兼唐、熊、王众体哉？"

二月

署詹事府事吏部右侍郎李玑、翰林学士严讷主会试，取蔡茂春等三百人。（据《明世宗实录》卷四百六十九。）《游艺塾续文规》卷四《了凡袁先生论文》："元美少年科第，举业文字跌荡不羁，其弟敬美识学兼至，中式墨卷'君子贞而不谅'，用二流水比浑融发意：'君子知天下之事有定理而无常用，故其应天下之事也，有真见而无成心。'次实讲二比甚工，句句不合掌。次又活讲二比：'其或信与正合则'云云，'抑或信与正违则'云云。再以'故'字收二比，末复用'何也'串发二比，与起后二比流水相应，意多而不复，词涌而有法。黄懋中'仲尼之徒'二句，亦只实讲二比，先把'仲尼之徒'提起，喝出题目：'孰谓仲尼之徒而有道桓文之事者乎？'此下亦先论三比：'盖桓文之在当时也，能雄视于诸侯，而不能取重乎圣人之名教；能主盟于中夏，而不能称述于有道之门墙。'然后实讲二大比，复用'故'字收二比。汤懋昭'比而得禽兽'二句，其格亦然。"

翰林院编修张春为侍读。（据《国榷》卷六十二）

衍圣公孔尚贤年幼，令入太学。（据《国榷》卷六十二）

三月

翰林检讨马一龙为南京国子司业。(据《国榷》卷六十二)

丁士美、毛惇元、林士章(1524—1600)等三百零三人进士及第、出身有差。是科未考选庶吉士。《明世宗实录》卷四百七十:嘉靖三十八年三月,丁亥,策试天下贡士。"《嘉靖三十八年进士登科录·玉音》:"(缺)荣禄大夫太子太保工部尚书欧阳必进,丁丑进士;资政大夫吏部尚书吴鹏,癸未进士;资善大夫户部尚书贾应春,癸未进士;资政大夫刑部尚书郑晓,癸未进士;资德大夫正治上卿太子少保都察院左都御史周延,癸未进士;通议大夫掌詹事府事吏部右侍郎兼翰林院学士李玑,乙未进士;通议大夫兵部左侍郎江东,己丑进士;嘉议大夫通政使司通政使李登云,乙未进士;嘉议大夫大理寺卿马森,乙未进士;中顺大夫太常寺少卿兼翰林院学士掌院事严讷,辛丑进士;中顺大夫太常寺少卿兼翰林院学士李春芳,丁未进士;中顺大夫太常寺少卿兼翰林院学士董份,辛丑进士;翰林院侍读学士奉训大夫秦鸣雷,甲辰进士;翰林院侍讲学士奉训大夫高拱,辛丑进士。提调官:荣禄大夫太子太保礼部尚书兼翰林院学士吴山,乙未进士;通议大夫太子宾客礼部左侍郎兼翰林院学士茅瓒,戊戌进士;通议大夫太子宾客礼部右侍郎兼翰林院学士袁炜,戊戌进士。监试官:文林郎江西道监察御史徐绅,辛丑进士;文林郎江西道监察御史姜继曾,癸丑进士。受卷官:奉训大夫右春坊右谕德兼翰林院侍读吴情,甲辰进士;奉训大夫司经局洗马兼翰林院侍讲裴宇,辛丑进士;承世郎户科都给事中赵锵,庚戌进士;从仕郎吏科右给事中郑茂,癸丑进士。弥封官:正议大夫资治尹工部左侍郎掌尚宝司事严世蕃,官生;通议大夫工部右侍郎张文宪,癸未进士;正议大夫资治尹鸿胪寺掌寺事通政使司通政使吴祖乾,官生;亚中大夫太仆寺卿王槐,生员;奉议大夫尚宝司卿徐养正,辛丑进士;奉议大夫光禄寺少卿李凤毛,庚戌进士;翰林院侍读张春,丁未进士;翰林院编修文林郎吕旻,癸丑进士;承事郎礼科都给事中蓝璧,丁未进士;承事郎兵科都给事中王文炳,癸丑进士;奉议大夫礼部主客清吏司郎中徐应丰,译字生;奉议大夫礼部主客清吏司郎中孙学思,儒士;承德郎大理寺右寺右寺正掌翰林院典籍事吴应凤,儒士;承德郎大理寺右寺右寺正协掌翰林院典籍事季芮,儒士。掌卷官:翰林院编修文林郎孙铤,癸丑进士;翰林院编修承事郎张四维,癸丑进士;翰林院检讨征仕郎吴可行,癸丑进士;从仕郎刑科左给事中王元春,庚戌进士;从仕郎工科右给事中刘畿,庚戌进士。巡绰官:特进光禄大夫柱国太保兼少傅掌锦衣卫事后军都督府左都督陆炳;特进光禄大夫太子太保锦衣卫管卫事后军都督府左都督朱希孝;特进荣禄大夫锦衣卫管卫事后军都督府右都督麦祥;镇国将军锦衣卫管卫事都指挥同知周京;昭勇将军锦衣卫管卫事指挥使刘鲸;昭勇将军锦衣卫管卫事指挥使许锡;昭勇将军锦衣卫管卫事指挥使万文明;昭勇将军锦衣卫管卫事指挥使高鹏;明远将军锦衣卫管卫事指挥佥事郭明廉;怀远将军金吾前卫指挥同知刘文;明威将军金吾后卫署指挥佥事李时。印卷官:承德郎礼部仪制清吏司署郎中事主事白启常,庚戌进士;承直郎礼部仪制清吏司署员外郎事主事徐文沔，丁未进士；承直郎礼部仪制清吏司主事沈绍庆，庚戌进士；承直郎礼部仪制清吏司主事胡士彦，癸丑进士。供给官：奉议大夫光禄寺少卿盛汝谦，辛丑进士；奉议大夫光禄寺少卿刘秉仁，丁未进士；儒林郎光禄寺寺丞刘逢恺，辛丑进士；承务郎光禄寺寺丞徐应，庚戌进士；登仕佐郎礼部司务吴嵩，甲午进士；奉议大夫礼部精膳清吏司郎中况叔祺，庚戌进士；承德郎礼部精膳清吏司署员外郎事主事余田，庚戌进士；承直郎礼部精膳清吏司主事何全，癸丑进士。"《嘉靖三十八年进士登科录·恩荣次第》："嘉靖三十八年三月十五日早，诸贡士赴内府殿试，上御大朝门亲赐策问，三月十八日早，文武百官朝服侍班。是日，锦衣卫设卤簿于丹墀内，上御大朝门，鸿胪寺官传制唱名，礼部官捧皇榜，鼓乐导引出长安左门外，张挂毕，顺天府官用伞盖仪从送状元归第。三月十九日，赐宴于礼部，宴毕，赴鸿胪寺习仪。三月二十一日，赐状元朝服冠带及进士宝钞。三月二十二日，状元率诸进士上表谢恩。三月二十三日，状元率诸进士诣先师孔子庙行释菜礼，礼部奏请命工部于国子监立石题名。"《弇山堂别集》卷八十三《科试考三》："己未，命吏侍郎兼翰林学士掌詹事府事李机（玑）、太常寺少卿兼翰林院学士掌院事严讷为考试官，取中蔡茂春等。廷试，赐丁士美、毛惇元、林士章及第。"《松窗梦语》卷五："世宗朝骆太常者，浙之永嘉人也。与故相张文忠同邑里，精堪舆术。张时已举于乡，将上春官，邀骆祖茔登览。骆一望诧曰：'此地十年当出宰辅。'乃辅张背曰：'惜公之齿长已，尚未登第，何能应之？'次年，张成进士，任南部郎，以议献庙礼称上意，乃召入，不次擢用。六年之间，晋陟宰辅，因荐骆于世皇。令卜宫，即今永陵，骆所卜也。骆官止太常少卿，用其术而不显其官，张之意念深矣。后骆自北来归，将至清河，睹山峦秀拔，指示舆人绕山而行，登山麓一冢，云：'此中大有佳处。'询为谁氏墓，士人曰：'丁秀士父茔也。家贫无依，墓傍之庐，即其居矣。'骆造庐请见，语之曰：'来岁大魁，属之君矣。'即如所言。丁名士美，己未状元，官至亚卿。夫丁以寒士起家，何所营求，亦会逢其适耳。"

据《嘉靖三十八年进士登科录》，第一甲三名，赐进士及第。履历如下：

丁士美，贯直隶淮安府清河县，民籍，国子生，治《易经》。子邦彦，行一，年三十九，三月初七日生。曾祖进。祖凤。父儒。母仲氏。严侍下。弟士良。娶周氏，继娶李氏。应天府乡试第十九名，会试第二百六十七名。

毛惇元，贯浙江绍兴府余姚县，民籍，国子生，治《春秋》。字裕仁，行十一，年三十五，四月初五日生。曾祖杰，进士赠刑部主事。祖宪，按察司副使。父文炳，顺天府治中。母周氏，封安人。慈侍下。兄绍元，布政司参政；茂元；坤元；景元；宗元；士元；赞元；子翼，贡士；京元，监生。娶杨氏。浙江乡试第三十七名，会试第三名。

林士章，贯福建漳州府漳浦县，军籍，府学生，治《诗经》。字德斐，行七，年三十六，十一月三十日生。曾祖敦硕。祖辣。父烽。母蔡氏。具庆下。兄德宁；楚，贡士；德宪；德灿；德乔；德标。弟德师；士弘，贡士。娶柳氏。福建乡试第五十五名，会试第七十二名。

据《嘉靖三十八年进士登科录》，第二甲八十五名，赐进士出身。履历如下：

陆光祚，贯锦衣卫官籍，浙江嘉兴府平湖县人，国子生，治《书经》。子与培，行三，年三十一，五月初七日生。曾祖鋹，知县累赠都察院右副都御史。祖淞，南京光禄寺卿赠都察院右副都御史。父概。母张氏。永感下。兄梦韩，工部主事；美；光祖，南京礼部郎中；光裕，贡士。弟光儒；光伦；经，锦衣卫指挥使；光弼，官生；光宅；绪，锦衣卫指挥使；光畿，官生；绎，锦衣卫千户。娶朱氏。顺天府乡试第三名，会试第一百四十三名。

何子寿，贯锦衣卫衣中所，官籍，国子生，治《春秋》。字康伯，行一，年三十二，十月初十日生。曾祖玉。祖完。父濂，副千户。前母郭氏，母查氏，继母任氏。具庆下。弟子颖，百户。娶杜氏。顺天府乡试第十名，会试第一百七十四名。

王湜，贯江西南昌府新建县民籍，浙江台州府临海县人，县学附学生，治《诗经》。字定甫，行三，年三十一，九月初十日生。曾祖允寿，仪宾，封中奉大夫。祖朝卿，进士。父谏，府通判。母康氏，继母徐氏。永感下。兄淑，同科进士。弟澍。娶陈氏。江西乡试第八十五名，会试第二百二十名。

蔡茂春，贯顺天府三河县民籍，福建福州府闽县人，国子生，治《诗经》。子元卿，行一，年三十四，十二月二十四日生。曾祖振。祖进。父义，所吏目。母林氏。具庆下。弟华春、芳春、蕃春，取章氏。顺天府乡试第二十名，会试第一名。

吴椿，贯江西南昌府新建县，民籍，县学生，治《诗经》。字寿卿，行二，年三十五，二月十三日生。曾祖玉。祖凤。父必遂。母李氏。永感下。兄相。娶熊氏。江西乡试第八名，会试第五十八名。

张烈，贯直隶松江府华亭县，民籍，府学附学生，治《书经》。字明建，行一，年三十，九月二十八日生。曾祖汴，七品散官。祖松，知州。父元昌。母李氏。重庆下。兄震伯。弟绍祖、缵祖、缉祖、士光、勋煦。娶朱氏。应天府乡试第二名，会试第四名。

黄宏宇，贯太医院籍，广东琼州府琼山县人，国子生，治《诗经》。字震祥，行一，年三十六，二月二十八日生。曾祖遂。祖通，赠刑部主事。父显，按察司副使。母林氏。具庆下。弟弘宙；弘宪，贡士；弘寅；弘宾；弘宸；弘宬；弘寰。娶冯氏。顺天府乡试第一百二十五名，会试第四十名。

朱奎，贯江西南昌府南昌县，匠籍，国子生，治《诗经》。字季文，行四，年三十八，正月十一日生。曾祖邦彦。祖质。父华。前母曾氏，母吴氏。永感下。兄烨，炳、炜。弟燠、李中。娶黄氏，继娶涂氏、李氏。江西乡试第八十二名，会试第五十二名。

毛为光，贯浙江宁波府鄞县，民籍，国子生，治《易经》。子龙伯，行六十三，年三十，十一月二十七日生。曾祖习。祖绅，典膳。父干。母屠氏，继母王氏。重庆下。弟步光、礽光。娶陆氏。浙江乡试第二十六名，会试第一百六十七名。

林澄源，贯福建兴化府莆田县，军籍，县学生，治《书经》。字仲源，行二，年二十四，十二月二十七日生。曾祖藟。祖少陵。父师道。母徐氏。具庆下。兄澜、逢源。弟漳、达源、洙、泳源、潮、潍。娶陈氏。福建乡试第二十五名，会试第六十五名。

陈懋兴，贯福建福州府侯官县，民籍，福清县人，县学增广生，治《诗经》。字德甫，行三，年二十三，八月十七日生。曾祖文珏。祖敷。父迁。母林氏。具庆下。兄宾兴、复兴。弟士兴。娶谢氏。福建乡试第十五名，会试第四十四名。

黄翼，贯湖广长沙卫官籍，直隶无为州人，国子生，治《易经》。字子南，行四，年三十二，四月十七日生。曾祖忠，正千户。祖虎，正千户。父恩，指挥佥事。母谢氏。具庆下。兄宗，指挥佥事；斗胃。弟轸、璧。娶刘氏。湖广乡试第三十一名，会试第四十七名。

张祥鸢，贯直隶镇江府金坛县，军籍，国子生，治《书经》。字道卿，行七。年三十五，十一月十九日生。曾祖昶。祖鹏。父楫。母孙氏。具庆下。兄祥鲤、祥熊、祥鲛。弟祥凫，监生；祥辉；祥鸾；祥廉。娶虞氏。应天府乡试第七十名，会试第二百二名。

吴绍，贯浙江嘉兴府嘉兴县，民籍，秀水县人，国子生，治《书经》。子汝复，行三，年二十四，十一月二十九日生。曾祖昭，赠资政大夫吏部尚书。祖方，赠资政大夫吏部尚书。父鹏，吏部尚书。母戴氏，封夫人。具庆下。兄继，后军都督府都事；续；缉，中书舍人。弟绅，监生；经；纶；缵；绪；绥。娶郁氏，继娶顾氏。顺天府乡试第三名，会试第二百二十五名。

张仲谦，贯直隶松江府上海县，民籍，华亭县人，国子生，治《诗经》。字士益，行二，年三十二，正月十九日生。曾祖㵎，州判官。祖岊，府通判。父朝封。母王氏。重庆下。兄震伯。弟观叔、仲颐、仲升、季履。娶顾氏。应天府乡试第一百十名，会试第二十四名。

李纪，贯直隶凤阳府泗州，民籍，国子生，治《书经》。字邦陈，行四，年三十八，正月二十三日生。曾祖文春。祖彦华。父忠。母刘氏。永感下。兄经、纶、纲。弟纬、缙、绅、纯、缟、绶、绍、绘。娶纪氏，继娶董氏。应天府乡试第三十九名，会试第二十一名。

沈启原，贯浙江嘉兴府秀水县，民籍，嘉善县人，国子生，治《书经》。字道卿，行一，年三十一，正月十二日生。曾祖度，七品散官。祖复，封刑科给事中。父谧，布政司右参议。前母盛氏，赠孺人；母盛氏，封孺人。慈侍下。弟启南，监生。娶钱氏。浙江乡试第七十一名，会试第五十七名。

蔡万，贯福建泉州府晋江县，民籍，国子生，治《易经》。字一之，行一，年三十五，正月初五日生。曾祖添和。祖曦。父天礼。母王氏，继母吴氏。严侍下。弟汪、宠。娶林氏。福建乡试第六十二名，会试第九十名。

陈应麟，贯锦衣卫校籍，浙江宁波府鄞县人，国子生，治《诗经》。字子仁，行二，年二十五，七月十五日生。曾祖童。祖情。父鉴。母郝氏。慈侍下。兄应凤。娶黄氏。顺天府乡试第八十八名，会试第八十七名。

包汴，贯浙江嘉兴府嘉兴县，民籍，岁贡生，治《书经》。字元京，行十四，年四十一，七月二十四日生。曾祖俊，封礼部郎中。祖鼎，知府进阶亚中大夫。父凭。母袁氏。永感下。兄洪，贡士；浩；泳，遇例冠带；濂；汉；节，御史；深；溱；孝，御史。弟法、泽、溥、浙。娶张氏。顺天府乡试第六名，会试第一百六十六名。

达其道，贯直隶顺德府任县，匠籍，县学生，治《诗经》。字行甫，行一，年三十，九月初九日生。曾祖山。祖志义。父臣。母陈氏。具庆下。弟渊，贡士。娶骆氏。顺天府乡试第一名，会试第一百三十八名。

陈觐，贯浙江绍兴府余姚县，民籍，国子生，治《礼记》。字忠甫，行三十八，年三十九，九月初六日生。曾祖雷，封府同知加赠布政司左参政。祖廷敬，州判官累赠布政司左参政。父焕，光禄寺卿。母胡氏，累封淑人。慈侍下。兄陛；墇，按察司副使；升，左春坊左谕德兼翰林院侍读。弟墅。娶谢氏，继娶毛氏。顺天府乡试第十四名，会试第二百五十七名。

陆相儒，贯浙江嘉兴府嘉兴县，民籍，国子生，治《书经》。字大行，行一，年三十五，二月十二日生。曾祖阜。祖璧，遇例冠带。父潘。母姚氏。具庆下。弟相卿、相才、相圣。娶顾氏，继娶吴氏。浙江乡试第五十一名，会试第二百四十八名。

王元敬，贯浙江绍兴府山阴县，民籍，国子生，治《易经》。字廷臣，行十一，年三十五，九月二十五日生。曾祖璋。祖暐。父硕。母张氏。永感下。兄元春，刑科左给事中；元德。弟元吉。娶毛氏。浙江乡试第二十一名，会试第一百九十九名。

程学博，贯湖广德安府孝感县，军籍，国子生，治《春秋》。字近约，行二，年二十八，三月初二日生。曾祖常。祖昇。父穆。前母余氏，母周氏。具庆下。兄学颜，应天府推官；学曾；学思；学夒。弟学问、学辨、学契、学行、学古、学大。娶汤氏。湖广乡试第二十五名，会试第二百二名。

张光汉，贯河南彰德府磁州武安县，民籍，县学生，治《春秋》。字为章，行七，年三十八，六月十三日生，曾祖柏，仓副使。祖玑，县丞。父儆。母李氏。具庆下。兄时举、时用、时盛、时可、光字、光学。弟时礼、光治、光泮、时和、时勤、时兴、时旺。娶温氏。河南乡试第三十八名，会试第二百五十五名。

刘一儒，贯湖广荆州府夷陵州，民籍，州学生，治《诗经》。字学孔，行一，年二十三，正月十四日生。曾祖允清。祖汉。父大宾，岁贡生。母秦氏。重庆下。弟一卿、一相。娶张氏。湖广乡试第八十七名，会试第五十四名。

陶幼学，贯浙江绍兴府会稽县，民籍，国子生，治《易经》。字子行，行十，年三十五，六月初十日生。曾祖愫。祖试，训导。父廷奎，武学训导封监察御史。母商氏，封孺人。具庆下。兄大有，知府；惟学；大年，布政司参议；承学，知府。弟大顺，贡士；大临，编修；勉学；来学；时学；典学；永学；本学；古学。娶章氏。浙江乡试第二十三名，会试第一百五十三名。

吕鸣珂，贯锦衣卫官籍，浙江处州府丽水县人，顺天府学生，治《书经》。字声甫，行二，年三十，二月初一日生。曾祖璧，赠怀远将军。祖文英，封怀远将军锦衣卫指挥同知。父升，州同知。前母陈氏，赠孺人；母王氏，封孺人。具庆下。兄鸣岐、鸣场。弟鸣珮，文思院副使。娶王氏。顺天府乡试第四十四名，会试第一百九十四名。

邵畯，贯浙江绍兴府余姚县，民籍，国子生，治《书经》。字子喜，行六，年三十四，七月初一日生。曾祖礼，知县。祖孟甫。父丕，府经历。母陈氏。永感下。兄畴；稷，监察御史；漳，布政司参议；油；滠；型，贡士。弟冻；远，贡士；涟；堪，贡士。娶赵氏。浙江乡试第三名，会试第一百十二名，

程道东，贯直隶徽州府歙县，民籍，国子生，治《诗经》。字明吾，行一，年三十，八月初五日生。曾祖元膺。祖琇。父镰。母许氏。具庆下。弟道南。娶胡氏。应天府乡试第五十一名，会试第十六名。

蔡国熙，贯直隶广平府永年县，匠籍，府学生，治《书经》。字梦羲，行一，年二十八，三月十九日生。曾祖智。祖芳。父廷光。母李氏。重庆下。弟国相、国宾。娶郭氏。顺天府乡试第三十四名，会试第三十六名。

曹一凤，贯山东青州府安丘县，民籍，县学增广生，治《书经》。字伯仪，行三，年三十六，十一月二十七日生。曾祖腾，岁贡生。祖光汉，岁贡生。父汝勤，岁贡生。母王氏。重庆下。兄一麒；一麟，进士。弟一鹤、一鲸、一豸、一鹄。娶周氏。山东乡试第六十六名，会试第一百名。

陈成甫，贯浙江绍兴府余姚县，军籍，国子生。治《礼记》。字光韶，行八，年三十九，二月初六日生。曾祖杞宗。祖仕律。父琏。嫡母周氏，生母庄氏。严侍下。弟成岳。娶冯氏。浙江乡试第七十五名，会试第三十名。

林奇迪，贯福建兴化府莆田县，民籍，府学增广生，治《书经》。字敏教，行二，年三十二，六月十八日生。曾祖樟，府通判。祖燠。父绍休。前母郑氏、朱氏，母郭氏。慈侍下。兄化。娶张氏。福建乡试第八名，会试第五十一名。

张桥，贯云南右卫官籍，浙江嘉兴府嘉兴县人，国子生，治《书经》。字衡如，行一，年三十六，正月初一日生。曾祖庆。祖懽。父纪，右长史。母钱氏。慈侍下。弟梓、栋、朴。娶郭氏。云南乡试第二十六名，会试第一百八十名。

郭孝，贯浙江杭州府仁和县，匠籍，县学生，治《易经》。字可忠，行一，年三十三，八月十六日生。曾祖宗信，府通判。祖廷赞。父世贤。母郑氏，继母杨氏。具庆下。弟学、厚。娶贾氏，继娶江氏。浙江乡试第四十四名，会试第四十五名。

夷贞吉，贯江西南昌府南昌县，民籍，县学生，治《诗经》。字孔安，行二，年三十，七月十五日生。曾祖太学。祖正民。父永昌。母王氏。具庆下。兄迪吉、谦吉。弟元吉、倄吉。娶彭氏。江西乡试第九名，会试第一百七十二名。

栗魁周，贯山西泽州阳城县，民籍，国子生，治《易经》。字汝元，行一，年三十五，十二月初九日生。曾祖春，县丞。祖坤。父钺。母武氏。严侍下。弟用周。娶郭氏。山西乡试第三十六名，会试第三十一名。

尹儒，贯湖广德安府随州，民籍，国子生，治《诗经》。字子珍，行一，年三十八，十二月初七日生。曾祖龙。祖瑄。父昶。母姚氏。永感下。娶谭氏。湖广乡试第二十八名，会试第九十九名。

桂枝扬，贯江西九江府德安县，民籍，府学生，治《诗经》。字孟远，行四，年二

十九，正月二十三日生。曾祖瑄，县丞。祖廷璧。父枢，监生。嫡母孙氏，生母余氏。具庆下。弟枝振、枝拱、枝挥、枝挺。娶曾氏。江西乡试第二十一名，会试第七十名。

杨吉，贯陕西延安府肤施县，民籍，国子生，治《书经》。字梦龙，行三，年三十四，四月十七日生。曾祖春。祖威，蜀府教授赠户部郎中。父本深，监察御史。前母甄氏，赠孺人；母忽氏，封孺人。慈侍下。兄知唯。弟兆，工部主事；栗。娶刘氏。陕西乡试第四名，会试第二百二十一名。

钱镇，贯浙江湖州府乌程县，民籍，府学生，治《书经》。字守中，行二，年四十三，五月初三日生。曾祖让。祖玢。父玉。母吴氏。永感下。兄钦。弟锡，贡士。娶茅氏。浙江乡试第八十六名，会试第十一名。

曾同亨，贯江西吉安府吉水县，民籍，县学生，治《书经》。字于野，行五，年二十七，二月二十五日生。曾祖克绍。祖伯崇，封礼部郎中。父存仁，左布政使。母罗氏，封孺人。慈侍下。兄璘。弟珙；乾亨，贡士；复亨。娶刘氏。江西乡试第八名，会试第二百三十六名。

孙诏，贯浙江嘉兴府嘉兴县，民籍，县学生，治《书经》。字朝宣，行一，年三十五，五月二十一日生。曾祖明。祖江。父能。母李氏。具庆下。弟应科。娶钟氏，继娶俞氏。浙江乡试第七十一名，会试第二百七十五名。

林奇材，贯福建泉州府晋江县，民籍，国子生，治《易经》。字济卿，行一，年三十九，正月十八日生。曾祖琛。祖镜。父瀚。母郭氏。具庆下。弟奇梧、奇楠、奇梓、奇杓。娶庄氏。福建乡试第二十八名，会试第二名。

汪如海，贯直隶徽州府黟县，民籍，县学生，治《易经》。字汝会，行五，年三十三，十一月初九日生。曾祖璇，工部郎中。祖沂。父大亨。母胡氏。永感下。兄如水；朝京，贡士。弟朝元、如川、如澜、如山。娶张氏。应天府乡试第七十五名，会试第二十三名。

周汝德，贯江西南昌府丰城县，军籍，县学生，治《书经》。字时敬，行六，年三十二，九月二十四日生。曾祖叔坤。祖曰琼。父伯通。母萧氏。慈侍下。兄汝登。弟汝哲。娶吴氏。江西乡试第五十二名，会试第二百九十八名。

皮豹，贯应天府上元县，民籍，江西南昌府丰城县人，国子生，治《易经》。字文蔚，行一，年三十六，十月二十日生。曾祖福应。祖笃。父杰，州判官。母胡氏。永感下。弟豸、狲。娶朱氏。应天府乡试第九十名，会试第一百二名。

刘大受，贯顺天府霸州大城县，民籍，县学生，治《书经》。字子可，行一，年三十三，十二月初七日生。曾祖振。祖德。父钺，巡检。嫡母李氏，生母徐氏。慈侍下。娶陈氏，继娶周氏。顺天府乡试第三十一名，会试第一百八十九名。

郭廷臣，贯江西南昌府南昌县，民籍，国子生，治《诗经》。字良佐，行三，年三十四，十月十八日生。曾祖居礼。祖德昌，七品散官。父希清。嫡母李氏，生母曾氏。慈侍下。弟廷望、廷翰、廷藩。娶李氏。江西乡试第九十三名，会试第一百五十八名。

范燧，贯陕西西安府同州郃阳县，军籍，县学生，治《诗经》。字以木，行一，年三十五，八月十九日生。曾祖锦。祖廷臣。父栋。母韩氏。重庆下。弟灼。娶王氏。陕西乡试第二十五名，会试第五十六名。

沈奎，贯直隶常州府江阴县，民籍，国子生，治《书经》。字文叔，行二，年三十五，九月二十六日生。曾祖信。祖厚。父元。母袁氏。慈侍下。兄问，省祭官。娶吴氏。应天府乡试第九十三名，会试第一百四十名。

刘大遗，贯福建泉州府晋江县，军籍，儒士，治《易经》。字廷植，行一，年二十七，七月二十九日生。曾祖鸿。祖腾，典史。父万。母童氏。永感下。兄廷宾。娶林氏。福建乡试第四十一名，会试第九名。

李学礼，贯直隶凤阳府颍州，民籍，府学生，治《易经》。字子立，行二，年三十一，十二月初八日生。曾祖宣。祖玉。父臣。母张氏。慈侍下。兄学诗。弟学易。娶蔡氏。应天府乡试第九十八名，会试第一百二十三名。

周聚星，贯浙江金华府永康县，民籍，县学增广生，治《书经》。字文卿，行一百九，年三十二，三月初十日生。曾祖仲悌。祖莹。父钟。母王氏。重庆下。弟聚璧、聚昂、聚翼。娶王氏。浙江乡试第三十八名，会试第二百六名。

王蔚，贯浙江处州府丽水县，民籍，县学增广生，治《易经》。字德孚，行二，年三十一，十二月初六日生。曾祖福。祖瀷。父琴。母罗氏。具庆下。兄莒。娶林氏。浙江乡试第八十五名，会试第一百二十八名。

赵宋，贯直隶扬州府高邮州兴化县，军籍，县学生，治《诗经》。字子隆，行一，年二十八，六月二十四日生，曾祖纶。祖润。父雰。母费氏，继母徐氏。具庆下。弟宋、槊、臬、模、禾。娶陆氏。应天府乡试第六十七名，会试第九十三名。

胡僖，贯浙江金华府兰溪县，民籍，国子生，治《易经》。字伯安，行十七，年三十八，八月初二日生。曾祖宗恺。祖益。父富。母郑氏。具庆下。兄仁、杰、传。弟佩。娶宋氏。浙江乡试第三十一名，会试第一百三十名。

吴兑，贯浙江绍兴府山阴县，匠籍，国子生，治《诗经》。字君泽，行七，年三十五，四月二十一日生。曾祖源，封南京刑部主事。祖便，按察司副使。父意。母周氏。慈侍下。兄恒；恂；悦，监生。弟忧、究、沈、忳、志、念。娶骆氏。顺天府乡试第四十五名，会试第三十五名。

应存卓，贯浙江台州府仙居县，民籍，县学生，治《诗经》。字从之，行五，年二十九，闰六月十九日生。曾祖巨。祖匡，赠吏部主事加赠工部员外郎。父大猷，刑部尚书。前母秦氏，赠安人，彭氏，封安人，卢氏，母高氏。具庆下。兄存初，监生；存默；存性，工部主事；存修；存畏。弟存素、存征、存章。娶侯氏。浙江乡试第九十名，会试第一百十八名。

李毯，贯顺天府蓟州，民籍，州学生，治《书经》。字伯实，行三，年三十二，正月十三日生。曾祖文友。祖敖。父杲，赠监察御史。嫡母郭氏，赠孺人，生母庚氏。慈侍下。兄秋，监察御史；秩。弟稷、稳。娶张氏。顺天府乡试第九十三名，会试第九十六名。

钱藻，贯直隶扬州府泰州如皋县，匠籍，县学生，治《易经》。字自文，行二，年二十六，十月十八日生，曾祖玘。祖辙，县丞。父岳。母吴氏。严侍下。兄激。弟濂、渊、演、滨、浚。娶许氏。应天府乡试第一百十六名，会试第一百五十九名。

华汝砺，贯直隶常州府无锡县，军籍，国子生，治《易经》。字用成，行一，年三十，八月初九日生。曾祖勤。祖弁页。父治安。母陈氏。具庆下。弟汝器。娶杨氏。应天府乡试第八十一名，会试第一百十七名。

徐卿龙，贯直隶常州府无锡县，民籍，县学生，治《书经》。字禹祥，行三，年三十，六月二十六日生。曾祖德。祖江。父坤，岁贡生。前母王氏，母朱氏。永感下。兄卿麟，医学训科；卿熊。娶谈氏，继娶周氏。应天府乡试第四十七名，会试第一百十五名。

范惟丕，贯直隶松江府华亭县，民籍，苏州府吴县人，县学生，治《易经》。字于公，行三，年三十二，十一月初七日生。曾祖从江。祖汝信。父启晔。母顾氏。永感下。兄惟一，提学副使；惟立。娶秦氏。应天府乡试第四十二名，会试第二百三十名。

韩邦宪，贯应天府高淳县，军籍，县学生，治《易经》。字子成，行五，年十九，正月初五日生。曾祖意。祖烈，赠知县。父叔阳，知府。母黄氏，封孺人。重庆下。兄邦礼，监生。弟邦本，邦达。应天府乡试第三十八名，会试第二百四十六名。

姜国华，贯浙江宁波府慈溪县，军籍，国子生，治《诗经》。字邦实，行十，年二十八，正月十二日生。曾祖渊。祖锦。父槐。前母方氏、王氏，母陆氏。永感下。兄国泰；国藩；潮，听选官；国秀。弟国望、国器、国佐、国宝。娶王氏。浙江乡试第七十八名，会试第二百八十二名。

顾名世，贯直隶松江府上海县，匠籍，国子生，治《诗经》。字莘夫，行三，年四十一，十二月二十六日生。曾祖纲。祖瑜，散官。父岳，副千户。前母王氏，母秦氏。永感下。兄名臣；名儒，知州。弟名辅、名弼。娶郁氏，继娶张氏。应天府乡试第四名，会试第二百三十三名。

钱顺时，贯直隶苏州府常熟县，民籍，县学增广生，治《春秋》。字道隆，行一，年二十八，十月二十六日生。曾祖恭，遇例冠带。祖元祯。父体仁。母赵氏。具庆下。兄之选，刑部主事。弟顺德、顺理、顺治、顺化。娶卞氏。应天府乡试第一百二名，会试第十七名。

张子仁，贯直隶常州府无锡县，民籍，县学生，治《书经》。字安甫，行一，年三十，十二月二十日生。曾祖廷珪。祖守平，义官。父炯。母袁氏。慈侍下。弟子义、子道、子达、子忠、子礼。娶陆氏。应天府乡试第五十一名，会试第八十五名。

王阗，贯直隶保定府清苑县，民籍，县学生，治《诗经》。字维振，行四，年三十六，三月初三日生。曾祖浩，寿官。祖恩，知县赠左副都御史。父德纯，县丞。母孙氏。永感下。兄闇，府同知；问；阀，贡士。弟启；开，贡士；阙；闵。娶裴氏。顺天府乡试第一百名，会试第二百八十五名。

邓之屏，贯四川重庆府巴县，民籍，儒士，治《易经》。字惟邦，行四，年二十六，五月二十四日生。曾祖林。祖大用。父合，知县。母郭氏，继母刘氏。具庆下。兄国柱、之栋、之龙。弟之桥、之鸿、之鸥、之翰、之藩、之垣。娶萧氏。四川乡试第四十一名，会试第七十一名。

戈九畴，贯锦衣卫匠籍，直隶苏州府吴县人，国子生，治《礼记》。字惟范，行一，年三十四，六月十二日生，曾祖升，寿官。祖麟，训导。父贵，七品散官。前母汤氏，母王氏。慈侍下。兄九功；九韶；九成；九德；九章，苑马寺少卿；九仪。弟九经。娶任氏。顺天府乡试第九十三名，会试第二百七十三名。

游醇卿，贯直隶徽州府婺源县，军籍，国子生，治《书经》。字原学，行一，年三十七，九月二十六日生。曾祖克敏。祖绍庆。父奎。母汪氏。永感下。弟立卿、文卿、时卿。娶汪氏，继娶汪氏。应天府乡试第一百十二名，会试第二百九名。

贾选，贯河南开封府祥符县，匠籍，国子生，治《诗经》。字舜举，行二，年四十一，九月十七日生。曾祖俊。祖宁。父希颜，知县。母冯氏。慈侍下。兄迁。弟迥、述、逶、遂、遇、逊、聪、聘、声。娶陈氏。河南乡试第六名，会试第一百八十八名。

胡廷黼，贯湖广长沙府浏阳县，军籍，国子生，治《书经》。字元素，行十七，年三十七，五月十一日生。曾祖志宽。祖凯正。父大韶，岁贡生。母彭氏，继母王氏。慈侍下。弟廷黻、廷黼。娶黎氏。湖广乡试第六十六名，会试第二十八名。

宋豫卿，贯四川叙州府富顺县，民籍，江西临江府新淦县人，府学生，治《诗经》。字子乐，行二，年二十九，八月二十六日生。曾祖万智。祖安远。父用。母陈氏。具庆下。兄履卿。弟泰卿、临卿、益卿、晋卿、复卿。娶刘氏。四川乡试第六名，会试第一百二十名。

张尚大，贯江西吉安府万安县，民籍，县学生，治《易经》。字时丰，行三，年三十五，十一月初三日生。曾祖履安。祖显，旌表孝子。父锐。母萧氏。具庆下。兄尚礼、尚文。弟尚象。娶陈氏。江西乡试第三十四名，会试第二百五十九名。

叶宪，贯江西南昌府南昌县，军籍，府学附学生，治《易经》。字德成，行十，年三十二，七月十四日生。曾祖思齐。祖景通。父钧。母衷氏。重庆下。兄愿、恕。弟懋、慧、愆、懿。娶熊氏。江西乡试第七十四名，会试第八十三名。

欧阳谷，贯江西吉安府安福县，民籍，县学生，治《书经》。字仲似，行三，年三十，五月二十四日生。曾祖光本。祖敦复。父祥。嫡母谢氏，生母熊氏。具庆下。兄秩、和、秋、积、秦。弟馨、颖。娶王氏。江西乡试第四十四名，会试第二百六十三名。

沈节甫，贯浙江湖州府乌程县，民籍，县学生，治《春秋》。字以安，行一，年二十七，三月十一日生，曾祖汝梁。祖燫，贡士。父塾。母闵氏。重庆下。弟之錾、之鋬、之鉴、之鋬、之鋬、之釜、之鋬、之嗆。娶唐氏。浙江乡试第五十九名，会试第二十五名。

刘奋庸，贯河南河南府洛阳县，军籍，府学生，治《诗经》。字试可，行二，年二十六，正月十八日生。曾祖泰。祖贯。父济民，知县。母孙氏。慈侍下。兄登庸，贡士。弟征庸。娶杜氏。河南乡试第一名，会试第一百十名。

林灿章，贯福建兴化府莆田县，民籍，府学生，治《书经》。字继显，行一，年三十三，四月初六日生。曾祖与饰。祖师颐，封礼部主事赠按察司副使。父应标，左布政使。母陈氏，封恭人。慈侍下。弟炫章；燠章；燿章；烶章，刑部郎中；烺章。娶黄氏，继娶卓氏。福建乡试第七十四名，会试第一百二十六名。

田汝颖，贯山东济南府武定州信阳县，军籍，国子生，治《诗经》。字登之，行五，年三十一，六月二十二日生。曾祖泳。祖山。父渠。前母刘氏，母边氏，继母王氏。具庆下。兄汝秀、汝芳、汝栗、汝坚。弟汝硕、汝崃。娶孟氏。山东乡试第一名，会试第三十二名。

据《嘉靖三十八年进士登科录》，第三甲二百一十五名，赐同进士出身。履历如下：

王淑，贯江西南昌府新建县，民籍，浙江台州府临海县人，国子生，治《诗经》。字仪甫，行二，年三十四，六月二十七日生。曾祖允寿，仪宾，封中奉大夫。祖朝卿，进士。父谏，府通判。母康氏，继母徐氏。永感下。弟湜，同科进士；澍。娶艾氏。江西乡试第七十六名，会试第二十九名。

陈绍登，贯直隶常州府武进县，民籍，江阴县人，府学附学生，治《诗经》。字诞先，行一，年二十七，三月十三日生。曾祖叔端。祖政。父崇庆，按察司佥事。前母王氏，母唐氏。重庆下。弟仲登、继登。娶王氏。应天府乡试第九十一名，会试第一百四十四名。

孙技，贯浙江杭州府仁和县，民籍，钱塘县人，府学生，治《易经》。字子荣，行六，年三十五，十一月初七日生。曾祖玉。祖宗黻。父扬。母姚氏。慈侍下。兄松；柏；槐；椿，听选官。弟桂、树、梗、朴、楠、梅。娶陈氏，继娶林氏。浙江乡试第七十名，会试第一百八十二名。

崔栋，贯河南南阳府泌阳县，民籍，国子生，治《书经》。字隆言，行一，年三十五，九月十七日生。曾祖通。祖周。父然。母尚氏。具庆下。弟楠、朴、格、权、杶。娶焦氏。河南乡试第四十九名，会试第三十九名。

潘一桂，贯顺天府忠义中卫，军籍，直隶河间府故城县人，国子生，治《易经》。字子高，行一，年三十三，十一月二十八日生。曾祖钊。祖杰。父梅。嫡母席氏，生母李氏。慈侍下。弟一龙、一麟。娶贾氏。顺天府乡试第三十三名，会试第二百七十名。

秦嘉楫，贯直隶松江府上海县，灶籍，县学生，治《诗经》。字少说，行三，年三十四，八月十九日生。曾祖济，义官。祖豫，义官。父敕。母王氏。具庆下。兄嘉德、嘉业。娶瞿氏。应天府乡试第十一名，会试第七十八名。

胡维新，贯浙江绍兴府余姚县，军籍，府学附学生，治《礼记》。字文化，行三，年二十六，三月十六日生。曾祖礼。祖轩，运使赠中大夫。父安，按察司副使。母谢氏，封安人。严侍下。兄绍祖、景贤。弟维德、维信、维先、维烈、维明、维祯、维岳。娶陈氏。浙江乡试第五十七名，会试第一百八名。

解宋，贯直隶扬州府高邮州兴化县，匠籍，国子生，治《诗经》。字应儒，行四，年二十六，十二月二十五日生。曾祖思政。祖珙。父文。前母陆氏，母姚氏。具庆下。兄栗、桢、栻。娶丁氏。应天府乡试第一百三名，会试第一百七十五名。

王期古，贯山西潞州卫左所，军籍，潞安府学增广生，治《礼记》。字克淳，行一，年二十八，二月二十五日生。曾祖纲，寿官。祖用，寿官。父龙，仪宾。母夏津县主。具庆下。弟期治、期化、期道。娶甘氏。山西乡试第三十三名，会试第二百十一名。

燕儒宦，贯河南汝州鲁山县，民籍，县学生，治《诗经》。字用道，行二，年三十，三月十一日生。曾祖奉先。祖广。父举。母张氏。具庆下。兄儒臣。弟儒宾。娶赵氏。河南乡试第十四名，会试第一百七十九名。

黄襄，贯福建泉州府南安县，民籍，国子生，治《易经》。字国著，行五，年三十四，十二月二十五日生。曾祖钦。祖泽。父柯。母杨氏。永感下。弟衮、哀、褒。娶李氏。福建乡试第七十五名，会试第二百五十三名。

陈省，贯福建福州府长乐县，军籍，县学生，治《诗经》。字孔震，行一，年三十一，四月二十二日生。曾祖英。祖垔，赠监察御史。父大漢，进士。母赵氏，继母高氏。具庆下。兄器，巡检；瑞，监察御史；谋；时；举；璋；琦，贡士；奉。弟表、爽、豳、后、潜、衮、撰、健。娶庄氏。福建乡试第八名，会试第十九名。

牛若愚，贯山西泽州，民籍，河南开封府祥符县人，国子生，治《易经》。字睿卿，行三，年三十一，九月十五日生。曾祖政，寿官。祖瓒，寿官。父扬，教谕。母刘氏。慈侍下。兄若琦；若虚，贡士。弟若鲁、若纳、若晦。娶吴氏。河南乡试第十六名，会试第二百九十三名。

舒化，贯江西抚州府临川县，民籍，府学生，治《诗经》。字汝德，行六，年三十三，十一月初七日生。曾祖协诚。祖宇廓。父璧，教谕。母汪氏。慈侍下。兄倬、佐、俊、杰、伟。弟占。娶黄氏。江西乡试第二十六名，会试第六十八名。

刘日睿，贯江西南昌府南昌县，民籍，国子生，治《诗经》。字汝思，行三，年三十七，正月二十一日生。曾祖伯拱，赠工部主事。祖廷重，工部郎中进阶奉政大夫。父仕贵，所吏目。前母魏氏，母章氏。永感下。兄日虞，监生；日虚。弟日材，礼部主事；日虔；日肤。娶姜氏。江西乡试第五十五名，会试第八十二名。

雷稽古，贯山东东昌府高唐州恩县，军籍，县学生，治《书经》。字汝征，行一，年三十一，十月二十日生。曾祖经，医学训科。祖应节。父电。母张氏。具庆下。弟玩古、述古、师古、崇古、复古。娶傅氏。山东乡试第二十名，会试第六十二名。

王之瀚，贯直隶徽州府祁门县，民籍，县学生，治《礼记》。字宪卿，行十二，年三十三，七月初一日生。曾祖鉴。祖完。父冀。母胡氏。严侍下。娶郑氏。应天府乡试第二名，会试第五名。

黄鹤，贯河南开封府杞县，民籍，县学附学生，治《易经》。字鸣皋，行一，年二十八，十月初五日生。曾祖志。祖铭。父廷佐。母孙氏。重庆下。弟鹄、鸿、凤。娶韩氏。河南乡试第五十九名，会试第九十八名。

张德恭，贯河南汝宁府光山县，民籍，国子生，治《易经》。字子安，行四，年三十七，三月十一日生。曾祖佑，岁贡生。祖沐。父僎。母刘氏。永感下。兄德温。娶蔡氏，继娶郑氏。河南乡试第十九名，会试第一百九十二名。

林茂勋，贯福建福州右卫，军籍，福州府怀安县人，府学生，治《易经》。字汝策，行五，年三十三，七月十九日生。曾祖贵。祖安。父椿。嫡母陈氏，生母陈氏。慈侍下。兄茂元、茂亨、茂贞、懋昭。弟茂建。娶方氏，继娶夏氏。福建乡试第三十二名，会试第一百三十四名。

汪若泮，贯贵州贵州卫，军籍，应天府江浦县人，宣慰司学生，治《易经》。字文化，行一，年三十二，九月二十三日生。曾祖升。祖宪。父庆，知县。嫡母李氏，生母陈氏。具庆下。弟若四。娶曹氏。贵州乡试第三名，会试第一百七名。

蔡可教，贯直隶广平府成安县，民籍，县学生，治《易经》。字子受，行一，年二十七，十月十九日生。曾祖和。祖果。父绍先，岁贡生。母刘氏。重庆下。兄可畏。弟可成；可贤，贡士；可嘉；可敬；可久。娶张氏。顺天府乡试第二十六名，会试第一百九十名。

甄沛，贯山东兖州府鱼台县，官籍，国子生，治《诗经》。字汝泽，行五，年三十四，八月初八日生。曾祖实。祖衡，义官。父铠，县主簿。母李氏。永感下。兄溥；滂；泮；汴，监生。弟津，同科进士。娶王氏。山东乡试第八名，会试第二百十二名。

查志隆，贯浙江杭州府海宁县，民籍，县学附学生，治《诗经》。字鸣治，行七，年二十六，三月二十日生。曾祖益，封奉政大夫按察司佥事。祖绘，赠礼科给事中加赠奉直大夫。父秉直，刑部郎中。嫡母马氏，赠宜人；生母邬氏。严侍下。兄志学，监生；志誉；志文；志高；志奇，监生；志宏，贡士。弟志立，礼部主事；志宁，监生；志完。娶祝氏。浙江乡试第四十三名，会试第二百一十六名。

张承赉，贯浙江绍兴府上虞县，民籍，国子生，治《易经》。字良甫，行一，年三十八，四月十二日生。曾祖瑁。祖文溥。父校。母李氏。永感下。弟承贤、承明、承德、承勣。娶陈氏。浙江乡试第四十九名，会试第八十六名。

房楠，贯河南汝宁府汝阳县，民籍，国子生，治《诗经》。字茂材，行一，年三十三，二月初五日生。曾祖琮。祖宫。父文璇。母卢氏。具庆下。弟桂，贡士。娶李氏。河南乡试第七十一名，会试第一百六十五名。

宿度，贯山东莱州府掖县，民籍，府学生，治《易经》。字元周，行一，年二十八，十二月十一日生，曾祖富，寿官。祖敖，典膳封监察御史。父应轸，监生。母李氏。重庆下。兄纬东。弟升东、庚、廓。娶张氏。山东乡试第三十名，会试第二百五十六名。

佘敬中，贯直隶池州府铜陵县，军籍，县学生，治《诗经》。字子惺，行一，年二十八，十一月二十三日生。曾祖理。祖永江，义官。父杰，知县。母吴氏，继母罗氏。具庆下。弟弘中；毅中，贡士；士中；钦中。娶柯氏。应天府乡试第十八名，会试第一百九十一名。

沈子木，贯浙江湖州府归安县，民籍。府学生，治《诗经》。字汝南，行一，年三十，十月二十四日生。曾祖玭。祖鏊。父应登，府通判。母朱氏，继母陆氏。具庆下。兄子梅、子棼、子模。弟子禾、子桴、子彬、子懋、子杰、子来、子采、子麓。娶严氏。浙江乡试第六十一名，会试第二百五十八名。

谢东阳，贯四川保宁千户所，军籍，湖广巴陵县人，保宁府学生，治《诗经》。字子生，行二，年三十七，闰四月二十二日生。曾祖琰。祖义。父廷臣。前母崔氏，母杨氏，继母李氏、刘氏。具庆下。娶余氏，继娶徐氏。四川乡试第四十九名，会试第二百四十名。

公一扬，贯山东青州府蒙阴县，军籍，县学增广生，治《易经》。字子举，行三，年二十七，十二月二十九日生，曾祖忠，寿官。祖景仁，赠工部员外郎。父跻奎，按察司副使。母包氏，封宜人。严侍下。兄一载，监生；一鸣，监生。弟一跃。娶任氏。山东乡试第四十三名，会试第二百九十一名。

黄嘉宾，贯福建建宁府崇安县，军籍，县学生，治《春秋》。字子扬，行一，年三十一，八月二十四日生。曾祖季荣，寿官。祖文雅。父琮，教谕。母吴氏。慈侍下。娶暨氏。福建乡试第八十六名，会试第一百十四名。

王儒，贯浙江嘉兴府嘉兴县，民籍，县学增广生，治《书经》。字珍卿，行一，年二十八，八月二十四日生。曾祖吉。祖实。父宪。母沈氏。具庆下。弟仁。娶徐氏。浙江乡试第五十六名，会试第七十三名。

张宪臣，贯直隶苏州府昆山县，民籍，国子生，治《礼记》。字钦伯，行一，年三十八，八月二十二日生。曾祖昱。祖冕。父洪。母管氏。永感下。娶浦氏。应天府乡试第一百二十七名，会试第十二名。

王友贤，贯山西太原府石州宁乡县，军籍，县学生，治《易经》。字希尧，行一，年三十四，八月二十三日生。曾祖龄。祖英。父用，义官。嫡母张氏，生母田氏。慈侍下。娶梁氏，继娶梁氏。山西乡试第五十一名，会试第二百九十五名。

董文寀，贯金吾前卫，军籍，山西平阳府临汾县人，顺天府学附学生，治《易经》。字汝和，行三，年二十九，十月初七日生。曾祖旺。祖俊。父茂。母李氏。严侍下。兄文宾，文容。弟文实、文宇、文宪、文宗、文宦。娶王氏，继娶杨氏。顺天府乡试第五十七名，会试第二百八十七名。

林应节，贯福建兴化府莆田县，民籍，国子生，治《书经》。字时卿，行四，年三十三，十二月初六日生。曾祖体进。祖元珍。父汝贤，封卫经历。前母方氏，赠孺人；母郑氏，封孺人。永感下。兄卿，州同知；昂，听选官；应邠，卫经历。弟应祁。娶郑氏。福建乡试第六十四名，会试第一百五十四名。

李思柱，贯直隶真定府冀州武邑县，民籍，国子生，治《春秋》。字子胜，行二，年三十八，二月二十日生。曾祖强。祖瓒。父义。母宋氏。具庆下。兄思栋。弟思桢。娶张氏。顺天府乡试第二十七名，会试第六十九名。

俞守道，贯浙江杭州府仁和县，民籍，国子生，治《易经》。字达卿，行一，年三十五，四月初七日生。曾祖润。祖华。父璪。母徐氏。具庆下。弟原道、继道、见道、体道。娶金氏。浙江乡试第六名，会试第一百七十一名。

王天爵，贯直隶苏州府吴县，民籍，徽州歙县人，国子生，治《春秋》。字子修，行一，年三十五，十一月十七日生。曾祖企孙。祖鹤。父廷政。母闵氏，继母韩氏。具庆下。弟天舜、天孚、天爱。娶徐氏，继娶徐氏、周氏。应天府乡试第一百十五名，会试第一百四十七名。

杨廷选，贯锦衣卫镇抚司，匠籍，浙江宁波府鄞县人，国子生，治《易经》。字子庸，行二，年二十七，八月初四日生。曾祖杰。祖吉。父缙，国子监助教。母沈氏。严侍下。兄廷相；廷秀，钦天监絜壶正；廷佐，光禄寺录事；廷儒；廷爵。弟廷献、廷猷。娶米氏。顺天府乡试第二十九名，会试第六十七名。

赵熙靖，贯直隶常州府武进县，民籍，府学生，治《春秋》。字敬克，行三，年三十六，十月十六日生。曾祖钦。祖恢。父士儒。母沈氏。永感下。兄中道、中孚。弟中和。娶卞氏。应天府乡试第九十四名，会试第二百六十五名。

王育仁，贯江西吉安府泰和县，军籍，府学生，治《礼记》。字延化，行二，年二十七，二月初二日生。曾祖学谨。祖国成。父亲臣。母梁氏。具庆下。兄育德。娶曾氏。江西乡试第五十八名，会试第一百八十五名。

荆文炤，贯直隶镇江府丹阳县，军籍，县学附学生，治《书经》。字叔韬，行三，年三十，十月初十日生。曾祖聪。祖汴。父树。母冯氏。严侍下。兄文炳，监生；文烨，贡士。弟文焕，监生。娶徐氏。应天府乡试第九十二名，会试第二百三十九名。

邢实，贯山西平阳府洪洞县，军籍，县学增广生，治《春秋》。字道充，行二，年三十二，五月初十日生。曾祖贵。祖伦。父廷禄。母卫氏。永感下。兄富。娶刘氏。山西乡试第六十名，会试第二百九十九名。

贺邦泰，贯直隶镇江府丹阳县，军籍，常州府武进县人，县学生，治《诗经》。字道卿，行一，年三十七，九月二十五日生。曾祖敦，七品散官。祖璨，封兵马指挥。父镐，兵马指挥。母巢氏，封孺人。具庆下。弟邦演、邦佐、邦靖、邦教、邦桢。娶邓氏。应天府乡试第七十二名，会试第一百七十七名。

周之屏，贯湖广长沙府湘潭县，马船籍，国子生，治《诗经》。字伯卿，行一，年三十二，八月二十二日生。曾祖淦。祖思时，寿官。父训，监生。母杨氏。重庆下。弟之翰，贡士；之光；之基；之命；之龙。娶江氏，继娶邓氏。湖广乡试第三十七名，会试第一百二十四名。

张进思，贯山西沁州，军籍，州学生，治《诗经》。字忠甫，行一，年三十一，十二月十二日生。曾祖兴。祖善。父佐。母卢氏，继母温氏。具庆下。弟进德。娶杨氏。山西乡试第八名，会试第一百五名。

王堂，贯四川重庆府涪州，军籍，州学生，治《易经》。字以治，行三，年二十八，六月二十一日生。曾祖思鉴。祖定。父本蕫。母何氏。具庆下。兄嘉、聘。弟问。

娶李氏。四川乡试第二十九名，会试第二百七十八名。

游日章，贯福建兴化府莆田县，民籍，县学附学生，治《书经》。字学绅，行一，年三十一，三月初八日生。曾祖尚显。祖献可。父德盛。母洪氏。慈侍下。弟日就，贡士。娶陈氏。福建乡试第七名，会试第十五名。

张士纯，贯浙江湖州府安吉州，匠籍，国子生，治《易经》。字诚叔，行三，年三十三，正月二十一日生。曾祖宗敏。祖洪。父茂。母陈氏。具庆下。兄士绅，训导；士相。弟士纶、士缙、士维、士纬。娶王氏。浙江乡试第八十一名，会试第一百十一名。

欧阳模，贯福建泉州府南安县，民籍，县学附学生，治《易经》，字宏甫，行二，年二十五，正月初五日生。曾祖夏。祖镐，义官。父深，援例指挥。母洪氏。具庆下。兄复初。弟枢、桢、楠、柱、椿、梱。娶黄氏。福建乡试第二十四名，会试第一百三十七名。

黄国华，贯江西南昌府丰城县，民籍，县学附学生，治《易经》。字良实，行六，年三十三，四月二十九日生。曾祖琥，布政司左参政进阶嘉义大夫。祖勰，寿官。父本清。母李氏，继母任氏。永感下。兄国用，监察御史。弟国俊、国彦。娶张氏，继娶刘氏。江西乡试第十五名，会试第六名。

宋训，贯河南汝宁府新蔡县，民籍，国子生，治《诗经》。字汝式，行一，年三十四，十二月初四日生。曾祖智。祖泽。父大经。母李氏。重庆下。兄楫。弟讲、试、赞、许、调、切、词、桂。娶李氏。河南乡试第七十三名，会试第一百八十三名。

随承业，贯山东东昌府聊城，民籍，县学生，治《易经》。字思显，行三，年二十四，十一月十三日生。曾祖信。祖兴。父祚。母张氏。具庆下。兄承训、承恩。弟承宠。娶陈氏。山东乡试第七名，会试第二百十名。

顾奎，贯直隶扬州府通州，军籍，国子生，治《诗经》。字文曜，行一，年三十八，五月二十四日生。曾祖纲，七品散官。祖澄。父山。母孙氏。慈侍下。弟轸。娶张氏。应天府乡试第九名，会试第一百三名。

李迁梧，贯山东青州府安丘县，军籍，县学生，治《易经》。字茂阳，行二，年三十一，四月初二日生。曾祖嵩。祖普。父完，省祭官。母王氏，继母丁氏。严侍下。兄迁乔，贡士。弟迁槚、迁桐、迁梓。娶王氏。山东乡试第四十名，会试第二百八十名。

沈如麒，贯顺天府霸州，民籍，浙江嘉兴府嘉兴县人，国子生，治《诗经》。字朝珍，行二，年三十七。正月十五日生。曾祖盛。祖祥，巡检。父贤。母谢氏。永感下。兄如凤。弟如麟。娶刘氏。顺天府乡试第五十五名，会试第三十八名。

刘汉儒，贯河南开封府陈州沈丘县，民籍，县学生，治《诗经》。字文卿，行一，年二十八，十二月二十七日生。曾祖德。祖钊。父东。母普氏。具庆下。弟汉杰。娶杨氏。河南乡试第四十九名，会试第二百九十四名。

杨应东，贯云南大理府太和县，民籍，河南商水县学教谕，治《诗经》。字子仁，行一，年三十二，九月二十九日生。曾祖远。祖敷。父新。母李氏。具庆下。娶易氏。云南乡试第十七名，会试第一百四十名。

张翰翔，贯应天府溧阳县，民籍，国子生，治《诗经》。字汝升，行三，年三十一，十二月十八日生。曾祖茂升。祖镐。父瑛。嫡母王氏，生母毛氏。永感下。兄翰翱，翰举。娶史氏。应天府乡试第九名，会试第一百五十二名。

李江，贯锦衣卫，校籍，山东济南武定州人，国子生，治《礼记》。字汝贡，行三，年三十，十月二十五日生。曾祖刚。祖麟。父锦，文思院副使。前母吕氏，母张氏。慈侍下。兄淮；沛，文思院副使。弟淳，文思院副使；濂。娶徐氏，继娶高氏，詹氏。顺天府乡试第五名，会试第二百四十五名。

王用桢，贯四川顺庆府南充县，民籍，县学附学生，治《易经》。字子周，行三，年二十九，五月初三日生。曾祖儒，监生。祖汾，赠征仕郎工科给事中。父缵宗，知县。母谯氏。具庆下。兄用宾；用官；美；锐，知县；畴；茂；孚达；孚嘉。弟用章、用行、用康、用予。娶范氏。四川乡试第三十一名，会试第二百七十六名。

蒋彬，贯直隶苏州府吴县，民籍，国子生，治《礼记》。字原中，行二，年三十五，八月初一日生。曾祖礼。祖镐。父汸。母邓氏。具庆下。兄懋，监生。弟樊；梵；森，监生。娶陈氏。顺天府乡试第十四名，会试第六十四名。

汤仰，贯四川成都后卫新都驿，官籍，新都县学增广生，治《易经》。字子山，行四，年二十八，五月初九日生。曾祖干，百户。祖钦，百户。父聘莘，百户。嫡母张氏，生母钱氏。具庆下。兄仁，百户；传，知县；仕。娶杨氏。四川乡试第二十九名，会试第二百四十一名。

黄枢，贯江西南昌府南昌县，民籍，府学生，治《诗经》。字执甫，行六，年三十四，七月二十九日生。曾祖应洪，寿官。祖子祯，寿官。父玺。母茹氏。永感下。娶熊氏。江西乡试第二十六名，会试第六十名。

卢修可，贯河南开封府许州，军籍，州学生，治《春秋》。字子吉，行二，年三十，五月二十七日生。曾祖智。祖元，岁贡生，赠户部主事。父辅，户部员外郎。前母赵氏，赠安人，母郑氏，封安人。慈侍下。兄际可，贡士。弟师可、当可。娶张氏。河南乡试第六十五名，会试第二百七十九名。

陈思忠，贯福建兴化府莆田县，盐籍，县学生，治《诗经》。字君衡，行一，年三十，七月三十日生。曾祖允能，寿官。祖汝杰。父宜鉴。母范氏。具庆下。弟云；蛟；岱；山，听选官；万；巨；征；君；达；为霖。娶叶氏。福建乡试第三十六名，会试第一百九十六名。

苏松，贯四川顺庆府广安州，民籍，州学生，治《易经》。字贞卿，行一，年三十一，六月十九日生。曾祖盛。祖贤。父宗哲。母辛氏，继母谈氏。具庆下。弟柏、桥。娶郑氏，继娶石氏。四川乡试第三十五名，会试第二百五十九名。

邓洪震，贯广西南宁府宣化县，军籍，江西吉安府吉水县人，府学生，治《书经》。字鸣宇，行一，年二十八，九月初六日生。曾祖谦。祖承芳。父昂，训导。母田氏。具庆下。弟洪观、洪范。娶陈氏。广西乡试第一名，会试第二百六十八名。

张卤，贯河南开封府仪封县，民籍，国子生，治《诗经》。字召和，行一，年三十七，六月十五日生。曾祖纶，教谕，赠中大夫行太仆寺卿，祖原明，左布政使进光禄寺卿。父立，岁贡生。母雷氏。慈侍下。弟卣、占、颖、咼。娶刘氏，继娶郭氏。河南乡试第三十八名，会试第四十八名。

岳相，贯山东青州府寿光县，军籍，县学增广生，治《易经》。字惟忠，行一，年二十八，七月二十二日生。曾祖敏。祖江。父琏。前母杨氏，母曹氏。慈侍下。娶冯氏。山东乡试第五十六名，会试第二百七名。

郜光先，贯山西潞安府长治县，民籍，府学增广生，治《诗经》。字子孝，行二，年二十七，十二月二十四日生。曾祖环。祖禄。父钦。母柴氏。具庆下。兄江。弟光间。娶张氏。山西乡试第二十七名，会试第一百八十一名。

邵梦麟，贯直隶滁州，民籍，国子生，治《易经》。字道征，行二，年二十九，八月十六日生。曾祖通。祖良，教授。父廷相，教谕。前母陆氏，母朱氏，继母王氏。慈侍下。兄梦珠。娶卢氏。应天府乡试第十二名，会试第五十名。

朱纁，贯应天府溧阳县，军籍，国子生，治《诗经》。字玄甫，行五，年四十三，十二月二十日生。曾祖斌。祖谦。父傅。母贾氏。永感下。兄纮、缤、绅、绍。娶宋氏。应天府乡试第五十四名，会试第一百七十二名。

严从简，贯浙江嘉兴府嘉兴县，民籍，府学生，治《书经》。字仲可，行二，年三十一，二月初五日生。曾祖胤芳。祖萃，知县。父宁，典仪正。母陶氏。具庆下。兄从节，监生；从谦。弟从雅、从裕、从爱、从巽。娶陆氏。浙江乡试第四十五名，会试第一百六十一名。

万庆，贯直隶和州，民籍，国子生，治《诗经》。字子余，行一，年三十五，十二月二十四日生。曾祖淮。祖伯宇。父缙。母卢氏。慈侍下。娶杨氏。应天府乡试第一百五名，会试第一百二十七名。

金定，贯顺天府蓟州平谷县，军籍，直隶松江府上海县人，国子生，治《易经》。字汝济，行一，年三十，九月初三日生。曾祖恺，封奉议大夫刑部郎中。祖绅，教谕。父瀛，引礼舍人。母郝氏。永感下。兄寀；宪；宦，义官；宙，贡士；守；官。弟宽、宷、宾、宴、宇。娶刘氏。顺天府乡试第八十九名，会试第二百三十八名。

胡执礼，贯陕西行都司永昌卫，民籍，卫学生，治《易经》。字汝立，行一，年二十一，四月初七日生。曾祖昱。祖景华，贡士。父岳，典膳。母刘氏。慈侍下。娶陈氏。陕西乡试第五十三名，会试第九十四名。

石星，贯直隶大名府东明县，民籍，县学生，治《书经》。字拱辰，行二，年二十三，十二月十五日生。曾祖文增。祖能。父魁。母燕氏。具庆下。兄昱。娶郑氏。顺天府乡试第一百二十名，会试第二百七十五名。

陈于陛，贯直隶广平府曲周县，民籍，县学生，治《诗经》。字子纳，行一，年二十四，闰十二月二十五日生。曾祖全。祖思孝。父善礼。母张氏。具庆下。弟于阶。娶谷氏。顺天府乡试第三十五名，会试第二百六十九名。

冯成能，贯浙江宁波府慈溪县，民籍，县学生，治《诗经》。字子经，行六。年二十七，八月十五日生。曾祖德，义官。祖度，驿丞。父德。前母罗氏，母丁氏。慈侍下。兄成名，成位。娶钱氏。浙江乡试第四十名，会试第一百七十名。

宋繻，贯河南归德府商丘县，军籍，国子生，治《易经》。字伯敬，行三，年三十八，正月初五日生。曾祖贵。祖瑾。父霓。母靳氏，继母郭氏、刘氏。永感下。兄照、煦。娶朱氏。河南乡试第五十一名，会试第二百六十四名。

李承选，贯河南开封府延津县，民籍，县学生，治《诗经》。字俊卿，行一，年四十四，六月二十三日生。曾祖贤。祖璟，审理。父滋。母宋氏。严侍下。娶边氏。河南乡试第七十二名，会试第二百八十二名。

俞咨益，贯浙江绍兴府山阴县，灶籍，国子生，治《易经》。字汝虞，行十二，年三十八，十月二十日生。曾祖全。祖贵，府经历。父燔。母谢氏。慈侍下。兄咨禹。弟咨夔、咨垂、咨契、咨庆、咨庠、咨度、咨皋、咨孟、咨舜。娶张氏，继娶金氏。浙江乡试第四十六名，会试第二百六十二名。

刘宗岱，贯山东济南府历城县，军籍，国子生，治《易经》。字伯东，行一，年三十四，十二月十九日生。曾祖贵。祖质，寿官。父勖，学正。嫡母牛氏，生母茹氏。慈侍下。娶吕氏。山东乡试第七十三名，会试第一百八十七名。

李尧德，贯直隶广平府永年县，民籍，府学生，治《诗经》。字性夫，行一，年三十三，七月二十二日生。曾祖杲。祖铨，州吏目。父一卿，驿丞。母白氏，继母董氏。具庆下。娶王氏，继娶胡氏。顺天府乡试第三十三名，会试第一百三十一名。

岑用宾，贯广东广州府顺德县，民籍，国子生，治《诗经》。字允穆，行一，年三十七，六月二十八日生。曾祖文凯，寿官。祖梓，寿官，赠礼部员外郎。父万，左布政使。母罗氏，封宜人。具庆下。弟用寅、用中、用鸣、用安、用守、用诚、用扬、用敏、用操、用嚞、用推、用充、用执。娶冼氏。广东乡试第十一名，会试第一百六十八名。

刘序，贯锦衣卫校籍，湖广承天府钟祥县人，府学生，治《诗经》。字养吾，行一，年四十，十一月二十七日生。曾祖敬。祖伦。父广。母武氏。永感下。弟序。娶陈氏，继娶马氏。湖广乡试第七十三名，会试第二百三十五名。

沈稠，贯浙江湖州府归安县，民籍，乌程县人，县学生，治《春秋》。字时秀，行二，年二十九，四月十三日生。曾祖操。祖珍。父霁。前母严氏，母凌氏。慈侍下。兄科。弟秩、穆。娶严氏。浙江乡试第二十二名，会试第一百三十二名。

高文荐，贯四川成都右卫，军籍，陕西凤翔府凤翔县人，成都府学增广生，治《书经》。字伯简，行二，年三十三，二月二十日生。曾祖政。祖仕魁。父鹏。母周氏。慈侍下。兄文佐，监生。弟文佑、文举、文进、文选。娶何氏。四川乡试第五十七名，会试第八十九名。

顾坚，贯直隶苏州府吴县，民籍，常熟县人，县学生，治《诗经》。字元贞，行一，年十七，十二月十四日生。曾祖宣。祖右。父廪。母卫氏，继母徐氏。严侍下。弟伊、学、墨、玺、邦、重。娶杨氏，继娶谭氏。应天府乡试第三十七名，会试第二百五十一名。

林舜道，贯福建福州府闽县，军籍，怀安县人，山东平度州学学正，治《易经》。字允中，行三，年三十五，八月十一日生。曾祖珠。祖聪。父永新。母陈氏。严侍下。兄舜治。弟舜举、舜扬。娶陈氏。福建乡试第六十六名，会试第八十名。

欧阳一敬，贯江西九江府彭泽县，军籍，县学生，治《诗经》。字司直，行五，年三十三，三月十四日生。曾祖朝佐。祖曜山，寿官。父舒。母毕氏。具庆下。娶宋氏。江西乡试第五十九名，会试第一百九十三名。

史嗣元，贯浙江绍兴府余姚县，民籍，县学附学生，治《书经》。字懋宗，行一，年二十九，十月二十日生。曾祖凤，封应天府经历。祖伯敏，州同知。父重光。母朱氏。具庆下。弟嗣亨、嗣泰、嗣宪。娶张氏。浙江乡试第十八名，会试第五十五名。

彭文质，贯福建兴化府莆田县，民籍，直隶黟县学教谕，治《诗经》。字在份，行四，年三十二，三月二十七日生。曾祖邦彦，赠户部主事。祖甫，提学佥事。父大治，知府。嫡母朱氏，赠安人；继母林氏，封安人；生母宋氏。慈侍下。兄文阳、文兴、文陟。弟文陛。娶郭氏，继娶顾氏。福建乡试第七十五名，会试第一百三十三名。

沈人种，贯直隶苏州府嘉定县，民籍，县学生，治《易经》。字时雍，行二，年二十九，十一月初一日生。曾祖朴。祖祺。父球。前母朱氏、蔡氏，母薛氏。严侍下。兄人和。娶侯氏。应天府乡试第一百六名，会试第二百二十八名。

林朝聘，贯福建福州府闽县，民籍，府学生，治《礼记》。字君珍，行二，年三十五，正月十五日生。曾祖椿。祖一能，封知县，加封户部员外郎。父继显，知州。母陈氏，封孺人。具庆下。弟腾、鸾、朝纪、朝璇、朝亨、朝纲、朝瞻、朝绅、朝珊、朝宣、朝会。娶潘氏。福建乡试第十三名，会试第一百二十五名。

蒋三益，贯四川成都前卫，官籍，陕西咸宁县人，成都府学生，治《春秋》。字子谦，行二，年三十四，二月初七日生。曾祖鉴，赠南京右军都督府经历。祖弼，知州。父芹，贡士。母曹氏。慈侍下。兄鹏，千户；三近，贡士；三省。弟三畏、三余、三祝、三乐。娶戴氏。四川乡试第四十七名，会试第一百二十二名。

田登年，贯四川重庆府忠州，民籍，州学生，治《诗经》。字子登，行二，年二十九。六月初九日生。曾祖容。祖湘。父亿，典膳。母任氏。具庆下。兄有秋。弟有年。娶李氏，继娶李氏。四川乡试第九名，会试第一百六十名。

霍与瑕，贯广东广州府南海县，民籍，国子生，治《易经》。字勉衷，行二，年三十八，十月初八日生。曾祖厚一，赠太子少保礼部尚书。祖华，赠太子少保礼部尚书。父韬，太子少保礼部尚书谥文敏。嫡母区氏，赠夫人；继母郑氏，封夫人；生母吕氏。慈侍下。兄与球，布政司经历。弟与珉；与琦；与璎，贡士；与璒；与瑺。娶甘氏。广东乡试第九名，会试第二十七名。

何源，贯江西建昌府广昌县，民籍，国子生，治《书经》。字仲深，行四，年四十一，正月初五日生。曾祖会同。祖丰。父钱。母黄氏，继母胡氏。具庆下。兄汭。弟涛，贡士；沆，贡士；浣；泌；涣；湖。娶赖氏，继娶魏氏。江西乡试第八名，会试第一百六十九名。

张敏德，贯江西吉安府万安县，民籍，国子生，治《易经》。字逊时，行二，年四十一，十一月初四日生。曾祖守敬。祖资洁。父实。母刘氏，继母梁氏。慈侍下。兄敏求。娶廖氏，继娶刘氏、邓氏、朱氏。江西乡试第二名，会试第七十七名。

罗黄裳，贯广东肇庆府高明县，民籍，国子生，治《易经》。字美至，行二，年三十八，十一月十六日生。曾祖甫。祖经。父祯。母谭氏。严侍下。兄衣。弟方，省祭官；黄卷；黄钟。娶区氏。广东乡试第六十二名，会试第五十三名。

陈云桂，贯福建兴化府莆田县，民籍，府学生，治《诗经》。字君芳，行三，年三十四，九月二十六日生。曾祖逊安。祖敏功。父宽，典史。母王氏。永感下。兄云桐。弟云梅。娶蔡氏。福建乡试第三十五名，会试第二百四十七名。

冯善，贯河南汝宁守御千户所，军籍，国子生，治《诗经》。字可欲，行一，年三十二，四月二十五日生。曾祖景先。祖友智。父银。母阎氏。具庆下。娶赖氏，继娶张氏。河南乡试第四十名，会试第二百四十二名。

王君赏，贯山东济南府淄川县，军籍，县学生，治《诗经》。字汝懋，行三，年二十七，三月二十八日生。曾祖升。祖纯。父惠。前母贾氏，母朱氏。具庆下。兄君锡、君赐、君扬。弟君宠、载扬、君聘、庭扬、君命。娶周氏。山东乡试第十一名，会试第一百四十四名。

魏时亮，贯江西南昌府南昌县，民籍，府学生，治《诗经》。字舜卿，行八，年三十，十二月二十日生。曾祖绳武。祖尚昭，寿官。父天相，省祭官。母涂氏。永感下。兄时彦、釜、钥、铣、鋐、时育。娶万氏。江西乡试第五十八名，会试第二百二十九名。

夏道南，贯浙江绍兴府余姚县，民籍，县学附学生，治《易经》。字宗时，行六，年二十五，九月十四日生。曾祖宣。祖瀚。父桥。母沈氏。重庆下。兄尚忠、尚志。弟道宁、道隆、道接、道全。娶翁氏。浙江乡试第十九名，会试第八十八名。

邓楚望，贯湖广黄州府麻城县，军籍，国子生，治《春秋》。字思鲁，行一，年三十，十二月初七日生。曾祖玉。祖文明。父植。母魏氏。具庆下。弟楚材。娶周氏。湖广乡试第六十名，会试第九十二名。

严大纪，贯太医院医籍，浙江杭州府余杭县人，顺天府学附学生，治《易经》。字汝肃，行一，年二十四，五月二十六日生。曾祖伦。祖籽，仓副使。父元，御医。前母林氏，母郑氏。严侍下。兄大经，大邦。聘高氏。顺天府乡试第六十七名，会试第二百十三名。

朱炳如，贯湖广衡州卫，官籍，桂阳县人，国子生，治《诗经》。字仲南，行一，年三十六，十二月十一日生。曾祖镕。祖琥。父希贤，贡士。母蒋氏，继母王氏。慈侍下。弟跃如、蔚如。娶刘氏。湖广乡试第六十五名，会试第一百五十五名。

曹自守，贯山东东昌府茌平县，匠籍，县学生，治《诗经》。字伯化，行一，年四十一，十月二十八日生。曾祖深，仓大使。祖瑄，驿丞。父祜。母陈氏。慈侍下。兄自省、自厚。弟自悟、自慊、自牧。娶张氏。山东乡试第十八名，会试第二百八十八名。

李辙，贯陕西凤翔府凤翔县，民籍，府学生，治《诗经》。字从道，行二，年三十二，八月初三日生。曾祖钟。祖仲仁。父柏。母姚氏。永感下。兄辂。弟轨。娶白氏，继娶强氏。陕西乡试第二十四名，会试第一百八十六名。

潘儶，贯江西南昌府武宁县，民籍，岁贡生。治《诗经》。字文起，行十，年四十，九月初五日生。曾祖长贵。祖忠銮，寿官。父玑，寿官。母黄氏。永感下。弟佶、份。娶王氏，继娶陈氏。顺天府乡试第二名，会试第十三名。

徐钺，贯江西建昌府南丰县，匠籍，县学附学生，治《诗经》。字用熙，行二，年三十七，四月初二日生。曾祖文楷。祖泰荣。父孔肃。母姜氏。慈侍下。兄铤。娶邹氏，继娶包氏、毛氏。江西乡试第二十八名，会试第一百六十二名。

程光甸，贯直隶安庆府太湖县，民籍，县学生，治《诗经》。字子极，行九，年四十一，七月三十日生。曾祖钟。祖伦，知县。父绍颐，知县。前母吕氏，母陈氏。慈侍下。兄光世。弟光皖；光野，监生；光署。娶章氏。应天府乡试第八名，会试第三百名。

何起鸣，贯四川成都府内江县，民籍，县学附学生，治《春秋》。字应岐，行一，年二十九，十二月二十五日生。曾祖萧。祖宗义。父祥，贡士。母杨氏。重庆下。弟谦鸣，鸾鸣。娶汤氏。四川乡试第三十四名，会试第一百五十七名。

朱湘，贯浙江金华府义乌县，民籍，县学增广生，治《诗经》。字子清，行六十八，年二十九，二月初六日生。曾祖寿。祖琼。父鸿。母宗氏，继母王氏。具庆下。兄汀、泾、瀛。弟淞、汴。娶郑氏。浙江乡试第十五名，会试第七名。

曹栋，贯直隶镇江府丹徒县，军籍，府学增广生，治《易经》。字隆卿，行二十，年三十，十月初八日生。曾祖宁。祖贵，义官。父沂，引礼舍人。嫡母吴氏，继母王氏，生母张氏。慈侍下。兄椿；桐；木；榆；桢，监生；棣；柏，监生；东；杨。弟采。娶关氏。应天府乡试第九十六名，会试第二十名。

邓球，贯湖广永州府祁阳县，民籍，国子生，治《书经》。字应鸣，行一，年三十三，正月十六日生，曾祖思义。祖渥。父大森。母刘氏。具庆下。弟策，殊。娶黄氏。湖广乡试第八名，会试第八十一名。

雷鸣春，贯直隶安庆府怀宁县，民籍，县学生，治《礼记》。字肇元，行一，年三十二，十月二十三日生。曾祖显。祖震，义官。父雨，监生。嫡母刘氏，生母刘氏。具庆下。弟鸣夏。娶黄氏。应天府乡试第十五名，会试第二百三十二名。

黄纬，贯山东青州府益都县，军籍，国子生，治《书经》。字焕甫，行一，年三十一，十一月二十四日生。曾祖友才。祖玉，寿官。父礼，省祭官。母李氏。永感下。弟绶、纳、丝、绤、继、绘。娶姜氏。山东乡试第二十三名，会试第一百七十六名。

包大燏，贯浙江宁波府鄞县，民籍，国子生，治《易经》。字举之，行十二，年三十五，十一月十五日生。曾祖铭，赠监察御史。祖泽，监察御史。父杞。前母俞氏，母方氏。慈侍下。兄大光。弟大煾、大烶、大炅。娶鲍氏。浙江乡试第十四名，会试第十四名。

何永庆，贯河南怀庆府仪卫司旗手所，军籍，国子生，治《礼记》。字善夫，行五，年三十七，八月十九日生。曾祖友才。祖安。父朝玉。母王氏。具庆下。兄永澄、永清、永寿、永吉。娶赵氏。河南乡试第七十四名，会试第一百三十九名。

纪诚，贯顺天府霸州文安县，民籍，县学生，治《易经》。字勉夫，行二，年四十一，八月初十日生。曾祖亨，卫经历，赠右长史。祖纮，右长史。父常，左布政使。母马氏，封宜人。严侍下。兄言，监生。弟谨。娶李氏。顺天府乡试第三十八名，会试第一百四十一名。

刘芬，贯直隶真定府真定县，民籍，县学生，治《诗经》。字世馨，行一，年三十五，十二月二十七日生。曾祖春。祖彪。父子鹏。母张氏。具庆下。娶曹氏。顺天府乡试第一百十九名，会试第二百名。

徐潜，贯广西柳州卫，官籍，直隶合肥县人，马平县学生，治《诗经》。字哲甫，行二，年三十，五月二十四日生。曾祖伦。祖钺。父松。母杨氏。具庆下。兄澄。娶戴氏。广西乡试第三十三名，会试第二百五十五名。

杨鈝，贯直隶顺德府邢台县，民籍，国子生，治《诗经》。字汝奇，行三，年三十四，十月初六日生。曾祖升。祖槐。父贤。母沈氏，继母张氏。慈侍下。兄铨；鑰，岁贡生。弟鉴。娶朱氏，继娶张氏。顺天府乡试第一百十二名，会试第二百二十二名。

潘良贵，贯神武左卫，军籍，浙江绍兴府上虞县人，国子生，治《书经》。字汝思，行四，年二十七，十一月十五日生。曾祖福，百户。祖能，百户。父绶。母邵氏。永感下。兄良玉、良臣、良相。弟良才、良卿。娶梁氏，继娶时氏。顺天府乡试第八十六名，会试第二百四十三名。

乐舜宾，贯浙江宁波府定海县，灶籍，国子生，治《易经》。字宗尧，行四，年三十四，七月三十日生。曾祖友中。祖贵施。父愫。母郑氏，继母洪氏。具庆下。兄舜位。娶林氏。浙江乡试第八十九名，会试第一百七十八名。

赵云程，贯顺天府大兴县，匠籍，直隶扬州府通州人，顺天府学生，治《诗经》。字汝登，行一，年二十五，七月十八日生。曾祖瑢，知县。祖显。父子春。母鲍氏，继母孙氏。具庆下。弟鹏程。娶王氏。顺天府乡试第九名，会试第九十七名。

张凤岐，贯浙江嘉兴府嘉兴县，民籍，国子生，治《书经》。字鸣治，行二，年三十五，四月二十八日生。曾祖明。祖琼。父桢。母莫氏。永感下。兄凤和。娶褚氏，继娶姚氏。浙江乡试第四十五名，会试第十名。

蔡一槐，贯福建泉州府晋江县，民籍，国子生，治《春秋》。字景明，行四，年三十三，五月初三日生。曾祖弥凯，驿丞。祖聪，寿官。父珪。前母李氏，母叶氏。具庆下。兄一春、一秋、一桂。娶林氏。福建乡试第七十二名，会试第六十一名。

王徽猷，贯福建泉州府晋江县，民籍，国子生，治《易经》。字天诰，行二，年三十四，九月二十八日生。曾祖崇钦。祖瑞珍。父宦。母杨氏。具庆下。兄徽言。弟徽谟、徽典、徽音、徽谦、徽诏。娶蔡氏。福建乡试第八名，会试第五十九名。

郑栋，贯江西饶州府万年县，民籍，县学生，治《礼记》。字公宇，行二，年三十八，四月二十日生，曾祖仕昌。祖恩，教谕。父环。母吴氏。永感下。弟干。娶刘氏。江西乡试第二十九名，会试第二百一名。

杨起元，贯直隶真定府栾城县，民籍，府学生，治《易经》。字体仁，行二，年三十，十一月二十九日生。曾祖馨，教谕。祖鸾。父时雍。母程氏。永感下。兄允。娶胡氏。顺天府乡试第七十四名，会试第一百七十三名。

楼如山，贯浙江金华府东阳县，军籍，县学附学生，治《诗经》。字公安，行一百九十二，年三十二，十二月十三日生。曾祖肇称，寿官。祖镔。父墙。母何氏。严侍下。弟如崐、如岘。娶卢氏。浙江乡试第七十一名，会试第二百十四名。

王爱，贯浙江嘉兴府秀水县，军籍，国子生，治《书经》。字体仁，行一，年四十三，三月初八日生。曾祖鼎。祖玭。父朴，知县。前母鲁氏，母朱氏。永感下。娶项氏，继娶贺氏。浙江乡试第十八名，会试第七十五名。

刘一孚，贯山东青州府益都县，民籍，国子生，治《易经》。字贞甫，行一，年二十八，十一月十五日生。曾祖亮。祖玉。父相。母李氏。重庆下。弟有孚、中孚。娶邢氏。山东乡试第十一名，会试第二百七十二名。

何思谨，贯山东青州府莒州，民籍，国子生，治《诗经》。字仲勉，行三，年三十四，正月二十日生。曾祖青，知县。祖源。父邦理。母郝氏。慈侍下。兄思学，县主簿；思问。娶毛氏。山东乡试第六十二名，会试第四十六名。

李文续，贯四川叙州府宜宾县，民籍，县学附学生，治《诗经》。字德延，行一，年二十六，正月初三日生。曾祖伯恂，典史。祖本雄，岁贡生。父夔。母王氏。永感下。弟文纯、文纲、文纬、文绮、文经。娶周氏。四川乡试第三十八名，会试第四十二名。

徐惟辑，贯浙江衢州府江山县，民籍，国子生，治《春秋》。字汝洽，行三，年三十八，七月十六日生。曾祖举昌。祖仲寅。父鸣銮，训导。母沈氏。慈侍下。兄惟轮、惟辂、惟轨。弟惟载、惟连。娶姜氏，继娶毛氏。浙江乡试第五十名，会试第一百一名。

梅惟和，贯贵州普定卫，军籍，陕西西安府三原县人，卫学生，治《诗经》。字元臣，行一，年三十一，六月三十日生。曾祖忠，镇抚。祖纪。父月，知府。前母沈氏，母詹氏。具庆下。弟惟用、惟调、惟时、惟诗、惟美。娶张氏。贵州乡试第十五名，会试第一百三十五名。

张岳，贯浙江绍兴府余姚县，民籍，县学增广生，治《礼记》。字汝宗，行五，年二十七，七月十九日生。曾祖时泽，知府。祖莱。父恒。母蔡。具庆下。兄嵓、有德。弟型、垮、對、坿。娶王氏。浙江乡试第五名，会试第二百九十七名。

赵格，贯江西吉安府安福县，民籍，县学生，治《春秋》。字君正，行三，年三十一，八月初七日生。曾祖常，教谕，赠工部尚书。祖璋，七品散官。父满。母姚氏。慈侍下。兄杲，千户；枢，监生。弟新，左军都督府都事；栗，监生；橺；枋。娶刘氏。

江西乡试第七十一名，会试第一百九十五名。

王世懋，贯直隶苏州府大仓州，军籍，昆山县人，国子生，治《易经》。字敬美，行二，年二十四，五月二十六日生。曾祖辂，赠通议大夫南京兵部右侍郎。祖倬，通议大夫南京兵部右侍郎。父忭，总督军务都察院右都御史兼兵部左侍郎。母郁氏，封安人。具庆下。兄世芳，提学副使；世德，詹事府主簿；世业，四夷馆译字官；世贞，按察司副使；世闻；世望。娶章氏。顺天府乡试第四十三名，会试第七十四名。

赖嘉谟，贯江西吉安府万安县，民籍，国子生，治《易经》。字承卿，行七，年三十六，四月二十日生。曾祖秉敬。祖公余。父洁，府经历。前母萧氏，母王氏。具庆下。兄贯褒、廷相、贯襄、贯时、贯褒、贯年。弟贯弁、嘉谋。娶罗氏。江西乡试第二十九名，会试第一百四十五名。

郭天禄，贯直隶保定后卫军籍，定兴县人，大宁都司学生，治《春秋》。字子学，行二，年三十四，正月十四日生。曾祖甫原。祖本。父进，义官。前母田氏、韦氏，母胡氏。具庆下。兄安邑。弟裡、祚、悌。娶王氏。顺天府乡试第二十二名，会试第二百十五名。

徐廷祼，贯直隶苏州府昆山县，民籍，太仓州人，县学生，治《诗经》。字士敏，行一，年二十七，七月初五日生。曾祖继昭。祖仑。父秦。嫡母茅氏，生母凌氏。慈侍下。娶陆氏。应天府乡试第十六名，会试第二百二十七名。

赵莘，贯直隶大名府开州长垣县，民籍，国子生，治《易经》。字师尹，行四，年三十八，六月初四日生。曾祖让。祖铭，封吏部主事。父祜，苑马寺卿赠中大夫。母王氏，封安人。慈侍下。兄庄、苏、万。娶崔氏。顺天府乡试第三名，会试第二百八十九名。

谢廷杰，贯江西南昌府新建县，民籍，县学生，治《书经》。字宗圣，行七，年三十一，六月十三日生。曾祖一夔，工部尚书，赠太子少保，谥文庄。祖纪。父骥，应天府治中。嫡母屈氏，赠宜人；继母张氏，封宜人；生母杨氏。慈侍下。兄廷献、廷和、廷猷、廷兰、廷笃。弟廷举、廷迁。娶欧阳氏。江西乡试第二十名，会试第一百六名。

李辅，贯江西南昌府进贤县，民籍，县学赠广生，治《诗经》。字子卿，行四，年二十九，六月二十日生。曾祖萼。祖廷裕。父柯。母陈氏。具庆下。兄轼。弟舆载。娶齐氏，继娶许氏。江西乡试第五十五名，会试第八名。

庞澜，贯直隶河间府任丘县，军籍，国子生，治《诗经》。字观吾，行一，年三十六，四月初一日生，曾祖质。祖璟，寿官。父钦。母许氏。严侍下。娶潘氏。顺天府乡试第一百二名，会试第二百七十七名。

李琦，贯光禄寺厨籍，直隶常州府江阴县人，顺天府学附学生，治《书经》。字伯玉，行一，年二十五，十月二十三日生。曾祖昂。祖安，寿官。父禄，典膳。母王氏。具庆下。弟珍，斑。娶朱氏。顺天府乡试第八十名，会试第二百八十六名。

蔡悉，贯直隶庐州府合肥县，匠籍，府学生，治《书经》。字士皆，行四，年二十四，四月初三日生。曾祖清。祖裡。父廷用。母张氏。具庆下。兄懋、广、贵、愈、忠、恩、宪、恕。弟志、惪、思、念、懿、庆。娶孙氏。应天府乡试第二十名，会试第二百六十一名。

刘介龄，贯广东广州府南海县，民籍，县学生，治《诗经》。字少脩，行五，年三十七，二月十一日生，曾祖钺。祖裔。父琛。前母罗氏，母潘氏。慈侍下。兄尚绩、尚纲。娶邵氏。广东乡试第六十八名，会试第二百六十六名。

张槚，贯江西建昌府新城县，民籍，县学生，治《易经》。字叔养，行二，年二十七，十一月十八日生。曾祖维德，义官。祖廷用，义官。父蕙。母上官氏。永感下。兄栋，监生；杞。弟宷。娶萧氏。江西乡试第十一名，会试第二百十九名。

戴凤翔，贯浙江嘉兴府海盐县，灶籍，嘉兴县人，县学附学生，治《诗经》。字志曾，行三，年三十三，正月二十一日生，曾祖世能。祖文审。父冠。母沈氏。具庆下。兄凤来、凤仪。弟凤鸣、凤彩。娶周氏。浙江乡试第五十五名，会试第二百十八名。

吴教传，贯山东东昌府朝城县，军籍，县学生，治《书经》。字汝范，行三，年二十五，十月初九日生。曾祖元。祖龙。父来聘。母张氏。重庆下。兄性传、道传。弟中传、心传、正传、敬传。娶田氏。山东乡试第五十三名，会试第二百八十一名。

翟台，贯直隶宁国府泾县，民籍，县学生，治《易经》。字思平，行六，年四十，九月二十八日生。曾祖常。祖铁。父琨。前母唐氏，母万氏，继母盛氏。慈侍下。兄发；佑；祚；视，岁贡生；呈。弟器、懿、恂、惜、恢。娶曹氏。应天府乡试第五十四名，会试第十八名。

杨津，贯山东青州府诸城县，匠籍，县学增广生，治《诗经》。字汝问，行二，年三十，三月二十四日生。曾祖铎。祖贤。父璠。前母侯氏，母朱氏。永感下。兄渭；涌；深，省祭官；泽。弟洲。娶范氏。山东乡试第二十七名，会试第二百六十名。

程鸣伊，贯山东青州府乐安县，匠籍，国子生，治《书经》。字希正，行二，年二十九，九月初五日生。曾祖琮。祖玉，县丞，赠刑部主事。父绅，按察司副使。母蒋氏，赠安人；继母崔氏，封安人。慈侍下。兄鸣洛。弟鸣南、鸣高。娶李氏。山东乡试第四十七名，会试第一百八十四名。

梁梧，贯河南汝宁府信阳卫，军籍，国子生，治《诗经》。字凤鸣，行一，年三十二，正月二十五日生，曾祖安。祖孜。父瀛。母杜氏。具庆下。弟槚、枢。娶潘氏。河南乡试第十名，会试第一百二十九名。

邢邦，贯山东东昌府临清州，民籍，国子生，治《易经》。字维翰，行一，年四十，二月二十三日生。曾祖琛，寿官。祖畯，典史。父秉仁，进士。母于氏，继母解氏。永感下。弟邠、郇。娶王氏。山东乡试第四十七名，会试第二百七十四名。

蒋凌汉，贯四川成都府金堂县，民籍，华阳县学生，治《易经》。字节甫，行一，年三十七，八月十一日生。曾祖逢庆，教授。祖埧，训导。父惟縣。前母李氏，母张氏，继母宋氏。严侍下。娶张氏。四川乡试第三十三名，会试第一百二名。

詹彬，贯福建泉州府安溪县，民籍，国子生，治《易经》。字汝宜，行一，年四十，九月初六日生。曾祖靖，州同知。祖廷贤。父赐。母陈氏。重庆下。弟桂、楙。娶陈氏。福建乡试第六十二名，会试第一百六十三名。

熊秉元，贯江西南昌府丰城县，民籍，县学附学生，治《易经》。字仁卿，行六，年二十三，八月十三日生。曾祖伯用。祖斯佑。父颐。母李氏。严侍下。弟秉贞。娶余氏，继娶徐氏。江西乡试第九十三名，会试第二百四名。

丘达道，贯四川成都府绵州，民籍，儒士，治《书经》。字和仲，行八，年二十四，六月十八日生。曾祖友成。祖应祖，典史。父岳，知县。母胡氏。慈侍下。兄志道、大道、载道、从道、弘道、学道、信道。弟明道。娶戴氏。四川乡试第四十八名，会试第四十三名。

平康裕，贯直隶保定府新城县，民籍，国子生，治《诗经》。字德远，行二，年二十九，八月二十五日生。曾祖鉴。祖洪，省祭官。父旦，岁贡生。母范氏。具庆下。兄康祚。弟康祈、康衢、康佑、康祜。娶张氏。顺天府乡试第五十八名，会试第六十六名。

孙汝翼，贯顺天府密云县，民籍，国子生，治《书经》。字舜臣，行一，年二十九，七月初九日生。曾祖海。祖宽。父填，知县。母祝氏。具庆下。弟汝为、汝砺、汝明、汝听。娶杨氏，继娶杜氏、郑氏。顺天府乡试第八十七名，会试第一百四十九名。

王缉，贯山西汾州卫，官籍，直隶凤阳府定远县人，国子生，治《书经》。字熙甫，行三，年三十四，三月初五日生。曾祖谦，百户。祖瑄，百户。父鹤。母张氏。慈侍下。兄经；纬，知县。娶赵氏。山西乡试第二十七名，会试第一百九名。

张齐，贯陕西西安府长安县，民籍，国子生，治《礼记》。字子修，行五，年二十八，十月十七日生。曾祖穟。祖坚，贡士。父栋，监生。嫡母卢氏，生母薛氏。具庆下。兄褒、亮、衮。弟裹。娶王氏。陕西乡试第五名，会试第二百八十四名。

顾廷对，贯直隶扬州府泰州，民籍，州学生，治《诗经》。字子俞，行二，年三十，十二月二十四日生。曾祖行，府经历。祖玑，县丞。父云凤，知县。母徐氏。重庆下。兄廷问。弟廷谓、廷策、廷干、廷论。娶宋氏。应天府乡试第六名，会试第九十一名。

朱擢，贯陕西西安府渭南县，民籍，县学生，治《春秋》。字登庸，行一，年三十二，正月十七日生。曾祖会。祖文晓。父昆。母李氏。慈侍下。弟采、捷、接、按。娶王氏。陕西乡试第八名，会试第二百九十二名。

吴于时，贯四川叙州府富顺县，灶籍，嘉定州荣县人，县学附学生，治《诗经》。字以兴，行一，年二十七，十二月二十九日生。曾祖堂。祖可依。父谭。母江氏，继母魏氏。慈侍下。弟于礼、于乐。娶赵氏。四川乡试第四十四名，会试第八十四名。

贾淇，贯河南河南府嵩县，民籍，县学生，治《易经》。字希武，行三，年三十六，十一月初七日生。曾祖睿。祖宗。父锡。母王氏。具庆下。兄濂、渔。弟沐、澄、洛、渭。娶王氏，继娶高氏。河南乡试第七十三名，会试第一百十三名。

尹约，贯山东兖州府平阴县，民籍，县学生，治《书经》。字一之，行一，年三十，正月初九日生。曾祖彝，府通判。祖惟能，县丞。父献可。母李氏。慈侍下。弟绪、绍、绅。娶赵氏。山东乡试第五十三名,会试第二百七十一名。

周鸣埙,贯湖广黄州府蕲水县,民籍,县学增广生,治《春秋》。字思友,行一,年四十二,七月二十二日生。曾祖仕淮。祖绍武,县丞。父楫,县丞。嫡母毛氏,生母梅氏。永感下。兄鸣镐,监生。弟鸣簏,监生;鸣爽;鸣阳;鸣春;鸣咸;鸣琚;鸣溁;鸣垠;鸣雷。娶夏氏,继娶向氏。湖广乡试第五十一名,会试第三十四名。

郁言,贯浙江绍兴府山阴县,民籍,县学附学生,治《易经》。字从忠,行十九,年三十二,五月二十三日生。曾祖臻。祖瓛。父柬。前母金氏,母吴氏。慈侍下。兄子翀,州判官;子翔;文。弟良,音。娶沈氏。浙江乡试第五十八名,会试第六十三名。

黄仪,贯广东广州府东莞县,民籍,县学生,治《易经》。字象卿,行三,年二十九,三月初八日生。曾祖祖荫。祖铭。父玥。母陈氏。具庆下。兄伟;谏,监生。弟仰。娶黎氏。广东乡试第五十六名,会试第三十七名。

赵讷,贯山西汾州孝义县,民籍,国子生,治《书经》。字孟敏,行一,年三十九,六月二十五日生。曾祖泰,县主簿。祖鸿,寿官。父思商,县主簿。母田氏。具庆下。兄时、晓。弟晴、赞、旸。娶宋氏,继娶李氏。山西乡试第三十八名,会试第二百十七名。

张希稷,贯山东青州府高苑县,军籍,国子生,治《诗经》。字于田,行二,年三十七,七月十六日生。曾祖士举。祖盘。父玚。前母陈氏,母崔氏。永感下。兄希尹。弟希龙;希召,贡士。娶杨氏。山东乡试第四十二名,会试第二百九十名。

洪有第,贯福建泉州府南安县,军籍,县学生,治《易经》。字懋学,行一,年二十七,三月初三日生。曾祖昕,义官。祖宙。父庭实,府同知。母张氏。严侍下。兄有恒;有容,贡士;有斐。弟有复、有临、有严、有声、有节、有笃。娶汪氏。福建乡试第七十四名,会试第一百二十一名。

孙光祖,贯浙江宁波府慈溪县,民籍,国子生,治《诗经》。字子绍,行二十二,年三十三,十一月二十三日生。曾祖禧,封大理寺评事。祖珪,大理寺寺正。父信。母冯氏。永感下。兄承祖、熙、杰、敬祖。娶余氏。浙江乡试第八十四名,会试第二十二名。

冯珊,贯直隶真定府藁城县,民籍,国子生,治《诗经》。字仲鸣,行一,年三十二,十月二十八日生。曾祖选。祖世隆。父守之。前母王氏,母张氏。慈侍下。弟瑚。娶张氏。顺天府乡试第四十五名,会试第二百四十九名。

郑惟侨,贯湖广荆州府石首县,军籍,县学附学生,治《书经》。字子爱,行一,年四十,六月二十日生。曾祖懋。祖文昕,县丞。父璧。母管氏。慈侍下。弟惟和、唯中、惟寅、惟吉。娶谢氏。湖广乡试第八十七名,会试第二百九十四名。

高大化,贯山东青州府沂水县,民籍,县学生,治《书经》。字少贤,行二,年三十四,四月二十七日生。曾祖睦。祖福,寿官。父迁。母豆氏。慈侍下。兄大同,监生。弟大训、大浩、大道、大治。娶王氏。山东乡试第十三名,会试第一百十九名。

鲍宗沂,贯直隶扬州府江都县,民籍,顺天府大兴县人,国子生,治《易经》。字志同，行六，年三十三，二月初十日生。曾祖景暹。祖荣。父庆。母刘氏。永感下。弟宗泗。娶朱氏。应天府乡试第七十名，会试第四十一名。

甄津，贯山东兖州府鱼台县，官籍，县学生，治《诗经》。字汝问，行六，年三十一，十一月十九日生。曾祖实。祖衡，义官。父铠，县主簿。母李氏。永感下。兄溥；游；泮；汴，监生；沛，同科进士。娶刘氏。山东乡试第十二名，会试第二百二十六名。

夏永，贯辽东广宁前屯卫，官籍，卫学生，治《诗经》。字吉甫，行一，年三十六，十月十四日生。曾祖进。祖贤。父景明，贡生。母康氏。永感下。弟昶。娶张氏。顺天府乡试第八十六名，会试第二百八名。

孙代，贯陕西凤翔府扶风县，军籍，县学生，治《书经》。字绍甫，行五，年二十五，九月十五日生。曾祖芳。祖完。父述。母张氏。具庆下。兄佑、佳、伟、仁。弟侍。娶刘氏。陕西乡试第十五名，会试第一百五十一名。

周美，贯浙江杭州府富阳县，民籍，国子生，治《诗经》。字子充，行二十七，年三十二，三月初五日生。曾祖岐。祖绎。父柯。母赵氏，继母华氏。具庆下。兄鳌。弟燹，监生；炗；勋；燿；羔；爧。娶陈氏。顺天府乡试第八十八名，会试第九十五名。

李向阳，贯四川雅州，军籍，州学生，治《易经》。字忠卿，行二，年二十六，三月二十日生。曾祖惠。祖俸。父印。前母陈氏、李氏，母马氏，继母杨氏。具庆下。兄朝阳。娶曹氏，继娶穆氏。四川乡试第五十名，会试第二百八十三名。

罗大玘，贯江西南昌府南昌县，民籍，国子生，治《易经》。字惟节，行一，年三十四，十二月二十一日生。曾祖复业。祖九还。父贡绅。母陈氏。严侍下。兄大佐；大才，岁贡生；复，御史；大珍；大鸾。娶龙氏。江西乡试第六十九名，会试第二百三十四名。

高甲，贯大宁都司中卫后所，军籍，国子生，治《易经》。字一卿，行一，年三十七，十一月初一日生。曾祖友谅。祖钦。父岑，教谕。母申氏，继母申氏。具庆下。弟科、第、登、举。娶齐氏。顺天府乡试第一百八名，会试第一百四十八名。

雷以仁，贯湖广荆州府夷陵州，军籍，州学生，治《诗经》。字育卿，行一，年三十一，二月初六日生。曾祖清。祖春。父霖。母陈氏。慈侍下。弟以信。娶周氏，继娶王氏。湖广乡试第四十一名，会试第二十六名。

雷孔文，贯四川重庆府大足县，民籍，县学生，治《诗经》。字质卿，行一，年三十五，正月二十日生。曾祖汉霄。祖寿龄。父迅。母鄢氏，继母王氏。具庆下。弟孔章、孔谟。娶廖氏，继娶王氏、萧氏。四川乡试第四十五名，会试第一百四十六名。

杨枢，贯山西泽州阳城县，民籍，国子生，治《易经》。字运卿，行三，年二十八，四月十五日生。曾祖恺。祖克美。父玠。母茹氏。慈侍下。兄枝，贡士；栋。娶王氏。山西乡试第二十五名，会试第一百四名。

王廷瞻，贯湖广黄州府黄冈县，军籍，国子生，治《礼记》。字稚表，行三，年三十九，九月二十八日生。曾祖思旻，同知。祖文奎，赠吏部郎中。父济，布政司参政。

嫡母汪氏，封宜人，生母徐氏。永感下。兄廷儒，南京都察院都事；廷陈，前翰林院庶吉士。弟廷杨，监生；廷迁，监生；廷第。娶陈氏，继娶皇氏。湖广乡试第六十三名，会试第一百六十四名。

李承嗣，贯浙江宁波府鄞县，民籍，国子生，治《易经》。字贞立，行三十五，年三十三，正月初六日生。曾祖鼎，赠工部右侍郎。祖杰，义官。父维翰，阴阳正术。母傅氏。永感下。兄承宣。弟承训、承寀、承家、承守。娶王氏。应天府乡试第一百二十二名，会试第二百二十四名。

张庸，贯河南汝宁府光州光山县，民籍，县学生，治《春秋》。字子登，行五，年三十二，四月十一日生。曾祖道清。祖璲，县丞。父如轸。前母胡氏，母舒氏。慈侍下。兄应，知县；康；庚；庆。弟庶、席。娶谢氏。河南乡试第十六名，会试第二百二十七名。

侯巀，贯山西潞安府长治县，民籍，国子生，治《易经》。字子谦，行三，年三十三，正月二十九日生。曾祖广。祖珗。父方。母崔氏。具庆下。兄崇、岚。弟岘、巍、岜、嵋、崧、岑、崋。娶仇氏。山西乡试第五十名，会试第一百五十六名。

张缙，贯河南彰德府安阳县，民籍，县学增广生，治《诗经》。字子忠，行四，年三十四，四月十五日生。曾祖海。祖左。父才广。前母李氏，母常氏。慈侍下。兄经、纶、纪。弟绅；绸，贡士；纬。娶申氏。河南乡试第三十八名，会试第一百五十五名。

侯必登，贯云南广南卫，军籍，应天府上元县人，澂江府学生，治《礼记》。字懋学，行五，年二十六，八月二十九日生。曾祖钊。祖永澄。父安国，寿官。母杨氏。严侍下。兄必忠、必封、必宠、必显。弟必亲。娶张氏，继娶李氏。云南乡试第二名，会试第二百二十三名。

刘南金，贯河南开封府杞县，民籍，祥符县学附学生，治《礼记》。字献卿，行一，年二十三，六月二十三日生。曾祖鼎。祖尧寅。父堪。母朱氏。具庆下。娶李氏。河南乡试第五十六名，会试第七十九名。

张振之，贯直隶苏州府太仓州，民籍，州学生，治《诗经》。字仲起，行二，年三十二，六月二十四日生。曾祖继芳。祖杰。父士铠。母郁氏。严侍下。兄抚之。娶朱氏，继娶刘氏。应天府乡试第六十一名，会试第一百一十六名。

张蕴道，贯山西太原府石州宁乡县，民籍，国子生，治《易经》。字君聘，行一，年三十六，三月初八日生。曾祖贤，寿官。祖翱，义官。父文。母武氏，继母王氏。严侍下。弟蕴学。娶史氏。山西乡试第三十一名，会试第一百五十名。

郭大纶，贯锦衣卫，校籍，山东青州府博兴县人，国子生，治《诗经》。字子理，行二，年三十三，八月二十日生。曾祖敬。祖通。父泰。前母王氏，母穆氏。慈侍下。兄大经。弟大本。娶王氏。顺天府乡试第七名，会试第二百三名。

周弘祖，贯湖广黄州府麻城县，民籍，国子生，治《春秋》。字元孝，行二，年三十一，九月十四日生。曾祖洙，知县赠监察御史。祖廷征，按察司副使进阶中宪大夫。父钺，县丞。母汪氏。具庆下。兄弘迪，贡士。弟弘礼、弘祜、弘祉、弘祁、弘补、弘檢、弘佑、弘祐。娶余氏。湖广乡试第六十九名，会试第四十九名。

马文学，贯直隶保定府雄县，民籍，县学生，治《书经》。字行先，行一，年四十，四月初六日生。曾祖珍，监生。祖隆。父智。母高氏，继母高氏。慈侍下。弟文奇。娶韩氏。顺天府乡试第一百五名，会试第二百三十一名。

吴逢春，贯广东潮州府海阳县，民籍，国子生，治《书经》。字子沐，行五，年三十一，二月十二日生。曾祖承谦。祖荣。父雷动。母郑氏。慈侍下。兄逢吉。弟逢泰。娶蔡氏。广东乡试第四十一名，会试第一百三十六名。

胡儒，贯浙江绍兴府会稽县，军籍，县学增广生，治《书经》。字叔醇，行一，年四十，五月十七日生。曾祖季舟，监察御史。祖泰。父忠。母林氏。严侍下。弟价，仕。娶唐氏。浙江乡试第四十八名，会试第二百五十四名。

段朝宗，贯陕西西安府朝邑县，民籍，县学生，治《易经》。字于海，行一，年三十七，八月二十六日生。曾祖瑄。祖景新。父奎。母杨氏，继母马氏。严侍下。弟朝济。娶马氏，继娶杨氏。陕西乡试第十三名，会试第一百九十七名。

张诩，贯山东登州卫，军籍，直隶扬州府兴化县人，登州府学生，治《诗经》。字元卿，行四，年四十二，八月初四日生。曾祖和。祖英。父昂，监生。母陈氏。慈侍下。兄翱，府检校；翺；翊，典膳。弟翔。娶陈氏。山东乡试第二名，会试第七十六名。

《嘉靖三十八年进士登科录·策问》：

皇帝制曰：朕恭承上天明命，君此华夷，亦既有年矣。夙夜持敬，不敢怠恣，一念在民，欲人人得所。夫何与我共理者，彼各一心，皆未见以我心而是体，百务惟欺君以欺天，害民亦害物。彼尝言之者，后尽背而弃之。夫大学之道，专以用人理财为急，用得其人，政自治，财理得宜，用自足。吁，人之不我用，而代理之责，岂我独能耶？兹欲闻，人得用，财得理，以至治美刑平，华尊夷遁，久安之计，何道可臻？尔多士其言之，必尽所怀焉。嘉靖三十八年三月十五日。

《嘉靖三十八年进士登科录·丁士美对策》：

臣对：臣闻帝王之致治也，必君臣交儆，而后可以底德业之成，必人臣自靖，而后可以尽代理之责。何者？天地之大德曰生，而其所欲生者，莫甚于民，故立之君以理之。是君也者，承天之命者也，当以天之心为心者也。圣人之大宝曰位，而所以守位者，莫要于得民，故设之臣以分理之。是臣也者，承君之命者也，当以君之心为心者也。君以天之心为心，则有纯天之心，有宪天之政，宗子之责尽矣。臣以君之心为心，则事君如事天，事君如事亲，家相之责塞矣。是知君责任乎臣，臣责难于君，是谓交儆，交相得而益章，泰道之所以成也。志存乎立功，事专乎报主，是谓自靖，君得臣而化行，理道之所以永也。然则一心一德，君臣固当共成其休，而自靖自献，人臣又可不自尽其心也哉！帝王所以礼乐明备而天地官，刑政肃清而民人服，莅中国而内顺治，抚四夷而外威严者，胥此交儆之诚、自靖之谊有以致之也。恭惟皇帝陛下，禀刚健中正之资，合天地阴阳之德，际中兴极治之会，成明圣作述之能。至道超于元始，而灵赆昭祥，精诚格于重玄，而休征协应。德教洋溢于域中，威声振扬于海外。嘉靖万邦，迄今三十又八载矣。臣窃伏草茅，霑被治化，何幸圉于天覆地载之中，而游于鸢飞鱼跃之境也。乃今万几之暇，进臣等于廷，俯赐清问，首言夙夜祗畏之心，次言臣工欺慢之失，终及用人理财之道，久安长治之方，臣有以仰窥陛下之心，视民如伤之心，望道未见之心也，敢不披沥愚衷，以对扬休命于万一耶？臣闻之《书》曰：惟天地万物父母。惟人万物之灵。亶聪明作元后。元后作民父母。又曰：惟皇上帝，降衷于下民。若有恒性，克绥厥猷惟后。盖言天有父母斯民之心，而不能以直遂也，于是即亿兆之中，择夫聪明之尽者，而畀之以统一华夷之位焉。是君也者，上焉而有奉天之责也，子道系焉，敢不敬与？下焉而有子民之责也，父道系焉，可不勤与？天之与民，其理一也，敬之与勤，其撰一也。故明此于二帝，其道隆矣，然必曰钦若昊天，必曰敬授人时也，必曰敕天之命，必曰食哉惟时也。明此于三王，其治烈矣，然必曰昭受上帝，必曰下民昏垫也，必曰顾諟明命，必曰子惠困穷也，必曰亦临亦保，必曰卑服即功也，必曰恭天成命，必曰大赉四海也。若是者何居？君道则然也。故君必敬天勤民，而后为克君。臣又闻之《书》曰：明王奉若天道，建邦设都，树后王君公，承以大夫师长。不惟逸豫，惟以治民。《礼》曰：惟王建国，辨方正位，体国经野，设官分职，以为民极。盖言君有父母斯民之心，而不能以自遂也，于是即类聚之中，择夫才贤之备者，而与之以共理民物之责焉。是臣也者，上焉而有代终之义也，为上为德，敢或欺与？下焉而有长民之寄也，为下为民，可或害与？君之于民，其体一也，忠君爱民，其心一也。故明此于舜禹，其绩懋矣，然必曰熙载亮工，必曰柔远能迩也，必曰过门不入，必曰敷土奠川也。明此于稷契皋陶伊傅，其职殚矣，然必曰树艺五谷，必曰敬敷五教也，必曰思日赞襄，必曰知人安民也，必曰俾后尧舜，必曰时予以辜也，必曰以匡乃辟，必曰以康兆民也。若是者何居？臣道则然也。故臣必忠君爱民，而后为克臣。三代而下，英君谊辟，代有作者，而昏迷而怠弃，而狎侮而盘游者，不少也。名卿硕辅，亦不乏人，而诬上而蠹国，而慢君而贼民者，比比也。则知唐虞三代之所以久安长治者，非其气数之适然也，其君臣之交修交省，其人臣之自靖自献者，有以致之也。后世之所以不能有唐虞三代之治者，亦非其气数之适然也，其君臣之以逸以豫，其人臣之自私自利者，有以致之也。仰惟陛下仁孝之德，上通于天，乐利之休，磅礴于地。临御以来，圣政之详，固不能以殚述，而敬天勤民，尤为先务之急者焉。观诸《钦天》有记，焕发昭事之忱，《大报》有歌，丕扬祗答之敬。以至因星变而敕谕，因水旱而责躬，寅奉之心，彻显微而无间。其敬天也，何如其至也？殆与尧之钦天、舜之敕天、禹之昭受、汤之自责、文之临保、武之恭承一而已矣。无逸有殿，克念小民之依，豳风有亭，昭示力本之教，以至发内帑以赈民穷，减贡献以节民力，惠恤之念，合遐迩而皆然。其勤民也，何如其切也？殆与尧之如天、舜之好生、禹之尽力、汤之子惠、文之如伤、武之若保一而已矣。然陛下敬天之心虽已至，而臣之奉承德意者，每不能精白以承休。陛下勤民之心虽甚殷，而臣之承流宣化者，每不能忠纯以仰副。其在朝廷莘毂，固必有竭忠秉义之臣矣，而违上所命，诬上行私者，未必其尽无也。其在百司庶府，固必有效忠宣力之臣矣，而静言庸违，违道干誉者，未必其尽无也。其在内台司谏，固必有匡救启沃之臣矣，而阿意顺旨，容悦面从者，未必其尽无也。其在藩臬守令，固必有旬宣惠和之臣矣，而尸素养望，苟且塞责者，未必其尽无也。其在军门督府，固必有忠勇致身之臣矣，而懦怯偾事，坐损国威者，亦未必其尽无也。又其甚者，上以欺于君，仰以欺于天，胞则害于民，与则害于物，诚有如陛下之所言者。甚哉，陛下以天之心为心，而诸臣不能以陛下之心为心也。诚使诸臣早夜以思，各务自靖，俨恪以图之，竞（兢）业以承之，敬其事而后其食，毋私便其身图。冢宰以掌邦治也，则曰吾黜陟必公。司徒以掌邦计也，则曰吾出纳必允。宗伯以掌邦礼也，则曰吾教化必修。司马以掌邦政也，则曰吾军属必恤。司寇以掌邦禁也，则曰吾不可以不得其情。司空以掌邦土也，则曰吾不可以不兴其利。以沃君心，以弼君违，而台谏之自靖犹是也。以阜成兆民，以惠养元元，而藩臬之自靖犹是也。大法小康，百官休辅，而自靖如一焉。则人各无负于心矣。无负于心，则有裨于民，而能以君之心为心矣。是人臣之能自靖者，始于一念之不欺，终于有孚之盈缶也。其不能自靖者，始之内以欺于心，终之上以负天子也。有君如此，宁忍负之耶？臣伏读圣制曰："大学之道，专以用人理财为急。用得其人，政自治，财理得宜，用自足。吁，人之不我用，而代理之责，岂我独能耶？"臣以为天道不言，而品物亨、岁功成者，四时之吏，五行之佐宣其气也。君道不劳，而庶绩熙、治功成者，公孤论道，六卿率蜀，张其教也。使举代天理物之责，而望陛下以独能，是犹长养万物，甄陶万类，不必四时之生成，五气之翕散，而望于穆之天道以独运其化也。不曰圣如尧舜，而水土之平，稼穑之教，必有赖于禹稷之贤，五教之弼，山泽之烈，必有待于皋陶伯益之俦耶？臣又伏读圣制曰："兹欲闻，人得用，财得理，以至治美刑平、华尊夷遁、久安之计，何道可臻？"且欲臣等有言之必尽也。臣窃以为用人有道，务乎聪明之实而已矣。何谓聪明之实？精其选，严其课，久其任而已矣。是故精择于未用之先，如其道德经济之兼优，则虽沉沦草泽，隆之大任可也，古有说筑傅岩而爰立作相者矣。慎察于既用之后，如其贪残宠赂之用彰，则必纠之重罚，勿徇其誉言可也，古有烹阿大夫而齐国大治者矣。责成于考绩之余，如其政迹显著，则增禄进秩，勿移其地可也，古有为京兆九年者，为郡守十年者，或请久任，或谏数易者矣，如是而人之不我用者，未之有也。理财有道，理其所以耗吾财者而已矣。所谓理其耗者，去三浮，汰三盈，审三计而已矣。是故官浮于冗员也，禄浮于冗食也，用浮于冗费也，此之谓三浮。去浮以存约，曾巩之说可举也。赏盈于太滥也，俗盈于太侈也，利盈于大趋也，此之谓三盈。酌盈以济虚，陆贽之说可举也。有不终岁之计下也，有数岁之计中也，有万世之计上也。是诚天不能使之灾，地不能使之贫，盗贼不能使之困。苏轼之上计，可图也。如是而财之不理者，未之有也。然此固用人理财之方也，所以求端用力之地，臣请探本尽言之焉。孔子曰：为政在人。取人以身。言纯心为用贤之本也。今日之用人，亦曰在陛下之居敬而已矣。居敬则明通，由是而照临百官，将贤否不能淆，邪正不能眩也。居敬则公溥，由是而鼓舞群工，将赏罚无所私，彰瘅无所徇也。以之而取贤敛才，则皋夔稷契之在列，而善人为宝矣。以之而黜伏庸回，则共工驩兜之放远，而不畜聚敛矣。此又非用人之大本乎？伊尹曰：慎乃俭德，惟怀永图。言克俭为君道之大也。今日之理财，亦曰在陛下之崇俭而已矣。崇俭则后宫无曳地之衣，由是公卿励杨绾之素，勋戚有马廖之风也。崇俭则一人惜露台之费，由是百官有《羔羊》之节，兆民有《蟋蟀》之俭也。自是而开财之源，则生之者众，为之者疾，而有财有用矣。自是而节财之流，则食之者寡，用之者舒，而以财发身矣。此又非理财之大本乎？本立则末治，上行则下效，由是身帅天下，而兴让兴仁，将治日益美。大畏民志，而使民无讼，将刑日益平。正是四国，而中国治安，将华日益尊，蛮貊率俾，而守在四夷，将夷日益遒。由是而卜鼎于亿年，由是而传世于万叶，圣神功化之极，久安长治之方，要在本原之地加之意焉而已矣。臣草茅狂瞽，不识忌讳，干冒天威，不胜战栗陨越之至。臣谨对。

《嘉靖三十八年进士登科录·毛惇元对策》：

臣对：臣闻帝王之御天下也，必治人与治法兼举，而后可以弘其化于无穷，必臣道与君道交修，而后可以善其法于不匮。盖法者经国之纪，人者植国之桢，惟人与法常相资而后立者也。使有治法，而无治人以经纶之，则补偏救敝之谟，将有所滞而弗举矣，何以称民安物阜之休耶？君者纪法之宗，臣者纪法之守，惟君与臣常相须而有成者也。使有圣君，而无贤佐以励翼之，则济世安民之泽，将有所雍而弗流矣，何以称君明臣良之庆耶？然则主治于上者，几虽有万，而不必求之于多术也，惟人以立法，法以经治，本末兼举，而四海雍熙之业，自永保于无虞矣。赞治于下者，分虽甚悬，而不当饰之以虚文也，惟忠以立心，心以事君，上下相孚，而一时喜起之猷，自交修于勿替矣。由是康济兆民，则兆民蒙其福。由是震慑四夷，则四夷宾其化。由是垂宪万世，则万世仰其成。此用人理财，所以敷为《大学》之训，而明良胥庆，称帝王之盛治者，至今不衰也。恭惟皇帝陛下，体天地好生之心，行圣贤《大学》之道，宝善人如金玉，爱苍生犹赤子。君子和于朝，小民和于野，蔼蔼乎亲贤乐利之风。近者无不悦，远者无不来，巍巍乎修齐治平之绩。是故上道揆而下法守，刑政肃清，内顺治而外威严，华夷一统。虽古唐虞三代之治，何以加兹？乃犹圣不自圣，特进臣等于廷，而询以用人理财之术，久安长治之方，甚盛心也。臣虽至愚，无所知识，然《大学》之训，则已习闻之久矣，敢不掇拾陈词，以对扬休命于万一乎？尝闻之《大学》曰：克配上帝。言君之尊犹上帝也。又曰：孝者所以事君。言臣之事君犹事亲也。夫君以配帝为尊，则端拱穆清，其道常主于逸。臣以移孝为忠，则夔夔祗载，其道常主于劳。使君而匪逸，则以上帝而兼行下土之职，非所以为君矣。臣而匪劳，则以厥子而不服厥父之事，非所以为臣矣。不观之天之生物乎？长养庶类，煦妪群生者，天之心也，而所以长养之煦妪之者，则惟日以暄之，雨以润之，风以嘘之，雷以震之，而天不自为也。譬之巨室之治产，凡大而耕获织纴之劳，细而洒扫应对之役，皆其子孙臣仆有以分任而代为之，而所谓严君者，则惟总其纲焉已尔，听其成焉已尔。然则君臣之间，又何以毕于是乎？是故家视天下者，则以君为宗子，臣为家相，言宗子之事，皆家相之所代理者也，分之当然也，而非以为功也。身视天下者，则以君为元首，臣为股肱，言元首之尊，实股肱之所捍卫者也，势之必然也，而非以为恩也。是道也，即《大学》之道也，即止仁止敬之说也。臣尝庄诵曾子之训，而至于篇终，因重有感矣。彼治平之要，莫大于絜矩之义，莫先于公好恶。而其所谓公好恶者，则首曰用人，如惟仁人能好人，能恶人是也。次曰理财，如生财有大道是也。人者国之桢干，使国无其人，则谁与共理？是犹操舟而舍柁师矣。财者国之命脉，使财用不足，则国空虚，是犹治家而忘稼穑矣。故有其人无其财，则国家之元气不充，有其财无其人，则国家之神气不振。斯二者固治道之不可偏废者也。然究言其目，亦岂必皆出于人君之所自为也哉！盖君者心志也，臣者百体也。心之所欲为者，百体必为之从令。君之所欲为者，百司必为之钦承。故志于用人者，君之职也，而所以登明选公，抡材授任者，则大冢宰大宗伯实秉其衡。志于理财者，君之职也，而所以任土作贡，鸠工聚财者，则大司徒大司空实供其事。试以古昔征之。知人安民，尧舜非不用人也，而尧舜不自为也，明扬侧陋，翕受敷施，则以付之岳牧而已。则壤成赋，尧舜非不理财也，而尧舜不自为也，奏庶艰食，懋迁有无，则以付之禹益而已。既而三代迭兴，循用此道。尝观王制周礼，升诸司徒曰选士，升诸司马曰进士，而又论辩然后使之，任事然后爵之，位定然后禄之。是三代之用人者，详且慎矣。而曰司徒，曰司马，则何莫非其百执事之所为也。有职内以稽财货之入，有职岁以稽财货之出，而又以参互考日成，以月要考月成，以岁会考岁成，是三代之理财者，周且密矣。而曰职内，曰职岁，亦何莫非其百执事之所为也。夫语事之大者，莫过于用人理财，语治之极者，莫过于唐虞三代，而皆其公卿百执事有以代为之，则上古君逸臣劳与夫一德一心之义，不章章乎有明征也哉！洪惟我太祖高皇帝，绍统帝王，鉴观成宪，尤惓惓于《大学衍义》之书，而一时名世之臣，又皆景附云从，效忠宣力于其下，于凡明德新民之事，齐家治国平天下之法，靡不纤悉具举。以言乎用人也，则宾兴既遍于有司，而公察举，严考课，凡所以鼓舞而督责者，又未尝无劝惩之术。以言乎理财也，则额办既取诸二税，而广屯田，清盐法，凡所以兼资而并济者，又未尝无通变之权。故当是时，庶务从委，而铨曹无乏人之患，征伐四出，而司农无告匮之忧，良有以也。肆我皇上，寿考作人，恭俭为国，而正文体，端士风，蠲民租，汰冗费，且屡屡明诏焉，则夫《菁莪》乐育之下，家稷契而户《诗》《书》，府库充盈之余，粟腐陈而钱朽贯，生民之乐太平，固熙熙然有日矣。然自近年以来，《羔羊》素丝之节，固多其人，而彼其之子，不称其服者，亦不可谓尽无也。我庚维亿之风，固犹如昔，而小东大东，杼轴其空者，亦不可谓尽无也。噫，其故何哉？良以法久而弊生，恩深而志玩，圣天子在上，虽日旰宵旰之忧，而有司不能仰体圣心，其所以奉行德意者，犹有所未尽耳。自今观之，恤刑之诏下矣，而以狼牧羊，天下犹日趋于暴。训廉之诏下矣，而以齿焚身，天下犹日坏于贪。学校者贤士之关，而讲解祗应乎弥文，则储养何所资也。监司者忠邪之辨，而毁誉多由于爱憎，则举劾何所凭也。陛下虽切切于用人之策，而其奉行于有司者，乃如是焉，则人才之未能尽淑也，不有由然乎？劝农之诏下矣，而朝游暮歌，天下犹日病于惰。崇俭之诏下矣，而联珠杂组，天下犹日骛于奢。岁办者固所当取，而以甲借乙，则何名也？上供者固所当用，而以一科十，则何谓也？陛下虽切切于理财之策，而其奉行于有司者，乃如是焉，则财用之未能尽充也，不有由然乎？人各务厌其欲，而曾不以陛下之心为心。人各自私其利，而曾不以天下之利为利。欺君欺天，害民害物，诚有如圣制所云者矣。呜呼！知弊之所由生，则知所以革弊之故。知法之所由弛，则知所以更法之原。然则将如之何？亦惟即其不能不弊之法，消息损益之而已尔。是故申察举之公，则十科取士，司马光之疏于宋者，可采而行也。严考课之法，则中正九品，陈群之创于魏者，可采而行也。或为寇准之却例簿，而使停解日月者，无坐迁之望。或为汉宣之核名实，而使伪增户口者，无滥竽之赏。至如《周礼》以八柄驭群臣，以八法治官府，则尤其所当亟讲者焉。复屯田之额，则军民错处，赵充国之困先零者，可采而行也。清盐醝之弊，则载米易盐，李沆之遣发运者，可采而行也。或汰不急之员，则苏轼之三冗可除，而凡冒滥者，皆在所必去。或撤无名之费，则李泌之三盈可节，而凡厄漏者，皆在所必省。至如《周礼》以九赋敛财贿，以九式均财用，则尤其所当亟讲者焉。然此数事者，陛下非必自为而可也。铨衡之务，则以责成冢宰。选举之务，则以责成宗伯。钱谷之务，则以责成司徒。营作之务，则以责成司空。在外则以责成抚按藩臬。而陛下乃时省厥成，如其底课可绩也，则曰惟尔之能，如其奏罔功也，则曰惟尔不任。譬犹于穆之命，默运于重玄之表，而四时之官，五行之吏，因以分职而迭任焉。在廷诸臣，其谁敢不竭思而尽忠乎？然则天不劳而化功著，亦握其枢焉已尔，君不劳而治功成，亦举其纲焉已尔。由是用人，不必陛下之自为也，而诸臣皆有以代为之。为山涛之甄别人物，为房琯之推毂士类，为赵武之举管库七十有余家，而所谓知无不举，举无不先者，在是也。由是理财，亦不必陛下之自为也，而诸臣皆有以代为之。为陆贽之酌盈济虚，为曾巩之去浮从约，为刘晏之岁增盐利六百余万缗，而所谓为之者疾，用之者舒者，在是也。圣制谓用得其人，政自治，财理得宜，用自足，斯言也，其真万世之格言矣乎！虽然，理财急矣，用人尤为要也。《大学》治平之训，虽以二者并言，而篇终覆论理财，则尤以小人为戒。盖政事之失，由官邪也。官之失职，宠贿章也。故未有用得其人，而财不裕者，亦未有用之匪人，而财可裕者。今陛下嘉惠元元，殆靡所弗至，而官民两竭。率患于财用之未敷者，亦或职此之故耳。然则圣制之所询者，虽兼以用人理财为重，而臣之所望于今日，以为当加意焉者，则尤拳拳于用人之图也。抑臣复有献焉。昔《大学》论好恶公私之极，而必总结之曰：君子有大道，必忠信以得之。是知用人者，理财之要也，纯心者，用人之本也，诚正者，又事心之功也。我皇上《敬一》之箴，出自渊衷，其曰郊则恭诚，庙严孝趋，肃于明廷，慎于闲居，非所谓诚意乎？其曰勿参以三，勿贰以二，行顾其言，终如其始，非所谓正心乎？然则君子平天下之大道，固已取诸陛下之一心而裕如矣。而臣犹赘赘于此者，非欲于敬一之外有所加也，惟欲由此心而涵泳于无穷耳。盖日新又新者，圣人之学，无怠无荒者，帝王之心。臣愿陛下益澄神于宥密之中，常敕天于时几之际，使此心之敬者，无时而不用其敬，此心之一者，无时而不用其一。如日月之久照，而不毁其明焉，如四时之久行，而不穷其纪焉，如天地之久运，而不息其机焉，则德以缉熙而愈盛，道以涵养而愈纯，用人理财之要，固体会于身心，而久安长治之猷，益光昭于华夏矣。臣不识忌讳，干冒宸严，无任战栗祈望之至，臣谨对。

《嘉靖三十八年进士登科录·林士章对策》：

臣对：臣闻代天出治者，人君之责，为君者，常以天之心为心。辅君致治者，人臣之责，为臣者，当以君之心为心。以天为心者，必求尽所以代天之道，是谓盛世之君。以君为心者，必求尽所以辅君之职，是谓盛世之臣。二者相期相济，以措天下于永宁之域，而使斯世斯民，无匹夫匹妇之不得其所者也。然心天之心者，敬而已矣。心君之心者，亦敬而已矣。敬也者，固修己以安百姓之要道也。为大君者，既不遑宁处，而欲法天以下济乎群生，则为臣者，当恪共匪懈，而一乃心以上媚于天子。苟心有弗敬，敬有弗纯，是自欺也。自欺者，始虽欺己，而至于欺天欺君，蠹国害民，皆自是致之矣。有臣若此，是岂君之心，亦岂天之心也耶？臣窃伏草茅，求诸古训，至天佑下民，作之君师，仰而言曰：天下之民至众也，而一人之身，实寄之，为君者，如何而不以天为心也？至孔子告哀公，臣事君以忠，则又作而叹曰：人君一身，责甚繁也，而辅弼之臣，实代之，为臣者，苟不体君之心，将何以代其终而慰吾君也？是故君尽君道，臣尽臣道，明良协德，交警不息，臣于今日，端有望焉。兹与有司之选，仰承大廷之对，敢不自竭愚诚，以对飏休命于万一乎！恭维皇帝陛下，大道冲和，至诚悠久，体三才而弘化，秉一敬以建中。临御以来，用人必当，而皋夔稷契之在列，行政必允，而礼乐政刑之覃敷。君子洗心以承休德，小人涵濡以乐太平，圣化之广被，固荡荡而难名矣。而圣不自圣，每切靡及之心，治如未治，常存如伤之感。制策所及，首曰："朕恭承上天明命，君此华夷，夙夜持敬，不敢怠恣，一念在民，欲人人得所。"臣伏读而思之，有以知陛下保治之全功，可因此一念而举矣。是心也，即上天生物之心也，是道也，即皇极敷锡之道也。惟天聪明，惟圣时宪，言君道之至者，孰有加于此乎？臣观自古称盛治者，莫过于唐虞，语至德者，莫过于尧舜，然尧之为君，钦若昊天，其心也，至究其德之大，则曰其仁如天。夫惟有敬天之心，是以有合天之道。舜之为君，敕天之命，其心也，至究其功之隆，则曰好生之德，洽于民心。夫惟有纯天之德，是以有体天之化。《传》曰：天地之大德曰生。尧舜盖善体之矣。又曰：天视自我民视，天听自我民听。尧舜盖奉若之矣。故考其时，百姓昭明，万邦协和，四方风动，凤凰来仪。不惟下民之祗协，而蛮貊罔不率俾，暨山川鸟兽，亦罔不咸若。治功之成，巍然焕然，夫岂无所自哉？陛下抚尧舜中天之运，存尧舜爱民之心，治化所彰，宜其驾唐虞而上之矣。而一念之敬畏，常歉然不敢自宁者，臣愚以为，是体天之心者也。尧舜在上，万民乐生，熙熙皞皞，固宜在在而皆然矣。然犹以安百姓为己病，而下民其咨，黎民阻饥之虑，尚未释然也，陛下安能忘是心哉！然臣尝闻之，统天下之治存乎君，辅天下之治存乎臣。尧舜存心于天下，加志于穷民，固至矣，而左右赞襄之臣，所以协恭而和衷者，若羲和之勤其官，而岁序以定，四岳之修其职，而九牧以倡。益掌山泽而物害以除，皋陶为士而五牧以弼。伯夷典礼，后夔典乐，而中和之化备，稷播百谷，禹治洪水，而安养之道周，凡所以备翼为明听之任，而代天以出治者，固各有其人矣。凡所以效翼为明听之能，而辅君以成化者，又各尽其心矣。今陛下轸念民瘼，常若恐恐，远迩之臣，凡有血气者，固宜奉承不懈，使德泽下究，斯民蒙乎至治也。然而未明乎靖共之节者，惟因循之是便，未尽乎旬宣之义者，惟私橐之是谋，致陛下宵旰之怀，恳恳及此。夫有君如是，而忍负之，必无人心者也。臣闻尧舜之忧民，可谓至矣，一时效忠之臣，亦无不尽矣。然而犹有静言庸违之鲧，比周为党之共工，盖治世不能无小人，而难乎其为小人，尧舜不以伯鲧、共工而废至治，后世亦不因伯鲧、共工而议尧舜之治也。今陛下如有此辈则屏之远方，终身不齿可也，甚者置之宪典可也，凡为臣者，孰不洗心涤虑，竦惧而思警乎？圣制有曰："《大学》之道，专以用人理财为急，用得其人，政自治，财理得宜，用自足。"陛下之言及此，诚致治之要枢也，臣请以《大学》之意言之。夫《大学》释治平之旨，莫先于絜矩之道。絜矩者，平天下之大端，公天下之大本也。人君一心，运之于渊嘿之地，而实放之于四海之广，发之于一念之微，而实公之于兆民之众。陛下念及于民，欲人人得其所，此固絜矩之心也。推是心也，以用人理财，何患其弗得哉！夫人者，所以代君而致之民者也，财者，民之所以为生者也。用得其人，则生财有道，敛财有经，下不病民，而上不病国，所谓得众得国而得天命者也。用失其人，则惟掊克是事，惟聚敛是谋，始也剥民以病国，终至民困而国贫，所谓失众失国而失天命者也。故财之理，必先于用人，而用人亦所以理财也。《书》以知人安民并举而言之，以明二者之相须，而尧舜之所加意者，不越乎此而已。然欲人之用，必如《大学》之与民同其好恶，而不畜牛羊，不察鸡豚，善体人君絜矩之意者是也。欲用之足，必如《大学》之生之众而食之寡，为之疾而用之舒，因天顺地，而樽节爱养者是也。兹其用人理财之大致也。圣制又曰："兹欲人得用，财得理，以治美刑平，华尊夷遁，久安长治之计，何道可臻？"陛下之言及此，天下无疆之福也。臣尝观诸《易》曰：何以守位？曰仁。何以聚人？曰财。盖财者民之命也，欲财者民之心也。夺民之财，则伤民之命，伤民之命，则失民之心，于是有陷不义而罹刑宪，刑因之以不平者矣。于是有作不典而梗吾治，治因之以不理者矣。于是有逃遁异域，勾引异类，以为向导，而使华夷之混乱者矣。是财之聚散，实系生民之休戚，王道之盛衰。由此观之，久安长治之计，诚莫过于理财之得其宜。而理财之宜，亦惟难于理之得其人也。诚使内外之臣，精白承休，职理人者效周人九赋敛财之意，职理出者，效周人九式制用之意，而官郡县者，皆能教民代田，如赵过其人焉，劝民农桑，如龚遂其人焉，力兴水利，如刘彝其人焉，则凡备圣明牧民之任者，皆所以体圣明牧民之心，体上天率育之心者也。尧舜之治人既得，尧舜之治功在此矣。然而陛下加惠元元之心，有加无已，惟以人之不我用而代理之责非所独为忧，此陛下不自用而欲用人之意也。尧舜之治，实资于五臣。然其始也，尧以不得舜为忧，舜以不得禹皋陶为忧，陛下之意，亦若是而已矣。臣闻之，君者则人者也，臣者则君以自治者也。故上有好者，下必有甚焉。犹之盂方则水方，盂圆则水圆，理所必然者。陆贽有言曰：汉高禀大度，故时多瑰杰不羁之才。汉武好英风，故时富瑰诡立名之士。汉宣精吏治，故时萃循良核实之能。言人才惟在乎上之所率也。三君固非纯于王道者，然意之所向，则天下随其意而趋之，而况陋三君于不屑者乎！臣惟愿陛下崇宽大之体，廓虚受之衷，托忠贤以为腹心，开言路以广耳目，则委任责成之意既深，而媚兹一人之心自切。面从后言，不必如舜之所以戒禹，凡人臣皆尽如禹之心矣。启心沃心，不待如高宗之所以望傅说，凡人臣皆尽如傅说之心矣。盖手足腹心，相待一体，则感恩图报者，亦人之至情也，况人臣又素有愿忠之心者乎？由是抱先忧之志者，皆怀才以效用，切徇国之心者，得毕力以匡时，左右辅弼之臣，诚尽调燮，台谏耳目之臣，诚竭献替。黜陟赏罚之臣，诚昭国典，武力将帅之臣，诚固捍御，钱谷大农之臣，诚慎出纳，郡县绥牧之臣，诚切如保。凡修诸家者，皆用之于天子之庭，无有静言庸违如鲧也，无有比周为党如共工也，济济多士，克广德心，殆犹四时五行，各运其能，以成天道保合之化，山岳河海，各著其功，以成坤厚含弘之德。圣明在上，夫固不劳而理者也，尚何用人理财之不得其当，而久安长治之休，不自此而臻也哉！至此则我皇上体天之心，因臣以慰，而诸臣辅理之责，亦有感而成矣。君臣道合，相得益章，唐虞太和之盛，臣何幸亲见之哉！臣草茅不识忌讳，干冒天威，不胜战栗之至。臣谨对。

沈启原中进士，授屯部郎。 焦竑《澹园集》卷三十三《陕西按察司副使霓川沈先生行状》："先生讳启原，字道初。……己未成进士，登丁公士美榜。其廷对策文词古雅，楷法工致，咸谓上第不忝。及发卷，阁部大臣果遣报一甲第三人矣。会以他故，移置二甲十七名。故事：十七名者为选首，于法得北曹郎。以前一人欲为选首，过先生曰：'使若以序次，必首选，予得州守矣。幸若安之，毋难予。'先生曰：'选之先后，例也。予岂有所谒哉？予固不敢以君之过而争，亦不敢以君之过而让，当听其自至。'及期，前一人果挟分宜执下铨部。时冢宰遂驾言以亲知，故为先生嫌，而欲首前一人。选司主力言于冢宰曰：'因亲知而卬之不可，因亲知而抑之亦不可。'执不肯首前一人。卒并授南曹，而先生为屯部郎。"分宜指严嵩。

文徵明（1470—1559）卒。 据文嘉《先君（文徵明）行略》。《国榷》载文徵明卒于嘉靖三十八年十二月。《四友斋丛说》卷十八："戊午年到家，返南京过无锡，与华补庵约来岁同至苏州与衡山先生做九十。时余尚在南京。己未三月，依期而发，至无锡已昏黑，即差人往补庵家问讯，云老爹往苏州去了。余曰：岂补庵负约，乃先期而往耶？再往问之，曰：文老爹作故，我老爹待老爹不至，已往吊丧去了。次日早发。抵暮到射渎口，遇补庵，即过补庵舟，相与伤叹者久之。补庵命置酒，复回舟至虎丘，携壶榼饮剑池上。余时携一善筝歌者。补庵令人遍至伎家觅筝，竟不能得。留连倾倒，半夜别去。"《明史·文苑传》："吴中自吴宽、王鏊以文章领袖馆阁，一时名士沈周、祝允明辈与并驰骋，文风极盛。徵明及蔡羽、黄省曾、袁袠、皇甫冲兄弟稍后出。而徵明主风雅数十年，与之游者王宠、陆师道、陈道复、王谷祥、彭年、周天球、钱谷之属，亦皆以词翰名于世。"

归有光会试下第南还。 归有光《己未会试杂记》云："诸考官命下之日，相约必欲得予。及在内帘，共往白两主考，常熟严学士讷因言，天下久屈此人，虽文字不入格，亦须置之第一人，人必无异议。金坛曹编修大章尤踊跃，至与诸内翰决赌，以为摸索可得。然尽阅落卷中，无有也。揭晓后，曹使人来，具道如此。而人有后来言予卷为乡人所忌，不送誊录所，盖外帘同官言之。然此乃命也，'臧氏之子，焉能使予不遇哉？'""常熟瞿谕德景淳为博士弟子时，予常识之白下。及登第，两为礼闱同考，在内帘，对诸学士未尝不极口推奖。一日过访，道及平生，以予不第，诸公尝以为恨，为吾江南未了之事。因言，为考官亦有难者。盖内中有一榜，外间亦有一榜，必内榜与外榜合，始无悔恨。方在内时，惓惓未尝不在公也。又为予同年义兴杨准道予少时之梦。予少梦吴文定公授以文字一卷，予岁贡乡举皆与之同，故瞿每对人言之，实以文定公见待云。"

"己未礼闱《易》题，节六四爻象，予讲安字之意，大略云：使圣人之制礼不出乎其心，而欲驱率天下以从我，则必龃龉而不合；天下之由礼不出乎其心，而欲勉强以从圣人，则必劳苦而不堪。龃龉不合，劳苦不堪，秦汉间语，眉山苏氏文多有之。今某人摘此八字，极加丑诋，以数万言中用此八字为罪诟，亦太苛矣。前浙省元姜良翰久不第，高时为给事中，每论其文，切齿。姜后亦登第。予老矣，能望姜君乎？惜乎，某之以高时自处也。嘉定金乔送予出国门，偶道此。乔自徐祠部所来，祠部与予旧相知，因书寄之，然勿与他人道也。……盖今举子剿窃坊间熟烂之语，而五经、二十一史，不知为何物矣！岂非屈子所谓'邑犬群吠，吠所怪也'欤？"（《震川先生别集》卷之六）至是归有光凡七试不第，人言藉藉，乃作《解惑》："嘉靖己未，会闱事毕，予至是凡七试，复不第。或言：翰林诸学士素怜之，方入试，欲得之甚，索卷不得，皆歉然失望。盖卷格于帘外，不入也。或又言：君名在天下，虽岭海穷徼，语及君，莫不敛衽。独其乡人必加诋毁：自未入试，已有毁之者矣；既不第，帘外之人又摘其文毁之。闻者皆为之不平。予曰：不然。昔年张文隐公为学士主考。是时内江赵孟静考《易》房，赵又为公门生，相戒欲得予甚，而不得。后文隐公自内阁复出主考，属吏部主事长洲章愫实云：'君为其乡人，必能识其文。'而章亦自诡必得，然又不得。当是时，帘外谁挤之耶？子路被愬于公伯寮。孔子曰：'道之将行也与，命也；道之将废也与，命也。'孟子沮于臧仓，而曰：'吾之不遇鲁侯，天也。'故曰有天命焉。"（《震川先生集》卷之四）

四月

礼部议覆国子监祭酒潘晟议。从之。《明世宗实录》卷四百七十一：嘉靖三十八年四月丙午，"礼部覆南京国子监祭酒潘晟议，节年下第举人，本部俱限定水程分送南北监肄业。但各生往往不依期赴监。其岁贡援例生员，虽或入监，又多捏告依亲患病给假等项回籍，不行依期复班，以致在监人少，不敷拨历。请申明典例，凡举贡援例生员告南监者，通查本部原定水程，如违半年以上者，作旷三月计，月加旷一年以上送问。其依亲养病者，除水程外，亦三月复班，如仍前故违期限者，定行查革。仍咨都察院转行各巡按御史，将前项生徒，下有司严限起送。限三月以内赴监，如违半年以上，罪承行吏。一年以上罪首领官。举人迁延，及迫试期方赴监，或不入监而赴试者，本部送问如例，不许入试。岁贡生非年老者，不许就教。庶洪制严明，国学充实。报可。"

翰林编修杨名卒。（据《国榷》卷六十二）

五月

逮总督蓟辽右都御史王忬〔王世贞父〕下狱。《明史》王忬传："二月，把都儿辛爱数部屯会州，挟朵颜为向导。将西入，声言东。忬遽引兵东，寇乃以其间由潘家口入，渡滦河而西。大掠遵化、迁安、蓟州、玉田，驻内地五日。京师大震。御史王渐、方辂，遂劾忬及（总兵欧阳）安及巡抚王轮罪。帝大怒，斥安贬轮于外，切责忬，令停俸自效。至五月，辂复劾忬失策者三，可罪者四。遂命逮忬及中军游击张伦下诏狱。刑部论忬戍边，帝手批曰：诸将皆斩，主军令者顾得附轻典耶？改论斩。明年冬，竟死西市。忬才本通敏，其骤拜都御史及屡更督抚也，皆帝特简。所建请无不从。为总督数以败闻，由是渐失宠。既有言不练主兵者，益大恚，谓忬怠事，负我。（严）嵩雅不悦忬，而忬子世贞复用口语积失欢于嵩子世蕃。严氏客又数以世贞家琐事构于嵩父子。杨继盛之死，世贞又经纪其丧。嵩父子大恨。滦河变闻，遂得行其计。"

李遂平定江北倭寇。《明鉴纲目》卷六："纲：夏五月，巡抚都御史李遂（字邦良，闻城人。）平江北倭。目：倭数百艘寇海门，（五季周县，注见前。）遂令副将刘景韶，（湖广崇阳人。）游击邱升扼如皋，而自驰泰州当其冲。贼知如皋有备，将犯泰州，遂急檄景韶、升遏贼，连战皆捷。先是，遂语诸将曰：'贼若由泰州出凤泗，则陵寝惊。若由黄桥（镇石，在江苏泰兴县北。）逼瓜仪，则运道梗。若沿海而至庙湾，（在江苏淮安县东北，射阳湖会诸水，由此入海，有城，今设同知驻此。）则绝地也。'及是，贼果沿海东掠，遂喜曰：'贼无能为矣。'令景韶尾其后，而致之庙湾。复虑贼突淮安，乃夜半驰入城。贼寻至，遂督参将曹克新等御之姚家荡。（在江苏盐城县西北，为海滨重地。）会通政唐顺之，（时奉命视师江浙。）副总兵刘显（南昌人。）来援，贼大败，走保庙湾。景韶亦败贼印庄。（镇名，在泰兴县东。）庙湾贼据险不出，攻之月余，不克。顺之、显驰救三沙，（注见前。）遂令景韶填堑夷木，压垒而阵，以火焚其舟。贼乘夜雨潜遁，追奔至虾子港，（《方舆纪要》，姚家荡东南有蛤蜊、虾子等港，为贼窥伺径道。）江北倭悉平。帝玺书奖遂，迁南京兵部侍郎。以顺之代为巡抚，顺之寻卒。（顺之初举进士第一，改庶吉士，寻调主事，遂引疾归，读书阳羡山中。凡天文乐律地理兵法弧矢勾股壬奇禽乙，莫不究极原委。会赵文华视师，特疏荐顺之。顺之商出处于罗洪先，洪先曰：'向已隶名仕籍，身非我有，安得偎处士？'顺之遂出，然闻望颇由此损。）"

南京翰林院侍读学士全元立为南京太常寺卿。（据《国榷》卷六十二）

六月

右春坊右中允署国子司业高仪为南京翰林院侍讲学士。（据《国榷》卷六十二）

七月

　　杨慎（1488—1559）卒。杨慎卒年采通行说法。另有 1562、1568 二说，参见丰家骥《杨慎评传》。《明史》杨慎传："杨慎字用修，新都人。少师廷和子也。年二十四，举正德六年殿试第一，授翰林修撰……嘉靖三十八年七月卒，年七十有二。"李调元《升庵先生年谱》："卒于七月六日，年七十有二。时巡抚云南游公居敬，命殡归新都。庚申（1560）冬，祔葬石斋公墓侧。丁卯，穆宗皇帝即位，奉遗诏追赠光禄寺少卿。长子同仁先卒，次子宁仁时寓泸州。公卒之年，夫人黄至泸迎归，抚教则夫人任之也。"升庵著述甚富。《玉堂丛语》卷一："明兴，称博学饶著述者，无如用修。所撰有《升庵全集》、《升庵诗集》、《升庵玉堂集》、《南中集》、《南中续集》、《南中集抄》、《七十行戍稿》、《升庵长短句》、《长短句续集》、《陶情乐府》、《续陶情乐府》、《洞天玄记》、《月节词》、《升庵诗话》、《诗话补遗》、《丹铅录》、《丹铅总录》、《丹铅续录》、《丹青要录》、《丹青馀录》、《丹青摘录》、《丹青闰录》、《丹青别录》、《丹铅赘录》、《墨池琐录》、《转注古音略》、《古音丛目》、《古音猎要》、《古音复字》、《古音骈字》、《古音馀录》、《古音略例》、《五音拾遗》、《古音附录》、《古文音释》、《韵林原训》、《奇字韵》、《杂字韵宝》、《金石古文》、《六书索隐》、《六书练证》、《六书探赜》、《六书统摘要》、《篆韵索隐》、《古篆要略》、《隶骈书品》、《词品》、《铭心神品》、《书画神品目》、《书画名跋》、《箜篌新咏》、《檀弓丛训》、《墐户录》、《希姓录》、《清暑录》、《瀑布泉行》、《滇程记》、《滇候记》、《滇载记》、《录异记》、《异鱼图赞》、《夏小正录》、《升庵经说》、《经书指要》、《杨子卮言》、《卮言闰集》、《敝帚病榻手吹》、《晞钱鴨笔》、《四诗表证》、《山海经补注》、《水经补注》。所编纂有《蜀艺文志》、《选诗拾遗》、《选诗外编》、《皇明诗抄》、《皇明诗续抄》、《五言律祖》、《李诗选》、《宛陵六一诗选》、《五言三韵诗选》、《五言别选》、《六言绝选》、《苏黄诗髓》、《禅藻集》、《风雅逸编》、《唐音百绝》、《唐绝精选》、《唐绝搜奇》、《唐绝增奇》、《绝句演义》、《绝句辩体》、《宋诗选》、《元诗选》、《千里面谈》、《交游诗录》、《交游馀录》、《词林万选》、《百琲明珠》、《草堂诗馀补遗》、《填词选格》、《古今词英》、《填词玉屑》、《词选增奇》、《韵藻》、《古谚》、《古隽》、《诗林振秀》、《古今风谣》、《古韵诗略》、《说文选训》、《文海钓鳌》、《禅林钩玄》、《艺林伐山》、《群书丽句》、《哲匠金桴》、《群公四六节文》、《赤牍清裁》、《赤牍拾遗》、《谢华启秀》、《经义模范》、《古文韵语》、《古文韵语别录》、《管子叙录》、《引书晶托》、《逸古编》、《寰中秀句》、《苍珥纪游》、《谭苑醍醐》、《素问纠略》、《群艳传神》、《唐史要偶语》、《经子难字》、《脉位图说》、《连夜吟卷》、《各史要语》、《晋史精语》、《庄子阙误》、《江花品藻》、《群书琼敷》、《群公四六丛珠》、《舆地碑目》、《春秋地名考》、《批点瀛奎律髓》、《批点文心雕龙》、《古今柳诗》、《名奏菁英》、《写韵楼杂录》、《晴雨历》、《龙字杂俎》、《韵语阳秋》、《琼屑》。"《列朝诗集小传》丙集《杨修撰慎》："用修垂髫赋黄叶诗，为茶陵文正公所知，登第又出门下，诗文衣钵，实出指授。及北地哆言复古，力排茶陵，海内为之风靡。用修乃沉酣六朝，揽采晚唐，创为渊博靡丽之词，其意欲压倒李、何，为茶陵别张壁垒，不与角胜口舌间也。援据博则舛错良多，摹仿惯则瑕疵互见。窜改古人，假托往籍，英雄欺人，亦时有之。要其钩索渊深，藻彩繁会，自足以牢笼当世，鼓吹前哲。肤浅末学，趋风仰止，固未敢抵隙蹈瑕，横加訾謷也。王元美曰：'用修工于证经，而疏于解经；详于稗史，而忽于正史；详于诗事，而不得诗旨；求之宇宙之外，而失之于耳目之前。'斯言也，庶几杨氏之诤友乎！"

王慎中（1509—1559）卒。李开先《遵岩王参政传》："王仲子，讳慎中，字道思，初号南江，后改遵岩，名盛而两号并称，海内不知其为王仲子也。""嘉靖乙酉（1525），举于乡，连第进士，年才十八。归娶陈澹斋女，赴选户部主事，监兑通州。""改官礼曹，更得一意文事，交游如众称八才子外，更有今大司马李克斋、给谏曾前川、提学江午坡、学士华鸿山、屠渐山，相与切磋琢磨，各成其学。""升任户部主事，再升礼部员外，俱在留都闲简之区，益得肆力问学。""丙申（1536），升山东提学佥事"，"年馀，转江西参议"，官至河南布政使参政。"卒在嘉靖己未七月十七日，生则正德己巳九月二十七日"，"寿止五十一"。王惟中《河南布政司参政王先生慎中行状》："先生讳慎中，字道思，别号遵岩居士，惟中之仲兄也。""除礼部祠曹，尽交天下雄俊。同时如李克斋遂、华鸿山察、唐荆川顺之、屠渐山应埈、陈后冈束、陆石溪铨、江午坡以达、李中麓开先、曾前川忭数公，才学文章之美，以道谊义气相莫逆。而先生尤为诸公所引重，学日富，才日益昌，文日益有名。""先生不苟于作，虽勉应文字，亦反复沉思，特出新意，调高义古，他人莫知如何造端，而一经玩味，又若得其意之所欲言，而发其心之所未有，故篇出皆足垂之琬琰，为世盛传。如所刻《玩芳堂摘稿》、《家居集》，仅十之二三，近刻于吴中嘉兴建州三本，亦十之七八，然为海内知言之士脍炙讲诵，皆谓其独超匠心，振起前哲。盖先生于文字醇深古雅，冲澹纤馀，而光晶霍烁，奇变百见，卒归于道德仁义，蔼如也。至其考前人之是非，正诸家之谬误，皆足以发千古学术之薮，使其人复生，将有质之自愧，当之可以不惭者。尤长于序述表志之体，读其文，而其人与事，形貌色相神情气韵，宛然如在目睫间。"

前南京礼部尚书闵如霖卒。如霖乌程人，嘉靖壬辰进士。馆选，授编修，历右中允左谕德、侍读学士。后以吏部侍郎撰玄失上旨，南迁，寻罢。醇谨有文。疑同乡学士董份陷之也。（据《国榷》卷六十二）

八月

升翰林院侍讲学士秦鸣雷为南京国子监祭酒。（据《明世宗实录》卷四百七十五）
翰林检讨晁瑮为修撰。（据《国榷》卷六十二）

九月

兵部请武举名额，诏取八十五人。（据《明世宗实录》卷四百七十六）

翰林修撰晁瑮为司经局洗马，署国子司业。（据《国榷》卷六十二）

十月

吴廷翰（1491—1559）卒。《濡须吴氏宗谱·世系表》："朝列大夫，字嵩柏，号苏原。正德辛巳科进士，历官户部主事，巡漕浙江，吏部文选清吏司主事，广东按察司副使，海北雷、廉兵备道，山西布政司左参议……公享寿六十九，卒于嘉靖己未十月初八日巳时。"《无为州志·吴廷翰传》："吴廷翰……正德己卯举应天第五。明年登进士，历兵、户二部主事，转吏部文选司。与当事争执选簿，忤其意，外补广东佥事。……更巡岭南，兼督学政。……旋迁浙江参议，……调山西……年四十余，遂致仕。家居三十年，徜徉湖山之胜……平生综览博洽，恶俗儒之支离。尝上书王阳明公，又与欧阳南野、余玉崖诸公往复辩论。与人无贵贱大小，一于敬。晚年手不释卷，所著《漫录》、《丛言》、《椟记》、《翁记》、《志略考》、《湖山小稿》、《苏原全集》若干卷。"

前南京工部左侍郎程文德（1497—1559）卒。文德字舜敷，永康人，嘉靖己丑进士。授编修。坐同官杨名论太宰汪鋐下狱，谪信宜典史。历兵部主事、郎中、广东副使、南祭酒，至吏部左侍郎。撰玄不称旨，改前秩，疏谢削籍。素讲学，有儒行。好谈当世之务，率迂阔难行。比卒，遗橐萧然。后赠礼部尚书，谥文恭。（据《国榷》卷六十二）参见《明儒学案》卷十四。《明儒学案》载程文德卒于今年十一月。

十一月

命宋儒朱熹婺源裔孙授五经博士，与建安并世袭。（据《国榷》卷六十二）

复故翟銮礼部尚书谨身殿大学士，从其子汝忠请。（据《国榷》卷六十二）

十二月

复除服阕南京国子监祭酒沈坤于国子监。（据《明世宗实录》卷四百七十九）

蒋信（1483—1560）卒。（卒年据公历标注）《明史》儒林传："蒋信，字卿实，常德人。……与同郡冀元亨善，王守仁谪龙场，过其地，偕元亨事焉。嘉靖初，贡入京师，复师湛若水。……信初从守仁游，时未以良知教。后从若水游最久，学得之湛氏为多。信践履笃实，不事虚谈。湖南学者宗其教，称之曰正学先生。"黄宗羲《明儒学案》卷二十八："蒋信字卿实，号道林，楚之常德人。少而端严，盛暑未尝袒裼。……

登嘉靖十一年进士第。授户部主事，转兵部员外郎。出为四川佥事，兴利除害若嗜欲。……升贵州提学副使。建书院二所，曰正学，曰文明……先生筑精舍于桃花冈，学徒云集……（嘉靖）三十八年十二月庚子卒，年七十七。"

宋儒程颐二十代孙宗益袭五经博士。（据《国榷》卷六十二）

翰林院编修汪镗孙为侍读。（据《国榷》卷六十二）

本年

卢柟当卒于今年（？—1559）。王世贞《卢柟传》："卢柟字少楩，一字子木，大名浚人也。"太学生。"柟死时，世贞方坐家难，浮系长安邸中，不得其状也。"王世贞之父王忬于今年五月被逮，明年十月以边将陷城律弃市。《静志居诗话》卷十三《卢柟》："次楩诗，足以高视四溟。《送人之塞上》云：'北风萧萧边马鸣，君今弃我何远行？阴山雪花大如掌，黄云出没单于营。万里龙沙那可见，将军大小七十战。捷书奏入建章宫，寄我云中一支箭。'《戏寄孟龙川》云：'旧日浮邱伯，曾将王子乔。周游乘白鹤，接引上青霄。大乐留丹鼎，天台度石桥，不知千载后，为尔一相邀。'锺广汉云：'此诗对仗，原出襄阳。'"《明史·文苑传》："柟骚赋最为王世贞所称，诗亦豪放如其为人。"

许宗鲁（1490—1559）卒。乔世宁《都察院右副都御史许公宗鲁墓志铭》："嘉靖己未，少华许公卒。……公生弘治庚戌，今年盖七十岁云。""公名宗鲁，字东侯，号少华，咸宁人也。……正德丁丑（1517）举进士，选翰林庶吉士，己卯（1519）授云南道御史，嘉靖壬午（1522）按宣大，癸未（1523）升佥事湖广提学，三年（1526）升副使兵备霸州，丁亥（1527）复改湖广提学，己丑（1529）升太仆少卿，壬辰（1532）升大理少卿，未几升佥都御史巡抚保定，自保定归十七年，而当庚戌（1550）之冬，复佥都御史驻昌平，已又升副都御史巡抚辽东，壬子（1552）乃致仕归。""归时会虏入，公部将斩首虏甚众，亦以常奏不报捷，于是士论益归重公，日望公起，公顾益放情山水。已即别构草堂，积图书其中，日□故所与游者置酒赋诗，亦时时作金元人词曲为乐。所著《少华集》、《续集》与《陵下》、《辽海》、《归田》诸集数十卷。其诗足继唐音，文复精典有汉魏风。而作字又精诣古法，诸行草大小楷书杂置法帖中，人莫能辩。公即老犹能作小楷字。当其得意时，一挥辄数十纸不倦，得公诗翰者咸珍玩藏之，谓当代二绝云。"

叶向高（1559—1627）生。叶向高，字进卿，福清人。万历癸未进士，选庶吉士，授编修，历官坊局，南吏部侍郎，召为礼部尚书，入直东阁，以少傅予告。再召为少师，兼太子太师，吏部尚书，中极殿大学士。卒，赠太师，谥文忠。有《苍霞草》。

明世宗嘉靖三十九年庚申（公元1560年）

正月

吏科给事中胡应嘉上四事：端士习，敦节俭，公铨法，慎举荐。上是之。（据《国榷》卷六十三）

二月

袁宗道（1560—1600）生。袁中道《石浦先生传》："先生生，实嘉靖庚申二月十六日也。"袁宗道，字伯修，号石浦，公安人。万历丙戌进士，改庶吉士，授编修，历中允，洗马，庶子，赠礼部右侍郎。有《白苏斋集》。

宗臣（1525—1560）卒。王世贞《明中宪大夫福建提刑按察司提学副使方城宗君墓志铭》："嘉靖庚申之二月，宗君子相卒于闽……君得年仅三十六。""君讳臣，子相其字，尝自称方城山人。其先世居吴郡，寻迁盱眙，最后迁兴化，遂为兴化人。"庚戌登进士第，授刑部主事。改吏部，历员外，郎中，出为福建参议。己未（1559）春"迁其省按察副使，督学校，君每出按部校士，坐堂皇上，取试题为程义，以夕及旦日阅卷，以又次日进退诸生，无不人人厌服。已徐出所谓程义示之，又无不人人厌服也。诸生贫者，调学田租赡之，不给则为捐月俸减供具继之，以为常。君既精强于其职，而两台使者诸司道大夫用名重故造请，文事填委，君又以其间刿意骚雅讴吟，非丙夜不已。遂寝瘵，日以亟，乃稍次其生平著述凡十馀卷梓之。疾革，衣冠坐厅事，手书三诗于帙，飘飘然有御风凌虚意，已掷笔而逝。讣闻，两使者哭于台，诸司道大夫哭于其署，博士弟子哭于学，士女哭于巷，曰：'谁为社稷赎宗君也？'则曰：'谁为赎宗君师我也？'则又曰：'谁为赎宗君父母我也？'御史献科下诸郡祠君名宦，春秋祭勿绝。君于诗好建安及李白、杜甫，于文好司马迁、北地李梦阳，然自以其才气胜之，不屑屑取似也。其横放雄厉，莫可得而羁笯，高者凌太虚，秀者夺万色，务出意气之表以自愉快，宁瑕而璧，宁蹶而千里。至于论说千古成败，慷慨击节，宁为籍，毋宁为季，此岂局踏辕下老土壤者哉！乃其孝友洁廉，一试于闽，称循良首，差为文士吐气矣！"

三月

翰林院侍讲学士高拱为太常寺卿，管国子监祭酒事。（据《明世宗实录》卷四百八十二）

故太常寺卿署国子祭酒敖铣赠礼部右侍郎。（据《国榷》卷六十三）

南京山东道监察御史林润等，劾国子祭酒沈坤居乡暴酷，截胡盗手；纠众防倭，擅杀不知名人为败卒；私盐抽引，逼夺人产。遂削坤籍，逮入京。（据《国榷》卷六十三）

翰林侍读张春直裕王讲读。（据《国榷》卷六十三）

四月

湛若水（1466—1560）卒。（《弇山堂别集》云湛今年十月卒。）《明儒学案》卷三十七："湛若水字元明，号甘泉，广东增城人。从学于白沙，不赴计偕，后以母命入南雍。祭酒章枫山试晬面盎背论，奇之。登弘治乙丑（1505）进士第。初杨文忠、张东白在闱中，得先生卷，曰：'此非白沙之徒，不能为也。'拆名果然。选庶吉士，擢编修。……升侍读，寻迁南京祭酒，礼部侍郎，历南京礼、吏、兵三部尚书，致仕。""庚申四月丁巳卒，年九十五。先生与阳明分主教事，阳明宗旨致良知，先生宗旨随处体认天理。学者遂以良知之学，各立门户。其间为之调人者，谓'天理即良知也，体认即致也，何异？何同？'然先生论格物，条阳明之说四不可。阳明亦言随处体认天理为求之于外，是终不可强之使合也。"《明史》儒林传："若水生平所至，必建书院以祀献章。年九十，犹为南京之游，过江西，安福邹守益，守仁弟子也，戒其同志曰：'甘泉先生来，吾辈当宪老而不乞言，慎毋轻有所论辨。'若水初与守仁同讲学，后各立宗旨，守仁以致良知为宗，若水以随处体验天理为宗。守仁言若水之学为求之于外，若水亦谓守仁格物之说不可信者四。又曰：'阳明与吾言心不同。阳明所谓心，指方寸而言。吾之所谓心者，体万物而不遗者也，故以吾之说为外。'一时学者遂分王、湛之学。湛氏门人最著者，永丰吕怀、德安何迁、婺源洪垣、归安唐枢。怀之言变化气质，迁之言知止，枢之言求真心，大约出入王、湛两家之间，而别为一义。垣则主于调停两家，而互救其失。皆不尽守师说也。怀，字汝德，南京太仆少卿。迁，字益之，南京刑部侍郎。垣，字峻之，温州府知府。枢，刑部主事，疏论李福达事，罢归，自有传。"

唐顺之（1507—1560）卒。李开先《荆川唐都御史传》："顺之，字应德，号荆川。"武进人。"戊子（1528）乡试第六名，己丑（1529）会试第一名，廷试二甲第一名"，"试政吏部，选除兵部主事，未久，以僚长卢襄难处，因病告归。继丁母忧。""服阕，改补吏部考功司主事"，十二年（1533）改翰林院编修，称病致仕，起为右春坊右司谏，上疏请朝东宫，夺职为民。起兵部郎中，视师浙直，超拜右佥都御史，巡抚淮扬。"嘉靖庚申四月望后，得其起后第三书……计其书乃三月念又八日，付封四月一日，发行即日，竟以蛊胀旧疾，卒于扬州舟中"，"生则正德丁卯十月初五日，至是年五十四。""所著《荆川集》十二卷，所辑名贤策论及《左编》等数百卷，俱行于世。"《明史》本传："顺之于学无所不窥。自天文、乐律、地理、兵法、弧矢、勾股、壬奇、禽乙，莫不究极原委。尽取古今载籍，剖裂补缀，区分部居，为《左》、《右》、《文》、《武》、《儒》、《稗》六编传于世，学者不能测其奥也。为古文，洸洋纡折有大家风。生平苦节自励，辍扉为床，不饰裀褥。又闻良知说于王畿，闭户兀坐，匝月忘寝，多所自得。晚由文华荐，商出处于罗洪先。洪先曰：'向已隶名仕籍，此身非我有，安得倖处士。'顺之遂出，然闻望颇由此损。崇祯中，追谥襄文。"

　　云南道监察御史耿定向劾吏部尚书吴鹏纳贿，凡六事，首及其婿翰林学士董份。各疏辨，不允。（据《国榷》卷六十三）

五月

　　翰林编修张居正为右春坊右中允，署国子司业。（据《国榷》卷六十三）
　　翰林编修王学颜、姜宝为广东、四川提学佥事。（据《国榷》卷六十三）
　　南京国子司业马一龙予告。（据《国榷》卷六十三）

六月

　　尚宝司丞陈谨为南京国子司业。（据《国榷》卷六十三）
　　南京礼部尚书孙升（1501—1560）卒。升字志高，余姚人，嘉靖乙未进士及第。授编修，迁右中允，历祭酒礼吏部侍郎。孝友长厚，父燧死宁庶人之难，终身不书宁字，亦不寿人文。被服雅素，盖笃行君子也。年六十。赠太子少保，谥文恪。子鑨、铤、鋕、鑛，俱进士通显。（据《国榷》卷六十三）《四库全书总目》卷一百七十七集部别集类存目四著录《孙文恪集》二十卷，提要曰："明孙升撰。升字志高，余姚人，燧之子也。嘉靖乙未进士。官至南京礼部尚书。是集文十四卷、诗六卷，其子鑛等所编。有《与人论诗文书》云：李空同步武古人。学李譬则燕途入秦，车辙所历，可循而至。又云：空同与何大复辩论，诋其好词乖法之失；何氏亦尝诋李，谓其作疏卤，间涉于宋。总之，负气求胜，各不相下。观于是言，可以知其瓣香所在矣。附录一卷，乃其继室杨文俪作。文俪，仁和人。工部员外郎应獬之女。诸子成进士者四人，鑨、铤、鑛皆至尚书，鋕至太仆寺卿，皆文俪教之。盖有明一代以女子而工科举之文者，文俪一人而已。诗其馀事也。"

七月

陈勋（1560—1617）生。叶向高《明绍兴府知府景云陈公偕配詹安人合葬墓志铭》："其生为嘉靖庚申七月十二日，没于万历丁巳三月十五日，得年五十八。"陈勋字元凯，闽县人。郑善夫外曾孙。万历辛丑（1601）进士。官至户部郎中。《福建通志》载《元凯集》四十卷。《四库全书总目》所著录《元凯集》凡五卷，含文三卷、诗二卷，其同年吕纯如所刻。

八月

吏部右侍郎署詹事府事李玑为南京礼部尚书。时推吏部左侍郎郭朴为南京礼部尚书，加太子少保。朴辞，请撰玄思效，不愿远离。上嘉之，命新衔，仍兼翰林学士，署詹事府内直。（据《国榷》卷六十三）

礼部左侍郎芳（茅）瓒改吏部左侍郎，礼部右侍郎袁炜为左侍郎，礼部右侍郎李春芳署翰林院。（据《国榷》卷六十三）

太子太保礼部尚书顾可学卒。可学无锡人，弘治乙丑进士。历参议，家居十年。贿严嵩，以炼秋石被召至今官。仅支俸供服饵，不预政。而沾沾自得，好苞苴请托，曾不自愧也。赐祭葬，谥荣僖。隆庆初，夺官。（据《国榷》卷六十三）

九月

胡缵宗（1480—1560）卒。《国朝献征录》所载佚名《通议大夫都察院右副都御史可泉胡公缵宗墓志铭》："公讳缵宗，初字孝思，后更世甫，秦人也，号可泉，亦号鸟鼠山人。……中陕西辛酉乡试。继登正德戊辰吕柟榜进士三甲第一人。"特授翰林检讨。出为嘉定州判，迁潼川知州。入为南户部郎中，改吏部，出知安庆府。改苏州，迁山东参政。改浙江，历河南布政使，以右副都御史巡抚山东。改理河道，复改河南，乞归。以作诗下狱，寻得释。"庚申九月三日，方执简对宾，倏忽告逝。据生成化庚子，享年八十一岁。公才气英发，对客挥毫，诗赋立就，宛若宿构。然隽爽豪逸，上追古人，凡海内贤达及艺文之士，望形影从，听声响赴，欣欣纳交，而骫骳诡随之徒，未免含嫉睨视焉。虽大位屡滞，不究厥施，而功实词华，流传远迩，虽百世不泯也。有《辛巳集》、《丙辰集》各四卷，《鸟鼠山人小集》八卷，《拟汉乐府》二卷，《拟西涯古乐府》、《家谱》各一卷，《安庆志》三十卷，《秦安志》二卷，《巩郡记》三十卷，《秦州志》三十卷，《春秋本义》十二卷，并汇选《唐雅》、《雍音》等篇，皆已行于世，其《河嵩》、《归田》诸集，未梓者尚多。"

十月

王忬（1507—1560）以边将陷城律斩于西市。（据《国榷》卷六十三）王世贞《先考思质府君行状》云：“初府君就逮时，二子独世懋在，而世贞为山东按察副使，自劾解印绶去。与世懋谋为伏阙请代者。府君力止之，曰：‘我于国家无少负。上幸念我，或庶几忘之，奈何复激之耶？且严氏为阱深，蹈其一矣，若兄弟奈何行复蹈也。’世贞等不得已，则时时从相嵩门蒲伏泣请解。相嵩亦时时为谩辞相宽，戒以毋激上意。上意亦无他，第不欲遽释，死边臣心耳。而辽左核功状至，相嵩阴摄削府君名。兵部郎徐君善庆复以练兵出。相嵩嗾之，令追论府君。徐坚不从。久之，移病归。相嵩既已陷府君，谋为下石益切。然愈益诡秘，世贞兄弟不知也。”

十一月

补荫王守仁子正亿锦衣卫左副千户，孙承学国子生。（据《国榷》卷六十三）

十二月

翰林编修赵祖鹏调湖广按察佥事。祖鹏女妻陆炳，藉为奸利，士论耻之。至是外补。（据《国榷》卷六十三）

本年

晁瑮（？—1560）卒。《四库全书总目》卷八十七史部目录类存目著录《宝文堂分类书目》三卷，提要曰：“明晁瑮撰。瑮字君石，号春陵，开州人。宋太子太傅迥之后。嘉靖辛丑（1541）进士。官至国子监司业。其子东吴，字叔权，嘉靖癸丑进士。选翰林院庶吉士。父子皆喜储藏，尝刊行诸书，有饮月圃、百忍堂诸版。此本以御制为首。上卷分总经、五经、四书、性理、史、子、文集、诗词等十三目。中卷分类书、子杂、乐府、四六、经济、举业等六目。下卷分韵书、政书、兵书、刑书、阴阳、医书、农圃、艺谱、算法、图志、年谱、姓氏、佛藏、道藏、法帖等十五目。其著录极富。虽不能尽属古本，而每书下间为注明某刻，亦足以考见明人版本源流。特其编次无法，类目丛杂，复见错出者不一而足，殊妨检阅。盖爱博而未能精者也。”对小说史研究亦颇具参考价值。

徐复祚（1560—1629或稍后）生。据徐朔方《晚明曲家年谱》。徐复祚，字阳初，常熟人。著有杂剧《一文钱》，传奇《红梨记》、《投梭记》、《宵光剑》和笔记《三家村老委谈》（《花当阁丛谈》），《曲论》即从《三家村老委谈》分出。

明世宗嘉靖四十年辛酉（公元 1561 年）

二月

严讷为礼部左侍郎，李春芳添注吏部左侍郎，董份署翰林院，并特旨。（据《国榷》卷六十三）

三月

左春坊左谕德兼侍读陈升为侍读学士，署翰林院。（据《国榷》卷六十三）

四月

刘麟（1474—1561）卒。据顾应祥《大司空南坦刘麟公墓铭》。《静志居诗话》卷九《刘麟》："刘麟字元瑞，本安仁人，先世以武功袭南京广洋卫副千户，遂家焉。中弘治丙辰进士，除刑部主事，历员外郎中，出知绍兴府。削籍，徙居湖州。起知西安府，擢云南按察使，谢病归。寻起太仆寺卿，迁副都御史，巡抚直隶，复引疾。再起大理寺卿，改刑部右侍郎，升工部尚书。卒，谥清惠。有《南坦老人集》。尚书由二千石登三九之列，数弃官以去，好为山水之游，流寓长兴之南坦，自号坦上翁。与孙山人一元、龙金事霓，及苕中名士吴珫、施侃等结诗酒社，号'苕溪五隐'。年八十馀，被褐坐小舟，赴岘山会，人不知为巨公也。尝请浚川预作墓铭，可云达天知命者矣。顾华玉赠诗云：'琴鹤居何定，菰鲈味独偏。'王履吉寄诗云：'鸾鹤谐真赏，瑶华赠远人。'孙太初诗云：'闭门句好香残后，捣药声高月上初。'其风流可想见也。"

五月

少傅兼太子太傅礼部尚书武英殿大学士李本忧去。（据《国榷》卷六十三）

户部左侍郎傅颐，漕运右副都御史胡植，巡抚山西右副都御史孟淮，巡抚甘肃右佥都御史胡汝霖，尚宝司卿白启常，翰林侍读张春，俱调南京，改官。（据《国榷》卷六十三）

闰五月

施峻（1505—1561）卒。徐献忠《青州府知府施公配沈安人行状》："嘉靖辛酉闰五月二十二日，琏川施公卒。""公讳峻，字平叔，以明经发解浙省，登乙未（1535）进士，授南刑部广西司主事，迁本部员外至郎中，升知山东青州府。濒行，适遇考察，为人所悬忌，去其官。""公生于弘治乙丑正月十四日，仅五十有七岁。"《列朝诗集小传》丁集上："峻，字平叔，归安人。嘉靖乙未进士，授南京刑部主事，历郎中，出知青州府，以内计罢官。张文隐深惜之。有《琏川诗集》八卷。时推其七言今体，谓可方唐应德云。平叔以诗自重，在僚友间矢口弹射，人不能堪，既出守，复挂计典，以此故也。家居楼栖如斗，典籍甚具，署之曰：'甲秀'，非同调不与登。歌诗欢饮，以终其身。每笑曰：'生平无病，强半病醒。其卒以是死乎？'果如其言。"

六月

翰林修撰唐汝楫直裕王讲官。（据《国榷》卷六十三）
翰林修撰唐汝楫为右春坊右谕德。（据《国榷》卷六十三）

七月

命右谕德兼侍读吴情、侍读胡杰主试应天。（据《国榷》卷六十三）

八月

裴宇、胡正蒙任顺天乡试主考。两京及各布政司举行乡试。《弇山堂别集》卷八十三《科试考三》："四十年辛酉，命司经局洗马裴宇、翰林院侍读胡正蒙主顺天试。命右春坊右谕德兼翰林院侍读吴情、翰林院侍读胡杰主应天试。""礼部都给事中丘岳等奏：应天录文既已传布，而考试官吴情屡行更易，胡杰不行救正，乞分别究治。得旨，俱调外任。情遂调广东市舶提举，杰广平府通判。吴君，无锡人，其邑之预荐者凡十馀人，以是籍籍，而胡之家僮有泄题而遁者，未必皆有徇也。其后胡旋起，亦竟不利，而吴以老不赴官。自是南畿之在翰林者不得入南试，以为例。"《明史·选举志》："嘉靖十六年，礼部尚书严嵩连摘应天、广东《试录》语，激世宗怒。应天主考及广东巡按御史俱逮问。二十二年，帝手批山东《试录》讥讪，逮御史叶经杖死阙下，布政以下皆远谪，亦嵩所中伤。四十年，应天主考中允无锡吴情取同邑十三人，被劾，与副考胡杰俱谪外。南畿翰林遂不得典应天试矣。"

前太子少保署詹事府事礼部尚书孙承恩卒。承恩字贞甫，华亭人，正德辛未进士。

馆选，授编修，使安南。进左中允，历侍读学士、少詹事，至前官。年八十一卒。有遗表。所著《使交纪行稿》、《使郢稿百像赞》、《瀼溪草堂全集》。赠太子太保，谥文简。（据《国榷》卷六十三）

徐渭秋试失利，自此病狂日甚。徐渭《畸谱》云："四十一岁。取张。应辛酉科，复北。自此崇渐赫赫。予奔应不暇，与科长别矣。"陶望龄《徐文长传》云："及被遇胡公，值比岁，公思为渭地。诸帘官人谒，属之曰：徐渭，异才也。诸君校士而得渭者，吾为报之。时胡公权震天下，所出口，无不欲争得以媚者。而偶一令晚谒，其人贡士也。公心轻之，忘不与语。及试，渭牍适属令。事将竣，诸人乃大索。获之，则弹摘遍纸矣。人以是叹渭无命。"

丁元复数困于乡试，今年始中举。申时行《赐闲堂集》卷二十五《浙江布政使司左参议丁公墓志铭》："公讳元复，字仲心……公有异质，读书过目辄成诵，味泉公大奇之，尝摩其顶曰：'亢吾宗者，是子也。'年十二，就试郡守及督学，皆第一。补博士弟子。公既少年，试辄冠其列，名声大噪。远迩执经问难，争愿出门下，抗颜师席者越二十年，所陶育成就取科第甚众。而公试京兆数屈，然其下帷发愤益甚。嘉靖辛酉，举于乡，隆庆辛未成进士。廷试初拟上第，寻失之。士论称屈。"

九月

王衡（1561—1609）生。王衡《将游泰山九日在道有感作》诗题下自注："予生日是重九。"又王衡《王文肃公年谱》："丁丑万历五年，府君四十四岁，时衡年十六。"王衡字辰玉，别号缑山先生。太仓人。万历辛丑（1601）廷试第二人，官编修。有《缑山先生集》及戏曲作品《郁轮袍》等。

十月

礼科都给事中丘岳，劾应天考官右春坊右谕德吴情试录刊后屡改，翰林侍读胡杰失救正。谪情广东市舶司提举，杰广平通判。（据《国榷》卷六十三）

十一月

袁炜入内阁，预机务。《明鉴纲目》卷六："纲：辛酉四十年，冬十一月，以袁炜（字懋中，慈溪人。）为户部尚书，兼武英殿大学士，预机务。目：先是，二月日食微阴，钦天监言日食不见，即同不食。严嵩以为天眷，趣礼部急上贺。炜亦以为言。尚书吴山仰首视天曰：'日方亏，将谁欺邪？'仍救护如常仪。帝怒，山引罪去。遂以炜代山。及七月又日食，钦天监言食止一分五秒，例免救护。炜乃阿帝意，上言：'陛下以父事天，以兄事日，是以太阳晶明，氛祲销铄。食止一分，与不食等，臣等不胜欣忾.’疏入；帝大喜。及是，遂入阁。炜本以青词进，与李春芳（字子实，扬州兴化人。）严讷（字敏卿，常熟人。）郭朴并号青词宰相。（炜才思敏捷。每撰青词，援笔立就，遇中外献瑞，辄极词颂美。帝畜一猫死，命内直诸臣撰词以醮，炜词有化狮作龙语，帝大喜悦。其诡阿媚上多类此，以故帝急柄用之，恩赐稠迭，它人莫敢望。）"

太子少保礼部尚书兼翰林学士署詹事府事郭朴回部。（据《国榷》卷六十三）

明世宗嘉靖四十一年壬戌（公元1562年）

正月

天下诸司官员朝觐，吏部会同都察院举行考察，令致仕、为民、闲住、酌调者近五千人。黄元吉《诗禅跋》："嘉靖四十一年春王正月，例该天下诸司官员朝觐。吏部会同都察院堂上官举行考察，堪任者存留管事，不堪者分列等第，开具职名，奏请发落；年老有疾者致仕；罢软无为及素行不谨者，冠带闲住；贪酷并在逃者为民，才力不及者酌量调用。太宰郭东野，左右少宰严养斋、张临溪，院长潘笠江，院副李罗村，司功正郎吴少泉，副郎罗月岩，刘养且、郜北溪二主政，河南道则李沽渠，及蒋浙江等布、按二司，及苑马、行太仆二寺，南北直隶各府州县等衙门，在任与夫升迁、丁忧、任满、降调、听勘各项名色，凡在三年以内者，遵照旧例查据抚按开送考语，先令论劾奏抄，参以询访舆论，从公考察，四千九百五十五人，兼拾遗冒滥京堂十馀人，几有五千之数。世传官，盖一笔抹去者也。邸报到日，值中麓延客，即席以此作灯谜：在《西厢记》中，一句九字，中者免酒，不则罚一巨觥。至末座一少年，厉声曰：'笔尖儿横扫了五千人。'中麓笑曰：'是也。'众客各抚掌大笑哄堂。三年一次，去官如是之多，此朝廷大典，无非为民而已。因详述之，聊作《诗禅》一跋。前《壬戌会试录序》，备陈考察事由，今复壬戌矣，有感于中，小跋亦窃效之云耳。邑人孔村黄元吉跋。"《诗禅》，李开先所编谜语集。

二月

袁炜、董份为会试考试官。辛巳，礼部会试，中式举人王锡爵等三百名。（据《明世宗实录》卷五百六）董份《泌园集》卷二十五《会试录后序》："嘉靖四十一年，当会试天下士。先是，上简用礼部尚书臣讷，而左侍郎臣拱，右侍郎臣升，皆一时并命，盖为会试也。既而部请典试，上特命大学士臣炜、学士臣份往。惟时臣炜方朝夕直赞，未尝离左右，以重试事遣之。将入院之日，恭诣迎和门，稽首辞。上特驰赐金绯酒馔，臣份亦滥与焉。盖非常之恩，创见之异数也。"赵用贤《松石斋文集》卷十四《北虞邵先生暨元配张孺人墓志铭》："公讳圭洁，字伯如。……己酉，始举于乡。……应壬戌试，马文庄公得先生卷，大奇之，拟以第一荐。会所誊进论、策诸文，字皆讹伪不可辨，复弃去。至是先生已五上公车，而意亦疲矣。乃就教，得德清县教谕。"己酉，指嘉靖二十八年（1549）。壬戌，指嘉靖四十一年（1562）。

裴宇为翰林侍读学士，署院。（据《国榷》卷六十三）

南京太常寺卿王材署南京国子监祭酒。（据《国榷》卷六十三）

三月

庚申，升南京国子监祭酒秦鸣雷为太常寺卿，管国子监祭酒事。南京太仆寺少卿毛鹏为都察院右佥都御史，巡抚宁夏。丁丑，命南京太常寺卿王材以原职管南京国子监祭酒事。（据《明世宗实录》卷五百六）

申时行、王锡爵、余有丁（1527—1584）等二百九十九人进士及第、出身有差。今年停考庶吉士。申时行（1535—1614）为进士第一，授修撰。王锡爵（1534—1610）举会试第一，廷试第二，授编修。《明世宗实录》卷五百七：嘉靖四十一年三月，"己亥，策试天下贡士。"《嘉靖四十一年进士登科录·玉音》："嘉靖四十一年三月初九日，礼部尚书兼翰林院学士臣严讷等于大朝门奏为科举事。会试天下举人，取中三百名。本年三月十五日殿试，合拟读卷官及执事等官少师兼太子太师吏部尚书华盖殿大学士严嵩等六十员。其进士出身等第，恭依太祖高皇帝钦定资格。第一甲例取三名，第一名从六品，第二第三名正七品，赐进士及第。第二甲从七品，赐进士出身。第三甲正八品，赐同进士出身。奉圣旨：是，钦此。读卷官：特进光禄大夫柱国少师兼太子太师吏部尚书华盖殿大学士严嵩，乙丑进士；光禄大夫柱国少傅兼太子太师吏部尚书武英殿大学士徐阶，癸未进士；荣禄大夫太子太保户部尚书兼武英殿大学士袁炜，戊戌进士；光禄大夫柱国少保兼太子太保兵部尚书杨博，己丑进士；资善大夫太子少保吏部尚书兼翰林院学士郭朴，乙未进士；资善大夫户部尚书高燿，乙未进士；资善大夫刑部尚书蔡云程，己丑进士；资政大夫工部尚书雷礼，壬辰进士；资政大夫都察院左都御史潘恩，癸未进士；嘉议大夫吏部左侍郎兼翰林院学士李春芳，丁未进士；嘉议大夫吏部左侍郎兼翰林院学士掌詹事府事董份，辛丑进士；嘉议大夫通政使司通政李登云，乙未进士；嘉议大夫大理寺卿万寀，甲辰进士；奉直大夫翰林院侍读学士掌院事裴宇，辛丑进士。提调官：资善大夫礼部尚书兼翰林院学士严讷，辛丑进士；嘉议大夫礼部左侍郎高拱，辛丑进士；嘉议大夫礼部右侍郎陈陛，辛丑进士。监试官：文林郎浙江道监察御史李秋，丁未进士；文林郎广东道监察御史王绍元，辛卯贡士。受卷官：奉训大夫右春坊右谕德唐汝楫，庚戌进士；翰林院侍读胡正蒙，丁未进士；吏科都给事中梁梦龙，癸丑进士；户科都给事中何煃，癸丑进士。弥封官：亚中大夫光禄寺卿徐陟，丁未进士；大中大夫太仆寺卿王槐，生员；中大夫鸿胪寺署掌寺事太仆寺卿靖洪，儒士；奉政大夫尚宝司卿李镶，官生；奉议大夫尚宝司卿顾谦亨，官生；翰林院修撰承务郎孙世芳，丁未进士；翰林院编修承事郎林士章，己未进士；礼科都给事中丘岳，丁未进士；承事郎兵科都给事中张益，庚戌进士；鸿胪寺右寺丞兼管翰林院典籍事顾从礼，监生；承德郎礼部仪制清吏司主事兼翰林院待诏尹乐舜，甲午贡士；承德郎礼部仪制清史司主事兼翰林院待诏王凝，丙辰进士；大理寺右寺右评事兼翰林院侍书管典籍事罗龙文，监生；吏部司务黎民表，甲午贡士。掌卷官：翰林院编修文林郎王希烈，癸丑进士；翰林院编修承事郎陶大临，丙辰进士；翰林院检讨征仕郎吴可行，癸丑进士；承事郎刑科都给事中魏元吉，癸丑进士；承事郎工科都给事中罗嘉宾，癸丑进士。巡绰官：特进光禄大夫柱国少保兼太子太保掌锦衣卫事后军都督府左都督朱希存；昭勇将军锦衣卫管卫事都指挥佥事李隆；昭勇将军锦衣卫管卫事署都指挥佥事孙钰；昭勇将军锦衣卫管卫事指挥使许场；怀远将军锦衣卫管卫事指挥同知张铎；昭勇将军金吾前卫署都指挥使张国柱；昭勇将军金吾后卫指挥使朱国昌。印卷官：奉议大夫礼部仪制清吏司郎中胡士彦，癸丑进士；承直郎礼部仪制清吏司署员外郎事主事劳堪，丙辰进士；承直郎礼部仪制清吏司主事吴绍，己未进士。供给官：奉政大夫光禄寺少卿刘秉仁，丁未进士；奉议大夫光禄寺少卿吴遵，丁未进士；承德郎光禄寺寺丞崔学履，庚戌进士；承德郎光禄寺寺丞郭立彦，庚戌进士；登仕佐郎礼部司务吴让，丁丑贡士；承德郎礼部精膳清吏司署郎中事主事刘曰材，癸丑进士；奉直大夫礼部精膳清吏司员外郎庞远，癸丑进士；承直郎礼部精膳清吏司主事武金，癸丑进士。"《嘉靖四十一年进士登科录·恩荣次第》："嘉靖四十一年三月十五日早，诸贡士赴内府殿试，上御大朝门，亲赐策问。三月十八日早，文武百官朝服侍班。是日，锦衣卫设卤簿于丹墀内，上御大朝门，鸿胪寺官传制唱名，礼部官捧黄榜，鼓乐导引出长安左门外，张挂毕，顺天府官用伞盖仪从送状元归第。三月十九日，赐宴于礼部。宴毕，赴鸿胪寺习仪。三月二十一日，赐状元朝服冠带及进士宝钞。三月二十二日，状元率诸进士上表谢恩。三月二十三日，状元率诸进士诣先师孔子庙行释菜礼，礼部奏请命工部于国子监立石题名。"《弇山堂别集》卷八十三《科试考三》："四十一年壬戌，命太子太保户部尚书武英殿大学士袁炜、吏部左侍郎兼翰林院学士掌詹事府事董份为考试官，取中王锡爵等。廷试，赐徐时行、王锡爵、余有丁及第。是岁炜承恩，特赐白金文绮御膳于棘院，份亦与焉，盖异数也。少保兵部尚书杨博、左都御史潘恩以子中式，辞读卷，不许；工部尚书雷礼以督工辞读卷，许之，仍敕列名于录。又特用吏部左侍郎李春芳，不为例。""是岁考庶吉士，得旨行矣，以科疏乞严核，罢不复考。"徐时行，即申时行。申时行初冒徐姓。《松窗梦语》卷六："《吴郡记》云：'国朝大魁，前甲戌张信无闻；丙戌林环、戊戌李琪、庚戌林震，皆终修撰；壬戌刘俨、甲戌孙贤，终太常卿；丙戌龚用卿，终祭酒；戊戌曾彦，终侍讲；庚戌钱福、壬戌康海、丙戌罗伦、甲戌唐皋，皆修撰；丙戌杨维聪，太常卿；戊戌茅瓒，吏侍；庚戌唐汝楫，修撰；无一登台辅者。'至今壬戌申时行，入殿阁年未五十，在位极久。且一甲三人，余有丁、王锡爵同时入阁，俱至一品，为一时之胜事云。"李调元《制义科琐记》卷三《屠者梦》："壬戌前一岁，武昌屠者梦天榜状元徐时行也。临江即吾里一生同此姓名，屠物色得之，劳以羊酒，月饴供养，曰：'相公必是状元，无相忘。'生才不中，大悦，遂谋进学。适当榜发，乃姑苏申时行，始犹徐姓也。而生以病入学，呕血卒。"

据《嘉靖四十一年进士登科录》，第一甲三名，赐进士及第。履历如下：

徐时行，贯直隶苏州府吴县，民籍，长洲县人，县学生，治《书经》。字汝默，行一，年二十六，八月十六日生。曾祖周。祖乾。父士章。母王氏，继母黄氏。重庆下。弟时德、时化、时杰。娶吴氏。应天府乡试第三名，会试第二十八名。

王锡爵，贯直隶苏州府太仓州，民籍，国子生，治《春秋》。字元驭，行一，年二十九，七月二十一日生。曾祖优。祖涌。父梦祥，监生。母吴氏。具庆下。弟鼎爵，监生。娶朱氏。应天府乡试第四名，会试第一名。

余有丁，贯浙江宁波府鄞县，民籍，国子生，治《易经》。字丙仲，行二，年三十六，二月十八日生。曾祖铠，寿官。祖惝，寿官。父永麟，通判。母王氏。永感下。兄有壬。娶永氏。□□乡试第五十四名，会试第六名。

据《嘉靖四十一年进士登科录》，第二甲八十五名，赐进士出身。履历如下：

戚元佐，贯浙江嘉兴府嘉兴县，匠籍，国子生，治《春秋》。字希仲，行四，年三十三，七月十六日生。曾祖篆。祖泽。父珊。母张氏。慈侍下。兄元宰；元辅，进士；元弻。娶吕氏。浙江乡试第二十二名，会试第二百六十五名。

项珂，贯浙江嘉兴府嘉善县，民籍，嘉兴县人，县学生，治《书经》。字秉容，行一，年三十四，五月二十日生。曾祖衡，赠都察院右都御史。祖忠，太子太保兵部尚书谥襄毅。父继。母盛氏。具庆下。兄镛，指挥同知；铠，序班；镗，千户；镇，监生；锡，南京光禄寺卿；金；铧；银；锋；镔。娶沈氏。浙江乡试第八名，会试第八名。

潘允端，贯直隶松江府上海县，民籍，国子生，治《礼记》。字仲履，行二，年三十七，四月十四日生。曾祖庆，赠都察院右都御史。祖奎，封按察司佥事赠都察院左都御史。父恩，都察院左都御史。前母包氏，赠夫人；母曹氏，封夫人。具庆下。兄允哲，官生。弟允穆；允脩，监生；允亮，詹事府录事；允臧；允征；允达，监生；允肃、允重、允合、允台、允吉。娶顾氏。顺天府乡试第五名，会试第二百十一名。

佘立，贯广西柳州卫，官籍，柳州府马平县人，府学增广生，治《诗经》。字季礼，行五，年二十六，十一月二十四日生。曾祖干，贡士。祖崇凤，知州。父勉学，按察使。嫡母罗氏，封孺人；生母孙氏。慈侍下。兄齐，监生；亶，推官；玄，通判；方。娶刘氏。广西乡试第一名，会试第二百四十四名。

张廷臣，贯广东广州府番禺县，民籍，国子生，治《诗经》。字伯邻，行一，年三十五，十月初六日生。曾祖瓒。祖祐。父宰，南京刑部郎中。嫡母吴氏，生母洗氏。永感下。兄大本。弟廷士。娶林氏。广东乡试第十三名，会试第十七名。

陈洙，贯福建福州府长乐县，民籍，县学附学生，治《诗经》。字伯训，行八，年二十六，八月二十四日生。曾祖则安，教授，封户部主事赠按察司佥事。祖时宪，按察司佥事。父锭，府同知。嫡母林氏，生母丘氏。慈侍下。兄济、泾。弟汇、滇。娶潘氏。福建乡试第二十三名，会试第九十五名。

郭文和，贯金吾左卫，匠籍，山西太原府阳曲县人，国子生，治《易经》。字有臣，行五，年二十七，正月十三日生。曾祖聪。祖智，封礼部员外郎。父俊，运司副使，前礼部郎中。母张氏，封宜人。慈侍下。兄文辅，州判官，前监察御史；文度；文弼；文寿。弟文恺。娶任氏，继娶王氏。顺天府乡试第二名，会试第七十四名。

朱润身，贯应天府江宁县，匠籍，直隶扬州府泰兴县人，国子生，治《诗经》。字德光，行一，年三十三，八月二十日生。曾祖达。祖俯。父鑲。母贾氏。永感下。弟敬身。娶陈氏。应天府乡试第一百三名，会试第一百二十四名。

徐作，贯江西南昌府南昌县，民籍，县学附学生，治《诗经》。字汝念，行三，年二十三，十一月二十日生。曾祖子明。祖仲文。父显良。前母萧氏，母陈氏。具庆下。兄侃、僎。弟伟。娶陈氏，继娶李氏。江西乡试第二十九名，会试第二百一十六名。

郑惇典，贯福建福州府侯官县，军籍，府学附学生，治《易经》。字君敕，行五，年三十，七月三十日生。曾祖晅，封左长史。祖间，左长史进阶中宪大夫。父元善。母张氏。慈侍下。兄国兴。娶陈氏，继娶曾氏、薛氏。福建乡试第六十六名，会试第八十六名。

蔡一楠，贯福建漳州府漳浦县，军籍，国子生，治《诗经》。字廷用，行二，年三十一，九月初四日生。曾祖坦，岁贡生。祖钺。父瀚。母薛氏。重庆下。兄一椿。弟一梓、一梧、一桥、一檀、一桂、一柾、一槐。娶熊氏。福建乡试第二十九名，会试第七十六名。

李材，贯江西南昌府丰城县，军籍，府学增广生，治《春秋》。字孟诚，行六，年三十四，七月十七日生。曾祖与镐。祖万平，封刑部郎中。父遂，南京兵部尚书。母赖氏，封宜人；继母晏氏，封恭人。具庆下。兄椟；惠，监生；格，指挥佥事；杭；悫，监生；橡，同科进士；栻，贡士。弟楠，监生；慈；枢，恩生；榛。娶姜氏，继娶丘氏。江西乡试第九名，会试第六十一名。

杨俊民，贯山西平阳府蒲州，民籍，国子生，治《礼记》。字伯章，行一，年三十二，十月三十日生。曾祖选，累赠光禄大夫柱国少保兼太子太保兵部尚书。祖瞻，按察司佥事封兵部左侍郎赠光禄大夫柱国少保兼太子太保兵部尚书。父博，光禄大夫柱国少保兼太子太保兵部尚书。母段氏，封一品夫人。具庆下。弟俊士，官生；俊彦，官生；俊卿，锦衣卫正千户；俊臣。娶史氏。山西乡试第四十名，会试第四名。

傅霖，贯山西太原府忻州，民籍，国子生，治《易经》。字应期，行一，年三十一，正月二十九日生。曾祖天锡，教授。祖康，监生。父朝宣，仪宾。嫡母郎青乡君，生母殷氏。具庆下。弟震，贡士；需；霓。娶赵氏。山西乡试第二十一名，会试第二百五十名。

吴善，贯福建漳州府龙溪县，民籍，县学生，治《易经》。字元夫，行三，年三十一，七月二十二日生。曾祖迪浓。祖瑞哲。父章禹。母徐氏。具庆下。兄神、岱。娶康氏。福建乡试第三十二名，会试第一百二十八名。

万廷言，贯江西南昌府南昌县，民籍，府学生，治《诗经》。字曰忠，行四，年三十三，十二月初九日生。曾祖必昌。祖广载，封知县。父虞恺，总督南京粮储都察院右副都御史。母萧氏，封孺人。重庆下。弟廷宣、廷宾、廷实、廷试、廷寅、廷安、廷宜。娶邹氏。江西乡试第二名，会试第二百三十五名。

徐用检，贯浙江金华府兰溪县，民籍，国子生，治《易经》。字克贤，行三十二，年三十五，十月十三日生。曾祖芝。祖讲。父缔。嫡母章氏，生母杨氏。慈侍下。兄用圭；用光，工部郎中。弟用乾、用修、用襄、用咸、用齐、用登、用辞。娶郑氏。浙江乡试第三十三名，会试第一百三十四名。

王宜，贯福建兴化府莆田县，民籍，县学附学生，治《诗经》。字时行，行二，年三十，四月初二日生。曾祖元二。祖巨甫。父绢，知县。母殳氏。重庆下。兄佐。弟伟、俊、杰、宾、宦、宷、宇。娶陆氏。福建乡试第五十五名，会试第二百四十七名。

叶以蕃，贯浙江处州府遂昌县，民籍，国子生，治《诗经》。字承叔，行二十六，年二十七，十二月十六日生。曾祖昭。祖魁。父弘渊。母王氏。具庆下。兄以升，以芬，以芳。弟以萃、以蓁。娶黄氏。顺天府乡试第五十二名，会试第十九名。

徐元气，贯直隶宁国府宣城县，儒籍，国子生，治《易经》。字汝和，行二，年三十，十月初七日生。曾祖愈，岁贡生。祖访，典膳。父衢，县主簿。母刘氏。具庆下。兄元策，贡士。弟元期；元第；元祥；元选；元太，贡士；元祉；元则；元恺；元祯；元祝。娶张氏。应天府乡试第三十名，会试第三十一名。

陈大章，贯浙江宁波府鄞县，民籍，县学生。治《诗经》。字祖尧，行三十六，年三十一，五月十五日生。曾祖懃，府经历。祖璇，义官。父藩。前母董氏，母柴氏。具庆下。弟大韶，大夏。娶伍氏。浙江乡试第十七名，会试第七十八名。

阚继禹，贯四川叙州府南溪县，民籍，国子生，治《诗经》。字叔敬，行一，年三十，四月初四日生。曾祖爵，县主簿。祖守万。父济。母杨氏。具庆下。兄时泰。弟师禹。娶帅氏。四川乡试第六十四名，会试第二百六十名。

钟振，贯广东廉州府合浦县，民籍，岁贡生，治《诗经》。字玉甫，行一，年三十一，正月初二日生。曾祖默。祖信。父文。母李氏。具庆下。弟扬、撰、揄、捷。娶刘氏。顺天府乡试第二十五名，会试第五十七名。

董原道，贯四川重庆府巴县，民籍，府学生，治《诗经》。字性之，行一，年三十五，三月初八日生。曾祖文昱，县丞。祖溥，学正。父诰。母母氏，继母张氏。永感下。弟明道。娶梁氏，继娶杨氏。四川乡试第四十八名，会试第二十九名。

沈玄华，贯浙江嘉兴府秀水县，民籍，嘉兴县人，县学生，治《书经》。字瑞伯，行十一，年二十四，十月十三日生。曾祖玫。祖璧，赠知县。父铨，右长史。嫡母张氏，封孺人；生母李氏。慈侍下。兄茂元；光华，监生；英华；茂先；茂完，监生；茂才；茂华；声华；茂德；敷华。弟秀华，茂宗。娶彭氏。浙江乡试第五十五名，会试第一百十五名。

史楷，贯浙江绍兴府会稽县，民籍，府学附学生，治《诗经》。字子美，行九，年二十八，十二月十二日生。曾祖吉。祖钿。父淮。母潘氏。具庆下。兄柱，中书舍人；术，监生；本。弟栻，梓、机、集。娶曹氏。浙江乡试第二十七名，会试第一百七十名。

林烴，贯福建福州府闽县，儒籍，国子生。治《春秋》。字贞耀，行二，年二十三，九月初六日生。曾祖元美，知府，赠南京吏部尚书加赠太子太保。祖瀚，南京兵部尚书赠太子太保谥文安。父庭机，南京礼部右侍郎。母李氏，累封淑人。具庆下。兄炫，赠□□□□；炀，知府；燿；熿，工正；烺；爚；熑，翰林院修撰；燆；燗；烔；熥；烸。弟光熙、烒、煛。娶陈氏。应天府乡试第一百十五名，会试第一百九十五名。

王廷辅，贯江西饶州府浮梁县，民籍，县学生，治《易经》。字良卿，行二十四，年三十六，七月初六日生。曾祖汝征。祖庆忠。父文盛。母侠氏。永感下。弟廷相。娶李氏。江西乡试第四十三名，会试第二百三十四名。

刘经纬，贯江西南昌府进贤县，民籍，南昌县人，县学附学生，治《诗经》。字道甫，行九，年二十九，八月十四日生。曾祖元敬。祖宗正。父武。母金氏。严侍下。兄经纶；经济，典膳；经邦；经世。弟经明。娶周氏。江西乡试第九十二名，会试第二十六名。

杨世华，贯浙江绍兴府余姚县，军籍，国子生，治《书经》。字懋成，行十四，年三十五，四月二十日生。曾祖苓，七品散官。祖节，州判官。父大纲，赠刑部主事。母邵氏，赠安人。永感下。兄世芳，知府；世英。弟世美、世蕃。娶邵氏。浙江乡试第七十四名，会试第一百六十九名。

苏愚，贯直隶扬州府泰州如皋县，民籍，县学生，治《礼记》。字君明，行三，年二十八，九月二十二日生。曾祖玘。祖廪。父耒，县主簿。母张氏。慈侍下。兄恩；志，监生；娶孙氏。应天府乡试第五十名，会试第二百二十三名。

许孚远，贯浙江湖州府德清县，民籍，县学生，治《书经》。字孟中，行一，年二十八，十二月初二日生。曾祖宗明。祖辅。父松。母沈氏。重庆下。弟道远、志远、行远。娶舒氏。浙江乡试第四十五名，会试第三十六名。（附录：梁章钜《制义丛话》卷五："朱梅崖曰：'夫子为卫君'章，今人但知储中子文为合作，而不知许敬庵孚远文高出其上，此时代为之，不可强也。后比云：'假令夷也违父命，而齐也悖天伦，虽窃国为诸侯，不可一日安于臣民之上；夫惟伯遂其为子，而叔遂其为弟，故弃国如敝屣，可以浩然存于天地之间。'只写夷齐而卫事自见，通幅亦极安闲极恬静。方望溪言后来名作俱不能及，岂虚语哉！""（朱梅崖）又曰：许敬庵'肫肫其仁'文云：'圣人不能分所有以与诸人，而为之联属，为之维持，以通天下为一身者，圣心之仁，流衍而无息也；圣人亦非能强所无以行于世，而需之匡济，需之曲成，以合万物为一体者，至诚之仁，沦洽而无间也。'此题境象深微，极难下笔，此文则清切纯懿，中边俱澈，所谓理熟则词自快，非浅学所可几也。"）

陈学曾，贯东胜右卫，军籍，山西平阳府阳城县人，顺天府遵化县学生，治《易经》。字汝鲁，行六，年二十九，四月二十一日生。曾祖鼎，寿官。祖明，训导。父琮，知县。母冯氏。慈侍下。兄学诗；学礼，贡生；学易；学书；学孔。弟学孟。娶李氏。顺天府乡试第五十三名，会试第一百八十二名。

曾璠，贯湖广承天卫，官籍，江西九江府彭泽县人，国子生，治《易经》。字子玉，行一，年五十一，二月初四日生。曾祖恭，指挥同知。祖逊，知县。父辉。母王氏，继母鲁氏。严侍下。兄重，千户；禾。弟秉、岳。娶从氏。湖广乡试第三十五名，会试第一百三十名。

曹子登，贯直隶兴州后屯卫，军籍，苏州府长洲县人，国子生，治《易经》。字以渐，行二，年二十六，十一月十九日生。曾祖鼎，御医。祖逵，太医院吏目。父应龙，封刑部主事。母黄氏，封安人。具庆下。兄子朝，知府；良辅；子和；子邦。弟子良，子学，子觊，子晋，子聘。娶张氏。顺天府乡试第二十九名，会试第一百二十一名。

冯敏功，贯浙江嘉兴府平湖县，民籍，县学生，治《春秋》。字元卿，行一，年三十七，十月二十一日生。曾祖澄。祖俊，知县。父汝弼，府同知，前工科给事中。母屠氏，封孺人；继母徐氏。严侍下。兄敏德、敏事、敏学、敏求。弟敏勋、敏效、敏道、敏生。娶曹氏。浙江乡试第三名，会试第三十四名。

王同赞，贯福建泉州府晋江县，民籍，国子生，治《礼记》。字微甫，行一，年三十一，十月十六日生。曾祖寰。祖纲。父叔中。母施氏。重庆下。弟同仁、同议、同化、同论、同任、同俨。娶唐氏。福建乡试第八十名，会试第一百六十四名。

项思教，贯浙江台州府临海县，民籍，县学生，治《诗经》。字敬敷，行一，年三十五，七月十九日生。曾祖文达。祖匡，南京太常寺博士。父廉。母戴氏。具庆下。兄思明、思聪、思敏。弟思政、思韶、思牧。娶朱氏。浙江乡试第二十七名，会试第四十八名。

周浩，贯浙江杭州右卫，军籍，杭州府学生，治《易经》。字养正，行一，年二十六，五月二十三日生。曾祖进。祖洪。父奎。母吴氏。慈侍下。娶沈氏。浙江乡试第三十三名，会试第二百七十六名。

吕藿，贯湖广永州府零陵县，民籍，国子生，治《礼记》。字忱卿，行六，年三十三，十二月二十八日生。曾祖钟，县主簿。祖洪，监生。父调阳。母邓氏。具庆下。兄芥、芝、蕙、兰。弟藻、莘。娶杨氏。湖广乡试第五名，会试第三十名。

成钟音，贯顺天府遵化县，民籍，山东青州府益都县人，县学生，治《诗经》。字本谐，行三，年三十，十二月初九日生。曾祖海。祖善，封知县。父英，按察司副使。嫡母李氏，赠孺人；继母李氏，封孺人；生母王氏。慈侍下。兄钟奇、钟彦。弟钟意、钟产、钟竟。娶张氏。顺天府乡试第八名，会试第二名。

陈有年，贯浙江绍兴府余姚县，民籍，国子生，治《书经》。字登之，行三十七，年三十二，二月初九日生。曾祖孟昂，赠都察院右副都御史。祖巨理，赠都察院右副都御史。父克宅，都察院右副都御史。母唐氏，封淑人。慈侍下。兄有勋，监生；有济；有孚，监生；娶邵氏。顺天府乡试第二名，会试第八十一名。

张允济，贯顺天府固安县，民籍，国子生，治《书经》。字爱甫，行六，年二十七，九月十九日生。曾祖玺。祖志，府同知。父佳运，州吏目。嫡母李氏，继母李氏、王氏，生母朱氏。慈侍下。兄允承、允升、允立、允谐、允熙。弟允继、允修。娶金氏。顺天府乡试第五十六名，会试第二百三十六名。

王锡命，贯浙江嘉兴府秀水县，民籍，直隶苏州府吴江县人，县学生，治《易经》。字天予，行一，年二十六，正月十八日生。曾祖钦。祖玭。父鸾。母仲氏。具庆下。弟鲤，鳞。娶钱氏。浙江乡试第五十七名，会试第七十一名。

马顾泽，贯直隶苏州府长洲县，民籍，吴县人，国子生，治《易经》。字晬卿，行一，年三十三，十二月初五日生。曾祖升。祖文毓。父寅。母顾氏，继母易氏。具庆下。弟顾洲。娶朱氏。应天府乡试第十五名，会试第二十三名。

史诩，贯江西吉安府永新县，民籍，国子生，治《易经》。字克敏，行一，年三十五，九月初二日生。曾祖文庄。祖晋。父玢。母贺氏。具庆下。弟训、讲。娶王氏。江西乡试第四十八名，会试第五十名。

陈学伊，贯福建泉州府南安县，民籍，县学生，治《易经》。字尔聘，行二，年三十一，十月十六日生。曾祖庸。祖祚。父端郎，医学训术。母庄氏。慈侍下。兄学孔、学孟、学夔、良言。弟学朱、学程、学皋。娶黄氏。福建乡试第四十一名，会试第九十八名。

林乔相，贯福建泉州府晋江县，军籍，府学附学生，治《易经》。字廷翰，行二，年二十，正月初十日生。曾祖毓。祖普勤。父澄。嫡母郑氏，生母张氏。慈侍下。兄乔材。弟乔森、乔柱。聘张氏。福建乡试第三十九名，会试第一百八十七名。

蔡可贤，贯直隶广平府成安县，民籍，国子生，治《易经》。字子齐，行二，年二十七，闰十二月十二日生。曾祖和。祖果。父绍先，贡生。母刘氏。具庆下。兄可教，府推官。弟可久。娶武氏。顺天府乡试第六名，会试第二百十九名。

吴焯，贯广西柳州府宾州，民籍，上林县人，国子生，治《礼记》。字纯伯，行一，年三十七，十月十七日生。曾祖道应。祖能。父邦柱，教谕。母施氏。重庆下。弟焯。娶廖氏。广西乡试第五名，会试第一百二十五名。

贾应元，贯顺天府遵化县，军籍，山西平阳府临汾县人，县学附学生，治《易经》。字仁甫，行一，年二十七，十一月二十五日生。曾祖凤，恩例冠带。祖荣。父相。母傅氏。具庆下。弟应文，应魁，应鸿。娶高氏。顺天府乡试第四十七名，会试第一百五十名。

陈烨，贯山东青州府诸城县，军籍，国子生，治《诗经》。字光宇，行一，年二十八，八月二十八日生。曾祖纯。祖昂。父良相，府知事。母刘氏，继母常氏。永感下。弟爎、焕、煌。娶隆氏。山东乡试第五十名，会试第一百五十八名。

徐柏，贯福建建宁府浦城县，军籍，国子生，治《书经》。字守卿，行三，年三十三，十二月初九日生。曾祖文茂。祖希勉。父顒，寿官。嫡母黄氏，生母黄氏。永感下。兄森、梁。娶苏氏。福建乡试第六十九名，会试第三十九名。

李汶，贯直隶河间府任丘县，官籍，县学增广生，治《书经》。字宗齐，行二，年二十七，十月初一日生。曾祖鹏。祖穆，驿丞。父登。前母边氏，母王氏。重庆下。兄泮，贡士。弟渭。娶武氏。顺天府乡试第三名，会试第六十五名。

徐学古，贯河南河南府洛阳县，民籍，浙江杭州府仁和县人，县学生，治《诗经》。字有获，行一，年二十六，六月二十五日生。曾祖信，仓大使。祖宏，寿官。父雨。母孙氏。具庆下。弟尚古、宪古、崇古。娶吴氏。河南乡试第四十六名，会试第九十七名。

洪忭，贯山西蒲州，军籍，定边卫人，国子生，治《书经》。字守庆，行三，年三十，二月二十二日生。曾祖景文。祖玺。父九畴，典膳。前母郭氏，母冯氏，继母冯氏。慈侍下。兄卜，听选官；惟。弟恍。娶郭氏，继娶姚氏。山西乡试第八名，会试第二百二十五名。

王续之，贯四川顺庆府南充县，民籍，府学生，治《易经》。字大卿，行一，年二十九，四月二十日生。曾祖锐。祖希文，封户部主事。父廷，南京户部右侍郎。前母陈氏，赠安人；母杨氏，封安人。具庆下。兄衡、宏、宣、宸。弟纬之、纪之、绥之、继之、补之、显之。娶雍氏。四川乡试第三十一名，会试第八十三名。

费尧年，贯江西广信府铅山县，民籍，县学生，治《书经》。字熙之，行三，年二十五，正月十一日生。曾祖瑶，赠光禄大夫柱国少保兼太子太保户部尚书武英殿大学士。祖完，前工部郎中。父懋文，知县。母张氏。具庆下。兄鹤年、龟年。弟长年。娶魏氏。江西乡试第三十二名，会试第一百九名。

郭棐，贯广东广州府南海县，军籍，番禺县人，国子生，治《诗经》。字笃周，行一，年三十四，四月二十日生。曾祖瑜。祖正。父大治，知县。母梁氏。重庆下。弟棨，贡士；栗。娶招氏，继娶招氏。广东乡试第六十三名，会试第二十四名。

叶士宾，贯福建兴化府莆田县，民籍，儒士，治《书经》。字尚宾，行三，年三十一，九月十二日生。曾祖体仪，赠右参政。祖忠，赠工部主事加赠右参政。父珩，左布政使。嫡母陈氏，封淑人；生母林氏。永感下。兄士元、稜、士庆、士需、士容、士益、鼎。弟士荣、稆、士俊、士宾、士兴。娶姚氏。福建乡试第七十八名，会试第五名。

丁应璧，贯山东青州府寿光县，民籍，国子生，治《易经》。字为章，行一，年二十六，十一月初七日生。曾祖垒。祖思恭。父栋，听选官。母贵氏。重庆下。弟应宾。娶曲氏，继娶韩氏。山东乡试第二十一名，会试第四十一名。

杨汝允，贯江西南昌府南昌县，民籍，府学生，治《诗经》。字惟明，行十三，年二十六，七月十五日生。曾祖子辐。祖伟庆，寿官。父用实，寿官。嫡母伍氏，生母周氏。具庆下。兄汝宾；汝丽，州同知；汝东，典膳；汝瑞，光禄寺署正；言，州判官；立，监生；汝辅，南京礼部主事；汝乾；汝弼。弟汝翼。娶徐氏。江西乡试第六十六名，会试第八十七名。

周禧，贯湖广黄州府蕲州，民籍，州学生，治《书经》。字以吉，行七，年三十，五月十一日生。曾祖鉴。祖濂。父大霖，恩例冠带。母袁氏，继母梁氏。严侍下。兄祜；禋；祈，知县；祉；祚，贡士。娶张氏。湖广乡试第五十五名，会试第四十三名。

诸察，贯浙江绍兴府余姚县，军籍，县学附学生，治《易经》。字子潜，行十八，年三十三，一月十七日生。曾祖璇，七品散官。祖文实，知县。父仕。母于氏。具庆下。兄寅、完。弟蕙、官、定、宁、宜、宴。娶张氏。浙江乡试第四十一名，会试第一百二名。

王倖，贯浙江嘉兴府嘉善县，民籍，秀水县人，府学增广生，治《书经》。字廉甫，行一，年二十九，四月三十日生。曾祖贤。祖瑜。父周。母徐氏。具庆下。兄化、俨。娶顾氏。浙江乡试第八十一名，会试第二百二十一名。

张大忠，贯浙江嘉兴府秀水县，民籍，平湖县人，县学生，治《书经》。字国桢，行一，年二十七，十二月十五日生。曾祖橍。祖燰。父载道，监生。母沈氏。具庆下。兄大雅，监生；汝挈。弟大孝、大诠、凤翱、凤仪、凤鸣、大伦、汝孝、汝厚、汝学、其才。娶姚氏。浙江乡试第八名，会试第十六名。

游季勋，贯江西南昌府丰城县，军籍，国子生，治《诗经》。字懋甫，行二，年三十二，九月初二日生。曾祖弼，长史。祖潜，知州。父本，听选官。母甘氏。慈侍下。兄孟炎、庆炎、仲炎、叔炎。弟景炎、宗炎、际炎。娶邓氏。江西乡试第二十一名，会试第五十八名。

朱应时，贯羽林左卫，军籍，浙江绍兴府余姚县人，国子生，治《易经》。字子中，行一，年二十八，正月三十日生。曾祖莹。祖祥。父师曾，中书舍人。母陈氏。具庆下。兄应登、应期、应诏、应宿。弟应斗、应寿、应旸。娶梁氏。顺天府乡试第三十六名，会试第二百三十名。

孙应元，贯湖广承天卫，官籍，承天府学生，治《诗经》。字仁甫，行一，年三十二，十二月十七日生。曾祖琳，散官。祖达。父经。前母何氏，母秦氏。具庆下。弟应亨、应时。娶王氏，继聘张氏。湖广乡试第五十二名，会试第一百八十六名。

杨榊，贯云南大理府太和县，民籍，国子生，治《书经》。字仲木，行一，年三十，三月初五日生。曾祖勋，赠知府。祖珮，知府。父汝为。母阳氏。慈侍下。弟楫。娶尹氏。云南乡试第八名，会试第二百八十六名。

张九歌，贯山东兖州府曹州，军籍，州学生，治《诗经》。字仲宜，行二，年三十五，十一月二十三日生。曾祖友贤。祖文举。父天叙，典膳。母杜氏，继母楚氏、乔氏。慈侍下。兄九德，贡士。弟九贡。娶杨氏。山东乡试第四十一名，会试第二百六十六名。

陈俊，贯广东广州府南海县，军籍，县学生，治《诗经》。字彦吾，行一，年三十五，七月二十七日生。曾祖裑□。祖清。父和。母姚氏。具庆下。弟恂。娶郭氏。广东乡试第三十五名，会试第二百五十五名。

吴孔性，贯浙江处州府遂昌县，民籍，国子生，治《诗经》。字粹卿，行三，年三十，十月十九日生。曾祖挺。祖涑。父文辕。母郑氏。具庆下。弟恺、悌。娶童氏。浙江乡试第八十八名，会试第一百九十八名。

梁纲，贯山西平阳府绛州稷山县，儒籍，国子生，治《易经》。字立夫，行二，年三十六，正月二十一日生。曾祖铸，巡检。祖溥，长史赠奉政大夫。父恪，南京兵科给事中。母郝氏，封孺人。慈侍下。兄纪，贡士。弟维，贡士。娶郝氏，继娶张氏。山西乡试第一名，会试第一百四十五名。

孙坤，贯河南归德府睢州，民籍，州学生，治《书经》。字顺夫，行五，年三十一，六月初四日生。曾祖铭，知县。祖宪文。父守中，典膳。前母朱氏，母刘氏。永感下。兄塘；瑢；坦；域，贡士。娶刘氏。河南乡试第十四名，会试第一百六名。

刘淳，贯河南陈州卫，军籍，陈州学生，治《春秋》。字自裕，行二，年二十六，九月十一日生。曾祖珊。祖尚儒。父维岳。母吴氏。具庆下。兄浙。弟涵。娶王氏。河南乡试第六十四名，会试第二百七十九名。

张希召，贯山东青州府高苑县，军籍，国子生，治《春秋》。字于南，行四，年三十四，九月二十一日生。曾祖士举。祖盘。父珝。前母崔氏，母董氏。慈侍下。兄希尹；希稷，知县；希龙。娶王氏。山东乡试第七十名，会试第二百二十七名。

陈贤，贯四川保宁府苍溪县，民籍，县学增广生，治《易经》。字子及，行三，年四十二，九月二十九日生。曾祖泰。祖杰。父仲才。母罗氏。具庆下。兄文仁。弟质。娶黄氏。四川乡试第二十九名，会试第二百七十四名。

吕一静，贯直隶池州府贵池县，民籍，国子生，治《诗经》。字子正，行二，年三十五，二月十一日生。曾祖清。祖玺。父贵昌。母陈氏。慈侍下。兄一动。弟一鸣、一安、一桂、一相、一儒。娶傅氏。应天府乡试第一百一十四名，会试第一百五十五名。

俞南金，贯浙江嘉兴府平湖县，民籍，国子生，治《书经》。字国良，行一，年四十四，十一月二十四日生。曾祖宗。祖璁。父怀，场大使。前母陈氏，母蒋氏。慈侍下。弟南阳、南雍、南都。娶宋氏，继娶胡氏。浙江乡试第二十八名，会试第一百五十四名。

徐廷授，贯浙江严州府淳安县，民籍，县学生。治《春秋》。字受之，行五，年三十七，八月二十六日生。曾祖伦。祖环。父晔。母王氏。慈侍下。兄廷用、廷绅。娶周氏。浙江乡试第十名，会试第六十九名。

万振孙，贯直隶庐州府合肥县，民籍，江西南昌府南昌县人，府学生，治《诗经》。字性孺，行一，年三十，七月十八日生。曾祖钺。祖永权。父瑞，府通判。母罗氏。重庆下。兄庚孙。弟器孙、似孙、延孙、述孙。娶梁氏。应天府乡试第一百二十五名，会试第一百九十三名。

陶邦衡，贯湖广承天府潜江县，民籍，县学生，治《诗经》。字志伊，行一，年三十九，二月十五日生。曾祖宪，县主簿。祖应奎，训导。父滋，教谕。母何氏。具庆下。娶何氏。湖广乡试第三十七名，会试第二百十四名。

项笃寿，贯浙江嘉兴府嘉善县，民籍，秀水县人，府学生，治《书经》。字子信，行一，年三十一，五月十二日生。曾祖质。祖纲，知县。父铨，鸿胪寺序班。嫡母陈氏，生母颜氏。具庆下。兄元淇，上林苑监录事。弟元汴，监生。娶郑氏，继娶马氏。

浙江乡试第六十七名，会试第五十五名。

段孟贤，贯江西九江府湖口县，民籍，县学生，治《书经》。字汝愚，行六，年三十五，四月二十四日生。曾祖仲厚。祖珪。父銮。前母曹氏，母梅氏。慈侍下。兄孟萱；孟富；孟庄，州判官。弟汝芳，监生。娶饶氏。江西乡试第七十七名，会试第十四名。

据《嘉靖四十一年进士登科录》，第三甲二百十一名，赐同进士出身。履历如下：

蔡叔逵，贯河南卫辉守御千户所，军籍，江西临江府新淦县人，卫辉府学生，治《易经》。字于渐，行一，年二十八，正月初四日生。曾祖润，寿官。祖荆玉，赠监察御史。父扬金，布政司参政。母杨氏，封孺人。具庆下。弟叔迈、叔遴、叔进。娶校氏。河南乡试第二名，会试第二百八十三名。

杜辂，贯山东兖州府泗水县，匠籍，县学生，治《诗经》，字从殷，行二，年二十七，六月初五日生。曾祖盛，寿官。祖锡，县丞。父学诗，府通判。母吕氏。重庆下。兄时。弟冕。娶孔氏。山东乡试第八名，会试第四十名。

王乾章，贯浙江金华府东阳县，民籍，县学生，治《春秋》。字顺卿，行一百五十，年三十四，九月初二日生。曾祖得志。祖垹，教谕。父宽，教谕。母蔡氏。慈侍下。兄颙、频、乐章、惠章、孝章、廷章。弟太章、建章。娶郑氏，继娶徐氏。浙江乡试第三十六名，会试第九十二名。

张崇伦，贯湖广德安府应城县，军籍，国子生，治《易经》。字子常，行二，年四十一，十二月十九日生。曾祖镇。祖伯富。父允琼。母陈氏。永感下。兄崇仕。娶陈氏。湖广乡试第二十七名，会试第二百四十一名。

蒙诏，贯广东广州府番禺县，民籍，国子生，治《诗经》。字廷纶，行二，年三十八，十二月初七日生。曾祖仲恺。祖萃。父宗远，典史。前母陈氏、刘氏，母李氏。慈侍下。兄谏，知县。娶麦氏。广东乡试第四名，会试第五十六名。

张从律，贯直隶松江府华亭县，民籍，县学附学生，治《书经》。字懋和，行一，年三十，三月二十三日生。曾祖鉴。祖元沆。父谊。母杜氏。具庆下。弟从征、从衍。娶钱氏。应天府乡试第四十九名，会试第一百六十一名。

戴濂，贯浙江处州府丽水县，军籍，国子生，治《易经》，字希茂，行一，年三十三，三月初七日生。曾祖贞。祖选，训导。父镗，岁贡生。母杨氏，继母单氏。具庆下。弟洵，汀。娶陈氏。浙江乡试第三十九名，会试第九十四名。

吉大同，贯直隶大名府开州，匠籍，州学生，治《书经》。字伯从，行一，年三十四，十月初五日生。曾祖伦。祖陈，封监察御史。父澄，巡抚辽东都察院右佥都御史。母张氏，赠孺人；继母李氏，封孺人。重庆下。弟大韶、大夏、大武、大壮、大观、大临、大宾、大顺、大宁。娶王氏。顺天府乡试第一百一十八名，会试第一百四十九名。

徐一忠，贯浙江宁波府慈溪县，民籍，县学附学生，治《诗经》。字宗显，行三，年三十一，六月十七日生。曾祖芹。祖槐。父敬。母孙氏。具庆下。兄一元、凤鸣、一亨、一兰、一化。娶傅氏。浙江乡试第六十三名，会试第十五名。

沈廷观，贯直隶苏州府吴江县，民籍，国子生，治《春秋》。字宾卿，行二，年三十，七月十二日生。曾祖瓛。祖銮。父可学。母温氏。具庆下。兄廷望。弟廷对，廷谟。娶庄氏，继娶顾氏。应天府乡试第一百八名，会试第一百三十二名。

崔镛，贯陕西绥德卫，官籍，直隶凤阳府颍上县人，榆林卫学生，治《诗经》。字汝洪，行二，年三十三，八月二十日生。曾祖岩，千户赠都指挥佥事。祖林，千户赠都指挥佥事。父经，都指挥佥事。母柳氏，赠淑人；继母王氏，封淑人。具庆下。兄镇。弟鑰、鉊。娶苏氏。陕西乡试第三十名，会试第二十二名。

李台，贯浙江严州府寿昌县，民籍，国子生，治《易经》。字君佐，行二，年三十五，十二月初二日生。曾祖可正，县主簿。祖廷器，县丞。父鳌，知县。母项氏。具庆下。兄京。弟度、序。娶徐氏。浙江乡试第八十三名，会试第二十名。

王桢，贯江西南昌府南昌县，民籍，府学附学生，治《诗经》。字宗彦，行五，年三十三，十月初十日生。曾祖正仁。祖建昌。父秉新。母傅氏。具庆下。兄相。弟梅。娶喻氏。江西乡试第二十四名，会试第三十八名。

卜相，贯浙江嘉兴府嘉兴县，民籍，秀水县人，国子生，治《书经》。字梦良，行一，年三十三，十月十八日生。曾祖元。祖艮。父镐，岁贡生。母杨氏。具庆下。弟枌，梧。娶徐氏。浙江乡试第五十三名，会试第七十五名。

艾杞，贯陕西延安府绥德州米脂县，军籍，国子生，治《春秋》。字子征，行三，年三十五，正月初二日生。曾祖文吉，赠都察院右副都御史。祖蕙，赠主事加赠都察院右副都御史。父希清。母高氏。慈侍下。兄榛，兵马副指挥；桐，岁贡生。弟梓，都指挥佥事；枢；聪；驷；骆；騋；成；道。娶张氏。陕西乡试第三十六名，会试第一百五十七名。

王谟，贯河南颍川卫，军籍，山东东平州人，国子生，治《易经》。字体文，行一，年三十一，十月十九日生。曾祖琳。祖冕。父邦益，寿官。母郭氏。具庆下。弟训；诰；文炯，序班。娶姜氏，继娶刘氏。河南乡试第二十八名，会试第一百四十八名。

吴维京，贯浙江湖州府安吉州孝丰县，军籍，州学生，治《书经》。字枢季，行十七，年三十二，十月二十九日生。曾祖玒，寿官。祖松，封吏部郎中。父麟，按察司副使赠中宪大夫。前母王氏，赠孺人；王氏，母方氏，赠恭人。永感下。兄维岳，按察使；维廷，监生；维夏，监生。弟维城、维域、维均、维城、维壤、维埈、维坤。娶濮氏。浙江乡试第五十名，会试第三十三名。

刘之蒙，贯顺天府霸州，民籍，国子生，治《书经》。字淑正，行一，年三十，十二月二十二日生。曾祖源，义官。祖瓒，七品散官。父伟，县主簿。母任氏，继母张氏。严侍下。弟起蒙。娶顾氏，继娶孔氏。顺天府乡试第一百二十名，会试第二百九十八名。

吴一琴，贯直隶广平府成安县，民籍，县学生，治《诗经》。字子清，行三，年二十七，四月二十四日生。曾祖森。祖泽，寿官。父瑁。母刘氏。慈侍下。兄一麟、一桂。弟一诚、一鹤。娶刘氏，继娶李氏、杨氏。顺天府乡试第一百二十三名，会试第二百十八名。

范爱众，贯东胜右卫，军籍，山西平阳府临汾县人，顺天府遵化县学生，治《书经》。字同人，行一，年二十八，九月十三日生。曾祖铭。祖聪。父恭。前母孙氏，母袁氏。具庆下。弟御众、与众。娶高氏。顺天府乡试第六十四名，会试第二百九名。

孙以仁，贯山东登州卫，旗籍，直隶苏州府昆山县人，国子生，治《诗经》。字学元，行一，年二十九，三月二十九日生。曾祖尚能。祖隆，教授。父让。母蔡氏。永感下。弟以化。娶顾氏，继娶丛氏、赵氏。山东乡试第二十名，会试第二百六十九名。

袁三接，贯广东广州府香山县，军籍，番禺县学附学生，治《易经》。字邦表，行二，年三十四，四月初一日生。曾祖奎。祖祖盛。父景升。母黄氏。慈侍下。兄绍基、三德。弟三省、三畏、三锡。娶李氏。广东乡试第二十六名，会试第四十五名。

陈烈，贯福建建宁府建安县，民籍，县学生，治《春秋》。字思绍，行一，年三十，五月十五日生。曾祖钧，训导。祖演。父楠，岁贡士。母叶氏。具庆下。弟照、廉、为、谦、寿、庶、衡、鲸、荐、鲤、谠、鹏、麃、鹤。娶童氏。福建乡试第十四名，会试第二百十五名。

王同道，贯湖广黄州府黄冈县，军籍，县学生，治《易经》。字纯甫，行六，年三十二，正月初七日生。曾祖文凯，封知县。祖麟，知县赠户部郎中。父廷槐，贡士。嫡母胡氏，生母朱氏。永感下。兄同鹤，贡士；同心；同源；同升。弟同会、同轨、同伦、同辰、同庆。娶郭氏。湖广乡试第三十四名，会试第一百九十二名。

李惟观，贯四川泸州，民籍，州学生，治《书经》。字动可，行三，年三十三，三月初一日生。曾祖琼。祖宗盛，岁贡生。父鉴，知县。母刘氏。永感下。兄惟乔，学正；惟端；惟肃；惟交；惟康。弟惟醇、惟熙。娶何氏。四川乡试第三十四名，会试第一百十九名。

严镃，贯光禄寺，厨籍，顺天府丰润县人，国子生，治《易经》。字应时，行二，年三十三，十月十七日生。曾祖文。祖瑾。父雄。母周氏。慈侍下。兄镲。弟镇、铭。娶何氏，继娶陆氏。顺天府乡试第一百二十四名，会试第二百九十一名。

马会，贯四川保宁府南部县，民籍，县学生，治《易经》。字元明，行五，年三十二，十一月初三日生。曾祖自旺。祖庸。父孟舍，县丞。嫡母李氏，生母谌氏。慈侍下。兄时，岁贡生；中；元，都司都事；晓；曙；曜；晋，训导；昶；旦，贡士。弟昺，贡士。娶孙氏。四川乡试第四十四名，会试第一百六十七名。

郭良，贯福建泉州府惠安县，民籍，县学生，治《诗经》。字复吾，行一，年三十七，十月十九日生。曾祖矩。祖鉴。父珫。母庄氏。严侍下。弟伋、浩、迁。娶郑氏。福建乡试第二十四名，会试第九十三名。

吴一本，贯湖广沔阳卫，军籍，沔阳州学增广生，治《易经》。字仲立，行二，年三十二，六月十三日生。曾祖选。祖经。父宪，教谕。母杨氏，继母向氏。具庆下。兄一东。弟一真、一才、一士。娶杨氏。湖广乡试第七十名，会试第二百四名。

陈邦颜，贯福建泉州府晋江县，民籍，府学生，治《礼记》。字献祉，行一，年三十，十月十四日生。曾祖本善。祖璪。父和。嫡母梁氏，生母卜氏。慈侍下。弟邦显。娶赵氏。福建乡试第四十九名，会试第七十九名。

贾仁元，贯山西平阳府蒲州万泉县，军籍，县学生，治《易经》。字子善，行一，年三十五，五月初五日生。曾祖胜。祖玉，义官。父朝忠。母董氏。具庆下。弟仁亨、复元。娶王氏。山西乡试第十五名，会试第九十名。

黄文炜，贯江西建昌府南城县，民籍，府学增广生，治《易经》。字德华，行三，年二十二，正月二十一日生。曾祖日新。祖愈清。父季融。母冯氏，继母彭氏。重庆下。弟文燧，文燿。娶吴氏。江西乡试第一名，会试第八十八名。

刘世曾，贯四川重庆府巴县，民籍，县学生，治《易经》。字胤甫，行一，年三十二，二月十六日生。曾祖相，封参议。祖鹤年，参政。父起元。母罗氏。具庆下。弟世箕；世赏，贡士；世伟；世卿；世选；世用；世德；世荣；世懋；世珍。娶黄氏。四川乡试第三名，会试第八十名。

萧守身，贯河南怀庆卫，官籍，湖广德安府云梦县人，国子生，治《诗经》。字尚本，行四，年三十二，九月初一日生。曾祖礼。祖锐，义官。父鸾，监生。母何氏。永感下。兄国勋，都指挥佥事；守正；守己，典膳；守清，引礼。弟守愚，守廉，守志，国光，守性，守琛，守全，守玠，守美，守约，守庆，守维。娶吴氏。河南乡试第二十二名，会试第二百九十四名。

秦峥，贯直隶大名府开州长垣县，匠籍，国子生。治《易经》。字思谦，行一，年三十六，十二月二十九日生。曾祖浩。祖忠。父佐。母朱氏。慈侍下。弟岍。娶顾氏。顺天府乡试第七十三名，会试第二百八十名。

王宇，贯山西平阳府解州安邑县，民籍，河东运司学附学生，治《诗经》。字子大，行一，年二十六，十一月二十六日生。曾祖俊。祖文。父继德。母张氏，继母党氏。具庆下。弟宠、宁、寅。娶胡氏。山西乡试第三名，会试第一百二十九名。

胡嘉谟，贯陕西西安府泾阳县，民籍，国子生，治《书经》。字子忠，行四，年三十二，正月二十二日生。曾祖谏。祖锐。父朝用，巡检。母李氏。具庆下。兄嘉吉、嘉庆、嘉猷。娶张氏。陕西乡试第三十四名，会试第一百四十三名。

蒋机，贯江西南昌府丰城县，民籍，县学附学生，治《诗经》。字若衡，行十，年三十二，六月初三日生。曾祖集良。祖正馥，驿丞。父世滋。前母左氏，母李氏。具庆下。弟樾、栻。娶田氏。江西乡试第八十三名，会试第二百四十二名。

薛东海，贯山西太原府石州，民籍，州学附学生，治《易经》。字汝观，行一，年三十四，十一月二十七日生。曾祖章，义官。祖玹，典膳。父近朝。母温氏。具庆下。弟东周、东鲁、东吴。娶冯氏。山西乡试第四十六名，会试第十八名。

李学道，贯浙江金华府东阳县，民籍，县学生，治《诗经》。字汝致，行一，年三十一，九月初五日生。曾祖密。祖琼。父思明。母卢氏。重庆下。弟学诗、学易、学书、学孟、学文、学元、学绅。娶杜氏。浙江乡试第二十六名，会试第一百十六名。

辛应乾，贯山东青州府安丘县，民籍，国子生，治《易经》。字伯符，行二，年三十二，九月三十日生。曾祖增，寿官。祖膚，训导。父礼，义官。母朱氏。永感下。兄子中。娶赵氏。山东乡试第二十五名，会试第二百八十九名。

彭富，贯云南大理卫，官籍，直隶庐州府合肥县人，国子生，治《诗经》。字中礼，行三，年二十八，七月初三日生。曾祖英，百户。祖海，百户。父举，百户。母朱氏。具庆下。兄荣，百户；华。弟魁、冠、宪。娶蒋氏。云南乡试第二名，会试第二百五十一名。

王嘉祥，贯山东东昌府莘县，军籍，县学生，治《诗经》。字兆兴，行一，年三十五，十二月十六日生。曾祖琮，知县。祖纬。父聘。母任氏，旌表贞节。慈侍下。娶虞氏。山东乡试第六十九名，会试第一百五名。

田成法，贯湖广黄州府蕲州，民籍，国子生，治《诗经》。字子宪，行二，年三十一，十一月二十四日生。曾祖佑。祖镜。父玺，训导。母昌氏。慈侍下。兄成赋。娶冯氏，继娶余氏。湖广乡试第十八名，会试第六十名。

薛德统，贯福建福州府福清县，盐籍，县学生，治《诗经》。字守正，行五，年三十八，十一月初四日生。曾祖士亘，封户部主事。祖世暘。父尚飞，卫经历。前母郭氏，母石氏。永感下。兄德缵；德忠，训导；德玉；德琯；德玩，听选官；德璩；德琰；德佐，封刑科给事中。娶郑氏。福建乡试第三十三名，会试第一百十名。

舒应龙，贯广西桂林府全州，民籍，宾州人，州学增广生，治《礼记》。字时见，行二，年二十二，十一月十二日生。曾祖纲，教谕。祖文奎，知县。父烈。母袁氏。具庆下。兄应兰。弟应元、应麟、应凤、应蕙。娶蒋氏。广西乡试第十三名，会试第十二名。

刘早，贯山东莱州府胶州，军籍，国子生，治《诗经》。字思舜，行九，年四十二，九月十二日生。曾祖福。祖纪。父瑶，府司狱。母王氏。具庆下。娶栾氏。山东乡试第四十六名，会试第一百四十四名。

张鏄，贯陕西西安府乾州武功县，民籍，国子生，治《诗经》。字伯始，行九，年四十六，十一月十六日生。曾祖海。祖让。父儒珍，教授。母康氏。慈侍下。兄应中；应祥；铸；应祺；应福；鑰，教谕；应和；镐。弟铼，按察司佥事。娶费氏，继娶颜氏。陕西乡试第三十一名，会试第二百九十六名。

邹廷望，贯湖广宝庆府新化县，军籍，国子生，治《易经》。字道吾，行三，年三十三，四月十五日生。曾祖伏瓒。祖旻辉。父楚锡。母曾氏。具庆下。兄廷诏、廷诰。娶孙氏。湖广乡试第十五名，会试第二十七名。

陈颐正，贯浙江宁波府慈溪县，民籍，县学附学生，治《诗经》。字观甫，行二，年二十八，五月二十二日生。曾祖伦。祖凤，县主簿赠兵部郎中。父茂义，左参政。母桂氏，封宜人。重庆下。兄颐素。弟颐忠、颐大、颐明、颐震、颐善、颐健、颐庆。娶王氏。浙江乡试第三十一名，会试第二百三十三名。

刘珮，贯山西太原府盂县，民籍，县学生，治《诗经》。字象德，行四，年三十，七月十二日生。曾祖宝。祖斌。父元。母温氏。永感下。兄碧、璋、环。娶赵氏。山西乡试第十四名，会试第二百二十六名。

李鹗，贯直隶真定府灵寿县，民籍，国子生，治《诗经》。字凌秋，行一，年三十一，九月二十八日生。曾祖元。祖敬。父珣。嫡母陈氏，生母聂氏。慈侍下。兄鹤。弟凤鸣、凤腾、凤翔、凤凰、凤仪。娶彭氏。顺天府乡试第九十四名，会试第四十四名。

杨成名，贯福建建宁府建安县，民籍，国子生，治《易经》。字志完，行一，年三十三，二月二十三日生。曾祖旦，吏部尚书。祖京，太仆寺寺丞。父谦。母滕氏。慈侍下。娶倪氏，继娶黄氏。福建乡试第四十五名，会试第二百七十八名。

赵应元，贯浙江杭州府仁和县，民籍，直隶六安州学训导，治《易经》。字子贞，行一，年三十二，六月二十七日生。曾祖善。祖宣。父文远。母王氏。永感下。兄奎、麟、銮、森。弟相、卿、宰、材。娶王氏。应天府乡试第十名，会试第二百六十四名。

刘翱，贯四川成都府内江县，民籍，县学附学生，治《春秋》。字惟翰，行一，年三十六，十月二十八日生。曾祖时和。祖彩，教授赠布政司参议。父望之，左布政使。前母田氏，赠恭人；母张氏，封恭人。严侍下。兄三正，按察司佥事；涵，府通判；潭；克让。弟翾，贡士；翻；翙；翻；栩；诩；翻。娶萧氏。四川乡试第五名，会试第一百四十七名。

李寅宾，贯直隶徽州府婺源县，民籍，国子生，治《书经》。字于旸，行二，年三十三，六月二十一日生。曾祖永昌。祖思川。父德全。母汪氏。永感下。兄用宾。弟三宾；彦宾，贡士；儒宾；应宾；大宾；尚宾；朝宾。娶程氏。应天府乡试第三十六名，会试第一百五十一名。

周咏，贯河南开封府延津县，民籍，县学生，治《书经》。字思养，行四，年三十，四月二十日生。曾祖鉴，寿官。祖鼎，典膳。父宜，典膳。前母杨氏，母韩氏。慈侍下。兄让，监生；讷。弟说、谂、洗、调、诩、护、証、试。娶李氏。河南乡试第三十五名，会试第一百八十四名。

王宗载，贯湖广承天府京山县，军籍，县学增广生，治《诗经》。字时厚，行三，年二十七，十月十三日生。曾祖希旦，按察司佥事。祖大有，都司都事。父宋。母聂氏。慈侍下。兄宗可、宗望。弟宗衡。娶刘氏，继娶钟氏。湖广乡试第二十九名，会试第一百三十三名。

陈三纲，贯浙江宁波府鄞县，民籍，杭州府钱塘县人，县学附学生，治《礼记》。字振道，行三，年三十，三月十四日生。曾祖嗣先。祖廷言。父琪。嫡母龚氏，生母程氏。慈侍下。兄一经，典史；二绶。弟四维、五缄、六纪。娶戴氏。浙江乡试第五十七名，会试第二百七十三名。

刘仕阶，贯江西南昌府南昌县，民籍，府学生，治《诗经》。字以学，行一，年四十，十月二十三日生。曾祖杰友。祖伯旸。父廷山。母萧氏。永感下。弟仕朱、仕隆、仕陞、仕蓟、仕陟、仕诺、仕诰。娶萧氏。江西乡试第五十五名，会试第八十四名。

王汝梅，贯直隶保定府安肃县，民籍，国子生，治《书经》。字德和，行一，年三十二，十月初八日生。曾祖辂，递运所大使。祖天章。父廷珪，听选官。母张氏。重庆下。弟汝枢、汝极、汝霖。娶张氏。顺天府乡试第四十四名，会试第一百七十六名。

陈楠，贯浙江宁波府奉化县，民籍，县学增广生，治《诗经》。字子林，行三，年三十一，五月二十六日生。曾祖瑗。祖纾。父潚。母胡氏。慈侍下。兄梧、槚。娶戴氏。浙江乡试第四十五名，会试第二百二十九名。

杨文明，贯江西南昌府南昌县，民籍，县学附学生，治《诗经》。字仲谟，行七，年三十，六月二十一日生。曾祖伟常。祖用中，县主簿。父汝瑞，光禄寺署丞。母熊氏。重庆下。兄文焯；一麟，监生。弟一豹；一鳌，监生；一桂，贡士；文美；文燮；文煜；文炅。娶刘氏。江西乡试第六十名，会试第二百八十八名。

刘泮，贯直隶扬州府江都县，民籍，江西吉安府泰和县人，国子生，治《易经》。字汝化，行三，年三十三，十月十九日生。曾祖子端。祖仁。父文信。母王氏，继母萧氏。具庆下。兄汉、滨。弟溥、灌。娶朱氏。应天府乡试第十四名，会试第一百三十七名。

王嘉言，贯直隶常州府江阴县，民籍，苏州府常熟县人，国子生，治《诗经》。字君谟，行二，年三十二，六月二十五日生。曾祖室，散官。祖琥，散官。父鲁，州同知。母孙氏。严侍下。兄鍊、嘉谋、旒。弟嘉善、三重、三策。娶龚氏，继娶范氏。应天府乡试第一百十名，会试第七十二名。

王原相，贯广东广州府番禺县，民籍，县学生，治《诗经》。字召之，行二，年二十八，九月初二日生。曾祖瑶。祖傅，学正赠刑部主事。父渐逵，刑部主事。嫡母何氏，封安人；生母郑氏。慈侍下。兄原格。弟原校，原析，原模，原朴。娶赵氏。广东乡试第三十四名，会试第一百九十八名。

赵睿，贯直隶宁国府泾县，民籍，国子生，治《诗经》。字若思，行一，年三十，二月二十八日生。曾祖孟缘。祖涣，府通判。父旃。母王氏。慈侍下。弟肤、虔、虞、虞、莹。娶沈氏。应天府乡试第六十五名，会试第三十五名。

蒋致大，贯直隶常州府武进县，军籍，县学附学生，治《诗经》。字汝为，行四，年二十九，六月十八日生。曾祖容，知州赠工部员外郎。祖盈，引礼舍人。父同文。母毛氏。具庆下。兄致远。娶恽氏。应天府乡试第一百二十二名，会试第一百七十二名。

钱贡，贯浙江嘉兴府桐乡县，民籍，国子生。治《易经》。字时庸，行二，年三十七，八月二十二日生。曾祖达，寿官。祖瑛。父泰。母沈氏。慈侍下。兄贲，监生。弟赍。娶唐氏。浙江乡试第七十九名，会试第一百五十六名。

咸于国，贯浙江嘉兴府秀水县，民籍，国子生，治《书经》。字忠甫，行一，年三十三，五月二十八日生。曾祖孟璘。祖景昌。父煌。母颜氏，继母吴氏。重庆下。弟于民、于道。娶杨氏，继娶林氏，汝氏。浙江乡试第八十二名，会试第二百二名。

艾可久，贯直隶松江府上海县，军籍，县学附学生，治《春秋》。字德征，行一，年三十三，三月十五日生。曾祖芹，赠主事。祖洪，都司断事。父元美。母杜氏。具庆下。弟可权。娶杨氏。应天府乡试第二十四名，会试第二百五名。

林梓，贯浙江杭州府钱塘县，民籍，县学附学生，治《易经》。字汝材，行一，年三十，二月二十六日生。曾祖秀，寿官。祖峦。父奇。母张氏。永感下。兄懋，监生；思；念，监生；虑；楫。弟巽、忩、愚。娶李氏。浙江乡试第三十六名，会试第二百十三名。

王泽，贯燕山前卫，军籍，山西平阳府临汾县人，顺天府学附学生，治《春秋》。字子仁，行二，年三十六，九月初三日生。曾祖玉。祖缙。父镛。母李氏。永感下。兄润。娶苏氏，继娶刘氏。顺天府乡试第一百十一名，会试第一百一名。

王以繻，贯顺天府霸州文安县，民籍，县学生，治《诗经》。字伯聘，行六，年二十七，三月初五日生。曾祖能，县主簿。祖诏，县主簿。父楫。母温氏。具庆下。兄绪，仓副使；维；绳；绅，监生；缙；缵；守训；彩；织；络；缮；统。弟缄、练、絲、缊。娶段氏。顺天府乡试第三十六名，会试第二百九十名。

蔚元康，贯河南宣武卫，军籍，山西孝义县人，祥符县学附学生，治《春秋》。字良甫，行一，年三十五，十二月初八日生。曾祖仲祥。祖宽。父海。前母郭氏，母张氏。慈侍下。娶吴氏。河南乡试第十七名，会试第一百七十四名。

曹当勉，贯湖广武昌府江夏县，民籍，府学生，治《诗经》。字可贤，行一，年三十五，六月二十一日生。曾祖鋐，通判。祖昂。父迁。母余氏。永感下。弟当省。娶王氏。湖广乡试第六十六名，会试第一百九十六名。

王时举，贯锦衣卫，军籍，顺天府通州人，国子生，治《诗经》。字晋卿，行一，年二十九，正月十七日生。曾祖瓒。祖纪。父仪。母李氏，继母张氏、李氏。具庆下。弟时用、时中。娶何氏，继娶何氏、董氏。顺天府乡试第一百四名，会试第四十六名。

刘寅，贯直隶保定府博野县，民籍，国子生，治《书经》。字宗夏，行三，年三十三，十月初十日生。曾祖政。祖春。父文强。母马氏。具庆下。兄孟、仲。弟卯、午。娶王氏。顺天府乡试第十六名，会试第二百四十三名。

罗青霄，贯四川重庆府忠州人，国子生，治《诗经》。字子虚，行二，年四十一，十二月三十日生。曾祖镕。祖朝纲。父弼，寿官。母聂氏。永感下。兄鹏霄，卫经历。娶张氏。四川乡试第三十一名，会试第一百一十八名。

任惟镗，贯四川重庆府巴县，民籍，国子生，治《易经》。字子扬，行二，年三十六，四月十七日生。曾祖瑛。祖卿。父冕，通判。母李氏。慈侍下。兄惟钧，按察司金事。弟惟鉴、惟钥、惟铉。娶蹇氏。四川乡试第二十八名，会试第二百七十二名。

王纳言，贯直隶常州府武进县，军籍，国子生，治《诗经》。字舜卿，行一，年三十九，十二月十八日生。曾祖镒，寿官。祖澍。父栋，县主簿。母唐氏。具庆下。娶章氏。应天府乡试第六十一名，会试第二百八十五名。

李承绪，贯江西吉安府永新县，民籍，国子生，治《易经》。字伯余，行十五，年三十五，九月初一日生。曾祖景谞，封礼部员外郎。祖瑞。父位。母朱氏。慈侍下。兄承勋；承芳，进士；承业；承易；承重，断事。弟承度；承宠；承烈；承雍；淑闵，监生。娶龙氏。江西乡试第十六名，会试第五十三名。

盛时选，贯锦衣卫籍，直隶苏州府吴县人，国子生，治《易经》。字以仁，行二，年三十三，八月二十日生。曾祖芳，恩例冠带。祖玥。父峦，教授。母毛氏。具庆下。兄时进。弟时聘、时通、时达、应霖。娶王氏，继娶何氏。顺天府乡试第十九名，会试第二百六十七名。

皮汝谦，贯云南蒙化卫军籍，直隶庐州府英山县人，河南罗山县学教谕，治《春秋》。字子扬，行四，年三十五，十二月十四日生。曾祖守忠。祖成。父清。前母陈氏，母周氏。慈侍下。兄弁、冕、汝懋。弟汝修。娶宗氏，继娶赵氏。云南乡试第三十三名，会试第二百五十二名。

丁诚，贯山西平阳府安邑县，民籍，河东运司学生，治《易经》。字子成，行二，年三十，正月十二日生。曾祖安。祖彦方。父良弼。母赵氏。慈侍下。兄谔，寿官；切；赞。弟谦、谨、诰。娶郭氏。山西乡试第四十六名，会试第二百五十六名。

祝尚义，贯腾骧左卫军籍，直隶淮安卫人，国子生，治《诗经》。字质甫，行二，年三十三，四月二十五日生。曾祖瓛。祖英，训导。父舜卿。母王氏。慈侍下。兄禄、尚礼。弟尚忠、尚质、尚文、尚信、尚行、尚德。娶刘氏。顺天府乡试第一名，会试第二百八十二名。

柴宗义，贯山西平阳府解州安邑县，民籍，县学生，治《诗经》。字子集，行一，年三十，二月初三日生。曾祖肇祀。祖顺。父梅。前母贾氏，母贾氏。具庆下。弟宗礼，宗信。娶李氏。山西乡试第十五名，会试第一百二十七名。

郜永春，贯直隶大名府长垣县，民籍，县学生，治《易经》。字子元，行二，年三十，正月二十一日生。曾祖果。祖信。父壬。母邵氏。慈侍下。兄永年。娶苗氏。顺天府乡试第九十六名，会试第一百七十八名。

蹇达，贯四川重庆卫，官籍，重庆府学生，治《书经》。字汝上，行二，年二十一，八月十七日生。曾祖洪。祖廷相，赠兵部主事。父来誉，按察司佥事。母王氏，封宜人。具庆下。兄逵。弟迁、遵、遒。娶许氏。四川乡试第八名，会试第二百六十三名。

段绣，贯山西蒲州守御千户所军籍，临汾县人，州学附学生，治《易经》。字弘宪，行六，年二十八，四月十六日生。慈侍下。兄绍、继、统、绚、绅。弟纶、绎、纺、彩。娶杨氏，继娶张氏。山西乡试第二十九名，会试第二百五十三名。

刘田，贯河南南阳卫，官籍，国子生，治《易经》。字仲龙，行一，年四十四，八月初三日生。曾祖翰，指挥使。祖哲。父继先。母高氏。慈侍下。娶杨氏。河南乡试第四十一名，会试第一百十三名。

侯思古，贯浙江台州府临海县，民籍，国子生，治《诗经》。字士睿，行一，年四十三，三月二十一日生。曾祖铎。祖鳌，训导。父壆，监生。母戴氏。慈侍下。弟禹古、好古、崇古、恩古、光古。娶沈氏，继娶刘氏。浙江乡试第十四名，会试第一百四十二名。

王篆，贯湖广荆州府夷陵州，民籍，国子生，治《诗经》。字汝文，行十五，年三十一，六月十五日生。曾祖杰，府同知。祖璲，左长史进阶通议大夫。父良策。嫡母张氏，生母王氏。具庆下。兄籥，医官；筹；笙；符；篪；简；箎；笏。弟笈，笪、答、筵、筊、簪、席、筬、籣、筒。娶石氏。湖广乡试第八十四名，会试第五十二名。

黄学海，贯广宁左屯卫军籍，直隶常州府无锡县人，卫学生，治《春秋》。字宗于，行三，年二十八，七月十七日生。曾祖萱。祖坤，赠监察御史。父正色，前监察御史。母萧氏，封孺人；继母薛氏。严侍下。兄学充、学道、学文、学夔、学诗、学易、学礼、学宪、学初，学古、学书、学颜。娶华氏。顺天府乡试第三十三名，会试第一百十四名。

郭梦得，贯福建泉州府同安县，盐籍，县学附学生，治《诗经》。字甫卿，行二，年二十七，十一月初十日生。曾祖尚正，寿官。祖世仰。父榜。前母叶氏，母吴氏。具庆下。兄仁春。娶刘氏。乡试第八十三名，会试第九十一名。

胡价，贯湖广襄阳府宜城县，军籍，国子生，治《诗经》。字士重，行五，年三十一，七月十三日生。曾祖敬。祖淇，义官。父振珮，卫经历。母毛氏。具庆下。兄伟、价、倬。娶龚氏。湖广乡试第十四名，会试第三十二名。

史文龙，贯直隶常州府武进县，民籍，国子生，治《诗经》。字应霖，行一，年二十九，正月初十日生。曾祖瑜。祖纶。父尚诚。母蒋氏。慈侍下。弟文凤。娶蒋氏。应天府乡试第八十五名，会试第二百二十二名。

莫天赋，贯广东雷州府海康县，军籍，国子生，治《易经》。字子翼，行二，年三十五，十二月二十三日生。曾祖愈良。祖柔。父敩。母唐氏。严侍下。兄天希、天民。弟天然。娶陈氏，继娶陈氏。广东乡试第二十八名，会试第一百四十一名。

乔应春，贯武骧左卫勇士籍，河南彰德府安阳县人，顺天府学生，治《诗经》。字仁卿，行一，年二十七，八月十三日生。曾祖显。祖琮。父文，知州。前母徐氏，母沈氏。具庆下。弟应时、应节、应光。娶郭氏。顺天府乡试第五十一名，会试第一百八十一名。

王学古，贯陕西西安府同州朝邑县，匠籍，国子生，治《诗经》。字子获，行一，年三十六，四月初五日生。曾祖文美。祖夔，府照磨。父来召。母梁氏。重庆下。兄学诗，贡士。弟学吕；学谟，按察司佥事；学问；学闵；学关；学闿；学洛；学渊。娶李氏。陕西乡试第六十名，会试第六十八名。

张璇，贯浙江昌国卫官籍，宁波府象山县人，县学生，治《易经》。字伯祥，行一，年二十八，十一月初三日生。曾祖寿，百户。祖泽，百户。父模，百户。母王氏。具庆下。弟璘。娶汤氏。浙江乡试第六十八名，会试第一百十一名。

李复聘，贯陕西西安府盩厔县，民籍，县学生，治《书经》。字守珍，行四，年二十八，正月初三日生。曾祖方。祖玑。父备。母杨氏，继母田氏。永感下。兄深、渊、来聘、潭。弟炳然、焕然、复初。娶刘氏。陕西乡试第九名，会试第一百三十六名。

李橡，贯江西南昌府丰城县，军籍，国子生，治《书经》。字孟栗，行三，年三十四，二月十五日生。曾祖与镐。祖万平，封刑部郎中。父选，监生。母邓氏。永感下。

兄㭋；惠，监生；格，指挥佥事；杭；憓，监生。弟杙，贡士；材，同科进士；楠，监生；慈；枢，恩生；榛。娶熊氏。应天府乡试第五十三名，会试第一百八十九名。

宗弘暹，贯浙江嘉兴府嘉兴县，民籍，国子生，治《春秋》。字晋甫，行二，年三十，十月十一日生。曾祖岳。祖仁，布政司都事。父穆，岁贡生。母刘氏。重庆下。兄弘造、弘远、弘述、弘选、弘迪。弟弘迁、弘逊。娶许氏。浙江乡试第八十名，会试第十名。

鲍尚伊，贯直隶徽州府歙县，民籍，县学附学生，治《诗经》。字子任，行二，年三十，十一月初二日生。曾祖护。祖志仁。父汝贤。前母汪氏，母江氏，继母吴氏，吴氏。具庆下。兄棠。弟尚周。娶梅氏。应天府乡试第六十五名，会试第六十六名。

华启直，贯直隶常州府无锡县，民籍，县学生，治《易经》。字礼成，行三，年三十，正月初七日生。曾祖楷，寿官。祖恩，赠户部主事。父舜钦，知府。母钱氏，封安人。具庆下。兄启中。弟启端。娶周氏。应天府乡试第四十八名，会试第三名。

陈应春，贯福建福州府长乐县，民籍，县学附学生，治《诗经》。字有晖，行三，年二十八，二月二十六日生。曾祖德基。祖铨。父梦达。母卓氏，继母刘氏。具庆下。兄应秋。弟应夏，应试，应兆。娶郑氏。福建乡试第六十五名，会试第一百二十名。

席上珍，贯陕西汉中府南郑县，民籍，县学生，治《书经》。字待聘，行一，年三十五，二月二十五日生。曾祖浩。祖孟华。父和。母陈氏。永感下。娶白氏，继娶赵氏。陕西乡试第二十七名，会试第八十九名。

殷登瀛，贯直隶宁国府宣城县，匠籍，国子生，治《诗经》。字子登，行十，年三十二，二月二十一日生。曾祖仲升，寿官。祖崇德，义官。父铭，监生。母嵇氏。慈侍下。兄沧、滋。娶徐氏，继娶贡氏。应天府乡试第三十四名，会试第七名。

任春元，贯浙江绍兴府余姚县，民籍，县学附学生，治《春秋》。字长卿，行一，年三十二，正月二十五日生。曾祖泽。祖佐。父正。母潘氏。慈侍下。弟春和。娶黄氏。浙江乡试第二十二名，会试第二十五名。

郑钦，贯直隶宁国府泾县，民籍，国子生，治《书经》。字尧卿，行一，年二十九，八月十七日生。曾祖逾。祖昌。父珏。母汪氏。具庆下。弟汝、锐、镶、铭、镙、钱、镆、鏊。娶洪氏。应天府乡试第一百七名，会试第一百四十名。

吴从宪，贯福建泉州府晋江县，盐籍，府学附学生，治《易经》。字惟时，行三，年三十二，二月初六日生。曾祖道。祖鉴。父希渊。母林氏。慈侍下。兄从寅。弟从宪，从宽。娶黄氏。福建乡试第四十八名。会试第七十七名。

朱朋求，贯浙江绍兴府上虞县，军籍，国子生，治《礼记》。字道元，行四，年二十九，九月二十二日生。曾祖颢，赠卫经历。祖蕙，卫经历赠工部郎中。父衮，知府进阶亚中大夫。嫡母郑氏，封宜人；生母陈氏。具庆下。兄朋来，太仆寺主簿；朋汉；朋良；朋信，医官。弟朋采，千户。娶车氏，继娶徐氏。浙江乡试第十名，会试第一百三十九名。

王燮，贯浙江绍兴府山阴县，匠籍，县学增广生，治《易经》。字大理，行三十一，年三十四，十一月初一日生。曾祖钺。祖瑾。父梗。母杨氏。具庆下。兄炜、熠。弟贒。娶许氏。浙江乡试第四十二名，会试第一百九十名。

张国谦，贯福建泉州府晋江县，民籍，县学附学生，治《易经》。字尔光，行二，年三十，十二月初七日生。曾祖茂成。祖缨。父仲贤。母陈氏。具庆下。兄国恒，国乾。弟国益，国履。娶王氏。福建乡试第六十六名，会试第二百二十八名。

周世选，贯直隶河间府景州故城县，民籍，国子生，治《易经》。字文贤，行一，年三十一，十一月初六日生。曾祖稼。祖珫。父良佐。母李氏，继母夏氏。慈侍下。弟世懋。娶黄氏。顺天府乡试第五十七名，会试第二百九十三名。

栗祁，贯山东东昌府高唐州夏津县，军籍，县学附学生，治《书经》。字子登，行三，年二十六，五月十三日生。曾祖鉴。祖璋。父节。母萧氏。慈侍下。兄郊，社。弟祉，袯。娶高氏。山东乡试第三十名，会试第二百三十九名。

龙光，贯湖广长沙卫，军籍，长沙府学增广生，治《诗经》。字国华，行一，年三十四，二月初一日生。曾祖霄。祖世聪。父添銮。母易氏。慈侍下。弟见。娶汤氏。湖广乡试第七十七名，会试第二百四十九名。

宋守约，贯山西潞安府长治县，民籍，府学生，治《易经》。字崇要，行三，年三十，三月初五日生。曾祖彪。祖大用。父文恭。母张氏。永感下。兄守宦，散官；守曾。弟守孟。娶牛氏。山西乡试第四十九名，会试第二百八十七名。

刘时秋，贯彭城卫官籍，顺天府通州宝坻县人，国子生，治《易经》。字义甫，行三，年三十二，六月十二日生。曾祖忠，指挥金事。祖凤，指挥金事。父承宗，指挥金事。母王氏，封恭人，继母余氏。具庆下。兄时春，指挥金事；时夏。娶倪氏。顺天府乡试第二十六名，会试第一百五十三名。

孙光祐，贯山西平阳府绛州，军籍，州学生，治《易经》。字仲笃，行一，年二十六，七月二十八日生。曾祖英。祖钺。父振宗，监生。嫡母姚氏，生母李氏。具庆下。弟光祚，光祯，光祥，光祉。娶李氏。山西乡试第二名，会试第二百七十名。

周标，贯福建泉州府晋江县，军籍，府学生，治《书经》。字以升，行二，年二十八，八月二十一日生。曾祖复，知县。祖德。父润。母黄氏。具庆下。兄梁。娶李氏。福建乡试第十二名，会试第二十一名。

陈谟，贯湖广黄州府麻城县，民籍，县学生，治《春秋》。字子嘉，行一，年二十八，七月二十二日生。曾祖孟春。祖珂。父仲载。母柴氏。慈侍下。弟谏。娶胡氏。湖广乡试第五名，会试第二百九十二名。

赵可镐，贯四川泸州民籍，江西南昌府丰城县人，州学附学生，治《书经》。字汝从，行三，年二十九，十一月十八日生。曾祖以诚。祖琮，知县。父元忠。母庞氏，继母王氏、宋氏。具庆下。兄可鉴，可铨。娶乔氏，继聘宋氏。四川乡试第六十八名，会试第二百六十八名。

周宲，贯江西吉安府安福县，民籍，府学附学生，治《书经》。字济甫，行九，年二十二，二月十五日生。曾祖颖。祖金，寿官。父祺。母王氏。具庆下。兄进、造、迈、宫、达、逢、商、道。弟述、征、羽。娶王氏。江西乡试第二十名，会试第七十三名。

丘承祖，贯四川成都左护卫，军籍，成都府学生，治《易经》。字克绍，行二，年三十，十一月初三日生。曾祖达常。祖嵩。父岳。母金氏。具庆下。兄承业。弟承嗣。娶王氏，继娶王氏。四川乡试第二十二名，会试第二百九十五名。

张国彦，贯直隶广平府邯郸县，军籍，国子生，治《春秋》。字熙载，行四，年三十二，十一月二十五日生。曾祖鸾。祖滕。父绣，寿官。前母李氏，母郑氏。具庆下。兄国岩，散官；国臣；国士。娶蔚氏。顺天府乡试第六十二名，会试第四十九名。

翟绣裳，贯山西平阳府解州闻喜县，军籍，县学生，治《礼记》。字汝衷，行一，年二十九，九月十六日生。曾祖岩。祖珅。父华。母马氏，继母张氏。严侍下。兄胶。娶李氏。山西乡试第十一名，会试第二百一名。

黄思近，贯福建泉州府南安县，民籍，县学增广生，治《书经》。字与仁，行三，年二十九，八月二十九日生。曾祖复祖。祖邦侃，赠户部主事。父瓒，知府。母丘氏，封安人。具庆下。兄思可、思通。弟思述，监生；思让。娶洪氏。福建乡试第三十四名，会试第二百八十一名。

陈文谟，贯浙江宁波府慈溪县，民籍，国子生，治《诗经》。字显卿，行三，年三十五，正月十三日生。曾祖坊，县丞。祖钰，驿丞。父桂。母沈氏。永感下。兄文誉，知府；鲸，尚宝司卿；文言；茂；义，参政；文谊。弟文岳；茂礼，按察司副使。娶徐氏。浙江乡试第十七名，会试第一百九十一名。

钟继元，贯浙江嘉兴府桐乡县，民籍，国子生，治《书经》。字仁卿，行一，年三十三，十二月十五日生。曾祖鼎。祖云，县丞。父德，训导。母赵氏，继母施氏。慈侍下。弟继亨、继和。娶章氏。浙江乡试第五十六名，会试第六十二名。

程文著，贯直隶徽州府婺源县，民籍，县学生，治《易经》。字美中，行三，年三十四，五月十九日生。曾祖嗣生。祖振琦。父廷集。母汪氏。永感下。兄文章、文渊。弟文震、文蕴。娶汪氏。应天府乡试第四十名，会试第二百四十六名。

陈希文，贯浙江杭州府钱塘县，匠籍，国子生，治《易经》，字宗周，行一，年三十四，十月二十九日生。曾祖景福。祖震。父尧卿。母马氏。具庆下。弟希武。娶沙氏，浙江乡试第八十七名，会试第五十九名。

武尚贤，贯顺天府永清县，民籍，国子生，治《易经》。字君进，行一，年三十一，十一月初八日生。曾祖清。祖敞。父伯。母何氏。永感下。弟尚登，尚科，尚学。娶苑氏。顺天府乡试第一百十七名，会试第二百十名。

李可久，贯山西泽州阳城县，军籍，国子生，治《易经》。字之德，行一，年三十一，十一月初四日生。曾祖誉，寿官。祖思忠，赠知县。父矛，右布政使。母梁氏，封孺人。具庆下。弟可大，可教。娶王氏。山西乡试第十六名，会试第六十三名。

萧大亨，贯山东济南府泰安州民籍，江西吉安府吉水县人，州学生，治《书经》。字夏卿，行二，年三十一，三月初一日生。曾祖叙经。祖胜。父乾。母王氏。慈侍下。

兄海、大元。娶刘氏。山东乡试第六十六名，会试第二百六名。

王叔杲，贯浙江温州府永嘉县，灶籍，国子生，治《礼记》。字阳德，行二，年三十六，三月十七日生。曾祖封。祖钲，封通政司右通政。父澈，布政司左参议赠朝议大夫。母潘氏，赠恭人；继母张氏，封恭人。慈侍下。兄叔懋，鸿胪寺署丞；叔果，布政司右参议。弟叔本，恩生；娶吴氏，继娶陈氏。浙江乡试第二十五名，会试第二百三十五名。

王承芳，贯陕西宁羌卫军籍，西安府醴泉县人，国子生，治《诗经》。字克济，行一，年三十九，十月初十日生。曾祖让。祖洪。父义。母孙氏。慈侍下。弟惟宾。娶严氏。陕西乡试第三十七名，会试第一百六十名。

李苘，贯山东青州府寿光县，军籍，县学增广生，治《易经》。字子荛，行三，年二十六，正月十七日生。曾祖忠。祖绅，千户。父校，县主簿。母张氏。具庆下。兄芝，监生；芊，贡士。娶刘氏。山东乡试第十三名，会试第二百三十八名。

雷大壮，贯河南汝宁府上蔡县，民籍，国子生，治《诗经》。字钦履，行一，年二十八，十二月初二日生。曾祖玄。祖泰，阴阳学正术。父平。母田氏。重庆下。弟大有、大蓄、大谦。娶李氏。河南乡试第二十九名，会试第二百三十七名

朱崇道，贯山东兖州府沂州费县，民籍，国子生，治《诗经》。字惟正，行九，年三十八，十一月二十九日生。曾祖文友，赠卫经历。祖玘，卫经历。父绅，知州。嫡母王氏，生母阎氏。慈侍下。兄崇儒；崇信；崇贵；崇学，监生；崇礼；崇乐，岁贡生；崇文，监生；崇武。娶董氏。山东乡试第四十六名，会试第二百二十名。

吴镇，贯腾骧左卫军籍，直隶苏州府常熟县人，顺天府学附学生，治《易经》。字子静，行二，年二十四，十月初七日生。曾祖启。祖玺。父思诚。母王氏。具庆下。兄铎、钦、镧。弟钤。娶王氏。顺天府乡试第一百十二名，会试第一百十七名。

李学思，贯直隶保定府易州，民籍，国子生，治《书经》。字充道，行三，年三十五，十月二十六日生。曾祖佑，监生。祖穆。父冠，教授。母黄氏。慈侍下。兄学颜，学曾。弟学孟。娶赵氏。顺天府乡试第五十九名，会试第二百四十八名。

李崧，贯陕西秦州卫军籍，西安府咸宁县人，秦州学生，治《诗经》。字应岳，行一，年三十三，七月初五日生。曾祖华。祖杲。父侍祥。母张氏。具庆下。弟岑。娶郑氏。陕西乡试第六十四名，会试第二百四十名。

王之垣，贯山东济南府新城县，匠籍，县学生。治《诗经》。字尔式，行二，年三十四，六月二十五日生。曾祖伍。祖麟，教授赠户部主事。父重光，布政司左参议。母刘氏，封安人。慈侍下。兄之翰，监生。弟之干，贡士；之城，之猷，之栋。娶于氏。山东乡试第七名，会试第一百七十九名。

杨子实，贯直隶河间府河间县，民籍，县学附学生，治《易经》。字中孚，行一，年三十七，十一月二十五日生。曾祖健，州判官。祖纬。父时利。母陈氏。具庆下。兄子成。弟子明，子通。娶李氏。顺天府乡试第一百十五名，会试第二百五十名。

李贞元，贯湖广德安府应山县，军籍，县学生，治《诗经》。字淳甫，行五，年三

十二，十一月二十一日生。曾祖通。祖邦厚。父麟。母戴氏。具庆下。兄承元，粹元，肇元，秉元。弟时元、敏元。娶裴氏。顺天府乡试第九十名，会试第二百九十六名。

周希旦，贯直隶宁国府旌德县，民籍，县学附学生，治《诗经》。字汝鲁，行一，年三十，五月初四日生。曾祖伯谅。祖志德。父世禄。母汪氏。具庆下。弟希望，希召，希高，希荣。娶郭氏。应天府乡试第一百三十二名，会试第九十九名。

郭谏臣，贯直隶苏州府长洲县，军籍，国子生，治《易经》。字子忠，行一，年三十四，八月二十四日生。曾祖澄。祖璇。父堂。母奚氏。具庆下。兄泽臣。弟辅臣、世臣。娶徐氏。顺天府乡试第四十二名，会试第三十七名。

李畿嗣，贯湖广黄州府蕲水县，军籍，县学附学生，治《易经》。字明卿，行二，年三十一，八月初十日生。曾祖宗本。祖大睦。父美。母何氏。慈侍下。兄邦嗣。弟龙嗣、豸嗣、祖嗣、绅嗣。娶黄氏。湖广乡试第六名，会试第一百九十九名。

滕伯轮，贯福建建宁府瓯宁县，军籍，县学生，治《易经》。字汝载，行五，年三十四，十二月初五日生。曾祖镛。祖澍，州同知。父鹤龄，通判。母陈氏。永感下。兄伯棠。娶杨氏。福建乡试第五十九名，会试第二百六十二名。

潘民模，贯湖广襄阳府襄阳县，军籍，国子生，治《诗经》。字子傚，行二，年二十九，四月十六日生。曾祖晟。祖文学。父洪，教授。母许氏。具庆下。兄民极。弟民栋、民格、民桢。娶王氏，继娶施氏。湖广乡试第三十五名，会试第一百三十一名。

单讷，贯直隶真定府冀州枣强县，军籍，国子生，治《易经》。字希仁，行二，年四十一，八月十三日生。曾祖祥，寿官。祖辅。父通，□□□□。前母郑氏，母吴氏。永感下。兄问，贡士。娶谷氏，继娶危氏。顺天府乡试第四十四名，会试第二百七名。

陈于阶，贯东胜右卫军籍，山西平阳府临汾县人，国子生，治《诗经》。字允升，行二，年三十三，十月初九日生。曾祖良。祖礼。父聪，监生。前母孙氏，母郭氏。慈侍下。兄于廷。弟于陛，王府典仪。娶成氏。顺天府乡试第八十五名，会试第一百三十五名。

廖际可，贯直隶卢龙卫官籍，湖广湘潭县人，国子生，治《书经》。字以礼，行二，年三十七，十二月二十八日生。曾祖清。祖杰，县主簿。父自泰，州吏目。母郑氏。具庆下。兄行可，监生；献可，贡士；尚可，阴阳官；近可；适可；简在，监生；简能。娶朱氏。顺天府乡试第八十二名，会试第一百名。

庄国祯，贯福建泉州府晋江县，军籍，国子生，治《易经》。字君祉，行四，年三十，五月二十三日生。曾祖宜传。祖安期，训导。父倜。母杨氏，继母陈氏。具庆下。兄俊，布政司参议；用宾，按察司佥事；士元，刑部员外郎。弟国祥、国裕、国祚、国禧。娶王氏。福建乡试第四十六名，会试第九名。

陈宪，贯山东登州府莱阳县，军籍，国子生，治《礼记》。字希原，行二，年三十六，正月初七日生。曾祖熊。祖琰。父大佐。母王氏。慈侍下。兄宠。弟宝；容，听选官。娶刘氏。山东乡试第二十八名，会试第二百八十四名。

李与善，贯山东济南府长清县，军籍，国子生，治《诗经》。字伯从，行一，年三十七，八月二十四日生。曾祖纲，总督漕运都察院左佥都御史。祖惯，按察司照磨。父孝先。母赵氏。永感下。弟与立、与权、与言、与学、与艺、与友、与贤。娶杨氏，继娶张氏。山东乡试第三十名，会试第二百名。

谢表，贯浙江杭州府钱塘县，民籍，国子生，治《易经》。字子陈，行一，年三十一，五月初二日生。曾祖麟。祖时雍。父应葵。母何氏。慈侍下。弟师、赐、教。娶王氏。浙江乡试第二十六名，会试第一百七名。

王廷简，贯四川卬州，民籍，州学生，治《诗经》。字汝迪，行一，年三十二，五月初十日生。曾祖大端。祖礼冠，寿官。父聘，监生。嫡母李氏，继母刘氏，彭氏，生母李氏。慈侍下。弟廷符、廷节、廷筹。娶涂氏，继娶姚氏、余氏。四川乡试第四十九名，会试第二百十二名。

陈大壮，贯直隶扬州府通州，民籍，州学生，治《诗经》。字思立，行二，年二十八，二月二十九日生。曾祖纯德。祖尚忠，赠工部主事。父冠，七品散官。母王氏。重庆下。兄大震。弟大科，贡士；大益；大乾；大器；大升。娶成氏。应天府乡试第六十九名，会试第二百八名。

李勋，贯旗手卫军籍，山东德州卫人，国子生，治《诗经》。字世臣，行一，年三十三，八月初四日生。曾祖贵。祖龙。父鸾。母邵氏。慈侍下。兄安，百户。弟默。娶张氏，继娶王氏、郏氏。顺天府乡试第八十一名，会试第一百八十三名。

张应福，贯直隶大名府魏县，民籍，山西潞安府襄垣县人，县学生，治《春秋》。字子承，行一，年三十五，十二月二十三日生。曾祖奉。祖武。父惟高，寿官。母常氏。具庆下。弟应禄，应祯，应祚。娶崔氏，继娶赵氏。顺天府乡试第十名，会试第二百九十九名。

钟崇文，贯江西南昌府南昌县，民籍，府学生，治《诗经》。字仲谟，行二，年三十五，正月二十一日生。曾祖叔显。祖光。父任。母田氏。永感下。弟崇武，刑部主事。娶万氏。江西乡试第三十一名，会试第八十二名。

饶仁侃，贯湖广武昌府崇阳县，军籍，县学增广生，治《礼记》。字近刚，行七，年三十八，九月初十日生。曾祖庆寿。祖孟钊。父苍。母孙氏。永感下。兄仁备、仁佳、仁俸、仁价、仁仕、仁倌。弟仁俏。娶徐氏。湖广乡试第三十二名，会试第一百八名。

杨愈茂，贯陕西庆阳府安化县，民籍，西安府三原县人，国子生，治《诗经》。字伯荣，行三，年三十，十月二十三日生。曾祖敖。祖彪。父仲臣，听选官。前母折氏，母何氏。慈侍下。兄愈高，典史；愈乔。弟愈畅，愈盛。娶何氏。陕西乡试第六十名，会试第二百三名。

钟谷，贯浙江绍兴府上虞县，匠籍，县学附学生，治《易经》。字心卿，行三，年二十六，六月十五日生。曾祖韶。祖琮。父祥。前母沈氏，母张氏。具庆下。兄德华；德俊，听选官；德周；德良；德成。弟德威、德爱。娶顾氏。浙江乡试第九十名，会试第一百四名。

牛应龙，贯顺天府固安县，民籍，国子生，治《诗经》。字时见，行一，年三十九，九月初一日生。曾祖睿。祖复，阴阳训术。父孔昌，县丞。母郑氏，继母赵氏、陈氏。永感下。弟友龙，监生；应蛟；育龙，监生；腾蛟；攀龙；瑞龙。娶苏氏，继娶陈氏。顺天府乡试第六十二名，会试第一百七十五名。

陈廷芝，贯忠义后卫军籍，山东登州府黄县人，顺天府学附学生，治《诗经》。字季馨，行二，年二十八，二月初八日生。曾祖贵，县主簿。祖宗。父雄。嫡母孙氏，生母刘氏。慈侍下。兄廷兰。娶欧氏。顺天府乡试第一百三十五名，会试第三百名。

张嶂，贯直隶大名府开州，民籍，国子生，治《书经》。字子静，行三，年三十五，二月初十日生。曾祖鲁。祖杰。父元善。母孙氏，继母章氏。严侍下。兄岐、嶓。弟嵩、峒。娶陈氏。顺天府乡试第四十一名，会试第二百六十一名。

朱泰，贯浙江宁波府鄞县，民籍，国子生，治《易经》。字良甫，行十七，年三十八，正月二十六日生。曾祖诜。祖旭。父锐。母范氏。永感下。娶范氏。浙江乡试第八十九名，会试第一百六十三名。

丘腾，贯湖广承天府沔阳州，军籍，州学生，治《书经》。字子云，行二，年二十六，四月二十九日生。曾祖思贤。祖容。父福。前母汤氏，母杨氏。慈侍下。兄鹏、胜。娶刘氏。湖广乡试第三十七名，会试第一百九十四名。

谭启，贯四川夔州府大宁县，民籍，县学生，治《易经》。字继之，行二，年三十五，七月初五日生。曾祖春，卫经历。祖珩。父廷杰。母李氏。永感下。兄光。弟介。娶郑氏。四川乡试第四十五名，会试第一百七十三名。

周思充，贯浙江绍兴府余姚县，民籍，县学生，治《书经》。字道可，行十一，年二十九，八月十五日生。曾祖澋，赠监察御史。祖璟，赠监察御史。父如斗，巡抚应天都察院右佥都御史。母毛氏，赠孺人，继母张氏，封孺人。具庆下。兄思齐，贡士。弟思彦，监生；思彰，监生；思颜；思曜；思亭。娶夏氏。浙江乡试第五名，会试第一百六十六名。

刘继文，贯直隶凤阳府宿州灵璧县，民籍，国子生，治《易经》。字永谟，行一，年三十二，五月二十三日生。曾祖通，递运所大使。祖镕。父贞。母黄氏。慈侍下。娶王氏，继娶王氏。顺天府乡试第一百二名，会试第一百二十三名。

张守中，贯直隶扬州府高邮州，民籍，国子生，治《书经》。字叔原，行五，年三十六，二月十一日生。曾祖俊。祖升。父绖，知州。母王氏，继母吴氏。慈侍下。兄铨；钧；胆，监察御史。弟守谦、守正、守复、守泰、同甫。娶孙氏，继娶王氏。应天府乡试第九十七名，会试第一百二十六名。

邓宗孔，贯广西太平府崇善县，民籍，府学生，治《书经》。字惟时，行一，年三十五，十月初四日生。曾祖褒。祖政。父召高，监生。母欧氏，继母方氏。慈侍下。娶岑氏。广西乡试第十六名，会试第二百七十五名。

齐康，贯直隶广平府永年县，民籍，国子生，治《诗经》。字太和，行一，年三十七，六月二十八日生。曾祖盘。祖复胜。父祥。母陈氏。具庆下。弟唐、赓。娶张氏，继娶李氏。顺天府乡试第二十八名，会试第七十名。

张应治，贯浙江嘉兴府秀水县，民籍，嘉兴县人，府学生，治《书经》。字体征，行二，年二十九，四月初十日生。曾祖正。祖世华，寿官。父用。母王氏。具庆下。兄应潮。弟应源、应浚、应濂、应滂。娶钱氏。浙江乡试第二十四名，会试第八十五名。

凌琯，贯直隶徽州府歙县，民籍，国子生，治《诗经》。字惟和，行一，年四十，闰四月初八日生。曾祖祐。祖社孙。父相。母蒋氏。严侍下。弟焕、琬、焅、燗、烺。娶章氏，继娶洪氏。应天府乡试第十六名，会试第一百三十八名。

赵岩，贯浙江嘉兴府崇德县，民籍，直隶苏州府长洲县人，县学增广生，治《诗经》。字维石，行一，年三十三，七月初五日生。曾祖海。祖盛。父聪。母沈氏。严侍下。弟峙、岗、仑。娶潘氏。浙江乡试第六十五名，会试第一百六十八名。

张问明，贯山西平阳府猗氏县，盐籍，县学生，治《书经》。字子明，行二，年三十，八月初二日生。曾祖能。祖儒，县主簿。父嘉会。母卫氏。具庆下。兄问行。弟问士，问政，问道，问达。娶何氏，继娶郑氏。山西乡试第二十六名，会试第二百十七名。

仇灵，贯山西潞安府长治县，民籍，国子生，治《礼记》。字文䌹，行七，年四十二，十一月十七日生。曾祖镛，七品散官。祖鸿。父桓，监生。母李氏。永感下。兄勋，旌表孝子；焕；熙；炳，良医；煌；火，良医。娶李氏。山西乡试第五名，会试第一百八十五名。

王嘉宾，贯山东兖州府滕县，军籍，国子生，治《诗经》。字国光，行一，年三十，五月二十五日生。曾祖峻。祖美。父天叙。母程氏。具庆下。弟元宾，利宾。娶张氏。山东乡试第二十八名，会试第一百六十五名。

王问臣，贯直隶苏州府长洲县，民籍，国子生，治《礼记》。字正叔，行四，年三十八，正月三十六日生。曾祖择。祖怡。父明。母陈氏。具庆下。兄问仁、问儒、问冲。娶韩氏，继娶吴氏。应天府乡试第三十五名，会试第六十四名。

马文炜，贯山东青州府安丘县，民籍，县学生，治《易经》。字仲韬，行二，年二十八，九月三十日生。曾祖邻。祖骥。父惠。母门氏。永感下。娶郭氏。山东乡试第二十八名，会试第一百七十一名。

唐錬，贯湖广常德卫，官籍，常德府学生，治《春秋》。字纯之，行四，年三十五，十二月二十四日生。曾祖叔谦。祖玺。父泉。母王氏。具庆下。弟铸，鑛。娶胡氏。湖广乡试第八十一名，会试第一百二十二名。

许天琦，贯福建泉州府晋江县，民籍，府学生，治《易经》。字大正，行三，年三十三，十一月初四日生。曾祖灵，寿官。祖斌。父元皋。母丘氏。严侍下。兄天祥；宗承，贡士。弟天琅、宗纶。娶陈氏。福建乡试第四十八名，会试第一百九十七名。

徐尚，贯四川重庆府涪州，军籍，州学生，治《易经》。字志伯，行一，年二十八，二月二十六日生。曾祖得中。祖曰祖。父行。母周氏。具庆下。弟来，翔。娶曾氏。四川乡试第三十八名，会试第二百五十九名。

马明谟，贯直隶广平府广平县，民籍，县学生，治《书经》。字君献，行二，年二十八，九月十七日生。曾祖云。祖进。父人慈，学正。母潘氏。慈侍下。兄明典。弟明命。娶张氏，继娶刘氏。顺天府乡试第一百十名，会试第二百七十一名。

郭崇嗣，贯直隶广平府肥乡县，民籍，国子生，治《诗经》。字承芳，行一，年三十，二月十二日生。曾祖忠，知府赠中宪大夫。祖郢，监察御史。父东。母王氏。慈侍下。兄崇登，医官。弟崇教。娶白氏。顺天府乡试第十六名，会试第一百七十七名。

李松，贯顺天府霸州大城县，民籍，县学增广生，治《书经》。字子节，行一，年三十八，十一月初一日生。曾祖海。祖祥。父淮，县主簿。母缴氏，继母王氏。慈侍下。娶裴氏。顺天府乡试第一百十名，会试第二百三十一名。

伦文，贯广东广州府顺德县，民籍，国子生，治《易经》。字绍周，行一，年四十，正月二十六日生。曾祖季琳。祖治。父克昇。母黄氏。慈侍下。弟奋，金。娶欧氏。广东乡试第一名，会试第六十七名。

马近奎，贯直隶池州府贵池县，民籍，县学增广生，治《诗经》。字文征，行一，年三十五，五月初一日生。曾祖璋。祖伦。父泗。母姜氏，继母陈氏。慈侍下。弟近邻、近乔。娶何氏。应天府乡试第一百八名，会试第四十二名。

高则益，贯江西南昌府南昌县，民籍，县学附学生，治《礼记》。字汝谦，行三，年二十五，六月初二日生。曾祖文简。祖继耀，推官。父启新，知县。母陈氏。具庆下。兄则兑；则巽，贡士。弟则颐。娶张氏。江西乡试第五名，会试第二百五十七名。

孙振宗，贯福建泉州府晋江县，民籍，国子生，治《易经》。字德声，行一，年三十八，七月初二日生。曾祖崇高。祖福。父荣。母杨氏。严侍下。兄敬、谦、厚。弟扬宗，巡检；拱宗；扰宗；挺宗。娶杨氏。福建乡试第七十二名，会试第二百二十四名。

徐养大，贯河南睢阳卫，官籍，睢州学生，治《礼记》。字子立，行二，年三十，十二月初七日生。曾祖荣。祖通。父翰，学正。母吴氏。具庆下。兄养相，兵部主事。弟养廉、养蒙、养吾、养福。娶郭氏，继娶杨氏。河南乡试第十七名，会试第二百三十二名。

赵体敬，贯山西太原府太谷县，军籍，国子生，治《诗经》。字克礼，行一，年三十二，十二月二十三日生。曾祖鸾。祖仲芳。父清。母段氏。永感下。弟体恭、体恕。娶吴氏。山西乡试第五十二名。会试第二百七十七名。

彭范，贯四川成都府汉州，民籍，国子生，治《诗经》。字士洪，行三，年三十二，七月十七日生。曾祖伏明。祖循。父仲甲。母杨氏。永感下。兄辂。弟辙。娶何氏。四川乡试第二十四名，会试第一百四十六名。

吴自峒，贯直隶安庆府桐城县，民籍，县学附学生，治《书经》。字伯高，行五，年二十七，四月二十四日生。曾祖志善。祖佐，赠兵部郎中。父橄，右参政。母陆氏，封宜人。慈侍下。兄自岳、自岘、自恒、自龙、自南。弟自新。娶方氏。应天府乡试第一百七名，会试第二百五十四名。

傅文藻，贯浙江宁波府鄞县，民籍，国子生，治《易经》。字宗理，行二十四，年三十六，九月十八日生。曾祖裕。祖琮，七品散官。父襄，州判官。母张氏。永感下。兄文溥，县主簿。弟文沛、文泰、文沾。娶丘氏。应天府乡试第七十五名，会试第四十七名。

任汝亮，贯山西平阳府蒲州猗氏县，军籍，国子生，治《诗经》。字伯寅，行一，年三十二，二月二十日生。曾祖仪。祖宏。父阙，府通判。母王氏。具庆下。兄汝为。弟汝士、汝工、汝虞。娶景氏，继娶景氏。山西乡试第三名，会试第一百十八名。

郑履淳，贯浙江嘉兴府秀水县，民籍，海盐县人，国子生，治《书经》。字叔初，行一，年二十七，三月二十二日生。曾祖延，市舶副提举赠资政大夫刑部尚书。祖儒泰，训导封兵部主事赠资政大夫刑部尚书。父晓，刑部尚书。嫡母刘氏，继母刘氏，俱赠夫人；生母沈氏。具庆下。兄激、法、淙、洙、滴、涤。弟履準，监生；浹；履洵。娶朱氏。顺天府乡试第一百二十八名，会试第五十一名。

李师孔，贯直隶大名府开州，民籍，州学附学生，治《易经》。字子肖，行一，年三十八，五月十九日生。曾祖让。祖表。父珏。母赵氏。严侍下。娶张氏。顺天府乡试第七十二名，会试第二百六十四名。

穆文熙，贯直隶大名府东明县，军籍，县学生，治《诗经》。字敬甫，行一，年三十，正月十一日生。曾祖山。祖锦。父陈实。母陶氏。具庆下。弟楠。娶张氏。顺天府乡试第八十四名，会试第一百六十二名。

周以敬，贯江西广信府上饶县，民籍，国子生，治《书经》。字用涵，行十五，年三十六，十月十五日生。曾祖俊章。祖吉。父栗。母张氏。永感下。兄以诚。娶谈氏，继娶毛氏。江西乡试第四十五名，会试第五十七名。

陈文燧，贯江西抚州府临川县，民籍，县学增广生，治《诗经》。字汝相，行九，年二十八，六月二十一日生。曾祖旭初。祖稷。父性。母刘氏。具庆下。兄炽。弟文煌；文焕，贡士；文煜；文炤。娶帅氏。江西乡试第二名，会试第十一名。

魏汝翼，贯陕西西安府泾阳县，军籍，国子生，治《诗经》。字子行，行六，年三十九，四月十九日生。曾祖祥。祖瓒，知县。父弘仁，知县。母郭氏。永感下。兄汝辅、汝弥、汝相、汝承、汝佐。弟汝臣、汝楫、汝舟、汝梅、汝柟、汝桂、汝夔。娶田氏。陕西乡试第五十一名，会试第二百五十八名。

王辇，贯山东济南府武定州阳信县，民籍，直隶凤阳府定远县人，国子生，治《礼记》。字子侍，行一，年三十九，六月三十日生。曾祖宪。祖佐，寿官赠工部郎中。父利，工部郎中。前母宗氏，赠宜人；母张氏，封宜人。慈侍下。兄范、轼、轫、载。弟轸、毂、輗、轭、辐。娶丁氏。山东乡试第七十四名，会试第二百九十七名。

吴善言，贯直隶广平府成安县，民籍，县学生，治《诗经》。字子远，行一，年二十六，八月十八日生。曾祖云。祖铭。父渊。母史氏。具庆下。兄道、田、乐、芹。娶史氏。顺天府乡试第五十七名，会试第一百三名。

何文维，贯辽东定辽后卫，官籍，江西饶州府余干县人，辽东都司学生，治《书经》。字卫正，行五，年二十九，十一月初二日生。曾祖能。祖琼，赠知州。父镔，府同知。前母缪氏，赠宜人；母孙氏，封宜人；继母徐氏。具庆下。兄纶；文缙；文绅；文绍，所镇抚；文绮；文纯。弟文彩。娶张氏。顺天府乡试第九十八名，会试第一百八十名。

《嘉靖四十一年进士登科录·策问》：

皇帝制曰：朕惟，自昔帝王莫圣于尧舜。史称尧舜垂衣裳而天下治矣，然当其时，下民犹咨，洚水为灾，有苗弗率，则犹有未尽治平者。岂二帝固弗之恤欤？抑其臣任之于下而上可以无为，不然，何以垂衣而治也？三代莫盛于成周，宣王中兴。《诗》称召伯平淮夷，方叔征蛮荆，吉甫伐玁狁，惟得其人以分命之，是以不劳而治。朕常嘉之，甚慕之。朕抚天下四十有一年于此矣，夙夜敬事上帝，宪法祖宗，选任文武大吏之良，思与除民之害而遂其生，兢业不遑，未尝有懈。间者，水旱为灾，黎民阻饥，戎狄时警，边围弗靖，而南贼尤甚。历时越岁，尚未底宁。岂有司莫体朕心，皆残民以逞，有以致之欤？抑选任者未得其人，或多失职欤？将疆圉之臣，未能殚力制御玩寇者欤？夫朕有爱民之心而泽未究，有遏乱之志而效未臻，固以今昔不类，未得如古任事之臣耳。兹欲使上下协虑，政事具修，兵足而寇患以除，民安而邦本以固，灾沴可弭，困穷可复，以媲美虞周之治，其何道而可？尔诸士悉心陈列，勿惮勿隐，朕将采而行焉。嘉靖四十一年三月十五日。

《嘉靖四十一年进士登科录·徐时行对策》：

臣对：臣闻帝王之御极也，体君道以奉天心，而后可以建久安长治之业，肃臣纪以奉天职，而后可以成内修外攘之功。何则？人君者，天之所授，以统一万方而临驭兆民者也。其位尊，其任重，故君道常主乎逸。人臣者，天之所命，以左右一人而分理庶政者也，其分卑，其事赜，故臣道常主乎劳。君能奉天以端拱于上，而以其事责诸臣，则无为而化成，不言而功著。若于穆之运，玄机之宰，不假于推迁之力，而自然造物者矣。是谓能奉天心，而又久安长治之业，可建也。臣能奉君以奔走于下，而以其身致之君，则同心以共济，协忠以体国。若四时之佐，五行之吏，各效其宣布之能，而罔有违天者矣。是谓能奉天职，而内修外攘之功，可成也。不然，则一人之身，万几攸萃，安能一一而理之？而庶官之众，各有司存，能不蹈于瘝旷之咎哉！故君必率臣以图久安长治之业，臣必辅君以树内修外攘之功，则□气溢而宇宙清宁，理道昌而民物康乂。顺治于内，而万方弘一统之规，威严于外，而四夷效咸宾之美。巩国祚于包桑之固，措天下于泰山之安，唐虞三代之治，不可复睹于今日哉！钦惟皇帝陛下，禀刚健中正之资，合阴阳动静之德，际熙洽御天之运，膺寿考作人之符。精诚格乎穹昊，而瑞应骈臻，妙道契乎玄元，而休征毕集。盖媲美唐虞，而超越乎三代者。臣窃伏草茅，沾被圣泽久矣，乃者叨有司之荐，得以与对乎大廷，而圣问所及，特惓惓焉。首述唐虞成周之治，继悯水旱盗贼之灾，任事失人之咎，而终究夫足兵安民之术，弭灾救困之方，且戒臣等勿惮勿隐也。大哉皇言！忧国忧民之心，见乎词矣，敢不披沥愚衷，以对扬于万一耶？臣闻之，《书》曰：元首明哉。股肱良哉。庶事康哉。言明君在上，而又有良臣以左右之，则庶事可理也。又曰：惟天聪明。惟圣时宪。惟臣钦若。言君能宪天，而为臣者自敬顺之，罔敢或悖也。是故君为元首，而宪天于上，则法天以为聪，而居高听卑，可以不劳而坐听天下，法天以为明，而临下有赫，可以不劳而坐照四方。是君者，法天道以无为者也。臣为股肱，而钦若于下，则代君以用其聪，而天下之利病，皆通达而无所壅，代君以用其明，而斯民之休戚，皆洞察而无所遗。是臣者，奉天职以有事者也。是故唐虞之世，万邦协和矣，四方风动矣，文明之会昌矣。尧舜以聪明极圣之主，默运无为之治，而又有禹皋稷契伯益之臣，共佐太平之业。故下民之其火也，洚水之为灾也，有苗之弗率也，尧舜非不之恤也，惟其忠良之佐，足以赞皇猷，弼直之邻，足以弘帝道。以恤阻饥，则有牵育之臣。以拯昏垫，则有克勤之臣。以格负固，则有赞德之臣。诸臣者，其奉君如奉天也，孜孜焉同寅协恭，罔敢怠遑也。故尧舜虽有旰食之忧，而终得以享垂衣之治，至今称中天之盛者，必曰唐虞，此尧舜得臣之明验也。周宣之世，海内乂安矣，国势寝隆矣，文武之业复矣。宣王以聪明有道之君，嗣守无疆之业，而又有召虎方叔吉甫之臣，夹辅中兴之治。故淮夷之猖乱也，荆蛮之不靖也，狝狁之虔刘也，宣王非不之虑也，惟其位元宰者，才兼乎文武，总元戎者，勋联乎将相。有宣威江汉之臣，而淮夷率俾。有壮猷南国之臣，而荆蛮来威。有薄伐太原之臣，而狝狁于襄。诸臣者，其事君亦如事天也，惴惴焉矢心协力，罔敢戏豫也。故宣王有继述之思，而终以成再造之绩，至今称中兴之盛者，必曰成周，此宣王得臣之明验也。尧舜宣王之为君，法天道以无为，而唐虞成周之臣，奉天职以有事，则所以建久安长治之业，成内修外攘之功者，岂偶然哉！臣伏观陛下，临御以来，四十有一年矣，上帝之申眷，不为不隆，而诚敬愈笃，祖宗之成业，不为不固，而仁孝愈纯。《钦天》有记，以表昭事之忧，祖德有诗，以发聿追之念。至于虑切民恫，任专吏职，内责成于守令矣，而巡督之臣，岁不绝遣，外付托于将帅矣，而总制之命，任必加隆，无一念不在于民瘼，无一言不轸乎国虑。臣有以仰窥陛下之心，即尧舜之心，而周宣不足侔也。于今诸瑞咸集，四灵毕至，固足以彰陛下之峻德鸿勋，超卓百代矣。然淫潦为灾，则塍畦有垫溺之苦，亢旱为虐，则阡陌有枯槁之忧。倭夷窃发于东南，而海波弗靖，丑虏跳梁于西北，而边尘屡惊。甚则辽蓟之势，日就孤危，而江右之贼，岁成延蔓，殊非圣世之所宜有者，正尧舜忧民之时，周宣励精之日也。臣伏读圣制，有曰："间者水旱为灾，黎民阻饥，戎狄时警，边用弗靖，而南贼尤甚。历时越岁，尚未底宁。岂有司莫体朕心，皆残民以逞，有以致之欤？"陛下之言及此，万国万民之福也。臣窃观内外诸臣，凡析圭儋爵，结绶分符者，孰非陛下之宠荣乎？凡拥旄杖钺，制阃握兵者，孰非陛下之威灵乎？谓宜夙夜匪懈，寝处不遑，布宁谧之化于域中，扬振肃之威于阃外，不负天子，而勿为圣世之瘝官也。然各私其身者，罔致恤于民依，各利其家者，莫究心于国事。内而守令藩臬，固必有旬宣惠和，忧勤抚字之臣矣，然而肥己瘠民，营私蠹国，以催科聚敛为能，以簿书期会为急者，亦多有之也。外而营屯督府，固必有敌忾鹰扬，严明果毅之臣矣，然而坐失机宜，轻损威重，隐败衄以为捷，幸安静以为福者，亦恒有之也。人臣咸若是，则何以成内修外攘之功，而佐久安长治之业哉！盖陛下爱民之心，容保如天地，而诸臣不能承宣德意，以弘康国之猷。陛下遏乱之志，果决如雷霆，而诸臣不能奉扬威命，以茂肃清之

2412

烈。是自负于尧舜周宣之主，而有愧于唐虞成周之臣多矣。及读圣制终篇，有曰："兹欲使上下协虑，政事具修，兵足而寇患以除，民安而邦本以固，灾眚可弭，困穷可复，以媲美虞周之治，其何道而可？"臣愚以为上者下之表也，政事者臣之纪也。足兵以除寇，将帅之责任也。安民以固国，守令之职业也。灾眚之有无，困穷之复否，皆由此出者也。为今日计，莫先于任人，尤莫要于择人。夫国家分职命官，众矣，即列郡专城，退陬僻壤，莫不置吏，盖未尝不任人也。臣以为，任之而未当也。国家举贤敛才，旧矣，即铨司法曹，明黜显擢，罔有违例，盖未尝不择人也。臣以为，择之而未精也。任之未当，与择之未精，而欲得人以神圣治，是犹梗梓未充，而需栋梁之用，穅秕弗习，而希稼穑之成，臣知其弗能也。故夫欲修内治者，在慎择乎守令而已矣，欲平外患者，在慎择乎将帅而已矣。董仲舒曰：守令者，民之师帅，所使承流而宣化者也。守令而不得其人，虽日布蠲恤之令，时厘惠鲜之思，民犹不被其泽也。今也阖郡无文翁之化，而渔猎民资者接踵，邑里无鲁恭之风，而朘剥民膏者比肩。以狼牧羊，而暴政日闻，以齿焚身，而败官弗恤，郡县之民，几何不疏离而攘窃也？必也精选用之法，严举劾之科。其未任也，试以经济之略，必求谙练民情，通达治体，而不拘选用之途，如唐之试理人策可也。其既任也，责以久任之功，必使吏安其官，民狎其政，而不拘迁转之格，如汉之为吏，长子孙可也。其任而获效也，优以格外之赏，必旌之车服，崇之阶衔，以彰卓异之勋，如汉之爵至关内侯可也。如是，则有民有土之寄不轻，数迁数易之弊可免，而人知淬励，以其不负乎优渥之恩矣，宁有守令失人之患哉！孙武曰：将者三军之命，国之重任，不可不知也。将帅而不得其人，虽决策于九重，定计于千里，犹未可以临敌也。今也操练之律虽严，而士无投石超距之勇，衣粮之给如故，而将无搴旗陷阵之能。论战斗则缩颈而股栗，闻调遣则掩耳而口噤，边圉之寇，几何不肆行而窃发也？必也慎武举之选，严比试之条。有洞识兵机，明习边务者，材可任也，则不拘以骑射之习，如任杜预以平吴可也。有摧锋陷敌，决胜先登者，功可录也，则不绳以文法之细，如赦魏尚于云中可也。有保障一方，折冲万里者，权可假也，则不牵以中制之命，如委充国于金城可也。如是，则真材不耻于武弁，良将不苦于约束，而人得展布，以自效夫捍御之能矣，安有将帅失人之患哉！有贤守令以宣德化于城中，则政治毕举，而内有顺治之休。有名将帅以扬威灵于阃外，则纪律章明，而外有威严之烈。由是民生举安，则邦本有磐石之固。由是兵威日振，则寇患无溃池之虞。和气交蒸于海宇，而灾害不兴，颂声流布于黔黎，而困穷以复，尚何不足以成久安长治之业，而追唐虞成周之盛哉！抑臣又闻之，朝廷者四方之极也，纯心者用人之枢也。惟陛下常存敬一之心，以端拱于上而已。敬则存其心而不放，一则纯乎理而不杂，深宫燕闲之中，而不忘乎知人安民之虑，斋居邃密之际，而日严夫敬天法祖之忧，则心正而朝廷百官皆一于正矣，文武大吏，有不奉承，而守令将帅，有不奋励者哉！臣不识忌讳，干冒天威，无任战栗陨越之至。臣谨对。

《嘉靖四十一年进士登科录·王锡爵对策》：

臣对：臣闻帝王之御世也，必文武并用，而后天下之治法以行，必仁智相须，而后天下之治人以得。何谓治法？兴天下之利，除天下之害，使远迩胥匡，中外禔福，而顺治威严，永孚于休者，皆法也。何谓治人？以天下之才，任天下之事，使明良一德，事使同心，而奔走御侮，各称其职者，皆人也。人固缘法而举，法必待人而行。是故欲行治法，则修文以布怀柔之德，经武以彰挞伐之威，而安内攘外之功，兼举之矣。欲得治人，则本仁以弘翕受之公，尽智以昭旌别之典，而辅理承化之绩，恒赖之矣。自古太平之世，君逸于上，臣劳于下，而四方为之向风，八表为之顺则者，恃有此具也。不然，上虽有仁圣之主，而下无忠良之佐，君虽有愿治之志，而民不得被至治之泽，非惟官失其人，而法亦因之以不举，是岂可无转移之术哉？钦惟皇帝陛下，以圣神文武之资，立仁义中正之极，恭己垂裳，而百辟钦承，动容作色，而海内震恐。四十余年之间，三辰执度，九域奠维，以天地则既泰矣。途歌里诵，岳贡川输，以民物则既阜矣。宝琛交贡，玉帛来同，以戎狄则宾矣。然犹圣不自圣，进臣等于廷，谘以当世之务。斯心也，视民如伤之心，望道未见之心也。臣诚愚陋，不足以塞大问，应明旨。虽然，敢不掇拾所闻，而对扬万一乎？臣伏读圣制，首称尧舜无为之治，继之以宣王中兴之烈，且嘉慕当时之诸臣，而叹今之不然。臣有以仰窥圣意，而得其说矣。夫唐虞之世虽称治安，然洚水警余，犹切其咨之虑，有苗弗率，不免徂征之师。卒之四隩宅而洚水平，两阶舞而有苗格，何其不劳而成功之若是也？盖当是时，有禹益诸臣，一德一心，以修辅厥后，而二圣人者，特垂拱仰成尔已。周宣之世，虽称中兴，然观《云汉》《鸿雁》诸诗，则民人未必其尽安，观《采薇》《六月》诸诗，则方内未必其无警。卒之海宇臻富庶之休，夷狄底荡平之绩，又何其不劳而成功之若是也？盖当是时，有吉甫方叔诸臣，矢心戮力，以弘济时艰，而宣王特委任责成尔已。所以然者，岂尧舜宣王无忧天下之心，而专属之臣与？盖人君所履者，天位也，所治者，天职也。天何言哉？以一气运于上，而四时五行为之节宣于其间者，分也。君何为哉？以一德宰于上，而百司庶府为之协理于其下者，亦分也。唐虞成周之世，君法天道，而握枢以驭其臣，臣代天工，而勤职以事其君。此所以化灾沴为祯祥，转兵车为玉帛，当时颂圣，后世垂休，良有以也。由是观之，水旱盗贼之灾，固不足以为盛世之累，其所以斡旋气化，保卫生灵者，则在乎奋庸熙载之有人，而折冲御侮之有赖耳。洪惟我太祖高皇帝，肇造区宇，丕显之谟，无以加矣。然军旅之后，旱暵相仍，而湖南辰贵之间，时犹扬尘鸣镝，屡犯王诛，则水旱盗贼之警，不尽无也。然而患不及民者，则以内有刘宋诸臣，为之经理其文事，外有徐常诸臣，为之振扬其武威。故我太祖，不劳而天下治也。成祖文皇帝，中靖家邦，丕承之烈，无以加矣。然北方阻饥，江南大水，而日本安南之寇，时犹虺阚内视，扰我中华，则水旱盗贼之警，亦不尽无也。然而民不称病者，则以文有杨夏之徒宣力于中朝，武有刘朱之属扬威于外徼，故我成祖，不劳而天下治也。列圣相承，太平之化，日益隆洽，虽其文经武纬，本于渊衷之独运，而辅理承化之功，亦自有不可诬者。臣伏睹我皇上，即位以来，敬天法祖，无一事之敢忽，修德勤政，无一息之少懈。是故畿甸之雨旸愆候，即先期而躬祷斋坛，郡邑之水旱一闻，不逾时而旋加赈恤。至于大同遣饷，特出睿谟，苏松改折，曲从吏议。重边方之警报，则暮夜必达，忧闽广之阻兵，则谘谋不倦。

仁心仁政，诚有媲美唐虞，而陋成周于不居者。固宜吏称民安，化隆俗美，邦本内固，而灾异不作，国威外振，而兵革不试矣。然顷者，黎民阻饥，南贼滋炽，至更历时岁而不能纾。陛下之忧，臣甚惑之。窃尝深思其故，则以为陛下忧民之心虽切，而承宣德意者，或多自私自利之臣，陛下遏乱之志虽勤，而奉扬威灵者，或非效忠宣力之士。此膏泽之所以未究，而治效之所以未臻也。臣闻建安攘之功者，惟文与武，而膺文武之寄者，惟将与吏。古昔圣帝明王，久安长治之策，靡不由此。唐虞以前无论已，《周礼》有遗人掌县都之委积，以备凶荒，有廪人掌九谷之数，以记丰凶。有乡师以岁时周民，有司救以王命施惠。而其上者，又有旬宣惠和之臣，日夜抚循其民庶，而报政于朝廷，则安民之责，臣实任之，而君不自为也。诘奸掌之士师，稽杀掌之朝士。搏盗则有司隶，谍盗则有环人。而其上者，又有推毂分阃之臣，日夜整齐其卒伍，而折冲于边鄙，则遏乱之责，臣实任之，而君亦不自为也。君不自为而臣为之，臣代君为而君任之，劳逸各得其所，而文武咸尽其才，欲天下无治，不可得也。今之结绶分符，为陛下之吏者，陛下固亦以安民责之矣，而夷考其人，果能如伏湛之分俸赈民乎？果能如夏侯惇之断水作陂乎？果能如蔡齐之弛禁利民，王望之开仓救殍乎？有之，或弗克自效，而竭泽为渔，以富私橐者，相望也。甚则水旱不以实闻，增损委之胥吏，而百姓嗷然有思乱之心矣。今之拥旄秉钺，为陛下之将者，陛下固亦以遏乱责之矣，而于稽其人，果能如张耳之马箠下城乎？果能如充国之枕席过师乎？果能如李靖之蹀血虏廷，贺若弼之醑酒江上乎？有之，或弗克自奋，而选耎畏懦，以糜廪禄者，皆是也。甚则擅夺首功，扣除常给，而盗贼器然有轻中国之心矣！夫民穷故盗起，盗起而民益穷。食缺故兵兴，兵兴而食益缺。官失其人，故法弊，法弊而人之救之也益难。圣天子所以侧席求贤才，拊髀思将帅，而慨想于无为之治，叹息于古今之不相及也。且夫一心所向，百体从令，一人所欲，百辟争趋，以陛下忧民如此之切，而臣工之负陛下乃如此之深，此无他故矣。盖尝论之，误天下之事者，将吏也，误天下之将吏者，选任之失人也。以择吏言之，安靖悃愊者，或病其无文，抚字心劳者，或尤其政拙，擅发仓廪者，蒙专辄之辜，搏击豪强者，多肘腋之患。至于科甲登庸，则论劾不轻及。簿书不失，则罢软可苟容。善事上官，则贪墨无显罚。天下之吏，见贤者未必进，而不肖者未必退也，复有感恩图报，砥行立名，以求自附于循良之列者哉！天下之所以无贤守令，职此之故也。以择将言之，沉鸷有谋者，或以木讷而无闻，投石超距者，或以粗才而见斥，不击刁斗者，或谓之疏庸，穿域蹋鞠者，或以为放纵。至于掊克以市恩，则贪残者称为忠良。卑谄以媚上，则畏懦者附于儒雅。虚言以瞀众，则诞妄者信其雄略。天下之将，见有功者未必上，而无功者未必下也，谁复有扶剑抵掌，出身犯难，以求不负乎干城之寄者哉！天下之所以无贤将帅，职此之故也。臣闻，天生一代之才，必足以供一代之用。上有明明之君，下必有翼翼之臣。顾所以用之何如耳！兹欲选任皆得其人，而文武惟其所用，则臣请以仁智之说为陛下终言之。孟轲氏有云：智者无不知也，当务之为急。仁者无不爱也，急亲贤之为务。夫所谓亲贤者，非煦煦昵比以为恩也，以公心选之，以隆礼待之，以诚意委之，而高爵厚禄，有所不靳，寸长小善，有所不遗。自古帝王，所以显忠遂良，而天下称至仁者，胥此也。所谓当务者，非察察焉综核以为明也，辩忠邪之分，稽功罪之实，慎赏罚之施，而一人之毁誉，有所不恤，一己之聪明，有所不任。自古帝王，所以举直措枉，而天下称大智者，胥此也。仁而匪智，则爵赏太滥，而奸邪或得以苟容。智而匪仁，则推求太过，而贤才不乐于向用。是故欲为择吏计，则莫若广选举之途，如古之孝弟贤良与文学并进可也。严考课之典，如古之大明黜陟岁终奏举殿最可也。行久任之法，如古之居官长子孙，有绩则进爵加秩可也。而又申敕铨曹，使之选任有司，务求端良修洁之士，而儇薄好名者，无所容焉。将见百司竞勤，庶贤汇征，旬宣者为曾巩之去疾，廉谨者为羊续之悬鱼。虽有水旱之灾，而困穷之民，且将还定而安集矣。唐虞风动之休，成周顺治之化，不可以复见乎！欲为择将计，则莫若略世裔以求真才，如古之起自行阵，而拜为大将者可也。专委任以需实效，如古之便宜行事，而不从中制者可也。信赏罚以励颓靡，如古之谤书盈箧而不问，挥泪斩将而不恤可也。而又严责本兵，使之选任将帅，务求沉毅果敢之士，而庸懦无能者，弗得与焉。将见策士效谋，勇夫效力，督抚者皆良平之器，授钺者皆韩白之才。虽有窃发之警，而乌集之众，且将喙息之不暇矣。唐虞来王之化，周室于襄之威，又不可以复见乎！要之，广求贤才以备国家之用者，皆仁也。旌别淑慝以昭劝惩之典者，皆智也。仁以运乎其智，故内外文武之臣，咸欣欣焉戴陛下之恩，而不忍自负乎知遇之隆。智以济乎其仁，故内外文武之臣，咸兢兢焉畏陛下之明，而不敢自蹈于欺罔之咎。由是而民安寇息，由是而灾消祥降，万世治平之业，恒必赖之矣。抑臣又闻之，图事者贵谋之于豫，而敛才者贵养之于初。今朝廷以科贡取士，士固多良矣，然饰文华而鲜为己之功，争进取而乏恬退之节者，亦时时有之，则教化不可以不敦。请于天下学校，申明道术，择操履端纯者为之长，使孝弟忠信之理，廉耻礼让之节，知之既明，守之既定，然后取之以科贡，而委之以民社之寄。则幼学壮行，不患无术，穷经致用，可以旁通。如是而忧天下之无良吏者，未之有也。朝廷以武举择将，将固多良矣，然力足以挽强，而适用则疏，辩足以警愚，而临事辄乱者，亦时时有之，则训习不可以不慎也。请于天下郡县，增设武学，择谙通韬略为之师，使坐作进退之方，虚实坚瑕之势，耳习所闻，目熟所见，然后试之以武举，而授之以铁钺之任。则筹敌制胜，洞如指掌，戡乱锄奸，易若转枢，如是而忧将之不良者，未之有也。将良矣，吏良矣，天下无事，陛下无忧矣。万几闲暇之际，九重深邃之中，其将何所事事乎？臣闻天下国家之本，在人君一心而已。自此心之至公，则为仁，自此心之至明，则为智，以是至公至明之心，而乂安天下，则文德修。以是至公至明之心，而肃清天下，则武功振。斯道也，陛下《敬一》之箴固已该括而无余矣。臣愚芹曝之私，惟愿益新圣德，祗慎厥终。盛满弗矜，则为舜之无怠无荒，幽独必谨，则为文之亦临亦保。立纲陈纪，则守之以不愆不忘之训，任贤去邪，则决之以勿疑勿贰之明。察天人理欲之几，则不迩不殖之戒，常惕然于吾之心，考古今得失之监，则未危未乱之防，常惺然于吾之念。将见百官庶吏，莫不精白以承休，而细奸小丑，亦且回心而向善。恩从祥凤翔，德与和气游。上以答天心之景贶，下以绵国脉于灵长，董子所谓君心正而福祥集，《诗》所谓天保定尔，亦孔之固，且为今日颂之矣，至治之盛，岂特比隆虞周而已

2416

哉！疏狂之论，不识忌讳，无任陨越之至，臣谨对。

《嘉靖四十一年进士登科录·余有丁对策》：

臣对：臣闻，人君代天以理物，常秉天下之大权，以成无为之治，人臣代君以协理，当明天下之大分，以建匪懈之功。何也？君之尊犹天也，操乾纲以独断于上，一乾元之，统天焉而凝神端拱，于以享其逸而不劳。臣之事君，犹事天也，守坤贞以疏附于下，一坤顺之，承天焉而竭力图惟，于以任其劳而不避。君享其逸，匪自豫也，无心而成化，天道本如是也。人君奉若天道，巍然临御于九重，而委任以责之臣焉，斯有以得大君之宜。臣任其劳，匪自瘁也，无成而代终，地道本如是也。人臣效法地道，夔然恪共乎庶职，而尽忠以效之君焉，斯有以得纯臣之义。惟君以天自处，是能以天之心为心也，故其治足以则乎天，而圣帝明王，不能外是以迓恭默之衡。惟臣以天事君，是能以君之心为心也，故其忠足以孚乎君，而贤相忠臣，不能外是以奏协恭之绩。君臣得而万化行，所以亮采惠畴者，有全功，上下交而庶务理，所以谟明弼谐者，有伟烈。浑噩纯庞之风，可以坐致，雍熙悠久之业，自兹有成矣！钦惟皇帝陛下，禀神圣之资，抚熙明之运，敬一绍帝王之道统，伦制立古今之治极。恭默通于上载，声教布于遐陬。礼乐有备，而大车书一统之盛，华夏率俾，而治干羽两阶之休。嘉靖万邦，迄今四十有一年，如一日矣。臣窃伏草茅，幸际陛下久道成化，寿考作人，叨与有司之选，亲承大廷之对。而清问下及，首焉嘉慕帝王致治之盛，既而轸念灾寇荐至之警，深有慨于文武庶职之艰其人焉，将求弭变以安民，遏乱以固本，且责臣等悉心陈列，勿惮勿欺也。顾臣愚陋猥谫，何所知识，得以少俾陛下麻德之万一乎？然恭承温旨，仰体渊衷，敢不披沥诚恺以对？臣闻之，《书》曰：天佑下民，作之君师，以对上帝。是天之所以宠绥乎君，而君之所以受命于天者，意有在也。故□大宝，握中枢，位曰天位焉。应历数，缵帝极，统曰天统焉。以至心代天意，口代天言，身代天事，莫非天也。则当以天自处矣。《礼》曰：惟王建国，设官分职，以为民极。是君之所以委任乎臣，而臣之所以承命于君者，责有归也。故论定而爵以驭其贵，惟君所诏焉。位定而禄以驭其富，惟君所予焉。以至治君之民，理君之事，分君之忧，莫非君也。则当以天事君矣。夫以一人而钦承昊天之明命，一日万几，不能独理，后克艰厥后矣。使日孜孜焉政事是亲，以下同于臣，则耳目不逮，志虑未周，而欲帝载之咸熙也，其可得乎？以一身而奉若天子之明威，百僚庶府，各有专成，臣克艰厥臣矣。使徒泄泄然尸素是安，以上负其君，则职业不修，机务不理，而欲臣纪之罔亏也，其可得乎？粤稽古昔，语帝之盛者，莫过于尧舜，固尝隆垂衣之化矣。而其始焉，浲水滔天，思以治之，下民艰食，思以康之，有苗弗率，思以格之，而尧舜未尝自劳也。读《书》而得典谟诸篇，若治洪水，则有禹以底平成，若教稼穑，则有稷以粒烝民，若明刑罚，则有皋陶以弼教化。曰翼为，曰明听，各效其职于中天之际，而凡政有未修，德有未正，用有未利，当时诸臣，皆有以代其终。是以尧舜得享无为之逸，而协和，而风动，古今称极治者，唐虞为莫及焉。语王之贤者，莫过于周宣，固尝建中兴之业矣。而其始焉，淮夷是叛，思以讨之，荆蛮为雠，思以征之，猃狁匪茹，思以伐之，而宣王亦未尝自劳也。诵《诗》而得《采薇》

诸章，若平淮夷，则有旬宣之召伯，若征荆蛮，则有元老之方叔，若伐猃狁，则有文武之吉甫。曰奔奏，曰御侮，各展其能于多事之日，而凡王赋之未进，车徒之未实，综理之未周，当时诸臣，皆有以共其职。是以宣王得享不劳之治，而顺治，而威严，古今称中兴者，成周为难继焉。嗣是而降，无翼为明听之臣，安望治之比隆于二帝，无奔奏御侮之臣，安望治之驾美于周王耶？是宜陛下嘉之慕之，而陋三代以降于不足言也。惟我陛下，笃明禋之敬，而心孚穹昊，茂熙洽之化，而光绍祖宗。以言其安内也，内苑耕籍，重稼穑之艰难，殿工拟竣，蠲各省之征派。忧下民之易虐，则申严考察之令，虑犯法之无知，则时重恤刑之典。发仓廪以赈民乏，施药饵以疗民痾，其恩泽之溥，及于遐迩者，不啻如云雨之行施，沛乎沾濡，而无物之弗被矣。以言其攘外也，内立三营，开戎府以固京师之本，外重九边，慎将帅以严疆场之防。丑虏内侵，则神谟密运，即以驱逐于寒漠，岛夷外寇，则天威奋迅，即以勦截于海滨。意出而鬼神率从，令行而奸宄慑伏，其威武之震叠于边陲者，不啻如雷霆之鼓舞，肃乎烜耀，而无远之弗服矣。身居九重，而虑周四海之外，尊临五位，而威制八荒之遐，天下臣民，方仰协和风动顺治威严之治，轶唐虞而越有周矣。夫何迩年以来，旱潦频仍，而仓箱无卒岁之储，公私俱困，而杼轴有其空之患。北虏乘飚举之势，而不时扰我边鄙，南贼鼓乌集之群，而连岁犯我海壖。诚如圣制所谓水旱为灾，黎民阻饥，戎狄自警，南贼尤甚，有以厪宵旰之怀矣。臣以为，天地之大也，不能必寒暑灾祥之正，尧舜之圣也，犹且病博施济众之难，今日水旱之灾，是即二帝儆予其咨之叹也，南北之寇，是即周时夷蛮猃狁之侵也。然二帝有儆予其咨之忧，而卒不忧者，以翼为明听之各得其人耳。周王有夷蛮猃狁之患，而卒不患者，以奔奏御侮之各尽其职耳。今陛下以天之心为心，而臣之陈力就列者，未必能仰体是心，以亮天之工。陛下以民之心为心，而臣之专城长邑者，未必能各存是心，以分民之牧。台阁之臣，有诚尽翊赞者矣，而承宣之臣，果能诚尽疏附乎？近侍之臣，有诚尽论思者矣，而折冲之臣，果皆诚尽捍御乎？持节剖符，膺民社之托者，非不多也，然而性近鹰鹯者，每歉乎鸾凤之仪，才优骥足者，恒鲜乎《羔羊》之节。称催科之善者，未必得抚字之勤，语刑罚之中者，未必知教化之道。号狷介者，或勉强以干誉，而不能不渝于其终，号慈君者，或煦妪以市恩，而不能不昧于其大。又其甚者，厉民以自殖，戕民以自逞，民惟恐其不去已矣，安望其能拯民之困，苏民之瘝，行君之令，而致之民耶？推毂授钺，有兵旅之寄者，非无将也，然而职厕虎贲者，未必预鹰扬之具，名托干城者，未必优尊俎之谋。负海内之重望者，不免饰虚名以邀功，膺阃外之大权者，不免恣酷烈以毒众。鼓刀抱关者，气雄三军，未闻亲冒矢石，而克八日之捷。绮纨襦袴者，貂珰累叶，不免徒读父书，而掩奕世之勋。又其甚者，元帅畏偏裨，偏裨畏士卒，将无所不至矣，安望其能禁国之虣，除国之乱，而壮君威于万里也耶？是诚有如圣制所谓有司莫体朕心，疆圉之臣未能殚力，此所以陛下有爱民之念而泽未究，有遏乱之志而效未臻也。然臣伏读圣制终篇，有曰："兹欲使上下协虑，政事具修，兵足而寇患以除，民安而邦本以固，灾沴可弭，困穷可复，以媲美虞周之治，其何道而可？"臣愚以为，史有之，今之郡守，民之师帅也，所当重也，是必严考核之典，申久任之规。循良恫愃者，增秩以示荣，久之若卓茂之封，而不以为骤。阘茸贪墨者，重罚以示辱，甚则若阿大夫之烹，而不以为苛。然后甄别殿最之典，明吏将砥砺以自勉，而抚字之阳城，宽和之黄霸，自辈出矣，而以是牧民，民困其少苏乎？志有之，将者，国之辅也，所当重也，是必专委任之柄，隆驾驭之权。有功必赏，不间于群言，如任乐羊而无有于二志。有罪必惩，不牵于私故，如戮马谡而罔萌夫贷心。然后鼓舞振作之用行，将皆激昂以求试，而良平之督抚，韩白之统率，自群起矣，而以是除盗，盗患其少息乎？如是，则得文臣以宣惠，惠无不浃，而国家之元气自固，足以安内而纾鸿雁之忧。得武将以扬威，威无不奋，而国家之神气自振，足以攘外而免墉隼之害。陛下可端冕服而神丕显之德，可宁黼宸而成颙若之孚，正犹天道默运于上，而四时之官，五行之吏，各效其职，以生万物，而万物群然其乐生焉，怡然其并育焉。二帝无为之治，于此复睹者，而周宣中兴之业，可以驾而上之矣。然所谓任吏择将，又岂无其要哉？今之吏治不得其人，非吏之果无良也，亦曰学校之教不明耳。学校者，守令自出之地也，今之学校，臣惑焉。涉经传以组词章者，曰足以取青紫，裂章句以饰文艺者，曰足以致显荣，而于身心道德之懿，漫不之知。及出而从政，则伈逢迎为捷径，视职署为置邮，无异乎文职之不修也。为今之计，当思所以重其教。若三物之规，九经之训，仿古而行之，以端其趋向，则菁莪乐育之教兴，而济济之多士，为王国之桢矣。今之将领，不得其人，非将之真不才也，亦曰武举之科不严耳。武举者，将才发轫之地也，今之武举，臣惑焉。鞣弓矢得者，皆挽强之粗才，以策论进者，惟蹈袭之旧语，而于韬略奇正之实，漫不之究。及出而行师，则铅刀不足以为割，朽壤不足以为障，无怪乎武功之不竞也。为今之计，当思所以慎其科。若大射之礼，大阅之法，仿古而行之，以新其志意，则免置好仇之化成，而赳赳之武夫，为公侯之腹心矣。由是文武将吏，各得其人，又何患惠泽不宣，而旱潦之为灾，威强不振，而虏寇之足虞哉？虽然，运操纵之大机，用磨砺之大法，则尤有大本焉。宋儒程颐曰：朝廷者，监司之本。监司者，守令之纲也。欲使民之得其所，本原之地，亦在乎朝廷而已。朱熹曰：圣王所以制御蛮夷之道，其本不在威强，而在德业。其具不在兵食，而在纪纲。其备不在边境，而在朝廷。而朝廷之要，则汉儒董仲舒曰：人君正心以正朝廷，正朝廷以正百官，正百官以正万民而已。盖人君一心，取人立政之本也。今陛下敬一持心，无逸示训，而凡取人立政者，取诸一心而有余矣。而臣今日欲效忠于陛下者，非外此而有加也，惟在常存敬一无逸之心，而涵泳之耳。伏愿陛下，法天行之健，继离照之明，绎之为不息之诚，衍之为无疆之业。端养于清穆之表，则防未萌之欲，而于好恶无所偏，矫易溺之情，而于爱憎无所徇也。独断于临莅之际，则兼天下之聪明以为智，而于视听无所壅，顺天下之心志以施令，而于取舍无所私也。由是心不待检而自存，可以游神于至道之域，而德日益纯，志不假持而自固，可以澄心于湛一之天，而业日益弘。如日月之久照，而不改其明，如四时之久成，而不忒其纪，如天地之久运，而不息其机。以此取人，人无不得。以此立政，政无不举。而中外臣工，罔不惕厉以共厥职。文恬武熙之绩以奏，内安外攘之效以臻，王道成和平之美，国祚衍灵长之庆，诚可远追二帝雍熙之化，近轶周王嘉靖之休，即轩皇久道华胥之治，不外是矣。

臣愚幸甚，天下幸甚。臣无任战悚陨越之至。臣谨对。

曾璠中进士。其子曾省吾已中嘉靖三十五年进士。沈德符《万历野获编》卷十六《科场·年伯》："弇州谓同年之父，与父之同年，执礼不同，此固然矣，乃其中又多可商者。以余所见闻，如曾阳白（璠）举嘉靖壬戌进士，其子大司空确庵（省吾），先以丙辰登第历显宦。其拜少司马时，壬戌诸公多为其子部郎者，而司空修父执之礼不少假，至于彼此相避，反觉不安。又董龙山道醇举癸未进士，其子仪部青芝（嗣成），先举庚辰进士，不欲于癸未榜称年侄，为乃翁呵责，勉强书刺中晚字，而礼数则殊不然，此等皆窒碍难行者。又如嘉靖辛丑榜王大司马思质（忬）督蓟辽，以忤分宜致重辟，说者谓鄢剑泉侍郎（懋卿）有力焉。鄢，丰城人，亦辛丑榜中人也。后王仲子麟洲（世懋）分藩江右，与鄢绝不往还。鄢时坐戍归里，讼言于人，责王薄于世谊。王大怒，遍贻书江省诸仕绅，历数其恶，且以父仇未报为恨。使鄢当日果有是事，麟洲之宣告，似不为过，而鄢之责王，亦不智之甚矣。"

徐光启（1562—1633）生。据徐骥《徐氏宗谱·文定公行实》。梁家勉《徐光启年谱》："（谱主大事记）生，1562年（一岁）。"《明史》本传："徐光启，字子先，上海人。万历二十五年举乡试第一，又七年成进士。由庶吉士历赞善。从西洋人利玛窦学天文、历算、火器，尽其术。遂遍习兵机、屯田、盐筴、水利诸书。"徐光启字子先，号玄扈，上海人，万历三十二年进士。著有《农政全书》等。

五月

今年停选庶吉士。《明世宗实录》卷五百九：嘉靖四十一年五月丁酉，"诏罢今年考选庶吉士。是时仕路混浊，贿赂公行。庶吉士素号清选，至是亦竞以贿营求，贫者称贷为资，有持券入贷于司礼太监黄锦者。锦密以闻。上闻而恶之。时阁臣已取定进士五十余人赴东阁考选，方立陛前候题，忽传旨报罢。阁臣亦不知焉。"

严嵩以罪罢免，戍其子世蕃雷州卫。徐阶秉政。《明鉴纲目》卷六："纲：壬戌四十一年，夏五月，严嵩以罪免，其子世蕃下狱。目：帝居西苑，大臣希得进见，惟嵩独承顾问，御札一日或数下，虽同列不获闻。故嵩得呈志，遍引私人居要地。士大夫奔走辐辏，皆惴惴事嵩。然揽权既久，帝亦寖厌之，而渐亲徐阶。初，帝所下手诏，语多不可晓，惟世蕃一览了然，答语无不中。（世蕃颇通国典，晓畅时务，尝自负为天下才。嵩既耄昏，且旦夕值西内，诸司白事，辄曰以质东楼。东楼者，世蕃别号也。）及嵩妻欧阳氏死，世蕃居丧，不得入直，所代票拟，嵩受诏，多不能答，每遣人持问世蕃。值其方纵淫乐，不以时答，中使相继促嵩，嵩不得已自为之，往往失指。所进青词，又多假它人手，不能工。以此积失帝欢。会万寿宫灾，嵩请徙南城离宫。南城，英宗为太上皇时所居也。帝不悦。而阶营万寿宫，甚称旨。（帝居玉熙宫，宫隘，欲有所营建，以问阶。阶请以三殿余材营之，可计月而就。帝悦，命阶子尚宝丞璠，兼工部主事，十旬而工成。帝即日徙居之。）由是帝益向阶，顾问多不及嵩，即及嵩，祠祀而已。未几，方士蓝道行假乩语言嵩奸罪，（道行以扶鸾得幸，故恶嵩。帝问天下何以不治，道行诈为乩语，具道嵩父子弄权状。帝问上仙何不殛之，答曰：留待皇帝自殛。）帝心动，欲逐嵩。御史邹应龙（字云卿，长安人。）避雨内侍家，侦知之，因抗疏极论嵩父子不法，帝遂罢嵩，下世蕃诏狱。嵩为世蕃求释，不听。法司奏论世蕃，及其子锦衣郜鸿、客罗龙文俱戍边，诏从之。特宥鸿为民，使侍嵩，而锢其奴严年于狱。（龙文官中书，与世蕃交关为奸利。而年最黠恶，士大夫无耻者，竞称鄠山先生。）擢应龙通政司参议。侍郎魏谦吉（柏乡人。）等，皆坐奸党，黜谪有差。"

六月

以福建频年倭患，留科举银四千二百两，免解部，以佐军需。（据《明世宗实录》卷五百十"嘉靖四十一年六月丙辰"）

七月

高攀龙（1562—1626）生。吴中行《资德大夫正治上卿都察院左都御史赠太子少保兵部尚书谥忠宪高公神道碑铭》："生于嘉靖壬戌七月十三日，距其殁，得年六十有五。"高攀龙字存之，号景逸，南直无锡人。万历己丑进士，历任行人、揭阳典史、光禄寺丞、光禄少卿、太常少卿、大理少卿、太仆卿、刑部侍郎、左都御史等官，谥忠宪。崇祯初赠太子太保、兵部尚书。有《高子遗书》。

八月

诏重录《永乐大典》。《明世宗实录》卷五百十二："（嘉靖四十一年八月）乙丑，诏重录《永乐大典》。"《国榷》卷六十三："（嘉靖四十一年八月）乙丑，重录《永乐大典》。礼部左侍郎高拱、右春坊右谕德管司业事张居正各解原务，入馆校录。拱兼学士，同左谕德兼侍读瞿景淳充总校官。居正仍以右中允兼编修。同修撰林燫、丁士美、徐时行，编修吕旻、王希烈、张四维、陶大临，检讨吴可行、马自强分校。"

陈九川（1494—1562）卒。黄宗羲《明儒学案》卷十九："陈九川字惟浚，号明水，临川人也。……正德甲戌进士。请告三年，授太常博士。……进礼部员外郎、郎中，以主客裁革妄费，群小恨之。……周流讲学名山，如台宕、罗浮、九华、匡庐，无不至也。晚而失听，书札论学不休。一时讲学诸公，谓明水辩驳甚严，令人无躲避处。嘉靖四十一年八月卒，年六十九。……先生自叙谓：'自服先师致知之训，中间凡三起意见，三易工夫，而莫得其宗。始从念虑上长善消恶，以视求之于事物者要矣。久之自谓沦注支流，轮回善恶，复从无善无恶处认取本性，以为不落念虑直悟本体矣。……若得个真几，即迁善改过，俱入精微，方见得良知体物而不可遗，格物是致知之实，日用之间都是此体，充塞贯通，无有间碍。致字工夫，尽无穷尽，即无善无恶非虚也，迁善改过非粗也。始信致知二字，即此立本，即此达用，即此川流，即此敦化，即此成务，即此入神，更无本末精粗内外先后之间。证之古本序中，句句吻合，而今而后，庶几可以弗畔矣'。"

丁丑，升礼部右侍郎陈升为本部左侍郎太常寺卿。管国子监祭酒事秦鸣雷为礼部右侍郎。翰林院修撰孙世芳为右春坊右中允，管国子监司业事。（据《明世宗实录》卷五百十二）

九月

武举会试，取八十五名。（据《明世宗实录》卷五百十三"嘉靖四十一年九月丙午"）

左都御史潘恩罢。恩子允端进士，授刑部主事，寻改礼部。礼科给事中张益言允端干进，罢恩。调允端南京工部。（据《国榷》卷六十三）

工部右侍郎刘伯跃，南京刑部右侍郎何迁，南京通政司右通政胡汝霖，南京光禄寺少卿白启常，前湖广巡抚右佥都御史张雨，广西按察副使袁应枢，右春坊右谕德唐汝楫，南京太常寺卿署国子祭酒王材俱劾免。（据《国榷》卷六十三）

十月

黄光升为刑部尚书。鲍道明为南京户部尚书。（据《国榷》卷六十三）
瞿景淳为翰林院侍读学士，署院。（据《国榷》卷六十三）

十一月

命御史分行天下，访求方术。《明鉴纲目》卷六："纲：冬十一月，分遣御史求方书。目：帝晚年，求方术益急。陶仲文死，乃命御史姜儆（南昌人。）王大任（陕西保安人。）分行天下，访求方士，及符箓秘书。阅二年还朝，上所得秘法数千册，荐方士唐秩、刘文彬等数人。儆、大任俱擢侍讲学士，秩等赐第京师。"

丁巳，升南京翰林院侍讲学士掌院事高仪为太常寺卿，管国子监祭酒事。乙丑，升户部左侍郎鲍道明为南京户部尚书。翰林院侍读学士裴宇为太常寺卿，管南京国子监祭酒事。（据《明世宗实录》卷五百十四）

总督兵部尚书胡宗宪被逮，旋释令闲住。《明史》胡宗宪传："南京给事陆凤仪劾其党严嵩及奸欺贪淫十大罪，得旨逮问。及宗宪至，帝曰：'宗宪非嵩党。朕拔用八九年，人无言者。自累献祥瑞，为群邪所疾。且初议获直予五等封，今若加罪，后谁为我任事者。'其释令闲住。"

邹守益（1491—1562）卒。守仁传王阳明之学，诗文皆阐发心性之语。罗洪先《明故南京国子监祭酒致仕东廓邹公墓志铭》："母周夫人，以弘治辛亥二月一日生先生。""明年（1562年）壬戌偶病不愈……十一月十日，无言而卒。""先生名守益，字谦之，号东廓，姓邹氏。"安福人。正德辛未（1511）第三人及第，授编修。官至南京国子监祭酒。《明史》入《儒林传》。黄宗羲《明儒学案》卷十六："邹守益字谦之，号东廓，江西安福人。……正德六年会试第一，廷试第三，授翰林编修。……上疏忤旨，下诏狱，谪判广德州。……迁太常少卿，兼侍读学士，掌南院。升南京国子祭酒。九庙灾，有旨大臣自陈。大臣皆惶恐引罪，先生上疏独言君臣交儆之义，遂落职闲住。四十一年卒，年七十二。隆庆元年，赠礼部右侍郎，谥文庄。……先生之学，得力于敬。……离却戒慎恐惧，无从觅性；离却性，亦无从觅日用伦物也。故其言'道器无二，性在气质'，皆是此意。"

倭陷兴化，同知黄冈奚世亮等死之。世亮丁未进士。（据《国榷》卷六十三）

十二月

海瑞调任兴国知县。至嘉靖四十三年九月，在兴国任。（据王国宪《海瑞年谱》）

本年

冯惟敏（1511—约1580）**以举人谒选，授涞水知县。**咸丰《青州府志》卷四十四："嘉靖十六年举于乡，谒选授直隶涞水知县。清静不扰，每出行县，以壶飧自随，民无丝粟之费。缮学宫，浚城隍，树以榆柳，行旅歌颂之。邑去京师近，豪右杂处，中贵人势尤赫灼，兼并地无算，多逋租，惟敏请托不行，摘其最负者惩之以法，贫民德之，而势族群不便，谤诟腾起，坐谪镇江教授。"冯惟敏谪镇江教授在嘉靖四十四年（1565）。

何良傅（1509—1562）**卒。**何良俊《弟南京礼部祠祭郎中大塑何君行状》："君讳良傅，字叔皮，华亭柘林里人也。"嘉靖辛丑（1540）进士，除行人。迁刑部主事，改南礼部，历员外、郎中。"君生正德己巳，卒嘉靖壬戌，享年五十四。""君少有隽才，自弱冠时即锐志于古人之学，尝与今奉化令徐长谷献忠、浙江按察知事张王屋之象及余四人者，买地一区，欲构精庐数间，相与结社读书。尽取古人文章，研穷秘奥，朝夕观摩讨论，以几造作者堂室。故君诗一出，人皆摘句嗟赏，以为使进而不已，则可以上窥魏晋，下视唐宋诸人矣。后有出仕者，会遂废。君又以精力赢乏，不竟其业，今虽有集数十卷，然非其至也。"所著《何礼部集》有徐献忠序。

徐熥（1562—1600）**生。**据谢肇淛《题王百谷尺牍跋》。《列朝诗集小传》丁集下《徐举人熥　布衣熻》："熥，字惟和；熻，字惟起，又字兴公。闽县人。永宁令㭿之子也。兄弟皆擅才名，惟和举万历戊子乡荐，十馀年不第，风流吐纳，居然名士。其诗为张幼于、王百谷所推许，有《幔亭集》，屠长卿序之。兴公博学工文，善草隶书，万历间与曹能始狎，主闽中词盟，后进皆称兴公诗派。嗜古学，家多藏书，著《笔精》、《榕阴》、《新检》等书，以博洽称于时。崇祯己卯，偕其子访余山中，约以暇日，互搜所藏书，讨求放失，复尤遂初、叶与中两家书目之旧。能始闻之，欣然愿与同事。遭时丧乱，兴公、能始俱谢世，而余颓然一老，无志于斯文矣。兴公之子延寿，能读父书。林茂之云，劫灰之后，兴公鳌峰藏书尚无恙也。"徐𤊶生于1570年，卒于1642年。

陶望龄（1562—1609）生。 陶望龄字周望，号歇庵，会稽人。万历己丑探花，历任编修、中允、谕德、国子祭酒等官。谥文简。有《歇庵集》、《水天阁集》。

明世宗嘉靖四十二年癸亥（公元1563年）

春

欧大任（1516—1595）以明经入贡，旅寓北京，成《旅燕稿》四卷。 欧必元《家虞部公传》："公讳大任，字桢伯，广州顺德人。以岁荐起家，历仕至南京工部虞衡司郎中，故又称虞部公。……夫公八战棘闱，俱弗获隽。当世庙癸亥春，以明经入贡，需次于阙下，一时天下郡邑士千八百馀人，待试大廷。瞿文懿公景淳为宗伯，读公卷，大惊曰：'此一代才也，必当以古文词登坛艺苑。'特进御览，列名第一。都人士无论识不识，无不知南海有欧桢伯先生。已值太仓相国王文肃公读书中秘，固麟经宗匠，深赏公经艺，延归家塾，与其弟督学公元驭结社课文，更索览其所为家乘而序之，语详其序中。"

四月

王一鸣（1563—？）生。 王一鸣，字子声，黄冈人。万历丙戌（1586）进士，除太湖知县，改临漳。有《朱陵洞稿》。一鸣为王廷陈（稚钦）从孙。

俞大猷、戚继光破倭于福建。 《明鉴纲目》卷六："纲：癸亥四十二年，夏四月，总兵官俞大猷，副总兵戚继光（字元敬，世袭登州卫指挥金事。）等，击倭于福建，破之。目：自倭去柯梅，（注见前。）浙东江北渐宁，而患尽移于福建。（倭泊泉州之浯屿，掠同安惠安，攻福宁宁德，进围福州，经月不解，蔓延兴化，奔突漳州，迄无宁日。〇浯屿，即金门，在福建同安县东南海中，广袤数十里。同安，五季闽县。惠安，宋县。福宁，元州，今福建霞浦县。宁德，亦五季闽县。）闽人在朝者，争劾胡宗宪嫁祸，帝不问。既而宗宪以罪被逮，（宗宪初因赵文华结欢严嵩父子，文华死，又因罗龙文以进赂。及嵩败，言官劾其党嵩罪，得旨逮问。既至，帝以平汪直功，释之。后复坐交通龙文罪，下狱瘐死。）倭寻陷兴化府，（今福建莆田县。）焚掠一空，移据平海卫，（明置，清裁，故城在莆田县东。）不去。自倭蹯东南，破州县卫所，以百数，未有及府城者。兴化故名郡，最繁富，既陷，远近震动。诏急征大猷，充总兵官，继光为副，合兵往讨。时刘显自广东赴援，以兵少，壁城下，不敢战。大猷至，亦欲不攻，俟大军之集，乃与显别邀贼于长乐，（唐县。）歼之。至是，继光以浙江兵来会。（继光先破倭于横屿，还浙江。〇横屿，在宁德县东南海中。）巡抚谭纶，（字子理，宜黄人。）令继光将中军，显左，大猷右，合攻贼于平海。继光先登，左右军继之，斩级二千二百有奇，还被掠者三千人。倭遁去，遂复兴化。其侵犯它州县者，亦为诸将所破，闽患少熄。（倭起二十余载，攻破城邑，杀伤官吏军民，不可胜纪，转漕增饷，天下骚然。至是，大创而去。其后继光、大猷，复连败之，东南始得安枕矣。）"

修《兴都志》。从礼科都给事中丘岳之请。礼部左侍郎董份为副总裁，右春坊右谕德兼翰林院侍读张居正、司经局洗马兼侍读林濂（嫌）、修撰诸大绶、检讨吴可行为纂修。（据《国榷》卷六十四）

训导卢学颜赠太仆寺丞，荫子入监。学颜死倭难。（据《国榷》卷六十四）

七月

许学夷（1563—1633）生。陈所学《诗源辩体跋后》记："外父生嘉靖四十二年癸亥七月十四日亥时，卒崇祯十六年正月十四日酉时，享年七十有一。"许学夷，字伯清，江阴人。著有《诗源辩体》三十八卷。

十月

复除服阕南京国子监祭酒潘晟原职。（据《明世宗实录》卷五百二十六）

十一月

聂豹（1487—1563）卒。《明经世文编·姓氏爵里》："聂豹，字文蔚，永丰人。正德十二年进士。由华亭知县历升佥都御史巡抚顺天。嘉靖三十一年升兵部尚书，寻致仕，卒。隆庆元年赠少保，谥贞襄。"黄宗羲《明儒学案》卷十七："聂豹字文蔚，号双江，永丰人也。正德十二年进士。知华亭县。……知平阳府，修关练卒，先事以待，寇至不敢入。世宗闻之，顾谓侍臣曰：'豹何状乃能尔？'升陕西按察司副使，为辅臣夏贵溪所恶，罢归。……嘉靖二十九年，……召为巡抚蓟州右佥都御史，转兵部侍郎，协理京营戎政。……寻升尚书，累以边功加至太子少傅。……四十二年十一月四日卒，年七十七。隆庆元年，赠少保，谥贞襄。……先生之学，狱中闲久静极，忽见此心真体，光明莹彻，万物皆备。……及出，与来学立静坐法，使之归寂以通感，执体以应用。……其疑先生（指王守仁）之说者有三：其一谓'道不可须臾离也'，今曰'动处无功'，是离之也。其一谓'道无分于动静也'，今曰'功夫只是主静'，是二之也。其一谓'心事合一，心体事而无不在'，今曰'感应流行，着不得力'，是脱略事为，类于禅悟也。……惟罗念庵深相契合，谓'双江所言，真是霹雳手段，许多英雄瞒昧，被他一口道着，如康庄大道，更无可疑。……'"

本年

汤显祖补县诸生。邹迪光《临川汤先生传》："先生名显祖，字义仍，别号若士。豫章之临川人。生而颖异不群。体玉立，眉目朗秀。见者啧啧曰：'汤氏宁馨儿。'五岁能属对。试之即应，又试之又应，立课数对无难色。十三岁，就督学公试，举书案为破。曰：'形而上者谓之道，形而下者谓之器。'督学奇之。补邑弟子员。每试必雄其曹偶。彼其时，于帖括而外，已能为古文词，五经而外，读诸史百家汲冢《连山》诸书矣。"

陈以勤任讲读学士。（据《弇山堂别集》卷四十六《翰林院学士表》）

季本（1485—1563）卒。黄宗羲《明儒学案》卷十三："季本字明德，号彭山，越之会稽人。正德十二年进士，授建宁府推官。……转苏州同知，升南京礼部郎中。时邹东廓官主客，相聚讲学，东廓被黜，连及先生，谪判辰州。寻同知吉安。升长沙知府，锄击豪强过当，乃罢归。嘉靖四十二年卒，年七十九。少师王司舆（名文辕），其后师事阳明。先生之学，贵主宰而恶自然，以为'理者阳之主宰，乾道也；气者阴之流行，坤道也。流行则往而不返，非有主于内，则动静皆失其则矣'。其议论大抵以此为指归。……先生于理气非明睿所照，从考索而得者，言之终是鹘突。……故先生最著者为《龙惕》一书，谓'今之论心者，当以龙而不以镜，龙之为物，以警惕而主变化者也。理自内出，镜之照自外来，无所裁制，一归自然。自然是主宰之无滞，曷常以此为先哉？'……先生闵学者之空疏，只以讲说为事，故苦力穷经。罢官以后，载书寓居禅寺，迄昼夜寒暑无间者二十余年。而又穷九边，考黄河故道，索海运之旧迹，别三代、春秋列国之疆土、川原，涉淮、泗，历齐、鲁，登泰山，逾江入闽而后归。凡欲以为致君有用之学，所著有《易学四同》、《诗说解颐》、《春秋私考》、《四书私存》、《说理会编》、《读礼疑图》、《孔孟图谱》、《庙制考仪》、《乐律纂要》、《律吕别书》、《蓍法别传》，总百二十卷。"

归子慕（1563—1606）生。归子慕字季思，号陶庵先生，昆山人。归有光季子。万历辛卯（1591）举人。崇祯初，追赠翰林待诏。有《陶庵集》。

丁元荐（1563—1628）生。丁元荐字长孺，长兴人。万历丙戌进士。官至尚宝司少卿。事迹具《明史》本传。有《尊拙堂文集》、《西山日记》。

孙承宗（1563—1638）生。承宗字稚绳，高阳人。万历甲辰第二人及第，授修撰。

官至兵部尚书，兼东阁大学士。福王时赠太师，谥文正。乾隆中赐谥忠定。有《高阳集》。

明世宗嘉靖四十三年甲子（公元 1564 年）

二月

升翰林院侍读学士瞿景淳太常寺卿，管南京国子监祭酒事。（据《明世宗实录》卷五百三十）

闰二月

礼部覆南道御史等官所陈两京乡试革弊事宜，著为令。《明世宗实录》卷五百三十一：嘉靖四十三年闰二月，"丙子，礼部覆南道御史等官所陈两京乡试革弊事宜，一、今后两京主考不用本省人。如资序挨及，南人用北，北人用南，以别嫌疑。一、同考用京官进士出身者。《易》、《诗》、《书》各二员，《春秋》、《礼记》各一员，其余参用教官，以便觉察。一、誊录用书手，对读用生员，以防洗改。但此三事专为两京乡试而设，其各省及会试亦当因其说而广之。因更上六事：一、会试及两京乡试监试官，预于二十日前选差，以便防范。一、巡视搜检务加严慎，以杜奸弊。一、各省务精选才望内帘官，无令外帘官干预去取。一、申明各处科举名数。照原定解额，每举人一名，取应举生儒二十五名。一、中式之文，务崇简实。凡浮靡冗杂，诡僻不经，悉行黜汰。仍参取后场，以采实学。一、解原卷到部，以凭稽查，不用公据。得旨：各省乡试，但照旧规。令监临官公同考官揭书出题，提调、监试等官不得干预。余皆如议行。"《弇山堂别集》卷八十三《科试考三》："四十三年甲子春，礼部复南道御史史官所陈两京乡试革弊事宜。一、今后两京主考，不用本省人，如资序挨及，南人用北，北人用南，以别嫌疑。一、同考用京官进士出身者，《易》、《诗》、《书》各二员，《春秋》、《礼记》各一员，其馀参用教官，以便览察。一、誊录用书手，对读用生员，以防洗改。但此三事专为两京乡试而设，其各省及会试，亦当因其说而广之。因更上六事：一、会试及两京乡试，监试官预于二十日前选差，以便防范。一、巡视搜检，务加严慎，以杜奸弊。一、各省务精选才望内帘官，无令外帘干预，应举生儒二十五名中一名。一、中式之文，务崇简易，凡浮繁冗杂诡僻不经，悉行黜汰，仍参取后场，以采实学。一、解原卷到部，以凭稽查，不用公据。得旨，各乡试但照旧规。今监临公同考官揭书出题，提调、监试等官不得干预。馀皆如议行。""是岁诏'自今两京乡试,同考官仍择文行俱优年力精壮教职充之,罢部臣勿遣'。时给事中辛自修、邓楚望,御史罗元佑,交章摘发科场奸弊,冒籍生员章礼等五人,关节监生项元深等三人,元深乃礼部主事戚元佐所荐同里人也。于是自修等并劾元佐。曹栋复言:'户部尚书高耀荐属官陈洙为考官,托其子高堂,遂得中式,而外帘为之关节者即宛平县丞高灿,耀之亲弟也。踪迹显然,人所共知,俱请论如法,以振颓纲。'疏下礼部查议,独黜冒籍陈道箴、吕祖望回籍充附,礼等各行原籍勘实,堂、元深等以复试文可俱准中式,耀、元佐、洙俱不坐,灿以始不引嫌调外任。于是罢部僚与试,而行提学御史徐爌通查在京冒籍生员,斥遣有差。复诏增拓举场前地,临入试时,增遣监场御史二员先于场门外检阅以进,著为令。"

吏部尚书严讷,礼部尚书李春芳,吏部左侍郎兼翰林学士董份直西苑。(据《国榷》卷六十四)

四月

乙酉,升礼部右侍郎秦鸣雷为本部左侍郎,太常寺卿管国子监祭酒事高仪为礼部右侍郎。庚寅,升翰林院侍读学士陈以勤为太常寺卿,管国子监祭酒事。(据《明世宗实录》卷五百三十三)

七月

吴子孝(1496—1564)卒。皇甫汸《明朝列大夫湖广布政使司右参议吴公墓表》:"公讳子孝,字纯叔,别号海峰,晚更龙峰。自延陵而降,世为长洲山塘里人。"嘉靖己丑进士。"(甲子岁)七月八日,避暑虎丘,再宿疾作,返舍危坐,挥乐不御,申旦长逝矣。距生弘治丙辰正月十一日,春秋六十有九。""所著有《说守》、《问马》、《集仁》、《恕堂日录》、《玉涵堂集》、《明珠集》、《防敌论》及序记碑铭若干卷,行于世。重修《宋史》,杀青未就,以俟后人。字学虞欧,稍变戈法。词宗晁晏,尤长小令。下笔辄成,倚马可待,得之者列开府之屏,题截山之簪,照乘掩辉,径尺非宝也。""凡有述造,示余商榷评定之。《玉涵集》余所选次,并《明珠集》皆为之序。"

八月

两京及各布政司举行乡试。司经局洗马兼翰林院侍讲林燫、右春坊右赞善兼翰林院检讨殷士儋主顺天试。左春坊左谕德兼翰林院侍读汪镗、右春坊右中允兼翰林院编修孙世芳主应天试。世芳以病卒于贡院,舆尸而出,同考官吏部主事蔡国珍代为后序。据《弇山堂别集》卷八十三。《游艺塾续文规》卷四《了凡袁先生论文》:"嘉靖甲子,林对山先生主北畿试。林三代翰林,学业极有门户,其时偶患眼,不能阅卷,命遍读所取卷，谓皆非解元。寻落卷中得章卷，取而读之，至总提'五人'处：'盖当其时，世值开泰之期，而人才辈出；运际文明之会，而贤哲挺生。故有若禹焉、稷焉、契焉、皋陶焉、伯益焉，斯五人者，天生之而授诸舜，非私舜也，将界之以代天之工也；舜得之而分之职，非私五人也，将界之以辅世之寄也。'林矍然曰：'此真解元也。'及读三场，俱称，遂置第一。有大胸襟者，斯有大格局；有大识见者，斯有大议论。若非稷峰学识兼至，必无此作，乃知炼格之法贵识高而养厚。"梁章钜《制义丛话》卷十二："李雨村曰：嘉靖甲子顺天乡试，主考林对山先生偶患眼疾，不能阅卷，命人遍读所取卷，谓皆非解元。时题为'舜有臣五人而天下治'，寻落卷中得一卷，读至总提五人处云：'斯五人者，天生之而授之舜，非私舜也，将界之以代天之工也；舜得之而分之职，非私五人也，特界之以辅世之寄也。'瞿然曰：'此真解元也。'遂置第一，榜发为章礼。"

罗洪先（1504—1564）卒。徐阶《明故左春坊左赞善兼翰林院修撰赠奉议大夫光禄寺少卿谥文恭念庵罗公墓志铭》："公讳洪先，字达夫，念庵其号。厥初豫章人，三徙而居吉水。""以弘治甲子十月十四日生公。公年十五即下视举子业，得《传习录》，手抄而读之，昼夜不置。嘉靖己丑（1529）举进士第一，世宗批其文曰：'学正有见，言谠而意必忠，宜擢之首者。'授翰林院修撰。壬辰（1532）以病痊起，充经筵展书官。己亥（1539）召拜赞善，充经筵讲官。凡三立朝，皆不逾岁而归。甲子八月十五日，卒于松原之新第，年六十一。""自阳明先生倡致良知之说，学者始知舍闻见而求知于心。然其传之讹也，语心体而遗工夫，则日入于高虚而无益。其又讹也，概举夫不待学习者以为良知，而不复究爱亲敬长之本指，则以欲为理，以任情为率性，以戒慎恐惧为庆于自然，而去道日益以远。左春坊左赞善兼翰林院修撰念庵罗公有忧之，数正色言曰：'近时传良知之学，语知矣而不必良，语良知矣而不必能致，往往闻用功语辄生诧讶，其弊将多于晚宋支离之失。'又曰：'阳明先生良知之教本之孟子，故尝以井怵惕孩提爱敬平旦好恶为证。然以三者皆其一端之发见，而未即复乎全体。故言怵惕必以扩充继之，言好恶必以长养继之，言爱敬必以达之天下继之。孟子之意可见矣。先生得孟子之意者也，故亦不以良知为足，而以致知为功。'公家居，弟子四远而至，其为教恒主《易》所谓寂然不动，周子所谓无欲故静者而申告之，曰：'能静寂然后见知体之良能，收摄保聚然后能主静而归寂。'又曰：'儒者之学在经世，而以无欲为本。夫惟无欲，然后用之经世，知精而力巨。'阶昔未冠，即幸受业双江聂公之门。及举进士，与南野欧阳公为同年，益得相切磋于问学。二公先生高第弟子也。又后六年，始获识公。公于时所交游尽一世名士，而与予言独相入。未几公请告，予亦以论孔子祀典谪，不相见者十年。已乃同召为宫僚（1539）。明年夏，予遭先夫人忧归，其冬公及荆川唐公、浚谷赵公论东宫朝仪罢为民，自是不复见以卒。每忆与公对榻剧谈，宛然前日事，未尝不泫然而泣也。"

张凤翼乡试中式。《万历野获编》卷二十三《张幼于》："吴中张幼于献翼，奇士也。嘉靖甲子，与兄凤翼伯起、弟燕翼浮鸽，同举南畿试。主者以三人同列稍引嫌，为裁其一，则幼于也。归家愤愤，因而好怪诞以消不平。晚年弥甚。慕新安人之富而妒之，命所狎群小呼为太朝奉，至衣冠亦改易，身披彩绘荷菊之衣，首戴绯巾，每出则儿童聚观以为乐，且改其名曰牧。予偶过伯起，因微讽之曰：次公异言异服，谅非公所能谏止，独红帽乃俘囚所顶，一献阙下，即就市曹，大非吉征，奈何？伯起曰：奚止是？其新改之名亦似杀字，吾方深虑之。未几而有蒋高私妓一事，幼于罹非命，同死者六七人。伯起挥泪对余叹狂言之验。先是幼于堂庑间挂十数牌，署曰张幼于卖诗或卖文，以及卖浆、卖痴、卖呆之属。余甚怪之，以问伯起曰：此何意也？伯起曰：吾更虞其再出一牌，云幼于卖兄，则吾危矣。余曰：果尔再出一牌，云卖友，则吾辈将奈何？相与抚掌大咍。同时吴中有刘子威凤，文苑耆宿也。衣大红深衣，遍绣群鹤及獬豸，服之以谒守土者。盖刘曾为御史，迁外台以归，故不忘绣斧。诸使君以其老名士，亦任之而已。此皆可谓一时服妖。幼于被难为辛丑年（1601）。时虎丘僧省吾者嗜酒，忽一日醉死。孝廉与姻家比邻，偶大失资重。或疑孝廉与盗通，因捕死狱中。时税事再兴，市人葛成倡义，遍拆毁诸富家，有殴毙者，当事置之死法。适幼于又以妓致殒。俱一两月内事。吴人遂以凑酒色财气四字云。"

九月

皇甫濂（1508—1564）**卒。** 皇甫汸《水部君墓志铭》："皇甫水部君者名濂，字子约，一字道隆，中宪公第四子也。……甲午（1534）举于乡。……甲辰（1544）试南宫第二，赐进士，拜缮部主事，非其好也。越岁居黄恭人忧。……戊申起复，太宰闻公渊知其贤，将授本曹，同乡忌之，仍拜水部。……岁当察吏，考功郎又尝所忌者，议欲黜之。少宰建宁李公默哗于众曰：'吾知水部清介士也。世擅才名，安得枉错以坏铨体！'仅调河南藩司理官。……居无何，稍迁兴华倅。……丙辰代守人觐归，即投劾不赴。……嘉靖甲子秋，忽患痢，不治而卒，九月廿九日也。生正德戊辰十月初八，年五十有七。""所著有《道德经解》、《校辑玄晏高士传》。中宪藩府政令，以昭先业，余收其遗草，选为《水部集》二十卷行于世。"其去世原因，《列朝诗集小传》丁集上云："习吐纳延化术，得黄帝房中秘方，谓可登真度世，以交接致病遽卒。有《水部集》二十卷。"

礼科左给事中邓楚望乞敕下礼部：凡岁贡、援例监生，必其实班实历，适当科举之年，方许在京应举一次。 黄儒炳《续南雍志》卷六《事纪》："（嘉靖四十三年）九月戊午，礼科左给事中邓楚望上言：'两京国子监应试监生，虽不拘以籍贯，然必在监、在历，果无增减月日、托故迟延等弊，方许收考。今者在监肄业，则有告假回籍，故意违限，以候复班而图侥幸者矣。在部历事，则有捏称患病，故意逃，以俟补役而图侥幸者矣。甚有历事监生已完，选期未及，则假以听取而起文。父母见任，时势可援，则指称在部而选考。一历而十余年未完，一人而三四科不已。凡有子弟者，又皆便利而乐幸之，如之何能禁人也？是以势豪有力之家，钻求诡遇之计，无所不至矣。即今京闱之中，以搜检则监试者不能尽其法，以代替则同事者不能发其奸，以较文虽主考者秉公无

2430

议而分考诸臣且一二有异论焉。然大端皆此等夤缘科举之徒有以酿之也。伏乞敕下该部，凡岁贡、援例监生，必其实班、实历，适当科举之年，方许在京应举一次，其余有志之士，俱准原籍科举。而各大臣子弟，又必首遵国宪，以为士类之先。如再仍蹈前弊，听从指名参究，则幸滥之门塞，笃实之风行，贤才彬彬兴起，其于圣世之治不益有光乎哉！'上下其议礼部。"

十月

采访法秘监察御史王大任、姜儆还报命，皆升翰林院侍读学士，赐第京师。时上法秘数十册，及方士唐秋、刘文彬等数人，皆赘书庸术。上特名收之，冀遇其真。（据《国榷》卷六十四）

整肃科场。《国榷》卷六十四："诏两京同考官仍教职。时给事中辛自修、邓楚望，御史罗元祯各摘顺天科场奸弊：章礼等五人冒籍，监生项元深等三人关节，元深为礼部主事戚元佐之里人。又尚书高耀子堂托考官主事陈洙，外帘宛平县丞高灿，即耀弟也。下礼部。斥冒籍陈道箴、吕祖望，馀准礼闱。是岁，两京分考用进士就近选用。人得预拟滋议，故罢之。仍通斥冒籍诸生。"

监察御史李文续请各衙门官改翰林，定明年选庶吉士。（据《国榷》卷六十四）

十一月

更定岁贡法。务得人，毋循廪次，如部试省斥五人，提学官降级。（据《国榷》卷六十四）《明世宗实录》卷五百四十：嘉靖四十三年十一月丙寅，"更定岁贡法，令天下督学官每岁严加考校，如正贡考不称，则起次贡，次贡复不称，起次贡以下者，必得其人乃已。廷试岁贡，如一省发回五人以上，提学官降级别用。"

十二月

直隶提学御史徐㸌议革宛平大兴冒籍诸生五十余人，诸生嚣然不平。给事中何起鸣罪㸌失士心，致互相诋。各夺月俸。时深以㸌谬也。（据《国榷》卷六十四）

冬

王世贞等聚会于虎丘寺，送张凤翼等北上会试。王世贞有诗，题为《虎丘寺同子与（徐中行）、孔嘉（彭年）、淳父（黄姬水）、公瑕（周天球）、伯龙（梁辰鱼）、舍弟送别袁鲁望（尊尼）、张伯起会试北上，得阳字》。（《弇州四部稿》卷三十七）据《列朝诗集小传》丁集上《袁金事袭》，袁尊尼明年举进士。

本年

王稚登北游太学，得大学士袁炜青目。王稚登《袁文荣公诗略序》："嘉靖末，文荣公居右相，左相方恶言诗，公卿朝贵相顾以诗为戒，登高能赋之士莫能见其所长，风雅道几丧矣。袁公独喜谈诗，时时召稚登谈，未尝不解颐也。是时天子在西苑求神仙，左右相与四五贵臣皆入直，百官入谒者麋至，吐握倒屣，皆不暇休沐，还邸中者岁不能再三。而人每读公诗，无不敛手推服曰：'是冥搜玄览之言，而凤夜在公者饶为此乎？'问授简相倡和者谁何？惟王生一人在傍耳。由是益咤：'相君贵倨，鲜许可，何物鲰生，能令乃公喜也？'稚登名遂起长安中。他日公以诗草授稚登，曰：'一瑜一瑕，子为政矣。'稚登谢主臣不敢当。公谓：'曹子桓不云乎，后世谁相知定吾文者？我将季重子，子奚谢？'既不获请，则携其草置广柳车中归。"李维桢《征君王百谷先生墓志铭》："时申少师时行、王文肃锡爵、余文敏有丁初入翰林，文荣数举先生文视之：'吾得王生与若辈同称门下士，幸甚。'"申时行、王锡爵均为嘉靖四十一年进士。《列朝诗集小传》丁集中《王较书稚登》："稚登，字伯谷，先世江阴人。移居吴门。十岁为诗，长而骏发，雕香刻翠，名满吴会间。嘉靖甲子，北游太学，汝南公方执政，阁试《瓶中紫牡丹》诗，伯谷有'色借相君袍上紫，香分太极殿中烟'之句，汝南赏叹击节，呼词馆诸公，数之曰：'公等以诗文为职业，能道得王秀才十四字耶？'引入为记室，较书秘阁，将令以布衣领史事，不果而罢。"《明史·文苑传》："吴中自文徵明后，风雅无定属。稚登尝及征明门，遥接其风，主词翰之席者三十馀年。嘉、隆、万历间，布衣、山人以诗名者十数，俞允文、王叔承、沈明臣辈尤为世所称，然声华烜赫，稚登为最。申时行以元老里居，特相推重。王世贞与同郡友善，顾不甚推之。及世贞殁，其仲子士骕坐事系狱，稚登为倾身救援，人以是重其风义。万历中，诏修国史，大学士赵志皋辈荐稚登及其同邑魏学礼、江都陆弼、黄冈王一鸣。有诏征用，未上，而史局罢。卒年七十馀。子留，字亦房，亦以诗名。"《明诗纪事》己签卷十六录王稚登诗二十一首。

耿定向典学南畿，作诗戏评焦竑、杨淳二人诗。《耿天台集》卷一《评白下杨焦两生诗》小序云："余素不为诗，嘉靖甲子岁，典学南畿，白下杨、焦二生呈诗以观。余览已，援笔书此评之。二生诧曰：'先生不为诗，即此评若深于诗矣。'予莞尔曰：诗然乎哉？嗣间有作，自是启也。"诗云："淳也雅而淡，竑乎简且狂。翩翩鸾鸟雄，哕哕鸣高冈。交口媚泗沂，意指凌虞唐。各各有自得，我心亦已降。林塈已足共，何以报明王？愿言惜光景，努力再梯航。淡勿入枯槁，狂更诣中行。先师有遗训，用行舍乃藏。"焦竑今年二十四岁，参加应天府乡试中举。

胡正蒙任讲读学士。《弇山堂别集》卷四十六《翰林诸学士表》："胡正蒙，浙江余姚人。进士及第，嘉靖四十三年任读学，迁太常卿兼祭酒。"

刘绘（1505—1564）卒。张佳胤《中宪大夫重庆府知府嵩阳刘公暨配胡孺人墓志铭》："先生讳某，字汝（子）素，一字少质，""其徙光州自七世祖始。"嘉靖乙未进士，授行人，选户科给事中，改刑科右给事，出守重庆，罢归。"撰《易勺》四卷，《春秋管》十二卷，作《通论》四十篇，著诗赋序记杂文二十卷，学者尊为嵩阳先生，而不敢氏。"《列朝诗集小传》丁集上："子素文章雄健可喜，其诗才气奔腾，而风调未谐，多生狞舁兀之致。皇甫子循叙其集云：'先生应诏诸疏，经术文章，可谓兼之，若骚赋诗歌，则固北海馀声，宣城寄兴，非所专好也。'知言哉！"

雷思霈（1564—1611） 生。雷思霈字何思，夷陵人。万历辛丑（1601）进士，选翰林院庶吉士，授检讨。庚戌（1610）分考会试，卒于家。《千顷堂书目》著录《雷检讨文》一卷、《诗》一卷、《岁星堂集》四卷。

明世宗嘉靖四十四年乙丑（公元 1565 年）

正月

御史李邦珍等条上会试监试革弊四事。诏皆允行。《明世宗实录》卷五百四十二：嘉靖四十四年正月，"丁巳，以礼部会试天下举人。命御史李邦珍、鲍承荫监试，周弘祖、顾廷对场外搜检。诏申严怀挟传递之禁，犯者执送法司问罪，仍于礼部前枷号一月。已邦珍等条上革弊四事。一、举人试卷，礼部印钤既完，送提调官收领。临期举人入场至大门内验票给领，以防洗改脚色及彼此交换之弊。一、请留朝觐二司及府县官，临期督集所属举人，照依省分及府县次第，挨次点验序进，以防冒替代笔之弊。一、举人有不服搜检及搀先落后不循序进者，轻则扶出，重则参奏，以防喧竞抗违之弊。一、请增军三百余名，严密搜检，场外仍选差参将官一员，带领官军昼夜巡逻，挨（俟）揭晓乃止，以防怀挟、透漏之弊。诏皆允行。"王世贞《弇山堂别集》卷八十三《科试考三》："（嘉靖）四十四年乙丑，礼部会试天下举人，命御史李邦珍、鲍承荫监视，周弘祖、顾廷对场外搜检。诏申严怀挟传递之禁，犯者执送法司问罪，仍于礼部前枷号一月。已，邦珍等条上革弊四事：一、举人试卷，礼部印钤既完，送提调官收领。临期，举人入场，至大门内验票给领，以防洗改脚色及彼此交换之弊。一、请留朝觐二司及府县官，临期督集所属举人，照依省分及府县次第，挨次点验序进，以防冒替代笔之弊。一、请增军三百余名，严密搜检，场外仍选差参将官一员，带领官军昼夜巡逻，俟揭晓乃止，以防怀挟透漏之弊。诏皆允行。命吏部左侍郎翰林院学士掌詹事府事高拱、翰林院侍读学士胡正蒙主试。初场进题，上以'民之秉夷'为忌，问少师阶，欲究治拱等，阶解释之乃已。取中陈栋等四百人，廷试，赐范应期、李自华、陈栋及第。是岁读卷，工部尚书管吏部左侍郎事董份，亦用李春芳例也。份迁礼部，坐事为民，与大学士袁炜以病，故登科录不载。"沈德符《万历野获编》卷十六《会场搜检》："科场之禁，在唐宋甚宽，如挟册者，亦止扶出，不锢其再试也。本朝此禁甚严，至三木囊头，斥为编氓，然仅行之乡试耳。会试则不然，盖太祖尝云：'此已歌《鹿鸣》而来者，奈何以盗贼待之？'历朝以来，搜检之法，有行有不行，而《试录》中，则仍无搜检官，犹祖制也。至嘉靖末年，时文冗滥，千篇一律，记诵稍多，即掇第如寄，而无赖孝廉，久弃帖括者，尽抄录小本，挟以入试。时世宗忌讳既繁，主司出题，多所瞻顾，士子易以揣摩，其射覆未有不合者，至壬戌而澜倒极矣。先是己未之春，御史亦有建言宜搜检者，上不允。至乙丑南宫，上微闻挟书之弊，始命添设御史二员，专司搜检。其犯者，先荷校于礼部前一月，仍送法司定罪，遂为厉禁，以至于今。然《试录》之不载搜检如故也。四十年来，会试虽有严有宽，而解衣脱帽，且一搜再搜，无复国初待士体矣。近科丁未，浙人邵喻义者，故才士，第三场，将所纂邸报中时事俪语，抄录批点，携入以供策科。偶与监军争语，谓其怀挟文字，邵不能平，致拳殴之。监军扭结登堂，时内监试御史为叶永盛、李时华二人，李素以酷名，意右监军，微訾邵之横。叶曰：'仆巡盐两浙，曾试此生，拔为案首，其人奇才，今番登进士高第，且所携亦奏疏中语，实非怀挟，宜命之卒试为便。'李以乙科起家，叶偶不记忆，遂触其盛怒，立命去衣，痛笞二十，枷之场前。虽屡次疏辨良苦，终无人敢为昭雪。又闻邵之父，时以赀郎为兵马指挥，正司巡徼，曾讄一贞妇被讦，兵马受其敌之赂，枉法坐之，此妇自经死。不数月，邵临场，时时梦中见神人教之曰：'子此番必会元，但五策要留心，不然且第二矣。'故有挟而入。说者谓此妇实为崇，以致其败，如隆庆庚午浙场诸葛一鸣事。然则鬼之黠，胜人多矣。"

二月

高拱、胡正蒙主会试。甲午，礼部会试，取中式举人陈栋等四百人。据《明世宗实录》卷五百四十三。高拱《程士集》卷首《自序》："《试录》录士之文，制也。然或以为不纯，故主司代之。又以入帘猝办试事，不暇文，故豫为焉，携之人，其来旧矣。时渐偷漓，间有以是蒙诟訾者，主司始有严心。岁戊午，顺天乡试，实学士董公暨予典其事。入帘，予乃语董公曰：'题皆豫拟，而同考者不与知，非礼。今诚愿与众共之当。'董曰：'诺'。于是集诸同考官聚奎堂中，揭书各拟数题，就其中杂用之。既示士，始为文刻焉。后七年乙丑会试，则予暨学士胡公典之。予乃复申前说，命题刻文，悉如戊午例。虽皆仓卒不中尺度，乃其事则公矣。然程士不独以文，其意固各有所托，予故以所为稿自录之。"沈德符《万历野获编》卷十五《科场·乙丑会试题》："高中元主乙丑会试，《孟》题有二夷字，犯上所讳，赖首揆徐存斋力解而止，人皆能言之。然实以首题为'绥之斯来'二句，则下文有'其死也哀'，为上深怒，谓有意诅呪。忽问徐此题全文，令具以对，徐云：'臣老耄健忘，止记上文有臣名与字，犹天之不可阶而升，差能记忆耳。'上意顿释，不复治。使其肯述讳语，高无死所矣。是年海忠介从郎署抗疏，指斥上诸过举，上必欲杀之，亦赖华亭诡辞，如王生达生长富贵，正复一往之苦云云，因得长系，上即以是年冬上宾。又二年徐谢政，而高再起柄用，海抚江南，所以苦徐者万状，幸两公先后去位而事寝。徐之施恩出无心，而报者反是，不可谓非两公之薄也。"王世贞《弇州续稿》卷一百三十七《徐文贞公行状》："公之主乙丑会试也，上以进题字有所触，不怿，以问公。公为剖析本义，乃解。盖前是乙卯主应天试者，亦以文义有所独，赖公而解，人谓非公则逮谪如累岁故事矣。廷试当读卷，公令诸受卷者参伍其数而分受读卷大臣。诸读卷大臣铨其可读者以授首臣，与众共之，第其甲乙而进之上，宿弊尽革。寻奉命选庶吉士，公具如廷试，即开馆所颁条教，至今以为式。"梁章钜《制义丛话》卷五："张惕庵曰：时义至嘉靖末年芜靡极矣，陈公栋出而振之，其文含华于朴，字字清新。嗣是如田锺斗之冲恬，邓定宇之风逸，若一辙焉，以陈公为之倡也。"

三月

袁炜疾笃，请假归。《明鉴纲目》卷六："纲：乙丑四十四年，春三月，袁炜以病免。目：炜疾笃，请假归，道卒。(炜贵倨鲜洽，故出徐阶门，直以气陵阶。馆阁士出门下者，斥辱尤不堪，皆畏而恶之。及卒，谥文荣。)"

严世蕃伏诛。时郭谏臣任袁州推官，密籍严世蕃诸奸逆不道事，因御史林润上之，严世蕃遂伏法。《明鉴纲目》卷六："纲：严世蕃伏诛。目：世蕃论戍雷州，未至而返。(初，嵩归至南昌，值万寿节，使道士蓝田玉，为帝建醮铁柱宫。田玉善召鹤，嵩取其符箓，并己祈鹤文上之，因乞移世蕃近地，以便就养，词甚哀。帝不许，而世蕃遽返。〇铁柱宫，在江西南昌城内，中有铁柱，相传许旌阳所铸，以镇蛟螭之害。明嘉靖后，改名妙济万寿宫。)罗龙文一诣戍所，即逃还徽州，数往来江西，与世蕃计事。世蕃大治园亭，势焰不少衰。其监工奴见袁州推官郭谏臣，(长洲人。)不为起。会南京御史林润，(字若甫，莆田人。)按视江防，因与谏臣谋，驰疏尽发其罪。(疏曰：臣巡视上江，备访江洋群盗，悉窜入逃军罗龙文、严世蕃家。龙文卜筑深山，乘轩衣蟒，阴有不臣之心。而世蕃日夜与龙文，诽谤时政，摇惑人心。近假名治第，招集勇士至四千余人，道路汹汹，咸谓变且不测。)帝得疏，大怒，即诏润逮捕。(世蕃子绍庭，官锦衣，闻命急报世蕃，使诣戍所。方二日，润已驰至，世蕃猝不及赴，乃械以行。龙文亦捕得于梧州。)既至京，润复劾嵩、世蕃罪甚具，且及冤杀杨继盛、沈炼状。世蕃喜，谓其党曰：'无恐，狱且解。'刑部尚书黄光升(晋江人。)等，以狱词白徐阶，阶曰：'诸公欲生之乎？'佥曰：'必欲死之。'阶曰：'若是，适所以生之也。夫杨、沈之狱，嵩皆巧取上旨，今显及之，是彰上过也。必如是，诸君且不测，严公子将款段出都门矣。'为手削其草，独按罗龙文与汪直交通，贿世蕃求官。世蕃用日者言，以南昌仓地有王气，取以治第，制拟王者。又结宗人典楧，阴伺非常，多取亡命，南通倭，北通虏，共相响应。即日令光升等疾书奏之。世蕃闻，诧曰：'死矣。'遂弃市，籍其家，

（黄金可三万余两，白金三百余万两，它珍宝服玩，所值又数百万。）嵩及诸孙皆为民。后二年，嵩老病，寄食墓舍以死。"

徐阶请于举人内选补制敕、诰敕两房中书官。徐阶《世经堂集》卷三《奏对·请于举人内选补两房中书官》："（嘉靖四十四年三月二十二日）臣看得近年制敕、诰敕两房官，本自数少……若不题请选补，不无废事。但查嘉靖六年、三十一年俱曾题奉钦依，令吏部推举进士出身官员前来供事。而各官凭恃科第，厌薄闲散，百般求去，竟虚职业，难复踵行。臣今看得会试下第举人，见在吏部告选。欲乞敕下吏部，令于告选举人内，考选文学颇通、字画端楷者三四员，题请授以中书舍人职衔，送赴制敕房供事，庶于职事有所补益。"

李日华（1565—1635）生。此嘉兴李日华，非吴县之戏曲作家李日华。谭贞默《明中议大夫太仆寺少卿李九疑先生行状》："李九疑先生讳日华，实君实，号九疑，别号竹懒。九疑者，拟汉武所见九疑山采蒲仙人以托志也。"万历壬辰（1592）进士，除九江推官。谪汝州判官，迁西华知县，以忧归。起南礼部主事，乞归。起北礼部主事，未赴，进尚宝司丞，迁太仆少卿。"先生生嘉靖四十有四年乙丑三月十三日丑时，终崇祯八年乙亥九月十一日丑时，年七十有一。"著有《紫桃轩杂缀》、《六研斋笔记》、《恬致堂集》、《竹懒画媵》等。

范应期、李自华、陈栋等三百九十四人进士及第、出身有差。《嘉靖四十四年进士登科录·玉音》："嘉靖四十四年三月初一日，太子太保礼部尚书兼翰林院学士臣李春芳等于皇极门奏为科举事。会试天下举人，取中四百名。本年三月十五日殿试，合拟读卷官及执事等官少师兼太子太师吏部尚书建极殿大学士徐阶等六十四员。其进士出身等第，恭依太祖高皇帝钦定资格。第一甲例取三名，第一名从六品，第二第三名正七品，赐进士及第。第二甲从七品，赐进士出身。第三甲正八品，赐同进士出身。奉圣旨：是，钦此。读卷官：特进光禄大夫柱国少师兼太子太师吏部尚书建极殿大学士徐阶，癸未进士；光禄大夫柱国少保兼太子太保兵部尚书杨博，己丑进士；光禄大夫柱国太子太傅工部尚书雷礼，壬辰进士；荣禄大夫太子太保吏部尚书兼翰林院学士严讷，辛丑进士；资政大夫太子少保户部尚书高耀，乙未进士；资政大夫刑部尚书黄光升，己丑进士；资政大夫都察院左都御史张永明，乙未进士；通议大夫吏部左侍郎兼翰林院学士掌詹事府事高拱，辛丑进士；嘉议大夫通政使司通政使刘体乾，甲辰进士；嘉议大夫大理寺卿张守直，甲辰进士；翰林院侍读学士奉训大夫胡正蒙，丁未进士；翰林院侍讲学士奉训大夫王大任，癸丑进士。提调官：荣禄大夫太子太保礼部尚书兼翰林院学士李春芳，丁未进士；嘉议大夫礼部左侍郎秦鸣雷，甲辰进士；嘉议大夫礼部右侍郎高仪，辛丑进士。监试官：文林郎河南道监察御史樊献科，丁未进士；文林郎河南道监察御史李邦珍，庚戌进士。受卷官：奉训大夫司经局洗马兼翰林院侍讲林燫，丁未进士；翰林院侍读承直郎吕旻，癸丑进士；翰林院侍读承直郎王希烈，癸丑进士；承事郎吏科都给事中赵灼，丙辰进士；承事郎户科都给事中李邦义，丙辰进士。弥封官：嘉议大夫工部右侍郎王槐，生员；亚中大夫光禄寺卿谢登之，丁未进士；中顺大夫尚宝司掌司事太常寺少卿梁敕，官生；中顺大夫鸿胪寺卿萧澜，儒士；奉议大夫尚宝司卿王时槐，丁未进士；右春坊右中允兼翰林院编修陈谨，癸丑进士；翰林院修撰儒林郎丁士美，己未进士；翰林院编修文林郎万浩，癸丑进士；礼科都给事中辛自修，丙辰进士；承事郎兵科都给事中邢守庭，丙辰进士；儒林郎鸿胪寺右寺丞顾从礼，监生；礼部主客清吏司郎中兼管翰林院典籍事季芮，儒士；承德郎大理寺左寺左寺正兼管翰林院典籍事章子谊，儒士；承德郎大理寺右寺右寺正丛恕，儒士；大理寺左寺左评事兼翰林院侍书李中，儒士；征仕郎中书舍人李凤，儒士。掌卷官：翰林院编修文林郎孙铤，癸丑进士；翰林院编修文林郎张四维，癸丑进士；翰林院编修承事郎王锡爵，壬戌进士；翰林院编修承事郎余有丁，壬戌进士；承事郎刑科都给事中沈寅，丙辰进士；承事郎工科都给事中季科，癸丑进士。巡绰官：特进光禄大夫柱国太保兼太子太保锦衣卫掌卫事后军都督府左都督朱希孝；骠骑将军锦衣卫管卫事都指挥使李隆；镇国将军锦衣卫管卫事署都指挥使孙钰；昭勇将军锦衣卫管卫事都指挥金事张大用；昭勇将军锦衣卫管卫事署都指挥金事张铎；明威将军锦衣卫管卫事指挥金事李永；昭勇将军金吾前卫指挥使张国柱；明威将军金吾后卫指挥金事尹镇。印卷官：奉议大夫礼部仪制清吏司郎中庞远，癸丑进士；承直郎礼部仪制清吏司署员外郎事主事戚元佐，壬戌进士；承直郎礼部仪制清吏司主事余立，壬戌进士；承直郎礼部仪制清吏司主事胡□，□□进士。供给官：奉政大夫光禄寺少卿张志孝，癸丑进士；奉议大夫光禄寺少卿魏学曾，癸丑进士；承直郎光禄寺寺丞万思谦，丁未进士；承直郎光禄寺寺丞路王道，癸丑进士；将仕佐郎礼部司务康宪，庚子贡士；承德郎礼部精膳清吏司署郎中事主事包柽芳，丙辰进士；承直郎礼部精膳清吏司署员外郎事主事严大纪，己未进士；承直郎礼部精膳清吏司主事徐廷裸，己未进士。"《嘉靖四十四年进士登科录·恩荣次第》："嘉靖四十四年三月十五日早，诸贡士赴内府殿试，上御皇极殿亲赐策问。三月二十日早，文武百官朝服侍班。是日，锦衣卫设卤簿于丹陛丹墀内，上御皇极殿，鸿胪寺官传制唱名，礼部官捧黄榜，鼓乐导引出长安左门外，张挂毕，顺天府官用伞盖仪从送状元归第。三月二十一日，赐宴于礼部。宴毕，赴鸿胪寺习仪。三月二十三日，赐状元朝服冠带及进士宝钞。三月二十四日，状元率诸进士上表谢恩。三月二十五日，状元率诸进士诣先师孔子庙行释菜礼，礼部奏请命工部于国子监立石题名。"《弇山堂别集》卷八十三《科试考三》："四十四年乙丑……廷试，赐范应期、李自华、陈栋及第。是岁读卷，工部尚书管吏部左侍郎事董份，亦用李春芳例也。份迁礼部，坐事为民，与大学士袁炜以病，故登科录不载。""是岁，进士陶大顺、子允淳同科，亦奇事也。"《弇山堂别集》卷十七《输粟三元》："嘉靖乙丑廷试第一人范应期，癸丑会试第一人曹大章，成化丙午顺天乡试第一人罗玘，皆以输粟入国子监者。大章廷试复第二人，而与应期宦皆不达。玘入翰林，以文行显，至大官。其后正德丙子（1516）为周光宙，嘉靖戊子（1528）为马一龙，辛卯（1531）为马从谦，庚子（1540）为沈绍庆，戊子（1588）为王衡，而皆中顺天，皆南直人。"《万历野获编》卷十六《科场·嘉靖三丑状元》："四十四年乙丑科，状元范应期，浙江乌程人。以祭酒罢官归。乃子不肖，牟利殖货，敛怨乡曲。巡按御史彭应参憎之，募民讦其过，里中奸豪因百端窘辱之，应期不能堪，遂自缢死。"王世贞《明特进光禄大夫柱国少师兼太子太师吏部尚书建极殿大学士赠太师谥文贞存斋徐公行状》（中）："新郑公（指高拱）之主乙丑会试也，上以进题字有所触不怿，以问公，公为剖析本义乃解。盖前是乙卯（1555）主应天试者，亦以文义有所触，赖公而解，人谓非公则逮谪如累岁故事矣。廷试当读卷，公令诸受卷者参伍其数，而分授读卷大臣，诸读卷大臣铨其可读者以授首臣，与众共之，第其甲乙而进之上，宿弊尽革。寻奉命选庶吉士，公具如廷试。既开馆，所颁条教至今以为式。"（《弇州续稿》卷一百三十七）梁章钜《制义丛话》卷十二："《文行集》曰：嘉靖十五元，论者谓壬辰、乙未乃古今分别之际，胡之继瞿，风度相似，后此五元，瑜不胜瑕。乙丑会元陈栋，当浮蔓之余，以冲夷细密，颖然独见，当颉颃瞿、许。隆庆辛未，栋取隽邓定宇以赞，文章中兴，莫盛于此。按：胡正蒙为丁未会元，瞿景淳为甲辰会元，胡正蒙以后五元，则傅夏器、曹大章、金达、蔡茂春、王锡爵也。陈栋即继王后，是科题为'绥之斯来'二句、'人道敏政'一节、'《诗》曰'天生烝民'一节，主试者高拱、胡正蒙。"

归有光（1507—1571）为是榜进士。其制举业被艾南英推为三百年来第一。归庄《归庄集》卷四《重刻先太仆府君论策跋》："太仆府君之文章，久为世所宗师，制举业则艾千子先生推为三百年来第一，古文则钱牧斋先生推为三百年来第一，后人更无容赞一辞矣。至于应试论策，特其绪余，昔年刻文集时，置之不录。既而以其便于后学，乃别刻单行，然镂板粗恶，岁久复多损坏。兹以时尚论策，同邑朱、陆诸君子谋重梓之，问序于府君之曾孙庄，庄则何敢？抑论策虽曰应举之业，然亦存乎其人。以举业之手作论策，则举业矣；以古文之手作论策，论策亦古文也。董广川、孙丞相、元学士、白太傅、刘谏议诸贤良策，岂非应制举者乎？苏文忠公集，其所自定，乃以应举策居首。岂得薄视论策乎！"王锡爵《明太仆寺寺丞归公墓志铭》："其后八上春官，不第。盖天下方相率为浮游泛滥之词，靡靡同风，而熙甫深探古人之微言奥旨，发为义理之文，洸洋自恣，小儒不能识也。于是读书谈道于嘉定之安亭江上，四方来学者常数十百人。熙甫不时出，或从其子质问所疑。岁乙丑，四明余文敏公当分试礼闱，予为言熙甫之文意度波澜所以然者。后余公得其文，示同事，无不叹服。既见熙甫姓名，相贺得人。主试者新郑高公，喜而言曰：'此茶陵张公所取以冠南国者，今得之，有以谢天下士矣。'廷试，人三甲，选为湖州长兴县令。"归有光《见南阁记》："嘉靖十九年，余为南京贡士，登张文隐公（张治）之门。其后十年，汭州陈先生为文隐公所取进士。余为公所知，公时时向人道之，先生由是知余；而无从得而相见也。其后十五年，先生以山西按察副使罢，家居。久之而余始与先生之子文烛玉叔同举进士。在内庭遥见，相呼问姓名，甚欢。知先生家庭父子间道余也。因与之往来论文，益相契。间属余记其所居见南阁者。"（《震川先生集》卷十五）《游艺塾续文规》卷四《了凡袁先生论文》："两扇格如嘉靖戊子浙江姜解元'礼云礼云'一节，辛卯福建庄经元'爱之能勿劳乎'二句，皆自散做，中间不作小比。夫文拘对偶，去古已远，今于对之中又作对焉，愈降愈卑矣。乙丑会试'绥之斯来'二句，场中两扇遥对之中，各作四比。是时正承浮靡之后，作者类以浮丽为工，成习已久。归震川独两扇各做，不作一句排偶，余同蘆见而奇之，拔置高等。震川学甚博，识甚高，持论甚正，江以南素重其文，特以其久不售于有司，故从之游者，稍稍叛去，更习浮丽。及闻其取高第，海内争传其文，而余公之名亦因之增重。戊辰沈蛟门负异才重望，其文亦主说理，余公在场又力荐而魁之。当是之时，海内豪杰困顿场屋者，咸以不得出余公之门为憾，而经生学士闻风听声，翕然有返本务实之思矣。至庚午科，予在应天场中，'责难于君'二句，皆效震川体散做，同年中并无一人作小比者。挽天下之靡而返之醇，若戛戛乎其难也。余公一拔震川，再拔蛟门，五六年间，风动天下，王道易易，岂不可征哉？嗟夫！'达观其所举，'李克之名言也，柄斯文者慎之。"梁章钜《制义丛话》卷五："《明史·文苑传》云：归有光字熙甫，昆山人，嘉靖十九年举乡试。八上春官不第，徙居嘉定安亭江上，读书谈道，学徒常数百人，称为震川先生，四十四年（1565）始成进士。有光制举业，湛深经术，卓然成大家。后德清胡友信与齐名，世并称归胡。友信博通经史，学有根柢。明代举子业最擅名者，前则王鏊、唐顺之，后则震川、思泉。思泉，友信别号也。"此系节录《明史·文苑》之文。梁章钜《制义丛话》卷五："方望溪曰：化、治以前，先辈多以经语诂题，而精神之流通、气象之高远，未有若震川者。如'大学之道'一节题文，历用'昊天曰明，及尔出王；昊天曰旦，及尔游衍'、'人心惟微，道心惟微'、'立爱惟亲，立敬惟长'、'始于家邦，终于四海'、'道有升降，政由俗革'、'惟皇建极，惟民归极'、'会其有极，归其有极'、'知至至之，知终终之'各语，皆如其意之欲出，此可悟文章之有神。即如三百篇语，汉魏人用之即是汉魏人气息；汉魏乐府古诗，六朝人用之即是六朝人音节。震川之用经语，亦当作如是观。""汪尧峰琬曰：先正之文皆有授受渊源，独归震川少年负盛名，其古文词取径于庐陵，举业取径于眉山，与时迥别，以是晚售。袁了凡尝极言其不遇之故，古今文果有不同耶？"

王圻（1530—1615）中进士。 王圻字元翰，上海人。嘉靖乙丑进士。官至陕西布政司参议。《明史·文苑传》附见陆深传中。《四库全书总目》著录王圻《东吴水利考》十卷、《谥法通考》十八卷、《重修两浙醝志》二十四卷、《稗史汇编》一百七十五卷、《续文献通考》二百五十四卷、《三才图会》一百六卷、《洪州类稿》四卷。《续文献通考》提要曰："是编续马端临之书，而稍更其门目。大旨欲于《通考》之外兼擅《通志》之长，遂致牵于多歧，转成舛驳。盖《通考》踵《通典》而作，数典之书也。《通志》具列朝为纪传，其略即志，其谱即表，通史之属也。其体裁本不相同。圻既兼用郑例，遂收及人物，已为泛滥。而分条标目，又复治丝而棼。如各史有不臣二姓之人，不过统以忠义。圻则别立忠隐一门。各史于忠孝节烈之妇女，不过统以列女。圻则别立忠妇、孝妇、节妇、烈妇诸门。各史于笃行畸节，不过统以孝义。圻则别立顺孙、义夫、义女、义母、义妾、义仆诸门。均乖史法。至于义物一门，孝释一门，尤为创见罕闻。各史但有儒林，《宋史》别出道学传，已为门户之私。圻更立道统考，而所收如楚元王之类，不过性喜聚书；范平、王接之类，不过隐居高尚。去取更为不伦。此皆牵于《通志》纪传之故也。他如田赋考内所载免租，当列于赈恤门；贵州盐引课，宜列于盐铁门；打青草、喂养、马匹事例，宜列于兵考；而皆误载于田赋、国用考内。漕运门载金天兴元年运饷汝州兵，此乃用兵转饷，非漕运也。又海运已自列一门，而杂出于漕运之内。所载海道远近，尤为不详。运官选补属选举考绩之事，更不当列于漕运门。土贡考内所载明制，其时虽已归折于一条鞭之法，然尚有解赴内府之项，载于《明会典》者甚详。乃皆脱略。选举考内所载邵元节、李孜省，乃一时恩幸，不当别立方伎。选举一门学校考内所载州县书院，元制官置山长，犹属学校之支流。明则处处私置，志书尚不能悉登。此书乃泛载之，殊为冗滥。职官考内载元职官仅本《元史》。其上京分置载于《析津志》诸书甚详，见元人集者尤伙。乃皆漏略。谥法考只引《史记》，馀多挂漏。即朱谋垔所辑诸篇，万历初尚存，不容嘉靖末不见，亦为挂漏。经籍考内所载南宋诸人文集，尚不及文渊阁书目之半。金人文集载于《中州集》小传者百有馀家，所载仅十之一二。而《琵琶记》、《水浒传》乃俱著录。宜为后来论者之所讥。六书考全抄郑樵《六书略》，又录《唐韵》及宋礼部韵略各序，毫无断制。所载法帖，仅明代所刻宝贤堂帖十数则。又既立经籍考一门，复于六书考内复载字学、书法各书，更为舛杂。至于释家一门，本可不立。既已立之，而宗、律二门未能分晰。列释家法嗣一门，而二祖六祖以下旁出法嗣，又未能详叙。殆进退无据矣。自明以来，以马氏书止于宋嘉定中，嘉定后事迹未有汇为一编者，故多存坏书以备检阅。"提要后附注曰："案此书虽续《文献通考》，而体例迥殊。故《文献通考》入故事，此则改隶类书。"清《钦定续文献通考》即以王圻书为工作底本。

据《嘉靖四十四年进士登科录》，第一甲三名，赐进士及第。履历如下：

范应期，贯浙江湖州府乌程县，民籍，国子生，治《书经》。字伯桢，行一，年三十九，十月初七日生。曾祖缙。祖完。父萱。母陆氏。慈侍下。弟应明，监生；应光；辉；嘉；朝。娶沈氏。顺天府乡试第七十名，会试第一百九十三名。

李自华，贯浙江嘉兴府嘉善县，民籍，直隶松江府华亭县人，嘉善县学生，治《诗经》。字元实，行三，年三十，正月初九日生。曾祖淮。祖祚。父学孟。母郁氏，继母江氏。具庆下。兄守敬、守教。弟守亨、守敦、守叙、守贞。娶陆氏。浙江乡试第五十八名，会试第二百三十四名。

陈栋，贯江西南昌府南昌县，军籍，县学附学生，治《诗经》。字隆之，行八，年二十九，三月二十七日生。曾祖进国。祖亢初。父光，典史。母宗氏。具庆下。兄柯。弟梁、椿、桂、柏、桢、模、楹、梅、植。娶樊氏。江西乡试第六十六名，会试第一名。

据《嘉靖四十四年进士登科录》，第二甲七十七名，赐进士出身。履历如下：

徐云程，贯江西临江府清江县，军籍，国子生，治《诗经》。字允登，行一，年四十一，九月二十日生。曾祖南育。祖巽，寿官。父相。母杨氏。具庆下。弟云同、云衢。娶陈氏。江西乡试第八十三名，会试第一百三十七名。

伊在庭，贯应天府上元县，匠籍，直隶苏州府吴县人，国子生，治《易经》。字继美，行二，年二十九，九月二十日生。曾祖乘，按察司佥事。祖伯熊，府同知，赠奉政大夫。父敏生，布政司参政。母叶氏，封孺人。慈侍下。兄在道。弟在选、在迪、在遇、在迟、在达。娶韩氏。应天府乡试第六十八名，会试第三名。

邹国儒，贯浙江嘉兴府嘉兴县，民籍，秀水县人，嘉兴县学生，治《书经》。字醇甫，行一，年三十七，正月十九日生。曾祖裕，寿官。祖鉴，听选官。父浩。母程氏。慈侍下。娶唐氏。浙江乡试第十九名，会试第二百四十八名。

宋诺，贯直隶河间府故城县，民籍，山西潞安府屯留县人，国子生，治《易经》。字子重，行一，年三十二，正月二十二日生。曾祖云。祖鸾。父良筹。母王氏。具庆下。弟语、诏、諮。娶李氏。顺天府乡试第一百八名，会试第九十二名。

冯子京，贯浙江杭州府仁和县，民籍，钱塘县人，国子生，治《易经》。字仲元，行三，年三十六，七月十四日生。曾祖斌。祖财。父睿。前母吴氏，母周氏。永感下。兄子堂、子玉。弟子庸、子卞。娶胡氏，继娶沈氏。浙江乡试第十四名，会试第二百七十三名。

涂渊，贯江西南昌府南昌县，民籍，府学附学生，治《易经》。字时跃，行二，年三十七，十月二十八日生。曾祖春山。祖凤池。父栋。母罗氏。慈侍下。弟津、渭、浚。娶魏氏。江西乡试第十一名，会试第一百八十五名。

陈经邦，贯福建兴化府莆田县，民籍，府学增广生，治《书经》。字公望，行一，年二十九，十月二十三日生。曾祖必清，寿官。祖一通，寿官。父言，南京刑部郎中。母朱氏。具庆下。弟经世、经正、经义。娶林氏。福建乡试第十名，会试第二名。

屠元沐，贯浙江嘉兴府嘉兴县，民籍，国子生，治《书经》。字日新，行一，年三十三，九月二十五日生。曾祖昊。祖鹏，典史。父镐。母赵氏。严侍下。弟元淞、元湘、元浙。娶殷氏。浙江乡试第六十七名，会试第四十二名。

周铎，贯直隶苏州府太仓州，民籍，常熟县人，太仓州学增广生，治《诗经》。字子振，行二十，年三十六，五月初十日生。曾祖棠，七品散官。祖烨，赠按察司副使。父室。前母凌氏，母谭氏。永感下。兄锡，通判；钲，典膳；銮、锷、錬、鑛，俱监生；键、镆、镟、釜、铁。弟釪、镰、镙。娶张氏。应天府乡试第六名，会试第一百十六名。

林梓，贯福建漳州府漳浦县，民籍，县学附学生，治《诗经》。字达材，行四，年二十八，二月十六日生。曾祖民则，寿官。祖鸣瑶。父长森。母陈氏。具庆下。兄檀、松、楠。弟桐。娶沈氏。福建乡试第七十九名，会试第八十四名。

汤希闵，贯直隶池州府石埭县，民籍，县学生，治《易经》。字惟贤，行二，年三十二，八月十八日生。曾祖廷训，寿官。祖栋，贡士。父焕。嫡母杨氏，生母彭氏。慈侍下。兄希诚，七品散官，天锡，省祭官。弟希颜、希谟、希嘉。娶李氏。应天府乡试第九十九名，会试第二百十五名。

李一迪，贯广东高州府茂名县，民籍，府学生，治《诗经》。字君哲，行八，年三十二，八月十八日生。曾祖克由，贡士。祖举，寿官。父学朱，寿官。母卢氏。永感下。兄一荐；一晟；一端，县丞；一伺，主簿；一兰，训导；一防，训导；一穆。弟一桂，贡士。娶吴氏，继娶杜氏。广东乡试第四十四名，会试第二百八十一名。

叶朝阳，贯浙江嘉兴府秀水县，匠籍，嘉善县人，国子生，治《书经》。字文荣，行一，年三十六，五月二十三日生。曾祖敬。祖昂。父宪。母朱氏。永感下。娶汤氏。浙江乡试第七名，会试第三百四十七名。

潘志伊，贯直隶苏州府吴江县，民籍，县学生，治《书经》。字嘉征，行一，年三十一，七月初二日生。曾祖珪。祖完。父云。嫡母费氏，生母凌氏。慈侍下。弟志皋。娶陆氏。应天府乡试第一百七名，会试第二百二十九名。

王嘉言，贯直隶河间府景州东光县，民籍，县学生，治《书经》。字孔彰，行二，年二十六，十月初七日生。曾祖绅。祖信。父畿。母梁氏。慈侍下。兄嘉宾。娶李氏。顺天府乡试第九十三名，会试第一百三十九名。

李汝节，贯直隶苏州府嘉定县，民籍，徽州府歙县人，嘉定县学附学生，治《易经》。字道亨，行一，年三十三，七月二十一日生。曾祖崇庆。祖社鼎。父文邦。母程氏。慈侍下。弟汝简、汝箕、汝筠、汝笠、汝绍。娶程氏。应天府乡试第二十三名，会试第五十八名。

王鉴，贯直隶常州府无锡县，民籍，县学附学生，治《书经》。字汝明，行二，年三十八，八月十二日生。曾祖宗，寿官。祖泽，封南京兵部郎中。父问，按察司佥事。母李氏，封宜人；继母袁氏，封宜人。严侍下。兄金；弟钦，贡士；镐。娶刘氏，继娶鲍氏。应天府乡试第八十四名，会试第三十三名。

潘颐龙，贯浙江杭州府钱塘县，民籍，府学附学生，治《易经》。字跃卿，行一，年三十一，七月十六日生。曾祖泰。祖玒。父易。母乔氏。慈侍下。娶王氏。浙江乡试第五十二名，会试第二百四名。

廖如春，贯江西吉安府吉水县，民籍，县学增广生，治《诗经》。字韶景，行三，年二十八，三月初五日生。曾祖允。祖元颐。父纲。母罗氏。具庆下。兄如李。弟如金、如登。娶陈氏。江西乡试第二名，会试第二百二十六名。

宋应昌，贯浙江杭州府仁和县，军籍，县学附学生，治《易经》。字时祥，行二，年三十，十月初三日生。曾祖元。祖富。父儒。母何氏。严侍下。兄应期。弟应龙、应鸑。娶顾氏。浙江乡试第十三名，会试第三百九十九名。

王基，贯山东青州左卫，军籍，登州府莱阳县人，国子生，治《诗经》。字啓亨，行一，年二十八，十一月二十三日生。曾祖嵩。祖南玉。父士先。母邹氏。慈侍下。弟业、堪。娶伏氏，继娶张氏。山东乡试第六十一名，会试第四百名。

刘自化，贯陕西西安府高陵县，民籍，县学附学生，治《书经》。字伯时，年二十九，四月三十日生。曾祖继本。祖彦成。父迁，长史，加正四品服俸。母李氏。具庆下。兄自修。娶墨氏。陕西乡试第六十名，会试第三百六十四名。

李存文，贯直隶扬州府泰州，民籍，州学生，治《诗经》。字应魁，行一，年三十四，十月二十九日生。曾祖安。祖绍庆，通判。父可成。母王氏。具庆下。娶阮氏。应天府乡试第二十一名，会试第一百二十五名。

胡同文，贯浙江严州府寿昌县，军籍，辽东沈阳卫人，寿昌县学生，治《易经》。字子尚，行七，年二十三，九月十九日生。曾祖仕弘。祖杞，经历。父迁。母洪氏。具庆下。弟同道、同升、同寅。娶翁氏，继娶李氏。浙江乡试第四十三名，会试第三百八十八名。

周子义，贯直隶常州府无锡县，军籍，县学增广生，治《书经》。字以方，行二，年三十二，四月初十日生。曾祖昌言。祖鉴。父浚。母吴氏。永感下。兄子敬。娶赵氏。应天府乡试第七十四名，会试第十二名。

钱立，贯浙江杭州府仁和县，匠籍，县学附学生，治《易经》。字守礼，行二，年三十五，四月初六日生。曾祖毓。祖文。父锐。母余氏。严侍下。兄本。弟在。娶严氏。浙江乡试第二十一名，会试第三百五十六名。

顾应龙，贯直隶常州府无锡县，民籍，县学附学生，治《书经》。字汝翼，行一，年三十四，三月十八日生。曾祖让。祖良辅，典膳。父衮。母曹氏。具庆下。弟应麟、应凤。娶鄞氏。应天府乡试第十一名，会试第三百二名。

袁尊尼，贯直隶苏州府长洲县，民籍，吴县人，国子生，治《书经》。字鲁望，行一，年四十三，十二月十二日生。曾祖敬。祖𪩘，封刑部主事。父袠，提学佥事。母马氏，封安人；继母文氏。慈侍下。兄梦麟。弟梦鲤、中、平、申、年、梦旗、准、连、璧、梦苏、牟。娶劳氏。应天府乡试第四十一名，会试第六名。

王楣，贯顺天府遵化县，民籍，国子生，治《诗经》。字光大，行四，年三十五，十一月十一日生。曾祖林。祖铠。父经。母孟氏。永感下。兄栋、楹、楼。弟桥、松、楠。娶赵氏。顺天府乡试第二十三名，会试第三百四十名。

梅友松，贯四川成都府内江县，民籍，县学生，治《诗经》。字茂卿，行一，年三十，正月二十一日生。曾祖永信。祖昺。父二元。母刘氏。具庆下。弟友柏、友李、友竹。娶张氏。四川乡试第十五名，会试第一百三十五名。

安嘉善，贯山西太原府代州，民籍，国子生，治《诗经》。字体亨，行六，年三十四，八月二十二日生。曾祖麟。祖信。父琦，州判官。嫡母张氏。生母王氏。永感下。兄尽善，医官；明善，知县。娶孙氏。山西乡试第五十五名，会试第一百五十二名。

焦子春，贯河南河南府登封县，民籍，县学生，治《易经》。字德元，行一，年三十二，六月初九日生。曾祖瀛。祖敏，听选官。父勋。前母贾氏，母杜氏。慈侍下。弟子美、子诚。娶郜氏。河南乡试第十一名，会试第二百六十二名。

张思忠，贯直隶广平府肥乡县，军籍，县学生，治《诗经》。字子贞，行二，年三十，四月二十三日生。曾祖本，典史。祖维。父东。嫡母乔氏，继母樊氏，生母魏氏。具庆下。兄思诚，监生。弟思廉。娶赵氏，继娶王氏。顺天府乡试第九名，会试第七十九名。

陈懿德，贯直隶松江府华亭县，民籍，县学生，治《诗经》。字伯求，行二，年三十三，十一月二十八日生。曾祖适。祖臣。父珏。母杜氏。具庆下。弟天德、九德、懋德。娶黄氏。应天府乡试第十七名，会试第二十八名。

林云程，贯福建泉州府晋江县，军籍，县学附学生，治《书经》。字登卿，行一，年二十七，五月初九日生。曾祖于学。祖昭宪，寿官。父磋。母周氏，继母苏氏。具庆下。兄荣春。弟云乔、云参、云科。娶陈氏。福建乡试第六十九名，会试第一百四十三名。

陈王道，贯直隶苏州府昆山县，民籍，国子生，治《易经》。字敬甫，行一，年三十三，四月初六日生。曾祖复吉。祖可乐。父唐。母李氏。具庆下。弟王政。娶朱氏。应天府乡试第六十七名，会试第三百二十五名。

林烋，贯广东惠州府博罗县，民籍，县学生，治《易经》。字裕甫，行四，年三十一，三月初六日生。曾祖传。祖吉。父夔。母张氏。具庆下。兄烨、燏、烈、美、烔、燮。弟杰、焘。娶车氏，继娶周氏。广东乡试第六十四名，会试第二百九十名。

丘云章，贯山东青州府诸城县，民籍，县学附学生，治《礼记》。字伯卿，行三，年二十四，六月初九日生。曾祖玘。祖让，赠户科右给事中。父橪，前兵科都给事中。母范氏，封孺人。具庆下。兄云崟、云屿。弟云峡、云峤、云岘、云嶙、云嵘。娶王氏。山东乡试第三名，会试第九十八名。

刘志业，贯浙江宁波府慈溪县，民籍，县学生，治《诗经》。字可大，行二，年三十五，八月初七日生。曾祖鏻。祖源，赠知府。父安，知府。母周氏，封恭人。慈侍下。兄志中、志德。弟志和、志弘、志毅、志立。娶沈氏。浙江乡试第五十六名，会试第一百二十二名。

窦钶，贯直隶广德州，民籍，国子生，治《易经》。字大受，行八，年三十四，十一月二十九日生。曾祖世爵。祖奎。父显贵。母郑氏。严侍下。兄镦，监生。娶步氏。应天府乡试第五十七名，会试第一百一名。

杨时乔，贯江西广信府上饶县，民籍，县学生，治《书经》。字宜迁，行六十一，年三十五，十一月初八日生。曾祖杰，医学正科。祖锡。父一芳。母宋氏。慈侍下。兄时秀、时用、时化。弟时泰、时景。娶郑氏。江西乡试第十三名，会试第九十一名。

邵元哲，贯贵州普安卫军籍，应天府上元县人，普安州学生，治《礼记》。字晦之，行六，年三十六，二月二十八日生。曾祖璇。祖升，赠知县。父华谱，府同知。母金氏，封太孺人。慈侍下。兄元吉，贡士；元善，按察司佥事；元高，知县。娶董氏。贵州乡试第二名，会试第八十三名。

范伋，贯江西瑞州府高安县，民籍，县学生，治《易经》。字汝希，行一，年四十七，九月初九日生。曾祖孔杰。祖日褙。父豪。母陈氏，继母周氏。慈侍下。弟催、僭、僕。娶高氏。继娶王氏。江西乡试第二十三名，会试第二百九十九名。

顾养谦，贯直隶扬州府通州，军籍，州学附学生，治《诗经》。字益卿，行二，年二十九，三月初八日生。曾祖能，义官。祖山，义官。父瑶，监生。前母钱氏；母单氏。慈侍下。兄养恒，监生。弟养履、养观、养巽、养鲁。娶李氏。应天府乡试第一百三名，会试第一百二十七名。

张明正，贯直隶松江府华亭县，民籍，县学生，治《书经》。字大中，行二，年三十三，四月十二日生。曾祖瓛。祖宗义。父士毅。母陆氏。慈侍下。兄明德。弟明治、明化、明善、明道、明教。娶杨氏。应天府乡试第八名，会试第一百八十九名。

顾褒，贯浙江绍兴府余姚县，民籍，国子生，治《礼记》。字惟忠，行十九，年二十七，七月二十六日生。曾祖骏，累赠右副都御史。祖兰，府同知，累赠右副都御史。父遂，南京刑部右侍郎。嫡母严氏，封淑人；生母吕氏。永感下。兄廉，评事；衮，监生；庶；章；奕，贡士；廜；爕，贡士。娶谢氏。应天府乡试第八十二名，会试第一百五十三名。

韩楫，贯山西平阳府蒲州守御千户所官籍，直隶扬州府泰州人，蒲州学生，治《春秋》。字伯通，行三，年三十五，八月初三日生。曾祖泽。祖霙，义官。父玻，义官。母薛氏。永感下。兄柟、棣。弟梅，贡士；松；杙；模；楷。娶傅氏，继娶祁氏。山西乡试第二十四名，会试第四名。

刘光，贯河南南阳府南阳县，民籍，顺天府顺义县人，南阳县学生，治《书经》。字子晋，行一，年二十七，四月三十日生。曾祖震，千户。祖钺。父学。母杨氏，继母张氏。严侍下。弟炅、耀。娶罗氏。河南乡试第二十五名，会试第二百九名。

陈行健，贯浙江湖州府乌程县，民籍，国子生，治《书经》。字体乾，行一，年三十五，二月二十五日生。曾祖升，寿官。祖琦。父赓。母章氏。慈侍下。弟行简、行孝、行道。娶郑氏，继娶倪氏。浙江乡试第三十二名，会试第二百六十名。

熊养中，贯湖广黄州府黄冈县，民籍，府学增广生，治《礼记》。字中甫，行四，年三十，五月二十七日生。曾祖思哲。祖名山，赠经历。父瑗。母周氏。具庆下。兄养蒙、养浩、养纯。弟养正、养元、养大、养廉、养才。娶杜氏。湖广乡试第六十三名，会试第一百三十六名。

盛居晋，贯直隶松江府华亭县，民籍，国子生，治《书经》。字康侯，行二，年四十四，三月十八日生。曾祖公庆。祖广，推官。父明。母杨氏。慈侍下。兄天伦。弟居泰。娶孙氏。应天府乡试第九十九名，会试第二百三十六名。

许评，贯河南南阳府内乡县，民籍，山西平阳府曲沃县人，内乡县学生，治《诗经》。字公甫，行十，年三十二，闰二月二十八日生。曾祖贵，寿官。祖跃。父存仁。母冯氏。严侍下。兄诚、谏、谅、认、言、龄、诚、训、谨、志。弟谦、让。娶李氏。河南乡试第四十三名，会试第一百八名。

杨珂，贯福建泉州府晋江县，民籍，府学生，治《易经》。字士佩，行一，年三十五，十一月初十日生。曾祖莹，教谕。祖宜。父忠。母蔡氏。永感下。弟琼。娶庄氏。福建乡试第八名，会试第一百四十一名。

杨惟乔，贯四川叙州府富顺县，军籍，县学生，治《书经》。字幼植，行一，年二十九，二月十六日生。曾祖斌。祖东曙。父炌。前母阳氏，母阳氏。慈侍下。兄惟垫、惟基。弟惟蕃、惟芳、惟达。娶熊氏。四川乡试第十六名，会试第一百六十五名。

王子蕙，贯山东济南府武定州阳信县，民籍，直隶凤阳府定远县人，国子生，治《诗经》。字乐秋，行二，年三十七，九月初十日生。曾祖侃。祖镛。父绍先。母张氏。

具庆下。兄子清、子兰。弟子馨、子梅、子勤、子才、子进、会图、会篇、会典、会极、会通。娶李氏，继娶郭氏。山东乡试第五十八名，会试第三百三十六名。

徐汝翼，贯直隶松江府上海县，民籍，县学生，治《春秋》。字君羽，行一，年三十六，正月二十八日生。曾祖寰。祖轵。父铺，贡士。母丁氏。重庆下。弟汝戭、汝贞、汝冀、汝褉。娶范氏。应天府乡试第四十五名，会试第二百一名。

王轩，贯直隶保定府清苑县，民籍，县学增广生。治《诗经》。字临卿，行二，年二十，十一月初十日生。曾祖让。祖景升。父世官，散官。母贾氏。具庆下。兄辑。弟辙、轼。娶樊氏。顺天府乡试第二十名，会试第一百五十四名。

胥遇，贯四川眉州，民籍，州学生，治《诗经》。字于巷，行三，年三十六，十一月初六日生。曾祖鉴。祖尚和。父文友，训导。母冯氏。慈侍下。兄迁、达、迪。娶吴氏。四川乡试第六十四名，会试第三百名。

陈诰，贯福建兴化府莆田县，民籍，直隶凤阳县学教谕，治《诗经》。字守巽，行八，年三十三，八月十三日生。曾祖崇著，赠都御史。祖玥，赠经历。父魁宗，经历。嫡母吴氏，赠孺人；生母吴氏。永感下。兄山；说；谏；诩，知县。弟讽、谦、赞、诜、诚、警、梦京、谧、谐、护、蔼、梦文、谆、说、论。娶郑氏。福建乡试第十七名，会试第一百四十六名。

戴大礼，贯浙江湖州府乌程县，民籍，县学生，治《书经》。字子雍，行一，年三十，八月十四日生。曾祖瑛。祖容。父荆。母丁氏。具庆下。弟大补、大祥、大祯、大祉。娶王氏。浙江乡试第十四名，会试第二百二十三名。

胡心得，贯浙江湖州府德清县，民籍，杭州府仁和县人，德清县学增广生，治《诗经》。字元静，行一，年二十九，七月十五日生。曾祖煜，知县。祖凤来，监生。父汝宜。母杜氏。具庆下。弟心正、心存、心学。娶王氏。浙江乡试第四十五名，会试第一百六十六名。

梁策，贯河南开封府鄢陵县，民籍，国子生，治《易经》。字对之，行一，年三十，三月十九日生。曾祖臣。祖时万，义官。父金，义官。母郎氏。重庆下。娶常氏。河南乡试第七十七名，会试第一百十三名。

游应乾，贯直隶徽州府婺源县，军籍，县学附学生，治《易经》。字顺之，行一，年三十一，七月十七日生。曾祖芷同。祖以埙。父济生。母叶氏，继母汪氏。具庆下。娶汪氏，继娶张氏。应天府乡试第二十七名，会试第一百六十八名。

霍维苪，贯直隶广平府曲周县，民籍，国子生，治《诗经》。字爱夫，行四，年三十五，十一月初五日生。曾祖云。祖俊，知县。父光先，知县。母刘氏，继母杨氏。慈侍下。兄维翰；维藩，主簿；维垣。弟维谏。娶魏氏。顺天府乡试第二十名，会试第一百六名。

何洛文，贯河南汝宁府信阳州，民籍，国子生，治《书经》。字启图，行一，年三十，闰十二月初一日生。曾祖信，封中书舍人。祖景明，提学副使。父立，府同知。母戴氏。具庆下。弟洛书、洛英。娶高氏。河南乡试第一名，会试第五十七名。

林如楚，贯福建福州府侯官县，民籍，县学生，治《礼记》。字道翘，行三，年二十三，九月二十四日生。曾祖汝和，赠户部主事。祖春泽，知府。父应亮，户部右侍郎。母郑氏，封安人。重庆下。弟如粤、如虔。娶龚氏。福建乡试第十三名，会试第二百五十一名。

赖庭桧，贯福建泉州府晋江县，民籍，县学附学生，治《书经》。字而舟，行一，年二十五，八月二十日生。曾祖元筹。祖朝勋。父济美。母庄氏。重庆下。弟庭槾。娶涂氏。福建乡试第三十三名，会试第八十名。

施观民，贯福建福州府福清县，民籍，县学附学生，治《诗经》。字于我，行五，年三十四，七月十四日生。曾祖文全，寿官。祖积茂。父见可。母何氏。具庆下。兄观澜。弟观桂、观法、观山、观执、观朝。娶何氏。福建乡试第九十名，会试第五十六名。

陶大顺，贯浙江绍兴府会稽县，民籍，县学生，治《春秋》。字景熙，行二十四，年四十三，八月初六日生。曾祖愷，封工科给事中，赠通议大夫，兵部左侍郎兼都察院左佥都御史。祖谐，兵部左侍郎，赠兵部尚书。父师贤，鸿胪寺主簿，封翰林院编修。母韩氏，赠孺人。严侍下。弟大临，翰林院编修；大恒，监生。娶诸氏。浙江乡试第四名，会试第一百四名。

黄才敏，贯福建泉州府晋江县，民籍，府学附学生，治《礼记》。字尔懋，行五，年三十，九月十二日生。曾祖敷道。祖重坚。父瑄。前母卢氏，母许氏，继母许氏、张氏。永感下。兄怀仁、怀礼、怀智、士敏。弟学敏。娶田氏。福建乡试第一名，会试第十名。

戴洵，贯浙江宁波府奉化县，军籍，县学生，治《诗经》。字汝诚，行一，年三十二，八月十二日生。曾祖俨。祖珏。父葩。母竺氏。具庆下。娶严氏。浙江乡试第七十八名，会试第九十五名。

张纯，贯福建漳州府漳浦县，民籍，县学增广生，治《诗经》。字硕恒，行八，年三十五，正月十二日生。曾祖性元，寿官。祖巨盛。父敏。母陈氏。重庆下。兄纶、鸣期、参期、会期。弟科期、冠期、逢期、懋期、彩、以弼、一松、一梓。娶黄氏。福建乡试第六十五名，会试第七十五名。

吴学诗，贯江西瑞州府上高县，民籍，县学生，治《易经》。字伯兴，行八，年三十二，十月初六日生。曾祖镡。祖治邦。父诏。前母李氏，母王氏。慈侍下。兄兴书。弟兴礼。娶况氏。江西乡试第八名，会试第五十五名。

乔懋敬，贯直隶松江府上海县，军籍，县学生，治《书经》。字允德，行一，年三十一，十二月二十六日生。曾祖岳。祖稽，州判官。父训，县丞。嫡母顾氏；生母胡氏。慈侍下。兄维翰、如京，俱监生。弟如陵、如阜、如箕、元胤、如斗。娶陈氏，继娶张氏。应天府乡试第九十名，会试第七十名。

徐时可，贯湖广黄州府黄冈县，民籍，县学附学生，治《礼记》。字惟易，行四，年三十二，十二月二十一日生。曾祖大成。祖荣。父尚义。母万氏。具庆下。兄时中，县丞。弟时同。娶袁氏，继娶刘氏。湖广乡试第二十八名，会试第三百十七名。

林有源，贯广东潮州府潮阳县，民籍，县学生，治《诗经》。字育初，行一，年三十五，十二月十六日生。曾祖硕。祖季。父良栋。母陈氏。具庆下。弟有岳、有瑞、有英、有杰。娶许氏。广东乡试第二十七名，会试第二百七十四名。

唐维城，贯福建兴化府莆田县，军籍，府学增广生，治《书经》。字邦翰，行一，年三十九，十一月初三日生。曾祖仁。祖懋。父时雍，通判。母王氏，继母杨氏。严侍下。弟师锡、维宁、维聪、维明、维英、维世。娶郑氏。福建乡试第五十一名，会试第三百八名。

据《嘉靖四十四年进士登科录》，第三甲三百一十四名，赐同进士出身。履历如下：

盛当时，贯直隶松江府华亭县，民籍，县学生，治《书经》。字明辅，行二，年二十九，七月十八日生。曾祖松。祖渭。父忕。母姚氏。重庆下。兄遇时。弟尧时。娶蒋氏，继娶卢氏。应天府乡试第十三名，会试第一百七十五名。

袁国宁，贯江西南昌府丰城县，军籍，府学附学生，治《诗经》。字子清，行十，年三十一，八月初五日生。曾祖钦恒，封南京刑部主事。祖城，知府。父伯聪，序班。母聂氏，继母王氏。具庆下。弟国绣、国澜、国寀、国潮、国涞、国洵、国澍。娶徐氏。江西乡试第四十四名，会试第一百四十二名。

沈鲤，贯河南归德卫，军籍，直隶苏州府昆山县人，归德府学增广生，治《诗经》。字仲化，行六，年三十五，三月二十四日生。曾祖忠，旌表孝子，赠礼部主事。祖瀚，知府，进阶亚中大夫。父杜。母宋氏。具庆下。兄光、煊、灿、照、烈。弟鳞、点、鉻、黯、鲁。娶张氏，继娶周氏。河南乡试第四十三名，会试第五十九名。

涂梦桂，贯江西南昌府丰城县，民籍，府学生，治《诗经》。字时芳，行九，年三十四，八月二十九日生。曾祖曰达。祖庆之。父浃。母胡氏。具庆下。兄梦颖、梦阳。娶朱氏。江西乡试第七十七名，会试第二百六十八名。

姚光泮，贯广东广州府南海县，民籍，县学附学生，治《易经》。字继昭，行九，年二十八，二月十三日生。曾祖覆遐。祖经。父文粹。母郭氏。重庆下。兄光普；光宇；光典；光翰；光世；光南；光虞，贡士；光国。弟光学、光业、光泰。娶陈氏。广东乡试第三十五名，会试第一百三十八名。

蒋劝能，贯浙江绍兴府余姚县，军籍，国子生，治《易经》。字汝才，行二，年三十，十二月初九日生。曾祖瀹。祖栻，封兵部主事。父坎，知府。母黄氏，封安人。具庆下。兄劝贤，监生。弟劝廉、劝良、劝诚、劝和。娶宋氏。顺天府乡试第一百三名，会试第九十七名。

樊世绪，贯顺天府霸州，民籍，州学生，治《书经》。字子述，行一，年三十四，五月十二日生。曾祖琼。祖昂。父燮，义官。嫡母章氏，生母陶氏。永感下。娶庞氏，继娶王氏。顺天府乡试第一百名，会试第一百十二名。

张秩，贯江西吉安府安福县，民籍，国子生，治《书经》。字以敬，行三十，年三十八，十二月十四日生。曾祖敷华，都察院左都御史，赠太子少保，谥简肃。祖伟，封监察御史。父鳌山，提学御史。前母欧阳氏，封孺人；母周氏。慈侍下。兄祉，监生。弟程，贡士。娶彭氏。江西乡试第四十名，会试第三十四名。

李世臣，贯直隶常州府武进县，官籍，凤阳府定远县人，国子生，治《诗经》。字汝贤，行一，年三十六，六月十七日生。曾祖宗美。祖立，义官。父耀，知事。母赵氏。严侍下。弟世长、世南、世科。娶胡氏，继娶杨氏。应天府乡试第三十三名，会试第一百六十九名。

唐一麐，贯直隶常州府武进县，民籍，府学生，治《诗经》。字仁甫，行一，年四十三，二月十一日生。曾祖永贞。祖辅，学正。父音，知县。母陈氏。永感下。弟一鹗、一凤、一夔、一骥。娶储氏。应天府乡试第一名，会试第九名。

陈文焕，贯江西抚州府临川县，民籍，府学附学生，治《诗经》。字汝昭，行四，年二十五，六月十一日生。曾祖旭初。祖稷。父廉。母万氏。慈侍下。兄文昌；文熜；文燧，行人；文煌。弟文焯、文炘。娶何氏。江西乡试第七十二名，会试第二百五十五名。

宋良佐，贯江西袁州府万载县，民籍，县学生，治《易经》。字守忠，行一，年三十，六月十七日生。曾祖齐春。祖相。父颐。母辛氏。具庆下。娶钟氏。江西乡试第七名，会试第七十三名。

陆万钟，贯直隶松江府华亭县，民籍，府学增广生，治《诗经》。字元量，行一，年二十四，六月初一日生。曾祖麒，赠推官。祖应寅，推官。父从远。母顾氏。具庆下。弟万言、万里、万纪。娶蔡氏。应天府乡试第五十二名，会试第一百十九名。

许大亨，贯直隶保定府安肃县，民籍，府学生，治《易经》。字贞甫，行二，年三十六，七月十三日生。曾祖成。祖林。父景先。母李氏。慈侍下。兄大朝。弟大吉。娶尹氏。顺天府乡试第七十三名，会试第三百三十三名。

余希周，贯浙江杭州府仁和县，民籍，县学生，治《易经》。字思兼，行一，年三十，十二月初三日生。曾祖琮。祖昌宁。父金。母卫氏。重庆下。弟希元、希忠、希孝。娶金氏。浙江乡试第三十一名，会试第一百六十四名。

许守谦，贯直隶真定府藁城县，民籍，国子生，治《诗经》。字子受，行二，年二十九，十二月十九日生。曾祖清。祖瓒。父金，训导。母苏氏；继母张氏。具庆下。兄守约。弟守鲁、守成。娶张氏。顺天府乡试第三十名，会试第二百三十九名。

丘浙，贯江西建昌府南城县，民籍，国子生，治《易经》。字子东，行七，年三十五，二月初五日生。曾祖嵩，户科给事中。祖畴。父璨。前母杨氏，母郑氏。永感下。兄汴，教谕。弟淮、汉。娶江氏，继娶黄氏、王氏。江西乡试第七名，会试第六十四名。

万言策，贯直隶常州府无锡县，民籍，国子生，治《书经》。字廷陈，行一，年三十二，正月十一日生。曾祖伯正。祖惟良，义官。父邦宁。母金氏。具庆下。弟言书、言疏。娶杨氏。应天府乡试第七十二名，会试第二百十八名。

杨允中，贯顺天府蓟州遵化县，民籍，县学生，治《易经》。字祖尧，行四，年三十二，十月二十七日生。曾祖旺。祖锐。父文简。母王氏。具庆下。兄时中；建中；守中，监生。弟用中、祇中、尚中、利中、执中。娶巨氏。顺天府乡试第五十三名，会试第三百二十二名。

胡邦奇，贯浙江绍兴府山阴县，民籍，县学生，治《诗经》。字君才，行四，年三十一，九月二十三日生。曾祖皎。祖汝修。父化。母沈氏。重庆下。兄邦彦。弟邦俊、邦用、邦宰、邦宠、邦亮、邦采、邦治。娶王氏，继娶王氏。浙江乡试第七十九名，会试第三百八十二名。

晏仕翘，贯江西临江府清江县，民籍，新喻县人，国子生，治《诗经》。字应望，行六，年三十，正月二十日生。曾祖充太。祖参，七品散官。父九皋。母杨氏，继母曾氏。严侍下。娶皮氏，继娶陈氏。江西乡试第四十二名，会试第二百八十九名。

郑恭，贯福建镇海卫六鳌千户所，军籍，岁贡生，治《诗经》。字笃卿，行二，年三十五，二月十八日生。曾祖禄，寿官。祖壅。父廷宪。母蔡氏。永感下。兄重正、思敬、重钦。弟思忠、思聪、思义、重化。娶陈氏。顺天府乡试第一百三十名，会试第三百五十五名。

王三锡，贯浙江金华府金华县，民籍，府学生，治《诗经》。字怀国，行六，年二十九，十一月二十五日生。曾祖琼，寿官。祖重，岁贡生。父访。母冯氏。具庆下。兄子美；阴阳正术；一阳；汝高；汝安；雅。弟五美、六典、七教、八元、子实、九仪、十翼。娶章氏，继娶石氏。浙江乡试第十三名，会试第一百六十名。

光懋，贯山东济南府阳信县，民籍，国子生，治《易经》。字子英，行六，年三十五，十二月初五日生。曾祖景，寿官。祖祖，知县。父变之。母曾氏。具庆下。兄恩；荣，经历；汝家；孚；华。弟愚、惠。娶田氏。山东乡试第十五名，会试第五十二名。

张孟男，贯河南开封府中牟县，民籍，府学增广生，治《易经》。字元嗣，行一，年三十二，二月二十六日生。曾祖嵩，散官。祖继祖，审理。父文教。母徐氏，继母赵氏。永感下。弟孟儒、孟贤。娶祝氏。河南乡试第七十七名，会试第三十二名。

王执礼，贯直隶苏州府昆山县，民籍，国子生，治《易经》。字子敬，行一，年三十七，三月初八日生。曾祖诰，封知县。祖秩，布政司布政使。父可大，监生。母顾氏。慈侍下。兄执御、执中。弟执经；执璋；执璧；执法，贡士；执策；执瑁。娶盛氏。应天府乡试第一百三十二名，会试第一百十七名。

叶逢春，贯浙江绍兴府余姚县，民籍，县学增广生，治《易经》。字叔仁，行二，年三十二，正月十四日生。曾祖世荣。祖景贤，封工部主事。父选，工部郎中。母罗氏，封安人。具庆下。兄逢旸，监生。弟逢淮。娶吴氏。浙江乡试第四十六名，会试第二百十名。

崔行可，贯四川顺庆府南充县，民籍，国子生，治《易经》。字仕甫，行一，年三十九，十一月二十九日生。曾祖添景。祖时用。父绎，遇例冠带。母彭氏。具庆下。弟久可、达可、继可、思可、与可、大可、述可。娶李氏。四川乡试第十名，会试第三百二十名。

金铉，贯福建漳州府龙溪县，民籍，浙江温州府永嘉县人，漳州府学生，治《易经》。字邦鼎，行一，年三十，七月十六日生。曾祖福。祖清。父銮，寿官。母王氏。具庆下。弟钟、镜、钺。娶朱氏。福建乡试第七十一名，会试第十五名。

蔡廷臣，贯江西九江府德化县，民籍，县学生，治《诗经》。字荩臣，行三，年二十八，十月初二日生。曾祖询。祖志刚。父凤。母程氏。具庆下。兄廷辅。娶戴氏。江西乡试第六十六名，会试第二百六十三名。

随府，贯山东兖州府鱼台县，民籍，县学生，治《书经》。字子修，行四，年三十三，三月十六日生。曾祖源。祖时。父鸥，知县。母韩氏。慈侍下。兄荫，贡士；万；演业。弟芳、莒、遇。娶王氏，继娶李氏、关氏。山东乡试第五十七名，会试第二百三名。

赵奋，贯福建福州府闽县，军籍，府学生，治《诗经》。字庸卿，行四，年三十三，七月二十三日生。曾祖震。祖文吉。父济。母林氏。永感下。兄璧，贡士；世杰。娶林氏。福建乡试第四十二名，会试第二十六名。

瞿瓛，贯四川重庆府垫江县，民籍，国子生，治《易经》。字凤瓛，行五，年四十，七月初九日生。曾祖聪按，察司佥事。祖子刚。父鹤龄，教授。前母陈氏，母赵氏。永感下。兄翼、翀、翘、璲、翩。弟翚。娶陈氏。四川乡试第四十五名，会试第六十名。

钟继英，贯广东广州府东莞县，军籍，国子生，治《诗经》。字乐华，行八，年三十七，六月二十五日生。曾祖永亮。祖志琛。父本成，寿官。前母黄氏，母刘氏。慈侍下。兄美；佐；杰；伟；侃；俨；传，经历。娶袁氏。广东乡试第十名，会试第二百四十一名。

方九功，贯河南南阳府南阳县，军籍，县学生，治《诗经》。字允治，行二，年二十九，十一月二十一日生。曾祖显。祖思聪。父豸。母窦氏，继母张氏。严侍下。兄九德、九经、九韶。弟九叙、九法、九官。娶赵氏。河南乡试第六名，会试第一百五十名。

林偕春，贯福建漳州府漳浦县，民籍，县学生，治《诗经》。字孚元，行四，年二十九，四月初四日生。曾祖崇器。祖琥。父文贡。母谢氏。重庆下。兄大辅、见春、常春。弟富春、弘春。娶方氏。福建乡试第十一名，会试第二百七名。

周良臣，贯湖广荆州府公安县，民籍，县学生，治《易经》。字相圣，行一，年三十一，八月初一日生。曾祖志。祖友信。父琳，县丞。母陈氏。重庆下。弟良宷、良贵。娶兰氏。湖广乡试第十名，会试第三百十五名。

侯居民，贯山西平阳府解州，民籍，州学生，治《书经》。字伯成，行一，年三十五，十一月二十日生。曾祖俊，县丞。祖相，主簿。父畛，州判官。母阎氏，继母赵氏。严侍下。弟居震，贡士；居坤，同科进士；居敬。娶李氏。山西乡试第十八名，会试第二百四十二名。

赵应元，贯陕西西安府三原县，军籍，泾阳县人，三原县学增广生，治《易经》。字文宗，行二，年三十五，八月初一日生。曾祖锐。祖卿。父嘉行，七品散官。前母董氏，母刘氏。具庆下。兄应魁，监生。弟应祈。娶李氏。陕西乡试第六十一名，会试第二百十九名。

周大烈，贯湖广武昌府兴国州大冶县，军籍，国子生，治《易经》。字元佐，行九，年三十七，十月初四日生。曾祖济，县丞，赠户部主事。祖宗智，知府，进阶三品服色。父南，知县。前母刘氏，母刘氏。永感下。兄大勋。娶尹氏。湖广乡试第二十五名，会试第一百二十三名。

严汝麟，贯浙江湖州府归安县，民籍，直隶苏州府嘉定县人，国子生，治《易经》。字子仁，行十六，年三十七，十二月二十一日生。曾祖敬，运使。祖宾，县丞，封兵马指挥。父介，理问。嫡母包氏，生母陈氏。慈侍下。兄应时，上林苑监录事；应恩；应晓；汝麒，监生。弟应㫤，监生。娶慎氏。浙江乡试第八十九名，会试第一百七十七名。

宋之韩，贯河南彰德府磁州武安县，民籍，县学生，治《书经》。字元卿，行二，年三十四，四月初七日生。曾祖杰。祖诏，训导。父畏。母石氏。重庆下。兄鹏。弟鹤、之范、之富、鹗、之欧。娶孙氏。河南乡试第二十九名，会试第一百名。

陈王道，贯直隶苏州府吴江县，民籍，县学附学生，治《易经》。字孟甫，行一，年三十三，正月初九日生。曾祖厚。祖洪。父完。母陶氏。具庆下。弟王言、王教。娶张氏。应天府乡试第十二名，会试第一百三十一名。

魏体明，贯福建福州府侯官县，民籍，福清县人，侯官县学附学生，治《诗经》。字用晦，行一，年三十五，十月三十日生。曾祖燨。祖世让。父德祥。母林氏。慈侍下。弟朝瑀、朝莹、朝珏、朝璘、朝珂、朝瑰。娶杨氏。福建乡试第十名，会试第二百七十八名。

李大澜，贯福建泉州府晋江县，民籍，县学附学生，治《易经》。字观甫，行五，年二十八，十一月二十七日生。曾祖瑄，义官。祖至，义官。父仕洁。母傅氏。重庆下。兄世材、大进、忱。弟大潞、大灏、大浒、大淮、大深。娶陈氏。福建乡试第八十一名，会试第二百六十九名。

徐子器，贯浙江金华府东阳县，民籍，国子生，治《诗经》。字实卿，行一百四十六，年三十五，九月二十日生。曾祖初。祖镆。父法，经历。母孙氏。慈侍下。弟子业、子叶。娶陈氏。浙江乡试第二十六名，会试第二百八十四名。

王象坤，贯山东济南府新城县，匠籍，县学增广生，治《诗经》。字子厚，行二，年二十，十一月十五日生。曾祖麟，教授，赠户部主事。祖重光，布政司参议赠太仆寺少卿。父之翰，监生。母于氏。重庆下。兄象乾。弟象蒙、象泰、象震、象贲、象晋、象离。娶田氏。山东乡试第一名，会试第一百九十四名。

祝教，贯浙江绍兴府山阴县，民籍，国子生，治《诗经》。字子敷，行二，年三十四，十二月十九日生。曾祖瑞。祖翰。父银，典膳。母朱氏。具庆下。兄致。娶张氏。

浙江乡试第八名，会试第三百七名。

苏士润，贯福建泉州府晋江县，军籍，府学生，治《书经》。字惟德，行一，年三十，三月十一日生。曾祖春。祖福。父璟。母陈氏，继母吴氏。具庆下。弟士潜、士淳。娶洪氏。福建乡试第三名，会试第一百八十二名。

刘尧卿，贯直隶保定府清苑县，民籍，国子生，治《诗经》。字宗舜，行一，年三十三，八月初十日生。曾祖旺。祖琦。父海潮，散官。母李氏。具庆下。弟禹卿、文卿、武卿。娶耿氏。顺天府乡试第九十一名，会试第三百七十七名。

苏民牧，贯山西泽州高平县，民籍，县学生，治《春秋》。字乃徯，行二，年三十，八月十四日生。曾祖美。祖党。父实，贡士。母段氏。具庆下。兄民望。弟民困、民化。娶李氏。山西乡试第六十三名，会试第二百十六名。

周继，贯山东济南府历城县，民籍，县学附学生，治《书经》。字善卿，行一，年二十七，七月二十八日生。曾祖尚忠，训导。祖居岐，知县。父六学。母张氏。具庆下。弟续。娶金氏。山东乡试第六十二名，会试第三百五十八名。

聂廷璧，贯江西抚州府金溪县，民籍，县学生，治《易经》。字祖雍，行三，年三十五，五月初七日生。曾祖稑，寿官。祖曼，南京国子监助教。父柬。母李氏。具庆下。弟廷金、廷玉、廷銮。娶胡氏，继娶郑氏。江西乡试第二十七名，会试第十八名。

李志学，贯浙江杭州府钱塘县，匠籍，县学附学生，治《易经》。字圣初，行一，年三十二，二月二十七日生。曾祖荣。祖显。父奎，听选官。母葛氏。具庆下。弟志立。娶高氏。浙江乡试第五十八名，会试第四十三名。

詹仰庇，贯福建泉州府安溪县，民籍，国子生，治《易经》。字汝钦，行二，年二十七，十二月初三日生。曾祖靖川，同知。祖琏，赠监察御史。父源，按察司副使。嫡母武氏，生母黄氏。永感下。兄仰高，监生；彬，户部主事；仰泰。弟仰成。娶黄氏。应天府乡试第一百六名，会试第二百七十五名。

管大勋，贯浙江宁波府鄞县，民籍，府学附学生，治《易经》。字世臣，行二，年三十六，十月十五日生。曾祖俊。祖福。父植。母徐氏，继母孙氏。慈侍下。兄大熙。弟大焘、大照。娶俞氏。浙江乡试第二名，会试第一百八十三名。

张道，贯江西九江府湖口县，民籍，县学生，治《诗经》。字以中，行九，年三十，十月初三日生。曾祖琳。祖寘。父世珊，寿官。母王氏。慈侍下。兄善、义、夔。弟蕴、苏。娶柯氏。江西乡试第十四名，会试第三百五十九名。

杨家相，贯应天府江宁县，民籍，山西太原府岢岚州人，国子生，治《易经》。字君卿，行二，年三十四，九月二十五日生。曾祖衡，府丞。祖稠。父凤。母邹氏。永感下。兄柏、材。娶康氏。应天府乡试第四十九名，会试第二百六名。

温纯，贯陕西西安府三原县，民籍，县学生，治《易经》。字淑文，行一，年二十七，六月二十五日生。曾祖勉。祖怀。父朝凤，寿官。母王氏。具庆下。弟编。娶李氏。陕西乡试第一名，会试第三百五十一名。

徐维楫，贯锦衣卫旗籍，山东济南府武定州人，顺天府学生，治《春秋》。字汝进，行四，年三十三，四月二十九日生。曾祖广。祖政，赠工部郎中。父淮，户部郎中。前母谷氏，母范氏。永感下。兄良栋，锦衣卫总旗；维干，贡士；维梅；维霖。娶李氏。顺天府乡试第六十七名，会试第七十六名。

佘嘉诏，贯广东广州府顺德县，民籍，县学生，治《易经》。字彦纶，行五，年二十七，九月十七日生。曾祖安。祖直。父伦亨。嫡母陶氏，生母张氏。慈侍下。兄嘉谟，监生；嘉谋。弟嘉诰。娶翟氏。广东乡试第三十五名，会试第二百三十五名。

姚继可，贯河南开封府许州襄城县，民籍，县学生，治《书经》。字光父，行一，年三十二，八月初三日生。曾祖伟。祖泽，赠兵部主事。父汝皋，布政司参议。前母黄氏，封安人；母白氏。慈侍下。弟继大、继久。娶赵氏。河南乡试第十八名，会试第三百九十八名。

丁应宾，贯湖广常德府龙阳县，军籍，县学增广生，治《春秋》。字聘之，行二，年三十二，闰二月十三日生。曾祖钥。祖永成，寿官。父奎，训导。母熊氏。重庆下。弟应宿、应宸、应寮、应寀、应宧、应宠、应宇、应宣、应宙。娶杜氏。湖广乡试第十三名，会试第三百八十六名。

舒鳌，贯江西饶州府德兴县，军籍，县学附学生，治《诗经》。字子化，行四十九，年三十七，十月初四日生。曾祖璜。祖泽，经历。父槂。母余氏。永感下。弟烝、煦、黯。娶叶氏。江西乡试第十六名，会试第二百二名。

董汝汉，贯山西平阳府万泉县，灶籍，河东运司学增广生，治《诗经》。字昭夫，行六，年三十二，九月三十日生。曾祖海。祖钧。父旦，散官。母张氏。慈侍下。兄汝浚，监生；汝渐；汝洪；汝渭；汝瀚。弟汝澄、汝橤、汝楫、汝梧。娶陈氏，继娶陈氏。山东乡试第三十名，会试第三百二十六名。

赵慎修，贯山东莱州府胶州，军籍，国子生，治《礼记》。字敬思，行二，年三十三，十月二十九日生。曾祖本，岁贡生。祖从龙，封府同知。父完璧，府同知，进阶奉政大夫。母高氏，封孺人。具庆下。兄蒙亨。弟慎几、慎动。娶姜氏。山东乡试第四十四名，会试第二百八十八名。

潘允哲，贯直隶松江府上海县，民籍，国子生，治《礼记》。字伯明，行一，年四十二，十月二十日生。曾祖庆，赠都察院左都御史。祖奎，累赠都察院左都御史。父恩，都察院左都御史，致仕。前母包氏，赠夫人；母曹氏，封夫人。具庆下。弟允端，南京工部主事；允穆；允修，监生；允亮，詹事府录事；允臧；允征；允达，监生；允肃；允重；允合，监生；允台；允吉。娶王氏，继娶项氏。顺天府乡试第五名，会试第二百二十四名。

覃应元，贯山西行都司马邑守御千户所，军籍，大同府学生，治《易经》。字德芳，行一，年三十一，正月初一日生。曾祖荣。祖表。父环。嫡母刘氏，生母曹氏。永感下。娶袁氏。山西乡试第二十五名，会试第二百二十一名。

赵焞，贯山东济南府德州平原县，军籍，国子生，治《诗经》。字子明，行一，年三十二，二月十六日生。曾祖玘。祖简。父惠。母胡氏。具庆下。弟辉、烨、熠、燃。

娶蔡氏。山东乡试第六十三名，会试第二百二十名。

熊子臣，贯江西瑞州府新昌县，军籍，县学增广生，治《易经》。字国仕，行五，年二十六，五月二十九日生。曾祖东奇。祖壄。父以庄。母邹氏。具庆下。兄尔臣。弟其臣、斯臣。娶李氏。江西乡试第五十三名，会试第三百七十三名。

徐元太，贯直隶宁国府宣城县，儒籍，府学生，治《易经》。字汝贤，行七，年二十九，闰十二月二十二日生。曾祖愈，岁贡生。祖访，典膳。父衢，主簿。母刘氏。具庆下。兄元策，贡士；元气，南京兵部郎中；元期；元第；元祥；元选。弟元祉、元则、元恺、元祯、元礼、元祝。娶刘氏。应天府乡试第二名，会试第二十七名。

李芳，贯浙江嘉兴府嘉兴县，民籍，国子生，治《易经》。字叔承，行二，年三十二，八月十三日生。曾祖伯珪。祖江。父湘。嫡母胡氏，生母陈氏。慈侍下。兄敷、辉。娶王氏。顺天府乡试第八十一名，会试第一百五十九名。

冯汝骐，贯直隶镇江府金坛县，民籍，县学附学生，治《春秋》。字仁卿，行一，年二十一，七月初六日生。曾祖佑。祖襄。父永平。母韩氏。具庆下。弟汝骥、汝骖。应天府乡试第七十七名，会试第三百五名。

韩应元，贯山东济南府历城县，民籍，国子生，治《诗经》。字云卿，行二，年三十三，正月初七日生。曾祖勤。祖荣。父刚。母张氏。慈侍下。兄应时。娶秦氏，继娶李氏。山东乡试第四十一名，会试第二百八十七名。

陈法，贯广东广州府南海县，民籍，县学附学生，治《书经》。字萃章，行一，年二十二，九月二十七日生。曾祖瑚。祖傅。父篇。母邓氏。具庆下。兄淇、汉、滔。弟满、沂、汴。聘梁氏。广东乡试第三名，会试第三百三十五名。

熊炜，贯江西南康府建昌县，民籍，县学生，治《易经》。字天奎，行八，年三十三，四月十二日生。曾祖子琳。祖渲，县丞。父栋。母乐氏。永感下。兄焕。弟烺、灼、焞、烱、焜。娶卢氏，继娶谢氏。江西乡试第三十八名，会试第二百八十名。

丁惟宁，贯山东青州府诸城县，军籍，县学增广生，治《诗经》。字养静，行二，年二十四，十一月初一日生。曾祖宗本。祖琜。父纯，训导。母刘氏。具庆下。兄愚。弟惟一。娶纪氏。山东乡试第三十二名，会试第一百七十二名。

王玺，贯江西建昌府南丰县，民籍，县学增广生，治《诗经》。字予信，行十一，年四十，七月十四日生。曾祖宇宽。祖廷亮。父绍。母丘氏。具庆下。弟璧、宝、莹、叆。娶陈氏。江西乡试第八十二名，会试第三百七十九名。

龚以正，贯江西南昌府进贤县，民籍，南昌县人，府学生，治《易经》。字德祯，行四，年三十八，正月二十日生。曾祖懋胜。祖金，寿官。父沐。母陈氏。严侍下。兄以聪。娶徐氏，继娶周氏。江西乡试第三十六名，会试第二百十二名。

向程，贯浙江宁波府慈溪县，民籍，县学生，治《诗经》。字宗洛，行三十五，年三十一，八月十六日生。曾祖坚。祖时正。父恩。前母王氏，母陆氏。慈侍下。弟稠、朱。娶杨氏。浙江乡试第八名，会试第五十四名。

沈渊，贯山东济南府新城县，民籍，县学生，治《书经》。字子静，行三，年三十一，九月十七日生。曾祖俊。祖宏。父云雁。嫡母周氏，生母黄氏。慈侍下。兄源、潭。弟澜。娶荆氏。山东乡试第十二名，会试第一百二十八名。

蒋梦龙，贯直隶苏州府长洲县，军籍，国子生，治《易经》。字子征，行十一，年三十五，六月初四日生。曾祖溓。祖桓。父麟。母唐氏，继母郁氏。慈侍下。兄经；垕，州判官；尧；垦；坪。弟宜、春、埏、嘉。娶沈氏。应天府乡试第三十六名，会试第三百九十三名。

许镃，贯云南临安府石屏州，民籍，州学生，治《诗经》。字国器，行三，年三十六，十二月初九日生。曾祖茂。祖实。父英。母段氏。永感下。兄钦、铨。娶孙氏。云南乡试第一名，会试第二百七十六名。

岳维华，贯直隶广平府曲周县，民籍，县学生，治《诗经》。字汝西，行一，年三十一，八月二十日生。曾祖高。祖龄，纪善。父充。母李氏。重庆下。弟维霍、维嵩、维崑、维岺。娶李氏。顺天府乡试第三十八名，会试第二百六十六名。

许公大，贯四川保宁府南部县，军籍，国子生，治《诗经》。字德谦，行三，年三十八，闰十月二十一日生。曾祖瓒，寿官。祖正奇。父重本，断事。母庞氏，继母刘氏、任氏。重庆下。兄公高，布政司参议；公亨。弟公进、公清。娶周氏。四川乡试第十二名，会试第七十七名。

许天赠，贯直隶徽州府黟县，民籍，县学生，治《诗经》。字德夫，行一，年三十一，十二月二十四日生。曾祖文熠，训导。祖渊，教谕；父时。母江氏。具庆下。弟天赐、天赋、天则。娶舒氏。应天府乡试第五十九名，会试第一百四十名。

杨可大，贯山西沁州守御千户所，官籍，州学生，治《诗经》。字业甫，行二，年二十八，十月十二日生。曾祖武，寿官。祖廷宠，主簿。父逢春，训导。母封氏。具庆下。兄可久。娶王氏，继娶魏氏。山西乡试第十一名，会试第三百九十七名。

范岺，贯直隶镇江府丹徒县，民籍，县学生，治《易经》。字子大，行四，年二十七，四月初四日生。曾祖祚，通判。祖棨。父晓。母曹氏。具庆下。弟峒、岱、峋、峻。娶童氏，继娶裴氏。应天府乡试第五十六名，会试第二十三名。

王弘诲，贯广东琼州府定安县，民籍，县学附学生，治《诗经》。字绍傅，行四，年二十四，七月初八日生。曾祖琯。祖禧。父允升。母莫氏。慈侍下。兄弘谟、弘诏、弘诰。弟弘谔。娶周氏。广东乡试第一名，会试第二十名。

王淑陵，贯山西泽州阳城县，民籍，国子生，治《易经》。字之义，行一，年三十一，十一月初五日生。曾祖鼎，寿官。祖纬，寿官。父言。前母李氏，母田氏。重庆下。弟淑乔、淑通、淑曾、淑旦、淑缙、淑灿、淑吉。娶于氏。山西乡试第五十六名，会试第三百六十名。

赵官，贯山东莱州府掖县，军籍，府学生，治《诗经》。字文光，行二，年二十四，正月十五日生。曾祖秀。祖惠，义官。父孟，教授。母孙氏。具庆下。兄耀。弟灿。娶钱氏。山东乡试第五十二名，会试第六十三名。

张博，贯浙江绍兴府会稽县，军籍，山阴县人，国子生，治《诗经》。字子约，行七，年三十五，八月二十六日生。曾祖玘，义官。祖慈，封监察御史。父洽，监察御史。母钮氏，封孺人。永感下。弟悱。娶陈氏。顺天府乡试第一百二名，会试第二百三十二名。

杨沐，贯山西平阳府临汾县，民籍，府学生，治《书经》。字子新，行五，年三十三，九月初九日生。曾祖思明，寿官。祖永宁，寿官。父锺，引礼官。前母张氏，母淮氏。慈侍下。兄清，义官；润，监生。娶李氏。山西乡试第二十七名，会试第二百七十九名。

张一通，贯直隶河间府宁津县，军籍，县学生，治《书经》。字汝达，行三，年三十六，十二月十三日生。曾祖廉，知府。祖盛。父存性。母路氏，继母杨氏。严侍下。兄一贯、一乐。弟一变。娶段氏。顺天府乡试第八十七名，会试第三百九十四名。

程实，贯福建建宁府瓯宁县，军籍，国子生，治《易经》。字时彰，行三，年三十五，二月十六日生。曾祖赐。祖衔，义官。父周，典膳。母杨氏。慈侍下。兄寅。娶魏氏，继娶吴氏。福建乡试第七十八名，会试第二百九十三名。

谢师严，贯浙江绍兴府上虞县，民籍，县学生，治《易经》。字汝心，行六，年三十，十月初九日生。曾祖克瓒。祖玉。父鸣治，岁贡生。母徐氏。严侍下。兄师成，贡士；弟师曾；师尹；师傅；师旦；师启。娶竺氏。浙江乡试第二十六名，会试第二十一名。

张凤征，贯福建泉州府同安县，军籍，县学增广生，治《易经》。字舜夫，行一，年二十九，八月三十日生。曾祖世宏。祖埰，教谕。父希濂。母王氏。重庆下。弟凤表、凤岐、凤竹、凤图。娶蔡氏。福建乡试第四十五名，会试第四十五名。

李栻，贯江西南昌府丰城县，军籍，府学附学生，治《春秋》。字孟敬，行五，年三十九，四月初六日生。曾祖与镐，赠南京兵部尚书。祖万平，加赠南京兵部尚书。父遂，参赞机务南京兵部尚书。母赖氏，加赠夫人；继母晏氏，封夫人。具庆下。兄榴；惠，监生；格，指挥佥事；杭；德，监生；橡，知县。弟材，刑部主事；楠，监生；慈；枢；榛；樾；榕。娶熊氏。江西乡试第九名，会试第二十五名。

王贻德，贯广西桂林府全州，民籍，州学生，治《春秋》。字师禹，行三，年三十，十一月二十八日生。曾祖纪，主簿。祖弼。父谧。母赵氏。具庆下。兄峻德，省祭官；玄德。娶秦氏。广西乡试第四十四名，会试第三百三十九名。

李之珍，贯四川成都府汉州什邡县，民籍，县学生，治《春秋》。字席卿，行一，年三十八，十一月十二日生。曾祖本聪。祖翼。父枢。嫡母朱氏，生母王氏。永感下。兄廷诤。弟仲珍、叔珍。娶周氏。四川乡试第八名，会试第二百三十名。

陈文烛，贯湖广承天府沔阳州，军籍，国子生，治《书经》。字玉叔，行三，年三十，四月初八日生。曾祖瓒。祖泮，赠兵部主事。父柏，按察司副使。母任氏，封安人。严侍下。兄文炳，监生；文燹。弟文煃、文炀、文炯、文爌、文烜。娶董氏。湖广乡试第七名，会试第三百四十二名。

金昭，贯浙江温州府永嘉县，军籍，国子生，治《诗经》。字懋卿，行一，年三十五，八月初八日生。曾祖洵。祖学。父□。母徐氏。具庆下。弟德胜、德旸。娶徐氏。浙江乡试第五十二名，会试第二百二十二名。

潘仲徽，贯福建福州府侯官县，民籍，县学附学生，治《易经》。字克典，行二，年三十，四月三十日生。曾祖裕，寿官。祖景。父积中。母吴氏。慈侍下。兄伯征。弟叔衡、季德、季循、季复。娶陈氏。福建乡试第六名，会试第三百六十五名。

郑一信，贯福建泉州府惠安县，民籍，县学生，治《书经》。字君允，行一，年三十，十月十六日生。曾祖元郎。祖琛，教谕。父荆山。母郭氏，继母王氏、胡氏、陈氏。永感下。兄一谦。弟一伟；一俊；一濂，贡士；一佐；一鸾。娶庄氏，继娶周氏。福建乡试第二名，会试第一百六十一名。

魏屏山，贯四川保宁府剑州梓潼县，民籍，国子生，治《易经》。字民望，行二，年四十六，十一月二十五日生。曾祖斌。祖时英。父钺。母陶氏。永感下。兄巍山。娶彭氏。四川乡试第四十二名，会试第三百二十七名。

骆问礼，贯浙江绍兴府诸暨县，民籍，国子生，治《礼记》。字子本，行五十九，十二月十三日生。曾祖琎。祖凤诰。父骖。母郑氏。具庆下。娶楼氏。浙江乡试第十名，会试第六十五名。

陶允淳，贯浙江绍兴府会稽县，民籍，县学增广生，治《春秋》。字懋初，行十四，年二十五，十月十九日生。曾祖谐，兵部左侍郎，赠兵部尚书。祖师贤，鸿胪寺主簿，封翰林院编修。父大顺，同科进士。母诸氏。重庆下。弟允端、允嘉。娶王氏。浙江乡试第八十三名，会试第九十名。

许国，贯直隶徽州府歙县，民籍，县学生，治《诗经》。字维桢，行三，年三十九，六月初六日生。曾祖鉴。祖汝贤。父铁。母汪氏。永感下。兄沂、洄。弟滂、源、冲、泮、淮。娶汪氏。应天府乡试第一名，会试第七名。

李充实，贯直隶兴州左屯卫，官籍，玉田县学生，治《书经》。字中虚，行一，年三十一，七月十七日生。曾祖伟，正千户。祖敬。父聘旸。母张氏。具庆下。弟充蔚、充美、充养、充荣、充周、充大。娶刘氏。顺天府乡试第三十五名，会试第二百九十二名。

吴文佳，贯湖广承天府沔阳州景陵县，军籍，县学附学生，治《易经》。字士望，行一，年二十七，十月二十二日生。曾祖琼。祖政潮。父钧。母丁氏，继母王氏。具庆下。弟文化、文仕、文任、文炳、文位。娶崔氏，继娶黎氏。湖广乡试第二十七名，会试第八十七名。

王湘，贯山东济宁卫，军籍，莱州府平度州人，国子生，治《易经》。字大清，行三，年三十八，十一月初四日生。曾祖宁。祖宣。父信。前母李氏，母刘氏。慈侍下。兄汉、沧。弟江、洧。娶姜氏。山东乡试第六十五名，会试第一百五十一名。

林树德，贯直隶松江府华亭县，民籍，国子生，治《书经》。字与成，行三，年四十四，九月二十五日生。曾祖廷训。祖兰。父鹄，封翰林院编修。母沈氏，赠孺人。永感下。兄树芳；树声，左春坊左谕德兼翰林院侍读。娶薛氏，继娶董氏。应天府乡试第二十五名，会试第六十六名。

钱锡汝，贯直隶苏州府吴江县，民籍，国子生，治《易经》。字宠伯，行二，年三十九，六月二十五日生。曾祖镒。祖爻。父田。母陆氏。具庆下。兄玉汝。弟师汝。娶陈氏。应天府乡试第八十三名，会试第三百四十九名。

沈梗，贯浙江杭州府仁和县，匠籍，县学附学生，治《易经》。字材叔，行一，年二十九，六月十二日生。曾祖时，义官。祖鉴，序班。父董，鸿胪寺署丞。母陆氏。具庆下。娶江氏。浙江乡试第六名，会试第十三名。

李鸣谦，贯直隶安庆府桐城县，民籍，县学生，治《诗经》。字得卿，行一，年三十二，十一月初一日生。曾祖镐。祖文贯。父宗。母胡氏，继母锺氏。具庆下。兄劳谦。弟执谦、益谦。娶刘氏。应天府乡试第二十九名，会试第三百四十八名。

孟学易，贯陕西平凉府泾州灵台县，民籍，国子生，治《易经》。字与时，行一，年三十二，六月十四日生。曾祖长。祖聪。父绍先，岁贡生。母张氏。具庆下。弟学书、学诗、学礼。娶刘氏，继娶石氏。陕西乡试第七名，会试第一百五十五名。

侯于赵，贯河南开封府杞县，民籍，国子生，治《诗经》。字宗度，行二，年三十，七月二十日生。曾祖兴。祖玺，寿官。父铎，典膳。嫡母王氏，生母杨氏。慈侍下。兄于鲁，序班；于楚。弟于宋。娶张氏。河南乡试第四十二名，会试第一百四十八名。

吕子桂，贯直隶河间府沧州，民籍，州学生，治《书经》。字公攀，行一，年三十，十二月二十八日生。曾祖钦。祖迪。父大韶。嫡母高氏，生母孟氏。具庆下。弟子英，省祭官；子才。娶贾氏，继娶宋氏。顺天府乡试第二十一名，会试第三百二十三名。

傅孟春，贯江西瑞州府高安县，军籍，县学生，治《易经》。字体元，行八，年三十六，正月二十八日生。曾祖崇圣。祖成，寿官。父舜。母刘氏。慈侍下。娶廖氏。江西乡试第八十八名，会试第一百四十七名。

侯居坤，贯山西平阳府解州，民籍，州学附学生，治《礼记》。字伯生，行四，年二十八，十二月十八日生。曾祖俊，县丞。祖相，主簿。父畛，州判官。母阎氏，继母赵氏。严侍下。兄居艮，同科进士；居震，贡士。弟居敬。娶孙氏。山西乡试第四十七名，会试第三百四十五名。

郑杰，贯山东济南府历城县，民籍，县学生，治《书经》。字汝兴，行一，年二十九，二月初一日生。曾祖璟，义官。祖显，典膳。父大纪。母王氏。具庆下。弟伸、偁、佁。娶周氏。山东乡试第二十六名，会试第十九名。

贺一桂，贯江西吉安府庐陵县，民籍，国子生，治《易经》。字秋芳，行一，年三十五，七月十五日生。曾祖嵩。祖銮，寿官。父沂，府同知。母周氏。具庆下。弟一松、一杨。娶萧氏。江西乡试第七十六名，会试第二百三十三名。

匡铎，贯山东胶州守御千户所，官籍，直隶淮安府海州赣榆县人，国子生，治《礼记》。字淑教，行一，年二十九，九月初六日生。曾祖茂，封文林郎，监察御史。

祖翼之，按察司按察使。父允定。母李氏。具庆下。弟铨。娶栾氏，继娶翟氏。山东乡试第三十八名，会试第三百三十一名。

杨松，贯河南河南卫，军籍，浙江杭州府海宁县人，洛阳县学增广生，治《易经》。字惟乔，行一，年三十七，三月二十八日生。曾祖萱，散官。祖鸿。父珩。前母刘氏，母沈氏，继母朱氏。具庆下。弟楠、桢。娶张氏。河南乡试第三十七名，会试第一百七十四名。

陈锜，贯河南河南卫，官籍，直隶滁州来安县人，洛阳县学附学生，治《易经》。字公鼎，行九，年三十九，十月二十六日生。曾祖林。祖羔，散官。父垠。母李氏，继母张氏。慈侍下。兄弘，指挥佥事；钥；镇。弟铨，贡士；铸；锡；锵。娶李氏，继娶康氏。河南乡试第二十四名，会试第三十五名。

胡泽，贯直隶常州府无锡县，军籍，县学附学生，治《书经》。字原荆，行一，年三十二，十一月二十二日生。曾祖朴。祖良珮。父观。母阚氏。慈侍下。娶浦氏。应天府乡试第六十二名，会试第七十四名。

李良臣，贯贵州普安卫，军籍，应天府江宁县人，普安州学生，治《易经》。字直甫，行二，年三十，十一月初二日生。曾祖豫。祖崇道。父时，教谕。母金氏。永感下。兄纯臣。弟明臣。娶戴氏。贵州乡试第八名，会试第二百名。

李日强，贯山西平阳府曲沃县，军籍，县学增广生，治《春秋》。字元庄，行四，年三十一，正月十二日生。曾祖录。祖瓒。父廷举。母卫氏，继母巩氏。具庆下。兄日休、日跻、日新。弟日煦、日知、日章、日暄、日中、日熙。娶巩氏。山西乡试第一名，会试第三百三十名。

王元宾，贯山东兖州府滕县，军籍，县学增广生，治《诗经》。字国贤，行二，年二十七，十月初八日生。曾祖峻。祖美。父天叙。母程氏。具庆下。兄嘉宾，知县。弟利宾。娶神氏。山东乡试第五十八名，会试第三百二十一名。

董三迁，贯山东莱州府昌邑县，军籍，县学生，治《诗经》。字汝孟，行五，年三十五，十月初六日生。曾祖迪。祖春，寿官。父瑄。母李氏。慈侍下。兄三策，省祭官；三槐；三省；三聘。娶宋氏。山东乡试第三十九名，会试第三百二十四名。

徐执策，贯浙江绍兴府余姚县，民籍，县学附学生，治《书经》。字以献，行二十，年三十五，九月初五日生。曾祖克谊，赠刑部主事。祖守诚，布政司参议，进阶中宪大夫。父允恭。母周氏。严侍下。兄执器、执艺、执礼、执经、执御、执玉。弟执政。娶岑氏。浙江乡试第四十名，会试第三十名。

成宪，贯直隶蓟州卫，官籍，国子生，治《诗经》。字君迪，行二，年二十七，四月二十六日生。曾祖鹏，百户，赠都督同知。祖用，百户，封都督同知。父勋，镇守总兵官，都督同知。嫡母黄氏，封夫人；生母杨氏。慈侍下。兄恩。娶李氏。顺天府乡试第一百名，会试第一百十二名。

叶梦熊，贯广东惠州府归善县，民籍，县学生，治《书经》。字男兆，行四，年三十五，正月二十七日生。曾祖峦。祖标。父春芳，县丞。前母严氏，母石氏。慈侍下。

兄梦麟，主簿；梦奎；梦阳。弟梦桂。娶廖氏。广东乡试第四名，会试第一百二十名。

徐儒，贯江西抚州府临川县，民籍，县学附学生，治《诗经》。字邦珍，行九，年三十二，九月初十日生。曾祖福。祖浚。父汝乾。母饶氏。具庆下。兄化，贡士。弟伊、位。娶朱氏。江西乡试第五十四名，会试第三百三十四名。

曹慎，贯直隶镇江卫，军籍，山西平阳府解州人，丹徒县学生，治《易经》。字思永，行七，年三十六，六月二十五日生。曾祖荣。祖绶，赠监察御史。父倣，南京太仆寺少卿。嫡母余氏，封孺人；生母金氏。慈侍下。兄忠，县丞；恕，州同知；恒；悦，知县；忱；恬，知县；怀。娶金氏。应天府乡试第四十名，会试第九十四名。

张德夫，贯江西饶州府浮梁县，民籍，县学生，治《易经》。字子成，行十九，年三十一，六月二十三日生。曾祖文佑。祖玺。父烈。母章氏，继母郑氏。慈侍下。兄枢夫、干夫。娶施氏。江西乡试第四十三名，会试第二百八十二名。

季膺，贯直隶松江府华亭县，民籍，国子生，治《诗经》。字元服，行一，年三十七，五月初六日生。曾祖丙。祖浩。父锦。母汤氏。重庆下。娶姜氏。顺天府乡试第十三名，会试第九十三名。

易可久，贯江西袁州府宜春县，民籍，国子生，治《易经》。字德卿，行三十九，年三十二，十月二十五日生。曾祖云辂。祖肇和。父悌。母阳氏。重庆下。兄可乐。弟可大、可瞻、可仰、可师、可传、可学。娶张氏，继娶何氏。江西乡试第三十五名，会试第一百七十一名。

张焕，贯山东青州府益都县，军匠籍，国子生，治《易经》。字懋文，行一，年三十，九月初六日生。曾祖鸾。祖玘。父良臣。母高氏。具庆下。兄炜。弟灿、辉。娶穆氏，继娶陈氏、乔氏。山东乡试第一名，会试第二百九十六名。

陈可大，贯山东济南府历城县，灶籍，县学增广生，治《易经》。字德周，行二，年三十，十一月十三日生。曾祖聪，寿官。祖堂，省祭官。父嘉官。母赵氏。具庆下。兄可久。弟可立、可行、可仕、可任、可传。娶周氏。山东乡试第六十一名，会试第三百三名。

李贵和，贯河南开封府祥符县，匠籍，县学生，治《诗经》。字子中，行一，年三十四，四月初八日生。曾祖儒。祖云。父勋。嫡母高氏，继母范氏、杨氏，生母王氏。慈侍下。弟贵中、贵敬。娶王氏。河南乡试第六十八名，会试第九十九名。

归有光，贯直隶苏州府昆山县，军籍，国子生，治《易经》。字熙甫，行二，年四十八，十二月二十四日生。曾祖凤，知县。祖绅。父正。母周氏，继母薛氏。慈侍下。兄嘉。弟庆、尚、功、成、道。娶魏氏，继娶王氏、费氏。应天府乡试第二名，会试第三十九名。

傅宠，贯四川重庆府巴县，民籍，县学增广生，治《书经》。字君锡，行二，年二十八，四月十四日生。曾祖大兴。祖仲冠。父显邦。前母尹氏，母朱氏。具庆下。兄宗舜。弟宣、宾、寅、选。娶郝氏。四川乡试第四十五名，会试第二百九十七名。

杨镕，贯四川嘉定州荣县，民籍，县学附学生，治《诗经》。字德夫，行二，年二十九，九月十一日生。曾祖桂山。祖焘，知州。父地载。母程氏。慈侍下。兄锭、铨、钥。弟鏳。娶徐氏。四川乡试第六十一名，会试第一百五十二名。

黄茂，贯湖广武昌卫，官籍，武昌府江夏县人，国子生，治《书经》。字叔才，行三，年四十三，九月十五日生。曾祖宇，指挥使。祖釜，知县。父洲，县丞。母张氏。严侍下。兄华、芳。弟芝。娶罗氏，继娶陈氏。湖广乡试第五十二名，会试第三百八十五名。

李泽，贯福建泉州府晋江县，民籍，国子生，治《易经》。字文孚，行三，年三十三，二月初十日生。曾祖茂广。祖乾亮。父景富。母曾氏。永感下。兄清、春。弟叶。娶吴氏。福建乡试第五十四名，会试第三百六名。

王以修，贯四川夔州府达州，民籍，州学生，治《诗经》。字敬甫，行一，年二十九，四月二十三日生。曾祖庚吉，寿官。祖宗彝，训导。父言中。母唐氏。重庆下。兄以第。弟以孚、以庄、以充、以宁、以新、以贞、以作。娶朱氏，继娶熊氏。四川乡试第十二名，会试第一百八十四名。

姜忻，贯江西南昌府南昌县，军籍，县学增广生，治《诗经》。字克荣，行九，年三十五，八月初八日生。曾祖琢。祖桢。父佐。母谌氏。永感下。兄意、怙、恂、应。娶彭氏。江西乡试第六名，会试第二百四十四名。

李得阳，贯直隶广德州，军籍，州学增广生，治《礼记》。字伯英，行一，年二十九，十二月初十日生。曾祖昇。祖昭，州判官。父崇谦，知县。母孙氏。具庆下。弟庆阳、逢阳。娶郑氏。应天府乡试第九十八名，会试第一百九十二名。

王圻，贯直隶松江府上海县，民籍，苏州府嘉定县人，上海县学生，治《礼记》。字元翰，行一，年三十二，正月二十一日生。曾祖铁。祖槐。父熠，医学正科。母马氏。具庆下。兄墀。弟升、重。娶陈氏。应天府乡试第一百十二名，会试第二百八名。

卢渐，贯浙江宁波府鄞县，军籍，府学附学生，治《易经》。字伯贞，行七，年三十六，五月十三日生。曾祖玙，知府。祖倬。父铣。母孙氏。重庆下。兄津、海。弟志、通、涵、洽、漳。娶黄氏。浙江乡试第一名，会试第一百六十二名。

魏澧，贯河南开封府许州，民籍，州学生，治《春秋》。字汝衡，行二，年三十二，八月二十八日生。曾祖端，义官。祖校，赠知府。父廷萱，按察司副使。母宋氏，加封恭人。具庆下。兄泮，知县；洸；泊；滋；浑；津；浣；汲。弟浦、演、涌。娶杜氏。河南乡试第五名，会试第三百十九名。

熊汝器，贯江西南昌府南昌县，民籍，府学附学生，治《诗经》。字国用，行八，年三十二，八月十二日生。曾祖守信。祖津。父盖。母秦氏。具庆下。兄汝弼。弟汝相、汝宾、汝嘉。娶胡氏。江西乡试第九十四名，会试第三百六十九名。

杨守仁，贯福建漳州府漳浦县，军籍，府学生，治《诗经》。字嘉复，行一，年三十一，六月二十二日生。曾祖正章。祖廷选。父国岐。母黄氏。具庆下。弟守义、守备、伟、侃、守礼、侨、守智、仙、健、信、佐、杰。娶戴氏。福建乡试第七十三名，会试第二百三十七名。

张学颜，贯广东琼州府琼山县，民籍，国子生，治《诗经》。字子的，行一，年四十一，五月十一日生。曾祖实。祖受。父俨。母林氏。慈侍下。弟学曾、学孔、学孟。娶周氏。广东乡试第二十六名，会试第八十二名。

鄞一相，贯江西南昌府丰城县，民籍，府学附学生，治《诗经》。字辅之，行十，年三十，十月初九日生。曾祖桂。祖元瓒。父鸣岐。母熊氏。具庆下。兄一桢、一诚、一材。弟一正、一松。娶徐氏。江西乡试第四十二名，会试第三百四名。

李学诗，贯河南彰德府安阳县，民籍，县学附学生，治《诗经》。字子兴，行一，年三十一，三月二十三日生。曾祖俊。祖宪。父廷臣。前母杜氏，母乔氏。严侍下。弟学礼、学易、学书、学孔。娶韩氏。河南乡试第六十四名，会试第二百九十四名。

张应登，贯陕西西安府咸阳县，军籍，县学生，治《诗经》。字仲庸，行二，年三十四，七月二十一日生。曾祖英。祖钺。父崇德，府同知。母史氏。永感下。兄应举。弟应诏、应聘。娶赵氏。陕西乡试第十六名，会试第一百八十八名。

萧复阳，贯福建泉州府同安县，军籍，县学生，治《诗经》。字道长，行一，年三十五，十一月二十三日生。曾祖万庆。祖廷举。父国用。母张氏。慈侍下。弟复春。娶张氏。福建乡试第十五名，会试第三百二十八名。

刘伯生，贯湖广德安府孝感县，民籍，江西抚州府临川县人，德安府学生，治《诗经》。字寓爱，行一，年三十七，正月初十日生。曾祖本旻。祖宽德。父廷相。母方氏。重庆下。弟伯燮，贡士。娶陈氏。湖广乡试第四十二名，会试第四十七名。

桂天祥，贯江西抚州府临川县，民籍，府学附学生，治《诗经》。字子兴，行八，年三十三，正月二十二日生。曾祖正昱。祖洪。父琏。母骆氏。重庆下。兄天锡。弟天庆、天民、天文。娶段氏。江西乡试第六十四名，会试第一百九十九名。

崔廷试，贯河南开封府陈留县，军籍，国子生，治《礼记》。字文卿，行一，年三十三，六月初二日生。曾祖鉴。祖进。父辂，遇例冠带。嫡母朱氏，生母周氏。具庆下。娶李氏。河南乡试第三十二名，会试第三百七十名。

臧惟一，贯山东青州府诸诚县，民籍，县学增广生，治《书经》。字守中，行二，年二十四，四月初四日生。曾祖智，赠经历。祖斐，州同知。父节。嫡母孟氏，生母焦氏。具庆下。兄惟精。弟惟时、惟几、惟敬、惟孝、惟忠。娶常氏。山东乡试第九名，会试第二百五十三名。

李学诗，贯山东兖州府东阿县，民籍，县学增广生，治《诗经》。字叔言，行三，年三十二，九月二十八日生。曾祖玘。祖纨。父颖，义官。前母刘氏，母王氏。慈侍下。兄学周、学易。弟学忠、学恕。娶张氏，山东乡试第二十七名，会试第二百九十一名。

陈柏，贯山西平阳府绛州，军籍，山东昌邑县学教谕，治《书经》。字子秀，行一，年四十六，六月二十一日生。曾祖璧。祖太武。父洲，典膳。母范氏。慈侍下。弟枫、杏。娶陶氏，继娶武氏。山西乡试第五十四名，会试第八十五名。

郭庭梧，贯河南卫辉府新乡县，民籍，县学生，治《诗经》。字子材，行一，年三十七，九月初一日生。曾祖澜。祖汝靖，教授。父从可，教谕。母赵氏。具庆下。弟庭楫、庭桧。娶孟氏。河南乡试第七十八名，会试第三百四十六名。

杨相，贯山西平阳府蒲州，民籍，州学生，治《诗经》。字允立，行三，年三十三，五月十四日生。曾祖荣。祖铭。父鹤，寿官。前母高氏，母许氏。慈侍下。兄梅，典膳；果，镇抚。弟梓、格。娶任氏。山西乡试第六名，会试第三百六十三名。

林绍，贯福建漳州府漳浦县，民籍，县学附学生，治《诗经》。字文肖，行一，年二十四，九月二十三日生。曾祖表，知府。祖贲。父效，经历。前母王氏，母朱氏。具庆下。弟绾。娶黄氏。福建乡试第八十二名，会试第一百六十三名。

李文余，贯福建漳州府平和县，军籍，县学生，治《易经》。字廷积，行二，年三十五，七月十七日生。曾祖本章。祖宗勉，寿官。父世浩，教授，封太常寺典簿。前母林氏，赠孺人；母颜氏，封孺人。慈侍下。兄文恕，训导；文察，府同知；文腆。弟文炳。娶颜氏。福建乡试第二十四名，会试第二百五十六名。

居守，贯浙江杭州府海宁县，军籍，县学附学生，治《易经》。字子约，行二，年三十八，十二月初五日生。曾祖敬。祖章。父贤。母朱氏。严侍下。兄官、室。弟宪。娶徐氏。浙江乡试第三十三名，会试第二百四十三名。

乌昇，贯陕西西安前卫，官籍，西安府学生，治《诗经》。字显卿，行二，年三十一，十二月十七日生。曾祖忠，都指挥。祖铭，参将。父浩，都指挥。前母梁氏，母季氏。慈侍下。兄豸，指挥。娶贾氏。陕西乡试第六名，会试第四十四名。

高启愚，贯四川重庆府合州铜梁县，民籍，县学生，治《礼记》。字敏甫，行三，年三十，四月十九日生。曾祖振，寿官。祖宗相，赠监察御史。父懋，布政司参政。嫡母王氏，封孺人；生母杨氏。慈侍下。兄启奎、启翰。弟启心、启仁。娶王氏。四川乡试第四名，会试第五名。

卢明章，贯浙江台州府仙居县，民籍，县学生，治《春秋》。字用晦，行一，年三十九，十二月二十九日生。曾祖宁。祖岑。父祥。母潘氏。重庆下。弟明教。娶张氏。浙江乡试第六十四名，会试第二百五十八名。

蒋思孝，贯贵州普安卫，军籍，应天府溧阳县人，国子生，治《诗经》。字移之，行三，年二十二，四月初一日生。曾祖胜，寿官。祖廷璧，国子监学正，封户部主事。父宗鲁，都察院右佥都御史。母潘氏，封安人。重庆下。兄思忠，贡士；思元。娶金氏。贵州乡试第二十六名，会试第三百四十三名。

杨一魁，贯山西平阳府安邑县，民籍，河东运司学生，治《礼记》。字子选，行四，年三十一，十二月三十日生。曾祖景山。祖昭。父琯，知县。母景氏。永感下。兄一源、一科、一才。弟一举、一栋。娶张氏。山西乡试第五十七名，会试第一百六十七名。

查铎，贯直隶宁国府泾县，民籍，国子生，治《诗经》。字子警，行二，年四十，正月十七日生。曾祖厫。祖世伦。父景明。母崔氏，继母张氏、苏氏。具庆下。兄天民，知县。弟铠、镇、镴、鉴、铣、锺、镗。娶谢氏。应天府乡试第四十三名，会试第二百七十名。

　　许乾，贯河南河南卫，官籍，直隶庐州府合肥县人，国子生，治《易经》。字伯贞，行一，年三十六，正月十四日生。曾祖通，百户。祖鸾，百户。父尧。母昌氏，继母黄氏。具庆下。弟坤；守和，百户；守一；守恒；守性。娶阎氏。河南乡试第六十一名，会试第七十一名。

　　吴与言，贯广东潮州府大埔县，民籍，县学增广生，治《礼记》。字志说，行三，年三十一，六月二十六日生。曾祖文明。祖孔澜。父大宾，教授。母巫氏。严侍下。兄与回、与泰。弟与闻、与成、与期。娶刘氏。广东乡试第二十九名，会试第四十一名。

　　章甫端，贯直隶河间府任丘县，民籍，直隶镇江府丹徒县人，国子生，治《易经》。字子相，行二，年三十七，六月二十八日生。曾祖全，封户部主事。祖启，府同知。父懋臣。母刘氏。具庆下。兄甫绪。弟甫庆、甫冠。娶曹氏。顺天府乡试第九十六名，会试第二百二十七名。

　　王谣，贯四川成都府汉州什邡县，民籍，县学生，治《书经》。字民皞，行二，年三十六，九月初三日生。曾祖朝荣。祖翔。父本坚，主簿。嫡母刘氏，生母揭氏。慈侍下。兄咏。弟诚、诗、谋、许、谐。娶戴氏。四川乡试第五十六名，会试第六十一名。

　　李荐佳，贯河南颍川卫，军籍，直隶真定府赵州人，国子生，治《易经》。字伯受，行一，年二十七，八月十五日生。曾祖鉴。义官。祖琦，县丞。父际美，监生。母王氏。严侍下。弟荐良、荐成、荐宾、荐高、荐仕、荐元、荐凯。娶王氏。河南乡试第六十三名，会试第三百六十八名。

　　陈三谟，贯浙江杭州府仁和县，民籍，县学附学生，治《书经》。字汝明，行二，年二十七，十一月初四日生。曾祖琳。祖衡。父鲁。前母叶氏、顾氏、童氏，母姚氏。具庆下。兄三策、天历、尧历。弟舜历、三才。娶冷氏。浙江乡试第六十六名，会试第三百十三名。

　　张克家，贯直隶宁国府宣城县，军籍，国子生，治《易经》。字有光，行六，年二十九，八月十九日生。曾祖佣。祖柯。父烈。前母邵氏，母杨氏。具庆下。弟克慎、克效、克己、克勤、克敬、克宽、克复、克威、克静、克干。娶戚氏，继娶王氏。应天府乡试第七名，会试第一百三名。

　　丘齐云，贯湖广黄州府麻城县，民籍，县学附学生，治《春秋》。字汝谦，行一，年二十五，五月二十六日生。曾祖钢。祖万秀。父梁，贡士。母黄氏。具庆下。兄青云、烺云、庆云、灿云。弟生云。娶万氏。湖广乡试第二十八名，会试第三十六名。

　　朱光宇，贯河南开封府祥符县，民籍，县学生，治《诗经》。字德明，行二，年四十，九月二十二日生。曾祖璘。祖弘，寿官。父镒。前母高氏，母许氏。慈侍下。兄光先。弟光远、光夏。娶王氏，继娶楚氏。河南乡试第十二名，会试第五十一名。

　　万几，贯江西南昌府南昌县，民籍，县学附学生，治《诗经》。字汝思，行六，年二十七，闰十二月初十日生。曾祖钦时。祖明高，寿官。父文化。母章氏。具庆下。兄恭，兵部左侍郎兼都院察右佥都御史。弟思迪、思建。娶周氏。江西乡试第四十九名，会试第二百四十六名。

钱楷，贯山东东昌府冠县，匠籍，府学生，治《易经》。字范之，行七，年三十，九月初二日生。曾祖錼。祖辂。父继先。前母庞氏、刘氏，母张氏，继母康氏。严侍下。兄朴、梧、松、栋。弟权、梯、梓。娶王氏。山东乡试第二名，会试第一百九名。

周守愚，贯江西广信府永丰县，民籍，国子生，治《书经》。字圣持，行七十六，年三十八，正月初五日生。曾祖直，赠兵科给事中。祖序，太常寺寺丞。父弘德。母程氏。慈侍下。兄守约、守敬、守仁。娶俞氏。江西乡试第六名，会试第四十九名。

许希孟，贯河南汝宁府固始县，民籍，县学附学生，治《诗经》。字师孔，行一，年三十六，九月初七日生。曾祖泽。祖广。父储。母齐氏。永感下。弟希周。娶赵氏，继娶徐氏。河南乡试第七十一名，会试第三十一名。

杨一桂，贯江西南昌府南昌县，民籍，府学附学生，治《诗经》。字文芳，行一，年三十，九月十九日生。曾祖伟端，赠州判官。祖用宽。父立，县丞。母张氏，继母罗氏。重庆下。兄一麟，贡士；文明，知县；一豹；一鳌，序班。弟一骥、一楠、文美、文伟、文盛、一梧、一鹰、一梅。娶余氏。江西乡试第七十四名，会试第三百十二名。

傅良谏，贯江西抚州府临川县，民籍，府学生，治《易经》。字以信，行七，年二十二，十一月二十四日生。曾祖光肃。祖柯。父冀。母黄氏。具庆下。兄良言，贡士。娶饶氏。江西乡试第七十一名，会试第二百五十四名。

李谟，贯直隶广德州，民籍，国子生，治《易经》。字显卿，行九，年二十九，正月二十八日生。曾祖洪，县丞。祖康。父淳。母葛氏。具庆下。兄栋、栱。弟梧。娶杨氏，继娶陈氏。应天府乡试第八十二名，会试第三百三十七名。

陈惟直，贯四川嘉定州洪雅县，民籍，县学生，治《易经》。字伯生，行二，年二十六，十月二十日生。曾祖永道。祖孟举，寿官。父诰，学正。嫡母谭氏，继母杨氏，生母周氏。慈侍下。兄惟重、惟勤。娶张氏。四川乡试第一名，会试第一百二十九名。

朱学颜，贯浙江嘉兴府海盐县，灶籍，县学增广生，治《书经》。字子愚，行一，年二十八，八月十五日生。曾祖桂，寿官。祖琎，监生。父陈范。母密氏。重庆下。弟学儒、学皋、学忠、学斌、学圣、学纯、学荩。娶黄氏。浙江乡试第三十二名，会试第三百七十一名。

郑继之，贯湖广襄阳仪卫司，旗籍，襄阳府学生，治《诗经》。字伯孝，行一，年三十一，十二月初四日生。曾祖镛。祖玺。父时中，岁贡生。母陈氏。具庆下。弟缉之、纶之。娶胡氏，继娶李氏。湖广乡试第五十一名，会试第二百五十二名。

赵可怀，贯四川重庆府巴县，民籍，府学增广生，治《诗经》。字德仲，行二，年二十五，六月二十二日生。曾祖勋。祖仰。父之璧。母李氏。重庆下。兄可宗。弟可进、可仕、可宾、可学、可选、可成。娶邹氏。四川乡试第六名，会试第三百七十四名。

马三乐，贯山东济南府阳信县，民籍，县学生，治《易经》。字克性，行一，年三十，十月二十九日生。曾祖清。祖璋。父肃。母朱氏。具庆下。弟三益、三荐、三纲。

娶张氏。山东乡试第七名，会试第一百五十七名。

　　李应兰，贯广东广州府东莞县，民籍，县学生，治《诗经》。字芳卿，行一，年三十二，十一月初七日生。曾祖观保。祖世长。父传。母谢氏，继母刘氏。具庆下。弟应诏、应蔼、应蓁、应英。娶王氏，继娶黎氏。广东乡试第三十二名，会试第一百五十八名。

　　罗惟垣，贯四川嘉定州，灶籍，州学生，治《易经》。字少辰，行三，年三十一，七月二十四日生。曾祖厚，封经历。祖仕用。父绥，典史。母刘氏，继母葛氏、陈氏。严侍下。兄惟和、惟顺。弟惟翰。娶任氏，继娶陈氏。四川乡试第三十二名，会试第二百三十一名。

　　古之贤，贯四川夔州府梁山县，民籍，县学生，治《礼记》。字士希，行三，年二十七，六月十一日生。曾祖敦。祖桂。父书。前母李氏，母涂氏。具庆下。兄之愚、之忠。弟之儒、之祯、之道、之文、之学、之才、之制。娶高氏。四川乡试第二十三名，会试第二十九名。

　　李巳，贯河南彰德府磁州，民籍，国子生，治《诗经》。字子复，行二，年三十，正月十八日生。曾祖雄。祖聪，教谕。父百之，岁贡生。前母武氏，母杨氏。具庆下。兄乙。弟庚、辛、壬。娶任氏。河南乡试第八名，会试第一百三十名。

　　李采菲，贯直隶沈阳中屯卫，军籍，江西临江府新喻县人，国子生，治《易经》。字君采，行一，年二十九，三月二十八日生。曾祖琼，赠昭勇将军都指挥佥事。祖锐，知州赠昭勇将军都指挥佥事。父涵，义官。母樊氏。具庆下。弟采苹、采蘩。娶赵氏。顺天府乡试第八名，会试第二百二十五名。

　　笪东光，贯江西饶州府德兴县，民籍，县学附学生，治《礼记》。字景阳，行七十三，年三十五，十一月二十一日生。曾祖元吉。祖棠。父辋。母汪氏。永感下。兄东芬、东呆。娶祝氏。江西乡试第五名，会试第二百六十四名。

　　包乾，贯湖广承天府沔阳卫，军籍，沔阳州人，州学生，治《诗经》。字元夫，行一，年三十一，十二月十九日生。曾祖仲贤。祖通。父德容。母严氏。具庆下。弟蒙、灏、坤、升、观、节、萃。娶周氏，继娶童氏。湖广乡试第七十六名，会试第三百三十二名。

　　计谦亨，贯广西柳州府马平县，民籍，县学生，治《易经》。字光甫，行三，年三十一，三月初二日生。曾祖资。祖宗文。父嘉邦，通判。母方氏。严侍下。兄坤亨，国子监博士；履亨。弟华亨、兑亨、节亨、济亨、元亨、同亨、贞亨。娶黄氏。广西乡试第二十六名，会试第三百四十一名。

　　朱一松，贯直隶宁国府宁国县，民籍，县学生，治《易经》。字应秀，行二，年三十二，八月初九日生。曾祖文荣。祖凤，县丞。父大有，贡士。母段氏。慈侍下。兄一桂。弟一柏，贡士；一梧。娶吴氏。应天府乡试第一百九名，会试第五十名。

　　郑昊，贯广东广州府顺德县，民籍，国子生，治《易经》。字祖钦，行一，年四十二，十二月初十日生。曾祖昌。祖振麒。父汉奎。母陈氏。严侍下。弟杲、景。娶罗氏。广东乡试第三十二名，会试第二百五十名。

阎漳，贯山东登州府蓬莱县，民籍，县学生，治《春秋》。字汝清，行一，年三十四，五月初七日生。曾祖琮，知府。祖鎏。父凤翀，教授。母宋氏。具庆下。弟渡、濯。娶梁氏。山东乡试第四十八名，会试第三百六十六名。

顾绶，贯山东东昌府临清州，民籍，直隶苏州府吴县人，国子生，治《易经》。字子印，行四，年三十六，十二月十四日生。曾祖孟庸。祖彝。父景明。嫡母沈氏，生母曾氏。永感下。兄缙、丝、绒。娶王氏，继娶王氏、郑氏。山东乡试第四十三名，会试第三百十一名。

郑金，贯直隶河间府沧州南皮县，民籍，国子生，治《易经》。字伯纯，行一，年三十九，四月初八日生。曾祖喜。祖富。父宗学。母李氏，继母孙氏。慈侍下。弟锺、铭、锜、钋、钱。娶崔氏，继娶徐氏。顺天府乡试第七十六名，会试第一百九十一名。

杜友兰，贯四川保宁府南部县，民籍，府学生，治《易经》。字化卿，行二，年三十九，十二月十一日生。曾祖敬宗。祖茂。父凌书。母宋氏，继母王氏。具庆下。兄友珂。弟友桂。娶杨氏。四川乡试第三十四名，会试第一百二十一名。

余一龙，贯直隶徽州府婺源县，民籍，国子生，治《书经》。字汝化，行四，年三十一，正月二十六日生。曾祖文剡。祖瑰。父时英。母汪氏。具庆下。兄一德、一元、一儒。弟一桂、一鹏、一夔、一鹤、一鲲、一鸿。娶戴氏。应天府乡试第一百八名，会试第一百十五名。

申维岱，贯直隶遵化卫，官籍，遵化县学生，治《易经》。字国镇，行二，年三十六，正月初六日生。曾祖宣，指挥佥事，赠明威将军。祖大节，参将，赠镇国将军。父元勋，提督，赠明威将军。母刘氏，封恭人。慈侍下。兄维岳，参将。娶甘氏，继娶张氏、朱氏。顺天府乡试第十名，会试第三百九十五名。

金应征，贯直隶苏州府长洲县，军籍，县学增广生，治《易经》。字懋德，行二，年三十二，六月十四日生。曾祖庸。祖渭。父樾。母高氏，继母王氏。具庆下。兄善征。弟和征。娶顾氏。应天府乡试第七十八名，会试第三百五十四名。

赵应龙，贯陕西西安府泾阳县，军籍，县学生，治《诗经》。字时化，行一，年三十六，八月二十七日生。曾祖彻。祖雍，大使。父文西，七品散官。母刘氏。具庆下。弟应凤。娶郭氏。陕西乡试第三十名，会试第二百五十七名。

俞一贯，贯直隶徽州府婺源县，民籍，国子生，治《易经》。字原道，行二，年三十三，十月二十七日生。曾祖俊，岁贡生。祖时。父良圭。嫡母汪氏，生母王氏。慈侍下。兄一鉴。娶汪氏。应天府乡试第四十七名，会试第一百九十五名。

萧敏道，贯江西南昌府南昌县，民籍，府学生，治《易经》。字曰逊，行五，年三十六，十月二十六日生。曾祖盛安。祖元绍。父时信。母万氏。具庆下。兄琛、济道。弟吉道、教道、淑道、炼道、鉴道、敦道、昭道、脉道。娶郭氏。江西乡试第八十一名，会试第三百九名。

殷渠，贯直隶大名府开州长垣县，民籍，县学生，治《易经》。字伯清，行四，年三十九，二月初一日生。曾祖鬶。祖富，七品散官。父轼，巡检。母杨氏。永感下。兄桓，省祭官；楹；采，训导。弟格，监生；鹤；龄。娶赵氏。顺天府乡试第第九十九名，会试第八十一名。

左熙，贯陕西西安府耀州，民籍，国子生，治《诗经》。字夏伯，行一，年四十七，九月初三日生。曾祖进，封大理寺右寺副。祖经，按察司佥事。父思忠，吏部员外郎。前母王氏，赠安人；母忽氏，封安人。慈侍下。弟煦、熙、默、鲎。娶李氏。陕西乡试第三十九名，会试第二百四十九名。

龚廷璧，贯云南临安府建水州，民籍，浙江衢州府龙游县人，国子生，治《诗经》。字若纯，行二，年三十七，二月十四日生。曾祖永增。祖杰。父彦文。母张氏。慈侍下。兄廷焘。娶胡氏。云南乡试第九名，会试第一百八十一名。

陈吾德，贯广东广州府新会县，民籍，府学生，治《诗经》。字懋修，行一，年三十八，十一月十五日生。曾祖烈。祖孟坝。父文凤。母黄氏。具庆下。兄懿德。弟宪德、敬德、成德。广东乡试第二名，会试第六十七名。

胡文耀，贯福建漳州府漳浦县，军籍，县学附学生，治《诗经》。字其暐，行一，年三十七，十二月二十二日生。曾祖尊贤。祖子瑞，寿官。父弥育。母黄氏，继母王氏。具庆下。弟文远，贡士；文乔；文嘉；文烽；文资；文宝；文实。娶陈氏。福建乡试第二十一名，会试第十四名。

蒲凝重，贯广东广州府南海县，民籍，湖广石门县学教谕，治《诗经》。字镇之，行二，年二十八，九月二十八日生。曾祖昌，寿官。祖穗。父维霈。前母李氏，母黄氏。重庆下。兄凝芳。弟凝碧。娶林氏。广东乡试第八名，会试第八十八名。

宋豸，贯直隶保定府容城县，民籍，县学生，治《春秋》。字思直，行二，年三十，五月十五日生。曾祖鉴。祖世昂。父文德，监生。母郑氏。具庆下。兄麒，监生。娶王氏。顺天府乡试第三十三名，会试第一百七十三名。

陈一龙，贯广东肇庆府高要县，民籍，府学生，治《诗经》。字见甫，行一，年三十二，九月十八日生。曾祖瑄，省祭官。祖鹏。父尚殷，巡检。母吴氏。慈侍下。弟迪德、一鲸、一夔、一蛟。娶苏氏。广东乡试第二十五名，会试第二百五名。

郑宣化，贯南京龙江左卫，官籍，浙江温州府乐清县人，国子生，治《易经》。字行义，行二，年三十一，十月二十七日生。曾祖时，百户。祖登。父文。母乔氏。具庆下。兄宏。弟宜、完、遵化。娶马氏。应天府乡试第六十三名，会试第二百四十七名。

马应梦，贯山东兖州府曹州，军籍，州学生，治《诗经》。字仕征，行一，年三十，七月十三日生。曾祖兴。祖鳌。父文举。母范氏。重庆下。弟应扬、应显。娶董氏。山东乡试第六十七名，会试第三百十四名。

张守约，贯广西桂林府永福县，民籍，四川新都县学教谕，治《诗经》。字希曾，行三，年三十一，六月初十日生。曾祖琼。祖继宗。父柏。母曾氏。慈侍下。兄宿，吏目；轩，岁贡生。弟守经、守纲。娶梁氏。广西乡试第五十五名，会试第一百八十六名。

常存仁，贯山西泽州高平县，民籍，县学增广生，治《易经》。字静甫，行一，年二十六，二月初二日生。曾祖贞。祖岱。父懋。母韩氏。具庆下。娶郭氏，继娶刘氏。山西乡试第四十名，会试第八十九名。

陆士鳌，贯直隶苏州府常熟县，民籍，长洲县人，国子生，治《诗经》。字巨卿，行一，年四十，六月初六日生。曾祖澄。祖美。父绍宗。母吴氏，继母安氏。具庆下。弟士鲸、士鲤、士鳟。娶徐氏。应天府乡试第四十四名，会试第一百二名。

董石，贯湖广黄州府麻城县，军籍，县学增广生，治《春秋》。字叔玉，行一，年二十七，四月初八日生。曾祖士毅，知州。祖性，知州。父子竹。母熊氏。具庆下。弟碧、研。娶蔡氏。湖广乡试第九名，会试第三百九十六名。

陈思育，贯湖广常德府武陵县，民籍，浙江浦江县学教谕，治《书经》。字子锡，行二，年三十，三月二十六日生。曾祖良，教授，累赠通议大夫兵部右侍郎。祖洪谟，兵部左侍郎。父一本。母袁氏。重庆下。兄思鲁、思训。弟思忠、思乐、恪、睿、启、翼。娶潘氏。湖广乡试第五十名，会试第二百六十五名。

王应吉，贯山西平阳府襄陵县，民籍，国子生，治《礼记》。字伯修，行一，年二十八，十二月二十三日生。曾祖瓛，知县。祖天祥。父用中，训导。母梁氏。具庆下。娶卢氏。山西乡试第十九名，会试第一百七十五名。

张体乾，贯直隶真定卫右所，旗籍，山西汾州人，国子生，治《书经》。字惟健，行一，年三十九，二月初一日生。曾祖隆。祖瓒。父志淳。前母孙氏，母李氏。慈侍下。弟体震、体壮、体观、体节。娶吕氏。顺天府乡试第六十三名，会试第三百五十二名。

刘良弼，贯江西南昌府南昌县，民籍，府学生，治《礼记》。字赍卿，行二，年三十五，九月初五日生。曾祖正春。祖旦。父兰。母熊氏。永感下。弟良翰、良望、良佐、良谏、良瑞、良言。娶喻氏。江西乡试第十五名，会试第三百八十九名。

林元立，贯福建福州府闽县，民籍，府学生，治《诗经》。字宗介，行二，年三十四，正月初七日生。曾祖克刚。祖允大，贡士。父廷宪。母黄氏。永感下。兄元豪；应雷，户部郎中；元膏。弟元亨、元奋、元文、元充、元衮。娶陈氏。福建乡试第三十三名，会试第三百八十七名。

刘易从，贯河南卫辉府汲县，民籍，国子生，治《诗经》。字简之，行二，年三十一，十月十四日生。曾祖鉴。祖英。父仲得。母袁氏。具庆下。兄易知。娶潘氏。河南乡试第四十七名，会试第六十九名。

张孔修，贯直隶大名府大名县，民籍，县学生，治《诗经》。字允治，行四，年三十五，八月初十日生。曾祖伦，知府。祖珂，检校。父希贤。母王氏。慈侍下。兄孔惠；孔时，训导；孔硕。弟孔明。娶王氏。顺天府乡试第一百二名，会试第二百九十八名。

陈宣，贯直隶宁国府太平县，民籍，县学附学生，治《易经》。字汝化，行二，年二十六，七月初八日生。曾祖永昌。祖禄。父经。母焦氏。具庆下。兄谏。弟咏、谟、详。娶程氏。应天府乡试第三十四名，会试第一百十一名。

　　何子明，贯四川顺庆府南充县，民籍，府学生，治《易经》。字汝晦，行三，年三十四，七月二十一日生。曾祖玠，监生。祖韶。父实。嫡母苏氏，生母张氏。慈侍下。兄子勤、子贤、承懋。弟子恭、子敬、子益。娶玉氏。四川乡试第二十七名，会试第一百二十六名。

　　萧虏，贯江西吉安府万安县，民籍，国子生，治《易经》。字可发，行二，年四十三，二月二十四日生。曾祖缵，知县。祖乾元，按察司副使。父旸，知县。母彭氏，继母刘氏。慈侍下。兄袤，监生。弟斋。娶张氏，继娶欧阳氏。江西乡试第二名，会试第六十八名。

　　纪大纲，贯顺天府霸州文安县，民籍，县学生，治《易经》。字允立，行二，年二十五，十月十三日生。曾祖纮，右长史，进阶正四品。祖常，布政司布政使。父诚，行人司司正。母李氏。具庆下。兄大统，鸿胪寺署丞。弟大经、大纶、大绩、大绪、大蕴。娶王氏。顺天府乡试第三十七名，会试第一百八十名。

　　薛钥，贯山西太原府代州，民籍，国子生，治《书经》。字希准，行一，年四十，六月初二日生。曾祖良，县丞。祖端，寿官。父如瑀。母刘氏，继母胡氏。慈侍下。弟镒。娶刘氏。山西乡试第二十名，会试第二百七十一名。

　　张更化，贯山西汾州，军籍，州学增广生，治《诗经》。字德孚，行一，年三十，四月十一日生。曾祖腾。祖志皋。父学。母王氏，继母田氏。重庆下。弟大化。娶孙氏。山西乡试第五十五名，会试第三百九十名。

　　胡效才，贯直隶安庆府桐城县，匠籍，国子生，治《书经》。字用甫，行一，年四十七，六月二十日生。曾祖中和。祖邦，寿官。父其聪。母黄氏，继母吴氏。慈侍下。弟效良，效贤。娶彭氏，继娶周氏。顺天府乡试第九十五名，会试第一百三十四名。

　　朱润，贯河南南阳中护卫，军籍，国子生，治《书经》。字天泽，行一，年三十八，六月十七日生。曾祖凤。祖纶。父臣。母孙氏，继母刘氏。慈侍下。弟应元、应亨。娶李氏。河南乡试第六十七名，会试第一百二十四名。

　　刘浑成，贯河南汝宁府确山县，民籍，国子生，治《易经》。字廉卿，行六，年二十五，七月初七日生。曾祖鉴。祖富，赠吏部主事。父大实，前户部左侍郎。母陈氏，封安人。具庆下。兄凤成、有成。弟默成、允成、懋成。娶林氏。河南乡试第二十八名，会试第三百七十六名。

　　许偁，贯河南河南府陕州灵宝县，民籍，国子生，治《诗经》。字文夫，行二，年三十六，四月三十日生。曾祖聚，教谕，赠光禄大夫、柱国、少傅兼太子太傅、吏部尚书、文渊阁大学士。祖进，太子少保、吏部尚书、累赠光禄大夫柱国、少傅兼太子太傅、文渊阁大学士、谥襄毅。父诗，工部主事。前母李氏，母方氏。慈侍下。兄伉。弟代。娶王氏，继娶史氏。河南乡试第四十三名，会试第二百十三名。

　　雒遵，贯陕西西安府泾阳县，军籍，国子生，治《书经》。字道行，行三，年三十九，正月初七日生。曾祖寿，寿官。祖维。父昂。母张氏，继母黄氏、孙氏。慈侍下。兄远、遐。娶李氏。陕西乡试第三十六名，会试第四十六名。

李冲奎，贯直隶真定府栾城县，民籍，国子生，治《春秋》。字拱北，行三，年三十四，十二月十八日生。曾祖友。祖春。父枚。母赵氏。具庆下。兄冲霄；冲汉，知县。弟冲斗，贡士。娶赵氏，继娶郭氏。顺天府乡试第四名，会试第二百八十三名。

张崇功，贯直隶大名府大名县，民籍，县学生，治《诗经》。字惟志，行五，年四十，六月初四日生。曾祖信。祖瑾，教谕。父自东。母郭氏。具庆下。兄崇献、崇素、崇俭、崇庆。弟崇质、崇雅。娶杨氏，继娶钱氏。顺天府乡试第十二名，会试第三十七名。

戚杰，贯直隶凤阳府泗州，民籍，州学生，治《诗经》。字世秀，行五，年十九，十月二十三日生。曾祖友。祖景，封经历。父昂，经历。嫡母李氏，赠孺人；继母张氏，封孺人；生母施氏。具庆下。兄勋、煦、照、熙。弟烈、点。聘花氏。应天府乡试第九十九名，会试第二百六十一名。

丁懋儒，贯山东东昌府聊城县，民籍，国子生，治《易经》。字聘卿，行一，年三十九，六月初三日生。曾祖琏，知县。祖孔暲，知府。父尧佐，州吏目。前母陈氏，母邓氏。严侍下。弟懋官、懋赏、懋庆。娶耿氏。山东乡试第九名，会试第三百七十八名。

张磐，贯大宁前卫，军籍，顺天府平谷县人，顺天府学增广生，治《易经》。字鸿渐，行一，年三十五，六月初十日生。曾祖海。祖永。父举。前母冯氏，母邢氏。慈侍下。弟岩，贡士。娶周氏。顺天府乡试第一百五名，会试第二百八十六名。

褚钛，贯山西太原府榆次县，民籍，国子生，治《诗经》。字民威，行三，年三十三，二月十三日生。曾祖福原。祖鑛。父大全。前母李氏，母秦氏，继母贾氏。慈侍下。兄鍼、锭。弟钺、镗。娶周氏。山西乡试第四十二名，会试第二百十一名。

戴延容，贯河南卫辉府守御千户所，军籍，国子生，治《诗经》。字子涵，行一，年三十九，四月二十六日生。曾祖昇。祖贵，赠知县。父缨，盐运司同知。前母尤氏，赠孺人；母曹氏；继母张氏、王氏。永感下。弟延邵、延寿。娶陈氏，继娶徐氏。河南乡试第五十九名，会试第三百八十四名。

曾如春，贯江西抚州府临川县，民籍，府学生，治《易经》。字仁祥，行一，年二十八，十一月初一日生。曾祖时谅。祖昂，县丞，赠监察御史。父仕，监生。母袁氏。具庆下。兄如京，监生；如衢，贡士。弟如川、如皋、如卫、如台、如闽、如海。娶徐氏。江西乡试第二十七名，会试第二百四十名。

杜其萌，贯山东济南府滨州，民籍，国子生，治《书经》。字于先，行一，年三十九，四月十二日生。曾祖镛。祖景和，寿官。父勦。母侯氏。永感下。娶袁氏。山东乡试第五十一名，会试第二百十四名。

王家卿，贯河南南阳卫，官籍，国子生，治《春秋》。字应忠，行一，年四十四，八月初七日生。曾祖锐。祖绣。父稷。母杠氏，继母汪氏。具庆下。弟家民、家仁、家庆、家修。娶李氏，继娶陈氏。河南乡试第四名，会试第三百七十二名。

程文，贯江西抚州府东乡县，军籍，安仁县人，东乡县学增广生，治《春秋》。字载道，行十五，年三十六，七月二十二日生。曾祖莹。祖琼。父九万，寿官。母何氏。具庆下。兄度。弟京。娶玉氏。江西乡试第十九名，会试第一百八十七名。

刘世亨，贯江西抚州府临川县，民籍，县学生，治《书经》。字以进，行八，年三十四，六月二十四日生。曾祖继宏，赠知州。祖璥。父贡。母李氏。具庆下。娶罗氏。江西乡试第八十三名，会试第一百四十九名。

薛志义，贯山东济南府滨州，军籍，州学增广生，治《书经》。字民服，行五，年三十五，十二月初十日生。曾祖能。祖启。父梅。母郭氏，继母田氏。永感下。兄志道，省祭官；志德；志学；志忠。娶刘氏。山东乡试第二十名，会试第三百十八名。

王三锡，贯四川成都府内江县，军籍，县学生，治《书经》。字用怀，行一，年二十四，十一月初八日生。曾祖加茂。祖登云。父一阳。母赵氏。重庆下。弟廷锡、永锡、申锡。娶胡氏。四川乡试第十九名，会试第三百二十九名。

李思寅，贯广东潮州府海阳县，民籍，府学附学生，治《春秋》。字子夤，行二，年三十一，四月十四日生。曾祖大受，封监察御史。祖春蕃，典膳。父一庄，通判。母池氏。具庆下。兄思忠。弟思哲；思悦，户部主事；思惇；思成；思振；思永。娶陈氏。广东乡试第五十名，会试第三百五十名。

邓林乔，贯四川成都府内江县，民籍，县学生，治《书经》。字子桢，行一，年三十四，六月二十六日生。曾祖钦，典膳。祖九容，知县。父模。母王氏，继母刘氏。具庆下。兄重，教授；卓焕；林材，推官；林松；林栋；林槐。弟为龙、林蔚、褒、林春、林皋。娶喻氏。四川乡试第三十名，会试第一百七十名。

王用章，贯河南开封府祥符县，民籍，浙江衢州府龙游县人，开封府学生，治《易经》。字汝平，行二，年三十四，七月十五日生。曾祖善忠。祖俊。父纲。前母徐氏，母张氏。永感下。兄用化，仪宾。娶于氏。河南乡试第三十七名，会试第二百六十七名。

林世章，贯福建福州府长乐县，民籍，县学生，治《诗经》。字尚闇，行十，年三十八，正月初一日生。曾祖宗佑。祖洪。父仲甫。前母郑氏，郑氏，母陈氏。永感下。兄世和、世哲、世昭。娶黄氏。福建乡试第八十九名，会试第八十六名。

秦吉士，贯直隶广平府曲周县，民籍，县学生，治《诗经》。字子敬，行三，年二十八，十一月初一日生。曾祖福，典史。祖麟。父瀛，义官。母周氏。严侍下。兄邦彦，贡士；善士。弟国士。娶张氏。顺天府乡试第四十一名，会试第三百十六名。

梁子琦，贯直隶凤阳府寿州，民籍，州学生，治《诗经》。字汝珍，行三，年三十九，二月初四日生。曾祖得。祖铠。父槥，经历。前母潘氏，母杨氏。慈侍下。兄子璪、子璧、子琢、子瑗、子璋。弟子瑜、子璠、子璘、子瑰、子瑛。娶姚氏。应天府乡试第九十六名，会试第三百三十八名。

许光大，贯河南彰德府安阳县，民籍，府学增广生，治《诗经》。字子乾，行一，年三十二，十一月十一日生。曾祖显。祖怀，赠兵部主事。父复礼，兵部主事。母赵氏，赠安人；继母崔氏，封安人。慈侍下。弟光祖，贡士；光裕。娶李氏。河南乡试第六十二名，会试第二百十七名。

严用和，贯浙江杭州前卫，军籍，福建福州府怀安县人，国子生，治《诗经》。字礼衡，行二，年三十一，十一月初一日生。曾祖通。祖宗盛。父宝。前母丁氏，母吴氏。具庆下。兄用相。弟用楠。娶李氏。浙江乡试第八十七名，会试第一百九十六名。

罗名士，贯河南汝宁府光州，匠籍，国子生，治《春秋》。字以旗，行五，年三十四，正月三十日生。曾祖琦。祖秀。父新。前母黄氏，母陈氏。具庆下。兄名儒。弟名彦。娶谢氏。河南乡试第十一名，会试第四十八名。

贾馆，贯山东兖州府单县，军籍，县学生，治《易经》。字子业，行一，年三十八，正月二十八日生。曾祖端。祖习。父天爵。母朱氏。慈侍下。弟舒、祝。娶李氏。山东乡试第十七名，会试第二百五十九名。

李邦佐，贯河南开封府陈留县，军籍，国子生，治《礼记》。字治卿，行三，年三十五，九月初九日生。曾祖柰。祖道。父琚。母张氏。慈侍下。兄邦大；邦卫，七品散官。娶常氏，继娶张氏。河南乡试第五十三名，会试第二百七十七名。

张澜，贯山东东昌府冠县，军籍，县学生，治《书经》。字行仲，行二，年三十六，十一月二十三日生。曾祖文。祖周，赠礼部郎中。父锐。母冯氏。严侍下。兄洞，监生。弟法、沃。娶许氏。山东乡试第三十二名，会试第一百九十七名。

欧希稷，贯湖广衡州府衡阳县，军籍，府学生，治《诗经》。字子文，行二，年三十二，七月十四日生。曾祖志聪。祖均义。父世祥。母黄氏。重庆下。兄希颜。弟希夔、希范、希契、希定、希尹、希韩。娶萧氏。湖广乡试第八名，会试第二十二名。

王朝阳，贯浙江宁波府慈溪县，民籍，县学附学生，治《春秋》。字仰明，行四，年三十五，八月十四日生。曾祖暹。祖仕。父恺。母桂氏。严侍下。弟朝宸、朝岳。娶沈氏。浙江乡试第六十一名，会试第二百九十五名。

郑遇春，贯湖广荆州府夷陵州宜都县，民籍，国子生，治《书经》。字子复，行二，年三十三，九月二十五日生。曾祖瑚，寿官。祖贤，监生。父鹄，教谕。母李氏。具庆下。兄遇期、遇时。弟遇举、遇主、遇科、遇顺、遇君、遇霖、遇庚。娶陈氏。湖广乡试第十六名，会试第十七名。

吴道明，贯直隶大名府元城县，民籍，国子生，治《诗经》。字行甫，行一，年三十，十月二十二日生。曾祖端。祖钺。父敏，岁贡生。母程氏。永感下。兄道亨，监生。弟道公、道通、道东、道立、之翰、子顺、道弘。娶刘氏。顺天府乡试第一百四名，会试第三百五十三名。

周希毕，贯四川重庆府忠州，民籍，国子生，治《诗经》。字德懋，行三，年三十九，八月初九日生。曾祖全，寿官。祖庭，寿官。父易，主簿。母沈氏。具庆下。兄宪；宁，训导；希尹。弟希皋、希甲。娶刘氏。四川乡试第六十二名，会试第三百九十四名。

魏勋，贯山东青州府临朐县，民籍，山西太原府阳曲县人，国子生，治《易经》。字世卿，行一，年三十二，七月初一日生。曾祖有才。祖旺。父永泰。母赵氏。具庆下。弟杰。娶尹氏。山东乡试第七十一名，会试第三百四十四名。

王庭诗，贯陕西西安府华州，民籍，国子生，治《诗经》。字言卿，行一，年二十，八月初九日生。曾祖朝臣，义官。祖善述。父吉兆，岁贡生。母杨氏。具庆下。弟兴诗、诵诗、知诗。娶东氏。陕西乡试第四十五名，会试第三百六十一名。

池浴德，贯福建泉州府同安县，军籍，县学附学生，治《诗经》。字仕爵，行二，年二十七，十一月初十日生。曾祖宗宝。祖旻。父杨。母吕氏。具庆下。兄浴日。弟浴沂、浴云。娶傅氏。福建乡试第二十一名，会试第一百七十八名。

周良宾，贯福建泉州府晋江县，民籍，府学增广生，治《春秋》。字以尚、行二，年三十六，九月初九日生。曾祖洤，寿官。祖聪，训导。父莹中。母顾氏，继母汪氏。具庆下。兄良宝。弟良实。娶杨氏。福建乡试第四名，会试第二百四十五名。

萧遍，贯湖广承天府沔阳卫，官籍，沔阳州学增广生，治《书经》。字文明，行四，年二十五，九月二十九日生。曾祖䤲。祖环。父霞。前母张氏，母汤氏。严侍下。兄通，千户；近；迎；随。弟迪、迈、迤、逦。娶李氏。湖广乡试第四十三名，会试第三十八名。

窦如兰，贯直隶大名府大名县，民籍，府学生，治《诗经》。字子化，行一，年三十八，正月十一日生。曾祖广。祖绍。父宝。前母陈氏，母范氏。具庆下。弟如桂，监生；如芝。娶钱氏。顺天府乡试第五十九名，会试第一百九十名。

汪文辉，贯直隶徽州府婺源县，民籍，县学生，治《易经》。字德充，行一，年三十二，十一月十一日生。曾祖于福。祖城。父初。母江氏。具庆下。弟文耀。娶游氏。应天府乡试第七名，会试第三百八十一名。

陈鸿猷，贯福建福州左卫，军籍，福州府闽县人，府学生，治《礼记》。字用忠，行一，年二十五，八月十九日生。曾祖策，寿官。祖昂。父著。母林氏。重庆下。弟鸿勋、鸿休、鸿谟、鸿磐、鸿烈、鸿图、鸿章、鸿化、鸿绩。娶王氏。福建乡试第六十三名，会试第三百一名。

沈伯龙，贯浙江嘉兴府嘉兴县，民籍，府学生，治《书经》。字云卿，行一，年三十四，十二月十五日生。曾祖昂，寿官。祖琼，散官。父大礼，教谕。前母周氏，母项氏，继母屠氏。具庆下。弟孟鸿、仲鹤、叔麟、孟鹄、季凤、季鹏。娶杨氏。浙江乡试第八十一名，会试第一百十名。

李溥，贯直隶真定府定州，民籍，国子生，治《诗经》。字公甫，行一，年三十七，二月十三日生。曾祖杰。祖銮。父美。母陈氏。慈侍下。弟溱、济、涣。娶穆氏。顺天府乡试第八十三名，会试第三百六十七名。

岳凌霜，贯直隶真定府赵州高邑县，民籍，县学生，治《诗经》。字子肃，行三，年三十五，十月初三日生。曾祖著。祖和。父山。母柳氏。慈侍下。兄凌云、凌汉。娶张氏。顺天府乡试第一百七名，会试第三百五十七名。

暴孟奇，贯山西潞安府屯留县，民籍，县学生，治《礼记》。字纯甫，行五，年三十八，十一月十九日生。曾祖弘。祖景刚。父琏，寿官。母王氏。严侍下。兄孟春；孟和，省祭官；孟瑞，省祭官；孟珠，太医院冠带医士。弟孟义；孟理；孟彦，□□官；孟训；孟宪。娶靳氏。山西乡试第四名，会试第二百三十八名。

王之屏，贯直隶凤阳府颍州，民籍，州学生，治《诗经》。字汝藩，行三，年三十二，十一月初六日生。曾祖举。祖环。父崇儒。母刘氏，继母李氏。具庆下。兄之民、之居。弟之楫、之凤。娶张氏。应天府乡试第三十名，会试第三十三名。

吕若愚，贯浙江绍兴府新昌县，民籍，国子生，治《春秋》。字可明，行一，年三十五，闰六月三十日生。曾祖止。祖经训。父益宗。前母俞氏，母吴氏。慈侍下。弟若敬、若仁。娶何氏。顺天府乡试第一百二十四名，会试第二百七十二名。

施爱，贯福建福州左卫，官籍，江西抚州府临川县人，福州府学生，治《春秋》。字欲周，行十一，年三十一，六月初四日生。曾祖纶，七品散官。祖士奇，训导。父世亨。母陈氏。严侍下。兄惹、可时。弟可学，教谕；可畏；懋；虑；孝思。娶高氏。福建乡试第五十八名，会试第一百四十五名。

李纯朴，贯四川重庆府合州定远县，民籍，县学生，治《易经》。字文伯，行二，年三十五，六月十五日生。曾祖永宁，知府。祖唔，赠户部郎中。父邦表，运使。嫡母曹氏，封宜人；生母王氏。慈侍下。兄鲲、默、纯心、守一。弟纯健。娶龚氏。四川乡试第七名，会试第一百三十三名。

龚绂，直隶扬州府高邮州，民籍，国子生，治《易经》。字方来，行二，年三十五，七月初一日生。曾祖赞。祖祺。父雨。母陈氏。永感下。兄绶。娶鞠氏。应天府乡试第十一名，会试第三百九十一名。

周芸，贯湖广承天府景陵县，民籍，江西南昌府南昌县人，景陵县学增广生，治《诗经》。字用馨，行四，年二十七，八月二十七日生。曾祖天德。祖万玉。父鞿。嫡母陶氏，生母王氏。慈侍下。兄蕫、繁。娶朱氏。湖广乡试第五十七名，会试第一百七十六名。

何玉德，贯直隶保定府雄县，民籍，县学生，治《书经》。字彦贵，行二，年二十七，九月初一日生。曾祖旺。祖鲁，通判，封户部郎中。父思，都察院右佥都御史。母苏氏，封安人。具庆下。兄玉鸣。弟玉振、玉琢、玉铉、玉节。娶袁氏。顺天府乡试第五十九名，会试第九十六名。

梁问孟，贯河南卫辉府新城县，军籍，县学生，治《易经》。字尚贤，行一，年二十八，七月二十九日生。曾祖铎。祖景方。父大朝。前母郑氏，母张氏，继母张氏。具庆下。弟聘孟、宾孟。娶刘氏，继娶张氏。河南乡试第四十六名，会试第八名。

刘自存，贯河南开封府扶沟县，民籍，县学生，治《诗经》。字体心，行一，年三十五，五月二十七日生。曾祖宪，义官。祖瑞，知县。父东，府同知。母曹氏，继母安氏。永感下。兄自修，知州；自任，序班；自强，都察院右副都御史；自秀，监生。弟自养，贡士；自充，监生；自乐；自励；自警。娶马氏。河南乡试第三十六名，会试第十一名。

　　杜化中，贯河南开府扶沟县，军籍，县学生，治《诗经》。字民孚，行一，年二十七，十一月初二日生。曾祖绍，户部主事。祖孟乾，经历。父渐，监生。母范氏。具庆下。弟化醇、化光。娶刘氏。河南乡试第七十八名，会试第七十二名。

　　孙济远，贯直隶太平府当涂县，民籍，府学生，治《书经》。字承泽，行二，年三十二，六月初八日生。曾祖让，知县。祖洪。父纲，府同知，进阶朝列大夫。嫡母刘氏，生母刘氏。慈侍下。兄济美，知县。娶端氏，继娶黄氏、杨氏。应天府乡试第四十二名，会试第三百八十名。

　　赵思诚，贯山西太原府平定州乐平县，军籍，县学生，治《书经》。字汝孝，行二，年三十三，九月二十日生。曾祖子华，寿官。祖瓒，巡检。父文渊。母常氏。永感下。兄思明。弟思温、思恭、思忠。娶张氏。山西乡试第六十名，会试第一百五十六名。

　　麻永吉，贯陕西庆阳卫右所，军籍，国子生，治《春秋》。字伯贞，行一，年二十九，七月十八日生。曾祖得林。祖彪。父直，教谕。母王氏。具庆下。兄永实、永丰、永亨、永裕。弟永年、永祥、永祯。娶陈氏。陕西乡试第二名，会试第十六名。

　　戡汝止，贯四川成都府简州，民籍，州学生，治《书经》。字敬之，行一，年三十八，九月初五日生。曾祖汉阳。祖治安。父文宗。母张氏。具庆下。兄汝学、汝梅、汝砺。弟汝听、汝谦、汝选、汝达、汝成、汝信、兴禄。娶曾氏。四川乡试第三十五名，会试第一百五名。

　　孙维清，贯山西平阳府解州，民籍，州学增广生，治《礼记》。字仲直，行三，年二十四，十月二十八日生。曾祖旺。祖孝。父礼。母蔡氏。具庆下。兄维厚、维明。娶李氏。山西乡试第五十九名，会试第一百十四名。

　　陈应荐，贯山东济南府青城县，民籍，国子生，治《易经》。字惟贤，行一，年三十六，四月二十七日生。曾祖亮。祖智。父廷佐，训导。母张氏，继母曹氏。具庆下。弟应轸。娶王氏。山东乡试第六十四名，会试第一百九十八名。

　　戴记，贯广东广州府东莞县，军籍，县学生，治《春秋》。字仪周，行二，年三十八，十月初九日生。曾祖端，经历。祖盛，封礼部主事。父铣，监察御史。母袁氏，封安人。慈侍下。兄礼。弟獬、骏。娶王氏。广东乡试第七十五名，会试第六十二名。

　　邵廉，贯江西建昌府南丰县，民籍，县学增广生，治《书经》。字虚直，行五，年三十四，八月初二日生。曾祖忠杰。祖廷鉴。父明卿。前母揭氏，母王氏。具庆下。兄本。娶胡氏。江西乡试第十名，会试第二十四名。

　　高克谦，贯浙江绍兴府山阴县，灶籍，国子生，治《诗经》。字廷益，行二十五，年四十三，正月初十日生。曾祖孟端。祖銮。父文宪。母余氏。永感下。弟克诚。娶邵氏。浙江乡试第七名，会试第一百四十四名。

　　张燸，贯顺天府固安县，民籍，国子生，治《书经》。字子行，行一，年三十六，十月十八日生。曾祖拱。祖宗武。父瀛，主簿。母高氏，继母鲁氏。严侍下。娶王氏。

顺天府乡试第六十一名，会试第二百八十五名。

王一治，贯陕西西安府同州朝邑县，民籍，国子生，治《易经》。字子雍，行一，年四十九，七月二十二日生。曾祖清。祖用，主簿。父朝聘。母刘氏，继母李氏。永感下。弟大治。娶李氏，继娶张氏。陕西乡试第二十九名，会试第一百七名。

王肇林，贯山东莱州府掖县，民籍，国子生，治《书经》。字梅芳，行一，年三十五，二月十二日生。曾祖喆，寿官。祖聪，上林苑监录事。父都，府同知。母张氏。永感下。兄上林，教授；文林，长史；儒林，训导。娶朱氏，继娶李氏。山东乡试第一名，会试第五十三名。

《嘉靖四十四年进士登科录·策问》：

皇帝制曰：朕闻治天下者审所尚，夏尚忠，殷尚质，周尚文，皆圣人所以救弊之政也。周之末，文日以胜，当汉盛时，论治者已谓宜损周之文，致用夏之忠，况今去古益远，文之弊，其可弗救哉？然人情之趋于伪也，犹水之趋于下也。今欲使损文而用忠，其道何繇？士大夫者民之表也。朕于百司，屡诏以实为，谓庶几有副朕意者，徐而察之，则修政者，或徒美观听，而未能建保邦之业；献议者，或徒工词说，而未能效济时之猷；称爱民者，或饰甘言，而乏一体之心，名任事者，或张虚声，而罕特立之节。致身之义，非不知也，而鲜克尽瘁于蹇蹇。慎独之训，非不闻也，而率多惰行于冥冥。然则欲望民之还于忠也，不亦难乎？夫古之民，不赏而劝，不怒而威于铁钺，乃今士大夫且不能然，其故何也？尔诸士上下古今，必有慨于兹矣，其为朕根极弊源，与所以救之之术，详著于篇，朕将择而行焉。嘉靖四十四年三月十五日。

《嘉靖四十四年进士登科录·范应期对策》：

臣对：臣闻帝王之致治也，法天道以经时政，而后有以启天下用忠之化，肃臣纪以一众志，而后可以鼓天下效忠之心。盖君犹天也，臣与民皆覆冒于天，而惟君所率者也。天道默运于上，而化育流行之实，未始不随时令以顺其施，人君端拱于上，而化民成俗之方，未始不随世运以善其治。然君也者，主宰化机于上者也，臣也者，所以行君之令而致之民者也。欲有以更天下之化，而不先之于臣以肃其纪，则上有崇本之心，而或窒于承宜之未至，上有励化之术，而或阻于赞襄之无良，虽日以其令布诸天下，而庶官百职之近，且有泥焉而弗行者，其何以达诸四海九州之远，而妙夫推准动化之机也哉？故必法天道以运夫因时之政，而变通损益，独得夫神化之微权，肃臣纪以端夫道揆之本，而倡导率先，尤得夫驭下之大体，则纲维立而运化有机，纪法严而宣化有地。鼓舞于上，而百官庶职咸笃夫忠贞不贰之心，风行于下，而四海九州咸效夫忠顺不渝之节。奠国祚于久安长治之盛，升世道于时雍风动之麻，唐虞三代之治，不可复见于今日也哉！钦惟皇帝陛下，禀圣神间出之资，建帝王中兴之业，际乾元统天之运，膺寿考作人之符。秉一诚以格帝，而帝祉申锡于无疆，崇四德以通玄，而玄贶荐加于有永。然犹周察吏治，洞烛民隐，心运而化行如驰，令发而威动万里，盖诚登三咸五，而极千载一时之盛者。臣愚窃伏草茅，有怀欲献久矣，乃者叨有司之荐，得与大廷之对，圣问所及，特惓惓焉，首举三代选尚之宜，次及臣民尚文之弊，而欲臣等深察夫救弊之源，条陈夫用忠之道。大哉皇言！更化善治之心，见乎词矣，敢不殚竭愚衷，以对扬麻命于万一耶？臣尝闻之，《书》曰：惟天聪明，惟圣时宪。又曰：道有升降，政由俗革。盖言天之立君，所以代天而施因时之政也。又曰：惟臣钦若，惟民从乂。盖言君之得臣，所以助君而敷化民之猷者也。君代天而为之子，当以天之心为心；臣体君而为之用，当以君之心为心。君以天之心为心，其道法天而不私，臣以君之心为心，其道从君而不贰。此自有天地以来，未之有改者也。粤稽诸古，夏后氏之王天下，其道尚忠矣，所以承唐虞之后，法天道而以忠为教也。而当时文命四敷，声教四讫，以成一代尚忠之化者，岂神禹以一人之聪明，独运于上哉？惟其迪知忱恂之臣，有以体君心而协赞于下尔。至于忠弊而为野，亦其势之使然，而圣人不能逆观其变也。有殷氏之王天下，其道尚质矣，所以救忠之弊，法天道而以质为教也。而当时商邑用协，四方丕式，所以成一代尚质之化者，岂成汤以一人之勇智独运于上哉？惟其克宅克俊之臣，体君心而协赞于下尔。至于质弊而为鬼，亦其势之使然，而圣人不能逆为之虑也。周文武之王天下也，其道尚文矣，所以救质之弊，法天道而以文为教也。而当时有夏修和，天下大定，以成一代尚文之化者，岂文武以一人之明圣，独运于上哉？惟其四友五臣之贤，体君心而协赞于下尔。至于文之弊而为靡，亦其势之所趋，而圣人不能预为之所也。夫夏后殷周之世，天下之盛王也，忠质文之迭尚，天下之至治也，而补偏救弊之方，不能不因时以为之损益，推行化导之术，不能不待臣以为之赞襄。至若汉臣董仲舒损文用忠之论，盖有感于骄淫奢丽之习，而欲得乎返朴还淳之理，可谓深识乎治体者也。然则臣之所谓法天道以经时政者，庶几万世不易之常道，而所谓肃臣纪以一众志者，岂非一时宣化之要机也哉！洪惟我太祖高皇帝，承天启运，立万世之丕基。成祖文皇帝，安内攘外，缵百王之令绪。其规模之敦厚，施为之忠实，见于先民所传者，详且悉矣，臣请举其概而言之。纪纲不紊而中外有相维之势，体统有序而大小有相制之权，重邦国之本原而宗社先建，谨郡县之风化而庠序先立。取周之八法，而内有敕谕以励九卿，取唐之六典，而外有律令以布诸省。罗贤才于馆阁，非隆师重道之心乎？书《衍义》于庑壁，非稽古正学之事乎？《大诰》三编，既有以新天下之耳目，而示其劝惩，《大明集礼》一书，又有以一天下之心志，而端其趋向。以至启忠萌贤之篇，昭其度也，稽制醒贪之录，正其范也，卧碑监规之条，端其则也，资世教民之训，溥其化也，《孝顺事实》之书，植其本也，《为善阴骘》之编，发其良也。以崇理学，而人才无不正，以抑浮费，而风俗无不淳。其所以议诸朝廷，颁诸邦国，而风行于天下者，固皆确乎不贰，粹乎无疵，有成周文质适中之美，而本之有夏忠信之孚，盖信乎超越三代，而陋有汉于下风矣。一时内外诸臣，同心协德，以成一代光明之业，交欢济美，而永贻万世无疆之麻，固由我二祖天锡仁圣，而驭臣之有方，实亦一时诸臣，庆知遇之隆，秉匪躬之节，忠爱而不忍欺，寅畏而不敢欺也。今我皇上，久道成化，而殷忧愈切于日中，纯心用贤，而一念尤先于知恤。一有微能，则随材以授任，而诏爵得器使之宜，一有微劳，则因功以懋赏，而赉予极宠绥之厚。委任之专也，坚如金石，而谗间不能携其情；责成之笃也，假之便宜，而进退得以行其志。至于恩礼之优渥，盎乎如阳春之煦育，而万物咸被其光华，德意之交孚，蔼然如父子之真切，而群工乐有所怙恃。真可谓推心置腹，而相待一体者矣。而又屡诏百司，务崇实意。凡兹臣庶，咸宜以陛下之心为心，而今有不尽然者。其在卿士僚佐，岂无分猷宣力，以建保邦之业者乎？而徒美观听，罔效实绩者，未尽无也。其在侍从台谏，岂无论思启沃，以效济时之策者乎？而徒工词说，罔底实用者，未尽无也。其在百司庶府，岂无勇于任事，亮采惠畴者乎？而徒张虚声，未见特立之节者，容有之也。其在藩臬守令，岂无旬宣惠和，保安黎庶者乎？而违道干誉，本无一体之心者，容有之也。致身之义，孰不习闻于筮仕之初，而要其终也，鲜克尽瘁于蹇蹇。慎独之训，孰不夙闲于幼学之始，而究其实也，率多饰行于昭昭。臣工如是，而况四海之广，兆民之众，欲挽其文胜之弊，而返以忠悫之风，其可得哉？臣伏读圣制，有曰："周之末，文日以胜，今去古愈远，文之弊其可弗救哉？"臣又伏读圣制，有曰："欲使损文而用忠，其道何由？士大夫者，民之表也。朕于百司，屡诏以实为，谓庶几有副朕之意者，乃今士大夫且不能然，其故何也？"臣尝目击时弊，而有概于中久矣，况今清问下及，敢不为陛下陈之。夫臣者，君之辅也，法之守也，民之望也，世道之所以斡旋而转运者也。今陛下烛弊之源，炳如日月，而诸臣不能奉宣德意，以弘倡导之机；陛下救弊之勇，决如雷霆，而诸臣不能奉扬德威，以成厘正之化。兹欲使天下反薄而还忠，敦本而尚实，抑岂无其道哉？臣尝闻之，陆贽曰：汉高禀大度，故其时多瑰杰不羁之材；汉武好英风，故其时富瑰诡立名之士；汉宣精吏治，故其时萃循良核实之能。言下之系乎所率也。汉之三君，固非纯乎王道之主，然而御臣有其道，则天下之趋向随之，而况圣明在上，尤必有不疾而速，不言而喻者乎！是故今日之治，惟在陛下一转移之间尔。盖陛下之于群臣，宠之以禄秩矣，荣之以声名矣。忠信以孚其心，而疑贰不萌于念虑，礼仪以重其报，而恩施每溢于分涯。其体之已无不至，而待之已无不厚矣。然优养培植之后，不可无振扬饬励之功，而惇厚博大之余，不可无精明果锐之气。盖一于慈惠，则惠亵而不以为恩，过于宠荣，则宠加而不以为德。是故廷臣之细过，可弗诘也，而忠邪之辨当严，则不可不稽其心迹之素。言官之狂戆，可弗惩也，而事理之原当审，则不可徒徇其奏对之词。事无首尾，泛相沿及者，弗概坐焉可也，其或罔上以行私，背公而徇党，则天讨之彰，非所以正其欺欤？所见不同，本无意必者，弗过求焉可也，其或阳非而阴是，穿凿以附会，则殛罚之典，非所以惩其妄欤？诚一不贰之臣，委之腹心非过也，而恩威恒主于独断，则益以励其秉德明恤之心。笃棐效忠之士，晋之崇阶匪僭也，而仁义每见其并行，则愈以坚其靖恭体国之念。台省重任以待藩臬之良，似矣，若本无旬宣之绩，而徒贻尸素之诮者，岂宜使之涴迹于朝端？资格弗循以拔卓异之才，似矣，若外托慎重之名，而阴为钻刺之术者，岂可使之滥尘乎名器？又或间行不测之威，以慑奸宄之志，时申核实之令，以防文饰之奸。某称贤能也，必审其贤能之实，而名浮于德者，在所不容。某称劳勋也，必考其劳勋之详，而禄浮于功者，在所必黜。推而至于天下之大，四海之广，由大臣以督监司，由监司以督守令，申严乎纪律，而大起明作之功，振肃乎纲维，而痛革虚浮之弊，使天下洗心而涤志，聚精而会神。一赏罚之施也，若神明之降鉴，而以劝以惩，凛然一天威之震慑。一号令之布也，若风雨之适至，而以鼓以舞，靡然一神气之流行。譬则玄枢默运，而五纬之迭经者，旋转顺逆，随其躔度次舍而莫之违。权衡在我，而庶物之错综者，低昂轻重，任吾之调剂均节而不敢抗。是其总揽乾纲，机制物则，威命灵爽，侔乎造物，而凡纷然群生者，皆熙然其从欲者矣。将见一心所向，百辟争先，一人所指，群工效力。利在一身，而非以君父也，则不敢以私其身。事在一家，而非以社稷也，则不敢以私其家。坐而论道者，皆务调元赞化之实，而有虞庭师让之风。起而作事者，皆切奔走疏附之诚，而有王人秉恤之义。台谏之臣，诚思匡弼，而非徒炫直以沽名。省寺之臣，诚竭赞襄，而非徒虚张以饰听。位居藩臬者，竭力于旬宣，而不负专城之托。职司郡邑者，诚心于绥牧，而足纾外顾之忧。盖义以维乎其恩，则法行自近，而朝廷辇毂之下，翕然成忠直之风。威以克乎厥爱，则权不下移，而邦国甸侯之间，群然秉忠荩之念。由是而自上以达下，自近以及远，辟之手持而足行，目视而耳听，莫不流贯于元气，从令于天君，而呼吸运动，神化默成，有不知其所以然者矣。则夫仪刑观感之际，民之同有是心者，孰敢不回心而向化，风行而草偃也哉！抑臣又有献焉。朝廷者风化之原也，心者运治之本也。陛下欲使天下之作忠，亦先之以训臣而已尔，欲使臣民之式化，亦本之以纯心而已尔。仰惟陛下神明天纵，圣学日新，应帝王五百岁之昌期，而《敬一》发传心之秘，衍祖宗亿万年之正历，而纲维弘保治之规。礼乐明备，而文明之化以宣，伦制两全，而太平之象以见。盖粹乎位斯道之中，而建维皇之极者矣。则夫化导臣民之机，挽回风化之本，臣复何言也哉？但臣闻之，《书》曰：慎厥终，惟其始。盖言天道顺布于四时，常运而不息，王者法天以行健，纯一而不已。今陛下刚健文明之德，自昔有闻，严恭寅畏之心，于今愈密，固矣。然一念之危微易汩，而况九重邃密之内，天理之培养者甚难，人心之出入无时，而况一日二日之间，事几之所关者有万。向使作之以忧勤，而或乘以一时之怠忽，出之以诚笃，而或杂以一息之虚文，则本原之地，未免间隔而未融，大化之行，必有壅遏而弗达者矣。臣愿陛下终始惟一，而不杂于二三，动静有常，而无时乎豫怠。防闲于深宫独行之际，而端庄静一以凝其真，致谨于燕闲清暇之时，而缜密缉熙以联其间。将使一心之中，虚灵洞彻，感通之际，诚意交流。以此照临百官，如悬鉴以待妍媸，而忠邪之分自别，以此赏罚天下，如执度以齐长短，而劝惩之道自明。则圣德已至而益至，治道已隆而益隆，纪纲已振而益振，风俗已淳而益淳。观化在朝，而百工庶职，莫敢不一于忠矣，观俗在野，而海隅苍生，莫敢不让于忠矣。有醇朴不漓之意，而典章经制之备，旷三代而独隆，当文明大著之时，而惇庞浑噩之风，追隆古而仅见。由是而天时人事，交相契合，治运气化，交相流通，馨香感格于神明，而诸福骈臻，协气上通于皇穹，而百嘉罔遂。天德孚而王道成，天心享而至治永，亿万年无疆之麻，端在是矣！此端本澄源之道，臣愚之所拳拳效忠者也，惟陛下留神采纳，天下幸甚，臣愚幸甚。臣不识忌讳，干冒天威，不胜战栗陨越之至。臣谨对。

《嘉靖四十四年进士登科录·李自华对策》：

臣对：臣闻帝王之御天下也，必民俗之归于厚，而后可以称化中之治，必人臣之实其心，而后可以成化民之功。何则？臣者，民之倡也，民者，国之本也。国以民为本，民俗之淳漓，国治之盛衰系焉。民以臣为倡，臣道之诚伪，民俗之淳漓关焉。故为臣者之居于位也，有真德实意以施之化理之间，而不假外务以徇人，不饰虚名以窃禄，存之有实心，行之有实政，成之有实功矣。夫然后为民者之居于下也，皆至情联属，而日趋于淳厚之化。上不务外，而下亦非徒外感，上不徇名，而下亦不以名应，所蒙者有实惠，所尚者有实德，所用者有实情矣。甚矣臣民之相为联属，而为臣者之责为甚重也。夫苟不知其责之重，而罔励其心之实，则是为煌煌眩美之术，而无肫肫厚下之仁，为庸庸苟禄之谋，而无蹇蹇匪躬之节。由是虚伪成风，淳朴尽散，而凡上下之间，率皆以文相征逐，而忠实荡乎其无存矣，又何以成治化之隆，又何以副君上之心哉！故欲使斯民之尚忠，而治道之复古，要不可以他求也。探其本，固贵乎有责实之政，而论其势，又当知夫化导之机。内有是心，而外有是事，责实之政也，风行于上，而草偃于下，化导之机也。举是政，得是机，而又考核之惟明，旌别之攸当，则人人皆思黜浮以崇实，损文而用忠，可以尽返浇漓之俗，可以大回淳古之风，而圣帝明王之治，此其选矣。恭惟皇帝陛下，受箓当天，握符抚运，至诚飨帝，恭己临民。体统正而纲纪修明，号令严而赏罚必信，普天率土，莫不感激而思奋，鼓舞而乐从者。臣愚窃伏草茅，思见德化之成久矣，乃者叨有司之荐，得以与对大廷，而圣问所及，惓惓以致治为言，欲臣不崇实心而行实事，革虚伪而尽忠良，以端下民之标准，以致风俗之淳厚。臣愚实有以仰窥皇上之至意矣，敢不披沥愚衷以对。先儒张栻有曰：廷对最是直言。盖士人初见君父，此是第一步。此时可欺，则无往而非欺矣。臣愚虽无知识，诚不敢欺也。尝闻之，《书》曰：股肱良哉，庶事康哉。盖言君之致治，必得臣以理庶政，而后可以成化于天下也。又曰：惟臣钦若，惟民从乂。盖言臣之于民，其相须为甚殷，而化导为甚切也。为君者知治之有赖于臣，故秩之以位，而委任之必专，隆之以恩，而礼遇之必至，申之以令，而戒谕之必明。是非自处于逸而遗臣以劳也。盖君犹天也，百司庶府，犹四时五行也。天不言，而四时五行各宣其气，以化生乎万物，君无为，而百司庶府各效其职，以奠安乎万民，其道一也。为臣者知职之甚切于民，故帅之以正，而不敢为诡道之趋，输之以诚，而不务为声誉之美，要之以义，而不徒为旦夕之效。是非不知自逸而顾为是劳也。盖臣之职在于导民，犹之盂也，民之责在于从上，犹之水也。盂圆则水随以圆，盂方则水随以方。臣尽忠而民亦尚忠，臣营伪而民亦用伪，其机同也。尝观之司马光曰：天下之治本乎理，而风俗之善系于习。及其风俗既失，流弊既成，则虽智辩不易谕也，强毅不能制也，重赏不能劝也，严刑不能止也。自非圣人得位而临之，任贤臣而化导之，积百年之功，弗能变也。朱熹曰：百工之厘，庶事之所以康也。世道之泰，国脉之所以坚也。必人臣有法守，而后朝廷有纪纲。朝廷有纪纲，而后天下有风俗。然则人臣者，非君之所赖以图治，民之所望以观法，而风化之所由以出者乎？考之上古，治莫盛于唐虞，而臣之有实忠者，亦莫过于唐虞。故当时民俗之隆，但见其浑浑尔噩噩尔。太朴未漓，纯一未散，固不知所谓忠也，而况于文乎？迨夫有夏氏兴，而因时立政，于是始以忠为尚矣。忠可尚也，而后之不善用其忠者，不免流于野，故殷之兴也，易之以质。质可尚也，而后之不善用其质者，未免流于鬼，故周之兴也，易之以文。是皆古之圣人，随时变易以从道，所谓与民宜之者也。而要之，夏商之忠质，非无文也，文实行于忠质之内。周之文，非无忠与质也，忠质实寓于文之中。此古今称盛治者，必言唐虞，言三代也。然而所以致此者，岂尧舜禹汤文武之圣，独劳于上哉？实以当时之在位者，九官师师，五臣济美，六德允让，四哲登庸，上体君心以行实政，下端民表以敷实化，故随其所尚而有实功耳。自今日言之，我皇上寿考作人，久道成化，推心以置人心腹，开诚以任使臣僚，殆与唐虞三代之世，所以待其臣者比隆矣。故一时臣子，咸思奋励，以尽忠报国，以辅理成化，以致民俗雍熙之治，以追唐虞三代之隆，臣固乐观其盛者也。然而人心不同，智愚相越，则有不可一律齐者。故大而论道于密勿，小而任事于郎署，内而保乂乎黎庶，外而防御乎疆圉，其受职者非一人也。其间修政者，能建保邦之业，上希伊傅之惇德允元者，有之矣，宁无徒美观听，而侈文为以示经纶者乎？献议者，能效济时之猷，远宗周召之陈风纳德者，有之矣，宁无徒工词说，而繁简牍以沽忠直者乎？爱民而有一体之心，如《泂酌》所谓岂弟君子，民之父母，固多见于世也，而其口与心违，徒饰甘言以愚弄斯民者，岂尽无乎？任事而有特立之操，如《南山》所谓乐只君子，邦家之基，固恒有于朝也，而其色厉内荏，徒张虚声，以欺罔天下者，岂绝无乎？致身之义，习闻于子夏，人臣非不知也，而一临利害，辄为规避幸免之计，如诸葛亮之鞠躬尽瘁，富弼之大节难夺者，果多其人与？慎独之训，相传于子思，人臣非不知也，而一至隐微，辄为苟且放纵之非，如杨震之暮夜却金，赵抃之焚香夜告者，果多其人与？此固圣心之所洞察，而形之圣问者甚详且切也。夫我皇上，始焉申务实之令，以告戒臣工，真如风雷之鼓舞震慑，肃然其甚严也，而诸臣顾不能相砥砺，输忠悃，既有负于圣教之切。继焉出智临之哲，以稽考臣工，又若日月之容光必照，灼然其甚明也，而诸臣竟不能为文饰，为庾匿，无所逃于圣鉴之精，是诸臣者，亦何乐而为此也？盖陛下之心，以一家视天下，而在下之臣，或各自有其家。陛下之心，以一身视中国，而在下之臣，或各自有其身。惟身家之念一萌于中，故矫饰之私遂肆于外，其流之弊，不特仰焉无以副圣天子属望之心，而以此居导民之任，其所以不能成忠厚之俗者，未必非斯人之故矣。何也？盖使其以诚而临民也，则民亦以诚应之，而笃实之风兴焉，《书》之所谓协衷，《诗》之所谓日用饮食者，日渐渍焉而不自知矣。使其以伪而临民也，则民亦以伪应之，而诡谲之风兴焉，《书》之所谓灭义，《记》之所谓诬上行私者，不将日沦溺焉而罔自觉乎？信乎孙洙之言曰：在朝有《羔羊》之节，而后在野有《蟋蟀》之勤，在上有荟蔚之风，而后在下有蜉蝣之习，盖言民之必从乎上，而臣之当慎所感也。今之时，民俗之弊也极矣，直道而行其良心之素具者，虽与三代之民不殊，而习俗易移，其流风之渐被者，虽贤者亦不能自免。间有甚者，吾见其忠实尽废，而薄劣成风，要不止于文胜而已也，愈趋愈下，诚有如圣制所云者。兹欲障百川而之东，回狂澜于既倒，挽颓败之俗，而振敦朴之风，则凡我诸臣，居导民之位者，可不思所以尽其责乎？是故善医者，不视人之肥瘠，察脉之病否而已。善计天下者，不视天下之安危，察民俗之纯伪而已。苟在内服之臣，而能以圣天子之心为心，则尚忠之风行于畿甸，安知无杨绾执政，而京兆减驺从者乎？魏相当国，而廷尉省刑具者乎？所谓大臣法，小臣廉，而朝无比德，斯成其为淳庞之政也。苟在外服之臣，而能以圣天子之心为心，则尚忠之风行于邦国，安知无李膺按河东，而民不忍欺者乎？朱熹知漳州，而民不事淫祠者乎？所谓上有好者，下必甚焉，而野无淫朋，斯成其为淳庞之俗也。政美于上，俗厚于下，尚何不足以成雍熙悠久之盛，时雍迓衡之治也哉！顾今内外诸臣，或不能尽实其心，则己且未忠也，而何以作民之忠，无惑乎民俗之愈趋于伪也。臣愚仰承明问，而欲效一得之愚，以饬臣工，以风民俗，则有三言为陛下陈之，曰赏罚也，考课也，教化也。臣窃观陛下之待臣庶，有一可用之才，未尝不录，有一干法之吏，未尝不斥。甚者微劳可纪，而赍赏即为之优渥，罪恶既著，而诛戮遂有所不免，赏罚亦既行矣。臣愚则以有司奉行之未善，则赏罚之间，不有拘于常格，而不能超拔以激励人心者乎？诚于审察之下，知其人之果有异能也，则不特赏之而已，而必加以不次之荣，如黄颍川政事大治，而征为太子太傅可也。知其人之果有隐恶也，则不但罚之而已，而必加以不测之辱，如阿大夫誉言日至，而顾不免于显戮可也。是虽不能尽夫人而赏罚之，然赏一人而天下莫不劝，罚一人而天下莫不惩，要皆以忠自勉，而以伪为戒矣。朱子曰：人主恭己于上，而照临天下，有功者必赏，有罪者必刑。则人将各自矜奋，更相劝勉，以去恶而从善，而礼义之风，廉耻之俗，已丕变矣。正此之谓也。陛下之立法度也，凡吏之贤否，岁时郡县以状上之监司，监司以状上之省院，而三年一考，则主之天曹，纠之台谏，合众人之见，而殿最分焉，黜陟判焉。甚者间申诏旨，不拘常法，大计群吏之治而汰革之，考课亦既严矣。臣愚则以有司奉行之未至，则考课之际，得无有徇簿书之迹，而无核实之政者乎？诚于稽考之际，曰某也贤能，必究其所以贤能者谓何，孝廉优异，志行超卓者旌之，而善事逢迎，残民自逞者不与也。某也怠废，必究其所以怠废者谓何，贪污无节，废时失事者黜之，而悃愊无华，俭素简约者不去也。由是名实辨，而人莫能以容其奸，黜陟公，而人自无所肆其伪，要皆以忠自勉，而以伪为戒矣。司马氏曰：贤而进之，不徒论功□□□而必考其素履之安，否而退之，不徒□□□人言而必考其心术之微，则真才可得，而用智者不售其欺矣。正此之谓也。至于教化也者，尤为图治之要机，而不可一日不讲者也。当今之时，国有监，乡有学，典教有师儒，督学有宪臣，况我皇上躬行仁孝，心纯敬一，端道揆于上，而示法守于下，教化亦既行矣。然而文华日胜，实学渐漓，士习之坏，实有可慨。进身庠序之时，即以富贵功名为念，则登名仕籍之日，焉能有忠君爱国之心？是当申饬学校之官，文艺固有可取矣，而德行之优长者，尤必特为甄录，明经固有足嘉矣，而节义之是尚者，尤必特致褒崇。夫如是，则人皆敦本而抑末，尚忠而戒伪矣。罗仲素曰：教化者，朝廷之先务。廉耻者，士人之美节。风俗者，天下之大事。朝廷有教化，则士人有廉耻，士人有廉耻，则天下有风俗。正此之谓也。夫是赏罚也，考课也，教化也，三者皆大务也。教化行于未仕之先，所以培养其忠实之本。名实赏罚行于既仕之后，所以益端其忠实之趋。如是而有不尽忠以事上，务实以导民者，臣知其必无矣，况圣天子笃恭以刑百辟，贤宰执敦信以佐万几，则贾谊之四维，陆赞之王术，范仲淹之所谓端好尚，程颐之所谓正人心者，不将兼举而无遗乎？虽然，臣又有说焉。天下之忠伪固当严其辨，而一心之忠伪尤当慎其防。诚欲防闲乎此心，亦惟省察克治而已。我陛下身履神圣之极，而尤时切修省之怀，固将以极诚无妄之道，而建臣民之极矣。臣愚仰体陛下更化善治之衷，教戒臣民之念，则愿陛下益检此心于宥密之地，而不忘夫敬一之真。由是使在下之臣，观感既深，而省悟自切，忠诚之有素者，将益效于蹇蹇，而此心之少有未实者，亦革故而鼎新。凡致身之义，慎独之功，匪徒知之，亦允蹈之，而保邦之业，济时之猷，爱民一体之心，任事独立之操，胥此出矣。何也？士大夫者，民之表也，而陛下则又臣工之表也。表正则影随，理实有相须者，而岂容不慎也哉！臣愚仰被作成之化，亲承咨访之勤，而实深有憾于文胜之弊，故自忘其陋，而敷陈若此，倘得留神采纳，亦庶几乎转移风化之一机也。冒干天威，无任战栗之至。臣谨对。

《嘉靖四十四年进士登科录·陈栋对策》：

臣对：臣闻帝王之以道经世也，操损益之权于其上，而后有可久之治，责真实之政于其下，而后有共济之功。夫道原于天，固历万世以无弊，然及其行之既久也，而不有以维之则易穷，补其偏而救其弊，司化者之责也。圣人观时势之会，酌古今之宜，于是乎有变通之政而道揆之，宰于上者，自日运而不穷。政出于君，固合万民以观化，然方其习之已成也，而欲有以变之则难从，行其令而致之民，承宣者之事也。圣人立臣民之极，察向背之由，于是乎有责实之政而法守之，遵于下者，自共济而不偏。盖上之化下也有机，而下之从上也贵实。上之人不狃于习尚，而预识其机，下之人不事于虚文，而务图其实。上下一心，如一元之为运，而五行迭布以成功，华实并茂，如太素之为体，而五采章施以为美。帝王之所以移风易俗，而成久安长治之业者，端不外于此也。钦惟皇帝陛下，资亶神圣，位作君师，应五百岁之昌期，而曰敬曰一，有以接帝王道统之传，承亿万年之历数，而建极建中，有以发祖宗心法之秘。恭默通于天载，声教布于海隅，嘉靖万邦，四十有四年于兹矣。臣愚也贱，幸际陛下久道之所成，寿考之所作，乃叨有司之荐，恭承大廷之问。首稽三代之所尚，而独慨文胜之易趋，继察损益之所繇，而深责群工之无实。臣仰知陛下欲追粹古之隆，挽当今之弊，甚盛心也。臣固日用而不知者，何以仰答清问之万一乎？顾闻之，农夫劳力而君子养焉，愚者图策而知者择焉。若是，则臣乃可以言进矣，敢不披沥衷恫以对。伏惟圣制有曰："治天下者审所尚。夏尚忠，殷尚质，周尚文，皆圣人所以救弊之政也。周之末文日以胜，当汉盛时，已谓宜损周之文，致用夏之忠，况今去古益远，文之弊其可弗救哉！然人情之趋于伪也，犹水之趋于下也，今欲使损文而用忠，其道何繇？"陛下言及，此社稷之福也，天下臣民之幸也。夫世道有污隆，习俗有升降，而其机皆系于上之所尚。圣人治天下，必审所尚，以一斯民之耳目，以为子孙之凭借。则夏之忠，商之质，周之文，固宜传之万世无弊也。其初，竭心思，立法制，远稽之古，近参之今，则夫忠之易至于野，质之易至于鬼，文之易至于史，圣人岂不知之，而顾以贻后世纷更之为也？噫，势也，圣人亦末如之何也，顾其所以转移变通者，存乎后之人何如耳。夫忠之与质，非有二也。先儒有谓，忠则浑然诚悫，无质可言。是上世之政，可以世守也。周继二代之后，循之亦足为治，而何必于文之也。及观之孔子曰：周监于二代，郁郁乎文哉！则周之所尚，似若一于文。夫臣则以为，孔子所赞之文，即先进之文，文而得中者也。曰监于二代，则夏商之忠质，在周已兼之矣，非若末世之一于文，利而巧，文而不惭者也。文而至于胜焉，孔子岂从之哉！《表记》曰：周人近人而忠焉。则周之所尚，非一于文，可知也已。判而为春秋，分而为战国，文之弊也极矣。当汉盛时，高帝除弊政，孝文躬节俭，其庶几忠质之余风乎！然而繁文渐盛，古道日漓，识治之士，惧其流而不可挽也，时有董仲舒者，惓惓于三策之陈，欲其损周之文，致用夏之忠。夫周之文，乘百王极弊之会，而损益之者也，兹又损之者何？盖欲损其末世之所趋，而进之文质彬彬者也。譬之暑谢寒代，夏葛冬裘，天时人事，自有不得不然者。仲舒之意，其即孔子从先进之意乎！惜乎，雄才大略之主，既无以察其机，弘羊卜式之臣，又无以崇其实。缙绅不惮为诈，吏民相胥为奸，风俗凌夷，而竟莫之返也。唐宋以下，又甚矣。洪惟我国家，当革鼎之始，际剥复之余，硕果不食，真精再完，若一开辟然，此文复为质之机也。而我太祖又以敦朴先之，如床碎镂金，服御澣濯，隙地种蔬，农家进食，何其俭约之若此也！当其时，天下化之，文具省而实意多，道德一而风俗同，所谓太和元气之会，未凋未琢之天也，而三代不足言矣。列圣相承，重熙累洽，而我皇上又以浑厚培之。训诰频仍，诏旨谆切，冗费裁革，玩好不留，忠也质也，兼而用之者也。圣明之好尚，岂非一时之规画乎？凡我臣工，涵育于纪纲振作之中，熏陶于恭修玄默之治，固宜黜嚣浮之习，而进之唐虞之盛矣，况一心所欲，百体争趋，一人所命，四海向风，焉有上之人所好在此，反违其所令也。乃今观之，天下文极矣。庶民之家，兢以奢侈相尚，而尊卑贵贱之无制，冠昏丧祭之逾度，岂无如贾谊之言于汉文者乎？礼失而采，乐失而淫，岂无如严安之言于汉武者乎？好文而益偷，饰诈而相高，岂无如苏子之论于宋时者乎？风俗至此，骎骎乎不如国初之旧矣。昔尧有天下，而晋阳之民被其余俗，千有余年，而《蟋蟀》所咏，至今犹可想其忧深思远之风焉，如此乎圣化之远也。今圣人在上，奚啻尧德，而中外之民，又其所亲炙而熏陶者，乃其风俗，大有异于《蟋蟀》，岂圣人之化，能被于千万世之后，而不能加于一世之近耶？臣尝深思其故矣。盖唐之风所以万世称淳者，非尧之自为也，忠信之长，慈惠之师，有以体其德意而奉行之也。如舜之温恭，如禹之勤俭，其他教稼穑，明人伦，治山泽，典五礼，司五刑，所以经纶世道者，又莫不有真实之心，以行于其间。以实心建实业，夫是以观其化者，有时雍之美，熏其德者，有可封之俗，而浑浑噩噩，至今为烈也已。夏商周所尚，若循环然。其初之所以政平俗美，而诈伪不生，士朴民纯，而趋向有定，亦非上之人自为也。有禹汤文武之君，而又有禹汤文武之臣，倡率之于先，遵守之于后，兹三代之民所以不易而化也。然则今之习尚，其故可知也已。士大夫者，民之表也。君陈能敬典，则时罔不变，嘉宾有德音，则视民不眺，《诗》《书》所载善俗之由，譬之表正则影端，理固有必然者。陛下屡勤诏旨，而文胜之弊，乃未能尽厘其旧，无亦有司奉行者之未实耶？内之拱卫社稷，外之旬宣邦国，固必有实心以修政者矣，然或徒美观听，而未能建保邦之业者，亦容有之乎？近之台谏建白，远之抚按纠劾，固必有实心以献议者矣，然或徒工词说，而未能效济时之猷者，亦容有之乎？膺民社之寄者，岂无循良之吏，然或饰甘言而乏一体之心，则爱民者未必其实也。当利害之冲者，岂无果敢之才，然或张虚声而罕特立之节，则任事者未必其实也。背公徇私之臣，鲜克尽瘁于蹇蹇，则致身之义，亦徒知之，而非实于忠君者也。诈善掩恶之辈，多惰行于冥冥，则慎独之训，亦徒闻之，而非实于行己者也。凡我臣工，其所以为民表者，诚有愧于唐虞三代之臣矣。表之不立，民何以观？而欲其同于唐虞三代之俗也，不亦难乎？此所以厪陛下之虑也。夫人情之趋伪，如水之趋下然，不重有以堤防之，不可也。臣请陈六事以备采择。一曰抑侥幸。昔张释之谓，啬夫以口辨而超迁，恐天下从风而靡，所以贵实也。今之以口舌得官者，徒文具亡实，国将何赖焉？其必重惜名器，而主司之奖拔，求无幸进，铨曹之升擢，求无幸位，监司之保举，求无幸荐，则射名干禄之士，庶可以少息耳。二曰崇俭素。昔子产治郑，大人之忠俭者，从而与之，泰侈者，因而毙之，所以示朴也。今之以富贵夸尚者，徒耗费无节，后将何继焉？其必定为经制，而冠服有式，逾式者罚。宴享有时，不时者黜。馈送有礼，无礼者免。则伪采淫泰之风，庶可以少衰耳。三曰审国是。夫言官之论列，劝惩系焉，诚得其实而上陈之，岂非耳目之所赖哉！而毁誉之私，则不可徇也。某人可劾，必稽诸舆论之所共弃者何如。某事可刺，必考诸平日之所制行者何若。此而不实，非综核之真也，得无有以魏了翁而为伪君子者乎？四曰慎民牧。夫守令之廉靖，风化关焉，诚得其人而久任之，又何习尚之不正哉！而贪鄙之行，则不可纵也。暮夜之金公行，而官箴何在？私橐之充未已，而民隐罔知。此而或容，非勤恤之实也，得无有惜一家哭而致一路哭者乎？五曰重德行。夫学校为贤士之关。今者文学彬彬然进矣，而豪俊之士，困于章句，恬退之士，遗于荐辟者，尚多也。诚不专以科举，间行以征聘，则天下之真才出焉。叔度汪洋，见者自消鄙吝，此不可以为挽回风俗之一助乎？六曰肃近僚。夫京师为首善之地。今者百僚师师然布矣，而托安静之名，以尸厥官，徇党与之私，以图己便者，尚多也。诚不安意于苟且，务砥砺乎名节，则天下之表仪树焉，杨绾清正，闻者皆减驺从，此不可以为转移世道之一机乎？凡此皆救敝之权宜，而诸臣奉行者之所当实也。伏读圣制有曰："夫古之民不赏而劝，不怒而威于铁钺，今士大夫且不能然，其故何也？"臣读斯言，抑岂惟陛下疑之，臣且惑之矣。夫有所为而为善，则其善必不诚。有所激而为忠，则其忠必不尽。且观势达变，机存乎上者也。奉公守正，责存乎下者也。欲尽其责，而犹待于赏威之施，非忠臣也。今欲追夏商之忠质，而定万世不易之守，亦在乎臣工之自致其实而已矣。虽然，所以劝臣者有本焉。昔者董子之告其君也，有曰：正心以正朝廷，正朝廷以正百官，正百官以正万民。臣以是知群臣者，民之表也，臣心之诚伪，固民俗之所由以淳漓。大君者，臣之主也，君心之邪正，又臣工之所视以为则效，其机捷于桴鼓，神于风草，不可不审也。仰惟陛下，《敬一》有箴，四箴有注，则至诚无息之道，固已养之豫而守之恒矣，正心之论，似无待于芹曝之陈也。然陛下始以董子之言为问，臣则以董子之言为陛下进。夫中心为忠，无隐显无彼此而纯然者也。臣事君以忠，推而至于一念之微，一事之著，无一毫之不可知于君，则官箴肃，而斯民之表帅端焉。陛下处己以忠，推而至于宫阃之深邃，庙廷之对越，无一毫之不可知于天，则皇极建，而百辟之仪刑具焉。将见由朝廷以及百官，由百官以及万民，相率而为忠厚，即有挟诈怀私，侈靡相竞，莫不曰圣天子之所好尚若何？贤公卿之所遵守若何？而敢自处于偷薄为也？风淳俗美，不令而行，不禁而止，吏亡奸邪，民无僭越，德润草木，化被方外，虽与唐虞并隆可也，而何三代之足云哉！臣狂瞽之言，刍荛之见，不识忌讳，无任战栗陨越之至。

赵奋中本科进士，掌教郡庠。姜准《岐海琐谈集》卷三："闽中赵奋，成嘉靖乙丑进士，掌教郡庠。莅任后通试诸生，语人曰：'余阅诸生之文，将来无一可中式者。'或以上科甲子荐乡书者凡四人告，赵曰：'试识吾言，无爽也。'逮后连停六科，寂尔无闻。至万历乙酉，张阳春登榜，连捷登乙未会科，赵亦明于知人矣。升宁波司理，终湖广学宪。"

新科进士王鉴知济南武定州。赵用贤《松石斋文集》卷八《太仆卿王先生传》："太仆王先生者，讳鉴，字汝明。……乙丑，始奏对大廷，举二甲高第。是时冢宰安阳郭公言：知州须用进士，庶知自好，民不病墨。诏知州与部署平选，先生遂得济南之武定州。"

四月

吏部尚书严讷、礼部尚书李春芳并兼武英殿大学士，预机务。《明鉴纲目》卷六："纲：夏四月，以吏部尚书严讷，礼部尚书李春芳，并兼武英殿大学士，预机务。目：袁炜去后，徐阶当国，屡请增阁臣，故有是命。（帝春侍直诸臣厚，凡迁除皆出特旨。春芳自学士至柄政，凡六迁，未尝一由廷推。）"

袁炜（1508—1565）卒。吕本《光禄大夫柱国少傅兼太子太傅户部尚书建极殿大学士赠少师谥文荣袁公墓志铭》："按公状，讳炜，字懋中，别号元峰。其先出自汉太尉安之孙遇，避乱居句章之南乡，即今所居三峰也。""嘉靖丁酉（1537）举乡试第一。明年会试第一，廷试卷呈上览，已批第一，中言边将事过直，文华读卷后，易置第三，授翰林院编修。是年端居公卒，守制还，用礼襄事，癸卯（1543）起复。甲辰（1544）同考会试，乙巳（1545）充纂修会典官。丁未（1547）充唐府册封副使，尽却所馈遗，唐王改容礼之。己酉（1549）九载秩满，迁侍讲。辛亥（1551）公以疾赐告归，丁继母张夫人忧。乙卯（1555）起复，八月主顺天乡试，十月上简词臣撰文，公在列。上见公所为文独称善，遂有袭衣白金之赐。十月命代拜文华殿先圣先师。丙辰（1556）二月，内阁以公资序深，题掌南京翰林院事。公上疏，愿留供文撰，上嘉悦，擢为侍讲学士，寻命陪祀帝社稷。四月上特进公礼部右侍郎，兼原官。丁巳（1557）八月进太子宾客兼学士，赐仙鹤一品服。己未（1559）三月三载秩满，进阶通议大夫，诰封二代，荫子大轮为国子生。庚申（1560）八月转礼部左侍郎。十月赐飞鱼服。二三载间，公之荐历清华，皆出自圣衷。辛酉（1561）二月，改吏部左侍郎。……适上于吏部题缺疏中，进公太子少保礼部尚书翰林院学士，越五日召入直。……皆殊特之恩，前此所未有也。……五月分献北郊，十一月分献南郊。礼成，疏请祈雪，上谕谓公敬顺天时，达礼成性，加太子太保户部尚书武英殿大学士，同介溪严公、存斋徐公内阁办事。……（甲子，1564）八月，特加少傅，兼太子太傅建极殿大学士尚书如故。建极殿乃上新制，首以授公，令中书赐敕行。""公才识博洽，问学渊奥，辨析疑义，河悬冰解，援笔千百言立就。为诗文富丽庄重，卓然成一家言。所著有文若干卷，诗若干卷。娶管氏，累封一品夫人。有淑行，无出，立从侄大輗、伯兄仲子大辂为嗣。公卒于嘉靖乙丑年四月某日，距生正德戊辰十月十八日，享年五十有八。"《静志居诗话》卷十二《袁炜》："永陵自壬寅（1542）宫婢之变，即移御西苑万寿宫，不复居大内。先是嘉靖二年四月，太监崔文等于钦安殿，修设斋供，请驾拜奏青词，此金箓青词之萌芽也。其后斋醮日盛，一时词臣，以青词受宠眷者甚众，而最称旨者，莫若袁文荣炜、董尚书份。如世所传醮坛对联云：'洛水元龟初献瑞，阳数九，阴数九，九九八十一数，数原于道，道通元始天尊，一诚有感；岐山威凤两呈祥，雄声六，雌声六，六六三十六声，声闻于天，天生嘉靖皇帝，万寿无疆。'此则文荣所撰也。时禁中有猫，微青色，惟双眉莹洁，名曰霜眉。善伺帝意，帝甚怜爱之。猫死，命以金棺葬万寿山，荐以斋醮文。荣撰词，有'化狮为龙'语，因题碑曰虬龙冢云。王秀才逢年上文荣书曰：'阁下以时文发甲科，以青词位辅相，安知世有所谓古文者哉？'快意之言，然未免直而无礼矣。"

大学士徐阶一品十五年考满，授上柱国，荫尚宝司丞。（据《国榷》卷六十四）

淑浦教谕李瑛岁贡，为大理寺右评事。（据《国榷》卷六十四）

六月

改进士陈经邦、王嘉言等二十八人为庶吉士。令今后工部司属，吏部一体慎选。《明世宗实录》卷五百四十七：嘉靖四十四年六月，"丁亥，改进士陈经邦、王嘉言、李存文、周子义、陈懿德、韩楫、陈行健、何洛文、戴洵、吴学诗、沈鲤、张秩、杨允中、钟继英、林偕春、管大勋、王玺、沈渊、王弘海、许国、王湘、李良臣、成宪、高启愚、杨一桂、陈思育、严用和、麻永吉俱为庶吉士，送翰林院读书。工部尚书雷礼等奏：工部职衔供用与司官营建事多，多与权势相厄，而钱粮出入易以起谤，故人不乐为之属，铨司亦每以进士有疵议及举人补之。乞敕吏部，于进士中择志行端洁年力精壮者升授，著有成绩，量于京堂官内优叙，以励其余。上是之，曰：兵部所理，皆朝廷之事，今后工部司属，吏部一体慎选，有成绩者，量加优叙。""何洛文"，《明实录》原文漏"文"字。徐阶《世经堂集》卷二十《规条·示乙丑庶吉士》："一、……诸士宜讲习《四书》、《六经》以明义理，博观史传，评骘古今以识时务，而读《文章正宗》、《唐音》、李、杜诗以法其体制，并听先生日逐授书稽考，庶所学为有用。其晋、唐法帖，亦须日临一二幅以习字学。二、每月先生出题六道，内文三篇、诗三首。月终呈稿斤正，不许过期。初二日、十六日，仍各赴内阁考试一次。"

七月

升礼部右侍郎高仪为本部左侍郎、太常寺卿，管国子监祭酒事。（据《明世宗实录》卷五百四十八）

蔡汝楠（1516—1565）卒。董份《明通议大夫南京刑部右侍郎白石蔡公墓志铭》："其先上蔡人，宋迁都，而秘书郎源者扈车驾抵浙，因徙德清家焉，遂为德清人。""公名汝楠，字子木，号白石，生正德囗（十一）年十月初六日，卒嘉靖四十四年七月三十日。""年十八举进士，为行人。……自行人为郎凡十二年所，而转归德守。……以母忧去，起而得衡州。……自衡转四川副使，以父且老乞终养，不报，又转江西参政，再乞养不报，竟以父忧去，又转山东按察使，江西左右布政使，晋都察院副都御史，河南巡抚。……又晋兵部右侍郎，掌京营，理戎政。……徙南刑部右侍郎（据茅坤《行状》，当为南工部侍郎）"卒。"始其于诗喜鲍谢，多拟齐梁，如珠玑错陈，藻绘在目，外无遗景，内无乏思，亦天下美丽之极矣。而公顾耻其雕刻，晚节声律益平，与钱、刘并驱，高、岑接踵，然要之精诣各有至者。文亦力追古昔，成一家言，引绳墨，切事情，春容雅醇，有足观览。今所著《自知堂稿》七卷，《枢筦集》若干卷，《白石文集》八十卷，嗟乎多矣哉！称才子不虚哉！然公生八岁，则其父尝携之大儒湛先生帷中，见先生论道辄首肯，其天性固有合也。及仕而与江西邹先生、罗先生、吾师唐先生益质微言，究指趣，学遂日进。观别著《五经札记》，足明其潜心于道矣。即未及公所至，而向令不死，其学当何如哉？悲夫！"

八月

改礼部左侍郎高仪为吏部左侍郎兼翰林院学士，教习庶吉士。（据《明世宗实录》卷五百四十九）

九月

升刑部侍郎钱邦彦为南京刑部尚书，礼部右侍郎陈以勤为本部左侍郎，南京吏部右侍郎潘晟为礼部右侍郎，南京光禄寺卿徐养正为南京户部右侍郎，翰林院侍读学士胡正蒙为太常寺卿，管国子监祭酒事。（据《明世宗实录》卷五百五十）

诏取武举九十人，赐宴于中府，命辅臣严讷主席。（据《明世宗实录》卷五百五十）

前南京刑部尚书顾应祥（1483—1565）卒。应祥字惟贤，长兴人，弘治乙丑进士。授饶州推官，迁锦衣卫经历。历广东兵备佥事，平寇。擢江西副使，至尚书。嗜书，无所不窥，尤喜《九章》《勾股法》，谓能以人法穷天巧。赠太子少保，赐祭葬。（据

《国榷》卷六十四）《静志居诗话》卷九《顾应祥》："顾应祥，字惟贤，长兴人。弘治乙丑进士，累官南京刑部尚书。卒，赠太子少保。有《崇雅堂集》。尚书仕不废学，含经约史，维日孜孜。其在滇藩刊草庐吴氏《尚书纂言》，万里遗书郑端简，以序文商榷。手迹予及见之，端简为涂乙数语，并疏大旨于简端，本今藏予家。集中诗不无芜累，王元美许其似白太傅，亦微辞也。"《四库全书总目》著录顾应祥《人代纪要》三十卷、《南诏事略》一卷、《测圆海镜分类释术》十卷、《弧矢算术》一卷、《惜阴录》十二卷。《惜阴录》提要曰："此书乃其致仕以后所作，时年八十有二矣。自序谓古今人物之贤否，政治之得失，笔之于册。前数卷论理、论学诸篇，皆主良知之说。首附录《礼论》一篇，盖嘉靖初议大礼时所作。其说欲但尊以天子之号，而别立一庙，与桂萼初议相同。其论曾为王守仁所取，故弁于首卷。盖守仁于大礼亦以张、桂为是也。《明史·艺文志》列之儒家。然其中颇及杂说，不专讲学，今改入杂家类焉。"《明诗纪事》丁签卷十录顾应祥诗二首，陈田按语云："吾黔安庄白水瀑布不减庐山三叠，尚书官滇藩时，取道于此，有句云：'青天作雨千蛟舞，白日行空万骑屯。砰动雷声山欲裂，撼摇坤轴地应翻。'差足得其仿佛也。"

罢太常寺少卿陆光祖。以御史孙丕扬劾其任文选郎中时窃柄自恣：如国子助教任贤升凤阳同知，命下，私改扬州；惮侍郎朱衡之察，出之南部；护同年任惟钧等。吏部言光祖性褊，宜策励供职。上不听，勒令闲住。（据《国榷》卷六十四）

十月

海瑞上疏"请直言天下第一事"。王弘诲《海忠介公传》："已升户部主事。时肃皇帝恭尚玄修，大小臣工，率勉强道服从事。公慷慨上言天下大计，谓：'今日君道不正，臣职不明，欲洗数十年君道之误，则莫如以尧、舜、禹、汤之治责君；欲洗数十年臣道之误，则莫若以皋、夔、稷、契之辅责臣。'疏凡千馀言，多慨激。"

升左春坊左谕德林树声为太常寺卿，管南京国子监祭酒事。（据《明世宗实录》卷五百五十一）

十二月

故大学士翟銮谥文懿，赐祭葬。其子汝忠疏请。上念其质直。（据《国榷》卷六十四）

本年

顾元庆（1487—1565）卒。《四库全书总目》著录顾元庆《云林遗事》一卷、《瘗鹤铭考》（无卷数）、《夷白斋诗话》一卷。

许应元（1506—1565）卒。侯一元《广西右布政使许公应元墓志铭》："嘉靖乙丑茗山许公卒。……得年仅六十，悲夫！"嘉靖壬辰（1532）进士，除泰安知州。改泰州，征授刑部员外。历郎中，出为夔州知府，迁四川按察副使，改广西，进布政使。"所著曰《水部稿》，曰《陭堂稿》，所撰次曰《春秋内传列国语》，曰《史记抄》，曰《汉语》，今若干卷。"《千顷堂书目》著录许应元《春秋内传列国语》、《史隽》和《陭堂摘稿》十六卷。

程嘉燧（1565—1643）生。（卒年据公历标注）《列朝诗集小传》丁集下："嘉燧字梦阳……癸未十二月，梦阳卒于新安，年七十九。"嘉燧字梦阳，休宁人，侨居嘉定。与娄坚、唐时升、李流芳并称"嘉定四先生"。有《松圆浪淘集》、《偈庵集》、《耦耕堂集》。

顾起元（1565—1628）生。顾起元名顾培，以字行。又字太初，号邻初。万历戊戌（1598）进士。官至吏部左侍郎。卒谥文庄。有《客座赘语》、《懒真草堂集》等。

孙慎行（1565—1635年）生。（据张惟骧《疑年录汇编》卷七）

明世宗嘉靖四十五年丙寅（公元 1566 年）

正月

徐阶请考补四夷馆译字生，从之。时鞑靼、女真等馆止译字官四人。回回、西番、高昌、八百等馆仅教师一二人，亡子弟。西天等馆教师没。缅甸馆师生并绝。（据《国榷》卷六十四）

二月

礼部议上考选译字生十一事。诏允行。《明世宗实录》卷五百五十五：嘉靖四十五年二月辛巳，"礼部议上考选译字生十一事。一、考选世业子弟，以番文定其去取；一、各生赴考，先自报已通、未通二等，未通者限年二十五岁以下，审验得实，取其分数多者作养，已通者不必限年，必积熟然后入选；一、教师妄保者，许各生面诉坐罪；一、往年请托成风，以致当事者引嫌自避，久不举行，宜严禁；一、临考时杂取汉文三十字，令译番文，各馆教师先将底本送部，以凭验对，卷皆弥封校阅；一、考题各按九馆所习番汉文就中摘出，其名数之多寡，视馆事之繁简，或一馆无人习学者，则取他馆有馀之数补之，令其改习；一、送馆之后行提督官如例季考惩戒，其有终难策励者，径请罢革。至于三、六、九年会考，照例食粮、冠带、授职，其三年不中者，重加责治，姑容习学。又三年不中者，黜退为民。其食粮三年不中者，亦行黜退为民。其冠带三年不中者，令冠带闲住三年。会考例有黜陟，人数渐少，宜以六年为率，每考取二、三十人补之。会考之期，严查在馆各生，若无故给假至三月以上，已食粮者住支，未食粮者令补足前旷，方许送考。至于丁忧起复者，亦必扣满三年，不许与廷试、岁贡同考；一、官生不得营求差遣，旷废本业；一、缅甸馆师生俱已故绝，宜行该镇巡官多方访补。诏允行。"徐阶《世经堂集》卷七奏疏《岁考通事官生》："臣等行据鸿胪寺送到各馆通事人员，除公差、丁忧、给假、养病等项未考外，见在通事署丞等官雷遇春等，共五十二员名，通行当堂出题，严加考试，弥封各卷，分别等第，拟议上请，合候命下：一等，百夷等馆署丞等官雷遇春等四十九员名，夷译精通相应，令其在馆照旧供事。二等，朝鲜等馆候缺通事郭文铨等三名，夷译略通，合请明旨，容臣等径自责治，姑令习学以图后效。……臣等窃惟通事之设，上以宣明华夷一统之分，下以侦察来夷诚伪之情，必须谙习其声音，而后能周知其意向，比之译字官生，原不相同。盖译字以能译其文为业，而通事以能通其语为职者也。节年相承，必试以字者，良以声音易混而字画有迹，可以旌别耳。然夷语有音而或无其字，译书有字而未尽其音。且今考试题字，只依各夷译书，而夷考其书，本以中国之人审问夷语，既未能无误，而自该边或本国转相抄写，亦不免渐失其真。今虽所试字画尽无讹谬，终不适用，徒为弥文。所据各馆通事官生，固不在能译其字而已。……合无于各馆中视人数多寡，抢选年深通事、了晓夷语者一二人立为教师，不分有无夷人，每日黎明时进馆，督率各馆通事人等，演说夷语。……每月朔望，教师引领生徒，将所习译书抽试数字，夷语演说一遍。……本部季考及三年通考之时，必合字与音，相兼考校。其补缺食粮、冠带、授职事宜，仍俱遵照本部嘉靖二十五年、二十六年题奉钦依事例施行。如此则人有定志，而不负乎作养之恩；官不虚设，而亦可裨怀柔之典矣。奉圣旨：'是。这所议事，宜依拟行。'"

世宗得海瑞疏大怒。逮海瑞下诏狱，寻移刑部论死。《明鉴纲目》卷六："纲：丙寅四十五年，春二月，下户部主事海瑞于狱。目：帝久不视朝，专意斋醮，廷臣自杨最、杨爵得罪后，无敢言者。至是，瑞独上疏论之。（略曰：陛下即位初年，敬一箴心，冠履分辨，天下欣然望治。未久而妄念牵之，谬谓长生可得，一意修玄，二十余年。不视朝政，法纪弛矣。推广事例，名器滥矣。二王不相见，人以为薄于父子。以猜疑诽谤，戮辱臣下，人以为薄于君臣。乐西苑而不返，人以为薄于夫妇。吏贪官横，民不聊生，水旱无时，盗贼滋炽，陛下试思今日天下为何如乎？古者人君有过，赖臣工匡弼，今乃修斋建醮，相率进香，仙桃天药，同词表贺，建宫筑室，则将作竭力经营，购香市宝，则度支差求四出。陛下误举之，而诸臣误顺之，无一人肯为陛下言者，谀之甚也。自古圣贤垂训，未闻有所谓长生之说。陛下师事陶仲文，仲文则既死矣，彼不长生，而陛下何独求之？诚一旦翻然悔悟，日御正朝，与诸臣请求天下利病，洗数十年之积误，使诸臣亦得自洗数十年阿君之耻，天下何忧不治？万事何忧不理？此在陛下一振作间而已。）帝得疏，大怒，抵之地，顾左右趣执之，无使遁。宦官黄锦在侧曰：'闻此人上疏时，市一棺，诀妻子，待罪于朝。童仆亦奔散无留者。是不遁也。'帝默然。少顷，复取读之，为感动太息，留中者数月，曰：'此人可方比干，第朕非纣耳。'会帝有烦懑疾，召徐阶议内禅，因曰：'海瑞言俱是。朕今病久，安能视事？'又曰：'朕不自谨惜，致此疾困。使朕能出御便殿，岂受此人诟詈耶？'遂逮瑞下诏狱论死。狱上，阶力救，奏遂留中。"

三月

丁未，升工部右侍郎张守植为本部左侍郎，顺天府府尹徐纲为工部右侍郎，总督南京粮储，右副都御史陈其学为户部右侍郎，左春坊左谕德兼翰林院侍读汪镗为国子监祭酒。（据《明世宗实录》卷五百五十六）

吏部尚书郭朴兼武英殿大学士，礼部尚书高拱兼文渊阁大学士，预机务。《明鉴纲目》卷六："纲：三月，以吏部尚书郭朴，兼武英殿大学士，礼部尚书高拱（字肃卿，新郑人）。兼文渊阁大学士，并预机务。目：朴、拱，皆由徐阶荐，召入直庐，至是同入阁。"

太常寺卿署国子祭酒胡正蒙卒。正蒙余姚人，嘉靖丁未进士及第。授翰林编修。隆庆改元，赐祭葬，赠礼部右侍郎。（据《国榷》卷六十四）

前右中允兼翰林编修陈谨卒。谨字德言，闽人，嘉靖癸丑进士第一。授修撰。丙辰，使还后期，降惠州推官。明年改南太仆寺丞，移尚宝司丞。又三年，迁南司业。甲子，改中允，忧去。以海成殴死。年四十二。（据《国榷》卷六十四）

国子司业胡杰为左中允，分校《永乐大典》。（据《国榷》卷六十四）

四月

癸酉，命詹事府掌府事吏部左侍郎，兼翰林院学士秦鸣雷教习庶吉士。升右春坊右谕德兼翰林院侍读张居正为翰林院侍读学士，掌院事。（据《明世宗实录》卷五百五十七）

五月

定考满官见都察院礼。《国榷》卷六十四："定考满官见都察院礼。故事，自翰林外率报名庭谒，后吏部藉权逾制，张濂始不报名，陆光祖又不庭谒，左都御史张永明揭其仪于司务厅，而郎中胡汝桂仍如故。永明以闻，命诸司遵旨。至是郎中罗良考满，先诣永明求免。永明奏云：'卿贰过吏部，与堂官见后，即诣四司门揖，司官辄南向答礼不少避，而司属顾不下都察院乎？'上不直良，夺俸二月。礼部高仪覆奏如永明言，其九卿翰林等官，由吏部后门，亦不得遍揖四司。报可。"

丙午，改礼部左侍郎陈以勤为吏部左侍郎，兼翰林院学士，掌詹事府事，校《大典》，兼教习庶吉士。（据《明世宗实录》卷五百五十八）

六月

　　礼部奏请议处国子监及各地儒学事宜。报可。令铲毁各地私鬻冗书无当实用者。《明世宗实录》卷五百五十九：嘉靖四十五年六月，"辛酉，礼部奏：国家内设大学以教育天下之英才，外设儒学以作养民间之俊秀。二百年来，名世多从此出。迩者国子监学舍倾圮，生徒止二百人。又四方读书缀文之士，争务剽窃，以图捷径。于是教化学术，悉为虚文，而朝廷不得真才之用。故给事中张士纯、周世选、御史张士佩前后论列，皆及于此。然大要不越数端，如请敕工部修理监舍，请征下第举人及岁贡年未五十者入监，举人毋得概就刷历，岁贡不必专泥正历，而援例一途则俟财用稍充即议停止。此大学所当议处者也。一榜举人，年四十以上者俱铨授教职，不妨会试，其有异等者一体行取，各提学官必身先化导，以德行督课诸生，毋专事文艺。此儒学所当议处者也。至于文体敝坏，内而两都，外而列郡，靡然同风，其弊皆由书肆刊文盛行，便于采摘。请悉按天下，私鬻冗书无当实用者，一切铲毁。时吏部亦覆世选议处教职一事，请自今提学员缺，必慎选文行兼优者以充。仍限六年教成，方议超擢。岁贡衰耄不得收选，有司不职者不得更改文学官。俱报可。"

九月

　　郑晓（1499—1566）卒。《国榷》卷六十四："故刑部尚书郑晓卒。晓字窒甫，海盐人，嘉靖癸未进士。授兵部职方主事。日阅故实，遂尽知天下扼塞与士马虚实强弱之数。因议大礼，杖阙下，寻忧去。起补武选，又忧去。戊戌，调考功，历郎中。夏言罢相，诏考察台谏。严氏意去异己者，晓斥其所厚若干人。癸卯，严世蕃以治中求尚宝丞，以非故事不听。嵩揭其抗上市恩，贬和州判官。未几，迁太仆丞。丙午，迁南考功郎中，又迁南尚宝卿，历南太仆少卿鸿胪光禄太常卿。癸丑，迁刑部右侍郎。甲寅，改兵部，出抚凤阳。乙卯，迁吏左，寻迁南吏书。上留为右都御史，协理戎政。戊午，改刑部尚书，犹兼兵部事。庚申，闲住。所著《吾学编》、《古言》、《今言》、《奏议》、《文集》、《禹贡图说》、《史论》、《策学》各若干卷。年六十八。隆庆初，赠太子少保，谥端简。"

十月

　　吏部尚书胡松卒。松字汝茂，滁州人，嘉靖己丑进士。知东平，历礼部郎中、山西提学副使。言边事，进参政。亡何，褫秩二十年，荐起至今官。洁己好修，富于经术，

而不为崖异。在吏部，振淹滞，破资格，事皆综理。赠太子少保，谥庄肃，予祭葬。（据《国榷》卷六十四）

议贡士考试法。（据《国榷》卷六十四）《皇明贡举考》卷一《入乡试之人》载：是年，令各省、直乡试，每举人一名，科考取三十名入试。

闰十月

自今两京乡试监试御史，先期二十日前题请，密令入院，以便综理关防。《明世宗实录》卷五百六十四：嘉靖四十五年闰十月甲午，"浙江道御史李辅疏陈酌议宪条四事：……一、改监临以公选举。言两畿、各省乡试皆以御史监临，然各省每举皆称至公，而两畿频年浮言籍甚，盖由各省按臣威令素行，关防颇密，而两畿御史皆临场差遣，猝不及防，故奸人得以乘隙。自今请令两畿一如各省事例，允礼聘分考及取用供事官员，悉听巡按御史裁定。疏下，都察院覆：'两京题差监试，系旧制难改，第于先期二十日前题请，密令入院，以便综理关防。馀当如议。'从之。"

冯有经（1566—1615）生。杨守勤《奉议大夫左春坊左庶子兼翰林院侍读冯正子源明先生行状》："先生讳有经，字正子，""系出四明，故号源明云。""先生生嘉靖丙寅闰十月十六日，享年五十。"钱谦益《慈溪冯氏先茔节孝碑》："公讳有经，字正子，五岁而孤……年二十，举乡试。又三年己丑（1589），举进士，选翰林院庶吉士。甲午（1594）除编修。戊戌（1598），升右春坊右中允。庚子（1600），充东宫讲读官。"事母孝。母丧，不胜悲痛而卒。《明诗纪事》庚签卷十六录冯有经诗二首。

十一月

庚午，升吏部右侍郎吴岳为本部左侍郎，太常寺卿管南京国子监祭酒事林树声为吏部右侍郎，司经局洗马兼翰林院侍讲林燫（燫）为国子监祭酒。戊寅，升应天府府尹李一瀚为都察院右副都御史，协管院事南京太仆卿曾于拱为右副都御史，总督南京粮储，左春坊左中允兼翰林院编修胡杰为南京国子监祭酒。（据《明世宗实录》卷五百六十五）

庚申，前兵部尚书聂豹卒。永丰人，正德丁丑进士。隆庆中，赠少保，谥贞襄。（据《国榷》卷六十四）

十二月

庚子日，嘉靖帝（1507—1566）大渐。崩，庙号世宗，葬永陵。《明鉴纲目》卷六："纲：冬十二月，帝崩。（葬永陵，在京兆昌平县阳翠岭。）目：先是，帝以久病，忽欲南幸兴都（即承天府。）取药，徐阶力谏，乃止。既而服方士王金等所献丹药，病遂甚。至是帝大渐，自西苑还大内，遂崩。徐阶草遗诏，召用建言得罪诸臣，死者恤录，方士付法司论罪，一切斋醮工作，及政令不便者，悉罢之。诏下，朝野号恸感激。时高拱、郭朴，以阶不与共谋，不乐。朴曰：'徐公谤先帝，可斩也。'两人遂与阶有隙。"

壬子日，裕王朱载垕嗣位，是为穆宗。《弇山堂别集》卷三十一《帝系》："穆宗庄皇帝讳载垕，世宗第三子。嘉靖十六年正月二十三日生，母曰孝恪太后杜氏。十八年三月初一日册封为裕王，四十五年十二月二十六日即皇帝位，改元隆庆。六年五月二十六日崩于乾清宫，寿三十六。是年六月二十七日上尊谥曰契天隆道渊懿宽仁显文光武纯德弘孝庄皇帝，庙号穆宗。本年九月十九日葬昭陵。"《明鉴纲目》卷六："纲：裕王载垕即位。（是为穆宗。）赦。目：以明年为隆庆元年。"

大赦天下。释户部主事海瑞于狱，免明年天下田赋之半及嘉靖四十三年以前逋赋。《明鉴纲目》卷六："纲：释海瑞于狱。目：先是，瑞在狱，犹未闻大行状。提牢主事先知之。以瑞且见用，设酒馔款之。瑞自疑当赴西市，恣饮啖，不顾。主事因附耳语：宫车适晏驾，先生今即出大用矣。瑞曰：'信然乎？'即大恸，尽呕出所饮食，陨绝于地，终夜哭不绝声。及是，既释，复故官，俄再迁大理丞。"

本年

自嘉靖三十四年迄今，大同生员唯提学陈棐岁考一次，因复有分巡管提学事之议。从之。高拱《高拱奏牍》卷一《议处大同分巡管提学事疏》："为照学校乃养士之本，而提学官奉有专敕，则考校实其常分。缘大同远据边关之外，乃数十年通不岁考，以致士心放逸，士习败坏，行无忌惮，傲视有司，甚或兜揽钱粮，武断乡曲，往往有之。御史胡维新目击时弊，是以有此论列。然计山西一省，境连朔漠，延袤广远，出雁门关以北殆三百里，始抵大同。边徼孤悬，犯骑出没其地。往年提学岁考，至有课试未毕而闻警窜匿，生儒被其屠戮，主司奔命不遑，所以频年考校俱废。及大比之岁，势不容已，姑至代州吊考，聊且完事。夫代州地在腹里，使人间关跋涉，越数百里之程而远来赴试，中间烽警不时，冒历惊恐，人多无志应举，故生员有终身不见提学者。揆之事体，岂其所宜？今欲责令夏月边宁之时出关亲试，似亦当然。但番势散漫，众虽北徙，不无游骑往来，脱或遇之，即使三五成群，已足伤残士类。履其地者，兵卫苟有不足，岂得无虞？况提学之于士子，贵于造就有素，非以一考塞责。若平日无熏陶之益，徒以势相督责，不得不考，则勉强文节，终无乐育之心。以此立教，恐亦无补。故由今论之，关内吊考，则提学较便，而祸且驾于诸生；出关按临，则士子得所，而危乃属之提学。此往彼来，通属未便。查得嘉靖十六年巡抚都御史史道议，令分巡冀北道代管，后因佥事张镐怠于考试，故有复提学管理之议。然自三十四年黄季瑞题改之后，惟提学陈棐岁考一次，而迄今且十余年，并无接踵以至者，事势人情，概亦可见。合无今后仍属分巡道带管，事颇相宜。盖分巡坐居一镇，势属亲临，条教易及。有善固可奖进，有过亦可惩戒。即欲考试，亦惟随时而举，初无烽警之虑。况上有抚按，体统相维，凡百关白，易于节制。计未有善于此者也。……因奉圣旨：是。"

谭纶总督两广军务。《弇山堂别集》卷六十四《总督两广军务年表》："谭纶，江西宜黄人。嘉靖甲辰进士，四十五年以兵部右侍郎兼佥都御史任。"

黄佐（1490—1566）卒。张惟骧《疑年录汇编》卷七："黄才伯七十七佐，生弘治三年庚戌，卒嘉靖四十五年丙寅。"黄宗羲《明儒学案》卷五十一："黄佐字才伯，号泰泉，广之香山人。正德庚辰进士。改庶吉士，授编修，出为江西提学佥事。弃官归养，久之起右春坊，右谕德，擢侍读学士，掌南京翰林院事。卒，赠礼部右侍郎，谥文裕。先生以博约为宗旨，博学于文，知其根而溉之者也。约之以礼，归其根则千枝万叶，受泽而结实者也。博而反约于心，则视听言动之中礼，喜怒哀乐之中节，彝伦经权之中道，一以贯之而无遗矣。"《明史·艺文志》著录黄佐《泰泉集》（六十卷）、《翰林记》（二十卷）、《南雍志》（二十四卷）等计十九种。《泰泉集》有屠应埈序、欧大任后序。

明穆宗隆庆元年丁卯（公元1567年）

正月

河南道御史陈联芳议申严监试。下其议礼部。黄儒炳《续南雍志》卷三《事纪》："（隆庆元年正月）壬寅，河南道御史陈联芳以躬逢新政，大比届期，欲罗畿辅真才，乃献议数百余言，申严监试。谓：'节年中式，惟监生议论为多，盖其入于国学也，皆由各省先后而至，素无朋类之知。其试于监部也，多以披阅委于厅司，不免俯就之意，以至既得应试之后，雇人入场者有之，潜通关节者有之。一旦中选，辄骇听闻，虽欲究议，业已晚矣。臣愚以为议将各监生不拘在监、在历，各处岁贡生员尽送两直提学御史考较，一如生员之例，六部诸馆不预其权焉。如此则始进既无幸得之私，斯登进亦无夤缘之弊。万一再有别议，亦将责有专归矣。'上下其议礼部。"

巡按直隶御史耿定向建议革去监生皿字编号，以杜关节。黄儒炳《续南雍志》卷三《事纪》："（隆庆元年正月）乙丑，巡按直隶御史耿定向建议：'场中之制，糊名易书，上编字号，正所以公选举，防奸弊也。至于会试取士，因地抡才，卷署南北字号者，盖恐西北文藻不足，故为此以兼收朴茂之士，其意广矣。乃若监生、生员，初无两途；乡学、国学，原无二教。不知始自何年，两京监生卷面俱以皿字号为别，致使关节易通，物议时起。夫国家设科抡才，惟文是取，何故为是分别，开此弊端哉！今后监生、教官等试卷，混同生员一例编号弥封，除去从前皿字等号，庶可章大公之选而杜拟议之原矣，伏惟圣裁。'下礼部议。"

罢睿宗配享明堂。《明鉴纲目》卷六："纲：丁卯隆庆元年，春正月，罢睿宗配享明堂。目：礼部尚书高仪（字子象，钱塘人）。上言：'先帝肇礼明堂，奉睿宗配享。今陛下践祚，睿宗已为皇祖，若仍配享上帝，似非周人宗祀文王之义。请罢大享礼。'从之。未几，给事中王治（字本道，忻州人）。上言：'献皇帝虽为天子父，实未尝君临天下。虽为武宗叔，尝北面事武宗。今位武宗之右，揆诸古典，终为未协。臣以为献皇祔太庙，不免递迁。若专祀世庙，则亿世不改。乞敕廷臣博议。'疏入，报闻而已。"

侍读学士王大任、姜儆劾免。（据《国榷》卷六十五）

二月

以吏部侍郎陈以勤为礼部尚书兼文渊阁大学士，以礼部侍郎张居正为吏部左侍郎兼东阁大学士，预机务。《明鉴纲目》卷六："纲：以陈以勤（字逸甫，南充人）。为礼部尚书，兼文渊阁大学士，张居正（字叔大，江陵人）。为吏部侍郎，兼东阁大学士，并预机务。目：以勤、居正俱侍裕邸讲读，至是，并参大政。（时徐阶以宿老居首辅，与李春芳皆折节下士。居正最后入，独引相体，倨见六卿，无所延纳，间出一语，辄中旨，人以是严惮之，重于他相。）"

定朝仪。自翰林科道鸿胪尚宝如近例，馀叙资品。（据《国榷》卷六十五）

起赵贞吉吏部左侍郎兼翰林学士，署詹事府。（据《国榷》卷六十五）

故御史曾翀子缓入太学。翀劾尚书汪铉，被杖死。（据《国榷》卷六十五）

三月

直隶提学御史耿定向奏科场事宜。允行。《明穆宗实录》卷六：隆庆元年三月庚午，"直隶提学御史耿定向奏科场事宜：一、两京乡试主考，宜简学行兼长者，毋拘年资。一、两京同考官，宜令广取正、备卷呈送主考。如所取未称，责令再阅。或付别房覆校。主考仍自行搜阅落卷，果有异材，亟收录之，毋避嫌轻弃。一、主考官止宜发初场试卷付同考分经校阅，二三场更易品订，毋专委一人，致令偏重初场，遗真才积学之士。一、迩来经书时义，体制大坏，有浮蔓至千余字者。宜严立程式，一篇止许五百字以上，六百字以下，违式者不与誊录。一、命两京各省于揭晓之日，以中式举人朱墨卷发提学官查验钤封，送京府各布政司解部，以防伪滥。一、革去两京应试监生字号，与生员一体弥封，取中之数，仍如旧额，满三十五名则止。已而御史陈联芳亦言重后场以罗实学，及令两京同考阅卷不必各房字样，主考止以文字去取，毋以考官为额数、分房为次第。礼部议覆，俱允行之。"高仪《高温端公奏议》卷二《议科场事宜疏》："国家选举已有定制，近奉该部节年题准通行事理已极详尽，但有议之虽详而奉行容有未实，亦或行之已定而时宜略有当通者。臣待罪学职，为日颇久，其于士习时弊，窃有疢

2499

于心者，谨摅一得之愚，条陈数款，少为苴补。伏惟皇上俯垂圣览，敕下该部酌议施行，斯文幸甚，世道幸甚！……看得提督学校巡按直隶监察御史耿定向条陈科场事宜七款，相应开别前件，议拟上请，伏候圣明裁夺。……一、议主考。前件臣等议得科举期于得士，而主考实典文衡，责任至重，诚不可不慎也。两京乡试主考，例用翰林、坊局儒臣，而每举必以年资相应者往充其任，相沿已久。法非不善，但止计一定年资，则人情易于测度，其于远嫌之道，似有未尽。今御史耿定向议欲务极一时德望之选，不必寻常次序之拘，尤为慎主司以重抡材之意。合无依其所拟，恭候命下，备行内阁，今后凡遇请差两京主考之时，将前项儒臣详加参酌，惟取学行兼优，不必尽拘次序，则任人当而取士之本端，事机密而防嫌之道豫矣。俯惟圣裁。一、议阅卷。前件臣等议得文场校士以同考司任，以主考握总理之权。若同考甄别欠明，则主考例当搜阅，往时奇材隽士，或拔诸落卷者，人皆不以为嫌。而迩来士习不古，流言易兴，以致主考引嫌过甚，不肯更阅落卷。夫同考属之教官，去取未必皆当，而主考又乃避嫌远咎，沮其任事之心，场屋遗材，岂能尽免？今御史耿定向议欲精选外帘官，将墨卷分令品第，列为三等，监试、提调官仍为裁校，以待内帘吊号参查，盖将赞考官之所不及，区画亦善。但内外帘不许关通，法制甚密，而两京事例尤严。况近年节因言官建议，该本部覆奉钦依，外帘官不许阅卷，已经通行遵守，似难再议。合无今后两京科场同考官俱要多取正、备卷呈送主考，如有不当，责令另送，或再不堪，即令别房官代为覆校。主考官仍行搜阅，如落卷中果有异材，亟与收录，毋得避嫌轻弃，则成规不废而佳士无见遗之虑矣。若应天府所聘同考官有不至者，许照顺天府事例，监试、提调临时选取文学优长有司官封入内帘供事，以补员缺。伏候圣裁。一、重论策。前件臣等议得科目取士，初场试经义，以观穷理；后场试论策，以观致用。此本不可偏废，但近来经义率皆剽窃浮词，不足以观所蕴，而真才实学之士往往于论策中得之。先该本部题奉钦依，考官阅卷，务要兼重后场，意诚有见乎此。今御史耿定向复称前科虽有此行，未免仍蹈故习，欲令主考将初场试卷照旧分经校阅，二三场不必分经，派令同考更互品校，然后参酌优劣，明定去取。盖谓三场以一人总阅，势必偏重初场，而使之分房互校，则后场亦可表见，立法周详。相应依拟，合无行各提调官转行主考官，今后阅卷，除初场仍旧分经外，其二三场改发别房，各另品题呈送主考。查果三场优取者，即置高选。其后场隽异而初场见遗者，务必检出详看，虽未尽纯，亦为收录。若初场虽取，而后场空疏者，不得一概滥中。如此则奇硕不致弃遗而括帖无由眩售矣。至于揭晓日期，场中事苟未完，即于本月内稍缓二三日亦无不可，姑听因时酌量施行。伏候圣裁。一、正文体。前件臣等议得学以明理为先，辞取达意为止。国初科场试士，自经、书义以及论、策，俱各限字，著为程式。由是士子惟务究心实学，所作文字率皆简质深厚，各道其中之所欲言，及出而登仕之日，多能见之实用。嘉靖初年以前，此意犹有存者。近来文体寝坏，习举业者经、书义彼此蹈袭，动辄千言，而究其意旨所在，则犹如影响。至于史策纪载及国朝典故，则茫然不知，安望其蕴积经纶以待异日之用也哉？今御史耿定向痛知此弊，要将经、书义限定五百字，过此一字者不准誊红，论、策亦量为程限一节，深得救时崇雅之意，但转移之始而立限太拘，恐难遵守。相应酌处，合无通行两京十三省晓谕生儒，今后场中经、书义每篇止许五百字以上、六百字以下，过六百字者即系违式，不准誊红。更能简洁者，尤当甄录。论、策每篇计一千余字，亦不许泛滥不切。如将违式文字誊录取中者，朱、墨卷解部查出，定将提调等官参究。明年会试，即准此施行，庶人心知警而一时文体必将有复古之望矣。伏候圣裁。一、解试卷。前件臣等议得乡试朱、墨卷先该本部题准，揭晓之日即将原卷解部，正谓近日科场每多物议，故欲藉此以防伪滥。若又誊过始解，即有各项奸弊，何从稽查？与本部建议初意委相背戾。今御史耿定向欲于开榜之后，监试御史会同提学官吊取原考科举文卷，合连朱、墨卷比对相同，仍令本生亲供脚色于上，先行解部备照，深得厘弊防奸之意，相应依拟，合无通行两京十三省于揭晓之日，即将中式举人朱、墨卷发出，提学官查验墨卷字迹与先考取科举原卷，如果出于一手，即令本生于朱、墨二卷上亲供脚色，提学官用印钤封，两京送京府，各省送布政司，差人星驰解部。如《试录》先到而解卷到迟者，定将提调官参究治罪。若验系誊过文卷，而提学官辄为印钤者，一并参治，庶法纪严而弊端可绝也。伏候圣裁。一、议编号。前件臣等议得两京乡试解额各一百三十五名，相传以一百名待畿内生员，以三十五名待监生、诸色人等，于是各编字号以相识别。然《会典》诸书未见开载，实不知始自何年。迩来场屋巧伪滋多，浮议时起，若复置此，以相物色，委非所宜。御史耿定向欲将生员、监生一体编号弥封，似得大公之意。相应依拟，合无行顺天、应天二府，将入试文卷不拘生员、监生、岁贡杂行人等俱一体编号弥封，从前皿字等号尽行革去，考官止照文卷优劣定为去取，庶几录士皆公，而浮议可免矣。再照两京乡试，原为畿内士子而设，历年止以三十五名待监生，本为限制之意，合无拆卷填榜之时，如所中监生人等不及原数不论外，若已满三十五名不得再录，则于相沿之旧额又庶乎其不悖也。伏候圣裁。一、议修贡院。前件臣等议得贡院为抡才之地，既欲严法制以防禁奸欺，又当备规模以体悉士子，若非宽敞整洁，诚为未称。今御史耿定向题称两京贡院规制欠弘，阛阓相接，巡逻窒碍，奸弊丛生。又号舍窄狭，厕秽逼近，江南多霖，士苦泥淖，因而致疾，均属不便。乞要比照嘉靖四十三年顺天府增廓贡院事例，估计修治一节，为照南京贡院应修事体，委与先年顺天府相同。合无依其所拟，恭候命下，移咨南京都察院转行各该衙门相度估计，从长议处，可廓者加廓，可增者加增，务要处置得宜，官民两便，径自兴工修治。及查得先年顺天府合用钱粮，该本部议准于屯田、巡盐等差御史赃罚内动支。今应天府钱粮如有不敷，该院即与酌量数目，转行南京各差御史赃罚内支解，不得重派小民，事完造册奏缴。伏候圣裁。"

浙江道巡按御史王得春言："各省举人牌坊银两，乃国家宾兴盛典，自嘉靖三十七年，始以边储缺乏，权议扣减，似非昔人劝驾续食之义，宜查先年例全给。"礼部覆，从之。（据《明穆宗实录》卷六）

戊午，授翰林院庶吉士陈经邦、陈懿德、周子义、戴洵为编修，张秩、许国、林偕春、高启愚、陈思育、成宪、沈鲤、沈渊为检讨。李存文、陈行健、管大勋、严用和、韩楫、王玺为给事中，存文吏科，行健户科，大勋礼科，用和兵科，楫刑科，玺工科。

王嘉言、麻永吉、杨一桂、吴学诗、王湘、李良臣、杨允中、钟继英俱御史，嘉言浙江道，永吉江西道，一桂湖广道，学诗河南道，湘山西道，良臣四川道，允中广东道，继英云南道。（据《明穆宗实录》卷六）

降云南提学佥事万廷言二级，调外。（据《国榷》卷六十五）

大学士徐阶等请开经筵，许之。（据《国榷》卷六十五）

修《世宗实录》。敕太师成国公朱希忠监修。少师大学士徐阶，少保大学士李春芳、郭朴、高拱，大学士陈以勤、张居正总裁。礼部尚书高仪，詹事府吏部左侍郎赵贞吉，吏部右侍郎陆树声，署院礼部左侍郎潘晟，右侍郎殷士儋副之。左谕德兼侍读姜金和等纂修。（据《国榷》卷六十五）

四月

南京吏科给事中岑用宾、湖广道御史尹校等拾遗，刺及大学士高拱。阁臣例无拾遗，上切责之。（据《国榷》卷六十五）

敕太师成国公朱希忠，少师大学士徐阶知经筵事。少保大学士李春芳、郭朴、高拱，大学士陈以勤、张居正同知经筵。（据《国榷》卷六十五）

重录《永乐大典》成。《明穆宗实录》卷七：“（隆庆元年四月）重录《永乐大典》成。”《国榷》卷六十五：“（隆庆元年四月庚子），重录《永乐大典》成。进徐阶俸正一品，李春芳、郭朴、高拱并少傅，陈以勤太子太保，张居正礼部尚书兼武英殿大学士。”《四库全书总目·永乐大典提要》：“《永乐大典》……嘉靖四十一年，选礼部儒士程道南等一百人重录正副二本，命高拱、张居正校理，至隆庆初告成，仍归原本于南京，其正本贮文渊阁，副本别贮皇史宬”。

国子祭酒林燫加太常寺卿。翰林院侍读吕旻、王希烈、修撰诸大绶并左春坊左谕德，修撰丁士美进右谕德，各兼侍读。编修孙铤、张四维为左右中允，各兼编修。修撰马自强、编修陶大临并侍读。馀赐金币。（据《国榷》卷六十五）

吏部议太常鸿胪卿仍用进士，别途得为少卿，任久加俸。两房中书舍人不得升九列。（据《国榷》卷六十五）

故巡按陕西监察御史浦鋐、孙朝柱入太学。（据《国榷》卷六十五）

五月

起原任礼部左侍郎陈升为南京礼部左侍郎，改南京国子监祭酒王杰为国子监祭酒。（据《明穆宗实录》卷八）

太常寺卿署国子祭酒事林燫为礼部右侍郎兼翰林学士。（据《国榷》卷六十五）

提督四夷馆太常寺少卿林润为右佥都御史，巡抚应天。起陈升南京礼部右侍郎，改南京国子祭酒。（据《国榷》卷六十五）

纂修《世宗实录》，下各提学官采送事迹，遣免。（据《国榷》卷六十五）

高拱罢归。《国榷》卷六十五："（隆庆元年五月）丁丑，大学士高拱乞休，许之。"《明鉴纲目》卷六："纲：高拱罢。目：初，徐阶甚亲拱，及拱骤贵，负气颇忤阶。世宗疾亟，拱方直西苑，遽移具出（拱无子，移家近直庐，时窃出。会世宗不豫，误传非常，拱遂移直庐器用于其家）。为给事中胡应嘉（沐阳人）。所劾，拱疑出阶指，大憾之。及帝即位，阶为首辅，拱自以旧臣数与抗，郭朴复助之，因事削应嘉籍。（应嘉掌吏科，佐部院考察，以吏部尚书杨博庇乡里劾之。帝责其抵牾，下阁臣议罚，朴奋然曰：'应嘉无人臣礼，当编氓。'阶旁睨拱，见拱方怒，勉从之，言路大哗。）给事中欧阳一敬（字司直，彭泽人）等，劾拱以私怨逐谏臣，拱疏辩，阶拟旨慰留而不甚谴言者。拱益怒，相与忿诋阁中。御史齐康（永平人）为拱劾阶，坐黜，于是论拱者无虚日。拱不自安，乞罢归。"

升右春坊右谕德兼翰林院侍读吕调阳为南京国子监祭酒。（据《明穆宗实录》卷八）

六月

翰林院检讨许国、兵科给事中魏时亮颁诏朝鲜。（据《国榷》卷六十五）

七月

礼科给事中何起鸣奏准申饬科场事宜：重怀挟之罪；革传递之奸；慎同考之选；正诌谀之风；预监临之差；严诳骗之罚。（据《明穆宗实录》卷十"隆庆元年七月甲子"）

谢肇淛（1567—1624）生。曹学佺《明通奉大夫广西左方伯武林谢公墓志铭》："君生于隆庆元年丁卯七月廿九日，卒于天启四年甲子十月廿三日，享龄五十有八。"谢肇淛字在杭，长乐人。万历壬辰进士，除湖州推官，移东昌，迁南京刑部主事，调兵部，转工部郎中，出为云南参政，升广西按察使，历左布政使。有《小草堂集》、《五杂俎》等。

左春坊左谕德兼侍读王希烈，右春坊右中允兼编修孙铤主试应天。（据《国榷》卷六十五）

故兵部员外郎杨继盛子应尾荫入太学。（据《国榷》卷六十五）

国子祭酒胡杰劾罢，侍郎赵贞吉摄监事。（据《国榷》卷六十五）

朝鲜表贺中宫，使臣洪春年等乞留观幸太学。许之。（据《国榷》卷六十五）

八月

穆宗视察太学，礼成，敕谕国子监师生。《明穆宗实录》卷十一：隆庆元年八月，

"乙酉，敕谕国子监师生曰：'朕以眇躬，缵承洪绪，总亿兆君师之责，深惟古昔帝皇临御天下，莫不建学立师，宣明教术，育贤善世，以底休平。朕甚慕之，思与宇内之士臻于斯路。爰寻旧典，纪元之初，躬视太学，祗谒先师孔子，因进尔师生讲解经义。厥礼告成，尔师生其曷以称塞朕意。夫学校之设，以明人伦也。五伦之道，根于惟（性）命之自然，而推极其用，则化成天下，恒必由之。六经垂宪，炳如日星，所以发挥斯道甚备。会其旨要，身体而力行之，以见诸事业，非今日教学之所急欤？朕方立极绥猷，为天下先，尔等其夙夜祗懋，相与讲求经术之微，惇叙彝伦之大，期于体立用广，以成化于今，追古雍熙太和之盛，无令唐虞三代得专其美，不亦善乎？若徒事辞章，离经略（畔）道，卒忘其性命之实，而靡适于世用，非所望于尔师生者也。钦哉！'"

浙江道御史凌儒上言：监生应乡试，务革倩代之弊与偏重之弊。黄儒炳《续南雍志》卷三《事纪》："（隆庆元年八月乙巳）浙江道御史凌儒上言……一曰革倩代之弊。臣等伏见科场奸弊，莫甚于雇倩，而监生为多。其稽察生儒，已经礼部题奏，令同人互相觉察检举，无容议矣。监生中多世家富室，财力可以通神，又以四方萍合之人，无从诘辩，往往一人赴监部，随从数人，或曰朋友，或曰业师，隐姓讳名，以为倩代之地，冒甲为乙，孰发其奸？自今宜令监生以南、北直隶、十三省各分为类，省分各府，各府不拘岁贡、例贡，在监、在历，总为一类，于纳卷之日，先取连名结状，入场时，每府择取岁贡、例贡各一人，互相辨认，视其面貌而精别之，则积弊消矣。一曰革偏重之弊。设科取士，意在抢才，取士以文，人非所论。两京乡试中额百有三十五名，百名以收生员，三十名以收监生，五名以收杂流。其在生员者无论已。迩来杂流中式者绝少，三十五名通与监生，已失初制。即监生之中，往往以岁贡、援例进场人数分为取中之多寡，填榜之时，岁贡人多，即便掷去，是岂公平之心？且近年各省提学考贡颇精，于正贡之中寓选贡之意，故挟策赴都下者每多伟器隽材，若徇旧例过为分别，诚恐岁贡少而援例者多，致滋偏重之弊，膏粱冒滥而老成沦落甚矣。于今拆号但凭取定原卷，不得以岁贡之多辄弃之。仍照钦依事例，监生以三十名为额，其五名中，无杂流者则与生员以四名，与监生以一名，公同酌议，不得徇私各执己见。乃有世家子弟，果系文艺优长在取数者，亦每以远嫌故而致黜落，或姑置榜尾，以示无私，违者臣等指名参治，如此则公明之典大行，而偏重之私尽去矣。伏乞圣裁。上悉可其议。"

丁士美、张四维任顺天乡试主考。《弇山堂别集》卷八十三《科试考三》："隆庆元年丁卯，命右春坊右谕德兼翰林院修撰丁士美、右春坊右中允兼翰林院编修张思维主顺天试。命左春坊左谕德兼翰林院侍读王希烈、左春坊左中允兼翰林院编修孙铤主应天试。""初，上用议者言，两京乡试监生卷各革去皿字号，于是南监中式者仅数人，亏旧额四分之三。既揭晓后，考试官王希烈、孙铤等至国学谒文庙，而监生下第者数百人喧噪于门外，伺希烈等出，遮诉，语甚不逊。巡城御史、操江都御史各使人呵止之，久之方解。事闻，诏南京法司逮治，其为首沈应元等数人如例发遣，祭酒吕调阳莅任未几，且勿论。守备魏国公徐鹏举以闻变坐视，夺禄米，司业金达以钤束不严，夺俸各二月。监生编号如旧行。"梁章钜《制义丛话》卷十二："《文行集》云：《文翼》评周汝砺

'子贡问政'二节元文云：'吾邑报罢，解元捷后至，犹独步吟讽富强之国而已矣。如此句何以不元？'闱闱中定元亦如此。细思此句，真是高识，当时作者之自信，与主试者之赏识，俱不可没也。按：此隆庆丁卯应天题，主试者孙铤、王希烈。'"《广东通志》云：杨起元，号贞复，归善人，少补邑弟子。隆庆丁卯，言官疏正文体，限字不得逾五百，起元素才富，划华敦朴，遂首东粤。按：是科首题'定公问君使臣'章，次题'《诗》云鸢飞戾天'一节，三题未详。'"卫壮谋曰：有明八大家者，合吴县王鏊、武进唐顺之、常熟瞿景淳、武进薛应旂、昆山归有光、德清胡有信、归善杨起元、临川汤显祖而称也。而其后人之贤，唐有子曰鹤征，孙曰效纯，并举进士，效纯子献可亦能诗，献可三子又皆以制科有闻。瞿有子曰汝稷、汝说，孙曰式耜，汝说、式耜父子登甲科。薛有二孙，曰敷敬，敷教，曾孙曰寀，皆进士。归之季子曰子慕，孙昌世，曾孙庄。汤有四才子，曰士蘧、曰大耆、曰开远、曰开先，开远与归子慕皆举人，而王之季子曰延陵，承父荫为中书舍人，与瞿汝稷并以任子有名于时。按：八大家中王、唐、瞿皆起家会元，馀五家皆进士，而杨则解元也。'"

九月

改南京国子监祭酒吕调阳为国子监祭酒。（据《明穆宗实录》卷十二）

大学士郭朴致仕。（据《国榷》卷六十五）

诏下监生沈应元等法司究问发遣，吕调阳（祭酒）免究，罚徐鹏举（南京守备）禄米、金达（司业）俸各二月，监生编号如故。《明穆宗实录》卷十二：'（隆庆元年九月甲戌）初，上用议者言，两京乡试监生卷各革去皿字号，于是南监中式者仅数人，亏旧额四分之三。既揭晓后，考试官王希烈、孙铤等至国学谒文庙，而监生下第者数百人喧噪于门外，伺希烈等出，遮诉，语甚不逊。巡城御史、操江都御史各使人呵止，久之方解。事闻，诏南京法司逮其为首沈应元等数人，如例发遣，祭酒吕调阳莅任未几，且勿论。魏国公徐鹏举以闻哗坐视夺禄米，司业金达以钤束不严夺俸各二月，监生编号如旧行。'

秋

归有光代人作《浙江乡试录后序》。序云："元年秋，当天下乡试之期，浙有司遵令式以从事，御史某监临之。竣事之日，于是以士之姓名与其文为录，而考试官某实序之。某当序其后。""国家有天下二百年，学校以养之，选举以进之，高爵以崇之，厚禄以优之：所以待士如此其至也。而其气之郁积茂隆至于今而止者，适会天子建元之日，方又敦召遗老，褒奖直言，思迟多士。开宽裕之路，以延天下之俊英；则海内之士，感会风云，鱼鳞辐辏，有莫知其所以然者。盖才无世而不生，亦无世而不用；乘其时，遭其会，而后为奇耳。"

十月

故礼部主事臧文奎子继茇入太学。（据《国榷》卷六十五）

升南京吏部右侍郎裴宇为南京工部尚书，刑部左侍郎林云同为南京都察院右都御史，左春坊左谕德姜金和为南京国子监祭酒。（据《明穆宗实录》卷十三）

起原任陕西按察司副使李攀龙为浙江副使。王世贞有诗，题为《于鳞赴浙臬，邂逅吴门有赠，凡四首》。殷士儋《墓志铭》：李攀龙嘉靖三十七年（1558）辞官东归，"凡十历年所，今天子用言者起为浙江副使。"

十一月

海瑞升南京通政司右通政使。本年内，海瑞凡数迁：正月擢尚宝司司丞，四月擢大理寺右丞，七月转左丞。（据王国宪《海瑞年谱》）

署翰林院礼部左侍郎潘晟改吏部左侍郎，署詹事府。（据《国榷》卷六十五）

左春坊左谕德兼侍读诸大绶为侍读学士，署院。（据《国榷》卷六十五）

国子监祭酒吕调阳为南京礼部右侍郎。（据《国榷》卷六十五）

十二月

奏准会试增加取士额，以补守令之缺。（据《明穆宗实录》卷十五"隆庆元年十二月丙申"）

赵时春（1509—1568）卒。（卒年据公历标注）徐阶《明故巡抚山西都察院右金都御史浚谷赵公墓志铭》："隆庆元年冬十二月二十七日，巡抚山西都察院右金都御史浚谷赵公以疾卒于家。""公讳时春，字景仁，浚谷其号"，"年十四举陕西乡试，十八试礼部，褎然为举首。""初举进士，改庶吉士，授户部主事，调兵部武库主事，即疏请禁谀佞以正士风，又疏录用谏官、明善恶、辟异端等七事，下诏狱为民。暨改编修，兼司经局校书，疏请正东宫朝会礼仪，备文武官僚以崇国本，又罢为民。""世宗皇帝用予荐，召为兵部职方主事，迁山东按察金事，领民兵，转副使，迁巡抚山西都御史，提督雁门诸关，庶几用当其才矣。然公在职，方坐议马市非策，又以能兵为逆鸾（仇鸾）所忌，几得谤死。在山西檄将士御虏代州，身甲胄督兵继进，斩虏若干级，而总兵李淶乘胜入虏伏中，败没，诏解公官听调，迄今十五年，予日思荐起焉，乃竟不克遂。""其志专在攘夷狄，复祖宗之疆宇，遗后世以长治永安，而卒不获试，此予所以深慨于负公也。""公卒时年五十九。"周鉴《明御史中丞浚谷赵公行实》："公讳时春，字景仁，号浚谷。浚谷者，平凉东南隅水名也。""公所著《平凉府志》、《浚谷文集》九卷、《诗集》六卷及《稽古绪论》、《洗心亭诗馀》已镂刻。其前后奏疏公牍关政教者尚广，当续付诸梓。

世之知公者，叙其诗文有曰：豪如太白而不淫，雄如子美而多变，疏畅跌荡如司马子长、班叔皮，至其卒泽于道德仁义之归、典礼中正之粹，又非诸君子之所能造。又曰：诗有秦声，文有汉骨，朴厚而近古，慷慨而尚义。观其所称述，公之制作，可识其大都矣。"所云"世之知公者"，指李开先、胡松。

詹事府吏部左侍郎兼翰林学士潘晟，翰林侍读学士诸大绶纂修玉牒。左春坊左谕德兼翰林侍读王希烈为国子祭酒。（据《国榷》卷六十五）

左春坊左中允兼编修张四维为左谕德兼侍读。（据《国榷》卷六十五）

国子司业万浩为南京右春坊右谕德，署院。（据《国榷》卷六十五）

故御史叶经子志周入太学。（据《国榷》卷六十五）

本年

严嵩（1480—1567）死。（据孟森《明史讲义》第二编第四章）《国雅品·士品三》："严相公惟中，先辈评公诗者颇多，如仪封王司马曰'冲邃闲远'，成都杨修撰曰'冲澹朗秀'，兰溪唐文襄曰'澹而远'，长洲皇甫司勋曰'调高律细'，四公其知言哉！其《灵谷》云：'窈然深谷里，疑与秦人逢。洞底藏馀雪，窗间列秀峰。'《登岳》云：'仙家鸟道迥莫到，石壁猿声清忽闻。幽泉树杪飞残滴，瑶草岩中吐异芬。'真境与秀句竞胜，杂之《极玄》，亦足矜赏。其集大率多类钱、刘语。"《列朝诗集小传》丁集中："少师初入词垣，负才名，谒告还里，居钤山之东堂，读书屏居者七年，而又能倾心折节，要结胜流，若崔子锺、杨用修、王允宁辈，相与引合名誉，天下以公望归之。已而凭藉主眷，骄子用事，诛夷忠良，颓败纲纪，遂为近代权奸之首，至今儿童妇人，皆能指其姓名，戟手唾骂。万眉山以后所仅见也。少师在钤山，有诗赠日者云：'原无蔡泽轻肥念，不向唐生更问年。'为通人所称。其诗名'钤山集'者，清丽婉弱，不乏风人之致。直庐应制之作，篇章庸猥，都无可称。王元美为郎时，讥评其诗，以为不能复唱渭城者也。余录其诗，冠于嘉靖中年以来将相之首，使读者论其世，知其人，庶几有考焉，亦有戒焉云尔。世传少师当国时，江西士绅以生辰致贺，少师长身耸立，诸公俯躬趋谒，高新郑旁睨而笑，少师问其故，新郑曰：'偶思韩昌黎斗鸡诗"大鸡昂然来，小鸡竦而待"，是以失笑耳。'京师市语，谓江西人为鸡，相与哄堂而散。先辈风流雅谑，政府词林，形迹无间，此亦近世馆中嘉话也。"

陈建（1497—1567）卒。《四库全书学典·辞典》："陈建，明东莞人。字廷肇，号清澜。嘉靖举人。知信阳县，以老母辞归，专精著述，尤邃于理学。当正嘉之际，王守仁致良知之学，盈满天下。建著《学蔀通辨》以辟之。又有《皇明通纪》、《治安要议》、《滥竽录》、《乐府通考》。"

邢侗年十七，得督学使赏识，谓其异日当以文名天下。李维桢《陕西行太仆寺少卿邢公墓志铭》："十四为诸生，十七，督学使安福邹公首录之：异日当文名天下。召读书济南司衡堂，邹公亲行冠礼，东方传为盛事。"

王稚登复游京师，自认袁炜门人不讳。李维桢《征君王百谷先生墓志铭》："文荣（袁炜）贵时傲倪公卿，其卒也，门人故吏，掉臂不顾，先生千里往临，部署丧事，上书请赠恤，政府修隙者引大义与争。每岁省袁夫人于家，终其身不替。隆庆初载再入试京兆，而太学中式者已溢额，复不收。先生引镜自笑：'若故非食肉相，无庸仆仆道路也。'姜宗伯宝、林文恪爛留之，不可：'吾有千载之业，宁在一第。'归卜一亩宫，名庵半偈，名堂解嘲，读书与著书日富。"《列朝诗集小传》丁集中《王较书稚登》："汝南卒，伯谷渡江往哭其墓。丁卯复游长安，华亭（徐阶）当国，颇修姚张之怨，客或戒伯谷毋自白袁公门人，伯谷谢曰：'冯骥、任安，彼何人哉！'刻《燕市》、《客越》二集，备书其事，所以志也。"袁炜谥文荣。王稚登数十年以袁炜门人自居，亦难能而可贵也。

葛一龙（1567—1640）生。《列朝诗集小传》丁集下："卒于崇祯庚辰（1640），年七十有四。"葛一龙字震甫，吴县人。由资生选授云南布政司理问。有《尺木斋》等集。

康彦登（1567—1602）生。谢肇淛《康元龙诗序》："元龙与余居同闬，生同岁，业又同塾，相善也。"《列朝诗集小传》丁集下："彦登，字元龙……年三十六，贫困以死。"其生卒年据以推定。生平略见《列朝诗集小传》丁集下："彦登，字元龙，又字孟担，闽县诸生。为人慷慨负气，一言不合，辄拂袖去。尝游历边塞，无所遇。有《朔方游稿》。年三十六，贫困以死。赋诗好自改窜，不成篇辄弃去。万历间称福州七才子，彦登其一也。"

明穆宗隆庆二年戊辰（公元 1568 年）

正月

礼科给事中张卤条陈科场事宜：严关防；核供应；正文体；广制额。河南道御史王好问言号舍、怀挟、代替、透漏等四弊。令监察御史尽心严察，不得宽纵。（据《明穆宗实录》卷十六"隆庆二年正月壬申"）

徐阶荫尚宝司丞。进李春芳少师兼太子太师建极殿大学士，陈以勤少傅兼太子太傅。张居正少保兼太子太保。殷士儋为礼部尚书，仍署詹事府。（据《国榷》卷六十五）

二月

礼部覆提学御史周弘祖奏正士风五事。贡生廷试发回三名以上者，提学官降一级。《明穆宗实录》卷十七：隆庆二年二月壬寅，"礼部覆提学御史周弘祖奏正士风五事，一，广恩贡生以实国学。二，申卧碑事例以整浇风。三，久任教职以收成效。四，责成有司以惩玩愒。五，试题须善恶并陈，以革剽窃之习。得旨：'开贡本为求才，各提学官严选毋滥，如廷试之日，发回三名以上者，提学官以不职论，降一级。'"

李春芳、殷士儋为会试主试，取田一俊等四百名。南京国子监祭酒姜金和以疾乞休，许之。据《明穆宗实录》卷十七。《游艺塾文规》卷二《承题》："承题自有定式，如开合承、罗纹承之类，具载《心鹄》中。大率破虚而承实，破简而承详，破微婉而承显达，切不可一股做，如顺题做下，只是个长破题耳。顺破则逆承，逆破则顺承，合破则分承，正破则反承，凡作承皆要与破相关应，若一个承题而破破可用，便非法矣。承题要有起伏，要有议论。嘉乐处或寓感慨，指斥处或寓进扬，或于浅处而发其所深，或于平处而求其所重，变化多方，格式亦异。大率承之用意，比破常要进一格，斯得之矣。会元承题起句多的确，多得题体。如戊辰'由海女知之乎'一节，众人承起云：'盖心者，知之管也。'或云：'心之神明，不可欺也。'惟田一俊云：'夫人心有真知也。'曰'真知'则'不欺之意'该在其中。"《游艺塾续文规》卷四《了凡袁先生论文》："炼格之法，初学不可不知。格炼则规模自别，便能出人头地矣。文有俗格宜炼之而雅，腐格宜炼之而新，板格宜炼之而活，宜齐整，宜阔大。你看从来魁元并无不炼格者，试举一二言之。如隆庆戊辰'由海女知之乎'一节，此题论寻常做法，必提起首句，中二句对末句，先二小比，次二大比，此一定之常格也。今中式诸公却不然，田会元先以二'非'字文法反起'是知也'二比：'非以理之在物者尽知乎心，而后谓之知也；亦非以知之在心者必遍乎物，而后谓之知也。'次把'知不知'提起：'惟于斯理有反观自信而为已知者焉，亦有察识未至而为不知者焉，此皆汝之独觉于心而不容昧者也。'又总括二句：'则以吾心真实之明，而不欺吾心独觉之隐。'然后将中二句串作二比，意却倒重在'不知'句上，不用过文，只流水二比做下，后复顶此二比，衍作二大比，最后拖一脚单收，格最雅驯，其为会元无疑也。沈会魁则于'由海女知之乎'下，先反云：'据汝之意，岂不以尽知为贤，而以不知为愧耶？'又提二比：'殊不知有知有不知者，人情之常，不足以为愧，而强不知以为知者，人情之蔽，乃所以累其知也。'然后讲中二句二比，末句连提连缴，复作八比，格甚新而过奇，此魁作也。大率元之作，多纯多雅，多正多的当。新而未纯，奇而未正，时有一段精光，咄咄逼人，此魁作也。王会魁先提'知不知'，将中二句轻述，过复重'不知'一边，浑做二比：'理之在物者，不能一一而明诸心，吾力之所限，吾自量之而已；知之在我者，不能一一而遍乎物，吾分之所至，吾自安之而已。'此二比绝佳，气象亦浑厚，却是会元文字。是年余应贡在京，李见亭充《诗》第二房试官，出语予曰：'场中卷千篇一律，甚可厌，偶见一卷起云："心者，理之会，而是非不出于一念之中；知者，心之明，而真知不在乎见闻之迹。"看到此处，头颅迥然不同，后面只信笔扫去，便是极好文字。'乃知炼格是场中要诀。"

南京刑部右侍郎吴悌卒。金溪人，嘉靖壬辰进士。清修刚介，生平一节，士论推之。予祭葬。天启初，赠礼部尚书，谥文庄。（据《国榷》卷六十五）

故左中允郭希颜子瑀，礼部主事作瑜子宾并入太学。（据《国榷》卷六十五）

李春芳所作会试程文，以经为据，而不依朱注。《游艺塾文规》卷一《国家令甲》："洪武间初开科举，诏群臣详定取士之法。'四书'外'五经'各占一经。《易经》主程传及本义，《书》主古注疏及蔡氏传，《诗》主朱传，《春秋》主胡传，及《左传》、《礼记》主陈澔集说及古注疏。后又以《书传》多错谬，命刘三吾等重加校正，凡蔡传得者存之，失者去之。又集诸家之说，足其未备，颁之学官，令天下遵守。永乐中，又以宋儒一人之见，未足以尽先圣之旨，遂广募群儒，将'五经四书'，各集《大全》一部，搜罗群说，纤悉不遗，颁布天下，令生儒世守。予贡入南雍，大司成凤阿姜公谆谆启迪，欲令遍阅《大全》，且曰：'毋执一说，毋恃己灵。凡经书，初时且莫看注，先将本文大意熟复精思，觉通融浃洽，然后将本注逐一体贴，如其是也，不必自出己见，即须从之，如果难通，便当将《大全》诸说，更加详考。须要觌面与孔孟相逢，方是尚友之学，方不负朝廷作养。'时林对山为南京礼部尚书，姜盖其本房门生也，引予拜之。虽官居八座，衙门无事，予终日领教，因将批抹《四书大全》一部授予，告曰：'此光祖做秀才时所删定也。凡有一句一字可用者俱圈出，其不可用者皆抹杀。即朱传亦有可用及断不可用者，切须诠择。秀才们只以先入之见为主，而于《大全》等书，并不经目，不但孤陋寡闻，亦重负祖宗集书启发之深意矣。'国初，《大全》新颁，士皆遵用，故董中峰所批成弘间程墨，其立说皆远胜朱传。即唐、薛、瞿三师之文，皆洞见本源，发挥透彻，此举业正宗也。近来当道贵游，不加详察，专欲依注，拘定一家之言，不许纷毫走动，上不能遵二圣之谟训，下不能闯大方之藩篱，从此以后，士子之识见当愈卑，而文风当扫地矣。李石麓戊辰主试，出'由诲女知之乎'一节，语众试官曰：'知不论多寡，只论真妄，举知与不知而皆无自欺，只此便是真知，此知之外，更无知矣。若依注"况由此而求之，又有可知之理"，则此知之外更别有知，而夫子所言反为不完之语矣。'故所作程文，全不依注，可称千古绝唱。张太岳辛未主试，出'先进于礼乐'全章，以注中'反过就中'为不得此章之旨，谓：'重中则野人不如君子，惟不重中而重质，则宁为野人，不为君子。'故程文纯重'质'字做，真可压倒元白。甲戌会试'学如不及'二句，旧说以注'言人之为学，既如有所不及矣，而其心犹悚然，惟恐其或失之'，遂分上句为功，下句为心，然天下岂有无心之功哉？会元孙鑛破云：'圣人论学者之心，敏于求而犹自歉也。'通在心上做，不落俗儒派头。丁丑'子贡问士'三节，予在场中与常仰坡同号，渠问此题大旨，予谓：'宜重本做。'渠答曰：'第三节注中分明说："本末皆无足观。"若重本则悖注矣。'及揭晓，程墨皆重本，一如予言。即如近年'仁者其言也讱'全，注云：'心常存，故事不苟'，则为难头上当补存心。若论至理，则为之难非事不苟之谓也。其为非徒在事，即是心去为难；亦非不苟于事，即是心常慎重，故一时程墨皆照本文发挥，并无一人添入存心另讲者。孟义'舍己从人'二句，注云：'己未善，则舍己以从人；人有善，则乐取而为之于我。'以二句平说，观下文云：'无非取诸人者'，只言取而不言舍，可见从处即是取处，不但不可作对，亦不可看作二层也。且舜是圣人，岂待有不善而后舍？即善处亦能舍己从人，并无丝毫系吝，所以为妙。程文墨卷并不依注，皆一直讲下。此等处皆足强人意思。"梁章钜《制义丛话》卷二：顾亭林曰："五经无'真'字，始见于老庄之书。《老子》曰：'其中有精，其精甚真。'《庄子·渔夫》篇云：'孔子愀然曰：敢问何谓真？客曰：真者，精诚之至也。'《说文》：'真，仙人变形登天也。'后世相传乃与假字为对，与老庄之言真者微异其旨矣。宋讳玄以真代之，故庙号曰真宗，玄武七宿改为真武，玄冥改为真冥，玄枵改为真枵。《崇文书目》谓《太玄经》为太真，则犹未离其本也。至隆庆二年会试，为主考者厌五经而喜老庄，黜旧闻而崇新学，首题《论语》曰'由诲汝知之乎'一节，其程文破云：'圣人教学者以真知，在不昧其心而已。'始明以庄子之言入之文字，自此五十年间，举业所用无非释、老之书矣。又曰：嘉靖中，姚江之书虽盛行于世，而士子举业尚知谨守程、朱，无敢以禅窜圣者也。自兴化、华亭两执政尊王氏学，于是隆庆戊辰《论语》程义首开宗门，此后逐浸淫无所底止矣。"

廷臣会荐边才百有八人，命酌用。（据《国榷》卷六十五）

吏部左侍郎兼学士潘晟予告。（据《国榷》卷六十五）

选恩贡生。（据《国榷》卷六十五）

南京国子祭酒姜金和致仕。（据《国榷》卷六十五）

李开先（1502—1568）卒。殷士儋《李开先墓志铭》："公以隆庆二年二月望卒于家……公故尝病脾，间岁作，不至剧。丁卯秋乃大作，逾年竟不起。距生弘治壬戌八月二十八日，凡六十有八岁。"《列朝诗集小传》丁集："开先字伯华，章丘人。嘉靖己丑（1529）进士，授户部主事，调吏部，历文选郎中，擢太常少卿，提督四夷馆。罢归家居，近三十年。隆庆戊辰岁卒。伯华七岁能文，博学强记，弱冠登朝，奉使银夏，访康德涵、王敬夫于武功、鄠杜之间，赋诗度曲，引满称寿，二公恨相见晚也。嘉靖初，王道思、唐应德倡论，尽洗一时剿拟之习；伯华与罗达夫、赵景仁诸人，左提右挈，李、何文集，几于遏而不行。雅负经济，不屑称文士。在铨部，谢绝请托，不善事新贵人。已迁太常，会九庙灾，上疏自陈，竟罢归。归而治田产，蓄声妓，征歌度曲，为新声小令，搊弹放歌，自谓马东篱、张小山无以过也。为文一篇辄万言，诗一韵辄百首，不循格律，谈谐调笑，信手放笔。尝自序《闲居集》曰：'年四十，罢官归里，既无用世之心，又无名后之志。诗不必作，作不必工。'自称其集曰'闲居'，以别于居官时苦心也。所著词多于文，文多于诗。改定文人传奇乐府数百卷，搜辑《市井艳词》、《诗禅》、《对类》之属，多流俗琐碎，士大夫所不道者。尝谓古来才士，不得乘时柄用，非以乐事系其心，往往发狂病死，今借此以坐销岁月，暗老豪杰耳！世宗皇帝幸承天，命少傅翟銮巡九边，议自辽东始。伯华请间曰：'京师密迩边塞，藩篱单弱，虏飙迅可至。今车驾在江汉，公奈何远去京师，令缓急不相及，岂主上倚任之意乎？公宜往自宣、大，次及诸边，此声实相副万全之画也。'翟公瞿然，拊手谢曰：'老悖不知大计，微君幸教，几失之。'卒改行，如其策。曾两使上谷、西夏，访问军情苦乐，武备整废，慨然欲以功名自见。罢归，衰老，不胜慨叹，作《塞上曲》一百首。又通集古人塞上诗为一编，其老而益壮，不甘自废如此。"

三月

丙辰，升刑部右侍郎洪朝选为本部左侍郎，顺天府府丞吴时来为南京都察院右佥都御史，提督操江通政使司右通政姜宝为南京国子监祭酒。（据《明穆宗实录》卷十八）

立朱翊钧为皇太子。《明鉴纲目》卷六："纲：三月，立子翊钧（帝第三子）为皇太子。（即神宗。）"

罗万化、黄凤翔（1545—?）、赵志皋（1524—1601）等四百零三人进士及第、出身有差。《明穆宗实录》卷十八："乙丑，策试天下贡士。制曰：'朕惟君天下者，兴化致理，政固多端。然务本重农、治兵修备，乃其大者。《书》言：先知稼穑之艰难，乃逸。又曰：其克诘尔戎兵，以陟禹之迹。夫成王初亲大政，而周公即惓惓以此告之，其意深矣。朕仰荷天眷，获嗣丕基，自惟寡昧，未烛于理。尝恭诵我太祖高皇帝耤田谕，成祖文皇帝务本训，乃知王业所由兴，民生之不易。及观祖训所载，居安忘备之戒，又日兢兢焉。兹躬率臣民耕耤于南郊，又屡敕边吏慎固疆圉，博求制虏长策，亦欲庶几乎知艰诘戎，以觐扬我二祖之光烈。顾彝典虽举而实政未孚，督策虽勤而武备犹弛，四方浮惰者众，未尽归农也，何以使人皆力本而不失业欤？自屯盐之法坏，而商农俱困，边储告乏，今欲举之，其遗法尚可复欤？丑虏匪茹，警报岁闻，何以创之，使不敢复窥欤？议者或言宜战，或言宜守，或欲罢调兵，或欲练士卒，计将安所决欤？朕日夜图虑，安攘之策，莫急于斯，而行之靡效，其故何欤？抑其机要所在，未克振举，故人罕实用，功难责成欤？尔诸士习于当世之务久矣，其仰绎我皇祖垂训贻谋之意，有可以便民益国者，明以告朕，将采而行之焉。'"徐阶《世经堂集》卷四《奏对·请廷试策问》："（隆庆二年三月初八日）兹者殿试在迩，所有策题，先年系是阁臣拟进。嘉靖年间，先帝特降御制，或循故事命阁臣拟撰。于时士子廷对者，咸以得奉御制为荣。仰惟皇上天资明睿，圣学弘深，当兹策士之初，尤万方观听之会，伏乞亲试策问，明示德意，使知向方。……臣等未敢擅便，谨题请旨。奉圣旨：你每撰来。"王圻《续文献通考》卷四十六《选举考·举士四》：'穆宗隆庆二年廷试，赐进士罗万化、黄凤翔、赵志皋等四百有三人及第、出身有差。五年廷试，赐进士张元忭、刘瑊、邓以赞等三百九十六人及第、出身有差。'傅新德《傅文恪公全集》卷八《明故东阁大学士兼礼部尚书赠太保王文端公暨配淑人墓志铭》："公讳家屏，字忠伯。……戊辰之捷，廷试拟第一呈上，已无何，抑置二甲二名。然廷试策中外靡不传诵，而公深自韬晦，若不知其事者。"《弇山堂别集》卷八十三《科试考三》："二年戊辰，命少傅太子太师吏部尚书建极殿大学士李春芳、掌詹事府礼部尚书兼翰林院学士殷士儋主试，取中田一俊等四百人。廷试，赐罗万化、黄凤翔、赵志皋及第。先是，内阁所取李长春、王家屏、田一俊已定矣，内旨忽于二甲前进呈卷用万化等，而李长春三人居二甲前。是岁少傅大学士陈以勤以子陈于陛、通政使李一元以弟一中辞读卷，许之，登科录亦不列姓名。"《万历野获编》卷十六《戊辰公卿之盛》："弇州以一榜四相为盛事，此未足异。惟戊辰一榜，则赵少师志皋、张少师位、沈少师一贯、朱少保赓、陈宫保于陛、王宗伯东阁家屏、于宗伯东阁慎行，先后宰相七人，真是极盛。若尚书则十八人。亚卿、中丞、三品京堂五十二人。而七相中五人一品，二人赠一品。尚书中四人一品，二人赠一品。凡系玉者十三人。此制科以来，未有之盛也。弇州又以弘治乙丑一榜七玉为最盛，盖未见戊辰之十三也。若嘉靖壬戌（1562）则亦七玉，为少师申时行、李汶、少傅余有丁、王锡爵、萧大亨，少保杨俊民，太子太保蹇达，亦可媲美。今名硕辈出，劳烈孔彰，圣主酬功，将来更不胜记矣。"又《同科同时宗伯》："万历戊子至丁酉十年间，凡五易宗伯。初为朱山阴赓忧去，于东阿慎行代之。于致仕，李富顺长春代之。李致仕，罗会稽万化代之。罗卒，范丰城谦代之。俱戊辰科也。同时掌詹者，陈南充于陛亦带礼书，而南宗伯又有黄晋江凤翔、沈鄞县一贯。凡八人。亦云盛矣。是时张新建位以及陈南充、沈鄞县，相次以礼书带阁衔，首揆则赵兰溪志皋，合之又得宗伯二人。而先任礼书东阁，又有王山阴家屏。自来宗伯之多，无如此一榜者。罗，甲子戊辰探花。"

隆庆二年程文明以《庄子》之言入制义。顾炎武《日知录》卷十八《破题用庄子》："《五经》无'真'字，始见于老、庄之书。《老子》曰：其中有精，其精甚真。《庄子·渔父篇》：孔子愀然曰：'敢问何谓真？'客曰：'真者，精诚之至也。'《大宗师篇》曰：而已反其真，而我犹为人猗？《列子》曰：精神离形，各归其真，故谓之鬼。鬼，归也，归其真宅。《汉书·杨王孙传》曰：死者，终生之化，而物之归者也。归者得至，化者得变，是物各反其真也。《说文》曰：真，仙人变形登天也。徐氏《系传》曰：真者，仙也，化也。从匕，匕即化也，反人为亡，从目，从匕，人其所乘也。以生为寄，以死为归，于是有真人、真君、真宰之名。秦始皇曰：吾慕真人。自谓真人，不称朕。魏太武改元太平真君，而唐玄宗诏以四子之书谓之真经，皆本乎此也。后世相传，乃遂与假为对。李斯上秦王书：夫击瓮叩缶，弹筝搏髀，而歌呼呜呜快耳目者，真秦之声也。韩信请为假王，高帝曰：'大丈夫定诸侯，即为真王耳，何以假为！'又东垣曰真定。窦融上光武书曰：岂可背真旧之主，事奸伪之人。而与老、庄子言真，亦微异其指矣。宋讳玄，玄冥改为真冥，玄枵改为真枵，《崇文总目》谓《太玄经》为太真，则犹未离其本也。隆庆二年会试，为主考者厌《五经》而喜老、庄，黜旧闻而崇新学，首题《论语》'子曰由诲汝知之乎'一节，其程文破云：圣人教贤者以真知，在不昧其心而已。始明以《庄子》之言入之文字。自此五十年间，举业所用，无非释、老之书。慧星扫北斗、文昌，而御河之水变为赤血矣。崇祯时始申旧日之禁，而士大夫皆幼读时文，习染已久，不经之字，摇笔辄来，正如康昆仑所受邻舍女巫之邪声，非十年不近乐器，未可得而绝也。虽然，以周元公道学之宗，而其为书，犹有所谓无极之真者，吾又何责乎今之人哉！《孟子》言：所不虑而知者，其良知也。下文明指是爱亲敬长。若夫因严以教敬，因亲以教爱，则必待学而知之者矣。今之学者，明用《孟子》之良知，暗用《庄子》之真知。"顾炎武《日知录》卷十八《举业》："（东乡艾南英《皇明今义待序》）又曰：嘉靖中，姚江之书虽盛行于世，而士子举业尚谨守程、朱，无敢以禅窜圣者。自兴化、华亭两执政尊王氏学，于是隆庆戊辰《论语》程义首开宗门，此后浸淫无所底止。科试文字，大半剽窃王氏门人之言，阴诋程、朱。坊刻中有伪作罗伦《致知在格物》一篇，其破题曰：良知者，廓于学者也。按罗文毅中成化二年进士，当时士无异学。使果有此文，则良知之说始于彝正，不始于伯安矣。况前人作破，亦无此体，以其为先朝名臣而借之耳。"

据《明清进士题名碑录索引》，隆庆二年戊辰科录取名单如下：

第一甲三名

罗万化	黄凤翔	赵志皋

第二甲七十七名

李长春	王家屏	田一俊*	李逢阳	王周绍	张孟观
陈于陛	胡来贡	王鼎爵	金学曾	华叔阳	朱孟震
纪五常	宋尧武	叶九金	徐显卿	张世烈	殷建中
施梦龙	邵陛	陆万垓	许应逵	洪邦光	李维桢
赵来亨	乔因阜	乔木	姚宗尧	陈允升	李文简
张位	张大器	江以东	江圻	方沆	陈王道
施近臣	袁一虬	韩世能	孙从龙	张仲懽	王鳞
许子良	李伯芳	李熙	冯孜	王汝鲁	林景旸
甘来学	唐可封	张一桂	郑汝璧	胡养正	沈藻
周启祥	徐应奎	王体复	顾显仁	刘葵	汪审
于慎行	陈涧	沈懋孝	王之士	陈九仞	王樊德
苏民望	叶明元	吴自新	刘伯燮	蔡文范	胡绪
吴肇东	焦玄鉴	朱賡	傅时望	钱顺德	

第三甲三百二十三名

卢维祯	李颐	栗在庭	冯时雨	江廷寄	刘体道
郑迁	来经济	辛如金	张偲	须用宾	王任重
罗璧	钟庚阳	侯世卿	周于德	李廷益	周继夏
钱普	张尧年	刘世赏	刘应麒	刘登庸	陈堂
敖鲲	蔡汝贤	聂良杞	陈昌言	刘庚	唐裔
田子坚	蒋遵箴	龚勉	李尚思	林敬冕	李阳春
张嵩	陈所敏	张對	郑岳	胡峻德	张楚城
李一本	张克文	薛纶	邵一本	陈万言	梁许
高时	祝世乔	傅性敏	史思敬	韦以诚	贾应璧

唐邦佐　　　沈一贯　　　张正道　　　王应辰　　　高世雨　　　徐应聘
杨道会　　　贾三近　　　赵三聘　　　沈思孝　　　吴道迩　　　马千乘
徐成位　　　刘应望　　　万钟禄　　　冯子履　　　罗良祯　　　刘东星
魏仕贤　　　李镐　　　　杨时宁　　　戴燿　　　　王京　　　　许亘
陈大猷　　　张桐　　　　师道立　　　钟遐龄　　　卫承芳　　　邹墀
周思敬　　　李戴　　　　袁魁　　　　郭四维　　　□□□　　　□□□
郭堵　　　　萧腾凤　　　陈蕖　　　　杨沂　　　　袁弘德　　　任惟一
贾待问　　　张元善　　　戴文宗　　　习孔教　　　徐学诗　　　左缙
唐文灿　　　王用汲　　　周易　　　　徐鸣鹗　　　程拱宸　　　蔡应科
李焘　　　　徐大任　　　蒋希孔　　　刘鲁　　　　景嵩　　　　董邦礼
王来召　　　王埏　　　　刘竟成　　　鲍希颜　　　谢万寿　　　熊瑞
刘浃　　　　刘翾　　　　马伋　　　　杨归儒　　　尚苃　　　　王之臣
熊镃　　　　汤聘尹　　　谢良琦　　　张东旸①　　翁金堂　　　郑国仕
吕宗儒　　　黄金色　　　詹世用　　　白希珩　　　徐汝阳　　　袁桂蓁
秦舜翰　　　黄应坤　　　曹大埜　　　张明化　　　傅元顺　　　蔡壁
刘绍恤　　　蔡贵易　　　丛文蔚　　　余乾贞　　　李梧　　　　朱南雍
党馨　　　　张淳　　　　司汝霖　　　许洛　　　　张书　　　　詹贞吉
文作　　　　程沂　　　　孙鍑　　　　郝汝松　　　屠谦　　　　王继祖
黄焯　　　　杨言　　　　石槚　　　　解学礼　　　汪在前　　　梁承学
范谦　　　　于有年　　　胡格诚　　　王乔桂　　　孙化龙　　　李一中
邵城　　　　李春光　　　王诏　　　　王一凤　　　颜容舒　　　王宣化
刘朴　　　　邹学柱　　　朱东光　　　谢良弼　　　李学一　　　许承周
刘应雷　　　帅机　　　　宋伯华　　　阎邦宁　　　刘启元　　　田乐
黄卷　　　　史朝铉　　　赵钦汤　　　陈九畴　　　欧阳柏　　　蒋科
李尚宾　　　姚孟贤　　　蒋桐　　　　李国观　　　胡用宾　　　张修吉
王琢玉　　　王恩民　　　周一经　　　陆从平　　　王惟几　　　高一登
詹洪基　　　刘维嵩　　　房如式　　　余之桢　　　沈应文　　　王藻
郭庄　　　　陆志孝　　　魏云霄　　　张道明　　　张简　　　　陈祖尧
殷濡　　　　叶榛中　　　王颐　　　　庄有临　　　余钦　　　　蒋以忠
孙汝宾　　　李仕华　　　王俨　　　　周思稷　　　李乐　　　　龚懋贤
王大用　　　于鲸　　　　徐元吉　　　谢宗伦　　　陈一夔　　　顾大典
韩必显　　　陈尚伊　　　曹昉　　　　刘伯缙　　　纪克一　　　刘不息
阙成章　　　张朝瑞　　　胡友信　　　秦致恭　　　裴应章　　　余懋学
张孙绳　　　刘倬　　　　李瑱　　　　张试　　　　史邦直　　　任芹

----

① 《江西通志》作：张东阳。

张道充	杜其骄	郑 准	辜明试	邵仲禄	罗征竹
陈严之	黄猷吉	咸怀良	孙 珮	张弘毅	高自新
赵惟卿	赵允升	郭思极	李尚默	周裔登	顾梁材
刘如皋	赵云翔	杜 循	王中迏	张士奇	李 熹
沈 楠	刘守仁	罗 奎	刘 铉	胡汝钦	耿鸣世①
沈 位	毛图南	刘致中	秦时吉	刘光国	周 西
房 寰	周世科	郝维乔	梁 式	谢廷敬	王一诚
林 华	吴 鉴	何世学	易仿之	黄德洋	偰维贤
牛可麟	刘禹谟	黄家栋	杨 节	方学孟	郭有金
万一贯	赵时敏	赵 池	曹 铣	沈 文	何维椅
章 礼	孙汝汇	霍希夔	钱拱宸	喻 均	

据地方志补阙七名

张 镗	穆 炜	陈文衡	楼懋中	徐秋鹗	张汝济
黄 龙					

二甲十六名进士徐显卿曾论及万历间文体士风之变。张萱《西园闻见录》卷四十五《礼部》四《提学·前言》："徐公显卿《与詹学院书》曰：'窃惟文体士风与时高下，今士子所业者，久已离去本根，习为怪诞，其佶屈似深，其虚空似雅，其诡谲似奇，其剿袭似实，不知精神心术，悉逐于游淫汗漫而无所归着，他日形之施为，自然以凌逾为广大，以矫亢为廉洁，以倾险变幻不可测识为高明，弊极矣。世道人心，惟明公转移，要在提本领，尚真积，不为虚巧所惑耳。种种色相，彼既不能逃于妍媸轻重之外，又何足以惑明公哉！承谕限定书程，随时课业，一二年间，经书、《性》、《鉴》，无一字不淹贯士子腹中矣。取文必先拔典实者，尤对症之药饵也。'又曰：'士习溺于浮靡久矣。其文愈工，其学愈疏，则以专精词句，不暇考传注、究本真也。要之他日实用，惟以今日考订精详，记诵浩博，而后应用不穷。且夫文先本义，论策先记诵，文能彻本旨，论策能悉举始末者，必攻苦之士，即词华不少逮，仍当优录以示风厉。行之一年，士皆弃剿窃之习，求本原之学，即不敢望博综今古，而经史性理必反复沉潜，人人能晰其义、举其辞，自是各随其力之所至，旁通涉猎，必有古调绮谈，根核渊源，至深且远，非若今日之浮靡无当者。胡安定掌成均，欧阳公司贡举，痛排险怪之习，欲学者晓然知吾儒体用之全功，正此意也。'"

戊辰科三甲二百四十九名进士胡友信（号思泉），其制义以疏为密，被推为名家。梁章钜《制义丛话》卷五："《书香堂笔记》云：作制义者，有题理，有题神，人皆知之。而每题各有题之形貌，文亦必与之相称，而后为肖题。如胡思泉'笃恭而天下平'句文云：'陶镕于礼乐之中，而其相揖让也非为名分，相歌咏也非为性情，熙熙然，各通于圣人之性而莫之知也。渐靡于刑政之外，而其为善良也非出于感格，无颇僻也不待

---

① 《山东通志》作：耿明世。

于裁成，陶陶然，相遇于圣人之天而莫之识也。'方望溪先生谓此文非徒人理深厚，并与题之形貌亦称，真知言矣。""《书香堂笔记》又云：制义之诀，由疏而密易，以疏为密难。以疏为密之诣力，非名家不能到。如胡思泉'天地位焉，万物育焉'文云：'以清以宁，天地之故态也，若不赖于君子建中之功然，至于三光明焉，五岳奠焉，谓非成位乎中者之有其人，不可得也。以生以息，万物之常理也，若不赖于君子导和之力然，至于民不夭札，物无疵疠，谓非茂对其间者之有其人，不可得也。'似此出笔甚轻，着题甚重，人以为疏，我以为密，浅学者岂易语此乎？"

四月

故台州知事武暐荫子尚冕太学。（据《国榷》卷六十五）

翰林检讨成宪、礼科右给事中王玺颁诏朝鲜。（据《国榷》卷六十五）

五月

徐阶奏请考选庶吉士。徐阶《世经堂集》卷七《奏疏·题考选庶吉士事宜》："准吏部手本，该本部题覆：'吏科给事中杨枢奏，"为育人才以光盛治事"。内开庶吉士之选，节年旧规，俱系内阁先期具奏，本部方行议覆等。……臣等谨将节年所行事宜逐一斟酌，开款上请。伏乞圣明裁定，敕下吏部施行。一、先年庶吉士，俱由阁臣将廷试文卷重行检阅，坐名取考。臣等窃惟廷试文卷既奉有钦定次第，难以复置品题。况一见姓名，中间亲戚乡识，自易容情，未协公论。合无今次限年四十以下，但愿考者俱许赴吏部报名。吏部按名阅审，仍加查访，如年岁果实、及无残疾并别样违碍者，即皆疏名奏闻，候命下，阁臣题请钦定考试日期。其有减年等弊，吏部径自参奏。一、先年考试，俱在东阁前丹墀内。……合无今次俱查照行。一、先年各官看卷，不避乡贯，似与去私远嫌之道尚有未尽。合无今次俱从回避，以昭至公。其考卷先行分看，各取其优者。然后会看，必众以为优，乃在所取。查照上年名数，分为正副二等进呈，恭候圣明裁定。一、进呈以后事宜，阁臣查照旧例，以次题请。隆庆二年五月初三日，奉圣旨：'是。吏部知道。'"于慎行《谷山笔麈》卷五："隆庆戊辰五月考选吉士，在金水桥南设几，北向，几上各贴姓名。一江左同年，几案当在日中，以为不便，顾见一江右同年，几案适在厢廊阴处，而身就他案闲谈。江左瞰其不在，遽走据其案，除其纸帖，以己姓名帖之。江右望见，极走还与争。江左据案不退，曰：'此吾案也。'相持久之，竟不能夺。江右但顾同事曰：'试看此作何解？'同年亦笑不能面质也。此事予亲见之。两君皆名士，同入馆选，列在词林，其后江右入相，江左官止史局。"

戚继光（1528—1587）以都督同知总理蓟、昌、辽、保练兵事务，节制四镇，与总督同。自是在镇长达十六年，边境赖以晏然。任内作《盘山绝顶》诸诗。《静志居诗话》卷十四："少保平倭之功，战胜攻克，撰有《纪效新书》。在蓟日，与总督谭公纶，樽俎折冲，撰有《练兵实纪》。论者比之孙、吴、韩、白焉。军中有暇，辄与文士接席赋诗，集名《止止》，稿曰《愚愚》，居曰梦梦，是亦好奇矣。《盘山绝顶》云：'霜角一声草木哀，云头对起石门开。朔风卤酒不成醉，落叶归鸦无数来。但使雕戈销杀气，未妨白发老边才。勒名峰上吾谁与，故李将军舞剑台。'《度梅岭》云：'溪流百折绕青山，短发秋风夕照间。身入玉门犹是梦，复从天末出梅关。'"《明诗评选》卷六评《盘山绝顶》："寄慨不激，南塘自非粗官。"《明诗别裁集》卷九亦评曰："无意为诗，自足生趣。郭定襄直于诗坛中位置之。"按，《度梅岭》作于万历十一年（1583）七月赴粤途中。戚于万历十一年二月调广东镇守。

六月

选翰林院庶吉士。选进士徐显卿、陈于陛、张一桂、沈一贯、李长春、韩世能、贾三近、王家屏、沈位、田一俊、朱赓、沈懋孝、张位、李熙、林景旸、徐秋鹗、张道明、邵陛、何维椅、郭庄、王乔桂、刘东星、于慎行、范谦、张书、李学一、习孔教、刘应麒、郑国仕三十人为翰林院庶士，命管詹事府事礼部尚书兼翰林院学士殷士儋、赵贞吉管教习。（据《明穆宗实录》卷二十一）焦竑《澹园续集》卷一《云东拾草序》："《云东拾草》，余馆师敬堂韩先生所作也。当隆庆戊辰，上方招延茂异，相与黼黻大业之意甚盛。时拔其隽，储之馆中者至三十三人，而适得赵文肃公为之师。后诸公入政府者七人，尚书、都御史、侍郎十二人，为侍从卿寺者尤多。成就之盛，殆先后所未有。"

命兵部会同监试御史考校有勇力技能武生。王圻《续文献通考》卷四十七《选举考·武举》："穆宗隆庆二年六月，兵部覆提督四夷馆太常寺少卿武金奏：窃照武科规制定自先朝，别立科名似难轻拟，但本官所论于兼收并蓄之中寓随材器使之术，不为无见。相应酌议，除武举仍遵照旧规外，合候命下，本部通行各省抚按衙门，转行各该守巡、兵备等道，督令府、州、县等官示谕军民人等，自今年为始，但有智通兵机，或力胜二百斤以上，或善射，或善枪，或善刀弩，或善火器等项艺能之人，每年通以春季为期，不必拘定名数，许令自投到官，州、县官取具里老甘结，严加考校。要见某人有何机智可以出奇，某人有何勇力足以任重，某人善射，果否巧力俱优，诸如此类，果系不凡，方许申送该府。府守验中，方许呈送巡按御史。选中，量授衣巾，充为武生，免其杂泛差役。候至开科年分，各府给文，类送巡按御史。除精通论策者，照旧随武举入场外，其余俱候武举场事毕日，御史公同考试，将智勇俱优者列为一等，精通一艺者定为二等，各照武举优待，其最劣者发回原籍当差。取中之人，行令该府量资盘费，给文起送到部。本部于会试之年，照例于武举场事毕日，将送到武生公同监试御史通行考验。其不中者发回肄业，中者不必分等，止将为首一人量给冠带，咨送蓟镇军门，充为名色把总，领军教练，余俱分发京营并各边立为教师名色，即充队长，教练各军，俱许随军食粮差操。三年之间获有功次，挨升职级。如无功绩，但系训练有成，教师即补把总，把总即补千总，月加米一石，与武举一体保荐推用。如或在营教练无成，不肯向上者，听督抚官径自革回。起送之时，各府、州、县如敢徇情滥送，听巡按御史指实纠治等因。奉旨：'这武生你会同监试御史验，果有勇力技能的，咨送蓟镇军门再行核实，径自去留，京营及各边且不必发去。'"

南京国子司业金达劾免。（据《国榷》卷六十五）

山东按察佥事周怡改南京国子司业。（据《国榷》卷六十五）

七月

徐阶引疾求退，许之。《明鉴纲目》卷六："纲：秋七月，徐阶罢。目：帝即位以来，阶所持诤，多宫禁事，伸者十八九，中官多侧目。（帝欲命中官分督团营，阶力陈不可而止。群小珰殴御史于午门，都御史王庭将纠之，阶曰：'不得主名，劾何益？且虑彼先诬我。'乃使人以好语诱大珰，先录其主名，庭疏上，乃分别逮治有差。○王庭，字子正，南充人。）给事中张齐，（长安人。）前奉命犒军宣大，纳盐商金，因疏请恤边商，革余盐，为阶所格。至是，上疏攻阶，阶引疾求退，帝意亦渐移，许之。"

故太常卿署国子祭酒胡正蒙赠礼部右侍郎，荫子承烈国子生。录邸旧劳。（据《国榷》卷六十五）

八月

左春坊左谕德兼侍读张四维清理贴黄。（据《国榷》卷六十五）

九月

前吏部文选司员外郎王谷祥卒。谷祥字禄之，长洲人，嘉靖进士。馆选，逾月改工部主事，移考功，署文选员外郎，选法不阿。尚书汪鋐嫉之，谪倅真定，归养三十年。后起倅大名，补南选郎，俱不赴。善书画古文词。年六十七。（据《国榷》卷六十五）

翰林院侍读学士诸大绶、左春坊左谕德兼侍读张四维主武闱。（据《国榷》卷六十五）

增武举百人。（据《国榷》卷六十五）

十月

翰林修撰余承勋、兵科给事中傅佩被荐，各年七十。进太常少卿，致仕。（据《国榷》卷六十五）

十二月

礼部右侍郎吕调阳兼翰林学士、《实录》副总裁。（据《国榷》卷六十五）

立武定府儒学。（据《国榷》卷六十五）

袁宏道（1569—1610）生。（生年据公历标注）。袁中道《吏部验封司郎中中郎先生行状》："先生生于隆庆戊辰之十二月初六日，卒于万历庚戌之九月初六日。"宏道，字中郎，万历壬辰进士，除吴县知县。县繁难治，能以廉静致理。逾年，称病投劾去。遍游吴、会山水，作《锦帆》、《解脱集》。改国子助教，迁礼部仪制郎。归卧柳浪湖上，凡六年。以清望推择，改吏部，由文选考功迁稽勋郎中。移病休沐，不数月卒于家。年四十有三。

本年

隆庆二年议准：武举中式者，分边、腹二项，以后边方有缺即先推边方第一人，腹里有缺，即先推腹里第一人，各挨次推用，一如文举挨次法。（据万历《大明会典》卷一百三十五《兵部》十八《武举》）

隆庆二年题准：直隶各卫儒学原属卫官提调者，仍以本卫官提调。惟季考生员及考选童生听各该巡按御史定委通判等项文职官管理。（据王圻《续文献通考》卷六十《学校考·选补生员事例》）

邢侗入太学。同辈招游狭邪，不往。李维桢《陕西行太仆寺少卿邢公墓志铭》："隆庆戊辰，诏简诸生高等，入太学，毋论年资。子愿应诏，同辈招游狭邪，不往，屏居下键，诵声达旦。"邢侗字子愿。

明穆宗隆庆三年己巳（公元 1569 年）

二月

吏部酌议开纳事例：南北二监，今后凡遇乡试年份，一应援例生员暂收入监未曾查回实历者，俱不许考送应试。黄儒炳《续南雍志》卷三《事纪》："（隆庆三年二月）己亥，吏部酌议开纳事例：'……再照往年儒学生员，亦有缘事脱逃赴京告纳，暂送入监而遂得中式京闱者。其于科目尤为有玷。宜通行南北二监，今后凡遇乡试年份，一应援例生员暂收入监未曾查回实历者，俱不许考送应试，如此则非惟国学不致混淆，而贤科亦皆增重矣。'"

吴维岳（1514—1569）卒。汪道昆《明故中宪大夫都察院右佥都御史霁寰先生吴公行状》："隆庆三年春二月甲子，故都察院右佥都御史霁寰先生卒于家，春秋五十六耳。……先生讳维岳，字峻伯，孝丰人，姓吴氏。""嘉靖丁酉（1537）乡试，先生以执礼举第五人，明年举进士，除江阴县令……三载应召得刑部尚书郎。……丧毕补驾部，寻转按察司副使，督学山东。……居五年，进湖广布政司右参政，寻进江西按察司按察使。已复拜都察院右佥都御史，巡抚贵州。"先生家世盖州，顾折节务恭俭，年少娴于文学，终其身不衰。始从宦京师，执举子业，师事袁郎裒、庄郎用宾。既而讲德修辞，师事毗陵唐太史应德。从毗陵诸令，善临川徐良傅、临朐冯惟讷。从诸尚书郎，善济南李攀龙、江东王世贞、武昌吴国伦、广陵宗臣、朱曰藩。当是时，济南、江东并以追古称作者，先生即逡逡师古，然犹以师心为能。其持论宗毗陵，其独操盖有足多者。乃今遗文具在，大都载奏议及《岁编》中。"《国榷》卷六十六："隆庆三年二月甲午，前巡抚贵州右佥都御史吴维岳卒。孝丰人，嘉靖戊戌进士。文雄于时，而明练吏事，所至有声，以贵州平贼功，赐祭葬。"

三月

翰林院侍读马自强为司经局洗马，署国子监司业。（据《国榷》卷六十六）

四月

佥都御史海瑞巡抚应天诸府。《明鉴纲目》卷六："纲：己巳三年，夏四月，以海瑞为佥都御史，巡抚应天诸府。目：瑞威望久著，属吏闻其至，墨者多自免去。中官监织造者，为减舆从。有势家朱丹其户，恐瑞见，即黝之。瑞锐意兴革，请浚吴淞白茆，通流入海，民赖其利。素疾大户兼并，力摧豪强，抚穷弱，下令飚发凌厉，所司惴惴奉行，富家巨室，或窜他郡以避。其见惮如此。（瑞抚吴甫半岁，再为言路所论，遂改督南京粮储。小民闻瑞当去，号泣载道，家绘像祀之。）"

南京国子监司业周怡为太常寺少卿，提督四夷馆。（据《国榷》卷六十六）

五月

翰林院编修王锡爵为南京国子监司业。（据《国榷》卷六十六）

六月

升左春坊左谕德兼翰林侍读孙铤为国子监祭酒。（据《明穆宗实录》卷三十三）

苏志皋（1479—1569）卒。郭秉聪《明通议大夫都察院右副都御史食从二品俸致仕寒村苏公暨配恭人温氏合葬墓志铭》："隆庆己巳夏六月三日，致仕都察院右副都御史苏公卒。""公生于弘治丁巳十月二十四日，享年七十有三。""公讳志皋，字德明，别号寒村，又号岷峨山人。其先直隶延庆州人。国初徙顺天之固安县，遂为固安人。""嘉靖辛卯领顺天乡荐第三人，明年壬辰登进士第。"知浏阳、进贤二县，迁刑部主事，历郎中，出为佥事副使，皆宣府、潼关、泾邠冲边要地。庚戌（1550）虏警，会推雁门兵备，历升布政使，以右佥都御史巡抚辽东，升右副都御史。"所著有《益知录》三十卷，皆御虏、平倭、治河、弭盗等策，咸当今要务。其用世之志，不以老衰困沮如此，固振古之豪杰哉！又有《创修固安县志》、《寒村集》、《巡抚奏议》、《战守图法》、《译语》、《恒言》、《画跋》各若干卷。"

翰林五经博士孔贞宁夺官，徙汶上。（据《国榷》卷六十六）

宋懋澄（1569—1620）生。（据宋征舆《林屋文稿》卷十《先考幼清府君行实》）吴伟业《宋幼清墓志铭》："崇祯十有三年，吾友云间宋辕生、辕文兄弟葬其先君幼清公配杨孺人、施孺人于黄歇浦之鹤泾……公之亡，距今十八年矣。"陈子龙《宋幼清先生传》："如期竟死，年五十一。"宋懋澄，字幼清，又字稚源、自源，号叔意，华亭人。万历四十年举于乡。三上春官，不第卒。有《九籥集》、《别集》。

七月

前礼部左侍郎兼翰林学士瞿景淳卒。景淳字师道，常熟人，嘉靖甲辰进士。授编修，历今官。学行醇谨，气端劲，见贵势亡少屈。年六十三。赠尚书，谥文懿。（据《国榷》卷六十六）

八月

礼部尚书赵贞吉（1508—1576）兼文渊阁大学士，预机务。《明鉴纲目》卷六："纲：秋八月，以礼部尚书赵贞吉，兼文渊阁大学士，预机务。目：初，帝幸太学，会祭酒胡杰论罢，贞吉以礼部侍郎摄事（贞吉在嘉靖朝，由谪籍屡擢户部侍郎，罢归。帝即位，复起礼部），讲《大禹谟》，称旨，命充日讲官。贞吉年逾六十，而议论侃直，进止有仪，帝深注意。及是，遂以尚书参机务。贞吉入谢，奏言朝纲边务，一切废弛，臣欲捐躯任事，惟陛下主之。帝益大喜。"

高应冕（1503—1569）卒。张瀚《光州知州高颖湖墓志铭》："高光州者，讳应冕，字文中，自号颖湖。其先由汴徙浙，转徙仁和。""甲午举于乡，三上春官不遇。"试吏绥宁，秩满进刺光州。"岁当大计，上官多不协，乃解绥归，放情湖山，结庐傍林处士故墟，榜曰白云山房，读书其中。兴至豪饮长吟，研词斫句，力追古雅，一以盛唐诸名家为矩矱。晚益博浃，喜老庄之言道德，诗亦归于性情，著为论叙，邕朗超脱，类若寓言生平。萧散冲和与悒怆不平之气，感时触物，对景怀人，一属意于吮毫舒简间。其言曰：文以宣情，言以足志，诗人篇自为词；词人赋颂，为文造情。情兴本乎性真，非点缀模写可拟。有味哉！今其所著诗文具在，比于所称说，同耶异耶？……殁隆庆己巳八月二十八日，生弘治癸亥三月十一日，不满七十者仅三岁。"《续文献通考·经籍考》著录高应冕《白云山房集》二卷，《千顷堂书目》卷二十三著录《光州诗选》二卷。

赐岷府广济王定燫遵训书院。（据《国榷》卷六十六）

山西王府各立宗学。（据《国榷》卷六十六）

九月

授翰林院庶吉士何洛文为编修。（据《明穆宗实录》卷三十七）

十二月

命厂卫刺探部院事务。《明鉴纲目》卷六："纲：冬十二月，命厂卫刺部院事。目：帝以灾异频仍，由部院政事不平所致，令厂卫密访以闻。于是尚书毛恺（字达和，江山人），侍郎万士和（字思节，宜兴人）等，皆自劾求去，帝慰留。给事中舒化（字汝德，临川人）等上言：'祖宗设厂卫，令捕盗诘奸，非以察百官也。制驭百官，乃天子之权。而奏核诸司，责在台谏。今陛下委之厂卫，厂卫必托之番校。此辈贪残，恐开罗织之门，不可不慎。'帝不从，已而事竟寝。"

丙午，起吏部右侍郎兼翰林院学士陆树声以原官掌詹事府事，教习庶吉士。（据《明穆宗实录》卷四十）

高拱复入阁。高拱于嘉靖丙寅入阁，兼掌吏部事者凡二年。其先后疏稿编为《纶扉内稿》一卷、《外稿》一卷、《掌铨题稿》十四卷，《四库全书总目》卷五十六史部诏令奏议类存目著录。《掌铨题稿》提要曰："史称拱在吏部，欲遍识人材，授诸司以籍，使署贤否，志爵里姓氏，月要而岁会之。仓卒举用，无不得人。盖其才固有足取者矣。"《明鉴纲目》卷六："纲：召高拱复入阁，兼掌吏部。目：拱性强直自遂，颇快恩怨。及再入阁，尽反徐阶所为。凡先朝得罪诸臣，以遗诏录用赠恤者，一切报罢。且言《明伦大典》，颁示已久，今襃显议礼诸臣，将使献皇在庙之灵，何以为享？先帝在天之灵，何以为心？而陛下岁时入庙，何以对越二圣？帝深然之。（时拱专与徐阶修隙，所论皆欲以中阶，重其罪。会帝仁柔，弗之觉。阶子弟颇横乡里，都邑有司希拱指，簿其子弟，皆编戍，尽夺其田，所以扼阶者无不至。）"

本年

高仪疏请催举人就监以务实学。高仪《高文端公奏议》卷四《议饬监务疏》："催举人就监以务实学。……举人会试下第，分送两京国子监读书，此系国家旧制。迩来人情溺于便安，每告依亲患病各项名色给引回籍，其间虽给入监文引者，乃复迁延家居不肯就监，比及会试之时，径自起文赴京，委系近年通弊。昨岁戊辰会试毕日，本部将未经入监举人告欲依亲养病者一切不准，俱已给文送发南北二监去讫。今该监复题前因，则是前项举人虽领入监公文，其玩视不赴仍各如故。相应申饬，合候命下本部移咨都察院转行各处巡按御史，督同有司严查本地举人，如有未经入监者，通行催督，悉令作速前去肄业。以后会试年分，本部逐一稽查，如已入监者方许会试，倘有未经到监者，虽有原籍起送公文，一体不许入场，庶乎人知所警而国学不至空虚。"

邓渼（1569—?）生。邓渼，字远游，新城人。万历戊戌（1598）进士，除浦江知县，调秀水，召为河南道御史，巡按云南，出为山东副使，历参政按察使，以佥都御史巡抚顺天。天启乙丑，为逆奄所恶，遣戍贵州。崇祯初，赦还，未及用而卒。有《留夷馆》、《南中》、《红泉》诸集。

胡震亨（1569—1645）生。胡震亨字孝辕，海盐人。万历丁酉（1597）举人，除固城教谕。历合肥知县，迁德州知州，不赴，改定州，擢兵部员外。有《赤城山人稿》。辑《唐音统签》一千馀卷。

汪廷讷（约1569—约1628）约生于今年。汪廷讷字去泰，徽州休宁人。有《坐隐先生集》。所作传奇已知有十五种，今存《狮吼》、《种玉》、《三祝》、《投桃》、《彩舟》、《天书》、《义烈》等七种。

明穆宗隆庆四年庚午（公元1570年）

正月

南京国子祭酒姜宝，劾助教郑如瑾削籍。魏国公徐鹏举庶长子邦瑞宜嗣，其弟邦宁，以母嬖，欲立之。求入太学，赂如瑾，宝以闻。夺鹏举月禄及嬖妾郑氏封诰。（据《国榷》卷六十六）

定光禄寺署正，以乙榜知县教官及例贡参之。（据《国榷》卷六十六）

进大学士赵贞吉太子太保。（据《国榷》卷六十六）

洗马署国子司业马自强兼侍讲，还司经局，纂修《实录》。（据《国榷》卷六十六）

二月

礼部上言：提学校士，须重生儒品行。黄儒炳《续南雍志》卷三《事纪》："（隆庆四年）二月庚子，礼部上言：'礼科都给事中王之垣等议，严应试以正士风，援例监生必重始进而兼德行。窃谓国家设科取士，必试以文，盖以言为心声，词果由衷，则心术学识固可概见，故历代名公巨卿，建勋植业，多自科目得之。近缘俗竞浮华，士专记诵，主司悦其华丽，误加收采，以致行检不符之俦，侥幸得志，而敦行尚实之士，往往见遗，此非文学不足以观人，实遴选未得其当也。今该科欲令提学官较文之中兼重行谊，无非目击时弊，思挽颓风之意。乞敕部移提学，每遇较士，如生儒中果有孝友清慎，众共推举者，虽藻思稍有不足，亦宜旌拔。其素行有玷公论者，文词蔚茂，不妨降斥。固不可徇情滥举，以长诈冒之风，亦不可偏听告密，致启中伤之弊。至于生儒援例监生暂选入监，未曾查回实历者，不许考选应试，已经通行，合再申饬，务要严加稽核，勿容冒滥，庶乎士行崇始进正，国家收得人之效矣'。"

恩贡、岁贡及援例监生仍照定例应乡试。黄儒炳《续南雍志》卷三《事纪》："（隆庆四年）二月庚子，礼部上言：'……又据（王）之垣题称：南京乡试监生，乞依会试分别南京、北京及回籍听考应试。切谓恩贡、岁贡及援例监生按籍分送两京肄业，各有定例，间有一二随任告改，人数不多。两京乡试临期考送多寡不齐，较之会试，事体甚异，分别南北，卷数似难预拟。……'上从之。"

祭酒孙铤请增科额。黄儒炳《续南雍志》卷三《事纪》："（隆庆四年二月）壬戌，祭酒孙铤欲推广恩意，请增科额，乃建议曰：'臣切谓太学养士，每际时而奋兴；科目抡才，亦因人而定额。两京乡试额取中式一百三十五名，盖以百名待畿内府州县学生员，以三十名待国子监及各衙门历事监生，而五名则处儒士等杂行也。恭遇皇上抚运中兴，覃恩薄海，于隆庆元年荷蒙俯纳提督学校御史周弘祖之议，诏许天下于廪生数内拔其优异超贡，分隶南北二监肄业，号曰'恩贡'，与岁贡不同，诚天地浩荡之恩，前所未有也。即臣所领本监，去年入监凡三百四十人，十月入监，又三百七十七人，今各省投牒礼部分拨者，又不知几何人。夫自常年论之，本监及各衙门应试八百余人，而定额中式三十名，盖亦三十取一，不为不难矣。乃今恩贡之数，殆且过之，臣每于季考月课、朝讲暮习，验其文艺，察其心行，则皆畜极而通，恩深思报，乐观上国之光，以效及时之用者，倍于往昔。又臣前任中允，承乏应天府考试，亲见南都多才，实未能殚录，兼以江浙诸省贡生多发南监，然则才之汇集，孰有盛于两京太学者哉？若不为预处，则额取有限，所遗必多，恐非所以隆学而敷化也。臣惟圣主仁恩，等于覆载，均施广被。隆庆二年会试中试举人增额至四百名，与嘉靖二年事例相同，恩至渥矣。查得各省各科乡试额，如江西原取九十五名，嘉靖元年倍增至一百九十名，以补正德己卯之未举，以昭先帝即位之特恩。云、贵合试，原取五十五名，嘉靖十六年改制分试，云南取四十名，贵州取二十五名。湖广取八十五名，嘉靖十九年增至九十名。此三省者，一以怀远人，一以念旧邦，遂皆著为常典，行之永世，海内儒生咸知圣意所在，莫不欢忻鼓舞，力学向用，而先帝享祚久长，动不乏才，由此道也。夫会额可增，则乡科其始进也，无非旁招隽义之图；各省可增，则太学其会归也，尤为四方趋向之极。伏乞敕下礼部详加酌议，比照嘉靖初年事例，增取数十名，举二百之成数，以示特恩，暂行一次，后比旧额，或量增二三十名，行二三科停止。庶乎百年希旷之典不仅于小施，一时罗致之英随得其实用，天下乌有不愿尽忠而趋阙下者哉?'上命部议之。"

太子太保礼部尚书兼文渊阁大学士赵贞吉署都察院。（据《国榷》卷六十六）

命大学士署吏部高拱、署都察院赵贞吉并免奏事承旨。（据《国榷》卷六十六）

王锡爵改国子监司业。（据《国榷》卷六十六）

尚宝司丞范应期为南京国子司业。（据《国榷》卷六十六）

三月

癸巳，升巡抚湖广都察院右佥都御史刘悫为南京大理寺卿，右春坊右谕德掌南京翰林院事万浩为南京国子监祭酒。（据《明穆宗实录》卷四十三）

翰林院庶吉士授职。授庶吉士朱赓、田一俊、陈于陛、徐显卿、韩世能、张一桂、张位、李维桢、王家屏、于慎行为翰林院编修，沈一贯、习孔教、沈位、范谦为检讨。贾三近、刘东星、张书为给事中，三近吏科，东星兵科，书工科。郑国仕、邵陛、王乔桂、郭庄为监察御史，国仕浙江道，陛江西道，乔桂福建道，广山东道。刘应麒、徐秋鹗愿授部属，从之，俱礼部主事，应麒仪制司，秋鹗祠祭司。（据《明穆宗实录》卷四十三）

南京刑部尚书孙植，国子祭酒姜宝，诚意伯刘世延俱罢。自助教郑如瑾削籍，嗾给事中王桢劾徐鹏举嬖其少子，世延受赂，密语宝，而植不详谳也。故并听勘。（据《国榷》卷六十六）

禁提学宪臣聚徒讲学。从礼科给事中胡槚之请。（据《国榷》卷六十六）

裁南京吏部验封司主事，户部云南江西司员外郎，礼部仪制司主事，刑部四川司主事，工部营缮司员外郎，都察院都事，通政司右参议，光禄寺少卿，国子监博士学录，太仆寺寺丞各一。（据《国榷》卷六十六）

四月

癸丑，诏两京乡试各准增十五名，不为例。初，祭酒孙铤请加额，至是礼部复申其议，故有此命。（据黄儒炳《续南雍志》卷三《事纪》）

四川巡抚严清，以逋盗被劾。大学士赵贞吉言其洁己爱民，不宜遽罢。命改秩。

（据《国榷》卷六十六）

翰林院庶吉士王弘诲授简讨。（据《国榷》卷六十六）

大学士高拱请恤京商，钱法从民便。下部亟议。（据《国榷》卷六十六）

故制敕房供事大理寺左评事兼翰林侍书李中子佃入太学。上念其潜邸劳。（据《国榷》卷六十六）

五月

袁中道（1570—1623）生。据《明史·文苑传》等。中道字小修，公安人。万历三十一年始举于乡，又十四年乃成进士，官徽州教授，历国子博士、南京礼部主事。天启四年进南京吏部郎中，卒于官。有《珂雪斋集》。

翰林院编修王家屏、田一俊、陈于陛、徐显卿、李维桢、张位、韩世能、张一桂、于慎行、朱赓，检讨沈一贯、习孔教、范谦、沈位、王弘诲纂修《世宗实录》。（据《国榷》卷六十六）

六月

前少傅大学士李本请复吕姓。（据《国榷》卷六十六）

罢浙江提学副使林大春。以试目割裂见劾。（据《国榷》卷六十六）

大学士陈以勤上六事：慎擢用，酌久任，处赃吏，广用人，练民兵，重农谷。上嘉答之。（据《国榷》卷六十六）

礼部右侍郎王希烈为左侍郎，翰林院侍读学士诸大绶为礼部右侍郎，仍各兼侍读学士。（据《国榷》卷六十六）

七月

高拱请另行议处顺天府历事监生考送科举事，从之。高拱《掌铨题稿》卷八《议革会考科举疏》："（隆庆四年七月）准礼部咨，据顺天府呈，照得本年八月初九日本府开科乡试，乞将应试历事监生早为考试，备送本府，以凭遵奉施行等。……为照历事监生考送科举，原系各衙门自行。后因徇私滥送，遂令吏、礼二部堂上官会考，乃是一时厘弊之意。然以顺天府乡试，而用吏、礼部堂官为之考送科举，于体统终为未妥。况今本部右侍郎靳学颜尚未到任，止有左侍郎王本固在任，每日承旨奏事，难以前赴贡院会考。且科举事与吏部本无关涉，似亦不必用吏部官。相应题请，伏乞敕下礼部，另行议处。……奉圣旨：是。"

陈以勤引疾乞休。《明鉴纲目》卷六："纲：秋七月，陈以勤罢。（初，以勤入阁，徐阶为首辅，而高拱方向用，朝士各有所附，交相攻，以勤中正无所比。及拱再入，为赵贞吉相轧，张居正复中构之。以勤与拱旧僚，贞吉其乡人，而居正则所举士也，度不能解，引疾乞休去。归六年卒，赠太保，谥文端。）"

左春坊左谕德兼翰林院侍读张四维为翰林学士。（据《国榷》卷六十六）

司经局洗马马自强，翰林侍读陶大器主试应天。（据《国榷》卷六十六）

贾三近言毋偏重进士。《国榷》卷六十六："吏科给事中贾三近言：'近来守令，率重甲科而轻乡举。举由抚按激之。同一宽也，在进士曰抚字，在乙榜曰姑息；同一严也，在进士曰精明，在乙榜曰暴戾。低昂之间，殿最攸异。往议欲增甲科，莫若振扬乙榜，犹可效用。又郡县正官阙，率委佐贰署印，年衰格卑，渔猎贪饕，何所不至。宜吏部毋偏重进士，毋滥署印。'命行之。"

补荫故少师大学士梁储孙钦中书舍人。始，上以年远格之。高拱言钦所请合例，非滥乞，从之。（据《国榷》卷六十六）

江西提学副使陈万言大考诸生，蹂死六十馀人。已，论调。（据《国榷》卷六十六）

八月

补听调国子监祭酒胡杰为南京太常寺少卿。（据《明穆宗实录》卷四十八）

丁士美、申时行任顺天乡试主考。《弇山堂别集》卷八十三《科试考三》："四年庚午，命右春坊右谕德兼翰林侍读丁士美、翰林院修撰申时行主顺天试。进乡试录有重页者，夺府丞宋缧、谕德丁士美、修撰申时行俸各两月。命司经局洗马兼翰林院侍讲马自强、翰林院侍读陶大临主应天试。""时江西提学副使陈万言以科举校士遗落者悉诣巡按御史刘思问求复校，几四万人，思问与期会都司署中，旦日思问未至，士争门入，骈杂喧乱。都指挥王国光呵叱之，退相蹂践，死者六十馀人。是岁乡试，南昌知县刘绍恤主弥封，绍恤在县中有素所奖拔士试而中者二人，士论哗然，谓绍恤私二人，从落卷搜出，改洗冒中。于是南科道官请谪思问、万言，罢绍恤，并黜二生。下吏礼二部议，思问无罪，国光行抚臣逮问，二人中式，绍恤实不私，然不应招致门下，以起事端，其与万言俱以不及调用。奏可。"《国榷》卷六十六："（隆庆四年八月）壬寅，右春坊右谕德兼翰林院侍读丁士美、修撰申时行主试顺天。"

王守素举应天乡试。焦竑《澹园续集》卷十四《中大夫光禄寺卿带河王公墓志铭》："公讳守素，字德履。……甫为制义，众推其才藻。庚午，举应天乡试，分校者拟为第一人。会主司意有他属，欲置之，公卷自至几者数四。始相顾愕眙曰：'岂其世有隐德耶？'更阅而奇之，置第七。"

梅国光中举。李诩《戒庵老人漫笔》卷五《梅国光两次中式》："余友邑城古江梅中立，子国光，少攻举业，小试辄最，有声。嘉靖辛酉科南场中式，已填名于榜矣，有江宁县应役人旁觇而喜见齿，监试官闻而鞫之，随汰国光名。盖是时古江以江宁县主簿为供给官，役人急欲走闻故也。国光上主司诗曰：'蚤岁虚名冠士流，五千声望一时收。自期已是龙门客，岂料还看江国秋。泣玉何年方定价，遗珠在海向谁投？无缘识得荆州面，空羡荣封万户侯。'至今秋隆庆庚午，复中式云。又有诗曰：'帝里青秋欲曙天，忽闻虎榜姓名传。高堂老母门犹倚，海内相知望有年。温饱由来非素志，勋猷何以副前贤。鹿鸣宴罢醒无寐，庄诵名臣录一篇。'吾邑虽多才，如梅之失而复得者，不二见也。余喜古江之有子，故备记之。"

汤显祖以第八名中举。邹迪光《临川汤先生传》："庚午举于乡，年犹弱冠耳。见者益复啧啧曰：此儿汗血，可致千里，非仅仅蹀躞康庄也者。彼其时于古文词而外，能精乐府歌行五七言诗，诸史百家而外，通天官、地理、医药、卜筮、河渠、墨、兵、神经、怪牒诸书矣。公虽一孝廉乎，而名蔽天壤，海内人以得见汤义仍为幸。"《汤显祖诗文集》卷四十七《答张梦泽》："弟十七岁时，喜为韵语，已熟骚赋六朝之文。然亦时为举子业所夺，心散而不精，乡举后乃工韵语。"汤显祖《上马映台先生》："庚午之秋，所录者弟子某一人而已。"马千乘，字国良，号映台，时任试官。

隆庆庚午应天乡试录序论及文风之变。张萱《西园闻见录》卷四十四《礼部》三《科场·前言》："隆庆庚午应天乡试录序曰：圣祖开科取士，制监于前代，罢博学宏词、诗赋诸科，以为虚文不足以得士，而纯用经术，于其时制录所录，率沉浸经旨，意显语质，如太羹玄酒，疏越朱弦，味若音固有不尽者存也。渐涵百余年，以迄弘治、正德之间，质文并茂。发奥术之英华，含精光于浑厚，郁郁彬彬，盛矣。夷考其人，多嚅咀道真，敦行彝教，淹贯深而蕴蓄厚，故其发为文词则美文词，随所任使则胜任使，如此而谓经术取士，胜于博学宏词、诗赋诸科也，不亶其然乎？顾文胜之极，其势必至于没质，其间豪杰之士以明道之言自许者固有，而溺于记诵，徇枝叶而忘本根者，尤往往见之。甚者崇饰诐淫，阔略践履，虽正文体、端士习之德意屡屡，而黉校之陋风犹故也。夫康庄坦夷，而人争趋径者，贪其捷也，正学渊源，而士争剿说者，利其便也。彼博学宏词、诗赋诚虚文，由后世观之，犹不失为学之博也，词之宏也，诗诗而赋赋也，今日且敝帚视之，后世谓何？"

江西考生万国钦破题甚佳。《游艺塾文规》卷二《破题》："乡试文字大率不如会试，然亦尽有精神透露者，且汝辈今日正以乡闱为急，而其破题亦甚有关系。昔万国钦庚午应江西乡试，出'人皆可以为尧舜'一节，场中绝无佳破，渠破云：'圣人可学，不易之论也。'主司以为绝唱，遂中第二。嘉靖庚子浙江出'女奚不曰'一节，嘉善前辈姜圻破云：'观圣人之自叙，而人不及知之妙见矣。'竟以此见赏，得中式，破之紧要如此。"

署吏部事大学士高拱等言："自今抚按纠劾有司，即解官俟命。得旨即覆，如考察例。"从之。（据《国榷》卷六十六）

李攀龙（1514—1570）卒。殷士儋《墓志铭》："于鳞李氏，攀龙名……庚子（1540）乡荐第二人。甲辰（1544）赐同进士出身，试政吏部文选司。乙巳（1545）以疾告归……丙午（1546）还京师，聘充顺天乡试同考试官，简拔多奇士。丁未（1547）授刑部广东司主事……三年升员外郎。明年迁山西司郎中……癸丑（1553）出守顺德……比三岁，有十数最书，擢陕西按察司提学副使。……凡十历年所，今天子用言者起为浙江副使，二年稍迁参政，入贺，过家觐省。将南，寻升河南按察使，遂奉太恭人俱。越四月而太恭人卒，于鳞持丧归，甚毁，及小祥而渐平，无何暴疾，再日而绝。岁庚午八月二十日也，年五十有七。所著有《白雪楼集》行世，他诗尚若干首，文若干首。或问于殷子曰：王元美谓律至仲默而畅，献吉而大，于鳞而高，要之有化境在。古惟子美，今或于鳞。虽于鳞亦自谓拟议以成其变化矣。于鳞信才，意不至如所称乎？殷子曰：夫亲见扬子云者，肯信桓谭之论非私哉！夫于鳞雄浑劲迅，掉鞅于诗坛，彼其视献吉诗，犹傅会庞杂，文菶菶寡灏灂鸿洞之气，所为推献吉者，多其划除草昧功也。故曰：能为献吉辈者，乃能不为献吉辈者。然于鳞方且痛人诋其文辞相矜，不达于政，游刃引割，所至弦歌亦治，操概凛洁，耻为色泽，称其为文。于鳞独文士乎哉？"

顺天府丞宋勋上试录，有复纸，勋及考官丁士美、申时行，各夺俸二月。（据《国榷》卷六十六）

九月

戊寅，国子监祭酒孙铤升为南京礼部右侍郎，南京大理寺卿刘悫为南京工部右侍郎。（据《明穆宗实录》卷四十九）

丁亥，升吏部左侍郎王本固为南京吏部尚书，升司经局洗马马自强为国子祭酒。（据《明穆宗实录》卷四十九）

吴岳（1504—1570）卒。《国朝献征录》卷四十二佚名《南京兵部尚书吴岳传》："南京兵部尚书吴岳，山东汶上人，嘉靖壬辰（1532）进士。初授户部主事，历员外郎郎中，升庐州知府，移保定，擢山西按察司副使，累升都察院右佥都御史，巡抚保定，移疾请告者十馀年，起家副都御史，巡抚贵州，寻协理院事，吏部左右侍郎，南京礼兵部尚书，以考满如京师，过家病卒，时隆庆四年九月。讣闻，予祭葬如例。岳居官清介，而质直简易有古风，士论重之。"又卷二十七佚名《南京吏部尚书吴公岳传》："吴岳字汝乔，其先东阿人也，迁汶上三世生岳。……卒年六十有七。……工为诗歌，沉深典雅，屏去色泽，而耻以自炫。著述不多，梓行诗集二卷。"

谕自后不得以举遗诏名义起用大礼大狱及建言得罪诸臣。《国榷》卷六十六："时抚按举遗诏，进故刑部主事唐枢官，荫故吏科都给事中王俊民，俱先朝大狱大礼得罪者。署吏部事大学士高拱言：'先帝峻烈鸿猷，昭揭宇宙。皇上志隆继述，所谓不改父之臣与父之政。而当时不以忠孝事君，假托诏旨，如先帝大礼大狱及建言得罪诸臣，悉起用之，立致公卿，死者悉赠荫。……'上大善之，谕：自后借例市恩归过先帝者重论。"

翰林院侍读陶大临为南京翰林侍读学士。（据《国榷》卷六十六）

十月

吏部右侍郎靳学颜为左侍郎，翰林学士张四维为吏部右侍郎，仍直经筵日讲。（据《国榷》卷六十六）

右谕德兼侍读丁士美为侍读学士，署院。（据《国榷》卷六十六）

署都察院事大学士赵贞吉疏上考察，毋以叶梦熊波及诸臣，盖知高拱之修郤也。上不听。高拱请借都察院，许之。（据《国榷》卷六十六）

十一月

赵贞吉罢职。《明鉴纲目》卷六："纲：十一月，赵贞吉罢。目：高拱掌吏部，贞吉亦掌都察院。拱以私憾考察科道，欲去贞吉所厚者，贞吉亦持拱所厚以解，于是斥者三十七人，而拱所恶者咸与。拱犹以为憾，嗾门生给事中韩楫，劾贞吉庸横。贞吉疏辨，言臣掌风宪，目睹拱坏乱选法，噤口不能一言，有负任使，真庸臣也。若拱者斯可谓横也已。臣放归之后，幸仍还拱内阁，毋令久专吏部权，广树众党。疏入，帝竟允贞吉去，而拱掌吏部如故。（贞吉好刚使气，动与物忤，人多怨之。归十余年卒，赠少保，谥文肃。）"

殷士儋入内阁，预机务。《明鉴纲目》卷六："纲：以礼部尚书殷士儋（字正甫，历城人），兼文渊阁大学士，预机务。目：士儋本裕邸旧僚，高拱恶其不亲己，不为援，士儋遂藉太监陈洪力，取中旨入阁。"

十二月

降调提学副使陈万言，知县刘绍恤。高拱《掌铨题稿》卷二十六《覆南京科道交论江西科场事为参提学副使陈万言等疏》："该南京礼科等科署科事兵科给事中李崧等、南京河南等道监察御史王嘉宾等各奏，称隆庆四年江西乡试，提学副使陈万言考取科举，遗失甚多。巡按御史刘思问于八月初一日在省考选遗才，众至三万八千馀人。本官漫无筹策，一听都指挥王国光令人呼噪拦打、以致生儒拥倒蹂践，即时死者四十八人，次日死者十七人。盖因陈万言不能虚心考校，阅卷昏庸，品文颠倒，酿成今日致伤多命。又，生员胡汝焕、刘应旃，俱南昌县知县刘绍恤门下友也，情意深密，凡事交通。绍恤取科场弥封考卷，胡汝焕等卷已涂抹批落下第，绍恤悉为妆点欺蔽，临榜更易，皆得中式。关系重大，不敢隐默。乞将御史刘思问、副使陈万言降调，知县刘绍恤罢斥，胡汝焕、刘应旃革斥，王国光处治等。……为照江西告考生儒，至称三万八千之多，岂果皆是遗才？但中式有遗才之半，则陈万言考校欠精可知。其各生儒不候点名突入，乃在御史未至之先，安能预料而禁制之乎？至于王国光等目击其事，趋行赶打，致多践踏之伤，虽非有意，责实难逭。合无除御史刘思问免究外，副使陈万言俟亲终起送到部之日，照才力不及例，量调简僻。都指挥王国光等，移咨巡抚衙门提问，具奏定夺。其取卷一节，行准礼部咨，称科场取士，惟文是凭。内外关防，最为严密。本部于嘉靖四十三年开题，奉世宗皇帝钦依行令，各省乡试揭晓之后，即将中式举人朱墨原卷解部，以便稽查，正虑事后或有物议于今日者，得据此以辨真伪耳。据论二生若果文义或疵，涂抹有迹，即知县徇私之弊，亦复何辞！今备将前卷仔细评阅，外帘墨卷并无一字涂抹妆点，则刘绍恤心迹似无可疑。内帘朱卷各有考官亲笔批点，则胡汝焕等文艺实有可取。所据二生中式事体，似难别议。合将原卷送阅施行等。因咨部送司，并呈到部。为照国家至公之典，莫大于科场。而年来防范加严，尤难通弊。若刘绍恤果系潜通关节，私中胡汝焕、刘应旃，则文义必疵，踪迹难掩。岂惟绍恤等之罪，而御史监临之责，是亦难逃。今据礼部咨称，刘绍恤心迹无疑，胡汝焕等文艺可取，则举人胡汝焕、刘应旃委难议革。唯刘绍恤身为县令，乃于平日招致门生，出入公衙，私相宴叙，既有以启钻刺之径，亦有以开嫌隙之门。则今日之事虽非有私，而谤讪之兴亦岂无自？合无将刘绍恤亦照不及事例，量调简僻，以示惩创，以为守令私受门徒之戒。恭候命下，移咨都察院转行彼处抚按衙门，查照施行等因。隆庆四年十二月二十日题，二十二日奉圣旨：'是'。"

大学士张居正秩满，进兼太子太傅吏部尚书。（据《国榷》卷六十六）

进阁臣李春芳中极殿大学士，支尚书俸。高拱少师兼太子太师建极殿大学士，张居正少傅兼太子太傅建极殿大学士，各荫尚宝司丞。殷士儋少保武英殿大学士，与大学士赵贞吉各荫中书舍人。（据《国榷》卷六十六）

本年

议准：凡天下军民人等，力胜五百斤或四百斤、三百斤以上及武艺超众者，府、州、县呈送抚、按，严加考校，如果艺勇不凡，量给衣巾，充为武生，开科年分，除精通论策者听随武举入场，其余候场事毕日，抚、按复行验中，行该府给文到部，会试之年，照例于武举场毕，将各送到选中之人，公同监试御史，通行考验，不中者发回毕业，中者为首一人，量给冠带，随宜委用，余俱分发蓟镇，其力举五百斤者，留京为教师，食粮练军，三年有成效，量升职级。（据万历《大明会典》卷一百三十五《兵部》十八《武举》）

丁士美任讲读学士。《弇山堂别集》卷四十六《翰林诸学士表》："丁士美，直隶清河人。状元及第，隆庆四年任读学，历礼、吏二部左侍，俱仍原兼。"

张民表（1570—1642）生。张民表字林宗，一字武仲，中牟人。万历辛卯（1591）举人。有《原圃》、《塞庵》诗集。

明穆宗隆庆五年辛未（公元 1571 年）

正月

奏准会试增广制额，以充内外州、县正官。（据《明穆宗实录》卷五十三"隆庆五年正月庚寅"）

归有光（1506—1571）卒。王锡爵《明太仆寺寺丞归公墓志铭》："先生生于正德元年，卒于隆庆五年，享年六十有六。""先生于书无所不通，然其大指，必取衷于《六经》，而好《太史公书》。所为抒写怀抱之文，温润典丽，如清庙之瑟，一唱三叹，无意于感人，而欢愉惨恻之思，溢于言语之外，嗟叹之，淫佚之，自不能已已。至于高文大册，铺张帝王之略，表章圣贤之道，若《河图》、《大训》，陈于玉几，和弓垂矢，并列珪璋黼黻之间，郑、卫之音，蛮夷之舞，自无所容。呜呼！可谓大雅不群者矣。然先生不独以文章名世，而其操行高洁，多人所难及者，余益为之叹慕云。"归庄《重刻先太仆府君论策跋》："太仆府君之文章，久为世所宗师，制举业则艾千子先生推为三百年来第一，古文则钱牧斋先生推为三百年来第一，后人更无容赞一辞矣。"董正位《归震川先生全集序》："古来文章家，代不乏人，要必以卓然绝出，能转移风气为上。唐之中叶称韩子，而与韩子同时者有柳子厚、李习之。宋时称欧阳子，而先欧阳为古文者有穆伯长、尹师鲁辈。然言起八代之衰者，必曰昌黎；变杨、刘之习者，必曰庐陵：则以其学之深，力之大也。明三百年，文章之派不一。嘉靖中，有唐荆川、王遵岩、归震川三先生起而振之，而论者又必以震川为最，岂非以其学之深、力之大欤？余自少知诵法震川先生之制举业，长而得读其古文辞，信乎卓然绝出，能转移风气者也。……余读先生之《易图论》、《洪范传》，知其经学深邃。于《马政志》、《三途并用》诸议，知其世务通达。而浚吴淞江、三吴水利诸书，今方行其说，殆东南数百年之利。至其自述令长兴时，以德化民，又汉代之循良也。今国家偃武修文，广厉士子以通经学古，而科目之士亦将学而后入政，则是集行世，其亦昌明文运，造就人才之一助乎？玄公以序见属，末学何能赞一辞。顾以凤仰先生，既欣睹全集之流播海内，加惠后学，而玄公亦工诗古文，能世其家学，又喜先生之有后也。故不辞而为之书。"戴名世《书归震川文集后》："震川好《史记》，自谓得子长之神。夫子长之神即班固且不能知，吾观《汉书》，其于子长文字删削处，皆失子长旨，而后之学《史记》者，句句而摹之，字字而拟之，岂复有《史记》乎？震川独得其神于百世之下，以自奋于江海之滨，当是时，王、李声名震动天下，震川几为所压，乃久而其光益著，而是非以明，然后知伪者之势不长，而真者之精气照耀人间而不可泯没也。顾今之知震川者少，而今之为震川者，其孤危又百倍震川，以俟后之为震川者知耳。"

翰林修撰申时行为左春坊左中允，国子司业王锡爵为右春坊右中允，并兼编修。（据《国榷》卷六十七）

翰林编修余有丁为国子司业。（据《国榷》卷六十七）

二月

封皇子朱翊镠为潞王。《明鉴纲目》卷六："纲：辛未五年，春二月，封皇子翊镠（帝第四子）为潞王。（后之藩卫辉。）"

卜世臣（1572—1645）生。卜世臣字大匡，一字大荒，又字蓝水、孝裔、长公，号大荒逋客。秀水人。沈璟嫡传弟子。康熙《嘉兴府志》卷十四谓其"磊落不谐俗，日扃户著书。有《挂颊言》、《玉树清商》、《多识篇》、《乐府指南》、《卮言》及《山水合谱》。"另有传奇《冬青记》等。

张居正、吕调阳为会试主考，录取邓以赞等四百人。据《明穆宗实录》卷五十四。张居正《张太岳集》卷七《辛未会试录序》："（隆庆五年）乃以二月己亥偕臣吕调阳及内外诸执事陛辞入院，合两畿诸省前后所贡士四千三百余人，如故事，三试之。戒诸执事：'咸既乃心，试题必明白正大，无或离析章句以为奇异，无或避忌趋好以长谀佞。论文必崇尚雅正，无或眩华遗实，以滋浮靡。有能综览古今，直写胸臆者，虽质弗弃，非是者，虽工弗录。'盖阅二旬而告竣。遵宸断取四百人，梓其姓名与其文之优者为录以献。"《国榷》卷六十七："（隆庆五年二月）己亥，少傅大学士张居正，詹事府吏部左侍郎兼翰林学士吕调阳主礼闱。"《游艺塾文规》卷二《承题》："辛未首题'生财有大道'一节，众云：'天下未尝无财也。'觉泛，惟邓以赞云：'夫财生于勤而匮于侈也。'题意甚切。甲戌'学如不及'一节，众云：'学之道起于心也。'孙鑛云：'学之功至难穷也。'曰'至难穷'则'如不及'、'唯恐失之'之旨，俨然在目。前此而壬戌'事君能致其身'，王老师云：'为人臣者，无以有己也。'癸丑'大哉尧之为君'一节，曹含斋云：'帝尧之德，大德也。'皆非泛语。余丙戌入场七破七承，皆刻意求新。《孟子》'事孰为大'二句，予承云：'夫事所以尽分，而惟事亲则称大矣，是故君子以行孝为先也。'论常格，则起句当用一'也'字，不用则格奇，故去之。然始曰'事以尽分'，结曰'行孝为先'，有起有止，其法固森如也。初学见此，便谓承题可一股做完矣。承题只三四句，而句句要担斤两；只二十余字，而字字要有斟酌。如良医用药，味味皆要道也，而修制配合，铢两无误。近来承法更严，要简而不繁，劲而不弱，稍有一二浮字，即懒散矣。""文字一篇主意，承中宜露端倪。辛未'先进于礼乐'全，张太岳亲对我讲：'此题重质不重中，若重中，则君子胜于野人，惟重质，故宁为野人，不为君子。'其程文全重质做，高墨卷数倍。其破承云：'圣人于礼乐述时人之所尚，表在己之所从。盖文弊则宜救之以质也，圣人论礼乐而独从先进也，有以哉！'

'文弊救之以质'，是通篇大意。"《游艺塾续文规》卷四《了凡袁先生论文》："辛未会试《先进》全章，上是述言体，下是断制体，上轻做半篇，下重做半篇，此一定之格也。邓定宇先生先提'礼乐'：'礼乐者，先王制之，后世从之。'次述二比，仍作一过文，至讲'从先进'处，却先论二比云：'文质相称，然后谓之君子，使其诚是也，则正吾之所以欲见者也，而今之独盛于文，果可谓君子乎？吾固不敢必从也。太朴元文，然后谓之野人，使其诚是也，则亦吾之所深病者也，而古之适得其中，果可谓野人耶？吾则不敢以不从也。'得此二比，机局便别。次讲二比，末用'盖'字单收，此会元也。黄葵阳亦把'我用之礼乐'一句提起，次轻述二比，复以意另作二比云：'夫风会本易流于下，而况野人之言一出，则今之从先进者寡矣，而吾固不敢以或徇也；人情本易趋于文，而况君子之言一出，则今之从后进者多矣，而吾固不敢以苟同也。'邓作二比于过文之下，黄作二比于过文之上，皆所谓扼要争奇也。黄作流水四句：'声名文物之盛，虽目击夫近世之风；而淳庞忠厚之遗，不敢失夫作者之意。'极精工冠冕。次实讲二比，再缴二比，末只一句收住。是科无邓，黄其元矣。今合二卷较之，黄之精不如邓之拙，黄之密不如邓之疏，黄有意于奇，邓无心于巧，较是输他一着耳。如前半篇，黄炼得极精，无一闲字，然气象微紧而隘，邓之懒散，却近自然。黄体贴题目，'如用之''如'字不肯放过，然用一'如'字，就有痕迹，气象就觉小了，兼文气亦不顺，盖'如'字该用于'不敢失作者之意'之上，不该用于'不敢失作者之意'之下。邓却丢过'如'字，一气做下，浑然无迹。""凡题上下各做四比者，其格虽多，不过二种，非上生下格，则下断上格也。要语脉有情，照应有法，最难得四比一意，如田锺台作'是知也'先二比云：'虽有知有不知，而于天下之理，固未能周知而无遗；然为知为不知，而于此心之明，则有以通达而无蔽。'次二比即承'有知不知'做去，打成一片，不见痕迹。辛未会试程文讲'如用之'二句亦然，先二比云：'礼乐所以养德也，养德者，宜居其实不宜居其华；亦所以维风也，维风者，宜处其厚不宜处其薄。'次二比即接云：'以居其实，先进有焉'云云，亦一气呵成，可法。"梁章钜《制义丛话》卷十二："阮吾山曰：有明墨牍，皆有程式相传，奉为元程。惟主司明眼拔尤，考官声名由是而起。计改亭谓洪、永会元十五人，宣德迄天顺会元十三人，皆非雕饰之文。成、弘十四人，章枫山懋、吴匏庵宽为冠，稍见法度，然未离乎朴也。正、嘉二十人，隆、万十八人，如唐应德顺之、瞿昆湖景淳、邓文节以赞、王文肃锡爵、冯具区梦祯、李文节廷机，其文之矩矱神明，若有相传符节，可以剖合验视。其时天下承平，士之起家非科目不贵，科目非元不重，闭门造车，出而合辙，作者与识者如针石之相投也。或谓吴无障默以偏锋伤气，汤霍林宾尹以柔媚败度，文运至此而衰。然启、祯八元，若曹勋、若吴伟业，又何减前人也。"梁章钜《制义丛话》卷六："《四勿斋随笔》云：黄葵阳作'季文子三思'节文，不泥说道理，只就谋国上讲，恰合书旨。其小讲云：'古今得失之故，皆起于人心之思。顾其得也，以沉机，亦以果断；其失也，以轻发，亦以迟疑。'中幅又云：'国家有大计，惟断乃成；社稷有令图，惟敏斯集。'此数语乃千秋之龟鉴，不仅为此题发也。按：葵阳尝主顺天戊子闱，谓正文体必先端士风，疏陈六事：一曰去浮靡，二曰止奔竞，三曰明是非，四曰禁佞谀，五曰禁党锢，六曰禁清议。万历初，与赵定宇太史同忤江陵，葵阳先定宇辞归。丁丑江陵夺情，定宇以抗疏廷杖，葵阳时已家居，尝曰：'定宇俟其失节而攻之，予先于盛时而避之，定宇固焦头烂额之客，而予实曲突徙薪之人。'盖自喜其见几明决，断不为三思者所窃笑矣。""郑苏年师曰：读隆、万时文，由淡而浓，而其淡处愈有味。黄葵阳'君子和而不同'文，措语虽淡，而树义却极精深，如云：'天下国家之事，本非一人之意见，所得附和而强同者，惟平其心以待之而已矣；天下万世之道，本非一己之私心，所能任情而强和者，惟公其心以应之而已矣。'前比是大程子之于荆公，后比是朱文公之于陆、陈，言皆有物，不知者但以为淡也。又云：'非其道也，独见独行，举世非之而不顾，虽或不谐于众，实则相济以为和，此君子之所以不同也，其心与迹易知也。如其道也，公是公非，与众共之而不违，即使自混于俗，不过顺应以为和，此君子所以和而不同也，其心与迹难知也。'此于和同互异之处，确然得其指归，遂能将君子心事、学术全身写出，而鲁莽读者亦鲜不以为淡矣。""王耘渠曰：邓文洁'礼乐不兴则刑罚不中'文，实实能从礼乐不兴内讲出刑罚不中之故，深厚尔雅，无一语书生气，却无一语宦稿气。前朝诸公之于此道，其精神实有足不朽者。或谓八股终有废时，断不然也。按：文洁文讲下云：'礼乐所以饰治，刑罚所以惩奸。然惟极辨之朝，钦恤于五用，亦惟大顺之世，尽心于一成，两者相反而相为用也。'是先从正面写出相因之理。后幅云：'刑之属数千，罚之属亦数千，非娴于节文而平于好恶，必不能有伦有要而详其丽于法之中；或上刑而适轻，或下刑而适重，非观其会通而融于拘挛，必不能惟齐非齐而权其比于法之外。要之，出乎礼即入乎律，降典与播刑非二物也，故礼之坏也，其究即刑之淫也；喜之中节为和，怒之中节亦为和，用乐与用刑同此心也，故乐之崩也，其究即刑之滥也。'又从刑罚中想出礼乐精蕴，真是融贯六经之文。"梁章钜《制义丛话》卷十二："俞桐川曰：禾中老者言，黄葵阳出会闱，自决第一，闻江右有坐关三年者，往叩其文，爽然自失，即定宇先生也。江陵于闱中拟议二公，因次艺抑葵阳，然葵阳不如定宇，不仅在是。评者云：'黄有意于奇，邓无心于巧。'是谓得之。读定宇传，所学在于能养。尝言《乾》之六爻，不难于飞而难于潜，生平出处进退皆以养胜。故知文之矜厉高卓，志在必得者，乃不如定宇者也。或曰：葵阳虽不元，而冯具区之获元，以熟读葵阳行稿所致，则其文固元家衣钵矣。"梁章钜《制义丛话》卷五："张惕庵曰：'如用之则吾从先进'，'如'字不是虚字，作若字解。张文忠居正程文云：'习俗易以移人，古道乘其所好，世固如此，若我用之则愿从焉。'正合语气。""郑苏年师曰：张江陵一生相业，最以综核见长，于'生财有大道'节程文足觇其概。讲下云'盖天地本有自然之利，而国家本有惟正之供'二语，已见大意。中幅云：'勤以务本，而财之入也无穷；俭以制用，而财之出也有限。以无穷之财供有限之用，是以下常给而上常余，虽国有大事，而内府、外府之储，自将取之而不匮矣；百姓足而君亦足，虽年或大祲，而三年、九年之蓄，自可恃之以无恐矣。'顾开雍评云：'一生服炼，借题吐出，精光奕奕，如对其人。'真知言也。""王耘渠曰：此题与'先进于礼乐'全章题，震川先生皆有名作在前，高古深厚，作者无能为役，独江陵二程与之抗行几二百年，其馀名墨都降一格矣。""纪文达师曰：张太岳杂著中，有论周初礼乐尚质一条。隆庆辛未主会试，以'先进于礼乐'命题，即用其意作程文，文字虽佳，亦未免偏论也。"

处州诸生殴分守参议方岳。戍十二人。（据《国榷》卷六十七）

贡士赵蒙吉授国子学正。盖赵贞吉之弟，南京国子祭酒姜宝荐其学行。（据《国榷》卷六十七）

三月

张元忭（1538—1588）、刘瑊、邓以赞（1542—1599）等三百九十六人进士及第、出身有差。《明穆宗实录》卷五十五：隆庆五年三月"丙子，上御皇极殿策试贡士。"《隆庆五年进士登科录·玉音》："隆庆五年三月初九日，礼部尚书臣潘晟等于皇极门奏为科举事。会试天下举人，取中四百名。本年三月十五日殿试，合拟读卷官及执事等官少师兼太子太师吏部尚书中极殿大学士李春芳等六十二员。其进士出身等第，恭依太祖高皇帝钦定资格。第一甲例取三名，第一名从六品，第二第三名正七品，赐进士及第。第二甲从七品，赐进士出身。第三甲正八品，赐同进士出身。奉圣旨：是，钦此。读卷官：光禄大夫柱国少师兼太子太师吏部尚书中极殿大学士李春芳，丁未进士；光禄大夫少师兼太子太师吏部尚书建极殿大学士掌吏部事高拱，辛丑进士；光禄大夫柱国少傅兼太子太傅吏部尚书建极殿大学士张居正，丁未进士；光禄大夫少保兼太子太保礼部尚书武英殿大学士殷士儋，丁未进士；资政大夫太子少保兵部尚书郭乾，戊戌进士；资政大夫太子少保工部尚书朱衡，壬辰进士；资善大夫户部尚书张守直，甲辰进士；资善大夫刑部尚书刘自强，甲辰进士；资政大夫都察院左都御史葛守礼，己丑进士；通议大夫吏部左侍郎兼翰林院学士掌詹事府事吕调阳，庚戌进士；嘉议大夫吏部左侍郎兼翰林院学士张四维，癸丑进士；嘉议大夫通政使司通政使王正国，庚戌进士；嘉议大夫大理寺卿董传策，庚戌进士；奉训大夫翰林院侍读学士掌院事丁士美，己未进士。提调官：资善大夫礼部尚书兼翰林院学士潘晟，辛丑进士；嘉议大夫礼部左侍郎兼翰林院侍读学士王希烈，癸丑进士；嘉议大夫礼部右侍郎兼翰林院侍读学士诸大绶，丙辰进士。监试官：承事郎浙江道监察御史孙济远，乙丑进士；文林郎福建道监察御史邓林乔，乙丑进士。受卷官：承直郎左春坊左中允兼翰林院编修申时行，壬戌进士；承直郎右春坊右中允兼翰林院编修王锡爵，壬戌进士；吏科都给事中韩楫，乙丑进士；户科都给事中宋良佐，乙丑进士。弥封官：亚中大夫光禄寺卿李用敬，辛丑进士；中议大夫赞治尹鸿胪寺卿李际春，丙辰进士；奉议大夫尚宝司卿成锺音，壬戌进士；奉直大夫尚宝司少卿兼翰林院侍书周维藩，儒士；奉直大夫尚宝司少卿兼翰林院侍书吴自成，儒士；翰林院编修文林郎周子义，乙丑进士；翰林院检讨征仕郎王弘诲，乙丑进士；礼科都给事中张国彦，壬戌进士；兵科都给事中章甫端，乙丑进士；承德郎大理寺左寺左寺正马继文，儒士；承德郎大理寺左寺左寺正徐继申，儒士；承务郎大理寺右寺右寺副刘大武，儒士；从仕郎中书舍人刘叔龙，壬子贡士；征仕郎翰林院管典籍事中书舍人沈洧，儒士。掌卷官：翰林院编修文林郎陈栋，乙丑进士；翰林院编修承事郎张位，戊辰进士；翰林院编修承事郎韩世能，戊辰进士；翰林院检讨征仕郎沈渊，乙丑进士；刑科都给事中王之垣，壬戌进士；工科都给事中龙光，壬戌进士。巡绰官：特进光禄大夫柱国太保兼太子太傅锦衣卫掌卫事后军都督府左都督朱希孝；管锦衣卫事后军都督府署都督同知孙钰；怀远将军锦衣卫管卫事指挥同知余荫；明威将军锦衣卫管卫事指挥佥事程尧相；明威将军锦衣卫管卫事指挥佥事许郁；明威将军锦衣卫管卫事署指挥佥事王之化；怀远将军金吾前卫指挥同知谷登；明威将军金吾后卫指挥佥事尹镇。印卷官：承德郎礼部仪制清吏司署郎中事主事陆光祚，己未进士；承直郎礼部仪制清吏司署员外郎事主事陶允淳，乙丑进士；承直郎礼部仪制清吏司主事蒋思孝，乙丑进士；承事郎礼部仪制清吏司主事刘应麒，戊辰进士。供给官：奉政大夫光禄寺少卿王时槐，丁未进士；奉议大夫光禄寺少卿刘尧诲，癸丑进士；承德郎光禄寺寺丞沈节甫，己未进士；登仕佐郎礼部司务李载贽，壬子贡士；承德郎礼部精膳清吏司署郎中事主事高则益，壬戌进士；奉训大夫礼部精膳清吏司员外郎张孟男，乙丑进士；承直郎礼部精膳清吏司主事王庭诗，乙丑进士。"《隆庆五年进士登科录·恩荣次第》："隆庆五年三月十五日早，诸贡士赴内府殿试，上御皇极殿亲赐策问。三月十八日早，文武百官朝服侍班。是日，锦衣卫设卤簿于丹陛丹墀内，上御皇极殿，鸿胪寺官传制唱名，礼部官捧黄榜，鼓乐导引出长安左门外，张挂毕，顺天府官用伞盖仪从送状元归第。三月十九日，赐宴于礼部。宴毕，赴鸿胪寺习仪。三月二十一日，赐状元朝服冠带及进士宝钞。三月二十二日，状元率诸进士上表谢恩。三月二十三日，状元率诸进士诣先师孔子庙行释菜礼，礼部奏请命工部于国子监立石题名。"《弇山堂别集》卷八十三《科试考三》："五年辛未，命少傅太子太傅吏部尚书建极殿大学士张居正、掌詹事府事吏部左侍郎兼翰林院学士吕调阳主会试，取中邓以赞等四百人。廷试，赐张元忭、刘瑊、邓以赞及第。"《戒庵老人漫笔》卷五《张太岳善鉴文》："隆庆五年辛未科，张太岳居正以大学士为正主考，王荆石锡爵以右中允为第二房考。荆石得一奇卷，进之太岳，欲荐为魁列，再三言之，太岳曰：'此必轻狂淫荡之士，当非令器。'随抹两三行。荆石不获已，袖而藏之。至填四十名外，又固请，乃填中四十八名。拆出，乃休宁人曹诰也。曹赴会试，行囊不挟书册，惟携戏锣鬼面头子一箱耳。与诸举子宴寓舍，席间作僵尸，令人抬身走数遍，以为乐。闻者皆服太岳之鉴云。余闻一下第友说如此。"张居正《张太岳集》卷九《辛未进士题名记》："隆庆辛未，礼部大比贡士中式者四百人于廷，皇帝临轩亲策，问以隆礼教让、化民成俗之道。赐张元忭等及第、出身有差。"钱谦益《牧斋初学集》卷六十二《嘉议大夫吏部左侍郎兼翰林院侍读学士赠资德大夫太子少保礼部尚书兼翰林院学士谥文毅赵公神道碑铭》："公讳用贤，字汝师。中隆庆五年进士，选翰林院庶吉士，授检讨。……公应庶常选，名在第四，穆宗皇帝拔置第一。"王祖嫡《师竹堂集》卷十九《萧中丞传》："公讳崇业，字允修。……隆庆辛未成进士，改庶吉士。时同馆咸治词赋，公独考究政理及古今因革损益，而尤殚精于兵。馆师谓诸吉士：'萧君，经济才也。'癸酉解馆，授兵科给事中。"梁章钜《制义丛话》卷六："俞桐川曰：庆历间，浙中有二黄，嘉禾黄葵阳洪宪、武林贞父汝亨，并堪为制义正宗。葵阳文矜贵警卓，词意相称，贞父较精峭而意胜于词，似在葵阳之上。"

故事，进士题名国学，今年推迟。申时行《赐闲堂集》卷十六《辛未科赐进士题名记》："庄皇帝御极之五年，亲策天下士。赐张元忭等四百人进士及第、出身有差。故事，进士题名国学，用以纪盛诏来，宣朝廷广历之指。而是科迄今独阙未备。言官以为请，上命臣时行记之。"

据《隆庆五年进士登科录》，第一甲三名，赐进士及第。履历如下：

张元忭，贯浙江绍兴府山阴县，民籍，国子生，治《易经》。字子荩，行二十七，年三十四，十月十八日生。曾祖宗盛。祖诏，赠吏部主事。父天复，行太仆寺卿。母刘氏，封安人。具庆下。兄元吉，判官；元聪；元庆，监生；元思。弟元恒、元怡、元愉、元憬、元恂。娶王氏。浙江乡试第六十八名，会试第一百二十五名。

刘瑊，贯直隶苏州，卫籍，江西峡江县人，国子生，治《易经》。字玉俦，行一，年四十一，二月十八日生。曾祖纲。祖佃，岁贡生。父远，按察司经历。母郭氏。永感下。娶陈氏。应天府乡试第七十一名，会试第一百七名。

邓以赞，贯江西南昌府新建县，民籍，县学生，治《诗经》。字汝德，行五，年三十，十月初六日生。曾祖富，寿官。祖朗。父俨。母龚氏。具庆下。兄以谏；以诰，贡士；以诚；以诏。弟以谟。娶姚氏。江西乡试第三十名，会试第一名。

据《隆庆五年进士登科录》，第二甲七十七名，赐进士出身。履历如下：

赵鹏程，贯顺天府大兴县，匠籍，直隶扬州府通州人，国子生，治《诗经》。字汝图，行二，年二十八，四月初二日生。曾祖瑢，知县。祖显。父子春。母鲍氏，继母孙氏。具庆下。兄云程，知州。娶章氏，继娶何氏。顺天府乡试第十四名，会试第三百四十三名。

施策，贯直隶常州府无锡县，医籍，县学附学生，治《书经》。字懋扬，行一，年三十二，十二月十九日生。曾祖盛。祖恩，医学训科。父教，医学训科。母陈氏。慈侍下。兄阳得，户部主事；梦龙，知州。娶盛氏。应天府乡试第七十名，会试第二百八名。

赵于敏，贯山西潞安府长治县，民籍，府学生，治《易经》。字讷甫，行二，年三十，三月二十日生。曾祖会，典膳，赠布政司左布政使。祖秉忠，州同知，累赠布政司左布政使。父希夔，原任布政司左布政使，进阶通奉大夫。母张氏，封夫人。具庆下。兄于实，仪宾。弟于朴。娶李氏。山西乡试第二名，会试第一百九十八名。

刘台，贯江西吉安府安福县，民籍，县学生，治《春秋》。字国基，行一，年三十四，正月二十一日生。曾祖文诏，知县。祖敬夫。父震龙，冠带生员。母李氏。具庆下。弟塾、莹、璧、星、堂、笙、康。娶郭氏。江西乡试第四十六名，会试第七名。

李际寅，贯福建泉州府晋江县，军籍，江西南丰县人，晋江县学生，治《易经》。字宾甫，行三，年二十八，正月二十二日生。曾祖秉纪。祖兴。父维茂。母蔡氏。慈侍下。兄际春、际东。娶孙氏。福建乡试第六十八名，会试第三百八十三名。

杨材，贯湖广郧阳府房县，民籍，国子生，治《易经》。字楚良，行三，年三十，十二月二十日生。曾祖显爵，教谕。祖轵。父薰，纪善。母梁氏。具庆下。兄来。弟术、采、束、东、柬、枣。娶欧阳氏。湖广乡试第十八名，会试第五十一名。

陈诏，贯福建泉州府晋江县，民籍，县学附学生，治《书经》。字宣卿，行五，年三十，十一月二十六日生。曾祖初，教谕。祖相。父文江。母田氏。永感下。兄韶、昭、思立、思谨。弟思佐；思诚；超，贡士；思贤；思忠。娶张氏。福建乡试第五十二名，会试第二百四十五名。

耿定力，贯湖广黄州府黄安县，军籍，麻城县人，麻城县学生，治《春秋》。字子健，行三，年三十一，正月十四日生。曾祖世庸。祖大振。父金，封监察御史。母秦氏，封孺人。具庆下。兄定向，原任大理寺左寺丞；定理。弟定裕。娶朱氏。湖广乡试第八十名，会试第八十名。

盛讷，贯陕西潼关卫，官籍，直隶定远县人，国子生，治《春秋》。字敏叔，行三，年三十一，七月十八日生。曾祖珫，指挥同知，封怀远将军。祖萧，都指挥佥事，封昭勇将军。父德，指挥使，封昭勇将军。前母彭氏，赠淑人；母刘氏，封淑人。慈侍下。兄愈谦，参将；让，武举。弟论。娶张氏。陕西乡试第十六名，会试第二百十一名。

林一材，贯福建泉州府同安县，民籍，国子生，治《春秋》。字以成，行一，年三十二，二月二十四日生。曾祖从周。祖纲。父湍。母陈氏。具庆下。弟一杼、一桢。娶叶氏。福建乡试第五十一名，会试第一百十二名。

王懋德，贯江西抚州府金溪县，军籍，县学增广生，治《易经》。字敬甫，行一，年二十九，九月二十五日生。曾祖昱。祖琏，寿官。父化。母徐氏，继母饶氏。重庆下。弟懋官、懋诚、懋功、懋学、懋孝、懋忠、懋贞。娶何氏。江西乡试第十九名，会试第四十六名。

史钶，贯浙江绍兴府余姚县，民籍，县学生，治《礼记》。字汝和，行四，年三十一，正月初十日生。曾祖简，赠通判。祖鹓，府同知。父桂，监生。母管氏。具庆下。兄金，县主簿；锺；铨，贡士。弟铠；元熙，贡士；铉。娶邵氏。浙江乡试第三名，会试第五名。

黄洪宪，贯浙江嘉兴守御千户所，军籍，嘉兴府嘉兴县人，府学生，治《书经》。字懋忠，行二，年二十八，九月十四日生。曾祖盛，礼部司务。祖鹤年，赠兵部主事，加赠中宪大夫，知府。父琮，按察司副使。母叶氏，赠安人，加赠恭人；继母陆氏，封安人，加封恭人。具庆下。兄洪业，监生。弟洪度，监生；洪德；洪宣；洪韶。娶沈氏。浙江乡试第一名，会试第二名。

曹时聘，贯直隶真定府获鹿县，军籍，赞皇县学生，治《易经》。字希尹，行一，年二十八，五月初九日生。曾祖瑀，寿官。祖芳，医学正科。父椿，贡士。母高氏。重庆下。弟时举、时清、时彦、时正、时髦、时选、时熙、时旸、时升、时明。娶张氏，继娶全氏。顺天府乡试第三十四名，会试第一百四十五名。

赵参鲁，贯浙江宁波府鄞县，民籍，国子生，治《易经》。字宗传，行一，年三十一，十二月十七日生。曾祖公英。祖瑞。父龙，训导。母孙氏，继母朱氏。具庆下。娶徐氏。浙江乡试第六十名，会试第九十名。

王来贤，贯云南临安卫，旗籍，直隶合肥县人，国子生，治《诗经》。字元德，行一，年三十三，九月初五日生。曾祖澄。祖华。父好义，寿官。母沈氏。具庆下。弟来贺、来宾、来聘、来问、来旬。娶任氏。云南乡试第十九名，会试第一百四十七名。

方扬，贯直隶徽州府歙县，民籍，县学生，治《书经》。字思善，行三，年三十二，十月二十五日生。曾祖社昌。祖景英。父从本。母黄氏。严侍下。兄忠、廉。娶洪氏。应天府乡试第十二名，会试第十名。

吴中行，贯直隶常州府武进县，民籍，宜兴县人，国子生，治《书经》。字子道，行四，年三十二，二月二十一日生。曾祖昊。祖礼，封南京户部主事。父性，尚宝司司丞。前母杜氏，赠安人；母段氏，封安人。慈侍下。兄可行，原任翰林院检讨。弟尚行，监生；同行。娶毛氏。应天府乡试第一百三十二名，会试第十五名。

李盛春，贯湖广黄州府蕲州卫，官籍，州学附学生，治《书经》。字淑元，行四，年二十八，十一月十三日生。曾祖景，千户。祖珍，千户。父儒，千户。母黄氏，封宜人。慈侍下。兄同春，指挥佥事；得春；孟春，贡士。弟际春。娶杨氏。湖广乡试第四十六名，会试第四十一名。

钱若赓，贯浙江宁波府鄞县，民籍，府学生，治《诗经》。字德咸，行八，年十九，正月二十九日生。曾祖赞，按察司副使，赠中宪大夫。祖崑，知县。父凤午。母倪氏。具庆下。兄若申、若宁、若纪。弟若梓、若任、若寅、若刘、若宸、若巽、若许。娶张氏。浙江乡试第八名，会试第一百九十四名。

沈应科，贯直隶苏州府常熟县，民籍，国子生，治《诗经》。字邦彦，行一，年三十五，十一月十二日生。曾祖敬。祖岊。父学。母陈氏，继母杨氏。慈侍下。弟应第。娶吴氏。应天府乡试第六十四名，会试第一百十七名。

潘云祥，贯山西宁化守御千户所，官籍，直隶合肥县人，太原府学增广生，治《书经》。字瑞征，行一，年二十八，正月初九日生。曾祖璟，正千户，赠署都指挥佥事。祖承爵，正千户，赠署都指挥佥事。父高，布政司左参议。母王氏，封安人。慈侍下。弟云程，正千户；云衢；云路；云阶；云梯；云升；云渐；云鸿。娶张氏，继娶袁氏。山西乡试第一名，会试第三百七十八名。

李时英，贯浙江杭州府钱塘县，民籍，直隶上海县人，钱塘县学附学生，治《易经》。字含之，行一，年二十七，十一月初五日生。曾祖全。祖纪。父方，冠带医士。母莫氏。具庆下。兄时芹。弟时华、时蕃。娶邵氏。浙江乡试第七十八名，会试第十一名。

陈以朝，贯江西南昌府宁州，民籍，州学生，治《诗经》。字宗甫，行六，年三十二，十月初一日生。曾祖泲。祖由教。父思忠，判官。母周氏，继母王氏。重庆下。兄德，听选官。弟以期、以符、以节、以钥、以简。娶卢氏。江西乡试第九十四名，会试第三百九十二名。

诸梦环，贯浙江杭州府仁和县，民籍，府学附学生，治《易经》。字仲希，行二，年三十，四月初四日生。曾祖能，七品散官。祖寅，驿丞。父余龄，医学正科。母严氏。具庆下。兄梦璋、梦儒、梦士。弟梦尹。娶周氏。浙江乡试第六十二名，会试第二百四名。

姚纯臣，贯直隶苏州府吴县，民籍，长洲县人，府学附学生，治《书经》。字熙载，行一，年三十，十月二十四日生。曾祖海。祖完。父怡。母陆氏。具庆下。弟忠臣、良臣、贤臣、名臣。娶朱氏。应天府乡试第九名，会试第三百五名。

袁昌祚，贯广东广州府东莞县，民籍，县学附学生，治《诗经》。字茂文，行三，年三十七，十二月初九日生。曾祖誧。祖大初。父宠。母李氏，继母李氏。具庆下。兄昌祉、贡、贯、贲、焕、金。弟炯、耀、昌祖。娶何氏。广东乡试第一名，会试第四十五名。

郑邦福，贯江西广信府上饶县，民籍，县学增广生，治《书经》。字洪畴，行六十二，年三十一，四月十四日生。曾祖道同。祖福周。父宁。母娄氏。具庆下。兄邦辅、邦祥。弟邦祚、邦礼、邦祺。娶桂氏。江西乡试第二十名，会试第一百五十七名。

周嘉谟，贯湖广汉阳府汉川县，民籍，承天府景陵县人，汉川县学生，治《书经》。字明卿，行七，年二十五，七月二十五日生。曾祖侃。祖曰春。父惇。母刘氏。具庆下。兄嘉士、嘉吉、嘉训、嘉祯。弟嘉诏、嘉海、嘉让、嘉议、嘉谕。娶萧氏。湖广乡试第六十八名，会试第一百四名。

任天祚，贯直隶河间府天津卫，军籍，卫学生，治《诗经》。字良锡，行一，年三十，七月二十三日生。曾祖昭。祖伦。父铎。母王氏。具庆下。娶何氏。顺天府乡试第十二名，会试第三百五十名。

赵国璧，贯直隶大名府东明县，民籍，国子生，治《诗经》。字子完，行二，年三十，三月初三日生。曾祖贵。祖鉴。父来凤。母欧氏。永感下。兄国珠。弟国玺。娶李氏。顺天府乡试第四十六名，会试第二百十七名。

荆光裕，贯直隶镇江府丹阳县，军籍，国子生，治《书经》。字孝启，行二，年三十五，二月二十九日生。曾祖遵。祖瓒。父辂，七品散官。母陈氏。具庆下。兄光祖。弟光祚、光祉。娶邓氏。应天府乡试第七十六名，会试第二百九十三名。

魏雷，贯湖广德安府随州应山县，民籍，县学生，治《春秋》。字子鸣，行二，年四十一，七月十六日生。曾祖坚。祖化阳。父嘉会，岁贡生。嫡母刘氏，生母陈氏。永感下。兄云。娶向氏，继娶吴氏。湖广乡试第八十八名，会试第一百九十七名。

余良枢，贯江西南昌府奉新县，军籍，县学增广生，治《书经》。字士中，行二，年三十七，正月十五日生。曾祖嗣文。祖孔萦，赠顺天府经历。父茂，通判。母魏氏，封孺人。慈侍下。兄良能，序班；良桢，同科进士；良士；良登。娶黄氏。江西乡试第三十七名，会试第一百四十六名。

李登，贯陕西榆林卫，军籍，卫学生，治《诗经》。字瀛士，行一，年四十二，六月十五日生。曾祖景。祖永。父钦，州吏目。母万氏。永感下。弟勋。娶焦氏。陕西乡试第三十五名，会试第三百八十八名。

洪燄，贯浙江嘉兴府平湖县，灶籍，国子生，治《书经》。字惟进，行三，年三十四，八月十一日生。曾祖必达。祖清，听选官。父梁。母陈氏。具庆下。兄燿、燔、灼、照、灯、勋。弟默、焘。娶何氏。浙江乡试第十四名，会试第一百四十九名。

吴思学，贯江西建昌府广昌县，民籍，县学增广生，治《书经》。字叔敏，行一，年二十五，十月初四日生。曾祖瑀。祖天俸。父国才。前母何氏，母何氏。重庆下。弟思齐、思敬。娶何氏。江西乡试第三名，会试第三十二名。

赵范，贯福建漳州府漳浦县，民籍，县学附学生，治《诗经》。字范之，行一，年二十八，十二月二十九日生。曾祖均。祖克钝。父叔宽。前母苏氏，母黄氏。具庆下。弟楂、棣、棉、榾、槐、彬。娶戴氏。福建乡试第四十五名，会试第一百八名。

李伯春，贯直隶松江府上海县，民籍，国子生，治《诗经》。字友卿，行一，年二十九，三月十五日生。曾祖观。祖学，寿官。父得祥，恩例训导。母陈氏。重庆下。弟仲春、熙春、煦春、叔春。娶周氏。应天府乡试第一百十名，会试第二百十二名。

赵秉孜，贯福建泉州府南安县，民籍，府学生，治《易经》。字恒守，行三，年三十三，三月初二日生。曾祖魁。祖璘。父大申。母傅氏。严侍下。兄秉修、秉忠。弟秉升、秉章。娶蔡氏，继娶郭氏。福建乡试第四十一名，会试第一百四十八名。

裴赐，贯山西平阳府绛州稷山县，军籍，县学增广生，治《易经》。字公受，行一，年二十四，三月初三日生。曾祖增，九品散官。祖明，听选官。父礼，监生。母胡氏。慈侍下。娶梁氏。山西乡试第六名，会试第二百六十五名。

张彦，贯湖广承天卫，官籍，承天府学生，治《易经》。字士美，行二，年三十一，六月二十七日生。曾祖杰。祖秀。父瑶。前母许氏，母魏氏。慈侍下。兄京。娶大氏。湖广乡试第二十一名，会试第三百一名。

杜摺，贯江西南昌府丰城县，军籍，县学生，治《诗经》。字端叔，行二百五十八，年三十，闰五月十七日生。曾祖叔真。祖栾，赠通议大夫都察院右副都御史。父士希，累封通议大夫，都察院右副都御史。母游氏，累封淑人。具庆下。兄拯，通议大夫，都察院右副都御史；抃；晳，岁贡生；撰；擢；揭；授；揄。娶雷氏。江西乡试第二十九名，会试第十三名。

管志道，贯直隶苏州府太仓州，民籍，国子生，治《易经》。字登之，行一，年三十二，正月初八日生。曾祖江。祖和。父鳌。母钱氏。具庆下。弟遵道、大夏、大猷、达道。娶陈氏。应天府乡试第五十六名，会试第四十三名。

劳逊志，贯直隶苏州府吴县，民籍，国子生，治《书经》。字惟敏，行二，年三十七，十一月初六日生。曾祖潜。祖麟。父珊，贡士。嫡母陆氏，生母周氏。慈侍下。兄逊学。弟逊肤、逊言、逊道。娶徐氏，继娶陆氏、蒋氏。应天府乡试第一百十七名，会试第四十九名。

史继志，贯应天府溧阳县，民籍，国子生，治《诗经》。字思善，行二，年三十四，四月二十四日生。曾祖说。祖钰。父河。母周氏。具庆下。兄继丹，县丞；继皋；继守；继恩。弟继书，锦衣卫指挥佥事；继宪；继振，监生。娶王氏，继娶戴氏。应天府乡试第二十八名，会试第一百十一名。

熊惟学，贯江西南昌府南昌县，民籍，县学生，治《易经》。字习之，行一，年三十四，三月初四日生。曾祖兰，知府赠中宪大夫。祖木，府同知。父衮。母丁氏。慈侍下。弟惟思；惟一，监生；惟恭；惟明；惟宽。娶邓氏。江西乡试第四十五名，会试第四名。

吴秀，贯浙江湖州府乌程县，民籍，直隶吴江县人，乌程县学增广生，治《春秋》。字越贤，行五，年三十四，三月三十日生。曾祖存仁。祖麟。父绩。母张氏，继母倪氏。具庆下。兄中立、中行、中孚。娶盛氏。浙江乡试第七十二名，会试第三名。

杨士元，贯直隶苏州府太仓州，民籍，州学生，治《诗经》。字仁甫，行一，年二十七，正月二十八日生。曾祖锦。祖祥。父灼，监生。母顾氏。具庆下。兄增、道经。弟士选。娶陆氏。应天府乡试第七十九名，会试第三百八十五名。

薛亨，贯陕西西安府韩城县，匠籍，国子生，治《书经》。字道行，行二，年三十四，二月二十一日生。曾祖清。祖珉。父三戒，寿官。母王氏。具庆下。兄元。弟九思。娶卫氏，继娶卫氏。陕西乡试第一名，会试第一百六十七名。

甘一骥，贯江西南昌府南昌县，民籍，国子生，治《诗经》。字德夫，行三，年四十三，五月初十日生。曾祖霖。祖桂。父元奎，县主簿。前母文氏，母金氏。永感下。兄一鹏；一凤，贡士。娶独孤氏。应天府乡试第八名，会试第二百三十二名。

吕三才，贯山东青州府临朐县，军籍，县学生，治《易经》。字自参，行一，年三十一，九月二十四日生。曾祖恒。祖现。父金。母阎氏。具庆下。兄三省。弟三聘、三乐、三策、三畏。娶高氏。山东乡试第四十三名，会试第一百九十五名。

黄兆隆，贯浙江绍兴府余姚县，匠籍，县学附学生，治《礼记》。字懋德，行六，年三十一，六月二十六日生。曾祖琪，运司运使。祖思承，县丞。父元龄。前母潘氏，母胡氏。具庆下。兄兆登、兆征、兆应、兆吉、兆蕃。弟兆璧。娶陈氏。浙江乡试第七十七名，会试第一百六十九名。

周有光，贯山西平阳府蒲州荣河县，民籍，县学生，治《书经》。字显伯，行一，年二十八，十月二十七日生。曾祖聪。祖璘。父朝用。母李氏。具庆下。弟有端、有土、有容、有人、有诰。娶潘氏。山西乡试第二十六名，会试第三百三十五名。

夏良心，贯直隶广德州，军籍，州学生，治《礼记》。字宗尧，行三，年三十三，十月初十日生。曾祖桢。祖松。父熊，寿官。嫡母宗氏，生母刘氏。具庆下。兄良材，监生；良能，监生。弟良器，县主簿；良傅，监生。娶潘氏。应天府乡试第四十九名，会试第一百一名。

刘虞夔，贯山西泽州高平县，民籍，县学附学生，治《春秋》。字直卿，行一，年二十，十一月十三日生。曾祖赟。祖韬，冠带岁贡生，封户部主事。父崇文，知府。母张氏，封安人。具庆下。弟虞龙、虞伯、虞陶。娶郭氏。山西乡试第四名，会试第五十二名。

张登云，贯山东兖州府宁阳县，军籍，县学生，治《春秋》。字攀龙，行一，年三十，十一月十五日生。曾祖恕。祖膝。父朴，县主簿。前母窦氏，母马氏。具庆下。弟凌云、步云。娶胡氏。山东乡试第六十一名，会试第二百三十九名。

萧良干，贯直隶宁国府泾县，民籍，府学生，治《诗经》。字以宁，行一，年三十四，十月初一日生。曾祖臻。祖鼐。父汝金。母毕氏，继母余氏。具庆下。弟良轨、良韩。娶朱氏。应天府乡试第十六名，会试第一百五十八名。

霍镇东，贯广东广州府南海县，民籍，县学生，治《诗经》。字彦蕃，行二，年三十六，十月十八日生。曾祖仁。祖敬。父正。母邓氏。继母梁氏。具庆下。兄应期。娶梁氏。广东乡试第一名，会试第二百九十一名。

王世能，贯直隶宁国府宣城县，民籍，国子生，治《诗经》。字子才，行二，年三十六，九月十八日生。曾祖文正。祖宗兴。父大祥。母杨氏。具庆下。兄世范。弟世英、世济、世熙、世科、世举。娶李氏。应天府乡试第七十二名，会试第六十六名。

董用威，贯河南河南府洛阳县，民籍，国子生，治《易经》。字爱先，行二，年三十七，二月十四日生。曾祖旺。祖和，贡士。父汝谦。母高氏。慈侍下。兄楠。弟樗、楹、朴、术、杰。娶戴氏，继娶王氏。河南乡试第七十二名，会试第三百二十一名。

商为正，贯浙江绍兴府会稽县，民籍，县学生，治《诗经》。字尚德，行四，年三十四，七月初三日生。曾祖澄。祖公泽，累赠奉直大夫，刑部员外郎。父廷试，行太仆寺卿。母陈氏，封宜人。具庆下。兄为宗、为臣。弟为士，贡士；为贤；为音，监生。娶金氏。浙江乡试第十五名，会试第四十二名。

管穆，贯浙江绍兴府余姚县，军籍，县学附学生，治《书经》。字子安，行五十五，年二十八，九月初一日生。曾祖铭。祖淮。父奎。母陈氏。慈侍下。兄州，兵部司务；府，知县；杰；集，卫经历；和；菜，听选官。弟檗、準、黍。娶黄氏。浙江乡试第七名，会试第二百十四名。

熊敦朴，贯四川叙州府富顺县，民籍，县学附学生，治《春秋》。字茂初，行十三，年二十八，二月二十九日生。曾祖仕廉。祖载，知州。父过，礼部郎中。前母黄氏，赠安人；母翁氏，封安人。具庆下。兄敦艮；友麟，贡士；敦大；敦典；敦宗；敦业，监生。弟敦孝、敦谊、敦礼。娶甘氏。四川乡试第十七名，会试第三百九十三名。

李时达，贯四川成都府井研县，灶籍，县学生，治《诗经》。字子行，行一，年三十一，三月初七日生。曾祖镒。祖正珠。父万策。母王氏。重庆下。弟时迁、时遇。娶黄氏，继娶曾氏。四川乡试第二十名，会试第四十名。

王守诚，贯河南河南府嵩县，民籍，国子生，治《春秋》。字时化，行一，年二十八，六月十一日生。曾祖聪。祖振。父京，寿官。嫡母李氏；生母杨氏。具庆下。娶高氏。河南乡试第六十九名，会试第三百十一名。

莫与齐，贯广西柳州府柳城县，民籍，马平县人，府学增广生，治《诗经》。字道望，行二，年二十二，三月初四日生。曾祖汝能，知县。祖大德，知县，封监察御史。父抑，按察司副使。前母赵氏，赠孺人；母王氏，封孺人。重庆下。兄与京。弟与高、与尚。娶徐氏。广西乡试第十六名，会试第二百六十二名。

杨佩训，贯福建泉州府晋江县，民籍，县学附学生，治《易经》。字维式，行一，年二十七，四月二十三日生。曾祖和。祖宽。父鸾，知县。母陈氏。严侍下。兄逢新、依仁、一澄。弟一桂、一濂、佩矩、佩范、佩度、佩準、佩箴。娶黄氏。福建乡试第二名，会试第一百九十三名。

施天麟，贯直隶池州府青阳县，民籍，县学生，治《诗经》。字以德，行二，年三十，十月初四日生。曾祖润。祖桴。父荩臣。母孙氏。重庆下。兄琦。弟天迪、天挺、天彦。娶陈氏。应天府乡试第九十六名，会试第五十六名。

王教，贯山东济南府淄川县，民籍，县学生，治《诗经》。字子修，行三，年三十二，九月十四日生。曾祖纲。祖文。父珏。母尹氏。慈侍下。兄政、敬。娶许氏。山东乡试第十七名，会试第一百三十九名。

刘元震，贯直隶河间府任丘县，军籍，县学生，治《书经》。字衍亨，行一，年二十九，九月二十日生。曾祖璟。祖蓁，赠户部郎中。父勃，按察司佥事。母章氏，封安人。重庆下。弟元翰、元泰、元霖、元冲。娶张氏。顺天府乡试第四十四名，会试第六十二名。

周思宸，贯浙江绍兴府余姚县，民籍，府学附学生，治《书经》。字进可，行十七，年三十，七月初六日生。曾祖沄。祖理，王府引礼舍人。父如汉，府通判。母王氏。具庆下。兄思济，知县；思宗，监生；思充，监察御史。弟思寅、思寰、思宾、思襄、思寀、思宣、思寀、思衮。娶孙氏。浙江乡试第十九名，会试第五十九名。

唐鹤征，贯直隶常州府武进县，民籍，国子生，治《诗经》。字玄卿，行一，年三十四，八月初五日生。曾祖贵，户科给事中。祖珤，知府。父顺之，都察院右佥都御史。母庄氏，封孺人。永感下。弟锡征、魁征、复征。娶万氏。应天府乡试第二名，会试第一百三名。

侯尧封，贯直隶苏州府嘉定县，民籍，松江府上海县人，国子生，治《易经》。字钦之，行一，年四十一，十月初一日生。曾祖璞。祖论。父廷用。母朱氏。慈侍下。娶沈氏，继娶郁氏、张氏。应天府乡试第六十九名，会试第三百四十一名。

邹德涵，贯江西吉安府安福县，民籍，国子生，治《春秋》。字汝海，行十六，年三十四，五月初二日生。曾祖贤，按察司佥事，赠奉政大夫。祖守益，中顺大夫，南京国子监祭酒，赠礼部右侍郎，谥文庄。父善，布政司右参政。母陈氏，封恭人。重庆下。兄德源、德浚。弟德溥、德温、德治、德泳、德济、德洙、德澡。娶贺氏。江西乡试第九十四名，会试第二十八名。

张鸣鹤，贯广东广州府东莞县，军籍，国子生，治《诗经》。字于皋，行一，年三十八，十月初九日生。曾祖勤，寿官。祖鎏，义官。父湖。母朱氏。具庆下。弟鸣鸿、鸣雁、鸣鹗、鸣凤。娶朱氏。广东乡试第四十九名，会试第一百六十一名。

公家臣，贯山东青州府蒙阴县，军籍，县学生，治《易经》。字共父，行一，年二十九，二月二十九日生。曾祖景仁，赠工部员外郎。祖跻奎，按察司副使。父一载，知县。母包氏。重庆下。弟家相、家邻、家卿。娶李氏。山东乡试第二名，会试第一百五十六名。

据《隆庆五年进士登科录》，第三甲三百十六名，赐同进士出身。履历如下：

金阶，贯浙江杭州府仁和县，民籍，国子生，治《易经》。字子升，行一，年三十九，五月初九日生。曾祖行。祖明。父鸾。母邵氏，继母詹氏。永感下。弟际、陵、升。娶王氏。浙江乡试第五十三名，会试第三百十四名。

周良寅，贯福建泉州府晋江县，民籍，县学增广生，治《春秋》。字以寅，行一，年二十七，十月十二日生。曾祖洤，寿官。祖聪，训导。父茂中，知县。母陈氏。具庆下。兄良宝；良宾，户部郎中。弟良巂、良实、良宠、良安、良密、良宅。娶江氏。福建乡试第四名，会试第六十五名。

王应乾，贯直隶池州府东流县，民籍，国子生，治《诗经》。字调元，行一，年三十二，四月二十二日生。曾祖维，寿官。祖祯。父文锦。母黄氏。慈侍下。弟应临、应鼎、应升、应晋。娶黄氏。应天府乡试第十四名，会试第八十六名。

唐尧钦，贯福建漳州府长泰县，军籍，国子生，治《书经》。字寅可，行一，年三十，三月初三日生。曾祖缵绪。祖元刚。父汝祥。母余氏。具庆下。弟尧鉴、尧銮、尧铉、尧镛、显。娶刘氏。福建乡试第四十七名，会试第六十九名。

王幼慈，贯直隶德州左卫，军籍，山东文登县人，德州学生，治《书经》。字子依，行一，年三十九，四月二十七日生。曾祖昱。祖雄。父嘉聘。母刘氏。慈侍下。娶刘氏。山东乡试第三名，会试第二百七十三名。

郭子直，贯浙江杭州府海宁县，民籍，嘉兴府崇德县人，国子生，治《易经》。字舜举，行一，年三十七，七月十七日生。曾祖权。祖篙，医学正科，封推官。父鼎，运司副使。前母沈氏，赠孺人；母吴氏，封孺人。具庆下。弟子立，冠带医士；子宣。娶沈氏。顺天府乡试第五十三名，会试第一百十名。

王晓，贯山东济南府淄川县，军籍，国子生，治《诗经》。字寅亮，行一，年三十二，七月十七日生。曾祖振。祖迤，封奉政大夫、刑部郎中。父崇义，知府。前母许氏，赠宜人；母刘氏，封宜人。慈侍下。弟晤、晲、睹、暛、曙、晔、时。娶胡氏。山东乡试第三十三名，会试第一百三十二名。

葛登名，贯河南南阳府泌阳县，民籍，县学生，治《书经》。字道行，行一，年三十二，十二月十七日生。曾祖麟。祖升。父芥。母刘氏。永感下。娶于氏。河南乡试第三十五名，会试第三百十八名。

李丁，贯山东兖州府曹州，民籍，州学增广生，治《书经》。字明甫，行三，年三十，十二月十八日生。曾祖凤。祖朴，驿丞。父养性，县丞。母邵氏，继母刘氏。具庆下。兄丙、寅。弟己、庚。娶刘氏。山东乡试第三十八名，会试第一百九十一名。

陈功，贯山西太原府忻州，军籍，州学生，治《书经》。字惟志，行一，年三十六，闰十二月十二日生。曾祖福。祖鹭。父大法，寿官。母张氏。具庆下。弟勋、勔、勃。娶刘氏。山西乡试第三名，会试第三百四十二名。

江文沛，贯福建福州府闽县，军籍，县学附学生，治《诗经》。字良雨，行四，年三十六，正月二十三日生。曾祖昌。祖元宦。父日德。母陈氏，继母陈氏。慈侍下。弟文源、文深、文洲、文洙、文汇。娶陈氏。福建乡试第二十六名，会试第三十一名。

李选，贯云南大理府太和县，民籍，国子生，治《春秋》。字维贤，行二，年二十五，二月初九日生。曾祖辅。祖茂。父子明，训导。母张氏，继母沈氏。具庆下。兄遇。弟遂、达。娶华氏。云南乡试第四名，会试第三百三十九名。

王希元，贯湖广黄州府蕲水县，军籍，县学附学生，治《易经》。字启善，行十，年二十六，五月二十九日生。曾祖厚。祖中正，知县。父承芳。前母陈氏，母汪氏。慈侍下。兄希曾、希孟，俱省祭官；希程；希闵。弟希雍、希朱。娶汪氏。湖广乡试第五十六名，会试第三百五十一名。

龙宗武，贯江西吉安府泰和县，民籍，县学增广生，治《易经》。字身之，行一，年二十九，七月初五日生。曾祖孔时。祖公宽。父天爵。嫡母严氏，生母王氏。永感下。兄孝卿、国卿。弟宗尚。娶尹氏。江西乡试第六名，会试第一百九十名。

萧彦，贯直隶宁国府泾县，民籍，县学生，治《诗经》。字思学，行三，年三十五，八月十六日生。曾祖士贵，赠监察御史。祖瑞，布政司右参议。父储。母董氏。慈侍下。兄歆，监生；豪。弟雍、韶、颜。娶赵氏。应天府乡试第六十五名，会试第八名。

谢师启，贯湖广武昌府蒲圻县，民籍，县学附学生，治《诗经》。字叔蒙，行一，年二十六，九月三十日生。曾祖允胜，封礼部郎中。祖存儒，兵部右侍郎。父三训，监生。母郑氏。重庆下。弟师彦，同科进士；师严；师勉；师作；师范。娶揭氏。湖广乡试第十名，会试第一百六十五名。

叶时新，贯直隶徽州府休宁县，民籍，县学附学生，治《易经》。字惟怀，行二，年二十四，二月二十日生。曾祖永富。祖武隆。父琇。母程氏。具庆下。兄时杰。弟时佳、时泰、时盈、时康。娶吴氏。应天府乡试第一百二十八名，会试第三百七十一名。

陈荐，贯湖广永州府祁阳县，民籍，县学附学生，治《书经》。字君庸，行五，年二十七，七月十五日生。曾祖志荣。祖宪。父良能。母雷氏。具庆下。兄素、典、举。弟选。娶周氏。湖广乡试第三名，会试第十二名。

周光镐，贯广东潮州府潮阳县，民籍，国子生，治《书经》。字国雍，行三，年三十二，正月初三日生。曾祖毅然。祖直方。父孚先，贡士。母杨氏。永感下。兄光德，监生；光阳，监生；光训；光命。弟光伟。娶郑氏。广东乡试第六十名，会试第七十五名。

王庭，贯四川潼川州蓬溪县，民籍，国子生，治《易经》。字以觐，行一，年三十五，八月二十一日生。曾祖志广。祖溥，贡士。父羲。嫡母何氏，生母郭氏。慈侍下。娶张氏。四川乡试第四十六名，会试第三百六十二名。

程正谊，贯浙江金华府永康县，民籍，县学增广生，治《春秋》。字叔明，行二十四，年三十二，九月十四日生。曾祖彦泰。祖伯祥。父养之。母孙氏。严侍下。娶吴氏。浙江乡试第七十二名，会试第二百六十一名。

章如钰，贯浙江绍兴府会稽县，民籍，国子生，治《易经》。字伯温，行二，年三十八，八月十四日生。曾祖概，知府。祖元勋，典膳。父延年，监生。母沈氏。具庆下。兄如金。弟如锦、如钺、如鏊。娶王氏。浙江乡试第六十四名，会试第三百二十四名。

郭宗磐，贯福建泉州府晋江县，军籍，县学附学生，治《易经》。字渐甫，行二，年二十八，七月初四日生。曾祖仕哲，寿官。祖天涣。父祥。母朱氏。慈侍下。兄孟、宗岳。弟宗昇、一麟、宗富、宗器、一鲲、宗旦、宗训、宗谟。娶丘氏。福建乡试第六十五名，会试第二百六十八名。

郭子章，贯江西吉安府泰和县，民籍，国子生，治《易经》。字相奎，行三，年二十九，十二月二十五日生。曾祖公域。祖奇士，冠带生员。父元鸿。母萧氏，继母罗氏。重庆下。兄子亨、子京。弟相朱、子雍。娶萧氏。顺天府乡试第十八名，会试第十九名。

吴道卿，贯山东平山卫，军籍，国子生，治《诗经》。字公辅，行一，年三十，十一月初二日生。曾祖英。祖天锡。父江，寿官。母孙氏，继母胥氏。严侍下。娶周氏。顺天府乡试第七十二名，会试第一百七十九名。

谢廷寀，贯江西抚州府金溪县，军籍，县学生，治《书经》。字思敬，行三十二，年三十八，正月十七日生。曾祖杰，运司副使。祖广受。父杞。母徐氏，继母江氏、刘氏。具庆下。兄廷宾。弟廷谅、廷谐、廷讽、廷赞、廷谊。娶饶氏。江西乡试第九十二名，会试第一百八十三名。

陈大科，贯直隶扬州府通州，民籍，国子生，治《诗经》。字思进，行三，年三十四，六月十七日生。曾祖纯德，赠通议大夫、工部右侍郎兼都察院右佥都御史。祖尚忠，累赠通议大夫，工部右侍郎兼都察院右佥都御史。父尧，刑部左侍郎。母朱氏，封淑人。重庆下。兄大震，监生；大壮，知府。弟大益、大乾、大器、大升。娶凌氏。应天府乡试第一百三十一名，会试第二百二十二名。

赵用贤，贯直隶苏州府常熟县，民籍，常州府江阴县人，国子生，治《礼记》。字汝师，行一，年三十二，四月十九日生。曾祖实。祖玭，累赠南京吏部郎中。父承谦，布政司左参议。嫡母萧氏，封宜人；生母张氏。慈侍下。兄懋、宪、愈。弟用宾、用贵、用贞。娶张氏，继娶汤氏、陈氏。应天府乡试第八十二名，会试第二十五名。

张程，贯江西吉安府安福县，民籍，国子生，治《礼记》。字以乎，行五十七，年三十五，八月初二日生。曾祖敷华，资德大夫、正治上卿、都察院左都御史、赠太子少保、谥简肃。祖伟，封监察御史。父鳌山，提学御史。前母欧阳氏，封孺人；母周氏，封太孺人。慈侍下。兄祉，监生；秩，翰林院检讨。娶彭氏。江西乡试第四十一名，会试第九名。

钱岱，贯直隶苏州府常熟县，民籍，县学生，治《诗经》。字汝瞻，行一，年二十八，十月十七日生。曾祖祀。祖昇。父亨。母褚氏。具庆下。弟岛、嶅、峃、岳、嶲、峦、屺、密。娶陈氏。应天府乡试第七十九名，会试第一百五十五名。

吴汝伦，贯直隶常州府无锡县，军籍，县学生，治《书经》。字文叙，行一，年三十一，二月二十八日生。曾祖瓒。祖应元。父惟孝。前母杨氏，母华氏，继母华氏。慈侍下。弟汝任，贡士。娶邵氏，继娶曹氏。应天府乡试第一名，会试第二十一名。

虞怀忠，贯浙江金华府义乌县，民籍，国子生，治《诗经》。字汝良，行六，年三十二，九月十四日生。曾祖克庆。祖希盛。父茂元。母吴氏。慈侍下。兄重华、怀光、怀德。弟重熙、重震、重思、重奎、重佑、重烈、重嘉、重祥、重祈。娶郭氏。浙江乡试第五十五名，会试第三百九十名。

周保，贯浙江宁府波鄞县，民籍，县学生，治《易经》。字子翼，行二，年三十五，二月二十二日生。曾祖琰。祖谌。父益。母王氏。严侍下。兄傅、仿、任、价、仪、攸、伟。弟杰、俨。娶金氏。浙江乡试第四十九名，会试第一百三十七名。

诸大伦，贯浙江绍兴府余姚县，匠籍，县学生，治《易经》。字仁夫，行十八，年三十八，九月十九日生。曾祖让，布政司左参政。祖弦，巡检。父阯。母岑氏。慈侍下。兄大原、大化。弟大木，贡士；大佐；大圭，贡士；大信。娶徐氏，继娶彭氏、王氏、傅氏。浙江乡试第三十八名，会试第三十名。

尹良任，贯湖广汉阳府汉川县，民籍，县学增广生，治《易经》。字志伊，行二，年二十七，十月二十八日生。曾祖德弘。祖袯。父巡，奉祀；母周氏。重庆下。兄良时，序班。弟良淳。娶郭氏。湖广乡试第三十一名，会试第九十七名。

王缄，贯顺天府霸州文安县，民籍，国子生，治《诗经》。字伯默，行四，年三十，十二月初四日生。曾祖能，县主簿。祖贤，赠监察御史，加赠按察司副使。父仪，都察院右副都御史。前母邢氏，赠恭人；宋氏，封孺人；母董氏，封恭人。慈侍下。兄绪，府司狱；绾，监生；绳；绅，监生；守训；彩；织；络；缮；统；以缥，知府。弟练、丝、缊。娶樊氏。顺天府乡试第一百四名，会试第一百四十四名。

黎邦琰，贯广东广州府从化县，军籍，县学附学生，治《诗经》。字君华，行一，年三十，七月二十七日生。曾祖元昌，封监察御史。祖贯，监察御史，赠尚宝司少卿。父民表，户部员外郎。母梁氏。具庆下。弟邦玖、邦理、邦瓛、邦球、邦璐、邦璘、邦瑱、邦琪、邦毅。娶陈氏。广东乡试第二十三名，会试第二百三名。

曾士楚，贯广东广州府从化县籍，番禺县人，从化县学增广生，治《易经》。字子翘，行二，年四十，九月初十日生。曾祖刚。祖观厚。父绰，学正。母张氏，继母钟氏。具庆下。兄守谦、守谟。弟士懋、士琳、士森、士俊、士弘、士推、士化、士操、一桂。娶唐氏。广东乡试第五十七名，会试第一百七十八名。

雷嘉祥，贯四川成都府井研县，军籍，县学生，治《礼记》。字和卿，行一，年三十五，九月三十日生。曾祖天鉴。祖守成。父鸣。母吴氏。永感下。弟嘉泰。娶李氏。四川乡试第四名，会试第六十七名。

双凤鸣，贯陕西庆阳卫，军籍，山西文水县人，庆阳府学生，治《诗经》。字维祯，行一，年三十五，二月十四日生。曾祖英。祖钺。父臣，冠带生员。母王氏，继母孙氏、黄氏。具庆下。娶樊氏。陕西乡试第四十九名，会试第二百二十四名。

胡宥，贯直隶徽州府休宁县，民籍，县学增广生，治《易经》。字子仁，行四，年三十一，四月二十七日生。曾祖仕茂。祖永华。父正祯。嫡母程氏，生母毛氏。慈侍下。兄宠、宽、宇。弟寀、宾、宣。娶方氏，继娶黄氏。应天府乡试第七名，会试第二百九十二名。

李忱，贯福建泉州府晋江县，民籍，县学生，治《易经》。字诚甫，行四，年三十，七月初四日生。曾祖瑄，七品散官。祖至。父士爕。母丁氏，继母陈氏。永感下。兄世材、大洵、大进。弟大澜，知州；大灏；大潞；大深；大涔；大淮；大清。娶张氏。福建乡试第十一名，会试第二十三名。

林庭植，贯福建福州府福清县，军籍，府学生，治《诗经》。字槐卿，行五，年三十二，十月十七日生。曾祖元。祖庆。父晚翠。母谢氏。慈侍下。兄庭材。弟养盛、养辨、养晦、养端、养初、养蒙、养潜、养气、养高。娶余氏。福建乡试第十六名，会试第二百九名。

沈涵，贯武功左卫，匠籍，浙江德清县人，国子生，治《诗经》。字维敬，行一，年三十一，六月二十四日生。曾祖铨。祖谥。父瑆，兵部主事。母王氏。慈侍下。弟潜。娶吴氏。顺天府乡试第七十六名，会试第一百三十四名。

庄鹏举，贯直隶河间府景州东光县，民籍，国子生，治《礼记》。字图南，行一，年三十五，八月二十七日生。曾祖钦。祖铎。父敬，贡士。母刘氏。永感下。弟鹏程。娶刘氏。顺天府乡试第四十八名，会试第二百八十三名。

张第，贯山东东昌府茌平县，军籍，国子生，治《诗经》。字汝登，行一，年三十四，二月十二日生。曾祖宽。祖荣。父经，省祭官。嫡母邵氏，生母孟氏。慈侍下。兄鲁，阴阳训术；簪；范；笙。弟筠、筹。娶刘氏。山东乡试第五十名，会试第三百三十六名。

丁宾，贯浙江嘉兴府嘉善县，军籍，国子生，治《书经》。字礼原，行三，年二十九，正月初一日生。曾祖弼。祖乾。父衮，典仪。母吕氏，继母陆氏。重庆下。兄寅，监生。娶吴氏。顺天府乡试第五十五名，会试第三百九十一名。

贺南儒，贯浙江嘉兴府海盐县，民籍，县学附学生，治《礼记》。字怀珍，行一，年三十一，十二月十七日生。曾祖宥。祖岳。父陞，县丞。母朱氏，继母巩氏。具庆下。弟南良、南征、南极、南闽。娶陆氏。浙江乡试第七十二名，会试第二百一名。

郑时章，贯福建漳州府龙溪县，军籍，县学生，治《礼记》。字文叙，行二，年三十二，五月初八日生。曾祖凯中。祖颙进。父重，贡士。母陈氏。永感下。兄时可。弟云腾。娶许氏。福建乡试第五十八名，会试第二百六十七名。

林应训，贯福建福州府怀安县，民籍，县学生，治《易经》。字子启，行三，年三十六，七月十六日生。曾祖实。祖默。父世灵，巡检。母叶氏。永感下。兄应诏、应试。弟应诰。娶张氏。福建乡试第七名，会试第一百二十名。

田琯，贯福建延平府大田县，民籍，国子生，治《诗经》。字希玉，行四，年三十二，十一月十七日生。曾祖赐禄，寿官。祖广荣。父铢。母陈氏。慈侍下。兄顼，按察司提学副使；华；洙，武学训导；瑚。弟圭。娶林氏。顺天府乡试第六十四名，会试第八十三名。

陈赞，贯江西南昌府南昌县，军籍，国子生，治《诗经》。字宗谟，行七，年三十九，五月二十六日生。曾祖聪，县主簿，赠监察御史。祖奎，布政司左布政使。父冠，工部郎中加正四品服俸。嫡母张氏，封宜人；生母张氏。永感下。兄赟；赘，监生；贞，监生。弟赓。娶胡氏。江西乡试第五十九名，会试第七十六名。

徐一唯，贯湖广黄州府蕲水县，军籍，县学附学生，治《易经》。字宗曾，行七，年二十六，八月初十日生。曾祖绍礼，典宝。祖班。父文言。母姚氏。具庆下。弟一跃、一衢。娶陈氏。湖广乡试第七十三名，会试第二百二十七名。

李桢，贯陕西庆阳卫，官籍，山西大同卫人，安化县学生，治《诗经》。字维卿，行二，年三十二，七月初三日生。曾祖泽，指挥使。祖赟，指挥使。父朝春。母孙氏。慈侍下。兄栋、楹。娶杨氏。陕西乡试第六名，会试第七十三名。

贺愈，贯山西太原府代州崞县，民籍，县学生，治《礼记》。字子抑，行四，年二十九，六月初四日生。曾祖璠，知县。祖职，岁贡生。父继远。母郭氏。慈侍下。兄忠、恕、念。弟慈、聪、懿、悉、恳、愿。娶王氏。山西乡试第九名，会试第三百三十一名。

陈长祚，贯福建福州府长乐县，军籍，县学附学生，治《诗经》。字以介，行一，年二十七，九月二十四日生。曾祖坌，赠监察御史。祖大伦，赠监察御史。父瑞，按察司按察使。母林氏，封孺人。具庆下。兄长泰、长运、长进、长道、长绅、长明。弟长发、长城、长庚、长勉、长美、长浚、长潮、长御。娶李氏。福建乡试第四十名，会试第一百三十六名。

袁应旆，贯江西南昌府丰城县，军籍，县学增广生，治《易经》。字邦士，行六，年三十六，六月初十日生。曾祖习治，遇例冠带。祖时理。父鱼。母吴氏。慈侍下。弟应旌、应福、应禄、应昌。娶邬氏。江西乡试第十六名，会试第三百二十七名。

李时成，贯湖广黄州府蕲水县，民籍，府学生，治《易经》。字惟中，行二，年三十，二月二十四日生。曾祖永祈。祖显。父廷志。母乐氏。具庆下。兄曙成。弟暄成、晡成、晚成、晓成、恒成、映成。娶吴氏。湖广乡试第二十七名，会试第二百七十二名。

刘尚志，贯直隶安庆府怀宁县，民籍，潜山县人，怀宁县学生，治《诗经》。字汝立，行二，年二十七，三月十九日生。曾祖道旭。祖恺。父钊。母叶氏。具庆下。兄尚仁；泮，省祭官；爵。弟尚忠、尚信、尚友。娶王氏。应天府乡试第二十一名，会试第一百二十四名。

李实，贯四川泸州，民籍，州学增广生，治《书经》。字若虚，行一，年二十八，正月十九日生。曾祖宗盛，岁贡生。祖鋈，知县，赠监察御史。父惟康。母闵氏。具庆下。兄门、教、闾、墀、湘。弟涣、完、洧、宣、墅、宸、宁、宝、察。娶吴氏。四川乡试第五十九名，会试第三百八十四名。

张学道，贯陕西西安府盩屋县，民籍，县学增广生，治《易经》。字子爱，行三，年三十一，九月二十一日生。曾祖麟，赠工部主事。祖珹，布政司左参政。父几，按察司佥事。母王氏，封宜人。严侍下。兄学诗，知县；学礼，知县。弟学行、学书。娶王氏，继娶吴氏。陕西乡试第四十名，会试第三百三十二名。

刘应元，贯山西平阳府洪洞县，军籍，国子生，治《易经》。字子春，行四，年三十六，二月十六日生。曾祖恭，封文林郎，兵马副指挥。祖荣，通判，赠奉直大夫，知州。父廷臣，都察院右副都御史。母段氏，赠宜人；继母段氏，封宜人。永感下。兄应时，按察司副使；应科，贡士；应才，监生。弟应岳、应虹、应龙、应举、应制、应诰、应和。娶卫氏。山西乡试第十三名，会试第二百四十七名。

顾其志，贯直隶苏州府长洲县，民籍，国子生，治《诗经》。字太冲，行一，年二十六，七月初八日生。曾祖显。祖钺。父汝玉。母王氏，继母庄氏。重庆下。弟其德、其愈。娶丘氏。应天府乡试第十九名，会试第一百六十三名。

费标，贯顺天府大兴县，富户籍，浙江慈溪县人，国子生，治《诗经》。字孟立，行一，年四十，八月初四日生。曾祖灿，通判，赠大理寺右寺丞。祖铠，大理寺右寺丞。父沐，通判。前母刘氏，赠安人；母王氏，封安人。永感下。弟桐，府知事；桂，知县。娶张氏，继娶许氏。顺天府乡试第一百名，会试第一百八十九名。

阮尚宾，贯云南大理府太和县，民籍，府学增广生，治《易经》。字君重，行一，年三十，九月初二日生。曾祖俊。祖宏。父应文，寿官。母王氏。慈侍下。弟尚贤、尚友。娶李氏。云南乡试第二十名，会试第一百二名。

许一德，贯贵州贵州卫，官籍，直隶泗州人，国子生，治《易经》。字子恒，行三，年三十二，九月十八日生。曾祖宣，指挥佥事。祖禄，指挥佥事。父奇，府同知。前母胡氏，母易氏。具庆下。兄修德，正千户；懋德。弟育德；崇德，贡士；裕德，贡士；厚德；成德。娶越氏。贵州乡试第一名，会试第三百十七名。

王许之，贯江西瑞州府高安县，民籍，府学生，治《易经》。字以忠，行九，年二十八，十一月十八日生。曾祖舜韶。祖禹都。父汤相。母尚氏，继母况氏。具庆下。弟训之、诵之、诰之。娶朱氏。江西乡试第七十五名，会试第五十四名。

孙继先，贯山西太原府盂县，民籍，县学生，治《书籍》。字胤甫，行二，年三十二，二月二十一日生。曾祖文显。祖恺。父希哲。母张氏。具庆下。兄继芳。弟继原。娶张氏。山西乡试第二十七名，会试第三百三十八名。

谢师彦，贯湖广武昌府蒲圻县，民籍，县学附学生，治《诗经》。字叔美，行二，年二十三，三月二十五日生。曾祖允胜，封礼部郎中。祖存儒，兵部右侍郎。父三训，监生。母郑氏。重庆下。兄师启，同科进士。弟师严、师勉、师作、师范。娶金氏。湖广乡试第三十七名，会试第一百名。

乔岩，贯河南归德府商丘县，民籍，府学生，治《易经》。字巽甫，行二，年三十四，三月初七日生。曾祖福。祖志贤。父举。嫡母朱氏，生母张氏。永感下。兄岳。弟嵩、崑、岚、岢。娶万氏。河南乡试第六十名，会试第一百六十八名。

齐世臣，贯江西南昌府南昌县，民籍，县学增广生，治《易经》。字惟良，行一，年三十一，九月初七日生。曾祖鲁。祖海。父遂。母姚氏。慈侍下。弟世美、世望、世用、世际、世胄、世守、世华、世德、世和。娶喻氏。江西乡试第六十四名，会试第二百五十四名。

伍士望，贯江西南昌府南昌县，匠籍，府学生，治《诗经》。字景周，行三，年三十七，十二月二十七日生。曾祖复。祖良。父守中，库大使。母董氏。慈侍下。娶锺氏。江西乡试第三十九名，会试第六十三名。

郭汝，贯山东兖州府济宁州，民籍，州学增广生，治《礼记》。字子称，行四，年三十七，闰六月十九日生。曾祖敬。祖干，寿官。父钺，贡士。嫡母贾氏，生母李氏。慈侍下。兄潜，教谕；津，知县；治；法。娶尚氏。山东乡试第五十九名，会试第三百九十五名。

张彝训，贯山东兖州府宁阳县，军籍，国子生，治《春秋》。字天叙，行二，年三十四，七月初十日生。曾祖俊。祖珣。父滋。母守氏。慈侍下。兄枢，省祭官。弟彝器、彝教、彝性、彝宪。娶万氏。山东乡试第五名，会试第二百五十三名。

杨德，贯直隶常州府武进县，匠籍，县学生，治《诗经》。字本明，行三，年三十四，九月二十四日生。曾祖豫。祖诰。父士和。母张氏，继母黄氏。慈侍下。兄恩、恕。弟慈、聪。娶吴氏。应天府乡试第四十一名，会试第三百四十名。

苏湖，贯云南大理府太和县，民籍，国子生，治《易经》。字望涯，行一，年三十三，七月二十五日生。曾祖胤瑄。祖锐。父鹏程。母李氏。具庆下。兄愚，卫经历；淮；伟，知县；江。弟浙、沂。娶李氏。云南乡试第十名，会试第三百十二名。

刘克正，贯广东广州府从化县，民籍，县学生，治《诗经》。字懋一，行一，年二十七，六月二十八日生。曾祖琰。祖应科，贡士。父格，知县。母欧阳氏。具庆下。娶蒙氏。广东乡试第七名，会试第六名。

钱节用，贯四川叙州府富顺县，民籍，府学生，治《易经》。字以贞，行一，年三十二，九月初十日生。曾祖尚公。祖金定。父迪。母张氏。重庆下。弟慎用、利用、任用、时用、王用、致用、效用、敦用、敷用、敬用、大用。娶彭氏。四川乡试第十四名，会试第三百六十名。

林鹏飞，贯福建漳州府漳浦县，民籍，府学附学生，治《易经》。字希翰，行一，年三十二，七月十六日生。曾祖弘美。祖乔睦。父经协。母石氏。具庆下。兄希腾、常春、会春、钦。弟树春、熠、煚、炎、燻。娶曾氏。福建乡试第四十九名，会试第二百十名。

俞汝为，贯直隶松江府华亭县，民籍，府学增广生，治《诗经》。字元宣，行一，年二十八，九月二十四日生。曾祖琳，推官。祖绪。父明时，贡士。母宋氏，继母杨氏、李氏、王氏。具庆下。兄汝忠、汝翼。弟汝楫、汝梅、汝霖。娶庄氏，继聘杨氏。应天府乡试第四十一名，会试第一百八十七名。

孙维城，贯山东东昌府临清州丘县，军籍，县学生，治《诗经》。字宗甫，行一，年三十二，三月十四日生。曾祖友。祖麒。父尚贤。母景氏。具庆下。娶王氏，继娶李氏。山东乡试第六十四名，会试第一百八十一名。

邢玠，贯山东青州府益都县，民籍，国子生，治《诗经》。字搢伯，行一，年三十二，九月二十七日生。曾祖端。祖聪。父镔。母郑氏。慈侍下。娶王氏。山东乡试第四十四名，会试第一百十五名。

张治具，贯福建泉州府晋江县，军籍，国子生，治《书经》。字明遇，行一，年三十三，十二月十八日生。曾祖俨，寿官。祖鉴，寿官。父巍。母林氏。慈侍下。弟治枢，贡士。娶黄氏。福建乡试第六十九名，会试第一百四十三名。

唐应元，贯直隶苏州府昆山县，民籍，县学附学生，治《易经》。字子春，行一，年二十八，九月初一日生。曾祖澄。祖昊。父凤翔。母孙氏，继母严氏。重庆下。弟起元、体元。娶范氏。应天府乡试第二十二名，会试第一百三十三名。

张维翰，贯山东东昌府茌平县，军籍，县学生，治《诗经》。字邦桢，行一，年三十一，二月二十五日生。曾祖访。祖文祥，知县。父后奇，巡检。前母姜氏，母靖氏，继母刘氏。具庆下。兄一本、四教、五典、绍芝。弟弘训、维垣、绍芳。娶杨氏。山东乡试第五十名，会试第三百二十三名。

王嘉柔，贯直隶安庆府潜山县，军籍，国子生，治《春秋》。字惟则，行二，年三十三，九月初四日生。曾祖道，通判。祖峘。父滢，府同知。前母储氏，母丁氏。永感下。兄嘉荣。弟嘉繁、嘉宷。娶韩氏。应天府乡试第四十六名，会试第二百七十名。

高自治，贯山西太原右卫，官籍，国子生，治《礼记》。字思勉，行一，年三十，四月十八日生。曾祖谦，寿官。祖泰。父云。母张氏，继母马氏、李氏。具庆下。弟自强、自学、自立、自明、自新。娶萧氏。顺天府乡试第四十八名，会试第二百三十四名。

孙训，贯山西太原右卫，官籍，直隶高邮州人，太原府学生，治《诗经》。字廷扬，行二，年二十八，三月二十七日生。曾祖景。祖宪，累封奉直大夫、尚宝司少卿。父允中，应天府府丞。母张氏，赠宜人；继母李氏、寻氏，封宜人。严侍下。兄钥；谟，指挥佥事。弟浩，武举；诏；谅；赞。娶潘氏。山西乡试第十九名，会试第二百十九名。

陈用宾，贯福建泉州府晋江县，军籍，县学附学生，治《诗经》。字道亨，行二，年二十八，二月初十日生。曾祖惠。祖逊。父春。前母林氏，母许氏。慈侍下。兄文伟、奇伟。弟用宏、用寅、用实。娶赵氏。福建乡试第七十名，会试第三百二十六名。

金从洋，贯直隶松江府华亭县，民籍，上海县人，华亭县学附学生，治《诗经》。字汝孝，行一，年三十一，正月初五日生。曾祖显。祖廷璋。父钟。母管氏。慈侍下。弟自洋、继洋、祖洋、焕洋。娶汪氏。应天府乡试第十一名，会试第二百八十四名。

汪彦冲，贯直隶徽州府歙县，民籍，浙江仁和县人，国子生，治《诗经》。字懋中，行一，年二十九，二月十六日生。曾祖社贞。祖尚。父世明。母姚氏。具庆下。兄彦衡。娶叶氏。顺天府乡试第二名，会试第二百二十九名。

范鸣谦，贯直隶常州府江阴县，民籍，县学增广生，治《易经》。字贞夫，行二，年三十三，五月初二日生。曾祖惟善。祖秉道。父沐。母卞氏。慈侍下。兄鸣和。娶徐氏。应天府乡试第一百二十五名，会试第三百四十四名。

吴琯，贯福建漳州府漳浦县，民籍，府学增广生，治《诗经》。字邦燮，行九，年二十七，闰正月三十日生。曾祖震，市舶司正提举。祖涵，七品散官。父师旦。母许氏。具庆下。兄瑛，贡士；琼；珂；琏；玠；珙；珍；璇；琚；璁。弟珀、瑚、球、珣、瑄、琉、瑢、璞。娶许氏。福建乡试第八十五名，会试第二百六名。

王延，贯四川顺庆府南充县，民籍，国子生，治《易经》。字子长，行二，年四十一，十一月十一日生。曾祖昺，寿官。祖锐，赠通议大夫、户部左侍郎、加赠资政大夫、都察院左都御史。父希文，封户部主事、累赠资政大夫、都察院左都御史。母马氏，封安人、累赠夫人。永感下。兄廷，资德大夫、正治上卿、都察院左都御史。娶张氏。四川乡试第二十七名，会试第二百三十七名。

俞文达，贯直隶徽州府婺源县，军籍，府学生，治《书经》。字行之，行一，年三十五，三月初十日生。曾祖宗哲。祖尹僖。父灿荣。母汪氏。慈侍下。弟文道，贡士。娶汪氏，继娶方氏。应天府乡试第一百四十七名，会试第一百十六名。

王汝训，贯山东东昌府聊城县，军籍，县学附学生，治《诗经》。字师古，行一，年二十一，三月十九日生。曾祖钊。祖奎。父藩。嫡母刘氏，生母曾氏。具庆下。兄汝谦。弟汝谨、汝咏。娶田氏。山东乡试第十九名，会试第七十一名。

孙谋，贯直隶凤阳府泗州卫，官籍，国子生，治《书经》。字子裕，行一，年三十，八月二十八日生。曾祖真，百户。祖庆，百户。父镗，百户。嫡母胡氏，生母许氏。永感下。应天府乡试第六十六名，会试第二百八十九名。

许梦熊，贯直隶宁国府南陵县，民籍，县学生，治《礼记》。字应男，行八，年三十三，八月初八日生。曾祖智。祖云，知县。父承科，县主簿。母朱氏，继母胡氏。慈侍下。兄梦桂、梦楼。弟梦龙、梦黑、梦辅、梦鹗、梦旂。娶陶氏。应天府乡试第四十九名，会试第八十四名。

黄克念，贯河南归德府宁陵县，军籍，县学生，治《易经》。字睿卿，行一，年二十六，十一月二十九日生。曾祖绥。祖榜。父卷，贡士。母王氏。具庆下。弟克巃、克壮、克家。娶张氏，继娶李氏。河南乡试第二十六名，会试第二百八十八名。

祁鲸，贯直隶河间府阜城县，民籍，国子生，治《诗经》。字孟化，行一，年三十三，正月十三日生。曾祖钊。祖杰，典史。父贤。母葛氏。慈侍下。弟鲲，贡士；鲤。娶米氏。顺天府乡试第六十八名，会试第三百七十六名。

冯盛宗，贯浙江宁波府慈溪县，民籍，府学附学生，治《诗经》。字时翰，行二，年三十一，七月十四日生。曾祖蕙。祖枝，驿丞。父九畴。母陈氏。具庆下。兄盛朝。

弟盛时。娶顾氏。浙江乡试第五十八名，会试第一百十三名。

许乐善，贯直隶松江府华亭县，民籍，县学附学生，治《书经》。字修之，行五，年二十五，八月二十八日生。曾祖璋。祖福。父有良。嫡母赵氏，生母沈氏。具庆下。兄继善，贡士；从善；兼善，贡士；好善。弟复善。娶吴氏。应天府乡试第一百四十二名，会试第三百五十六名。

张应元，贯直隶徽州府休宁县，民籍，县学附学生，治《诗经》。字子贞，行三，年二十八，二月十一日生。曾祖复裕。祖希文。父惟勤。母汪氏。具庆下。兄应超、应征。弟应祥、应数、应秋。娶叶氏。应天府乡试第二十一名，会试第十六名。

王淑民，贯陕西西安府咸宁县，民籍，四川合江县人，国子生，治《易经》。字民敬，行二，年三十五，七月十四日生。曾祖信。祖文广。父栋。母于氏。永感下。兄添民。弟泽民、俊民，俱监生；新民；治民；淳民；□民；治民；□民；济民；渐民；润民；溥民。娶叶氏。陕西乡试第五十名，会试第三百八十九名。

郑宗学，贯湖广武昌府兴国州，军籍，州学生，治《易经》。字汝志，行二，年二十五，九月初三日生。曾祖淳良。祖大邦。父旦。母尹氏。具庆下。兄宗文、宗元、宗侨、宗伊、宗武、宗成。弟宗伋、宗熹、宗汤。娶徐氏。湖广乡试第六十三名，会试第十七名。

陈明经，贯河南汝宁府光州，民籍，儒士，治《诗经》。字则济，行三，年二十三，十月初四日生。曾祖万。祖汝贵。父清。母李氏。具庆下。兄明学、明伦。娶郑氏。河南乡试第三十八名，会试第一百十九名。

王道成，贯四川重庆府巴县，民籍，国子生，治《易经》。字原恭，行一，年三十一，三月初八日生。曾祖武才。祖辂。父廷宣，知州。母邓氏。具庆下。弟道远、道荣、道显、道亨、道溥。娶李氏。四川乡试第三十六名，会试第三百七十四名。

张翰才，贯山西太原府盂县，军籍，县学生，治《书经》。字育甫，行二，年三十六，十月二十四日生。曾祖九亨。祖通。父侃。母侯氏。具庆下。兄翰英。弟翰杰。娶陈氏。山西乡试第五十五名，会试第一百二十三名。

杜伸，贯湖广黄州府黄冈县，官籍，府学生，治《礼记》。字汝直，行三，年二十八，二月二十七日生。曾祖永琳。祖华，盐课司正提举。父鸣阳，知县。母闵氏。具庆下。兄伟；杰，贡士。弟儒、偌、修。娶汪氏。湖广乡试第七十七名，会试第二百五十一名。

冯笋，贯直隶苏州府吴县，匠籍，长洲县人，府学附学生，治《春秋》。字正伯，行三，年三十二，十月二十一日生。曾祖祯。祖理。父淮，封工部主事，加封中宪大夫，知府。母陆氏，封安人、加封恭人。永感下。兄符，知府。娶杨氏。应天府乡试第一百八名，会试第三百六十七名。

谢师成，贯浙江绍兴府上虞县，民籍，国子生，治《易经》。字汝器，行五，年三十六，三月初二日生。曾祖克瓒。祖玉。父鸣治，教谕。母徐氏。严侍下。弟师严，进士；师傅；师旦；师启；师模；师正；师立；师达。娶徐氏。浙江乡试第五十一名，会试第二百三十名。

丁元复，贯直隶苏州府长洲县，民籍，国子生，治《易经》。字见心，行四，年三十五，十一月十五日生。曾祖昊，训导。祖沂。父世熙。母朱氏。永感下。兄元正；元中；元静，提举司提举。弟元纯、元和。娶陆氏，继娶陆氏、刘氏。应天府乡试第一百十名，会试第三十五名。

赵楫，贯顺天府大兴县，民籍，浙江山阴县人，府学生，治《易经》。字汝进，行三，年二十七，十二月初八日生。曾祖名。祖镗。父瀚。母李氏。慈侍下。兄桐、栋。弟松。娶卫氏。顺天府乡试第九十四名，会试第三百六十五名。

秦燿，贯直隶常州府无锡县，官籍，国子生，治《书经》。字道明，行一，年二十八，正月三十日生。曾祖镗，南京都察院都事。祖淮，知县，封南京户部主事。父禾，知府。母葛氏，封安人。慈侍下。兄灿；炳，监生。弟煌。娶安氏。应天府乡试第八十名，会试第三百四十九名。

王炳衡，贯直隶苏州府长洲县，民籍，昆山县人，国子生，治《易经》。字伯钦，行一，年三十六，五月十二日生。曾祖银，赠翰林院编修。祖同祖，国子监司业兼司经局校书。父法，监生；母陆氏。慈侍下。弟炳璇，贡士；炳辅；炳阳；炳枢；炳昂；炳权；炳魁。娶陈氏。应天府乡试第一百三十名，会试第一百八十八名。

王民顺，贯江西抚州府金溪县，军籍，县学附学生，治《易经》。字道服，行二十八，年三十三，九月初十日生。曾祖斯立，遇例冠带。祖克完，九品散官。父敕。母吴氏。具庆下。兄民杰、民卿、民纲、民聘、民献、民悦、民熙、民秀。弟民戴、民颂。娶邹氏。江西乡试第二十一名，会试第一百六十二名。

周邦杰，贯江西抚州府临川县，民籍，府学增广生，治《诗经》。字英甫，行二，年三十二，九月十三日生。曾祖瑞。祖明道。父一贤。前母徐氏，母许氏。慈侍下。娶饶氏。江西乡试第二十名，会试第一百二十七名。

李大晋，贯贵州清平卫，官籍，福建崇安县人，国子生，治《易经》。字伯康，行二，年三十三，六月初七日生。曾祖纯，教谕。祖夔，刑部员外郎赠中宪大夫都察院右佥都御史。父佑，中宪大夫都察院右佥都御史。母白氏，赠恭人；继母吕氏，封恭人。具庆下。兄大植、大壮。弟大朋、大有、大鼎、大孚。娶孙氏。贵州乡试第十名，会试第二百七十八名。

贾如式，贯直隶真定府晋州武强县，军籍，国子生，治《诗经》。字孝征，行二，年二十九，七月二十一日生。曾祖泰。祖天佑。父亘，岁贡生。母李氏。具庆下。兄如几。弟如纶、如玉。娶于氏。顺天府乡试第一百二十名，会试第二百九十八名。

倪汤，贯山东东昌府临清州馆陶县，民籍，县学增广生，治《诗经》字德远，行一，年三十三，七月二十三日生。曾祖清。祖忠，巡检。父钦，县丞。母李氏。永感下。弟澜、瀠、淮、海。娶车氏。山东乡试第七十三名，会试第二百五十名。

董裕，贯江西抚州府乐安县，民籍，县学生，治《易经》。字惟益，行九，年三十三，三月二十三日生。曾祖集润。祖重鼎。父禹方。母谢氏，继母姚氏、刘氏。慈侍下。兄礼。弟补。娶谭氏。江西乡试第三十六名，会试第七十九名。

赵九思，贯山西泽州，民籍，州学生，治《诗经》。字一诚，行一，年三十四，十一月初四日生。曾祖雄。祖锡。父维邦。母王氏。永感下。弟九经、九畴、九韶、九江。娶郭氏。山西乡试第二十一名，会试第三百六十一名。

戴光启，贯山西太原府祁县，军籍，国子生，治《易经》。字仲升，行四，年三十三，六月二十六日生。曾祖缘，寿官。祖公礼，巡检。父宾，通判。母许氏，继母许氏。重庆下。兄光政、光教。弟光肇。娶程氏。山西乡试第十九名，会试第二百四十九名。

尹廷俊，贯云南临安府蒙自县，民籍，县学生，治《诗经》。字位甫，行一，年三十四，十二月初一日生。曾祖成。祖仁。父仕林，寿官。母赵氏。具庆下。弟廷杰、廷卿、廷秀、廷价、廷佐。娶张氏。云南乡试第六名，会试第三百八十一名。

顾问，贯湖广武昌府咸宁县，军籍，县学生，治《书经》。字汝备，行一，年三十四，六月二十四日生。曾祖翱。祖万章。父春阳，贡士。母朱氏。具庆下。弟言。娶祝氏。湖广乡试第二十名，会试第二百五十五名。

帅祥，贯四川重庆府安居县，民籍，县学生，治《诗经》。字履卿，行三，年三十四，三月二十日生。曾祖时。祖约之。父唐，王府教授。前母李氏，母刘氏。慈侍下。兄屏、介。娶王氏。四川乡试第四十九名，会试第一百二十九名。

张一元，贯山东济南府邹平县，民籍，县学生，治《书经》。字鸣春，行一，年二十九，正月初三日生。曾祖兴。祖桂，训导。父佩弦，寿官。母孙氏。具庆下。弟一亨、一贞。娶刘氏。山东乡试第四十九名，会试第三百四十五名。

俞嘉言，贯浙江绍兴府余姚县，民籍，府学附学生，治《易经》。字彰甫，行六，年二十九，四月十三日生。曾祖公议。祖伟，九品散官。父天祥。母方氏。具庆下。兄嘉谋。弟嘉善、嘉忠、嘉宾、嘉谟、嘉贞。娶陶氏。浙江乡试第八十三名，会试第一百十四名。

李廷仪，贯山西平阳府霍州，民籍，州学生，治《书经》。字国瞻，行二，年三十三，正月初六日生。曾祖兴。祖著。父文胜，典膳。嫡母郭氏，继母马氏，生母许氏。永感下。兄廷威。娶姚氏，继娶乔氏。山西乡试第二十八名，会试第一百六十四名。

胡时化，贯浙江绍兴府余姚县，民籍，县学附学生，治《易经》。字惟权，行十三，年三十六，四月十七日生。曾祖世才。祖文琳。父华，典史。母黄氏。具庆下。兄时俊。弟枋、时佐、时佑。娶李氏。浙江乡试第六十五名，会试第十四名。

张誉，贯江西南昌府新建县，民籍，县学附学生，治《易经》。字德微，行二，年二十九，十二月初六日生。曾祖富。祖仲礼。父存儆。母朱氏。重庆下。兄蓍。娶薛氏。江西乡试第五十六名，会试第六十名。

刘振基，贯山东青州府莒州沂水县，民籍，国子生，治《书经》。字克成，行一，年三十三，正月二十七日生。曾祖昂，知县。祖度，岁贡生。父直。母李氏。具庆下。弟振俗、振业。娶尹氏，继娶宋氏。山东乡试第八名，会试第二十四名。

孙成名，贯浙江宁波府慈溪县，民籍，县学附学生，治《诗经》。字登甫，行一，年二十三，二月十七日生。曾祖懋，通议大夫应天府府尹赠都察院右副都御史。祖爁，王府审理。父大经。母刘氏。重庆下。兄汝钦、汝锶、汝铨。弟汝鍷、汝钧、齐名、汝鋐。聘王氏。浙江乡试第五十六名，会试第三百二十名。

许云涛，贯山东东昌府堂邑县，军籍，国子生，治《诗经》。字元静，行三，年三十八，七月初一日生。曾祖让。祖洪。父廷臣。母马氏。永感下。兄云鹏，按察司副使；云峰，监生；云岩。弟云霖、云拃、云梯、云岱、云楼。娶李氏。山东乡试第四十二名，会试第九十六名。

高荐，贯山东青州卫，官籍，益都县学附学生，治《易经》。字子扬，行二，年三十二，四月初二日生。曾祖整。祖昇。父铸，县主簿。母王氏。永感下。兄科。娶陈氏。山东乡试第五十一名，会试第三百三十七名。

朱琏，贯江西临江府新淦县，民籍，县学生，治《诗经》。字文卿，行三，年三十，十月二十日生。曾祖德显。祖廷翰。父士彦。前母何氏，母张氏。慈侍下。兄仁卿。娶李氏。江西乡试第五十八名，会试第二十二名。

李宜春，贯山东东昌府莘县，军籍，国子生，治《诗经》。字叔芳，行一，年三十五，四月初七日生。曾祖铎。祖文节。父锦。前母王氏，母于氏，继母师氏。永感下。弟应春，监生。娶沈氏，继娶张氏。山东乡试第三十二名，会试第三百九十二名。

曹楼，贯直隶徽州府歙县，民籍，县学附学生，治《礼记》。字世登，行二，年二十八，二月十四日生。曾祖观，贡士。祖祯，贡士。父文修。嫡母方氏，生母张氏。严侍下。兄祝。娶黄氏。应天府乡试第三名，会试第五十名。

周裔先，贯广东广州府南海县，民籍，县学附学生，治《易经》。字朝采，行三，年三十二，六月二十九日生。曾祖景彬。祖昺。父楫。母劳氏。慈侍下。兄裔登，知县；裔迁。娶霍氏。广东乡试第九名，会试第二百二名。

李东，贯云南大理府太和县，民籍，国子生，治《诗经》。字启元，行一，年三十一，八月初五日生。曾祖俊信。祖敦，寿官。父尚明，寿官。母何氏，继母杨氏。具庆下。娶赵氏。云南乡试第十名，会试第二百四十六名。

徐贞明，贯江西广信府贵溪县，民籍，县学增广生，治《易经》。字伯继，行二十一，年三十四，正月初一日生。曾祖寿宁。祖鍌，赠工部署员外郎。父九思，知府。嫡母周氏，封安人，生母王氏。具庆下。娶汪氏。江西乡试第十九名，会试第二十七名。

李梯，贯直隶河间府任丘县，民籍，县学增广生，治《诗经》。字子登，行四，年三十四，三月初五日生。曾祖山。祖滕。父州，省祭官。母明氏。永感下。兄楠、朴、杭。娶谢氏。顺天府乡试第九十八名，会试第三百七十名。

吴中立，贯福建建宁府浦城县，军籍，国子生，治《书经》。字公度，行一，年三十七，正月十三日生。曾祖普志。祖吉。父旦，九品散官。母黄氏。严侍下。兄承德。弟相、中节、中行、中英、崇德、中德。娶张氏。福建乡试第五十一名，会试第八十九名。

崔应麒，贯直隶真定府获鹿县，民籍，府学生，治《易经》。字献可，行一，年二十八，正月十一日生。曾祖彪。祖鸾。父珍，教谕。母范氏。具庆下。弟应鹏。娶黄氏。顺天府乡试第六十六名，会试第三百六十三名。

翟廷楠，贯山西大同府浑源州，军籍，国子生，治《春秋》。字栋叔，行四，年三十五，八月二十四日生。曾祖福。祖纪。父蓬，县丞。母李氏。永感下。兄廷槐，兴膳；廷梧，贡士；廷松，县主簿。娶王氏。山西乡试第五名，会试第九十五名。

伍睿，贯广西桂林府全州，民籍，州学生，治《书经》。字用思，行六，年二十七，闰正月十三日生。曾祖义智。祖礼泰。父信道。母蒋氏。具庆下。兄典、整、楷、伦、慎、机。弟霖。娶胡氏，继娶胡氏。广西乡试第七名，会试第三百七十五名。

马鲁卿，贯四川成都府内江县，民籍，县学生，治《书经》。字道传，行一，年四十，十月二十九日生。曾祖自然，布政司右参政。祖恺。父升阶，知县。母张氏。严侍下。弟肃卿；彦卿，知县；守卿；济卿；懋卿；圻卿。娶刘氏，继娶高氏。四川乡试第二名，会试第一百七十四名。

王蔚，贯直隶真定卫，军籍，山西清源县人，真定县学生，治《易经》。字国光，行一，年三十，三月初二日生。曾祖连。祖佑，封知府。父抚民，按察司副使。母任氏，封恭人。重庆下。弟藻，推官；文荐；文英；文艺。娶张氏。顺天府乡试第一百四十七名，会试第一百五名。

漆彬，贯江西南昌府南昌县，军籍，府学生，治《易经》，字中甫，行八，年三十，十一月二十八日生。曾祖瓓。祖鍊。父清，巡检。母辜氏。具庆下。兄模。弟森。娶叶氏。江西乡试第六十五名，会试第二百九十名。

武尚耕，贯应天府溧水县，军籍，国子生，治《诗经》。字邦聘，行十一，年二十九，十一月十四日生。曾祖镇。祖泽。父扃，按察司照磨。前母李氏，母王氏。严侍下。兄尚节；尚廉；尚礼；尚仁；尚诗；尚训，贡士；尚严，贡士；尚宾，贡士；尚懋，监生。弟尚台。娶周氏。应天府乡试第三名，会试第二百二十六名。

钟昌，贯广东广州府东莞县，灶籍，县学附学生，治《诗经》。字继文，行一，年三十五，五月初九日生。曾祖英，义官。祖廷伟。父祯。母王氏，继母陈氏。具庆下。弟旦、昂、昇、勖。娶房氏。广东乡试第四十六名，会试第四十七名。

廖希元，贯湖广衡州府桂阳州蓝山县，民籍，县学生，治《诗经》。字伯才，行一，年三十二，十月三十日生。曾祖得舒，七品散官。祖经，州同知封府同知。父文光，府同知。母邝氏，赠宜人；继母邓氏，封宜人。重庆下。兄希贤，训导。弟希夏、希恺、希禹、希化、希伯、希稷、希尹、希缙、希翰。娶何氏。湖广乡试第四十八名，会试第一百九十二名。

张烛，贯山东青州府寿光县，军籍，国子生，治《诗经》。字叔明，行三，年三十三，十二月初六日生。曾祖霱，寿官。祖东阳，封刑部主事。父标，知府进阶亚中大夫。母王氏，封安人，继母刘氏。永感下。兄燨，监生；炯。弟燧、荣、燿。娶隋氏。山东乡试第六名，会试第二百九十五名。

戴洪恩，贯直隶扬州府江都县，民籍，国子生，治《易经》。字子仁，行三，年三十三，十一月初七日生。曾祖从美。祖纪。父鲲。母唐氏。永感下。兄洪诏、洪谟。弟洪益、洪谕、洪仁、洪德、洪谊。娶李氏，继娶王氏。应天府乡试第一百二十名，会试第二百四十四名。

　　傅应祯，贯江西吉安府安福县，民籍，县学增广生，治《书经》。字思善，行三，年三十三，二月初十日生。曾祖伯卫。祖益。父国相。母王氏。严侍下。弟应祥、应礼、应裪、应祉、应衮、应神、应祺。娶周氏，继娶彭氏。江西乡试第五十八名，会试第一百二十八名。

　　袁实遂，贯江西南昌府丰城县，军籍，府学附学生，治《诗经》。字宗茂，行十，年四十二，十一月二十八日生。曾祖时重，寿官。祖烨。父埘。母孙氏。严侍下。兄实遇、伯鼎。弟伯蒱。娶邹氏，继娶熊氏、郎氏。江西乡试第五十二名，会试第三百十三名。

　　陈子需，贯四川叙州府宜宾县，民籍，国子生，治《诗经》。字以孚，行一，年三十四，八月初三日生。曾祖纪，封户部主事赠布政司右布政使。祖卿，兵部右侍郎兼都察院右佥都御史。父构，布政司经历。前母李氏，母刘氏。具庆下。兄烨。弟子履、子临、子顺、子萃、子升、子震、在朝、在廷。娶李氏。四川乡试第三十名，会试第一百八十四名。

　　刘师鲁，贯山东莱州府掖县，军籍，府学生，治《诗经》。字仲唯，行一，年三十五，九月十七日生。曾祖斌。祖明信，义官。父禄，训导。母杨氏。具庆下。弟华鲁、继科、子端、至鲁。娶张氏，继娶侯氏、胡氏。山东乡试第六十四名，会试第二百三名。

　　燕好爵，贯山西平阳府翼城县，民籍，县学附学生，治《易经》。字脩夫，行六，年三十二，五月二十日生。曾祖佐。祖亮。父璟。母苏氏。永感下。兄好洋、好海、好湖、好潮、好古。娶石氏。山西乡试第四十六名，会试第二百三十五名。

　　刘天衢，贯湖广黄州府蕲州广济县，军籍，国子生，治《易经》。字一登，行一，年三十三，十月二十日生。曾祖自远。祖尚浒。父世重。母彭氏，继母干氏。具庆下。弟天街、天行、天豫。娶李氏。湖广乡试第二名，会试第九十二名。

　　田畴，贯山西太原府文水县，民籍，县学生，治《易经》。字汝治，行二，年二十八，正月初一日生。曾祖广。祖良，寿官。父彦文。嫡母毕氏，生母李氏。慈侍下。兄耕。弟昀昤、畤、种、畲、丰。娶李氏。山西乡试第三十名，会试第二百二十三名。

　　王来聘，贯山西太原府寿阳县，军籍，国子生，治《易经》。字席珍，行一，年三十八，九月初十日生。曾祖雄。祖朝用。父麟，省祭官。母郝氏。永感下。弟来宾、来召、来问、来荐。娶张氏，继娶高氏、傅氏。山西乡试第四十八名，会试第九十九名。

　　刘垓，贯湖广承天府潜江县，民籍，县学生，治《春秋》。字达可，行二，年三十，二月十八日生。曾祖叙和。祖巨秀，累封工部员外郎。父勋，工部员外郎进阶奉直大夫。前母王氏，累赠宜人；母金氏，累封宜人。永感下。兄日升。弟埏。娶王氏。湖广乡试第四名，会试第一百二十六名。

张孙振，贯广西桂林府临桂县，民籍，府学生，治《易经》。字公绪，行一，年三十四，五月十七日生。曾祖玉。祖策，知县赠南京礼部郎中。父言，知府。母屠氏，封安人。慈侍下。弟孙绳，推官；孙继；孙述；孙显；孙承；孙念；孙庆。娶胡氏。广西乡试第二十二名，会试第二百四十名。

吉可久，贯山西平阳府曲沃县，军籍，国子生，治《礼记》。字以德，行一，年三十，正月十四日生。曾祖镗，监生。祖滋。父信。母仇氏。慈侍下。弟可大、可继。娶卢氏。山西乡试第十一名，会试第二百十八名。

王敬民，贯河南开封府陈州西华县，民籍，应天府句容县人，西华县学生，治《书经》。字用司，行一，年三十六，十二月初四日生。曾祖鹏。祖训。父税，寿官。母朱氏。严侍下。弟锡民。娶张氏，继娶武氏。河南乡试第四十五名，会试第一百三十一名。

张应雷，贯江西抚州府金溪县，民籍，县学增广生，治《易经》。字思豫，行七，年三十六，七月二十九日生。曾祖廷辅。祖时和，寿官。父铭，寿官。嫡母熊氏，继母刘氏，生母王氏。具庆下。兄熙；黯；默，恩贡生。弟应日、应云、应宿。娶徐氏。江西乡试第五十九名，会试第一百四十二名。

王云鹭，贯河南归德府夏邑县，民籍，县学增广生，治《易经》。字翀孺，行六，年三十二，三月二十七日生。曾祖文，寿官。祖肃时。父尚贞，七品散官。母朱氏，继母张氏。永感下。兄云鹰，太医院吏目；云鹭，贡士；云鹭；云鹭。娶夏氏。河南乡试第十六名，会试第二百五十七名。

顾九思，贯直隶苏州府长洲县，民籍，府学生，治《书经》。字与睿，行一，年三十四，正月十九日生。曾祖瑢。祖峘，按察司知事。父佐，监生。母吴氏，继母马氏。具庆下。弟九韶、应元。娶黄氏。应天府乡试第八十一名，会试第一百八十名。

李安仁，贯直隶兴州右屯卫，军籍，山西万泉县人，迁安县学生，治《易经》。字体元，行二，年三十，九月初五日生。曾祖通。祖昂。父臣。前母雷氏，母徐氏。具庆下。兄志仁。娶张氏。顺天府乡试第九十一名，会试第三百五十五名。

赵日新，贯福建泉州府晋江县，军籍，国子生，治《春秋》。字用甫，行一，年三十二，四月十二日生。曾祖璃，户部郎中。祖信，赠户部主事。父恒，知府。母王氏，封安人。严侍下。弟日齐、日崇、日严、日钦。娶汪氏。福建乡试第五名，会试第一百五十四名。

郑秉厚，贯浙江处州府遂昌县，民籍，县学生，治《诗经》。字子载，行二，年三十三，十月十三日生。曾祖尚积。祖继时。父廷康。母叶氏，继母姜氏。永感下。兄秉重。弟秉尊。娶周氏，继娶潘氏。浙江乡试第二名，会试第四百名。

王良心，贯浙江温州府永嘉县，灶籍，府学生，治《诗经》。字性德，行一，年三十，五月二十五日生。曾祖镡。祖岳。父弼。母姜氏。慈侍下。兄叔懋，鸿胪寺□丞；叔果，按察司副使；叔杲，知府；德，户科给事中；叔本，鸿胪寺主簿；良骖；良骥；

良骏。弟良骢，良骊，良骒。娶黄氏。浙江乡试第十七名，会试第二百三十八名。

李大吉，贯浙江杭州府仁和县，匠籍，国子生，治《易经》。字九彰，行一，年三十三，八月二十三日生。曾祖俊。祖昂。父璧。母张氏，继母丁氏。永感下。娶郭氏。浙江乡试第三十八名，会试第二百十六名。

茹宗舜，贯直隶东胜右卫，军籍，山西临汾县人，遵化县学生，治《诗经》。字子效，行一，年三十二，十一月三十日生。曾祖仁。祖彪。父璋。母马氏。具庆下。弟宗禹、宗汤。娶石氏。顺天府乡试第八十九名，会试第二百四十一名。

韩铠，贯顺天府昌平州，军籍，河南嵩县人，国子生，治《易经》。字德威，行二，年三十七，四月二十九日生。曾祖福林。祖达。父仪。母李氏。永感下。兄锡，岁贡生。娶翁氏。顺天府乡试第七十二名，会试第一百七十五名。

刘惠乔，贯广东潮州府潮阳县，民籍，福建镇海卫人，县学附学生，治《诗经》。字应迁，行一，年三十一，十二月初六日生。曾祖治。祖孔安。父惟谦。母郭氏。慈侍下。娶黄氏，继娶黄氏。广东乡试第十二名，会试第一百七十六名。

罗应鹤，贯直隶徽州府歙县，民籍，国子生，治《诗经》。字德鸣，行二，年二十八，十二月初九日生。曾祖斯义。祖良孙。父灌宗。嫡母汪氏，生母刘氏。具庆下。兄应凤。弟应鸥；应鹏，监生；应鸿；应鸾；应凰。娶汪氏。应天府乡试第三十五名，会试第三百三十三名。

赵卿，贯直隶凤阳府泗州卫，官籍，州学生，治《诗经》。字汝良，行一，年三十四，四月二十六日生。曾祖宽，百户。祖鞔，百户。父汉。母马氏。具庆下。弟御、印。娶刘氏。应天府乡试第七十二名，会试第二百十五名。

王一乾，贯江西吉安府泰和县，民籍，国子生，治《诗经》。字元卿，行四，年三十，正月初六日生。曾祖懋。祖语。父如瓒，知府。前母刘氏，母廖氏。慈侍下。兄一凯、一能、一光。弟一兑，监生；一忱。娶郭氏，继娶刘氏。顺天府乡试第一百七名，会试第一百五十名。

魏良知，贯湖广承天府京山县，民籍，国子生，治《易经》。字师尧，行一，年三十六，十一月十一日生。曾祖敬，寿官。祖珍，奉祀。父鹰。母胡氏。慈侍下。弟良显、良能。娶田氏。湖广乡试第七十四名，会试第四十名。

詹沂，贯直隶宁国府宣城县，匠籍，国子生，治《易经》。字浴之，行四，年三十五，八月十六日生。曾祖仲贵。祖璇。父友相。母卢氏。严侍下。兄浙、滚、洛。弟泮、潢、濬。娶黄氏。应天府乡试第三十二名，会试第一百五十九名。

徐鸣鹤，贯河南开封府杞县，民籍，国子生，治《诗经》。字子龄，行三，年三十六，正月二十九日生。曾祖翀。祖周。父造。母李氏。慈侍下。兄鸣鸾、鸣凤。弟鸣鹰、鸣鹊、鸣谦、鸣世、鸣鹏、鸣鹮。娶李氏。河南乡试第三十二名，会试第三百九十四名。

韩容，贯山东济南府青城县，民籍，国子生，治《礼记》。字可受，行一，年三十二，七月初七日生。曾祖相，知县。祖齐，知县赠南京监察御史。父一动，训导。母石氏。具庆下。兄章。弟芳、泉、荆、江、府、孝、忠、谷、儒、和。娶王氏。山东乡试第十八名，会试第三百八十名。

郗据德，贯顺天府涿州，民籍，国子生，治《诗经》。字守之，行二，年三十三，十月十三日生。曾祖甫成。祖贡。父珏。母杨氏。永感下。兄惟中、惟正、志道。弟依仁、明德。娶张氏，继娶何氏。顺天府乡试第九名，会试第二百四十八名。

唐本尧，贯直隶松江府上海县，灶籍，华亭县人，国子生，治《诗经》。字世承，行一，年三十五，七月初九日生。曾祖祚，七品散官。祖偎，赠兵部郎中。父自化，监察御史。母杨氏，封孺人。永感下。弟祖尧、绍尧、替尧、遵尧、服尧。娶王氏，继娶胡氏。应天府乡试第四十八名，会试第三百五十二名。

范梅，贯江西南昌府丰城县，军籍，县学附学生，治《易经》。字元春，行十，年二十八，九月十五日生。曾祖直之。祖至泰。父楚尧。母昌氏，继母熊氏。慈侍下。弟梧。娶昌氏。江西乡试第十八名，会试第八十二名。

万世德，贯山西偏头守御千户所，官籍，所学生，治《易经》。字伯脩，行一，年二十五，七月初十日生。曾祖祯，正千户。祖亿，指挥佥事。父岩，县丞。前母杨氏，母陈氏。具庆下。兄世勋。弟世轮、世明。娶杨氏。山西乡试第十四名，会试第三百七名。

由礼门，贯河南开封府杞县，民籍，县学生，治《诗经》。字中夫，行二，年三十四，正月十八日生。曾祖通。祖淮。父廷辅。母田氏，继母李氏。永感下。兄义路，贡士。娶边氏。河南乡试第七十九名，会试第三百七十九名。

金应照，贯直隶苏州府吴县，民籍，常熟县人，吴县学附学生，治《书经》。字梦旸，行一，年二十八，正月二十二日生。曾祖盛。祖恩。父经。母施氏。永感下。弟应熙、应焘。娶姚氏。应天府乡试第八十名，会试第三百二十八名。

胡其高，贯四川成都府井研县，民籍，国子生，治《礼记》。字汝升，行一，年二十八，二月二十二日生。曾祖荣，按察司佥事加布政司参议。祖洙，寿官。父延春。母李氏，继母何氏。具庆下。兄承祖，典膳。弟其明、其广、其大、文辉、汝为、文通、文耀。娶陈氏。四川乡试第四十二名，会试第一百八十五名。

方亮工，贯广东广州府南海县，民籍，番禺县人，番禺县学生，治《诗经》。字季邻，行一，年三十六，四月初三日生。曾祖元刚。祖崧。父宗尹。母雷氏。具庆下。兄肯堂，同科进士。弟亮辰。娶梁氏。广东乡试第十名，会试第九十一名。

刘楚先，贯湖广荆州府江陵县，民籍，府学附学生，治《易经》。字子良，行一，年二十八，十二月二十八日生。曾祖悦，知府。祖山，县丞。父梦龙。母邹氏。严侍下。弟士先、礼先。娶戴氏。湖广乡试第四十七名，会试第三百三十四名。

李涞，贯江西赣州府雩都县，民籍，县学生，治《诗经》。字源甫，行四，年三十四，七月十三日生。曾祖穗。祖悦，省祭官。父钧。母刘氏。具庆下。兄涵、澹、灌。弟湖、湛、藻、濬。娶易氏。江西乡试第十名，会试第二百八十名。

连三元，贯直隶广平府永年县，民籍，国子生，治《诗经》。字子先，行四，年二十六，五月二十九日生。曾祖智。祖华。父锡。母李氏。具庆下。兄三畏；三省；三聘，恩贡生。娶郑氏。顺天府乡试第十二名，会试第七十八名。

罗星，贯云南鹤庆府剑川州，民籍，大理府太和县人，州学生，治《诗经》。字拱北，行一，年三十二，六月初二日生。曾祖五实。祖刚。父纹纪。嫡母施氏，生母程氏。永感下。弟昂、第、管。娶赵氏。云南乡试第二十三名，会试第一百八十六名。

李贞，贯河南颍川卫，军籍，国子生，治《春秋》。字元之，行十二，年三十五，五月二十八日生。曾祖贵，义官。祖琼，义官。父兰，义官。嫡母张氏，生母郑氏。永感下。兄炳，封户部主事；灯，冠带生员；焕；炡。娶王氏。河南乡试第五名，会试第二百八十五名。

刘伯渊，贯浙江宁波府慈溪县，民籍，府学附学生，治《诗经》。字静之，行三，年三十一，七月十三日生。曾祖茨。祖埻。父世纶。母陈氏。永感下。兄汝、泳。娶冯氏，继娶周氏。浙江乡试第十二名，会试第二百名。

刘守泰，贯湖广黄州府麻城县，民籍，国子生，治《春秋》。字交甫，行一，年三十五，六月二十二日生。曾祖琰。祖天民，王府教授。父澜，知县。母邹氏。永感下。兄守复，监生。弟守益；守有，锦衣卫指挥使；守贵。娶王氏。湖广乡试第一名，会试第三百二十五名。

刘养充，贯四川重庆府涪州，军籍，州学生，治《易经》。字以道，行十七，年二十九，七月十九日生。曾祖志茂，赠户科给事中。祖莅，按察司副使。父承武，通判。嫡母黄氏，生母张氏。慈侍下。兄养诚、养和、养高、养直。弟养谦、养重、养敬、养端、养复、养介。娶王氏，继娶冉氏。四川乡试第二名，会试第二百八十一名。

宋存德，贯南京锦衣卫，军籍，苏州府吴县人，国子生，治《易经》。字惟一，行四，年三十三，正月十一日生。曾祖贤。祖应翔。父溥，通判。母杨氏。永感下。兄存祀、存礼、存仁。娶何氏，继娶袁氏、朱氏。应天府乡试第九十五名，会试第二百二十名。

郑锐，贯直隶宁国府泾县，民籍，县学增广生，治《书经》。字逊卿，行三，年三十，十一月初五日生。曾祖逾德。祖昌。父珏，封太常寺博士。母汪氏。慈侍下。兄钦，户科给事中；铭。弟鑛；鐰；钺；镆。娶胡氏，继娶汪氏。应天府乡试第六十六名，会试第四十四名。

赵举廉，贯河南归德府，睢州睢阳卫，军籍，州学附学生，治《书经》。字汝介，行二，年二十四，五月二十六日生。曾祖国卿，寿官。祖名儒，典膳。父诰，知县。母瞿氏。重庆下。兄举孝。弟举贤、举良。娶傅氏。河南乡试第十三名，会试第三百五十九名。

赵耀，贯山东莱州府掖县，军籍，县学生，治《诗经》。字文明，行一，年三十三，二月十九日生。曾祖秀。祖惠，义官。父孟，王府教授。前母张氏，母孙氏。具庆下。弟宦，监察御史；燦。娶马氏。山东乡试第二十五名，会试第一百二十一名。

冯时可，贯应天府军籍，松江府华亭县人，国子生，治《诗经》。字敏卿，行八，年二十三，九月二十九日生。曾祖海。祖造，赠南京监察御史。父恩，大理寺寺丞，进阶朝议大夫。嫡母金氏，封孺人；生母马氏。严侍下。兄行可，贡士；达可、学可、再可、辅可、继可，俱监生；教可；衍可。弟曾可，监生。娶徐氏。应天府乡试第三十名，会试第五十八名。

姚学闵，贯湖广常德府武陵县，民籍，县学附学生，治《春秋》。字汝孝，行四，年二十七，三月二十九日生。曾祖正聪。祖应春。父世才。前母聂氏，母曾氏。具庆下。兄学孔、学曾、学颜。弟学牛、学张、学冉、学端、学周、学程。娶白氏。湖广乡试第六十六名，会试第一百四十名。

黄道年，贯直隶庐州府合肥县，军籍，国子生，治《书经》。字延卿，行一，年二十七，三月十九日生。曾祖宾。祖纪。父意，省祭官。母敖氏。具庆下。弟道月、道日、道时、道星。娶李氏。应天府乡试第九十名，会试第二百五十八名。

曹司勋，贯直隶常州府宜兴县，民籍，县学附学生，治《礼记》。字应麒，行二，年二十三，六月十九日生。曾祖诏，赠布政司左布政使。祖珮，赠布政司左布政使。父三旸，都察院右副都御史。嫡母昌氏，封夫人；生母尹氏。具庆下。兄司宰，贡士。弟司直、司纶、司农、司教、司救。娶史氏。应天府乡试第十五名，会试第三百十五名。

齐一经，贯山东莱州府平度州潍县，民籍，县学增广生，治《诗经》。字训汝，行一，年三十三，四月初七日生。曾祖翱。祖英。父闻乐。母刘氏，继母信氏。慈侍下。弟一夔、一中。娶管氏。山东乡试第四十八名，会试第二百七十四名。

王祖嫡，贯河南信阳卫，官籍，山东德州人，国子生，治《易经》。字胤昌，行一，年四十，五月十八日生。曾祖端，指挥佥事。祖瑀，指挥佥事。父诏，指挥佥事。母袁氏，封恭人。慈侍下。弟祖裔。娶孟氏，继娶高氏。河南乡试第十一名，会试第八十七名。

张纶，贯直隶保定府清苑县，民籍，国子生，治《诗经》。字子合，行三，年三十九，六月初六日生。曾祖进。祖智。父翱。前母杨氏，母赵氏；继母冉氏、瞿氏。慈侍下。兄经、纬。弟绩、绶。娶王氏。顺天府乡试第一百二十一名，会试第三百五十四名。

宋儒，贯贵州都匀府麻合州，官籍，直隶定州人，国子生，治《诗经》。字醇夫，行一，年三十五，四月二十七日生。曾祖钺，州同知。祖鼎，州同知。父珠，州同知。母萧氏。具庆下。弟仟、伯、佼、修、偰、伊。娶金氏。贵州乡试第二十二名，会试第二百五十二名。

刘四科，贯陕西汉中府紫阳县，军籍，西安府泾阳县人，国子生，治《诗经》。字希哲，行三，年二十七，八月二十三日生。曾祖通。祖冲，赠卫经历。父腾，县丞。母郑氏，继母徐氏。具庆下。兄四维、四达。弟四端、四箴、四隅。娶孔氏。陕西乡试第二十七名，会试第二百六十九名。

申思科，贯河南开封府洧川县，民籍，县学生，治《易经》。字登甫，行一，年三十四，正月二十三日生。曾祖锡。祖通。父山。母秦氏。永感下。娶白氏，继娶宁氏。

河南乡试第五十二名，会试第三百六十九名。

江沛然，贯湖广武昌府江夏县，民籍，黄州府黄冈县人，国子生，治《诗经》。字应吾，行二，年三十五，十二月初五日生。曾祖胜先。祖友仁。父济。母陶氏，继母李氏。严侍下。兄自然、浩然。娶张氏。湖广乡试第二十二名，会试第三十六名。

张一鲲，贯四川重庆府合州定远县，民籍，县学生，治《易经》。字伯大，行二，年三十九，十一月十六日生。曾祖太初，八品散官。祖守福。父引。母伍氏，继母王氏。永感下。兄一鹗，八品散官。弟一鹤，岁贡生。娶席氏。四川乡试第十一名，会试第二百七十五名。

孟秋，贯山东东昌府茌平县，民籍，国子生，治《书经》。字子成，行二，年四十七，五月初五日生。曾祖宽。祖通。父凤，省祭官。嫡母满氏，生母宋氏。永感下。兄春。娶姜氏。顺天府乡试第八十名，会试第二百三十一名。

萧崇业，贯云南临安卫，旗籍，应天府上元县人，临安府学生，治《诗经》。字允修，行一，年三十四，三月三十日生。曾祖荣。祖文迪。父志高，寿官。前母瞿氏，母戎氏。慈侍下。弟崇礼、崇恭。娶胡氏。云南乡试第二名，会试第一百六名。

詹全觉，贯江西南康府都昌县，军籍，县学增广生，治《礼记》。字克先，行二，年二十六，四月十八日生。曾祖墀。祖锈。父天禹。母沈氏，继母汪氏、谢氏。具庆下。兄全见。弟全观。娶杨氏。江西乡试第五十五名，会试第三十三名。

姜奇方，贯湖广荆州府监利县，民籍，国子生，治《易经》。字孟颖，行一，年三十六，二月初六日生。曾祖胜。祖崇尧。父云程。母匡氏。慈侍下。弟彦方、曙方、德方、揆方。娶徐氏。湖广乡试第七十三名，会试第一百八十二名。

郝孔昭，贯直隶滁州来安县，民籍，国子生，治《诗经》。字起潜，行一，年二十九，十一月十三日生。曾祖宣。祖喜。父柱。母张氏。具庆下。兄世奇，训导；世彦，知县。娶张氏，继娶卢氏。应天府乡试第二十六名，会试第三百七十三名。

涂杰，贯江西南昌府新建县，军籍，南昌县人，府学生，治《易经》。字汝高，行三，年二十五，十月十七日生。曾祖贵。祖鸾。父乾。母陈氏。慈侍下。兄本。娶刘氏。江西乡试第九名，会试第二百七名。

吴拢谦，贯江西抚州府临川县，民籍，县学增广生，治《易经》。字汝则，行八，年三十一，十月十九日生。曾祖博，寿官。祖润。父廷相。母钟氏。重庆下。弟克谦、怀谦、益谦、养谦、文谦、守谦、雍谦。娶张氏。江西乡试第三十六名，会试第二百十三名。

余良桢，贯江西南昌府奉新县，军籍，国子生，治《书经》。字士翼，行三，年四十五，三月二十二日生。曾祖嗣文。祖孔綮，赠顺天府经历。父茂，通判。母魏氏，封孺人。慈侍下。兄良能，序班。弟良士、良枢，同科进士；良登。娶张氏。江西乡试第七十七名，会试第三十四名。

苗焕，贯山西泽州，民籍，国子生，治《诗经》。字尔章，行一，年二十八，六月十三日生。曾祖铣。祖时雍，县丞。父杰。母李氏，继母李氏。严侍下。娶司氏。山西乡试第二十二名，会试第六十八名。

赵善政，贯直隶宁国府泾县，民籍，国子生，治《诗经》。字以德，行一，年二十八，二月二十七日生。曾祖僖。祖钿。父瑺，训导。母左氏。重庆下。弟善庆、善敬、善为、善元。娶左氏。应天府乡试第七十五名，会试第八十八名。

安九域，贯河南开封府钧州，民籍，国子生，治《书经》。字于统，行四，年三十三，闰七月初八日生。曾祖永达，知县。祖观。父大法。母王氏。慈侍下。兄九棘、九居、九族、九峰、九仞、九龄、九星、九赋、九一。弟九川。娶李氏。河南乡试第二十一名，会试第三百八名。

江和，贯江西南昌府进贤县，民籍，县学附学生，治《书经》。字民贵，行五，年三十，十二月十二日生。曾祖正洪。祖朝兴。父汲。前母杨氏，母侯氏。具庆下。弟穆。娶龚氏。江西乡试第三十二名，会试第七十二名。

刘希孟，贯山东青州府安丘县，军籍，县学增广生，治《书经》。字醇甫，行七，年三十三，九月初四日生。曾祖约。祖普，寿官。父魁，县主簿。前母冯氏，母董氏。慈侍下。兄希龙，按察司副使；希尹，教谕；希夷；希周；希曾。弟希程。娶李氏，继娶王氏。山东乡试第四名，会试第二百七十六名。

王胤祥，贯直隶抚宁卫，军籍，直隶丹徒县人，抚宁县学生，治《易经》。字邦瑞，行一，年三十三，十二月十五日生。曾祖喜。祖潾。父枕。前母祁氏，母单氏。具庆下。弟胤祜。娶傅氏。顺天府乡试第一百三十四名，会试第一百七十二名。

段补，贯陕西临洮府兰州，军籍，山西阳曲县人，国子生，治《易经》。字希仲，行一，年四十二，九月初八日生。曾祖旷。祖增，赠奉政大夫南京兵部郎中。父续，按察司副使加从三品俸。前母陈氏，赠宜人，陈氏；母刘氏，封宜人。慈侍下。弟表、裳、袍。娶陈氏，继娶李氏。陕西乡试第五十四名，会试第三百二十九名。

王象乾，贯山东济南府新城县，匠籍，县学增广生，治《诗经》。字子廓，行一，年二十六，正月十四日生。曾祖麟，工部教授赠户部主事。祖重光，布政司左参议赠太仆寺少卿。父之垣，太仆寺少卿。母于氏，赠孺人；继母路氏，封孺人。重庆下。弟象坤，礼部主事；象蒙，贡士；象秦；象震；象贲；象晋；象良；象节；象萃；象恒；象顺。娶毕氏，继娶孟氏。山东乡试第二名，会试第一百七十名。

王湘，贯四川叙州府富顺县，灶籍，县学附学生，治《易经》。字原楚，行二，年三十四，三月十三日生。曾祖集。祖辅。父三至。母彭氏，继母杜氏。具庆下。兄沔、清。弟湛、泽、满、瀛、洛、濬。娶汪氏。四川乡试第五十三名，会试第三百七十七名。

丁应诏，贯浙江湖州府长兴县，民籍，县学生，治《书经》。字国宾，行一，年三十二，五月十一日生。曾祖瓒，寿官。祖曤，典膳。父良卿，布政司正理问。母蒋氏，继母吴氏。具庆下。弟敬业；敬止，监生；敬承；敬谟；敬所；应昌；应感；应嗣；应隆。娶李氏。浙江乡试第三十七名，会试第一百九名。

王汝濂，贯山西大同府怀仁县，官籍，国子生，治《易经》。字道源，行三，年三十八，三月二十一日生。曾祖智，百户。祖瑛，百户。父继，义官。母夏氏。慈侍下。兄汝湘、汝洽、崇澜。弟汝滇、汝汲、汝滂、汝浃、崇涑、汝莅。娶梁氏。山西乡试第四十三名，会试第二百三十三名。

张宏纲，贯福建永宁卫，官籍，泉州府晋江县人，国子生，治《易经》。字师正，行二，年三十二，十月十八日生。曾祖寿，指挥同知。祖杲。父文俊。母刘氏。具庆下。兄宏谟，指挥同知；宏纪，坚壁，百户；坚国。弟宏策、宏业、宏烈。娶王氏。福建乡试第七十七名，会试第三十七名。

徐一槚，贯浙江衢州府西安县，民籍，府学增广生，治《礼记》。字汝材，行七十九，年二十七，十月二十五日生。曾祖珍。祖雄甫。父湘。母叶氏。重庆下。兄一杰，贡士。弟一璨。娶郑氏。浙江乡试第九十名，会试第三十三名。

徐学礼，贯留守中卫，官籍，直隶灵璧县人，国子生，治《礼记》。字子立，行二，年三十一，四月初十日生。曾祖瓒，指挥使封昭勇将军。祖行，指挥使封昭勇将军。父继勋，指挥使封昭勇将军。母袁氏，封淑人。具庆下。兄学诗，大理寺右寺正。娶申氏，继娶申氏。顺天府乡试第四十七名，会试第一百三十五名。

邝彭龄，贯广东广州府南海县，民籍，县学附学生，治《易经》。字幼玄，行一，年三十六，十月十六日生。曾祖璧。祖澜。父梦肖，冠带生员。母潘氏，继母吴氏。严侍下。弟聃龄。娶高氏。广东乡试第二名，会试第二百九十六名。

张惟诚，贯锦衣卫籍，顺天府永清县人，国子生，治《诗经》。字汝思，行五，年二十七，九月十一日生。曾祖清。祖鹏翰，封明威将军锦衣卫指挥佥事。父麟。母扈氏。具庆下。兄乾、坤、震、巽。弟兑、惟谨。娶易氏。顺天府乡试第九十二名，会试第三百十名。

邢凤毛，贯陕西西安府咸宁县，儒籍，县学生，治《书经》。字世美，行一，年二十八，五月二十五日生。曾祖简，通议大夫户部右侍郎。祖谦亨，奉祠副。父宝，州吏目。母吉氏。慈侍下。弟凤仪、凤祯、凤祥。娶桑氏。陕西乡试第三名，会试第一百三十八名。

郑人逵，贯福建福州府闽县，民籍，府学附学生，治《春秋》。字克渐，行四，年三十一，九月十四日生。曾祖仕禄。祖珂。父天秩。前母林氏，母林氏。永感下。兄人达。弟人和，贡士；人穆；人运；人龙；人凤；人麟。娶林氏，继娶陈氏。福建乡试第六十六名，会试第三百八十二名。

张正鹄，贯浙江嘉兴府秀水县，民籍，嘉兴县人，府学生，治《诗经》。字道中，行一，年三十三，七月十六日生。曾祖恩。祖淮，知县。父桐。母诸氏。慈侍下。娶周氏。浙江乡试第二十二名，会试第三百八十六名。

虞德烨，贯浙江金华府义乌县，民籍，国子生，治《礼记》。字光卿，行四十一，年三十二，六月二十二日生。曾祖尚礼，赠通议大夫都察院右副都御史。祖守愚，南京刑部右侍郎。父良才，监生。母金氏。慈侍下。兄德焕、镇抚、德璨。弟德煜、德耀、德熺，俱监生；德勋；德秋；德煒。娶赵氏。浙江乡试第六十七名，会试第二百九十九名。

铁篆，贯云南永昌卫，军籍，浙江杭州卫人，保山县学生，治《书经》。字维信，行三，年二十六，六月十四日生。曾祖钦。祖慧。父世学。母聂氏。具庆下。兄符、范。弟节。娶木氏。云南乡试第三十二名，会试第三百九十九名。

冉梦松，贯河南开封府中牟县，军籍，国子生，治《书经》。字贵卿，行二，年二十八，七月十三日生。曾祖艺。祖鼎，知县。父崇礼，布政司左参议进阶朝议大夫。嫡母王氏，赠孺人；继母李氏，生母孙氏。严侍下。兄梦说，监生。娶蔡氏。河南乡试第六十三名，会试第三百八十七名。

尹瑾，贯广东广州府东莞县，军籍，县学附学生，治《易经》。字崑润，行一，年三十一，三月二十日生。曾祖重，审理正。祖保衡，寿官。父思问。母黄氏。慈侍下。弟玑、璒。娶彭氏。广东乡试第五十二名，会试第七十名。

周宪，贯江西吉安府安福县，民籍，县学附学生，治《春秋》。字用章，行六，年三十五，二月十三日生。曾祖毓秀。祖尚诚。父体光。母刘氏。永感下。兄应。弟愍、懿、勰，偲。娶彭氏。江西乡试第八十名，会试第二百九十七名。

刘思中，贯大宁都司保定左卫，官籍，山东安丘县人，国子生，治《礼记》。字子睿，行二，年三十九，九月二十一日生。曾祖毅，百户。祖经，百户。父怜，百户。母张氏，封安人。具庆下。兄建中，指挥金事。弟允中；惟中；企中；懋中、虚中。娶李氏，继娶茂氏、王氏、李氏。顺天府乡试第二十七名，会试第一百十八名。

何汝成，贯山西平阳府蒲州，军籍，州学附学生，治《书经》。字子诚，行一，年二十八，十二月二十六日生。曾祖旺。祖周。父尚人。母母氏。具庆下。弟汝中。娶罗氏，继娶席氏。山西乡试第四十五名，会试第五十五名。

韩杲，贯河南汝宁府光州光山县，民籍，县学增广生，治《春秋》。字汝素，行一，年二十九，十一月十三日生。曾祖彦华。祖汴。父文宣。母彭氏，继母鄢氏。具庆下。弟果、旦、泉、昂、晟。娶余氏。河南乡试第三十六名，会试第一百九十七名。

朱鸿谟，贯山东青州府益都县，民籍，府学生，治《易经》。字文甫，行一，年二十九，八月十八日生。曾祖凤。祖浩隆。父得正。母程氏，继母张氏。重庆下。娶李氏。山东乡试第三名，会试第二百六十三名。

田乐义，贯河南开封府兰阳县，匠籍，国子生，治《书经》。字宜卿，行二，年二十八，八月初一日生。曾祖翱。祖宗平。父可猷。母常氏。慈侍下。兄乐善。弟乐生。娶杜氏。河南乡试第六十六名，会试第三百二十二名。

齐国儒，贯河南南阳府唐县千户所，官籍，县学生，治《书经》。字爱道，行一，年三十一，四月十二日生。曾祖政，千户。祖景，义官。父弼，顺天府学训导。嫡母李氏，继母田氏，生母王氏。慈侍下。兄国庶；国壮；国瑞；国治，千户。娶方氏，继娶徐氏。河南乡试第三名，会试第二百七十九名。

方肯堂，贯广东广州府南海县，民籍，番禺县人，国子生，治《诗经》。字子升，行一，年四十六，十月十八日生。曾祖仁贵。祖直。父绍魁，知县。母曹氏。永感下。

弟肯构；亮工，同科进士；肯获。娶林氏，继娶朱氏。广东乡试第十五名，会试第一百四十一名。

程逊，贯直隶大名府长垣县，民籍，国子生，治《诗经》。字惟谦，行一，年三十三，七月十五日生。曾祖磊。祖岱。父宦。母朱氏，继母王氏。严侍下。兄迁。弟文、选、通、述、莲、蘧、蓬、迈、迈。娶赵氏。顺天府乡试第一百十三名，会试第二百五十九名。

傅作舟，贯湖广荆州府江陵县，民籍，国子生，治《书经》。字元济，行二，年三十八，八月二十七日生。曾祖伯海。祖镇。父朝珍，推官。母万氏。永感下。娶万氏。湖广乡试第六十六名，会试第一百七十七名。

赵鹭，贯福建泉州府晋江县，军籍，国子生，治《春秋》。字朝雎，行三，年三十七，正月二十一日生。曾祖真应。祖惟德。父世让。嫡母孙氏，生母王氏。慈侍下。兄凤、鹤、鹗。弟鸾。娶陈氏，继娶陈氏。福建乡试第十四名，会试第一百八十七名。

梅淳，贯直隶太平府当涂县，军籍，国子生，治《诗经》。字德涵，行一，年二十九，十月十二日生。曾祖玘，义官。祖凤。父胜。母潘氏，继母谷氏。具庆下。弟泽、溥。娶杨氏。应天府乡试第八十六名，会试第五十三名。

吴从龙，贯江西南昌府宁州，民籍，州学生，治《易经》。字希德，行三，年二十七，八月初六日生。曾祖仲默。祖胜，布政司都事。父全。母时氏，继母周氏。重庆下。弟从庞、从陇、从宠、从龚。娶刘氏。江西乡试第三十名，会试第三百九名。

黄策，贯陕西西安府咸宁县，匠籍，山西蒲州人，国子生，治《书经》。字嘉猷，行一，年三十二，十月十九日生。曾祖鹏。祖孟资，寿官。父世魁，七品散官。母朱氏，继母孟氏。慈侍下。弟篆、简、箬、笺。娶卢氏。陕西乡试第四十三名，会试第三百二名。

周文卿，贯湖广武昌府江夏县，民籍，国子生，治《诗经》。字荩之，行一，年三十六，十二月十五日生。曾祖友淮。祖伯鸾。父济，典史。母陈氏。具庆下。弟文献、文学、文都、文邦、文魁。娶张氏。湖广乡试第八名，会试第三百六十四名。

高应聘，贯山西平阳府绛州稷山县，军籍，县学增广生，治《诗经》。字志尹，行一，年三十四，十二月二十九日生。曾祖琚。祖续。父爵。母白氏，继母薛氏。具庆下。弟应命。娶薛氏，继娶马氏。山西乡试第二十四名，会试第一百七十三名。

李应辰，贯浙江宁波府慈溪县，民籍，县学附学生，治《诗经》。字惟星，行二百七，年二十九，十一月二十四日生。曾祖镛，巡检。祖沔。父樞。母陈氏，继母韩氏。具庆下。兄鸣春、应范、应节。弟应龙、应策、应试。娶陈氏。浙江乡试第三十一名，会试第二十九名。

韩绍，贯浙江湖州府归安县，军籍，乌程县人，府学生，治《易经》。字光祖，行一，年三十二，六月二十四日生。曾祖茂。祖继。父志孝。母李氏。慈侍下。弟熺、烜。娶沈氏。浙江乡试第五十九名，会试第一百二十二名。

马允登，贯直隶河间府景州东光县，民籍，山西陵川县人，县学生，治《书经》。

字叔先，行六，年二十四，十一月十一日生。曾祖杲。祖尧辅，封中书舍人。父汝松，工科都给事中。母曲氏，封孺人；继母徐氏。永感下。兄允升、允众、允恭、允述、允谦。弟允端、允执。娶王氏。顺天府乡试第三十九名，会试第二百六十四名。

孟一脉，贯山东兖州府东平州东阿县，军籍，县学增广生，治《诗经》。字嗣孔，行一，年二十九，正月二十五日生。曾祖祥。祖继文。父存义。母张氏。严侍下。弟一傅；一支；一心，贡士；一魁。娶张氏。山东乡试第十四名，会试第二百三十六名。

周应中，贯顺天府府军卫籍，浙江会稽县人，府学附学生，治《易经》。字正甫，行二，年二十七，六月初五日生。曾祖玘。祖拱。父珊。母王氏。具庆下。兄允中。弟时中、用中。顺天府乡试第二十六名，会试第三百四十八名。

杨维新，贯直隶镇江府丹徒县，民籍，县学生，治《易经》。字克一，行二，年三十，九月十二日生。曾祖瑠。祖秀。父春。母厉氏。慈侍下。兄维立。弟维城、维藩、维翰。娶王氏，继娶吴氏。应天府乡试第三十八名，会试第一百三十名。

张会宗，贯广东潮州府澄海县，民籍，福建晋江县人，澄海县学生，治《易经》。字子震，行一，年三十，十月二十一日生。曾祖质岩。祖基。父文。嫡母柳氏，生母陈氏。永感下。弟九思。娶郭氏。广东乡试第二名，会试第一百六十六名。

赵世勋，贯陕西绥德卫，官籍，国子生，治《春秋》。字光远，行一，年三十六，十一月二十五日生。曾祖源。祖资。父真，百户。嫡母李氏，生母郭氏。慈侍下。娶张氏，继娶霍氏、李氏。陕西乡试第十八名，会试第三百五十三名。

高文炳，贯直隶松江府上海县，军籍，国子生，治《书经》。字象南，行三，年三十八，十月十一日生。曾祖铉，赠奉政大夫修政庶尹府同知。祖祚。父嵚。嫡母韩氏，生母宋氏。永感下。兄鄂。弟文节。娶刘氏，继娶曹氏。顺天府乡试第三名，会试第二百八十二名。

李苤，贯四川成都右卫，军籍，直隶永平卫人，成都县学生，治《诗经》。字臣忱，行二，年二十八，二月初五日生。曾祖楫。祖裕。父凤鸣，教谕。嫡母杜氏，继母何氏，生母贺氏。永感下。兄天培、蓁、蕡。弟芫、英。娶葛氏。四川乡试第五十四名，会试第六十一名。

魏良臣，贯福建建宁府瓯宁县，民籍，县学附学生，治《诗经》。字以忠，行一，年二十七，四月初二日生。曾祖多历。祖𣷭。父文亨。母郑氏。重庆下。弟良策、良弼、良辅、良翰、良士、良贵。娶郑氏。福建乡试第十名，会试第三百九十八名。

陆梦熊，贯浙江绍兴府余姚县，民籍，国子生，治《易经》。字伯祥，行八，年三十七，二月二十七日生。曾祖怀。祖鑅，县丞赠刑部主事。父一龙。前母王氏，母蒋氏，继母翁氏。慈侍下。弟梦桂；梦圭，听选官；梦鳌；梦卜，监生；梦淞；梦日；梦贤；梦聪。娶施氏。浙江乡试第八名，会试第六十四名。

宋仕，贯山东济南府德州平原县，军籍，国子生，治《易经》。字汝学，行一，年三十，九月二十三日生。曾祖锡，工部营缮所所丞。祖台，府知事。父以方，寿官。母杨氏，继母贾氏。重庆下。弟儴、倬。娶王氏。山东乡试第二十一名，会试第二百九十四名。

姜璧，贯顺天府霸州文安县，民籍，县学生，治《礼记》。字完卿，行一，年三十二，一月初一日生。曾祖洪。祖隆。父师吕。前母董氏，母刘氏。具庆下。弟玺、莹、玳、瑶。娶王氏。顺天府乡试第二十七名，会试第三百四十七名。

吴之彦，贯直隶苏州府太仓州，民籍，州学增广生，治《易经》。字世美，行一，年三十，十一月初十日生。曾祖珮。祖朝林，监生。父文炳。母王氏，继母金氏。具庆下。兄心，监生。弟之鼎，监生；之鼐；之佐；之纲；之芳；之纪；之□；之良。娶王氏。应天府乡试第一百二十八名，会试第三百五十八名。

董选，贯河南河南府嵩县，民籍，县学生，治《易经》。字叔仁，行三，年四十四，四月二十五日生。曾祖士新。祖昂。父相，按察司副使。母王氏。永感下。兄遂，按察司副使；逊，岁贡生。弟适，岁贡生。娶陆氏。河南乡试第二名，会试第二百六十名。

赵世卿，贯山东济南府历城县，军籍，县学增广生，治《诗经》。字象贤，行一，年三十四，九月二十四日生。曾祖栾，寿官。祖强。父应奎，巡检。母姚氏。慈侍下。弟世恩、世第、世功、世光。娶孟氏。山东乡试第五十四名，会试第三百九十六名。

李栋，贯河南彰德府磁州涉县，民籍，国子生，治《书经》。字尚隆，行二，年三十五，十一月初三日生。曾祖大良。祖仁。父绍，知县。母王氏。慈侍下。兄权、栅、梯、模。弟枌、杭。娶薛氏。河南乡试第二十五名，会试第一百九十九名。

郭如暄，贯四川叙州府富顺县，民籍，县学附学生，治《诗经》。字元春，行四，年三十七，六月初五日生。曾祖体宗，卫经历赠监察御史。祖璿，义官。父宴，贡士。前母胡氏，母喻氏。慈侍下。兄惟诚，省祭官；惟鼎；如几；如一；任大；如岱；如年，贡士；世藩；如登；如约。弟如璞、如范、如璋、如川。娶王氏。四川乡试第三十六名，会试第三十九名。

孙秉阳，贯直隶凤阳府怀远县，民籍，国子生，治《诗经》。字梦旭，行二，年三十七，四月初八日生。曾祖聚。祖兰。父立。母萧氏，继母龚氏。慈侍下。兄奇。弟章，监生；庶；庖；秉彝；廉；庆；衮；镇；恬；栋；松；橘；朴。娶周氏。应天府乡试第一百四十六名，会试第二十六名。

李华春，贯福建泉州府晋江县，民籍，浙江崇德县人，国子生，治《易经》。字君实，行一，年三十二，十月二十日生。曾祖开先。祖茂。父伯刚。前母高氏，母殷氏。永感下。兄荣春。弟贵春；棷春；任春，贡士；逢春；阳春。娶许氏。福建乡试第二名，会试第三百十九名。

苗浡然，贯直隶广平府曲周县，民籍，府学附学生，治《诗经》。字秀卿，行一，年二十八，正月初一日生。曾祖富。祖子用。父虎。母陈氏。慈侍下。弟油然、沛然、滋然。娶李氏。顺天府乡试第二十三名，会试第三百六十八名。

彭应时，贯江西吉安府庐陵县，民籍，府学附学生，治《诗经》。字化中，行一，年三十一，三月十八日生。曾祖宣杰。祖徽名。父造越。母萧氏。慈侍下。兄应春。弟应晓。娶萧氏。江西乡试第三十九名，会试第二百四十三名。

王学书，贯山东济南府滨州，军籍，国子生，治《书经》。字惟中，行三，年三十八，十二月初七日生。曾祖胜。祖山。父兑。母汪氏。永感下。兄汝登、汝科。弟学诗；学礼；学易，贡士；学颜；学曾。娶于氏，继娶郑氏。山东乡试第七十名，会试第九十八名。

刘玉成，贯直隶苏州府长洲县，民籍，太仓州人，县学附学生，治《易经》。字自复，行一，年三十，十二月十四日生。曾祖文备。祖坤。父之良。母尤氏。慈侍下。弟玉振、玉节。娶周氏。应天府乡试第一百十三名，会试第七十四名。

曹诰，贯直隶徽州府休宁县，民籍，县学附学生，治《易经》。字仲宣，行三，年三十一，九月十一日生。曾祖贵，知县。祖显政。父暹。母金氏。具庆下。兄经纶、经济。弟经国、经德。娶金氏。应天府乡试第一百二十六名，会试第四十八名。

孙鸣凤，贯江西瑞州府高安县，民籍，府学附学生，治《易经》。字文瑞，行九，年二十七，十月初八日生。曾祖子舆。祖弘道。父可举。母杨氏。具庆下。弟鸣鸾。娶易氏。江西乡试第五十九名，会试第九十四名。

陈履，贯广东广州府东莞县，灶籍，国子生，治《易经》。字德基，行一，年三十八，十二月初六日生。曾祖缙。祖志敬，府同知。父廷对。母邓氏，继母蔡氏。具庆下。弟复、益、井、豫。娶方氏。广东乡试第三十六名，会试第二百四十二名。

王莛，贯河南汝宁府光州商城县，民籍，国子生，治《诗经》。字子才，行一，年四十六，二月二十一日生。曾祖惠。祖铭，封承德郎户部主事。父渐，按察司副使。母曹氏，封安人。具庆下。弟櫰；栻；蕤；梓；贡士；莜。娶李氏。河南乡试第十一名，会试第三百五十七名。

董光裕，贯山西平阳府洪洞县，匠籍，县学生，治《易经》。字子顺，行三，年三十，七月二十五日生。曾祖瀹，义官。祖富。父汝霖，王府教授。前母宋氏，母张氏，继母郭氏。具庆下。兄光祖、绳祖、敬祖。弟尚祖、光谟、光烈、光德、光先、光世。娶张氏，继娶杨氏。山西乡试第六十二名，会试第三百九十七名。

李天植，贯直隶广德州，军籍，州学生，治《礼记》。字性甫，行二，年三十五，十月初六日生。曾祖昶。祖田，知县。父尚质。母沈氏。慈侍下。娶步氏。应天府乡试第十五名，会试第一百五十二名。

王致祥，贯万全都司龙门卫，官籍，山西忻州人，卫学生，治《春秋》。字德徵，行四，年二十八，十一月二十二日生。曾祖永。祖懋，训导。父金，州同知。母张氏。具庆下。兄致中；国勋，指挥佥事；致和，恩贡生；致道。娶刘氏。顺天府乡试第一百十一名，会试第一百七十一名。

王焕，贯湖广武昌府咸宁县，军籍，国子生，治《书经》。字奎章，行一，年三十九，二月三十日生。曾祖胜鉴。祖祺，府同知。父献箴，判官。母余氏。具庆下。弟燔，监生；炼；曾；燦。娶钱氏。湖广乡试第二十五名，会试第八十五名。

王度，贯直隶保定府祁州深泽县，民籍，国子生，治《诗经》。字惟贞，行一，年三十六，三月初五日生。曾祖献。祖溥。父朝栋。母曹氏。具庆下。弟府、廉、庶。娶昌氏。顺天府乡试第一百九名，会试第三百十六名。

桑维高，贯山西太原府榆次县，民籍，国子生，治《诗经》。字汝抑，行一，年三十九，六月二十九日生。曾祖泰，寿官。祖元德。父魁。母白氏。具庆下。弟维杰、维贞、维京、维直、维宜。娶王氏。山西乡试第十六名，会试第二百五十六名。

袁国臣，贯湖广承天府潜江县，民籍，县学生，治《书经》。字惟邻，行二，年三十六，三月二十三日生。曾祖寅。祖应麒。父纪。母李氏。具庆下。兄国辅。弟国相、国宾、国栋、国器。娶梁氏。湖广乡试第五十八名，会试第二百二十八名。

吴之美，贯山东登州卫，旗籍，直隶泰州人，国子生，治《诗经》。字学周，行一，年三十八，六月十三日生。曾祖桢。祖河，赠文林郎推官。父昶，监察御史。母丁氏，封孺人。具庆下。弟之善，监生；之义；之道。娶浦氏。山东乡试第五十七名，会试第二百七十七名。

秦绅，贯锦衣卫校籍，江西建昌县人，国子生，治《诗经》。字子佩，行四，年三十三，二月十九日生。曾祖明，千户。祖荣。父禄，光禄寺监事。母李氏，继母王氏。永感下。兄经、纶、缙。娶邓氏，继娶陈氏。顺天府乡试第一百三十五名，会试第三百三十名。

白栋，贯陕西榆林卫右所，官籍，米脂县人，国子生，治《易经》。字子隆，行一，年四十，十月初四日生。曾祖永迁。祖聪，冠带总旗。父奇佑，千户。母宋氏，封宜人。具庆下。弟模；术；杨，千户；桥；榆；楷。娶朱氏。陕西乡试第五十三名，会试第一百五十一名。

薛梦雷，贯福建福州府侯官县，民籍，福清县人，国子生，治《诗经》。字汝奋，行二，年二十六，八月初三日生。曾祖崇德。祖庆云。父一才，听选官。母林氏。具庆下。兄梦龙，贡士；梦麒。弟梦良、梦鹤、梦熊、梦说。娶林氏，继娶赵氏。顺天府乡试第三十一名，会试第九十三名。

帅兰，贯湖广荆州府江陵县，民籍，武昌府江夏县人。国子生，治《诗经》。字同甫，行三，年四十一，七月二十四日生。曾祖永荣。祖仲纲。父金。前母邓氏，母李氏。永感下。兄义、苣。弟芝。娶祝氏，继娶萧氏。湖广乡试第二十名，会试第三百名。

刘谐，贯湖广黄州府麻城县，民籍，国子生，治《春秋》。字凤和，行二，年三十二，二月初四日生。曾祖名山。祖潽，赠奉政大夫刑部郎中。父廷举，按察司副使。母李氏，封宜人。具庆下。兄谦，监生。弟海、诫。娶汪氏。顺天府乡试第十六名，会试第三十八名。

宋范，贯直隶广平府永年县，民籍，国子生，治《诗经》。字希范，行二，年三十，九月二十二日生。曾祖达。祖杰。父子贞，岁贡生。母杨氏。慈侍下。兄韩。弟程、朱。娶成氏。顺天府乡试第一百三十三名，会试第三百六名。

沈允成，贯浙江湖州府德清县，民籍，县学附学生，治《书经》。字汝贤，行五，年三十四，六月十一日生。曾祖珎。祖仁。父淇，儒学教授。母马氏。严侍下。兄松，布政司右参议；椵；柣；檀。娶倪氏。浙江乡试第五十六名，会试第二百二十一名。

洪声远，贯顺天府和阳卫，军籍，浙江黄岩县人，府学增广生，治《书经》。字子实，行一，年三十二，九月初八日生。曾祖庆。祖瑛。父伦。母谷氏，继母邢氏。重庆下。弟振远、裕远、光远。娶俞氏，继娶乔氏。顺天府乡试第七十六名，会试第二百五名。

刘中立，贯山东济南府禹城县，民籍，县学生，治《书经》。字健甫，行一，年三十，八月二十一日生。曾祖海。祖峻，义官。父贵。母王氏。重庆下。娶魏氏。山东乡试第五十三名，会试第三百七十二名。

陈彝典，贯云南永昌府腾冲卫，官籍，四川德阳县人，腾越州学生，治《礼记》。字元惇，行一，年二十五，六月十七日生。曾祖镜。祖浩，寿官。父明礼，训导。母殷氏。具庆下。弟彝训、彝宪、彝鼎。云南乡试第十四名，会试第三百六十二名。

刘珠，贯湖广荆州府公安县，民籍，江西南昌县人，公安县学生，治《诗经》。字海翁，行四，年五十七，十月二十七日生。曾祖瓚。祖崇政。父青山。母汪氏。永感下。兄宝、璧、玉。弟玺、珙、璠。娶郭氏。湖广乡试第十六名，会试第八十一名。

石应岳，贯福建漳州府龙岩县，官籍，直隶来安县人，国子生，治《易经》。字锺贤，行一，年三十一，九月十九日生。曾祖坤，百户。祖正，百户。父珍，百户。母林氏。具庆下。弟应崧、应岐、应嵩。娶丘氏。顺天府乡试第一百七名，会试第二百八十六名。

夏潜，贯直隶大名府长垣县，民籍，国子生，治《易经》。字孔昭，行一，年三十一，九月十一日生。曾祖友。祖晨。父锋。母宋氏。具庆下。兄港、淘。弟溥。娶王氏。顺天府乡试第一百十五名，会试第三百四名。

任仕，贯陕西西安府盩厔县，军籍，县学生，治《春秋》。字学优，行一，年三十六，五月初三日生。曾祖坊。祖企。父自直，州吏目。母焦氏。慈侍下。弟化、儒。娶赵氏。陕西乡试第三十六名，会试第二百二十五名。

卢一麟，贯四川重庆府巴县，民籍，县学生，治《书经》。字祯甫，行一，年三十一，正月十八日生。曾祖重器。祖相。父养浩。母周氏。重庆下。弟一龙、一豸、一贯、一诚。娶张氏，继娶王氏。四川乡试第四十六名，会试第一百六十名。

吴从周，贯陕西西安府韩城县，匠籍，县学增广生，治《书经》。字崇文，行一，年三十四，六月二十八日生。曾祖揀。祖厢，寿官。父邦宁。母王氏。重庆下。弟从明、从君、从夏、从师。娶刘氏。陕西乡试第二十五名，会试第三百六十六名。

《隆庆五年进士登科录·策问》：

皇帝制曰：朕昭承天命，缵御丕基，五年于兹。夙夜皇皇，图惟治理，每思与天下共享和平之福，而未臻厥效，朕甚惑之。黄虞尚矣，三代以成周为盛，说者谓太和在其宇宙，果何道以致之？或谓《周礼》九职八则，五礼六乐，三物六容，使民勤事而不暇，习于上下等威之中，消其尊崇富侈之心，是以化行俗美，天下和平，然欤？否欤？

汉治号为近古，当其时，献议之臣，犹有欲定经制者，欲建万世之业者，欲不严而成化者，之三臣者，皆病徒法不足以兴治，然则如何而可以致太平欤？洪惟我太祖高皇帝，开天建极，六合同风，以政防民，若《职掌》所载，同符六典，以礼教民，若《洪武礼制》、《礼仪定式》、《大明集礼》所载，制度精详，达于上下，可万世行之而寡过矣。乃今治绩罔效，风教未孚，长厚之意薄，虚伪之习滋，民或侈泰以相炫，士或睢恣以陵上，庶几所谓卿大夫和于朝，士庶人和于野者，而不可得，岂政之文徒具而礼之实未至欤？今欲兴教化，厚风俗，使天下志虑不易，视听纯一，相安于荡荡平平之治，礼让之风，媲美成周，必何施而后可？诸士子综古度今，试究其说，朕将采而行焉。隆庆五年三月十五日。

《隆庆五年进士登科录·张元忭对策》：

臣张元忭对：闻帝王之继天而立极也，有齐一天下之具，而后可以臻治平之效，有化成天下之实，而后可以追协和之风。政也者，齐一天下之具也，所以示民之趋，而严其防者也。礼也者，化成天下之实也，所以定民之志，而彰其教者也。政之所布，或止于法制之粗，而礼之所陈，不足以建中和之极，则民皆习于其文，而昧乎其实，虽欲使之志虑不易，视听纯一，以相安于荡荡平平之化，胡可得哉？是故圣哲之君，受上天之寄，膺化民之责，不徒道之以制度文为之具，而必有礼焉以寓夫潜孚默运之机。劝民之善而不以爵禄，遏民之恶而不以刑威，是以其教不言而喻，其民不令而行。布列于庶官者，各修其职，而不日志于尊荣，散处于族党者，各安其分，而不日志于富侈。尊王道者，无偏党颇僻之患，若圣训者，有时雍风动之休。古之帝王，所以垂拱而治，揖让而化者，其有由然哉！钦惟皇帝陛下，聪明天启，仁俭性成，纪纲振举于朝廷，而海宇向风，威德覃敷于边塞，而蛮夷率俾。治已至矣，化已洽矣，乃于万机之暇，进臣等而策之，慨然有慕于成周之治，而以方今之民风士习为忧，询臣等以兴礼化民之要，诚求治无已望道未见之盛心也。草茅之士，沐浴圣化，愿摅忠悃之日久矣，敢不披沥以对。《书》曰：天降下民，作之君，作之师。惟曰其助上帝，宠之四方。又曰：惟皇上帝，降衷于下民，若有恒性。克绥厥猷惟后。盖四海之广，万民之众，风土异宜，习俗异尚，不有以整齐之则乱，不有以约束之则争。君人者荷帝天之命，握君师之权，以立极于万民者也，则凡所以悬之象魏，颁之条教，彰之物采，陈之艺极，以整齐天下，约束天下，而使之顺轨向方焉者，宁非治天下之常经也哉！然此特治天下之文，而兴礼敦让，则化天下之实也。有其文而孚之以实，则制其外者又有以格其心，而天下自渐磨于仁让之治。不务其实而徒饰之以文，则革其面者未必能一其志，而天下卒积习于偷靡之风。上之所尚少异，下之所趋顿殊。故曰：政刑者辅治之具，德礼者致治之本，而治天下者，贵审所尚也。黄虞之治遐哉，弗可复观矣，试以成周言之。周自文武开之于前，周公成之于后，其所以治天下之具，斟酌百王，损益二代，纲之纪之经之纬之，盖纤悉备矣，乃其化民之实，则有不尽于是者。是故《朴樕》作人之教，《关雎》《麟趾》之意，行苇蓼萧之德，所以播其忠厚俭勤之化者，真恳恻怛，盖不徒政以驱之，而恒有礼以率之也。尝观《周礼》一书，周公以之相七年之治，成王以之享四十年之太平，有周以之培八百年之命脉，斯诚治天下之大纲大要也。然不徒曰周之政典，而以礼名之，则其寓意远矣。今考其所载，若设官分职，辨方正位，体国经野，制度品式，非不详且密也，而其精蕴所存，机要所急，则惓惓乎以礼化民之是务焉。是故任之以九职，治之以八则，节之以五礼，和之以六乐，迪之以三物，正之以六容。以功诏禄，而尊卑之有等，以事莫食，而贵贱之有章。当时之民，自少至长，习于升降揖让之节，而囿于道德仁义之中，晓然知上下之分，如冠履之不可逾。位岩廊之上者，怀素餐之惧，效靖共之忠，而卿大夫相与和于朝，处邦国之中者，泯僭侈之私，敦雍睦之义，而士庶人相与和于野，风俗之美比屋可封，宋儒谓太和在成周宇宙间，讵非以礼化民之明效也哉！《易》曰：上天下泽，履君子以辨上下，定民志。《记》曰：君臣上下父子兄弟，非礼不定。礼者君之大柄，所以治政安君也。知乎此，则成周之所以化行俗美，天下和平者，其道可知，而后之图治者，可以知所务矣。汉之兴也，去周未远。使当时之君，能奋然复古之治，而本之躬行以善其则，先之礼教以孚其心，则成周太和之治几可再见，奈何以杂伯之心，而行一切苟且之政？黄老申韩，既以阴坏天下之学术，而恭显许史，又以紊乱先王之典刑。是以当时献议之臣，若贾谊之于文帝，则曰：礼者禁于将然，法者禁于已然。而欲其定经制，厚风俗，以兴殷周之治。王吉之于宣帝，则曰：安上治民，莫善于礼。而欲其述旧礼，明王制，以建万世之策。匡衡之于元帝，则曰：道德之行，自近者始。而欲其陈德义，循礼让，不严而化，以挽浮靡之趋。盖诚以太平之效，不可徒法致，而转移化导之微权，必以礼教为之本也。三臣之言，岂非通达治体者哉？而汉之三君，卒狃于陋习，而不能用，是以德色诟语，民鲜淳良之俗，贪鄙嗜利，士无廉靖之风。居官而致富者为雄杰，处奸而得利者为壮士，有如贾谊之所太息，贡禹之所极论者，终汉之世，日以凌夷而不振，非汉之民不若成周也，礼教不修而文法之弊滋也。洪惟我太祖高皇帝，肇造区夏，驱逐胡元，复帝王所自立之土宇，建古今所未有之事功，不惟政以防民，而又礼以教民，盖有兼举而不遗者。以政言之，若《诸司职掌》所载，官以职分，而九卿百执事之相维，事以类系，而大小纤悉之毕举，宏谟曲算，燦然六典之章程也。以礼言之，若《洪武礼制》《礼仪定式》《大明集礼》所载，提其纲领，而祭享昏丧之有节，析其条目，而服舍器用之有差，良法美意，蔼然周官之矩范也。二百年来，道化沦洽，日氏月窟之邦，含齿戴发之属，孰不沾德泽，歌太平，虽成周之盛，何以加此？而圣问所及，犹以治绩罔效，风教未孚为虑，臣尝思之，而得其故矣。盖成周之所以化民成俗者，政非出于礼之外也。我圣祖之所以建极垂范者，礼即寓于政之中也。有政以为齐一天下之具，故有以一民之视听，而孰非所以为礼之迹？有礼以为化成天下之实，故有以定民之心志，而孰非所以为政之精？然则昔之所以和平，而今之所以偷靡者，从可知已。由今之时观之，长厚者变而为浮夸，淳庞者变而为虚伪，倡优忘后饰之僭，墙屋兢文绣之观，而民之侈泰以相炫者，日甚也。急进取则怀入市攫金之心，工排挤则为下穽投石之计，而士之恣睢以陵上者，可骇也。民风之薄恶，士习之浇漓，非惟厪陛下之忧，臣亦且忧之矣。臣窃以为，风俗之无良者，由教化之不明也。教化之不明者，由政本之未立也。夫所谓政之本者何也？礼之实是也。今也详法令而略礼教，重文艺而忽德行，赏罚非不明也，而或枉其功过之实，则下何由劝惩？议论非不悉也，而或欹于画一之守，则下何由而趋避？学校视为具员，而师儒之模范弗端，守令劳于案牍，而风俗之淳漓罔念。陛下所谓政之文徒具，而礼之实未至者，臣不敢谓无是也，则又何怪乎民风士习之日趋于弊，而不古若哉？夫陛下知致弊之由，则知所以救弊之道。其道无他，亦曰务礼之实而已矣，臣请申圣祖之制，法成周之规，采汉臣之言，兴礼让之教。掌铨衡者，不徒以政绩课殿最，而必核其行检。司登吁者，不徒以词章品高下，而兼采其德谊。赏当贤，罚当罪，而劝惩昭明允之公，执体要，崇本实，而议论黜靡曼之弊。董学校者，必如阳城之在国子，胡瑗之在湖州，而不徒委琐阘茸以充位。知郡县者，必如伏香之以德化民，延寿之闭阁思过，而不徒簿书期会以称贤。由是而公卿励杨绾之素，勋戚慕马廖之风也，由是而大夫秉《羔羊》之节，士民安《蟋蟀》之化也。上以礼相考，下以礼相睦，师师济济，熙熙皞皞，太和气象，不在成周，而在今日矣，臣何幸躬睹其盛耶？虽然，致治有本，立教有源，是在陛下求之身心，以为臣民之倡而已。盖人君一身，万化所出，薄海内外，环向而取则焉者也。夫苟履盈成之运，忘逸欲之危，或以声色，或以玩好，或以游畋，溺宴安而莫之察，拒忠良而弗之信，则教化之本源已先窒矣，又奚望于风俗之还淳也哉？臣愿陛下端其本，清其源，澄心节欲，以培享国享年之基，戒盈崇俭，以裕足国足民之计，日亲贤佐，相与从容谋议，以共图太平之业，日近儒臣，相与反覆讨论，以深惟化理之原。出入起居，罔有弗钦，发号施令，必求诸道。使礼教始于宫闱，休声讫乎遐迩，则教化所敷，如风行而草偃，表正而景端，所以享和平之福，追成周之盛者，端不外此。臣愚不谙忌讳，干冒宸严，不胜战兢陨越之至。臣谨对。

《隆庆五年进士登科录·刘瑊对策》：

臣对：臣闻帝王之御世也，必明乎礼之文，而后可以植天下之防，必崇乎礼之本，而后可以成天下之化。何也？礼原于天则，具于人心，而制于圣人。其显设于文物者，则为礼之文焉，文以立政，秩然而不乱，天下所以率履而范围之者，此其准也。其涵蓄于本体者，则为礼之本焉，本以立教，浑然而不漓，天下所以潜乎而默感之者，此其机也。彼徒见夫礼之文可以执物，而无见于礼之本乃以端执，则品式虽详，而倡导之机不至，等威虽峻，而鼓舞之术弗神，天下之循法奉令，以尊其不可犯之防者，或有之，而望其革心易虑，以趋于无所勉之化，则难矣。圣人知其然，其所以防民者，固必明乎制度典章，以一天下之趋，而其所以化民者，尤必本之精神心术，以治天下之志。此其成礼让之风，跻太和之俗，而懿美綦隆之治，卓乎其无以尚也。后世守文之君，愿治之主，诚欲以礼教天下者，修其文而必敦其本焉，孰谓五三帝王之治，不可复见于今日哉！钦惟皇帝陛下，光抚瑶图，诞膺宝命，循帝王之懿执，监祖宗之成宪。讲学勤政，寒暑必亲，忠言嘉谟，听纳不倦。公卿百执事彬彬然式礼于下，圣天子雍雍然隆礼于上。内宁外谧，时和年丰，黠虏来廷，炎荒献捷。可谓大礼同天地之节，笃恭而天下平矣。廼犹进臣等于廷，俯赐清问，惓惓乎欲以礼化天下，与天下共享和平之福，而欹于未臻厥效。此陛下望道未见，求治无已之盛心也。臣窃伏草野，目击时弊，亦有感于礼之文日盛，而本日微，未尝不为圣世一慨矣，敢不披沥以对扬休命之万一乎！盖闻之《易·大象》曰：上天下泽，履君子以辨上下，定民志。及读鲁论，则曰：能以礼让为国乎，何有？不能以礼让为国，如礼何？夫以民志之定，而由于制礼以辨上下，则礼之文，乃所以植天下之防者也，不可以不明也。然以国家之治而于礼让，则礼之本尤所以成天下之化者也，不可不崇也。故昔唐虞之世，如二典所纪，律度量衡，授时齐政，修礼如器，其礼文固已著也，然必曰允公克让焉，必曰温恭允塞焉。夫制礼而原于恭，是礼之行于帝廷者，不惟其文，惟其本。故当其时，黎民于变，而为协和之美，四方从欲，而为风动之休。胡氏谓太和在唐虞宇宙间，盖唐虞之太和，致之以礼让而已矣。迨夫成周之隆，如《周礼》所载，九职八则，五礼六乐，三物六容，其礼文固尤详也，然必曰缉熙敬止焉，必曰敬以胜怠焉。夫制礼而原于敬，是礼之行于王朝者，不惟其文，惟其本。故当其时，有夏修和，而无偷惰之习，四海永清，而无僭忒之非。胡氏谓太和在成周宇宙间，盖成周之太和，亦致之以礼让而已矣。夫何周衰而降，秦不师古，而汉称近古，治亦袭秦。孝文溺于黄老，未遑礼乐而俗流失，世坏败，恬而不知怪也，故贾谊有定经制之请。孝宣习于刑名，综核是务，而述旧礼，明王制，略而不之讲也，故王吉有建万世长策之议。孝元之世，朝有变色之言，下有争斗之患，上有自专之士，下有不让之人，治天下者审所上，当时故未之审也，故匡衡有不严而成化之说。大都三臣之言，皆病徒法不足以兴治，然则欲致太平之治者，其必有得于法之外，而后可乎！洪惟我太祖高皇帝，开天启运，置天下于仁义礼乐之中，建极锡民，囿四海于声名文物之内。其以政防民也，如《诸司职掌》一书，大要做乎《周礼》，衷制参乎舆论。举百官之事括于九卿，而纲纪以明，举九卿之事归于朝廷，而体统以正，他如宫室车舆之等，冠冕服饰之差，所以别嫌而明微者，靡不严且密焉，盖政也，莫非礼也。其以礼教民也，如《洪武礼制》《礼仪定式》《大明集礼》诸书，其旨断于宸衷，其书修于曾鲁李原名诸臣。礼则有吉凶军宾嘉之五礼，而中正以节，乐则有本太初至乐清宁之九章，而和平以宣。他如朝参宴享之仪，仪仗卤簿之制，靡不详且备焉，盖礼也，莫非政也。合文质而兼举，通政教而并行，我高皇帝之制，诚为尽美尽善，圣子神孙，率而由之，信可以致治如唐虞成周之太和，而陋汉之治于不足言也。臣伏读圣制，乃今治绩罔效，风教未孚，而其故由于政之文徒具，礼之实未至，是有意于复高皇之彝典，黜今时之靡文，所谓明礼之文，而必崇礼之本者。圣心既独得而切思之矣，臣敢不为陛下悉陈之乎？大抵天下之势，恒起于尚质，而日趋于尚文。国家之治，恒始于质胜，而日敝于文胜。故孔子于周室之礼乐，必从先进，而不从后进焉。盖欲挽文而趋于质，拨乱而反之治，此其所以不从彼而从此也。我高皇帝之制礼，固昭代之所谓先进，而臣民之所当率从者也。夫何世变日下，而人心失真，君子长者之道，浸流于虚浮，淳庞敦愨之风，渐归于诈伪。国初之民俗，至俭约也，迨于今而侈泰以相炫，程子所谓，农工商贾日志于富侈，不能无矣。国初之士习，至雅驯也，迨于今而睢恣以陵上，程子所谓，士大夫日志于尊荣，不能无矣。以今而较诸昔，彼卿大夫和于朝，士庶人和于野，师师济济，皞皞熙熙，以成大猷之治者，今岂能与之仿佛哉？盖昔之为礼也，有本而后有文，天下举相率而从其本，此唐虞成周之所以为太和也，高皇帝之所以同符虞周之世也。今之为礼也，有文而无其本，天下举相率而入于文，此西汉诸臣之所为慨叹也，今日所以当复高皇帝之治也。臣伏读圣制，终篇曰："今欲兴教化，厚风俗，使天下志虑不易，视听纯一，相安于荡荡平平之治，礼让之风，媲美成周，必何施而后可？"夫教化国家之急务也，而俗吏慢之，风俗天下之大事也，而世主忽之。其沿袭之弊，非一日矣。陛下之言及，此宗社生灵久安长治之计也。臣窃以为，朝廷有教化而后天下有风俗，而教化之所以振举，风俗之所以转移，则在乎礼让而已矣。今夫卿大夫者，教化之所由兴废者也，卿大夫而不以礼让相与焉，此教化之窒而不行也。必也同寅协恭，而有和衷之雅，推贤让能，而无媢嫉之私。为大臣而论道经邦，则各竭其诚，各输其悃，如《诗》之硕肤几几可也。为小臣而奔走执事，则各分其献，各宣其力，如《易》之匪躬蹇蹇可也。卿大夫咸若是，则化行于上，与成周之姬召群公揖让于朝者，将不为之匹休矣乎！士庶人者，风俗之所由隆汙者也。士庶人而不以礼让相与焉，此风俗之流而不返也。必也敦本务实，而有《蟋蟀》之俭，崇雅黜浮，而无《蜉蝣》之靡。习于艺林者，合志同方，营道同术，不挟其艺以自矜也。业于畎亩者，守望相助，缓急相恤，不私其业以自丰也，士庶人咸若是，则俗美于下，与成周之比闾族党揖让于野者，将不为之比隆矣乎！此无他道也，朝有善政则野有善俗，官无失德则民无争心。其相须之机，固如此也。然犹未也。四方之习尚惟系于元后之率先，臣民之隆汙寔始于君身之作则，陛下诚欲教化之兴，而风俗之厚，亦惟自上为之率作乎！使上无以率作之，而徒责望于下，是犹表之弗正，而求其景之直，源之弗澄，而求其流之清，臣知其弗能也。伏惟陛下，端拱穆清之上，而豫养乎无体之礼，基命宥密之天，而允植乎制作之原，如尧舜之允恭温恭，如文武之敬止敬胜，如我高皇帝之存心省躬，敬天勤民。由是礼让之本端于上，而礼教之文敷于下，由是天下之防立于上，而天下之化成于下。盖心和则气和，气和则形和，形和则声和，声和则天地之和应。故阴阳调，风雨时，甘露降，五谷登，六畜蕃，嘉禾兴，朱草生，山不童，泽不涸，此和之至也，而唐虞成周太和之宇宙宁不为陛下之宇宙乎？高皇帝万世太平之功业，宁不为陛下之功业乎？昔董仲舒告武帝曰：汉宜损周之文，致用夏之忠。言太和之治，尚质不尚文也。曰：人君正心以正朝廷，正百官，正万民，而远近莫敢不一于正，言导和之本，在上不在下也。而又终之曰：尊所闻，行所知，惟加之意而已。言端本之功贵行不贵言也。愿陛下于仲舒之言，加之意焉。臣愚幸甚，天下幸甚。干冒天威不胜战栗陨越之至。臣谨对。

《隆庆五年进士登科录·邓以赞对策》：

臣邓以赞对：臣闻帝王之御极也，有整齐天下之大法，则其趋一，有感孚天下之实心，则其应神。法者，天下之所为依据者也。民生有欲而易流，人情无制则易肆，若非整顿其法，而明示以收敛约束之意，则耳惑于闻，目惑于见，固有昧于持循而莫措者矣，将何以一其趋？心者，天下之所为信从者也。小民可亲不可愚，常情从好不从令，若非纯一其心，而默运夫精神意气之感，则告之若罔闻，示之若罔见，固有习于虚文而无实者矣，抑将何以神其应？故帝王之有施于天下也，欲其如此，则明示其勿如彼，条其纪纲而整顿之，取其礼度而修明之。而或继世承敝之后，则又为民申饬而不惓。是则可谓有治法矣。既行法于天下也，欲下如此，则上亦勿如彼，以正而自淑，以礼而自治。而或治绩罔效之余，则又益自振励而不息。是则可谓能正心矣。夫国而有法，谁敢不法？童子持檄，而可使听，退殿闻诏，而可使从。若凛然有范围节制之限，而不敢越，何者？其法定也。君而心正，谁敢不正？可以意指而趋，可以气使而至，皆油然有欢忻鼓舞之意，而不能违，何者？其心孚也。由是德归其厚，而浇薄之风息，情从其实，而虚诈之习泯。丰俭有宜而不相侈，尊卑有等而不相逾，朝著有师穆之休，闾野有淳庞之俗，而天下咸登诸理矣。钦惟皇帝陛下，秉神圣之资，抚灵长之运，百姓既渐乂安，四夷皆已称贡。兹进臣等于廷，俯赐清问，惓惓以治绩之未效、礼法之失实为言，则求治无已之盛心也。臣思是举也，三载一行，相沿为故事，然臣伏读圣制，终篇曰：将采而行焉，则岂以为故事已耶？臣敢述所闻以对。臣闻之孔子曰：政者正也。子产曰：礼者民之行也。皆言法之当立也。故善理家者，必立为家法，画一可守，然后亲疏大小，皆秩然整肃，惟吾之听，而不敢有自异之心。则以家视天下者，又可知矣。后之论者曰：焚符破玺而民朴鄙，剖斗折衡而民不争。曰礼者忠信之薄而乱之首。是谓卧而治之，遂可以宰制宇内矣。夫风气渐漓，人心反古，以今日而欲为太古之无事，是犹太冬之候，责裘者以为葛之易也，岂不谬哉！又闻之蔡沈曰：典章文物，心之著也。礼乐教化，心之发也。皆言心之当正也。故善治身者，必内定其心。常惺常觉而能为四体之主，则凡意有所向，手持足行，皆将不待使令，而率然以自至。则以身视天下者，又可知矣。后之论者曰：鞭朴不可弛于家，刑罚不可废于国。曰：杀一人刑二人而天下治。盖谓刑以绳之，遂可以震慑宇内矣。夫上有所好，下必甚焉。不自治而欲为申韩之酷法，是犹立枉木而求影之直也，岂可得哉？故礼有符契，所以养信也。上好权谋，则下将乘是而为欺。礼有命讨，所以明公也。上好枉曲，则下将借是而为私。车服有章，礼之饰也，上务观美，则下将侈靡以相竞。交际不谄，礼之节也，上务简忽，则下将傲惰以相高。故曰：徒善不足以为政，徒法不能以自行，信乎心与法之当兼也。昔黄帝（下缺）

陈长祚中三甲第五十六名进士。陈长祚为张居正门生，叶向高又为陈长祚门生。沈德符《万历野获编补遗》卷二《科场·陈尚书陪所》："陈陪所（长祚）尚书，父名瑞，故张江陵癸丑房考门生。抚楚时，值张封公殁，苴麻哭号，以谒太夫人，骤迁至户部尚书，为世所嗤笑。陪所又为江陵公辛未大主考门生，以两世通门，入幕无间。癸未，以兵部职方郎分考南宫，今首揆叶福唐，今冢宰张潼阳，其所得士也。陈官至参政，以病告归。其人在下中，林居凡二十四年，无一慰荐及之者，何论启事。至万历戊申，则福唐已大拜当轴，潼阳以都谏转太常，为西北正人领袖，遂起升宪长，以至方伯。比福唐去位，遂以白简归，又七年而福唐再起当国。潼阳又正统均，复起故官，以至清卿佐部，直拜大司空，时论遂厌薄之。然以两门人故，无敢指摘及之者，两世尚书，俱用扫门得之。又因缘师生，屡跌屡起，终以通显，无惑乎时情营求典试，至争讦同事，蔑廉耻不顾也。陈瑞曾为苏松巡按御史，有祠在吴之虎邱，久圮无迹。近因乃子为司空，复鼎新巍焕，吴绅有欲毁之者，未知能行否。"

黄洪宪中第二甲十三名进士。《游艺塾续文规》卷四《了凡袁先生论文》："隆庆以来，又当别论。窃谓今日之文，欲极新又欲极稳，欲极奇又欲极平，欲说理又不欲着相，欲切题又不欲粘皮带骨。正大处欲带圆话，透脱处欲带含蓄，流动处欲带庄严，轻逸处欲担勔两。盖经义之学，自我朝始，我朝莫盛于成弘。近日所见唯黄白夫洪宪、汤海若显祖耳。汤文高古雅炼，绝似震川，而圆转过之；黄文如'尧独忧之'七句，春容妥贴，愈玩愈佳。冯开之丁丑场前，日日玩此一篇文字，故其文气温雅亦近似之。前辈谓学书者不须泛滥，得古人一点一画，终身学之，遂可成名，予于时义亦云。"

公安刘珠六十六岁中进士。沈德符《万历野获编》卷十六《科场·刘进士晚达》："楚荆州公安县人刘珠，故与张江陵相公封翁文明同为诸生，相厚善。比辛未江陵主会试，刘始登第，则年已稀龄，张太翁受一品封久矣。又三年甲戌，江陵满五旬，刘在郎署为诗以寿，中一联云：'欲知座主山齐寿，但看门生雪满头。'江陵为之一启齿。"谈迁《枣林杂俎·圣集》："公安刘珠，惟明嘉靖丁酉贡士，困公车三十六年，每下第，辄投执友江陵张太岳诗：'始知相府深如海，不使山人醉似泥。'又：'相府勋名青鬓少，故人心事白头多。'隆庆辛未科，年六十六，成进士。珠上太岳书：'欲知座主山为寿，先看门生雪满头。'万历乙丑科，睢州董又莘，时年七十。历南京大理寺卿，年殂九十，视履无恙。"

四月

吏部覆国子监祭酒马自强等奏，请于诸司历事监生，以三名为率，量增一名。其在历岁月减旧四之一，即存其馀廪以待增者，令候历诸生不至壅滞。行三年复旧。从之。（据《明穆宗实录》卷五十六）高拱《掌铨题稿》卷十五《议增正历监生疏》："（隆庆五年三月）该国子监祭酒马自强等题称：'本监旧规，监生在班肄业满者，即拨各衙门历事。近因选取恩贡数多，有班满三年之外，未拨历事，壅滞苦难。乞照前年事例，添增正历，仍减在历月日，据所减名数以为增历之数，暂行一二年，仍复旧规事。……相应题请，合候命下，通行在京各衙门，每该正历三名者量增一名，仍不拘已未拨出，俱减三个月，止历九个月准满，即以所减历月之余粮，扣抵所增历缺之正俸。暂行二年，仍复旧规，其考勤上选日期，仍照旧例遵行等因。'隆庆五年三月三十日题请，四月初二日，奉圣旨：'是。'"

王征（1571—？）生。《罪惟录·列传》卷十二："王征，字良甫，号葵心，晚自号了一道人，陕西泾阳人。"《宝田堂王氏家乘》卷二："王征，号葵心，泾阳人。"屈大均《翁山佚文辑·泾阳三原死节二臣传》："王征字良甫，一字葵心。"张炳璇《明进士奉政大夫山东按察司佥事奉敕监辽海军务端节先生葵心王公传》："以隆庆辛未四月十九日生先生，讳征，字良甫，道号了一道人，葵心其别号也。"

刑科都给事中王之垣等请诸进士读律，从之。（据《国榷》卷六十七）

五月

李春芳罢归。《国榷》卷六十七："（隆庆五年五月戊寅）少师兼太子太师吏部尚书中极殿大学士李春芳致仕。遣行人曹铣护归。敕曰：'由状元为执政，冯京不愧乎科名。以宰相而养亲，王溥见荣于当世。古称盛事，今乃兼之'云云。春芳为人性宽平，事期安静，不好为躁刻，时人比之李时。其气力不如也，而洁廉过之。晚扼于高拱，不得舒。时犹取栽，不至过甚。"《明鉴纲目》卷六："纲：夏五月，李春芳罢。目：初，春芳代徐阶为首辅，务以安静称帝意，同列陈以勤故端谨，张居正恃才凌物，视春芳蔑如也。方阶罢，春芳叹曰：'徐公尚尔，我安能久容？且夕乞身耳。'居正遽曰：'如此庶保令名。'春芳愕然。三疏乞休，不允。既而赵贞吉入代以勤，刚而负气。及高拱再入，直凌春芳出其上，春芳不能与争，自饬而已。会拱逐贞吉，势益张。修阶故怨，春芳常从容为阶解，拱益不悦。言官希拱意，疏诋春芳，乃罢归。（后数年卒，谥文定。）"

升南京国子监祭酒万浩为南京礼部右侍郎。（据《明穆宗实录》卷五十七）

陕西贡士吕潜荐授国子学正。（据《国榷》卷六十七）

大学士高拱以首揆辞铨务，不允。（据《国榷》卷六十七）

六月

高拱言进士偏重而举人甚轻之弊；凡保荐考选，勿拘出身。诏如议举行。《明穆宗实录》卷五十八：隆庆五年六月"乙卯，掌吏部事大学士高拱言：'国初进士、举人并用，其以举人跻八座称名臣者甚众。乃后进士偏重而举人甚轻，至于今极矣。故举人年力稍强，辄迁延以幸一第，必至衰迈始勉强就官，间有一二壮年出者，则又为贫之故，志温饱者也。如是而冀治理，胡可得哉！臣愚以为，欲兴治道，宜破拘挛之见，以开功名之路。凡举人初选，初以资格授官之后，则惟考其政绩，而不必问其出身。吏部自行体访，苟系贤能，即一体升取。各抚按官一体保荐，如举人官未经保荐而升取多者，抚按官以不及论。诸凡推转，一视政绩，无分彼此，有所重轻。若果才德出众，则一体升为京堂，即至部卿无不可者。至于举人谒选，又必稽其年貌五十以上者，授以杂职，不得为州县之长。盖恐繁巨之任非衰劣者所堪，如此则吏治可兴，而化理有赖。'上曰：'祖宗用人，本不拘资格，近来偏重太甚，以致人无实用，事功不兴。览卿奏，具见经济宏猷，于治道人才大有裨益。其如议举行。'"高拱《掌铨题稿》卷五《议处科目人才以兴治道疏》："（隆庆五年六月）臣愚以为欲兴治道，宜破拘挛之说，以开功名之路。凡举人就选者，初只以资格授官，授官之后则惟考其政绩，而不必问其出身。进士而优则先之，苟未必优，即后于举人无妨也。吏部自行体访，但系贤能，一例升取，不得复有所低昂。仍行都察院转行各该抚按官，务除去旧套，但系贤能，一例保荐，亦不得复有所低昂。如举人官未经保荐，而升取数多者，抚按官以不及论。其既升取之后，又惟论其政绩，一例推转，举人之俸不必加深，进士之官不必加美。若果才德出众，则一例升为京堂，即上至部卿，无不可者。如此则拘挛之说破，而功名之路开，苟非至不肖者，必不甘于自弃也。至于举人应迁之时，又必籍其年貌，五十以上者授以杂官，不得为州、县之长。盖州、县之长，责任艰重，须有精力者乃可为之。彼其精力既衰，胡可以为哉？如此，则人皆趁可为之时，以赴功名之会，而甘于沦落者或寡矣。夫举人与进士并用，则进士不得独骄，而善政必多。进士不敢独骄，则举人皆益自效，而善政亦必多。即未必人人皆然，而十分之中，少亦可有六七，固已过半矣。善政多则民安，民安则国可富，而教化可行，熙平之治可庶几望也。臣诚愚昧，所以为国谋者如此。……奉圣旨："祖宗用人，原不拘资格。近来偏重太甚，以致人无实用，事功不兴。览卿奏，具见经济宏猷，于治道人才大有裨益。依议着实举行，吏部知道。'""（隆庆五年六月）臣惟国家之用人，皆欲其砥砺名节，建立事功，以共成熙平之治，非徒以一日之短长，遂为终身定例，而故有所抑滞于其间也。今布列中外，自州、县正官而上，大较皆科目之人，而科目分数，进士居其三，举人者，亦惟假此为陈网罗之具，以观他日之何如，而非谓此必贤如彼也。国初进士、举人并用，其以举人登八座、为名臣者，难以一二计。乃后进士偏重而举人甚轻，至于今则极矣。其系进士出身者，则众向之，甚至以罪为功；其系举人出身者，则众薄之，甚至以功为罪。上司之相临，同列之相与，炎凉盈面，可鄙可羞之甚，而皆不自顾也。至于保荐，则进士未必皆贤，而十有其九；举人未必皆不贤，而十曾无其一也。至于升迁，则进士治绩之最下者，犹胜于举人治绩之最上者也。即幸有一二与进士同升，然要其后日，则进士之俸少而升官又高，举人之俸多而升官又劣也。若夫京堂之选，则惟进士得之，而举人不复有矣。其偏如此，遂使进士气常盈，举人气常怯。盈者日骄，每袭取而寡实；怯者日沮，率隳堕而恬污。以故举人皆不乐仕，苟年稍强、学未甚荒者，皆相与迁延，冀幸一第。直至年迈学荒，沦落已甚，然后出而就选，以为姑且了事云尔。间有一二壮年从仕者，又皆为贫之故，求温饱者也。若是而欲望其有为，胡可得哉？及其不能不为，则又曰：此辈果不堪用。然不知乃用人之偏所致，而非其本体果皆如此也。夫崇尚进士，才三分耳，而又使之骄；弃却举人，已七分矣，而皆使之沮。则天下之善政谁与为之，而民生奚由得安也。"

靳学颜（？—1571）卒。 《国朝献征录》所收佚名《吏部侍郎靳学颜》："吏部左侍郎靳学颜，隆庆五年六月卒，以三年未满，赐祭一坛，给半葬。学颜山东济宁州人，嘉靖乙未（1535）进士。初授南阳府推官，累官至左布政使，入为太仆光禄卿，都察院副都御史，巡抚山西，晋工部侍郎，改吏部，以病乞归，至是卒。学颜为人淳谨，内行修洁，文学气节俱为士论所重云。"所著《靳两城先生集》，有王圻刻序，署"万历岁次乙酉（1585）秋九月朔旦"；有于若瀛序，署"万历己丑（1589）春三月"。

升南京翰林院侍读学士掌院事陶大临为南京国子监祭酒。（据《明穆宗实录》卷五十八）

选翰林院庶吉士。 《国榷》卷六十七："选翰林院庶吉士赵用贤、王祖嫡、史钶、赵鹏程、何汝成、黄洪宪、刘虞夔、萧崇业、赵参鲁、漆彬、张应元、吴中行、孙训、石应岳、张程、秦耀、公家臣、王懋德、刘楚光、刘克正、刘元震、赵耀、李盛春、王守诚、宋范、宋儒、孙成名、刘谐、熊敦朴、盛讷，修撰张元忭、编修刘瑊、邓以赞俱入馆肄业，鼎甲自嘉靖丙戌后不受课，至是复故。"

太子少保礼部尚书高仪，署詹事府吏部左侍郎吕调阳并教习庶吉士。（据《国榷》卷六十七）

七月

故少詹事兼翰林侍读学士黄佐赠礼部右侍郎，谥文裕。（据《国榷》卷六十七）

九月

丁士美、申时行为今年武举主考。取中谢天佑等一百十人。（据《明穆宗实录》卷六十一）申时行《赐闲堂集》卷九《武举录后序》："隆庆辛未，郡国举材武士，升之司马。九月，合试之如故事。诸射中者乃得试筹议，觇将略。于是臣士美偕臣时行奉上命实临校之。"叶梦珠《阅世编》卷二《学校》四："前朝惟京师有武学，郡邑无之。凡应武科乡试者，虽谓之武生，要皆学业粗疏、负材矜气之子弟。或原属军籍而学书不就者，则习武经，学弓马，中式则为武举，不中则依然齐民耳，无所谓武生员也。崇祯之季，始诏郡邑考取武生员，并入学宫，令督学考校。然而积习轻武，苟有志者，不屑应试，学臣亦视为具文，或有无多寡，不拘定额也。"《国榷》卷六十七："（隆庆五年九月）癸酉，翰林侍读学士丁士美、左中允兼编修申时行主武闱。"

苏佑（1492—1571）卒。于慎行《明故资政大夫兵部尚书兼都察院右都御史谷原苏公行状》："公讳佑，字允吉，初号舜泽，谷原其更号也。世为东昌濮人，居北王赵之原。"嘉靖丙戌进士。官至兵部尚书兼都察院右都御史。"辛未，仲子澹都试，卒京师，公遂于邑发病，以其年九月二十九日薨于正寝，距生弘治壬子七月九日，得寿八十岁。""博览群籍，游心千古，为文辞歌诗，遒丽典雅，海内以为名家。所著有《孙吴子集解》、《三关纪要》、《法家裒集》、《谷原诗文草》、《奏疏遗旆》、《琐言》等书。"

己丑，升国子监祭酒马自强、南京国子监祭酒陶大临俱为詹事府少詹事兼翰林院侍读学士。黜原任南京国子监祭酒姜宝为民。令诚意伯刘世延、原任南京刑部尚书孙植闲住，世延仍夺俸半年。复原任南京国子监助教郑如瑾官。初，给事中王祯之论宝也，止言其徇情乱法而不及受赃。及是，南京法司希大学士高拱指，坐宝赃千金，而为如瑾辨雪。故有是命。（据《明穆宗实录》卷六十一）

十月

甲辰，升翰林院掌院事侍读学士丁士美为太常寺卿，管国子监祭酒事。原任国子监司业林士章为南京国子监祭酒。（据《明穆宗实录》卷六十二）

少詹事兼翰林侍读学士马自强署院。左右中允兼编修申时行、王锡爵为左右谕德兼侍读，直日讲。锡爵署南院。（据《国榷》卷六十七）

监察御史赵应龙，劾大学士殷士儋因太监陈洪入相。士儋疏辨，上慰谕之。（据《国榷》卷六十七）

十一月

殷士儋罢归。《明鉴纲目》卷六："纲：冬十一月，殷士儋罢。目：御史赵应龙（溧阳人），劾士儋进由内侍，不堪大任，给事中韩楫复扬言胁之。士儋遂乞休去。（士儋家居十余年，卒谥文通，久之，改谥文庄。）"

十二月

遣南京国子监琉球国授教官生梁照等三人归。从其王请也。（据《明穆宗实录》卷六十四）

本年

隆庆五年题准：将遵化、密云、永平各附近卫所官舍严加遴选，分拨各学，如法教养。各兵备官以时校阅，仍照京卫武学事例，考入优等者，每名月给餼米。所用钱粮，即于缺官银米开荒粮内动支。至于民间技能之士，必须超群绝伦、真有实用者，方许入选，勿得滥收。（据万历《大明会典》卷一百五十六《兵部·武学》）

题建顺、永武学。乾隆《直隶遵化州志》卷六《建置志·学校·武学》："明隆庆五年，总督刘应节会巡抚杨兆、总兵戚继光题建顺、永武学。凡三，一在遵化，取应袭官舍入学训迪，俾讲兵法诸书，骑射外如剑弩、火攻、车战之学，随所长专治之，尤时令从戎行赴边，使习山川形胜及战阵金鼓之节。比年巡抚一澄汰，三年巡按一举贡。学在州治西北。阅数年，万历初，戚继光又改太仆寺行台为之。……初建武学时，原设教授一，科正二。万历三年，裁二员，止留科正一员。"乾隆《直隶遵化州志》卷十八《艺文志》刘应节《建武学记略》："国家自两都而外，故无武学。三镇武学自隆庆五年始云。先是，刘子奉玺书督镇蓟门，召诸将谂以战守兵法，皆嘿不应，或窃笑之。刘子诘以故，金曰：'御边者勇战无方，习七家书，其曷取当？'刘子抚膺叹曰：'必若言，舞干之格未能也，勇匹夫乎！'盖承平久，人不知兵，介胄之士罔谙韬钤，而缙绅持文墨议论，率诎武力，志士又耻从介胄。世庙中叶，诏求奇谋异能之士，卒无应者。乃命有司每三岁开科如例罗士，顾弓矢马步之格可几，幸收入闱，献策又糊名易书，若测景辨神然。故取人如拣金于沙，幸而得人，如呼之中博。弊在所用非所养，所养非所用耳。刘子既受事，谋诸中丞杨公、都护戚公，力言今日武功宜储将才以备缓急。大司马是刘子言，覆奏制可之。由是密云、遵化、永平三镇悉立武学，修庙立庑，给舍分斋，巍然宫墙，可并黉宇。奉祀仍从武成王，反本始也。设教授各一，科正各二，隆师道也。讲有堂，射有圃，课督有程，赡养有饩。首重韬略之科，力划举业之陋，崇教养也。行之三年得一士，疏名以闻，得列将籍。于是诸士向风，致力于学。或曰：'学而败者百一，不学而败者什九。宁误而为括，毋幸而为青，矧括正不知学而喜自用者。'或又曰：'谈兵如谈禅，在悟不在习。'刘子曰：'嗟乎！舛矣！禅之悟果废渐而能顿哉？得鱼兔忘筌蹄以求鱼兔，可矣，必舍筌蹄以求鱼兔，是缘木守株之智也。虽有良工，不废绳墨，虽有良冶，不废炉锤。是故九流有师，百工居肆，矧兵戎重事乎？……'"

明穆宗隆庆六年壬申（公元 1572 年）

正月

进高拱柱国中极殿大学士，张居正少师兼太子太师。（据《国榷》卷六十七）
颜嗣慎袭翰林五经博士。（据《国榷》卷六十七）

二月

制敕、诰敕房官考选，得正卷王赞襄等二卷，备卷二卷，得旨："正卷依拟用"。《吏部职掌·文选清吏司·求贤科·制诰房官》："一、制敕、诰敕房官，内阁查缺，题行本部，查访科目出身及进士并中书舍人、四夷馆等衙门相应官内，有文学优长兼精书翰及性行谨恪者考选。……一、嘉靖四十四年，大学士徐题将下第告选举人于内考选三、四员供事。该本部考选，得正卷唐文灿等四卷、备卷四卷进呈，其取中合授试中书舍人，许令会试一次。奉圣旨：'正卷依拟用。'隆庆六年二月，大学士交题该本部于听选举人内考选，得正卷王赞襄等二卷、备卷二卷进呈。奉圣旨：'正卷依拟用。'"

召张四维仍吏部左侍郎，协理詹事府国子司业余有丁为司经局洗马，兼修撰编修陈

栋为右春坊右赞善。(据《国榷》卷六十七)

南京国子司业范应期为国子司业。(据《国榷》卷六十七)

选东宫辅导,太子太保礼部尚书兼翰林学士高仪,吏部左侍郎兼学士张四维,司经局洗马兼翰林修撰余有丁,右春坊右赞善兼编修陈栋侍班。少詹事兼翰林侍读学士马自强、陶大临,翰林编修陈经邦、何洛文,检讨沈鲤、张秩直讲读。检讨沈渊、许国校书。制敕房大理寺左寺正马继文、徐继申侍书。(据《国榷》卷六十七)

翰林编修周子义为南京国子司业。(据《国榷》卷六十七)

翰林院庶吉士沈懋孝、张道明服阕。授懋孝编修,道明工科给事中。(据《国榷》卷六十七)

闰二月

故大学士蒋冕孙务稼补荫中书舍人。(据《国榷》卷六十七)

三月

礼部尚书兼翰林学士潘晟致仕。(据《国榷》卷六十七)

四月

己卯,命太常寺卿管国子监祭酒事丁士美以原官兼翰林院侍读学士,充东宫侍班官。命吏部左侍郎兼翰林院学士,协理詹事府事张四维掌府事。升少詹事兼翰林院侍读学士掌院事马自强为詹事,仍兼侍读学士,协理府事,同教习庶吉士。(据《明穆宗实录》卷六十九)

高仪入内阁,预机务。《明鉴纲目》卷六:"纲:壬申六年,夏四月,以礼部尚书高仪,兼文渊阁大学士,预机务。目:初,仪掌礼部,秉礼循法,居职甚称。为言路所劾,遂引疾归。已用高拱荐,以故官侍东宫讲读,掌詹事府,及是,遂入阁。"

改南京礼部右侍郎万浩为礼部右侍郎,管国子监祭酒事。(据《明穆宗实录》卷六十九)

应天府丞丘有岩免。时家居翰林编修曹大章、苑马卿韩子允诈取人财,有岩庇之。被劾。(据《国榷》卷六十七)

苏松兵备副使蔡国熙改山西提督学校。(据《国榷》卷六十七)

庶吉士李熙服除,授兵科给事中。(据《国榷》卷六十七)

翰林检讨沈位使过睢宁,暴卒。盖遭卒殴之。事闻治如律。(据《国榷》卷六十七)

少詹事兼翰林侍读学士陶大临为詹事,署院。(据《国榷》卷六十七)

五月

　　穆宗驾崩，大学士高拱、张居正、高仪受顾命。《明鉴纲目》卷六："纲：五月，帝崩。（葬昭陵，在京兆昌平县大峪山。）目：帝初有疾，将视朝，登陛忽眩，几仆。亟召高拱、张居正至。帝执拱手，款语备至，居正在旁，帝弗顾也。帝令拱扶掖还宫，寻命宿乾清门，拱与居正同止焉。未几，帝大渐，召拱、居正及高仪，同受顾命，遂崩。"

　　刘文敏（1490—1572）卒。黄宗羲《明儒学案》卷十九："刘文敏字宜充，号两峰，吉之安福人。自幼朴实，不知世有机械事。年二十三，与师泉共学，思所以自立于天地间者，每至夜分不能就寝。……已读《传习录》而好之，反躬实践，唯觉动静未融，曰：'此非师承不可。'乃入越而禀学焉。自此一以致良知为鹄，操存克治，瞬息不少懈。……不应科目。华亭为学使，以贡士征之，不起。双江主于归寂，同门辨说，动盈卷轴，而先生言：'发与未发本无二致，戒惧慎独本无二事。若云未发不足以兼已发，致中之外，别有一段致和之功，是不知顺其自然之体而加损焉，以学而能，以虑而知者也。'又言：'事上用功，虽愈于事上讲求道理，均之无益于得也。涵养本原，愈精愈一，愈一愈精，始是心事合一。'……先生谓：'吾性本自常生，本自常止。往来起伏，非常生也，专寂凝固，非常止也。生而不逐，是谓常止；止而不住，是谓常生。主宰即流行之主宰，流行即主宰之流行。'其于师门之旨，未必尽同于双江……谓其门人王时槐、陈嘉谟、贺泾曰：'知体本虚，虚乃生生，虚者天地万物之原也。吾道以虚为宗，汝曹念哉，与后学言，即涂辙不一，慎勿违吾宗可耳。'隆庆六年五月卒，年八十有三。……故言虚同而为虚实异，依然张子之学也。"

　　翰林院庶吉士李长春授编修。（据《国榷》卷六十七）

六月

　　朱翊钧即位，是为神宗。《弇山堂别集》卷三十一《帝系》："今皇帝御名翊钧，穆宗第三子。嘉靖四十二年癸亥八月十七日生，母曰慈圣皇太后李氏。隆庆二年三月十一日册为皇太子，六年六月初十即皇帝位，改元万历。"《明鉴纲目》卷六："纲：六月，太子翊钧即位（是为神宗），赦。目：以明年为万历元年。"

　　诏祀建文朝尽节诸臣。《明鉴纲目》卷六："纲：诏祀建文朝尽节诸臣于乡，有苗裔者恤录。"

　　革广西冒籍举人李任春回籍。（据《明神宗实录》卷二"隆庆六年六月庚午"）

　　高拱罢相，张居正为首辅。《明鉴纲目》卷六："纲：罢中极殿大学士高拱。目：始拱与张居正友善，既而内离，猜防日甚。中人冯保（深州人）次当掌司礼监，拱荐陈洪及孟冲，保以是怨拱，而居正与保深相结。（穆宗疾再作，居正处分十余事，使小吏投保。拱知而迹之，吏已入。拱恚甚，面诘居正曰：'密封谓何？天下事不以属我曹，而属之内竖，何也？'居正面发赤，干笑而已。）穆宗崩，保矫遗诏，与阁臣同受顾命。及帝登极，保升立御座旁不下，举朝大骇。保遂掌司礼监，又督东厂，总兼内外，势益张。拱以主上幼冲，惩中官专政，疏请诎司礼权。又属言官合疏攻保，而已从中拟旨逐之。使人报居正。居正阳诺之而私以语保，保诉于太后，谓拱擅权不可容。太后颔之。明日，召群臣入，宣两宫及帝诏。拱意必逐保也，急趋入。比宣诏，则数拱罪而逐之。拱伏地不能起，居正掖之出。拱急傫骡车出宣武门。居正乃与高仪请留拱，弗许。请得乘传，许之。拱既去，居正遂为首辅。"

巡抚贵州都御史蔡文奏请选用进士任贵阳、思南、普安等府、州、县推官、知州。《明神宗实录》卷二：隆庆六年六月乙亥，"巡抚贵州都御史蔡文条奏急切三事：一，选用科目以抚疲民。言所属府、州、县官多以谪调贡监处之，人有欺玩之心，官无振拔之志。贵阳、思南、普安颇属繁剧，安顺贼患初平，政务猬兴，其推官、知州决非甲科不可。其余地方亦宜选举人有年力志向者以充其任。……旨下该部。"

高仪卒。《明鉴纲目》卷六："纲：高仪卒。（谥文端。○仪性简静，寡嗜好，入阁两月卒，贫无以敛。）"

吕调阳入内阁，预机务。《明鉴纲目》卷六："纲：以礼部尚书吕调阳（字和卿，广西临桂人），兼文渊阁大学士，预机务。目：高仪既卒，张居正以调阳弱，荐代之。居正专决，调阳不敢有所持诤，然内不甚附之。"

七月

诏天下儒学生员有因亲老无人侍养愿告侍亲者听。亲终，仍许复学。其在学累举不第，年五十以上者，许告衣巾终身。有德行著闻者，给与冠带荣身。（据《明神宗实录》卷三）

庶吉士李学一为刑科给事中。（据《国榷》卷六十八）

南京礼部右侍郎汪镗为礼部右侍郎，管国子监事。（据《国榷》卷六十八）

翰林编修韩世能、吏科左给事中陈三谟颁诏朝鲜。（据《国榷》卷六十八）

少傅兼太子太傅吏部尚书杨博考一品十二年满，加少师兼太子太保，荫子入监。（据《国榷》卷六十八）

前礼部左侍郎万士和以原官署南京国子监事。（据《国榷》卷六十八）

八月

进张居正左柱国中极殿大学士，荫尚宝司丞。吕调阳太子少保武英殿大学士。（据《国榷》卷六十八）

大学士张四维予告。（据《国榷》卷六十八）

祭故右春坊右赞善陈栋。以先帝讲官又侍班也。（据《国榷》卷六十八）

九月

礼部右侍郎兼翰林院侍讲学士马自强为左侍郎，仍管詹事府事。太常寺卿兼翰林院侍读学士日讲官丁士美同教习庶吉士。（据《国榷》卷六十八）

大学士张居正请修《穆宗实录》。（据《国榷》卷六十八）

革江西南昌县举人周楷为民。（据《明神宗实录》卷五"隆庆六年九月辛亥"）

录故大学士蒋冕孙务樵为中书舍人。（据《国榷》卷六十八）

礼部右侍郎兼翰林院侍读学士掌院陶大临回部。（据《国榷》卷六十八）

十月

太常寺卿兼翰林院侍读学士丁士美掌翰林院事。（据《国榷》卷六十八）

敕成国公朱希忠监修皇考《实录》。大学士张居正、吕调阳总裁。（据《国榷》卷六十八）

十二月

候选训导侯贵疏言学校六事。不报。《明神宗实录》卷八：隆庆六年十二月甲戌，"候选训导侯贵疏言学校六事……五、议冠带广恩。谓中式举人殿试毕即与冠带，及当该援例，亦与冠带，听选则历满监生就教，守部贡生亦当推广此例。六、议禁革。谓举人岁贡牌坊路费，俱有额数，而有志者少，出学之后，多方干求，关通胥吏，或敷派里甲，或科取行市，名为作兴，实则科敛，宜严加禁止，以节省民财，亦所以培养士节。其疏中又言薛瑄与王守仁同为一代名臣，然学术不无醇疵，故词多诋为伪学，而又以王安石《三经正义》比孔颖达《九经正义》，则议论不无差谬云。"《国榷》卷六十八："候选训导侯贵言学校六事：曰议庙像。孔子像今撤存不一，当悉撤之以复古。曰议从祀。请侑戴圣、刘向、王弼、贾逵、何休、王肃、荀况、何晏、马融、杜预、扬雄、吴澄，又别祀苍颉、史籀、程邈、李斯、蔡邕、李阳冰、蔡伦。曰定学制。曰删定《春秋》三传及《礼记》。曰冠带广恩。曰革科贡牌坊路费。不报。"

张居正进《帝鉴图说》。《四库全书总目》卷八十九史部史评类存目二著录《帝鉴图说》（无卷数），提要曰："明张居正、吕调阳同撰。居正有《书经直解》，已著录。调阳，临桂人。嘉靖庚戌进士。官至建极殿大学士。谥文简。事迹具《明史》本传。是编乃二人奏御之书。取尧舜以来善可为法者八十一事，恶可为戒者三十六事，每事前绘一图，后录传记本文，而为之直解。前有隆庆六年十二月进疏一篇，盖当神宗谅闇时也。疏云：善为阳为吉，故数用九九，恶为阴为凶，故数用六六。取唐太宗'以古为鉴'之语名之。书中所载皆史册所有。神宗方在冲龄，语取易晓，不免于俚俗。"

翰林编修许国补日讲官。（据《国榷》卷六十八）

吏部右侍郎兼翰林院侍读学士诸大绶予告。（据《国榷》卷六十八）

冬

陆树声（1509—1605）赴礼部尚书任。时张居正当国，陆引礼不稍假借。于慎行《明故资政大夫太子少保礼部尚书兼翰林院学士赠太子太保谥文定平泉先生陆公墓志铭》：陆树声字与吉，华亭人。嘉靖辛丑会试第一人，选庶吉士，授编修，壬子（1552）请告归。丁巳（1557），即家拜南京国子监司业，未几又请告归。乙丑（1565）进太常卿。其年秋进吏部右侍郎，引疾不就。"己巳（1569）再起原官，兼翰林院学士，掌詹事府，教习庶吉士，赴召抵淮，复请告返。时同年高新郑公在政府，公弟中丞居省中，新郑（高拱）遇事不如意，辄语中丞曰：'吾甚愧平泉。'赵文肃公至谓中丞：'举朝傒公，正欲主上新政，一见风采，知先朝培养，有此伟人耳。'其为名流推重如此。壬申陪推内阁，即家拜礼部尚书兼学士，疏辞不允。时今上初嗣服，公以硕德清节，首膺简召，中外动色相贺，公亦感激上恩，不忍终辞，乃以是冬诣阙。时江陵（张居正）当国，喜得引公为重。及见公，相对湛然，意无所接，则大失望。公之莅部，率正僚属，引经谊以裁典礼，操持凛凛，无敢干以私。虏酋邀增岁币，枢臣将许之，公以职力争不可，枢臣竟不能夺。尝以公事谒江陵，适家宰先谒出，入见客坐甚偏，江陵亟引正之，公乃就坐。同列或讽公：'以相君尊重，宜少委蛇。'公默不应，盖已浩然有归志矣。"

冯惟讷（1513—1572）卒。《静志居诗话》卷十三："冯惟讷字汝言，惟健季弟。嘉靖戊戌（1538）进士，历官江西左布政使，以病请老，特进光禄寺卿，致仕。有《光禄集》。光禄，亦华整可观。三冯并称，其贾氏之伟节乎？《秋日寄怀家兄》云：'燕山木落雁来迟，远客南归未有期。明月双悬江海泪，秋风一寄鹡鸰诗。淹留贾谊才无敌，漂泊冯唐鬓欲丝。最是昭王遗恨处，黄金台上草离离。'"《明史·艺文志》著录冯惟讷《青州府志》十八卷、《光禄集》十卷、《诗纪》一百五十六卷、《风雅广逸》七卷。《四库全书总目》卷一百八十九集部总集类四著录冯惟讷纂《古诗纪》一百五十六卷。

韩上桂（1572—1644）生。上桂字孟郁，番禺人。万历甲午（1594）举人。除易州学正，迁南国子博士，历助教，监丞，改永平通判，迁建宁同知。甲申京师陷，悲愤不食死。乾隆中赐谥节愍。有《朵云山房诗文稿》十二卷。

明神宗万历元年癸酉（公元1573年）

正月

王大臣入乾清宫被获，伏诛。《明鉴纲目》卷七："纲：癸酉万历元年，春正月，男子王大臣入乾清宫，寻伏诛。目：大臣，京师佣奴，伪为内侍服，入乾清宫，被获，下东厂。冯保欲缘此以陷高拱。令家人饮食之，纳刃其袖中，俾言拱怨望，与太监陈洪（拱先荐洪掌司礼，故保怨之。）谋大逆，遂发缇骑驰械高氏奴，围拱里第。张居正亦请诘主使。举朝汹汹，谓且逮拱。吏部尚书杨博，左都御史葛守礼（字与立，德平人），诣居正力解，居正奏缓其狱。博阴属锦衣，怵大臣吐实。又以拱仆杂稠人中，令大臣识别，茫然莫辨也。会帝命守礼，偕都督朱希孝（成国公朱能五世孙）会讯，大臣疾呼：'许我富贵，乃搒掠我邪？且我何处识高阁老？'希孝不敢鞫而罢。保惧，以生漆酒，瘖大臣。移付法司，坐斩，拱得白。"

命成国公朱希忠，大学士张居正知经筵事。吕调阳同知经筵。侍郎陶大临、丁士美、申时行、王锡爵、陈经邦、何洛文、沈鲤、许国、沈渊、陈恩育直讲。罗万化、王家屏、陈于陛、徐显卿、张位、韩世能、林偕春、成宪展书。（据《国榷》卷六十八）

荫故工部尚书宋礼裔孙入国子监。（据《国榷》卷六十八）

右春坊右谕德兼翰林院侍读余有丁为南京左春坊左庶子，掌翰林院事。（据《国榷》卷六十八）

命曾子嫡裔攸县知县曾衮改袭翰林院五经博士。（据《国榷》卷六十八）

吏部右侍郎诸大绶卒。山阴人，嘉靖丙辰进士第一。赠礼部尚书，谥文懿。（据《国榷》卷六十八）

礼部右侍郎兼翰林院侍读学士王希烈为吏部左侍郎，仍掌詹事府事。（据《国榷》卷六十八）

二月

礼部覆给事中李乐科场四事，俱依拟行。《明神宗实录》卷十：万历元年二月戊寅"礼部覆给事中李乐科场四事：一曰慎应试之选。督学取士，必以德行为先，如徒工文辞，行简无耻者，勿使滥进场屋。二曰正序文之体。主考官试录序文，必典实简古，明白正大，不得妄加称奖，蹈浮靡之弊。三曰重不公之禁。考官并外帘等官，遇命下文到日，务严加防范，各秉公心，毋忽嫌微，致招物议。四曰严综核之法。查会试落卷，文理不通，系近科者问革。部议谓朝廷设科取士，礼义甚隆，与其斥于既举之后，孰若严于未举之先。准令乡试慎加简阅，仍解真正原卷以凭稽考。俱依拟行。"

故吏部右侍郎兼翰林院侍读学士诸大绶赠礼部尚书。（据《国榷》卷六十八）

礼部右侍郎署国子祭酒汪镗为左侍郎，回部，仍直经筵。太常寺卿兼翰林侍读学士丁士美为礼部右侍郎兼日讲，教习庶吉士。（据《国榷》卷六十八）

南京国子祭酒林士章为国子祭酒。（据《国榷》卷六十八）

左春坊左谕德兼翰林院侍讲申时行为左庶子。（据《国榷》卷六十八）

礼部左侍郎署南京礼部右侍郎万士和署南京国子祭酒。（据《国榷》卷六十八）

三月

诏举将才。《明鉴纲目》卷七："纲：三月，诏举将才。（张居正进讲，因言今承平日久，武备废弛，文吏箝制弁员，不啻奴隶，平日不能养其锋锐，临敌何以责其折冲。嗣后将帅忠勇可任者，宜假以事机，俾得展布。故有是命。）"

庶吉士林景旸为礼科给事中。（据《国榷》卷六十八）

赠光禄寺少卿沈炼子襄荫入国子监。（据《国榷》卷六十八）

四月

总理河道兵部左侍郎万恭子允位荫入国子监。（据《国榷》卷六十八）

五月

礼科给事中林景旸请申饬科场事宜：一、防透露，一、核互看，一、重后场，一、缉奸徒，一、剔蠹役，一、纠怠职，一、议省试，一、广制额。下礼部覆议，惟广制额不行。（据《明神宗实录》卷十三）

庶吉士。黄洪宪、刘虞夔、吴中行、盛讷、王懋德、公家臣、刘元霖、赵鹏程为编修，王祖嫡、刘克正、张应元、刘楚先为检讨，李盛春、赵参鲁、石应岳、萧崇业、秦耀为给事中，漆彬、赵耀、孙成、宋范、何汝成为监察御史。（据《国榷》卷六十八）

礼部左侍郎兼翰林院侍读学士汪镗充《世宗实录》副总裁。（据《国榷》卷六十八）

致仕翰林院编修曹大成，被劾削籍。（据《国榷》卷六十八）

增云南解额五人，至四十五人。（据《国榷》卷六十八）

六月

何良俊（1506—1573）卒。王世贞《悲七子篇》序："明年万历改元。六月，余之楚橐过吴门。……传云间何翰林元朗物故。"张仲颐《四友斋丛说重刻本序》："内翰何先生撰《丛说》三十卷，以活字行有年矣。岁癸酉（1573），续撰八卷。先生虑板难播远而说有改定，议捐长水园居重缮雕梓，不意是岁先生遘疾不起。"序署"万历己卯（1579）春三月"。卒年据以确定。《明史·艺文志》著录何良俊《语林》三十卷、《丛说》三十八卷、《柘湖集》二十八卷。《柘湖集》即《何良俊集》，《四库全书总目》所著录本仅二十二卷，已非完书。

故刑部尚书顾璘子峻荫入国子监。（据《国榷》卷六十八）

国子司业范应期、韩（翰）林修撰陈经邦为左春坊左中允。修撰何洛文为右春坊右中允。俱兼编修。沈鲤为左赞善，许国、陈思育为右赞善，俱兼检讨。（据《国榷》卷六十八）

七月

兵部尚书谭纶，劾车驾主事熊敦朴狂悖怠玩，谪两浙盐运司判官。初，庶吉士宋儒得礼部精膳主事，敦朴得兵部。敦朴不能平，意怏怏。儒险诈，尽籍其言，思中之。（据《国榷》卷六十八）

初立商丘县儒学，先附府学也。（据《国榷》卷六十八）

左春坊左中允兼翰林院编修范应期、何洛文主试顺天。（据《国榷》卷六十八）

翰林编修李自华为国子司业。（据《国榷》卷六十八）

八月

王锡爵、陈经邦任顺天乡试主考。《弇山堂别集》卷八十三《科试考三》："万历元年癸酉，命右春坊右谕德兼翰林院侍读王锡爵、左春坊左中允兼翰林院编修陈经邦主顺天试。命左春坊左中允兼翰林院编修范应期、右春坊右中允兼翰林院编修何洛文主应天试。""是岁少师张居正子嗣文在湖广者得荐，其试顺天者懋修不得荐。"又《弇山堂别集》卷四十六《翰林诸学士表》："王锡爵，直隶太仓人。进士及第，万历元年任读学，后迁少詹事、礼右侍，俱仍原兼。"王圻《续文献通考》卷四十五《选举考·举士三》："今上万历元年，奏准各处乡试行令提调官转行主考官，除初场照旧分经外，其二三场改发别房，各另品题呈送主考定夺。查果三场俱优者，即置之高选。后场俊异而初场纯疵相半者，酌量收录。若初场虽善而后场空疏者，不得一概中式。如有后场雷同作弊者，查将本生从重问拟。其提调、主考等官仍蹈故习者，听抚按官及礼部查究。

区琳乡试落第。此后不复应试。焦竑《澹园集》卷三十一《养闲区公暨配易硕人合葬墓志铭》："公讳琳，字某。……补高要学弟子员，以文高，常冠诸生。于是乡人士靡不出公下，公亦自谓乡人士莫己若也。顾屡试弗第。及癸酉，复试，公梦绰楔树于门，意必第矣，已乃竟弗口。公仰天叹曰：'是梦何为哉？其在我后之人耶？审尔，何必我！'辄谢去不复出，时年三十耳。闻者诧曰：'公何为者！垂成而丧厥功。'公曰：'若辈安知予哉！夫縻我者，戕我者也；轩冕者，桎梏我者也。且二者固不可必。吾日拮据于不可必之场，以摇精而汩形，去大道之程远矣。'因号'养闲'以见志。"

湖广乡试，录取九十人。王世贞《弇州四部稿》卷七十《湖广乡试录序》："万历之纪元秋八月，复当宾兴天下士。……所选士二千八百有奇，三试之。录其隽九十及文以献。"

林章（1553—1599）中举，此后屡试不第。《列朝诗集小传》丁集中："万历元年，以《春秋》举于乡，累上不第。尝走塞上，从戚大将军游，座上作《滦阳宴别序》，酒未三巡，诗序并就，将军持千金为寿，缘手散去，挈家侨寓金陵。"林章为福清人。

梅鼎祚乡试落第。朱孟震《与玄草序》：鼎祚"癸酉复来，已又下第去"。

赵伊（1512—1573）卒。戚元佐《赵上莘先生行状》："上莘先生讳伊，字子衡，平湖人，陕西参政讳汉之第四子。……嘉靖辛卯，年二十，举于乡。明年（1532）登进士第。又明年授刑部主事，以文誉简置本科，未几以病归。病起乞南，遂改南京兵部职方司。已迁员外郎郎中。甲辰（1544）丁母陆淑人艰，服阕补武选郎中。持例严，上官惮其正。而逼于权贵人之请，每冀有所迁就，终不相下，遂谢归。壬子（1552）复补车驾郎中，执愈厉，喙者众，出为广西副使。既就官，以父春秋高，日夜念不置，乞致其仕归。……卒虚诏旨以老且死，万历元年八月六日也，年六十二。""先生始刻意诗文，于《文选》、唐音及少陵、昌黎、愚溪诸集，皆手自注释，易稿者几矣。当其未得作者之意，辄数日求之，不得不止。至时俗所尚珞琭石室神仙修炼堪舆家言，不好也。既至南都，获遇湛文简、邹文庄、罗文恭、王汝中、唐应德、钱德洪诸公，闻性命之说，则心骤喜，谓圣人可立至，遂欲以躬践之，向所为诗若文尽弃去。"所著《序芳园稿》有皇甫汸序和刘子伯后序。

翰林院编修张位请令词臣轮直史馆，注起居。从之。（据《国榷》卷六十八）

九月

密云、遵化、永平设武学，铸给印信各一颗。（据《明神宗实录》卷十七）万历《大明会典》卷一百五十六《兵部·武学》："万历元年题准：遵化、密云、永平武学，以后但有教授员缺，开送兵部，于中式武举内选举。"

改密云武学教授为提调，各增科正二员。（据《国榷》卷六十八）

十月

今年湖广武举录取九十人。王世贞《弇州四部稿》卷七十《湖广武举乡试录后序》："万历元年冬十月，御史舒公例试楚武举。……前是八月，而楚士之拖绅衿、握管而待荐者，获其俊九十矣。今兹士乃曳组练，手弓矢，纠纠若有献。初试之骑而射，合者若而人。再试之步而射，鹄加远，而合者若而人。三试之其射策校论，以文辞合者仅若而人，视向所获文俊中半耳。"

增各署历事监生百有九人。（据《国榷》卷六十八）

十一月

工部办事进士邹德涵请王守仁从祀孔庙，下礼部。（据《国榷》卷六十八）

张居正六年考满，进中极殿大学士，荫中书舍人。支正一品俸。（据《国榷》卷六十八）

十二月

王锡爵作《袁文荣公文集序》，论台阁文字宜"华富温密"，以润饰鸿业。袁炜（1508—1565）谥文荣。序曰："公初以明经上春官，籍第一，既及第，守翰林二十年，而天子知公名日深，延入侍帷幄，晋参大政，皆不卜不谋，缊缊然恨得公晚，虽公亦自谓千载一遇也。故平生著作，于代言应制为多。上数有所征问。夜分出片纸禁中，使中贵人刻烛受公对，对成以属其傍侍史，封题记岁月而已。乃其出入风议，缊缊数千百言，自天子左右兰台石室外，闵灭不传者岂少哉？公没后且数岁，而厥嗣中书君荷佩手泽，搜采废遗，得什一二于四方好事者刻之。嗟乎！此亦禁鼎一脔，尝者可以知味已。而锡爵间颇闻世儒之论，欲以轧苗骫骸、微文怒骂，闯然入班扬阮谢之室。故高者至不可句，而下乃如虫飞蝉鸣，方哓哓鸣世，以谓文字至有台阁体而始衰。尝试令之述典诰铭鼎彝，则如野夫闺妇强衣冠揖让，五色无主，盖学士家溺其职久矣。自锡爵游公门下，公所为文章，皆肆意冲口，对客立就，古辞古事，如鬼神输运以供佐使，而华富温密，卒泽于仁义，炳如也。身不出长安门，螭头馀沥，所在成霖，故无吻颊鸣悲之态。非三代两汉之书不观，非尔雅方闻之士不接，非咸夏韶钧之音不听，故无棘塞诡众之词。夫天球缀璐陈列广庭，大剑高冠班侍左右，然后知鱼目之无光，面墙之至困也。公壬戌（1562）策士有云：'古之帝王建鸿德者，必有鸿笔之臣褒颂纪载，鸿德乃彰。'盖若以自谓云。时锡爵忝为公高第弟子，服义未深，而公已升为列星，故于中书君之请序，书以志感，非敢曰知文也。万历元年冬十二月，赐进士及第、奉直大夫、右春坊右谕德兼翰林院侍读、充实录副总裁、经筵讲官，门生王锡爵顿首拜书。"

行人赵池、刘光国，国子博士许三省，推官萧泮、黄家栋、胡秉性、郑准，学录刘维年、张道为试御史。维年、道南京。（据《国榷》卷六十八）

礼部尚书兼翰林院学士陆树声致仕。（据《国榷》卷六十八）

礼部左侍郎署国子祭酒万士和为礼部尚书。（据《国榷》卷六十八）

南京太常寺少卿姚弘谟为南京国子祭酒。（据《国榷》卷六十八）

本年

李贽任南京刑部主事，始聚友讲学。焦竑《焦氏笔乘》卷四"读书不识字"："宏甫为南比部郎，日聚友讲学，僚友或谓之曰：'吾辈读书，义理岂有不明，而事讲乎？'宏甫曰：'君辈以高科登仕籍，岂不读书？但未识字，须一讲耳。'或怪问其故。宏甫曰：'《论语》、《大学》，岂非君所尝读耶？然《论语》开卷便是一"学"字，《大学》开卷便是"大学"二字。此三字，吾敢道诸君未识得。何也？此事须有证验始可。如何自负识得此字耶？'其人默然不能对。"自今年至万历乙亥，李贽均在南京刑部主事任。

明神宗万历二年甲戌（公元 1574 年）

正月

礼科给事中朱南雍等奏陈会试事宜，大要谓正文体、免枷号、广制额。从之。《明神宗实录》卷二十一：万历二年正月辛卯，"礼科给事中朱南雍等奏陈会试事宜，大要谓正文体、免枷号、广制额。礼部覆议：近因文字浮靡，题准六百字上下为准。乃士子过求简短，务为钩棘。自今阅卷，一以文理通畅为主。怀挟相踵，创为枷号，以使人畏，而故犯已不齿于士矣，即枷号殊不为过。龙飞首科，自当广额，其数目候临期题请。从之。"

召见谢鹏举等二十名朝觐廉能官。《明鉴纲目》卷七："纲：甲戌二年，春正月，召见朝觐廉能官于皇极门。目：太祖时，外官奏事，辄召见赐食，访民间疾苦，佐贰杂职，有廉能爱民者，帝特遣行人赍敕奖赉。宣顺成弘朝，亦间行之。张居正以考察届期，仿旧典具仪以上。帝乃召见浙江布政谢鹏举（蒲圻人。）等二十人，特加奖励，并赐银币。"

兵部叙款贡功。加王崇古少保，荫子入国子监。吴兑右副都御史，赐金币。（据

《国榷》卷六十九）

录平都掌蛮功。进曾省吾右副都御史，荫子入国子监。总兵刘显都督同知。馀升赏有差。（据《国榷》卷六十九）

二月

吕调阳、王希烈为今年会试主考官，录取孙鑛等三百人。（据《明神宗实录》卷二十二）王世贞《弇山堂别集》卷八十三《科试考三》："万历二年甲戌，命太子太保礼部尚书武英殿大学士吕调阳、吏部左侍郎兼翰林院学士掌詹事府事王希烈主会试，取中孙鑛等三百人。廷试，赐孙继皋、王应选、余孟麟及第。张嗣文不与中式。"《游艺塾续文规》卷四《了凡袁先生论文》："甲戌会试'学如不及'二句，众人俱有提法，独孙会元提处与起讲相接。其起讲末句云：'果如何而后可语学者之心哉？'即提出：'亦以学之勤者斯及，而自足于及者，终无及也；学之精者斯得，而自满于得者，终必失也。必也'云云。'走马'二比，字字精确，次分'知行'二比，挑剔'犹'字最妙。'非必研穷无术，然后恐其知之失也'云云，后二比人多用柱子，渠都浑做，缴二比，又拖二比，共四比，一时诸卷中诚无有出其右者。"梁章钜《制义丛话》卷六："王耘渠曰：孙月峰先生手评经史古文，何啻万卷，惟'子张问十世'章文，波势雄奇，足征所自，而他作多不称此，反开软熟法门，元墨尤劣，何也？"梁章钜《制义丛话》卷十二："张惕庵曰：万历甲戌会试题'学如不及犹恐失之'，孙月峰起讲下云：'学勤斯及，而自足于及者终无及；学精斯得，而自满于得者终必失也。'韩慕庐谓当日以此数语定元。"李调元《制义科琐记》卷二《抑卷》："万历二年甲戌，沈一贯同考会试。张居正子敬修卷在一贯所，主考侍郎王希烈以为言，一贯抑其卷藏之。居正大恨，敬修至下科乃中。"

吏部覆官生张邦伊等奏官恩生收选事例。《明神宗实录》卷二十二："万历二年二月乙卯，吏部覆官生张邦伊等奏官恩生收选事例，先年与科贡同取，法近太骤，迩年限正杂年例，法阻太难，邦伊等候一十二年，合无量准收选，以后查访志行端洁者，仍得与科贡一体升除。在内九卿之属，在外府州县正府佐等官，如果历试贤能，即藩臬京官皆得推用。报可。"

三月

礼科给事中朱南雍题议各处岁贡要查屡考一二等科举者，又年在六十以下，三十以上者，方准起送。正贡一人，陪贡五人，择其最优者贡之，其年力衰迈者，即授以儒官，不准起送。从之。（据《明神宗实录》卷二十三）

孙继皋（1550—1609）、余孟麟、王应选等二百九十九人进士及第、出身有差。张居正子敬修会试不第，居正不悦，因停馆选。《明神宗实录》卷二十三：万历二年三月，"庚寅，上御皇极殿，策礼部贡生孙鑛等二百九十九人于廷。制曰：'朕惟自昔哲后赓乾良弼纳诲，未有不以典学勤政为务者。乃嗣服之始，尤斤斤焉。若《伊训》《说命》《访落》《无逸》诸篇，详哉其言之矣。三代以还，强学励精之主，代有作者。然考德论治，犹未可匹垞于姬姒，矧曰唐虞？又有可疑者，夜分讲经，岁周《太平御览》，只日不废讲读，学非不笃矣，而兴造洪业，顾出于马上得之，不事《诗》《书》者，何欤？衡石程书，卫士传餐，汗透御服，日旰忘倦，政非不勤矣，而政理之效，顾独称躬修玄默，清静无为者，何欤？朕以冲年履祚，未烛于理，惟仰遵我皇考遗命，讲学亲贤，日勤观览，细大之务，悉咨辅臣，以求厥中，夙夜孜孜，罔敢暇逸，亦欲庶几乎《诗》《书》所称，无坠我二祖八宗之丕绪。然论者谓帝王之学与韦布不同，盖不在章句间也。不知舍章句之外，又何学欤？又或谓主好要则百事详。所谓要者，果安在欤？往代陈谟，有神正始，如贤良三策，神爵言变俗，永光言审尚，及治性六戒劝学，四仪初元节俭，建初荡涤烦苛，先天元佑十事，治平三札，熙宁稽古，正学定志，总之不越此二端矣，可得而悉数之欤？亦有可行于今者欤？尔多士习先圣之术，明当世之务，其为朕折衷众论，究其指归，典学何急？立政何先？或古今异宜，创守殊轨，悉茂明之，以副朕慎始笃初之意，毋泛毋隐。'""庚寅，策试会试中式举人孙鑛等，赐孙继皋等进士及第、出身有差。"张瀚《松窗梦语》卷一："甲戌春，春命入阅进士廷试卷。时江陵柄国，以有子在列，避不阅卷。亚相张浦州拟定序次，首江西宋宗尧，次浙江陆可教，次宁国沈懋学，为一甲。次湖广张嗣修，为二甲首。嗣修，江陵仲子也。暨上御中极殿，九卿以次读卷。时方以陆卷上彻宸聪，而江陵潜通大珰，遽传命免读，乃取沈、张未读卷置宋、陆上，送御几前。于是首沈次张，而宋、陆抑置二甲。时缙绅咸为不平，而江陵犹向余曰：'浦州吾所引用，何吝于一甲，不以畀吾子耶？'"

邢侗（1551—1612）除南宫知县。李维桢《陕西行太仆寺少卿邢公墓志铭》："庚午（1570）举京兆，甲戌成进士，授南宫令。请于父：'若何为政？'父曰：'吾家故温，不需若养，被除其心，以和惠民。'子愿敬诺。之官，一切供亿，率取诸家。削邑市货者籍，不复用问遗。训咨故实，不干不犯。民有讼，悉其聪明尽之，两造俯首无言。……南宫今特以廉令祠。征拜山西道御史。"《池北偶谈》卷七："吾乡太仆邢公子愿（侗），以书法文章名神宗朝，然其行谊甚高。初知南宫县，同年渭南南公（宪仲，工书，居益之父）为枣强令，会御史按真定，皆在郡候察，而南公病殁，后事一无所备。先生直入白御史曰：'南枣强死，无为经纪后事者，某愿请旬日之假，驰往治丧，毕事后，赴郡听察。幸甚！'御史素重公名，许之，竟为停察事，听往治丧。至今南氏子孙感公高谊不忘。御史亦贤者，惜逸其姓字。"

据《明清进士题名碑录索引》，万历二年甲戌科录取名单如下：

第一甲三名

孙继皋　　　余孟麟　　　王应选

第二甲七十名

支可大　　　周希贤　　　王泮　　　孙　鑛*　　　沈　璟　　　马慥

陆檄	林缵振	萧景训	萧应宫	吴显	陈大统
薛道生	管大耀	陈九叙	佘毅中	雷应志	王任
吴同春	石元麟	陈梦庚	谢裒	张振先	蔡乾釜
余国宾	徐元春	陈国华	苏希栻	容若玉	王录
王家栋	马鸣銮	陈邦彦	陶允宜	陈述龄	汪应蛟
许一星	陈嘉宾	谢诏	张之屏	万文卿	刘孟雷
韩济	邹迪光	洪有声	赵以康	朱期至	蔡惟亨
傅作雨	范可奇	蒋三近	李铋	朱应	陈瑛
王桥	张一坤	孙星	周宗礼	黄凝道	李时芳
张国辅	张时亨	吴中谦	林乔楠	詹思谦	王道纯
朱衣	杨以忠	李良柱	李三才		

第三甲二百二十六名

陈朴	雷士桢	颜素	牛惟炳	易以巽	孙旬
杨四知	苏雨	曹一夔	王问卿	范世美	黄时雨
魏允孚	夏应星	李多见	常居敬	史元熙	黄师颜
王见宾	何鑛	马贯	沈孟化	王炳璇	贺一孝
郑皋	许铤	韩志道	马翰如	王职	陈九成
郭惟贤	尹应元	刘金	陈扬产	姜召	陈嘉策
沈铁	翁仲益	陈王庭	胡希舜	张云翔	曾梦鳌
何允升	林鸣盛	于翰	敖选	陈正谊	姚德重
曾士彦	李坤	郭衢阶	李际春	刘三宅	查伟
蔡时鼎	林兆珂	李承志	杨时馨	陈谏	顾连璧
王儒	何起凤	倪三绶	任甲第	龚一清	韩国桢
宋万业	毛在	吴中传	杨俊士	游朴	陈与郊
留震臣	蔡国柄	谭希思	南宪仲	龚锡爵	田蕙
冯露	王开	王凤竹	李化龙	刘弘道	王一言
王国宾	俞良史	吴谦	谢杰	周梦旸	顾尔行
吴应奎	王景星	林民止	陈济	徐师张	张世则
张汝贤	朱让	王毓阳	黄门	张廷榜	廖恒吉
唐伯元	杨楫	王三宅	李宗鲁	伍让	朱翰臣
孙健	王致中	李以谦	舒邦儒	陈绅	董继祖
李士达	吴定	卓世彦	郑材	李得佑	周弘禴
王三余	顾梦鲤	程有守	范淶	陈正谟	杨瑞云
黄道瞻	余启元	朱正色	田大年	陈应芳	陈一魷
陈奇谋	沈汝梁	赵惟鱼	陈文炅	蔡梦说	高梅
李杜	何思登	王邦俊	叶遵	李好问	韩萃善

黄云龙	司马祉	李进道	王价	徐待	顾起淹
李廷彦	朱熙洽	熊梦兆	赵秉忠	刘美	李学诗
张佐治	刘懋中	朱道南	詹启东	饶廷锡	孙兖
秦应骢	戈大本	刘汝桂	江铎	丁汝谦	姚士观
阎芹	李宷	刘朝噩	刘士忠	张珩	胡桂芳
王国祚	范守巳	赵南星	陈勖	陈于陛	万廷相
杜希鹏	邢侗	支大纶	王懋中	傅好礼	何倬
王继明	张名藩	边有猷	陈相	萧大才	高萃
黄体乾	金和	丁懋建	李尧民	马洛	屈灼
罗应兆	董廷策	周诗	文在中	姚三让	田时秀
刘腾霄	褚顺	倪冻	吴仕诠	梁鹏	胡汝宁
李臣之	杨寅秋	吴濙	李大嘉	任养心	梁必强
赫瀛	郝国章	阮子孝	张梦蟾	张问达	袁应祺
嵇应科	方范	郭性之	贡靖国		

万历间新科进士观政，各衙门礼数不同。沈德符《万历野获编》卷十六《科场·观政进士礼不同》："新科进士，分观政衙门，本同时共事，而其礼则大不同。其在吏部、都察院者，见司官及道长，用堂属礼，在礼部用师生礼，在兵部用前后辈礼，在户、刑、工用同寅礼，直于厅内，并揖分宾主。而刑曹与大理寺，又以西署闲寂，郎官及新进诸君，轮日会饮，吉凶庆吊，恩同僚旧。盖筮仕伊始，而九卿衙门，权势之浓淡，人情之冷热，一一盘踞于胸中，欲他日之恬退自安，得乎？吏部四司郎官，例不接本，以新第进士，届三甲末者代之。凡历三年，即选京官，有行取科道之望。且次年顺天乡试分考，亦必属之，人得意为揣摩，每致浮谤，前车之覆者多矣。变而通之，亦无不可。国初五军都督府，俱有进士观政，不知相处体例何似？"

工部奏准扩建顺天贡院。（据《明神宗实录》卷二十三"万历二年三月庚寅"）

四月

吏部等衙门题准，今后该贡之年，有司官将应贡廪生查节年考案，屡在一等二等科举者，仍查其年岁在六十岁以下，三十以上，方准起送。令今后各省提学官缺，务选年力精壮、学行著闻者，久任责成。《嘉隆新例附万历》卷一："万历二年四月，吏部等衙门题准，今后该贡之年，有司官将应贡廪生查节年考案，屡在一等二等科举者，仍查其年岁在六十以下，三十以上，方准起送。正贡一人，陪贡五人，送提学官考择，不拘正陪，惟择最优者贡之。若隐年减多作少，增少作多，听概学廪生举首黜退。其年力衰迈，不堪起送者，授以儒官。提学官每岁周考一遍，其年衰词荒者，不拘廪增附生，径自黜退。其停廪降廪者，必考一等二等，然后收复。未收复者，不许考贡。若提学官滥行起贡，查照近题考退一处五名事例，参奏降用。奉圣旨：'国家取士，贵得实用，这所议岁贡事理，都依拟着实行。提学官职专造士，责任甚重，近年各官不以秉公端范、精勤考校为务，专事空谈，计日行转。又徇情姑息，借誉士口，以致习尚浮薄，学术空疏，授之以政，全无实效，殊失朝廷育才待用之意。今后提学官缺，你部里会同礼部务选年力精壮、学术著闻的久任责成。若未经岁考科举事完，不许辄便升转。其才力不相应及阘茸不称的，即便调处罢黜。行事有不如令的，都着该科参奏处治。'"

诏内外官行久任法。《明鉴纲目》卷七："纲：夏四月，诏内外官行久任法。目：吏部尚书张瀚（字子文，仁和人），请诸司久任，张居正善而行之。由是藩臬守令，皆得自展。"

南京左春坊左庶子余有丁为南京国子祭酒。（据《国榷》卷六十九）

五月

华察（1497—1574）卒。王世贞《明故翰林院侍读学士掌南京翰林院事奉训大夫华公墓碑》："公讳察，字子潜，常之无锡人也。""公以弘治丁巳季夏之六日生，卒以万历之甲戌仲夏二十七日，春秋七十有八。所著有《碧山堂》、《知退轩》、《翰苑》、《留院》、《东行纪兴》、《岩居》诸稿，及纂《华氏家乘》九卷，《续传芳集》六卷。东璧兰台之撰，春容雅丽为宗，一壑三径之辞，简远玄澹为主。虽黼芾人伦，脍炙群吻，俱擅珪璋，靡惭竹素，而《岩居》一集，迥乎超矣。"

黄姬水（1509—1574）卒。黄姬水字淳父，长洲人。省曾子。有《白下》、《高素斋》二集。《艺苑卮言》卷七："黄淳父如北里名姬作酒纠，才色既自可观，时出俊语，为客所赏。"《静志居诗话》卷十四录其《送汪太学游江都》诗："千里王孙归未能，风云意气每超腾。年来裘马遨游处，不是金陵即广陵。"《四库全书总目》著录黄姬水《贫士传》二卷、《白下集》十一卷、《高素斋集》二十九卷、《黄淳父集》二十四卷。

设左州、新宁州儒学。时改土为流。（据《国榷》卷六十九）

故大学士张孚敬孙汝纪入国子监。（据《国榷》卷六十九）

吏部右侍郎杨巍为左侍郎，礼部右侍郎兼翰林院侍读学士丁士美改吏部右侍郎。（据《国榷》卷六十九）

翰林院有白燕，内阁碧莲花早开。张居正并上之。（据《国榷》卷六十九）

六月

吏科给事中李邦佐言吏治五事：执公道以服人心，酌改调以利地方，公举荐以示激劝，处嫌怨以安善类，革虚文以图实效。并从。（据《国榷》卷六十九）

七月

吏科给事中刘不息言选法五事，其一为慎选岁贡知县。《明神宗实录》卷二十七：万历二年七月甲申，"吏科给事中刘不息言选法五事……一曰慎县令。贡生选县必求书、言、身、判俱与例合。……每选例有岁贡知县，常拣择身、言上者，以备其选，至考试发落，又以文字为主，每有身、言不及者与焉。今后仍加意拣择。"

钟惺（1574—1625）生。据《谭元春集》卷二十五《退谷先生墓志铭》。钟惺字伯敬，号退谷，竟陵人。万历三十八年进士。授行人，稍迁工部主事，寻改南京礼部，进郎中。擢福建提学佥事，以父忧归，卒于家。有《隐秀轩集》等。

祀故南京国子祭酒蔡清于乡。从工科左给事中李熙之请。（据《国榷》卷六十九）

八月

升翰林院侍读学士王锡爵为国子监祭酒，仍兼经筵讲官。（据《明神宗实录》卷二十八）

广东巡抚郭应聘请于怀远县内外各立社师，以变夷风。《明神宗实录》卷二十八：万历二年八月，"乙丑……广东巡抚郭应聘题称：怀远习犷猂之余，沦于夷貊，不知礼义久矣。兹者地方荡平，正其改观易听之时，可以兴礼施教之会。合将县内外各立社师，择其嗜学敦行者，主凡残民八岁以上俱入学听其教诲。其子弟内有谙晓文字者，县官申请学道，给与衣巾，以示激劝。其社师果训迪有方，亦听本县申请提学，准其充公附帮补。若子弟不率教及社师虚冒名目者，亦听县申处。庶残民知所向方，夷风缘此丕变，其于粤西善后之策，亦大有神矣。"

国子祭酒林士章为礼部右侍郎兼翰林院侍读学士。（据《国榷》卷六十九）

吏部题，办事进士不得借差引疾。（据《国榷》卷六十九）

立怀远县社师三人，训其子弟。（据《国榷》卷六十九）

九月

议立三屯营儒学。已，寝之。（据《国榷》卷六十九）

左春坊左中允范应期、右春坊右赞善许国主武闱。（据《国榷》卷六十九）据《明神宗实录》卷二十九，今年武举取八十人。

前南京国子监正赵蒙吉卒。蒙吉内江人，即贞吉弟，嘉靖辛卯贡士。笃志圣学。隆庆三年，南祭酒姜宝荐其学行。明年拜官，匝月引去。（据《国榷》卷六十九）

十月

前礼部尚书兼翰林院学士潘晟为南京礼部尚书。（据《国榷》卷六十九）

钱德洪（1496—1574）卒。黄宗羲《明儒学案》卷十一："钱德洪字洪甫，号绪山，浙之余姚人。……时四方之士来学于越者甚众，先生与龙溪疏通其大旨，而后卒业于文成，一时称为教授师。嘉靖五年举于南宫，不廷试而归。文成征思、田，先生与龙溪居守越中书院。七年，奔文成之丧，至于贵溪……十一年，始赴廷试，出为苏学教授。丁内艰。服阕，补国子监丞，寻升刑部主事，稍迁员外郎，署陕西司事。……穆宗朝，进阶朝列大夫，致仕。万历初，复进阶一级。在野三十年，无日不讲学。江、浙、宣、歙、楚、广名区奥地，皆有讲舍。……年七十，作《颐闲疏》告四方，始不出游。二年十月二十六日卒，年七十九。……龙溪从见在悟其变动不居之体，先生只于事物上实心磨炼，故先生之彻悟不如龙溪，龙溪之修持不如先生。乃龙溪竟入于禅，而先生不失儒者之矩矱，何也？……念庵曰：'绪山之学数变，其始也，有见于为善去恶者，以为致良知也。……'《会语》……此知运行万古有定体，故曰太极。原无声臭可即，故曰无极。太极之运无迹，而阴阳之行有渐，故自一生二，生四，生八，以至庶物露生，极其万而无穷焉。……戒惧即是良知，觉得多此戒惧，只是工夫生；久则本体工夫自能相忘，不思而得，不勉而中，亦只一熟耳。"

十一月

兵部左侍郎汪道昆，移荫其弟道贯入国子监。（据《国榷》卷六十九）

闰十二月

前工部尚书胡松卒。松滁人，正德甲戌进士。除同知，擢御史，论朱宁、陆完等不法。历官中外，卓有丰裁，亦可师表一代矣。（据《国榷》卷六十九）

本年

万历二年议准，锦衣卫及各卫武举千百户等官，年深未经咨送效用者，俱送京营委用，限以三年，再无荐举，即将武举米石，照例住支，系世官者，止支本等俸粮，系旗军舍余，即令闲住。（据万历《大明会典》卷一百三十五《兵部》十八《武举》）

题准提学官每岁预将次年应贡生员通行考定，给领朱卷起文，通限次年三月十五日前到部。王圻《续文献通考》卷四十四《选举考·举士二》："今上万历二年，题准提学官每岁预将次年应贡生员通行考定，给领朱卷起文，通限次年三月十五日以前到部。

礼部题请于四月内定其廷试，试毕，愿就教者礼部考送吏部，覆请于六月内廷试。如贡生三月内不到者，俱压次年候考，罢去秋试，以复初制。先年春月廷试未到者，于秋月补试。至是革。三年，题准各处岁贡生员，该府、州、县提调官俱要查其节年屡考一等二等、曾经科举及年及六十以下，三十以上者，照依食粮前后，选取六人送考，提学官择其最优者起贡。其年力衰迈者，即授以儒官，不准起送。十一年，题准各府、州、县遇岁贡之年，止用一正一陪送考，择其颇优者一人充贡赴部。十九年正月，礼部奏修旷典实贤关等事，覆祭酒刘元震题称国学空虚，人才稀少，乞于正贡额外选贡，府学五年一选，州学七年一选，县学十年一选，都司、卫所学查照原额数与府、州、县相仿，尽送南、北二监肄业。庶常品不至久淹，英才亦得早用。奉旨：'依拟行'。按国初岁贡多入翰林为卿左，勋名赫奕。世宗以前皆重首贡，陪试者一人，每遇大典恩例，则有恩贡。后用言者议，增用陪试三人，寻加至五人，今则遵行新例，抢校之严近于选贡矣。万历二十三年，用言官议，轮年轮省选贡，颇失祖宗之旧。至二十六年，仍复首贡。"

礼部尚书陆树声（1509—1605）得请致仕。陆以清望为时所重。于慎行《明故资政大夫太子少保礼部尚书兼翰林院学士赠太子太保谥文定平泉先生陆公墓志铭》："会明年甲戌当会试，江陵（张居正）营诸子入彀，欲援公正人以塞物议。公微知之，请去益决。疏上，温旨勉留，遣中使问赉及门，江陵复托中丞挽公，微示将有别命，公笑曰：'一史官，去国二十年始一出山，岂为树桃李希揆席耶？'疏五上，乃得赐告乘传归。濒行，疏陈十事，皆关大计，而辨宫府、抑戚幸、斥貂珰尤触时忌，江陵益大怫。顷之就公邸诀，公踞床见之，抗手谢曰：'病甚，负公推毂，奈何？'翌日出都，倾城祖送，皆谢不见，相与望尘叹羡，以为长安道上，数十年所未有也。先是，江陵询公：'公即去，谁为代者？'公举宜兴万文恭及闽林文恪。万为公友，文恪则公丁未（1547）礼闱所举士也。两公皆世所称端人，然皆与江陵有忤，而江陵徒心重公，竟用文恭以代。公归，而江陵贻书，犹以不究用公，恐后世不能无咎于执政以为恨。"万士和谥文恭。

陈文烛奉命董蜀学事。陈文烛《二酉园文集》卷四《品士录序》："万历甲戌，予奉命董蜀学事。是年入蜀，秋试于北，冬试于南。明年乙亥，春试于东，夏试于西。及期而周，再试如初，即丙子秋也。……蜀多文章家，今所习举业彬彬矣。然弘、德以前，质而不俚，嘉、隆以后，华而渐靡，概观海内，时使然也。"

试官好异，遂致制义日趋于怪诞变幻。李乐《见闻杂记》续卷十一："言者心之声，文尤声之华美可观可听者也。读其文，精神心术可以洞见，而国家治乱，识者亦因此卜之。本朝成、弘、正德、嘉靖初，文字和平雅淡，不求文而文自不可掩，正如美人生相不待簪花而后佳也。入万历二三年，先自试官好异，必求学古字奇不便句读者，然后入彀，而天下遂趋于怪诞变幻矣。安得起方山薛先生、昆湖瞿先生于九泉，作士子模楷而与之论文哉！或问今欲救之何策？李子曰：未易言也，陈请主上，先免差京考二员，或是救之之策也。"

柯维骐（1497—1574）卒。张时彻《柯希斋传》："公生于弘治丁巳，卒于万历甲戌，享年七十有八。""公名维骐，奇纯其字，别号希斋，莆阳望族，徽州知府西坡公英第四子。"嘉靖癸未（1523）进士，授南户部主事。"以非其好，不禄也，而移疾请告，归乌石山中，聚旧业而抽绎之，别淆乱，订是非，会万于一，可以辍食而不可以辍学，可以却名利而不可以涸性灵。及门之士执经而问难者日益云集，先后至四百馀人，传授靡倦，要以躬行为先。慨近世学者乐径悟而惮积累，窃禅家之说以掩孤陋，作右龙二铭以明其意。著讲义二卷，以辨心术端趋向为实志，以存敬畏密操履为实功，而其极以宰理人物成能天地为实用。至于学之次第，恳恳致意于诚之一字，谓心与理一之谓诚，言与行一之谓诚，终与始一之谓诚，公益允蹈之也。又录所答问厘为《心解》、《学解》、《经解》、《上下传解》、《史解》六卷，多儒先所未发，门人共服膺之，梓而传焉。宋旧史：契丹、女直与宋并帝，时号宋、辽、金三史，盖出于元儒所修。冠屦莫辨，褒贬不公。公乃著《宋史新编》二百卷，会三史为一而以宋为正统，辽、金刊于外国传，以尊中国。""又作《史记考要》十卷，""又以莆阳文献自嘉靖以来屡经兵火，惧其遂湮也，乃撰次为二十卷，以接山斋郑公岳之笔，曰《续莆阳文献志》。""著有诗文集十卷，续集四卷，杂著二卷，总六籍之膏腴，会百家之型范，跨唐凌汉，彬彬大雅矣。乃公不欲以此自名，故名曰《艺馀》云。"

何迁（1501—1574）卒。黄宗羲《明儒学案》卷三十八："何迁字益之，号吉阳，江西德安人。嘉靖辛丑进士，除户部主事，历官至南刑部侍郎。万历甲戌卒，年七十四。先生从学于甘泉。京师灵济之会久虚，先生人，倡同志复之。先生之学，以知止为要。止者，此心感应之几，其明不假思，而其则不可乱。非止，则退藏不密，藏不密，则真几不生，天则不见。此与江右主静归寂之旨，大略相同。湛门多讲研几，而先生以止为几，更无走作也。其疏通阳明之学，谓'舍言行而别求一心，外功力而专任本体，皆非王门种子。'亦中流之一壶也。"

陆师道（1511—1574）卒。《明史·文苑传》载："陆师道，字子传。由进士授工部主事，改礼部，以养母请告归。归而游征明门，称弟子。家居十四年，乃复起，累官尚宝少卿。善诗文，工小楷古篆绘事。人谓征明四绝，不减赵孟頫，而师道并传之，其风尚亦略相似。平居不妄交游，长吏罕识其面。女字卿子，适赵宧光，夫妇皆有闻于时。"

冯梦龙（1574—1646）生。冯梦龙字犹龙，一字子犹，别署墨憨斋主人。长洲人。崇祯三年（1630）贡生，授丹徒教谕。崇祯七年任寿宁知县。编撰"三言"，修订出版《新列国志》，改刻戏曲作品多种。以文人而兼出版家，在晚明通俗文化领域影响甚大。

曹学佺（1574—1646）生。曹学佺，字能始，侯官人。万历乙未（1595）进士，除户部主事，移南大理寺副，转南户部郎中，出为四川右参政，浙江按察使，降广西参议，迁陕西副使，留任桂平道。天启中，除名为民。崇祯初复官，不赴。家居殉节死。有《石仓全集》。

明神宗万历三年乙亥（公元 1575 年）

二月

始命日讲官记注起居。《明鉴纲目》卷七："纲：二月，始命日讲官记注起居。目：太祖初，设起居注给事中，寻罢。至是，始命日讲官，分直记注起居，纂辑章奏，临朝侍班。（时编修张位，以前代皆有起居注，而本朝独无，乃上言臣备员纂修，窃见先朝政事，自非出于诏令，形诸章疏，悉湮没无考，鸿猷茂烈，郁而未章，徒使野史流传，用伪乱真。今史官充位，无以自效，宜日分数人入直。凡诏旨起居，朝端政务，皆据见闻书之，为他年实录之助。张居正善其议，遂有是命。○张位，字明臣，新建人。）"

李维桢由翰林院修撰出为陕西左参议。钱谦益《南京礼部尚书太子少保李公墓志铭》："公讳维桢，字本宁，其先豫章人，高祖九渊，徙楚之京山。……年十八，举于乡。二十一，上进士第，选翰林院庶吉士，除编修。穆庙《实录》成，升修撰。在史馆，与新安许文穆公齐名，同馆为之语曰：记不得，问老许。做不得，问小李。仁圣皇太后修胡良臣马桥，词臣撰碑进御，江陵公独取公文，同馆皆侧目焉。乙亥内计，遂出为陕西参议，迁提学副使。自是浮湛外僚，凡三十年，始稍迁至南太常。"《国榷》卷六十九："（万历三年二月乙亥）翰林院修撰李维桢为陕西布政司右参议，编修林偕春为湖广按察副使。"

翰林编修戴洵为国子司业。（据《国榷》卷六十九）

三月

翰林修撰王家屏、徐显卿、张位、于慎行、沈懋孝，编修沈一贯，编纂章奏日讲官丁士美等六人，轮直注起居。（据《国榷》卷六十九）

五月

礼部申明考贡事宜。《明神宗实录》卷三十八：万历三年五月癸丑，"礼部申明考贡事宜：凡起送贡生，必年六十以下，三十以上，依补粮次序为定。正贡一名，内择学业素优，屡经科举一人。若俱不堪贡，不妨以次再取，务在得人。有年六十以上，未满三十，姑息徇情者，听本部及该科指实参奏。奉旨：'是。'"《张太岳集》卷三十九

《请申旧章饬学政以振兴人才疏》："万历三年考贡，照近日事例，每岁预将次年应贡生员限年六十以下三十以上屡经科举者六人，严加考选，取其优者充贡，定限次年四月到部，听候廷试，文理不通者即行停降，年老衰惫者姑授与冠带荣身，不许但挨次滥贡。其有停廪、降廪者，必考居一二等，方许收复，未收复者不许起送应贡。如有滥贡及廷试发回四五名以上，提学官照例降调。"张萱《西园闻见录》卷四十四《礼部》三《科贡·前言》："张居正曰：提调学校固宪臣之责，而群居教习，又在儒学教官。顾近来考贡之法太疏，士之衰老贫困，始告授教职，精力既倦于鼓舞，学行又歉于模范，优游苟禄，潦倒穷途，是朝廷以造士育才之官，为养老济贫之地，冗蠹甚矣。今后凡廷试岁贡生员，容臣等遵照先朝事例严加考试，有不堪者尽落，提学官俱照例提问降调。其愿就教职者，该部先行考阅，有年力衰惫者即行拣退，不准送试。廷试学业荒疏，不堪师表者，发下该部验其年力尚壮，送监肄业，以须再试。如年力已衰，不必发监，遥授一职，回籍荣身，庶官无冗旷，士有师模，十年之后，人才当不可胜用矣。"庞尚鹏《百可亭摘稿》卷一《甄别人才振扬风教》："若取考应贡，即查照国子监监生拨历事例，列叙其年月为次，则凡怀美才而文行特著，持远志而奋庸有待者，皆随时得以甄录而彬彬类进，莫不以行业相高，一时人才之盛，当蔚然改观也。虽未必拔十得五，然郡县人才只有此数，频年考验，岁举一人，拔其尤，宁复有遗贤之叹乎？其它头童齿豁之人，铢积岁月，垂老待一官，欲借此以遂其温饱计，皆陷于格例而不得以幸进者。若应贡赴部，即考其年力方茂，才识兼全者通发南、北二监肄业。岁课其才能堪以备用，各开列差等，送吏部授以职事，或布之学校，或畀以民牧，甚或以优格待之，彼壮心方锐，矢力远图，各思所以效国家养士之报。……国朝监胄人才超越前代，今殆落落无闻，岂古今人不相及耶？盖岁举于乡者，皆白首一经之士，初未尝游心世务，思欲垂不朽以答明时，故不特上之人易视之，即其所自信者亦局于分量而无从表见矣。今欲旌别于未用之先，责成于既用之后，所以引翼而期待之者，不以常格沮之，即观感而兴者争先，人孰忍甘于自弃乎！伏望皇上敕下该部查议，如果臣言可采，俯赐施行，无屑屑徇旧格，庶朝廷养贤之典不滥及于匪才，而学校岁荐之人皆有裨于实用。士风丕变，文教诞敷，天下真才皆弹冠而出，其于治道或不无小补矣。"

大学士张居正请敕谕提学官，昭示天下，以振兴人才。《明神宗实录》卷三十八：万历三年五月庚子，"大学士张居正等题：养士之本在于学校，贞教端范在于督学之臣。祖宗以来最重此选，非明经行修、端厚方正之士不以轻授。异时提学官多海内名流，类能以道自重，不苟徇人，人亦无敢干以私者，士习儒风，犹为近古。近年以来视此官稍稍轻矣，而人罕能有以自重。既无卓行实学以压服多士之心，则务为虚谈贾誉卖法养交，甚者公开幸门，明招请托，以致士习日敝，民伪日滋。去年仰荷圣明，特敕吏部慎选提学官，有不称者，令其奏请改黜，其所以敦崇教化，加意人材，意甚盛，今且一年矣。臣等体访各官未能改于其故，吏部亦未见改黜一人，良以积习日久，振蛊为艰，冷面难施，浮言可畏，宁抗明诏而不敢挂流议，宁坏法纪而不敢违请托。盖今之从政者皆然，又不独学政一事也。臣等谨查先朝以来敕谕提学臣旧稿，再加酌拟，附以近日题准事例逐款开坐，上请圣裁备载敕内，昭示天下，俾居此官者知朝廷所以贵之者如此，则虽被怨谤，而有弗恤，人之视之，知彼之责任如此，亦将敛手息喙而莫之敢挠，抚按以此核其能否，部院以此定其黜陟，使人皆知敦本尚实，而不萌侥幸，则振兴人材之一大机也。又近来考贡之法太疏，士之衰老贫困者始告授教职，以朝廷造士育材之官为养老济贫之地，冗蠹甚矣。今后凡遇廷试，岁贡生员容臣等遵照先朝事例严加考试，有不堪者尽法黜落。提学官俱照例提问降调。其愿就教职者，该部先较阅，有年力愈者，即行减退，不准送试。廷试学业荒疏，不堪师表者，发下该部。其年力尚壮，送监肄业，以须再试，如年力已衰，不必发监，授一职回籍荣身。"张居正《张太岳集》卷三十九《请申旧章饬学政以振兴人才疏》："谨题请旨敕谕提学官事理。计开：一、圣贤以经术垂训，国家以经术作人。若能体认经书，便是讲明学问，何必又别标门户，聚党空谭。今后，各提学官督率教官、生儒，务将平日所习经书义理，着实讲求，躬行实践，以需他日之用。不许别创书院，群聚徒党及号招他方游食无行之徒空谭废业，因而启奔竞之门，请托之路。违者，提学御史听吏部、都察院考察奏黜，提学按察司官听巡按御史劾奏，游士人等许各抚按衙门访拏解发。一、孝弟廉让乃士子立身大节。生员中有敦本尚实行谊著闻者，虽文艺稍劣，亦必量加奖进，以励颓俗。若有平日不务学业嘱托公事，或捏造歌谣兴灭词讼，及败伦伤化过恶彰著者，体访得实，不必品其文艺，即行革退。不许徇情姑息，亦不许轻信有司。教官开送，致被挟私中伤，误及善类。一、我圣祖设立卧碑，天下利病诸人皆许直言，惟生员不许。今后，生员务遵明禁，除本身切己事情许家人抱告，有司从公审问；倘有冤抑，即为昭雪。其事不甘己，辄便出入衙门，陈说民情，议论官员贤否者，许该管有司申呈提学官，以行止有亏革退，若纠从扛帮，聚至十人以上，骂詈官长，肆行无礼，为首者照例问遣，其余不分人数多少，尽行黜退为民。一、国家明经取士……今后务将颁降《四书五经性理大全》、《资治通鉴纲目》、《大学衍义》、《历代名臣奏议》、《文章正宗》及当代诰、律、典、制等书课令生员诵习讲解，俾其通晓古今，适于世用。其有剽窃异端邪说，炫奇立异者，文虽正弗录。所出试题亦要明白正大，不得割裂文义以伤雅道。一、各省提学官奉敕专督学校，不许借事枉道，奔趋抚按官干求荐举，各抚按二司官亦不许侵伊职掌行事。若有不由提学官考取，径自行文给与生儒衣巾，及有革退生员赴各衙门告诉复学者，即将本生问罪革黜。若提学官有行止不端怠玩旷职者，许巡按御史指实劾奏。一、该管地方每年务要巡视考校一遍，不许移文代委，及于隔别府分调取生儒，以致跋涉为害；亦不许令师生䭾迎送，考毕即于本地方发落，明示赏罚；不许携带文卷，于别处发案，致令吏书乘间作弊，士子无所劝惩；亦不许招邀诗朋酒友，游山玩水，致启幸门，妨废公务。一、提学官巡历所属……其生员犯罪或事须对理者，听该管衙门提问，不许护短曲庇，致令有所倚恃，抗拒公法。一、廪膳增广，旧有定额，迨后增置附学名色，冒滥居多。今后岁考务要严加校阅，如有荒疏庸劣不堪作养者，即行黜退，不许姑息。有捏造流言思逞报复者，访实拏问，照例问遣。童生必择三场俱通者始收入学，大府不得过二十人，大州县不得过十五人，如地方乏才，即四五名亦不为少。一、两京各省，廪膳科贡皆有定额。近来，有等奸徒利他处人才寡少，往往诈冒籍贯，投充入学，及有诡写两名，随处告考，或假捏士夫子弟，希图进取，或原系娼优隶卒之家，及曾经犯罪问革，变易姓名，援纳粟纳马等例，侥幸出身，殊坏士习。访出，严行拏问革黜。若教官纳贿、容隐生员扶同保结者，一体治罪革罢。一、府州县提调官员宜严束生徒，按季考校。一、生员之家，依洪武年间例，除本身外，户内优免二丁差役。一、生员考试不谙文理者，廪膳十年以上，发附近去处充吏；六年以上，发本处充吏。增广十年以上，发本处充吏；六年以上，罢黜为民。一、儒学教官，士子观法所系。按临之日，考其学行，俱优者，礼待奖励；其行履无过，但学问疏浅者，一次考验，姑行戒饬，再考无进，送吏部别用，老病不堪者，准令以礼致仕；若卑污无耻，素行不谨者，不必试其文学，即拏问革黜。一、考贡照近日事例，每岁预将次年应贡生员限年六十以下、三十以上屡经科举者六人严加考选，取其优者充贡，定限次年四月到部听候廷试。文理不通者，即行停降；年老衰惫者，姑授与冠带荣身，不许但挨次滥贡。其有停廪、降廪者，必考居一二等方许收复，未收复者不许起送应贡。如有滥贡及廷试发回五名以上，提学官照例降调。一、补贡有缺，务查人文未经到部果在一年以里者，将原给批咨朱卷追缴，文取年力精壮文学优长者一人补贡，定限该贡年分次年到部方准收考。如有不遵旧例，将年远贡缺滥补市恩者，起送到部，即将本生发回革廪肄业，提学官参究。一、遇乡试年分，应试生儒名数各照近日题准事例，每举人一名，取科举三十名，此外不许过多一名。两京监生亦依解额，照数起送。有多送一名者，各监试官径行裁革，不许入场。一、所辖境内有卫所学校，一体提调整理。武职子弟悉令习读《武经七书》、《百将传》及操习武艺，有愿习举业者听。社学师生一体考校，务求明师责成，量免差役。其行止有亏及训诂句读音韵差讹，字画不端，不通文理者，即行革退。万历三年五月初三日，奉圣旨：学校，人才所系，近来各提学官不能饬躬端范，精勤考阅，只虚谈要誉，卖法市恩，殊失祖宗专官造士之意。卿等所奏俱深切时弊，依拟再行申饬。所开条件一一备载敕内，着各着实遵行。有仍前违怠旷职的，吏部、都察院务要指实考察奏黜，不许徇情。礼部知道。"

欧大任（1516—1595）由南康府教授升国子监助教。《广州乡贤传》："欧大任字桢伯，顺德人。……万历乙亥国子监助教。"欧必元《家虞部公传》："隆庆己巳（1569），漕运中丞方公濂首荐于朝，迁河南光州学正。……迁邵武府教授，以孔太宜人丧归，服除补南康府，未任，即擢国子监助教，专以作人劝学为本，六馆诸生大半执经门下，人谓韩愈四门、胡瑗直讲不能过也。值显皇帝幸太学，赐衣一袭，公赋《临雍颂》以纪盛事。上亦先闻公才名，一日万几稍暇，亲沥宸翰，躬作'不二'二字赐之，字大如斗，笔法遒劲，字画楷整。时上犹冲龄也。公日夕焚香披对，致政归里日，特筑宝翰楼藏之，以为世珍。时馆阁诸公，称诗者云集辇毂，如许歙县、张新建、沈四明、赵兰溪四相国、王定安、刘丘任、何信阳三宗伯、沈君典、赵汝师、王胤昌、范伯桢、黄懋中数太史，王奉常敬美、方银台允治、丘计部谦之、邢侍御子愿、汤尧文、韦显纯两国子、李宛平袭美及吾岭南梁舍人思伯，争相把臂。至郢中大司空曾公则最为昵好，称尔汝交。其后有张羽王、魏懋权、喻邦相、沈纯甫、胡元瑞、田子艺、胡孟弢、屠长卿、郭建初、莫云卿、张元易、马用昭，门人则程无过、程虞仲、潘子朋，诗僧如镇继、正秀、德清、如序，间引为方外交。都市诗坛，曾无虚日，亦一时之盛也。公有季弟入燕访兄，亦以诗画鸣，得阑入社会，称为大小欧。"张鸣凤序欧大任《南枣集》，署"万历乙亥长至"，提及大任"迁（太学）今官"，其任命时间据以推定。"长至"兼指夏至或冬至，即农历五月或十一月。

左春坊左中允范应期为南京右谕德，署翰林院事。（据《国榷》卷六十九）

吏科给事中杨言上六事：就近迁改以免旷废，久任教职以育人才，清理军屯以足兵食，均平里甲以苏民困，严革诈伪以清驿递，禁止迎谒以息奔竞。上深然之。（据《国榷》卷六十九）

翰林院庶吉士史钶为编修。（据《国榷》卷六十九）

六月

吏部酌定官恩生选规。《明神宗实录》卷三十九：万历三年六月己酉，"吏部题为酌定官恩生选规，谓官生乃叙功之常典，恩生实例外之殊恩，荫叙不同，授官宜别。至于循例选除，不较才艺，则注为虚文，人无激劝，宜酌为定规，以便遵守。一品、二品官生，俱授五府都事；二品恩生与三品官生，除授大小九卿僚属，如通政司、经历等官；三品以下恩生，又择僚属职事少次者授之。愿告外任者，查照节年事规选授。考选之时，文理欠通者，各照资格授以稍次之官，明示裁抑。凡先遇事例获荫恩生，后经考满，例不再荫者，听具由告部，改荫官生。先以三品考满获荫官生，后历官至二品，照旧得准二品官生除授。奉旨：'是'。"

吏部言甲科、举、贡三途并用。据《国榷》卷六十九。

翰林院庶吉士张程为礼部主事。（据《国榷》卷六十九）

七月

日讲官丁士美忧去，翰林修撰王家屏补之。（据《国榷》卷六十九）

礼部右侍郎兼翰林院侍读学士马自强为吏部左侍郎。（据《国榷》卷六十九）

监生梁椿饮礼部主事郭子直、锦衣千户李如柏等，私放炮，声彻大内。谪子直马邑典史，椿削籍。因切责部院不率其属，尚书张瀚、万士和等各引咎，乃已。（据《国榷》卷六十九）

八月

黄梅县举人瞿九思殴辱知县张维翰，着尽法处治。《明神宗实录》卷四十一：万历三年八月戊寅"湖广按臣向程参黄梅知县张维翰违例科派以致部民殴辱，乞要坐赃罢黜。吏部驳议，以谓县令统辖一邑，阖境皆其部民，律例森严，谁能欺侮。今黄梅县举人瞿九思误本管知县裁抑过严，遂悬牌聚众，截围拥殴，岂清平之世所宜有哉！近日江陵生员辱骂知县，生员革戍，知县行取。今御史独参维翰以快仇人，岂以岁贡轻于甲科，而举人优于生员耶？御史议非是，宜重拟九思而别调维翰。奉旨：卿等说的是。近来部民殴辱本管，士卒违犯军令，皆纪纲凌替之渐。今不处治殴官倡乱之人，而反归罪县官，是何政体？张维翰依拟改调。向程姑息纵恶，颠倒是非，且不究。着尽法处治具奏。'"

以礼部侍郎张四维为礼部尚书兼东阁大学士，预机务。《明鉴纲目》卷七："纲：秋八月，以张四维（字子维，蒲州人）为礼部尚书，兼东阁大学士，预机务。目：张居正当国，四维岁时馈问居正不绝。居正请增置阁臣，引荐四维，遂入赞机务。"

翰林修撰日讲官王家屏同申时行等直起居注，侍读罗万化编纂章奏。（据《国榷》卷六十九）

初铸各省驿传道专制关防，如提学兵备例。（据《国榷》卷六十九）

复奉县儒学。设建武守御千户所儒学。（据《国榷》卷六十九）

国子祭酒王锡爵为少詹事兼侍读学士，署印。（据《国榷》卷六十九）

户部右侍郎孙应鳌为礼部右侍郎，署国子祭酒。（据《国榷》卷六十九）

九月

礼部尚书万士和谢病归。《明鉴纲目》卷七："纲：九月，礼部尚书万士和罢。目：士和初官庶吉士，以忤严嵩改部曹，累任按察布政使，并著清节，及官尚书，多所条奏。时张居正欲越例赠朱希忠王爵，冯保为方士求官，士和俱力持不可。又给事中余懋学，（字行之，婺源人。）以言事得罪（懋学请行宽大之政，而居正方务综核，以为风己，遂斥为民，及居正殁，复故官），士和言直臣不当斥。由是积忤居正。给事中朱南雍（浙江山阴人）承风劾之，遂谢病归。（后居正殁，屡召不起，卒谥文恭。）"

日讲官吏部左侍郎兼翰林院侍读学士马自强为礼部尚书兼翰林院学士，太仆寺卿胡执礼为光禄寺卿。（据《国榷》卷六十九）

十月

申严举人入监之法。从祭酒孙应鳌之请也。《明神宗实录》卷四十三：万历三年十月丙戌，"申严举人入监之法。令各该巡按御史督令有司，备本地举人有未经入监及监事未毕告回者，以文书到日为期，限三个月起送到部，发监肄业。愿入南监者，仍赴该监。会试年分，查入监者方许会试。其下第及中副榜不愿就教者，照前例尽数分送南京国子监肄业，并不许假借名色告回原籍。赴部会试者，除监满拨历外，其余必由两监起文，方许会试。从祭酒孙应鳌之请也"。

翰林院修撰赵志皋、田一俊注起居。（据《国榷》卷六十九）

翰林院庶吉士孙训，知县武尚耕为礼科给事中。知县李东、曾士楚、龚懋贤，推官刘倬、陈荐为试监察御史。（据《国榷》卷六十九）

十一月

庶吉士刘谐为兵科给事中。（据《国榷》卷六十九）

十二月

礼部尚书马自强请幸太学，俟明岁。又请籍田，俟三五年。（据《国榷》卷六十九）

叙辽东大捷。李成梁荫锦衣卫正千户，张学颜荫子入国子监。（据《国榷》卷六十九）

兵部覆给事中赵世勋疏，奏准"闲住武举分别录用，三科乡试一体甄收"。据《明神宗实录》卷四十五"万历三年十二月乙酉"。

冬

谢榛（1495—1575）卒。潘之恒《亘史》艳部贾扣传："（谢榛）载（贾扣）与周行逾二年，名山胜地无不遍历。经大名，监司、太守咸负弩（弩）迎。或请赋寿诗百首，至八十三，与阮嗣宗《咏怀》数合，遂绝笔。郑若庸赋十七章足之。贾姬率二子奉枢停大寺之旁舍。学博毘陵吴伯高赋诗挽之，实乙亥冬月也。"或以为谢榛生卒年为（1499—1579），见《谢榛全集校笺》李庆立《前言》。江苏古籍出版社2003年版。《四库全书总目》集部别集类二十五著录谢榛《四溟集》十卷，集部诗文评类存目著录谢榛《诗家直说》二卷。

张燕翼（1543—1575）卒。张凤翼《处实堂集》卷七《哭弟叔贻文》云："万历乙亥冬，叔贻卒。"《花当阁丛谈》卷四《三张》云："（燕翼）十三工属文，十七为郡诸生。遂偕伯氏领乡荐，一时才名籍倾吴中。三试春官三不利，而其最后司试得其文，称善，且见录，用小不及格罢。归而取其巾服及书笥焚之于庭。识者知非吉兆。遂以其明年感末疾卒。仅三十三岁。"张燕翼为徐复祚岳父。

茅维（1575—?）生。茅维为茅坤第四子，一名国纪。据张攀新《茅坤年谱》。《明史·茅坤传》："少子维，字孝若，能诗，与同郡臧懋循、吴稼竳、吴梦阳（旸）并称四子。"

2616

本年

王世贞《四书文选序》当作于今年。王世贞《弇州四部稿》卷七十《四书文选序》："今诸书生习经术者，不复问词赋以为何物。而稍名能词赋者，一切弁髦时义而麾弃之，以为无当也。是皆不然。自隋试进士以明经与词赋并，至宋熙宁，世始绌词赋不用。而所谓明经者，第若射覆取答而已，其不能彬彬兼质文固也。明兴而始三试，士各以其日为经书义以观理，为论以观识，为表以观词，为策以观蓄，然其大要重于初日，以观理者，政本也。至于标题、命言，则或全举而窥其断，或摘引而穷其藻。上之所以待下者，愈变而其辞益工，盖至于嘉、隆之际灿如矣。是故谓唐以诗试士而诗工，则省试诗自钱起、李翊而外胡其拙也。谓明以时义试士而不能古，则济之、应德，其于古文无几微间也。凡论而表而策，最近古而易撰，其于经书义稍远古而难工。天下之为力于论、表、策者十之三，而为力于经书义者十恒七而犹不足。吾镇郧所辖且六郡，而诸书生推其取科第不能当吾吴之半。夫时义之为经五，而为书四。《五经》人各治其一，而《四书》则共治之。吾故择其精者以梓而示诸书生。夫非欲诸书生剽其语也，将欲因法而悟其指之所在也。"

王思任（1575—1646）生。 王思任字季重，绍兴山阴人。万历乙未（1595）进士，知兴平、当涂、青浦三县，袁州推官，所至镌级。稍迁南刑部主事，九江佥事。有《避园拟存》、《愚山咏》。

李流芳（1575—1629）生。 据寒星、永祁编《李流芳年谱》。李流芳字长蘅，嘉定人。万历丙午举人。有《檀园集》十五卷。

左光斗（1575—1625）生。 左光斗，字共之，桐城人。万历丁未进士，授中书舍人，擢浙江道御史，升大理寺丞，进少卿，终左佥，都御史，死阉祸。赠太子太保，右副都御史，谥忠毅。有集。

魏大中（1575—1625）生。 魏大中，字孔时，嘉善人。万历丙辰进士，授行人，历官吏科都给事中，死阉祸。赠太常寺卿，谥忠节。有《藏密斋集》。

熊三拔（1575—1620）生。 徐宗泽《明清间耶稣会士译著提要》卷九："熊公三拔，字有纲，意人，生于一五七五年，一六〇六年来华传教。……一六一六年，南京教难起，公与其它教士被解至澳门，一六二〇年卒于该地。"阮元《畴人传》卷四十四："熊三拔，明万历壬子入中国，著《简平仪说》一卷，言简平仪用二盘……又《表度说》一卷，言术家有浑天仪，有平仪，有正方案以测七政星辰高下之分，以察日之景。……又《泰西水法》六卷，有制龙尾恒升玉衡车诸法，一皆本于勾股。西洋之学有关民用者，莫切于此。论日，揆日为推步之要务，简平仪表度之用于测日为特详……水法龙尾恒升玉衡车诸制，非究极算理者不能作，而龙尾一车，尤于水旱有补裨之功。"

明神宗万历四年丙子（公元 1576 年）

正月

巡按辽东御史刘台以忤张居正下狱。《明鉴纲目》卷七："纲：丙子四年，春正月，下巡按辽东御史刘台（字子畏，安福人）于狱，除名为民。目：时御史在外，每凌巡抚，张居正欲痛抑之，事小不合，诘责随下，又饬其长加考察，以故言路多不平。会台奏辽东大捷，居正以巡按不得报军功，劾台违制妄奏，引故事绳督之。台遂抗章劾居正专擅威福，如逐大学士高拱，私赠成国公朱希忠王爵，引用张瀚（先是，吏部尚书杨博罢，廷推葛守礼、朱衡及瀚。瀚资望最浅，居正恶守礼戆，厌衡骄，乃拔用瀚）、张四维为党，斥逐言官余懋学、傅应祯（应祯疏陈重君德、苏民困、开言路三事。居正以疏中有王安石误宋之语，怒其侵己，调旨切责，下狱杖戍，未几召还。○应祯，字公善，安福人）等，罔上行私，横黩无厌。居正怒甚，具疏辞政，入见帝曰：'言者谓臣擅威福，而臣所行，正威福也。将巽顺以悦下邪？则误国。将竭忠以事上邪？无以逃专擅之讥。'因俯伏泣，不肯起。帝为下御座，以手掖居正曰：'先生起，吾逮台，竟其事。'遂下台诏狱，命廷杖百，远戍之。居正阳具疏救，乃除名为民。久之，复用他事戍浔州。（台按辽东时，与巡抚张学颜不相得。至是，学颜为户部，诬台私赎锾。居正属御史于应昌巡按辽东核之，而令王宗载巡抚江西，廉台里中事。应昌、宗载希居正意，实其事以闻。○张学颜，字子愚，肥乡人。）未几，饮于戍主所，归而暴卒。（后御史江东之，讼台冤，诏复官。天启初，追谥毅思。○江东之，字长信，歙人。）"

翰林院侍读罗万化予告。（据《国榷》卷六十九）

二月

黄梅县举人瞿九思与生员周谷等以殴伤本县知县张维翰，拟戍、黜有差，维翰改调。上命罢维翰官。（据《明神宗实录》卷四十七）

詹事府少詹事兼翰林院侍读学士署翰林院事申时行、掌詹事府事王锡爵并纂修玉牒。（据《国榷》卷六十九）

三月

赵贞吉（1508—1576）卒。李贽《续藏书》卷十二："赵贞吉，字孟静，号大洲，蜀之内江人。生而神颖，六岁诵书，日尽数卷。……丙子三月卒，春秋六十有九。讣闻，上辍朝谕祭。诰赠少保，谥曰文肃。"黄宗羲《明儒学案》卷三十三："赵贞吉字孟静，号大洲，蜀之内江人。生而神颖，六岁诵书，日尽数卷。登嘉靖十一年进士第。选庶吉士，授编修。……上即升先生左春坊左谕德，兼河南道监察御史……四十年始入为户部右侍郎，又以忤嵩罢。隆庆改元，起吏部侍郎，兼翰林院学士，掌詹事府事。……寻拜文渊阁大学士。……使先生兼掌都察院事。……万历四年三月十五日卒，年六十九。赠少保，谥文肃。先生之学，李贽谓其得之徐波石。……先生之所谓'不足以害人'者，亦从弥近理而大乱真者学之。"

四月

礼部右侍郎署国子祭酒孙应鳌请禁社生黜生及民闲庸子弟入监，从之。惟纳光禄寺监及序班如旧。（据《国榷》卷六十九）

故总督兵部右侍郎兼右副都御史曾铣孙三省，被荫国子监。（据《国榷》卷六十九）

五月

设养利州儒学。凡改土为流者俱如之。（据《国榷》卷六十九）

六月

马自强等充《会典》纂修官。《国榷》卷六十九："礼部尚书兼翰林院学士马自强，礼部左右侍郎兼侍读学士汪镗、林士章，少詹事兼侍读学士申时行、王锡爵充副总裁。左右中允兼编修陈经邦、何洛文，右赞善兼检讨许国、陈思育，修撰赵志皋、田一俊、徐显卿、张位、韩世能、于慎行、朱赓、李长春、孙继皋，编修沈渊、习孔教、范谦、黄凤翔、刘瑊、盛讷、刘虞夔、刘元震、公家臣、史钶、余孟麟、王应选，检讨刘克正、刘楚先、王祖嫡、赵用贤充会典纂修官。"龙文彬《明会要》卷二十六："万历四年，诏复修《大明会典》。是书重修于嘉靖二十八年，进呈，未刊。至是礼部题请，从之。书成，凡二百二十八卷。"《四库全书总目·明会典提要》："《明会典》一百八十卷：明弘治十年奉敕撰，十五年书成，正德四年重校刊行，故卷端有孝宗、武宗两序。……其后嘉靖八年复命阁臣续修《会典》五十三卷，万历四年又续修《会典》二百二十八卷。今皆未见其本，莫知存佚。殆以嘉靖时祀典太滥，万历时秕政孔多，不足为训，故世不甚传欤？"

国子监司业戴洵改左春坊左中允兼翰林院编修，纂修《会典》。（据《国榷》卷六十九）

翰林编修沈渊为国子监司业。（据《国榷》卷六十九）

七月

命左中允兼编修戴洵，右赞善兼检讨陈思育主试应天。（据《国榷》卷六十九）

礼部右侍郎署国子祭酒孙应鳌，劾学正周道直见侮。道直新任，谒应鳌，屈膝私宅见呵。及演礼，突出责祭酒屡反顾私语为不敬，实妄也。上恶其狂悖，下狱杖之，削籍。慰留应鳌。（据《国榷》卷六十九）

八月

何洛文、许国任顺天乡试主考。张居正次子懋修中顺天式，吕调阳子兴周中广西式，张四维次子佳征中广西式。《弇山堂别集》卷八十三《科试考三》："万历四年丙子，命右春坊右中允兼翰林院编修何洛文、右春坊右赞善兼翰林院检讨许国主顺天试。命右春坊右中允兼翰林院编修戴洵、右春坊赞善兼翰林院检讨陈思育主应天试。""是岁，内阁大学士张居正次子懋修中顺天式，吕调阳子兴周中广西式，张四维次子嘉征中山西式。南都主试者戴洵，以故中允孙世芳为厉中之，病甚，阅卷事皆属之思育。"王圻《续文献通考》卷四十五《选举考·举士三》："（万历）四年，议准两京乡试取到同考考官，令该府提调官察其衰老者以礼止回，或偶病不到者，仍查照近年事例，在京于观政进士及听补甲科官员，南京于附近推官、知县内各选补。"《国榷》卷六十九："（万历四年八月）丙寅，右春坊右中允兼翰林院编修何洛文，右赞善兼检讨许国主试顺天。"

屠隆、胡应麟、孙如法等乡试中式。魏允中乡试第一。沈德符《万里野获编》卷十六《科场·畿元取乡人》："顺天乡试，大抵取南士为解元，盖以胄监多才，北人不敌。间取一二北士，多不惬众论，其推服者，仅今上丙子魏允中一人耳。顷乙卯科，给事中刘文炳，真定人也，为其乡人不平，请取北人为解者，谓燕赵乃至尊丰镐，不当使他方人得之。上允其议，且定为永制。时首揆方中涵，京师人，亦欲私其桑梓也。窃以故元用蒙古人为状元，而中华人次之，此陋俗何足效？善乎世宗之言曰：'天下皆是我秀才，何云冒籍？'圣哉！"王世贞《魏懋权时义序》："余治魏郡兵，识魏子允中于诸生中。魏子年尚少，所为文义奇甚，然不能俯就格。而又善诗，先后奏余诗数章，往往有少陵氏风。余异之，赠以五言长韵，致代兴意，今在集中。余既已去魏，则数闻魏子小试辄居首，而独不利于乡。又有李化龙者晚出，而与之角，相甲乙，至癸酉（1573）

秋，李子举乡之第二人。又三年为丙子（1576）秋，而余解郧节还，晤吾郡兵使者永嘉王公。王公实后余而守魏，亦尝奇二子，迎而顾余曰：'吾向者谓李当遂举，举不能第一人也。谓魏迟之，是必第一人矣。使急足当孔道得试目，即魏子第二人，毋以溷我。'而亡何试目至，果如公所属。余怪问之，王公曰：'凡为文义而尚辞者，华而远其实，尚理者，质而废其采，洁则病藻，短则病气，此四者未有能剂者也。今骤而求魏子长，则备之，苟而求魏子短，无是也。凡为时义者，则未有能超魏子乘者也。'寻又有传魏子所试文及它试与居平之业若干篇至者，余得而读之，而后知王公之所得于魏子者深也。余不暇他举，以耳目所睹记，吾省之王文恪、储文懿、钱与谦，是三四君子，一试而其所自期与试之者之期之，若取诸寄不爽。夫固一时之操觚者少，而人自披靡，然亦以试者有定诣，而试之者有定识也。"魏允中，字懋权。梁章钜《制义丛话》卷十二："《文行集》云：董太初题魏允中解元墨卷后云：'懋权生平为文，好用典故。乙亥，郡守桂巽川先生试十二学题，懋权仍多用典故，巽川尽数涂去，置第二，缘此悟文机，一意淘洗。丙子春，县府试卷如"舜发畎亩"、"孔子仕鲁"，皆超超元化，若弄丸承蜩。场中一挥七篇，日暮即出。其文遂推倒一世，则巽川点化之功为多也。'""陈百史曰：万历丙子，顺天魏允中'夫子循循然'二节元墨后幅云：'当斯际也，岂不欲因文以从之，而夫子之道，则阐于文而超于文之外者也，无由以博也，无由以博而胡由以从耶？亦岂不欲因礼以从之，而夫子之道，则述于礼而妙于礼之先者也，无由以约也，无由以约而胡由以从耶？则信乎善诱之难为功，而回亦从容以俟之而已矣。吁！诱之未承也，而于道无所得，以无所得而见其难；诱之既承也，而于道仅有所得，以仅有所得而益见其难也。'此等文字，看去平平无奇，而本色之外，绝无游气，今之高才所不能也。按：允中为万历四年顺天解元，题为'夫子循循然'二节、'诚者自成也'二节，'孔子曰操则存'二节，主试者许国、何洛文。""《明史》魏允中传云：魏允中为诸生，副使王世贞大器之，值乡试，世贞戒门吏曰：'非允中第一，毋伐鼓以传也。'已而果然。时无锡顾宪成、漳浦刘廷兰并为举首负隽才，又称三解元。"

上幸太学，行释奠礼。御彝伦堂，雨甚，免进讲。鸿胪寺官传制宣谕诸生。（据《国榷》卷六十九）

裁永从县儒学。（据《国榷》卷六十九）

兵科左给事中林景旸上十事：核勾补，核比试，核操练，核武举，核荐劾，核警报，核功罪，核边功，核月粮，核边储。兵部覆从之。（据《国榷》卷六十九）

九月

抚治郧阳右副都御史王世贞，以荐举涉滥，吏部纠之，夺俸。（据《国榷》卷六十九）

十月

礼部申明《乡试录》体式，并参应天主考及各省监试诸臣。《明神宗实录》卷五十五：万历四年十月庚午，"上谕辅臣曰：'两京、各省《试录》中有称臣者，且刊文篇数抬头字样参差差错，何故？'辅臣张居正乃言：'故事，惟两京《试录》称臣，以考官皆出钦命。各省考官皆彼中聘取，文论皆取诸士子，量刊为式，多少随便，二项似未为差。惟是抬头岂容参差，此则各官忽略不敬，不能为之强解。伏睹各有御笔红点，仰见留心明典，甚盛心也。乞敕下礼部申明体式，使知所遵守，其中差错太多或文理纰缪不堪式者，量行参究。'于是礼部将体式申明，并参应天主考及各省监试诸臣。诏罚试官戴洵、程嗣功等俸二月，此后不但《试录》，凡章奏俱要恪遵旧式，明白简直，如草率违式及故为深文隐语，欺上不知，部科指实参处。"

今年四川武举录取三十五人。陈文烛《二酉园文集》卷二《武举录笔序》："万历丙子，适天下轮比之期。待御何公按蜀，遵制辟武科，得三十五人，录焉。事竣，烛宜有序。序曰：自烛奉命董蜀学政，圣天子用辅臣言，将玺书更布天下，中惓惓训迪武士，烛得合文武士而并教之。"

神宗御文华殿讲读，与张居正论官员贪赃事。《明神宗实录》卷五十五：万历四年十月，"癸酉，上御文华殿讲读。先是，山东抚按劾奏昌邑知县孙鸣凤赃私狼籍，上览奏怒甚，遣中官持示辅臣张居正等，欲逮系下吏。居正对云：'固当尽法，但旧例俱下部覆，请行抚按提问。'至是讲毕，上语辅臣以鸣凤贪鄙，恶且笑之，居正对曰：'今皇上励精，臣等仰体德意，以节俭率百僚，法度亦稍振举。维是有司贪风未息，欲天下太平，须安百姓，欲安百姓，须有司廉平。'上复曰：'昨览疏，此人乃进士出身，何无藉如此？'居正对曰：'正恃进士出身，故敢放肆。若举人、岁贡，必有所畏忌。以后用人，当视其功能，不必问其资格。'上深以为然。"

少保兼太子太保礼部尚书武英殿大学士吕调阳考满，晋太子太傅吏部尚书，荫子中书舍人。（据《国榷》卷六十九）

少师兼太子太师吏部尚书中极殿大学士张居正九年考满，进左柱国太傅，仍加伯爵，荫子尚宝司丞。（据《国榷》卷六十九）

迁宿迁县治儒学。时黄水咬其地。（据《国榷》卷六十九）

南京国子祭酒余有丁予告。（据《国榷》卷六十九）

礼部右侍郎署国子祭酒孙应鳌疾去。（据《国榷》卷六十九）

十一月

起原任南京国子监祭酒姚弘谟为祭酒，南京礼部右侍郎殷迈以原官管南京祭酒事。（据《明神宗实录》卷五十六）

十二月

礼科给事中李戴等条陈会试事宜。下礼部覆可,从之。《明神宗实录》卷五十七:万历四年十二月乙亥,"礼科都给事中李戴等条陈会试事宜。一、号席当严。言科场编号,监试提调官宜亲自掣签,登记号簿,即楷书卷面。天明,号军各验字号,不同者即时扶出。二、巡绰当密。言士子坐定,巡绰人役更番潜行伺察。各军衔枚肃立,毋得故为先声,递相传报。三、誊录当慎。言誊录所官督责书手要真正楷书,无得一字脱误。如有脱误,许对读所举送,监试提调官查究,仍将本卷另与抄誊。四、后场当重。言设科简拔真才,必学有本源,识通今古,而后可以济实用。迩来士子专务初场,故调难挽。今次分房官,务虚心详阅,有二三场扬确古今,条陈时事,非徒漫衍者,即初场稍疵,亦酌量收录。其止工时义而后场空疏者,概斥。下礼部覆可,从之。"

陕西督抚石茂华、侯东莱以庄浪土人难治,议仍立乡约、建社学。从之。《明神宗实录》卷五十七:万历四年十二月,"壬戌,陕西督抚石茂华、侯东莱以庄浪土人族盈二万,性悍难治……议……仍立乡约,建社学。择生员,厚廪给以教训生童。问知文理,送学作养,使崇礼义,以变夷习。下兵部议可,从之。"

赵贞吉卒。《国榷》卷六十九:"前太子太保礼部尚书兼文渊阁大学士赵贞吉卒。贞吉字孟静,内江人,嘉靖乙未进士。选庶吉士,授编修。进右中允,署国子司业。庚戌虏变言事,擢左谕德兼御史。犒军还,谪荔浦典史。久之,转徽州推官。进南京吏部主事,署郎中。历光禄寺少卿、右通政、光禄寺卿、户部右侍郎,俱南京。调北,被论去。隆庆初,起吏部侍郎,署国子祭酒。寻直日讲,推长南礼部。未行,改协理詹事府尚书。寻直文渊阁大学士,加太子太保。忤首辅去。后款房与议,荫中书舍人。生平自负特操,不袭人后。身任天下,百折不回。其学多本王守仁,而杂以二氏,亦好高之过也。予祭葬,赠少保,谥文肃。"

叙日讲之劳。进申时行詹事,仍兼翰林侍读学士,署院。陈经邦、何洛文左右谕德兼侍读。许国司经局洗马兼修撰。张位侍读。于慎行侍讲。赐阁臣金币。(据《国榷》卷六十九)

袁黄与冯梦祯等同作"为政以德"一节文,以炼字法为度人金针。《游艺塾文规》卷一《白战》:"予幼随于凤麓昆仲至严绍峰家,绍峰留会文。《论语》出'仁远乎哉'一节、《中庸》'力行近乎仁'、《孟子》'况居天下之广居者乎'。严公之文素多词,予因戏曰:'昔欧阳永叔分韵作雪诗,禁用体物语,凡雪之字眼,皆不许用,谓之白战。今日三题皆仁,凡仁之字眼,取一纸录出,粘于壁上,一字不可用,犯者有罚,不持寸铁,独战文场,方为豪杰。'众唯唯从予,明日吕宇冈闻之,亦拟作三首。于时嘉兴盛传白战之说,迄今四五十年矣。近来后生浮慕清虚,凡见字眼,便指为恶句,欲一扫而空之,此偏也,非正也;此病也,非药也。大凡文字润泽者易中,枯槁者难中;富丽者易中,寒俭者难中;丰满者易中,瘦削者难中;酝藉者易中,浅露者难中;秾郁者易中，怯薄者难中；典雅者易中，倨野者难中；热闹者易中，寂寥者难中。所谓润泽、富丽、丰满、酝藉、秾郁、典雅、热闹者，皆善用字眼者也。如无字眼，必然枯槁，必然寒俭，必然瘦削，而浅露、怯薄、倨野、寂寥之弊，种种出矣。且如'穆穆文王'一节，顾会元云：'恺悌之流，劳民忘其毁；圣明之戴，严主霁其威。'若无'恺悌'、'圣明'二语，文便单薄，若去'劳民''严主'，而但云'民忘其毁，主霁其威'，有何佳趣？如'仁者其言也讱'全，汤宾尹后股起云：'议论与躬行无两操。'若去'议论'、'躬行'字眼，而但曰'言与行无两操'，便不成句矣。今前比云：'议论与躬行无两操。'是单说'言行'；后比云：'操行与持论无两衷。'是说出'言修行'。筋骨凛然，此便是极好文字。大率作文无理无意，而惟用字眼妆裹。苏东坡所谓'厚皮馒头'，诚为可厌，若借词以明理，用字以修意，骨肉停匀，华实并茂，如锦裹针，如璞包玉，乃天下至中至正之文，何得以字眼为拘乎？前辈论诗曰：'炼句不如炼字。'作时文亦然，有一字炼法，有二字、三字、四字炼法。其一字炼法，要在活字上用力，如顾起元'纯敬之体，融敬之几'，'纯'字、'敬'字、'体'字、'几'字，皆是单字，而'纯'字、'融'字，则活字也。'以万境统一心，以一心御万境。''统'字、'御'字，其活字也，此活字在腰者。'天宁于极，理归于宗。''天'字、'宁'字、'极'字，皆是单字；'宁'字、'归'字，其活字也。'惇诚于天，抱真于性。''惇'字、'抱'字，其活字也。两字甚众，不必论。如汤宾尹：'言也者，其仁人之时吐露乎？讱也者，其仁人之真精神乎？''时吐露'、'真精神'，乃三字法也。他如'古墨卷'、'亿万姓'、'千百年'、'明天子'、'大圣人'等，皆三字也。顾起元：'止之准，握于渊微宥密之天；而止之符，显于天下国家之大。''准'字、'符'字是单字，在句末者，'渊微宥密'则四字也。文中自有宜用四字者，少则单薄矣。凡股中下句，如'柱之有磉'，稍薄稍弱，便承载不住，此岂可以字眼为嫌乎？尝记丙子冬，在京寓同冯开之、钱湛如作'为政以德'一节文，开之搁笔贮思，湛如问：'何思？'开之曰：'吾思德之字眼不得耳。'钱曰：'天德何如？'冯曰：'尘矣！今之时文用得如此尘字乎？'自丙子至今，又二十七年矣，汝辈作文，全要晓炼字之法，一字不新，全篇俱晦。盖作文无他巧，只要知换字法，腐字以新者换之，俗字以雅者换之，琐碎字以冠冕者换之。至于加减，全无定法。有减一字而直截，有增一字而悠扬者。但冗杂闲字，断然宜去，若紧关字面，岂宜轻裁？千万记取，毋杜撰也。"冯梦祯字开之。

本年

徐缙（1491—1576）卒。《列朝诗集小传》丁集上《徐处士缙》："缙，字绍卿，世居吴之洞庭山。祖德辉，富敌国。父天常，有游闲公子之习，以轻财损其家。父卒，其母蔡，携绍卿依同母弟羽以居，所谓九逵先生者也。绍卿少为诸生，受学于其舅氏，诗文皆得指授。长与黄省曾兄弟善，绍卿少省曾一岁，鲁曾顾兄事之。初名陵，字少卿，慕李陵之为人，跌宕自喜，时时从少年为狎游，耽昵倡乐，尽废其产。挟策游建业，遍览形胜，召秦淮歌姬，命酒剧饮，酒酣以往，援笔赋诗，感叹六代兴亡之际，高歌长啸，引声出萧瀏间，视举世无如也。数射策不中，遂弃去。晚年食贫丧子，一老女寡居。逾年一入城市，寄浮屠舍，萧然旅人，前所与游者咸逝。皇甫子循及张牧、刘凤扫室布席，争延致之，虽笃老，盘案杯斝间，雅谑迭奏，至漏下卒不倦，间有所不可，论辩蜂涌，意气勃发，坚悍少年弗如也。年八十六而卒。绍卿少为诗，与二黄及皇甫子安，互相摩切，晚而称同调者，则子循与二黄之子河水、姬水也。河水称其诗贵华彩、尚标致，经营用思，愈老愈深，吟讽再三，真赏自得。子循为醵金刻其集，序而传之。"

定广西、四川、云南等处改土为流州县及土官地方设有学校者，令提学严查，果系土著之人，方准考充附学，不许各处士民冒籍滥入。（据民国《宣威县志稿》卷六《政治行政篇·教育·学籍》）

平远知县刘孕祚捐俸建崇文社学。康熙《平远县志》卷四《营建志》："崇文社学在城隍庙左……万历四年知县刘孕祚捐俸壹百伍拾金创建。原设学田叁拾捌亩陆分壹毫，岁收稻谷肆拾石。后议拨拾柒石壹斗肆升贰合刘、计二祠香火，尚存贰拾贰石捌斗合一升零。每石折银贰钱伍分，并外瓦铺拾间租银贰两叁钱伍分，知县李允懋俱追寄库。今属诸生管业供祠，以办春秋两祭事。谢长文曰：'社学所以训童蒙也，唐、虞三代实尤重焉。后世有司奉职无状，寖至废坠，今郡邑遗址俱没于市井屠贩之间。平邑社学自宁沙刘公孕祚始，学有田，社有师，固井井也。刘公去而学址废，学址废而田且易主矣。原分拾柒石有奇以为刘、计二祠香火，今春秋胖膰、牲牷、币帛丰洁几何？而所谓贰拾贰石有奇又安往也？此其故文不敢知矣。'"

王志坚（1576—1633）生。据钱谦益《王淑士墓志铭》。志坚字淑士，昆山人。万历庚戌（1610）进士，授南京兵部主事，历郎中，以按察佥事，提学贵州，不赴。再起提学湖广，卒于官。有《读史商语》、《香岩室草》等。

宋珏（1576—1632）生。宋珏字比玉，莆田人。国子生。有《宋比玉遗稿》。

明神宗万历五年丁丑（公元1577年）

二月

兵部尚书谭纶等题，本年九月例该武举，合照节年题定事例举行。王圻《续文献通考》卷四十七《选举考·武举》："今上万历五年二月，兵部尚书谭纶等题：本年九月例该武举，合照节年题定事例举行。本院暂掌印左副都御史郜光先等题：差御史刘良弸、郭思极二员监试武举。奉旨：'近来武举官生亦有顾倩怀挟等弊，差监试御史严加巡察，有违犯的照文举例行。'"

题准各房阅卷，凡士子文字合式者，除正卷外，悉将备卷每房少或六七卷，多则十余卷批详次序、开列数目，一并查对姓名籍贯，付礼部提调司官以次填入副榜，不必拘定额数。（据王圻《续文献通考》卷四十五《选举考·举士三》）

命礼部尚书东阁大学士张四维、詹事府詹事兼翰林院侍读学士掌院事申时行主会试。取中冯梦祯等四百人，嗣修、兴周复与焉。（据王世贞《弇山堂别集》卷八十三《科试考三》）文秉《定陵注略》卷九《庚戌科场》："万历丁丑会试，《孟》题'我亦欲正人心'。黄结云：'韩愈谓："孟子之功不在禹下。"愚则谓："孟子之罪不在桀下。"'房考陈三谟阅之喜甚，力荐会元。蒲州大怒，欲题请黜革，吴门劝止，乃行国学戒饬之。"

定冯梦祯（1548—1605）为今年会元。李维桢《冯祭酒家传》："祭酒冯公梦祯，字开之，秀水人也。……举于乡。……再上春官不第，尽弃故时所为举子业，而遨游云间。稠人广坐中，时垂首不言。或独居，如共人语笑，歌踊跃。里之大家礼为子师。大家豪举，众宾阿邑取容，而公兀直自如。大家北上，驺从传呼甚宠，公蹇驴鳖蹩，尾其后，夷然不屑也。至都，嘉善袁坤仪负才名甚盛，独召公居郊寺论文，一洗铅华，归之大雅。凡百日，言如石投水，饥则出袖中一二钱，市胡饼共啖而罢。遂会试第一人，廷试二甲第三人，选为庶吉士。"《游艺塾续文规》卷四《了凡袁先生论文》："丁丑会试'何如斯可谓之士矣'三节，予时在场中，一头两脚，自是此题定格，予于中间实讲处多玲珑递过，缴处却做四比。当夜出场，为钱湛如诵之，渠踊跃称快，谓必会元无疑矣。越数日，冯开之携七作来，钱阅之，私语予曰：'无兄卷，渠亦可作会元。'及揭晓，予果本房取首卷，以五策不合式下第，而开之遂首选云。是年余进京颇卑，与开之同修业于护国寺中，二人共坐一室，反扃其户，穴墙以通饮食，终日静坐，调息澄心，三六九日一演时义而已。当时，开之向道之志甚切，意思安闲，如不欲战者，夫纷扰之不如静定，其理甚明。予曾与开之论此理甚明，亦思之烂熟，故未进场前，怡怡愉愉，悠然自适，及进场作文时，默默有放不下处，初时亦不觉，七篇完后，自家检点，觉意思与平日不同，盖一念默默放不下处，乃是真机，平日讲之甚明，思之甚熟者，皆虚见也，实境现前，真机毕露，始自悔自憾，知平生学问，皆非实际，故作此七个大结时，便无依回欲得之意矣。至二场、三场，只信手写去，不惟无一毫周旋世界之心，并文之工拙，亦所不计，第于不加检点之时，而粗心浮气，一时并出，足见予涵养之未至，则深可愧憾耳。揭晓后一日，予谒马宗伯公，公执予手语予曰：'莫忘张相公好意，他对我云："吾极知其人有学，吾欲成就之，故暂黜之耳。"'予闻其言，不觉心折，俱生圣世，独为匪人，既荷玉成，敢忘至教？""阳明先生阅徐爱之文，知其早发而啬于寿；在山东场中阅穆孔晖文，知其为有名之豪杰，若烛照数计，无纤毫爽。昔年云谷和尚凡遇朋友，一接音容便能悬断其文之得失，某也清，某也畅，某也雄壮，某也局促，一一契合。阳明见其文而知其人，云谷见其人而知其文，皆奇特事。人之文字，靡不由心生，有大格局者，必有大胸襟，有大议论者，必有大识见。富贵膏粱之子，其文多磊落阔大，或疏爽通达，而不能幽深含蓄；贫贱困穷之士，其文多钩深入微，钻研琐碎，而无轩昂显达之气。文字断续者多不寿，气歉而不克者多不寿，词有余而神不足者多不寿。浑厚者必贵，温雅者必贵，正大者必贵。条达而气易尽者，贵而不久；意深而词踬者，多主偃蹇。放肆而不检者，怒号而气不平者，浮靡艳丽、专务外饰而无实意者，皆非佳士。如某人之文，'浴乎沂'三句，是其最得意之作，然终有放肆轻狂之态，可以惊四筵，而不可以适独坐者也。某人文字非不佳，终有怒号之气；某人终有靡丽之习，不待观其行事，而已逆知其人品之必不端矣。读杜道升之文，自然知其为切实近理之士；读沈幼真之文，自然知其为深厚平正之儒；读姚禹门之文，自然觉其有流丽和雅之风；读邓定宇之文，自然觉其有清净无为之趣。是故善作文者，先正其心；善窜文者，先改其习。冯开之一向以狂自负，到会试时收敛简默，恂恂款款，大变其平生之习，而后其文亦变而雅驯。今之人终日咎其文之不善，而不思整顿其心胸，文亦何由而善哉？"《制义丛话》卷五："冯开之会场前作文稿，凡五易，卒冠南宫。刻苦慎重以求必售也如是。既授庶常，旋请假归，补职十年，又复乞罢，官止翰林，悠然自足。夫古人重科名而轻爵位，重科名所以验其学，轻爵位所以励其守。开之居馆中，遇江陵子无加礼，江陵抑之，欲使别署。张蒲州备致悃款，乃留史职。方明之盛时，天下固犹重翰林哉！袁了凡黄曰：冯开之作文，深构妙想，寂如老禅，常至呕血，有三日方得一首。人诘其故，曰：不如此，场中不得力。又闻孙月峰与人会文，终日不成一字，曰：未得文机，姑置之，不可纵吾手。噫，二公之于文精矣，良工心苦，人谁知之。"《制义丛话》卷十二：《文行集》："秀水冯梦祯，字开之，恂恂和易，览群籍多所独得。万历丁丑会试场中，数易其稿，主考张四维得其卷曰：'此正、嘉盛轨也。'拔置第一。按：是科题为'何如斯可谓之士矣'三节、'回之为人也'章、'我亦欲正人心'节，主试者张四维、申时行。"《游艺塾文规》卷四《正讲一》："壬辰'知及之'全，吴默之作直从予丁丑'何如斯可谓之士'三节流出，不但格局相同，兼亦气脉毕肖，此非有心模拟也。吴因之学文于顾元玉，元玉学文于鄙人，师友渊源，谬相珍重，涵濡既熟，矢口相符。试阅其《庸》、《孟》二义，其风度皆与首作一律，即此可以觇其所养之深矣。大抵学文如学射，须先择前辈好文数首以为法程，贵精不贵多，贵专不贵泛。譬好学射，不先定标准，即终日执弓，何由中的？又须枕藉之，沉酣熟玩，使神与偕来，便可夺胎换骨，而陶铸成家，若待招之而后来，麾之而后去，已落第二义矣。黄葵阳'尧独忧之'七句，文字和粹冲夷，春容典雅，其血脉从昆湖先师'使禹治之'一节墨卷来。冯开之丁丑未进场时，日日玩此一篇文字，藏之袖中，早暮披绎，寝食不废，故场中七作，其风度悉与此篇相肖，此便是学文样子。顾元玉从予游，只拣予丁丑墨卷及窗下'大哉圣人之道'四节文字，朝夕寻玩，语予曰：'执此以往，会元可必矣。'哲人早世，音响若存。嗟嗟！安得虚心定志如元玉，而与之论艺哉？"

三月

沈懋学（1539—1582）、张嗣修、曾朝节（1535—1604）等三百零一人进士及第、出身有差。张嗣修即张居正之子。《弇山堂别集》卷八十三《科试考三》："五年丁丑，命礼部尚书东阁大学士张四维、詹事府詹事兼翰林院侍读学士掌院事申时行主会试。取中冯梦祯等四百人。懋修、兴周复与焉。""廷试，少师兼太子太师吏部尚书中极殿大学士张居正、少保太子太傅户部尚书武英殿大学士吕调阳、少保太子太保刑部尚书王崇古以子嫌辞读卷，不许。赐沈懋学、张嗣修、曾朝节及第。""是岁，读卷官拟宋希尧为第一，而嗣修在第二甲第二，上拆卷得之，擢置嗣修第二，且谓居正曰：'朕无以报先生功，当看先生子孙。'后始知慈寿及大珰冯保意也。宋希尧遂二甲第一。"又卷十六《皇明奇事述一》"二相公子科第"："嘉靖甲辰（1544）翟文懿銮居首揆，二子试中书舍人汝俭、贡士汝孝俱登第。当读卷，上疑之，为启封，则汝孝果在首甲，汝俭亦进呈，因而抑之。后给事中王交等言其弊，上大怒，勒文懿死，汝俭、汝孝俱除名。万历丁丑，江陵公首揆，次子嗣修登第，既进呈，上亦启封，特擢为第二人。庚辰（1580），叔子懋修复登第，进呈，上复启封，特擢为第一人，而伯子敬修亦前列。所遇之不同乃尔。其后俱削籍却同。"李调元《制义科琐记》卷二《报先生》："万历五年丁丑，居正当朝，其子嗣修名在二甲第一。上拔置一甲第二，谓居正曰：'吾以报先生也。'"

丁丑科考生杨起元始以禅说入制义。顾炎武《日知录》卷十八《举业》："东乡艾南英《皇明今文待序》曰：呜呼！制举业中，始为禅之说者，谁与原其始？盖由一二聪明才辩之徒，厌先儒敬义诚明穷理格物之说，乐简便而畏绳束。其端肇于宋南渡之季，而慈湖杨氏之书为最著。国初功令严密，匪程朱之言弗遵也。盖至摘取良知之说，而士稍异学矣。然予观其书，不过师友讲论，立教明宗而已，未尝以入制举业也。其徒龙溪（王畿）、绪山（钱德洪），阐明其师之说，而又过焉，亦未尝以入制举业也。龙溪之举业不传，阳明、绪山，班班可考矣。衡较其文，持详矜重，若未始肆然欲自异于朱氏之学者。然则今之为此者，谁为之始与？吾姑为隐其姓名，而又详乙注其文，使学者知，以宗门之糟粕为举业之俑者，自斯人始（万历丁丑科杨起元），呜呼！降而为传灯，于彼教初说，其浅深相去已远矣。又况附会以援儒入墨之辈，其鄙陋可胜道哉！今其大旨不过曰：耳自天聪，目自天明。犹告子曰生之谓性而已。及其厌穷理格物之迂而去之，犹告子曰不得于言，勿求于心而已，任其所之，而冥行焉，未有不流于小人之无忌惮者，此《中庸》所以言性不言心，孟子所以言心而必原之性，《大学》所以言心而必曰正其心，吾将有所论著，而姑言其概如此，学者可以废然返矣。"梁章钜《制义丛话》卷五："俞桐川曰：以禅入儒，自王龙溪诸公始也，以禅入制义，自杨贞复起元始也。贞复受业罗近溪，辑有《近溪会语》一书，故其文率多二氏之言，艾东乡每以为訾。乃文之从禅入者，其纰缪处固不堪入目，偶有妙悟精洁之篇，则亦非人所及，故归、胡以雄博深厚称大家，而贞复与相颉颃，其得力处固不可诬也。贞复尝入侍经筵，崇志勤学，几于醇儒。又以扶丧哀毁，感寒成疾，近于笃行，其可议者独在文耳。然披沙得金，凿石成璞，宝光自著于宇宙，乌得以一家之论掩之哉？"梁章钜《制义丛话》卷六："'耕也馁在其中矣，学也禄在其中矣。'旧说但言学中有禄，故食不必谋，惟杨贞复起元文偏言学中有禄，故谋道者易兼谋食，虽似翻案，却是的解。文云：'所以养有道之士而为所学之验者，此禄也；所以杂谋道之心而为所学之累者，亦此禄也。盖既有得禄之理，益不可有得禄之心。一有得禄之心，则是学也，乃谋食之精者耳，是以君子而兼小人之利也，耻孰甚焉。'如此逼其下句，更为警切。其实非翻案，只就旧说斡进一层耳。"

据《明清进士题名碑录索引》，万历五年丁丑科录取名单如下：

第一甲三名

| 沈懋学 | 张嗣修 | 曾朝节 |

第二甲五十七名

宋希尧	陆可教	冯梦祯*	刘庭芥	杨起元	沈大忠
杨德政	张文奇	盛世承	张问仁	郑一麟	苏浚
黄学颜	尤光被	李元龄	赵健	王再聘	许国瓒
杨际会	于达真	唐守钦	冯琦	沈九畴	王明时
孙成泰	王豫	郭师古	周汝登	刘九泽	章润
房守士	李楠	蔡斗移	沈季文	庄履丰	韩取善
王谦	吕兴周	董樾	诸大圭	李守约	郑有年
周汝砺	郑璧	阎邦	郭元柱	张斗	张鼎思
高尚忠	甘雨	刘际可	吴子韶	王之麟	胡泰
马象乾	金炅	伍惟忠			

第三甲二百四十一名

朱维京	冯景隆	黄正色	任可容	王继光	张文熙
刘霖	贾三策	陈瑶	袁有凤	王约	刘世延
陈性学	赵楷	姚岳祥	徐桂	韩应庚	俞沾
魏允贞	顾绍芳	郑之民	王键	姚元祯	黄嘉善
余继登	蒋时馨	杨植	敖文祯	杨文举	何洛书
刘士瑗	李日文	张新	李文郁	胡士鳌	史继辰
李国士	朱来远	张一德	朱廷益	黄文炳	王命爵
苏酂	朱应毂	徐震	李弘道	赵崇善	吴梦熊
陆承宪	张栋	李瑄	吕乾健	吴达可	周盘
伍可受	马化龙	黄承赞	祁鲲	南兆	张养志
史朝录	林休征	刘一相	汪言臣	凌登瀛	徐上达
张守朴	曹一鹏	李一阳	徐申	何存教	陈烨

邢孔阳	方端	张子忠	王世扬	张养蒙	铙学诗
邓炼	陈应熙	丁此吕	杨鸣凤	白一言	詹事讲
贺逢圣	孙澜	潘元和	谢志伊	吴安国	张文耀
曹鈇	刘敏宽	李观光	管应凤	宋附	徐三畏
张国玺	李际春	孙世祯	张志	白希绣	叶承遇
秦可贞	谢应典	程达	董子行	支应瑞	杨东野
朱南英	屠隆	范俊	傅光宅	黄学曾	王国
顾云程	霍鹏	李应祥	屠叔方	王亮	朱维藩
张世科	陈禹谟	孙玮	杨有仁	李骥千	李洙
陈泰来	丘度	邹元标	沈存仁	沈自邠	胡载道
吴世宾	陈一洙	侯应征	陈三策	卢洪春	王元
李杜	陈璨	李先著	何懋官	卢学礼	马朝阳
杨起元	李应选	浦卿	李贽①	冯生虞	沈梦斗
金节	张尧臣	贾希夷	傅国珍	陈璧	徐三重
王之猷	刘绮	曹炜	马崇谦	张梦鲤	高桂
郭显忠	张希皋	沈孚闻	郝洁	曾乾亨	钟宇淳
王士性	和震	赵一鹏	沈瑞临	蔡万里	魏浚
吴之鹏	杨芳	宋国相	罗用敬	王九仪	陈邦科
吴尧弼	黄曰谨	金枝	田如京	赵邦秩	傅霈
马玉麟	何文极	林国材	陈良栋	陈扬善	陈遇文
简继芳	谭耀	邓鹤	卢迨	黄钟	向僎
黄衮	徐联芳	程奎	陈与相	苗朝阳	李载阳
赵梦日	连格	李植	陈登云	张维新	陆玠
方万山	陈简	田一麟	陈九畴	叶祖尧	孙玄
陈九官	张一心	万象春	吴道行	马应图	羊可立
刘怀恕	原一魁	荆州土	鲁锦	杜和春	甘士价
沈时叙	曲迁乔	谭桂	费尚伊	宁化龙	吴文梓
张敬	黄卷	江东之	程宗伊	陈裪	郁文
易登瀛					

丁此吕中进士。梁章钜《制义丛话》卷二十三:"前明弘治中,一直指观风泰州,题为'非帷裳必杀之',一生破云:'服有违乎王制者,王法所必诛也。'直指首录之云:'异日必登八座。'拆卷乃沈凤冈,后果历官部院。又豫章丁此吕岁试,题为'征商自此贱丈夫始矣',破云:'以臣伐君,武王非圣人也。'遂入劣等,其后遂成进士。"

命推官知县出科、贡,果贤能称职,一体行取。(据《国榷》卷七十)

---

① 本名:戴贽

四月

张居正请厘正就教举人除授条例，报可。《明神宗实录》卷六十一：万历五年四月庚午，"大学士张居正奏：'先年就教举人多授府州县训导，近来概授学正、教谕，绝无有除训导者。不及三年即升知县。繇是举人以就教为捷径，不复坐监，而祖宗造士作人之意，寝以不存。今宜酌议厘正，将考取上卷、中卷十卷以前俱授州学正，中卷二百名前俱授县学教谕，余俱授府州县训导。见缺不足，听候选除，毋得回籍，致垂政体。'报可。"

兵部尚书谭纶（1520—1577）卒，谥襄敏。《明鉴纲目》卷七："纲：夏四月，兵部尚书谭纶卒。（谥襄敏。）目：纶沈毅知兵，所守台州，御倭有功，累擢巡抚。朝廷倚以办贼，遇警辄调，居官无宁岁。（先抚福建，继抚四川，进抚两广，前后积首功二万一千有奇。）后督师蓟辽，集兵三万，更征浙兵三千，专属戚继光训练。相度边临冲缓，道里远近，分蓟镇为十二路，路置一将，互为掎角。边备大饬，敌不敢入犯。帝即位初，进兵部尚书，三疏乞归，不允，至是卒。（纶始终兵事垂三十年，与戚继光共事齐名，称谭戚。）"

国子司业沈渊卒。渊字子静，济南新城人，嘉靖乙丑进士。自庶吉士授检讨。年四十三。予祭。（据《国榷》卷七十）

尚宝司丞吕旻为国子司业。（据《国榷》卷七十）

前署詹事府事吏部左侍郎兼翰林院侍读学士王希烈服除，补原官。（据《国榷》卷七十）

五月

改沈自邠、顾绍芳等二十八人为庶吉士。《明神宗实录》卷六十二：万历五年五月，"壬寅，先是大学士张居正等请考选庶吉士日期，命定期十五日。至是取沈自邠、顾绍芳、杨起元、敖文祯、姚岳祥、杨德政、万象春、张鼎思、庄履丰、冯琦、费尚伊、何洛书、史继辰、甘雨、陆可教、李植、张志、马象乾、林休征、张养蒙、高尚忠、冯梦祯、汪言臣、张文熙、余继登、曹一鹏、王国、吴尧弼卷进呈，命俱改庶吉士，与一甲进士沈懋学等，俱送翰林院读书。"

吏部左侍郎兼翰林院侍读学士王希烈，詹事府詹事兼侍读王锡爵并教习庶吉士。（据《国榷》卷七十）

七月

刘中立等为给事中，刘致中等为监察御史。《国榷》卷七十："中书舍人刘中立，行人李选，推官李天植、王致祥，知县郑秉厚、齐一经、顾九思、李大亨、帅兰、王胤祥、姚学闵、詹沂、傅作舟各为给事中。中书舍人刘致中、胡之彦，行人方学孟，国子博士刘光裕、陈希美，推官谢思启、朱鸿谟，知县尹良贵、宋仕、安九域、胡时化、顾铨、罗应鹤、唐本尧、许乐善、郭汝□、姜璧、赵楫、李栋、白栋、赵卿、陈大立、朱瑺、马呈图、张一鲲、孟一脉、杨际熙为监察御史。鸿谟、一鲲、学孟、一脉、际熙并南京。"

先是命抚按荐科、贡必四之一。至是，两淮巡盐御史王晓荐各属乙榜七人不及格，夺俸三月。（据《国榷》卷七十）

八月

命礼部左侍郎汪镗改注吏部左侍郎，掌管詹事府印信，同王锡爵教习庶吉士。（据《明神宗实录》卷六十五）

曾子六十一代孙承业袭翰林院五经博士。（据《国榷》卷七十）

前吏部左侍郎兼翰林院侍读学士丁士美卒。士美字邦彦，清河人，嘉靖己未进士第一。授翰林修撰。进右谕德，历礼部右侍郎，直经筵。已改吏部，守制。上念讲读劳，赠吏部尚书，谥文恪，予祭葬。（据《国榷》卷七十）

陕西布政司右参议李维桢为按察司提学副使。（据《国榷》卷七十）

监修《实录》，英国公张溶进少傅兼太子太傅。总裁大学士张居正左柱国，支尚书俸。吕调阳少傅兼太子太傅。张四维太子太保文渊阁大学士。（据《国榷》卷七十）

叙《实录》劳。《国榷》卷七十："叙《实录》劳，汪镗为礼部尚书，王锡爵为詹事，礼部尚书马自强加太子太保，礼部右侍郎申时行加太子宾客，余进秩有差。右春坊右赞善陈思育为右中允，与左中允戴洵俱五品服。翰林院修撰赵志皋、田一俊、徐显卿俱侍读，韩世能、张一桂、朱赓、李长春俱侍讲，编修高启愚、习孔教、范谦、黄凤翔俱修撰。检讨王弘诲，左右谕德陈经邦、何洛文，洗马许国，侍讲张位，侍讲于慎行、罗万化，左赞善沈鲤，修撰王家屏、陈于陛、沈茂学，编修沈一贯各加俸一级。"

闰八月

南京礼部右侍郎署国子祭酒殷迈致仕。（据《国榷》卷七十）

南京光禄寺卿屠羲英为南京太常寺卿，署国子祭酒。（据《国榷》卷七十）

推官知县李实、田乐义、齐世臣、李廷仪、韩绍、周邦杰、尹瑾为给事中，梅淳、李荩、高维崧、薛梦雷、房寰、郑锐、涂杰、茹宗舜、张治具、王许之、张友舜、王廷稷为试监察御史，许之、友舜、廷稷并南京。友舜岁贡生，廷稷贡士。（据《国榷》卷七十）

九月

张居正以父丧起复，夺情事起。《明鉴纲目》卷七："纲：秋九月，张居正以父丧起复，冬十月，杖编修吴中行（字子道，武进人。）等，谪戍有差。目：居正父卒，帝与两宫，遣中使慰问，络绎道路，然未尝有意留之。而居正自以握权久，恐一旦去，他人且谋己。会户部侍郎李幼孜（应城人）欲媚居正，首倡夺情议，冯保亦不欲居正去，中旨令吏部尚书张瀚谕留居正。居正乃阳上书请守制，而阴以腹风瀚覆旨。瀚谬为不喻，谓政府奔丧，宜予殊典，礼部事也，何关吏部？居正复令客说之，不为动。乃传旨责瀚久不奉诏，无人臣礼，勒致仕。（瀚先附居正，得掌吏部，见非于世。至是，忤之去。士论皆重瀚。）于是，请留者相继。编修吴中行，检讨赵用贤，（字汝师，常熟人），上疏争之。已而员外郎艾穆（字和父，平江人），主事沈思孝（字纯父，秀水人），亦合疏言居正贪位忘亲。居正大怒，谋于冯保，欲廷杖之，学士王锡爵（字元驭，太仓人）等，求解于居正，不得。（锡爵独造丧次，切言之，居正勃窣下拜，索刀作刎颈状，曰：'尔杀我，尔杀我！'径入不顾。）侍讲于慎行（字无垢，东阿人），田一俊（字德万，大田人），张位，赵志皋（字汝迈，兰溪人），修撰习孔教（庐陵人），沈懋学（字君典，宣城人），皆疏救，格不入。遂杖中行等四人，谪戍。进士邹元标（字尔瞻，吉水人）复上疏争，亦坐杖戍。南京御史朱鸿模（字文甫，益都人），驰疏救中行等五人，并斥为民。于是锡爵、慎行、一俊、懋学，先后移病归。（诏遣居正子编修嗣修，与司礼太监魏朝，驰传往代司丧。礼部主事唐浩治祭，工部主事徐应聘治丧，居正请无造朝，以青衣素服角带入阁治事。许之。）"

张时彻（1500—1577）卒。沈一贯《南京兵部尚书东沙张公行状》："一日而病不起，实丁丑九月十日也。生弘治庚申，享年七十有八。""张公讳时彻，宁惟静。先宋魏国忠献公浚、南轩先生栻为蜀人，四世有讳原者，家于鄞槎湖，是为槎湖始。……二十（1519）举于乡，二十四（1523）进士高等，为郎八年，皆从留都转。始膳部主事，迁武选员外郎、仪部郎中。……三十二（1531）以副使督学江西"，历福建参政、云南按察使，山东、河南布政使，以金都御史巡抚四川，改江西。入为南刑部侍郎，改兵部，进尚书。"公虽学于文定公（张邦奇），而其归殊。文定密而醇，公鸿而概。文定之学长于六经，公长于诸子。文喜东西京之际，诗脁而和。性好士，门无留客，即少年寒畯，苟力能胜瓤者，辄引以资己，故后进之士称东沙先生。始为进士时，有骑马来定交者，曰王激子扬，快士也。子扬死，为刻《鹤山集》。丰考功道生贫囊箧，接于途，死，为刻《考功摘集》。陈束约之死，公勒石墓门，刻《后冈集》。其高谊如此。所著有《芝园集》、《外集》、《别集》，所铨定本朝文为《皇明文范》，别为《文苑》，又为《宁波府志》、《定海县志》。"

右春坊右谕德何洛文、翰林院修撰高启愚主武闱，得八十人。（据《国榷》卷七十）

十一月

考察百官，因夺情事忤居正者多被迁谪。《明鉴纲目》卷七：“纲：十一月，考察百官。目：张居正自夺情后，知天下不与己，思以威权劫之。时因星变（彗星从东南方起，长亘天），考察百官，赵志皋、张位、习孔教相继迁谪。南京佥都御史张岳（字汝宗，余姚人），请令居正奔丧，坐考察，自陈贬秩。礼部尚书何维柏（维柏于嘉靖时，以劾严嵩得罪，隆庆初复官，累迁尚书），亦以自陈免。（先是，夺情议起，张瀚叩维柏，维柏曰：‘天经地义，何可废也？’瀚从之。居正怒，夺维柏俸。因追论罗伦议李贤夺情，斥为小竖子，闻者莫不讶之。）”

吏部察处五十一人。翰林修撰习孔教浮躁，谪泉州推官，命放归。馀降调如例。侍讲赵志皋劝终丧，调广东按察副使，寻谪解州同知。孔教后移邵武同知，落职。户科给事中武尚耕、山东道御史赵允升各为江西、山东按察佥事。（据《国榷》卷七十）

十二月

国子祭酒姚弘谟为礼部右侍郎。（据《国榷》卷七十）

国子司业吕旻为祭酒。（据《国榷》卷七十）

南京国子司业周子义改北。（据《国榷》卷七十）

翰林院侍读张位为南京国子司业。（据《国榷》卷七十）

本年

袁黄著《举业彀率》。《游艺塾续文规》卷四《了凡袁先生论文》：“丁丑岁予著《举业彀率》，备论炼格之法，传之四方，颇于时艺有益。至近日则又成文章一障矣。盖文字依题结构，千篇一律，诚为可厌，然近来士子每遇题目，辄掀翻体制，纵横颠倒，有宜轻而反重，有宜后而反先，有宜详而反略，有宜串而反平，错乱不经，令人可厌。一遇考试，炼者多而不炼者少，则不炼者反新，而炼者反俗矣，此势之所必然，而弊之所当革也。今欲反之，不复炼，而都依三五十年前旧体，又恐无以动人。须随题酌理，会意成文，不随众人而俱炼之，亦不徇旧格而不炼，拿定题中血脉，自吐一段风光，必于大同之中有不同焉，使其文如鹤立鸡群，如象游兔径，不俟夸张，而观者忧然失色，方为上乘。此系所养之深，不可一蹴而至也。”

科场经书文字，仍限六百字上下，冗长浮泛者不得中式。王圻《续文献通考》卷四十五《选举考·举士三》：“（万历五年）又奏准：士子经书文字，照先年题准，限六百字上下，冗长浮泛者不得中式。八年奏准，限五百字，过多者不许誊录。十三年题准，程式文字，就将士子中式试卷纯正典实者依制刊刻，不许主司代作。其后场有学问

2634

该博，即前场稍未纯，亦许甄录。中间字句不甚妥当者，不妨稍为修饰，但不许增损过多，至掩本文。"

朱睦㮮举宗正，领宗学事。《列朝诗集小传》闰集："镇国中尉睦㮮，字灌甫，自号西亭，高皇帝七世孙，周定王之裔也。父奉国将军安涊，以孝行闻。灌甫被服儒素，覃精经学，从河洛间宿儒游。奉手抠衣执经函丈，受礼于睢阳许先。章分句释，辨析疑义。达旦不寐，三月而尽其学。年二十遂通五经，尤邃于《易》、《春秋》。家故饶资财，僮奴数百人，皆逐嬴车屑麦，执业自给，逐什一之利，其家益大起。访购图籍，请绝宾客。倾身游贵显间，通怀好士，内行修洁，筑室东陂之上，延招学徒，与分研席，用是名声籍甚。万历初，举文行卓异，为周藩宗正十馀年。国中大制作，皆出其手。修《河南通志》，撰《中州人物志》，中州之文献征焉。谓本朝经学，一禀宋儒，古人经解残缺放失，访求诸海内通儒，缮写藏弄，若李鼎祚《易解》、张洽《春秋传》，皆叙而传之。丁丑领宗学，约宗生以三、六、九日午前讲《易》、《诗》、《书》，午后讲《春秋》、《礼记》，虽盛寒暑不辍。命诸生刺举同异，撰《五经稽疑》若干卷、《授经图》及传四卷。观陶九成《辍耕录》载前元《十九帝统系》，作《大明帝系世表》一卷、《周国世系表》一卷。感建文革除，记录失实，作《逊国记》、《褒忠录》五卷。考《史记》以来谥法，作《较定谥法》一卷。合沈约、吴棫韵，举正误缪，撰《韵谱》五卷。其诗文有《陂上集》二十卷。文尤典雅可诵。有明之宗室，宪圉比肩闲平，而灌甫媲美子政，泂昭代之盛事，唐宋所希觏也。海内藏书之富，近代推江都葛氏、章丘李氏，灌甫倾资购之，竭四十年之力，仿唐人四部法，用各色牙签识别，凡一万二千五百六十卷。起万卷堂，讽诵其中，圈点雠勘，丹铅历然。"

李贽赴云南姚安太守任。途次黄安，见耿定理，并见其兄耿定向。此时已有弃官留住黄安之意。参见李贽《耿楚倥传》。自今年至万历七年，李贽均在姚安。

郑若庸（1489—1577）卒。据徐朔方《郑若庸年谱》。《静志居诗话》卷十三："郑若庸字中伯，昆山人。有《蜣蜋集》。中伯曳裾王门，妙擅乐府，尝填《玉玦词》，以汕院妓，一时白门杨柳，少年无系马者。群妓患之，乃醵金数百行薛生近究，作《绣襦记》以雪之，秦淮花月，顿复旧观。承平胜事，虽小堪传。今之秋兔寒鸦，想象昔年之酒旗歌扇，良足艳也。《秋涉》诗云：'苍山崔巍照秋渚，红树离离夕阳渡。行人涉水更看山，马足凌兢来复去。云际人家望欲迷，松关萝径隔烟扉。山僧卧稳西岩寺，时有钟声落翠微。'"《玉玦记》传奇约作于嘉靖六年（1527）。

文翔凤（1577—？）生。文翔凤字天瑞，西安三水人。万历庚戌（1610）进士，除莱阳知县，调伊阳，再调洛阳，迁南礼部主事，调吏部，升山西提学副使，入为光禄少卿，不赴，卒于家。有《伊川》、《海日》、《云门》诸集。

王鍇（1577—1646）生。王鍇字叔闻，金坛人。有《病馀存草》。其送人下第诗，有"一夕残秋带客还"之句，颇得钱谦益推重。

明神宗万历六年戊寅（公元 1578 年）

二月

　　命国子监祭酒吕旻、左春坊中允戴洵等俱充经筵讲官。翰林院编修李长春、朱赓等补展书官。（据《明神宗实录》卷七十二）

　　潘季驯总理河漕。《明鉴纲目》卷七："纲：戊寅六年，春二月，以潘季驯总理河漕。目：先是，总河傅希挚（衡水人）欲塞决口，吴桂芳主开老黄河故道，议未决，有言宜多浚海口，以分水势者。会桂芳卒，以季驯代之。季驯引度水势（言海口自云梯关四套以下，阔七八里至十余里，深三四丈，欲别议开凿，必须深阔相类，方可注放，工力甚难。且未至海口，干地可施工，其将入海之地，潮汐往来，与旧口等耳。旧口皆系积沙，人力虽不可浚，水力自能冲刷。海无可浚之理，惟当导河归海，则以水治水，即浚海之策也。河亦非可以人力导，惟当缮治堤防，俾无旁决，则水由地中，沙随水去，即导河之策也。频年以来，日以缮堤为事，顾卑薄而不能支，迫近而不能容，杂以浮沙而不能久，是以河决崔镇，水多北溃，为无堤也。惟决高家堰，黄浦口，水多东溃，堤弗固也。不咎制之未备，而咎筑堤为下策，岂通论哉？上流既旁溃，又歧下流而分之，其趋云梯入海口者，譬犹强弩之末耳。水势益分，则力益弱，安能导积沙以注海，故今日浚海急务，必先塞决以导河，尤当固堤以杜决，而欲堤之不决，必真土而勿杂浮沙，高厚而勿惜巨费，让远而勿与争地，则堤乃可固也。沿河堤固，而崔镇口塞，则黄不旁决而冲漕力专。高家堰堵，朱家口塞，则淮不旁决而会黄力专。淮黄既合，自有控海之势，又惧其分而力弱也，必暂塞清江浦河，而严司启闭，以防其内奔。姑置草湾河，而专复云梯，以还其故道。仍接筑淮安新城长堤，以防其末流，使淮黄力全，涓滴悉趋于海。则力强且专，下流之积沙自去。海不浚而辟，河不挑而深，所谓固堤即以导河，导河即以浚海也。又言黄水入徐，历邳宿桃清至清口，会河而东入海，淮水及凤历盱泗至清口，会河而东入海，此两河故道也。元漕江南粟，则由扬州直北庙湾入海，未尝溯淮。陈瑄始堤管家诸河，通淮为运道。虑淮水涨溢，则筑高家堰堤以捍之，起武家墩，经大小涧至阜宁湖，而淮不东侵。又虑黄河涨溢，则堤新城北以捍之，起清江浦，沿钵池山、柳蒲湾迤东，而黄不南侵。其后堤岸渐倾，水从高堰决入，淮郡直同鱼鳖。而当事者未考其故，谓海口壅闭，宜急穿支渠，讵知草湾一开，西桥以上正河，遂致淤阻。夫新河阔二十余丈，深仅丈许，较故道仅三十之一，岂能受全河之水。下流既壅，上流自溃，此崔镇诸口，所由决也。今新河复塞，故道渐已通流，虽深阔未及原河十一，而两河全下，沙随水刷，欲其全复河身不难也。河身既复，阔者七八里，狭者亦三四百丈，滔滔东下，何水不容，非惟不必别凿它所，而草湾亦可勿浚矣。故为今计，惟修复陈瑄故迹，高筑南北两堤，以断两河之内灌，则淮扬昏垫可免。塞黄浦口，筑宝应堤浚东关等浅，修五闸，复五坝，则淮南运道无虞。坚塞桃源以下崔镇口诸决，则全河可归故道。黄淮既无旁决，并驱入海，则沙随水刷，海口自复，而挑清浅阻，又不足言，此以水治水之道也。〇庙湾，注见前。武家墩在江苏淮安县西南。钵池山，在淮安县西北。柳蒲湾，在淮安县东北），因条上六议，曰塞决口以挽正河，曰筑堤防以杜溃决，曰复闸坝以防外河，曰创滚水坝以固堤岸，曰止浚海工程以省糜费，曰寝开老黄河之议以仍利涉。帝悉从其请。乃塞崔镇等决口百三十，筑高家堰堤六十余里，归仁集（在江苏宿迁县南）堤四十余里，柳蒲弯堤东西七十余里。自徐沛至淮扬间，遥堤，缕堤，滚水，减水，坝闸，无不修筑。逾年工成。自后数年，河道无大患。"

南京太常寺卿署国子祭酒屠羲英劾罢。（据《国榷》卷七十）

葛守礼卒。《国榷》卷七十："前太子少保左都御史葛守礼卒。守礼字与立，德平人，嘉靖戊子举山东第一，己丑成进士。除彰德推官，进兵部主事。改礼部，稍迁仪制郎中。壬寅，擢河南提学副使。乙巳，转山西参政按察使，自推官历陕西左右布政使。入观部小吏，已署老疾当免。守礼请留，尚书曰：'计簿出于公，何自忘也！'曰：'此边吏，去省会远，徒取文书登簿。今见其人，不可枉也。'尚书叹服。寻拜左副都御史，巡抚河南。明年，入户部右侍郎，总督宣大粮储。已改吏部，掌署部事。忤严氏，迁南京礼部尚书，寻致仕。世庙素称其忠清。问今安在，左右以老对。时年六十余，未老也。隆庆初，起户部尚书。三月，忧去。已起刑部，至则改左都御史，秩满致仕。进太子少保。立朝四十余年，屡值权要，正色独立，危言危行，去就不淄。年七十四。赠太子太保，谥端肃，予祭葬。"

定国公徐文璧、大学士吕调阳等，充纳吉纳征告期使。（据《国榷》卷七十）

司经局洗马许国为南京国子祭酒。（据《国榷》卷七十）

进吕调阳建极殿大学士。吏部尚书张四维少保武英殿大学士，荫中书舍人。张居正求守制，不允。（据《国榷》卷七十）

三月

马自强以礼部尚书兼文渊阁大学士，申时行以吏部左侍郎兼东阁大学士，预机务。《明鉴纲目》卷七："纲：三月，以礼部尚书马自强（字体乾，同州人），兼文渊阁大学士，吏部侍郎申时行（字汝默，长洲人），兼东阁大学士，并预机务。目：张居正请增置阁臣，（居正将归葬父，恐高拱、殷士儋复出，故有是请），令居正推择。居正以自强有人望，而时行又其所厚，遂荐用之。自强负伉直名，素忤居正，不自意得之，颇德居正。既入阁，守位而已。（是冬十月自强卒。）"

申时行入阁，报至，抚、按、兵道创"状元宰辅"字，金书于黄旗。申时行为嘉

靖四十一年状元。王世贞《觚不觚录》："诸生中乡荐与举子中会试者，郡县则必送捷报，以红绫为旗，金书，立竿以扬之。若状元及第，则以黄纻丝，金书'状元'，立竿以扬之，其它则否。万历戊寅，吾郡申相公入阁，报至，抚、按、兵道创'状元宰辅'字，金书于黄旗，揭竿于门，入云表。闻此公知之，颇不乐也，而不及正矣。又一大司马子拜锦衣千户，一大宗伯子入胄监，郡县皆送旗，比之中式者加壮丽数倍。"沈德符《万历野获编》卷十六《科场·旗竿》："弇州《觚不觚录》云：士子乡、会得隽，郡县始揭竿于门，上悬捷旗。至申吴门拜相，地方官创'状元宰辅'以揭其门，谓为异事。其所云吴中一大司马子授金吾者，则指凌洋山云翼子元德也。一大宗伯子荫胄子，则指徐太室学谟子兆曦也。讶其壮丽，倍于报捷，殊不知近日此风处处皆然，沿以为例。而富室人赀为中书舍人者，及近日诸生冒廪纳准贡生者，皆高竿大旗，飘飘云汉，每入城市，弥望不绝，更可骇叹。又南宫报后，得鼎甲者及选为庶常者，复另植黄竿，另张黄旗，比乡、会加数倍，其僭侈无谓更极矣。余往年游新安，过程守训之门，其人以市棍，从两淮税监陈增作参随，纳中书。门左右两大牌坊，中层署程姓名，而抚按以下，俱列名于下一层，为之吐舌泚颜。门前又竖六旗竿，颇怪之，因下舆窥其室，则前堂榜曰：'王恩三锡。'后堂曰：'咸有一德。'令人愤懑，目不欲开。未几，守训败，俱拆毁矣。"

张居正葬父归。六月还朝。《明鉴纲目》卷七："纲：张居正葬父归。夏六月，还朝。目：帝大婚后，居正乞归葬父，许之。赐赍忠良银章，如杨士奇、张孚敬例，得密封言事。敕吕调阳等，有大事勿专决，驰驿之荆州，听居正处分。会辽东奏大捷，帝复归功居正，使使驰谕，俾定爵赏，居正为条列以闻。既毕葬，且还朝，居正上言：'母老不能冒炎暑，请俟秋凉就道。'帝遣锦衣指挥翟汝敬驰传往趣之。而令中官护其母，由水道行。居正所过，守臣率长跪，抚按长吏，越界迎送，身为前驱。道经襄阳南阳，襄王唐王出候，设宴宾主礼，及抵京，两宫慰劳恳笃，赏赍有加。母至亦如之。"

潘晟为礼部尚书，礼部右侍郎兼翰林院侍读学士姚弘谟为吏部右侍郎，仍直经筵。应天府丞陆树德为南京太常寺少卿。（据《国榷》卷七十）

前国子祭酒余有丁为少詹事兼侍读学士，署院。（据《国榷》卷七十）

四月

右春坊右谕德兼翰林侍讲何洛文清理军职贴黄。（据《国榷》卷七十）

六月

工部司务吕潜卒。潜字时见，泾阳人，嘉靖丙午贡士。少师事吕楠，刻意躬行，尤严于礼。母卒时，命娶而不婚，庐墓三年，孝友备笃。南祭酒姜宝，及巡抚张祉等交荐，授国子监学正。万历癸酉，调工部，与同志切劘不倦。年六十三。（据《国榷》卷

七月

张后觉（1503—1578）卒。黄宗羲《明儒学案》卷二十九："张后觉字志仁，号弘山，山东茌平人。仕终华阴教谕。早岁受业于颜中溪、徐波石，深思力践，洞朗无碍。……近溪、颖泉官东郡，为先生两建书院，曰愿学，曰见大。先生闻水西讲席之盛，就而证其所学。万历戊寅七月卒，年七十六。其论学曰：'耳本天聪，目本天明，顺帝之则，何虑何营。'曰：'良即是知，知即是良，良外无知，知外无良。'曰：'人心不死，无不动时，动而无动，是名主静。'"《明史》儒林传："张后觉，字志仁，茌平人。……后觉生有异质，事亲孝，居丧哀毁，三年不御内。早岁，闻良知之说于县教谕颜钥，遂精思力践，偕同志讲习。已而贵溪徐樾以王守仁再传弟子来为参政，后觉率同志往师之，学益有闻。……平生不作诗，不谈禅，不事著述，行孚远近，学者称之为弘山先生。年七十六，以万历六年卒。"

吕调阳致仕。《明鉴纲目》卷七："纲：秋七月，吕调阳罢。目：张居正归后，阁事犹送裁决。调阳内惭，坚卧累疏乞休，不出。及居正还，遂致仕。"

十月

许自昌（1578—1623）生。据徐朔方《晚明曲家年谱》。自昌字玄佑，别署梅花墅、梅花主人。苏州人。所作传奇今存《水浒记》、《橘浦记》、《灵犀佩》。

徐中行（1517—1578）卒。王世贞《中奉大夫江西布政司左布政使天目徐公墓碑》云："卒以万历戊寅十月十三日，距其生正德丁丑，得寿六十有二。"徐中行字子与，长兴人。嘉靖庚戌（1550）进士，除刑部主事。历员外、郎中，出为汀州知府。改汝宁，谪长芦运判，迁瑞州同知，擢山东佥事，改湖广。历云南参议、参政、按察使，进江西布政使。"有《青萝馆集》、《续集》若干卷，《天目山堂前集》若干卷。《青萝馆集》则汪司马序之矣。"

十二月

高拱（1512—1579）卒，谥文襄。（卒年据公历标注）《明经世文编·姓氏爵里》："高拱字肃卿，新郑人。嘉靖二十年进士，选庶吉士，授编修。穆宗为裕王，公为讲官。累迁至礼部尚书。隆庆元年召入内阁加少傅，寻养病归，三年复以原官起。……隆庆六年罢归，卒，谥文襄。"《明鉴纲目》卷七："纲：冬十二月，高拱卒，复其官。（谥文襄）目：拱家居数年，及是卒，张居正请复其官，与祭葬如例。冯保憾未释，中旨给半葬，祭文仍寓贬词云。（拱初在吏部，遍识诸司贤否，仓卒举用皆得人。又以时方棘边事，请增置兵部侍郎，由侍郎而总督，而本兵，中外迭居，边材自裕。更取召边地之人，以备司属，如铨司分省故事。皆报可。及谙达封贡，拱力主王崇古议，边陲遂得休息。卒后久之，廷议颂其功，乃赠太师赐谥。)"

封李成梁宁远伯。《明鉴纲目》卷七："纲：封李成梁宁远伯。目：土默特与从父哈斯坦（旧作黑石炭），弟大小韦征（旧作委政），从弟木图（旧作暖土），恭图（旧作拱土）。子布延台珠尔（旧作人言台周），从子黄台吉，及泰宁部长苏把尔噶（旧作把速亥），绰哈（旧作郊花，今并改）等频入犯，成梁屡击却之。论功世荫，恩赉稠迭，至是，苏巴尔噶、绰哈、纠土默特黄台吉等，以三万余骑壁辽河，攻东昌堡（《方舆纪要》，堡在海州卫东南。海州卫，今奉天海城县是），深入耀州。（辽置，今废，故城在海城县西南。）成梁遣诸将分屯要害以遏之，而亲提锐卒出塞二百余里，斩其长九人，余首级八百四十。捷闻，帝各谢郊庙，封成梁宁远伯。（成梁故骁悍善战，会张居正当国，每奏捷，辄张大其功，遂得封伯。)"

户部奏今年天下户口之数。《明鉴纲目》卷七："纲：户部奏是岁天下户口之数。目：户一千六百二万一千四百三十六，口六千六十九万二千八百五十六。"

本年

王象春（1578—1632）生。钱谦益《王季木墓表》："季木卒以崇祯五年十二月，年五十有五。"王象春字季木，之猷子，万历庚戌（1610）举进士第二，历官南考功郎中。有《问山亭集》、《齐音》等。

沈德符（1578—1642）生。据吴荣光《历代名人年谱》。德符字虎臣，一字景倩，秀水人。万历戊午举人。有《清权堂集》、《万历野获编》等。

张慎言（1578—1646）生。《南疆逸史》卷七《列传》第三："国亡后疽发于背，戒勿药卒，年六十九。"慎言字金铭，阳城人。万历庚戌（1610）进士，官至吏部尚书。有《泊水斋集》等。

刘宗周（1578—1645）生。张惟骧《疑年录汇编》卷八："刘念台六十八宗周，生明万历六年戊寅。"黄宗羲《明儒学案》卷六十二："刘讳宗周，字起东，号念台，越之山阴人。……绝食二十日而卒，闰六月八日，戊子也，年六十八。"梁章钜《制义丛话》卷七："刘念台先生宗周正气嫉邪，孤忠自许，每持简趋朝，即引身而退，席不暇暖，去就毅然。其作'柳下惠为士师'节文，固已自况矣，其前幅还他'三黜'云：'岑鼎何器，鲁君欲以赝，惠必以真，鲁君于是乎黜之。爰居何物，臧孙以为吉，惠以为凶，臧孙于是乎黜之。大祀太庙何事，僖公，闵公兄也，继闵公而立，夏父弗忌欲跻之，惠以为不祥而谤之，夏父弗忌于是乎黜之。惠之黜遂至于三云。'其后幅还他'枉道'云：'惠之父，无骇是也，附庸极何罪帅师入之，父未尝不教子枉也；即惠之母实生跖焉，跖日杀不辜，肝人肉，聚党数千人，横行天下，是母亦未尝禁子枉也。处惠之父母者可以枉，处惠之父母之邦者亦可以枉，而惠宁逍遥泽畔，不忍为咿呃龌龊之人。'即一时义，亦必实事求是如此，可想见其刚方之概，孰谓明文纯取虚机乎?"

明神宗万历七年己卯（公元 1579 年）

正月

诏毁天下书院。时士大夫竞相讲学，张居正恶之，尽改为公廨。《明会要》卷二十六："万历七年正月，毁天下书院。时士大夫竞讲学，张居正恶之，尽改各省书院为公廨。凡先后毁应天等府书院六十四处。"张居正《请申旧章饬学政以振兴人才疏》："圣贤以经术善训，国家以经术作人，若能体认经书，便是讲明学问。……教官生儒务将平日所习经书义理着实讲求，躬行实践，以需他日之用，不许别创书院，群聚徒党及招他方游食无行之徒，空谈废业，因而启奔竞之门，开请托之路。"

颁武举乡试条格。（据《国榷》卷七十）

二月

茅坤编成《唐宋八大家文钞》，作《八大家文钞总序》。《明史·文苑传》："坤善古文，最心折唐顺之。顺之喜唐、宋诸大家文，所著《文编》，唐、宋人自韩、柳、欧、三苏、曾、王八家外，无所取，故坤选《八大家文钞》。其书盛行海内，乡里小生无不知茅鹿门者。鹿门，坤别号也。"《唐宋八大家文钞》出，"唐宋八大家"成为一个流行术语，虽然此前已有这一说法。《静志居诗话》卷十二《茅坤》："世传唐、宋八大家之目，系鹿门茅氏所定，非也。临海朱伯贤定之于前矣。彼云六家者，合三苏为一尔。今文抄本，大约出于王道思、唐应德所甄录。茅氏饶于资，遂开雕以行。即其评语，称关壮缪为关寿亭，不亦刺谬甚与? 文既卑卑，诗亦庸钝。观其酬酢，多医卜星相之流，知非意所存也。"《四库全书总目》集部总集类四著录《唐宋八大家文钞》一百六十四卷，提要曰："《明史·文苑传》称坤善古文，最心折唐顺之。顺之所著《文编》，唐宋人自韩、柳、欧、三苏、曾、王八家外，无所取。故坤选《八大家文钞》。考明初朱右，已采录韩、柳、欧阳、曾、王、三苏之作为八先生文集，实远在坤前。然右书今不传，惟坤此集为世所传习。凡韩愈文十六卷，柳宗元文十二卷，欧阳修文三十二卷，附《五代史钞》二十卷，王安石文十六卷，曾巩文十卷，苏洵文十卷，苏轼文二十八卷，苏辙文二十卷。说者谓其书本出唐顺之，坤据其稿本，刊版以行，攘为己作，如郭象之于向秀。然坤所作序例，明言以顺之及王慎中评语标入，实未讳所自来。则称为盗袭者诬矣。其书初刊于杭州，岁久漫漶。万历中，坤之孙著，复为订正而重刊之，始以坤所批《五代史》附入欧文之后。今所行者，皆著重订本也。自李梦阳《空同集》出，以字句摹秦汉，而秦汉为窠臼。自坤《白华楼稿》出，以机调摹唐宋，而唐宋又为窠臼。故坤尝以书与唐顺之论文，顺之复书有尚以眉目相山川，而未以精神相山川之语。又谓绳墨布置，奇正转折，虽有专门师法，至于中间一段精神命脉，则非具今古只眼者不足与此云云。盖颇不以能为古文许之。今观是集，大抵亦为举业而设。其所评语，疏舛不可枚举。黄宗羲《南雷文定》有答张自烈书，谓其韩文内孔司勋志，不晓句读。贞曜先生志所云来吊韩氏，谓不知何人。柳文内与顾十郎书，误疑十郎为宗元座主。欧文内薛简肃举进士第一让王严，疑其何以得让。又以张谷墓表迁员外郎知阳武县为当时特重令职。又孙之翰志学究出身进士及第为再举进士。皆不明宋制而妄为之说。又谓其圈点批抹，亦多不得要领，而诋为小小结果。皆切中其病。然八家全集浩博，学者遍读为难。书肆选本，又漏略过甚。坤所选录，尚得烦简之中。集中评语虽所见未深，而亦足为初学之门径。一二百年以来，家弦户诵，固亦有由矣。"

少傅兼太子太傅吏部尚书建极殿大学士吕调阳致仕。（据《国榷》卷七十）

三月

翰林侍讲于慎行予告，赐金币。（据《国榷》卷七十）

四月

召翰林院修撰王家屏直日讲。（据《国榷》卷七十）

吏部右侍郎沈应时为南京工部尚书。左右中允戴洵、陈思育为左右谕德，洵南京。署翰林院事国子司业周子义为司经局洗马。翰林修撰高启愚为右中允。（据《国榷》卷七十）

董传策卒。《国榷》卷七十："夜盗杀前南京礼部右侍郎董传策。传策字原汉，华亭人，嘉靖登进士，除刑部主事。论严嵩，下狱论死。已戍广西，归后讲学，声望日重。隆庆初，起补吏部，不三岁至大理卿，予告。改南大理，迁南礼部。性严细，好封殖。鞭苍头尝殒命，不堪致变。时吏部欲起传策以侍郎兼南京祭酒，张居正曰：'取师当以严正，董但酷暴耳。且又外廉内贪，宁可以一节取也？'居数日，抚按告变。时以居正为知人。"

五月

庶吉士王守诚起复，除刑科给事中。（据《国榷》卷七十）

翰林编修王弘诲为国子司业。（据《国榷》卷七十）

太常寺卿署国子祭酒余有丁为礼部右侍郎兼翰林院侍读学士，直经筵。（据《国榷》卷七十）

六月

以原任礼部右侍郎孙应鳌为国子监祭酒。（据《明神宗实录》卷八十八）

七月

命右春坊右中允兼翰林院编修高启愚，翰林侍读罗万化主试应天。讲读衔前于中允，令易之。（据《国榷》卷七十）王世贞《觚不觚录》："左、右春坊中允入阁门内，揖出用双导，左、右赞善后六品亦然。而翰林侍读、侍讲品故同中允，然以本院属官，揖则中庭，出则单导。独至修书、讲筵、主两京试，则皆讲读先而中允后，二百年故事也。万历乙卯，南京乡试，忽以中允高启愚先而罗万化后，知者谓江陵善高公，故至为之易成法。不五年而高至礼侍，以首题'舜命禹'为言官所论，以江陵有不轨谋而高媚之，至夺官着役焚告身。当时使用故事，罗居首，必不出此题，即出此题而高却无恙。一抑一扬，祸福倚伏，非人所能为也。"

八月

减均徭加派。《明鉴纲目》卷七："纲：秋八月，减均徭加派。目：国初役法，有里甲均徭杂役三等。（以户计曰甲税，以丁计曰徭税，工作非时曰杂役。皆有力役，有雇役。府州县验册丁口多寡，事产厚薄，以均适其力。）自嘉靖以来，行一条鞭法。（其法总括一州县之赋役，量地计丁，丁粮毕输于官。一岁之役，官为金募。力差则计其工食之费，量为增减。银差则计其交纳之费，加以增耗。凡额办派办，京库岁需，与存留供亿诸费以及土宜方物，悉并为一条，皆计亩征银，折办于官，故谓之一条鞭。）颇称简便。然诸役冗费，名罢实存，有司追征如故，百姓苦之。至是，诏减银一百三十万有奇。"

陈思育、周子义任顺天乡试主考。首辅张居正子懋修中湖广乡试。《弇山堂别集》卷八十三《科试考三》："七年，命左春坊左谕德兼翰林院侍读陈思育、司经局洗马兼翰林院修撰周子义主顺天试。命右春坊右中允兼翰林院编修高启愚、翰林院侍读罗万化主应天试。故事，中允与讲读对品，中允得入问序揖，前导双呵，讲读不得也。然至主两京试及修史列衔，则皆讲读前而中允后，行之二百馀年不易，至是忽改命启愚主试，万化副之，云自政府意也，是岁，首辅居正子懋修湖广乡试中式。"《静志居诗话》卷十六《高承祚》："高承祚，初名承禅，字元锡，号鹤城，松江华亭人。万历壬辰中会试，乙未赐同进士出身，改庶吉士，授检讨。有《知古堂集》。太史生时，父梦高僧入其门，因名之曰承禅。及万历己卯，铜梁高中允启愚，会稽罗侍读万化主考南畿，以'舜亦以命禹'发题。监临者方怀舜、禹传授之嫌，内江阴长卿为应天府尹，改填榜作祚。后主司以党附江陵获罪，鹤城以更名，免挂吏议。鹤城廉介自持，官翰林二十年，田不加半亩，屋不改一椽。予闻之李高士延罡云。《聚首》一绝云：'人生聚首难，离别何可久。去日三春花，今朝九秋柳。'沈覃九云：'语不在深，诗家合作。'"

山东、贵州乡试，第二题俱为"敬大臣则不眩"，有媚张居正之嫌。沈德符《万历野获编》卷十五《科场·出题有他意》："古来考试，以题议人者，与见议于人者，其出时未必有意，而揣摩者多巧中之。如唐僖宗时，以'至仁伐至不仁'命题，而士子作诗云：'主司何事厌吾皇，却把黄巢比武王？'此语几欲杀其人，刻亦甚矣。若欧阳文忠典试，出'通其变而使民不倦赋'诗，谓多一而字。钱氏子因作诗云：'试官偏爱外生儿。'此又援蒋之奇劾欧甥女暧昧事，更为浮薄。我朝命题者无此事，而正德改元，实误袭西夏李乾顺故号，时马端肃秉铨，出试题以嘲政府之不学，刘晦庵、李西涯、谢木斋三公在揆地，世传为笑端。世宗朝语涉忌讳有厉禁，乡、会试命题，莫非谀词。至癸丑孟题'五百余岁'而巧极矣。隆庆初元，高中元以次揆劾去，是年应天遂出'颜渊问为邦'一章，以放郑为言，盖媚徐华亭也，斯已可异。万历己卯，正江陵擅国之时，山东、贵州第二题俱为'敬大臣则不眩'，尤属可笑。而南京出舜、禹为首题，致他日有劝进之疑，则怪极矣。壬午湖广出'天下有道，则庶人不议'，则江陵之桑梓，媚之尤为近情，而权相已殁，不及知矣。此后谀风稍衰，而讽讪者渐出。戊子河南，《孟子》出《好善章》后二节，主意在詅詅之声音颜色，与谗谄面谀之人，所以议切时相，闻时相颇不悦。甲午应天，以'管仲器小'命题，福建以'鄙夫事君'命题，说者谓指兰溪相公，又谓只指东泉司马，未知谁属。而借圣语詈人，亦虐甚矣。至于己酉，湖广忽出《孟子》'孙叔敖举于海'，初见人甚疑骇，后乃知为郭江夏家居，方负相望，故以此题，默寓拥戴，亦真能识时趋者，但江夏公正人，反未必喜也。"江陵，即张居正，以其为江陵人，故名。郭江夏，即郭正域，以其为湖广江夏（今武昌）人，故名。

今年浙江乡试，有"贤者在位"二节等题。《游艺塾文规》卷三《起讲》："己卯浙江'贤者在位'二节，胡琳云：'有国家者，不为人畏，则为人侮，而荣辱判焉。荣辱之关，在仁不仁耳；仁不仁之关，在时耳。'摘题中'畏'字、'侮'字，翻成佳境。周应秋'吾为此惧'，用'先圣'、'后圣'，从此处得来。"

袁宗道（1560—1600）中举。袁中道《石浦先生传》："二十举于乡。不第归，益喜读先秦、两汉之书。是时、济南（李攀龙）、琅琊（王世贞）之集盛行，先生一阅，悉能熟诵。甫一操觚，即肖其语。弱冠已有集，自谓此生当以文章名世矣。性耽赏适，文酒之会，夜以继日。"

袁宗道曾谈及为诸生时所见公安士风。袁宗道《白苏斋类稿》卷十《送夹山母舅之任太原序》："吾邑自洪、成以来，科第不乏。士大夫之有行业者，亦复不少。独风雅一门，蓁芜未辟。士自蒙学，以至白首，簏中惟蓄经书一部，烟熏《指南》、《浅说》

数帙而已。其能诵《十科策》几段，及程墨后场几篇，则已高视阔步，自夸曰奥博。而乡里小儿惮之，亦不翅扬子云。余为诸生，讲业石浦，一耆宿来，见案头摊《左传》一册，惊问是何书，乃溷帖括中？……故通邑学者，号诗文为'外作'。外之也者，恶其妨正业也。至于佛、老诸经，则共目为妖书。而间有一二求通其说者，则诟之甚于盗贼。"

俞允文（1513—1579）卒。顾章志《明处士俞仲蔚先生行状》："万历七年己卯八月四日，昆有隐君子俞仲蔚卒。……其生以正德八年癸酉六月十七日，距其卒，享年六十有七。""按君姓俞氏，初名允执，更名允文，仲蔚其字也，世为昆山人。"年三十五，谢去诸生，以处士终。列广五子之首。"呜呼！国家悬爵禄以待天下士，岂不欲得贤者而用之？顾今所用士率以科目重，而应试者一失有司之程度，即往往弃去不惜，虽有长才异能，无以自效于世。若仲蔚者，以彼其才而竟沦落草莽，岂非以科目失之邪？"王世贞《俞仲蔚先生墓志铭》："夫以仲蔚之空室蓬户褐衣疏食不厌，以托于著述也，夫岂为刺促以希一旦名？名就而实不衰，志行不稍削，乃真仲蔚哉！夫安得不布衣冠也？子与之与仲蔚通也以不佞，乃其相善殆甚矣。仲蔚于今诗不甚推于鳞，而其于古也，行不满郭有道，书不满怀素，识者疑之。虽然，是不为佹傺吊诡者哉！"《明史·艺文志》著录《俞允文诗文集》二十四卷、《名贤诗评》二十卷。

兵部题武科人才积至一百八十余人，难以任用。（据《明神宗实录》卷九十"万历七年八月乙亥"）

九月

己巳，授庶吉士庄履丰、陆可教、杨德政、冯琦、杨起元为翰林院编修，顾绍芳、何洛书、沈自邠、余继登为翰林院简讨。张鼎思、史继辰、张养蒙、费尚伊、高尚忠、万象春为六科给事中，王国、甘雨、李植、马象乾、汪言臣、曹一鹏、张文熙为各道御史。（据《明神宗实录》卷九十一）

秋

尹台（1506—1579）卒。胡直《宗伯尹洞山先生传》："己卯秋感疾，既革无惰容，晨兴栉发，瞑目而薨，年七十有四。""洞山先生尹氏，讳台，字崇基，吉永新人也。其取号以居左有石山空洞故，咸称洞山先生云。"嘉靖乙未进士，改庶吉士，授编修，官至南礼部尚书。"先生早极崇信紫阳，趎泰和罗文庄公，独至中年，因有瘳于《大学》知本之旨，浸与邹、罗二公语合。晚年益以明学术为首务，读书至老不倦。为文概主六经，而体裁一准西京，盖自廷对已然。诗歌侪建安、天宝间。无辨四方，谒文者充户所。著诗文及《永新志》凡若干卷。暇则偕田畯野老谈笑，或乘笋舆棹小艇夷犹江畔，睹者不知故上卿也。"《明史·艺文志》著录尹台《洞麓堂稿》三十八卷。有邹元标序，署"万历丁未（1607）季夏月"。

十月

江西左布政使徐中行卒。中行字子与，长兴人，嘉靖庚戌进士。授刑部主事。与李攀龙、王世贞切劘古学，知名当世。所著《天目山房稿》、《续稿》。（据《国榷》卷七十）

停武学生纳监事例。（据《国榷》卷七十）

浙江提学佥事乔因阜为太仆寺少卿，添注。（据《国榷》卷七十）

十二月

大学士申时行三年考满，进礼部尚书兼文渊阁大学士，荫子入国子监。（据《国榷》卷七十）

前左春坊左谕德兼翰林院侍读陈经邦免丧，充日讲官。（据《国榷》卷七十）

翰林院侍读何洛文考满，为少詹事兼翰林院侍读学士，署院事。朱赓予五品服。王家屏、沈一贯、陈于陛各晋一级。（据《国榷》卷七十）

本年

万历己卯后之制艺，如唐文之三变。陈函辉《〈奏雅世业〉序》："万历己卯、壬午以后，士之攻制义者，不翅如唐文之三变，日新又新。至天启甲子来，几不知向之传注为何物，向之师说为何语，不复可以常理常法论。先进遗风，虽欲从之，而未繇矣。然其间制义家，颇能举异传百家，往往纵横于笔端，以八比而敷陈其经济之学，有足多焉，士由此故，咸置力于经书义，而翻于二三场。"

冯梦祯（1548—1605）以庶吉士告病归。李维桢《冯祭酒家传》：丁丑（1577）"为会试第一人，廷试二甲第三人，选为庶吉士。而江陵以不奔父丧，为贤者所刺讥。其人多公意气交，下诏狱，窜荒憬，无适救援，惟仰屋笑，或题咏寄慨。江陵故已旁猜，而公亦咯血病，乞长休告。罗近溪先生倡道盱江，亦江陵所衔也。公舍之屋中一岁，考德问业，义在师友间。"钱谦益《南京国子监祭酒冯公墓志铭》："万历丁丑，举会试第一，选翰林院庶吉士。海内传写其文，果以为唐、瞿再出也。与同年生宣城沈君典、鄞屠长卿以文章意气相豪，纵酒悲歌，跌宕俯仰，声华籍盛，亦以此负狂简声。邹忠介公抗论江陵，拜杖远戍，公独送郊外，执手慷慨。归仰屋直视，面气坎赤，太公流涕曰：'盍从我而归乎？吾不忍见壮子流血死墀下也。'公填咽不能答，濮血数升，请急从太公南归。"张居正夺情事在1577年。

何心隐（1517—1579）死于黄安狱中。《明神宗实录》卷九十五："（万历八年正月）己未，先是江西永丰人梁汝元聚徒讲学，讥议朝政。……共谋不轨，汝元已先死。"邹元标《梁夫山传》："幼时颖异拔群，潜心经史，辄以远大自期，凡耳而目之，皆知其为伟器也。嘉靖丙午，督学蔡公拔首冠郡。时本邑右渠张公勉学署邑，校士，得公卷，抚掌叹曰：'天下奇才'。"黄宗羲《明儒学案》卷三十二："梁汝元字夫山，其后改姓名为何心隐，吉州永丰人。少补诸生，从学于山农，与闻心斋立本之旨。时吉州三四大老，方以学显，心隐恃其知见，辄狎侮之。谓《大学》先齐家，乃构'萃和堂'以合族，身理一族之政，冠婚丧祭赋役，一切通其有无，行之有成。……而心隐故尝以术去宰相……（朝廷）遂令楚抚陈瑞捕之，未获而瑞去。王之垣代之，卒致之。心隐曰：'公安敢杀我？亦安能杀我？杀我者，张居正也。'遂死狱中。心隐之学，不堕影响，有是理则实有是事，无声无臭，事藏于理，有象有形，理显于事……盖一变而为仪、秦之学矣。"

明神宗万历八年庚辰（公元 1580 年）

正月

前少傅兼太子太傅吏部尚书建极殿大学士吕调阳卒。调阳字豫所，临桂人，嘉靖庚戌进士及第。授翰林编修。端慎简重，历参政府。值张居正，仅捧手受成，然意亦不欲附之。外温中辨，非专模棱者。予祭葬，赠太傅，谥文简。（据《国榷》卷七十一）

礼部右侍郎兼翰林院侍读学士余有丁为礼部左侍郎，署詹事府事。（据《国榷》卷七十一）

少詹事兼翰林院侍读学士何洛文为礼部右侍郎。（据《国榷》卷七十一）

国子祭酒陈思育为詹事府少詹事兼翰林院侍读学士，署院事。（据《国榷》卷七十一）

二月

申时行、余有丁为今年会试主考官，录取萧良有等三百人。王世贞《弇山堂别集》卷八十三《科试考三》："（万历）八年庚辰，命礼部尚书文渊阁大学士申时行、礼部左侍郎兼翰林院侍读学士余有丁主会试，取中萧良有等三百人。时懋修与其兄敬修、次辅张四维子嘉征复俱中式。敬修即嗣文更名者。"申时行《赐闲堂集》卷九《会试录序》："（万历）八年庚辰，天下士待试礼部凡四千六百有奇，先是，议者言：'今士习尊尚奇诡，文体踸驳，伤淳和之理，宜令有司检制甄别，绝勿使并进。'制曰：'可'。尚书臣潘晟、侍郎臣林士章、臣何洛文既具令，则请如故事临校之，上命大学士臣时行偕学士臣有丁往典厥事。"

沈璟为今年会试授卷官。与大理左评事欧大任交好。据徐朔方《晚明曲家年谱》。《欧虞部集·西署集》卷二有诗《署夜斋居询朱计部子得沈仪部伯英》，卷三《夜同朱计部子得集沈仪部伯英宅得诗字》、《春夜同朱子得沈伯英酌袁文谷、邢子愿、于子冲得人字》，卷六《王敬美人觐以禁不晤次沈伯英韵》、《送陈膳部子寿沈仪部伯英使畿内诸郡》作于今年前后。欧大任自去年任大理左评事，万历九年升南京工部屯田司主事。

升右春坊右谕德掌南京翰林院印信戴洵为南京国子监祭酒。（据《明神宗实录》卷九十六）

萧良有（1550—1602）为今年会元。是科有"如有王者"一节等题。《游艺塾文规》卷三《起讲》："庚辰'如有王者'一节，萧良有云：'世之论治也，靡不称王者矣，而不知王者之治非易易也。其规模诚远，而其所以致此者，诚无乐乎其骤也。'皆句句切题，并不走作，此会元家数也。论者多疑戊辰会试田一俊'由诲女知之'一节、甲戌孙鑛'学如不及'二句小讲，以为庸浅，然田云：'君子之学，莫先于致知，而真知之道不越于一心。'孙云：'人之为学也，何为也哉？未其及也，求其得也。'皆从正龙正脉说下，何尝有一字不切题？是故作文者宁质无华，宁平无伪。""元作专贵切题，自魁以下，要精采动人，须说人所不说的道理，方能醒目。如乙未李中立首题云：'仁者非必有言，亦非必无言。要以操之心而一物不足漓真体，即宣之口而触处可以见本来者，则所为摄持者要也。'唐禧云：'仁人之心也，心无可纵之而使驰，亦无可操之而使敛。'此题正要无言，而李则云'非必无言'；正要操之使敛，而唐则云'无可操之而使敛'，所谓反言似正也。课虚无而责有，扣寂寞而求音，从古作文之法如此。"《游艺塾文规》卷三《起讲》："庚辰'如有王者'一节，李同芳重'仁'字，故云：'人君以一人抚天下，必通天下为一身，故望治甚殷而图治则甚远也。''通天下为一身'句说'仁'字。曾维纶重'王'字，故云：'圣神之抚世也，能通一天下之谓王，能化成天下之谓王，其道甚大，而其为仁甚远也。'磊磊有古气。魏允中'王'与'仁'并重，故云：'天为天下而生王者，则王者必合天下而成其仁。其道固不易也，吾有望于王者之兴焉。'沈一中重'必世'字，故云：'人君将计万世之治，而不能操无穷之心，则其化必有所不成矣，岂知治以王者为尚，而王道未尝有近功乎？'独钱樌起云：'我周自文武以来代非一王，数更几世，故仁覆天下，至今怀之，而要之仁岂易言机？'最得尊周本旨，必如此说，然后此题可出。"《游艺塾文规》卷七《正讲四》："庚辰'如有王者'一节，阎士选中二比云：'礼乐文章，其仁天下之具，至一世而始备，而天地气运，亦若待圣人之返，薄而渐归之厚者，然后始还沕穆，而风以移焉，俗以易焉，雍熙悠久之化臻矣；纪纲法度，其仁天下之术，至一世而始精，而天地气化，亦若待圣人之挽，漓而渐归之淳者，然后人还固有，而民志孚焉，民行兴焉，时雍风动之治成矣。'神力矫矫，精光逼人。予谓此王者，不是说改姓易命之君，原指当世之宜王者而言。夫子尝曰：'吾其为东周乎？'道虽急于行，而实有舍周何适之意。不然，周室虽衰，天命未改，夫子岂不知之，而遽有望于他姓乎？予作颇有斟酌，其文云：'圣人以心论治，而明其不可骤焉。盖天下惟心为不可强也，谓治道而可以骤致，是必非仁然后可。尝谓人君之运治也以心，而其孚心也以渐。自王变而霸，往往骛近利忽远猷，而天下不复有政矣。如上天之运复隆，而周室裔君有大圣人出焉，则将收祖宗未散之人心，而尽登熙皞之域，殆不可以骤而致也；如文武之泽未斩，而东周共主有明天子作焉，则将举先王已试之令典，而重开浑噩之风，当必以世而仁也。自吾心而达之天地，盎然有一体之联，方谓之仁，是不可以刑威促功效，亦不可以意气助感通，惟养吾一体之真心而宽厚以需，始可甄陶乎六合。由一念而通乎万民，翕然在真醇之境，斯谓之仁，是不可任智术而骤孚，亦不可倚规条而速化，惟完吾真醇之本体而从容以俟，始可鼓铸乎八弦。一方未流，天下即有痿痹不通之处，非仁也；流而毫发有间，亦非仁也，是必历乎一世之久，而后遍覆之极，溢为太和，无所不彻焉。一民未治，天下即有病瘵负憾之夫，非仁也；治而顷刻不属，亦非仁也，是必俟之一世之远，而后普育之深，蒸为大顺，无所不贯焉。论王道，本待悠远而征者，而稍骛近切，则仁渐义摩，举非博厚之业，必蓄吾数十年之精力，联合而浸灌之，然后纪纲法度之施，尽泄圣德精纯之奥，而至粗之经画，皆至精之作用矣，仁矣；论王化，本顺民心而成者，而几微有强，即礼陶乐淑，总为声色之粗，必竭吾数十载之心思，丕冒而涵育之，然后上下民物之众，悉在王心醇厚之中，而至涣之人情，皆至一之联属矣，仁矣。故期月三年，特试其可行之兆；而至诚变化，难忘乎悠久之图。此丘所以欲兴东周之治，而窃有待焉者也。'"梁章钜《制义丛话》卷五："陈东桥应元曰：相传前明万历庚辰科题为'不能死又相之'，有钱某者既脱稿，隐几假寐，见一古衣冠丈夫，自称管子，正容告之云：'君文通场所无，不患不隽。然握拳透爪，使我无地自容，若能改去数语，我当助字成元。'钱笑曰：'余文向不加点，元可不得，文不可改也。'须臾惊寤，揭晓竟无名，追阅落卷，则讲下'既为纠也臣，则宜为纠也死，既不为纠也死，亦不宜为桓也相'四句，房考于每句皆以'也'字断读，批'费解'二字摈之。按：是科有钱榽闱墨，讲下正此四句，并无房考黜落之事，或另有一钱姓而误衍为此谈欤？"梁章钜《制义丛话》卷十二："《文行集》又曰：萧良有，字以古，汉阳人。年十五举乡试，数困公车，志在得元，益潜心制义，追随名师。师摘其文曰：'头子重了。'良有豁然醒悟。万历庚辰，遂举会元。按：是科题为'如有王者'一章、'素隐行怪'一章、'智譬则巧也'一节，主试者申时行、余有丁。"

南京国子祭酒许国为太常寺卿署国子祭酒。（据《国榷》卷七十一）

司经局洗马兼翰林院修撰周子义清理军职贴黄。（据《国榷》卷七十一）

三月

张懋修、萧良有（1550—1602）、王廷撰（1554—1591）等三百零二人进士及第、出身有差。是科未考选庶吉士。《弇山堂别集》卷八十三《科试考三》：八年庚辰，"廷试，少师兼太子太师吏部尚书中极殿大学士张居正、少保太子太保礼部尚书武英殿大学士张四维俱以子入试请回避，不许。赐张懋修、萧良有、王廷譔及第。懋修兄敬修、良有弟良誉、廷譔弟廷谕同榜进士，或云首辅戏之也。"又卷二《皇明盛事述二》："万历庚辰，第一甲第一人江陵张懋修，兄敬修；第二人汉阳萧良有，弟良誉；第三人华州王庭譔，弟庭谕。皆同科进士，又同胞也，古今所稀。"查继佐《罪惟录》志卷十八《科举志》："（万历）八年庚辰，试贡士，得萧良有等三百人，时懋修与其兄敬修、次辅四维子嘉祯复俱中式，敬修即嗣文也。殿试，赐张懋修、萧良有、王廷譔等及第、出身有差。时一甲俱有兄弟同榜，懋修、敬修外，良有弟良誉，廷譔弟廷谕。懋修后坐革。"焦竑《焦氏笔乘》卷四曰："景泰丙子顺天乡试，刘文介俨、吕文懿原主之。大学士陈循子英、王文子伦下第，二人为其子称屈于上，欲罪俨等。上不从，准其子会试。明年，二人以罪死于戍，文介名益起。时张宁为礼科，劾曰：'即令才而屈犹不可，况无实之争，何以服天下？'乞罚二人，以为小人无忌惮之戒。言虽不行，天下壮之。嘉靖间，翟銮二子登第，时谓'一銮当道，两凤齐鸣'。肃宗内批曰：'銮在朕左右，二子才如轼、辙，亦不当并中。'銮并二子俱削籍去。近张居正弄权，小人羽翼，诸子连中鼎甲，官翰林。其党王篆、朱梣之子皆窃科名。言乳臭子应试京省，尚书巡抚以下，日夕候门，其入棘院，监试御史为之传递文字，被褥几榻，无异私家，饮食络驿，应接不暇。嘻，其甚矣！世间公道多坏，唯此一事，稍存饩羊，乃为无耻小人废坏殆尽，其及于祸宜也。昔宋人以贵胄不可先寒畯，退沈文通，进冯京为第一，所以示天下至公也。嘻，此事虽望于今之人矣。居正之覆辙，不可鉴乎？"李调元《制义科琐记》卷二《无眼无头》："万历丁丑，张太岳子嗣修榜眼及第。庚辰，懋修复登鼎元。有无名子揭口占于朝门口：'状元榜眼姓俱张，未必文星照楚邦。若是相公坚不去，六郎还作探花郎。'后俱削籍，故当时语曰：'丁丑无眼，庚辰无头。'"

魏允中与其同年进士顾宪成、刘庭兰皆乡试第一，号庚辰三解元。《列朝诗集小传》丁集上："允中字懋权，南乐人。万历庚辰进士，除太常博士。……懋权与其兄允贞、弟允孚，皆举进士，称三魏。与其同年顾宪成、刘庭兰皆乡试第一，号庚辰三解元，咸相与镞砺志节，以名世相期许。江陵专政，懋权与顾、刘皆不肯阿附，江陵败，允贞为御史，弹射新执政，时人侧目，以懋权为党魁。懋权卒，允孚与庭兰继之，而宪成与允贞，皆为万历中名臣。"梁章钜《制义丛话》卷五："（俞桐川）又曰：东林之党，首推顾泾阳宪成。泾阳著述炳于天壤，卓然儒者之言也。夫尚刚介者严于绝物，崇浑厚者过于藏身，相激不已，至于相倾，末流之祸，在初念应不及此。今读泾阳文，平正通达，不尚诡异，其性情固可想见。彼四十余年雌雄争持不已，固非先王之所喜哉。""徐存庵曰：何义门《行远集》以顾宪成'行有余力'二句文冠其首，评云：'端文公议论风节，在万历士大夫中，若面之有眉，其发解南畿，亦甫逾弱冠耳。以其文为压卷，使黄小知所忻慕，或可代宵雅肆三之义也'"梁章钜《制义丛话》卷六："董华亭所论诸字诀，皆足为后学津梁，惟离字不甚允。张侗初有云：'题本如此，文却如彼，离而不出乎宗，所谓意与题相生，不与题相迫，解此方知离字妙用。'万历庚辰科会试，次题'素隐行怪'全章，场中卷讲至末节，却似'君子依乎中庸'对'遁世不见知而不悔'，虽一串做，总有痕迹。惟刘廷兰文云：'故君子之依乎中庸也，择之也精，而依之以为知者，不惑于似是而非；守之也一，而依之以为行者，不淆于他歧之惑。由是而遁于世焉，吾安之而已，由是而不见知于人焉，吾弗悔而已。'乃深得'离'字之趣也。"

董青芝先其父中进士。李调元《制义科琐记》卷三《夫人大恸》："董尚书浔阳公三世四进士。庚辰科，公之长孙青芝，先父释褐，报至，公携杖往视子舍。时隆山夫人以夫不获第，方按几大恸。公慰之曰：'汝子幸已贵，何哭为？吾子不第，是吾痛耳。'不觉涕泪交下。次科，隆山亦第。"

据《明清进士题名碑录索引》，万历八年庚辰科录取名单如下：

第一甲三名

张懋修	萧良有	王庭譔

第二甲五十七名

董嗣成	顾宪成	温 显	张泰征	李同芳	王德新
邵梦弼	路云龙	黄克缵	陆长庚	姜士昌	汤日昭
张敬修	余 寅	张中鸿	于文熙	冯时泰	孙温如
叶万景	李懋桧	杨同善	谢文炳	杨 现	袁 年
杨于庭	叶云礽	孟化鲤	陆 汴	张 恒	史邦载
蒋瑞卿	卢文勋	钱 浚	张治枢	阎汝哲	李 芳
黄子美	徐秉正	周一鹏	刘曰桂	徐泰时	邹云鹏
沈 修	彭梦祖	陈 榛	孟绍庆	林民悦	沈一中
薛士彦	卢大顺	赵寿祖	王乾亨	董 基	尤锡类
卫一凤	萧良誉	邵伯悌			

第三甲二百四十二名

魏允中	吴岳秀	邹龙光	刘 任	林士弘	孙愈贤
涂时相	蔡系周	向 东	张乔松	褚九皋	刘如宠
吴献台	张后甲	项复弘	蔡 升	杨其休	张有德
穆来辅	王守素	秦大夔	龙 膺	王嗣美	钱 楒
李之用	王道增	董元学	吴宗熹	彭国光	周友程
范时葵	王希曾	徐 元	凌嗣音	阎士选	刘羽国
闵世翔	洪有复	徐 桓	褚 栋	邓 炳	李天麟
李正蒙	刘 卿	沈子来	柯 挺	蔡 琮	文 德
陈惟芝	王 钥	徐 伸	莫 扬	霍从教	乔因羽
陈石卿	汪可受	高 芳	叶隆光	梁宜生	史善言
刘应龙	邢云路	刘 焕	李汝相	胡 旦	陈经济
钟羽正	刘元霖	马维铭	陆懋龙	江宗莱	王慎德

高荐	辛志登	徐自兴	刘汝立	饶位	周孔教
黄纪贤	谢时泰	吴礼嘉	周应治	蔡逢时	周班爵
丘汝材	孙一俊	王象蒙	臧懋循	刘之龙	邵以仁
游应龙	袁奎	李元吉	姜梦龙	詹思虞	沈儆炜
祝大舟	龚仲庆	林廷升	郭万里	陈绍功	柳希点
孙瑀	朱朝聘	左之宜	张肇	冯应凤	谢吉卿
王大谟	马朝锡	吕一凤	谢与思	胡懋忠	赵士登
崔斗瞻	沈尧中	张鸣冈	杨位	江有源	傅崇明
黄淳	金铨	陈载春	万自约	黎芳	章邦翰
杜縻	林可成	许守恩	高举	车大任	褚国祥
董澜	孙架	王庭谕	王麟趾	钟化民	刘学曾
李士登	乔璧星	蔡宗周	但贵元	项应祥	张汝蕴
谭一召	邹观光	周光复	余懋中	李槃	张立爱
李廷谟	刘以平	茅崇本	伍袁萃	任让	靳绍谦
陈映	刘庭蕙	刘顺征	吴之佳	张我续	黄师文
闵一范	彭应参	张鹤鸣	侯先春	张廷栋	黄齐贤
卢泮	邓启愚	郝大猷	于孔兼	彭而珩	蒋春芳
郝世科	陈仕行	吴之龙	史旌贤	许弘纲	贾一鹗
傅履礼	韩介	叶初春	李大钦	尹从教	鹿久征
章嘉桢	孙琭	涂用宾	王明	朱运昌	刘日升
张钲	祝致和	余继善	刘昶	李本固	杜潜
李上馨	王应麟	谢台卿	丁懋逊	王永宁	江应祯
李登	钱士完	王梦旸	徐民式	张大谟	陈子贞
张栋	孙光祖	赵岸	王九德	李来凤	张季思
王显仁	南企仲	佘鸣化	郝持	王以通	陈效
罗万程	杨镐	王三阳	唐仲寅	李汝华	曾维伦
卢奇	王元命	刘庭兰	黄桦	周维翰	王应霖
陈尚象	林文英	杨东明	黄守谦	石昆玉	涂嘉会
朱天应	郑国柱				

万历庚辰，有田吉者，会试取中，殿试怀挟，罚三科。以县佐录用，补郓城县。入为户部主事，为逆案五虎之一。（据李调元《制义科琐记》卷三《殿试怀挟》）

翰林院编修刘珹为南京国子司业。（据《国榷》卷七十一）

四月

升司经局洗马兼翰林院修撰周子义为国子监祭酒。（据《明神宗实录》卷九十八）

吏部左侍郎兼翰林院侍读学士姚弘谟致仕。（据《国榷》卷七十一）

太常寺卿署国子祭酒许国为詹事府詹事兼翰林院侍读学士。（据《国榷》卷七十一）

闰四月

左春坊左中允兼翰林院编修高启愚清理军职贴黄。（据《国榷》卷七十一）

陈经邦为左谕德兼翰林院侍读，仍日讲。（据《国榷》卷七十一）

五月

凌蒙初（1580—1644）生。据嘉庆十年刊《凌氏宗谱》卷六，凌氏"生于万历庚辰五月初七日未时"。凌蒙初，字初成，别号即空观主人，乌程人。十八岁补廪膳生，崇祯七年（1634）选授上海丞，十五年擢徐州通判。甲申正月，驻守房村，李自成军迫境，呕血而死。著《初刻拍案惊奇》、《二刻拍案惊奇》。另有《圣门传诗嫡冢》、《言诗翼》、《诗逆》等，《四库全书总目》著录。

六月

裁三河坝守备及长峪城提调，并密云、遵化、永平三武学提调。（据《国榷》卷七十一）

录辽东红土及永奠之功，许安远伯李成梁世袭，梁梦龙荫锦衣卫百户，周咏荫子入国子监。（据《国榷》卷七十一）

林燫卒。《国榷》卷七十一："前南京礼部尚书林燫卒。闽县人，祖瀚兵部尚书，父廷机礼部尚书，燫嘉靖丁未进士。选庶吉士，授检讨，历国子祭酒。迁礼部侍郎，改吏部，俱直经筵。进礼部尚书。雅尚儒业，性恬而温，至大节则皦然莫夺，与时龃龉，其风流节概，克世其家云。谥文恪，予祭葬。"

王敬民等为监察御史。《国榷》卷七十一："王敬民、刘三宅、张世则、顾问、姚德重、叶时新、牛维炳、王三余、聂良杞、丁汝谦、杨廷相、田大年、李宗鲁、王凤竹、常居敬、冯露、傅来鹏、叶遵、刘弘道、吴琯、吴之美、李国光为给事中。琯、之美、国光并南京。曹一夔、吴定、刘士忠、任养心、梅国桢、马允登、范鸣谦、蔡梦说、何倬、丁宾、杨楫、邢侗、赫瀛、李廷彦、徐鸣鹤、孙梦麟、唐天祥、孙洵、顾尔行、王国祚、龚一英、敖选、刘养元、姚士观、苏万民、傅好礼、王言、易异、李士达、郑之亮、郭惟贤、王有年、徐奎星、刘祐为监察御史，异等并南京。傅来鹏贡士，特授工科给事中。孙梦麟恩贡生，特授四川道御史。从御史龚懋贤之言。"

张四维三年考满，进少傅兼太子太傅，荫子入国子监。（据《国榷》卷七十一）

七月

命定国公徐文璧充知经筵官。国子监祭酒周子义、翰林院侍读罗万化充经筵讲官。詹事府詹事兼翰林院侍读学士掌府事许国仍充经筵讲官。（据《明神宗实录》卷一百二）

俞大猷（1504—1580）卒，谥武襄。《明鉴纲目》卷七：“纲：秋七月，后军都督府金事俞大猷卒。（谥武襄。）目：先是，大猷以平古田獞功，进世荫。已为巡按御史所劾，回籍听调。久之，复以都督金事，起金书后府事领车营训练。三疏乞归，卒赠左都督。（大猷少好《易》，尝以《易》推衍兵家奇正虚实之权，谓兵法之数起五，犹一人之身有五体，虽将百万，可使合为一人也。初为汀漳守备，莅武平，作读易轩，与诸生为文会，而日教武士击剑。及为大将，持身廉，驭下有恩，数建大功，威名震南服。其用兵先计后战，不贪近功，忠诚许国，老而弥笃。谭纶尝与书曰：节制精明，公不如纶。信赏必罚，公不如戚。精悍驰骋，公不如刘。然此皆小知，而公则堪大受。戚，谓戚继光。刘，谓刘显也。其为纶所推重如此。）”

八月

陕西提学副使李维桢为河南左参政。（据《国榷》卷七十一）

九月

尤时熙（1503—1580）卒。黄宗羲《明儒学案》卷二十九：“尤时熙字季美，号西川，河南洛阳人。举嘉靖壬午乡试，历元氏、章丘学谕，国子学正，户部主事，终养归。归三十余年，万历庚辰九月卒，年七十八。先生因读《传习录》，始信圣人可学而至，然学无师，终不能有成，于是师事刘晴川。……又从朱近斋、周讷溪、黄德良（名骥）。考究阳明之言行……先生以道理于发见处始可见，学者只于发动处用功，故工夫即是本体，不当求其起处。……静中养出端倪，亦是方便法门，所谓观喜怒哀乐未发以前气象，总是存养名目。先生既扫养出端倪，则不得不就察识端倪一路，此是晦翁晚年自悔‘缺却平时涵养一节工夫’者也，安可据此以为学的？先生言‘近谈学者多说良知上还有一层’为非，此说固非，然亦由当时学者以情识为良知，失却阳明之旨，盖言情识上还有一层耳。”《明史》儒林传：“晚年，病学者凭虚见而忽躬行，甚且越绳默自恣，故其论议切于日用，不为空虚隐怪之谈。卒于万历八年，年七十有八，学者称西川先生。”

王世懋移视陕西学政。王世贞《亡弟中顺大夫太常少卿敬美行状》：“甫百日而移视陕西学政。道故里，而昙阳子已立化，自恨弗及，徘徊之，欲勿上。不谷谓曰：‘吾既已失先君子意，汝勿为尔也。’盖先君虽在厄，未尝不戚戚以己故锢二子为恨。至是弟始束装就道。"

左春坊左谕德兼翰林侍读陈经邦，侍讲朱赓主武举。（据《国榷》卷七十一）

吏科给事中顾问奏："官生授职，须资及六七年以上，酌其才品，转部寺司属，或外府佐贰，候其谙事，升知府藩臬。其远方知府，选科目治行高等者为之。勿轻界恩荫。"部覆从之。（据《国榷》卷七十一）

十月

淘汰冗官。从张居正请也。《明鉴纲目》卷七："纲：冬十月，汰冗官。目：先是，诏南京职务清简，官不必备。至是，尽汰内外冗员，并核各省徭赋，及诸司冒滥冗费。皆从张居正请也。"

十一月

丈量天下田亩。《明鉴纲目》卷七："纲：十一月，度民田。目：初，建昌知府许孚远（字孟中，德清人），始为归户册，以田从人，法简而密。后张居正议，天下田亩，通行丈量。遂用开方法，以径围乘除，畸零截补，于豪猾不得欺隐，里甲免赔累，而小民无虚粮。总计田七百一万三千九百七十六顷。视孝宗时赢三百万顷，居正颇以溢额为功。有司短缩步弓，以求田多，或掊克见田，以充虚额。后遂按溢额增赋。"

诏内官述职，斥逐有差。《明鉴纲目》卷七："纲：诏内官并自陈，斥逐有差。目：帝即位初，慈圣太后，遇帝严。太监冯保倚太后势，数挟持帝，帝甚畏之。已而小珰孙海客用导帝戏游（二人屡诱帝夜游别宫，小衣窄袖，走马持刀，又数进奇巧之物），帝深宠幸。保言于太后，后召帝切责。帝长跪受教，惶惧甚。保属张居正草帝罪己手诏，颁示阁臣，词过抑损。帝年已十八，览之内惭，然迫于太后，不得不下。居正乃上疏切谏，又缘保意劾去司礼巨珰孙德秀、温泰等，而令诸内侍俱自陈。凡保所不悦者，斥退殆尽。帝由是渐恶保，并亦嗛居正矣。（保窃权肆横，间亦时引大体。内阁产白莲，翰林院有双白燕，居正以为瑞，进之。保使语居正曰：'主上冲年，不可以异物启其玩好。'又颇能约束其子弟，不敢肆恶。人亦以是称之。然保性贪，其私人锦衣指挥徐爵，内官张大受，恃势招权利。居正使苍头游七，与爵结为兄弟，交关语言，凡有所谋，皆缘以达焉。）"

琉球国陪臣子郑周、郑迪、蔡□入南京国子监。（据《国榷》卷七十一）

十二月

李元阳（1497—1581）卒。（卒年据公历标注）李选《侍御中溪李元阳行状》："万历八年，中溪李先生年八十有四，十二月二十日卒于家。""先生讳元阳，字仁甫，世居点苍山十八溪之中，因号中溪。其先浙江钱塘人，祖讳顺者，仕元为大理路主事，爱恋山水，遂家焉。……嘉靖壬午（1522）中云贵乡试第二，丙戌（1526）成进士，初授翰林院庶吉士，寻以议礼忤权臣，出补分宜，分江西秋闱。事竣，丁内艰归，服阕，补江阴。……迁户部主事，时选宫僚，大学士夏公招之，不赴。少宰霍韬门无私谒，知先生贤，改监察御史……巡按八闽，大学士饯之，手出官名纳公袖，谓：宜荐剡也。比至，廉知贪黩状，疏劾之，所至风靡，一省廓清。监临丁酉（1537）场屋，得人最盛，试录尽出其手，识者评为天下第一。……议先生外补，会荆州知府缺……遂授之。……尝试诸生，得太岳张居正卷，大器之，拔为六百人之冠。时太岳年方十三，后果然，皆以先生为知人。""中年著《心性图说》，为罗洪先所许，修撰杨慎尝与坐终日，每出谓人曰：'见中溪神貌，如临水月，鄙吝自消，聆其语，如闻洪钟，令人顿醒。'先生既倡明性学，亦时与诸生讲文艺。凡从游者，类皆敦世善俗。先生作诗文，初不经意，援笔辄就，世以白香山、苏东坡拟之。嘉靖间编郡志，后二十年，复作续志，未几，《云南通志》又出。先生手书成，示弟子曰：'往见志书，皆载山川、物产、人名而已，不及兵食口法度之所急，是何异千金之子，籍其珠宝狗马而缓其衣食产业之数乎？'凡先生著作，非性命极理之谈，必济世安民之法。"

本年

令科场《经》、《书》义文字限五百字，过多者不许誊录。（据万历《大明会典》卷七十七《礼部》三十五《贡举·科举·科举通例·凡文字格式》）

老营堡庙学立于明万历八年，巡抚杨彩请设训导一员，岁、科取童子八人入学。都御史成都高文荐碑记其事。（据乾隆《宁武府志》卷四《学校》）

张凤翼自今年始张榜鬻文。凤翼以艺谋生，或有与"相门山人"立异之意。沈瓒《近事丛残·张灵墟》："张孝廉伯起，文学品格，独迈时流，而耻以诗文字翰接交贵人，乃榜其门曰：'本宅缺乏纸笔，凡有以扇求楷书者，银一钱，行书八句者，三分，特撰寿诗寿文，每轴各若干。'人争求之。自庚辰至今，三十年不改。有不喜其字者，撰一说曰：张灵墟送客出门，见一人跪于门，袖中皆扇，扶之起曰：'莫非要我写乎？'其人跪告曰：'只怕你写，只得下礼告饶。'人传以为笑。"胡应麟《跋张伯起诗卷》："癸未（1583）过吴门，访伯起曲水园，出素卷索书得此，乃洞山十绝句。书端缜温厚，锋颖内藏，诗亦稳妥清适，雅与书称，当是伯起合作。此君四十即辍试礼闱，凿坯蓬荜，真古之遗隐。无奈翰墨为累。又传奇数本，俊语灼灼人口耳，视龚家老友，不觉输一筹耳。漫书卷末，伯起当一笑哂然也。"足见凤翼书法声价之高。张凤翼号灵墟，对"相门山人"颇为不满，亦一时风气也。《万历野获编》卷二十三《山人歌》："张伯起孝廉凤翼长王百谷八岁，亦痛恶王为人，因作《山人歌》骂之。其描写丑态，可谓曲尽。初直书王姓名，友人规之，改作沈嘉则明臣，复有谏止者，并沈去之。张以母老，至庚辰科即绝意公车，足迹不入公府，与王行径迥别，故有此歌，然亦褊矣。"又

《恩诏逐山人》："恩诏内又一款，尽逐在京山人，尤为快事。年来此辈作奸，妖讹百出，如《逐客鸣冤录》，仅其小者耳。昔年吴中有《山人歌》，描写最巧，今阅之未能得其十一。然以清朝大庆，溥海沾浩荡之恩，而独求多于鼠辈，谓之失体则可，若云已甚，恐未必然。○按相门山人，分宜有吴扩，华亭有沈明臣，袁文荣有王稚登，申吴门有陆应阳，诸人俱降礼为布衣交，惟江陵、太仓无之。今则执厮隶役，作倡优态，又非诸君比矣。"又《山人名号》："山人之名本重，如李邺侯仅得此称。不意数十年来出游无籍辈，以诗卷遍赞达官，亦谓之山人。始于嘉靖之初年，盛于今上之近岁。吴中友人遂有作山人歌曲者，而情状著矣。抚按藩臬大吏，有事地方，作檄文以关防诈伪，动称山人星相，而品第定矣。"

龚仲庆等在公安结阳春社。袁宗道《送夹山母舅之任太原序》："驾部公（龚仲庆）得隽后，先生诛茆城南，号曰阳春社。一时后进入社讲业者如林，不肖兄弟亦其人也。自有此社，人始知程墨之外，大有书帙，科名之外，大有学问。而先生又能操品藻权，鼓舞诸士。诸士穷日夜力，勾搜博览，以收名定价于先生。以故数年之间，雅道大振，家操灵蛇，人握夜光。"（《袁宗道集笺校》卷十）龚仲庆为三袁舅父。三袁，袁宗道、袁宏道、袁中道三兄弟，公安人。

龙膺等结白榆社。龙膺《沦滠文集》卷八《汪伯玉先生传》云："予小子释褐徽理为万历庚辰。下车首式先生之庐。先生年五十六矣，见先生虎头熊背，项有异骨贯于顶，目眈眈视。"汪道昆《送龙相君考绩序》云："结发理郡，郡中称平。圄土虚无人，日挟策攻古昔。乃构白榆社，据北斗城。入社七人，谬长不佞，君御为宰，丁元甫奉楚前茅，郭次甫隐焦山，岁一至，居守则吾家二仲泊潘景升诸宾客自四方来，择可者延之入。君御身下不佞，左二甫，右二生。旬月有程，岁时有会。"又云："会故太史李本宁（维桢）至自郢中，入社。"君御名膺，今年进士，授徽州推官，十四年得替。据康熙《徽州府志》卷二，白榆山在郡城东南郊。

汤显祖游南太学，为祭酒戴洵所赏识。汤显祖《青雪楼赋》序云："四明戴公，是万历庚辰岁予游太学时师儒祭酒也。公容情俊远，谈韵高奇。于诸生中最受风赏。徂春涉秋，究日馀夜，公私之致兼穷，礼乐之欢无斁矣。"赋忆南太学云："虽纷吾之寡韵，获胜引于成均。坐东堂而赋竹，过西池而采苹。图史之观入夜，琴歌之醉兼旬。人逗机而无旧，物赏气而有新。素风期于道业，过洗激于清尘。"（《汤显祖诗文集》卷二十三）据《实录》，二月升右春坊右谕德掌南京翰林院印信戴洵为南京国子监祭酒。明年四月以失张居正意致仕归。汤显祖诗《戴师席上送王子厚北上。子厚名浑然，司徒北海王公子也。有物表之姿，昔人之度。溽雨来辞。戴公平生不饮，此日连举兕爵数度。公笑曰：吾之邴原也。周原宇赠诗，命仆就和》或作于今年。

唐时升辍去举子业。王衡《三易集序》："嘉定唐叔达，少以异才名，未三十辍去举子业。人问子今何好，曰：'好读书。'读书何事，曰：'无所事也。'浮沈里闬中，舌不能战，笔不能耕，人多以为迂。惟同里二三博雅君子，盛相推服，以为叔达当今无辈。余时颇有亦党之疑。"《列朝诗集小传》丁集下："时升，字叔达，嘉定人。少有异才，未三十谢去举子业，读书汲古。通达世务，居恒笑张空拳、开横口者，如木骝泥龙，不适于用。酒酣耳热，往往捋须大言曰：'当世有用我者，决胜千里之外，吾其为李文饶乎！'"

徐师曾（1517—1580）卒。《静志居诗话》卷十三《徐师曾》："徐师曾，字伯鲁，吴江人。嘉靖癸丑进士，选庶吉士，授兵科给事中，历刑科左给事。有《湖上集》。伯鲁说经铿铿，又辑《文体明辨》，以迪后学。一官清要，五疏乞归。其《述志赋》云：'相先民之不朽兮，托三事而流传。吾何有一于兹兮，死速朽而犹瞢。惜青春之不我与兮，忽已至乎衰年。胡不及时以精进兮，择可修而勉游。'昔贤有言：'耄未至昏，衰不及顿，尚可厉志于所期。'又言：'进不及达，退无所矫。'伯鲁之谓矣。诗亦清婉，盖斤斤学唐者。"《四库全书总目》著录徐师曾《今文周易演义》十二卷、《礼记集注》三十卷、《文体明辨》八十四卷。

冯惟敏（1511—约1580）约卒于今年。《艺苑卮言》卷五："冯汝行，如幽州马行客，虽见伉俍，殊乏都雅。"《列朝诗集小传》丁集上："惟敏，字汝行，惟健之弟也。领山东乡荐，知涞水县，改教润州，迁保定府通判。汝行善度近体乐府，盛传于东郡。王元美谓李尚宝先芳、张职方重、刘侍御时达，此调皆可观，而惟敏独为杰出。其板眼务头，撺抢紧缓，无不曲尽，而才气亦足以发之。余所见《梁状元不伏老》杂剧，当在王渼陂（王九思）《杜甫游春》之上，诗虽未工，亦齐鲁间一才人也。"

吕天成（1580—1618）生。据徐朔方《王骥德吕天成年谱》。吕天成，字勤之，别号棘津、郁蓝生，余姚人。诸生。有戏曲论著《曲品》和《神镜记》等传奇作品。相传《绣榻野史》亦为他所作。

明神宗万历九年辛巳（公元1581年）

正月

命翰林官分番入直。《国榷》卷七十一："（万历九年正月）丙戌，命翰林侍直诸臣各赋一诗以进。"《明鉴纲目》卷七："纲：辛巳九年，春正月，命翰林官分番入直。目：以张居正请，日用翰林官四人入直应制诗文，及备顾问。（帝初政，居正尝纂古今治乱事百余条绘图，以俗语解之，使帝易晓。至是，复属儒臣，纪太祖列圣宝训、实录，分类成书，凡四十类，以经筵之暇进讲。帝从之。）"

裁户部浙江、湖广、河南、福建、广东、广西司主事各一，江西、云南、山东、四川、山西、贵州司各二，武科司管京卫武学主事一，助教四，学录一，太常博士一，限

所裁官岁内除补。(据《国榷》卷七十一)

二月

吏部尚书王国光，考功郎中孙惟清察处朝臣二百六十四人。前建言戌斥诸臣艾穆、沈思孝、赵用贤、朱鸿谟等预焉。翰林编修公家臣，谪泽州判官。(据《国榷》卷七十一)

翰林修撰范谦、编修赵鹏程为福建、河南布政司左右参议。(据《国榷》卷七十一)

翰林编修盛讷编纂六曹章奏。(据《国榷》卷七十一)

三月

礼部右侍郎何洛文为左侍郎。詹事府詹事兼翰林院侍读学士许国为礼部右侍郎，仍充副总裁兼纂修事。(据《国榷》卷七十一)

礼科都给事中帅兰上学政八事，文体宜正，试规宜详，云云。上允之。(据《国榷》卷七十一)

四月

南京国子监祭酒戴洵乞休归。《明神宗实录》卷一百一十一：万历九年四月戊午，"南京试御史郭惟贤劾南祭酒戴洵庸肆不堪成均。南给事中吴士美亦论操江都御史胡嘉谟庸劣，并参洵，乞俱罢斥。嘉谟具疏乞罢，部覆上请。上命嘉谟回籍调理，洵调外任用。洵具奏乞休，着以原职致仕。"

方逢时以老病乞休。《明鉴纲目》卷七："纲：夏四月，戎政尚书方逢时罢。目：逢时才略明练，处置边事悉协机宜。(先是五年以宣大总督召理戎政，时议者争言贡市利害，逢时疏言：北部输诚效贡，莫敢渝约，岁时请求，随宜与之，辄稽首欢笑。有掠人要赏者，告谙达讨治，即俯首听命。而异议者，或曰，敌使充斥，日益耗费。或曰，与寇益狎，隐忧叵测。均未睹事机之论也。今计三镇，岁费二十七万，较之向时，十才二三。而民间耕获之人，市价之利不与焉。方隆庆庚午以前，三军暴骨，万姓流离，边臣首领不保，朝廷为之旰食。七八年来，幸无此事矣。所不可知者谙达老且死，数年之后，诸部无所统一，狡黠争构，或行侵扰。在我亦惟罢贡市，固壁垒以待。仍禁边将无轻举，使曲常在彼，直常在我。因机处宜，顾方略何如耳。封疆之事无常形，何必贡市非而战守是哉。)至是，以老病乞休去。其功名与王崇古相亚，世称方王。"

五月

令有司将境内优免仕宦、举监、生员、吏承等项定额，并私用夫马禁约，刻石衙门，以永杜滥用之弊。民国《江阴县续志》卷二十二《石刻记》："直隶常州府江阴县，遵奉钦差总理粮储提督军务兼巡抚应天等府地方都察院右佥都御史孙、巡按直隶监察御史曾勘札，准户部咨开万历玖年伍月题，奉钦依通行天下，仍令有司将境内优免仕宦、举监、生员、吏承等项定额，并私用夫马禁约，刻石衙门，以永杜滥用之弊。奉此遵依，逐款刻示于后。……例开：教官、举监、生员各免粮贰石，人丁贰丁。杂职、省祭官、承差、知印、吏典，各免粮壹石，人丁壹丁。但今各处举监、生员，有免人肆丁以上者。以至纳银冠带等项，有司利其馈谢，除免本身外，间亦私免丁粮，尤属冒滥。合无严行有司查照前例，将教官、生员、举监止免粮贰石，人贰丁。杂职以下，免粮壹石，人壹丁。如本部丁粮不足，不许免及别户。"

右春坊右中允高启愚为南京国子祭酒。（据《国榷》卷七十一）

八月

陕西提学副使王世懋以疾乞休，筑澹圃别业于城西南隅。著《关洛记游稿》二卷。《国榷》卷七十一："（万历九年八月）丙申，陕西提学副使王世懋予告。"《四库全书总目》集部别集类存目五著录《关洛记游稿》二卷，提要曰："是集乃万历辛巳世懋官陕西提学副使，旋以昙阳子事为台谏所弹，乃移疾自洛阳东归时作。上卷游记三篇，下卷诗七十七首。屠隆为之序，亦全作二氏支离语。盖一时士大夫习气如斯也。"

九月

增云南武定府学廪生五人。（据《国榷》卷七十一）

十月

左春坊左谕德陈经邦为翰林院侍读学士，仍直经筵日讲。（据《国榷》卷七十一）

十一月

少（师）兼太子太师吏部尚书中极殿大学士张居正一品满十二年，赐金币，敕劳之。（据《国榷》卷七十一）

十二月

授庶吉士林休征为河南道御史。（据《明神宗实录》卷一百十九"万历九年十二月丙辰"）

前南京礼部尚书林庭机（1492—1582）卒。庭机字利仁，闽人，嘉靖乙未进士。自庶吉士历前职。予祭葬。（据《国榷》卷七十一）叶向高《大宗伯肖泉林先生传》："公讳廷机，字利仁，别号肖泉，闽之濂江人，文安公第九子，而康懿公季弟也。……十四持父丧，下帷发愤，十七补郡弟子，二十举于乡，三十成进士。"选庶吉士，除检讨，迁国子司业，进南祭酒，就迁太常卿，擢工部侍郎，改礼部，进工部尚书，复改礼部。"岁庚辰，伯子暴疸卒，公始忽忽不乐。仲子解广右观察，归侍数月，公竟以悲怆逝。天子赐祭葬如仪。"谥文僖。有《世翰堂稿》十卷。《明史》有传。《明诗纪事》戊签卷十九录其诗三首。

本年

王栋（1503—1581）卒。黄宗羲《明儒学案》卷三十二："王栋字隆吉，号一庵，泰州人。从事心斋。嘉靖戊午，由岁贡授南城训导，转泰安，升南丰教谕。所至以讲学为事。先生之学，其大端有二：一则禀师门格物之旨而洗发之。……故致知格物，不可分析。一则不以意为心之所发。……故以意为心之所发为非是，而门下亦且断断而不信。……岂知一庵先生所论，若合符节。先生曰：'不以意为心之所发，虽自家体验见得如此，然颇自信心同理同，可以质诸千古而不惑。'"

一条鞭法自今年始在全国推行。《明史》卷七十八《食货志》二《赋役》："一条鞭法者，总括一州县之赋役，量地计丁，丁粮毕输于官。一岁之役，官为金募。力差，则计其工食之费，量为增减；银差，则计其交纳之费，加以增耗。凡额办、派办、京库岁需与存留、供亿诸费，以及土贡方物，悉并为一条，皆计亩征银，折办于官，故谓之一条鞭。立法颇为简便。嘉靖间，数行数止，至万历九年乃尽行之。"

明神宗万历十年壬午（公元 1582 年）

正月

命各抚按提学官严乡贤名宦祠之冒滥者，不必奏请。以礼科给事中聂良言之也。（据《国榷》卷七十一）

四月

翰林院检讨刘楚先为修撰，编修刘虞夔、刘元震为侍读。（据《国榷》卷七十一）

六月

礼科给事中石应岳申明科场事宜。部覆从之。《明神宗实录》卷一百二十五：万历十年六月壬辰，"礼科都给事中石应岳申明科场事宜：一、正文体。作文阅文，务典实纯正。一、严防范。关防搜简交通传递之弊。一、重内帘。各省俱以朱卷送内帘。一、定程式。即刻士子朱卷。一、公选举。卷面房数中式后始印，以便通融。一、重廷对。罢黜对策不称者。部覆依拟。"《国榷》卷七十一："（万历十年六月）壬辰，礼科给事中石应岳上科场六事：正文体，严防范，重内帘，定程式，公选举，重廷对。罢对策不称者。部覆从之。"

以吏部侍郎余有丁为礼部尚书兼文渊阁大学士，预机务。《国榷》卷七十一："（万历十年六月）己酉，礼部尚书兼文渊阁大学士余有丁充总裁及同知经筵官。"《明鉴纲目》卷七："纲：六月，加张居正太师。以前礼部尚书潘晟（新昌人），兼武英殿大学士，礼部侍郎余有丁（字丙仲，鄞人），兼文渊阁大学士，并预机务。晟寻罢。目：居正卧病，四阅月不愈。百官并斋醮为祈祷（修撰王家屏，户部主事顾宪成，不往，宪成同官代之署名。宪成闻，驰往，手削去之。王家屏，字仲伯，大同山阴人。顾宪成，字叔时，无锡人），南都秦晋楚豫诸大吏，无不建醮。帝命张四维等理阁中细务，大事即家令居正平章。居正始自力，后愈甚，不能遍阅，然尚不令四维等参之。会辽东奏捷，加居正太师。（先是，居正以十二载满，加太傅。明世文臣无真拜三公者，自居正始。）已而居正病革，自度不起，乃荐晟、有丁自代。晟素贪鄙，不厌清议。冯保素从受书，强居正荐之。命下，甫五日，为言者交章劾罢。"

张居正（1525—1582）卒。张四维继任首相。（据《明神宗实录》卷一百二十五，张居正卒于六月二十日）《明史》张居正传："张居正，字叔大，江陵人。少颖敏绝伦，十五为诸生。巡抚顾璘奇其文，曰：'国器也。'未几，居正举于乡，……嘉靖二十六年，居正成进士，选庶吉士。……授编修……居正为人，颀面秀眉目，须长至腹。勇敢任事，豪杰自许。然沉深有城府，莫能测也。严嵩为首辅，忌阶，善阶者皆避匿。居正自如，嵩亦器居正。迁右中允，领国子司业事。……阶代嵩首辅，倾心委居正。世宗崩，阶草遗诏，引与其谋。寻迁礼部右侍郎兼翰林院学士。月余，与裕邸故讲官陈以勤俱入阁，而居正为吏部左侍郎兼东阁大学士。寻充《世宗实录》总裁，进礼部尚书兼武英殿大学士，加少保兼太子太保。去学士五品仅岁余。"《静志居诗话》卷十三《张居正》："张居正，字叔大，江陵人。嘉靖丁未进士，改庶吉士，升编修，历春坊学士，以礼部侍郎，入内阁，官至太师，吏部尚书，中极殿大学士。卒谥文忠，有《太岳集》。江陵以夺情，为清议所不容。然能自任天下之重，定陵冲年，请大阅京营之士，时掌中枢者，山阴吴尚书兑也。尚书绘图藏之家，予曩从尚书孙锦衣使国辅处见之。及戚武毅镇蓟，大臣行边，简阅士马，随上功状，疏恩晋秩，烽火不彻于甘泉者，一十五年。江陵之秉国成，可谓安不忘危，得制治保邦之要矣。近灵寿傅尚书维霖撰《明史记》，乃与分宜合传，毋乃过与？于文定与邱尚书书云：'江陵以盖世之功自豪，固不肯甘为污鄙，而以传世之业期其子，又不使滥有交游。其平生显为名高而阴为厚实，以法绳天下而间结以恩。其深交密戚则有赂，路人不敢也。债帅巨卿则有赂，小吏不敢也。当其柄政，举朝争颂其功，而不敢言其过。及其既败，举朝争索其罪，而不敢言其功。皆非其实情矣。'此足以当爱书。闻有题诗于故宅者云：'恩怨尽时方论定，封疆危日见才难。'二语足称诗史矣。"《四库全书总目》著录张居正《书经直解》十三卷、《帝鉴图说》（无卷数）、《太岳杂著》一卷、《太岳集》四十六卷。

授庶吉士冯梦祯（1548—1605）为翰林院编修。（据《明神宗实录》卷一百二十五）李维桢《冯祭酒家传》："三年还朝，除编修。"钱谦益《南京国子监祭酒冯公墓志铭》："公讳梦祯，字开之，姓冯氏，其先高邮人也。国初徙嘉兴之秀水，以沤麻起富至巨万。祖、父皆不知书，怜公少惠，试遣就塾，暮归吟讽不辍，王母惜膏火，呵止之，引被障窗疏，帷灯至旦，其专勤如此。隆庆庚午（1570）举于乡，再试不第。王父母及母相继卒，家渐圮。再丧妇，脱身游外家。其为文穿穴解故，摆落畦径，含咀菁华，匠心独妙。尝自诡规摹唐、瞿二家，得其衣钵。万历丁丑（1577），举会试第一，选翰林院庶吉士。海内传写其文，果以为唐、瞿再出也。与同年生宣城沈君典、鄞屠长卿以文章意气相豪，纵酒悲歌，跌宕俯仰，声华籍甚，亦以此负狂简声。邹忠介公抗论江陵，拜杖远戍，公独送之郊外，执手慷慨。归仰屋直视，面气坟赤，太公流涕曰：'盍从我而归乎？吾不忍见壮子流血死墀下也。'公填咽不能答，噀血数升，请急从太公南归。三年赴阙，除翰林院编修。"《涌幢小品》卷十《留馆职》："万历丁丑（1577）会元冯具区梦祯，以庶吉士告归。既满，入京。时浙中庶常凡四人，沈自邠、陆可教、杨德冬，皆已留馆。故事，一省未有尽留者，冯当补别署。其座师蒲州张阁学凤盘忧之。盖张方恣睢，其子居二甲，冯遇之初无加礼。张怒言于父曰：'彼恃会元，决留馆故尔。'因尽留三人，将以抑冯，并示诸词臣意旨也。蒲州无所出，命冯且驻郊外，俟江陵有家庆，过拜，恭甚，而微作邑邑状。江陵欢，问故，且曰：'有心事所不足耶？'蒲州蹙额曰：'为冯子馆事。'江陵怜之曰：'是会元，还他编修。'蒲州悦，饮尽欢方出。次日，入朝补馆职。此与于文定公《笔麈》所述，陆平泉先生留馆，亦藉座主张龙湖之力，颇相似。要之，分宜虽贪，江陵虽愎，决不令会元既入馆，复为它官。彼视一编修，只是本等官。"

殷士儋卒。《国榷》卷七十一："前少保兼太子太保礼部尚书武英殿大学士殷士儋卒。士儋字正甫，历城人，嘉靖丁未进士，选庶吉士。己酉，授检讨。壬戌，直裕邸，秩满进右赞善兼检讨。丙寅，进洗马兼侍讲。丁卯正月，擢侍读学士。二月，进礼部右侍郎。五月，改吏部。戊辰，进礼部尚书，署詹事府。二月，主礼闱。五月，教习庶吉士。十二月，回部。庚午，进太子太保。上即位，中旨兼文渊阁大学士。寻加少保，进武英殿。辛未十月，致仕。士儋直阁，忤高拱，又不从廷推，物论薄之。年六十一。赠太保，谥文庄，予祭葬。"

前太子太保礼部尚书潘晟兼武英殿大学士，署詹事府事。吏部左侍郎余有丁为礼部尚书兼文渊阁大学士。并直文渊阁。（据《国榷》卷七十一）

吏部左侍郎兼翰林院侍读学士许国改吏部，署詹事府事。（据《国榷》卷七十）

七月

礼部右侍郎陈思育为左侍郎兼翰林院侍读学士。起王遴兵部右侍郎。（据《国榷》卷七十一）

命右春坊右赞善沈鲤，翰林修撰沈懋孝主试应天。（据《国榷》卷七十一）

左春坊左赞善沈鲤为翰林院侍读学士，署院事。（据《国榷》卷七十一）

翰林院侍读朱赓、罗万化为左右谕德兼侍读，修撰王家屏为洗马兼修撰，各署坊局。左春坊左谕德沈一贯为左中允。（据《国榷》卷七十一）

国子司业王弘诲为南京右春坊右谕德，署院事。（据《国榷》卷七十一）

翰林院修撰黄凤翔为右春坊右中允署国子司业。（据《国榷》卷七十一）

八月

耶稣会教士利玛窦抵达中国澳门。《利玛窦文集》："1582 年……他（指利玛窦）同其它七名耶稣会士一起开始漂洋过海了……8 月 7 日他于病中抵达澳门。"利玛窦、金尼阁《利玛窦中国札记》中译者序言："利玛窦于 1552 年 10 月 6 日出生在意大利的中部教皇邦安柯那（Ancone）省的马塞拉塔（Macerata）城……1578 年 3 月 24 日，他从里斯本乘船往东方，于同年 9 月 13 日到达葡萄牙在东方殖民活动的重要据点，印度的果阿。在果阿居留四年后，耶稣会负责东方教务的视察员派他随赴中国的传教团到中国来传教。1582 年 4 月他自果阿启行，同年 8 月抵达澳门。"艾儒略《大西利先生行迹》："利玛窦字西泰，一千五百五十二年生于意大利之马塞拉塔城，年十九入耶稣显修会。一千五百七十七年，阅数国，乃至大西海滨召邦波尔都瓦尔。利子入见其王，王款甚厚。航海东来，历怒涛狂沙掠人啖人之国，不灾不害，次年泊小西洋，易舟而东。又次年，为万历九年，辛巳，始抵广东香山墺。明年，癸未，利子入端州，居端州几十载。……利子住京师十年，交游益广，著述益多。"

皇子朱常洛生。《明鉴纲目》卷七："纲：秋八月，皇子常洛生。（即光宗）目：恭妃王氏出（妃初为慈宁宫宫人，年长矣，帝过慈宁，私幸之，有身。故事，宫中承宠，必有赏赍。文书房内阉，即记年月，及所赐以为验。时帝讳之，故左右无一言者。一日，侍慈圣宴，语及之，帝不应。慈圣命取内起居注示帝，且好语：'吾老矣，犹未有孙，果男者，宗社福也。母以子贵，宁分差等耶？’是年四月封恭妃。及是，遂生皇长子），帝御殿受贺，颁诏大赦。"

朱赓、韩世能任顺天乡试主考。《弇山堂别集》卷八十三《科试考三》："壬午，命右春坊右庶子兼翰林院侍读朱赓、翰林院侍讲韩世能主顺天试。命右春坊右赞善沈鲤、翰林院修撰沈懋孝主应天试。鲤于庭陛辞日，擢侍读学士掌院矣。""是岁，新首辅少师张四维子甲征中山西乡试第二名，大宰王国光子□□亦与选，次辅太子太保申时行子用懋中顺天试第六名，次子用嘉复中浙江试。初，外议籍籍，皆谓楚解元必前首辅太师张居正少子，会居正卒，不果，而复中少宰王篆子之衡，南京亦中篆子之鼎。篆，居正所幸也，于是南京给事中疏论居正前私其子嗣修、懋修、敬修登第，而并及篆二子，又及监试主考等官。有旨，以居正、篆权奸，诸子俱勒为民，而不究试事。"

今年湖广乡试，有"天下有道，则庶人不议"等题。《游艺塾文规》卷三《起讲》："壬午湖广‘天下有道，则庶人不议’，徐成楚云：‘人君所与共天下者，庶人也。天下之公道屈于上，则天下之公论各伸于下，故世之议未必出于学士大夫之口也，庶人而操之矣。’开口二句便是确论。有不屑屑摹题，而径以大议论发起者，如陕西‘述而不作’一节，程云：‘天地之文章，咸泄于圣人之制作，皇正以来，圣人迭兴，作者盖大备矣。’全不说‘述’、‘信’，而径从制作发挥，无一句不是起语。"

今年乡试，应天府录取一百三十五人。沈鲤《亦玉堂稿》卷六《应天府乡试录序》："万历十年秋八月，应天府复当乡试士。士遴于提学御史臣某暨诸曹、六馆者总四千五百有奇。……既三试，遵制拔百三十有五人。"

新首辅张四维子甲征中山西乡试第二名，次辅申时行子用懋顺天中式第六名，次子用嘉浙江中式，太宰王国光子甲、少宰王篆子之衡，俱中式本籍，篆次子之鼎亦中式应天。言官遂论居正私其三子，而并及所睚篆。坐中式者俱勒为民。时居正已卒，不究试事。（据查继佐《罪惟录》志卷十八《科举志》）李调元《制义科琐记》卷二《不顾经旨》："张居正卒，御史丁此吕劾礼部侍郎高启愚主南京试时，至以‘舜亦以命禹’为题，显为劝进。且及戴光启为参政时主考乡试，私居正子嗣修等。大学士申时行言：‘考官止据文艺，不知姓名，不宜以此为罪。今此吕不顾经旨，欲陷启愚等大辟。’上遂谪此吕潞安推官。"

陈邦瞻（？—1623）以《礼经》魁乡试。邹维琏《明兵部左侍郎赠兵部尚书高安陈公匡左传》："公讳邦瞻，字德远，号匡左，高安人。生而颖异，十岁能文，常随父学博觉山先生训虞城，有司以修志属觉山，公手裁定之，志成有小苏之称。万历壬午以《礼经》魁乡试，戊戌（1598）以《尚书》成进士。"除南评事，转兵、吏二部，历浙江、福建、河南参政、按布两使，以右副都御史巡抚广西，以兵部右侍郎总督两广，入为工部、兵部侍郎，改吏部左侍郎。所著有《荷华山房稿》、《皇王大纪》。撰《宋元史纪事本末》，为史家所称。

九月

南京河南道御史郭惟贤，前翰林编修吴中行，检讨赵用贤，刑部员外郎艾穆，主事沈思孝，进士邹元标。上怒其党，降县丞。给事中尹理等、御史印祥等疏救，各夺俸有差。（据《国榷》卷七十一）

翰林院侍读刘元震、修撰刘楚先管理诰敕。（据《国榷》卷七十一）

考察各提学官。（据《国榷》卷七十一）

翰林院编修黄洪宪，工科右给事中王敬民颁诏朝鲜。（据《国榷》卷七十一）

日讲官陈思育、陈经邦各加太子宾客。沈鲤改侍读学士，加四品服。朱赓、王家屏为左右庶子兼侍读，署坊局如故。沈一贯为右谕德兼侍读。（据《国榷》卷七十一）

十月

增郡县童生入学额，视地大小有差。（据《国榷》卷七十一）

前左都御史潘恩（1496—1582）卒。恩字子仁，上海人，嘉靖癸未进士。赠太子少保，谥恭定（据《国榷》卷七十一）。《静志居诗话》卷十一《潘恩》："潘恩字子仁，上海人。嘉靖癸未进士，累官南京工部尚书，改都察院左都御史。卒，赠太子太保，谥恭定。有《笠江集》。先大母徐安人，为恭定公女孙所出。予七龄时，塾师课以属对，不协。安人述旧事，谓：'公六岁能调四声。'因以公所订《诗韵辑略》授予，自是知别四声矣。公诗，凡风雅什乐府五言杂体，靡不拟。又与高子业、田叔禾相酬和，知其用力深，而取友之善也。"《四库全书总目》卷一百七十七集部别集类存目四著录潘恩《笠江集》十二卷，提要曰：潘恩"事迹附见《明史》周延传。是集为诸生聂叔颐所编。凡赋诗五卷，策、表、笺、序、碑、记四卷，说、对、赞、志、铭、祭文及杂述三卷。前有陆树声序，称恩所著有《笠江集》、《笠江近稿》，皆已梓行。既没而其子允哲、允端合前后刻汇为《恭定全集》。今此本仍题曰《笠江集》，殆当时编集未成，故以新序冠于旧本欤？"《明诗纪事》戊签卷十五录潘恩诗二首，陈田按语云："尚书诗有陈色，录其少新颖者。"

十二月

禁儒童散考遗才。（据《国榷》卷七十一）

谪太监冯保，安置南京。《明鉴纲目》卷七："纲：冬十二月，太监冯保，以罪谪为奉御，安置南京。目：初，保内倚太后，外倚张居正，专擅威福。帝有所赏罚，非出保口，无敢行者。帝积不能堪，然迫于太后、居正，不能去也。及太后归政，居正又卒，保失所倚，然犹肆横如故。（潘晟既罢，保方病起，诟曰：我小恙，遽无我邪？皇长子生，保欲封伯爵，张四维以无故事难之，拟荫弟侄一人都督佥事。保怨曰：尔由谁得，今日而负我？其恣如此。）东宫旧阉张鲸，素害保宠，谋去之。其同事张诚，向为保所恶，斥于外，至是复入。两人乃伺间陈保过恶，并发其与张居正交结状，帝犹未发。会御史江东之（字长信，歙人），首劾保党锦衣同知徐爵，帝下爵狱，论死。李植（字汝培，江都人）遂列保十二大罪，帝震怒，谪保南京奉御，籍其家，金宝巨万。东之并纠吏部尚书梁梦龙（字乾吉，真定人），赂徐爵得官，工部尚书曾省吾（彭泽人），吏部侍郎王篆（夷陵州人），皆被论得罪去。于是弹击居正者纷起矣。"

严清任吏部尚书。《明鉴纲目》卷七："纲：以严清（字公直，云南后卫人）为吏部尚书。目：清素著清望。张居正当国，清任刑部尚书，不附丽居正。及籍冯保家，得廷臣馈遗录，独无清名。帝深重之。会梁梦龙罢，即以清代。日讨故实，辨官材，自丞佐以下皆亲署，无一幸进者。中外师其廉俭，书问几绝。甫半岁，得疾归。（卒谥恭肃。）"

戚继光调广东镇守，都督南粤诸军事。《静志居诗话》卷十四《陈第》："陈第（1541—1617），字季立，号一斋，连江人。初为学官弟子，俞都督大猷召至幕下，教以兵法。起家京营，出守古北，历游击、将军。有《寄心集》、《五岳两粤游草》。一斋投笔从军，受知于谭襄毅、俞武襄、戚武毅三公。江陵既没，论者谓武毅不宜于北，徙之岭南。一斋作《塞外烧荒行》有云：'年年至后罢防贼，出塞烧荒滦水北。枯根朽草纵火焚，来春突骑饥无食。'又云：'隆庆二载谭戚来，文武调和费心力。从前弊政顿扫除，台城兵器重修饬。迄今一十五年间，闾阎鸡犬获宁息。谭今已死戚复南，边境危疑虑叵测。患难易共安乐难，念之壮士摧颜色。论者不引今昔观，纷纷搜摘臣滋惑。'又《送戚都护》绝句云：'辕门遗爱满幽燕，不见烽烟十六年。谁把旌麾移岭表，黄童白叟哭天边。'诵其诗，扼腕于封疆之事深矣。一斋储书最富，余尝游闽，临发，林秀才侗持其后人所辑《世善堂书目》求售，灯下阅之，见唐、五代遗书，琳琅满目，如披灵威、唐述之藏，多平生所未见，不觉狂喜。秀才许至连江代购，逾年得报，书则已散佚，徒有惋惜而已。"《明鉴纲目》卷七："纲：改蓟镇总兵官戚继光于广东。目：继光在蓟镇十六年，当国大臣，徐阶、高拱、张居正，先后倚任之。居正尤事与商榷，动无掣肘，故继光益发舒。及是，居正殁甫半岁，给事中张鼎思言：继光不宜于北。阁臣拟旨，遽调之广东。继光悒不得志，赴粤逾年，即谢病归。居三年卒。（继光更历南北，并著声。在南方，战功特甚。北则专主守，边防修举。继之者踵其成法，数十年得无事。所著《纪效新书》，《练兵事实》，谈兵家遵用焉。万历末，追谥武毅。）"

陈与郊劾罢礼部左侍郎陈思育。《明神宗实录》卷一百三十一：万历十年十二月"丙申，吏科给事中陈与郊论礼部左侍郎陈思育、太仆寺少卿于鲸夤缘徐爵，结纳冯保，朋奸误国，亟当罢黜，以清仕路。有旨：陈思育留用，于鲸降二级调外任。已而思育抗章求辩，复为礼科给事中陈烨所劾，言思育以大臣被论，不思阖门省过，乃撦拾强辩，大乖法纪。因尽发其营私黩货，纵欲宣淫诸不法事，其最甚者乘机诈梁驸马银二千两，致伊父发揭索取；结纳故相张居正家人游七，凭藉吹嘘，制一手卷，题曰《楚滨欣赏》，捏写同院诸臣姓号，诗赋连篇贺之，因得玉杯、古画、犀带为谢，典试预通关节，贿卖举人查谦亨等十数名，纳成国公管家为门下，受馈银千两，令伊子滥买武科。上览疏，令思育回籍听调。"

徐显卿补翰林院侍读。（据《国榷》卷七十一）

四川道御史孙继光，请宥前编修吴中行、检讨赵用贤、员外郎艾穆、主事沈思孝、进士邹元标。（据《国榷》卷七十一）

四川道御史孙继光，荐前南京左都御史魏学曾，养病户部左侍郎胡执礼，福建提学金事赵参鲁，给假礼部左侍郎王锡爵。（据《国榷》卷七十一）

本年

万历十年题准：凡宗室之子，年十岁以上，俱入宗学。万历《大明会典》卷五十七《礼部·王国礼·宗学》："万历十年题准：凡宗室之子，年十岁以上，俱入宗学。其师即以本府教授、纪善等官，选取学行俱优者充之。若宗生众多，则分置数师。或于宗室中推举一人为宗正，主领其事。令各生诵习《皇明祖训》、《孝顺事实》、《为善阴骘》等书。至于《四书》、《五经》、《史鉴》、《性理》，亦相兼讲读。俟年至十五，许照例请封，先给禄米三分之一，仍习学五年，验有进益，亲王方与奏请出学，支本等全禄。（嘉靖四十年例）""万历十年题准：……另城者，该府郡王或管理府事者奏请。其有放纵不循礼守法者，学师具启各该亲郡王，小则参奏降革。"

袁宏道（1568—1610）年十五，结社于公安城南，自为社长。袁中道《吏部验封司郎中中郎先生行状》："总角，工为时义，塾师大奇之。入乡校，年方十五六，即结文社于城南，自为社长。社友年三十以下者，皆师之，奉其约束，不敢犯。时于举业外，为声歌古文词，已有集成帙矣。"

茅坤代人作《浙江乡试录后序》、《浙江壬午武举乡试录序》。《后序》篇首云："万历壬午秋八月，巡按御史张某奉天子玺书监试事，按国家制，比吴越诸州郡之士，而三试之，获九十人，而录其文之隽者二十篇以献，属予序之末简。"（《茅鹿门先生文集》卷十五）

皇甫汸（1498—1582）卒。王世贞《吴中往哲像赞》："云南按察金事皇甫先生汸，字子循，百泉其别号也。父曰重庆守录，先生兄弟四人，皆有文采。冲不得志于公车以死。涍、濂与先生虽得第，然其官不大显，而先生自工部郎外补，不能其职，改国子博士，旋起为南京吏部，谪同知某州，为御史王言所捕，亡命得解，补开州，超同知处州，寻迁云南按察金事，大计中白简，归处乡，复为陈御史所窘，家几破。先生性和易，不设城府，为诗文沾沾自喜。好声色，工狎游，而不能通知户外事，以故数困。然信心而行，以文自娱，于诸兄弟中独寿老，年八十（馀）乃卒。其诗五言律最工，七言次之，有钱、刘风调。文慕称六朝，然时时失步。"

黎民表（1522—1582）卒。欧大任《黎惟敬两诗卷跋》："忆己卯（1579）惟敬乞归，出次许氏园，日引觞握管，写卷轴数十。……别三载，惟敬修文去矣，余尚留滞旧京。"《静志居诗话》卷十四："黎民表字维敬，从化人。民衷弟。嘉靖甲午（1534）举人，选授内阁中书舍人，出为南京兵部员外，终布政司参议。有《瑶石稿》。瑶石诗，读之似质闷，而实沈着坚韧。元美所取'续五子'，无愧大小雅材者，仅此一人而已。其在都下偕龙游童佩子鸣、永嘉康从理裕卿、江阴邓钦文征甫、武陵陈思育仁甫、新城沈渊子静、南昌杨汝允懋功、靖江朱正初在明、麻城邱齐云汝谦、盱眙李言恭惟寅、无锡安绍芳茂卿、兰溪胡应麟元瑞、寿州朱宗吉汝修，凡一十三人，为西山之游。缙绅韦布，各参其半，匪徒好事，洵胜引也。"

吴承恩（？—1582）卒。《静志居诗话》卷十四《吴承恩》："吴承恩字汝忠，淮安山阳人，长兴县丞，有《射阳先生存稿》。汝忠论诗，谓：'近时学者，徒欲谢朝华之已披，而不知漱六艺之芳润，纵诗溢缥囊，难矣。'故其所作，习气悉除，一时殆鲜其匹。《杨柳青》云：'村旗夸酒莲花白，津鼓开帆杨柳青。壮岁惊心频客路，故乡回首几长亭。春深水涨嘉鱼味，海近风多健鹤翎。谁向高楼横玉笛？《落梅》愁绝醉中听。'"《灵芬馆诗话》续卷三："吴汝忠名承恩，有《射阳先生存稿》、《续稿》。诗笔清而不薄，澹而能隽。《对酒》云：'客心似空山，闲愁象云集。前云乍飞去，后已连翩入。'《斋居》云：'窗午花气扬，林阴鸟声乐。'《冬日送人》云：'马蹄鸣冻雪，鸦腹射斜阳。'《任长兴尉作》云：'只用文章供一笑，不知山水是何曹。'《秋兴》云：'河汉白榆秋历历，江湖玄鸟晚飞飞'数联，皆能脱去尘滓，翛然自远。"天启《淮安府志·艺文志一·淮贤文目》："吴承恩《射阳集》四册□卷，《春秋列传序》，《西游记》。"或以为吴承恩之《西游记》乃地理著作，非长篇小说《西游记》。

钱谦益（1582—1664）生。张惟骧《疑年录汇编》卷八："钱受之八十三谦益，生明万历十年壬午。"谦益字受之，号尚湖、牧斋、蒙叟、东涧遗老。常熟人。著《初学集》、《有学集》等。

周永年（1582—1647）生。钱谦益《周安期墓志铭》："故太宰吴江周恭肃公有曾孙二人，曰永年，字安期，宗建，字季侯，与余俱壬午生，以书生定交。余与季侯同举万历丙午（1606），相继中甲科。季侯入西台，忤奄拷死，赐谥忠毅。而安期为老生自如。……丁亥八月，发病不汗，卒。"有《吴都法乘》等。

明神宗万历十一年癸未（公元 1583 年）

正月

诏录因论张居正夺情谪戍为民诸臣。据《明神宗实录》卷一百三十二，是月"诏录用建言谪戍为民诸臣编修吴中行、简讨赵用贤、给事中余懋学、御史赵应元、傅应祯、南京御史朱鸿谟、孟一脉、员外郎王用汲、艾穆、主事沈思孝，俱补原官。"

南京刑科给事中阮子孝论张居正、王篆私其子滥登科第，乞除名。张四维奏张氏子并能文，以连捷高第见嫉。王篆二子，不知其才，宜覆试。上不听，手批张懋修等并除名。（据《国榷》卷七十二）

二月

改南京国子监祭酒高启愚为国子监祭酒。（据《明神宗实录》卷一百三十三）

升南京翰林院掌院事右谕德王弘诲为南京国子监祭酒。（据《明神宗实录》卷一百三十三）

命太子太保礼部尚书文渊阁大学士余有丁、掌詹事府吏部左侍郎翰林学士许国主会试，取中李廷机等三百五十人，廷机，福建解元也。（据《明神宗实录》卷一百三十三）沈德符《万历野获编》卷十五《科场·读卷官取状元》："自嘉、隆以来，春榜会元，大都出词臣之门。盖馆阁本文章之府，而大主考又词林起家，亦理势使然。惟今上癸未会元为李九我，则工部郎苏紫溪首卷。苏李同邑，又自幼同笔砚，李举解元，久在公车，名噪海内。两主考既欣得人，并天下亦无议苏之私者，此数十年奇事也。"沈德符《万历野获编》卷十六《科场·癸未丙戌会元》："李晋江取元时，各房俱无异议，惟《书》一房为吾邑冯具区太史，独以邹安福卷为当第一，即两领房亦不能决。时大主考以询先人，先人为《书》二房，谓李卷为胜，众始和之，榜遂定。其后李闻之，甚不乐冯。至甲午应天乡试，李晋江为主考，出'管仲之器'首题，冯为南掌院，作拟程一首，为一时脍炙。及录出，则晋江程大逊之，心衔遂深。遇李来谒，冯迎谓之曰：'公所取士，不但文嘉，即擎榜徐生亦名实俱称，果擎得榜起。'李惊愕别去。细询于人，盖末名为徐学易，滁州人，素以力闻，能于监中手扶堂柱离地数寸，真贲育之流亚，而时艺不甚佳，冯先为司业时所试士也，故有是言，李益愤愤。后冯为祭酒，被言听勘，则郭江夏代之，赖其力得昭雪，使晋江在事，冯其殆矣。至次科丙戌，王太仓主试，立意以简劲风世，故首袁公安。榜初出，人望不甚归，太仓公岸然不屑，急以试录魁卷寄辰玉，是年录文大半出王手笔。其父子最相知信，自谓此录冠绝前后，乃子必惊赏无疑。及报书至，更无他言，但云此录此卷行世之后，吾父勿复谈文可也，太仓得书大怒。次科戊子辰玉举京兆第一，其卷乃翁亦不甚惬意。及辛丑举第二，太仓公批卷云：'此子久困场屋，作此以逢世眼，即此一念，便不可与人尧、舜之道矣。'文字一道，家庭间意见迥别若此，况朋友乎？宜晋江之终不忘情也。辰玉辛丑授官后，即奉差归里，日惟课子，每命一题，辄自作一首。乃孙晚谒大父，必问云今日何题？乃父文云何？其孙出以呈览，辄云不佳。即呼纸走笔，不构一思，顷刻而成，今所刻课孙草是也。友人沈湛源应奎时为彼中广文亲见，每为余言，叹服以为天人。然辰玉高才，正如大令之于右军，所谓外人那得知者。是父是子，断不可再得也。"《游艺塾文规》卷七

《正讲四》："癸未'吾之于人也'全，李廷机一气呵成，略无斧凿痕。冲夷之气，轻粹之词，愈读愈见其难及。盖由养深机熟，信笔成文，不加点窜，而风度令人可掬。其结云：'君子为世道计，即使三代而不可复返也，是世道之变也，吾犹将挽之于既漓之日；况斯民而犹然三代也，是世道之幸也，吾何为而自外于大道之公？'有感慨，有议论，较冯具区丁丑首作之束，意同词异。王尧封结云：'夫何三代行之，则直道现诸实事，而世方隆汤穆之风；吾今行之，则直道托诸空言，而人且滋毁誉之议。吾终不敢谓斯民之不可以古治治也。'情境逼真，无限悲怆。俞士章末二比云：'盖匹夫无荣辱得丧之权昭其是非，而犹能以空言翼古道；庶民无爵赏刑威之柄伸其予夺，而犹能以公论惕人心。'二比极高。陈如冈'宪章文武'后二比与此相类，而其意尤精，所谓青于蓝者也。汤显祖先提'直道毁誉'，不分讲，浑作四句，过下用'惟以斯民也'一句，并不作过文，讲毕缴云：'吾既不得行三代于上，又不能行三代于下。吾既不能顺斯民，而正之以直道之治；乃欲枉斯民，而被之以不直之名，如吾民何？如吾盛世之思何？吾有是非而已；毁耶誉耶，非吾所以行于人也。'超变错乱，纵横如意，亦是元卷。虞淳熙首节起便喝明说意，自作二比，过下云：'是道也，直道也，吾所以必行之民者乎？盖以道论是非，则道在古而犹今；以道论人心，则民虽今而犹古。'此处提明，后讲不费力矣。次依题作二大比，缴云：'仰稽圣王之遗化，惟直则久，而毁誉非以倡世风；俯察叔季之人心，惟直则从，而毁誉非以通众志。吾乃于谁而枉之哉？'此文超出常境，意调皆高。钱士鳌卷如天马行空，步骤不凡，风姿绝世。蛟门先生已取之作首，而复遗佚，是有命焉，非战之罪也。予谓本文只说谁毁谁誉，不说无毁无誉，说无则其权在我，说谁则其柄枉人。观下节引斯民为证，断然该作'谁'字看，况夫子开口便说'吾之于人也'，其意可知。予亦有此文，不敢谓嘉，然寻出当年朱卷，满篇皆圈，似亦主司所取者。其文云：'圣人以己意验民心，而深信其不可枉焉。盖直道在民，心无古今一也。圣人亦犹行古之道者，安得而枉哉？且夫君子所以劝惩天下者，独此好恶两端。由吾心而达之天下，无二情也；由上古而迄于今日，无改念也；是故三代尝行直道矣。自毁誉之行于天下也，则古之所无者，为今之所有，而明王之泽久衰。然天下所以敢行毁誉者，则谓今之民非古之民，而荣辱之权可枉也（如此提明，上下方成一片），若以吾而待天下之人，则独执其是非之柄，而共由于大道之公。有所恶也，吾与人同一非心也，谁可得而容其毁者？（如此讲，方是'谁'字本旨。）有所好也，吾与人共一是心也，谁可得而容其誉者？毋论毁以损人之真，吾不敢肆其厚诬，而片言靡当；即誉为诱人之术，亦必验其端绪，而语语皆真。（试不是古之于将来，乃是验其小而知其大也。若论未来之善，则悬空臆说矣，岂得为试？）时当东周之季，而明王赏罚之典久不行于朝廷矣，然心含灵觉，千古不磨，而今此之民，即禹汤文武所以赏善罚恶，而独擅其熙洽之隆者也。世当浇漓之后，而明时彰瘅之风久不行于天下矣，然性秉灵明，万世不毁，而今此之民，即皋伊周召所以彰善瘅恶，而弼成其正直之治者也，总总群黎，其一念隐衷，有当熙皞而称隆、人衰微而不泯者，吾虽欲行其毁也，果于谁而毁之？熙熙赤子，其本来真性，有遇圣人而向化、处末俗而不衰者，吾虽欲行其誉也，将于谁而誉之？故不但有志于三代之英，而秉直维风，不敢肆其爱憎之口；兼亦有感于斯民之直，而守公畏法，何所容其枉道之私？然则吾非自谓无毁无誉，正以斯民之不可毁、不可誉耳。不然，徒自枉其好恶之真，而于人心竟难枉也，岂不惕哉？'相题下笔，颇竭鄙思，识者试虚心阅之，自有定评也"。"'修身则道立'一节，李廷机先起二比，中叙作六段，末缴二比，格新词雅，真元作也。邹德溥九段平叙，无起无缴，而词调皆工。此题依《或问》，则重'修身'、'尊贤'、'亲亲'，皆自身而推者；'敬大臣'、'体群臣'，则自'尊贤之等'而推之，'子庶民'、'来百工'、'柔远人'、'怀诸侯'，皆自'亲亲之杀'而推。正德丁丑会试出'敬大臣'六句，鲁铎云：'《中庸》论九经之效，有自尊贤之等而推之者，有自亲亲之杀而推之者。'与程文相合，遂中会元。汪应轸之文极精极确，然不合书旨，遂中第二。予作此题，全依《或问》，并考经文轻重叙讲，其词云：'圣人进君图治，而历陈其可致之功焉。盖为其事者，必有其功也。随事以考其所致，而容可自诿乎？且谈治者类不欲计功矣。然己与人一心也，事与效一理也，外之景从皆内之实验，而可不考哉？所谓九经者，岂不以吾身为重哉？始也以道而修身，既也身修而道立，可以刑九族而式官联，可以范臣民而仪百辟，必如是而后慎修为无歉也。由是而求身之辅，则义以尊贤为宜者，正资其启沃，而理可不惑焉；由是而求身之本，则仁以亲亲为大者，正笃其情义，而族可不怨焉。于尊贤而推其等，则敬大臣而庙谟有成算，事几奚眩乎？体群臣而百僚效忠荩，报礼奚轻乎？此其枢不在臣工，而在密勿者也。于亲亲而推其杀，则庶民子之，而竞劝于野焉；百工来之，而足用于国焉。以柔远人，而宾旅如归矣；以怀诸侯，而万国同钦矣。此其机不在远近，而在庙堂者也。故行此于天下国家而效以类臻，则不敢谓伟绩之无前，惟念夫太平之难恃，而无虞盛治，尽为儆戒之危机；考此于天下国家而化犹未洽，则不敢求治功之速效，惟忧夫王道之尚亏，而邦国未孚，总属一腔之未粹。一日行乎其事，即当一日稽乎其效，而用以自警者，公其念之。'""'孔子有见行可之仕'三句，李廷机不雕不琢，不求奇，不刻苦，而色相浑成，气脉雅厚。自昆湖'使禹治之'后仅见此文。但昆湖得《诗经》旨趣，有温柔敦厚之风，九我纯是苏家口吻，有圆转流丽之习，较是输他一着耳。其文曰：'夫孔子圣人，曷尝一日不为道哉？然以行道之故而示天下以徇，圣人固有所不为；以重道之故而示天下以峻，圣人尤有所不忍。（极平极明，先把'圣人不得已'心事提明，最像孟子拟孔子口气，元卷自让如此。）夷考其当年（此句落得好），盖有见行可之仕矣。见行可云者，感君相之投，而睹会逢之适（点'见'字明），圣人以为此吾之设施展布时也（此句全不雕琢），则起而仕焉。乘机而出，相时而动，盖天下于是乐圣人之用，而圣人亦于是乎庆己之遭矣。（一发是苏文。）然而不可必得也，不得已而又有际可之仕焉。夫际可何以仕哉？接遇之寅恭，亦世主之盛节，而彼犹知有此也。圣人曰：是未必非行可之一机也，吾仕焉而已矣。（此句是昆湖口气。）然而又不可必得也，又不得已而有公养之仕焉。夫公养何以仕哉？馈问之殷勤，亦圣主之盛典（通篇散做对，此句庶觉雅亮），而彼犹知有此也。圣人曰：是亦未必非行可之一机也，吾仕焉而已矣。盖圣人欲天下知其道之可行（此句不对），故苟可以大用其道者，圣人乐就焉，揆之以出处之正也；（是行可，亦是小试，不可以为大用，略欠检点。）苟可以小试其道者，圣人俯就焉，通之以出处之权也。不然，区区一际可、一公养，何足以縻圣人，而顾为之屈哉？推是可以通于交际矣。'局势旋转，意兴淋漓，最得大方气味。此等文字熟之，极利场屋。邹德溥亦大雅不群，转折有法。其文云：'夫孔子之仕为道也宜乎？道可大行而后仕也。（点得极有理。）然且有见行可之仕焉，视其君若足以建治，视其相若足以佐理（用二'视'字点'见'字），吾姑以其身周旋于君相之前。（此句古雅。）盖天下方病吾以难，而吾则特示以易，固吾委曲之微权也，事道也。（此句锁得紧，收得轻。）然非必行可而后仕也，则尝有际可之仕焉。彼其礼遇之隆也，而能必其行吾道哉？（第一转）顾所为致敬于吾者，抑犹知隆吾道也。（第二转）吾由此而仕，其或因晋接以启道合之机乎？此固时事之未可知者。（第三转）即不然，亦鉴其诚焉已矣，（第四转）而鉴其诚者，固道也（第五转，又收归道上），是本乎事道之心而权之者也。（原以事道锁之，有理。）又非必际可而后仕也，则尝有公养之仕焉。彼其问馈之丰也，而能必其行吾道哉？顾其所为致养于吾者，抑犹知重吾道也。吾由此而仕，其或因鼎养以启道合之机乎？此又时事之未可知者。即不然，亦享其仪焉已矣，而享其仪者，亦道也，又因乎事道之穷而通之者也。（二比一句一意，字无虚设，如马行曲径，一步一转，其血脉皆从《左传》而来。）然则以猎较为非道，固非所以论孔子；而以交际为必却，夫亦未可以孔子权之欤？'呼吸转折，归之浑厚；纡曲变化，归之谨严，亦元作也。孟养浩先不总提，讲首句毕即云：'此其志在行道，而不为虚拘，不为就食'云云，将下'际可'、'公养'一齐罗起。及讲完下二节，复缴云：'迎机方就，已慨乎明良，（此说'见行可'），虚文何为者？圣人犹恋恋也。感遇而留，已重伤乎机会（此说'际可'），鼎养何为者？孔子亦栖栖也。上下不亲，委曲以行其志；机械可乘，宛转以投其交。'一缴生气流动，中间讲话亦多逼真，上乘之文也。钱士鳌此作以'事道'为主，而说'际可'、'公养'皆有恭心，却与本章血脉相承。以上诸公皆系元局。予看此题与众颇异，不是说圣人之仕，必欲行道，而委曲以冀其通也，'际可'、'公养'，皆是道当如此，以此而仕，便是事道。夫子尝曰：'鸟兽不可与同群。吾非斯人之徒与而谁与？'这便是仲尼心事。若道之不行，则已知之矣，何必委曲迁就为哉？况此章书大旨原论交际，先以孔子证之，因万章疑其非道，故从'行可'说到'公养'，正举孔子之交际以明其致恭之本心，《注》明白说此'交际问馈而不却之一验'。予作大为场中所赏，其文曰：'圣人仕必以道，而有不必于隆遇者焉。甚矣！圣人随遇以尽道者也，故所就有三，而为道惟一矣。宜孟子发之以晓万章也。意曰：君子遇则随时，而道则自尽，故其仕也，有屡迁之迹，而无已甚之心。吾谓孔子为事道者，何哉？非谓人之莫容其道，而委曲以求通也，又非谓道之必期于行，而迁就以期合也。天地生人，合之皆吾一体，本道之所当联属者，而独立宇内，非人孰与为徒？又道之所当周旋者。夷考其时，因推毂之有人，而预见其用行之绪；感同升之在望，而亲见其小试之端。见行可之仕，孔子有之：固不必考其礼文，而迎机即就，亦不必资其鼎养，而遇合即留矣。然见可则用，见不可则止，势不得而久淹也，于是乎有际可之仕焉：道虽未必

2673

其可行，而遇隆晋接，任匪虚拘，吾仕焉而已矣。然际可则出，礼衰则去，势又不得而终淹也，于是乎又有公养之仕焉：礼虽未必其致隆，而推食自公，廪庖相继，吾仕焉而已矣。兆在端倪，已违心乎隆遇，而顾降而自屈，则道之联属甚殷，所谓交以道者，信惟孔子受之，而何必为他辞之却？机方偶合，已绝望乎大行，而顾屈而弥卑，则道之周旋甚广，所谓接以礼者，亦惟孔子受之，而何必疑尊者之心？盖猎较之从似过，而同心出治，固为兆足以行之情，况交际之心曰恭，而随遇可留，亦属却之不恭之意。是以迹有三就，而淹不三年，益以见其重道之心，而实非有所枉也。不然，道之不行，已知之矣，而又何必俯就为哉？噫！人咸谓夫子冀道之行，而姑为是屈就也，然行可变为际可，又变为公养，而道卒不行，则向之屈者为徒辱矣。知而为之不义，不知而为不明，圣人岂有是哉？然则三仕谓何？曰：道虽不行，而君臣之义不可废也，为行义也，为鸟兽不可同群，而人不可避也。’”梁章钜《制义丛话》卷二：“李文节公廷机《举业琐言》云：四书题目千变万化，而行文者总不越规矩二字。今有后生小子，早掇巍科，虽未谙规矩，然未尝不由于规矩之内，特其质美暗合，自不察耳，未可以侥幸之功，而废制胜之术也。然规矩二字亦自有辨。今人只糊涂认成法为规矩，不知规取其圆，矩取其方，故文艺中有著实精发、核事切理者，此矩处也；有水月镜花、浑融周匝、不露色相者，此规处也。今操觚家负奇者，大率矩多而规少，故文义方而不圆，此犹春夏秋冬各执一时，而终囿于太和元气之内也。故魁文多矩，而元文多规，元文大都从锻炼得来，不得糊涂看去，泛泛然以为无奇也。”梁章钜《制义丛话》卷五：“徐存庵曰：李廷机，字九我，又字尔张，福建晋江人。癸未会试第一，廷试第二，后以礼部尚书拜东阁大学士。前明祖制，闽人不相，相之自公始。在政府六月，疏凡四十馀上，俱不报，遂乞休。所作‘事君数’一节文，评者曰：‘作此题者，或回护君友，或尚论时变，皆鳞爪耳，惟九我此文方得本题正面。’”“陈百史曰：李九我先生起于晋江，一时游从者皆海内知名之士。其所为文，大者及于千古，小者亦高出时体。先生立朝，丰采严毅，不可干以私。及观其文，温厚和平，有作者之风。太史公疑张子房为壮夫，而有不然者，人可易知也哉？”“《四勿斋随笔》云：李文节公文纯从大处落墨，虽短篇而气体宽博有馀。如‘今天下车同轨至吾从周’题后二结比云：‘盖车书礼乐之大化方流，故举域中之人，而莫不各安愚贱之分；文武成康之世泽未泯，故以素王之圣，而不敢有慕殷夏之心。’高华语能使全神振动，亦足以征位业也。又‘事君数’节后二结比云：‘吾不畏事君可以无谏，独惜夫诤臣受辱，则逆耳不进于前，徒为诮诿者地耳；吾不谓朋友可以无规，独惜夫直交既疏，则苦口不聆于耳，难免善柔之比矣。’如此蕴藉，方与圣言相称，不知俞桐川《名家制义》中何以逸之？”“李文节‘遇诸涂’题文云：‘当其瞰亡而拜，夫子之权亦微矣，顾能瞰之于其家，而不能瞰之于其涂，意者君子之待小人常疏，而于阳货之来，固无暇以其逆亿之私心，为之预避耶？当其拜而不遇，货之计亦穷矣，顾不遇之于其家，而竟遇之于其涂，意者小人之伺君子常密，而于夫子之出，得无以其瞰亡之故智，为之揣摩耶？要之，与其为及门之见，而使得从容于燕接之间，何如为道涂之遇，而仅与交臂于仓卒之顷，此圣人所以终为善遇小人也。’艾千子谓舒碣石全章文有云：'令货遇于家，计所欲者当不止此。'即原本晋江'与其为及门之见'数语，而顾瑞屏以宾道、主道衍成全篇，又不及碣石之蕴藉矣。""何义门曰：钱继山允元与李九我相善，九我既冠南宫，贻书论文，劝继山脱尽陈言，务令发挥精透为主。越三年，而继山亦几几得元，九我真益友也。""俞桐川曰：余选万历癸未文，邹泗山以冲夷，万二愚以简古，汤义仍以名隽，至于理解精醇、机法绵密，则叶永溪修为最。当时称'江西四隽，缺一不可'，至言哉！胜朝三百年，江右文风极盛，翰林多吉水，朝右满江西，明初已诵之。及其季也，罗、陈、章、艾树帜豫章，震动海内，然世知读四家之文，未知读四隽之文。四家人各为科，四隽一榜并列，且面目各殊，有家无派，故明文莫盛于江西，而江西莫胜于癸未，亦制义中癸丘之会也。""俞桐川又曰：张鲁叟寿朋制义，搜抉微细，穷极窅渺，出入于《檀弓》、《考工记》而泯其迹，文章中旷境也。世之工揣摩者，率尚富丽，质之鲁叟，背驰甚矣。而鲁叟竟传徒以终，宦途不遂，足迹遍天下，口授生徒，慨然以神仙自命，何其志之超也！古人文虽性成，亦有触而发。少陵不奔窜，何以有纪行诸诗？子厚不贬逐，何以有柳州诸记？使鲁叟优游庙廊，黼黻盛治，纵作述千古，亦不能尽发其幽奇瑰异之致于制义间。穷而后工，岂不信乎？""又曰：盛集近王，中集近霸。王之道正大和平，霸之道幽深奇诡。隆、万，中集也。然癸未以前，王之馀气；己丑以后，霸之司权。盖自太仓先生主试，力求峭刻之文，石篑因之，遂变风气。是故丙戌者，王、霸升降之会也。丙戌鲜有名家，独钱季梁士鳌精实简贵，有承先启后之功焉。""吴和庭观乐曰：少时肄业鳌峰书院，值课文日，孟瓶庵师以'鬼神之为德'节命题，遍阅诸生所作，无一惬心者，师因举隆、万间方大美文相示，则莫不相悦以解。余之知用力明文，盖自是始，因谨识之。如云：'溺于虚无者，不可以言鬼神，凡日星之所以著，江河之所以流，昭然于抚养之际者，皆是也；涉于怪异者，不可以言鬼神，凡万汇之变蕃，人事之作止，纷然于日用之间者，皆是也。原其德之体，则根乎天地阴阳之性存焉，盖至健至顺之性，有自然而不容强者，夫是以无为而成化也；究其德之用，则感于屈伸动静之机乘焉，盖一往一来之故，有相推而不能已者，夫是以错出而有常也。使天地间一息无鬼神，则所为迭而起、循而生者，孰为之宰而废兴成毁？何以有动而必应之机？是故焄蒿凄怆，其偶出为灵奇者，在众人皆见为非常，而不知正此理之发著；震动恪恭，以致严于屋漏者，在圣人实见其情状，而无时非天命之流行。其德之盛也，乃其理之实也。然则鬼神之德即中庸之道，而何容索之于隐哉？'寥寥三百字，而经子之奥旨、儒先之精言，悉具其中，真后学法程也。"

左春坊左庶子兼翰林院侍读朱赓改兼侍读学士，署院事。（据《国榷》卷七十二）

南京河南道御史方万山荐前国子司业张位、南京右佥都御史张岳，并不附故相。又劾光禄寺王蔚、傅作舟夤官纳贿，并镌一级调用。（据《国榷》卷七十二）

闰二月

徐阶（1503—1583）卒。王世贞《明特进光禄大夫柱国少师兼太子太师吏部尚书建极殿大学士赠太师谥文贞存斋徐公行状》："公姓徐氏，讳阶，字子升，淞江之华亭人也。……公年二十，而督学萧君鸣凤负人伦鉴，试公第一，食于庠。再试应天，学士董公玘得公文于黜而异之，取以冠诸试者。会有所龃龉，不果，然犹为第七人，梓其文。会试（1523）复在高等。既廷对，大司寇林贞肃公俊得公所射策，谓当第一，以属内阁。时少师杨文忠公廷和居首揆，用子嫌不预读卷，诸阁臣持故事，谓林公所取，抑居第三人，赐进士及第。当入谒，杨公独目属之，曰：'此少年名位不在我辈下。'已而顾少保费文宪公宏：'公奈何不以衣钵属此少年？'费公盖第一人也。其后公官与二公埒，又与杨公俱宣力鼎革间，而名寿终始则过之。寻授翰林院编修，予告归，娶沈夫人。明年（1524）八月北上。当是时，言事者以不当上尊亲意逮讯，戍谪累累，公行而遇故谏官安磐、翰林杨慎、王元凯，皆狼藉血肉中。公出橐装遗之。……"官至吏部尚书建极殿大学士。"公生以弘治癸亥九月二十日，卒以万历癸未闰二月二十六日，距其成进士及第周一甲子。""公所著有《世经堂集》若干卷，《续集》若干卷，诸诏诰典册涣汗之号密勿之对，皆在焉。《学则》若干卷，《家训》若干卷，《年谱》五卷。爱程纯公先生言，谓其能得圣人蕴，手录之若干卷；爱白香山诗，又爱苏长公诗若文，谓其能畅情事，节之若干卷。""今夫馆阁之为文也，人例而狎得之文，而所谓敏学好问也，亦人例而狎就之。至公乃以道德博闻举也，则骎骎乎洙闽遗哉！"（《弇州续稿》卷一百三十六至一百三十八）《明鉴纲目》系"徐阶卒"于今年四月，误。

　　阁臣张四维子张甲征、申时行子申用懋俱中式，俱在秀水县沈自邠房中。御史魏允贞以此疏论严科举之防。《明神宗实录》卷一百三十五："万历十一年三月丙戌，山西道御史魏允贞疏言救弊四事：……二曰严科场之防。言肃皇帝时辅臣翟銮二子登第，革职为民，罢诸考官。顷岁，居正欺陛下冲龄，诸子后先及第，乞陛下申饬前旨，读卷官务秉公揭明，敢有结知权门，受请富室，科道官指实具奏。辅臣子弟中式者，如张甲征、申用懋，廷试读卷宜照内外官引嫌回避事例，俱以卑避尊。其怀才抱志堪及第中秘者，退任以后听从自便。"文秉《定陵注略》卷一《科场寅缘》："万历十一年二月会试，以余有丁、许国充考试官，取中李廷机等。阁臣张四维子张甲征、申时行子申用懋俱中式，俱在秀水县沈自邠房中。御史魏允贞疏论四事：一曰公文武之用；二曰严科举之防；三曰慎台谏之选；四曰务战守之实。内科举一款云：'张居正厌薄荫典，垂涎制科，考试官窥瞷意向，全场题目或自拟呈览，或预教拟成，居正诸子倩人代作，监试官又加意誉朱，诸子后先及第，海内人士无不愤叹，以为二百年科考之制坏自今日。请诸辅臣子弟中式者，如张甲征、申用懋，其廷试读卷，比照内外引嫌回避事例，其有怀才抱志、堪及第中秘者，候辅臣退任以后，听从自便。'……有旨：'这本漫逞私臆，语激过当者，都察院参看来说。'户部郎中李三才疏主圣臣忠等事，申救魏允贞。有旨：'方奉旨参看，尚未处分，这厮敢出位妄言，窥探上意，好生党护欺肆，本当重处，姑从宽降三级，调外任用。'后都察院看上，有旨：'魏允贞降一级，调外任用。'补许州推官。"张萱《西园闻见录》卷四十四《礼部》三《科场·前言》："魏允贞曰：'太祖高皇帝时，开榜多南士，考官刘三吾伏法。世祖章皇帝时，辅臣翟銮二子登第，革职为民，罢诸考官。此非过防也，进一权门，妨一寒士，得一匪人，失一真才，势不得不然也。顷岁，居正欺陛下冲龄，专权擅政，厌薄荫典，垂涎制科。考试等官窥晌意向，全场题目或自拟呈览，或预教拟成，居正诸子得倩人代作。入场监试官又加意誊朱，分别式样，以授主司圈点批评，列置首卷，后先及第，海内士人无不愤叹，以为二百年科举之制，奈何坏自今始？天诱圣衷，正罪逆保，追连居正。复该南京科臣阮子孝疏论，奉旨："张懋修等并削籍。"科举天下之出，大臣庶僚之表，科举而私，何事为公？大臣而私，何人能公？其流之弊，至今未已。若谓事机偶值，原出无心，肃、庄两朝五十余年，世科寥寥。陛下临御，甫及十有一年，猬集蝇附，不可胜数，岂彼时大臣子皆不才，文皆失教，今日庭训渊源，家骥人璧若斯乎？臣未敢以为信也。贵者既以势胁，富者必以利要，师保公卿之子尚有限，而钱虏贾竖之家买题买名，不知其所终矣。今临轩有期，请陛下申饬前言，读卷官务各秉公竭明，为国抢才。敢有谬袭成套，结知权门，受请富室，如丁庚故事者，许科道官指实具奏。又请辅臣子弟中式者如张甲征、申用懋，其廷试读卷，比照内外官引嫌回避事例，俱以卑者避尊者，不得以大臣避子弟，盖学士之充读卷官，与礼部之充贡举官，皆登进人才，关系职掌，非如监试同考出自临时，可甲可乙。自居正外托回避之名，而内擅拟题之柄，丁丑榜眼，庚辰状元，皆出其家，惟此之故，所当亟为更正者也。其有怀才抱志，堪及第中秘者，退任以后，听从自便。杜幸门，进真才，光盛典，将复见于今矣。'"

三月

朱国祚、李廷机（？—1616）、刘应秋（？—1600）等三百四十一人进士及第、出身有差。《明神宗实录》卷一百三十五：万历十一年三月，"丁酉，上御皇极殿策试举人李廷机等。制曰：'朕闻治本于道，道本于德，古今论治者，必折衷于孔子。孔子教鲁君，为政在九经，而归本于三达德。至宋臣司马光言，人君大德有三，曰仁曰明曰武，果与孔子合欤？光历事三朝，三以其言献，自谓至精至要矣，然朕观古记可异焉。曰其人（仁）如天，其智如神，曰明物察伦，繇仁义行，曰其仁可亲，其言可信，皆未及武也。独自商以下，有天锡勇智执竞维烈之称，岂至后王，始尚武欤？近世伟略隆基之主，或宽仁爱人，知人善任，或明明庙谟，赳赳雄断，或迹比汤武，治几成康，或仁孝友爱，聪明豁达，则洵美矣。而三德未纯，然亦足以肇造洪绪，何也？其守成缵业者，似又弗如。或以仁称，如汉文帝、宋仁宗，以明称，如汉明帝、唐明皇，以武称，如汉武帝、唐武宗。独具一德，而亦增光宗祐，何也？彼所谓兼三者则治，阙一则衰，二则危，毋亦责人太备欤？又有疏六戒者，曰戒太察，戒无断，陈九弊者，曰眩聪明，励威强，上六事者，曰不喜兵刑，不用智数，其于三德，果有当否欤？朕秉乾御极，十有一年于兹，夕惕晨兴，永怀至理。然纪纲饬而吏滋玩，田野垦而民滋困，学校肃而士滋偷，边鄙宁而兵滋哗，督捕严而盗滋起，厥咎安在？岂朕仁未溥欤？明或蔽欤？当机而少断欤？夫一切绳天下以三尺，则害仁。然专务尚德缓刑，恐非仁而流于姑息。一切纳污藏疾，则害明。然专务发奸摘伏，恐非明而伤于烦苛。一切宽柔因仍，则害武。然专务用威克爱，恐非武而病于亢暴。是用诏所司，进多士，详延于廷，谂以此道，诸士得不勉思而茂明之。其为朕阐典谟之旨，推帝王之宪，稽当世之务，悉陈勿讳，朕眷兹洽闻，将裁览而采行焉。'"《弇山堂别集》卷八十三《科试考三》："十一年癸未，命太子太保礼部尚书文渊阁大学士余有丁、掌詹事吏部左侍郎翰林学士许国主会试，取中举人李廷机等。廷机，福建解元也。""廷试，少师兼太子太师吏部尚书中极殿大学士张四维、少保兼太子太保户部尚书武英殿大学士申时行以子甲征、用懋中式，引嫌辞读卷，不许。赐朱国祚、李廷机、刘应秋及第。""时御史魏允贞条呈行事中一款，论二相子不当中第。二相臣俱有疏辩，辞甚峻。允贞坐外谪。"

汤显祖（1550—1616）进士及第。其制义以名隽见称。邹迪光《临川汤先生传》云："至癸未举进士，而江陵物故矣，诸为之席宠灵、附熏炙者，骎且渐没矣。公乃自叹曰：假令予以依附起，不以依附败乎？而时相蒲州（张四维）、苏州（申时行）两公，其子（甲征、用懋）皆中进士，皆公同门友也。意欲要之入幕，酬以馆选，而公卒不应，亦如其所以拒江陵时者。"梁章钜《制义丛话》卷五："俞桐川曰：余选万历癸未文，邹泗山以冲夷，万二愚以简古，汤义仍以名隽，至于理解精醇，机法绵密，则叶永溪修为最。当时称江西四隽，缺一不可。至言哉！胜朝三百年，江右文风极盛。翰林多吉水，朝右满江西。明初已诵之。及其季也，罗、陈、章、艾，树帜豫章，震动海内。然世知读四家之文，未知读四隽之文，四家人各为科，四隽一榜并列，且面目各殊，有家无派，故明文莫盛于江西，而江西莫盛于癸未，亦制义中葵邱之会也。""俞桐川曰：囊时嗜万二愚国钦之文，简而又简，一以当百，是庆历名家中能自立门户者。曾遗书张长史云：'二十年来，文运卑靡，名公巨卿矫以浩瀚，则又苦无绳尺。自今以后，当救浮滑以精深，返蔓延为简练，如万二愚者其选也。'长史答书曰：'子文骨力似二愚，惟气局稍舒耳。'余不敢自信，后果为主司识拔。乃考二愚传，则贤书第二，南宫第九，与余名次适符，若是乎余文真似二愚也。顾二愚官御史，日论时政，劾墨吏，风节重于举朝，而余非言官，在馆五年，居里十年，一无建白，徒以科名比之，每展卷辄爽然自失矣。""（俞桐川）又曰：汤义仍显祖《玉茗堂制义》，择理精醇而出之以名隽，以六朝之佳丽，写五子之隧奥，足以自名一家。登第以后，有所忤而出吏，忽黜忽陟，不竟其用，然而世高其节，独其填词之作近于纤秾，取悦市人，贻讥识者，是可惜也。""阎百诗曰：'父为大夫'八句题，惟汤若士文足与传注相辅而行，文云：'今夫葬用爵，生乎由是，死乎由是者，所以之死也；祭用禄，不及其生，犹逮其死者，所以之生也。是故诸侯而世其贵也，有诸侯之礼相世焉，必不肯降而自卑；庶人而世其贱也，有庶人之礼相世焉，必不敢引而自尊。然则周公之所以别嫌疑也，必于大夫、士矣。故葬以大夫，祭以大夫，父子世为大夫者而后可也。使父为大夫而子则士焉，爵隆则葬从而隆，大夫卒于其官有加礼焉，非故引而进之也；禄薄则祭从而薄，士得考其大夫有常食焉，非故襜而用之也。葬以士，祭以士，父子世为士者而后可也。使父为士而子则大夫焉，则葬以安士之常而难为上矣，祭以安大夫之常而难为下矣。何者？死者之爵命于君，君在斯为之臣，而非敢以所贱事其亲也；生者之禄出于子，父在斯为之子，而非敢以所贵事其父也。'""《书香堂笔记》云：汤若士'父为大夫'八句文，尽用孙百川之意，独补出诸侯、庶人二义，遂据百川之上，前人所谓绝好文字，只在本章白文中也。方望溪先生亦谓太史公赠损《战国策》有高出于本文者，非才气能胜，以用心之细也。汤文之过于孙作亦然，而余尤爱其小讲云：'且礼以终始人道之节，而屈伸其无己之心，其分莫名于葬祭。葬者藏也，所以藏而安之也，不于其分则不安；祭者食也，所以食而享之也，不于其分则不享。忍亲于不安、不享，非孝也，于是乎有制焉。'老干无敌，而题之精蕴已该，非时手所能企及，亦当驾孙作而上之。""徐存庵曰：汤临川'不有祝鮀之佞'文后段云：'在朝廷而不佞，难以终宠，即侪党之间，不佞不足以全其身；处怨敌而不佞，难以巧全，即骨肉之际，不佞不足以全其爱。'此数语，发挥末流情弊痛快极矣，然以代圣言，恐失之过也。"

据《明清进士题名碑录索引》，万历十一年癸未科录取名单如下：

第一甲三名

朱国祚	李廷机 *	刘应秋

第二甲六十七名

周应宾	张坤	刘志选	麻溶	王萱	盛万年
史记勋	莫睿	史孟麟	林绍用	张甲征	叶向高
王绍先	王佐	陆镇默	孙光启	饶伸	蔡应麟
何继高	方应选	申用懋	邹德溥	徐即登	钱守成
王士崧	袁应阳	郭正域	俞显卿	殷都	方从哲
胡应辰	李开藻	张寿朋	王士琦	沈烝	刘复初
白所知	陈所学	王岳锡	高世芳	陈汝学	季东鲁
于玉立	陈廉	项承芳	李民质	徐大化	林国相
安世凤	孙如法	丁继嗣	张悌	陈一简	郭廷良
邵庶	王祺	詹在泮	何鲤	杨信	胡笃卿
李开芳	萧雍	王尧封	庄履朋	虞淳熙	卢梦锡
刘应同					

第三甲二百七十一名

杨元祥	龚云致	章尚学	安文璧	沈良臣	陆起龙
杨恂	曹楷	方万策	唐一鹏	方懋学	俞咨禹
潘士藻	闻金和	李献可	陈汝璧	周九皋	季道统
徐万仞	叶修	张守乾	崔景荣	吕胤昌	王时济
吴尧臣	程德良	任愬	陈继畴	马犹龙	王道显
钱一本	于若瀛	陈其志	周之基	徐榜	李周策
秦嵩	钱汝梁	周子文	江中信	张问达	舒弘绪
段克允	孙湛吾	柯茂竹	崔谦亨	李化龙	宁中立

杨　凤	王之栋	张应扬	李徽猷	范醇敬	尤应鲁
沈凤岐	涂宗浚	王有功	杨绍程	丁应泰	吴　华
万国钦	萧汝芳	颜洪范	张　烨	葛　曦	俞士章
张惟方	陈　震	王室垣	梅国桢	陈公相	李生芳
刘一澜	何必麟	高知止	许国诚	周　昊	杨应宿
张天德	胡时麟	蒋应震	陈良轴	蔡承植	荆州俊
林朝钥	何出光	叶继美	刘鹿鸣	杨应聘	徐良选
沈昌朝	刘不溢	林道楠	曾凤仪	乐元声	潘敦复
陈秉浩	陈九德	朱长春	李复阳	沈　权	杨文焕
程　文	赵　彦	姜　镜	张文华	韩光曙	刘三才
罗心尧	王遵训	张应登	刘　镇	周学易	刘芳誉
任应征	潘　桂	王　政	马　憲	梅鹍祚	华廷诏
章守诚	王梦鲤	涂文奎	刘文征	崔士荣	马　拯
张尧文	龚廷宾	郭　实	南邦化	黄洽中	侯庆远
刘　奕	冯　渠	张主敬	李茂春	吴维魁	董宋儒
梁　铨	郑一鹏	朱星耀	李光祖	郭　升	顾汝学
薛继茂	张贞观	时偕行	夏之臣	黄中色	吴龙征
徐常吉	卢一诚	黄腾春	孟养浩	马　迈	沈之唫
林熙春	刘　会	罗朝国	李芳先	徐学聚	汪　焕
卢龙云	刘斯濯	宋兴祖	胡三省	周嘉宾	戴朝用
曹继孝	何应奇	董国光	姚思仁	杜华先	赵世显
饶　岜	卢大中	张光绪	来三聘	牛应元	钟若休
陈一言	陈汝麟	张　常	陈舜仁	廖道充	佘梦鲤
何　选	茅国缙	于永清	贾名儒	董道醇	朱　苕
连　标	张　璧	鲁　点	袁一骥	李商耕	李春开
刘汝康	彭健吾	陈　锦	孙承谟	赵世德	樊养凤
程朝京	乔光岳	龚闻道	程　训	李杜才	蔡肇庆
汤显祖	徐应聘	林寅宾	曹一元	梅国楼	聂应科
严贞度	钱景超	熊　元	张宗载	李　甲	徐　图
赵学仕	李用中	曹学程	赵　任	樊玉衡	涂文焕
钱梦得	邓宗龄	刘大武	姜应麟	杜　荫	陈　勔
张廷相	雒于仁	贾尚志	田　劝	郭如川	刘　宇
李盛时	许一敬	刘三才	李应策	何汝岱	蔡　彭
黄廷宝	汪道亨	林　材	李以唐	李　炳	黄应聘
刘养志	雍之可	常　心	杨应中	陈楚产	程　试
邢绍美	何　伟	文运熙	屠如虹	徐　准	黄　莩

王　阶　　　刘思瑜　　　郑国俊　　　李为芝　　　岳万阶　　　蒋　荐
梁云龙

万历癸未科在八股文风演变史上颇值得关注。梁章钜《制义丛话》卷十二："钱吉士曰：万历癸未以前，会元墨卷多平淡之篇。平淡而兼深古，惟成、弘以上有之。正、嘉以来，或兼雄浑，或兼敏妙，或兼圆熟，各自成家，亦各有宗派，然皆有平淡之风。癸未以后，或太露筋骨，或太用识见，一时得之，似诚足以起衰懦、破雷同，然于平淡两字相去已远矣。久而厌之，复求平淡，则又以低腐为平，浅薄为淡，而三等秀才之文，骎骎乎有会元之望矣。"梁章钜《制义丛话》卷六："徐存庵曰：嘉靖以前，文以实胜；隆、万以后，文以虚胜；嘉靖文转处皆折，隆、万始圆，圆机，田、邓开之也，后渐趋于薄矣；嘉靖文妙处皆生，隆庆、万历始熟，熟调，汤、许开之也，后渐入于腐矣。""徐存庵曰：邹泗山'修身则道立'一节万历癸未会墨，格法本董中峰扺'凡为天下'一节程文。顺治辛卯邓元昭江西程文，又从泗山脱化而出。陆雯若谓：'前辈文章必有所本，晚出愈工，后来居上，每每如此。但不可对题抄套，买椟还珠耳。'"

二甲十二名进士叶向高曾论及万历中后期科场风气之变。张萱《西园闻见录》卷四十四《礼部》三《科场·前言》："叶向高曰：儒学之盛，自汉置博士弟子员，专门授业，以通经补史，至躬临白虎发难，诸儒奋袂夺席，递相矜诩，文治修矣。而其人亦务尊守传授，不悖所闻。如严彭祖谓儒当修行先王之道，何可委曲从俗，以苟富贵？笃哉言乎。博士虽数家，上之人皆明示以渊源，稍或同异，辄见诋讥，有以轻改师法、摈废终身者。盖汉人授经之严如此。当代求士于经，视汉隆矣，剪芜辟秽，归于一家，遵轨赴的，进取之途明，而士无易向，非汉所敢望也。故通经之士，其售于有司，可操券责耳。自近世毁蔑功令，徼捷于径窦，新学小生，得肆其轻儇之习，以独创为高。而穷经学古之儒，拘守旧闻，不能委曲从俗，如严彭祖所云者，反白首黉序，困抑青衿，无所显庸于世，而经术厄矣。"

二甲五名进士王萱曾论及万历中后期科场之弊及救弊之方。张萱《西园闻见录》卷四十四《礼部》三《科场·前言》："王萱曰：夫学者搜图玄览，必折衷于《六经》。今观《诗》、《书》所称，《易》、《礼》所载，述政则纪注措为文章，谈道则性灵阐为议论，歌咏发乎性情，动容要诸礼义，大都载理成文，信心敷藻，以故悬诸日月，与世罔极也。嗣是而降，马、班雄汉，韩、柳起唐，苏、曾跨宋，罔不因才于己，变体于时，即文非纯白，亦染翰者之骊渊也。我国初课士以文，归于实用，词不薪瑰而务适时，意不薪玄而在当理，彬彬乎称盛世之文矣。暨成、弘之降，稍稍口陋近代而还往古，学者始靡然向风焉，而于近日为尤甚。以径遂非以语于巧也，而争罕喻以标奇；以简辨非以语于博也，而争繁缛以侈富；以显著非以语于邃也，而争窔奥以极深；以经常非以语于丽也，而争僻诡以逞异。盖究其志意，直欲与作者为伍，而责之实用，顾出近代之下，何也？竞胜于奇，而不务情理也。愚窃谓其弊有六，其反而正之也亦有六。夫范世训俗必征乎圣，今者祖意于玄虚，师心于顿觉，俾释、老常与孔、孟争涂，不可也。故返其弊者，莫若使之附圣以居宗，选言建义，必楷乎经。今者假宠于《南华》，乞灵于《鸿烈》，经渊卿之漓而葺其陋，俾百家诸子与六籍并耀，不可也。故返其弊者，莫若使之依经以作，则文受命于心，心受命于理。今者执坚白异同之辨而不睹其归，侈移山跨海之谈而不要其异，斯其于理昧也。故返之者，莫若使之邃理而信心。文以行远，非以骇世。今者铸意于不可测识之乡，而绘词于无所经见之语，斯其于思僻也。故返之者，莫若使之易辞以显旨。昔秦女嫁晋，从文衣之媵，晋人贵媵而贱女；楚珠鬻郑，为熏桂之椟，郑人买椟而还珠，何者？末胜其本也。今文之胜质也，亦若是矣。返之者，莫若使之佩实而衔华。工倕持不过尺而结摩空之构，羲和度不过管而尽周天之形，何者？其规矩得也。今之为文者，镂刻胜而规矩丧矣。返之者，莫若使之度体以定势。是数者，持衡于上则刑端，象指于下则化正，能使文与三代比隆可矣，奚啻近代哉！抑人有言曰：质之必趋于文也，文之必趋于太也，气化之运，其权悬乎天。文之必救以质也，质之必救以忠也，则挽回世道之机不在天而在人，故有八代之衰起之一人，文学之体正之一时，非势极而变也，救之则然耳，司文衡者留意焉。"

追夺张居正官阶。《国榷》卷七十二："万历十一年三月甲申，大理寺以游守礼、冯昕等狱上，命追夺张居正赠官，子锦衣卫指挥简修除名，大学士潘晟冠带闲住，游守礼论死，冯昕、胡守元遣戍。"《明鉴纲目》卷七："纲：癸未十一年，春三月，追夺张居正官阶。目：冯保既得罪，新进者益务攻居正，诏夺上柱国太师，再夺谥。居正诸所引用者，斥削殆尽。召还吴中行、赵用贤等，迁官有差。"

翰林院侍讲于慎行、张一桂纂修《会典》。右庶子兼侍读王家屏署左春坊印。右谕德兼侍读沈一贯署司经局印。（据《国榷》卷七十二）

行取科道，命举贡知推选四分之一。（据《国榷》卷七十二）

四月

命大学士余有丁补撰辛未、甲戌、丁丑三科《题名记》。（据《明神宗实录》卷一百三十六"万历十一年四月甲戌"）

张四维以父丧归。《明鉴纲目》卷七："纲：夏四月，张四维罢。目：初，四维曲事张居正，然心不善其所为。又居正卒，始当国政。知中外积苦居正，欲大收人心，因上疏言事，请荡涤烦苛，宏敷惠泽。帝纳其言，朝政为之稍变。四维复引居正所沈抑者，稍稍登用，时望颇属。至是，以父丧归。（先是，居正余党，欲逐四维，拥申时行为首辅。四维愠，语时行客曰：'夫首相者若天行，有春必有夏，何相迫为？'时行得疾在告，及起，不敢谢过，默默而已。四维乃与门生在言路者，谋攻时行。疏具将上，会四维父讣至，乃已。四维归后，服将阕而卒，赠太师，谥文毅。）"

以许国为礼部尚书，入阁预机务。《明鉴纲目》卷七："纲：以许国（字维桢，歙县人）为礼部尚书，兼东阁大学士，预机务。目：张四维既去，申时行为首辅，国素与相善，由是政府无间。"

吏部左侍郎陈经邦署詹事府右春坊右中允。署国子祭酒黄凤翔为南京右春坊右谕

德，署翰林院。（据《国榷》卷七十二）

南京礼部郎中沈应期为司经局洗马署国子司业。（据《国榷》卷七十二）

翰林院编修盛讷为侍读。（据《国榷》卷七十二）

五月

兵部右侍郎辛自修奏准武举乡试当如会试规格：一场马上四箭如式，方准入二场；二场步下二箭如式，方准入三场；三场论、策俱成，方准中式。取额悉照顺天乡试之数，不及数者，不必取盈。（据《明神宗实录》卷一百三十七"万历十一年五月乙巳"）

升国子监祭酒高启愚为礼部右侍郎兼翰林院侍读学士。（据《明神宗实录》卷一百三十七）

升右谕德兼翰林院侍读罗万化为国子监祭酒。（据《明神宗实录》卷一百三十七）

努尔哈赤攻尼堪外兰，占领图伦城。《明鉴纲目》卷七："纲：五月，满洲主努尔哈赤攻尼堪外兰，取图伦城。目：满洲之先，居长白山（在吉林南境，横亘千余里。东北自俄属东海滨省，南至朝鲜，奉天诸山，皆发脉于此）之东，相传有布库里雍顺者，姓爱新觉罗，始居俄漠惠之野鄂多理城，国号满洲。数传，遭内乱，举族被戕，幼子范察仅以身免。又数传至都督孟特穆（后追谥肇祖原皇帝），诱诛仇人，尽复故地。又三传至都督福满（后追谥兴祖直皇帝），生觉昌安（后追谥景祖翼皇帝），尽收苏克苏浒河西二百里内诸部落，国势始大。自都督孟特穆以下，皆居赫图阿拉。（距沈阳二百七十里，是名兴京，即明之建州右卫也。）觉昌安生塔克世。（后追谥显祖宣皇帝。）塔克世生三子，长努尔哈赤，号为聪睿贝勒，年二十有五。思复祖父仇（初，苏克苏浒河部图伦城，有尼堪外兰者，与总兵李成梁结，引兵攻古呼城主阿泰章京。阿泰妻，觉昌安之女孙也。觉昌安与塔克世援古呼城，城中守御甚坚，成梁不能克。尼堪外兰诡往招抚，城中人信其言，杀阿泰以降。成梁尽屠之，并杀觉昌安塔克世），兴兵攻尼堪外兰，围图伦城，克之。尼堪外兰遁，至嘉班，又破之。尼堪外兰乃逃于鄂勒欢，筑城以居。（事在是年八月。）寻鄂勒欢城亦破，尼堪外兰遁入边。满洲遣斋萨率四十人来索，边吏执以界之。自此满洲岁输银币，通和好焉。（事在丙戌年，是岁封努尔哈赤为龙虎将军。）"

选翰林院庶吉士季道统等。（据《国榷》卷七十二）《弇山堂别集》卷八十三《科试考三》："改进士季道统、史孟麟、周应宾、胡时麟、方从哲、叶向高（1559—1627）、邹德溥、姜应麟（？—1630）、邵庶、葛仪（曦）、舒弘绪、徐应聘、吴龙征、王荁、刘大武、杨元祥、杨凤、梅鹍祚、梅国楼、徐大化、杨绍程、王之栋、郭正域（1554—1612）、范醇敬、沈权、陈良轴、邓宗龄、宁中立为庶吉士，命吏部左侍郎兼翰林院学士陈经邦、礼部左侍郎兼翰林院侍读学士周子义教习。"

六月

以詹事府掌府事太子宾客吏部左侍郎兼翰林院侍读学士陈经邦、礼部左侍郎兼翰林院侍读学士周子义教习庶吉士。（据《明神宗实录》卷一百三十八）

赵用贤升右春坊右赞善，顷进经筵讲官，分校《会典》。瞿汝稷《嘉议大夫吏部左侍郎定宇赵公行状》："癸未夏六月，升右春坊右赞善。时凡江陵所排陷诸君子，备征列，文石诸君子锐意反江陵故政，毕期一旦而湔涤之为快。乃在上者雅尚优容，宁务为长厚，不事峻绝，积见崖异，虽宿号同志，且日携二。夫人各有志，父子兄弟有所不能夺，公直诸君子之一人耳。诸君子之议宁悬公，而盈庭之清议亦宁悬诸君子，乃群翁訿訾务入之徒，望风承响，呼羽吸征以推移之，指似呧影以投抵之，于是且多口而朋，以朋党攻公。于是上疏乞归，且极言：朋党之祸，乃汉宋之季小人借以去君子而空人国者，非盛世所宜有，虑开谗邪之端，遏仁贤之路，助阴邪之势，消正大之气。引去甚决，不允。顷进经筵讲官，分校会典。"

王畿（1498—1583）卒。王畿为阳明弟子，《明史·儒林》有传。《明儒学案》卷十二："王畿字汝中，别号龙溪，浙之山阴人。弱冠举于乡，嘉靖癸未下第归，而受业于文成。丙戌试期，遂不欲往。……中是年会试。时当国者不说学，先生谓钱绪山曰：'此岂吾与子仕之时也？'皆不廷试而归。文成门人益进，不能遍授，多使之见先生与绪山。……文成卒于南安。先生方赴廷试，闻之，奔丧至广信，斩衰以毕葬事，而后心丧。壬辰，始廷对。授南京职方主事，寻以病归。起原官，稍迁至武选郎中。时相夏贵溪恶之。……先生因再疏乞休而归。……先生林下四十余年，无日不讲学，自两都及吴、楚、闽、越、江、浙，皆有讲舍，莫不以先生为宗盟。年八十，犹周流不倦。万历癸未六月七日卒，年八十六。"《四库全书总目》卷一百七十七集部别集类存目四著录王畿《龙溪全集》二十卷、《龙溪语录》八卷。

巡按宣大御史陈性学劾大学士许国衰劣不孚舆论。国引疾。（据《国榷》卷七十二）

八月

命礼部左侍郎兼翰林院侍读学士周子义解部务，专管教习庶吉士。（据《明神宗实录》卷一百四十）

礼部右侍郎高启愚、国子祭酒罗万化直经筵。编修王懋德、冯琦展书。检讨张应元编纂六曹章奏。（据《国榷》卷七十二）

九月

　　沈自晋（1583—1665）生。据王永宽、王钢《中国戏曲史编年》（元明卷）引《吴江沈氏家谱》，沈自晋生于万历十一年九月十八日。沈自晋字伯明，又字长康，号西来，晚号鞠通生。吴江人，沈璟侄。弱冠补博士弟子员。明亡，隐居吴山。著有《广辑词隐先生增定南九宫十三调词谱》（又称《南词新谱》）、《赌墅馀音》、《鞠乐府》和《望湖亭》、《翠屏山》、《耆英会》等传奇，以《望湖亭》最为著称。

　　利玛窦等人抵达广东肇庆，建教堂传教。［意］利玛窦、［比］金尼阁《利玛窦中国札记》第二卷第四章《传教士被邀赴肇庆，他们在这里修建房屋并开辟一个中心》：“我们现在谈到的入境者一行于 1583 年 9 月初离开澳门的神学院，就在那个送来受欢迎的许可证的士兵护送之下，于同月 10 号到达肇庆。他们在长官衙门中受到礼遇，长官（即肇庆知府王泮）坐在他的官位上，当他们按习惯向他下跪时，他询问他们是谁，来自何方，来此何事。他们通过他们的译员大致回答如下：‘我们是一个宗教团体的成员，崇奉天主为唯一的真神。我们来自那西方世界的尽头，走了三四年才抵达中国，我们为它的盛名和光辉所吸引。’然后他们解释，他们请求允许他们修建一栋小屋作为住所以及一所敬神的小教堂，多少远离他们在澳门感到恼人的尘嚣以及商人的喧哗买卖。他们想建立一个住所并在那里度过馀年。他们极谦卑地恳求他不要拒绝他们的祈祷，并说明这样的一项施舍会使他们永远对他感恩不尽的。再者，他们答应他们遵守法纪，不打扰他人。那位长官看来是个天性乐善好施的人，带着点殷勤的态度，他一开始就对神父表现友好，情况许可时还支持他们。在最后一次晤谈中，他的答复大致如下：他完全不怀疑他们的诚实，并且愿意把他们置于他的保护之下。不错，他们可以进城看看所有可利用的地皮并随意挑选一块。他也努力使总督批准所请。”耶稣会教士利玛窦至广东肇庆，建教堂传教。此后耶稣会教士来华者日多。利玛窦为意大利人。赵翼《廿二史札记》卷三十四《天主教》：“意大理亚国在大西洋中。万历中，其国人利玛窦至京师，为《万国全图》，言天下有大洲五，第一曰亚细亚洲，凡百馀国，而中国居其一；第二曰欧罗巴洲，凡七十馀国，而意大理亚居其一；第三曰利未亚洲，亦百馀国；第四曰亚墨利亚洲；第五曰墨瓦蜡泥加洲，而域中大地尽矣。大抵欧罗巴诸国悉奉天主教。天主耶稣生于如德亚，即古大秦国也，其国在亚细亚洲之中，西行教于欧罗巴。其始生在汉哀元寿二年庚申，约一千五百八十一年，至万历九年，利玛窦始泛海九万里，抵广州之香山澳，其教渐行。二十九年，入京师，以方物献，并贡天主及天主母图。礼部以《会典》不载大西洋名目，驳之。帝嘉其远来，假馆授餐。公卿以下重其人，咸与交接。利玛窦安之，遂留居不去。三十八年，卒。其年以历官推算日食多谬，五官正周子愚言，大西洋人庞迪我、熊三拔等，深明历法，其书有中国所不及者，当令采择，遂令迪我等同测验。自利玛窦来后，其徒来者益众，有王丰肃、阳玛诺等，居南京，以其教倡行，官民多从之。礼部侍郎徐如珂恶之，奏请逐回。四十六年，迪我等奏：‘臣与利玛窦等泛海九万里，观光上国。臣等焚修行道，尊奉天主，岂有邪谋，敢堕恶业；乞赐宽假。'帝亦不报，而其居中国如故。崇祯时，历法益舛，礼部尚书徐光启请令其徒罗雅谷、汤若望等，以其国新法相参较。书成，即以崇祯元年戊辰为历元，其法视《大统历》为密焉。其人东来者，大都聪明特达之士，意专行教，不求禄利，所著书多华人所未道，故一时好异者咸尚之。其徒又有龙华民、毕方济、艾如略、邓玉函诸人，皆欧罗巴国之人也。"

追论刘台狱。 前左副都御史王宗载戍边。推官陈绅，国子博士刘伯潮削籍。前巡按辽东于应昌，分守参政张崇功，副使周于德调用。谢耀论死。（据《国榷》卷七十二）

礼部右侍郎高启愚为左侍郎，左春坊左庶子朱赓为礼部右侍郎，并仍兼翰林院侍读学士，直经筵日讲。（据《国榷》卷七十二）

停监生援纳，先入资者授光禄寺监事。（据《国榷》卷七十二）

右春坊右庶子兼翰林院侍读王家屏、侍读徐显卿主武试。（据《国榷》卷七十二）

右春坊右庶子兼翰林院侍读王家屏为詹事府少詹事兼侍读学士，署翰林院。（据《国榷》卷七十二）

十月

右春坊右谕德兼翰林院侍讲署司经局事沈一贯为左春坊左庶子，司经局洗马署国子司业范应期为右春坊右庶子，并兼侍读。侍讲于慎行为左谕德，仍兼侍讲。（据《国榷》卷七十二）

命武举额百人。（据《国榷》卷七十二）

太子宾客吏部左侍郎兼翰林院侍读学士署詹事府事陈经邦为礼部尚书。吏部右侍郎沈鲤为左侍郎，直经筵日讲。（据《国榷》卷七十二）

十一月

改礼部左侍郎、兼翰林院侍读学士周子义为吏部左侍郎，掌詹事府事，仍教习庶吉士。（据《明神宗实录》卷一百四十三）

南京右通政乔因阜，以礼科陈烨论其提学浙江时沙汰过严得太常少卿也，遂调外。（据《国榷》卷七十二）

十二月

南京尚宝司丞张位为左春坊左中允，署国子司业。（据《国榷》卷七十二）

南京太仆寺丞赵志皋为南京国子司业。（据《国榷》卷七十二）

前国子祭酒姜宝为太常寺少卿，提督四夷馆。（据《国榷》卷七十二）

前礼部右侍郎署国子祭酒孙应鳌为刑部右侍郎。（据《国榷》卷七十二）

本年

议准武学事例。万历《大明会典》卷一百五十六《兵部·武学》："（万历）十一年议准武学事例：一、本部堂上官会同戎政勋臣，仍照旧间月下学考验。每年于三月上旬会阅一次。一、武学收取，每年止许一次。必系真正幼官应袭及舍余系见在武官亲弟亲男者，方准收入。如有滥收冒籍及异姓假充人员，本部将督学主事注以下考。一、武学乡试，马、步射把，照会试格式，论策全作，方许收录。名数照顺天文举一百三十五名，不许过多，亦不许别作遗才名色，概准会试。"

艾南英（1583—1646）生。艾南英字千子，天启甲子举人。朱聿键建号于福建，以为监察御史，病卒于延平。事迹具《明史·文苑传》。《明史·艺文志》著录艾南英《天佣子集》六卷、《禹贡图注》一卷。梁章钜《制义丛话》卷六："艾千子有'推恶恶之心'题文，是入县学试作也。自记云：'是年予入县学，与府学同题，予置第二，而评语珍赏，似胜于首卷。府学首名则吾友罗文止，次陈大士，次章大力，次易白楼应昌，从来学使得人之盛，未有如骆台晋先生也。'""王巳山曰：天启甲子科，艾东乡先生诚中流一砥柱也，而乡墨多不满人意。其首艺'君子坦荡荡'一句题文，于注中循理故常舒泰之旨尚欠切实研寻，而清刚之气游行自在。在万历末造，实有救纤医俗之功，不可没也。又起中迭用'而此心'，固已句调犯复，或矮屋中不暇自检，而论者必从为之辞，则好奇之过矣。其三艺'欲有谋焉则就之'，墨家谓其只演得一出《雪夜访普》，与孟子当日语意全不合。然英杰之概，自不可废也。""《明史·文苑传》云：艾南英，字千子，东乡人。好学无所不窥。万历末，场屋文腐烂，南英深嫉之，与同郡章世纯、罗万藻、陈际泰以兴起斯文为任，乃刻四人所作行之世，世人翕然归之，称为张、罗、陈、艾。""俞桐川曰：艾东乡少负异才，倡其同志为《四大家稿》，名动海内，而朴质坚辣，三家皆莫及之。盖精严如钱吉士，犹逊一筹，而况霍林、求仲之伦乎？遭时丧乱，跋履间关，同时名士狼籍载路，而公独视死如归，游说万端，终莫之屈，不愧为笃信好学、守死善道者矣。""林畅园师曰：艾东乡尝言，近日作文，以'《关雎》乐而不淫'首为第一。文后自跋云：'此依毛传作也。所谓淑女，指三夫人、九嫔以下。后妃思贤求佐，而发为词气又如此和平，可谓得性情之正，当时文王刑于之化可知。时人牵来扯去，只是后妃得则许多宗庙、社稷、治平等语，以为如此方是乐而不淫，不知文王何故专靠后妃做圣贤也？'按：经解不必尽然，而文则简老端凝，不得不推为作者。"

傅汝舟（1583—1627后）生。此万历时之傅汝舟，非正德时之傅汝舟。茅元仪《傅远度诗选序》："傅子汝舟年二十九，交茅子元仪。次年有《七幅庵集》，未几有《步天》，有《英雄失路》，有《拔剑》，有《篓篌》，有《藏楼》，有《鸳鸯回文》，是为傅子八集，而是时傅子已年三十八矣。又六年，天启丙寅（1626）火，火其篓中之诗，而板行八集则自行于世。又次年，乃属茅子选而传焉。"其生卒年据以推定。正德时另有一傅汝舟，字木虚，一名丹，号丁戊山人，一号磊老、太梦山人。侯官人。《明诗纪事》混二人为一，误。

明神宗万历十二年甲申（公元 1584 年）

正月

余曰德（1514—1584）卒。王世贞《祭余曰德宪副文》："万历癸未之冬十一月，而乡人姚匡叔自南昌来，言德甫宪副余丈七十矣。余恍然而悟曰：'几忘之。'为排律一章及录所撰《再补五子篇》一章，侑以不腆之币，寓匡叔寿之。未报而为今年甲申之春三月上巳。吴明卿自武昌过，酒甫洽，而曰：'德甫以人日化矣！'不觉黯然低徊，泪涔涔下也。居一月而始能为文。"正月初七为人日。《静志居诗话》卷十三："德甫于诗，尚未窥见门户，元美冠诸'后五子'之首，未免阿其所好矣。然其仿敖陶孙作诗评，未之及焉。岂阳许之，而阴抑之与？"《四库全书总目》卷一百七十八集部别集类存目五著录《余德甫集》十四卷，提要曰："明余曰德撰。曰德初名应举，字德甫，南昌人。嘉靖庚戌进士。官至福建按察司副使。《明史》文苑传附见王世贞传中。与魏裳、汪道昆、张佳胤、张九一所谓嘉靖后五子也。世贞称其诗古近体无所不佳，近体独超，近体五七言无所不超，七言独妙。《静志居诗话》则谓其诗尚未见门户，元美冠诸后五子之首，未免阿其所好。今观是集，彝尊所论公矣。"

詹事府少詹事兼翰林侍读学士王家屏教习庶吉士。（据《国榷》卷七十二）

范应期为国子祭酒。（据《国榷》卷七十二）

左副都御史丘橓上言积弊：曰考绩，曰请托，曰访察，曰举劾，曰提问，曰资格，曰处佐贰教职，曰馈遗。上命即行之。（据《国榷》卷七十二）

二月

升黄凤翔为南京国子监祭酒。（据《明神宗实录》卷一百四十六）

释建文诸臣外亲之谪戍者。《明鉴纲目》卷七："纲：甲申十二年，春二月，释建文诸臣外亲之谪戍者。目：御史屠叔明，请释革除忠臣外亲后裔。诏自齐泰、黄子澄外，其坐方孝孺等连及者，俱免之。于是浙江、江西、福建、四川、广东，得免者，凡三千余人。（后光宗嗣位，并泰、子澄戚属后裔，俱放还。）"

左春坊左庶子兼翰林院侍读沈一贯为詹事府少詹事兼翰林院侍读学士，署院事。翰

林院侍读学士徐显卿为左春坊左谕德兼侍读学士，署坊事。右春坊右中允署国子司业张位为司经局洗马兼翰林院修撰，署坊事。侍读韩世能、张一桂、李长春并为右谕德兼侍讲。修撰陈于陛为洗马兼修撰。（据《国榷》卷七十二）

吴中行为司经局洗马，署国子司业，经筵日讲如故。（据《国榷》卷七十二）

国子祭酒范应期，以御史徐绅劾之，问所荐者，申时行疏其颠。命致仕。（据《国榷》卷七十二）

三月

升孙应鳌为南京工部尚书。起胡执礼为兵部左侍郎，管南京兵部右侍郎事。张位为国子监祭酒，仍充经筵讲官。（据《明神宗实录》卷一百四十七）

南京国子司业赵志皋为南京右春坊右谕德，署翰林院事。（据《国榷》卷七十二）

丁此吕追论张嗣修、敬修、懋修、王之鼎科场。《国榷》卷七十二："山东道御史丁此吕追论张嗣修、敬修、懋修、王之鼎科场。丙子房考，今兵部员外郎稽应科，主试许国。庚辰懋修房考，今山东提学陆橄。敬修房考，今河南参政戴光启。庚辰主试申时行、余有丁，而侍郎何洛文代嗣修、懋修对策。壬午王之鼎主考沈懋学。又己卯南闱试目，'舜亦以命禹'，此居正逆萌也。时行等各疏辨。命罢何洛文，调稽应科□□，陆橄别用，留沈懋学、戴光启。吏部尚书杨巍驳此吕深文陷人大辟，如先朝赵文华王联也。上怒，谪此吕于外。"

四月

籍没张居正家，饿死十余人。申时行疏救，酌留田宅以养张母，子女戍边。汤显祖《即事》诗云："汉家七叶珥金貂，不见松阴叹绿苗。却叹江陵浪花蕊，一时开放等闲消。"江陵指张居正。时汤显祖观政礼部。《明鉴纲目》卷七："纲：籍张居正家。目：御史羊可立（汝阳人。）复追论居正构陷辽王，王妃因上疏讼冤，言辽邸金宝，悉入居正家。帝命司礼监张诚等，诣荆州籍居正家。守令先期录人口，锢其门，子女饿死者十馀辈。诚等尽括其亲族所有，得黄金可一万，白金十余万。长子礼部主事敬修，不胜拷掠，自缢死。事闻，申时行等，与六卿大臣，合疏请少缓之。刑部尚书潘季驯，复特疏言，居正母年逾八旬，且暮莫必其命。语尤激楚。于是诏留空宅一所，田十顷，赡其母，而尽削居正官，夺玺书诰命，以罪状示天下。其弟都指挥居易，子编修嗣修，俱戍极边。诸以忤居正罢黜者俱召还。（初，言路为居正所抑，至是，争砺锋锐，搏击当路。可立与李植、江东之并荷帝宠，三人更相结，亦颇引吴中行、赵用贤、沈思孝为重，执政恶之。未几，御史丁此吕劾侍郎高启愚主试，以舜亦以命禹为题，为居正劝进。帝手疏示申时行，时行言，此吕以暧昧陷人大逆，恐谗言踵至，非清明之朝所宜有。尚书杨巍，因请出此吕于外。植、东之，交章劾时行、巍，蔽塞言路。帝为罢启愚，留此吕。时行、巍求去，余有丁言：大臣国体所系。今以群言留此吕，恐无以安时行、巍心。帝乃听巍，出此吕于外。许国尤不胜愤，专疏求去，言：'昔之专恣在权贵，今乃在下僚。昔颠倒是非在小人，今乃在君子。意气感激，偶成一二事，遂自负不世之节，号召浮薄喜事之人，党同伐异，罔上行私，其风渐不可长。'意盖指中行、用贤等也。自是，言官与政府，日相水火矣。○丁此吕，字右武，新建人。高启愚，铜梁人。杨巍，字伯谦，海丰人。）

申时行以御史张文熙摘其次子用嘉幸中，求覆试。上谓其非私，不许。（据《国榷》卷七十二）

五月

命詹事府少詹事兼翰林院侍读学士掌院事沈一贯教习庶吉士。（据《明神宗实录》卷一百四十九）

南京礼部郎中习孔教为南京国子司业。（据《国榷》卷七十二）

少詹事沈一贯教习庶吉士。（据《国榷》卷七十二）

命礼部：凡各省直乡试硃卷，悉送内帘。其墨卷贮外帘，以杜私弊。（据《国榷》卷七十二）

六月

巡按宣大御史陈性学劾大学士许国不能容直，反号召谗说。国乞休。遂夺性学俸半年。（据《国榷》卷七十二）

七月

吏部覆南京都察院奏，考选试御史党杰、谭希思、沈汝梁、李一阳、田一麟、郭宗贤、黄学曾、潘维岳等各实授，上以希思逞臆妄言，还候覆奏请夺。（据《明神宗实录》卷一百五十一）

礼部议：岁贡廷试，必文理十分纰缪，始量驳一二。从之。《明神宗实录》卷一百五十一：万历十二年七月辛丑，"礼部覆礼科给事中王继光疏言：'……其岁贡廷试，必文理十分纰谬，始量驳一二，小疵不妨尽留。……'上从部议。"

贵州提学副使冯时可致仕。（据《国榷》卷七十二）

八月

祭酒张位疏陈国学事宜，请广试途收考挂选监生。从之。黄儒炳《续南雍志》卷四《事纪》："（万历十二年）秋八月丁未，祭酒张位疏陈国学事宜……五曰复科举以广试途。夫科举之制，两京监生中式者三十五名，就试者一千余名，盖合监与历而有此数也。各省曾无监生中式之额，故历年挂选有志场屋者，仍许起文赴部考选。万历七年申明题准，俱令完历给引，不妨科举。至九年议禁科，于原籍听考，本省进场。出令未信，立法似苛。臣谓贡生历有岁年，民生资已输纳，既升太学，亦幸观光，而复令随童儒之列，试郡县之途。至于督学收取，亦为仅见，省闱获隽，更所未闻，终于自弃，不无可矜。宜照旧例令各衙门挂选监生合考公录，庶各省诸生无向隅之悲，而积学登雍者出矣。""（万历十二年八月）癸酉，吏部覆议（祭酒张位条陈）亦云：……又欲复科举以广试途。伏考万历九年祭酒林士条陈，请以历完给引监生有志科举者群考于吏部，时部议不同，请令各于原籍科举。臣以为可兼行之。其愿来京，有原籍起送公文者听，不愿者止于原籍应试，亦毋得故为阻抑，则科目弘登进之途，而人才无终弃之憾矣。……上悉可其议。"

十月

南京右春坊右谕德赵志皋为左春坊左谕德兼翰林院侍读，司经局洗马吴中行为右春坊右谕德兼侍讲，纂修玉牒。（据《国榷》卷七十二）

吏部左侍郎沈鲤为礼部尚书兼翰林院学士。（据《国榷》卷七十二）

右春坊右赞善赵用贤为司经局洗马，署国子司业。（据《国榷》卷七十二）

翰林院侍读田一俊为南京右春坊右谕德，署翰林院事。（据《国榷》卷七十二）

十一月

国子祭酒张位为詹事府少詹事兼翰林院侍读学士，署院事。（据《国榷》卷七十二）

少傅兼太子太傅户部尚书建极殿大学士余有丁卒。有丁字两仲，鄞人，嘉靖壬戌进士及第。授翰林编修，历春坊、祭酒、礼吏侍郎，直阁。同相申、王，和衷共事。性宽大，不设城府。如救张居正无逆状，目陆光祖为正人，其事尤著。赠太傅，谥文敏，予祭葬。（据《国榷》卷七十二）

户部右侍郎李世达改吏部。左春坊左谕德徐显卿为国子祭酒。（据《国榷》卷七十二）

十二月

王锡爵、王家屏入内阁、预机务。《国榷》卷七十二："（万历十二年十二月）甲辰，王锡爵为礼部尚书兼文渊阁大学士，王家屏为吏部右侍郎兼东阁大学士，直文渊阁。"《明鉴纲目》卷七："纲：冬十二月，以王锡爵为礼部尚书，兼文渊阁大学士，王家屏为吏部侍郎，兼东阁大学士，并预机务。目：锡爵因救论夺情诸臣，积忤张居正，以礼部侍郎家居，五年不出。至是，即家起之。家屏前为日讲官，敷奏剀挚，帝敛容受之，称为端士。及是，遂以吏部侍郎入阁，去史官仅二年。（先是，李植、江东之与申时行相构，以锡爵负时望，且素恶居正，当与时行贰，故力推之。比锡爵至，乃与时行合，弗善植等，植等由是大恨。）"

以陈献章、胡居仁、王守仁从祀孔庙。《明鉴纲目》卷七："纲：诏以陈献章、胡居仁（字叔心，余干人）、王守仁从祀孔庙。目：申时行等言：守仁言致知出《大学》，良知出孟子。陈献章言主静，沿宋儒周敦颐、程颢，且孝弟出处如献章，文章功业如守仁，纯心笃行如胡居仁（居仁闻吴与弼讲学崇仁，往从之游，绝意仕进。其学以主忠信为先，求放心为要，暗修自守，布衣终其身），并宜崇祀。从之。终明世从祀文庙者，薛瑄与守仁等四人。"

予故大学士严讷祭葬，谥文靖。讷字敏卿，常熟人，嘉靖辛丑进士。选庶吉士，授编修，历侍读太常少卿、摄院事、吏礼工侍郎。晋礼吏部尚书，加太子太保武英殿大学士。讷爽垲多才略，而文章妙一时。当严氏权贿之日，不变所守，名位日隆，则醇谨之效也。（据《国榷》卷七十二）

予故南京工部尚书孙应鳌祭葬，谥文恭。应鳌字山甫，贵州清平卫人，嘉靖癸丑进士。选庶吉士，授户科给事中。出补江西按察佥事，迁陕西提学副使，累进今官。历中外皆有声。（据《国榷》卷七十二）

本年

黄尊素（1584—1626）生。《明史》黄尊素传："黄尊素，字真长，余姚人。"黄宗羲《明儒学案》卷六十一："黄讳尊素，字真长，号白安，越之余姚人。……遂死，时（天启）六年闰六月朔日也，年四十三。"

周顺昌（1584—1626）生。顺昌字景文，号蓼州，吴县人。万历癸丑进士。官至吏部文选司郎中。以忤魏忠贤，为所罗织，逮治拷掠，杀之于狱。崇祯初，追谥忠介。事迹具《明史》本传。

明神宗万历十三年乙酉（公元1585年）

正月

诏毁天下私创庵院书院。以户部尚书王遴议，从之。礼部恐激变，数日，复谕都察

院停之。(据《国榷》卷七十三)

二月

诏定科场事宜。如嘉靖七年例，遣朝臣主各省乡试。《明神宗实录》卷一百五十八：万历十三年二月壬寅朔，"诏定科场事宜。先是各省乡试，以巡按御史及二司充总裁官，内外无复讯防。又预自撰录，有主者未入闱而文已传于外矣。关节既易，大臣子弟多幸中，而中式举人得自写原卷送部，名曰公据。其朱墨卷不以解部，即有物议，无从磨勘，言者病之。科臣王继先请照嘉靖七年例，用京朝官主考。科臣张栋请程式就中式士卷稍为删润，依制刊刻。科臣万象春请将朱墨真卷解部，本部会同该科辨验。惟覆试一事，科臣张维新则概指大臣子弟，科臣王士性则专指京堂三品以上子弟，万象春则谓无议而试，于事非雅，不若无分大臣及民间子弟，但有夤缘，实迹著闻，即行参奏，试经书论策各一篇，荒谬不堪者黜落，并罪主者。于是礼部集其议以覆，上曰：'科场事宜既有成议，各处考试官照嘉靖七年例差用。还酌地方远近，先期奏请。监临官不得干预帘以内事。余并如议。'"《弇山堂别集》卷八十三《科试考三》："万历十三年乙酉二月，礼部疏议覆科场事宜祛积弊以光盛典事，该礼部等衙门万象春、杨廷相等条议前事，大要于科场之弊各有所见，欲惩前虑后，稍有变通，以垂永久，其意甚善。臣等谨各据所陈，参互考订，间附己意，盖人言可采，不必其尽出于己，己见可施，不必其尽同于人。惟求厘弊既往，贻法将来，以仰神我国家抡才至意。其间有监临主司可径自施行与无关大体者，亦不敢概行。议覆撮其切要数事列款议拟上请，伏候圣明裁定，敕下臣等转行各该衙门一体钦遵施行。庶诸臣之所见必酬，而臣等之职分少塞矣。""一、议京考令甲。两京乡试，府臣先期题请试官，上命词臣二员往典厥事，一切分考充以四方文学之臣及办事进士甲科有司等官，最善制也。乃各省则独有不然者，岂京考之制，可行于畿甸，而不可行于各省耶？甚非圣世同文之治也。查得嘉靖六年本部题准各省乡试比照两京事例，遣京官二员前去主考，一时号为得人。乃行之二科，辄以报罢，则以监临主考礼节小嫌，遂使同文大典不无畿省之异。今科臣象春有见于此，议重内帘，廷议择内帘之官，继先议照嘉靖六年事例，用京官主考。其意相同，俱可依拟。合无仍照旧例，凡遇乡试之年，各省巡按先期奏请，本部具题，于在廷诸臣，访其学行兼优者疏名上请，每省分遣二员主考。至用何等衙门，临期取自上裁，仍量道里远近以为点差先后。其它分考，不妨照旧，每经各聘教官一员。各该巡按及提学官，务要严加考选，限二科以下卓有文行方准应聘，不许滥取充数。仍于本省甲科有司监临时拣选数员同充考试，帘以内一意校阅，不得徇私干犯，帘以外一意纠察，不得越俎侵事，有不然者，各所司参奏。至于礼节坐次之间，应照继先所议，奉命典试诸臣，在监临提调之上，不得仍前争竞，以伤大体，以致阻格。庶京省一体，文教同风，此试官之所当议也。""一、议程式。夫士子中式，既籍其名以献矣，并录其文，以风四方，制也。后乃惟主司代为之，所录非所取，致使草茅自献之意荡然无遗，非以树向往之的，明正始之义也。且先时预拟，有泄漏之嫌，临卷摘词，妨校阅之务，缓其所急，而急其所缓，计莫有不便于此者。夫人彀之英，文必可采，而裒集即可成录，纵风檐未尽所长，主司者一删润之足矣，奚必穷年累月躬自撰拟而后为工哉？先是，科臣王士性曾有此议，今万象春、张栋所陈俱为有见。行令两京各省考试官，今后场中不许撰文，就将中式文卷其纯正典实足为程式者，依制刊刻。其后场果学问该博洞悉时务者，即前场稍有未纯，亦许甄拔登录，以示崇重实学之意。中间有字句烦复文不甚安而才思充满者，不妨稍为修饰，但不许增损过多，致掩初意。仍候录卷解部之日，本部即行比对，有仍前代撰者，参奏罚治。若谓场中之校阅甚烦，而琐闱之时月有限，必候取定士子之文斟酌登录，恐致稽迟。合无少破旧例，姑限次月初旬开榜，似亦无害。如此则庶乎事体从容，文皆实录，而四方之士咸彬彬然求合于矩度矣。此试录之所当议也。""一、议进题。查得京闱乡试会试进题御览，一以见臣子执事之恪，一以慰圣明侧席之怀，所来久矣。顾缮写不正，则蹈欺慢，进呈不早，则致稽迟，不得不预择善书之人彻夜书写，以图早进，乃泄漏之弊，往往在此。夫以京闱近在辇毂之下而不以题闻，臣子所不敢也，以进之故而时刻转相泄漏，致辱盛典，尤臣子所不安也。合无拟题已定，先装写一通，向阙设案，捧至，其考试等官行一拜三叩头礼，待士子散题已毕，然后进呈，大约不出辰卯二时。则庶乎不失臣子敬慎之忱，而亦可免先时泄漏之患，此进题之所当议也。""一、议核卷。为照士子三试墨卷誊写送部，名为公据，朱卷犹未解部也，续经言官建议，朱墨二卷一并解部，不许誊写，真迹尚在，一有物议，即可取而评之，公私立辨，法甚当也。顾行之未久，旋复如故，殊失解卷初意。今科臣万象春议要于各省直揭晓之后，即将朱墨真卷解部，本部会同该科辨验是否原卷，通行严阅，如有文理不通者，量行奏斥一二，以示戒惩，相应依拟。合无通行各该衙门，查照该科所议，即于揭榜三日之内发解试卷，仍以揭榜日期，容臣等会同参阅施行。至于阅过数卷，亦宜申饬所司尽数收贮，以备不时查核。如有私自传览致有遗失者，责在典守。此核卷之所当议也。""一、议复试。为照朝廷设科取士，法严令行，且二百年来未闻有假公典以济己利者，近因一二夤缘之徒犯科作奸，被论削籍，殊玷盛典。今科臣万象春、张维新建议覆试，先是王士性议亦及此，诚为革奸之法。顾诸臣所见不同，言亦稍异，在万象春则泛指形迹著闻为人指摘者，在张维新则概指大臣子弟，在王士性则直指京堂三品以上子弟。臣等反复思维，复试之说，缘实迹者，不问大臣及民间子弟，即行参奏，敕下本部会同都察院该科，并原奏官琐院复试，关防搜检，一切如故。若系南京科道官参奏者，不必会同。试题大要明白正大，经书论策四篇而止，比照中式卷不甚相远，即准中式，其荒谬不堪者，请旨斥落为民。被参举人，或有当年丁忧与自揣不堪迁延规避不赴会试者，行原籍起送。如中途称病及到部称病不出或被参在逃者，即行除名，不必复试，并咨到司，坐以应得之罪。夫待参奏而行复试，则真才不蒙谤而被疑，复试而因参奏官员，则夤缘者难匿瑕而掩垢，凡参奏者即概行严试，则法令均一，人皆不敢有幸进之心。庶乎事制曲防，弊端永绝，得人之盛，恒必由之矣。此复试之所当议也。""一、议关防。为照京闱钦差监试二员，非但防范纠察乃其专责，即场中事务孰非倚重而责成之者，其任亦重且巨矣。查得往年监试御史被命之后，不即入院，虽称往来监督，似非事体。且既奉有专责，亦宜自为关防。合无今后监试御史即于钦遣次日入院。至于聘到考官，旧规顺天安插，岂不称便？臣等切谓，府门之启闭无时，而从役之往来甚烦，务为关防，实乃故事。查得三场考选，例有巡视御史二员，合无今后考官到京，送赴查院，严加扃钥，多拨兵番巡察，或即同起居，尤为慎密。候顺天府会宴之日，即于是早伴行入朝，主考监试等官陛辞交割，监试御史方回。南京乡试，查照前例，一体遵行。庶可杜绝奸弊。此关防之所当议也。""今据科臣所见，与臣等所议覆者，虽大概有此数端，而内帘不许撰录与外帘不许阅卷，似尤为切要者。盖主司不分心于试录，则校阅精而去取必当；监临不分心于试卷，则防检密而奸弊不生。庶乎祖制可复，臣职可明，而弊习亦顿革。故臣等以是为要，宜严行申饬者也。抑臣又有说焉，荐贤为国者，荩臣之上务也，明罚敕法者，哲后之大机也，臣所议数事，亦有经言官条议部臣题覆者，岂不班班可考。然有视为冗谈，漫不加意，彼其敢于抗明诏而乐因循者，何也？则罚之轻而人易犯之也，况未必罚乎！今科臣张栋欲请陛下复严禁之罚，其见良是。合无自后各省直考校监试等官，敢有沿袭旧套，故违明禁者，即重行议处，则法严而人心知畏，弊有不尽厘，遴选有不尽公者，臣等所不信也。如两京监试，不许与闻编号，布按二司不许仍充总裁，减外帘以省奔命之烦，扃各房以杜通同之弊，禁积役以屏传递之奸。与夫文格之当辨也，士习之当正也，诸臣所议，纤悉具备，均于重典有裨，是在监试主试督学诸臣一加意焉，可无俟臣等喋喋矣。伏候圣裁。奉圣旨：'科场事宜既酌议停当，各处试官准照嘉靖七年例善用，还酌量地方远近先期奏请，监临等官不许干预内帘事务，其馀俱依拟着实遵行，有故违的，你部里及该科参奏重治。'"

南京浙江道御史李一阳上言科场夙弊。黄儒炳《续南雍志》卷五《事纪》："万历十三年春二月乙卯，南京浙江道御史李一阳上言科场夙弊：'臣惟两京科额，各中监生三十五人，故每科就试者一千有奇。先年议得完历给引者，各就本省送入场。近祭酒张位题覆：两京应试，已举行矣。夫太学贤关，其间怀瑜握瑾者固多，而入赀干进者亦自不少。此辈学业未就，乃有好事之徒，欲博应举虚名以夸耀闾里，遂至夤缘侥幸，滥竽名籍。及其入试，遍访同号，卑辞问叩，或索抄誊，或买代笔，此其积弊，盖种种矣。臣按已前事例，凡应举生严加考校，不许以初学之士冒滥其间，违制者有罪。夫初学者且禁冒滥，况不识一丁者乎？臣请敕下该部通行申饬两京各衙门考送监生，必秉公遴选，不得滥收溷录，致妨贤者之途。其入试监生，有投空卷及文理大谬者，考送官连坐，越号、抄誊、代笔等弊问律。'疏下礼部。"

黄道周（1585—1646）生。庄起俦《漳浦黄先生年谱》："神宗万历十三年乙酉二月九日先生生。先生讳道周，字幼元，一字细遵，学者称石斋先生。详稽其历：为月己卯、日庚戌、而时丁丑；命直南斗、次于奎初，实涵象纬之秀。又所生之地，在漳郡铜山所之深井，世称深井黄氏。"黄道周字幼平，一作幼玄，号石斋，福建漳浦人。天启进士。

礼部主事苏濬为浙江提学佥事。时逼秋期，濬历试精敏，无一失者。（据《国榷》

三月

臧懋循自南京国子监博士谪归。《汤显祖诗文集》卷七有诗《送臧晋叔谪归湖上，时唐仁卿以谈道贬，同日出关，并寄屠长卿江外》。《明神宗实录》云：三月"谪南京户部署郎中事唐伯元三级调外。伯元上疏丑诋新建伯不宜从祀。且谓六经无心学之说，孔门无心学之教。守仁言良知，又邪说诬民。又进石经《大学》，云得之安福举人邹德溥。已为置序。南兵科给事中钟宇淳纠之。后降海州判官。"伯元字仁卿，广东澄海人。见《明儒学案》卷四十二。臧懋循字晋叔，长兴人。万历十一年官南国子博士。《万历野获编》卷二十六《项四郎》云："今上乙酉岁，有浙东人项四郎名一元者，挟资游太学，年少美丰标。时吴兴臧顾渚懋循为南监博士，与之狎。同里兵部郎吴涌澜仕诠亦朝夕过从，欢谑无间。臧早登第，负隽声。每入成均署，至悬球子于舆后，或时潜入曲中宴饮。时黄仪庭凤翔为祭酒，闻其事大怒，露章弹之，并及吴兵部。得旨俱外贬。又一年丁亥内计，俱坐不谨罢斥。南中人为之语曰：诱童亦不妨，但莫近项郎。一坏兵部吴，再废国博臧。"《列朝诗集小传》丁集上云：南国子博士臧晋叔，"每出必以棋局、蹴球系于车后。又与所欢小史衣红衣，并马出凤台门，中白简罢官。"

前少师兼太子太师吏部尚书中极殿大学士李春芳卒。春芳字子实，扬州兴化人，嘉靖丁未进士及第。授翰林修撰，历前秩。冲夷有度，喜接引天下士，避远权势。年七十五。赠太师，谥文定，予祭葬。（据《国榷》卷七十三）

四月

故御史赠光禄寺少卿刘台子孟铣，荫国子监。（据《国榷》卷七十三）

五月

差遣云南、贵州、福建、四川、广东、广西乡试考试官。（据《明神宗实录》卷一百六十一）沈德符《万历野获编》卷十五《科场·乡会分考》："自今上乙酉，命京朝官出典乡试，其分考属之知、推以及迁谪官。后知、推行取拜禁近，再入会场分考者，固不可胜数，然未有先会场而下就乡试者。惟吴江李龙门以礼科都给事中为壬戌会试分考官，后外谪，升山东兖州府通判，又为甲午科山东乡试房考，此则二十年来未有之事。"

司经局洗马署国子司业赵用贤兼翰林修撰，同谕德赵志皋等纂修玉牒。（据《国榷》卷七十三）

六月

差遣浙江、湖广、江西乡试考试官。（据《明神宗实录》卷一百六十二）

魏允中（1546—1585）卒。顾允成《小辨斋偶存·哭魏懋权》："万历十三年六月十有八日，年家弟顾允成移书于已故天官懋权魏先生，曰：……"魏允中，字懋权，南乐人。万历庚辰进士，除太常博士，迁吏部稽勋主事，寻移考功，病卒。王世贞《魏仲子集序》："《魏仲子集》者，故司封郎魏懋权所著也。其称仲子者何？懋权最有名，两举皆高第，而官又最显。一旦以病夭，故伯子悲之而为行其集也。序之者谁？吴郡王世贞也。……仲子于诗无所不工，五、七言律尤其至者，大较情真而语遒，意高而调协，即其才何所不有，而实不欲以江左之浮藻，掩河朔之风骨，盖得少陵氏之髓，而略其肤者也。文尤典雅简劲，直写胸臆，譬之赤骥盗骊，以千里追风之势，而就衔勒，毛嫱丽姬，汰人间之粉泽，而以其质显。……仲子于家，与伯子、叔子以三才子称，其在朝，与同年顾宪成氏、刘庭兰氏亦以三才子称。伯子名允贞，今为光禄少卿，叔子名允孚，今为刑部郎中，刘生盖先仲子夭云。"《明史·艺文志》著录《魏允中文集》八卷。《明诗纪事》己签六录魏允中诗六首，陈田按："懋权五律疏爽，七律调高，尚多浮响。"

南京国子司业刘珹改北。（据《国榷》卷七十三）

大学士王锡爵入朝。（据《国榷》卷七十三）

七月

差遣应天、陕西、山东、河南、山西乡试考试官。（据《明神宗实录》卷一百六十三）《国榷》卷七十三："（万历十三年七月癸酉）右春坊右谕德于慎行、李长春主试应天。时各省先后遣朝臣主试：浙江翰林修撰孙继皋、刑科右给事中常居敬，江西翰林编修余应麟、吏科右给事中叶时及，福建翰林编修黄洪宪、兵部主事蔡文范，湖广翰林检讨张应元、礼部员外郎李同芳，河南礼科右给事中陈大科、吏部主事邹观光，山东兵科左给事中王三余、礼部主事孙成名，山西吏刑部员外郎王教、魏允孚，陕西礼科右给事中田畴、户部主事萧良誉，四川兵科右给事中唐尧钦、刑部主事王德新，广东吏科左给事中杨廷柏、兵部员外郎江铎，广西工科给事中张栋、刑部主事林兆珂，云南吏科给事中杨文举、户部主事彭庆祖，贵州工部员外郎周梦旸、刑部主事熊敦朴。"

吏科给事中卢逵陈重纶音、酌叙迁、疏贡途、广钦恤四事。《明神宗实录》卷一百六十三：万历十三年七月癸酉，"吏科给事中卢逵陈四事。一曰重纶音。如壬午覃恩，迄今四阅岁，京官之文，犹有未发者矣，请谕撰文诸臣如期进呈。至于王诰，亦宜追万历七年题例，责二司入贺官按季带赉给散。一曰酌叙迁。四品五品京堂官升迁，当以俸为序，不得专论资望，开速化之渐。一曰疏贡途。嘉靖八年题准，一科举人止选学正、教谕，而今一选之中，授训导者强半，占缺既多，贡途遂滞。宜复旧例。一曰广钦恤。近者恤录诸臣，每视驳之多寡以为殿最。诸臣以畏驳为心，多从原罪，不敢开释，有一郡止一二人者。臣谓为民求生，多驳奠罪。今岁宜一遵敕书开载事例，尽心平反。上报曰：'朕召见辅臣，正欲商确治理，疏中有关系者，下所司奏闻。'"

八月

张一桂、陈于陛、于慎行、李长春主考两京乡试。《弇山堂别集》卷八十四《科试考四》："乙酉，命左春坊左谕德兼翰林院侍读张一桂、司经局洗马兼修撰陈于陛主顺天试。命右春坊右谕德兼翰林院侍读于慎行、右春坊右中允翰林院修撰李长春主应天试。分命翰林院修撰孙继皋主浙江、翰林院编修黄洪宪主福建、翰林院编修史珂主湖广、翰林院编修余孟麟主江西试。馀用六科给事中各部员外郎主事有差。珂辞，改命编修张应元。"沈德符《万历野获编》卷十五《科场·有司分考》："今上壬午科以后，议者谓十三省乡试，俱巡按专其事，实为总裁，而外帘府、县知、推，自为分考官，所聘教官，虽刊名录中，分阅朱卷，毫不得干预试事。其知、推各看墨卷，恣通关节，竞取所私。今宜痛革前弊，以京朝翰林、科、部诸官驰往典试，如先朝故事。若分考，则尽用别省教官之有声者，倘不足，则问取本省一二知、推佐之。奉旨准行，以今科乙酉为始，永为定例。其年之三月，将遣主考，巡按浙江御史王世扬条陈科场事宜数款，其语俱关切可行，而就中一条，若预知今日之弊而先言之者。疏中所列：'二曰议革有司分考，以杜私交。臣查得往年同考试官，不论省直皆用教官，惟顺天乡试，则间以办事进士或府佐及州县正官充之。此非有意如此，盖以其待选铨曹，随便择用，此虽以阅卷而取，彼非以阅卷而来，事不出于预期，人自难于早见，即欲作弊，安所措手哉？乃今谓教官识劣位卑，为人所薄，欲与前项官员相间取用，是诚补偏救弊之法矣。而不知今日之教官，非前日之教官也。前此就教者，类皆年力衰迟，今则多少壮矣。前此就教者，科不数十人，今则或千百矣。前此教官，多无志上进，今则成进士者接踵相望矣。前此充考多压于监临等官，今则随京考入帘，得专试事矣。此其识其官，尚可薄乎？即使果尔，亦宜另为酌处，不可遽及有司。何者？盖有司之在本省，属官也，其入帘则考官也。将待之以属官，则考试之体不宜卑；将待之以考官，则上下之礼不宜亵，此犹其小者。臣闻甲科有司之在各州、县，多有从之讲学作文者，其声口知之极真，其情好交之甚密。今一旦使之得典试事，则与前日外帘何殊？虽糊名易书，与看墨卷者不同，然岂能尽保无牢笼之意？如昔人所谓冒中三古者乎？革弊而反以滋弊，厘奸而重以为奸，似非计之得者。况平时考官，各省俱已聘定足数，欲减其数，则苦于时迫路遥，欲听其来，则不免徒劳无益，将若之何而可哉？臣以为分考各官，似宜仍用教职，第速行各巡按御史，督同各提学官，将各学年资精壮教官严加考选，一如类考生员之法，勿徇请托，勿庇私人，惟择最优者应聘前来。若辈既有志于功名，岂忘情于举业，以此程士，自无留良。若使拘拘于有司，则云、贵、川、广有司，进士甚少，亦何贵于舍外省举人之教官，而必用本省举人之有司乎？此有司之分考，所以当革也。'疏上，下礼部。时宗伯为归德沈龙江，力主遣京考者，亦深是其说。但间用知、推，乃其所建白，不欲自改前言，遂于覆疏中云教官之外，仍用知、推一二人，但令按臣严核奸弊可也。自此以后，教官日减，知、推日增，沿至今日，每科用聘来教官止一二人，亦有全不用者。本省有司，平日广辟门墙，入闱各收桃李，士子钻营日巧，径窦日多，取功名如寄。其京考官，视有司之高名积资者，且夕铨部台省，惴惴敬畏之不暇，间或驳回二三卷，则艴然盛怒，不复别呈。发榜期迫，京考惶惧，反卑辞谢过，仍求所呈卷，填榜毕事，较之壬午以前，幸门不啻倍蓰矣。"今上，指明神宗万历皇帝。壬午，即万历十年（1582）。乙酉，即万历十三年（1585）。

今年乡试，浙江录取九十人。孙继皋《宗伯集》卷三《浙江乡试录序》："万历十三年秋八月，郡国复当大比士。……所选士二千七百有奇，三试之……卒业如额收九十人。"

今年乡试有"夫妇之愚"十句等题。《游艺塾文规》卷三《起讲》："有悬空玄说，竟作问难而起者，如乙酉浙江'夫妇之愚'十句，袁茂英云：'君子之道，费而隐之道也。夫其费也，必造化而始显，神圣而始备，则道果犹有遗乎？必知之而可悉，行之而可尽，则道果犹有御乎？'轻虚活泼，笔端如尽。""南京'大戒于国'十句，李大武云：'古忠良之世留心民事者，谁不动称先王之故宪？而不有明君者举而亟行之，则其事多湮灭而弗彰，吾不意齐有进言之晏子，而又有能悦之景公也。'今人作文多苦思极煅以求工，而此数语只凭胸流出，笔端可爱。故有意求工者，类无嘉调；而无意吐出者，常有至奇。学者所当深辨也。""福建'见善如不及'全，丘宪周云：'古今人岂甚相远哉？而以其所见验之所闻，或有所欣艳而遇之，或有慨然想见其为人而无从焉，论古者所以有遐思也，而今如何哉？'奇宕之极，琢削俱融。'孔子尝为委'二节，黄葵阳拟程云：'王人诏禄以养廉，君子敬事而后食。故仕者为道，非为禄也；即不得已而仕者，虽为禄，亦为道也。'最得题旨"。

傅新德之文为吴同春所赏识。傅新德《傅文恪公全集》附录乔迁枢《明嘉议大夫太常寺卿管国子监祭酒事……傅公行状》："先生讳新德，字明甫。……七岁能作八股文，恬静淳笃，不好嬉戏。十二岁举神童，县令白公璧屡试，知为公辅器，于城中置宇舍，给书笔资。……乙酉大比，郡府吴公同春一见试卷，玩赏不已，曰：'此相才也，元笔也。'亟荐之衡文者，取以儒士入场。是岁，典试者一欲解之，一欲魁之。解者弗悦魁者之不解之也，竟袖焉，以为宁不举，不欲为第二人也。列名副榜首，于是始补府庠弟子员。"

采御史蔡时鼎议，许扬州商、灶子弟于两淮都转运盐使司应试，提学官一体选取入学。（据《明神宗实录》卷一百六十四）

闰九月

翰林院庶吉士邹德溥、王□、叶向高、周应宾、方从哲为编修，葛曦、徐待聘、杨元祥、邓宗龄、季道统为检讨，姜应麟、梅国楼、邵庶、胡世麟、史孟麟为给事中，吴龙征、沈权、王之栋、徐大化、杨绍程、梅鹗祚为御史，宁中立、刘大武为礼兵部主事。（据《国榷》卷七十三）

十月

秋榜后，冯诗等浙籍考生因冒籍与试受惩处。《明神宗实录》卷一百六十七：万历十三年十月戊辰，"顺天举人史纪纯，钶之子也，冯诗、章维宁者，张一桂之馆宾也。同时董邵、陈邦训、杨日章、孙唸、胡正道等，皆以冒顺天籍中式，事渐闻禁中。一日，上谕礼部都察院曰：'朕惟祖宗设科取士，不为不严，近来各省直多有冒籍无耻之人，幸得取中，提学官通不稽察，亦有嘱托倚势，滥行收录者。以后务分别侨旧，不许循情隐蔽，致伤风化。有蹈前弊，许诸生人等即时讦奏，重治不宥。'于是礼科署科事给事中钟羽正疏参八人，而提学御史董裕坐不先查革，镌秩一级。事下部院，请比嘉靖年例，革回充附。中使持疏至阁，传旨：'二百年来科场太滥，冒籍诸人先枷号治罪。张一桂、史钶岂是不知，今亦无面目在此，都着致仕。'时行等言：'冒认户籍，有司之弊，考官不得而知。张一桂久在翰林，平日谨慎，故臣等题充日讲。冯诗、章维宁虽曾馆于其家，不久辞去。帘内只看朱卷，何从认识。且部科疏中并无张一桂姓名，朝廷将何所据，突有处分。史记纯随任读书，宜与越关来京者小异。钶亦素有文学，遽令去官，不无可惜。至于冒籍举人，既从重处，合通行革去举人名色，递回原籍，若有别情，彼中按臣自当查参。'疏入有旨：'钶坐冠带闲住，而冯诗、章维宁二人，敕法司会同该科勘究，有无干碍考官。'刑部廷鞠二人：'通关节乎？'曰：'无之。''曾改撺文字乎？'曰：'无之'。'解馆之后再入其门乎？'曰：'无之。'遂以实奏。上以为回护，切责也。诗、维宁荷械礼部一月。一桂坐调南京别衙门用。"沈德符《万历野获编》卷十四《科场·京闱冒籍》："国初冒籍之禁颇严，然而不甚摘发。惟景泰四年，顺天举冒籍者十二人，时礼部主事周骙请照例论罪，已中式者斥不录，未中式者终身不许入试。既而言者以为过刻，始令斥回者仍许再试。其中汪谐者，次科即联捷矣。至成化四年，星变考察，南京科道交章劾吏部左侍郎章纶纵子元应，冒籍京卫军余，侥幸京闱中式，并其它罪宜究。上命礼部右侍郎、刑科都给事中毛宏往按得实，奏请区处。上以事在革前，姑宥之。但革斥元应，令再入试，又中浙江第二十名，遂以乙未科登高第，为显官矣。至嘉靖二十二年癸卯，顺天中式陆光祚、毛延魁、陈策，俱以冒籍被劾。礼部请发回原籍，上命姑准存留，但不许今科入试，而贷其父叔侍郎陆杰、太仆卿毛蕖、鸿胪卿陈璋罪。至四十三年甲子顺天乡试后，给事中辛自修又纠章礼等五人冒籍，诏覆试，仅斥二人。而章礼即以乙丑登第，余考官、监试俱无所问。至今上十三年乙酉科顺天场后，冒籍之说纷起。既而给事中锺羽正发之，为浙人冯诗等八名，俱奉严旨，诗等二人，枷示顺天府前，满日同六人俱发为民，禁锢终身。是时讯治既酷，二生被重创，荷三木，穷冬盛寒，皆濒死而苏。八人中，史纪纯之父为编修钶，至革职闲住，提学御史董，以失觉察调用，正主考左谕德张一柱（桂）调南京，盖自来冒籍受法，未有如此严峻且滥及者。逮其后再有议，则宽政普及矣。"乙未科，指成化十一年（1475）的会试。今上，指明神宗万历皇帝。沈德符《万历野获编》卷十六《乙酉京试冒籍》："乙酉秋榜后，有顺天诸生张元吉者，投揭长安，谓浙人冒籍得隽，致妨畿士进取。科臣锺羽正露章言之，浙士冯诗等八人斥为民，诗与章维宁，罪至荷校。史鹤亭太史钶，以纵子冒籍，革职闲住。主考张玉阳一桂调南京，董督学调别衙门，御史蔡时鼎以救正外谪。说者谓张元吉以赀冠京师，与郑贵妃家至戚，又贵妃弟入闱不得荐，故以此修隙。一时当事者，未免迎合内旨，处分遂尔过酷。是冬凛冽倍常，冯、章二生被三木于京兆门前，僵冻几死。府尹沈继山思孝，浙人也，以乡曲怜之，倍予衣食，得不毙。事闻于宫披，亦调南京太仆卿。初得旨，止降俸二级，沈请于政府：'尚得乘轿腰钣花否？'政府云：'降俸不降级，何为不可？'沈遂仍服不疑。给事中唐尧钦遂劾以抗违明旨，沈因得调，时皆憎唐之承望风旨。盖沈曾左袒吴、赵、江、李诸人，久忤揆地也。夫外省冒籍诚宜禁，若辇毂之下，则四海一家。且祖制土著百名之外，中三十五名，其三十名胄监，而五名则流寓，及各衙门书算杂流，旧录历历可考，何冒之足云？况前一科会试，鼎甲一人，庶常二人，皆浙人也，何以置不问？而独严于乡试，株连波累至此耶？亡命巨奸，借通州籍，纳吏拜官者，充塞海内，孰从而正之耶？此后亦屡有冒籍受攻者，皆不能胜，而顺天讦告诸生，或有反坐被褫者矣。独张元吉者，后改名，以岁贡得县令，晋知州。"查继佐《罪惟录》志卷十八《科举志》："（万历）十三年，奏定外省主试必用京官，分考教官与有司合聘，中式到京必行覆试。是年乡试后，顺天卷入内，发还，无所问。卷中浙江冒籍者为胡正道等八人。都下蜚语哄闻，诏发原籍为民，并连编修史钶、主考张一桂褫调。而八人中冯用诗、章维宁独拷讯枷示。各省见革者十余人。时御史丁此吕追论前应天主考侍郎高启愚命题'舜亦以命禹'，意在劝进太师，大不敬，启愚坐削夺去。"《国榷》卷七十三："（万历十三年十月戊辰）北闱贡士史纪纯为编修史钶子。冯诗、张维宁为侍讲张一桂客。董邵、陈邦训、杨日章、孙唫、胡正道俱审籍。上闻之，谕部院，禁幸门审籍。于是礼科给事中锺羽正劾史纪纯等八人。提学副使董裕镌一秩，械审籍以徇，章维宁预焉。史钶免。一桂降南京兵部员外郎。初，诸生顺天张元吉落第，造蜚语，谓浙人冒籍妨畿士。元吉与外戚郑氏通姻，故以此修郄。"

　　徐复祚秋试不捷，太仓叶某指其贿买科场。《花当阁丛谈》卷二《萧尉》云："孙（萧）腾凤解元举进士，万历甲申、乙酉间为吾郡同知，曾摄吾邑篆。"跋云："萧公署印在乙酉年。余应京兆试，有太仓叶棍乘机讦余贿买科场。屡问不能结。时五月也。事属萧公。公首问曰：试官为谁，今贿谁？棍嗫不能对。事遂白。阖邑诵神明。"（《笔记

小说大观》十六编，第二册）

本年中式举人周继昌偶衷朱衣拜客，遭无锡人嘲谑。《万历野获编》卷二十六《无锡谑语》："今上乙酉科，锡山周莲峰，以南书领解南畿。比抵家，偶衷朱衣拜客。其邑中下第少年浮薄者，恶语诮之曰：'周继昌，汝何故穿红衣裳？要学华鸿山无他的门墙，要学尤回溪无他的后场，要学吴震华无他的资囊，要学顾泾阳无他的文章。汝何故穿红衣裳？'一时传诵之。以上诸公皆无锡发解前辈。华学士名察，世登甲榜。尤吏部名瑛，策论表成帙，为时所式。吴给事名汝伦，富冠一邑。顾吏部名宪成，以时艺噪海内，又皆起家壁经，故同里合举以诮之。"

本年中式举人拜谒嘉靖乙酉科举人许谷。《客座赘语》卷十《前乙酉举人见后乙酉》："石城先生，年二十举嘉靖乙酉乡试，三十举乙未会试第一人，官吏部奉常少卿，止于尚宝卿致政。时年不满五十岁，居林下逾三十年，福禄寿考，子孙之盛，为留都冠。生平无霜露之恙，体中小极，但亟令家人治米粉丸，进二盂即瘥。万历乙酉，中式举人谒先生，时方矍铄，无老态。年八十馀，予尝见先生道貌，碧眼、长头、白须飘然，真神仙中人也。"

巡按湖广御史任养心参承天府推官李棨多硃笔增改试卷，主考检讨张应元、员外郎李同芳失检。命夺俸半年，谪棨。（据《国榷》卷七十三）

张四维卒。《国榷》卷七十三："前少师兼太子太师吏部尚书中极殿大学士张四维卒。四维字子维，蒲州人，嘉靖癸丑进士。选庶吉士，授编修，历中允、翰林学士。擢吏部侍郎，署詹事府。万历三年，以礼部尚书兼东阁大学士，累进前秩。四维与张居正共事最久。居正秉政，颇尚锲急。会其卒，密疏请宽大，罢一切法令。又请拔海内直士久抑者，已言路掎摭诸党，又请与之更始，时论多之。尝称杨一清、翁万达气略磊珂，无书生气，盖自况云。赠太师，谥文毅，予祭葬。"

国子祭酒徐显卿为少詹事，直日讲。（据《国榷》卷七十三）

十一月

右春坊右谕德兼翰林侍讲韩世能为国子祭酒。（据《国榷》卷七十三）

江西布政司参政王希元削籍。希元先任福建提学副使，行部崇安，以故御史朱琏作令崇安，率诸生立祠，自撰碑记。至是巡抚沈人种以闻，吏部拟调简，上以卑谄斥。（据《国榷》卷七十三）

右春坊右谕德兼翰林院侍讲学士李长春清理贴黄。（据《国榷》卷七十三）

十二月

少詹事张位为詹事，仍署翰林院事。右谕德于慎行、洗马陈于陛俱为翰林院侍读学士。（据《国榷》卷七十三）

翰林院编修黄洪宪、曾朝节为侍读侍讲。（据《国榷》卷七十三）

本年

（万历十三年）又奏准：各省仍用京官主考，凡遇乡试之年，巡按御史奏请礼部会同吏部于在廷诸臣内访其学行兼优者疏名上请，每省分遣二员，仍酌量道里近远先期奏差。（据王圻《续文献通考》卷四十五《选举考·举士三》）

王世懋督学闽中，谢肇淛以第一补侯官弟子员。徐𤊹《中奉大夫广西左布政使武林谢公行状》："肇淛，字在杭，别号武林云。……万历乙酉，太仓王世懋来督闽学，品其文曰：'将来必为名士。'拔置第一，补侯官弟子员，入试。阅岁，吴江顾公大典试士，君仍首列，廪于学官。"

明神宗万历十四年丙戌（公元 1586 年）

正月

礼部请广会试制额。上特命取三百五十人，著为例。会试《易》经卷多，增一房。《明神宗实录》卷一百七十：万历十四年正月壬戌，"礼部题会试事宜，请广会试制额。上特命取三百五十人，著为例。又议试录程文，宜照乡试例删润原卷，不宜尽掩初意。至于经房额设一十七员，《书》、《易》经旧例各有四房，《易》经卷多，合增一房。从之。"

命礼部右侍郎兼翰林院侍读学士王弘诲，国子监祭酒韩世能，左春坊左谕德兼翰林院侍读赵志皋、司经局洗马兼翰林院修撰赵用贤，俱补充经筵讲官。（据《明神宗实录》卷一百七十）

二月

王锡爵、周子义为今年会试主考官。录取袁宗道等三百五十人。（据《弇山堂别集》卷八十四）

今年会试，有"执其两端"二句等题。《游艺塾文规》卷三《起讲》："丙戌'执其两端'二句，罗大纮云：'天之降衷于民，何择圣凡？故愚夫愚妇之所怀知而独处者，亦圣人之所不弃也，此其道在有虞矣。'句句着力。薛三才云：'圣人之智，固未尝自恃其聪明，而亦岂概徇夫众庶哉？合众善所以成其大也，而酌众善所以执厥中也。'亦自大雅。小讲有从前说来，而议论出于题目之外者，如癸未'吾之于人'全，俞士章云：'太古之世，有操行而无议论，是非何缘而起乎？不得已而有是非，亦君子劝惩天下之一机也。'本文只说三代，渠却说'太古'，是超前起法。有从后说来，而竟反题以起者，如严贞度此题云：'古之待民也常公，今之待民也常私。自私心起、直道微，而毁者誉者争以其说行天下矣，彼盖以古一民也，今又一民也。'题说'三代直道'，渠说'今日常私'，分明与题相反，此是从后说起，而其妙处全在'古一民也'二句，唤得通章大旨醒。""'修身则道立'一节，此题小讲最难说到效验，全无佳思。李廷机云：'九经之事可以为天下国家，法程至明也，而卒莫之行者，得毋曰行之而未必效耶？臣试以效言之。'如此说，方见效之当陈，最得夫子口气。陈良轴云：'有天下国家之责者，最不可有计功之心，而苟得其道则效即随焉，此愿治者所必考也。'说当自考，尤有识见。""小讲贵直截，倘题有微意，亦贵曲折以发之。如'孔子有见行可'三句，邹德溥云：'圣人之为天下甚殷，而其待天下甚恕，故尝委曲以异道之行。即或道之未可行，而亦时就焉，其究卒归于道，若孔子可睹已。'何等曲折！盖婉而有法者也。孟养浩云：'圣人为道之心至切矣，纵迹之所托疑于非道，而为道之意亦有潜而寓于其中者。'此觉简直，而意亦甚明。"《游艺塾文规》卷七《正讲四》："丙戌'故君子名之'一节，袁宗道墨已刻程，文甚典雅。后二比云：'思内庭广众，其耳目最难掩，而兢兢乎拟之后言，惟恐名与实违，或上乖乎国纪；思天下后世，其听睹为最公，而惕惕乎虑然后发，惟恐实因名紊，或下拂乎人心。'雄秀有采色，'名实'二句得题旨。薛三才此作甚得肯綮，起讲先从'名不正'说来，即虚做四句云：'故君子为国家正体统，必致意于其始；为朝廷辨名分，已深虑乎其终。（四句浑融说意，后二比流水说下。）其制此名也，必其足以告宗庙、示臣民，显然形之称谓而不讳者也，未有不可言者也；而其言此名也（此句联络得好），必其足以扶三纲、正九法（原在'名'上讲，有理），昭然见诸行事而无弊者也，未有不可行者也。然则君子之于名也，而岂徒提空名以饰观听矣乎？（单重'名'字过下，甚是。）名一不正，必且假借于其言，假借而不已，遂将至于陵夷而不可行矣，此终苟道也。君子之称名而或易乎，则纲常奚赖焉？'又对一比，纯重'正名'发挥，有神有骨。周著讲'可言'、'可行'，皆根'名'来，亦自有见。过下云：'君子知行不越乎言之外，则兼举之易；而言已在于名之中，则致慎之难。'此四句亦得题意，后面皆重'名'。上讲缴云：'盖所急者，在君臣父子之伦；而所关者，在乾坤尊卑之等；所谨者，在唯诺传宣之顷；而所虑者，在民物经纶之大。君子之不苟于言也，岂其爱区区名哉？'又进一步。黄道月先以'礼乐崩坏'、'刑政废弛'起二比，以见名之当重，后讲'可言'、'可行'处，皆点出'苟'字，讲末句皆从'为政'上说，飘逸跌宕，有凤凰翔于千仞之上之趣。""'执其两端'二句，袁宗道起云：'是故以天下视舜，则千虑之一得，似无当圣心之中；而以舜视天下，则群言寓至理，皆可裨执中之用者。于是取咨询之所及，辩之几微之分；而即合采择之所得，运为方寸之矩。（流水说去，又不说尽。）其折节而求所为当圣裁者，靡匪说论，而就说论之中，亦自有异同，其辨在纤细间也，则出其朗照以辨之纤细间而协于中，即用之我也，无问其出愚贱口矣。'又对一比，后总缴二比。从来元卷皆贵独造，不贵沿袭，然亦有袭之而佳者，如'舜其大知也与'，傅夏器窗稿起云：'自舜之圣而观之，天下固难乎其为智也；自舜之心而观之，视天下之人皆智也。'田一俊墨卷全用此话，金玉蟠亦全用此意。'其辨在纤细间'等句，亦从冯具区丁丑'回之为人也'一节讲'择乎中庸'处来。大率文虽贵出自胸臆，而一脉相承，亦有的传。会元文字不可不熟看，看熟则率然而成，偶有相符，不足忌也。薛三才亦佳。黄之俊绝无蹈袭，句句出自胸臆。起云：'众庶之口，人一其指归，善而未必同也，此两端所以杂陈也；盈庭之议，人一其见解，善而不皆中也，此两端所以待择也。舜也，语识则浚哲超乎物表，故能朗观众善而独折其精；语量则同人包乎宇宙，故能见执大中而咸用其极。'次将'执'、'用'联作二大比，后单承'用'字收二比。黄汝良先提大意明白，次入讲云：'理介于可从可违之际，姑两存而互参之，得其所谓浑然中者，然后以茹纳为体验，而盈庭之议始决也；见淆于一彼一此之间（前说'理'，此说'见'），先两持而独断之，得其所谓粹然中者，然后以延揽为推行，而先入之听弗主也。（前说'盈庭之议'，此说'先入之听'，各是一意。）本圣心之惟精者以折异同之见，而执之也若持衡时，盖众言辐辏，即以其中仰合于圣人，而卒不见圣人之有成心；本圣心之惟一者以定取舍之极，而用之也若发机（以'惟精'说'执'，以'唯一'说'用'，挪易不动）时，盖舆论画一，即以其中俯合乎天下，卒不见圣人之有偏听。'"'事孰为大'二句，袁宗道神气俱爽，可称绝唱矣。其至妙之词，则在后二比中四句，云：'未出庭闱，则顾覆之爱尤真；念始孩提，则瞻依之情独切。'王老师极喜此语，以为深得人子事亲之情。薛三才起云：'自吾有生以来，顾其具夫形骸肢体，而得肖貌于天地间者，非亲也耶？（句逸。）是有吾亲，斯有吾生，竭吾生之所自尽，举不足以事之，而以是论于伦理，事孰大焉？自吾有身以来，顾其为之抚摩鞠育，而得称人于覆载间者，非亲也耶？是有吾亲，斯有吾身，竭吾身之所可自致，举不足以事之，而以是论于日用，事孰大焉？'词切情恳。王一鸣后二比云：'自事者而言，尽心非以酬恩，竭力非以植行，有时捐躯非以明节义，彼不自知其事之大也，惟见天下无复有加于所事之亲而已；自见事者而言，彼尽心而我不知感，彼竭力而我不知劳，彼有时捐躯而我不难其慷慨，亦不知其事之者以为大也，惟见天下之事我者，无以加于此而已。'凭空构奇，出人意表。"

乙酉，会试举人因点名时攘越混扰，踏死余姚举人陈希伊、宁海举人吴国宾。事闻，上命罚治御史兵马等官各有差，令顺天府厚给死者，兵部给脚力，应付回还。（据《明神宗实录》卷一百七十一）

己丑，革贵州新科举人尹新，以原籍江西，冒贵州也。（据《明神宗实录》卷一百七十一）

册郑氏为皇贵妃。三月，禁部曹言事。《明鉴纲目》卷七："纲：丙戌十四年，春二月，册郑氏（大兴人）为皇贵妃。三月，禁部曹言事。目：妃有殊宠，生子常洵，进封皇贵妃。而王恭妃生皇长子，已五岁，不益封。中外籍籍，疑帝将立爱。给事中姜应麟（字泰符，慈溪人），首抗疏请立元嗣为东宫，贬广昌（汉置县，隋改飞狐，明洪武初，复广昌，今改涞源县，属保定道）典史。大学士申时行，率同列再请建储，不听。时帝以旱霾，下诏求直言，郎官刘复初（高陵人），李懋桧（字克苍，安溪人）等，显侵贵妃。时行请帝下诏，令诸曹建言，止及所司职掌，听其长择而献之，不得专达。帝甚悦之。于是言者蜂起，皆指斥宫闱，攻击执政。帝概置不问，门户之祸大起。"

吏部题覆礼科给事中王三余题考选庶吉士事宜。《明神宗实录》卷一百七十一：万历十四年二月，"己巳，吏部题覆礼科给事中王三余题今岁开科当考选庶吉士，窃谓抢材嫌于疏，不嫌于数，而官材之道，贵于精，不贵于多，必衷益之适均，斯经常而可久。今后凡遇科年考选吉士，率以二十余人，储养成才，留授编简官，无过七八辈，其余酌量才品，分授科道部属等官，著为定例，永远遵守。上是之。"

三月

唐文献、杨道宾（？—1609）、舒弘志等三百五十一人进士及第、出身有差。《明神宗实录》卷一百七十二：万历十四年三月，"庚戌，上策天下贡士于廷。制曰：'盖闻上古无为而治，不赏而民劝，不怒而威于铁钺，何甚盛也。而儒者之论治曰：有功不赏，有罪不罚，虽唐虞不能化天下。又谓夏后氏先赏而后罚，殷人先罚而后赏，周人修而兼用之。则二帝三王所由，固与上古殊路欤？何同归于治也？又有言赏宜从予罚宜从去者，有言宁僭无滥者，有言仁可过义不可过者，以为古昔帝王，皆以君子长者之道待天下，然则先罚后赏者非欤？抑赏罚者帝王致治之具而非其所以治欤？我圣祖继天立极，垂宪万世，恩威莫测，其用赏罚，务协于中，其揭诸《祖训》首章及载诸《圣政记》者，同符治古，可得而陈其概欤？朕以寡昧托于臣民之上，十有四年矣，凤夜兢兢，惟古训是式，成宪是遵，不爱爵禄赐予，以待功能之士，而不法者以三尺重绳之，明示好恶，以与天下更始。然德泽壅而不究，法令泥而不行。任老成奖恬退以教让也，而浮竞之风益甚，革苞苴罪贪墨以训廉也，而澄清之效罕闻。习俗奢侈，示之以俭，而人心尤溺于纷华。刑狱冤滥，示之以宽，而吏议多工于锻炼。蠲租赈穷诏常数下矣，胡闾阎之困未苏？振旅诘戎令亦屡申矣，胡牖户之防未密？无乃劝惩之法，阙而未备欤？抑所谓修职任事者漏赏，而欺谩避课者佚罚欤？殆朕之不敏不明，所以风励之者非其本，而督率之者非其实也？兹欲赏信罚必，以昭明圣祖之法，而追古帝王之治，何修而可？尔多士，居则称先王，谭当世之务，其尚究晰古今，根极体要，详著于篇，勿泛勿隐，朕将亲览焉。'"《弇山堂别集》卷八十四："十四年丙戌，命礼部尚书文渊阁大学士王锡爵、掌詹事府吏部左侍郎兼翰林院侍读学士周子义充考试官，取中袁宗道（1560—1600）等。是岁以言官请，取三百五十人，著为令。廷试，赐唐文献、杨道宾、舒弘志及第。先是，内阁大臣申时行等拟袁宗道第二人，道宾第三人，而宗道卷属大学士许国读，音楚，上意不怿，置之二甲第一，而拔进呈最末卷弘志第三。弘志，巡抚广西右副都御史应龙子，年十九，策奇丽甚，而语多刺讥时政，且侵言官之横者，大臣惜而不敢显置之前，上忽拔之，中外惊异称服，以上神明且得人也。"李调元《制义科琐记》卷二《愤言官之横》："万历十四年丙戌科殿试，阁臣申时行等拟袁宗道第二，杨道宾第三。宗道卷属大学士许国读，音楚，署二甲第一，移道宾一甲第二，而拔进呈最末卷舒宏志为一甲第三。宏志，巡抚应龙之子，年少，策最奇丽，多规讽时事，且愤言官之横。阁臣不敢置前列，上亲赏拔，中外警异，以为神明。"

袁宗道举会试第一，殿试二甲第一。选庶吉士。《万历野获编》卷十六《癸未丙戌会元》："丙戌，王太仓主试，立意以简劲风世，故首袁公安。榜初出，人望不甚归。太仓公岸然不屑，急以试录魁卷寄辰玉。是年录文大半出王手笔，其父子最相知信，自谓此录冠绝前后，乃子必惊赏无疑。及报书至，更无他言，但云此录此卷行世之后，吾父勿复谈文可也。太仓得书大怒。次科戊子（1588）辰玉举京兆第一，其卷乃翁亦不甚惬意。及辛丑（1601）举第二，太仓公批卷云：此子久困场屋，作此以逢世眼，即此一念，便不可与入尧舜之道矣。文字一道，家庭间意见迥别若此，况朋友乎？……辰玉辛丑授官后，即奉差归里，日惟课子。每命一题，辄自作一首。乃孙晚谒大父，必问云：今日何题？乃父文云何？其孙出以呈览，辄云不佳。即呼纸走笔，不构一思，顷刻而成。今所刻《课孙草》是也。友人沈湛源应奎时为彼中广文，亲见，每为余言，叹服以为天人。然辰玉高才，正如大令之于右军，所谓外人那得知者。是父是子，断不可再得也。"王太仓，指王锡爵。其子王衡，字辰玉。袁公安，袁宗道，字伯修，公安人。袁宏道之兄。李调元《制义科琐记》卷二《改名黄》："袁了凡初名表，万历丁丑下第，梦袁黄作会元，因改名黄。比下科，榜发，则会元袁宗道，黄汝良次焉。"袁黄（1533—1606），万历十四年（1586）三甲一百九十三名进士。江苏吴江人，一作浙江嘉善人，字坤义，一字了凡。知宝坻县，有善政，擢兵部主事。日本侵朝鲜，佐经略宋应昌军往征，为其策划。中察典，免归。博学尚奇，凡河洛、象纬、律吕、水利、戍政莫不究涉。有《两行斋集》、《历法新书》、《皇都水利》、《评注八代文宗》、《群书备考》、《劝农书》、《游艺塾文规》等。

潘季驯之子潘大复今年中进士。沈德符《万历野获编》卷十六《登科录父祖官》："登科有录呈御览，其三世父祖爵秩，但直书某官，如尚书侍郎以至郎官及外寮，并不书所官何部分何地方，此例相沿已久。近日始有分析写某地者，最为失礼。若曾削籍，则空白如庶民，曾降级，则书现任或所终之官，非若私行序齿录，可以前衔混入者。近见今上丙戌科《登科录》，湖州人潘大复，父名季驯，以太子少保刑部尚书为民，时尚在家未复官，其名下竟空不书爵位，最为得之，然亦故事相传如此。至于二甲第四名查允元者，杭州人，其父查志立，名下书参政。余按志立虽曾为大参，以计典左官，后补参议，以事褫职，归田已久，从未牵复，安得仍称故官？君父之前，似不宜诡饰。而在事亦无纠正之者，其后纷纷不可胜纪矣。"

万历十四年以降，庶吉士选留数量较以往为多。《神庙留中奏疏汇要·吏部》卷八翁宪祥《馆选巨典恳乞圣明特敕阁部大臣遵行旧制力挽人情以防末流以重词林事》：

"臣以为，当事大臣矢心天日，务于至公，考时严加防范，取舍一凭尺幅，俾贪缘者抑而恬静者伸，虚声者退而实学者进，然后巨典有光也。翰林、坊局虽然无定员，亦当稍有限制。而欲为限制，即当慎重于考选之时。诚查近来壬辰、乙未二科，俱二十八人止耳。自己未到今又经几番考选，从兹以后，益难数计，若不限有常额，随意加增，安所底极？合无及今定议，必以十八人为率。其直省所选人数亦查照往例，勿得偏枯，然后人心可服也。国家用人，入而储养，出而经历，随地自效，宁分低昂？查得《会典》所载，每科留数甚严，即圣上历科如甲戌停考，丁丑选二十八人，然先后仅留十一人。庚辰停考，癸未选二十八人，然先后仅留十二人。丙戌选二十七人，仅留八人。比时各安分，无敢嚣竞。惟自丙戌以来，概至多留。留者愈多，孰甘居后，于是奔趋径窦，同类挤排，世道人心，皆堪扼腕。谓宜自今以后，查照《会典》，止留三分之一。即有滨补者，亦将一科留数总为计算，勿使逾额，其授科、道及各部司属，悉遵祖制。若如近年变例，部曹一概不行，则嘉靖年间常有外除者，未必尽无建竖，何至以部署为劣处，皆薄之而不屑也。大抵词章之高下，未足以概人品，一时之官职，未可以定勋名。当事者尽捐曲顾体面之心，与选者勿操越次营求之念，然后士习可端也。臣职在笔札，三年考较，例不容旷，且散馆之时，必一齐在任，方可分别授职。是以向来除忧制外，绝少托疾引避者。查丙戌之前，间有请告，必系真病，又或以会试榜首，例在必留，或该省原止一人，考序已定，非有所规避也。若近年考较未几，每即引疾，其强健无恙，人人知之，其虑同省人数相妨，几幸日后，亦人人知之，则真巧于择官矣。谓宜自今以后，各臣与教习大臣力为主持，三年之间不许托疾。有托疾者，起补之日不妨明白示裁，庶侥幸可抑也。"

刘黄裳（1529—1595）今年始中进士。李维桢《兵部郎中刘公墓志铭》："隆庆丁卯（1567），余从先大夫游梁，则闻光州刘嵩阳先生，宏览博物君子也。是年，先生仲子举于乡，先大夫美其父风。或云：恨不见伯子，殆难为弟矣。伯子者名黄裳，字玄子，人称为太景公者也。因急索公论著观之，奥衍弘深，震骇耳目。先大夫诟曰：'吾儿不堪作刘君衙官，乃亦同上公车耶？'明年（1568）余幸登第而公不偶。又二十年为丙戌（1586），公始与余季弟成进士。又三年（1586）为司寇尚书郎。余幸入芝兰之室，缔缟纻之交。又六年（1595）归，寻卒。"《池北偶谈》卷六："光州刘玄子黄裳，嵩阳先生绘之子也，好谈兵，倜傥负奇。嵩阳守重庆，铜梁大司马张襄宪公（佳胤）以童子见知，爱如己子，致署中，与玄子兄弟读书。时玄子十许岁，妒襄宪之才，夜与弟黄鼎潜往绘之，赖太史夫人走救得免。后襄宪开府，玄子尚在公车，过襄宪公，酒酣耳热，辄谩骂，襄宪逊谢而已。玄子后以兵部郎参谋征倭军事。"李维桢（1547—1626）字本宁，京山人。隆庆戊辰进士，选庶吉士，授编修。官至南京礼部尚书。有《大泌山房集》。张佳胤（1527—1588）字肖甫，号居来，铜梁人。嘉靖庚戌（1550）进士，授户部主事。官至兵部尚书。谥襄敏。有《居来山房集》。

丙戌在八股文演变史上被视为风会转移之关键。梁章钜《制义丛话》卷五："盛集近王，中集近霸。王之道，正大和平，霸之道，幽深奇诡。隆、万中集也。然癸未以前，王之馀气，已丑以后，霸之司权。盖自太仓先生主试，力求峭刻之文，石篑因之，遂变风气。是故丙戌者王霸升降之会也。丙戌鲜有名家，独钱季梁士鳌精实简贵，有承先启后之功焉。"

丙戌以后，馆阁文章风气渐变。《列朝诗集小传》丁集中《冯尚书琦》："隆、万之间，东阿于文定公博通端雅，表仪词垣，临朐于文定为年家子，继入史馆，声实相望。临朐早世，未及爰立。殁后五年，而东阿始大拜，一登政事堂，未遑秉笔，奄忽不起，人之云亡，君子于二公，有深恫焉。于有《谷城集》，冯有《北海集》，并行于世。当时士大夫入史馆者，服习旧学，犹以读书汲古为能事，学有根柢，词知典要，二公其卓然者也。丙戌己丑，馆选最盛，公安、南充、会稽，标新竖义，一扫烦芜之习，而风气则已变矣。自时厥后，词林之学，日就舛驳，修饰枝叶者，以肥皮厚肉相夸；剥换面目者，以牛鬼蛇神自喜。东里西涯，前辈台阁之体，于是乎渐灭殆尽，而气运亦滔滔不可复反矣。吾于近代馆阁之文，有名章彻者，皆抑置而不录，录于、冯两公集，为之三叹，聊引其端如此。"

丙戌大廷对策，顾允成（1554—1607）指切时事不少讳。允成癸未（1583）举会试，今年始与廷试。高攀龙《顾季时行状》："万历己卯（1579）举乡试，癸未举会试，丙戌大廷对策，指切时事不少讳。其略曰：'陛下所以策臣者，无虑数十百言，究其指归，赏罚二科而已。夫赏者劝天下之法，然有不倚于赏者，所以劝天下之意也；罚者惩天下之法，然有不倚于罚者，所以惩天下之意也。今赏罚之法甚具，然而德泽不究，法令不行，此无异故，则圣制言之矣，所以风厉之者非其本，督率之者非其实也。本也实也，即臣愚所谓意也。窃观当今之势，而根极其体要，所以累皇上之意者，大凡有二：明以好示天下而此二者恒阴移其所好，明以恶示天下而此二者恒阴移其所恶。二者何也？曰内宠之将盛也，曰群小之将逞也。夫人主崇高富有，无一不足以厌其欲，昏其志，而惟色为甚，圣王之所亟远也。昨者皇上以郑妃奉侍勤劳，特册封为皇贵妃，大小臣工不胜其私忧过计，因而请册立皇太子，因而请加封王恭妃，皇上不温旨报罢，则峻旨谴逐矣。夫皇太子国之本也，忠言嘉谟国之辅也，两者天下之公也。郑贵妃即奉侍勤劳，以视天下犹为皇上一己之私也。以私而掩公，以一己而掩天下，亦已偏矣。偏则皇贵妃或得以爱憎弄威福于内，其戚属或得以爱憎弄威福于外，阉人侍妾又或将乘其偏而得以爱憎弄威福于内外之间。若然，则赏罚云者，将不为皇上之好恶用，而为内宠之好恶用，欲其信且必，未可也。人主虽甚神圣，其聪明不足以遍天下，将必有所寄之。寄之得其人则安，不得其人则危，非细故也。迩年以来，皇上明习政务，听览若神，盖辨及左高，察及渊鱼，几于遍矣。窃闻之道路，往往二三群小伺察而得之，此可谓寄得其人耶？皇上非不知，不得其人而姑寄之者，其亦有不得已也。盖曰朕向以天下事付张居正，而居正罔上行私，一时公卿台省从风而靡，外廷之不足信明甚，故寄耳目于此辈，示天下莫能欺也。臣以为不然。善为治者以全而收其偏，不闻以偏而益其偏。皇上惩居正之专，散而公之于九卿可也，若聚而寄之于此辈，则居正之专尚与皇上为二，此辈之专且与皇上为一，救之难为力也，不更倍乎？且此辈之始用事，适皇上锐精求治之初，彼方见小信以自结，其所指陈类依公义，犹若未害。久则阳公而阴私矣，又久则纯出于私矣。若然，则赏罚云者，将不为皇上之好恶用，而为群小之好恶用，欲其信且必，未可也。德泽之壅，法令之尼，有由也。臣愚以为，欲效忠于皇上，当自今日始，欲效忠于今日，当自两者始。'时读卷官大理何心泉者，谂于众曰：'此生作何语耶？真堪锁榜矣。'大学士娄江王公取阅之，稍易置二百十三名。季时退自伤，以为不幸不达皇上，即达，死不恨矣。适南京都御史刚峰海公屡为房御史所诋，季时愤曰：'臣下皆自处于私，奈何望皇上无私也。'于是与彭公旦阳、诸公景阳合疏言之，数其欺妄之罪凡七，且曰：……疏奏，得削籍归。"李调元《制义科琐记》卷二《置末第》："顾允成字季时，无锡人，宪成之弟……丙戌殿试，对策有曰：'张居正罔上行私，陛下以为不足信，而付之一二匪人。恐居正之专，尚与陛下二，此属之专，遂与陛下一。二则易问，一则难图也。'且极言郑贵妃事。执政大骇且恚，置末第。"

据《明清进士题名碑录索引》，万历十四年丙戌科录取名单如下：

第一甲三名

唐文献　　　杨道宾　　　舒弘志

第二甲六十七名

袁宗道*	林承芳	吴应宾	查允元	王同休	高从礼
黄承玄	沈瓒	祝以豳	林茂桂	沈思充	吴鸿洙
蔡守愚	陆大成	韩策	黄汝良	彭遵古	孙承荣
夏㷛	全天叙	姚尚德	包应登	顾云凤	浦士衡
陈应龙	诸寿贤	徐尧莘①	陈鸣华	陈濂	郑瑞星
胡克俭	陈所职	傅履阶	梅守峻	吴道光	龚道立
洪敷诰	屈灿	张和中	陈道亨	张守颐	樊东谟
曹璜	钱士鳌	闵文卿	李元实	罗应斗	于仕廉
刘以焕	魏养蒙	陈所见	陆堃	刘黄裳	葛孔明
李维标	熊宇奇	张德明	章宪文	洪澄源	林欲厦
陈果	郭俊	王志	傅道统	苏舜臣	康梦相
王就学					

第三甲二百八十一名②

韩学信	黄道月	罗大纮	张弌	邹德泳	戴燝
林祖述	薛三才	安希范	杨应时	陈容淳	李启美
司宪	林汝诏	邓美政	何淳之	张允升	萧云举
李修吉	程子钛	唐世尧	唐斯盛	李汝珪	梁赞化

---

① 碑作：徐尧萃。

② 本科三甲，碑为二百七十五名。但《碑录》末尾注有："查登科录则二百七十五名高岩下尚有刘讷等六人，共二百八十一名。"现并存之。

杨光训	马思恭	姜仲轼	傅庆贻	盛世翼	张泮
李文熙	于天经	侯康	钟万禄	陈遴玮	汪应泰
褚国贤	赵钟岷	刘三英	丁元荐	江钟廉	王德完
邓应祈	方元彦	刘梦周	王图	吕兆熊	钟允复
龚懋	赵梦麟	张集义	顾时化	龚文选	叶重第
蔡淮	张令闻	陆应川	林继衡	刘道隆	杨继先
蔡淑逵	熊密	綦才	顾允元	沈天启	陈惇临
冯养志	傅商彝	唐兴仁	任万化	陈所问	陈义
韩文	王一鸣	赵世典	耿随龙	颜文选	梁祖龄
尹从淑	周如纶	张辅之	徐兆魁	顾龙祯	吴中明
曹光祚	李沂	邵鉴	倪思益	吴洪绩	张时显
袁光宇	陶明礼	彭好古	杜允继	吴弘济	曹光鲁
宋荐	王之彦	雷元善	蔡思穆	张一栋	孙继有
赵思敏	聂世润	萧奇然	何太庚	侯廷佩	李秩
马邦良	金继震	水卿谟	王立贤	刘源澄	陈洪烈
郑得书	陈于王	李养质	欧阳劲	任僖	周应鳌
高环	李起元	林梦鹤	吴崇礼	张时修	陈蕴
周之鼎	李宗延	杨遇	王之翰	秦邻晋	钱允元
黄大节	吴楷	费必兴	刘曰梧	许子伟	周著
王都	方大美	韩邦域	张庚	彭锡命	常道立
彭烊	冀体	熊鸣夏	宋棠	吴尚友	赵完璧
高进孝	项德桢	刘道亨	王道正	叶炜	李伯华
岑应春	曹愈参	邢懋敬	潘大复	张正学	袁茂英
耿争光	王建中	王孟煦	杨廷兰	范以淑	曾砺
王如坚	田家立	朱士佳	曹大咸	樊镕	顾绅
徐存德	蒋行义	朱诰	汪环	柳佐	何出图
司谏	萧重望	景章	黄之俊	延论	曾开泰
郭应时	朱昌	徐元正	王佐	李大武	盖国士
袁黄	毛寿南	王禄兆	李玑	岳九遆	艾维新
王士昌	吴期照	彭应捷	朱爵	闵远庆	王嘉宾
刘为楫	黄缙	王嘉谟	李楠	张应槐	吴应明
林守信	李杜	刘弘宝	柴尧年	石岩	魏谔
崔邦亮	杨伯柯①	杨宏科	李赋秀	刘大受	陆经
顾允成	余炶	邢有忭	李日茂	林玑	周献臣

---

① 碑作：杨柏柯。

周嗣哲	谢朝佐	王一魁	夏国宝	张涛	韩擢
徐梦麟	王宗蓁	韩魏	叶廑	林震	留敬臣
何乔远	田大益	徐任道	徐成楚	许汝魁	郭如鲁
伍文焕	罗绲	赵家相	王希夒	赵标	盛稔
李光辉	宋应和	吴之望	任道学	张斗	李守贞
李承槐	卢传元	卢明诹	傅肖形	张翰	徐庭绶
宁嘉猷	郑举	杨耿光	周玄暐	陈大道	娄希亮
吴文灿	王厘土	董肇胤	严正邦	高岩	刘讷
张应凤	弋鹤山	韩范	曾代萧	张国纪	

南京国子祭酒黄凤翔终养。（据《国榷》卷七十三）

复汉阳县儒学。（据《国榷》卷七十三）

左春坊左谕德兼翰林院侍读赵志皋为南京国子祭酒。（据《国榷》卷七十三）

改贵州程番府为定番州，属贵阳府。初，贵州巡抚舒应龙、巡按毛在，议降府为州，以贵竹平伐二土司并归化，新哨二里改入会城为县，设流官。至是设知州、同知、吏目各一，儒学学正一。（据《国榷》卷七十三）

右春坊右谕德兼翰林院侍讲李长春为左春坊左庶子兼侍读，司经局洗马兼翰林院修撰赵用贤为右庶子兼侍读。（据《国榷》卷七十三）

国子司业刘珹为左春坊左中允兼翰林院编修，署司经局印。（据《国榷》卷七十三）

四月

南京国子司业习孔教为右春坊右中允，署国子监司业。（据《国榷》卷七十三）

翰林院修撰沈懋学为南京国子司业。（据《国榷》卷七十三）

着提解狄献民等五人来京覆试，沈懋孝革任听勘。《明神宗实录》卷一百七十三："（万历十四年四月乙酉）南京户科给事中王嗣美奏：'臣昔见御史丁此吕疏论翰林院修撰沈懋孝典应天壬午乡试，废公徇私，中王篆子王之鼎。臣比时以为懋孝之不理于人口者，止此一事耳。及臣待罪留垣，人言啧啧，咸谓懋孝典试回，无论本省，即华亭膏腴田亦置买六千余亩，每门生户内各诡寄五六百亩，门生各有后言，臣闻之，不胜骇愕。窃计翰林之官，秩清禄薄。即甚贪墨，谁其馈之？继而廉得其实，乃知此年场事，苟且公行，而入彀之人，半皆富室。第二十七名狄献明，溧阳监生也，一丁不识，而以关节中。一百三十三名贺学礼，原任江西按察使贺邦泰子也，口尚乳臭，而以钱神入。又有七十二名王尚行，系松江富室子也，方懋孝典试渡江，邀游燕矶，尚行乃使人装作货郎售卖杂货，而香囊之内暗藏贿帖，尚行遂高夺锦标，此其一也。第一百一名刘士理，江西安福人也，先因其兄刘士瑷在浙进场，从臾同房中懋孝之弟沈懋庄，彼时感恩，谢以千金。后壬午本官复入浙场，相约互中其子弟，而誓之曰：'负盟者如日。'故本官于南京场中中士瑗之弟士理。不谓天不从人，士瑗在浙场索其子卷，累日竟不获中。后懋孝怪其背盟，与之大哄，士林咸为掩口，此其二也。至于一百二十九名包文熠，乃包柽芳之子，柽芳与懋孝同县，且至亲。懋孝为主考时，柽芳星夜趋往前路，装作驿丞，叩头迎接，懋孝惊问，柽芳遂以文熠之事为托，叩头再四，许以重赂，懋孝因出袖中之题与之，文熠之名，俨然列榜中矣。王之鼎之中，犹云附王篆之势，至于私开苞苴，公行贿赂，若懋孝者，则是以祖宗二百余年之公典而为奸雄肥家之计，是尚谓有纪纲有法度哉？故吴下有谣云：'小沈欺大沈。'大沈者，盖指今礼部尚书沈鲤也。是年鲤与懋孝同作主考，懋孝私同贿赂，比时鲤不知之，人但知其共事一场，而不知鲤被其欺耳。伏乞圣明俯赐乾断，将懋孝亟赐罢斥，以为人臣黩贿营私之戒，庶众愤以泄，幸门可杜，而科场重典将永永无弊矣。'有旨：'科场取士公典，禁例甚严，若纳贿行私，果有实迹，法当重究。这本内有名举人，除已革退外，着各巡按御史提解来京，该部、院会同科、道官于午门前覆试研审，务见有无虚实，请旨定夺。沈懋孝着革任听勘。'"

应天提学御史房寰诬奏南京右都御史海瑞官无善状，枉辞诋饰。吏部以瑞人望，仍供职。（据《国榷》卷七十三）

裁汉阳府学训导二，保定管马通判一。（据《国榷》卷七十三）

南京户部尚书傅希挚改南京兵部，翰林院编修余孟麟为南京国子司业。（据《国榷》卷七十三）

五月

升左春坊左庶子兼翰林院侍读李长春为国子监祭酒。（据《明神宗实录》卷一百七十四）

曾同亨、赵焕为工部左右侍郎，国子祭酒韩世能为南京礼部右侍郎。（据《国榷》卷七十三）

六月

考选庶吉士袁宗道等二十二人。据《明神宗实录》卷一百七十五"万历十四年六月甲戌"。《皇明三元考》所载今年庶吉士名单为：袁宗道、吴应宾、全天叙、林承芳、黄汝良、胡克俭、刘弘宝、王孟煦、彭烊、赵标、曾砺、王图、李沂、薛三才、萧云举、王道正、林祖述、王德完、吴之望、李启美、李大武、刘为辑。《弇山堂别集》卷八十四《科试考四》："四月，命内阁吏礼二部翰林院堂上官会选进士袁宗道、刘弘宝、王孟煦、吴应宾、薛三才、王图、萧云举、全天叙、王道正、李沂、彭烊、林祖述、黄汝良、赵标、林承芳、曾砺、胡克俭、刘为楫十八人为庶吉士，改礼部左侍郎兼侍读学士朱赓为吏部左侍郎、少詹事兼侍讲学士张位为礼部右侍郎兼侍读学士，俱如故教习。前是，言官请每岁考庶吉士，其选数与留数俱不必多，得旨如请，故止十八，盖少三之一也。"钱谦益《牧斋初学集》卷八十六《跋傅文恪公大事狂言》:"近代馆选,丙戌、己丑为极盛,诸公有讲会,研讨性命之学。丙戌则袁伯修、萧允升、王则之,己丑则陶周望、黄昭泰、董思白及文恪公,幅巾布衣,以齿叙不以科叙,词林至今以为美谭。"

辛巳,命礼部左侍郎兼翰林院侍读学士朱赓改吏部左侍郎,詹事府詹事兼翰林院侍读学士掌院事张位升礼部右侍郎,俱仍兼侍读学士,不妨日讲,专管教习庶吉士。(据《明神宗实录》卷一百七十五)

翰林院侍读刘元震为右春坊右谕德兼侍读。(据《国榷》卷七十三)

陈以勤卒。《国榷》卷七十三:"前少傅兼太子太师吏部尚书武英殿大学士陈以勤卒。以勤字逸甫,南充人,嘉靖辛丑进士。选庶吉士,授简讨,历修撰、侍读学士。夏言当国,欲荐直青词,婉谢之。进太常卿祭酒、礼吏工部侍郎。穆宗在潜邸,侍讲读最久,深自晦匿。及即位,手诏直内阁。屡上章见采,且有羽翼功。早退,林居十七年。或笑其迂,答曰:'士君子立身行己,当自迂始。'予祭葬,赠太傅,谥文端。"

左春坊左谕德兼翰林院侍读刘虞夔清理军职贴黄。(据《国榷》卷七十三)

少詹事徐显卿为詹事署翰林院事,仍经筵日讲。(据《国榷》卷七十三)

南京工部右侍郎张孟男为通政司使,王弘诲、于慎行为礼部左右侍郎兼翰林院侍读学士。(据《国榷》卷七十三)

七月

南京礼部尚书袁洪愈上三事:曰保圣躬。曰崇真儒。谓长洲岁贡生王敬臣宜遥授国子监职。曰敦教本。上是之。(据《国榷》卷七十三)

南京右春坊右谕德田一俊为左春坊左谕德兼翰林院侍读,纂修玉牒。(据《国榷》卷七十三)

八月

提督学校巡按直隶御史房寰题为有司玩金滋奸,法应参治,并自劾奉职无状,乞赐罢斥。《明神宗实录》卷一百七十七:万历十四年八月甲戌,"提督学校巡按直隶御史房寰题为有司玩金滋奸,法应参治,并自劾奉职无状,乞赐罢斥,以肃风纪,以重文衡。参常熟等县童生李时发等被棍徒严范、蔡琼台等捏造关节,为骗枉法,阅卷察出。长洲知县邓鹤失于缉访,所当罚治,并自乞罢斥。上命严提究革,仍行各处提学官尽法厘奸,毋得疏纵。"

兵科都给事中顾九思等题请增加武举录取各额及革新典制。顾九思《掖垣题稿》卷中:"兵科都给事中臣顾九思等谨题:'为武场届期,事宜慎重,恳乞圣明严遴选,广额用,以新一时典制事。窃惟国家网罗天下文武士,率三载一举科制,诸凡宾兴、献录、赐宴之典大略相同,诚两重之也。文武并用,安攘兼举,我国家长治久安,有自来矣。属者圣明御宇，乾纲独奋，举文场积弊一洗而厘正之，人心凛然知畏矣。而武科之弊，犹有未厘者。又今年春试，特允科臣之请，钦定进士额数及庶吉士选举，祖制而一新之，人心欣然向风矣。而武科之制，犹有未称者，即今部臣题请场试有期，正事机维新之会、群情属望之秋。臣等职掌所关，揆之事体，委宜慎重，谬以一得，列为四款，用尘睿览，如蒙乞敕该部议覆施行，始也严其选，继也广其用，俾一时武科典制与文事俱新，而万世称允文允武之治必归之，臣等不胜愿望之至。缘系武场届期，事宜慎重，恳乞圣明严遴选，广额用，以新一时典制事理，未敢擅便开坐，谨题请旨。谨开：一，议报箭。夫武事以弓马为先，故初场试骑射，次场试步射，而传报者则惟金鼓之声是据也。闻之往昔，间有中者未必报，报者未必中，肆其鼓弄，莫可谁何。盖缘报箭员役多系积年惯熟，先期认识其人，临时上下其手，虽以监试、监箭等官临之，而分为数围，人马喧杂，耳目眩惑，防检少疏，弊孔踵至。故有箭未至而先已报其中矣，有中在甲而报乃移之乙矣，侥幸者得志，孤寒者落魄；弊所由来，非一日也。合无今次报箭，毋得仍用积年，听临期掣签另委，出其不意。而监箭官查出前项情弊，即时究治，毋少宽贷，庶宿弊一除，而绝伦之技亦得以自见矣。伏候圣裁。一，议代考。夫武事以韬略为重，故三场试策二道、论一道，盖欲得其生平之自负者以观之也。闻之先年，怀挟夹带者固多，而倩人代考者亦或有一二，盖黑夜唱名，势在仓卒，其真假难辩，奸弊易乘，视之文场殆有甚焉。故有号称白丁，俨然高第，至为人所嗤笑者，此其为弊，尤非清时所宜有也。合无今次三场，严督官军，细力搜检，片纸只字，毋容带入。仍先期一日，监试等官照入场次第，轮流唱名听合，彼此认识。至于进场之时，责其互相觉察，互相检举，容隐者连坐之。迨挂榜后，该部责令当堂亲笔誊出策冒或论冒一篇，与原卷查对一番，庶真伪自别，而行险之徒不致复进矣。伏候圣裁。一，议制额。夫武科之制防于累朝，广于世宗，其名额固有限也。然考之国初，即文场进士亦仅仅百名。嗣后人文渐隆，额数渐加，至我皇上定以三百五十名而彬彬盛焉。独武场之数，俭于百名，惟穆宗皇帝朝一百一十名耳，于文若重，于武若轻，恐非国家安不忘危之义，况今援弓挟策，待试辇毂下者，林林总总，视昔倍焉，是在皇上一嘉惠之而已。合无今次比照文场事例，或皇上先期定数，或临时奉旨取裁，请于旧额量增几十名，以昭我皇上文武一体、无所轩轾之意，将见鹰扬鹏抟之士踊跃思进，而国无乏才之忧矣。伏候圣裁。一，议除用。夫武弁之途在纳级，无论已世袭者率纨袴之流，崛起者多趋竞之辈，而要之科目者，其正也，奈何推用则独后焉？虽累进建言，拘挛未破，岂此辈所竖立表见，独卑卑不足道耶！选取贵精，既取贵用，祖训昭然在也。近见兵部具题，将纳级一途已停推用，是矣，则以用纳级者用科目不可乎？又见督抚等衙门，动以市井无赖之徒署统名色把总等官，管兵管事，滥矣，则以用名色者用科目不可乎？合无自今以后备将先年中式会举，量地度才，悉与擢用，迨其用之不售而后弃之，勿拘旧套，一概停阁。夫上之作兴也如此，而谓其间不复有郭子仪、高志宁辈以勋名自见于世，殆不然矣。伏候圣裁。'万历十四年八月二十三日奉圣旨：'兵部知道。'"

长洲岁贡生王敬臣遥授国子监博士。敬臣绩学笃孝，尝刲股庐墓。学者称少湖先

生。所著有《妇训》、《家礼纂》、《游武夷记》行于世。（据《国榷》卷七十三）

覆试南直隶举人狄献明等六名，前五卷文理俱优，准予中式，贺学礼革退。沈懋孝降一级调外，不赴。《明神宗实录》卷一百七十七："（万历十四年八月癸酉）吏部题：覆试南直隶举人狄献明等六名，前五卷文理俱优，堪以中式，惟末一卷大旨虽明，词句多舛，似难收录。上命狄献明等五名都准存留，贺学礼革退，沈懋孝降一级调外。"王世贞《弇山堂别集》卷八十四《科试考四》："（万历十四年）是岁，南京礼科给事朱维藩极论新升南京国子监司业沈懋孝前以翰林院修撰主壬午应天试时，得安福刘士理、丹阳贺学礼、上海王尚行、嘉兴包文熠用银各千余两取中乡试，及阿附故权臣王篆子之鼎俱滥中乡举。诏勒懋孝解官回籍，听候发落。而命各巡按御史遣官押解诸举人赴京覆试，凡再阅月俱抵京，于午门前试三日，礼部尚书、侍郎、给事、御史、锦衣卫堂上官督核。文成，内阁尚书会阅卷，士理等四名皆文理平通，准应会试，贺学礼发为民，学礼实房考教官所鬻也，懋孝降一级调外任，补两淮盐运判官，不赴。"

礼部尚书兼翰林院学士沈鲤照旧供职。《明神宗实录》卷一百七十七：万历十四年八月，"乙酉，礼部尚书兼翰林院学士沈鲤奏：应天府乡试，贺学礼以不堪见黜，懋孝以被论贬官，臣独幸蒙恩始终不问。皇上之宽臣至矣，乃臣愚不明之罪，有人所不及知者，其敢终隐以欺君父乎？查得京闱乡试，例该中监生三十名，而南榜常不能及额，臣与懋孝初至南京，随该提调官言，监生具呈，今次欲取复原额。臣等亦以为事理宜然，许之。及至填榜，止得二十六卷。同事诸臣，又力引提调之说，各以其所取备卷呈送。臣等公同覆较，仅得二卷。其一序一百三十三名，则今退贺学礼是也。今其原中朱卷具在，虽未有不合于式者，敢以为决科之器乎？沟浍骤盈，涸可立待。其覆试而被黜，宜矣。夫学礼以不堪见黜，臣自宜首任其责。懋孝以坐累贬官，臣岂得独委其咎。乞并褫臣职，为后来典试之戒。奉旨，事已处分，卿典试无私，朕已洞鉴，宜安心供职。"

大学士许国考满，进柱国少傅兼太子太傅，荫国子生。（据《国榷》卷七十三）

九月

革去山东冒籍新中举人凌守约、许成名，发回原籍。（据《明神宗实录》卷一百七十八）

汪起潜、朱万春等遣革提问罚治有差。《明神宗实录》卷一百七十八："（万历十四年九月甲午）户科等衙门右给事中等官曲迁乔等题：'奉旨查核顺天府儒学生员汪起潜、朱万春各讦奏冒籍事情。起潜一弟子员，乃敢以莫大之罪阴陷师长，万春心若奉公，言实出位，千户卢仁等妄讦反复，需索刁难，并其余教授李杜才等当分别处治。'上依拟遣革提问罚治有差。"

大学士王学屏忧去。（据《国榷》卷七十三）

右春坊右庶子兼翰林院侍读赵用贤、侍读盛讷主武闱。（据《国榷》卷七十三）

右春坊右中允习孔教为南京右春坊右谕德，署翰林院事。（据《国榷》卷七十三）

命武举取百人，不为例。（据《国榷》卷七十三）

十月

翰林院侍读盛讷为国子司业。（据《国榷》卷七十三）

翰林院修撰孙继皋为右谕德兼侍讲。（据《国榷》卷七十三）

国子祭酒李长春进《刊论语注疏》（据《国榷》卷七十三）

推官杨其休、李廷谟、朱朝弼、吴之鹏，知县万自约、许弘纲、凌登瀛、和虞、吴之佳、郭显忠、洪有复、朱维藩、杜麋、徐桓，太常寺博士侯先春为给事中。维藩、麋、桓俱南京。又庶吉士杨凤礼科给事中。（据《国榷》卷七十三）

十一月

大理寺奏：犯人汪起潜故违卧碑，挟私渎奏，为革退冒籍辩复，拟赎罪黜之。上特命枷示。（据《明神宗实录》卷一百八十）

许谷（1504—1586）卒。姜宝《前中顺大夫南太常少卿石城许公墓志铭》："万历十四年十一月十一日，前南太常少卿石城许公卒。……卒之年，距其生弘治某年月日，得寿八十有三。""公讳谷，字仲贻，石城其号也。先世闽之侯官人，洪武二十一年徙富户京师，遂占籍上元。……乙未（1535）上春官……果为南宫第一人，廷试二甲第几，授官得户部某司主事，管通仓。居三月，改礼部。丙申（1536）七月闻居士讣，奔还守制于家。己亥（1539）服阕，补吏部之考功。……历司封文选正郎，分考甲辰（1544）会试，任满升南京太常卿之少，大察，坐不及调外任。乙巳（1545）秋，补两浙盐运司运副。丁未（1547）转江西提学金事。己酉（1549）升南尚宝卿。辛亥（1551）又以大察补论而致仕。……公挂冠来归，杜门谢事者三十有余年如一日，时引亲朋相契厚，岩居而川观。时奉太安人徜徉台榭间，率子姓称觞上寿。时又或著述吟哦自娱。中间惟太安人捐养三年，忧与丧居士同，馀并游闲安适也。""所著有《省中稿》及《武林》、《外台》、《二台》、《归田》诸稿，已刻行。他文集未刻者若干卷，藏于家。"

冒籍贡士武维谦除名。（据《国榷》卷七十三）

前礼部尚书万士和（1516—1586）卒。士和字思节，宜兴人，嘉靖辛丑进士。赠太子少保，谥文恭。（据《国榷》卷七十三）《四库全书总目》集部别集类存目四著录万士和《履庵集》十二卷，提要曰："是集凡诗词三卷，杂文九卷。其官江西、贵州、湖广、山东以至为宗伯时事迹，颇散见于其中。然过任自然，罕铸词之功。盖士和受业唐顺之，能不染七子雕绘之习。而殚心吏事，又未能竟其业也。"

十二月

董斯张（1587—1628）生。（生年据公历标注）董樵等《退周先生言行略》："先生晚病足，杜门著述，体清羸，自为《瘦居士传》行世。有《广博物志》、《静啸斋存草》、《吹景集》、《吴兴艺文补》诸书。辑《吴兴备志》未竟。崇祯戊辰八月廿四日卒。卒前一日，犹兀兀点笔也。先生生于万历丙戌十二月廿七日，年仅四十有三。"董斯张，字退周，乌程人。故宗伯董份之孙。少负隽才，为同里吴允兆所许。与吴门王留颇多唱和。

吏部左侍郎兼翰林院侍读学士周子义卒。子义无锡人，嘉靖进士。选庶吉士，授□□，历今官。予祭葬，赠礼部尚书，谥文恪。（据《国榷》卷七十三）

本年

陈继儒（1558—1639）年二十九，即取儒衣冠焚弃之，隐于小昆山。《列朝诗集小传》丁集下《陈征士继儒》："继儒，字仲醇，华亭人。少为高才生，与董玄宰、王辰玉齐名。年未三十，取儒衣冠焚弃之，与徐生益孙，结隐于小昆山。"《明季北略》卷十五《陈继儒卒》："弱冠补诸生。年二十八（当作二十九），裂其冠，投呈郡长，有云：'住世出世，喧静各别；禄养色养，潜见则同。揣摩一世，直如对镜空花；收拾半生，皆作出山小草。'一郡惊其言。当事勉留，卒不听。退而躬奉菽水，结茅小昆山之阳，修竹白云，焚香宴坐，豁如也。"《明史》陈继儒传："陈继儒，字仲醇，松江华亭人。幼颖异，能文章，同郡徐阶特器重之。长为诸生，与董其昌齐名。太仓王锡爵招与子衡读书支硎山。王世贞亦雅重继儒，三吴名下士争欲得为师友。继儒通明高迈，年甫二十九，取儒衣冠焚弃之。隐居昆山之阳，构庙祀二陆，草堂数椽，焚香宴坐，意豁如也。时锡山顾宪成讲学东林，招之，谢弗往。亲亡，葬神山麓，遂筑室东佘山，杜门著述，有终焉之志。"《柳南随笔》卷三《陈眉公告衣巾》："陈眉公自少系籍学宫，年二十九即志在山林，欲弃儒服。其《告衣巾呈》云：'例请衣巾，以安愚分事：窃惟住世出世，喧寂各别；禄养志养，潜见则同。老亲年望七旬，能甘晚节；而某齿将三十，已厌尘氛。生序如流，功名何物？揣摩一世，真拈对镜之空花；收拾半生，肯作出山之小草。乃禀命于父母，敢告言于师尊，长笑鸡群，永抛蜗角，读书谈道，愿附古人。复命归根，请从今日。形骸既在，天地犹宽。偕我良朋，言迈初服。所虑雄心壮志，或有未堕之时，故于广众大庭，预绝进取之路。伏乞转申'云云。"

高攀龙（1562—1626）从顾宪成（1550—1612）讲学，以程朱为的。吴中行《资德大夫正治上卿都察院左都御史赠太子少保兵部尚书谥忠宪高公神道碑铭》："先生讳攀龙，字存之，别号景逸……二十有五，从顾泾阳先生讲学，读《大学或问》，知入道之要莫如敬，遂以肃恭为主，持心方寸间。久之，悟所谓腔子者，觉心不专在方寸，浑身是心。盖志学时即以程朱为的矣。"

徐弘祖（1586—1641）生。陈函辉《徐霞客墓志铭》："先生名弘祖，字振之，霞客其别号也。石斋师为更号霞逸，而薄海内外，以眉公所号之霞客行。……霞客生于万历丙戌，卒于崇祯己巳，年五十有六。"江阴人。有《徐霞客游记》。

谭元春（1586—1637）生。据李明睿《钟谭合传》。谭元春，字友夏，竟陵人。天启丁卯举人。有《岳归堂集》。

明神宗万历十五年丁亥（公元 1587 年）

正月

令今后举人岁贡就教，酌量定数，不许过多。《明神宗实录》卷一百八十二：万历十五年正月甲辰，"吏部言选法壅滞，起废添注科甲举人及恩岁贡加纳者人数甚多，宜照人缺多寡定为名额，以严综核，明举措，得旨：迩来仕途冗杂，选法滋壅。今后举人岁贡就教，酌量定数，不许过多。援纳人员额例，会同工、户二部议之。"

谕兵部：非世弁武举，不许领敕行事及蒙升咨用。（据《国榷》卷七十四）

二月

礼部尚书兼翰林院学士沈鲤等题奏"为士风随文体一坏恳乞圣明严禁约以正人心事"。从之。据《明神宗实录》卷一百八十三。《弇山堂别集》卷八十四《科试考四》："十六年，礼部参浙江提学佥事苏浚、江西提学副使沈九畴取优等卷怪诡，浚等各罚俸两月，诸生发充社。题'为士风随文体一坏恳乞圣明严禁约以正人心事：仪制清吏司案呈，照得近年以来，科场文字渐趋奇诡，而坊间所刻及各处士子之所肄习者，更益怪异不经，致误初学，转相视效，及今不为严禁，恐益灌渍人心，浸寻世道，其害甚于洪水，甚于异端。盖人惟一心，方其科举之时，既可用之以诡遇获禽，逮其机括已熟，服役在官，苟可得志，何所不为？是其所坏者不止文体一节，而亦于世道人心大有关系。相应提请申饬以遏狂澜等因。案呈到部，臣等所得，言者心之声，而文者言之华也。其心坦夷者，其文必平正曲（典）实，其心光明者，其文必通达爽畅，其不然者反是，是文章之有验于性术也如此。唐初尚靡丽，而士趋浮薄，宋初尚钩棘，而人习险谲，是文章之有关于世教也又如此。洪武三年诏颁取士条格，《五经》义限五百字以上，《四书》义限三百字以上，论亦如之。策限一千字以上，惟务直述，不尚文藻。仁宗朝俞廷辅奏准，科目取士，务求文辞典雅议论切实者进之。宪宗谕詹事黎淳曰：'出题刊文，务依经按传，文理纯正者为式。'故今乡会试进呈录，文必曰中式，则典雅切实文理纯正者，祖宗之式也。今士之为文，式乎不式乎？自臣等初习举业，见有用六经语者，其后以六经为滥套，而引用《左传》、《国语》矣，又数年以《左》、《国》为常谈，而引用《史记》、《汉书》矣，《史》、《汉》穷而用六子，六子穷而用百家，甚至取佛经道藏，摘其句法口语而用之。凿朴散淳，离经叛道，文章之流弊，至是极矣。乃文体则耻循矩矱，喜创新格，以清虚不实讲为妙，以艰涩不可读为工，用眼底不常见之字谓为博闻，道人间不必有之言谓为玄解。苟奇矣，理不必通，苟新矣，题不必合，断圣贤语脉以就己之铺叙，出自己意见以乱道之经常，及一一细与解明，则语语都无深识。白日青天之下，为杳冥魍魉之谈，此世间一怪异事也。夫出险僻奇怪之言，而谓其为正大光明之士，作玄虚浮蔓之语，而谓其为典雅笃实之人也，可乎？如谓人自人而言自言也，则以文取士者，独以其文而已乎？抑孟子之所谓'生于其心，害于其政'者，岂无稽之言乎？臣等不以文为重，而为世道人心计，心窃忧之。尝谓古今书籍有益于身心治道，如《四书》、《五经》、性理、司马光《通鉴》、真德秀《大学衍义》、丘浚《衍义补》、《大明律》、《会典》、《文献通考》诸书，已经颁行学官及著在令甲，皆诸生所宜讲诵。其间寒素之士不能遍读者，臣等不能强，博雅之士涉猎群书者，臣等不敢禁，但使官师所训迪，提学所课试，乡会试所举进士，非是不得旁及焉。仍乞容臣等会同翰林院掌院官，将弘治、正德及嘉靖初年一、二、三场中式文字取其纯正典雅者，或百馀篇，或十数篇，刊布学官，以为准则，使官师所训迪，提学所课试，乡会试所举进者，非是不得滥取焉。除乡会试已经臣等题奉钦依，遇场屋揭晓后，各该提调官即将中式朱卷尽数解部，逐一参阅，有犯前项禁约者，随时指名参阅外，其各省直提学官，各持一方文衡，手所高下，人皆向风，转移士习，尤为紧切。如使胶庠之所作养者，皆务为险僻奇怪之文，而开科举士之时，欲合乎平正通达之式，臣等窃知其无是理也。乃往时止于科举年分稍一申饬，其各省直小考，则任其变化程序，置之不问，是谓浊以源而求其流之清也，不可得已。合无恭候命下，容臣等咨都察院行两直隶提学御史及各省巡按御史，转行各该提学宪臣，务仰体朝廷德意，相率以正文体、端士习、转移世道为己任，而不以厌常喜新标奇揽异取快于口耳声名为诸士倡始。平时训谕师生，惟将前项经书史籍随其所习，考核讲究，务令贯通，至于临场校阅，品题高下，则一以见今颁行文体为式。如复有前项险僻奇怪决裂绳尺，及于经义之中引用《庄》、《列》、《释》、《老》等书句语者，即使文采可观，亦不得甄录，且摘其甚者，痛加惩抑，以示法程。仍将考过所属府州县卫运司儒学生员，原取优卷前五名或三名以上者，岁终解部，科举年场屋毕解部，臣等逐一考验，不许另有誊改，如有故违明旨沿袭前弊坏乱文体者，定将提学官分别卷数多寡题请罚治，本生行提学道黜退除名。仍乞敕下吏部，今后考课，提调学校官员，一视其能正文体与否，以为殿最，其解部考卷，容臣等阅毕，咨送吏部，一体考验施行。伏乞圣裁等因。万历十五年二月初六日，本部尚书兼翰林院学士沈鲤等具题。'初九日奉圣旨：'是。近来文体轻浮险怪，大坏士习，依拟着各该提学官痛革前弊，仍将考取优卷送部稽查，如有故违的，你部里摘出，开送内阁，从重参治。科场后参阅朱墨卷，节年题有定例，今后也要着实举行，毋事空言，钦此。'"《明史·选举志》："诸生应试之文，通谓之举业。《四书》义一道，二百字以上。经义一道，三百字以上。取书旨明晰而已，不尚华采也。其后标新领异，益漓厥初。万历十五年，礼部言：唐文初尚靡丽而士趋浮薄，宋文初尚钩棘而人尚阴谲。国初举业有用六经语者，其后引《左传》、《国语》矣，又引《史记》、《汉书》矣。《史记》穷而用六子，六子穷而用百家，甚至佛经、道藏摘而用之，流弊安穷。弘治、正德、嘉靖初年，中式文字纯正典雅。宜选其尤者，刊布学官，俾知趋向。因取中式文字一百十馀篇，奏请刊布，以为准则。时方崇尚新奇，厌薄先民矩矱，以士子所好为趋，不遵上指也。启、祯之间，文体益变，以出入经史百氏为高，而恣轶者亦多矣。虽数申诡异险僻之禁，势重难返，卒不能从。论者以明举业文字比唐人之诗，国初比初唐，成、弘、正、嘉比盛唐，隆、万比中唐，启、祯比晚唐云。"

南京国子祭酒赵志皋为少詹事兼翰林院侍读学士。（据《国榷》卷七十四）

翰林院编修杨德政为福建布政司左参议。（据《国榷》卷七十四）

户部右侍郎杨俊民为左侍郎，右庶子赵用贤为南京国子祭酒。（据《国榷》卷七十四）

翰林院庶吉士范醇敬为检讨。（据《国榷》卷七十四）

三月

吏部稽勋司主事顾宪成以言事降三级，谪桂阳州判官。《明史》顾宪成传云："十五年大计京朝官，都御史辛自修掌计事。工部尚书何起鸣在拾遗中。自修坐是失执政意。给事中陈与郊承风旨，并论起鸣、自修，实以攻自修而庇起鸣，于是二人并罢，并责御史纠起鸣者四人。宪成不平，上疏，语侵执政，被旨切责，谪桂阳州判官。"执政指申时行、许国、王锡爵。申、王皆陈与郊座师。

四月

礼部郎中余寅为陕西按察司提学副使。（据《国榷》卷七十四）

翰林院修撰张元忭为左春坊左谕德，清理贴黄。（据《国榷》卷七十四）

五月

礼部题覆南京御史陈邦科疏开崇实学以罗真才，言士必学古而后可以入官，故初试经、书义七篇，而参之二、三场，以验其博雅与时务。本末先后，亦自有不可易者。乞敕以后乡、会试卷，务要三场匀称，方许中式。如后场驰骋该博，而初场不过平平者，

拔置前列，以示激劝。上然之。（据《明神宗实录》卷一百八十六）

六月

　　国子祭酒李长春为南京工部右侍郎。（据《国榷》卷七十四）
　　升左谕德兼翰林院侍讲充玉牒纂修官田一俊为国子监祭酒。（据《明神宗实录》卷一百八十七）《国榷》卷七十四："（万历十五年六月）丙戌，左春坊左谕德兼翰林院侍讲田一俊为国子祭酒。"

八月

　　命礼部会同翰林院取定开国至嘉靖初年中式文字一百十余篇，刊布学宫，以为准则。（据《明神宗实录》卷一百八十九）
　　翰林院庶吉士舒弘绪为礼科给事中。（据《国榷》卷七十四）

十月

　　十一日，王襞（1511—1587）卒。焦竑《澹园集》卷三十一《王东崖先生墓志铭》："先生讳璧（襞），字宗顺，学者称东崖先生。上世家姑苏，讳伯寿者徙泰州安丰场家焉。五传曰国祥，曰仲云，曰文贵，曰公美，曰纪芳。纪芳生艮，字汝止，号心斋，先生父也。""先生没于万历丁亥十月十有一日……距生正德辛巳十一月二十六日，年七十有七。""阳明卒于师，心斋始授徒淮南，先生相之，覃思悠然，讲论铿然，不啻阳明之存也。心斋殁，先生望日隆，四方聘以主教者沓至。罗近溪守宛则迎之，蔡春台守苏则迎之，李文定迎之兴化，宋中丞迎之吉安，李计部迎之真州，董郡丞迎之建宁，馀殆难悉数。归则随村落小大，扁舟往来，歌声与林樾相激发，闻者以为舞雩咏归之风复出，至是风教彬彬盈宇内矣。""正德辛巳"或为"正德辛未"之误，盖"辛未"为1511年，正合"年七十有七"之寿。
　　十四日，海瑞（1514—1587）卒。梁云龙《海忠介公行状》：公"以丁亥冬之十月有四日，卒于留都。……公生于正德八年癸酉（一作甲戌），享年七十有四。"《明鉴纲目》卷七："纲：冬十月，南京右都御史海瑞卒。（谥忠介。）目：初，瑞自南京谢病归，高拱、张居正，相继当国，俱惮瑞峭直，中外交荐，卒不召。及居正卒，吏部始拟用，累迁南京右都御史。瑞力矫偷惰，百司惴恐，至是卒。佥都御史王用汲（字明受，晋江人。）入视，葛帏敝籝，有寒士所不堪者，因醵金为敛。百姓罢市，送者数百里不绝。（瑞生平为学，以刚为主，自号刚峰。天下识与不识，咸称刚峰先生。）"
　　司经局洗马署国子司业盛讷为右春坊右庶子，纂修玉牒。（据《国榷》卷七十四）
　　翰林院检讨王祖嫡为国子司业。（据《国榷》卷七十四）

十一月

　　南京礼部上言：在监在历应试诸生宜尽在本处与生儒一同结送提学考选，以杜代替之弊。黄儒炳《续南雍志》卷五《事纪》："（万历十五年）冬十一月戊戌，南京礼部上言：'……一、附选生宜原籍考送，窃以所在应试生儒同批同结，得相认识，故少代替之弊。监生在监肄业及各衙门历事者，游处既同，真伪可辩。惟已附选及已给引移牒而来者，或收考原历，或总考吏部，年深地远，辩识为难，多有代情等弊，如客岁科臣所言一生长日浪游，未亲试事，而揭晓之日忽来谒庙，自称中式，此皆年深地远之故，无由别其真伪也。臣以为欲杜此弊，宜令若曹尽在本处与生儒一同结送提学考选，拔其佳者即送本省乡试。如此则夙弊可杜矣。臣又惟近来在监在历应试诸生多椎鲁无文，以此入场，徒增涌扰，曾何益于宾兴之数？臣故谓监生应举人数宁失之隘，毋取腐烂以涌有司。'疏闻，下礼部知之。"

　　南京礼部上言：请以后监生、生员分别号舍。黄儒炳《续南雍志》卷五《事纪》："（万历十五年）冬十一月戊戌，南京礼部上言：……监生宜分别号舍，此辈多有学问未成而希望中式者，盖已通关节，或遇场屋规严，难于代替，则买求同号舍能文者，数人共成一卷。乙酉科御史党杰监场，不许监生与生员同号，诚为有见。臣请以后监生、生员分别号舍，一如党杰之所已行，敢有抗违不服者重治之。"

　　复大庾县儒学。（据《国榷》卷七十四）

十二月

　　戚继光（1528—1588）卒。（卒年据公历标注）据《戚少保年谱耆编》。《列朝诗集小传》丁集中："继光，字元敬，登州人。世袭登州卫千户，以参将备倭浙东，练处绍义乌兵制鸳鸯阵，大破倭于台州，以副总兵镇福建，大破倭于平海卫，复兴化、鏖同安、歼漳浦，闽寇悉平，以都督同知，召理戎政，出为蓟镇总兵，筑墙堡，立车营，增募南兵，东西虏不敢入犯。江陵当国，遣右司马行边，大阅蓟门，上功状，进左都督，加秩少保。江陵殁，人言波及，移镇南粤，逾二年，得请还登州，卒于家。万历末，赐谥武毅。少保少折节为儒，通晓经术，军中篝灯读书，每至夜分。戎事少闲，登山临海，缓带赋诗。罢镇归，过吴门，角巾布袍，偕二三文士，携手徒步，人莫知为故将军也。王夫人悍而无子，养子于别室，长子殇，夫人括其所畜，辇而归诸王氏。少保病至不能庀医药，顾颔而卒。结发从戎，间关百战，绥靖闽浙，功在东南。掌京营日，建议更制练兵，长驱出塞，踵文皇三犁之绩，收百世挞伐之利。出镇之后，当事者掣其肘，不得行。在蓟修筑之功甫就，中道龃龉，卒以罪废。生平方略，欲自见于西北者，十未展其一二，故其诗多感激用壮、抑塞偾张之词。君子读而悲其志焉。少保诗文，有《止止堂集》，其在浙则有《纪效新书》，在蓟则有《练兵实纪》，兵家奉为金科玉条，可以垂之百世者也。连江陈第者，少保之部将也，少保既殁，扼腕疆事，作《塞外烧荒行》，其序曰：'蓟自嘉靖庚戌（1550），虏大举入犯，至隆庆丁卯（1567），一十八年，岁苦蹂躏，总兵凡十五易。自隆庆戊辰（1568），南塘戚公实来镇蓟，时总督者二华谭公也。至万历壬午，一十五年，胡尘不耸，民享生全极矣。乃论戚者，谓不宜于北，竟徙岭南。嗟夫！宜与不宜，岂难辨哉！作《烧荒行》以寄于悒。'诗多不具载。呜呼！江陵柄国，谭戚在边，边防修举，北虏帖服，此何时也？江陵殁，谭、戚败，边防隳废，日甚一日，而国势亦从之鱼烂瓦解，驯致今日，继江陵而为政者，岂能不任其责乎？第诗有云：'谭今已死戚复南，边境危疑虑叵测。论者不引今昔观，纷纷搜摘臣滋惑。'第徒忾叹于搜摘之多口，而未及循本于政地，殆亦知之而不敢也。呜呼惝矣！"

南京提学御史詹事讲劾吴县兵部尚书凌云翼仆殴诸生章士伟死，诱辱通库。命抚按讯之，夺秩闲住。（据《国榷》卷七十四）

给甘肃巡按兼提学敕。（据《国榷》卷七十四）

前南京吏部尚书汪宗伊卒。宗伊字子衡，婺源人，嘉靖戊戌进士。知浮梁，擢吏部文选主事，避兄太仆卿。历武选郎中。忤严嵩，家居十七年。隆庆中，起南吏部郎中尚宝卿，累进南京右都御史。改总督仓场户部尚书三年。庚辰，改南吏部尚书，致仕。天启初，谥恭惠。（据《国榷》卷七十四）

本年

丁亥京察，翰林院编修冯梦祯（1548—1605）以浮躁谪官。李维桢《冯祭酒传》："三年还朝，除编修。明年（1583）分校礼闱，得二十有四人，率名士。而有父丧，哀几毁：奈何以一官失一日养？持其所选《得士录》荐之几筵，惟此差不负君亲耳。以是蔬素奉西方之教，自号真实居士。闲居研讲，希心理味，每举麈尾，清言如屑，老宿结舌注耳。盖公为史官仅逾年，而修隙者目之浮躁，中以考功令，众骇然莫知所坐，公顾自谢：'此两言极中吾所受病，请事斯语以终身。'客从北来，云公分校时，当路私有所属，不从故及。公艴然：'官家惟科举一端为最公，某虽不敏，何敢首为乱阶？即以此得谪，荣于九迁矣。'"钱谦益《南京国子监祭酒冯公墓志铭》："三年赴阙，除翰林院编修。癸未（1583）分考会试，丁父忧。又四年丁亥，京察以浮躁谪官。公在史馆，人或戒之曰：'翰林官婉娈靓闲，如好弱女子，眉下颐，尻高于顶，至公卿如传遽耳。'公曰：'我则不能，如赤脚婢，弓足蹒跚，行数步便思解去。亦欲耐事，口噤生瘿，肺腑槎牙，迸出齿颊，我亦无如也。'江陵（张居正）殃，执政精求史馆中觚角嵥出，能蘗牙异同者，及其未翼也而翦之。公坐是谪，终以不振。公庶常假归，师事盱江罗近溪，讲性命之学。居丧蔬素，专精竺坟，参求生死大事。紫柏可公以宗乘唱于东南，奉手抠衣，称幅巾弟子，钳锤评唱，不舍昼夜。里居十年，蒲团接席，漉囊倚户，如道人老衲。流连山水，品香斗茗，如游闲退士。四方学者日进身执经卷，朱黄甲乙，如《兔园》老塾师。萧闲淡漠，身心安隐，超然无意于荣进矣。"

阮大铖（1587—1646）生。据《小腆纪传》卷六十二等。阮大铖，字集之，一字圆海，怀宁人。万历丙辰进士，天启中官吏科给事中。坐奄党，禁锢。弘光登极，召拜兵部尚书，督兵江上。明亡，不知所终。有《燕子笺》等多种传奇作品。

范景文（1587—1644）生。据《崇祯忠节录》卷一。范景文，字梦章，吴桥人。万历癸丑进士，授东昌推官，擢吏部主事，历员外郎中，移疾归。起太常少卿，寻以佥都御史，巡抚河南。升兵部侍郎，转南京都察院右都御史，寻升南京兵部尚书，坐劾时相除名为民。已复起工部尚书，拜东阁大学士。京城陷，拜阙号哭，投井死。初谥文贞。顺治初，定谥文忠。有《冰餐堂草》。

明神宗万历十六年戊子（公元 1588 年）

正月

南京陕西道御史陈奇谋条上留都营政切要四事，其一为明教法以储才。《明神宗实录》卷一百九十四：万历十六年正月，"丁亥，南京陕西道御史陈奇谋条上留都营政切要四事：一、明教法以储才，谓武弁恐其不学，故设武学以教之，今不在学者，未尝不官，不成材者，未尝不用，则学为赘疣矣。欲将一切应袭尽查送学，非由提督武学主事考选起送者，兵部不许袭替推用。……疏下兵部。"

二月

冯梦祯作《题门人稿》。题序云："真实居士之门人曰李日华者，奇才也，从游五年矣。其文每变每奇，近则粹然一出于正，所谓望之似木鸡者，德全而神藏矣，不可识矣。其次曰戴灏，其人短小若不胜衣，而其文则奔流悬瀑，不可挽截，未识面者，岂不谓魁梧奇伟人哉！然蹇于遇，犹难一青衿也。馀士楚楚，只羽片鳞，往往不乏。今岁复得三衢诸生六七辈，俱异品也。乃括其文若干首，题曰《冯开之门人稿》，以附《听雨草》之后。盖余不欲掩诸生之美，而非诸生自暴。于是乎书。戊子二月晦夜，真实居士题。"（《快雪堂集》卷三）真实居士，冯梦祯自号。

南京湖广道御史陈邦科请录用建言进士彭遵古、顾允成、诸寿贤。疏下部覆，有特处示惩之旨。（据《国榷》卷七十四）

刑科给事中许弘纲请释进士彭遵古等，不许。（据《国榷》卷七十四）

国子司业王祖嫡请复建文君之纪年，正景皇帝之附录。章下礼部。（据《国榷》卷

七十四）

三月

故翰林院修撰舒芬，赠左春坊左谕德，谥文节。故河南道御史傅应祯赠大理寺少卿。（据《国榷》卷七十四）

张元忭（1538—1588）卒。朱赓《奉直大夫左春坊左谕德兼翰林院侍读阳和张公行状》："为文平正典雅，耻工攀隉，所著有《绍兴府志》、《会稽县志》、《云门志略》、《山游漫稿》、《槎间漫笔》行于世，有《不二斋稿》、《志学录》、《读尚书考》、《读诗考》、《皇明大政记》藏于家。生嘉靖戊戌十月十八日，卒万历戊子三月二十五日，享年五十有一。配王氏，封安人。子二，汝霖，即余壻；汝懋。孙七，耀芳、爌芳、炳芳、炜芳、烨芳，俱汝霖出；炯芳、照芳。孙女二，一许字余孙体元，俱汝懋出。余尝考国朝科名，以甲魁为卿相，勋德并茂，垂鸿无穷者，亡论已。乃位不越中大夫，而名播寰宇，没世之后，犹蒙表章，则一峰罗公伦、梓溪舒公芬、念庵罗公洪先三君子之外，靡得而闻焉。三君子所谓不愧科名者也，岂其卿，岂其相哉？子莐之造，即未知其所止，要之，理学同，气节同，官不过五品又同，安知后世无表章子莐，以继三君子之躅者乎？余故状之，以干于名世元老铭诸墓门，使后之人有所征信焉。"《明史》儒林传："张元忭，字子莐，绍兴山阴人。……元忭素赢弱，母戒毋过劳，乃藏灯幕中，俟母寝始诵。十余岁时以气节自负，闻杨继盛死，为文遥诔之，慷慨泣下。……隆庆五年……元忭以廷试第一，授修撰。……万历十五年奉使楚府还……先是，元忭以帝登极恩，请复父官，诏许给冠带。至是复申前请，格不从。元忭泣曰：'吾无以下见父母矣'。遂悒悒得疾卒。天启初，追谥文恭。"

起前尚书潘季驯为右督御史，总督河道。《明鉴纲目》卷七："纲：戊子十六年，春三月，起前尚书潘季驯为右都御史，总督河道。目：季驯前为李植所劾，落职为民。御史李栋上疏讼曰：'隆庆间，河决崔镇，为运道梗，数年以来，民居既奠，河水安流，咸曰，此潘尚书功也。昔先臣宋礼治会通河，至于今是赖。季驯功不在礼下，乃当身存之日，使与编户齿，宁不嗛诸臣任事之心，失朝廷报功之典。其后论荐者不已，遂起季驯右都御史，总督河道。自吴桂芳后，河漕皆总理，至是复设专官，寻加季驯工部尚书。"

国子监祭酒田一俊奏，为奉旨校刻《十三经注疏》，《尚书》先完，恭进御前。命留览。（据《明神宗实录》）卷一百九十六）

四月

以文体险怪，夺浙江提学佥事等俸各二月。（据《国榷》卷七十四）
修南京国子监。（据《国榷》卷七十四）

国子司业王祖嫡为司经局洗马兼翰林院修撰，纂修玉牒。（据《国榷》卷七十四）

命礼部左侍郎兼翰林院侍读学士掌詹事府事王弘诲兼管教习庶吉士，升左庶子兼侍读刘虞夔太常寺少卿兼翰林院侍读学士，掌本院印信，经筵日讲如旧。（据《明神宗实录》卷一百九十七）

祭酒赵用贤上《南京太学条陈疏》。黄儒炳《续南雍志》卷五《事纪》："（万历十六年四月）甲子，祭酒赵用贤以申饬监规修明祖制上言：……"赵用贤《赵文毅公奏疏》卷三《南京太学条陈疏》："南京国子监祭酒臣赵用贤谨题：为申饬监规修明祖制以隆治化事，臣等窃惟祖宗建立南、北太学，所以罗天下之材而储养之于礼法之地，其体至隆，其规条亦至备。二百余年以来，南、北盖亦并重，无少差焉。然今日国子在京师者，数为皇上之所幸临，四方之所观瞻，故其崇重申敕特为周详，而南都僻在耳目之外，间有一二废格及法制不能画一者，宜加修举。……一曰请复勋胄送监之制。臣惟求将之道，必先说礼乐而敦《诗》、《书》，盖谓文事武备兼资而后裕也。我圣祖命公侯子弟读书国学，特起龚敩为司业，曰：'非敩，则此辈无所矜式。'又命曹国公李文忠入监，有顽梗不率，加之扑罚。成祖以永康侯徐安建、平伯高伯安、乡伯张安年少未谙礼度，命之入监读书。成化弘治中命公侯驸马伯子孙年十五至三十者送监，照依监生读书作课，讲习礼仪。虽公爵已袭在行间者，亦依此例，则祖宗时甚重此制久矣。今京师太学见在举行，惟南京自隆庆初年，祭酒姜宝题准俱遵照旧例赴监肄业，未几复废。臣以为祖宗之立此制，非故为好劳也，其深意固自有在。今国家求将往往乏材，而世胄子弟搢绅悉鄙之为纨绮白丁，无足比数，此无乃弃之为不足教而顾谓人才独不产于此欤！臣以为世禄之家，其感恩思报当出于寻常，而韬钤世业，其讲求亦当有异于常人者。乞敕下该部，一照京师事例，勋戚子弟凡应袭者悉送入监，容臣等稽其勤惰，令遍读武经兵法诸书，亲与背诵讲解，必其晓谙大义，兼于《五经》内别授一经，课以字学，令他日莅军行政不至以愚呆取笑。其进监时，虽体貌当少别于诸生，然亦当仍用儒衣巾，毋得纡紫横金，徒骋服色，若非袭有职事及奉明旨叙用者，毋得辄行规避，以长骄惰。如有此等，亦容臣等纠举，以为他日用舍之地，庶几可豫储将帅之材，而上舒圣主拊髀之虑矣。伏惟圣裁。二曰请修遗贤荐用之典。臣等窃见国初人材悉聚于太学，故当时所举用者亦特超于常格，至今以为美谈。臣不敢远举，如成化、弘治中举人陈献章、湛若水，或以荐起，或以征赴会试，其后皆为名臣。世以为我朝极盛之日，故其得人亦独盛也。近世太学虽设，盖借以笼天下之财，徒闻开纳之例频颁，加级之令数下，昔之所称贤关，今乃辱为利窟。即今在监，非无一二能文词者，不过厌名场之难于猎取，故假此以为捷径耳。非若曩时所务皆实学，而所蓄皆真才也。臣等以为天下之大，生才不数，而我皇上文明化成，则应运而生者当不乏人。臣愚窃谓荐举辟召之令，亦宜间一举行，使天下知朝廷所注意不专在人赀，而士风向慕亦稍知有道德之重。臣等自数年以来，亦专心查访，如江西建昌府新城县举人邓元锡，饬躬励行，志希圣贤，少举乡试，养母六年。已而四出从计偕，乃绝意仕进，杜门著述十五六年矣。其方严介洁，行既不为诡随，其潜心积学，才实堪于经济。臣近读其所著《五经绎》、《函史》诸书，精深宏博，皆能悉载籍之微义，他若《三礼编》、《潜学稿》等书，皆极渊邃，成一家言。及访之乡评暨仕宦之在江右者，又言其亲终庐墓，能立义仓，以赡一邑之人。诸设施亦犁然称精密，盖严毅似胡居仁而博雅过之，高卓似陈献章而洒落不及，其称之士人如此。吉安府安福县举人刘元卿，惇行古道，潜修大业，其制行之方洁，一毫不苟于取与，其应事之周详，百以率由于礼义。元卿所居一乡最称善讼，今皆化其德，无一人更犯官府。先年已经给事中邹元标论荐，臣等复加研访，无异元标所言，特其著作少逊于元锡耳。陕西西安府蓝田县举人王之仕，孝弟力田，行不逾乎轨范；《诗》、《书》敦说，名已动于乡间。虽其久婴足疾，然而搢绅之过其庐者，未尝不式敬焉。此之人者，皆古之逸民，而实圣世之遗贤也。臣以为如元锡者，宜处之禁近，可备采择，即用之郡县，当为循良。元卿虽自毁其引，宜如湛若水例，或令之会试，或督之赴监，勿使遂终老于山林。即准近日王敬臣故事，授以京衔，使足表率一乡而矜式后学，诚今日风世之盛轨也。伏乞敕下该部再加查访，特赐录用。臣查得隆庆三年祭酒姜宝具荐举人傅太、赵蒙吉等，皆以隶名国子，故敢荐扬。臣所举三人事体实与相同，伏惟圣裁。三曰请严监生久旷之罚。臣等考国初群天下士子于太学，教法甚严，无敢旷废。自入粟授例之制一开，当事者鄙之不足教，而此辈亦乐于弛置，假托规避，玩愒岁月。臣等查得本监监生自嘉靖四十一年至今，其告旷、告出、丁忧等项，不复班二十七年者陶子中、钱昕等四十三名，二十年者丁嘉雨等七十八名，十五年至十年者邢继武等一百四十三名。其余十年内外共一千二百七十三名，中多死亡、革黜及年老自甘废弃者犹挂名监中，岁岁造册登报。设有已经负罪问革，时移事改，朦胧府、县起送，执旷假票而图复班者，亦何由穷诘其奸伪也？祖宗时有因祭酒分别违限监生径发充吏者，有因告亲老子幼乞归至编户保安州者，臣等不敢详举。成化中纳粟之例开已久矣，然陈敬宗请以入监违限者移文催促，如更违限，照宣德九年例仍发充吏。凡患病一年之外不复监者放为民。弘治六年申明违限事例，各直省依远近为期，三月外不到监者发充吏。嘉靖间亦申饬数四，不废旧章。近自万历十年以来，南京祭酒高启愚等累行文严查，视若故纸，迄无一人至者。故今坐班人数渐少，而教法亦几弛废。夫人情恶检束而乐放纵，不有以提诲之，虽贤智者亦不免怠肆，况此辈皆膏粱纨绮、习于骄惰者哉？今国家往往罪郡县小吏贪浊庸纵，而不知他日之官百执事者皆此辈为之也。居平任其偷惰，临事责之廉能，是犹取燧于渊而索水于木，必不能矣。伏乞敕下该部，通行各直省，查照弘治十八年奏准事例，凡举、贡、纳粟等项监生已经入监，其病故、问革，查审缘由，报作开除。其二十年外不到班及年老废疾者，照例与冠带，或如近日生员加纳儒官例，量纳银几两以济边饷，亦即与行监开除。其十年外不复班者，严立程限，亦照旧例，两广、云、贵限一年，陕西、福建限七月，江浙、山东、山西、湖广限五月，两直隶限三月。限外三月不到者，或行提问，或径除名。举人入监，查照祭酒程文德、姜宝题覆事例，未经到监告会试，决不许容应试，其临当会试方来到监者，俱不准告会试。岁贡年四十五以下亦照旧规，皆送监肄业，毋得辄告就教迁延，以图侥幸于科举。凡此皆系祖宗定制，非臣等敢创立意见，以滋多事也。伏惟圣裁。四曰请求银两积逋之弊。臣等谨按本监干鱼、膳夫银两，皆定于弘治十七年祭酒章懋及冯御史所题准事例。干鱼银按月分散，自有旧规，惟膳夫银自嘉靖十年祭酒许诰、林文俊、费寀先后题议，以十分为率，内除一分以充修理公廨等费用，一分充当庙户，其八分亦按月均散师生。是膳夫银不独资之以供师生，亦藉之以充修理也。臣等到任，见各处塌倒，即行典簿厅查，有赢余并无分毫贮库，随据呈称湖广布政司。万历十八年分欠干鱼银二百四十二两五钱，九年分欠三百四十二两五钱，十年分欠一百四十二两五钱，十一年分欠二百四十一两五钱，十二年分欠二百四十二两五钱，十三年分欠二百四十二两五钱，十四年分全欠四百四十二两五钱，十五年分全欠四百四十二两五钱，共银二千三百三十九两。节经行文户部催解，未见回报。又查得膳夫银苏州府自万历八年起至十五年止，共欠银一千五百八十两，内十三、十四、十五等年通未起解。松江府共欠银四百十一两五钱，常州府共欠银八十两，共银二千七十一两五钱。各府去年虽称灾伤，然十三、四等年亦称稍熟，迄未尝有分毫之及。独常州府近解银三百八十两，故所欠遂无多。臣等以为此系国家养士盛典，况所输甚微，而积逋乃至于此，或以为闲曹不急之费，故尔稽缓，不知此项银两，监中月有支放，一遇缺乏，将何挪借？今岁复当科举，诸生方骈集，支费更多，使臣等束手无策，何敢复望藉以充修理哉？伏乞敕下该部，作速严行催解，或差官坐征，仍行编入巡按御史考成册内。毋使视以不急，恣为拖欠。臣等非不知地方报灾相仍，乃故为此渎奏，然关系臣职掌需用甚急，臣实无措，不敢不请，伏惟圣裁。……六曰请申在监加纳之禁。臣等伏考祖宗时国子之制，皆取四方英俊或有道术之士，故其教典弘敷而得人，亦称极盛。自景泰中边事急，始开纳粟纳马之例。是后亦时开时止，不过间一举行，惟正德十六年中，凡三开此例，当时遂以为滥觞之极，大臣累请罢。至我世宗皇帝初年，即诏严禁上粟入监者，仕途遂为一清。顷年以来，此例遂以为常。甚者户部今岁开一例，工部明岁又出一例，要以济用为急，而不暇计夫开纳之频繁矣。然向来应诏加纳者率皆在部年久与历事挂选之人，未闻方在坐班而已先为加纳之图如近日之事也。臣于二月中在监生王绍元告称赴部加纳，臣窃甚疑，持不敢下。绍元禀称旧亦尝有此例，乃查得在前有杨九重、余绍堂、郭登俊等数人已为之先矣。及查十五年十月初九日工部开纳条款内，止称监生选期未及预授两京及在外相应职衔，先给剳付冠带，听候挨次选用。则所谓选期未及者，乃历满赴部听选之人，非谓身尚走班而便可谓听选之人，可豫授以职衔也。此风一开，使少年竞进之徒群然趋命，致有晨而衣巾伛偻班次，暮而冠裳招摇闾巷，甚非所以肃体统而整齐教道也。伏乞敕下该部，明开选期未及之人，不系在监人数，移文禁止。其自本年四月内加级者，姑令暂准。此后一切再不得朦胧侥幸，以图速进。此于士风世道关系非小，伏惟圣裁。七曰请复监考防检之役。臣等查得国初本监考试，或命公侯或命大臣监临详阅，其事至重。自纳粟入监之例一开，监临之法遂废，而试事亦遂以轻。后惟春秋二季考及科举一考，差为严密。旧制每当考期，本监预先行文至五城兵马司，借用弓兵或百二十名或百名，以为搜检巡视之用。近者通议裁革。去秋季考，臣等亲自检察，怀挟之弊往往有之。本监人役既少，又兼平日素与监生熟识，其间或更有代为传递者，岂肯尽法穷搜哉？关防不周，欺蔽遂积，而科场之弊亦因兹以生矣。至于春秋二丁祭薅草夫役，旧皆取用地方人夫百名。今议每祭不过三十名，一日而罢，使殿陛之间宿草丛生，甚非所以肃趋跄而尊先圣也。伏乞敕下该部，详加酌议，准复旧制。且今科场取之营军，在外提学取之民壮。本监季考科举不为不重，五城弓兵既有工食，岁用不过二日，丁祭人夫每岁亦不过两次，皆非有甚劳于民者，不得于此而示节省民力也，伏惟圣裁。"赵用贤《松石斋文集》卷三《讲院会录序》："文章小技耳。至今之所谓制义，则束之以传注而限之以程式，尤称靡焉。故宏博之士稍藉此媒科第，辄谢去耻言之。迩来海内争言秦汉，剽剥史迁、庄周无遗，或掇其影响傅之经义。又其甚者，至拾老、佛剩语抑割傅会，而聋聩之徒传相矜诩。……余官南雍，慨然有矫俗之意。内自惭道德阙于躬修，而经术浅陋，概乎不足以为人师。则日取制义家言，群六馆士分而课之，亦时时操铅椠绳削其间。既数阅月，则始之浮剽者渐以夷而实，谲诞者渐以醇而饬，幽渺而杂出二氏之荒唐者，亦渐根极于吾儒之切要，洋洋洒洒可观也。盖庶几乎少变焉。"

前南京礼部尚书何维柏卒。维柏字乔仲，南海人，嘉靖进士。选庶吉士，授御史，按闽言事。忤严嵩，下狱除名。隆庆初，复官。历尚书，致仕。年七十七。予祭葬，赠太子太保，谥端恪。（据《国榷》卷七十四）

南京国子司业余孟麟为司经局洗马，仍署司业。（据《国榷》卷七十四）

五月

礼部鉴监生刘垣等之弊，疏请自今监生科举，务求文字疏通者方许入试，不得拘数取盈，以滋冒滥。时以其言为切中时弊。（据黄儒炳《续南雍志》卷五《事纪》）

廷试岁贡生。（据《国榷》卷七十四）

南京兵部员外郎张一桂为国子司业，仍俸正五品。（据《国榷》卷七十四）

六月

礼部覆礼科都给事中苗朝阳疏，论科场事宜。《弇山堂别集》卷八十四《科试考四》："（十六年）六月内，礼部覆礼科都给事中苗朝阳疏：'查得各省直同考，先该南京礼部尚书姜宝议欲尽用有司，已经本部题奉钦依酌量兼用。今该科犹恐试卷数多，各经同考仅有数员，穷日校阅，易得潦草，欲以本省甲科有司，选其学行俱优者，《易》、《书》各增二员，《春秋》、《礼记》各增一员，使得从容校阅，相应依议。但计各省应试人数多寡不等，又或偶有一经，于彼独多，于此独少，亦难局定员数，惟应总计场中五经试卷，酌量增添增取，其适用而止。如或偏远省分，偶乏科甲有司，即于乡试中出身者一体选用，但不可逐次增加，启滥觞之端。阅卷完日，主考二员即将各房落卷尽数取出，会同各经房考互相搜检，拔其所遗，呈之主考，当面裁定。定已毕，通将取中试卷，均分各经房考加以印记，互相评品。先是，同考官员虽有去取，止用浮帖开具批语，不可直书卷上，令人先有成心也。前次题差京考之时，亦令酌量道里远近，稍加馀日，以备阴雨计。今各赴凶荒，道路梗塞，似应更早数日，以宽靡及之怀。冒籍生儒，先年累奉明旨，厉行禁革，今该大比之年，本部已曾通行申饬去后，兹籍来历不明之人，一概不准送考，已在取中者，即据实申报，不准入试。如有疏略容隐，或被人报讦，或中后事发，本生照例黜退，教官并保勘生员邻里人等坐赃究问如律，有司及提调官参奏罚治。各该监临御史先曾题奉钦依科场已毕，即查中式人等中间有无冒籍人等，具奏一次。今宜限定本年十二月以前通行奏到，如有场屋前后交代接管者，俱宜一体遵行。本部于次年正月内通行各省巡按已未奏到缘由类题一次。两畿额设三十名，以待国学四方之士。今该科欲照会试事例分南北卷，兼收人才，不欲有所偏重，其意甚善。但既分南北，必有中卷，分析太多，恐属烦琐。且岁贡入监者少，而北方纳粟人等多有意外于科名，万一填榜之时，不能取盈额数，反为难处，不如仍旧为便。京考，外官相见礼节，本部前次已会题准，考官一至地方，止许监临御史一与相见，以避嫌疑，此于初到礼仪，已无可议矣。鹿鸣盛典，礼让相先，益无可议。从此以后，馆寓隔别，不但六科吏部原有相见陈规，即在翰林各部，平日亦有使于外者矣。今既同奉差遣，共事一方，为地主者，不欲过有分别，以伤雅道，亦以尊君命而重朝廷也。及查会试入帘出帘二次宴，主考官员虽有秩在尚书之下者，坐次亦居其上所据，鹿鸣等宴，亦宜正考居中、副考居左、监临居右，乃见巡按御史为其地方题聘主考初意。伏乞圣明裁定，敕下臣等遵奉施行。'奉圣旨，依拟行。"黄儒炳《续南雍志》卷五《事纪》："（万历十六年）五月己酉，礼科给事中苗朝阳言：'两京乡试，例有监生三十五名，历考累科中试者，南人十之九，北人十之一，盖风流人文，原自不同。臣等以为亦照会试例，分别南北，量名数以取中，不使北方质直之士至于摈落，而南方为偏胜。'阅一月丁巳，礼部上疏言：'既分南北，必有中卷，分析太多，事属烦琐。且岁贡入监者少，而纳粟之子率无意于科名。万一填榜之时额数不足，反为难处，不如仍旧便。'科臣议遂寝。"

礼部题"为科场伊迩乞饬典试诸臣严斥违式试卷以正文体以罗真才事"。从之。《弇山堂别集》卷八十四《科试考四》："（十六年六月内）礼部题'为科场伊迩乞饬典试诸臣严斥违式试卷以正文体罗真才事：先该臣等见得近年举业崇尚奇诡，大坏士风，已经题奉钦依严行禁约，仍颁举业正式，以示标准，俱通钦遵去后。今访得远近士子，犹多胶守固习，崇尚浮诡，殊未舍旧图新朗然一变者，盖缘此项禁约，先年每遇大比，亦曾预行申饬，及至临场校阅，则近入彀中式者，未必皆属平正，所以士心狎玩至于今日，虽奉明旨，犹复徘徊观望，未有转移，盖亦主司之过也。适今典试诸臣，亲奉临遣，纶音有严，如揭日月，孰敢不遵？且朱卷解部之日，臣该会同本科，逐一复校，果有故违明禁侥幸中式者，将本生参斥，考试等官亦分别卷数多寡题请降罚，孰敢曲庇？所虑应试诸生习见往年事，或仍有不信之心，而首鼠两端，不尽所长，坚守迷途，自甘沦落，中有高才，不无可惜。用是不避烦渎，再请申饬。合候命下，移咨都察院转行两京监试及各省监察御史，除通行禁约外，仍于考试官入帘之日，大书简明告示，张挂贡院左右人烟凑集之处，使各应试生儒，的知上意所向，坚如金石。典试诸臣，共承休德，必不取违式试卷苟且完责自取不逭之罚，即诸生有怀奇韫异欲见所长者，第能于理致之中发挥旨趣，如先年进士王鏊，近日唐顺之、瞿景淳等，尽可驰声艺苑，擅长一代，何必凑泊难字，如番文鸟篆，译而后知，饾饤浮词，如步虚传偈，迥然庋俗而后快哉？且近日小考，优卷间有一二浮词，已经臣等参斥，然尤俱存其一线之路者，则以法禁初行，情在可原也。今明旨已不啻三令五申，而士方被褐挟策之日，乃辄忍距违君命，诡遇获禽，若以服役在官，亦何所望，国家亦何取于此人而进用之耶？倘侥幸中式，虽欲原之，不可得矣。臣等叨掌风教，自知庸菲，无可效其转移之力，独仰藉纶音，申告多士及诸有校士之责者，共遵轨辙，以襄盛典。伏候圣明裁定，敕下臣等遵奉施行。'奉圣旨：'是。该考试官务遵屡旨取士，其违式卷，你部里及该科着实参治，亦不许姑息。'"

进王锡爵太子太保，荫国子生。以三年考满也。（据《国榷》卷七十四）

闰六月

王世懋（1536—1588）卒。王世贞《亡弟中顺大夫太常寺少卿敬美行状》："亡弟讳世懋，字敬美。……（戊子）季夏闰望，前一日晨兴，命移席中堂，强起坐饮少水，亭午呼楮墨，手书一纸与余诀……翛然遂逝。……弟以嘉靖丙申生，殁于万历之戊子，春秋仅五十三耳。""顾弟不讳言二氏学，恒谓吾：于两庑飨亡所贪，苟阴用其实，而阳诋其名，或假窃其似，而自文其陋者，俱耻之。以故躬书昙阳师传，而所撰著《望崖编》等书，亦皆其中精至语，识者谓不下白香山、晁文元。于诗虽自济南始，其所涵咏多汉魏晋宋以至盛唐诸大家，然不肯从门人，亦不规规名某氏业，而神诣之境为胜，七言律尤其踔绝者。文出入西京韩欧诸大家，间采刘义庆《世说》，自以为得彼三昧，而于游名山记，尤详婉有力。善持论，往往以识胜。少即工临池，行草萧散，小隶疏行，得晋人遗意，晚而弥好之。病甚，已绝意吟咏，然犹为陆司寇阴司马作行楷，盖绝笔也。""所著诗文，不谷为哀而梓之，得五十五卷，馀所著《闽部疏》、《三郡图说》、《窥天外乘》、《二酉委谈》、《学圃杂疏》，前已行人间。"《明史·艺文志》著录王世懋《易解》一卷，《经子臆解》一卷，《饶南九三郡舆地图说》一卷，《闽部疏》一卷，《学圃杂疏》三卷，《奉常集》五十四卷、诗十五卷，《艺圃撷馀》一卷。《四库全书总目》史部传记类存目六著录王世懋《却金传》一卷，史部地理类存目三著录王世懋《三郡图说》一卷，史部地理类存目七著录王世懋《名山游记》一卷，子部谱录类存目著录王世懋《学圃杂疏》一卷，子部杂家类存目二著录王世懋《经子臆解》一卷、《望崖录》二卷、《澹思子》一卷，子部杂家类存目三著录王世懋《读史订疑》一卷，子部杂家类存目四著录王世懋《窥天外乘》一卷，子部类书类存目一著录吴一鹏序云王麟洲所撰《古今类腴》十八卷（王世懋别号麟洲），子部小说家类存目二著录王世懋《二酉委谈》一卷，集部别集类存目五著录王世懋《王奉常集》六十九卷，集部诗文评类二著录王世懋《艺圃撷馀》一卷。

前太子太保兵部尚书张佳胤（1527—1588）卒。佳胤字肖甫，铜梁人，嘉靖庚戌进士。后赠谥襄宪。（据《国榷》卷七十四）王世贞《光禄大夫太子太保兵部尚书赠少保居来张公墓志铭》："明年戊子，公卒得风痹不起"；"公讳佳胤，字肖甫，初自号庐山，以其家在居来两山间，更之曰居来山人。"嘉靖庚戌（1550）进士，除滑县知县。擢户部主事，改兵部，迁礼部郎中。谪陈州同知，迁蒲州知府。历河南、云南金事、广西参议、大名兵备副使、陕西参政、山西按察使，超迁右金都御史，巡抚应天。调南鸿胪卿，就迁光禄卿，进右副都御史，巡抚保定。改陕西，未赴，改宣府，召拜兵部侍郎，寻兼金都御史，巡抚浙江。加右都御史，拜兵部尚书，寻兼右副都御史，总督蓟辽保定，加太子少保、太子太保。赠少保，谥襄敏。"於乎，明兴以来，称文武才者独王文成、杨文襄、王肃敏而已。肃敏小逊于武，而文襄疏于文，非公比也。公之就大矣，不当以一雕虫小技与不佞还往之私溷公志，然公之精神实注焉，寻曹子桓所云云，可以已哉！公集若干卷行于世。"《明史·艺文志》著录张佳胤奏议七卷、《居来文集》六十五卷。

八月

　　尹立甫、赵仁甫二人在外帘诗酒唱和，后结集为《尹赵同声录》。有王世贞序。序云："万历戊子年秋八月，宁国尹同守立甫、池州赵司理仁甫同有事于棘闱，属所治经数足，其职在帘之外，二公素性深于诗，居闲无事，相与酬倡五七言诗歌凡百六十篇。溧阳潘令征复得而梓之，问序于余。二君子素与余善，既彻棘，各以其诗来赞，咏之飒飒然音也。余偶与潘令谈，忆在宋庆历丁酉，欧阳文忠公永州知贡举，而梅圣俞都官分校，二人故石交，欢甚，相与酬倡，多亦至百馀篇，而一时名士如王禹玉、范景仁诸贤，亦有和者，至今以为雅谈。然当时诸贤在帘之内，故人得议其后，谓以吟咏而夺其校阅之力。今者二君子帘之外，无害也。诸诗歌才情，多疏畅而俊丽，不知于梅、欧何如，格似差胜之。吾又闻，欧阳公于其年锐欲变其轻靡之习，而归之大雅，故刘几黜而曾子固、苏子瞻兄弟进。又有程伯淳者，为理学百世宗。今岁大宗伯亟上书，亦欲变奇诡而为雅驯，不知所登斥视庆历何如，其人士之称否何如，吾不敢论，论二君子之诗而已。抑又闻之，潘令之与休宁丁令元甫皆有诗，诗皆佳，不下禹玉、景仁，能用庆历例附于后否。今之天下，名治平逾于庆历，而庙廊诸公，能修韩、范、文、富之业而振之，其于文复又当返淳趣正之会，而二君子又能以雍熙尔雅之音，继美欧、梅之后，余恶可无述也。序以归潘令。"

　　刘元震、刘楚先、黄洪宪、盛讷等任乡试主考。黄洪宪上"衡文重任闻命惕衷"疏。《弇山堂别集》卷八十四《科试考四》："七月，命左春坊左庶子兼翰林院侍读刘元震、司经局洗马兼修撰刘楚先主应天试。""八月，命右春坊右庶子兼翰林院侍读黄洪宪、盛讷主顺天试。同试有中书舍人文运熙、行人司正沈璟及各部办事进士。第一名王衡，大学士锡爵子也。五魁皆出太学，而第二人张文柱，第三人董其昌，第四人郑国望，皆一时同会名士。""浙江用翰林院修撰萧良有，江西用侍读陆可教，湖广用侍讲冯琦，福建用修撰杨起元。'"右庶子黄洪宪等疏，'为文衡重任简名惕衷恳乞圣明申饬责成以重大典事：臣等行能浅薄，学术迂疏，蒙皇上过听，命主顺天乡试，臣等兢兢业业，惟不称任使是惧。且今士风薄恶，人心险危，或未事而惮主司之严明，先为浮言而计阻，或既事而愤主司之摈斥，肆为诬揭，以中伤考官。临期题请，甲乙未定也，而即为如鬼如蜮之计，场中糊名易书，鬼神莫测也，而先有避亲避仇之疑。簸弄百端，险炽万状。故今以文场为惧府，而谓主试为厉阶。臣等闻命惊危，誓天相戒，所凭者试卷，所取者文章，固不敢营私而罔上，亦不敢引嫌而弃才，此则所自盟于心，以图报称者也。然语有之，前车覆，后车诫，臣等深惩往事，重虑后艰者，方受命而饮冰，敢先期而吐露？臣等所受命者主考也，主考之嫌疑有二：一则先期撰文，恐防漏泄。今程文既用士卷，已无所疑先泄之嫌，且临时揭书，出题必由同考官拟定，然后臣等错综，缘手探策而决之，自谓可以无私，一也；一则文字之中，疑有关节。今阅卷去取，先由同考，同考所取，臣等乃得寓目焉，同考所弃，臣等无由见之，近经部议，搜求落卷，然亦俟同考官互相检阅，反复详校，而后臣等因而裁决，自谓可以无私，二也。顾其间有臣等所不能知者，请言其略：如往年冒籍之禁未伸，普天之下，莫非王土，容有冒昧而进者，不足怪也。今三令五申，搜伏已甚，万一犹有漏网，混荐乡书，后或发觉，臣所不能知也。或游冶之子，平生不习本业，临期贿属同号，袭取他长，希图侥幸，一时失察，致有后言，臣等所不能知也。内帘止阅朱卷，其墨卷在外，当誊录对读时，若有夤缘改窜，朦胧誊入，幸而得隽，不协舆情，臣等所不能知也。或彼此相仇而互揭，或才名相忌而谤生，臣等所不能知也。诸如此类，各有攸司。今监试臣风裁素著，防范加严，已经告示晓谕，谅无他虞。但臣等惩前虑后，过议搜伏，不得不预鸣于皇上之前耳。今且陛辞入院，约同考诸臣，申明约束，惢饬从事，校阅务使其细，批评宁过于详，有如目力不竭、品骘不审，臣等之罪也，或明珠暗弃，鱼目滥收，臣等之罪也。至于所不能知者，则有司存，非臣所能与也。请申饬各衙门执事官员，遵照节奉明旨，愈加严密，无一渗漏，则不惟弊窦可塞，真才可得，而足以明主司之心，亦重宾兴之大典。至于揭晓之后，中式文卷，如例送科校勘，仍乞命顺天府官将落卷送国子监及提学御史，分散下第诸生，使各阅批抹，以服其心，归与父兄师友无后言，且示之向往，以图后进。如是，则虽诸生之好事者，亦无容其喙，而阅卷诸臣，将益矢公矢明，不敢潦草塞责，于盛典有光，于风俗人心亦有裨矣。臣等不胜战栗恳款之至。'奉圣旨：'科场事宜，该部已题明申饬，考试官只秉公阅卷，遵照行事，监试提调官还用心关防。如有匿名投揭挟私害人的，厂卫及五城御史严拿究治。礼部知道。'"《国榷》卷七十四："各京省考官：顺天右庶子黄洪宪、盛讷，应天左庶子刘元震、洗马刘楚先，浙江翰林修撰萧良有、兵科左给事中胡汝宁，江西翰林侍讲陆可教、刑科左给事中陈烨，福建翰林修撰杨起元、吏部主事刘学曾，湖广翰林侍读冯琦、礼科右给事中白希绣，河南吏科给事中张养蒙、大理寺评事张国玺，山东刑科左给事中邵庶、刑部员外郎赵祖寿，山西吏科给事中杨其休、礼部主事陈应芳，陕西吏部主事朱来远、礼部主事向东，四川礼科给事中王士性、户部主事刘奕，广东礼科给事中陆懋龙、兵部主事朱维京，广西吏科给事中舒弘绪、刑部主事朱熙，云南户科给事中李廷谟、工部主事陈所学，贵州工科给事中洪有复、兵部主事梁云龙。时应天分考，当涂知县章嘉祯，中曹祖正四十九名。《诗经》荒字十号，误填《春秋》荒字十号，曹祖正寻检举。应天府尹张槚等遂未进试录，奏祖正除名，嘉祯夺俸五月，左庶子刘元震等夺俸三月。《诗经》卷解部覆阅。"

王衡举顺天乡试第一名。《万历野获编》卷十六《国师阅文偶误》："犹忆戊子春，娄上王辰玉、松江董元（玄）宰人都，名噪一时。士人皆以前茅让元，无一异词也。"文秉《定陵注略》卷一《科场贪缘》："（万历）十六年八月，命右庶子黄洪宪为顺天乡试考试官，取中王衡等。衡，太仓相公子。先是，洪宪奉主试之命，突上'衡文重任闻命惕衷'一疏，人颇疑之。及榜出，而王衡为解元，墨卷《中庸》篇，外帘官袁黄有润色二比，亲笔在内，为礼部主事于孔兼亲笔标出，揭送该科。比出闱，又有抢失朱卷之事。顺天监试御史毛在题：'八月二十八日，臣等同提调二臣，将墨卷扛入内帘查对，主试二臣先定字号草榜，比对朱卷，拆号填名字毕，将朱、墨卷各一百三十五号，付该府查收。臣等一同出闱见朝。其掌收试卷者，顺天治中张汝纪也。当因礼部司官入闱封锁房舍，棍徒混进，抢失朱卷五十余卷，相应查究。'有旨：'张汝纪罚俸三个月。'按：拆号填榜，必朱、墨二卷比对相同，拆号毕，必束二卷为一，以付收掌试卷官，朱去墨存，而名为抢失，事理甚不足信也。"《列朝诗集小传》丁集下："万历戊子，举顺天乡试第一。少傅方执政，言者攻之急，少傅陈辩亦甚厉，而天下不以讥少傅者，以辰玉真才子，不愧举首，都人士皆耳而目之也。"《明史·选举志》："十六年，右庶子黄洪宪主顺天试，王锡爵子衡为榜首。礼部郎中高桂论劾举人李鸿等，并及衡，言：'自故相子一时并进，而大臣之子遂无见信于天下者。今辅臣锡爵子衡，素号多才，青云不难自致，而人犹疑信相半，宜一体覆试，以明大臣之迹。'锡爵怒甚，且奏申辨，语过激。刑部主事饶伸复抗疏论之。帝为谪桂于外，下伸狱，削其官。覆试所劾举人，仍以衡第一，且无一人黜者。"

今年乡试，有"季文子三思"一节等题。《游艺塾文规》卷三《起讲》："戊子顺天'季文子三思'一节，黄葵阳改程云：'古今得失之故，皆起于人心之思。顾其得也，以沉几亦以果断；其失也，以轻发亦以迟疑。'句句切题。王蒙亨云：'人心之有思也，理所通也，顾以有主之心善用其思，则思常彻于理之中；以无主之心过用其思，则思常眩于理之外。'亦朗然可诵。""应天'如有博施'二节，周应秋云：'天下至大者惟仁，至约者亦惟仁，故有上圣为之而不足，一念存之而有余者，则心与势殊，而论仁者贵识体也。'亦切题，无一闲字。'君子之道淡'合下四节，云：'至圣之德，未有不自至诚之心人之者。自人以外弛之私，眩其反观之哲，将表暴于观闻，粉饰于治具，而德斯漓。'包孕章旨，详尽明彻。'吾为此惧闲先圣'一节，云：'世道所以不坠者，恃有圣人为之维。不幸先圣既往，后圣未起，而有异端肆害乎其间，有感时忧道之君子，不得不深信而力排之矣。''先圣'、'后圣'，只就题中拈出，便成宏论。""浙江'夫人不言'二句，蔡应龙云：'经国有讦谟，时为大，故为于可为之日，则利言革也；为于不可为之日，则利言因也。'虽是常调，却系名言。'故凡同类者'一节，朱国祯云：'人之不逮圣人者，何也？始焉忽其同而自流于异，既焉执其异而并疑其同，则未尝观性于类也，则亦未尝比类于物也。'此二起皆作程，皆有理趣。""应天'伐柯伐柯'二节，此题最难联络。刘纯仁云：'道无一日不具于人之心，因性而诱之，道固在也；平情而施之，道亦在也。'括尽题旨。"

袁宏道中举。袁中道《吏部验封司郎中中郎先生行状》："戊子，举于乡，主试者为山东冯卓庵太史，见其后场，出入周、秦间，急拔之。"

谢肇淛中举。徐𤊹《中奉大夫广西左布政使武林谢公行状》："戊子以《诗经》举于乡，实岭南太史杨公起元所取士也。"

以御史荆州士论荐进士诸寿贤、顾允成、彭遵古，各除教授。（据《国榷》卷七十四）

刑部尚书李世达覆参驸马都尉侯拱辰贪横不法。命夺任，送太学省愆百日。（据《国榷》卷七十四）

九月

甲戌，革应天中式举人王国昌，以其浙人而冒籍婺源也。（据《明神宗实录》卷二百三）沈德符《万历野获编》卷十六《王国昌》："嘉靖间，巡视光禄给事中杨允绳纠劾光禄寺丞胡膏之贪，反为所讦，谓其讪上事玄，故减醮坛供给。上大怒，逮杨论死，竟毙狱中。胡改重庆府通判，又升徽州府同知。至隆庆初元，胡坐前事及他不法，论重典。杨复官褒赠，录一孙名忠裕者为胄子。至万历戊子，应天乡试，忠裕得荐，而胡膏之养子王国昌者亦同榜中一百三名。于是科道纠之，谓膏本余姚人，而国昌为徽州人，先是乙酉科，以余姚县生员冒顺天通州籍名胡正道中式，已经参论问革，今安得复冒徽州？奉旨：'王国昌查明问斥如前。'此后国昌屡至京师奏辨，无有肯为昭雪者。国昌乃具疏击登闻，谓既斥于顺天之浙籍，再斥于应天之徽籍，姓胡既不可，姓王又不容，则天壤之间，当置臣何所？疏下覆勘。时有怜之者，谓其词直，且非胡膏真血胤，亦可末减。其人能顷刻成文数十篇，皆铺叙可观。因许覆试入会场，今且得为广文矣。王自云随其养父戍河南时，先已中式一次。问其何科？则笑不对，未知确否。余识其人，年将稀龄，尚慷慨谈文谈兵如少年，然其为浙产，为中州，为徽人，终莫能明也。"

斥国子监生李一鹗为民，以其改名李鼎应乡试也。王世贞《弇山堂别集》卷八十四《科试考四》："（万历十六年）九月，监试北城御史毛在疏，谓中式举人李鼎宗迹可疑，核之，则国子监生李一鹗，按察副使逊子也。初嚷呴南场，考官问斥，改名入试，斥为民。"

礼部尚书沈鲤致仕。《明史》本传云："帝以四方灾，敕廷臣修省。鲤因请大损供亿营建，振救小民。帝每嘉纳。初，藩府有所奏请，贿中贵居间，礼臣不敢违，辄如志。至鲤，一切格之。中贵皆大怨，数以事间于帝，帝渐不能无疑，累加诘责，且夺其俸。鲤自是有去志。而（申）时行衔鲤不附己，亦忌之。一日鲤请告，遽拟旨放归。

帝曰：沈尚书好官，奈何使去？传旨谕留。时行益忌。其私人给事中陈与郊为人求考官不得，怨鲤，属其同官陈尚象劾之。与郊复危言撼鲤，鲤求去益力。"

罗汝芳（1515—1588）卒。李贽《罗近溪先生告文》："戊子冬月二十四日，南城罗先生之讣至矣。而先生之没，实九月二日也。夫南城，一水间耳，往往至者不能十日馀，而先生之讣直至八十馀日而后得闻，何其缓也。"《明史·儒林传》：王畿"善谈说，能动人，所至听者云集。每讲，杂以禅机，亦不自讳也。学者称龙溪先生。其后，士之浮诞不逞者，率自名龙溪弟子。而泰州王艮亦受业守仁，门徒之盛，与畿相埒，学者称心斋先生。阳明学派，以龙溪、心斋为得其宗。""艮传林春、徐樾传颜钧，钧传罗汝芳、梁汝元，汝芳传杨起元、周汝登、蔡悉。""汝芳，字维德，南城人。嘉靖三十二年进士。除太湖知县。召诸生论学，公事多决于讲座。迁刑部主事，历宁国知府。民兄弟争产，汝芳对之泣，民亦泣，讼乃已。创开元会，罪囚亦令听讲。入觐，劝徐阶聚四方计吏讲学。阶遂大会于灵济宫，听者数千人。父艰，服阕，起补东昌，移云南屯田副使，进参政，分守永昌，坐事为言官论罢。初，汝芳从永新颜钧讲学，后钧系南京狱当死，汝芳供养狱中，鬻产救之，得减戍。汝芳既罢官，钧亦赦归。汝芳事之，饮食必躬进，人以为难。钧诡怪猖狂，其学归释氏，故汝芳之学亦近释。"汝芳号近溪。

十月

当涂知县章嘉祯、左庶子刘元震等以填榜失误受罚俸处分。《弇山堂别集》卷八十四《科试考四》："十月，应天府尹张楗等题：'万历十六年九月初三日揭晓，将中式举人周应秋等一百三十五名姓名榜示外，随将中式举人文案，依式刊刻试录进呈随准。考试官当涂知县章嘉祯呈称查得四十九名朱卷，原系《诗经》荒字十号，职寻墨卷，误将《春秋》荒字十号拆名曹祖正填榜，缘对卷之时，灯下慌忙，止见号数相同，失于查对经书，以致错误，本职罪不容辞，合应呈请。臣等照得，榜出四十九名系填写姓名错误，未经题请奉旨改正，不敢擅刊成录，恭候命下之日，方敢刊刻进呈。诚恐时日稽延，臣等不胜罪惧等因。又该左庶子刘元震等检举事，又该南京、四川等道御史孙鸣治等题为科举失错事，又该南京科臣朱维蕃奏为科场巨典将成，经房对号差误，恳乞圣明俯赐查处，以全盛举事等因。俱奉圣旨，礼部知道。该部看得，科场巨典，法至详密，所取朱卷必查墨卷比对，相同方可拆名填榜，此定制也。今当涂知县章嘉祯始而不辨经书，谩查字号，已失之周章，既而不加磨勘，辄行拆卷，又失之急忽，虽心本无他，而责实难逭。考试官刘元震等，提调官张楗等，惟据本房之呈送，不问经义之异同，固属仓忙，亦欠精密。合候命下，将章嘉祯重加罚治，以为科场不恪之戒，其考试提调等官刘元震等，职在统理，似与专司其事者不同，既行检举，相应量加罚治。惟复别赐定夺。再照填榜刊录，原属一事，今榜出已久而录尚迁延未呈御览，甚非慎重大典之意。合无行令各该府官，将原试录星夜进呈，其误中四十九名曹祖正相应查革，复学肄业，仍将本生并原取《诗经》荒字十号朱墨二卷解部覆阅，以凭上裁。'请奉圣旨：'是章嘉祯着罚俸五个月，刘元震等二个月。'"

翰林院庶吉士林承芳、吴应宾、（来）宗道、全天叙、萧云举、王图、彭烊、黄汝良为编修、检讨，李沂、刘弘（是）、王孟煦、薛三才、刘为楫为给事中，林祖述、赵标、曾砺、王道正为御史。（据《国榷》卷七十四）

左副都御史魏时亮为工部左侍郎。国子祭酒田一俊为礼部左侍郎兼翰林院侍读学士。（据《国榷》卷七十四）

前南京国子祭酒黄凤翔为国子祭酒。（据《国榷》卷七十四）

起日讲官礼部右侍郎兼翰林院侍读学士张位，仍协理詹事府事。太子宾客礼部左侍郎兼翰林院侍读学士署詹事府事王弘诲为吏部左侍郎。（据《国榷》卷七十四）

十一月

巡抚广西右佥都御史刘继文条上制御粤西土夷切要四事，其一为"立社学以教獐竖。"《明神宗实录》卷二百五：万历十六年十一月，"庚申，巡抚广西右佥都御史刘继文条上制驭粤西土夷切要四事……一、立社学以教獐竖。谓猺獐俗固鸷悍，然性亦犹人，间有良者，颇知向学。往岁社学虽设，而督率尚无责成。宜行提学道查建申饬，庶渐磨之久，夷风可永革也。疏下兵部。"《国榷》卷七十四："（万历十六年十一月）庚申，巡抚广西右副都御史刘继文、巡按御史张愈贤言制夷四事：嗣官男以移土习，立村长以约峒丁，正典刑以惩逆目，立社学以教獐（竖）。从之。"

前太子太保兵部尚书王崇古卒。崇古字学甫，蒲州人，嘉靖辛丑进士。授刑部主事，历官俱有能名。以右都御史总督宣大，适俺答孙那吉来归，受之。因款俺答，执议定策，弭兵四十年，崇古力也。其才局开伟，不拘小节。年七十四。予祭葬，赠太傅，谥襄毅。（据《国榷》卷七十四）

前礼部尚书兼翰林院学士汪镗卒。镗字振宗，鄞人，嘉靖丁未进士。选庶吉士，授编修，历祭酒、礼部右侍郎。万历甲戌丁丑，两知贡举。改吏部左侍郎，教习庶吉士，署詹事府。《实录》成，进尚书致仕。学识渊泓，笃实持重，得大臣之体。予祭葬。（据《国榷》卷七十四）

十二月

翰林院庶吉士王德完为兵科给事中。（据《国榷》卷七十四）

申时行等言前大学士王家屏服除，请召入。报可。（据《国榷》卷七十四）

起王家屏礼部尚书兼东阁大学士，直文渊阁。（据《国榷》卷七十四）

本年

（万历）十六年，浙江提学佥事苏浚、江西提学副使沈九畴，坐所取优等卷怪诡，罚俸。诸生罚充社。（据《弇山堂别集》卷八十四《科试考四》）

马之骏（1588—1625）生。马之骏字仲良，新野人。万历庚戌进士，官户部主事。有《妙远堂集》。

施绍莘（1588—约1640）生。施绍莘字子野，号峰泖浪仙。华亭人。一作嘉兴人。屡试不第。有《花影集》五卷。（或云1581年生）

明神宗万历十七年己丑（公元1589年）

正月

礼部覆科臣苗朝阳、李周策条陈科场事宜，其慎较文、免送试、核试卷、严誊录，各依拟。惟墨卷照旧于填榜日送进，不得先二三日。（据《明神宗实录》卷二百七）

下贡士闽县林春元于法司。以游留都，好请托，尝陷刑部主事刘以焕落职，南京刑科徐桓纠之也。（据《国榷》卷七十五）

礼部主客司郎中高桂请覆试王衡、茅一桂等中式举人。得旨，不必覆试。大学士申时行等乞准覆试。《明神宗实录》卷二百七：万历十七年正月庚午，"礼部主客司郎中高桂言：万历十六年顺天乡试，蒙旨以右庶子黄洪宪等往，其中式举人第四名郑国望稿止五篇。第十五名李鸿股中有一囡字，询之吴人，土音以生女为囡。《孟》义《书》经结尾文义难通。第二十三名屠大壮，大率不通。他若二十一名茅一桂，二十二名潘之惺，二十八名任家相，三十二名李鼎，七十名张毓塘，即字句之疵不必过求，然亦啧有烦言。且朱卷遗匿，辨验无自，不知本房作何评骘，主考曾否商订。主事于孔兼业已批送该科，科臣竟无言以摘发之，职业云何？方今会试之期，多士云集，若不大加惩创，何以新观听？伏乞敕下九卿，会同科道官，将顺天府取中试卷逐一简阅，要见原卷见在多少，有无情弊，据实上请，以候处分。其有迹涉可疑及文理纰缪者，通行议处，明著为例，以严将来之防。自故相之子先后并进，一时大臣之子遂无有见信于天下者。今辅臣王锡爵之子，素号多才，岂其不能致身青云之上，而人疑信相半。亦乞并将榜首王衡与茅一桂等一同覆试，庶大臣之心迹益明矣。得旨，草稿不全，事在外帘。朱卷混失，事在场后。字句讹疵，或一时造次。有无弊端，该部科一并查明来说，不必覆试。自后科场照旧规严加防范，毋滋纷纷议论，有伤国体。"癸酉，"大学士申时行等言：'两京各省解到试卷发部科看详，今礼部司官不纠摘南京各省，而独摘顺天，不通摘三场，而止摘字句，殆有深意。必待会官覆试而后，有无真伪，耳目难掩。'上命礼部会同都察院及科道官当堂覆试看阅，具奏锦衣卫还差官与高桂一同巡视。"

二月

先是，应试生员夏宗尧以怀挟抵罪，诸生群噪者数十人。内贾三凤登是科乡榜，按臣吴龙征欲概惩之，部议发回国子监肄业三年，方许会试，允之。（据《明神宗实录》卷二百八）

王衡、李鸿等七人因被指乡试作弊而参加覆试。俱准会试。高桂以轻率论奏，夺俸两月。刑部主事饶伸劾奏黄洪宪"朋奸欺君，徇私灭法"，语侵阁臣王锡爵、申时行。王、申求罢，帝慰留。命逮饶伸送镇抚司纠问，旋革职为民；高桂降二级调边方用。《明神宗实录》卷二百八：万历十七年二月戊寅，"礼部会同都察院及科道等官覆试举人王衡等。是日尚书朱赓以疾未出。右侍郎田一俊擢自祭酒，以八人皆国子生，引嫌不与。左侍郎于慎行、都御史吴时来、副都御史詹仰庇，都给事中陈与郊等，御史姜璧等同试。试毕阅卷，慎行次序分二等，王衡等七人平通，屠大壮一人亦通。疏入，得旨：文理俱通，都准会试。次日，慎行同礼科上疏，言诸生覆试，无甚相悬，中式未必有弊。字句虽有疵讹，然瑕瑜不掩。郑国望稿止全文五篇，其第四篇、第七篇止一二行，弥封员役，殊为怠玩，似与本生无干。欲将弥封官罚治。得旨免罚，而以高桂轻率论奏，夺两月俸。"甲申，"大学士王锡爵言：'臣男覆试卷，见经多官会拟第一，皇上准留会试，臣之心迹明矣。顾念祖宗二百年来，辅臣子见疑而覆试，自臣始。北京解元见疑而覆试，自章礼与臣男始。使臣男班于章礼权门狗盗之例，此为谁辱，而又可使再辱乎？臣男本官生，望退回荫籍，量授一官，臣身在事外，亦可昂首谭科场之事。文章自古无凭，虽前辈名家，尚未识真是真非，乃今新进初学，以字句小讹，被以关节之名，幽不有鬼神，明不有公论乎？夫考官惟患其不亲较阅，而今搜及落卷，便为舌端，名挂势家，遂当觳觫，则何不尽废科场，驱天下士子，使投笔从军、入钱补吏乎？国家欲惩张居正之覆辙，则真赃实犯，不惜重处。欲复弘、正以前之文体，则僻字险语，量为戒饬。岂可诬天下清白之士，尽行罗织。臣诚不见自古有此淳美风俗也。'上不允其退避，令吏、礼二部看议科场事宜以闻。后吏部尚书杨巍等言：'近年申饬甚严，总之，正文体、防奸弊而已。文体责在帘内，关防责在帘外。若因字讹目为关节，或据风闻信为实事，则文场取士之典，反为陷阱。且覆试已明，求过不已，士子蒙无稽之谤，考官抱不白之冤，大伤国体，莫甚于此。'旨以为是。"甲申，"右庶子黄洪宪言：'郎中高桂劈空造诬，恶言丑诋，幸圣明洞察，弗以罪臣。举人经多官覆试，俱准会试，臣复何憾。顾公论有真，不勘明，何由得实？臣与右庶子盛讷，陛辞入闱，分卷则有掌卷官，阅卷则有同考官。王衡、张毓塘系《春秋》，是行人邹德泳取。李鸿、屠大壮系《书经》，是原任行人司正沈璟取。茅一桂系《易经》，是进士苏舜臣取。任家相系《易经》，是沈璟简出，进士康梦相取。潘之恽系《诗经》，是进士章宪文取。郑国望系《易经》，是沈璟简出，教谕王心取。臣与讷分经总裁，臣阅《书经》、《诗经》，讷阅《易经》、《春秋》、《礼记》，交互批评，何所容私。今覆试毕矣，士之才不才见矣，请将桂诬臣无所指实之言一一根究。桂所自见，桂自言之，桂所不见而闻之他人者，亦必明言其人。如臣有毫发之私，岂直当褫臣官，愿就鼎镬，以为徇私之戒。如一无影响，是臣之心迹因桂益明，再乞放归田里。'得旨：事已查明，遵前旨供职。"甲申，"刑部云南司主事饶伸上疏曰：'科目者，国家鼓舞天下之大柄，君不得私诸臣，父不得与诸子。自张居正二子连占科名，而辅臣遂成故事，然未有大通关节，如黄洪宪者。以为一第不足重，则居然举首矣。势高者无子则录其婿，利厚者非子则及其孙矣。覆试之日，尚多不能文者，在都御史吴时来，不分可否，辄曰通，得朦胧拟请。大学士王锡爵辩疏，字字剑戟。锡爵为相三年，忠臣贤士，悉被斥远，佞夫憸人，躐跻显要，其势将为居正之续。吴时来附权灭法，不称台长。王锡爵庇党恃势，殊乏相度。均乞速赐罢斥。'疏上，次日，王锡爵求罢。又次日，申时行求罢。许国方典试入场，诸司章奏送时行私第票拟，时行仍封还。上惊问曰：'阁中竟无一人耶？甚非国体。'乃慰留时行、锡爵，怒伸出位妄言，朋奸逞臆，送镇抚司究问。薄暮三疏并下，皆出宸断。次日时行进阁疏谢。"丁亥，"都察院左都御史吴时来、左副都御史詹仰庇各上疏辩饶伸所言覆试事。时来言：'伸以诸生多不能文，臣覆试而蔽护之。文完纳卷，臣一过目，送于慎行传送科、道诸臣阅看，臣曰：'事由高桂，今须桂亦同阅。'正欲桂寻其弊端，以申法纪。夜深各臣定有次第，慎行悉照安叠。谓臣朦胧拟请，同事十八人与臣同罪也，谁敢为之哉？'因乞罢归，以全生平。仰庇言：'弊之有无，全凭覆试，即有曳白，或不能完卷，及其中有纰缪，虽无弊，亦当黜革。今各卷文理俱通，即当无议。至若锡爵、时来为正为邪，公论有在，臣不敢强辩，重冒附权庇党之刺也。'上慰留时来，谕庇仰职司风纪，当分别邪正，共挽颓风。"辛卯，"右庶子黄洪宪辩饶伸疏言：'据伸诬臣者三事：一谓辅臣王锡爵之子衡不宜居首。夫王衡自幼负奇，天下莫不闻。惟时《春秋》房考行人邹德泳首取，主考右庶子盛讷先评之，同考官、提调、监试诸臣共阅，靡不同声称宜第一者，臣因与众定之，将避其势而遂摈其文耶？其一谓势高者录婿，盖谓李鸿也。李鸿乃《书》一房行人沈璟所取，臣焉能预知为辅臣之婿，而戒同考官不取乎？其一谓利厚者录孙，盖谓张国彦之孙张毓塘也。毓塘亦是邹德泳所取，盛讷所评定，伸其问之二臣有私无私乎？而独苟责于臣也。又谓臣拆卷、对号之日反复搜寻。夫拆卷、对号乃在填榜题名之日，此时止有中式朱、墨卷在列，何处搜寻？伸徒欲文致以入人罪，遂不自知其诬耳。'因乞归，上不允，报已有旨。"丙申，"镇抚司讯饶伸，疏上，得旨：'伸革职为民，高桂降二级，调边方用。'后吏部覆：'科臣胡汝宁等疏参桂指摘科场，本属多事，至具私揭，是诚何心？降级若足示惩，仍行各衙门责不在己，事不甚重，勿轻言具揭。章奏有不得旨径自抄报者究。'得旨：'章奏未奉旨，不许辄便抄写。'"《弇山堂别集》卷八十四《科试考四》："正月，礼部郎中高桂奏，谓'我朝二百馀年公道，赖有科场一事，自权相作俑，公道悉坏，势之所极，不能亟反。十年前，张居正挟私求进，幸门四启，私属公行，王篆、朱琏等尤而效之，若以为定例牢不可破者，何哉？见闻熟而积习之私难挽也。彼居正初坏科场，每以意授人，忤者立见显祸，能先意承志者，则以美官酬之，若持左券。此其贻玷冠裳，至今唾骂者未已也。且明宪在前，国法在上，而犯者接踵相继，致使富室有力者，曳白可以衣紫，寒畯无援者，倚马不得登龙，此忠臣义士所以扼腕而不平也。若不一洗而更新之，则滥觞日甚，不知其何所底止也。谨以近日科场有议者，为我皇上陈之。查得我朝开国取士之制，帘以外主防检，帘以内主校阅，何善也！迄因各省巡按御史越侵职掌，内帘绝不与事，寝失初制，且弊孔烦兴矣。万历十三年，科臣王继光建议仍复京考之制，蒙旨厘正，中外翕然。然内帘之弊反有甚于外帘者，宜台臣之有辞也。累科故实，两京主考，必于翰林中资俸深而物望隆者，以畿辅首善之地，自当选择而使，以故得人斌斌称盛。近因规规资次，人得预拟，或阴植私交，遂至辱大典而羞当世。万历十六年顺天乡试，该府以主试请，翰林院具题，蒙旨以右庶子黄洪宪等任。随接邸报，见本官一本：文衡重任闻命惕衷恳乞圣明申饬责成以重大典事。大略谓，私揭中伤及阅卷去取全由同考，与夫弥封对读朦胧改窜之弊，乞行申饬等因。众方愕然，以为主考自缙臣分耳，何至哓哓若此。询之，咸谓今岁场屋必至决裂，不得不先为张本也。旬日之间，满京喧传，以为某两浙富人，必得华选，某三吴巨室，必在前列，臣以为道听未足信也，至榜一出，大半符合前言矣。揭晓之日，士人中有谓某以馆谷进，某以里闬交游进，臣尚以为此憎者之口，未必至此。及闻遗失试卷，始信前言有据矣。试卷，场中最为严密，未阅之先，责在收掌，既阅之后，责在提调等官。且各卷例当送部科校阅者也，可任其散逸而不为之所乎？昏夜扰扰之际，必有收贮之地典守之人，此一讯而可明者也。乃监试疏中谓，礼部委官到场，拥杂混失朱卷，谬矣。臣前科曾为会试提调官，知乡试之终，乃会场之始，臣于八月廿七日往贡院封锁什物，见千馀人混入，询之，乃附近居民拾取木片柴草，天明方行验出，彼时试卷先同榜出矣，何竟无一失耶？无知之民，肯冒不宥之法，而取必不可得之利耶？夫揭榜之先，远近传言场中失火，后竟不然，则今试卷之失，毋乃先去以灭其迹乎？不知此欲盖而弥彰者也。奉旨追寻数阅月矣，何乃逡巡观望，宜闻而久不闻也。查得礼部题准科场事宜，各省直揭榜之后，即将朱墨真卷解部，会同该科辨验是否，后将卷通行覆阅，如有文理不通者，量行奏斥一二，以示惩戒。此非刻也，杜渐防奸，不得不尔也。今各生试卷茫无下落，抑不知所中者为真耶伪耶？抑恐以甲为乙，移花接木，所不免也。且弥封等官，多有认记改作之弊，今虽欲辨之，无由矣。旧例，凡士子草稿不完者，先行帖出，不准进场。今第四名郑国望稿止五篇，执事官若罔闻知，乃巍然掇高科矣，纵才迈董、贾，以典制则悖矣。第十一名李鸿《论语》篇，腹中有一囹字，考之《海篇》直音，囹音匿，谓私取貌，询之吴人，土音以生女为囹，此其为关节明甚矣。《孟》义大结尾云，呼伪而可以为囹，吾未知新莽之果不可为周公也。经书二篇结云，傅岩之遇，方自以为不世之遭，即有贤者，岂能尽出其右，而曰吾姑待之，岂理也哉！文义难通又若此。第三十二名屠大壮，首篇云，以后来之识见，合诸前此之图谋，以新生之意见，合诸初时之谋议，有以一夫奏言彻行者。《中庸》篇云，道之端由此造，其知乎？道之端由此造，其能乎？《孟》义大结云，之呛者流，与唐虞争烈。至后场，以创作瓶，以辟作壁，以蜉蝣为浮游等字。大率不通类此。即置之于小试，当在斥降之列，况可以点贤书乎？他若二十一二名茅一桂、潘之悍，二十八名任家相，三十二名李鼎，七十名张毓塘，即数字数句之疵谬，不堪过求，然亦啧有烦言矣。夫士在明经适用，而不经之字，岂宜妄书？顺理成章为文，而不通之文，岂容收录？且文卷遗匿，真伪难凭，公据混淆，辨验无自，不审本房作何评骘，主考曾否参订？向来朱墨卷类为一处，何独至朱卷而遗之？昔人场中有用三十字作冒，今奈何互相牢笼，恬不为怪耶？大抵今之科举，坏乱极矣，士子以侥幸为能，主司以文场为市，利在则从利，势在则从势，录其子以及人之子，因其亲以及人之亲，遂至上下相同，名义扫地。洪武三十年，学士刘三吾、纪善白思蹈等主试，至有物议，高皇帝震怒，一遣于边，一弃于市，圣祖岂无意而重处之哉！正谓开科取士，国家大典，此而作奸，则无奸不作矣，此而营私，则无私不营矣。臣备员清署，非不知包容之为得，顾义气所激，不能自已，乃敢披沥血诚，上干天听。伏乞敕下九卿，会同科道官，将顺天中试卷，逐一检阅，要见原卷，见在多少，有无积弊，逐一查明，据实上请，以俟处分。其馀迹涉可疑，及文理疵谬者，通行议处，以严将来之防。即将臣重加妄言之罚，以谢当事，庶公论可明，幸门可塞，众愤可泄，数十年之锢弊为之一清矣。臣又有说焉，天下之公与私不并立，而人心之疑与信不两蒙，自我朝设科以来，岂无公卿之子以才见收者乎？而人不之疑。故相张居正诸子后先并进，而一时大臣之子遂无有见信于天下者。今辅臣王锡爵子衡，素号多才，岂不能致身于青云之上？而人之疑信且半也。臣亦乞将榜首王衡与茅一桂等，一同覆试，庶大臣之心益明，可以信今而传后矣。'奉圣旨：'这草稿不完，事在帘外，朱卷混失，事在场后，字句讹疵，或出一时造次，有无弊端，著礼部一并查明来说，不必覆试。自后科场只照旧规，严加防范，毋滋纷纷议论，有伤国体。该部知道。'"大学士申时行等疏，恳恩覆试以昭公道事，奏举人李鸿等应行覆试。奉圣旨：'卿等恳请覆核，具见公慎，高桂本内有名举人，著礼部会同都察院及该科道官当堂覆试，看阅具奏，锦衣卫还差官与高桂一同巡视。'"《弇山堂别集》卷八十四《科试考四》："（二月）礼部疏，'为恳恩覆试以昭公道事：该礼科抄大学士申时行等奏前事，奉圣旨：'卿等恳请覆试，具见公慎，高桂本内有名举人，着礼部便会同都察院及科道官当堂考试，看阅具奏，锦衣卫还差官与高桂一同巡视。钦此。'钦遵抄出到部，除礼部尚书朱赓偶感伤寒注籍不与外，左侍郎于慎行等谨会同都察院等衙门都御史等官吴时来等于本月初一日黎明至本部堂上，公同揭书出题，严加覆试，随将原卷弥封，从公品骘。看得七卷文理平通，一卷文理亦通，臣等奉旨看阅，未敢擅拟，将覆试原卷，各贴浮签实封，随本进呈御览。伏乞圣裁。'奉圣旨：'这覆试举人，你们既会同看阅，文理俱通，都准会试。'""刑部云南司主事饶伸疏谓，'邪臣朋奸欺君徇私灭法恳乞圣断以培公道以快人心事：……臣闻覆试之日，尚多不能文者，左都御史吴时来不分可否，辄曰：'通得。'高桂面斥之，而时来忍耻力持，竟尔朦胧拟请。夫始犹掩耳盗铃，今则入市攫金，始犹一人为欺，今则朋党面欺矣，此何可令后世见也？臣又见大学士王锡爵之辨疏内举祁奚为言，夫奚之举子，自举也，岂假手于人哉？即此一言，而为私弊亦不能自解矣。且字字剑戟，而其中有曰‘突出一高桂’，尤非大臣之语。锡爵为相三年矣，不闻与人为善，而闻与人饰非，自锡爵趋邪，而忠臣贤士悉被斥远，佞夫险人躐跻险要。今又巧护其私以凌轹正直，欺诳皇上，其势又将为居正之续矣。……伏乞皇上大奋乾断，将高桂所论徇私举人严究斥退，发下覆试原卷，九卿科道从公细阅，量留一二可录者，以示圣恩，重治黄洪宪作奸市私之罪，以为人臣欺罔之戒。至于吴时来附势灭法，不称台长，王锡爵庇堂恃势，殊乏相度，均乞速罢斥，如是而公道可培，人心自服，他日之流弊，永绝于此举矣。臣昧死披沥，干冒天威，不胜战栗陨越之至。’奉圣旨：‘科场之事，已经各官条议，积弊已革，王衡等又经覆试，若有欺弊，同阅科道岂无言者？饶伸这厮妄言，排击大臣，刁讦辅相，好生无理！显是党护高桂，朋奸逞臆，甚失国体。饶伸着拿送镇辅司，究问朋党主使来说。’镇抚司奏，奉圣旨：既究问明白，饶伸憸邪小人，出位逞臆，诬谤大臣，混淆国是，本当重处，念辅臣奏救，姑着革了职为民，高桂虽为主使，亦是朋党，着降二级调边方用。’”焦竑《澹园集》续集卷十七《王辰玉太史哀辞序》云：“太史字辰玉，吾师荆石先生冢嗣。……戊子秋，首举京师，其制义传播海内，如凤采星辉，人人快睹。皆曰：‘我师之能成其子如此也。’又曰：‘君之克肖如此也。’无何，言者讦君以元老之子登上第，可借以立声名，攫贵富，遂出力攻之。君置不与辨，逡巡引退者数年。”《明诗纪事》庚签卷十录黄洪宪诗《上疏后长安友人相讯赋谢》，陈田按语云：“碧山学士万历戊子主顺天试，取王文肃子衡为榜首，李鸿又申文定婿也。为言者攻讦，朝命覆试，文皆如格。学士疏十上，乃得归。后言者犹以为口实，在籍听勘。学士工于制举文，诗非所长。”碧山学士指黄洪宪。洪宪字懋忠，嘉兴人。隆庆辛未进士，选庶吉士，授编修。奉使朝鲜还，进侍读。历右庶子，选少詹事，掌翰林院事。有《碧山学士集》二十一卷、《别集》四卷。

壬午，以少傅兼太子太傅礼部尚书建极殿大学士许国，太子宾客吏部左侍郎兼翰林院侍读学士掌詹事府事王弘诲为会试主考官。录取陶望龄等三百五十人。（据《明神宗实录》卷二百八）许国《许文穆公集》卷四《己丑会试录序》：“万历十七年己丑春，天下士待试礼部者四千四百有奇。尚书臣朱赓、侍郎臣于慎行、臣田一俊以请，上命大学士臣国、学士臣弘诲典试事。……臣盖尝三与校士矣，始礼闱分经，次乡论秀，最后副礼闱，皆受成事而折衷于主者。今总全经，校天下士，士得与不得皆在臣，无所他诿。臣为此惧，始入闱，即与诸执事约：所取士，文不得灭质，巧不得斫朴，奇不得掩正，百家二氏不得用以缘饰六经。令既具，罔敢不共。比竣事，历二十有一日，录士隽者三百五十人，文优者二十篇以献。”朱国桢《涌幢小品》卷九《训士》：“许文穆公典己丑试，余得登榜。约日聚射所，戒厉之。及至拜谒，余切欲亲承其教，从诸魁元后，挨近前列倾听。文穆大言曰：‘中后，索赏赐者必多，分毫皆不可与，即如我轿上、门上，一切拒之。从我言者为好门生，不从者反是。’闻者谓平平无奇。由今思之，即是宋举主问生事之说。生事足，则取与明，进退轻，赏赐节，则一切饮食、衣服皆可类推。文穆独挈出，俟人领悟。当是时，余等安然，不闻有座主一役一钱之费。其虑长，其忧切，不下带而道存矣。'"

陶望龄（1562—1609）举会试第一人。《明神宗实录》卷二百八：万历十七年二月，"丙午，礼部取中会试举人陶望龄等三百五十名。"《列朝诗集小传》丁集上："望龄字周望，会稽人。礼部尚书承学之子。万历己丑会试第一人，廷试第三人，授翰林院编修，历中允谕德，起国子祭酒。以母老乞终养，母丧，遘疾而卒。谥文简。周望年九岁，即匡坐，终日与其兄问答，皆世外语。在词垣，与同官焦竑、袁宗道、黄辉，讲性命之学，精研内典。悦慈湖、阳明、龙溪、近溪之书，曰：'慈湖师陆，文成之所自出，馀子文成之裔也。'阅历清华，多引身家食，游览吴越名胜，一登洞庭，两游白岳。楚人袁宏道谢吴令，偕游东中，陟天目，穷五泄，诗记为时所传。周望于诗，好其乡人徐渭。作《洞庭山游记》，规摹柳州，近效蔡羽。万历中年，汰除王、李结习，以清新自持者，馆阁中平倩、周望为眉目云。有《歇庵集》行世。"《游艺塾文规》卷二《破题》："己丑'畜马乘'一节，陶望龄破云：'利国者不言利，征之训有家者焉。'丙戌'故君子名之必可言'一节，袁宗道破云：'君子知名之为重，所以谨称名也。'癸未'吾之于人也'全，李廷机破云：'圣人无毁誉，而援民心之直以自信也。'庚辰'如有王者'一节，萧良有破云：'圣人尚论夫王道，无近功者也。'大率皆冠冕妥贴，春容蕴藉，并不钻研小巧，只是口头语，令人无处觅，此便是会元家数也。但善战者不骛奇功，善贾者不图厚利，善中者不必皆元。如会元文字定是大雅，定是平正，然刻意模仿而力量未到，便不能动人，往往坐消岁月而终身蹉过。且要平淡亦须从奇特处做起，做得纯熟自然，敛奇为平矣。苏长公所谓'非平淡也，乃绚烂之极也'。今学文不可先学平淡，场中除元外，其余中式破题皆极奇极新。旧刻《墨卷大观》，一题凡百余篇，遍览诸破，皆各出意见，可喜可愕。今集文散佚，不得尽录，止录其现在者为式。"《游艺塾文规》卷三《起讲》："己丑'畜马乘'一节，会元纯矣。董其昌云：'人君操平治之权，岂无利国之大道哉？而徒论利于货财聚散之间者，此非惟不仁也，亦不义已；非惟不义也，亦不利已。'说到'不利'，题意始完。朱凤翔云：'人主不讳理财之事，而慎无操聚财之心。'此是的确议论。周家栋云：'良臣不操奇赢以困民生，圣主不言有无以伤主德。'虽无大议论，而词气铿锵，笔力不弱。""'出门如见大宾'四句，陶望龄云：'人惟一心，不可令一日不在我，又不可令一念知有我。惟以吾心与天下相操持，而以我心与天下相流贯，则仁矣。'此起字字用意，神光陆离。刘曰宁云：'吾心之仁，其体则一物不容，其用则万物咸备。'焦竑云：'人之为仁，非于心有所益也，去其累吾心者而已。'此皆见理之言。""'圣人之行不同'二节，陶望龄云：'世俗自好之士，犹然能以一节表见，乃至圣如尹，而割烹之说纷纷焉，则以论洁身于常人易知，论洁身于圣人难知也。''论洁身'二句极中窾。刘曰宁云：'士君子出处动以圣人为度，顾圣人自信以心，而天下之信圣人亦惟心，迹非所拘也。'殊有姿态。周兆圣云：'圣人之正天下，必先论其身，故不局于一定之途，亦不持于两可之境，惟其变化不胶，进止有概，为足述焉。'意高而词古。"《游艺塾文规》卷七《正讲四》："己丑

‘畜马乘’一节，陶望龄布帛菽粟之文，妥贴蕴藉，最耐咀嚼。众人起处，或依题平叙，或先作二比，然后入题。渠起云：‘昔孟献子戒专利而揭官箴，故谓畜马乘之不察鸡豚也，伐冰之不畜牛羊也（直头唱出，不加粉黛，便是会元声口），此犹其小者也。乃聚敛之臣操术之巧以成贪，其言利者甚悉；朘民之膏以附上，在好利者必庸。（上二句不讲，单讲‘聚敛之臣’，便知轻重，且字字不合掌，又从虚而实，极有次序。）而百乘之家，无利于畜此臣也，甚且不得与盗臣等，（句法极高，又三句不为对偶，只散做，章法亦高。）何也？盖人臣奉公守职，即锱铢不得下侵；而欲保世宜家，则封殖岂为完策？（凡文字于整齐中须出几句参差语方不板，参差中须出几句整齐语方正大。前既散做，此处定当用偶语，局面才整，亦字字不合掌。）又况于人君，家四海以为富者哉？（此句落得捷，过得健。）故皇皇求利，世主见为长策，而国之利不在焉；皇皇求义，明主见为勤民，而国之利实附焉。（二比平平敷衍，到此田地，只宜如此，然后文势明白、正大。凡作文，最要浓淡相间，该浓即浓，该淡即淡，乃是大方。文字若一味求腴，便是小家数矣。）利端一开，则积之者无用，而供之者无已（推本之言），此以敛之怨耳，何利乎？固不若散财以聚民，而自得乎守富之术也。利源既竭，则供者难继其求，而积者必至于散，此以阶之祸耳，何利乎？固不若聚民守财，而坐收夫藏富之效也。彼所称不察不畜者，其此谓哉？有国家者，绎献子之说，察义利之几，无令天下言利之徒有以窥其隙而中之，使谓天子有聚敛臣，则平天下易易矣。’焦竑先起四句，即轻述三段，过下云：‘此岂谓国为不必利哉？（点出‘谓’字。）盖举鸡豚牛羊聚敛之类，凡可以自殖者，皆利也。见在利则利重，彼独从而后之者，诚以为利不在此也；克鸡豚牛羊聚敛之类，凡有所不为者，皆义也（‘义’、‘利’众皆虚说，此独纽在‘鸡豚’等上讲，最为切题，最为有见），见在义则义重，彼独从而先之者，诚以为利在于此也。知利源不能以两盈而导之于下，是以不贪为宝，而风尚自此正矣，即无论事之有终，而风尚一正，谓非有国之利不可也（众皆知‘事之有终，为国之利’，此独言不论有终，只‘风尚一正’便是利。此是穷源之论，意出蹊径之外），此以损之之道益之也；知利权不能以两重而藏之于民，是以不畜为富，而宠赂从此清矣，即无论财之常守，而宠赂一清，谓非有国之利不可也，此以散之之道聚之也。（此二比从‘利源’、‘利权’说起，中间只讲‘义之为利’，并不牵扯‘利’来，轻重得体。）吾于此而知利之为害也，所以速官谤，亦所以乱朝常；吾又于此而知义之为利也，可以警官邪，亦可以昭王度。’此处却平结，立意高，格局炼，亦是会元文字。陈幼学过文云：‘夫畜马乘而上贵不过百乘，而犹恶其黩也，矧大君而计及锱铢，大道之谓何？盖家规也，亦国体矣。察鸡豚而上富不过聚敛，而犹病其专也，矧天王而折及秋毫，仁者之谓何？盖官箴也，亦王道矣。’出色之谈，有魁气。李尚衮后半篇云：‘盖其所谓利者，不以利而以义也。（点出‘谓’字，下皆从此句论去。）利之利可以侈丰盈，而审计者诎焉，不欲以富国之私戕吾阜民之德也；义之利可以联兆庶，而崇本者先焉，不敢以谊主之猷后于计臣之略也。无论侵之下而始戒，即多寡亦不敢言，盖国家莫大之福，在人主无欲之公，而生殖为末矣。无论聚之上而始惩，即有无亦非所较，盖国祚无疆之休，在人君不殖之念，而货财非策矣。辨义于利之中，而公私之介甚严；言利于利之外，而治平之枢已握。'老成沉毅，亦有元气。众皆依题敷衍，刘曰宁独反起云：'使专之而可，则鸡豚牛羊岂非利资？聚敛之臣，操盈缩而实内府，岂不贤于盗臣？乃有不察不畜，如孟献子者，何谓哉？'只此数句，遂将'谓'字点出，下略提入讲，分明是元作。后二比云：'位在具瞻，而言有无、计多寡，岂其利哉？惟散利以归之闾阎，俾各餍其愿，即无论守财，而于君子絜矩之心固无拂也，是有国者之所宜留意也。民怀父母，而操奇赢、较损益，岂其利哉？惟公利以同之百姓，俾各遂所欲，即无论发身，而于人君好恶之公固无违也，是有国者之所宜亟图也。'二比亦不论'守财'，专论'发身'，其见亦卓。周家栋缴云：'古之善经国者损上益下，一切开利之资尽推与民：薄敛厚施，四方言利之谋悉为报罢。（境外设奇，切中时弊。）如使利之可以利国，而无庸义为也，则凡察之畜之之类奚不可者，而献子必戒之哉？'缴得有力。郝敬亦好，首四句有理，后二比云：'上诚不为暴征以宽民之力，是不殖之风自上行之义也，虽不言利，而凡征之所不尽，与民力之所有余（得此二句，便觉文有姿态），孰非军国之需？而百室即九府矣。'收得紧而雅。'上诚不为苛取以失民之心（前说'力'，此说'心'），是廉靖之节自上行之义也，虽不言利，而凡取之所不竭，与民心之所乐输者（前言'力'，则曰'民力有余'；此言'心'，则曰'民心乐输'），孰非军国之需？而私藏即公帑矣。'"

"'出门如见大宾'四句，陶望龄独创之格，独造之语，且词气和平，有先辈昆湖之风。其文云：'恒情处之以非常，即急者皆能自饬，及常行而习见鲜不易虑焉：投之以非愿，即愚者皆知自谋，及物交而私隔鲜不易施焉。（二比平提，意精语炼。）夫仁者纯心，而可以敬肆人己二之耶？（提得有力。）故见大宾至肃也，起居燕闲，最心志所不及检，而俨然玉帛在陈，介绍在列（句句炼，字字雅），置一身于礼法森严之中，而惟恐失坠者，则不以一出门而失祗肃之常也。（此比'也'字起，'也'字止，昆湖'使禹治之'墨卷，连用八个'也'字，不见其弱，只是养得和平，故有悠扬之趣。）承大祭至严也，临驭号令，尤耳目之所易玩，而恍然明神临之，祝史相之，措一身于陟降昭格之地，而惟惧渝斁者，则不以一使民而忘精严之体也。（近来后生作文，并不欲用字眼，不知文字要骨肉停匀，而骨又要在肉内。此文讲'出门'则曰'起居燕闲'，'使民'则曰'临御号令'，'大宾'则曰'玉帛'、'介绍'，'大祭'则曰'明神'、'祝史'，全用字眼装裹，而词采烂然。凡文字枯槁及露骨者，皆不利中，由其不知炼字之法耳。）至欲恶施受本无两心，则合宇宙之分愿酌之于我，而推一人之意欲遍置之于人，有不愿即勿施焉。盖形体渐撤，故元气旁通，斯又所称强恕之术也。（此题平对者多，凡欲不对而一直讲下，此处须排列对偶，不敢散做，公却不拘不束，另作一段，老成雅炼，所谓独创之格也。）心本内敛，必戒其外驰，合大小而一于敬者，所以防此心之出入而联其无间之真纯；心本外通，必祛其内蔽，合施受而行以恕者，所以平此心之应感而融其有间之物累。'二比浑融接上，并不用一字相承。'内敛戒其外驰'，'外通祛其内蔽'，皆见道之语。又'敬'、'恕'二字原非本文，若提起用之，则'敬'、'恕'反为主，而本文反为客矣。此作起处全不用'敬'、'恕'，只于束处略点，最为得体。黄辉作格奇语新，起云：'斯须不敬则杂矣，故当摄持之初无人可怠；形骸稍隔则私矣，故在酬酢之境有触必平。是心也，诚顾諟不忘，则群与独何择焉？即出门如见大宾也，岂诚见哉？心为严宾，罔敢不敛。'但就其适无所对，则曰'俨有所临云尔'，语不繁而意独到，后面用两个'是心也'接去，讲完'不欲勿施'，缴云：'此其持己接物之间，孰非见宾承祭之推哉？'此文亦是独构之作。王肯堂沉细有针线，亦可擅元魁之选。先平提二比，即讲云：'恒情见大宾，靡不惕然者，而出门则懈矣，是心与遇移，即其惕然承迎时亦非也。（深一步法。）仁者应感万殊，而不起大小之见，固无地而敢懈也已。恒情承大祭，靡不肃然者，而使民则慢矣，是心为遇役，即其肃然对越时亦非也。仁者酬酢万变，而不萌众寡之念，固无人而敢慢也已。处微之心即处显之心，固存之而不容间；一人之情即万人之情，亦公之而不容私。'二比接得极化，机圆而意联。讲完'勿施'句，缴云：'则不特出门敬也，而上下四旁亦均之，各足其愿矣；不特使民敬也，而亲疏远迩亦联之，而各称其情矣。敛而入之为一物不容之天，而全体常具；扩而充之为万物一体之境，而妙用常流。'前二比联络有法，此二比更觉入细，真元作也。""'圣人之行不同也'二节，陶望龄格高调古，可称绝唱。其文云：'盖圣人之行不同矣。机适逢世，则不必远托山林以逃之；道足致君，则不必尘视轩冕而避之。（着此二比，便见轻重，且文体舂容。）或远而又或近，或去而又或不去。（二句直述，不添一词，真元格也。）身游庙堂岩廊之中，而心超功名爵禄之外；迹与王公大人伍，而志与天地万物游；（四句各自作对，是合时处，而风度飘逸，机括甚圆。）要归洁其身而已。即伊尹一身，俄而有莘，俄而阿衡，抑何远近去就顿殊而操行洁白惟一哉？盖尹惟遇汤，故尹不得不出，是以三聘为招，为天下而要尹者，汤也；尹惟乐尧舜之道，故汤不得不求，是以二帝为招，以道而要汤者，尹也。以疏逖之士一朝而位师保，非尹近汤，汤近之也，亦道固致之耳；易畎亩之乐一旦而立本朝，非尹就汤，汤就之也，亦道固来之耳。如曰割烹必非圣人而后可也，尹而圣人，洁身之谓何而为之哉？（四比只讲'以道要汤'，'割烹'句轻递于后，并不着词，便是元体。）盖行无辙迹，圣人所以成其大；道有要归，圣人所以全其高。徇迹则议生，识归则论定，此可以知伊尹矣。'只就上节翻弄，要言不烦，清气绝俗，澹语入微，诵之有'清风徐来，水波不兴'之景，细玩之，自得其趣。董其昌此文亦是元局。起云：'乃吾以为岩廊之上，不必皆失节之阶也；清修之操，不必皆遗世之士也。（提得更高。）夫圣人者，其行甚圆，其天甚定，可远可近，而不可使处不廉也；可去可去，而不可使处不义也。（以议论斡旋，尤觉出色。）抱其道，不忍私诸身，间尝自试于时；而爱吾身，所以重吾道，未尝受浼于俗，若此乎，其惟洁之归者。是故以尹之左右乎厥辟，而视诸萧然莘野之时，于行为近矣，乃圣人之近有洁者在焉，则奚事要君也？以尹之阿衡乎商室，而视诸嚣然却聘之日，于行为不去矣，乃圣人之不去有洁者在焉，则奚至若他人之要也？（邓定宇'先进于礼乐'全章，讲完上节，另作二比，黄葵阳亦然。此文得此二比，便觉与众不同，分明元格也。）当其时，汤不得尹，孰与沛天民之泽？尹不乐尧舜之道，孰自畎亩而结明主之知？汤不得尹，孰与建伐夏之功？尹不乐舜之道，孰以匹夫而动师臣之想？

（得此二比，势如破竹矣。）盖求其所以感汤者而不可得，谓之要也亦宜；又求其所以要汤者而不可得，谓之以尧舜之道也亦宜。（翩翩若舞）而顾曰割烹焉则伊尹非圣人，而圣人固不洁者哉？吾未之前闻矣。'如舞者应节以投袂，如歌者按弦而遣声，随意成文，各中其节。《学》、《论》二首亦佳，但不及此篇为胜耳。刘曰宁亦奇亦高，其文云：'执远者以议近者，则近疑于要；执去者以议不去者，则不去疑于要，无两是也。不知圣人此身固将以维持名教，亦将以转移世运，非与之以自私者。（散做数语，便觉流动。）勋华不可作，吾因之以励百世之高风；唐虞而可为，吾因之以成千载之知遇。彼其无瑕之衷可对天地，不染之操争光日月，曷尝不以洁身称哉，而何独疑于尹也？无乃谓殷勤而致币聘，谅非无因至前；疏逖而蒙主知，必有所以自结者乎？（神光陆离，逸态可掬。）求其说而不得，故遂以割烹当之也。不知明主不能无所资，而听遇合之土，故格天之业必藉于上；臣士不能无所负，而取侥幸之知，故先资之道恒得于诵读。（圆如圜转，活如龙跃。）尧舜之资在汤，而尧舜之道在尹，两相求也；三聘之礼荐加，而五就之愿终毕，两相遇也。世岂有挟尧舜之道而不足以语圣人者乎？世岂有负圣人之望而以割烹进者乎？（忽然点转，不严雕琢。）吾由千驷之不视者观尹，尹固疑于远、疑于去，其洁己易知也；吾以居民之亲见者观尹，尹又疑于近、疑于不去，其洁己难知也。（吴因之'宪章文武'后二比从此翻出。）然而道固在也，不然，士必岩穴而后语好修，是置其身为无用之身，于君民何赖焉？'此作亦可元。焦竑起云：'自圣人之行观之，远与近异，而其矗然不滓者同也，不得负陇亩之高，而谓岩廊者之为徇也；去与不去异，而其介然无染者同也，不得慕嘉遁之贞，而疑涉世者之为污也。清风高节，非必尽归之隐约，而赓喜起者，亦足以维时；廉顽立懦，非必尽属之山林，而际唐虞者，亦足以树轨。（争奇骋辨，高华绝伦。）苟以在野则洁之，在朝则污之，是执岩处为奇士之行，鄙当官为要结之资矣，而可乎？（熔裁得法，气逸调雅。）'末缴云：'盖勇智之主，非治庖者之所能要，易知也；格天之功，非辱身者之所能辨，又易知也。倘必以远者去者为清修之节，而近者不去者尽被之不洁之名，非惟圣人之行不白于天下，将令曲谨自全者，得口实于圣而不复能任天下事矣。'自发己意，所以为高。刘文卿将'远'，'近'、'洁身'罗起在前，另讲云：'当道消之时，谁不以长往为标？而名节无常形，或以幽隐而反得之者，是以圣人有所依焉于其间，安在夫高节之必往也？当道汩之时，谁复以久淹为度？而善守无定主，或以恬退而反遇之者，是以圣人有所止焉于其间，安在夫人节之不诎也？（此二比却有元气。）盖身由道隐，则畎亩优游皆其时，而因晦其用；身由道显，则摅光当世行其志，而不变其贞。'束云：'盖遇合之深意已微，而传闻者徒得其迹；躬耕之恬操已泯，而信耳者竟泥其粗，则圣人无由白矣。'万建昆讲上节，先发二小比云：'远与近不同，寄迹朝市，信不能与韬光岩穴者一辙矣，而其志将以树懿猷，非以取世资，则游于爵禄中，与游于爵禄外不淄等耳；去与不去不同，进列缙绅，信不能与遇甘肥遁者一轨矣，而其道将以跻盛美，非以猎宠荣，则赴于势利中，与逃于势利表不染均耳。'清华逼人，风标可挹。下节先把'以道要汤'及'非割烹'意提明，然后讲云：'亳都地隔于有莘，胡然相契深也？则唐虞精神，不介绍而通也，而远于嚣嚣之初，近于幡然之后，惟是道焉以神其交矣；大君势悬于匹夫，胡然相求亟也？则勋华谟略，不赞币而迓也，而去于五就之前，不去于五就之后，惟是道焉以作其合矣。'只用上文'远'、'近'、'去'、'不去'衬贴，便成佳境。上文云：'吾未闻枉己而正人者也，况辱己以正天下者乎？'此题宜就'正天下'上发挥。予乙酉有旧作，亦似近理。其文云：'大贤究圣行之所归，而谅其无辱行焉。盖人皆知伊尹之任，而不知伊尹之清也。观其行归于洁，而知其以清为任矣，何辱之有？孟子意曰：谭经世者，类谓经纶在实用，而不思感召在隐衷。使身而洁也，则清即所以为任之基；苟不洁，则未有能图任于清之外者也。彼圣人之身何身哉？隐则思养之以正天下，固不可有所辱也；出则思措之以正天下，尤不容有所辱也。故行有远近、去不去，而其归一于洁身焉。盖本其粹白之衷，而显之为随时之道则有行，其行也，道可展舒，何必于避世？时当独善，何必于徇人？固未尝有所执一矣。约其应世之迹，而返之念虑之微则有归，其归也，世或可避，而此心必不可污；人或可徇，而此志必不可染，一主于洁其身而已矣。夫以圣人之行而归于洁身，则尹之乐道有莘也，凝于远且去矣，而非以隐为高也，惟养吾正天下之本，而忧世之思固在也；其伐夏救民也，凝于近且不去矣，而非以仕为通也，惟行其正天下之道，而洁己之思更切也。故论其正天下之志，则尹固不敢自辱其身，而汤亦不敢辱尹之身；论其正天下之遇，则尹固以道而感汤，汤亦以道而聘尹。谓其要以尧舜之道则可耳，若以割烹焉，则不惟不识圣人之归，而坐昧其洁己之蕴；亦且不识圣人之行，而妄疑其不同之迹矣，岂吾之所闻者哉？'"梁章钜《制义丛话》卷六："梁省吾（葆庆）曰：陶石篑评汤霍林文云：'世之评文者，类言好丑而莫言内外，予独以内外分好丑。'可谓发千古未发之秘。盖外膏内枯，文之下也，外枯内膏，文之上也。昔坡老好渊明之诗，以为质而实绮，癯而实腴，且曰佛言食蜜中边皆甜。人能分别其中边者，百无一也，文之内外，其能辨之者寡矣。汤君之文，所谓外枯而内膏，似淡而实美者。呜呼，此不但评霍林文，直石篑先生自述其文矣。王巳山曰：自万历己丑，石篑以奇矫得元，而壬辰（1592）踵之，遂以凌驾之习，首咎因之。其实文章之变，随人心而日开，于顺题成局，相沿已久之后，变而低昂其势，疾徐其节，亦何不可。"梁章钜《制义丛话》卷十二："陶篁村元藻《全浙诗话》云：陶文简（陶望龄）应万历丙戌礼部试被黜，主司题其卷曰：'七艺平平。'公遂发愤，于门户墙垣悉题'七艺平平'四字，刻意求警拔，以变其初。己丑闱作，遂极卓炼峻嶒，以会元自命。榜前赴正阳门关帝庙卜之，旁有人闻其祷语大惊，乃华亭董思白也，亦以会元自许者，索观公文，乃叹服，自谓不如。及榜发，公果第一，董第二。""储同人欣曰：前朝会元，自王太仓来，奄奄不振，虽盛名如邓、冯，能跳出昆吾派圈子乎？石篑先生独奋其风气，一拳捶碎，一脚踢翻，抗手太仓而欲出其上，何其勇也。""《奇园寄所寄》云：明朝制义，确有分两，作文、阅文者皆可操券而取。一人出闱，得意甚，自以为会元矣，偶夜散步，闻有误堕泥中者，大呼曰'谁来救会元'，其人急往挽得起，抵其寓阅文，果高一筹。曰：'真恨事，我第二矣。'已而榜发果然。又董宗伯思白将赴南宫，往辞其尊公，公叹曰：'儿入场须加意，我向决汝为元，今不稳矣，以吾前阅陶孝廉望龄文出汝上也。'宗伯谨受教，及入闱，'畜马乘'题聚敛句已重顿矣，忆其尊公言，欲驾陶上，复改之，已而场中定元，以董平发不及陶，遂置第二。又冯公梦祯会试年，有贵介子弟预购闱题，闻某公与某公议，但曰：'斗筲字，要之何用？'贵介子遂知为'行己有耻'章矣。冯亦知之，遂邀一契友入西山静养，半月得一破曰：'圣人与贤者论士，而其所重者可知矣。'得意甚，曰：'我会元矣。'已而出闱，遍讯同袍文，但闻其破，曰不及我也。榜发，果魁多士。又汤宣城宾尹读书山寺，有上科某会元来访传衣钵者，偶过其地，见汤方徘徊于寺廊下，忽疾走狂笑，大击寺钟无数，某公问之，则曰：'我适作一元文，乐甚也。'索观之，曰：'是矣，但未尽善。'因指其隙，汤大服，请教，遂以元脉授之，已而果得元。"

三月

南京署翰林院事左谕德习孔教终养。（据《国榷》卷七十五）

司经局洗马署国子监司业余孟麟为南京翰林院侍读学士。（据《国榷》卷七十五）

南京山东道御史刘寅上五事：肃官箴，禁送迎，选教职，恤近地，轻鞭朴。俱报可。（据《国榷》卷七十五）

翰林院修撰杨起元为国子司业。（据《国榷》卷七十五）

焦竑（1540—1620）、吴道南（1562—？）、陶望龄等三百四十七人进士及第、出身有差。《明神宗实录》卷二百九："壬戌，策试礼部贡士三百四十七名。制曰：'朕惟自古帝王，立纲陈纪，移风易俗，一禀于礼法。使尊卑有等，上下相承，然后体统正于朝廷，教化行于邦国，所以长久安宁，有此具也。当周之隆，天子总六官，六官总百执事，分职率属，而万国理。朕甚嘉之，甚慕之。是操何术而臻此？迨其叔季，先王之遗泽固在也，何以陵夷若是？其兴衰得失之故，可指而言欤？至汉文时，有以弃礼义捐廉耻长太息者。神爵中，有以述旧礼明王制为本务者。宋嘉祐间，有论审势称殷之先罚者，有疏谨习比唐之季世者。或谓西汉贵刑名而阙于礼文，宋盛声容而疏于法制，然则诸臣之言，果皆应古谊合时宜者欤？我太祖高皇帝，用夏变夷，敷政立教，尝谕侍臣曰：礼法明，则人志定上下安。又曰：制礼立法非难，遵礼守法为难。乃集为礼制，著为定式，颁律令大诰于天下，洋洋圣谟，布在方策，可得而扬厉欤？朕以冲昧嗣守鸿业，十有七年，夙夜兢兢，惟成宪旧章是鉴是率。间者深诏儒臣进讲礼经，重辑《会典》，使诸司有所遵守，庶几绍休圣绪，以兴太平。乃世教寖衰，物情滋玩，习尚亦少敝焉。其甚者，士伍辱将师，豪右凌有司，宗庶讦亲藩，属吏傲官长，陵替若此，何以消其悖慢，使就约束欤？贪黩败节，奢侈逾制，谗说殄行，虚声贸实，诡异坏心术，倾危乱国是，浇漓若此，何以救其颓靡，使还雅道欤？今诏书数下，申令既严，而帝陛之间，荜谷之下，犹有壅阏不行者，无乃礼教不修，法度不饬欤？抑风会日流而不返，积习已成而难变欤？将朕暗于大道，无能率作省成而示之极也？兹欲礼达而分定，法举而令行，纲维振肃，习俗淳美，以觐扬圣祖之光烈，而远追成周之隆，何施而可？尔多士其悉抒所蕴，详著于篇，称朕意焉，毋有所讳。'"《弇山堂别集》卷八十四《科试考四》："二月，命少傅兼太子太傅礼部尚书建极殿大学士许国、詹事府掌府事太子宾客吏部左侍郎兼侍读学士王弘诲主会试，取中举人陶望龄等。廷试，赐焦竑、吴道南、陶望龄（1562—1609）及第。"

　　冯梦祯作《皇明四书文纪序》。《四书文纪》，项庭坚选，录正德以前试文窗课千馀篇。序云："我国家以经义取士，士非此，虽才擅八斗，学穷五车，未免有操瑟齐门之叹。故雄俊之士，不惮降格为之，而委琐虚庸之辈，亦嚣嚣然饰薄伎以托一时之幸，才而得者什五，不才而得者什一。语云：窗下休言命，场中莫论文。又云：不愿文章中天下，只愿文章中试官。快哉斯论！岂祖宗睿算，将假此以磨砻豪杰，销其骯脏不平之气而用之乎？而为士者，亦遂比之为敲门砖，门一辟即弃不用，故其视举业也甚轻，而其与世推移也甚速。余自燥发习举业，迨成名，至今不及三十年，而天下之文凡几变矣。一变而为嘉靖晚年之华靡，再变而为隆万间之刻画，三变而为今日之吊诡缪悠。岁化月迁，一唱百和，东下之流，既倒之澜，虽诏旨日下而不能禁也。吾友项庭坚氏忧之，搜罗正德以前先辈试文窗课若干，加选焉，得千馀首，名之曰《皇明四书文纪》，而示余曰：'士熟此，庶几可以挽颓风乎？子盍序而传诸？'廷坚与余素以笔研相磨切，至彼此遇合，各修其业不衰，课子授徒，与经生无异，不以敲门砖弃之。而当其执管时，呕心凝神，务求作者之意，以适于甘苦疾徐之节，神情宁厚，声态宁薄，要以不愧先辈典刑而止。吾两人之文，其不与世推移，亦略相似也。余阘且劣，不敢雁行事廷坚。廷坚之才名方奔走天下，此编一出，家传人诵，险棘者平夷，浅陋者精深，一洗近代之习而登之成弘已前，此可以旋至而立有效者。廷坚之嘉惠后学，其无穷也哉！虽然，此可为智者道耳。听古乐惟恐卧，听郑卫之音则不知倦，大声不入于里耳，折杨皇华则哑然而笑，世故如此，岂敢谓斯编之必有合也？然廷坚之用心则已勤矣。万历己丑上巳日序。"（《快雪堂集》卷三）

　　据《明清进士题名碑录索引》，万历十七年己丑科录取名单如下：

第一甲三名

焦　竑	吴道南	陶望龄

第二甲六十七名

董其昌	王　谦	张世才	沈傲炌	蔡懋贤	蔡献臣
唐效纯	何湛之	王志远	郭日烜	吴正志	杨维岳
徐彦登	殷廷枢	黄如金	柯凤翔	叶茂才	张鸣鹗
陈所蕴	史起钦	郭光复	包见捷	许维新	黄　辉
乔　胤	黄　杰	李成章	赵邦柱	李景元	张三聘
王士骐	常　裕	蔡　杲	陈　鹍	顾际明	刘　毅
宋廷训	周继昌	黄功懋	刘曰宁	庄天合	颜宇坪
朱世节	刘广业	刘应钶	饶景晖	赵文炜	郝名宦
陆梦履	陈九韶	冯有经	王禹声	王金星	李有实

贾维钥	陈忠爱	蒋 杰	盛 朝	张纳陛	陈良材
洪文衡	朱思明	曾伟芳	蔡宗明	贺盛瑞	钱养廉
郭士吉					

第三甲二百七十七名

卫 勋	徐观澜	胡 琳	朱国桢	朱凤翔	陈 镶
诸葛表	王 孝	陆彦章	常守信	吴鸿功	黄一龙
逯中立	潘守正	夏子阳	方大镇	周懋相	毕三才
龙文明	万建昆	苏光泰	李叔春	程 绍	姜志礼
林尧俞	刘 涌	李恒春	朱吾弼	赵拱极	章尧相
袁志高	陈世恩	张居敬	戴士衡	陈基虞	杨士鸿
沈鸣雷	叶永盛	张 瑶	邓思启	储昌祚	金时舒
祝世禄	李文芳	蒋孟育	赵 炳	杨述中	张居仁
黄流芳	谢廷策	孙羽侯	陈宗愈	邓 镳	桂有根
何尔健	朱 芹	黎道照	黄元勋	李逢盛	路一麟
张与可	邵年齐	丁继芳	莫与京	朱正色	侯大节
杜养性	周家栋	李成已	朱家相	聂桂芳	王临亨
沈麟祥	汪先岍	马大儒	蒋汝瑚	涂乔迁	张企程
张大孝	刘有余	傅光前	朱汝器	任彦蘗	刘景辰
黄运泰	董汉儒	李 憭	王业弘	刘文卿	黄华秀
徐 伸	应朝卿	李 樆	郑明选	刘兆文	杨天民
欧阳东凤	况上进	彭哲与	陈 烨	区大伦	陈尧道
卢世登	周希圣	杨景淳	王 仰	陶嘉璋	张崇礼
袁九皋	赵光远	李原中	蒋良鼎	胡遵化	祝似华
汪以时	秦懋义	牛从龙	罗 栋	熊 敏	唐 选
张似良	余思明①	赵乔年	庄懋华	袁可立	吴 烔
毛一公	华士标	温如璋②	周应嵩	郝 敬	李右谏③
王国桢	胡孟清	何其弘	王修行	马经纶	武之望
洪其道	李用中	李先芳	乔廷栋	刘启先	刘 超
马从聘	徐维濂	周维新	陈庭诗	李思孝	祝以庭
区大相	何 杰	徐应簧	陈所闻	冯上知	周兆圣
何大化	侯加采	龙起雷	刘仕瞻	周懋卿	傅宾凤
叶惟秦	黄吉士	谢继科	闵廷甲	张似渠	李时辉

---

① 碑作：俞思明。
② 碑作：温汝璋。
③ 碑作：李若谏。

冯盛明	钱梦皋	潘洙	王述古	林廷奎	朱道相
胥从化	张邦政	孙善继①	何其智	李自芳	卢梦麟②
周传诵	俞价	傅新德	王肯堂	王纪	徐之孟
宁时谟③	王经邦	戈用泰	李思振	左宗郢	蔡文会
王应期	黄全初	瓮幼金	宗名世	钱桓④	梅守相
李朝寅	申田	吴仁度	吴宝秀	种养气	杨应文
郭如星	杨继夔	杨为栋	高第	梁炫	李得中
柴恪	游朋孚	胡忻	王玠⑤	朱文璧	郭维宁
邓光祚	沈正隆	孔贞一	冯时行	何崇业	王锡侯⑥
周如砥	吴钟英	赵国俊	冯从吾	魏可简	陈黉生
侯执躬	刘启元	汪治	方学龙	黄得贵	陈嘉训
吴橥	王守正	黄季成	孙文龙	李培	丁日近
薛藩	萧九成	晏朝寅	胡思宾	何豸	徐自省
薛敷教	章士雅	卫三省	骆思骥	李再命	周崇惠
梁见孟	王有道	秦尚明	王登才	宋师程	汪可进
陈幼学	蔡成巳	姚孟昱	马洙	李哲	朱文运
储纯臣	马邦瑞	饶与龄	刘一临	高攀龙	姚鈜
蒋应芝	阮文蔚	胡鹗	罗文纲	方遂	董继文
王成德					

四月

内阁会同翰林院官考各处岁贡，取中上卷八卷，中卷三百七十卷，其下卷三卷，发回该学肄业。（据《明神宗实录》卷二百一十）

大学士王锡爵请视朝、建储，报闻。（据《国榷》卷七十五）

内阁考过愿就教职举人三百九十三名，取中上卷八卷，中卷三百六十八卷。（据《明神宗实录》卷二百一十）

---

① 碑作：孙继善。
② 碑作：卢梦麟。
③ 碑作：宁时镆。
④ 碑作：钱垣。
⑤ 碑作：王价。
⑥ 碑作：王锡命。

五月

行抚按官会同周府推举宗正一员，教有成绩，即行举荐。宗生文理粗通者，优之以廪。《明神宗实录》卷二百十一：万历十七年五月己未，"吏科给事中张应登因旌奖周府孝行庶宗勤鱲等推广四事……礼部言《宗藩要例》内宗室之子，十岁以上俱入宗学，其师即以本府教授、纪善充之，或于宗室中择举学行兼优者一人以为宗正。迩惟周府宗正之设，最称得人，自睦㭿物故，概未之闻也。至于连岁荒歉，宗室贫者，死亡相继。相应行抚按官会同该府推举宗正一员，教有成绩，即行举荐。宗生文理粗通者，优之以廪，每岁提学官考试，分别等第，以示劝惩。"

六月

予故南京工部尚书曹亨祭葬。亨新蔡人，嘉靖己未进士。（据《国榷》卷七十五）

太子宾客吏部左侍郎兼翰林院侍讲学士，署詹事府事王弘诲为南京礼部尚书。礼部左侍郎兼翰林院侍读学士于慎行改吏部，署詹事府。（据《国榷》卷七十五）

癸巳，改进士王肯堂、刘曰宁、顾际明、庄天合、董其昌、蒋孟育、区大相、黄辉、冯有经、傅新德、周如砥、朱国祯、乔胤、唐效纯、林尧俞、孙羽侯、徐彦登、包见捷、罗栋、吴鸿功、冯从吾、郭士吉二十二人为庶吉士。（据《明神宗实录》卷二百一十二）《涌幢小品》卷十《己丑馆选》："是科，三鼎甲外选者二十二人，中间才士甚多，留者十二人。惟余最薄劣，俯仰三十年间，初十年聚京师，济济皆有公辅之望。自己亥年（1599）一散，便分陵谷，刘云居曰宁，得少宰，已不及见。蒋恬庵孟育殁南少宰，庄冲虚天合，黄慎轩辉，得少詹，傅商盘新德得太常卿，署国子监，周砺斋如砥得祭酒，冯源明有经得庶子，区海目大相，以中允改南，王损之肯堂，检讨考察，今皆作古人。董思白其昌，外转，浮沈闽楚藩臬。余与林兼字尧俞，皆祭酒被废，三人仅得不死。授科道者，惟包大瀛见捷至少宰，冯少墟从吾、顾海阳际明，家居无恙，而鼎甲焦弱侯竑，一摈不复收，陶石篑望龄，亦止祭酒。吴曙谷道南虽大拜，有所阨，旋以忧去。从来馆中之否，未有甚于此者。而先一科为丙戌（1586），合鼎甲无大拜，有五亚卿，皆在事久。又皆典会试，差以此胜。焦弱侯，率直认真。元子初出阁，定讲官六人，癸未（1583）则郭明龙，丙戌（1586）唐抑所、袁玉蟠、萧玄圃、全玄洲，己丑（1589）则弱侯。太仓相公迎谓曰：'此重任。我辈先年少着精神，故到今扞格乃尔。诸公看元子资向如何，择其近而易晓者，勒一书进览方佳。'无何，相公去国，诸公不复措意。惟弱侯三上、三多、三不惑，纂《养正图说》一册，郭闻之，不平曰：'当众为之，奈何独出一手，真谓我辈不学耶？且此书进后，倘发讲，将遂与古书并讲。抑出汝之手，令我辈代讲，谁则甘之。'其说甚正，弱侯亦寝不复理。后其子携归，刻于南中。送之寓所，正在案而珰陈矩适至，取去数部，达御览。诸老大恚，谓由它途进，图大拜，事不可解矣。吕新吾司寇廉察山西，纂《闺范》一书。弱侯以使事至，吕索序刊行，弱侯亦取数部入京。皇贵妃郑之侄曰国泰者，见之，乞取添入'后妃'一门，而贵妃与焉。众大哗，谓郑氏著书，弱侯交结为序，将有他志。疑忌者又借此下手，至今其说尚盛，不独败官，将欲啖肉，文之不可轻如此。弱侯以此谪官，绝无几微怨色，对客亦不复谭及。惟与余善，细问之，乃述此，且戒余曰：'惟认真故及，切无然。'余曰：'不认真，乃认假耶？'然《养正图》一人独纂，不商之众，毕竟自家有不是处。"《明史·文苑传》："黄辉，字平倩，一字昭素，南充人。竑同年进士。幼颖异，父子元，官湖广，御史属讯疑狱，辉检律如老吏。御史闻而异之，命负以至，授钱谷集，一览辄记。稍长，博极群书。年十五举乡试第一。久之，成进士，改庶吉士。馆课文字多沿袭熟烂，目为翰林体，及李攀龙、王世贞之学行，则又改而从之。辉刻意学古，一以韩、欧为师，馆阁文稍变。时同馆中，诗文推陶望龄，书画推董其昌，辉诗及书与齐名。至征事，辉十得八九，竑以闲雅名，亦自逊不如也。"

董其昌（1555—1636）选翰林院庶吉士，日与陶望龄、袁宗道游戏禅悦。陈继儒《董宗伯容台集序》："《容台集》者，思白董公之所撰也。大宗伯典三礼，敕九卿，观礼乐之容，故称容台。……往王长公（指王世贞）主盟艺坛，李本宁与之气谊声调甚合，董公方诸生，岳岳不肯下，曰：'神仙自能拔宅，何事傍人门户间。'独好参曹洞禅，批阅《永明宗镜录》一百卷，大有奇悟。己丑读中秘书，日与陶周望、袁伯修游戏禅悦，视一切功名文字，直黄鹤之笑壤虫而已，时贵侧目。"陶望龄字周望，袁宗道字伯修。

七月

国子监祭酒黄凤翔等进《礼记注疏》。报闻。《明神宗实录》卷二百一十三：万历十七年七月戊辰，"国子祭酒黄凤翔等言：先是较刻《十三经注疏》，已经陆续恭进。顷皇上罢去《贞观政要》，进讲礼经，臣等将《礼记注疏》再加翻阅，则见有切于今要务者，如曾子论孝，则曰敬父母遗体，见圣躬之当珍护焉。《学记》篇有云，学然后知不足，见圣学之当缉熙为。《月令》篇当以四时敷政法，天行健，见圣政之当勤饬焉。教世子篇，有保傅之设，齿学之仪，见皇储之当蚤建预教焉。因将所刻装潢以进。报闻。"

乙丑，以原任吏部左侍郎兼翰林院侍读学士沈一贯、礼部左侍郎兼翰林院侍读学士田一俊教习庶吉士。时一贯在籍，令抚按敦促前来。（据《明神宗实录》卷二百一十三）

洪愈卒。《国榷》卷七十五："前太子少保南京吏部尚书洪愈卒。洪愈字抑之，吴人，嘉靖丁未进士。授中书舍人，擢礼科给事中。纠严氏党检讨梁绍儒、文选郎中白璧及尚书万镗，得直声。出为福建按察佥事，历湖广右参政。入南京太仆少卿太仆光禄太常卿，致仕。久之，起故官。进户部右侍郎右都御史、礼部尚书，俱南京。垂老，终始清立，疏粝不饱。子治中一鹏早没。都御史周孔教醵金襄事。年七十四。予祭葬，赠太子太保，谥安节。"

八月

　　太常寺少卿兼翰林院侍讲学士署院刘虞夔为詹事府詹事。（据《国榷》卷七十五）

　　升左春坊左庶子兼翰林院侍读刘元震为国子祭酒，仍充经筵讲官。（据《明神宗实录》卷二百十四）

　　莫如忠（1509—1589）卒。林景旸《明故通奉大夫浙江布政使司右布政使中江莫公行状》："公讳如忠，字子良，别号中江，系出宋内翰寿朋后。"华亭人。嘉靖戊戌（1538）进士，授南工部主事，改礼部，擢贵州提学副使，投劾归。改湖广副使，历河南参政、陕西按察使，官至浙江布政使。"公生于正德己巳四月七日，卒于万历己丑八月五日，享年八十有一。""每当撰著，布格征词，会意融境，镂肝雕肠，岁锻月炼，单词只字，未概玄心，不草草淄其素毫。大都出入《左》《国》秦汉，混然成一家言。其古诗抗步建安，近体长揖岑孟，歌行藻饰隽永，风骨遒劲，便当鼓吹青莲。著有《程宋绎旨》六卷，《尚书大旨》八卷，《崇兰馆集》二十二卷，《古文原》一百卷，《吴淞诗委》十二卷，《先正粹言》四卷，《质疑录》一卷，《格致臆见》一卷，行于世。至其书法种种，如龙蟠虎卧。公尝自言，初从紫阳，入颍后摹右军、怀素，凡三变，故能秾纤合度，永为世宝。"

　　右春坊右庶子兼翰林院侍读黄洪宪为少詹事兼侍读学士，署院。南京太仆寺卿郭东为南京太常寺卿。（据《国榷》卷七十五）

　　前日讲官侍读学士陈于陛，侍读冯琦，召内直。（据《国榷》卷七十五）

　　升南京国子监司业张一桂为本监祭酒。（据《明神宗实录》卷二百十四）

　　翰林院编修刘应秋为南京国子司业。（据《国榷》卷七十五）

　　右春坊右庶子兼翰林院侍读盛讷为左庶子，司经局洗马兼翰林院修撰刘楚先为右庶子，兼官如故。（据《国榷》卷七十五）

　　大学士许国六年考满，进兼太子太师吏部尚书，荫中书舍人。（据《国榷》卷七十五）

九月

　　吏科给事中史孟麟疏参黄洪宪、吴时来，乞并罢。报闻。《明神宗实录》卷二百一十五：万历十七年九月戊午，"吏科给事中史孟麟疏参少詹事黄洪宪、左都御史吴时来言：'洪宪典试北场，改正朱卷以行私，失去墨卷以灭迹，以孙坤浩之文作程，而以巢士洪之名中式。时来为都御史，皇上覆试举人，时来以党护洪宪，南台不授揭帖，时来乃请立宪规箝言官之口。乞察时来，惩其改节，许令致仕。黄洪宪或令闲住，或调别官。报已有旨。'"庚申，"少詹事黄洪宪辩：'科场一节，已经覆试，公道昭明，自无可议矣。今汝华之论曰：覆试特以论文，关节则干法纪。礼部题准事例，凡参奏举人，会同部、院、科道并原奏官覆试，真伪自明。今未覆试，则曰其文劣也，既覆试则又曰其文虽优，而有关节也。以无形无影之言为的据，以共见共闻之文为难凭，沉冤何由而雪哉！在孟麟则论臣改正朱卷以行私，失去墨卷以灭迹。夫朱卷同考官先阅，取中方送总裁，谁为改正？若墨卷见在礼部可查，何尝失去？其谓臣以孙监生之文进呈，以巢士洪之名中式，请特发进呈录，并取刊行试录与巢士洪墨卷公同查对，则群疑不辩而自释矣。'因乞归田里。左都御史吴时来亦辩科臣孟麟指摘臣以覆试、投揭二事。覆试须凭文字，臣与同事十七八人各秉丹心，各具只眼，谁敢欺瞒，而诋臣为党护乎？自设南京都察院即有此揭帖，二百年来，南道多少忠说，不闻缘此阻塞。臣与耿定向因事申饬，而诋为阻塞言路，不思开言路须令都御史伸一喙乎？乞容休致，以息人言。'旨俱优答，不允其去。疏各再上，亦不允。"

命司经局洗马兼翰林院修撰王祖嫡、翰林院侍讲陆可教为武举考试官，中武举赵绅等一百员名。据《明神宗实录》卷二百十五。王祖嫡《师竹堂集》卷七《武举录序》："万历己丑秋九月，天下材官介士待试司马，集之释宫，校步骑射。其中的者，当以词臣试筹略。于是上命臣某偕侍讲臣某往，而以某官臣某分校之。以是月十三日丁巳陛辞，以十五日己未进诸士，锁院严试之，遵制拔若干人，具籍以献。"

十月

翰林院侍讲学士曾朝楫为左春坊左谕德兼翰林院侍读。（据《国榷》卷七十五）

十一月

司经局洗马兼修撰王祖嫡为右庶子兼侍读。侍讲陆可教、冯琦为右谕德兼侍讲，署司经局事。（据《国榷》卷七十五）

翰林院侍讲学士陈于陛为詹事兼侍讲学士，署院事。（据《国榷》卷七十五）

十二月

翰林院修撰余继登为右春坊右中允兼翰林院编修。（据《国榷》卷七十五）

本年

沈璟以顺天科场舞弊案辞官归里，开始戏曲创作。（据徐朔方《晚明曲家年谱》）

编派赋役定则。乾隆《广德州志》卷十《赋役·经费》："万历十七年编派定则：……儒学岁贡每年带征银，肆年三贡，每次正陪考贡生员贰名，每名盘缠银壹两，贺正贡旗扁羊酒礼代银叁两，路费陆拾两。季考生员考卷供给行赏等项银肆拾两。岁考科举考试生童考卷供给各项银肆拾两。应试生员约叁拾名，盘缠每年征银叁拾两。眷录生壹拾捌名，该银贰拾柒两，每年带征银玖两。旧举人会试盘缠，约二名，每年征银壹拾玖两叁钱叁分叁厘。……新中举人，每壹名牌坊银捌拾两，两院迎宴银拾两，兵道旗扁银叁两，本州旗扁迎宴等银柒两，每年带征银壹拾玖两捌钱叁分叁厘叁毫。新中进士，每一名牌坊银壹百两，两院旗扁银伍两，兵道贺礼旗扁银肆两，本州贺礼旗扁银伍两，每年带征银壹拾叁两柒钱柒分柒厘柒毫。新中武举，每名贺礼旗扁银每年带征陆两，新中武进士，贺礼旗扁银伍两，牌坊银肆拾两。新旧会试盘缠，每名壹拾贰两。遣才科举生员盘缠，每名叁两，每年带征银玖两。"

增派海澄县季考、岁贡等银一百两整。崇祯《海澄县志》卷四《赋役志·存留》："进士牌坊银一百一两六分七厘。本县儒学仓粮二百二十五两九钱六分。镇海卫儒学仓粮银二百二十两九钱二分。镇海卫儒学会馔银四十两。察院按临，考校生员试卷茶饼银四两。两院助给县学贡生路费银三两。提学道岁考生员试卷茶饼银六两。刊刻刷印教条榜文纸札工料银二两。季考生员试卷茶饼赏纸银二十两。县学岁贡生员往京盘缠、旗扁银三十两二钱五分。正陪贡生员往省盘缠六两。岁考备赏生员花红笔墨纸札等银共一十五两四钱四分。考试生儒进学花红彩旗银二两一钱七分六厘。乡饮酒礼二次，银一十五两（内扣减充饷银三两，实银十二两）。万历拾柒年，增派季考、岁考等银壹百两整。大比年进士花红旗扁，年征银二两六钱六分六厘六毫。新科举人花红旗扁，年征银八两。科举生儒盘缠，年征银一十八两。旧录生员盘缠，年征银三两三钱三分三厘四毫。预赏备卷生员，年征银三两三钱三分四厘。旧科举人盘缠酒席，年征银一百一十九两八钱六分七厘。武举人盘缠，年征银六十两。"

袁宗道升翰林院编修，时就焦竑、瞿汝稷问学。袁中道《石浦先生传》："己丑，焦公竑首制科，瞿公汝稷官京师，先生就之问学，共引以顿悟之旨。而僧深有为龙潭高足，数以见性之说启先生，乃遍阅大慧、中峰诸录，得参求之诀。久之，稍有所豁。先生于是研精性命，不复谈长生事矣。"袁宗道号石浦。龙潭指李贽。

宁洋知县王澄于周公祠前建社学，而师资两缺。南明永历《宁洋县志》卷三《建置志·学校》："洪武十八年，诏有司立社学。……宁邑社学，原令杨继时于县南构屋一厘，上列魁文，下备大士像。其后民间移香寮观音祀于其中，而社学废矣。万历十七年，令王澄于周公祠之前左隙地建屋数椽为社学，而师资两缺，未见其童蒙聚也。其各乡社，只有七所。"

华淑（1589—1643）生。华淑字闻修，无锡人。诸生。《明诗纪事》辛签卷三十二录其诗二首。

叶绍袁（1589—1648）生。叶绍袁字仲韶，号天寥道人。吴江人。天启五年（1625）进士，官工部主事，以母老告归。有《湖隐外史》、《叶天寥四种》。《午梦堂集》收其与妻、女唱和之作。

明神宗万历十八年庚寅（公元 1590 年）

正月

王锡爵、申时行等营救大理评事雒于仁，并请册立太子。时雒于仁因上"酒色才气"四箴招致万历震怒，拟予严谴。《明鉴纲目》卷七："纲：庚寅十八年，春正月，召见申时行等于毓德宫，斥大理评事雒于仁（字少经，泾阳人。）为民。目：于仁疏上酒色财气四箴，直攻帝失。（疏言：臣备官岁馀，仅朝见陛下者三，此外惟闻圣体违和，一切传免，郊祀庙享，遣官代行，政事不亲，讲筵久辍。臣知陛下之疾，所以致之者有由也。臣闻嗜酒则腐肠，恋色则伐性，贪财则丧志，尚气则戕生。陛下八珍在御，觞酌是耽，卜昼不足，继以长夜，此其病在嗜酒也。宠十俊以启幸门，溺郑妃靡言不听，忠谋摈斥，储位久虚，此其病在恋色也。传索帑金，括取币帛，甚且掠问宦官，有献则已，无则谴怒，李沂之疮痍未平，而张鲸之资贿复入，此其病在贪财也。今日榜宫女，明日挟中官，罪状未明，立毙杖下，又宿怨藏怒于直臣，如范俊、姜应麟、孙如法辈，皆一诎不申，赐环无日，此其病在尚气也。四者之病，胶绕身心，岂药石所能治。臣今敢以四箴献，陛下肯用臣言，即立诛臣身，臣虽死犹生也。○十俊，时有十小阉被宠，谓之十俊。范俊，字国士，高安人，以疏陈时政被斥。孙如法，字世行，余姚人，以谏郑贵妃进封贬官。）帝震怒，将加严谴。会岁暮，留其疏十日。及是，元日召见申时行等分析之。时行请毋下其章，而讽令于仁自引去，遂斥为民。自此章奏留中，遂成故事。是日，帝宣皇长子出见。时行请早定大计，帝犹豫久之，乃曰：'朕不喜激聒。近阅诸臣所奏，恶其离间父子，故概置之。若诸臣不复奏扰，当以后年册立，否则俟皇长子十五岁举行。'时行因戒廷臣毋渎扰。"

二月

前日讲官右春坊右谕德兼翰林院侍读吴中行，以御史蔡系周劾之，奏辨，不问。（据《国榷》卷七十五）

三月

起韩世能礼部右侍郎兼翰林院侍读学士。（据《国榷》卷七十五）

四月

南京户科给事中郝杰上学政四事：禁党聚，禁改学，禁呈言，禁钻刺。从之。（据《国榷》卷七十五）

六月

礼部议奏处宗学事宜。《明神宗实录》卷二百二十四：万历十八年六月乙酉，"礼部议奏处宗藩事宜：……一、议宗学。宗室中推举学行兼优者，题授宗正一位、宗副两位。宗室子弟年十岁以上，入学读书，每岁提学官考试，如有记诵《祖训》、《事实》，兼通文翰者，五年期满，题给全禄；学行无取者，另候考优请给。名粮庶宗，在学十年以上，题给冠带，无名粮者，给与衣巾。诸生中果有学行俱优，孝友著闻者，该抚按官具奏，原有封禄者，请敕奖谕：原食名粮者，量加奉国中尉职名，不给俸禄；无名庶宗，抚按官量行优奖。"

左都御史吴时来卒。时来字惟修，仙居人，嘉靖癸丑进士。授镇江推官，拜礼科给事中。劾严嵩，谪戍。隆庆初，起吏科，历顺天府丞、南京操江右佥都御史。寻巡抚广东，被论去。调云南按察副使，闲住。万历初，补湖广，进左通政大理卿刑吏部侍郎。历内台，始以直节著。晚虽多訾，终侃侃不愧为大臣。谥忠恪，予祭葬。（据《国榷》卷七十五）

前太子少保吏部尚书严清卒。清字公直，云南后卫人，嘉靖甲辰进士。知富顺，进□部主事，历右佥都御史，巡抚贵州四川山西又贵州。改南京大理卿，吏刑部侍郎。拜刑部尚书，九载考绩，转吏部，致仕，亡何。起兵部，不赴。加太子少保。服官四十年，贞素如一日。籍冯保家，往来独无其名。典铨数月，士论犹惜其用之不尽。予祭葬，赠太子太保，谥恭简。（据《国榷》卷七十五）

八月

冯梦祯为何世选辑《皇明文宪》作序。《皇明文宪》收嘉靖间举业文字一千馀篇。序曰："我世宗肃皇帝寿考作人，其一时人文之盛，可谓斌斌矣。而回视弘正以前，不无朱弦疏越之叹，况近世乎！何子所辑公车义，自袁胥台先生而下，凡四十七人，俱嘉靖作者，得文千馀首，题曰《皇明文宪》，而梓以广之。上略成弘之朴，下抑隆万之华，而悬斌斌者以示公车法，倘亦有荀卿子法后王之意乎？读是集者，以嘉靖追成弘，以成弘追六经，挽衰靡而登雅道，岂非今日之幸哉？何子名世选，字用夫，方以是业张赤帜于东越云。庚寅秋八月二十一日。"

贡士王之士卒。字欲立，蓝田人，嘉靖戊午贡士。屡不第，弃帖括，潜心理学。闭关九年，推行蓝田吕氏乡约。南京国子祭酒赵用贤、御史王以通交荐。礼部拟京秩，俾

表率一乡。诏授国子监博士。命下先卒，绅士惜之。（据《国榷》卷七十五）

十一月

王世贞（1526—1590）卒。据《琅琊凤麟二公年谱》，王世贞卒于今年十一月二十七日。《国榷》载王世贞卒于万历十九年正月。胡应麟《少室山房集》卷四十八《挽王元美二百四十韵》序云："庚寅秋，闻先生病，则驰小艇过娄江。比至，先生病已革。起榻上，执余手曰：吾日望子来而瞑。吾续集甫成编，子为我校而序之，吾即瞑弗憾矣。余唏嘘唯命，留来玉阁六旬，雪涕与先生别。卒岁抵家，则报先生逝矣。"王稚登《南有堂诗》卷六有诗《长至后三日访王元美，元美先一日化去矣，伤恸赋此》。《明史·文苑传》："王世贞，字元美，太仓人，右都御史忬子也。生有异禀，书过目，终身不忘。年十九，举嘉靖二十六年进士。授刑部主事。世贞好为诗古文，官京师，入王宗沐、李先芳、吴维岳等诗社，又与李攀龙、宗臣、梁有誉、徐中行、吴国伦辈相倡和，绍述何、李，名日益盛。……世贞始与李攀龙狎主文盟，攀龙殁，独操柄二十年。才最高，地望最显，声华意气笼盖海内。一时士大夫及山人、词客、衲子、羽流，莫不奔走门下。片言褒赏，声价骤起。其持论，文必西汉，诗必盛唐，大历以后书勿读，而藻饰太甚。晚年，攻者渐起，世贞顾渐造平淡。病亟时，刘凤往视，见其手苏子瞻集，讽玩不置也。世贞自号凤洲，又号弇州山人。其所与游者，大抵见其集中，各为标目。曰前五子者，攀龙、中行、有誉、国伦、臣也。后五子则南昌余曰德、蒲圻魏裳、歙汪道昆、铜梁张佳胤、新蔡张九一也。广五子则昆山俞允文、浚卢柟、濮州李先芳、孝丰吴维岳、顺德欧大任也。续五子则阳曲王道行、东明石星、从化黎民表、南昌朱多煃、常熟赵用贤也。末五子则京山李维桢、鄞屠隆、南乐魏允中、兰溪胡应麟，而用贤复与焉。其所去取，颇以好恶为高下。"

庶吉士吴之望服除，为吏科给事中。（据《国榷》卷七十五）

十二月

国子监校刻《诗经注疏》成，祭酒刘元震进呈，因上言。《明神宗实录》卷二百三十：万历十八年十二月，"己卯，国子监较刻《诗经注疏》成，祭酒刘元震进呈，因上言：'臣观《诗》三百篇中，有大本三焉。读《关雎》《麟趾》篇，即知修身正家钟贤裕后为安定邦国之本。读《鸿雁》《庭燎》篇，即知惠下安民励精图治为系属人心之本。读《昊天有成命》及《敬之》篇，即知不敢康宁，夙夜有密，日就月将，学有缉熙，为格天凝命、长治久安之本。是三本者所关甚大，阙其一则虚，阙其二则废，三者无一有则危。凡诗人所咨嗟惩戒，悉此类也。修其一则定，修其二则理，三者修之全则固。凡诗人所赞美感叹，悉此类也。夫帝王心传，具在经籍，虽圣明靡弗洞照，尤当加之圣心。倪蒙皇上清燕之暇，特采愚蒙，垂赐乙夜之观，深究全诗之旨，载绎三本之说，用为万机之先，将无悠然悟、锐然兴乎？是臣等所大愿也。'上嘉纳之。"

复故翰林院学士解缙官谥号。成化初，缙子中书舍人祯亮，以恩例追赠缙朝议大夫赞治少尹，仍广西布政司右参议。故邹元标请复之。（据《国榷》卷七十五）

南京礼部右侍郎赵用贤为礼部右侍郎兼翰林院侍读学士。（据《国榷》卷七十五）

国子祭酒刘元霖为礼部右侍郎兼翰林院侍读学士，左春坊左庶子盛讷为国子祭酒。（据《国榷》卷七十五）

本年

王衡《郁轮袍》杂剧或作于今年。《郁轮袍》取材于唐薛用弱《集异记·王维》。《远山堂剧品·妙品》："《郁轮袍》。或云：'王辰玉既夺解，忌之者议论纷起。此眉山人作之以解嘲者。'骂得痛快处，第恐又增一翻感慨。急须文殊大士当头棒喝，方证无字禅。"

范钦（1508—1590）卒。沈一贯《天一阁集序》："乡先生范司马公卒之明年，其所为《天一阁集》者出，一贯受而读之，悲典刑之既寥，恍然有遐思焉。"序署"万历辛卯（1591）春日"。卒年据此确定。乾隆《鄞县志·人物》谓其"卒年八十三"，生年据此推定。范钦字尧卿，一字安卿，号东明，鄞县（今属浙江）人。嘉靖十一年（1532）进士，官至兵部右侍郎。《千顷堂书目》著录范钦《古今谚》一卷、《天一阁藏书》二十卷、《天一阁集》十九卷。《明史·艺文志》著录《天一阁集》十九卷（同治《鄞县志·艺文五》作三十二卷）。

瞿式耜（1590—1650）生。据张岱《瞿式耜列传》。瞿式耜字起田，号稼轩，常熟人。万历丙辰进士，授永丰知县，调江陵。选户科给事中，以右佥都御史巡抚广西。清兵下桂林，死之。有集。

范文若（1590—1537）生。范文若，字更生，号吴侬荀鸭。初名景文，字香令。江南上海人。万历丙午（1606）举于乡，己未（1619）成进士，历任汶上知县、秀水知县，迁南京兵部主事，为考功中伤，左迁，稍移南大理评事，以丁忧去官。所著传奇有《花筵赚》、《鸳鸯棒》、《倩画图》、《勘皮靴》、《梦花酣》等。

明神宗万历十九年辛卯（公元 1591 年）

正月

詹事陈于陛为礼部右侍郎仍兼翰林院侍读学士，署詹事府。（据《国榷》卷七十五）

翰林院编修邓以赞为右春坊右中允，署国子司业。（据《国榷》卷七十五）

二月

礼部议覆国子监祭酒刘元震条陈，请间行选贡之法，送南北二监肄业。从之。《明神宗实录》卷二百三十二：万历十九年二月庚午，"礼部覆国子监祭酒刘元震条陈，国学空虚，人才稀少，乞常贡额外，六年间行选贡之法，尽数送南北二监肄业，以充太学。仍于监中置立彰善纪过二簿，以昭劝惩，并申明经学以端士习。诏如议行。"黄儒炳《续南雍志》卷五《事纪》："万历十九年春乙酉，北祭酒刘元震建言：'……近来学者不专本业而猥习杂学，喜浮华者借口于诸子字句之粗，竞进取者驰情于战国纵横之策，务刻核者留意于申韩刑名之论，尚虚玄者醉心于佛老谬悠之书，学术不醇，识趣亦驳，生心害事，长此安穷？凡人情矜异所创闻，简忽所恒见，非时无贵，相渐成习。岂知日照月临，万代常新，时至物生，终古不异，经常之道岂弗美，而必窜入于诡异之途？臣窃以为过矣。欲塞其流，计莫若修本以胜之，请申明功令，自两京师职及各省直督学、乡会典试诸臣，以后较文取士，专重经学，以明理雅正为准，其一切猥杂不经、诐淫遁诡之辞，悉罢不录，庶几挽回敝风，世道有赖也。……'疏闻，诏令礼部议之。二月丙子，礼部覆议：'……至于专重经学一节，尤为切要，经本部奏请厘正，不啻再三。今监臣复议及此，委于教典有裨，宜再行申饬，令两京国子监及各省提学典试等官，自后科场岁考较文取士，必体裁平正，记问充实，发理措词，本原经艺者，方许优考取中，以示法程。如有怪诞不经，将佛老踳驳子史粗疏之语引入经义，以淆正学者，虽词藻可观，不得滥收，甚者特从黜落，以警敝风。……'上悉从之。"

今年仍差京考，科臣量差数员，其余用翰林、部、寺等官。《明神宗实录》卷二百三十二：万历十九年二月乙酉，"先是御史刘会题请罢各省京考之差，仍用台臣监考。礼部覆称：世庙采廷臣之言，查照弘治等年旧规，分遣京官典试外省，行之二科，偶复停止。万历十三年，又以言官建议，仍差京考，且经明旨申饬。今欲以冗费议罢，恐非所以为名也。上曰：'京考差用，原裁酌众议，举行未久，如何又说不便？详议归一来说。'于是礼部会同院科，议照旧制，以阅卷属之内帘，不许外帘干预。以监临属之台臣，情弊听行纠举。且使监临而亲较阅之事，较取倘有情弊，谁为纠察耶？今即以京差为不便，总必重内帘查复旧制：使甲科就教者优以行取之规，以备主考；举人署教者宽以三科之例，以备分考。庶教职之待聘有人，而于取士设官旧制，均为不失矣。今岁仍差京考，科臣量差数员，余用翰林、部、寺等官。着依拟行。"

前湖广提学副使颜鲸卒。鲸字应雷，慈溪人，嘉靖丙辰进士。授行人，拜御史。按河南，奏废伊王典楧，又辨大兴令高世儒之诬。劾都督朱希孝，谪安仁典史。起宝庆推官。砥行力学终其身。（据《国榷》卷七十五）

三月

　　贵州道御史何出光奏山东乡试积蠹宿弊。疏入，下礼部议。王圻《续文献通考》卷四十五《选举考·举士三》："（万历）十九年三月，贵州道御史何出光奏：'今岁山东乡试积蠹宿弊，其端有六：一曰京考不必议罢而当议减。夫文衡重任也，教官之不足恃赖，盖尽人而知之矣。迩来内帘参用甲科有司，故取士颇称得人。今礼部以台臣请罢京考，乃委曲欲用进士教官者，不过使监临不得干预文衡耳，殊不知进士就教，原非选法之正，副榜而选教职，豪杰岂乐于就乎？举人教官之中既无豪杰，不得已而仍用有司为同考，曾不思有司为同考，而令新进教官为主考，可乎？不可乎？若监临不评文，内帘尽用教官，臣恐国朝之文运自此衰矣。臣以为监临既不校文，则京考似不可罢也。但京考阅卷谓之总裁，各房取中试卷呈于京考者不过二百卷耳，何一官之不可办而复用副考哉？况天下之权归于一，则责专而任事也易；力分为二，则推诿而主断也难。会试两京皆遣馆阁重臣，一正一副，各能自尽。若外省则不然，正、副考官往往矛盾不合，掣肘废事，往辙可鉴。况翰林、六科、吏部诸郎皆正考也，皆世所称清要之官也，其自视也常重，而人之视之也严，则一应礼节体统自尔隆重，不待讲说而大定矣，副考非冗员乎？况今天下民穷财尽，我皇上谆谆以裁减冗员为言，而如此冗员独不可裁乎？裁此一官则所省天下数千金，此亦刘会、邹元标所以惓惓为请之意也。臣请自今岁裁去副考，而京考终不能罢。如罢京考，须任监临，教官断不宜用。伏候圣裁。二曰考官不必循序而当简任。夫翰林、六科、吏部四司员本不多，而循资序量省分，某当差可屈指而预拟也。以一二不逞之徒得行其奸，故人相效尤，钻刺日盛。近日各有富豪生员，往往纳监游学，潜住京师，或拜为门生，或投为门馆，夤缘结纳，求题目授意旨者不可胜计。使今岁考官犹然循资差遣，则此辈又得以行奸矣。臣请断自宸衷，命阁部大臣预将两京十三省合用考官加倍选择，不拘资次，临期请遣官者，仍具正、副二员，疏名密奏，候御笔随意点差，其未命之先，不许分毫露泄。命下之日，严加回避，刻日起程，如此则钻刺之谋可潜消默夺。然门生亲识，人人有之，在外同考试官尤当防检。再乞天语叮咛，凡京考以及在外入帘官员，有门生亲识入场者，许其预先自首，责令本生回避。若隐忍不言，或果有私弊者，事发之日，考官、举人一体重治，如此则法严而钻刺者无所容矣。伏惟圣裁。三曰帘官不必多取而当考选。夫经房教官正聘五员，此见行事例，第拘于三科以内就教者聘之，则计之左矣。夫大方豪杰，期登甲第，谁肯未三会试而就教哉？且就教者非远方云、贵之士，则近省无志之徒也，以若人而司文衡，何以识天下之英雄乎？臣请预命各省提学官，调集举人教官，严加考试，择其造诣深邃、文体新爽者录送巡抚御史，以备别省聘用，不许但拘科分，反致失人。至于本省有司入帘者，不取知府，向有言之者，诚是矣，即推官、知县之中，亦须择其素有文名及治行清严者方取入场，不许预定内帘、外帘，直待下马入帘之时，御史亲自唱名，分委内外。大约外帘四所，每所止用二员，内以试卷多寡为率，每二百卷用官一员，如此则取之不滥而择之又精，文衡庶乎其有托矣。四曰内监临不必校文而当纠察。夫御史不许干预者，以校文而言也，至于出题、分卷、上榜一应内帘事务，使不眼同御史，何以昭天下之公而称监临之任乎？臣请今岁凡出题、分卷之时，令御史单身入帘，不许随带一人，考官居左，御史居右，并坐治事，事完即出。其出题也，查照嘉靖十三年事例，御史亲手揭书，付于京考，使不出三章之内出题一道，不避忌讳，不必逢迎，但系圣贤之言，即可为题，出完四书，仍亲手揭经付房考，出题汇送京考点定，御史封锁匠役，使之刻题而后出。其出也，则开门点名，体统肃然，且更有两司共事，自无泄露题目之理。至于分卷、上榜，亦如前法，但填定草榜之时，惟听主考独断，不许房考荐举，亦不许御史干预，若御史干预校文，许京考参奏。若京考徇私及房考争卷者，许御史纠劾，如此则互相督察而内帘严肃矣。五曰阅卷不必拘房而当查究。往年监临御史不得内帘弹压，各房考官抗立忿争。分卷之初，即用某经几房印记，屈指预计某房当中几卷，取足其数，而遂弃其余者有之矣。然且蔑视京考，互相争辩。上榜之时，照房论卷，遂使上卷偶多者所取有遗珠之叹，而上卷偏少者亦得为取盈之谋。且吊房覆阅之时，见有某房印记为号，则曲存体面，不敢拾其所遗，而英雄屈者多矣。臣请令御史亲置号簿，纪录某号某卷分于某房，照房封送，卷面不许自标房分。候看完之日，御史入帘总收，错综挽乱，然后付京考总裁，止论试卷文字之高下，不拘经房所取之多寡。至于吊房覆阅之时，亦令御史将落卷错综再分，使不知为某房落卷，则复阅者无避嫌之心，而落卷有识拔之望矣。开榜之后，御史仍将取中试卷及不取落卷从头照簿查考，某卷系某房某官初看，某房某官覆阅。除中式者磨勘无弊，竟解礼部外，其落卷仍委精明官员逐卷查明，如有空白无笔迹者及览未终篇而遂弃之者，许御史参劾房考以为怠事屈人之罚。查阅明白，仍将落卷发提学官分发各生，使之亲自省览，以为受教之地。如此则考官阅卷者凛凛自尽，而士子下第者可无后言矣。六曰《试录》不必预刻而当省约。夫《试录》而用士子之文，此返朴还淳之雅道也。但未揭晓而先刻程文，能保其不泄露乎？刻录于帘外，信不可矣。即刻于帘内，御史不入而禁督之，则猾吏奸工殆未易防检也。况京考时方校文而又一心以办试录，则检阅也必不精。帘内官工役烦伙，则关防也必不密。请命京考将应录文字秘写成册，候揭晓之日仍留一二甲科有司详加订正，然后多禁工役日夜趱刻，即进呈稍缓，请宽延慢之罪。其试录绫绢装钉，最为浪费，而且每官送至数本，殊觉烦多。臣请自进呈之外，一概尽用纸装，即在京各衙门每官止一册，仅备观览足矣，安用数多为哉？此虽细事，而所省甚多，伏惟圣裁。以上六者皆臣耳闻目击而扼腕于平日者，今身当其责，臣安敢以无言，伏乞敕下九卿、科、道，即日会议，倘臣言可采，俯赐明旨通行天下，庶乎夙弊可厘而盛典为有光矣。'疏入，下礼部议。"

翰林院庶吉士李启美为检讨。（据《国榷》卷七十五）

礼部左侍郎兼翰林院侍读学士田一俊卒。一俊字德万，将乐人，隆庆戊辰举礼闱第一。选庶吉士，授编修，历修撰侍读。丁丑，欲止张相夺情，不果，予告。久之，张相败，补原官。历祭酒、礼部右侍郎，转左。恬澹寡慕，居恒辨一介，然不以洁自标。方予告遽卒。予祭葬，赠礼部尚书。（据《国榷》卷七十五）

闰三月

礼部题准科场条例：监临、主考官务要内外同心，勿以礼节形迹互猜；情弊有实迹者纠举；论文以典雅切实为主，片词只字不可苛求；考官当简任得人，临时疏请钦定，不拘资序，以杜钻刺之端；外帘官亦需择选，不必预定内外职事，临时分委；阅卷不必拘房，去取只论文字，不拘定人数；落卷仍再分房细阅，毋得避嫌屈才。（据《明神宗实录》卷二百三十四"万历十九年闰三月辛未"）

汤显祖上《论辅臣科臣疏》。（据《明神宗实录》卷二百三十四）《明史》汤显祖传："汤显祖字若士，临川人。少善属文，有时名。张居正欲其子及第，罗海内名士以张之。闻显祖及沈懋学名，命诸子延致。显祖谢弗往，懋学遂与居正子嗣修偕及第。显祖至万历十一年始成进士。授南京太常博士，就迁礼部主事。十八年，帝以星变严责言官欺蔽，并停俸一年。显祖上言曰：'言官岂尽不肖，盖陛下威福之柄潜为辅臣所窃，故言官向背之情亦为默移。御史丁此吕首发科场欺蔽，申时行属杨巍劾去之。御史万国钦极论封疆欺蔽，时行讽同官许国远谪之。一言相侵，无不出之于外。于是无耻之徒，但知自结于执政，所得爵禄，直以为执政与之。纵他日不保身名，而今日固已富贵矣。给事中杨文举奉诏理荒政，征贿巨万。抵杭，日宴西湖，鬻狱市荐以渔厚利。辅臣乃及其报命，擢首谏垣。给事中胡汝宁攻击饶伸，不过权门鹰犬，以其私人，猥见任用。夫陛下方责言官欺蔽，而辅臣欺蔽自如。失今不治，臣谓陛下可惜者四。朝廷以爵禄植善类，今直为私门蔓桃李，是爵禄可惜也。群臣风靡，罔识廉耻，是人才可惜也。辅臣不越例予人富贵不见为恩，是成宪可惜也。陛下御天下二十年，前十年之政，张居正刚而多欲，以群私人嚣然坏之。后十年之政，时行柔而多欲，以群私人靡然坏之。此圣政可惜也。乞立斥文举、汝宁，诚谕辅臣，省愆悔过。'帝怒，谪徐闻典史。"《汤显祖诗文集》卷四十三有《论辅臣科臣疏》全文。时显祖在南京礼部祠祭司主事任。

申时行请革其子举人，准承荫入监，并恳乞休。命供职如故。《明神宗实录》卷二百三十四：万历十九年闰三月丙寅，"大学士申时行男用嘉赘于故给事董道醇，因就试浙江中式。有言其越省弊中者，时行奏请覆试。上以无私，不必再试。至是御史李用中复言之，时行请革其子举人，准承荫入监，并恳乞休。上优答之，命供职如故。"

令武举重在骑射，毋得专取论策。（据《明神宗实录》卷二百三十四"万历十九年闰三月乙未"）

五月

国子祭酒盛讷为少詹事。（据《国榷》卷七十五）

南京国子祭酒张一桂为国子祭酒。（据《国榷》卷七十五）

升右春坊右中允国子监司业邓以赞任南京国子监祭酒。（据《明神宗实录》卷二百

六月

　　翰林院修撰萧良有为右春坊右中允，署国子司业。（据《国榷》卷七十五）

　　王锡爵以母老乞归。《明鉴纲目》卷七："纲：辛卯十九年，夏六月，王锡爵罢。目：锡爵初还朝，申时行为首辅，许国、锡爵次之。三人皆南畿人，锡爵又与时行同郡，且同举进士，相得甚。然时行柔和，而锡爵性刚负气。十六年，子衡（字辰三），举顺天试第一，郎官高桂、饶伸（字仰之，进贤人）论之。（时庶子黄洪宪典试，时行婿李鸿亦预选。桂摘可疑者八人，并及衡，请俱覆试。礼部侍郎于慎行，列甲乙以上，阁臣调旨尽留之。衡少有文名，为举首，才自称。因被论，遂不复会试。至二十九年，锡爵罢官已久，始举会试第二人，廷试亦第二，授编修。○黄洪宪，字懋忠，秀水人。）锡爵连章辩讦，语极忿，伸、桂皆得罪，以是积与廷论忤。十八年，锡爵疏请豫教元子，录用言官姜应麟等，不报。遂因旱乞罢，帝不许。及浩尔齐犯边，议者争请用兵，锡爵与申时行主款，失帝意。未几，又偕同列请建储不得，遂以母老乞归。"

七月

　　福建佥事李瑄劾阁臣申时行子用嘉冒籍浙江中式、婿李鸿冒籍纳监。令革李瑄职，永不叙用。（据《明神宗实录》卷二百三十八"万历十九年七月丁亥"）

　　先是，辽东解额五名附顺天，皆南人占之。御史胡克俭请卷上注边字，著为令。（据《国榷》卷七十五）详见《明神宗实录》卷二百三十八"万历十九年七月己巳"。

　　礼部改派给事刘为楫、主事蔡应麟为山东乡试考官。原题给事中李周策、主事杨凤主山东乡试，与预传相合，为御史李以唐所劾，故改派。（据《明神宗实录》卷二百三十八"万历十九年己卯"）

八月

　　今年乡试，汪元极、沈演等考生墨卷颇为出色。《游艺塾文规》卷二《承题》："湖广辛卯'丘也幸'"一节，程文云：'圣人所自幸者，而意可谅矣。夫圣人何过？即有过，亦何至令人不可知者？此其引以自幸也欤？'此篇文全用解元汪元极卷，而此承不但较破进一格，直就题外别生意见，读之令人跃然。""承起句包涵一题之意者，正格也；反言引起者，其变也。己丑会试'圣人之行不同'二节，周懋相云：'即圣行之同归，而知诬圣之非矣。盖割烹非洁己事也，圣人之洁其身者，何如而屑为之哉？'将'割烹'反起，而题意了然。辛卯顺天'东面而征'五句，沈演云：'观商师于所未及，而其望殷矣。夫兵民之残也，然且望之，惟恐后焉，其斯为王师乎？'以兵为残，分明与题相反，得此一反，而益见王师之顺，借宾形主，题意转明，虽反亦正也。'""辛卯应天'君子成人之美'一节，汪鸣鸾云：'君子小人之用心，于其成人见之也。夫美恶不同，在所成耳，此天之赖有君子，而无乐乎有小人欤？'不说君子、小人之是非，而但就天下形容之，一曰'赖有'，一曰'无乐乎有'，亦是借宾形主之法。""承有议论最难，语不多而忽生意见，所谓寸山吐雾，尺水兴波也。辛卯福建'居则曰'四节，魏浚云：'圣人探用世，而独与夫藏用者焉。夫均之用也，而有意者不若无意者之大，此圣人之与独有归欤？'‘有意不若无意'，是大议论。"《游艺塾文规》卷三《起讲》："辛卯应天'君子成人之美'一节，汪鸣鸾云：'君子有余美，小人有余恶。非必其身为之也，悬于一念之相反，而动关人才，其成就往往殊焉。'风调自是不凡。'事前定则不困'，张君卿云：'人君欲以其心而制天下之事，不若举事之理而豫定于其心，何者？理固在事先也。'语语刺心，合人击节。""小讲贵说意，亦贵炼词。如福建'居则曰'四节，李仲元云：'君子立志期为知己用耳，顾人知有用之用，而不知无用之用。有用之用，才士蓄而有待；无用之用，达人乘而无心。'大意亦平，末二语雅炼，便觉可观。""湖广'国君进贤'三节，邓士亮云：'人君宰制国家，元老之臣不居外辅，则体统易亵；总揽之柄不从中制，则用舍相淆。'词气严整，自是作家。""福建'沧浪之水'二节，王邦俊云：'国家兴亡之故，众人见其形，圣人见其理。见其形者，属之天运；见其理者，属之人事，故诚有忧危之意，岂必乡士勤诲，大夫献箴？即一迩言亦当世得失之镜也。'以虚形实，独胜诸魁。"

翰林院庶吉士黄辉、庄天合、王肯堂、刘曰宁为编修，区大相、周如砥、林尧俞、冯有经为简讨，吴鸿功、罗栋、郭士吉为给事中，乔胤、徐彦登、冯从吾、顾际明为监察御史。（据《国榷》卷七十五）按，此次授职以庶吉士散馆考试等第为据。

山东巡抚何出光奏准武场条例。所重在骑射，而文墨次之；额数当增，而东省尤所重；试日当宽，勿以日逼而苟且试事；边才当录，勿以短文采而摈弃；武学当建，勿徒设于北直等处。（据《明神宗实录》卷二百三十九"万历十九年八月乙巳"）

自乙酉年（万历十三年）改遣京官主各省乡试，至今年已三举。《国榷》卷七十五："（万历十九年八月）各京省主考：顺天口谕德曾朝楫、冯琦，应天口谕德陆可教、中允余继登、浙江翰林编修李庭机、刑科右给事中梅国楼、江西修撰朱国祚、户科右给事中叶初春、福建礼科右给事中孟养浩、礼部主事姜镜、湖广兵科左给事中张应登、礼部主事唐伯元、河南礼科左给事中丁懋逊、礼部主事陈泰来、山东刑科给事中刘为楫、吏部主事蔡应麟、山西刑科左给事中李献可、户部主事梅守峻、陕西吏部主事麻溶、兵部主事于若瀛、四川户科给事中陆尚贤、工部主事吴鸿洙、广东吏部主事唐世尧、刑部主事叶修、广西兵部主事胡桂芳、工部主事吴宗熹、云南刑部员外郎莫睿、户部主事李开藻、贵州刑部主事王命爵、大理寺评事黎芳。"沈德符《万历野获编补遗》卷二《科场·预传考官》："各省改遣京官主试，定于今上之乙酉，至辛卯则三举矣。时山东乡试，预传为吏科左给事李周策、户部主事杨凤二人为正、副。于时巡按山东御史何出光贻书于同官李以唐，言其事，以唐未遽发。及差试官疏上，果系二臣。李始具疏云：

'臣于六月初八日得何出光之揭，已云主考为李、杨二臣，直至今七月十三日，礼部具题与向所传闻不爽，此实尚书于慎行之罪。'盖以于为山东人，他有所私也。于具疏力辨，李、杨二人亦各上疏辞，乃改差刑科给事刘为楫、吏部主事蔡应麟。俄何出光亦有参疏至，诋慎行抗违明旨，蒙蔽弄权。时于方负时望，且夕且大拜，坐是事诘责之，未逾月即允致仕归。于非行奸作弊者，第不密则有之。然被白简，则难解释矣。李周策次年壬辰会试，已升礼科都给事中，充同考官，盖偿其不赴山东之差也。又次年癸巳，以京察左官，稍迁兖州府判，又分考山东，时讥其辞主考而受分校，且俱在东省，似乎厚颜。于是外计再坐谪归，遂不出。"今上，指明神宗万历皇帝。乙酉，即万历十三年（1585）。辛卯，即万历十九年（1591）。

顺天乡试，陈与郊之子陈祖皋落第。沈德符《万历野获编》卷十六《科场·陈祖皋》："浙之海宁太学生陈祖皋，治《春秋》最有声，其应辛卯顺天乡试，已举榜首，时乃父吏垣都谏，方以聚劾去位。比拆榜，知为都谏子，遂置之，而别以他卷登贤书，后频摈场屋。至乙巳岁，以妻母殁，其仆治奠，于途有误杀满指挥事，陈时实在家，不与知也。当事者憎之，拷掠楚毒，罗织致大辟。都谏有己丑《春秋》房门生二人，时同在词林显重，并有相望，都谏哀恳其地道，勿能得。因患恨甚，作杂剧名《詅痴符》者，中有狄灵庆一段，以比二词林，而身拟袁灿。都谏殁后，祖皋事得白，且还其诸生，出狱未几，病卒。其得口口门生力云。都谏以麟经抢魁，有文坛盛名。丙戌，先以吏科散给事分考，至己丑以吏科再入，亦前后省中所无。京兆分考属之中行及守部进士，以得入为荣，然亦难取必。近年则有吴江沈宏所（珣）侍御，先以中书入阅《尚书》，至己酉再入，亦稀有之事。"

应天乡试，搜出一怀挟监生。冯梦龙《古今谭概》："宋承平时，科举之制大弊，假手者用薄纸书所为文揉成团，名曰'纸球'，公然货卖（原注：民卖犹胜官卖）。今怀挟蝇头本，其遗制也。万历辛卯，南场搜出某监生怀挟，乃用油纸卷紧，束以细线，藏粪门中。搜者牵线头出，某推前一生所弃掷。前一生辩云：'即我所掷，岂其不上不下刚中粪门，彼亦何为高耸其臀，以待掷耶？'监试者大笑。"

应天中式七十五名钱魁春，借出朱卷，以灯下简阅，误焚二三场，检举当议罪。礼臣覆奏，请薄罚。得旨姑宥之，一时言路亦无参驳之者。沈德符《万历野获编》卷十五《科场·榜后误失朱卷》："戊子顺天场事竣后，失去朱卷数卷。礼官高桂纠场弊，归罪于主考作奸，先去以灭其迹。至次科辛卯，应天中式七十五名钱魁春，借出朱卷，以灯下检阅，误焚二三场，检举当议罪。礼臣覆奏，请薄罚。得旨姑宥之，一时言路亦无参驳之者。钱今去魁字，单名春，甲辰登甲榜，作吏有声。同一失朱卷也，而评议异同如此，盖其时司衡者，物情有与有不与，故当事者之苛恕亦因之，非通论也。今北场及会场朱卷，皆以开榜时，立刻送部磨勘，无复遗失事矣。"

应天乡试，李应杰误书转圜为转镮，礼科给事胡汝宁驳之，谓当为转环，而此子乃写作镮，必关节语。沈德符《万历野获编》卷十五《科场·礼官误字》："辛卯南京乡试，中式李应杰者，误书从谏如转圜为转镮，礼科给事胡汝宁驳之，谓当为转环，而此子荒谬乃写作锾，此必关节语。主考谕德陆可教辨疏嗤之，谓一圈字耳，举子已误，给事再误，此宁容相笑？胡，江西南昌人，理学名邦也。又前一科戊子，胡亦曾主考浙江，而卤莽乃尔，同乡耻之。先是南昌一巨公张升者，在武宗时为礼部尚书，因主上新登极，选宫嫔，例禁娼优隶卒之家，不许就选，张误隶作史，以登榜文。其下力争，不听。比榜张而大哗，阇京刻木辈，至欲剚刃，始为改正。同一邑人，同为文章司命，先后以鄙受侮，乃知'伏猎侍郎，杖杜宰相'，何代无之？先嘉靖七年戊子，顺天乡试后，御史周易，劾副考庶子韩邦奇，《试录》引用《尚书》'元首喜哉'等句，错乱截除。而易疏中，亦自称误改《尚书》，为礼部所劾，邦奇即降闾丞，易亦降卫幕。盖易为提学，恨序中不列己名，故借端攻考官，已而两败，与胡汝宁事相似。""前一科戊子"，指万历十六年。

沈榜《宛署杂记》记今年顺天乡试开销情形颇为具体。沈榜《宛署杂记》卷十五《报字·乡试》："修理贡院经房、小房二十八间，油饰兜抿彩画，价十两五钱四分二厘。修聚魁堂穿廊、东厢房、厨房十一间，灰饰彩画，共价十二两六钱七分七厘。修刊字匠房十一间，价三两二钱三分七厘。修至公堂东房、抱厦、公会堂、东天沟、门楼、厨、厢房十四间，油饰彩画，价十二两二钱六分二厘。修监试厅、厨、厕、厢房十五间，油饰彩画，价七两九钱六分九厘。修弥封所门楼东墙、前后厅、厨、厢房二十二间，油饰价九两一钱二分三厘。修受卷所门楼、前后厅厢、厨房二十二间，油饰价六两六钱八分一厘。修供给所部府厅、厨、厕、库、炭房三十五间，油饰价三十三两三钱八分一厘。修两县供给厨房十六间，油饰价五两三钱五分六厘。修夫皂房九间，价一两一钱二厘。修东号房一千九百六十间，价二百六十一两一钱六分九厘六毫。修号口牌栅二十八座，价八两八钱八分三厘。修大门外影壁、东南北墙、修补灰抿，价十三两八钱七分二厘。修东搜检厅六间，灰抿油饰彩画，价二两八钱九分一厘。修东门牌楼、角楼、鹿角柞，油饰彩画，价五两五钱七分五厘。修大二门、东二门、龙门并巡风房一座，油饰彩画，价十一两九钱一分四厘。修二门内外、搜检监试门房九间兜抿，价一两六钱六分。修圣旨牌四座，价九钱三分五厘。修明远楼，油饰彩画，价四两九钱九分九厘。修内外各所墙，用烟子、水胶等料银七钱四分。修安砌路灯石鼓，价四钱五分五厘。修内外帘经房各所炉灶一百二十八座，价八两四钱三分四厘。糊至公堂、经房各所房屋窗棂二百九十七间，纸、工价七两三钱三厘。糊至公堂、聚魁堂、五经房、提调所、府厅房二十一间顶槅，价六两一分七厘。糊方卓、书架等一百二十三件，价一两八钱五分五厘。修方卓九十五张，油饰，价二两七钱三分三厘。修条卓、衣架、红床八十六件，油饰，价九两一钱四分三厘。修随床脚凳、书架、面盆架一百五十件，油饰，价四两四钱五厘。修房连盘八十个，油饰，价四两九钱八分。修满堂红八座，油饰，价四钱六分。各处房门了吊一百六十二副，赁木床七张，共价四两六钱三分四厘。修各号口水牌七十面，油饰，价八钱九厘。添造界方、收卷签并签筒，共价一两一钱六分。造帽架、脚凳、木料价三两二分。造御杖并肃静五经牌木料，价一两四分。修时辰钥匙牌、云板架木料，价七钱七分三厘。修府县外供给所等房兜抿、油饰，价八两七分七厘。修补内围墙龙门起，至会经堂止木料，价七十八两九钱二厘。打扫贡院人夫工食价二十六两。以上乡场修理共银五百八十五两四钱一分七厘六毫，二县均办。""乡试场上下马二宴，每宴上席八席，下马宴加一席，共一十七席，每席该银四两八钱五分一厘三毫，共银八十二两一钱一分二厘一毫。计主考四，外搜检四，提调四，提学察院一。有大看席各一，用饼锭八个，斗糖八个，糖果山五座，又糖五老五座，糖馂饼五盘，荔枝一盘，圆眼一盘，胶枣一盘，核桃一盘，栗子一盘，猪肉一肘，羊肉一肘，牛肉一方，汤鹅一只，白鲞二尾，大馒头四个，活羊一只，高顶花一座，大双插花二枝，肘件花十枝，果罩花二十枝，定胜插花十枝，绒戴花二枝，豆酒一尊。小看席各一，饼锭十二个，二头明糖八个，荔枝一盘，圆眼一盘，栗子一盘，核桃一盘，胶枣一盘，猪肉一方，牛肉一方，羊肉一方，汤鸡二只，白鲞二尾。每宴上中席十九席，下马宴添五席，共四十三席，每席该银二两六钱二分九厘一毫二丝五忽，共银一百一十二两七分二厘三毫七丝五忽。计同考官二十八，本府各厅十，经魁五。大看席各一，饼锭八个，二头明糖八个，糖果山五座，五老糖五座，糖锭饼五盘，荔枝一盘，圆眼一盘，胶枣一盘，栗子一盘，核桃一盘，猪肉一方，羊肉一方，牛肉一方，汤鹅一只，腌鱼一尾，馒头四个，羊背一块，薏酒一尊。小看席各一，饼锭十二个，四头明糖八个，胶枣一碟，红枣一碟，栗子一碟，核桃一碟，猪肉一方，羊肉一方，牛肉一方，腌鱼一尾，汤鸡一只，高顶花一座，定胜插花五枝，馒头插花一枝，果罩花二十枝，肘件花十枝，羊背花一枝，绒带花二枝。每宴下中席十二席，共二十四席，每席该银一两五钱九分七厘三毫一丝二忽五微，共该银三十八两三钱三分五厘五毫。计收掌试卷官四，誊录官四，弥封官四，受卷官四，宛、大二县知县四，对读官四。看席各一，饼锭八个，二头明糖八个，糖果山五座，五老糖五座，糖馂饼五盘，荔枝一盘，圆眼一盘，胶枣一盘，栗子一盘，核桃一盘，猪肉一方，羊肉一方，牛肉一方，汤鸡一只，腌鱼一尾，羊背一块，馒头四个，薏酒一尊，定胜插花二枝，果罩花十五枝，高顶花一座，肘件花五枝，绒戴花二枝，每宴下席四十席，下马宴添一百三十一席，共二百一十一席，每席该银七钱六分五厘六毫七丝五忽，共该银一百六十一两五钱五分七厘四毫二丝五忽。计外州县供给委官二十，本府经历二，知事二，照磨二，添注照磨二，宛、大二县管宴官四，内供给官四，外供给官四，两县管伞官二，巡绰监门官十二，库官二，司狱官二，阴阳医官四，儒士十二，府礼吏六。鹿鸣宴添办举人一百三十，检校一。看席各一，饼锭八个，四头明糖八个，糖馂饼五碟，糖果山五座，栗子一碟，胶枣一碟，核桃二碟，红枣一碟，猪肉一方，羊肉一方，牛肉一方，腌鱼一尾，汤鸡一只，馒头二个，料酒一个，顶花一座，定胜花二枝，果罩花十五枝，肘件花五枝，绒戴花二枝。厨房合用物件共银七十六两三钱二厘，计猪肉四百二十斤，猪肚六十个，心肺二十副，猪腰子一百六十个，大肠二十副，膀蹄十副，牛肉一百三十四斤，羊肉一百三十四斤，牛肚四十八斤，鹅二十四只，鸡一百十四只，鸡蛋二百八十个，鸭蛋一百六十个，香蕈四斤，虾米六斤，鲜鱼五十八斤，香油二十斤，土碱六十斤，红豆一石八斗，白米五斗，厨子食用老米一石，点心面一百九十斤，胡椒八两，花椒一斤，薏酒三十四坛，红曲二斤，茴香八两，绵胭脂八十个，鲜姜六斤，铜绿八两，银朱八两，石黄八两，靛花八两，定粉八匣，飞金八贴，乳饼四十块，白糖四斤，黑糖十二斤，酱酒六斤，醋四十斤，酱瓜茄十六斤，甜酱三十斤，白盐四十六斤，葱三十斤，丝瓜二百四十根，黄瓜四十根，姜豆芽二十斤，扁豆二十斤，白菜二十斤，芥菜二十斤，芫荽六斤，大蒜二百个，山药六十斤，绿豆芽八斤，胡萝葡二十斤，面筋五十个，水萝葡二十斤，团粉二十斤，韭菜二十斤，水粉九十斤，水笋二十斤，鲜藕二十枝，鲜梨八十个，橙丁四斤，鲜桃八十个，冰糖四斤，榛仁四斤，瓜仁四斤，胡桃六百个，鲜莲蓬二百四十个，黄豆瓣二十斤，苹果一百二十个，息香二百枝，煤土二车，烧煤四千斤，木炭一百七十斤，上卓、上中卓，攒盘点心，猪头十六个，牛头肉一百斤，时酒四十坛，铁锅十口，大乌盆十个，厨子工食银四两，赏乐人红布四疋，花管二百八十对，表宴图二轴，大小砂锅三十个，板凳八条，案板八块，水桶二担，黑碗二十个，通条二根，水缸四口，灯炉十座，摆卓灯笼十六个，面萝二个，擂白二个，油烛六十枝，厨房杂用夫十名，铁锨二把，水桶二个。举人一百三十五名，旗杆人夫共银一十三两五钱，每名彩旗竹杆二根，并红顶，每十根银七分；木牌一百三十五面，每面银五分；每名执旗夫三名，每名工食银三分。抬送卓席盒担人夫、卓椅、尺寸盘、木碟、磁器并斟酒、牵羊子弟等项，共银九十六两三钱五分三厘二毫。计盒担五百五抬，人夫八百九十名，卓子五百五十四张，椅子一百九十把，尺寸盘一千二百八十个，木碟一千四百八十个，磁盘碟碗七千二百七十个，迎送考官彩旗三十杆，红绢一百八十尺，旗杆三十根，并红顶执旗夫三十名，斟酒牵羊子弟二百四十三名，粘果面一百四十斤，粘果纸八百张，粘果匠工食银四两。搭挂香亭席棚十七座，工价银七两五钱，彩楼四座，府大二门结彩亭二座，围棚用红绿彩绢，礼生写榜纸四刀，写彩旗联句红绿黄毛边纸一百八十张，销金红礼帖并套二百九十个，销金酒托箸签四十副。二宴赁办家火等项银一十八两六钱一分。计赁银盘盏十六副，牙箸十六双，红缎座褥十六件，红缎销金卓围十六件，锡镶酒锺托二百八十六副，锡镶箸二百八十六双，红绢卓帏一百件，青绢卓帏二百件，酒素二百把，酒执壶十六把，水火炉三十个，火壶八把，茶壶十把，茶锺一百六十个，春盛十六架，拿盒十六副，托盘一百二十四面，食盒八抬，拜毡八十条，果盒八个并蜜果，定春盛果子茶叶八包，茶果银、答应人夫二名。以上乡场上下马二宴品物，并赁办厢长家火，共该银五百九十九两五钱四分二厘六毫，二县均办。""乡场饮馔品物，合用妆花改机二套，福建改机二套，披红纱五疋，红黄罗销金袱七个，蓝鸾凤绫十六丈二尺，蓝雀绫四十五丈二尺七寸五分，黄红绫四丈四尺，黄绢包袱三个并带小绢十疋，蓝雀绫二十疋，黄红罗袱里绢十一丈九尺，次蓝雀绫八十二疋，黄红毡七条，大手巾二十九条，蒸饭布一疋，白老米九十一石八斗二斤，无锡米十九石九斗二升，红老米三十石七斗，京米二石，绿豆一石八升，上白面六百十六斤，次白面四千五百五十九斤，烧饼四万九千四百四个，大活羊四只，猪肉三千六百五十斤，猪肚九十五个，大小肠六十一副，猪肝花三十七副，猪腰子九十三个，牛肉二千四十五斤，牛蹄十八个，牛肚十八斤，羊头三十六个，羊肉四百斤，熏腿五十二斤，鸡一千六百七十只，鹅三十五只，鸭一百二只，鲜鱼七十三斤，四料酒一百二十六个，时酒四坛，桂圆一百六十二斤，胶枣八十斤八两，干红枣一十一斤，核桃一百一十七斤，栗子十四斤，莲肉一斤，瓜仁三斤，干葡萄一斤十四两，核桃仁十斤，鲜葡萄七斤，鲜梨四万九千三百四个，鲜红枣二斗，苹果二百五十七个，火腊槟一百一十个，鲜桃五十一个，鲜藕二十三枝，西瓜七十二个，莲房一百二个，梅桂一斤十两，黑糖五斤八两，干粉二百四十四斤，团粉三百六十斤，土碱三十六斤，上顶花三座，中顶花二座，御览纸六百九十张，表纸一万一千三百六十张，印题等项大呈文纸一万八千六百张，中呈文纸一万一千六百五张，连七纸八千一百七十张，上宛纸九十张半，毛边纸二百九十二张，中宛红纸五十二张，草纸三千七百张，刚连纸三万七千三百十张，连四纸二千三百张，大红行移纸四十张，分水纸一千六百张，青连七纸二千十三张，官青纸六张，蓝连四纸四十七张，白榜纸八十张，红黄榜纸六十张，红黄龙沥纸二十张，半坚笔二百三十枝，全坚兰芷笔三百枝，本笔八十枝，判笔三百八枝，高本笔四十枝，川毫笔四十枝，鼠毫笔三十枝，熟鼠毫笔四十枝，誊录水笔二百四十枝，上茶十四斤，中茶三十八斤半，下茶二十六斤，香油五百二十八斤，盐五百三十二斤，酱四百六十七斤，醋四百三十二斤，酱油四十三斤，酱姜十二斤，酱瓜茄八十七斤十二两，鲜姜三斤半，香蕈六斤三两，麻菇三斤十三两，木耳五斤八两，胡椒十四斤六两，花椒十二斤四两，鸡蛋一千七百八十五个，鸭蛋一百二十七个，红曲一斤四两，胭脂五十四个，白樊二斤六两，虾米二斤九两，蜂蜜三斤，芝苏六升，豆腐三百四十四块，杂菜三千三百八十六斤，酥油六斤四两，山药七十五斤六两，螃蟹二百六十七只，蒜头五百四十个，上好银朱六斤八两，靛花二斤六两，靛墨一斤十二两，上墨三斤十两，中墨二斤，下墨三斤十三两，上墨四十三笏，中墨二十一笏，下墨五十笏，水胶四斤，上安息香一千枝，中安息香二千五百枝，肥皂二百十六个，棕毛二十三斤，黑烟子四十九斤，灯心四两，柏油烛三百二十二斤，牛油烛六百九十八斤，白腊烛十六枝，绿水笋二十七斤，牛皮糖二斤，芝麻糖三斤五两，顶酥一百十七个，奶皮饼一百六十四个，栽松饼一百五十四个，白糖三十四斤，锡糖二十四斤，中豆酒六十八坛，蕙酒二十八坛，干蜜钱四色，乌笋二斤，松仁二斤，榛仁三斤九两，蜜饯杨梅二斤，细酸一斤，鳔子二斤，土铁二斤，十香菜一斤，定粉一匣，柿饼二斤，芡实五十个，白果三斤，青豆十三两，杏仁十三两，肉鲊六饼，绿笋二斤八两，米糕二百七十七块，豆腐皮三两五钱，冬瓜十九个，鱼胶八两，燕窝菜十二两，海粉一斤，银苗菜二斤，蜜橘饼一斤，羊肚菜一斤，沙鱼翅六两，印糖二斤，对虾三十对，海参一斤，花笋四斤半，天花菜四两，猪首七十五个，猪膀蹄二付半，牛头肉五十八斤，腌鱼二十七斤二两，水粉二十六斤八两，鲞鱼二十斤六两，面筋七十一块，煎剂杂药价四钱六分，赏礼生纸价四钱。儒士六名，工食银四十三两五钱；阴阳生一名，工食银七钱；封门裱褙匠二名，工食银一两四钱；弥封所裱褙匠八名，工食银二两八钱；供给所厨子八名，工食银五两六钱；拖炉匠六名，工食银三两一钱五分；裁缝一名，工食银七钱；研红匠二名，工食银一两一钱二分；点烛匠二名，工食银一两一钱；粘果匠一名，工食银五钱；漏粉匠二名，工食七钱；蒸饭夫六名，工食银一两八钱；内供给人夫七十六名，工食银四十五两六钱；刷印匠四十八名，工食银五十七两六钱；誊录书手一百名，工食银九十两；刷印刊字匠办梨板、棕毛、烟、胶等项，价四十两。主考监试共用缎坐褥七件，红纱围裙七条，举人披红大绢六十五疋，彩旗中红绢九十疋，搜检御史大小下程六副，考试官下程四十一副，监试下程四副，本府治中、通判三次点军，下程六副，帘内外入帘、出帘、大送、小宴折席上分七分，每分折银一十一两一钱四分四厘九丝，中分十六分，每分折银五两三钱八分七厘四毫七忽五微，次中分十四分，每分折银四两九钱三分一厘四毫三丝七忽五微，下分二十五分，每分折银二两五分一毫七丝五忽，巡视二分，折出帘宴锤盘银花，每分银七两二钱，五城兵马下分五分，折出帘宴，每分折银四钱八分二厘五毫，监试观场酒席四桌，每桌银四钱，印卷承差工食银一两五钱，给赏、伴赏、考试官承差银五两一钱，抬送考试官下程人夫工食银二两四钱六分，二县工房、礼房吏书腌鱼四十斤，锦彩四架，赁价六钱。以上乡场饮馔共银一千五百六十六两六钱四分三厘三毫四丝七忽，二县均办。""乡场正办家火，合用木柴二万九千五十五斤，黑炭二千一百七十四斤，白炭八百二十一斤，秫秸一万三千三百九十五斤，烧煤一万九千九百十六斤，椴木四十块，梨木板一百二块，上号磁茶锺七十个，上号磁汤碗七十个，中号磁茶锺二百二十五个，中号磁汤碗二百二十个，中号磁饭碗二百二十个，中号磁酒锺七十九个，上号案菜碟七十六个，上号磁酒锺七十个，上号磁果碟七十个，中号磁果碟一百六十个，中号大花案碟一百八十六个，中号菜碟一百六十个，中号小菜碟一百三十个，磁香炉二十二个，小菜碟八十四个，黄红箱七只，漆砚匣二十三副，小石砚二十三个，锡器五百六十六斤，中铜锁六把，铜销钉三个，铜帐钩三副，大铜锁七把，铜事件七副，小铜锁三把，铜烛剪二十三把，铜茶匙二百七十张，铁剪子二十三把，铁火箸三十二双，铁通条四十二根，裁纸刀四十三把，铁杓七十把，大铁锁三十把，中铁锁四十八把，铁烛剪十五把，铁丝灯笼七个，铁锅铲二十五把，菜刀三十八把，铁锥子六十九把，小铁锅四十二口，镦盘一面，大漆方盘十个，红方盘二十六个，曲竹盘七个，竹帘二十四挂，大雨伞六把，小雨伞二十六把，大乌盆四十七个，中乌盆九个，大砂锅一百五十四个，中砂锅、砂铫、砂浅一百八十八个，砂卤罐十个，净桶三十二只，坐桶三十二只，大木盆七个，大衣刷十二把，靴刷二十四把，进题桶三个，填榜大石砚四个，镇纸石十块，锡镶乌木箸二十七把，酒托七十个，中酒托七十二个，红箸四十把，梳匣二十三个，梳笼二十三副，铜镜七面，刷抿二十九副，铁锹四十三把，铁烛签一千八百九十八个，芦席三百一十领，黄磁盆二十三个，小磁盆二十六个，苕帚一百十四把，水斗七十四个，水瓢八十四个，水桶二十三只，荆筐二十个，罩篱六十四把，大铁锅一口连盖，枣核钉四百八十个，铁烛心一斤，竹板四十四块，白芨二斤十两，簸箕十九个，红石二十九斤，白麻二十四斤，卷箱四只，提牌二面，黄红线索十条，手牌二面，长柄白牌二面，搭棚匠工食。锡匠一名，泥水匠二名，油漆匠一名，木匠二名，箍桶匠一名，铁匠一名，钥匙小牌一百二十八面，外供给盒担人夫工食雇募，外供给人夫搬运物料六名，炭篓二百九十个，烧煤土十四车，芦苇二千三百三十三斤。以上共正办家火银二百九十三两九钱五分三厘一毫。""乡场补办家火，合用窄鐽大铁锅二十四口，连盖小铁锅三十六口，连盖大铁杓十一把，铁锅炉十六把，铁烛剪三把，铁通条十九根，铁火箸十一只，铁帘钩十四副，菜刀二十把，铁锹十二把，铁曲碎了吊一百副，常山铁锁六十四把，大铁锁六十把，中铁锁一百三十把，铁烛钉八百个，铁连钉二百三十四个，枣核钉二百个，花浅碗一百四十个，青磁花茶锺六十个，磁酒锺六十个，罩篱十二把，竹柳条笊篱九把，石臼八副，木杓十六把，砂锅一百七十个，砂浅二十个，砂铫五十个，手巾十一条，苍术十斤，芸香八斤，鱼胶一斤，大旗缨八个，取灯五捆，白芨九斤，棕刷八把，誊红石四十二斤，木杠三百六十四根，方盘八百二十个，木凳二十六条，路灯竿四十根，小旗竹竿二十六根，大蒸笼四副，磁灯盏五十个，黑磁盆十个，大黑盆二十个，中乌盆三十四个，红箸六百个，进题灯满堂红十六件，竹丝灯笼一百个，小石砚四百三十个，黄红箱钥穗十副，内外帘脚布二疋，半铺房盛面口袋六条，竹挂三十八副，箍桶篾十四斤，簸箕五十八个，柳斗二个，刷帚九十把，定更香二十束，蒲包一千八百个，金华酒坛二百五十个，小红分水纸四刀，大小红蓝旗绢四疋，盒担三十副，铁灯盏四个，荆芭十六扇，锡镶乌木箸三十双，木床十二张，铁杓二十五把，铁灯笼环并龙门拐子算盘十二面，捆卷绳二万二千一百五十条，案板四十一块，荆筐三十四个，饭甑二十八副，木柜一十六个，扛架八副，木烛台七十二副，盐酱罐二百个，包裹纸十刀，大木桶八只，小木桶四十二只，水缸二百八十口，竹扫帚十八把，锅盖三十八个，铁锥子五把，白磁盘三百九十个，砂卤铫二十个，竹米筛六个，铁事件十副，梅花碗六百四十个，赁松竹梅花碗八千六百个，大麻绳三百二十斤，大小绵花绳二十条，剌包绳七十条，捆连绳十斤，水斗二十个，水罐四千二百五十个，黑碗六百个，赁黑碗五千七百个，麻搭火勾一百二十根，竹米箩七个，芦席六百二十八领，红圆盘八面，铁斧四把，铁炉条四十根，把桶三十个。以上共补办家火共该银一百三十八两四钱四分八厘四毫，二县办纳。内供给赁办家火，金卓三十二张，围屏十四架，锡朱盒十八副，椅子一百三十把，红漆卓一百二十张，花衣架八座，花面架八座，锡酒素四十把，锡火壶四把，锡汤壶四把，锡茶壶四把，手盒十四副，拿盒六副，拿盘四十面，锡水火炉四副，锡烛台二十个，红段坐褥十件，红毡十条，红绢卓围四十件，红销金卓围十件，银台盏八副，牙箸二十双，镶银杯二十个，花磁盘一千六百个，汤饭碗三百个，磁茶锺一百二十个，镶酒锺并托一百二十副，镶箸一百双，茶匙一百张，春盛六架，红绢套卓六件，凉席卓垫八件，凉席坐垫八件，茶叶一百包，茶果银一两，判笔二十枝，银朱二斤，黑墨八锭，木炭银一两，答应人夫四名，看茶人夫一名，雇夫往回盘送家火工食银二两八钱。以上内供给赁办共银八十一两六钱二分，二县均办。总计以上乡场修理贡院，上下马宴，品物盒担，内供给饮馔品物，正补办家火，赁办厢长家火，共该银三千二百六十五两六钱二分六厘四丝七忽，本府给发银二千三百八十二两二钱六分一厘九毫五丝，余二县于铺存等银内动支八百八十三两三钱六分四厘九丝七忽。"乡场杂办钱粮，除大兴县分办数外，本县该办：搜检察院取用白牌、刑具、纸剳，价四两一钱九分五厘，有架白牌二十面，刑具一副，大呈文纸一百张，中呈文纸一百张，连七纸一百张，毛边纸二十张，碗红纸五张，银朱二两，金判笔四枝，徽墨一笏。本府取进呈本匣签、桶、牌、车等项，共银一十二两九钱六分八厘，本匣七个，大小签桶八个，竹签二千六百一十根，腰牌七百五十面，钥匙牌三十九面，贴府礼房工食银五两九钱，装随朝录小车十一辆，半长柄白牌三面，迎送主考、同考官进出场轿、伞、夫、皂、马匹等项，共银二十三两二钱二分四厘。明轿一乘，黄绢伞一把，青绢伞二把，大金扇一把，公服七件，白扇九把，幞头七顶，角带七条，木笏七笏，大绢雨伞一把，中绢雨伞九把，段轿褥一件，段马褥二件，交床九个，纱灯一对，铁丝灯九对，轿夫蓝帽八顶，轿夫青衣八件，青布马褥七件，骨朵一对，牙杖一对，藤棍一对，隔路一对，插槊一对，皂隶红帽二百十二顶，桶子帽十顶，轿夫八名，灯笼夫二十名，皂隶二百二十九名，坐马九匹，扛夫一百六十四名，骡三十二头。本府军匠厅取编生员号簿纸张、颜料等项，共银二十九两六钱九分一厘。大呈文纸一百张，连七纸一百张，刚连纸七百张，靛花三斤，水胶二斤，银朱一斤八两，棕毛二斤，中判笔五十枝，徽墨十二笏，大烛一百枝，苏木二斤，黄丹一斤，白芨六两，白樊八两，土碱十二两，定粉三两，石砚七十五个，芦席二十领，刷印匠工食银二两四钱五分，卷箱四十六只。本府马政厅取造老军册纸张银五钱五分，大呈文纸一百张，长柄白牌二面。本府理刑厅取造生员年貌册纸张等项共银四两二钱，大呈文纸四百张，中呈文纸三百张，连七纸一百五十张，大青壳纸四张，水笔十三枝，徽墨十三笏，羊油烛十斤，银朱八两，印老军号签纸一百张，长柄白牌一面，卷箱一只。本府经历司成造御名庙讳试录纸张、绫绢共银二百二十一两九钱五分五厘五毫五丝，毛头纸四万一千七百三十三张，黄连七纸五千五百二十张，中呈文纸二万五千三百七十一张，大呈文纸六百九十九张，表纸三万一千七百三十一张，刚连纸六万五千七百四十二张，青连七纸二千二百九十五张，白连七纸三千五百三十七张，连四纸四百四十六张，七分碗红纸八十二张，半红帖一百七个，红封套一百七个，毛边帖四百六十九个，蓝呈文纸八张，蓝凤绫六分二厘五毫，蓝雀绫十六疋六分，蓝包头绢一十一疋四分七厘五毫，刷印匠工食银一十两，以上乡场杂办共银二百九十六两七钱八分三厘五毫五丝，本县铺存银支。"以上所记为万历十九年顺天乡试花销情形。二县指宛平、大兴。

九月

申时行、许国俱罢。《明鉴纲目》卷七："纲：秋九月，申时行、许国罢。目：先是，廷臣争请建储，得旨于二十年春举行。至是，工部主事张有德（祥符人），预以仪注请，帝怒，夺有德俸。时申时行方在告，许国与王家屏虑事中变，欲因而就之，引前旨争，首列时行名。时行闻帝怒，密疏言：'臣方在告，实不与知。'给事中罗大纮（字公廓，吉水人），劾时行阳附廷臣请立之议，阴为自交宫掖之谋。歙人黄正宾者，以资为中书舍人，思立奇节，自附清流，见大纮疏，亦抗章诋时行。帝怒，斥大纮、正宾为民。时行力求罢，而国与家屏，又以建储请。帝责大臣不当与小臣比，遂罢国，未几，时行亦罢。（国素与时行无嫌，然性木强，遇事辄发，力诋言事诸臣，士论颇不附。浩尔齐犯边，时行主款，国独谓寇渝盟犯顺，宜一大创之。帝心然国言，以时行方柄政，不能夺。会时行门生给事中任让，论国庸鄙，而国门生万国钦，又论时行以图报复。至是，国与时行并罢，论者谓国之去以争执，差胜于时行之以被劾去也。初，张居正卒，时行与张四维相继当国，时行欲以宽大收人心，召用老臣，布列庶位，朝论多称之。然政令务承帝指，不能有所匡正。又罢居正所行考成法，一切务为简易，由是上下恬熙，法纪渐不振。归后，里居最久，至帝四十二年始卒，赠太师，谥文定。国在阁九年，廉慎自守，故累遭攻击，不能被以污名。及卒，赠太保，谥文穆。〇万国钦，字二愚，新建人。）"

赵志皋、张位入内阁、预机务。《明鉴纲目》卷七："纲：以赵志皋为礼部尚书，张位为吏部侍郎，并兼东阁大学士，预机务。目：申时行既谢政，密荐志皋、位自代，遂用之。吏部尚书陆光祖言：旧制，阁臣必由廷推。若令一人密荐，恐开植党之门。志皋、位因疏辞，帝不允。"

十月

沈自征（1591—1641）生。据庄一拂《明清散曲作家汇考》。沈自征字君庸，吴江人。沈璟之侄。国子监生。所作杂剧现存《鞭歌妓》、《簪花髻》、《霸亭秋》三种，合称《渔阳三弄》。有《沈君庸先生集》。

太常寺卿署国子司业张一桂为南京礼部右侍郎。（据《国榷》卷七十五）

太子少保刑部尚书赵锦赴召，卒于苏州。锦字元朴，余姚人，嘉靖甲辰进士。知江阴，进南京御史。壬子，清戎云南，驰劾严嵩，下狱。隆庆初，起家，历今官。端方清介，摧击权要，三任总台，晚节尤坚。予祭葬，赠太子太保，谥端肃。（据《国榷》卷七十五）

太仆寺卿范谦为太常寺卿，署国子祭酒。（据《国榷》卷七十五）

十一月

湖广巡抚李桢奏准，裁省乡试考官所领鹿鸣等宴及杂费等项、会试举人及教官作兴、长夫等项，共银四千一百余两。（据《明神宗实录》卷二百四十二"万历十九年十一月乙酉"）

辽东总兵官李成梁罢。《明鉴纲目》卷七："纲：冬十一月，辽东总兵官李成梁罢。目：十七年以后，土默特结西部数入寇，将弁多战没。成梁又潜兵出塞袭虏，遇伏，死者千余人。仍报首功，增爵荫。敌再入海州，成梁不敢击，纵掠数日而去。是年闰三月，成梁乘给事中侯先春（无锡人。）阅边，谋邀捣巢功，遣副将李宁袭破拜牲。还师遇敌，死者又数千，为巡按御史胡克俭所劾。及先春还朝，尤力诋之。遂罢成梁官，以宁远伯奉朝请。"

十二月

礼部覆御史崔景荣条陈科场事宜，俱依拟行。《明神宗实录》卷二百四十三："（万历十九年十二月壬子）礼部覆御史崔景荣条陈科场事宜：一、议内帘员数。入帘日照御史取到员数派阅各经，不必更议增减，亦不许指名用人。一、议弥封事规。每受一卷，随即弥封，不许一人私阅，不得一刻延缓。一、议分经阅卷。各房分卷，务照各官所治本经，但许本经内衰多益寡，不许别经官欲求数均，以致越俎。一、议公平。落卷必参酌于各房，裁定于主考，须正备卷公评不如落卷，然后准中。一、议刊刻程文。凡乡、会《试录》，前场文字多用士子原卷，量加修饰。至策题深奥，士子条答或有未畅，止许补足题意，不许全卷另作。俱依拟行。"

梁辰鱼（1519—1592）卒。（卒年据公历标注）梁辰鱼《鹿城集》卷二十有诗《丁卯冬日过周荡村别业，与玉堂弟夜坐作》，诗云："先人别业沧江畔，四十年馀一度来。……自笑明春同半百，梅花残腊莫相催。"丁卯为隆庆元年，梁辰鱼时年49岁，可知他生于正德十四年（1519）。又据张大复《皇明昆山人物传》卷八，梁得岁七十有三，知其卒于万历十九年底。张大复《皇明昆山人物传》卷八："（梁氏）当除夕遇大雪，既寝不寐。忽令侍者遍邀诸年少，载酒放歌，绕城一匝而后就睡。曰：天为我辈雨玉，可令俗人蹴踏之耶？时年已七十矣。亡何，中恶，语不甚了。有老奴李用者，颇省其说。尚有注记。得岁七十有三。"（据徐朔方《梁辰鱼年谱》转引，标点有所改动。）《顾曲杂言·南北散套》："此外吴中词人，如唐伯虎、祝枝山后，为梁伯龙、张伯起辈，纵有才情，俱非本色矣。"又《填词名手》："近年则梁伯龙、张伯起，俱吴人，所作盛行于世，若以《中原音韵》律之，俱门外汉也。"又《梁伯龙传奇》："同时昆山梁伯龙辰鱼，亦称词家，有盛名，所作《浣纱记》，至传海外，然止此，不复续笔。其大套、小令，则有《江东白苎》之刻，尚有传之者。"

冬

刑科给事中王建中，特疏纠山人乐新炉。《万历野获编》补遗卷三《山人蜚语》："山人乐新炉者，江西临川人，本监生也。来京师以捭阖游公卿间，多造口语，人多畏恶之。然颇有才智，故士大夫亦有与之昵者。时为今上之辛卯冬，刑科给事中王建中，特疏纠之。内云新炉捏造飞语，以邹元标、雒于仁、李沂、梁子琦、吴中行、沈思孝、饶伸、卢洪春、李植、江东之为十君子，以赵卿、洪声远、张程、蔡系周、胡汝宁、陈与郊、张鼎思、李春开为八狗，以杨四知、杨文焕、杨文举为三羊。又为谣曰：若要世道昌，去了八狗与三羊。又与听补佥事李管改作参申阁下本稿，并与原任给事中罗大纮为同乡交好，讲究禅学，及他诸不法事。上命逮新炉于诏狱鞫之，具伏诸罪状。上命荷立枷毙之，立死。""新炉事先为东厂所发，已得旨讯鞫，王给事参疏继之，非王始祸也。新炉先年曾入大珰张宏幕下称契厚，冯保之得罪，宏授意新炉以转授言官论之。原任顺天通判周宏禴建言疏中曾发其事。盖新炉之倾险有素矣。"

本年

　　甘雨撰《白鹭洲书院志》。《四库全书总目》卷七十七史部地理类存目六著录《白鹭洲书院志》二卷，提要曰："明甘雨撰。雨有《古今韵分注撮要》，已著录。初，宋淳祐辛丑，江万里知吉州，建书院于白鹭洲。洲在二水之中，故借李白诗'二水中分白鹭洲'句以名之，非金陵之白鹭洲也。时宋理宗方重道学，为赐额立山长，嗣后遂相承为古迹。万历辛卯，黄梅汪可受为吉安府知府，又重修之，雨因撰是志。分沿革、建置、教职、祀典、储赡、名宦、人物、公移、贤劳、义助、纪述、书籍、生祠记十三门。生祠记者，即可受生祠也，至别立为一门，此其作志之意不在书院矣。"甘雨，字子开，永新人。万历丁丑进士。由翰林院检讨谪德安府推官，迁南京刑部郎中。

明神宗万历二十年壬辰（公元 1592 年）

正月

　　礼部以会试届期，条议科场规则六事。从之。《明神宗实录》卷二百四十四：万历二十年正月丙子，"礼部以会试届期，条议科场规则六事。一、正文体。非纯正典雅者不收。一、议程录。悉用士子原文。一、专阅卷。房考必阅本经。一、别字号。五经卷号不得相混。一、核墨卷。真草不全者不得中式。一、公填榜。拆卷后毋引嫌辄更。上曰：'立考为国抡才，须文理纯正，经术通明，方许收录。其有文词险怪，背经离传者，场后卷发，礼部戒饬。程文须用真卷，勿得改拟示欺。余如议行。'"

　　顺天举人张大典、应天举人李应杰等免予覆试。《明神宗实录》卷二百四十四：万历二十年正月，"癸酉，礼科都给事中胡汝宁疏参顺天举人张大典《学》义字不满三百，首策'腹心'讹作'愎心'，白若鹭首义结内'缨緌'语涉关节，应天举人李应杰卷中别字太多，钱魁春烧毁二三场朱卷事甚怪，乞加覆试，以杜众口。于是顺天考官曾朝节、应天考官陆可教等各具疏辩。礼部以为覆试重典，必有贪缘实迹方可举行。今查被参举人张大典等文理并堪中式，其间用句隐僻，写字差讹，亦第剽窃不精，似无暗通关节之弊。上曰：'各试卷既文理平通，勘无私弊，准免覆试。'"

二月

命吏部左侍郎兼翰林院侍读学士罗万化、太常寺卿管国子监酒事范谦充经筵讲官。（据《明神宗实录》卷二百四十五）

以会试天下举人，命礼部右侍郎兼翰林院侍读学士掌詹事府事陈于陛，詹事府詹事兼翰林院侍读学士掌翰林院事盛讷充考试官。（据《明神宗实录》卷二百四十五）沈德符《万历野获编》卷十五《科场·阁臣典试》："隆、万以来，南宫主试，例用辅臣，而以词林大僚副之，已有成规矣。惟今上之壬辰，列内阁者四公，首辅王太仓、四辅张新建，俱未至，次辅王山阴以争册立杜门，仅赵兰溪一人在阁，遂并用词林两学士主之。至辛丑科，则内阁二人，首辅赵兰溪，久在病杜门，仅沈四明一人在阁。至丁未科，内阁亦止朱山阴一人，遂并用词臣如壬辰。又至庚戌科，则内阁三人，首辅王太仓不至，次辅李晋江以避言杜门，仅次辅叶福清一人在阁，于时主试亦用两词臣。是四科虽变体，亦揆之理势宜然，况先朝俱有故事乎？及次科癸丑，内阁止福清独相，则典试应如前四科例矣。而中旨忽下，命叶揆入闱，而起故祭酒方德清于家，以为之副。是时虚纶扉以待者几三旬，一切送票本章皆自外而入，条拟旨意皆自内而出，法膳上尊，赐无虚日，真千古所无之旷典，台垣寂无一人敢言其非礼者，乃至旧台臣素号铮铮，临期上疏劝驾矣。次科丙辰，吴崇仁以次辅领春闱，而假元之事起，狼狈去国，为天下笑，真所谓盛满之后，必有衰飒也。"《国榷》卷七十六："万历二十年二月戊戌，署詹事府事礼部右侍郎陈于陛、詹事府詹事署翰林院事盛讷主礼闱。"

命会试举人，取三百名副榜，同时填写，以昭慎重之意。（据《明神宗实录》卷二百四十五）

会试取中式举人吴默等三百名。（据《明神宗实录》卷二百四十五）《游艺塾文规》卷二《破题》："壬辰'知及之'全章，吴默破云：'圣人于知及者，而责以仁守之全功焉。'场中皆知重'仁守'，而不知以'知及'为主。观其承题、结句及文字末二比，乃知学问全功在'知及'中，一时俱尽了。惟其意见迥别，故此破只是寻常说话，自不与众雷同。"《游艺塾文规》卷三《起讲》："壬辰'知及之'全，自会元外，小讲无甚佳者。高克正云：'君子之学，合天下于吾身也，非外吾身以为天下也，故修之身，其德乃真；修之天下，其德乃全，甚不可分为两途也。'意高词古。厉昌谟云：'吾儒之学，不徒涵养此心，而治身，而治世，则心之实际在焉，总之仁所贯也。'说'心之实际'有理。""'宪章文武'，会元小讲一气说下，又是一格。陈懿典初刻云：'上有圣主，则先天下而立法；下有素王，则后天下而守法。立法者，制不得逾；守法者，道不能囿。'后刻云：'先王创法，后人守之，然创既远而易湮，守因习而成玩，其中非有大圣人为之修明，固不能无陵夷衰微也。'后改胜前。""'舍己从人'二句，范应宾云：'天下之善，合之则大，分之则小。执形骸而起见则不能同，歧物我而二心则不能取，而舜之善与人同何哉？'议论颇彻。杨廷筠云：'人无圣愚，皆从一善而分，故既以有己，因知有人。其取善也，善取人之有以益己之无者，而中始无弗乐矣。'意见亦能动人。汪鸣銮云：'人一善而已，众人泥于已分之后，圣人观于未分之先。'此系旧语。项德祯'执其两端'二句曾用之云：'天以一中分万善，愚者判于已分之后，圣者执于未分之先。'虽是陈言，着题则不妨相袭也。"《游艺塾文规》卷六《正讲三》："知及之'全，吴默妙处全在不做本题，而于虚中点缀。其文云：'世有大智，固未有不兼乎仁者也；学有真得，亦未有患其或失者也。（此四句就提起，就入讲，句句是至理，然却是反设，非正讲也。）惟知而不继以仁，则得而必终于失。（讲本文只此二句，作流水对，庶头脑整齐。）人道者可以无实之虚见自谓已至哉，乃所谓仁守亦未易言矣。（此一句领下，最有力。）人之心，非必独知之境所当操持（'独知'贴'知及'，'操持'贴'仁守'），即一威仪、一振作，皆吾心出入存亡之会。人之学，非必本原之失乃为人欲（前比正说，此比须反对），即失之威仪，失之振作，亦此心理欲消长之时。（陆机《文赋》云：'立片言以居要，乃一篇之警策。'此二比扼要争奇，一篇精神，皆从此唤起。）天下有称为仁知合一者，而自弛其庄临之度，则我实先天下慢，而期民之作敬弗得矣；天下又有称为内外兼修者，而阔略于动民之礼，则我实治天下疏，而以称曰尽善弗得矣。（实讲本文，只此数语，束繁为简，化有为无。）夫庄非故为矜持也，是学问之中宜有此检束也。此而不能守，则所贵于仁者之容谓何？而智及之时所究析于动容周旋之道，竟何为也？（人多只缴'仁'字，此独不遗'知及'，不漏不杂。）礼非故过为粉饰也，是学问之中宜有此节文也。此而不能守，则所贵于仁者之化谓何？而知及之时所研审于化民成俗之方者，竟何为也？（得此一缴，便觉精神百倍。）专事于仪文度数之末，固为徇迹而遗心；徒守其空虚无用之心，亦且以外而病内。（得此一转，文始曲折，始有波澜。）仁知相成者其知之！'空中布景，卷舒自如，机锋一发，节节流动，句有所不尽修，字有所不尽减，而完轴在膺，信笔写意，盖得机得势者也。""陈懿典炼句最精，讲'知及'云：'聪明可以窥道妙，而实究之则多虚；意见可以测天机，而身体之则难合。（虽不炼格，却是精语。）'讲完首节，过下云：'仁能守，则精凝而不荡，不惟可以内收其明，而亦可以内肃其度；仁能守，则神注而不散，不惟可以养粹于己，而亦可以鼓劻于民。'得此一提，便觉分晓。末云：'九重之检饬未至，固不得舍本原而谩言经济；四海之风献未肃，终将以习俗而上累圣明。'此与吴会元之缴同意，得'谩言经济'、'上累圣明'八字，便觉华采。第三名刘孔当文中忽用'何则'二字，又用'虽然'二字，不雕不琢，飞走流动，有天马行空之势。讲完首节，过下云：'何则？天下之形形色色莫非真机，而吾性之不睹不闻要皆实理。此之一失，虽令俨然作矜庄之色，烨然修太平之仪，犹无当耳，故学道者，必仁守要耳。虽然，谓仁之守而一得永得则可；谓仁之道而仅以自守完也则不可。'文字贵炼，又贵不炼，炼者能悦人之目，而不炼者能惬人之心。此等处最宜潜玩。朱锦讲完首节，过下云：'顾是仁也，厚蓄之可以凝神，显设之可以树范，静持之可以定性，动履之可以宜民。从未守以前论，则惟立本为急，而所当加意于知及之后者在仁；从能守以后论，则又交修为急，而所不可忽于莅动之间者在庄与礼。'此亦是会元文字，言言中窾，机轴不凡。汪鸣鸾讲后'庄莅'缴云：'尊若神明非迹也，于是焉旁皇而周浃，德之符也，特自临民则为庄焉耳。'缴'动礼'云：'细若曲折非末也，于是焉斟酌而损益，德之善也，特自动民则为礼耳。'说理最细，可为名言。袁宏道、李日华皆以后二节串做，此是必中之文，而非魁元之作。袁讲完'庄莅'，过下云：'顾莅，以形用者也，超形而格之，是为动耳；庄，·以我用者也，释我而契之，是为礼耳。礼者，不言而喻之机，一有所着即不神，或执极而稍强世，或任理而稍绝俗，非礼也，犹然细慝之未除矣。礼者，推行无迹之矩，一有所滞即不达，或任己而稍戾于众，或徇古而稍窒于今，非礼也，犹然内境之未净矣。'李讲'庄莅'，过下云：'彼居尊养重，我所加于民者，犹在耳目摄持之境；而鼓舞振作，民之动于我者，且尽入形神陶铸之中。所谓令民而民从，鼓民而民化，恃有礼耳。向令于礼未协，则颇僻有一念之人，即中和有一念之乖；品式有分毫之疏，即德行有分毫之玷，其为盛美累，盖非浅矣。'非谓其炼格太奇而不可魁元也，归重'礼'上，亦是至理，但发意最为明彻，而遣词不甚肖题，故稍让一步耳。""'宪章文武'，吴默从起讲至尾，一气呵成，绝无蹊径，自为雄伟不羁之谈。其文云：'且世之论仲尼者，以为必溯之唐虞，求之一中之契悟，然后可以见仲尼。至于法度，则曰圣人既得其精，而何有于神化之糟粕？法度而至于文武，则曰圣人方损益百王，而何有于一代之制作？（养成机轴，自严灵襟，绝不落时文窠臼。）而不知文武以尧舜之真传（如此出题，须从尧舜说来，书意始完），焕郁郁之文，故皇王以降，代有规画，而惟周家大备，敬止敬胜之懿，其尽泄于此矣；仲尼以祖述之实际，为先进之思，故夏商以来，不乏文献，而惟从周为独决，观光扬烈之心，其悉征于此矣。（文字博大者易中，纤巧者难中，欲变纤巧为博大，而徒于一句一字上求冠冕，此必不得之数也，试看此一起，何等气概，何等雄伟，有凭空泻下之势。前辈常言'胸中有几个国子监，然后可作大儒'，予谓能一口吸尽西江水，然后能作此文。）其与周之遗民共讲求之者，制也，而非所以制。（顶上'观光扬烈'来，起法绝新，世未曾有。）乃寤寐所及，恍然若见二圣于岐丰洛镐之盛，则绍述祖宗之意，又在识大识小之先，（又深一层）盖会其源而自契其流，非溯流以求源也。其与周之臣子（前说'民'，此说'臣'）共遵守之者（前说'讲明'，后说'遵守'），法也，而非所以法。乃精神所契，依然若睹二圣于谟训功烈之隆（'岐丰洛镐'说地，'谟训功烈'说业），则率由旧章之意，又在问礼问官之外，（前曰'在先'，此曰'在外'，词意俱别。）盖含其实而乐取其华，非因华以求实也。（前曰'在先'，故说'源流'，先源而后流也；此曰'在外'，故说'华实'，华外而实内也。此文先观其气势，然后察其用意，所谓纵观之，则滔滔千里；细寻之，又点点归源者也。）或本昭代以定其趋，则虽当周末文胜之日，其法已敝，其化已穷，（得此二句，然后文势始畅。）而犹不忘舍周何适之意，其为宪章也易知。或取前代以益其盛，则虽当上下古今之际，礼有所裁，乐有所定，而只以备我周更化之资，其为宪章也难见。（用意绝奇，今蹈袭已多，遂不觉其妙耳。）是故知道法之合一者，然后圣人之宪章可得而求矣。'此文神到意至，倏然而成。今须细玩其风度，熟察其精神，使昌大之气在我口吻间，则挥之即是矣。""陈懿典已刻程起云：'周文武竭一生之心思而

2783

创圣统，合两朝之擘画而定经制（只做两句，故发下有力，若做四句，便弱矣），固望后之君久遵之，而不虞其明弃之也；亦望后之臣朝守之，而不虞其野修之也。（文法从燕王答乐毅书来，恰好用得着。）惟仲尼则以国宪王章，当时为重，而阐文绎武，昭代为尊（四句庄严可诵，人多嫌其'宪章'二字之义未必中窾，而字少意严，句短情长，可式也），九牧之成规，不令其寝微（此二句说'宪'），而文献可寻，务欲为绍而明之。（以下说'章'。）俾祖宗之典则炳如日星，而十八王以来班班可考者，谁之功也？六官之懿规（'九牧'、'六官'皆周家典故，甚切本题），毋敢有更张（前说'不令寝微'，此说'毋敢更张'，意不合掌，总之尊王宪），而方策可稽，务欲为推而明之。（前说'绍'，只是继续之意；此说'推'，便有充拓意矣。）俾二圣之精神垂于宇宙，而八百载之久（孔子时未及八百年，欠检点）耿耿不磨者，谁之力也？匹夫无班朝莅官之权，修举其废坠，而犹以空言存百世之典章；洙泗无体国经野之柄，觐扬其耿光，而独以遗文扶一代之宪令。盖羹墙尧舜，犹曰神交，惟文武之法明则得其神，并得其迹也。（起处用'宪章文武'分二比，故结处亦用之，前后相应。）梦寐东周，终非实事，而宪章之说著（'说'字未安，想误笔耳）。庶可试于今，亦可试于后也。岂徒曰一论次、一讲习之为兢兢哉？'组织甚工，镕裁得体，高华典硕，最利场屋。""文字贵典，典则最利场屋。如朱锦后二比云：'不获班周召毕散之英躬谛真诠，而赖见知有自，故或神游于梦寐，或注念于东周，而以纂承典闻知之列；不获偕岐丰洛镐之众亲沾王化，而思舍周何适，故或维王于笔削，或垂教于六经，而以阐绎接在兹之文。'采当时实事概括成章，而精光烂然，极利之作也。胡国鉴缴束云：'迄今佩洙泗之典刑，而岐丰洛镐之规模赫然在望；仰大成之懿矩，而周召毕散之佐理居然可寻，则谁之力也？'此句置之结尾，方见归功仲尼。陈如冈用之中二比便说杀了，最宜明辨。'向微仲尼，两朝故实且湮没而不传矣，能垂宪乎哉？'此一转最有力，盖掉尾法也。""袁宏道此作洗净尘诠，独抒名理，机圆调逸，翩翩翔于千仞之上，不可抢魁，而最能利中。其文云：'夫周之初，岂不称极盛哉？然法久而敝，辟雍故物未必常新；王降而伯，丰岐旧典岂能如故？仲尼者，诚念之深矣，起而宪章文武焉。（凡利中文字，只要明白，当喝出便喝出，且莫含糊。）若云生周之后，虽不得与毕散之辈扬休明于前；为周之民，犹欲与章缝之士明朝典于后。二代监矣，或以文盛而湮没之（凡作文要以真理写真境，此云'文盛而湮'，乃是实理，下云'积弱而弃'，亦是实事，用意须如此乃佳），从此一率循，而王制之昭垂，郁郁然布于家国者，虽以配当日之成周可焉。谟诰昭矣，或以积弱而弃置之，从此一宣明，而训典之赫奕，洋洋然布在方策者，虽以俟百世之圣人可焉。当其时（中间忽增此三字，下不作对），法有传而未泯者，仲尼则表章不暇，以求益著于当年，若周官之所纪、贤不肖之所识是也，其素所梦寐也；法有传而将敝者，仲尼则搜揽遗教，以求不朽于后代，若笔削之所存、删述之所载是也，其素所推尊也。列国之公侯不能从周，谁谓匹夫而昭大典于天下？后世之子孙不能法祖，谁谓素王而兴礼乐于将来？'初说'配当日之成周'，次即曰'求益著于当年'，末则曰'昭大典于天下'；初说'俟百世之圣人'，次则曰'求不朽于后代'，末则曰'兴礼乐于将来'。一线相承，丝毫不紊。虽谓六比，为二比可也。”“朱传云：‘此亦兼内外、该本末而言。’故祖述宪章等，由精神而制作，由根本而枝叶，无精无粗，一以贯之。今讲宪章，谓不泥其粗，而特究其精，便非题旨。况宪者，法也；章者，明也。不依题体贴，而泛讲一套守法说话，岂成文字？惟乐和声以‘宪章’二字分作二比云：‘周官六典，初宁不肃然为宪？而循袭既久，容有玩愒而不守者，惟是违俗好而遵王制，虽祖宗严密之规或易逾越，而曾不以尺寸失也，其守宪者恪矣。方策九经，初宁不较然章明？而沿踵已旧，容有遏抑而弗宣者，惟是由糟粕而揭精蕴，虽圣明意义之深未易扬揭，而曾不以几微晦也，其表章者精矣。’作者多于题外发意，而题上字眼反不明白，此作分开平对，虽未尽善，而贴题切理，则胜诸作多矣。范应宾此作亦是必中之文，词炼而精，机圆而畅，起云：‘自古无二圣迭兴之运，而我周文作武述，则规模最远；自古无百年不变之法，而我周显谟承烈，则区画最精。（起甚英特。）谁有能宪章之者？惟仲尼则于此考王度焉，而上接其未坠之统；又于此探治本焉，而仰窥其不传之秘（此二比最新最活，又不说尽，亦在烂熟处流出来），岐丰令甲，监百王而参考之者，吾夫子之精神妙契百王，而因以契文武之精神’云云。‘镐邑旧章，酌千圣而裁定之者，吾夫子之心思潜通千圣，而因以通文武之心思’云云。末束云：‘盖在众人得其陈迹，在夫子会其奥旨。在周家之共主，且仅存方策之绪余；在春秋之布衣，乃尽究一代之精蕴。’光父夙称颖达，刻意词家，沉思深造，有相如腐毫之苦。自过斋头俯教豚儿，细与商确，幡然大变，化沉为浮，词锋迅发，若轻舟御风，瞬息千里，遂尔联捷。此文诵之平平，而天机活泼，可式也。”“‘舍己从人’二句，此题本注云：‘己未善则舍己以从人，人有善则乐取以归己。’两句板对，殊非孟子本意。且舜是大圣人，岂待不善而后舍？即有善亦舍，乃见其虚怀。舜之取善，全是成就他人，故下文‘是与人为善者也’。若说取人之善以成就自家，便小矣，惟舍己，故能从人，从人就是取人，故下文只承‘取人’说去。壬辰程墨并无一人依注，我朝理学可谓大明矣。吴默云：‘太虚之体，本无畛域，而舜也，亦不强生分别于其中，则未尝就吾身而溺之为己，又安于己之外而拒之为人？（此有妙解。吴公之文，妙在不炼词，而直写己意，透得此关，便有向止机括矣。）人己之初，本出一原，而舜也，亦不故立意见于其间，则未尝以己之所有而难舍，又安得以益己之无而不乐？（上比说人己，此比说取舍。上比从己说到人，此比从舍说到取，次第发来，又不说尽。）以常情观己，凡物皆可释，惟属于己者不能释，乃大知若遗，绝无一毫之系吝，其沛然而从，非从人也，从其善之公共而不私者也，何所难焉？（分明是从人，却说‘非从人’，是从善，较题意又推深一步。如‘夫子宪章’，分明是讲求其制，则云‘非所以制’；‘识大识小’等，分明是夫子绍述之事，则云‘又在其先’；如‘仁守’，分明是操持，则云‘非必独知之境所当操持’。三篇皆是一律。此公作文不多，故少变化，而冥会潜神，打透机关，所谓词源一开，滚滚不竭，此公有焉。）以常情观人，由人而界之，不若我之身自有之，乃冲怀若虚，直欲万汇之包括，其油然而取，非取人也，取其善之大同而无间者也，何弗乐焉？（‘大知若遗’，‘冲怀若虚’，此二句极接得好，有万钧笔力。前比由舍说到从，此比由取说到乐，较初二

2785

比，则渐实矣。）故舍己，舜也，身心物我且融为一机，固不知善之非我有，而安知为舍？特拟其虚中若舍耳。乐取，舜也，见闻言行咸视为故物，亦不知善之自人出，而安知为取？特拟其翕受若取耳。'认定题目，极意簸弄，使炼词者失色，骋调者夺精，寻绎至此，始知文字自有真也。陈懿典起云：'以浚哲之圣遇众善，苟在己之聪明一露，人必有不能自见者，何堪取也？以众人之善遇大圣，苟在此之神识未捐，彼必有不足比数者，何乐取也？'此起亦是正理。刘孔当缴云：'盖量同乎天地，即百昌万汇皆两间之化机，而善苟可取，何有于尔我，何有于形骸，而锢之以中坚之私？机决于江河，则千流万派皆一源之活泼，即取之于人，其孰为内外，孰为出入，而示之以外拒之状？'气概亦好。胡国鉴起云：'善在天下浑浑耳，即潜之独睹独闻，亦人各具之精神也，孰知为己而偏系于己？即究之金谋舆论，亦我本来之故物也，孰知为人而强附于人？'亦起得好。后二比云：'耳目非不可用，不自用，而兼众耳目，当时臣邻工瞽，悉心以佐庙堂之末议，而呕喻受之，捷若转圜；智虑非不可营，不自营，而兼百智虑，当时岳牧刍荛，殚力以罄一得之敷陈，而踊跃从之，沛若河决。'朱锦后二比云：'念吾一人，而天下且亿万人，合亿万人之善以佐一人，当其未分之前，彼此统同，气象原是如此，而圣衷有独契焉。故一士陈谟，盈庭可息；一朝闻议，垂成可捐，（议论层出，如雾瀹泉涌。）勿问彼此矣。（此句收得有力。）念吾一心，而天下且亿万心，合亿万心之善以佐一心，即在既分之后，物我相成，分量亦自如此，而圣衷有深慕焉。故问察可好，不厌迩言；民中可用，不厌两端，浑忘物我矣。'杨武烈中二比云：'宇宙间公共之善，物与我均取足焉，安见己之为是乎，安见人之非己乎？故舍无系吝，取无勉强，当其时，以玄德重华之舜，俯而采择于众人，怡然惟觉相忘于道术中耳，恶自而有矫饰也？大造中无涯之理，我与人均各得焉，安知己之为然，安知人之为不然？故委心而舍，安意而取，当其时，以庸众一得之见，仰而待择于圣人，熙然惟见忻合于义理中耳，恶自而有间隔也？当其舍己，舜之心洞若太虚，然遗其肝胆，忘其耳目，惟私意之不留，即微言渺行，亦且化而不有，而天下咸仰圣心之虚明；当其取也，舜之量捷若转圜，然彻其形骸，合于大道，岂惟忌疑之不着？即欣喜羡慕，亦且并融其迹，而天下咸乐圣衷之光大。'四比意精词炼。高克正通篇皆好，起处本上'善与人同'来，起云：'既已同矣，则善何必尽自己出，而何尝于己之中，执其所有而不舍？善何必不自人出，而何尝于己之外，别其为人而不从？'后二比云：'匹夫匹妇亦有性中之聪明，问其为善，不问其非己善也，故诎圣哲之策以借资于人，而大智若遗，并融其取之之心；一言一行亦为性中之至理，问其为善，不问其为人善也，故合刍荛之见以起知于己，而从善若流，并化其取之之迹。'皆有意见。"梁章钜《制义丛话》卷五："俞桐川曰：世称吴因之默作文，不看时艺，不寻讲章，咀味白文，移晷始成一艺。有持文就正者，必掩卷问何题、子作何解，有疑义云何，如是再三，而文之肤陋已见。尝谓翦彩为花，其花不肖，播种栽花，其花自生，公之作文似之；以火烛物，其烛有限，以镜待物，其待无穷，公之衡文似之。按：因之，一字言箴，又字无障，吴江人。万历壬辰，蜀中陈元忠于陛主会试，有善衡文之誉。未发榜时，诸生即曰：'陈公为总裁，吴因之当魁天下。'榜发，果第一。海内望公秘籍，公先出辨真义八首示人，纸为之贵。授京秩，官至银台止。无仕态，每独坐至夜分，日抄讲义一章，后人比之周濂溪云。""《四勿斋随笔》云：'以约失之者鲜'，此圣人下学上达功夫，若说得过高，便走入老聃一路矣。吴因之文云：'以能约者，而才足以济，则敬畏之意，亦足以善用其所长，固不患乎无能而意广，以益其愚。'又郝京山敬文云：'天下事未有不由轻动而失者，我常处其静，而百为之集，可以坐观其趋避从违之方；天下事未有不由轻先而失之者，我常居其后，而万感之交，可以徐察其是非臧否之理。'又方孟旋应祥文云：'心不精不能约，不大亦不能约也；气不降不能约，不强亦不能约也。'汇而观之，正徐存庵所云：'取益者，不独文章之道矣。'"

翰林院编修李庭机为侍读。（据《国榷》卷七十六）

赵志皋乞征王家屏入直读廷试卷，不报。（据《国榷》卷七十六）

三月

宁夏致仕副总兵哱拜（巴拜）起兵叛乱，杀巡抚党馨，总兵官李如松统兵剿之，至九月始平。据《国榷》卷七十六。《明鉴纲目》卷七："纲：三月，巴拜据宁夏反。目：巴拜，故鞑靼种。嘉靖中，巴拜得罪其酋长，来降，屡立战功，官都指挥。帝十七年，巴拜老，加副总兵致仕，子承恩袭。巴拜虽告老，而多蓄亡命。承恩性狠戾。十九年，洮河告警，巡边御史周弘禴（字元孚，麻城人），举承恩，及指挥土文秀，并巴拜义子布延等。巡抚党馨（益都人），檄文秀西援，巴拜谒经略郑雒，愿与子承恩从出师。馨恶其自荐，抑损之。巴拜以故心怨，至金城，见诸镇兵皆出其下。比贼退，取道塞外还，寇骑遇之，皆辟易，遂有轻中外心。馨欲按承恩冒粮罪。又以承恩娶民女为妾，笞之二十。会戍卒衣粮久弗给，巴拜遂嗾军锋刘东旸（靖鲁卫人）许朝等作乱。是年二月，杀馨，及副使石继芳，逼总兵张维忠自缢死。东旸自称总兵，奉巴拜为谋主，承恩、朝为左右副将，布延文秀为左右参将。承恩遂陷玉泉营（与下灵州花马池。注并见前），及广武，汉西四十七堡皆陷，惟土文秀徇平鲁（今平罗县，属宁夏道），参将萧如熏（字季馨，延安卫人），坚守不下。（如熏妻杨氏，尽出簪珥，劳军士妻，帅之守城，贼攻围数月，竟不能克。）贼率兵渡河，欲取灵州，又赍金帛诱河套卓哩克图等，许以花马池一带，听其驻牧。势甚猖獗，全陕震动。"

前刑部左侍郎兼右佥都御史阅视宣大山西边防王宗沐卒。宗沐字新甫，临海人，嘉靖甲辰进士。授刑部主事，累进今秩。学有渊源，才优经济。讣闻，予祭葬。天启初，谥襄裕。（据《国榷》卷七十六）

王家屏引疾归。《明鉴纲目》卷七："纲：王家屏罢。目：李献可之谪，家屏封还御批力谏。帝怒，家屏引疾乞罢（帝责家屏希名托疾，家屏复奏言：'名非臣所敢弃。臣所希者，陛下为尧舜之君，臣为尧舜之臣，则名垂千载，没有余荣。若使臣不希名，将身处高官，家享厚禄，王愆莫正，政乱莫匡，国家奚赖焉。更使臣弃名不顾，逢迎为悦，阿谀取容，许敬宗、李林甫之奸佞，无不可为矣。'），帝益不悦，遣内侍至其邸责之，于是求去益力。诏驰传归。家屏柄政止半载，以戆直去国，朝野惜焉。"

翁正春（1553—1626）、史继偕、顾天埈等三百零四人进士及第、出身有差。《明神宗实录》卷二百四十六：万历二十年三月，"戊寅，赐翁正春等三百名进士及第、出身有差。"沈德符《万历野获编》卷十五《科场·壬辰会元》："本朝开科以来，南宫壬辰凡四见矣，初为永乐十年，则林志居首；再为成化八年，则吴宽居首。林以解元、会元登榜眼，吴以经魁、会元登状元，俱掇巍科，居翰苑。至嘉靖十一年，则会元林春，万历二十年，则会元吴默，俱二甲进士，俱不得入词林，二林皆福建之福州人，二吴皆直隶之苏州人，同姓、同郡、同单名，前则同入鳌甲，后则同拜郎署，并馆选见遗，造物播弄，奇巧极矣。"

袁宏道举进士，不仕，偕兄宗道还公安，居石浦之上。（据袁中道所撰行状）

据《明清进士题名碑录索引》，万历二十年壬辰科录取名单如下：

第一甲三名

翁正春	史继偕	顾天埈

第二甲五十七名

洪启睿	刘孔当	吴　默	熊钟文	冯体乾	朱敬循
杨　洵	胡大成	杨继礼	陈懿典	韩　爌	苏茂相
梁廷卿	沈　演	王　编	沈茂荣	贾　岩	姚　善
陆华淳	孙敦化	孙　鉉	苏民俊	朱文卿	黄　犍
李作舟	穆　深	杨逢时	周之翰	段猷显	朱家法
张存意	黄士吉	李尚衮	周一梧	邹希贤	张宗孔
饶景曜	朱　绘	臧尔劝	卢廷选	陈　宁	徐来仪
吴士瑞	胡宾墀	毛志尹	杨松年	马维骃	冯若舒
高镇位	冯应京	邓原岳	熊　镆	徐公敬	徐仲佳
李叔元	周　训	沈朝焕			

第三甲二百四十四名

沈　潍	钟兆斗	高登明	汪若霖	朱化孚	沈时来
刘一焜	张五典	王乐善	谢肇淛	刘生中	怡　愉
陈民志	高克正	刘宪宠	林学曾	昝云鹤	曹于汴
丁启浚	钱承恩	毕自严①	李日华	余心纯	朱一桂
李开春	喻言兴	吴用先	李　炳	刘亮采	周六书
刘廷柱	萧　淳	李之焯	陈万策	林应元	杨廷筠
朱　锦	杜思望	王演畴	倪斯蕙	王家础	徐可求
熊　寅	马应龙	陈振扬	周士英	汤兆京	耿庭柏

---

① 一作：毕曰严。

史允中	胡国鉴	杨　材	何熊祥	胡　玠	舒日敬
张同德	翁宪祥	檀芳邃	关　扬	金忠士	王大合
连继芳	胡　澄	沈听之	江盈科	马从龙	徐应鹤
王文燧	李在公	李文奎	黄兰芳	朱燮元	赵可教
陈治则	刘纯仁	乔应甲	卢　硕	杜日章	徐大绅
廖如龙	王廷锡	武之大	张延登	杨性鲁	叶敬愿
张笃敬	何际可	严廷仪	田大年	范应宾	邹廷彦
郭维祯	袁宏道	胡明佐	史学迁	汤　沐	周仲士
杨楬	乐和声	黄　焰	蒋之秀	王永光	潘国重
彭自新	李应魁	杨武烈	李云鹄	陈　美	王国翼
陈治本	徐必达	张三极	朱　焘	蔡梦齐	李景登
丁鸿阳	桑学夔	厉昌谟	梁隆吉	冀光祚	张应泰
窦子偁	张敦善	姚文蔚	洪有助	张问行	谢得申
朱一龙	袁　和	卞承宪	何起升	罗　相	李希召
吴士奇	刘伯辉	徐攀旸	乔允升	孙居相	庞时雍
王　瑜	陈元勋	石　琳	屈之乘	王　爱	陈维春
宋一韩	施尔志	戴以让	杨一葵	冯　烶	赵邦清
钟鸣陛	聂云翰	刘九经	苏兆民	赵之翰	毛一瓒
王夒龙	陈臣表	王福征	梁民相	张养才	李克敏
张应塈	汪鸣鸾	康丕扬	张初旦	李必达	李本固
姜　性	苏宇庶	沈凤翔	夏九鼎	朱与翘	蒋光彦
顾自植	蒲生汶	董复亨	王用谟	堵维垣	管廷节
王在晋	吴海鳌	石九奏	郑友周	李延大	唐之屏
金汝升	张鹤鸣	潘　榛	佘自强	杨正蕊	苏守一
周曰庠	张联奎	蔡承甲	王象节	王一之	李来命
金士衡	马从龙	柯维秦	张嘉言	高樊枝	顾　言
杨惟治	李之芬	徐守谦	陈　恪	岳虞询	余懋衡
郭嗣焕	赵应选	倪大器	李腾芳	李维翰	王应元
张　宁	李名芳	沈　裕	张尔基	崔廷健	潘士达
陈幼良	李本纬	史　弼	曾如海	杨廷爱	丁　浚
李甫文	陶　登	孙学易	李从心	薛　芳	熊应占
潘　谥	马文卿	王国瑚	施浚明	江中楠	王应吉
景　明	管学畏	萧　椿	曾　皋		

唐之屏去年中举，今年中进士。何三畏《云间志略》卷二十三《唐常山曾城公传》：“唐之屏，字君公，号曾城，华亭人也。……丁卯与余辈同试于县，西江聂崇翁宪使时为华亭令，奖赏公文弗去口，随以是岁游泮。自是试辄高等，廪于学官。上公车

者七，而戊子之试，复下第还。时且意气披靡，不知公者，谓以青衿老，而公志益励，日夕读书不休。……又会赴府试，常山浚源詹侯宪使在事，置公于百名外，虽不在额中，而犹徼幸学使者兼收以为院试地。及阅府中送院册，忽添数名于公前，公遂揭府案入袖中，将进白之学使者，词色俱厉，詹侯亦无奈公何，遂易册以进，而公得与试录名观场矣。詹侯意殊不怿，必欲抑公，乃不循食饩生新旧问补之例，竟补他生，而公不得与焉。而公之见詹侯亦云：'吾岂终食饩者？'第听之，不与较也。是岁挟策往，即登应天贤书。公归而谒郡邑大夫，即不能无赧色，而犹以孝廉易之。比壬辰上南宫，又登进士。"丁卯，指隆庆元年。戊子，指万历十六年。壬辰，指万历二十年。《静志居诗话》卷十六："唐之屏，字君公，松江华亭人。万历壬辰进士，除常山知县。君公之官常山，乡党赠以仆马，力却之曰：'常山斗大县官，便自装饰，苟至三槐九棘，更难踵事增华。'既而中谗罢归，养亲不复出。《登金山》一律云：'一柱东南表地灵，芙蓉万古插清泠。江淮潮色无边白，楚属山光不断青。鲸吸风雷波自撼，龙过楼殿雨犹腥。枕流无限沧洲意，极目何妨我独醒。'"

三甲十名进士谢肇淛好读史书。谢肇淛《五杂俎》卷十三《事部》："余自八九岁即好观史书，至于乱离战争之事，尤喜谈之，目经数过，无不成诵。然塾师所授，不过《编年节要》、《纲鉴要略》而已。后乃得《史记》、《汉书》及朱子《纲目》，读之凡三四过，然止于是而已。后得《二十一史》，则已晚矣。然幸官曹郎冷局，得时时卒业也。"

四月

总督河道尚书潘季驯罢归。《明鉴纲目》卷七："纲：夏四月，总督河道尚书潘季驯罢。目：季驯四任治河，前后二十七年，习知地形水势，以借水冲沙，筑堤束水，为河漕兼利之策，下至木石桩埽，综理纤悉。以劳疾，累疏乞休，不允。至是，泗洲大水，与抚按议浚治不合，得请归。后三年卒。"

倭侵朝鲜。《明史稿·神宗纪》："二十年夏四月壬寅，倭侵朝鲜。五月，倭入朝鲜王京。朝鲜王李昖奔义州。七月甲戌，副总兵祖义训率师援朝鲜，与倭战平壤，败绩。十月壬寅，李如松提督蓟辽保定山东军务，充防海御倭总兵官，以救朝鲜。"《明鉴纲目》卷七："纲：五月，倭陷朝鲜。目：倭酋平秀吉（萨摩州人），起人奴，初随倭关白（倭国官名，犹言丞相）信长，为信长画策，夺二十余州。会信长为其下所弑，秀吉遂统其兵，自号关白，劫降六十余州。窥朝鲜无备，分遣行长清正等，率舟师从对马岛（《方舆纪要》，日本国海曲部，有伊岐、对马、多艺，三岛为北境尽处），逼釜山镇。（在朝鲜庆尚道之东南角，与日本对马岛相望。）时朝鲜承平久，兵不习战。其王李昖，又湎酒废弛。岛夷猝至，望风皆溃，弃王城，奔平壤。令次子珲摄国事。已复走义州。（在平壤西北，滨鸭绿江。）七月，倭遂入王京，劫王子陪臣，掠府库，八道（京畿，江原，黄海，全罗，庆尚，忠清，咸镜，平安，凡八）几尽没，日暮渡鸭绿江，请援之使，络绎于道。廷议以朝鲜为国藩蔽，在所必争，遣行人谕晛以兴复大义，扬言大兵且至。而倭业抵平壤，游击史儒等率师至，战死，副总兵祖承训援之，仅以身免。中朝震动。乃诏兵部右侍郎宋应昌（字桐冈，仁和人），经略备倭军务以救之。（八月，倭人丰德等郡，兵部尚书石星计无所出，议遣人侦之，于是嘉兴人沈惟敬应募。惟敬者，市中无赖也。是时平秀吉次对马岛，分其将行长等守要害。惟敬至平壤，行长跪曰：'天朝幸按兵不动，我亦不久当还，当以大同江为界，平壤以西，尽归朝鲜耳。'惟敬以闻。廷议以倭诈难信，趣应昌进兵。而石星颇惑其言，假惟敬游击，赴军前，且请金行间。〇丰德郡，在国城南，属京畿道。大同江，在平壤城东，亦名大通江。）"

吏部右侍郎兼东阁大学士张位入直。（据《国榷》卷七十六）

五月

大学士赵志皋等进呈贡生考卷。报闻。《明神宗实录》卷二百四十八：万历二十年五月壬申，"大学士赵志皋等言：应天等府起送本年选贡生员一百二十余名，省直岁贡生员一千二百有奇，谨同掌翰林院事盛讷考试，分别上卷、中卷，进呈御览。报闻。"

司经局洗马兼翰林院修撰杨起元疾去。（据《国榷》卷七十六）

辛未，礼部题原参举人王兆河等七名到部已齐，请于朝堂覆试，以服人心。从之。（据《明神宗实录》卷二百四十八）

屠大壮被革退为民。《明神宗实录》卷二百四十八："（万历二十年五月戊子）礼部等衙门侍郎韩世能等同原参官工部主事周如纶、御史綦才于午门覆试被参幸中举人王兆河等六名，公同弥封、详品，文理平通四卷，文理亦通二卷，进呈裁定。上命将卷传与九卿、翰林、科道各掌印官详阅奏闻。内被参举人屠大壮奏闻母丧，乞回守制。礼部覆请同众覆试，大壮径行，临期不到，上谓大壮违旨规避，革退为民，仍行巡按御史查勘丁忧有无具奏。"《国榷》卷七十六："万历二十年五月丁亥，覆试贡士王兆河等六人。屠大壮闻丧未至，削籍。余如故。"

六月

礼部题：被参举人王兆河等六名覆试卷，遵旨传送九卿翰林科道掌印官详阅，文理平通四卷，亦通二卷，与原议无异。上命卷既俱通，免革。（据《明神宗实录》卷二百四十九）

选翰林院庶吉士：王象节、李名芳、刘孔当、沈潅、刘生中、李腾芳、何熊祥、高克正、杨继礼、姚文蔚、韩爌、邹廷彦、陈维春、马文卿、张同德、赵之翰、林应元、陈懿典。（据《国榷》卷七十六）

七月

南京国子祭酒邓以赞为南京礼部右侍郎。（据《国榷》卷七十六）

太常寺卿署国子祭酒范谦为詹事府詹事兼翰林院侍读学士。前右春坊右庶子孙继皋为少詹事，纂修玉牒。太仆寺少卿吕鸣珂为光禄寺卿。（据《国榷》卷七十六）

复长芦盐运司儒学教授训导各一。（据《国榷》卷七十六）

升大理寺左少卿董裕为都察院右佥都御史，抚治郧阳。右谕德兼侍读曾朝节为国子监祭酒。南京掌翰林院侍读学士余孟麟为南京国子监祭酒。（据《明神宗实录》卷二百五十）

八月

礼部奏准每科副榜举人限取一百三十名。报可。《明神宗实录》卷二百五十一：万历二十年八月丁酉，"吏部言：贡途淹滞，皆因举人署职者多。礼部请每科副榜举人限取一百三十名，非真正备卷不录。乞恩限送一百五十名，非远方科深年老者不与。报可。"

右春坊右谕德陆可教为翰林院侍读学士，署院事。命行人薛藩敕谕朝鲜。（据《国榷》卷七十六）

右春坊右谕德冯琦为左庶子，右中允余继登为右谕德，左赞善敖文桢为右中允，署国子司业萧良有为司经局洗马，翰林院侍读李庭机为右中允。（据《国榷》卷七十六）

右春坊右谕德习孔教为少詹事，署翰林院事。（据《国榷》卷七十六）

南京国子司业刘应秋为右中允，署国子司业。（据《国榷》卷七十六）

尚宝司丞冯梦桢为南京国子司业。（据《国榷》卷七十六）

礼部右侍郎兼翰林院侍读学士张一桂卒。一桂字稚圭，祥符人，隆庆戊辰进士。选庶吉士，授编修，进侍讲右谕德，主顺天试。中蜚语，调南京兵部员外郎。庚寅，转南司业。历今官，卒于永城。年五十三。直谅端严。予祭葬。（据《国榷》卷七十六）

九月

免行考选京职。《明神宗实录》卷二百五十二：万历二十年九月乙丑，"吏部言：内阁题制救房中书官例于举人内考取，授以试中书舍人，推升六部司属。先年吴国伦、严杰原以甲科选台省，自后无闻焉。夫推升京职已为优异，非果才品卓绝，公论同推，未宜考选以开幸门。命例既不合，免行。"

命左庶子冯琦、右谕德余继登为武举考试官。（据《明神宗实录》卷二百五十二）

大学士赵志皋，以礼部仪制主事诸寿贤见劾求去，不允。（据《国榷》卷七十六）

十二月

教习庶吉士礼部尚书兼翰林院学士罗万化、巡抚延绥兵部右侍郎兼右佥都御史贾仁元各回部。（据《国榷》卷七十六）

前右春坊右谕德吴中行为翰林院侍读学士，署部事。（据《国榷》卷七十六）

命吏部右侍郎兼翰林院侍读学士陈于陛教习庶吉士。（据《明神宗实录》卷二百五十五）

本年

邓元锡（1527—1592）卒。张惟骧《疑年录汇编》卷七："邓潜谷六十六元锡，生嘉靖六年丁亥，卒万历二十年壬辰。"《明史》儒林传："邓元锡，字汝极，南城人。……嘉靖三十四年举于乡，复从邹守益、刘邦采、刘阳诸宿儒论学。后不复会试，杜门著述，逾三十年，《五经》皆有成书，闳深博奥，学者称潜谷先生。……乡人私谥文统先生。元锡之学，渊源王守仁，不尽宗其说。时心学盛行，谓学惟无觉，一觉即无余蕴，九容、九思、四教、六艺皆桎梏也。元锡力排之，故生平博极群书，而要归于《六经》。所著《五经绎》、《函史上下编》、《皇明书》，并行于世。"

会试房刻，始于万历二十年。谈迁《枣林杂俎·圣集》："乡报急足，始嘉靖□□。其岁举子自备青袍，后官给，不知所自。选历科程墨，始万历庚辰钱塘钱谷。谷号丰寰，应贡，官曲靖知府。会试房刻，始万历壬辰。"沈德符《万历野获编》卷十六《进士房稿》："南宫发榜后，从无所谓房稿。丁丑，冯祭酒为榜首，与先人俱《尚书》首卷，且同邑同社，两人为政，集籍中名士文，汇刻二百许篇，名《艺海元珠》，一时谓盛事，亦创事。至癸未，冯为房考，始刻《书》一房得士录，于是房有专刻，嗣是渐盛。然壬辰尚少三房，乙未少一房，俱京刻，无选本。至戊戌，则十八房俱全，而娄江王房仲有《阅艺随录》之选。至辛丑遂有数家，今则甲乙可否，人主出奴，纷纷聚讼，且半系捉刀，谩不足重轻矣。"丁丑为万历五年，癸未为万历十二年，壬辰为万历二十年。梁章钜《制义丛话》卷六："俞桐川曰：王房仲士骐学董宗伯者也，宗伯备乎五福，而房仲艰于一遇，岂非命哉？方宗伯名盛时，陈眉公附之，诗文遂播四海。房仲学过眉公，而名反不逮。余观宗伯文丰润秀逸，其体圆；房仲文峭拔矜厉，其体方，岂圆者易合而方者难遇耶？"顾炎武《日知录》卷十六《十八房》："《戒庵漫笔》曰：余少时学举子业，并无刻本窗稿。有书贾在利考朋友家往来，抄得灯窗下课数十篇，每篇誊写二三十纸，到余家塾，捡其几篇，每篇酬钱或二文，或三文。忆荆川中会元，其稿亦是无锡门人蔡瀛与一姻家同刻。方山中会魁，其三试卷，余为从臾其常熟门人钱梦玉，以东湖书院活版印行，未闻有坊间版。今满目皆坊刻矣，亦世风花实之一验也。杨子常曰：十八房之刻，自万历壬辰《钩玄录》始。旁有批点，自王房仲选程墨始。至乙卯以后，而坊刻有四种：曰程墨，则三场主司及士子之文；曰房稿，则十八房进士之作；曰行卷，则举人之作；曰社稿，则诸生会课之作。至一科房稿之刻，有数百部，皆出苏、杭，而中原北方之贾市买以去。天下之人，惟知此物可以取科名，享富贵，此之谓学问，此之谓士人，而他书一切不观。昔丘文庄当天顺、成化之盛，去宋、元未远，已谓士子有登名前列，不知史册名目、朝代先后、字书偏旁者，举天下而惟十八房之读，读之三年五年，而一幸登第，则无知之童子，俨然与公卿相揖让，而文武之道弃如弁髦。嗟乎！八股盛而六经微，十八房兴而廿一史废。昔闵子骞以原伯鲁之不说学，而卜周之衰。余少时见有一二好学者，欲通旁经而涉古书，则父师交相谯诃，以为必不得颛业于贴括，而将为坎坷不利之人，岂非所谓大人患失而惑者钦？若乃国之盛衰，时之治乱，则亦可知也已。"顾炎武所引"《戒庵漫笔》曰"，见《戒庵老人漫笔》卷八《时艺坊刻》。顾炎武《日知录》卷十六《程文》："自宋以来，以取中士子所作之文，谓之程文。《金史》：承安五年，诏考试词赋官各作程文一道，示为举人之式，试后赴省藏之。至本朝，先亦用士子程文刻录，后多主司所作，遂又分士子所作之文，别谓之墨卷。文章无定格，立一格而后为文，其文不足言矣。唐之取士以赋，而赋之末流，最为冗滥。宋之取士以论，而论、策之弊，亦复如之。明之取士以经义，而经义之不成文，又有甚于前代者。皆以程文格式为之，故日趋而下。晁、董、公孙之对，所以独出千古者，以其无程文格式也。欲振今日之文，在毋拘之以格式，而俊异之才出矣。"戴名世《戴名世集》卷四《庚辰会试墨卷序》："制举之文之有选本也。自万历壬辰始也。而旁有批点，则始于王士骕房仲。于是选家滥觞，而是非得失错见互出，余乃益以知文章之无定论，而是非得失诚不可以为据也。"梁章钜《制义丛话》卷一："阮吾山葵生《茶余客话》云：明坊间时文刻本兴于隆万间，房书之刻始于李衷一，十八房之刻自万历壬辰《钩元录》始，旁有批点自王房仲选程墨始。厥后坊刻乃有四种，曰程墨，则三场主司及士子之文；曰房稿，则十八房进士平日之作；曰行卷，则举人平日之作；曰社稿，则诸生会课之作。""（李文贞公光地《榕村语录》）又云：房书坊刻，始于李衷一，可谓作俑。坊刻出而八股亡矣。如人终日多读经史，久之做出古文，自有可观。若只采几段《左》、《国》，数篇韩、柳，手以一编，以为样子，欲其能作古文，得乎？"

姚希孟初读赵南星（1550—1627）文章。姚希孟《响音玉集》卷十《赵侪鹤先生稿序》："当壬辰（1592）、癸巳（1593）间，余不肖，年方舞勺，有传示赵先生文者，读之喜极而狂，窃残脂，篝火丙夜，吾吾不休，至弃其故武而步趋之，虽长老纠督弗听也。琅琊王逸季氏知余得秘稿，亟从枕中搜去，刻入《小题宦稿》诸集中，而先生之文衣被天下，然大江以南读先生文者，自余昉也。是时余俯首章句，应童子科，不知吏部是何官，所主持何事，但闻里中裒一大墨，皆抃手称快。又一时平津客如赵师毕、梁成大之徒，镌削行尽。长老又教余曰：'是赵先生为政，若喜读其文者也。'余以是心仪先生，不独文矣。"《列朝诗集小传》丁集中：高邑赵忠毅公，讳南星，字梦白。"梦白抗议竖节，身为部党之魁，人以为门庭高峻，不可梯接，不知其通轻侠，纵诗酒，居然才人侠士，文章意气之俦也。为诗厌薄七子，刻意濯磨，而步趋北地（李梦阳），不能出其窠臼。为文滔滔莽莽，输写块磊，而起伏顿挫，不能禀合于古法，要其雄健磊落，奔轶绝尘，北方之学者，未能或之先也。"《明文授读》卷十一："先夫子曰：公字梦白，号侪鹤，高邑人。……其为文是是非非，无所隐避，虽不事华采，而部伍整肃。"梁章钜《制义丛话》卷五："（俞桐川）又曰：赵高邑南星赋性刚介，不能容物，悲时悯俗、恶佞嫉邪之旨，尽发之于文。其漠视江陵，急攻呈秀，不以权贵易守，不以奄寺觊法，丹心再剖，听如充耳，削官未已，加以谪戍，著书明道，至死不回。入山二十八年，出见士习卑谄，慨然太息。申屠嘉之折辱邓通，汲长孺之面责张汤，未足以拟其直也。当先生登第时，主司梦大鹤飞下，乃得公卷，故号侪鹤。进观其文行，可不谓鸡群鹤立者欤。""朱梅崖曰：赵南星'非其鬼而祭之谄也'文，最得圣人言表之意。或以为为江陵元辅病，时朝士并走群望而作，亦非无因。中间四比云：'世之可以富人、可以贵人者，亦已尊而奉之矣，而富贵之未至，意者其乏冥助耶？祭以祈之，而逢迎之态何所不备。世之可以困人、可以苦人者，亦既柔而下之矣，而困苦之未祛，意者其有阴祸耶？祭以禳之，而颠蹶之请岂所忍闻。自下而干上，是之谓僭，僭之所不敢避，乃足以效其诚；有废而私举，是之谓乱，乱之所不敢辞，乃足以明其敬。'如此勘'谄'字，可谓入神之笔，淋漓喷薄，极文字之豪矣。""徐存庵曰：赵公南星'非其鬼而祭之'二句题后大结云：'藉灵宠于有位，既以谄鬼者而谄人；求凭依于无形，又以谄人者而谄鬼。吾不意世道之竞谄，一至于此。'陈百史以为中有所感激为此论者，是也。"又曰："'使骄且吝'章是泛论有才者不宜骄吝，不专主在大臣身上说，举周公以多才之人言，非以作相之人言也。赵侪鹤文云：'以为天下之人皆莫己若也，类夫乘贵而倨肆者然；惟恐天下之人或与己若也，类夫专利而纤啬者然。'刻画'骄吝'二字甚切，其不泥定周公说尤超。""方望溪曰：春秋以前，强臣专政者有之，鄙夫横恣者尚少，秦汉以下乃有祸人家国者。圣人智周万物，早洞悉其情状。赵侪鹤生有明之季，忧心蒿目久矣，故于'鄙夫可与事君'文言之，至为深痛。文云：'夫人之所患在此，则其所悉智力图之者必在此。未得而患得，则彼一匹夫耳，摈而不用已耳，亦何能为者。苟其既得而患失，则内怀无穷之欲，而外乘得肆之权，负乘以致寇，众所不能容也。而得之自我者，必不肯失之自我，则于事何所不为？折足而覆餗，上未必弗觉也，而受之于君者，必不肯归之于君，则于人孰不可忍。不攻之，恐为国家之蠹；必攻之，则为善类之殃。缓去之，恐滋蔓于方来；骤去之，则祸成于一旦。盖至是而斯夫也，非向之所云鄙夫也，乃天下之大奸大恶也。无论他人不意其至是，而斯人之初心亦未料其至是也。然患失则未有不至是者，夫鄙夫而可与事君，则天下有不患失之鄙夫耶？以人事君者奈何忽诸。'按：鄙夫之患，至明季而烈，古以杜诗为诗史，此可当时文史矣。""朱梅崖曰：'齐景公有马千驷'章文，方百川所作最著人口，而不知赵齐鹤文沉痛过之，如云：'天道神而莫测，昏庸者富厚，仁贤者饿死；民心愚而至公，富厚者与草木同朽，饿死者与日月争光。有志之士，将何从焉？'似此慷慨激昂，不减屈原《天问》。"

明神宗万历二十一年癸巳（公元 1593 年）

正月

礼部题覆南京国子监祭酒余梦麟疏，勋胄入监，以冠带肄业。《明神宗实录》卷二百五十六：万历二十一年正月丁丑，"礼部题覆南京国子监祭酒余孟麟疏。勋胄入监，原为习礼之官，非儒生比。今北监以冠带，而南监从儒生，终非画一。且《会典》学志俱未载儒巾条款，则其当如北监，以冠带肄业无疑矣。从之。"

再召王锡爵入阁。《明鉴纲目》卷七："纲：癸巳二十一年，春正月，召王锡爵复入阁。目：锡爵至，密请建储以践大信。帝手诏欲待嫡子，令元子与两弟（皇三子常洵，郑贵妃出，皇五子常浩，周端妃出），且并封为王。锡爵惧失上指，立奉诏，拟旨进。又外虑公论，因言汉明帝马后，唐明皇王后，宋真宗刘后，皆养诸妃子为子。请令皇后抚育元子，而生母不必崇位号，以上压皇贵妃。亦拟旨进。帝竟下前谕，令有司具仪。于是举朝大哗，礼部尚书罗万化（字一甫，会稽人），给事中史孟麟（字际明，宜兴人）等，诣锡爵力争。廷臣谏者，章日数上。锡爵偕赵志皋、张位，请追还前诏，帝不从。既而谏者益众，岳元声（字之初，嘉兴人），顾允成（字季时，无锡人）等，十余人，遮锡爵于朝，面争之。锡爵请下廷议，不许，请面对，亦不报。因自劾求罢。帝亦迫公议，追寝前命，命少俟二三年举行。"

二月

科道拾遗，御史刘士忠等纠戎政右都御史褰达、吏部右侍郎李尚思、前詹事刘虞夔、少詹事黄洪宪、南京户部右侍郎余懋学、兵部右侍郎蔡汝贤、右通政司使徐一楷，皆月旦不容，官箴有玷。遂罢懋学、汝贤、一楷，勘达、洪宪。馀留。又论南京工部右侍郎张楷，通政使杜其骄，刑部右侍郎傅孟春，南京国子祭酒余孟麟。（据《国榷》卷七十六）

三月

铸云南罗次县儒学印。（据《国榷》卷七十六）

吴中行为翰林院侍读学士，翰林编修林承芳为浙江布政司右参议。（据《国榷》卷

四月

汪道昆（1525—1593）卒。俞均《明通议大夫兵部左侍郎汪南明先生墓志铭》："癸巳夏，而汪先生复捐宾客。""先生得年六十有九。"焦竑《澹园集》卷三十四《兵部左侍郎南明汪公诔》："万历二十有一年四月十九日，兵部左侍郎汪公卒于新安之里第。"《静志居诗话》卷十三："王元美论诗文，大指具于《卮言》，七卷有云：'文繁而法，且有委，吾得其人，曰李于鳞。简而法，且有致，吾得其人，曰汪伯玉。'又云：'历下极深，新安见裁。'是心折李、汪，靡有间矣。窃怪其效敖陶孙作诗文评，苟有寸长，必加品骘，顾于鳞两见，而伯玉不及焉，何与？观《四部稿》中赠汪序，如云上本羲娲，下则姬孔，俯跂二京，跨千载而上，皎然若日中天。其言太浮而夸，似非出于中心之诚者。闻伯玉晚年林居，乞诗文者填户，编号松牌，以次给发，享名之盛，既过于元美。盖元美所推奖二人，于鳞道峻，仕又不达。伯玉道广，位历崇阶。人情望炎而趋，不虑其相埒也。钱氏诋諆伯玉，未免太甚。"

南京翰林院侍读学士吴中行罢。（据《国榷》卷七十六）

升南京都察院右都御史陈有年为南京吏部尚书，翰林院侍读学士陆可教为南京国子监祭酒。（据《明神宗实录》卷二百五十九）

五月

右春坊右庶子兼翰林院侍读刘楚先为詹事府少詹事兼侍读学士，纂修玉牒。左春坊左庶子兼翰林院侍读冯琦署院事。司经局洗马兼修撰杨起元为南京翰林院侍读学士。（据《国榷》卷七十六）

前少傅大学士郭朴卒。朴安阳人，嘉靖乙未进士。选庶吉士，授编修，进侍读，纂修《会典》。壬申，进右春坊侍读学士礼部右侍郎。改吏部，转南京礼部尚书。改吏部，加太子太保。以武英殿大学士入直，累少保少傅，致仕。醇谨终始。年八十三。遐龄重望，人不可及。予祭葬，赠太傅，谥文简。（据《国榷》卷七十六）

翰林院庶吉士董其昌为编修。（据《国榷》卷七十六）

六月

巡按陕西御史徐彦登请设苑马七监儒学。章下所司。（据《国榷》卷七十六）

前河南布政司右参政吴国伦（1524—1593）卒。国伦字明卿，兴国人，嘉靖庚戌进士。授中书舍人，进兵科给事中。调外，历今官。博洽攻文，所著《甔甀洞稿》、《续稿》行世。年七十三。（据《国榷》卷七十六）《明史·文苑传》："吴国伦，字明卿，兴国人。由中书舍人擢兵科给事中。杨继盛死，倡众赙送，忤严嵩，假他事谪江西按察司知事。量移南康推官，调归德，居二岁弃去。嵩败，起建宁同知，累迁河南左参政，大计罢归。国伦才气横放，好客轻财。归田后声名籍甚，求名之士，不东走太仓，则西走兴国。万历时，世贞既没，国伦犹无恙，在七子中最为老寿。"

七月

吏部题科道乏人，请照例查取。从之。《明神宗实录》卷二百六十二：万历二十一年七月"庚申，吏部题科道乏人，查照先今题准事例，将在外进士、举贡出身推官、知县等官，历俸四年以上，查访其考荐优异舆论共推足堪台谏之选者，坐名行取。其在京行人博士与进士出身中书舍人，国子监博士等官，候临选之时一体取选。南京者先行查取。大约俱以历俸四年以上为准。从之。"

吏部尚书孙鑨乞休归。《明鉴纲目》卷七："纲：秋七月，吏部尚书孙鑨（字文中，遂之孙）罢。目：初，张居正当国，吏部权渐轻。及宋缦、陆光祖，相继为尚书，稍自振饬。至鑨守益坚。阁臣张位等欲夺其权，建议大僚缺，九卿各举一人，类奏以听上裁。鑨争之不能得。自是吏部权又渐散之九卿矣。会大计京朝官，鑨与考功郎中赵南星（字梦白，高邑人），力杜请谒。员外郎吕允昌（余姚人），鑨甥也，首斥之。南星亦斥其姻给事中王三余。一时公论所不予者，贬斥殆尽，而大学士赵志皋弟预焉。王锡爵以首辅还朝，欲有所庇，比至而察疏已上，庇者皆在黜中。由是阁臣皆憾。会言官论劾员外郎虞淳熙（杭州石卫人），郎中杨于廷（全椒人），主事袁黄（嘉善人），鑨议留淳熙于廷。给事中刘道隆（潜江人），遂劾南星专权植党，贬南星三秩，鑨亦夺俸，遂连疏乞休去。（左都御史李世达，以己同掌察，上疏为南星讼，不听。于是金都御史王汝训，右通政魏允贞等，交章论救，而员外郎陈泰来言尤切。帝怒，斥南星为民，泰来等皆被谪。○李世达，字子成，泾阳人。王汝训，字古师，聊城人。陈泰来，字伯符，平湖人。）"

吏部左侍郎兼翰林侍读学士黄凤翔为南京礼部尚书。（据《国榷》卷七十六）

秦鸣雷（1518—1593）卒。（据张凤翼《资善大夫南京礼部尚书秦公鸣雷行状》）《国榷》卷七十六："万历二十一年七月己未，前南京礼部尚书秦鸣雷卒。鸣雷字子豫，临海人，嘉靖甲辰进士第一。授翰林修撰，进谕德，历祭酒礼部侍郎。改吏部，迁詹事，乞休。起今官，致仕。年□十。予祭葬。吏部谓其品不当谥。"

许教官杂秩任本省佐贰，首领官亦选授邻近。从御史薛继茂之奏。（据《国榷》卷七十六）

八月

刘元震为礼部右侍郎兼翰林院侍读学士。盛讷回部。邢玠为南京兵部右侍郎。赵世

卿、孙鑛为户刑部右侍郎。(据《国榷》卷七十六)

吏部侍郎兼翰林院侍读学士陈于陛为礼部尚书兼翰林院学士，署詹事府事。(据《国榷》卷七十六)

翰林院庶吉士包见捷为户科给事中。(据《国榷》卷七十六)

翰林院编修李道统为南京国子司业，周应宾为国子司业，太常寺少卿刘元霖提督四夷馆。(据《国榷》卷七十六)

左春坊左庶子兼翰林侍读冯琦（1558—1603）为詹事府少詹事。(据《国榷》卷七十六) 余继登《送冯用韫学士奉诏归省序》："万历癸巳秋，冯君用韫晋宫詹学士，视翰篆，寖寖向用矣。会其尊人仰芹先生以河南大参入贺万寿还，移疾乞致仕，用韫闻之，即具疏请归省视。天子嘉其意，予五月休沐，加赐金币，俾乘传以归。"

九月

大学士陈于陛请修国史，焦竑条上七议，作《献征录》。《罪惟录》列传卷十八《焦竑》："焦竑，字弱侯，南直江宁旗手卫人，以贤书讲学崇正书院。万历己丑（1589），廷对第一，授修撰。二十一年，大学士陈于陛请修国史，意属竑，竑辞不可。因条七议，略曰：'建文、景泰二朝，向无专纪，即景帝位号已经题复，而实录犹然附载，孙蒙祖号，弟袭兄年，名实相违，传信何据？此专纪之当议一也。睿宗献皇帝位终北面，犹人臣之称，事属追王，无编年之体，宜如德、懿、熙、仁四祖列载本纪之前，此附纪之当议二也。旧例，大臣三品以上乃得立传，是高门在跻、跻亦书，而寒族虽夷、蚖不录，何以阐明公道，昭示来兹？则贵贱并列之当议三也。《吾学编》、《名臣录》之类，多载懿行，而巨憝宵人幸逃斧钺。史称梼杌，义不甚然，则善恶并存之当议四也。累朝实录，裹于总裁，苟非其人，牵于爱憎，如谓方正学之乞哀，于肃愍为迎立，以至野史小说，尤多不根，则记载失实之当议五也。凡系史材，必由阁请，而星历乐律，河渠盐铁等，若非专门，难于透晓，则采择预员之当议六也。国初北平甫下，属大将军收秘书监图书典籍，太常法服祭器仪卫，及天文仪象地里户口版籍。寻从解缙之请，复购民间遗书。今中秘所藏，存者无几，宜责成提学官，岁购故家轶本，一贮翰林院，一贮国子监，以备纂修之用，则考据必周之当议七也。'为粗具凡例事迹，名《献征录》。"《四库全书总目》卷六十二史部传记类存目四著录焦竑《献征录》一百二十卷，提要曰："是书采明一代名人事迹。其体例以宗室、戚畹、勋爵、内阁、六卿以下各官分类标目。其无官者则以孝子、义人、儒林、艺苑等目分载之。自洪武迄于嘉靖，搜采极博。然文颇泛滥，不皆可据。又于引据之书，或注或不注，亦不免疏略。考竑在万历中，尝应陈于陛聘，同修国史，既而罢去。此书殆即当时所辑录欤？"

王彦泓（1593—1642）生。据耿传友博士学位论文《一个被文学史遗忘的重要作家——王次回及其诗歌研究》引金坛王氏族谱。王氏族谱云："元五讳彦泓，字次回，任九次子。以岁贡为松江训导，卒于官。博雅有俊才。诗工艳体，格调逼真韩致光。所著有《泥莲》、《疑雨》等稿。尝手录成帙，笔墨精妙，人称双绝；所评阅子史唐宋诗集十馀种，并为好事者珍藏。而竟以湎于酒色，甫艾而逝。……生万历癸巳年九月十五日，卒崇祯壬午年六月十八日。"

右春坊右谕德兼翰林院侍讲余继登为左春坊左庶子兼侍读。司经局洗马兼修撰萧良有为右谕德兼侍讲。右中允兼修撰李庭机为洗马，仍兼修撰。（据《国榷》卷七十六）

秋

京官考察，吏部郎中赵南星激浊扬清，凛不可犯，谪平定州判，寻斥为民。邹维琏《明荣禄大夫太子太保吏部尚书谥忠毅高邑侪鹤赵公传》："平湖陆公光祖为冢宰，起公为考功郎，招以手书，公入朝。……明年癸巳当内计，冢宰孙公鑨与公同道，公锐意担当，而值同事台省不足谋，公多不以闻。是时政府各有所庇，太仓则庇馆职王肯堂，兰溪则庇御史黄卷，新建则庇御史樊玉衡，公皆不从，而兰溪介弟赵志淑且以不谨黜。公虚心参酌，每遇权势，奋笔删除，而于冢宰亲甥吏部主事吕胤昌、公儿女姻家吏科给事中王三馀，亦挂察中，故榜出长安惊服，不敢出一词，人心太快。然阁铨从此水火，台省亦耻不与闻，裂眦视侧，相与谋辱吏部以挫公。遂借拾遗首纠稽勋员外虞淳熙，次及职方郎中杨于庭、赞画主事袁黄公。以淳熙介士，于庭有兵功，黄虽众论不甚同，时赞画朝鲜军，请自上裁，政府故拟留用。而嗾言官刘道隆疏公曲庇，上怒，诏责冢宰专权结党，罚俸三月，公外调。总宪李世达、金院王汝训疏救，上愈怒公，与淳熙俱削籍。于是汝训复与通政魏允贞、大理少卿曾乾亨、吏部主事顾宪成、李复初、礼部郎中于孔兼、员外陈泰来、主事顾允成、张纳陛、户部主事贾严、国子监助教薛敷教、行人高攀龙交章救公而击太仓、新建甚急，独金院吏部疏留中，馀皆镌级。礼部郎中何乔远、洪启睿复疏争之。时史孟麟已推吏垣长，杜门不出，疏称：'臣出则必首言考功事。臣乃考功党，岂得独留？'有旨皆谪。冢宰疏辩权党之说，因乞骸骨，亦罢，善类一空矣。然国朝考功，公为第一。盖公以除奸为主，贪次之，宽散秩，严要津，凛乎仲山甫不畏强御，范文正一笔勾却风裁也。公自是里居。"姚希孟《荣禄大夫太子太保吏部尚书赵忠毅公墓志铭》："癸巳放归，辟数弓为芳茹园，有石有沼有兰有杂花莳竹，独多以素节冷韵相友也。"

礼部仪制司主事顾允成（1554—1607）与张文石等合疏论并封三王事，又抗疏言赵南星被贬事，谪光州判官。高攀龙《顾季时行状》："戊子（1588）奉旨起江西南康府教授。季时念其母钱太安人老，又善病，不忍去左右，遂致仕。无何，丁太安人忧，服阕再起保定府教授，累迁礼部仪制司主事。有诏并封三王，于是又与张公文石等合疏言之，已而考功郎赵公侪鹤司内计，尽公不挠，尽黜当路私人，当路衔而计去之，于是又抗疏言之，谪光州判官。"顾允成字季时。《四库全书总目》卷一百七十二集部别集类二十五著录顾允成《小辨斋偶存》八卷，提要曰："允成于癸未（1583）举会试，丙戌（1586）始殿试，以对策攻嬖幸，抑置末第。今集中以是篇为冠。次为救海瑞疏。

次为争三王并封疏。次为代翟从先论救李材及拟上惟此四字编二疏。沈思孝作允成墓志，称其以论救赵南星谪官，而集无此疏。疑传写佚也。"

十月

准举人王国昌会试，礼部怜其再荐贤书故也。（据《明神宗实录》卷二百六十五）

十一月

礼部奏准奉国中尉不愿受封者，停其俸禄，听入学、应举，照出身资格授官；罢闲后，不得重封。其淹滞不举，愿归旧封者听。（据《明神宗实录》卷二百六十六"万历二十一年十一月辛未"）

闰十一月

顺天诸生郑承恩请册立。上怒，除名。外戚锦衣卫带俸都指挥使郑国泰伯父也。（据《国榷》卷七十六）

裁长芦运司儒学。（据《国榷》卷七十六）

十二月

九卿会议乡试考官选差事宜。令各衙门选差京考，不必拘定数。候临期官闲人众者，多差几员。馀悉如拟。《明神宗实录》卷二百六十八：万历二十一年十二月，"壬子，礼部题覆乡场考官，科道互相争论，下九卿会议。议曰：臣等参酌《大明会典》前后诏令，窃谓法无取于纷更，治贵遵乎成宪。国初之制，教官主考慎选老成端方之士，皆自远方聘至，不使本省一官得预其间。行之既久，法废柄移，则改而署事举人矣，又改而京官进士矣，又改而博选廷臣矣，并未有以较文归守土，如近议用两司者。盖事外之官，必立于耳目之表，而后可以专弹压。事内之官，必绝于嫌疑之地，而后可以操权衡。布、按二司，皆守土之吏，向用为提调、监试，而不用为考试，杜请托，绝嫌疑，祖制之所当恪守者也。翰林为天子文学之臣，较文本其责任，然内有侍班讲筵之事，次年又有会试入帘之役，不宜多遣。请以四员主考。给事中为天子耳目之臣，以谏诤为职，请以三员主考，而礼科勿与焉。六部司属颇称优暇，但吏部系铨选流品之官，请以二员主考，而礼部勿与焉。其户兵刑工四部，每部遣司属四员，或兵工二部人少不敷，则取盈别部，而大理寺属官亦遣一员，以足考官之数。以上诸臣，不但取文学优长，亦须访其操履端纯者，临期列名上请。以至同考试官，旧聘教职，或谓品鉴稍有未精，至欲改用本省甲榜推官、知州、知县，则又失祖制不用守土官之意。且前项有司，在本省属官也，入帘则考官也，将仍待以属官，则于取聘教职，不得一体。将概待以考官，则于御史二司不便相临。请听御史于隔省聘取甲榜府佐推官，或迁谪闲散之臣。大省量用三四员，小省量用二三员，以为领袖。其余仍旧聘取教职，而知州、知县有地方之任者不与焉。一应科场之事，在外听御史纠劾，在内听礼部礼科参驳，毋得阿徇，著为定例，庶职掌画一，名实不淆。报曰：各衙门选差京考，不必拘定数。候临期官闲人众者，多差几员。馀悉如拟。科场公典，以得人为重，今后毋以体面纷争。"沈德符《万历野获编》卷十五《科场·科道争为主考》："自乙酉以京朝官典乡试，行之已三科，而御史不甘文柄之见夺，每科必有争执。至癸巳冬，而纷纷互讦愈不休，上命礼部会官议之，因及主考两司、分考有司之便否？今录其略：礼部题覆九卿科道会议曰：'臣等参酌《大明会典》前后诏令，窃谓国初之制，教官主考，慎选老成端方之士，皆自远方聘至，不使本省一官得预其间。行之既久，法废柄移，则改而署事举人矣，又改而京官进士矣，又改而博选廷臣矣，并未有以较文归守土，如近议用两司者。盖事外之官，必立于耳目之表，而后可以专弹压。事内之官，必绝于嫌疑之地，而后可以操权衡。布、按二司，皆守土之吏，向用为提调、监试而不用为考试，杜请托，绝嫌疑，祖制之所当恪守者也。同考试官，旧聘教职，或谓品鉴稍有未精，至欲改用本省甲榜推官、知州、知县，则又失祖制不用守土官之意。且前项有司，在本省属官也，入帘则考官也，将仍待以属官，则取聘教职，不得一体，将概待以考官，则于御史二司，不便相临。请御史于隔省聘取甲榜府佐、推官或迁谪闲散之臣，大省量用三四员，小省量用二三员，以为领袖，其余仍旧聘取教职，而知州、知县有地方之任者不与焉。一应科场之事，在外听御史纠劾，在内听礼部、礼科参驳，毋得阿徇，著为定例，庶职掌画一，名实不淆。'上然其言，命永远遵行。盖未几而渐变，以至今日则渐以有司为政矣。王世扬疏语虽确，然奉旨后，稍为部所调停。此则九列与两衙门会议，乃满朝公论，今上已著为令，不旋踵而置高阁，虽圣主亦无如之何矣。先是辛卯春，御史刘会请罢京考，仍用台臣监试。礼部覆奏，监临而亲校阅之事，倘有奸弊，谁为纠察？即京差不便，总必归重内帘，当使甲科就教者，复以行取，以备主考。举人就教者，宽以三科，以备分考。疏上，议行。台臣不敢复争，然而不用本省有司如故也，其如臣下之不奉行何？"乙酉，指万历十三年（1585）。癸巳，指万历二十一年（1593）。今上，指明神宗万历皇帝。

礼部左侍郎范谦教习庶吉士。（据《国榷》卷七十六）

前少保礼部尚书徐学谟（1522—1594）卒。（卒年据公历标注）学谟字叔明，嘉定人，嘉靖庚戌进士。授礼部主事，历仪制郎中，著声。出知襄阳，与景王争沙市，襄人德之。累进尚书，治寿宫招议，而申时行终徇之。居乡未慎，致夺荫。（据《国榷》卷七十六）《静志居诗话》卷十三："徐学谟，初名学诗，字子言，更字叔明，苏州嘉定人。嘉靖庚戌（1550）进士，授礼部主事，历郎中，出知荆州府，迁副使，擢金都御史，抚郧阳。召拜礼部尚书，加太子太保。有《海隅》、《春明》二稿。宗伯本名学诗，以与劾分宜者同姓名，遂更为谟。昔杜钦损目，人斥为盲，邺恶其同字，遽自称疾，犹见诋于当时。若宗伯更名，乃属患失。百世而下，知有直臣陈孟公之名遵，何必惊坐讳哉！宗伯雅负诗名，然多懦响，殆肖其人。"《四库全书总目》著录徐学谟《春秋亿》六卷、《世庙识馀录》二十六卷、《万历湖广总志》九十八卷、《春明稿》十四卷、《徐氏海隅集》四十卷、《归有园稿》二十九卷。

国子祭酒曾朝楫为少詹事。（据《国榷》卷七十六）

改陆可教国子祭酒，赵参鲁为吏部左侍郎。（据《国榷》卷七十六）

翰林院编修季道统为南京国子司业。（据《国榷》卷七十六）

本年

李时珍（1518—1593）卒。《明史》有传。

姜宝（1514—1593）卒。姜宝字廷善，号凤阿，丹阳人。嘉靖癸丑（1553）进士。官至南京礼部尚书。《四库全书总目》著录姜宝《周易传义补疑》十二卷、《春秋事义全考》十六卷、《姜凤阿文集》三十八卷。《姜凤阿文集》提要曰："是集分十稿，初稿一卷，中秘稿一卷，读礼稿一卷，史馆稿三卷，西川稿二卷，周南稿二卷，八闽稿二卷，银台稿二卷，南雍稿二卷，家居稿十一卷，留部稿十一卷，宝少从学于唐顺之，其行文步骤开阖，颇得力于师说。而学力根柢不及顺之之深厚，故论明代之文者不及焉。王世贞序谓弘、正而后，士大夫祢《檀》、《左》而日暴先秦，及其流弊而为似龙，出之无所自，施之无所当。六季之习，巧者猴棘端，侈者绣土木。而极推宝之学，为能深造自得。盖世贞晚年亦深厌字剽句窃之病，而折服归有光诸人，故其说如此也。"

徐渭（1521—1593）卒。陶望龄《徐文长传》："徐渭字文长，山阴人。幼孤，性绝警敏，九岁能属文。年十馀，仿扬雄《解嘲》作《释毁》。二十为邑诸生，试屡售。胡少保宗宪总督浙江，或荐渭善古文词者，招致幕府，管书记。……及宗宪被逮，渭虑祸及，遂发狂。……年七十三卒。""渭于行草书尤精奇伟杰，尝言吾书第一，诗二，文三，画四，识者许之。其论书主于运笔，大概昉诸米氏云。所著《文长集》、《阙篇》、《樱桃馆集》各若干卷，今合刻之。注《庄子》内篇、《参同契》、黄帝《素问》、郭璞《葬书》各若干卷，《四书解》、《首楞严经解》各数篇，皆有新意。"另有《四声猿》杂剧。

倪元璐（1593—1644）生。据张岱《倪元璐列传》。倪元璐，字玉汝，号鸿宝，上虞人。天启壬戌（1622）进士，改庶吉士，授编修，历侍讲，南京国子监司业，右中允，左谕德，右庶子，国子监祭酒，升兵部右侍郎，改户部尚书，兼礼部尚书，翰林院学士。明亡，自缢死。初谥文正，定谥文贞。有《忆草》等。

刘侗（约1593—1637）约生于今年。据民国《麻城县志前编》卷九。刘侗字同人，麻城人，崇祯甲戌（1634）进士，除吴县知县，未任卒。与于奕正合撰《帝京景物略》。于奕正，初名继鲁，字司直，宛平人。有《金石志》、《朴草诗》等。

明神宗万历二十二年甲午（公元 1594 年）

正月

南京礼部仪制司郎中张鼎思请增两监解额六十名。诏下其议礼部。黄儒炳《续南雍志》卷六《事纪》："万历二十二年春正月辛卯，南京礼部仪制司郎中张鼎思建言：'祖宗立监分峙两都，所以罗南北之英，广作人之地，二百余年未有轩轾。祭酒刘元震选贡之请，岂专北监？今府州之选已略分送，而各县之选则以院试距乡试期迫，南来不便，尽归北监，体恤士子之情虽厚，而以二监规橥观之，一则济济维新，一则落落如故，是北雍之人才当实，而南雍可虚也。虽曰科举之后听其告南，然应试在北而肄业在南，是庠序南雍也。明兴设科以来，两京解额何岁不同？今以县贡之故，独增顺天，又令凡遇县贡与科期值者如之。以此，应天之解额常不得与顺天并，而两都宾兴之典，大有低昂矣。且臣闻之，地有南北，人有文质，其不可强而同久矣。今四方英彦尽入北场，主司阅卷，惟文是视，势必多取南士，少取北士，而四方援例、岁贡之士见在北雍有志进取者，一闻选贡云集，必将纷纷告南，继自今入监者，亦必惟南是趋。上实驱之，不可禁止，则是北雍有增额之名而无其实，南雍有增士之实而无其名，则恶可不斟酌而求至当也？夫诸生往来岂不当体，臣考《大明会典》，翰林考试定于四月，而到部日期俱限三月十五以前，此近例也。多士观光之念，梦寐有素，如期诣阙，岂至后时。三月下旬便可院试，自北徂南，道里两月可矣，去乡试期未迫也；其有远方迟至者，纵不行压考之例，姑令北监入场，以待后考，亦无不可，岂可因一二愆期之士，淹海内蒸蒸之彦耶？故臣谓体恤县贡，未有若早其院试之日之便者也。至解额之数，照隆庆四年例量增二十名，臣亦有遗议焉。尝考隆庆四年恩贡入监，祭酒孙铤奏请增解额，部覆共增三十名而止。当时固有惜其太狭者，今之士非让昔之士，而所增又靳之，既照其例，复亏其额可乎？虽然臣所请益又不自三十名止也，臣愿准科举人数而已。生员科举，大约三十人而拔一人，难哉其遇合矣！今选贡之士，先后约一千五百人，准以科举之数，则两监各增三十名，共六十名乃为至当。此非为两监增也，为各省之士增也。或谓监生中额，自有原数，因人才希少而选贡补之，故量增宜止此。臣谓不然，例、岁两途中岂乏人？科名才望，历历可数。所谓希少者，若曰以监视学，则多寡少逊耳。臣考万历十九年南监应试者共千六百余人，以千六百余人而中三十名，则五十之一也。今选贡又千五百人，而增二十名，是七十五之一也，岂理也哉！我朝解额，正统以前两都各一百名。景泰年间，又增三十五名。是时十三省所增或三十、或二十五、或二十，共增四百余名。科臣张宁建议行之，无议其滥者，岂不以械朴之化方隆，薪樵之用宜广耶？今日所选，尽天下之英髦，而顾靳其取之之额，是虽进之，实阻之，非惟选士困，而岁、例益劳矣。故臣谓两监六十名必不可不增也，不然使此千五百人而各省就试也，其登进当不倍乎哉！……'诏下其议礼部。"

礼部奏准郑世子载堉所条有关宗室入学、科举事宜。详见《明神宗实录》卷二百六十九"万历二十二年正月甲辰"。

起太子宾客礼部左侍郎兼翰林院侍读学士沈一贯为南京礼部尚书。（据《国榷》卷七十六）

命大学士王锡爵、赵志皋、张位提调宫臣。礼部左侍郎范谦，翰林修撰李庭机、唐文献、焦竑，编修邹德溥、郭正域、全天叙，检讨萧云举直讲读。（据《国榷》卷七十六）

二月

吏部郎中顾宪成削籍归。《明史》顾宪成传云："二十一年京察，吏部尚书孙鑨、考功郎中赵南星尽黜执政私人，宪成实左右之。及南星被斥，宪成疏请同罢，不报。寻迁文选郎中，所推举率与执政抵牾。先是吏部缺尚书，锡爵欲用罗万化，宪成不可。乃用陈有年。后廷推阁臣，万化复不与。锡爵等皆恚，万化乃获推，会帝报罢而止。及是锡爵将谢政，廷推代者。宪成举故大学士王家屏，忤帝意，削籍归。"《明史纪事本末》卷六十六云："锡爵尝语宪成曰：当今所最怪者，庙堂之是非，天下必欲反之。宪成曰：吾见天下之是非，庙堂必欲反之耳。遂不合。"《明鉴纲目》卷七："纲：甲午二十二年，春二月，吏部郎中顾宪成削籍。目：先是，群臣争建储，惟王家屏与言者意合。申时行、王锡爵皆宛转调护，亦颇以言者为多事。并封命下，宪成上疏力争，又遗书锡爵，反复辨论，议遂寝。孙鑨、赵南星主考察，宪成实左右之。既迁郎中，所推多与政府抵牾。至是，王锡爵将谢政。会推阁臣，宪成举家屏，忤帝意，削籍归。宪成既废，名益高。里故有东林书院，为宋杨时讲道处。宪成与弟允成倡修之（常州知府欧阳东凤，无锡知县林宰，为之营构。欧阳东凤，字千仞，潜江人。林宰，字德衡，漳浦人），偕同志高攀龙（字存之，无锡人），钱一本（字国瑞，武进人），薛敷教（字以身，武进人），史孟麟，于孔兼（字元时，金坛人），诸人，讲学其中，海内闻风景附，往往讽议时政，裁量人物。朝士慕之，亦遥相应和。由是东林名大著，而忌者亦多。（宪成尝言，官辇毂，志不在君父，官封疆，志不在民生，居水边林下，志不在世道，君子无取。故讲习之余，必及时事。后卒以此为世口实。）其后孙丕扬、郑元标、赵南星等，相继讲学，自负气节，与政府相抗。是为东林党议之始。"

皇长子常洛出阁讲学，时年十三。出阁用东宫仪，中外欣慰。焦竑、董其昌等为讲官。（据《明史》神宗本纪）

司经局洗马敖文桢为南京国子祭酒。（据《国榷》卷七十六）

予王用汲祭葬。《国榷》卷七十六："予故南京刑部尚书王用汲祭葬，赠太子少保，谥恭质。用汲字明受，晋江人。少时倭扰，客兵为暴，诉郡守。郡守恚曰：'何与诸生？'用汲曰：'范希文秀才时，便以天下为己任。矧乡井事，诸生无涉耶？'嘉靖戊辰进士。授淮安推官，进常德同知。丁丑，入户部员外郎，谏张居正夺情削籍。居正没，起补刑部，未上。迁广东按察佥事，入拜尚宝卿，转大理左右少卿。历顺天尹南京右副都御史，提督操江。南京兵吏部右侍郎，进南京刑部尚书，致仕。终身筮仕，节约廉平惠爱。以不能俯仰，淹顿外服十一年。入郎署鲠直著声，遂至八座。一意孤行，竖有劳绩。"

进王锡爵少傅兼太子太傅吏部尚书建极殿大学士，荫中书舍人。赵志皋少保兼太子太保户部尚书，张位太子太保，各荫子入太学。以玉牒成。（据《国榷》卷七十六）

巡抚山西右佥都御史魏允贞，请兴宗学、立宗约，令长史教授，择齿德者任之。报可。（据《国榷》卷七十六）

三月

加贵州解额五名，增至三十五名。（据《明神宗实录》卷二百七十一"万历二十二年三月癸巳"）

部覆南京国子监祭酒陆可教条奏，俱如议，但贡生不必分试增额。《明神宗实录》卷二百七十一：万历二十二年三月己丑，"先是，南京祭酒陆可教条奏：一、均制额。分拨贡生就试南京，并增解额。一、慎稽核。严禁杂流入贽太学，民俊亦必限年试艺，其以学行闻者奖。一、定课程。诸生须习经书正文及《大诰》《通鉴集要》《大明律令》。一、优礼遇。有司不得鄙夷诸生，当隆重体貌，以重简押。一、广书籍。自购给四方内府藏书外，其永乐间所纂《大典》，令出差御史分刻颁贮两雍。部覆俱如议，但贡生不必分试增额。"

国子司业周应秋刊《十三经注疏》成。（据《国榷》卷七十六）

四月

命户部主事李徵猷、刑部主事陆梦履典云南试，刑部主事朱思明、大理寺评事窦子偁典贵州试。（据《明神宗实录》卷二百七十二"万历二十二年四月壬申"）

五月

司业季道统请复南京国子监三十五名解额。从之。黄儒炳《续南雍志》卷六《事纪》："（万历二十二年）五月甲辰，司业季道统奏引原任本监祭酒陆可教偕臣疏上十事，内有均制额以一事体之条，当时别有成命，未蒙俞允，臣亦不敢再为渎请，以滋烦扰外。窃照今年四方选贡虽尽留北监，而去年南直各省府、州、县之贡，原拨南监及辞北改南者，今亦不下二百余人，其新旧例生怀奇抱异而思奋者，又蒸蒸桥门壁水之间，视昔几倍，一时人才不可谓不盛矣。乃北监量加二十名之特典，今既不敢僭觊一名，而向来三十五名之原额，诚有不可不申饬而复其旧者，盖两京胄监解额并以三十五名为则，见行事例向无异同，偶因近科胄监乏才，场中仅录二十八卷，原额尚欠，主试以各庠生儒优卷补之，此属一时权变，原非定规。迨后科复一科，相沿为例，而胄监诸生遂无复七名之望矣。向既乏才而量减，今独不当以多士而量增乎！且业不能徼新命于额之外，抑独不得复旧数于额内乎？臣恐高皇首善之都，未可示天下以偏轻之迹，而陛下作人之念，未可示天下以南北之异也。臣愚以生儒侵中胄监七名，仍当归还胄监，以复三十五名旧额，与北监等，其于国典人情，似属两安。伏乞敕下该部，著为定例，然后南北无轻重之嫌，而人才无不均之叹。上诏礼部议覆。秋七月乙未，礼部覆奏：'司业季道统乞复胄监解额，谓南场生员额中二百人，监生三十五人，其说盖人人习闻之，第遍稽典制及本部职掌，未见开载者。今季道统因选贡纷纷云集，欲复旧额，无非兴贤育才之意。容臣等移文应天府转行典试臣，将生员监生文卷逐一较量，如今科监生优卷分数果多，即中三十五人亦不为过，总之鉴空衡平而不谬，以成心参焉，斯得之矣。'"

陈于陛、沈一贯入内阁、预机务。《明鉴纲目》卷七："纲：夏五月，以礼部尚书陈于陛（字元忠，以勤子），南京礼部尚书沈一贯（字眉吾，鄞人），并兼东阁大学士，预机务。目：于陛少从父以勤，习国家故实，为史官，益究心经史学。尝请修国史，诏命词臣分曹类纂，以于陛及一贯等总裁之。又尝请建东宫及时豫教，皆不报。一贯充讲官时，进讲高宗谅阴曰：'托孤寄命，必忠贞不二心之臣，乃可使百官总己以听。苟非其人，不若躬亲听览之为孝也。'张居正以为刺己，颇憾一贯。及居正卒，始迁官，以吏部左侍郎家居。及是王锡爵将谢政，遂进于陛礼部尚书，起一贯南京礼部尚书，同入阁。"

命翰林院检讨王图、兵部员外郎方应选往福建，兵部主事江中信、刑部主事袁茂英往四川，兵部主事曾伟芳、刑部主事刘毅往广东，刑部主事熊守奇、工部主事蔡宗明往广西，各典试。（据《明神宗实录》卷二百七十三"万历二十二年五月己丑"）

王锡爵罢归。《明鉴纲目》卷七："纲：王锡爵罢。目：锡爵在阁时，尝请罢江南织造，停江西陶器，减云南贡金，力争不宜用廷杖，为世所称。特以阿并封旨被物议。既而赵南星斥，赵用贤放归，论救者，咸被谴责，众指锡爵为之。因连章自明，乞罢归。"

六月

李先芳（1511—1594）卒。于慎行《明故奉直大夫尚宝司少卿北山先生李公墓志铭》："北山先生姓李氏，讳先芳，字伯承，其先湖广监利人也。国初以士伍北徙，因籍濮州。"嘉靖丁未（1547）进士，除新喻知县。征授户部主事，改刑部，历郎中，改尚宝司丞，进少卿，谪亳州同知。"先生生正德六年六月二十三日，卒万历二十二年六月十五日，得寿八十有四。"邢侗《奉训大夫尚宝司少卿北山先生濮阳李公先芳行状》："当世作者，率推历下李先生，是谓于鳞。不知更一李先生出濮上，其齿同，其居朝之日同，其谈艺同。其所不同，历下简贵，不昵近人，而濮上伉爽敢决，任侠自豪。两人者论难过从，瑕瑜不相贷也。迨后历下名愈高，濮上若为所掩，乃先生修戈俟糒，未尝一日忘于鳞云。濮上名先芳，字伯承，初号东岱，后更北山先生。""肺附而友朱学博、周太守、苏鸿胪、苏孝廉、苏右史。艺文而友李于鳞、王元美、殷正甫、宗子相、徐子与、谢茂秦、黎惟敬、欧桢伯、张助甫、王师古、魏懋忠、傅伯俊、董元仲、宋登春、吾师东阿、不佞侗。相吏而友两御史大夫南充王公、黄安耿公，两大司马铜梁张公、登州陈公，一督府重庆寨公。于喁鼓吹，视柳宗元所称先友不翅遇焉。先生家蓄声伎，倍蛮素。园胜履道，文柜副名山，谙晓琵琶理。……所著《东岱山房稿》三十卷，已行世。外为《大学古文》、《四书解》、《毛诗考正》、《春秋辨疑》、《汉注疏臆》、《老子本义》、《阴符经》、《心经解》、《五岳志略》、《拾翠轩杂纂》、《十三省歌》、《本朝安攘新编》、《古交编》、《阐微录》、《明诗纂》、《医家须知》、《壶天玉镜》、《蓬玄杂录》凡五十万言，藏于家。"

命编修吴道南、户科左给事中吴应明往浙江，编修黄汝良、刑部主事彭应捷往江西，刑科给事中叶继美、工部主事庄懋华往湖广，各典试。(据《明神宗实录》卷二百七十四"万历二十二年六月壬戌")

右谕德萧良有为右庶子兼侍读，洗马李庭机为右谕德兼侍讲，右中允刘应秋为洗马兼修撰。(据《国榷》卷七十六)

七月

礼部覆御史薛继茂敷陈科场事宜，议外帘搜检、编号、贴卷、卷式、试录、钱粮、捷报凡八条，而以正文体为第一义。《明神宗实录》卷二百七十五。"(万历二十二年七月己卯)礼部覆御史薛继茂敷陈科场事宜，议外帘搜简、编号、贴卷、卷式、试录、钱粮、捷报凡八条，而以正文体为第一义。谓纯正典雅之词，不出倾邪侧媚之口，怪诞险波之说，必非坦夷平直之衷。近日士习敝坏，皆由主司不务崇雅黜浮，而奇诡获售，宜其从风而靡也。今后会试，主考宜申饬分房，务取纯雅合式，不得杂收奇僻，为海内标。其两京各省试录、朱、墨卷解到礼部，逐一看详，如有仍踵弊风者，士子除名，试官参处。上是其议。"

翰林编修叶向高为国子司业。(据《国榷》卷七十六)

御史陈遇文巡按回京，孙丕扬考其滥举一人。命夺俸六月。(据《国榷》卷七十六)

命右春坊右谕德兼侍读李廷机、右春坊右中允兼编修周应宾典应天乡试。遣吏部主事刘文卿、兵部主事贾维钥往河南，户部员外王登才、主事韩邦域往山东，工部员外朱汝器、户部主事金时舒往山西，各典试。（据《明神宗实录》卷二百七十五"万历二十二年七月"）

八月

礼部上言：取士专以纯粹典雅、理明词顺为主，如有掇拾佛老不经及怪句险字混入篇内者，不录。黄炳《续南雍志》卷六《事纪》："（万历二十二年）八月癸丑，礼部上言：'御史陈惟之等议正文体，惓惓世道人心之变，欲于场屋落卷中检其险怪尤甚者，发国子监、提学官革为民，令行所在共为遵守。臣愚以其议是，今科取士，专以纯粹典雅、理明词顺为主，如有掇拾佛老不经之谈及怪句险字混入篇内者，定勿收录，俟朱墨卷解部，本部及科臣详阅，有违式者遵旨除名。'"

顺天府尹沈应文以场事伊迩，言京师铺户既征免行之银，一切供具自应委官买办，不当复从派累。部覆："以后乡、会场及官府各项供费，着两县委官照价承办。其大小铺行人户，除纳银外，不许侵扰。"从之。（据《明神宗实录》卷二百七十六）

定各省乡试考官。《国榷》卷七十六："主试顺天庶子萧良有、洗马刘应秋。先是应天谕德李庭机、中允刘应宾，浙江编修吴道南、户科左给事中吴中明，江西编修黄汝良、刑部主事彭应捷，福建检讨王用予、兵部员外郎方应选，湖广刑科左给事中叶继美、工部主事庄懋华，河南吏部主事刘文卿、兵部主事贾维钥，山东工部员外郎王登才、户部主事韩正域，山西工部员外郎朱汝器、户部主事全时舒，陕西刑科左给事中王嘉谟、工部主事叶廘，四川兵部主事江中信、刑部主事袁化英，广东兵部主事曾伟芳、刑部主事刘毅，广西刑部主事熊宇、大理寺评事汪治，云南户部主事李徽猷、刑部主事陆梦履，贵州刑部主事朱思明、评事窦子偶。"

今年乡试，广东、湖广、四川等地颇有佳作。《游艺塾文规》卷二《承题》："承贵找截，贵浏亮，贵轻逸，贵古健。'季文子三思'一节，葵阳改程云：'圣人因往行而论思，要其可而已。夫思以理裁也，要于当，则再思可矣，何以三为？'此承字字轻逸。甲午广东'此四者天下之穷民'合下二节，程云：'王政之恤民，在同欲而已。夫欲与民同，即恤穷不外是矣，虽好货色，庸何伤？'龚三益'管仲之器小'全，云：'圣人小管仲之器，于其奢僣而益见也。盖器欲其大也，仲既小之乎器矣，其奢而僣也，何惑焉？'二承何等轻便，何等古雅？丁酉河南'子路问事君'一节，赵师皋云：'圣人与贤者论事君，在以心谏而已。夫人臣惟心为不可欺也，尽心而谏乃称纯臣哉！'此承亦轻便，云'心不可欺'，是有见之言。丁酉广东'不曰坚乎'四句，劳养魁云：'圣人不受涴于俗，其素所自信也。夫坚白在我，则不任受磷缁矣。虽试于磨涅，何伤乎？'丁酉山西'德者本也'三节，翟师雍云：'传者重德于财，以财之聚散决之也。夫国有本计，将在德矣，不务本而求民之聚，必不得之数也。'甲午广东'其知可及'二句，程云：'圣人重济大事者，故独有取于愚焉。夫愚如武子，而后于国事有济，智士比之悬矣。'三承皆古皆轻，皆是一气说下，然有起伏，有照应，非泛然一股做者比也"。"承以发意为贵。甲午四川'孔子惧作《春秋》'一节，程云：'圣经托权，不得已而自明也。夫《春秋》非圣人意也，势也，即知与罪犹听之，又何乐以天子自托哉？'说意高远。甲午湖广'鄙夫可与事君'全，孟习孔云：'圣人极鄙夫之情，为苟仕者讥也。夫苟且以赴功名，不能无生得失，有得失而情何弗至哉？此圣人所为讥也。'从'苟且赴功名'立论，其意便高。李仲元'居则曰'四节云：'圣贤辨志，得其可知者而独与夫无意求知者。夫三子之志可知，而点则无意人知者，所问在此，所与在彼，圣意微矣。''所问'二句甚闲雅。辛卯浙江'正己而不求'四句，毛凤起云：'君子之无怨尤，以正己得之也。盖天与人皆无与于己者也，君子一正己，而何怨尤之有？''天人无与于己'是的确议论。罗大冠云：'君子无己外之求，而怨尤泯矣。盖怨生于己之不足也，君子正己无求，而何天人之不协哉？''怨生不足'，其论亦精。"《游艺塾文规》卷三《起讲》："甲午顺天'子贡问师'全，陈敬云：'道正于中，高者抑焉，卑者跂焉。道术之分也，而过不及之两途出矣；道术之愈分也，而过之一途尤胜矣。'直抉题髓。'善必先知'二句，云：'诚之道，圣人有后天而用之者其迹彰；亦有先天而用之者其机隐。夫惟烛几于隐，而将然未然之顷，天之权不自用而为人用。'说理甚精，词亦老练。""应天'管仲之器'全，文多散逸。冯开之拟程云：'济天下以才，居才以器，才与器两大者，王佐是也。下此则才有余器不足矣，夫子有退思焉。'以'才'字较'器'，管仲之伎俩穷矣。龚三益云：'吾人终身竖立，惟是器识焉。基自古帝臣王佐，不以功高而生后心，不以才大而生越志。彼其器识，足以消盈溢之气，而约之纲常名检中也。'不论乡、会，元作大率多平，留此为式。且会文切理，词亦铿锵，非苟作者。朱应熊'恶佞'二句，云：'心术之裂也，则言为之阶，而以是滋甚。假令议浮而不合于度，即显而弃之矣；说辨而不巧于机，即立而折之矣，斯亦何足恶者？顾言之当也：揆义则盈庭可捐，协信则古今不朽；而言之蠹也：假义而权衡若合，道信而金石可贯，于是乎有所谓佞与利口者。'亦以小讲连提头做，而词理俱彻。""作文用子书古语，令人不觉乃佳。如江西'子贡方人'一节，饶汝梧云：'学者与其誉彼而非此也，不若各归而证之修诣，岂谓其达观疏哉？其专功以为己，其暇以及人，用功固自有序也。''誉彼非此'，是《庄子》完句，用得妥当，若出自胸臆，所以为妙。'乐天者保天下'二节，饶云：'古之人有欲以其国王者矣，有欲以其国强者矣，然而方夏不可以坐抚，郡邑不可以虚拥，惟是得天则享乎？固未有不得乎天，而长保此位者也。'亦落落有古气，首二句从《国策》来，'方夏'二句从汉文来，皆能櫽括成章。时文虽小技，句法字法，须当均有源流，故贵多读书。""福建'人之生也直'一节，黄起云：'造化陶钧，吾人讵徒以块然之身哉？故众形匪真，一理为真；完形匪生，完理为生。'说理入微，能醒人目。""有摘题中紧要字作起者，须要古炼爽凯，如福建'有所不足'二句，王畿云：'道寓诸庸，随在各足。人惟忽其庸也，或以易足而狃焉，又或听其不足而休焉，是以终无由足耳。'只就题中'足'字翻出，而挑剔极明。辛丑会试，则皆就'庸'字翻弄，又此文之波流也。""湖广'衣锦尚絅'二句，官应震云：'学者中无所得则文采不足，乃或用其不足而稍缘饰之，则文虽烂焉为睹，而竟非内敛之精神也，我尝诵《诗》而有得焉。'此题不说不欲文，乃欲其闇然而自文，从'中无所得'说起，最得题旨。""广东'其知可及'二句，何荆玉云：'人臣在国，遇太平则借以为资，值艰危则委于不利，故羡乘时为达计，鄙蒙难为拙图，而不知臣道之所难，则有在此不在彼者。'罗弘谞云：'人臣褆躬事王，则国家非异人任矣，顾智计仅效于清夷，而身名无补于变故，国亦何赖若人也?'此题不是贵其愚，贵能济变，须着如此说。二起词皆可采，故录之。""广东'此四者天下之穷民'至末，何荆玉云：'人君之行事岂有常操哉? 故黩货者以贪府怨，淫色者以欲招尤，而仁贤之主反借之而兴王业，则私与公异也。'梁思耿云：'王者，非自为家也，合穷檐蔀屋之民以为家，故海内一荣一瘁皆勤睿虑，而王者一情一欲亦关退陬。古盛王所为抚世布德、用培王业根本者，惟此一念之流注也。'前起简确，后起雄畅，皆能说理，神采烨然。"

张汝霖举应天乡试。张岱《琅嬛文集》卷四《家传》："祖讳汝霖。……少不肯临池学书，字丑拙，试有司，辄不利。遂输粟入太学，淹蹇二十年。……甲午正月朔，即入南都。……入闱，日未午，即完牍，牍落一老教谕房。其所取牍，上大主考九我李公，罥不佳，令再上。上之不佳，又上，至四至五，房牍且尽矣。教谕忿恚而泣。公简其牍少七卷，问教谕。教谕曰：'七卷大不通，留作笑资耳。'公曰：'亟取若笑资来!'公一见，抚掌称大妙，洗卷更置丹铅。《易经》以大父拟元，龚三益次之，其余悉置高等。填榜，南例无胄子元者，遂首龚，抑置第六。公后语人曰：'不以张肃之作元，此瞒心昧己事也。'揭榜后，大父往谒房师。房师阖门拒之曰：'子非我门人也，无溷我。'乙未，成进士。……丙午，副山东。大父感李文节以落卷见收，至闱中，颛以搜落卷为事。于落卷中得李延赏者，文古崛，每篇字不满三百，多不作结语，排众议中之。解卷，部评，落职归。"

陈本举乡试。钱谦益《牧斋有学集》卷三十五《云南按察司佥事陈君墓表》："君讳本，字之深。……万历甲午，举于乡。乃卖文以养父母。癸丑，以亲老谒选，授湖广承天府推官。"

孙丕扬任吏部尚书。《明鉴纲目》卷七："纲：秋八月，以孙丕扬为吏部尚书。目：丕扬掌吏部，清正不挠，百僚无敢干以私者。独患中官请谒，乃用掣签法。大选（凡听选及考定升降者，归于双月，谓之大选），急选（凡改授改降丁忧候补，归于单月，谓之急选），悉听人自掣，请寄无所容。铨政自是一变。（丕扬既变选法，一时宫禁相传，以为至公，下逮闾巷，人莫不翕然称颂。而议者谓其人材不分高下，地方不论繁简，而一凭签注，无异于掩镜索照，或至作《竹签传》讥之。然自其法既行，卒莫能改。○《竹签传》，常熟顾大韶作。）"

九月

以庶吉士杨继礼、陈懿典、韩爌授翰林院编修，王象节、沈潅、高克正、刘生中、李腾芳、傅新德授翰林院简讨，张同德、姚文蔚、陈维春授给事中，何熊祥、赵之翰、

马文卿授御史。(据《明神宗实录》卷二百七十七)

翰林院编修杨继礼、陈懿典、韩爌,检讨傅新德、刘生中、高克正、王象节、李腾芳俱纂修正史。(据《国榷》卷七十六)

十一月

黄凤翔补南京礼部尚书。国子祭酒陆可教为南京礼部右侍郎。(据《国榷》卷七十六)

太常寺少卿成宪为国子祭酒,寻劾免。(据《国榷》卷七十六)

十二月

吏科都给事中林材,劾吏部侍郎刘元震、国子祭酒成宪、詹事冯梦祯,语侵阁臣,以暗伤善类镌三级,谪程乡典史。(据《国榷》卷七十六)

文选郎中冯生虞除名。(据《国榷》卷七十六)

本年

征贡士南城邓元锡为翰林院待诏,刘元卿为国子监博士。元锡道卒。(据《国榷》卷七十六)

唐之屏就任常山县令。何三畏《云间志略》卷二十三《唐常山曾城公传》:"唐之屏,字君公,号曾城,华亭人也。……比壬辰上南宫,又登进士第。而甲午就选铨司,授公为常山令。……捐俸创魁星楼,立名宦祠,以新学宫。而又广制田租,创书屋,择诸生有志者人给一室,授餐供之,不能嫁娶者为具六礼成之。公余手辑县志,成一信史。而又刻《黎丘馆》、《柱笏斋》二艺。每季凡两试,试必亲临厚款,品其等第而丹铅其文,变其体之朴陋浮靡者而一归之乎大雅。是岁宾兴与计偕者二人,则公之陶镕力也。"壬辰为万历二十年。

诏增监生中式二十名,不为例。(据查继佐《罪惟录》志卷十八《科举志》)

署礼部事侍郎李廷机上疏谓举人在籍恣肆,作奸犯科,无法惩创,请将最不肖者勒停会试,以示裁抑。允之。沈德符《万历野获编》卷十六《举人勒停会试》:"今年署礼部事侍郎李廷机,上疏谓举人在籍恣肆,作奸犯科,无法惩创,请将最不肖者勒停会试,以示裁抑。上允之。谈者尤其太苛,然亦有激而成。先是御史孔贞一巡视东城,有一南方举人,投牒诉其妹为乐户掠买为娼,今偶遇于亦师,乞追断完聚。孔大怒,尽法惩乐户,立以娼女给还。未一年而此妇复为娼于京城之外,细调之,则举人爱弛,已高价别售青楼,其妇亦北人,初非妹也。孔闻未信,密侦之,果然。以此痛恨其事,告之晋江,因遂有此举。其人浙之杭人,以甲午中式,不欲言其姓名,恐污齿颊。临场礼部出示,不许入试者,普天凡数名,而此人压卷云。"

公安三袁与其外祖父及两舅在公安结南平社。《珂雪斋集》卷十六《龚春所公（大器）传》："公能诗，与诸子诸孙唱和，推为南平社长。"《白苏斋类集》卷三有诗《南平社六人各一首》：《外大父方伯公》、《孝廉舅惟学》、《侍御舅惟长》、《中郎弟进士》、《小修弟文学》。外大父，即外祖父，三袁外祖父龚大器。龚字容卿，号春所，公安人。嘉靖三十五年进士。授刑部主事，历任广西、江西、浙江、南直隶等佥事，官至河南左布政使。年七十馀，致仕归，为南平社长。袁中道《珂雪斋集》卷九《送兰生序》："予年十八九时，即与中郎结社城南之曲，李孝廉元善与焉。三人下帷为文章，皆搜云人霞，意气豪甚。……予下帷多年，沉思谛想，焚君苗之砚，见子云之肠，甚矣予之苦也。三十四而举于乡，海内不熟予者，竞以予为宿儒。盖予名早著，而疑其年。登贤书之夜，六以后俱登楮，留前五，发三而得予名。堂上堂下划然大笑，戟手而贺主者曰：'今年南有某氏，北有小修，可为是科吐气。人皆诧予之名震海内，不知予之苦久矣。"《袁宏道集笺校》卷四《诸大家时文序》："今代以文取士，谓之举业。士虽借以取世资，弗贵也，厌其时也。夫以后视今，今犹古也，以文取士，文犹诗也。后千百年，安知不瞿、唐而卢、骆之，顾奚必古文词而后不朽哉？……大约愈古愈近，愈似愈厌，天地间真文渐灭殆尽。独博士家言，犹有可取。其体无沿袭，其词必极才之所至，其调年变而月不同，手眼各出，机轴亦异，二百年来，上之所以取士，与士子之伸其独往者，仅有此文。而卑今之士，反以为文不类古，至摈斥之，不见齿于词林。嗟夫，彼不知有时也，安知有文！"

杜泾《对制谈经》成书。《四库全书总目》卷一百三十八子部类书类存目二著录《对制谈经》十五卷，提要曰："明杜泾编。泾，西安人。其始末无考。是书成于万历甲午。因宋叶时《礼经会元》旧文百篇散出无绪，乃分类排纂，立十五门以统之。以其可资制科之用，故易今名。然叶书四卷，本有次第。泾以不便捃扯，改为类书，且于原文颇有汰节，非古人著书本志也。"

吴应箕（1594—1645）生。据刘城《吴次尾传》等。吴应箕，字次尾，贵池人。县学生。唐王立，除池州推官，监纪军事，乙酉兵败被执，不屈死。乾隆中赐谥忠节。有《楼山堂》前、后集。

明神宗万历二十三年乙未（公元 1595 年）

正月

诏宗室得从科目入仕，惟不得除京朝官。《明鉴纲目》卷七："纲：乙未二十三年，春正月，诏宗室得就试。目：郑世子载堉，请宗室皆得儒服就试，视才器使，从之。许奉国中尉以下入试，辅国中尉以上，爵尊不得与。其后礼臣李廷机（字尔张，晋江人）言：封爵科目，原自两途。彼既愿从科目入仕，应照士子出身资格铨除，何拘原爵。亦从之，惟不得除京朝官。"

刘黄裳（1530—1595）卒。（生年据公历标注）李维桢《兵部郎中刘公墓志铭》："隆庆丁卯（1567），余从先大夫游梁，则闻光州刘嵩阳先生，阅览博物君子也。是年，先生仲子举于乡，先大夫美其有父风。或云：恨不见伯子，殆难为弟矣。伯子者名黄裳，字玄子，人称为太景公者也。因急索公论著观之，奥衍弘深，震骇耳目。先大夫诟曰：'吾儿不堪作刘君衙官，乃亦同上公车耶？'明年（1568）余幸登第而公不偶。又二十年为丙戌（1586），公始与余季弟成进士。又三年（1586）为司寇尚书郎。余幸入芝兰之室，缔缟苎之交。又六年（1595）公归，寻卒。又六年，余谪寿春，行部至颍，见公之子于其妇翁所，以志墓请。""遗书如《元图符》、《藏征馆》、《司马》诸集，多见道之言，经世之略，匪直文章小技而已。汝颍多名士，待公而兴。给事汪若霖、治中贺世晏、咸宁令刘文焕，其翘然者也。公生嘉靖己丑十有二月二十有七日，卒万历乙未正月二十有八日，年六十有七。"

二月

乙未会试，门下士持卷谒冯琦，以决其中否，无一验。朱国桢《涌幢小品》卷七《拟题决文》："黄学士葵阳洪宪，未试前拟科场题，十中七八，不知何灵至此。冯宗伯琢吾琦看时艺最精，壬辰会试，门下士持卷来谒者，决其中否，皆验，并名次亦不甚远，人以为神。又三年乙未，来谒者亦如之，所决无一验。一人耳，时又不远，何夐异至此，岂看文亦时有利有不利耶！"

升左庶子萧良有为国子监祭酒。（据《明神宗实录》卷二百八十二）

会试天下举人，诏礼部尚书兼文渊阁大学士张位，吏部左侍郎兼翰林院侍读学士掌詹事府事刘元震为考试官。（据《明神宗实录》卷二百八十二）胡应麟《甲乙剩言·天上主司》："乙未春试前一夕，余忽梦见冕服一人坐殿上，召余入试。既入，则先有一人在，坐者呼之曰'易水生'。未几，殿上飞下试目一纸，视之，有'晋元帝恭默思道'七字，翻飞不定。余与易水生争逐之，竟为彼先得。余怒，力往斗击而觉，为不怡者久之。及入会场，第一题是'司马牛问仁章'，始悟所谓'晋元帝'者，'晋'姓司马，'帝'是牛金所生，以二姓合为'司马牛'也。'恭默思道'是韧言破无意耳，可谓大巧。第'易水生'不解所谓。及揭榜，则汤宾尹第一，盖以'易水'二字为'汤'也。然梦亦愦愦，书法以水从易音，'阳'非'易'也。观此则天上主司且不识字，何尤于浊世司衡者乎？"李调元《制义科琐记》卷二《易水生》："万历二十三年乙未，会试前一日，有举子梦试题系'晋元帝恭默思道'七字，而题旨为易水生夺去。后试题乃司马牛问仁章，盖晋姓司马而元帝为牛金子，合之则司马牛也。其恭默思道又含讱言意。是科会元汤宾尹，则固易水生也，信大物天定哉。"李调元《制义科琐记》卷二《元可操卷》："明朝制艺，确有分两，作文与阅者皆可操卷而取。一人出闱，得意以为会元矣。偶夜散步，闻有误堕泥中者，急呼曰：'谁来救会元！'其人急往，挽之起，抵其寓阅文，果高一筹，曰：'真恨事，我第二'。已而榜发，果然。董思白将赴南宫，往辞其尊公，公叹曰：'儿入场须加意，我向决汝为元，今不稳矣。以吾前阅陶孝廉文，出汝上也。'宗白谨受教。畜马乘题，聚敛句已重顿矣，忆其尊公言，欲驾陶上，复改之。已而场中定元，以董平，发不及陶，遂置第二。冯公梦祯会试年，有贵介子预购闱题，闻有两公密议曰：'斗筲字，要之何用？'遂知为行己有耻三节矣。冯即邀一契友，入西山静养半月，得一破曰：'圣人与贤者论士，而其所重者可知矣。'得意甚曰：'我会元矣。'已而出闱，遍讯同袍文，但闻其破曰：'不及我也。'榜发，果然。汤宣城宾尹读书山寺，上科某会元来访传衣钵者，偶过其地，见汤徘徊于寺廊下，忽疾走狂笑，大击寺钟无数。某公问之，则曰：'我作一元文，乐甚也。'索观之，曰：'是矣，但未尽善。'因指其隙，大服，请教，遂以元脉授之。已而果得元。"《游艺塾文规》卷二《破题》："乙未'仁者其言也讱'全章，汤宾尹破云：'以讱尽仁者，于讱之之心可想也。'题有问答，而破甚浑成，然用一'尽'字便该得司马牛不足之意，'讱之之心可想'，甚有含蓄。"《游艺塾文规》卷三《起讲》："乙未'仁者其言也讱'全，汤宾尹云：'为仁者，为之心而已。心之存亡，关其静躁，而言常操其符，故未有放言而得称为仁者。'笔力遒劲，且句句是题中正脉，开口二句说尽题意，下三句从'心'说到'言'上，无丝毫走作。大率会元起讲，多从正龙正脉落到穴中，并无躲闪欹侧。前此而壬辰'知及之'全，吴默起讲云：'学者不患识见之未融，而患体验之未至善。体验者，出身加民，其精神无所不贯，故称全德焉。''识见'说'知及'，'体验'说'仁守'，'出身'说'庄'，'加民'说'礼'，无一毫渗漏。丙戌'名之必'一节，袁宗道云：'君人者，自谓名由我定，将无顾天下之议其后，而言之弗当与行之弗安胥置之矣。其苟焉不及于正名，固宜也。'癸未'吾之于人'全，李廷机云：'君子所以维持天下之人心者，独有是非之权，而其究也，乃有缘而为毁誉，则亦未尝以天下之人心揆之也。丘也窃自谅焉。'""'国有道不变'三句，汤宾尹云：'夫人之最难持者，宁独习俗之异同足移人哉？涉世则思用世，至于用世，而一显一晦之交也，可以觇君子矣。''涉世则思用世'与'一显一晦之交'皆是的确议论。骆日升云：'天下有境变，有心变。境变者，身世穷通之迹；心变者，天理断续之关。'句句出奇，真是魁作。今后学之者，只当师其意，不可袭其词，袭则腐而可厌矣，所谓'谢朝华于已披，启夕秀于未振'也。第二名赖克俊，起磊磊有古气，但'操之'二句似赘。第四名周应明，起句甚有理，但不该又对二句，总是一意，而排衍重复，文之大忌。今稍更之云：'君子之涉世，其发用者常不若退藏者之为真，故当恒居时，类能固穷守拙，一旦遭时遭会，初心稍变易焉，则弱植靡操，安所语君子之强也？'刘观文云：'强莫如制心，顾心制之于无欲之境易，制之于可欲之境难。士有生平持节较然，而卒败检于逢世者，强不足以贞遇，而患生于多欲也。'周应秋云：'世际泰宁可幸也，亦可危也，故乘之而大展其生平者此时，溺之而尽坏其生平者亦此时。'叶维荣云：'士人所患不在不遇时，而在变于时，盖时诎则隐约之意多，而敛华就实，见以为塞；时伸则朴素之衷易，而刓方成圆，见以为通。'刘尚质云：'士君子处世，惟是通塞两途。其塞也则塞为学术，其通也则塞为经济。'李长庚云：'所称强者，岂以一节表见？惟试之强不能自主之际而不淆，置之强无以自见之时而不易，则其强乃真。'孙慎行云：'国之贵士者，谓可用之经世也，岂其抱空质为名高？惟以我振世，不以世易我，而节概足名焉。'朱之蕃云：'学者之用世，世即以之观持守焉。波靡于谐俗者，其操固尽隳；而矜激于意气者，其究亦易馁也。'俞惟京云：'明时之所重于士，与士之自清于明时者，惟是家修而廷献耳。一人而浓淡殊遭，则其侈泰易开；一身而今昔异态，则其纷华易溺，靡靡乎多弱植而鲜特操矣。'周维京云：'世运之相推，其变在天下；纷华之易荡，其变在吾心。在天下者犹可力持，在吾心者非大勇莫制也。'林应翔云：'穷通有两途，君子抱一而处之，故屡变者遇不变者，心虽与世推移，而其操修素定也。'陆彦桢云：'治平隆遇，千载一时，此尤君子见强之日也，而要之强不独匡时，必先励己，吾于不变塞者征焉。'林机云：'君子一出，而勋名烂焉，此无他，秉心之塞耳。是塞乃灵明之真体，通显晦不磨者，而岂易言哉？'胡瓒云：'世道由塞而之通，则声华易溺；人心因通而变塞，则真性乃漓。此其失之不在寒素，而在显荣，故称强于有道尤难焉。'刘尚朴云：'士君子未遇则先抱负，既遇则重操持，诚以荣遇之途，不独能改易人之身，亦能变易人之心也。'洪都云：'士君子一涉顺境，最易变节，而不历顺境，亦无缘见节，故乘时履泰者，不独贵展布其经纶，而尤贵坚持其雅操也。'樊玉衡云：'家修廷怀之士，世罔不惜之，不知向所谓修者，本非不可变之质；而今所为怀者，原非实能修之心也。'费兆元云：'君子之未遇也，其意气郁积而不浮，其精神收敛而不溢。此非塞时耶？是塞也，固君子所恃以树贞，而亦天下所操以观强者。'朱应奎云：'时不欲塞，道不欲变。其塞时塞，则闳抱难施而贞心未改；道丧其塞，则初心尽失而施设俱非矣。'徐如珂云：'强者，自胜其私之谓也。人心之私，起于恬澹寂寞者什一，生于纷华盛丽者什九，故仕进最能移人，惟其不自胜也，非强也。'钱中选云：'士人扶植宇宙，必值其所难持而操趋乃见。平居知好修，一旦势利熏心，辄改其常度，于是谓岩穴多奇行，当官鲜特操也，非通论矣。'以上诸讲，有重'塞'字讲者，有重'变'字讲者，有重'有道'讲者，有重'强'字讲者，千蹊万径，各自有条，而词气铿锵，意见精邃，皆能见重主司。汝尽举而熟玩之，则下笔沛然无碍矣。""'好善优于天下'，汤宾尹云：'君子之为世用也，有所用于天下，而不必以己也；有所以用天下，而未始不必以己也。世岂无强智多闻之士，卓然各挟其一，而无济于治者哉？乃吾所语好善，则其效莫有大焉者矣。'调与意俱出人一算。骆日升云：'执政之体与百司异，百司以斡旋治办为能，此之优，优在一人者也；执政者以虚怀乐善为大，此之优，优在天下者也。'亦自楚楚，真魁作也。蔡复一云：'为政者，与其有高世之才，不若有高世之量。才为人役，己出而己为之；量为才府，我立而人归之，故古之相天下者，必其容乎天下者也。'李光祖云：'吾人有不越径寸而能包六合弘化理者，其惟善乎？挟之以自多则难一身，好之以自广则易天下，是以为政者，先举其度也。'林欲栋云：'有一官之用，有天下之用。一官之用，论其能效一官者也；天下之用，论其量包天下者也。'张嗣诚云：'宰天下之治者，自用则不足，用人则足，盖自用者，以才智役人，有穷之术也；用人者，以诚心布公，无方之益也。'周应秋云：'天下有以才为才，有不以才为才。长于办一事，短于制万有，此以才为才者也；自计则不足，为天下计则有余，此不以才为才者也。'诸起用意皆同，而各自驰骋，各成议论，如春蚕作茧，同一丝绪，而见物各自成形。张汝霖云：'相天下者，不恃己之善盖天下也，而恃天下之人能为我善也，故广忠益、集众思，为万世荩臣，法程至明矣。'沈道原云：'为政者，有其长不如无其长，能自见不如能自下。'句句皆是格言。王惟俭云：'宰相，与人主共理天下者也。人主不能成独用之功，而责之相臣；相臣亦不能建自用之猷，而资之多士。'刘元珍云：'世之柄政者，辄欲以善提衡宇内。顾善在人心，独持之则不足，兼收之则有余，此以己用天下者，不若以天工用天下之为大也。'诸起各自立意，皆斐然动人。"《游艺塾文规》卷四《正讲一》："'仁者其言也讱'全，本题因有问答，故作者俱用过文，独汤宾尹入股平做，浑融合缝，场中绝希。格已出众矣，论识与意，则又出人意表。司马牛盖原不及颜渊、仲弓，故夫子不言仁，而但言仁者，仁者心术行谊亦未易谈，姑与论仁者之言。昧者不察，多谓'讱言'一句便是仁，而不知夫子实未尝与之谈仁也。汤起云：'夫子不悉其所以为仁，而第直指曰其言也讱。''不悉'一句深得本题三昧，字字该圈。'讱言'既非答仁，便不当深做，故汤只轻轻递过，若含下'存心'，毕力发挥，则司马牛亦不消疑矣。依注'心常存，故事不苟'，则'为难'头上当补'存心'，然善文者，可尊经而略注，不可因注而改经。汤讲云：'议论与躬行无两操，而仁者动自收敛，有无巨无细，念常恐其莫胜者，彼直怀凛凛之思，而虽欲妄置一议，恶可得焉？操行与持论无两衷，而仁者深自退藏，即万举万当，时恐其或蹶者，彼直抱栗栗之虑，而虽欲轻发一语，恶可得焉？'竟体本文发挥，并不依经缠绕，且'为之难'亦非'事不苟'之谓，'为'即是心去为难，即是心常慎重，故十八魁中，并无一人将'存心'另讲者，然依经解义，则会元尤为撇脱。又，此二比豁意铸词，句句不合掌，后收二比，亦字字雅炼，真元作也。"

李庭机为左春坊左庶子，邹德溥为右春坊右中允，左庶子萧良有为国子祭酒。（据《国榷》卷七十七）

礼部右侍郎文渊阁大学士张位署詹事府事。吏部左侍郎刘元震主礼闱。（据《国榷》卷七十七）

申时行婿李鸿中式。《明史·选举志》："二十年会试，李鸿中式。鸿，大学士申时行婿也。榜将发，房考给事中某持之，以为宰相之婿不当中。主考官张位使十八房考公阅，皆言文字可取，而给事犹持不可。位怒曰：'考试不凭文字，将何取衷？我请职其咎。'鸿乃获收。"沈德符《万历野获编》卷十六《科场·举人再覆试》："今上二十年壬辰三月廿八日，时会试已竣事久矣，试御史綦才、工部候缺主事周如纶各上疏，请覆试顺天戊子举人郑国望、李鸿、屠大壮、张毓塘四人，此四人者已于己丑春为礼部主事高桂所论，覆试仍许会试，至是已入闱两度矣。又请覆试山西举人王兆河、江西举人陈以德，山东举人杨尔陶三人，王为故太宰国光子，陈为故左都御史炌子，杨为故太宰巍子，俱壬午及己酉中式，向无议者，独以大臣子弟，故亦指摘及之。如纶疏中，又盛称王衡、王宗浚二解元为俊才，今年衡不投卷而去，宗浚投卷而不赴试，时论高其品，且原其心，以谓二人羞与国望等为伍也。时衡父锡爵给假在家，上虚道揆，召之而未至，浚父家屏，以次揆代摄，故如纶誉之。然衡亦戊子顺天中式，与郑国望等同覆试者，而家屏子发解者自名浚，初不名宗浚也，署名尚讹，何取昌言，识者笑其受喙之愚，献媚之巧。后二人俱屡蹶，官终不振。此诸举人奉旨再覆试，皆存留如故。惟屠大壮因报母亡奔丧，遂以规避论黜。议者谓大壮若入试亦不免，盖时情必欲处一二，以实主试之罪，而大壮其首也。""二十年"当为"二十三年"。文秉《定陵注略》卷一《科场夤缘》："乙未会试，南昌张位为总裁官，拆号填榜，李鸿中式。本房某请于南昌曰：'愿易他卷。'南昌问故，某云徐吴县相公女夫，理应避嫌。南昌曰：'信如君言，不但相公子弟不当读书，并相公女夫亦不当读书矣，岂有此理！'监试御史某从旁冷笑，南昌曰：'君何笑？'御史曰：'相公女夫，岂有中理？'南昌大怒曰：'若相公女夫不应中式，则不应入场，罪在监官，既已入场，则内帘所凭者，文而已矣，怎知是李鸿不是李鸿？'御史曰：'请借文事一看。'看毕曰：'文字也中不得。'南昌曰：'衡文，内帘职也。与外帘无与。'随取鸿卷与各房同考官，请看此卷中得中不得，各房俱云文字优通，中得。南昌曰：'若有议论，学生一人承当，不以相累。'李遂得填榜，使非南昌者，李被斥必矣。李后期有以自见，谒选江西上饶知县，力与矿奄相抗，为奄所劾，革职为民。"李鸿为大学士申时行之婿。

三月

故礼部尚书董份卒。份字用均，乌程人，嘉靖辛丑进士。选庶吉士，授编修。历前官，有文学。西苑应制，贪险附严嵩，除名。年八十六。（据《国榷》卷七十七）

陕西总督叶梦熊边备修举，加兵部尚书，荫子监生。（据《国榷》卷七十七）

朱之蕃（1568）、汤宾尹（1568—?）、孙慎行（1564—1635）等三百四名进士及第、出身有差。《明神宗实录》卷二百八十三：万历二十三年三月壬午，"礼部题三月十五日殿试，中式举人汤宾尹等三百名及前科未经殿试举人任时芳等共三百四名，一体送试。报闻。"丙戌，"内阁拟殿试策题上请，皇帝制曰：朕惟文武并用，长久之术。每慎操二柄，以驭寰宇，庶几内顺外威，臻至治焉。然观昔之开基英主，以投戈讲艺选士弘文为美谭，而周公训克诰，召公诫张皇，顾谆切于成康郅隆之际，岂世乱则宁济以文，世平则戒备以武，道又各有攸重欤？洪惟我太祖高皇帝混一函夏，成祖文皇帝驱荡胡氛，于铄哉！既以神武之略为万民请命，乃礼贤置馆，即当缔造之功，延儒直阁，亦在御临之始。以武戡定，用文持之，盖规摹宏远矣。列圣祗绍，谟烈显承，迨于朕躬，嗣膺丕绪，光抚太平之业，且二百三十禩。余威憺于四裔，方内安于覆盂，而谭者乃谓今文具太盛，武备寖弛，试举其概。如京师禁旅，春秋教练，严矣，而冒蠹犹未清，何以壮居重之势？诸边戍卒，主客供亿，烦矣，而行伍犹未实，何以张挞伐之威？至于中外府卫，纲维秩然，绾符袭组，材官非乏也，而阃钺偶虚，动称无将。列屯坐食，尺籍具存也，而萑符窃发，辄苦无兵。其弊安在？意者人情狃于宴安，而法制壞于积习，非大为振饬不可欤？考之前史，有上言兵之要四，中国之长技五者，有因府兵之坏，作原十六卫者，有请与大臣论武于朝，举忠谋之士委之边任者，有以选勇果习战斗为治兵之实者，此皆承熙洽之后，鳃鳃于经武保邦，筹虑甚远。又或谓安边捍盗，必先治内，谓无兵无将，由朝廷三弊者，岂根极之务，更有在欤？抑谋之廊庙，修之纪纲，自可以精神折冲，而无烦师旅欤？今天下虽称泰宁，而方隅多警，斯亦居安虑危之时也。朕既未能舞干而来，櫜弓而理，将欲经文纬武，图修攘之实政，以为长治久安计，则何施而可？尔诸士其悉忠摅画，明著于篇，毋有所隐，朕且采择而行焉。"《万历野获编》卷十五《读卷官取状元》："自嘉、隆以来，春榜会元，大都出词臣之门。盖馆阁本文章之府，而大主考又词林起家，亦理势使然。惟今上癸未（1583）会元为李九我，则工部郎苏紫溪浚首卷，苏、李同邑，又自幼同笔砚，李举解元，久在公车，名噪海内。两主考既欣得人，并天下亦无议苏之私者。此数十年奇事也。若状元卷，则必出揆地所读，方得居首。间有出上意更置前后者，十不一二也。惟今上乙未状元朱之蕃，则工部右侍郎沈继山思孝所读。沈居六曹贰卿之末，而以人望新起。时政府四人，为赵兰溪、张新建、陈南充、沈四明，俱与沈同年，凤称气类。孙富平虽为太宰，与沈隙未开，亦相厚善。故沈所取，竟得大魁，莫敢与争，亦累朝以来仅见事也。"《静志居诗话》卷十六："朱之蕃字元介（价），南京锦衣卫籍，茌平人。万历乙未赐进士第一，授翰林院修撰，以右春坊、右谕德，掌院印。以右春坊、右庶子，掌坊印。升少詹事，进礼部右侍郎，改吏部右侍郎。卒，赠礼部尚书。有《使朝鲜稿》、《南还》、《纪胜》诸集。元介文翰兼工，张旆东国，与馆伴周旋，有倡必和，微嫌诗材软熟，语不惊人。《和周吉甫春日移居》云：'墙短山斋出，庭空月易留。泉香浮茗盌，渔唱起苹洲。终岁一无事，平生百不忧。奔忙浑未解，酒伴且相求。'"

王思任（1574—1646）举进士，其举业文字颇负盛名。张岱《王谑庵先生传》："山阴王谑庵先生，名思任，字季重。年十三，即从衡岳先生馆于槜李黄葵阳宫庶家。先生落笔灵异，葵阳公喜而斧藻之，学业日进。万历甲午（1594），以弱冠举于乡，乙未成进士。房书出，一时纸贵洛阳。士林学究，以至村塾顽童，无不出口诵先生之文及幼小题，直与钱鹤滩、汤海若争座焉。"钱福有《鹤滩集》，汤显祖号海若。

乙未科翰林馆课曾汇集刊行，名为《乙未科翰林馆课东观弘文》，凡十卷。原题："馆师复斋刘元震，衡野刘楚先同选。"按《明史·选举志》："弘治四年，给事中涂旦，以累科不选庶吉士，请循祖制行之。大学士徐溥言：'……请自今以后，立为定制，一次开科，一次选用。令新进士录平日所作论策、诗赋、序记等文字，限十五篇以上，呈之礼部，送翰林考订。少年有新作五篇，亦许投试。翰林院择其词藻文理可取者，按号行取；礼部以糊名试卷，偕阁臣出题考试于东阁，试卷与所投之文相称，即收预选。每科所选不过二十人，每选所留不过三五辈，将来成就，必有足赖者。'孝宗从其请，命内阁同吏、礼二部考选以为常。自嘉靖癸未至万历庚辰，中间有九科不选。神宗常命间科一选。礼部侍郎吴道南持不可。崇祯甲戌、丁丑复不选，馀悉遵例。其与选者谓之馆选，以翰詹官高资深者一人课之，谓之教习。三年学成，优者留翰林为编修、检讨，次者出为给事、御史，谓之散馆。与常调官待选者，体格殊异。"此本为万历乙未科〔二十三年〕馆课，二十五年散馆，馆课由书坊刊行。所选凡刘一爆（1567—1635）、邓士龙、刘纲、朱之蕃、孙慎行（1564—1635）、何宗彦（？—1624）、白瑜、南师仲、陈之龙、林秉汉、汤宾尹（1568—？）、黄志清、俍祺、顾秉谦、赵用光、郭淳、朱延禧、孙如游（？—1625）十八人，则是科所选，不足二十人。卷内有："安乐堂藏书记"、"明善堂览书画印记"、"东郡杨绍和彦合珍藏"、"日讲官起居注"等印记。据《中国善本书提要》。

据《万历乙未科进士履历》，乙未科进士地域分布情形如下：

北直隶十七人：顺天府四人，米万钟，梁应泽，刘余泽，王思任；永平府二人，白瑜，徐云逵；保定府四人，房壮丽，王宗义，刘不盈，王兴；河间府二人，张光纪，冯嘉会；大名府五人，朱冠，张养正，成伯龙，李养正，颜悦道。南直隶六十二人：应天府五人，朱之蕃，张文晖，丁遂，李景春，周元；苏州府八人，李鸿，陈允坚，徐如珂，沈琦，沈琉，顾秉谦，柴大履，张其廉；松江府十人，陆彦桢，王孙熙，高孙祚，范允临，张本嘉，戴士琳，杜士全，夏景华，李中立，洪都；常州府五人，薛近兖，郑振先，吴道行，陈于廷，刘元珍；镇江府四人、庐州府一人，华钰，徐希孟，刘觐文，周应秋，赵元吉；凤阳府三人、扬州府一人，孙慎行，俞当泰，钱九思，徐天荐；徽州府十四人，鲍应鳌，洪养蒙，洪世俊，吴宗尧，吴一新，汪元功，毕懋良，程寰，江起鹏，汪国楠，汪尚谊，梁凤翱，胡思伸，谢存仁；宁国府四人、池州府二人，汤宾尹，施善教，汪冀夔，管橘，王一祯，檀之坚；安庆府四人、广德州一人，于国重，胡瓒，何如申，何如宠，窖瑞鲤。浙江三十三人：杭州府三人，俞思冲，杨廷槐，徐绍曾；嘉兴府四人，诸继良，贺灿然，陆锡恩，沈道原；湖州府五人，施寿明，费兆元，董嗣昭，冯伟，钱中选；宁波府八人，范钫，徐时进，陈之龙，袁时选，叶维荣，冯若愚，邬元会，邵辅忠；绍兴府七人，朱瑞凤，张汝霖，王循学，尹三聘，翁汝进，黄化龙，孙如游；台州府二人，应汝化，王万祚；金华府二人、温州府二人，赵贤意，倪承课，张阳春，沈光宗。江西二十人：南昌府十三人，邓士龙，刘一爌，赵国琦，魏时应，刘一煜，刘一爆，李光祖，吴文英，刘洪谟，饶景暐，熊尚文，甘来，陈儒；饶州府一人，陈大绥；南康府一人、抚州府一人，徐中素，谢廷谅；吉安府四人，萧近高，王尔康，朱世守，周文谟。福建三十四人：福州府三人，林云，曹学佺，林茂槐；泉州府十八人，赖克俊，黄志清，戴廷诏，涂乔芳，李范廉，杜应楚，陈瑛，周维京，陈亮采，吴寥相，林欲栋，赵世征，林机，骆日升，张迎，刘梦松，林应翔，蔡复一；建宁府一人，杨百朋；汀州府一人，陈鸣春；兴化府二人，朱文澜，俞维宇；漳州府九人，张继桂，郑怀魁，徐銮，王廷凤，商文昭，胡廷宴，方鼎铉，吴寀，林秉汉。湖广二十五人：武昌府五人，梅开先，段然，刘学周，孟习孔，马天锦；承天府四人，李天栋，曾之肖，张琁，董历；襄阳府一人、德安府一人，杨正芳，何宗彦；黄州府九人，孙大壮，樊玉冲，周应明，李长庚，吴化，张大猷，程可文，舒其志，邢懋顺；荆州府二人、长沙府一人，朱光祚，王莅，周御；宝庆府二人，阳思谦，周廷参。河南二十七人：开封府九人，王惟俭，徐正学，高维垣，胡嘉栋，金励，徐斗牛，董九贡，刘九光，张鹤腾；归德府一人，李璠；卫辉府二人、怀庆府一人，郭湄，王近愚，崔养蒙；河南府（十）四人、南阳府一人，秦道显，刘廷芳，张以谦，崔应科，关廷访，刘尚质，刘尚朴，霍镇方，郝岳，高折枝，文球，熊伟，张舜命，仝梧，王孟震。山东二十四人：济南府十（九）人，胡东渐，王之都，王象恒，王象斗，张其忠，张五典，李如桧，王浩，顾四明；兖州府三人，解如桐，王起蛟，任彦棻；东昌府三人，汪承爵，朱延禧，岳储精；青州府二人、登州府四人，董可威，冯瑗，周之乐，徐锾，王道一，张嗣诚；莱州府二人，王洙，颜思忠。

兵部覆大学士陈于陛议储养将才一款，武举之外，不以一技为限，行边镇、省直御史会同督抚博访数人，各给路费，同乡试中式武生一体赴京，听总协科道仿会举事例公同校阅，果堪实用者，系世袭即为推用，系白衣咨送各督抚，俟其有功荐用。而长材异能，又不拘资格起用，庶异品登庸有阶矣。诏从之。（据《明神宗实录》卷二百八十三）

万历乙未进士蔡复一、吴宷、刘尚朴、朱光祚、荆养乔、林欲栋、刘尚质，俱年少未娶，而尚朴年仅十七，尤奇。（据李调元《制义科琐记》卷三《未娶》）

酌定副榜举人三百名以就教职。《明神宗实录》卷二百八十三：万历二十三年三月，"戊子，礼部题：会试下第举人七百余名，乞恩就教。然恐举人署职之多，有妨贡途。合将三年内乞恩副榜酌定三百名，与贡士各拟分数，相次待选，庶科、贡并收，起贤书者进取有阶，而资禄养者亦不至久淹黉序。从之。"庚子，"礼部题：会试下第举人翟文卿等愿就教职，照例廷试，分别次第，咨送吏部除授。上诏题准三百名外，加一倍选用。"

四月

命大学士张位、陈于陛各撰万历壬辰、乙未二科《进士题名记》。（据《明神宗实录》卷二百八十四"万历二十三年四月戊午"）

命儒臣讲《大学衍义》。（据《国榷》卷七十七）

国子监祭酒萧良有疏言选贡拨历事宜，诏下礼部议。《明神宗实录》卷二百八十四：万历二十三年四月癸卯，"祭酒萧良有疏言：选贡骤增，历拨大壅。乞将选贡分隶南北两监，稍宽拨数，用疏人才。而又酌量地方人数，品搭均齐，分而为五，派定某年考选某京某省，期以十载一周。如此监既陆续有人，而历亦不致堆积久滞。至拨历而出，散归本省，如遇乡试之年，仍与庠士一体应试。诏下礼部议。"

国子祭酒萧良有劾罢。（据《国榷》卷七十七）

庚申，大学士赵志皋等题：廷试就教举人三百名，取中试卷，封进以俟圣裁。诏如议。（据《明神宗实录》卷二百八十四）

吴炳（1595—1648）生。据王永宽、王钢《中国戏曲史编年》（元明卷）引《宜荆吴氏宗谱》，吴炳"生于万历二十三年乙未四月初七日"。吴炳字可先、石渠，号粲花主人。宜兴人。万历己未（1619）进士，庚申（1620）授蒲圻县令，崇祯间官至江西提学副使。永明王擢为兵部右侍郎，至桂林，令以本兵兼东阁大学士。永历帝奔靖州，吴炳扈从太子，为孔有德所获，次年正月绝食死。所著传奇《绿牡丹》、《疗妒羹》、《画中人》、《西园记》、《情邮记》，合称《粲花五种》。另有《说易》等。

胡应麟应进士试不第。场后拟试内阁司诰敕中书官，因病未果。《万历野获编》卷二十三《金华二名士》："（兰溪）胡元瑞应麟以丙子（1576）举孝廉。乃翁与先大父己未同籍，因得与称通门。其名噪一时，王弇州至欲以衣钵传之。才情赡洽，多所凌忽。乙未赴南宫，与同里赵常吉士桢酒间嘲谑，戏呼赵为家丁，赵拔刃刺之，几为所中，逾墙得免。自是稍戢。是年场后，试内阁司诰敕中书官，例取乙榜二人。胡与首揆赵兰溪密戚深交，面许必得，时论亦服胡声华，咸无异议。既题请钦定试日，胡忽大病不能入，而粤东张孟奇萱得之。张盖纳赂于首揆纪纲祝六者，先为地道矣。或云张豫声言，胡倘见收，当首言官并首揆弹治之，故胡托辞不试。未知然否。胡性亦高伉，不屑随时俯仰，既失意归，旋发病卒。张入中秘，出为户部郎榷税于吴，橐金巨万，今以养母予告，自奉王公不能过也。张亦以辞赋自命，人伟岸有福相，不似胡之槁瘠云。"

五月

诏总督宣大萧大亨入为刑部尚书，太子太保如故。南京翰林院侍读学士杨起元入为国子祭酒。（据《明神宗实录》卷二百八十五）

大学士赵志皋题请考选庶吉士，以作养人才，其名数一准万历二十年科臣李周策所奏，止十八卷，请钦定试期以行。从之。（据《明神宗实录》卷二百八十五）

岁贡生曹上吉选高陵知县，为奸人所卖，索贿。文选郎中蒋时馨闻而捕之。上吉除名，奸人下镇抚司。（据《国榷》卷七十七）

六月

大学士赵志皋等奏，以准改庶吉士高承祚、何宗彦、顾秉谦，黄志清、林秉汉、白瑜、郭淐、孙如游、朱延禧、赵用光、邓士龙、梁有年、南师仲、陈之龙、刘一燝、刘纲、刘余泽、佴祺等一十八人与一甲进士朱之蕃、汤宾尹、孙慎行俱送翰林院读书进学。（据《明神宗实录》卷二百八十六）

右春坊右中允周应宾为南京右春坊右谕德，署翰林院事。南京户部尚书李戴为工部

尚书。（据《国榷》卷七十七）

七月

帅机（1537—1595）卒。帅先慎《惟审先生履历》："先生讳机，字惟审，谦斋其别号也。父讳时中，廪庠，母何氏。先生居次，兄讳枢，弟讳相，俱邑庠。先生以大明嘉靖丁酉岁五月戊寅巳时生于柘溪游鹤麓之里，生而颖异，过目不再。九龄，石城许先生谷督学江右，奇之，即以神童入弟子员，未几食饩。十二岁，丁父艰，服阕，领嘉靖壬子乡荐，甫成童耳。公车五上，始登隆庆戊辰进士第，不拜县长，除河南汝宁府教授，开大梁书院，抡秀讲艺，文风斐然，作有《大梁书院序齿序》，迁太学正，主虞部事。庚午，钦差典福建乡试，作《乡试录前序》复命。爱南部闲散，乞南膳部郎，满岁，出守思南，升河南全省学政，谪分醝于越，量移彰德府同知。时宁夏枭张，命将征讨，献馘班师，上《平西夏颂》，诏送史馆，旌额曰葩词献芝，擢南比部郎。皇太子出阁，又献《出阁讲学颂》。既而引病自免归，时万历甲午秋季也。家居又缮南、北《二京赋》以上，俱蒙纶褒焉。是年十二月，母何氏卒，年九十三，而先生亦乙未七月二十三日登遐矣，享年五十有九。"

以詹事府掌府事吏部左侍郎兼侍读学士刘元震、礼部左侍郎兼侍读学士刘楚先同教习庶吉士。（据《明神宗实录》卷二百八十七）

司经局洗马刘应秋为右春坊右谕德兼翰林院侍讲，修撰朱国祚为洗马，编修郭正域为右中允。（据《国榷》卷七十七）

命四辅臣分科补撰嘉靖乙未等四科、隆庆辛未等五科及万历己丑科《进士题名记》。（据《明神宗实录》卷二百八十七"万历二十三年七月丁亥"）

蒋时馨削籍。时馨漳平人，万历丁丑进士。知新喻，调嘉鱼，迁南京大理寺评事。故敝衣冠，从邹元标辈讲学，因历考功文选二司。及被劾，请廷质，且曰："戎政兵部左侍郎沈思孝，庇浙江海道副使丁此吕，避察不得，又求少宰不得。遂同右谕德刘应秋、大理右少卿江东之等托李三才授赵文炳，冀陷太宰而代之。"上怒其渎辨，削籍。（据《国榷》卷七十七）

八月

升左庶子兼侍读冯梦祯为南京国子监祭酒。（据《明神宗实录》卷二百八十八）

国子司业叶向高为右春坊右中允兼翰林院编修，纂修正史。（据《国榷》卷七十七）

署翰林院事余继登以纂修正史，请兼采家乘乡评。报可。（据《国榷》卷七十七）

南京国子司业季道统为左春坊左中允，署国子司业。（据《国榷》卷七十七）

九月

兵科给事中吴文梓等奏称武科之设原以骑射为主，末场论策亦观其韬略，不取其浮华。奏准应试者骑射既精，方略可采，即点缀不甚工，亦不宜轻弃；至既列贤科，当照文举鳞次甄录，随材委用，不当使其沦弃。（据《明神宗实录》卷二百八十九）

大学士赵志皋等以九月十五日应考试天下武举生，请考试官二员，乃列左庶子李廷机，洗马朱国祚名以请。（据《明神宗实录》卷二百八十九）

周天球（1514—1595）卒。《涌幢小品》卷三："吴中周天球，字公瑕，善大书。少为文征仲奖赏，感之甚，设像中堂，岁时祀如祀先。与王百谷稚登相左，见即避去。万历乙未九月卒，年八十二。"于慎行《周幼海先生小传》："吴楚名能诗，故多靡丽，而先生所为雄劲悲惋，自近世所不多见。"王世贞有《周公瑕先生七十寿叙》。《明诗纪事》己签卷十七录周天球诗一首。

复建文年号。《明鉴纲目》卷七："纲：复建文年号。目：初，司业王祖嫡（德州人），以建文不宜革除上请，礼部尚书沈鲤（字仲化，归德人）力赞之，帝不从。至是，礼科给事中杨天民（字正甫，山西太平人），复以为言，始诏复建文年号，附事迹于太祖实录之末。（未几，南京太常卿沈子木疏言：建文帝御宇五年，顾不得一盂麦饭，下同齐民，于谊未忍，请祔食于懿文太子之侧。章下部议，不果行。○沈子木，归安人。）"

命京省各提学官博采所部人物行实以备正史。（据《国榷》卷七十七）

翰林院编修黄汝良为南京国子司业。（据《国榷》卷七十七）

十月

南京吏部右侍郎曾朝节为礼部尚书协理詹事府，为正史副总裁。翰林院编修杨道宾纂修正史。（据《国榷》卷七十七）

冬

科道官三十馀人贬谪远方，余寅因撰《乙未秘志》。《四库全书总目》卷五十四史部杂史类存目三著录《乙未私志》一卷，提要曰："明余寅撰。按明有两余寅。其一字仲房，歙县人，与徐渭、沈明臣俱入胡宗宪幕中。《明史》附见徐渭传中。此余寅鄞县人。本字君房，晚年改字僧杲。万历庚辰进士，官至太常寺少卿。万历二十三年乙未冬，帝以军政失察，贬科道官三十馀人，九卿力谏不纳。既而恶大学士陈于陛论救，复命改谪远方。吏部尚书孙丕扬等再抗疏谏，帝益怒，尽除其名。寅因作此书纪其本末，及贬削诸臣姓名。按《明史》陈于陛传，载此事作'两都言官'，而孙丕扬传则作'南京言官'，微有不同。据寅所纪，乃北京科道耿随龙等，南京科道伍文焕等，与于陛传相合。知丕扬传中'南'字，以与'两'字形似而讹也。"

本年

姚应仁《大学中庸读》成书。《四库全书总目》卷三十七经部四书类存目著录《大学中庸读》二卷，提要曰："明姚应仁撰。应仁有《檀弓原》，已著录。是书成于万历乙未，据丰坊伪撰魏政和《石经》以攻朱子《章句》。至修身章中窜入颜渊问仁五句。应仁不能曲说，乃言只须削去此节。夫此既属当削，则所谓《石经》岂复可信哉！至其持论，则多引佛经。解《淇澳》节有曰：密多者瑟也，金刚不坏者僴也，枝枝叶叶光明者，赫喧也。是不止阳儒而阴释矣。"姚应仁字安之，徽州人。

瞿汝稷《指月录》成书。（据瞿汝稷《水月斋指月录原序》）

欧大任（1519—1595）卒。欧必元《家虞部公传》："公讳大任，字桢伯，广州顺德人。以岁荐起家，历仕至南京工部虞衡司郎中，故又称虞部公。宋右文殿学士公十五世孙也。公曰赠奉政公世元，配孔太宜人，于正德丙子（1516）孟冬二十五日实生公……致政后得优游林泉间十余年，年八十，乃终于正寝。"以明经授江都训导、光州学正，历国博、虞衡郎中。"所著有《百越先贤志》四卷、《家乘》二十卷、《广陵十先生传》一卷、《思玄堂集》八卷、《旅燕集》四卷、《韬中集》一卷、《浮淮集》七卷、《浮梁集》七卷、《南蠹集》一卷、《北辕草》一卷、《雍馆集》四卷、《西署集》八卷、《秣陵集》八卷、《诏归集》一卷、《蓬园集》十卷、《虞部文集》七十卷，行于世。"

沈明臣（1518—1595）卒。沈明臣字嘉则，鄞县人。有《丰对楼集》。黄昌衢《沈嘉则诗小序》："嘉则与文长同产越东，同游胡少保幕府，文长固高岸自异，而嘉则亦岩岩郁岳，不肯少自阿曲。两人才具为少保所爱敬，其礼遇更同。至读其诗，徐多幽险，沈多雄快，独若有不尽同者，然一种牢骚郁勃之概，往往若在伯仲间。后少保陷身请室以死，文长竟发狂病，操斧击折头骨，且为捶囊，或利锥锥两耳，狂病终其身，似欲以死殉少保者。乃嘉则则走哭少保墓下，持所为诔遍告士大夫，代少保诵冤状，而不必为文长之所为。呜呼！少保知人能得士，可以无遗憾矣。"《明诗别裁集》卷九录沈明臣诗二首。《四库全书总目》著录沈明臣《通州志》八卷、《越草》一卷、《丰对楼诗选》四十三卷、《吴越游稿》一卷。

潘季驯（1521—1595）卒。《静志居诗话》卷十三《潘季驯》："潘季驯，字时良，号印川，乌程人。嘉靖庚戌进士，除九江推官，擢江西道御史，升大理寺丞，历少卿，以佥都御史治河，累官南京兵部尚书，罢归，起刑部尚书，加太子少保，总理河道。有《留馀堂集》。印川自嘉靖乙丑，受命治河，至万历庚辰工成。著有《宸断大工录》。先后四总河务，晚辑《河防一览》，其大指谓：'通漕于河，则治河即以治漕，会河于淮，则治淮即以治河。合河、淮而同入于海，则治河、淮即以治海。'立意在筑堤束水，借水刷沙，以此奏功。百年以来，俱守其指画，可谓能捍大患者。独怪天启初，补谥列朝名臣，而公独不与焉。录其诗，为之叹息。"《四库全书总目》著录其《潘司空奏疏》六卷、《两河经略》四卷、《河防一览》十四卷、《两河管见》三卷、《留馀堂集》四卷。《留馀堂集》提要曰："季驯平生功业，著于治河。所作《河防一览》已著录。是集诗一卷，文三卷，皆不见所长。《千顷堂书目》作五卷，或尚佚一卷欤？"

茅元仪（1595—1635 后）生。据《列朝诗集小传》丁集下、《因树屋树影》卷二等。茅元仪字止生，归安人。崇祯初，以荐授翰林院待诏，寻参孙承宗军务，改授副总兵官，守觉华岛，寻以兵哗论戍。有《西崦》、《又岘》诸集。

明神宗万历二十四年丙申（公元 1596 年）

正月

大学士陈于陛、沈一贯各疏宥谪臣，不报。（据《国榷》卷七十七）

翰林院编修方从哲为国子司业。（据《国榷》卷七十七）

二月

兵部左侍郎李桢、左副都御史张养蒙清理军职贴黄。国子祭酒杨起元为南京礼部右侍郎。（据《国榷》卷七十七）

三月

革原中顺天乡试屠大壮为民。（据《明神宗实录》卷二百九十五"万历二十四年三月己丑"）

赵用贤（1535—1596）卒。瞿汝稷《嘉议大夫吏部左侍郎定宇赵公行状》："公讳某，字汝师，别号定宇。"常熟人。"公生于嘉靖乙未四月二十日，卒于万历丙申三月十五日。"隆庆辛未（1571）进士，选庶吉士，除检讨，以建言杖为民。起春坊赞善，历南国子监祭酒，就进礼部侍郎，改北，再改吏部。卒赠礼部尚书，谥文毅。有《松石斋文集》三十卷、《诗集》六卷。《明史·艺文志》著录赵用贤奏议一卷，文集三十卷，诗六卷。《列朝诗集小传》丁集上："公负气节，饶经济，海内以罗彝正目之。公亦激昂慷慨，不恤身为党魁。继江陵执政者，畏而忌之，以故回翔南北，卒遭弹射，不得柄用，卒赠礼部尚书，谥文毅。公强学好问，老而弥笃，午夜摊书夹巨烛，窗户洞然，每至达旦。为文章博达详赡，少年颇訾謷弇州，晚而北面称弟子，弇州亦盛相推挹，作续五子诗及之，而末五子居首焉。其四人则云杜李维桢、南乐魏允中、四明屠隆、金华胡应麟也。"《明诗纪事》己签卷五录赵用贤诗一首。

赵志皋从一品三年考满，进少傅兼太子太傅建极殿大学士，荫尚宝司丞。（据《国榷》卷七十七）

五月

大学士赵志皋题，取中岁、选贡生卷进呈。（据《明神宗实录》卷二百九十七）

河道御史周孔教论石星误国，并及赵志皋。命下廷议。（据《国榷》卷七十七）

彭泽诸生万事仁上所著《资易太平书》。（据《国榷》卷七十七）

六月

二十一日，耿定向（1524—1596）卒。焦竑《澹园集》卷三十三《资德大夫正治上卿总督仓场户部尚书赠太子太保谥恭简天台耿先生行状》："先生姓耿氏，讳定向，字在伦，楚黄州麻城县人。"壬子举于乡，丙辰以《春秋》魁南宫，授行人司行人。己未秋授云南道御史。历任大理右寺丞、大理左寺丞、工部屯田主事、刑部左侍郎、南京都察院右都御史，官至户部总督仓场尚书。"如假寐者而逝，盖丙申六月二十一日也。距生嘉靖甲申十月十日，享年七十有三。""先生所著有《纶简类编》、《奏疏牍草》、《应迹硕辅宝鉴》、《耿子庸言》、《先进遗风》、《斆学商求》、《小学新编》、《闺训礼纂》、《牧要编》、《译异编》、《儒宗传》、《大事译》、《学象》、《黄安初乘》、《耿氏家谱》、《观生纪》、诗文集，总若干卷。"《国榷》卷七十七："（万历二十四年六月丁巳）前总理仓场户部尚书耿定向卒。定向字在伦，麻城人，嘉靖丙辰进士。授行人，进云南道御史，数言事。巡按甘肃，视南畿学政，并有声。进大理寺丞，忤高拱，谪横州判官，量移衢州推官。万历初，自工部主事进尚书丞，累迁右佥都御史，忧去。起抚福建，又忧去。起左佥都御史，历南京右都御史，长户部。好讲学，其说主王氏，所著书甚富。予祭葬，赠太子少保，谥恭简。"

七月

陆续派宦官赴各地充矿使税使，直接搜括民财。万历间矿税之害始于本年。《明鉴纲目》卷七："纲：丙申二十四年，秋七月，遣中官开矿。目：初，畿辅奸民，怂恿中官，多言矿利，大学士申时行力持不可。至是，承宁夏朝鲜用兵之后，国用大匮，营建两宫，计臣束手，前卫千户仲春，请开矿助工，帝允之。自是献矿峒者踵至。首开畿内，命中官领之。嗣后河南、山西、南直、湖广、浙江、陕西、四川、辽东、广东、广西、江西、福建、云南，无地不开。中使四出，皆给以关防，并偕原奏官往。矿脉微细无所得，勒民偿之。而奸人假开采之名，乘势横索民财。有司稍忤意，辄劾其阻挠逮治。富家巨族，则诬以盗矿，良田美宅，则指为下有矿脉，卒役围捕，辱及妇女。其横暴如此。群臣屡谏，帝皆不听。（其后又增设各省税使，如天津店租，广州珠监，两淮余盐，浙江福建广东市舶，成都茶盐，重庆名木，湖口长江船税，荆州店税，宝坻鱼苇及门摊商税等。都邑关津，中使棋布，水陆行数十里，即树旗建厂，所至纳奸民为爪牙，肆行杀夺。又立土商名目，穷乡僻壤，米盐鸡豕，皆令输税，中人之家，大半皆破。由是民不聊生，变乱蜂起。）”

太常寺少卿郑继之为右通政，左庶子李庭机为国子祭酒。（据《国榷》卷七十七）

八月

日讲官礼部右侍郎兼翰林院侍读学士冯琦终养。（据《国榷》卷七十七）

大学士张位乞罢，不许。时吏部尚书孙丕扬乞休疏二十，位拟放。而丕扬实无去意；故衔之。（据《国榷》卷七十七）

九月

改景东卫儒学属景东府。（据《国榷》卷七十七）

征士周天球卒。天球字公瑕，太仓人，诸生。工诗翰。世宗时尝征入，有隐操。亡子。（据《国榷》卷七十七）

十月

曲阜知县孔贞教有罪免。命于本县科贡内选补。（据《国榷》卷七十七）

十一月

礼部覆奏禁文体诡异，各省直提学官限岁底将试卷解部。得旨：迩来文体险怪，屡经明旨申饬，全无改正。所奏依拟，着实举行。以后提学官务以有无转移士习为殿最，不许概拟升转。（据《明神宗实录》卷三百四“万历二十四年十一月丁巳”）

十二月

祭酒冯梦祯请比照万历二十二年北监事例，加南监解额二十名。黄儒炳《续南雍志》卷六《事纪》:"(万历二十四年)十二月丁丑,祭酒冯梦祯陈言:'……一曰加制额以拔优异。两监乡试中式定额一百三十五名,南监以人才不敷,往往不及额。自选贡之法行而两监俱充矣。先是万历二十二年天下选贡生咸留北监,科场约一千二百余。皇上采科部议,加额二十名,南监选贡以不及百名不在加额之例。然北监以选贡中式者五分之四,是二十人而中一人。南监以选贡中式者居三分之一,是三十人而中一人,南更有余,北更不足,非选贡有优劣,人数有多寡也。以实较之,北虽蒙加额之恩而选贡病矣。其年科举后,北监选贡纷纷改南者,不下七百余人。今南监所收选贡,以未拨历方来者通计之,明岁由应天科举大约千数之外,是选贡者昔聚于北,今聚于南矣。皇上加额之恩昔施于北者,今独不可施于南乎?臣窃念选贡诸生,拔之学校,其选已精,即三十人而中一人,尤有遗佚之叹,若不加额,则选贡在南者将四五十人而中一人,而援例非最才秀者,不能与选贡争进。且八九十人而中一人,是选贡与援例交病而选贡为尤病矣。拔之于天下而困之于太学,因循数年,精华销铄,永无科目之望,是充实太学者,乃所以废锢之也。无论选贡,皇上育才不遗菅蒯,今大工甫兴,且开输粟之例以诱致髦士,而塞其向进之路,有才质者或却步而不前,而阘茸竞进,太学益秽矣,非长养人才之策也。请比万历二十二年北监事例,加额二十名,则贤途不滞,英俊毕登。……'上览疏,下部议之。"

陈于陛(1545—1596)以积忧成疾卒。《明鉴纲目》卷七:"纲:冬十二月,陈于陛卒。(谥文宪。)目:于陛在阁,与赵志皋、张位、沈一贯皆同年生,遇事无龃龉。而帝拒谏益甚,上下否隔,于陛忧形于色。以不能补救,在直庐数太息,视日影。至是,以两宫灾,请面对不报,乞罢,亦不许。以积忧成疾卒,赠少保。"

本年

顾大典(1541—1596)卒。王骥德《曲律》杂论第三十九下云:"沈璟与同里顾学宪道行先生并蓄声妓,为香山、洛社之游。""顾道行先生亦美风仪,登第甚少。曾一就教吾越。以闽中督学使者弃官归田。工书画,侈姬侍,兼有顾曲之嗜。所畜家乐,皆自教之。所著有《青衫》、《葛衣》、《义乳》三记,略尚标韵,第伤文弱。余尝一访先生园亭。先生论词,亦倾倒不辍。晚年无疾,为人作一书与郡公,投笔而逝。亦一奇也。"著作除戏曲外,《苏州府志》卷七十五列《海岱吟》、《闽游草》、《园居稿》、《清音阁集》。《松陵文集》三编卷三十二顾氏小传谓《清音阁集》有二卷本、六卷本两种,另有《稽山集》、《三山稿》、《括苍稿》、《北征稿》、《南署稿》,可补《苏州府志》不足。

张采(1596—1648)生。张采字受先,太仓人。崇祯戊辰进士。少与张溥读书七录斋中,以六经史汉倡明古学,时号娄东二张。令临川,移疾归,益潜心濂闽之学。有《知畏堂集》。

明神宗万历二十五年丁酉（公元 1597 年）

正月

大学士沈一贯妇丧予告。（据《国榷》卷七十七）

翰林院编修顾天埈、刘孔党，检讨刘生中、李腾芳教习内书堂。（据《国榷》卷七十七）

礼部左侍郎兼翰林院侍读学士协理詹事府曾朝节署翰林院事。（据《国榷》卷七十七）

二月

南监增乡试解额十名。著为例。《明神宗实录》卷三百七：万历二十五年二月甲申，"先是，万历二十二年乡试，以廷试选贡生俱属北监，不及拨南，增额二十名。至是，礼部因南京祭酒冯梦祯加额之疏，请量加五名，酌分北监十五名，南监十名，专待选贡士，著为例。从之。"

翰林院庶吉士林应元服阕，为吏科给事中。（据《国榷》卷七十七）

四月

祭酒冯梦祯奏请科场特严限字之禁，下礼部覆议。黄儒炳《续南雍志》卷六《事纪》："（万历二十五年四月）丙子，祭酒冯梦祯奏请科场特严限字之禁，每篇限字四百，下礼部覆议。秋七月癸巳，礼部上言：'今科场逼近，正严奇诡之禁，又一心拘拘，恐逾字数，临场意气沮涩，文思不舒，盖骤而绳之，似伤急迫，则又臣等更张无渐之所致也。且一时云、贵、川、广远方通行不及，远近异制，同文谓何？既已部题冗长有禁，限字少俟场后再为酌议，与奇诡一体严禁，会提学官着实举行，务期诸生一意服习，冀归简雅，追美成弘。至于该科所谓士习大坏，欲为救正，大本有在，未敢就事塞责，漫陈而无补。'上可其奏。"

五月

内阁会同翰林院官考试各处岁贡，取中上卷六卷，中卷三百五十五卷。选贡取中上卷三卷，中卷三十三卷。（据《明神宗实录》卷三百一十）

进赵志皋少傅兼太子太傅建极殿大学士，荫尚宝司丞。张位少保兼太子太保吏部尚书武英殿大学士，沈一贯太子太保户部尚书武英殿大学士，各荫中书舍人。赐金币。（据《国榷》卷七十七）

六月

国子祭酒李庭机为少詹事兼翰林院侍读学士，充正史副总裁。南京右春坊右谕德周应宾为右庶子兼翰林院侍读，纂修正史。翰林院庶吉士朱国桢服除，为检讨。（据《国榷》卷七十七）

张位等请暂停纂修正史。先是，开局于皇极门两庑，被毁，所撰各帝本纪皇后本纪各志俱就。郊祀、庙祀、典礼、乐律、天文、历法、宗藩、学校、选举、职官、经籍、赋役、货币、漕渠、盐法、军政、兵制、马政、刑法、郡国九边志，凡二十二。方事列传，其类三十六。（据《国榷》卷七十七）

内阁会同翰林院考试各处愿就教职岁贡，取中上卷五卷，中卷三百二十八卷。（据《明神宗实录》卷三百十一）

升左春坊左庶子兼翰林院侍读刘应秋为国子监祭酒。（据《明神宗实录》卷三百十一）

赵汝宾、姜应周以作弊被判死刑。《明神宗实录》卷三百十二：万历二十五年七月丁酉，"金华府人赵汝宾援纳吏役，值同郡贡生赵之宾挂选病故，名籍颇相类，而舞文积书姜应周遂与汝宾谋贿，冒贡生名，伪造文牒，请人赴试，已选晋江簿。及谒部，为铨郎发觉。事下刑部，议二犯俱斩，从之。"

翰林院庶吉士刘纲，以屡灾宜实图修省，语侵赵志皋。不报。后内计落职死，公论惜之。（据《国榷》卷七十七）

七月

播州宣慰使杨应龙起兵叛乱。《明鉴纲目》卷七："纲：秋七月，播州宣慰使杨应龙叛。目：唐乾符间，有杨端者，应募定南诏，遂据播州，历宋元，皆附属称臣。洪武初，杨鉴内附，授宣慰使。数传至应龙，数从征伐，恃功骄蹇。帝十八年，贵州巡抚叶梦熊，巡按陈效（成都井研人），并疏应龙凶恶诸罪。四川巡按李化龙（字于田，长垣人），以时方调播州兵，防御松潘，请暂免勘问，由是川贵抚按议不合。应龙性猜狠，阻兵嗜杀，所辖五司（黄平、草塘，二安抚司，白泥、余庆、重安，三长官司。○黄平司，洪武八年置。万历二十八年，改为州，今为县。草塘司，在贵州遵义县东，洪武中置，今废。余庆司，元置州，洪武中，分置余庆、白泥二司，万历二十八年，改置县。重安司，在今黄平县西，洪武八年置，万历二十七年废），七姓（田张袁卢谭罗吴），悉畔离。其妻叔张时照等，上变告应龙反（应龙嬖小妻田雌凤，杀其妻张，并其母，故时照欲报之），梦熊请发兵剿之。（蜀中士大夫，悉谓蜀三面临播，属裔以什伯数，皆其弹压，且兵骁勇，数赴征调有功，翦除未为长策，以故蜀抚按并主抚。）朝议命勘，应龙愿赴蜀不赴黔。二十年应龙赴重庆对簿，坐法当斩，请以二万金赎。又请愿将兵五千，征倭报效。诏释之。会巡抚王继光（登州人）至，严提勘结，应龙抗不出，用兵之议遂决。二十一年，继光至重庆，与总兵刘承嗣，分兵三道，进娄山关（今名太平关，在遵义县北大娄山上），白石口（在娄山关南），反为所败。继光论罢。二十二年，以南京兵部侍郎刑玠为总督，往勘之。（会水西宣慰安疆臣请父国亨恤典，兵部尚书石星手札示疆臣，趣应龙就吏，得赎罪。疆臣奉札至播，招应龙。时七姓，恐应龙出，得除罪，而四方亡命，窜匿其间，又幸应龙反，因以为利，遂阻其事。）应龙诿罪于其党黄元阿羔，执以献，乃斩元羔于重庆市。应龙请输四万金以赎罪，羁其次子可栋于重庆追赎。应龙既免死，怙恶不悛。会可栋死，益痛恨，遂纠诸苗反，焚劫草塘、余庆二司，及兴隆、都匀（注并见前）诸卫，进围黄平、重安，杀官吏，大掠江津南川綦江合江，寖及湖广，势遂大炽。"

司经局洗马邹德溥削籍。初，籍霍文炳宅一区瘗金五万五千有奇。德溥门生王良材侦知之，同德溥儌居而分之。至是，东厂以闻，巡城御史况上进论其伪学盗臣。时德溥方命主试应天，被斥，仍追入其资。（据《国榷》卷七十七）

翰林院侍读朱国祚为左春坊左庶子，仍兼修撰。右春坊右中允兼编修郭正域、叶向高并为左谕德兼侍讲，国子司业方从哲、右中允唐文献并为右谕德兼侍讲，编修全天叙为左中允，检讨萧云举为左赞善，俱兼官如故。（据《国榷》卷七十七）

八月

命中允全天叙、修撰焦竑主顺天试，谕德朱国祚、中允叶向高主应天试，编修杨道宾、吏科给事中戴士衡主浙江试，编修董其昌、户科给事中程绍主江西试，编修刘日宁、兵部员外郎黄炜主福建试，编修冯有经、兵部主事冯上知主湖广试，尚宝司卿蒋春芳、户部主事李长庚主河南试，吏部主事钱养廉、工部主事沈朝焕主山东试，光禄寺少卿何倬、大理寺寺副石九奏主山西试，兵部主事田立家、中书吴仁度主陕西试，刑科给事中李应策、中书侯执躬主四川试，户部主事邓原岳、行人陈嘉训主广东试，工部主事张宗孔、行人汪若霖主广西试，户部主事王天合、行人沈时来主云南试，户部主事苏茂相、中书钟兆斗主贵州试。（据《明神宗实录》卷三百十三"万历二十五年八月丁卯"）

八月初七日，徐光启始获得应今年乡试资格。沈德符《万历野获编》卷十六《科场·国师阅文偶误》："犹忆戊子春，娄上王辰玉、松江董元宰入都，名噪一时，士人皆以前茅让之，无一异词者。至辛卯，则湖州二沈（演、淮）在成均，其名亦甚振，而祭酒萧汉冲每试辄抑之，不令居一二名。独酷爱一松江人，谓必冠京兆、冠南宫，至录科又以为监元，六馆先生力争之不得。未几，演第一，淮第三，而松江生至今未第。其人余亦熟识，不欲著其名耳。丁酉年则刘冘阳为祭酒，时徐元扈（光启）入监，其博洽无双，且精工时艺。比录科独见遗，凡续案四度，终不肯收。有一胥，吴人，名沈文选，哀之，为叩头乞怜云。其嫡表弟亦屡祈而后续出，则八月初七日矣。徐登解元往谒，怒不许通，恚恨文选，重笞逐出，并革其顶首。盖文字至此时，已无凭据，即萧、刘两法眼，亦目迷五色矣。因思成化间，吴文定宽以岁贡入都，年已五十余，长沙李文正即以会、状两元许之，其时文有定价如此。"徐光启《徐光启集》附录一徐骥《文定公行实》："先文定既早闻家学，胆智过人，弱冠补诸生高等，食饩学宫，便以天下为己任。为文钩深抉奇，意必自畅。……得入籍成均。万历丁酉试顺天，卷落孙山外。是年大司成漪园焦公典试，发榜前二日，犹以不得第一人为恨。从落卷中获先文定试卷，击节赏叹。阅至三场，复拍案叹曰：'此名世大儒无疑也。'拔置第一。"

湖广乡试，有"有事君人者"二节等题。《游艺塾文规》卷二《承题》："丁酉湖广'有事君人者'二节，刘芳节云：'大贤维臣道，而以忠佞辨其品焉。夫国家得百佞臣，不如得一忠臣也，乃其品则当自所悦辨之。''得百佞臣'亦是大议论。'居则曰'四节，林有标云：'圣人以待用试群贤，而独取不用之用焉。盖惟无意用天下者，乃足以用天下也，故以点志较三子，宁无轩轾哉？''无意'二句亦是大议论。"

浙江乡试，贵新贵邃贵深，足见一时科场文风。《游艺塾文规》卷一《浙江文变》："外省之文，大率与两京不同。两京程墨与会试相近，独外省则眉目各别，格调总殊。两京以理，浙江以词；两京以意，浙江以气；两京多奇笔，浙江多平调。故往年浙江之文只要稳，只要充满，只要明白。由两司做总裁，其年已长，其官已久，其心甚粗，其视经义恍然若隔世事，不复能别识，故人有'典显浅利中'之说，正谓其宦情浓郁，老眼昏花，不如此则不识耳。近来用京考，故文字顿改。数科以来，程墨说理用意，翻然一新。只如丁酉墨卷，若格调，若理趣，若意思，种种奇绝，骎骎有两京风味矣。故今日之文，不贵典而贵新，不贵显而贵邃，不贵浅而贵深。若稍有一毫尘腐、浮露、肤浅之态，决难望中。须要扫除俗套，掀翻理窟，自出一段精光，做天地间极好文字，庶几合格。一切庸俗、鄙猥、掇拾、饾饤之习，往年所望以利中者，今皆用不着矣。"

今年乡试，谢廷赞、顾起元、熊廷弼等考生之作颇受关注。《游艺塾文规》卷三《起讲》："丁酉顺天'古之学者为己'，谢廷赞云：'论学者贵无我矣，不知以我心外驰，则我为妄心；以我心内敛，则我为真性，然不可不审也，我思古人而得之矣。'言言入理。'舜之居深山'一节，徐光启云：'心与心合，善与善同，达之天下，本无间隔者也。自知识之用起于有心，于是自有其闻见，而天下之闻见始与我睽而不相入矣。'谢廷赞云：'虚明洞彻，本人心自有之真，顾精以外泄而漓，神以内韬而固，惟即其章章者，乃能妙应若神耳。'邵士斗云：'人生之善，凝之则几希在念，散之则耳目为迹，故囿于居者，能寂而不能感；神于应者，常蓄而常为通，我观虞舜矣。'皆有理趣。""应天'居敬而行简'一节，顾起元云：'善治天下者，不扰天下者也，而不扰天下者，必有所不恣于天下者也，盖清夷之治，类于因循；休息之风，酿于凝一，临民者宜有辨焉。'精新雅炼，便可作元。顾大章云：'帝王之治，讵不先便民哉？顾便民无如省事，省事无如制心，是以论简者，贵由居以及行焉。'瞿汝说云：'天下者，人主之所操也，而人主亦藉天下以自操，故清净无为之说，恭己者得之而治，怠荒者得之而乱，未可尽任也。'何南金云：'世有万事而无两心，心有万应而无两居，天下岂有纷焉难一之务哉？而长人者，先自无截然至一之居，则简固未易言耳。'韩仲雍云：'君人者易于抚一世，而难于操一心，盖心得其衡，而世未有不得其理者。'李蔚云：'图治者靡不自心始，心之精神纷出之，则其政亦纷；约守之，则其政亦约。如慕其约而过守之，其政似约，其心实纷，雍于是不敢尽信行简者焉。'皆有意见，皆为利器。""'言而民莫不信'，此等题目本粗，最难发理。顾起元云：'人主之孚天下以心，而天下之孚人主亦以心，顾言出于圣心则为心精，而入于民心则为心应，盖可窥圣德焉。'吴应试云：'发号施令，即世不能尽废，而持其感孚之神，有不在已言之后而在未言之先者。'范凤翼云：'人主无不泄之意，则大哉王言，关系非渺小也。吾启口者一人，而倾耳者千万人；吾出言者一心，而听言者又有千万心，此其间固无贵乎迹相象、文相冒也。'刘仲斗云：'人君显治天下，无如言矣。夫言出于君，而天下属耳焉，故必民无违令，而后其言尊，此非可求之民也。'周玄昭云：'王者，患德未盛耳，不患民未孚也，故精英内蓄，能令神驰者耸慕；经纶外播，能令耳听者钦承，窃睹于天渊之圣矣。'如此俗题，皆能翻意见奇，烨然可掬。""'故苟得其养'一节，顾起元云：'良心在混沦之初，何长何消，无俟养也。惟剥复乘乎气机，于是消长之用以人心造焉，而养之得失也大矣。'此是正当议论。李蔚云：'大道以一气陶铸寰中，其植为木，其灵为心，均名曰物，物即气之所橐也。气未橐，惟是生生一理为众物报；气既橐，遂有生灭一端待培养力，则养所系匪细矣。'张师绎云：'君子不能保未雕之朴，而仅寻已放之倪，维是微而使之全，则养道急焉。'各说一意，均非凡品。""吕克孝'居敬'一节：'凡治理不欲其太察也，尤不欲其太疏也，太察则浑厚之气伤，而太疏则精明之体亦诎，今之玩愒以滋弊者，皆习为简而失焉者耳。'亦自切题。汪文溪云：'临民出治，心可以无事，而事不可以无心，盖心者，宰事之源，以之提纲挈领而省庶务，则清宁之福也；以之解纲绝纽而荒大体，则惰窳之弊也。'丁天毓云：'圣主能以无事息天下，而不能以无心宰天下。'田大成云：'人主之临民也，不难于迹与民相恬，而难于心与民相饬。'何南金云：'君心之敬肆，天下之理乱关焉，故天下本无事也，君不可先着一有事之心；天下亦非无事也，君不可先存一厌事之心。'以上皆警策可诵。陈万善云：'论治者贵去太，太纵恣与太琐屑均非也，故英王以简奏蒸隆，昏主以简酿丛挫，则心术辨耳。'李九我批云：'以"太"字立说，甚奇。'吴世翔'言而民莫不信'云：'言以通众志，亦以起众疑。使上有音旨，而民辄相猜而不信，安所翼顺治哉？顾立言有根，从令为末，惟至圣之时出者称焉。'齐琦名云：'人主所为显示天下者，则有言矣。顾上行令，下行意，令则至贵者易饰，既不能彻其精于未言之先；意则主贱者难愚，又安能强其孚于既言之后？'何琪枝'苟得其养'一节云：'心，一也，而有真心，有习心。惟习心胜，而真心乃藏矣。故攻取无涯，得失靡定，要之培养为实诣也。'周举人云：'心，随人具者也。待养而完，已非其本来，而失养不全，益丧其固有，吾于是而重养也。'陈举人云：'天下之物不离消长两端。固未有不长不消，中立而无所运者；亦未有自长自消，造运而无其枢者。'以上后检得之，亦英英可爱。""小讲有连下入文者，如谢廷赞'故君子以人治人'二句，云：'斯道在人，原无形神精粗之间。人或精言性命而粗言形器者，则是教乃强世之术，而无止息之期矣。不知物我之生，同原道妙，即远道之人，而近道之体自在也；离合之机，捷于俯仰，即向道之始，而至善之止随来也。'何琪枝'居敬而行简'一节云：'治曷为而尚简也？谓烦琐之极，其变为废，故大简以惩烦，亦以振废，则简之为术精矣，可概言哉？其根本以治心，必有宅而居者；其髓要以逸天下，乃有运而行之者。''居'与'行'乃文中正提者，从小讲一气说下，便无痕迹。丁天毓'言而民莫不信'云：'君民之相信也，默喻则以意，显出则以言，而中窾则以时。时当言也，姑匿其意而令人不可窥，则民乘是而疑；时不当言也，骤发其指而令人不可测，则民乘是而骇；疑且骇，难以语信矣。''疑'与'骇'乃是反提，亦从小讲一气说下，兼重'时'字，得旨。""浙江'丘也闻有国'二节，张应完云：'善治者，必为国家计长久，长久之计在庙堂不在边陲，舍内而事外，舍名分而诘戎兵，为计左矣，夫亦贪寡是患而图远人以自益乎？'杨守觐云：'自古帝王统驭虽广，必以根本为先图，故内不得急人民而缓纲常，外不得先驱除而后德化，诚重在此不在彼也。'元魁二首皆可诵。""江西'素隐行怪'二节，夏师夔云：'吾道之与异端不共途而趋也。异端诡而不经，即一涉犹以为非；吾道庸而可久，即终身不见其足。自世有好异者，而道病矣；自世有修道之心不胜其好异之心者，而道亦病矣。'陈大绶云：'夫中道至于今而愈裂矣。非以不为者失之，而以为者失之也；又非以为者失之，而以为而不为者失之也。'二作皆可。""徐来泰'大孝终身慕父母'云：'凡物有尽，惟父母掬养之恩无尽；凡念可释，惟有怀二人之念难释。子之慕亲，何论久暂哉？'亦自有理。""福建'忠恕违道不远'，洪承选云：'道非玄冥之物，见心体斯见道体。迷则畛域自隔，悟则片念可通，故自知自证，因可证道焉。'说理之词，令人易识。""湖广'择可劳'四句，熊廷弼云：'君子为政，有以其心用天下而不强天下，有所以自用其心而不私于天下。吾何以知劳不怨而欲不贪哉？'第二名刘芳节云：'政有名不美而实美者，人主多避其名而不就其实矣。不知厉之而反以德，私之而反以公，顾实心实政谓何耳？'熊起古而健，刘起腴而新。'有事君人者'二节，周命云：'上臣事君以心，庸臣亦窃其心以事君。第有事之真心超洁辱之外，有事之伪心缘宠利之中，吾试从其悦而辩之。'亦新。"

江西乡试，吴之才中举。董其昌、程绍为主考。邹维琏《达观楼集》卷二十二《明故奉训大夫陕西西安府同知吴公室白先生墓志铭》："公讳之才，字德兼，号室白。……翰林董玄宰才高一世，少许可，一睹公作，大叹服，恨不识面。丁酉，董与谏议程公绍典试江右。董曰：'北雍奇士某若在闱，当不作江右第二人。'时本房呈公卷，董大击节，定为解首。已八日，程曰：'文诚元局，《庸》义对扇，恐非老手不办。得无幡然一翁乎？'遂置第四。揭晓，董悔甚。"

熊廷弼中举。熊廷弼《熊襄愍公集》卷八附录《性气先生传》："丁酉服阕，中乡试第一人，郡大夫公宴，优人扮三元，先生痛府君不生见，泣下，郡大夫为之辍戏。时主考为太史源明、铨部衢洲两冯先生。因搜落卷得先生，自喜，及见先生伟然魁岸，源明先生虞其折也，醮之以和；衢州先生虞其夸也，醮之以矫。而先生偏得其性之所近，以至于祸，嗟何及哉！""先生"指熊廷弼。

但调元中举。郑仲夔《玉麈新谈·隽区》卷七："但澹生豪爽不羁，小试，偕友人观榜，见己名在黜列，遂于众中抚掌大笑曰：'世无子云，那识子云。'后应丁酉乡试，策问为'筹边'，但开口即云：'愚生盖尝遍历九边，而洞悉其要害矣。'本房得策，殊叹服，特为荐之。即登隽，往谒，房师称曰：'君茂年书生乃历边陲，洞要害，可为罕有。'但正对曰：'门生止识一豫章城。此外足迹实所未到，特卧游耳。'但名调元，星子人。"

翰林院庶吉士朱延禧、黄志清、南师仲、陈之龙、何宗彦、刘纲、赵用先、孙如游、邓士龙、顾秉谦为编修，检讨刘余泽为给事中，白瑜、佴祺为监察御史。（据《国榷》卷七十七）

九月

翰林院检讨李腾芳言安攘八事：定战守，重内地，明赏罚，假将权，练京兵，积留饷，破久法，祛宿蠹。不报。（据《国榷》卷七十七）

翰林院修撰焦竑上皇长子《养正图解》。（据《国榷》卷七十七）

十月

礼科给事中项应祥、曹大咸各疏纠察科场大弊事。诏礼部看议具奏。文秉《定陵注略》卷一《科场夤缘》："（万历）二十五年十月，礼科给事中项应祥、曹大咸各疏纠察科场大弊事。应祥疏：'顺天撤闱之日，物议沸腾，雌黄蜂起。如第四名曹蕃、第十三名吴应鸿、第二十六名张蔚然，第三十二名郑荣等，既多骇目警人之句，复有夤缘干进之迹。'大咸疏：'自昔年黄洪宪弊孔决裂，论者至今切齿，不谓于今又有修撰焦竑其人者，吴应鸿，竑同里也；汪泗论，竑塾师也；曹蕃，莫逆交也；郑荣，门下士也。又如张蔚然、丘梦周、赵士麟，语语荒谬，赵名言、郑宏才，洗改朱卷，此皆礼部覆阅最详最确者。'有旨：'该部看议具奏。'"《国榷》卷七十七："（万历二十五年十一月）辛卯，顺天考官中允全天叙，修撰焦竑，皆陪推也，撤棘有异议。礼科给事中曹大咸参贡士吴应鸿、汪泗论、曹蕃、郑菜等，谓竑与分考官何崇业贿通。竑奏辨：'皆天叙所取士，臣惟取曹蕃。'天叙亦奏辨。"

姑苏四郡举武士于乡，得士五十人。毕自严《石隐园藏稿》卷二《苏松武举乡试录后序》："岁在丁酉，姑苏四郡举武士于乡。时岛倭狂突，再犯我属国，侍御秦公夙夜兢惕，选将练兵，图固我围，而尤仰体天子拊髀颇牧，思拔一二虎臣称上任使。盖是役也，载惄载慎，凡得士五十人以献。"

翰林院编修吴道南直皇长子讲读。（据《国榷》卷七十七）

十一月

候补太仆寺少卿傅好礼上言：纳粟监生不得应乡试。黄儒炳《续南雍志》卷六《事纪》："（万历二十五年）十一月初八日，候补太仆寺少卿傅好礼上言场事：'……粟监不宜应试者何？夫今之纳粟，即古之入粟拜爵也。监生之纳粟，即吏、承、知印之等流也。吏、承、知印等计期选用，因资授官，而粟监亦当照例选授。如云彼有蕴藉，不宜选弃，彼省不开乡试耶？生员不可中式耶？一科不中，宁无下科之可待耶？何必汲汲捐金入监以求一幸，不过谓可以钻求，可以贿进耳，已为可羞，舍国家取士之正路而进以吏、承等流之他途，纵登制科，跻膴仕，闻之尚有铜臭，不亦可羞之甚耶？此臣谓绝粟监之应试而贿赂之门自塞也。'"

候补太仆寺少卿傅好礼言今科考试官全天叙、焦竑增减解额，变乱成规。焦竑、全天叙疏辨。黄儒炳《续南雍志》卷六《事纪》："（万历二十五年）十一月初八日，候补太仆寺少卿傅好礼上言场事：'窃惟畿省之收录人才也，名数有多寡之殊，足额无增减之例。若顺天乡试，生员额取一百名，重首善也；监生额取三十名，优岁贡也；余五名以待教官、儒士、杂流之有志者。二百年来，未之有改。顷因选贡入监，两京各增额一十五名，盖为选贡设也。岂意今科考试官全天叙、焦竑之取士有大谬不然，臣尝于《题名录》一检阅之，生员中式仅九十二名，选贡中式仅止八名，监生中式共五十名。夫五十名之中，未必无选贡、岁贡之人，要之粟监则十之四五矣。夫纳粟入监，即系杂流，取止五名足矣，奈何占岁贡之额未已也，又占岁贡之增额，占选贡之额未已也，又占生员之定额，其故何哉？说者谓粟监皆省直富厚之家，力能钻刺，贿可通神。臣初风闻，未敢深信。即今无论占岁贡之额，占选贡之额，又明明占夺生员八名之额矣！职因而撮为五说以进。……谓监生宜分南北也……入监宜分南北者何？盖推进士之科分南、北、中之意也。两京并设国子监以养士，乡试俱设三十五名以待举，产于南者宜入南监，而应试于南；产于北者宜入北监，而应试于北。不但选举均，而道里亦均也。闻今科监生入选者，顺天二千余名，应天不及其半，而中式之额同，何南之幸而北之不幸也。查今科监生之登顺天乡试者，南直隶、浙江两处几四十名，而北直隶、山东、河南等一十三处不及其四分之一，何南、浙二处储才如是之烦，而一十三处生才如是之寡耶？以此较之，而偏重之势亦甚相悬矣。职谓南直隶、浙江、湖广、江西、福建、两广入南监，北直隶、山东、河南等八处宜入北监，而考试亦因之，不然制科已分南、北、中矣，何独于乡科而疑之？此南北之宜分也。越三日，左中允全天叙辩言：'臣等误蒙恩命，典试顺天，近被言官参论，如以候补太仆寺少卿傅好礼疏陈五事，言臣等妄意增减解额，变乱成规，臣罪滋大，不得不再剖其说，冀圣明昭察焉。切照京闱试卷字号有三，只用三不成字号者，则顺天等各府州县生儒也。凡加用皿字号者，则各衙门坐监、历事、听选监生也，不分岁贡、选贡、官生、恩例、粟皆称监生，则皆用皿字。凡加用杂字号者，则杂色员役人等也。今年顺天乡试奉钦依取中一百五十名，盖以百名待畿内生员，而以五十待杂、皿二号，此祖宗旧制，皇上洪恩，谁敢以己意多寡，干宪纲乎哉！臣等承乏试事，所取中卷一如解额百五十卷之数。及填榜时，中间忽有关系某县选贡生者，臣等阁笔踌躇，诚恐选贡已经到监或外帘失编皿号，未敢填写。此时监试御史冯应凤言知此甚确，缘畿内选贡多系提学御史周孔教考送科举，未经到监，仍是生员，此多官共闻，见存可问也。臣等又忆岁贡原系生员，文移章奏历历可考，故直将前选贡八名同生员一体收录，什然无疑。好礼盖未见试卷，只按题名臆断选贡必监生，故发此论，诚无足怪，独不思试卷糊名易书，场中查覆惟凭字号。且今朱墨卷见在，伏乞皇上并敕该部取中试原卷同傅好礼当堂阅视，俾见皿字号卷原止五十，则监生原无多中，可勿议斥矣，选贡八卷如无皿字，则生员之数已满，可勿议补矣。若曰增减得任考官，则必科场可废编号，甚且议及补中，将无欲并废科场哉？况选贡以监生入试，则合以监生中式，以生员入试，则合以生员中式，名实久称，安敢纷更？论而至是，本官大惑可解，臣等万罪可宽矣。'疏上，与好礼原疏俱下部院。"

焦竑坐所取举人"文体险诞"被贬为行人，旋改迁福建福州同知。《明名臣言行录》卷七十四《修撰焦文端公竑》："丁酉，顺天乡试，忌者取士子牍中二三奇险语，以为坏文体，调外任。"《列朝诗集小传》丁集《焦修撰竑》："丁酉北试，上度原推两宫坊，别用弱侯，原推者愧恨，媾新建合谋倾弱侯。言官遂用科场事抉摘诋毁，弱侯陈辩甚力，新建从中主之，以文体调外任。"文秉《定陵注略》卷一《科场夤缘》："二十五年十月，礼科给事中项应祥、曹大元各疏纠发科场大弊事。应祥疏：'顺天撤闱之日，物议沸腾，雌黄蜂起。如第四名曹蕃、第十三名吴应鸿、第二十六名张蔚然、第三十二名郑菜等，既多骇目惊心之句，复有夤缘干进之迹。'大咸疏：'自昔年黄洪宪弊孔决裂，论者至今切齿，不谓今又有修撰焦竑其人者。吴应鸿，竑同里也；汪泗论，竑塾师也；曹蕃，莫逆交也；郑菜，门下士也。又如张蔚然、丘梦周、赵士麒，语语荒谬，赵名言、郑宏才洗改朱卷，皆礼部覆阅最详最确者。'有旨：'该部看议具奏。'修撰焦竑疏：'项应祥言涉风闻，尚无意必；曹大咸随声丑诋，意必逐臣，以快忌者之心……'已而礼部覆题，吴应鸿、郑菜黜革，丘梦周、张蔚然终身不许对制。赵士麒、曹蕃等四名候三年部考定夺。汪泗论，查旧例塾师无回避禁。但万历十三年冯诗被革，一以塾师，一以冒籍，今泗论止系塾师，与冯诗不同，其应革与否，请自上裁。焦竑等应候部院看议。请旨定夺。后部院看上，有旨：焦竑、何崇业俱调外任用。……丁酉北试，上越原推两宫坊，别点用竑。原推者愧恨，媾南昌合谋以倾焦。言官遂用科场事纠谪。南昌从中主之，乃坐以文体之罪，外调福宁州同知。"焦竑《顺天府乡试录后序》："岁丁酉秋，京师复当大比士，府臣以请。上命中允臣天叙典厥事，而以臣某副之。臣自壬辰滥竽礼闱，至是两与校士之役，而弥有感于人文之盛也。"焦竑《谨述科场始末乞赐查勘以明心迹疏》："文之好恶，本无定评，乃祖宗以来，必以去取之柄付之文学侍从之臣者，为其有专职也。今诸卷具在，皇上敕九卿在廷诸臣虚心详阅，当否自见。独于举人吴应鸿、汪泗论、曹蕃、郑柴等中式，谓为臣罪，则尤大谬不然者。科场旧规：正考阅《易》、《书》二经，副考阅《诗》、《春秋》、《礼记》三经。各不相涉，载在《词林典故》甚明。如吴应鸿、汪泗论、郑柴皆正考全天叙所取也，其有无弊端，天叙任之，臣不待言。中惟曹蕃一人为臣所取耳。《春秋》、《礼记》名为孤经，佳卷原少，《礼记》入试止百八十人，臣遍加品阅，蕃之四经五书策，词义独胜，是以首拔之。今落卷具在，其优劣可按覆也。大咸乃摘其数言，而遽疑臣与分校何崇业，至有'千金一掷'之语，不知千金以投之臣乎，抑投之崇业乎？果谁为过付，谁为证据乎？崇业与蕃同寓虎丘，当问之崇业，北监未就，候准部考，当问之礼部，于臣何尤？汪泗论，选贡之隽也，往岁为臣子授经三月而去，臣不谓无，然臣两子应试，以臣为考官，遵例回避，塾师例无回避，则法之所不禁也。臣谓有意退人与有意进人，皆属不公，臣不敢为。且《书经》分属正考，臣亦安得而予夺之？盖场中阅卷，正考或可兼副考之事，副考不能侵正考之权，于理易见。今置正考不言，而以正考所取之人混加之臣，此其言非公平，意主罗织，行路知之矣。况臣等自承命以至入帘，仅隔一夕，迅雷掩耳，敏者莫措，谓诸生能遽夤缘于臣等，臣等能遽为诸生地，非鬼神不能也。是天叙与臣可皆无辨。"（《澹园集》卷三）沈德符《万历野获编》卷十四《科场·考官畸坐》："本朝两京主考，从来用资深翰林，事体略同，而顺天则议论最多，然有罪同罚，未有独及一人者，有之自天顺己卯始。时正考为学士刘定之，副为倪谦，倪有门生不收，遂疏讦其私，倪至遣戍去，而刘不问。直至嘉靖戊子，庶子韩邦奇为正考，方鹏副之，因前序引《尚书》错误被论，韩降外，鹏仅罚俸，盖指摘本及一人，故处分亦不旁及，犹有说也。至今上乙酉冒籍之事，于主考何预焉，而谕德张一桂至于谪调，副考陈于陛无恙。戊子关节之讦，则两主考均其任矣，庶子黄洪宪受攻，而副考盛讷无恙，然张、黄俱正考，或当独肩重责也。若丁酉顺天，则中允全天叙为正，焦竑以修撰副之，其场后文章，止及焦一人，而全高枕，无一语诃诘。次科庚子，则庶子杨道宾为正，顾天埈以修撰副之，其后攻顾如焦，而杨不及也，此两人既无关节，又非正考，何以锋镝偏丛焉？举朝明知其故，而无一人为别白之，可叹也！又应天己卯、壬午连二科，亦止议及一人，然前以高启愚出舜、禹题见疑，与副考罗万化无预，后以沈懋孝独阅卷受讦，而正考沈鲤，以病卧闱中，俱非无故得免。"今上，指明神宗万历皇帝。乙酉，即万历十三年（1585）。沈德符《万历野获编》卷十五《科场·乡试借题攻击》："丁酉顺天二主考，独焦漪园竑被议，攻之者惟二三科臣，皆次揆张新建客也。焦以进《养正图记》为新建所痛恨，而郭明龙以宫寮为皇长子讲官，亦深嫉之。焦既出闱，即以所撰《图说》具疏呈御览，其时祸本已成矣。监生吴应鸿、生员郑柴先被斥，而曹蕃、张蔚然等数人则重罚以待覆试。分考行人何崇业、主事费学佺等调南京,焦亦调外任,盖物情惟欲焦早离青宫讲筵足矣,其关节固无影响,即指摘文体亦借多名耳。焦既补冗僚,己亥再入大计,直至丙午,始一补藩幕,推南司业,又论罢,盖新建厄之于前,江夏尼之于后,两公非同志也,时憎焦则无异辞。丙午后,郭久已林居,时方为名流所宗,故人肯代为效力。”查继佐《罪惟录》志卷十八《科举志》:“(万历)二十五年,两京各增监生中式十名,不为例。时顺天文多奇诡,偏坐副主考焦竑外调,中式数人被革,后定离经之禁。”

马从聘上《议处科场疏》。马从聘《兰台奏疏》卷二《议处科场疏》:“题为京闱录士大谬,礼官持议未平,祈敕部院从公看覆,以信明旨,以服人心事。窃以文体之醇漓,关士风,士风之邪正,关治化。迩来文体敝坏,屡廑宸纶,申饬厘正,不啻再三,而其敝乃益甚。良以禁令止属之空谈,革惩未见之行事,以故忽明旨而不信,玩禁例而不遵,法之不行自上始耳。如今岁北闱取士,乖谬实多,业经科臣疏参,奉旨看议,该部即仰承德意,遵例议惩,以儆将来,谁曰不可?奈何其不尽然也。臣请得而详言之。如吴应鸿、郑棻,文理怪诞不经,径议革斥是矣。第据该部之所指摘文中疵语,则邱梦周、张蔚然安在,为应鸿与棻之次也,赵士骐、郑宏材安在,为梦周、蔚然之次也,曹蕃、赵名言又安在,为士骐、宏材之次也。乃该部于梦周、蔚然则曰姑免斥革矣,曰终身不许对制矣。夫所谓不许对制者,将令其衣巾以终身乎?抑尚许其入仕乎?傥许入仕,则固依然入彀之英也,何以云重惩也?于士骐、宏材则曰限六年部考定夺矣,于蕃与名言则曰待论定而议罚,又曰限三年部考定夺矣。夫所谓部考者,非覆试之议乎?顷奉明旨,不必覆试,恐滋弊也。而顾欲覆试于三年六年之后,其弊尚可言乎?且其覆试也,将虚应故事已乎?抑尚酌其去留也?如有去留,则视不许对制者,不尤重乎!何辄概云量惩也?至谓曹蕃为庸谬而不属险怪,似与名言俱在可原者。臣查督学校士,文理疵谬,当在降黜之等,岂不可为诸生者而顾可列高魁之选乎?又部疏前引新奉钦依申饬科场事宜,内开文理险怪不经及荒谬不堪者,奏请革斥,主考等官分别罚治。今蕃与明言非所谓荒谬不堪者乎?何自言之而自背之,一疏之中首尾不相应也。况洗改关节,均属可疑,而考官之被调,亦以曹蕃与汪泗论之故,论既定矣,又何说之可原也?夫禁例在前,公议在后,而诸生甘自蹈之,既照例议斥,原不为过。傥皇上加意怜才,不忍遽弃,暂示裁于今日,尚需效于他年,则发学肄业,以待再试,实皇上加惠之盛典,旷荡之深恩,非臣下所敢与也。至于考试二臣,则犹有可议焉。夫顺天主考者全天叙也,副考者焦竑也,论关节则罪当各坐所由,论文体则罚宜先及主者。今观礼官之驳参及部院之平议,系文体之疵谬者居多也,取士如此,衡鉴谓何?既天叙之辨疏亦曰:‘《五经》俱臣涉笔,全榜俱臣登名。’此真语也。今在竑既已甑破,天叙何独瓦全?纵言者偶遗,彼独无愧于心乎?既不与竑同调,亦当量行议惩,庶为公平正大之体也。如蒙皇上不以臣言为谬,乞敕下部院再加参酌,邱梦周等应否与吴应鸿、郑棻并议裁惩,主考全天叙应否量议薄罚,从公议覆,仰候圣断,庶明例不为虚文,公道不至澌灭,而抡材重典为益肃矣。臣无任悚息待命之至。”

礼部仪制司郎中张世才调外任用。《明神宗实录》卷三百十六:万历二十五年十一月，"甲辰，吏科给事中刘道亨论劾礼部仪制司郎中张世才专恣鬻私，所差京考，皆徇情趋势。李长庚贿得邹德溥策一道，与应天雷同。顺天中式举人吴应鸿等，或冒籍，或关节，或疵谬。皆不纠参，宜议处以为徇私之戒。世才亦疏辨。部院议世才模棱依违，命调外任用。"

甲寅，礼部覆：顺天被论举人吴应鸿、郑菜议革，丘梦周、张蔚然重罚，赵士骐、郑宏才量罚，曹蕃、郑名言查明议罚，惟汪泗论查无塾师回避之禁，准会试。（据《明神宗实录》卷三百十六）

辽东巡按李思孝奏：请自丁酉科起，将辽东试卷编为边字号。王圻《续文献通考》卷四十五《选举考·举士三》："（万历）二十五年，辽东巡按李思孝奏：'辽东一镇旧隶山东，故士子科举亦随山东。自嘉靖十三年甲午始，题改顺天科举，又于顺天中式额设一百三十名之外加增五名，则此五名者，即为辽东而加也。臣查先年间辽与虏为邻，其患未甚，人文亦颇称盛，一科中式八九名者有之，五六名者有之。逮后达贼岁岁为梗，抢掳不时，人多弃诗书习武艺，即今辽东虽设有一十六学，每学生员虽有百十余名，率皆荷戈执戟之士而张弓挟矢之辈也。迩年以来，边患寝稀，人知向学，臣巡历兹土，考校诸生，见文理多平正通达，堪以中式。但边方之地，纯朴固陋，多质少文，若不另立字号定为额数，切恐本实不胜枝叶，理致难敌词藻，亦安能与畿辅首善之地、文明之区较隆论劣哉？此诸士之所扼腕称屈而有今日之鸣也。合无自今年丁酉科起，照北监会试南北中卷、国子监监生皿字号之意，将辽东试卷编为边字号，即以嘉靖年间原加五名，以待全辽多士。如可录者多，即逾五人之外，而无得过为裁抑；即可录者少，亦就中甄收，务取盈五人之额，以示兼容，庶边方之人文日盛而贤才无遗佚之叹矣。臣叨言官，又兼提学，敬循职掌以请。'"

本年

张岱（1597—1684）生。据《南疆逸史》卷四十三等。张岱字宗子，号陶庵，山阴人。著书十余种，多以梦名，如《陶庵梦忆》等。其《石匮书》记前代史事甚备。

明神宗万历二十六年戊戌（公元1598年）

正月

甲辰，发被参举人郑菜等回原籍，送学肄业。（据《明神宗实录》卷三百十八）

巡按江西御史叶永盛请补故吏部左侍郎张元祯、国子祭酒胡俨、大学士解缙谥。（据《国榷》卷七十八）

左春坊左谕德兼翰林院侍讲叶向高，编修董其昌、冯有经，检讨林尧俞撰诰敕。编修韩爌，检讨朱国桢、沈潅教内书堂。（据《国榷》卷七十八）

二月

大学士沈一贯、翰林院侍读学士曾朝节主礼闱，录取顾起元等三百人。（据《明神宗实录》卷三百十九）

据《万历二十六年戊戌科进士履历便览》，今年会试，考官情形如下：总考：光禄大夫太子太保户部尚书兼武英殿大学士沈一贯，蛟门，浙江鄞县人，戊辰。嘉议大夫礼部右侍郎兼翰林院侍读学士掌院事曾朝节，植斋，湖广临武人，丁丑。同考：《易》一房，左春坊左赞书兼翰林院检讨范醇敬，疑宇，四川嘉定人，癸未。《易》二房，翰林院编修文林郎陈懿典，如冈，浙江秀水人，壬辰。《易》三房，翰林院编修文林郎史继偕，掌岳，福建晋江人，壬辰。《易》四房，翰林院编修承事郎汤宾尹，霍林，直隶宣城人，乙未。《易》五房，吏科都给事中刘为楫，济唐，顺天霸州人，□□。《书》一房，翰林院编修文林郎吴道南，□□，江西崇仁人，己丑。《书》二房，翰林院编修承事郎刘孔当，喜闻，江西安福人，壬辰。《书》三房，翰林院检讨征仕郎李腾芳，□洲，湖广湘潭人，壬辰。《书》四房，翰林院检讨征仕郎刘生中，□□，直隶沧州人，壬辰。《诗》一房，右春坊右谕德翰林院侍讲方从哲，□□，锦衣卫籍，浙江德清人，癸未。《诗》二房，翰林院检讨从仕郎朱国桢，□□，浙江乌程人，己丑。《诗》三房，刑科右给事中罗栋，□□，江西丰城人，己丑。《诗》四房，礼科给事中项应祥，东斗，浙江遂昌人，庚辰。《诗》五房，户部山东清吏司主事田大年，东明，湖广江陵人，壬辰。《春秋》房，翰林院编修文林郎韩爌，象云，直隶泰州籍，山西蒲州人，壬辰。奉议大夫兵部职方清吏司郎中杨应聘，楚英，直隶怀远人，癸未。《礼记》房，翰林院编修文林郎杨继礼，石闻，直隶华亭人，壬辰。奉议大夫吏部考功清吏司郎中南企仲，□□，陕西渭南人，庚辰。

壬戌，革广东冒籍举人许鸣毂、柯两江，发回原籍，送学肄业。（据《明神宗实录》卷三百一十九）

今年会元为顾起元（1565—1628）。《游艺塾文规》卷二《破题》："戊戌首题'穆穆文王'一节，顾起元破云：'即《诗》以求圣人之止，而人极立矣。'此题原重'敬止'，众人不识书意，俱谓以圣人之止释《诗》。渠独言'即《诗》以求圣人之止，'不独题意了然，兼场中必无如此做者，便自奇绝矣。"《游艺塾文规》卷三《起讲》："戊戌'穆穆文王'一节，陈圭云：'人惟一心耳，而更有所谓至善者，何也？是即心之精粹不外索而存矣，是即心之兢惕不外昏而得矣。'一问一答，自相呼应，而题意了然。'我不欲人'一节，陈圭云：'学者习闻万物一体之说，则人己之间，亦或有剖其藩而证其通者。'词新而古，意透而精。何太谦云：'人心不可不证之我，我以照我而并化其所为我，则因心为衡而心无不贯矣。''照我而并化其我'，此从《华严大钞》来。首云'心证之我'，收云'因心为衡'，皆独创之语。李元调云：'人心不可使有我也，有我念随有人念，有求适于我之念，随有不尽适于人之念。'下句用意何等奇特？龚三益云：'人心惟我之为患耳，见其有我务克之，克其有我务忘之。克者，特境也；忘者，化境也。克即化之阶，而遽语于化则非矣。'创人所未尝有之谈，开人所不敢开之口。毕懋康云：'夫人苟惟见境所至，即至于仁人之化境何不及焉？然而见及之者虚也，诣及之者实也，虚实之不相及久矣。'以虚实互论，便有意见。以上皆魁作也，若顾起元起讲则云：'调之而后平，则人己之念终存而未化。'大率元之口气不过如此，不去钻研小巧，亦不去意外争奇，只以大雅胜人耳。""'且夫枉尺'一节，曹征庸云：'世之计得失而不辨是非者，皆曰："吾尝量于多寡之数，而知其无失策也。"不知至此无失之中，其究必至于大失者。'揣摩利害，极彻极工。徐良彦云：'人之于利也，始为其诱，既为其愚。惟其不阶之于诱，斯其不笼之于愚也。'以'诱'字、'愚'字立说，便能动人。黄克谦云：'贞士节操，抗之靡极，而嗜欲溪壑，卑之无穷，顾节之振人也甚难，利之溺人也最捷，自非极力提防，将有不可胜言者。''抗靡极'、'卑无穷'皆不经人道语，而抑扬阖辟，步骤可观。韩国藩云：'徇利者，就义与利而辨之，莫若就利与不利而析之，盖义利之关难破，而得失之数易知，彼智尽能索而获利无几，将自知其不可为耳。''莫若'一转，甚得孟子本意，而'难破'、'易知'之说，尤为明彻。温体仁云：'贪夫徇利之念与烈士徇道之念，其心各无餍也，故有斤斤自守，终身不敢逾尺寸者，诚严其防也。彼非招不往，姑无论已。'凡作起讲，最要入题撇脱，用'非招不往'二句，方叫得'且夫'二字醒，入题方便捷。"《游艺塾文规》卷四《正讲一》："文有定品，亦有定价。世之谈文者，曰神品，曰妙品，曰工品，曰能品，各随其力之所至而辨之。至于秤量高下，剖析锱铢，则文有可元者，有可魁者，有可中者，有必不可中者，若烛照数计而筮告，靡毫发爽也。虽头脑冬烘，眼迷五色，间一有焉，而大致则靡忒矣。我朝文字自三杨专重欧文，以温润典雅为台阁体，即今荆川先师所缉《文编》，乃翰院传习之书，若序、若记、若碑铭之属，各取欧文数篇居首，盖欲学者熟之为骨，然后遍考韩柳苏王之文以尽其变，故自古会元虽丰约异态，朴艳殊辙，总之，皆醇粹和平，正大尔雅，如端人正士，垂绅正笏而立于庙堂之上；又如宿儒讲学，雍容理窟，刻画逼真，而咳唾皆成珠玉，绝无崎岖乖僻之状。然文字有元之格，有元之识，有元之意，有元之词，有元之气，一一辨明，然后可以取法而入彀。试以近科评之，如'穆穆文王'一节，论格则先引《诗》释意，次递五段，后总缴大旨，此常体也。今顾起元起便做六比，不用一字过文，浑融发下，及三段叙毕，径入小束，即缴即结，并无繁语，此场屋四千人内必无一人同格者也。论识则此题'君臣'五句不是释《诗》，乃从《诗》之'缉熙敬止'而说其实诣，故诸卷皆述诗词，独顾于起讲下并不演《诗》，但云：'语圣心莫穷其量，缉熙者，其不已之神乎？语圣德悉合于天，敬止者，其不动之极乎？'以己意同《诗》语发挥，最为有见。论意则本题全重'止'

2843

字，而其源则自'缉熙'与'敬'来，故首二比先从'缉熙'说到'敬止'，次二比从'敬'说到'止'，后二比又用一'故'字，另作'止'字。二比发挥透彻，何人可到？论词如天宁于极，理归于宗，皆不经人道语。至'劳民忘其毁，严主霁其威'等，语语刺心，令人击节。论气则春融典畅，起伏疾徐，各中其度，元作何疑？"梁章钜《制义丛话》卷十二："周栎园亮工曰：此江宁顾少宰邻初先生试南宫第一人易书之卷也，越今百数十年，后学某犹及见之。论先生文字之精美，久与科名并重，人人脍炙，无俟再评，独百有馀年之间，风会所趋，有可以略观世变者。溯先生起家神宗朝，海内承平，一时风声文物，号为极盛，而相推为第一人之文，乃独简雅醇正如此，岂如今世操觚家驰骋华腴，竞为宕往之词而莫知其所止者乎？按：顾起元中万历二十六年戊戌科会元，题为'《诗》云穆穆文王'一节、'子贡曰我不欲人之加诸我也'一节、'且夫枉尺而直寻者'一节，主试者沈一贯、曾朝节。"梁章钜《制义丛话》卷六："孟瓶庵师曰：'动乎四体'，须兼贤知愚不肖说，惟黄贞父文说得最亲切，如云：'贤知者，动之为德机；愚不肖者，动之为妄形。'又云：'四体者，官之所止，而动则神行，神行则官从，而顺逆判于俯仰之际；四体者，气之所布，而动则志壹，志壹则气随，而得失著于静躁之间。'方望溪谓：'义本左氏内外传，于造化之机、人身之故，皆能确然道其所以然。'是也。"

三月

赵秉忠、邵景尧、顾起元等二百九十二人进士及第、出身有差。（据登科录）《明神宗实录》卷三百二十：万历二十六年三月，"庚子，廷试天下中式举人顾起元等三百人"。《国榷》卷七十八："（万历二十六年三月）庚子，策贡士顾起元等三百人，赐赵秉忠等进士及第、出身有差。"

据《万历二十六年戊戌科进士履历便览》，戊戌科进士地域分布情形如下：

北直隶十九人：顺天府四人，郑继芳，王之采，张邦纪，曹尔桢；永平府一人、保定府二人、河间府二人，张鹏翼，陈采，闫鸣泰，杨文菨，徐应元；真定府三人、广平府三人、大名府四人，胡来朝，刘文炳，王家相，郭佳镇，王良佐，王家瑞，李养正，陈其猷，祁伯裕，孟楠。南直隶六十人：应天府六人，卜履吉，顾起元，吕昌期，吴文企，魏成忠，韩国藩；苏州府九人，周道登，归子顾，须之彦，张大咸，毛堪，翁愈祥，陆崇礼，沈从本，顾士琦；松江府四人，刘嘉猷，姚永济，章元衡，陈嗣元；常州府八人、镇江府一人，吴玄，张师绎，张履正，周士龙，何栋如，何士晋，龚三益，史树德；庐州府四人、凤阳府一人，程希道，刘济，何庆元，宋之祯，王之屏；淮安府一人、扬州府四人，王应乾，李思诚，黄建中，朱一冯，范凤翼；徽州府七人、宁国府六人，程克显，潘之祥，游汉龙，汪怀德，程铉，毕懋康，洪翼圣，徐大望，梅守和，刘仲斗，崔师训，李元调，黄一腾；池州府二人、太平府一人，郑三俊，刘光复，朱应鹏；安庆府六人，阮以鼎，何如申，何如宠，马孟祯，阮自华，王养俊。浙江四十三人：杭州府五人，翁汝遇，黄汝亨，洪瞻祖，李之藻，黄克谦；嘉兴府九人，常高继，庄则孝，陈德元，金汝砺，曹征庸，沈孝征，吴中伟，沈孚先，李奇珍；湖州府九人、宁波府四人，陈允升，臧懋中，金明时，沈肇元，唐世济，闵梦得，闵洪学，温体仁，骆骎曾，邵景尧，王猷，赵会祯，陈敬；绍兴府十（九）人，王以宁，王建中，陆梦祖，戴王言，潘阳春，王舜鼎，倪朝宾，喻安性，金应凤；金华府二人、衢州府三人，倪尚忠，朱懋芳，徐世仕，叶其蕃，杨希圣；温州府一人，项维聪。江西十八人：南昌府六人，晏文辉，丁此召，徐良彦，张时弼，刘应乾，傅宗皋；建昌府四人、九江府一人，赵师圣，黎民范，张凤翔，邓渼，曹文纬；饶州府二人、袁州府一人，黄龙光，程舟伊，袁业泗；抚州府二人、吉安府一人，陈以德，谢廷赞，胡登明；瑞州府一人，陈邦瞻。福建二十五人：福州府一人，董应举；泉州府十三人，黄国鼎，丘应和，王畿，林廷云，李熤，林梦琦，蔡增誉，黄琰，张维枢，陈应堂，黄一良，吕图南，郑沛；建宁府二人、兴化府四人，陈圭，张邦教，林恭章，方承郁，周如磐，黄起龙；漳州府四人，王一范，朱一鹗，邵应祯，陈以珪；邵武府一人，李春熙。湖广二十四人：武昌府六人，张文光，熊廷弼，汪之彦，徐立朝，魏说，曹志遇；承天府一人，刘兰；襄阳府一人、德安府三人，韩光佑，尹东白，杨绍中，□文；黄州府八人、荆州府一人，金玉节，袁世振，穆天颜，韦石麟，官应震，万一奇，胡宾臣，张邦翼，苏惟霖；长沙府三人、宝庆府一人，欧学启，胡应台，蔡承向，何太谦。河南三十人：开封府九人，王正志，王省身，徐顺明，刘应奇，梁克从，陈岱，靳于中，王廷谏，张凤彩；归德府四人、彰德府三人，任弘道，黄升，侯执蒲，曹如结，冀述，孙好古，许登仕；卫辉府一人、怀庆府二人，冀守谦，范济世，周佑；河南府三人、南阳府二人，王之钥，刘蔚，崔儒秀，黄芬，全燧；汝宁府五人、汝州一人，曾曰唯，卢永，王照，吴愈，王玺，李如伉。山东二十八人：济南府十一人，车从衡，韩浚，耿鸣雷，李思恭，宋鸿儒，吴闻诗，马性淳，杜诗，亓诗教，吴暐，张光裕；兖州府六人、东昌府二人，孟三迁，全良范，路周道，王士祯，吴允中，钱允灿，胡士标，胥洪浩；青州府五人、登州府二人，张文炫，刘之沂，顾颐，赵秉忠，丘云肇，徐鸿，高出；莱州府二人，许舜民，官箴。山西十七人：太原府五人，曹命新，王宗贤，张国儒，史文焕，俞献可；平阳府八人、大同府一人，刘崇文，王柱，张应昌，张云翼，史记言，仇时古，洪世胤，孟时芳，史东昌；汾州府一人、泽州二人，王缙，孙鼎相，贾之凤。陕西十二人：西安府八人，张养心，邵可立，常澄，黄道亨，王洪显，王绍徽，武文达，薛国用；延安府四人，高惟冈，李献明，盛以弘，蒯諌。四川十五人：成都府二人，刘思忠，顾造；保宁府一人、顺庆府一人、叙州府六人：张朴，杨方隆，刘时俊，刘承诹，程嘉宾，罗文宝，尹伸，钱梦曾；重庆府一人、潼川州一人，梅一俞，王之杰；嘉定州二人、泸州一人，汪绍伊，王毓宗，刘育。广东六人：广州府四人，余士奇，邓云霄，曾陈易，陈向廷；潮州府一人、惠州府一人，黄琮，曾舜渔。广西柳州府一人：陈原道。云南三人：云南府一人，杨师程；临安府一人、大理府一人，杨应登，王致中。贵州三人：铜仁府一人、普安州二人，万士英，董绍舒，丘禾实。

吴中伟中进士，授南中行。 吴蕃昌《祗欠庵集》卷四《先司寇公行略》：“公讳中伟，字境虚。……为进士，宜授中行。时北中行无虚席，公以母老求南司。副冢宰杨公、选郎南公皆不可，曰：‘此迁客地也，公可自留悔耶？’公……必遂请而后已。”

侯执蒲中进士。 李调元《制义科琐记》卷三《阴相官生必败》：“侯执蒲，大梁人，年二十一，同兄执躬举戊子孝廉。提学使者长垣李化龙谓曰：‘吾授生时，独未饮鬼浆，能前知二子皆列卿。然长者联第，次者当后十年。’执蒲果以戊戌登进士。李腾芳者，执蒲座主也。执蒲既第，数以文进，腾辄挥不录。最后，私问小竖，竖言：‘独见官进士应震文则大喜耳。’执蒲乃求应震为文三，腾芳三称善。既而叹曰：‘官生虽善文词，吾阴相之，其人后必败。侯生器识当建大节，何其文之类官生也。吾不复相天下士矣。’”侯执蒲，万历二十六年（1598）三甲三十三名进士。河南商丘人，字以康，号碧塘。授御史，疏论相臣李廷机、朱赓、方从哲、枢臣孙矿不称职。天启初，擢太常卿。魏忠贤窃政，有指执蒲为东林倔强老者，致仕归。

万历二十六年进士官应震，授户科给事中，曾作《为棘闱申饬已详庭对关防宜肃敬陈末议以候圣裁事》。《神庙留中奏疏汇要·吏部》卷八官应震《为棘闱申饬已详庭对关防宜肃敬陈末议以候圣裁事》：“我朝乡、会试后廷试，廷试后有选馆，选馆后为新进士大选，此即《周礼》论定官才遗意也。廷试所凭者，策一道耳。策问多系君德君心、圣学圣政等套数，及胪传列时事可以揣摩，端在未试之先，不难夙构。自恭惟以下颂圣语及末后条，俱模新范旧，但于中间填实数段，俟临时仿佛策问大旨，一为插入耳。在当试之日，各生未见丹墀面君，或各散坐门内，或寻故所识铛竖私舍潜匿其中，或倩倚马之笔文稿自外而入，或故不工缮写而进带书办代之。在既试之后，其卷原不糊名易书，读卷官便于私所亲识，且批评仅及进呈卷子，而余俱前后信手，毫无裁定。相传中书制诰房巧于制诰时，每为亲知嘱托高下其手，盖选法各有所便者，则于此预为之地，二甲前，三甲后，恣所为之矣。即试果无弊，而其文未必讦谟石画，通达国体。其所称鼎元，不过曰书法端楷，能无脱误，又皇帝陛下字样居中与卷末留读卷官批评空低以为合式，如是而已，此廷试之甚无法也。”

巡按河南御史姚思仁荐光州贡士蔡毅中孝行。旌之。（据《国榷》卷七十八）

四月

陆光祖卒。《国榷》卷七十八：“前吏部尚书陆光祖卒。光祖字与绳，平湖人，嘉靖丁未进士。知濬县，秋潦伤稼，呈两台，不许。即疏上减赋十之三，脱卢柟于死，奏最。避宗人陆炳，得南京礼部主事，忧去，补祠祭。癸亥，调吏部，历文选郎中。乙丑佐计，汰斥惟允。进太常少卿，提督四夷馆。论罢。隆庆初，起南京大仆寺卿，历大理卿工部右侍郎，又论去。又起南京兵部右侍郎，转吏部。以持张居正狱忤时去。出南工部，历刑吏部尚书，俱南京。改北吏部。上尝于职名下书清正，秉铨执法，中忌去。年七十七。予祭葬，赠太子太保，谥庄简。”

五月

李贽在南京讲学。汪本钶《卓吾先师告文》："明年（1598）春，弱侯焦先生迎师抵白下，为精舍以居师。时方伯雨师挈家往就学焉。师因与方师日夜读《易》不倦。白下马伯时先生日往请正，听至夜分始散，钶不过从旁作记载人，而《易因》梓矣。"佘永宁辑《永庆答问》："万历戊戌仲夏，古歙佘永宁、吴世征同游白下，问学于杨复所先生。先生谓曰：'温陵李卓老，今之善知识也，现寓永庆寺中，曾相见否？'对曰：'久从书册想见，却未请见。'曰：'何不亟请见？'一友从旁曰：'闻其不肯与人说话。'先生曰：'就是不说话，见见也好。'又一友曰：'闻其常要骂人。'先生曰：'他岂轻易骂人？受得他骂的方好。'征因问师见卓老有何印证。先生曰：'有什么印证？'征又问师学与卓老同异。先生曰：'有什么同异？就是有不同处，也莫管他。'"杨复所即杨起元。顾宪成《顾文端公遗书》卷十四《当下绎》："李卓吾讲心学于白门，全以当下、自然指点后学，说人都是见见成成的圣人，才学便多了。闻有忠孝节义之人，却云都是做出来的，大体原无此忠孝节义。学人喜其便利，趋之若狂，不知误了多少人！后至春明门外，被人论了，才去拿他，便手忙脚乱，没奈何却一刀自刎。此是杀身成仁否？此是舍生取义否？此是甚的'自然'？甚的'当下'？甚的'见见成成圣人'？自家是如此，何况学人？故当下半是学人下手亲切功夫，差认了却是陷入深坑，不可不猛省也。"

六月

万历二十三年进士高维垣被指"钻刺嘱托把持选法"。《神庙留中奏疏汇要·吏部》卷一赵邦清《无耻进士公然闯入吏部衙门钻刺嘱托把持选法恳乞圣明严加重处以正士风以清肃部规事》："臣本年六月十四日同司官景明、李应魁行至大堂之左，适见一官扬扬蹂文选司门东摇摆走过，近臣等与之揖。臣等语问左右系何官？左右称是听选乙未科进士高维垣。揖后从容仰天笑而言曰：'进士原是三甲，原当除选知县，昨给假回籍就遇丁忧，旧时丁忧起复者常选京官，进士不愿做评事、行人，可将中书、博士二缺与我。'臣等听之不胜骇异。夫人子为父母丁忧，乃本等天性中之孝所当自尽者，不知本部起于何年月日，遇进士丁忧起复当选知县者优之以京官之美缺？不通之弊政理当速改，不俟终日者也。高维垣不愿做评事、行人，占讨中书、博士二缺，盖为评事例不行取，行人例得行取，却不算京官俸。中书、博士算京官俸之之一，又得与取之荣，其为计也，可谓奸且狡矣。成化二十八年八月，吏部尚书尹旻选观政进士储瓘为吏部主事，瓘以父老，恳求便养，改南京吏部。寻升郎中，考察南京官，执政亲戚不职者咸去之。高维垣便辟巧佞，冒犯交通之罪，又欲使臣为不公之事，臣独不能效储瓘之所为乎！此一高维垣也，躁进之心炽，则守官之志尽丧，他日若授以钱谷之任，兵甲之责，非侵欺克落，肥一己之囊橐，则矫饰诈伪，徇他人之干请者，是之谓奸臣。斯二者皆不容于尧、舜之世者也。盖于今日嘱缺之一行而预卜之也，钻刺者法当劣处，高维垣面对选官，谈笑求缺，讵非真正浮躁乎？矧近日嘱托缺者纷至沓来，若将高维垣不严加重处，何以儆众而正天下之士风？是日尤可骇可愕者，臣等辞别高维垣入司，行至穿堂解衣，验封司旧都吏张早随即跟进求讨超选京卫经历。夫都吏张早顶首银卖三千五百两，每佳节讨过节银十数两不等，既已所得甚富，凡遇户、工二部加纳前程者，本部罚班已属非礼，张早则加三秤收班银，积得秤头银三五百两，张早又加纳京卫经历，便益既自过份，印簿先后有定序，张早欲越过王廷臣等十人超选先去，是吏部之便益尽被本部之都吏当该所役使，天下有此理乎！本部都吏当该骗钱坏法，京内京外孰不切齿恨之。当大选之日，他人皆分类掣签，独本部之都吏当该则另坐一签。他人皆随签认本等应得之缺，独本部都吏当该则随签注以好地方之美缺，彼有何劳可酬？为彼紊乱选法，真俗语所谓‘油瓮中又添脂也’。臣不知其解。……伏乞皇上大奋乾纲，将进士高维垣并都吏张早及墉州同知吉弼分别重处，仍叮嘱各衙门以后再不得干预本部选法，进士再不得讨缺，其进士丁忧起复者，应选知县止选本等知县，再不得扳扯宿弊，求选京官。本部都吏当该，须同外面听选者遵照簿先后次序挨次守选，再不得越次超选及另做单签与另坐好地方。”

谕阁部恭慎遴选庶吉士。王圻《续文献通考》卷四十六《选举考·举士四》：“今上万历二十六年六月，上曰：‘馆选系国储贤钜典，以备他日重任，阁部务要恭慎遴选真才。如士子始进，即谋请托，人品可知，异日安望大用？入馆之后，当讲求实学实政，毋徒事虚文。考试日仍看监试御史及锦衣卫多差校役禁缉关防，如有怀挟传递及闲人往来窥探的，拏来重治不饶。’”

张位夺职闲住。《明鉴纲目》卷七：“纲：六月，张位罢。目：位初官翰林，声望甚重，朝士冀其大用。及入政府，招权立威，素望渐衰。日本封事坏，位力荐杨镐才，请付以朝鲜军务。镐遭父丧，又请夺情视事。帝皆从之。会赞画主事丁应泰，劾镐丧师，言位与镐密书往来，朋党欺国，镐拔擢由贿位得之。帝怒，下廷议，位惶恐奏辩。给事中赵完璧（陕西人），徐观澜（泽州人），复交章论之。位窘亟，奏群言交攻，孤忠可悯，臣心无纤毫愧，惟上矜察。帝怒曰：‘镐由卿密揭屡荐，故夺哀授任。今乃朋欺隐慝，辱国损威，犹云无愧。’遂夺职闲住。（后复以妖书事除名。位果于自用，任气好矜，故廷臣莫之救。既卒，亦无湔雪之者。）”

掣签法分签东西南北四筒。《国榷》卷七十八：“吏部覆礼科给事中曹大咸所议掣签法，言三等未便，分签东西南北四筒。东北则北直、山东为主，而河南之汝彰归卫、南直之庐凤淮扬附之；东南则南直、浙江、福建、广东为主，而广西之梧平乐桂林附之；西北则陕西、山西，而河南之怀庆、开封、河南南阳、湖广之郧阳附之；西南则湖广、四川、云贵为主，而广西之柳南宁远浔太平附之。科贡考选前三名，与进士同掣，其余举监，仍与进士概选。至首领佐贰，有钱谷词讼之责，本省易嫌，难照教职例。上从之。”

七月

南京国子祭酒冯梦祯、总督两广侍郎陈大科罢。以南京户部主事欧阳东凤劾其贪状。（据《国榷》卷七十八）

余继登为吏部左侍郎，朱国祚为礼部右侍郎，并直日讲。方从哲为国子祭酒。（据《国榷》卷七十八）

庚寅，考选庶吉士黄国鼎等二十一人送翰林院读书。（据《明神宗实录》卷三百二十四）《国榷》卷七十八："万历二十六年七月己丑，选翰林院庶吉士：黄国鼎、杨希圣、李思诚、周道登、温体仁、梁有年、洪瞻祖、张凤翔、赵师圣、高承祚、张文光、丘禾实、王毓宗、张邦纪、盛以弘、林秉汉、杨文蔼、黄升、曾舜渔。"

庚子，命吏部左侍郎刘元震，礼部右侍郎曾朝节教习庶吉士。（据《明神宗实录》卷三百二十四）

南京国子司业杨道宾署翰林院事。（据《国榷》卷七十八）

八月

设潞南州儒学。（据《国榷》卷七十八）

南京国子司业黄汝良为南京右春坊右中允，仍署司业。（据《国榷》卷七十八）

升郭正域为南京国子监祭酒。（据《明神宗实录》卷三百二十五）

九月

贡士福清林章上《破倭全策》，下兵部。（据《国榷》卷七十八）

以范醇敬、袁宗道充武场考试官。（据《明神宗实录》卷三百二十六）

十月

翰林院庶吉士郭湜为检讨。（据《国榷》卷七十八）

浔州五山守备升任湖广行都司佥书晋江林武直征猺戡叛，卒于军。五山夷民咸泣下，为立祠。总督戴耀上其功。赠骠骑将军都指挥使。武直万历壬辰武进士。（据《国榷》卷七十八）

十一月

倭遁去，朝鲜平。倭乱朝鲜，至是共七载。《明鉴纲目》卷七："纲：冬十一月，倭遁去，官军分道追击败之，朝鲜平。目：初，官军分道击倭，不利。会平秀吉死，群倭俱有归志，其渠帅清正，发舟先走。总兵官麻贵，遂入岛山西浦。都督陈璘（字朝爵，翁源人），遣副将邓子龙，督水军千人，驾三巨舰，为前锋，邀之釜山南海，战没。（子龙素慷慨，初起广东把总，历麻阳、永昌参将，擢总兵官，所在立战功。时年逾七十，意气弥厉，欲得首功，急携壮士三百人，跃上朝鲜舟，直前奋击，贼死伤无算。他舟误掷火器入子龙舟，舟中火起，贼乘之，子龙战死。）会副将陈蚕、季金等军至，邀击之。倭无斗意，官军焚其舟，贼大败，脱登岸者，又为陆兵所歼，焚溺者万计。时总兵刘綎，方攻行长，夺曳桥砦（在朝鲜庆龙西南，顺天城外），璘以舟师夹击，复焚其舟百余。行长党石蔓子，引舟师来救，璘邀之半洋，击杀之。于是诸倭扬帆尽去。自倭乱朝鲜七载，丧师数十万，糜饷数百万，中国与朝鲜，迄无胜算。至秀吉死，祸始息。（初，万世德代杨镐经略朝鲜军务，畏不敢前。比闻倭退，兼程驰至，会同总督邢玠，奏捷。赞画主事丁应泰等，疏劾诸臣赂倭卖国。帝以将士久劳苦，仍发内金十万两犒师。叙东征功，首陈璘，次刘綎，擢都督同知。又次麻贵，加右都督。邢玠、万世德，各予世荫。董一元、杨镐，俱复原职。）"

御史乔璧星请改会试期为三月。朱国桢《涌幢小品》卷七《请改试期》："三岁开科，八月乡试，明年二月会试，至元仁宗始定，从李孟之请也。入国朝因之。万历戊戌春闱，乔御史璧星监试，举子重裘以进，便于怀挟，请改三月，用单夹衣，则宿弊可清。李九我先生驳之曰：'如此，则四月十五日殿试。倘日暖，如何操笔？又其甚者，不暴杀举子耶？'众哄然一笑而止。张幼于凤翼有会试移期议一篇，谓会试期太祖定于二月，盖谓金陵南北之中，地在大江之南，得春为先，故定于二月，取春之中。今建都北京，远三千里。宜移在三月。其利有五：一、在觐吏后从舟，可省雇费；二、便于云、贵士子；三、减衣裘，防闲甚易；四、眷录无呵冻之苦；五、归家无闸河连舟之阻。乔璧星之疏，止得其一。而至今金陵取中云云，犹是臆度之说。"

本年

张九一（1533—1598）卒。过庭训《张九一传》："张九一字助甫，新蔡人，嘉靖癸丑（1553）进士，授黄梅令，以治最擢吏部验封司主事。是时李于鳞、王元美、吴明卿诸君方结社谈艺，九一游处其间，睥睨一世。会元美父中丞公失分宜相欢，构下诏狱，九一数过存问，坐是出为南尚宝卿，再谪广平丞，寻迁湖广金事，驻节岳阳。……迁布政司参议，以忧归，于淇河之滨构绿波楼，积书万卷，讽诵其中。凡十年，起补凉州，升副使兵备甘州。……以功历都察院右金都御史，巡抚宁夏。……会言者治江陵事违误，坐调归。归而开大吕社，与群少谈诗，或呼朋啸侣，泛舟南塘，雄饮豪吟，轩轩霞举。盖吞云梦者八九。王元美以为吾党有三甫，公其一也。卒年六十有六。上遣藩臣谕祭。所著有《绿波楼集》、《朔方奏议》若干卷。子体震，领万历戊子乡荐，能以文学世其家。"

王猷定（1598—1662）生。王猷定字于一，号轸石，南昌人。明末贡生。入清绝意仕进。有《四照堂集》。据《清史列传》等。

明神宗万历二十七年己亥（公元1599年）

正月

毛晋（1599—1659）生。荥阳悔道人《汲古阁主人小传》："毛晋，原名凤苞，字子晋，常熟县人，世居迎春门外之七星桥。……以字行，性嗜卷轴。榜于门曰：'有以宋椠本至者，门内主人计页酬钱，每页出二百；有以旧抄本至者，每页出四十；有以时下善本至者，别家出一千，主人出一千二百。'于是湖州书舶云集于七星桥毛氏之门矣。邑中为之谚曰：'三百六十行生意，不如鬻书于毛氏。'前后积至八万四千册，构汲古阁、目耕楼以庋之。……子晋生于前明万历二十七年己亥岁之正月五日，至国朝顺治十六年己亥岁七月二十七日卒，享年六十有一，葬于戈庄之祖茔。"

二月

努尔哈赤主持创制满洲文字。《清太祖实录》卷二："己亥年……时满洲未有文字，文移往来，必须习蒙古书，译蒙古语通之。二月，太祖欲以蒙古字编成国语，榜识厄尔得溺、刚盖对曰：'我等习蒙古字，始知蒙古语，若以我国语编创译书，我等实不能。'太祖曰：'汉人念字，学与不学者皆知。蒙古之人念蒙古字，学与不学者亦皆知。我国之言写蒙古之字，则不习蒙古语者，不能知矣。何汝等以本国言语编字为难，以习他国之言为易耶？'刚盖、厄儿得溺对曰：'以我国之言编成文字最善，但因翻编成句，吾等不能，故难耳。'太祖曰：'写阿字下合一妈字，此非阿妈乎？（阿妈父也）厄字下合一脉字，此非厄脉乎？（厄脉母也）吾意决矣，尔等试写可也！于是自将蒙古字编成国语颁行。创制满洲文字，自太祖始。"

科道拾遗。前国子祭酒萧良有、前巡抚四川右佥都御史谭希思调用。巡抚贵州右佥都御史江东之、前巡抚宁夏右副都御史朱正色改任。前经略宋应昌、祭酒刘应秋、通政使田蕙冠带闲住。（据《国榷》卷七十八）

编修董其昌为湖广提学副使，给事中刘泽深为陕西按察佥事，御史汪先岸为四川按察佥事。（据《国榷》卷七十八）

三月

李化龙总督川湖贵三省军务，征讨杨应龙。《明鉴纲目》卷七："纲：己亥二十七年，春三月，以李化龙总督川湖贵州军务，讨杨应龙。目：先是，贵州巡抚江东之，令都司杨国柱，指挥李廷栋，率部兵三千剿应龙。应龙遣子朝栋弟兆龙等，迎敌于飞练堡（在今贵州瓮安县东）。贼佯走天邦囤（在瓮安县东），诱官军尽歼之，国柱等皆死，东之罢。以郭子章（泰和人）代，而命化龙节制川湖贵三省军事，调东征诸将刘綎、麻贵、陈璘、董一元南征。六月，应龙乘大兵未集，遂勒兵犯綦江。城中新募兵不满三千，贼兵八万奄至，围綦江城数匝。参将房嘉宠，游击张良贤，率师巷战，俱死之。应龙因劫县令焚掠，出綦江库犒师，尽杀城中人，投尸蔽江，水为赤。寻退屯三溪（唐置县，宋废，故城在今四川綦江县南），益结九股生苗，及黑脚苗为助。（应龙以綦江之三溪母渡，南川之东乡坝，立石为播界，号宣慰官庄，声言江津合江皆播故土。时郭子章日夜征调，各汉土兵，分守南川合江等处，军声渐振。应龙伪军师孙时泰，请应龙直取重庆，捣成都，劫蜀王为质，而应龙迁延不进，止言争界给葬，以冀曲赦。化龙至成都，以征兵未至，亦谬为好语縻之。〇东乡坝，在四川南川县西南。）帝闻綦江破，赐化龙剑，假便宜讨贼。十月，化龙移驻重庆。已而应龙屯官坝（在遵义县城西北），声言窥蜀。又焚东坡（在贵州黄平县东），烂桥（在贵州施秉县南），楚黔路梗。黄平龙泉（元置龙泉坪长官司，明万历中改置县，今改凤泉县），所在告急。贼复据偏桥（明初置长官司，在今镇远县西六十里），出掠兴隆、镇远。化龙议置劲兵万余，据守要害，通楚黔道。益调诸路兵，以俟大举。"

左春坊左庶子叶向高请罢矿使。不报。（据《国榷》卷七十八）

春

今年大计，焦竑以浮躁降调，遂辞官归。《万历野获编》卷二十五《吕焦二书》："乙未（1595）丙申（1596）间，焦弱侯（竑）为皇长子讲官，撰《养正图说》进之东朝，而同事者不及闻。时郭明龙为讲官之首，已不悦之极。既而徽州人所刻，梨枣既精工，其画像又出新安名士丁南羽之手，更飞动如生，京师珍为奇货。大珰陈矩购得数部以呈上览，于是物议哄然，而张新建相公与郭江夏尤怒甚，谓焦且将由他途大用。丁酉（1597），焦又不幸承乏典试，遂借闱事摭拾之，调外去。己亥（1599），复中之，大计浮躁降调。后虽屡登荐章，再膺启事，而议者终求多，至今未起也。同时则吕新吾（坤）初抚山西，著《闺范》一书。寻入为协院副宪。其书偶为戚畹郑国泰所睹，进之翊坤宫。皇贵妃极喜其议论，因为作序，刻之京师。寻两党构争，言官遂指吕怀二心，别有推戴。吕时已徙少司寇，亦因此乞身归。其慰荐之疏，相继满公车，然尚未出山也。两公俱当世羽仪，焦以博洽冠世，吕以理学著名，一则勇于献替，一则过于朴诚，俱遭忌口，动以宫闱见指摘，因迟柄用。君子处末世，即著书立言，亦当怵慎，况其它乎？按焦书曾进呈，奉旨留览。吕书仅行人间，郑氏偶见而赏之耳。（按"焦书"至"赏之耳"共二十四字，据写本补。）"

今年大计，汤显祖被夺官。《明史》汤显祖传："二十六年上计京师，投劾自归。又明年上计，主者议黜之。李维桢为监司，力争不得，竟夺官。家居二十年卒。"汤秀琦《玉茗堂全集序》："公少时学道于旴江罗明德先生，有得于性命之旨。壮年成进士，锐然有志当世。为南祠部郎，抗疏论列时相，谪尉海南。既而量移平昌，即自投劾而归。时年仅四十有七（九）。少宰李本宁暨郭希老南弦浦数公，于吏部堂上，争临川为有关系人。且言其高尚已久，争之愈力。主者援笔落其籍云：'竟成此君之高。'邹南皋闻而叹曰：'茫茫海宇，遂不能容一若士耶？'自是家居二十，杜门清啸，日以文墨自娱。达官贵人，辄干之不置，公亦不以屑意也。然佳篇韵语，流布人间，固已动中外而满江湖矣。李邻初谓其'簪笏名除大雅留'，岂虚语哉！"李本宁即李维桢。邹南皋即邹元标。

四月

进赵志皋少傅兼太子太师中极殿大学士，荫尚宝司丞，赐金五十。沈一贯少保吏部尚书，荫中书舍人，金四十，各币二。兵部尚书田乐进太子太傅，世锦衣卫正千户，金六十，币二。（据《国榷》卷七十八）

召礼部右侍郎冯琦、右春坊右谕德兼翰林院侍讲唐文献纂修玉牒。（据《国榷》卷七十八）

闰四月

命中官严核各省积储。《明鉴纲目》卷七："纲：闰四月，遣中官核天下积储。目：以诸皇子婚，诏取太仓银二千四百万两，户部告匮。乃命中官严核各省积储，由是外帑日耗。"

饶州府通判吴瑞徵上《纂续大学衍义》。（据《国榷》卷七十八）

五月

户礼部左侍郎陈蕖、余继登为户礼部尚书，继登兼翰林院学士。（据《国榷》卷七十八）

南京吏部右侍郎赵焕为尚书。南京工部尚书郝杰改兵部尚书。左春坊左庶子叶向高为礼部右侍郎，巡抚河南。右都御史臧惟一为兵部右侍郎。俱南京。（据《国榷》卷七十八）

谕德范醇敬、唐文献为左右庶子兼翰林院侍读。中允袁宗道为左谕德兼侍讲，署司经局印。（据《国榷》卷七十八）

六月

南京国子祭酒敖文桢为詹事府詹事兼翰林院侍读学士，纂修玉牒。（据《国榷》卷七十八）

八月

国子祭酒方从哲等乞罢矿税。不报。（据《国榷》卷七十八）

九月

王樵卒。《国榷》卷七十八："前南京右都御史王樵卒。樵字明逸，金坛人，嘉靖丁未进士。授行人，迁刑部主事，精于法比。出山东按察佥事，核赈饥民，忧去。万历初，起浙西兵备，入为尚宝少卿，进司卿。请全刘台以安大臣，忤时，迁南京光禄寺卿，投劾去。壬午，起南京太仆少卿，即进光禄卿。壬辰冬，进大理卿。明年刑部右侍郎，乙未右都御史，俱南京。三载致仕。樵好经术，如古书淫传癖。年七十九。所著《周易私录》、《尚书日记》、《诗考》、《周官私录》、《春秋辑传》、《四书绍闻》、《编读律》、《私笺考定》、《周易参同契》、《老子解》、《方麓居士集》、《戊申笔记》、《紫薇堂札记》、《省往录》、《镇江府志》等书行世。素精博，操履纯洁。予祭葬，赠太子少保，谥恭简。子肯堂，万历己丑进士，翰林院检讨。"

进赵志皋太子太师中极殿大学士，荫尚宝司丞。沈一贯少保吏部尚书，荫中书舍人。各赐金币。（据《国榷》卷七十八）

前吏部右侍郎杨起元卒。起元字贞复，广东归善人，万历丁丑进士。选庶吉士。潜学醇行，恬夷静漠，真儒者也。予祭葬。天启初，谥文懿。（据《国榷》卷七十八）

十月

南京国子监祭酒郭正域条议申饬监规。《明神宗实录》卷三百四十：万历二十七年十月甲申，"南京国子监祭酒郭正域条议申饬监规。一曰广搜额以罗异材。大略谓时文不足以尽才，科目不足以得士，请下礼部访求各州县九流异学之士，稍如宋司马光十科例。或善推步，或谙钟律，或通阵法，或工六书，各为一科。府州县贡入礼部考核，分别等第，选入两京国子监，得照选贡事例。次者依旧附事例与之全廪，一体拨选。如异日太常诸属之选，则取诸乐律科。钦天诸属之选，则取诸历象科。殿阁中书之选，取诸六书科。幕府参赞之选，取诸兵法科。则平日养之有素，而一旦求之，如探囊而取物矣。一曰严差拨以杜请托。南雍诸差，祖制惟有小刷历与湖差耳。后乃创立市书问安名目，借差自便。又举人以超拨为分内，一拨之外，又超一拨，非法也。臣已出示严革二差，请著为令。一曰申禁罚锾，以一赏罚。太学之中，所恃为赏罚者，止压班耳。不知何年许压班监生输银自赎。夫法贵一也，令贵平也。令无力者走班，而有力者输银，非平也。臣已出示严革，请著为令。一曰勤课诵以修职业。按太学仪节，举贡不背书，非制也。臣请科贡诸生，自本经之外，别兼一经，而新旧已未成材者，自《大诰》经书而外，增《大明律》一条。背书之日，一体背诵，以生熟为赏罚。一曰改历期以向实学。夫在监者肄业，而在拨者办事。肄业者有业可肄，而历事者无事可历。乃举贡肄业，不过四月六月，而历事辄多数月，臣请量损历事之期，稍增肄业之期，以彼无用之日月，就此有用之工夫。一曰复查押以警游荡。按监规生员，于各衙门办事者，每晚必回监，不许在外宿歇。若画酉不到及点卯不在者，痛决。夫办事即拨历也，画酉日日回监矣。近来士子一拨之后，任意猖狂，莫敢谁何。今在历放肆者，臣以量惩一二，请著为令。见历事监生，每月月尽日，俱回监画押，稍示防范。有不简者，掣签惩治。庶监规明而人心肃矣。疏下礼部覆议，以为四科所以搜异材也，然它途杂进，恐开幸滥之门。记诵所以课实学也，然章句易溺，贵有因材之诲。历期业有定规，仍旧遵行为便。历监倘有放恣，行本衙门约束为便。其余各款俱如议。"

进刘东星工部尚书兼右副都御史，及工部尚书杨一魁俱荫国子生。馀升赉有差。
（据《国榷》卷七十八）

十二月

武昌汉阳民变，投陈奉党十六人于江。《明鉴纲目》卷七："纲：十二月，武昌汉阳民变，击伤税使陈奉。目：奉在湖广，恣行威虐，惨毒备至。（兴国州奸人漆有光，讦居民徐鼎等，掘唐相李林甫妻杨氏墓，得黄金巨万，奉奏之。帝命奉括进内库。奉因毒拷责偿，且悉发境内诸墓。巡按御史王立贤言，所掘墓，乃元吕文德妻，非林甫妻。奸人讦奏，语多不实。请罢不治，而停他处开掘。不报。）巡抚支可大（昆山人）以下，惟诺惟谨，独分巡佥事冯应京（字可大，盱眙人），以法裁之。至是，有武昌汉阳诸生妻被辱，诉上官，市民从者万余，哭声动地，蜂涌入奉廨，争投瓦石击奉。奉被伤，诸司驰救之，乃免。可大遇变，噤不敢发声。应京捕治奉爪牙，抗疏列其九大罪。奉亦诬奏应京挠命凌敕使，帝怒，贬应京边方杂职。（事在二十八年）既而奉又劾襄阳通判邸宅（《氏族志》，邸氏望出中山），推官何栋如（无锡人），枣阳知县王之翰（绛州人），诏逮讯，并追逮应京。应京素有惠政，民号哭，往送，切齿恨奉。奉又榜列应京罪状于衢，民益愤，聚数万人，围奉廨，誓必杀奉。奉逃匿楚王府，众乃投奉党十六人于江。以可大助虐，燔其辕门。事闻，阁臣沈一贯等，请撤奉回。不报。（事在二十九年）会江西湖口税使李道，奏奉水阻商舟，陆截贩贾，剥民病国，帝乃召奉还。奉至湖广二年，武昌凡再变，继之汉口、黄州、荆州、荆门、襄阳、宝庆、德安、湘潭诸处，变经十起，几成大乱。而是时山东临清民，亦噪而逐税监马堂，纵火焚堂署，毙其党三十七人，皆黥臂诸偷也。（诏捕首恶，株连甚众。有王朝佐者，素仗义，慨然曰：‘首难者我也，勿累无辜。’临刑，神色不变，临清民立祠以祀。未几，苏州亦民变，杀税监孙隆党六人，有司捕乱者，民葛诚独承，论死，后遇赦得释。）奉归时，所得金宝财物巨万计，可大恐为民所掠，多与徒卫，送之出境。应京等至京，系狱久之，应京及宅、栋如得释，之翰竟瘐死。（自矿税兴，中使暴横，所至蹂藉有司，谤书一闻，驾帖立下。二十四年，则辽东参将梁心。二十五年，则山东福山知县韦国贤。二十六年，则山东益都知县吴宗尧。二十七年，则江西南康府知府吴宝秀，星子知县吴一元，山东临清守备王炀，湖广荆州府推官华钰，经历车任重。二十八年，则广东新会在籍通判吴应鸿，举人劳养魁，钟声朝，梁斗辉，云南寻甸知府蔡如川，赵州知州甘学书，陕西富平知县王正志。二十九年，则应京，宅，栋如，之翰，及武昌同知卞孔时，江西饶州通判陈奇可。三十年，则凤阳临淮知县林锜。三十四年，则陕西咸阳知县宋时济。三十五年，则陕西知县满朝荐。三十七年，则辽东海防同知王邦才，参将李获阳。皆幽系诏狱，久者至十余年。炀，应鸿，志学，获阳，俱毙狱中，其它削籍贬官甚众。至士民囚系死亡者，尤不可胜纪。○吴宗尧，字仁叔，歙县人。吴宝秀，字汝珍，浙江平阳人。华钰，字德夫，丹徒人。王正志，祥符人。满朝荐，字震东，麻阳人。）”

国子祭酒方从哲疾去。（据《国榷》卷七十八）

本年

李贽与利玛窦初次交往。李贽《续焚书》卷一《与友人书》：“承公问及利西泰，西泰大西域人也。到中国十万馀里，初航海至南天竺，始知有佛，已走四万馀里矣。及抵广州南海，然后知我大明国土先有尧、舜，后有周、孔。住南海肇庆几二十载，凡我国书籍无不读，请先辈与订音释，请明于《四书》性理者解其大义，又请明于《六经》疏义者通其解说，今尽能言我此间之言，作此间之文字，行此间之仪礼，是一极标致人也。中极玲珑，外极朴实，数十人群聚喧杂，雠对各得，傍不得以其间斗之使乱。我所见人未有其比，非过亢则过谄，非露聪明则太闷闷聩聩者，皆让之矣。但不知到此何为？我已经三度相会，毕竟不知到此何干也。意其欲以所学易吾周、孔之学，则又太愚，恐非是尔。”李贽《焚书》卷六有《赠利西泰》诗。

孟称舜（1599—1656后）生。乾隆《松阳县志》卷七有传。孟称舜字子塞，又作子若，号卧云子、花屿仙史，会稽人，一说乌程人。崇祯间诸生。所作杂剧《桃花人面》、《死里逃生》、《花前一笑》、《英雄成败》和《陈教授泣赋眼儿媚》，均存；传奇《二乔记》、《赤伏符》已佚，《娇红记》、《二胥记》、《贞文记》今存。

丁耀亢（1599—1669）生。丁耀亢《自述年谱以代挽歌》诗注云：“自云有生，明季己亥。”己亥即今年。丁耀亢字西生，号野鹤，又号紫阳道人、木鸡道士、野航居士。诸城人。明末诸生。弘光时授监纪司理。入清，官至惠安知县。有《丁野鹤遗稿》、小说《续金瓶梅》、传奇《赤松游》等。康熙《诸城县志》卷七等有传。

明神宗万历二十八年庚子（公元1600年）

二月

命阁臣查对京省试录出格，应天、浙江、江西、湖广、河南考官各量罚有差。（据《国榷》卷七十八）

三月

右春坊右谕德杨道宾清理贴黄。（据《国榷》卷七十八）

予故吏部右侍郎邓以赞祭葬，赠礼部尚书，荫国子监。（据《国榷》卷七十八）

四月

命乡试主考：户部主事鲁点、大理寺右评事蒋之秀往云南，工部员外郎黄士吉、行人司行人王孟震往贵州。（据《明神宗实录》卷三百四十六）

珠池市舶税务内监李凤激变新会县，因参乡官吴应鸿、贡士劳养魁、钟声朝、梁斗辉、民李芸易等。俱命逮治。（据《国榷》卷七十八）

左春坊左庶子范醇敬为少詹事兼翰林院侍读学士，纂修玉牒。（据《国榷》卷七十八）

右春坊右庶子唐文献为左春坊左庶子，左右谕德袁宗道、杨道宾为左右庶子并兼翰林院侍读，左右中允黄汝良、黄辉为左右谕德并兼侍讲，右赞善区大相、编修庄天合为左右中允并兼编修，检讨周如砥为右赞善兼检讨。（据《国榷》卷七十八）

五月

命乡试主考：简讨朱国祯、兵部主事吴用先往福建，户部主事杨一葵、兵部主事赵拱极往四川，兵部主事沈麟祥、工部主事张嗣诚往广东，刑部主事施尔志、中书舍人柴大履往广西。（据《明神宗实录》卷三百四十七）

前福建布政司左参政王叔杲卒。叔杲永嘉人，嘉靖壬戌进士。（据《国榷》卷七

十八）

复故总督浙直江福兵部尚书张经官，荫其孙懋爵入国子监。（据《国榷》卷七十八）

六月

命乡试主考：检讨沈㴂、兵部主事张其廉往湖广，户部主事江中楠、行人胡国鉴往陕西。（据《明神宗实录》卷三百四十八）

李化龙平定杨应龙叛乱。置遵义、平越二府，分属川贵。《明鉴纲目》卷七："纲：庚子二十八年，夏六月，李化龙帅师平播州。目：杨应龙勒兵数万，五道并出，攻破龙泉司。时化龙征兵大集，大会文武于重庆，登坛誓师，分八路进兵。川师四路，总兵官刘綎，由綦江入，总兵官马孔英（宣府塞外降丁），由南川入，总兵官吴广（广东人），由合江入，副将曹希彬，受广节制，由永宁入。黔师三路，总兵官童元镇（桂林右卫人），由乌江（在今贵州遵义县南境，上有关，明洪武中置）入，参将朱鹤龄，受元镇节制，统宣慰使安疆臣，由沙溪（在今遵义县城南）入，总兵官李应祥，由兴隆入。楚师一路分两翼，总兵官陈璘，由偏桥入，总兵官陈良玭，受璘节制，由龙泉入。每路兵三万，官兵三之，土司七之。巡抚郭子章驻贵阳，湖广巡抚支可大移沅州，化龙自将中军策应。部署既定，刘綎遂从綦江进兵，破其前锋，杨朝栋仅以身免，贼皆胆落。连克桑木（在贵州绥阳县东）、乌江、河渡（在乌江关东）三关，夺天邦诸囤，乘胜入娄山关，屯白石。应龙率诸苗决死战，綎亲勒骑冲中坚，分两翼夹击，败之，追奔至海龙囤。（在遵义县城北，为应龙穴垒）时陈璘已破青蛇囤（在遵义县城东），安疆臣亦夺落蒙关（在遵义县城西）。吴广从崖门关（在遵义县城西北）入，营水牛塘，与贼力战三日，却之，遂攻烧二关，夺贼樵汲路。贼见势急，父子相抱哭，上囤死守，遣使诈降。化龙檄诸将斩使焚书。已而八路兵大集海龙囤下，遂筑长围，更番迭攻，贼大困。会化龙闻父丧，诏以墨缞视师。化龙念贼囤前险不能越，令马孔英勒兵攻其后。天久雨，将士驰泥淖中苦战。綎先士卒，克土城。应龙益迫，散金募死士拒战，诸苗皆骇散，无应者。起提刀巡垒，见四面火光烛天，大兵已登囤入。应龙仓皇同爱妾二，阖室自缢。生禽朝栋、兆龙等百余人。计出师至灭贼，百十有四日。化龙露布以闻，诏磔应龙尸，戮朝栋、兆龙等于市。以其地置遵义、平越二府，分属川贵。"

左春坊左赞善萧云举为右春坊右谕德，署国子司业。（据《国榷》卷七十八）

七月

以应天府乡试，命左春坊左谕德兼翰林院侍讲黄汝良、右春坊右中允兼翰林院编修庄天合为考试官。命吏部主事倪斯惠、刑部主事陆应川往河南，工科给事中张问达，户科主事鲍应鳌往山东，刑部主事李叔春、工部主事应汝化往山西。各主考。（据《明神

大学士赵志皋等题翰林院取中教职岁贡生员上卷五卷，中卷九百九十四卷。（据《明神宗实录》卷三百四十九）

礼部尚书兼学士余继登卒。继登字世用，交河人，万历丁丑进士。忠诚慎密，临事不挠。年五十七。予祭葬，赠太子少保，谥文恪。（据《国榷》卷七十八）

增解额南雍五人，北雍十五人。（据《国榷》卷七十八）

八月

翰林院庶吉士黄国鼎、杨希圣、李思诚、周道登、温体仁为编修，赵师圣、高承祚、张文光、丘禾实、王毓宗、张邦纪、盛以弘为简讨，梁有年、洪瞻祖、张凤翔为给事中，林秉汉、杨文联、黄升、曾舜渔为监察御史。（据《国榷》卷七十八）

设贵州新贵县儒学。（据《国榷》卷七十八）

前南京礼部尚书林士章卒。士章字德斐，漳浦人，嘉靖己未进士及第。授翰林编修，进司业，忧去。壬申，起南京祭酒。癸酉，改北。甲戌，进礼部右侍郎。丁丑，转左。后长南礼部，致仕。士章谙练朝典，兼善星历。年七十七。予祭葬。（据《国榷》卷七十八）

甲戌，以顺天府乡试，命右春坊右庶子兼翰林院侍读杨道宾、翰林院编修顾天埈为考试官。（据《明神宗实录》卷三百五十）沈德符《万历野获编》卷十五《科场·北场口语之多》："顺天乡试，自戊子深求之后，辛卯则冯临朐为政，时负海内重望，自爱其鼎，以故故陈都谏子、故邵中丞子，列在元魁，俱斥去别换，仅免口舌。甲午亦无所纠拾，特以政地持平，主者亦无仇家相嗾耳。丁酉一役，焦弱侯正在多凶多惧中，忽以临场特命，使不得辞，识者已知其故。比榜出，而省中曹大咸、杨廷兰辈露章，辞虽峻刻，实无关节可指。况所参汪泗论、张蔚然、邱梦周、曹藩诸人，俱名下贫士，无能具苞苴者。焦虽谪，而己亥大计，曹、杨两公，亦坐新建党逐矣。庚子则顾开雍主考，素以豪杰自命，虑碍大拜，加意防闲，至预约提调府丞乔璧星，凡其同乡江南四府监生卷，皆另为一束记认之，不派房，不批阅，自谓极其积严，以故三吴遂无一人得售。乃榜首浙人赵维寰，已首被文体指摘，盖北人见赵卷峻洁，骇而未见，仪郎某公尤忿忿，至欲斥而胥靡之。会同乡在事，议罚科而止。然向来被议者，主试皆南人，举子皆胄监，岂畿辅子衿，皆曾史耶？"

今年顺天解元赵维寰罚科。沈德符《万历野获编》卷十四《科场·顺天解元》："顺天解元，向有被议者，以辇下人众，妒口易生也。如予所知，景泰四年癸酉，第一名罗崇岳，江西庐陵人，以冒籍斥。七年丙子，第一名徐泰，直隶江阴人，以内阁大学士陈循、王文论列，覆试得留。此二事，《英宗实录》中俱不详载。至嘉靖四十三年甲子，第一名章礼，浙江余姚人，以冒籍被劾，覆试得留。万历十六年戊子，王衡，直隶太仓人，以大学士锡爵子见疑，覆试得留。万历二十八年庚子，第一名赵维寰，浙江平湖人，以文体被参，礼部覆试，罚科，举人之有罚科自此始。要之博洽如王，经学如赵，无忝榜首，亦遭指摘，世甚冤之。当太仓公之为子辩覆试也，引章礼为言，而不及徐泰，盖偶不记忆耳。"沈德符《万历野获编》卷十六《指摘科场》："自壬午应天夷陵王少宰子之鼎、之衡败后，并追论江、张二子冒滥鼎甲，弹事者俱得志，且超迁，于是乙酉顺天冒籍事起。指出宫掖，钟给事以风闻劾之，主试张宫谕调南去，中式者至荷校，蔡侍御请从宽被重贬，而北京兆主试一差，皆目为苦海。戊子指摘尤苦，至覆试而犹未定，饶比部疏更苛峻，直至辛丑王缑山会试、廷试俱第二而后中外帖然。然主北试者，亦先一年殁矣。辛卯之役，南主试为陆太史可教，北为冯太史琦。榜出后，礼科都给事中胡汝宁出疏纠之，陆、冯辨闱中事甚晰，二太史俱无恙，而胡反受挟私抵饰之议矣。盖先一科饶比部疏侵阁臣，不无过激，而胡特疏参之，饶又胡同郡人，一时多不直胡者。至辛卯而事势已变，冯、陆又词林所推许，胡不识物情，不惟白简见诎，御史冯从吾等复弹治之，次年癸巳竟坐不谨斥。向来所居为奇货者，一旦丧气失志，无所措手矣。又阅一科为丁酉，议者复起，则专主副考焦太史竑。庚子又起，则专主副考顾太史天埈。自此以后，或默或哗，又非予所得而言矣。酉、子二科副考，初系陪推，俱越前资数人，久不奉旨。此入闱之夕始下，则已不及辞矣，岂命当罢毁，因而误受眷知耶？或云政府素憎二人，故投疑网以穽之，未知然否。"《游艺塾文规》卷八《正讲五》："丁丑以前具载《心鹄》诸书者俱不论，论近科乡卷。汝辈今以乡卷为急，故备论之。""庚子解元北畿赵维寰有学有识，议论高遒，笔力纵横，所谓铁中铮铮，人中皎皎者。省中疏论文体，而乃首诋之，诚不知其解。如破云：'圣心无能，于论多能证焉。'以'无能'之旨作'多能'辨证，尽有玄解。承云：'夫多能不贵于君子，乃以拟圣人乎？即其所自明，信无能为圣矣。''无能为圣'，原是夫子所自道，且顺破逆承，句法甚健。今乃摘破首句，摘承末句，并在一处，目为不通，冤矣！其起云：'且道，人无不与能，而及其至，圣人有不能，故圣心自道，恒曰我无能焉，非真无能，道不容以能不能象也，矧其以多不多衡也，有如大宰之圣夫子，至若神其能，以为非圣人不有是多者？夫圣人一生精力，弗用于天下国家，乃直取精象数；圣人毕世功夫，弗凝于渊源根本，乃暇计力余绪哉。''圣人不能'及'我无能焉'，皆夫子口中语，亦夫子意中事，引作起讲，最有典据，且又从'能'说到'多'，而入题处竟承'多'字说去，故云'以为非圣人不有是多者'，此句最有力。'弗用于天下国家'，含下'少贱'及'不试'；'弗凝于渊源根本'，含下'鄙事'及'不多'，最有针线，最有笔力。又论其大讲处'将圣'一节对'大宰'一节，以为失体。夫作文之法，整齐处须出几句参差语，参差处须用几句整齐语，故有人所不对，而我独对者。如嘉靖丙午浙江'一乡之善士'全章，解元高鹤将'友天下之善士'二句对'诵其诗'四句，论理则不伦，论体则甚整。又甲辰会试，《孟》义'使禹治之'一节，论书意该重治水，下面驱兽安居，皆由此而致者，故通场皆散做，独昆湖先生以'治水'、'驱兽'两两相对，既雅且驯，遂成绝唱。然则即以此二节平对，亦非大失，况维寰此作特以流水文法，将大意提挈起，而下面重发挥'大宰'一节，最有力量。其文云：'是未知能非圣人，盖由天全，子贡有所独窥天纵也；而能非名理，尽皆末枝，夫子固羞称鄙事也。何也？性体无歧径，正以无歧而挈阅览多，则于本无歧之内忽起一纷赜见，而名象愈广，真性因以愈漓，故欲尽融名象以还性体者，纷赜不必参也。心灵不遍物，正以不遍而宏独运多，则于不必遍之中忽驰一炫骛见，而才情弥增，真心因以弥肩，故欲尽敛才情以完心灵者，炫骛不必骋也，君子而多乎哉？'过处略用大意揭起二节，而后面发挥下节甚重甚透。今略其重讲下节之意，而只说平对，如阊门市人收买良家骨董，不窥古色，惟索瑕瘢，蔑珍玩为凡品，斥至宝为无奇。此或有为者言之，定非杨公笔也。后云：'盖子尝云"吾不试，故艺"，识牢之言，夫然后知博学成名，固夫子平日所甚口，而射御钓弋之类，偶为弟子微言之，皆无能自道之本旨也。'此处不对而单收，最有笔力。'博学成名'、'射御钓弋'皆夫子实事，典而且古，'无能自道'又与起处相应，意、调俱高，而疏乃云：'缴更迁纵。'以夫子之自言证牢之所引，乌得为迁？且对则诋其失体，不对又诋其为纵，其责于人，终无已乎？"

浙江乡试，沈应华、李于鸿以用"组修"、"见解"等新奇字眼几乎被黜。《游艺塾文规》卷一《词忌》："庚子浙场，先将时文新奇字眼，逐一拈出，各分一纸。房考官取卷呈堂，堂官专拣其有犯者黜之。沈应华以'组修'二字，李于鸿以'见解'二字，几乎被黜。呜呼，严矣！然绩学邃养之士，往往坐是见抑，连城隐璞，卞生挥涕，流水离弦，钟期拊心，以数尺之污，而弃合抱之木，此志士所以动容，而英雄为之浩叹也。窃谓时文字眼，出自'五经'者，皆不须忌。如'幻'字，今人所最恶，然《书》曰：'诪张为幻。'字出壁经，何须深避？'遹'字出《诗经》，《诗》云：'谋犹同遹。'此类甚众，不能殚述。然有时所不忌，实无理而不用者，如'苍生赤子'，今时文去下二字，只曰'苍赤'，未审所谓苍赤者，果何物也？又如'林林总总'，今只曰'林总'，又如'独行不愧影，独寝不愧衾'，今除去'不愧'字，而只曰'衾影'，此等处皆碍理难通。善作文者，只要描写本题正意，岂必求奇于句字之间？只用寻常字，而发挥吾无限道理，乃是作家。"

今年乡试，有"君子博学于文"一节等题。《游艺塾文规》卷八《正讲五》："凡作长题，最贵变化，若依题敷衍，便是俗笔。第二名陈勋将'大宰'、'子贡'一齐提起，下只以意发挥，'大宰知我'一节，亦只浑浑叙去，最有法度。其文云：'夫圣衷空洞无有，安得取一切技能之迹，纳其中而为之名？即圣性受天之全，亦焉用藉众多才艺之粗，益其外而为之赘？'惟上面先提'大宰'、'子贡'，故此处只虚虚混讲，而意自跃如。接下云：'亦且知夫多之无贵于哉？用惟施于泛应，童蒙之所得而习，毕贱之所得而游；业虽擅乎兼通，曲士视之以为奇，天道视之以为鄙，君子不然。君子性体从何而出？出于太虚也。虚中本无一物，则能之想既不生，而多之名亦不立。君子之作用以何为归？归于易简也。易简自成变化，则能之事既以融，而多之名亦不立。'略去题语，浑融发意，而出入自如，整洁中圆转成趣。第三名黄立极起云：'大道无名，割之即百千万状，总属后来之枝叶，而俗士每夸之以为能；圣学无象，出之即变化无穷，总属神明之作用，而曲士每侈之以为多。故如太宰之论，而子贡之兼之者，非所以为训也。'陈勋先提'大宰'、'子贡',次作二比,此先作二比而缴出'大宰'、'子贡',皆一法也。接下云:'亦未知多能鄙事耳。道无多也,一务于多,则多之中多也,多之外又多也,愈多愈无尽,而道反受其不足;道无多也,君子亦与与多,则多者无也,不多者亦无也,愈无愈不可穷,而道益含于有余。'本房批云:'霹空将"道不多"发二比,意深语幻,而于章旨甚有关键。'又批云:'叫起一句,良是作法。'刘余光末二比用两'则'字起,似纵笔疾书之文,而收合有法。其文云:'则我之知于大宰也,不过知我之多能,而多不出于君子,我之非圣,其何如焉?则我之有此多能也,惟是求能于少贱,而圣且未诣其境,所云天纵,其又何当焉?'文势甚顺,文机甚活,而照顾前语,纤悉不遗。十五名祁承㸁通篇皆佳,文云:'不知圣非能成者也,又非圣之外而更自有其成也。盖识能于圣之中,则圣即其能;而执圣于能之内,则能终为艺。果如大宰之论圣而专言多也,固缘能以测圣,而圣以能掩;即如子贡之语圣而兼言能也,亦援纵以明多,而能以圣分;要皆从其能者以见多,而不会其多者以归圣矣。由夫子而言之,即有其能,而以少贱故也,其为鄙事也可知;即居其多,而以为鄙事也,其非君子之所贵也又可知,君子而多乎哉?方探本于一无所有者,而名言象数已尽融之于独觉,宁至以炫博者分其神?又默化于无所不有者,而聪明才技已尽销之于寸衷,宁至以骛多者驰其念?盖神圣之本原本超于智能多寡之外,非无有错综变化之用,而其浑然者自如;大道之体要亦蕴于技能未著之先,非无有迎机应用之真,而其冲然者自若,试观子之所云,不曰不试故多能,而直曰不试故艺者,明之乎离圣以语能,则祇为曲艺之事,而不试以征艺,则信为少贱之能,其与大道之不器者不相伦矣,而况其泥之以为圣哉?'机轴甚圆,词理甚密,点缀明爽,联络有情,此亦魁元之选也。""'在上位'四句,赵维寰先总起,次分做,后又总缴,此常格也。造语清新,言言入解。中二比云:'以故在上位不陵下矣,夫本非有陵之心,特惧以狎侮嗑体统而姑抑之也。当其养尊时,已知分有崇峻,道无倾轧。吾人其间,既得为不愧于下,即吾位已毕,原非假借于下之附我以成吾上也,则陵亦奚自生也?在下位不援上矣,夫本非有援之心,特惧以躁竞于清议而强遣之也。当其营职时,已知分有卑冗,道有光明。吾人其间,既得为不负于上,即吾位已终,原非凭藉于上之顾我以成吾下也,则援亦何自生也?'调法入古,而理意兼到,神境超然。本房批云:'"得不愧于下","得不负于上",只此二语,便足不朽,且二"得"字入解。'黄立极轻提轻缴,中作二大股,此是两扇格。体裁雅密,转折精到。其词云:'上者威权在御,其势易逞,而又环视下之人,皆我颐指使者也,其谁不陵?故或轻人而重己,或抑众而独尊。君子曰上位非以宠我,有所用于我也。我惟行其所得行,以求不负此位耳,岂其视为长傲之资,而凭权藉势以陵乎?必不然矣,何也?君子之心,惟有自得,无论陵之拂而不得,即陵之顺,亦非自得也。固无事制之而陵自忘矣。下者势位犹隘,其志易移,而又习见上之势,常以恫吓我者也,其谁不援?或附重而藉资,或媚尊以取荣。君子曰下位何足小我?我自有行于下也。我惟为所当为,以求不忝此位耳,岂其取为希宠之媒,而阿谀逢迎以为援乎?必不然矣,何也?君子之心,惟知行素,无论援不得而非其心,即援之得,亦非吾素也。固无用遣之而援自忘矣。'紫阳以上节属'素位而行',此节属'不愿乎外',不惟文势破碎,兼理意亦甚纰缪。不知上曰'自得',下曰'正己',原自照顾;而'素位而行'与'不愿乎外'原非两事。此作前比根定'自得',后比根定'行素',一滚发挥,尽扫支离之习,此时文之胜注者。王光铉起四比,缴四比,中只作二小比,文甚真切,而缴尤胜,云:'境虽相对,而吾以无畛无域者,化其境于两忘,用能使上下合为一机,而神情交罶;理本平分,而吾以不增不减者,安其理于共慊,故能使陵援融于念虑,而客气潜消。盖不以陵下之心分其上位之精神,而所为行于上者,始足以完吾素矣;不以援上之心分其下位之精神,而所为行于下者,始无所亏吾素矣。'本房批云:'意入理窟,而词亦雅炼,足以达之。'刘余光通篇皆佳,其文曰:'身位上而所愿在下,则奚陵念?身位下而所愿在上,则奚援念?至陵与援丛于心而扰扰无以自宁也,亦何自得之有?而君子既自得矣,彼且空洞中洒然其无所留也,不知我之外有位,又乌知孰上孰下之在我?彼其意念外漠然其所无着也,不知上下之外为谁,又乌知可陵可援之加于彼?无论恣睢暴戾显而为陵迹者无之,而君子无意制陵之念而陵不生也,且业业乎惧无以为下观而招慢侮,正其不陵之心所反照于躬,而实践者然也;无论卑伏屈抑彰而为援迹者无之,而君子无意制援之情而援自化也,且凛凛乎惧无以副上责而致愆尤,正其不援之心所还饰于身,而善体者然也。盖位上位下,君子本以位为寄,而又未尝不尽其责?则不虚其位,而以心为安可知也。不陵不援,君子本以心为真,而又未尝不因其寄也?则不驰其心,而不为位窘可知也。故上无所谓陵,而陵在上之外则其不陵,惟安其上者能之;下无所谓援,而援在下之外则其不援,惟安其下者能之。'根'自得'讲既有理,而中二比用意斡旋,尤觉出色。缴处刻尽精到,而以浅语发之,真可谓脱尘垢而游上清者多。第十五名祁承煠亦卓荦不群。文云:'上下递乘,而为位是实,有所为位者在矣,位在则当实意以尽于位之中;陵援互萌,而为愿是本,无所谓愿者在也,无愿则又当虚心以听于位之外。故其在上位也,下非无望而重焉者矣,而下之所重,自重其在上位者耳。我辄因下之重也而起一陵心,既揣于我之可以逆施,又揣于人之可以逆受,是此中逐逐,反为下所役也。反求于上位之中,岂更无所图?而惟陵下之为务,吾不见位中有可矜之我,自不见位外有当陵之人,而计较于可陵不可陵之间者,又其后者矣。其在下位也,上非无习而轻焉者矣,而上之所轻,自轻其在下位者耳。我复因上之轻也而起一援心,既度于我之可以求容,又度于人之可以我受,是此衷营营,徒为上所苦也。自反下位之内,岂更无可振?而必援上之是图,吾不见位中有可卑之己,自不见位外有当援之人,而揣摩于可援不可援之际者,又其后者矣。'实讲从'心'上说入细,足征体认。""'吾为此惧'二句,赵维寰中四比甚佳。其文云:'吾且为先圣闲仁道乎?仁道之精酝酿于性灵者,岂兼爱能蚀?独无奈彼之从外翳也。吾今就所翳处揭而出之,第使无封于外,即内之酝酿者若设之藩矣。吾今为先圣闲义道乎?义道之精凝结于性体者,岂为我能侵?独无奈彼之从外撼也。吾今就所撼处坚而持之,第使无摇于外,即中之凝结者若树之屏矣。道之寄寓,近不逾己心,闲圣道者,非闲之先圣也,取先圣忧道之心以固己心,而振此几希之绪,则道闲于我,而功被于笔削;道之寄寓,远不逾人心,闲圣道者,非闲之先圣也，殚吾忧道之心以防人心，而延此一线之脉，则道闲于人，而力勤于知罪。'凡制举义洁而不精，则神光不透；精而不确，则意境不真；确而不流动，则机局死板，皆非利器。此作甚精甚确，又甚流动。'固己心'、'防人心'二比卓然独创，是有关系文字。陈勋通篇皆好，文云：'夫天下之患莫大于人心。先己渐灭，而人类之祸随之，其萧然之象可令人悲，而吾目击世风，何能无惧？其使予恚而不能释于怀也，彼唯破圣道之闲，浸寻以有今日也。予今复不亟而晏然勉于闲也，天下将有无穷之惧，陵夷岂止今日也？先圣仁义之故六通四辟，何庸复设之藩？而彼寝而逃矣，且胥天下之言而为叛矣。吾度势且甚亟，将身遏其冲而为之卫，卫先圣如线之脉也。夫惧者之为计，不得不出于此也。先圣仁义之精真不可破，何庸更树之坚？而彼且窜而入矣，且益内向之敌而助之攻矣。吾虞其患之方大，将力当其溃而为之翼，翼先圣不坏之真也。吾庶几藉以释惧，则亦惟恃有此也。盖救人心之祸，其权在道，而当人心横流之日，道尤倚人之权以为闲；拨前世之乱，其权在圣，而当圣远言湮之世，圣亦俟人之力以闲道。彼何人者？能挟其猖狂自恣之资，以与先圣衡？而予乃爱其昌言击排之力，以为斯道忧，且徒抱此大惧，将默以贻谁？抑既溃此大闲，虽戚而何补？予其敢乎哉？'起处说'惧'字，令人警省，真可太息流涕。中间挑剔'闲'字，甚得肯綮，无一语不入情，亦无一语不逼古。黄立极实讲云：'我睹其溃，而心为之惧也；必防其溃，而身为之卫也。先圣有仁，本万古不可磨灭，而有无父者得而掩之，奈何当吾世而有此也？吾盖凛凛惧焉，思所以再振之而令昭揭宇宙也，则予志也，予责也，而不得不力任之矣。先圣有义，本千载不容遏绝，而有无君者得而塞之，奈何当吾世而有此也？吾盖兢兢畏焉，图所以复兴之而炳朗乾坤也，则予心也，予分也，而不得不重承之矣。'先做二句，后以'仁义'讲二大比，语平夷而甚确，气矫举而复敛，可法也。祁承爍后缴云：'盖持胜心以卫道，即道亦成私，惟惧则意气尽融于阳厉之中，凛凛乎从容以阐绎，而邪正之辨不激而自明，使圣道之昭垂者，若乾坤之既阖；执浮气以担当，其担当未切，惟惧则精神尽聚于入微之念，兢兢乎深心以密求，而仁义之说不揭而自著，使圣统之经世者，若日月之晦而重明。故当其峻吾道之体，若驱邪说而拒之于外；然及其廓吾道之量，又可收异端而徐化于中。'从'惧'字上耸起精神，而思深语恺，得未曾有。""'君子博学于文'一节，南京试官今年似重华藻，故时髦誉士，靡不见收。解元李胤昌不拘拘于理路，而绘词琢句，霞绚云蒸。其文云：'盖天下之委然而成，灿然而章者，岂不纵横流漫？而细会之则脉络可寻。吾心之不绳而束，不矩而方者，岂不易简真实？而旁印之则纤微必贯。是以刺经考艺，聪明之所出入，君子不谓多方，夫宁广肆为名也者？要以至广成于至要，约而收之，天然自有之则可程也，是错综变化之所由总也。玄览冥搜，神情之所绵邈，君子不妨旁寄，夫宁择华为富也者？要以至华返于至朴，约而归之，此中无体之精可会也，是象数名理之所由合也。静观宇内之赜，皆从典要中受名受数，而特借无不知之神识以会其归，则其所默然存诸中者惟有一礼，欲寻其证入之端而已化矣。歧中之歧，象外之象，夫岂有蔽焉？动观本然之体，正于发窍处自合自分，而特缘无不通之条贯以返其妙，则其所凝然而托于神者惟见其约，欲觅其假途之迹而已亡矣。赜而不厌，动而不乱，夫岂有格焉？盖以博为博，即同是综览之用而内外横分。'从'博'取'约'，则不设精粗之见而源流自合，浑融雅畅，字字如挟风霜，极利之文也。姚汝化中二比云：'耳目所及，耳目所不及，既为天地之所有，孰为吾心之所无？而以博采者，又以约反之，方且就名物见天则，则吾心自有之文章，所为敛之弥实者也。见闻所到，见闻所不到，既为宇宙之所陈，孰为吾心之可置？而以学入者，以礼收之，方且就枝叶见本根，则吾心自然之条理，所为探之弥精者也。'语意精奇，如平地突起峰峦，自然堪当。张国伟独重'约'讲，中二比云：'天下惟文之为数，纷纷而不可纪极。吾泛涉之而精收之，久之，耳目见解，刻落无余，独留此切实不浮之意以为检押之精，是礼之真也。是于无可纪极中损之又损，以至于品节威仪，犹以为涉文之意而弗务也。天下惟文之为物，虚浮而不可把握。吾虚收之而实履之，久之，训诂糟粕，削灭殆尽，独留此笃茂无文之体以为约束之具，是礼之本也。是于无可把握中精而益精，以至于进反升降，犹以为属礼之粗而弗滞也。'空讲最难凑泊，此独融洽透露。收云：'盖谓文与礼二者，此曰增，彼曰减，即两者已自相背驰，而文之真精处即为礼，则充拓我闻见，即以涵养我性灵，不相踦也，而何畔焉？谓礼与文二者，先患其不足，后患其有余，即一事亦不相浃洽，而礼之英华处即为文，则开拓其胸襟，即以陶铸其德性，不相悖也，而何畔焉？不然，天下离经之行，多出穷经之徒，而异学之习，类非浅学之士，岂非徒博之害而约之功未尽哉？'文礼合一，是孔门家旨。张以诚中二比云：'非必以博开其始，约收其终，但随博而加之以约，则一见一闻，总会心之真境；非必以文拾其粗，礼掇其精，惟即文而见其为礼，则彻内彻外，即浑合之真机。'本房批云：'将礼文博约，打成一片，精莹浑厚，元气未漓，老手笔也。'诸作并以'文'、'礼'并起，左光斗独单提'礼'字，甚得旨。讲云：'缘迹象以究神理，即物物具一矩矱，何嫌广搜焉？愈搜愈精，而身心性情之矩，已昭然露列于形色间，收而摄之，皆故物也，安见文属外而礼属内也？略糟粕以窥精蕴，即种种具一条理，何嫌备稽焉？弥稽弥实，而视听言动之则，已显然印证于法象间，返而归之，皆固有也，安得博属先而约属后也？约礼原属行一边故也。''身心性情'等语甚切。缴云：'盖畔非必尽骛于文，即着意逃虚而有物不化，则意见才情终为伎俩之私而与道离；不畔亦非必株守于礼，即取精甚多而持循有主，则口耳才华亦借为根本之用而与道协。'诸作于'畔道'处但写其意，而此于收束处独露精神。缪昌期原系宿彦，笔锋峻利，说理亦精。其文云：'礼非外饰也，所谓不规而自圆，不矩而自方，是道之常仪的也。试纵览宇宙内之总总色色樊焉，递献其形而递相为凑泊者，意必有规矩存焉者耶？'就此一收束，其于道之仪的未背也。'礼非内局也，所谓增之则加多，减之则加少，是道之真脉络也。试旁采古今来之见见闻闻委焉，各呈其章而各相为糅杂者，意必有不可增减焉者耶？'就此一总，挈之于道之脉络未隔也。'谓先文约礼者，是力有所捃摭，而因有所持循，道不若是之泥也。君子所博者是文，所以博者是礼，是故糟粕煨烬，尽化为天然自有之中，而道以人心不远。谓既博且约者，是一心于积贮，又一心于划除，道不若是之歧也。君子以文博礼，还复以礼约文，是故天地万物，尽收为神明自肖之则，而道以当体即真。'融液贯串，绝无龃齚，是理题之粹然者。张绍芳讲末句云：'畔者，偏也。本原未溯，而因博起蔽，因蔽起偏。惟会之于礼，则愈扩愈融，直己与大中者合，而不开其窦，孰生其畔乎？畔者，畛也。性灵未彻，而因文成迹，因迹成畛。唯统之以礼，则即外即内，直己与浑一者游，而不启其径，孰睹其畔乎？'本房批云：'以"偏"、"畛"形容"畔"字，最亲切有致，而气味更沉雄。'钱龙锡讲云：'夫人心原有此礼，堕于寂或密逾而不自觉。夫且有弗学，学必惺之乎心，而默成之质，斯不已渐符乎？人心亦止有一礼，逐于象，或扬轶而不自主。夫且终日学，未始斁之乎学，而成性之妙，斯不亦渐合乎？'通篇雅思入玄，望而知其名士，此二比尤洞析玄闉。王元瑞通篇皆佳，先起云：'文未尝不学也，而不逐于文，礼于是乎启其籥焉；学未尝不博也，而不溺于博，约于是乎辟其门焉。'提得爽朗，甚有法度。后讲云：'夫道本无合无分，约之见尚存，而约之意未化也，似不若浑忘者，并去其返要之心；学必由精心一，文在而不骛于文，则礼在而亦不胶于礼也，奚至如汗漫者，徒执其畛域之见？学不与性为一，性反以学而歧。夫既即象即神而穷性之变，复定性之准，则本自无歧之域现前皆是，第守此而益密之，且渐觉其相亲矣。学不与心为符，心反以学而隔。夫既即实即虚而溯心之流，复会心之源，则本自不隔之闉触处即呈，第循是而益熟之，且不苦于相持矣。'匠心独造，不在皮肤，想头词路，都自与人迥绝。胡允范后二比云：'吾不能于无名无象中遽收其玄妙，唯是知名象即为精神，而以粗入，以精出，虽耳目之研穷，罔非心极所融合也。夫惟融合则一矣，亦可以弗畔矣。吾不能于无见无闻中遽洞其窾奥，唯是知性术不离闻见，而散为百，聚为一，即从外之考镜，罔非天真所凝贯也。夫唯凝贯则合矣，亦可以弗畔矣。'自会名理，自铸新词，矩矱中时露锋颖。张维斗收云：'浑沦之体，无能执着，止就目前之境界以游其藩，而渐入渐亲，听本真之自洽；冥契之功，无取支离，惟从合一之功夫以窥其际，而徐臻徐会，觉妙境之可游。'词炼意精，足窥实诣。郑栋缴云：'盖畔道者，其心类有所溺而不能出，而收文于礼，则博者特其备资，故始似骛驰而终有统会；畔道者，其心类有所距而不能入，而合礼于文，则约者乃其真诣，故隔阂不起而本体日亲。虽上士化文于礼之中，而此不能不启籥于博也，一贯之体犹悬；然下士歧礼于文之外，而此独能茹精于约也，支离之习尽泯。其于道也，不亦可以弗畔也哉？'妙思绮语，相逐而来，读之当无不击节者。诸作起皆相对，独夏昌期散起，便觉老成。文云：'君子思道无名无象，凡宇宙间之散见，皆吾人有用之文章，而其精搜处则要而可循，切而可守，即礼也。此非疏略之见所能涉其藩，亦非驰骛之思所能领其要者也。'用意散叙，苍然古色。"

九月

南康知府吴宝秀因抗税监李道于年初逮系诏狱，至本月始释为民。《明诗纪事》戊签卷二十六录何白（1548—1628）诗《哀江头》，陈田按语引横云山人《史稿》："吴宝秀字汝珍，浙江平阳人。万历十七年进士。二十六年为南康知府。湖口税监李道横甚，宝秀不与通，会漕舟南还，乘北风扬帆直入湖口。道欲榷其货，遣卒急追之，舟覆，有死者。道即遣爪牙吏持牒捕漕卒，宝秀拒不发。道大怒。明年正月，飞章劾宝秀及星子知县吴一元、青山巡检程资阻挠税务，诏俱逮治。给事中杨应文等，请下抚、按公勘。大学士沈一贯、吏部尚书李戴、国子监祭酒方从哲等交章为言，俱不报。宝秀妻陈氏，恸哭偕行，宝秀不可。乃括馀资及簪环得银三两许，付其妾曰：'夫子行，以为路费。'夜自经死。宝秀至京，下诏狱。大学士赵志皋上言：'臣困卧床褥间，闻中外人情汹汹，皆为矿税一事。闻宝秀逮系时，其妻投环自尽，阖郡号呼，几成变乱。事关民生向背，宗社安危，臣不敢以将去之身，隐默而不言。'星子民陈英者，方庐墓，约儒士熊应凤等走京师伏阙讼冤，乞以身代。于是抚、按及南北诸臣论救者疏十馀上，帝皆不省。一日司礼田义汇诸疏进御前，帝怒掷之地，义从容拾起，复进之，叩首曰：'阁臣跪候朝门外，不奉处分不敢退。'帝怒稍平，取阅阁臣疏，命移狱刑部。皇太后亦闻陈氏之死，从容为帝言。至九月，与一元等并释为民，归家逾年卒。初，南康士民建祠特祀陈氏，后改建，合宝秀祀之。天启初，赠太仆少卿，赐祭，录其一子。"

右春坊右庶子兼翰林院侍读周应宾为南京少詹事，署翰林院事。（据《国榷》卷七十八）

十月

朱之瑜（1600—1682）生。《清史稿》卷五百："朱之瑜，字鲁玙，号舜水，余姚人。寄籍松江，少有志慨。九岁丧父，哀毁逾礼。及长，精研《六经》，特精《毛诗》。"梁启超《中国近三百年学术史》："舜水，名之瑜……卒清康熙二十一年，年八十三。"［日本］今井弘济、安积觉《舜水先生行实》："文恭先生，讳之瑜，字鲁玙（鲁作楚，非也。印章讹'楚玙'，不复改刻；故人或称楚屿），姓朱氏，号舜水；明浙江余姚人。……以明万历二十八年（庚子）十月十二日申时生焉。"（《朱舜水文选》附录）

给事中王德完以忤万历下狱，廷杖除名。《明鉴纲目》卷七："纲：冬十月，下给事中王德完（字子醇，广安人）于狱，廷杖除名。目：时郑贵妃日有宠，而王皇后多疾，左右咸窃意后崩，贵妃即正中宫位，其子为太子。中允黄辉，皇长子讲官也。从内侍微窥得其状，谓德完曰：'此国家大事，且夕不测，书之史册，谓朝廷无人。'德完乃属辉具草，及是上之。疏入，帝震怒，立下诏狱拷讯。尚书李戴（字仁夫，延津人），御史周盘等，连疏论救，忤旨切责，御史夺俸有差。阁臣沈一贯方在告，力疾草奏，为德完解。帝亦不怿，命杖德完百，除其名。复传谕廷臣：'诸臣为皇长子邪？为德完邪？如为皇长子，慎无渎扰。必欲为德完，则再迟册立一岁。'廷臣乃不复言。"

工科给事中张问达主试山东道，奏流民饥苦状，请亟罢矿税恤民。不报。（据《国榷》卷七十八）

二十九日，潘士藻（1537—1600）卒。焦竑《澹园集》卷三十《奉直大夫协正庶尹尚宝司少卿雪松潘君墓志铭》："去华讳士藻，学者称为雪松先生，世居婺源之桃溪，家为仕族。……举万历癸未进士。"戊子征授御史，辛卯改南刑部照磨，壬辰晋南吏部主事，改尚宝丞，癸巳晋司少卿，庚子夏得疾，"至十月二十有九日，竟以疾逝。""生嘉靖丁酉八月廿五日，距其卒得年六十有四。""自吾师天台先生倡道东南，海内士云附景从，其最知名者有芜阴之王德孺，芝城之祝无功与新安之二潘。潘之字朝言者，既以绝□（世）之姿不究其用以死，而与吾辈游，独去华氏为最久。当是时，自天台教外旁出一枝，则有温陵李宏甫，去华并师而严事之，吁，其盛已。""初，两先生之学，人疑其异指，君独取会心者剂而用之，以自名一家，升、歙间多盛传之者。雅嗜读书，闻贤人君子之言行与时事之大者，动有纪述。尝见其数巨册于几间，君辄自掩避，不欲遽传也。今行世者有《闇然堂杂集》、《诗文集》、《周易述》若干卷，亦足见君之大都矣。"

十一月

袁宗道（1560—1600）**卒。**（据黄辉《圹志》）黄辉《明右春坊右庶子兼翰林院侍读袁公圹志》："石浦先生族袁氏，名宗道，字伯修，一字无修，以嘉靖庚申之二月十六日生。……庚子，升右春坊右庶子，兼官同。以是年九月入直遇寒，遂病泻，庚子十一月初四日卒于邸，享年四十一岁。"《明神宗实录》卷三百五十五："（万历二十九年正月）辛酉，阁臣以掌右春坊右庶子袁宗道病卒。宗道，湖广公安人。万历丙戌进士，改庶吉士，至今官。修洁有文行。时东宫未立，讲官不补，仅得三人。宗道力疾日讲，不忍言去，竟以惫卒。天启初年赠少詹事，赐祭荫如例。"袁中道《石浦先生传》："自丁酉充东宫讲官，鸡鸣而入，寒暑不辍。庚子秋，偶有微恙，强起入直，风色甚厉，归而病始甚。明日，复力疾入讲，竟以惫极而卒。""先生平粹慎密，而遇事烛照。万历丁酉、戊戌间，有东倭关白之警，时议封贡。先生叹曰：'石尚书其不免乎！'李卓吾刻《藏书》成，先生曰：'祸在是矣！'已而皆然。如此者不可枚举，大都量与识皆全者也。天不假以年，未得尽抒其用世之略，惜哉！先生书法遒媚，画山水人物有远致；作小词乐府，依稀辛稼轩、柳七郎风味。旧有传奇二种，置之笥中，为鼠子嚼坏，凤毛龙甲，竟不存于世，可为永叹！""先生为人平恕，亦不以此望人，且自多也。兴致甚高，慕白乐天、苏子瞻为人，所之以'白苏'名斋。居官省交游，简酬应，萧然栽种花竹、扫地焚香而已。每有见，则邀同学诸公步至射堂看月，率以为常。耽嗜山水，燕中山刹及城内外精蓝无不到。远至上方小西天之属，皆穷其胜。诗清润和雅，文尤婉妙。然性懒不多作。著有《白苏斋集》若干卷。"

本年

湖广佥事冯应京毁龙湖寺。时李贽卜居龙湖寺读书谈道。沈鈇《李卓吾传》："载贽抵麻城，卜居龙湖寺中。鸠率好义者，大修佛殿，饰如来诸祖像。日著书谈道，听说者日益伙。间有室门女流，持斋念佛，亦受业焉。虽不躬往，订于某日某时受戒，先致筐帛；甫反，候宦女在家合掌拜，载贽在寺亦答受之。坐是喧阗郡邑。符卿周公弘禴曰：'李先生学已入禅，行多诞，祸不旋踵矣。'会冯应京来为楚金宪，毁龙湖寺，置诸从游者法。"据《闽书》卷一百五十二，冯应京于今年擢为湖广金事。分巡武昌、汉阳、黄州三府。

徐𤊹（1562—1600）卒。谢肇淛《题王百谷尺牍跋》："惟和地下修文，已将十载，余及兴公亦发皆种种矣。先生今年七十有四，神犹王甚，作蝇头细书，逾少年时。"王稚登（百谷）七十四岁为1608年，此时徐𤊹去世"已将十载"。其卒年据此推定。徐𤊹字惟和，闽县人。万历戊子（1588）举人。

明神宗万历二十九年辛丑（公元1601年）

正月

乙丑，先是北闱有执政子下第。故修郄于顺天主考礼科都给事中杨天民，以文体劾解元赵维寰等，而江西、湖广、四川并挂议。礼部仪制郎中王纪拟覆，尽除贡士名。署部事礼部右侍郎朱国祚不可。三易草，纪犹斥苗自成，馀尽停三科。国祚谓诸卷深晦有之，险怪则无。而使三科不试，则齿发变，意气衰矣。遂各停一科。（据《国榷》卷七十九）

二月

乙亥，命吏部右侍郎冯琦、礼部右侍郎曾朝节为会试考试官。各分考官且陛辞入帘矣，至是阁臣再催，始得请云。据《明神宗实录》卷三百五十六。据《万历二十九年辛丑科进士履历便览》，今年考官情形始下："总考：通议大夫吏部右侍郎兼翰林院侍读学士冯琦，琢吾，山东临朐人，□丑。正议大夫资治尹礼部右侍郎兼翰林院侍读学士掌院事曾朝节，植□，湖广临武人，□□。同考：《易》一房，左春坊左赞善兼翰林院检讨周如砥，□□，山东即墨人，□□。《易》二房，翰林院修撰承务郎朱之藩（不清）。《易》三房，翰林院编修文林郎邓士龙，江西南昌人（不清）。《易》四房，翰林院检讨征仕郎孙如游（不清）浙江（不清）。《易》五房，翰林院编修承事郎邵景尧（不清）浙江象山人（不清）。《书》一房，左春坊左庶子兼翰林院侍读唐文献，□□

直隶华亭人，□□。《书》二房，翰林院检讨高承佑，□□，直隶华亭人，乙未。《书》三房，翰林院检讨征仕郎朱延禧，□水，山东聊城人，乙未。《书》四房，承德郎（不清）司署员（不清）桐城人（不清）。《诗》一房，翰林院编修承事郎郭湜，□门，河南新乡人，□□。《诗》二房，翰林院检讨赵师圣，我白，江西南丰人，□□。《诗》三房，文林郎兵科都给事中侯先春，少芝，直隶无锡人，□□。《诗》四房，文林郎刑科都给事中杨应文，□□，直隶□□人，□□。《诗》五房，承直郎吏部考功清吏司署员外郎事主事周士英，□□，直隶武进人，□□。《春秋》房，翰林院编修温体仁，□□，文林郎礼科给事中王士昌（不清）。《礼记》房，翰林院检讨从仕郎赵用光，□□，山西河津人，□□；承德郎兵部职方清吏司署郎中事主事张主敬，垣华，直隶柏乡人，□□。"

戊戌，礼部取中会试举人许獬等三百名。（据《明神宗实录》卷三百五十六）《游艺塾文规》卷二《破题》："场中触目处全在破题，往时惟元破为出色，近则由魁而下，凡中式者皆欲争奇矣，试观新科墨卷，同一题目，而其破皆留神煅炼，各自争奇，新新迭出，此亦须于窗下预先料理。前辈诸名公皆留意破题，故所传题意于主意之后，各作一破，盖书意明白，然后可以作破，此紧要工夫也。凡元破必大雅、必的确、必平正、必浑融，于新奇之中时寓以浑朴之意。如新科许獬'畏圣人之言'，破云：'君子严圣训于心，知所畏者也。''心'字是本题紧要血脉，此众人所共知，下句用'知'字，是先经以起。大匠作室，把定绳墨，不钻研小巧，而自雄胜诸卷义，众人所未喻也。盖小人不知天命，故不畏圣言。此处点出'知'字，最有骨力。"《游艺塾文规》卷二《承题》："会元承题无有不合法者。新科许獬'畏圣人之言'，承云：'甚矣！圣人之言至言也。君子欲师圣人，而于其言也，讵敢忽诸？'说'至言'，便藏有可畏意，'师圣人'是题外补意，末句收得甚奇。戊戌'穆穆文王'一节，顾起元破承云：'即《诗》以求圣人之止，而人极立矣。夫至善不出于人道之外也，自非敬止如文王，而极何由止哉？'此是正破反承。乙未'仁者其言'全，汤宾尹云：'以切言尽仁者，于切之之心可想也。夫仁，人心也，切言者切之以难为之心，而以此思仁，仁可知已。'此是顺破逆承。壬辰'知及之'全，吴默云：'圣人于知及者，而责以仁守之全功焉。夫道以仁守极于劝民之礼，斯全也，必如是而后为真知也已。'亦是顺破逆承。己丑'畜马乘'一节，陶望龄云：'利国者不言利，征之训有家者焉。盖国家之利在义，而利非利也，献子直为有家训哉？通于国矣。'此是破虚承实，破只言利而承兼言义，破说'征之训家'而承言'通于国'。丙戌'故君子名之'一节，袁宗道云：'君子知名之为重，所以谨称名也。盖名正乃可言，而行所系甚重也，君子之无苟于称名，固其所哉！'此是破略承详，亦是破虚承实，'可言可行'与'不苟'二字皆在承中补出。癸未'吾之于人'全，李廷机云：'圣人无毁誉，而援民心之直以自信也。夫毁誉非直也，以直道之民而以直行焉，斯圣人之自信者哉？'此是破分承合。'毁誉非直'，先合而论理；'直道之民而以直行'，又合而指事。庚辰'如有王者'一节，萧良有云：'圣人尚论夫王道，无近功者也。盖治至于仁治，斯极矣，乃必世而后致焉，孰谓王道有近功乎？'此是顺破逆承，亦是破虚承实。'仁'字、'必世'字，至承始露。其余如'且夫枉尺'一节，顾起元云：'大贤甚言枉之非，而就以利情穷之也。盖道不可枉非以利言，即言利，亦有大不利者，利胡可言哉？''非以利言'下亦宜用'也'字，今'也'字虽去，而起句固自在也。'言利大不利'，甚有议论，可式。'国有道'三句，汤宾尹云：'强有见于处达者，不为达所移也。盖有道而变塞人情乎？故惟不变足以见强，而君子于是乎能处达矣。'此是倒破正承，又破先言'处达'，而承后缴之，破后言'不为达移'，而承先言之，错综有法。'宪章文武'，吴默云：'圣人之守法也，守之以心而已。盖文武之心寄之于法矣，宪章之者，岂徒为从周而已乎？'仲尼分明从周，而曰'岂徒从周'，便是进一格法。'舍己从人'二句，吴默云：'虞圣取善之大，惟不与以己而已。夫有己然后有人也，此舜之舍己所以为乐取善欤？'是于平处而求其所重，乃一篇大旨。'出门如见'四句，陶望龄云：'圣人与贤者论仁，惟存其心而推之也。夫敬以存心，恕以推己，合之则仁也，故知为仁在事心矣。'此是合破分承。"

《游艺塾文规》卷二《承题》："承题最忌陈腐，历来会元之承皆新警奇拔。如嘉靖乙未'赐也女以为多学'全章，许谷承末不用之乎者也，只用'固宜'二字收拾。今年许獬'畏圣人之言'，其承末句亦不用'哉'字、'乎'字。王衡破承云：'君子以圣训警心，而畏斯密矣。夫圣言之理在吾心也，君子之畏圣言，亦见吾之心师而已。'破亦大雅，磊磊有元气，承亦雅确。末句'见吾心师'更进一步。潘汝桢承云：'盖心乎圣言，君子有得乎言之外，故其畏也，非徒恪守为兢兢也。'曰'有得乎言之外'，则畏不在言，曰'非徒恪守'，则畏亦不在畏，皆进一步，可法。吴亮承云：'夫圣人之言言耳，而以君子承之，无不触其真闻者，其畏也，岂直佩服之而已哉？''触其真闻'及'岂直佩服'，意皆在题外。郑以伟承云：'夫圣言，心之解也，求之心自有不得不惕者，君子之潜心圣人如此。''归求心上'是本旨，收句有力便出人头地。尹遂祈承云：'夫君子无念非天，而借圣言以自证，能无畏乎？'郑重心，尹重天，各有意见。周瞻云承云：'盖圣言，圣心之寄也，君子畏圣以言，乃其自畏以心哉。'此与郑同重'心'，亦是末句收得好。庄毓庆承云：'夫言出于圣，则世道不可无此言，君子所为畏之也，一畏天心也。'此与尹同重'天'，格新语新。"《游艺塾文规》卷三《起讲》："用句用字，俱要古雅精新，令人读去，开口便觉不凡。如'畏圣人之言'，许獬云：'士生千百世之后，而希踪千百世之前，非言无由寻，非畏无由入，故诵法圣人者，非徒穷理，亦以检心也。'无一字不炼，无一字不雅，曰'言'、曰'畏'、曰'圣人'，括尽题旨。'穆穆文王'一节，顾起元云：'至善者，人心明德之体也。蔽于私则极以意移，澄于觉则极以心定，故圣人之所居，众人之所驰也，吾尝诵《诗》而得文王之止焉。'字字精新，令人触目。""起讲要自发一段议论，寂寞处要寻音响，浅淡处要觅神奇。如'畏圣人之言'，萧丁泰云：'吾人心学，恒自战兢惕厉中得之，盖靡言不察者也。而或从有声入无声，即以无畏俨有畏，则于往圣独切焉。''心学在战兢中'便有议论，'从有声入无声'用意尤精。'穆穆文王'一节，李之藻云：'人之一身，众善咸属。就众善而一一求所为止，不若秉一敬而众善自为所止。敬者，圣人心法，即万世止法也。''万善咸备'是一意，'就万善不若秉一敬'又是一意，'心法'又是一意。又如胡来朝云：'学者欲登至善之域，靡不取衷圣人矣。圣人纯其所为心，斯能凝其所为止，彼兢兢然望之以为趋者，犹二之也。''兢兢然'二句是用意处，无此二句便斩焉无味矣。徐良彦云：'吾人之求止者，非置之于一隅而已。心者，止所也；敬者，止法也，而群止皆其所通者也。'置之一隅，不可为止，必通之群止，乃见其止，此是独得之见。又如李元调云：'自有明德以来，类蕲于止，而有所以不迷于止之先，又有所以不间于止之后，于是止善甚不易，而谈止者，不得不归极于圣人。''不迷'、'不间'于本题不甚切，而语意铿锵，便耐咀嚼。""'畏圣人之言'，郑以伟云：'千圣脉脉相传之意，惟恃此不侮之心；此心兢兢相接之旨，独寄之不朽之言。离畔者，反卑之为无甚高论，心无忌惮，明训所不能操也。'从'心'说到'言'，而以'心无忌惮'立说，不独意警，兼亦词新。周士显云：'畏者，心常惺法也。从不见不闻葆其真，而亦收闻见摄其衷。自显摄微，君子三畏有无之非是者。'从'不见不闻'说到'闻见'，是其用意搜奇处。周师旦云：'畏者，人心之精明不昧，而缘以入圣之几也。顾圣缘畏入，即此心之精明默契圣真，而后得其常惺之体焉。''此心默契圣真'，亦见用意处。""'庸德之行'四句，王衡云：'夫天下非必远人之道始为难也，苟实求之，人伦全体之真，人情偏胜之处，要自有即易而成难者。''即易而难'，便有意思。刘是云：'吾所谓道不远人，非务为卑论易行以矫世而已。即此平夷之中，政自有难合之则。彼惟无从置力，故跳而匿奇，而不知奇自为奇，于道竟无与也。'就平易见难合，与王意颇同，而'无从置力'一段最醒人目。周士显云：'君子中庸，庸也，所以为中也，止于中。道无有余不足之分，而寓诸庸，人有有余不足之见，是宜何置力焉？'道无有余不足，人则有之，此是大议论。庄毓庆云：'天下瑰奇之事，得乘其气力所偏重、心精所出入而为之。惟中正之理，其轻重低昂之则最为难合。为道者调之性则适，而反之中则平也。'借'奇'说'庸'，说皆恳到。'是心足以王矣'，许獬云：'自昔称为天下者为之堂上，非堂上之足以为天下也。心不下堂而自运，则泽不下堂而自周也。吾王以羊易牛之心，何心乎？其王天下之心乎？'凡会元文字，只平平说去，而道理自彻，不类小家，用句用意，须奇特也。'堂上'二字，原是本文，就此翻案，遂成绝调。商国祚云：'以天下之大也，语王以保民，而王必且自骇矣，岂知忽然萌动之中，有适合其心体，而无心怵惕之见，有忽动其王机者，人不能识耳。'句亦浑雅，意甚清彻。吴亮云：'论王道者本于诚意，而意之动处原本于心，故袭迹而谈经济者，百相饰而不足；根心而探王道者，一反求而有余。'语意铮铮，铿然入耳。尹遂祈云：'王者，在宥一世，独有心耳；心者，合万形属以一脉，岂有盈亏？然得全于心者寡，则剥后之灵机，亦王道之端也。''心无盈亏'，自是实理；'剥后灵机'，亦是实事，且造语俱奇，豁醒尘目。庄毓庆云：'保民岂忧在大？总在本原之地真不真耳。均此不忍，在世而世满，在心而心满，统此一真，弥六合则普遍，萌方寸则光明。''世满'、'心满'，从来不经人道，从空拈出，跃然可现。起讲有此格，极稀。隆庆戊辰许应逵'诲女知之乎'一节墨卷同此式。"《游艺塾文规》卷四《正讲一》："应举子业，须以墨卷为定衡，而每科会元，其文经十八房阅过，主试又翰林大老，所取必正大可式，士人不察，往往以和平为谫陋，以雅澹为无奇，不自知其识见之偶偏，而反憾主司取评之无当。由是终身咕哔，取途愈远，老死场屋而不见收宜矣。如今科会元许獬，首篇是一句题，诚难炼格。初看似只平平，及遍阅十八魁，然后知其格局平正，体裁冠冕，词气春容，理趣典畅，卒无加于许公也。本章原说'三畏'，起云：'君子畏天命矣，畏大人矣，至若'云云。提此二句，不必说'三'字，而'三畏'景象俨然在目矣。提云：'圣人视听明威，未必如上帝之有赫，而天命之性与修道之教原无精粗；规为制作，不尽若大人之遭逢，而见之实事与寄之空言亦无显晦。'根上文说来，提掇甚明而语亦雅炼，如白云起于岫中，不离峰峦之状，而曲折有情，幽思自远。接下用'君子曰'三字，格便出奇。先作二比云：'圣人虽既往矣，而其绪言未绝，则千古旷而如新；即圣言亦无奇耳，而其精义无穷，则终身由而不尽。'不说'畏'，而但描写可畏之意，最玲珑，最蕴藉。文字须从虚入实，如瞿昆湖《诗经》'彼有不获稚'四句，墨卷起处不遽讲丰亨之庆，而虚虚根'王泽'、'天雨'说来，最春容可玩。此题若将'畏圣言'一句道尽，便斩然无味矣。先说'绪言未绝'，其意犹浅，后说'精义无穷'，则当畏之旨弥深；先说'千古如新'，此只说圣言常在，后说'终身由而不尽'，则愈切而愈见其可畏矣。但初出本云：'圣人往矣'，后对云：'即圣言亦无奇耳。'长句对短句，参差不齐，甚有古意。后改本云：'圣人虽既往矣。'拘牵排列，反欠老成。实讲云：'暗室屋漏之事，有人所未及知，而圣人言善言恶，已若揭肺肝而示之早，盖情伪微暧，莫能遁矣，而乌得不畏？惠迪从逆之迹，有我所未及为，而圣人言吉言凶，已若严斧钺而待之先，盖成败祸福，莫能逃矣，而乌得不畏？暗室屋漏，可畏之地也，人未及知，而圣言已揭其肺肝；晦迪从逆，可畏之几也，我未及为，而圣言已严其斧钺。'摹写'畏'字愈深愈切，直逼真境，如良工织锦，缕缕合辙。次云：'以文章见性道，不畏则入理不深，故必澄心涤虑，极其戒慎，而后可以对圣人之言，则君子所为，心常敛而常惺也；以恂栗为道学，不畏则执德不固，故必周规折矩，极其齐庄，而后可以体圣人之言，则君子所为，念常止而常定也。'前二比已将'畏'字讲尽，此处更难下手，须再进一步，如妙舞霓裳，前曲已写尽深情，而后曲余音嘹亮，愈出愈奇，使人听来觉少不得方好。今前说'乌得不畏'，此又从'畏'字中更深求其用力处。曰'澄心涤虑'，则不徒畏乎其言，而直欲检吾之心；曰'周规折矩'，则不特心畏其言，而直欲身与之合。又从'不畏'说起，则文有开合，而与上意不重。后从'君子常惺常定'收拾，则文有归束，而体段甚雅。又先说'以文章见性道'，是从末见本；后说'以恂栗为道学'，是摄本归末。说文章，则曰入理深；说恂栗，则曰执德固。说入理深，则曰对圣人之言；说执德固，则曰体圣人之言。说对圣人之言，则曰常敛常惺；说体圣人之言，则曰常止常定。脉络相承，针线极细。但初出本云：'动而观，静而玩，何时不披历？然苟非澄神凝虑，极其齐以庄焉，不能忘披历也，吾生平所学，何学而可使几微之或玩乎？拟而言，议而动，何时不质证？然苟非周规折矩，极其符以合焉，不能忘质证也，吾日用所事，何事而可使毫发之或爽乎？'此二比与今所改定迥然不同。若论文气，则前本以

'动而观，静而玩'接上'鸟得不畏'，甚浑融合缝，其词亦流丽可喜，如白云自流，山泉泠然。后本更作，起端稍有痕迹，繁饰人工，颇累天巧。若论意趣，则初卷不如改卷多矣，今只从改卷为定。缴云：'盖圣人为觉世而有言，则其旨不得不凛，故既以微词动之，复以危词惕之，而谭吐罔非龟鉴；君子欲因言以见圣，则其意不得不虔，故既以实心体之，又以虚心承之，而日夕罔非冰兢。'此缴极的确，极平正，无一字不切题意，而咳唾珠玑，到处锦烂。末云：'此一畏也，即天命大人不悚息于此矣，然非知言君子，孰能有此畏乎？'如此记，如此束，首末相涵，极有法度。"梁章钜《制义丛话》卷六："俞桐川曰：古文之尽，莫如欧阳永叔；时文之尽，莫如许锺斗獬。万物始而含孕，继而发荣，终而烂漫，其必趋于尽者，势也。惟善用尽者，足以持之。永叔之文尽矣，而骨力峭拔，风度委折，使人不觉其尽；锺斗之文亦尽，而道炼古腴，人又不厌其尽也，锺斗其时文中之永叔乎？东乡、固城评锺斗文，皆嫌其尽，汤若士独曰：'同安学王、钱，王、钱之派至同安而尽泄。夫学王、钱者，非学其简朴也。王、钱妙于不尽，锺斗妙于尽。锺斗以尽学王、钱之不尽，亦犹永叔以尽学史公之不尽。是故善学前人者，未有过于二公者也。'""阎百诗曰：顾朗仲谓《孟子》'仁者无不爱'一句，原以急亲贤为急当务，故下节只说不知务，可见论仁即是论知，无二项也。此等须融会章旨，始得其说。按：何义门曰：何待看下节，上云'当务之为急'，此云'急亲贤之为务'，语脉正相承。故许锺斗二句文起讲云：'善治天下者，则莫不有所务矣，而当务之急孰急如亲贤，此非知者不能知也，亦非仁者不能行也。盖自古称至仁，固从大知中出也。'"梁章钜《制义丛话》卷十二："《文行集》云：许獬，字子逊，同安人。性警敏，好读书，虽寝食未尝废卷。为文根究诸儒之说，名重东南，万历辛丑冠礼闱。初，獬计偕堕泥中，有张举人某援出之，獬感其谊，以所拟'畏圣人之言'单句题文示之，曰：'此余今科拟作，场中必命此题。积三年为之，得文八十首，任君择其一。'张阅竟，择其一篇，獬回视之曰：'此篇六十名外进士耳。惟破题露"知"字者，乃会元也。'及入场，果命此题，榜发，獬果以破题露'知'字得元。张亦登第，名列八十五云。按：《百家萃评》谓许元墨破中照下拈出'知'一字，得之王文恪'畏天命'三句甲午元墨，盖先辈作文未有无本者，否则正犯今人侵下之禁矣。而《明墨弋评》则谓：'下文是不知天命，不是不知圣言，一破未是。且文中亦不曾理会知字'云。又按：《明文百家萃》谓主试冯琢庵善衡文，得许獬卷，曰：'今之许子逊，昔之王济之也。'遂举第一，盖即指破题露'知'字。然闱中即知为许子逊而敢于昌言之，恐于情事不近也。"

王衡（字辰玉）、商周祚之会试文字亦有名篇。《游艺塾文规》卷四《正讲一》："王辰玉首篇亦是会元文字，不可概以魁作视之。其词何等雅正，其气何等春容！说理入微，而不犯艰深之态；用意周匝，而绝无斧凿之痕。起云：'是圣言也，是圣人以其戒惧之精神，默摄夫后世之精神者也，而惟真知戒惧者能默迎之；是圣人以其性道之文意，显泄于载籍之文章者也，而惟真知性道者能显证之。'从'圣人戒惧'说到君子身上，又从'默'说到'显'，字字有意，光华若朝霞芬旨入九咽。先二比云：'故君子见其言，因见其所以言者焉，则人之载言也重；见其言，又见其所以见者焉，则言之束心也严。'虚而不实，淡而不厌。次云：'大而陈谟矢烈，皆天载散见之文，虽欲不斋心以事不可得也，则屋漏兢兢之念所为，质之而加亲，考之而愈密者也；小而受响传声，皆天则范围之主，虽欲不洗心以承不可得也，则平居翼翼之衷所为，触之而皆真，警之而皆觉者也。'以大小分对，微觉有迹，然'陈谟矢烈，对'受响传声，用字清新，不落陈境，至'质之加亲'、'考之愈密'等句说得入细，先'质'而后'考'，先'触'而后'警'，一步深一步，俨如身履其事而亲作工夫者。后二比云：'有形之鉴戒与无形之顾諟两相检持，则敬怠无互乘之隙，即吾防闲之力倦而欲愉，而一念及于素所仰承者谁人之典刑？有不悚然处惕者非情矣。不弛之心精与不易之名理两相缩结，则神明无离合之时，即吾浮游之气溢而欲骋，而一念及于素所步趋者谁人之彝训？有不凛然敛束者非情矣。'讲'畏'字亲切，不动声色，而煜煜精研，直逼真境，诚敦彝旧物、人伦冠冕也。缴云：'盖禀圣人为律度，而随以律度定纠绳，则更不假征色发声而删述之，绪词动成惧府；奉圣言为羹墙，而随以羹墙寓斧钺，则更不待人非鬼责而占毕之，末学举成戒端。'以'绪词成惧府'，以'末学成戒端'，讲得极妙，盖君子本心全在学圣人，故于不足畏处尽成可畏，斯为妙境。又其词亦雅饰，烨烨动人。近时浅学，专不肯用字眼，如律度、纠绳、羹墙、斧钺、删述、占毕、惧府、戒端等，皆欲删去，而自撰一种清虚之语，以为高正，如雅驹临风，骄嘶自赏，而步骤未闲，辔勒俱废；又如寒鸦数点，流水孤村，非不清楚，然景物萧条，逼脱意尽，虽昧小儒之目，终亏大雅之轨。吾儿须熟复斯文，庶不终迷耳。收云：'是君子所为惜学问收放心，以诵读友千古，而畏天命、畏大人之实际也，敢以空言视之哉？''惜学问，收放心'，'以诵读友千古'，论理则是真道理，论文则是大议论。今年会试所取之文皆雅驯，皆和平，皆典郁，故十八魁中往往皆有元气。第三名商周祚起云：'圣人以百世不磨之谟训揭于天地，使后人显有所制而罔敢屑越者，不可谓非言也；而以此生不往之精神托在言诠，使后人潜有所通而不至愆忘者，又未始不以言也。'此起极佳，以丽藻托新声，以深思发真境，舒锦泻珠，莹然可赏。首作二小比以'体验'对'契合'，以'一念'对'四顾'，以'先哲'对'往训'，字字不合掌，极纯粹可爱。虽微涉尘境，终是作家。实讲云：'帝典王谟，言皆芳范，而君子常以心自证，其无惭衾影，可上对圣人者几何？必期事事可言而后自慊，则典谟在侧，不啻有指视我者，而乌得无畏也？左图右使，动有成宪，而君子时以心相质，则生平诵读，可独对隐微者又几何？必期在在无憾而后即安，则图史在傍，俨若有检束我者，而乌得无畏也？'首二句说'典谟'为'芳范'，是可畏之源，次三句是当畏之故，'必期事事可言'一句是畏之实用力处，末三句收入畏之实境，此起承转合之章法也。又先说'以心自证'，是不求之圣人而求之吾心，后说'以心相质'，是以己与圣人两相质证，极有次第，极有针线。后收云：'盖于穆之机缄不可以意寻，而圣人宪天以立言，则圣谟之昭察，即属屋漏之鬼神，曷敢不以若监若临者祗承乎圣训？有道之仪刑未得于目遇，而圣人修道以为教，则圣言之垂范，已属吾心之师保，曷敢不以亦步亦趋者恪守乎前谟？'从'天命大人'说来，会元用此于起处，商公用此于缴处，格异而法同也。末又缴云：'此非君子有所强持也（此句不对，所以为高。）圣人之可言即吾人之可行。夫惟以心会圣人之言，而触处皆箴铭。圣人以有言之言寓不言之言。夫惟以言会圣人之心，而触处皆箴铭。圣人以有言之言寓不言之言。夫惟以言会圣人之心，而随念为法戒。'寻题外之意，说现前之景，词有尽而味无穷。第四名潘汝桢单提圣言，即以'聪明意识，寻声测响'反起，此是独创之格，与众人迥然不同，亦可作元。其'步趋'二比，亦间杂虚融，绰有法度。开讲云：'言有直指性天者，则神化之撰原非窈冥，敢以空寂置之？惟是从虚湛之宇随言参合，则圣人所为穷神达化之论，正显示我以生身立命之橐籥，而转会晤转觉符合之为难也，即片言必惕矣。言有昭揭伦常者，则日用之旨本自亲切，敢以浅近置之？惟是从实践之随言印证，则圣人所为道德仁义之论，正明示我以归根复命之真源，而愈体验愈觉渗漏之多端也，虽绪言必敛矣。'剖精抉奇，沉着痛快，语意高而不平，露魁本色矣。'生身立命'与'归根复命'等皆魁语，非元语也。缴云：'是以内观于身，稍与言违，即加内省；动与言合，又惧外袭，固其抑畏之深心也。外观于天下，则邪淫之说，不使加于其上；中正之旨，不使稍晦其真，又其顾畏之实力也。'不离时调，发尽真理，如韩信驱市人而战，不必衣装鲜烂，而布裈白挺，足以擒魏破赵。第五名吴亮讲云：'其后圣人之世而载籍可稽，则勤炯戒于当年，而善败昭如蓍龟，业以口诵之、心惟之，而若保若临，敢弗畏欤？想其素所就就，必有潜摄其流览者，而诵读犹粗已。（更进一步，便觉意趣无穷。）其游圣人之门而答问有教，则指迷途于顷刻，而法戒凛若准绳，业已面命之、耳提之，而是训是行，敢不畏欤？想其中之惺惺，必有默操其矜式者，而习传犹迹已。'人多认圣人之言为书本上说话，吴公如此做，然后收拾得完。""文字不难于奇而难于平，不难于工而难于拙，不难于浓而难于淡。然平须从奇而来，拙须从工而出，浓须从淡而生，乃为正脉。故作奇者，初时当穷神极想，窥深入微，及琢磨既久，渐近自然，人力近融，天巧乃见。使泰山、华岳不碍流水行云，海错珍馐怳若太羹玄酒，令人初诵之若平平无奇，再寻之渐觉隽永，三复之则击节服膺，彷徨追赏，此千古作文之法也。如辛丑元魁《中庸》之作，读之似觉平平，而玩之皆有旨趣。许獬之格甚奇，先将'庸'字起二比，次重讲'庸'字，轻拖'行谨'，又从'行谨'紧接'不足有余'，盖行谨工夫，全在不足有余，故前面不宜重讲。末又将'行谨'意重发挥以缴足前意。其讲'行谨'云：'凡德皆德耳，独是德也，命之为性，智愚莫不同禀；修之为教，古今在其范围；盖庸德实圣德也，而吾乌可不行？凡言皆言耳，独是言也，矢口即是，夫妇可以共知；称性而谭，圣哲更无高论；盖庸言实至言也，而乌可不谨？'不实讲'行'字、'谨'字，而但从'庸'字上描写其当行、当谨之意，最为得法。本房批此二比云：'"至"字佳。'按此皆圣人所未能者，故须讲得入细。此'至'字从《中庸》'其至矣乎''至'字说来，便见鲜能之意。次二比云：'行之而不足，非不足也，皆起于厌其庸而有玩愒心，又以言之有余而益成其不足也，行仅如斯而已乎？吾业已行之矣，而不足敢不勉欤？谨之而有余，非有余也，皆起于忽其庸而有恣肆心，又以行之不足而益成其有余也，谨但如斯而已乎？吾业已谨之矣，而有余可或尽欤？'从

'行'字说到'勉'，从'谨'字说到'不尽'，句句相粘，从容不迫，甚有法度。本房批云：'悠扬曲尽，读者须想其悠扬之趣。'缴云：'盖行虽有时而当谨，然庸以外则宜戒，庸以内则宜勉，勉之始成其为庸，不然则半途之废耳；言本无时而可易，故庸以外则宜闲，庸以内亦宜慎，慎之始成其为庸，不然则尚口之穷耳。行本惧其不足，而曰有时当谨，则行亦言也；言本惧其有余，而曰无时可易，则言亦行也。'二比重发'行'字、'谨'字，始收得本文意尽。王衡先将'行谨'及'有余不足'意一齐罗起，复却以意斡旋，纵横出入，矫矫不羁。本房批云：'是何等识见？是何等格局？'今看来此格实胜会元。正讲云：'是其迹易践也，其事易循也，惟深而察之，名实相合之符，意象不交之地，柔情惰气，多有乘而弛者，而后知行之易于不足也。是其数易知也，其名易谨也，惟细而勘之，心口相符之时，人己互责之际，骄心浮气，多有乘而溢者，而后知言之易于有余也。''深而察之'、'细而勘之'，皆进一步法也。文字若只在皮肤上讲，无以动人，故须深求一步。又云：'行以庸为标，常进而起之，仅求以如其德而止，而其功已百倍矣；言以庸为绳，常退而守之，仅求以如其行而止，而其口已三缄矣。'末句收得有味，便跃然动人，恨'如其行'一句犯下'顾行'。缴云：'盖择此一寻常之道居言行先，则日用之精神，自各以其分受益受缩于日用之规矩，而奇邪为之默化；持此两不敢之心立言行主，则参差之情识，自各以其则随张随弛于参差之权度，而偏倚为之尽消。'论词则调从心创，皆是不经人道语；论理则发挥精彻，题意朗然。商国祚讲云：'欲使不足者至足，而止求其赴，必有不赴者矣。此惟知鼓力量以为进修，而有锐毋怠，直以有余制不足也。欲使有余者无余，而姑慎其出，必有妄出者矣'云云。此须互讲来，方得肯綮。潘汝桢起云：'必也庸德行焉，庸言谨焉，其原于天也，为生人之大常也，故一措足莫能外，一启口不能离也；其窍于用也，为现前之修持也，故德如行之必赴其途，而言如钥之必缄其局。''赴其途'、'缄其局'虽似落迹，成弘以前文字多有如此做者，得此总提，格局甚觉冠冕，气概甚觉正大。次讲云：'行惟庸，是从性命中操为躬修，则其量难满，非若奇行之可以旦暮竟伎俩增也者；言惟庸，是从性命中泄为拟议，则其神难守，非若浮言之可以一忍制三缄胜也者。'此处顺讲是常格，今却反讲，使题意分明，读之朗望。吴亮缴云：'盖增修不逮之德，若见其多，而勉之又勉，仅亦成其为行，而懿德之本体无加，何也？庸故也。宁留不尽之言，若见其少，而损之又损，乃始成其为谨，而恒言之旨趣无减，何也？庸故也。'庸，故无有余不足也，增而不多，减而不可，遂成一段议论，末句单收是好。刘是后二比云：'孰是行也而可不足乎？夫既已行之，敢复不勉？何者？不足在庸而靡焉敝焉，则是夫妇知能可亏而损也，此向者半途之弗已，而宁不进焉以企于庸也。又孰是言也而容有余乎？夫既已谨之，安敢复尽？何者？有余在庸而旷然荡然，则是天地圣人可轶而上也，此吾隐怪之弗为，而宁不约焉以合于庸也。'以'夫妇知能'属行，'圣人天地'属言，于理未惬，但借以发明'有余不足'之意，甚觉明畅，所谓雄蛇假合，天地间自有此等道理。周士显后二比云：'非以言之有余视行，行始不足，当在庸德习见而习行之已自不足，有必行之德，则有必勉之行，倘待不足而更端，始淬励晚矣；非以行之不足视言，言始有余，当在庸言习闻而习言之已自有余，有必谨之言，则无必尽之余，倘待有余而更端，始强闭晚矣。'文字必更进一步，方有意义。此二比句句比他人深一层，可式。曹珍云：'顾事有矫矫见奇者，一求之遂无不足而德惟庸也。人情物理，近在耳目之前矣，天下之难合，孰有如耳目之前者乎？议有矫矫见奇者，一敛之无复更余而言惟庸也。翁张谈吐，举属日用之故矣，天下之难持，孰有如日用之故者乎？'只就'庸'字上发一段议论，较他人更觉切到，可喜。周瞻云云：'奈何薄为庸德也而不行乎？毋论离跂而趋，将随行随困，顾庸德何物，而若此泄泄为？奈何薄为庸也言而不谨乎？毋论叛常而拟，将多言多累，顾庸言何说，而若此划划为？'此是奇而不平者，然语新调新，亦是可人。王继美云：'行者，一一赴之实践，未尝以难心委之，然知其难者即难也，（此句好）而不足恒因之矣；谨者，一一守之拙讷，未尝以易心出之，然虑其易者即易也，而有余恒因之矣。'此推深一步，与诸公同法。""凡文字直衍其词，不如曲写其意。许獬《孟》义通篇只模写足王之意，并不实讲，而春容酝藉，一洗俗套。起二比云：'夫天下虽大，惟心则容，不患不容，第患容之无其端，而王有其端矣；天下人虽涣，惟心则合，不患不合，第患合之无其倪，而王有其倪矣。'只挑剔'心'字，而足王之意隐然言外，更不指实。次接云：'同此好生恶杀耳，岂有在此流行，在彼壅阏者乎？阏非自阏，或有蔽之，而明者自在也，则其明者可通也，而蔽者亦可撤也。同此贪生怖死耳，岂有于此矜全，于彼惨刻者乎？刻非自刻，或有丧之，而存者自若也，则其存者可充也，而丧者亦可复也。'二比亦未明说王天下，而发挥透彻，昭然可想。如水中之花，镜中之月，可玩不可执也。次云：'吾意四境有呼天向隅之声，四境闻之而王必不闻（放胆之文），不闻而无所感，不可谓此心之无，乃其一感而即通也，适以征此心之有。试及之赤子乍见之念，当亦同此真体耳。吾意闾阎有艰难疾苦之状，闾阎见之而王必不见，不见而无所触，是心本有而尚泯于无，及其一触而即应也，是心自无而即形于有。即扩之先王不忍之政，不过究此分量耳。'二比渐说到王处，尚不十分指切，只以大意虚虚描写，玲珑可爱。末云：'惟王者能溥汪濊而范围无外，苟其有所及无所伤，则范围天地之气象浑然一掬；惟王者能神变通而曲成不遗，苟其有所全无所废，则曲成万物之规模口具灵襟。谁谓是心也而不足王哉？'前二比从'赤子'说到'先王'，此二比俱承'王者'发挥，题意始透，通篇皆不实讲。末收一句云：'谁为是心也而不足王哉？'此与杨继盛'王勃然变乎色'之作同格，宜互参之。""今之时艺，相题下笔，以今人之词写古人之意，须相肖为美。正如顾恺之、陆探微写真，不独肖形，兼欲传神，乃为妙境。王衡《孟》义自出己见，发挥经意，不执皮肤，独窥神髓，真可为冠场之作。起云：'试思以四境啼号之众，尚不足博吾王罪己之言，曾是一物而介介乃尔也，则此心非槁而不灵之心可知；以全齐蹙额之民，或不足以易吾王钟鼓之乐，曾是一物之死而恻恻乃尔也，则非窒而不通之心可知。'不雕不琢，纯发真意，情是真情，境为实境，其旨可以洞心，其词可以悦目，神理俱到，可式。接云：'常灵则痛痒常相关，万类所以呼而能觉、叩而能应者，恃此心也，是容天盖地之规模也；常通则脉络常相关，万气所以分而能合、涣而能萃者，恃此心也，是胞民与物之权舆也。'

2878

遗词只平平，而用意甚妥贴，承上'常灵'、'常通'说来，转入在政事上去，极有次第，极有脉络。此等处便是大方正脉，最宜深玩。次云：'政抑而惠施之，犹未足以王，人心莫神于触，偏触而偏呈，全触而全呈，触而全呈，随萌蘖即为本体，而照濡沾溉之泽，待是而复足者耳；家与而人给之，犹未足以王，人心莫圆于感，偶感而偶应，常感而常应，感而常应，随端倪即为分量，而血气心知之愿，皆与是而俱足者耳。'发'足'字极透，又作二比，然后收云：'甚矣！心之神也，细入无倪，大至不可御，皆是物也。彼士庶人者，清明之气回，尚能于斧斤戕伐之中，培人心之雨露；而君天下者，生杀之机一转，岂不能于天地剥落之后，培宇宙之太和？'脱尽筌蹄，独抒神理，'士庶人'等，皆非本题所有，而借宾形主，反能逼真，政如米氏父子作人物花鸟，不依形描画，但得真趣，只略施数笔，而形像宛然。""文字有反起而正承者，有正起而反结者，其变化固自不齐，大抵只要精彩动人，奇警触目。如商周祚束二比云：'盖生机内槁，则生死之情，与我常倍相隔；（此是正结。）真心外蔽，则一膜之外，于我已不相关。而堂下行仁，觉寰海内之隐情，其境界昭然若睹，此真周视匹夫匹妇之情于乍见之顷，而致王特易易耳。'精彩相授，意态横出，神光离合，乍沉乍浮，其妙处在意而不在象，在情而不在法，最利场屋。周师旦云：'盖有所矜全者，复有所遗漏者，王不足，乃王之心固浚发于全体之倪，而万形停毓，一足而俱足者也；或傍注于此，旋郁隔于彼者，王不足，乃王之心固浑合于无围之端，而六合在念，有以足而成其足者也。'此亦是反起而正收者。吴亮云：'保民而王，期于民编为德，而德意之鼓鬯，惟大见最真。彼蠲贷而博施舍之名，嗦咻而修拊循之令，皆王道之迹也，是心不远所诸方寸之中而足矣；保民而王，又极于民不知德，而德泽之淳流，惟无心最普。彼要誉而于之以违道，恶声而动之以空言，皆王道之伪也，是心非假所诸肫恳之精矣。'首四句正起，中三句反讲，末二句又正结，此文之变体，但得把柄在手，则纵横如意。缴云：'盖心之体隐而莫窥，世容有勉饰于形迹而未慊于真情者，岂其内心之所动具完是真纯？而谓恻怛之所流，有其心而无其政也，此必不然。心之机藏而欲露，世容有偶存于夜气而旋牿于旦昼者，岂其外庭之所交曲全是怵惕？而谓几希之所存，众共著而独反昏也，此又不然。'通股皆是反讲，并不正讲，而题意反明。一节《庄子》，正言什一，反言什九。凡此须是眼界高、文机熟而纵横无碍者，方能到此，不然，只如小儿之描摹写字，摸壁行步者耳。""文贵真，真则自能压众。潘汝桢讲云：'凡心从安排生者，名为机心，而是心非机心也。触于无端，始吾不能制其出；运于无涯，终亦不能御其入；所谓父母天下之度非乎？盖不忍一物失所，与不忍万物失所，本自共念而生，似有大小，而实无偏全也，何患不足矣？凡心从矫袭来者，名为私心，而是心非私心也。其萌有种，孰迫之而使显？其达有源，又孰壅之而使隐？所谓民物一体之量非乎？盖期乎一物得所，与期乎万物得所，似有众寡，而实无丰啬也，王有余矣。'众人皆就皮肤上描画，而此独从神髓上发挥一段真意，使读之者心肯意慊。如虢国夫人，本色既高，淡扫蛾眉，而三千粉黛相顾失色。作文但能阐发真境，不患人不心服也。""题中字眼须要发得透彻，乃能压卷。此题卷卷皆挑剔'足'字，独刘是透彻。其文云：'当是心之初，亦惕然怵然，

2879

而不觉其兆耳，兆于何起？吾谓从胞与中特呈其倪也，而岂不足以见王道之胚胎？迨是心之后，亦乍发乍放，而未续其端耳，端于何竟？吾意极覆载内不罄其藏也，而岂不足以待王政之斟酌？'不但能发足'以'字，而其用意处直逼真境，一见便知好手极利之文也。周士显云：'任一岬钟，未必即足于大和，然亦杀机也，而王若有关于情，乃知流离死亡有隔向隔之九阍，而曾莫辇其颜者，非王心之初矣。易一糓觫，未必即足培大和，然此亦生机也，而王若有动于真，乃知田猎钟鼓，有敛百姓之怨毒，而莫肯易其命者，非王心之初矣。'起处反挑'足'字，而写意造词，夐然出众，亦通是反讲，其法从蔡复一'不变塞'墨卷来。王继美讲云：'是心也，发于乍感乍应之间，岂不甚仓猝？然惟乍，则其感应最真，而有真感真应之心，则天下之精神命脉已掘抠于方寸之中，盖不越当时之一注念，而已足为天下所往矣。是心也，见于一事一物之际，岂不甚几微？然惟微，则其意念最实，而有是实意之端，则天下之万事万物已司契于虚灵之内，盖不出当时之一措虑，而已足为王之盛视矣。'亦发'足'字，而告意渊微，遂成绝唱。近来文字用不得旧字眼，一犯陈言，便落尘境。此作'方寸之中'、'虚灵之内'等句，皆是腐烂说话，然说理既高，则旧字皆成新调，如钟离丹熟，眼前铜铁皆化为真金。因此知文字只当炼意，只当说理，不必拘拘于一句一字之间也。""曹珍当是有学有养之生，其文篇篇奇绝。讲云：'王者视疾痛呼号之众，无不解其困苦而各遂其欲，是天下皆王者之气所通也。王今之有是心也动于一物，而机括流行，遍于众物之身者已，即初动昧，此气具存，隐隐然有萌而必出之端焉。王者视疴痒痿痹之属，无不畅其幽郁而各还所命，是天下皆王者之意所造也。王之有是心也起于一念，而天机活泼，贯于众念之后者已，即所触时，此意具在，蒸蒸然有发而必畅之势焉。'先说'王'字起，归在'心'字上来，直把题中精神命脉一齐发透，而沉着痛快，一醒尘目，视彼在枝叶上描写者，盖天渊矣。次二比云：'人心有所开，必有所受，而所开者，根于众物造命之处，则所受者，亦即受天下众造之命，谓堂下不忍一念，即四方精欲总会之区可矣；人心有所用，遂有所合，而所用者，从于众生包孕之处，则所合者，亦即合天下包孕之体，谓堂下易羊一事，即万民命脉枢纽之地可也。''开'、'受'、'用'、'合'四字，从世人所不道处创此意见，而发挥透彻，开合有情，真佳作也。""调贵新，意贵切，切而不新，便入腐儒窠臼；新而不切，正如婴孩说梦，大半成虚。庄毓庆讲云：'心溢于一见，而不以一见止也，颠连无辜之众，皆可博之以糓觫之视，其窍足以待世之斟酌而不匮于施。触之堂下，为之堂上，心术宁有歧焉？爱行于一物，而不以一物塞也，疾痛呼号之侪，皆可置之以死地之生，其源足以裕王之施济而不壅于流。全在一牛，保浃四境，本体作用，宁有异焉？'句句新，字字切，只此便时文之正宗。"

利玛窦至京师。《万历野获编》卷三十《大西洋》："利玛窦字西泰，以入贡至，因留不去。近以病终于邸，上赐赙葬甚厚。今其墓在西山。往时予游京师，曾与卜邻，果异人也。初来即寓香山澳，学华言读华书者凡二十年。比至京，已斑白矣。入都时在今上庚子年。途经天津，为税监马堂所谁何，尽留其未名之宝，仅以天主像及天主母像为献。礼部以所称大西洋，为《会典》所不载，难比客部久贡诸夷，姑量赏遣还。上不听，俾从便傺居。玛窦自云：其国名欧逻巴，去中国不知几千万里。今琐里诸国，亦称西洋，与中国附近，列于职贡，而实非也。今中土士人授其学者遍宇内，而金陵尤甚。盖天主之教，自是西方一种。释氏所云旁门外道，亦自奇快动人。若以为窥伺中华，以待风尘之警，失之远矣。"又《利西泰》："利西泰发愿，力以本教诱化华人。最诽释氏，曾谓余曰：'君国有仲尼，震旦圣人也。然西狩获麟时已死矣。释迦亦葱岭圣人也，然双树背痛时亦死矣，安得尚有佛？'余不谓然，亦不以为忤。性好施，能缓急人，人亦感其诚厚，无敢负者。饮啖甚健。所造皆精好，不权子母术，而日用优渥无窘状，因疑其工炉火之术，似未必然。其徒有庞顺阳名迪义，亦同行其教。居南中，不如此君远矣。渠病时搽擦苏合油等物遍体，云其国疗病之法如是。余因悟佛经所禁香油涂身者，即此是也。彼法既以辟佛为主，何风俗又与暗合耶？利甫逾知命而卒。"《明史·外国七》："意大里亚，居大西洋中，自古不通中国。万历时，其国人利玛窦至京师，为《万国全图》，言天下有五大洲。……至万历九年，利玛窦始泛海九万里，抵广州之香山澳，其教遂沾染中土。至二十九年入京师，中官马堂以其方物进献，自称大西洋人。礼部言：'《会典》止有西洋琐里国无大西洋，其真伪不可知。又寄居二十年方行进贡，则与远方慕义特来献琛者不同。且其所贡《天主》及《天主母图》，既属不经，而所携又有神仙骨诸物。……已而帝嘉其远来，假馆授粲，给赐优厚。公卿以下重其人，咸与晋接。玛窦安之，遂留居不去，以三十八年四月卒于京。……自玛窦入中国后，其徒来益众。"《明通鉴》卷七十二："是月，大西洋利玛窦至京师，进方物。大西洋者，欧罗巴洲之统名。洲中凡七十馀国，而意大里亚居其一。利玛窦，即意大里亚人也，以万历九年，泛海数万里抵广州之香山澳，居二十年。至是入京师，由天津税监马堂奏闻。下礼部议，言：'大西洋不载《会典》，真伪不可知。且所供天主及天主母图，既属不经，而所携有神仙骨诸物，则唐韩愈所谓"凶秽之馀，不宜令入宫禁"者也。乞给赐冠带还国，勿令潜居两京，与中人交往，别生事端。'不报。"张岱《石匮书·利玛窦传》称其为"西洋人中有卓识者"。

少詹事敖文桢为礼部右侍郎，署国子祭酒。（据《国榷》卷七十九）

右谕德黄汝良兼国子司业。（据《国榷》卷七十九）

南京尚宝司卿合肥蔡悉致仕。悉嘉靖己未进士，端庄恬雅。累召，终不起。学问禀于程朱，士论宗之。（据《国榷》卷七十九）

三月

张以诚、王衡（1561—1609）、曾可前等三百零一人进士及第、出身有差。《明神宗实录》卷三百五十七：万历二十九年三月，"癸丑，策试礼部中式举人许獬等。制曰：'朕闻隆古帝王，罔不念祈天永命者，而惟久道化成得之。《易》称视履考祥，其旋元吉。《诗》称永言配命，自求多福。《传》称人受天地之中以生，谓所命也。是以有动作威仪礼义之则，以定命也。能者养之以福，斯笃论矣。洪惟我皇祖世宗肃皇帝，尝临轩策士，亲赐制问，有曰：朕思首自三代以来，迄于宋终，中间虽历世有久近，而其君之历年亦有长短，要之皆自其为君者何如。又曰：皆基于先王德泽，洽于民心，亦继之于嗣王能持盈满之道者也。煌煌圣训，朕时恭绎焉。我国家太祖开基，功德与天地并。成祖再造，贻我后人。列圣缵承，暨于朕躬。天命自度，夙宵惴栗，常思远造所闻，不宜近忽所见。朕生之初，犹及皇祖。皇祖恒以敬天法祖、亲贤恤民为要务，以经术为本，以法律为辅，以明作修内治，以安静饬边圉，宫府之间，肃然奉法，华夷远近，穆如和风。至于稽古考文，尤为谨备，而皆发之于孝思，本之于敬一。殿亭榜字，皆取洪范无逸名之，渊衷所存，廪廪三五之盛，有如一日。贤亲乐利，至今思慕不忘。尔多士虽晚，尚有能扬励之者欤？我国家景运，繇皇祖益绵，而皇祖享国，亦自长永。庄诵此制，乃在嘉靖十四年。仰窥圣心，以持盈满为兢兢，自昔然矣。朕不揆寡昧，景行惟勤，诚不知何所修为而可几此？故不复更端，即举皇祖之所清问者清问。尔多士，其悉心陈对，朕将择善而从，用祗承天休，钦哉毋略。'”“乙卯，赐天下贡士张以诚、王衡、曾可前等三百名及第、出身有差。是日，上不御殿，传胪如常仪。衡，大学士锡爵之子也。”沈德符《万历野获编》卷十六《科场·王李晚成》：“王辰玉发解时，名噪海内。后以口语，两度不入试，或不竟试而出。至辛丑登第，则逾不惑矣。房师温太史语之曰：‘余读兄戊子乡卷时，甫能文耳，不谓今日结衣钵之缘。’王为悯然掩袂。汉阳李若愚时艺亦为后进传诵，直至今年己未始第，出李续溪太史之门。初谒，座师曰：‘向初入塾，蒙师以兄文见课，苦其不能习诵受笞，今得称师友甚幸！’李亦哭失声。盖久抑得伸，且有升沉之感，古云喜极而恸，真有之。前此嘉靖间，则昆山归熙甫有声公车，郯余文敏有丁欲师之，不许。余及第后，乙丑分校礼闱，得归卷而奇之，置之上第，事亦相类。”《万历野获编》卷十六《科场·宰相子应举》：“自江陵诸子鼎甲以来，政府象贤，例为建言者所议，至娄江公子之才，亦指摘及之。盖以触权之名甚美，不问其无忝科第否也。娄江当国后，兰溪继之，其郎君无可应选举者。已而四明继兰溪，其长子沈泰鸿有声诸生间，人皆以高掇期之。偶至京省父，四明绐之曰：‘汝盍授荫为试中书舍人，就北雍试，不胜浙闱逐队耶？’泰鸿信之。四明竟题为尚玺丞，得旨供职，盖绝其登进，可超然免于评论也。泰鸿大恨，请急归家，视其父若深仇，四明有所爱庶子，百端虐侮之，家庭之间，无聊生矣。四明在位久，卒被恶声以去，归里至与玺丞不相见。初不难借其子以市公，终于攒锋聚镝，受前人未有之弹射，所谓拙事无好手也。”“娄江公子”指王衡，沈四明指沈一贯。徐复祚《花当阁丛谈》卷六《杨风子》：“鄞人杨少坡，忘其名，善唐举术。万历辛丑，张肆于京师长安西街。为人落拓无威仪，常衣敝衣，曳无跟履，鼕鼕造人家，故京师人称为‘杨风子’。是年廷试过，尚未殿唱，外哗传太仓王辰玉（衡）状元，虽王亦有所闻，自以为状元也。杨适遇余邸，余偶问：‘状元王公乎？’杨曰：‘否，那得两状元。状元为华亭张公（以诚），王公文子榜眼也。’予戏之曰：‘莫风，若无耳耶！不闻外人传语耶？我今报汝，若见王公，莫作是言。’杨曰：‘我已与王公言之矣，渠赠我一扇，言验后持此索谢。’余索扇展玩，乃题诗二句云：‘杨君许我为榜眼，未卜何人作状元？’余笑语之曰：‘此诗微亦不足汝意，胪唱后，何面目见之。'次日发榜，张果状元，王榜眼。闻之进呈时，王实状元，为赍捧官王国桢，亦华亭人，与张甥舅，故为颠易，道路之言如此，未必然也。独杨在京不甚知名，何以奇中如此。"《明史·选举志》："王衡既被论，当锡爵在位，不复试礼闱。二十九年乃以一甲第二人及第。自后辅臣当国，其子亦无登第者矣。"梁章钜《制义丛话》卷十二："俞桐川曰：张君一以诚未遇时，受知于华亭相国，相国决其文必元。既而登贤书不元，相国讶甚。及廷对果元，相国乃悦。夫相国决其元者，决之于时文也，廷对不取时文，虽得元，于相国何与？盖去奇就平，舍浓即淡，有包括群才之度，故决其可元，然则廷对即不元，君一之元自在也。陶石篑曰：'辟径开畦，人推锺斗。若气淳矩正，上绍成、弘，君一之功居多。'然则君一虽不元，当时固以元目之矣。"

　　据《万历辛丑科进士履历便览》，本科进士地域分布情形如下：

　　北直隶：顺天府九人、永平府一人，毛维驺，王文迈，王好善，王升，王远宜，程大猷，房楠，沈自彰，吕邦耀，龙负图；保定府二人，田一井，陈廷谟；河间府二人，王九叙，耿橘；真定府一人、广平府一人，赵兴邦，李枝秀；大名府一人，杨州鹤。南直隶四十九人：应天府二人，姚履素，俞彦；苏州府十四人，王衡，姚汝化，徐镆，王世仁，谬国维，汪起凤，周应俒，赵士谔，吕纯如，徐待聘，瞿汝说，葛锡璠，李胤昌，何琪枝；松江府四人，徐祯稷，张所望，林凤鸣，张以诚；常州府九人，吴亮，龚三益，王胤昌，吴宗达，吴澄时，王羲民，丁大毓，李守俊，陈一教；镇江府三人，徐大用，眭石，史树德；庐州府三人，钱策，朱万春，吴光义；淮安府一人、扬州府一人，王应乾，刘永澄；徽州府三人，洪佐圣，程子鳌，程汝继；宁国府一人、池州府一人，濮阳春，杨日森；太平府三人，杨成乔，崔湞，安庆府四人、广德州一人，姚若水，姚之兰，潘汝祯，江世东，李征仪。浙江四十八人：杭州府六人，李葆素，葛寅亮，吴邦相，诸允修，陆玄锡，高金体；嘉兴府十三人，孙光裕，谭昌言，张廷荐，张南翀，项鼎铉，庄则孝，冯盛典，钱天胤，李奇珍，彭宗孟，曹征庸，陆典，劳永嘉；湖州府六人，蔡善继，华士樽，王德坤，王继祀，茅瑞征，王继贤；宁波府八人，董光宏，赵世禄，李橒，冯时俊，张九德，韩孙爱，薛三省，史起龙；绍兴府十一人，钱象坤，姚会嘉，商周祚，董元孺，刘宗周，王三才，傅宾，徐应登，蒋一骢，徐良栋，徐如翰；金华府一人、衢州府一人，王世德，叶秉敬；严州府一人、温州府一人，吴一栻，吴光翰。江西二十人：南昌府九人，王训，刘定国，王时熙，徐鉴，熊剑化，袁懋谦，罗宪凯，夏其光，熊明遇；广信府一人，郑以伟；南康府二人，陈学继，吴道长；吉安府五人，郭一鹗，彭惟成，谢应祥，颜欲章，龙遇奇；临江府二人、赣州府一人，郭炜，熊化，曾汝召。福建二十七人：福州府四人，陈一元，陈勋，陈讦谟，余文龙；泉州府十一人，蒋光源，蔡立敬，李梦祥，徐缙芳，陈经正，庄钦邻，陈士兰，许獬，张廷拱，陈玉辉，庄毓庆；建宁府一人，曾六德；兴化府三人，黄景星，俞海，陈名岳；漳州府八人，蔡宗禹，林宰，杨联芳，杨锡英，周起元，曾应荣，张居方，林日所。湖广二十五人：武昌府二人，余玉节，魏珩如；汉阳府二人，秦聚奎，萧丁泰；承天府二人，李钟元，周士显；德安府三人，周师旦，张之厚，□□训；黄州府七人，王同谦，曹光德，于伦，黄建衷，周延光，王思善，周应期；荆州府四人，杨世勋，袁汝萃，曾可前，雷思霈；衡州府三人，赵良相，陈宗契，康元积；长沙府一人、郴州一人，周之龙，袁子让。河南二十四人：开封府五人，高节，王霖，刘泽深，张笃敬，张凤彩；归德府五人，宋名世，陈升，彭端吾，闵守箴，王三善；河南府四人、南阳府一人，陈心傅，上官捷科，汪辉，屈允高，陶鸿儒；汝宁府九人，刘文焕，蔡毅中，王存敬，刘俊，李如伉，梁州彦，许鼎臣，刘广生，王世宁。山东三十四人：济南府十三人，宋焘，苏民瞻，刘策，姬之策，杜承式，孙体元，张蓝，焦馨，张至发，高捷，朱周业，宋槃，石维屏；兖州府五人、东昌府三人，陈伯发，侯正鹄，张尔木，王复兴，周永春，王钟岱，张凤翔，曹昕；青州府五人、登州府一人，曹琏，曹珖，王道平，张问明，公鼐，徐逢聘；莱州府七人，崔燸，高锵，胡行知，郭尚友，张孔教，赵建德，孙㣧。山西三十一人：太原府四人，韩万象，卢维屏，姚镛，施重光；潞安府三人，王云龙，王基洪，吉人；平阳府七人，杨世增，梁一龙，翟师雍，张士俊，晋承宠，万时俊，孟希孔；大同府二人，汾州府二人、泽州二人，裴栋，何廷魁，程启南，魏云中，张光房，李养蒙；辽州一人，孙毓英。陕西十一人：西安府八人，薛贞，解经雅，解经傅，张纶音，□□，王之寀，文在兹，南居益；汉中府一人、临洮府一人、潼关卫一人，李乔岱，王道成，孙振基。四川十六人：成都府四人，吴袭，门逵，李一敬，□祖诰；顺庆府二人、叙州府四人，郑郛，刘文琦，何士林，杨述程，陈翔龙，张间；重庆府五人、潼川州一人，胡世赏，田一甲，李为梁，陈显道，骆任重，戴章甫。广东九人：广州府七人，冯奕垣，潘浚，梁从兴，潘珙，陈镇，尹遂所，谭炜；潮州府一人、琼州府一人，曾用升，何其义。广西一人：桂林府一人，文立缙。云南四人：云南府一人，赵日亨；临安府一人、曲靖府一人，王元翰，朱世昌；永昌府一人，潘允中。贵州三人：铜仁府一人，徐穆；黎平府一人、贵州卫一人，梅友月，杨师孔。

逮冯应京、邸宅、王之翰下刑部狱。应京盱眙人，万历壬辰进士。在狱著《经世实用编》。甲辰释。丙午正月卒。天启二年，赠太常寺少卿，之翰狱卒。天启二年，赠尚宝司少卿。应京逮时，武昌人大哗，逐陈奉。奉列兵杀二人，匿楚府中。命甲骑三百余射死数人，伤二十余人。奉逾月不出，众执奉左右六人投之江。奉自焚公署门。（据《国榷》卷七十九）

翰林院编修史继偕为侍读。（据《国榷》卷七十九）

五月

山西巡抚魏允贞乞休归。《明鉴纲目》卷七：“纲：辛丑二十九年，夏五月，罢山西巡抚魏允贞。目：中官张忠、孙朝，先后领山西矿税，诛求百方。允贞每事裁抑，疏暴其罪。朝怒，劾允贞抗命沮挠。帝留允贞疏不下，而下朝疏于部院，将加谴责。吏部尚书李戴，都御史温纯（字景文，三原人），力争允贞贤，请下允贞疏平议，帝并留中。山西军民数千诣阙为允贞讼冤，言官亦连章论救，帝置不问。允贞父年九十余，乃乞归侍养。廷议以税使害民，非允贞不能制，固留之。允贞请益力，始听归。未几卒，晋人立祠祀之。"

裁兴隆卫训导。设印江县教谕，以劝苗子弟也。（据《国榷》卷七十九）

六月

许国士等中式举人以文辞诞妄被罚科不等，考官杨道宾等罚俸。令申饬天下学校，不许再治异端之说。坊间所刊纰漏举业，尽数烧毁。违禁私刻者追拟治罪。王圻《续文献通考》卷四十五《选举考·举士三》："（万历）二十九年六月，礼部奏：'先该礼科署科事给事中杨天民题准，两京、十三省考官恭候钦命，即宜以正文体为己责，其深僻怪诞，决裂绳尺，强引庄、列、释、老、诸子等书，及故佶屈聱牙，以为苍古，强生原题所无，求合时事，以为新奇。朱、墨解部之日，本部会同该科细加覆阅，但有故习及文理荒谬不堪中式者，尽数摘出，题请斥革，将主考等官分别参治。宋儒传注，我朝所颁，以正士习。乃近日每遇一题，各立主意，愈新愈怪，大可骇人。以后务照传注，止宗一说，其偏诐之甚，至于传注皆庋，叛道不经，本部查系房考某官，同主考官一并参治。又查二十八年题准，迩年文体日益险怪，至于悖朱注、用佛语、讽时事，尤离经畔道之最者。如科场解到试卷有犯各款者，部、科尽数摘出，题参斥革，仍将主考及本房分别降罚。屡旨严切，永宜遵守。不意顺天举人赵惟寰、周希令、娄所性，湖广举人杨举奇、程士升词多诡僻，旨未大悖。今科既不与试，薄罚已足示惩。至于顺天许国士芜秽特甚，湖广李正芳、王之相放荡不经，四川丁绍春、胡继先、方重、谭谦益、余化龙皆背正旨而宗邪说，文之诞妄，且无问已。此八生者，除今科外，所当加罚一科，以为荒谬之戒。至于湖广董以修，习趋狂肆，词益荒唐，'无去无住，出世住世'语明系禅家唾胲，竟与题旨何与？而本生敢于掇拾，肆然无忌。此一生者，除今科外，所当加罚二科，以为幻妄之戒。至于苗自成，其关节之情虽无实据，而首篇破题用一'落'字，承题用一'着'字，此从来所未有，安得不致人之疑？且被参之后，多方求免。此一生者，除今科外，所当加罚三科，以为狂惑之戒。然而文章关乎气运，士习在所转移，诸士文体多不雅驯，主司苟悬冰鉴，则浮薄可斥，轧苗可摈。何乃分考既录玄虚，主考又不驳正，奈何复望士趋之归于正也？伏望皇上明罚敕法，顺天主考杨道宾、顾天埈，湖广主考沈淮、张其廉、四川主考杨一葵、赵拱极，并顺天分考官毕懋康等、湖广分考官尹仲等、四川考官王宗贤等。凡录上诸生者，一体重加罚治，庶屡旨不托于空言，而文体渐归于实际矣。若顺天府丞乔璧星则尤可异者。查得万历二十三年题覆明旨，凡选贡散归外省，提学官照例于科举正额外考选起送，混同庠士，一体校艺。拆卷时，秉之以大公，毋得别有去留。乃璧星未奉明旨，擅编字号，独以北直选贡二场、三场，入皿字号。且投一手本，计数坐派，必欲主考取中七人，如此举动，即臣等亦宁能曲为之解哉？臣切谓法纪在朝，清议在下，此一臣者所当请旨定夺者也。抑臣犹有说焉，士之争趋险怪，非士之敢为高论也，作俑有自，沿袭多年。闻有《大传意见》、《理解》等书十余种，总之背传注创为异说，以惑乱人心，此书一日不去，则士趋一日不端，更望皇上严为申饬，力加扫除。俟命下之日，容臣在内移文都察院转行五城，在外移文抚按转行各卫、府、州、县，严行搜索，刻板付之烈焰。如市肆仍有违禁鬻货者，将书贾重处。仍移文各省督学，责令校士一追大雅，如有用二氏诸子及险怪之文置之高等者，俟解卷到日，本部尽数摘出，会同礼科查参，士子斥退，督学分别降罚，此崇雅斥浮、端本澄源之大机也。'奉旨：'这举人文体不经，既参处停当，赵惟寰等俱依拟分别罚科，用示惩戒。考官杨道宾等并毕懋康等都罚俸三个月，乔璧星姑罚俸半年。还申饬天下学校，务遵累朝钦降经史典制诸书，课士育才，以资实用，毋许再治异端之说。坊间所刊纰缪举业，行抚、按官尽数烧毁。以后时文讲说，着呈请该提学详允，方许刊行，违禁私刻者追拟治罪。'"

七月

查继佐（1601—1676）生。沈起《查东山先生年谱》："先生生于万历辛丑秋七月四日酉时，为神宗二十九年，浙之海宁人。"查继佐，原名继佑，以应县试试册误书继佐，遂因之。字伊璜，号与斋，又号敬修子，另有钓史、钓玉之号。入清隐居不仕，更名省，字不省，或变名为左尹，别号非人氏。又以所居近东山（即审山），庐名朴园，学者称东山先生或朴园先生，海宁（今属浙江）人。明崇祯六年举人。清军南下，曾任鲁王兵部职方司主事、监军御史，从事抗清活动，兵败后返里，幸免于庄廷鑨《明史》案，讲学著述以终。博学多才，尤长于史学，著有《兵权》、《敬修堂说外》、《原书》、《马史论》、《知是编》、《九宫谱定》、《通鉴严》、《钓玉轩稿先甲集》、《后甲集》、《说造》、《说难》以及《国寿录》、《鲁春秋》、《东山国语》、《敬修堂钓叶》、《罪惟录》等，《罪惟录》一〇六卷，纪有明史实，最为著名。另有《玉琢缘》、《鸣鸿度》、《眼前因》、《梅花谶》、《三报恩》、《非非想》传奇六部与杂剧《续西厢》一部。

选翰林院庶吉士：项鼎铉、王升、李胤昌、钱象坤、许獬、王元翰、王基洪、袁懋谦、龚三益、曾六德、雷思霈、公鼐、眭石、吕邦耀、郑以伟、薛三省、陈宗契、蔡毅中、戴章甫、宋焘、文在兹、冯奕垣。而项鼎铉以廷试笔异今笔，阁臣揭上，不得入馆，准改授。（据《国榷》卷七十九）

礼部右侍郎曾朝节为吏部左侍郎，署詹事府事。吏部右侍郎冯琦为左侍郎，教习庶吉士。（据《国榷》卷七十九）

进士项鼎铉自请覆试。至期引疾，谪典史。（据《国榷》卷七十九）

叙甘肃功。进总督李汶少傅，巡抚徐三畏兵部右侍郎，各荫国子监。（据《国榷》卷七十九）

八月

命赵志皋兼支大学士俸。进沈一贯太子太师，辞不受。甘镇功。（据《国榷》卷七十九）

以礼部右侍郎兼翰林院侍读学士管祭酒事敖文祯掌翰林院事。（据《明神宗实录》卷三百六十二）

命李成梁再镇辽东。《明鉴纲目》卷七："纲：秋八月，复以李成梁镇辽东。目：成梁去辽，十年之间更易八帅，边备益弛。会总兵马林获罪，沈一贯言成梁虽老，尚堪将兵。乃命再镇辽东，年已七十六矣。时土默特长安及巴图已死，寇掠渐稀，而开原广宁，复设马木二市（先是，泰宁、朵颜、扶余诸部，屡犯边。后朵颜小岱青，悔祸款塞，请开木市于义州。二十三年，辽东巡抚李化龙，疏言木市五利，廷议从之。未几遂罢，并罢马市。小岱青为寇。至是，成梁力请复之，后以为常）诸部耽市赏利，争就款。以故成梁再镇八年，辽左少事。"

九月

兵部覆试，议中式武举每年分为六选，每选定以五人，选期定为双月二十五日，其第一人如原隶锦衣卫籍，准于锦衣卫缺推用，原隶别卫所籍，准于在外都司金书推用，以示表异。五名以前，亦于十月内先推升守、把、提、备等官，其余每遇双月，酌量推用，一年定推三十余人，三年之内用尽原中额数。从兵科给事中桂有根议也。（据《明神宗实录》卷三百六十三）

左春坊左赞善兼翰林院简讨周如砥为右春坊右中允，署国子司业。（据《国榷》卷七十九）

右春坊右谕德兼翰林院侍讲萧云举、黄辉主武闱。（据《国榷》卷七十九）

南京国子祭酒郭正域、少詹事周应宾俱为詹事兼翰林院侍读学士，纂修玉牒。（据《国榷》卷七十九）

赵志皋（1524—1601）卒，谥文懿。《明鉴纲目》卷七："纲：九月，赵志皋卒。（谥文懿）目：志皋柔弱，颇为朝士所轻。日本封贡，志皋与石星相应和，星败，劾星者必及志皋。志皋乞休，疏八十余上，俱不许。在告四年，卒邸舍。（志皋才气，不如沈一贯、张位，而醇谨过之。时帝益怠荒，章疏沉阁，官僚旷阙。志皋亦颇论谏，特以石星之败，物议丛焉。）"赵志皋，隆庆二年（1568）一甲三名进士。浙江兰溪人，字汝迈。授编修。万历初，官侍读，忤张居正，谪官。居正殁，累进礼部尚书，入参机务，时年已耄，为朝士所轻，遂乞归。卒谥"文懿"。有《灵洞山房集》、《四游稿》、《内阁奏题稿》。

刘东星卒。《国榷》卷七十九："总督河漕工部尚书兼右副都御史刘东星卒。东星字子明，沁水人，隆庆戊辰进士。选庶吉士，授兵科给事中，转礼科左。忤时，谪蒲城丞，徙知卢氏。万历初，入刑部主事。丁丑，以户部员外郎为河南按察佥事，历湖广左右布政使。壬辰，拜右佥都御史，巡抚保定。癸巳，入左副都御史，寻进吏部右侍郎，忧去。戊戌，起工部左侍郎兼右佥都御史，治单县决河，请浚赵渠故道。己亥，进尚书兼右副都御史。辛丑，议开伽河，卒于济宁。历官久，布衣脱粟，学本主静。年六十四。予祭葬，赠太子少保。天启初，谥庄靖。”

沈鲤、朱赓以原官入阁、预机务。《明鉴纲目》卷七：“纲：以前礼部尚书沈鲤、朱赓（字少钦，浙江山阴人）并兼东阁大学士，预机务。目：鲤素鲠亮。前在礼部持典礼，多所建白，申时行衔鲤不附己，深忌之。一日鲤请告，时行遽拟旨放归，帝曰：沈尚书好官，奈何使去？传旨谕留。帝有意大用鲤，微言沈尚书不晓人意。内竖密告鲤，鲤拒之曰：‘禁中语，非所敢闻。’卒引疾归。赓充讲官时，宫中方兴土木治苑囿，赓因讲宋史，极至花石纲之害，帝为悚然。累迁礼部尚书，遭继母丧去。至是，赵志皋卒。沈一贯请增置阁臣，帝素虑大臣植党，欲用林居及久废者，遂诏鲤与赓以原官入阁，参预机务。”

十月

升吏部左侍郎兼翰林院侍读学士冯琦为礼部尚书兼翰林院学士，改南京礼部侍郎叶向高为南京吏部右侍郎，升右庶子杨道宾为国子监祭酒，起国子监祭酒成宪为南京国子监祭酒。（据《明神宗实录》卷三百六十四）

己巳，命礼部右侍郎兼翰林院侍读学士掌院事敖文祯充日讲官，兼教习庶吉士。（据《明神宗实录》卷三百六十四）

立朱常洛为皇太子。《明鉴纲目》卷七：“纲：冬十月，立子常洛为皇太子。目：时太子年二十，群臣屡请册立冠婚并行，沈一贯草敕，请下礼官具仪。而廷议有欲先冠婚，后册立者，一贯不可，曰：‘不正名而苟成事，是降储君为诸王也。’帝意亦悟，命即日举行。既而复令改期。一贯封还谕旨力争，乃立常洛为皇太子。（初，储位未定，郑贵妃要帝至大高元殿谒神，设密誓，立其子为太子。帝因书一纸，缄玉合中，赐妃为符契。后廷臣争之强，慈圣太后，复坚持立长，而妃又忽失欢，于是皇长子遂得立为太子。帝遣人取玉合，封识宛然。发合，虫蚀书尽矣。帝悚然异之。）同日封诸子常洵福王（后之藩洛阳），常浩瑞王（后之藩汉中），常润（与常瀛并李贵妃出。）惠王，（后之藩荆州。）常瀛桂王。（后之藩衡州。）”

十一月

二十八日，茅坤（1512—1601）卒，年九十。据朱赓《明河南按察司副使奉敕备兵大名道鹿门茅公墓志铭》。茅坤字顺甫，号鹿门，归安（今浙江湖州）人。《明史·

文苑传》：“坤善古文，最心折唐顺之。顺之喜唐宋诸大家文，所著《文编》，唐、宋人自韩、柳、欧、三苏、曾、王八家外，无所取，故坤选《八大家文钞》。其书盛行海内，乡里小生无不知茅鹿门者。”著有《白华楼藏稿》十一卷、《续稿》十五卷、《吟稿》八卷、《玉芝山房稿》二十二卷、《耄年录》七卷（据《四库总目提要》卷一百七十七），选《八大家文钞》。今人有整理本《茅坤集》，浙江古籍出版社 1993 年出版。

东阳知县王之翰卒于狱。绛人，万历乙未进士。天启二年，赠尚宝司少卿。（据《国榷》卷七十九）

十二月

左庶子唐文献为詹事兼翰林院侍读学士。（据《国榷》卷七十九）

本年

努尔哈赤始建八旗制度雏形。蒋良骐《东华录》卷一：“辛丑年，复编三百人为一牛录，每牛录设额真一。”

明神宗万历三十年壬寅（公元 1602 年）

正月

立辽阳自在州儒学。（据《国榷》卷七十九）

二月

万历疾笃，召沈一贯草诏，除诸敝政。次日疾愈，悔之。《明鉴纲目》卷七：“纲：壬寅三十年，春二月，帝不豫。召大学士沈一贯具诏，除弊政。翌日帝瘳，寝前诏。目：皇太子婚礼甫毕，帝忽有疾，急召诸大臣至仁德门。俄独命一贯入启祥宫后殿西暖阁。皇太后南面立，稍北，帝稍东，冠服席地坐，亦南面，太子诸王跪于前。一贯叩头起居毕，帝命之前，谕曰：‘朕病笃矣。矿税事，朕因宫殿未竣，权宜采取，今日与江南织造，江西陶器，俱止勿行。所遣内监，皆令还京。法司释久系罪囚。建言得罪诸臣，咸复其官。’言已就卧。一贯寻叩头出，拟旨以进。是夕，阁臣九卿俱直宿朝房，漏三鼓，中使捧谕至，具如帝语一贯者。诸大臣期即奉行。翌日，帝疾瘳，悔之，遣中使二十辈至阁追取前谕。一贯不能持，惶遽缴入。时司礼太监王义，方在帝前，力争曰：'王言何可反汗？'帝怒，欲手刃之。义言愈力，而中使已持前谕至。后义见一贯唾曰：'相公稍持之，矿税撤矣，何怯也？'自是大臣言官疏请者日相继，皆不听。"

停国子监纳贡。从祭酒郭正域议。（据《国榷》卷七十九）

闰二月

张问达疏劾李贽。得旨，令厂卫五城严拿治罪。《明神宗实录》卷三百六十九：万历三十年闰二月，"乙卯，礼科都给事中张问达疏劾：李贽壮岁为官，晚年削发，近又刻《藏书》、《焚书》、《卓吾大德》等书，流行海内，惑乱人心。以吕不韦、李园为智谋，以李斯为才力，以冯道为吏隐，以卓文君为善择佳偶，以司马光论桑弘羊欺武帝为可笑，以秦始皇为千古一帝，以孔子之是非为不足据，狂诞悖戾，未易枚举，大都刺谬不经，不可不毁者也。尤可恨者，寄居麻城，肆行不简，与无良辈游于庵，拉妓女白昼同浴。勾引士人妻女入庵讲法，至有携衾枕而宿庵观者，一境如狂。又作《观音问》一书，所谓观音者，皆士人妻女也。而后生小子，喜其猖狂放肆，相率煽惑。至于明劫人财，强搂人妇，同于禽兽而不足恤。迩来缙绅士大夫亦有捧咒念佛，奉僧膜拜，手持数珠，以为戒律；室悬妙像，以为皈依，不知尊孔子家法，而溺意于禅教沙门者，往往出矣。近闻贽且移至通州，通州离都下仅四十里，倘一入都门，招致蛊惑，又为麻城之续。望敕礼部檄行通州地方官，将李贽解发原籍治罪，仍檄行两畿各省，将贽刊行诸书，并搜简其家未刊者，尽行烧毁，毋令贻祸乱于后，世道幸甚。得旨：李贽敢倡乱道，惑世诬民，便令厂卫五城严拿治罪。其书籍已刊未刊者，令所在官司尽搜烧毁，不许存留，如有党徒曲庇私藏，该科及各有司访参奏来并治罪。已而贽逮至，惧罪不食死。"

翰林院简讨王图为南京右春坊右中允，署翰林院事。（据《国榷》卷七十九）

三月

李贽（1527—1602）**自刎于狱中。**汪本钶《卓吾先师告文》："钶自三月十二日别师，师遂于三月十五日引决，到十六夜子时长往矣。年七十六。"贽初名载贽，字宏甫，号卓吾，另有温陵居士、龙湖叟、秃翁、笃吾、思斋、百泉居士等别号，泉州晋江（今属福建）人（《明史稿》卷二百七《李贽传》、袁中道《李温陵传》、钱谦益《列朝诗集小传》闰集《卓吾先生李贽》）。著有《焚书》六卷、《续焚书》五卷、《藏书》六十八卷、《续藏书》二十七卷、《九正易因》二卷（中国社会科学院哲学所图书室藏明抄本）等，今人有整理本《李贽文集》七卷，北京科学文献出版社 2000 年出版。焦竑《澹园集》附编一《焦弱侯荐李卓吾疏》："卓吾先生秉千秋之独见，悟一性之孤明。其书满架，非师心而实以道古；传之纸贵，未破俗而先以警愚。何辜于天，乃其摩牙而相螯；自明无地，溘焉朝露之先晞。刎头送人，岂以表信陵之义；溅血悟主，庶几有相如之风。当其捐生殉朋友之知，足愧全躯保妻子之辈。此犹一时之果报，未论累劫之因缘……七十六年成幻梦，百千亿佛作皈依。鉴此悃诚，永为明证。谨疏。"袁中道《珂雪斋近集文钞》卷八《李温陵传》："所读书皆钞写为善本，东国之秘语，西方之灵文，《离骚》、马、班之篇，陶、谢、柳、杜之诗，下至稗官小说之奇，宋元名人之曲，雪藤丹笔，逐字雠校，肌襞理分，时出新意。其为文不阡不陌，摅其胸中之独见，精光凛凛，不可追视。诗不多作，大有神境。"沈铁《李卓吾传》："所著有《藏书》四十卷，《说书》、《焚书》各二卷，《初谭》四卷，而佛经诸书不与焉。所著《藏书》，论古今君相人物，皆戾于儒先，如以武氏为圣后，冯道为贤臣。漳人薛士彦读而喜之，谓是圣贤学问也，善用之可以建事业；不尔，恐蹈于权谋术数。尔时，部议并毁其书刻，而世人喜其高奇，反以盛传于世。"钱谦益《列朝诗集小传》闰集《卓吾先生李贽》："卓吾所著书，于上下数千年之间，别出手眼，而其掊击道学，抉摘情伪，与耿天台往复书，累累万言，胥天下之为伪学者，莫不胆张心动，恶其害己，于是咸以为妖为幻，躁而逐之。马御史经纶，迎之于通州，寻以妖人逮下诏狱。狱词上，议勒回原籍。卓吾曰：'我年七十有六，死尔，何以归为？'遂夺剃刀自刭，两日而死。御史收葬之通州北门外，秣陵焦竑题其石曰'李卓吾先生墓'。过者皆吊焉。"

李贽著述被禁后，据云其制义曾以汪静之名刊行。钱启忠《清溪遗稿·刻李卓吾制义小引》："卓吾《自志论略》云：'作诸生但记时文五百首，临场作钞写誊录生。'噫！此卓吾嘲世语也。间从坊刻中阅其一二制义，直截空快，洞然与其生平持论及讨古辨今处如贯合气。……闻先生被逮时，当事者火其书，一切制义之在版者，以坏文体并禁。然无奈脍炙人甚，欲埋其名，而不能投其字于水火。于是尽以汪静老大名易之，盖以汪与先生交道不隔，而汪文素以正正堂堂压倒当世，故取而附之，可无咎耳。……汪之为文，重密整炼，而先生行以轻疏散易，望其气，相其笔，固可一见而别也。"

礼部尚书冯琦上言：国家以经术取士，不得非毁宋儒，诋讥孔子。科场文体不得引用佛书。张萱《西园闻见录》卷四十四《礼部》三《科场·前言》："冯公琦疏略曰：'顷者，皇上纳都给事中张问达之言，正李贽惑世诬民之罪，尽焚其所著书，其于崇正辟邪，甚盛举也。臣窃惟《春秋》大一统，统者，统于人也。统于圣真，则百家诸子无敢抗焉；统于王制，则乡大夫士庶无敢异焉。国家以经术取士，自《五经》、《四书》、《性》、《鉴》、正史而外，不列于学宫，不用以课士。而经书传注又以宋儒所订者为准，盖即古人罢黜百家、独尊孔氏之旨，此所谓圣真，此所谓王制也。自人文向盛，士习寖漓，始而厌薄平常，稍趋纤靡；纤靡不已，渐骛新奇；新奇不已，渐趋诡僻。始犹附诸子以立帜，今且尊二氏以操戈，背弃孔、孟，非毁朱注，惟《南华》、西竺之语是宗是竞。以实为空，以空为实，以名教为桎梏，以纪纲为赘疣，取佛书言心言性略相近者，窜入于圣言，取圣言有空字无字者，强同禅教。嗟乎，圣经果如此解乎？士子制义，以圣人口气传圣人之神耳，圣人之世，曾有此语意否乎？夫学宫所列，至要亦至详，童而习之，白首未必能穷。世间宁有经史不能读而于经史之外博极群书之理？弃本业之精髓，拾遗教之残膏，譬如以中华之音杂鳀结之语，语音既为舛驳，论文又不成章，世道溃于狂澜，经学几为榛莽。部科交列其弊，明旨申饬再三，而竟未能廓然一大变其习者，何也？解书或用注疏，或不用注疏，则趋向不一也；抡文或正体而取平典，或怜才而取奇俊，则鉴裁不一也；同是违制，而或参或不参，则法令不一也；同是被参，而或以为当处，或以为可以无处，则议论不一也。士有不一之趋向，取士有不一之鉴裁，而又以不一之议论，引不一之法令，政体且有二、三，士习何由归一？即如烧毁异说，去年亦奉有明旨，督学而下，何曾禁止一处，烧毁一书？等经学于弁髦，得诏书而挂壁，如此即朝廷之上三令五申，亦复何益？臣请一取裁前圣人之言、天子之制，而定为画一之法，士子授受当先明经术，讲书引文以遵守宋儒传注为主，二三场以淹贯《性》、《鉴》、正史为主。其有决裂圣言，背违王制，援儒入墨，推墨附儒，一切坊间新说曲议，皆令地方官杂烧之，各该提学官员仍具文报部，要见黜过险陂邪妄之士几人，焚过离经叛道之书几部？生员引用佛书一句者，廪生停廪饩一月，增、附不许帮补；三句以外，酌量降黜。考过试卷，前五名以原卷解部，如有违式过多者，照题准岁贡不堪三名以上事例议罚，敢有抗违不解卷赴部者，定行参降。两京、各省《乡试录》及中式墨卷，亦以圣经王制为准，背圣经王制则参，不背则否。士子有引用佛书两句以上者，停勒一科，不许会试，多者斥革。各解卷到部，剟委司官评骘，送科覆阅，各以虚心平心从公从实互相参较，不得远近异法，轻重异处，致有后言。事关考试官、提学官违式之大者，具疏参究。其应停应降生员，径行提学官处治。至前文章之体裁，士子之条格，容臣等细思参酌，再行题请。'”“孙鑛曰：余甲戌赴公车，见谏垣疏有云士子习番经，甚讶之，然于时未有奇也。迩来禁愈烦，奇乃愈出，侏离已半错，其故何哉？涂说曰：'顷者，主上正服色，有持具带入都者，旦五十金不卖，暮五金而售，何者？贱生于无所用。今所录者反所禁，谁其信之？'虽然，是有解焉。记曰：'瑕不掩瑜。'今下求玉之令，曰：'谨察其瑕。'一以和氏之璧来而微有瑕，一以碔砆来而无瑕，则收者必有瑕者矣，固以号于天下曰：'玉工好瑕。'非也。今春官有严令，首曰背传注。然昔直指按毗陵，以'屡空'条试士，求一守朱义而文辞工者，卒无有。不得已，则仍首背朱者。盖守告余如此，揖冯公而遇客如故，岂知初之欲唾其面哉！”“刘应秋曰：圣人作经，其垂诸后，卒至于千万世而不可磨灭者，则何以故也？彼其涵濡乎仁义之精，游泳乎六艺之途，含吐性灵，发挥理奥，不求为文而无不文也，故曰：'虞夏之书浑浑，商书灏灏，周书噩噩。'夫学海之渊源，世教之砥柱，大都可识矣。夫词章日炽，道义始蚀，春秋战国极宏肆之谈，两汉得事理之辨，虽不能上追三代，然亦足为后世法焉。敝帚于魏晋，滥觞于六朝，决裂于唐宋，华藻胜而理义之旨微，芜陋滋而《尔雅》之词鲜，迹其轨辙且不能步武两汉，矧上世乎？乃至于今，则又有深可慨者，艳辞逞辨，穷极瑰丽，以骇里耳，为夸而已矣；旁引不经，过为诡诞，为怪而已矣；雕镂刻画，棘喉滞吻，以呈其工，为巧而已矣；掇拾陈言以自粉饰，而无当于理要，为冗而已矣。数者之敝，相寻不已，而文体遂至决裂。议者乃谓：'文之日趋于敝，犹江河之趋海而不可复返。'斯亦过矣。夫韩愈承八代之衰而奋志一变，文辞遂复于古，欧阳修目击时弊，力为挽回，而修词之子靡然向风。当今之时无二子，故至此，使其有二子也，岂不可返浇薄而纳之淳古哉？顾所以返之者，其道有六：夫《六经》孔、孟，譬若布帛菽粟，玩之有深味，措之有实用。今之操觚者盛，称引百家之语而律之以理，则大谬不然，此何异拔本而望枝叶扶苏，自塞其源而欲其流之长也？是故贵正本也。夫平阳击石，山谷为之调；大夏吹筬，风云为之动。故焰飞南斗而曲变阳春，盖言气也。气，水也，言浮物也，水盛则物之大者毕浮，是故贵养气也。夫渺泛沧流则不识汇涘，杂陈金石则莫辨宫商，古之作者，沉浸秾郁，含英咀华，熔铸百氏，酝酿千古，笼天地于形内，挫万物于毫端，故其文炳炳烺烺，与世罔极。学者读一家之言，而自以为灵蛇荆璧无以过也，奚以为文？是故贵储学也。夫井蛙之见，不足以与于霄汉之观；鸥鶄之目，不足以与于太阳之曜，言职卑也。故精骛八极，心游万仞，而后可以倾群言之沥液，漱六艺之芳润。学者苟未识其所以然也，乃欲抵掌而谭世务，抗颜而议古昔，不亦惑乎？是故贵广识也。夫文有体也，议论之词，不可施于记事，明堂之咏，不可施于师旅，苟不辨其为体而概模之，是犹慕璧之圆而规瓒之邸也，失其裁矣，是故贵辨体也。为文者，丹青藻缋之是肖，而神理则离；玄黄经纬之是辨，而要旨则昧，与优孟何以异也？是故贵神解也。夫本正则邪说不淆，气充则词理皆振，学博则非浅陋之规，识广则非狂瞽之见，文有体裁则靡巧之弊革，学有神解则模拟之习疏，如是而文体可正，士习可回，学术口口，庶几圣人词章直追两汉，而江左之籍，唐宋之简，可略而无谈矣。"

"朱国祚曰：今天下之文竞趋于奇矣。夫文安所事奇为哉？古圣贤所为文，若典谟训诰、风雅礼乐之辞，明白如日月，正大如山岳，浑乎如大圭，冲乎如太羹玄酒；而其和平雅畅，如奏英韶于清庙明堂之上，金石相宣，宫商相应，清浊高下，莫不中节者也，恶睹所为奇者哉？彼为奇者，其立意固薄简易，卑平淡，将跨跃区宇，超轶前人，以文雄于时，而不知其滋为病也。抉隐宗玄，杂取异端奇邪之说，以恣其夸，正学之谓何，则理病。务深窅晦暗其辞，令人三四读不能通晓，以是为深长之思，则意病。佶屈聱牙至不能句，若击腐木湿鼓然，则声病。决裂恒饤，离而不属，涩而不贯，则气病。习尚颇僻，不轨于正途。今大雅之风渐灭殆尽，则又为世道病也，而皆起于奇之好。夫文安所事奇为哉？彼将曰：'吾恶夫卑卑者也，吾恶夫弱而不振者也，吾恶夫浅而无味者也。'而不知所谓文体者，自非卑弱而浅之谓也，明白正大，浑如冲如，和平而雅畅之谓也，矫卑而务高之，矫弱而务激之，矫浅而务深之，坏文体均耳，抑又甚焉。何者？趋而之彼者第孤陋疑启之人，趋而之此者多聪明博洽之士，彼之坏易知，而此之坏易眩也。是以君子主张世道秉握人文，则惓惓于正文体，正文体则莫若明示天下以所取舍，使人望表而趋。夫周鼎商彝之器贡于庭，则淫巧之工弃矣；黄锺大吕之音作于堂，则侏优之乐废矣。诚广厉学官，风以圣天子崇雅返淳德意，令士必以通经学古为高，一切禁绝所谓诸不在六艺之科、孔子之术者，而专责于督学使者，久其任而考成焉。岁登士悉取大雅，勿使奇诡者与其间，而诸所录以献之，务粹然一出之正，明操进退赏罚之权以振刷之，则天下士未有不矍然愿化、竭蹷而从风者也。昔昌黎氏以布衣起八代之衰，欧阳子一持衡而化钩棘为平易，化险怪为浑厚，而贞元、嘉祐之文，号称至道者，两公之功为多也。嗟乎，天下有两公者，则何忧文体之不正哉？"顾炎武《日知录》卷十八《科场禁约》："万历三十年三月，礼部尚书冯琦上言：顷者皇上纳都给事中张问达之言，正李贽惑世诬民之罪，尽焚其所著书，其崇正辟邪，甚盛举也。臣窃惟国家以经术取士，自《五经》、《四书》、《二十一史》、《通鉴》、《性理》诸书而外，不列于学官。而经书传注又以宋儒订者为准。此即古人罢黜百家、独尊孔氏之旨，自人文向盛，士习浸漓，始而厌薄平常，稍趋纤靡；纤靡不已，渐骛新奇；新奇不已，渐趋诡僻。始犹附诸子以立帜，今且尊二氏以操戈。背弃孔、孟，非毁程、朱，惟《南华》、西竺之语是宗是竞。以实为空，以空为实，以名教为桎梏，以纪纲为赘疣，以放言高论为神奇，以荡佚规矩、扫灭是非廉耻为广大。取佛书言心言性略相近者，窜入圣言；取圣经有空字无字者，强同于禅教。语道既为舛驳，论文又不成章。世道溃于狂澜，经学几为榛莽。臣请坊间一切新说曲议，令地方官杂烧之。生员有引用佛书一句者，廪生停廪一月，增附不许帮补；三句以上，降黜。中式墨卷引用佛书一句者，勒停一科，不许会试；多者黜革。伏乞天语申饬，断在必行。自古有仙佛之世，圣学必不明，世运必不盛。即能实诣其极，亦与国家无益，何况袭咳唾之余，以自盖其名利之迹者乎！夫道术之分久矣。自西晋以来，于吾道之外，别为二氏。自南宋以来，于吾道之中，自分两歧。又其后，则取释氏之精蕴，而阴附于吾道之内。又其后，则尊释氏之名法，而显出于吾道之外。非圣主执中建极，群工一德同风，世运之流，未知所届。上曰：祖宗维世立教，尊尚孔子，明经取士，表章宋儒。近日学者，不但非毁宋儒，渐至诋讥孔子，扫灭是非，荡弃行检，复安得节义忠孝之士为朝廷用！览卿等奏，深于世教有裨，可开列条款奏来。仙佛原是异术，宜在山林独修，有好尚者，任其解官自便。自此稍为厘正，然而旧染即深，不能尽涤。又在位之人多以护惜士子科名为阴德，亦不甚摘发也。至于末年，诡僻弥甚。新学之兴，人皆土苴《六经》，因而不读传注。崇祯三年，浙江乡试题'乂用明俊民用章'，上文'岁月日时无易'，《传》曰：不失其时也。第三名龚广生文，误以为历家'一日十二时'之时，而取冠本经，刻为程文。九年应天乡试题'王请大之'至'文王一怒而安天下之民'，内有'以遏徂莒'，注曰；莒，《诗》作旅，众也。谓密人侵阮徂共之众也。第二十三名周天一文，误以为《春秋》'莒人'之莒，亦得中式，部科不闻磨勘。诏令之不行至此。"

张溥（1602—1641）生。蒋逸雪《张溥年谱》："明神宗万历三十年，壬寅，三月二十三日，生于太仓。张氏名溥，初字乾度，改字天如，号西铭，苏之太仓州人也……兄弟十人，溥居八。"《明史·文苑传》："张溥，字天如，太仓人。伯父辅之，南京工部尚书。溥幼嗜学，所读书必手抄，抄已朗诵一过，即焚之，又抄，如是者六七始已。右手握管处，指掌成茧。冬日手皲，日沃汤数次。后名读书之斋曰七录，以此也。与同里张采共学齐名，号'娄东二张'。"

许故大学士高拱赠荫。从其子务观之请。（据《国榷》卷七十九）

锦衣卫南镇抚司指挥佥书郑朴除名。朴同监生海宁吴中彦谄贿，给事中钱塘洪瞻祖劾之。（据《国榷》卷七十九）

左右谕德黄汝良、萧云举为左庶子，黄辉为右庶子，并兼侍读。左右中允陶望龄、庄天合为左右谕德兼侍读。侍读史继偕为左中允，侍讲顾天埈为右中允，并兼编修。编修杨继礼、陈懿典为左右赞善兼检讨。（据《国榷》卷七十九）

四月

大学士朱赓入朝。（据《国榷》卷七十九）

六月

礼部条陈取士一十五款。从之。《明神宗实录》卷三百七十三：万历三十年六月壬辰，"礼部条陈取士一十五款。一、作文必依经傍注，参佛书者罚出。一、严处多事生员，优异安静者，以重行简。一、文体以弘、正年间为准。一、重后场以辨实学。一、提学，除御史之差听都察院考核外，其司道官，礼部同吏部照往年例，将三年内提学官考过次数甄别。一、南直隶、浙江、江西、湖广，一年半一周，余省一年一周，即遇事故，亦须三年之内岁考一次，岁考兼科举一次。一、限入学名数，大府不过四十，大州县不过三十，中者不过二十，小者不过十有五。一、严冒籍之禁。如有上纳锦衣卫等职衔者，子弟不准妄开京籍。一、重名宦乡贤之祀。如匪人，有司、生员各坐。一、场中出题，皆要冠冕正大。阅卷仍以正文体为主。房考有执迷者，听主考参处。一、程式止润饰墨卷之优者，试官不得自创。一、各省直解朱、墨卷，听本部司官秉公简阅，送礼科详核。用佛老者停科，多者革黜，主司、房考并治。一、关节当分风闻实据两端，依律处治。一、严捕临场匿名帖。一、凡书必有裨经传者，方许刊行，非圣叛道之书，有禁。诏嘉纳之。"

廷试天下岁贡、恩贡、选贡生，俱准贡。（据《明神宗实录》卷三百七十三）

七月

四川贡士梁山来知德，有学行，善易数。尝读参互以变，精思历年得其解。荐授翰林院待诏。（据《国榷》卷七十九）

太子少保礼部尚书兼东阁大学士沈鲤入朝。（据《国榷》卷七十九）

十一月

祁彪佳（1602—1645）生。杜春生辑《遗事》引《祁氏家乘》："公生于万历三十年壬寅十一月二十三日寅时。"彪佳字虎子，一字幼文，又字弘吉，号世培，别号远山主人，山阴（今浙江绍兴）人，著名藏书家祁承煠之子。十七岁浙江乡试中举，天启二年（1622）三甲第二百四十名进士。历官兴化府推官、大理寺寺丞、右佥都御史巡抚江南、右副都御史，南都陷，绝粒投池殉国，年四十四。南明唐王赠少保兵部尚书，谥忠敏（据祁熊佳《行实》、《明史》本传）。清乾隆中谥忠惠。著有《远山堂曲品》、《远山堂剧品》、《祁忠惠公遗集》十卷，今人有整理本《祁彪佳集》，中华书局上海编辑所1960年出版。

十二月

明廷禁以小说语入奏议。《明神宗实录》卷三百七十九：万历三十年十二月乙未，"礼部题……臣等以为皆宜禁，如作字必依《正韵》，不得见写古字，用语必出经史，不得引用子书及杂以小说俚语……诏是之，曰：本章字画，令查嘉靖八年体式刊印颁行，馀依拟严行申饬，违者参究。"

胡应麟（1551—1602）卒。据吴晗编《胡应麟年谱》（载《清华学报》一九三四年第九卷第一期）。胡应麟，字元瑞，一字明瑞，号少室山人，又号石羊生、芙蓉峰客、壁观子，兰溪（今属浙江）人（王世贞《石羊生传》、钱谦益《列朝诗集小传》丁集《胡举人应麟》）。著有《少室山房类稿》一百二十卷、《诗薮》二十卷、《少室山房笔丛》四十八卷等，《诗薮》有今人整理本，上海古籍出版社1979年新一版，《少室山房笔丛》有今人整理本，上海书店出版社2001年出版。《明史·文苑传》："胡应麟，幼能诗。万历四年举于乡，久不第，筑室山中，购书四万馀卷，手自编次，多所撰著。携诗谒世贞，世贞喜而激赏之，归益自负。所著《诗薮》二十卷，大抵奉世贞《卮言》为律令，而敷衍其说，谓诗家之有世贞，集大成之尼父也。其贡谀如此。"

詹事郭正域为礼部右侍郎，署翰林院事。（据《国榷》卷七十九）

本年

礼部为开读事，北直隶提学御史奉例行文，凡所属府、州、县生员，文行俱优，其祖父年七十以上者，准给儒官。（据乾隆《沧州志》卷八《选举》）

李清（1602—1683）生。朱彭寿《清代人物大事纪年》："康熙二十二年癸亥（公元一六八三年），卒岁：李清，故大理寺左寺丞。卒年八十二。"逆推得其生年。李清，字水心，号映碧，又号枣园、碧水翁、天一居士，江南兴化（今属江苏）人。明崇祯四年进士，历官史科给事中。南明弘光朝，迁大理寺左寺丞，清兵南下，隐归故里，著述以终。长于史学，著有《南北史南唐书合注》一百九十一卷、《三垣笔记》三卷《附识》三卷以及《南渡录》、《南唐书合订》、《澹宁斋杂著》、《澹宁斋史论》等。

明神宗万历三十一年癸卯（公元1603年）

正月

诏户兵二部考核军实。《明鉴纲目》卷七："纲：癸卯三十一年，春正月，诏户兵二部核军实。目：时内府所供寖多，户部困不能支。九边额军八十六万有奇，将弁率以空名支饷，且多克减，边兵屡哗。帝急命户兵二部，钩考军实，卒不能振刷也。"

左春坊左中允兼翰林院编修全天叙为左谕德兼侍讲，署司经局。修撰翁正春为右中允兼编修。（据《国榷》卷七十九）

前翰林院检讨王肯堂谪海盐县丞。以善申时行、王锡爵乡戚获谴，人颇冤之。（据《国榷》卷七十九）

二月

礼部覆礼科都给事中张问达条上科场事宜。其主要内容是：科举取士"所最重者大约有三：曰关节，曰文体，曰投充之冒籍"；秋闱校士，"责在主考与分考"。须择有行宜、有文名者，命之典试，取之分阅。试经止印注某经，不许印注某几房。房考阅卷，止许随意批评，卷面上不许填写某房某姓；阅卷完，各房将正、备卷会同类集一处，总送主考从公裁夺；毋分畛域，毋较多寡。（据《明神宗实录》卷三百八十一"万历三十一年二月乙卯"）

来知德不应聘。许翰林院待诏致仕，有司月给粟三石。（据《国榷》卷七十九）

三月

礼部尚书兼翰林院学士冯琦卒。琦字用韫，临朐人，万历丁丑进士。改庶吉士，授编修。历詹事，署翰林院印。进礼吏部侍郎。学识渊练，有公辅之望。年四十六，人咸惜之。予祭葬，赠太子少保。天启初，谥文敏。（据《国榷》卷七十九）

大学士沈一贯、沈鲤、朱赓上守成、遣使、权宜三论。（据《国榷》卷七十九）

四月

詹事周应宾为礼部右侍郎兼翰林院侍读学士，署院事。（据《国榷》卷七十九）

南京国子司业傅新德为右春坊右中允兼翰林院编修，清理武臣贴黄。（据《国榷》卷七十九）

少詹事唐文献为詹事。国子祭酒杨道宾为少詹事，并兼翰林院侍读学士，纂修玉牒。（据《国榷》卷七十九）

沈一贯六年考满，进左柱国少傅中极殿大学士，兼支尚书俸，荫中书舍人。（据《国榷》卷七十九）

五月

以左庶子兼侍读黄汝良为国子监祭酒。（据《明神宗实录》卷三百八十四）

六月

廷试天下万历三十一年及二十八等年岁贡、恩贡、选贡生员，命辅臣同翰林院掌院学士严加考试，取中上中卷各若干进呈。下部知之。（据《明神宗实录》卷三百八十五）

李腾芳为右春坊右赞善兼翰林院简讨。（据《国榷》卷七十九）

七月

苏州府知府周一梧被生员鼓噪杜门，允其致仕。（据《明神宗实录》卷三百八十六"万历三十一年七月辛酉"）

李庭机为礼部左侍郎兼翰林院侍读学士。（据《国榷》卷七十九）

八月

礼部侍郎郭正域乞休去。《明鉴纲目》卷七："纲：秋八月，礼部侍郎郭正域罢。目：正域初右华越，积忤沈一贯。给事中钱梦皋（富顺人），遂希一贯指，劾正域陷害亲藩。杨应文（无锡人）又言，正域父懋，尝笞辱于楚恭王，故正域因事陷之。正域疏辨（言恭王卒于隆庆时，臣父方以举人任知州，何由被笞。留中不报），因乞休去。已而华奎亦奏劾正域略如应文言，且讦其不法数事，请褫正域官。诏下部院集议。李廷机谓正域已去，可无苛求。给事中张问达（字德充，泾阳人。）言，藩王欲进退大臣，不可训。乃不罪正域，而令巡按御史勘王所讦以闻。皆无状。"

两京十三布政司乡试。《国榷》卷七十九："主试京省顺天庶子萧云举、中允翁正春，应天谕德陶望龄、中允周如砥，浙江检讨高克正、户科右给事中梁有年，江西编修郭淐、吏科右给事中陈治则，福建编修陈之龙、工部员外郎李之藻，湖广检讨孙如游、吏部主事董复亨，河南尚宝司少卿赵标、兵部主事王一桢，山东工科右给事中宋一韩、兵部主事徐銮，山西吏部员外郎王士骐、户部员外郎李作舟，陕西刑部主事费兆元、工部主事马从龙，四川户部员外郎江盈科、户部主事崔师训，广东兵部主事庞时雍、中书舍人吕图南，广西兵部主事沈光祚、行人谢廷谅，云南刑部主事程寰、大理寺左评事姜志礼，贵州兵部主事朱化孚、行人张国儒。"梁章钜《制义丛话》卷十二："焦礼堂循《北湖小志》云：扬州王铨部纳谏，字圣俞，生明嘉靖间。承文气卑弱之后，奋然有为，以六经为本，而浚以心思。时陶望龄、董其昌并以文振动一时，纳谏曰：'董非陶匹，乃学陶久而与之为一。'万历癸卯陶主试应天，命题'《康诰》曰克明德'一章，有张榜者以文名一时，自以为必得解元，预题灯曰：'癸卯科解元'。八月十五夜走文德桥，闻有诵文者，张听之顿足，立毁其灯曰：'吾不及此。'揖而叩之，则纳谏也。纳谏以《康诰》，《周书》；《太甲》，《商书》；《尧典》，《虞书》。由周而商，由商而虞，篇内以溯言立义，卓然得未曾有。榜发，纳谏果得元。时同考官山阴王思任得卷，上之于陶，陶方构思作程文不就，见此卷大诧，以为一字一句皆己所欲出而代言之，曰：'此天下士也，宜取以敦士习、振文运。'遂得元。按：陶石篑程文讲下云：'由夫子而前，有文王也，武述之，以克明德称焉；由文而前，有汤也，尹志之，则以顾諟天命称焉；由汤而前，有尧也，史赞之，以克明峻德称焉。'王圣俞小讲云：'故吾以今稽古，以近溯远，知其说之有自来也。盖洙泗以前，先有帝王之学术；圣经未作，先有谟典之昭垂。有如《康诰》之言文也，曰克明德；溯之《太甲》之言汤也，曰顾諟天之明命；又溯之帝典之言尧也，曰克明峻德。'此汤霍林所谓层层梯上，而陶石篑所谓皆己所欲出也。"

九月

阎尔梅（1603—1679）生。鲁一同《白耷山人年谱》："万历三十一年九月十二日，山人生。山人姓阎，名尔梅，字用卿，号古古，生而耳长大，白过于面，故又号白耷山人。世居沛。"阎尔梅，江南沛县（今属江苏）人。明崇祯三年举人。著有《白耷山人诗集》十卷、《文集》二卷。

改平越、安定二卫学为平越、安顺军民二府学。设黄平州学正。（据《国榷》卷七十九）

翰林院庶吉士授官。翰林院庶吉士李胤昌、眭石、蔡毅中、周如盘、许獬、刘一燝、薛三省、公鼐为编修，孟时芳、王升、张光裕、郑以伟、雷思霈为检讨，王元翰、吕邦耀、曾六德、袁懋谦为给事中，宋焘、王基洪、陈宗契、冯奕垣为监察御史。（据

大学士沈鲤乞休，不允。（据《国榷》卷七十九）

十月

国子祭酒黄汝良为少詹事，清理武官贴黄。（据《国榷》卷七十九）

十一月

以萧云举为国子监祭酒。（据《明神宗实录》卷三百九十）

妖书案起。《明通鉴》卷七十三："十一月，甲子，复起妖书曰《续忧危竑议》，阁臣朱赓获之于寓门外。其词假郑福成为问答——郑福成者，谓郑氏子福王当成也。大略言：'上立东宫出于不得已，他日必当更易。其用朱赓为内阁者，以赓、更同音，寓更易之意。'词极诡妄，时人谓之'妖书'。上大怒，敕有司大索奸人。"《明鉴纲目》卷七："纲：冬十一月，获妖书。目：先是，刑部侍郎吕坤（字叔简，宁陵人），尝撰《闺范图说》，太监陈矩（安肃人），购入禁中，帝以赐郑贵妃，妃重刻之。二十六年秋，或撰《闺范图说跋》，名曰《忧危竑议》。（其文托朱东吉为问答。东吉者，东朝也。其名忧危，以吕坤曾有忧危一疏，因借其名以讽。）言坤书首载汉明德马后，由宫人进位中宫，意以颂妃。而妃之刊刻，实藉此为夺嫡地。妃兄国泰，以给事中戴士衡（字章尹，莆田人），尝纠坤，全椒知县樊玉衡（字以齐，黄冈人），并纠贵妃，疑出自二人手，言于帝。帝重谪二人，事遂寝。至是，《续忧危竑议》复出，朱赓于寓门外获之。其词假郑福成为问答。郑福成者，谓郑氏子福王当成也。大略言帝立东宫，出于不得已，他日必当更易。其用朱赓为内阁者，以赓、更同音，寓更易之意。词极诡妄，时皆谓之妖书。帝大怒，敕有司大索奸人。沈一贯以楚宗事衔郭正域，又恶沈鲤相逼（初，鲤将入阁。一贯以士心凤附鲤，深忌之，欲讽鲤辞召命。乃贻书李三才曰：归德公来，必夺吾位，将何以备之？归德，鲤邑名。三才答书，言鲤忠实无他肠，劝一贯同心。一贯并憾三才），欲因是倾之。给事中钱梦皋，直指为正域、鲤所造。遂发卒围正域舟于杨村（在京兆武清县东南），捕仆隶乳媪十余人。御史康丕扬，先后捕正域所善医人沈令誉、僧达观等杂治之，竟无所得。最后锦衣卫获顺天生员皦生光。生光性险贼，多胁取人财。又尝为妖诗倾戚里。（生光尝伪作富商包继志诗，有'郑主乘黄屋'之句，以协郑国泰，及继志金。）疑书出其手，遂下狱拷讯。梦皋、丕扬，令引正域。生光仰面大骂曰：'死则死耳，奈何教我迎相公指，妄引郭侍郎乎？'久之，狱不能具。会皇太子在东宫，数语近侍曰：'何为欲杀我好讲官？'诸人闻之，皆惧。而陈矩提督东厂，屡会法司拷讯，心念狱无主名，帝必怒甚，恐辗转攀累无已，遂与法司归狱生光，磔之，释诸波及者，正域始得归。（正域博通载籍，有经济大略，自守介然，人望归之，方狱急时，逻卒围鲤舍，及正域舟，铃柝达旦，又声言正域且逮，迫使自裁，正域曰：'大臣有罪，当伏尸通市，安能自屏野外？'归十年卒。"沈鲤（1531—1615），嘉靖四十四年（1565）三甲三名进士。归德（今河南商丘）人，字仲化，号龙江。授检讨，神宗立，进左赞善。累迁吏部左侍郎，屏绝私交，好推举贤士，不使人知。拜礼部尚书，评稽先朝典制，定中制颁天下。又奏行学政八事，请复建文年号，修景帝实录。拜东阁大学士，加少保，进文渊阁。首劝帝听言图事，以荐贤为第一。极陈矿税害民之状。与沈一贯共事，意见相左。卒谥"文端"。有《亦玉堂稿》、《文雅社约》。

王家屏卒，谥文端。《明鉴纲目》卷七："纲：致仕东阁大学士王家屏卒。（谥文端）目：家屏归后八年，储位始定。遣官赍敕存问。及是卒，赠少保。（家屏在阁，每议事秉正持法，与同列不亢不随。李献可之谪，家屏求去甚力。或劝少需，家屏曰：'人君惟所欲为者，由大臣持禄，小臣畏罪，有轻群下心。吾意大臣不爱爵禄，小臣不畏刑诛，庶有济耳。'遂恳请得归。）"王家屏（1538—1603），隆庆二年（1568）二甲二名进士。大同山阳（今山西山阳）人，字忠伯，号对南。授编修，进修撰，充日讲官，帝敬之。累官吏部左侍郎，兼东阁大学士，入预机务。每议事，秉正执法，不亢不随。遭忧归，后复召。卒谥"文端"。有《王文端奏疏》、《王文端集》。

礼部右侍郎周应宾、詹事唐文献侍班东宫。少詹事杨道宾，右中允王图，左右中允兼翰林院编修吴道南、冯道南直日讲。（据《国榷》卷七十九）

十二月

南直武举凌必大雇倩冒中，问革拟戍。（据《明神宗实录》卷三百九十一"万历三十一年十二月辛卯"）

唐文献为礼部右侍郎，署翰林院事。（据《国榷》卷七十九）

前南京兵部右侍郎王元敬卒。元敬浙山阴人，嘉靖三十八年进士。知许州，进礼部主事，历今官。予祭葬。（据《国榷》卷七十九）

僧真可（1543—1604）卒。（卒年按公历标注）《憨山老人梦游集》卷十四："师讳真可，字达观，晚号紫柏。门人称尊者，重法故也。……父沈连。世居吴江太湖之摊缺。……年十七……偶值虎丘僧明觉……请剃发。……年二十，请从师受具戒。……遂之武塘景德寺，掩关三年，复回吴门。……端坐安然而逝。……时癸卯十二月十七日也。师生于癸卯六月十二日，世寿六十有一。"《释鉴稽古略续集》卷三："紫柏大师讳僧可，号达观，吴江人。姓沈氏，少负侠气。遇虎丘慧轮出家。后往清凉燕京，大竖法幢。后罹诬而终，有《紫柏老人集》。"（《大正新修大藏经》49册）中国佛教协会《中国佛教》卷八十四："万历二十八年（1600），真可因对南康太守吴宝秀拒不执行朝廷征收矿税命令而被逮捕表示同情。……忌恨他的人以太后曾因真可在石经山发见舍利而施资供养，遂诬他以滥用帑金之罪，捕之下狱。并诬陷他是《妖书》的造作人，但未得罪证。万历三十一年（1603）十二月十七日圆寂于狱中，世寿六十一，法腊四十有奇。"

本年

高濂（1527？—1603？）卒。高濂生卒年据徐朔方《高濂行实系年》有关考证。该文引冯梦祯《快雪堂集》卷六十所载万历三十一年二月十二日日记："同王问琴、沈伯宏、俞唐卿湖上探桃花消息。会次儿携楄，请高深甫集于我舟。"可证高濂是年尚在世。又引李日华《味水轩日记》于万历三十七年五月十二日所记于杭州"访高瑞南子麟南，出其所藏郭忠恕复写摩诘辋川图"为证，高濂已去世有年。高濂，字深甫，号瑞南，又作瑞南居士、瑞南道人，湖上桃花渔，又别署千墨主、万花居，钱塘（今浙江杭州）人。科场不遇，曾出资捐官，在京师鸿胪寺见习，后因父去世，家居不再出仕。著有《雅尚斋诗草》、《芳芷栖词》、杂著《遵生八笺》以及散曲若干，见于《南词韵选》、《南宫词纪》、《吴骚合编》、《词林逸响》等书。另有传奇《节孝记》、《玉簪记》，以后者最有名。

明神宗万历三十二年甲辰（公元 1604 年）

正月

顾养谦卒。《国榷》卷七十九："前协理京营戎政右都御史兼兵部左侍郎顾养谦卒。养谦字益卿，南直通州人，嘉靖乙丑进士。授工部主事，历郎中，转福建按察佥事。历广东参议副使，坐事调云南佥事，抚顺宁土官。进浙江右参议，弭兵变。进霸州兵备副使，未行，平杭卒之乱，改杭严道。论功，徙蓟镇。进右佥都御史，巡抚辽东，屡破虏。进右副都御史，再战镇宁堡牵马岭。己丑久次，迁南京户部右侍郎，总督粮储，忧去。夺情起兵部右侍郎兼右佥都御史，总督蓟辽保定，请终制，始行未至，改兵部左侍郎，会关白事棘，改总督蓟辽兼经略，议不合，求去。进右都御史兼工部右侍郎，总理河道，引疾去。逾年，起协理京营，不赴。倜傥豪迈，以才武称于蓟辽，其功不著。年六十八。予祭葬。"

署詹事府事礼部尚书兼翰林院学士曾朝节卒。朝节字直卿，湖广临武人，万历丁丑进士及第。授翰林编修，历今官。温恭悊慎，时推长者。年七十。所著《芝园集》、《易测臆言》、《大学解》若干卷。赐祭葬，赠太子太保。天启初，谥文恪。（据《国榷》卷七十九）

少詹事杨道宾知贡举。（据《国榷》卷七十九）

二月

推沈鲤、唐文献为会试主考。沈鲤固辞。改命三辅朱赓、侍郎唐文献为正、副主考。录取杨守勤等三百名。《明神宗实录》卷三百九十三：万历三十二年二月，"癸未，大学士沈鲤预辞典试。故事，会试主考例用次辅。如次辅曾经典试，则用三辅。又若辅臣俱经典试，则用詹翰之最深者。鲤疏入，上曰：'文场选士，国家重典。以卿股肱良臣，正堪主考，何必预辞？还候旨行。'""甲申，大学士沈一贯、朱赓题为科举事，推大学士沈鲤、礼部右侍郎掌院事唐文献堪充正副主考官，鲤固辞，言事体有当避嫌，弊窦有当塞绝。臣初应召北来，无不预知臣为今春主考者。惟正考必用次辅，相沿为例，故人皆预知之也。夫预知则不密，不密则弊端易生。祖宗朝固有以儒士为主考，以入京朝贺旧臣，遂留典试事，毕，听其还归者。今纵不然，独不可略仿遗意，破拘挛乎？故臣之恳辞，不但为今兹一举，苟全病体，且欲从今后不专用次辅主考，自臣始也。""乙酉，一贯言：会试主考官臣已经题请，而次辅苦辞。今日文书官王体乾口传圣谕，查二十九年主考为谁。臣惟二十九年一科之例，亦恐未尽，谨查三科事例进览。二十九年辛丑科，赵志皋为首辅，臣一贯已经主考一次，阁中并无别员，用吏部右侍郎冯琦主考。二十六年戊戌科，志皋为首辅，次辅张位已经主考一次，臣备员三辅，蒙遣主考。二十三年乙未科，志皋为首辅，次辅张位主考。惟圣明裁示，以便遵行。""丙戌，上以三辅朱赓、侍郎唐文献为正、副主考，典试事。"《国榷》卷七十九："万历三十二年二月癸未，大学士沈鲤辞主试，谓臣入朝，人皆预拟次辅典试也。""万历三十二年二月丙戌，大学士朱赓、礼部右侍郎唐文献主礼闱。"据《万历三十二年进士履历便览》，万历三十二年甲辰科会试，考官情形如下："总考：资政大夫礼部尚书兼东阁大学士朱赓，金廷，浙江山阴县人，戊辰。嘉议大夫礼部右侍郎兼翰林院侍读学士掌院事唐文献，抑庭，直隶华亭县人，丙戌。同考：《易》一房，奉政大夫左春坊左庶子兼翰林院侍读全天叙，玄洲，浙江鄞县人，丙戌。《易》二房，翰林院检讨征仕郎蒋孟育，恬庵，福建龙溪县籍，同安县人，己丑。《易》三房，翰林院编修文林郎顾秉谦，益庵，直隶昆山县人，乙未。《易》四房，翰林院检讨征仕郎张文光，泽膲，湖广江夏县人，戊戌。《易》五房，承德郎兵部职方清吏司主事徐可求，观我，浙江西安县人，壬辰。《书》一房，翰林院检讨征仕郎王毓宗，纯儒，四川嘉定州人，戊戌。《书》二房，翰林院检讨征仕郎张邦纪，瑞石，直隶□山左卫籍，宜兴县人，戊戌。《书》三房，翰林院编修文林郎曾可前，长石，湖广石首县人，辛丑。《书》四房，文林郎工科都给事中侯庆远，乐庵，山东滕县人，癸未。《诗》一房，翰林院编修文林郎顾启元，□初，应天府江宁县人，戊戌。《诗》二房，翰林院检讨征仕郎丘禾实，鹤峰，贵州新添卫籍，山东即墨县人，戊戌。《诗》三房，文林郎吏科都给事中项应祥，东鹜，浙江遂昌县人，庚辰。《诗》四房，文林郎礼科给事中张问达，诚宇，陕西泾阳县人，癸未。《诗》五房，承德郎吏部考功清吏司署郎中事主事马大儒，心董，山东阳信县人，己丑。《春秋》

房，奉训大夫右春坊右谕德兼翰林院侍讲庄天合，冲虚，湖广长沙卫人，己丑。承德郎刑部四川清吏司主事杨廷槐，玄荫，浙江钱塘县人，乙未。《礼记》房，翰林院修撰承德郎赵秉忠，山东益都县人，戊戌；翰林院编修文林郎孙慎行，直隶武进县籍，凤阳县人，乙未。"

杨守勤为本科会元。《游艺塾续文规》卷十三《正讲一》："'不知命'全，会元既重'命'字，全篇脉络，自当一气贯通。讲首句找云：'非必试之愉荡之乡，而已知其趋操之易乱；非必试之群妄之交，而已知其衡鉴之易昏。'把下面'礼'、'言'一齐挈起。过下云：'惟知命，则必知其受采受和于此命者，而从天则固德性，是无体之卓识也；惟知命，则必知其自宣自吐于此命者，而提群言为折衷，是定后之虚明也。'上下融合，神理俱完，自然之中若有成法。讲下二段云：'君子无溢而不节之情，傥不知礼，而耳目心志皆世情错出之端，其何以立？则礼非迂节，盖知命中不可无此实诣矣。君子亦无翳而不宣之鉴，傥不知言，而揣摩伺察正自心惑溺之境，何以知人？则区别必审，是知命中不可无此朗识矣。''耳目心志'等句，极透彻，极痛快，对症下药，移易不动。缴云：'盖由元始窥真源，则乘除悉注于无意，而形色天性合一而凝，并万类之神一听之常理，君子所为立命，而物我同游也。本良知见天载，则理数悉浑于无情，而节文条理融通而入，并人情之歧合咸囿其范围，君子所为至命，而人己共铸也。'联三为一，原委秩如，意沿精流，若有神助。余往年评浙江乡卷，原许其可以作元，今年春榜初传，自信予言之不谬。及得其真卷读之，则其文与旧作迥然不侔若两人然。盖乡试之文，积学有年，蓄力待战，知其严思满志而出之者也，有心于元者也。会试之文，逍遥自在，如不欲战，知其任意开襟而成者也，无意于元者也，若游于尘垢之外，而卷舒自如；若得鬼神之助，而冥然合辙，殆非肉眼所能识，亦非凡情所可测也。是以修业者平时之力索强探，乃积累之粗迹；而一日之文缘凑合，则神授之真机也。通乎此者，可以言文矣。""二名鲁史作三段做，后复总收。此题曰命、曰礼、曰言，原是三物，论理原当三平，闻今年场中主司亦以三股平讲为善，但三十年前，此等题都是三平做，后因炼格渐新，遂不复肯循常辙。迩来诸生因奇思平，因过思矫，因炼格太凿，反思不炼之为高，故遇两扇题辄欲板对，遇三比题辄欲三平。上科南京'克明德'三节，沈因仲诸公皆作三段讲，'仕而优'二句，皆作两扇对，鲁公之作，正合时宜。第三梅之焕亦作三段，讲首句云：'夫命而仅仅按定数、听适然，此犹易知者耳，至于天人相与之际，戬谷耶？鞠讻耶？有不自命造而自我造者，其机权不更微乎？识参造化，而尽其在我以胜之，君子所以不衡命而委命，而造物惟此斡旋者也，不然，而鲜不役役矣。'说'命自我造'，不离气数，直透先天，乃至精之语。讲'不知礼'云：'夫礼而区区比节度、习仪文，此犹易知者耳，至于经纬从出之原，为矩耶？规耶？有不自我制而自天制者，其节文不更精乎？反观天则，而融其真见以合之，君子所为以中立以正立，而邪僻无所摇荡者也，不然，而鲜不靡靡矣。'直探'经纬从出之原'，而本之天制，细腻精入，非徒作者。讲末段云：'苦言为忠，甘言为佞，易知也；至于佞而忠托之，而忠者反类于忤，易知乎？切言为仁，巧言鲜仁，易知也；至于佞而知饰之，而仁者反见为拙，易知乎？自非明炳言前，而徒相人于词说者也，鲜不贸贸矣。'专辨其心术，而不'徒相人于词说'，比题意更进一层。潘澜先总提，次平叙三段，末总收，亦是常格，中间讲语甚细。首句讲云：'命而曰知，则迹其所以修，去其所以悖，如是者君子，而不然者，将以安身而立命者操何术也？谅居易之君子必不若是。'题止言知命，而讲云'迹其所以修，去其所以悖'，则不徒知而并欲行矣。中段讲云：'礼而曰知，则去危而即安，黜华而就实，如是者能立，而不然者，将以固肌肤而束骸者操何物也？谅自立之君子必不若是。''去危而即安，黜华而就实'二句，是说礼之所以立处。末句讲云：'言而曰知，则是非莫眩，得失莫逃，如是者知人，而不然者，所以庸加言而鉴谗说者操何衡也？谅知人之君子必不若是。''是非莫眩，得失莫逃'，是言之所以知人处。后'涉世'、'出世'二比，新警不群，但收六比则太多耳。胡承诏一头两脚做，中间讲语亦精，首句云：'命者，天数也；为者，人道也，借天以摄人，而何以称君子之纯心？然而不知之，恐无以祛妄念而造于纯也。君子者，无为而为者也；知命者，有所制而不为者也，以有为冀无为，而何以望君子之真修？然而不知之，终无以解世役而还于真也。''天数'、'人道'、'有为'、'无为'，皆开人不敢开之口。过下云：'要之谓知命后而徐议持己，徐议观人，始有所以为君子之资可也；谓知命后而遂无失己，遂无失人，悉尽所以为君子之道未可也。'一齐挈起，过下有力。后将二段讲完，复收二比，轻重得法。""文字有识见可元，力量可元，而偶厄于数屈居人后者，殆可闷闷，若六名周铉是也。其讲首句云：'命不拟人境而就，故境时供时取而我不迁，所以砥砺其人品也，不知易以逐境为浮沉；命不与事物为偶，故物有得有丧而中自如，亦以澄练其心神也，而不知总以物诱为趋避。识昏于元始，处处有危微之几；神暗于浅营，扰扰无太宁之地，欲为君子，何途之从哉？命之不可不知也。''命不拟人境而就'及'命不与事物为偶'，皆入理之微谈；'砥砺其人品'、'澄练其心神'，愈讲愈细；'识昏'四句顺讲'不知命'，而下以一句收之，甚有力。过下云：'是摄持天理之功也，而摄持从何处着力？莫若就其理之最著者知之。是检点人情之则也，而检点从何处起倪？莫若就其情之最露者知之，则礼与言也，又彻则俱彻者。'神到意到，笔力亦到。讲'知礼'句云：'人身自情牵欲染而外，谁非戴礼之官所恃以强立不返耶？此之知而以情欲挠之，将何所不挠？天则不据于胸中，而视听言动为无根已。威仪亦所以定命也，欲为君子者，胡不于真体效灵也？''情欲而外'即是礼，'天则亡而视听言动为无据'，皆言之有理者。讲'知言'云：'人心自饰貌匿情而外，谁无内券之言所用以藻鉴于人群耶？此之知而以情貌隔之，将何所不隔？言不彻于人伦，而是非好恶为无灵也。知人亦所以知天也，欲为君子者，而奈何不于实事持衡也？'情貌不隔，则言必内符，'是非好恶为无灵，'亦创见之语。缴云：'命不涉形色，立则附于形矣。总之，神定于象先，无形照，有形亦照，而何处不主持世教？命不着声臭，言则着于声矣。总之，识超于蹈外，无声彻，有声亦彻，而何处不挽回人心？'语语入玄，字字彻髓，殆洞朗不群而独步词林者也。王家植亦以'命'字贯下，其高处在首节不多做，却于过文处重做四比，后二比云：'则礼与言之当知也，乃真知中统括之全体也；而能立之与知人也，乃全知中明照之实事也。'提得最紧。后二段实讲处亦不多，但轻轻递过，末缴云：'盖真明有暂晦之时，良知无终蔽之理。论知于根本，当于世俗难持处，剖析其修吉悖凶之原；论知于散殊，当于恒情易忽处，磨刮其自损自益之理，则其知全其德成矣，庶无愧于君子。'通篇轻扬飘洒，不甚费力，如游骑惊群，离合自在。刘嗣传起不总提，三段另讲，而中间脉理则一线相承。其讲首段云：'生人之纷逐无涯，而帝降之权舆有赫，是非其命耶？鉴界者密而昭事者疏，顺承者难而衡决者易，君子所谓通极性命，其知审焉而有如不知也，必且几幸望外，必且辍业分中，吾未见不知命而可谓君子也者，是知命其亟图也。''生人'二句，提得雄伟冠绝，曰'望外'、曰'分中'，皆细腻。过下云：'顾命之境灵而威仪定命，尤其脉理之关；命之机微而知人则哲，尤其神明之牖。'绵密爽健，读之爽口。讲下二段皆根'命'说，末复缴云：'盖能知则以不可必者归之命，而以不容越者范之礼，是故利害得失无速于境，身心性情允协于则，此君子所为尽性至命，其源醒也；能知则以命化外来之寄遇，而以言操内信之真符，是故穷通顺逆不汨其真，而是非淑慝不爽其辨，此君子所为知天知人，其理微也。'以'知'字总缴，而才情流动，缅缅不穷，可式也。张京元先提一头，次平讲三段，末以'知'字总缴，其讲语亦甚不凡。首段云：'命与我俱来而即以宰我，此非可意想以为知，必真见夫我之外无命，斯命之外无我，而不知者茫茫于命中，且营营于命外，我既不能定命，而复不安为命所定，理与数两无所主者也，何以为君子也？'不以意想为知，便是入微处。中段云：'礼从身而出而即以律身，此非可浮慕以为知，必真见夫性天之品节，即身世之范围，而不知者未发汩其中，已发乖其节，吾既不能用礼，而并不能为礼所用，内与外两无定者也，何以立也？''性天之品节，即身世之范围'，是精诣语。末段云：'言自心而生而即以镜心，此又非口耳以为知，必真见夫口耳之本原，即人群之流品，而不知者既眩于言之中，又何辨于言之外？吾不能操人之衡，而且以自昏其鉴，衡与鉴两无所凭者也，何以知人也？''言之本原，即人之定品'，自是至理。樊良枢起提四小比，中作三段，末轻缴。讲首句云：'命非必不言数也，而君子见理不见数，惟其为君子也，故命不可以不知。苟未能洞晰乎吾性之原，而有契于于穆之权，窃恐阴阳祸福之说入焉而坠，而上下天人皆危几也，何以主化育之神，而制造化之权哉？必非君子而可矣。''见理不见数'与'上下天人皆危机'，都是玄语。中段云：'礼非有体，非必无体也，而君子又以之能立，惟以之立也，而礼不可以不知。苟未能达观夫会通之原，而默察夫中正之则，窃恐精神血脉之守出焉而荡，而耳目肌肤皆踬途也，何以植德性之闲，而贞天下之动哉？虽欲立焉而无由矣。'曰'非有体非无体'，便是出人，'耳目肌肤皆踬途，'亦是不经人道语。末段云：'言非有响，非必无响也，而君子又以之知人，惟以之知人也，故言不可以不知。苟未深维夫主心之原，而致严于似是之辨，窃恐爱恶攻取之私投之而乱，而瑕誉异同又不胜穷也，何以极人情之变，而究政事之害哉？虽欲知人而无由矣。'三段沉着痛快，句句用意，真老手也。十名前，诸卷浓淡异辙，丰约殊方，各有二种独到之识溢于言语文字之外，徐会而默识之可也。""会试十八名前皆系正魁，皆当留神细玩。十一名戴新总提后讲'知命'云：'夫命者，禀于真而不易，固不以无定或爽其有常；运于化而不拘，亦不以有方可持其至变。此而不知，则命一而我见为歧，命顺而我欲为衡，究且以觊觎于造化之权，徼幸堕好修之志，而趋操从此谬矣，其何以为君子？'曰'禀于真'，曰'运于化'，皆在气数之先，'一而歧'、'顺而衡'等语，皆造微逼真，非徒作者。讲'知礼'云：'节情制性，非礼弗严也，而筋骸之所检束恒式于志，不式于象，自非规旋矩折之内自有密察识，而摄持虽坚，情貌先焕然不相扶矣，其何能立？则立本于礼，而不知者固无以立也。'摄持坚而情貌不属，则礼非虚文矣。讲'知言'句云：'抒衷达蕴，非言不章也，而品格之所悬别必烛以理，不烛以声，自非缘表测里之间自有默藻鉴，而揣摩虽巧，心迹每贸然不相照矣，其何有于知人？是人不离言，而不知者固无以知也。''烛以理，不烛以声'，自是的见。缴云：'盖命参理数之会，而威仪亦所以度衷，则不得谓命精而理粗，故必幽彻冥漠之宰者，又显达秩叙之端，而择守依据之见益确；礼合经曲之全，而拟议尤所以极化，亦不得谓礼真而言幻，故必躬履加会之通者，又心析异同之辨，而后身心修证之途俱醒。'两相挽结，先后合缝，熟玩此作，其天资甚朗，其学识亦优。中间有理精而气不贯者，则以其作文不甚多耳。洪启聪先总提，讲首句即含下'礼'与'言'，及讲下二段亦从'命'上转去，中间实讲处不甚着词，特以意斡旋过去。如讲'不知命'而云：'泥造化之物物，混世情之罔罔，谬托天道之难晓，卒堕世人之险途。'此皆超然于绳尺之外而得诸玄诣者，定非浅学可到。讲下二段云：'以命视礼，礼即命所敩耳。夫是以有威仪度数之析以定命也，此而不能知，检押疏，心志荡，吾身何由立焉？而彼知命时所为，不规而圆，不矩而方，而必借升于绳墨者，果何为矣？以命视言，言即命所传耳。夫是以有离析致究之详以证命也，此而不能知，则品骘乖，是非乱，何由知焉？而彼知命时所为，缘声得实，缘闻得款，而必启知夫伦窍者，又何为矣？'汪洋自恣，不锢不班，而独抒其自得之胸襟，作者难而识者亦难矣。缴云：'会心处不必遗迹，而天性默摄于礼意，俟命超情于言前，即一知命而虚中之迹象已化。跖实处何事逃虚？而知人为知天之鉴，察则为察性之轨，即礼言兼知，而无形之摄入尤精。'明丰之谈，自然中窾。金汝谐亦重'命'字，讲处多不循常辙，自抒雅调，如讲首句云：'由一念之顺逆，而居大化祺祥之征；以道义之应违，而配宇内吉凶之数。'以此讲命，几于入神矣。次于过文处从重发挥，而下二比只轻拖散结，清标逸韵，蔼然动人。魏溶先总提，次作三段，讲首段云：'一则当知命，命非渺也，理呈于数，君子以之参元化无营无兢之衷，操修所以日纯也，不然，命固定之，我固争之，勿论争衡于数，即争得于数中之理，计较稍萌，而纯白已玷矣，其何以为君子？'说'数中之理'，便入细。中段云：'一则当知礼，礼非象也，性秩为仪，先王以之植人纪，习焉安焉之妙，德性所以日定也，不则礼固维之，我固逸之，勿论明逸于仪，即少逸其性中之节，动作强持，而精神已荡矣，其何以立？'末段云：'一则当知言，言非外也，心泄为声，哲人以之晰衷曲，天机跃如之外，伦镜所以独精也，不则人固泄之，我固昧之，勿论骤闻易炫，即终日听其言与习其人，且是非两无所据，而权衡尽爽矣，其何以知人？'语皆入微，雍容闲雅。吴友贤通篇皆佳，三段皆顺发挥，富丽平实。讲首段云：'世宁有求为君子而不通极于命也者？命非幻化，上天缘理以定数，而人还借数以明理，使其一不知而目前之造化已迷矣。暗室屋漏，必多悖而寡修；利害亨屯，多逆而寡顺，若是而几成德也，是行而不着之凡民也，故天下有立命之君子，有俟命之君子，而不知命者，直行险而无忌惮耳。'就'不知命'上模写，字字着题，下二段皆然。郑茂华先讲'命'字二比，次讲'不知'二比，即用过文罗起下意，末二段只轻轻叙去，不甚费词而轻脱清秀，自成一家。叶大受先将'知'字总起二比，即讲首句云：'知则现在皆素位，司契在易简，精不失为达天之识，而次可以几立命之诣；不知则为愚乘之而惑，巧乘之而矫，内不胜争衡之妄，而因以牿顺受之原。曾君子而有是哉，而奈何以命为屑越也？'一比宾，一比主，阐发甚透。过文云：'顾从玄默之际觅其本根，不得以持守为迹，而试思有生后之形骸，要于何处范围，则知有贵于礼也者；从无声之中析其真妄，不得以藻鉴为迂，而试思最易淆之品格，要于何处定衡，则知有贵于言也者。'联络有情，居然出众。只此一过，便可抢魁矣。后二段只轻拖云：'人身有主宰，受之以品节则不逾，谬谓绳束之拘而越思检押之外，则识之既淆，极于何定，有阶之惑耳。人心虽难测，泄之以声音则甚真，谬谓任耳之虚而不穷真伪之实，则表之既溷，里于何测，有售之欺耳。'语虽不繁，意亦矫矫，十八名不见。"沈德符《万历野获编》卷十五《科场·甲辰科首题》："今山阴朱相公主甲辰试，首题为'不知命章'，初命题即约同事，必三段平做，不失题貌，始可抢元。若违式，即佳卷，亦难前列，同事皆以为然。既揭榜，则元卷殊不然，朱氏子弟俟其出场暂憩，漫叩曰：'大人遴择榜首，何以竟违初意？'朱惊起取卷读之，叹曰：'我翻阅时，殊不觉也。'盖识神似为鬼物所掩矣。朱婿张兵部亲为予言之。又杨表中'天何言哉，民力竭矣'二俪语，亦梦中先授之者。及阅二场，皆击节叹赏，谓为成语确对，且切题，因以刻程，盖冥趣默相此公如此。然元卷为士子所聚哗，主考有忧之，索性以冠廷对，冀弭群口，天之巧于玉成至矣。"梁章钜《制义丛话》卷十二："《文行集》云：万历甲辰科会试，总裁朱赓、唐文献命题'不知命'三节，谕同考曰：'定元必用三平格。'榜发，阅元文为杨守勤所作，是串讲，赓殊不自解，乃以第二名屠隆卷进呈。"

三月

杨守勤、孙承宗（1563—1638）、吴宗达等三百零八人进士及第、出身有差。（据《明神宗实录》卷三百九十四）

据《明清进士题名碑录索引》，万历三十二年甲辰科录取名单如下：

第一甲三名

杨守勤*　　　孙承宗　　　吴宗达

第二甲五十七名

戴耆显　　范汝梓　　鲁　史　　潘　澜　　郑　栋　　邬鸣雷

荆之琦① 秦钟震 刘嗣传 康应乾 陈国是 江 灏

林绍明 张京元 傅淑训 吴友贤 黄景羲 史启元

乔宗启 王家植 乔进璠 马人龙 戴 新 周 徐

黄天鷽 骆从宇 陈维真② 汪 辉 侯傅邦 胡尔慥

胡允范 黄体仁 白养粹 冯劳谦 王尧民 王善继

魏 浚 吴汝显 杨莹钟 璩光岳 王家宾 张光缙

章若昌③ 陈 谟 刘可法 崔士成 钱时俊 冯应兆

洪纤若 沈朝烨 黄儒炳 高登龙 张守道 吴国仕

真宪时 裴文焕 杨文忠

第三甲二百四十八名

陈用时 庄元臣 李成名 姜学文 庄祖诲 宋时魁

邓 澄 朱之臣 周 铉 丘懋炜 黄承试 董定策

来宗道 张 萧 李良栋 李天培 郑弘道 毛一鹭

王家彦 田生金 冯曾楷 梅之焕 张维峣 曾一贯

白储珝 林雨润 陈伯龙 刘继礼 魏纯粹 王 洽

郑 升 苏 进 丘士毅 曹思诚 李邦华 牛维曜

王命璇 崔尔进 刘遵宪 李凌云 韦 蕃 叶大受

华玄禔 王国宾 杨 鹤 李若星 穆景星 王元雅

李若讷 王象晋 胡承诏 徐光启 刘胤昌 钱 春

李炳恭 樊王家 林光庭 朱应鹏 张 键 刘观光

吴光龙 方应明 王 缙 邢祚昌 徐可行 鲍际明

潘禹谟 赵彦复 孙承禄 王遇宾 陈胤丛 冯从龙

李 嵩 矫九高 陈臣忠 韩文焕 张季彦 赵一韩

侯应宾 章正岳 施尧化 范宗文 王继美 聂心汤

刘廷元 李待问 傅弘都 汪 桴 马呈秀 吴良辅

李应魁 潘一柱 高鸣雁 朱汝鳌 谈自省 周炳谟

张应奎 黄立极 寿尧臣 马 谏 余懋孳 黄于郊

黄 和 毛以焞 涂一榛 縻有象 陈 镳 卢 谦

黄鸣乔 彭化凤 米 助 周之纲 虞正缙 杨公翰

祁承㸁 张大武 王尊德 吉 人 陈于京 杨如皋

方道通 魏广微 宋祖腾 贾克忠 满朝荐 萧鸣甲

黄尧臣 朱 阶 李养志 王 仰 卫 道 刘朝聘

---

① 碑作：荆之奇。

② 《登科录》作：陈维贞。

③ 《登科录》作：彭若昌。

张　铨	欧阳充材	孙延长	翟凤翀	冀懋中	关　骥
胡士相	凌汉翀	李栖凤	李若珪	王应楫	汪有功
吴之皞	张　旂	马之服	刘试举	令狐泌	程国祥
吴应琦	潘一跃	郭尚宾	孙如兰	杨若予	丁自劝
陆问礼	李　尉	武图功	陈五昌	柯　昶	龚一振
周光祖	喻致知	高　捷	唐之夔	汪元极	李继周
李　焞	赵　绂	林正茂	郭士望	陈龙光	林文熊
洪启聪	詹尔达	周廷侍	张　孝	万崇德	王雅量
江世东	萧象烈	尹觉民	黄应举	吴亮嗣	宋继登
关政善	过庭训	朱邦桢	魏廷相	周延光	吴尔成
杨体仁	凌伯曾	魏应嘉	王大智	江朝宾	姚宗温
王所梦	彭凌霄	吕封齐	金汝谐	张修德	李万化
胡继升	金本高	吴　鲲	毛尚忠	刘应召	万廷擂
黄彦士	任正斗	张　铨	董　暹	贾熙绩	戴九玄
张金榜	马之图	石廷举	樊良枢	牟起夔	孙养正
阎世科	郭一轮	秦士文	陈必听	李春茂	杨　纮
韩期维	南居业	恽厥初	刘士骥	唐嗣美	朱　瑛
王以悟	房可壮	陆卿荣	吴三益	沈之民①	祝以岱
沈　珣	陈幼学	陶人群	张泰阶	姚士慎	韩仲雍
张翼轸	吴维东				

据《万历三十二年进士履历便览》，甲辰科进士地域分布情形如下：

北直隶二十八人：顺天府五人，孙承禄，唐嗣美，刘应召，刘试举，王大智；永平府一人、保定府三人，白养粹，王家宾，张大武，孙承宗；河间府一人、真定府二人，曹思诚，尹觉民，魏纯粹；顺德府三人、广平府五人，白储珝，马之服，李若珪，贾熙绩，吴维东，康应乾，彭化凤，李养志；大名府八人，魏广微，黄立极，冯应兆，朱瑛，张铨，王点，刘遵宪，李焞。南直隶五十九人：应天府四人，陶人群，韩仲雍，杨公翰，程国祥；苏州府九人，王遇宾，钱时俊，朱邦桢，凌汉翀，沈珣，毛以燉，周光祖，陆问礼，孙养正；松江府八人，黄体仁，张翼轸，王善继，吴尔成，郑栋，徐光启，李凌云，张萧；常州府九人，周铉，周炳谟，华玄禔，鲍际明，钱春，陆卿荣，恽厥初，吴宗达，吴友贤；镇江府五人、庐州府二人、淮安府一人，谈自省，周廷侍，李蔚，荆之琦，冯曾礜，赵一韩，卢谦，高登龙；扬州府五人、徽州府六人，王继美，张京元，史启元，魏应嘉，郑茂华，江世东，吴汝显，张泰阶，方道通，余懋孳，吴国仕；宁国府二人、池州府一人、太平府二人，张守道，戴新，胡允范，朱应鹏，李万化；安庆府四人、徐州一人，刘胤昌，吴应琦，戴耆显，马人龙，万崇德。浙江四十

---

① 《登科录》作：沈士茂。

人：杭州府四人，沈朝烨，汪有功，吴鲲，祝以岱；嘉兴府九人，陈国是，毛尚忠，胡士相，王家彦，过廷训，刘廷元，姚士慎，魏廷相，金汝谐；湖州府七人、宁波府四人，骆从宇，庄元臣，朱汝鳌，胡尔慥，李良栋，沈士茂，黄于郊，黄景毣，杨守勤，邬鸣雷，范汝梓；绍兴府九人、金华府一人，鲁史，陈谟，寿尧臣，章若昌，祁承煠，陈伯龙，叶大受，林绍明，来宗道，郑弘道，陈于京；严州府一人、台州府二人、温州府二人，毛一鹭，陈用时，林正茂，侯傅邦，侯应宾。江西十九人：南昌府六人，丘士毅，万廷揩，樊良枢，龚一振，喻致知，李继周；瑞州府一人、建昌府三人、抚州府二人，戴九玄，黄承试，邓澄，璩光岳，詹尔达，章正岳；吉安府三人、临江府一人，李邦华，欧阳允材，萧象烈，聂心汤；袁州府一人、南康府一人、九江府一人，吴三益，刘朝聘，郭一轮。福建二十七人：福州府四人，江朝宾，林文熊，陈五昌，李炳恭；泉州府六人、兴化府六人，潘澜，洪纤若，郑升，洪启聪，秦钟震，张维尧，宋祖腾，黄尧臣，柯泉，陈臣忠，林光庭，黄鸣乔；建宁府二人、漳州府九人，魏浚，真宪时，陈镳，林雨润，丘懋炜，江灏，黄天鬻，杨莹钟，陈维贞，王命璇，涂一榛。湖广二十八人：武昌府二人、汉阳府一人，宋时魁，董暹，萧鸣甲；黄州府九人，吴之皞，吴亮嗣，周延光，张应奎，汪元极，田生金，黄彦士，梅之焕，郭士望；承天府一人、德安府二人、荆州府一人，胡承诏，虞正缙，傅淑训，樊王家；常德府一人、辰州府二人、长沙府一人，杨鹤，石廷举，满朝荐，周徐。河南二十五人：开封府八人，张金榜，王所梦，张修德，王仰，苏进，卫道，陈胤丛，赵彦复；归德府一人、河南府六人，乔进璠，王以悟，范宗文，汪辉，关善政，穆景星，董定策；南阳府三人、汝宁府七人，曾一贯，彭凌霄，王聘，马之图，周之纲，冀懋中，朱阶，方应明，李若星，刘可法。山东二十七人：济南府十人，张旐，孙延长，王象晋，高捷，刘士骥，王家植，杨文忠，李若讷，王洽，傅弘都；东昌府三人、青州府五人，张季彦，裴文焕，王国宾，秦士文，王应楫，丁自劝，翟凤翀，房可壮；登州府二人、莱州府二人，孙如兰，宋继登，陈必听，姚宗温；兖州府五人，武图功，吕封齐，乔宗启，黄和，王雅量。山西十九人：太原府七人，马谏，糜有象，崔士成，赵缓，阎世科，王元雅，李成名；平阳府五人、潞安府三人，令狐泌，马劳谦，李嵩，李栖凤，吉人，任正斗，王缙，矫九高；大同府一人，泽州三人，马呈秀，李春茂，张铨，张光缙。陕西十一人：西安府十人，米助，牛维曜，杨体仁，潘一跃，南居业，韩文焕，贾克忠，崔尔进，韩期维，姜学文；汉中府一人，王尧民。四川十四人：成都府三人，刘嗣传，庄祖诏，李应魁；顺庆府一人、重庆府四人，冯从龙，胡继升，张孝，陈幼学，凌伯曽；叙州府三人，牟志夔，韦蕃，刘继礼；潼川州一人、泸州一人，吴良辅，张键；仪卫司一人，朱之臣。广东十三人：广州府九人，关骥，郭尚宾，潘禹谟，高鸣雁，黄儒炳，刘观光，吴光龙，黄应举，李待问；南雄府二人，杨纮，汪柽；肇庆府一人，李天培；琼州府一人，邢祚昌。广西二人：梧州府一人，唐之夔；南宁府一人，徐可行。云南五人：云南府二（三）人，金本高，施尧化，陈龙光；大理府一人，杨若予；永昌府一人，潘一柱。贵州二人：铜仁府一人，杨如皋；贵州卫一人，王尊德。

徐光启中进士。《利玛窦中国札记》第五卷第三章："我们的朋友徐保禄过去已得到过硕士学位，1604 年他到北京来参加博士这个最高学位的国家考试。马丁也从南京来了，渴望试试运气，考武科的同等学位。这两位是南京省皈信者中最杰出的人，事实上他们的名声极大。当然，他们都是高兴京城里的传教中心已很好地建起来了，基督教的前途是非常有希望的。他们到达后的第一件要务就是来拜访教堂，行忏悔礼以及领圣餐。有人说，保禄是如此虔诚，以致在领圣餐时竟忍不住流下泪来，就连站在圣坛栏杆旁的人们看了也一样流泪不止。在他们成为基督徒之前，他们两人没有一个成功地获得自己所追求的最高学位。这次他们在文艺竞技场上，好像是去赴战场，对上帝的福佑满怀信心，结果是胜利了，两人都得了博士学位，而且都肯定会获得自己选择的翰林院的身份。几个月之后，马丁（他姓秦）被委派为浙江省的军事长官。又过了六个月，他被提升到南昌的一个更高的职位，不久又升任到他那个部门差不多最高的地位。他连连越级提升，而不是按照惯例那样逐级地升迁。考试结果公布时，徐保禄的名字没有列入最高的等第。因此，根据国家的惯例，他被列入派到京城以外的某地去作官，而非在一个较低的部门里。从后者，他可以指望得到更高的荣誉。但是看起来似乎天意要选定此人在北京成为基督教的保卫者，因为完全超出了他最大的希望，他被留在北京，并被委派了一个显职。"

诏革杨春元驸马都尉，切责之。阁揭谓春元尚荣昌公主十年，子四岁，今欲弃秩归田，情必难堪。更加诘责，恐伤至情。但密谕省改，戒府中门婢，务遵礼法。上然之，命春元国子监习礼百日。（据《国榷》卷七十九）

四月

大学士沈一贯等言：延试过愿就教职举人三百二十名，送吏部授教职。报可。（据《明神宗实录》卷三百九十五）

五月

傅光宅（1547—1604）卒。据于慎行《金沙傅公墓志铭》。傅光宅（1547—1604），万历五年（1577）三甲一百一十二名进士。山东聊城人，字伯俊，号金沙居士。由吴县知县，擢御史，力荐戚继光。后坐事，改行人司正，累官至南京兵部郎中。出知重庆府，平杨应龙叛乱。官终四川按察副使，分巡遵义。改督学政。

六月

叙楚黔皮林功。进沈一贯少师兼太子太傅，荫中书舍人。沈鲤太子太保，朱赓太子少保，各荫子入国子监。赐金币。进巡抚杨芳兵部右侍郎。（据《国榷》卷七十九）

乙未，考选庶吉士王家植等二十三人送翰林院进学。（据《明神宗实录》卷三百九十七）徐光启《徐光启集》附录一徐骥《文定公行实》："先文定……甲辰成进士，改翰林院庶吉士。试《安边御寇疏》，慷慨陈列……累累数千百言，虽塞上老将吏勿及。馆师唐公极口称赞，叹云：'行文学苏长公诸封事，擘画处凿凿中窾。'遂以柱石相期，举朝大奇之。又试《漕河议》，广至八千余言。……馆师杨公盱衡而前曰：'全河全漕，了然胸中，条分缕析，悉有考据。所持议皆裨庙谟，留心经济，足觇异日大业矣。'丁未，授检讨。"《国榷》卷七十九："（万历三十二年六月）乙未，选庶吉士徐光启等二十三人，以吏礼部右侍郎周应宾、唐文献教习。"《利玛窦中国札记》第五卷第三章："在刚刚提到的那次考试之后，全国共颁发了三百零八名博士学位。在这之后不久，还有另一次考试，用以选定皇家学院的成员。顺利通过此项考试的候选人随后就被安插在叫做翰林院的这个皇家学院之内。从参与考试的总数中只选定廿四名，而且和所有的学位考试一样，这廿四名必须精通中国文字的准确结构。成功地通过此项考试的候选人，最后可能成为国家的最高官员。如果他们奉命担任一个政府职务，他们都是直接被委以最高职位，而不需晋升。纯粹由于缺乏信心，徐保禄并不想尝试此项考试，但他在神父们以及教徒们的请求之下让步了，他们提醒他，取得更高的荣誉，将增进基督教的利益。他运气很好，成绩公布时，他取得了第四名，因而提高了他个人的声誉，也使教会大为高兴。但事情并未到此结束，这廿四名考试获得成功的候选者，并不立即成为皇家学院的成员。他们所取得的只是经过最高官员阁老的一段时间的教导之后进行聚会的权利或特权。可以说，还得再掷一次骰子。在廿四名当中只有十二名或至多十五名最后被选入学院，他们由一系列的月考来决定，在月考中只有一个候选人能取得资格，通常是第一名。因为所有这廿四名都奉命参加每次月考，一次考试的第一名就常常会在某些其余的考试时请假，以便给别人一个取得最高荣誉的机会，而且也不致显得过份热衷。他可以任意这样做，而这样做既不丧失地位和尊严又获得朋友。"据郭培贵《明代科举史事编年考证》，今年所选庶吉士名单如下：王家植、骆从宇、汪辉、江灏、黄儒炳、丘士毅、周炳谟、王缙、邓澄、魏广微、刘士骥、黄立极、徐光启、韩文焕、汪元极、唐之夔、来宗道、姚士慎、梅之焕、张萧、陈五昌、彭凌霄、李应魁。

七月

推于慎行、周应宾、唐文献为庶吉士教习官。未报。《明神宗实录》卷三百九十八：万历三十二年七月，"丁丑，大学士沈一贯等言，今年庶吉士蒙恩选定，例有教习官二员。臣拟上，未蒙赐允，今不敢坚执，再推一员，望皇上就中点发二员，以便遵奉。推于慎行、周应宾、唐文献，未报。"

礼部署部事左侍郎李廷机请敕令提学官三年之内，岁考一次，科考一次，毋类考。从之。《明神宗实录》卷三百九十八：万历三十二年七月甲戌，"礼部署部事左侍郎李廷机奏：臣为诸生，每见提学官三年之内有岁考，有科考，皆通学径送，无一士不经试，无一卷不经目，故才者见其才，而不才者亦无所匿其荒谬，膏粱之子安分守拙，而孤寒之士咸得扬眉吐气，自致青云。后来人不耐劳，岁考稀少，生员有终身不得见提学而混厕衣巾、滥沾优免者。及至大比，又有类考之规，如府学则府考送道，县学则县考送府，府考送道，不送则不得进，不求则不得送。臣前年患病家居，时当科举，臣见家乡子弟以类考之故惴惴然忧府、县之不录，不暇诵习史书，而奔走晨昏，贵家用势，富家托势，守令逼于应酬之不暇，孤寒苦于进取之无阶。臣因追念臣之孤寒，若在今日，既无势力，又耻奔走，将无由致身而事皇上矣。以福建一省推之，而各省可知也，士风日坏，关系匪轻。祗缘岁考久弛，类考相沿，人谁肯舍逸而就劳？亦有履任未几，科考期迫，不得已而类考者。臣谓提学一官，迁除宜早，或难其代，则暂加衔再任，务令三年之内，岁考一次，科考一次，通学尽考，生员有不愿科举者听之。提学未经岁考不得升迁，有仍类考图便，及圆融徇私者劣处，庶甄别当而考较勤，荒谬之士难容，孤寒之士得进，所以杜躁竞，正风俗者，端在于斯。伏乞圣明裁察，敕下臣部施行。奉旨：提学官职司考较，载在敕书，岁周一次，原无类考之规。自行类考，而士风躁竞，孤寒淹滞，率由于此。使行与各省直务遵屡旨，勿得自为偷安之计，年终仍开报该部，以凭分别铨叙。其有资俸该升，考未周遍者，不妨加衔再任，吏部知道。"

许孚远（1535—1604）卒。张惟骧《疑年录汇编》卷七："许敬安七十孚远，生嘉靖十四年乙未，卒万历三十二年甲辰。"《明史》儒林传："许孚远，字孟中，德清人。受学同郡唐枢，嘉靖四十一年成进士，授南京工部主事，就改吏部……孚远笃信良知，而恶夫援良知以入佛者。知建昌，与郡人罗汝芳讲学不合；及官南京，与汝芳门人礼部侍郎杨起元、尚宝司卿周汝登，并主讲席，汝登以无善无恶为宗，孚远作《九谛》以难之，言：'文成宗旨，原与圣门不异，以性无不善，故知无不良……今以心意知物，俱无善恶可言者，非文成之正传也。'"黄宗羲《明儒学案》卷四十一："许孚远字孟仲，号敬庵，浙之德清人，嘉靖壬戌进士。授南工部主事，转吏部。……出为广东金事……谪盐运司判官。万历二年擢南太仆寺丞，迁南文选郎中……转广西副使，入为右通政。以右金都御史巡抚福建。……召为南大理寺卿，晋南兵部右侍郎而罢。三十二年七月卒，赠南工部尚书。故先生之学，以克己为要。其订正格物，谓'人有血气心知，便有声色。种种交害，虽未至目前，而病根尚在。是物也，故必常在根上看到方寸地，洒洒不挂一尘。方是格物。'"

八月

沈一贯请授散馆及起复候补诸臣官。未报。《明神宗实录》卷三百九十九：万历三十二年八月，"辛巳，大学士沈一贯等言，皇上念科道官积有岁劳，一时九年考满者，皆得优转京堂。然见在科道，从此寥寥数人，侍班差遣，动称缺乏。散馆及起复候补诸臣，臣等屡揭请旨，今吏部又复题催。切念官不得人则为废事，人不得官则为弃才，今科庶吉士送馆在迩，而前科尚未授官，二十六年行取，经今六年，各官久已任事，而同取尚未授官。人才难得，废置可怜。皇上躬修实政之中，必念及此一端也。未报。"

右春坊右赞善李腾芳为右中允，署国子司业。（据《国榷》卷七十九）

命吏部右侍郎周应宾、礼部右侍郎唐文献各以原官协理詹事府事，教习庶吉士。（据《明神宗实录》卷三百九十九）

九月

翰林院检讨蔡毅中上《皇明祖训节略》内关矿税者为注疏二十二卷。不报。（据《国榷》卷七十九）

故吏部尚书倪岳曾孙儒翰特补入国子监，不为例。（据《国榷》卷七十九）

故南京国子祭酒蔡清赠礼部左侍郎，谥文庄。（据《国榷》卷七十九）

巡抚宁夏右佥都御史黄嘉善进右副都御史，荫子入监。（据《国榷》卷七十九）

甲寅，命谕德吴道南、中允杨继礼充武举考试官，以候补御史王业弘、叶永盛为监试武举官。（据《明神宗实录》卷四百）

闰九月

兵部尚书萧大亨题武举壅滞；奏准"新旧武举俱咨督抚听用，一以举劾为进退"。（据《明神宗实录》卷四百一"万历三十二年闰九月壬午"）

十月

陈确（1604—1677）生。吴骞辑《陈乾初先生年谱》："明万历三十二年甲辰，十月初七日未时，先生生于凤冈坝之故居。"陈确，原名道允，一作道永，字非玄，号乾初，海宁（今属浙江）人。明诸生，入清不仕。著有《乾初先生文钞》、《遗诗》等，中华书局一九七九年出版整理本《陈确集》。张惟骧《疑年录汇编》卷八："陈乾初七十四确，生明万历三十二年甲辰，卒清康熙十六年丁巳。"梁启超《中国近三百年学术史》（十二）："陈确，字乾初，浙江海宁人，卒康熙十六年，年七十四。"黄宗羲《陈乾初先生墓志铭》："先生讳确，字乾初，初名道永，字非玄。陈氏为浙西望族，甲申，与族父令升渡江，受业蕺山刘夫子之门，潜心力行，以求实得，始知曩日意气，用自刻意破除，久归平贴，家庭乡党之间，钦为坊表。故虽事夫子之日浅，而屈指刘门高弟，众口遥集。晚得拘挛之疾，不下绳床者十五年。……卒之日，为七月二十四日，年七十四。"

升右谕德掌南京翰林院事刘曰宁为南京国子监祭酒。（据《明神宗实录》卷四百二）

进沈鲤少保兼太子太保，朱赓太子太保，并兼文渊阁大学士，荫中书舍人。俱考

满。（据《国榷》卷七十九）

十一月

推今年武举第一名张神武为四川都司军政金书。（据《明神宗实录》卷四百三"万历三十二年十一月戊子"）

翰林院检讨朱国桢为南京国子司业。（据《国榷》卷七十九）

十二月

初九日（已交公元 1605 年 1 月 27 日），陈贞慧（1605—1656）生。（卒年据公历标注）黄宗羲《黄宗羲全集》第十册《陈定生先生墓志铭》："生于万历甲辰十二月九日，卒于顺治丙申五月十九日，年五十三。"陈贞慧，字定生，号雪岑，宜兴（今属江苏）人。廪生。与冒襄、侯方域、方以智有"四公子"之称。明亡以遗民自居，卒。著有《雪岑集》、《皇明语林》，编有《八大家文选》等。

予故巡抚大同兵部右侍郎房守士祭葬。齐河人，万历丁丑进士。（据《国榷》卷七十九）

本年

东林书院重建。《东林书院志》卷一："祠与书院并建于万历甲辰，先是嘉靖中邑侯郑公普即东林遗址为堂祀先生，而以喻、龙、李、蒋四先生配，不久即废，至是落成。"《明史》顾宪成传："邑故有东林书院，宋杨时讲道处也，宪成与弟允成倡修之，常州知府欧阳东凤与无锡知县林宰为之营构。落成，偕同志高攀龙、钱一本、薛敷教、史孟麟、于孔兼辈讲学其中，学者称泾阳先生。当是时，士大夫抱道忤时者，率退处林野，闻风响附，学舍至不能容。……其讲学之余，往往讽议朝政，裁量人物。朝士慕其风者，多遥相应和。由是东林名大著，而忌者亦多。"黄宗羲《明儒学案》卷五十八："甲辰，东林书院成，大会四方之士，一依《白鹿洞规》。……"。

本科进士范宗文任阳谷知县，广厉学宫，月两课士。康熙《阳谷县志》卷十一《艺文志》载乔学诗《阳谷县学田碑》："万历甲辰，范公（宗文）至，广厉学宫，月两课士，而殿最之。楮墨之费，饩廪之资，悉佐以公帑之余，士亦用是竞奋。公且谓：'士业已匏系庠序，非代耕无以糊其口，养而后教从之，所为轻也。不佞即不能人人而食，投醪于河，三军可汰，一狐之裘，聚之可置千金，虽无千酿，愿致一醪，虽乏千金，愿效一腋。'于是以地之无粮者一顷有奇，入为学田，计岁征粟三十余石，贮为诸生资，常廪外，幸有此矣。"

冯班（1604—1671）生。据邓之诚《清诗纪事初编》卷一："冯班……卒于康熙十年辛亥，年六十有八。"逆推之，当生于明万历三十二年（1604）。《清史列传·文苑传》谓冯班卒于顺治十年（1653）。朱彭寿《清代人物大事纪年》："康熙二十年辛酉（公元一六八一年），卒岁：冯班，字定远，号钝吟居士。江苏常熟人。常熟县故诸生。诗人，卒年六十八。"据此，其生卒年当为"1614—1681"。袁行云《清人诗集叙录》卷四、吴海林等编《中国历史人物生卒年表》著录冯班生卒年同此。张慧剑《明清江苏文人年表》据《历代人物年里碑传综表》著录冯班生卒年为"1602—1671"，谓其享年七十。钱仲联主编《中国文学家大辞典·清代卷》、《中国大百科全书·中国文学》括注冯班生卒年同此。按，冯班与其兄冯舒（1593—1649）齐名，有"二冯"之目，二人年纪不当相差二十馀岁，故本书从邓之诚说。冯班，字定远，号钝吟居士，江南常熟（今属江苏）人，明诸生，入清不仕。著有《钝吟全集》二十三卷。

　　来集之（1604—1682）生。袁行云《清人诗集叙录》卷二著录来集之《倘湖遗稿》不分卷（钞本）《倘湖近诗》二卷："集之生当明万历三十二年，诗起辛酉（天启元年），云年十八。有《八十自寿诗》，亦老髦矣。"朱彭寿《清代人物大事纪年》："康熙二十一年壬戌（公元一六八二年），卒岁：来集之，故太常寺少卿。卒年七十□。"

明神宗万历三十三年乙巳（公元1605年）

二月

　　右春坊右中允杨继礼为南京左春坊左谕德，署翰林院事。（据《国榷》卷八十）

四月

　　廷试岁贡生员高应奎等四百四名，恩贡生员张鸣鸑等三十名，分别准贡。《明神宗实录》卷四百八：万历三十三年四月，"己未，廷试岁贡生员高应奎等四百四名，恩贡生员张鸣鸑等三十名，分别准贡。先是，试无定期，初试或迟至五月，再试或迟至七月，诸生守候称苦。礼部请自三十三年以后，比照乡、会事例，定拟四月十五日初试、五月十五日再试，岁以为常，从之。"傅新德《傅文恪公全集》卷三《请复选贡考核疏》："我皇祖开天建学，诏择郡县学生徒之俊秀通经者充国子生，养其德器以需大用。十五年，礼部奏令各按察使于州县弟子年二十以上厚重端秀者拔其尤，岁贡一人入监，从之。岁贡之名始此。曰俊秀德器，曰二十以上，则是于贡士之中，未尝不仿古选士之意，初未尝以年也。……行之既久，不承权舆，今在学诸生以食粮次第挨贡，则非复昔之所为岁贡矣。计其在学或二十余年或三十年而后出身，迨贡入太学，年力衰迈，教无所施。又历事一年、待选数年而后得官，则其人已老不堪用，而至于物故者有矣。是国家虚费廪数百名以养一人，而曾不得其一日之用也。岂不悖哉！至纳粟纳马之例启，而国学愈清，祖制益大坏。其间有以文行被黜而来者，有以商贾重赇而来者，以至总丱市童，皆称俊秀，侗顽俗子，亦齿冠衿。是古之诸侯，以其杰之杰、俊之俊者贡之天子；而今之郡邑，以其最冥顽、最不肖者纳之成均，可怪叹也！于时识时之士、先臣章懋、林瀚、周弘祖等，建议请行选贡之法。虽其说不同，然皆愤末流之滥溢，而欲复祖先之成宪，可谓能善变者。自孝宗皇帝以来，行之既久，而得人功效亦略相当。其间不无暂有停阁，而要之旋废旋开，卒以见此法之终不可罢，而祖先之典制为虑远也。我皇上昔年慨然准科道祭酒诸臣之言，行之数年。于时诸生云集阙下，充满贤关，鼓淬陶熔，蔼蔼多吉。即臣司业南雍时所见，犹有什之二三存者。其资材颖敏者，往往擢取巍科而去；即其余困厄不前者，年力尚强，试之民社，犹尚可以修政而立事。故语称'三途并用'，名不虚耳。彼衰朽颓废、及膏粱铜臭之子，何以称焉！选贡既罢，太学遂虚无人。臣自受事以来，见监中走班肄业，不满二百人，又什九皆援例诸生，而选贡遂无一存者。臣考国子监生在监者近万人：永乐二十年监生苏进等五千三百名，天顺六年监生刘鉴等一万三千五百六十九名，天顺七年监生张瓒等一万三千五百一十一名，成化元年监生王俊等一万三千一十一名，嘉靖二十三年监生林养高等一千一百四十五名，隆庆三年监生李世芳等一千一百二十一名，即我皇上龙兴之四年，监生刘九泽等亦有一千六百一十二名，未有空虚寥落，至于如此之极者。嗟嗟号称陛下太学，而生徒之数曾不比于外之小州小邑，每一升堂，班次落落如晨星，意象萧索，恐非升平景兆。是安可视为末务而不之问也！""夫欲革岁贡援例之制于今日，而纯用选贡，如推舟于陆，臣非敢云然也。臣所请者，于复古之中而不失从今之意，无大变易以骇士人之耳目，而固可收登选明公之效者。昔宋儒程颢有言：选士之法，必性行端洁、居家孝弟，有廉耻礼逊、通明学业、晓达治道者以充荐举，私非其人者觉免。臣愚请选贡之例，略仿此意。申敕提学官：参酌才行，矢公矢慎。敢有以进贤之典曲徇私情者，抚按严劾治之，如乡、会关节之禁。其选贡入监坐班者，准新附之例，坐班二十四个月。而又责令太学司成，振肃教范，每春、秋二季合在班选贡诸生，考校其文，仍照岁考优劣发落。其行检有亏者黜，德行屡闻者序拨之。时登报吏部，异日选除，即执此为殿最。则文行有亏之辈，自不得溷其间矣。臣考先年诸臣选贡之议，多是合在学廪、增、附混同选之，又与岁贡并行，所以高年之人，不无沉滞。今第于廪膳诸生中校选，而又当年选贡，即充岁贡。此法或间年一行，如今岁以选贡作岁，来岁则否。或间省一行，如今年南、北两直，来年江、浙、山、陕，又来年四川、福建，又来年两广、云、贵，派次轮流，周而复始。其监中馔钱不敷，则惟考取优等者得充廪给。在国家不乏乐育英才之效，而于哀怜衰暮之意，亦两无所妨。此臣一得之愚，决以为确然而可行者。""抑臣又有感焉。夫举人会试，下第必令之坐监者，诚欲约束其才行，纳之轨物，俾躁心浮气无所容而大受有地，非只藉国学为出身之途而已。乃自来举人进监者，自视以为不速之客，而两司或亦视以为不系之舟。虽其间老成敦厚者自不乏人，而放纵不检者亦往往有之。不知国家设科求士，宁第令操不律为藻绘之文，而士人进德修业，自区区时议外别无问学、别无人品？奈何哉其自满而自恣也，夫教之不行法之不立也！……臣愚请令举人在监拨出者，复行国初考核之法，分为德行、平常、不检三项，附送吏部。其间有事迹可开者，不厌缕列，如今外官考语之类。其余新旧援例诸生，亦照此送之。他年选除亦以此为殿最。彼且夕顾畏官箴，安得不冰兢约束，胜于压罚参奏多矣。""为罢选贡之说者，不过有三。曰：提学徇情作弊，辄将年幼无学行者滥充华选。夫何法无弊，去其弊则法固无恙也。且今之乡、会二试，不无以关节钻刺而中式者，则乡、会可罢与？少年登乡、会举者，什常八九，又安能一一悬断其贤而后中之？乃独谓选贡之少年不皆贤也！其说之难通者一也。曰：诸士子高才能文，即在诸郡邑能自致青云，不必入贡。是古之诸侯，何不各有其才而贡之天子？而天子之学，亦不必有天下之才矣！臣考洪武甲子初科，监生张龄、黄缇、练子宁、许观、丁显、秦魁等皆在魁选，其余中式者十之六七。高皇帝喜甚，面谕祭酒宋讷，以为教导之功大。高皇帝何不令张、黄等在各郡邑自致青云，而令之在监中式，且动色相庆耶？其说之难通者二也。曰：诸岁贡日暮途穷，不无可悯，而横加之以选贡，则铨法沉滞。臣不知国家悬爵禄以用人，欲得康国理人者而倚任之与？抑将哀其老且穷不得已而收之也？如哀其老且穷，则彝伦教化之堂，非优老恤贫之所，矧异日侧缨绅而拥士民上哉！必欲得康国理人者而倚任之，则臣见岁贡之有妨于选，不见选贡之有妨于岁也。夫岁贡也，既哀其穷收之，援纳也又不以道得之，独断断焉龂龂于才硕英俊之士，坐令太学虚无人，则诸写仿背书诸蒙师，一三家村学究足矣，安用臣等厢厅六堂多官为哉！其说之难通者三也。"

壬子，升少詹事杨道宾为礼部右侍郎兼侍读学士，掌院事。黄汝良为礼部右侍郎兼侍读学士，协理詹事府事。各教习庶吉士。（据《明神宗实录》卷四百八）

五月

左都御史温纯致仕。《明鉴纲目》卷七："纲：乙巳三十三年，夏五月，左都御史温纯罢。目：纯清白奉公，五主南北考察，澄汰悉当。妖书事起，力为沈鲤、郭正域辨诬。又楚宗人杀抚臣，纯言无反状，积忤沈一贯。时大计京朝官，纯与吏部侍郎杨时乔（字宜迁，上饶人）主之。一贯所欲庇者，钟兆斗（海盐人）钱梦皋等，皆在谪中。一贯怒，言于帝，降旨切责纯。察疏亦不下，尽留被察科道官。纯力求去。梦皋等遂连章讦纯楚事，诬以纳贿。给事中陈嘉训（鄱阳人），极论梦皋、兆斗，朋比为奸，请听纯归，以全大臣之体。帝予纯致仕，梦皋、兆斗亦罢归。（一贯请留察疏，主事刘元珍、庞时雍，御史朱吾弼等，力争之，谓二百年来，计典疏无留者。时南京察疏亦留中，后迫众议始下。○刘元珍，字伯先，无锡人。庞时雍，汝上人。朱吾弼，字谐卿，高安人。）"温纯（1539—1607），嘉靖四十四年（1565）三甲五十九名进士。陕西三原人，字景文，一字叔文，号一斋，一号亦斋。由寿光知县，征为户科给事中，屡迁左都御史。倡诸大臣伏阙泣请罢矿税，神宗初震怒，继知倡自纯，怒息，且遣人慰谕。与首辅沈一贯不合，力请致仕。纯清白奉公，肃百僚，振风纪，时称名臣。卒谥"恭毅"。有《温恭毅公集》。

黄淳耀（1605—1645）生。朱彭寿《古今人生日考》卷五："五月二十八日，明嘉定县进士黄淳耀，《陶庵先生年谱》，万历三十三年乙巳。按，黄公，乾隆中赐谥忠节。"黄淳耀，初名金耀，字蕴生，一字松厓，号陶庵，又号水镜居士，嘉定（今属上海市）人。崇祯十六年进士。南都亡，嘉定破，与弟渊耀自缢于城西僧舍。著有《山左笔谈》、《陶庵集》等。

国子祭酒萧云举为詹事兼翰林院侍读学士，清理武臣贴黄。左右庶子全天叙、王图为少詹事兼侍读学士，纂修玉牒。（据《国榷》卷八十）

七月

礼部覆御史孔贞一疏言"举人之害"。得旨：今后举人但有决裂行简、自底不类的，巡按官查有实据，开送礼部，不许起文会试；其卓然不凡者许奏荐、揭荐。通行着实举行，以端士习。（据《明神宗实录》卷四百十一）

陆树声（1509—1605）卒。《国榷》卷八十："前太子少保礼部尚书兼翰林院学士陆树声卒。树声字与吉，华亭人，嘉靖辛丑礼闱第一，成进士，选庶吉士。壬寅归省。乙巳，授编修。壬子，请急还丧父。丁巳，起南京国子司业。居二年，引疾去。辛酉，起南京左谕德，署翰林院。乙丑，起南京太常卿，署国子祭酒。是秋，进吏部右侍郎，疾去。隆庆，起原秩，不赴。明年，复姓陆。己巳，起詹事，教习庶吉士，又道反。万历初，起礼部尚书，复引告。登第六十五年，再入朝，六引退，实俸不一纪。先后二三宠相严嵩、徐阶、张居正，不能荣辱。性恬默严重，尝曰：'士大夫于世法中，惟廉取薄享，可迓续寿命之源。'年九十七。予祭葬，赠太子太保，谥文定。"《明史》陆树声传："陆树声，字与吉，松江华亭人。初冒林姓，及贵乃复。家世业农，树声少力田，暇即读书。举嘉靖二十年会试第一，选庶吉士，授编修……起太常卿，掌南京祭酒事……神宗嗣位，即家拜礼部尚书……连疏乞休……树声端介恬雅，脩然物表，难进易退。通籍六十馀年，居官未及一纪。与徐阶同里，高拱则同年生。两人相继柄国，借辞疾不出。为居正所推，卒不附也……树声年九十七卒，赠太子太保，谥文定。"

八月

二十五日，屠隆（1543—1605）卒。一九一九年《甬上屠氏宗谱》卷七《世略·老大房·儱传》："生嘉靖二十二年癸卯六月二十五日申时……卒万历三十三年乙巳八月二十五日辰时，享年六十有三。葬朱家园父茔内。"另据屠隆《由拳集》卷十五《与瞿睿夫》"仆年三十五得一第"，屠隆于万历五年丁丑（1577）考中三甲第九十二名进士，逆推之亦当生于明嘉靖二十二年癸卯（1543）。惟屠隆《鸿苞》卷首载张应文《鸿苞居士传》云："乙巳八月二十五日病卒，享年六十四岁。"据此逆推之，则屠隆当生于嘉靖二十一年（1542）矣，今从前者。屠隆，原名儱，后改名龙，又易名为隆。字长卿，一字纬真，号赤水，晚号鸿苞居士，鄞县（今浙江宁波）人。明万历五年进士，历官颍上、青浦知县，升礼部主事，迁郎中，以事罢官，卖文为生。著述宏富，据张应文《鸿苞居士传》："其书有《由拳集》十卷、《白榆集》十二卷、《栖真集》十卷、《泠然草》二卷、《横塘集》二卷、《南游草》二卷、《破迷论》一卷、《娑罗馆清言》一卷、《佛法金汤》一卷、《发蒙编》一卷、《荒政考》一卷行于世。《绛雪楼》文部十卷、诗部十卷并《鸿苞》四十八卷，未受梓。"另据《今乐考证》著录，屠隆还创作有传奇《昙花记》、《彩毫记》、《修文记》三种，总名《凤仪阁传奇》。《明史·文苑传》："屠隆者，字长卿，（沈）明臣同邑人也。生有异才，尝学诗于明臣，落笔数千言立就。族人大山、里人张时彻方为贵官，共相延誉，名大噪。举万历五年进士，除颍上知县，调繁青浦。时招名士饮酒赋诗，游九峰、三泖，以仙令自许，然于吏事不废，士民皆爱戴之。迁礼部主事。西宁侯宋世恩兄事隆，宴游甚欢。刑部主事俞显卿者，险人也，尝为隆所诋，心恨之。讦隆与世恩淫纵，词连礼部尚书陈经邦。隆等上疏自理，并列显卿挟仇诬陷状。所司乃两黜之，而停世恩俸半岁。隆归，道青浦，父老为敛田千亩，请徙居。隆不许，欢饮三日谢去。归益纵情诗酒，好宾客，卖文为活。诗文率不经意，一挥数纸。尝戏命两人对案拈二题，各赋百韵，咄嗟之间二章并就。又与人对弈，口诵诗文，命人书之，书不逮诵也。子妇沈氏，修撰懋学女，与隆女瑶瑟并能诗。隆有所作，两人辄和之。两家兄弟合刻其诗，曰《留香草》。"

大选进士吴汝显等共四百二十二员。（据《明神宗实录》卷四百十二）

前总督宣大山西军务兵部右侍郎兼右佥都御史梅国桢卒。国桢字克生，麻城人，万历癸未进士。知固安，擢御史西征哱拜监军，奋身行间。功成，进太仆少卿。寻进右佥都御史，巡抚大同。加右副都御史，进总督侍郎，忧去。国桢慷慨有远略，荫锦衣卫百户。赠右都御史，予祭葬。（据《国榷》卷八十）

江西巡按徐元正言江西士习败坏，皆由考校之疏，而提学官又不以时选除。（据《明神宗实录》卷四百十二）

秋

江盈科（1553—1605）卒。《袁宏道集笺校》卷三十四《哭江进之》（有序）："乙巳秋，闻进之兄卒于蜀，余时伏枕恸几绝。"江盈科，字进之，号渌萝，常德桃源（今属湖南）人。万历二十年进士，历官长洲知县、吏部主事、四川佥事。著有《雪涛阁集》十四卷、《谐史》、《谈言》、《雪涛谈丛》、《雪涛诗评》、《闺秀诗评》各一卷、《皇明十六种小传》四卷等。今人有辑校本《江盈科集》，岳麓书社 1997 年出版。

九月

南京右春坊右谕德署翰林院事杨继礼请告，寻卒。继礼，华亭人，万历□□进士。学行甚修，士论惜之。（据《国榷》卷八十）

十月

八日，王时槐（1522—1605）卒。黄宗羲《明儒学案》卷二十："王时槐字子植，号塘南，吉之安福人。嘉靖丁未进士。除南京兵部主事。历员外郎、礼部郎中。出金漳南兵巡道事，改川南道。升尚宝司少卿，历太仆、光禄。隆庆辛未，出为陕西参政，乞致仕。万历辛卯，诏起贵州参政，寻升南京鸿胪卿、太常卿，皆不赴新衔，致仕。乙巳十月八日卒，年八十四。先生弱冠师事同邑刘两峰，刻意为学，仕而求质于四方之言学者，未之或息，终不敢自以为得。五十罢官，屏绝外务，反躬密体，如是三年，有见于空寂之体。又十年，渐悟生生真机，无有停息，不从念虑起灭；学从收敛而人，方能入微。故以透性为宗，研几为要。……先生谓：'知者，先天之发窍也。谓之发窍，则已属后天矣。虽属后天，而形气不足以干之。故知之一字，内不倚于空寂，外不堕于形气，此孔门之所谓中也！'言良知者未有如此谛当。先生常究心禅学，故于弥近理而乱真之处，剖判得出……因省曰：'然则性亦空寂，随物善恶乎？此说大害道，乃知孟子性善之说，终是稳当。向使性中本无仁义，则恻隐、羞恶从何处出来？吾人应事处人，如此则安，不如此则不安，此非善而何？由此推之，不但无善无恶之说，即所谓'性中只有个善而已，何尝有仁义来'。此说亦不稳。"

二十二日，冯梦祯（1548—1605）卒。钱谦益《牧斋初学集》卷五十一《南京国子监祭酒冯公墓志铭》："公讳梦祯，字开之，姓冯氏，其先高邮人也。国初徙嘉兴之秀水，以疴麻起富至巨万……其为文穿穴解故，摆落畦径，含咀菁华，匠心独妙。尝自诡规摹唐、瞿二家，得其衣钵。万历丁丑，举会试第一，选翰林院庶吉士。海内传写其文，果以为唐、瞿再出也。与同年生宣城沈君典、鄞屠长卿以文章意气相豪，纵酒悲歌，跌宕俯仰，声华籍甚，亦以此负狂简声……公卒于万历乙巳十月廿二日，享年五十有八。"

翰林院简讨徐应聘降归安县丞。（据《国榷》卷八十）

南昌布衣章演被荐，遥授顺天府训导。（据《国榷》卷八十）

刑部请释矿税在狱同知卞孔时及诸生十二人庶民五人。不报。（据《国榷》卷八十）

十一月

许黄应聘袭思明知府，降土官黄应雷为土舍。时应聘七岁，事归流官，设儒学教

授。（据《国榷》卷八十）

起升原任左谕德陶望龄为国子监祭酒。（据《明神宗实录》卷四百十五）《国榷》卷八十："（万历三十三年十一月）己亥，前左谕德陶望龄为国子祭酒。"

皇长孙朱由校生。《明鉴纲目》卷七："纲：十一月，皇长孙由校生（即熹宗）。目：选侍（明制，太子女侍，有淑女、选侍、才人等名号）王氏（顺天人）所生。"

十二月

授散馆庶吉士王元翰、曾六德、袁懋谦各给事中，元翰吏科，六德礼科，懋谦兵科。其行取候考熊鸣夏、周曰庠、萧淳便会同考选。（据《明神宗实录》卷四百十六）

诏罢天下开矿，以税务归有司，然不撤中使。《明鉴纲目》卷七："纲：十二月，诏罢天下开矿，以税务归有司，中使仍留不撤。目：自矿税使设，廷臣谏者，不下百余，悉寝不报。自二十五年至是年，诸珰所进矿银几三百万两，金珠宝玩，貂皮名马，杂然进奉。帝以为能。会长至日，沈一贯在告，沈鲤、朱赓谒贺仁德门。帝赐食，司礼监陈矩侍。鲤因极陈矿税害民状，且言矿使破坏天下名山大川，灵气尽矣，恐于圣躬不利。矩乃具为帝道之。帝悚然，遣矩咨鲤所以补救者。鲤言急停开凿，则灵气自复。帝为首肯。一贯虑鲤独收其功，急草疏上，帝不怿，复止。逾月，始下停矿之命，以税务归有司，岁输所入之半于内府，半户工二部。然中使不撤，吏民尤苦之，其害遂终帝世。"

左右谕德吴道南、庄天合为左右庶子，右谕德冯有经、周如砥、翁正春为左谕德，右中允顾天埈、陈懿典为右谕德，右中允署国子司业李腾芳为右谕德。（据《国榷》卷八十）

庶吉士宋焘、陈宗契、王基、洪冯、奕垣为监察御史。（据《国榷》卷八十）

颁皇孙诏。翰林院修撰朱之蕃、□科左给事中梁有年使朝鲜。（据《国榷》卷八十）

湖广兴宁贡士陈元旦上所著《孝经章句》、《敬一箴注》、《抚世皇猷》、《阐道臆解》、《理学管见》等书。（据《国榷》卷八十）

本年

万历三十三年举人、岁贡入监盘缠银、新进士银等项公费细目。康熙《高淳县志》卷七《田赋·徭役》："万历三十三年额：……举人、岁贡入监盘缠银，二十二两六钱六分六厘六毫六丝六忽。每年征银七两五钱五分五厘五毫五丝五忽六微六纤。……应试生员盘缠银，三十两，每年征十两。""万历三十三年额：科举考官礼币、鹿鸣等宴、修理等银，一十九两五分，每年征银六两二钱五分。中式举人银，五十五两七钱九分六厘六毫一丝二微，每年征银一十一两九钱三分。"万历《新修南昌府志》卷八："鹿鸣宴、牌额、花亭、举人马牌、小录、皮箱及应试生儒盘缠等银，南昌派银壹拾捌两柒钱肆分陆厘柒毫，新建玖两叁钱柒分叁厘肆毫，丰城派应试生儒酒席、花红及伴送教官、对读生员各路费银共陆拾陆两，进贤派应试誊录生儒路费银叁拾陆两陆钱陆分陆厘零，奉新派银拾伍两伍钱，靖（安）、武（宁）各派银壹拾陆两，宁州壹拾伍两。会试举人水手，丰城壹百壹拾陆两壹钱零贰厘，进贤柒拾两贰分，奉新肆拾伍两捌钱捌分玖厘，靖安捌两陆钱贰分叁厘，武宁壹拾陆两陆钱叁分壹厘，宁州贰拾陆两柒钱玖分肆厘。"万历《新修南昌府志》卷九："科举，旧时一应筵宴桌椅幕次什物、雇倩递酒农民、管领铺设席面人夫、管收解到品物、打造金银台盏花朵、跟随考官门皂，俱责备坊长，收买物件等类，责在铺行，举人骑从马匹、搭厂竹木篷板等项，借办粮里，杂细家火，借办地方，委属不堪。但事体浩繁，若非惯熟之人，终难济事，必当借用坊长，计日给与工银，铺行两平交买，使不有累，其余夫马椅桌器物竹木等类，应雇赁者定价雇赁，应造办者委官造办，考官门皂、内外答应扛台、汤饭、迎导举人马匹人夫，俱先期查委司府能干首领或县佐令银雇募，临期分拨答应，与夫打造金银花朵台盏，即责本司通吏监督，领造席面，就令原派管收物件坊长兼之，亦计日给与工值，庶事有责成，可免推诿之弊。抚院批：'宾兴大典，彩亭、百花亭似难裁省，只应照旧，其余如议。分送鹿鸣筵席，就近备办尤便。'按院批：'科场重务，最宜周悉。据议，用坊长则有工银之给，用铺行则无价值之亏，而又官吏监督，随便备办，盖诚得其要领矣。依议行。中间未尽情事，宜仍听府县正官临时酌议施行。'盖事有难于预拟者，固无嫌于详审也。惟彩亭、百花亭等项，虽若虚糜之费，实则典礼之仪，似未可裁革，各该府县科举银两仍量征措办，务求美丽，以成宾兴盛典。盖惟财用有余，计处自无难也。该司并议成规，用便遵守依奉。又该本司查得举人彩亭、百花亭合用花朵竹木各色布帕彩段纸鲜花租赁及人夫工料，共银壹拾伍两贰钱肆分伍厘，查照今议工料银数补载册后，以全盛典。覆议具由通详，奉抚院批：'彩亭合照旧规，以彰盛典，工料银两从宽估计，载入款目，缴按院批。'如议行缴。……隆庆四年岁次庚午仲秋谷旦。"万历《望江县志》卷四《食货志》："本府季考，生员供给考卷行赏银一十两。提学岁考、科举考试，府学生员、童生、遗才考卷供给行赏及新进府学生员花红银六两四钱。提学考试，搭篷银三两三钱。本府儒学生员正陪考贡盘缠酒礼银五两四钱。府学应试生员花红盘缠卷资银四两。旧举人会试盘缠酒席银一十四两一钱六分六厘七毫。本县正陪考贡盘缠羊酒等银三十三两五钱，此项二年一贡，共该六十七两，二年带征，每年额征三十三两五钱，遇考贡年分一并追征。本县委考生员考卷供给等银二十两。提学岁考、科举考试县学生员、童生、遗才考卷行赏及新进生员花红等银二十五两；本县儒学应试生员盘缠卷资每年额载一十两，候科场年分追征应用。本县待旧举人花红酒席卷资银一两六钱六分七厘。"本府，指安庆府。康熙《高淳县志》卷七《田赋·徭役》："万历三十三年额：……旧举人盘缠银，四十四两七钱四分五厘七毫六丝三微，每年征银一十四两九钱一分五厘二毫六丝。万历五年增。原额二十二两三钱七分二厘八毫八丝一忽二微。""万历三十三年额：……新进士银，二十三两四钱四分四厘八毫五丝七忽五微，每年征银七两八钱一分五厘。"

陈名夏（1605—1654）生。朱彭寿《清代人物大事纪年》："顺治十一年甲午（公
元一六五四年），卒岁：陈名夏，前少保、秘书院大学士。三月十日以罪处绞（注：以
结党怀奸），年五十。"吴海林等编《中国历史人物生卒年表》未确定其生年。钱仲联
主编《中国文学家大辞典·清代卷》括注陈名夏生卒为"1601—1654"。陈名夏字百
史，号芝山、石云居士，江南溧阳（今属江苏）人。明崇祯十六年进士，授修撰，擢
兵科都给事中。北都破，降李自成。顺治二年降清，官至秘书院大学士。顺治十一年因
党争而被劾奸贪，处绞。著有《石云居士文集》十五卷、《诗》七卷。

明神宗万历三十四年丙午（公元1606年）

正月

前翰林院修撰焦竑为广东都司断事。竑察处八年，添注福宁州同知。始实补。（据
《国榷》卷八十）

前兵部右侍郎魏允贞卒。允贞字懋忠，南乐人，万历丁丑进士。授荆州推官，不为
张氏诎，奏最。擢山西道御史，益剀直。谪判许州，寻进南京吏部郎中，改光禄少卿，
病免。起顺天府丞通政，以右金都御史巡抚山西。清严自厉，大吏惕息。在镇十年，威
惠流浃。乞终养，昨岁加侍郎，卒之夕，白气自庭属天，移时乃散。予祭葬，谥介肃。
（据《国榷》卷八十）

二月

国子祭酒陶望龄省养。（据《国榷》卷八十）

四月

卓人月（1606—1636）生。《卓氏遗书》卷二《家传》："人月，字珂月，万历丙
午四月十二日生。"朱彝尊《静志居诗话》卷二十："卓人月，字珂月，仁和（今浙江
杭州）人，贡生。有《蕊渊集》。"崇祯八年（1635）贡生。

翰林院修撰朱之蕃为南京右春坊右谕德，署翰林院事。（据《国榷》卷八十）

五月

翰林院沈漼为国子司业。（据《国榷》卷八十）

翰林院检讨孙如游为右春坊右赞善。（据《国榷》卷八十）

六月

以徽号覃恩存问前大学士申时行、王锡爵。（据《国榷》卷八十）

七月

四川巡抚乔璧星言资格（偏重进士）之弊。（据《明神宗实录》卷四百二十三）

沈一贯、沈鲤罢归。《明鉴纲目》卷七："纲：秋七月，沈一贯、沈鲤罢。目：给事中陈嘉训，御史孙居相（字伯辅，沁水人），交章诋一贯奸贪，一贯愤求去。帝为黜嘉训，夺居相俸，而允一贯归。一贯数与沈鲤忤，惧去后，鲤为己忧，因密倾之。帝亦嫌鲤方鲠。会鲤同时乞休，遂并命致仕，而一贯独得温旨焉。（一贯当国，枝拄清议，好同恶异，与前后诸臣略同。而楚宗、妖书、京察三事，独犯不韪，论者丑之。归后，言者追劾不止。及卒，赠太傅，谥文恭。鲤在政府，秉政不阿，以压于一贯，志不尽行。罢相命下，举朝骇愕。及抵家，犹极陈怠政之弊，以明作进规。卒赠太师，谥文端。"

监生陈复亨等以恩诏请增解额。不允。（据《国榷》卷八十）

八月

始令宗室将军、中尉同诸生应试科贡。初许奉国中尉以下，不及其上。礼部左侍郎李庭机谓既从科举，何拘厚爵。从之。（据《国榷》卷八十）

两京十三布政司乡试。《国榷》卷八十："主试京省顺天左庶子吴道南、右赞善孙如游，应天左谕德冯有经、右中允傅新德，浙江翰林院检讨蒋孟育、户科左给事中萧近高，江西检讨赵用光、刑科右给事中曹于汴，福建编修何宗彦、吏科右给事中翁宪祥，湖广检讨张邦纪、兵科左给事中胡忻，河南吏部员外郎卞承宪、中书舍人吴亮，山东尚宝司丞彭遵古、兵部主事张汝霖，山西吏部员外郎陈采、工部主事马天锦，陕西工科左给事中孟成己、户部员外郎宋鸿儒，四川户部主事王畿、兵部主事胡来渐，广东刑部主事张维枢、工部主事魏说，广西兵部员外郎王舜鼎、户部主事张鹤腾，云南刑部主事陆锡恩、工部主事王宗义，贵州大理寺评事周延光、行人张孔教。"

九月

南京监试御史孙居相等奏：今后科举年分，必考选监生精通三场者方许入场。从之。黄儒炳《续南雍志》卷六《事纪》："（万历三十四年）秋九月壬辰，南京监试御史孙居相等奏：应天府试场监生查允先、查允亮、童钟瓒怀挟，当依律问革。因言应天府每科中式监生二十八名，虽多不过三十名，以令甲每三十名中一名计之，止应取入场监生九百名，乃迄年来各衙门考送入场者至一千九百余名，岁复一岁，沿以为常，往往名数不足，甚至取曳白涂乌之士以充数。于是此辈既幸入场，便谋入彀，或为挟带，或为传递，或倩人代笔，或割人卷面，钱能使鬼，赝可乱真，相效相尤，所从来也。倘访察少疏，几何而不妨贤路、辱乡书也哉！伏乞圣谕南京部院等衙门，今后科举年分，必考选监生精通三场者方许入场，不得滥取充数，致生弊端，或亦清本澄源之道乎！上悉从之。"

除顺天府中式第四名举人郑汝镰名。《明神宗实录》卷四百二十五："（万历三十四年九月己巳）除顺天府中式第四名举人郑汝镰名，遣戍辽东。汝镰，浙江人，目不识丁，弃父母为富家养子，据其雄赀，入北雍，大贿闱役，割截取中贡生马显忠首二场文字，获列魁选。事觉，并奸党俱拟究如律。初议以显忠补解，既又以五策不出显忠，仅命于岁贡选日照举人例而已。是时，取士率重首场，首场既收，二三场苟非悖谬，无复落者。显忠又七闽名士，谓当选，其三场原本勘阅可定，乃持疑不果，显忠竟郁死，士论惜之。"

十月

覆试丁酉科被论文理纰缪举人曹蕃等五名，文理俱通，准免革。（据《明神宗实录》卷四百二十六）

十一月

罚山东乡试主考彭遵古、张汝霖及房考官丁遂俸各三月，停举人李衍赏会试三科。《明神宗实录》卷四百二十七：万历三十四年十一月壬申，"罚山东主考官彭遵古、张汝霖、丁遂俸各三月，停举人李衍赏会试三科。时礼科都给事中邵庶劾山东中式第七十一名举人李衍赏第七义短促无章，仅二百余字，主考官及房考官丁遂宜加罚治。时汝霖先复命，上疏简举。于是礼科给事中汪若霖劾汝霖被劾不当简举，且言汝霖固辅臣朱赓壻也，辅臣试问有如此简举可免究否？辅臣赓因上言：'科臣言皆职掌，至公至当，臣不敢为所亲饰辩及少有庇护，乞将二疏径发吏礼二部议处，径请圣断，免发内阁拟票。'

奉旨：'卿忠贞公慎，朕所鉴知，岂有庇护子婿之事？至科疏已俱有旨，卿宜安心辅政，毋得避嫌。'久之，礼臣覆奏：'衍赏虽文气衰竭，然前六义及后场皆佳，遵古等但失详慎，无他弊端，但薄罚以惩其后。'从之。"

十二月

礼部左侍郎李廷机条会试五事。令房考官不取文体敝坏者。《明神宗实录》卷四百二十八：万历三十四年十二月，"丙午，礼部左侍郎李廷机条会试五事。一曰文体。以正大典雅为宗，否者不录。一曰礼法。士人闱必冠儒冠，各不得携酒食筐裹。一曰防范。场中夜半有暗出席舍，径到受卷处所，通同胥役将他卷看择，采取抄誊。而弥封、誊录所，亦有贿雇稍通文义之奸人，溷入其中，抄取人卷作弊者，并宜缉禁。一曰经房。场中《易》、《诗》、《书》三经取中文卷，皆以一房为举主，独《春秋》、《礼记》二经，每经两房共之，于义何取？宜自今更正，与三经一体，足以寡交省事。一曰民便。会、殿三试，百凡供用，止将解到钱粮着本部人役买办，不扰铺行。疏奏，诏谕礼臣曰：'文体敝坏，至今日而极。非独士习之陋，亦因阅卷官自繇此轨而进，相师相尚，莫知其非。以此取士，士安得不靡然从之。今后房考官见有离经畔注、穿凿揣摩及摭拾佛书、俗语，隐讳怪诞者，必弃不取，甚者参罚。仍刊布谕旨，预使闻知。'"

己酉，始命考散馆翰林院庶吉士。（据《明神宗实录》卷四百二十八）

右春坊右庶子吴道南、庄天合为少詹事兼翰林院侍读学士。右谕德冯有经、周如砥为右庶子兼侍读。中允傅新德、史继偕，赞善林尧俞，国子司业朱国桢、沈㶇为右谕德兼侍讲。编修汤宾尹、孙慎行、何宗彦、顾秉谦、陈之龙、邓士龙、郭淐为□中允兼编修。检讨蒋孟育、赵用光、刘一燝为右赞善兼检讨。（据《国榷》卷八十）

本年

河南提学副使李贵和置祥符义学。顺治《祥符县志》卷二《学署》："义学，在大梁门外丁字街路北，房共二十八间，后畦地三十余亩，岁租银十二两，供塾师束脩之需，以教乡民子弟贫不能从师者。万历三十四年副使李贵和置。"

吴继善（1606—1644）生。继善字志衍，直隶太仓州人。吴伟业《志衍传》："志衍讳继善，姓吴氏，志衍其字也。余年十四，识志衍，志衍长于余三岁。"

朱鹤龄（1606—1683）生。《清史列传·儒林传》："朱鹤龄字长孺，江苏吴江人……康熙二十二年，卒，年七十八。"朱鹤龄《愚庵小集》卷五《戊午元日》有"甲子瞥过同绛县"句，"绛县"用《左传·襄公三十年》中典，谓七十三岁，戊午为康熙十七年（1678），逆推之，其生年与《清史列传》所记者正同。惟《愚庵小集》卷末附录朱鹤龄自撰《传家质言》，内有云："甲申春，馆金陵唐仪曹署，闻烈皇帝变报，

乃泫然长号曰：'此何时也，尚思以科第显耶?'遂绝志弃举子业，是年三十七矣。"据
此，则朱鹤龄当生于明万历三十六年（1608），"三十七"或系"三十九"之误刻，今
不从。朱鹤龄，字长孺，号愚庵，吴江（今属江苏）人。明诸生，入清不仕。著有
《尚书埤传》、《禹贡长笺》、《诗经通义》、《读左日钞》、《李义山诗集笺注》、《杜工部
集辑注》等。另有《愚庵小集》十五卷，为其诗文集，一九七九年上海古籍出版社有
影印康熙间刊本。

明神宗万历三十五年丁未（公元 1607 年）

正月

处郑汝鑛枷号三月，满日发遣。（据《明神宗实录》卷四百二十九）

南京御史孙居相疏言去年应天乡试事。《明神宗实录》卷四百二十九："（万历三十
五年正月丁亥）南京御史孙居相以去岁监试应天，发榜，江北绝稀，诸士流言，疑誊
封作弊，有暗记、拆角、送卷先后之别，御史黄吉士、给事中邵庶亦以为言。居相疏
言：'江北亦有分考之官，岂必皆取南人，江北亦有誊录之手，不应皆誊南卷。如谓江
南进卷先于江北，则江北贴卷何为反早于江南？且江北卷才逾千，而帖几二百，南北风
会大概可知。'于是言者始息。"

**右庶子冯有经，右谕德顾天峻、李腾芳俱改左。左谕德翁正春为右庶子兼翰林院侍
读。**（据《国榷》卷八十）

**巡按四川御史孔贞一荐华阳贡士杨师心，嘉靖甲子乡榜，今年六十余，杜迹二十
年，内行淳备，亦以姱节见称。**（据《国榷》卷八十）

二月

礼科右给事中汪若霖疏言会、殿试阅卷之弊。《明神宗实录》卷四百三十：万历三
十五年二月甲辰，"礼科右给事中汪若霖疏言：会试分房定数，积习难改，使材士拘而
多溢，庸流幸而取盈。甚乃视力巨细为士昂低，至令主者不得其衡，甚无谓也。又至廷
试，甲次高下，亦视阅者爵之崇卑。又有收卷等官，徇私暗记，若探囊中，取效不爽，
无法甚矣。特乞严旨申饬，务破各房拘挛之局。多者多录，少者少收，取舍既定，然后
衷多益寡，因文甲乙，仍分各房。至于廷试收卷，宜令监试御史同礼臣严查，信手分送
读卷诸臣，亦宜凭文是取，勿以官爵崇卑，漫为高下，一切苟且，开新进窥阚之端。中

又言广额事。然法卒难行，是科额亦不增。"

杨道宾、黄汝良充会试考试官。取中施凤来等三百人。（据《明神宗实录》卷四百三十）袁宏道《墨畦》："丁未会试，知贡举官为礼部左侍郎署部事李公廷机，考试官为学士杨公道宾、黄公汝良，皆福之晋江人。入帘之日，上赐宴于南宫，三公坐上座，少詹庄公天合亦知贡举，以未带部衔，遂与诸同考俱在陪席。于时经房若黄编修九鼎、提调若吕主事图南，亦晋江人也。是年主武试为林公尧俞、史公继阶，而主席亦李公，时已入阁。史，晋江人。林，莆田人。丁未揭晓日，天气清和，夜起犹见月。及发榜，雪花乱飞，逾时乃止，过午始晴。问之甲辰亦然，然皆先有雨候。三弟中道久于场屋，举业之声闻海内，时同考顾谕德天埈、李谕德腾芳、汤中允宾尹、姚都谏文蔚皆雅重其才。阅卷数日，姚忽于丙夜驰寸纸示顾、李曰：'阿胖已落吾手矣。'二公索卷观之，曰：'非是。'阅至《书》二房，见一卷有气骨，诸公传视，惊喜曰：'是必胖也。'遂以冠房，而主者意不甚洽。诸公力争之，仅得为本房之首。及拆号，乃知其非。诸公叹惋久之。先是，姚都谏梦中道披发入帘内，大哭曰：'某住处已被人夺去矣。'彼时都谏首卷，为主考改入第四，遂谓梦已定，付之无可奈何，不谓其竟被落也。"文秉《定陵注略》卷九《庚戌科场》："万历丁未会试，张瑞图策内有云：'古之用人者，有程功积事之格，而初不设君子小人之名。虽有大贤，不得自匿于虚，虽有甚不肖，皆有以自致于实。尧、舜未尝综君子之名，而置禹、稷、夔龙于九官岳牧之上，亦未尝过设小人之目，而轻用四裔流放之讨。君子、小人之别，实始于仲尼。彼谓：君子可大受，不可小知，小人可小知，不可大受。极而论之，品可藻饰，而成材不可以假借而就，小人非独可小知，盖亦有可大受者，君子非独有穷于大受，固有并小知而亦屈者。'顾端文阅及此，发为上指。后逆贤擅政，瑞图援附，爰立烈皇，定入逆案云。"《国榷》卷八十："万历三十五年二月丙申，礼部右侍郎杨道宾、黄汝良主礼闱，詹事庄天合知贡举。"梁章钜《制义丛话》卷七："阎百诗曰：何义门《行远集》中有李光元'生之者众'二句文，前半幅云：'王者非能生之也，天下皆生之者，不众则其源隘矣，故有九职之任焉。徒以耕，天下犹有不耕之民，非众也，必三农而下，所以各自为职者，孰非开不竭之源；各以职，天下犹有失职之民，非众也，必臣妾而外，所以相与执事者，孰非攻自然之利。'后半幅云：'内官自九御而下则异数也，此其食而不制甚于冗员，吾不以宠故加比拟之号，而内食者寡矣；外官自九品而外则幸位也，此其食而无功甚于墨吏，吾不以恩故拜权宜之爵，而外食者寡矣。'义门评云：'上句据天官之九职，下句据冬官之九室，其文既烦简不同，难于属对，故化去两扇旧局。'艾千子则尽直三农而下、臣妾而外、内官九御、外官九品诸句批曰：'生之食之，其人甚多，独举此则隘矣。'噫！九职自三农而下，凡园圃、虞衡、薮牧、百工、商贾、嫔妇、臣妾以及无常职之闲民皆在矣，故曰'以任万民'，犹可谓之隘耶？大司徒颁职十有二于邦国都鄙，先郑解则加九职者三事，后郑解则加四事。然学艺、世事、服事，非生财之人不知。千子所谓甚多者，又何人耶？《国语》'内官不过九御，外官不过九品'，韦宏嗣注：'《周礼》："内有九室，九嫔居之，外有九室，九卿朝焉。"'此引'匠人营国'文也。先郑解九室，如今朝堂诸曹治事处，六卿三孤为九卿，则举九品而三百六十属统，是正《集注》所谓朝无幸位者矣。况又兼妇官言之，并详《集注》所略，岂其隘耶？千子习见同时不学之徒用经往往舛错而已，实亦未尽穷经之功，遂并集矢于前辈学有根柢之文，多见其不知量耳。且归太仆一节文中，亦有自'三农生九谷'，以迄'闲民转移执事'之语，千子独不敢批为隘，岂非但凭耳鉴，以名之重轻为文之是非者乎？"

丁未科会试，严就卿中式而被裁。彭惟成《鬈草子·铨述篇·署学博孝廉严就卿先生志铭》："有一夕，予偶为就卿思会场，急出题，拟'君子之仕也，行其义也'。予心甚跃然，从寒衾中走出，语就卿须构一艺，就卿谩以为此题不应急出，遂草草拟过。不数日入场，果出此题，就卿乃向予语：'失此机会。'时万历之丁未科也。就卿果中式而被裁，颇悒悒，例当赴选人注教职，就卿纳履而归。"

定磨勘律，申前割卷论罪之令也。《明神宗实录》卷四百三十："（万历三十五年二月庚戌）定磨勘律，申前割卷论罪之令也。其法以乡、会试卷揭晓毕日，本生自简，续将中式卷送部、科勘对，如有诓骗人财物、割卷、包许中式情弊者，俱拏问，重枷三个月，发极边烟障地方充军。其央托营干之人被诓骗者，无论知情不知情，中式不中式，俱一体同罪。"《国榷》卷八十："（万历三十五年二月）庚戌，定科场磨勘：申前割卷论罪。凡试牍，撤棘后给阅本生。"

三月

黄士俊、施凤来（1563—1642）、张瑞图（1570—1641）等进士及第、出身有差。《明神宗实录》卷四百三十一：万历三十五年三月，"戊寅，廷试礼部贡士施凤来等三百二人，制策问曰：'朕惟帝王执枢立级，必使天下由惟一道，心惟一心。《书》称皇建其有极，用敷锡厥庶民，极者，圣人所定天下之趋，而一其心也。然有猷有为有守，皇则念之矣。不协于极，不罹于咎者，亦受而锡之福，何欤？岂王道荡平，由之则是，苟羞其行，皆可近天子之光欤？后世极之不遵，斯有歧路。有歧路，斯有二心。人务自全，官不任事，而国受其敝。然则皇极可弗行欤？稽之载籍，有言君臣同体，岂可徒事形迹者。有言百官得其职，则万事得其序者。有言中人以上，处置得宜，皆与全材无异者。与皇极之旨，亦有发明欤？洪惟我太祖高皇帝创业垂统，立教万世，尝谕廷臣曰：天下苦无难治，第君臣同心，一德一虑，则庶民万事，鲜有不康。又曰：居官者大小不同，各尽其职而已。昔范文正凡日所为，必求与食相称。有不及，必补之。贤人于国家，尽心若此，朝廷岂有废事？煌煌哉，真建极锡极之谟矣。朕夙夜祗绎，罔敢怠宁，亦冀尔有位，同心戮力，急公忘私，以匡朕之不逮。而迩者人怀疑二，事多因循，纪纲日坠，风俗日偷，职业日废，议论日繁，岂自全之意多，好于尔邦者少欤？不然，毋乃锡极者未至欤？自今欲与公卿百执，共矢乃心，有俞咈无嫌猜，有异同无畛域，有好恶无偏陂，有实政无虚谈，究使上锡福，下保极，以庶几于荡平正直之道，其何修而可？多士尚扬确之，毋讳毋节，朕将亲览焉。'"

据《明清进士题名碑录索引》，万历三十五年丁未科录取名单如下：

第一甲三名

黄士俊　　施凤来　　张瑞图

第二甲五十七名

王光经	沈圣岐	王命禹	王于陛	闵宗德	刘汝佳
唐大章	秦一鹏	陈腾凤	张广	刘春	林欲楫
蒋芳铺	袁思明	彭笃福	曹震阳	詹士龙	钱龙锡
成基命	魏诏	阎调羹	李光元	陈鉴	邓士昌
刘生和	罗之鼎	邢慎言	王国桢	陶朗先	林养栋
杨邦宪	熊鸣岐	杨道寅	杨瞿崃	周燝	杜应芳
沈正宗	任禀正	姚宗文	李采	王佐才	孙必大
庄毓杰	陈鸣烈	邹志隆	蔡侃	王家桢	熊应捷
郭之琮	石炬	何廷相	余大成	程应龙	邹遇
焦源清	游伯槐	来斯行			

第三甲二百三十八名

董承诏	张其绪	王化行	汪三益	段上锦	郑茂华
戴熺	林士标	贾逊志	徐养量	李养冲	钱时
夏应台	谢启光	沈维毗	顾大章	周之夫	喻守初
陆键	梁之垣	徐从治	韩原善	马德澧	冯任
姜习孔	赵昌运	李胤祥	周诗	袁化中	王名登
王淑抃	黄景章	许邦兴	安重	谢升	王泽永
杨万里	陆完学	钟英	何南金	李同芳	胡继先
贾先春	潘应龙	李时荣	冯士豪	王国相	齐君荣
姚之麒	唐玉	鲍国忠	刘思海	樊王家	谭世讲
丘宪章	吴嘉谟	陈王庭	曹汝兰	陈以闻	陈舜道
张肇林	张垣	郭允厚	施天德	王一中	张弘绪
邢其任	许令典	张自悟	宋良翰	舒荣都	张国祥
王景	熊文灿	韩日缵	张耀采	董有光	路升
张斗枢	郭增光	苏懋祉	陈继征	史垂则	陈仪
冯英	倪应眷	贾宗悌	杨嗣修	熊德阳	汤启烨
左光斗	李逢节	殷宗器	谭错	王槐秀	旷鸣鸾
李康先	刘有源	郑国昌	麻僖	乔拱璧	宁三翰
陈于宸	徐调元	项应誉	王道元	王点	娄九德
王振祚	张师孟	潘润民	丁绍轼	李标	罗文英
周光爨	杨春茂	赵孟周	高推	李伫台	曾绍芳
钱文荐	陈主直	傅振商	仙克谨	朱显文	杨所蕴

江之滨	张应吾	赵　谦	林有台	隋所居	洪辅圣
王隆德	黎光禄	薛敷政	安　伸	王鹤龄	祝耀祖
聂绍昌	章　谟	夏　炜	虞大复	郑宗周	洪时蕃
王汉杰	黄　衮	虞德隆	朱身修	刘惟忠	吴养源
倪思辉	王春桢	屠玄极	孙　谷	易应昌	杨新期
杨　涟	唐天眷	刘锡玄	姚祚端	郭如楚	濮中玉
李联芳	蔡思充	薛凤翔	瞿　溥	郭存谦	李支阳
苏　述	刘　伸	彭际遇	王从义	孔弘颐	吴　旸
俞志皋	惠世杨	安　曦	陈所行	王纳谏	周　仕
杨作楫	程正色①	赵天宿	向胤贤	杨觐光	蔺完植
陆世科	刘宇烈	孙之益	夏之令	张其庭	陆大受
李九官	严九岳	周万镒	彭鲲化	侯提封	江日彩
徐凤翔	李时启	许达道	陆献明	伦肇修	李文郁
金元嘉	王梦蛟	萧毅中	何承祚	李时馥	宋文昌
陈所志	侯之翰	蒋　谨	方应庚	任光统	王如宗
张国瑞	杨重熙	计元勋	张新诏	周泰峙	耿好仁
王家宾	徐光前	康新民	涂国鼎	邹维琏	张　晓
周朝瑞	许鼎臣	桂绍龙	金世俊	江　和	金　炼
吕　隆	华敦复	杨嘉运	杜文焕		

宋懋澄目睹顺天府宴状元盛况。宋懋澄《九籥集》卷一《顺天府宴状元记》："万历丁未春三月十八日，偶之顺天府，答拜一贵人。既及门，见群役骏奔，有驱数羊入府门者。余不知所为，随众而入，避于土地庙。须臾，鼓乐喧甚，有旗数十队列于大门内。见首甲三公至旗前下马，顺天府丞乘暖舆继其后。抵二门。余为衙官所拒，遂趋至贵人门投刺。谒者云：'主人方有事公宴，至七献始毕。郎君须面谒，何不乘暇至厅事一观乎？'余然之，遂脱从者帽，衣青衫，作赵武灵故事，自堂后趋至院中。见首甲三公与府中五公分宾主礼，献酬之仪备具。每行礼，府丞不与诸寮属同。就位则三公面南，府中五公俱北。其食前，三公皆方丈，而有花罩踞其前，府丞亦如之。群公咸稍杀。酒初献，止乐，教坊官致辞毕，有优人戴判官面目而上，手持数笼，两绮服人从傍赞辞。判官持笼，照耀数番，提一寿星出，复纳其中。簸弄再三，若复有所出，竟杳然而下。二献，则上弦索调，唱'喜得功名遂'，乃吕圣功《破窑记》末出也。唱者之意，岂欲讽状元毋以温饱为事耶？迨三献，则一人手持三丸，弄之良久。四献，更事弦索。五献，则二人戴钟、吕假面作胡旋舞。夫三公方极人间之荣，而遽傲之以锺、吕，若浓若淡之间，似于有意无意矣。六献，复陈弦索。七献，奏细乐。止献，先彻榜首五卓，每彻一卓，则榜首之头渐露少许。由此思之，当优人演剧，榜首直埋头于果间耳。

---

① 碑作：程正已。

当其时，蓝缕之夫，踉跄厅事，殊失大体。以次渐彻，彻至府丞，而八座悉起，宾主各一揖而出。主人送客至二门，候客上马，复出一拱而散，府丞随送榜首归第。嗟乎！国家待士之隆，至于此而极矣。回视囚首跣足之时，荣辱不天壤乎！余谓始之辱之，如汉高之倨见黥布，已而荣礼之，如黥布之集腫邸中，此皆英主所以驭豪杰也。"

三甲九十一名进士左光斗有《比例建立武学疏》，论武学事。时间不详，姑系于此。 左光斗《左忠毅公集》卷二《比例建立武学疏》："题为比例建立武学以修武备、以广作养事。……即国初令甲，中试者亦试以骑射。自承平久而重文轻武，遂置弧矢于不讲。……今蒙本院蒿目忧时，加意作士，以习射鼓舞诸生，一时子衿咸能破的，而畿辅间亦翕然向风矣。然议者犹谓合不如分，兼不如独。盖以操觚而兼挽强者，不患无进取之路，惟力能贯革，巧可穿杨，而修辞未工者弃之，不无可惜，如遽跻之翰墨之林，则终非本色，恐反为浮薄者所讥，故不如分之便。上马击贼，下马作露布，岂非有用之材？乃今武之不竞，政由弄柔翰以袭轻缓之风，耻距跃而无驰突之用，故有不习孙、吴而习风雅，不谙韬略而绣鞶帨者，虽日敦说，可为将乎？岂赋诗真能退贼也！故不如独之便。此大名习射童生彭鲲化等、习射武生李嘉言等有创置武学之呈，而乡绅亦有广置武生之议。本府读乡绅广置武生议曰：广置者，谓两京虽有武学，不过以教纨绔胄子耳。兹欲推之郡邑，以尽收跅弛之士而养之庠序之中，以武经将略为专业，以勇略骑射为科条，一如诸生课习之例。其试也，邑拔而上之郡，郡拔而上之监司，监司拔而上之台使。凡入彀者，给衣巾，复其身，优者复其家，如诸生进学之例。台使岁试之，监司季试之，郡邑月试之。每试必有差等，量行赏罚，如诸生考试之例。遇乡大比武，即于其中汇送应试，如诸生科举之例。其殊技异能，屡试优等者，奖赏外仍得咨送委用，其惰窳不振者，时汰斥之，如诸生优劣之例。遇学台按临，愿改就儒试者，准径送院，免其汇考，如乐舞生例，而稍为优之。其肄业令各就教场射圃，不必增舍，其督训属在郡邑，不必增官。大率辟其登进之途，使有所向慕而思奋，重其提调之权，使有所诡窃而不敢，又不为一切束缚文具，致防其业而滋之扰，法至便也。行之无敔，将见决拾之俦与缨弁之伦齐驱并驾，皆得以自树于功名，而武不为绌矣。人知有武，则凡偶侻骁捷负俗使气之辈，不难俯首于上所磨厉，以鸣剑登坛自喜，以跃冶触藩自愧，而武不为厉矣。事平生聚教训，可武可文，事急有勇知方，可战可守，隐隐干城，屹屹保障，武且不俟张皇而自备矣，所谓率子弟以卫父兄，实户垣以固堂奥，视彼驱役号召，功政相万耳。缙绅之议如是，其言最悉而亦凿凿可行。即本府原籍滇中州、县亦有武生，皆附于儒学，其进退黜陟，皆略比于文士，如议中言。况畿南神京外户，其人慷慨而矜勇，古记之矣。兹者宪台以习射收试武童，一时入彀者既二十二人，而挽强命中者咸思磨厉自见，岂宜一行辄罢，似当题著为令，以贮多材。学不必另创，即庠序而是，官不必另设，即师儒而是。大都以能射为主，射而颇习制义者，收之，射而能谈方略者，急收之。即不工辞章而技绝人、勇出众者，亦间收之。要必取之有额，始不开滥觞之端，试之必严，始不启徼幸之路。待之有礼，始足示风励之权，兼之以文，始足洗椎鲁之耻。如是而干城腹心之士有不矜奋以期效用者，未之闻也。或者谓武科未必得人，则今之词章取士，岂尽古里选法，而名臣硕辅悉用以起家，即唐之郭汾阳亦孰非以武举进也。……我朝作养人材，两京设有儒学，有武学。学各有官，以司教授。其近京保定、河间、永平三郡，亦各有武学。以畿辅乃居重驭轻之地，武士不可弁髦，学宫为将相发轫之初，纮纲不可畸废，其每岁学院发送武学作养者未易指数，独念顺、永、保、河，固为近水楼台，正、顺、广、大，亦是股肱良郡，其拱卫神京，等重也，其士之歌鹰扬而举于乡，等额也，何以北有武学、南郡独无？北郡稍能引弓者皆得列衿裾、易头角，南郡射能穿杨破的者区区与齐民伍，非所以示激劝、崇武功也……顾乃北郡有学以收录之，培育之，南郡之士独使之散处于草野，混迹于氓伍，容易丧志而废业，上之人亦与有责焉。昔寇恂为河内太守，移书属县讲兵肄射，今幸遇本院先为加意，士之操弓而至者如云，无庸本府移书讲肄矣。维是武学不设，终是畿南一阙典，伏望本道转详学院，每府创立武学。即武学猝不能立，姑以儒学兼其名，以收目前习射之士。即有武学，亦不必另设职官，姑以儒学代其官，以省俸薪衙舍之费。其与首善之人材，帝畿之神气，未必无少补焉。又据广平府呈为请立武学，以修武备，以广作养事。窃照畿南数载不一岁试，即试亦不过衡文，尺幅寸晷，程一日之工拙，定六等之赏罚，止矣。士生长其间，且不识弓矢为何物，刓云习也？今蒙本院翰念时艰，慨复古制。于操觚之外，教之以射，于录文之余，广之以武。一时读书子弟，识上意指，闻风而磨厉者，且不难竭悬弧之力为饮羽之奏矣。此而审括，彼而决拾，杨穿百步者，将不乏人，而挽强命中者，且肩相摩也。……乃今籍而纪之，精七箭以上者二三十人，善骑射者又四五十人，此数十人者，向非弄柔翰而思附青云者耶？遽弃之宫墙之外，恐拂向往之初心，骤混之章缝之例，又启侥幸之后进。惟是文不工七襄而力能挽五石者，上不难以武之名进之学，能讲六韬而技又能动七札者，上又不止以武之途辟之。无事则范我舍矢，可以观德，有事则鸣镝控弦，可以御侮。如果无武学之名而有武学之实，非儒士之质而有儒士之用，诚一时之便计而千载之良规也。合应比照大名府议，附武生于儒学，而以教官董之，月有试，岁有程，一切优免礼待得比京武学诸生例，庶人人奋吞虏之志，而国家收登坛之实效矣。……则国之需武，孰有如今日之甚者。……当此兵荒交窘、内外交讧之秋而骤议创举，宁惟时不暇及，实亦力莫能支。莫若以广厉之心，行通融之法，学附之文庠，不必更设之学也，官督以师儒，不必更设之官也，演武之场、肄射之圃藉为训谏之区，不必更立之所也。其未入彀耶？登进之阶，自邑而郡，而监司，而台使。已入彀耶？省试时勤，优汰并用。乡大比武，即于中汇升以应。至屡试优者，仍得咨送录用。愿就儒试者，复准赴院甄收。总之略文而右射，所为激厉而拔擢之者一如诸生例，则待以国士，有不以国士报者，岂人情哉！……窃惟顺天之设有武学，督以专官，与文学等，祖制良有深意，即蓟、密与永平、保定、河间等处，每岁中试武生六七十名寄学，其能武与否皆不可知，而相沿已久。惟正、顺、广、大四府，则虚无人焉，八郡之内偏枯若此，殊不可解。岂近边重武、腹里重文？非上靳而不与，则士薄而不为耳。今时不为不岌岌矣。职待罪学政，仿《会典》及钦约，申谕诸生习射，兼使其子弟习之，一时儒童彬彬，家弧矢而人决拾。除文理平通者职收入庠序外，其余不胜收亦不忍弃，且恐有终不能文者矣。职之初心，实欲合有用之文为有用之武，而复弃有用之武转趋无用之文，殊甚惜之。在北四府则有武生之名而无其实，在南四府则有武生之实而靳其名，此士绅所以不平而鸣，道、府所以比例而请也。近据景州、枣强、武邑、衡水报称，擒御妖贼，多系生童。职已檄行分别奖赏外，激发人心，全在此举。合应比照顺、永、保、河事例，每遇考试，职亲试之。儒童能中五矢以上者，准收。试七矢以上者，准给武生衣巾，复其身，即附入儒学内。学不必另设，官不必另添，其能文者径送院试。武科年分即就此中起送。既不能文又不能武者，黜之。其永平、河间、保定、蓟、密等处武生，容职于巡行时严加甄别，务使文成其为文，武成其为武。庶几名实各相副而彼此竞相劝，行之二三年，安知无岳武穆奋起于诸生、郭子仪崛兴于武举也哉？"

巡按直隶御史杨廷筠荐华亭隐士陈继儒文行。（据《国榷》卷八十）

叙甘肃擒虏功。进朱赓少保户部尚书武英殿大学士。（据《国榷》卷八十）

四月

乙未，下前月丁丑内阁所题散馆疏：授庶吉士王家植、何如宠、黄儒炳、龚三益、骆从宇各编修，徐光启、彭凌霄、刘士骥、周炳谟、钱象坤、丘士毅、陈五昌、黄立极、王绍各简讨。姚士慎、江灏、戴章甫为吏户礼等科给事中。李应魁、邓澄、唐之夔为浙江、福建、湖广等道御史。（据《明神宗实录》卷四百三十二）

戊戌，廷试就教举人三百五十名。（据《明神宗实录》卷四百三十二）

丁未，延试岁贡生员。前试举人就教者浃旬矣，命犹未下。（据《明神宗实录》卷四百三十二）

五月

顾允成（1554—1607）卒。黄宗羲《明儒学案》卷六十："顾允成字季时，别号泾凡，兄则泾阳先生也。与泾阳同游薛方山之门。万历癸未，举礼部。……历国子监博士、礼部主事。……丁未五月卒，年五十四。平生所深恶者乡愿道学……先生规之曰：'夫假节义乃血气也，真节义即义理也。血气之怒不可有，义理之怒不可无。义理之节气，不可亢之而使骄，亦不可抑之而使馁。以义理而误认为血气，则浩然之气，且无事养矣。近世乡愿道学，往往借此等议论，以销铄吾人之真元，而遂其同流合污之志。其言最高，其害最远。'……语之曰：'大本大原，见得透，把得住，自然四通八达，谁能拘之？若于此糊涂，便要通融和会，几何不堕坑落堑，丧失性命。'故先生见义必为，皆从性命中流出。沈继山称为'义理中之镇恶，文章中之辟邪'，洵不虚也。"

于慎行、李廷机、叶向高入内阁，预机务。《明鉴纲目》卷七："纲：五月，以于慎行、李廷机、叶向高（字进卿，福兴人），俱为礼部尚书，兼东阁大学士，预机务。目：时内阁惟朱赓在。帝命增置阁臣，廷推慎行、廷机、向高三人，遂用之。并召还王锡爵，三辞不允。时言官方厉锋气，锡爵进，密揭力诋，中有上于章奏，一概留中，特鄙夷之，如禽鸟之音等语，言官闻之大愤，交章论劾。锡爵阖门养重，竟辞不赴。（又三年，锡爵卒于家，赠太保，谥文肃。）"

六月

甲午，大学士朱赓请考选庶吉士。故事，考选在六月大选之前，兹以时迫，新辅未任，请需来月云。（据《明神宗实录》卷四百三十四）

礼科给事中孙善继请罢馆选。不报。《明神宗实录》卷四百三十四：万历三十五年六月庚子，"礼科左给事中孙善继请罢馆选以存公议，定馆额以杜滥进。不报。自甲辰馆选至是始下，而台省行取尚留中，于是台省多言罢选馆者。善继言：国初时严于防奸，广于求贤，翰林之选不拘内外，维材是取，如杨文贞以审理人，黄文简以中书入，薛文清以御史入，李文达以主事入，卒能镇定危疑，成治平之理。请自今定额数，某省、某直该翰林若干，除一甲升授外，余俱依缺，不拘内外，以才望铨补。又如祖宗朝，杨文襄出为提学，杨文敏为太常卿，金文靖为通政使，尹文和为户部侍郎，相继赫奕，蔚为名臣。后进之士能如四臣，亦已可矣。请自今翰林官除坊、局外，各以原官摄各省提学。必岁考一周，方许转坊，未周岁考，不许躐转。至坊、局以上，不妨于六曹堂上员缺推补，以裁决案牍，明习庶务。又欲使翰林选转皆由吏部，以庶吉士为内阁私人。于是辅臣疏言：庶吉士送院读书，翰林官升由内阁，此二百余年未之有改。此辈见阁中孤弱，欲变祖制也，而动牵引祖制，欲挠主权也。而动诋诃相权，不知所谓权相者，果成祖时之权相乎？亦皇上十四年后之权相乎？盖善继以考选翰林为权相用事后事，殊抵牾，故辅臣执之甚厉，亦以此。后数日而选馆之命下。"《国榷》卷八十："（万历三十五年六月）甲辰，礼科左给事中孙善继请罢选庶吉士，定院额。朱赓言其不可。"

傅山（1607—1684）生。丁宝铨《傅青主先生年谱》："明万历三十五年丁未六月十九日，先生生。"注云："先生生年，前人皆谓为万历三十四年丙午……今以先生本集考之，实生于丁未，非丙午也。"又云："先生系傅氏，初名鼎臣，后改名山，字青竹，后改青主，一字仁仲，或别署曰公之它，一作公他，亦曰石道人，曰啬庐，曰随厉，曰六持，曰丹崖翁、丹崖子，曰浊堂老人，曰青羊庵主、不夜庵老人，曰傅侨山、侨山、侨黄山、侨黄老人、侨黄之人，曰朱衣道人，曰酒道人，酒肉道人，或径称居士、傅居士、傅道士、道人、傅子，以喜苦酒，故称老蘖禅，以受道法于龙池还阳真人，故一名真山，或署侨黄真山，又曰五峰道人，曰龙池道人，曰龙池闻道下士，曰观化翁，曰大笑下士。"阳曲（今属山西太原）人。明诸生，入清不仕，以遗民自居，当道举其博学鸿儒，坚拒不就。工诗善书画，又擅医术。著有《霜红龛集》四十卷。

闰六月

大学士李庭机三辞，不允，趣之出。（据《国榷》卷八十）

广西左布政使曲迁乔为顺天府尹，工科都给事中夏子阳为太常寺少卿，行人王士桢为光禄寺丞，翰林院检讨南师仲为国子司业。（据《国榷》卷八十）

七月

大学士朱赓等请考选庶吉士，条上四款。从之。《明神宗实录》卷四百三十六："（万历三十五年七月丙午）大学士赓等请考选庶吉士，为四款上陈：一，定选额。言自嘉靖癸未至万历庚辰二十科内，九科不选。自癸未后，每科俱选，而词林之盛，遂极于今，宜稍为限制，如壬辰、乙未，止选十八人，随地衰益，足十八人而止，著为定例。一，定授职。壬辰十八人，留翰林者九人，正为适中，例有部属二员，行于癸未之前，辍于丙戌之后，宜复前规，如有无故托病规避，不妨劣处。一，公考试。春秋二季阅试，阅卷先用坊官，固多秉公，而人有后言，宜令诸臣尽剖桃李瓜葛之情，臣等虚心鉴定，如有干求，即同规避。一，严防范。试日班坐门洞，东向西壁，阑以档木，守以校尉，监以御史，督以堂上官，光禄办饭，一蔬一肉。至于阁试，馔如旧规，免阁役及家人馈饷。从之。先是，吏科右给事中翁宪祥疏言词林诸臣济济已极，大臣不力为主持，使人情日趋歧路，台省激言，至以为馆选可废。臣愚以为始进太滥，则末流难极，其所当为申饬者，不过数端。因陈试规宜饬、选额宜行、留用宜慎、规避宜禁四事。阁臣因之，大率用宪祥语，著为令云。"《国榷》卷八十："（万历三十五年七月）丁酉，朱赓上选庶吉士定制。"

升左庶子周如砥为国子监祭酒。（据《明神宗实录》卷四百三十六）

选翰林院庶吉士：钱龙锡、林欲楫、姚宗文、丁绍轼、成基命、李光先、韩日缵、麻僖、傅振商、李标、张广、潘润民、李胤祥、杨道寅、唐大章、杨嘉运、徐养量。（据《国榷》卷八十）《明实录》曰此年选庶吉士十八人，傅振商与李标之间，有一"李康先"，《皇明三元考》载"万历三十五年丁未科"，亦曰选庶吉士十八人，亦有"李康先（鄞县）"。

八月

阁臣推讲官：礼部右侍郎杨道宾、詹事萧云举、少詹事王图、南京国子祭酒刘日宁。需命未下。（据《国榷》卷八十）

九月

命右春坊右谕德兼翰林院侍讲林尧俞、史继偕充武举考试官。（据《明神宗实录》卷四百三十八）

十月

兵部题准三科武举宜循旧例，得与武科一体叙荐、甄别收用。（据《明神宗实录》卷四百三十九）

朱赓一品考满，进少保改吏部尚书文华殿大学士，荫中书舍人。（据《国榷》卷八十）

十一月

大学士叶向高入朝，李庭机次之。于慎行亦至，疾未入直。（据《国榷》卷八十）

詹事萧云举、少詹事王图教习庶吉士。（据《国榷》卷八十）

于慎行卒，谥文定。二十三日，于慎行（1545—1607）卒。据叶向高《文定于公墓志铭》。《明史·神宗本纪二》："十一月壬子，于慎行卒。"《明史》于慎行传："于慎行，字无垢，东阿人。年十七，举于乡……隆庆二年成进士。改庶吉士，授编修……由侍讲学士擢礼部右侍郎。转左，改吏部，掌詹事府。寻迁礼部尚书……加太子少保兼东阁大学士，入参机务……赠太子太保，谥文定……慎行学有原委，贯穿百家。神宗时，词馆中以慎行及临朐冯琦文学为一时冠。"《明通鉴》卷七十三："十一月，壬子，大学士于慎行卒。慎行奉召就道，已得疾；及至京师，廷谢拜起不如仪，上疏请罪，归卧于家。遂草遗疏，请上'亲大臣，录遗逸，补言官。'数日卒。"有《谷城山馆文集》四十二卷、《谷城山馆诗集》二十卷、《读史漫录》十四卷、《谷山笔麈》十八卷传世。

大学士赓、廷机以来复届期，请下考选科道及庶吉士之命，报闻。（据《明神宗实录》卷四百四十）

辛丑，考选进士钱龙锡等授庶吉士。（据《明神宗实录》卷四百四十）

甲辰，题詹事府萧云举、少詹事王图量升职衔，教习庶吉士，需命下。（据《明神宗实录》卷四百四十）

辛亥，大学士赓、廷机以前批发庶吉士疏，而科道考选者疏未下，再请检发，不报。（据《明神宗实录》卷四百四十）

本年

《几何原本》译本（前六卷）刊行。徐光启《几何原本杂议》："下学工夫，有理有事。此书为益，能令学理者祛其浮气，练其精心；学事者资其定法，发其巧思，故举世无一人不当学。……此书有四不必：不必疑，不必揣，不必试，不必改。……此书为用至广，在此时尤所急须，余译竟，随偕同好者梓传之。"徐光启《题几何原本再校本》："是书刻于丁未岁，板留京师。"（王重民辑校《徐光启集》，上海古籍出版社，1984）《四库全书总目·几何原本提要》："《几何原本》六卷：西洋人欧几里德撰，利玛窦译，而徐光启所笔受也。……今止六卷者，徐光启自序云：'译受是书，此其最要者，遂刊之。'其书每卷有界说，有公论，有设题。界说者，先取所用名目解说之；公论者，举其不可疑之理；设题则据所欲言之理，次第设之，先其易者，次其难者。由浅而深，由简而繁，推之至于无以复加而后已。是为一卷。……卷一论三角形，卷二论线，卷三论圆，卷四论圆内外形，卷五、卷六俱论比例。……光启序称其'穷方圆平直之情，尽规矩准绳之用。'非虚语也。……盖亦集诸家之成，故自始至终，毫无疵颣。"

明神宗万历三十六年戊申（公元 1608 年）

正月

庚子，大学士朱赓等以东宫开讲日期请，并教习庶吉士官员萧云举、王图速赐简发。不报。（据《明神宗实录》卷四百四十二）

三月

金人瑞（1608—1661）生。据清顺治十七年（1660）金人瑞五十三岁逆推。又杨保同《金圣叹轶事》："俗传三月三日为文昌生日，而圣叹亦于是日生，故人称圣叹为文曲星。"廖燕《二十七松堂文集》卷十四《金圣叹先生传》："先生金姓，采名，若采字，吴县诸生也。为人倜傥高奇，俯视一切，好饮酒，善衡文评书，议论皆发前人所未发……鼎革后，绝意仕进，更名人瑞，字圣叹，除朋从谈笑外，惟兀坐贯华堂中，读书著述为务。或问圣叹二字何义，先生曰：《论语》有两'喟然叹曰'，在颜渊为叹圣，在'与点'则为圣叹，予其为点之流亚软！所评《离骚》、《南华》、《史记》、杜诗、《西厢》、《水浒》，以次序定为六才子书，俱别出手眼。尤喜讲《易》乾坤两卦，多至十万馀言。其馀评论尚多，兹行世者，独《西厢》、《水浒》、唐诗、制义、唱经堂杂评诸刻本。"

四月

壬申，大学士朱赓等会同翰林院官考试礼部送各处岁贡、恩贡一千一百六十八名，取中岁贡上卷三卷，中卷一千六百六十三卷，恩贡中卷二卷。（据《明神宗实录》卷四百四十五）

五月

壬寅，大学士朱赓等会同翰林院官考试吏部开送愿就教职岁贡、恩贡，取中上卷四卷，中卷一千五十六卷。（据《明神宗实录》卷四百四十六）

甲寅，升右谕德林尧俞为南京国子监祭酒。（据《明神宗实录》卷四百四十六）《国榷》卷八十："（万历三十六年五月）甲寅，巡抚浙江右佥都御史甘士价为大理寺卿，云南左布政使薛梦雷为巡抚云南右副都御史，南京通政使张鸣冈为南京兵部右侍郎，右春坊右谕德林尧俞为南京国子祭酒。"

六月

李成梁罢。《明鉴纲目》卷七："纲：夏六月，李成梁罢。目：成梁始镇辽东，锐意封拜，师出必捷，威镇绝域。已而位望益隆，子弟尽列崇阶（成梁弟成材参将，子如松，如柏，如桢，如樟，如梅，皆总兵官，如梓，如梧，如桂，如楠，亦皆至参将），仆隶无不荣显。贵极而骄，奢侈无度。军资马价，盐课市赏，岁干没不资，全辽商民之利，尽笼入己。以是灌输权门，结纳朝士，中外要人，无不饱其重赇，为之左右。其战功率在塞外，易为缘饰。若敌入内地，则以坚壁清野为辞，拥兵观望，甚或掩败为功，杀良民冒级。阁部共为蒙蔽，以故物议沸腾。后申时行、许国、王锡爵，相继谢政，成梁失内主，遂以去位。其所藉健儿，李平胡、孙守廉辈，皆富贵拥专城，暮气难振，又转相掊克，士马为之消耗。及成梁再镇辽，又议弃六堡，为言者论劾。帝素眷成梁，不之罪。及是罢，久之卒。（年九十。）"

陈子龙（1608—1647）生。《陈子龙自撰年谱》卷上："万历三十六年戊申……予以季夏朔日，生于郡城，先妣韩宜人出也。将产之夕，先妣梦若龙者降室之东壁，蜿蜒有光，故初名介，后先君征前梦，改今名云。"《明史》陈子龙传："陈子龙，字卧子，松江华亭人。生有异才，工举子业，兼治诗赋古文，取法魏、晋，骈体尤精妙。"另据

《陈子龙世系表》(《陈子龙诗集》附录):"子龙,字懋中,亦字卧子,生于万历三十六年戊申六月初一,殉节于丁亥年五月十三日,年四十。"

七月

前广东按察使佥事管志道（1536—1608）卒。志道字登之,太仓人,隆庆辛未进士。授南京兵部主事,忧去。丁丑,上张居正书,规其夺情,补刑部主事。戊寅春,大婚礼成,言九事。秋,进员外郎。冬,出为广东佥事,分巡南韶。被劾,降盐课司提举。庚辰,察免。乙酉,复原秩致仕。其学近禅。年七十二(三)。(据《国榷》卷八十) 黄宗羲《明儒学案》卷三十二:"管志道字登之,号东溟,苏之太仓人。隆庆辛未进士。除南京兵部主事,改刑部。……以老疾致仕。万历戊申卒,年七十三。东溟受业于耿天台,著书数十万言,大抵鸠合儒释,浩汗而不可方物。谓'乾元无首之旨,与《华严》性海浑无差别,《易》道与天地准,故不期与佛老之祖合而自合,孔教与二教峙,故不期佛老之徒争而自争。教理不得不圆,教体不得不方,以仲尼之圆,圆宋儒之方,而使儒不碍释,释不碍儒。以仲尼之方,方近儒之圆,而使儒不滥释,释不滥儒。唐、宋以来,儒者不主孔奴释,则崇释卑孔,皆于乾元性海中自起藩篱,故以乾元统天,一案两破之也。'其为孔子阐幽十事,言'孔子任文统,不任道统,一也。居臣道,不居师道,二也。删除《六经》,从游七十二子,非孔子定局,三也。与夷、惠易地,则为夷、惠,四也。孔子知天命,不专以理,兼通气运,五也。一贯尚属悟门,实之必以行门,六也。敦化通于性海,川流通于行海,七也。孔子曾师老聃,八也。孔子从先进,是黄帝以上,九也。孔子得位,必用桓、文做法,十也。'……平生尤喜谈鬼神梦寐,其学不见道可知。泰州张皇见龙,东溟辟之,然决儒释之波澜,终是其派下人也。"

赐楚王华奎书院额曰崇德。(据《国榷》卷八十)

十月

礼部言庚辰进士缺题名,奏准与丙戌、己丑二科一并补造。(据《明神宗实录》卷四百五十一)

十一月

朱赓（1535—1608）卒,谥文懿。《明鉴纲目》卷七:"纲:冬十一月,朱赓卒。(谥文懿。○赓醇谨无大过,与沈一贯同乡相比,昵给事中姚文蔚,以故蒙诟病。当一贯、沈鲤去位时,赓年已七十有二,独当国政。时朝事日弛,中外解体,赓疏揭月数上,请帝更新庶政。帝虽优答之,而终不能行。至是,卒于官,赠太保。)"朱赓,隆庆二年（1568）二甲七十五名进士。浙江山阴（今绍兴）人，字少钦，号金庭。授编修，进修撰。擢礼部尚书。万历中，累官礼部尚书兼东阁大学士，参与机务。沈一贯、沈鲤去位，赓独当国。时朝政日弛，中外解体。御史宗焘、给事中汪若霖相继劾赓，先后被黜。卒于官，谥"文懿"。有《朱文懿文集》。

本年

章潢（1527—1608）卒。黄宗羲《明儒学案》卷二十四："章潢字本清，南昌人。……与万思默同业举，已而同问学。……聘主白鹿洞书院。……御史吴安节疏荐，少宰杨止庵奏授顺天儒学训导。万历戊申，年八十二卒。所著《图书编》百二十七卷。先生论止修则近于李见罗，论归寂则近于聂双江，而其最谛当者，无如辨气质之非性，离气质又不可觅性，是与蕺山先师之言，若合符节矣。"

广东提学潘士达、新会知县王命璇考选社师，复其身以优之。道光《新会县志》卷三《建置第三·学校》："乡城社学，即古小学遗制。宋熙宁四年，始令诸州军置小学。明洪武八年，诏有司立社学，延师儒以教民间子弟，见于正史。成化中，提学金事赵瑶、张习檄知县丁积、杨如相继举行。嘉靖中，提学副使张希学考选社师之有儒行者，分司教读，自是俊秀子弟日多造就。万历三十六年，提学潘士达、知县王命璇考选社师，复其身以优之。县属社学凡十五，……明季社学久废。"

贵州桐梓等五州县始建社学。民国《桐梓县志》卷十三《文教志·学校》："明平播后十年（万历三十六年），遵义知府孙敏政始檄五州县各于城乡村里择地建社学，考择司教，社置一人，或二三人。于时桐梓县报建社学二十二所，延社师二十二人。"道光《遵义府志》卷四十四《艺文》三载母扬祖《社学规条》："人材之生，由于教化。绥在杨酋时，岂无特出之士，缘杨氏不事诗书，旧民知诵读者卒少。自平定后，子弟沐浴德化，渐次入学补廪矣，可见教之不容已也。今约略数端，以示生童：一、各社成童师一人，蒙师一人，俱要文行兼优者。蒙童读《四书》、《孝经》、《小学》、《五经》、《性理》毕，应对进退，礼貌可观，方向成童师受业，不可躐等。社师俱给有官田，务实心教导，毋负作育至意。一、父子有亲，君臣有义，夫妇有别，长幼有序，朋友有信，要在身体力行，博学之，审问之，慎思之，明辨之，笃行之。一、读书之法，先读《四书集注》、《孝经》、《小学》，次读《五经》传注、《周礼》、《仪礼》、《三传》、《国语》、《国策》、《性理》、《文选》、《八家文集》、《文章正宗》及应读史传、文集等书，依朱子读书法，用书程册子，人各一本，因人资性，逐日登记，晨书程若干，饭后若干，午后若干，夜若干，注明所读之书起止，务要讲解通彻。社师按月稽查，有不如教者，以夏楚从事。一、作文以举业规条、帖括、论策、表判、诏诰，凡先辈程文之可式者，口诵心维，以经史发为文章，自然中式，剽窃撅拾，终不济事。宋人云：'到头剩得腹空虚。'此之谓也。一、相题作文，不可落套。旧本刊行文诀，须细心体会。每社功课，以儒学月课定优劣。一、写字全在握笔，握欲紧，掌要虚，运腕肘，都有法度。

入门先摹端楷点画透露之贴，方有规矩可寻。先临唐宋帖，后临晋帖。先学大字，次学中书，次小楷。先楷书，次八分，次行书，次草书，不可凌乱，未有楷法不工而工行草者也。盖字之起止向背，映照疏密，斜正大小诸法，备于楷书，笔法既熟之后，或晋或唐或宋或元，随其所好，都可成家。但点画波碟，要从人指受，不可师心乱涂。未经善书者点示，即看帖，亦不得诀。一、读书须烛理，为后来经济根本，不止是要取科名，然未有理晰而不得科名者也。纵时有定而学问断不可苟简。一、社中所读之书，恐有不给，其奉旨颁发之书，有《四书五经大全》、《性理大全》、《孝经》、《小学》、《周礼》、《仪礼》、《朱子纲目》等书。部院发学，有《文献通考》、《蒙引》、《左传》等书。前令留在学中，有《汉魏丛书》、《汉书》、《后汉书》等书。本县捐买，有《国语》、《国策》、《离骚》、《文章正宗》、《文选》、《八大家文集》、《朱子语类》、《诗纪》、《李杜诗》，现贮学官，诸生可以陆续抄誊。一、本城二社、四里四社，俱有租，为社师之俸。其衣冠节礼，系本县设法捐办，如三年内一社无三五成材者，儒学另择人代社师。"

张贲孙《广人才》作于本年前后。建议仿博学鸿词科设政事科、材勇科。张瀚《奚囊蠹馀》附录卷下张贲孙《广人才》："天下不患无才也，而今天下卒不得人才而用，其患有二。其一，曰文武分途，而强勇之材不出也；其一，曰资格太严，而敏干之吏无闻也。斯二者人人能言之。今天下惩其弊，亦既合文武以并重，开征辟以求贤矣，而二者之患卒不去。岂惟不去，又从而加病焉。其故何也？文武科三年一举，其以文试为进士者，又从而较其骑射。文臣三品以上，得荐举一人起家为县令。是天子所以求去此二患之道，不可谓不切矣。乃上求而下莫之应，上以实意求而下以虚文应，是天子愈变法，而卒不收变法之效。然后天子亦厌更张之无益，而一任故套之所为，是文武日益分，而资格日益严也。臣所谓二者之患不去，又从而加病者，此也。天下本无异才也，萃天下之精神智虑而毕力于科目者，盖二百四十余年矣。习俗至深，虽有豪杰之士，十九俯首而习章句。一旦天子有格外之求，不得已向流外杂品中，庶几遇之。今选一将焉，而行阵之进退不识也；择一吏焉，而法律之科条弗谙也。其所异于应举诸人，不过曰椎鲁无文而已。天子亦安用此椎鲁无文之人，推之为将，而用之为吏哉！臣故曰：二者之患不去，又从而加病者，此也。无已，广科目以求之，可乎？一科进士不等，多寡约三百人。减其十之七八，姑取五六十人足矣。此五、六十人，如古之博学宏词科，必其文词典雅、而学术淹博者也。苟以匪才充数，而有他贪缘者，杀无赦。余外别为材勇科，试其骑射，而策问以封疆之事，取数百人。别为政事科，试其律算，而策问以法令钱谷之事，亦取数百人。以材勇科进者，初授为县丞、捕官，升授为州、府同知，司其府、州、县诘奸御寇之事，乡兵统焉。再迁为兵备佥事，而内擢为兵部郎官。其自佥事、郎官以上，材能出众者，登之大用，外可以任督抚，内可以参司马之堂，则强勇之材出矣。以政事科进者，初授为州、县粮官，升授为府推官，而内擢为各部郎官。自推官、郎官以上，材能出众者，外为郡守藩臬，内参侍郎勿论，而敏干之吏出矣。其应举下第而愿充府、州、县吏胥者，有司得选择而序用之。以年劳进者，亦得官参佐以序迁。如此，则天下无废才，而政事日以举。"张瀚《奚囊蠹馀》附录卷下张贲孙《辩文体》："自今制科取士之法，幸稍异其体制，而变通于八股之外，参辩诸家疏解之异同，取义明而止，庶于古先圣贤之经义不谬。其选择为翰林者，务考之以实学，而不徒以揖让进退为文，庶几古学兴起焉。"

李雯（1608—1647）生。据钱仲联主编《中国文学家大辞典·清代卷》。李雯，字舒章，号蓼斋，华亭（今属上海）人。著有《蓼斋集》、《蓼斋后集》。

吴从先（1608—?）生。据王重民编《吴从先事略》（见上海古籍出版社1992年出版《冷庐文薮》）。吴从先，字宁野，号小窗，新安（今安徽歙县）人。为明之出版商，与焦竑、陈继儒、冯梦桢、汤宾尹、黄汝亨、何伟然等文人皆有交往。编撰有《小窗自纪》四卷、《小窗清纪》五卷、《小窗艳纪》十四卷、《小窗别纪》四卷等散文小品选集。

明神宗万历三十七年己酉（公元1609年）

正月

庶吉士来宗道、张鼐、梅之涣以服阕病愈，仍送馆读书。（据《明神宗实录》卷四百五十四）

二十九日，王衡（1561—1609）卒。据徐朔方《王衡年谱》。《明史》王锡爵传："子衡，字辰玉，少有文名。为举首才，自称因被论，遂不复会试。至二十九年，锡爵罢相已久，始举会试第二人，廷试亦第二。授编修。先父卒。"康熙《苏州府志》卷四十五："王衡，字辰玉，号缑山，锡爵子。生而颖然，白晰。读书五行俱下，与华亭陈继儒习业支硎山中，月明赋诗，尝举酒刻成诗，限酒寒得罚以为适……辛丑成进士，廷对为第二人，如其父，授编修。是岁奉使江南，因请终养。久之，病疡。病二年，竟卒，年四十九。衡诗文俱名家，尤长经世略，注意边务。侍父京邸，颇有所左右，第不欲自显。弇州负天下望，后辈咸出门下。衡犹倔强，以通家子见。弇州得衡诗文，辄呼才士。衡屈伏十年，所有不同，每寓歌咏，仿元人词曲作戏剧，论者多惜其未用。"

二月

萧云举改吏部右侍郎，吴道南为礼部右侍郎，俱兼翰林院侍读学士。（据《国榷》卷八十一）

前国子祭酒陶望龄卒。望龄字周望，会稽人，万历己丑礼闱第一，进士及第。授翰林编修，历今官。学守冲穆。乡戚沈一贯、朱赓在相，未始昵附。妖事起，力脱郭正学（域）。予祭葬，谥文简。（据《国榷》卷八十一）

安邑县举人景陲威不法，行山西巡按提问。（据《明神宗实录》卷四百五十五）

三月

礼部侍郎吴道南疏申饬科场事宜。令取中文字不得冒犯禁约。《明神宗实录》卷四百五十六："（万历三十七年三月丁未）礼部侍郎吴道南疏申饬科场事宜：一、严限字之制，一、重主考之任，一、慎择分房之选，一、责成四所之官。上曰：'科场文体屡经禁约，通不遵行，士风薄恶，法纪凌迟，一至于此，深可痛恨。今后取中文字，但有冒犯原禁及字数过限者，该部、科参来，将考官重处，其士子不分轻重，尽行黜革。如容隐不举，罪坐部、科，余俱依拟行。'"

南京国子祭酒林尧俞罢。（据《国榷》卷八十一）

詹事王图为礼部右侍郎，署翰林院事。（据《国榷》卷八十一）

叶向高请发言官章疏，不报。《明鉴纲目》卷七："纲：叶向高请发言官章疏，不报。目：时言路互相诋讦，帝心厌之，章悉留中。御史郑继芳，（盐山人。）力攻给事中王元翰，（字伯举，宁州人。）贪婪不法，元翰亦疏诋继芳。左右二人者，复相角不已。向高请尽下诸疏，敕部院大臣评曲直，罪其论议颠倒者一二人，以警其余。不报。诸臣既无所见曲直，益树党相攻。（继芳劾元翰奸赃数十万，即潜遣人围守元翰家。元翰愤甚，乃尽出筐箧，异置国门，纵吏士简括，恸哭辞朝而去。吏部坐元翰擅离职守，谪其官。）"

五月

吴伟业（1609—1671）生。顾湄《吴梅村先生行状》："先生生于明万历己酉五月二十日。"冯其庸、叶君远《吴梅村年谱·传略》："吴伟业，字骏公，号梅村，又号梅村居士、梅村道士、梅村叟、鹿樵生、灌隐主人、大云道人、旧史士、外史士、国史士。江南太仓州人。"

六月

左谕德顾天峻（埈）谪行人司正，李腾芳谪太常寺博士，给事中陈治则谪国子典簿，刘道隆谪户部检校，王元翰谪刑部检校。（据《国榷》卷八十一）

吏科都给事中久不补，教官候凭者至七八百人，或穷死。吏部请权宜给札，阁臣持之，请速补掌科。不报。（据《国榷》卷八十一）

甲戌，升右谕德史继偕为南京国子监祭酒，光禄寺少卿余启元为南京大理寺丞，改兵部车驾司主事吴炯为光禄寺丞。（据《明神宗实录》卷四百五十九）

七月

复黄梅瞿九思贡士。初，知县张维翰激民变，藉九思求解不得，更谓九思鼓众，被斥。（据《国榷》卷八十一）

右春坊右中允汤宾尹为左春坊左谕德，署国子司业。（据《国榷》卷八十一）

始增辽士解额五人。（据《国榷》卷八十一）辽东原属山东，诏以地辽远，改入试顺天，特增辽东中式五名，著为令，以夹字编号。（据查继佐《罪惟录》志卷十八《科举志》）朱国桢《涌幢小品》卷七《辽阳试士》："辽阳原附山东科举，嘉靖十三年，因溺死多，改附顺天，以德州卫左所与辽阳三十七卫学相充，应试者四百人。是年甲午中九人，次科八人，又次科五人，以后渐减至一二人。万历三十七年，题准增额五人，以夹字编号待辽士。其寄户中式者不许图便迁徙，违者黜革问罪。"

旌故四川按察副使藁城王纶。纶正德丁丑进士。除刑部主事，谏南巡几死。旌其里曰显忠。（据《国榷》卷八十一）

礼部主客司主事刘元卿卒。元卿安成人，隆庆庚午贡士。倡学里中，给事中邹元标荐之。即家授国子博士。召进主事，乞归。所著书多行世。刑科给事中彭惟成请谥。（据《国榷》卷八十一）

八月

两京十三布政司乡试。《国榷》卷八十一："京省主试顺天左右谕德蒋孟育、赵用光，应天右谕德何宗彦、洗马南师仲，浙江编修黄国鼎、刑科给事中周曰庠，江西翰林检讨盛以弘、刑科给事中张国儒，福建检讨雷思霈、户科给事中王绍徽，湖广编修龚三益、户科给事中顾士琦，河南吏部主事王宗贤、兵部主事胡思仲，山东刑科给事中彭惟成、工部主事邵辅忠，山西尚宝司少卿魏可简、兵部主事曾珍，陕西吏部员外郎袁宏道、兵部员外郎朱一冯，四川户部员外郎张之厚、刑部主事王元雅，广东刑部主事邬元会、工部主事赵贤意，广西户部主事刘仲斗、行人丘懋炜，云南户部主事朱之臣、中书舍人李成名，贵州大理寺评事丘云肇、行人陈伯友。福建大雨水，乡试改十二日。"

礼部题将举人赵承芳等分别行奖，黎崇勋等分别问遣。取消考察举人之典。《明神宗实录》卷四百六十一：万历三十七年八月丙辰，"先是，举人之有考察也，各抚按所上举人，长垣县赵承芳、合州程宇丽、中江县江桂、华阳县杨师心，皆一意清修，非公不入。番禺县举人黎崇勋、仁寿县举人白承绘，皆贪淫穷奇，行同市井。礼部题将承芳等分别行奖，黎崇勋等分别问遣。因言举人考察，不过学政三等簿之意，有司奉行严急，前本部侍郎杨道宾谓其开仇人告讦之门，授县官考核之柄，诚举人所不能堪。自今但有决裂行简，自底不类，抚按将告发事迹从实抄招，达部覆治。至于卓然不凡，亦必绝意仕进，内如杨师心，不试春闱已二十年，始与奏荐，量授优衔。其余俱免开揭，以启吊诡之途。诸安分循理、无咎无誉者，不必概加考语，以滋中伤。报可。"

利玛窦称乡试为硕士考试。《利玛窦中国札记》第一卷第五章："中国士大夫的第二种学位叫举人（Kiugin），可以和我们的硕士相比。这种学位在各大省份以很庄重的仪式授与，但只是每三年在八月举行。并不是所有希望得到这种学位的人都能得到。只有第一流的人能被选中，他们的数目取决于该省的地位和名声。在南京和北京两区，有一百五十名学士应召赴硕士考试。浙江、江西、福建各为九十五人，其它各省更少一些，这要视该省的地位和以前该省已经中举的人数而定。如前所述，只有学士才能应召参加这一第二级学位的考试，而且并非他们全部。选择由学监做出，他从该省的各城市或学习中心召集三十人或最多四十人，这一选择根据笔试成绩。但是，虽然选择很严格，在有些较大的省份，投考硕士学位的人数常常超过四千。每当这种三年考试之期，例如1609 年举行过一次，下一次将在1612 年举行，日期是在第八次月圆之前几天，公历则常在九月份，北京的官吏就向皇帝呈递一百名全国最著名哲学家的证件。从这份名单中，皇帝指定三十名，或每省两名，主持对硕士学位的公开讨论。这些主考官中必须有一名是由皇家学院，即称为翰林院的选出，翰林院的班子被认为是全国最知名的学者所组成。主考官一经皇帝指定，就只剩有足够的时间必须立即启程去他主考的那个省份。而且还有很多监察官被指定来保证主考官在召集硕士们之前不得与该省任何人谈话。在这次考试中，地方行政长官召请本省最著名的学者或哲学家来协助朝廷所指定的这两位省级主考官，对应考人交上的文章进行初步讨论。在每个大城市都有一座专门为这一考试而修建的宽阔无比的宫殿，四周围以高墙。考场内有许多套间隔绝外务，专供上面提到的考官讨论呈交上来的手稿。在这座宫殿的中心有四千多个小单间，每间只够放下一个人用的一张桌和一把椅。小单间的构造使得相邻的人不能谈话甚至见面。当本地考官和朝廷考官到达这个城市时，立即被带到这座宫殿里各就各位，而不得与任何人谈话。甚至在评阅考卷时他们也不准彼此交谈。这段特殊时期日夜都有地方官的和军队的警卫不断在巡逻，以防宫殿内工作的人和外边的人以口头或书面形式进行任何接触。"

准浙江秀水县肄业举人马来远、钟世芳限满会试。（据《明神宗实录》卷四百六十一）马、钟为万历二十八年庚子科浙江举人。万历二十九年浙江巡按御史马从聘参二人"凌辱桐乡知县谢谏"，被罚停科。

袁宏道主陕西乡试。《袁宏道集笺校》卷五十四《陕西乡试录序》："夫文章与时相高下，今之时艺，格卑而意近，若于世无损益；而风行景逐，常居气机之先，盖天下之精神萃焉。故臣每于尺幅之中，阅今昔之变态，无不验者。稍从坊市取时刻读之，而心切切然惧也。……夫士之竞偶也，犹射者之望的，货者之走廛也。冒焉以为及格，则群然趋之；趋之而不得，势将自止。故文之至于澜颓波激，而世道受其簸荡者，取士者之过也。"

九月

钦定散馆庶吉士上卷林欲楫等一十三人，中卷梅之焕等四人。辅臣以翰林官壅滞日甚，难以疏通，合照往例隔科一选，明岁暂停。报可。（据《明神宗实录》卷四百六十二）

乙未，革广东冒籍举人黄金烛，回籍充附肄业。（据《明神宗实录》卷四百六十二）

壬寅，有讦举人张文炳、钱养民、丁承乾、刘震以冒籍幸中者。上命科道官各一员严核具奏，不许偏徇。其该学生员也着一并查明。以后不许纷纭攻讦。（据《明神宗实录》卷四百六十二）

国子祭酒周如砥自去。命冠带闲住。（据《国榷》卷八十一）

十月

瞿九思授翰林院待诏。（据《国榷》卷八十一）瞿九思为湖广举人。

右春坊右庶子翁正春为少詹事兼翰林院侍读学士，署院事。（据《国榷》卷八十一）

十一月

翰林院检讨张邦纪为右春坊右赞善。（据《国榷》卷八十一）

右春坊右庶子傅新德为太常寺卿，署国子祭酒。（据《国榷》卷八十一）

十二月

壬申，礼部题会试届期，条列七款申饬。一、文章定体宜核。一、关防约束宜严。一、分考阅卷宜详。一、誊对用罚宜必。一、号数稽查宜慎。一、廷试之规宜肃。一、乞恩之数宜定。命依议行。（据《明神宗实录》卷四百六十五）

左右谕德汤宾尹、朱之蕃并为右庶子兼翰林院侍读，右中允孙慎行为左谕德，顾秉谦、邓士龙、郭淐为左谕德，俱兼侍讲。南京国子司业朱延禧为左中允。（据《国榷》卷八十一）

本年

冯溥（1609—1691）生。毛奇龄《文华殿大学士太子太傅兼刑部尚书易斋冯公年谱》：“先生讳溥，字孔博，别字易斋，山东青州府益都县人，世籍临朐……万历三十七年己酉，先生生。"顺治四年进士，由编修仕至文华殿大学士兼吏部尚书，卒谥文毅。著有《佳山堂集初集》十卷、《二集》八卷。

明神宗万历三十八年庚戌（公元1610年）

正月

督学御史史学迁请将监生同生员一体考试，疏入不报。黄儒炳《续南雍志》卷六《事纪》："（万历三十八年）春正月丙申，督学御史史学迁上言：'国雍、乡学由来并重，而乡学岁考，贤有赏，不肖有罚，则士之不肖而扦文网者，终不能逃于吏议。惟贳郎以财发身，一丁不识，横肆恣睢，奸淫不法，往往而是。所以然者，成均既远，无人钤束故耳。夫学臣科举考较，监生之有志者，皆同生员赴试科举，奈何平日漫不相关也。况举人无所检束，台臣孔贞一尚条入举劾之中，何独于监生而遗略之？今后宜于学臣出巡之日，令监生同生员一体考试，不能文者或试以书判，或试以字画，俱从宽政。至平日贤否，则提调填入三等簿中，一体赏罚，甚不法者革黜，亦风化之大助也。'不报。"

辅臣叶向高陈目前要务，疏入不报。《明神宗实录》卷四百六十六：万历三十八年正月，"乙巳，辅臣叶向高陈目前要务，大端有二。一言时政壅塞，如不僚不补，迁谪不还，章奏留中，以至州县之淹、选补之滞、庶吉士之不铨注，皆当新以圣政。一言议论滋多，如辩讦烦，弹论刻，章俚隐，以至内外之争、门户之立、是非黑白之互混，皆当省其人言。章入不报。""不僚不补"当为"缺僚不补"。

十六日，沈璟（1553—1610）卒。据凌景埏《词隐先生年谱及其著述》引《沈氏家谱》。沈璟，字伯英，号宁庵，吴江（今属江苏）人。明万历二年进士，历官吏部员外郎、光禄寺丞。三十七岁即以病去官，开始戏剧创作生涯。著有传奇十七种，合称《属玉堂传奇》，包括《红蕖记》、《埋剑记》、《十孝记》、《分钱记》、《双鱼记》、《合衫记》（以上六种为其前期创作），《义侠记》、《鸳衾记》、《桃符记》、《分柑记》、《四异记》、《凿井记》、《珠串记》、《奇节记》、《结发记》、《坠钗记》、《博笑记》（以上十一种为其后期创作）。著有散曲集《情痴寱语》一卷、《词隐新词》一卷、《曲海青冰》二卷，其曲学著作有《遵制正吴编》、《论词六则》、《唱曲当知》、《南九宫十三调曲谱》，编有《南词韵选》。为曲坛吴江派领袖。

袁中道、钱谦益、李流芳等在京师结社修业。袁中道《珂雪斋集》卷十一《徐田仲文序》："庚戌计偕，予与李长蘅、韩求仲、钱受之诸公，结社修业，田仲与焉。时韩与钱皆收，而予等被落。"

二月

翰林院庶吉士汪辉为编修。（据《国榷》卷八十一）

乙卯，会试天下贡士，命礼部右侍郎兼翰林院侍读学士仍掌詹事府印翁正春知贡举，吏部右侍郎兼翰林院侍读学士萧云举、王图为考试官。壬申，会试，取中贡士韩敬等三百名。（据《明神宗实录》卷四百六十七）谈迁《枣林杂俎·圣集》："归安韩敬，尝师事宣城汤太守宾尹。万历庚戌，汤分考搜邻房，拔敬会元。时方忌汤，遂见攻者众，敬免官，终身不达。彼其才自足博一第，惜以主司累也。"谢肇淛《五杂俎》卷十四："洪武丁丑，会试天下，进士已定，因所取多南人，士论不服，始命重试，取韩克忠等。而先中者及考官刘三吾等皆得罪。弘治己未会试，程敏政典试，给事中华昶劾其鬻题与徐经、唐寅等。及揭晓，林廷玉又论之，于是命李东阳重阅，而黜经、寅等十余人，敏政亦坐罢归。今万历庚戌，汤宾尹为房考，越房取韩敬为第一，言官论之不已，但终无左证，韩与汤皆坐褫职。而场中越房取者尚有十七人，言者并及之，于是行原籍，取所中朱卷，会九卿台省覆阅之，然俱无他故，不能深入也。此事盖三见矣，而庚戌为甚。盖议论纷纭不一，越三四年始定。余友王永启亦在十七人中，时在南职方杜门待命者数月云。"《明史·选举志》："三十八年会试，庶子汤宾尹为同考官，与各房互换闱卷，共十八人。明年，御史孙居相劾宾尹私韩敬，其互换皆以敬故。时吏部方考察，尚书孙丕扬因置宾尹、敬于察典，敬颇有文名，众亦惜敬，而以其宣党，谓其宜斥也。"文秉《定陵注略》卷九《庚戌科场》："万历三十八年二月，命吏部侍郎萧云举、王图为考试官，取中举人韩敬等三百名。时，同考试官翰林汤宾尹、南师仲、张邦纪、张以诚、孙承宗、王家植、骆从宇、张凤彩、雷思霈、丘禾实、陈五昌、彭云霄，给事中曾于汴、胡忻、胡应台，吏部宋世守，兵部徐銮，工部张涛。知贡举者，礼部署部事右侍郎吴道南。三月，廷试策士，赐韩敬、马之騏、钱谦益等进士及第、出身有差。汤宾尹当民变时遁迹西湖，莫有过而问者，韩敬以太学生具五十金为贽，执业请正，两人交好最密也。己酉，敬中顺天乡榜。庚戌会试，敬卷在徐銮房中，已涂抹矣。宾尹遍往各房搜阅诸卷，识敬卷于落卷中，移归本房，潜行洗刷，重加圈点，遂取中本房第一。复以敬故，于各房恣意搜阅，彼此互换，以乱其迹。吴公道南在场中与宾尹动色相争，主考萧、王两公亦大不堪，《试录》叙内两臣才望浅劣，不足为重，以后请以阁臣莅事，庶几成体，盖指汤也。榜出，都下大哗。吴拟发其事，请教福清，福清曰：'若此弊一发，将萧、王俱不能安其位，且公资在两公后，恐有排挤前辈之嫌。'吴乃止。既廷试，汤、韩密谋辇四万金进奉内帑。进呈，阁拟钱谦益第一，神庙拔韩敬为第一，谦益第三。次年，汤遂罢察典。临期，韩诣王，为汤求解，王曰：'第一款即兄之事。'韩语塞而退。先是丁未会试，宾尹亦预同考阅《书经》，吴门相公次子在宾尹房中，已中式矣。对取墨卷时，宾尹密挑习贯察之，知为申也，适某房有一卷遗失墨卷后场，请命主考，主考曰：'中备卷。'汤闻之，急取申墨卷后场焚之，亦请命主考，主考亦曰：'中备卷。'某出无心，竟将备卷取换，而汤出于私意，心颇不安，佯曰：'此卷本房爱之，不能舍，愿一寻觅。'时吴江周道登亦同分考，汤拉之偕往，盖以周为同乡，是为证佐也。晋江李廷机以中宗伯知贡举，每事综核严密，然裁省过当，人弗能堪。晋江进同填草榜，诸公迎谓曰：'公今年知贡举，事事精详，却有绝奇之事，某房某房有两朱卷业已中式，竟失去墨卷后。'晋江不应，令各役搜箱中，则某房俨然在焉，仍易去备卷。申卷则已毁，迄无从觅也。仪制郎某耳语晋江曰：'此卷原吴门相公子。'晋江禁其勿泄，令各役遍搜草榜，竟将填正榜矣。晋江命空此一名，先将前后诸卷以次拆填。晋江又曰：'得毋混入《诗经》乎？'并《诗经》落卷，亦肆搜录，终不可得。晋江又出赏示曰：'有能得此卷者，本部赏银三十两，所中举人令出赏银三百两。'于是内外大小诸役无不毕集，而卒不可得。填榜迄，天已大明，势不容更迟，乃拆备卷，则为李光元，系江西名士，而申卷则相公子也。中外欢腾，咸归美宾尹，故是科复预同考，听其各房搜卷，莫之或正也，然终以此败。有田吉者，对策传递，为监试御史徐兆魁所纠，下部参看。礼部覆罚三科，至壬戌乃补廷试。后与兆魁同入逆案。"李调元《制义科琐记》卷二《汤宾尹科场作弊始末》："庚戌状元韩敬者，归安人也，受业宣城汤宾尹。宾尹分校会试，敬卷为他考官所弃，宾尹搜得之，强总裁侍郎萧云举、王图录为第一。榜发，士论大哗。知贡举侍郎吴道南欲奏之，以己资浅，嫌于挤排前辈，隐不发。及廷对，宾尹为敬夤缘得第一人。后宾尹以考察褫官，敬亦引病去。事已三年矣，会进士邹之麟分校顺天乡试，所取童学贤有私，于是御史孙居相并宾尹事发之，下礼官会吏部、都察院议，顾不及宾尹事。振基乃抗疏，请并议，未得命。礼部侍郎翁正春等议，黜学贤，谪之麟，亦不及宾尹。振基谓议者庇之，再疏论劾。乃下廷臣更议，御史王时熙、刘策、马孟正亦疏论其事，而南给事中张笃敬证尤力。方宾尹之分校也，越房取中五人，他考官效之，竟相搜取凡十七人。时宾尹虽废，中朝多其党，欲藉是宽敬。正春乃会九卿科道翁宪祥等六十三人议，坐敬不谨，落职闲住。御史刘廷元、董元儒、过庭训，敬同乡也，谓敬关节果真，非止不谨，执不署名，欲迁延为敬也。正春等不从，持初议上。廷元遂疏劾。公议益愤，振基、居相、笃敬及御史魏云中等连章论列，给事商周祚亦敬同乡，议并罪道南。孟正以道南发奸，不当罪，再疏纠驳。帝竟如廷元等言，敕部吏劾廷元党亓诗教，遂劾正春首鼠两端，正春寻引疾去。会熊廷弼之议亦起。初，宾尹家居，尝夺生员施天德妻为妾，不从，投缳死。诸生冯应祥、芮永缙辈讼于官，为建祠，宾尹耻之。后永缙又发诸生梅振祚、宣祚朋淫状，督学御史熊廷弼素交欢宾尹，判牒言此施汤故智，欲藉以雪宾尹前耻，又以所司报永缙、应祥行劣状，遂杖杀永缙。巡按荆养乔遂劾廷弼杀人以媚人，疏上，竟自引归。廷弼亦疏辩。都御史孙玮议镌养乔秩，令廷弼解职候勘。时南北台谏议论方嚣，各有所左右。振基、孟正、云中策及给事李成名、麻僖、陈伯友，御史李邦华、崔尔近、李若星、潘之祥、翟凤翀、徐良彦等持勘议甚力，而笃敬及给事中官应震、姜性、吴亮嗣、梅之焕、亓诗教、赵兴邦，御史黄彦士、周远等驳之，疏凡数十上。振基等复极言廷弼当勘，并斥言笃敬等党庇。

自是，党廷弼者颇屈，帝竟如璋与振基等言，令廷弼解任，其党大恨。吏部尚书赵焕者，唯诗教是听，乃以年例出振基及云中、时熙于外，振基得山东佥事，玮亦自引去。振基竞直敢言，居谏垣仅半载，数有建白。既去，科场议犹未定也。于是刘策复上书极论，而宾尹等必欲十七人并罪以宽敬。孙慎行代正春复集廷臣议，仍坐敬关节而昭雪十七人，疏竟留中。宾尹、敬本有奥援，外廷人口口之，故议久不决。笃敬复上疏论敬，阴诋诸党人，诸党人旋皆出外，并逐慎行。既居相、策亦引去，之祥外迁。孟正益不平，疏言：'廷弼听勘一事，业逐去一总宪，外转两言官矣，独介介于之祥。韩敬科场一案，亦去两侍郎、两言官矣，复断断于笃敬，毋乃已甚乎！'疏上，孟正亦调外任。凡与敬为难者，朝无一人，由是得宽典，仅谪行人司副。盖七年而事始竣云。"

庚戌分考，谕德赵师圣得会稽刘迁卷，荐第一。主司嫌首义过奇，抑置第六。赵固执不可，遂冠乙榜，谓来科必元。迁终不第，言及辄坠涕。（据谈迁《枣林杂俎·圣集》）

翰林院庶吉士林欲楫、张广、李光元、唐大章、李标为编修，李康先、来宗道、张鼐、韩文焕、丁绍轼、汪元极为检讨，梅之焕、姚宗文为吏户科给事中，徐养量、傅振商为浙江江西道御史，潘润民为礼部仪制主事。（据《国榷》卷八十一）

南京国子祭酒史继偕为南京吏部右侍郎。（据《国榷》卷八十一）

浙江己酉科举人闵于经"以故纵亲族夹带私盐，罚停两科会试"。（据《明神宗实录》卷四百六十七）

三月

右春坊右赞善孙如游署南京翰林院事。（据《国榷》卷八十一）

礼科给事中张孔教以翰林缺人，请考选新进士。疏入不报。《明神宗实录》卷四百六十八：万历三十八年三月丁亥，"礼科给事中张孔教以翰林缺人，请考选新进士。且言：如先臣给事徐旦之议，每选不过二十人，每留不过三五辈。如此则真才辈出，而选法不滥，收馆阁有用之效矣。又言：太学者贤士所关，国初任亨泰、许观俱以国子监生廷试第一，入翰林院，赐书褒奖。以故六馆青衿，无不竞奋。今开例广矣，入赀半出其间，而班生落落，祖宗良法美意，渐灭殆尽。无已，复选贡之制以实太学，或限年间举，或分省合选，令鳞次入监而优其选法，是又广励学官、培养名贤一法也。疏入不报。""渐灭"当作"澌灭"。

韩敬（1580—？）、马之骐、钱谦益（1582—1664）等进士及第、出身有差。《明神宗实录》卷四百六十八：万历三十八年三月，"辛卯，策试天下贡士韩敬等三百名于廷。制曰：'朕惟帝王制治，要在知人，权在出令。然知人之法，不过曰敷奏以言，明试以功，言固可不辨欤？至于出令，则或拟之丝纶，或喻之涣汗，或谓当坚如金石，信如四时，令固若是重欤？唐虞三代之盛，言必厎绩，令出惟行，邈乎尚已。即汉唐以下之主，犹有能综核名实，用致中兴，诏书一下，而骄将悍卒，莫不用命者，是岂无所操持而能然欤？我太祖高皇帝再造寰区，明并日月，威如雷霆，臣下每有陈奏，情伪立决，薄海内外，凛凛奉功令惟谨。圣烈神谟，炳耀万世，二百余年之治安，恒必繇之，可得而扬厉其盛欤？朕御极初年，纪纲振肃，德意旁流，浮淫之说稀闻，奉宣之吏多有，亦仰凭皇祖之余烈焉。迩来人心噪竞，翕訾成风，一人而此是彼非，一事而此可彼否，甲乙互争，熏莸莫辨，公车奏牍，不可胜览，盖议论混淆之弊，至今日而极。至于吏治边防，士风文体，诸关系治化者，朕皆三令五申，期于振刷，而守令之贪残，封强之破坏，逢掖之嚚陵，文章之怪诞，皆日甚一日，虽有明纶，襃如充耳。盖诏令废格之弊，亦至今日而极。兹其故果安在欤？汉人言四患当屏，曰伪曰私曰奢曰放。宋人言国家宣敕条贯，繁而无信，轻而勿禀，上失其威，下受其弊，以今日之事质之，同欤否欤？《传》不云乎：君臣同心治化成。今上欲省而下愈烦，上欲行而下愈格，安所得同？深惟厥咎，岂朕之烛断未精，而率作省成者非其道欤？抑臣下矜忮党伐，虑不在公，偷玩习成，有难遽挽？将无所谓同言而信，信在言前，同令而行，诚在令外，上下之间，固自有潜孚嘿喻，而不在于科条文告之末者欤？尔多士挟策而来，目击时弊，诸所为省议论，定权衡，重令尊君，必有画矣，其明著于篇，朕将览焉。'"《国榷》卷八十一："（万历三十八年三月）辛卯，策贡士韩敬等三百人，赐韩敬等进士及第、出身有差。试日，贡士田吉以浙江道御史徐兆魁传递被纠。下礼部，言策末宜宥还籍，候再试降散。从之。"

是科未考选庶吉士。李调元《制义科琐记》卷二《无馆选》："先是己酉，叶向高疏言：'庶吉士选，往时每隔一科。自丙戌以来，科科皆选，翰林官壅滞日甚。请照往例，隔科一选，明岁暂停。'从之。故庚戌殿试无馆选。"沈德符《万历野获编》卷十五《科场·阁试》："士人自锁闱扬廷之外，其试事最重者，无如吏部之考选科道、内阁之考选庶常，尤为华选。先朝俱视文字为甲乙，且不拘定疆域，各以义命相安。今未试之前，采访居其半，请托居其半，甚而暮夜先容，纸上之语，仅免曳白，便是入彀。科道本以试卷为刍狗，惟庶常自考改以后，仍亲笔墨，朔望有阁试，每旬有馆课。近来又多属之捉刀人，盖挟册传代诸弊，视里试有加焉。即博学宏词，故自不乏，然才力每以应酬夺之。且自初考时，各省限定人数，而云、贵、广西三省，又每科轮选。如壬辰当用贵州，则是科止中一人为马文卿，乙未当用云南，则是科止中一人为偗祺，皆未入试已知妙选属之，最为可笑。而同乡中箧书潜递，露揭显攻者，至不避友戚，年谊衰薄，终身切齿，往往见告。今上自御极以来，放进士已十六榜，其不开馆选者仅甲戌、庚辰、庚戌、丙辰四科耳，此本朝翰苑稀有之盛。然前戌前辰俱江陵当国，自以词林壅滞暂停。至丙戌，议定每科不辍，永为例矣。庚戌，以隔房取中，指摘纷纷，上意大疑，以故屡请不报。至丙辰而群龙无首，文坛丧气，不至骈诛者幸耳，何暇议及庶常哉？乃知宋世制科，屡举屡废，当亦有繇矣。庚戌科，请考吉士，久未得旨。遇夏且历秋矣，诸进士中有声有援者，各怀奢望，亦各挟妒心。时山东仅当取一人，有三甲守部者本魏科巨族，雅负才誉，自谓无敢抗衡。惟即墨人周士皋，父为词林大僚，身亦广交时贵，意其相厄。乃作谤书遍投，谓周辇数万赂戚畹，京师藉藉，疑信相半。周时病困，虑其或强起就试，至排阁秽詈之，周不胜恚而死。同乡俱恨怒，周夫人至欲出疏鸣冤，为姻党劝而止。究之上终不允考，圣矣神矣。"

据《明清进士题名碑录索引》，万历三十八年庚戌科录取名单如下：

第一甲三名

韩　敬　　　马之骐　　　钱谦益

第二甲五十七名

朱　彩	徐尔恒	郑祖法	任国桢	陈伯英	叶　官
胡一鸿	梁鼎贤	赵　琦	林铭鼎	杨尧华	张泰祯
岳骏声	刘康祉	郑振光	黄　卷	黄圣期	李纯元
史高先	张国锐	颜容暄	卢瑛田	刘宇曜	王　宇
王所用	金汝嘉	贺　烺	吴瑞征	郑之文	梁　鈜
曾道唯	祝可仕	王家相	赵明钦	施　鹏	张法孔
张士雅	邹之麟	宋统殷	孙枝芳	高　栋	周　颂
周士昌	明之胤	何应瑞	陈于宁	陆梦龙	陶　珽
马廷献	贺万祚	马之骏	张国绅	陈应元	项良梓
陈应春	朱期昌	王志坚			

第三甲二百四十二名

刘述祖	于发藻	马呈德	汪庆百	贾允元	陈玄藻
王继曾	钟　惺	李自荣	余合中	潘融春	王弘祖
唐　晖	吴之甲	林一柱	李夔龙	程　策	翁家春
周家椿	杨一鹏	魏运开	王汤孙	张凤图	杨　铎
夏嘉遇	叶天启	徐　显	赵昌期	施逢元	陈　仪
周以典	王良臣	游士任	李芳时	江秉谦	徐日久
王世荫	汪元哲	吴淳夫	陈睿谟	庄廷臣	张光前
李烨然	张允登	刘重庆	傅宗龙	荆时荐	葛如麟
陆　燧	钱士贵	汪泗论	徐仪世	孙昌裔	陶　镕
吴廷云	何朝宗	贾继春	陈翼飞	吴其贵	李春馞
刘鸿儒	何显宗	石应嵩	张秉文	张　鲤	薛大中
朱钦相	周士皋	胡士容	张　庭	霍守典	李一公
魏光国	唐公靖	朱大启	张翼明	周尔发	石维岳
杨所修	胡继美	钟世芳	唐文焕	冯汝京	胡嘉桂
萧　定	李思启	单　崇	王继谟	魏士前	李桢宁
蔡国用	姚士同	王安舜	洪觐光	杜长春	翁为枢
马斯和	欧阳调律	郭志仁	商胤祥①	甄　淑	陈万善

---

① 碑作：商应祥。

刘弘化	徐之蛟	王时和	顾起凤	陈爰诹	贾毓祥
王顺行	文翔凤	沈有则	高弘图	张㒚	李达
杜熙阳	郑懋纬	徐腾芳	张慎言	李乃兰	李希孔
顾师曾	周训	陶崇道	刘行义	戴元威	庄起元
廉第	熊维卿	赵效	冯一经	谢渭	许大成
简麒	史要典	龚之伊	包鸿逵	卢尧臣	郑元昭
李闻诗	李笃培	欧阳照	杨巨鲸	党中畴	谢懋官
杨呈秀	陈之淯	李遇知	洪云蒸	施梁	江桂
程注	王溁	唐中醒	欧从云	区龙祯	朱明昌
董翼	宋一麟	张论	吴奕	王聘	张国柱
王伉	李茂英	董继周	陈维鼎	乔时敏	曾学镜
徐殷	文三俊	李廷槟	朱童蒙	王建泰	王命新
田珍	郑之范	史赞舜	傅相殷	白受采	王振熙
乔承诏	张振秀	史孔吉	胡舜胤	陈琦	管应律
马鸣起	苗进忠	韩炳衡	曾孔遇	冯圣世	白竹
李士高	徐遵宗	丘履嘉	张廷玉	杨嗣昌	袁鸣泰
明时举	冼宪祖	冯三元	俞廷华	邹之易	李一鳌
谭性教	秦继宗	徐培植	杨之璋	宋学道	张梦鲸
黄琭	郭浇	邹人昌	赵鹏程	王念祖	李跃龙
吴奇逢	蒋英	蔡邦藩	孙织锦	张绍魁	刘进明
陈世垓	贺仲轼	李中行	黄一凤	王元爽	裴铉
于之大	侯震旸	赵于逵	任芳鉴	郭兴治	潘大儒
陈士章	丘兆麟	尹嘉宾	徐楠	朱国盛	王象春
曹煜	常道立				

闰三月

许翰林院待诏瞿九思致仕，给月廪五石。（据《国榷》卷八十一）

四月

利玛窦卒于北京。《明史》卷三百二十六："意大里亚，居大西洋中，自古不通中国。万历时，其国人利玛窦至京师，为《万国全图》，言天下有五大洲。……大都欧罗巴诸国，悉奉天主耶稣教，而耶稣生于如德亚，其国在亚细亚洲之中，西行教于欧罗巴。其始生在汉哀帝元寿二年庚申，阅一千五百八十一年至万历九年，利玛窦始泛海九万里，抵广州之香山澳，其教遂沾染中土。至二十九年入京师，中官马堂以其方物进献，自称大西洋人。……已而帝嘉其远来，假馆授粲，给赐优厚。公卿以下重其人，咸与晋接。玛窦安之，遂留居不去，以三十八年四月卒于京。赐葬西郭外。"金尼阁《利玛窦中国札记序言》："利玛窦于 1552 年 10 月 6 日出生在意大利的中部教皇邦安柯那（Ancone）省的马塞拉塔（Macerata）城。……他在 1610 年 5 月 11 日死于北京，葬于北京阜城门外二里沟。"艾儒略《大西利先生行迹》："初时，言语文字未达，苦心学习，按图画人物，倩人指点，渐晓语言，旁通文字。至于六经、子、史等篇，无不尽畅其意义。始稍著书。利子尝将中国四书译以西文，寄回本国。国人读之，知中国古书，皆利子之力也。……利子住京师十年，交游益广，著述益多。时与名公论学，旁及度数。与徐宗伯译《几何原本》、《测量》等书。与李水部则译《同文算指》、《浑盖通宪》、《乾坤体义》等书，俱已行世。自是四方有道之士，多致书请问，利子率手自裁答。时又为寓中国西士之长，书札往还，亦缕缕长言，利子不倦也。生平乐于接引，所称明镜不辞屡照，清流无惮惠风，利子有焉。"

六月

叶纨纨（1610—1632）生。叶绍袁《叶天寥自撰年谱》："（万历）三十八年庚戌，二十二岁……六月，长女纨纨生（字昭齐）。初生之女，宝于夜光，即许字若思第三子。"

翰林院编修邵景尧为国子司业，顾起元为南京国子司业，太仆寺卿张养志为通政司使。（据《国榷》卷八十一）

署礼部右侍郎吴道南请考选庶吉士，下吏部。（据《国榷》卷八十一）

七月

裁庄浪县学训导一。（据《国榷》卷八十一）

八月

黄宗羲（1610—1695）生。黄炳垕《黄梨洲先生年谱》："公讳宗羲，字太冲，号南雷，忠端公长子，居余姚通德乡黄竹浦。明鲁监国时以副宪从亡。鼎革后讲学甬越间，屡征不起。大江以南之士多从之，世称梨洲先生，卒后门人私谥曰文孝。明万历三十八年庚戌八月八日戌时，公生。"黄宗羲为明末清初三大思想家之一，著述宏富，择其要者，如《宋元学案》一百卷、《明儒学案》六十二卷、《明夷待访录》二卷，编《明文案》二百七十卷、《明文海》四百八十二卷、《明文授读》六十二卷，自著诗文集则有《吾悔集》四卷、《南雷文案》十一卷、《南雷文定前集》十一卷、《南雷文定后集》四卷附一卷、《南雷文定三集》三卷、《南雷文定四集》四卷、《南雷文定五集》

三卷附一卷、《南雷文约》四卷以及《南雷文钞》、《南雷杂著》、《南雷诗历》等。浙江古籍出版社从1985—1994年出版沈善洪主编整理本《黄宗羲全集》十二册，最为完备。

翰林院修撰张以诚等乞皇太子出讲，不报。（据《国榷》卷八十一）

九月

升右春坊右庶子兼翰林院侍读汤宾尹为南京国子监祭酒。（据《明神宗实录》卷四百七十五）

丁巳，以会试天下武举官生，命右春坊右谕德兼翰林院侍读顾秉谦、司经局洗马兼翰林院撰修刘一燝为主考，大理寺寺丞吴崇礼知贡举。用寺丞者，以卿贰乏人故也。（据《明神宗实录》卷四百七十五）

甲子，取武中式举人谢俊神等一百名。（据《明神宗实录》卷四百七十五）

初六日，袁宏道（1569—1610）卒。（生年据公历标注）袁中道《珂雪斋集》卷十八《吏部验封司郎中中郎先生行状》："万历庚戌九月初六日，中郎先生卒于家，得年仅四十三……所著诗文：始有《敝箧集》，乃作诸生、孝廉及初登第时作也；继有《锦帆集》，令吴门作也；继有《解脱集》，吴门解官，与陶石篑诸公游吴越诸山作也；继有《广陵集》，弃吴令就教，暂携妻子寓仪真作也；继有《瓶花斋集》，则为京兆，授为太学助教，及补仪曹时作也；继有《潇碧堂集》，则六年高卧柳浪湖作也；继有《破砚斋集》，则再补仪曹作也；继有《华嵩游草》，则官吏部典试秦中往返作也。盖自秦中归，为明年庚戌，而先生逝矣。其存者仍为二卷，外有批点韩、柳、欧、苏四大家集、《宗镜摄录》、《西方论》、《檀经删》，皆行于世。先生生于隆庆戊辰之十二月初六日，卒于万历庚戌之九月初六日，享年仅四十有三。"今人钱伯城有《袁宏道集笺校》五十五卷、附录三种，上海古籍出版社1981年出版。《明史·文苑传》："袁宏道，字中郎，公安人。与兄宗道、弟中道并有才名，时称'三袁'……宏道年十六为诸生，即结社城南，为之长。间为诗歌古文，有声里中。举万历二十年进士。归家，下帷读书，诗文主妙悟。选吴县知县，听断敏决，公庭鲜事。与士大夫谈说诗文，以风雅自命。已而解官去。起授顺天教授，历国子助教、礼部主事，谢病归。久之，起故官。寻以清望擢吏部验封主事，改文选。寻移考功员外郎，立岁终考察群吏法，言：'外官三岁一察，京官六岁，武官五岁，此曹安得独免？'疏上，报可，遂为定制。迁稽勋郎中，后谢病归，数月卒……先是，王、李之学盛行，袁氏兄弟独心非之。宗道在馆中，与同馆黄辉力排其说。于唐好白乐天，于宋好苏轼，名其斋曰白苏。至宏道，一矫以清新轻俊，学者多舍王、李而从之，目为公安体。然戏谑嘲笑，间杂俚语，空疏者便之。其后，王、李风渐息，而钟、谭之说大炽。钟、谭者，钟惺、谭元春也。"

起赵焕刑部尚书，少詹事兼翰林院侍读学士翁正春为礼部左侍郎，兼官如故。（据《国榷》卷八十一）

前吏部左侍郎兼翰林院侍读学士孙继皋卒。继皋无锡人，万历甲戌进士第一。授翰林修撰，累迁今官。庚辰分校礼闱，录徐泰时。泰时以乡举幸售被参者，至是见收，士论少之。予祭葬。(据《国榷》卷八十一)

十二月

初四日（时已交公元1611年1月17日），陈与郊（1544—1611）卒。(卒年据公历标注) 据《海宁渤海陈氏宗谱》卷五第七世世传。又李维桢《大泌山房集》卷七十八《太常少卿陈公墓志铭》："安仁吴中丞过武林，公诣之，语良久。舆归，中道疾作，遂卒。朱孺人与仲子以丧还。万历庚戌十二月四日也。"陈与郊，其族本姓高，远祖于元代入赘陈氏。字广野，号寓阳，一作隅阳，或作虞阳、禺阳，别署玉阳仙史，又署齐悫、任诞轩、高漫卿等。浙江海宁人。明万历二年进士，历官河间推官、吏科给事中、太常寺少卿，万历二十年被劾免官。著有《蒹川集》八卷、《隅园集》十八卷等尺牍、杂文词曲集，著传奇《灵宝刀》（即李开先《宝剑记》之改本）、《麒麟罽》、《鹦鹉洲》、《樱桃梦》四种，合编为《诒痴符》，均存。又著杂剧《昭君出塞》、《文姬入塞》、《袁氏义犬》、《淮阴侯》、《中山狼》五种，仅存前三者。此外，尚有《考工记辑注》二卷、《檀弓辑注》二卷、《杜律注评》二卷、《文选章句》二十八卷、《方言类聚》四卷、《广修辞指南》二十卷，《黄门集》三卷（奏疏集），另选辑有《古名家杂剧》。

西洋历法入中国。《明通鉴》卷七十四："十一月，壬寅朔，日有食之……是日，钦天监推日食分秒及亏圆之候，职方郎中范守己疏驳其误。礼官因博求知历学者，令与监官昼夜推测，庶几历法靡差。于是五官正周子愚言：'大西洋归化远臣庞迪峩、熊三拔等，携有彼国历法，多中国典籍所未备者。乞视洪武中译《西域历法》例，取知历儒臣，率同监官将诸书尽译，以补典籍之缺。'先是，大西洋人利玛窦进贡土物，而迪峩、三拔及龙华民、邓玉函、汤若望等先后至，俱精究天文历法。礼部因奏'精通历法如邢云路、范守己，为时所推，请改授京卿，共理历事。翰林院检讨徐光启，南京工部员外郎李之藻，亦皆精心历理，可与迪峩、三拔等同译西洋法，俾云路等参订修改。然历法疏密，莫显于交食，欲议修历，必重测验，乞敕所司修治仪器，以便从事。'疏入，留中。未几，云路、之藻皆召至京，参预历事。云路据其所学，之藻则以西法为宗——西法入中国自此始。"

明廷党争起。《明通鉴》卷七十四："初，顾宪成家居，讲学东林，从之游者甚众，而忌者日益多。是时廷臣党势日盛，国子祭酒汤宾尹与谕德顾天埈，各收召朋徒，干预时政，谓之宣、昆党，以汤宾尹宣城人，天埈昆山人也。自上倦勤，内外章奏悉留中不发，惟言路一攻，则其人自去，以故台谏之势积重不返。有齐、楚、浙三党：齐则亓诗教、周永春、韩浚、张延登为之魁，而燕人赵兴邦辈附之；楚则官应震、吴亮嗣、田生金为之魁，而蜀人田一甲、徐绍吉辈附之；浙则姚宗文、刘廷元为之魁，而商周祚、毛一鹭、过庭训等附之；与宾尹、天埈声势相倚，并以攻东林、排异己为事，创大东、小东之说，目东宫为大东，东林为小东。一人稍异议，辄群起逐之，大僚非其党不得安于其位，天下号为当关虎豹。"

王锡爵卒。《国榷》卷八十一："前少保兼太子太保吏部尚书建极殿大学士王锡爵卒。锡爵字元驭，太仓人，嘉靖壬戌进士及第。授翰林编修，历礼部尚书，直阁。上重其品，署名御屏，书曰清正，眷注独隆。文行修饬。更鉴张居正事，慕宽厚名，柄渐旁落，屡裁言官，于望稍损。甲午，引去。年七十七，有遗疏。上嘉其忠爱，予祭葬，赠太保，谥文肃，荫尚宝司丞。"

本年

魏士为"公曰告夫三子者"题文作于万历间，姑系于此。梁章钜《制义丛话》卷六："王乔松锡龄曰：万历间，魏士为光国作'公曰告夫三子者'题文，追写逼真，当使哀公色赧，又当泣下。中后数比，口角尤为逼真，如文中云：'告之而三子以为可，不必问寡人之可也，先发后闻无害也；告之而三子以为不可，不必问寡人之不可，左提右挈在彼也。子大夫诚能调停三子以必伸请讨之志，无患寡人之不从矣，寡人固惟三子之命是听矣；子大夫不能调停三子以必伸请讨之志，无恃寡人之易与矣，寡人固非三子之命不行矣。意者先君后臣，而故先我之告于三子耶？则子大夫之高谊也，寡人所不敢当也；意者尊君抑臣，而故后三子之告于我耶？则子大夫之失计也，三子恐不乐承也。'按：此与项水心'何必读书'文同一尖薄口吻，然仲子心中未必有水心许多计数，项文见末卷，而权臣耳中怎当得士为如此冷语乎？"

常熟知县杨涟设常塾义学。万历《常熟县私志》卷五《叙学》："杨令义学：万历三十八年，令杨涟岁聘诸生十二名，六名课文，六名训蒙，每名馆谷十石，俸八两。里中贫子弟多来学，然无定所，不过寄席于寺观。"

明神宗万历三十九年辛亥（公元1611年）

正月

杜浚（1611—1687）生。《方苞集》卷十三《杜茶村先生墓碣》："先生姓杜氏，讳浚，字于皇，号茶村，湖广黄冈人。明季为诸生……先生生于明万历辛亥年正月十六日。"杜浚，原名诏先，明崇祯十二年己卯乡试副榜。入清以遗民自居，与吴应箕、吴伟业、王猷定、夏完淳、方以智、杨龙友、孔尚任以及柳敬亭等，先后皆有交往。著有《变雅堂文集》五卷、《茶村诗》三卷、《变雅堂诗钞》八卷、《变雅堂遗集》二十卷。

阁题东宫侍班官。未报。《国榷》卷八十一："祭酒方从哲、少詹事刘曰宁俱礼部左侍郎兼翰林院侍读学士。协理詹事府事日讲官右庶子黄辉为少詹事。右谕德朱国桢、顾秉谦俱为左庶子兼侍读。右谕德邓士龙、郭淐俱为右庶子兼侍读。洗马南师仲为左谕德兼侍讲。礼部仪制主事范可受为员外郎。大理寺左评事罗万英为左寺副。各兼正字，充侍书。未报。"

二月

大学士李廷机、叶向高考送服满庶吉士魏广微除授本院官职。（据《明神宗实录》卷四百八十）

巡抚凤阳都御史李三才罢归。《明鉴纲目》卷七："纲：辛亥三十九年，春二月，巡抚凤阳都御史李三才罢。目：三才在淮久，以凌折税监得民心（山东税监陈增，兼领徐州，数窘辱长吏，独三才以气凌之，裁抑其爪牙肆恶者。尝密令死囚引为党，辄捕杀之，增为夺气。歙人程守训，以资官中书，为增参随，横纵自恣。三才劾治之，得赃数十万。增惧为己累，亦搜获守训违禁珍宝，闻于朝，论死。远近大快），屡加至户部尚书。然颇通赂遗，结纳遍海内。辅臣缺，建议者请参用外僚，意在三才，由是忌者日众。工部郎中邵辅忠（定海人），劾其贪伪险横，御史徐兆魁（东莞人），乔应甲（猗氏人），给事中王绍徽（咸宁人）等十余人，继之。胡忻（泰州人）曹于汴（字自梁，安邑人）等，交章论救。朝端聚讼，数月未已。顾宪成方讲学东林，贻书叶向高、孙丕扬，盛称三才廉直。（三才与宪成深相结。当请增大僚，选科道，录遗佚，因言诸臣止以议论意见，一触当途，遂永弃不收，要之于陛下无忤。今乃假天子威以锢诸臣，复假忤主之名，以文己过，负国负君，罪莫大此。意为宪成发也。三才用财如流水。尝宴宪成，止蔬三四色，厥明，盛陈百味，宪成讶而问之。三才曰：昨偶乏，即寥寥，今偶有，故罗列。宪成以此不疑其绮靡。）御史吴亮（武进人，中行子），素善三才，以宪成书附传邸报中，由是议者益哗。三才力请罢去，疏至十五上，不得命，遂自引归，帝亦不罪也。（三才才大而好用机权，善笼络朝士。既家居，忌者虑其复用。御史刘光复，劾其盗皇木，营建私第，至二十二万。又侵夺官厂为园囿。且言与于玉立遥执相权，意所欲用，铨部辄为推举。给事中刘文炳，御史李征仪等，亦相继论劾。三才愤甚，请诸臣会勘，乃诏征仪偕给事中吴亮嗣往。未几，光复坐事下狱。三才请释之，而复力为东林辨白，言东林者，顾宪成讲学之所，从之游者，如高攀龙、姜士昌、钱一本、刘元珍、安希范、岳元声、薛敷教等，并束身厉名行，何负国家哉？偶曰东林，便成陷阱，如邹元标、赵南星等，被以此名，即力阻其进用，朝上而夕下者，惟史继偕诸人耳。人才邪正，实国祚所关。疏入，众益恨之。亮嗣既往勘，久之无所得，第如光复言还报，遂落三才职为民。方三才之罢，攻之者邵辅忠、徐兆魁、乔应甲等，后皆附魏忠贤，名丽逆案。而推毂三才，若顾宪成、邹元标、赵南星辈，皆表表为时名臣。故世以三才为贤。○刘光复，青阳人。于玉立，字中甫，金坛人。刘文炳，宁晋人。李征仪，广德州人。吴亮嗣，广济人。姜士昌，字仲文，丹阳人。安希范，字小范，无锡人。史继偕，晋江人。）"

设广西思恩县、天柱县、永康州各儒学。 初，天柱巡检司朱梓教苗人息斗力耕，身诲其子弟，其俗一变。辰州知府常熟瞿汝说请当道县之，进梓知县。汝说又解彭宣慰红苗之构。（据《国榷》卷八十一）

三月

大计京官，国子祭酒汤宾尹等降黜有差。《明鉴纲目》卷七："纲：三月，大计京官，祭酒汤宾尹（字嘉宾，宣城人）等，降黜有差。目：时廷臣党势日盛，宾尹与谕德顾天埈，各收召朋徒，干预时政，谓之宣、昆党，皆以宾尹、天埈所居县目之也。而言路又有齐楚浙三党。（自帝倦勤，内外章奏，悉留中不发，惟言路一攻，则其人自去。以故台谏之势，积重不返。）齐则亓诗教（莱芜人），周永春（金乡人），韩浚（淄川人），张延登（邹平人），为之魁，而燕人赵兴邦（高邑人）辈附之。楚则官应震（黄冈人），吴亮嗣，田生金（麻城人），为之魁，而蜀人田一甲（忠州人），徐绍吉（保宁卫人）辈附之。浙则姚宗文（慈溪人），刘廷光（平湖人），为之魁，而商周祚（会稽人），毛一鹭（遂安人），过庭训（平湖人）等附之。与宾尹、天埈，声势相倚，并以攻东林、排异己为事。（创大东、小东之说，目东宫为大东，东林为小东，一人稍异议，辄群起逐之。大僚非其党，不得安于其位，天下号为当关虎豹。）是年，当大计京官。恶东林者，设词以惑吏部尚书孙丕扬，令发单咨是非，将阴为钩党计。侍郎王图（字则之，耀州人），急言于丕扬，止之，群小大恨。图先典庚戌会试，宾尹以庶子为分校官，尝越房取其私人韩敬（字求仲，归安人）为第一（敬受业宾尹，及会试，敬卷为他考官所弃，宾尹搜得之，与各房互换闱卷，凡十八人，强图录敬为第一），知贡举侍郎吴道南（字会甫，崇山人）欲劾之，未果。至是，宾尹已为祭酒，而图方掌翰林院。祭酒京察例由掌院注考，宾尹恐被察，属图乡人王绍徽为之请，图峻拒之。又御史金明时（德清人），居官不职，虑见斥。会有为浙江巡按郑继芳伪书抵绍徽者（书有云：欲去福清，先去富平，欲去富平，先去耀州兄弟。又言秦脉斩断，吾辈可以得志。福清，谓叶向高。耀州兄弟，谓图与其兄国。富平，即丕扬也。国时巡抚保定，图为侍郎，与丕扬俱秦人，故曰秦脉。盖小人设为挑激语，以害继芳辈，而其书乃达之丕扬，丕扬不为意，明时廉得之），明时疑书出选授御史徐缙芳（晋江人）等，（时候命未下）乃先上疏，力攻图，并诋缙芳，因及伪书事。图与缙芳皆疏辨，朝端哄然。及注考，丕扬与侍郎萧云举（广西宣化人），副都御史许宏纲，（东阳人），领其事，考功郎王宗贤（清源人），都给事中曹于汴，御史汤兆京（字伯闳，宜兴人），乔允升，佐之。兆京谓明时倡言，要挟逃察，丕扬特疏劾之，旨下议罪。而明时辨疏，复犯御讳，帝怒，褫其职。其党大哗，谓明时未尝要挟，兆京止以劾图一疏，为图报复。于是主事秦聚奎（汉阳人），力攻丕扬等，结党欺君。丕扬因发聚奎前为知县时贪虐状，劾罢之。而宾尹、天埈，御史刘国缙，及前给事中钟兆斗、陈治则（余姚人）、宋一韩、姚文蔚、御史康丕扬、徐大化（会稽人），主事郑振先（武进人）、张嘉言（湘潭人）等咸被察。又以年例，出绍徽及其同官乔应甲于外。（时察疏未下，党人咸谓丕扬，果以伪书故斥绍徽、国缙。且二人尝攻李三才、王元翰，故为修隙。议论汹汹。礼部主事丁元荐甫入朝，即抗章尽发宣昆构谋状。于是党人姚宗文等，争击元荐，为金明时讼冤。赖叶向高调护，至五月，察疏乃下。〇丁元荐，字长孺，长兴人。）由是诸失意者，相继攻丕扬及图。至秋，图遂引去。明年二月，丕扬亦拜疏归。（初，嘉隆以前，士大夫廉耻自重，以挂察典为终身之玷。及帝之世，阁臣有所徇庇，间留一二，以挠部权，而群臣水火之争，莫甚于是年。及丁巳，党局已成，互相报复，至国亡乃已。〇丁巳京察事具后。"

四月

改萧云举吏部左侍郎兼翰林院学士，署詹事府事。（据《国榷》卷八十一）

右春坊右谕德兼翰林院侍读郭淐、左春坊左中允兼编修朱延禧、检讨盛以弘撰诏敕。（据《国榷》卷八十一）

五月

兵部言武举选法壅滞，请汰革冒滥，内外相兼委用。（据《明神宗实录》卷四百八十三）

御史徐兆魁劾东林党人，光禄丞吴炯为上书致辨。《明通鉴》卷七十四："壬寅，御史徐兆魁劾东林讲学诸人，首诬诋顾宪成，谓：'浒墅有小河，东林专其税为书院费；关使至，东林辄以书招之，即不赴亦必致厚馈；讲学所至，仆从如云，县令馆谷供亿非二百金不办；会时必谈时政，郡邑行事偶相左必令改图。'又劾其受黄正宾贿。其言皆绝无左验。光禄丞吴炯上书，为一一致辨，因言：'宪成贻书救三才，诚为出位，臣尝咎之，宪成亦自悔。今宪成被诬，天下将以讲学为戒，绝口不谈孔、孟之道，国家正气从此而损，非细事也。'疏入，不报。"

翰林院修撰韩敬疾去。敬先师事汤宾尹，宾尹在礼闱，越房拔为第一，时疑其私。而越房取凡十七人，故言者攻宾尹及于敬。（据《国榷》卷八十一）

六月

故兵部尚书余子俊、翁万达，补荫其孙余正发、翁锐入国子监。（据《国榷》卷八

十一）

右春坊右谕德朱国桢为左春坊左庶子兼翰林院侍读，清理军职贴黄。起刘曰宁礼部右侍郎兼翰林院侍读学士，及礼部右侍郎翁正春、吏部左侍郎萧云举直日讲。翰林院修撰赵秉忠、编修黄国鼎为右中允兼编修。检讨盛以弘、王毓宗、丘禾实、张光裕为左右赞善兼检讨。先是内阁题催久不报，而戊戌科词臣至十四年不迁，前此未闻也。（据《国榷》卷八十一）

七月

陆世仪（1611—1672）生。朱彭寿《古今人生日考》卷七："七月三十日，明太仓州诸生陆世仪，《尊道先生年谱》，万历三十九年辛亥。"陆世仪，字道威，号刚斋，晚号桴亭，江南太仓（今属江苏）人。明诸生。入清不事科举。门人私谥文潜先生，后又改谥尊道先生。著有《桴亭先生文集》六卷、《诗集》十卷。

左庶子冯有经、翰林院检讨汪元极调用南京。馀各有差。（据《国榷》卷八十一）

右春坊右庶子黄辉、朱之蕃为少詹事兼翰林院侍读学士，纂修玉牒。（据《国榷》卷八十一）

予故太常寺卿署国子祭酒傅新德祭葬。新德定襄人，万历己丑进士。改庶吉士，授检讨，修国史。进司业谕德，转庶子侍读，至今官。（据《国榷》卷八十一）

故礼部尚书冯琦，谥文敏。初议谥时，或以《辛丑会试录》进呈与外传不同，至是子士述以请。礼部左侍郎翁正春言状，故有是命。（据《国榷》卷八十一）

八月

右春坊右谕德沈㴶为左春坊左庶子兼翰林院侍读。左谕德孙慎行、何宗彦为左庶子。赵用光、郭湻、洗马南师仲为右庶子，俱兼侍读。左中允朱延禧为左谕德兼侍讲。国子司业邵景尧为洗马兼修撰。（据《国榷》卷八十一）

许阁臣暂用翰林院印。故事，阁檄他署以院印。时王图署院，封印出城候命，而阁檄俱滞。叶向高乃酌请仍趣图供职。（据《国榷》卷八十一）

改萧云举吏部左侍郎兼翰林院侍读学士，署詹事府事。（据《国榷》卷八十一）

以左春坊左谕德兼翰林院侍读蒋孟育为南京国子监祭酒。（据《明神宗实录》卷四百八十六）

内阁题庶吉士钱龙锡堪任翰林院官，其前次考过庶吉士魏广微堪任翰林院官，麻僖堪任六科官，并催请。（据《明神宗实录》卷四百八十六）

李渔（1611—1680）生。李渔有《庚子举第一男时予五十初度》七律，庚子为清顺治十七年（1660）。又包浚《李笠翁先生一家言全集叙》有云："笠翁来有闽，浚亦客闽……康熙九年仲秋初吉山阴同学包浚题，时适届笠翁览揆之辰，遂以为寿。"仲秋初吉即农历八月初一，览揆之辰，古人之生辰。有关李渔生年，另有 1610 年说。有关论辩可参见《文学评论丛刊》第五辑（1980）所载关贤柱《李渔生卒年考》、1981 年 1 月 25 日《文汇报》所载谌伟恩《李渔生卒年新证》、《文学评论丛刊》第十三辑（1982）所载远益之《李渔生卒年考辨》。李渔，本名仙侣，号天徒，后改名渔，字谪凡，号笠翁，又号笠鸿、笠道人、湖上笠翁、贱居者、李十郎、随庵主人、觉世稗官、新亭樵客等，浙江兰溪人，生于雉皋（今江苏如皋）。明诸生。入清以卖文为生，又至南京，名所居曰芥子园，开设书铺，编纂刊刻图书。尝率家庭戏班闯荡江湖，广交达官显贵与文人墨客，与钱谦益、吴伟业、龚鼎孳、周亮工、尤侗、余怀、王士禛、施闰章、丁澎、宋荦等皆有往还。其文学成就主要在戏曲创作、戏曲理论与小说创作方面。

九月

户部尚书赵世卿辞职归。《明鉴纲目》卷七："纲：秋九月，户部尚书赵世卿上疏去位。目：世卿饶心计，在户部酌剂赢缩，军国赖焉。福王成婚，及公主下嫁，凡额外宣索，世卿俱力争。楚王与宗人相讦，世卿尝官楚府长史，言王非伪，与沈一贯合，遂为廷臣所恶，论劾相继。世卿上疏乞罢，出城候命，逾年不报，乃乘柴车去。"

十月

礼部侍郎翁正春具覆张邦俊论学臣命题事，列为三款。报可。《明神宗实录》卷四百八十八：万历三十九年十月戊辰，"南京河道御史张邦俊论学臣命题割裂破碎，或牵扯扫搭，其于圣贤立言大旨，甚相悖戾，恐文体日纤，世风日巧，因及于条约。礼部侍郎翁正春具覆，列为三款：一谓试卷宜解部。每岁试事年终，将真卷类解，其有文体险怪，出题穿凿者，摘出参处。一谓小试兼重后场。考较诸生，前《四书》义二，次经义一，而论、表、策必兼出，篇数不完者，即文字可观，不列优等。有文无论者，即列优等，不准帮粮。庶乎士务实学，不以幸进。一谓弊窦不可不严。传递之弊，千蹊百径，虽新其题目，亦何以异？学臣除一切关防严密，仍洗绝此弊。至条约亦卧碑所载及先辈名督学规条，采择汇成一册，刊刻颁布，如巡方总约然，令之永为遵守，则学臣既不烦区画，而士子亦便持循，不可不亟为议行也。上报可。"

张履祥（1611—1674）生。苏惇元《张杨园年谱》："万历三十九年辛亥，冬十月丁卯朔，时加辰先生生。先生姓张氏，讳履祥，字考夫，别号念芝，浙江嘉兴府桐乡县人。"张履祥，又号杨园先生。明诸生。少从黄道周、刘宗周学。著有《杨园先生全集》。

方以智（1611—1671）生。据任道斌《方以智年谱》。方以智，字密之，号曼公，又自号龙眠愚者、泽园主人、浮山愚者、鹿起山人、宓山子、江北读书人等，又曾化名吴石公。出家后又有弘智、行远、无可、五老、墨历等法号，变幻无常，不一而足。江南桐城（今属安徽）人。《南疆逸史》卷四十《方以智传》："少美姿貌，聪颖绝伦，书无所不读。为人风流自喜。及语忠孝大节，凛如也。"

十一月

礼部上学政条约，命各提学官遵之毋易。（据《国榷》卷八十一）

十二月

初四日（时已交公元1612年1月6日），函可（1612—1660）生。（生年据公历标注）据函可《千山诗集》附录函昰、郝浴等撰《奉天辽阳千山剩人可禅师塔铭》。函可，字祖心，号剩人，广东博罗人。明礼部尚书韩日缵之子，原名韩宗騋，诸生。崇祯十二年出家为僧，入清，因身藏私史《再变记》为南京门者所获，遣戍沈阳。著有《千山诗集》、《剩诗》等。

礼部荐历学。如前陕西按察使邢云鹭、兵部郎中范守己。又翰林院检讨徐光启、前南京工部员外郎李之藻、大西洋人庞迪峨、熊三拔等。不报。（据《国榷》卷八十一）

李化龙卒。《国榷》卷八十一："少傅兼太子太保兵部尚书李化龙卒。化龙字于田，长垣人，万历甲戌进士。知嵩县，历南京工吏部郎中。累迁都御史巡抚辽东，破虏。进兵部右侍郎，疾去。后起总督川贵，平播州杨应龙。守制讫，起右都御史兼工部右侍郎，总督河道，开泇河利漕，称才臣之最。年五十八。予祭葬，赠少师，谥襄毅。再赠太师。前破虏荫锦衣卫正千户。平播荫指挥使，又荫中书舍人。"

本年

本年前后，朱舜水（1600—1682）曾一至绍兴府学。《朱舜水全集》卷十六《学校议》："庠序学校，诚为国家之命脉，不可一日废也。非庠序之足重，庠序立而庠序之教兴焉，斯足重尔。夏、商、周，以至于今，未之有改也。是故兴道致治之世，君相贤明，其学校之制，必厘然具举，焕乎可观。于是人才辈出，民风淳茂，而运祚亦以灵长。至若衰世末俗，不念经国大猷，事事废弛，以致贤才郁湮，民风偷薄，弱肉强食，奸宄沸腾，而国运亦以随之矣。明朝承百王之后，修明礼制，建兴胶庠，比之三代、两汉之隆，则不足；较诸因循苟简之朝，则又大相径庭已。学校之设，约略计之，凡有六等。为第三无疑也。余外府州，视其科第盛衰、地方肥瘠、州府官贤不肖以为差等。不得不置之第四。瑜童年看案，曾二至绍兴府学。得门而入，一望无际，结构精严，位置咸当，自不必言。盖礼部贡举，每科登第不下数十人，而七年之中，三掇状元，宜乎其及此也。然松江府学，亦人文之薮，而泮宫褊浅。盖以基址狭隘，无可恢廓，又不移之于郊关之间，所以至此，是又不可以一例论也。亦有简陋州县，本非冲繁孔道，守令阘茸昏庸，乡绅隐情惜己，徒为具文而已。列之第五。若夫荒僻下邑，蛮貊新开，户口无多，钱谷单少，宾兴累科乏人，忠信十室鲜有。则崇祀之所，颓垣折栋；育贤之地，鞠为茂草。抑亦姑置第六。"

朱载堉（1536—1611）卒。据冯文慈编《朱载堉年谱》（载《中国音乐》一九八六年第二期）。朱载堉，字伯勤，号勾曲山人，怀庆府（今河南沁阳）人，明宗室郑恭王朱厚烷长子。精研数学、乐律、历法，创"新法密律"（即十二平均律）。《明史·诸王传》："世子载堉笃学有至性，痛父非罪见系，筑土室宫门外，席藁独处者十九年。厚烷还邸，始入宫。万历十九年，厚烷薨……二十二年正月，载堉上疏，请宗室皆得儒服就试，毋论中外职，中式者视才品器使。诏允行。明年又上历算岁差之法，及所著《乐律书》，考辨详确，识者称之。卒谥端清。"

冒襄（1611—1693）生。朱彭寿《清代人物大事纪年》："康熙三十二年癸酉（公元一六九三年），卒岁：冒襄，江苏如皋县故副贡生。十二月卒，年八十三。入国史《文苑传》。"据此逆推之，得生年。冒襄，字辟疆，因邑有朴树，踞城南濠，冒襄就朴构亭，与鹳鹤同栖，遂自号巢民、朴巢、朴庵，江南如皋（今属江苏）人。崇祯十五年副榜贡生。与桐城方以智、宜兴陈贞慧、商丘侯方域，时有"四公子"之目。

黄周星（1611—1680）生。据秦翰才编《黄周星年谱稿》。黄周星，字景虞，号九烟，初育于周氏，从其姓，《登科录》作周星，后复姓黄。湖南湘潭籍，上元（今江苏南京）人。明崇祯十三年进士，历官户部主事。入清不仕，改名黄人，字略似，号半非，又号圃庵、汰沃主人、笑苍道人。寄寓南浔，年七十，忽感怆于怀，于五月五日投水自尽。著有《九烟先生遗集》六卷以及《人天乐》戏曲等。

吴乔（1611—1695）生。据蒋寅《清诗话考》下编《清诗话经眼录·顺治康熙卷》。吴乔，原名殳，字修龄，江南太仓（今属江苏）人。明诸生，入清后以布衣游公卿间。著有《西昆发微》三卷、《围炉诗话》八卷、《手臂录》四卷等。

明神宗万历四十年壬子（公元 1612 年）

正月

顺天府以该年乡试，奏准行取河南、山东教官二员充任分考官分校。（据《明神宗实录》卷四百九十一）

礼部言监生行取事宜。《明神宗实录》卷四百九十一：万历四十年正月，"辛丑，吏部言：行取监生，原有定例。举贡纳银俱以正历杂历为则，自三十五年创随到随考之法，而又有空年取捷者，积薪居上，委属不平。故前岁疏请停止行取，待四十年正月查酌选法，另文知会。今查：未选举贡尚余五百余名，纳粟一百余名，是未疏通也。请仍停年余，且将原经部取者照年收取选除，以考叙者论考外，其以年叙者则与未考之年及收取考定之次序共酌浅深以为先后。每叙考定之年一人，则带考定之考一人。举贡则以通推州县为率，而佐领莫什之三，如州佐二则贡八而纳银二，府县佐领则贡六而纳银四，酌考搭选，以俟预考人尽，然后归并论年一路。因言空年开纳，俱为选法之害，应行停止。其余资序尚远者，给假暂回，限二年内赴销，而列为十款以上。同日又疏言：泰运已回，用人宜亟，请下考选科道诸臣。”

右春坊右庶子郭淐署翰林院事。（据《国榷》卷八十一）

翰林院编修周道登为国子司业。（据《国榷》卷八十一）

二月

礼部题乡试事宜，条列十款。（详见《明神宗实录》卷四百九十二）

三月

增陕西解额五人。（据《国榷》卷八十一）

翰林院庶吉士魏广微为检讨，钱龙锡为编修，麻僖为兵科给事中，俱甲辰榜。龙锡丁未榜。阁臣屡催始下。（据《国榷》卷八十一）

四月

授原任庶吉士麻僖为兵科给事中。（据《明神宗实录》卷四百九十四）

邢侗（1551—1612）卒。（据李维桢《陕西行太仆寺少卿邢公墓志铭》）《明史·文苑传》：“邢侗，字子愿。万历二年进士。终陕西行太仆卿。家资巨万，筑来禽馆于古犁丘，减产奉客，遂至中落。妹慈静，善仿兄书。”钱谦益《列朝诗集小传》丁集下《邢少卿侗》：“侗，字子愿，临邑人。万历二年进士，除南宫知县，历御史参议，终陕西行太仆寺少卿。子愿生七岁，能作擘窠书，十馀岁，楷法王雅宜。二十四岁登第，殿试策，书法擅场，主者惊异，卒置榜尾。罢官时，年才三十馀。先世席资巨万，美田宅，甲沛水上。子愿筑来禽馆，在古犁丘上，读书识字，焚香扫地，不问家人生产。四方宾客造门，户履恒满。减产奉客，酒鎗箸珥，时时在质库中。晚年书名益重，购请填咽，碑版照四裔。妹慈静，善仿兄书；家童戴禄，亦通六书之学。同里王尚书洽，集子愿书，刻《来禽馆帖》。济南风流文采，几与江左文、董，先后照映。李维桢序其集，拟诸北齐邢子才云。”

周亮工（1612—1672）生。周亮工《赖古堂集》附录钱陆灿《周栎园墓志铭》：

"公讳□□，字元亮，号栎园，又称减斋先生……生于万历壬子年四月初七日，卒于康熙壬子年六月二十三日，享年六十有一。"周亮工，字元亮，一字减斋，号栎园，学者又称之为栎下先生，祥符（今河南开封）人。明崇祯十三年进士，历官潍县知县、浙江道监察御史。入清，历官福建左布政使、户部右侍郎，被劾入狱，旋释归，起为江安粮道。又因事下狱，赦归，病卒。著有《赖古堂集》二十四卷、《书影》十卷、《闽小记》四卷、《字触》六卷以及《印人传》、《读画录》、《同书》等多种。上海古籍出版社一九七九年出版《赖古堂集》影印本。

钱澄之（1612—1693）生。朱彭寿《古今人生日考》卷四："四月……二十九日，明桐城县诸生授翰林院编修钱澄之，《田间府君年谱》，万历四十年壬子。"钱澄之，原名秉镫，字幼光，一作饮光，号田间，又号西顽，桐城（今属安徽）人。明末诸生。曾在南明唐王、桂王小朝廷任职，后以避乱出亡吴、越、闽、粤，削发为僧，改名幻光，后还俗隐于故乡，改名澄之，入清未仕。博学多才，尤以诗文名重于时。著有《田间诗集》、《田间文集》、《藏山阁集》等。

五月

升左庶子朱国祯为国子监祭酒。（据《明神宗实录》卷四百九十五）

南京光禄寺卿吴达可为通政司使，翰林院编修温体仁为南京国子司业。（据《国榷》卷八十一）

顾宪成（1550—1612）卒。《明通鉴》卷七十四："是月，南京光禄少卿顾宪成卒。宪成废归，以三十六年起官南卿，辞不就，至是卒于家。宪成既卒，攻者犹未止。凡救三才者，争辛亥京察者，卫国本者，发韩敬科场案者，宪成既卒，请行勘熊廷弼者，抗论张差梃击者，最后争移宫、红丸者，忤魏忠贤者，率指目为东林，抨击无虚日。借魏忠贤毒焰，一网尽去之，杀戮禁锢，善类为一空。崇祯立，始渐收用，而朋党势已成，小人卒大炽，祸中于国，迄国亡而后已。"黄宗羲《明儒学案》卷五十八《东林学案一·端文顾泾阳先生宪成》："顾宪成字叔时，别号泾阳，常之无锡人……万历甲子举乡试第一，庚辰登进士第，授户部主事……戊戌，始会吴中同志于二泉，甲辰，东林书院成，大会四方之士，一依《白鹿洞规》。其它闻风而起者，毗陵有经正堂，金沙有志矩堂，荆溪有明道书院，虞山有文学书院，皆捧珠盘，请先生莅焉。先生论学，与世为体。尝言官辇毂，念头不在君父上；官封疆，念头不在百姓上；至于山水林下，三三两两，相与讲求性命，切磨德义，念头不在世道上，即有他美，君子不齿也。故会中亦多裁量人物，訾议国政，亦冀执政者闻而药之也。天下君子以清议归于东林，庙堂亦有畏忌……壬子五月，先生卒，年六十三……而东林独为天下大忌讳矣。天启初，诸正人稍稍复位……逆奄之乱，小人作《东林点将录》、《天鉴录》、《同志录》以导之，凡海内君子，不论有无干涉，一切指为东林党人。以御史石三畏言，削夺先生。崇祯二年，赠礼部右侍郎，谥曰端文。"

六月

前礼部右侍郎兼翰林院侍读学士郭正域卒。正域字美命，江夏人，万历癸未进士。选庶吉士，授编修，转右中允左谕德，历右庶子国子祭酒，至今官。博洽敢任，留心大计。所著《黄离草》、《江夏志》、《武昌志》、《国朝典礼志》等书行世。予祭葬。天启初，赠礼部尚书，谥文毅。(据《国榷》卷八十一)

七月

应天、浙江、江西、湖广、陕西乡试主考官，部阁屡疏，至七月终始下，以致应天、陕西初场改八月十九日，江西改八月二十六日，浙江、湖广改二十九日。(据《明神宗实录》卷四百九十四、四百九十五、四百九十七、四百九十八、查继佐《罪惟录》志卷十八《科举志》)钱桓《寓燕疏草》卷二《大比甚迫监临缺人恳乞圣明注念亟下台员以补按差以光盛典事》："比士之典，必藉按臣为之监临，二百四十余年以来，莫之敢废也。今万历四十年又当大比之期，乃以考选久格，台署一空，缺者不补，满者不代，若贵州、若湖广、若浙江，俱久缺按臣，而福建、河南等处，前科已监过秋场，例难再入矣。臣以监临乏人，深用为虑，于四月、五月内曾疏催两次，皆未有以报也。……夫三年一比士，典至重也，距试期仅四十余日，时至迫也。皇上悠悠泄泄，漠不介怀，中外人心咸惶惑而不得其解。顷见各省典试之臣次第俞发，各省增解额之请相继下部，皇上实加意人文，而廷臣胥诵寿考，作人之盛幸见于今日也。顾于监临按臣至紧至切之第一义，独等闲相视，不为之所，诚何心哉？不知监临无人，则帝幄内外谁为点检，倘有丛弊孔而滋奸蠹者，得无为盛典之累耶？此为不便者一也。士子出入，谁为稽查，倘有恣怀挟而肆猖狂者，得无为文幄之丑耶？此其不便者二也。贤书传播，遐迩共观，倘录中不载监临，得无诮朝廷之无人，而重为明盛之辱耶？此其不便者三也。……乞皇上俯念至重之典，又当至迫之秋，万万不容顷刻缓者，亟下考选之命，各补按差，令其朝拜官而夕趋事，则监临得人，可以肃清场幄，而英贤入彀，可以坐策綦隆矣。"钱桓《寓燕疏草》卷二《试期必不可更试官必不容已恳乞圣明亟点部题诸臣分驰省直以遵祖制以襄盛典》："比士于乡，三年一举，自有定制。京官典试，次第入闱，自有定期。今万历四十年又当大比之岁，而八月初九日即属头场，今已七月十六日矣，去试期仅仅二十余日，时何迫也，而皇上犹未下典试之臣，礼臣数催之不报，科臣继催之亦不报，一时人心皆惶惑，而莫得其解。臣今不敢以繁词渎圣听，惟就各省直道里程数一一为皇上陈之，当自知不可以顷刻缓矣。臣查《大明官制》，湖广距京师五千一百余里，浙江则四千四百余里，江西则四千一百余里，南直隶则三千四百余里，陕西则二千六百余里，其它如山西、山东亦不下千余里，以此迢递长途，又当溽暑之候，钦定日期既不可擅更，而诸臣又无缩地之术、奋飞之法，必须挨程而进，逐日而行。即皇上当时俞发，诸臣立刻就道，昼夜兼程，犹虞时日有限，人力易穷，不能如期受事，况途中风雨濡迟，又未可测度也。念言及此，不惟典试诸臣日久焦劳，惧误大典，即举朝臣之计程计日，知时势之无及，而莫不为此凛凛也。伏乞皇上俯念国家莫大之典瞬息难缓之时，速需部题典试之疏，即令诸臣星驰前往，不惜鞅掌，无误试期，庶乎克遵祖制，而于盛典为有光矣。"钱桓《寓燕疏草》卷二《秋闱已迫监临缺人恳乞圣明速下台员以补按差以济急需以光大典》："惟三年比士，国有常经。按臣临事有专责，二百余年开科以来，未尝缺人误事也。今岁八月又当大比之期，各省直将薪槱多士汇征王国，讵非甚盛举哉！然欲收真才，关防宜密，欲密关防，则监临宜预所为。申明功令，毖饬帘闱，搜剔弊蠹，皆其职掌，此岂可以旦夕卒办也？乃今若贵州，若湖广，若浙江，皆缺按臣矣，而云南、河南、福建等处按臣皆报满，三年内不得再任监临矣。时已入夏，转盼届期，即今差遣，犹虑趋事不前，若再濡迟，必致缓不及事。异日青史书之曰：万历四十年某省某省无监临按臣，不亦辱朝廷而累明盛之治耶？此臣所以早夜思维，不得不烦渎圣听也。……伏乞皇上俯念秋闱至重，试期已迫，按臣万难再迟，亟下考选之命，俾诸臣刻期入境视事，庶监临得人，可以收罗四海之豪杰，而俊义登庸，可以坐策千载之綦隆矣。"

张尔岐（**1612—1678**）生。《清代碑传全集》卷一百三十钱载《张处士尔岐墓表》："生于万历壬子七月二十二日，殁于康熙丁巳十二月二十八日。"张尔岐，字稷若，号蒿庵，山东济阳人。明季诸生。入清，弃举子业，居乡里授徒为生。精研《仪礼》，著述宏富。著有《吴氏仪礼订误》五卷、《周易说略》八卷、《诗说略》五卷、《老子说略》二卷，以及《蒿庵集》三卷、《蒿庵闲话》二卷等。

少詹事黄辉（**1553—1612**）卒。辉字平倩，南充人，万历己丑进士。自庶吉士授编修，进右中允，直东宫。历谕德左右庶子，迁今官。累推礼部右侍郎，不下。其人清正绝尘，文古劲，为时所重。（据《国榷》卷八十一）《明史·文苑传》："黄辉，字平倩，一字昭素，南充人。竑同年进士。幼颖异，父子元，官湖广，御史属讯疑狱，辉检律如老吏。御史闻而异之，命负以至，授钱谷集，一览辄记。稍长，博极群书。年十五举乡试第一。久之，成进士，改庶吉士。馆课文字多沿袭熟烂，及李攀龙、王世贞之学行，则又改而从之。辉刻意学古，一以韩、欧为师，馆阁文稍变。时同馆中，诗文推陶望龄，书画推董其昌，辉诗及书与齐名。至征事，辉十得八九，竑以博雅名，亦自逊不如也。由编修迁右中允，充皇长子讲官……辉雅好禅学，多方外交，为言者所论。时以为庶子掌司经局，遂请告归。已，起故官，擢少詹事兼侍读学士，卒官。"

八月

张绍魁原籍北直，不得为顺天乡试考官。《明神宗实录》卷四百九十八："（万历四十年八月乙亥）礼科左给事中周曰庠题：房考论望，不拘俸序，例也，论经而同乡之官不得概取，亦例也。顺天今岁所聘房考一十四人，《春秋》多用三人，《书经》多用一人，盖主论俸而以四人者代阅《诗》、《易》两经，议论遂尔沸腾。臣与监试二臣谓当改正，该司亦另聘人场矣。中有行人张绍魁者，原籍北直人。夫考官不用同乡，自嘉靖甲子科始，至今未之有改。而顺天复用之，何以遵令甲哉？乞谕令监试、提调官不得以《诗经》试卷分绍魁批阅，庶嫌疑可远而本官之生平无玷。缘主考二臣钦遣太迟，致房考不便早聘，卒然命下，开聘者不暇致详，受聘者不及加察，重大之典以忙迫失错。此后礼部先期疏名上请，皇上即赐允行，俾得详审周慎，不复紊乱旧章。绍魁本延庆卫人，以《诗经》房考不足，入帘前一日监临御史行部更易，选司仓卒以绍魁应。文选司郎中刘崇文等上疏简举，御史乃移会内帘，不令绍魁与事。"钱桓《寓燕疏草》卷二《房考错误已经检举敬陈酌议》："臣等于八月十三日据吏部文选清吏司郎中刘崇文等揭称：'先是顺天府经历司呈取经房考官一十三员。职博询旧规，本部进士率用守部者入帘，博士、中书、行人亦总之不离俸次。但检阅各衙门开造手本，以俸配经，以经配房，殊为不合。事值其穷，不得已用博士前一员、中书前四员、行人前四员、守部进士四员，本经不足，间用别经，亦以会试各房原有代经之例，礼部新例亦有调看之条。而稽之己酉旧案，顺天场中业有以《诗经》而代《礼记》者，愚昧之识，自以为无大刺谬，开具手本送顺天府讫。续该监试台臣各循职掌，寓书于职，欲职改正，谓同考须用本经，事后恐有烦言。职感其相成之雅，不敢偏执己见，旋查各衙门原开手本，别经尚有余剩，惟是《诗经》尽数括取，止得五员。复拟一单，更易四员，期于主经耳，此初六日事也。旧规初七日入帘，相去仅隔一宿，匆卒之际，不及细询历履，但据庚戌《会试录》中《诗经》张绍魁刻，系延庆卫人，职误谓卫设关外，与北直无干，又以舍绍魁则《诗经》尚少一员，仍须代摄，遂一并开送讫。事后询知，乃知延庆隶属北直，例应回避，自悔失错，而本官已聘取入帘，不可追矣。总之此一役也，初则牵掣于资俸之矛盾，以循序而有言，继则仓皇于时日之迫促，以主经而致讹，进退皆非，二三已甚，然总因公事，悉出无心，非有偏私那移于其间也。合照《大明律例》，检举失错，席藁待罪。至于行人张绍魁阅卷事宜，场中监试、提调诸官自有酌议，非职等所敢置喙也'等因到臣。该臣等会同提调官顺天府府尹袁奎，看得北畿比士，聘取经房，各经有定数，则房考有定员，于各经之中换取俸深者充之。间有代摄，不过一二人耳。乃今岁初取，《易》止一员、《诗》止三员、《春秋》则多三员、《书经》则多二员，盖缘以俸为主，致与经数不符，其时即闻士子已有烦言，臣等既叨监试，实与有责焉，是以移书该司，而该司遂行改正矣。第时日忙迫，不暇细查，以行人张绍魁改充《诗经》房考开送顺天府，聘入内帘，此本月初七日事也。至初八日，主考命下，诸臣匆遽陛辞入场，今该司业已自行检举，臣等无容再议。惟是张绍魁入帘已久，难先出场回避，有例又难阅卷。已传知主考二臣，将本官二房应阅试卷分派《诗经》各房校阅，其试录同考官内亦不必列本官名衔，此皆从前所无而一时权宜之事也。"

两京十三布政司乡试。《国榷》卷八十一："京省主试顺天右庶子郭淐、左谕德朱延禧，应天谕德赵秉忠、洗马邵景尧，浙江翰林院检讨郑以伟、兵科给事中李瑾，江西检讨周如磐、户科给事中韩光祐，福建修撰张以诚、户科给事中徐绍吉，湖广编修李胤昌、户科给事中姚宗文，河南太常寺少卿王纪、户部主事徐行可，山东吏科给事中梅之焕、户部员外郎杨述中，山西吏部主事郭士望、工部主事王世德，陕西吏部主事赵士谔、兵部主事萧丁泰，四川兵部主事张应征、大理寺评事陈向廷，广东户部主事洪启聪、工部主事张国维，广西刑部主事来斯行、中书舍人沈士茂，云南兵部主事余大成、行人王尊德，贵州刑部主事王家相、行人彭际遇。应天、陕西、湖广俱命，不即下。改试日。"

四川乡试，第六名王应熊误填周继昌。主考张应征、陈向庭各罚俸二月。 谈迁《枣林杂俎·圣集》："万历壬子科，四川第六名王应熊，误填周继昌。发榜后，××推官杨一鹏检举，御史彭端吾以闻，有旨改正。继昌走诉京，不许。主试兵部员外郎张应征、大理评事陈向庭，各罚俸二月。先是戊子八月，南场分考，当涂知县德清章嘉桢填榜，四十九名《诗经》荒字十号××，误填《春秋》荒字十号曹祖正。榜出，寻检举。应天府尹张槚等遂未进《试录》。奏上，祖正除名。嘉桢夺俸五月。《诗经》卷解部覆阅。"

卓尔康举乡试。 钱谦益《牧斋有学集》卷三十二《卓去病先生墓志铭》："去病姓卓氏，名尔康。……万历壬子，举于乡。……愤时俗重进士科，粪溲乙榜，厚自洒濯，务使所居官大。" 钱谦益《牧斋初学集》卷五十六《广西平乐府同知致仕进阶朝列大夫陆君墓志铭》："国家设资格用人，分进士、举人为甲、乙科，而近世轻乙科弥甚。郡邑官内征得台班者，乙科才一二人。而此一二人者，又必其精强蜂气，揣摩捭阖，游光扬声，乃仅而得之。不若为甲科者，端拜详视，便文无害，安坐而致津要者，十人而九也。世既轻视乙科，而乙科之自视，亦以为支子赘婿，为吏而不自力，自力而鲜克有终。即自力且有终矣，而往往连蹇不得意，为甲科者相与心非而手笑之。于是乙科之自视亦日益轻，而吏治益以窳敝，甚矣资格之为吏病也。"

高秉忠今年中举。其门下高中者数人。 乾隆《武进县志》卷十四《摭遗》："高秉忠，字恕行，万历壬子举人。先是，乡先达邀慈溪刘行素设教于钟楼寺，从者百人。刘后辞归，门人邹之麟请曰：'先生去，某等宜何师？'刘曰：'必高恕行。'邹遂率诸人师之。邹固不可一世者，独心折恕行，故师之。及壬子榜发，榜首张璋，即高之弟子也，门下中式共十七人。鹿鸣宴例五魁席堂上，馀坐两廊。玮白监临：'弟子不可以先师。'乃命移高席上，十七人皆向高揖，然后坐，一时荣之。"

刑部尚书赵焕兼任吏部尚书。 《明鉴纲目》卷七："纲：壬子四十年，秋八月，以刑部尚书赵焕，（字文光，掖人。）兼吏部尚书。目：时帝怠荒益甚，二十余年，未尝一接见大臣，曹署多空。内阁止叶向高，杜门已久。六卿惟焕一人，又兼署兵部。至是，改署吏部。兵部尚书李化龙卒，召王象乾未至，亦不除侍郎。户工礼三部，止各一人。都察院自温纯罢去，八年无正官。六科止数人，十三道皆以一人领数职。在外巡按，十余年不得代。督抚监司，亦屡阙不补。郡守缺十之五六。文武大选急选官，及四方教职积数千人，以吏兵二科缺掌印，不给牒，久滞都下，时攀执政舆哀诉。焕累疏乞除补，始除侍郎四人。既而考察命下，补科道六十余人。时称盛事云。"

致仕翰林院待诏瞿九思上《圣寿五秩乐章》二十五章，又《万历武功录铙歌》。（据《国榷》卷八十一）

九月

南京国子监学录梁晓福等赴任违限，讯之。（据《国榷》卷八十一）

李廷机乞休不允，竟归。《明鉴纲目》卷七："纲：九月，李廷机罢。目：廷机性廉洁，然颇刻深不谙大体。（其在礼部，楚宗人华越以奏讦楚王，既拟夺爵锢高墙，廷机援祖训谋害亲王例，议置之死。言路势张，政府暨铨曹畏之，不敢出诸外，年例几废。主事聂云翰论之。廷机希言路意，中云翰察典。）初入阁，廷臣争论之，廷机累疏乞休，不允。杜门不出，待命逾年，乃屏居荒庙，人迹都绝，言者犹攻之不已。至是，疏已百二十余上，不得命，竟归。（廷机系阁籍六年，秉政止九月，无大过。言路以其与申时行、沈一贯密相比，故交章逐之。辅臣以龉龊受辱，屏弃积年而后去，前此未有也。归四年卒，赠少保，谥文节。）"

十月

着礼部会同吏部、都察院议处顺天乡试第二名童学贤、第五名傅皇谟等。《明神宗实录》卷五百："（万历四十年十月庚辰）礼部左侍郎翁正春奏：'臣因磨勘顺天乡试朱卷，驳参第二名童学贤、第五名傅皇谟并房考邹之麟，致科臣赵兴邦、亓诗教论臣不及主考为不公，为徇庇。诗教又言臣于代藩争立，不肯担当，解额请增，漫无区别，臣诚无所逃罪，乞赐罢斥。'得旨：'翁正春直讲典礼，素著勤慎，着照旧供职，不必辞。其科场事即会同吏部、都察院、该科议处来说。'初，闱中更经互阅，进士邹之麟以《易经》拈《礼记》，既复参阅《易经》，于中书于发藻房搜得落卷，呈副考谕德朱延禧涂而乙之。之麟仍用靛绿细批，力荐领解，遂置二名，即学贤卷也。发榜数日，为御史马孟祯、科臣杜士全先后论发，学贤文悖谬不通，之麟有文无行，僻处东城，踪迹诡秘，帖害进士朱国盛等不得入帘。主考官亦陈闱中始末，乞斥。御史孙居相遂有直发科场积弊疏，追论庚戌事，谓之麟为汤宾尹、韩敬死友，敬原有所属而之麟误认耳，请并究处。于是礼臣参学贤文理荒谬，皇谟四经失旨，之麟偏拗当惩，皇谟亦之麟所取士。科臣因以不及主考为言，乞切责礼臣，为将来戒。"

左中允韩爌为左庶子兼翰林院侍读。左谕德朱延禧为右庶子兼侍读。洗马邵景尧为左中允，黄国鼎为左谕德，并兼侍读。左赞善王毓宗为洗马。兼修撰张以诚、编修何如宠、检讨周如磐为左中允兼编修。右谕德兼侍讲陈懿典为南京翰林院侍读学士。（据《国榷》卷八十一）

十一月

革顺天举人童学贤，罚举人傅皇谟三科及降罚邹之麟、于发藻等各有差。《明神宗实录》卷五百一：万历四十年十一月，"乙巳，革顺天举人童学贤，罚科举人傅皇谟及降罚进士邹之麟、中书于发藻等各有差。礼部会同吏部都察院礼科议：二名童学贤七艺皆芜秽之词，三场无隽永之句，当径行革斥，仍令以监生听选。五名傅皇谟经学虽已遗讹，诏质犹堪再造，当罚停三科会试，限满之后，仍听部考奏夺。至于进士邹之麟，借他房以收赝鼎，辱盛典而误贤关，所当降以闲散，以为恣睢之戒。若主考右庶子郭淐、左谕德朱延禧，荐卷縢人，抡魁失士，相应并行罚治。中书于发藻之于童学贤，既属本房，当有确见，始以蛩吟为绝响，终以莎羽扇同声，应重加罚治。因请以后京闱分考官，断自乙卯科为始，照南京事例，简取推知有文行者充用。上是之。乃夺发藻俸一年，淐、延禧各半年。推知分考之议始于台臣田一甲、科臣官应震。"

御史孙居相疏参汤宾尹、韩敬，科道会议，将韩敬革职候勘。文秉《定陵注略》卷九《庚戌科场》："（万历）四十年十一月，御史孙居相疏，直发科场大弊事，参汤宾尹、韩敬。有旨：'礼部看议具覆。'韩敬与金沙于玉立为儿女姻，于颇以纨袴畜之，敬深以为根。及登第后，方喜葭莩之借光，而不知其饮恨甚也。时适当淮抚之事，因淮抚而并及锡山，徐兆魁前驱最力。于寓书于敬，授以疏稿，令攻兆魁，保举淮抚，且云不特一时之誉望攸归，而日后之爱立可握券以取也。敬接疏稿，反以授兆魁，于是彼党合喙以攻于，推驳无完肤，同人咸为不平。丁礼部元荐，首发其场中搜换情弊，孙遂继出此疏。""（万历四十年）闰十一月，礼部署部事左侍郎翁正春疏，申请明旨佥同会议等事。奉旨：'着科道官会议了来说。'给事中孙振基疏，关节会议宜严事，参汤宾尹、韩敬。给事中商周祚疏，关节已有成议，号簿急宜吊查事，参吴道南。御史马孟祯疏，场事会议已明，波及不宜太甚事，驳商周祚不当借端场事，横扯不阿之大臣。礼部署部事左侍郎翁正春题：'钦奉明旨，会议科场弊端，乞赐严处以惩欺玩，以饬大典事。臣谨会同吏部尚书赵焕、左副都御史许弘纲、吏科都给事中翁宪祥等，掌河南道印御史余懋衡等，议韩敬应照不谨例闲住，其余十七人，当调查号簿，严查有无情弊，分别另题，候明旨裁处。惟时臣等同科道诸臣，凡六十三人，内六十人，无异议，俱皆画题，止有台臣刘廷元、董元儒、过庭训未画题，欲将韩敬革职候勘，臣谨从其多者。'"

徐夜（1612—1684）生。徐夜《甲辰生日二首》其一："至后有愁添短发，朝来无酒介长龄。"其二："质胜黄杨当闰岁，才非白雪近阳春。"诗后自注："余以闰十一月生。"据陈垣《二十史朔闰表》，明万历四十年壬子（1612）闰十一月。"至后"，据郑鹤声编《近世中西史日对照表》，是年冬至（1612年12月21日）后一日恰为闰十一月初一日，甲辰年（1664）以及寻常年分皆无闰十一月，故作者每年记生日只能以"至后"为记，可知其生于壬子年闰十一月初一日无疑。朱彭寿《清代人物大事纪年》谓徐夜生卒年为"1616—1687"，享年七十二岁；钱仲联主编《中国文学家大辞典·清代卷》括注徐夜生卒年为"1611—1683"。皆似误。徐夜，初名元善，字长公，以慕嵇叔夜（康）改今名，更字嵇庵，号东痴，新城（今山东桓台）人。明末诸生。王士禛《渔洋诗话》卷上："徐夜字东痴，叔祖季木考功（象春）外孙，与余兄弟为外从兄弟。诗学陶、韦，巉刻处似孟东野，余目之为涧松露鹤。"传世有《徐夜诗选》二卷、《隐君诗集》四卷。今人张光兴、李崇葵、毕宜伸有《徐夜诗选注》，天津古籍出版社1993年出版。

闰十一月

翰林院庶吉士成基命为编修。（据《国榷》卷八十一）

十二月

礼部条奏肃清科场弊窦八议。从之。《明神宗实录》卷五百三：万历四十年十二月丙申，"礼部条清场弊八议。一、各房考键户静坐评文，勿借口送卷频见主考，以启荐属之端。勿托言共事，溷入他房，以滋搜换之弊。所取正、备卷尽送主考，去取高下悉以听之。一、取士本为世用，乃有用世之才，不能于制义中见奇，而二、三场或露一斑，并有通今博古，文辞成一家言者，此即头场不甚纰缪，各房无妨间取一二卷，以示崇重实学之意。一、弥封、誊录二所，奸弊易乘，而截换卷头，透漏关节，全在弥封。又有贿通吏书，购能文之人顶役，誊写精工，拣文理荒谬之卷汇集一束，而夹此卷于中，以图幸取。至佳卷则潦草涂落。此碔砆所为溷收，而良璞不免弃掷也。一、传递不专在进呈题目及颁送之际，当议刻时题已透出矣。司门官往用武弁，尤惯通关节者。今后宜以佐贰之敏慎者司之。又有举子，故意宿场，窃买名卷入号，选录毕即投之水火，殊可痛恨。惟在监试、提调加意简点，随收随送，弊可革乎。一、批评文字宜肖其文而止，不得盛为粉饰，高相夸诩，以眩观览。至于落卷，乃有不染一墨评一字者，何以服士子之心。自后三场，必须加笔，毋只以一勾了事。一、搜落卷，原为士子攻苦担簦，以求得一当，而好尚不偶，或有遗珠。今后揭晓前二日，主考与房考齐集内堂，将各房落卷互送分阅，如得佳卷，即呈送主考，公同品隲，不妨将取卷稍次者更易。系某房者，原归某房。一、场中诸务殷繁，前后日期迫促，请自今入棘定在初六，出闱期以月终，庶多两日搜罗，可无遗才之叹。至各官见朝，亦在揭晓之次日，监试、提调得以从容查收朱墨卷，无仓忙冗杂之弊。一、文衡固不可以私干，而公道尤不可以诬枉。良缧士子执贽，易起嫌疑，奸党雠家，惯造蜚语。今后试官临场，宜严加杜绝，至一切谤帖，行五城兵马密缉擒挐。奉旨：这所奏深切科场弊窦，依拟严行，不得违玩。"

举人刘琛等被指行贿，着法司并问。《明神宗实录》卷五百三：万历四十年十二月己亥，"御史凌汉翀疏称：举人刘琛钻买房考、行人李一公，中二十五名；朱良材贿买同经曹烨，中四十一名；富监王廷鼎、乔之申等，或三千金，或五百金，贿买进士王象春。请敕下三法司会问。科臣李奇珍亦参顺天乡试四十七名举人张世伟贿通象春，幸中本房。礼部请并究处。有旨：着法司并问。"

礼部覆漕臣孙居相条摘场蠹四款。依拟行。《明神宗实录》卷五百三："（万历四十年十二月戊戌）礼部覆，漕臣孙居相条摘场蠹四款：一，慎选用内帘。入帘分考，择才行兼优之士及品望峻洁者，其有营求树私等弊，俱听监临、部、科指名参究。一，禁隔房取士。分卷之初，明用号印，有私相更换，得以中式，即系关节，不许上榜。一，禁迩年弊端。怀挟传递，埋伏买号，在监临关防之不严，割换抄誊，在弥封受卷之不谨，今后须择老成忠实者供事，不得充以积胥。落卷发提调给散诸生，若有前弊，该所官役尽法究处。一，正文体。取文务求醇正典雅，其有吊诡抉奇、谈禅说偈等语，必黜无录。试卷到部，严加查核，但有前弊，举子黜革，考官降斥。奉旨：'依拟行。'"

商周祚、马孟祯、董元儒、刘廷元等纷纷上疏。论科场事。文秉《定陵注略》卷九《庚戌科场》："（万历四十年）十二月，给事商周祚疏：微臣纠参甚确，险臣欺蔽难辞事。驳马孟祯代辩，再参吴道南。御史马孟祯疏：'臣疏理不可易，谨再据事直陈，以昭公道事。顷者会场一事，业经会议画题，乃科臣商周祚，以吴道南为欺蔽，欲并议处，臣以道南为发奸，不宜议处。顷周祚复有'微臣纠参甚确'一疏，夫有道南之言，而后知有号簿之说，有号簿之说，而后有孙居相等之疏，毕竟道南系欺蔽乎？系发奸乎？系阿私乎？系非阿私乎？公论在人心，不可以一人掩也。敬之买中，千真万真，敬自知难救，人亦知必不可救，计无复之，抛一破甄为瓦注，旁生枝节，旁扯不利于敬者，与之作陪，广布流言，装成陷阱，臣恐在朝在野，不知几何人当落敬手，独一道南哉？愿与周祚从公质正，若代辩二字，不能箝臣口也。'御史董元儒疏，科场摘发未尽，会议终难结局事。言当并勘韩敬等十七人，乃议之公，又当并处房考、主考，斯议之全。且号簿公案矣，道南既可移之私归，何难匿之灭迹？万一奸弊接踵，真簿不得，或致会议之旨，纷为筑舍之亏，彼道南之蒙弊，罪不胜诛矣。将翁正春得辞其责乎？御史刘廷元疏：会议明旨当遵，礼臣灭单非法事。参翁正春。"

予顺天府府尹袁奎请告。命府丞乔允升行朝觐事，通判詹延署掌印信。《明神宗实录》卷五百三："（万历四十年十二月辛亥）予顺天府府尹袁奎请告。命府丞乔允升代行朝觐事，通判詹延署掌印信。先是，奎有群从弟袁懋麒已中顺天五十名，避奎提调，嫌置不录。久之，懋麒卒于京师。科臣余懋孳论副榜监生余焕卷面有批中第一百名字，为主考草率。因言奎厌处闱中，急欲了事，以致一切周章，遂及懋麒事，云奎有意死之。奎屡辩过激，台省交论，乃称病去。焕卷则中书于发藻房皿号卷，溢额裁去者。焕遂谓为童学贤更换，非也。是时又有二十五名沈德符者，以外议置之，注明卷上，言责主考于焕卷失注云。"钱桓《寓燕疏草》卷二《试卷取中更易房考失于注明据实具陈以祈圣裁以释人疑》："国家典礼莫重于场屋，故帘分内外，各有专责。帘以内校雠文字，甄录真材，则主考、分考任之。帘以外搜剔弊蠹，清查卷数，则监试、提调任之。臣等奉命监试顺天秋场，因鉴数年以来每科俱有议论，故加意毖饬，百计防闲，督责外帘四所官各矢公慎，编号弥封，俱于至公堂上，吏胥人等不许擅入号中。四所挨查，并无一卷遗错，三场事竣，绝无一人作奸。亦自幸帝外肃清，庶几可无负任使矣。至于帘内主考二臣，秉公衡文，所收录者大多名士，方相庆以为得人。乃第二名童学贤实出意外，都中人士咸谓文理荒唐。台臣马孟祯、科臣杜士全相继参论，礼部自当议处，臣等无容置喙矣。惟是湖广监生余焕，近见其揭帖，谓其朱卷房考俱有批语，主考已批取中，卷面已注一百名，何故名落孙山？怀疑未释，愤郁不平，具疏控陈其情，诚有可悯者。臣等于八月二十四日申时同提调官入帘拆号填榜，至黄昏时候曾见主考二臣查算草榜号簿，相对而语云：监生多中一卷，令易四房考官于发藻一生员卷更之。臣等未见其卷，实与闻其事，此亦各房考诸臣所共知者，今原号底簿见存可据也。但监生余焕中而复更，自宜注一二语于卷面，明言不中之故，本生见之，定当以命自安，岂致今日纷纷之议哉？奈之何无一字注明也，则于发藻之疏略洵无所辞其责矣。乃余焕疏中云：为搜荐童学贤以致遗落，不知第二名之与一百名相去悬绝，若风马牛不相及也。止为童学贤与余焕皆在于发藻房中，故牵扯及之。其实童学贤之当处自有公论，而余焕之更易则与童学贤无干。以失注余焕之卷责于发藻，藻自心服，若以进童学贤而退余焕之卷坐于发藻，藻实不服。其事体原只如是，臣等不敢不据实具闻。目今惟有移文原籍，厚加旌赏，以抒本生之郁而平其情。其本房于发藻，若惩其疏漏滋议而量加罚治也，惟命；或念其无心脱略而俯从宽宥也，亦惟命。伏乞皇上饬下礼部议覆施行。"

征士王稚登（1535—1613）卒。稚登字百谷，武进人，侨于吴。入太学，工诗文。嘉靖末，相国袁炜荐直史馆，隐居不仕。年七十九。（据《国榷》卷八十一）按，王稚登卒年系据公历标注。《明史·文苑传》："王稚登，字伯谷，长洲人。四岁能属对，六岁善擘窠大字，十岁能诗，长益骏发有盛名。嘉靖末，游京师，客大学士袁炜家。炜试诸吉士紫牡丹诗，不称意，命稚登为之，有警句。炜招诸吉士曰：'君辈识文章，能得王秀才一句耶？'将荐之朝，不果。隆庆初，复游京师，徐阶当国，颇修憾于炜。或劝稚登弗名袁公客，不从，刻《燕市》、《客越》两集，备书其事。吴中自文徵明后，风雅无定属。稚登尝及征明门，遥接其风，主词翰之席者三十馀年。嘉、隆、万历间，布衣、山人以诗名者十数，俞允文、王叔承、沈明臣辈尤为世所称，然声华炬赫，稚登为最。申时行以元老里居，特相推重。王世贞与同郡友善，顾不甚推之。及世贞殁，其仲子士骕坐事系狱，稚登为倾身营救，人以是重其风义。万历中，诏修国史，大学士赵志皋辈荐稚登及其同邑魏学礼、江都陆弼、黄冈王一鸣。有诏征用，未上，而史局罢。卒年七十馀。"

翰林院编修孟时芳为国子司业。（据《国榷》卷八十一）

本年

诏增顺天、应天乡解各十名。黄儒炳《续南雍志》卷七《事纪》："（万历四十年）戊寅，应天府尹汪道亨请增解额，引祖制暨累朝额数为征，奏称：'臣滥竽关西，适与灾会，拮据荒政，心血尽枯，思图乞身，忽迁今职。窃念力小任重，日夕以惕，且岁值宾兴，臣与有提调之责，即鞠躬尽瘁，义无所逃。今一切棘闱内外，事无巨细，臣已悉心经理，不谓南中解额有限，生员、监生纷纷争执。近闻江北诸生执有分卷之议，应天府儒学生员投臣一词以为不可。又谓南、北直隶并建，而巡方之使省各一人，北直隶二人，南直隶三人，是有见于南国幅员之广也。夫幅员广则生材必多，而今取士之数不加于北，皆以百名为额，非所以为平也。又据南京国子监大堂各历监生林泰闻、周士鼎等揭，欲比北监三十五人之例，已将先后所请送部阅议。而臣尚有一得之愚，谓祖制之可考者二，科贡之当增者二，至时势之不得不变通者，其说有三，敬为我皇上陈之：臣读《大明会典》，洪武三年定直隶府州县贡额百人，而北平止四十人，是时北平尚未建都，故其数独约，此国初取士之额，祖制之可考者一也。其后洪熙元年定取士额，南监迄郡县学取数八十人，北京杀是而为五十。宣德七年令顺天试额一如南京之旧。正统五年复定取士额，顺天仍旧，应天府增至百名，各省加额有差，此祖制之可考者二也。及正统六年，顺天增额二十名，应天府至今旧额未改。夫语甸服则南北非有重轻，而较封疆则彼此宁无广狭？南国素称才薮，所宜法祖宗之意，加额取士，及按应天科额，则又不得不增者。臣奉皇上任使，奔走于豫章、两浙、八闽、东粤、西秦之地，姑就轮蹄所历言之，未有如南直隶舆地之广者，盖北跨黄河，中历淮泗，而南逾大江，东则由金山、海门直达登、莱，一面阻海，三面绣错，五藩延袤，不知几千里，中间蔚为人文，翘秀多士，此科额之当增者一也。又如南宫中式之士，隶于南者臣不敢遐稽远引，即以近二十年计之，壬辰五十二人，乙未六十二人，戊戌六十人，庚戌四十八人，哀多益寡而酌其数，每科不下五十五人。人文之盛，兹可概见，此科额之当增者二也。至于时势尤合变通，臣按景泰元年，合国学南畿之士取中二百人，四年中二百五人，其时就试者合一千九百有奇，而太学人少，中式者不过八人、九人而已。今则监生入试者已如景泰通场之数，而生员至逾五千矣，为所在选贡俱充国学，两京乡试各中一百五十人，嗣是万历二十五年，两京各中一百四十五人，虽多寡不齐，要皆酌成均贡士之数而量增之。夫天之生才止有此数，不在辟雍即在泮水，停选之后，人非独乏也，岂一人成均即应加额，而淹之庠序遂不必收乎？此时势之不得不变通者二也。南北两京均设国学，此仿周辟雍之制，为天子视学之地，盖綦重矣。以故储材于成均者，皆与畿内之士就试棘闱，而景泰七年复定选举之额，南北直隶各一百五十名。其时生员、监生未有分额也。而两京太学，天顺三年中六人，六年中七人，成化元年中十人。至嘉靖四十年，许国一榜遂中至二十六人。自后万历三十四年、三十七年皆中如许国榜之数，袭以为常，而生员中数遂减于旧。今者监生引北监例，谓宜中三十五人，而生员则执天顺、成化之例，谓止宜中七人、十人，纷纷辩论，争执不已者，总为解额数隘，怀材抱技者艰于自见耳。以臣之愚，宜总增额数二十名，分三十五名为监生，其余属之郡邑之士，盖京师首善，当非藩服之比。乃今各省解额视洪武初年不啻倍之，而应天独否，岂各省人材均倍国初，而南中士子终可以定额限之乎？臣故以为增解额便。'……秋七月己亥，祭酒蒋孟育疏乞钦定南监解额如北例。己酉复具疏以请，大略谓东南号文学渊薮，南雍隽造应试者至千八百余人，度其誉髦非逊于北，而今北雍中式定数三十五人，南监则自丁酉、庚子或二十八人、或三十人，何差数之甚！且南北之有国学也，均为神圣肇造，未易轩轾，何得使解士之额盈缩不均？以臣愚虑，宜下画一之令。报闻，令礼部覆议。八月丁丑，初言官及京兆尹、各按臣以近日人才大盛，奏请增南京解额，以厚丰芑。下礼部议，量加南京七名，其各省加额有差。南中士以为不足，群走白宪臣。御史熊廷弼奏曰：'近闻允题加额，所议南国仅加七人。窃计海内幅员之广，青衿之众，南宫中式之多，固无有逾南直者。国初南直科额逾各大省，至六十名，洪熙中逾北直尚三十名，正统中尚二十名等，南北而一之，独今日耳。即如太学人士不及各庠十之一，而加额名数浮于各庠。往日主司怜才，常令在庠侵监生之额，自处分已定，难以复侵，高材常屈。方今六府一省者入彀尝多至八十名，分论江南应、安六府一州已足当之，是宜独中八十名矣，况益之以庐、凤、淮、扬，合之以苏、松、常、镇，而所加止此，何董董也！如谓两都不宜异等，则人文之产固自殊科，如谓政体原欲持平，则江左之征何为独重？司计者既为则壤成赋，必欲轻北而重南，则用人者亦当因此抡材，似难抑南而从北。今议加直七人，而诸大省亦加五人，南直视大省仅赢其二，非国初独多六十之制矣。臣按今日时事，宜视正统六年、天顺加额事例，加二十名，一如诸臣之请。其监生乞依北监以三十五名为定额，亦宜从之，以塞争端。'"查继佐《罪惟录》志卷十八《科举志》："（万历）四十年，诏增顺天、应天乡解各十名，陕西五名，华亭张拱端、履端同榜，系同胞兄弟。"钱桓《寓燕疏草》卷二《为遇大庆之会正值大比之秋乞增两都制额以广皇恩以光文治事》："查万历二十五年开科增二十人矣，时则因部臣之请，以选贡之大集也。又查万历二十八年开科增十人矣，时则因士子之乞，以岁例之特多也。嗣后观光之愿日盈，醮士之途未扩，主司之出，每恨遗珠。至三十七年，辽东按臣熊廷弼以辽士广额请，得旨覆增五人矣。今四十年，而陕西按臣毕懋康以秦士广额请，得旨覆增五人矣。山东按臣冯嘉会、四川按臣彭瑞吾、山西抚按魏养蒙、苏惟霖各以该省广额请，俱奉旨下部议覆矣。台臣乔允升请增河南解额。且闻循例陈乞者相继踵至，计必一视同仁，次第俞发矣。……仰望陛下履冈陵之运，畅薪樗之化，而加意于宾兴之士，其剂科第之隆崇，才品之繁盛，较辽东、陕西之例而永广两都之解额，固圣朝万世之盛举也。其沛覃施之典、慰颂祷之忱，比丁酉、庚子之例而暂开南北之贤科，亦皇上一时之特恩也。"丁酉，即万历二十五年（1597）。庚子，即万历二十八年（1600）。

兵道高邦佐创河间武学。乾隆《天津府志》卷九《学校·武学》："《天津卫志》：初设西南城角楼上，春秋祀之。《河间府志》：万历壬子，兵道高邦佐创。内祀周昭烈武成王，配吴司马孙子、齐司马田子、汉留侯张子、汉武侯诸葛公。每三岁试骑射、论策。抡数十人入学，择武举一员训之，名曰科正，事专董于兵道，不隶学使者。武生能文，中学院试者，得进儒学。"

方文（1612—1669）生。钱陆灿《题嵞山先生续集》（见《嵞山续集》卷首）云："近来诗卷擅千秋，栎下官高尔止游。何事同生壬子岁，竟无一字学崔刘。"诗后自注："周栎园侍郎与尔止俱壬子，予亦壬子。白香山诗云：'何事同生壬子岁，老于崔相及刘郎。'"方文，字尔止，号嵞山，一名一耒，字明农，别号淮西、忍冬，桐城（今属

安徽）人。明诸生，入清不仕，以工诗著称。著有《盦山集》十二卷《续集》四卷
《又续集》五卷共二十一卷，上海古籍出版社 1979 年有影印康熙二十八年古怀堂刻本。

明神宗万历四十一年癸丑（公元 1613 年）

正月

丙戌，停河南举人刘永泰会试。考试官王纪、徐可行，同考试官璩光岳等，各夺俸
二月。以经义不成章也。（据《明神宗实录》卷五百四）

二月

左都御史孙玮请罢荆养乔、勘熊廷弼。从之。《国榷》卷八十二："万历四十一年
二月庚寅，初，宣城梅振祚宣祚私宦妇徐氏，诸生共攻之，督学御史熊廷弼毙讦者芮永
缙于杖下。巡按御史荆养乔谓廷弼庇奸，徇前谕德汤宾尹也。疏上，投劾去。廷弼辩杖
之由以行劣，非发奸也。左都御史孙玮请罢养乔、勘廷弼。从之。"

国子祭酒方从哲为吏部左侍郎。（据《国榷》卷八十二）

命叶向高为会试总裁，方以哲副之。录取周延儒等三百五十人。《明神宗实录》卷
五百五：万历四十一年二月，"癸巳，命大学士叶向高总裁会试。升原任祭酒方从哲为
吏部左侍郎，副之。仍谕向高曰：'祖宗旧制，开科取士乃国家之大典，例用辅臣总
裁。今大小臣工，俱言考试必用重臣。朕思考期近，且卿在寓非病，着遵旨即出，同副
考官方从哲速入场供事，毋负朕意。其日行章奏，不妨票拟。况卿公正才优，不得推托
逊辞。旧例，阁臣为正，三品以上翰林官为副。时阁臣惟向高一人，钦命典试，盖旷恩
也。于是向高再疏，以票拟未便为言。上曰：'朕以大典委卿，何得屡屡烦渎。其章
奏，还不妨票拟。宜遵旨即入场供事。'""庚戌，命会试增额五十名。先是，廷臣以人
文日盛，制额宜广为言，礼部左侍郎翁正春乞照癸未、丙戌、己丑等科三百五十名例。
从之。"

南京国子司业温体仁为左谕德。（据《国榷》卷八十二）

兵部员外郎张应征、大理寺评事陈向庭各夺俸二月。俱主试四川，得王应熊，误填
周继昌，以卷号误也。放榜后改正，继昌诉于朝，被罚。（据《国榷》卷八十二）

笪调元会试不第。文秉《定陵注略》卷九《庚戌科场》："万历癸丑会试，第三道
以天文为问。有笪调元者，江西人，游于海南，遇王、李二生讲论天文，尽得其说，及

是条对甚悉。末云：'前代及昭代诸名家皆不足信，惟海上王、李二生可聘人修定。'其一、二场佳甚，福清取中会元，已七日矣。阅笪此策大惊，批云：'如此荆棘之世，何物二生敢妄言之？又有妄信者，公然笔之试卷耶？'遂黜落不录，而改擢周延儒为第一。"

癸丑闱墨小起宛如警世格言。梁章钜《制义丛话》卷七："（徐存庵）又曰：记得癸丑闱墨一小起云：'且为人主者，以一人养天下，因而以天下养一人，此情也，而法立焉，传至后世，其情隐矣，但知有法耳。是故衰世无他患，君曰奉公，臣曰守法，而民之害已有不可胜言者矣。'又包长明文曰：'法重命轻，官尊物贱。因循既久，或不意其如斯；功令所科，或明知其至是。'竟是警时吏碑碣。江陵相公无大失德，只以额赋完欠分数为考成，使天下有司尽爱功名，不爱百姓，自万历朝始，其末路遂至如彼甚矣。君子之存心，不可不慎也。"

三月

孙振基、吴道南疏陈庚戌科场事。（据《明神宗实录》卷五百六）文秉《定陵注略》卷九《庚戌科场》："（万历）四十一年三月，给事中孙振基疏：'大奸设计甚巧，搜卷非属无因事。隔房之所以搜者，汤宾尹实作之俑。十八人之中，皆因韩敬而出，微十八人混扰一处，则韩敬之关节将不可掩，故中十八人乃所以中韩敬也。臣闻十八人中尚有宾尹二、三私，从各房搜来，不便己中，因转送同年及别房者。'原任礼部右侍郎吴道南疏：场弊稽发，致烦部咨，谨封缴号簿及各房搜卷名位进呈御览，乞敕下礼部从实查勘以正国典事。韩敬、孙枝芳原在徐銮《易》五房，王宇、丘兆麟原在丘禾嘉《易》三房，朱童蒙原在南师仲《易》二房，杨之璋原在施凤来《易》四房，以上六名，俱为《易》一房。汤宾尹所中石维岳，原在丘禾嘉《易》三房，王伉、冯汝京，原在施凤来《易》四房，周师皋原在汤宾尹《易》一房，唐公靖、赵昌期原在徐銮《易》五房，以上六名，俱为《易》二房。南师仲所中贾继春，原在徐銮《易》五房，为《易》四房施凤来所中，王溁原在彭凌霄《诗》四房，孔吉原在张以诚《诗》一房，以上两名俱为《诗》二房。雷思霈所中陈应元，原在张涛《书》四房，为《书》二房胡应台所中，杨嗣昌、夏嘉遇原在张涛《书》四房，马呈德原在胡应台《书》二房，以上三名俱为《书》三房朱古守所中。"

加淮阳田赋。《明鉴纲目》卷七："纲：癸丑四十一年，春三月，加淮阳田赋。"

周延儒、庄奇显、赵师尹等进士及第、出身有差。《明神宗实录》卷五百六：万历四十一年三月，"癸酉，策试天下贡士，赐周延儒等三百五十名进士及第、出身有差。"查继佐《罪惟录》志卷十八《科举志》："（万历）四十一年癸丑，会试得周延儒等三百五十人。时内阁止叶向高一人，入阁犹兼票拟，中使捧本到门，监临御史送至院门外，中门开，内阁官捧入内帷，门开，置本于案，中书官接入，票既，复开门，传送中使进御，日以为常。科臣官应震奏廷对关防宜密，均二甲而州部何以分？均三甲而中行、推知，忽前忽后，漫无定衡，使排卷官得上下其手，避五避十，取一取六，滋弊不少，宜糊名易书，后先预定，可无希幸。三月，殿试，赐周延儒、庄奇显、赵思尹等及第、出身有差。延儒后以大学士得罪，暴卒。”沈德符《万历野获编》卷十五《科场·李京山门生》：“古人以‘门生门下见门生’为绝盛，其事本朝固时有之，然如近日京山李翼轩（维祯），则异极矣。辛未科，李以编修分考，得陈大参培所（长祚），陈之门生为癸未叶相国（向高），叶之门生为戊戌顾榜眼邻初（起元），顾之门生为甲辰杨状元昆阜（守勤），一时同列禁近，无在家者。至癸丑会试，叶以首揆主考，得周延儒等一榜，尤为极盛。李尚以右辖起家，仕途中最为积薪，而衣钵之传，则向来未有绵远如此公者。”

据《明清进士题名碑录索引》，万历四十一年癸丑科录取名单如下：

第一甲三名

周延儒	庄奇显	赵师尹

第二甲六十七名

周　京	张凤翼	熊　膏	王化贞	王庭梅	张鲁唯
龚承荐	邓汉才	朱之臣	殷之辂	刘正中	方大铉
申廷譔	都　任	程玉润	华　颜	周之训	张景烨
李孙宸	赵赞化	陈应元	王维章	章文炳	陈　陛
周之谟	楼一堂	沈萃桢	熊秉鉴	刘鸿训	杨若梓
洪启初	胡维霖	徐道登	章光岳	周　宇	陈敏吾
陆元桢	徐九章	吕　逊	柴寅宾	焦弘祚	史永安
杨　寿	方尚恂	陆化熙	杨　蛟	钱士晋	黄凤彩
陈玄晖	谢　宸	范　钫	黄元会	叶　灿	吴伯与
鹿善继①	沈中英	戴　澳	李为京	刘弘宇	丘志充
吴廷爚	杨景辰	朱本洽	蒋士忠	李　栻	孙如洵
方承笏					

第三甲二百七十四名

徐景濂	张正道	刘大受	梁之栋	周　锵	周以谦
董承业	张素养	姚应嘉	潘文龙	周用宾	魏光绪
林而兴	孙有禄	萧　基	段国璋	胡胤嘉②	王应熊
毛士龙	周顺昌	周　鼎	沈应时	刘士登	沈振龙
许士奇	段　镤	许其孝	晏日启	李继贞	王在台
崔奇观	黄文星	秦延烝	林联绶	方守地	方震孺
尹同皋	吴殿邦	陈其柱	王登三	王祚昌③	董懋中

---

① 一作：鹿继善。

② 碑作：胡应嘉。

③ 碑作：王策。

秦时懋	朱瀛达	堵天颜	何　早	霍惟华	赵行志
陈必谦	詹向善	向日升	冯时来	郭如闇	缪昌期
黄承乾	王则古	袁熙臣	陶尔德	陈保泰	张尔嘉
傅　槐	温皋谟	胡沾恩	柴绍勋	张汝懋	杨绍震
孔贞时	周之桢	潘云翼	乔时英	侯应琛	汪康谣
陈祖苞	马逢皋	俞琬纶	何舜岳	晏春鸣	吴　甡
康四海	张慎言	白正蒙	张时雍	张三杰	赵士许
范景文	马中騋	吕维祺	杨惟和	徐邦华	张　捷
李鲁生	徐扬先	曹　谷	马如周	李精白	张惟一
马焕宾	邓良知	吕梦熊	张正学	王元瑞	杨国柱
吴兆元	贺自镜	李　显	和于朝	胡汝淳	白贻忠
徐宪卿	陈沃心	董羽宸	邹忠胤	王祚远	冯　铨
王志道	王寅揆	顾其仁	赵时用	梁州彦	张昌辰
杨　抡	罗汝元	韩继思	萧命官	刘　懋	魏复琦
赵时晋	杨名时	李应荐	陈国樟	潘士良	倪楚玉
张宗衡	刘　炼	张弘襟	沈凤超	徐　牧	沈必成
沈景初	孟绍康	邓秉修	蔡辅之	吕下问	王三重
梁梦环	石声谐	刘钟英	胡公胄	浦延祜	王三德
贾三策	向于宸	张尚友	赖良佐	罗尚忠	杨建烈
周昌晋	蒲秉权	卢洪珪	田　仰	陈良训	胡芳桂
何荐可	耿志炜	高任之	何龙祯	孙国祯	焦源溥
姜兆齐	马鸣霆	孙绍统	刘廷宣	郝土膏	李长春
周宗建	周梦尹	苏　琰	石文器	毕佐周	马中骝
龚世法	吴之仁	潘学曾	刘体仁	张九贤	戴君恩
朱大典	王建和	黎祖寿	刘应宾	张　桥	郎兆玉
张以化	顾居仁	张时俊	姜逢元	徐　鑛	李廷材
纪孟礼	王业浩	潘士美	陆文献	汪一蛟	解学龙
李国楮	张文运	金廷璧	张文熙	苏继欧	邹复宣
潘师道	李懋芳	李天经	陈　甲	王大受	周士朴
张福臻	霍化鹏	曾楚卿	张　杰	徐卿伯	韩　上
张　赞	宁绳武	冯登瀛	罗喻义	吴之俊	孙　杰
范　鉁	王大年	王廷试	周希令	张四明	李　蕃
崔呈秀	梁　炳	沈　棨	傅　国	吴羽文	程绍南
高士望	刘嘉遇	殷宗辅	崔　麟	周　果	杨栋朝
张　第	成　珍	宣大勋	暴谦贞	吕维宁	张东光
丁鸣陛	李宜培	冯作霖	周邦基	洪敷教	刘汝鳌

王命卿	刘琦名	李日宣	韩肫仁	潘宗颜	俞士瑛
蔡国桢	张纮	王心一	郭巩	阳荐	陈元卿
孟绍虞	莫在声	王瑊	宁熿		

命礼部严核庚戌搜卷中式十八人硃、墨。先是韩敬闲住，谓不足尽，宜革秩听勘。至是科道交论，而前礼部右侍郎吴道南上号簿，误入贾继春卷。继春时知任丘，揭辨始白，盖搜中本贺烺，非继春也。（据《国榷》卷八十二）

五月

顾炎武（1613—1682）生。张穆《顾亭林先生年谱》卷一："明万历四十一年癸丑五月二十八日，先生生。先生初名绛，更名继绅，后仍名绛，字忠清。乙酉后，更名炎武，字宁人，学者称亭林先生。又尝称名曰圭年，亦或署蒋山佣。"顾炎武，昆山（今属江苏）人。南明弘光朝，以贡生荐授兵部司务，又曾任隆武帝之兵部职方司主事。明亡，结纳志士，图谋恢复，拒清廷与修《明史》之征召。博学，主张经世致用，开清代朴学之风。著述宏富，有《日知录》、《亭林诗文集》等。中华书局1959年出版《顾亭林诗文集》六卷整理本，上海古籍出版社1983年出版王蘧常辑注《顾亭林诗集汇注》六卷。

左庶子何宗彦为少詹事，署翰林院事。（据《国榷》卷八十二）

七月

归庄（1613—1673）生。赵经达《归玄恭先生年谱》："明万历四十一年癸丑，七月十四日，先生生于昆山之李巷。先生名庄，乙酉后，更名祚明，又称归藏，或称归乎来，又署归妹；字尔礼，又字玄恭，或署悬弓，又称园公，亦呼元公，或题元功；号恒轩，又号己斋。既为僧，自署普明头陀，或鏖鏊钜山人；又尝自称逸群公子。"归庄，昆山（今属江苏）人，为归有光曾孙，明诸生。清兵南下，曾参加昆山抗清活动，事败后一度僧装亡命，后隐居乡里。善诗文，著有《玄恭文钞》七卷、《玄恭文续钞》七卷、《归高士集》十卷、《归玄恭遗著》不分卷等。中华书局上海编辑所一九六二年出版整理本《归庄集》，上海古籍出版社一九八四年出版是书之新一版。

兵部尚书孙玮予告归。《明鉴纲目》卷七："纲：秋七月，兵部尚书孙玮（字纯玉，渭南人）罢。目：玮素负时望，以兵部尚书兼掌都察院左都御史事，方欲振肃风纪。而是时朋党势成，言路大横。会御史孙居相，给事中孙振基（字肖冈，潼关卫人），再发汤宾尹科场事（宾尹以考察褫官，韩敬亦称疾去，事三年矣。会进士邹之麟分校顺天乡试，所取童学颜有私，居相并宾尹事发之，旨下部院议，顾不及宾尹事，振基疏请并议，未得命。吏部侍郎翁正春，议黜学颜，谪之麟，亦不及宾尹等。振基谓议者庇之，上疏论劾。帝再下廷臣议，正春乃坐敬不谨落职。于是党人亓诗教等，交章论列，

并劾正春，纷哆不已。○邹之麟，武进人），而南畿巡按御史荆养乔（临晋人），与提
学御史熊廷弼，复以宾尹乡人事相讦。（宾尹家居，尝谋夺生员施天德妻为妾，讦讼，
女投池死。诸生冯应祥、芮永缙辈，遂告于官，为建祠以愧宾尹。后永缙又发诸生梅振
祚、宣祚朋奸事。廷弼素交欢宾尹，判牒云：此施汤故智。会有司报，永缙及应祥行
劣，廷弼杖之，永缙寻毙。养乔夙与廷弼抵牾，遂劾廷弼杀人媚人。疏上，径自引归，
廷弼亦上疏辨。）玮议养乔镌秩，廷弼解职听勘。廷弼党官应震、吴亮嗣，遂连章攻
玮。而振基及诸给事御史劾应震等，植党背公。南北台谏，议论方嚣，各有所左右，而
帝竟如玮言，令廷弼解职。吏部尚书赵焕，亓诗教乡人也，惟诗教是听。以年例出振
基，及御史王时熙（南昌人）魏云中（武乡人，与时熙俱力攻宾尹、廷弼者）于外，
不关都察院。玮以失职求去，疏十余上，始予告归。"

始立韩府宗学。（据《国榷》卷八十二）

八月

丁未，**命考选庶吉士，于八月二十四行，照甲辰科事例，选二十三名。**据《明神
宗实录》卷五百十一。华夏《过宜言》卷二《明奉宜大夫工部营缮清吏司员外郎九渊
华先生传》："九渊者，姓华氏，名颜。……己酉领乡荐，癸丑成进士。时当馆试，大
宗伯孙公因修隙者刺二难字以不首九渊甲，特悬庶常榻揖九渊，九渊执不肯往，遂东马
首。明年春，奉宜人入邸，主工部屯田司事。"《国榷》卷八十二："万历四十一年八月
丁未，选翰林院庶吉士：曾楚卿、叶灿、陈玄晖、罗喻义、李国楷、缪昌期、孟绍虞、
王应熊、孔贞时、刘锺英、周希令、姜逢元、杨景辰、刘鸿训、冯铨、韩继思、王祚
远、申廷撰、暴谦贞、史永安、李孙定（宸）、萧命官、胡胤嘉。"

方从哲、吴道南入内阁、预机务。《明鉴纲目》卷七："纲：八月，以方从哲（字
仲涵，其先德清人，隶籍锦衣卫）、吴道南并为礼部尚书，兼东阁大学士，预机务。
目：自朱赓卒，李廷机罢，叶向高遂独相，屡请增置阁臣，章百余上。至是，始命二臣
入阁。时道南在籍，逾年乃至。故事，廷臣受官，先面谢，始莅任。帝久不视朝，道南
至，不获见，不敢入直。从哲为言，帝令先莅任，道南始视事。"

增武举三十人。（据《国榷》卷八十二）

前巡抚贵州右副都御史王体复卒。体复山西太平人，隆庆二年进士。授工部主事，
历今官。予祭葬。（据《国榷》卷八十二）

九月

吏部尚书赵焕罢归。《明鉴纲目》卷七："纲：九月，吏部尚书赵焕罢。目：焕素
有清望，于朝臣无所左右，顾雅不善东林，故诸党人攻东林者，乘间人之。所举措往往
不协清议，先后为御史李若星（字紫垣，息县人），给事中孙振基等所劾。焕遂乞罢。

叶向高请谕焕起视事（向高言：今国事艰难，人才日寡，在野者既赐环无期，在朝者复晨星无几，乃大小臣工，日寻水火，甚非国家福也。臣愿自今以后，共捐成心，忧国事，议论听之言官，主张听之当事，使大臣得展布，而毋苦言官之掣肘，言官得发舒，而毋患当事之摧残，天下事尚可为也），焕乃出。既而御史汤兆京，以振基出外，不移咨都察院，守故事力争不得，投劾径归。其同官李邦华（字孟闇，吉水人），周起元（字仲先，海澄人），孙居相，及郎中贺烺（丹阳人），复交章劾焕擅权。帝为夺诸臣俸，贬烺官，以慰焕。焕请去益力，遂叩首阙前，出城待命。逾月，乃许乘传归。"

十一月

增设南直隶、湖广学臣各一员。《明神宗实录》卷五百一十四：万历四十一年十一月己卯，"增设南直隶、湖广学臣各一员。礼部言，士子者，国家储之为后日用也；学臣者，所由濯磨士子，以为国家后日用也。往时岁考令严，一时士子罔不服习经传，简约身心，彬彬稍得人矣。迩来学政堕窳，功令不信，有数年不经岁考，甚至有十八、九年者，岂尽怠弛哉？疆圉甚广而势不暇给也。夫南都者，是高皇帝之所奠鼎也，江淮襟带之区，何止数千里，而济济南士，星散于江渚。楚地者，是世宗皇帝之所龙兴也，荆岐衡阳之域，亦何止数千里，而翘翘楚材，偏伏于云湘。毋论校雠，实难措手，即凭轼而空行，亦不下半年矣。臣等广诹通国之舆论，博询两省之士绅，其在南直隶也，议西自庐、凤、连、应、安六府，滁、和、广三州属一学臣，东自徐州、淮、扬、连、镇、常、苏、松属一学臣。其在湖广也，亦议二员并设，即以洞庭为界，属武、汉、黄、承、德、荆、岳、郧、襄九府，在洞庭以北者专设一员；属常、长、宝、衡、辰、永六府，在洞庭以南者另设一员，地有所分则力无不给，俾两畿三楚，与天下共守岁考之制，自后各省直学臣，定简有文名端方者，令之亟正士习，尤世运文运之吃紧处也。"

陈瑚（1613—1675）生。朱彭寿《古今人生日考》卷十一："十一月初一日，明太仓州举人陈瑚，《安道公年谱》，万历四十一年癸丑。"陈瑚，字言夏，号确庵，又号无闷道人，江南太仓（今属江苏）人。明崇祯十六年举人，入清不仕。与同里陆世仪皆为理学名家。著有《确庵诗钞》八卷、《确庵文钞》六卷、《顽潭诗话》三卷。

右庶子兼翰林院侍读顾秉谦为少詹事，兼侍读学士。右谕德兼侍读学士周道登、盛以弘、丘禾实为左庶子兼侍读。洗马兼修撰王毓宗、刘一燝，南京国子司业顾起元为左谕德兼侍讲。左中允兼编修何如宠、周如磐、张以诚为右谕德兼侍讲。龚三益为右中允兼编修。检讨薛三省、钱象坤、郑以伟为右赞善兼检讨。（据《国榷》卷八十二）

前少詹事兼翰林院侍读学士全天叙卒。（据《国榷》卷八十二）

十二月

国子司业孟时芳为右春坊右谕德，署翰林院事。（据《国榷》卷八十二）

礼部会同九卿科道会勘万历三十八年庚戌科会试场弊，第一名韩敬仍以关节议处；其余十七人多以文优昭雪。（据《明神宗实录》卷五百十五）文秉《定陵注略》卷九《庚戌科场》："（万历四十一年）御史过庭训疏：'县令揭贴有据，科场号簿难凭事。近接任丘知县贾继春辩诬揭，言继春卷止有《易》四房小印，而非《易》五房，原系汤字六号，非汤字九号，人言籍籍，谓其多所更换。繇继春一揭推之，人言岂尽无据？除韩敬之卷系别卷搜取者，已经部、院会议，听皇上处分，其余十七人，如贾继春等，伏乞敕下部、院，亟行昭雪。'"

本年

李之藻（1565—1630）撰写《同文算指》。李之藻《同文算指序》："遇西儒利玛窦先生精言天道，旁及算指，其术不假操觚，第资毛颖。喜其便于日用，退食译之，久而成帙。……万历癸丑日在天骃仁和李之藻振之书于龙泓精舍。"《四库全书总目·同文算指提要》："《同文算指前编》二卷、《通编》八卷：明李之藻演西人利玛窦所译之书也。前编上、下二卷，言笔算定位、加减乘除之式，及约分、通分之法。《通编》八卷，以西术论《九章》。卷一曰《三率准则》，即古异乘同除，曰《变测》，即古同乘异除，曰《重测》，即古同乘同除。卷二、卷三曰《合类差分》，曰《和较三率》，曰《洪衰互征》，即古差分，又谓之衰分。卷四曰《叠借互征》，即古盈朒。卷五曰《杂和较乘》，即古方程。卷六曰《测量三率》，即古句股，曰《开平方》，曰《奇零开平方》，即古少广。卷七曰《积较和开平方》。卷八曰《带纵诸变开平方》，曰《开立方》，曰《广诸乘方》，曰《奇零诸乘方》，皆即古少广。……是书欲以西法易《九章》，故较量长短，俱有增补。其论三率比例，视中土所传方田、粟米、差分诸术，实为详悉。至盈朒方程二术，则皆仍旧法。少广略而未备，且法与数多出入之处。……然中土算书，自元以来，散失尤甚，未有能起而搜辑之者。利氏独不惮其烦，积日累月，取诸法而合订是编，亦可以为算家考古之资矣。"

以南直所辖十四府，敕两学使分别董理。民国《江阴县续志》卷二十三《督察学院题名记》："我太祖高皇帝，投戈讲艺，诏天下郡国各立学，设学官弟子员，以其长吏考课之。正统改元，始用风宪官提督，授玺书从事。外藩以臬司副、佥，两畿隶以御史，迄今百五十年未改也。万历四十一年，上谕礼臣议，以南直所辖十四府，敕两学使分董焉，而督苏、松、常、镇、淮、扬六郡者，署创建于澄江……"

南京御史王万祚疏乾健不宜停运等事，涉及庚戌科场案。文秉《定陵注略》卷九《庚戌科场》："（万历四十一年）南京御史王万祚疏乾健不宜停运等事。内'核实'一款云：'君父之前必可覆，庚戌科场交章显著者，号簿何以忽无，号簿有名者，原卷何以不合？果无心耶？抑或大奸漏网而贫苦反含冤耶？''防微'一款云：'从来未有贩宰相者，自奸人于玉立始，资吕贾、秦王稽之术，结景监、杨得意之知，初谓虚传，今乃知无其理而有其事，如御史李征仪等弹章非一，真实不谬，富商罢吏、赀郎游滑，争驰用事，今日吴楚，明日秦燕，黄金白璧，无翼而能飞，绣毂雕龙，有机可缩地。数年以来，簸弄南北之间，把持黜陟之柄，善良任其装陷，世界被其搅昏，曾据习闻质之里闬，靡人不知，无言不验，大臣误言官莫此为甚，祸根不除，揆路无时得清，恐有奸人潜伏禁侧者，不可不密防大索也。'"

张凤翼（1527—1613）卒。（据徐朔方《张凤翼年谱》）康熙《苏州府志》卷五十六本传："卒年八十七。"张凤翼，字伯起，号灵墟，又署灵虚先生、冷然居士，长洲（今江苏苏州）人。嘉靖四十三年举人。著有《处实堂前集》十二卷、《后集》六卷、《谈辂》三卷、《梦占类考》十二卷、《文选纂注》十二卷，善度曲，著有传奇《红拂记》、《祝发记》、《窃符记》、《虎符记》、《灌园记》、《灰廖记》六种，合称《阳春六集》。

孙默（1613—1678）生。据汪懋麟《百尺梧桐阁集》卷五《孙处士墓志铭》。孙默，字无言，号枰荪，江南休宁（今属安徽）人。布衣终身，与王士禛、朱彝尊、宋琬、施闰章等皆有交。编有《十五家词》三十七卷，著有《笛松阁集》。

陆圻（1613—1667以后）生。据邓之诚《清诗纪事初编》卷二推算。陆圻，字丽京，一字景宜，号讲山，浙江钱塘人。明贡生，入清不仕。后隐于广东丹霞山，不知所终。

曹溶（1613—1685）生。据吴荣光《历代名人年谱》，钱仲联主编《中国文学家大辞典·清代卷》同。曹溶，字洁躬，一字鉴躬，号秋岳，一号倦圃，秀水（今浙江嘉兴）人。明崇祯十年进士，历官御史。入清，官至户部侍郎。工诗词，与龚鼎孳齐名，有"龚曹"之称。著有《静惕堂诗集》十四卷、《静惕堂词》一卷。

明神宗万历四十二年甲寅（公元1614年）

正月

日讲官领詹事府事礼部左侍郎兼翰林院侍读学士翁正春归省。（据《国榷》卷八十二）

二月

郑继之任吏部尚书。《明鉴纲目》卷七："纲：甲寅四十二年，春二月，以郑继之（字伯孝，襄阳人）为吏部尚书。目：继之年八十余，耄而愦，一听楚党意指。文选郎王大智（玉田人），继之所倚信，已而复任胡来朝。（赞皇人。）定制，科道外转，必会都察院吏科协议。自赵焕始，及继之，皆不令与闻。都给事中李瑾（襄陵人），抗章力争，御史周起元等，亦引故事以言，瑾争之尤强。来朝不能难，乃嗾其党群起攻之。瑾疏三上，来朝亦三疏诋讦，词颇穷。乃言年例协赞之旨，实秉国者调停两祖，非可为制，乞改前令从事。帝一无所处分。时给事中张国儒，已陪推京卿，法不当转外，来朝以其异己，遂出之，继之不能禁也。"

慈圣皇太后李氏卒，谥孝定。《明鉴纲目》卷七："纲：慈圣皇太后李氏崩。（谥孝定。）目：太后性严明，万历初政，保护之力居多。姜应麟以疏请建储，被谪，太后闻之，弗善也。一日帝入侍，太后问故，帝曰：'彼都人子也。'内廷呼宫人曰都人。太后亦由宫人进，遂大怒曰：'尔亦都人子。'帝伏地不敢起，储位由是定。福王之藩期屡易，郑贵妃欲迟之明年，以祝太后诞为辞。太后曰：'吾潞王亦可来上寿乎？'贵妃乃不敢留。王未行而太后崩。"

刑部讯壬子刘琛贿有状。朱良栋罚三科。张世伟削籍，俟三科后听复试。房考王象春，如邹之麟例于任日降用。（据《明神宗实录》卷五百十七、《国榷》卷八十二）

三月

诏延绥巡抚、兵部左侍郎兼都察院右佥都御史刘敏宽以原官总督陕西三边军务，兼理粮饷。升河南左布政使许汝魁为南京光禄寺卿。升南京礼部主客司署郎中事主事臧懋中为广西副使，分巡河东道。升湖广副使胡世赏为浙江参政，清军兼管驿传。升通政使司左参议闵廷申为右通政。升左春坊左庶子兼翰林院侍读邓士龙为国子监祭酒。升南京太仆寺少卿添注汪以时为南京太仆寺卿。（据《明神宗实录》卷五百一十八）

福王朱常洵之藩。《明鉴纲目》卷七："纲：三月，福王常洵之国。目：初，福王婚费三十万，营洛阳邸第，至二十八万，十倍常制。又设官店于崇文门外，以供福邸。及府第成，廷臣请王之藩者，数十百奏，不报。四十一年春，廷臣复交章力请，帝以明春为期。已忽传旨，庄田非四万顷不行，廷臣大骇。（叶向高因言：'庄田四万顷，必不能足。今王之国且无日，明旨又不信于天下矣。且王疏引祖制，而祖制无有是事。曩惟世宗时，景王有之。景王久不之国，皇考在裕邸，危疑不安，此何可效也？'帝报曰：'庄田自有成例。且今大分已定，何猜？'向高又言：'皇考时名位虽未正，然讲读不辍，情意自通。今东宫辍讲八年，且不奉天颜久，而福王一日两见，以故不能无疑。惟坚守明春期，而无以庄田借口，天下疑自释。'）会锦衣百户王曰乾讦奏郑贵妃内侍姜严山，与奸人孔学，及妖人王三诏等，用厌胜术诅咒皇太后、皇太子死，欲拥立福王，（日乾，京师奸人，与孔学、赵宗舜、赵圣等，相讦告。刑官谳未竟，日乾乃入皇城，放炮上疏。刑官大惊，将拟以死罪，日乾遂讦学等谋变，欲以害之。）帝震怒。叶向高请帝以静处之，因言曰：'乾疏不宜发，宜留中。而别谕法司治诸奸人罪。且速定福王明春之国期，以息群喙。'帝纳其言。寻又谕改期，向高封还手敕力谏，帝不得已从之。至是，始令就藩。历年税使矿使所进珍奇赢羡，悉以资之。赐庄田二万顷（以廷臣言减去二万），中州腴土不足，取山东湖广田益之。王又奏乞淮盐数千引，开市洛阳。中州旧食河东盐，以改食淮盐，河东引遏不行，边饷由此大绌。"

五月

命再行酌议庚戌科场事，不必纷纷渎奏。文秉《定陵注略》卷九《庚戌科场》："（万历）四十二年五月，御史刘策疏：'微臣触邪取忌，科臣有意波及事。刘文柄为汤宾尹死友，安得不为韩敬出死力？汤恃韩弥天之富，能令一国之人从之若狂，韩倚汤偃月之谋，能令好利之徒走之如鹜。故万金辇入，既居之为奇货；一纸飞来，遂奉之为圣书。曾几何时，而乾坤昏暗，麟凤摧残，凡发奸摘弊，敬所欲剚刃之人，如孙振基、王时熙等，无不扫除一空，故长安有'举朝半张良'之谣言，因其始终为韩也。"御史孙居相疏"场弊会议已明，营勘意在求脱等事"。奉旨：'这事情曾经会议，如何尚未归结？其应勘与否，还着再行酌议，不必纷纷渎奏。'"

御史董定策、刘策再疏庚戌科场事。文秉《定陵注略》卷九《庚戌科场》："（万历四十二年五月）御史董定策疏：汤宾尹险滑狡鹜，必乱天下，臣屡疏甚明，若轻佻倾躁之韩敬，与纵横捭阖之于玉立，贻书发书，臣已恶其俱非端人，近日变仇为好，复谐秦晋，告知当路乎？札可据此一伙，倾仄变诈之徒，臣何难明言相告耶？御史刘策疏'科臣受贿庇奸、无端构陷等事'，再参刘文柄。内云：'发韩敬关节，惟臣等四人耳，而年例已处其二，又何怪乎？臣之以攻而受诋也，文柄亦具须眉称丈夫，奈何甘心为钱房所使，亦足羞矣。皇上试看自敬被论之后，禁锢多少贤才？中伤多少善类？奈何不亟赐处分，而犹令其蔓害无已时哉？文柄与诸臣同一候命，何以独先得旨，且下之别衙门疏中也，又孰悦之而孰昵之？说者谓踵陈治则之故智，岂其然乎？'"

御史董定策言："本朝道学，薛瑄外，霍州学正沔池曹端，户部主事河南庞时熙，吏部主事新安孟化鲤，宜祀于其乡。"不报。（据《国榷》卷八十二）

大学士叶向高、方从哲及给事中郭尚宾各劾福建税监高采，不报。（据《国榷》卷八十二）

七月

前少师兼太子太师吏部尚书建极殿大学士申时行卒。时行字汝默，吴人，嘉靖壬戌进士第一。授翰林修撰，历今官。敕使存问未至。年八十。予祭葬，赠太师，谥文定。（据《国榷》卷八十二）

八月

前太子太保吏部尚书孙丕扬卒。丕扬富平人，嘉靖丙辰进士。授行人，拜浙江道御史。进大理寺丞，论去。已荐起右佥都御史，巡抚保定。转右副都御史，论去。调南京，起应天尹，历南京右都御史，予告。起刑部尚书，改吏部再任。素砥名节，数被毁，终不少变。予祭葬，赠太保，谥恭介。（据《国榷》卷八十二）

右春坊右谕德兼翰林院侍讲刘一爆、顾启元为右庶子兼侍读，左春坊左谕德王毓宗为右庶子兼侍读，检讨赵师圣为右赞善兼检讨。（据《国榷》卷八十二）

升詹事府少詹事兼翰林院侍读学士顾秉谦为礼部右侍郎，仍兼翰林院侍读学士，协理詹事府事，教习庶吉士。（据《明神宗实录》卷五百二十三）

礼部侍郎孙慎行罢归。《明鉴纲目》卷七："纲：秋八月，礼部侍郎孙慎行罢。目：慎行素讲学东林，为党人所忌。及在礼部，遇事皆切谏。（时郊庙大享诸礼，帝二十余年不躬亲。东宫辍讲至八年。皇长孙九龄，未就外傅。瑞王年二十三未婚。福府庄田取盈二万，将之国，贵妃复请留王。慎行并力言之。）韩敬科场议久不定，慎行特拟黜敬，（党人祖敬者，追论汤宾尹越房取卷时，各分考俱效之，竞相搜取，因欲十七人并罪，藉以宽敬。慎行乃集廷臣议，卒坐敬关节，而为十七人昭雪。）党人益大恨。会疏上，留中，于是过廷训、亓诗教等，相继攻之。慎行遂连疏引归。（时敬科场事：先后与敬为难者，非出外即引去，而敬以党人护持，久之，仅谪行人司副，凡七年而事始竟。）"

叶向高辞职归。《明鉴纲目》卷七："纲：叶向高罢。目：向高以宿望居相位，每事执争，效忠荩，帝心重之。而其言多格不用，所救正十二三而已。（向高尝疏言：'今天下必乱必危之道，盖有数端，而灾伤寇盗、物怪人妖不与焉。廊庙空虚，一也。上下否隔，二也。士大夫好胜喜争，三也。多藏厚积，必有悖出之衅，四也。风声气习，日趋日下，不可挽回，五也。非陛下奋然振作，简任老成，布列朝署，取积年废弛政事，一举新之，恐宗社之忧，不在敌国外患，而在庙堂之上也。'帝不能用。向高复言陛下欲用臣，则当行臣言。今章奏不发，大僚不补，起废不行，臣留何益。又言今中外离心，辇毂肘腋间，怨声愤盈，祸机不测，而陛下务与群臣隔绝，帷幄不得关其忠，六曹不得举其职，举天下无一可信之人，而自以为神明之妙用，臣恐自古圣帝明王，无此法也。帝俱不省。）尝卧疾，阁中无人，章奏就其家拟旨者一月。后坚卧不出，即家拟旨如前，论者以为非体。及主癸丑会试，章奏皆送闱中，尤为异事。累疏引退，辄优旨慰留。至是，疏四十余上，词极哀，始允其去。"

少詹事孙如游为詹事，沈潅为南京礼部右侍郎，南京国子祭酒蒋孟育为南京吏部右侍郎。（据《国榷》卷八十二）

九月

令各提学及有司官严惩结党横行、把持官府之诸生。《明神宗实录》卷五百二十四：万历四十二年九月戊寅，"礼部署部事右侍郎何宗彦等会议，迩年士风日颓，法纪陵夷，以猖狂为气节，以结党为豪举，事关一人，乃倡通学而聚蚊雷之声；事关本学，乃联各学而成鸥张之势。把持官府，武断乡曲。至于缙绅子弟，倚势父兄，尤恣凶横，若不严加约束，贻祸无穷。夫事权原在督学，而申报则属有司，自后通行府、州、县、卫各置三等号簿，有生员常川出入者，逐时登报。若结党至十人者，定黜唱首二人，结党百人，定黜唱首者十人，余量停、降，毋因势豪显宦家有人，姑为纵释。至于学臣，则三年之内，必岁考、科考二次，必以行谊为先。每岁两京督学，将考过优卷并行劣生员事迹报之都察院，各省报之本部，部、院汇齐，开送吏部，即以考之迟速，事之严缓，以定殿最。如事已闻于督学而有司不报，事已闻于部、院而学臣不报，各官之罢软可知，察典据此以行，此今日简束学校之紧急也。奉旨：'近来诸生不遵卧碑，专一结党横行，把持官府，士习日坏，法纪荡然，甚非朝廷作养人材之意。便行与各提学及有司官以严加惩治，毋事姑息，务挽颓风，其余俱依议行。'"

大学士方从哲请召旧辅沈鲤，不报。（据《国榷》卷八十二）

十二月

左庶子兼翰林侍读韩爌为少詹事兼侍读学士，协理詹事府，纂修玉牒。右赞善兼检讨张邦纪为右谕德兼侍讲，清理贴黄。（据《国榷》卷八十二）

礼部右侍郎兼翰林院侍读学士协理詹事府教习庶吉士顾秉谦归省。（据《国榷》卷八十二）

本年

金堡（1614—1680）生。（据王汉章编《澹归大师年谱》）王夫之《永历实录》卷二十一《金堡列传》："金堡，字卫公，别字道隐，浙江仁和人……崇祯丙子……举于乡……已中崇祯庚辰进士。"金武祥《粟香五笔》："金先生讳堡，字道隐……桂林既下，定南欲官之，辞不受，乃度为僧……师法名今释，号澹归，又号性因，自称借山野衲，又称茅坪衲僧，往来庐山丹崖间以终。"来新夏《近三百年人物年谱知见录》著录王汉章编《澹归大师年谱》（天津人民图书馆藏清稿本）："谱主释今释，字澹归，又号舵石翁。杭州人。本姓金，名堡，字道隐，号卫公，别号冰还道人。明万历四十二年（1614年）生，清康熙十九年（1680年）卒，年六十七岁。明崇祯十三年（二十七岁）进士。选山东临清县知县，旋即去官。清兵攻占杭州时曾起兵抗清。后历事隆武、永历。任永历朝礼科给事中，永历四年以言事得罪，遣戍清浪，路遇清兵，押解走窜，移至桂林。顺治七年，桂林破，落发为僧，法名性因，时年三十七岁。顺治九年至粤东雷峰寺，从天然和尚受戒，改名今释，复在韶州创丹霞寺，自为主持。"著有《遍行堂集》。

明神宗万历四十三年乙卯（公元 1615 年）

正月

前少师大学士沈一贯卒。一贯字肩吾，鄞人，隆庆戊辰进士。选庶吉士，授编修，直讲官。历谕德、庶子、少詹事，进礼部右侍郎，改吏部，忧去。起礼部尚书，直东阁。累加少师兼太子太师吏部尚书建极殿大学士。始善属文，负时名。及在相，好顺旨取容。于妖书楚狱，尤不惬人意，遂损厥望。而敛饬子弟，尤存敬畏云。予祭葬，赠太师，谥文恭。（据《国榷》卷八十二）

二月

吏部奏上进士铨选规则：甲科授职，惟视甲第之名次，不得希户、工而薄西曹，辞推官而就知县，求中行而厌廷评，避行人而待中书；其就教，亦约量年力，间为题覆，必内外历俸四年四个月以上，始升部属，不得躐转。（据《明神宗实录》卷五百二十九）

陈忱（1615—1671?）生。陈忱《东池诗集叙》："崇祯甲戌，予年二十，潜居南浔野寺，面平林，枕古墓，萧条旷莽，篝灯夜读，情与境会……默容居士陈忱题。"崇祯甲戌即崇祯七年（1634），时陈忱年二十岁，逆推之，当生于明万历四十三年（1615）无疑。《吴兴诗存》录有陈忱一首题为《仲春二十四日为四十九岁初度》的诗，知陈忱生于二月二十四日。陈忱尝与顾炎武、归庄等结惊隐诗社，后以卖卜为生，并从事通俗文学创作，著有《续二十一史弹词》、《痴世界乐府》、《水浒后传》八卷四十回，以及《雁宕诗集》二卷。以《水浒后传》最为著名，一九五五年北京宝文堂书店出版《水浒后传》校注本，一九八一年上海古籍出版社又出版《水浒后传》整理本，一九八三年宝文堂书店又出版节编本。

己卯，以詹事孙如游为礼部右侍郎，仍兼翰林院侍读学士，掌院事，同刘楚先教习庶吉士。（据《明神宗实录》卷五百二十九）

三月

礼部署部事右侍郎何宗彦覆礼科给事中姚永济条陈科场事宜，条上十款。依拟行。

《明神宗实录》卷五百三十：万历四十三年三月丙辰，"礼部署部事右侍郎何宗彦覆礼科给事中姚永济条陈科场事宜：'一，取士在实学。二、三场果博古通今，如《通鉴纲目》、《大学衍义》诸书凿有实见者，傥前场不甚悬绝，不妨拔取。一，衡文在择人。两京各省除合属推、知曾入内帘不用外，其余一以清望文名为次第，兼搭邻省推官，临期分拨，而又量征科甲教官一员，用存祖制。一，同考在定经。士子学有专门，主司材无兼擅，除《易》、《诗》、《书》多专经外，其《春秋》、《礼记》孤经，本地或无两人，则以邻省推官、教官充之。一，墙垣在预固。内帘阅卷与收卷人役颇多，合将内帘之墙砖堵高厚，每日开门，远立相望，诸物并以此时验进。分考批取物件，一禀于主考。一，罗才在体恤。勿以鼓声之喧哗杂其神，勿以东方之未白迫其就。至贴出者，必真草之短少，题面之遗落，不可任誊录妄搜，而令才士以一眚掩。一，谤帖在亟除。生儒临场遇讼，非奸盗人命，概从场毕问理。若先期有贴通衢，登时扯毁，遇便擒挈。不毁者罪坐地方。一，弊窦在蚤杜。领卷之时，有在号外停立者，扶送诘问。及出题，帘外员役不许私人号房。每试日，防猾胥乘更深窃卷，以监试一人坐堂上，督受卷官封号入箱，又以监试一人坐门内，出必照签，签必查卷。一，各所在搜蠹。弥封严饬各官俱于至公堂将卷信手拈签，不经胥吏之手。其印号，信手亲用。至其誊录，合选善书者印臂验入，如潦草错乱，责令重写。若截去文字，挪东移西，定以枉法赃重遣。其对读生，漫不经心，即发学黜革。一，程式在责实。试录惟取墨文之佳者，量加润饰，归之典实简古，候解日部科比对，尽脱士子胎骨及论策过一千五百字外者参奏罚治。一，关节在审处。夫文体被摘，原无证据，惟有覆试一节，若关节被劾，则昔年条陈款内有分别风闻、实据两端。风闻者，酌量议处；实据者，赃证明白，枷满问遣。考官之处，亦当据情节轻重以为差等。'上命依议行。"

命陕西参政分巡宁夏、河西二道，各摄本镇学政。（据《国榷》卷八十二）

四月

廷试天下贡生四百三十七名，大学士方从哲会同翰林院掌院孙如游将试卷封进御览。（据《明神宗实录》五百三十一）

五月

张差持梃入慈庆宫，伏诛。是谓梃击案。详见《明史纪事本末》卷六十八。《明鉴纲目》卷七："纲：乙卯四十三年，夏五月，男子张差，持梃入慈庆宫，伏诛。目：太子居慈庆宫，有不知姓名男子，持枣木梃，入宫门，击伤守门内侍，至殿前檐下被执。皇太子奏闻，帝命法司案问。巡视皇城御史刘廷元鞫奏，犯名张差，蓟州人，口中呶呶，语无伦次，按其迹，若涉风癫，稽其貌，实系黠猾，请下法司严讯。时东宫虽久定，帝待之薄，中外方疑郑贵妃，与其弟国泰，谋危太子。及差被执，举朝惊骇。廷元既以风癫奏，刑部郎中胡士相（平湖人）等，覆讯一如廷元指。（言差收积薪草，为人所烧，气愤赴朝声冤。行至东华门，遇一人谓：持梃人，可当冤状，遂误入东宫。）按律当斩，加等立决，奏定未上。会提牢主事王之寀（字心一，朝邑人），散饭狱中，私诘差，得其词甚悉。（差初不肯承，已云不敢说。之寀麾左右出，留二吏扶问之。始言小名张五儿，有马三舅、李外父，令随不知姓名一老公，说事成与汝地几亩。比至京，入不知街道大宅子，一老公饭我云，汝先冲一遭，遇人辄打死。乃畀我枣木棍，导我由厚载门到宫，击门者堕地。老公多，遂被执。○老公，内侍通称也。）之寀备揭其语，因侍郎张问达以闻，且言差不癫不狂，有心有胆，乞缚凶犯，敕九卿科道三法司会问。疏入未下，廷臣连章趣之。而郎中陆大受（字凝远，武进人），疏有奸戚二字，帝恶之，与之寀疏俱不报。御史过庭训言，祸生肘腋，宜亟翦除。亦不报。庭训遂移文蓟州踪迹之。知州戚延龄，具言其致癫始末。（言贵妃遣珰建佛寺，珰置陶造甓，居民多鬻薪获利者。差卖田贸薪，往市于珰，土人忌之，焚其薪。差讼于珰，被责。差产破薪焚，不胜愤，故持梃欲告御状。）于是原问诸臣，据为口实，遂以风癫二字为定案。越数日，问达以员外郎陆梦龙（字君启，会稽人）言，令十三司会鞫。众咸唼嗫，梦龙独详讯之，具得内监庞保、刘成主使状。（梦龙见差长身骈胁，睥视傲语，绝无风癫状，因呼纸笔，命画所从入路。须臾图成，具供马三舅，名三道，李外父，名守才，不知姓名老公，乃修铁瓦殿之庞保，不知街道宅子，乃住朝外大宅之刘成。且言二人与我金银壶各一，豢我已三年。令我打上宫门，打得小爷，喫有著有。小爷者，内监所称皇太子者也。又言有姊夫孔道同谋，凡五人。）于是，刑部行蓟州道，提差所供马三道等，疏请法司提庞保、刘成对质。保、成皆贵妃内侍，中外籍籍，语多侵国泰。国泰惧，出揭自白。给事中何士晋（字武莪，宜兴人）直攻国泰，且侵贵妃。（士晋疏言：国泰若欲释人疑，惟明告贵妃，力求陛下，速令保、成下吏考讯。如果国泰主谋，是大逆罪人，非但贵妃不能庇，即陛下亦不能庇。设与国泰无干，请令国泰自任，凡皇太子皇长孙，一切起居，悉属国泰保护，稍有疏虞，罪即坐之。则臣与在廷诸臣，亦愿陛下保全国泰，无替恩礼。若国泰畏有连引，预荧惑圣聪，久稽廷讯，或潜散党与，使之远遁，或阴毙张差，以冀灭口，则国泰罪不容诛矣。疏入，帝大怒。）初，奸人王日乾上变言巫蛊事，辞已连成。至是，复涉成。帝心动，谕贵妃善为计。贵妃窘，乞哀皇太子，自明无他。帝令太子白之廷臣。太子亦以事连贵妃，大惧，请帝速具狱，毋株连。帝乃御慈宁宫，太子侍御座右，三皇孙雁行列左阶下，召大学士方从哲、吴道南，及文武诸臣入，责以离间父子。因执太子手，谓诸臣曰：'此儿极孝，朕极爱惜。使朕有别意，何不早更置。'（御史刘光复，跪于班后，大言曰：皇上甚慈爱，太子甚仁孝，其意固将顺也。帝不甚悉，诘问为谁，中使以御史刘光复对。光复犹大言不止，帝令中涓缚之，着刑部重拟光复罪。）因命内侍引三皇孙至石级上，令诸臣熟视曰：'朕诸孙俱已长成，更何说？'顾问太子有何语，与诸臣悉言无隐。太子具言疯癫之人，宜速决。并责诸臣，言我父子何等亲爱，而外廷议论纷如，尔等为无君之臣，使我为不孝之子。帝复谓诸臣曰：尔等听皇太子语否？复连声重申之。诸臣叩头出。遂磔差于市，掠死成、保禁中。马三道等皆议流。其事遂止。帝不见群臣，二十有五年矣。至是，特一出以释群疑，且调剂贵妃、太子。念其事似有迹，故于诸言者，亦不遽罪也。（未几，士晋调外，之寀削籍，大受夺官，而梦龙独免。光复寻亦见释。）"

大学士吴道南入朝。（据《国榷》卷八十二）

六月

今年乡试，诏增解额，应天十三名，顺天十名，浙江七名，江西、福建、湖广、山东、山西、河南、广东、四川各加中五名，广西三名，云南、贵州各二名。《明神宗实录》卷五百三十三："（万历四十三年六月庚寅）礼部覆各省直抚按疏，请以今岁乙卯科乡试，除陕西、辽左各加额五名已得请外，如浙江、江西、福建、湖广、山东、山西、河南、广东、四川各加中五名，广西三名，云、贵各二名。两直于常额外，南直生员加中七名，监生三名，北直生员加中六名，监生四名。或于应天更加三名，以示不甚远于北直，浙江更加二名，以示不甚远于江西，此亦权衡地方，他处不容比例者也。至北直诸臣，欲以畿士为首，诚见乡试实重里选，今后主考一以虚公为心，尤宜加意首善之地，如生员、监生自非文隔星渊，亦不当重监生而轻生员。上曰：'这增额名数俱如议。应天准另加三名，浙江另加二名，余依议。'"黄儒炳《续南雍志》卷八《事纪》："（万历四十三年）五月癸亥，礼部奏请广解额，议除陕西、辽左以外，浙江、江西、福建、湖广、山东、山西、河南、广东、四川各加五名，广西三名，云、贵各二名，而南直隶生员加中七名、监生三名，北直隶生员六名、监生四名，用以表章圣世右文之盛举，皇上同仁之至意。六月戊寅，礼科给事中晏文辉犹以南雍议加数少，复请增焉。疏略曰：'臣惟吏治必资于人才，而人才必基于科目，故乡试之数广，则博取而精择之，将会场可资以遴选，而真才自尔其多得矣。己酉辽东请增五名，壬子陕西请增五名，而皇上慨然允行，良有见也。今南直隶宜增解额，按臣骆骎曾言之，皇上已下部矣，乃臣犹有所渎陈者，则以南直隶文才实甲天下，臣于壬子岁曾请增二十名而数倍于各省者，非为过也。考旧额生员止一百名，监生二十五名，而数科以来，文日益盛，中限于额，以故主试者就中参酌，遂生员一百七名，监生二十八名，乃今监生则又盛矣！夫割监之七名以益诸生，而纷纷监胄每起不平之嗟，是以臣谓当增，仅以监生七名益诸生，而济济青襟犹抱遗珠之叹，是以臣谓当增二十名，大约以三十五名还诸监，而以二十名还诸郡学，则平日所作养者，悉得以登名于贤书之内矣。'"二十五应为三十五之误。李邦华《李忠肃公集》卷二《请广解额疏》："（万历四十三年）题：'为浙省人文极盛，解额允宜议增……事。……臣适奉简书按浙将竣，……延访所及，则有壁立娉修、敦笃表俗、皭然不滓而名弗出于里巷者若而人，则有潜心经济、雅志匡时、潦倒一生、困守蓬蒿者若而人，使收之为用，皆国家缓急可恃之需。而浙中解额，仅计九十。士不从此奋迹，虽奇能绝略，安得以布衣挟策金马门哉！……皇上试思，国家凡有大事，如土木之发难，其为于谦之定策者有几？宸濠之肆逆，其为孙燧之致身、王守仁之戡乱者有几？世庙之议礼，其为张璁之排众议而伸独是者有几？然则浙之才其无负于浙之解额，可知也。皇上又试思，在御以来，会试中式之多，海内之如浙者可数数否？外籍中式之多，海内之如浙者可数数否？两雍中式之多，海内之如浙者可数数否？然则浙之才其不尽于浙之解额，又可知也。'"李邦华《李忠肃公集》卷二《再请广额疏》："忆浙省人文之盛，前年曾有增额之议，已蒙圣明下部覆奏。……第查当日部覆，浙省增额止议五名，与各省议数相等。此其间觉礼臣之权衡似尚未精，而欲著为一成不刊之典，犹有可得而商榷者。……大凡人才之笃生乘于时，而国家之用才因于地。以浙才之在今日，有耳有目者之所共知也。……岂得以浙之才为未盛耶？且得以浙才之盛，他省为终相颉颃者耶？未知其盛而不为之收，则此辈有老死岩壑耳。……或者以为越格之恩，不可以妄觊也。乃两直隶、云南之额，数请数增，列朝神圣未始罪烦黩也。皇上法祖攸行，岂于浙而独隘之？或者又以为普天皆土，不容偏于浙也。乃各省旧额之数，多寡参差，祖制斟酌，曾不嫌低昂也。皇上量地定制，岂于浙而故靳之？臣且借近事论，以辽较浙，全辽不当两浙之一剧郡耳。乃三十七年，辽不有五名之增乎？如比浙于辽，欲浙士之无向隅，何可得也！即以陕较浙，全陕或亦仅当两浙之强半耳。乃四十年，陕亦不有五名之增乎？如拟浙于陕，恐浙士之嗟遗珠，仍如昨也。……伏乞皇上留神省览，敕下该部，再将浙省增额之数通加酌量，毋拘五名之议，外扩数名之收，具疏上请，以垂为永久之功令。人才幸甚！制科幸甚！"查继佐《罪惟录》志卷十八《科举志》："（万历）四十三年，诏增中式，应天十三名，浙江七名，江、福、河、湖、山东西、广东、四川各五名，广西三名，云、贵各二名。又诏顺天解首须用本省人，著为令。"

辛卯，升右春坊右庶子掌坊事刘一燝为国子监祭酒，右庶子掌司经局事顾起元为南京国子监祭酒。（据《明神宗实录》卷五百三十三）

前少保兼太子太保礼部尚书文渊阁大学士沈鲤（1531—1615）卒。（据《国榷》卷八十二）《明史》沈鲤传："沈鲤，字仲化，归德人……（嘉靖）四十四年成进士，改庶吉士，授检讨……擢侍讲学士，再迁礼部右侍郎，寻改吏部，进左侍郎。屏绝私交，好推毂贤士不使知。（万历）十二年冬，拜礼部尚书。去六品甫二年至正卿，素负物望，时论不以为骤……二十九年，赵志皋卒，沈一贯独当国。廷推阁臣，诏鲤以故官兼东阁大学士，入参机务……帝亦嫌鲤方鲠，因鲤乞休，遽命与一贯同致仕……年八十，遣官存问，赍银币。鲤奏谢，复陈时政要务。又五年卒，年八十五。赠太师，谥文端。"《四库总目提要》卷一百二十五著录沈鲤《文雅社约》一卷《附录》一卷："明沈鲤撰。鲤字仲化，归德人，嘉靖乙丑进士，官至文渊阁大学士，谥文端。事具《明史》本传。鲤里中有文雅台，相传即瞿相之圃。鲤与里人修举社饮之礼，以礼法相约……盖救奢崇朴，鲤之本志，此书犹是意也。"同书卷一百七十二又著录沈鲤《亦玉堂稿》十卷：“明沈鲤撰。鲤有《文雅社约》，已著录。鲤常辑其诗文为《亦玉堂稿》十卷《续稿》八卷，明末板毁不存。王士禛《古夫于亭杂录》载其家有鲤正、续两集，三复其文，叹其经术湛深，议论正大。然士禛没后，池北书库所藏散佚皆尽，今亦未见其本。此本乃康熙庚午刘榛裒辑残阙所重刊。集中有文无诗，盖以非原稿之旧矣。鲤在神宗时，立朝侃直，称为名臣，晚入政府，毅然特立……虽沮于奸邪，不获尽究其用，而集中所载如谏止矿税一疏，实国脉民生之所系，其功甚伟。他如议复建文年号，改景帝实录，停取麒麟，请并封恭妃，请宥议礼诸臣，以及正文体……皆关朝廷大体，知无不言……文章之工拙，抑其末矣。”

吏部左侍郎教习庶吉士刘楚先为礼部尚书兼翰林院学士，摄詹事府，仍教习。尚宝司卿许维新被言，调南京。（据《国榷》卷八十二）

陈经邦卒。《国榷》卷八十二：“前礼部尚书兼翰林院学士陈经邦卒。经邦字公望，莆田人，嘉靖乙丑进士。选庶吉士，授编修。隆庆中，充东宫讲读。万历初，转谕德，进侍读学士，署院。进礼部右侍郎，转吏部左。癸未，改詹事府教习庶吉士，亡何进今官。自为史官至正卿，皆直讲。寿宫之役，辅臣与言某某说，时春命覆视，不尽如辅臣指，因被言致仕。年尚未艾，林居三十年。年八十。予祭葬，赠太子少保。”

礼部奏工科给事中何士晋原题江西主考，今升外任；合行吏、礼二科开送补差。从之。（据《明神宗实录》卷五百三十三）

七月

僧莲池（1535—1615）卒。憨山德清《古杭云栖莲池大师塔铭》：“师讳袾宏，字佛慧。志所归也。俗姓沈氏，古杭仁和人，世为名族。……师道价日增，十方衲子如归，师一以慈接之。……言讫，面西念佛，端然而逝，万历四十三年七月初四日午时也。”释广润《云栖本师行略》：“师生而颖异，十七岁为诸生，即啧啧有声，德行、文章俱极一时之选。……师既得戒，遍访名山，历参知识。……师尝说法南屏，润得躬逢其盛，七众咸臻，四民同集，星驰雾合，每至万人。……师于三藏十二部，无不再三披阅，悉诣其微。著《戒疏发隐》、《弥陀疏钞》、《禅关策进》、《缁门崇行录》、《戒杀放生文》、《竹窗》等书，并行于世。……师于嘉靖乙未年正月廿二日卯时降生，万历乙卯年七月初四日午时示寂。”

准广东举人劳养魁等会试、肄业。《明神宗实录》卷五百三十四：万历四十三年七月，“癸丑，礼部请复广东举人劳养魁、梁午辉、钟声朝及承天诸生十一名，准其会试、肄业。先是，劳养魁等为仇家捏诬，妄报税监李凤，致干圣怒，革其衣冠，屡经先后抚按访核，为之讼冤，故礼部请收复之。上怜其无辜，俱准会试，收复肄业。”

礼部覆直隶提学御史徐养量言场务疏，申严科场功令。《明神宗实录》卷五百三十四：“（万历四十三年七月甲戌）礼部覆直隶提学御史徐养量疏：‘国家功令，申严无如科场一事，而在京闱，则辇毂之下，巧伪烦滋，人情玩愒。先自台臣余懋衡、科臣姚永济目击兹弊，条分胪列，臣等已题覆允行。今御史徐养量因秋试届期，复有此议，如地穴之当塞，四所之当严，供给之当备，分考、主考之取卷当慎当公，皆科场急务也。除地穴一事，先经臣部行顺天府详阅杜塞，及新例取用推、知考官，听提学御史遴选外，其内外帘官诸款，合候命下，臣部行顺天府转行监试各衙门，一洗宿弊，以无辱盛典。'上曰：'这所议有裨场务，便严饬各官着实遵行。'"

翰林院编修公鼐为国子司业，汪辉为南京国子司业。（据《国榷》卷八十二）

右庶子周道登为左庶子，右谕德温体仁为右庶子，管理诰敕。翰林院修撰杨守勤、编修吴宗达为左右中允。（据《国榷》卷八十二）

甘肃抚按荆州俊、董定策请开武科本镇，云一道两试，真保之已事可寻；列镇开科，辽宣之成规见在。从之。（据《国榷》卷八十二）

八月

两京十三布政司乡试。《国榷》卷八十二："京省主试顺天左谕德龚三益、左中允杨守勤，应天右谕德周如磐、右中允孙承宗，浙江翰林院编修吴宗达、工科给事中刘文炳、江西编修黄儒炳、兵科给事中吴亮嗣、福建检讨来宗道、刑科给事中姜性，湖广检讨丘士毅、刑科给事中姚若水，河南吏部主事周士显、兵部主事梁之垣，山东刑科给事中郭尚宾、礼部主事徐瑛，山西吏部主事米助、工部主事王道元，陕西光禄寺少卿周希圣、兵部主事潘润，四川礼部主事卢维屏、大理寺评事顾起凤，广东户部主事包见捷、刑部主事陆梦龙，广西刑部主事郭中宗、中书舍人董承诏，云南户部主事杨瞿岍、行人陈所志，贵州工部主事赵明钦、行人锤惺。"

乡场监试，例巡按御史，或偶阙，如浙，则致巡监御史。万历乙卯，贵州巡抚都察院右佥都御史张鹤鸣代监试。（据谈迁《枣林杂俎·圣集》）

顺天乡试，有挂选监生十七人中举，年皆七十余矣。张岱《快园道古》卷十二："万历乙卯，顺天乡试，有挂选监生十七人登贤书，年皆六十余矣。余叔葆生作诗嘲之曰：'堪羡新科十七贤，商山齐赴鹿鸣筵。却言序齿原无齿，共叹同年是暮年。月桂折来花满眼，青云踏去雪盈颠。可怜到手乌纱帽，反带儒巾入九泉。'"

二十四日，梅鼎祚（1549—1615）卒。梅鼎祚《鹿裘石室集》卷二十五《临其留题》后注："乙卯八月廿四日午时以手画授而逝。"钱谦益《列朝诗集小传》丁集下《梅太学鼎祚》："鼎祚，字禹金，宣城人。云南参政守德之子。禹金舞象时，陈鸣垒、王仲房皆其父客，故禹金少即称诗。长而与沈君典齐名，君典取上第，禹金遂弃举子业，肆力诗文，撰述甚富。万历末，年六十七，赋诗说偈而逝。有《鹿裘集》六十五卷。禹金于学，博而不精，其为诗，宗法李、何，虽游猎汉魏三唐，终不出近代风调。七言今体，步趋李于鳞，又其靡也。'秋减叶声中'，五字擅场，虽千章万句，亦何以加？禹金好聚书，尝与焦弱侯、冯开之暨虞山赵玄度订约搜访，期三年一会于金陵，各书其所得异书逸典，互相雠写。事虽未就，其志尚可以千古矣。"朱彝尊《静志居诗话》卷十七《梅鼎祚》："禹金周见洽闻，著书甚富，《诗乘》、《文纪》之外，旁及书记小说，兼精传奇，所填韩君平《玉合记》，为词家所赏。又云：'风中絮、陌上尘。叹韶光，何曾恋人。'亡友王介人极称之。"

闰八月

王圻（1530—1615）卒。《明故朝列大夫陕西布政使司右参议洪洲王公暨诰封宜人陈氏合葬墓志铭》："万历乙卯之闰八月十有四日，致仕陕西右参议、前监察御史洪洲王公无疾卒，年八十六矣。"（《王侍御类稿》末附，齐鲁书社，1997）《明史》文苑传："同邑（指陆深同乡，陆深是上海人）有王圻者，字元翰。嘉靖四十四年进士。除清江知县，调万安。擢御史，忤时相，出为福建按察佥事，谪邛州判官。……历官陕西布政参议，乞养归，筑室淞江之滨，种梅万树，目曰梅花源。以著书为事……丙夜不辍。所撰《续文献通考》诸书行世。"

礼科给事中姚永济等以气景失推，请集人订历，如翰林院检讨徐光启、工部郎中李之藻、户部主事崔儒秀、原任陕西按察使邢云鹭，此皆其人也。又大西洋人庞迪峨、熊三拔等，洞星历之学，可佐参伍之资。报闻。（据《国榷》卷八十二）

九月

原任翰林院修撰、今听勘韩敬疏"异冤久郁等事"。文秉《定陵注略》卷九《庚戌科场》："（万历）四十三年九月，原任翰林院修撰、今听勘韩敬疏'异冤久留等事'。内云：'当新相吴道南之谒旧相叶向高也，不知所吐何词，所言何指？乃突翻为起废部臣丁元荐之奇锋，再煽为壬子新服阕孙居相之骇浪，是臣之祸，不在文章，不在科场，别有祸种。旧辅叶向高曾贻臣一书，有诸君攻门下时，仆力相劝阻，且云如此祸必中于中甫，中甫即臣之婿父、以刑部郎中削籍之于玉立也。诚臣所露之书，系玉立授臣勒参御史徐兆魁，勒保淮抚李三才，臣误泄之朝臣者也。'"顾炎武《日知录》卷十七《大臣子弟》："谢在杭《五杂组》曰：宋初进士科法制稍密，执政子弟多以嫌不令举进士，有过省而不敢就殿试者。庆历中，王伯庸为编排官，其内弟刘原父廷试第一，以嫌自列，降为第二。今制，唯知贡典试者，宗族不得入，其它诸亲不禁也。执政子弟擢上第者相望不绝，顾其公私何如耳。杨用修作状头，天下不以为私，与江陵诸子异矣。万历癸未，苏工部浚入闱，取李相公廷机为首卷。二公少同笔砚，至相善也，然苏取之不以为嫌，李魁天下而人无间言，公也。庚戌之役，汤庶子宾尹素知韩太史敬，拔之高等，而其后议论蜂起，座主门生皆坐褫职。夫韩之才诚高，而汤之取未为失人，但心迹虽明，卒至两败，亦可惜也。然科场之法，自是日益多端矣。"文秉《定陵注略》卷九《庚戌科场》："（万历四十三年）大学士吴道南疏会场号簿查缴自明等事：'万历庚戌，臣叨知会试贡举，二月二十七日揭晓后，下第士子啧有烦言，谓内帘考官不依编号，互相搜卷。臣乃取号簿于掌卷官处，时号簿有号房而无名，朱卷有名有号而无房。及后齿录出，乃据房以查名，据名以查号，计有十八房。臣即欲具疏以查明其事，乃在帘之臣谓先年礼部有衰多益寡之疏，原为主考，不为房考，诸臣误认，遂以此房之不足，取足于他房。且主考亦曾言各房有遗卷，不妨搜拔，是时臣尚未深思。已而廷试，前辅臣叶向高进拟韩敬第三，皇上拔置第一。更所搜卷，多寒儒，于考官并无识面者。主考萧云举、王图曾向臣言，俱先呈览，因其可取则取之。九月初七，闻父讣音，回籍守制，有托人问臣簿放何处者，有言当缴礼部者，臣以为居苦块而修职掌，不孝孰甚？况旧辅臣力止臣疏，谓韩敬为皇上手拔，且二主考俱系同列，恐碍两臣。臣因携簿以归，恐去后有言，非惟孤臣之心，抑且增臣之罪。不意去后二年，突有诸疏，时建言者其本心炯炯自在，向使言者非太迟，处者非太速，臣缴进号簿，会同朝士大夫，昭然见臣之心，原不为人所轻重，何至六载之事，至今犹烦齿颊哉？至贾继春之误号，盖因司役误誉，臣初入京，曾为司役受过，特出一揭与天下共知之。此查簿缴簿之本末，无一字敢欺者也。'后部覆疏下，有旨：'韩敬准冠带闲住。'"

戊子，是日大学士方从哲、吴道南遵旨考试庶吉士曾楚卿等一十七员散馆、授职，拟上卷十二卷、中卷五卷。（据《明神宗实录》卷五百三十七）

大学士吴道南请罢湖口商税，不报。（据《国榷》卷八十二）

十月

己巳，是日发下庶吉士卷。大学士方从哲等再拟，上卷照依原中进士甲第，铨注翰林编修、简讨，姜逢元、叶灿、陈玄晖、曾楚卿、缪昌期、李国樬、王应熊、冯铨、王祚远、刘鸿训、罗喻义、孟绍虞十二员。中卷量除科道，暴谦贞、周希令、韩继思、史永安、申廷撰五员。（据《明神宗实录》卷五百三十八）

丁卯，礼部简举浙江乡试录程文，于《诗经·大雅》题内遗失"岂弟君子"四字，于《春秋》末题内遗失"宣公十有四年春王正月公会晋侯宋公卫侯曹伯伐郑"二十二字。奉旨：程文题目遗失字多，该管各官所司何事？既经简举，姑免究。尔部还行申饬。以后有错误的，查参重治。试录着另来。（据《明神宗实录》卷五百三十八）

韩策罚俸三个月，李希清等各罚一科。《明神宗实录》卷五百三十八：万历四十三年十月庚申，"巡盐山西御史万崇德，参论该省乡试，按臣临场艰去，布政司韩策出示自命监临，而京考官米助《试录》前序有'禀程监臣'之语，意图脱卸。又取中第四十名举人李希清，墨卷表题'匹'字误写'疋'字，六十三名举人任道统，经题'元'字误写'无'字，皆韩策用蓝笔与改，显涉弊端。奉旨：韩策罚俸三个月，李希清等各罚一科，考官免议。序文不必改。以后按官偶缺，着别差御史监临。两司官各有所司，不许侵越。"

右庶子兼侍读赵国光为少詹事兼侍读学士，署院事。右庶子兼侍读盛以弘署右春坊右谕德兼侍讲。周如磐为右庶子兼侍读，署司经局。右谕德张邦纪、何如宠，南京右谕德署翰林院事孟时芳各为右庶子兼侍读。左赞善赵师圣为左谕德兼侍读。（据《国榷》

十一月

新中举人傅元初停罚一科，知县钟世芳罚俸二个月。《明神宗实录》卷五百三十九：万历四十三年十一月庚子，"礼部覆福建巡按李凌云题，磨勘乡场朱、墨二卷，有新中举人傅元初，试卷扯落一叶，查无别弊，姑从罚科。知县钟世芳磨对偶失，亦应量罚。得旨：傅元初停罚一科，钟世芳罚俸二个月。"

郭一鹗等简举南场试录之误，宥之。《明神宗实录》卷五百三十九：万历四十三年十一月庚子，"南京河南道御史郭一鹗等简举南场试录内，臣等监试，列名在同考中行等官之前，实照前科旧式。缘前科监试御史与同考官有相临之体，已经题知，后又具题改正，未见咨行。臣等委系不知，惟圣明鉴臣违误，俯容简举。上宥之。"

龚鼎孳（1615—1673）生。朱彭寿《古今人生日考》卷十一："十一月……十七日……礼部尚书龚端毅鼎孳，《名人生日表》，万历四十三年乙卯。"龚鼎孳，字孝升，号芝麓，江南合肥（今属安徽）人。明崇祯七年进士，授兵科给事中。入清，官至礼部尚书，卒谥端毅。乾隆三十四年，诏削其谥。以诗古文辞名世，与钱谦益、吴伟业并称"江左三大家"，喜奖引人才。著有《定山堂集》四十三卷、《香严词》四卷。

十二月

礼部请申严岁考之令，从之。《明神宗实录》卷五百四十：万历四十三年十二月，"丁卯，礼部言，为今日士风计，莫若申严岁考之令，尽革类考之名，而申严岁考，其法有三：一、解卷必真，不得另誊。解至本部，委司官覆阅，有违制者驳回降黜，数多者别议，失解者参处。仍拔其尤汇刻，以示四方。一、岁考一遍，将考过廪、增、附生员给赏，黜退若干，新进若干，旌过孝顺节义、批准名宦乡贤若干，开造简明文册与卷一同送部。一、升转必岁考事完，卷册报部。臣部查其勤敏公明，能正士风文体者定为上考，径以京堂优处，或照边方三年二报之例，平等者照常迁转，溺职议处，本部移咨铨部，覆核以行。至于岁考教条，犹有一二宜饬者，一曰三等簿之稽宜严。今后府州县照旧置簿，诸生有包揽说事，横行乡曲，挟制罔上，造歌捏谤害人者，体访得实，岁考按临之时，尽法究治。一曰冒滥之员宜革。诸生惟廪、增、附、青衣四者，今或别增寄学名色，又有乡贤守祠衣巾类，以曳白充之，宜尽行查汰。一曰保留之陋规宜除。卧碑：'诸人皆许言事，惟生员不许。'抚按有一方之责，倪司府州县，人地相宜，何妨径议保留，乃今必以儒学之申呈为据，于是诸生无所顾忌。今后保留各官，抚按第自酌量，不得藉誉诸生引入章奏。上曰：'这所议有裨学政，便行与各提学官着实遵行。'"《明史·选举志》："提学官在任三岁，两试诸生。先以六等试诸生优劣，谓之岁考。一等前列者，视廪膳生有缺，依次充补，其次补增广生。一二等皆给赏，三等如常，四等挞责，五等则廪、增递降一等，附生降为青衣，六等黜革。"

礼部题准申饬会场事例。（详见《明神宗实录》卷五百四十"万历四十三年十二月戊辰")

前国子祭酒周如砥卒。(据《国榷》卷八十二)

国子祭酒刘一燝为少詹事兼翰林院侍读学士,纂修玉牒。(据《国榷》卷八十二)

本年

方学渐(1540—1615)卒。黄宗羲《明儒学案》卷三十五:"方学渐字达卿,号本庵,桐城人也。少而嗜学,长而弥敦,老而不懈。一言一动,一切归而证诸心。为诸生祭酒二十余年,领乡荐,弃去,从事于讲学。见世之谈心,往往以无善无恶为宗,有忧焉。……先生欲辨无善无恶心之体,而自堕于有善有恶心之体矣,是皆求实于虚之过也。先生受学于张甑山、耿楚倥,在泰州一派,别出一机轴矣。"《四库全书总目·心学宗提要》:"《心学宗》四卷:明方学渐撰。……是书专明心学,自尧、舜至于明代诸儒,各引其言心之语,而附以己注。其自序云:'吾闻诸舜,人心惟危,道心惟微。闻诸孟子,仁,人心也。闻诸陆子,心即理也。闻诸王阳明,至善心之本体。一圣三贤,可谓善言心也矣。'盖学渐之说本于姚江,故以陆、王并称。而书中解人心惟危为高大意,解不愧屋漏为喻心曲隐微,解格物为去不正以归于正,大意皆主心体至善,一辟虚无空寂之宗。……宪成序其首曰:'假令文成复起,亦应首肯。盖虽同为良知之学,较之龙溪诸家犹为近正'云。"

努尔哈赤建立八旗制度。蒋良骐《东华录》卷一:"乙卯年,既削平诸国,每三百人设一牛录额真,五牛录设一甲喇额真,五甲喇额真设一固山额真,每固山额真左右设两梅勒额真。初设黄、红、蓝、白四旗,至是添设四旗,参用其色镶之,共八旗。行军时地广则八旗并列,分八路,地狭则八旗合一路。每战长矛大刀为前锋,善射者从后冲击,精兵勿下马,相机接应。克敌后,核功必以实。"

周肇(1615—1683)生。邓之诚《清诗纪事初编》卷三言周肇"年六十九,当卒于康熙二十二年癸亥。肇长王昊十二岁,昊卒于康熙十八年己未,年五十三,以是推知之。"周肇,字子俶,江南太仓(今属江苏)人。总角入复社,为太仓十子之一。顺治十四年举人。历官青浦教谕、新淦知县。著有《东冈集》等。

明神宗万历四十四年丙辰(公元1616年)

正月

贡士张琛、张士伟除名。(据《国榷》卷八十二)

增礼部司官一员充会试同考官。《明神宗实录》卷五百四十一：万历四十四年正月庚辰，"礼部奏：会试同考诸臣，翰林科部皆有定员，惟本部无之。请增本部司官一员充同考试。从之。"《国榷》卷八十二："（万历四十四年正月）辛丑，礼部定会试同考官坊翰十二人，科部各四人。上从之。"

余懋孳等请增六科一员为房考。下部议覆。《明神宗实录》卷五百四十一：万历四十四年正月庚辰，"礼科给事中余懋孳等言：'房考之设，以试卷之多寡为增减。自万历癸未以前，会试止十七房，《诗经》五，《易》、《书》各四，《春秋》、《礼记》各二。自癸未以《易》卷多，遂省《书》之一以增《易》，房仍十七。此分经之定额也。十七房用翰林十一人，六科三人，六部三人，此衙门之定额也。至丙戌《书》卷复多，而《易》不可裁，于是增十八，以翰林充。是翰林增一人矣。今议再增一人，以礼部充，是六部亦增一人矣。六科可独缺乎？且如增《诗》而不增《易》，事有劳逸，阅有详略，士子宁贴服也？'上下部议覆。"

同考自今年始为二十房。《明神宗实录》卷五百四十一：万历四十四年正月，"辛丑，礼部左侍郎何宗彦覆奏会场要务，内言：各省乡试，取中不满百人，犹有十四、五房分阅。会试取数已逾五倍，而分考不及二十人，翻阅未详。宜从科臣请，增《易》一房，则词臣十二人，科部各四人，非特人数适平，亦且分阅较易。'上从之。于是同考始为二十房。"朱之瑜《朱舜水集》卷十《答小宅生顺问十六条》："座师有二，有大座师，有本房座师。明朝之制，举子各习壹经，《易》、《诗》、《书》、《礼》、《春秋》，分房较士。《易》五房，《诗》五房，《书》二房，或四房、三房，《礼》一房，《春秋》一房。每房各一人主之，谓之本房座师。取中之士，呈于两总裁。副总裁于大批之后，又批一取字；大总裁于大批之后，又批一中字；然后登于榜上，谓之中式。二人谓之大座师。此乡试中式之式也。会试：《易》六房，《诗》六房，《书》四房，《礼》一房或二房，《春秋》一房或二房，大概俱与乡试相同。明朝甲科之制，及第后有《试录》暨《同年序齿录》，并朱卷刊行其中。"顾炎武《日知录》卷十六《十八房》："今制，会试用考试官二员总裁，同考试官十八员分阅《五经》，谓之十八房。嘉靖末年，《诗》五房，《易》、《书》各四房，《春秋》、《礼记》各二房，止十七房。万历庚辰、癸未二科，以《易》卷多添一房，减《书》一房，仍止十七房。至丙戌，《书》、《易》卷并多，仍复《书》为四房，始为十八房。至丙辰，又添《易》、《诗》各一房，为二十房。天启乙丑，《易》、《诗》仍各五房，《书》三房，《春秋》、《礼记》各一房，为十五房。崇祯戊辰，复为二十房。辛未，《易》、《诗》仍各五房，为十八房。癸未，复为二十房。今人概称为十八房云。"《利玛窦中国札记》第一卷第五章："在结束有关中国人学位授与的这一叙述时，不应该不谈到下述情况。在欧洲人看来，那似乎是一种颇为奇怪的并且或许有点无效的方法。所有考试中，无论是军事科学或数学或医学以及特别是哲学的考试，主考或监考都总是从哲学元老中选出，从不增加一位军事专家或数学家或医生。擅长于伦理学的人，其智慧受到极高的尊敬，以致他们似乎能对任何问题做出正当的判断，尽管这些问题离他们自己的专长很远。"

辅臣铨注翰林编修、简讨姜逢元等十二员，量除科道暴谦贞等五员，填名上请。不报。《明神宗实录》卷五百四十一：万历四十四年正月戊子，"辅臣言：庶吉士散馆，臣等于去年九月间考试，今经将半年矣，而授官之本未蒙批发，再四补续，停阁如故。说者谓诸臣之中有拟授科道数人，皇上因此迟留。臣窃谓不然。目今台省员缺甚多，其候补及考选诸臣，尚冀俞旨，且夕且下，乃独介介于此数人，不完馆选之局乎？谨铨注翰林编修、简讨姜逢元等十二员，量除科道暴谦贞等五员，填名上请。不报。"

努尔哈赤称汗（帝），年号天命，国号金，史称后金。蒋良骐《东华录》卷一："丙辰年，群臣尊上为覆育列国英明皇帝，建元天命元年。"《明鉴纲目》卷七："纲：丙辰四十四年（满洲天命元年），春正月，满洲主努尔哈赤称帝。（是为太祖高皇帝。）目：满洲自攻破尼堪外兰后，国势日隆。时海西卫四部，叶赫最强。努尔哈赤攻破之（事在辛卯年），又并哈达（事在己亥年。哈达贝勒蒙格市禄，与叶赫连，共谋满洲。努尔哈赤破其城，获之以归）辉发（事在丁未年。辉发贝勒拜音达哩，亦党于叶赫。努尔哈赤率兵灭其国。）乌拉，（事在癸丑年。乌拉贝勒布占泰者，尝为满洲所执，既而释归，申以姻好，既复背去。努尔哈赤举兵攻之，布占泰势穷，走叶赫，国遂亡。〇时叶赫贝勒、锦台什居东城，布扬古居西城，越六年，满洲兵围锦台什，破其城。锦台什被执，布扬古亦降，叶赫属城俱附。）乃制国书（先以蒙古字，联缀成句，创立满洲文。寻以十二字头无圈点，上下字雷同无别，因加圈点以分析之），定旗制（初兼并诸国，设有国旗，旗以纯色为别，曰黄，曰红，曰蓝，曰白。寻添设四旗，参用其色镶之。共为八旗，分左右翼），诸贝勒大臣上尊号，遂称帝。（以是年为天命元年。）"

二月

青州贡士张其献上《东人大饥指掌图》。（据《国榷》卷八十二）

丁未，以礼部尚书兼东阁大学士吴道南、礼部尚书兼翰林院学士掌詹事府事刘楚先充会试主考。（据《明神宗实录》卷五百四十二）

何宗彦奏磨勘试卷，摘参举人之违式失体者。从之。《明神宗实录》卷五百四十二：万历四十四年二月戊申，"礼部左侍郎何宗彦奏：磨勘试卷，摘参举人之违式失体者。吴炳真草不同，应行严勘。冯洪业等文字谬误，宜停一科。而对读及考官亦宜议罚。然主考总裁也，分任全在房考，得其人则真才自收，否则以非才为才，且缪为批点，以祈必录，稍加裁正，或反唇而相讦，则以主考有主宾之情，无相临之体也。今后慎选分考，其执拗者，主考不得轻徇。或骄蹇恣肆，许主考于复命日备陈始末，以听科部查参。得旨依议。"

今年会试，中沈同和等三百五十名。沈同和被指为白丁会元。《明神宗实录》卷五百四十二：万历四十四年二月，"戊辰，会试天下举人，中式三百五十名，以沈同和为第一，都下竞传为白丁会元。同和，吴江人，席官藉余业，好冶游，拈笔不能成句。预购善细书者，猎时艺为小册，挟以入闱，得中乡试。其同邑赵鸣阳薄有文声，同和结为姻。至是，贿胥役，三场皆同号舍。每题出，挟本誊写，间有不备者，鸣阳代为之，遂得第一。而鸣阳亦在第六。于是士论哗然矣。"沈德符《万历野获编》卷十六《科场·上榜士子三木》："乡会场，士人已登名籍，仍斥革，且问罪荷校者，以余所见，则京师凡三度矣。乙酉科之冬，京闱冒籍事起，浙人冯诗、章维宁俱枷于顺天府门，其指出宫闱，备极惨毒，识者冤之。丙午科之秋，顺天第四名邹汝讙以割卷败露，枷于礼部门，其文本出马显忠，求补缺额不允，未几郁死，事已奇矣。至丙辰科，而沈同和以怀挟倩笔两弊得列榜首，亦枷于礼部门，其覆试时不能成篇，并题旨亦不记忆。自有制科以来，会元无此大辱，使在世宗朝，处分必不仅如此。两榜邹、沈两元魁俱出吴崇仁主试，两录中俱存其经与名次，而刊去其人，真千佛名经中，大怪异灾变也。崇仁怼言官讥讽，自咎命薄致然，恐难尽逶之命。若乙酉顺天之役，无端累及史太史钶削籍，张宫谕一桂、沈京兆思孝、董御史裕，俱外谪，则真命之不犹矣。史，余姚人，嘉靖甲子第三，辛未会魁。"沈德符《万历野获编》卷十六《科场·乙卯应天闱中之异》："乙卯科，应天修葺试院，有鱼见于圃中，识者已怪之。至第二场，忽于供给所搜得透印无名试卷数通，监试、提调大惊，拷掠左右甚苦，终不得其故。遂将私贮试卷之人毙之杖下，而不敢闻之朝，惧株连者众也。次年元旦大朝会，时觐吏与试士俱集大廷，忽众中有人持大铁椎狙击御史凌汉翀于班行，碎其首仆地僵绝，举朝大惊，急擒下，则故巡捕提督都督同知凌应登也。御史为从者舁至寓复苏，用良药敷治，仅得不死，是日相顾错愕，谓今年必有异变。至二月会试，遂有假元一事。假元则去秋应天所举也。鱼有龙门飞跃之兆，而屈居溷秽，已属奇妖，至于獬豸触邪，反遭朱亥之厄，其事又发于辰年元会，兼有群龙无首之象，变不虚生，信然哉！凌应登者，不知何许人，久居京师，贫甚。专与中贵游，亦粗通文艺，后渐成富人。凌御史以计偕至，认为同宗，称兄弟，通缓急。御史第后，为福清令，以叶相力入台班。时应登亦登武进士，官环卫已久，时时指称台臣雁行，居间挟诈，外议籍籍。御史患惧，遂绝之，不与往还。应登寻以一品司游徼，为西台发其奸状，革任回卫。说者谓出凌御史指授，应登愤恨，具疏自白，且讦御史诸不法，直欲手杀之，然后自刎，不意垂克受缚。旨下勘问，应登远戍，御史亦夺职闲住。"徐复祚《花当阁丛谈》卷五《沈同和》："万历丙辰会试天下举人，大学士方从哲为总裁，取中沈同和为会元，第六名为赵鸣阳，俱吴江人。同和字知乐，河南太素巡抚（名季文）子也，与余曾有杯酒交。盖裘马自矜，豪横纵恣，目不识丁人也。余居海上三家村，声闻既邈，性又不喜谈时事，故至三月尽，始知同和作会元，不觉吐舌不能收。曰：'有是哉？天下有不识字会元乎？'歇后，郑五作宰相，天下事可知矣！然不知斯时台省已交章论劾矣，并及总裁与房考。韩都给事（名光佑）得旨复试同和，终日不成一字，竟至曳白。法司鞠问，始知同和与鸣阳系儿女亲，贿贴同号，同和文鸣阳所作。然文固佳，非有贿买主司情弊。复得旨：'同和充□□卫军，鸣阳运炭。'人皆快同和之摘发，而深惜鸣阳之废弃终身云。"孙之騄《二申野录》卷六："（万历四十四年）二月会试，以大学士吴道南、礼部尚书刘楚先充考试官，取沈同和等三百五十名。沈同和，吴江人，家饶阿堵，已彰物议。会试发榜，居然首选。其乡里下第举子，愤愤不平，或泥污其名，或聚众声阙。及阅墨卷，首艺时刻也。于是科臣参其怀挟，而本房亦具疏检举，士论哄然，上命礼官覆试之。削会元沈同和为民，并黜进士赵鸣阳。同和复试之日，礼部出：'明君必恭俭礼下。'同和问曰：'是《书》乎？是经乎？是论乎？'其座师大怒。日暮几于曳白，于是发刑部讯问，杖而徒之。其卷皆赵鸣阳笔，遂削其名。是科会录无元，吴人为之谣曰：'丙辰《会录》，断么绝六。'以鸣阳中第六名也。"朱国桢《涌幢小品》卷七《断么绝六》："乙卯年，南场中有鱼见于圊。鱼，水族也，水，至洁也，而污秽至此，又见于场中，此文明失位之象。次年，丙辰会试，沈同和以代笔中第一名，代笔者赵鸣阳中第六名，俱吴江人。事发按问，并罪除名。吴为水国，遂应其占，亦一厄运也。苏州人为之语曰：'丙辰《会录》，断么绝六。'盖名次适应其数云。赵最有才情，特以馆谷落其度中。余见代笔者数人皆无他异，所谓有幸有不幸也，似宜末减。自制义盛行，凡大家，必延名士为师友教子弟，即圣人复起，亦不可废。居常谈文课艺，一遇考试，同坐商量，职也，亦情也、势也。余少年馆谷糊口，有某大家邀致甚力，将赴之，先君子独否，曰：'一入其中，即以文字受役，不可推，不可拔矣。'固辞之，触怒，赖有解者，且以明年为期，乃得免。其年戊子中式。由今追思，先君子其殆圣乎！凡贫士有文章名者，宜于此际深思赵之覆辙，可鉴亦可怜也。"

三月

甲戌，礼科给事中姚永济、御史朱阶等俱疏言，沈同和目不识丁，其试卷尽出怀挟及赵鸣阳之手，乞敕礼部会同科、道严行覆试。礼部侍郎何宗彦亦言，会榜首卷尝议日烦，非覆试不可。从之。（据《明神宗实录》卷五百四十三）

南京国子祭酒顾起元、左庶子周道登为少詹事。右谕德赵师圣为右庶子。国子司业公鼐为左谕德。右中允杨守勤、左赞善薛三省为右谕德。左庶子温体仁为南京少詹事，署翰林院事。（据《国榷》卷八十二）

丙戌，覆试沈同和，文理荒悖，经《孟》题懵不知所出。下法司议罪，同和遣戍，赵鸣阳杖责除名。（据《明神宗实录》卷五百四十三）沈德符《万历野获编》卷十六《科场·覆试》："科场覆试一法，在唐、宋已有之。要之，非盛世待士体也。本朝士子被言者，必再试。至成、弘而后，则愈毖矣。然景泰末年，顺天解元徐泰，亦覆而得留，后终不第，盖会场主者已作意摈之。会场入彀者例不许覆，以故翟诸城二子求试不允。惟嘉靖己未科，吏部尚书吴默泉子绍，为言官纠其曳白，倩人入场，正危疑间，有文书房一内臣给之曰：'上将面行覆试。'绍窘甚，出其资行赂，夜分搬运达旦，然实无此事，而囊已空矣。近年壬午之南，戊子之北，俱有此举。然以王辰玉何等才，而亦列其中，所以乃翁有死不受辱之疏也。至丙辰会元，乃以覆试斥，则古来制科一大变矣。近科事后有议，如壬午应天举人贺学礼，以覆试不通而斥。丁酉顺天举人邱梦周，以解题差误而斥。其以再覆试而丁艰竟归不到者，则戊子顺天举人屠大壮。以考馆被议，覆试而以病辞者，则辛丑进士项鼎铉。两人之不赴，俱有故，然终不得谴。近壬午岁监生刘襄之，已考选中书舍人，兼侍书，侍福邸供事矣，吏部郎中赵邦清因劾堂官及同寮，谓襄之所试瑞雪诗，先有关节，襄之不服，自请覆试，既而九卿科道称其再试诗合格，旨下，命供职如故。此非科目也，反不失故物，亦异矣。"

覆试举人吴炳，罚一科，吴洪裕罚三科。《明神宗实录》卷五百四十三：万历四十四年三月丙戌，"覆试举人吴炳，罚一科，吴洪裕罚三科。先是部科磨勘试卷，言二生形迹可疑，若使再行并勘，恐转生弊窦，惟覆试便。乃试，文理俱可观，而炳犹胜，故处分如此。有旨依拟。"

钱士升（？—1651）、贺逢圣（1587—1643）、林釬（？—1636）等进士及第、出身有差。是科未考选庶吉士。《明神宗实录》卷五百四十三：万历四十四年三月，"乙酉，策试天下中式举人，赐钱士升等进士及第，出身有差。皇帝制曰：'朕闻天下虽安，忘战必危，兵非圣人所讳言也。《书》称克诘尔戎兵，又曰张皇六师。夫当成康苍政之初，而其臣即惓惓以此告之，岂文事武备，经国者宜并重，而振旅之威、舞干之化，二者固相须欤？洪惟我太祖高皇帝，肇造寰区，以武功定天下，即位之后，释甲弢弓，开一代之文明。然而固本之训，居安忘备之戒，每谆谆焉。其为万世虑，至深远也，可得而扬厉其盛欤？朕嗣缵洪基，莹精上理，四十四载于兹尔，虽深居静摄，而安攘大计，无日不惕于衷。尝明诏执事，整饬营务，慎固边防，简将练兵，博求制御长策，而承平日久，法弛弊滋，申令徒勤，惰窳如故。京营号称禁旅，居重驭轻之意寓焉，而文籍空存，士卒疲羸，至不胜甲胄，猝有缓急，将何所恃欤？辽左延绥，劲兵所自出，顷岁大虏间入，肆行蹂躏，而防御之术未闻，此岂兵之不足欤？抑教养无素，虽有兵而不得其用欤？夫兵以食为命，无食是无兵也。今司农告匮，给饷不时，荷戈乘障之夫，动称枵腹，识者方懔懔脱巾是虞，望其出死力以捍疆圉，胡可得也。议者欲修屯田以省转输，练土著以资战守，似矣，而行之终鲜实效，何欤？无亦右文之世，难以讲武，而尧诘张皇之治，卒不可致欤？兹欲振积衰之势，操长胜之权，俾国家神气日张，足以威四夷，制六合，其何施而可？诸士志切匡时，抱先忧之略久矣，尚详著于篇，勿泛勿隐，朕将采而行焉。'"《国榷》卷八十二："（万历四十四年三月）乙酉，策贡士三百五十人，赐钱士升等进士及第、出身有差。"

据《明清进士题名碑录索引》，万历四十四年丙辰科①录取名单如下：

第一甲三名

钱士升　　　贺逢圣　　　林　釬

第二甲六十七名

杨弘备	贾鸿洙	钱继登	来　复	蒋如奇	杜乔林
杨嘉祚	陈圣典	薛　耀	史应选	周愿兼	徐绍沆

---

①　本科会元沈同和，因试卷为第六名赵鸣阳代作，事发被谪，会试录上亦即除名，故本科无会元。

刘铎	郑毓麒	许如兰	谢颜教	洪承畴	瞿士达
谢琏	徐宗孺	林赟	程光阳	俞曰都	唐焕
方孔照	李其纪	何玉成	蔡奕琛	祝万龄	潘永澄
王公弼	霍允猷	晋淑抃	詹应鹏	林应聚	窦可进
刘之柱	刘荣嗣	范中彦	谢宗泽	邹嘉生	吴叔度
林肇开	洪胤衡	寇慎	曹履吉	王惟光	汤道衡
宋祖舜	张维世	彭克济	冯师孔	丁魁楚	孙朝肃
陈大对	常任贤	张元芳	刘万春	杨正奇	徐人龙
孙必显	赵嗣芳	郭继开	舒崇功	万爆	耿如杞
曾樱					

第三甲二百七十四名

成明枢	姜士望	黄可师	刘芳	彭汝谐	萧应坤
常康	臧尔如	徐百朋	阮大铖	侯恂	李春烨
魏大中	周淑	李应期	刘其忠	胡亮工	虞廷陛
刘之待	林日烺	周洪谟	董志稷	关光	胡永顺
洪如钟①	丁明登	郑履祥	吴嘉宾	刘之凤	李之茂
王际逵	张锵	吕鹏云	张讷	雷起龙	李谦亨
罗杰	陈熙昌	耿启	刘永基	叶天陛	陆康稷②
夏启昌	刘徽	庞尚廉	徐吉	吴焕	陈士章
张绍简	张绍先	吴尚默	胡克开	汪元标	吴弘业
游王廷	王政新	张伯鲸	韩琳	吴极	张鹏云
蒋允仪	薛文周	姜扬武	严兆璜	王维周	任大傲
霍镀	章允儒	张节	林枝桥	曾国祯	周宗文
曾栋	刘思温	林宗载	许惠一	卢化鳌	徐应秋
邸存性	蒋友笃	廖起璘	谢文锦	梁建廷	杜遴奇
张应辰	宋祯汉	张应铬	胡士奇	魏照乘	吕浚
陈美道	佟卜年	洪赞宇	朱舜年	苏升	方大任
马鸣世	游云鸿	方有度	林闻诏	朱国桢	樊尚燝
高默	袁蕭臣	王任杰	朱大典	王启棠	庄应德
陈奇瑜	张翰冲	吴道昌	许观吉	曹守勋	宋光兰
林鸣璠	曹文衡	马斯作	钱应华	宋师襄	刘馀佑
丘可孙	沈以鼎	殷懋新	郑崇俭	金新祚	李应升
吴从鲁	田生芝	张朝纲	张琳	王纳谏	潘曾纮

---

① 碑作：洪如钟。
② 碑作：陆康积。

汤景明	朱泰祯	顾天宠	张时旸	高有闻	沈犹龙
张履端	练国事	莫俨皋	张炜	贾凌云	许誉卿
董允升	赵日中	李玄	蔡一熊	赵维岳	彭期生
胡良机	唐登俊	陈尔翼	熊奋渭	彭汝楠	黎国器
徐复阳	詹以晋	陈学章	张鑛	杨维垣	刘廷佐
戴埅	范良彦	黄运恒	罗宽	李作义	沈立义
赵胤昌	马之升	黄承昊	陈正蒙	江士英	许都
张其实	帅众	徐大相	江秉元	徐应雷	黄公辅
李芬	张其平	黄尊素	周汝玑	潘灼	吴国华
涂世叶	丁流芳	门洞开	王升	杨镐	李胤华
王如春	赵延庆	卢楚杰	王曰善	瞿式耜	王琨
魏浣初	何廷枢	王猷	林道推	李光春	孙如兰
熊则祯	朱本吴	申绍芳	李政修	喻思恂	姜一洪
胡其俊	张著铭	董廷对	刘斯崍	刘四端	王先
张锡命	李白春	黄宪卿	田所赋	汪应元	丁一鸣
郭兴言	温国奇	易孔赞	陈朝辅	沈惟炳	刘仲旸
曾应瑞	毕拱辰	许宗礼	袁中道	陈闒然	李建和
单镜	董延策	周汝弼	李淑世	魏尚贤	毕自肃
宋学郊	袁玉佩	周良材	许复	杨方盛	韩光先
田唯嘉	王见龙	胡一龙	张桎芳	刘尚信	龚萃肃
严自完	李恒茂	汤必选	丁君明	范绍序	熊师旦
沈维堡	周自邴	金丽兼	臧照如	卢时泰	曹师稷
张养	卢承钦	朱一骐	田时春	余珹①	薛近洙
阎可陛	储显祚	孙际可	方应祥		

三甲进士袁中道颇多论举业文字。袁中道《珂雪斋集》卷十《成元岳文序》："时义虽云小技，要亦有抒自性灵，不由闻见者。……读元岳兄诸制，无论为奇为平，皆出自胸臆，决不剿袭世人一语。一题中每每自辟天地而造乾坤。予于此道，亦号深入，而不能不心折于元岳，则惟其真也。"袁中道《珂雪斋集》卷十《李仲达文序》："陶祭酒石篑每论予文云：'时文之妙，全在曲折转换之间。子才虽大，学虽博，而去之转远。'予心佩其言，辄极力求合，而转不肖也。今观仲达之文，一幅之内，烟波万状，如书家小字得大字法，如画家咫尺之间具千里万里之势。禅门亦云：'于一毫端，现宝王刹；坐微尘里，转大法轮。'皆小中现大意也。仲达真慧业文人，妙得此理三昧，而偶示一斑于此技者耶？"《珂雪斋集》卷二十《用人》："盖古用人取人之法，有乡举、有辟署等法，而今皆不能行，所存者止科目耳。有九品官人等法，而今皆不能行，所存

---

① 碑作：余诚。

者止资格耳。夫古之法皆格而不能行，而独科举、资格存者，岂法久弊生，而此独无弊欤？非也。科举之法，乃宋学究科也。士为帖括，糊名易字，任有司甲乙之。即有高才博古通今之儒，而不及格，终身不得沾升斗之禄。又时文尔雅，不投有司，好尚相欷，总归沉滞。及其隽者，出官登朝，与文字分为二途。……国家议论甚多，检举甚苛。故取一人，不必在得士也，期免嫌疑而已矣。推一人，不必在得才也，期免嫌疑而已矣。柄文者避嫌不极，虽所得士文如班、马，行如曾、闵，而人不以为是也。能避嫌，则虽所得者尽是庸鄙琐屑之流，而人称之矣。……若曰必如是而后见我本无心，一惟遵例，则议论自不能生，而相安于无毁无誉耳。此法之所以久而不废也。然吾以谓天下之才，诚非科举之所能收，士之有奇伟者，诚不宜以资格拘之。顾此皆非常之事，而世无非常之人，则相安于额例而已矣。今使离科举而行聘荐，彼主聘荐之人，果具只眼者耶？铨选者破格用人，又果能辨之于未事之先否耶？徒滋纷纭，无益也。且天下无事，常时也；书生主衡，常人也。以常人处常时，而行常事，亦可矣。设有贤者，于此稍融通之，而亦不必出于例之外也。如斯而已矣，如斯而已矣！"

方应祥中进士。 李调元《制义科琐记》卷一《千年矿》："方应祥，字孟旋，浙之西安人，万历丙午魁应天。至丙辰，韩若愚得公卷，拟本房第八。忽叫绝，定首卷。填榜见孟旋，语所知曰：'得百少隽，不如得一老方。'故缪西溪曰：'由前摸索，无心发千年之矿；由后矜赏，偏喜添云水之庄。'传为佳话。"万历丙午，即万历三十四年（1606）。丙辰，指万历四十四年。梁章钜《制义丛话》卷六："俞桐川曰：忠臣之文多发越，孝子之文多深沉。读方孟旋文，幽奥坚固，质而弥文，殆有至性存焉。其生平少孤养母，久困场屋，比得一第，其年已晚，犹陈情吁请，哀毁致丧，是终其身皆孝亲之日，宜其文之深沉而可诵也。""林畅园师曰：前明文字，即尚设色，如方孟旋'夫子至于是邦'章文中段忽云：'述九德于虞箴，则谟明弼谐之励翼，合听之风所由隆也；观六典于《周官》，则刚克柔克之时用，访道之忱所自彻也。'张尔公病其填砌，陈百史喜其韵高，惟徐存庵云：'此二小比，是先生出调逸响，如《出师表》中忽入亲君子、远小人两段文字。'可谓善于论文，实开时贤一门径也。"

四月

大学士方从哲等请批发前科散馆诸臣。不报。《明神宗实录》卷五百四十四：万历四十四年四月丙辰，"大学士方从哲等言：新科一甲已蒙钦允授翰林官，而前科散馆诸臣尚未批发。同一词林，不知皇上何慨然于此，而迟疑于彼也。且词林以前后为差，若旧者不得拜官，则新者不便履任，其于事体，妨误实多。又丁未科庶吉士杨道寅拟授给事中，候命五年，未奉俞旨，此又制科以来所不经见之事。臣等不为本官惜，为政体惜也。不报。"

少詹事刘一燝为詹事兼翰林院侍读学士。（据《国榷》卷八十二）

敕旌梁山贡士来知德孝行。知德少有至性，乡试，考官掷其文，忽有神屡移卷几上，乃入选。（据《国榷》卷八十二）

五月

己丑，以庶吉士叶灿、陈玄晖、刘鸿训为翰林院编修，姜逢元、曾楚卿、缪昌期、李国楠、王应熊、冯铨、王祚远、罗喻义、孟绍虞为简讨。庶常解馆，至是几十月，阁臣亦无虑十数揭。其留之词林者得旨，余拟授科道官暴谦贞等五员尚格不下。（据《明神宗实录》卷五百四十五）

六月

十六日，汤显祖（1550—1616）卒。《玉茗堂选集·尺牍》载汤显祖第三子汤开远序云："岁在龙蛇，六月既望，家严祠部公遂弃邈诸孤去矣……易箦之夕尚为孺子哭，命以麻衣冠就敛。"《明史》汤显祖传："汤显祖，字若士，临川人。少善属文，有时名。张居正欲其子及第，罗海内名士以张之。闻显祖及沈懋学名，命诸子延致。显祖谢弗往，懋学遂与居正子嗣修偕及第。显祖至万历十一年始成进士。授南京太常博士，就迁礼部主事。十八年，帝以星变严责言官欺蔽，并停俸一年。显祖上言曰……帝怒，谪徐闻典史。稍迁遂昌知县。二十六年上计京师，投劾归。又明年大计，主者议黜之。李维桢为监司，力争不得，竟夺官。家居二十年卒。显祖意气慷慨，善李化龙、李三才、梅国桢。后皆通显有建竖，而显祖蹭蹬穷老。三才督漕淮上，遣书迎之，谢不往。"朱彝尊《静志居诗话》卷十五《汤显祖》："义仍填词，妙绝一时，语虽斩新，源实出于关、马、郑、白，其《牡丹亭》曲本，尤极情挚。人或劝之讲学，笑答曰：'诸公所讲者性，仆所言者情也。'世或相传云刺昙阳子而作。然太仓相君，实先令家乐演之，且云：'吾老年人，近颇为此曲惆怅。'假令人言可信，相君虽盛德有容，必不反演之于家也。当日娄江女子俞二娘，酷嗜其词，断肠而死。故义仍作诗哀之云：'画烛摇金阁，真珠泣绣窗。如何伤此曲，偏只在娄江。'又《七夕答友诗》云：'玉茗堂开春翠屏，新词传唱牡丹亭。伤心拍遍无人会，自掐檀板教小伶。'其后又续成《紫箫》残本，身后为仲子开远焚弃。诗终牵率，非其所长。"

南京右佥都御史罗朝国为工部右侍郎，翰林院编修骆从宇为国子司业。（据《国榷》卷八十二）

七月

礼部左侍郎何宗彦请正士风。命提学官严加约束、按期考校、密切考访、不时黜

革。（详见《明神宗实录》卷五百四十七）

八月

升庶子盛以弘为国子监祭酒，周如磐为南京国子监祭酒。（据《明神宗实录》卷五百四十八）

九月

礼部请自今以后，下第举人乞恩限定三百名。从之。《明神宗实录》卷五百四十九：万历四十四年九月，"壬辰，礼部覆贡生廖汝忠疏言：'教职之设，原以待明经之选。自举人与副榜下第乞恩者众，而贡途之升日壅。请自今以后，下第举人乞恩限定三百名，永为定额。其授过教职会试不第，除原系副榜及本科新中副榜再准告留会试一科，其余吏部即为推升，不准通状愿留会试，以塞贡士升迁之路。'从之。"

癸未，会试天下武举，以左谕德公鼐、右谕德薛三省为考试官。（据《明神宗实录》卷五百四十九）

十一月

兵科给事中赵兴邦条上疏通武科之法。（据《明神宗实录》卷五百五十一）

前太子太保礼部尚书东阁大学士李庭机卒。庭机字九我，晋江人，万历癸未礼闱第一，进士及第。授翰林编修，文章温穆，有先民风。历祭酒，署礼部。所至清苦节，束浮冒，核实用，计经久。稍狷隘，不能容物。入相怅时待放，虚拘无一日展。予祭葬，赠少傅，谥文节。（据《国榷》卷八十二）

十二月

国子司业骆从宇、南京国子司业汪辉为左中允。编修黄儒炳为右中允。检讨丘士毅、徐光启、周炳谟、黄立极为左赞善。来宗道、韩文焕、魏广微、凌凌霄为右赞善。（据《国榷》卷八十二）

大学士吴道南请皇长孙就学，不报。（据《国榷》卷八十二）

明神宗万历四十五年丁巳（公元 1617 年）

四月

前国子祭酒朱维桢仍养疾。（据《国榷》卷八十三）

五月

戊寅，内阁会同翰林院考试愿就教职岁贡，取中上卷四卷，中卷二百九十一卷。（据《明神宗实录》卷五百五十七）

七月

吴道南以母丧罢归。《明鉴纲目》卷七：“纲：丁巳四十五年，秋七月，吴道南罢。目：道南遇事有操执，通达政体，颇负时望。自入阁后，未尝一见帝。及梃击之变，帝召见群臣于慈宁宫，道南始得面谢。自后不再见。前年典会试，副都御史沈季文（吴江人）子同和，以代倩获第，事觉，同和远戍。（同和素不能文，倩同里赵鸣阳为之，同和得举第一，鸣阳第六。事发，两人并谪戍。）汤宾尹以道南尝欲发其科场事，遂嗾其党，交章论之。给事中刘文炳，御史张至发（淄川人），相与攻之尤力，肆口诋諆。道南不能堪，言：‘台谏劾阁臣，职也。二百年来，有纠阁臣之言官，无詈阁臣之言官。臣辱国已甚，请立罢黜。’帝为谪文炳于外，言官疏救，文炳复诋道南，道南益求去。杜门逾年，疏至二十七上，帝犹慰留。会母丧乃归，居二年卒。（赠少保，谥文格。）”

九月

己巳，是日大学士方从哲复以庶吉士孔贞时授职为请，不报。（据《明神宗实录》卷五百六十一）

辛巳，大学士方从哲请发前所题编纂章奏官补制诰两房官及庶吉士孔贞时授职，不报。（据《明神宗实录》卷五百六十一）

四川巡抚饶景晖言：应选授甲科任四川州守、县令，以振吏治。（详见《明神宗实

十二月

大学士方从哲胪列应补各官上请，不报。《明神宗实录》卷五百六十四：万历四十五年十二月，"壬寅，大学士方从哲言：臣历年所请各官，缺者未推，推者未点，点者未批，批者未发。大小臣工倾心而望，延颈而听，不啻大旱之望雨，调饥之思食也。顷奉明旨，谓俟目疾稍愈，即简详发行，行之此其时矣。谨将应补各官一一胪列上请。一、敕吏部会推阁员。一、点各部尚书侍郎并都察院堂上官。一、点通政大理并各衙门卿、少卿、府丞、南北司业等官。一、点江西、福建、河南、湖广、宁夏各巡抚及操江都御史。一、点各省直巡按御史共九差。一、允考选科道官。一、允起复候补及散馆科道官。一、允各科序转左右及署印官。一、点各省布按兵备等官。一、允庶吉士刘钟英授简讨。一、允题补两房中书官。一、允六曹编纂章奏官。不报。"

礼部题申饬学规五款。报可。《明神宗实录》卷五百六十四：万历四十五年十二月乙巳，"礼部题申饬学规五款：一曰惩不肖之尤。劣生不止夏楚降黜，提学官廉其尤甚者付严明有司究问。一曰奖德行之科。果德行卓异，虽劣等，拔前列补廪。孝弟刚正，可起顽懦者，学臣奏请征聘。一曰重督学之权。学臣执法，假以便宜，宽以文法，俾所部诸生，无敢咆哮鼓噪，仍超迁以作敢为之气。一曰重提调之任。进退诸生，必令由提调守令开报，毋畏其口语，毋任吾爱憎，毋徇教职之举。一曰慎儒臣之选。作人有效，或优以部秩，或间与行取，庶重教士者，而士益知自重。奉旨：'是。'"《国榷》卷八十三："万历四十五年十二月乙巳，礼部请申饬学规，报可。"

明神宗万历四十六年戊午（公元1618年）

四月

满洲兵攻占抚顺。《明鉴纲目》卷七："纲：戊午四十六年，夏四月，满洲兵破抚顺。目：初，满洲主努尔哈赤，与辽东副将，订两国臣民各守边境之约。（事在万历三十六年。）及叶赫告急，遣炮兵为之守备，又驻军开原以备不测，两国之隙以生。至是，努尔哈赤亲率步骑兵二万来侵，（临行书七大恨告天，并告诸贝勒大臣。其词曰：我之祖父，未尝损明边一草寸土也，明无端起衅边陲，害我祖父，恨一也。明虽起衅，我尚欲修好，设碑勒誓，凡满汉人等，毋越疆圉，敢有越者，见即诛之，见而故纵，殃及纵者，诓明复渝誓言，逞兵越界，卫助叶赫，恨二也。明人于清河以南，江岸以北，每岁窃逾疆场，肆其攘夺，我遵誓行诛，明负前盟，责我擅杀，拘我广宁使臣纲古哩、方吉纳，挟取十人，杀之边境，恨三也。明越境以兵助叶赫，俾我已聘之女，改适蒙古，恨四也。柴河三岔抚安三路，我累世分守疆土之众，耕田艺谷，明不容刈获，遣兵驱逐，恨五也。边外叶赫，获罪于天，明乃偏信其言，特遣使臣遗书诟詈，肆行陵侮，恨六也。昔哈达助叶赫，二次来侵，我自报之。天既授我哈达之人矣，明又党之，挟我以还其国。已而哈达之人，数被叶赫侵掠。夫列国之相争伐也，顺天心者胜而存，逆天意者败而亡，何能使死于兵者更生，得其人者更还乎？天建大国之君，即为天下共主，何独构怨于我国也？初，呼伦诸国，合兵侵我，故天厌呼伦启衅，惟我是眷。今明助天谴之叶赫，抗天意，倒置是非，罔为剖断，恨七也。因此七大恨之故，是以征之。）围抚顺城，遣人以书招游击李永芳。永芳降，抚顺东州玛哈丹三城，及台堡悉陷。抚顺守将王命印死之。广宁总兵张承荫（榆林卫人。）率师往援，分兵为三，据险立营以待。敌军乘风奋击，营破，承荫及副将颇、廷相，参将蒲世芳等，皆死之。士卒还者，十无一二焉。（时察罕胡土克图，及西部阿延妻满达勒，皆拥众入边，乘机邀赏，羽书日数十至，中外戒严。帝初颇忧惧，章奏时下，不数月，泄泄如故矣。）"

翰林院庶吉士孔贞时、刘钟英为检讨。（据《国榷》卷八十三）

闰四月

以辽警，辽左诸生暂停一科。举人照旧会试。《明神宗实录》卷五百六十九：万历四十六年闰四月丙寅，"蓟辽总督汪可受奏：'臣以初三日抵山海。是日据报，奴酋出辽二十余里。午后又报，沈阳有达贼二万入边攻堡。则夷虏合谋可知。今调募既难速集，惟因民心，用民力，犹可连属为保守计。乞亟颁谕该地方乡民，各自设法集众以保身家，千人共推一长，给名色指挥札付，充领义兵千总。三百人以上，给名色千户札付。三百人以下，给名色百户札付。俱充义兵把总。事宁之日，有功者题请实授，功多世袭。其生员、举人，暂停一科，监生吏承一概不许起文，听其联属宗党，自为战守，果有功绩，生员钦赐举人，举人钦赐进士，与乡会中式一体选用。监生吏承移咨吏部优选。新募兵士技压五十人者为队长，技压百人者为百总，技压千人者为千总，千总试最为中军，中军积劳三年升守备，但取材勇，不拘资格，则人自操练，行伍必多豪杰矣。'上曰：'虏众入犯，显是黠夷合谋，便严行镇道将领等官用心防御，相机截杀，毋致疏虞。仍传谕辽左官民，令联属宗党，自为战守，共保身家。有功者依议升赏。其诸生暂停一科，准其来科补中五名。斩级自有军功爵赏，不必开钦赐一端，以启侥幸之窦。举人照旧会试，监生吏承停送及超拔技能等，俱照议遵行。'"

五月

国子祭酒盛以弘为少詹事，纂修玉牒。（据《国榷》卷八十三）

六月

初八日，吕坤（1536—1618）卒。郑涵《吕坤年谱》："嘉靖十五年……十月十日，生于河南开封府宁陵县……名坤，初字顺叔，后改字叔简，别号新吾、心吾，晚号抱独居士……六月初八日卒于家，葬于宁陵县西北十二里之鞋城村。"《国榷》载吕坤卒于今年七月。黄宗羲《明儒学案》卷五十四："吕坤字叔简，号心吾，河南宁陵人。……先生亦致仕不起，家居四十年，年八十三卒，赠刑部尚书。……一生孜孜讲学，多所自得，大抵在思上做工夫，心头有一分检点，便有一分得处，盖从忧患中历过，故不敢任情如此。"《明史》吕坤传："吕坤，字叔简，宁陵人。万历二年进士。为襄垣知县，有异政。调大同，征授户部主事，历郎中。迁山东参政、山西按察使、陕西右布政使。擢右佥都御史，巡抚山西。居三年，召为左佥都御史。历刑部左、右侍郎。二十五年五月疏陈天下安危……疏入，不报。坤遂称疾乞休，中旨许之……初，坤按察山西时，尝撰《闺范图说》，内侍购入禁中。郑贵妃因加十二人，且为制序，属其伯父承恩重刊之。（戴）士衡遂劾坤因承恩进书，结纳宫掖，包藏祸心。坤持疏力辨。未几，有妄人为《闺范图说》跋，名曰《忧危竑议》，略言：'坤撰《闺范》，独取汉明德后者，后由贵人进中宫，坤以媚郑贵妃也。坤疏陈天下忧危，独不及建储，意自可见。'其言绝狂诞，将以害坤。帝归罪于士衡等，其事遂寝。坤刚介峭直，留意正学。居家之日，与后进讲习。所著述，多出新意……卒，天启初，赠刑部尚书。"

七月

张黼为国子司业。（据《国榷》卷八十三）

前巡抚贵州兵部尚书郭子章卒。子章字相奎，泰和人，隆庆进士。授礼部主事，历今官。文章勋业，烂然可观。予祭葬。（据《国榷》卷八十三）

张邦纪为国子祭酒。（据《国榷》卷八十三）

八月

山西提学副使吕纯如请宋资政殿大学士范仲淹、霍州学正曹端从祀孔庙。（据《国榷》卷八十三）

巡按直隶御史龙遇奇请重运判之选，必用甲科。弘治间，进士徐鹏举除判官，政成

升大理寺丞，可仿也。上从之。（据《国榷》卷八十三）

以主考命不下，应天、浙江、江西、湖广、河南、陕西六省乡试更期入闱。据查继佐《罪惟录》志卷十八《科举志》，《国榷》卷八十三："（万历四十六年八月癸未）京省主试：顺天右庶子赵师圣、右谕德薛三省，应天谕德郑以伟、赞善来宗道，浙江翰林院编修林欲楫、吏（科）给事中张延登，江西编修成基命、工科给事中范济世、福建检讨丁绍轼、吏科给事中张孔教，湖广编修马之骐、刑科给事中陈伯友，河南尚宝司卿熊尚文、礼部员外郎朱彩、山东刑科给事中李奇珍、户部主事吴伯与，山西吏部主事唐文焕、兵部员外郎陈腾凤，陕西吏部主事杨一鹏、行人司副刘时俊，四川礼部主事陆完学、大理寺评事齐琦名，广东刑部主事熊秉鉴、工部主事陈应元，广西兵部郎中谭昌言、中书舍人朱正蒙，云南户部主事洪起初、工部主事陈如京，贵州刑部员外郎方尚恂、行人陈玄藻。而应天、浙江、江西、湖广、河南、陕西，俱七月甲寅命下，各改试期。"

九月

除贵州外，各省均增加赋额。《明鉴纲目》卷七："纲：九月，加天下田赋。目：帝以辽左军饷不敷，除贵州地硗，兼有苗变，不加外，余省照万历六年会计录，派定七百余万顷，每亩加三厘六毫，共加银二百万有奇。次年复加赋额，至八百万。时辽饷五百余万，军心赖以粗安，而天下萧然，民生困弊矣。"

十月

礼部奏："湖广提学副使葛寅亮所取士文字乖异，宜将黄中道等降青衣，待岁考定夺。其已中者，罚压二科会试，本官应下吏部议处。"上从之。（据《明神宗实录》卷五百七十五）

应天如期举行武举。袁中道《珂雪斋集》卷十一《应天武举乡试录序》："万历戊午冬十月，复有武校之役。江左六郡材官良家子，集于龙山之下。属直指田公持斧新至，公念疆场多事，急需异才以襄时艰，与备兵使者张公相约，殚精搜罗，功令加毖，躬按其骑射。已策其方略，令理官某等程之。某等祇奉公命，字栉句比，得其中窾者上之于公。公借张公竭目力而甲乙之，共得若而人。是役也，防之至严，遴之至精。而其竣也，礼之又加重，燕宴优渥，几与文试等。一时观听者，无不踊跃。"

巡按陕西御史牟志夔言甘肃河西河东诸生合试，宜在巩昌，为适中地。（据《国榷》卷八十三）

十一月

户部主事洪起初主试还自云南，言害民无如贡金。六月中，护贡兵役渡盘江死者五十人。当加意存恤。（据《国榷》卷八十三）

十二月

许副榜监生准贡。（据《国榷》卷八十三）

本年

吕天成（1580—1618）卒。（据徐朔方《王骥德吕天成年谱》）王骥德《曲律》卷四："郁蓝生吕姓，讳天成，字勤之，别号棘津，亦余姚人，太傅文安公曾孙，吏部姜山公子。而吏部太夫人孙，则大司马公姊氏，于比部称表伯父。其于词学，故有渊源。勤之童年便有声律之嗜，既为诸生，有名，兼工古文词。与余称文字交垂二十年，每抵掌谈词，日昃不休。孙太夫人好储书，于古今戏剧，靡不购存，故勤之泛滥极博。所著传奇，始工绮丽，才藻烨然，后最服膺词隐，改辙从之，稍流质易，然宫调、字句、平仄，兢兢愍慎，不少假借。词隐生平著述，悉授勤之，并为刻播，可谓尊信之极，不负相知耳。勤之制作甚富，至摹写丽情亵语，尤称绝技。世所传《绣榻野史》、《闲情别传》，皆其少年游戏之笔。余所特为词学丽泽者四人，谓词隐先生、孙大司马、比部俟居及勤之，而勤之尤密迩旦夕，方以千秋交勖。人咸谓勤之风貌玉立，才名藉甚，青云在襟袖间，而如此人，曾不得四十，一夕溘先，风流顿尽，悲夫！"

明神宗万历四十七年己未（公元1619年）

正月

国子祭酒张邦纪、南京国子祭酒周如磐为少詹事，纂修玉牒。（据《国榷》卷八十三）

右春坊右庶子赵师圣为左春坊左庶子，右庶子何如宠各署印兼翰林院侍讲，左赞善钱象坤为右谕德兼侍讲。（据《国榷》卷八十三）

少詹事张邦纪知贡举。（据《国榷》卷八十三）

二月

以吏部右侍郎兼翰林院侍读学士史继偕、礼部右侍郎兼翰林院侍读学士协理詹事府事韩爌为会试正副考试官。取庄际昌等三百五十名。（据《明神宗实录》卷五百七十九）先是，会额止三百名，至是特增五十名，命礼部著为令。

翰林院庶吉士杨景辰服除，授编修。（据《国榷》卷八十三）

三月

庄际昌、孔贞运（？—1644）、陈子壮（1596—1647）等进士及第、出身有差。《明神宗实录》卷五百八十：万历四十七年三月，"戊戌，策试天下贡士。制曰：'朕惟自古帝王，兴化致理，政固多端，而振肃人心，维持世道，则必以纪纲为首务。《诗》云：勉勉我王，纲纪四方。先儒之论，亦曰：善为治者，先有纪纲，以持之于上，而后有风俗，以驱之于下。然则御世宰物，术莫要于此欤？三季以还，惟汉唐宋历年最久，英君谊辟，代不乏人。当其时，所为立经陈纪，以成一代之治者，亦可指而言欤？我太祖高皇帝肇造区夏，成祖文皇帝再靖家邦，制度典章，超越千古，固可传之万世无弊者。朕缵承鸿业，绍述罔愆，御极之初，政教修明，化行俗美，犹庶几祖宗之遗烈。夫何迩年以来，法守渐隳，人惟滋玩，德意壅而不究，诏令格而不行，申饬虽勤，陵夷日甚，在位者以恣睢为豪举，而职业则亏，在下者以干犯为故常，而堤防尽溃，甚至偏裨侵大帅，僚属抗长官，奸胥诬奏，以倾有司，乱民煽祸，以攘富室，冠履倒置，名分荡然，其他骄淫僭逾之风，躁竞器陵之习，不可悉数。盖纲纪之紊，至今日极矣，其故果安在欤？汉人谓天下所以不理，常繇人主，承平日久，俗渐敝而不悟，政渐衰而不改。而宋人又谓纪纲隳坏，皆繇上下因循，此其说孰为当欤？抑君臣当交任其责，有不容他诿者欤？夫更化善治，贵识因革之宜，起敝维风，在妙转移之术，兹欲当积弛之余，返极重之势，使法立而不犯，令行而不逆，纲纪正，风俗纯，以复我祖宗之旧，如之何而可？尔多士学古通今，习当时之务深矣，尚各摅所蕴，明著于篇，以佐朕之不逮，朕将亲览焉。'""辛丑，赐庄际昌、孔贞运、陈子壮等三百五十名进士及第、出身有差。"查继佐《罪惟录》志卷十八《科举志》："（万历）四十七年己未，试贡士，得庄际昌等三百五十人，赐庄际昌、孔贞运、陈子壮等及第、出身有差。际昌进呈卷有别字，有洗补字，醷矿醷字写作胶字。科臣杨涟疏曰：'以状元而别字，必全榜皆不识字人乃可；以状元而洗补，必全榜皆曳白乃可。'一时韪其直言，不问。"谈迁《枣林杂俎·圣集》："万历己未科会元庄际昌，廷试策偶误笔，以涂注不便进呈，例任之，果第一。其后，论者谓醷胶不辨之状元，遂回籍读书。盖忌方相国从哲，借讦之也。"

据《明清进士题名碑录索引》，万历四十七年己未科录取名单如下：

第一甲三名

庄际昌	孔贞运	陈子壮

第二甲六十七名

周应期	施兆昂	陈万言	何吾驺	项梦原	顾元镜
梁廷栋	蔡官治	蒋觐	许国器	陆之祺	陆怀玉
应朝玉	王建侯	史躬盛	康尔韫	李楄	陆卿任
马士英	董象恒	张泰阶	徐在中	黄应秀	陈其仁
吴淑	陈之美	吴时亮	王可觐	谢上选	周长应
陈国钥	高道素	陈所闻	白贻清	王运昌	刘永祚
朱继祚	许可征	蓝近任	樊时英	王振奇	王登庸
张翀	阎煖	涂绍奎	王凝祚	侯恪	李廷森
叶震生	茅崇修	张玮	王行健	刘鳞长	刘存慧
杨行恕	姜曰广	潘云会	刘廷谏	丁启睿	沈翘楚
薛玉衡	乔巍	王庭柏	李养德	刘泓	陆文衡
徐日葵					

第三甲二百七十五名

彭祖寿	杨景明	乔若雯	邢绍德	祖重烨	梁廷翰
李时馨	倪文焕	王逢元	黄大受	萧震	金之俊
胡允恭	李际明	张元芳	宋治宁	章应望	习孔化
陈懋德	余昌祚	范复粹	薛国观	门克新	李长德
庄谦	孙昌龄	林栋隆	李若愚	吴麟瑞	汤齐
黄廷师	阎顾行	王时英	熊江	冯国英	邓英
苏寅宾	马任远	叶有声	袁崇焕	孙传庭①	王校
张继孟	李逢申	何应奎	杨鼎枢	张从容	高捷
叶成章	徐景麟	杨文昌	李吴滋	樊维城	任政
陈此心	叶宪祖	段高选	李景贤	李先开	杨金通
夏懋学	赵建极	李士昌	施邦曜	史高胤	刘大霖
任大治	鲁时升	张廷箴	戴东旻	丁乾学	孔荣宗
卓迈	刘民悦	袁鲸	曹钦程	王之柱	贡修龄
杨炳	汪若极	张翰芳	苏兆先	甘学阔	颜继祖
徐伯征	林正亨	徐廷宗	刘五纬	金秉乾	宋景云
张学周	陈烜奎	戴煇	万谷春	金德义	张翰南
赵东曦	李若梓	马维陞	罗华衮	杨凤翥	罗万爵
何可及	李灿然	吴裕中	王梦尹	晏清	康承祖

---

① 一作：孙傅庭。

张士良	顾宗孟	冯起纶	胡尚英	陈　韬	刘　诏
徐绍泰	吴士元	阎梦夔	刘继吴	李应公	王明善
姚希孟	杨文岳	黎国俊	张承诏	倪启祚	顾锡畴
李士元	曾化龙	陈可荐	蔡　璇	张士升	吕一奏
张　枢	鲍奇谟	吴阿衡	陈　耀	杨维新	范　鑛
余子翼	陈以瑞	周凤岐	仇维祯	杜齐芳	玄　默
王　珙	陈九成	唐世涵	王维夔	杨世芳	王永寿
冯大任	丁　进	彭　参	仲　嘉	陆从谕	郑觐光
曾省信	林　曾	刘安行	李世英	刘弘光	袁弘勋
朱光熙	黄愿素	姚明恭	李　遵	石三畏	王永祚
关季益	冯运泰	朱祚昌	孙延洞	杨廷诏	杨　进
王家楹	毛九华	黄世泽	吴　炳	张中蕴	刘仲熹
钟　斗	吕奇策	郑二阳	杨梦衮	王　巩	王　楫
卫先范	汪　裕	侯安国	周维持	刘宇亮	王名世
李三奇	白源深	蒋向荣	石有恒	史启英	葛应斗
苗思顺	李　乔	林咨益	汪邦柱	龚而安	胡以良
张　辇	仇梦台	杨肇泰	雷跃龙	王允成	倪成章
余文熠	曹延谘	吕邦瀚	杨锡璜	周诗雅	陈振豪
李维乔	陈　序	陈钟盛	潘士闻	王嘉言	谢云虬
姚　钿	吴天策	周维新	田乃穑	余应桂	王廷泰
康元穗	樊一蘅	王鼎新	高斗光	汪渐磐	周　振
田景新	徐起陆	秦　植	苏守范	王文清	刘梦潮
袁一凤	寇从化	施元征	吴羽侯	黄养正	黄鸣俊
范文若	徐应豸	刘　斌	单明诩	徐天衢	边之靖
罗　宰	韩一良	熊钟吴	李　彬	常自裕	谢邦荐
安良泽	祝世美	宋鸣梧	赵恂如	杨时化	牛翀玄
陈尧言	梁天奇	张善政	李时苋	傅良选	李昌龄
贺文明	邵捷春	李树初	闵　谨	吴国祯	

三甲进士李若愚，其“弟子入则孝”节文以精实赅括见长。梁章钜《制义丛话》卷六：“《四勿斋随笔》云：名人制义，有说得精实赅括者，便可作座右铭。如万历间李愚公若愚‘弟子入则孝’节文，中间收束四句云：‘盖宽为之途，而使其力量事事有所余；复密为之程，而使其精神息息有所注。’教者、学者能事，尽此数语矣。又袁中郎宏道此题入手云：‘且天下未尝乏才也，自蒙养之道弗端，而人才敝于童习时矣。是以今之子弟，多以日用伦常为卑，则远骛其力；而间以不娴文词为耻，则又专用其功，非训也。’徐存庵曰：‘专攻文辞尚不可为训，今者总角抱书、老生把笔，闾巷间不能多见，而裙屐之流且遍寰中，奈之何哉！’”

前翰林院修撰韩敬调南京。（据《国榷》卷八十三）

六月

奉旨：许士柔仍罚一科，吴淳熙发回国子监肄业，霍继华照例议罚。《明神宗实录》卷五百八十三：万历四十七年六月乙卯，"先是，以磨勘试卷，各省直房考举人奉旨各夺俸、罚科有差，其应覆试者，礼部会同礼科严加评品，看得许士柔之卷，才情不乏，但以临时矜持之过，不克舒展，未足为士柔病也。第落字之罚，似难即以此番之不入试相准，仍应罚一科者也。若吴淳熙之卷，合观肆作，较之原卷相去远甚，合无削其贤书之名，仍还其胄监之旧者也。奉旨：各生既经覆试，许士柔仍罚一科，吴淳熙发回国子监肄业，霍继华照例议罚。"

熊廷弼经略辽东。《明鉴纲目》卷七："纲：六月，以熊廷弼为兵部侍郎，兼右佥都御史，经略辽东。目：杨镐既丧师，廷议以廷弼尝按辽，熟边事（廷弼前按辽，赵楫、李成梁议弃六堡，宋一韩论之，下廷弼复勘，具得弃地驱民状，劾两人罪。康丕扬党庇，疏竟不下。时有诏兴屯，廷弼言辽多旷土，岁于额军八万中，以三分屯种，可得粟三十万石。帝优诏褒美，命推行于诸边。边将好轻师启衅，廷弼言，防边以守为上，缮垣建堡，有十五利。奏行之。在辽数年，杜馈遗，核军实，按劾将吏，不事姑息，风纪大振），命代镐经略。未出京，满洲已破开原，马林败没。（廷弼上言：辽左京师肩背，河东辽镇腹心，开原又河东根本。开原今已破，则北关难保，朝鲜亦不足恃，辽沈何可守也。乞速遣将备刍粮，修器械，毋窘臣用，毋缓臣期，毋中格以沮臣气，毋旁挠以掣臣肘，毋独遗臣以艰危，以致误臣，误辽，兼误国也。疏入报允。〇北关，在奉天叶赫城西北。）甫出关，铁岭复陷，沈阳及诸城堡军民，一时尽窜，辽阳汹汹。廷弼兼程进，遇逃者谕令归。斩逃将刘遇节等三人，以祭死节之士。诛贪将陈伦，劾罢总兵李如桢。（如桢，成梁第三子，素不知兵，由父荫，历官至右都督，并在锦衣。会其兄如柏革任，辽人谓李氏世镇辽东，边人惮服，非再用李氏不可。黄嘉善遂以为请，帝从之。如桢抵辽，杨镐使守铁岭。铁岭故李氏宗族坟墓所在。时如柏还京，其族党部曲高资者，悉随之西，城中为空。如桢以孤城难守，还屯沈阳。及铁岭被围，辽兵不救，城遂失。）督军士造战车，治火器，浚濠，缮城，为守御计。法严令行，数月守备大固。又请集兵十八万，分布瑷阳，清河，抚顺，柴河（堡名，在奉天铁岭县东北，以近柴河名），镇江（堡名，在奉天凤凰城东南，与朝鲜分界处）等，诸要口，使首尾相应。帝从之。（廷弼初抵辽，令佥事韩原善往抚沈阳，惮不肯行。继命佥事阎鸣泰，至虎皮驿，恸哭而返。廷弼乃躬自巡历，自虎皮驿抵沈阳，复乘雪夜赴抚顺。时兵燹后，数百里无人迹。廷弼祭诸死事者，乃耀兵奉集，相度形势而还。所至招流移，缮守具，分置士马，由是人心始安。〇韩原善，赵城人。阎鸣泰，清苑人。虎皮驿，一作十里河站，在奉天沈阳县南，与辽阳县接界。奉集，辽县，后废，今为堡，在沈阳县东南。）"

七月

戊戌，以右春坊右庶子何如宠为国子监酒。起升右春坊右庶子孟时芳为南京国子监祭酒。（据《明神宗实录》卷五百八十四）

左春坊左赞善徐光启请使朝鲜谕夹攻。上壮之，拜少詹事兼河南道御史，赐一品服。（据《国榷》卷八十三）

九月

丁亥，以右春坊右谕德兼翰林院侍讲掌司经局事郑以伟、右春坊右赞善兼翰林院简讨周炳谟为武场正副考试官。（据《明神宗实录》卷五百八十六）

甲午，以吏科给事中张延登、兵科给事中吴亮嗣、吏部郎中田仰、礼部郎中须之彦充武举同考试官。（据《明神宗实录》卷五百八十六）

王夫之（1619—1692）生。王之春《船山公年谱前编》："明万历四十七年己未，公一岁。九月初一日子时，生于衡州府城南回雁峰王衙坪。时武夷公年五十，谭太孺人年四十有三。"《船山公年谱·行述》："先子船山府君讳夫之，字而农，号姜斋，中岁称一瓠道人，更名壶，晚岁仍用旧名。居于湘西蒸左之石船山，自为之记。蒸湘人士莫传其学，间有就而问字者，称为船山先生。……生于万历四十七年己未九月初一子时。"王夫之，字而农，号姜斋，又号夕堂、一瓠道人、双髻外史，以晚居石船山观生居，自署船山病叟，学者称船山先生。衡阳（今属湖南）人，明崇祯十五年举人。明亡后曾举兵抗清，又曾任南明永历朝行人司行人，后知大势已去，遂隐居湘西，潜心从事著述以终。著有《张子正蒙注》、《思问录》、《读通鉴论》、《永历实录》、《宋论》、《庄子解》、《楚辞通释》、《姜斋诗话》以及诗文等，后人编成《船山遗书》三百五十八卷。中华书局1962年从《船山遗书》中辑出其诗文与词，出版《王船山诗文集》二册；人民文学出版社1981年又出版戴鸿森《姜斋诗话笺注》；文化艺术出版社1997年又出版王夫之《古诗评选》、《唐诗评选》、《明诗评选》整理本。

十月

大学士方从哲题请万历下旨。不报。《明神宗实录》卷五百八十七：万历四十七年十月，"癸亥，大学士方从哲题，昨文书官两次口传，圣体未安，文书方在查简，待简出发行，令臣在阁候旨。臣窃窥圣意，惟恐臣再诣宫门，致有烦渎。然臣之屡次叩阍，至三十余疏，不过以下阁臣之命，发庶吉士之卷，允冢卿考满及都察院署印之本，数事为请耳。乃屡传简发，毕竟一事未行，终日候旨，毕竟一旨未下。况前项本章已经票拟，见在御前，何俟再简，何难允行，而徒日延一日耶？臣惟有亲负斧钺，号哭宫门，以听诛戮而已。不报。"

十一月

焦竑（1540—1619）卒。黄汝亨《寓林集》卷十五《祭焦弱侯先生文》："万历己未冬十一月，前翰林院修撰弱侯焦先生捐馆舍……先生素无疾，强饭，每与予对食，脱粟或数盂。面奕奕有光，似未衰者。行年八十，士大夫方歌颂为寿，夜衔杯而晓闻易箦，洒然于始终去来之际，何其顺化也。"《明史》、《明儒学案》谓焦竑卒于次年。《明史·文苑传》："焦竑，字弱侯，江宁人。为诸生，有盛名。从督学御史耿定向学，复质疑于罗汝芳。举嘉靖四十三年乡试，下第归。定向遴十四郡名士读书崇正书院，以竑为之长。及定向里居，复往从之。万历十七年，始以殿试第一人官翰林修撰，益讨习国朝典章。二十二年，大学士陈于陛建议修国史，欲竑专领其事，竑逊谢，乃先撰《经籍志》，其它率无所撰，馆亦竟罢……皇长子出阁，竑为讲官……二十五年主顺天乡试，举子曹蕃等九人文多险诞语，竑被劾，谪福宁州同知。岁馀大计，复镌秩，竑遂不出。竑博极群书，自经史至稗官、杂说，无不淹贯。善为古文，典正雅驯，卓然名家。集名《澹园》，竑所自号也。讲学以汝芳为宗，而善定向兄弟及李贽，时颇以禅学讥之。万历四十八年卒，年八十。熹宗时，以先朝讲读恩，复官，赠谕德，赐祭荫子。福王时，追谥文端。"

十二月

命改进士倪启祚等二十三人授翰林院庶吉士。《明神宗实录》卷五百八十九：万历四十七年十二月庚辰朔，"命改进士倪启祚等二十三人授翰林院庶吉士。先是九月初三日，辅臣奉旨选馆，各拟名次进呈，疏凡数十余上，俱不报。至是报可，故有是命。"《国榷》卷八十三："（万历四十七年）十二月庚戌朔，选翰林院庶吉士：丁进、施兆昂、姚明恭、侯恪、张聘、吴士元、杨梦衮、鲁时升、杨士芳、顾锡畴、刘宇亮、金秉乾、朱继祚、何吾驺、姚希孟、许可征、姜曰广、杨维新、陈万、丁乾学、雷跃龙、胡尚英。"梁章钜《制义丛话》卷六："俞桐川曰：神庙倦勤，坚冰渐长，士心郁结，见于文章，率皆忿激粗粝之音。惟顾瑞屏锡畴文清而善入，婉而多风，故《草堂》诸选亟称之。然瑞屏文有二体，为诸生时其文容雅，为翰林时其文简炼，皆可名家，而后者尤至矣。按：瑞屏为吏部侍郎史继偕所器重，尝谓人曰：'予教习庶吉士二十三人，瑞屏亭亭玉立，异日明廷羹醴也。'授检讨，后以疏击魏阉夺官。崇祯改元起用，敕曰：'当阉氛火烈，党锢飙兴，愚夫首濡，智者舌噤，尔独义形于色，情见乎词，美厥青缃，居然白简，是应擢尔宫僚，以风百尔。'遂洊至礼部侍郎。瑞屏有'季氏旅于泰山'会墨，深文峻笔，当与击阉疏并传。盖手拈此题者，多斥其僭妄之罪，而瑞屏独揭其自危之心，起讲云：'大凡奸雄必听命于鬼神，而豪强必殚情于祷媚。'二句已立

3026

铁案，后幅云：'其心盖曰得罪于君，犹可逃也；得罪于神，不可逭也。吾隆岱宗之祀，而从前汰侈之孽，悉冀于一旅消之，由是则君有所督过而无妨也。民之怨兮，犹可胁也；神之恫兮，甚可虞也。吾举望秩之仪，而向后炽昌之势，悉冀以一旅迓之，由是则民有所觖望而亦不顾也。况在鲁公，视朔不告，既灌不虔，何有于泰山？有其代之，岂反为幽冥之所弃？且在泰山，时巡已废，肆觐已虚，何有于旅？有其举之，谅必为山灵之所歆。此季氏之隐也，惟其自危已极，故假此以自襄耳，奈何徒以其僭而责之？'徐存庵评云：'以纵为束，以出为入，以无干事为切证。读此一过，石间、介丘间当不复车马骈填。'"

前左谕德兼翰林院侍讲赵秉忠、公鼐，右谕德兼侍讲薛三省并为左庶子兼侍读。右谕德兼侍讲郑以伟、钱象坤、杨守勤并为右庶子兼侍读。右中允兼编修孙承宗、吴宗达、黄儒炳，左中允兼编修骆从宇、汪辉，左赞善兼检讨丘士毅并为左谕德兼侍讲。左赞善兼检讨周炳谟、黄立极，右赞善兼检讨来宗道、彭凌霄、魏广微，国子司业张鼐为右谕德兼侍讲。翰林院修撰黄士俊为司经局洗马兼修撰。编修李光元、刘鸿训、杨景辰，检讨王应熊、孔贞时、刘锺英为起居注。（据《国榷》卷八十三）

国子司业张鼐陈太学六论：端本，清涂，慎选，严教，尊祀，除习。不报。（据《国榷》卷八十三）

南京国子司业施凤来、翰林编修成基命并为左春坊左中允，李光先为右春坊右中允，并兼编修。（据《国榷》卷八十三）

本年

唐鹤征（1538—1619）卒。黄宗羲《明儒学案》卷二十六："唐鹤征字元卿，号凝庵，荆川之子也。隆庆辛未进士。选礼部主事，与江陵不合，中以浮躁。江陵败，起历工部郎，迁尚宝司丞，升光禄寺少卿，又升太常寺少卿。归。起南京太常，与司马孙月峰定妖人刘天绪之变。谢病归。万历己未，年八十二卒。先生始尚意气，继之以园林丝竹，而后泊然归之道术。其道自九流、百氏、天文、地理、稗官野史，无不究极，而继乃归之庄生《逍遥》、《齐物》，又继乃归之湖南之求仁，濂溪之寻乐，而后恍然悟乾元所为，生天地，生人物，生一生万，生生不已之理，真太和奥窔也。"《四库全书总目·周易象义提要》："《周易象义》四卷：明唐鹤征撰。鹤征号凝庵，武进人。隆庆辛未进士；官至太常寺少卿。凡例中屡称'先君'，盖右都御史顺之之子也。"

艾南英刊行其应试之文，作自叙。李调元《制义科琐记》卷三引《艾千子自叙》："艾千子自叙云：予以童子试，受知于李养白先生。其明年春，为万历庚子，始籍东乡县学，迄万历己未，为诸生者二十年，试于乡闱者七年，忝于二十人中者十有四年。所受知邑令长，凡二人；所受知郡太守，凡三人；所受知督学使者，凡六人。于是先后应试之文积若干卷，既删其不足存者，而其可存者不独虑其亡佚散乱无以自考，又重其皆出于勤苦忧患、惊怖束缚之中，而且以存知己之感也，乃取而寿之梓，而序其所以梓之之意。曰：嗟呼！备尝诸生之苦，未有如予者也。旧制，诸生于郡县有司，按季课程，名季考。及所部御史入境，取其士什之一而校之，名观风。二者既非诸生黜陟进取之所系，而予又以懒慢成癖，辄不及与试。独督学使者于诸生为职掌，其岁考则诸生之黜陟系焉，非患病及内外艰，无不与试者。其科考则三岁大比，县升其秀以达于郡，郡升其秀以达于督学，督学又升其秀以达于乡闱，不及是者，又有遗才、大收以尽其长。非是涂也，虽孔、孟无由而进。故予先后试卷，尽出是二者。试之日，衙鼓三号，虽冰霜冻结，诸生露立门外。督学衣绯坐堂上，灯烛辉煌，围炉轻暖自如。诸生解衣露足，左手执笔砚，右手持布袜，听郡县有司唱名，以次立甬道。至督学前，每诸生一名，搜捡军二名，上穷发际，下至膝踵，㑩腹赤踝，为漏数箭而后毕，虽壮者无不齿震悚栗，腰以下大都寒冱僵裂，不知为体肤所在。遇天暑酷烈，督学轻绮荫凉，饮茗挥箑自如，诸生什伯为群，拥立尘坌中，法既不敢执扇，又衣大布厚衣。比至就席，数百人夹坐，蒸熏腥杂，汗淫浃背，勺浆不入口。虽有供茶吏，然率不敢饮，饮必朱钤其牍，疑以为弊，文虽工，降一等。盖受困于寒暑者如此。既就席，命题。题一以教官宣读，便短视者，一书牌上，吏执而下巡，便重听者。近废宣读，独以牌书某学某题。一日数学则数吏执牌而下，而予以短视不能见咫尺，必屏气噏嚅，询旁舍生问所目。而督学又望视台上，东西立了高军四名，诸生无敢仰视四顾。丽立伸欠，倚语侧席者，有则又朱钤其牍，以越规论，文虽工，降一等。用是腰脊拘困，虽溲溺不得自由。盖所以縶其手足便利者又如此。所置坐席取给工吏，吏大半侵渔所费，仓卒取办临时，规制狭迫，不能舒左右肱，又薄脆疏缝，据坐稍重，即恐折仆。而同号诸生常十余人，虑有更号，率十余坐以竹联之，手足稍动，则诸坐皆动，竟日无宁时，字为陂踦。而自闽中一二督学重怀挟之禁，诸生并不得执砚，砚又取给工吏，率皆青刢顽石，滑不受墨，虽一事足以困其手力。不幸坐漏痕承檐，所在霖雨倾注，以衣覆卷，疾书而毕事。盖受困于胥吏之不谨者又如此。比阅卷，大率督学以一人阅数千人之文，文有平奇虚实，繁简浓淡之异，而主司之好尚亦如之。取必于一流之材，则虽宿学不能无恐，而予常有天幸然。高下既定，督学复衣绯坐堂上，郡县有司候视门外，教官立阶下，诸生俯行，以次至几案前，跽而受教，嗫不敢发声。视所试优劣，分从甬道西角门以出，当是时，其面目不可以语妻孥。盖所为拘牵文法以困折其气者又如此。嗟乎，备尝诸生之苦未有如予者也。至入乡闱，所为搜检防禁，囚首垢面，夜露昼曝，暑喝风沙之苦无异于小试，独起居饮食稍稍自便，而房师非一手，又皆簿书狱讼之余，非若督学之专静屏营，以文为职。而予七试七挫，改弦易辙，智尽能索，则为秦、汉子史之文，而闱中目之为野；改而从震泽、毗陵，成、弘先正之体，而闱中又目之为老。近则虽以《公》、《穀》、《孝经》、韩、欧、苏、曾大家之句，而房官亦不知其为何语。每一试已，则登贤书者，虽空疏庸腐，稚拙鄙陋，犹得与郡县有司分庭抗礼，而予以积学二十余年，制艺自鹤滩、守溪下，至宏、正、嘉、隆大家无所不究；书自六籍子史，濂、洛、关、闽百家众说，阴阳兵律，山经地志，浮屠老子之文章，无所不习，而顾不得与空疏庸腐、稚拙鄙陋者为伍。入谒上官，队而入，队而山，与诸生等。每一念至，欲弃举业不事，杜门著书，考古今治乱义衰之故，以自见于世。而又念不能为逸民以终老。嗟乎，备尝诸生之苦，未有如予者也。古之君子有所成就，则必追原其扬历勤苦之状以自警。上至古昔，圣人昌言交拜，必述其艰难创造之由，故曰：'逸能思初，安能惟始。'故予虽事无所就，试卷亦鄙劣琐陋不足以存，然皆出于勤苦忧患，惊怖束缚之中，而况数先生者，又皆今世名人钜公，而予以一日之艺附弟子之列，语有之：'知己重于感恩。'今有人于此，衣我以文绣，食我以稻粱，乐我以台池鼓钟，使其读予文而不知其原本圣贤，备见古今与道德性命之所在，予终不以彼易此。且予淹困诸生，而数先生者将践三事九列，翱翔天路，既无以报知己，而一二君子溘先逝者，又将无以对先师于地下。以其出于勤苦忧患，惊怖束缚之中，而又以存知己之感，此卷之所以为刻也。若数科闱中所试，则世皆以成败论人，不欲尘世人之耳目。又类好自表见，形主司短长，故藏而匿之，然终不能忘其姓名。驹儿五岁能读书，将分识而使掌之曰：'此某司理、某令尹为房考时所摈也。'既以阴志其姓名，而且使驹儿读而鉴，鉴而为诡遇以逢时，无如父之拙也。"己未，指万历四十七年。按，艾南英此文亦见《制义丛话》卷六。

明神宗万历四十八年／光宗泰昌元年庚申（公元1620年）

正月

尚宝司少卿李腾芳为太常寺少卿，署国子司业。（据《国榷》卷八十三）

二月

辛亥，改授考选进士倪启祚、丁进、施兆昂、姚明恭、侯恪、张翀、吴士元、杨梦衮、鲁时升、杨世芳、顾锡畴、刘宇亮、金秉乾、朱继祚、何吾驺、姚希孟、许可征、姜曰广、杨维新、陈万言、丁乾学、雷跃龙、胡尚英为庶吉士，与同一甲进士孔贞运等，送翰林院进学。（据《明神宗实录》卷五百九十一）按，去年十二月命下，此时才真正改授。

二十一日，臧懋循（1550—1620）卒。据徐朔方《臧懋循年谱》。钱谦益《列朝诗集小传》丁集上《臧博士懋循》："懋循，字晋叔，长兴人。万历庚辰进士，风流任诞，官南国子博士，每出必以棋局、蹴球系于车后。又与所欢小史衣红衣，并马出凤台门，中白简罢官。时南海唐伯元上书议文庙从祀，恭进石经《大学》，与晋叔偕贬，同日出关。汤若士为诗云：'却笑唐生同日贬，一时臧谷竟何云？'艺林至今以为美谈。"朱彝尊《静志居诗话》卷十五《臧懋循》："何元朗、臧懋循皆精曲律。元朗评施君美《幽闺》，出高则诚《琵琶》之上，王元美目为好奇之过。晋叔谓：'《琵琶》［梁州序］、［念奴娇序］二曲不类则诚口吻，当是后人窜入。'元美大不以为然，津津称诩不置。晋叔笑曰；'是恶知所谓《幽闺》者哉！'尝从黄州刘延伯借元人杂剧二百五十种，又购得杨廉夫《仙游》、《梦游》、《侠游》、《冥游》弹词，悉镂板以行。序言：'郑若庸《玉玦》、张伯起《红拂》等记，用类书为传奇。屠长卿《昙花》，道白终折无一曲。梁伯龙《浣纱》、梅禹金《玉合》，道白终本无一散语。均非是。'且言：'汪伯玉南曲失之靡，徐文长北曲失之鄙，惟汤义仍庶几近之，而失之疏。'其持论断断不爽。诗亦不堕七子之习，故虽从元美宴游，不入'四十子'之目，亦磊磊之士也。"

六月

张煌言（1620—1664）生。全祖望《鲒埼亭集》卷九《明故权兵部尚书兼翰林院侍讲学士鄞张公神道碑铭》："公讳煌言，字玄箸，别号苍水，浙之宁波府鄞县西北厢人也……生于万历庚申六月初九日，得年四十有五。"另托名全祖望所撰《张苍水年谱》（见上海古籍出版社1985年新一版《张苍水集》附录）："明神宗万历四十八年庚申六月十九日，公生（有作四月者讹）。"本书从前者。张煌言，明崇祯十五年举人，明亡，拥鲁王监国，官至权兵部尚书，曾与郑成功连兵抗清，后被俘不屈死。著有《冰槎集》、《奇零草》、《采薇吟》等，中华书局上海编辑所1959年出版《张苍水集》，较为完备。

七月

二十一日，明神宗朱翊钧（1563—1620）卒。《明通鉴》卷七十六："是月，壬辰，大渐，召英国公张惟贤、大学士方从哲、尚书周嘉谟、李汝华、张问达、黄克缵、黄嘉善、侍郎孙如游等于弘德殿，勉诸臣勤职，辅理嗣君。丙申，帝崩，年五十有八。"

庶吉士暴谦贞、韩继思补吏刑科给事中。旧考选惠世扬、王继曾补工科给事中。王安舜补湖广道御史。姜习礼、欧阳调律、陶崇道为南京给事中，习礼吏科。调律、崇道并户科。（据《国榷》卷八十四）

八月

初一日，朱常洛（1582—1620）即位，是为光宗。今年八月以前，为神宗万历四十八年；八月以后，为光宗泰昌元年。《明通鉴》卷七十六："八月，丙午朔，皇太子即皇帝位。大赦。以明年为泰昌元年。蠲直省被灾租税。"《明鉴纲目》卷七："纲：庚申泰昌元年（是年，八月以前，为神宗万历四十八年。八月以后，为光宗泰昌元年。

从当时廷议，据实分系，以存光宗之统，与前例一年两系者不同。满洲天命五年)，秋八月，太子常洛即位，赦。"

命礼部左侍郎刘一煐释奠太学。(据《国榷》卷八十四)

王佐为工部尚书。汪应蛟为南京户部尚书。李腾芳为少詹事兼侍读学士，署南京翰林院。(据《国榷》卷八十四)

史继偕、沈㴉入内阁、预机务。《明鉴纲目》卷七："纲：以史继偕、沈㴉(字铭缜，乌城人)并为礼部尚书，兼东阁大学士，预机务。目：神宗末，方从哲独当国，请补阁臣。㴉与从哲，同里相善。给事中亓诗教等，缘从哲意，以㴉及继偕名上。疏未发，二人俱在籍。至是，帝召用之。(㴉于明年六月始至，继偕于十月至。㴉官翰林时，尝授内侍书，刘朝、魏进忠，皆其弟子。既入阁，密结二人，奏言辽左用兵，臣尝募东阳义乌诸邑及扬州淮安材官勇士，二百余，请以勇士隶锦衣卫，而量授材官职。进忠、朝方举内操，得㴉奏，大喜，诏锦衣官训练募士，授材官王应于等游击以下官有差。㴉又奏募兵后至者，复三百余人，请发辽东四川军前，亦从之。○魏进忠，肃宁人，后更名忠贤。义乌，汉乌伤县，唐改名，今属金华道。)"

明光宗有疾。《明鉴纲目》卷七："纲：帝有疾。目：初，郑贵妃侍神宗疾，留居乾清宫。及帝嗣位，犹未移，惧帝以福王事衔己，进珠玉及美姬八人啗帝。知选侍李氏(时宫中有二李选侍，人称东西李，此为西李。其东李，尝抚视信王，后为客魏所间害，愤郁而卒)，最得帝宠，因请立为皇后。选侍亦为贵妃求封皇太后。帝力疾御门，趣举册封礼，方从哲即以命礼部。礼部侍郎孙如游力争，事得寝。时都下纷言贵妃使内侍崔文升进泄药，帝由此委顿，群情疑骇。外家王郭二戚畹(帝生母王氏，皇后郭氏)，遍谒朝士，泣愬宫禁危急状，言郑李交固甚，包藏祸心。于是给事中杨涟，御史左光斗，昌言于朝，与吏部尚书周嘉谟，以大义责贵妃兄子郑养性，趣贵妃移宫。贵妃恐，即移居慈宁。涟遂劾文升用药无状，并及辅臣方从哲。"

廷试岁贡生。(据《国榷》卷八十四)

林釬补翰林编修。(据《国榷》卷八十四)

南京国子司业施凤来、翰林编修成基命为左中允，编修李光元为右中允兼编修。(据《国榷》卷八十四)

前陕西右布政李维桢为南京太常寺卿，尚宝司丞汪元极改南京国子司业。(据《国榷》卷八十四)

何宗彦等入阁预机务。《明鉴纲目》卷七："纲：以何宗彦(字君美，随州人)，刘一煐(字季晦，南昌人)，韩爌(字象云，蒲州人)，朱国祚(字兆隆，秀水人)，并为礼部尚书，兼东阁大学士，预机务，召叶向高复入阁。目：时内阁止方从哲一人，史继偕、沈㴉，尚未至。帝遂复有宗彦等命，而宗彦、国祚、向高，亦俱在籍，惟一煐、爌入直。(明年六月，宗彦、国祚至。十月，向高至，复为首辅。)"

以左庶子公鼐为国子监祭酒。(据《明光宗实录》卷四)

命朱国祚为礼部尚书兼东阁大学士，直文渊阁。以旧讲臣特征入。(据《国榷》卷

庶吉士李孙宸为编修。（据《国榷》卷八十四）

大学士刘一燝、韩爌同知经筵日讲制诰及看详章奏。（据《国榷》卷八十四）

南京少詹事兼侍读学士李腾芳为礼部右侍郎，协理詹事府，同教习庶吉士。南京国子祭酒孟时芳为少詹事兼侍读学士，协理詹事府。同侍郎顾秉谦纂修玉牒。右庶子钱象坤为少詹事兼侍读学士。（据《国榷》卷八十四）

谕优擢恤录讲读侍书等官。《国榷》卷八十四："大学士方从哲等揭具侍班官范谦、李廷机、曾朝节、叶向高、范醇敬、周应宾、唐文献、刘一燝、韩爌，讲读官唐文献、焦竑、邹德溥、郭正域、全天叙、萧云举、方从哲、袁宗道、吴道南、刘曰宁、冯有经、董其昌、黄辉、杨道宾、黄汝良、庄天合、王图、赵师圣、张邦纪、公鼐、龚三益、薛三省、杨守勤，侍书官范可授、茅闻诗、罗万英、郑崇光。"

郑以伟为左庶子，署左春坊。寻进少詹事，教习庶吉士。（据《国榷》卷八十四）

监生王应遴请修大统历。前钦天监占验不符，先帝谕礼部求善历者，故应遴及之。（据《国榷》卷八十四）

九月

初一日，光宗朱常洛（1582—1620）卒。《明通鉴》卷七十六："九月，乙亥朔，帝崩。先一日，诸臣召对，出宫门外俟少顷，中旨传圣体安善。日晡，李可灼复进一丸出。是日昧爽，遂上宾，年三十九。"《明鉴纲目》卷七："纲：帝召见方从哲等于乾清宫，九月朔，崩。（葬庆陵，在京兆昌平县黄山第二岭。）目：帝疾甚，召见英国公张惟贤，阁臣方从哲，刘一燝，韩爌，尚书周嘉谟，李汝华，侍郎孙如游，都御史张问达，并及给事中杨涟。涟以小臣特预召，帝数目之，命封选侍为皇贵妃。选侍挽皇长子入，复推之出，告帝曰：'欲封后。'帝不应，群臣愕然。帝问有鸿胪官进药者安在，从哲曰：'鸿胪寺丞李可灼，自云仙方，臣等未敢信。'帝命宣可灼至，趣和药进，所谓红丸者也。帝服讫，称忠臣者再。诸臣退俟宫门外，中使传上体平善。日晡，可灼复进一丸，出。明日昧爽，帝崩。选侍据乾清宫，与心腹阉魏进忠，谋挟皇长子自重。群臣入临，为奄人所格。涟厉声责之，得入临，如礼。一燝诘皇长子所在，群阉不应，一燝大言：'谁敢匿新天子者？'东宫伴读王安，入白选侍，绐曰：'第出即返。'遂抱皇长子疾趋出。及门，中官数辈追及，揽衣请还，涟呵退之。一燝与惟贤，遂掖皇长子升辇。至文华殿，群臣叩头，呼万岁。还居慈庆宫，择日登极。（时众议未定，有请改初三者，有请于即日午时者，涟曰：'今海宇清宴，内无嫡庶之嫌，父死之谓何？含敛未毕，冠冕临朝，非礼也。'或言登极则人心安，涟曰：'安与不安，不在登极早暮。处之得宜，即朝委裘何害。'议定，出过文华殿，太仆少卿徐养量、御史左光斗至，责涟误大事，唾其面曰：'事脱不济，汝死肉足食乎？'涟为悚然。○徐养量，应城人。）"

初五日，廷臣迫李选侍移居仁寿殿，以防其操纵朝政。（见《明史·熹宗纪》）"移宫"与万历四十三年之"梃击"、本年本月之李可灼进"红丸"，合称明廷三大案。《明鉴纲目》卷七："纲：选侍李氏，移居哕鸾宫。目：选侍欲专大权，必欲与皇长子同居。廷臣笺奏，令先进乾清，然后进慈庆。左光斗上言：'内廷有乾清宫，犹外廷有皇极殿，惟天子御天得居之。惟皇后配天，得共居之。其它妃嫔，虽以次进御，不得恒居，非但避嫌，亦以别尊卑也。选侍既非嫡母，又非生母，俨然尊居正宫，而殿下乃退处慈庆，不得守几筵，行大礼，名分谓何？及今不早断决，将借抚养之名，行专制之实，武氏之祸，再见于今，将来有不忍言者。'选侍得光斗疏，大怒，将加严遣。数使宣召光斗，光斗曰：'我天子法官也，非天子召不赴。若辈何为者？'选侍益怒，邀皇长子议之。皇长子深以光斗言为善，趣择日移宫。而首辅方从哲，徘徊其间，顾欲缓之。刘一燝曰：'本朝故事，仁圣嫡母也，移慈庆，慈圣生母也，移慈宁。今何日，可姑缓邪？'至登极前一日，杨涟复抗疏言：'选侍阳托保护之名，阴图专擅之实。宫必不可不移。臣言之在今日，殿下行之在今日，诸大臣赞决之，亦惟今日。'于是一燝，韩爌，邀从哲，请即日降旨，仵立宫门以俟。选侍不得已，乃移哕鸾宫。皇长子复还乾清。（是时宫府危疑，人情恟惧，光斗与涟，协心建议，辰极获正，朝野称为杨左。）"梁章钜《制义丛话》卷五："俞桐川曰：红丸之案，自孙淇澳慎行倡之，可谓谨严矣。光宗大渐，疾已莫支，咎固不在红丸，但方从哲身为相臣，职司保辅，人主有疾，杂药误投，是以赵孟之不治蛊，加以许止之不尝药，律以弑君，不为不当矣。余观淇澳先生文，简洁高古，上逼《左氏》，盖深得《春秋》之旨，不徒以其年貌。"

以将才武举第一名徐国全为辽东都司金书。（据《明熹宗实录》卷一）

初六日，朱由校（1605—1627）即位，是为明熹宗。《明鉴纲目》卷七："纲：皇长子由校即位。（是为熹宗。）目：时廷议改元，或议削泰昌弗纪，或议去万历四十八年，即以今年为泰昌，或议以明年为泰昌，后年为天启元年。左光斗请以今年八月以前为万历，以后泰昌，明年为天启，从之。时刘一燝、韩爌、周嘉谟等，念内廷惟王安足倚，（初，光宗在东宫时，郑贵妃谋立己子，数使人阴摭其过。安善为调护，贵妃无所得。及梃击事起，安又为属草下令旨，释群臣疑，以安贵妃，神宗大悦。及光宗即位，擢司礼秉笔监，尝劝行诸善政，发帑金济边，起用直臣邹元标、王德完等，中外翕然称贤。）引与共事。安亦倾心向之，内阁吏部所奏请无不从。发内帑，抑近幸，搜拔贤才，中外欣然望治。"

初十日，升少詹事李腾芳为礼部右侍郎兼翰林院学士，掌院事，左庶子郑以伟升少詹事兼翰林院侍读学士，协理府事，教习庶吉士。（据《明光宗实录》卷八）

魏忠贤、客氏并受光宗宠幸。《明通鉴》卷七十六："甲午，赐太监魏进忠（后赐名忠贤）世荫，封乳母客氏为奉圣夫人。初，进忠隶司礼监掌东厂太监孙暹，上为皇太孙，进忠谨事之。孝和皇后，上生母也，时为王才人。进忠賨人宫典膳，因魏朝以结王安。朝先与上乳媪客氏私，时所称对食者；及进忠人，亦通焉。客氏遂薄朝而爱进忠。两人深相结，上嗣位，进忠、客氏并有宠，遂有是命。又荫客氏子侯国兴、弟客光先、进忠兄钊，并锦衣千户。寻进忠自惜薪司迁司礼监秉笔太监。初，进忠直东宫，有道士歌于市曰'委鬼当头立，茄花满地红'——委鬼谓魏，茄则析其字为客也。及是客、魏始用事，盖已有先兆云。"

熊廷弼上疏求罢，朝议以袁应泰代之。《明鉴纲目》卷七："纲：罢熊廷弼，以袁应泰（字大来，凤翔人。）经略辽东。目：廷弼有胆略，知兵，然性刚好嫚骂，物情不甚附。给事中姚宗文，向与廷弼同在言路，意气相得。（专以排东林攻道学为事。）后以廷弼不荐己，已怨。及出阅边，廷弼以其书生藐之，遂积相失。（宗文持内府体自尊，廷弼心易之，甫开宴，幕吏传外警，廷弼介而驰，命属吏款宗文，宗文色动。未几，廷弼还笑曰：'老掌科无恐，此边关常事耳。'宴罢，宗文侦外实无警，意廷弼戏之，恨甚。主事刘国缙向亦与廷弼同官，以京察被谪。及是赞画军前，以故旧意望廷弼，廷弼不能如前。国缙怒，遂与宗文比，而倾廷弼。）比宗文还，疏陈辽土日蹙，诋廷弼废群策而雄独智。复鼓其同类攻击，必欲去之。于是御史顾慥（三阳人），冯三元（三河人），张修德（太原人），给事魏应嘉（兴化人）等，先后劾廷弼破坏辽疆，廷弼愤甚，抗疏求罢。朝议以应泰代之。应泰历官，精敏强毅，用兵非所长。廷弼在边，持法严厉，部伍整肃，应泰以宽矫之，多所更易。是时，蒙古诸部大饥，多入塞乞食。应泰下令招降，处之辽沈二城，优其食廪，与民杂居。议者言收降过多，恐反不利，后应泰卒以此败。（方廷弼之去辽也，上疏求勘，朝廷命给事中朱童蒙往。廷弼复上疏言，今庙堂议论，全不知兵，冬春之际，冰雪稍缓，哄然言师老财匮，马上促战。及军败，愀然不敢复言。比收拾甫定，愀然者复哄然责战。自有辽难以来，用武将，用文吏，何非台省所建白，何尝有一效。疆场事，当听疆场吏自为之，何用拾帖括语，徒乱人意哉？及童蒙还，备陈廷弼功状。末言廷弼功在存辽，劳有可纪，而遽尔乞归，负君之罪，实无所逃。时颇以其言为当云。〇朱童蒙，莱芜人。）"

孙如游入内阁，预机务。《明鉴纲目》卷七："纲：以孙如游为礼部尚书，兼东阁大学士，预机务。目：帝即位，如游以帝为皇长孙时，未就外傅，即请开讲筵，报可。至是，遂入阁。"

十一月

十七日，宋懋澄（1569—1620）卒。宋征舆《林屋文稿》卷十《先考幼清府君行实》："是年（指万历壬子年）举于乡，癸丑迁吴门。丙辰不第归，复居故里。丁巳举二子，时府君年四十九，慨然作而叹曰：'我无冢嗣，不能不为蒸尝忧。今有子，身可以报国矣。'故己未之役益自奋，竟以积劳遘疾，不得第。时海上潘衷俊、松陵沈煌俱以公车先后卒，丧不成且不能归，府君伤之，为具棺殓，护其丧南下，经纪甚至。此两人非有素也，时论高之。是年白尔亨先生亦卒。白讳正蒙，与府君同举于乡，癸丑成进士，精数学，能先知，尝为府君言，我两人将先后亡，不出两岁，且具言时日，详在姚太史现文先生记事中。其卒也，府君哭之恸，归，预为训子书万馀言，原本忠孝，如六经旨。庚申秋，直指使者克以张太夫人之节上闻，奉旨建坊。坊既成，舆疾拜诏如礼。

至十一月十七日，终于华亭之米市里，距己巳生六月初九日，享年仅五十有二耳。"按，宋懋澄之生卒年歧说颇多，陆勇强检齐鲁书社《四库全书存目丛书》集部第二二二册宋征舆《林屋文稿》，始得宋懋澄确切之生卒年以及其子宋敬舆、宋征舆的生平材料。详见《明清小说研究》2004 年第三期《宋懋澄生卒年考辨及其它》一文。

十二月

升国子监祭酒公鼐为詹事府詹事，教习庶吉士。（据《明熹宗实录》卷四）

方从哲致仕。《明鉴纲目》卷七："纲：十二月，方从哲罢。目：先是，光宗崩，中外皆恨李可灼，而从哲拟遗旨，赉可灼银币。御史王安舜（广州后卫人），首劾从哲，轻荐狂医，又赏之以自掩其罪。从哲因改夺可灼俸一年。已而御史郑宗周（文水人），复劾崔文升罪，请下法司。从哲拟旨，令司礼察处。于是御史马三元，焦源溥（字涵一，三原人），郭如楚，给事中魏应嘉，太常卿曹珖（字用韦，益都人），光禄少卿高攀龙，主事吕维祺（字介孺，新安人）等，相继言，文升、可灼，罪不容诛，而从哲反为徇庇，国法安在？给事中惠世扬（清涧人），直纠从哲十罪，三可杀。（言从哲独相七年，妨贤病国，罪一。骄蹇无礼，失误哭临，罪二。梃击青宫，庇护奸党，罪三。恣行胸臆，破坏丝纶，罪四。纵子杀人，蔑视宪典，罪五。阻抑言官，蔽壅耳目，罪六。陷城失律，宽议抚臣，罪七。马上催战，覆没全师，罪八。徇私罔上，鼎铉贻羞，罪九。代营榷税，蠹国殃民，罪十。贵妃求封后，举朝力争，从哲依违两可，当诛者一。选侍乃郑氏私人，从哲受其宫奴所盗美珠，欲封为贵妃，又听其久据乾清，当诛者二。崔文升用泄药，伤损先帝，诸臣论之，从哲拟脱罪，李可灼进劫药，从哲拟赏赉，当诛者三。）从哲力求去，疏六上，命进中极殿大学士，赉银币蟒衣，允其致仕。（当神宗之末，从哲独秉国成，一无所匡救。又用姚宗文阅边，龉经略熊廷弼去，辽阳遂失。论者谓明之亡，神宗实阶之，而从哲其罪首也。）"

本年

泰昌元年休宁县额办科举费用细目。康熙《休宁县志》卷三《徭役》："（泰昌元年）额办之目：学院岁考、科考给应并遗才考卷等项，每岁征银叁拾贰两，解送本府；学院按临考试搭篷，银陆两，解府；学院岁考本县生员考卷行赏等项，每年征银伍拾两，备支用；本府儒学每岁一贡士，旗扁羊酒牌坊盘缠等项，派本县银，每年征壹拾叁两肆钱，解府；本县儒学二岁一贡士，每年征银叁拾叁两伍钱，共银陆拾柒两，备应贡生员盘缠旗扁牌坊等项支给；应天场屋三岁大比士，每年带征闰，并奉文加派，共银肆拾陆两陆钱壹分陆厘一毫，解府转解，又加派银壹拾柒两肆钱肆厘零，又加派银壹两贰分壹厘，解役银壹两参钱伍分；本府儒学应试生员盘缠等项，每年征银壹拾叁两捌钱叁分零，解府；本县儒学应试生员盘缠等项，每年征银陆拾柒两柒钱捌分零，又加增银陆两玖钱壹分柒厘；本府宴待旧举人会试盘缠等项，每年征银贰佰肆拾壹两陆钱陆分陆厘零，解府；本县宴待旧举人会试盘缠等项，每年征银肆拾壹两陆钱陆分零，叁年共银壹佰贰拾伍两；解助太平府武举供亿银，每年带征银柒两壹钱贰分叁厘壹毫；酌议加派中式举人，每年带征银壹佰壹拾玖两，每科约三名；酌议加派中式进士，每年带征银陆拾贰两，两科约三名；议派加征中式武举，每年带征银壹拾叁两叁钱叁分叁厘，每科约二名；议派加征正散遗才，每年带征银肆拾贰两陆钱陆分柒厘，每科约三十二名。"本府，指徽州府。

丁耀亢等在苏州结山中社。丁耀亢《江游草》卷首《野鹤自纪》："庚申，傲石虎丘，与陈古白、赵凡夫结山中社。"陈古白，即陈元素，字古白，长洲（今江苏苏州）人，诸生。赵凡夫，即赵宦光，字凡夫，吴人。有《寒山杂著》。

明熹宗天启元年辛酉（公元1621年）

闰二月

甲午，升右春坊右庶子吴宗达为国子监祭酒。原任右庶子朱延禧为南京国子监祭酒。（据《明熹宗实录》卷七）

孙如游乞休，许之。《明鉴纲目》卷八："纲：辛酉天启元年，（满洲天命六年。）春闰二月，孙如游罢。目：如游入阁，言者诋其不由廷推，交章论列。如游亦屡乞去，帝辄慰留。至是，疏十四上，乃许之。（后四年卒，赠少保，谥文恭。）"

三月

辽沈失陷，袁应泰、张铨等死节。《明鉴纲目》卷八："纲：三月，满洲取沈阳辽阳，经略袁应泰、巡按御史张铨（字字衡，泌水人。）等死之。目：应泰议三路出师，复清河、抚顺，未行，满洲兵已薄沈阳。总兵贺世贤等，婴城固守，敌军奋勇纵击，城外兵七万人皆溃，世贤战死，（总兵尤世功，参将夏国卿、张纲，知州段展，同知陈柏皆死。）"

四月

礼部奏准科场事宜。（详见《明熹宗实录》卷九"天启元年四月壬辰"）

五月

　　王化贞巡抚广宁。《明鉴纲目》卷八："纲：夏五月，以王化贞（诸城人）巡抚广宁。目：化贞前以参议分守广宁，颇得西部心。及辽沈继失，廷议推化贞为巡抚。时广宁止屠卒千余，化贞招集散亡，复得万人。激厉士民，联络西部，人心稍定。化贞素无大志，不习兵事，欲恃西部为援，遂以登莱天津兵可不设，诸镇入卫兵可止。时谓其才可倚，议悉从之。"

　　魏忠贤矫旨杀司礼太监王安。《明鉴纲目》卷八："纲：太监魏忠贤（即魏进忠，赐名），矫诏杀司礼太监王安。目：忠贤与客氏忌安持正，嗾给事中霍维华（东光人）劾之，矫旨充南海子净军，绝食三日不死，遂扑杀之。客氏淫而很。忠贤不知书，颇强记，猜忍阴毒，好谀，帝深信之。两人愈相结，用司礼监王体乾（昌平州人），及李永贞（通州人），石元雅，涂文辅等，为腹心。凡章奏，永贞等先阅视，钤识綮要，白忠贤议可否，然后行。（帝性机巧，好亲斧锯椎凿髹漆之事。每引绳削墨，忠贤辄奏事，帝厌之，谬曰：'朕已悉矣，汝辈好为之。'忠贤因得擅威福。）"

　　释故临江知府钱若赓狱。若赓以乙酉正月下狱，至是以子进士敬忠疏吁，始讯释。（据《国榷》卷八十四）

六月

　　己卯，遣翰林院编修钱谦益、刑科右给事中暴谦贞浙江主考，翰林院修撰周延儒、户科左给事中王继会江西主考，翰林院简讨缪昌期、兵科给事中朱童蒙湖广主考，吏部文选司员外郎唐晖、户部广西司主事赵嗣芳陕西主考。（据《明熹宗实录》卷十一）

　　熊廷弼经略辽东。巡抚王化贞与之不和。《明鉴纲目》卷八："纲：六月，起熊廷弼经略辽东，以张鹤鸣（字元平，颍水人）为兵部尚书。目：初，廷弼虽罢，帝念其守辽功，仍议起用。及沈阳辽阳继失，京师大震，刘一燝曰，使廷弼在，当不至此。帝乃贬冯三元等，而削姚宗文籍，召廷弼于家。廷弼至，建三方布置策，广宁用马步兵，列垒三岔河（亦曰三汊河，在奉天海城县西南，辽河至此，合太子河入海，即古辽泽也）上，天津、登莱，各置舟师。设登莱巡抚如天津，而山海特设经略，节制三方，以一事权。遂命廷弼驻三海关，经略军务，赐尚方剑。及行，上宴之郊外，命文武大臣陪饯，异数也。先是，王化贞部署诸将，沿河设六营，营置参将守备，分守诸要害，议已上。廷弼谓，今日但当固守广宁，不宜分兵防河。兵分则力弱，倘一营不支，则诸营皆溃，又焉能守。化贞议遂不行，愠甚，尽委军事于廷弼。廷弼请申谕化贞，不得借口节制，坐失机宜。由是经抚不和。廷弼又言三方建置，须联络朝鲜，与登莱声息相通。乞给臣空名札付百道，募山东矿徒，有能结聚五百人以上者，即置守备都司。如此，则一二万劲兵可立致。帝即从之。未几，满洲镇江（注见前）守将陈良策，潜与毛文龙结，文龙遂引兵袭取其城。王化贞遽以大捷奏，举朝皆喜，亟命发天津、登莱水师二万，援文龙。化贞着广宁军四万，进据河上，合诸蒙古军，乘机进取。廷弼遗书中朝，言兵力未集，文龙发之太早，乱三方并进之谋，误属国联络之算。时朝士方以镇江为奇捷，闻廷弼言，多不服。而化贞再疏请出师，且言势在必克。兵部尚书张鹤鸣，深以为然，奏言时不可失，请令廷弼进驻广宁，蓟辽总督王列乾（注见前），移镇山海。化贞即渡河进师。廷弼不得已，出关次右屯。（明置广宁右屯卫，今废，故城在奉天锦县东南。）化贞无功而还。（化贞为人，駤而愎。妄意降将李永芳可倚为内应，又信西部言，许助兵四十万，遂欲以不战取全胜。一切士马甲仗糗粮营垒，俱置不问，务为大言，以罔中朝。尚书鹤鸣深信之，所请无不允，而于廷弼奏，辄从中阻格。廷弼愤甚，抗疏言：臣有经略名而无其实，辽左事，惟枢臣与抚臣共为之。鹤鸣益恨。当是时，廷弼主守，力言永芳必不可信，西部必不可恃。而化贞一切反之，绝口不言守，且谓仲秋之月，可高枕而听捷音。已而广宁人见河冰合，纷传兵至，奔窜四出，化贞乃始议守，而鹤鸣请敕廷弼出关策应。廷弼上言：枢臣第知经略一出，足镇人心，而不知徒手之经略一出，其动摇人心更甚。言甚切至。鹤鸣促之，廷弼乃以重兵内护广宁，令刘渠守镇武，祁秉忠守闾阳，罗一贯守西平，而己复出关驻右屯。○镇武，堡名，在奉天北镇县东。闾阳，城名，在北镇县西南，金元时置县于此，明废，今为驿。西平，亦堡名，在镇武东。罗一贯，甘州卫人。）"

大学士朱国祚入朝。（据《国榷》卷八十四）

增顺天中式二十名，应天十名，各省三名。是年，山西举宗生二人，江西、陕西、河南各一人。山东四氏学二名，辽生一名，皆不在额。以上谕宗生圣裔中式各加额外也。（据《国榷》卷八十四）

七月

署礼部左侍郎周道登奏准申明科场功令七款：正文体，重典试，择房考，戒徇情，公搜卷，慎学臣，严坊刻。（据《明熹宗实录》卷十二）

己巳，授庶吉士吴士元等职，何吾骀、倪启祚、侯恪、张䌹俱编修，萧命官、姚希孟、朱继祚、丁进、吴士元、杨世芳、刘宇亮、金秉乾、丁乾学俱简讨。许可征、杨维新除给事中，可征户科，维新兵科。（据《明熹宗实录》卷十二）

丙午，命吏部文选司主事胡继美、礼部主客司主事虞德隆河南，刑科给事中刘弘化、兵部武选司主事周鼎山东，光禄寺少卿何乔远、户部福建司员外郎李烨然山西，各主考。（据《明熹宗实录》卷十二）

大学士沈㴶入朝。（据《国榷》卷八十四）

八月

命苏松四府是科武举倍取五十名，以补戊午岁因乏按臣停试之额。（据《明熹宗实录》卷十三）

王夫之之父乡试再次落第。王夫之《姜斋文集》卷二《显考武夷府君行状》："先君子少从乡大儒伍学父先生定相受业……试郡邑，为邑侯胡公所首拔。会胡公不善事上官，学使者恚之，故相绌抑。郡属九长吏合荐不得，胥为扼腕。明年，邑侯王公宗本廉知才望，三试皆特拔，乃补郡文学。……当万历中年，新学浸淫天下，割裂圣经，依傍释氏，附会良知之说。先君子独根极理要，宗濂洛正传，以是七试乡闱不第。逮天启初，禅学渐革，而先君子年已迟暮矣。辛酉闱牍为缪西溪先生昌期所赏拔，副考以触其私讳置乙榜。"

九月

起升右春坊右庶子朱延禧南京国子监祭酒。（据《明熹宗实录》卷十四）

兵部覆给事中蔡思充疏，奏准武科、世职、武举、会举各途选除推用事宜。（据《明熹宗实录》卷十四）

十一月

礼部覆直隶提督学政御史毛一鹭题乡试副榜事宜。（详见《明熹宗实录》卷十六）

十二月

以覃恩准罚科举人何闳中、曾鸣世、许士柔、饶震元、王颖、李新、吴洪裕、李瀛八人会试。（据《明熹宗实录》卷十七）

起升国子监祭酒林尧俞礼部右侍郎，管国子监祭酒事。（据《明熹宗实录》卷十七）

吏部尚书周嘉谟罢归。《明鉴纲目》卷八："纲：冬十二月，罢吏部尚书周嘉谟。目：神宗末，齐楚浙三党为政，黜陟之权，吏部不能举。及嘉谟为尚书，大起废籍，向称三党之魁者，渐自引去。恶霍维华倾狡，出之外。魏忠贤怒，嗾给事中孙杰（钱塘人）劾嘉谟受刘一全属，为王安报仇，嘉谟遂罢归。"

本年

来如容称汤显祖制义如杜诗，无一字无出处。钱谦益《牧斋有学集》卷四十五《家塾论举业杂说》："天启初，汤临川之仲子大耆偕来如容掌科游长安。如容盛谈时艺，称临川文如杜诗，无一字无出处。坐客有面折之者曰：'《左传》：阴饴甥曰"小人戚谓之不免，君子恕以为必归"。临川君子实玄黄二句文云"周师人君子怒可也"。改恕为怒，有何出处？岂时文应使别字乎？'仲子曰：'尝有人问家先生，家先生曰："君子如怒，乱庶遄已。吾此文引《诗》语对《左传》也。"'如容鼓掌曰：'吾谓无一字无来处，岂非诚证乎？'其人俯首而去。如容语余：'先辈文不可轻易弹驳如此。'"

虞淳熙（1553—1621）**卒。**钱谦益《列朝诗集小传》丁集下《虞稽勋淳熙》："淳熙，字长孺，钱塘人。万历癸未进士，授兵部职方主事。东西方用兵，所条上皆有条理……迁主客员外。会稽勋郎吕胤昌以孙冢宰甥引去，冢宰从物望，推长孺改补。癸巳内计，冢宰与赵考功尽黜宰执之私人，党人力攻孙、赵，指摘长孺不当补吕阙，以撼冢宰。冢宰争之强，朝士持清议者讼言台谏议非是，并攻执政。上震怒，冢宰罢去，长孺与赵削籍，而诸言者皆得重谴。万历间之党论，坚持不可拔，自此始也。归田三十载，值天启之初，群公皆自谪籍起，而长孺卒于家，年六十有九……长孺少见知于李于鳞、王元美，赋才奇谲，搜抉奇字僻句，务不经人弋获，以为绝出。于时贤，颇心折汤若士、屠长卿，自诡以舁兀胜之。虽未免牛鬼蛇神之诮，可谓经奇者也。尝曰：'我文似古而不似古者，皆我胸中语耳。'黄贞父评其诗文曰：'宏深微眇，应念而作，风生雨集，排古荡今。'斯善誉长孺者矣。子宗瑶、宗玖，皆有文，刻《德园集》六十卷。"

明熹宗天启二年壬戌（公元 1622 年）

正月

升左庶子黄儒炳为南京国子监祭酒。（据《明熹宗实录》卷十八）

礼科都给事中惠世扬磨勘壬子各省直试卷，言顺天中式一百二名查廷櫆，长安多口代笔，已有显迹。又浙江中式四十三名钱千秋，七义结尾顺读之，乃'一朝平步上青天'，关结可疑，应提究问。命所司参奏。（据《明熹宗实录》卷十八）《国榷》卷八十五："天启二年正月癸亥，礼科给事中惠世扬纠南直贡士高如麟，顺天贡士张惟勤、查廷櫆，浙江贡士钱千秋贿中。"

礼科都给事中惠世扬条议科场六事。《明熹宗实录》卷十八："（天启二年正月癸丑）礼科都给事中惠世扬条议科场六事：一、正文体。凡离经悖注之言，有类《齐谐》、《越绝》者，悉置不录。一、详批阅。卷必细阅细批，即二、三场亦不得涂抹塞责。一、禁揽录。谓总裁虑及遗珠，或可从公搜阅，至房考或托言搜卷，巧取私人，宜杜绝，以清弊窦。一、重后场。谓首场间有弋获，不过摘句寻章，至通达时务，必于后场见之，宜特拔以罗异材。一、信功令。谓往科条陈功令，人或视为故纸，今宜责成外帘官，任怨任劳，以厘诸弊。而誊录、对读，尤当申饬。一、速题纸。谓近年散题太迟，未免消磨诸生朝气，今后内帘题目虽行镂版，称明即散，仍慎密关防，勿致漏泄。上以所奏切中科场情弊，着严加申饬，文体屡经厘正，竟不遵行。今岁着考官每房各搜举一卷离经悖注及文辞怪诞者，于揭榜日送部奏请严处。如容隐不举者，着部科参奏。"

满洲攻占西平堡，罗一贯死节。王化贞弃广宁西走。《明鉴纲目》卷八："纲：壬戌二年，春正月，满洲取西平堡。王化贞弃广宁，与熊廷弼走入关。目：先是，化贞凡五出师，辄引还。（八、九、十月皆一出，十一月则再出。李永芳不应，西部亦不至。）廷弼乞敕化贞慎重举止，化贞上言臣愿请兵六万，一举荡平。时叶向高当国，化贞座主也，颇右之。廷臣惟少卿何乔远（字稚孝，晋江人），御史江秉谦（字兆孙，歙人），周宗建（字季侯，吴江人）等，与廷弼合，馀皆右化贞，令毋受廷弼节制。廷弼抗疏言：臣以东西南北所欲杀之人，适遭事机难处之会，诸臣能为封疆容，则容之，不能为门户容，则去之。何必内借阁部，外借抚道以相困。又言经抚不和，恃有言官，言官交攻，恃有枢部，枢部佐斗，恃有阁臣。今无望矣。帝令群臣议两人去留。时中外俱知经抚不和，必误封疆大事，而张鹤鸣笃信化贞，请撤廷弼他用。帝不从，责再议。议未上，而满洲兵已西渡辽河，攻西平堡。招副将罗一贯降，不从。布梯楯进攻，堡破，一贯死之。会化贞遣游击孙得功，参将祖大寿，合总兵祁秉忠赴援，廷弼亦檄总兵刘渠，会师前进。与敌兵遇，乘机急战。敌兵飞驰突入，奋射冲击，得功遽奔，呼曰：'兵败矣！'诸军皆走。敌追击至平阳桥，渠、秉忠及副将刘征，参将黑云龙等，皆死之，全军尽没。大寿走觉华岛。得功请降。得功素为化贞心腹，及是，欲生缚化贞以为功。时敌兵顿沙岭（在奉天北镇县东），未进，得功扬言兵已薄城，居民惊窜。参政高邦佐（字以道，襄阳人）禁之，不能止。化贞方阖署理军书，不知也。参将江朝栋排闼入，大呼曰：'事急矣，请公速去！'化贞莫知所为，朝栋掖之出，上马，仆二人徒步从。遂弃广宁，踉跄西走。先是廷弼已离右屯，次闻阳驿，闻败。参议邢慎言（益都人）请驰救，为佥事韩初命所阻，遂退还。及是与化贞遇大凌河，化贞哭，廷弼微笑曰：'六万众一举荡平，竟如何？'化贞惭，议守宁远（注见前），及前屯。（明以元瑞州置广宁前屯卫，今废。故城在宁远西南。）廷弼曰：'已晚，惟护难民入关可耳。'乃以己所将五千人，授化贞为殿。尽焚积聚，与副使高出（莱阳人），胡嘉栋（西华人）等，先后入关。独邦佐留松山，自经死。满洲入广宁，凡四十余城皆陷，遂进取义州而还。败闻至京师，鹤鸣惧罪，因自请视师。给事中侯震旸（字得一，嘉定人），少卿冯从吾

（字仲好，长兴人），董应举（字崇相，闽人），何乔远，请并逮廷弼、化贞，以伸国法。狱具，二人并论死，鹤鸣寻亦罢归。"

谕兵部：令厂卫缉京城奸谍，禁居民放炮及各官归挈，贡士私还者罪之。（据《国榷》卷八十五）

二月

原任南京国子监祭酒升南礼部侍郎顾起元疏辞新命，并乞休，允之。（据《明熹宗实录》卷十九）

命何宗彦、朱国祚主考会试。录取刘必达等四百名。《明熹宗实录》卷十九：天启二年二月，"辛未，命大学士何宗彦、朱国祚主考会试。故事，凡遇会闱，以阁臣典试，而詹翰一人副之。已推礼部尚书掌詹事府事顾秉谦，上特命国祚。国祚疏辞，上曰：'今岁系朕首科，特用二辅臣以光重典，卿不必辞。'""辛卯，取中式举人刘必达等四百名。"《明史·选举志》："天启二年壬戌会试，命大学士何宗彦、朱国祚为主考。故事，阁臣典试，翰、詹一人副之。时已推礼部尚书顾秉谦，特旨命国祚。国祚疏辞，帝曰：'今岁朕首科，特用二辅臣以光重典，卿不必辞。'嗣后二辅臣典试以为常。是年开宗科，朱慎鉴成进士，从宗彦、国祚请，即授中书舍人。"

兵部尚书孙承宗入内阁、预机务。《明鉴纲目》卷八："纲：以孙承宗（字稚绳，高阳人）为兵部尚书，兼东阁大学士，预机务。目：承宗以知兵名。广宁既失，东事益急，遂进大学士。又从御史左光斗请，命承宗以阁臣理兵部。承宗疏言：'迩年兵多不练，饷多不核。以将用兵，而以文官招练。以将临阵，而以文官指发。以将备边，而日增置文官于幕。以边任经抚，而日问战守于朝。此极弊也。今当重将权，择沉雄有气略者，授之节钺，如唐任李、郭，自辟置偏裨以下，边事小胜小败，皆不必问。要使守关无阑入，而徐为恢复计。'因列上抚西部，恤辽民，减京军，增永平大将，修蓟镇亭障，开京东屯田，数事。帝嘉纳焉。"

三月

刘一燝屡疏乞休，许之。《明鉴纲目》卷八："纲：三月，刘一燝罢。目：先是，言官交章论沈㴶，㴶疑一燝主之，与魏忠贤比而龁一燝。及周嘉谟罢，一燝屡疏乞休，许之。叶向高言：'客氏既出复入。一燝顾命大臣，乃不得比保姆，致使人揣摩于奥窔不可知之地，其渐当防。'不纳。（先是客氏已遣出宫，帝思念不食，遂宣谕复入。给事中侯震旸上言：'礼有慈母，犹恩以义绝，况幺么里妇，何可出而复入。宫闱禁地，内外钩连，借丛炀灶，有不忍言者。昔王圣宠而煽江京李闺之奸，赵娆宠而构曹节王甫之变，祸贻宗社，良可寒心。'帝不省，故向高以为言。一燝后坐误用熊廷弼削夺，崇祯初复官，至八年卒，赠少师。福王时，追谥文端。"）

选武阉训练于大内。《明鉴纲目》卷八："纲：举内操。目：魏忠贤劝帝选武阉，炼火器，又日引帝为倡优声伎，狗马射猎。给事中惠世扬、周朝瑞，御史江秉谦等，劾沈荃交通阉人，弄兵大内。中旨切责。侯震旸、黄尊素（字真长，余姚人）等先后疏谏，皆不听。（明年，内操增至万人，衷甲出入，铤炮喧震内外。）"

文震孟（1574—1636）、傅冠、陈仁锡（1581—1636）等四百零九人进士及第、出身有差。《明熹宗实录》卷二十：天启二年三月，"辛亥，上御皇极门策试贡士。制曰：'朕惟自古帝王，所为搏挽乾坤匡扶世运者，靡不于文武二柄为兢兢。《书》赞帝尧乃武乃文，盖全德兼焉。而舜曰文明，禹曰文命，汤曰圣武，周之文谟武烈，各标其一，之数圣人，岂于持世导民有偏诣邪？毋其于中有交相为用者欤？夫阴阳柔刚仁义，自有天地而来，至今不可废也。洪惟我太祖高皇帝首辟函夏，成祖文皇帝载奠邦家，并提一剑驭军，而文治光昭于云汉，揭六经训俗，而灵爽震叠于雷霆。文缛武张，武因文靖，于都哉，洄追踪帝尧而与虞夏殷周媲烈矣！奕叶相承，绍天阐绎，虽疆隅小警，不无震惊，然金瓯卒以不摇，万世永赖，则列圣之威灵实式宁之，芳躅具在，亦可得扬厉其概欤？朕以冲龄嗣大历服，托于天下臣民之上，日夜思所为觐扬光烈，惟是讲学勤政，亲贤爱民，简将治兵为大务，盖干羽舞阶，鼓鼙思士，实并图维轨事焉。而蠢兹丑裔，逆我颜行，二年于兹，竟未有能制其命者，何也？岂敢教隳而文德阙，抑声容盛而武功弛，与夫禁旅之环萃自若也，卫屯之棋置自若也，班操之更番自若也，盟带砺者列第而居，绾组符者专闱而控，乃动云无将，动云乏兵，不获已，议调发而列镇苦虚伍矣，又不获已，议雇募而乌合驱市人矣。客兵散如抟沙，土著聚亦儿戏，总帅藉之勋胄，既缛礼之惟艰，训练寄之戚臣，又典兵之有戒。戈戈唇吻，迄无成功，说者以为承平日久，左武右文，故其弊至此。然闻有文事者必有武备，古六军之帅即天子六卿，用以内修外攘，非歧途也。即如先朝，殪阿台，驯也先，羁顺义，芟逆藩，创倭奴，以及迩年东征西讨之役，咏《车攻》而歌《杕杜》者，讵异人任，毋亦惟是择人而专责之可欤？夫武之德七，文之德十有一，季世犹能道之，矧在帝王。兹欲省繁言以核实，审操柄以图机，赫然收顺治威严之效，用恢弘祖宗鸿业，何施而可？尔多士学古通今，怀并用之术旧（久）矣，尚根极体要，明著于篇，毋泛毋略，朕将采焉。'"查继佐《罪惟录》志卷十八《科举志》："天启二年壬戌殿试策题，及五年乙丑殿试策题，又崇祯十年丁丑殿试策题，皆有'顺治'样，与卢沟门榜同，岂非天为之哉！""（天启）二年壬戌，试贡士，得刘必达等三百人。四月，补殿试，赐文震孟、傅冠、陈仁锡等及第、出身有差。一甲后皆为名臣。乡试查廷槚、高如麟、张惟勤等覆试免议。科臣甄淑请文武一例殿试，下部，不果。"李调元《制义科琐记》卷三《宣圣取芹》："天启壬戌状元文公震孟，未及第时以孝廉作教，事先圣备极诚敬，朔望瞻礼，俨然如在，春秋丁祭，则致斋礼祀。凡笾豆之类，无不先期躬亲洁濯，如是者三年。一日丁祭，见宣圣空中伸一巨手取芹菜而起，见者咸惊神异。次年，公遂及第。"梁章钜《制义丛话》卷六："（俞桐川）又曰：自明嘉、隆以后，殿元鲜得其人。熹庙改元，廷臣思获国士，咸推文湛持震孟，榜发，中外称庆。夫身为诸生而名震朝野，可见当时士大夫尚留心人物，而方正峻洁之士不至终遭摒弃也。湛持既仕，即上疏直言，伊川经筵，考亭崇政，庶足相拟。至于始击逆阉，终忤奸相，旋起旋蹶，然东山高望，何尝不在人耳目间。读所著制义，激昂感愤，有澄清天下之志，卒掩于鄙夫，猷不得展，娟疾之臣恶可与同中国哉！"张惕庵曰：'夫子至于是邦也，必闻其政'，只须浅浅看。陆稼书先生谓：'邦之治乱安危必闻之，俗之贞淫奢俭必闻之，君臣之淑慝臧否必闻之，先世之典章制度必闻之，此是不知不觉自然到耳根来。故端木子下一"得"字，语言妙天下矣。'文湛持先生文云：'以邦君之敬信而卒不能用圣人，夫非限圣人，限衰周也；邦君不能用圣人犹知敬信圣人，夫非露人情，露人性也。'说得透彻之极。"文震孟（1574—1636），天启二年（1622）一甲一名进士。江苏吴县人，字文起，号湛持。授修撰，上勤政讲学疏，魏忠贤屏不即奏，乘帝观剧，摘疏中"傀儡登场"语，谓比帝于偶人，不杀不足以警示天下，帝领之。忠贤传旨廷杖八十，贬秩调外。震孟亦不赴调而归。六年，斥为民。崇祯元年，以侍读诏充日讲官，忤权臣，出知封益府，便道归，不复出。起右庶子，进少詹事。后特擢礼部侍郎兼东阁大学士，入阁预政，两疏固辞，不许。后坐事被斥，归居卒。震孟刚方贞介，有古大臣风。福王时，谥"文肃"。为文徵明曾孙，书迹遍天下，碑版多流传。傅冠，天启二年（1622）一甲二名进士。江西进贤人，字元甫。由翰林编修，累官至尚书，兼东阁大学士。性简易，有章奏发自御前，冠以为揭帖，援笔判其上，既知误，惶恐谢罪，即放归。唐王时，死难于汀州，血渍地久而尤鲜，人叹其忠。有《宝纶楼集》。陈仁锡（1581—1636），天启二年（1622）一甲三名进士。长洲（今江苏苏州）人，字明卿，号芝台。授编修，因不肯撰魏忠贤铁券文落职。崇祯初，诏复故官，累迁南京国子祭酒。卒谥"文庄"。仁锡讲求经济，性好学，喜著书，有《系辞》、《易经颂》、《重订古周礼》、《四书考》、《史品赤函》、《古文奇赏》、《苏文奇赏》、《皇明世法录》、《漕政考》，另有《潜确居类书》一百二十卷。

据《明清进士题名碑录索引》，天启二年壬戌科录取名单如下：

第一甲三名

文震孟　　傅　冠　　陈仁锡

第二甲七十七名

张天麟	杨天锡	董中行	方逢年	万国相	汪乔年
林胤昌	齐心孝	秦士桢	秦　堈	刘必达	李绍贤
郭竹征	张方建	王守履	钱天锡	石万程	陈具庆
陈龙可	倪元璐	方一藻	夏时亨	王四聪	颉　鹏
徐申懋	张元玘	黄梦松	朱长世	邵名世	郑　鄂
姜玉菓	倪嘉庆	何万化	王　极	夏大儒	吴鸣虞
戴国章	钱敬忠	张有誉	陈调鼎①	江用世	王　珍
张茂颐	洪周禄	孙士髦	华允诚	李化民	叶廷桂

---

① 碑作：陈鼎。

李仕亨	陈演	鲍自新	张顺孙	徐天凤	黄近朱
卢象升	杨应宿	邢泰吉	苗胙土	陈殷	王应豸
陈璘	李日俨	于志舒	李柱明	崔源之	武献哲
刘先春	秦羽明	蒋德璟	方岳贡	南居仁	雷化鳞
黄道周	徐石麒	聂慎行	陈玄晖	张文郁	

第三甲三百二十九名

陈献策	傅文龙	杨中极	王鸣玉	钟炌	黄仲晔
李柄	郭都贤	林萃芳	杜三策	王养廉	潘陈忠
李元鼎	寿成美	姚昌箓	禹好善	朱又焕	许其进
王万金	何闳中	王继廉	王征	汪秉忠	张士范
简钦文	史𡐀	金肇元	罗元宾	陈维新	谢德溥
孟国祚	李长春	许世荩	姚士恒	宋贤	水佳胤
沈匡济	谭昌应	陈廷谟	解学夔	王永吉	梁凤翔
刘镐	张四知	贾元勋	唐显悦	黄宗昌	陈民情
朱陛	王中陛①	曹铨衡	何凉	许成章	锺希颜
乔淳	陈国器	姚孙榘	王铎	王毓仁	朱慎鉴
郑之玄	胡权	李可植	李若琳	蒋肇兴	张允恭
沈兆甲	姚恭	王家彦	闵心镜	潘士秀	马思理
杨兆升	高赍明	黄炯	屈可伸	焦觐祖	何允中
徐尚勋	顾国宝	卢兆龙	龚守忠	傅永淳	张毓泰
王一鹗	陈琯	魏自滋	曹暹	张堪	康姬鼎
汪始亨	张鼎延	潘士遴	倪嘉善	吴应诏	赵君邻
邓启隆	吴执御	万邦宁	钱允鲸	李鸣春	胡敬辰
毛舜岳	臧尔令	李师沆	程宇龙	毛羽健	戈允礼
张国经	曹可明	朱道光	胡福弘	黄缵祖	吴柔思
王宏	萧奕辅	王裕心	刘日曦	王国训	杨玉珂
杨行恕	朱纯	顾光祖	张绍龄	刘轩孺	唐绍尧
林玄	赖万耀	李楗	靖科元	李希揆	沈应明
李嵩	冯明玠	郁成治	刘汉儒	潘有功	谭性学
李中正	赵怀玉	王相说	刘令誉	任光谞	梁子璠
徐时泰	冯元飚	谭鹍禩	饶京	顾一让	窦星
陈赞化	陈梦玧	龙文光	高钦舜	钱忠爱	王都
刘养粹	张茂梧	杜羲年	张国维	路名区	王启元
申为宪	徐日炅	王应斗	谭文化	何望海	孙止孝

---

① 碑作：王忠陛。

姜兆张	任一鸣	胡承谟	尹　洗	韩　相	田时震
李廷龙	薛邦瑞	张昂之	王述善	陈三重	张第元
戴　相	黄　昌	毕生辉	沈希韶	骆方玺	祝　徽
靳于统	邢大忠	朱之俊	邓来鸾	熊胤震	盛兴唐
张鹏翀	严尔珪	聂文麟	许国翰	冯来聘	张定志
施台臣	王国祚	李　兆	郭捍城	史缵烈	顾其国
马如蛟	王　芋	杨　鸿	谢秉谦	骆先觉	冯　杰
张三谟	赵奇猷	郭建邦	万　鹏	王道直	梁元柱
刘彝鼎	余一鸥	伍承载	刘光沛	廖大亨	敖荣继
白联芳	李春旺	李世祺	龚一程	董学益	胡　瀚
田　吉	吴　玉	黄孙茂	俞乔桂	陈　盟	张鯤化
孙之獬	孟兆祥	李虞夔	李之椿	文安之	祁彪佳
高可法	陈乾阳	冯可宾	刘调羹	车梦瑶	刘景耀
田景猷	任赞化	李明睿	张镜心	王　讷	黄元功
赵洪范	蔡自强	王应泰	谭汝伟	邹毓祚	李大受
罗世锦	马逢造	孙征兰	贾明佺	顾懋勋	潘　倬
吴麟征	周瑞豹	张必大	宋之俊	赵映斗	王　猷
郭慎独	赵京仕	王懋学	孔闻謤	李　完	韩　谦
许士柔	吴大朴	汤本沛	刘席民	提　桥	季寓庸
徐成治	倪元珙	文士昂	邓天伦	杜其初	刘士祯
陈昌文	李玉华	孙景耀	亓之伟	许国士	梁应材
徐大仪	祁逢吉	王光贲	吴之屏	蔡茂春	曹廷辅
裴君赐	莫与齐	盛民衡	朱国栋	李瑞春	刘一鹤
赵继鼎	王懋学	韩之良	张鑗	乔可聘	李一献
冯上宾	吴道昌	邵建策	孔闻诗	萧士玮	张所习
屠存仁	吴振缨	李宗著	薛　坤	邓　鈗	郭　广
汤启烺	柴挺然	黄　锦	王锡衮	傅朝佑	

二甲进士黄道周大节千古，其时文亦崛强傲俗。梁章钜《制义丛话》卷六：“俞桐川曰：黄石斋先生（道周）大节千古，文字其余也，诗传、古文传又其余也。所刻《骈枝集》，唾弃勿屑，至与郑庶常相对嗟笑，先生若不欲以时文传也。然即以时文论，肮脏崛强，不顾世俗，此岂从来制义之所有哉？”“黄石斋先生最精《易》理，所著《三易洞玑》一书，至今学者无能穷其底蕴。其作‘加我数年’节文，即专就《易》之《大过》立义。盖《易》称《大过》云‘大者过也’，并不作过失解。先生文云：‘无咎之难也，其道进于天矣。夫人何以无过，求之于《易》，圣人犹将终身焉。曰庶免其大者矣，夫子盖观于《大过》而叹也，曰：“《易》之道微矣哉！”盖《易》为大过而设也。凡物之静，不能无动，动而后吉凶生焉。其体大者，动而过以大；其体小者，动

3046

而过以小，而人皆不自知也。夫《易》独何由而知之乎？《易》以体大而入小以居，《易》以体动而恒静与游，《易》以一无所知而人谋、鬼谋、众知以生。吾今而知过之不可免也，学之不可以已也，《易》之与吾身终始也。'后幅云：'由是而观天下，安得有大过人之情，大过人之才，大过人之事。情处小则不惑，因而无之，乃得与天下游于几；才处小则不争，因而无之，乃得与天下安于故；事处小则不乱，因而无之，乃得与天下享其自然。夫吾之有大过，则吾初不学《易》以至此也，夫仲尼其有悔心乎？'顾纵远评曰：'春秋时，圣人只合隐，栖栖皇皇，有多少过错处，非圣人不能冒险而行，非圣人不能履难而免。他人所视为圣人惊天动地者，正圣人隐隐自悔于中者也。假年学《易》，其有逃之思也乎。'方孟旋文云：'"过乘乎化之不齐"七字，便是石斋先生一生遭遇。先生只无咎之难也，一破便是终身体认矣。'吕瞻望文末云：'吁！不言小过者何？盖小过，过也；大过，颠也。圣人之所忧患者大，则其得过者必大，而非大不择小之说也，他日孔子曰："罪我者，其惟《春秋》乎？"则知圣人之所以忧矣。'此数句大与石斋文有所发明。按：奇杰之文，语亦与相称。录此以开拓学者神智，非示人好奇也。"

四月

命董其昌仍以太常寺少卿管国子监司业事。（据《明熹宗实录》卷二十一）

丁亥，考试天下愿就教职举人，取上、中卷各有差。（据《明熹宗实录》卷二十一）

礼部尚书孙慎行追论红丸案，李可灼遣戍，方从哲不罪。《明鉴纲目》卷八："纲：夏四月，礼部尚书孙慎行，追论前辅方从哲进红丸罪。目：慎行召为礼部尚书，既至，即追劾李可灼进红丸事，斥从哲为弑逆。（疏言：可灼红丸，乃首辅从哲所进。夫可灼官非太医，红丸不知何药，乃敢突然以进。昔许悼公饮世子药而卒，世子即自杀，春秋犹书之为弑。然则从哲宜何居？速引剑自裁，以谢先帝，义之上也。合门席藁，以待司寇，义之次也。乃悍然不顾，至举朝共攻可灼，仅令回籍调理，是诚何心？许世子以死爱父，犹不能自明，从哲之爱先帝，于何处明乎？臣以为从哲纵无弑之心，却有弑之事，欲辞弑之名，难免弑之实，恐百口无能为天下万世解也。）从哲久居京师，近习多为之地。慎行疏上，帝以旧辅素慎，事系传闻，下廷臣集议。都御史邹元标主慎行疏，从哲奏辨自请削官阶，投四斋，帝慰谕之。给事中魏大中，（字孔时，嘉善人。）以九卿议久稽，趣之。时议者一百十有余人，纷纷俱欲罪从哲，独刑部尚书黄克缵，（字绍夫，晋江人。）及给事中汪庆百等，数人右之，希内廷意也。于是大学士韩爌述进药始末。尚书张问达等合奏，言慎行论可灼进红丸事。可灼先见内阁，臣等初未知。及先帝召见乾清宫，辅臣与臣等言，俱慎重未敢决。及宣臣等入宫，先帝问可灼安在，可灼至，进红丸。少顷，复进一丸。先帝服药微汗，身温热，就寝。臣等所共闻见。辅臣视皇考疾，急迫仓皇，弑逆二字何忍言？但可灼非医官，且非知医知脉者，以药尝试，先帝龙驭即上升，非但从哲未能止，臣等亦未能止。均有罪焉。乃从哲反赉可灼，及御史王安舜有言，先止罚俸，继令养疾，失之太轻，何以慰皇考，服中外？宜如从哲请，削其官阶，为法任咎。至可灼罪不容诛，而崔文升当皇考哀感时，妄进大黄凉药，罪又在可灼上。法皆宜显戮，以泄公愤。议上，可灼遣戍，文升放南京，而从哲不罪。未几，慎行引疾去。"

五月

辛酉，刑科给事中傅櫆劾太常寺少卿管国子监司业事董其昌居乡贪纵，居官放诞，不宜在师表之地。上以其昌先帝讲官，遗诏召用，不得苛求。（据《明熹宗实录》卷二十二）

山东白莲教徐鸿儒起兵反。不久败死。（据《明史·熹宗纪》）

六月

予文学博士方孝孺祭葬。（据《国榷》卷八十五）

戊子，选庶吉士三十六人，蒋德璟、郑鄤、李明睿、倪元璐、杨玉珂、倪嘉善、黄道周、张士范、朱之俊、张四知、杨行恕、黄锦、齐心孝、刘必达、方逢年、陈盟、郑之玄、王锡衮、许士柔、刘先春、李绍贤、陈维新、文安之、陈具庆、王铎、李若琳、孙之獬、陈演、王鸣玉、梁元柱、谢德溥、杜三策、屈可伸、王启元、徐时泰、南居仁。（据《明熹宗实录》卷二十三）《国榷》卷八十五："（天启二年六月）己丑，选庶吉士倪元璐、黄道周等三十六人。"

甲午，命礼部尚书兼翰林院学士掌詹事府事顾秉谦、礼部右侍郎兼翰林院侍读学士协理詹事府事周如磐，俱教习庶吉士。准赠南京兵部尚书许孚远男大受承荫注选。（据《明熹宗实录》卷二十三）

七月

沈㴶罢归。《明鉴纲目》卷八："纲：秋七月，沈㴶罢。目：刑部尚书王纪（字维理，芮城人）再疏劾㴶，比之蔡京，㴶亦劾纪庇熊廷弼狱（廷弼荐辽阳佟卜年为监军佥事。张鹤鸣行边，以卜年尝通李永芳，欲因以甚廷弼之罪。镇抚司狱具，移刑部，纪与员外郎顾大章辨其诬，改轻比，故㴶劾之。○顾大章，字伯钦，常熟人），诏两解之。未几，纪削籍去。叶向高言，纪、㴶交攻，俱失大臣体，独斥纪，如公论何？㴶不自安，乃引去。（自㴶首进募兵之说，结交阉寺，遂开内操，朝议恶之，归后逾年卒。）"

八月

增武举制额三十名。(据《明熹宗实录》卷二十五)

癸巳，命礼部右侍郎朱延禧教习庶吉士。(据《明熹宗实录》卷二十五)

孙承宗经略蓟辽。命祖大寿守觉华岛。《明鉴纲目》卷八："纲：八月，以孙承宗经略蓟辽。目：初，广宁既失，关外五城七十二堡，悉为喀尔沁诸部所据，声言助边，实怀窥伺。经略王在晋(字明初，太仓州人)，与蓟辽总督王象乾，请给月粮，岁费百万。又请筑重关于八里铺(在山海关外)，设守兵四万人。宁前兵备佥事袁崇焕(字元素，东莞人)，以为非策，白之叶向高，向高不能决，承宗请身往定之。乃驰诣关门相度，还奏：筑重城，不若筑宁远要害，与觉华岛相掎角。因言在晋不足任，自请督师。帝许之，赐尚方剑，御门临遣，以宠其行。承宗既至关，定军制，申明职守，以马世龙(字苍元，宁夏人)为总兵官，令游击祖太寿等守觉华岛，副将赵率教(陕西人)守前屯。前后筑城堡数十，练兵十一万，造铠仗数百万，开屯田五千顷。会敌兵不深入，而承宗防守严，亦不致败衄，军声颇振。(初，承宗之督师也，辟职方主事鹿善继为赞画，荐监军副使阎鸣泰为辽东巡抚，帝皆从之。及至关，命善继治军储，而以鸣泰无实略，军事多不与议，鸣泰怏怏求去，承宗亦引疾。帝乃罢鸣泰，谕留承宗，以张凤翼为巡抚。凤翼怯，力主守关议。承宗不可，复出关抵宁远，集将吏议所守。众多如凤翼指，独崇焕、善继，请守宁远。承宗然之，议乃定。命大寿兴工，崇焕及满桂守之。承宗将图大举，请饷二十四万，帝即命所司给之。兵工二部相与谋曰：'饷足，渠即妄为矣。'故用文移往复缓之，师竟不果出。○鹿善继，字伯顺，定兴人。张凤翼，代州人。满桂，蒙古人，幼入中国，居宣府。)"

九月

壬寅，命左庶子来宗道、右庶子张鼐主考武场会试。录取郑惟城等一百三十名。吏科给事中甄淑奏请"武科照文科一例殿试"，未允。(据《明熹宗实录》卷二十六)

计亩加饷。《明鉴纲目》卷八："纲：九月，增田赋。目：时增州县兵，计亩加饷，从御史冯英请也。"

封朱由检为信王。《明鉴纲目》卷八："纲：封弟由检为信王。(即庄烈帝。)"

秋

潘之恒(1556—1622)卒。据汪效倚《潘之恒曲话·潘之恒年表》(中国戏剧出版社1988年出版)："天启二年壬戌(1622年)六十七岁。秋天以前卒于南京。"潘之恒，字景升，号鸾啸生、鸾生、亘生、庚生、天都逸史冰华生、冰华生、髯，徽州歙县

（今属安徽）人。明嘉靖三十五年（1556）正月初八日生。戏曲评论家。钱谦益《列朝诗集小传》丁集下《潘太学之恒》："之恒，字景升，歙人。须髯如戟，甚口，好结客，能急难，以倜傥奇伟自负。晚而倦游，家益落，侨寓金陵，留连曲中，征歌度曲，纵酒乞食，阳狂落魄以死。景升少而称诗，才敏而词赡，从其乡汪司马结白榆社，又师事王弇州。其称诗弇州、太函也。久之，交衷中郎兄弟，上下其议论，其论诗又公安也。中郎尝序其《涉江诗》，以为出汪、王之门，能湔其旧习。然景升既倾心公安，其诗故服习汪、王，终不能有所解驳，中郎徒以论合，谨而收之耳。晚年访余津逮轩，酒间唱酬，率意涂抹，无复持择。人谓老而才尽，未几逝矣。景升诗集，前后合数千篇。余悲髯老于词场，篇帙繁多，终就沦没，录其《金昌草》数首。"

十月

邹元标、冯从吾罢归。《明鉴纲目》卷八："纲：冬十月，左都御史邹元标，副都御史冯从吾罢。目：初，神宗时，元标、从吾，以建言削籍，里居讲学，垂数十年。泰昌初，两人始召用。已而同官都察院，乃共建首善书院于京师。（御史周宗建董其事，大学士叶向高为之记。）朝暇，与同志高攀龙等，讲学其中，名望日重，而诸不附东林者，咸忌之。会明年，当京察，给事中朱童蒙、郭允厚（曹州人）郭兴治，虑为元标所黜，童蒙乃首劾之，以讲学为门户。元标疏辨求去，帝已慰留，允厚复继劾，语尤妄诞。而魏忠贤方窃政，传旨谓宋室之亡，由于讲学，将加严遣。从吾言宋之不竞，以禁讲学故，非以讲学故也。叶向高亦力为解，且乞同去，乃得温旨。而兴治复力攻，比元标于山东妖贼。元标、从吾遂并引归。先是书院方建，御史黄尊素谓元标曰：'都门非讲学地，徐文贞已丛议于前矣。'（谓徐阶。）元标不能用。及是，尊素言果验。（元标、从吾既归，群小击碎其碑，暴于门外，先师木主，委弃路隅，经史典籍，尽被焚毁，而院独存。后崇祯中，礼部尚书徐光启，率西洋人汤若望等，借院修历，署曰历局。〇徐光启，字子先，上海人。）"

十二月

钱千秋等黜革充戍有差。钱谦益、郑履祥失于觉察，各罚俸三个月。《明熹宗实录》卷二十九："（天启二年十二月丙子）刑部等衙门会审钱千秋事，言：'徐时敏、金保玄假捏关节，诈士子贿物，而钱千秋入其套中。兹审三犯，俱曰主考未传此关节，则三犯当问以应得罪名，主考不知情，不必以莫须有悬坐也。钱千秋当黜革充戍，以正士风。徐时敏、金保玄二奸一成允宜，尤当枷号示众。其主考、房考，虽未明露关节，不能觉弊防奸，亦难免疏虞之罪，宜正显罚。'得旨：'钱千秋等俱依拟发遣，钱谦益、郑履祥失于觉察，各罚俸三个月。'"

铨注宗室朱慎鎜为中书舍人。《明熹宗实录》卷二十九："（天启二年十二月丙寅）

上以宗室开科，系今日特典，朱慎鉴首登甲第，足光天潢，令吏、礼二部即会议优选京秩，仍著为令，从大学士何宗彦、朱国祚请也。后吏部覆议：铨注慎鉴为中书舍人。"

明熹宗天启三年癸亥（公元 1623 年）

正月

玉牒成。进叶向高中极殿大学士，荫尚宝司丞。韩爌少师兼太子太师中极殿，荫中书舍人。何宗彦、朱国祚少保兼太子太保武英殿。史继偕太子太保，兼文渊阁。孙承宗少保兼太子太保文渊阁。并荫监。（据《国榷》卷八十五）

顾秉谦、魏广微等入内阁、预机务。《明鉴纲目》卷八："纲：癸亥三年，春正月，以顾秉谦（昆山人），朱延禧（聊城人），朱国桢（字文宁，乌程人），魏广微（南乐人，允贞子）并为礼部尚书，兼东阁大学士，预机务。目：廷推阁臣，首列孙慎行，盛以宏（字子宽，潼关卫人），皆不用。时魏忠贤用事，谋结外廷诸臣，秉谦、广微，率先谄附，遂援二人入阁。（时阁中已有叶向高，韩爌，何宗彦，朱国祚，史继偕，又骤增四人，直房几不容坐。秉谦、广微，庸劣无耻，忠贤得为羽翼，势益张，而二人曲奉忠贤，俨如奴役。）"

荷兰人占据澎湖。《明鉴纲目》卷八："纲：红毛夷（即荷兰，《明史》谓之和兰，在比利时之西。其人深目长鼻，发眉须皆赤，故时称之曰红毛夷）据澎湖（群岛名，散布于福建台湾间）。目：神宗末，红毛夷侵夺台湾地（在福建东南海中，古曰东番，今隶日本国），筑室耕田，久留不去。后又出据澎湖，犯漳州（今改龙溪县），海澄（明县，清属漳州府，今与龙溪并属福建），已复入厦门（岛名，在福建同安县东南，今思明县地）。官军御却之，仍筑城澎湖以居。已而巡抚南居益（字思受，渭南人）请于朝，发兵出击（事在四年），迄数月，番人始扬帆去。而渠帅高文律十二人据高楼自守。诸将破擒之，澎湖之警始熄。其据台湾者自若也。（《明史·外国传》，荷兰本国，去中华绝远，华人未尝至。其所恃惟巨舟大炮。舟长三十丈，广六丈，厚二尺余，树五樯。樯下置二丈巨铁炮，发之可洞裂石城，震数十里。世所称红夷炮，即其制也。舵后置照海镜，大径数尺，能照数百里云。）"

熹宗遣宦官刺探兵事。《明鉴纲目》卷八："纲：遣中官刺边事。目：帝好察边情，常遣中官诣关门，具事状奏报，名曰较事。及魏忠贤窃柄，遣其党刘朝等四十五人，赍甲仗弓矢，白金文绮，先后至山海关，颁赉将士，实觇军也。孙承宗疏言：中使观兵，自古有戒。帝不省。"

二月

升太常寺少卿南师仲为本寺卿，管国子监祭酒事。（据《明熹宗实录》卷三十一）

礼部署部事右侍郎郑以伟等题严核伪监三款。命依议行。《明熹宗实录》卷三十一：天启三年二月乙酉，"礼部署部事右侍郎郑以伟等题严核伪监三款。一曰给付之单款宜核也。盖监生通状呈于银台，纳单开于户工，实历送于本部，一处一印，随到随销。故奸宄得以上下其手。计莫若置于长单，单中多置格目，中填书本生系某府某州某县人，通政一印。更书于某年某月某日纳银若干，户工一印。又再书系某廪某增附生实历送监，仪制司一印。又再书于某年某月日监完送吏部，国子监一印。又再书某部某年某月日历事完讫，吏部一印。即给伊为起选之契。一曰文移之应照宜详也。盖监生之乡贯，通政不知，增廪附民，户工不知，银数多寡，国学不知。计莫若簿册相为循环，户工收银库簿，本部每月调查，而监丞将随收实历簿，每月送本部知会，各衙门历事监生，历满之日，仍赴本部挂号注销。其空年加纳，取选吏部，仍会同本部查其历事完欠，并上选年月，方与授官。一曰吏胥之奸弊宜除也。今衙门吏书，承行者一二人，而待缺者且五七人，刓印而胆可包身，移咨而符可使鬼。监生之告假也，暂历之行查也，乘官司升转，岁月耽延，转为神通，若司官传舍，而吏书乃世袭也者。以后送监公移，于司官署尾明写书吏姓名。傥奸弊再犯，必首查承行何人。若待缺之吏，各司俱当综核，而限以数目。如此则孔窦自塞矣。一曰督监之分任宜专也。以后委一风励司官，专查文移，专对印篆，专察奸所自起，专弥弊所繇来。合援王府科旧例，给一条印，俾移历于在监等著年月，仍用司印以明其所自统，吏书钤一条印以照其所独专，如此则案牍立清矣。命依议行。"

吏科都给事中魏应嘉疏陈学政宿弊。章下所司。《明熹宗实录》卷三十一：天启三年二月庚午，"吏科都给事中魏应嘉疏陈学政、盐政，言近来学政多任德而不任怨，任逸而不任劳，即如南直分设学臣，本以地方辽阔，孤寒艰费，故破格分设，以周其务，以悯其情，若不依相沿按临旧地，而远调就试，或二三百里，或四五百里，甚至往返几二千里，无乃非人情乎？闻数年前，以调考故，生儒多有溺死于江中者，此当力为禁止，庶不失分建更新本意。至岁频一周，屡经明旨，未必奉行，今后岁频未周者，虽俸序已及，亦暂停推升。若考察优劣，犹关风励，一委教官，雉罹免脱。而德行一科，本以奖劝，都属周旋巧滑之流，至有预钻德行，规避下等，此通弊也。宜责成提调正官，密行体访，学臣逐郡躬亲发落，质之众目，而后学弊消除，师儒整肃。……章下所司。""兔"误作"免"。

三月

礼部上言：请限乡试副榜名额。从之。黄儒炳《续南雍志》卷九《事纪》："（天启三年正月）礼部上言：'天启元年题准两京十三省乡试副榜破格优异，此系皇上登极之初，嘉惠文人，已通行海内矣。惟是恩求可继，法求可久，未尽事宜，臣部正在拟议间，适南学臣御史过庭训、毛一鹭条上务在推广皇恩，预防冒滥，虑至深也。第准监、准贡、准廪前途进步与往科给赏不同。士子邀有异数，恐从此别开幸窦，夫安得不定之以额也。且正卷中式而外，各房即有遗珠，不过一二卷。凡在闱中者，人人能言之，可见副榜卷每正卷十名，只备一二名足矣。合无以辛酉科为始，各省直于文到日，将原中副榜照依名次截住，每监生中式五十名，即截定十名，生员中式百名，即截定二十名，各省不拘中式多寡，一准是为则，即将副榜逐名造册报部查考，以便咨送。其准廪帮补人数既少，廪缺亦易，故榜后先尽副榜，然后及于考案，此当入之条约通遵者。至于廪准贡监，监准贡选，俱以"副榜"二字别于援纳，取选时并从优考较之。暮年岁贡守选，迟速顿悬，计廪生自当欣然乐就。但此中恐有贫生不能赴京科举，听于本处应试。其贡生副榜，无论恩、岁，优考县正、教官，副榜准作正荐，并咨送吏部，以示优异。以上数款的覆两学臣所会议，并补臣部前请所未备者。若夫取中副榜，必经主考手批裁定，如某卷应中而限于房额，如某卷应中而裁以某篇，但留佳卷，不必逐房充数，标定名次，同时揭榜，仍同正卷解部，听候参驳。如此庶副榜以定额见珍，皇上以法一可久矣。各直省新遵事例备数颇宽，除额定副榜外，余名仍行给赏，以示鼓舞。但乡试副榜已沐皇恩，今会试副榜人数不多，亦宜量加优异，臣部尚未敢以请也。'诏从之。"

四月

光禄寺卿何乔远，荐晋江李光缙、永春举人李开芬、固安生员黄文炤、海澄儒士丁玉明、华亭布衣陈继儒，学行俱优，乞赐官衔，风励四方。（据《国榷》卷八十五）

朱国祚乞休，许之。《明鉴纲目》卷八："纲：夏四月，朱国祚罢。目：国祚在阁，素行清慎，事持大体。及是十三疏乞休，遂许之。未几，史继偕亦致仕。（先是刑部尚书王纪，为魏忠贤所逐，国祚疏救，复具揭争之。纪为礼部侍郎，尝以事忤国祚者也，人以是称国祚长者。归后家无余资，逾年卒，赠太傅，谥文恪。）"

五月

客氏魏宗贤，矫旨赐赵选侍自尽，幽禁裕妃张氏。《明鉴纲目》卷八："纲：客氏魏忠贤，杀光宗选侍赵氏，幽裕妃张氏于别宫，杀之。目：客魏肆恶，虑妃嫔白其罪，矫旨赐赵选侍自尽。（选侍以光宗赐物列案上，西向礼佛，痛哭自经。）幽裕妃别宫，绝其饮食，天雨，妃匍匐，承檐溜饮之而死。皇后数于帝前，刺客魏过失。是年后有娠，客氏以计坠之，帝用此乏嗣。又以帝郊祀日，掩杀帝所宠冯贵人，左右无敢言者。范慧妃以谗失宠，李成妃为之乞怜，客魏知之，亦幽成妃别宫。妃预储食物檐瓦间，半月不死，斥为宫人。"

河南抚按请录宋儒邵雍子孙，视二程子例授翰林五经博士。（据《国榷》卷八十五）

六月

大学士朱国桢入朝。（据《国榷》卷八十五）

七月

许监生茅元仪赴督辅行营。（据《国榷》卷八十五）

大学士史继偕致仕，进少保荫中书舍人。（据《国榷》卷八十五）

少詹事骆从宇为礼部右侍郎，左庶子赵秉忠为少詹事，国子司业蔡毅中为右谕德，纂修《实录》。（据《国榷》卷八十五）

《实录》成。《国榷》卷八十五：“以《实录》成，监修英国公张惟贤进太保，荫监。总裁叶向高进上柱国兼尚书俸，荫尚宝司丞。韩爌支俸同，荫中书舍人。何宗彦、史继偕、孙承宗进少傅兼太子太傅。朱国桢、朱延禧、顾秉谦进太子太保文渊阁大学士。并荫监。已改向高左柱国。副总裁林尧俞进太子太保。郑以伟加俸一级。周如磐进太子宾客。钱象坤加二品服俸。纂修官周炳谟、张鼐进太子宾客，二品服俸。董其昌进礼部右侍郎兼侍读学士，协理詹事府。来宗道等各加俸一级。”

八月

大学士韩爌求如同官何宗彦例移赠本生祖父少傅，上命特给。（据《国榷》卷八十五）

右谕德钱龙锡为南京侍读学士。（据《国榷》卷八十五）

南京国子祭酒黄儒炳为南京吏部右侍郎。（据《国榷》卷八十五）

直隶提学御史左光斗议准：辽生附武清学，以一等四十名为廪，二等前四十名为增，补廪、出贡一如府学例。科举百二十人，编号仍用“辽”字，制额除山东一名外，约用三人，待多士云兴，仍补四名之例。其余一切旧廪、旧增、虚伪种种名色，概不准理，一以新案为主。所委署学印之刘永茂，暂领诸生案册，仍听吏部议妥除授，礼部另给关防，其俸薪舆马亦听寺院议处。（据《明熹宗实录》卷三十七）

九月

前太子太保户部尚书兼文渊阁大学士吴道南卒。道南崇仁人，万历己丑进士。授编修，在史局硁硁自好，秉礼，尤清执。丙辰，典试诖误被攻，适艰去。所著《河渠

志》、《大政议》。赠少保，荫中书舍人，谥文恪。（据《国榷》卷八十五）

秋

王骥德（1542？—1623）卒。徐朔方《王骥德吕天成年谱》："熹宗天启三年癸亥（1623），秋，王骥德病甚，以《曲律》寄毛以燧。卒年八十二。"王骥德，字伯良，一字伯骏，号方诸生、玉阳生，别署鹿阳外史、秦楼外史。会稽（今浙江绍兴）人。曾师事徐渭，与沈璟、吕天成、孙如法等传奇作家、曲学家有交，终生从事戏曲理论研究与戏曲创作。所作传奇六种，今仅存《题红记》一种；作杂剧《男王后》、《两旦双鬟》、《弃官救友》、《金屋招魂》、《倩女离婚》五种，今仅存《男王后》一种。著有诗文《方诸馆集》、散曲《方诸馆乐府》，曲学著作有《曲律》、《南词正韵》、《声韵分合图》。曾校注《西厢记》、《琵琶记》二种。庄一拂《明清散曲作家汇考》谓王骥德生于1551年，卒年七十三岁。

十月

赵南星任吏部尚书。《明鉴纲目》卷八："纲：冬十月，以赵南星为吏部尚书。目：先是南星为左都御史，与吏部尚书张问达掌京察，黜去亓诗教、赵兴邦等，天下快之。至是问达罢，南星代为吏部，锐意澄清，独定己志，政府及中贵，惮其刚严，不敢有所干请。魏忠贤雅重南星名，遣其甥傅应星谒见，拒不纳。大学士魏广微，南星友允贞子也，素以通家子畜之。广微入内阁，三至南星门，谢弗见。又尝叹曰：'见泉无子。'见泉，允贞别号也。广微恨次骨，与忠贤而龁南星。然是时东林势盛，叶向高、韩爌方辅政，南星掌铨，李腾芳（字子实，湘潭人），陈于廷（字孟谔，宜兴人）佐之，高攀龙、杨涟、左光斗秉宪，魏大中、袁化中（字民谐，武定人）长科道。郑三俊（字用章，池州建德人），李邦华、孙居相、饶伸、王之寀辈，悉居卿贰。而郎官邹维琏（字德耀，瑞州新昌人），夏嘉遇（字正甫，松江华亭人），张光前（字尔荷，泽州人），程国祥（字仲若，上元人），刘廷谏（顺天通州人）等，亦皆民誉。众正盈朝，激扬讽议，忠贤颇惮之，于外事未敢大肆。"

僧憨山（1546—1623）卒。（据中国佛教协会《中国佛教》八十五）

闰十月

辛卯，升吏部左侍郎萧云举为礼部尚书兼学士，掌詹事府事。太常寺卿管国子监祭酒事南师仲为礼部右侍郎，协理詹事府事。左庶子黄士俊为詹事，右庶子施凤来为少詹事，俱兼侍读学士。（据《明熹宗实录》卷四十）

大学士叶向高拟恩诏，请收降谪翰林科道各官，如文震孟、郑鄤、毛士龙、侯震

旸、熊德阳、贾继春、江秉谦等七人。上以震孟难遽释。（据《国榷》卷八十五）

翰林编修侯恪等颁诏各藩，尚宝少卿陈元等颁诏各省直。（据《国榷》卷八十五）

十一月

壬午，升左春坊左谕德蔡毅中国子监祭酒。（据《明熹宗实录》卷四十一）

右庶子唐大章改左庶子，右谕德林欲楫为右庶子，并署坊印。右谕德张广为右庶子，南京国子司业叶灿为左中允，编修刘鸿训起右中允。（据《国榷》卷八十五）

十二月

魏忠贤提督东厂。《明鉴纲目》卷八："纲：十二月，魏忠贤提督东厂。目：初，神宗末，刑罚弛纵，而厂卫缉捕，亦渐稀简，诏狱至生青草。及是，忠贤以司礼秉笔领东厂事，车马仪卫，僭拟乘舆。已而任用田尔耕（任邱人）掌卫事，许显纯（定兴人）为镇抚理刑，罗织无遗，锻炼残酷，厂卫之毒，于斯而极。"

收括各地库藏，尽输京师。《明鉴纲目》卷八："纲：括天下库藏输京师。目：叶向高言：郡邑库藏已竭，藩库稍馀，今尽括之，猝有乱，将何以应。不纳。"

癸巳，升左春坊左谕德唐大章南京国子监祭酒，右春坊右赞善罗喻义司经局洗马，管国子监司业事。（据《明熹宗实录》卷四十二）

本年

今年岁试，徐光启之子徐骥考居末等。曹家驹《说梦》一《纪历任督学》："吾松前辈缙绅，尽有身居显要，其子不得游庠者。如许惺所名乐善，字修之，隆庆辛未进士，官南通政，即鹤沙之曾祖，久历台班，后掌河南道，凡来督学者，皆其同官或后进，而其子修甫，艰于入泮，科援俊秀例为太学生。更如董思白名其昌，字玄宰，万历己丑会魁，大宗伯，谥文敏；杨石庐名继孔，字彦履，万历壬辰进士，谕德，俱老词林，而凡遇岁试，两家子弟必居后等。杨长子名汝霖，字元振，初试六等，以未满六年留学，继考四等。一日与人下象棋，杨连声叫将，旁一人谑之曰：'此名杨六四赶将军。'闻者绝倒。更如癸亥年，学院孙六吉，名之益，四川人，进士，按临岁试。上海徐玄扈名光启，字子先，万历丁酉顺天解元，甲辰进士，太子太保，大学士，谥文定，将有大拜之望矣。而其子名骥，字安友，竟末等。时郡守张石林，名宗衡，字梁山，山东临清州人，万历癸丑进士，玄扈本房所取士也。张平日有权略，然不敢以辞先容，盖学政肃清如此，以视今日何如哉？"

邱县知县高继凯于儒学东西各设社学一所，依《社学教规》教诲童蒙。乾隆《邱县志》卷二《学校》："天启三年，知县高继凯于儒学东西各设立社学一所，共房二十一间，又按乡约一十七所，设立社学一十七处，给乡约各十金置地，选塾师十七人给种，刊《社学教规》一册，遵依教诲童蒙。"吕坤《实政录·民务》卷三《兴复社学》："为兴复社学以端蒙养事，照得王道莫急于教民，而养正莫先于童子。今学校之无政久矣！官师不可复望，惟是社学一事，尚有可为。……今选社师务取年四十以上、良心未丧、志向颇端之士，不拘已未入学者二十余人。……先教以讲解《小学》、《孝经》及字学反切，一年之后如果见识近正、音韵不差、文理粗通、讲解亦是者，掌印官下学考试，择其堪以教人查有社学挨次拨发。……一、学中以长幼为先，序就齿数，除系相亲自有称呼外，其余少称长者兄，长呼少者名。行则右行，坐则下坐，长者立则立，长者散则散。一禁成群戏耍；二禁彼此相骂；三禁毁人笔墨、书籍；四禁搬唆倾害；五禁有恃陵人。此处人五禁犯者，比读书加倍重责。一、童子每日早起向父母前一揖，问曰：今夜安否？早饭、午饭回家见父母，揖问曰：父母饮食多少？……如有违犯，父兄即告先生，加倍重责。一、行步要安详稳重，不许跳跃奔趋；说话要从容高朗，不要含糊促迫……有违犯者罚跪，再三犯者重责。……一、初入社学，八岁以下者先读《三字经》，以习见闻，《百家姓》以便日用，《千字文》亦有义理。……一、念书初要数字，次要联句，次要一句紧一句，眼瞅定则字不差……。一、记文须选前辈老程文极浅极切极清者，每体读两篇，作文之日模做，读过文法者，出题庶易引触。一、读书以勤为先，童子不分远近，俱令平明到学，背书完，读新书。吃饭后，略令出门松散一二刻，然后看书作文。写仿毕，仍读书。午饭后，再令出门松散一二刻，仍读书。日落后，分班对立，出对一个，破题一个，即与讲改，然后放学。一、有司政暇之时掣签下某社学，某社学至则验其课程。果童生文理通、说书明、写字佳、歌诗善者为第一等，除童生量给笔墨外，其师赏大纸一百叶……"刘宗周《刘子全书》卷二十五《小学约》："一、学生入学，仿效古礼，以鲜蔬四色或米糕或酒肉为贽见礼。初进门一揖，亲手送贽毕，再揖，退侍立于父兄之后。……先生升座，诸生序齿分班对拜，行二拜礼。礼毕，诸生皆向上拱手齐立……一、授书要随各人资质，限定行数，不可或多或少，不可人人画一，亦不可勉强多读……一、诸生清晨到齐，将昨日书读五遍即背，要极熟。再理近边带书三首，熟背。背毕，将本日所授书分作两节读二三十遍，才放早饭。一、早饭后先读会上一节，再读会下一节，已刻讲书。……一、讲书。每日要诸生轮番讲，还不明者先生再讲之。……一、看书毕，仿临法帖一幅送呈先生，较其美恶以行赏罚。……一、午后理远带书三首熟背。一、下午将上午所读书串合限数读熟……一、将本日书草草背完，即上次日生书，读二十遍。一、每日将晚讲忠孝勤学故事二条，令其熟记，空闲时常问之。……一、桌椅、笔砚、书籍务要安顿齐整，不许杂乱欹斜。一、朔望日理半月前功课，考试等第以行赏罚。一、诸生勤学好问、有进益守规矩者给赏票一纸，遇该责时除免一次。功课勤惰亦当赏罚行之。一、诸生勤学好问、有进益守规矩者纪录在簿一分，积至十分，关白东家，给纸笔犒赏。一、诸生各坐案头勤做功课，不得彼此往来闲谈游嬉，亦不得借问难为由交头接耳……一、诸生课程须要日日挨定，不可脱落一件，少一件就须行责。一、先生在馆以督率诸生为职业，凡一切交友、文会、庆吊、饮燕之类俱当谢绝……"

袁中道（1570—1623）卒。《明史·文苑传》："中道，字小修。十馀岁，作《黄山》、《雪》二赋，五千馀言。长益豪迈，从两兄宦游京师，多交四方名士，足迹半天下。万历三十一年始举于乡，又十四年乃成进士。由徽州教授，历国子博士、南京礼部主事。天启四年进南京吏部郎中，卒于官。"

明熹宗天启四年甲子（公元 1624 年）

正月

詹事黄士俊为礼部右侍郎，仍兼侍读学士。协理詹事府少詹事施凤来为詹事。右庶子兼侍读林欲楫为少詹事兼侍读学士，同礼部右侍郎黄立极直经筵。（据《国榷》卷八十六）

癸酉，庶吉士授官。《明熹宗实录》（梁本）卷三十八：天启四年春正月，"癸酉，庶吉士授官，方逢年、刘必达、陈具庆、倪元璐、黄道周为编修，张士范、谢德溥、张四知、王铎、郑之玄、屈可伸、徐时泰、王启元、朱之俊、陈盟、孙之獬、文安之、李明睿、许士柔、黄锦为简讨，杨梦衮、刘先春、王鸣玉、杜三策、陈维新为科给事中，杨玉珂、梁元柱为御史。"

何宗彦（？—1624）卒，谥文毅。《国榷》卷八十六："天启四年正月庚午，少傅兼太子太傅户部尚书武英殿大学士何宗彦卒。宗彦金溪人，籍随州，万历乙未进士。馆选，授编修，历今官。持正屹屹，见称于时。赠太傅，谥文毅。"《明鉴纲目》卷八："纲：甲子四年，春正月，何宗彦卒。（谥文毅。）目：宗彦清修有执。神宗末，齐党势盛，非同类即排去之。宗彦方摄礼部事，独无所附丽，遂不安其位而去。光宗立，以素望，即家起入阁。及是卒官，赠太傅。"

十八日，赵琦美（1563—1624）卒。钱谦益《初学集》卷六十六《刑部郎中赵君墓表》："明年，其家以讣音来，则君以病没于长安之邸舍，天启四年正月十八日也。君讳琦美，字玄度，故广参议讳承谦之孙，赠礼部尚书谥文毅讳用贤之子。君之历官，以父任也……享年六十有二。"赵琦美，原名开美，字仲朗，号玄度，别署清常道人。乾隆《常昭合志》卷十一著录其"《洪武圣政记》三十二卷、《伪吴杂记》三卷、《铁网珊瑚》十六卷、《容台小草》、《脉望馆书目》、《和禅诗》五卷"。另辑有《脉望馆钞校本古今杂剧》二百四十二种，清初钱曾录入《也是园书目》，故又称《也是园古今杂剧》。一九三九年商务印书馆选出一百四十四种，题为《孤本元明杂剧》排印出版。

大学士叶向高请召还修撰文震孟，庶吉士郑鄤，给事中毛士龙、侯震旸、熊德阳、御史江秉谦、贾继春等，不许。（据《国榷》卷八十六）

二月

礼科左给事中魏大中请云、贵主考就近抚按征聘，时兵兴道梗。部覆云南仍遣京官，贵州如议。（据《国榷》卷八十六）

大学士顾秉谦释奠太学。（据《国榷》卷八十六）

工科都给事中周士朴等疏救杨、姜被谪。大学士叶向高等亦以为言，不报。（据《国榷》卷八十六）

翰林编修陈子壮、方逢年、刘必达、陈具庆、倪元璐充起居注，锦衣卫都督佥事许濬祥进都督同知。（据《国榷》卷八十六）

国子祭酒蔡毅中进《字学要览》，命梓之。（据《国榷》卷八十六）

三月

翰林编修方逢年纂修《实录》。（据《国榷》卷八十六）

进士普宁徐天凤奏父朝纲以乙榜任贵州安顺府推官，殉安酋之难。部覆上，赠朝纲光禄寺卿，予祭葬，立祠，荫锦衣正千户。（据《国榷》卷八十六）

春

华亭科试，童生死者十三人。曹家驹《说梦》一《考童惨祸》："天启甲子春，孙学院行科试，华亭童生不下三千余人。时县父母郭章弢（名如暗，江西庐陵人，万历癸未进士），不于黄昏时开院门，令人陆续进，乃往卧院中。至五鼓，人已蜂屯蚁聚。门甫启，一拥而入，门狭而人众，一时壅塞，后者愈前，则前者倾仆，一呼吸间，已压死累累。余在旁目睹，而莫可救解。其中有父兄送子弟，奴仆送主人而死者。若童生死者十三人，有许孟托为童生之耆宿，身躯伟岸，亦死于此。越数日，郭父母至其地，撰文以祭之，内有'人间业断，地下文修，前花未报，后果须收'之句，举觞酹酒，坠泪沾襟，人皆谓郭公厚德焉。"

四月

南京侍读学士钱龙锡、右庶子丁绍轼为少詹事兼侍读学士，修撰钱士升为左中允兼编修，俱纂修《实录》。（据《国榷》卷八十六）

廷试岁贡生。（据《国榷》卷八十六）

国子祭酒蔡毅中上《广规三书》：曰《大学约言》，曰《古文孝经》，曰《读书章程》。（据《国榷》卷八十六）

命严讯汪文言。大学士叶向高等言："文言系臣题充史馆，旧名汪守泰。前邵辅忠参革其监生，值赦辨复，诸臣见称，遂录用之。今得罪，乞令法司确拟。"上不报。因乞归，不许。（据《国榷》卷八十六）

五月

命翰林检讨顾锡畴、兵科给事中董承业主考福建，刑部主事刘余祐、大理评事马之升主考四川，兵部主事吴时亮、中书舍人曹师稷主考广东，户部主事林肇开、工部主事王廷相主考广西。（据《国榷》卷八十六）

命翰林编修陈子壮、户科左给事中周之纲主试浙江，检讨丁乾学、吏科给事中郝土膏主试江西，编修方逢年、兵科左给事中章允儒主试湖广，吏部考功主事孙昌龄、礼部祠祭主事丘履嘉主试陕西。（据《国榷》卷八十六）

六月

杨涟劾魏忠贤二十四大罪，遭中旨切责。《明鉴纲目》卷八："纲：夏六月，左副都御史杨涟，劾魏忠贤二十四大罪，中旨切责涟。目：忠贤肆恶日甚，涟抗疏列其大罪二十有四。（略曰：太监魏忠贤者，本市井无赖，中年净身，夤入内地。初犹谬为小忠小佞以幸恩，继乃敢为大奸大恶以乱政。今列其罪状，为陛下言之。祖制，拟旨专责阁臣。自忠贤擅权，多出传奉，或径自内批，坏祖宗政体，大罪一。刘一燝，周嘉谟，顾命大臣也，忠贤令其党论去。急于翦己之忌，不容陛下不改父之臣，大罪二。先帝宾天，实有隐憾，孙慎行，邹元标，以公义发愤，忠贤悉排去，顾于党护选侍之沈淮，曲意绸缪，终加蟒玉。亲乱贼而雠忠义，大罪三。王纪为司寇，执法如山，锺羽正为司空，清修如鹤，忠贤构党斥逐，必不容盛时有正色立朝之臣，大罪四。国家最重枚卜，忠贤一手握定，力阻首推之孙慎行，盛以宏，更为他辞，以锢其出，岂真欲门生宰相乎，大罪五。爵人于朝，莫重廷推，去岁南太宰北少宰，俱用陪推，一时名贤，不安其位，颠倒铨政，掉弄机权，大罪六。圣政初新，正资忠直，乃满朝荐，文震孟，江秉谦，侯震旸等，抗论稍忤，立行贬黜，屡经恩典，竟阻赐环，长安谓天子之怒易解，忠贤之怒难调，大罪七。然犹曰，外廷臣子也。去岁南郊日，传闻宫中有一贵人以德性贞静荷宠，忠贤恐其露己骄横，托言急病，置之死地，是陛下不能保其幸矣，大罪八。犹曰无名封也。裕妃以有娠传封，中外方为庆幸，忠贤恶其不附己，矫旨勒令自尽，是陛下不能保其妃嫔矣，大罪九。犹曰，在妃嫔也。中宫有庆，已经成男，忽焉告殂，虹流电绕之祥，变为飞星堕月之惨，传闻忠贤与奉圣夫人，实有谋焉。是陛下且不能保其子矣，大罪十。先帝青宫四十年，护持孤危者惟王安，即陛下仓猝受命，拥卫防维，安亦不可谓无劳，忠贤以私忿，矫旨杀之。是不但仇王安，而实敢仇先帝之老奴，略无顾忌，大罪十一。茔地擅用朝官，规制僭拟陵寝，近又于河间毁人居室，建立牌坊，镂凤雕龙，干云插汉，大罪十二。今日荫中书，明日荫锦衣，金吾之堂，口皆乳臭，诰敕之馆，目不识丁，如魏良弼、魏良卿及傅应星等，滥袭恩荫，亵越朝常，大罪十三。用立枷之法，戚畹家人，骈首毕命，意欲诬陷国戚，动摇中宫，若非阁臣力持，言官纠正，椒房之戚，又兴大狱矣，大罪十四。良乡生员章士魁，以争煤窑，伤忠贤坟脉，遂托言开矿而致之死，赵高鹿可为马，忠贤煤可为矿，大罪十五。王思敬等牧地细事，责在有司，忠贤乃幽置槛穽，恣意榜掠，视士命如草菅，大罪十六。科臣周士朴执纠织监，忠贤竟停其升迁，使吏部不得专铨除，言官不敢司封驳，大罪十七。北镇抚刘侨不肯杀人媚人，忠贤以不善锻炼，遂致削籍，示大明之律令，可不守，而忠贤之律令，不可不遵，大罪十八。魏大中为吏科，遵旨莅任，忽传旨诘责，及大中回奏，台省交章，又再亵王言，煌煌纶綍，朝夕纷更，大罪十九。东厂之设，原以缉奸，自忠贤任事，日以快私仇，行倾陷为事，投匦告密，日夜未已，势必兴同文馆狱而后已，大罪二十。边警未息，内外戒严，东厂缉访何事，前韩宗功潜入长安，侦探虚实，实主忠贤司房之邸，事露始去，假令天不悔祸，宗功事成，未知九庙生灵，安顿何地，大罪二十一。祖制不蓄内兵，原有深意，忠贤与奸相沈㴶创立内操，薮匿奸宄，安知无大盗刺客，潜入其中，一旦变生肘腋，可为深虑，大罪二十二。忠贤进香涿州，警跸传呼，清尘垫道，人以为大驾出幸，及其归也，改驾驷马，羽幢青盖，夹护环遮，则俨然乘舆矣，大罪二十三。夫宠极则骄，恩多成怨，闻今春忠贤走马御前，陛下射杀其马，贷以不死，忠贤不自伏罪，进有傲色，退有怨言，朝夕堤防，介介不释，从来乱臣贼子，只争一念放肆，遂至不可收拾，奈何养虎兕于肘腋间乎？此又寸脔忠贤，不足蔽其辜者，大罪二十四。凡此逆迹，昭然在人耳目。乃内廷畏祸而不敢言，外廷结舌而莫敢奏。间或奸状败露，又有奉圣夫人为之弥缝，更相表里，迭为呼应。伏望陛下大奋雷霆，集文武勋戚，敕刑部严讯，以正国法。并出奉圣夫人于外，用消隐忧。臣死且不朽。○钟羽正，字叔濂，益都人。文震孟，字文起，吴县人。刘侨，魏大中，事类叙在后。）疏上，忠贤惧甚，求解于韩爌。爌不应，遂趋帝前泣诉，且辞东厂。而客氏从旁为剖析，王体乾等赞之，帝憒然不辨也，遂温谕留忠贤。而于次日下涟疏，严旨切责。先是涟疏就，欲早朝面奏。值次日免朝，恐再宿机泄，遂于会极门上之，忠贤乃得为计。涟愈愤，拟对仗复劾之。忠贤诇知，遏帝不御朝者三日。及帝出，群阉数百人，衷甲夹陛立，敕左班官不得奏事，涟乃止（中书舍人吴怀贤读涟疏，击节称叹，注其旁曰：'宜如韩魏公治任守忠故事，即时遣戍。'其奴告之忠贤，即逮怀贤下狱，拷掠死，籍其家。○吴怀贤，休宁人）。"

以建昌道梗，命云南试官如壬午科例听巡按征辟，前遣官还京。（据《国榷》卷八十六）

礼部侍郎李腾芳忧去，进礼部尚书兼翰林学士。（据《国榷》卷八十六）

庶吉士胡尚英补检讨。（据《国榷》卷八十六）

命吏部主事徐爌、行人周镳主试河南，工科给事中熊奋渭、兵部李继贞主试山东，

尚宝司卿姜志礼、户部主事熊师旦主试山西。（据《国榷》卷八十六）

七月

工部郎中万燝以劾魏忠贤被杖杀。《明鉴纲目》卷八："纲：秋七月，杖杀工部郎中万燝（字闇夫，南昌人）。目：自杨涟上疏被责，廷臣益愤，交章论忠贤不法。（给事中则魏大中、许誉卿等，御史则刘业、杨玉珂、帅众等，京卿则太常卿胡世赏，祭酒蔡毅中等，勋戚则抚宁侯朱国弼，南京列卿，则兵部尚书陈道亨，侍郎岳元声等，凡七十余人。○许誉卿，松江华亭人。蔡毅中，字宏甫，光山人。陈道亨，字孟起，新建人。）大学士叶向高，及礼部尚书翁正春，请遣忠贤归私第以塞谤。帝不许。未几，燝疏复至，言忠贤尽窃大权，生杀予夺，在其掌握，致内廷外朝，止知有忠贤，不知有陛下，岂可一日尚留左右？忠贤得疏，大怒。当是时，忠贤方恶廷臣交章劾己，无所发愤，思借燝立威，乃矫旨廷杖一百。令群阉先至燝邸，捽而殴之。比至阙下，气息才属，杖已，绝而复苏。群阉更肆蹴踏，越四日即卒。御史黄尊素上言：'律例非叛逆十恶，无死法。今以批肝沥胆之忠臣，竟殒于磨牙砺齿之凶竖，千载而下，史笔书之，岂不上累圣德？乞复其故官，破格赐恤。'时禁中方失火，李应升复言：'部郎之杖血方腥，祝融之烈焰旋作，天谴甚明。伏冀矜恤。'俱不报。（是年，检讨丁乾学，典江西乡试，发策刺忠贤。忠贤怒，矫旨除其名，已使人诈为校尉往逮挫辱之。乾学愤郁而卒。扬州知府刘铎，愤忠贤乱政，书扇赠游僧，有'阴霾国是非'句，实欧阳晖诗也。逻者得之，遂逮治。事白矣，会铎家人夜醮，都督张体乾诬以郁诅，竟斩西市。他若御史夏之令，以劾毛文龙，吴裕中，以熊廷弼姻，考功郎苏继欧，以杨涟党，后军都督府经历张汶，以被酒诋忠贤，或下狱，或被杖死，皆在燝后。崇祯初燝赠光禄卿，官一子，乾学等皆赠恤。○丁乾学，字天行，浙江山阴人，寄籍京师。刘铎，庐陵人。夏之令，光山人。吴裕中，江夏人。苏继欧，许州人。张汶，邯郸人，尚书国彦曾孙。）"

叶向高罢归。《国榷》卷八十六："（天启四年七月）辛酉，大学士叶向高引去。"《明鉴纲目》卷八："纲：叶向高罢。目：御史林汝翥（福清人），向高甥也。方巡城，有二内竖争夺人财物，半于涂，汝翥笞之。时万燝甫杖死，魏忠贤矫旨，命杖汝翥如燝。汝翥惧，逃之城外。群阉疑匿向高第，聚而围之，大肆诟辱。向高上言：'国家二百年来，无中使围阁臣第者。臣今不去，何面目见士大夫？'帝优旨慰留，尽收回中使。（汝翥寻出，受杖，竟不死。）向高以时事不可为，乞归已二十余疏，至是请益力。乃命行人护归。（向高为人，光明忠厚，有德量，好扶植善类。自再入相，辅冲主，阉人逞炀灶计，时事日非，向高亦稍刓方为圆，然犹数有匡救，老成持重，为清流所倚赖。惟庇门生王化贞，不能决议，致坏封疆事，为时所咎焉。后三年卒。崇祯初，赠太师，谥文忠。）"

郑成功（1624—1662）生。朱彭寿《清代人物大事纪年》："天命九年甲子（明天启四年，公元一六二四年），郑成功，七月十五日生（原名郑森），字大木。福建南安人。享年三十九。"郑成功，字明俨，号大木，南明隆武帝赐姓朱，号国姓爷。于清康熙元年（1622）收复台湾。

八月

应天乡试题"今夫弈之为数"一节，浙江乡试题"君之视臣如手足，则臣视君如腹心"，俱有规切时事之意。顾炎武《日知录》卷十六《题切时事》："考试题目，多有规切时事，亦虞帝予违汝弼之遗意也。《宋史·张洞传》：试开封进士赋，题目'孝慈则忠'。时方议濮安懿王称皇事，英宗曰：'张洞意讽朕。'宰相韩琦进曰：'言之者无罪，闻之者足以戒。'上意解。古人之于君，近者尽官师之规，远者通乡校之论，此义立而争谏之途广矣。天启四年，应天乡试题'今夫弈之为数'一节，以魏忠贤始用事也。浙江乡试题'君之视臣如手足，则臣视君如腹心'，以杖杀工部郎中万燝也。七年，江西乡试题'幅幅乎不可尚已'，其年监生陆万龄请以忠贤建祠国学也。崇祯三年，应天乡试题'举直错诸枉，能使枉者直'，以媚奄诸君初定逆案也。此皆可以开帝聪而持国是者。时当季叶，而沔水鹤鸣之义犹存于士大夫，可以想见先朝之遗化。若崇祯九年应天乡试《春秋》题'宋公入曹，以曹伯阳归'，以公孙疆比陈启新，是以曹伯阳比皇上，非所宜言，大不敬。天启七年，顺天乡试《书经》题'我二人共贞'，以周公比魏忠贤，则又无将之渐，亦见之弹文者也。景泰初，也先奉上皇至边，边臣不纳。虽有社稷为重之说，然当时朝论即有以奉迎之缓为讥者。顺天乡试题'所谓平天下在治其国者'一节，盖有讽意。"梁章钜《制义丛话》卷二："苏苞九曰：余录《甲癸集》，其中间有背谬者，恐误后人，亦不可不辨。如吴青岳'道之以政'全章，开讲中有曰：'古之主术一而已，至于后世浸以多端，曰政、曰刑、曰德、曰礼。'夫尧舜之世，未尝无政刑德礼，但古今来道之齐者，各有所尚耳，此四者岂因后世多端而出乎？且德礼尤不可云多端也，古人除此所云主术者何在？且所云一者何物乎？此不可不辨者也。来元成'孟武伯问子路'全章，有曰：'毋论日月之至原，无当于终食之不违。'彼且与之无违，而吾何从而知之？夫果无违，断无不知之理。'三月不违'章，岂圣人作揣摩诳语耶？又问：'无论万念之密，自不胜一念之偶疏。'彼且惧其或疏，而尚示人以可知哉？夫惧其或疏，已便可知了，何日不可知也。后又曰：'三子各见其长，则兵农礼乐之会，无不享仁人之功。'仁尚在，未知何以享仁人之功哉？此不可不辨者也。陈百史'子游为武城宰'一节，其开讲有曰：'以治天下之道治一身，则可以不失于为士矣。'夫天下之事，无不以小征大，以治一身之道治天下则有之，若以治天下之道治一身，吾不得其解。行不由径，非公不至，何尝有治天下之道在内耶？此真大言欺人也。且此题要前半篇先点灭明，后半篇方可虚虚咏叹。题面若藏过灭明，则所说者何人？所言者何事？此作于后股犹不出灭明，但曰此何人乎，殊失位置，最开近来恶习，此不可不辨者也。陈卧子'禹吾无间'一节，其后股曰：'用财者，治乱之所系也；制礼者，敬忽之所分也。'夫无间盖言德也，精一既传之后，故得无间之实，饮食衣服虽就外边说，其用意甚微，用财、制礼二义，何其粗也。且此皆指大圣人一身说，开讲曰'俗之纯杂由此异'，题内从无此意，此不可不辨者也。黄陶庵'吾自卫反鲁'一节中有曰：'九夏，金奏也，不可易以箫管。新声，笙奏也，不可易以镈钟。《思文》歌于郊社，先以角，不先以宫；《清庙》歌于禘尝，先以宫，不先以角。'此谬之甚者也。即今之俗乐亦不至以丝竹代金石，以徵羽易宫商，况古乐乎？又曰：'《鹿鸣》《鱼丽》，象宗庙朝廷之治也，必奏之堂上。《南陔》《由庚》，象庶民万物之治也，必奏之堂下。《肆夏》诸诗歌于庙堂中者，天子以享元侯，则《颂》不殊《雅》。《四牡》诸诗歌于燕享者，二《南》亦与同列，则《雅》不殊《风》。'当时之错乱，固或如斯，但夫子无权，何能以匹夫之意，而使天子、诸侯无不奉行，如三家歌《雍》，岂因夫子正乐而遂已其事乎？所云得所者，不过补其残阙，序其失次也。先生亦误认如此，后世益不知所从矣，此不可不辨者也。王茂远'所谓大臣者'二句，其文中有曰：'屈唐虞之臣而事三代，彼且悄然不欲，曰非我主也。'夫皋、夔、伊、旦，其才德不相上下，岂皋、夔事汤、武，即悄然不欲乎？如此说，则置伊、旦于何地！又曰：'君欲爵一人，非大臣不敢爵；君欲杀一人，非大臣不敢杀，则曰吾道在是。'夫道中之作用甚大，爵赏其一也，欲以此作正讲，则偏而不全矣。此不可不辨者也。黄君讳家瑞之'君子敬而无失'二句，其通篇解劝安慰语，殊失题意。夫吾辈遇朋友有骨肉之忧，仅仅解劝安慰之者，泛交也，若有关切者，必与之商量周旋之法、挽回之道，绝不以泛语答之，况圣贤乎？此题实有周旋挽回作用在内。下文之意，盖言如此行去，虽四海皆兄弟，而同气不待言矣。若云四海皆兄弟，何必藉兄弟为兄弟，则圣贤教人疏弃骨肉置之度外，必无此理，此不可不辨者也。冯君讳文伟之'子适卫'全章，此题圣贤留心天下，借卫事立论，非专为卫也。做文者仅可于股尾、篇终，指点卫事作波澜耳，不然，竟于开讲直指卫事，一篇到底，亦有偏锋可采，已非方家举止矣。若两头俱开说，仅于中间插入一股，无此体裁，此不可不辨者也。李君讳耿之'盖均无贫'三句，无论其篇中所载'老成瞻言百里，常合终始而为其图，帝王容保无疆，亦合物我而为之虑'，其词句庸俗宽泛，阅之欲吐。且此题专重均、安、和三字，寡贫无倾，只须股尾一带，此作上下呆讲，殊失重轻，此不可不辨者也。王君讳玉藻之'无求备于一人'，其文中有曰：'即磬管而笙瑟之不习，戈殳而决拾之不习。'夫士大夫之家，用一干办之仆，尚不至卑琐如此，况朝廷用人乎？又曰：'无求备于一人，则无求备于人人可知也。若求备于一人，则必求备于人人又可知也。'将'一人'二字看死了，此不可不辨者也。钱希声之'是故君子戒慎乎其所不睹'二句，其文中有曰：'于其所及意者而图之，又有不及意者以败之，未足见洗心之密也。于其所及觉者而防之，又有不及觉者以间之，未足见存诚之至也。'又曰：'至此犹无斁焉，则真无有斁焉者矣；至此无敢慢焉，则真无有慢焉者矣。'皆俗腔陋调，深污笔墨，此不可不辨者也。吴梅村之'文武之政'二句，其开讲曰：'君不贵无稽之听，而必敬其祖宗；臣不陈非圣之书，而必择其美善。'提比又曰：'臣不敢以久远荒略之言，塞臣子对扬之责。又不敢以阙略不完之理，虚吾君下访之诚。'即犯开讲之意。中股又曰：'删《书》断自唐虞，然而邈矣。'非即提比中所云'久远荒略'者乎?'学礼托于杞宋,然而微矣。'非即提比中所云'阙略不完'者乎?犯而又犯,此不可不辨者也。沈君讳应旦之'君臣也'五句,其文有曰:'天生人而畀之父。'夫畀人以子则有之,畀人以父,无此理也,阅之可发一笑。且此题五段各有实义,不宜牵合,而此文每一段必插入四件,盖由力量不足,不能实发,故作纤巧态耳,而宾多于主,题中正面精实处反多遗漏,阅者以为纵横则非也,此不可不辨者也。宋其武之'忠信重禄'四句,其提比有曰:'先立于无欺者,务开之以不自菲薄之路。相临以宽简者,必予之以油然乐易之怀。'其中股有曰:'发念之始,非谓其至微。准诸此以登明堂,而三百六十属之心,于以共见矣。'皆浮泛体面语,于题意甚远,而人以为冠冕而采之,此不可不辨者也。荆石筠之'放勋曰'五句,此题已是引古,而其文不明见于经传,学者犹疑之,而文中复造作古语曰:'咨尔司徒,使行风俗,宣明德,化万民,孝子悌弟,贞妇顺孙,日以众多,惟尔之能!'是戏中戏也,此不可不辨者也。其余可辨者尚多,而此数篇者,尤时贤所传诵而楷式者也,故辨之不得不亟,以此类推可耳。按:苏苞九此言非深刻之论,明眼人自当知之。学者于读文时,不按诸理法,而徒赏其声情,则有但知其美而不知其恶者矣,余故亟为述之。"梁章钜《制义丛话》卷七:"项煜文爽利有馀,蕴藉不足,喜之者虽多,而余雅不欲举业家学之,亦因人而薄其文也。有《东野堂稿》,汪钝翁叙云:'余闻诸父师,当明神宗之季,吾吴朱孝介先生文望甚炽,以乡进士家居教授,户外之屦恒满,项宫詹仲昭,其高弟子之一也。每科试之岁,诸生以私课奉教于朱先生,先生辄决之曰某当售,某当速售,某某决不售。秋榜发,无不验者。独喜宫詹所作,以为绝伦,每一篇出,必传示诸生,为之吟赏不已。未几,而宫詹岁科两试俱第一,遂联取科第以去。由是宫詹之文名大噪,而朱先生知文之名亦益著。今宫詹遗稿具在,论者恒疑其怪怪奇奇,至比诸诗中之李贺、文中之樊宗师,不知其问学有根源,词语有根柢,类皆得之先辈大家,非若后生晚进束书不观者比也。抑余舅氏徐文靖公,亦游孝介之门,与宫詹同学。天启甲子秋,宫詹既捷,而文靖被黜。文靖虚心请益,孝介默然,久之乃曰:"子所业非不如某也,惟某文较有新色耳。"文靖跃然而去,甫三年,亦联取科第。最后文靖请告在里,其诲诱晚辈者,犹持新之一言',盖先辈论文如此。"

乡试磨勘,魏忠贤调山东、江西、湖广、福建四省考官于外,夺其三级,并举人艾南英等停科。阮葵生《茶馀客话》卷二:"天启甲子,乡试磨勘,魏珰以意调山东、江西、湖广、福建四省考官于外,夺其三级,并举人艾南英等停科。魏珰目不识丁,知试卷作何语?皆逢迎其意者明为指点也。"

十月

赵南星、高攀龙罢归。《明鉴纲目》卷八:"纲:冬十月,罢吏部尚书赵南星,左都御史高攀龙。目:御史崔呈秀(蓟州人)按淮阳,赃私狼籍。比还朝,攀龙循故事考察(故事,巡按御史回道考核称职,始复任),尽发其贪秽状,南星议戍之,诏革职听勘。呈秀窘，夜走魏忠贤所，叩首涕泣，乞为义子，且言不去南星、攀龙等，吾辈未知死所。忠贤大以为然，遂与定谋。会山西缺巡抚，南星以太常卿谢应祥（安福人）有清望，首列以请，既得旨。而御史陈九畴（历城人）受魏广微旨，言应祥尝知嘉善，魏大中出其门。大中以师故，谋于选郎夏嘉遇而用之，徇私当斥。（先是，孟冬享庙，且颁朔，广微偃蹇后至。大中抗疏劾广微，广微恨甚，故嗾九畴斥之。）大中、嘉遇疏辨。南星、攀龙，极言应祥以人望推举，大中、嘉遇无私，九畴妄言不可听。忠贤大怒，矫旨黜大中、嘉遇，并黜九畴，而责南星等朋谋结党，南星遽引罪去。忠贤复矫旨切责，放之归。明日，攀龙亦引去。（初，南星里居时名日高，海内仰慕，与顾宪成、邹元标，并称三君。及召起为吏部，尝与忠贤并坐宏政门，正色语忠贤曰：'主上冲龄，我辈内外臣子，宜各努力为善。'忠贤默然，怒形于色。至是罢去。忠贤与其党恨不已，每矫敕谕，必目为元凶云。）"

谢肇淛（1567—1624）卒。（据曹学佺《明通奉大夫广西左方伯武林谢公墓志铭》）

前大学士朱国祚卒。国祚字兆隆，秀水人，万历癸未进士及第第一。授修撰。己丑，分校礼闱。辛卯，历洗马谕德。丁酉，转左庶子。戊戌，升礼部右侍郎。壬寅，升吏部左侍郎，准养病。庚申，起南京礼部尚书，以原官兼东阁大学士，进武英殿。赠太傅，谥文恪。（据《国榷》卷八十六）

十一月

陈于廷、杨涟、左光斗一并削籍。《明鉴纲目》卷八："纲：十一月，削吏部侍郎陈于廷，副都御史杨涟，佥都御史左光斗籍。目：先是万燝杖死，黄尊素语涟曰：'可以去矣。'涟曰：'苟济国，生死以之。'卒不去。至是，廷推吏部尚书，涟注籍不预，于廷等推乔允升（字吉甫，洛阳人），冯从吾、汪应蛟（字潜夫，婺源人）上之。中旨责涟大不敬，又以允升等为赵南星私人，责于廷、光斗与涟朋比，并削籍。而擢徐兆魁吏部侍郎，乔应甲副都御史，王绍徽佥都御史，皆素为南星所摈者也。由是天下大权，一归忠贤矣。"

韩爌罢归。《明鉴纲目》卷八："纲：韩爌罢。目：叶向高既去，爌为首辅。故事，阁中止首辅秉笔。魏广微欲分爌权，嘱魏忠贤传旨，谕爌同寅协恭，而责次辅，毋伴食。爌即抗疏乞休。中旨责爌归非于上，悻悻求去，遂听罢。（爌每事持正，为善类所倚。然向高有智术，笼罩群阉，爌惟廉直自持，势不能敌。而魏广微又结忠贤，遍引邪党，故卒龃龉而去。已而忠贤党劾爌除名，又假他事，坐赃二千。爌鬻田宅，贷亲故以偿，而栖止于先墓。）"

十二月

内阁中书汪文言下镇抚司狱。《明鉴纲目》卷八："纲：十二月，逮内阁中书汪文言（歙人），下镇抚司狱。目：文言初以布衣任侠，有智术。神宗末，游京师，输资为监生。用计破齐楚浙三党（先是三党诸魁交甚密，后齐与浙渐相贰。文言习知本末，多方设奇间之，诸人果相疑。而浙党邹之麟以求吏部不得，见恶齐党，亦交斗其间。于是齐浙之党大离），因交结东宫伴读王安，与谈当世流品，安悦之。光宗初立，外廷倚刘一燝，而安居中，以次行诸善政，文言交关力为多。及魏忠贤杀安，文言亦下吏，得末减，益游公卿间。叶向高用为内阁中书。韩爌、赵南星、杨涟、左光斗、魏大中，俱与往来。会结事中阮大铖（怀宁人，居桐城），与光斗、大中有隙（大铖与光斗同里，倚为重。会吏科缺都给事中，大铖次当迁。方家居，光斗招之。赵南星、高攀龙、杨涟，以察典近，大铖轻躁，不可任，拟用大中。大铖至，光斗意中变，使补工科。大铖心恨之），嘱其同官傅槐（临川人）劾文言与光斗、大中，交通为奸利。旨下文言诏狱。叶向高以举用文言，引罪求去。忠贤终惮向高旧臣，不深究。而御史黄尊素语镇抚刘侨曰：'文言无足惜，不可使祸延搢绅。'侨颔之。狱上，止坐文言廷杖除名，无株及者。（事在是年四月。）方忠贤得槐疏，喜甚，欲藉是罗织东林，而狱遽解，志不得逞。乃以刘侨不任事，削其籍，而用许显纯代，欲再伺衅而动。至是御史梁梦环（广东顺德人），知忠贤恨未已，复劾文言，诏立逮之，下北镇抚司狱，即命显纯鞫治。而大理丞徐大化，亦希忠贤指，劾涟、光斗，党同伐异，招权纳贿，于是东林之祸遂作。"

礼科给事中李恒茂劾北闱贡士周凤翔、王良佐、翁兆云、沈必成、康九经、刘世科，浙人；李乔春、张应祺，江右人；黄鼎徽人；并窜籍宜夺。命回原籍，俟后科会试。（据《国榷》卷八十六）

朱国桢引疾归。《明鉴纲目》卷八："纲：朱国桢罢。目：国桢继韩爌为首辅，魏广微视之蔑如。给事中李蕃（日照人），三疏劾国桢，遂引疾求去。忠贤语其党曰：'此老亦邪人，但不作恶，可令善去。'乃加少傅，遣行人护归。（崇祯中卒，谥文肃。）"

本年

杨东明（1548—1624）卒。黄宗羲《明儒学案》卷二十九："杨东明号晋庵，河南虞城人。万历庚辰进士。授中书舍人，历礼科给事中，掌吏垣，降陕西照磨，起太常少卿，光禄寺卿，通政使，刑部侍郎，乞休回籍。天启甲子卒，年七十七。……其学之要领，在论气质之外无性，谓'盈宇宙间只是浑沦元气，生天生地，生人物万殊，都是此气为之。而此气灵妙，自有条理，便谓之理。夫惟理气一也，则得气清者，理自昭著，得气浊者，理自昏暗。盖气分阴阳，中含五行，不得不杂糅，不得不偏胜，此人性所以不皆善也。然太极本体，立二五根宗，虽杂糅而本质自在，纵偏胜而善根自存，此人性所以无不善也。'先生此言，可谓一洗理气为二之谬矣。……此毫厘之辨，而孟子之言性善，即不可易也。……此真得阳明之肯綮也。"

太仓人张溥、张采始创应社，共十一人。后人数日增，波及大江南北。张采《知畏堂集·文存》卷二《杨子常四书稿序》："甲子冬，始与张子天如同过唐市，问子常庐，请见……宾主叙述如平生，因遂定应社约。"张溥《七录斋诗文合集·五经征文序》："应社之始立也，所以志于尊经复古者，盖其志也。是以《五经》之选，又各有托：子常、麟士主《诗》，维斗、来之、彦林主《书》，简臣、介生主《春秋》，受先、惠常主《礼》，溥与云子则主《易》，振振然白其意于天下。"朱彝尊《静志居诗话》卷二十一《孙淳》："诗流结社，自宋、元以来，代有之。迨明庆、历间，白门再会，极称胜矣。至于文社，始天启甲子，合吴郡金沙、槜李仅十有一人，张溥天如、张采来章、杨廷枢维斗、杨彝子常、顾梦麟麟士、朱隗云子、王启荣惠常、周铨简臣、周钟介生、吴昌时来之、钱栴彦林，分主五经文字之选，而效奔走以襄厥事者，嘉兴府学生孙淳梦朴也。是曰应社。"

周朝俊（约1580—1624后）卒。据徐朔方《周朝俊事实录存》。周朝俊，字夷玉。又作仪玉，号公美，鄞县（今属浙江）人。诸生。工填词，创作传奇《红梅记》、《李丹记》、《香玉人》、《画舟记》等十馀种，今仅存《红梅记》一种。光绪《鄞县志》卷三十八："周朝俊，字夷玉，诸生。少有才，为诗学李长吉，填词亦擅名。"

邓志谟（1554？—1624以后）卒。《中国通俗小说家评传》收孙一珍《邓志谟》："邓灵字志谟，号景南，别号竹溪散人（又作竹溪散生、竹溪风月主人）、百拙生……邓志谟是豫章（今江西省南昌县）人……邓志谟生于明嘉靖三十三年左右，卒于天启四年以后。"撰有神魔小说《铁树记》二卷十五回、《飞剑记》二卷十三回、《咒枣记》二卷十四回，另有《山水争奇》、《风月争奇》、《花鸟争奇》、《童婉争奇》《蔬果争奇》等小说诗词杂著，编有《艺林晋故事白眉》十二卷、《精选故事黄梅》十卷、《事类捷录》十五卷、《丰韵情书》六卷、《丽藻》六卷、《洒洒篇》六卷等，撰有戏曲《五局传奇》，包括《并头莲记》、《玛瑙簪记》、《玉连环记》、《凤头鞋记》与《八珠环记》。

虞翔凤选天启、崇祯时文，始于甲子，终于癸未，名《甲癸集》。梁章钜《制义丛话》卷二："虞山苏苞九翔凤选启祯文，始于甲子，终于癸未，名《甲癸集》。其自序一篇切中时弊，不可不读。知其弊而反之，作文之秘要在是矣。序云：文运之坏也，有三大病、三恶习、三毒种焉。恶习未去，大病不治也；毒种不除，恶习不去也。何谓三大病？一曰僦，窭人子不能自置所居，赁市廛而处焉，一有不合，迁徙随之，虽五都之市皆经托足，而终无一椽之植、一瓦之覆。今之文士亦然，一房行出科律也，一考卷行蓍蔡也，目览手披，口吟心识，荏苒三年，竟无所验，复舍其故而新是图，终身奔走于其中而茫然不知所有，故曰僦也。一曰窃，穿窬者盗人之衣裳而服之，不能择其短长；盗人之金玉而玩之，不能知其贵贱。苟示于人，无不窥所由来，而为捕者所获。今之文士亦然，其披阅时艺，不论其合章旨，得题神，明书义，而但思取其意，采其词，及拈题握管，捧西子之心，拟优孟之貌，非不连篇累牍，而问其理出何经，事由何史，所采者谁家议论，所本者谁氏折衷，则不知也，而旁观皆知其为他人残羹馀液，虽有善者不能盖焉，故曰窃也。一曰奴，厮养之于所主也，行止屈伸，惟其所使，嬉笑怒骂，悚息待命，役役终身不能自主。今之文士亦然，每科房行墨卷出，录其卑腐者曰：此科甲传钵也、元魁续灯也，精描新样，以几一得，佣其耳目，囚其心志，仰他人之鼻息而承其余气，此亦隶人也，故曰奴也。而其病成于三恶习。古人之文，取神、取骨、取理、取气，字句其后焉者矣。然取朴老不取繁艳，取简洁不取淫浮，取典雅不取卑靡，取名贵不取庸陋，取古劲不取柔媚，赖以吐圣贤之语气，而显其须眉也。今则弱其骨，揉其腰，低其声，多其红粉以取媚于人，使圣贤口中绝无壮彩，苟有引经据史，出风入雅者，时眼不能句读，反曰不利场屋而删之、改之，且有因一二句、一二字而弃长篇者，何其自陋陋人也。此字句之恶习也。古人之文，或深醇谨厚，或排荡纵横，或典贵高华，或清空爽亮，体各不同，而重在器局，未有以机调胜者，题中虽有虚字，皆于实处得神。今则外不求名理，内不求性情，腹笥枵馁，口舌乘权，以虚挑为灵，以吸后为韵，以轻扬佻巧为工。通篇播弄，无非者也之乎；满纸机锋，尽属然而虽未。间有沉溺未深者，闻高明之论，欲大变其所为，而庸妄人复倡陋说以锢之，谓南北风气不同，乡会体裁各异，闻者复废然返矣。此机调之恶习也。文无奇正，止有是非，古人之文，看题既真，用笔不苟，学力富，识见确，思路精深，词锋英爽，虽堂堂八股，迥异寻常。譬如人身然，耳、目、手、足犹是也，而岐嶷俊伟，则望风采而惊之，若以五官四肢易位为异，则见者以为鬼物矣。今之作者不然，每遇一题，必问何格，整者散之，散者整之，应分不分，应合不合，以凌驾出奇，以割裂取胜，不知筋骨已乱，头足倒施，其背于程式者远矣。此格局之恶习也，而其习又成于三毒种。文运盛衰，大由主考，小由学使，北闱之壬子、乙卯，山东之戊午，以一科振数十年之弊，以一省起天下之衰。江南称文章渊薮，自己酉、壬子典试者失其所取，而戊午以前，督学诸公所录皆下士，酿成今日之陋。刘木斋力挽狂澜，拔幽滞于前茅，置时髦于末第，而江南之文渐有起色，此其大验也。名儒夙学，出阅者之识力，推学者之攻苦，定己之见以论文，则不为文章所惑，就文之所致以取士，则不为意见所拘，故能识异才而收实学。今者未窥堂奥，滥得科名，即秉衡文之笔，取其腐烂则曰醇正，取其浅薄则曰清真，取其散乱则曰变化，取其痴肥则曰博大，取其苟简则曰老成，取其随题平叙则曰得法脉。考官以取士子，士子复为考官，展转波靡，罔知底止，此取士者所传之毒种也。昔先君之教不肖也，四书既完，即继以五经、《左》、《国》、《史》、《汉》、唐宋诸大家，以先正小题为殿，故予小子虽才质下乘，而幼时笔墨即不近庸俗，此非一先生之言也，凡为父兄师长者皆然。迩来之所见异是，曰文者士之羔雁，姑与寄焉，何必深求于是，初明章句，熟记停当时文数十首，谓道在是，经史诸书弗问也，即昔哲名稿，读之而不得所解则弃之，未尝深思研虑以求其故。故其教子弟也，以直解说约为宗风，以房行考卷为正业，良才美质，其不为沉锢而蔽塞者寡矣。夫有司之前列何当有无之数，穷年而守青毡，其术已不验，而复误人子弟，断其读书种子，故曰庸师杀人甚于庸医，此父兄师长所传之毒种也。成、弘之间，士不知有时刻，箧中只有经史、古文、先儒语录，故做文者自书所见，不假借于人。至后世而选家接踵矣，然求仲、千子、羽皇、素修、维斗、崟阳、介生、百史诸先生所选者，皆足阐发微言，羽翼大义，为后学津梁，未如今日之非腐词烂语不录，非平腔熟调不收，锢人之耳目于浅陋，荒人之心志于秽芜，若此其甚也。癸丑以后，金、陈诸先生各出所学，各成品格，气象万千，不可比拟，而选家拘所见，以丹黄存其平正，而奇隽者删焉，使天下曰诸先生者，所仰望而不可攀跻者也，而其文止如是，则益安于固陋而不返，此操觚者所传之毒种也。予故悯焉，而有是选也。或曰不成、弘、隆、万而启、祯者，何也？曰治痼疾者，投参苓先投金石，参苓之力宽，金石之力迅也。文之在明，犹诗之在唐也，皆参苓也。初唐浑穆，盛唐昌明，中唐名秀，至晚唐而忧时悯俗之意，发而为言，感慨淋漓，动人也易。洪、宣之文，初唐也。成、弘、正、嘉之文，盛唐也。隆、万之文，中唐也，皆参苓也。启、祯则晚唐矣。诸君子以六经深其义，以《史》、《汉》广其气，以宋儒端其范，以兵农礼乐之志明其用，以得失是非之故大其识，以参观典藏长其悟，以博览杂记益其慧，固与先正所尚略同。而其时庙堂之上，门户相角，妇寺擅权，忠良僇辱，作者感末运之陵微，抒所怀之愤激，故其质坚刚，其锋锐利，三百年元气发挥殆尽，此起衰金石也。然而服是剂者，亦难矣。盖名理精于江右，经术富于三吴，而谈经济、论性情皆擅其长，大力之沉挚，千子之谨严，文止之修洁，正希之朴老，大士之明快，彝仲之精实，卧子之爽亮，陶庵之恺切，伯祥之古奥，维节之孤峭，长明之幽秀，二张之典丽精硕，欧、黎之淡远清微，登颠造极者指不胜屈。而其所言者，大之化育阴阳、兴亡治乱、纲常名教、性命精微，小之及鸟兽草木之情、饮食居处之节，凡三才所有，无不晰其神明，得其情状。故不通六经本末者，不能读也；不熟诸史得失者，不能读也；不深于周、程、张、朱之语录以得圣贤立言大义者，不能读也；不审于春秋战国之时势以得圣贤补救深心者，不能读也，不遍观于诸子百家以悉其纵横变幻者，不能读也；不推于人情物态以辨其强弱刚柔、悲喜离合之故者，不能读也。不然，仍以字句求之，以为不合于今日有司之程而惊异焉，譬之狗彘遇饮食之腐败者而甘之，设有膏粱则不知其味矣。吾愿学者无以狗彘故习，而污先哲名文也。"梁章钜《制义丛话》卷七："俞桐川曰：徐思旷方广制义采不夺目，声不震耳，诵之如含雪咀梅，寒香之气沁入心脾，此固难为知之，惟艾东乡深赏之。数十年来，因东乡而遂有录思旷文者，实皆不知思旷者也。""阎百诗曰：徐方广'女安则为之'节文结尾云：'噫！吾由是而知纵有大无道之事，不能胜天下之安之者矣。'直说到楚太子商臣曰能一辈人上。""王耕渠曰：徐思旷文以灵隽胜人，或谓在正希、大士之上，然精能之至反造疏淡，实有金、陈所未诣及者。如'子谓仲弓'节文云：'夫以骍角之故，而谓犁牛亦足以荐歆，可不可也？则以犁牛之故，而谓骍角亦因而获吐，可不可也？'艾千子评以为使我掩卷思之终日不能已，盖笔墨之痕，至是而尽化矣。"

明熹宗天启五年乙丑（公元 1625 年）

正月

听勘御史崔呈秀复官。《明鉴纲目》卷八："纲：乙丑五年，春正月，复听勘御史崔呈秀官。目：魏忠贤既得呈秀，恨相见晚，遂用为腹心，日与计画。至是，给事中李恒茂（邢台人），为呈秀讼冤，忠贤即以中旨复其官（时中旨频出，朝端以为忧，给事中李鲁生独上言，执中者帝，用中者王，旨不中出而谁出？举朝大骇。○李鲁生，沾化人），寻督三殿工。忠贤以阅工故，日至外朝，呈秀必屏人密语移时。先是，顾秉谦、魏广微以己意点《搢绅便览》一册，若叶向高、韩爌、赵南星、高攀龙、杨涟、左光斗等百余人，目为邪党，而以黄克缵、王永光（长垣人。）徐大化、贾继春、霍继华等为正人，进之忠贤，俾据是为黜陟。已而王绍徽编东林一百八人，系以宋时淮南盗宋江等诸名目，为《点将录》，令忠贤按名黜汰。及是呈秀复进同志诸录，皆东林党人。又进《天鉴录》，皆不附东林者。由是群小无不登用，善类为之一空。（呈秀不二岁，即晋兵部尚书兼左都御史，出入烜赫，势倾朝野。于时忠贤门下，文臣则呈秀、田吉、吴淳夫、李夔龙、倪文焕主谋议，号五虎。武臣则田尔耕、许显纯、孙云鹤、杨寰、崔应元主杀僇，号五彪。他若尚书周应秋，太仆少卿曹钦程等，号十狗。此外又有十孩儿四十孙之号，而呈秀尤为之魁，暮夜乞怜者，莫不缘之以进，蝇集蚁附，其门如市。或不附己，及势位相轧者，辄令其党排去。诸所倾陷，不可悉数，虽其党亦深畏之。○田吉，故城人。吴淳夫，晋江人。李夔龙，福建南安人。倪文焕，江都人。孙云鹤，霸州人。杨寰，吴县人。崔应元，大兴人。周应秋，金坛人。曹钦程，江西德化人。）"

改首善书院曰忠臣祠。从兵科给事中李鲁生之请。（据《国榷》卷八十七）

二月

罚谢锡贤等停三科。《明熹宗实录》卷五十六：天启五年二月庚辰朔，"大学士顾秉谦等题：'今日文书官郝隐儒奉圣谕，为湖广等处试录策中语多讥刺，令臣等拟谕，考试官并策上列名举人，俱拟处分惩治，以警将来。臣等不胜悚服，谨遵旨拟谕进呈。臣等窃惟举士大典，录文必醇雅典实，有裨时政，始足为戒。今考试各官，乃妄意讥评，有何关切，诚不能无罪。但从来进呈录文，皆考官自作，即间有拣用士子者，亦十不存一二，录成，特取士子中前列者刻名其上，历科皆然。谕中有名举人谢锡贤等，其朱、墨卷应解礼部，试取比对，必不相同。录文狂肆，似于举人无干。臣等明知，不敢不为剖白。至于正副考官，作文亦有次第。二三场文字，正考官论，副考官表，正考官策三问，为第一第三第五，副考官策二问，为第二第四。凡录皆然，相沿已久。今考试各官，罪无所逃，臣等亦不敢过为分别，但恐中有违误者，亦不敢不为一言也。伏望圣慈垂鉴，将举人谢锡贤等俯从宽宥，其考试各官，或再谕礼部查明处分，庶威明并用，人心悦服矣。得旨：举人谢锡贤等六名，本当革去衣巾，特允所请，着罚住三科。礼部知道。"

命法司究问怀挟举人羊仪凤，仍枷号一月，发为民。（据《明熹宗实录》卷五十六）

授庶吉士南居仁为翰林院编修。（据《明熹宗实录》卷五十六）

诏停准贡事例，永不许开。（据《明熹宗实录》卷五十六）

贡士童学颜准会试，从大理寺丞徐大化之请。（据《国榷》卷八十七）

甲申，上传会试中式举人既限三百名，房官亦照万历初年旧例，止用十五员。（据《明熹宗实录》卷五十六）

大学士顾秉谦、魏广微主礼闱。丁未揭榜，中式举人华琪芳等三百名。（据《明熹宗实录》卷五十六）

三月

满洲建都沈阳，是为盛京。《明鉴纲目》卷八："纲：三月，满洲建都沈阳。目：先是满洲筑城界藩，营建宫室。寻自界藩迁于萨尔浒。辽阳既陷，乃于城东五里筑城，备宫阙之制，建为东京。至是以沈阳形势之地，复自东京迁都之，是为盛京。"

上幸太学。内臣魏忠贤、王体乾皆赐坐，大臣不得赐茶。（据《国榷》卷八十七）

前尚宝少卿丁元荐卒。元荐长兴人，万历丙戌进士。授中书舍人，数言事。己亥中考功法。庚戌，起官广东布政司经历，迁礼部主事，又言事去。以气节讲学名。（据《国榷》卷八十七）

余煌（？—1646）、华琪芳、吴孔嘉（1589—1667）等三百人进士及第、出身有差。《明熹宗实录》卷五十七：天启五年三月，"癸亥，上御皇极内殿，策试举人华琪芳等。制曰：'朕惟自古顺治威严之世，其君臣未有不同心一德，交儆无逸者。若虞廷之都俞吁咈，殷宗之严恭寅畏，周文之自朝至于日中昃，不遑暇食，盖其盛矣。故《书》称无怠无荒，四夷来王。言图治必励精，而化远先孚近也。我太祖高皇帝谕群臣有曰：凡事勤则成，怠则废。贤人君子，尽心如此，朝廷岂有废事。成祖文皇帝谕群臣有曰：朕每外朝毕，则取经史览阅，未尝敢自暇逸。卿等宜体朕此心，相与勤励，无厌致也。煌煌圣训，直追踪虞帝，媲美殷周矣。则夫廓清靖难之烈，固本于一念之忧勤欤？朕以冲龄践祚，抚有鸿图，蚤暮亲贤，春秋典学，亦惟是广询治道，思缵述允扬之为，兢兢而已。迄于今日，业及五年，凝精罔敢少懈，勤政尝如不及，乃凤仪麟育，河清玺出，似天为降鉴矣，而水旱频仍，灾祲不已，则儆于之天，何凛凛也。请缨志壮，露布功高，似众咸用命矣，而覆军旋报，鸷伏叵测，则衡命之众，何纷纷也。将朕之轸志徒殷，德意尚未沛欤？抑有司习为窳惰，奉行之未力欤？将朕之宵旰徒虚，推毂犹未当欤？抑边吏安于寝堂，实政之不修欤？夫竭百姓之脂膏，以填三军之溪壑，则内病。撤貔貅之保障，以培闾阎之命脉，则外病。兹欲内外兼利，聿臻至理，遵何道而可？尔多士学古通今，目击时艰，尚筹所以振起积玩之人心，鼓舞积颓之士气，果有裨于安攘，其尽言而无讳。'"《国榷》卷八十七："（天启五年三月）癸亥，策贡士于皇极殿，赐余煌、华琪芳、吴孔嘉等进士及第、出身有差。"

据《明清进士题名碑录索引》，天启五年乙丑科录取名单如下：

第一甲三名

余　煌　　华琪芳　　吴孔嘉

第二甲五十七名

翁鸿业	袁　煴	陆锡明	叶　宰	黄日昌	陆　鳌
孙裔蕃	周士登	王源昌	徐　标	董嗣谌①	张抑之
江鼎镇	徐世荫	谢肇玄	潘允谐	田大本	黄景昉
潘光祖	林一桂	李　灿	陈宾盛	冯敬舒	侯峒曾
李建泰	丰　建	王敬锡	张元佐	庞承宠	刘维祯
杨汝成	曹应秋	张凤翼	单国祚	沈起津	唐昌世
朱之裔	魏肯构	李綮隆	刘　彦	郑廷楫	管玉音
简　敕	袁　楷	赵光抃	卢世㴶	刘孔敬	刘　汉
王廷垣	陈以诚	张明昌	陆澄原	何　楷	王梦锡
周光夏	杨　伸	吴道烨			

第三甲二百四十名

许国荣	陈士奇	林宪㳘	黄绍杰	查曰俞	阮震亨
章自炳	宋可久	吴履中	马懋才	王瑞栴	刘光斗
徐日升	简文瑞	闪仲俨	张　瑶	沈德滋	白　楹
朱邦祈	卫景瑗	薛振猷	郭必昌	杨希旦	褚泰初
刘兴秀	周廷鑨	张士第	叶绍颙	路振飞	林先春
徐际旦	黄金贵②	杨泰升	张鲁得	张维机	黄师夔
岑之豹	李凤鸣	蒋德瑷	吴彦方③	冯云起	钱元悫
金　兰	王士誉	陈文瑞	叶绍袁	王秉鉴	陈四宾
李　模	徐之垣	许光岳	赵秉衡	陈元钦	沈斯栋

①　碑作：董嗣湛。

②　碑作：黄希宪。

③　碑作：吴彦芳。

庄尹辰	雷起龙	郑之尹	程楷	李昌	来方炜
叶廷秀	陶起虞	吴南灏	李国俊	耿胤楼	王尔玉
张宏德	朱兆柏	陈琜	赵振基	牟道行	王道纯
王之良	曾偁	万元吉	曹履泰	宋权	刘在朝
王之晋	李之芬	张宸极	崔泌之	李右谠	张聚秀
吴弘功	李虚白	王绩灿	薛文江	骆天闲	谢三宾
王肇对	崔及第	成勇	张盛美	刘若金	王万象
郑友玄	王永吉	郭绍仪	汤一湛	包虞廷	钱弘谟
周士琦	钱受益	万永康	蔡如蕙	赵志孟	孙晋
夏梦祯	米助国	姜思睿	郭维经	秦毓秀	尹明翼
贺鼎	刘垂宝	王建极	张忻	张肯堂	吴元翰
刘宗祥	黄文焕	陈文耀①	魏公韩	李觉斯	高倬
党还醇	李乔昆	史应聘	卢经	郑凤来	袁继咸
萧运泰	师雅助	秦士奇	高魁	谢玄珧	董直愚
李应选	秦乐天	高凤翔	申嘉言	周天祚	宋玫
郑子寿	王征俊	吕黄钟	张任学	袁俨	黄学元
苑囿蕃	汪桂	杨中玄	党崇雅	张斗耀	王乔栋
张星②	王象云	罗人望③	王观光	武起潜	赵之骓
康运泰	张养初	孔闻籍	周昌祚	刘昌	罗奕儒
苟好善	程良筹	胡志藩	凌义渠	冯名世	张居
熊开元	史鸣皋	田雨公	金炼色	宋应亨	孟名世
丘瑜	龚廷献	钱辉斎	陈观阳	卢柱础	岳凌霄
梁士济	冯世熙	项煜	周堪赓	孙弘祚	张寿祺
张所养	李一鹏	王都	王扬基	孙三杰	计尧俞
苟之祥	亓珍④	王鳌永	宋果	张叔镗	马之骥
田首凤	张元俊	涂有祜	向鼎	迟大成	詹胤昌
韩续祖	张斌⑤	陆卿正	靳光先	刘芳远	卫锁
田升年	陆懋元	楚烟	余鸥翔	邱其昌	鹿献阳
唐一澄	吴士贞	沈士奇	韩争春	石凤台	曾就义
贾多男	张灿垣	邹士楷	张凤翔	李日烨	吴家周
弓省矩	钱守廉	李应明	胡中龙	黄太玄	蔡澄

---

① 碑作：陈文燿。
② 碑作：张应星。
③ 碑作：罗久望。
④ 碑作：亓玮。
⑤ 碑作：姚张斌。

乙丑科进士叶绍袁、凌义渠等所作时文极有斟酌。梁章钜《制义丛话》卷六："天启乙丑科'伯夷、叔齐饿于首阳之下'，叶绍袁闱墨通篇只还他'饿'字，并不说是饿死，极有斟酌。当时谭友夏元春论此题云：'景公贵为诸侯，而止曰有马千驷，削其贵而存其富，若曰此乌足贵也，是富人而已矣；夷、齐饿死首阳，而止曰饿于首阳，高其饿而讳其死，若曰此何尝死也，即饿夫何伤焉。'读书得间，与叶作正相发明。"梁章钜《制义丛话》卷七："俞桐川曰：凌茗柯先生义渠从孙钰尝为余言，先生为谏垣，例当入直，甲申元夕，怀宗夜出，步至午门，直宿者皆去，独先生留，翌日擢廷尉卿，先生由是感激，三月遂以节殉。呜呼！一夕之遇合，而下怀知己之感，上获国士之报，社稷虽亡，君臣之间不为不遇矣。吾读先生文，情辞悱恻，发乎不自已之衷。盖忠义本自性成，不以爵赏而始劝也。若士君子遭时得志，既蒙一顾之恩，而不图千里之效，闻茗柯先生逸事，可不知所愧哉？""何太旉维熊曰：凌茗柯'礼之用，和为贵'文云：'真莫真于孺子，耦俱而无所统，不移时而竞矣，此以知意之真，不如礼之伪也。耳目心思，谁非攖研之具，舍此不贵，而极坦易处有危情。挚莫挚于居室，鲜腴而无所防，不移时而惫矣，此以知情之厚，不如礼之薄也。血气嗜欲，日有攻取之缘，释此不贵，而极醋适时皆苦趣。盖和如饮食自甘，亦必水火相调而本味始出；礼有真荄如结，更得枝叶扶缀而精神愈生。'似此心花结撰，无一语经人道来，大士、正希犹且合手让能，何况馀子？平居品论，国朝文推刘克猷，足盖诸巨公之长。而清悟文字，要须放赵明远出一头地，其法乳实出茗柯，渊源所渐，不可没也。""郑苏年师每令予读茗柯先生'句践事吴'文，谓可以开拓心胸。其后二比云：'自古女戎常独胜，即今三方挫衄之馀，一洗风华之旧，而穷巷幽姿，何以绝世而独立，斯亦天道之未可深言者也；自古忠佞不同朝，当此君臣相悦之时，已佐小人之焰，而三言投杼，安在揣元老而壮猷，斯又人事之不必再计者也。'出比西子、对比子胥，此吴越故事何人不知，而独出以沉郁悲凉，淋漓激切，俞桐川所谓绝似唐人吊古诗也。又后二比云：'极则有必反之机，安知目前之分衣给食听命于人者，他日时会可乘，即欲老我于海滨而不得；满则有必倾之势，安知目前之作威作福逞志于我者，他日事机一失，即欲托我之宇下而无从。'尤能将狠心辣手曲曲写出。"

乙丑科进士何楷制艺甚工，亦一时劲手。梁章钜《制义丛话》卷七："《四勿斋随笔》云：吾乡何元子楷有《古周易订诂》，人皆知其经学之深，而不知其制义之工，亦一时劲手，中天启五年进士。钱吉士曰：'子丑间文艳绝一时，今陨已久矣，惟元子之苍坚，至今未凋也。'可想其概矣。按：何元子有天启甲子顺天墨艺，'自天子以至于庶人'两句题，后二比云：'吾且以其理识大学焉，壹之修身，韦布不妨讲尧舜之道，盖行之可还斯世于三代，明之亦可俟王者于将来，本之所持至精也。假令学有异修，则潜与飞何以皆为龙德所统。吾且以其量识大学焉，壹之修身，庙堂更可握宇宙之机，盖君子藉之以贻谋，小人承之以寡过，本之所垂至备也。假令修或殊学，则锡与保何以共为皇极之归。'纯是经籍之光，而不改其苍坚之度。其第三艺'周虽旧邦至谓也'，错综周事，杳渺离奇，尤足为艺林矩矱。"

成勇中进士。 李调元《制义科琐记》卷三《邀谒》："山东乐安人成勇，字仁有。天启二年会试策内，极言宦官之祸，被放。又三年，成进士。同年邀谒魏忠贤，不可，遂授推官。"

四月

削高攀龙籍。《明熹宗实录》卷五十八：天启五年四月己亥，"原任南京御史游凤翔升广州府知府，疏言：'宪臣高攀龙胞弟高如麟应试南畿，雇人代笔，幸得中式。臣疏攻如麟，攀龙恨之，致有此转。'得旨：游凤翔准复原官。本内参高攀龙，着削了籍，为民当差。仍追夺诰命。伊弟高如麟原系贿买文字，滥中举人，先经问革遣戍，姑不再究。"

命对提学官、教官严加申饬。《明熹宗实录》卷五十八：天启五年四月，"壬辰，户科给事中薛国观言：'……夫督学操进退人才之权，广文身表率士之任，为督学者或官处宽请托之路，或原籍开夤缘之门。老明经教官，日暮途穷，迷心阿堵，自问赘外，至举一耆宾，一乡贤，一节妇孝子，皆视之为骗局，郡举人署教亦然。今宜著为令，该抚按严加体察，但有贪秽不法者，列其事迹，四季报部，该部一并劣处，不得苟明经而宽孝廉。至提学官有滥进、滥补、滥贡者，该巡按俱行参劾……'上命该部严加申饬行。"

廷试天下恩、岁贡生员，岁贡上卷三卷，中卷四百一十七卷；恩贡上卷一卷，中卷七十二卷。（据《明熹宗实录》卷五十八）

重修《光宗实录》。《明鉴纲目》卷八："纲：夏四月，重修《光宗实录》。目：御史杨维垣（文登人），首翻三案，给事中霍维华继之，痛诋刘一燝、韩爌、孙慎行、张问达、周嘉谟、王之寀、杨涟、左光斗，而誉范济世（济源人），王志道（漳浦人）等，请改《光宗实录》。中旨允之。免李可灼戍，擢济世巡抚，志道等京卿。时魏忠贤特恨东林诸人，数论其罪，实于三案，及京察（辛酉癸亥）封疆（熊廷弼）事无与也。群小欲藉忠贤力为报仇，凡异己者，概指为东林党而去之，清流之祸，遂不可解。（未几杨、左诸人，皆坐封疆事被祸。而御史石三畏，追论京察事，力诋孙丕扬、王图等，于是生者除名，死者追夺。已又极论三案，请以其疏付史馆。〇三畏，交河人，忠贤门下士，孩儿之一也。）"

五月

升左庶子李孙宸为南京国子监祭酒。（据《明熹宗实录》卷五十九）

六月

二十一日，钟惺（1574—1625）卒。卒年据李先耕、崔重庆标校《隐秀轩集》附录二《钟惺简明年表》、《钟惺卒年辨正》（载《文学遗产》1987年第六期）有关考证。钟惺，字伯敬，号退谷，又称止公居士、晚知居士，临终受戒，自起法名断残。祖籍江西吉安永丰，其高祖始迁家湖广竟陵皂市。谭元春《谭元春集》卷二十五《退谷先生墓志铭》："退谷先生者，吾友钟学使伯敬先生也……退谷为诸生十二年，常不利，癸卯举孝廉，至庚戌始为夷陵雷公简讨所深赏，中第十七人，成进士。为行人者八年，中间使四川、山东，及典贵州乙卯乡试者凡三差，拟部者二年，改授工部主事，上疏愿改南曹部，持不覆者又二年，授南礼部仪制司主事，转祠祭司郎中者又一年，升福建提学佥事，考较兴化、延平、福州三府者一年，寻丁父忧去职。大计中人言，服阕居家者凡三年，而退谷卒，寿盖五十有二矣。生于万历甲戌七月二十七日，没以天启四年六月二十一日，葬以天启末年丁卯十月十八日，茔去皂市十里笑城之南。所著书有《隐秀轩全集》，评阅诸书，俱行于世。退谷讳惺，字伯敬，显世江西永丰人，正德中始徙景陵之皂市。"

朱延禧罢归。《明鉴纲目》卷八："纲：六月，朱延禧罢。目：中旨令阁票称魏忠贤为元臣，延禧执不可，御史田景新阿忠贤意，攻去之。"

杨涟、左光斗、魏大中、袁化中、周朝瑞、顾大章等六君子下诏狱，先后被杀。赵南星等被削籍。《明鉴纲目》卷八："纲：逮前副都御史杨涟，佥都御史左光斗，给事中魏大中，御史袁化中，太仆少卿周朝瑞，陕西副使顾大章，下诏狱，寻毙之。削前吏部尚书赵南星等籍。（考《明史》，涟等逮问在三月，下狱在六月，今并书以省文。）目：先是谳汪文言狱，词连赵南星、李三才及涟、光斗等二十馀人，许显纯坐涟等以移宫罪。徐大化献策于魏忠贤，曰：'但坐移宫，则无赃可指。若坐纳杨镐、熊廷弼贿，则封疆事重，杀之更有名。'忠贤以为然，乃令显纯复鞫文言，五毒备至，使引涟等纳廷弼贿。文言仰天大呼曰：'世岂有贪赃杨大洪哉？'至死不承。大洪者，涟别字也。显纯乃手作文言供状，文言复张目谓曰：'尔莫妄书，异时吾当与面质。'显纯遂即日毙之，而具狱词以上，涟、光斗各坐二万，大中三千，化中六千，朝瑞一万，大章四万，馀复多所牵引。中旨，涟、光斗六人逮下诏狱，南星、三才等，俱削籍。下所在抚按追赃。涟、光斗等先后逮至，显纯非法拷掠，血肉狼籍，赃不肯承。光斗私计曰：'彼杀我有二法，因我不承，而酷刑以毙之，一也。夜半令狱卒潜杀之，二也。承则当下法司，庶有见天之日。'诸人然其言，俱自诬服。忠贤乃矫旨，仍令显纯五日一追比，不下法司。诸人始悔失计。至七月，涟、光斗、大中，同夕为狱卒所毙。（涟之死，土囊压身，铁钉贯耳，最为惨毒。光斗、大中，亦皆体无完肤。越数日始报，三人尸俱已溃败不可识。）又逾月，化中、朝瑞亦毙，惟大章未死。群小谓诸人潜毙，无以厌人心。乃移付法司定罪，布告天下。仍移镇抚司。大章曰：'吾安可再入此狱？'呼酒与其弟大韶诀，投缳而卒。时以六人为六君子。（方涟之被逮也，士民数万，拥道攀号，所历村市，悉焚香建醮，祈佑生还。既死，产入官，不及千金。母妻止宿谯楼，二子至乞食以养。征赃令急，乡人竞出资助之，至卖菜佣亦为输助。光斗前兴畿辅水利，寻督学政，士民德之。容城孙奇逢者，节侠士也。与定兴鹿正，倡议醵金，诸生争应之，得金数千。谋代输缓狱，而光斗已前毙。正即善继父，世所称鹿太公者也。光斗死，而赃未竟，抚按严追，兄光霁坐累死，母以哭子死，家族尽破。大中长子学洢，以父被逮，欲随行，大中止之。乃微服间行，探刺起居。既抵都，逻卒四布，变姓名匿旅舍。昼伏夜出，称贷以完父赃，未竟而大中毙。学洢恸哭几绝，扶榇归，晨夕号泣，水浆不入口，遂死。化中前佐高攀龙，发崔呈秀赃私，呈秀恨之。又继涟疏劾忠贤，有忠贤铤而走险，其横逆之毒，将不在搢绅而即在陛下等语，忠贤益大恨。因窜名狱中。朝瑞尝请宥廷弼，戴罪令守山海，徐大化与之相讦。大章在刑部时，谳廷弼狱，援议能议劳例，从宽遣戍，杨维垣劾其受贿，故二人并坐，而大章赃尤多。崇祯初，涟赠兵部尚书，谥忠烈。光斗赠右都御史。福王时，追谥忠毅。大中赠太常卿，谥忠节。子学洢，旌孝行。化中赠太仆卿，福王时，追谥忠愍。朝瑞赠大理卿，福王时追谥忠毅。大章赠太仆卿，福王时追谥裕愍。）"

授庶吉士李绍贤为翰林院编修。（据《明熹宗实录》卷六十）

翰林检讨姚希孟削籍，南京光禄寺卿游汉龙罢。工科给事中杨所修参之。（据《国榷》卷八十七）

选庶吉士杨汝成等十八人。（据《国榷》卷八十七）十八人为：杨汝成、王建极、黄景昉、钱受益、王廷垣、张维机、项煜、朱兆柏、师稚助、丘瑜、马之骐、江鼎镇、李觉斯、卫钦、刘垂宝、李建泰、闪仲俨、褚泰初。（见《明熹宗实录》卷六十）

七月

毁首善书院。《明通鉴》卷七十九："秋，七月，戊午，太白昼见。壬戌，毁首善书院。御史张讷上疏，力诋邹元标、孙慎行、冯从吾、余懋衡等，请毁其讲学书院，从之。"

前大学士韩爌削籍。（据《国榷》卷八十七）

八月

升左谕德王祚远为国子监祭酒。（据《明熹宗实录》卷六十二）

诏毁天下书院。《明通鉴》卷七十九："八月，壬午，诏毁天下书院。东林、关中、江右、徽州各书院，俱行拆毁，变价助工，从逆党张讷议也。讷言：'各省私创讲堂，皆踵东林为之。'因丑诋邹元标、冯从吾、孙慎行、余懋衡，并及侍郎郑三俊、毕懋良等，俱坐削夺。"《明史》宦官传："初，神宗在位久，怠于政事，章奏多不省。廷臣渐立门户，以危言激论相尚，国本之争，指斥宫禁。宰辅大臣为言者所弹击，辄引疾避去。吏部郎顾宪成讲学东林书院，海内士大夫多附之，'东林'之名自是始。既而'梃击'、'红丸'、'移宫'三案起，盈廷如聚讼。与东林忤者，众目之为邪党。天启初，废斥殆尽，识者已忧其过激变生。及忠贤势成，其党果谋倚之以倾东林。"

周如磐、丁绍轼、黄立极、冯铨等入内阁、预机务。《明鉴纲目》卷八："纲：以周如磐（莆田人），丁绍轼（贵池人），黄立极（字中五，元成人）为礼部尚书，冯铨（涿州人）为礼部侍郎，并兼东阁大学士，预机务。目：辅臣缺，诏推老成干济者。礼部尚书周如磐，以年老推用。侍郎黄立极，与忠贤同乡，故援之。熊廷弼之狱，绍轼与铨谋居多。（绍轼素憾廷弼，以御史吴裕中为廷弼姻，言于忠贤而杖杀之。铨亦与廷弼有隙。家居时，会遗书魏良卿劝兴大狱。及侍讲筵，出市刊《辽东传》，谮于帝曰：'此与廷弼所作，希脱罪耳。'帝大怒，于是廷弼死遂决。）铨资浅，年未及四十。忠贤党李鲁生上言，成即为老，而非必老乎年，干乃称济，而即有济于国。铨遂柄用。如磐阅三月即罢归，绍轼未逾年亦卒。"

魏广微罢归。《明鉴纲目》卷八："纲：魏广微罢。目：初，杨、左之狱，广微预谋，吏部尚书崔景荣（字自强，长垣人），惧诸人立毙，乃请广微谏止。广微不自安，乃疏言：'涟等在今日，诚为有罪之人，在前日，实为卿寺之佐。纵使赃私果真，亦当转付法司，据律论罪，无令镇抚严刑追比。'疏入，大忤忠贤意。广微惧，急出景荣手书自明。忠贤怒已不可解，遂连疏乞归。景荣亦罢。"

熊廷弼弃市，传首九边。《明鉴纲目》卷八："纲：杀前辽东经略熊廷弼，传首九边。目：先是，法司论廷弼狱，与王化贞俱论死。已而杨、左诸人，俱坐赃毙狱。忠贤党门克新（汝阳人），石三畏等，趣杀廷弼，及是遂弃市，传首九边。化贞竟不诛。御史梁梦环，谓廷弼侵盗军资十七万，刘徽（清苑人）谓廷弼家资百万，宜籍以佐军。中旨从之。罄产不足偿，其子兆珪自刎死，姻族家俱破。（武弁蒋应阳，为廷弼称冤，立诛死。太仓人孙文豸、顾同寅，作诗诔之，为逻者所得，二人坐诽谤俱斩。连及其同郡编修陈仁锡，修撰文震孟并削籍。○陈仁锡，字明卿，长洲人。）"

九月

丁卯，会试天下武举，取姚万宪等一百名。（据《明熹宗实录》卷六十三）

礼科给事中解学龙、翰林编修侯恪削夺官诰。御史智铤疏纠。（据《国榷》卷八十七）

十月

命礼部行各省直督学官限定生员名数，不许滥收。《明熹宗实录》卷六十四：天启五年十月甲申，"礼部尚书薛三省覆礼科给事中李恒茂、陕西道御史何庭枢各条陈学政，言科臣欲杜流弊而严其限于名数，台臣欲禁冒籍而重其权于府丞。盖流弊虽多，实源于取收之滥。惟夫严考较，精简拔，则人少而滥充易裁，势寡而箝束易行，即提学官之精神有限，岁考亦易周，此洵为学政之石画也。至畿辅儒童考试，向属宛、大二县为政，致冒籍者多不能禁遏，今后应听府丞考试，盖官尊则难援，地远则难凌，欲杜滥筋，宜遵旧典。上是之，命该部即行各省直督学官限定名数，不许滥收。顺天冒籍，屡经严禁，如何不见奉行？以后童生着府丞考试，不必县录。"

孙承宗罢归。高第代孙承宗为辽东经略。《明鉴纲目》卷八："纲：冬十月，罢孙承宗，以高第（字登之，滦州人）代为经略。目：初，忠贤以承宗功高，欲亲附之。会帝遣内官王应坤犒边，赐承宗蟒玉，忠贤即令应坤申意，承宗不与交一言，忠贤大憾。赵南星等被逐，承宗方西巡蓟辽，念抗疏，帝弗省，往在讲筵，每奏对，间有人，乃请以贺圣寿入朝，面奏机宜，欲因是论其罪。魏广微闻之，奔告忠贤曰：'承宗拥重兵，清君侧，公立齑粉矣。'忠贤悸甚，绕御床哭。帝亦心动，令内阁拟旨，顾承谦奋笔曰：'无旨离信地非祖制，违者法不宥。'夜启禁门，谕兵部发三道飞骑止之。（又谕九门守奄，孙阁老入齐化门者，反接以入。）承宗抵通州，闻命而还。（事在四年。）忠贤遣人侦之，一幞被置舆中，后军惟鹿善继而已。忠贤意渐解，而其党李蕃、徐大化等，至诋为王敦、李怀光。承宗遂累疏求罢，不许。会马世龙有柳河（亦曰杨柳河，在奉天海城县南，西北流入三岔河）之败（有降人刘伯强自耀州来，言州城内虚，可袭。世龙信之，遣副将鲁之甲等，率师往，檄水军游击金冠以舟济师。冠违令不至，师次柳河，不得渡，军陷泥淖中败没），于是台省交章劾世龙，并及承宗。承宗求去益力，遂许之，以兵部尚书高第代为经略。第素恇怯，以关外必不可守，欲尽撤锦（谓锦州）右（广宁右卫故屯也）诸城守御移关内。袁崇焕力争，谓兵法有进无退，锦右动摇，则宁前震惊，关内亦失保障。第意坚，且欲并撤宁前二城，崇焕曰：'我宁前道也，官此，当死此，我必不去。'第不能夺，乃撤锦州右屯大小凌河，及松山杏山（注俱见前）塔山（堡名，在锦县西南）守具，尽驱入关，委弃米粟十余万。军民死亡载途，哭声震野，民怨而军益不振。"

福建巡抚右佥都御史南居益荐龙溪贡士张燮学行。（据《国榷》卷八十七）

十一月

翰林编修陈子壮及父吏科都给事中熙昌削籍。子壮以甲子主试浙江，程录谤讪也。有庸主失权、英主揽权等语。（据《国榷》卷八十七）

十二月

榜东林党人姓名示天下。《明通鉴》卷七十九："十二月，乙酉，榜东林党人姓名示天下。时御史卢承钦求媚忠贤，乃仿王绍徽《点将录》前事，上言：'东林自顾宪成、李三才、赵南星而外，如王图、高攀龙等，谓之副帅；曹于汴、汤兆京、史记事、魏大中、袁化中谓之先锋；丁元荐、沈正宗、李朴、贺烺，谓之敢死军人；孙丕扬、邹元标，谓之土木魔神。请以党人姓名罪状，榜示海内。'忠贤大喜，敕所司刊籍，凡党人已罪未罪者，悉编名其中。"

大学士周如磐卒于京师。莆田人，万历戊戌进士。改庶吉士，授检讨。丁未，校礼闱。壬子，江西主考，升谕德。乙卯，应天主考，转右庶子。丙辰，南京祭酒。已未，少詹事。辛酉，升礼部右侍郎，协理詹事府事。癸亥，转左。甲子八月升吏部左侍郎。乙丑六月，转礼部尚书，以原官兼东阁大学士。赠少保，谥文懿。（据《国榷》卷八十七）

本年

魏学洢（1596—1625）卒。魏学洢，字子敬，嘉善（今属浙江）人，明末诸生。《明通鉴》卷七十九："大中长子学洢，以父被逮，号恸欲随行，大中止之，乃微服间行，探刺起居。既抵都，逻卒四布，变姓名匿旅所，昼伏夜出，称贷以完父赃，未竟而大中毙。学洢恸哭几绝，扶榇归，晨夕号泣，水浆不入口，遂死。崇祯初，赠恤大中。有司以状闻，诏旌学洢为孝子。"《明史·魏大中传》："长子学洢，字子敬，好学工文，有至性。"著有《茅檐集》八卷、《魏子敬遗集》等。

明熹宗天启六年丙寅（公元1626年）

正月

以顾秉谦、黄立极、冯铨为总裁，编纂《三朝要典》。《明通鉴》卷八十："春，正月，戊午，命纂《三朝要典》，从霍维华、杨所修议也。未几开馆，以顾秉谦、黄立极、冯铨为总裁，施凤来、杨景辰、孟绍虞、曾楚卿副之。极意诋諆东林，暴扬罪恶……时方修《光宗实录》，凡事关三案，命即据《要典》改正。"《明鉴纲目》卷八："纲：丙寅六年，春正月，作《三朝要典》。目：先是给事中杨所修（商城人），请集梃击、红丸、移宫三案章疏，仿《明伦大典》，编辑为书，颁示天下。霍维华亦以为言。至是作《三朝要典》（起乙卯，至辛酉），以顾秉谦、黄立极、冯铨为总裁，施凤来（平湖人），杨景辰（晋江人），孟绍虞、曾楚卿副之，极意诋諆东林，暴扬罪恶。（其论梃击，以王之寀开衅骨肉，诬皇祖，负先帝，虽碎骨不足赎。论红丸，以孙慎行创不尝药之说，妄疑先帝不得正其终，更附不讨贼之论，轻诋皇上不得正其始，为罔上不道。论移宫，以涟等内结王安，故重选侍之罪，以张拥戴之功。于是遂以之寀、慎行、涟为三案罪首。）时方重修《光宗实录》，凡事关三案，命即据《要典》以改。及书成，忠贤令顾秉谦拟御制序文冠其首，刊布中外。"

二月

罢高第，以王之臣代为经略。寻命袁崇焕巡抚辽东。《明鉴纲目》卷八："纲：二月，高第罢，以王之臣（潼关卫人）代为经略，袁崇焕巡抚辽东。目：先是满洲围宁远，高第与总兵杨麒，拥兵不救。宁前参政袁崇焕，集将士，誓死守，尽焚城外民居，携守具入城。檄前屯及山海关，凡将士逃至者悉斩。人心始固。敌军戴楯穴城，城上矢石俱下，不能退。崇焕令闽卒罗立，发西洋巨炮，声振天地，土石飞扬，敌骑腾空乱堕，大败遁归。宁远围解。（时督屯通判金启倧以燃炮死。）事闻，擢崇焕佥都御史。削高第、杨麒职，以之臣代第。以前屯总兵赵率教代麒，镇关门。寻命崇焕巡抚辽东，驻宁远。"

总督两广商周祚言："礼部以各省提学关防篆犯御名改铸，惟江西、山东、山西未换。今广东亦应改铸。"从之。（据《国榷》卷八十七）

御史石三畏削籍，以条议轻率、荐举失当。（据《国榷》卷八十七）

三月

癸丑，升詹事府少詹事兼翰林院侍读学士杨景辰为礼部右侍郎，兼官如故，协理詹事府事，与李康先同教习庶吉士。（据《明熹宗实录》卷六十九）

逮高攀龙、周顺昌等七人下狱，杀之。《明鉴纲目》卷八："纲：逮前左都御史高攀龙，吏部员外郎周顺昌（字景文，吴县人），苏松巡抚周起元（字仲先，海澄人），谕德缪昌期（字当时，江阴人），御史李应升，周宗建，黄尊素。攀龙自沉于池，顺昌等俱下狱死。目：攀龙虽削籍，崔呈秀恨不已，亟言于魏忠贤，必欲杀之。顺昌家居。魏大中被逮过吴，顺昌出饯，致同起卧者三日，许以女聘大中孙。旗尉屡趣行，顺昌瞋目曰：'若不知世间有不畏死男子周顺昌邪？'因戟手呼忠贤名，骂不绝口。旗尉归以告，忠贤大怒。（倪文焕即希指，劾顺昌与罪人婚，削籍。）昌期前典湖广乡试，程文论中，引赵高、仇士良寓规讽，忠贤嗛之。杨涟劾忠贤二十四罪疏，或言昌期代草。而高、赵诸人去国，昌期遂送之郊外，执手太息。忠贤益大恨。（昌期知势不可留，具疏乞假，有小珰至阁曰：'此人尚可留之送客耶？'遂传旨落职。）宗建首劾忠贤目不识丁（事具前），应升、尊素，皆继涟抗疏，力攻忠贤。（应升疏有云：忠贤之罪千真万真，无可复辨，千罪万罪，又不胜辨。臣为陛下计，莫若听忠贤亟自引退，以全旦夕之命。为忠贤计，又莫若早自引决，以乞帷盖之恩。不然，恶稔贯盈，他日欲保首领而不可得。末又切责阁臣，谓君侧不清，焉用彼相，一时宠利有尽，千秋青史难欺，不欲为刘健、谢迁者，恐并不能为李东阳，倘投策求欢，不几与焦芳同传邪？时魏广微方深结忠贤，知应升讥己，调旨责之，应升复疏论曰：广微父允贞为言官，得罪辅臣以去，声施至今。乞陛下戒谕广微，退读父书，保其家声，毋倚三窟，庶可见乃父地下。广微益切齿。）而尊素尤有智虑，为群小所深忌。（曹钦程希指，劾宗建、应升、尊素，为东林护法，皆削籍。）会吴中讹言尊素欲效杨一清诛刘瑾，用苏杭织造李实为张永，授以秘计。忠贤大惧，遣刺事者至吴，凡数辈。侍郎乌程沈演（灌之弟）家居，奏记忠贤，曰：事有迹矣。于是忠贤益遣使谯诃实。知实与前巡抚起元，（起元先已削籍。）素有隙，（起元抚吴，公廉爱民，丝粟无所取。实素贪横，妄增定额，恣诛求。又恶同知杨、姜不屈己，具疏诬劾，起元为姜辨冤而劾实不法数事，实以此衔威，而衔起元不置。）乃索取实空印白疏，令李永贞伪为实奏，诬劾起元为巡抚时，干没帑金十馀万，日与攀龙辈往来讲学。因行居间，窜入顺昌等名，矫旨并逮之。攀龙闻旗尉将至，谒道南祠，（即杨龟山祠。）为文以告。归与二门生一弟饮后园池上。及暮，书遗表讫，具衣冠，自沉于池。表云：臣虽削夺，旧为大臣，大臣受辱，则辱国。谨北向叩头从屈平之遗则。远近闻其死，莫不伤之。顺昌故有德于乡，士民闻其被逮，愤怒号冤。开读日，不期而集者数万，咸执香为周吏部请命。旗尉厉声骂曰：'东厂逮人，鼠辈敢尔？'大呼囚安在，手掷银铛于地，声琅然。众益愤曰：'始吾以为天子命，乃东厂魏太监邪？'遂蜂拥上，势如山崩。旗尉东西窜，众纵横殴击，立毙一人，馀负重伤逾垣走。巡抚毛一鹭，不能发一语。知府寇慎，吴县知县陈文瑞，素得民，曲为解谕，众始散。顺昌乃自诣吏。是日旗尉往浙江逮尊素者，泊舟胥门外。市人知城中有变，击其舟而沉之，校泅水以遁，失驾帖，不敢往。尊素闻，即囚服自投诏狱。（顺昌既就逮，一鹭飞章告变，东厂刺事者，言吴人谋断水道，劫漕舟，忠贤大惧。已而一鹭言缚得倡乱者颜佩韦，杨念如，周文元，马杰，沈扬，乱已定，忠贤乃安，然自是缇骑不敢复出国门矣。）方诸臣之被逮也，顾秉谦忽持正，请付法司论罪，忠贤不从。已而昌期先至，慷慨对簿，词气不挠，坐赃三千，备受五毒，不胜刑而毙。（四月晦日，橐饘中传出片纸，自此而绝。至五月二日，狱卒以死报，终莫知为何日。其殓也，十指堕落，掬置两袖中。盖以其为涟代草故云。）顺昌、宗建、应升、尊素继至，许显纯各坐赃数千。（宗建至一万三千。）五日一酷掠，顺昌辄大骂忠贤。显纯椎落其齿，顺昌噀血，唾显纯面，骂益厉。遂于夜中潜毙之。（时六月十七日。及领埋，已越三日，皮肉皆腐，仅有须发。）宗建为显纯酷讯，偃卧不能出声，显纯骂曰：'尚能詈魏公一丁不识否？'以沙囊压之而死。（六月十八日。）尊素知狱卒将害己，叩首谢君父，赋诗一章。时独应升尚在，尊素隔墙呼之曰：'仲达，我先行矣。'遂死。（闰六月朔日。）明日，应升亦死。起元道远，至则顺昌等已俱毙。显纯酷加搒掠，竟如疏，悬赃十万，罄资不足，亲故多为破家。及九月，亦毙之狱中。时以顺昌等惨死诏狱，与前杨、左诸人，先后略同，遂与高攀龙，并称为后七君子，以配杨、左等，共十有三人，为逆阉时死节之最著者云。（攀龙学本濂洛，操履笃实，粹然为一代大儒。既死，呈秀憾犹未释，矫诏下其子世儒吏。刑部坐世儒不能防闲其父，谪为徒。顺昌就逮时，诸生朱文祖间行诣都，为纳馈粥汤药。及征赃令急，奔走称贷诸公。闻顺昌榇归，文祖哀恸，发病死。其所捕颜佩韦等五人，比临刑，语知府寇慎曰：'公好官，知我等好义，非为乱也。'延颈就刃而死。后吴人合葬之虎邱傍，题曰五人之墓。昌期、应升，至常州开读，知府曾樱咸助之资。应升师吴钟峦，诣府署，与应升语竟日，谓应升曰：'昔蔡元定窜道州，晦翁饯之萧寺，微视元定，不异平时。何图今日亲见此景。真一夕千古。'已而忽闻署外有数千人哄声，皆言忠臣何故被逮。樱素为惠政，得民，力为劝谕，始解散。而诸校方怖苏州事，有越垣而仆者。适卖蔗童子过之，曰：'我恨极，惜不能杀汝！'即取削蔗刀，割片肉而去。宗建死后，所亲蒋英代为输赃，亦坐削籍。尊素家尤贫，坐赃虽不及三千，同年门旧及乡人佽助之，始得完。起元方抚吴罢归，顺昌为文送之，指斥无所讳。议者谓起元、顺昌之祸，已伏于此。及两人死，吴中士民，无不垂涕者。崇祯初，攀龙赠兵部尚书，谥忠宪。授其子世儒官。顺昌赠太常卿，谥忠介。其子茂兰，刺血诣阙诉冤，诏以所赠官，推及其祖父。起元赠兵部侍郎。福王时，追谥中惠。昌期赠詹事，福王时，追谥文贞。宗建、尊素、应升，俱赠太仆寺卿。福王时，宗建、应升，皆追谥忠毅，尊素追谥忠端。○周茂兰，字子佩，顺昌长子。曾樱，字仲含，峡江人。吴钟峦，字峦稚，武进人。蒋英，嘉善人。)"

升右谕德罗喻义为南京国子监祭酒。（据《明熹宗实录》卷六十九）

缇骑至苏逮周顺昌等人，导致苏州民变。《明通鉴》卷八十："庚申，苏州民变。缇骑至苏，首逮周顺昌。顺昌故有德于乡，市民闻其被逮，愤怒号冤，开读日，不期而集者数万，咸执香为周吏部请命。诸生文震亨、杨廷枢、王节、刘羽翰等请于抚按，以民情上闻，旗尉厉声骂曰：'东厂逮人，鼠辈敢尔！'大呼：'囚安在！'手掷银铛于地，声琅然。众益愤，曰：'吾始以为天子命，乃东厂魏太监耶！'遂蜂拥上，势如山崩。旗尉东西窜，众纵横殴击，立毙一人，馀负重伤逾垣走。巡抚毛一鹭不能发一语；知府寇慎、吴县知县陈文瑞，素得民，曲为解谕，众始散。顺昌乃自诣吏。"

翰林学士成基命罢，以久依门户也。（据《国榷》卷八十七）

四月

东林书院被毁。吴大朴《县申拆毁书院缘由》："天启六年四月二十八日，奉巡按徐宪牌前事，内开，昨接邸报，钦奉明旨，苏、常等处，私造书院，尽行拆毁，刻期回奏，钦此。查得常州府无锡县，原设东林书院一所，拟合亟行拆毁，为此牌仰该县官吏，即便督同该地方人等，立时拆毁，拆下木料，俱即估价，以凭提解，不许存留片瓦寸椽，限即日俱毁，星驰申报。"（《东林书院志》，中华书局，2004）《无锡金匮县志》："东林书院亦名龟山书院，在城东南隅，宋杨文靖（时）讲学于此，后即其地为书院。……万历三十二年，顾宪成及弟允成始构成之。宪成殁，高攀龙、叶茂才相继主其事，榜其门曰东林书院。……当宪成、攀龙讲学时……远近名贤，同声相应，天下学者，咸以东林为归"。王夫之《船山遗书·书院》："率以此附致儒者于罪害之中，毁其聚讲之所，陷其受学之人，钳网修士，如防盗贼。"

大学士丁绍轼暴卒。绍轼字文远，贵池人，万历丁未进士。改庶吉士，授检讨。戊午，福建主考。历赞善谕德庶子少詹事，纂修《实录》，加礼部右侍郎。乙丑八月，升礼部尚书兼东阁大学士。九月，叙门工，加太子太保，进文渊阁。丙寅三月，叙捷，加少保，改户部尚书，进武英殿。四月二十三日卒。赠太傅。（据《国榷》卷八十七）

六月

丁酉，以詹事府詹事兼翰林院侍读学士李孙宸教习庶吉士，礼部右侍郎兼翰林院侍读学士教习庶吉士杨景辰掌翰林院印。（据《明熹宗实录》卷七十三）

二十日，《三朝要典》成。《明熹宗实录》卷六十九："（天启六年三月己巳）大学士顾秉谦等以《三朝要典》已编纂成书请。"《明熹宗实录》卷七十二："（天启六年六月庚寅）上御皇极门，内殿大学士顾秉谦等进《三朝要典》，百官致词称贺，上命送皇史宬收藏。辛卯，上命《三朝要典》副本即发礼部刊刻，赐给百官，颁行天下。"《国榷》卷八十七："天启六年六月庚寅，《三朝要典》成。大学士顾秉谦、黄立极、冯铨，礼部左右侍郎施凤来、杨景辰，詹事孟绍虞、曾楚卿，户部左侍郎徐绍吉，左金都御史谢启元，翰林修撰余煌，编修朱继祚、张翀、华琪芳、吴孔嘉，检讨吴士元、杨世芳，中书舍人乔炜，通政经历司知事李相共表上。"

闰六月

李维桢（1547—1626）卒。钱谦益《牧斋初学集》卷五十一《南京礼部尚书赠太子少保李公墓志铭》："天启六年闰六月，卒于家，春秋八十……公讳维桢，字本宁，其先豫章人。高祖九渊，徙于楚之京山。"《明史·文苑传》："李维桢，字本宁，京山人。父裕，福建布政使。维桢举隆庆二年进士，由庶吉士授编修。万历时，《穆宗实录》成，进修撰……天启初，以布政使家居，年七十馀矣……四年四月，太常卿董其昌复荐之，乃召为礼部右侍郎，甫三月进尚书，并在南京。维桢缘史事起用，乃馆中诸臣惮其以前辈压己，不令入馆，但超迁其官。维桢亦以年衰，明年正月力乞骸骨去。又明年卒于家，年八十。崇祯时，赠太子太保。维桢弱冠登朝，博闻强记……其文章，弘肆有才气，海内请求者无虚日，能屈曲以副其所望。碑版之文，照耀四裔。门下士招富人大贾，受取金钱，代为请乞，亦应之无倦，负重名垂四十年。然文多率意应酬，品格不能高也。"

始建魏忠贤生祠。《明通鉴》卷八十："浙江巡抚潘汝桢倡议，奏请祀于西湖，织造太监李实请令杭州百户守祠。诏赐祠额曰普德，勒石记功德。自是请建祠者接踵矣。"《明鉴纲目》卷八："纲：闰六月，建魏忠贤生祠。目：浙江巡抚潘汝桢（桐城人），疏请建忠贤生祠于西湖，织造太监李实，请令杭州卫百户守祠，诏赐祠额（曰普德），勒石记功德，阁臣撰文书丹。自是诸方效尤，几遍天下。蓟辽总督阎鸣泰，部内建祠七所，费数十万。其颂忠贤，有民心依归，即天心向顺语。开封毁民舍二千馀间，创宫殿九楹，仪如帝者。巡抚朱童蒙，建祠绥延，用琉璃瓦。刘诏（杞县人）建祠苏州，金像冕旒。（其诸祠务极工作之巧。像皆以沉香木为之，眼耳口鼻宛转如生人。腹中臟肺，俱以金玉珠宝为之。髻空穴其一，以簪四时香花。一祠木像头稍大，小竖上冠不能容，匠人恐急，削而小之以称冠，小竖抱头恸哭责匠人。）疏辞揄扬，一如颂圣，称以尧天舜德，至圣至神，阁臣辄用骈语褒答。督饷尚书黄运泰（永城人），迎忠贤像，五拜五稽首，称九千岁。都城内外，祠宇相望。有建于东华门外者，工部郎中叶宪祖（字美度，余姚人。）曰：'此天子临辟雍道也，土偶能起立乎？'忠贤闻之，即削其籍。初，汝桢请建祠，巡按御史刘之待（兴国州人）会稿迟一日，即削籍。而蓟州道胡士容（黄州广济人），以不具建祠文，遵化道耿如杞（字楚材，馆陶人）以入祠不拜，皆下狱论死。（时海内望风献媚，自督抚巡按而外，宗室若楚王华煃，勋戚若武清侯李诚铭，保定侯梁世勋等，廷臣若尚书邵辅忠，词臣若庶吉士李若琳，部郎若郎中鲁国桢，诸司若通政司经历孙如洌，上林监丞张永祚等，亦皆建祠恐后。下及武夫，贾竖，诸无赖子，莫不攘臂争先，汹汹若不及。后忠贤败，诸祠悉废，凡建祠者，概入逆案。李诚铭，慈圣太后侄。梁世勋，瑶之后。邵辅忠，定海人。李若琳，大兴人。鲁国桢，临川人。）"

冯铨罢归。《明鉴纲目》卷八："纲：冯铨罢。目：铨以媚事魏忠贤登宰辅。素与崔呈秀昵。呈秀欲入阁，其党孙杰、霍维华嗾职方郎中吴淳夫，力攻罢铨。又虑王绍徽为吏部，不肯推呈秀，令御史袁鲸（湖广龙阳人）攻罢绍徽。而杰等虑忠贤意变，复以计沮之。自是群小携贰。"

升左春坊左谕德马之骐为国子监祭酒。（据《明熹宗实录》卷七十三）

七月

施凤来、张瑞图、李国槽入内阁，预机务。《明鉴纲目》卷八："纲：秋七月，以施凤来、张瑞图（晋江人）、李国槽（高阳人）俱为礼部尚书，兼东阁大学士，预机务。目：凤来素无节概，及在阁，惟以和柔自媚于世，瑞图于诸事，务迎合魏忠贤意。忠贤建祠碑文，多出其手书，诏旨褒美忠贤，词极骈丽，皆瑞图笔也。国槽去释褐才十四年，忠贤以同乡故援之。"

八月

努尔哈赤（1559—1626）卒。蒋良骐《东华录》卷一："天命十一年……七月癸巳，太祖幸清河汤泉，不豫。丙午，乘舟还京。庚戌，崩于瑷鸡堡，距沈阳城四十里，年六十有八。"《明鉴纲目》卷八："纲：八月，满洲主努尔哈赤殂，皇太极嗣立。（是为太宗文皇帝，建元天聪。）目：努尔哈赤自宁远败归，即负重伤，谓诸贝勒曰：'予自二十五岁以来，战无不胜，攻无不克，何独宁远一城不能下？'不怿累日，遂殂。第八子皇太极嗣立。母叶赫国主贝勒扬吉努之女也。"

二十七日，刘铎（1573—1626）卒。刘铎《来复斋稿》附录瞿式耜《刘公墓志铭》（今本《瞿式耜集》不见，属佚文）："公讳铎，字我以，别号侗初，安成（今江西安福）南里三舍人也……万历丙午举于乡，越十载丙辰始成进士……初授刑部主事，奉使陇右，登华山，上青柯坪，挹玉井，扪仙掌。东眺黄河，超然有乘风临烟之意。出关，行李萧然，惟所至吟咏，积草盈箧而已。再历秋曹，执法如山。商人李朝为内臣陈正己所毙，公独正陈罪，大忤魏珰指。时珰焰方炽，颂莽功德请魏公九锡者几遍朝之士，公岳岳不少俯。珰犹畏公才名，属人求草书，意讽之也。公拒弗与，遂出公守扬州，治扬三月，大得士民诵。珰闻憾且忌，授意田尔耕以诗语为讪己，缇骑逮之。扬绅衿氓隶遮道哭送，甚有欲叩阍鸣冤者，公慰遣之。及廷鞫，竟得释，奉旨复原官。珰犹冀公一谢，公竟绝迹珰庭。复以戚畹李承恩狱逮系，公亦竟不俯首，珰愈益憾，乃假巫蛊恣其凶。司刑薛贞锻炼成狱……终承阉指，坐以决，不待时……公生于万历癸酉正月二十日丑时，殁于天启丙寅八月二十七日午时……公诗文浩赜，多散逸，公之女搜其所存者若干卷，刊以行于世。"

九月

初一日，后金皇太极（1592—1643）即位，是为太宗。蒋良骐《东华录》卷一："太宗文皇帝（太祖第八子，讳皇太极）生明万历二十年壬辰十月二十五日辛亥申时，为大贝勒，与代善、阿敏、莽古尔泰共理政。太祖崩，大贝勒代善等合词请速正大宝，以天命十一年九月庚午即位（时年三十有五），改明年丁卯为天聪元年，赦殊死以下。"

颜佩韦、杨念如、周文元、马杰、沈扬下狱。《明通鉴》卷八十："方吴民之激变也，颜佩韦等五人为首。顺昌即逮，遂下诏捕治，并及五人之党。巡按御史徐吉治其狱，五人论死，以属苏州知府寇慎。比临刑，五人语慎曰：'公好官，知我等起义，非为乱也。'延颈就刃而死。吴人合葬之虎丘，题曰五人之墓。"

曹思诚为吏部左侍郎，汪辉仍以左侍郎摄右侍郎，兼侍读学士。（据《国榷》卷八十七）

礼部右侍郎兼侍读学士钱龙锡，通政使倪思辉，太仆寺卿徐如珂，巡抚福建右佥都御史朱钦相并削夺官诰。（据《国榷》卷八十七）

顾秉谦乞归，许之。《明鉴纲目》卷八："纲：九月，顾秉兼罢。目：自秉谦为首辅，凡魏忠贤倾害忠良，皆属其票拟。《三朝要典》之作，秉谦为总裁，是非舛谬特甚。及是，群小各有所左右，同党中日夜交轧，秉谦不自安，遂乞归。（崇祯初，削籍，寻入逆案论徒。家居又为乡党所恶，聚众僇辱之，屋室资财，焚掠殆尽。秉谦窜渔舟得免，久之寄居他县以死。）"

十月

魏忠贤进爵上公。《明鉴纲目》卷八："纲：冬十月，进魏忠贤爵上公，从子良卿宁国公。目：三殿告成，太监李永贞奏魏忠贤功，吏部尚书周应秋，亦奏如永贞言。忠贤遂进上公，加恩三等。良卿前已封肃宁伯，晋侯。（是年春，辽阳男子武长春游妓家，有妄言，东厂擒之。许显纯掠治，故张其辞云：长春谍间不获，且为乱，赖厂臣忠智，立奇勋。诏封良卿为肃宁伯，赐铁券，寻晋为侯。）至是，复进封公。已而诸边筑隘□成，南京孝陵工竣，甘肃奏捷，法司捕盗，并言忠贤区画方略，诏书褒美，阁臣皆拟九锡文。半岁中，荫锦衣指挥使十七人，同知三人，佥事一人，擢其族孙希孟、希孔等，世袭都督同知，甥傅之琮、冯继先，俱都督佥事。章奏无巨细，辄颂忠贤，称厂臣不名。（故事，内官为司礼秉笔，非公事不得出。忠贤每岁必数历畿甸，坐文轩，驾四马，笙鼓铙吹之声，轰隐黄埃中。锦衣玉带，靴袴而握刀者，夹车左右而驰。自厨传优伶，蹴鞠舆皂，随者动以万数。尝自琉璃河祭水还，历西山碧云寺，士大夫皆遮道拜伏。凡有章奏，其党遣急足驰请，然后下。客氏既朝夕侍帝所，而每数日必出至私第，舆置乾清宫前，竟不下。客氏盛服倩妆，俨同妃后，侍卫赫弈，照耀衢路。至宅，则老祖太太千岁之声，喧呼震地，犒赉银币无算。或数日不返，忠贤促之，始入。凡忠贤浊乱朝政，毒痛海内，皆客氏为内主也。）"

十一月

礼部右侍郎唐大章，左谕德刘鸿训，国子司业刘锺英并削夺官诰。以门户也。（据《国榷》卷八十七）

十二月

革广西平乐、柳州二府冒籍生员周之谟等五十一名回籍。《明熹宗实录》卷七十九："（天启六年十二月辛丑），革广西平乐、柳州二府冒籍生员周之谟等五十一名回籍。其已中周泰等，已贡周楫等，各发回原籍，罚三科后，方许与本地举、贡起文会试科举。从礼部覆广西抚按参疏及在京乡官萧云举等之揭也。"

许给云州、归化、三泊、南宁、河阳、元谋各儒学印。（据《国榷》卷八十七）

本年

金尼阁撰成《西儒耳目资》。《四库全书总目·西儒耳目资提要》："《西儒耳目资》（无卷数）：明金尼阁撰。金尼阁字四表，西洋人。其书作于天启乙丑，成于丙寅。以西洋之音通中国之音。中分三谱：一曰译引首谱；二曰列音韵谱，皆因声以隶形；三曰列边正谱，则因形以求声。……自鸣者为万音之始，无字者为中国所不用也。……其三合、四合、五合成音者，则西域之法，非中国韵书所有矣。……惟此本残阙颇多，列音韵谱惟存第一摄至十七摄。自十八摄至五十摄皆佚。"费赖之《在华耶稣会士列传及书目》："金尼阁，法兰西人。一五七七年三月三日生，一五九四年十一月九日入会，一六一〇年至华，一六一五年一月一日发愿，一六二八年十一月十四日殁于杭州。金尼阁（Nicolas Trigault）神甫字四表，出生于杜埃城，曾在此城耶稣会士主持之学校修业。一五九四年得文艺硕士。数星期后请入耶稣会……"（冯承钧译，中华书局，1995，115页）

黄汝亨（1558—1626）卒。据台湾中央图书馆编《明人传记资料索引》。黄汝亨，字贞父，号寓庸居士，仁和（今浙江杭州）人。万历二十六年进士，官至江西布政司参议。著有《天目游记》、《廉吏传》、《寓庸子游记》、《寓林集》等。

明熹宗天启七年丁卯（公元 1627 年）

正月

杀太仓黜生孙文豸、昆山监生顾同寅。（据《国榷》卷八十八）

巡按云南御史朱泰祯、云南巡抚闵洪学奏云州、归化、三泊、南宁、河阳、元谋宜立儒学给印。下礼部。从之。（据《国榷》卷八十八）

吏部尚书周应秋覆：前修撰文震孟，编修陈仁锡，庶吉士郑鄤，以孙文豸等株累，奉旨并削夺。因诵厂臣功德。报可。（据《国榷》卷八十八）

南京礼部尚书来宗道为礼部尚书兼学士。（据《国榷》卷八十八）

左中允林釬为左谕德兼侍讲，署国子司业。（据《国榷》卷八十八）

二月

召还王之臣。《明鉴纲目》卷八："纲：二月，召王之臣还。目：先是，袁崇焕与满桂不协，请移之他镇，乃召桂还。既而之臣奏留桂，崇焕又与不协。中朝虑偾事，命之臣专督关内，以关外属崇焕，画关而守。至是，朝议以二人既不相能，召之臣还，罢经略不设，令崇焕尽统关内外军。（崇焕与赵率教，巡历锦州大小凌河，议大兴屯田，渐复高第所弃旧土。会满洲方侵朝鲜，渡鸭绿江，崇焕乘间遣将缮锦州、中左、大凌三城。未毕，朝鲜及毛文龙同告急，朝命崇焕发兵往援。崇焕以水师援文龙，又遣率教等九将，将精卒逼三岔河，为牵制之势。而朝鲜已降满洲，诸将遂引还。）"

勒令皇后之父张国纪回籍。《明鉴纲目》卷八："纲：勒太康伯张国纪回籍。目：国纪，皇后父也。后性严明，见魏忠贤及客氏乱政，数于上前言之，客魏交恨。一日，帝至后宫。后方读书，帝问何书，对曰：'赵高传也。'帝默然而出。忠贤闻之，益恨。会有张匿名榜于厚载门者，列忠贤反状，及其党七十馀人。忠贤疑国纪为之，邵辅忠、孙杰，欲因此兴大狱，借国纪以摇中宫。事成则立魏良卿女为后。草一疏，募人上之，诸人虑祸不敢承。顺天府丞刘志选，年老而嗜进无厌，（志选与叶向高同举进士，由主事谪知县，复以大计罢归，数十年不得起。会向高再召，道杭州，志选与游宴，弥月还朝，用为南京主事。即上疏，追论红丸事，力诋孙慎行，忠贤大喜，累擢至府丞。时年已七十馀矣。）惑家人言，谓己老，必先忠贤死也，竟上之。疏中极论国纪罪，末言毋令人訾及丹山之穴，蓝田之种。盖忠贤尝诬后非国纪女，故云。疏上，事叵测。帝无所问，但令国纪自新而已。忠贤意大沮。梁梦环侦知之，复申论志选疏，且故诘丹山蓝田二语。忠贤将从中究其事，大学士李国槽，及王体乾交沮之，事乃止。而国纪竟勒归故郡。"

国子祭酒马之骐为詹事，编修孔贞运为左中允，直日讲。（据《国榷》卷八十八）

广东幸中贡士莫大猷削籍，房考刘轩儒先镌二级，下抚按讯其弊窦。（据《国榷》卷八十八）

户部郎中朱明时、主事马斯作为瑞府长史。国子监丞孔元德、学录韩世恩为审理。中书舍人王胤永、陈可信为纪善。刑部郎中陈沃心、主事李建和为惠府长史。国子监丞徐鸿起、学录王瑞录为审理。中书舍人吴士俊、朱日临为纪善。工部郎中蒋友筠、主事沈立义为桂府长史。国子学录沈德先、母忠为审理。中书舍人何廷玉、王昌胤为纪善。（据《国榷》卷八十八）

三月

直隶督学御史贾维春题，恶生殴辱郡佐，大干法纪，命依律正罪。《明熹宗实录》卷八十二：天启七年三月庚寅，"直隶督学御史贾维春题恶生殴辱郡佐，大干法纪事。得旨：'据奏恶生挟考不遂，殴辱府官，弁髦法纪，大伤风化，着该衙门将为首与协从的依律正罪，以儆嚣俗。李日辑执法受辱，情实无辜，宜安心供职。张盛美私脱凶犯，降三级用。何朝宗实心任事，着与纪录。贾维春素有风节，今籍弹压，变缘积习，着实振刷一番。近来士风不古，人情好竞，武断乡曲，把持府官，处处有之。该部行各提学官，生儒有仍前为恶的，不时惩治，地方官有徇情庇护的，指名参奏。'"

遣瑞王朱常浩等之藩。《明鉴纲目》卷八："纲：三月，遣瑞王常浩，及惠王常润、桂王常瀛之藩。目：三王皆帝叔父。魏忠贤潜怀逆谋，不利其在内。御史张讷希指，即疏趣之藩。于是三王以次就国。（瑞王先之汉中，惠王继之荆州，逾月后，桂王之衡州。）仪物礼数，刻意贬损。群小反盛称忠贤节费为国，帝即下诏褒美。"

庶吉士姚明恭、雷跃龙服除，授检讨。（据《国榷》卷八十八）

命户部主事李自俨、行人汪邦柱主试云南，刑部主事林曾、行人宋鸣梧主试贵州。邦柱、鸣梧以门户罢，改命行人李昌龄往云南，马懋才往贵州。（据《国榷》卷八十八）

翰林检讨张士范直日讲。（据《国榷》卷八十八）

四月

魏忠贤矫旨逮王之寀下诏狱，瘐死。《明鉴纲目》卷八："纲：夏四月，逮前刑部侍郎王之寀（之寀于天启初，累迁刑部侍郎，后以《要典》成削籍），下狱死。目：刘志选疏颂《要典》，言：命德讨罪，无微不彰，即尧舜之放四凶，举元恺，何以加焉。且云慷慨忧时，力障狂澜于既倒者，魏广微也。当还之揆席，以继五臣之盛事。赤忠报国，弼成巨典于不刊者，厂臣也。当增入简端，以扬德一之休风。又言王之寀宜正典刑，孙慎行宜加遣戍。（之寀于天启初，上复仇疏，中言梃击之谋，变而为用药之术，盖梃不中而药促之，是文升之药，惨于张差之梃也。而慎行辨析红丸，有曰：由前则过信可灼，有轻进之罪，由后则曲庇可灼，有不讨贼之罪，两者皆无可逃。其言峻直，故群小恨之次骨。）忠贤矫旨逮之寀下诏狱，坐以赃八千，竟瘐死。慎行亦遣戍宁夏。（知府曾樱故缓之，未行而忠贤败。）"

蕃育署官庶吉士李若琳等颂魏忠贤功，请祠，赐曰感恩。（据《国榷》卷八十八）

廷试贡士。（据《国榷》卷八十八）

贵州主试林曾忧去，改刑部主事徐大仪。（据《国榷》卷八十八）

魏广微卒。广微南乐人，万历甲辰进士。选庶常，授检讨。天启癸亥正月，由礼部侍郎升尚书兼东阁大学士，加少保。乙丑六月，回籍。复叙恩加太傅。丁卯二月卒。赠太师。（据《国榷》卷八十八）

大学士黄立极等拟升坊局官六人，左谕德署国子司业林釬，修撰庄际昌，编修朱继祚并罢。编修姜曰广、检讨胡尚英、丁进并削夺。初，监生陆万龄等请祠忠贤，釬坚不批允，曰广以朝鲜使回，不归颂厂臣也。（据《国榷》卷八十八）

五月

监生陆万龄请祠魏忠贤于国子监，许之。《明鉴纲目》卷八："纲：五月，监生陆万龄请祠魏忠贤于国子监，许之。目：万龄请以忠贤配孔子，忠贤父配启圣公。其疏曰：'孔子作《春秋》，厂臣作《要典》。孔子诛少正卯，厂臣诛东林党人。礼宜并尊。'持疏诣司业林釬。（字实甫，同安人。）釬援笔涂抹，即夕挂冠棂星门去。司业朱之俊为奏请，从之。釬坐削籍。"

命主考福建翰林检讨王铎、□科给事中潘士闻，四川刑部员外郎康四海、大理评事孟兆麟、广东礼部主事曾栋、工部员外郎张懋勋，广西兵部主事寇从化、工部主事董中行。（据《国榷》卷八十八）

命主考浙江翰林检讨陈盟、吏科给事中张维一，湖广检讨李明睿、兵科给事中李鲁生，江西编修倪元璐、礼科给事中薛国观，陕西吏部文选主事姚昌篆、兵部车驾主事胡福弘。（据《国榷》卷八十八）

六月

陈具庆、张士范为翰林侍讲。（据《国榷》卷八十八）

国子司业贺逢圣以久系东林削籍。（据《国榷》卷八十八）

七月

命侍讲陈具庆、张士范主试应天。（据《国榷》卷八十八）

命主试山东张养、陆一麒，山西蒋一骁、陈宾盛，河南王应泰、刘伸。时礼部推刘先春、吏科给事中虞廷陛、马任远，并系门户削夺。（据《国榷》卷八十八）

丙戌，授庶吉士蒋德璟、王廷垣、江鼎镇为翰林院编修，李若琳、钱受益、张维机、项煜、师雅助、丘瑜、褚泰初为翰林院简讨，李觉斯为礼科给事中。其杨汝成、闪仲俨、马之骐、刘垂宝俱以门户削籍为民。（据《明熹宗实录》卷八十六）

诏辽东乡试解额中式四名，预山东榜者一，其三权试于宁前道，俟后科尽属顺天。（据《明熹宗实录》卷八十六）民国《北镇县志》卷四《政治·科举》："明时辽东科举，原附山东。嘉靖十三年，因应试者渡海，时遇风涛，改附顺天。是科中九人。万历三十七年，定额五人。"民国《义县志》卷中之十《科举志》："明时辽东属山东省，士子艰于赴试，中额甚少。嘉靖甲午，改附顺天科举，加顺天中额五名。万历二十五年，辽东巡按御史李思孝奏请以辽东士子编为边字号，至三十七年，举人定为五名。"

袁崇焕罢归，以王之臣代之。《明鉴纲目》卷八："纲：秋七月，罢袁崇焕，以王之臣代之。目：时满洲主皇太极欲雪努尔哈赤之恨，亲督兵至大凌河，守城士卒皆遁，遂进围锦州。太监纪用、总兵赵率教遣使请和。袁崇焕令祖大寿等，统精兵四千，绕出敌后，别遣水师东出，相牵制。大寿等未至，敌已分兵抵宁远城下。崇焕督将士，登陴列营，濠内用炮拒击，而满桂亦率尤世威，以兵来援。敌兵疾驰进击，满桂以炮击破之，敌兵死伤甚多，尸填濠堑，皆满。宁远围解。敌复益兵攻锦州。以溽暑不能克，毁大小凌河二城而还。时称宁锦大捷。魏忠贤使其党劾崇焕不救锦州，崇焕乞休去，以王之臣代之。及论功，文武冒滥增秩，赐荫者数百人，崇焕止增一秩。（尚书霍维华尝进仙方灵露饮于帝，帝饮而甘之，已渐厌。及得疾体肿，忠贤以咎维华。维华惧甚，虞帝不测，有后患，欲先自贰于忠贤。会宁锦叙荫，维华请以让崇焕，忠贤觉其意，降旨颇厉。"

令科场文字不得"讪上谤政"。《明熹宗实录》卷八十六：天启七年七月，"己巳，圣谕：'朕闻盛王御世，专崇道术，圣人设教，在正人心。苟蔑圣贤道德之坦途，而任憸邪讥讪为能事，岂惟弥远圣真，抑亦大乱世俗，为王法所不宥者矣。洪惟我祖宗设科以来，术尚端醇，士归驯雅，上非典谟训诰不录，下非经史掌故弗谈。以故俊彦云兴，列圣焕文明之化，搜罗日甚，国家收黼藻之功，有以也。何迩来伪学兴朝，邪党树帜，大坏风纪，专务招摇，一唱百和，此挽彼推，文字之间，遵崇诡异，楮墨所露，半是刺讥。如上科正副考官方逢年、章允儒、熊奋渭、李继贞、丁乾学、郝土膏、顾锡畴、陈子壮及中式举人谢锡贤、刘正衡、艾南英、程祥会、雷谷、孙昌祖之辈，都不以崇正摅忠为念，乃以讪上谤政为怀，置圣经若弁髦，骛人情于险巇，生心害政，长此安穷，朕窃忧焉。虽已概加惩处，用起更新，而在朝臣工，犹沿宿染，未殄余风。兹特预为申饬，不惮再三。该部士风文体，系所职掌，即着行文各省直并会试正副考官及中式举人，自今已往，文必尊经，士无诡正。有仍前诋毁朝政，吠影含沙，决裂尺幅，而无顾忌者，着该部、科细加磨勘，简举参来。敢有扶同蒙蔽的，朕览出，一并重处。还着缉事衙门密切体访，挐问具奏，朕必根究到底，严鞫主使之人，从重拟罪，垂戒将来，用以正人心，息邪说，聿追累朝淳懿之风，振起一代平明之治。特谕。'"

御史李应荐奏准申明饬行京闱切要事宜。（据《明熹宗实录》卷八十六）

封魏忠贤从子从孙为侯伯。《明鉴纲目》卷八："纲：封魏忠贤从孙鹏翼为安平伯，加少师，从子良栋东安侯，加太子太保，良卿加太师。目：良栋、鹏翼，尚在襁褓。鹏翼以宁锦奏捷封，良栋以殿工封，从吏部尚书周应秋请也。良卿至代天子享南郊，祭太庙。于是天下皆知忠贤欲窃神器矣。"

八月

二十二日，明熹宗朱由校（1605—1627）卒。《明通鉴》卷八十："甲寅，上大渐。乙卯，帝崩于乾清宫，年二十三。遗诏，以皇五弟信王朱由检嗣皇帝位。王即夕入临，居宫中，比明，群臣始至。"

二十四日，朱由检（1611—1644）即位，是为思宗。《明通鉴》卷八十："丁巳，信王即皇帝位。大赦天下。以明年为崇祯元年。"

侍读徐时泰、侍讲孙之獬主试顺天。时正推孔贞运、雷跃龙。（据《国榷》卷八十八）梁章钜《制义丛话》卷十二："《文行集》云：谭元春久不得第，天启丁卯，李明睿主湖广秋试，谭举第一，明睿曰：'数十年积学不售之士，余以射覆元之，亦可以谢天下士矣。'按：是科题为'人臣止于敬'一句、'仁远乎哉'一章、'言必称尧舜'一句，主试者李鲁生。"

翰林院检讨杨世芳报使竣，以门户勒免。（据《国榷》卷八十八）

九月

国子司业朱之俊论监生曹代何、陆万龄、储寓奇诳词挟遁，宜罪。命下狱。（据《国榷》卷八十八）

十月

许浙江提学副使樊良枢致仕。（据《国榷》卷八十八）

翰林院侍读徐时泰，检讨雷跃龙、李若琳补日讲官。（据《国榷》卷八十八）

大学士黄立极等请开经筵。命俟明春，日讲即十六日始。（据《国榷》卷八十八）

增武举二十人。（据《国榷》卷八十八）

始日讲。御文华殿，礼部侍郎孟绍虞、王祚远，中允孔贞运，翰林院侍读徐时泰，检讨雷跃龙、李若琳儳直。是日，讲《大学》《尧典》各首节，《帝鉴图说》一则。上退御便殿，召阁臣讲官，示以御书故事：日讲官一，直讲一，直读一。五次御随读始讲。是日免进读，越三日，免讲。《帝鉴图说》改《祖训通鉴》。（据《国榷》卷八十八）

十一月

安置魏忠贤于凤阳。魏忠贤途中自缢，诏磔其尸。《明通鉴》卷八十："十一月，甲子，安置魏忠贤于凤阳。""己巳，魏忠贤自缢死。时上榜忠贤罪示天下，寻谕曰：'逆恶魏忠贤，擅窃国柄，诬陷忠良，罪当死，姑从轻发凤阳。乃不思自惩，素蓄亡命之徒，环拥随护，势若叛然，令锦衣卫逮治。'忠贤行至阜城，闻之，与其党李朝钦俱自缢。"

罢诸边镇守中官。《明鉴纲目》卷八："纲：罢诸边镇守中官。"

免天启时逮死诸臣赃。《明鉴纲目》卷八："纲：免天启时逮死诸臣赃，释其家属。"

河南提学副使潘曾竑奏荐前翰林编修陈子壮、方逢年、累臣耿如杞等。上是之。（据《国榷》卷八十八）

户科给事中李觉斯奏荐东林诸臣：前兵部尚书王永光，詹事萧命官、司业贺逢圣，庶吉士杨汝诚、马之骙、闵仲俨等，宜开其禁锢。从之。（据《国榷》卷八十八）"闵仲俨"当为"闪仲俨"。

工部尚书杨梦衮请停新例，停准贡，停纳通判运判，停纳附学生，停纳王官长史。（据《国榷》卷八十八）

崔呈秀子铎覆试，仅构二义。命削籍戍边。（据《国榷》卷八十八）

监生胡焕猷论政，被论杖除名。《国榷》卷八十八："监生山阴胡焕猷论大学士黄立极、施凤来、张瑞图、李国楷，当魏忠贤专权，不能匡救；且揣摩意旨，专事逢迎，浙直建祠，各撰碑称颂。今宜俱罢。又总督□□张朴史，永安巡抚毛一鹭、秦士文、王点、姚宗文、杨邦宪、李精白、郭增光，巡按卓迈、卢永钦、许其业、刘弘光、黄宪卿俱请祠，乞加究夺。因荐旧辅韩爌，□□刘宗周，□□林釪，故修撰文震孟、顾锡畴、方逢年，庶吉士郑鄤，给事中沈惟炳、郝土膏、章允儒、熊奋渭，御史王心一等，宜加录用。上以逞臆轻诋，下廷讯论杖，除名。时法司引卧碑惟生员不许言事律。"

黄立极罢归。《明鉴纲目》卷八："纲：黄立极罢。目：山阴监生胡焕猷，上疏，论黄立极、施凤来、张瑞图、李国楷等，身居揆席，一意媚阉，并宜斥罢。帝除焕猷名。立极不自安，乞休去。"

十二月

林釪升国子监祭酒。（据《崇祯长编》卷四）

钱龙锡等六人入内阁、预机务。《明鉴纲目》卷八："纲：十二月，以钱龙锡（字稚文，松江华亭人），李标（字汝立，高邑人），来宗道（萧山人），杨景辰、周道登（吴江人），刘鸿训（字默成，长山人）并为礼部尚书，兼东阁大学士，预机务。目：帝以施凤来辈，皆忠贤所用，不足倚，诏廷推阁臣。仿古枚卜典，召九卿科道入乾清宫，贮名金瓯，焚香肃拜，以次探之，得龙锡、标、宗道、景辰。辅臣以天下多故，请益一二人，复得道登、鸿训。并命入阁。"

诛杀客氏。毁魏忠贤生祠。《明通鉴》卷八十："客氏及其子侯国兴、弟客光先与魏良卿皆伏诛。""是冬，诏天下所建忠贤逆祠，悉行折毁变价。"《明鉴纲目》卷八："纲：客氏，及魏良卿、侯国兴等伏诛。目：先是，熹宗崩，客氏出外宅。（氏于五更赴梓宫前，出一小函，用黄色龙袱包裹，皆熹宗胎发痘痂，又累年落齿削发等，痛哭焚化而去。）及是，诏赴浣衣局掠死，籍其家。良卿、国兴、客光先等，皆弃市。（家属无少长皆斩，婴孩赴市，有眈睡未醒者。人以为惨毒之报，莫不快之。）方客氏之籍也，于其家得宫女八人，盖将效吕不韦所为。帝大怒，命悉笞杀之。"

赵南星（1550—1627）卒（卒年据公历标注）。姚希孟《荣禄大夫太子太保吏部尚书赵忠毅公墓志铭》："公生于嘉靖庚戌四月三日，殁于天启丁卯十二月十七日，得年七十有八。"《国榷》卷八十八："故太子少保吏部尚书赵南星卒。南星字梦白，高邑人，万历甲戌进士。授汝宁推官。己卯，擢户部主事。癸未，调文选司员外郎，忧去。癸巳，进考功郎中，佐内计，澄如冰镜。吏科都给事中王三余党首相沈一贯横黩，斥之。一贯衔焉。借他事削籍，家居三十余年。泰昌初，起太常寺卿，历工部侍郎。壬戌冬，进左都御史。癸亥，主内计，旋进吏部尚书。渴善仇恶，风行斧断。初，家居时，以丙辰丁巳内计，赵兴邦、亓诗教等乱政，掌癸亥计典，著《四凶论》以斥之。方其入朝也，大理寺卿金坛周应秋知其柄用，郊迎结欢，南星益鄙之，叹曰：'吾入山三十年，安知士风至此乎？'见大学士魏广微，以父执自居，因力排之，中旨削夺。巡抚山西郭尚友诬其赃，追论，戍振武卫。子清衡戍庄浪卫，甥王中庞戍永昌卫。南星日短衣执士伍。崇祯初，赦至，巡抚牟志夔护珰，必需部符方释。卒于戍。年七十八。寻赠少保，谥忠毅，予祭葬，荫清衡中书舍人。"《明史》赵南星传："赵南星，字梦白，高邑人。万历二年进士。除汝宁推官。治行廉平，稍迁户部主事。张居正寝疾，朝士群祷，南星与顾宪成、姜士昌戒弗往。居正殁，调吏部考功，引疾归。起历文选员外郎。疏陈天下四大害……卒以病归。再起，历考功郎中……斥南星为民……南星里居，名益高。与邹元标、顾宪成，海内拟之'三君'。中外论荐者百十疏，卒不起。光宗立，起太常少卿。俄改右通政，进太常卿。至则擢工部右侍郎。居数月，拜左都御史，慨然以整齐天下为己任……寻代张问达为吏部尚书……东林势盛，众正盈朝。南星益搜举遗佚，布之庶位。高攀龙、杨涟、左光斗秉宪；李腾芳、陈于廷佐铨；魏大中、袁化中长科道；郑三俊、李邦华、孙居相、饶伸、王之寀辈悉置卿贰。而四司之属，邹维琏、夏嘉遇、张光前、程国祥、刘廷谏亦皆民誉。中外忻忻望治，而小人侧目，滋欲去南星……忠贤及其党恶南星甚……卒戍南星代州……南星抵戍所，处之怡然。庄烈帝登极，有诏赦还。巡抚牟志夔，忠贤党也，故迟遣之，竟卒于戍所。崇祯初，赠太子太保，谥忠毅。"

监生王之鼎言大理寺副许志吉借黄山一案害民。命免志吉，寻下诏狱。（据《国榷》卷八十八）

大学士来宗道进太子太保，孟绍虞为礼部尚书。（据《国榷》卷八十八）

命吏部清汰加衔，其例贡纳赀诸生毋优免。（据《国榷》卷八十八）

起林釪国子祭酒，钱象坤为礼部尚书，李康先、唐大章为左右侍郎，汪辉为吏部左侍郎，徐光启为詹事，刘锺英为国子司业，庄际昌为左谕德，丁进为右赞善。（据《国榷》卷八十八）

文安之为南京国子司业。（据《国榷》卷八十八）

本年

蔡樊德视学江西，拔揭重熙、陈际泰为一、二名。李调元《制艺科琐记》卷三《五经进士》："蔡公樊德视学江西。是时，崇祯以登极恩，每学拔一人贡京师。公矢诸神，谢私谒。榜发，揭公重熙第一，陈公际泰次之。际泰为诸生时，其文播于朝鲜，蔡公耳其名甚熟，欲拔贡之。日未午，有以全作《五经》文呈者，以为大士也，阅之，乃揭。少顷，大士果以卷来，公曰：'二卷俱佳，但揭卷《尚书》二艺稍弱。'意为陈地也。揭应声，即于案头复补二艺。公遂首揭。后陈中甲戌第二，而揭中丁丑甲榜，亦《五经》并作，后死节云。"

明思宗崇祯元年戊辰（公元1628年）

正月

礼部奏准申明会闱十一事。房考仍复二十房之旧。程文仍令主司执笔。（据《崇祯长编》卷五）

大学士杨景辰入朝。（据《国榷》卷八十九）

大学士来宗道、杨景辰同知经筵日讲。（据《国榷》卷八十九）

翰林院检讨项煜言去邪起废各当酌。上是之。（据《国榷》卷八十九）

陈盟为国子司业，黄近朱为吏部文选主事。（据《国榷》卷八十九）

何吾驺为左春坊左中允。（据《国榷》卷八十九）

复故大学士刘一燝、韩爌官。（据《国榷》卷八十九）

丁卯，升礼部左侍郎孟绍虞为礼部尚书兼翰林院学士，掌部事。刘廷元为工部尚书。许宗礼为吏部左侍郎。王祚远为吏部右侍郎兼翰林院侍读学士。潘士良为大理寺卿。周维京为南京通政使司通政使。贺逢圣为南京国子监祭酒。（据《崇祯长编》卷五）

丁卯科副榜贡生王璘以"违制乱法"被纠。《崇祯长编》卷五：崇祯元年春正月丙戌，"丁卯科副榜贡生王璘，以御极首科，求准同中式举人一体会试，具疏投通政司，司以非例不为封进。璘等遂自于会极门投入。通政使吕图南，以违制乱法纠之，并请申饬接本内臣，以遵祖制，从之。"

诏宦官非奉命不得出禁门。《明鉴纲目》卷八："纲：戊辰崇祯元年（满洲天聪二年），春正月，诏中官非奉命，不得出禁门。"

二月

命大学士施凤来、张瑞图为会试总裁官。取中式举人曹勋等三百五十名。（据《崇祯长编》卷六）《国榷》卷八十九："（崇祯元年二月）乙未，少师大学士施凤来、张瑞图主礼闱。"梁章钜《制义丛话》卷七："俞桐川曰：曹我雪勋奋起明末，振万历、天启腐烂芜秽之习，而入之于妙悟，出之以风雅。辅嗣之名理、右军之文章，兼擅其胜，虽欲不传，其可得乎？甲辰以来四十年间，会元无可录者，李太青学先辈而枯，陈百史摹大家而浮，斟酌古今，调和文质，断推我雪矣。""（俞桐川）又曰：黎博庵先生元宽先督杭州关务，左挟簿书，右操国史，不自居俗吏，故视学下车之日，士林翔舞。遇试期，士子以文试质，即面定轩轾，商榷切劘，宛如家人父子，坦率和易。有一生请曰：规例求宽，先生答曰：'本道元宽。'其善诙谐、能容人如此。当万历之末，文体靡秽，佛经、语录尽入于文，先生以《史》、《汉》大家倡之，进于六经，然后浙人翻然群思学古。忌者中公，夺官之日，诸生遮道请留。道备尊亲，学兼文质，彬彬乎，与薛方山媲美矣。""《四勿斋随笔》云：凡读先辈文，须择其可以开拓心胸者，方于后学有益，如曹峨雪'敬鬼神而远之'文中二比云：'试思孝子之于亲，视膝视杖犹虑有轶敬焉，迨以鬼神事之而举废有时，远之及于三年矣，且远之及于五年矣，岂圣王忍为之疏阔哉？盖观于岁月之间，一日之内，即生成作息，犹不能不相其候，而知神之与人交，有未能数数然者，义所制也。试思仁人之于天，出王游衍犹惧有遗敬焉，及其鬼神事之而贵贱有等，远之不及境以外矣，且远之不及户以外矣，岂圣王敢为之越绝哉？盖观于庶类之生，五官之用，即视听持行，犹不能不守其域，而知人之于神祇，有未能一一邀者，义所裁也。'评者云：'借天、亲二义，实实讲出所以当远之故，伟思高谈，真足发人才慧。'"梁章钜《制义丛话》卷十二："俞桐川曰：万历甲辰以来，四十年间，会元无可录者。李太青学先辈而枯，陈百史摹大家而浮，斟酌古今，调和文质，必推曹娥雪。按：曹勋，崇祯元年戊辰科会元也。"

乙酉，以熹宗山陵，殿试举人改于四月初二日。（据《崇祯长编》卷六）

翰林侍读温体仁直经筵日讲。（据《国榷》卷八十九）

吏部复冤陷诸臣原官。《国榷》卷八十九："吏部奏冤陷诸臣，复原官，给还诰敕。大学士刘一燝、韩爌，吏部尚书周嘉谟、崔景荣、余懋衡，侍郎陈于廷，南京户部尚书周希圣，侍郎区大伦，礼部尚书李思诚、李腾芳、孙慎行，侍郎张鼐、张凤翔、孙居相、李瑾、岳元声、郝名宦、解经邦、刘策、沈演、朱世守，工部尚书朱光祚，右侍郎南居益、董应举，都御史曹于汴、喻安性、郭尚宾、程正己、毕懋康、杨鹤、刘可法、通政倪思辉、徐一棻、王孟宸、韩国藩、刘宗周，寺卿曹珍、易应昌、韦藩、陈胤丛、伦肇修，寺丞萧毅、杨一鹏、彭鲲化、姜习孔、彭惟成，詹事曾楚卿、钱谦益，翰林叶灿、文震孟、侯恪、陈子壮、方逢年、姚希孟，庶吉士郑鄤，应天府尹谈自省，太仆卿庄钦邻、曾一召、姜志礼、韩策、陆完学、满朝荐、刘维忠、张涂、孙之益、马孟祯、倪应春、罗汝元、欧阳调律、张捷、涂乔迁、汪先岸、史弼、徐如珂、王沆、钱春、王国瑚、盛世承、彭遵吉、傅宗皋、陈之闻、汪之彦，司丞吴殿臣。"

始御经筵。英国公张惟贤，大学士施凤来知经筵，大学士张瑞图等同知经筵，翰林院侍读学士温体仁等十六人直讲读，编修倪嘉善等展书。是日，讲《大学》《尧典》各一章，赐宴及金币。（据《国榷》卷八十九）

三月

诏恤杨涟、左光斗等因忤珰逮死诸臣。《明鉴纲目》卷八："纲：三月，赠恤冤陷诸臣。目：诸忤逆珰逮死，若杨涟，左光斗，魏大中，周顺昌等，皆赠恤有差。既而邹元标，冯从吾，高攀龙诸人，亦俱赠荫。"

许章奏如古贴黄法，节其要粘进。著为令。大学士李国楢言之。（据《国榷》卷八十九）

施凤来、张瑞图罢归。《明鉴纲目》卷八："纲：施凤来、张瑞图罢。目：御史罗元宾（会稽人）疏纠凤来等，以为纶绋之重任，总归阉宦之权衡，欲尚公则尚公，欲封爵则封爵，欲建祠则建祠，欲诛杀削夺，则诛杀削夺，情面多而担当少，爵禄重而谋国轻，遂使黄扉为置邮之所，辅臣若执簿之官，误国徇私，莫此为甚。帝是其言，凤来、瑞图，遂俱乞罢。"

礼部左侍郎李孙宸署翰林院事。（据《国榷》卷八十九）

故都察院左都御史邹元标、高攀龙，左副都御史杨涟，左佥都御史左光斗，工部尚书冯从吾，应天巡抚右佥都御史周起元，给事中吴国华、魏大中，太仆寺少卿周朝瑞，御史吴裕中、周宗建、黄尊素、李应升、夏之令、袁化中，吏部员外郎周顺昌，工部郎中万燝，吏部郎中苏继欧，左谕德缪昌期，翰林检讨丁乾学，陕西按察副使顾大章，扬州知府刘铎，刑部员外郎张汶，各赠荫有差。（据《国榷》卷八十九）

四月

以袁崇焕督师蓟辽。《明鉴纲目》卷八："纲：夏四月，以袁崇焕督师蓟辽。目：初，崇焕以忤魏忠贤去。忠贤既伏诛，廷臣争请召崇焕，至是进兵部尚书，督师蓟辽。崇焕寻至都，帝召见平台（即后右门，明代亦名曰平台），咨以方略，对曰：'臣受陛下特眷，愿假便宜，计五年，全辽可复。'帝退少憩。时廷臣咸在，给事中许誉卿叩以五年之略，崇焕言圣心焦劳，聊以是相慰耳。誉卿曰：'上英明，安可漫对。异日按期责效，奈何？'怃然自失。顷之，帝出，即奏言：'东事本不易竣，陛下既委臣，臣安敢辞难。但五年内，户部转军饷，工部给器械，吏部用人，兵部调兵遣将，须中外事事相应，方克有济。'帝为饬四部臣，如其言。崇焕又言：'以臣之力，制全辽有余，调众口不足。一出国门，便成万里。忌能妬功，夫岂无人？即不以权力掣臣肘，亦能以意见乱臣谋。'帝起立倾听，谕之曰：'卿勿疑虑，朕自有主持。'大学士刘鸿训等，复请赐崇焕尚方剑，假之便宜。帝悉从之。（崇焕复上言：恢复之计，不外臣昔年以辽人守辽土，以辽土养辽人，守为正着，战为奇着，和为旁着之说。法在渐，不在骤，在实，不在虚。此臣与诸臣所能为。至用人之人，与为人用之人，皆至尊司其钥，何以任而勿贰，信而勿疑？盖驭边臣与廷臣异，军中可惊可疑者殊多，但当论成败之大局，不必摘一言一行之微瑕，事任既重，为怨实多，诸有利于封疆者，皆不利于此身者也。况图敌之急，敌亦从而间之，是以为边臣甚难。臣非过虑，但中有所危，不得不告。帝优诏答之。）"

刘若宰、何瑞征、管绍宁等进士及第、出身有差。《崇祯实录》卷一：崇祯元年夏四月，"癸巳，赐进士刘若宰等三百五十人及第、出身有差。"《崇祯长编》卷八：崇祯元年夏四月，"癸巳，策试贡士曹勋等三百五十人，赐刘若宰、管绍宁、何瑞征及第、出身有差。"李逊之《崇祯朝记事》卷一："以熹庙梓宫发引，廷试进士改于四月初二日。上留心策士，是日吁天祈得真才，又将进呈三十六卷并贮金瓯中，以金箸夹之。首得刘若宰，遂定为状元。按：弘治乙丑科廷试进士，孝宗皇帝亦焚香吁天于后宫。是科所得名臣惟顾鼎臣、崔铣、黄巩、魏校四人以文章品望著，方献夫以议大礼显，严嵩以贪奸败。今戊辰科所得如汪伟、金铉、王章、吴甘来、周凤翔、徐汧、李梦辰、胡守恒、史可法、金声、刘之纶、徐泽皆以死节著，似胜于弘治矣。而是科亦有宋企郊，以首先降闯贼闻。其它失节败类者亦尚有人也。是科以登极恩中进士三百五十人，房考二十人。科臣有带副都衔者，在逆珰乱政时所加，然序列仍在翰林编、简后。"

据《明清进士题名碑录索引》，崇祯元年戊辰科录取名单如下：

第一甲三名

| 刘若宰 | 何瑞征 | 管绍宁 |

第二甲六十七名

庄应会	曹　勋	解胤樾	诸葛羲	方拱乾	陈于鼎
金　声	蔡邦俊	张　星	万户侯	傅启光	蒋范化
黄起有	石公胤	胡　璇	黎元宽	雷一凤	吴起龙
胡钟麟	李自滋	周昌儒	刘庆蕃	周六一	徐胤升
黄图昌	李缙征	宋之普	刁化神	潘龙鳞	关引之
周凤翔	王忠孝	戚　伸	王国宾	张昌胤	朱大受
朱家仕	叶重华	陈象明	李梦辰	叶绍京	程世培
熊士逵	应喜臣	高斗枢	周　镳	李恢先	包凤起
胡之竑	冯元飏	孙从度	路文范	顾燕诒	汪全智
曹　荃	谭贞默	许　捷	周维新	吴　澧	白士麟
路　进	张奇柱	林徽初	刘梦桂	沈胤芳	潘永图
李国球

第三甲二百八十三名

张罗彦	吴甘来	田用坤	史可镜	林铭几	陈美发
梁招孟	冒起宗	范淑泰	王文企	王际昌	褚德培
郭九鼎	洪启遵	胡守恒	张克佳	李仙风	姚思孝
刘承棠	李献明	鲁元宠	房之骐	颜俊彦	刘正宗
郑光昌	史可法	黄端伯	蔡宸恩	阮元声	陈应运
李　华	郭永泰	张孙振	张明熙	杨　义	叶初春
程子铎	薛所蕴	吴逢翔	张　采	杨鼎熙	叶高标
王懋仁	徐行忠	丁圣时	韩　源	马兆羲	荆祚永
陈昌胤	葛逢夏	韩法愈	洪恩照	宋学显	陈正中

秦　熙	刘含辉	吴载鳌	杨一俊	岳宗恒	杜廷琏
王养正	朱锡元	马士骅	高鸣凤	程近信	田见龙
张弘道	林增志	毛文炳	朱统鈢	王宫臻	吴允初
周纯修	李经世	宋继发	严　鉴	陈昺虞	王廷宾
郑尔说	罗国华	刘曰俊	谢　宗	金光辰	高三重
宋企郊	吕弼周	王用予	陈天明	张宗孟	阎嗣科
贺王盛	汤维新	郭文灿	黄鼎臣	周一敬	傅元初
蒋　煜	吴承烺	商周初	陈其赤	蒋　灿	李献廷
吴鼎泰	胡开文	徐开禧	傅钟秀	甘惟燝	刘其德
吴廷简	周文斗	巫三祝	刘之纶	许成楚	施承绪
徐　耀	雷应乾	柯　彦	魏士章	杨四重	郑洪猷
陈六翰	姜应甲	李日登	杨观光	朱天麟	郝　晋
郭景昌	李　拯	陈从教	宋运昌	詹承祉	张久征
李　沾	金　铉	李正春	张文光	赵　江	赵林翘
李希沆	赵　珽	王志举	徐　汧	梁衍泗	解学尹
荆尔植	杨四知	王　骥	郭之奇	魏呈润	王正志
邓　谦	陈于阶	王之桢	相大成	荆廷钰	李景濂
郑　溁	杨　灼	陈　璲	秦廷奏	梁云构	张元始
欧起鸣	钱启忠	余自怡	雍鸣鸾	宋兆禴	孙曰绍
杨仁斯	张　煊	萧　誉	张问行	龚　彝	皮应举
吴宇英	刘开文	李　鉴	范文淑	原毓宗	梁兆阳
葛征奇	林铭球	葛含馨	许　璟	赖　垓	阎性圣
张育葵	童思圣	辜朝荐	李汝璨	王与胤①	张国士
蔡鹏霄	李奇玉	戴　绅	秦世英	庄元祯	杨云梯
张美含	胡麒生	韩一光	冯　韬	柳似杞	江孔潋
谢龙文	徐汝骅	陈朱图	刘士名	杨镇原	过周谋
靳圣居	李寅宾	宋　琮	闵及申	张希夏	刘　伸
胡士昌	李经世	韩国植	张国臣	刘起沛	李化龙
程　铎	陈起龙	余　爵	郭凝鼎	郭之祥	李崇一
张焜芳	韦明杰	王心纯	喻大为	王龙震	徐　泽
刘作霖	杨楚龙	许应弦	尹民兴	黄奇遇	杨于楷
徐可期	胡献来	艾郢胤	梁应龙	黎玉田	王　章
汪　伟	潘世奇	吉星灿	程九万	任明道	熊　经
江愈敏	李士淳	虞国镇	赵见图	李嗣京	李九华

---

① 　一作：王与允。

王　选	王应华	张文灿	龚士骧	王邦桂	胡遇春
邵传一	张作楫	陈所献	孙　谦	余　骍	吕大器
陈鸣珂	胡世安	胡　江	冯晋卿	徐一范	张缵曾
王　芳	田起凤	吕化舜	黄　襄	罗志儒	王聚奎
荆可栋					

金声时文被誉为"启祯之冠"。梁章钜《制义丛话》卷七："俞桐川曰：怀宗初服，国是渐非，文亦不振。金正希（声）崛起为雄，力追古初，为文幽深矫拔，为启、祯之冠。身为儒臣，慷慨论列，既已告归，复感愤殉国。文章最高，忠义最烈，可谓无憾者矣。论者诮正希好禅学，其败也，为僧所愚；又好谈兵，卒亦死于兵。呜呼！狂澜既倒，大厦将倾，非一手一足之烈。君子竭力致命，惟其志耳，若夫成功，则天也。正希近佛，阳明亦近佛，正希好兵，鹿门亦好兵，有废有兴，成败之间岂可以论豪杰哉？""张惕庵曰：'从其大体为大人'句，金正希文分在上、在下，语极警悚：'在上之大人宵旰以为勤，人以为自奉之薄，而精一危微已判人禽于方寸之地；在下之大人安饱无所求，人以为不堪之忧，而动心忍性已决生死于忧乐之关。'又'心之官则思'句，只是论心之职守，'思则得之'二句，方分不失职、失职两层。艾千子'以理治气，行乎感应之途而无差；以性驭情，握乎明聪之宰而不乱'，此'心之官则思'正面语，极有分寸。""王巳山曰：崇祯戊辰，金正希'身修而后家齐'三句魁墨，运掉极奇变，而部勒极森严，直是通身神骨。惜入后作意搏挽，忽入数目字较量，此则弄巧入纤，好奇成凿，不得以先生故从为之辞。而近人往往慕效此种，是又丑人之矉其里矣。今节录其后幅文云：'学易眩于物数之多少，故亲睦之事，族且以九；平章之事，姓渐以百；协和之风，方更以万。子子一身，无虑孤以处耶，岂知学莫大于彝伦之咸备，今立人之身即全其五，户庭之内已尚见三，朝野之地聊复存二。荡荡天下，不过类而广之，将学是务，乌得无差等哉？'""金正希'足食足兵'章文，盖天盖地，同时能与之匹敌者，惟杨维节一篇，而意旨各别。维节破题云：'系政于民而不得已之时，乃可为也。'已另具一手眼。讲下云：'顾此民也，足非旦夕之可足，信亦非旦夕之可信也。造物蕃息数十年，而我之经纶与之会耳，不然，生我丧乱之馀，宁以不得已听民乎？古者天不畀纯，犹偕百姓为存亡，岂无道以处此？祖宗休养数十年，而我之经纶可一新耳，不然，置我否闷之所，宁以不得已之民归君乎？古者仓卒受命，遂许吾君以驰驱，岂无道以处此？'后幅云：'所以圣贤举事，虽措手万难，而必不以无可奈何之说，轻于一掷；虽小信不用，亦断不以衰世苟且之法，与之漫尝。然而智计之士谈及去兵去食而色变者，何也？生死之说乱其中也。夫子断之曰："自古皆有死，民无信不立。"明乎此，夫然后可以足兵、可以去兵，可以足食、可以去食，而政无不可为矣。'王耕渠曰：'此看明子贡两问，是于未能全备三者之时，商其缓急，去字犹云丢下那一项，先字犹云重在那一项，非是原有三项时裁去那一项之谓。夫子之去兵、去食，以所去明所先，正是施为次第。末二句打穿后壁，更无辗转，归重信字，不单黏去食说。'维节所见与正希划然两样，而浩气伟词，工力悉敌。《论语》一日在天壤，金、杨二文并当翼经而行也。"

"阎百诗曰：昔韩昌黎言，凡为文辞，须略识字。若今人之作时文，何须识字，但取热闹以悦观者之目足矣。如'见而民莫不敬'句，《集注》：'见，音现。'见，显也、露也，与相见之见，音义都别。而金正希此题文明云：'天下时人而见天子焉，天子时出而见天下焉。'竟认作相见字解，可乎？按：见字作两音，亦后人所分，与百诗议陶庵'曲肱而枕'之正同。然现乃俗体，古并无此字，必以为显露，则君之于民不识何者为显露也。且观下二句说言、说行，似金文亦未可厚非也。"梁章钜《制义丛话》卷二十三："郑苏年师曰：金正希初应童试，题为'岂不曰以位'，终日构思，不能成篇。时交卷者将尽，学使令人察其卷，止成一破题，将扶出矣，取破题阅之，则云：'君所挟以傲士者，固士所筹及者也。'大加击赏，给烛令终篇，遂入泮。""阎百诗曰：金正希七岁随父商嘉鱼，父为诸生所讼，将受责，泣曰：'有一子颇能文，愿以此自免。'令异其言，召正希试，以'学而第一'、'为政第二'为题，即作破曰：'学而后为政，未闻以政学者也。'令大惊曰：'子他日必以文章名世，岂终为商人之子哉。'按：嘉鱼令为滇人葛中选，亦奇人。当时即招金人署教之，其兵法、禅学皆传自葛也。闻陈大士少时读书作文，即高视阔步，不读朱子《集注》。初应童试，题为'君子易事而难说'全节，构思竟日，不完卷而出。其友诘之，则曰：'我只得一破题，甚得意。自谓他手所不能，竟至以下不能再着一语。'其友曰：'试述之。'大士曰：'君子之心公而恕，小人之心私而刻。'友笑曰：'此《集注》语，君何掩为己有耶？'大士爽然自失，自是始读朱注。余按：陈大士'赐也尔爱其羊'一节文，中比'陈宝赤刀所为珍秘，剥果蒙泉所为发生'，两意于实理、虚神推阐曲尽，却只是就注中'犹得以识之'、'而可复焉'两语分晰出来，然则大士乃深于《集注》者矣。"

戊戌科三甲进士史可法于弘光元年殉国，其孙为清雍正间生员。梁章钜《制义丛话》卷七："阮吾山曰：史道邻阁部殉节时，尚无嗣息。雍正初，邓东长宗伯锺岳督学江左，试日有童生史姓，年四十余，其祖名可法，询之则忠正公孙也。盖督师赴扬，寄孥白下，有孕妾于沧桑后生一子，延史氏之脉，因家焉。邓公遍询诸老生，对无异词，即阅其文，疵累百出，邓公曰：'是不可以文论。'录入邑庠，而刻石署壁以记其事，俾后之视学毋凭文黜陟，故史生得以青衿终，而家亦稍裕焉。天之祚忠节不绝其后，洵非偶然也。"

戊辰会试卷出，傅山一日记诵五十三篇。傅山《霜红龛集》卷二十五《家训·训子侄》："记吾当二十上下时，……戊辰会试卷出，先兄子由先生为我点定五十三篇，吾与西席马生较记性，日能多少。马生亦自负高资，穷日之力，四五篇耳。吾栉沐毕诵起，至早饭成唤食，则五十三篇上口，不爽一字。马生惊异，叹服如神。"

前少师兼太子太师吏部尚书建极殿大学士叶向高卒。向高字进卿，福清人，万历癸未进士。选庶吉士，授检讨。历南京礼部右侍郎，进礼部尚书东阁大学士，直文渊阁，独相五年。时神庙久不朝，章疏多留中。向高善因事补救，神庙心重之。天启初，再相。边围日棘，魏忠贤窃政，向高欲调剂中外，更蔓其祸，识者悲之。予祭葬，赠太师，谥文忠，荫尚宝司丞。（据《国榷》卷八十九）

五月

焚毁《三朝要典》。《明史》倪元璐传："其年（崇祯元年）四月（元璐）请毁《三朝要典》，言：'梃击、红丸、移宫三议，哄于清流。而《三朝要典》一书，成于逆竖。其议可兼行，其书必当速毁。盖当事起议兴，盈廷互讼。……三案者，天下之公议；《要典》者，魏氏之私书。三案自三案，《要典》自《要典》也。今为金石不刊之论者，诚未深思。臣谓翻即纷嚣，改亦多事，惟有毁之而已。'……遂焚其板。侍讲孙之獬，忠贤党也，闻之，诣阁大哭，天下笑之。"《明史》庄烈帝本纪："（崇祯元年五月）庚午，毁《三朝要典》。"《明通鉴》卷八十一："五月……庚午，毁《三朝要典》，编修倪元璐请之也。其略曰：'梃击、红丸、移宫三议，哄于清流；而《三朝要典》一书，成于逆竖；其议可兼行，其书必当速毁。'"

李国楷罢归。《明鉴纲目》卷八："纲：五月，李国楷罢。（国楷虽魏忠贤同乡，然每持正论。至是乞归，荐韩爌、孙承宗自代。旋卒于家，谥文敏。）"

前戎政兵部尚书吕纯如子世炎荫入国子监。（据《国榷》卷八十九）

翰林院侍讲孙之獬引疾去。御史吴焕劾其对君无礼，拜疏不曰进呈而曰投入。上以回籍，不问。（据《国榷》卷八十九）

翰林院庶吉士李建泰为编修。（据《国榷》卷八十九）

夺前大学士顾秉谦、魏广微恩荫。（据《国榷》卷八十九）

六月

有旨考选庶吉士。录方拱乾等三十人。瞿式耜《瞿式耜集》卷一《端相本疏》："臣谓今年馆选，宜照殿试法，皇上临轩而试之。令考试诸臣，即于御前定其去取，正额之外，多备副卷，以听圣裁。其穀外诸卷，亦当尽数亟呈，间有遗珠，不妨特拔。凡若此者，所以抑躁进之人。如此番之试，无画然必得之法，又所以来高洁之士，使知圣天子雅意求材，当振笔一吐胸中之奇，不必拂衣远引，避馆试如浼也。其试士之题，臣愚谓宜仿古制，考以今日吏治民生、经邦强国之策。不必尽依旧例，以风云月露之词，费精神于无用也。……崇祯元年六月初九日上。十三日奉圣旨：'馆选已有旨，阁臣会官公议。'"李长祥《天问阁文集》卷二《和宪先生桐城方公墓志铭》："公讳拱乾，字肃之。……万历戊午举人，崇祯戊辰进士。当熹庙时，逆珰窃国政，天下奔走，人才为其污坏。新天子即位，加意人才，尤重在馆职，是科，御制题考进士于东阁下，公奏卷当天子意，选取庶吉士第一。"汪懋麟《百尺梧桐阁文集》卷五《王御史传》："公姓王氏，讳与胤，字百斯，山东新城人也。崇祯初，成进士，选翰林院庶言士。选例：先门阀，次才望。公以贵州参议赠太仆寺少卿讳重光者为曾王父，户部左侍郎赠户部尚书讳之垣者为王父，浙江右布政司使讳象晋者为父，其伯父少师兵部尚书讳象乾。门阀既高，又负才工文艺，因与选。故事：庶吉士读书专治一经，日诵《古文正宗》及唐人应制诗各一篇。以故公在翰林无所见。"《国榷》卷八十九："桐城方拱乾，青苑孙从度，铅山李国球，顺德梁衍泗，休宁金声，光山周纯修，顺天张星，紫阳刘其德，嘉善曹勋，上虞陈美发，歙县姚思孝，莆田黄起有，山阴周凤翔，井研胡世安，睢州李梦庚，高平王邦柱，韩城解维樾，揭阳郭之奇，宜兴陈于鼎，宜黄刘之纶，平定白士麟，全州张昌胤，招远杨观光，歙县吴廷简、王文企，长洲徐汧，新建朱统鉓，龙溪魏呈润，新城王与胤，沂州宋之普。先是□科给事中瞿式耜请皇上亲试定去取，翰林院侍读学士张士范、进士张星各请广馆额。庶吉士朱统鉓有言宗室不便入馆，改授中书舍人，即告假去。"

来宗道、杨景辰罢归。《明鉴纲目》卷八："纲：六月，来宗道、杨景辰罢。目：宗道代李国楷为首辅，事多诡随。编修倪元璐屡言时事，宗道笑曰：'渠何事多言？词林故事，止香茗耳。'时谓宗道为清客宰相。景辰先与宗道为《要典》副总裁，一徇奸党指。及朝局已变，乃请毁《要典》。言官交章劾之，遂与宗道同罢。"

命翰林官凡值召对，入侍记注。（据《国榷》卷八十九）

叶灿、刘钟英为礼部右侍郎，协理詹事府。傅冠为左春坊左中允。（据《国榷》卷八十九）

翰林院侍讲徐时泰免，赐金币。（据《国榷》卷八十九）

大学士钱龙锡入朝。（据《国榷》卷八十九）

前大学士冯铨削籍。（据《国榷》卷八十九）

戊戌，授庶吉士黄景昉为编修。（据《崇祯长编》卷十"崇祯元年六月"）

七月

癸酉，礼部侍郎罗喻义、叶灿教习庶吉士。（据《崇祯长编》卷十一）

海寇郑芝龙接受招安。《明鉴纲目》卷八："纲：秋七月，海寇郑芝龙（泉州南安人）降。目：闽海故多盗，芝龙尤猖獗（据海岛，截商粟。会闽中洊饥，求食者多归之，势益炽），然尝败官军不追，获将士不杀，当事者遣使抚谕，遂降。会福建巡抚熊文灿（贵州永宁卫人）至，善遇之，使为己用。芝龙先后击杀群盗李魁奇、钟斌等，擢授游击。后又平巨寇刘香，（闽素有红夷之患，香乘之，连犯闽广沿海诸邑。文灿令参政洪云蒸，往贼舟宣谕，被执。芝龙乃合广东兵，击香于远洋。香胁云蒸止兵，云蒸大呼曰：'我矢死报国，急击勿失。'遂遇害。芝龙兵进，香势蹙，遂自焚死，其家属诣浙江降。○洪云蒸，长沙人。）海氛渐息。（芝龙寻擢副总兵，数以海利交通权要，寝以贵显。）"

革去广宁及蓟镇塞外诸部岁赏。《明鉴纲目》卷八："纲：革广宁及蓟镇塞外诸部岁赏。目：先是广宁塞外，绰哈诺木图古云，及蓟镇喀尔沁三十六家，岁授抚赏，至是，尽革去之。会岁饥，诸部请粟，不许。因是携贰，满洲悉收用之。"

翰林院侍读学士张士范削籍，庶吉士张星免。（据《国榷》卷八十九）

吴宗达仍吏部右侍郎，回部。孔贞运为国子祭酒，仍经筵日讲。（据《国榷》卷八十九）

宁远驻军因缺饷哗变。《明鉴纲目》卷八："纲：宁远兵变。目：川湖兵戍宁远者，缺饷四月，大噪，余十三营起应之，缚巡抚毕自肃、总兵官朱梅于谯楼。自肃上疏自劾，脱走中左所自经。督师袁崇焕闻变，驰至，捕斩首乱，余抚定之。请令祖大寿（辽东人。）仍驻锦州，中军副将何可纲（辽东人），随己驻宁远，而移蓟镇赵率教于关门。遂罢宁远及登莱巡抚。时度支大绌，锦州蓟镇兵相继哗，户部尚书毕自严（字景曾，淄川人），言一岁之出，浮于所入一百一十三万有奇，而内供召买不与焉。帝命群臣各陈所见。自严择其可者，先后列上，增盐引，议鼓铸，括杂税，核隐田，增关课，皆琐屑权宜之计，民以重困。"

八月

御史戴相上武举四议：革弊宜严，校艺宜核，阅文宜精，常调宜破。从之。（据《崇祯长编》卷十二）

翰林院侍讲徐时泰、孙之獬、陈具庆并削籍，贡士周录除名。应秋子。（据《国榷》卷八十九）

故吏部尚书陆光祖孙灏、故山东参政谭昌言子贞知并入国子监。（据《国榷》卷八十九）

翰林院编修吴孔嘉削籍。孔嘉微时，故怨族人吴养春。及登第，因其逃仆讦奏。起黄山之案，倾陷数百家。（据《国榷》卷八十九）

九月

己巳，以春坊中允陈仁锡、翰林院侍讲李绍贤为武会试主考官。（据《崇祯长编》卷十三）

十月

丁未，左春坊刘宇亮予告。（据《国榷》卷八十九）

刘鸿训落职，寻遣戍。王在晋削籍。《明鉴纲目》卷八："纲：冬十月，刘鸿训免，寻遣戍。目：先是，魏忠贤虽败，其党犹满朝，言路新进者，群起击之，诸执政李国槽等，故尝事忠贤，不敢有所别白。鸿训至阁，毅然主持，次第斥杨维垣、李恒茂、杨所修、孙之獬（之獬为侍讲，闻《要典》将毁，诣阁力争，且恸哭，天下笑之。○之獬淄川人）、阮大铖等，人情大快，而群奸余党，恨刺骨。帝数召见廷臣，鸿训应对独敏，谓民困由吏治失，请帝久任责成。帝嘉纳之。至是，惠安伯张庆臻（伟曾孙），总督京营，敕内有兼辖捕营语，提督郑其心，以非旧例（旧例，督京营者，不辖巡捕军），论之。命核中书改敕之故，下舍人田嘉璧狱。而给事中李觉斯（广州东莞人）言，事由兵部具稿，送辅臣审定，中书缮写。兵部及辅臣，皆当问。帝心疑其事，乃御便殿问诸阁臣，皆云不知。帝怒，令廷臣劾奏。于是觉斯言庆臻纳贿，御史吴玉（寿阳人），言鸿训主使，而帝阅兵部揭，有鸿训批西司房语，帝意谓事已大著，即令内阁拟旨。阁臣合词申辨，不纳。遂落鸿训职，谪戍代州。兵部尚书王在晋削籍。庆臻以世臣，停禄三年。（后，鸿训卒于戍所，福王时复官。）"

十一月

礼部尚书温体仁衔钱谦益，讦其天启初主试浙江贿中钱千秋，不宜枚卜。（据《国榷》卷八十九）

礼部侍郎钱谦益削职，都给事中章允儒等降谪有差。李调元《制义科琐记》卷三《一朝平步上青天》："天启辛酉，钱谦益与科臣暴谦贞典试浙江。崇祯元年，当会推时，温体仁奏谦益典浙试，受钱千秋贿，以'一朝平步上青天'为关节。并云，千秋逃了，有过付之人徐时敏、金保元提到刑部为证，谦益不当与会推。十一月初六日，上御文华殿，召问谦益，力辨。上以问辅臣，辅臣曰：'此案已据刑部招结，是光棍骗钱的。千秋文才原是可中，光棍知道可中，所以去骗。'上曰：'光棍作主考么？'辅臣以招问对，上曰：'招也是闪烁的。'辅臣言：'千秋后来拿到了。'上曰：'卿等即去从公会议。'议上，有旨：'谦益关节有据，受贿是实，着革职。千秋着法司严提究问，具奏。'"《明史·选举志》："天启四年，山东、江西、湖广、福建考官，皆以策问讥刺，降谕切责。初命贬调，既而褫革，江西主考丁乾学至下狱拟罪，盖触魏忠贤怒也。先是二年辛酉，中允钱谦益典试浙江，所取举人钱千秋卷七篇大结，迹涉关节。榜后，为人所讦，谦益自检举，千秋谪戍。未几，赦还。崇祯二年会推阁臣，谦益以礼部侍郎与焉，而尚书温体仁不与。体仁摘千秋事，出疏攻谦益。谦益由此罢，遂终明世不复起。"《明鉴纲目》卷八："纲：十一月，召对廷臣于文华殿，礼部侍郎钱谦益（字受之，常熟人）以罪削职，都给事中章允儒（南昌人）等降谪有差。目：诏会推阁臣，廷臣列吏部侍郎成基命（字靖之，大名人），及谦益等名以上。（时同推者，郑以伟，李腾芳，孙慎行，何如宠，薛三省，盛以宏，罗喻义，王永光，曹于汴，凡十一人。○郑以伟，字子器，上饶人。何如宠，字康侯，桐城人。薛三省，字鲁淑，定海人。罗喻义，益阳人。）礼部尚书温体仁（字长卿，乌程人），以无素望不与。侍郎周延儒（字玉绳，宜兴人）方奏对称旨（先是锦州兵哗，袁崇焕请给饷，帝召问诸大臣，皆请发内帑。延儒独进曰：'关门昔防敌，今且防兵。宁远哗，饷之，锦州哗，复饷之。各边效尤，帑将安给？'帝曰：'卿谓如何？'延儒曰：'事迫不得不发，但当求经久之策。'帝悦曰：'卿言是也。'降旨责群臣。越数日，复召问。延儒曰：'饷莫如粟，山海积粟不缺也，缺银耳。何故哗？安知非骄弁构煽，以胁崇焕邪？'帝方疑边将要挟，闻延儒言，复悦曰：'卿言是。'由此属意延儒），亦弗及。体仁揣帝意必疑，遂上疏讦谦益前典试浙江，关节受贿，不当与阁臣选。（谦益于天启二年，典试浙江，有奸人金保元、徐时敏，伪作关节，用俚俗诗一朝平步上青天句，分置七义结尾，授举子钱千秋，遂中式。千秋本能文，本房荐拟第二，主司抑置第四。知为保元、时敏所卖，与之闹，事传京师，为部科磨勘者所发。谦益大骇，即具疏劾二奸，及千秋，俱下吏论戍，谦益亦夺俸。二奸寻毙。千秋遇赦，释还。事已七年矣，至是体仁以枚卜不与，疑谦益实沮之，遂复发其事。）帝果心动，次日召对阁部科道诸臣于文华殿，命体仁、谦益皆至。谦益不虞体仁之劾已也，辞颇屈，而体仁盛气诋谦益，言如泉涌，因进曰：'臣职非言官，不可言。会推不与，宜避嫌不言。但枚卜大典，宗社安危所系。谦益结党受贿，举朝无一人言者，臣不忍见皇上孤立于上，是以不得不言。'帝久疑廷臣植党，闻体仁言，辄称善。而执政皆言谦益无罪，吏科都给事中章允儒争尤力。且言体仁热中觊望，如谦益当纠，何俟今日？体仁曰：'前此谦益皆闲曹，今者纠之，正为朝廷慎用人耳。如允儒言，乃真党也。'允儒曰：'党之说，小人以陷君子，天启朝可鉴。'帝怒，命礼部进千秋卷，责谦益，谦益引罪，帝叹曰：'微体仁，朕几误。'遂叱允儒下狱，并切责诸大臣。时大臣无助体仁者，独延儒奏曰：'会推名虽公，主持者止一二人，余皆不敢言。敢言，徒取祸耳。且千秋自有成案，不必复问。'帝乃即日罢谦益官，议罪（坐杖论赎），允儒及给事中瞿式耜（字起田，常熟人），御史房可壮（益都人）等，皆坐谦益党，降谪有差。（千秋复逮问，荷校死。）"

十二月

韩爌复为首辅。《明鉴纲目》卷八："纲：十二月，韩爌复入阁。目：先是五月诏遣行人召爌，及是始至。会帝以钱谦益事，悉置廷推者不用，遂命爌复为首辅。（时刘鸿训方被重谴，爌至即疏救，不听。温体仁既讦钱谦益，御史毛九华、任赞化，亦疏讦体仁，帝再召内阁九卿质之。体仁力诋九华、赞化为谦益私党，帝以为然，秉烛召爌等于内殿，谓进言者不忧国而结党，当重绳以法。爌退具揭言，人臣不可以党事君，人君亦不可以党疑臣，但当论其才品臧否，职业修废而黜陟之。若戈矛妄起于朝堂，畛域横分于官府，非国之福也。不纳。○毛九华，掖县人。任赞化，闻喜人。）"

陕西发生饥荒，高迎祥等揭竿而起。（据《明通鉴》卷八十一、彭遵泗《蜀碧》卷一）

胡尚英为南京国子祭酒，刘锺英为南京吏部右侍郎，加服俸一级。谕德吴士元为南京左春坊左庶子，署翰林院事。（据《国榷》卷八十九）

命提学官磨勘解部试牍。（据《国榷》卷八十九）

御史李嵩劾国子司业陈盟、给事中张维一，天启丁卯主试浙江，试题"巍巍乎惟天为大，惟尧则之"，巍与魏同形，以媚珰也。（据《国榷》卷八十九）

本年

张溥、张采等共结燕台社（又称燕台十子社）。杜登春《社事始末》："是时娄东张天如先生溥、金沙周介生先生钟，并以明经贡入国学，而先君子（即杜麟征）登辛酉贤书，夏彝仲先生允彝亦以戊午乡荐偕游燕市，获缔兰交。目击丑类猖狂，正绪衰息，慨然结纳，计立坛坫。于是先君子与都门王敬哉先生崇简倡燕台十子之盟，稍稍至二十馀人。宛平米吉士寿都、闽中陈昌箕先生肇曾、吴门杨维斗先生廷枢、徐勿斋先生汧、江右罗文止先生万藻、艾千子先生南英、章大力先生世纯、朱子逊先生健、朱子美先生霦、娄东张受先先生采、吾松宋尚木先生存楠后改名征璧者皆与焉。"梁章钜《制义丛话》卷七："俞桐川曰：弃之而惜，取之而不惜，非文之美也；弃之而不惜，取之而惜，斯文之美也。弃之而惜，取之而不惜者，其美外见，故弃之则屈其才，取之则称其量也。若夫美之内藏，骤阅不解，久而愈出，故弃之不见可惜，迨乎取之而又惜也。罗文止于丁卯受知于倪鸿宝、沈青峤二先生，鸿宝曰：'吾失大士而后文止，咨嗟累日。'青峤曰：'文止、左严均入吾彀，上下先后或不为文止病。'是皆以不元文止为惜也。然丁卯以后，终困公车，人亦莫以失文止为惜，岂非取之而惜，弃之而反不惜者耶？"

吴伟业进学。顾湄《吴梅村先生行状》："年二十，补诸生。"

明思宗崇祯二年己巳（公元 1629 年）

正月

周道登罢归。《明鉴纲目》卷八："纲：己巳二年，春正月，周道登罢。（道登尝召对。帝问宰相须用读书人，何解？对曰，容臣至阁中检阅回奏。帝有愠色。又问章奏内多有情面二字何也？对曰，情面者，面情之谓。左右皆匿笑。道登前在礼部，多有争执。及柄政后，排正人，庇私交，屡为言路所劾。帝悉下其章廷议，尚书王永光等，言所劾有据，遂放归。）"

上幸太学释奠，御彝伦堂。国子祭酒孔贞运讲《大禹·谟》，司业倪嘉善讲《易·泰卦·大象》，上善之。监生江旭奇伏甬道进《孝经疏义》。（据《国榷》卷九十）

召大学士韩爌、李标、钱龙锡，吏部尚书王永光定逆案。（据《国榷》卷九十）

二月

颁诏：翰林院编修陈仁锡、中书舍人弓省矩往辽东，侍讲朱之俊、行人姜应甲往浙江南京，侍讲许士柔、礼部主事闵心镜往江南，侍讲王锡衮、中书舍人刘守扬往云南贵州，礼科给事中仇维桢、礼部主事王宗昌往河南，工科给事中刘安行、礼部主事何闳中往湖广，礼部员外郎刘梦潮、中书舍人吴襄往苏松常镇，行人李世祺、郭都贤往畿内山西，行人谭性学、江桂往四川陕西，行人李日登、郭维经往江西福建，中书舍人李日烨、陈之翰往两广，行人郭建邦、李一献往山东。（据《国榷》卷九十）

左春坊左庶子兼翰林院侍读庄际昌卒。际昌字景说，晋江人，万历己未进士礼闱廷试俱第一。以制策误一字见龃龉，予告。天启初，授翰林修撰。丙寅，忤珰削夺。崇祯初，复秩，历今官。年五十二。先治生圹，赠詹事。（据《国榷》卷九十）

三月

定阉党逆案，自崔呈秀以下，以六等定罪。见《明史·庄烈帝一》。《明鉴纲目》卷八："纲：三月，定逆案。目：诏定魏忠贤逆案，阁臣韩爌等，不欲广搜树怨，列上者少，帝不怿，令以赞导拥戴颂美谄附为目，因曰：'忠贤一内竖耳。苟非外廷助虐，何遽至此？且内廷同恶者亦当入。'爌等以不知内侍为对。帝曰：'岂皆不知？特畏任怨耳。'阅日，召入便殿，案有布囊，盛章奏甚伙，指之曰：'此皆奸党颂疏，可案名悉入。'爌等知帝意不可回，乃曰：'臣等职在调旨，三尺法非所习。'帝召吏部尚书王永光问之，以不习刑名对。乃诏刑部尚书乔允升，左都御史曹于汴同审定。于是案所罗列，几无脱遗。至是上之，帝亲以裁定。自魏忠贤客氏，依谋反大逆律磔死外，以六等定罪，曰首逆同谋，崔呈秀及魏良卿、侯国兴等六人，俱立斩。曰交结近侍，刘志选、梁梦环、倪文焕、许显纯等十九人，俱斩，秋后处决。曰交结近侍次等，魏广微、周应秋、阎鸣泰、杨维垣等十一人，及逆孽魏志德等三十五人，俱充军。曰谄附拥戴，太监李实等十五人，亦俱充军。曰交结近侍又次等，顾秉谦、冯铨、王绍徽等一百二十八人，俱坐徒三年，赎为民。曰交结近侍减等，黄立极等四十四人，俱革职闲住。又于诸人姓名下，各注所犯，刊布中外知之。（方案初定，张瑞图、来宗道及贾继春皆不与。帝召见阁臣，及允升、于汴于平台诘之，阁臣等，以瑞图、宗道无实状对，帝曰：'瑞图工书，为忠贤所爱。宗道为崔呈秀父请恤典，中有在天之灵语。非实状邪？'又问继春，对曰：'继春虽反复，持论亦有可取。'帝曰：'惟反复故为真小人。'三人遂俱论徒。）"

杨鹤总督三边军务，讨捕流贼。《明鉴纲目》卷八："纲：以杨鹤（字修龄，武陵人）总督三边军务，捕流贼。目：鹤初官佥都御史，忤魏忠贤，罢去。即位复官，进左副都御史。（上言：自大兵大疫，加派频仍，小民之元气伤。辽左黔蜀，丧师失律，封疆之元气伤。搢绅构党，彼此相倾，逆阉乘之，诛锄善类，士大夫之元气伤。譬如重病初起，百脉未调，风邪易人，急当培养。而陛下事事励精，临轩面质，或问之而未必尽知。事下六曹，或呼之而未必立应，致干圣怒，数取谴诃。窃以为过矣。今一切民生国计，吏治边防，宜取祖宗成法，委任责成，严为之程，宽为之地，图之以渐，镇之以静，何虑不臻太平哉？报闻。）关中寇炽，总督缺人，乃拜鹤兵部尚书，总督军务讨贼。先是王大梁由略阳逼汉中，余贼犯洛川、淳化等十余州县，固原逃兵周大旺等，掠泾阳富平。及鹤至，商洛道参政刘应遇，已先击斩王二于白水，又追斩大梁于汉南。（余众逃入山中，歼之几尽。）督粮道参议洪承畴（泉州南安人），亦击破王左挂（几擒之，会雷雨遁去），副将贺虎臣（保定人），捕斩周大旺等，贼渠多就诛灭。鹤不能抚绥，于是继起者益众，延安榆林间，随处皆贼。（故事，总督大臣，率用边抚知兵者。鹤素不膺军旅之任，庙堂遽用之，备御方略，莫知为计。后遂一意主抚，卒以此败。）"

徐光启为太子宾客礼部左侍郎兼翰林侍读学士，侯恪为南京国子祭酒。（据《国榷》卷九十）

翰林院编修陈仁锡使辽东。未出都，报建虏十五万骑犯宁远。（据《国榷》卷九十）

四月

满洲开文馆，译汉文书籍，记注本朝史事。（据蒋良骐《东华录》卷二）

命宗学同民生廪贡，不必另设。（据《国榷》卷九十）

韩继思为右副都御史。丘士毅为南京礼部右侍郎。陆完学为右副都御史，巡抚浙江提督军务。翰林院庶吉士陈演为编修。（据《国榷》卷九十）

倪元璐为南京国子司业。（据《国榷》卷九十）

闰四月

三日，李流芳（1575—1629）卒。据寒星、永祁编《李流芳年谱》（载上海书画社刊行之《朵云》1991年第二期）。李流芳，初字茂宰，更字长蘅，号檀园、一道、六浮居士、泡庵等，歙县（今属安徽）人。《明史·文苑传》："流芳，字长蘅，万历三十四年举于乡。工诗善书，尤精绘事。天启初，会试北上，抵近郊闻警，赋诗而返，遂绝意进取。"

五月

改用西洋法步历。《明鉴纲目》卷八："纲：夏五月，改用西洋法步历。目：帝以日食失验，欲罪台官。（时大统历推食三分二十四秒。）回回历推食五分五十二秒。徐光启依西法预推，顺天府食二分有奇，应天食六分有奇，琼州食既，大宁以北不食。至期，光启法验，大统回回历皆疏。○回回历。出西域，洪武中置科，隶钦天监，与大统法参用。）礼部尚书徐光启言，台官测候，本郭守敬法。元时尝当食不食，无怪今日之失。宜及时修治，参用西法。（光启以岁差环转，岁实参差，天有纬度，地有经度，列宿有本行，月五星有本轮，日月有真会视会，皆古所未闻，惟西法有之。宜取其历法，参互考订，与大统法会同归一。）从之。诏西洋人龙华民推步，光启为监督。（华民卒，更征汤若望代之。）西法之行自此始。（西洋新法，其初大约与回回历相同，周天三百六十度，度六十分，分六十秒，一日十二时，时八刻，刻十五分。有闰日，无闰月。迨入中国，又通融中法，始复置闰月之类，穷推详测，益加精密。于是授时大统之说渐绌。）"

大学士杨景辰卒。景辰字载甫，晋江人，万历癸丑进士。历太子太保礼部尚书文渊阁大学士，致仕。列逆案，闲住。（据《国榷》卷九十）

裁滦州训导一，永平卢龙二卫知事各一。（据《国榷》卷九十）

六月

袁崇焕杀总兵官毛文龙，分其兵为四协。《明鉴纲目》卷八："纲：六月，袁崇焕杀总兵官毛文龙于双岛。（在今奉天金县西南海中。）目：崇焕素弗善文龙。大学士钱龙锡，以崇焕召对时，有五年复辽语，因造寓，询方略。崇焕曰：恢复当自东江始。文龙可用则用之，不可用则处之易易耳。比崇焕莅镇，文龙来谒，接以宾礼，文龙不让，崇焕益不悦，遂决意诛之。至是以阅兵为名，泛海抵双岛。文龙来会，崇焕与相燕饮，每至夜分，文龙不觉也。崇焕议更营制，设监司，文龙怫然。崇焕以归乡动之，文龙曰：'向有此意。但惟我知东事。东事毕，朝鲜衰弱，可袭而有也。'崇焕滋不怿，遂以六月五日，邀文龙观将士射。先设幄山上，令参将谢尚政等，伏甲士幄外。文龙至，其部卒不得上。崇焕曰：'予诘朝行，公当海外重寄，受予一拜。'拜毕登山，因诘文龙违令数事，文龙抗辨。崇焕厉声叱之，命去冠带絷缚。文龙犹倔强，崇焕数以十二罪当斩，数毕，文龙不能言，但叩头乞免。崇焕召谕其从官曰：'文龙罪状，当斩否？'皆惶怖唯唯，中有称文龙数年劳苦者，崇焕叱退之。乃顿首请旨，出尚方剑，斩文龙于帐前。然后出谕其部卒曰：'诛止文龙，余无罪。'皆不敢动。分其兵为四协，以文龙子承祚及副将陈继盛等领之。遂还，具状以上。帝骤闻，意殊骇。既念文龙已死，方任崇焕，乃优旨褒答。崇焕又上言东江不能更置帅，即以副将继盛摄之，于计便。又虑部下为变，请增饷银至十八万。帝皆报可。自文龙专阃海外，前后章奏，或多虚张失实，部下健儿劲卒，不下二万余。崇焕恐其跋扈难制，故必欲杀之。然东江屹然巨镇，自文龙死，势日衰弱。且岛弁失主帅，心渐携，益不可用，其后致有叛去者。（明年，参将刘兴治，杀陈继盛等十一人以叛。）"

七月

升顾锡畴为国子监祭酒。（据《崇祯长编》卷二十四）

开平卫贡士赵养蔚有城守功，特试中书舍人。（据《国榷》卷九十）

文震孟为春坊谕德，署司经局。（据《国榷》卷九十）

廷讯罪监刘若愚言："故贡士赵鸣阳，并不曾入魏忠贤幕也。盖尝馆秉笔太监魏学颜家，非忠贤。"得杖赎。（据《国榷》卷九十）

八月

国子监司业倪嘉善疏言国学考课事。令照旧例举行。孙承泽《山书》卷二《国学考课》："（崇祯二年）八月，国子监司业倪嘉善疏言：'议将通监诸生，月三课文。又酌一岁之中，合课经书后场于一日。而卷必弥封，阅必公同，请托必严，奸弊必绝。六堂定六名，不分举贡、例俊，惟才是视。其卷仍备正副，封进御览，以凭钦定。旨下之后，移咨吏部，与以出身。举人照先年旧例，与以京衔。岁贡恩选，或除州县正官，或学正、教谕，俱准与选。廪附例照岁贡量行减半。民生倘有英才拔起，亦照附例历满俱选。于循资历级之中，寓鼓舞通变之术，太学将多佳士矣。臣又以为德行之激劝不先，名教之砥维奚藉？官于岁试发案之前，确访行修之士，至期特拔一人，详核生平修著实迹，并呈御览。旨下，一体移咨吏部，选授教授。若败检跳逾之辈，亦每岁查一二人，注名于籍，以凭惩警革斥。'令照旧例举行。"

九月

故国子祭酒赠礼部右侍郎刘应秋，谥文节。（据《国榷》卷九十）

十一月

翰林院检讨杨观光言兵变，乞登莱酌议蠲租以示优恤。报可。（据《国榷》卷九十）

遵化陷落。《国榷》卷九十："（崇祯二年十一月）丙戌，建虏围遵化，奸人内纵火，各奔救，众溃。巡抚右佥都御史王元雅自经，推官何天球、保定推官李献明、知县徐泽、教谕曲毓龄、中军彭文炳、守备徐联芳死之。连陷抚宁。召廷臣于平台，责边计无一效。问方略，命廷臣署举分曹咨试。"

成基命入内阁、预机务。兵部尚书孙承宗视师通州。《明鉴纲目》卷八："纲：以成基命为礼部尚书，兼东阁大学士，预机务。召孙承宗，复为兵部尚书，兼中极殿大学士，视师通州。目：基命请速召还故辅承宗，任以兵事。帝然之。乃即命基命入阁，而立召承宗至。入对，具陈方略，帝称善曰：'卿且为朕保护京师。'承宗出，漏下二十刻矣。即周阅都城，五鼓而毕，复出阅重城。明日夜半，忽传旨守通州。时烽火遍郊，承宗从二十七骑，疾驰抵通州，门者几不纳。既入城，与保定巡抚解经传（韩城人），御史方大任（桐城人），总兵官杨国栋，登陴固守，而以间复马兰（在遵化县西北，有关城，今为马兰镇），三屯，二城。"

诏各地巡抚勤王。《明鉴纲目》卷八："纲：诏天下镇巡官勤王。目：于是宣大总督，及宣府保定河南山东山西各巡抚，皆奏帅师入卫。诏应天凤阳陕西郧阳浙江巡抚俱勤王。（已而山西援兵溃于良乡，逮巡抚耿如杞、总兵官张鸿功下狱。）"

十二月

袁崇焕逮系诏狱。祖大寿拥众东走，毁山海关而去。《明鉴纲目》卷八："纲：十二月，下督师袁崇焕于狱，总兵官祖大寿拥众奔出关。目：初，崇焕欲修理故疆，尝藉议和以缓师。时满洲方有事朝鲜，亦欲假是以阻其兵，乃遣使以书相往来。已而崇焕奉旨戒谕，言路亦以为非计，事寻止。（后崇焕复以书询钱龙锡，龙锡亦沮之。）及敌兵深入，所破隘口，皆蓟辽总督刘策（字范重，武定人）所辖。崇焕千里赴援，自谓有功无罪。然都人骤遭兵，怨谤纷起，谓崇焕拥兵坐视。朝士因前通和议，诬其召兵胁和，将为城下之盟。帝颇闻之，不能无惑。会崇焕营沙窝门外，伏兵隘口，敌军分道夹击，全军覆没。崇焕复移营城东南隅，竖立栅木，敌军列陈逼营，不战而还。时宦官二人陷敌，敌设间，佯为崇焕密附满洲，故使闻之。待释归，其人奔告于帝，帝遂信之不疑。召见崇焕，及大寿于平台，诘崇焕以杀毛文龙故，且责其援兵逗留，缚付诏狱。成基命叩头，请慎重者再。帝曰：'慎重即因循，何益？'基命复叩头曰：'兵临城下，非他时比。'帝不省。大寿在旁股栗，惧并诛，出即与何可纲拥众东走，毁山海关去，远近大震。大寿先尝坐事当死，赖崇焕救免。基命言于帝，就狱中取崇焕手书招之。督师孙承宗亦遣马世龙追抚（世龙先以罪系狱，时已释出，立功自效），密令上章自列，且立功赎督师罪。大寿如其言。帝优旨答之，命承宗移镇关门，大寿敛兵待命。（可纲亦归。）"

满洲军进逼永定门，满桂、孙祖寿战殁。《明鉴纲目》卷八："纲：满洲军薄永定门，武经略满桂，及总兵官孙祖寿（字必之，昌平人），俱战殁。目：满洲军既薄京城，两遣使赍书议和，遂自德胜门移营南苑。已而分兵下固安，取良乡，知县党还醇（字于贞，三原人），死之。（教谕安上达，训导李廷表，典史史之栋，驿丞杨其礼，皆死焉。）复回军至卢沟桥，副总兵申甫结车营以拒，敌兵绕出其后，尽破申甫军。（申甫者，僧也，好谈兵，私制战车火器。庶吉士金声荐之，帝立召见，取其车入览，即擢副总兵，令募新军，改声御史监之。甫仓卒召募，皆市井游手，军装戎器，又不时给。

及战，御车者皆惶惧不能转，歼戮殆尽，甫亦阵亡。○金声，字正希，休宁人。）遂南薄永定门。时以袁崇焕下狱，特设文武两经略，以尚书梁廷栋（鄢陵人）及满桂为之，屯西直、安定二门。帝趣桂出师，桂言众寡势殊，未可轻战。中使趣之急，不得已，乃督孙祖寿等，移营南城外三里许，列栅以待。明日昧爽，满洲以精骑四面来攻，桂及祖寿等战不支，遂俱殁。京师大震。（时帝不视朝，传旨办布囊八百。中官竞献马骡，又令百官进马。顺天府尹刘宗周曰：'是必有以迁幸动上者。'乃疏言国势强弱，视人心安危。乞延见百僚，谕以固守外无他计。俯伏待报，自晨迄暮，中官传旨乃退。○刘宗周，字起东，山阴人。）"

钱龙锡罢归。《明鉴纲目》卷八："纲：钱龙锡罢。目：御史高捷（宁晋人），史𡏖（清苑人）本阉党，王永光引用之，颇为龙锡所扼，两人因是大根。方袁崇焕之杀毛文龙也，报疏有辅臣龙锡，为此一事，低徊过臣寓语。而崇焕欲成和议，又尝以书商于龙锡。及是崇焕已下狱，捷、𡏖遂上言，以通款杀将，皆龙锡发纵指示，宜与崇焕并罪。帝以龙锡忠慎，戒无过求。龙锡抗章申辨，捷、𡏖再疏力攻，词益危切，帝意颇动。龙锡再辨引疾，乃即放归。时兵事方棘，未暇竟也。"

周延儒、何如宠、钱象坤并入内阁、预机务。《明鉴纲目》卷八："纲：以周延儒、何如宠、钱象坤（字宏载，会稽人），并为礼部尚书，兼东阁大学士，预机务。目：延儒性机警，善伺意指。以会推不预，与温体仁比，数为言者所劾。帝不听，特命入阁。时都人桀黠者，请以私财聚众，助官军，如宠力言其巨测。会帝得侦事者报，与如宠言合，由是受知。象坤奉命守城，祁寒不懈。帝觇知之，遂并命入阁。"

本年

张溥于尹山（今江苏吴江）大会同人，是为复社第一次盛会。陆世仪《复社纪略·复社总纲》："崇祯二年（己巳）：尹山大会。"《明史》文苑传："张溥，字天如，太仓人。……与同里张采共学齐名，曰'娄东二张'。……已而采官临川。溥归，集郡中名士相与复古学，名其文社曰复社。四年成进士，改庶吉士。以葬亲乞假归，读书若经生，无间寒暑。四方啖名者争走其门，尽名为复社。溥亦倾身结纳，交游日广，声气通朝右。所品题甲乙，颇能为荣辱。诸奔走附丽者，辄自矜曰：'吾以嗣东林也。'执政大僚由此恶之。……文声诣阙言：'风俗之弊，皆原于士子。溥、采为主盟，倡复社，乱天下。'……至十四年，溥已卒，而事犹未竟。"朱彝尊《静志居诗话》卷二十一《孙淳》："崇祯之初，嘉鱼熊开元宰吴江，进诸生而谋讲艺，于时孟朴里居，结吴翻扶九、吴允ζ去盈、沈应瑞圣符等肇举复社。于时云间有几社，浙西有闻社，江北有南社，江西有则社，又有历亭席社，昆阳云簪社，而吴门别有羽朋社、匡社，武林有读书社，山左有大社，佥会于吴，统合于复社。复社始于戊辰，成于己巳。其盟书曰：

'学不殖将落，毋蹈匪彝，毋读非圣书，毋违老成人，毋矜厥长，毋以辩言乱政，毋干进丧乃身。嗣今以往，犯者小用谏，大者摈。金曰：诺。'是役也，孟朴渡淮、泗，历齐、鲁以达于京师，贤大夫士必审择而定衿契，然后进之于社。故天如之言曰：'忘其身惟取友是急，义不辞难而千里必应，三年之间，若无孟朴，则其道几废。'盖先后大会者三，复社之名动朝野，孟朴劳居多。"陆世仪《复社纪略》卷一："吴江令楚人熊鱼山开元，以文章经术为治，知人下士，慕天如名，迎至邑馆；巨室吴氏、沈氏诸弟子俱从之游学。于是为尹山大会，苕霅之间，名彦毕至。未几，臭味翕集，远自楚之蕲黄，豫之梁宋，上江之宣城、宁国，浙东之山阴、四明，轮蹄日至。比年而后，秦、晋、闽、广多有以文邮致者。是时，江北匡社、中州端社、松江几社、莱阳邑社、浙东超社、浙西庄社、黄州质社与江南应社，各分坛坫。天如乃合诸社为一，而为之立规条，定课程。曰：'自世教衰，士子不通经术，但剽耳绘目，几幸弋获于有司。登明堂不能致君，掌郡邑不知泽民，人材日下，吏治日偷，皆由于此。溥不度德，不量力，期与四方多士共兴复古学，将使异日者务为有用。'因名曰复社。"

夏允彝等六人创几社。 杜登春《社事始末》："戊辰会试，惟受先、勿斋两公得隽。先君（指杜麐征）中副车，与下第诸公还，相订分任社事，昌明泾阳之学，振起东林之绪，以上副崇文重道之至意。于是天如、介生，遂有复社《国表》之刻，复者，兴复绝学之意也。先君与彝仲，有几社六子《会义》之刻，几者，绝学有再兴之几，而得知几其神之意也。两社对峙，皆起于己巳岁，予以是年生，生之时，两郡毕贺，借汤饼会为东南一大会，社事之有大会，自贺予生始也。娄东、金沙两公之意，主于广大；先君与会稽先生之意，主于简严。惟恐汉、宋祸苗，以我身亲之，故不欲并称复社，自立一名。诸君子同于公车，订盟起事，并驾齐驱，非列棘设藩，各为门户也。《国表》初刻，已尽合海内名流，其书盛行，戊辰房稿，莫之与媲。几社《会义》止于六子，六子者何？先君与彝仲两孝廉主其事，其四人则周勒卣先生立勋、徐闇公先生孚远、彭燕又先生宾、陈卧子先生子龙是也。"据谢国桢《明清之际党社运动考·几社始末》云："那时创办几社的还有李雯，因为他后来投降到清廷，所以杜登春《社事始末》没有把李雯列入。"李延昰《南吴旧话录》："几社非师生不同社，或指为此朋党之渐，苟出而仕宦必覆人家国，陈卧子闻而怒。夏考功曰：'吾辈以师生有水乳之合，将来立身必能各见渊源。然其人所言譬如挟一良方，虽极苦，何得不虚怀乐受。'卧子曰：'兄言是。'乃邀为上客。"

史槃（约1533—1629）卒。 张月中主编《中国古代戏剧辞典》谓史槃生卒年为"1531—1630"，徐朔方《史槃行实系年》注史槃生卒年：1533或略前—1629或略后。今从。史槃，字叔考，会稽（今浙江绍兴）人，为徐渭弟子，一生困顿。善书画，工词曲，与王骥德等有交。著有《童羖斋集》与散曲集《齿雪馀香》，均佚。著有杂剧三种：《苏台奇遘》、《三卜真状元》、《清凉扇馀》，失传。

明思宗崇祯三年庚午（公元1630年）

正月

故庶吉士张星进铅药。（据《国権》卷九十一）

礼部尚书兼翰林院学士李腾芳，礼部右侍郎兼翰林院侍读学士李孙宸回部。韩继思为刑部尚书，张慎言为刑部右侍郎。（据《国権》卷九十一）

韩爌引疾归。《明鉴纲目》卷八："纲：庚午三年，春正月，韩爌罢。目：中书舍人加尚宝卿原抱奇（故由输资进），以爌为袁崇焕座主，遂劾爌主和误国，宜与钱龙锡并罢。帝重去爌，贬抱奇秩。无何，庶子丁进（上虞人），以迁擢愆期怨爌，亦劾之，而工部主事李逢甲（上海人），劾疏复继上。爌三疏引疾归。（爌先后作相，老成慎重，引正人，抑邪党，天下称其贤。初，熊廷弼既死，传首九边，尸不得归葬。后其子诣阙疏请，爌言于帝曰：'廷弼之死，由逆阉欲杀杨涟、左光斗，诬以行贿，因杀涟等，复悬坐廷弼赃银，刑及妻孥，此冤之甚者。'帝乃许收葬。）"

兵部侍郎刘之纶帅兵直抵遵化，全军尽殁。《明鉴纲目》卷八："纲：兵部侍郎刘之纶（字元诚，宜宾人），帅兵至遵化，败殁。目：之纶以庶吉士上书陈方略，帝壮之。会金声荐其知兵，帝即召见，奏对称旨，超擢兵部侍郎，协理京营戎政。之纶未受任时，已贷数百金，制木为西洋大小炮，又制独轮火车，偏厢车，兽车，皆轻捷利用。而所请弓矢器甲，主者不以时应，所招死士，又不得衣装赏犒费。之纶以为言，且请精兵一万，为进取计。帝亦不能尽从。时满桂方战殁，朝廷大震。之纶冒风雪，誓师前进，越通州而东。满洲兵已由通州东渡，陷香河，取永平（副使郑国昌自缢死。知府张凤奇，推官卢成功，教谕赵允殖，副总兵焦廷庆，指挥张国翰，守备程应琦皆死。而乡官廖汝钦，及武学唐之俊等，死者复数十人。○郑国昌，邠州人。张凤奇，阳曲人），援兵皆观望。独之纶奋前，约总兵官马世龙、吴自勉，趋永平牵制。而亲率所部直抵遵化，距城八里，屯娘娘庙山。世龙等违约。敌军以三万骑迎战，兵交，之纶发火炮，颇有所击伤，再发，则炮炸。军乱，左右请结阵徐退，之纶慨然曰：'吾受天子厚恩，誓捐躯以报。战不捷死耳，敢言退者斩。'乃再战，自辰至酉，士殊死力斗，矢尽，短兵接。之纶知不可为，大呼曰：'死死！负天子恩！'解佩印付家人曰：'持此归报朝廷。'俄身被两矢，遂死，全军尽殁。世龙等在蓟州，竟拥兵不救。"

二月

陈仁锡为左春坊左谕德兼翰林院侍读，谢德溥为国子司业，魏尚宝为右通政。（据《国榷》卷九十一）

立朱慈烺为皇太子。三月，李标罢。《明鉴纲目》卷八："纲：二月，立子慈烺为皇太子。三月，李标罢。（标在阁稍久，颇能随事匡益。然时方争门户，帝亦深疑朝臣有党，遂连疏乞休去，家居五年卒。赠少傅，谥文节。）"

三月

国子祭酒顾锡畴，以庚午秋闱，皇上首科，请广制额。从之。（据《国榷》卷九十一）

国子祭酒顾锡畴参监生胡焕猷横议飞噬，不循监规。命除名。（据《国榷》卷九十一）

四月

邓玉函（1576—1630）卒。阮元《畴人传》卷四十四："邓玉函字涵璞，明万历时入中国，崇祯二年七月，徐光启荐举同修历法，翻译诸术表，草稿八卷。次年四月卒，著有《奇器图说》三卷，西洋谓之力艺之学，谓天地生物，有数有度有重，……第一卷论重之本体，以明立法之所以然，凡六十一条；第二卷论各色器具之法，凡九十二条；第三卷起重十一图，引重四图，转重二图，取水九图，转磨十五图，解木四图，解石转碓书架水日晷代耕各一图，水铳四图，凡三卷……与南怀仁《灵台仪象志》互相发明。"

国子监祭酒顾锡畴请特选一、二人以破常格。《崇祯长编》卷三十三：三年庚午四月乙卯，"祭酒顾锡畴请以新进士改教升国博者，一考以后与中行评博一体考选。其从推知改入者，果系不及察处，自应不准考选。其以他端摧抑，正见风裁，奈何弃之？乞特选一二人以破常格。帝以博士须精核才品，方可考选优升，自后不得滥补庸流，致轻儒席。命所司知之。"

光禄寺卿何乔远荐德行文章之士。内及华亭布衣陈继儒，博综典故，谙通时务，亦当加以一秩，如先朝文徵明故事。章下所司。（据《国榷》卷九十一）

五月

戊子，遣兵部主事杨鸿、工部主事王秉鉴主考四川，礼部员外徐应秋、刑部主事周

昌儒主考广东，工部郎中李若愚、大理右评事沈应明主考广西。（据《崇祯长编》卷三十四）

壬辰，遣检讨闵仲俨、刑科给事中仇维祯主考福建。（据《崇祯长编》卷三十四）"闵仲俨"当为"闪仲俨"。

丙午，遣编修黄道周、兵科给事中熊德旸主考浙江，简讨郑之玄、工科给事中许誉卿主考江西，编修黄景昉、吏科给事中钟炌主考湖广，吏部主事乔若雯、户部主事赵建极主考陕西。（据《崇祯长编》卷三十四）

满洲兵撤退。《明鉴纲目》卷八："纲：夏五月，满洲军退归。目：满洲既据遵化、永平，复陷迁安、滦州（知州杨嫌死之），皆留兵守之。遂分兵向山海关。守将官惟贤力战，乃还攻抚宁、昌黎。当是时，京师道梗，孙承宗、祖大寿在东，马世龙及四方援军在西。承宗募死士沿海达京师，始知关城尚无恙。承宗遣将戍开平（营名，在直隶滦县西南，与丰润县接界，明永乐初，移开平卫于此），复建昌（营名，今改路，往迁安县东北有城），声援方接。满洲复遣书议和，遂取道冷口（关名，在迁安县东北）而归。承宗始复四城。（先取滦州，寻复迁安，遂入永平，复遵化。）"

以散馆试上等卷偏多，下旨另考。《崇祯长编》卷三十四：三年庚午五月，"己亥，大学士成基命等，以庶吉士宋之普等并天启五年庶吉士朱兆柏例应有散馆之试，请旨于阁中糊名考定，得上卷文理优长十七人，中卷文理亦顺二人，谨呈御览。帝谓士以器识为先，试士以情套为戒。此类试卷，如何上等偏多？卿等为国储才，还秉公另考。"

六月

谕兵部"武场特拔技勇，毋拘牵文法"。（据《国榷》卷九十一）

丁卯，大学士成基命等，奉旨将庶吉士十九员再试进呈，钦定上卷十一卷，中卷八卷。请如旧制，黄起有等四员授编修，陈美发等七员授检讨，魏呈润等四员授北科，王邦柱等三员授浙江等道御史，梁衍泗授礼部主事。（据《崇祯长编》卷三十五）

温体仁、吴宗达入阁预机务。《明鉴纲目》卷八："纲：以礼部尚书温体仁，吴宗达（武进人，中行从子），并兼东阁大学士，预机务。目：体仁以讦钱谦益，为时论所恶，多发其阴事（或言体仁尝通赂崔呈秀。杭州建逆祠，体仁作诗赠魏忠贤。又或言体仁娶娼受金，夺人产），帝愈信体仁无党。周延儒复援之，遂与宗达并入阁。"

甲戌，翰林院庶吉士黄起有、周凤翔、孙从度、解胤樾为编修，陈美发、杨观光、徐汧、吴廷简、刘其德、朱兆柏、胡世安为检讨，魏呈润、宋之普、周纯修、李梦辰为给事中，王邦柱、王与胤、白士粦为监察御史，李衍泗为礼部主事。（据《国榷》卷九十一）

七月

辛巳，遣吏部主事吴鸣虞、礼部主事黄鸣俊主考河南，吏科给事中张承诏、兵部主事王升主考山东、光禄寺少卿徐楠、中书乔可聘主考山西。（据《崇祯长编》卷三十六）

己丑，大学士成基命、周延儒、何如宠、温体仁、钱象坤、吴宗达并太子太保文渊阁大学士，荫中书舍人。（据《国榷》卷九十一）

八月

明崇祯帝自毁长城，以谋叛罪杀袁崇焕（1584—1630）。钱龙锡下狱，寻遣戍。《明鉴纲目》卷八："纲：秋七月，磔前督师尚书袁崇焕。逮前文渊阁大学士钱龙锡下狱，寻遣戍。目：史𡊮疏言，龙锡主张崇焕，卖国欺君，秦桧莫过。其出都时以崇焕所畀重贿，转寄姻家，巧为营脱。帝怒，敕刑官五日内具狱。𡊮上，以斩帅为崇焕擅杀，议和则龙锡未许。帝召谕廷臣于平台，置崇焕极刑。（籍其家，无余资，天下冤之。）逮龙锡下狱，令廷臣议罪。时群小丽名逆案者，方日为翻案计。𡊮等以龙锡故附东林，欲借崇焕以及龙锡，因龙锡以及诸异己者，指崇焕为逆首，龙锡等为逆党，更立一逆案，与前案偶。谋既定，温体仁、王永光主之。欲发自兵部，尚书梁廷栋，惮帝英明，不敢任而止。乃议龙锡大辟，决不待时，且用夏言故事，设厂西市以待。帝以龙锡无逆谋，令长系。中允黄道周（字幼平，漳浦人），复上疏申救。（道周忤旨，贬秩调外，而帝颇感动。）久之，帝意亦寝解，乃减死，戍定海卫。"

壬子，以姚希孟、姚明恭为顺天乡试主考。（据《崇祯长编》卷三十七）

应天乡试，章惇中第四名。李调元《制义科琐记》卷三《不可坐阅》："崇祯庚午，应天乡试主司姜燕及先生，得章惇卷，读至'其人本来如是，所谓直也'，悚然曰：'此卷不可坐阅。'遂端立诵之。置第四名。"

国子祭酒顾锡畴省养。（据《国榷》卷九十一）

陈子龙、张溥、吴伟业等人赴应天乡试，中举。陈子龙《陈子龙自撰年谱》卷上："崇祯三年庚午，予幸登贤书，本房即京山郑师也。是科相国姜燕及、陈赞皇两先生为试官，南国得士称最盛，而郑师之门，尤多名士云。"

张溥因乡试之便，在南京召开复社金陵大会。复社士子中举人者颇多。陆世仪《复社纪略》卷二："崇祯庚午乡试，诸宾兴者咸集，天如又为金陵大会。是科主裁为江右姜居之曰广。榜发，解元为杨廷枢，而张溥、吴伟业皆魁选，陈子龙、吴昌时俱入彀，其它省社中列荐者复数十馀人。"梁章钜《制义丛话》卷七："俞桐川曰：杨维斗于庚午荐贤书，馆阁争致之门下，虽终不遇，而名藉甚。为文直追守溪，唐、瞿以下蔑如也。尝偕钱吉士选《同文录》，一代风气皆其论定。吉士死于兵，维斗亦相继而没，可谓上不负君、下不负友者矣。""陈六庭廷训曰：杨维斗'学而时习之'文云：'学有或失则多者，此广侈泛涉以为多也。夫弟子之谊而有成人之规，象数之陈而有精义之入，习之者不移其途，而所习则已进乎其解矣，故时而习之则多，而非骛博之谓矣。学有或失则寡者，此因陋就简以为寡者也，夫百行之美而存乎一行之征，万物之义而视乎一物之格，所习者不改其故，而习之者则已变乎其说矣，故时以习之则寡，而非无闻之谓矣。'此为学字真谛，抉经之心，却又清空如话，幽讨极至，真当与大士、文止割据三分。"杨廷枢，字维斗。

九月

詹事林釪署国子祭酒。（据《国榷》卷九十一）

十月

礼科右给事中王猷言顺天贡士俞世灏、高岱、金允治俱武生籍。（据《国榷》卷九十一）

十一月

兵部尚书梁廷栋等奏准：武举会试传胪之日，取前三名引见，赏赐略如文士。（据《崇祯长编》卷四十）

十二月

武生俞世灏等中式文举人。命严加覆试。《崇祯长编》卷四十一：三年庚午十二月，"戊午，武生俞世灏等以冒籍京卫中式文举人，为人所发。帝谓京卫向不限籍，世灏等既奉旨准与文试，复以非籍严绳，殊失作养初意。但武生文举，须得隽才以服士心。命礼兵二部会同礼科及监察御史各一员于午门外严加覆试，核议奏夺。"

再增田赋，海内愁怨。《明鉴纲目》卷八："纲：冬十二月，增田赋。目：兵部尚书梁廷栋，以兵食不足，疏言民穷之故，惟在官贪，使贪风一息，即再加派，民亦欢然。帝命户部协议。尚书毕自严请亩加三厘，于是增百六十五万有奇，合旧所增，凡六百八十余万，海内愁怨。明年，给事中魏呈润（字中严，龙溪人）疏言，驿站所裁，未足充饷十一，而邮传益困，势必再编之于民。山海关中外兵旧额十八万，今只十万八千，合蓟门援兵，非溢原额，而饷乃日增，不可不稽，抚按诸臣捐资助饷，大率索之于民，不可不禁。帝不能用。"

丁魁楚为右佥都御史，巡抚保定。姜曰广署南京国子祭酒。（据《国榷》卷九

本年

增贵州乡试解额一名。乾隆《贵州通志》卷二十六《选举志》："洪熙元年，令贵州愿试者就试湖广。宣德元年，令贵州就试云南。二年，定会试南、北、中卷数，以贵州入中卷。四年，增云南解额一名，贵州取中一名。七年，增云南解额四名，贵州取中五名。正统四年，赐赤卫张谏进士（贵州有进士之始）。六年，增云南解额五名，贵州取中七名。十二年，增云南解额五名，贵州取中十名。景泰元年，诏开科不拘额数，是科贵州中十二名。七年，仍定云南解额三十名，贵州取中十名。成化四年，增云南解额十名，贵州取中十六名。十年，增云南解额五名，贵州仍十六名。弘治七年准奏，云南、贵州乡试进呈录称《云贵乡试录》，贵州量助钱粮以备云南供给。云、贵解额共增五名。八年，增云、贵解额五名，贵州取中十九名。正德五年，定云、贵解额五十五名，贵州取中二十一名。嘉靖十一年三月，永宁进士赵维垣选庶吉士（贵州进士选庶常之始）。十六年，从巡按王杏请，定贵州本省开科乡试，额中二十五名。二十二年，贵州试录讹舛，巡按魏洪冕削籍，布、按司考官降谪有差。二十五年，从抚臣王学益请，增贵州解额五名。万历二十二年，增贵州解额五名。四十三年，增贵州解额二名。天启元年，恩诏增贵州解额一名。四年，以水西用兵，减贵州解额七名，典试以巡按傅宗龙代之。七年，令贵州乡试复旧额。崇祯三年，增贵州解额一名。"

徐复祚（1560—1630 以后）卒。庄一拂《古典戏曲存目汇考》卷六谓徐复祚"卒于崇祯三年（1630 年）以后"，其《明清散曲作家汇考》亦如之，今从。又徐朔方《徐复祚年谱》括注其生卒为"1560—1629 或略后"。徐复祚，原名笃儒，字阳初，后改讷川，号暮竹，别署阳初子、三家村老。常熟（今属江苏）人。雍正《昭文县志》卷七十一："徐复祚，字阳初，大司空栻之孙。为诸生，博学能诗，尤工词曲。传奇若《红梨》、《投梭》、《祝发》、《宵光剑》、《一文钱》、《梧桐雨》诸本，传诵梨园。又尝仿陶九成《辍耕录》作《村老委谈》三十卷。"

明思宗崇祯四年辛未（公元 1631 年）

正月

辛巳，是日于午门覆试顺天新中举人俞世灏等三人。除名。（据《崇祯长编》卷四十二)《国榷》卷九十一："崇祯四年正月辛巳，覆试顺天贡士俞世灏、金允治、高岱等三人。除名。"

右春坊右中允兼翰林院编修黄道周奏救钱龙锡，调外。（据《国榷》卷九十一）

颜继祖乞武进士未授秩者给衔尽东征，听辽东、登莱二抚调遣。不许。（据《国榷》卷九十一）

吴士元为国子司业。（据《国榷》卷九十一）

停浙江贡士龚广生会试三科。广生大考卷代书，提学副使邹嘉生磨勘奏上。（据《国榷》卷九十一）

二月

崇祯辛未会试京省举子公呈三事。陈龙正《几亭全书》卷二十九《崇祯辛未会试京省举子公呈》："为恳祈体恤士情，修复旧规，以免颠越，以速领卷，以便命题事。壬戌以前，大开方门，上下相安。乙丑、戊辰，增栅严闭，竞相蹂躏，至有碎首陨命者。上人闻此，宁不痛心！又因填挤，不得鱼贯而入，发卷唱名，大半不到。逾时自前，呼名求卷，错综简付，晷刻耽延。辰巳犹不闭门，日中方得题纸，士子固为挫气，当事亦觉疲神。法穷则通，时极而转。窃谓：一、宜复照旧规，勿闭方门，听举子随时径入。既无拦阻，各自心安。苟非将点之期，何苦妄自挨越？二、宜严缉闲人。栅内空地，除正门、甬道外，左长二十六七丈，深十一二丈，右长三十一二丈，深十二三丈，约共容四千余人。除军皂各役站立，并中出水路外，尚可容二三千人。听举子坐立有余，听僮仆纷纭不足。令举子进栅时，亲自持篮，不许一人随入。倘有假戴儒巾者，面目意思，及周身衣饰，自然可辨。预立禁约，一人之后，不许复出。点名既毕，此系何人，三尺森然，不寒而栗。又各官跟随员役，先期派定，出示某官随从几名，各给腰牌照验，以杜送考者假冒官役之弊。则闲杂人莫敢混入，而士子亦必奉法自爱矣。三、宜于空闲日期，差官看守栅内，不许缘墙一毫垢污，使士子临入之夜，苦于坐立无地，犯者重惩。三法并行，填挤必免，人无惶怖，官有余清。虽曰一事之处分，实为救时之经济。慈祥遍乎士类，体恤彻于海隅。圣主时闻，天颜必喜。"

少保兼太子太保户部尚书武英殿大学士周延儒、何如宠主礼闱。取中吴伟业等三百五十人。（据《国榷》卷九十一、《崇祯长编》卷四十三）

据《崇祯四年辛未科进士履历便览》，辛未科考官及各经情形如下：

总裁：光禄大夫少保兼太子太保户部尚书武英殿大学士周延儒，玉绳，南直宜兴人，癸丑。光禄大夫少保兼太子太保户部尚书武英殿大学士何如宠，康侯，南直桐城籍，婺源人，戊戌。同考：《易》一房，左春坊左庶子兼翰林院侍读掌坊事杨世芳，济之，锦衣卫籍，山西蒲州人，己未。门生：张溥、沈几、李世奇、张三就、申芝芳、贵养性、李乾德、张缙彦、汪国士、苏壮、桂启芳、沈鼎科、屠象美、吴泰冲、马权奇、徐养心、曹景参、周一栋、翟四隅、任中凤、刘梦炜、张调鼎。《易》二房，右春坊右庶子兼翰林院侍读掌坊事朱继祚，胤冈，福建莆田人，己未。门生：罗大任、周瑞旭、刘士斗、熊汝霖、李近古、谭景行、孙承泽、蔡秋卿、刘近臣、周一松、马呈德、杨士聪、朱希莱、任者泰、胡一魁、费道用、杨调鼎、戴尧天、麦而炫、张锛、赵龙。《易》三房，左春坊左中允兼翰林院编修承德郎李明睿，太虚，江西南昌人，壬戌。门生：吴伟业、龙起弘、方世亮、赵康、刘光震、李蛟祯、顾仪、徐懋曙、罗明祖、张天机、庄鳌献、乔明梅、沈迅、李思恂、刘在明、孙鳞、杨若乔、郭卫宸、龙大维、许士扬、陈洪谧。《易》四房，翰林院侍讲王锡衮，采侯，云南府禄丰籍，陕西华阴人，壬戌。门生：卞应聘、夏仪、陆朗、许豸、陈天工、纪五伦、霍达、高知彰、李犹龙、吴泰来、谢简、管正傅、刘养贞、房建极、张克俭、刘华、陈鼎新、柳寅东、王瓆、王凝命、郑瑜。《易》五房，奉政大夫尚书宝司卿管兵部职方清吏司郎中事李继贞，敬尹，南直太仓人，癸丑。门生：陈周政、程世昌、孙枝灼、曹三用、汪承诏、张一如、王钥、史继任、曹烨、刘瓒、杨邦翰、张丁乾、夏尚絅、葛枢、张夬、钱震□、钟震阳、成仲龙、郑尚友、杨道英、韩金声。《诗》一房，右春坊右中允兼翰林院编修加俸一级倪元路，玉汝，浙江上虞人，壬戌。门生：杨廷麟、刘勷、吴祯、王士俊、龚奭、彭国祥、李仲熊、郭连城、戴自成、姜埰、张源思、王邵、胡应诏、曹天锡、陈泰来、李于坚、冯家祯、涂原、颜胤绍、张尔忠、曹惟才、林名香、梁州杰、倪于义。《诗》二房，翰林院侍讲承德郎加俸一级文安之，汝止，湖广夷陵人，壬戌。门生：吴兆垒、韩锺勋、曹心明、侯伟时、薛寀、谭元礼、胡平运、巩焴、杨芳蚤、介松年、陈焕、袁恺、尹奇逢、吴之劳、李云鸿、董谦吉、梁衡、林兰友、朱绂、漆加祉、卜象乾、贾允迪、申佳胤、陈九一。《诗》三房，吏科都给事中刘汉儒，澹□，顺天大城人，壬戌。门生：沈胤培、□□□、龚可楷、许祚昌、钱增、汪游龙、李清、（缺三人）邹銮、□□、张耿宿、刘绵祚、江禹缙、黎荣昌、董奋催、张凤翥、王虚白、严起恒、赵明锋、潘兆达、杨卓然、陆自岳。《诗》四房，户科都给事中玄默，中象，北直静海人，己未。门生：花上苑、王调鼎、王肇坤、杨绳武、任濬、王拱极、刘呈瑞、□□□、陈瑞、尚大伦、岳虞峦、童兆登、桂一章、邓务忠、王梦弼、□□□、未应熊、秦所式、杨本鍼、涂必泓、杜麟征、蔡炳龙、孙似古。《诗》五房，承德郎刑部四川清吏司署郎中事主事贡修龄，国祺，南直江阴人，己未。门生：熊惟典、黄口芳、聂亮工、丁允元、梁佳植、石确、史洪谟、徐天麟、陈志广、王芝瑞、韩如愈、陈玺、张秉贞、李芳溏、陈顺天、宋敦一、吴一元、张淳、王昌时、王倓、李如彦、唐良懿、罗起凤。《书》一房，左春坊左中允兼翰林院编修加俸一级方逢年，书田，浙江遂安人，壬戌。门生：张拱机、项声国、刘应迪、于重华、何三省、黄熙胤、杨以任、吴国琦、韩四维、陈是集、詹尔选、朱国寿、刘承缨、王埔、田时旸、袁癸、于重华、叶树声、马士奇。《书》二房，翰林院修撰华琪芳，方侯，南直无锡人，乙丑。门生：吕一经、曹宗璠、王重、詹兆恒、吴其驯、杨鹗、关永杰、徐佩弦、陆奋飞、黄景胤、张成德、杨云鹤、高名衡、张梧、许国佐、吴士讲、陈于泰、王士鏢、赵翔鸿。《书》三房，翰林院简讨征仕郎屈可伸，谦仲，河南延津籍，顺天苏州人，壬戌。门生：唐锡蕃、孙朝让、姜一学、井济、龚铭、喻上猷、范志完、刘大垣、杨琦、曲尔赐、钱位坤、张世基、张魁宿、于铉、王孙兰、邓蕭、尼澄、汪惟效、梁士淳。《书》四房，翰林院简讨征仕郎加俸一级黄锦，孚元，广东饶平人，壬戌。门生：沈延嘉、柯元伯、张如芝、区联芳、傅蒙麻、严师范、张绪伦、刘柱国、蔺刚中、严学思、林嘉庆、柯友桂、王士章、凌必正、马成名、王佐、吴鼎、于重庆、刘正衡。《春秋》房，左春坊左谕德兼翰林院侍讲署司经事陈仁锡，明卿，南直常州人，壬戌；文林郎刑科都给事中李觉斯，伯谭，广东东莞人，乙丑。门生：章正宸、王斥、刘鼎、周灿、左懋第、鲍之祥、王朝升、刘士鳞、程正揆、何谦、艾毓初、史元调、丘茂华、张师度、吴希哲、刘希伯、赵之英、孙鹏、项人龙、陈荩、于颍（颖）、卫胤文、杨鼎甲、杨观吉、熊世懿、李春慕。《礼记》房，翰林院侍讲承德郎加俸一级许士柔，仲嘉，南直长熟人，壬戌；承德郎吏部考功司署员外事主事孟兆祥，允吉，北直交河籍，泽州人，壬戌。门生：夏曰瑚、刘士璇、姚择扬、贺儒珍、吴简思、熊文举、张懋爵、王胤懋、全任□、宋学朱、许无奇、周之夔、王重儒、余朝相、曹蕴清、郑元禧、王舍光、李芳联、王范、郑瑄、汪运光、戈简、阎汝梅、张若麒。未殿试：杨若桥、项声国、谭景行、曲尔畅。补殿试：王思诚，附山东省戊辰；陈天定，附福建省乙丑；方广德，附河南省戊辰。

吴伟业为辛未科会元。 陆世仪《复社纪略》卷二："明年辛未（崇祯四年）会试，（吴）伟业中会元，（张）溥与夏曰瑚又联第。江西杨以任、武进马世奇、盛德、长洲管正傅、闽中周之夔、粤东刘士斗并中式，主试为周延儒首相也。旧例会试，主裁元老以阁务为重，应属次辅，乃周以越例得之，大非次辅温体仁意，是以会元几挂吏议。盖延儒诸生时，游学四方，曾过娄东，与伟业之父禹玉相善，而伟业本房师乃南昌李明睿，李昔年亦游吴，馆于邑绅大司马王在晋家，曾与禹玉相善。是科延儒欲收罗名宿，密嘱诸分房于呈卷前，取中式封号窃相窥视，明睿头卷即伟业也。延儒喜其为禹玉之子，遂欲中式。明睿亦知为旧交之子，大喜悦，取卷怀之，填榜时至末而后出以压卷，伟业由此得冠多士。为乌程之党薛国观泄其事于朝，御史袁鲸将具疏参论。延儒因以会元卷进呈御览，烈皇帝亲阅之，首书'正大博雅，足式诡靡'八字，而后人言始息。"顾师轼《梅村先生年谱》："举会试第一名。座主：内阁周延儒，宜兴人；内阁何如宠，桐城人。房师李明睿，江西南昌人，天启壬戌进士。"梁章钜《制义丛话》卷十二："《四勿斋随笔》云：崇祯辛未，太仓吴梅村伟业举礼闱第一，时枋国者为乌程温体仁、宜兴周延儒，吴为宜兴门下士，乌程嫉之，以蜚语上闻，适有内臣从宜兴案头取吴七艺直呈御览，怀宗喜之，朱批八字云：'昌宏博大，足式诡靡。'外论始息，故梅村文稿名《式靡篇》云。"李调元《制义科琐记》卷三《酒芝》："江右李太虚为诸生时，嗜酒落拓而家甚贫。太仓王司马岵坛备兵九江，校士列郡，拔太虚第一，引至娄东本籍，使其子受业焉。时王氏两长子已受业同里吴蕴玉先生。蕴玉，梅村先生父也。太虚至，遂教其第四、五诸郎。两人共晨夕甚欢，梅村甫髫龄，亦随课王氏塾中。李奇其文，卜为异日伟器。岁将阑，主家具宴请两师，酒半，出所藏玉卮侑酒，李醉，挥而碎之。王氏子面加诮让，李亦盛气不相下。席罢后谓吴曰：'我安可复留此！'遂拂衣去。吴知其不能行也，翌日早起追于城闉，出馆俸十金为赠，乃附贾舶归。然所赠资大半耗于酒，及抵家，垂橐萧然，急呼妇治具，妇曰：'吾绝粮已久矣，安所得宿？忆君去后犹存酒一瓮，请君软饱，可乎？'妇往邻家借薪，李发瓮，瓮内产一芝如盘，紫光煜煜，喜且愕曰：'此瑞征也！'挹之清冽异常，乃泛白独斟。妇归，瓮已罄矣。是秋，登乡荐。明年，成进士，入词馆。数载后，以典试复命，过吴门，王氏子谒于舟次，李极询吴蕴玉近状。是时，吴梅村亦登贤书，因购吴行卷，携以北上，为延誉京师。辛未，梅村遂为太虚所荐，登南宫第一，及第第二人，年仅弱冠。蕴玉先生享荣养者三十年，可为疏财敦友之报。而王氏子，自司马没后，家渐替矣。"

福建流寇数千自长汀赖坑突犯瑞金县。教谕王魁春署邑事，谕民兵御却之，擒三十余人，斩四十余人。寇走福建古城。（据《国榷》卷九十一）

吴执御论学制。命下部议。《国榷》卷九十一："刑科给事中吴执御言：'督学一官，纲纪学校，近日多徇情界人。万历初，议吏礼二部会举学行著闻者久任责成。臣谓尤宜慎择其人于未任之先，然后责以久任。若教官在贡士，宜仿永乐间单用乙榜。一切乞恩近例不及改教俱罢。在岁贡，应敕提学官岁选年壮品纯者送廷试录用。其龙锺老迈，即题授冠带，不必赴京。授任之后，不论科贡，但进德修业造士为先，而明经课文次之。三年一考，六年再考，抚按会荐，俱升部寺京秩。若教范平常，贡士外任，岁贡致仕。又汉武设太学博士，唐制郡县始有学，宋制诸路州县教授共五十三员。我朝远逾前代，郡县儒官多至四千余员，名器稍滥。窃见顺天应天附郭宛平、大兴、上元、江宁四县，总于府学，今将各府附郭州县学俱并府学，不减其廪增附额，但以府学教授五人董之。各州县学有学正、教谕，加训导一，余可裁省。'命下部议。"

三月

吏部上言：今后就教举贡，除举人乞恩副榜恩岁贡外，惟贡生中举者准入大选，其余概不准入。从之。《崇祯长编》卷四十四："丙申，吏部上言：'教职大选，从来惟举人乞恩及历科副榜恩岁贡三种耳。自辽左伤残，西南多故，川辽云贵之贡生，破例请恩，特旨优恤，臣部收人急选，盖亦一时权宜之计，非经久可行之法也。不意枝延蔓引，始不过为边方贡生设者，后乃滥及于天下。臣廑查近日举贡就考破例急选者，有礼部咨送，有通政司咨送，有考定有司职衔，复行改教，有坐监候考，仍行改教，有止据本生一呈，竟准就教，有坐监岁贡中举，仍行改教，诸如此类，皆职掌所不载。臣揆情酌理，数者之中，惟贡生中举一项，差可允从。今臣于二月一选，已将不应大选者悉行停止，乞敕下臣部，今后就教举贡，除举人乞恩副榜恩岁贡外，惟贡生中举者，准入大选，余者概不准入，庶铨政一而人情肃矣。至如举贡等官挂选年满，例应行取到京，依衔序选，自有一定年分。若年分未足，竟行选授，是使跃冶者争捷足之先登，而株守者若河清之难俟，平衡之道谓何？今后宜并行申饬，凡举贡等官，必照挂选年分，曾经行取到部者，方准收序，其余不得滥及可也。从之。"

陈于泰、吴伟业（1609—1671）、夏曰瑚等三百四十九人进士及第、出身有差。

《崇祯实录》卷四：崇祯四年三月，"己丑，赐进士陈于泰等三百人及第、出身有差。"谈迁《枣林杂俎·圣集》："辛未状元宜兴陈于泰，为首辅周延儒表弟。故事，会元策另封。有二锦衣官问知太仓吴伟业也另封矣。阁拟于泰、伟业及夏曰瑚第一甲，上如之。御前拆封，首辅高声曰：'第一甲第一名陈于泰，常州宜兴县人。'不觉汗出浃背。幸上不问。伟业谒周，周曰：'吾以当国，而拔宜兴人状元，天下其谓我何？'又语于泰曰：'事有不辨而自明，有辨之而后明。今吾弟首胪，虽辨之，谁为明我者？'先是，周买陈氏宗人宅，毁其家庙，陈氏攻之，实非有私也。于泰倨诞，亦不执师弟礼。"归庄《归庄集》卷十《随笔二十四则》："辛未状元为陈于泰，世皆疑宜兴周相公私其邑子，其实不然。盖周与陈，虽同县至亲，而殊不相得。周尝买一故家之宅，祠堂在内，亦迁出之。陈时犹为诸生，率宫墙之士攻之。陈之父素无赖，里中有陈四倭子之号。会试发榜，周见陈姓名，愕曰：'陈四倭子之儿亦中耶！'及廷试，例一甲三名于御前拆，第一名则首相亲拆。周宜兴拆讫，第一甲第一人陈于泰，直隶宜兴人，周汗出浃背。虽主眷方隆，未尝致疑，而士林则窃议之，周亦不能自白。有乡人蒋某官，与周臭味不同，而知其事独详，却力为白之吴司成云。"《国榷》卷九十一："（三月乙亥朔）己丑，策贡士吴伟业等三百人于建极殿，赐陈于泰、吴伟业、夏曰瑚等进士及第、出身有差。"谈迁《枣林杂俎·圣集》："崇祯辛未状元陈于泰策，'阳阳'误'易易'。榜眼吴伟业策，唐之'彍骑'误彍，上俱手改。"梁章钜《制义丛话》卷六："阮吾山曰：夏涂山曰瑚幼为名诸生，一日夜归，遇县尹孙肇兴于道，左右以夜行执之，不跪，对以会文归迟，遂以草呈，孙于马上读之，不数行，大惊曰：'即发矣，即发矣！以此取科名如拾芥耳。'因叩其居，不远，遂就书几更为指点，且曰：'如此破法不得元。'索笔为易一破而去。是秋孙为同考官，得涂山卷，欲元之，主者置第二。此天启丁卯也，至辛未遂中探花。"

据《崇祯四年辛未科三百五十名进士履历》，辛未科进士地域分布情形如下：

北直隶二十八人：顺天府九人，孙承泽，夏尚絅，朱国寿，吴之芳，彭敩祥，成德，王胤懋，韩四维，杨若桥；真定府二人、河间府一人，贾允迪，梁士淳，严起恒；顺德府一人、广平府六人、大名府四人，尼澄，李春蒌，申佳胤，李仲熊，李芳溥，李嘉彦，杨调鼎，陈荩，袁葵，成仲龙，李犹龙。南直隶八十人：应天府四人，陆郎，王芝瑞，潘会玮，马成名；徽州府三人、宁国府二人，方士亮，项人龙，汪惟效，锺震阳，汪承诏；安庆府七人（原文如此），张一如，戴泉，陈九一，汪犹龙，张秉贞，汪国士，吴国琦，张凤翼，夏仪，戈简，钱震泷；苏州府十六人，吕一经，凌必正，赵康，宋学朱，沈几，钱位坤，管正传，许士扬，周灿，孙朝让，王梦鼒，何谦，申芝芳，吴伟业，曹三用，张溥，钱增；松江府四人，吴祯，徐天麟，杜麟征，张世雍；常州府二十人，王期升，龚可楷，卜象乾，韩锺勋，岳虞峦，刘呈瑞，陆自岳，吴简恩，刘绵祚，唐锡蕃，钱振先，王孙兰，马世奇，薛寀，冯祖望，吴其驯，曹天锡，沈鼎科，陈于泰，徐懋曙；镇江府十二人、淮安府二人，卞应聘，葛枢，贺儒修，张夬，于颖（颖），于重庆，龚铭，曹宗璠，于铉，史元调，王士錬，王重，夏曰瑚，陆奋飞；扬州府五人、庐州府一人，阎汝梅，汪运光，郑元禧，韩如愈，李青，吴士讲。浙江：杭州府五人、嘉兴府三人，谢简，刘士鏻，吴太冲，郑尚友，陈鼎新，张源思，王佐，屠象美；湖州府五人、宁波府七人，陈肇煐，沈胤培，杨道英，叶树声，刘在明，沈延嘉，陈良谟，纪五伦，桂一章，刘勷，童兆登，冯家祯；绍兴府六人、金华府二人、严州府一人，马权奇，章正宸，曹惟才，于重华，熊汝霖，顾仪，王肇坤，赵明锋，吴希哲。江西二十六人：南昌府五人，涂必泓，唐良懿，熊文举，罗大任，朱徽；瑞州府三人、饶州府一人，吴泰来，陈泰来，漆嘉祉，朱应熊，熊维典；广信府二人、九江府二人，王墉，詹兆烜，柯友桂，余朝相；抚州府三人、建昌府一人，刘大垣，詹尔选，刘应迪，何三省；吉安府三人、袁州府一人，龙起弘，周瑞旭，刘光震，梁佳植；临江府三人、赣州府一人，杨廷麟，胡应诏，周一松，杨以任。福建二十八人：福州府六人，蔡秋卿，周之夔，陈志广，董谦吉，许豸，郑瑄；泉州府十人，陈洪谧，黄熙胤，黄景胤，蔡炳龙，李近古，史继任，孙枝灼，陈瑞，朱希莱，庄鳌献；兴化延平建宁三府各一人，林兰友，罗明祖，张调鼎；汀州府二人、漳州府七人，张锌，李于坚，柯元伯，陈天定，林名香，李世奇，吴兆煃，许祚昌，杨观吉。湖广二十三人：武昌府二人，尹奇逢，曹景参；黄州府七人、汉阳府一人，严师范，桂启芳，鲍之祥，赵之英，熊世懿，刘近臣，石确，戴自成；承天府五人，德安府三人，孙轔，刘柱国，黄日芳，谭元礼，龚奭，聂亮工，程正揆，张淳；荆州府三人、辰州常德二府各二人，徐养心，侯伟时，喻上猷，杨卓然，谭景行（未殿试），杨鹗，印司奇。河南三十二人：开封府十八人，王士俊，曹烨，江禹绪，马呈德，李云鸿，张天机，王斤，王鼎镇，田时畅；归德府三人、彰德府一人，曹心明，乔明楠，范志完，尚大伦；卫辉府六人、怀庆府一人，王重儒，贵养性，张缙彦，周一栋，刘若愚，曹蕴清，张三就；河南府二人、汝宁府八人，韩金声，李蛟祯，张师度，张如芝，张映宿，程世昌，张丁乾，刘梦炜，井济，王伙，董奋惟；南阳府二人，方广德，陈顺天。山东三十三人：济南府七人，于重华，蔺刚中，孙似古，吴鼎，高知彰，姜一学，王思诚；兖州府八人、东昌府四人，颜胤绍，杨士聪，杜嘉庆，王虚白，张梧，任者泰，王昌时，姚择扬，袁恺，杨本铖，苏壮，吴一元；青州府六人、登州府二人，任浚，刘正衡，张绪伦，刘华，高名衡，丁允元，沈迅，左懋第；莱州府五人、辽东镇二人，杨琦，张尔忠，王调鼎，张若麒，姜埰，刘士琏，史洪谟。山西十人：太原府二人，王邶，丘茂华；平阳府六人、潞安汾州二府各一人，梁州杰，郭卫宸，张魁宿，王含光，介松年，郭连城，张克俭，张懋爵。陕西：西安府九人、汉中府四人，霍达，任中凤，韩文镜，房建极，王钥，卫胤文，赵翔鸿，秦所式，王拱极，傅蒙麻，梁衡，许无奇，翟四隅；凤翔府三人，孙鹏，潘益达，刘承缨；平凉、巩昌、庆阳、延安四府各一人，王瓀，关永杰，巩焴，艾毓初。四川十八人：成都府五人，王范，刘希伯，张拱机，徐佩弦，杨云鹤；顺庆府三人、保宁府二人，花上苑，李乾德，陈周政，杨芳蚤，柳寅东；重庆府二人、夔州府一人，李芳联，倪于义，蔡原；叙州府三人、泸州邛州二府各一人，宗敦一，刘鼎，刘潜，杨鼎和，刘养贞。广东十六人：广州府十人，刘士斗，杨邦翰，邓务忠，黎崇宣，罗起凤，赵龙，郑瑜，区联芳，胡一魁，胡平运；潮州府二人、肇庆府四人，邹鎏，许国佐，麦而炫，严学思，龙大维。

杨以任、左懋第中进士。梁章钜《制义丛话》卷七："俞桐川曰：昔艾千子与章大力、陈大士树帜豫章，吴中忌之，为驳四家文以解二公不悦，故四家之交合而不终。杨维节以任与五隽为友，四隽死，维节哭泣不已，建祠购田，由是淡于仕宦，与二公相去远甚。盖大力、大士以气胜，气久则衰；维节以情胜，情久则固。三人交谊已见于文。余观维节全稿，缠绵切挚，君臣父子间三致意焉，然则不求进取，尚当别有所见，岂仅为九原数友哉？""徐存庵曰：'为政以德，则无为而天下归之。'玩一'则'字，是'无为'二字形容居所，非讲德也，故程注加个'然后'二字。后之作者，只因紫阳添加'不见有为之迹'一句，遂错将无为认作说德矣。杨维节破承云：'政有自然之势，问之主德而已。盖为政者之如辰居星拱也，其自然之势矣。顾不以德，而可恃其如是耶？'如此代注疏方是。""阎百诗曰：《集注》以法语、巽言作对，而正文与字之神不出，惟左萝石懋第文云：'言也者，所以匡救人也。人之流于失者或有万端，而我之匡救之者止持一法，则其势必穷，于是法语之言不得不巽以与言之，而言者之心亦大非获已矣。'还出正文与字，于理始足。"

崇祯四年进士张溥作有《增补举要录序》、《论表策说》诸文，讨论场屋之文。张溥《七录斋集》文集卷二《增补举要录序》："二、三场之不得其说也，皆繇于人之易视之。其易视之者，非以为不足学也，以为学之而不及于用，则相与弃之也已。弃之日久，而其说弥下，一旦欲出而责其所能，则勉以可应者为言，而稽于所不信。于是守其抄撮之文，而没其论议之实。……论、策、四六之文，应乎大科，而难其称说。若欲挈纲整目，言之有条，则今古之业毕其经营，假之数岁，身度口筹，犹有未至。苟给对而已，则短言琐记，足以赴便，逮其实而谋之，不周十日之功，皆曰可矣。高而为之，其事已僭，末学惧焉。且学者之缓急，必繇于居上之好恶。今之主文者，溺近而忘远，尽其涉笔之情，及于经义，即以为劳，若无庸焉，矧其它乎？是以科目之出人名杰，然而末场之作忽而不道。此予所以私用愤邑，窃议为当今制举之格，宜损其两试并之一日，盖深悲其无用而费时，上无所取之，而下不必其见答也。"张溥《七录斋集》文集卷六《论表策说》："论之有取于伦与议，其说尚已。而高引所本，则先统之述经叙理。故《论语》记自仲尼之门人，《六韬》亦载有二论。繇是枝流日盛，施乎陈政释经、辨史铨文矣。萧统选文，分区为三：首设论、次史论、而后概以论周其数，可云通赡。然学者犹识其未尽，志诸八品，则理论、政论、经论、史论、文论、讽论、寓论、设论昭焉。沿于今俗，有折腰、蠚腰、掉头、单头、双关、三扇、鹤膝、征雁诸体，而抑扬之际，又行以急文、缓文。若是乎弥纶万端，不离四法。顾言之烦难，作且径率，又何悖也！夫文章有矩，论之兼焉者众。昔人尝参其科于议说、传注、赞评、叙引、笺解、问对，谓所该广，凡体各到。故律人物则贵殚来处，不轻是非；究事势则宜折本实，不虚刺列；综象名则状显而致切；举理会则情均而节长。盖非旧练之才，鸿知博采，约以身断，弗能为也。表以下告上，义在标明。制始西京，止设以陈情，至后则纷缊炳彪矣。其用有论谏、请劝、陈乞、进献、推荐、庆贺、慰安、辞解、陈谢、讼理、弹劾，施殊而辞亦分道。汉晋散言，唐宋切响，不既雍然球瑝哉！今裁以命格，第存进、谢、贺三体。凡所谓冒语解题、颂圣人事、自序祝上之间，慎长短，节详略，必尚简稽。而平头、犯尾、双声、叠韵四病，儆戒密焉。一出一入，固无刻羽为角也。谋定有功而枢纽群物，策其文人之前事者欤！往代以难问疑义，例置案上，在试者意投射取而答，则称射策。显问政事经义，令各敷扬，观文辞，定高下，则称对策。又学士大夫私自议政、著策上进曰进策，而辞人或用采策。大抵不务糅细，准于利用。若今并归大途，所著惟试录之五问、与廷试制策一道尔。法不可有难而无应，有疑而无正。且无暇胪前人高第，如晁、董、公孙、杜钦、鲁丕五家纲领文作，即以国朝所号为肤大厚重之流：王文成有大儒宗风，发理昭显；王华州耽意古文，楷刑两汉；高新郑、张江陵志在有为，动言必出于佐据断截；王弇州史才茂美，造次无寻常；王元驭纵横惬情，冯临朐、陆兰阴晓畅机利，能行其果锐。此皆誉在舆好，变而有检，近鲜其继者，何哉？原夫盛衰之际，下之习贯，端因上始。……故诏书章明之日，士尽鞠力典志，恐有放坠；而忽焉不详，即陵迟衰微也。"《吴梅村全集》卷二十四《复社纪事》："先生（张溥）以贡入京师，纵观郊庙群雍之盛，喟然太息曰：'我国家以经义取天下士，垂三百载，学者宜思有表章微言，润色鸿业。今公卿不通六艺，后进小生剽耳佣目，幸弋获于有司。无怪乎椓人持柄，而折枝舐痔，半出于诵法孔子之徒。无他，《诗》、《书》之道亏而廉耻之途塞也。新天子即位，临雍讲学，丕变斯民。生当其时者，图仰赞万一，庶几尊遗经，砭俗学，俾盛明著作，比隆三代，其在吾党乎？'乃与燕、赵、卫之贤者为文言志，申要约而后去。"

严培思、麦而炫同举崇祯辛未进士。李调元《制义科琐记》卷三《洪庙神梦》："严培思，高明县平步村人。弱冠补博士弟子，意气傲岸，谓掇科第如拾芥，而久困棘闱，年将四十始举于乡。又复自负，谓南宫之捷转瞬可矣。仍下第归，由此惘惘若失。或言近村洪圣庙神甚灵，培思即携衾被夜宿殿庑。恍惚梦神告曰：'汝欲成名，须俟麦而炫同榜乃中耳。'惊喜而寤，遍访知名之士，并无其人。偶一日自村入城，东门外亦有洪圣庙，见塾师训课其中，相与谈论。忽一童呈书仿于前，视其姓名，则麦而炫也。因细问年岁里居，嘿志而去，不以告人。是时，炫方髫龄。越十有余年，炫一举获隽，培思欣然资以行李，偕入京师，遂同登崇祯辛未进士。联舫旋乡，乃话前梦。"

申佳胤中三甲九十五名进士。申佳胤《申端愍公文集》卷二《和丸斋新艺自序》："予做秀才仅八月，为孝廉竟十年。刊《和丸草》，在秀才英发时也，人争羡之。刊《公车稿》，在孝廉蹭蹬时也，人几厌之。今春之役，幸捷南宫。偶走长安书肆中，见有悬《和丸草》者，阅之不觉失笑曰：'花样不新，那堪入眼！三年前之《公车稿》已敝帚矣，又安有十年尘土之《和丸草》哉？'梓人索近稿不已，爰简奚囊，聊搜数艺，敢云不失故吾，亦曰微翻腐案云尔。羡与厌，又奚暇问世耶？"

春

张溥、陈子龙、夏允彝、宋征璧、彭宾、吴伟业、万寿祺、杨廷枢等拟立燕台社，未果。陈子龙《陈忠裕公全集》卷三十《壬申文选凡例》："辛未之春，余与彝仲、让木、燕又俱游长安，日与偕者，江右杨伯祥，彭城万年少，吴中杨维斗、徐九一，娄江张天如、吴骏公，同郡杜仁趾，拟立燕台之社，以继七子之迹，后以升落零散，遂倡和乡里，不及远方。故勒卣诗曰：'明时凤侣多相得，下泽鸥群且自盟。'子龙亦尝有作云：'金台宾客非无侣，莲社神仙亦我徒。'虽感慨系之，亦见不朽盛事非关名位矣。"

五月

释故大学士钱龙锡狱，戍定海卫。（据《国榷》卷九十一）

六月

曹文诏败贼于河曲。高迎祥、张献忠等聚于山西。《明鉴纲目》卷八："纲：夏六月，副总兵曹文诏（大同人）败贼于河曲。目：自秦寇初起，延绥以北，为逃军，为边盗，延绥以南，为土寇，为饥民。边盗则王嘉允，土寇则王左挂，为群贼魁。已而左挂伏诛，嘉允复败（嘉允自黄甫川勾西人入犯，洪承畴、杜文焕，击破之）窜而入晋（山西自河曲至蒲津，千五百里，与秦中接壤，河身最狭，贼渡河往来，倏忽无定），久据河曲。文诏绝其饷道，困之，嘉允遁去。已复自岳阳突犯泽潞，为左右所杀。其党共推王自用号紫金梁者为首。自用结群贼老狐狐、曹操、八金刚、扫地王、射塌天、阎正虎、满天星、破甲锥、刑红狼、蝎子块、混世王等，及高迎祥、张献忠，皆聚山西，而上天龙、过天星，亦来会，共三十六营，众二十余万。米脂人李自成（世居李继迁寨，幼牧羊，长充驿夫。善骑射，斗很，无赖，数犯法。知县晏子宾将置诸死，脱去为屠），迎祥甥也，偕兄子过往依之，号闯将，与献忠等合。"

钱象坤引疾归。《明鉴纲目》卷八："纲：钱象坤罢。目：象坤，温体仁门生也。体仁入，遂让而处其下，然无所附和。及是，御史水佳胤（鄞县人），劾兵部尚书梁廷栋，廷栋不待旨，即奏辨。廷栋故出象坤门，佳胤疑象坤泄之，语侵象坤。周延儒恶廷栋，并恶象坤。象坤遂引疾归，廷栋落职。"

己巳，考选庶吉士：华亭吴桢，会稽章正宸，漳浦李世奇，嵩县韩四维，清江杨廷麟，孝感程正揆，太仓张溥，鄞县沈延嘉，汝阳张师度，荣昌倪于义，无锡马世奇，晋江庄鳌献，顺德胡平运，丰城罗大任，钱塘吴太冲，山阴吴之芳，麻城赵之英，辉县曹蕴清，宜山杨绳山（武），济宁杨士聪，保德王邵，韩城卫胤文。（据《国榷》卷九十一）《明史·选举志》："崇祯四年，朱统铈成进士，初选庶吉士。吏部以统铈宗室，不宜官禁近，请改中书舍人。统铈疏争，命仍授庶吉士。"陆世仪《复社纪略》卷二："初延儒但闻天如名，未识真面。及榜发后晋谒，延儒恨相见晚，恩礼倍至，天如由此得馆选。翰苑规制：庶常居造就之列，遇馆长如严师，见先达称晚进，公会偶坐，有命唯诺唯谨。溥任意临事，辄相可否，有代天言作诰命者，文稿信口甲乙，同馆皆忌之。有潜于内阁者，延儒犹委婉为解。温体仁则曰：'是何足患！庶吉士有教读成例，成材则留，不成材则去，去之亦何难？'溥闻之恚甚。"鲁铎《鲁文恪集》卷七《作养人才诗序》："圣朝取士，至进士之科为最重，而间复有庶吉之选。盖自我太宗文皇帝始定此制，取成周'庶常吉士'之义也。每选率二十人，时复上下其数。既又简命文学重臣二员领其事，并与及第三人皆令就馆受业。俸给之外，大官出饩廪供需，诸司之所职备焉，则以三载而授职。翰林者率五、七辈，余亦不失为台谏之官，待之不既厚矣乎！"王樵《方麓集》卷九《与从子墅书》："庶吉士读书已经三年，学有成效，例该内阁查平日考校先后名次，重加考试。取文理优长及文理亦顺者，分上中卷封进御览裁定，发下吏部，照例上卷二甲授编修，三甲授检讨，中卷授科道、部属，照原定次序各本题请，此定例也。"

七月

武定府常胜营武举官李瑗袭杀逆酋张世臣于纳插。（据《国榷》卷九十一）

八月

四川道试御史路振飞言武举事。谕武举试技艺勇力，勿专取文藻。《崇祯长编》卷四十九：崇祯四年辛未八月甲子，"四川道试御史路振飞上言：'国家设立文、武两科，诚并重也，则较阅武闱，必韬略骑射，事事精绝，方云入彀。而榜放后，又当因能量地授之以官。若有才技超越，可以内御士众，外料战形者，不妨特授专阃之寄。如此则举用得宜，群心悦服。恩由上出，图报必深。其于安内攘外之计，未必无裨也。近见枢部谓武重才勇，不重文义。试法亦重在马步二场，不在三场，则大失设科之意。盖武科之设，选将也，非选兵也。材勇者，兵之能；韬略者，将之事。而近来马步二场，买箭顶名冒替，习为固然。监箭各官，又多嘱托而上下其手。若并三场不论，则手不能挽弓者皆得滥竽。恐今日持是以取士，大典为之不光，而异日将无纶巾羽扇、轻裘缓带之彦矣。'帝谓：'武试以技勇为先，果有方略，即字句粗率，亟宜收录。如有营求等弊，即当指实参处'"。《国榷》卷九十一："崇祯四年八月癸丑，谕武举试技艺勇力，毋专取文藻。"

兵部上武科廷试之式。《崇祯长编》卷四十九：崇祯四年辛未八月丁巳，"兵部上武科廷试之式。拟以墨卷二十卷进呈，候皇上亲定名次，即常朝日，兵部堂上官引见传胪，自一名至五名俱唱名外，其余随班行礼。首名赏战袍、鸾带、铜盔、皂靴等物，余各赏钞有差。"杨士聪《玉堂荟记》卷下："初议胪传武榜，谓殿廷不便于骑射，若止令对策则与文试无异，故仍取原卷进呈。然自古临轩策士，未有不与试而仍用原卷者也。此制终属迁就，非确议也。辛未状元王来聘，选得扬州游击，以武元而官腹地，殊为未称。后升昌平参将，丙子死于敌，亦可以无愧矣。丁丑武状元姓文，江西人，同一科而文武状元俱在江西，此不因于地，必验于天，惜倪鸿宝不在，此当烦其推奖耳。"丁丑，指崇祯十年（1637）。阮葵生《茶馀客话》卷二："武会试，旧无廷对传胪之例。自明末崇祯辛未科始从方逢年之请也。是科状元为王来聘，后以副总兵战死。"《崇祯存实疏抄》卷四下刘文忠《为请裁可以节省之公费用佐至紧之军需事》："如遇科武年，取中举人每名折花红银叁两应照旧。……如遇中式武进士，牌坊银贰拾两，今应减壹半。"《利玛窦中国札记》第一卷第五章："我们前面讨论的这三种等级，同样也以相似的称号授与军界人士。这几种学位在同一年授与，但是在下一个月内，并与前者在同一地点。然而，授与仪式要简单得多，这是由于军事科学在这个国家不受培育和重视的缘故。事实上，军界很少有人追求这种学位，并不把它看得有什么重要意义。军事方面的学位考试分三部分：第一部分是军人驭快马奔驰着射九箭。第二部分是站定不动再射九箭。凡是能在马上射中四箭，站着能射中两箭的，就可以参加考试的第三部分。在这一部分中，他们必须笔试回答有关军事策略的一些问题。主考者宣布结果，以及各省被授与军事硕士学位的人数，总数约为五十名。在北京授与哲学博士的那一年，在通过必要的三场考试之后也给从全国军事硕士选中的大约一百名博士命名。取得博士学位的军人要比硕士学位的优先被任命为军官，但是他们必须花钱谋求官职。取得博士称号之后，不管是哲学方面的还是军事方面的，都在他家大门上用大字刻上他的头衔，以示他家的声望并作为他所获得的荣誉的标志。"

何如宠罢归。《明鉴纲目》卷八："纲：何如宠罢。目：如宠官礼部时，贫宗婚嫁，格于有司者，千余人，用如宠言，获婚嫁者过千。帝欲族袁崇焕，以如宠言得免。及入阁，为周延儒、温体仁所扼。连疏乞罢归，久之卒。"

九月

今年武会试加试刀石。杨士聪《玉堂荟记》卷下："武场原止骑射，辛未加以刀石。刀三等，自一百二十斤至八十斤；石三等，自五百斤至二百五十斤。开场之日，有武举趋而进曰：'请问今日选将才乎？选家丁乎？'监者曰：'今日鹰扬盛典，以应主上拊髀之求，何云选家丁也？'对曰：'既选将才，须存将体，须识将略，为将者全在机警，胜负所争在毫芒疑似之间。即《武经七书》，犹患其为陈言，但以科目久沿，不得不应此常套，至于骑射虽武人所有事，然亦特武人之余事。聊复试之，窥见其一斑耳，若在临阵之时全不恃此。况复增此刀石，无论力有强弱，未必能胜。即真能举石五百斤，舞刀一百二十斤，有力则诚有力矣，一旦遇敌，安所用之？以为战将且不可，况大将耶？以将才选而与选家丁者不异，此武举之所不能应也，请辞而退。'于是长揖而去。监者愧其言，又壮其人，使人留之，不可，掉臂竟去，意此亦非常人也。"朱国桢《涌幢小品》卷七《武试》："长安二年，初设武举，其制有长垛、马射、步射、平射、不同射、马枪、翘关、负重，射材之选，此武科之始，亦武塈事。然今之武科，初场马射、二场步射、三场试策论。步射中二箭、马射中四箭即入格。嘉靖初年，兵部侍郎杨廷仪所定。廷仪乃石斋之弟，尚书彭泽因而奏请允之。其制大简，谓宜于马枪、翘关之外，广其目，如刀剑、干盾之类，皆取可也。"王圻《续文献通考》卷三十九《选举六》："万历之季，科臣请设将材武科。初试马、步箭及炮、刀、剑、戟、击刺之法，二场试营阵、地雷、火药、战车等法，三场各就其兵法、天文、地理所知者言之。报可而未行。"

兵部覆试武举，奏技勇多不录。（据《国榷》卷九十一）

复遣宦官监察诸边军饷。《明鉴纲目》卷八："纲：九月，复遣中官王应朝等，监视诸边军饷。张彝宪总理户工二部。目：帝初尽撤镇守中官，委任大臣。既见廷臣竞门户，不足倚，乃复遣王应朝、邓希诏等，监视关宁宣大山西军马。以彝宪有心计，令钩校户工二部，如涂文辅故事。（文辅，魏忠贤党，天启中，总督太仓节慎二库，名其署曰户工总部。）吏部尚书闵洪学（乌程人，珪曾孙），率廷臣力争，帝曰：'诸臣若殚心为国，朕亦何藉内臣？'众不能对。然诸监率多侵克军资，临阵先走，戎务益坏。"

杨鹤下狱遣戍。洪承畴代之总督三边军务。《明鉴纲目》卷八："纲：下杨鹤狱，遣戍。以洪承畴总督三边军务。目：御史谢三宾（鄞县人），及巡按御史吴甡，劾鹤主抚误国，逮下狱，戍袁州，以承畴代。"

十月

验试武举。前监试御史余文龙、马如蛟等削籍。（据《国榷》卷九十一）

左春坊左中允杨世芳、刘必达以主武闱削籍。初，武场令合技勇策论兼优为最。技勇分刀石三等，刀自百二十斤至八十斤，石自五百斤至二百五十斤。策论优而技勇稍劣次之，技勇优而策论不逮又次之。榜出，仍有言者。遂下世芳等狱。改左谕德兼侍讲方逢年、右中允兼编修倪元璐覆试，与前榜同者三十余人。（据《国榷》卷九十一）

十一月

孙承宗引疾归。《明鉴纲目》卷八："纲：冬十一月，孙承宗罢。目：长山之败，言者论禾嘉，及承宗筑城起衅，承宗遂引疾归。（禾嘉先已调南京太仆卿，遂还京，引疾归。）"

赐武举王来聘进士第一。罢兵部郎中王升、员外郎陆澄源等六人。来聘力大，能开劲弓，历昌平参将。丙子死敌，赠都督金事。（据《国榷》卷九十一）据《明史·选举志》等记载：崇祯四年，武会试。时帝锐意重武，举子运百斤大刀者，只王来聘及徐彦琦二人，而彦琦不与选。帝下考官及监视御史狱，悉贬兵部郎二十二人。遣词臣倪元璐等覆阅，取百人。视文榜例，分三甲，传胪锡宴，以前三十卷进呈。钦定一甲三人，来聘居首，即授副总兵。武榜有状元，自来聘始也。民国《开阳县志稿》第五章《教育》第三十五节《科贡》："明太祖起自戎马，承唐、宋武科之制，初立武科，继谕礼部设武学，然所教者惟勋臣子弟，而应试者亦不外勋臣子弟，其规模殊欠宏远。至天顺时，虽有令天下文武官举通晓兵法、谋勇出众者，赴各省应试，中试者再赴京应试对策略及步骑弓矢，是为试天下应举人弓马策略之始。然特制，非常例也。厥后乡会试举行年限、取中名额，悉仿文闱例而减杀之。又倏罢倏复。崇祯四年，以时方需材，奏请武科殿试，悉如文科例，是为武科殿试之始。然其时府州县未设武学，其应试者，仍不外勋臣子弟。崇祯十年，乃令府州县皆设武学生，而后武科始遍矣。"嘉庆《三水县志》卷九《选举·武科》："明制，兵部会试中式，仍称武举，崇祯辛未始殿试，赐策问，为武进士。"倪元璐《倪文贞集》卷六《武会试录后序》："岁辛未，上急思熊罴之士，属当大试天下武举，乃更故格，申命再三。俾臣元璐副左中允臣方逢年往咨方略，事竣，录文以献。"辛未，指崇祯四年（1631）。

右春坊右中允兼翰林院编修倪元璐上言："武场监试余文龙、马如蛟，不能特设科条，而因仍已事。主考杨世芳、刘必达，不能细绎明旨，而过拘小嫌。此臣之所为罪也，然其可原即在此。何者？事当创始，未易精详。若夫情弊悖蔑，则四臣断断不敢出此。况今皇上所特拔鼎元王来聘，即前榜所收，技勇文章，四臣皆能识之。亦岂谓之不得人哉？"上不听。（据《国榷》卷九十一）

闰十一月

孔有德、耿仲明等据登莱叛乱。《明鉴纲目》卷八："纲：闰月，登州游击孔有德等反。目：有德与耿仲明、李九成，皆毛文龙部曲。文龙死，走入登州。登莱巡抚孙元化（字初阳，嘉定县人），官辽久（孙承宗、袁崇焕俱辟为赞画，以前兵备推巡抚），素言辽人可用，乃以有德、仲明为游击，九成亦为偏裨。大凌围急，元化遣有德等赴援，抵吴桥，天大雨雪，众无所得食。一卒与诸生角，有德笞之，众大哗。九成先赍银市马塞上，用尽无以还，适至，闻众怨，遂与其子应元，帅部卒劫有德。有德从之，还兵大掠，陷陵县、临邑、商河，残齐东，围德平。既而舍去，陷青城（元县），新城（亦元县），而新城受祸尤酷。（知县秦三辅训导王协中御之，并死。初，新城邑绅王象春，有庄在吴桥。有德屯兵其地，卒或攫鸡犬以食。王氏子怒，诉之有德，有德笞卒以徇，遂以激变。及贼至新城，以衅由王氏，焚杀甚惨。○秦三辅，三原人。）山东巡抚余大成（江宁人）闻变，遣兵往御，连败，乃移兵追贼。而元化军亦至。与大成皆力主抚，檄贼所过郡县无邀击。于是贼佯许元化降，遂抵登州。元化遣将张焘，率辽兵驻城外。总兵官张可大（字观甫，世袭南京羽林卫指挥），发南兵拒贼，战方胜，焘遽退，可大兵遂败。焘兵半降贼，遣归为内应。士民争请弗容人，元化不从。中军耿仲明，都司陈光福等，夕举火，导贼自东门入，城遂陷。（事在明年正月。）元化自刎不殊，与同城各官俱执，惟可大死之。（杀其妾陈氏，自缢于署。）有德乃推九成为主，己次之，仲明又次之。用巡抚关防，橡州县兵饷，而令元化移书大成求抚。大成闻于朝，为言官所劾。帝革大成、元化职，候勘。（元化寻为贼纵航海归，与大成俱下狱。大成论戍，元化弃市。元化故与徐光启善，与周延儒图救之，卒不得。）"

十二月

升胡尚宾为国子监祭酒。（据《崇祯长编》卷五十四）"宾"，《崇祯长编》原作"英"。《国榷》卷九十一："（崇祯四年十二月）戊子，陆完学为兵部尚书，协理京营戎政。刘锺英为南京吏部右侍郎，胡尚宾为南京国子祭酒。"

前南京工部右侍郎何乔远卒。乔远晋江人，万历丙戌进士。授刑部主事，改礼部。历员外郎郎中，言事谪广西布政司经历。泰昌初，起太仆少卿。天启壬戌，以左通政进光禄寺卿。明年冬，进通政使，予告，加户部右侍郎。崇祯己巳，起南京工部右侍郎，三月致仕。性廉介，家居日释经纂史，文行俱高迈。所著《名山藏》、《闽书》等数百卷，洵不愧为古之良史。年七十五。予祭葬，赠工部尚书。（据《国榷》卷九十一）

本年

娄坚（1567—1631）卒。（据吴海林等编《中国历史人物生卒年表》）《明史·文苑传》："娄坚，字子柔。幼好学，其师友皆出有光门。坚学有师承，经明行修，乡里推为大师。贡于国学，不仕而归。工书法，诗亦清新。四明谢三宾知县事，合时升、坚、嘉燧及李流芳诗刻之，曰《嘉定四先生集》。"

夏完淳（1631—1647）生。清顺治四年（1647），夏完淳年十七岁就义南京，逆推得生年。夏完淳初名复，字存古，号小隐，又号灵首（或作灵胥），松江华亭（今属上海）人。完淳生有异禀，自幼受父亲夏允彝影响，崇尚名节，五岁读经史，七岁能诗文，十二岁即博览群书，为文千言立就。师事陈子龙，曾与杜登春等组西南得朋会，为几社后劲。年十六，拟庾信作《大哀赋》，文采宏逸。乙酉清兵南下，夏完淳随父夏允彝、师陈子龙起兵抗清，清兵陷松江，其父投水殉国，完淳与师陈子龙等再组义军抗清，鲁王监国遥授其为中书舍人。后抗清事败，流离返家，于清顺治四年夏在故乡被清兵捕获，解往南京，不屈就义，年仅十七岁。清乾隆中通谥节愍。著有《玉樊堂集》、《内史集》、《南冠草》、《续幸存录》等（王鸿绪《明史稿》本传、侯玄涵《夏允彝传》、王弘撰《夏孝子传》、汪端明《三十家诗选》）。今人有整理本《夏完淳集》八卷，中华书局上海编辑所一九五九年出版。

明思宗崇祯五年壬申（公元 1632 年）

正月

总兵官左都督张可大知水城不可守，杀妾婢，自经于太平楼。可大字观甫，南京羽林卫指挥使，万历辛丑举武进士。历官都司参游宁绍副总兵。以左都督镇守山东，率兵勤王。上重之，专敕平岛帅刘兴治内移为南京左都督。闻兵乱，归登州，为战守计。值城陷，衣冠登城楼北向拜，壁端题某年月日死难处。事闻，赠太子少傅，予祭葬，立祠曰旌忠，谥庄节。性孝友好古，有《驶雪斋诗集》。（据《国榷》卷九十二）

故大学士刘鸿训卒。长山人，万历癸丑进士。崇祯初直阁，坐改敕书戍代州，终戍所。讣闻，许其归葬。（据《国榷》卷九十二）

三月

上幸太学，行释奠礼。先期征衍圣公孔胤植，五经博士颜光鲁、曾承业、孟弘誉陪祀。（据《国榷》卷九十二）

河南道御史李应荐言："皇上谒太学、祀先师，始知国学为天子之学。天子视学为国学盛事，则向之禁止讲院益为无名。"（据《国榷》卷九十二）

五月

吏部尚书闵洪学请将辛酉、丁卯两科副榜上卷姜鏻等十三名照例廷试，中式者准贡；中、下二卷刘烟等三十八名删汰发回。（据《崇祯长编》卷五十九）

郑以伟、徐光启入内阁、预机务。《明鉴纲目》卷八："纲：夏五月，以礼部尚书郑以伟、徐光启，并兼东阁大学士，预机务。目：以伟读书过目不忘，而不能票拟。章疏中有何况二字，误以为人名也，拟旨提问，帝驳改始悟。自是词臣为帝所轻。遂谕馆员须历外僚，而阁臣自是不专用翰林。光启雅负经济才，有志用世。及入阁，年已老，周延儒、温体仁专政，不能有所建白。（明年，以伟、光启相继卒。御史以二人盖棺之日，囊无余资，请优恤以愧贪墨。以伟得谥文恪，光启得谥文定。）"

七月

太监曹化淳提督京营戎政。《明鉴纲目》卷八："纲：秋七月，以太监曹化淳提督京营戎政。"

八月

御史刘令誉上言，请敕吏、兵二部，条定规则，凡武学之进取，武闱之取送，皆兵道主之，由武童而武生，由武举而武进士，必智勇俱优、胆识交胜者为上。章下所司。（据《崇祯长编》卷六十二）

升吴士元为国子监祭酒。（据《崇祯长编》卷六十二）

中式武生俞世灏、高岱被斥革。《崇祯长编》卷六十二：五年壬申八月庚午，"礼部以武生中式评文失详，请将主考官少詹事姚希孟罚俸半年，请告谕德姚明恭起补日罚俸一年，房考官原任中书李日烨起补日降俸一级，吏部办事进士吕化舜授官日实降一级，幸中俞世灏斥革问杖，高岱斥革问徒。希孟见在日讲，启沃著劳，或念亲臣免其罚治，是又皇上法外之恩也。帝命世灏、岱如议遣行，希孟等四人另议。"

总兵官曹文诏等，败贼于平凉、庆阳。《明鉴纲目》卷八："纲：八月，总兵官曹文诏等，连败贼于平凉、庆阳。目：先是文诏与游击左光先等，分剿绥德、宜君、清涧、米脂诸贼，皆大捷，扫地王授首。神一魁余党红军友、李都司、杜三、杨老柴等，屯镇原，将犯平凉，巡抚练国事檄甘肃总兵杨嘉谟，副将王性善，扼之，贼走庆阳。文诏从郿州间道至，与嘉谟、性善合，大战西濠（砦名，在甘肃镇原县北），斩千级，生擒杜三、杨老柴。余党纠他贼破华亭（隋县，今属甘肃），攻庄浪（注见前），文诏、嘉谟掩击，纵反间绐其党，杀红军友，蹙败之水落城（在甘肃庄浪县东南，金置县于此，元省），追至静宁州（注见前）。贼奔据唐毛山（在陕西保安县西北，与甘肃庆阳县接界），游击曹变蛟（文诏从子），先登，殄其众。至是，可天飞、郝临庵、刘道江、独行狼、李都司等，连兵围合水。（注见前。）文诏往救。贼匪精锐，以千骑逆战，诱抵南原，伏大起。城上人惊疑相告曰：'曹将军没矣！'而文诏驰矛左右突，匹马萦万众中。诸军望见夹击，贼大败，僵尸蔽野，余众走铜川桥（在庆阳县西），大败之。越日，文诏复与宁夏总兵贺虎臣，固原总兵杨骐，破贼于甘泉之虎兕凹。会总督洪承畴师次平凉，击斩可天飞、李都司，降白广恩。余贼分窜者，文诏追蹙之耀州锥子山，其党杀独行狼、郝临庵以降。承畴戮四百人，余皆散遣关中。巨寇略尽。（文诏在陕，大小数十战。巡抚范复粹论奏，首功第一，而洪承畴抑不叙。巡按御史吴甡，推奖甚至。复粹复为上疏。兵部抑其功，卒不叙。〇复粹，登州府黄县人。）"

户科给事中冯元飙上言，请毋罚治姚希孟等。《崇祯长编》卷六十二：五年壬申八月，"丙戌，户科给事中冯元飚上言：'北闱武生冒籍一案，其初本于内帘无与，浸假益以覆试，而以士子文义之优劣定考官罚治之重轻，于是拟徒之高岱，其房考降三级，而拟杖之俞世灏，其房考降二级，中高岱之主考降二级，而中俞世灏之主考亦降二级，且夺之讲官焉。夫姚希孟孤忠撄逆，大节凛然，自蒙皇上召环以来，但知特立独行，决不苟且权要，即群小未免见慢，乃国人孰不曰贤。方幸启沃有资，讵宜遽离帝右？此而可舍，何以保用者之皆当耶？又如臣子，能于君父意向所注而犯颜力争，岂易易事，乃自魏呈润、李日辅抗疏获谴，遂无一人敢复言内臣者，独赵东曦初入班行，猝陈危论，竟以不知王坤之奏发而遽出之。恐嗣此唯诺成风，交结自固，终无为皇上冒不测以竭区区者，言之可不为寒心哉！伏乞廓然虚受，蔼然嘉与，俾讲幄犹留百炼之刚，而仗下幸无一鸣之斥。人才幸甚，宗社幸甚。帝谓其凭臆妄议，姑不究。"

九月

流寇连陷大宁等州县，全晋震动。《明鉴纲目》卷八："纲：九月，流贼连陷山西州县。目：先是贼将高迎祥，罗汝才（即曹操），张献忠等，分道四出，连陷大宁、隰州、泽州、寿阳诸州县（与下注，并见前），全晋震动。部议令宣大总督张宗衡（临清人），驻平阳，巡抚许鼎臣（武进人），驻汾州，分地守御。已而李卑（字侍平，榆林人），贺人龙（米脂人），艾万年（米脂人）将关中兵至，鼎臣檄以自从。宗衡怒其不从己，檄之还，三将莫之适从。贼乘间入据磨盘山（一名连枝山，在山西临县东），分其众为三，阎正虎据交城，窥太原，邢红狼、上天龙据吴城（在山西孝义县西南，战国时魏吴起为西河守，筑此以拒秦，因名），窥汾州，紫金梁、张献忠突沁州武乡，陷辽州。"

明思宗崇祯六年癸酉（公元1633年）

正月

黄汝良上《宾兴届期文体宜正敬陈未尽条款》。共八款。从之。《崇祯存实疏抄》卷八下黄汝良《宾兴届期文体宜正敬陈未尽条款乞赐明旨申饬以还醇风以隆圣治事》："科场年分所有应行事宜，历年礼臣具有条陈申饬，自万历肆拾陆年礼臣何宗彦等条为贰拾款颁行中外，至天启肆年复经礼臣林尧俞等具题，崇祯叁年复经礼臣李腾芳等具题，俱奉旨通行申饬外，其于宾兴大典，内帘外帘之约束，考官士子之防维，可谓至详至密，无复遗漏矣。今岁又当大比之年，臣部已于去岁先期将前开《科场条例》刊刻成书，移文两京十三省，照册榜示，着实遵行去后。惟是文体一项，关系最巨，皇上深轸生心害政之虑，功令甚严，而多士久沿譸张为幻之风，宿习难醒。即前礼臣《科场条例》中间亦言及，而迩者南礼臣李孙宸等言之尤为谆切，然必明开条款，著为章程，如川行之有堤防，方可遏其横奔溃决之势，如车驱之有轨范，方可止其诡遇获禽之思，不则泛泛悠悠，转眼复如庚午往事，即惩创之亦已后矣。臣谨择其切要，列为捌条，乞赐明旨申饬。……壹曰崇经。孔子删述《六经》，垂训万世。及门之徒，皆身通六艺。汉承秦火之余，以明经取士，当时大儒，若董仲舒、刘向、萧望之、韦贤辈皆兼通数经。我国家虽分经取士，然未尝不贵其博涉淹通也。盖天地间名理毕具《六经》，不惟大事业出其中，即大文章亦莫能外。乃今士人于本经已多卤莽，至于他经全不涉眼。朝夕记诵，只是坊间俗刻，何所施用？若能分其精神以钻经味道，文采韫藉必自可观。从今场中试卷，首贰叁场，有能博涉经书，融会旨趣者，亟收之。其浮华无根，俚浅无味者，无取也。贰曰依传。夫传注为《六经》羽翼，当日大儒若二程、朱熹、蔡元定、胡安国、陈澔辈皆精心理解，提要钩玄，阐前圣之壶奥，惠后学以梯航。圣祖颁之学官，以为程士法式，诸士依其成言，自可发挥妙义。何乃明弃师说，凿空求奇，寻曲径而背周行，忽范型而几跃冶，悖违祖制，侮弃前修，无怪其一入仕途，便有不轨不物之事。从今制义，宜一依传注，其与传注故相背违者，不许收录。叁曰切题。夫有题然后有制义。主司出题试士，正欲其照题发挥，透露真切，以观其意识之洞达，性地之灵通耳。乃近日士子作文，于题目通不照管，别作议论，漫衍浮夸，试使掩题读之，不知其所作为何。夫无仪的而妄射，虽中秋毫不为巧，无根荄而敷华，即眩众目总为妖，所以服官而不顾职业，营私而不管身名，此亦生心害政之一左验也。从今试文，必须肖题阐发，其与题全不相蒙者，虽华弗录。肆曰尚体。《书》曰：词尚体要。制义之有体，犹人身之有五官。虽贵神俊，而其位置则不可增损移易也。近日士人藐视矩矱，恣意猖狂，或宜先而后，宜后而先，或宜分而合，宜合而分，则颠倒甚也。制义原限字伍佰余，今或长至千字，甚至千余，泛滥浮艹，有何关切，则胼枝甚也。又题中又有'之'字、'以'字、'而'字，不过语助辞耳，乃舍大义不讲，而矻矻于无要紧之一字。饾饤不已，则支离甚也。又往往以案牍之俚语，溷圣贤之微言，不曰'按'则曰'局'，不曰'转一语'则曰'又一境'。试看经传中曾有此否？则猥鄙甚也。又于题旨不可析者而强析之，题字不可离者而强离之，则又割裂甚矣。凡此体要之不存，皆士人逾闲荡柙之先证也。从今取士，须遵隆、万间法程，如昔年礼臣王弘诲所刊《举业正式》者为准，违者不得溷收。伍曰达辞。孔子曰：辞达而已矣。言贵达意也。《易》曰：风行水上涣，天下之至文。言贵自然也。沈约亦云：文章有三易，句易读，字易解，使事易知也。近日有一种不可解不可读文字，其实暗涩不通，而耽僻者反喜之，曰须有几分不通，方为好文字。试观自唐、虞三代以及汉、唐、宋诸大家，曾有此文字否？惟殷盘周诰，诘屈聱牙，说者谓出于伏生年老之伪授，其后新莽效之作《大诰》以欺世。夫学新莽之文字已陋矣，学新莽之心术将若何？此其弊又甚于轧茁矣。自今诸士为文，惟取达意自然，其暗涩不可方物者，必斥不录。陆曰读史。夫天地间名理俱在《六经》，而

3140

往古来行实载在列史，士人苟能广搜博览，考古知今，则事变纠纷，自能鉴观其窾会，人材参错，何难证向于品题，故诸葛亮有云：才须学也。为学史言也。乃今士人但知涂饰铅椠，自甘蔽塞聪明，其历代史书固难责以遍观尽识，即《通鉴纲目》亦何可不寓目经心！臣居山时，阅邸报章奏，有以汉光武为汉武帝者，有以燕许大手笔为太宗时弘文馆学士者，传之四方，宁无失笑！以此居官任职，其冥冥贸贸可知。从今试卷，须遍阅贰叁场，必其洞晰今古、博雅成章者方准收录。若舛错虚浮，徒取塞白，即首场可观，勿录也。柒曰革伪。夫书有真伪，旨趣自别，在有识者，何难鉴裁。自经书列史外，诸子百家并存。天壤间其可供文人荟撮者尽多，如老、庄、列、荀、杨、王、管、韩、《淮南》、《吕览》、《武经》、《左传》、《国语》、《战国策》、《楚词》、《说苑》、《新序》、《史通》诸书，意义深长，文词藻雅，诸士若肯时加搜阅，三冬四余，尽自足用。乃近有一种伪书，浅俗猥庸，读之如嚼蜡，令人厌唾。间所载帝王、周、孔之言，并不见经传，只是凭空杜撰。不意有无识之人，津津称引之，几以饰诈惊愚，诬民惑世，其于真正大文字反蔑如也。弃周鼎而宝康瓠，掷隋珠而珍鱼目，此诈伪得售之象也，岂盛世所宜有乎？从今士子贰叁场有偷窃伪书者必黜。至于竺乾之书，不妨泛涉其趣，不必明征其词，若用之首场，亦遵制必斥也。捌曰识务。语云识时务者在乎俊杰。国家以文章取士，正欲于毫颖间觇其经济，冀得识时务之俊杰而用之耳。近来士子平日全副精神只用在首场文字，至于二三场不过临时铺张涂抹，一切世务何曾经心。主司时日有限，一人彀中，即为桃李，鲜肯留意真材。前场取中，方寻后场，前场偶落，后场即有贾、董，真才何縁物色。士之骛浮华而阔实用，则始进之路然也。合无从今取士，参酌后场，其有练习彝章，通晓时务如天文、地理、兵农、礼乐、屯盐、鼓铸、律令、河渠之类，能举大义而中机宜者，即前场平平，亦亟收之。若虚谬无当，即前场可观，亦弗录也。至于文事，必兼武备，在此时尤为要紧。诸士中有能淹贯《七书》及《百将传》而发挥中窾者，尤当亟收之，远可备中枢节钺之选，近可资郡邑保障之需，在主司于策士遴才时加之意耳。以上捌款，卑卑无甚高论，然因时救弊，尽制曲防，不得不出于此，如农亩之有畔，布帛之有量，使人无越思而有定准，庶文体可祛伪还醇，士风可反邪归正，于治道未必无小补矣。然要在内外诸臣恪为遵守。俟试事完日解卷到部，有与条款背违者，容臣部会该科着实摘参，重则黜革，轻则罚科。其考试官与提学官亦照参罚多少，量议处分。功令在上，臣等毋敢瞻徇也。伏乞敕下臣部豫先行文两京十三省转行各府县，刊刻榜示，使知惩后惩前，毋致如往事纷纷，多士幸甚，寓内幸甚！崇祯陆年正月贰拾肆日。叁拾日奉圣旨：'致治急需人材，取士宜先德行。近来专尚文词，已失祖宗初意。乃制义又趋浮诡，士风吏治安得不至窳敝。奏内各款于文体有裨，依议严饬行。今后科场较阅，务得纯正典雅、宗经据传、博综古今、通达治体者亟与收录。若奇邪险谲、空疏浮诞，其品可知，并从摈斥。如有故违侥幸入彀者，士子、考官一体连坐。'"

谕吏、礼二部同都察院及该科谨议督学司教取士规条具奏。孙承泽《山书》卷六《致治求贤》："崇祯六年正月，谕：'祖制设科取士，专为致治求贤。近来士习日偷，贡举失当，人才鲜少，理道不张，此皆由督学司教各官董率乖方，培养无术，尽失旧制初意，以致朝廷不获收用人之效。朕思士子读书进身，乃人才根源，必宜首重德行，幼学壮行。如生平果系孝弟廉谨，自然临时不贪不欺，尽忠竭节，何必专攻文艺。按《会典》及提学敕书内，敦尚行谊以励颓俗，不专论文优劣，开载甚明。近来通不遵行。至小学诸书，及州县各有社学，原欲养蒙育德，敷教储才，近则全不兴举。其士子自童时入塾，以迫应试登科，只以富贵温饱为志，竟不知立身修行、忠君爱民之大道，如此教化不明，士风吏治安得不日趋卑下？朕惟祖宗朝求才用人，原不尽拘资格科目，至考试文艺，只遵祖制，起敝还醇。童子必入小学，遇试先查德行，自童儒以及乡、会，须有实迹，方许入场，异日败行，考官并论。酌古准今，宜有法则规条颁布遵守。又教官为士子师长，化道最亲，旧制甚重。近来以衰庸充数，教术全废，此尤士风不正之原。今须设法兴起，着吏、礼部同都察院及该科谨议具奏。至四海之大，岂无潜修硕德、积学弘才、清直刚方、实堪大用者，更宜特拔一二，以示风劝。至科道不必专出考选，馆员须应先历推知，并着酌议来行。'"

大学士周延儒以宣府阅视太监王坤疏参乞罢，不允。（据《国榷》卷九十二）

二月

谕设科取士，专为求贤，不专论文优劣。《国榷》卷九十二："谕都察院曰：'近来民穷多盗，皆由亲民之官贪残所致。妄取民财，弥缝津要，所以举劾不当，贪人得志，小民愈苦。……'又谕礼部曰：'设科取士，专为求贤。近来士习日偷，贡举失当，此皆督学司教董率乖方，培养无术，以致朝廷不获收用人之效。朕思人才必宜首重德行，如果孝弟廉谨，自然不贪不欺，尽忠竭节，何必专工文艺。按《会典》提学敕书内，敦尚行谊以励颓俗，不专论文优劣，近不遵行。至小学及州县社学，原欲养蒙储才，近不兴举。士子惟以富贵为志，竟不知立身修行忠君爱民之道。如此教化不明，士风吏治，安得不日趋于卑乎？朕欲童子必入小学，遇试先核德行；自儒士以及乡会，须必有实行方许入场。异日败行，考官并论。又教官为士子师长，化导最亲。近来衰庸充数，教术全废，此尤士风不正之源。今须设法兴起。至于四海之大，岂无潜修硕德、积学弘才、清直刚方、实堪大用者！更宜特拔一二以示风劝。至科道不必专出考选，馆员须应先历推知，并酌议来行。'"

官军收复登州。孔有德、耿仲明等降清。《明鉴纲目》卷八："纲：官军复登州，山东平。目：登州城三面距山，一面距海。其北有水城，与大城相接，开水门以通海舶。贼恃此可走，故不下。及被围久，李九成出城搏战，官军馘之于阵。贼渠五，已歼其二（五人者，李九成，孔有德，耿仲明，毛承禄，陈有时也。有时先已就戮，及是九成亦死），气大沮。至是祖宽等夺其水门外护墙，益大惧。有德载子女财帛先出海，仲明以单舸继之，皆遁。官军遂入大城，攻水城不下。游击刘良佐献轰城策，匿人永福寺中，穴城置火药轰之，城崩，官军遂入。贼退保蓬莱阁（在山东蓬莱县城北丹崖山，下临海岸，宋治平中建），朱大典招之，始释甲。俘千余人，自缢及投海死甚众。有德等走旅顺，岛帅黄龙（辽东人）邀击，擒毛承禄、陈光福等，斩九成子应元，惟有德、仲明逸去。乃献承禄于朝，磔之。有德、仲明，俱降满洲。"

乙丑，大学士林釬始入直。（据《国榷》卷九十二）

三月

张溥南归，在苏州虎丘召开复社大会，与会者数千人。陆世仪《复社纪略》卷二："癸酉春，溥约社长为虎丘大会，先期传单四出，至日，山左、江右、晋、楚、闽、浙以舟车至者数千馀人。大雄宝殿不能容，生公台、千人石，鳞次布席皆满，往来丝织，游于市者争以复社会命名，刻之碑额，观者甚众，无不诧叹，以为三百年来，从未一有此也。"《复社纪略》卷四："是时有怨复社者，托名徐怀丹作《十大罪檄》。文曰：复社之主为张溥，佐为张采；下乱群情，上摇国是，祸变日深，愚衷哀痛。"参见吴伟业《复社纪事》和杜登春《社事始末》。

五月

限庶吉士给假五年为期。（据《国榷》卷九十二）

六月

六月，谕礼部尚书："《试录》文既刻士子名，宜用真卷示信，即量加删润，不得尽掩本色。考官仍加意后场，有博通经史，晓畅时务者，前场稍逊，亦许特拔。命题须明白正大，近理切时，庶得实学通才，以资任用。不得诡僻琐裂，有乖典制，违者部科参处。"（据孙承泽《山书》卷六《申饬科场》）

郑以伟卒。字子器，上饶人，万历辛丑进士。选庶吉士，授编修。壬申五月，以礼部尚书兼东阁大学士。十月考绩，进太子少保。以伟学极博，历官三十年，虽无他谋画，而居心平恕，疏于世务。尝票重罪疏，有何况字，误以为人名，拟旨："何况着抚按提问。"上驳改乃悟。由是有馆员须历推知之谕，轻变成法，大启营竞，此亦治乱之一关也。卒时箧中仅三金。予祭葬，赠太子太保，谥文恪。（据《国榷》卷九十二）

周延儒引疾归。《明鉴纲目》卷八："纲：夏六月，周延儒罢。目：延儒为首辅，温体仁欲夺其位，务为柔佞，取悦于帝，帝渐向之。复曲谨以媚延儒，而阴伺其隙，延儒不知也。体仁与王永光，欲起逆案王之臣、吕纯如。帝以之臣问延儒，对曰：'用之臣，亦可雪崔呈秀矣。'帝悟而止，体仁益大恨。会延儒子弟家人暴邑中，邑中民爇其庐。所用巡抚孙元化，复陷登州。于是言路交章劾延儒，并谓其受巨盗神一魁贿，帝意颇动。体仁复嗾给事中陈赞化，劾延儒昵武弁李元功，招摇网利，且谓延儒至谓陛下为羲皇上人，语悖逆。帝大怒，下元功诏狱，穷治。延儒觊体仁为援，体仁不应。延儒大窘，引疾归。体仁遂为首辅。（延儒既罢，廷臣恶体仁当国，劝帝复召何如宠，如宠固辞。给事中王绍杰言：君子小人不并立。如宠瞻顾不前，体仁宜思自处。帝为谪绍杰于外。如宠卒辞不入。如宠操行恬雅，与物无竞。后卒，福王时追谥文端。）"

七月

旅顺陷落，总兵官黄龙自刎殉国。《明鉴纲目》卷八："纲：秋七月，满洲陷旅顺，总兵官黄龙死之。目：孔有德，耿仲明，怒龙邀击，必欲报之。会鸭绿江有警，龙遣水师往援，旅顺空虚，有德等遂导满洲兵袭其城。龙数战皆败，火药矢石俱尽，自刎死。（部将李惟鸾，项祚临，樊化龙，张大禄，尚可义，俱死焉。）广鹿岛（在奉天金县西北海中）副将尚可喜，故与龙相掎角，龙既死，亦走降满洲。（自是岛上势益狐。久之将士多败殁，诸岛虽有残卒，不能成军，朝廷亦不更置帅，以登莱总兵遥领之而已。）"

徐光启复官，进太子太保文渊阁大学士，荫中书舍人。（据《国榷》卷九十二）

八月

八日，王志坚（1576—1633）卒。钱谦益《牧斋初学集》卷五十四《王淑士墓志铭》："淑士卒于崇祯六年八月八日，年五十有八。次年十二月，葬吴县西山之真珠坞。"《明史·文苑传》："王志坚，字弱生，昆山人。父临亨，进士，杭州知府。志坚举万历三十八年进士，授南京兵部主事，迁员外郎、郎中。暇日要同舍郎为读史社，撰《读史商语》。迁贵州提学佥事，不赴，乞侍养归。天启二年起督浙江驿传，奔母丧归。崇祯四年复以佥事督湖广学政，礼部推为学政第一。六年卒于官。志坚少与李流芳同学，为诗文，法唐、宋名家。通籍后，卜居吴门古南园，杜门却扫，肆志读书，先经后史，先史后子、集。其读经，先笺疏而后辨论。读史，先证据而后发明。读子，则谓唐、宋而后无子，当取说家之有裨经史者补之。读集，则定秦、汉以后古文为五编，考核唐、宋碑志，援史传，捃杂说，以参核其事之同异、文之纯驳。其于内典，亦深辨性相之宗。作诗甚富，自选止七十馀首。"

归尔复举乡试。归庄《归庄集》卷三《送兄尔复会试序》："朝廷以孝治天下，推恩臣子，自一命之士，考成，即授其亲以子之官，官尊加封亦如之。故凡为人子者，苟在士流，无不日夕冀望恩荣其亲以为快，而不得则以为愧。吾兄弟冀望不得，而怀愧也有年矣。癸酉秋，兄领乡荐，私喜所以荣其亲者，此其基矣。乃三上春官不第。十年之中，兄竭蹶奉养，而于菽水之外，不能有加。二人不以为薄，乃更喜曰：'他家子甫登贤书，辄巧于治生，不三数年，多致富。若此者，虽日奉三牲，乃增我忧也。'兄以故少自慰。然以荣亲之愿未酬，意终郁郁。今年父七十，母六十有七，颜发精气，见者虽曰不改，吾兄弟自知之。兄此举之得失，又非前一二科比矣。"

九月

钱士升入内阁，预机务。《明鉴纲目》卷八："纲：九月，以钱士升（字抑之，嘉善人）为礼部尚书，兼东阁大学士，预机务。目：士升故出钱龙锡门下。龙锡出狱，周延儒啗之，极言上怒甚，挽救殊艰，龙锡深德延儒。未几温体仁至，龙锡述延儒语，且谢曰：'非公等安得生？'体仁佯曰：'上固不甚怒也。'闻者直体仁而恶延儒。士升以座主故，因归心体仁。体仁亦以士升乡人，遂引与共政。"

十月

九日，徐光启（1562—1633）卒。《明史》徐光启传："徐光启，字子先，上海人。万历二十五年举乡试第一，又七年成进士。由庶吉士历赞善。从西洋人利玛窦学天文、历算、火器，尽其术。遂遍习兵机、屯田、盐筴、水利诸书……未几，熹宗即位，光启志不得展，请裁去，不听。既而以疾归……崇祯元年召还……五年五月以本官兼东阁大学士，入参机务，与郑以伟并命。寻加太子太保，进文渊阁。光启雅负经济才，有志用世。及柄用，年已老，值周延儒、温体仁专政，不能有所建白。明年十月卒。赠少保。"阮元《畴人传》卷三十二："自利（玛窦）氏东来，得其天文数学之传者，光启为最深，洎乎督修新法，殚其心思才力，验之垂象，译为图说，洋洋乎数千万言，反复引伸，务使其理其法，足以人人通晓而后已，以视术士之秘其机械者，不可同日语矣。迄今言甄明西学者，必称光启，盖精于几何，得之有声，其识见造诣，非文魁守、忠辈所能几及也。……（崇祯）六年十月，光启以病辞局务，荐李天经以竣其事。逾月，光启卒，赠少保，谥文定，后加赠太保。"徐骥《徐氏宗谱·文定公行实》："文定生于嘉靖壬戌三月二十一日，卒于崇祯癸酉十月初七日，享年七十有二。……所著有历书一百三十二卷……文集数十卷。"

十一月

王应熊、何吾驺入内阁，预机务。《明鉴纲目》卷八："纲：冬十一月，以王应熊（字非熊，巴县人），何吾驺（广州香山人）并为礼部尚书兼东阁大学士，预机务。目：应熊熟谙典故，而性刚狠，温体仁力援之，遂与吾驺同入阁。"

流寇进犯湖广。李自成自此别为一军。《明鉴纲目》卷八："纲：贼渡河，陷涟池诸县，分掠南阳、汝宁，遂犯湖广。目：贼尽集河北。高迎祥、李自成、张献忠、罗汝才等俱至，左良玉、汤九州扼其前，京营兵蹙其后，余连战皆败，欲逸，阻于河，大困。乃诡辞乞降。监军内臣杨进朝信之，为入奏。会天寒冰合，贼从毛家寨径渡，河南军无扼之者，遂陷渑池、伊阳、卢氏。巡抚元默（静海人），督军御之，贼窜卢氏山中，由间道入内乡，大掠南阳、汝宁，直走湖广，所在告急。贼始起陕西，高迎祥最强，李自成属焉。及渡河，自成始别为一军。"

十二月

国子监进二十一史。（据《国榷》卷九十二）

林釬、陈子壮为礼部左右侍郎并兼侍读学士。（据《国榷》卷九十二）

明思宗崇祯七年甲戌（公元1634年）

正月

陈奇瑜总督五省军务，专剿流寇。《明鉴纲目》卷八："纲：甲戌七年，春正月，以陈奇瑜（字玉铉，保德州人）总督河南山陕川湖军，务讨流贼。目：初，奇瑜巡抚延绥，分遣诸将擒斩诸贼渠金翅鹏、一条龙等。（诸头目，凡一百七十余人。）最后又克延水关（一名永宁关，在陕西延川县东南），贼钻天哨、开山斧（关负绝险，下临黄河。贼恃其扼塞，屡攻不下。奇瑜潜师出贼不意，焚其巢，二贼俱馘），境内剧盗尽平，奇瑜威名大著。至是贼蹂豫楚，廷议以诸抚镇事权不一，请设大臣统之。乃进奇瑜兵部侍郎，总督五省军务，专办流贼。（时又以大名道卢象升知兵，命抚治郧阳。）"

有灵州丁卯贡士陈有增，陷虏逃回，入杀胡堡。求应礼闱，不许。褫贡士，为削发也。（据《国榷》卷九十三）

大学士钱士升入朝。（据《国榷》卷九十三）

礼部磨勘乡墨。摘贡士顺天董茂成，应天姚轩云、相奇，四川曹永嗣、罗儒臣，广东宋伟祚、邹万镇，广西蒋诚，俱分别罚科有差。（据《国榷》卷九十三）

二月

以温体仁、吴宗达为会试主考。取中李青等三百人。《崇祯实录》卷七：崇祯七年二月壬戌，"以大学士温体仁、吴宗达主试礼闱。礼科给事中吴家周劾体仁越次，上不怿，贬家周。"《国榷》卷九十三："崇祯七年二月壬戌，大学士温体仁、吴宗达主礼闱。"李逊之《崇祯朝记事》卷二："给事中吴家周疏论温体仁杜门两月，入闱典试，不先不后，有私垄断而左右望之迹。臣乃得以朝廷大典礼问之。夫圣寿呼嵩，元旦辑瑞，体仁独托病不出矣。袼祭太庙，春祀社稷，亦托病不出矣。经筵开讲，所以崇圣学，献俘太庙，所以昭武功，皆托病不出。即皇太子千秋令节，终托病如故。独至入场主试，则褰裳就之无他。朝贺系臣子恪恭之谊，所关在朝廷，取士有私门桃李之籍，所利在身家也。尤可异者，会场题目，历来与君德政治有关，未有大臣敢妄自称比者，今首题以子产自许，不思郑以衰国屡主有难乎！其拟上者，若救民于水火之中，尤属不伦。尧、舜在上，虽小丑未靖，何至比吾民于殷丧之季，况取残吊伐，亦不宜谈于今日。奉旨以其诋诬牵引，着降调。先是《易》一房漆嘉祉，首篇末有不敬不义之臣云云。本房文长洲取之，意乌程必见驳，当有一番质辨。及呈卷即批：'允。'比撤棘，乌程于阁中扬言曰：'外人说我们要进场取门生，今日地位也靠不着门生了，况场中即有人骂我。'嘉善曰：'场中如何骂得？'乌程曰：'他文章竟说不敬之臣如何，不义之臣如何，岂不是骂？'嘉善曰：'如何打发他？'乌程曰：'本房批：伸眉抗手，想见其人。敢不中耶？'是科乌程虽为主考，力行阻抑榜额，每科三百五十名，止取三百。会元多扶入鼎甲，而李青不得入。每科考馆，独是后两科不考。至倡议欲令三甲选县佐贰，众论以为不可而止。"

据《崇祯七年甲戌科进士三百二名履历便览》，甲戌科主考、同考及各房门生情形如下：总裁：光禄大夫柱国少傅兼太子太傅吏部尚书建极殿大学士温体仁，员峤，浙江乌程人，戊戌。光禄大夫柱国少傅兼太子太傅吏部尚书建极殿大学士吴宗达，青门，南直武进籍，宜兴人，甲辰。同考：《易》一房，奉直大夫右春坊右庶子兼侍读掌坊事文震孟，湛特，南直常州籍，吴县人，壬戌。门生：陈际泰，许直，漆园，田辟，张瓘，夏雨金，张懋忠，吴震交，王应元，吴本泰，刘祯庆，康万民，郑翼云，吴应台，胡璇，陈文显，易震吉，白慧元，冯贞吉，颜茂猷。《易》二房，征仕郎翰林院简讨朱兆伯，茂知，浙江山阴人，乙丑。门生：李耀，崔育楩，王士英，詹时甫，余可弘，朱国翰，徐殿臣，李陈玉，任元□，刘文麐，李策，徐孟鏊，陈尔铭，傅云龙，蔡□光，赵为心，陈熏，□□。《易》三房，文林郎翰林院编修孙从度，□□，北直清苑人，戊辰。门生：冯之□，周之璠，杨昌□，刘维仁，方廷淳，陈子达，汪□□，□□春，李化□，张宏弼，刘运逢，郭万象，杜时髦，余墨华，陈育□，李悦心，毛凤□，杨岳甲。《易》四房，征仕郎刑科左给事中卢兆龙，本潜，广东香山人，壬戌。门生：方尤昌，沈肩元，王大宪，黄配玄，陈昌言，光时享，徐葆初，梁都汴，郭启科，蒋拱宸，惠户实，刘之凤，喻以恕，萧诸元，张□，□正春，周大启，王明德。《易》五房，奉政大夫户部山东司署郎中事主事倪嘉庆，□□，应天江宁籍，南直丹徒人，壬戌。门生：陈慧美，程峋，刘逵，陆运昌，张文辉，金汝砺，张文烺，傅汝为，贾鹤年，段文炳，张才善，游正中，张垣，杨玄锡，□□，周之茂，任中麟，姚咨俊。《书》一房，文林郎翰林院编修李建泰，□□，山西曲沃人，乙丑。门生：邓藩锡，文德翼，陈黄裳，袁彭年，荆本澈，陆□，范士髦，黎庆永，李士□，刘星耀，金毓峒，李舍乙，李玄，阎□，张□□，唐顺征。《书》二房，文林郎翰林院编修王廷垣，光复，江西东乡人，乙丑。门生：李桢，陈士梅，凌世韶，林佳鼎，黄家瑞，罗万杰，王佳澄，陆清原，邢国玺，俞志虞，彭琯，王鼎铉，罗炌，黄祖年，朱鍒，张如□。《书》三房，文林郎翰林院编修项煜，水心，南直吴县人，乙丑。门生：李青，李瑞和，黎志升，龚鼎孳，王孙蕙，张允□，刘大巩，王□□，吴国华，郑封，张琦，卫周胤，刘世俊，汪宗友，马嘉楠，刘弘□。《书》四房，儒林郎翰林院修撰刘若宰，退斋，南直怀宁籍，□□人，戊戌。门生：陶嘉祖，吴洪昌，陈瑾，李其茂，葛凝秀，吴文瀛，曾应遴，韩承宜，王应元，孙襄，赵国鼎，吴昌时，刘沂春，宋屺，祀启广。《诗》一房，奉直大夫右春坊右庶子兼翰林院侍读傅冠，寄庵，江西进贤人，壬戌。门生：傅岩，周仲琏，万文英，黄景明，孙谋，叶培恕，万任，宁子庆，郑同玄，王廷谏，李长倩，吴锺峦，沈在宥，许颖，高允兹，刘鸣谦，余日新，曲和声，李发元，杨天情，朱苐煌。《诗》二房，征仕郎翰林院简讨丘瑜，鞠怀，湖广宜城人，乙丑。门生：章白炌，张正声，关士琦，韩献策，彭庆图，赵秉枢，周廷烨，黄文经，王所咨，宋光熙，林冲霄，马刚中，张镳，葛维恒，李原立，何复，贺登边，成文谦，李盛枝，王承会，宋祖法。《诗》三房，户科都给事中许世苪，佩宏，河南归德籍，商丘人，壬戌。门生：路迈，宋祖乙，向北，秦郊容，赵辉，王承积，冯士仁，刘□泊，赵明远，赵堪，谢鼎新，唐士嵘，段复兴，李允佐，万世显，翁元益，韩文铨，姚应翀，李可栋，殷宜中。《诗》四房，文林郎礼科都给事中薛国观，宾廷，陕西韩城人，己未。门生：陈祖绶，张星，吴国斗，戴英，陈函辉，张首标，胡之彬，□□，万民表，侯佐，朱永佑，王门弼，金玉铉，沈煃晃，陈我德，牟贤，林梦宜，宋翼明，龚振英，鲁鉴。《诗》五房，奉直大夫吏部考功清吏司署郎中事员外郎张其平，□知，河南偃师人，丙辰。门生：金章，李恪，杨枝起，李芳华，韩启泰，钱良翰，连元，宛三奇，陈志忠，朱廷籥，徐灏，庄士英，任天成，朱统铚，葛遇朝，汪□□，刘理顺，阴润，洗加显，陈龙正。《春秋》房，文林郎翰林院编修管绍宁，诚斋，南直武进籍，丹徒人，戊辰；兵部职方清吏司主事仲嘉，子复，浙江秀水籍，南直吴江人，己未。门生：陈素，刘侗，李皋，沈元龙，郑昆贞，张晋征，陶文彦，王珵，孙必达，张星炜，张法，汪国策，陈丰琐，严□，苏琼，田瑞龙，刘梦谦，朱国昌，张幼安，李振声，俞王轩，彭元祚，锺鼎臣。《礼记》房，文林郎翰林院编修曹勋，峨雪，浙江嘉善籍，南直华亭人，戊辰；征仕郎翰林院简讨胡世安，□□，四川井研人，戊辰。门生：张茂禧，钱瀛选，关捷光，刘自龙，叶士瑛，黄士藻，曾亨应，李景贞，裴希庆，许文岐，卫祯固，王世钫，戴明说，杨学愿，左懋泰，□始然，朱大绂，雷起钊，梁羽明，陈燕翼，张衡。

李青为本科会元。李调元《制义科琐记》卷三《婢索命》："李青，字太青，为诸生时读书姑宅。有婢娟媚，李私狎之，许以他日贵，当置偏室。崇祯癸酉，李登贤书，婢以实告姑。姑喜，将资奁具以待。李赴公车有期，来谢姑，复与婢拳拳再订。比甲戌，冠南宫，与妻谋之。妻大恨，遣人诘责姑，李青不能禁，婢遂自经死。李青官礼曹，当入直，辄私携妾辈扮家僮入宿禁省。一夕，忽见前婢披发过其前。青方与所携妾交欢情浓，忽内传他旨呼青。青恐，以为携妾事泄也，遂脱阳死妾腹上，人以为婢索命云。"梁章钜《制义丛话》卷七："按：李青，字太青，金坛人。有'古之欲明明德于天下'节文，极为陈百史所赏异，谓：'文至此可为千万人共见，在会元中亦不让石赟矣。'小讲云：'且所谓明明德者，兼新民、止至善而为言者也，故以无所不明为量，而以各有所明为功，则知先要焉。'后结云：'古之人惟知天下国家之明在身，故先修其身，以为明明德于天下之地；古之人惟知身心意知之明在物，故必格其物，以为明明德于天下之原。'此真名元手笔，项水心亦可谓具眼也。"李调元《制义科琐记》卷三《止逗四行》："甲戌闱中，文湛特先生得首卷，决为陈大士，请作元。郑房项煜亦指一卷为杨维斗，争不肯下。文先生曰：'但愿眼明耳。果维斗作会元，大士即第二，岂不极盛耶！'遂让之。及拆号，项卷乃李青也，唱次名，果陈际泰。满堂哄然，颂文先生法眼，项已极惭。榜后，艾南英千子领卷，适亦落项房者，首篇止逗四行而罢。艾遂序刻其七艺，大意谓：'士子三年之困，不远数千里走京师，而房官止点四行，弃置不顾，此岂有人心者乎？'刊本四出，京师又为之哄然。项声誉顿减，至不得与会推之列，遂大恚恨。至癸未，项资阶已深，不应分房而强谋入帘，阴授名士关节，荐榜首以雪甲戌之耻，是年艾不与试。未几国变，项与其门人周介生钟节败身辱，流离道路，相继受戮，而艾千子以一老孝廉授命成仁焉。"刘城《峄桐集》卷三《陈大士易鼎序》："我明陈大士，治经不名一家，淹通条贯。……即以举子艺言，国家功令，习一经而已。今上甲戌所赐进士，则两人特异。颜壮其之闱牍，《五经》毕对，其举于乡也亦然。大士则所治诸经，篇成数万，著书满家，齐于渊海。盖自祖宗设科以来，为举子艺者篇目之富，未有盛于此者也。然吾因是感叹人才之不相及，岂不太甚矣哉！夫功令取士止一经，使人简于所事，得以精治而肆力其中。今也不然，方游里塾时，四子之书，稍取诵说督课，欲中程。及所占经，塾师或非素习，强句读，多谬误，则姑漫听之。先圣至文，聊得记影略间至，足矣。学宫所颁，差有训注，故庋阁之，不必睹也。又何问诸儒及绳墨之外乎？且夫取士者，固无庸此为也。郡邑学使之试，无齿及此者。所取士已在高等，则教为补作。万分一有人从试所为之，群笑其迂。乡国之推择，南宫所举逾，不恃此，但具足成数，刺刺长言，勿遂已视行间。间有所命题中字，即云敦治已甚，主者为夸辞，如吾《易》则致梁邱、施孟之举，辅治、康节之称，或遂以为过之矣，他经率称是。嗟乎！祖宗欲以专经得士之意，其效固如此也。"

颜茂猷以《五经》中式。《国榷》卷九十三："（崇祯七年二月）壬午，温体仁奏颜茂猷《五经墨义》置乙榜第一，命准廷试。于是会试录另书茂猷正榜前。谈迁曰：永乐九年，仁宗监国。乙榜第一人孔镛，擢左中允，重圣裔也。今许颜生廷对，并变例，而右文惜才，于以鼓穷经之学。后来骎骎有其人矣。"《明史·选举志》："（崇祯）七年甲戌，知贡举礼部侍郎林釪言：举人颜茂猷文兼《五经》，作二十三义。帝念其该洽，许送内帘。茂猷中副榜，特赐进士，以其名另为一行，刻于试录第一名之前。《五经》中式者，自此接迹矣。"查继佐《罪惟录》志卷十八《科举志》"科举盛事。五经中式三人"："福建颜茂猷，以二十三义，中崇祯甲戌；江西揭重熙，以二十三义，中崇祯丁丑；嘉兴谭贞良，以二十三义，中崇祯壬午、癸未。"李逊之《崇祯朝记事》卷二："兵部主事贺王盛论乌程私其乡人考试官丁造，摘癸酉南闱黄美中后场'奢闻媄刀、青山绿树'语为关节。'青山绿树'出朱子《心学诗》，人犹易知。'奢间媆刀'乃荀卿危诗，云'间姵子奢，莫之媒己。媆母刀父，是之喜也'，大略是善恶颠倒之意。上欲查究此四字，阁中不能对，委之部、科。大宗伯李腾芳屡费翻寻，严旨以其不行纠驳，令闲住去。已而部、科共拟省直黜革举人七名，又罚科者数人，各考官降调有差。福建颜茂猷会试全作《五经》题，外帘以为异，知上之属意也，置副榜第一。出场亦具疏请之，上命《试录》中列在第一名之前，准与廷试，拔置第二甲第二名，皆异数也。颜中天启甲子乡试，亦全做《五经》，监临乔承诏以其越格，令止录本经进内，为主考顾锡畴、房考祁彪佳所拔。其人故博学笃行，为士林推重，登第后授礼部主事，不久即故。或传其为仙去云。是科场中皆推《易》一房文公震孟所取陈际泰为第一，同考项煜欲令会元出其门，计诱文公谓渠所取乃杨廷枢也。杨为同乡名士，文遂让之，及拆号则李青也。项向有项黑之称，一时遂笑传有'项黑得李青'之号。自后《五经》得隽者又有丁丑揭重熙、癸未冯元飚。"梁章钜《制义丛话》卷一："前明科举，初场试《四书》文三篇，《五经》义四篇，故尔时有七篇出身之目。间有合作《五经》卷以见长者，故又有二十三篇之目。前明以《五经》卷中试者，洪武二十三年，黄文史试南畿，兼作《五经》题，以违式取旨，特赐第一，免其会试，授刑部主事。天启丁卯乡试，颜茂猷以兼作《五经》义取中。崇祯甲戌会试，又以《五经》卷成进士，皆吾闽人。而继此者，丁丑则有江西揭重熙、己卯则有山东宋瑚、癸未则有浙江谭贞良、冯元飚、江南赵天麟。"

贡士初场：海宁郭凝之、广州张庚泰、番禺陆应骥、海澄周琦俱怀挟。监试河南广东道御史韩一光、倪于义摘发。除名。（据《国榷》卷九十三）

三月

刘理顺、吴国华、杨昌祚等三百零二人进士及第、出身有差。李逊之《崇祯朝记事》卷二："又故事：读卷官拟上卷十六卷，朱圈句读进呈，御批定一甲三名。今上命再呈十二卷无句读者，特拔刘理顺为第一甲（后殉甲申之难），第二（吴国华），而以原拟第二者为第三（杨昌祚），拟第一者为二甲第一（李青），第三者为二甲第三（陈组绶）。御批四卷，皆嘉意造士之睿谟也。"李逊之《崇祯朝记事》卷二："殿试故事，内阁拟策问二条，请上点用其一，无所窜改。是科问'知人安民'，上更其大半，曰：'所与共天下者，士大夫也。今士习不端，欲速见小（效），兹欲正士习以复古道，何术而可？□本属□，地窄人少，一旦称兵，而三韩不守，其故何欤？目今三协、关、宁以及登、津等处，各宿重兵防□也。□不□，兵不可撤，饷不可□，今欲□□恢疆，如何作用？且流寇久蔓，钱粮缺额，言者不体国计，每欲蠲减，民为邦本，朝廷岂不知之，岂不恤之！但欲恤民，又欲饱军，何道可能两济？即屯田盐法，诚生财之源，屡经条议申饬，不见实效，其故何欤？至于漕粮为三军续命，马匹为战阵急需，折截挂欠，遂失原额原制，何道可复？今虽□□猖獗，河套有可复之机，边外尽可作之事，但难于

□贼窥伺，朝野匮乏。近降□即至，作何安插？插、套连合，作何间破？流贼渐逸，郧、广海寇，时扰浙、闽，剿□不速，民难未已。兼之水旱频仍，省直多故，作何挽回消弭？又唐、宋曾以武臣为中书令、枢密使，文武似不甚分。我太祖曾以直厅为布政，典史为金都，今奈何牢不可破？尔多士留心世务久矣，其逐款条答无讳，朕将亲览焉。'以上皆宸翰亲挥，语意淋漓，求治之殷，具可想见。"策题中缺字，乃因与后金事有关，录者为避讳而空。《国榷》卷九十三："（崇祯七年三月辛丑）策贡士李青等三百人于建极殿。时阁拟策问二道，听裁。上自手书大半，曰：'所与共治天下者，士大夫也。今士习不端，欲速见小（效）。兹欲正士习以复古道，何术而可？东房本我属夷，地窄人寡，一旦称兵犯顺而三韩不守，其故何与？目今三协以及登津等处，各有重兵，防东也。敌不灭，兵不可撤，饷不可减。今欲灭敌恢疆，何策而效？且流寇久蔓，钱粮阙额，言者不体国计，每欲蠲减，民为邦本，朝廷岂不知之，岂不恤之？但欲恤民又欲赡军，何道可能两济？即屯田盐法，诚生财之原，屡经条议申饬，不见实效。其故何与？至于漕粮为三军续命，马匹为战阵急需，折截挂欠，遂失原额，其道何复。今虽东房猖獗，河套有可复之机，边外尽可作之事。但难于东房窥伺，朝野匮乏，近降夷继至，作何安插？插套连合，作何间破？流贼渐逸郧广，海寇时扰浙闽，剿灭不速，民难未已。兼之水旱频仍，省直多故，作何挽回消弭？又唐宋曾以武臣为中书令、枢密使，文武似不甚分。我太祖高皇帝曾以直厅为布政，典史为金都。今奈何牢不可破？尔多士留心世务久矣，其逐款对答毋讳，朕将亲览焉。'旧进呈十二卷，命再呈十二卷。赐刘理顺、杨昌祚、吴国华等进士及第、出身有差，乙榜颜茂猷亦高第。"李调元《制义科琐记》卷三《十二金》："刘理顺数上公车，不第。读书清源二郎神庙中，比邻哭声，询之，则商人七年不归，母老无食，将嫁媳以养。理顺即以囊所储纳粮银十二金与之，姑媳获全。是科，公会试，庙祝见二郎神亲送之，遂中甲戌状元。"

据《崇祯七年甲戌科进士履历便览》，甲戌科进士地域分布情形如下：

北直隶五府十三人：顺天府五人，钱良翰，康万民，王应元，张文辉，张文埏，张首标，李皋；保定府二人，金毓峒，李发元；河间府二人，戴明说，李士焜；真定府一人、大名府一人，范士髦，阎禧。南直隶十四府五十八人：应天四人，易震吉，谢鼎新，凌世韶，汪国策，吴文瀛；徽州府三人、宁国府三人，汪宗友，罗炌，汪元兆，杨昌祚，孙襄，刘维仁；池州府一人、太平府一人、安庆府三人，苏琼，彭庆图，叶士瑛，陈文显，光时亨；苏州府五人、松江府四人、常州府十二人，周之玙，吴昌时，周大启，沈元龙，沈肩元，朱永佑，翁元益，吴国华，杨枝起，陈组绶，严栻，孙谋，戴英，王永积，吴锺峦，陶嘉祉，王孙蕙，唐士嵘，吴洪昌，张琦，路迈；镇江府六人、淮安府二人，李青，荆本澈，邓藩锡，张星炜，殷宜中，蒋拱宸，刘自竑，葛维恒；扬州府六人、凤阳府二人，徐葆初，许直，李长倩，成友谦，杨振甲，王士英，韩献策，林冲霄；庐州府五人，葛遇朝，祝启庸，朱芾煌，龚鼎孳，任天成。山东六府二十七人：济南府四人，李化熙，李盛枝，李植，张宏弼；兖州府九人、东昌府三人，黄世清，朱廷焕，段复兴，黄家瑞，刘弘绪，赵堪，李悦心，宋祖乙，刘祯庆，赵秉枢，张幼安，李其茂；青州府三人、登州府二人、莱州府六人，王所谘，王珵，刘运隆，张允抡，左懋泰，张懋熺，何复，宋翼明，张若獬，曲和声，高允兹。山西四府十八人：太原府四人，王廷谏，赵国鼎，裴希度，葛凝秀；平阳府十二人、潞安府一人、泽州一人，赵燁，韩承宣，阴润，李恪，王应元，耿始然，卫周胤，刘世俊，崔育梗，侯□佐，贾鹤年，韩启泰，连元，陈昌言。河南五府三十二人：开封府十三人，刘理顺，李豫，田辟，王敷极，甯予庆，张质，万世显，赵明远，唐顺征，邢国玺，冯贞吉，郑封，梁羽明；归德府七人、怀庆府一人，王承曾，杜时髦，萧谱元，张星，杨天精，宋屺，张才善，沈加显；河南府三人、汝宁府八人，屈动，陈荩，朱国翰，刘梦谦，马刚中，胡之彬，许颖，田瑞龙，张如蕙，宋祖法，张法。陕西十五人：西安府八人、兴安州一人，惠户实，韩文铨，卫桢固，孙必达，任中麟，李原立，郭万象，梁都汴，刘文翰；凤翔府二人，延安府二人，李景贞，张垣，刘之勃，王门弼，李振声，白慧元。四川六府十一人：成都府二人，陈黄裳，雷起剑，朱奉鉀；顺庆府二人、保宁府一人，李舍乙，余尚春，向玉轩；重庆府三人、夔州府一人、叙州府一人，彭琯，任元极，郭启科，冯士仁，杨尔铭。湖广八府二十一人：武昌府一人，冯之图；汉阳府一人、黄州府六人、德安府二人，鲁鉴，刘成治，周之茂，宛三奇，陈瑾，秦如容，刘侗，南有台，吴国斗，李芳华；荆州府三人、岳州府三人，夏雨金，袁彭年，傅汝为，黎庆永，黎志升，张希奎；长沙府三人、常德府一人，赵开心，谭景行，吴应台，阙士琦。浙江十府三十九人：杭州府七人，许文岐，金汝砺，徐灏，徐孟邃，陆运昌，张懋忠，吴本泰，陈素，项声国，陶廷烨，叶培恕，张晋征，马嘉植，陆槩，陆清原，陈龙正；□州府六人、宁波府四人、绍兴府六人，周仲琏，沈在宥，钱瀛选，章日炌，金玉铉，俞可弘，姚应翀，庄士英，徐殿臣，向北，方允昌，郑翼云，王鼎铉，沈烇晃，朱光熙，俞志虞；台州府二人、金华府二人、卫州府一人，牟贤，陈函燁，王世钫，傅岩，余日新；严州府一人、处州府一人，毛凤彩，田正春。江西十府三十二人：南昌府四人，万文英，龚震英，朱统铚，刘鸣谦；瑞州府二人、饶州府三人、九江府二人，王明德，漆园，詹时雨，贺登选，方廷涓，文德翼，喻以恕；广信府二人，汪希甲，俞墨华；抚州府九人、建昌府二人、吉安府六人，刘星耀，陈志忠，黄配玄，刘逵，王化澄，陈际泰，傅云龙，刘大巩，黄文经，程峋，欧阳主生，李陈玉，段文炳，杨学愿，王大宪，游正中，曾亨应；临江府一人、赣州府一人，彭元祚，曾应遴。福建五府二十二人：福州府三人，刘沂春，李允佐，陈燕翼；泉州府九人，李焻，吴震交，陈丰顼，杨玄锡，黄七藻，张璀，张正声，蔡国光，黄景明；兴化府四人、延平府一人、漳州府五人，朱大绂，林佳鼎，陈士梅，张鑛，金章，颜茂猷，林梦官，郑昆贞，李玄，李瑞和。广东六人：广州府四人、潮州府二人，陈慧業，陈子达，关捷先，锺鼎臣，郑同玄，罗万杰。云南六人：临安府二人、楚雄府一人，朱国昌，万民表，陈我德；大理府一人、鹤庆府一人、永昌府一人，陶文彦，李可栋，胡璇。贵州：都司府一人、铜仁府一人、平越府一人，扶纲，万任，姚咨俊。

崇祯七年进士陈际泰，其举业文字与艾南英等并称。戴名世《戴名世集》卷四

《庆历文读本序》："呜呼，有明一代之文盛矣！当其设科之始，风气未开，其失也朴遫而无文。至成化、弘治、正德、嘉靖以来，趋于文矣，而其盛犹未极也。迨于天启、崇祯之间，文风坏乱，虽有一、二巨公竭力撑挂，而文妖叠出，波荡后生，卒不能禁止。故推有明一代之文，莫盛于隆、万两朝，此其大较也。当是时，能文之士相继而出，各自名家，其体无不具，而其法无不备，后有起者，虽一铢累黍毫发而莫之能越。在天启、崇祯中，休宁金氏、临川陈氏两家，奋然特兴，横绝一世，而其源流指归，未有不出于先辈者。"戴名世《戴名世集》卷四《陈大士稿序》："余评阅有明先辈制举文章无虑数十家，而迨于天启、崇祯之间，有两家并以文显于天下，曰金正希、曰陈大士。此两人者皆天授，非人力所可及也。大士生于临川，与同郡艾千子俱以古文号召天下。当是时，释、老、诸子之书盛行，学者剽窃饾饤，背义伤道，汩没其中而不知出，盖文之敝极矣。千子慨然悯之，取一代之文，丹铅甲乙，辨其黑白，使天下晓然于邪正，知所去取，如溺者之遇舟而起，病者之得医而生，其功可谓盛矣。而能出其才力精魄，发古人之未有，以推压一时之豪杰，则莫如大士。大士之文，雄常深秀，抉其髓而去其肤，摹其神而尽其变，其意义皆破空而出，人人皆如其所欲言。他人苦心呕血，累日而不能发其一意、得其半词者，大士不待思索，伸纸而书，书尽而止，一艺毕，毕乃更作，如是者日数十艺而不竭，诚哉其非人力之所及也。"阮葵生《茶余客话》卷十六："艾东乡痛天、崇间文风败坏，高者阳奉孔、孟，阴归佛、老，其浅陋者又目无一卷之书，放言尚论，谬种流传。于是，尊程、朱，辟二氏，撰《定》、《待》二书，专主宋儒之学，文之背谬者，辄涂乙不少假借，其用意亦良苦矣。张天如选《五经文字》，郑垒阳选《四十名家》，韩乌程选《文在》、《文室》、《文闲》，顾九畴选《文传》，陈溧阳选《名家制义》，昔人多病其未醇，然皆能各立一宗旨，异吾法者，虽佳弗录，盖选政之不可苟也如此。"梁章钜《制义丛话》卷六："李雨村曰：崇祯甲戌榜后，艾千子领遗卷，知落项水心房，首篇止句读四行而罢。艾遂序刻其七艺，大意谓：'士子三年之困，不远千里走京师，而房官止点四行，弃置不顾，此岂有人心者乎？'刊本四出，项声誉顿损，大恚恨。至癸未，项资阶已深，不应分房而强谋入帘，以雪甲戌之耻。因阴授名士关节，荐之榜首，是年艾不与试。未几国变，项与其门人周介生锺节败身辱，流离道路，相继受戮，而艾以一老孝廉受命成仁焉。"梁章钜《制义丛话》卷七："顾麟士曰：大士非字，乃其化身。先生才思敏练，闻有以疑义质先生者，辄口占以示，即未成章，或二股，或四股，每多精义，后遂集为《四书读》，稿中往往有前后足成之者。如'齐人伐燕'二章文，直全载《四书读》中，但无破承耳。盖先生当日止作口义一通，而其文之出没纵横遂至于是。""徐昭史曰：陈大士先生'充类至义之尽也'文凡五篇，前后诸作鹏骞猊抉，想穷天际，不可端倪。惟第二篇按理揆情，剖析精当，文之最醇者。向误刻萧伯玉名，今从藏稿正之。按：王巳山亦云：'笔力瘦硬，自是先生本色，不容混入他家。先生一题数义者尽多，独此五义，当是同时兴到之作，可使读者细讨古人文心不竭，意境如辘轳之相引。家箬林以此为直接长沙《过秦》三论、柳州《西山》八记，分之则一篇自为首尾，合之则数篇自为首尾，而选家分离乖割，后学不睹其全，没却前人苦心矣。'”“何太飙曰：时文之快且多，无如陈大士。《四家稿》所录才及三四百篇，《五家稿》广所未逮，亦不满六百篇。王巳山太史订天、崇十家，增未刻稿几十篇。近周君汝和梓未刻稿三百馀篇。余从王介眉觅得明文古文数十种，暨余家所藏若干，逐一检校，又得三十余篇，皆天盖楼及王、周二刻所不载者。盖大士才如江海，顷刻万变，又数十年气运推移，故心思、笔力亦随之而异。《五家稿》所录浑脱直到古人，王选则较清微矣，周选或专取乎近矣。计大士稿之见于人间世者，仅及一千余篇，其蠹烂于梁间者，不知凡几。然有明执牛耳如震川、思泉诸先生传世之作，亦不能多于大士，其馀声华藉甚，不旋踵求其勺渖不可得。时文世界甚隘，而大士独得留千馀篇，未可为不幸矣。”“《明史·文苑传》云：陈际泰，字大士，临川人。父流寓汀州武平，生于其地。家贫，不能从师，又无书，时取旁舍儿书，屏人窃诵。从外兄所获《书经》，四角已漫灭，且无句读，自以意识别之，遂通其义。十岁于外家药笼中见《诗经》，取而疾走，父见之怒，督往田，则携至田所，踞高阜而哦，遂毕生不忘。久之返临川，与艾南英辈以时文名天下。其为文敏甚，一日可二三十首，先后所作至万首，经生举业之富，无若际泰者。崇祯三年举于乡，又四年成进士，则年六十有八矣。按：陈大士《太乙山房稿》有自序一篇，足以觇大士为人为文之概，《明史·文苑传》语即从此出，不可不读。而时文家乃罕有知之者，因特录之。其言云：'先大人西园先生生泰时，年四十三矣，爱泰特甚。及泰受室为人师，或就浴，犹为洗背。顾禁泰苦读，曰："此间小儿才读下《孟》，即走从举业。三婢顾瘦弱，自（勿）劳苦为。"三婢，泰小字，从女，贱者之称，以老年得子，故贱之甚、爱之甚也。泰家贫不能师，先生又不时得馆，又不忍使其子以读自苦，泰曰："恒苦形，可以佐贫，亦可以养心。苦形，儿不苦也。"取薪山中，拾粪道上，与其所教徒角逐争先，每一人兼两人之人。暇时取书于无人处偷读之，而苦于无书。八岁时从姨兄罗汝士得《书经》，四角皆漫灭无棱，而中顾无点，凡不可句者以意看注得之，凡字不可识者以意切声得之，二者至今用之不谬。十岁，一日侵晨走五六里，至迎峰叔家，从药笼中搜甘草啖之，而得其《毛诗》本，若获天球，然妒其子见夺，因窃藏袖中携归，婶氏呼"三婢吃早粥"，去不顾也。父见袖中物，索得之，大不怿："儿又忤我矣，大窝口看秧去。"携之住田所，田左倚丛蔚，右为高岸，下防飞鸟食谷种也，而顾左防虎，因踞右之高田，坐石上，并其诗遍读之，从"关关"至"寝成孔安"凡二十遍。十日秧出水，试覆卷暗诵，略皆上口，复日侵晨，至叔家置药笼底，叔与叔子尚不知也。是年冬月，从族舅钟济川借《三国演义》，向墙角曝背观之，母呼食粥不应，呼午饭又不应，即饥，索粥饭皆冷，母捉襟将与杖，既而释之，母或饭济川，问："舅何故借而甥书，书上载有人马相杀事，甥耽之大废眠食。"泰亟应口曰："儿非看人物，看人物下截字也，已悉之矣。"济川不信也，试挑之，如流水。十四岁则代父管蒙馆，自此遂住馆。一日复从济川借《残唐传》，济川初不知别有《汉书》、《唐书》，以为《残唐》即是也，回札云："当今天子重文章，足下何须诵汉唐。"时居深山，朋友无有习文章者，问济川云："舅，文章何等也？"曰："墨卷。"归，问父墨卷何等书也，父为大言自靳曰："予无书不读，未识所谓墨卷者。"问钟美政，乃得墨卷所由名，授之以郭青螺先生所选八十一篇，讽之如儿女说话。尔后，凡写家信与寻常客子书皆用八股法，然泛观之，未尝知有所谓破承者。一日见郝鹿野《说书序》云："破承者，行文之冠弁。"因知文有破承，取八十一篇覆之，果然。自以其意为文，得二寸许，不自信，又自喜也。二十岁馆乾上，丘先生一敬问其主人翁："是中有可共谈者乎？"主人翁曰："吾家小儿师陈生可使也。"因呼共饮。丘，故上杭诸生推博雅者，而泰聪明之名早已达其耳。以经史诸书试泰，泰辄累幅不休，曰："子真异人，然奈何但为目治，而不手治乎？"盖讥泰不为文也，而不知泰固为文也，因出其箧中所云二寸许者共观之，丘因舌挢而不能下，约次年共为社会。次年丘果馆洋背，泰亦移馆罗坑，相去不二里而近，题至文往，及乎午饭者少矣。然从丘先生诸富儿，以其粟傲予曰："江西小儿，何足言哉！"偶至其处，则用以试其手搏，仆之地，予故不往，先生亦不以文归。积数月，先生留之宿，先生就浴，泰从先生席下得先生手录百馀篇，皆天下名士之文，泰文二十篇在焉，而署其下乃曰程子。以程易陈，讳莫如深，所以杀诸富儿之妒也。归临川祖居，本房甚贫，不能具饘粥，而得族侄湛泉公与其二子文学洪谟、洪范。既免饥寒，因得侍聂一舆先生。先生故名宿，凡毛伯、文止登翼，虽为童子，皆其所指名。谓湛泉曰："君家痴叔，固应与毛伯诸君子并驾争先也。"就邑师沧孺袁公试童子，则已冠童子，是岁为庚子。与毛伯、文止、大力、千子并为诸生，似逆旅之人，不及温和，然其业并以赢出，为道而不相谋。泰文凡数变，然其意皆以一己之精神，透圣贤之义旨为宗，而所独得者乃在分股。前人定为八股者，言之不已而再言之，明为必如是而后尽也。若每股合掌，则四股可矣，何必八股哉？而病不止此也，将并其一股而忘之，何者？对股与出股一字不同，对股既严，而后出股不苟，若二股一概而同之，则出股无论接句，即开头一句已苟无思矣，此并一股而忘之之说也。然不合掌又非于题外求不合掌也，一字不移，是八寸三分头巾，随人可戴也，病又不在世俗合掌下，必明于此，而后文始刻始高，行文之手始快。至于微远以取致，博奥以取理，所谓加务善之而所要不存焉。凡为文而使人得效之，已非立言之本，而效之在肤与效之之逾量，又非也。'""方望溪曰：凡文之暴见于世，愈久而不湮者，必前未有比，后可为法理。题文前此多直用先儒语以诂之，至陈、章辈出，乃挹取群言，自出精意与相发明，故能高步一时，终莫之逾也。""《搜玉集》云：陈大士子孝威、孝逸并有文采，庚子随父应邑令张采决科，半日各得七义，采贻书张溥，击赏之，刻大士临场新艺，以孝威兄弟半日七义附焉。大士旋举是科乡试，尝与友言：'威、逸二儿颇好学能文，俱可一日十馀义，天之迟弟如此，殆将以取偿之道寄诸儿，而未敢必也。然而老秃翁所藉以娱暮齿者具是矣。'甲戌登第，家报云：'威、逸二儿可勉励攻苦，兄弟俱有隽才，不宜自满自弱，失上天所以予之之意，与老父所以望之之心。曲体我怀，好行其德，学做好人，勤俭雅慎，助成老父一个贤乡绅。决不可大言大语，美衣美食，为所不当为也。'孝威有《痴山集》，孝逸有《壶山集》，李石台刻大士《已吾集》，附威、逸集于后。孝逸又搜辑章、罗遗稿以传。尝语傅平叔曰：'大力、文止二先生文，若不遇逸为之拾遗补佚，不几如王叔度有行无文耶？'"

四月

后金以沈阳为"天眷盛京"，并设科取士。（据蒋良骐《东华录》卷三）

命进士观政各衙门，务练事谙律，毋怠玩。仍以二三甲资格选授上之。（据《国榷》卷九十三）

吏部上乙丑科进士选例。（据《国榷》卷九十三）

崇祯问进士除授初制。《国榷》卷九十三："上诘吏部：'进士初制云何？'尚书李长庚等引状言：'选制止据《会典》及《吏部职掌》二书。洪武二十六年，定第一甲第一名除修撰，第二三名除编修，其余办事各衙门，内外以次兼除。二甲何官、三甲何官，《会典》亦未载。考本部职掌开，二甲在内除主事，在外除知州；三甲在内除评事、行人、中书等官，在外除推官知县，他亦未之详也。其品级二甲支俸从七品，而知州则从五品，主事则正六品；三甲支俸正八品，而评事、博士、推官、知县则正七品，中书从七品。惟行人正八品。今改从七品，此近代铨例也。'"

六月

陈奇瑜围贼于车箱峡。贼伪降，许之。贼出峡即叛，屠所过七州县。《明鉴纲目》卷八："纲：夏六月，陈奇瑜围贼于车箱峡。（峡在陕西安康县界，非华阴县南之车箱谷也。）贼伪降，奇瑜纵遣之。贼复叛，陷所过州县。目：先是，张献忠等十三营，流突汉南，而别贼之入四川者，亦以阻险，复还郧阳，分其军马为三，一往河南，一趋浙川，一向商南。奇瑜乃驰至均州，檄陕西（练国事），郧阳（卢象升），河南（默元），湖广（唐晖，歙人）四巡抚，以兵遏其四面。而奇瑜借象升督将士，由竹溪至平利之乌林关，十余战，大破之，斩二千余级。别将邓玘等，分道击贼，复连胜，擒其魁十余人。又令参将贺人龙等，追至紫阳，凡八昼夜，贼死者万余。贼见官军盛，大惧。献忠奔商雒，高迎祥、李自成等，悉遁入兴安州之车箱峡。峡四山巉立，中亘四十里，易入难出。贼误入其中，山上居民下石击，或投以炬火，且用石塞其口，路绝，无所得食，困甚。又大雨二旬，弓矢尽脱，马乏刍，死者过半。自成急，用其党顾君恩谋，以重宝赂奇瑜左右，及诸将帅，伪请降。奇瑜意轻贼，有骄色，遂遽许之。先后籍三万六千余人，悉遣归农。每百人以一安抚官护，檄所过州县，具糗粮传送。贼甫出峡，即大噪，尽杀安抚五十馀人，屠所过七州县。略阳贼数万亦来会，关中大震。"

张凤奇守永平，阖门殉难。弟凤梧入国子监。（据《国榷》卷九十三）

吏部议考选。《国榷》卷九十三："先是部院吏礼二科议铨除考选。上责其'仍执前议，漫无更定，祖宗为官择人，意岂尽如此？'至是吏部议于二甲前八人仍除主事，第九第十除知州，余除主事。第四第五第九第十俱知州。至二甲末止于三甲如旧除。评事、博士、中书、行人十之一，推官、知县十之九。惟馆员，国初杨士奇、张洪自王府审理教授，储懋、王洪、陈山自给事中，于敬自御史，刘球、李时勉自主事，黄淮自中书舍人，蒋骥自行人，胡俨自知县，邹济、陈仲元自教职。今定甲戌科为始，选庶吉士临期题请，亦馆员应令先历推知之明意也。又科道官每三年朝期，留题行取。推官、知县、知州、与评事、博士、中书、行人同考科道部寺等官，如非觐年，遇急阙，风宪照往例行取，不必悬人待考。部属才著，同部科酌题。此亦科道不必尽由考选之旨之意也。"

方逢年为南京国子祭酒，李建泰、倪元璐为左右庶子兼翰林院侍读，钱士贵为南京鸿胪寺卿。（据《国榷》卷九十三）

七月

满洲兵四路并进，京师戒严。《明鉴纲目》卷八："纲：秋七月，满洲兵寇上方堡，至宣府，京师戒严。目：满洲主皇太极，亲率兵攻察哈尔，其宰桑巴图鲁噶尔玛济农等率众降，因遂寇边。四路并进，自宣府趋应州，进略大同，破灵邱、保安，残城堡无数。总督张宗衡，总兵曹文诏、张全昌等，不敢战。敌破万全左卫而归，宗衡，及全昌、文诏，皆坐遣戍。以巡抚吴甡言，留全昌、文诏为援剿总兵，讨流贼。"

进士颜茂猷上所纂书七种：《道统元集》、《天道管窥》、《圣道管窥》、《祖训广义》、《君道迪吉录》、《臣道迪吉录》、《两都赋》。（据《国榷》卷九十三）

方逢年为国子祭酒。（据《国榷》卷九十三）

马之騏为国子司业，项煜为南京国子祭酒。（据《国榷》卷九十三）

八月

吏部题考选画一之法。有旨：推官知县考选，原重官评，何得但拘进士？其考法及教习事宜俱依拟。（据《国榷》卷九十三）

闰八月

癸卯，谕吏部："天下提学官，近来进取冒滥，请托公行，苞苴巧纳，皆由学臣推举非人，考核不严之故也。今学臣员阙，务择品行贞方、学术纯正，如听人营嘱，试用不效，该部院及保举一体追论。又举人听巡按御史考察。"议未及行。（据《国榷》卷九十三）

九月

蒋德璟、张四知主武闱。彭武伯、杨崇猷监武试。（据《国榷》卷九十三）

今年武会试，二场马、步箭几近儿戏。 杨士聪《玉堂荟记》卷下："辛未武场定令技勇、策论优者为最，策论优而技勇稍劣者次之，技勇优而策论不能者又次之，其技勇劣者不准，榜出仍有言者，遂至下主考于狱。至甲戌二场大风，步箭中者甚少，监者恐入场人数不及原额，上疏请之，但有一箭，亦准入场，是所重又不在技勇也。两科之中，立法参差一至于此。至于原卷进呈，往往取马上九箭者，第为状元。假使上亲至武场，见所为马箭者，未有不哂其儿戏者也。甚乃移之文试，使人控马而驰，相去尺许，插箭于上，此必敌人相遇皆木偶泥塑，而后可也，将焉用之！"辛未，指崇祯四年（1631）。

赐武进士传胪。《国榷》卷九十三："（崇祯七年九月）已卯，赐武进士传胪御殿。"

十月

礼部覆试贡士。 姚轩云殿一举。四川罗儒臣，广西宋伟祚，应天黄美中、李懔、陈贞元除名。（据《国榷》卷九十三）

逮河南提学佥事胡濙，以前莱阳王诉为诸生所殴也。（据《国榷》卷九十三）

贡士朱陛宣卒。 陛宣吴人，万历壬子贡士。四上春官。戊辰，念亲老不赴。辛未，服阕，再赴。学行醇笃。年五十六。学者私谥孝介先生，御史祁彪佳奏荐。明年，赠翰林院待诏。（据《国榷》卷九十三）

十一月

逮陈奇瑜下狱。洪承畴代为总督。《明鉴纲目》卷八："纲：冬十一月，逮陈奇瑜下狱，以洪承畴代之。目：给事中顾国宝，御史傅永淳，交章劾奇瑜受贿纵贼，诏锦衣官逮讯，而以洪承畴代。时贼已蔓延不可扑灭，大学士温体仁谓山西巡抚吴甡曰：'流贼癣疥疾，不足忧也。'（奇瑜罪当死，有庇之者，未几谪戍边。）"

流寇自陕西出犯河南。《明鉴纲目》卷八："纲：贼自陕西出犯河南。目：贼聚陕西，至二十馀万，高迎祥、李自成蹂巩昌、平凉、临洮、凤翔诸府，数十州县，败贺人龙、张天礼军，杀固原道陆梦龙（贼陷隆德，梦龙帅游击贺其勋，都司石崇德，御之。所将止三百馀人，被围数重。贼矢石如雨，突围不得出，梦龙大呼奋击，手毙数人，与二将俱战死。时隆德令费彦方，以城陷被执，不屈死。○费彦方，字尔英，浙江崇德人），围陇州四十馀日。洪承畴檄总兵左光先，与人龙合击，大破之。会朝廷命豫楚晋蜀兵四道入陕，迎祥、自成，遂窜入终南山。已而东出，陷灵宝、汜水、荥阳。时左良玉扼新安、渑池，坐甲自保，而贼传其且至，乃移壁梅山（在河南新郑县西北），溱水（注见前）间，良玉实不知也。（贼每营数万，因粮宿马饱，一日夜驰数百里，官军馈饷不继，且马少，故多畏贼。良玉前在怀庆与督抚议不协，因是生心，缓追养寇，督抚橄调，亦不时应。帝因命承畴出关，限六月平贼。）"

詹事姜曰广署翰林院事。（据《国榷》卷九十三）

十二月

试考选馆员。《国榷》卷九十三："有旨：'治行文学，既经公同酌核，鲁元宠、徐开禧、林增志、胡守谦、刘正宗为翰林院编修，马之骍、梁兆阳、郭之祥、赖垓、张居、王用予、李景濂、薛所蕴为简讨，仍送馆教习。胡江、宋学显、商周初、叶高标、傅锺秀、李汝灿、徐耀、申嘉言、吴守英、汪惟效、何楷、刘含辉、杨镇原、房之骐、曹景参为给事中，江学显、周初户科，高标、锺秀、汝灿、耀礼科，嘉言、守英、惟效兵科，楷、含辉、镇原、之骐、景参刑科。刘昌、林铭鼎、王绍坤、韩源、荆祚永、邓鋐、刘呈瑞、冯晋卿、张肯堂、辜朝荐、杨四知、徐一范、王之晋、张瑄、王正志、郝晋、叶初春、魏士章、郑尔说、应喜臣、田起凤、欧起鸣、陈学伊为试监察御史，昌浙江道，铭鼎、肇坤、源江西道，祚永福建道，鋐、呈瑞湖广道，晋卿河南道，肯堂山东道，朝荐、四知、一范山西道，之晋、瑄、正志陕西道，晋、初春、士章四川道，尔说广东道，喜臣广西道，起凤云南道，起鸣、学伊南京。张学显吏部考功主事，李仙风兵部职方主事。已奉旨。刘昌、韩源、荆祚永、辜朝荐、王之晋、王正志俱改授给事中。'"

以南场郑雅孙等七卷论策多用禅语，考官批更妄诞。责左庶子丁进削籍。（据《国榷》卷九十三）

本年

归庄《自订时文》所收时文始于今年。归庄《归庄集》卷三《自订时文序》："余谢去儒冠，不作时文者十年矣。……此三百余篇者，自甲戌至乙酉十二年之作，体制不一，亦不尽工。于是去其十之五，仅存一百六十篇，分为《回澜》、《破浪》、《安流》、《到海》四集。《回澜》者，丁丑以前，取法先辈，力挽颓风之作也。《破浪》者，戊寅以后，一变其格，大抵议论激昂，气势磅礴，纵横驰骤，不拘绳墨之作也。《安流》者，辛壬之间，意取逢时，酌今古之中，中程式者也。《到海》者，古文之气，传注之理，先民之法，兼得之，而举子之业蔑有加焉者也。握三寸之管，操纵自如，变化不测，以如此之文而不遇，然后知天之爱我之深也。虽然，余方悔之矣。……假令以十余年之精神心力用之求道，安知不超人于圣贤之域，何至年过四十而尚无闻乎！"

明思宗崇祯八年乙亥（公元 1635 年）

正月

洪承畴出潼关讨贼。贼众大会荥阳，议御官军之策。《明鉴纲目》卷八："纲：乙亥八年，春正月，诏洪承畴出潼关讨贼。目：贼闻承畴出关，大会于荥阳，老狦狦，曹操，革里眼，左金王，改世王，射塌天，横天王，混十万，过天星，九条龙，顺天王，及高迎祥（李自成时尚与迎祥合），张献忠，共十三家，七十二营，议敌官军。未决，李自成进曰：'匹夫犹奋，况十万众乎？官兵无能为也。宜分定所向，利钝听之天。'皆曰善。乃议革里眼、左金王，当川湖兵。横天王、混十万，当陕兵。过天星，扼河上，缀河南兵。迎祥、献忠及自成，略东方。老狦狦、九条龙，往来策应。陕兵锐，益以射塌天、改世王。所破城邑，子女玉帛惟均。众如自成言。始迎祥与献忠，并起比肩，而自成乃迎祥支党。及是遂相颉颃，与俱东掠。江北兵单弱，霍邱先陷（县丞张有俊，教谕倪可大，训导何炳若，皆死），颍州继之。知州尹梦鳌（云南太和人），通判赵士宽（字汝良，掖县人），皆拒贼不屈，投水死。（梦鳌有膂力，贼登城上，梦鳌持大刀杀贼数十，贼至益多，遂投城下乌龙潭死。弟侄七人，从之。士宽于城陷后，率家众巷战，力竭，亦投乌龙潭死。妻李，携三女登楼自焚，仆王丹亦骂贼死。）致仕尚书张鹤鸣，及其弟副使鹤腾，子大同，一门皆死。（贼执鹤鸣兄弟，而倒悬鹤鸣于树，皆骂贼不绝口死。）其它官绅士庶死难者，共一百三人。（卫指挥李从师，王廷俊，千户孙升，田三震，罗元庆，田得民，王之麟，及中书舍人田之颖，知县刘道远，光禄寺丞李生白，训导丁嘉遇，举人白精忠，郭三杰，诸生刘廷传，廷石，韩光祖，及子定策，孙日曦，皆死之。有檀之槐者，护母枢不去，与贼格斗，杀数人，被磔死。）城中妇人殉节者，二十七人，烈女八人。一时忠烈称独盛。城破后，亦无一人向贼乞怜者。贼怒，遂屠之。"

左春坊左庶子兼翰林院侍读丁进除名。（据《国榷》卷九十四）

二月

科道拾遗。南京兵刑部尚书吕维祺、姚士慎，詹事胡尚英勒致仕。礼部尚书曾楚卿、刑部左侍郎陈以闻、右通政杨建烈削籍。（据《国榷》卷九十四）

例转翰林院吴廷为山东济宁道参议。（据《国榷》卷九十四）

兰州诸生练一魁，云建文忠臣练子宁之裔，乞释军籍。礼部核其非是，不许。（据《国榷》卷九十四）

四月

皇太极令禁译野史。王嵩儒《掌故零拾》卷一《译书》："天聪九年四月己巳，上谕文馆诸臣曰：'朕观汉文史书，殊多饰词，虽全览无益也。今宜于辽、宋、元、金四史内，择其勤于求治，而国祚昌隆，或所行悖道，而统绪废坠，与其用兵行师之方略，以及佐理之忠良，乱国之奸佞，有关紧要者，择实汇译成书，用备观览。至汉文《通鉴》之外，野史所载，如交战几何，逞施法术之语，皆系妄诞。此等书籍，传至国中，恐无知之人，信以为真，当停其翻译。'按逞施法术，本小说不经之谈，以此垂戒，后世犹有信义和团拳匪以肇乱者。又本朝入关之先，以翻译《三国志演义》为兵略，故其崇拜关羽，其后有托为关神显灵卫驾之说，屡加封号，庙祀遂遍天下。"

戊子，谕吏部："进士须明习政务，讲究律例，不许旷玩。堂上官仍严考，其二三甲既有资格，当作何选授，查奏。"（据《国榷》卷九十四）

礼部署部事右侍郎陈子壮议拔贡如乡试须实廪生，取甲科推官、知县同考，送学臣总裁。从之。（据《国榷》卷九十四）

五月

大学士吴宗达致仕。（据《国榷》卷九十四）

六月

张献忠等奔陕。总兵官曹文诏战死。《明鉴纲目》卷八："纲：夏六月，贼复走陕西，总兵官曹文诏战死。目：初，洪承畴出关，至信阳，诸将毕会。贼见河南兵盛，复分路奔还陕西。张献忠由英霍，取道麻城入陕，会高迎祥、李自成于凤翔。与官军遇，副将艾万年、柳国镇等，战殁。文诏闻信，急诣承畴请行。承畴喜曰：'非将军不能灭此贼。顾吾兵已分，无可策应者。将军行，吾将由泾阳趋淳化为后劲。'文诏乃以三千人自宁州进，遇贼正宁（唐县，今属甘肃）之湫头镇（在县东，即《九域志》之显圣镇也）。从子变蛟先登，斩首五百，追三十里。文诏率步兵继之。贼伏数万骑合围，矢猬集。贼不知为文诏也。有小卒缚急，大呼曰：'将军救我！'贼中叛卒识之，慧贼曰：'此曹总兵也。'贼喜，围益急。文诏左右跳荡，手击杀数十人。转斗数里，力不支，拔刀自刎死。游击平安以下，死者二十馀人。贼乘胜掠地，火照西安城中。承畴力遮之，泾阳三原间，贼不得过。（文诏忠勇冠时，称良将第一。其死后，贼中为相庆。帝闻之，深为痛悼，赐祭葬，世荫指挥金事。有司建祠，春秋致祭。）"

七月

谕礼部考察贡士优劣。(据《国榷》卷九十四)

上作《小学新序》,以小学颁天下。(据《国榷》卷九十四)

命取隆庆四年大学士高拱边才疏。(据《国榷》卷九十四)

命今后乡会科场硃墨详列考官职名,便核。(据《国榷》卷九十四)

文震孟、张至发入内阁,预机务。孙承泽《春明梦余录》卷二十四《内阁》二《阁试票拟》:"崇祯八年乙亥六月二十八日,上御中左门召詹、翰、九卿各官入见,发御前章奏,试以票拟。至七月初二日,传谕吏部:将尚书等官姜逢元、陈子壮、文震孟、张至发、蔡奕琛、张元佐、马之骦(骥)、闪仲俨、张居年籍履历开写来看,在籍各官有品望超著实堪阁员者,也从公会议几员来。上谕吏部:召在籍礼部左侍郎林釬、礼部尚书孙慎行、顺天府府尹刘宗周作速来京。越三日,上命文震孟、张至发俱升礼部左侍郎兼东阁大学士,入阁办事。时震孟以注籍,未与票拟,盖特典也。"《明鉴纲目》卷八:"纲:秋七月,以文震孟、张至发(注见前),并为礼部侍郎,兼东阁大学士,预机务。目:震孟在讲筵,每因事规谏。帝数逮系大臣,震孟讲鲁论君使臣以礼,反复陈说,帝为出尚书乔允升、侍郎胡世赏于狱。帝尝足加于膝,适讲《五子之歌》,至为人上者,奈何不敬,以目视帝足。帝即袖掩之,徐为引下。贼焚凤阳陵寝,震孟历陈致乱之源,为当事诸臣,不能忧国奉公,一统之朝,强分畛域。又言陛下宜行抚绥实政,先收人心,以遏寇盗,徐议浚财之源,毋徒竭泽而渔。语多切中时弊。至是,帝将增置阁臣,以翰林不习世务,思用他官参之。召廷臣数十人,各授一疏,令票拟。震孟引疾不入,至发所拟独当。帝特擢至发,与震孟并入阁。(初,至发由玉田遵化知县行取,授礼部主事,累迁光禄卿,精核积弊,多所厘正,遂受帝知。旋升刑部右侍郎。明代自世宗朝许赞后,由外僚入阁,自至发始。)"

召廷臣于中左门。除正堂不考,馀皆试时政边才论。又出各疏,命翰林官票上。(据《国榷》卷九十四)

田惟嘉、孔贞运为吏部左右侍郎,倪元璐为国子祭酒,张四知为南京国子祭酒。(据《国榷》卷九十四)

八月

卢象升总理东南军务。《明鉴纲目》卷八:"纲:八月,以卢象升总理江北、河南、山东、湖广、四川军务,讨流贼。目:贼已蔓延半天下,洪承畴一人不能顾,乃擢象升总理。承畴办西北,象升办东南。寻进象升兵部侍郎,加总督山西、陕西,赐尚方剑。"

谕吏部详核科道,令保举。《国榷》卷九十四:"谕:'致治安民,全在抚道守令,抚道得人则守令自肃。年来推升抚道，内地竞营，边徼规避。或其老耄贪庸，又情面姑容，兼以守令不才，民生愈悴。今后吏部务在详核，见在抚道不堪者，科道直纠。按祖宗朝保举成法可遵。着两京文职三品以下五品以上，各举堪任知府一人，亡论科第贡监、翰林科道。在外抚按司道知府官各举州县官一人，亡论贡监吏士。过期不举者议处，失举连坐。'其议始吏部吕大器。张自烈曰：进士举贡监生中，亦有仅堪任州县而不堪任知府者。监吏士民中，亦有堪任知府而不止于堪任州县者。然则谓堪任知府专属之进士科贡，堪任州县专属之监吏士民，吾未敢信也。两京文职三品以上，亦有不知进士科贡某某堪任知府，而知监吏士民某某堪任州县者，五品以上及翰林科道等官，亦有不知监吏士民某某堪任州县而知进士举贡某某堪任知府者。然则谓三品以上宜专举堪任知府，五品以上及抚按司道等官宜专举堪任州县，吾又不敢信也。夫取人必因其才，不宜限以资格。如必求堪任知府于进士科贡，求堪任州县于监吏士民，则监吏士民虽有堪任知府者，举主以为非诏旨所及而不肯举。进士科贡虽有堪任州县者，举主又以为非诏旨所及而不敢举。两不举则两误，古量才授官不如是也。举贤必随所知，不宜拘以事例。如必文职三品以上专举堪任知府，五品以上及科道抚按专举堪任州县，则科道抚按，实知其堪任州县，以不当举堪任州县而弃之。交弃则交失，古各举所知又不如是也。吾所谓明诏一二未尽善者如此。"

九月

倪元璐上言论教。下部覆行。《国榷》卷九十四："国子监祭酒倪元璐上言：'太学陵夷，原其所繇，惟以纳粟。纳粟兴而教必废，其说有三：以资入矣，既不复得清流之官，极其致归州佐邑丞止耳。三代以后之士，莫不借功名一途引之道德。既期菲薄，岂有陶成？一也。监生致身之路，别繇科举。科举取工时文，一日而遇，即可芥拾大科。学于成均，咨行考文，逾年董之，仅取丞倅，谁不舍此就彼？二也。以教成为期，有在监十余年不得拨历。今既取其资，又无优除，更益淹稽。惧皆裹足，不得不变半分一分七分八分之数，为二十四月十一月八月六月之期。拨有成期，教无满法。教不成而期已及，何术留之？三也。故援纳未停、贡举未复，而言教士者，说铃耳。遭逢陛下力更弊令，兴才振德，千古一时。宜先定规模，尽于八议。议分合流品：贡选援纳，划然两涂。请以贡选为正流，援纳为闰流。贡选教成，不限拨期，惟积分数满为率。援纳则依原定拨限期满为率。所谓分也。援纳中必有英奇之士，请严加选，遴拔其尤，同贡选一体教习，亦必题明奉旨后准改流。其法二十取一。又黜贡选之不率者，退处闰流。遇季考科试，则两流不分。所谓合也。议审定教法：教习贡选，自广业堂递升至率性则与积分。积分者孟月试经义，仲月试论诏诰表，季月试经史参判。文理俱优予一分，理优文逊者半分，岁积至八分为及格。拨历出身，不及格者，仍坐监读书。其援纳一辈，考分三等：上者遴拔请旨，同贡选积分。次亦以贡选之教教之，惟不轻改流，不程分数。又次必使讲读律令，稍通治民大义，他时虽幕倅亦可不至面墙。议慎选六堂：六堂分司教铎，请吏部博访名儒，不拘甲科举贡：一品端学正，一博物多闻，一老成拘方，一慷慨特达，才地偶乖，则咨部调改，不肖失业，即应时纠参，称职必久任，久任必优擢。又助教以下，同博士考选，非徒彰劝，亦以示平。议崇尚经学：圣神首出，崇经右文。海内通经之士，层见辈起。闻莱阳诸生赵金蒲，年十八，通贯五经。又闻有通十三经者。即士如此，岂可处之璧观虎闱之外。宜令各处有司，不拘廪增附学，有通三经至十三经者，验详抚按，送部廷试，发雍肄业。又小学颁行，并宜令诸生兼治春秋，一法也。议申阐文体：以五经为师。五经平正之归，从无凡语。请自两雍以及天下郡国，衡文之司，苟求崇体，必无抑才。抑才之诛，与灭体等。议分别选格：繇积分出身。上等优选，次等本选，三等下选。昔繇吏部莽莽匆匆一日之试而定，今以太学铢铢两两岁月之验而分，非侵官也。议召试简授：今教法尽复，果有殊异卓绝，特奏候御便殿召试之。或给笔札，或垂问难，有当圣心，破格擢授。否即已之，其甚不称，司成并罚。议清楚历事：积分历事，即进士观政之意。自积分法废，有正历杂历之分。正历止朔望一揖，杂历乃用之写本杂役。又复开赎历之例，听觅替身，岂养士之意？今请历事无分正杂，凡当咨拨，一照各衙门分派，以本监考第为期之多寡。上等三月，中等六月，下等九月，教之政事。一切誊写猥差，悉为革免。满日考其勤惰，开报吏部。凡斯八议，臣所为规模之大者，悉本高皇帝成宪，非臣臆说也。'疏上，下部覆行。其召试授俟后命。"

洪承畴大败李自成于渭南临潼。《明鉴纲目》卷八："纲：九月，洪承畴破贼于渭南。目：象升既加总督，诏令督外，而承畴督关中。时迎祥、自成亦分兵，迎祥略武功、扶风以西，自成略富平、三原以东。承畴遣将追自成，小捷，至醴泉，贼将高杰（米脂人），通于自成妻邢氏（邢氏趫武多智，掌军资，每日支粮仗，杰辄过氏营分合符验。氏伟杰貌，与之私通），惧诛，挟之来降。承畴复身追自成，大战渭南临潼，自成大败东走。迎祥亦屡败，东逾华阴南原绝岭，与自成借出朱阳关（在河南卢氏县西），与献忠合。"

十月

张自烈作《历科程式序》。张自烈《芑山文集》卷三《历科程式序》："天子御极之四年，予游京师，蒿目天下事，思上书论学术是非，条例乡举里选法，困而归。今年冬，侨吴门，锓洪武以来录士竣，闻朝廷诏复祖宗荐辟，叹曰：'古今治天下，进君子退小人而已，制科兼选举法甚善。'或曰：'我国家人才放失，儒效阔疏。今士盗虚声尤甚，率无补当世，它怀材负气义，党垒巇出，更相贤圣，其弊不牛、李、朔、蜀，蛊坏宗社不止。繇是观之，虽勤辟荐奚益？'予曰：否。三代以后，孝廉、辟署、限年、九品、清议、铨选诸科，始得卒失，不数传，诡谬伪杂，同讥若是者，岂法弊哉？行法非其人耳。今上思致理平，日孳孳吁俊是亟，二三大臣，伣慎简人望，布列庶寮，兼酌器使久任，采左雄、刘敱、司马光遗议，与天下更始，一切门品、劳旧、资次黜勿用，四方士之贤者，科目外度可自著见，咸激发磨砺，澡思树立，诸不肖卒惭沮退。属是时，数考绩累名，严黜陟焉，天下几几可治，恶在辟荐无益人国哉？然则议者谓选举之蠹，什佰科目，疑天下乏人，欲概绁令典而废之。噫！何弗思甚也。明兴，专经义设科，糊名誊本，示众以公。士进退系幸不幸，非古敷纳明试意。今科目旧矣，而保任骤复，宜得士比隆古昔，当事塞源浚流，悖古先王官使之道，鳃鳃虑亡以称上旨，何哉？予谓荐贤责在大臣，与程士责在考官一也。其道存乎辩是非、信罚赏，是非明则罚赏必，罚赏必则劝沮广，劝沮广则忠实进。如是而天下不治，未之尝闻。今学士所传《昭化典文官录》、《文职爵名氏》，犁然具在，虽忠邪后先殊辙，其间大臣衔朝命进退多士，盖与今辟荐表里。惜上焉者求之不诚，下焉者应之以伪，苟且因循，以趋于弊，求言语文章之尽合于道不可得，识者所繇屡废书而叹也。予也考文论世，搜十五朝程士之业，差次而是非之，点乙诠注，蔑敢漫易，窃准古辨材定论之义，不阿亲党，不畏强御，推而之于天下，进贤退不肖，庶有裨乎？览斯集者，追惟祖宗朝贡士初意，深思古今废兴得失之自，与夫是非、罚赏、劝惩之宜，诸大臣开诚布公，兢兢推贤奖能为己任，而草莽中淑质贞亮之士，相率黜华竞，端学术，藏器待用，贻邦国光，则参用辟荐制科，三代可复。而不然者，中外交蒙，名实乖戾，议论多而成功少，虽日讲《周官》之法，如子向所条例，岂足以治天下哉！崇祯乙亥冬月日。"

大学士王应熊罢。（据《国榷》卷九十四）

国子监祭酒倪元璐遵例引罪。（据《国榷》卷九十四）

十一月

何吾驺、文震孟罢归。《明鉴纲目》卷八："纲：冬十一月，何吾驺、文震孟罢。目：震孟与温体仁不合。给事中许誉卿以凤阳皇陵被焚，劾体仁误国，体仁憾甚。会有劾誉卿为人营求迁擢者，体仁拟旨，斥誉卿为民，吾驺、震孟力争。帝责二人徇私挠乱，并罢之。（体仁忮横，而中阻深，所欲推荐，阴令人发端，而己承其后。欲排陷，则故为宽假，中上所忌，激使自怒。帝往往为之移，初未尝有迹。）"

卢象升败张献忠等于确山。《明鉴纲目》卷八："纲：贼陷陕州攻洛阳。目：贼薄阌乡，左良玉、祖宽御之，不克，遂陷陕州，攻洛阳。良玉从巡抚陈必谦赴援。献忠走嵩县，迎祥、自成，走偃师巩县，略鲁山叶县，陷光州。会象升自湖广帅师至，合宽等击败之于确山。"

逮前庶吉士郑鄤。鄤继母大学士吴宗达女弟，而鄤薄于宗达，尝揭其杖母烝妾等事。故事，翰林先题补始应命，鄤先来京觊迁，温体仁即以宗达所揭入告。下狱。（据《国榷》卷九十四）

陈子壮奏议宗秩改授。《国榷》卷九十四："礼部署部事右侍郎兼翰林院侍读学士陈子壮奏：'宗秩改授匪易。臣愚参酌，有未必然者三，有不可行者五，请为陛下筹之：国家设资格以处常才，而又不纯用资格以处非常之才。文职四品及京堂，在外五品上官有阙以名闻，五品以下吏部铨注。今进士初任，亦循甲第，迨不次擢用。若非殊庸异绩及国家异变，未始拔卒为将，徒步而至卿相者。宗才换授，非多于万邦之黎献也。将资格可以不论，而非常之才亦可辈出乎？臣窃以为未必然也。自宗藩四民之业开，文则文科，武则武科。今谓进士岂必贤于乡举，则乡举亦岂必贤于贡监，贡监亦岂必贤于齐民？夫然则天下胥为齐民以待举已矣，又何必辛勤计偕以待有司之续食乎？则谓科举而外遂足以尽才，臣以为未必然也。科举之制，汉人经术，宋人道学，不出乎此。其获隽者，节义勋伐，于此乎出。否亦耗雄心，销余晷，亦不失为白首穷经之士。此祖宗磨砺一代之善物也。有通科目之文而不能穷理致用者，未有不通科目之文而能穷理致用也。今宗藩中将军中尉有禄食之贵，读书有科目之望，可更进更劳耳。使见不屈首读书亦得掇行奇荣以去，谁肯避逸而趋劳乎？而谓将有刘向、李勉、赵汝愚之才，臣以为未必然也。按洪武开科，定制犹在，未尝以换官职与科目并著。……'"

十二月

故行人杨于楷殉难，荫子入国子监。（据《国榷》卷九十四）

莱阳贡士孙凤毛以城守功，授中书舍人。（据《国榷》卷九十四）

本年

孙慎行（1565—1635）卒。《明史》孙慎行传："孙慎行，字闻斯，武进人。幼习闻外祖唐顺之绪论，即嗜学。万历二十三年举进士第三人，授编修，累官左庶子。数请假里居，键户息交，覃精理学。……已，忠贤大炽，议修《三朝要典》，'红丸'之案以慎行为罪魁。……（崇祯）八年廷推阁臣，屡不称旨。最后以慎行及刘宗周、林釬名上，帝即召之。慎行已得疾，甫入都，卒。赠太子太保，谥文介。"黄宗羲《明儒学案》卷五十九："孙慎行字闻斯，号淇澳，常之武进人。万历乙未进士第三人。授翰林院编修。……累迁至礼部侍郎。……天启初，召为礼部尚书。先生入朝，首论红丸事……未几，告归。……崇祯改元，用原官……先生……至京而卒，年七十一，赐谥文介。……先生谓：'儒者之道，不从悟入。君子终日学问思辨行，便是终日戒惧慎独，何得更有虚闲，求一漠然无心光景？故舍学问思辨行，而另求一段静存动察工夫，以养中和者，未有不流于禅学者也。'戢山先师曰：'近看孙淇澳书，觉更严密。谓自幼至老，无一事不合于义，方养得浩然之气，苟有不慊则馁矣。'是故东林之学，泾阳导其源，景逸始入细，至先生而集其成矣。"

选推官、知县入词林。谈迁《枣林杂俎·智集》："（崇祯）甲戌罢庶吉士，乙亥选推官、知县入词林。丁丑专举有司，限甲科七人，乙科四人，贡三人。嘉善钱塞庵相国曰：'自外吏入馆，止论足赋，不问文学，月课庸拙，讹字杂出矣。'"叶梦珠《阅世编》卷二《科举四》："进士一科，鼎甲而外，最重馆选。由庶常教习，养成宰辅之器，非泛然进士之比。前朝不由庶常，不入词林，惟崇祯末间有以推、知行取入词林者。不由词林，不入内阁，自嘉靖后间有以外官而入阁者，要知皆非常格也。是以旧制殿试后，于新进士中，妙选少年美质、学富才优者，命学士为馆师，俾教习之，课满之日，以留馆为贵，外补科道犹怏怏焉。"

周亮工入祥符学。周亮工《赖古堂集》附《周亮工年谱》："明万历四十年……朱太淑人生公于金陵。……公屡与试事，以北籍，不得入院。京兆詹公大收，日中完七艺，列公冠军。人益忌之，百计沮公，公即拂衣去。……不得已，走汴梁，馆张氏者八载。……甲戌，二十三岁。祥符令北平孙公承泽观风，得公卷，大异之，曰：'定非汴人。'公具以始末告，孙公大为赏识，即取以冠军，为之延誉。……乙亥，二十四岁，邑、郡试俱第一，遂入祥符学。"

严定大、小州县入学之数。陈龙正《几亭全书》卷三十九《精择学臣疏》："谨按万历三年换给提学官敕谕：各抚、按二司俱不许侵伊职掌行事，盖责成学臣，如此其专且重也。童生三场俱通始得入学，大府不过二十人，大州、县不过十五人。如地方乏才，虽四五名不为少。至十一年题，如人才众多地方，许酌量增取，不许徇情过滥。盖遴入泮宫，如此其严且慎也。当时学臣，执法守义，不闻有营私滥取之讥。士子闭户读书，不敢蹈贿嘱情求之丑。每每试案一出，寒儒勤农之家或称誉髦，膺首录，而贵介侠游子弟，及商贾胥皂、多财巧营者，皆不与焉。……近二纪来，学臣不约而同，风力渐弱，以取数之加多为从厚，以情面之周至为有能。一案之出，众相视而推敲，其以文章公道得者，指不数屈。于是读书自好之人，仰屋窃叹，以为闇修竭力，果无所用。上智不移，也有几人？中人之性，随俗而化。趋邪者日甚，慕正者难坚。盖自试童子与入芹宫之时，其心术已坏大半矣。科甲之士皆从此出，求其登进之后卓然独立，或翻然易虑者，又能有几哉？此人才之所以日坏、政事之所以日偷，而民生之所以日困也。……崇祯八年，蒙我皇上锐意作人，严定大小州、县入学之数，略仿万历初年故事。然循习既久，骤革未易。"

张煌言十六岁，补邑诸生。《张苍水集》附录《张煌言年谱》："崇祯八年乙亥，公十六岁。补邑诸生。时天下多故，朝议欲重武略，命学使者于经义之后，试以骑射。诸生从事者新，莫能中。公挽强弓，抽矢连三发，皆贯革，意气闲暇，学使者大奇之。"

止粟监例，行拔贡，间岁荐一人为岁贡。嘉庆《三水县志》卷五《学校》："明洪武初诏求师儒，额设教谕一，训导一，受廪生员二十，增广如之，附不为额。二十年诏选天下府州县学生，其后间一行之，不著令。正统二年初设官提督学校，六年行选贡法。嘉靖十一年行选贡法。隆庆元年行恩贡法。万历元年行增恩贡法，三年行汰士法，又行限士法，复立六一选贡法，十一年复增生员额，二十年行选贡法。泰昌、天启、崇祯元年并行恩贡法。崇祯八年止粟监例，行拔贡，间岁荐一人为岁贡。"

明思宗崇祯九年丙子（公元 1636 年）

正月

卢象升大败李自成于滁州。《明鉴纲目》卷八："纲：丙子九年，（清崇德元年。）春正月，卢象升败贼于滁州。目：是时贼势猖獗，诸将率畏惧不前，象升每慷慨洒泣，激以忠义。军中尝绝三日饷，象升亦水浆不入口，以是得将士心，战辄有功。时师次凤阳，诸将来会，象升乃上言曰：'贼横而后调兵，贼多而后增兵，是为后局。兵至而后请饷，兵集而后用饷，是为危形。况请饷未敷兵，兵将从贼而为寇。是八年来，所请之兵皆贼党，所用之饷，皆盗粮也。'又言总督总理，宜有专兵专饷。请调咸宁甘固之兵属总督，蓟辽关宁之兵属总理。又言各直省抚臣，俱有封疆重任，毋得一有贼警，即求援求调。不应则秦越也，分应之，何以支持？又言台谏诸臣，不问难易，不顾死生，专一求全责备，虽有长材，从何展布？臣与督臣有剿法，无堵法，有战法，无守法。其言皆切中事宜，而朝廷不能尽用也。会迎祥围庐州不能破，分道陷含山和州，（知州黎宏业，训导唐正谏，在籍御史马如蛟，皆死之。○宏业，顺德人。如蛟，字腾仲，和州人。）进围滁州。象升闻警，即率总兵祖宽，游击罗岱军，驰抵滁城下鏖战。贼大溃，追斩无数，伏尸蔽野，滁水赤流数里。贼乃趋凤阳，围寿州，突颍霍萧砀灵璧虹，窥单曹。总兵刘泽清（曹州人）拒河，乃掠考城仪封而西。其犯亳者，折入归德永宁。总兵官祖大乐邀击之，贼乃北向开封。陈永福败之朱仙镇，贼遂走登封，与他贼合，分趋裕州南阳。象升合宽、大乐、岱兵，大战七顶山，（亦曰七峰山，在河南方城县北。）歼自成精骑殆尽。"

林釬入阁预机务。《明鉴纲目》卷八："纲：以前礼部侍郎林釬原官，兼东阁大学士，预机务。目：初釬以忤魏忠贤去。忠贤诛，起官至礼部侍郎，谢病归。至是与刘宗周同召见。帝问人才兵食，及流寇状，宗周言陛下求治太急，用法太严，布令太烦，进退天下士太轻，故有人而无人之用。又问兵事，宗周言御外以治内为本。愿陛下以尧舜之心，行尧舜之政，则天下自平矣。帝迂其言，命釬以原官入阁。"

雷跃龙为礼部右侍郎兼翰林院侍读学士，蔡奕琛为刑部右侍郎，刘宗周为工部右侍郎。（据《国榷》卷九十五）

何瑞征为国子司业，管绍宁为南京国子司业，葛寅亮为南京太常寺卿。（据《国榷》卷九十五）

二月

国子祭酒倪元璐以积分奉旨举行，请特颁圣谕。上谓有皇祖钦定监规，毋赘。（据《国榷》卷九十五）

武举陈启新上疏言事，擢吏科给事中。查继佐《罪惟录》志卷十八《科举志·武科举》："崇祯九年，淮安陈启新者，以三科武举，例不试用，跪正阳门上书，言三大病：科目用人，与资格取人，及知、推辄便行取。称上旨，立授吏科给事中。既得官，无所建明，徒垢敝以塞众口。侍郎刘宗周请如国初试御史例，勿遽实授，不报。四月，武生李琎奏请搜括巨室助饷，阁臣钱士升极言，此请一开，攻难诈害百出，大乱所由始也，宜付琎廷尉。同官温体仁曲庇为改拟，士升病归，御史唐尔选疏争之。上怒，面诘，下狱论罪，琎免。十年三月，启新讦知县尹民兴等，刑部尚书郑三俊拟民兴降绸，上以姑纵，逮三俊下狱。庶子黄景昉疏救，不可。府丞徐石麟再苦口，三俊得放归。闰四月，千户杨光先舆榇劾启新猎官后所上诸疏最切'破情面'三字，乃所荐樊良枢，系启新为书办时本官，感前恩图报，则情面莫大此矣。又误认胡尔仪被杀，入重贿而为之请恤，即果书办死非命，无关国体名教。岂知尔仪现在阁臣供役，未尝死，是指鹿再见于今日，死不待时。疏尾亦及阁臣体仁。上不得已，降启新二级，仍旧管事，体仁不问，光先坐渎陈，廷杖戍边。主事朱国寿复丑诋启新，以踵袭，蒙切责。十二年二月，御史王聚奎劾刑科右给事中启新缄默溺职，上怒，下聚奎狱。左金都御史李先春谳聚奎夺俸，不称旨，聚奎谪去，并罢先春。追论聚奎初荐主林增志，增志引罪免。十五年，刑科右给事中启新匿丧赴宴，被劾，下抚按即讯，弃家潜逃，立照提，终不获。"《国榷》卷九十五："（崇祯九年二月壬辰）淮安武举陈启新上言：'今天下有三大病。曰科目取人：今之作文，孝弟与尧舜同辙，仁义与孔孟争衡。及见于政事，恣其性情，任其贪酷；酷而民吞其声，贪而民吸其髓。是政事文章两既相悖，亦何赖以科目取人哉？曰资格用人：国初典史冯坚任金都，贡士彭友信授布政，秀才曾泰授尚书，何尝以资格限？嘉靖间犹三涂并用。今惟尚文涂，又自分界，贡举止于贡举。明知历任有限，清如是贪亦如是，毋宁贪以为子孙计。若进士，则天下之爵皆其砧几上物，天下之官皆其朋比，横行莫问。及曰迁转，不曰其俸久，则曰其资深。诚有如皇上昔谕所谓圣旨可貌暮金自如者，亦何取以资格用人哉！曰推知行取：科道旧例，选给事御史，以进士举人教官等官项除之，兼行人博士中书，及推官知县。弘治间兼助教教官。嘉靖中，举贡监生一体考选。万历初，犹行取推官知县，进士三举贡一。今惟选进士。彼受任时，先科道自居，守巡以科道相待，故虐民凌毙，民既不安，又能已于乱乎？亦何取以推知为科道哉！国家受此三大病，章句无用，党与日盛，苛暴日加，罗网日密，惟利是好，非情不行，竟成一迷局而不醒矣。再陈治病之药，其说有四，而专拜大将之法附焉。一停科目以黜虚文，一举孝廉以崇实行，一罢推官行取以除积横之习，一蠲灾伤钱粮以苏累困之氓。今之将不堪用矣。仰鼻息于文官，听提掇于下吏，威望既莫重于平时，号令胡能施于对垒。今当征求真才，聘请登坛，行推毂礼。一切重务，听其便宜行之。有司害民不悛、拊循不实者，亦听处分、罢监制、焚谤书。如此，汉高之坛、文帝之细柳、燕之金台，复见于今也。民怨可平，胡寇可弭矣。'上异其言，立授吏科给事中，命遇事直陈无隐。又奏中及高邮武举张抱赤兴屯书，令录上。"《明鉴纲目》卷八："纲：以武举陈启新（淮安人）为给事中。目：启新上书言：'天下有三大病。士子作文，高谈孝弟仁义，及服官恣行奸慝，此科目之病也。国初，典史授都御史，秀才授尚书。嘉靖时，犹三途并用。今惟一途。一举进士，横行放诞，此资格之病也。旧制，给事御史，教官得为之。今惟用进士。知县监司郡守，承奉不暇，此行取考选之病也。请停科目，罢行取考选，以除积弊。蠲灾伤田赋，以苏民困。专拜大将，以便宜行事。'帝大悦，擢吏科给事中。朝士深恶之，纷然论劾，帝皆不听。（后启新以受赇匿丧，削籍下抚按追赃，竟逃去。）"查继佐《罪惟录》志卷十八《科举志·武科举》："论曰：诸弁率不律，不胜数，即以李班、陈启新观之，信文武分途而邪正因之矣。吾轻之，彼自轻；吾重之，彼自重，势使然也。高祖之不二文武，可数百世无弊者哉？若夫黄赓能抗死，渭水、商山兼之三老一身，则又不得以科目拘之矣。"王夫之《噩梦》："武举之制，至乌程、武陵秉国之后而败坏极矣，顾其始亦未为得也。文章吏治，有循序渐进之道焉，养之以从容，而慎重之以奖其廉耻，固一道也。若武夫，则用其朝气而不用其暮气者也。以次而举之，果有能者，必不耐其迁迟；其能耐者，必其大不堪者也。勿为之科，而于大阅之日募草泽之有智略勇敢者，督抚试而特举之，部核之而授之以试职，即使之从大帅军中以侍命于边，或为突骑，或为队哨之长，或分城堡之守，或效幄幕之用，实委之以战守之事。其失也，不过亡一人也。其得也，遂可以拔非常之士，而黜软者不敢以身尝试。则岁一举之而已足，何事于科场之琐琐，决取舍于数矢之中否，数行之通塞哉！"

礼部议选宗才。曰荐举：先由五宗保结，长史据结详访，启亲王核勘，开才能实迹以闻。曰考验：部院疏列学行俱卓、博学多闻、精于心计、熟于刑名、娴于礼乐文章，兼通屯田水利，保障拊循，一一叩其经纶，各分差等。请临轩策问，或召对平台，然后因才授官。（据《国榷》卷九十五）

浙江提学副使黎元宽劾温体仁私嘱生童。体仁奏辨。不问。（据《国榷》卷九十五）

三月

高迎祥、李自成再入陕西。《明鉴纲目》卷八："纲：三月，贼高迎祥、李自成，复入陕。目：迎祥、自成自败于象升后，分部再入陕。迎祥由郧襄趋兴安、汉中，自成由南山穿商雒，走延绥，犯巩昌北境，诸将左光先、曹变蛟破之。自成走环县。未几官军败于罗家山（在兴宁县东），尽亡士马器仗，总兵俞翀霄被执。自成势复振。"

故贡士吴江张期赠翰林院待诏。（据《国榷》卷九十五）

令习武经骑射生童自十年始，其乡会期十二年。（据《国榷》卷九十五）

四月

满洲建国，国号大清，改元崇德。蒋良骐《东华录》卷三："四月，群臣上尊号曰'宽温仁圣皇帝'，改天聪十年为崇德元年，定有天下之号曰清……封诸贝勒为亲王、郡王有差。"《明鉴纲目》卷八："纲：夏四月，满洲建国。目：皇太极平定察哈尔，及萨哈勒察、卦勒察瓦尔喀呼尔哈，暨蒙古各部落，国势滋隆，人心向附，乃建国号曰清，改元为崇德元年。"

吏部覆中外官荐举，共二百人，上召对武英殿。（据《国榷》卷九十五）

钱士升引罪乞罢，许之。御史詹尔选斥为民。《明鉴纲目》卷八："纲：罢钱士升，削御史詹尔选（字思吉，抚安人）籍。目：时温体仁以刻核导帝，士升献四箴，大指谓宽以御众，简以临下，虚以宅心，平以出政。帝优旨报闻，而意不悦。有武生李琎者，请括江南富户，令报名输官。士升拟旨下刑部提问，上疏言：'郡邑有富家，固贫民衣食之资，未尝无益于国。《周礼》荒政十二，保富居一。今秦晋楚豫已无宁宇，独江南数郡稍安，此议一倡，无赖亡命，相率而与富家为难矣。'帝报曰：'即欲沽名，前疏已足。'前疏谓四箴也。士升引罪乞罢，许之。尔选谓辅臣不当以进言去，因言帝行一切苟且之政。帝面加诘责，命锦衣提下。尔选叩头曰：'臣死不足惜，愿陛下姑留臣言以为他日思。'帝大怒，诸臣力救，乃斥为民。"

礼部尚书姜逢元、左侍郎刘宇亮，言乡试会试二三场兼《武经》书算，放榜后验骑射。如南人十不得二，西北人十不得三，将提学官参治。上从之。（据《国榷》卷九十五）

许顺天府学训导朱正春赐名充聚，应试北场。加解额一人，不为例。（据《国榷》卷九十五）

廷试拔贡士。（据《国榷》卷九十五）

廷试岁贡生。（据《国榷》卷九十五）

六月

林釬卒。孔贞运等入阁预机务。《明鉴纲目》卷八："纲：六月，林釬卒，以孔贞运（池州建德人），贺逢圣（字克繇，江夏人），黄士俊（广东顺德人）并为礼部尚书，兼东阁大学士，预机务。目：逢圣性廉静。初官翰林，湖广建魏忠贤生祠，或传上梁文出逢圣手。忠贤诣谢，逢圣曰：'无之，借衔陋习尔。'翌日，遂削籍。帝即位召还。至是与贞运、士俊俱入阁，三人皆不能有所匡益。"

前礼部左侍郎兼东阁大学士文震孟（1574—1636）卒。长洲人，抚按以闲住，不以讣闻。弘光初，赠尚书，谥文肃。（据《国榷》卷九十五）吴荣光《历代名人年谱》："崇祯九年，文文起卒（年六十三）。"文震孟，字文起，号湛特，吴县（今江苏苏州）人。《明史》文震孟传："文震孟，字文起，吴县人，待诏征明曾孙也。祖国子博士彭，父卫辉同知元发，并有名行。震孟弱冠以《春秋》举于乡，十赴会试，至天启二年，殿试第一，授修撰……崇祯元年以侍读召，改左中允，充日讲官……八年……七月，帝特擢震孟礼部左侍郎兼东阁大学士，入阁预政……震孟刚方贞介，有古大臣风，惜三月而斥，未竟其用。归半岁，会甥姚希孟卒，哭之恸，亦卒。廷臣请恤，不允。十二年诏复故官，十五年赠礼部尚书，赐祭葬，官一子，福王时，追谥文肃。"

七月

二十七日，鹿善继（1575—1636）卒。钱谦益《初学集》卷五十《太常寺少卿管光禄寺丞事赠大理寺卿赐谥鹿公墓志铭》："崇祯九年七月二十七日，奴酋兵破定兴，太常寺少卿鹿公死之……公讳善继，字伯顺，其先小兴州人也。国初有讳荣者，徙居定兴南之西江村……万历丙午举于乡，过容城，与孙奇逢酌酒切脯，定交杨忠愍墓下。癸丑举进士，与吴郡周顺昌、吴桥范景文襆被萧寺，鸡鸣风雨，以节义相期勉……里居教授，生徒以百数。摄齐升堂，离经辨志，江村之上，有河汾、濂、雒之风。畿南之士，殖学修行，镞砺自好者，不问而知为鹿氏之徒也……所著有《四书说约》三十一卷、文集若干卷。"鹿善继，字伯顺，定兴（今属浙江）人。《明史》鹿善继传："（崇祯）九年七月，大清兵攻定兴。善继家在江村，白太公请入扞城，太公许之，与里居知州薛一鹗等共守。守六日而城破，善继死。"

袁继咸以录科试忤巡按御史张孙振。傅山《霜红龛集》卷二十九《因人私记》："崇祯九年四月初，袁先生录录科试甫毕（先生讳继咸）……以御史外迁山西提学佥事，而巡按御史张孙振来（松江庐州府人）。袁先生语山曰：'张古岳是来，其不无意于我乎？'是时温体仁当国也。孙振三日谒庙讲书毕，谓袁先生曰：'两学诸生，通不会讲书如此。'袁先生曰：'此皆代讲者。旧规：惟本道讲书，始皆本生讲之。然好秀才多不肯出来代讲。'张少作色曰：'贵道有钦件数案，至今未结，何遽巡也？'袁先生曰：'有之，皆前道张时事。待下官申来，详到本道，本道自转之矣。'词色殊不和，各罢去。袁先生语山曰：'果然张古岳相寻我矣。'孙振遂出巡。……至七月末，孙振自平阳归，复谒文庙讲书，讲毕即起。忽一绛州老生姓孙名有守者，闯然上堂，跪告孙振曰：'生员孙有守，颇得书旨，愿在太宗师上领教。'孙振遂复坐，令讲。讲久之，孙振向先生曰：'此生大会讲，两学无此人。'厚赏之，问：'尔录科耶？'对曰：'在此候考遗，尚未录名也。'孙振即属袁先生曰：'贵道可与一名入场。'先生曰：'试过文字，好即录之。'孙振起行，两司各散去。先生独留，复坐明伦堂，呼孙生上，大骂曰：'太原、阳曲两学，少你一老劣生讲学耶？'回道衙即考，考毕，大抹其卷，批不通者无数，与六等，贴考院墙示诸生。由是与孙振显然构矣。"

清兵入塞。《明鉴纲目》卷八："纲：秋七月，清兵入塞。目：清兵入喜峰口，（巡关御史王肇坤拒战死。○肇坤，字亦资，兰溪人。）由间道至昌平，（总兵官巢丕昌降。

督饷主事王桂，赵悦，署州事通判王禹佐，学正解怀亮，训导常时光，守备咸贞吉，皆死之。○王桂，黄冈人。）连陷畿内州县。（下顺义，知县上官荩自缢，游击治国器，指挥苏时雨，训导陈所蕴，皆死之。下宝坻，知县赵国鼎，与主簿樊枢，典史张六师，训导赵士秀，同死。下定兴，在籍太常少卿鹿善继，不屈死。教谕熊嘉志，亦死之。下安肃，知县郑延任与妻同殉。教谕耿三麟，亦死之。○上官荩，字忠赤，曲沃人。赵国鼎，山西乐平人。熊嘉志，平州人。郑延任，临清人。耿三麟，灵寿人。）乃诏诸镇入援。给事中王家彦（莆田人）以陵寝震惊，劾兵部尚书张凤翼。凤翼自请督师，命与中官罗惟宁，宣大总督梁廷栋相掎角。然皆不敢战。八月，清兵始退归。"

高迎祥被擒。《明鉴纲目》卷八："纲：陕西巡抚孙传庭（字伯雅，振武卫人），击高迎祥于盩厔，擒之，送京师，伏诛。目：传庭代洪承畴为巡抚，锐意灭贼。贼首整齐王据商雒，传庭檄副将罗尚文击斩之。又督贺人龙等擒迎祥于黑水峪（一名芒谷，在陕西盩厔县东南），献俘阙下，磔死。贼党乃共推李自成为闯王。"

谕廷臣助饷。《明鉴纲目》卷八："纲：谕廷臣助饷。目：未几又括勋戚文武诸臣马，开银铁铜铅诸矿。"

国子祭酒倪元璐自免。 元璐同邑右庶子丁进忌之，嗾诚意伯刘孔昭讦奏也。（据《国榷》卷九十五）

八月

吴伟业赴楚任湖广乡试主考官，与分考官龚鼎孳相知。 吴伟业《梅村诗话》："丙子余与九青（指宋玫）使楚，而孝升分一经，最得士，相知为深。"

唐王朱聿键起兵勤王，被废为庶人。《明鉴纲目》卷八："纲：八月，唐王聿键（太祖九世孙）起兵勤王，废为庶人，锢之。目：先是流贼起，王蠲金筑南阳城，又援潞藩例乞增兵三千人，不许。至是京师戒严，王倡义勤王，诏切责之。行至裕州，与流贼遇，亡其内竖二人。事定，下部议，废为庶人，幽之凤阳。"

改顺天乡试九月。（据《国榷》卷九十五）

考定馆员。 修撰刘理顺，编修吴国华、杨昌祚、张居、林增志、鲁元宠、刘正宗、王用予、赖垓、薛所蕴、胡守恒、梁兆阳、马士骅、李景廉、郭三祥，庶吉士吴太冲、罗大任为检讨，王文企为吏科给事中。（据《国榷》卷九十五）

九月

卢象升总督宣大山西军务。《明鉴纲目》卷八："纲：九月，以卢象升总督宣大山西军务。目：象升奉诏入卫，至已解严。会梁廷栋卒，命代为总督。宣大素苦缺饷，象升乃大兴屯利，行二年，积谷至二十万。帝谕九边奉以为式。"

二十九日，卓人月（1606—1636）卒。 卓发之《漉篱集》卷十一《人间可哀集序》：“崇祯九年九月庚午，卓人月卒。”其父卓发之为刊《人间可哀集》。另有诗集《蕊渊集》十二卷、文集《蟾台集》四卷、《晤歌词》十二卷以及杂剧《花舫缘》传世。《女才子集》、《贞元轶事》、《临文订谬》佚。另与徐士俊合辑《古今词统》十六卷。

前浙江提学副使黎元宽下台讯。（据《国榷》卷九十五）

顺天始乡试，主考黄景昉、闪仲俨。十月榜出百二十四人，例百五十五人。时真定、保定、永平之士被警不至。（据《国榷》卷九十五）陈龙正《几亭全书》卷三十八《分考一回奏》：“臣于崇祯九年九月，充顺天府同考试官。臣原习《诗经》，因分房之日，有今考选原任行人司行人胡麒生，以《礼记》孤经，引嫌求改，考试官左谕德黄景昉令臣调阅。臣初以客经辞，景昉谓臣官序居末，例应调《礼记》房，臣遂不敢坚却。循照近规，题出共商，文繇臣阅。分房之后，披较经义，倍加敬慎。《礼》经卷数甚少，贝字号应中式六名，取至五卷，人才已竭。缘系孤经，别无他房可以借才，复遍搜得文理稍明顺者七卷，臣与考试官左谕德闪仲俨回环比勘，欲就中拟定其一。商确再四，谓（胡）维孚卷力量虽浅，词气差清，勉取充额。臣原批有‘嫩稚’二字，又有‘劳味未足，惟在自充’之句，所以姑置末名，止为卷少才乏，而额不可缺。……明诏谓维孚‘学力未充’，此实维孚定评，亦臣与典试二臣意中成案。”

十月

前工部侍郎刘宗周削籍。《明鉴纲目》卷八：“纲：冬十月，削前工部侍郎刘宗周籍。目：宗周累疏陈时政，语多激切，为温体仁所忌，请告去。至天津，闻京师被兵，略不行，上疏极言体仁奸邪，致刑政乖舛，及宦官不宜总军务，凡数百言。帝怒斥为民。”

李自成被推为闯王，与张献忠各为雄长。（据《明通鉴》卷八十五）

巡按山西御史张孙振劾山西提学佥事袁继咸蔑宪婪赃，命逮狱。先九月，巡抚吴甡及孙振合荐，请特加优擢以重学政。下吏礼二部察覆，寻见劾。上并诘甡之荐，继咸守官奉功令，生平卷秩外无长物。孙振贪险诬劾，人为切齿。（据《国榷》卷九十五）

宋权言铨政之弊。《国榷》卷九十五：“兵科给事中宋权言：‘铨政之弊，仅举边道边抚言之。进士乙榜，但论才干，不论资格。圣谕煌煌，不啻再三。今大同道关内道昌平道岢岚道，陕西之商洛道汉羌道陇州道，陇右之守巡二道，皆乙榜也。河西道则贡生，榆林之靖边道，宁夏之河东道，甘宁之庄浪道西宁道，皆乙榜也。而内地安富之处，有乙榜分司者乎？如进士才长，何置于闲地；如乙榜才短，何投于剧区？臣非谓乙榜皆不堪边道，而所以用乙榜者，非用其才也，用以代进士耳。至内外轻重之悬殊，则又异矣。历叙诸巡抚，辽东外官也，山海外官也，宣府大同外官也，宁夏甘肃延绥登莱俱外官也。如外官望轻，何置于冲地；如京官望重，何逸于中权？臣非谓外官皆不堪边抚，而所以用外官者，非用其才也，用之以代京卿耳。其余守令，凡水旱盗贼之处，钱粮难完、城郭不固之处，进士不受也。即间有一二贤者除授其间，数月后抚按又奏调善地，曾有抚按题一甲科于兵凶战危之地者哉？'"

谕礼部：凡王府郡主县主生子，许长史教授查明，部给以衣冠，毋袭。（据《国榷》卷九十五）

十一月

前右春坊右庶子丁进削籍。（据《国榷》卷九十五）

山西提学佥事袁继咸下狱。（据《国榷》卷九十五）

山东道御史张肯堂言："士人应试，兼经不便。今后止作本经。"从之。（据《国榷》卷九十五）

十二月

吏部覆铨政积弊，有旨："尔部职专用人，推举不效，何以辞责，乃反称纲目太密，使中外束手？殊属挟饰。又平时升转，必优京卿甲科。及奉旨查奏，称未必胜外官乙榜。如此游移，岂大臣实心体国之道乎？"（据《国榷》卷九十五）

吴士元为礼部左侍郎，署詹事府事。朱继祚、方逢年为礼部右侍郎。张四知、王铎为詹事。起杨世芳左春坊。（据《国榷》卷九十五）

中书舍人黄太玄主考陕西，加中宗生二人。以逾额自擅议罚。（据《国榷》卷九十五）

本年

崇祯九年，吏部覆议举孝廉，言："祖宗朝，皆偶一行之，未有定制。今宜通行之直省，加意物色。果有孝廉、怀才抱德、经明行修之士，由司道以达巡按，覆核疏闻，验试录用。"于时荐举纷纷遍天下，然皆授以残破郡县，卒无大效。（据《明史·选举志》）戴名世《戴名世集》卷六《沈寿民传》："崇祯中……天下多故，上所用人，文武皆不效，谓科举不足得天下士。岁丙子，复荐举之制。……是时科目积重不可反，诸荐举者为州、县，吏部率皆予以荒残地，多罹贼祸，其免者又往往中以文法。于是凡荐举者多欲弃去，复入场屋以取科第。"顾炎武《亭林文集》卷一《生员论》："国家之所以取生员而考之以经义、论、策、表、判者，欲其明六经之旨，通当世之务也。今以书坊所刻之义，谓之时文。舍圣人之经典、先儒之注疏与前代之史不读，而读其所谓时文。时文之出，每科一变，五尺童子能诵数十篇而小变其文，即可以取功名，而钝者至白首而不得遇。老成之士，既以有用之岁月，销磨于场屋之中，而少年捷得之者，又易视天下国家之事，以为人生之所以为功名者，惟此而已。故败坏天下之人材，而至于士

3175

不成士，官不成官，兵不成兵，将不成将，夫然后寇贼奸宄得而乘之，敌国外侮得而胜之。苟以时文之功，用之于经史及当世之务，则必有聪明俊杰通达治体之士，起于其间矣。故曰：废天下之生员，而用世之材出也。""天下之患，莫大于聚五方不相识之人，而教之使为朋党。生员之在天下，近或数百千里，远或万里，语言不同，姓名不通。而一登科第，则有所谓主考官者，谓之座师；有所谓同考官者，谓之房师。同榜之士，谓之同年。同年之子，谓之年侄。座师、房师之子，谓之世兄。座师、房师之谓我，谓之门生。而门生之所取中者，谓之门孙。门孙之谓其师之师，谓之太老师。朋比胶固，牢不可解，书牍交于道路，请托遍于官曹。其小者足以蠹政害民，而其大者至于立党倾轧，取人主太阿之柄而颠倒之，皆此之繇也。故曰：废天下之生员，而门户之习除也。"顾炎武《日知录》卷十六《科目》："唐制，取士之科，有秀才，有明经，有进士，有俊士，有明法，有明字，有明算，有一史，有三史，有开元礼，有道学，有童子。而明经之别，有五经，有三经，有二经，有学究一经，有三礼，有三传，有史科。此岁举之常选也。其天子自诏，曰制举。如姚崇下笔成章，张九龄道侔伊吕之类，见于史者凡五十余科，故谓之科目。今代止进士一科，则有科而无目矣，犹沿其名谓之科目，非也。王维祯欲于科举之外，仿汉唐旧制，以收天下之奇士。不知进士偏重之弊，积二三百年，非大破成格，虽有他材，亦无由进用矣。"王夫之《噩梦》："进士科始于隋，垂千年而不能易。后有易之者，未知以何道为得。王安石革词赋，用书义，亦且五百余载矣，使学者习效圣贤之言以移其志气，其贤于词赋明甚。至文体之屡变，或趋于陋，或淫于邪，皆乘时会，不能为之豫谋。但可厘正者，导以读书穷理之实而已。书义而外，论以推明经史，而通其说于治教之详，策以习天人治乱、礼乐、兵刑、农桑、学校、律历、吏治之理，非此则浮辞靡调，假于《五经》、《四书》而不知其所言者何谓，国无可用之士，而士益偷则益贱，固其宜已。闻万历初年，县试儒童，无策者不送。府试且有以河图、洛书、九宫、八卦策问儒童者，则所重可知已。万历中叶，姚江之徒兴，剽窃禅悟，不立文字，于是经史高阁，房牍孤行，以词调相尚。取士者亦略不识字，专以初场软美之套为取舍，而士气之不堪，至此极矣。原其所始，立法亦有未善者，故流弊有所必至。科场七日而三试，作者倦而阅者亦烦，则操一了事之心以应后场，必矣。二场所试者，表判骈艳之语，将以何为？旧制：诰诏表随科一道，诰诏视表判为愈矣。然士方在衡茅，使习知经国长民之道，固无不宜；若王者命令之大体，非立朝廷之上、深喻国体者不知。故唐、宋知制诰者，即文名凤著、官在清要者，尚须试授，则不可使士子揣摩为之，明矣。诰诏既所不能，表判又为无实，何如改三场为两试？初场书义淹通，每解额一人，取定两人，令赴二场，试以二论三策，然后决取一人中式。初场以十日阅文，一日拆卷，凡十二日而试二场，又五日而发榜，则作者精力有余，阅者安详不遽。尊经穷理以为本，适时合用以为宜，登士于实学，固科场救弊之一道也。未得创制显庸之圣，作法以待贤者，亦将必出于此。"朱之瑜《朱舜水集》卷一《中原阳九述略》："明朝以制义举士，初时功令犹严，后来数十年间，大失祖宗设科本旨。主司以时文得官，典试以时文取士，竞标新艳，何取渊源。父之训子，师之教弟，猎采词华，埋头呫哔，其名亦曰文章，其功亦穷年皓首，惟以剽窃为工，掇取青紫为志，谁复知读书之义哉！既不知读书，则奔竞门开，廉耻道丧，官以钱得，政以贿成，岂复识忠君爱国，出治临民！坐沐猴于堂上，听赋租于吏胥；豪右之侵渔不闻，百姓之颠连无告。乡绅受赂，操有司狱讼之权；役隶为奸，广暮夜苞苴之路。朝廷蠲租之诏，不敌部科参罚之文；乍萌抚字之心，岂胜一世功名之想？是以习为残忍，仿效模糊。水旱灾荒，天时任其丰歉；租庸丝布，令长按册征收。影占虚悬，巨猾食无粮之土；收除飞洒，善柔赔无土之粮。敲骨剥肤，谁怜易子；羡余加派，岂顾医疮！金入长安，蟊贼腾循良之誉；容先曲木，屠伯叨卓异之旌。未闻黩货有勾罢之条，惟见催科注阳城之考。盗贼载途，惟工涂饰；虫蝗满路，孰验灾伤？夫如是，则守令安得不贪！由是而监司、而抚按，尽可知也矣，而佐贰、而首领，更可知也矣！此是任官害民之病也。其居乡也，一登科第，志切馈遗；欲广侵渔，多收投靠。妻宗姻姬，四出行凶；子弟豪奴，专攻罗致。女子稔色，则多方委禽；田园遂心，则百计垂饵。缓急人所时有，事会因尔无穷，攘夺图谋，终期必济。钉田封屋，管业高标者，某府某衙；诉屈声冤者，何科何院。曲直挠乱，白黑苍黄；庇远亲为宦户，挤重役于贫民。事事贴赔，产已卖而役仍在；年年拖累，人已毙而名未除。官司比较未完，满堂欢喜；隶役牌勾欠户，阖室栖遑。士夫循习故常，糊心民瘼，被害胥谗，暗暨没齿。官邪鱼肉小民，侵牟万姓；闾左吞声而莫诉，上官心识矣谁何。饶财则白丁延誉，寒素则贾、董沉沦。荐剡猥多，贤路自塞。此乡官害民之病也。凡属一榜科甲，命曰同年同门；由其决择取中，是曰门生座师；辗转亲临辖属，是曰通家故吏。又有文社甄拔之亲，东林西北之党，插足其中，丝纷胶结。其间岂遂无仁贤廉洁之士？总之，一壶之醪，不能味一河之水；一杯之水，不能熄车薪之火。而且憸壬机巧，竞赏圆通；持重端方，咸嗤古执。圆通者涂附，古执者群离。必使一气呵成，牢不可破，则小民安得不被其害？且幽、冀、兖、豫五省，苦于佥马驿马；佥马有孳生印烙之弊，驿马有恤马需索等弊。江南有白粮糙粮、粗布细布之弊。一经签役，立致倾家。总来官不得人，百弊丛集。"朱子瑜《朱舜水集》卷七《答安东守约书三十首》："中国以制义取士，后来大失太祖高皇帝设科之意。以八股为文章，非文章也。志在利禄，不过藉此干进。彼尚知仁义礼智为何物？不过钩深棘远，图中试官已耳，非真学问也。不佞父兄俱缘此得科甲，岂敢自鄙其业，但实见其弊如此。然科甲之中，时或有人。先父乡试房师郑讳郏，四川□县人，为苏州府推官十一年，署府印者九年。殁于官，先君为之视其含殓。其匣笥所存，止银贰两七钱，其清节如此。家兄大座师宰相贺对扬先生讳逢圣者，湖广武昌人。事亲至孝，居乡平易。流贼焚掠武昌，杀戮最惨，藩王被屠，环贺相公之居里许，不容一人蹂躏。然此千百中得一，无救于败亡。缙绅贪戾，陵迟国祚，岂非学问心术之所坏哉？故其《四书》、《五经》之所讲说者，非新奇不足骇俗，非割裂不足投时，均非圣贤正义。彼原无意于修身、齐家、治国、平天下也。至若注脚之解，已见别幅。即嘉、隆、万历年间，聚徒讲学，各创书院，名为道学，分门别户，各是其师。圣贤精一之旨未阐，而玄黄水火之战日烦。高者求胜于德性良知，下者徒袭夫峨冠广袖。优孟抵掌，世以为笑。是以中国问学真种子几乎绝息。况乎贵国素未知此种道理，而又在稂莠桀桀之时，独有嘉禾油然秀出于其畔，然亦甚可危矣。贤契慨然有志于此，真千古一人，此孔、孟、程、朱之灵之所锺，岂以华夷、近晚为限？幸惟极力精进，以卒斯业，万勿为时俗异端所挠也。至若以不佞为程、朱，不佞问学荒陋，文字粗疏，岂易当此？贤契求师之专，故以未似之有若为似也。愧极愧极！如文文山先生，不佞学不足以方之，而志节未敢少逊；但历履更难，劳悴更甚，而均一无成。惟高明能知之，奈何自比之画龙哉？丹心相照，不佞亦具有明眼，独恨不得面布。"朱之瑜《朱舜水集》卷十一《答林春信问七条》："问：崇祯年中，巨儒鸿士，为世所推者几人？愿录示其姓名。答：明朝中叶，以时文取士。时文者，制举义也。此物既为尘饭土羹，而讲道学者，又迂腐不近人情。如邹元标、高攀龙、刘念台等，讲正心诚意，大资非笑。于是分门标榜，遂成水火，而国家被其祸，未闻所谓巨儒鸿士也。巨儒鸿士者，经邦弘化，康济艰难者也。"朱之瑜《朱舜水集》卷十一《答野节问三十一条》："大明之党有二：一为道学诸先生，而文章之士之黠者附之，其实踏两船，占望风色，而为进身之地耳。一为科目诸公，本无实学，一旦登第，厌忌群公高谈性命。一居当路，遂多方排斥道学，而文章之士亦附之。仆平日曰：明朝之失，非鞑虏能取之也，诸进士驱之也。进士之能举天下而倾之者，八股害之也。"

唐时升（1551—1636）卒。吴荣光《历代名人年谱》："崇祯九年，唐叔达卒（年八十六）。"唐时升，字叔达，嘉定（今属上海）人。《明史·文苑传》："唐时升，字叔达，嘉定人。父钦训，与归有光善，故时升早登有光之门。年未三十，谢举子业，专意古学。王世贞官南都，延之邸舍，与辨晰疑义。时升自以出归氏门，不肯复称王氏弟子。及王锡爵柄国，其子衡邀时升入都，值塞上用兵，逆断其情形虚实，将帅胜负，无一爽者。家贫，好施予，灌园艺蔬，萧然自得。诗援笔成，不加点窜，文得有光之传。与里人娄坚、程嘉燧并称曰'练川三老'。卒于崇祯九年，年八十有六。"

董其昌（1555—1636）卒。吴荣光《历代名人年谱》："崇祯九年，董文敏玄宰卒（年八十二）。"《明史·文苑传》："董其昌，字玄宰，松江华亭人。举万历十七年进士，改庶吉士……授编修。皇长子出阁，充讲官……出为湖广副使，移疾归。起故官，督湖广学政……其昌卒谢事归。起山东副使、登莱兵备、河南参政，并不赴。光宗立，问：'旧讲官董先生安在？'乃召为太常少卿，掌国子司业事。天启二年擢本寺卿，兼侍读学士。时修《神宗实录》……书成表进，有诏褒美，宣付史馆。明年秋，擢礼部右侍郎，协理詹事府事，寻转左侍郎。五年正月拜南京礼部尚书。时政在奄竖，党祸酷烈。其昌深自引远，逾年请告归。崇祯四年起故官，掌詹事府事。居三年，屡疏乞归，诏加太子太保致仕。又二年卒，年八十有三。赠太子太傅。福王时，谥文敏。其昌天才俊逸，少负重名。初，华亭自沈度、沈粲以后，南安知府张弼、詹事陆深、布政莫如忠及子是龙皆以善书称。其昌后出，超越诸家，始以宋米芾为宗，后自成一家，名闻外国。其画集宋、元诸家之长，行以己意，潇洒生动，非人力所及也。"梁章钜《制义丛话》卷六："曾禹门奋春曰：泰伯之让商、让周，讫无定说，作者遂语多骑墙，惟董思白文硬靠让商说，讲下云'泰伯而有周之国，即可以有商之天下'二语，已探骊得珠。惜中间分比语意，多犯合掌之病，若后幅云：'盖吾于泰伯之让，以其有让之功，是以见其有让之心也，由后事以推之者也。故吾必曰：泰伯商之让王也，非周家让国之世子也。'语殊倜傥，宜艾千子以雄浑亟称之。按：孙忠烈燧文云：'泰伯之心，惟泰伯自知之；泰伯之事，亦惟泰伯能为之说。'无得而称，更直截了当。又有黄海岸者文后大结云：'考泰伯之于吴，其卒也无子，则天固不欲伯之为周后哉！然而此泰伯之志也，当其去位之时，固不愿有后于周矣，不然，东宫元子胡为舍天下而逃哉？'数语亦奇。"

"韩求仲曰：董思翁戊子、己丑间，每袖吴道光文三十馀首，早夜诵之，以为得乎宗门。前辈眼力固是迥异，恨无从觅吴之佚稿，今仅存'事孰为大'二句题文一首。"

姚希孟（1579—1636）卒。吴荣光《历代名人年谱》："崇祯九年，姚孟长卒（年五十八）。"《明史》姚希孟传："姚希孟，字孟长，吴县人。生十月而孤，母文氏励志鞠之。稍长，与舅文震孟同学，并负时名。举万历四十七年进士，改庶吉士……天启初，震孟亦取上第，入翰林，甥舅并持清议，望益重。"

李日华（1565—1636）卒。此嘉兴李日华，非吴县李日华。据吴海林等编《中国历史人物生卒年表》。《明史·文苑传》："日华，字君实，嘉兴人。万历二十年进士。官至太仆少卿。恬澹和易，与物无忤。"钱谦益《列朝诗集小传》丁集下："日华，字君实，嘉兴人。万历壬辰进士，除九江推官，降授西华知县，稍迁南仪制郎。天启中，起尚宝司丞。崇祯元年，升太仆寺少卿，告归卒。君实和易安雅，恬于仕进，后先家食二十馀年。能书画，善鉴赏。一时士大夫风流儒雅、好古博物者，祥符王损仲、云间董玄宰为最。君实书画亚于玄宰，博雅亚于损仲，而微兼二公之长，落落穆穆，韵度颓然，可谓名士矣。君实尝自题其画滕曰：'白石翁诗，沉卓雄快，直闯杜陵营垒间，夺其兵符，俯视一时作者，不堪偏裨位置。乃其诗多于所作墨戏，林峦树石、花鸟虫鱼间见之，片语挑焰，生动跃然。石翁澹于取名，无意传其诗，而诗与画皆盛传，是翁之诗以画寿，非以画掩也。'此君实托寄之语，然其谓白石翁之诗，亦可谓之具眼矣。"

陈仁锡（1581—1636）卒。《明人传记资料索引》谓陈仁锡卒于崇祯七年，吴荣光《历代名人年谱》："崇祯九年，陈明卿卒（年五十六）。"吴海林等编《中国历史人物生卒年表》谓陈仁锡生卒年为"1581—1636"。按，其生年据下引《明史》所记中举年龄逆推，当生于一五七九年，与其享年五十六不合。今姑从吴海林说。《明史·文苑传》："陈仁锡，字明卿，长洲人。父允坚，进士。历知诸暨、崇德二县。仁锡年十九，举万历二十五年乡试。闻武进钱一本善《易》，往师之，得其指要。久不第，益究心经史之学，多所论著。天启二年以殿试第三人授翰林院编修。时第一为文震孟，亦老成宿学，海内咸庆得人……魏忠贤冒边功，矫旨锡上公爵，给世券。仁锡当视草，持不可，其党以威劫之，毅然曰：'世自有视草者，何必我！'忠贤闻之怒。不数日，里人孙文豸以诵《步天歌》见捕，坐妖言锻炼成狱，词连仁锡及震孟，罪将不测。有密救者，得削籍归。崇祯改元，召复故官。旋进右中允，署国子司业事，再直经筵。以预修神、光二朝实录，进右谕德，乞假归。越三年，即家起南京国子祭酒，甫拜命，得疾卒。福王时，赠詹事，谥文庄。仁锡讲求经济，有志天下事，性好学，喜著书，一时馆阁中博洽者鲜其俦云。”

刘侗（1593—1636）卒。据上海古籍出版社 2001 年出版孙小力校注《帝京景物略·前言》括注刘侗生卒年。刘侗，字同人，号格庵，麻城（今属湖北）人。明崇祯七年进士，选吴县知县，未任卒。

范文若（1588—1636）卒。据高等教育出版社 1999 年出版袁行霈主编《中国文学史》第四卷第七编第六章《明代传奇的发展与繁荣》括注范文若生卒年。庄一拂《古典戏曲存目汇考》卷十："范文若，字令香，号吴侬荀鸭。松江（今属上海市）人。生平事迹无考，仅知其年寿不长。所作词曲，结构玄畅，可追元人步武，惜乎不永，一时绝叹。按其所撰《花筵赚》等五种，《新传奇品》作吴石渠撰，误。"共著录范文若所作传奇《千里驹》、《花筵赚》、《花眉旦》、《金明池》、《金凤钗》、《倩画眉》、《斑衣欢》、《勘皮靴》、《晚香亭》、《雌雄旦》、《梦花酣》、《闹樊楼》、《绿衣人》、《鸳鸯棒》、《生死夫妻》、《欢喜冤家》十六种，今传世者《鸳鸯棒》、《花筵赚》、《梦花酣》三种，合称"博山堂三种"。

明思宗崇祯十年丁丑（公元 1637 年）

正月

去年，常熟张汉儒疏告钱谦益、瞿式耜贪肆不法，本年正月，逮钱、瞿下刑部狱，旋释归。计六奇《明季北略》卷十三《温体仁拟旨逮钱瞿》："正月，常熟县民张从儒（按：当作张汉儒，下同），讦奏前礼部右侍郎钱谦益、科臣瞿式耜，谓'二臣喜怒操人才进退之权，贿赂握江南死生之柄。三党九族，无不诈之人；兴贩通番，无不为之事。甚至侵国帑，谤朝廷，危社稷。止因门生故旧列于要津，鸣冤无地；宦干豪奴满于道路，泄愤何从。'奏上，温体仁拟旨，逮钱谦益、瞿式耜下刑部狱。先是，奸民陈履谦争产，求二宦关说，不允，怀恨，遂唆从儒讦奏。既奉旨提问，履谦等得志，遂捏造'款曹和温'等虚词，多方吓诈。'款曹'者，谓谦益尝作故太监王安祠记，曹化淳出王安门，宜款之；'和温'者，谓温与谦益有隙，宜和之。曹化淳访知之，愤发其奸。至是，刑部尚书郑三俊审出真情，陈履谦、张从儒各打一百棍，立枷三月死。谦益等寻释归。"

吏部汇荐边才。（据《国榷》卷九十六）

二月

　　朝鲜降清。《明鉴纲目》卷八："纲：二月，清兵克朝鲜。目：先是清攻朝鲜，克义州，渡嘉山江，进薄平壤。朝鲜空城遁去，国王李倧遣使请受盟，清因许其通和而还。既而朝鲜复屡背约，阴持两端。清主皇太极亲统大军击之，长驱直人，遂克王城。国王李倧，逃于南汉山城。清军围之，其妻子群臣，尽被俘获。已而汉江滨海之地，及江华岛城（在朝鲜国开州东北海中），复为清军所取。倧势益穷蹙，乃上明所给敕印，奉表出降。（朝鲜既降，皮岛益孤。孔有德、耿仲明、尚可喜夹攻之。副总兵金日观力战死，皮岛遂为清所取。）"

　　原苏州通判周之夔密告张溥、张采且反，词连陈子龙、黄道周、夏允彝、吴伟业等。又有托名徐怀丹者，檄复社十大罪。陈子龙《陈子龙自撰年谱》卷上："崇祯十年丁丑……会吴中奸民张汉儒讦奏钱牧斋、瞿稼轩以媚政府，有旨逮治。而奸民陆文声又以复社事上书，龁龁张受先、天如，报闻。一时无赖恶少年，蜂起飙发，纵横长安中，俱以附会时宰相矜夸，旦夕得大官矣。闽人周之夔者，旧司李于吴，险人也。有宿嫌于二张，以病去官。寻丧母家居，揣时宰意，缞绖走七千里，入都门告密，云'二张且反'，天子疑之，下其事抚按……而之夔既上书，因石斋师比之人枭，憾甚，又疑予辈为二张地道，则以黄纸大书石斋师及予与彝仲、吴骏公数人之名，云：'二张辇金数万，数人者为之囊橐。'投之东厂，又负书于背，鳖趻行长安街，见贵人舆马过，则举以诉之。蜚声且上闻，人皆为予危之。"

　　太子太保文渊阁大学士张至发、孔贞运主礼闱。取中吴贞启等三百人。（据《国榷》卷九十六）

　　据《崇祯十年丁丑科三百名进士三代履历》，丁丑科主考、同考及各房门生情形如下：总裁：光禄大夫太子太保礼部尚书兼文渊阁大学士张至发，圣鹄，山东淄川人，辛丑。光禄大夫太子太保礼部尚书兼文渊阁大学士孔贞运，闻仲，应天句容籍，建德县人，己未。同考：《易》一房，左春坊左谕德兼翰林院侍讲杨汝成，玉汝，直隶华亭人，乙丑。门生：黄耳鼎，刘业嵘，王垣京，傅箕儒，萧时丰，姜荃林，林期昌，卫廷宪，张勉仁，顾青缙，冯秉清，李登云，刘铨，李之华，施凤仪，王明，修廷献，盛玉赞，庞昌胤。《易》二房，翰林院编修文林郎黄起有，似之，福建莆田人，戊辰。门生：何弘仁，李榴，曹鼎臣，吴之琦，陈宸诵，吴之奇，吴以连，萧中，王开期，慎思永，顾铉，毕十臣，刘达，董飔先，戴运昌，孙鼎，赵之鼎，高去奢。《易》三房，翰林院编修马世奇，君尝，直隶无锡人，辛未。门生：萧琦，甘大缓，王泰征，林有本，潘同春，唐九经，吴适，庄元辰，王汉，钱朝彦，李茹春，张弘志，沈戢谷，王元建，符遹中，倪长玕，傅景星，□心樘。《易》四房，征仕郎礼科都给事中冯可宾，祯卿，山东益都人，壬戌。门生：蔡道宪，陈之煌，田嘉生，潘自得，曹良宜，廖国遴，宋克镲，缪况，赵王成，丘祖德，李京元，李大年，胡尔恺，胡应瑞，龚天池，罗璧，李基昌，张真瑾。《易》五房，征仕郎兵科左给事中加一级张第元，生大，山西汾阳人，壬戌。门生：刘明侯，林凤仪，严梦鸾，黄昌胤，罗国士，王家柱，韩接祖，李曰池，钱源，徐方来，李秉茂，冯钦明，锺鼎，樊吉人，吴克孝，欧阳铉，叶士彦，傅天锡。《书》一房，右春坊右谕德兼翰林院侍讲何瑞征，五玉，河南信阳人，戊辰。门生：刘大年，揭重熙，严锡命，韦克济，黄润中，魏琯，傅振铎，王正中，黄征□，张允捷，邹逢吉，蒋文运，刘同升，陈浚，龚完敬，李岩。《书》二房，翰林院编修杨廷麟，企而，江西清江人，辛未。门生：蒋鸣玉，吴春枝，曹溶，周寿明，包尔庚，胡梦泰，贾我年，欧阳蒸，郝锦，徐敬时，奚士龙，赵昱，何永清，刘显绩，赵士骥，迟鑛。《书》三房，翰林院简讨征仕郎沈延嘉，显□，浙江鄞县人，辛未。门生：胡时亨，高世泰，夏允彝，王浸大，吴铸，卫周祚，刘惟芳，黄澍，柯元芳，吴应恂，石可章，秦镛，庄宪祖，杨汝经，郝杰，周而淳。《书》四房，承德郎吏部考功清吏司署郎中事主事黄愿素，行其，直隶歙县人，己未。门生：汤有庆，王猷，匡延年，钱棅，徐调元，王采，段冠，李毓新，洪天擢，吴允谦，姜应龙，张印立，陈良弼，唐铉，杨蕙芳。《诗》一房，右春坊右中允兼翰林院编修黄道周，石斋，福建镇海人，壬戌。门生：陆自岩，陈之遴，陈子龙，尹文炜，庾嵩胤，张天维，侯鼎铉，赵崡，萧汉，王行俭，贾大初，王世琇，郭九围，黄图安，刘天庆，谢泰宗，林逢春，余忠宸，孙顺，唐阶泰，庄则敬。《诗》二房，翰林院简讨征仕郎陈美发，木生，浙江上虞人，戊辰。门生：许承钦，杨兆仪，耿章光，朱用锦，冯文伟，章重，□絅，堵胤锡，王景云，丁辛，毛毓祥，沈履祥，刘若宜，张元辅，吴翔凤，王昌胤，王松茂，钱肃乐，王际享，颜习孔，邬明昌。《诗》三房，翰林院简讨王邵，二弥，山西保德州人，辛未。门生：许孟卿，谢锡贤，张圣听，周祚新，张力，李冲，熊人霖，吴培昌，李尔育，李起龙，董允茂，刘升祚，南洙源，赵弘文，叶子发，韩元勋，蒋棻，吴嘉祯，郭佳胤，周伯达。《诗》四房，征仕郎户科都给事中林正亨，宗谦，福建福清人，己未。门生：唐昌龄，储堪，王显，邝曰广，王业昌，袁定，傅德坚，□守曾，曹玑，李昌期，胡奇玮，朱统鑚，胡振奇，苏京，柯夏卿，李廉仲，台汝砺，王琛极，实克念，谭正国。《诗》五房，兵部职方清吏司署郎中事员外郎王陛，超之，直隶上海人，丙辰。门生：范士楫，余飏，邵林枝，于连跃，廖攀龙，孔胤圭，朱得祚，陈履忠，宫□□，郝絅，叶应震，谢继迁，周跃雷，何纶，潘必镜，廖负暄，郑一岳，王凤翼，章旷，刘宪章。《春秋》，翰林院简讨征仕郎杨士聪，朝彻，山西济宁州人，辛未；文林郎工部营缮清吏司主事萧誉，馨生，山西繁峙人，戊辰。门生：赵士锦，余士常，周铨，王燮，徐继善，陈士瓒，李士元，张慎学，苏铨，倪仁祯，袁胤隆，张世濬，李丕著，李觉先，闵度，时□敏，张垣，宋炳奎，方大猷，刘龙光，佀鹤举，毛羽仪，胡允敬。《礼记》，翰林院编修文林郎夏曰瑚，肤公，直隶山阳人，辛未；翰林院简讨罗大任，小逊，江西丰城人，辛未。门生：吴贞启，张明弼，顾棻，牛若麟，鲁远暹，孙以敬，赵士春，王追骏，黄国琦，李之奇，田芳，高射斗，王国儒，林起元，赵浚，孙嘉绩，刘景骏，武备，马孔健，左其人，王九牧。

丁丑科会元为吴贞启。谈迁《枣林杂俎·圣集》：“丁丑会元吴贞启对策亦误笔，同年包尔庚戏之曰：‘兄又不辨字状元矣。’”

逮巡按山西御史张孙振。孙振贪秽不职，先诬袁继咸。山西丙子贡士卫周祚等讼其冤。（据《国榷》卷九十六）

礼部磨勘乡试贡士。路光斗、凌云翔、庞埏除名，梁侃、文焕奎、孟长庚、叶兰、王明相、宁云凤、郑世芳各罚科覆试。（据《国榷》卷九十六）

三月

刘同升（？—1646）、陈之遴（1605—1666）、赵士春等进士及第、出身有差。《崇祯实录》卷十：崇祯十年三月，“甲寅，赐进士刘同升等三百人及第、出身有差。”刘城《峄桐集》卷首蒋臣《征刘公伯宗行略》：“往者崇祯间，天子下明诏，征海内贤良诣公车，试补守令，不称，坐举者，惩吏治之日偷、黎元之日困也。所司辄庋阁，不时行。会有妄男子上书，诋斥在位横斄朋比状甚悉，且言皆资格之弊、科目之趋日下也。上览之心动，递拜夕郎。朝贵咸愤嫉无所发据，谬意征辟得人，则科目且罢，以故尼沮万端。丁丑礼闱策出，至用为讥讪。赖上意弗移，督趣之，旨屡下，始漫然以应，然应之者不以实也。上焉者，裁取誉望素闻、雅意独善，度其终不复出也，则荐之，次或徇其所亲睚，下焉者不复可问矣。其间名与实称，盖可偻指焉。大江南北，则余与伯宗、沈眉生咸在举中。余屡书致辞，几于诮让；伯宗则以让友人吴次尾，既不获让，复辞者再。及授官，又皆不拜。若眉生则试亦不复就，仅上书论时宰，径拂衣去。当是时，天下事已万不可为矣。局残且尽，无下子处，更命弈秋，能无敛手？”《国榷》卷九十六：“崇祯十年三月甲寅，策贡士吴贞启等三百人于建极殿，赐刘同升、陈之遴、赵士春等进士及第、出身有差。初，温体仁首拟之遴，上乙之。”

据《崇祯十年丁丑科进士三代履历》，丁丑科进士地域分布情形如下：北直隶四十二人：顺天府九人，王元建、王燮、唐九经、吴翔凤、刘显绩、王正中、林有本、杨若桥、郝杰；永平府一人、保定府二人，严梦鸾、王世琇、范士楫；河间府七人、真定府七人，贾太初、宫继兰、苏铨、庄宪祖、王开期、朱用锦、姜应龙、吴嵩胤、李起龙、王标极、于连跃、刘天庆、赵喘、高去奢；广平府二人、大名府三人，李昌期、王显、倪鹤举、樊吉人、刘达。南直隶五十五人：应天府二人，钱源、吴嘉祯；安庆府一人、徽州府一人，刘若宜、洪天擢；苏州府十三人，盛王赞、吴适、汤有庆、赵玉成、许孟卿、赵士春、赵士锦、时敏、蒋棻、施凤仪、吴继善、孙以敬、吴克孝；松江府七人，奚士龙、吴培昌、章旷、袁定、包尔庚、陈子龙、唐昌龄；常州府十六人，陆自岩、丁辛、毛毓祥、刘宪章、顾棻、高世泰、侯鼎铉、徐调元、堵胤锡、秦镛、胡时亨、曹玑、吴贞启、吴春枝、王行俭、吴应恂；镇江府五人，王猷、蒋鸣玉、张明弼、周铨、段冠；扬州府三人、庐州府三人，孙鼎、储堪、曹鼎臣、王寰大、叶士彦、郝锦；凤阳府四人，朱统鎮、朱充鎮、潘自得、王景云。浙江四十人：杭州府五人，缪沅、黄澍，钱朝彦，陈之煌，陈潜；嘉兴府十人，倪长玗，曹溶，吴铸，夏允彝，钱栵，柯元芳，陈之遴，李毓新，朱得祚，锺鼎；湖州府五人、宁波府九人，方大猷，慎思永，闵度，冯钦明，沈戬谷，李柟，庄元辰，钱肃乐，傅天锡，冯文伟，董允茂，沈履祥，周跃雷，谢泰宗；绍兴府八人、台州府一人，何弘仁，田嘉生，章重，李冲，陈士瓒，潘同春，孙嘉绩，蒋文运，柯夏卿；金华府二人，尹文炜，倪祯。江西二十四人：南昌府五人，甘大绶，邹守尝，熊人霖，李曰池，胡奇伟，朱统鑌（已见于凤阳府）；瑞州府一人、饶州府三人，黄国琦，姜荃林，冯秉清，叶应震；南康府一人、九江府一人，余忠宸，邹逢吉；广信府二人、抚州府四人，徐敬时，胡梦泰，揭重熙，李茹春，傅振铎，张世溶；建昌府二人、吉安府四人，萧汉，刘大年，萧琦，李世元，刘同升，欧阳铉；临江府一人，符遴中。福建十六人：福州府一人，叶子发；泉州府十一人，王垣京，吴之琦，蔡道宪，黄润中，黄徽胤，林期昌，李登云，龚天池，董飏先，林凤仪，张圣听；兴化府一人、漳州府三人，余飏，张天维，吴之奇，李京元。湖广二十五人：武昌府二人，李大年，邬明昌；汉阳府三人、黄州府七人，许承钦，余士瑞，邓林枝，牛若麟，韦克济，王追骏，黄耳鼎，周寿明，毕十臣，毛羽仪；承天府二人、德安府二人，欧阳烝，蓝绹，杨兆仪，鲁近遄；荆州府四人、长沙府三人，王家柱，王泰征，萧中，刘惟芳，廖国遴，胡尔恺，傅箕孺；宝庆府一人、常德府一人，谢锡贤，黄昌胤。河南二十人：开封府四人，唐铉，马孔健，武备，张弘志；归德府四人、彰德府二人，王松茂，郭佳胤，庄则敬，杨汝经，张力，李尔育；河南府六人、汝宁府三人、南阳府一人，王明，张其瑾，傅景星，尝克念，锁青缙，赵浚，刘铨，胡应瑞，罗璧，李永茂。山东三十七人：济南府六人，王际亨，张勉仁，王昌胤，郝绹，赵弘文，罗国士；兖州府六人、东昌府五人，孔胤圭，王国儒，贾我年，陈宸诵，修廷献，颜习孔，黄图安，耿章光，王业昌，刘明侻，南洙源；青州府七人、登州府七人，刘龙光，刘业嵥，魏琯，张印直，赵之鼎，李廉仲，苏京，张允捷，赵士骥，周伯达，李岩，左其人，迟钄，林起元；莱州府六人，王汉，谢继迁，周而淳，胡振奇，匡延年，袁胤隆。山西十七人：太原府二人，戴运昌，李之奇；平阳府七人、汾州府五人，韩接祖，宋炳奎，李綮昌，卫周祚，李丕著，杨蕙芳，张慎学，曹良直，刘升祚，田芳，张元辅，王凤翼；泽州三人、延庆辽州各一人，朱允鲧，卫廷宪，石可章，王采，潘必镜。陕西：西安巩昌汉中三府各一人，王九牧，郭九围，何永清。四川十五人：成都府七人，丘祖德，顾鋐，赵昱，吴允谦，刘景绰，严锡命，龚完敬；顺庆府二人、重庆府二人，庞昌胤，罗心朴，李之华，徐方来；夔州府四人，高射斗，何纶，傅德坚，唐阶泰。广东十人：广州府六人，邝曰广，吴以连，林逢春，廖负暄，郑一岳，谭正国；南雄府一人、潮州府三人，廖攀龙，萧时丰，陈良弼，韩元勋。云南府一人、临安府二人，陈履忠，台汝砺，张垣。贵州四人：贵阳府一人，周祚新；镇远府一人、思南府一人，李觉先，孙顺；石阡府一人，胡允敬。

　　丁丑科进士陈子龙作有《丁丑二三场干禄集序》。陈子龙《安雅堂稿》卷五《丁丑二三场干禄集序》："今天子制诏春官，以取士必重实学、征材用，故崇二、三场所试论、表、策者，虽《书》、经义不佳，论、表、策佳者取之。诏书甚著，自宜遵行。然两京十三藩及举于南宫者三百人，有人以论、表、策得隽乎？曰：无有也。然则明天子赫然之命，而何以弁髦为？曰：今之取士者，其初固未尝以论、表、策得仕也，则奈何以我所不习者而绳人也？即取一二异等之才，能荐于朝而破格用之乎？不能也。举者有进贤之赏乎？无有也。即勘校甚严，不过摘其字句之讹以应上命，其荒陋剿袭，或每篇不满一二百字者，无患也。夫人惟利害得失之所在，而后肯用心以求之。匪是，则主司何苦而搜扬，士子何利而研习耶？乃知方今所谓重论、表、策者，固有名而无其实也。"

钱肃乐中二甲进士，授太仓州知州。钱肃乐《钱忠介公集》卷九《沥血辞衔疏》："窃臣一介屏儒，屡受国恩。初中崇祯丙子科乡试七十八名，继中丁丑科会试二百五十名。复蒙先帝亲策，拔置二甲第十四名。时用新例，除臣太仓州知州。"

陈子龙、夏允彝中进士，俱在三甲，当就外吏。陈子龙《陈子龙自撰年谱》卷上："崇祯十年丁丑。榜发，予与彝仲俱得隽，素称同心，而予又出于漳浦黄石斋先生之门，生平所君宗也。时人多举庐陵、眉山之事相誉，予深幸得良师友之助，而廷对则予与彝仲俱在丙科，当就外吏。"《云间科甲录》："崇祯十年会试考官：张志发，山东淄川人；孔贞运，南直建德人。"梁章钜《制义丛话》卷七："俞桐川曰：包宜壑尔庚于几社中，文最平实，陈、夏诸君屡讥之，乃刻苦砥砺，格遂一变。盖几社七子好读《文选》，然多用于骈俪，惟宜壑有峭拔之笔、摇曳之致耳。世人朗诵宜壑文数过，竟不能解，所谓过门大嚼之夫，与之烹清茗、食橄榄，徒觉烦苦厌人，知味之难，自古叹之。惟韩慕庐海内宗匠，生平最赏宜壑文，可以定宜壑矣。""（俞桐川）又曰：几社名士首推陈卧子，卧子天才迅发，好上下古今，切合时务而敷以藻艳，《国风》好色，《小雅》怨诽，可谓兼之。艾东乡至云间，抗颜南面，惟卧子以少年与之争。东乡主理学，卧子主议论，东乡主秦汉，卧子主晋魏，互持不相下，至于攘臂。要其独主所见，不肯雷同，诚艺林盛事也。壮而力学，悔其少作，则东乡亦为称道勿置。申酉兵起，卧子致命，东乡亦殉难入闽。千里契合，故曰君子同归而殊途，一致而百虑也。""徐存庵曰：陈卧子之文，深于先秦、两汉，其为气也雄健实胜。'伐柯'一节题文，清腴隽永，温恂孺以释氏桃花、庄生秋水喻其妙谛。予读其文，毕竟是雄健本色。"

杨嗣昌任兵部尚书。《明鉴纲目》卷八："纲：三月，起杨嗣昌为兵部尚书。目：嗣昌以父忧在籍。会尚书张凤翼卒，帝顾廷臣无可任者，乃以嗣昌为之。嗣昌博涉文史，多识先朝故事，有口才，酬对敏捷。帝以为能，所奏请，无不从。嗣昌议大举平贼，分各省官军为中正六隅，谓之十面之网。总督总理二臣，随贼所向征讨。因议增兵十二万，增饷二百八十万。措饷之策有四，曰因粮，（因旧额量加，亩输六合，石折银八钱，伤地不与，岁得银百九十二万九千有奇。）曰溢地，（土田溢原额者，核实输赋，岁得银四十万六千有奇。）曰事例，（富民输资为监生。）曰驿递。（前此邮驿裁省之银，以二十万充饷。）议上，帝下诏，有'暂累吾民一年，除此腹心大患'语，改因粮为均输，布告天下。寻以武臣骄惰，逮戮失事总兵王忠、张全昌。惟左良玉以六合破贼功，戴罪自赎。"

南昌贡士程元极,以五经乙榜求仿颜茂猷例特拔。不许。(据《国榷》卷九十六)

春

谭元春(1586—1637)卒。李明睿《钟谭合传》(见《诗慰·岳归堂集选》):"而谭子困顿久……丁丑赴公车,抱病卒于长店,所携箧中书散去。予时寓京师,吴骏公来言'友夏死矣',予哭之恸。"《明史·文苑传》:"元春,字友夏,名辈后于惺,以《诗归》故,与齐名。至天启七年始举乡试第一,惺已前卒矣。"

四月

祁彪佳、孟称舜等参与枫社活动。祁彪佳《祁忠敏公日记·山居拙录》于"四月十三日"下记云:"同汪照邻至山,候枫社诸友。午间,谢痼云、詹无咎、赵孟迁、孟子塞、张毅儒……至,举酌于四负堂。"

熊文灿任兵部尚书,总理五省军务。《明鉴纲目》卷八:"纲:夏四月,以熊文灿为兵部尚书,兼都察院右副都御史,总理南畿、河南、山西、陕西、湖广、四川军务。目:文灿官闽广久,帝未识其为人,因遣中使假广西采办名,往觇之。既至,文灿甚有所赠遗,留饮十日。中使喜,语及中原寇乱,文灿方中酒,击案骂曰:'诸臣误国耳。若文灿往,讵令鼠辈至是!'中使起立曰:'吾非往广西采办也,衔上命觇公。公信有当世才,非公不足办此贼。吾今还,公且夕且召。'文灿出不意,悔失言。随言有五难,四不可。中使曰:'吾见上自请之。若上无所吝,即公不得辞矣。'文灿词穷,应曰诺。中使还朝,果言之于帝。初,文灿自贵州徙家蕲水,与邑人姚明恭为姻。明恭官詹事,与杨嗣昌相善。嗣昌握兵柄,得帝眷,以帝急欲平贼,规引一人自助。明恭因荐文灿,且曰,此有内援,可引也。嗣昌遂荐之。至是,帝以文灿总理南畿五省军务。文灿拜命,即请左良玉所将六千人为己军,而大募粤人,及乌蛮精火器者,一二千人以自护,弓刀甲胄甚整。(次庐山,谒所善僧空隐,僧迎谓曰:公误矣。文灿屏人问故,僧曰:公自度所将兵,足制贼死命乎?曰不能。曰:诸将有可属大事,当一面,不烦指挥而定者乎?曰:未知何如也。曰:二者既不能当贼,上特以名使公,厚责望,一不效,诛矣。文灿却立良久,曰:抚之何如?僧曰:吾测公必抚。然流寇非海寇比,公其慎之。文灿乃辞去。)抵安庆,良玉桀骜,不受节制。其下与粤军不和,大诟。文灿不得已,遣还南兵。然良玉军实不为用。嗣昌言于帝,乃以边将冯举、苗有才兵五千人隶焉。已而京营将黄得功(字虎山,开原卫人),连破贼,兵威甚振。当是时,嗣昌建四正六隅之策,增兵饷大半,期灭贼,贼颇惧。及文灿至,京军屡捷,益惧。文灿顾决计招抚,刊檄遍悬通都。帝闻之怒,严旨谯责,嗣昌为救,乃解。"

余煌为左春坊左谕德。(据《国榷》卷九十六)

故南京兵部尚书卫一凤赠太子少保，荫子入国子监。（据《国榷》卷九十六）

黄起有为国子司业，周凤翔为南京国子司业。（据《国榷》卷九十六）

五月

前苏州推官周之夔讦奏太仓庶吉士张溥、前临川知县张采倡诸生复社，树党挟持，紊漕政，逐上官。章下所司。（据《国榷》卷九十六）

黄道周为左春坊左谕德兼翰林院侍讲，署司经局事。陈演、姚明恭为左右庶子。文安之、华琪芳为左谕德，杨汝成为南京左春坊左庶子。（据《国榷》卷九十六）

六月

温体仁罢归。《明鉴纲目》卷八："纲：六月，温体仁罢。目：体仁在阁八年，日与异己者为仇，帝以为朴忠，恩礼无与比。体仁念排挤者众，众怨归己，倡言密勿不宜宣泄，阁揭皆不发，亦不存录。故所中伤，人不能尽知。廷臣劾之者，先后不可胜计，布衣杨光先，至舆榇上奏。帝益谓其孤立，罪责言者，或至杖死。至是，常熟人张汉儒，讦钱谦益、瞿式耜居乡不法事（先是庶吉士张溥，知县张采，倡为复社，与东林相应和。里人陆文声者，输资为监生，求入社，不许。因诣阙言风俗之弊，皆原于士子。溥、采为主盟，倡复社，乱天下。体仁下其事于提学御史倪元珙，兵备参议冯元飚，皆言复社无可罪，失体仁意，俱被降谪。于是复有张汉儒事。○张溥，字天如。张采，字受先。俱太仓人。倪元珙，上虞人。冯元飚，字尔赓，慈溪人），体仁故仇谦益，拟旨逮下诏狱，严讯。谦益危甚，求解于司礼太监曹化淳。化淳，故王安门下也。德谦益尝为安作碑文，颇为营求。汉儒侦知之，与其党告体仁。体仁密奏帝，请并坐化淳罪。帝以示化淳，化淳惧，自请案治，乃尽得汉儒等奸状，及体仁密谋。狱上，帝始悟体仁有党，诏下汉儒等立枷死。体仁乃佯引疾，意帝必慰留，及得旨，竟放归。（体仁辅政数年，念朝士多与为怨，不敢恣肆，用廉谨自结于上，苞苴不入门。然当是时，流寇逾畿辅，扰中原，边境杂沓，民生日困，未尝建一策，惟日与善类为仇。其所引与同列者，皆庸材，苟以充位，且藉形己长，固上宠。帝每访兵饷事，辄逊谢曰：'臣夙以文章待罪禁林。上不知其驽下，擢至此位。盗贼日益众，诚万死不足塞责。顾臣愚无知，但票拟勿欺耳。兵食之事，惟圣明裁决。'有诋其窥帝意旨者，体仁言臣票拟多未中窾要，每经御笔批改，颂服将顺不暇，讵能窥上旨。帝愈亲信之。及得旨放归，体仁方食，失匕箸，归逾年死。）"

七月

刘宇亮改吏部左侍郎，摄右侍郎事兼翰林院侍读学士。张福臻、刘泽深为兵部右侍

郎，添设。（据《国榷》卷九十六）

左春坊左谕德黄道周回奏，并救郑鄤。上不问。吏部主事熊文举言道周清直博闻，宜备顾问。不听。（据《国榷》卷九十六）

八月

刘宇亮、傅冠、薛国观入内阁、预机务。《明鉴纲目》卷八："纲：秋八月，以刘宇亮（绵竹人，宇烈弟），傅冠（字化甫，进贤人），为礼部尚书，薛国观（韩城人）为礼部侍郎，并兼东阁大学士，预机务。目：国观为人，阴鸷溪刻，不学少文。温体仁因其素仇东林，密荐于帝，遂至柄用。时体仁虽去国，而国观与张至发，并效其所为，蔽贤植党，国事日坏。"

十月

以宦官曹化淳提督京营。《明鉴纲目》卷八："纲：以中官曹化淳提督京营。目：复以李明哲提督五军营，杜勋提督神枢营，阎思印提督神机营，郑良辅总理京城巡捕。"

定东宫官属。太子少保礼部尚书姜逢元，詹事姚明恭，少詹事王铎，国子祭酒屈可伸，侍班礼部右侍郎方逢年，右谕德项煜，翰林修撰刘理顺，编修吴伟业、杨廷麟、林增志直讲读。编修胡守恒，检讨杨士聪校书。（据《国榷》卷九十六）

十一月

安庆保举诸生蒋臣言："阁臣张至发、孔贞运会试录文，沮抑辟荐，请阁臣自举改正，毋坏祖制。"又辑《皇明荐举考》，皆《宝训》诸书采集成帙。通政司使张绍先等以疏上，其《荐举考》事系陈言，候命封进。有旨："《宝训》称系陈言，殊欠敬慎。议处绍先等。原书封进。"（据《国榷》卷九十六）

十二月

陈演为国子祭酒，王锡衮为南京国子祭酒，孟国祚为太仆寺卿。（据《国榷》卷九十六）

中书舍人陈龙正镌二级，降南京国子监丞。去年龙正分考北场，借行人胡江拟题一帙。后贡士胡维孚磨勘除名，副考闪仲俨降右赞善。又陈启新劾解元马之骊，主考□□黄起有奏辨，吏科无衡文之责，启新非能文之人。上涂吏科句，谓核字不雅，罚马之骊四科。（据《国榷》卷九十六）陈龙正《几亭全书》卷三十八《分考再回奏》："臣原以《诗经》调阅《礼记》房，缘系客经，京省近科出过经题，未能周知。虑犯重复，商之考试官左谕德黄景昉、闪仲俨。二臣皆习《诗经》，亦如臣虑。臣因于汇经堂质问（胡）麒生，麒生出经题一纸，谓皆近科所未出者，约计百余。臣从中记取斟酌，比登聚奎堂，臣录正副八题，呈送景昉。景昉点用二题，即今之三经、四经是也。麒生亦拟四题，景昉就中亦点用其二，即今之首经、次经是也。致详致谨，惟恐或违题格，臣与景昉实共一心。此闱中出题之始末也。《易》、《书》、《诗》各房，皆五百余卷，每五十而中一。《礼记》合皿、贝字各号，共二百六十二卷。内除皿字一百八卷，贝字仅一百五十四卷。而二、三场不到者，复不下二十卷。是从一百三十卷中，额取六名，才二十而中一，视各经卷倍少，则取才亦倍难，其事理然也。贝字号取至五卷，已难入目。因将各备卷并送副考闪仲俨，求其自定。仲俨留置一日，报云'无甚高下，原卷发回'。臣取视其间一卷，第二篇密圈两行，其文云：'虽未施仁于天下，而仁天下之道已萃于此，我闻周道亲亲，此之谓也。'又提股批'沁入'二字。第七篇亦点数句，余卷则概无批点。臣因细加覆阅，置维孚卷于末名，亦万不得已，短中存长，非敢以为真优也。此闱中取卷之始末也。至十月十七日夜，登堂写榜将竟，总查各房，尚缺宣府生员旦字号一名。臣房有一备卷，景昉令臣更换维孚。臣即从灯下覆阅，见其第六篇边幅甚短。臣原批云'疑有脱落'，及拆对墨卷，实止数行，难以入额。而论中引用佛经'色空空色'数语，功令所禁，臣亦原加批抹。臣因并持两卷诣景昉、仲俨及提调、监试各官之前，比勘疵漏。景昉、仲俨乃从别经补取旦字号一名，而《礼记》房则仍用维孚，其宣生安朝彦填入副榜。盖因两卷皆歉，朝彦又觉多疵，不得已而置彼存此。勉取充额之意，臣与考试官实同之，提调、监试及各房考官共见之矣。此场中定榜之始末也。榜既出，物议或谓维孚改经未久，何能通晓？必繇场前预拟经题，宿构而成。仲俨闻之即以告臣，臣即以告景昉。景昉谓此事虽系风闻，不可不慎，令臣呼维孚面诘之。臣遂立呼维孚，公同本房所取各生、今中式第三甲进士黄国琦、朱允鱳、及今回籍举人萧琯、马国铨等，似出无意，从容共问何年改经，场前曾拟经题、预构数篇，或与场中所出偶符一二否？维孚声色俱厉，谓改经已近十年，何云未久？庚午科即以《礼记》入场，顺天府纠举案见存可证。若言预拟经题，则场中经文宜独稍优，岂至与《四书》同其谫弱，奄然仅居本房之末乎？国琦、允鱳等，皆首肯其言。臣亦见其亢壮，且翻阅四经，果多夏夏詹詹之态，遂尔坦然，置不复问。然细念士子致议，岂无自来？为之访核经句，则繇维孚平日词气矜张，交游欠慎，不能潜心笃举之所致尔。臣因数数训诲，或面戒，或手书，令其砥行读书，勿妄尤人。此亦长安士大夫共闻共见。今维孚发回肄业，固謅学之本分。而臣于阅卷时，不能拔士于骊黄之外，仰光菁莪棫朴之盛，又不能因维孚闱牍以辨其习气性情。生平自盟知言知人之学，临几督眩，实切疚惧，负罪莫容。"陈龙正《几亭全书》卷五十二《投吏部堂呈》："崇祯十年二月间，龙正因部科磨勘本房取中举人束朝纲策语伤时，降职二级照旧。继因胡维孚事，五番回奏，始得竣局。当年此案，陆续奉旨处分者四人，情繇各殊，衙门迥别。其下刑部究拟者：本生维孚先经覆试，自以学力未充黜革；隔房考官胡麒生，自以平日交游比匪、与维孚狎邪不端同配。二人卷案，具在刑曹。其下吏部议处者：副考闪仲俨自以密圈加批，降二级用；龙正则以本房漫无主持，再镌二级。盖闱中乏卷，不能充额，原以七备卷并呈副考，求其裁定。副考于六卷概不署笔，而批圈维孚，于是龙正遂因而用之。"陈龙正《几亭全书》卷三十八《分考五回奏》附录："崇祯十年……十二月初四日奉圣旨：'胡维孚、胡麒生各配赎，陈龙正着吏部议处，钦此。'钦遵。抄到部送司案呈到部，该臣等看得：'闱中取士，以文为准。而胡维孚学问荒疏，岂堪入彀？中书舍人陈龙正，已失藻鉴之明矣。且其素行浅薄，不厌人望，又失国家取士之意。及知其非类，乃作《省迷记》以诲之，晚矣。就中情节虽无弊端. 而文与人皆非，龙正其何辞于冒昧乎？查本官以此事降过二级，相应再降二级照旧。恭候命下，遵奉施行。……'二十六日，奉圣旨：'陈龙正着降二级照旧。'"

本年

督学校士于惠州，以兴宁为中县，限录取名额。崇祯《兴宁县志》卷二《学校》："崇祯十年，督学较士于惠州，以兴宁为中县。刘熙祚曰：儒童入学，乃命乡论秀之始，从来学使祇凭纸上之文以裁，去取无定额也。近因进取滥竽，始命礼臣较天下州县，分大小中三等入学，以是为著为令。大州、县五十，中三十，小十五，外各量送府学。"

令天下府州县学皆设武学生员，提学官一体考取。民国《东莞县志》卷二十六《经政略·学制》："明洪武初，令在外府学设教授一员，训导四员，州设学正一员，训导三员，县设教谕一员，训导二员。府学生员四十人，州三十人，县二十人，日给廪膳，听于民间选补，仍免其差徭二丁。十六年奏准，天下府州县学自明年为始，岁贡生员各一人，俱限正月至京，从翰林院试经义、四书义各一道，判语一条，中式者发国子监，不中者罚充吏。二十年，令增广生员不拘额数。二十一年，令岁贡县学三年各贡一人。二十五年，令岁贡县学一年一人。二十七年，令生员入学十年之上，学无成效，送部充吏，其有成效，编次造册解部，以备取用。二十八年奏准，岁贡初试不中者，遣复学，停廪肄业。三十年，令岁贡不中复学者，免停廪。永乐二年，令岁贡广东限三月到部。宣德三年，定增广生员，县学二十人，照例免差徭。正统元年奏准，设官提督学校。二年，令县学二年贡一人。七年，令岁贡精选端重有文及通书算者，起送到部。十年，令提学官遍诣学校，严加考试。十二年奏准，生员常额之外，军民子弟愿入学者，提调教官考选俊秀，待补增广名缺，谓之附学生员，一体考送应试。天顺五年，令生员年四十以上者，考选送国子监肄业。六年，令廪膳有缺，于增广内考选帮补。成化十六年，令岁贡不分军民生，俱听提学官考试。弘治十七年，祭酒章懋言：'岁贡但取食廪年深，衰老不振，乞行选贡法，不分廪膳、增广生员，考选其学优年富、屡试优等者充贡。'从之。嘉靖十一年，复行选贡法，令廪士内不可则增附士内选之。十五年，诏廪膳生员累科不第、年五十以上、愿告退闲者，给与冠带荣身，仍免差徭。隆庆元年，行恩贡法。礼部覆奏提学周弘祖请广恩贡以实国学，得旨：'开贡本为求才，各提学官其严选毋滥。'（原注：以后万历、泰昌、天启、崇祯元年俱行恩贡法。）万历三年，行六一选贡法，提调官选取六人送考，提学官择其最优者起贡。是年，辅臣张居正建议核减生员，大县限十五人。十一年，复广生员额如旧。又题准遇岁贡之年，止用一正一陪送考，择其优者一人充贡。十九年礼部奏准，于正贡额外选贡，县学十年一选。崇祯八年，止粟监例，行拔贡入监法。十年，令天下府州县学皆设武学生员，提学官一体考取。十二年，从辅臣杨嗣昌请，行副榜准贡法。（原注：《钦定续文献通考》，王圻《续文献通考》，参《番禺志》、张志。）"民国《平坝县志·教育志·明清两代教育之部》："武学之设，从前未有。自洪武置大宁等卫儒学，以教武官子弟。正统中，成国公朱勇奏选骁勇都指挥等官五十一员，熟娴骑射幼官一百员，始命两京建武学以训诲之，寻命都司卫所荫袭子弟十岁以上者，提送武学读书，无武学者送卫学或附近儒学。成化中，乃敕所司岁终考试入学武生，此武学之始。学无可取者，送营操练。崇祯十年，令天下府州县皆设武学生员，提学官一体考取。安平县岁试，武生取进十二名。"

监生陆文声上疏指斥复社。文秉《烈皇小识》卷五："太仓民陆文声疏言：'风俗之弊，皆起于士子。'因参庶吉士张溥、前任临川知县张采，倡立复社以乱天下。有旨：'提学倪元珙核奏。'既而元珙回奏，极斥文声之妄。"《明史》张溥传："里人陆文声者，输资为监生，求入社不许，采又尝以事抶之。文声诣阙言：'风俗之弊，皆原于士子。溥、采为主盟，倡复社，乱天下。'温体仁方柄国事，下所司。迁延久之，提学御史倪元珙、兵备参议冯元飏、太仓知州周仲连言复社无可罪。三人皆贬斥，严旨穷究不已。"

余象斗（约1560—1637）卒。据肖东发《明代小说家刻书家余象斗》考证（载《明清小说论丛》第四辑）。另据官桂铨《明小说家余象斗及余氏刻小说戏曲》（载《文学遗产增刊》第十五辑）一文推测："余象斗生于嘉靖二十九年（1550）。崇祯十年（1637）他刊刻林维松辑《五刻理气纂要详辩三台便览通书正书》时，余象斗已是八十八岁的老人。"余象斗，字文台、子高、元素，号仰止山人，又有三台山人、三台馆主人、余象乌、余世腾、余宗云等别号或别名。福建建阳书坊乡人。因屡试不第，弃儒以编纂小说及刻书为业。万历十九年刻本《新锲朱状元芸窗汇辑百大家评注史记品萃》（中国科学院图书馆有藏）："辛卯之秋，不佞斗始辍儒家业。家世书坊，锓笈为事，遂广聘缙绅先生，凡讲说文笈之神业举者，悉付之梓。"万历辛卯为公元一五九一年。所刊通俗小说有《列国志传》、《全汉志传》、《西汉志传》、《三国志传评林》、《两晋演义志传》、《唐书志传》、《两宋志传》、《英烈传》、《水浒志传评林》、《忠义水浒全传》、《新刊八仙出处东游记》等。自编有《南游记》（《五显灵官大帝华光天王传》）四卷十八回、《北游记》（《北方真武祖师玄天上帝出身志传》）四卷二十四回等。是二部神魔小说后与吴元泰《东游记》、杨致和《西游记》合刊为《四游合传》，亦名《四游记》。

明思宗崇祯十一年戊寅（公元 1638 年）

正月

　　皇太极第九子福临（1638—1661）生。朱彭寿《清代人物大事纪年》："崇德三年戊寅（明崇祯十一年，公元 1638 年），爱新觉罗·福临，世祖章皇帝，正月三十日生，享年二十四。"《清史编年》所记同。蒋良骐《东华录》卷四："世祖章皇帝，太宗文皇帝九子也……以崇德三年戊寅正月十三日甲午戌时生上于盛京，孕十一月。"所记生日略有不同。

　　大学士黄士俊罢。（据《国榷》卷九十六）

　　裁南京冗官：翰林院孔目一，詹事府主簿一，国子监助教二……共八十九员。（据《国榷》卷九十六）

　　翰林院检讨郭之祥，请进士二甲以下尽任知县、推官。如不历州县，毋补部曹；不历部曹，毋改翰林科道。庶部曹举职，科道不皆由考选也。（据《国榷》卷九十六）

二月

　　吏部尚书田唯嘉，以保举试授知州五人，知县二十一人，州同知三人，判官五人，县丞主簿各七人。其不堪五人，罢之。（据《国榷》卷九十六）

　　御经筵毕，召詹事翰林诸臣顾锡畴等二十余人，问保举、考选孰为得人。诸臣各泛对。少詹事黄道周言："人才如树木，须养之数十年始用。近来人才远不及古，又经摧残之后，必须培养。"（据《国榷》卷九十六）

三月

　　大学士贺逢圣致仕。（据《国榷》卷九十六）

　　蒋德璟为右春坊右庶子，郭建邦、傅永淳为左右通政。（据《国榷》卷九十六）

　　覆试河南贡士曹凤贞，下吏科都给事中刘安行狱。凤贞父总督文衡，又安行婿，朱墨多涂抹。礼科都给事中薛国观磨勘，特宽之。兵科都给事中凌义渠、调福建布政司参政大理寺副孙三杰发其事。覆试二义悖谬，阁臣犹宽拟。上亲阅，以支离，凤贞除名。（据《国榷》卷九十六）

制敕房礼部郎中兼司经局正字东宫侍书黄应恩削籍，下刑部狱。应恩小人，历事久，交通中外。旧制，词臣于殿阁大学士为同官，而中书特从吏，即积资至九卿，不得钧礼。张至发外入，废掌故；应恩挟中官重，示笼络。又为调旨，心益骄，无旧节。翰林院检讨杨士聪与语不合，立具奏。又移书至发责数之。至发阴右应恩，而应恩撰故总督杨鹤赠诰文进呈，不注职名。上怒其违玩。杨嗣昌以父鹤疏救，不允。大理寺副前詹事府主簿曹荃又劾应恩通贿，并劾至发。遂下应恩狱，论死。（据《国榷》卷九十六）

总督川湖云广贵州军务兼巡抚贵州少师兵部尚书兼右都御史朱燮元卒。燮元字懋和，浙江山阴人，万历壬辰进士。授大理评事，迁寺正。出知苏州，有惠政。迁广东按察副使，历陕西按察使，分巡陇右。进四川左右布政使。天启初，奢寅叛，力守成都，进巡抚。卒平其乱，进总督。明敏有器度，善用人，黔蜀多故，所向成功，安位纳土，西南赖之，洵一代伟人也。年七十三。予祭葬，赠太师，世锦衣卫指挥使。（据《国榷》卷九十六）

四月

张献忠伪降，熊文灿受之。《明鉴纲目》卷八："纲：戊寅十一年，夏四月，张献忠伪降，总理军务熊文灿受之。目：当是时，河南湖广贼十五家，惟献忠最狡黠骁勋，次则曹操。献忠尝伪为官兵，欲绐宛城，左良玉适至，献忠仓皇走。前锋罗岱射之，中额，良玉马亦及，刀指献忠面，马驰以免。会熊文灿为总理，刊檄抚贼，闯塌天与献忠有隙，诣文灿降。献忠创甚，不能战，心内恐。至是，侦陈洪范隶总理麾下为总兵，大喜（献忠当死，洪范救之，事具前），因遣间赍重币献洪曰：'献忠蒙公大恩，得毋死，公岂忘之邪？愿率所部降以自效。'洪范亦喜，为告文灿，受其降。巡按御史林铭球（广东海丰人），分巡道王瑞楠（永嘉人），与良玉谋，俟献忠至而执之。文灿不可，乃止。"

张至发罢归。《明鉴纲目》卷八："纲：张至发罢。目：至发尝疏诋黄道周，颂温体仁，屡为言者所劾。至是，中书舍人黄应恩，以赇请得罪，词连至发。至发愤甚，连疏请勘，帝优旨褒答，而下应恩狱。至发乃乞休，自引三当去，未尝称疾也。忽得旨回籍调理，时人传笑，以为遵旨患病云。（至发颇清强，起外僚，诸翰林多不服。又始终恶异己，不能收物情。帝亦以其望轻，即听之去。后十四年，帝思用旧臣，特敕召周延儒、贺逢圣，及至发，独至发四疏辞。十五年四月，卒于家。）"

五月

钦选官员若干。《国榷》卷九十六："曾就义、李士淳、朱天麟、黄文焕、黄奇遇、虞国镇为翰林院编修，张绰彦、汪伟、屠象美、马刚中为检讨，王调鼎、熊维典、李希沆、张希夏、张作楫、耿始然、解学尹、成仲龙、李清、孙承泽、吴希哲、张淳为给事中，李嗣京、秦廷臻、汪游龙、喻上猷、李春蒸、任濬、杨鹗、李云鸿、柯元伯、左永图、宗敦一、张尔中、邓希忠、黄谏卿、张懋爵、王章、蔡鹏霄、陈天工、高明衡、郭景昌、徐养量、罗起凤、王聚奎、涂必泓、甘维荣、王范为试监察御史，阎嗣科、叶树声、林景友、詹兆恒为南京试监察御史，张若麒、沈迅为刑部主事。越数日，下各部前议可者覆行之。"

六月

孔贞运罢归。《明鉴纲目》卷八："纲：六月，孔贞运罢。目：贞运先与黄士俊、贺逢圣同相，已而两人相继罢去。（士俊十年十二月罢，逢圣是年三月罢。）及是，贞运代张至发为首辅。会帝亲自考选诸臣卷，下辅臣再阅，贞运及薛国观，颇有所更。及命下，阁拟悉不从，而帝以所择十八卷，下部议行。适新御史群谒朝房，贞运言诸卷说多难行，新御史遂有劾之者，贞运即引归。（国变后，贞运哭临，恸绝不能起，未几卒。贞运，至圣六十三代孙也。）"

湖广道试御史林兰友劾大学士张至发票拟屡误，经书无闻，薛国观为礼科时，磨勘曹凤贞试卷，知其悖谬，瞻徇不举。忤旨，谪浙江按察知事。（据《国榷》卷九十六）

考选杨嗣昌、程国祥、蔡国用等入内阁、预机务。《明史》程国祥传："（崇祯）十一年六月，帝将增置阁臣，出御中极殿，召廷臣七十余人亲试之。发策言：'年来天灾频仍，今夏旱益甚，金星昼见五旬，四月山西大雪。朝廷腹心耳目臣，务避嫌怨。有司举劾，情赂关其心。克期平贼无功，而剿兵难撤。外敌生心，边饷日绌，民贫既甚，正供犹艰。有司侵削百方，如火益热。若何处置得宜，禁戢有法，卿等悉心以对。'会天大雨，诸臣面对后，漏已深，终考者止三十七人。"孙承泽《山书》卷十一《考试阁员》："（崇祯十一年）六月，御中极殿，召部寺坊院官考试阁员，手书黄笺示诸臣曰：'年来天象频仍，今年为灾甚烈，且金星昼见，已逾五旬，将谓主兵耶？方今正在用兵。四月山西大雪，冻毙人畜，将谓边地耶？然时已入夏，何所致欤？朝廷枉耳目腹心，以致嚣尤易起，直枉难分，何所凭欤？钦限屡违，寇尚未灭，处分则剿局更张，再宽则功令不信。况剿兵议撤，分应实难，边饷欠多，蠲留未已。民贫既甚，正供犹难，侵剥旁出，如火益热。至于重利尚欺，分畛忘公，近名比私，即有清谨操守者，又自傲睨遂非。必也俱合处置得宜，禁戢有法。卿等忠能体国，才足匡时，其悉心以对。'命阁官刘宇亮、傅冠进文渊阁大学士，薛国观升礼部尚书，余官如故。兵部尚书杨嗣昌、户部尚书程国祥俱改礼部尚书，礼部右侍郎方逢年、工部右侍郎蔡国用俱升礼部尚书，大理寺左少卿范复粹升礼部左侍郎。俱兼东阁大学士，都着入阁，与首辅刘宇亮等协同办事。嗣昌仍带管兵部事。嗣昌入阁时，传借力内援。礼科给事中张希夏疏谓于语言文字之外，别有精神梦寐之缘等语。奉旨：'朝廷择辅，原从询考裁定，何云别有因缘？希夏妄为揣摩，殊属诞肆，姑着回将话来。'越日，具奏，谓：'从来自古圣主贤臣，精神自相感通。如黄帝之于风后，高宗之于傅说，往往梦寐得之。我皇上慎简诸辅，诚在语言文字之中，至于精神玄感，远驾帝王，实出语言文字之外。'寻奉旨罚俸一年。"

《明鉴纲目》卷八："纲：以杨嗣昌、程国祥、蔡国用（金溪人）为礼部尚书，方逢年（遂安人）、范复粹（黄县人）为礼部侍郎，并兼东阁大学士，预机务。嗣昌兼掌兵部。目：初，国祥掌户部，议借都城赁舍租一年，可得五十万。勋戚内官，多匿不奏，得仅十三万。然国祥由是得帝眷，至是与嗣昌等并入阁。"

武英殿中书舍人许曦讦奏故庶吉士郑鄤杖母污妹媳章氏。下法司。（据《国榷》卷九十六）

七月

谪少詹事黄道周为江西按察司照磨。《明鉴纲目》卷八："纲：秋七月，谪少詹事黄道周官。目：初，迁安郭巩以逆案谪戍，其乡人为讼冤。杨嗣昌时巡抚永平，闻于朝。及夺情入阁，又起复逆案陈新甲（长寿人）为总督，于是言官相继论之。道周上三疏，一劾嗣昌夺情，一劾新甲走邪径，一劾辽东巡抚方一藻（歙县人）主和议。时道周已充日讲官，迁少詹事。会廷推阁臣，道周名在列，帝不用，用嗣昌等。帝疑道周怨望，嗣昌复撗拾道周前辞谕德疏中，有文章气节，不如郑鄤（字峚阳，武进人，振先子。）语。鄤方以逼父杖母，为时诟病（郑鄤者，故庶吉士，与文震孟同建言，相友善。温体仁憾震孟，因劾鄤假乩仙判词，逼父振先杖母，言出其从母舅大学士吴宗达。帝震怒，不俟佐证，磔死），嗣昌因言鄤杖母，飞走不如，今道周又不如鄤，何用谈纲常为？且其意徒欲庇凶徒，遮前言之谬，立心可知。因自乞罢免，帝优旨慰之。及是，召内阁及诸大臣于平台，并及道周。帝与诸臣语所司事，久之，问道周曰：'凡无所为而为者，谓之天理。有所为而为者，谓之人欲。尔三疏适当廷推不用时，果能无所为乎？'道周对曰：'臣三疏皆为国家纲常，自信无所为。'帝曰：'先时何不言？'对曰：'先时犹可不言，至简用后，不言更无当言之日。'帝曰：'清固美德，但不可傲物遂非。且惟伯夷为圣之清，若小廉曲谨，是廉非清也。'时道周所对不称旨，帝屡驳诘，道周曰：'今日独立敢言之人少，谗谄面谀之人多，臣不得不言。'帝曰：'昔孔子诛少正卯，当时亦称闻人。止因言伪而辨，行僻而坚，故不免圣人之诛。今人多类此。'道周曰：'少正卯欺世盗名，心术不正，故圣人诛之。臣心正，所行事皆正，无一毫私。'帝曰：'向以尔偏，稍示裁抑。后闻尔有操守，旋复官。不图恣肆乃尔。本当按问，念列讲官，姑出候旨。'遂叱之退。是时帝忧兵事，谓可属大事者惟嗣昌，破格用之。道周守经，失帝意。及奏对，又不逊。帝怒甚，欲加以重罪，念其名高，乃传谕数百言，戒廷臣毋为道周劫持，相朋党。贬道周六秩，为江西按察司照磨。"

吴应箕、陈贞慧等作《留都防乱揭》以攻阮大铖。《明通鉴》卷八十六："是月，南都复社诸生作《留都防乱揭》，攻逆案阮大铖。杨嗣昌之夺情也，时有诸生沈寿民，以荐辟入都，首劾嗣昌。道周闻之，叹曰：'此何等事，在朝者不言而草野言之！昔真希元在朝一月，封事三十六上，吾岂可远愧希元，近惭沈子寿民！'并及大铖，有'妄画条陈，鼓煽丰、芑'语，盖大铖时避皖乱，侨寓南京，而故巡抚宣府坐贿遣戍之马士英亦在焉，相与结纳，谈兵说剑，觊以边才召。于是贵池吴应箕、宜兴陈贞慧草《留都防乱公檄》，推故端文顾宪成之孙杲列名揭首，而吴县杨廷枢、余姚黄宗羲、芜湖沈士柱等，方聚讲金陵，凡列名者一百四十人。大铖闻之，避居金陵之牛首山，始稍稍敛，而衔之次骨。自是复社之名大起。"

温体仁卒。《国榷》卷九十六："体仁字长卿，乌程人，万历戊戌进士。改庶吉士，授翰林院编修，历司业谕德庶子少詹事。壬戌，进礼部右侍郎。甲子，转左，忧去。丁卯十二月，起南京礼部尚书。崇祯戊辰二月，改北，协理詹事府。十二月，讦钱谦益枚卜不公，大为朝议所訾。明年六月，兼东阁大学士，直阁，历左柱国少师兼太子太师吏部尚书中极殿大学士。癸酉六月罢。忮刻阴险，酿祸国家。卒赠太傅，谥文忠。迨甲申弘光朝，廷臣劾其奸佞异常，贻毒深远，夺荫谥以昭公道。隆武乙酉，从之。"

八月

翰林院检讨马士骅上记注，命补其遗。（据《国榷》卷九十六）

李玄为户部左侍郎。陈演为少詹事，署国子祭酒。黄起有为左春坊左庶子。（据《国榷》卷九十六）

大学士傅冠致仕。（据《国榷》卷九十六）

九月

清兵入塞，下畿辅城四十有八。《明鉴纲目》卷八："纲：九月，清兵入塞，燕京戒严。目：清兵分路入墙子岭青山口，蓟辽总督吴阿衡（裕州人）败死，监视中官邓希诏遁走。遂深入，抵牛阑山。总监高起潜兵败，遂由卢沟桥趋良乡，下畿辅城四十有八。前大学士高阳孙承宗，一门殉节死。（子举人钤，尚宝丞钥，官生铺，生员铭，镐，从子炼，及孙之沇之滂之潆之浩之濂，从孙之澈之渼之泳之泽之瀚皆战死。又同时死节者，知州则有深州知州孙士美，及父讷，一家从死者十三人。知县则有任邱知县白慧元，亦一门俱死。馀如庆都知县黄承宗，灵寿知县冯登鳌，文安知县王钥，蠡县知县王采，新河知县崔贤，盐山知县陈志，固城知县王九鼎，青县知县张文鳌，兴济知县钱珍，庆云知县陈缄等。教官则有钜鹿教谕唐一中，蠡县训导冯大纬，吴桥训导刘廷训，临城训导张纯儒等。乡官则有乔若雯，李祯宁，李宗德，董祚，魏克家。诸生则有桑开基等，皆以殉节死。○孙士美，青浦人。白慧元，清涧人。冯登鳌，肤施人。王钥，武功人。王采，泽州人。崔贤，弋阳人。唐一中，全州人。冯大纬，登鳌从父。刘廷训，顺天通州人。张纯儒，新安人。乔若雯，临城人。历兖州知府罢归。李祯宁，任邱人，历山西按察使罢归。李崇德，青县人，历户部员外郎。董祚，隆平举人。魏克家，高阳人，知邹平县。）又自德州渡河，取山东州县十有六（事在明年正月），执德王由枢

（庄王见潾六世孙），布政使张秉文（字含之，桐城人）等死之。（先是杨嗣昌檄山东巡抚移师德州，于是济南空虚。巡按御史宁学朱，方行部章邱，闻警，驰还，与秉文，及副使周之训，参议邓谦，盐运使唐世熊等，议守城，连章告急于朝，嗣昌无以应。及济南被围，秉文等分门死守，昼夜不解甲，援兵竟无至者。及城溃，秉文巷战，被箭，力不能支死。妻方，妾陈，俱投大明湖死。学朱，之训，谦，世熊，与济南知府苟好善，同知陈虞允，通判熊烈献，历城知县韩承宣，临邑知县宁希尧，博平知县张列宿，茌平知县黄建机，武城知县李承芳，邱县知县高重光，及恩县乡官李应荐，历城举人刘光化，子汉仪，皆死焉。时又有刘大年者，官兵部主事，奉使南京，还朝，道历城，城破亦死之。○宁学朱，字用晦，长洲人。周之训，黄冈人。邓谦，孝感人。唐世熊，灌阳人。苟好善，醴泉人。熊烈献，黄陂人。韩承宣，爌之孙。高重光，字秀恒，保定县人。刘大年，江西广昌人。"

诏卢象升督兵勤王。象升主战，与杨嗣昌、高起潜议不和。《明鉴纲目》卷八："纲：诏卢象升督兵勤王。目：象升遭父丧，请守制，未行，诏督山西总兵杨国柱、王朴虎、大威诸军入援。时杨嗣昌夺情任中枢，与总监中官高起潜，阴主和议，象升心非之。会召对平台，帝慰劳之，咨以方略，对言命臣督师，臣意主战。帝色变，良久曰：'和乃外廷议耳。'象升因奏备御形势甚悉。帝壮之，而戒象升持重，命与嗣昌、起潜等议。当是时，帝心知清兵锐甚，力不敌，而耻言和，故委廷议以答象升。象升出，与两人议不和，即日陛辞。嗣昌送之，屏左右，欲有言，久而不能出口，第丁宁毋轻战而已。象升念帝意颇锐，而事多为起潜挠，愤甚，疏请分兵。嗣昌定议，宣大山西三帅属象升，关宁诸路属起潜。象升名督天下兵，实不及二万。越数日，嗣昌至军，象升责以阻师，且曰：'公等坚主和议，独不思城下之盟，《春秋》所耻。长安口舌如锋，恐袁崇焕之祸立见。'嗣昌颊赤曰：'既直以尚方剑加我矣。'象升曰：'既不奔丧，又不能战，尚方剑当先加己颈，安得加人？'嗣昌曰：'公毋以长安蜚语陷人。'象升曰：'周元忠赴边讲和，往来数日，其事始蓟镇监督，受成本兵，通国共闻，谁可讳也？'嗣昌语塞而去。（元忠，本瞽人，尝卖卜于辽，多相识，故嗣昌遣之。然议和事大，不得要领而止。）又数日，会起潜安定门，象升大言，非血战无以尽臣职。起潜曰，恐野战非我所长耳。两人始终各持一议。"

洪承畴大破李自成于潼关。《明鉴纲目》卷八："纲：洪承畴大破李自成于潼关。目：先是，自成复谋犯蜀，诸将马科、贺人龙拒之，乃走汉中，又为左光先所扼。其党皆降，惟自成东遁。承畴命曹变蛟穷追，设伏于潼关之南原，大破之。自成妻女俱失，从十八骑遁商洛。时关中贼略尽，张献忠已降，惟罗汝才等十余部，往来豫楚，窥陕西，亦以求抚绐熊文灿。孙传庭复引兵败之于阌乡灵宝，贼窘甚。忽得文灿止兵檄，谓毋妒我抚功，纵部下伐杀。传庭怏怏而还。未几，承畴、传庭皆入卫北行，贼遂不可制。"

十月

　　张自烈作《四书程墨序下》。 张自烈《芑山文集》卷三《四书程墨序下》："文章之道与德业表里，古贤人君子愍时悼事、微文喻志，非空言而已。《易》曰：'修辞立其诚。'孔子曰：'有德必有言。'孟轲知言，惴惴生心害政是惧，皆恶其伪也。儒者放越躬修，窃孔、孟、程、朱之言以欺世，势不至率天下趋于伪不止。以予度今天下士，惟黜远浮夸，懋勉古谊，出处皆可法。专以议论角胜，居恒习为古序传诗歌赋颂之文，缘饰矜炫，自谓贾、马、李、杜、韩、欧复出。它应科目，用括帖取时荣，与古立言之道不尽合。或又取制业褒刺而进退之，虽考据宋诸儒诂传，衡以先辈大家自然之法度，使后学有所折衷，去古德业尤远甚。时辈群相北面，自同资敬，而其人亦谬自以为得程、朱、孔、孟之传，揆厥畴向，率叛道拂经，后先所论著，非必一轨于正，如是而谓可以匹程、朱，法孔、孟，抑何视孔、孟、程、朱若是其浅且肤邪？且今天下维棘矣，天子仄席下士，士日诵孔、孟、程、朱，言天下事若指掌。迨其出，逡巡错愕，一切空名具文应之。嗟乎！天下又奚取如是之匹程、朱，法孔、孟者哉？昔真德秀语杨长孺曰：'近世如夏竦谓王钦若非无文章，然君子不道者，以其心不正也。'惠卿尝与安石论经义，安石与定交，且言于朝曰：'学先王之道而能用，独惠卿耳。'然惠卿辩给刻薄，假经术以文奸言，卒阿新法。刘秉忠史称其于书无不读，尤邃于《易》，卒以不遇，备蒙古顾问，君子耻之。繇斯以推，古今议论文章声闻之无足恃，明矣。而世贸贸不察轻重，何哉？予也固陋鲜学识，耻德业不著于世间，因论次见志，表扬抉摘，微益规补，识者不以为非。卒观古人植身抗行，匡国砥俗之务，有进乎是者，乃益叹后先论次之不足传也。然则向之辩，赘矣。是选无聚讼与，矧予去取，犹诸家去取尔。虽洪、永、成、弘、嘉、隆先正之义，濂、洛、关、闽诸大儒之说，各有择别于其间，而琐猥纷杂，大道不存，非古立德修辞之旨，深用悔且愧。然私以德业文章，惟日其迈，服膺程、朱、孔、孟，令非僻无自人、无苟且颓惰，退则予所俯焉弗遑者。盖将合质文言行而一之，将屑屑辞章为也，舍是将安适乎？朱晦庵有言：'古人之学不止于科举。'苏洵曰：'文日工而道将敝，惧实丧也。'荀淑遇黄宪逆旅，与之语，终日不能去，称为师表，能受善也。本朝王文庄曰：'济天下者，惟诚实优为之，趋名者亦趋利，无益也。'世称其格言。今之儒者，竞虚誉而侈空言，日湛溺声利，终其身，德与业胥失，而卒自以为孔、孟、程、朱之徒，岂非惑哉？予故删定程墨，既窃慨制科之法之弊，谓后世教育升贡之道，宜准诸隆古，而尤冀天下士深观出处治乱之际，虽习比偶，工文词，务共敦古学，以求适于用，庶几不为圣贤之罪人而已矣。呜呼，可不慎欤！崇祯戊寅冬月日。" 张自烈所论议题，可参考下列文献。李开先《李开先集·闲居集》之五《唐荆川批选名贤策论序》："举业者，进士所由发身者也。以举业而取进士，譬诸击门户而拾瓦砾，饮醇醪而藉糟粕，求鱼兔而用筌蹄。进士取而举业弃，门户辟而瓦砾掷，醇醪竭而糟粕黜，鱼兔得而筌蹄置之无用矣。廷试、会试，有中魁元者，乃他长或无可称述，以其专工举业云耳。渐渐习诗文，讲时务，究心道德性命之学，轻视举业，不复为之。惟为同考及主考阅士卷，作程文，则有不容已者。"林应麒《介山稿略》卷十三《恒阳叶贞士墓志铭》："贞士姓叶氏，名慎，字允修。……比长，补邑博士弟子员。见昔所为举业，大都芜烂破碎，与《六经》指要离畔不合；又见诸以举业发身者，往往营殖自私，甚至决败检法亡忌，心丑鄙之。爰书座右自做曰：庄生以读书不悟者为糟粕，刘君亮以举业为犬豕食、糟粕之糟粕。若然，亡怪其射利苟窃，甚于穿窬也。弃去，从阳明先生于会稽，得闻良知之旨。"刘城《峄桐集》卷首陈弘绪《易选序》："今帖括家往往以全力用之书艺，而以余力及其所治之经，故经艺恒减书艺之半。《易》于诸经，广大精微，学者不能究其要归，惟以剿袭剽窃为务，苟取功名而已，故《易》艺又恒减于诸经之艺之半。嗟乎！圣如尼父，其于辞占象变也，不免韦编三绝，铁摘三折，漆书三灭，他若周、邵、程、朱诸大儒，穷年皓首于其中，然后太极先天与夫传义之学，足以印羲、文而质周、孔。圣贤之于《易》，无一不以全力注之如此。夫京房之卦气、焦赣之繇词、王弼之义理，彼其聪明才智既已处乎大过之分矣，然且以全力注之，而竟无当。况于未尝用力而剿袭剽窃之云乎？然则《易》之亡也，帖括为之也。"张元忭《张阳和文选》卷三《重修山阴县儒学记》："今夫章缝之士，扼腕而太息，抵掌而巷议，孰不曰：乡举里选之制不行，故好修者无以自效而气益沮；科目之所取，词章已耳，故士徒骛于记诵剿掇而学益浮。是又不然。夫选举之制废久矣，然士不患时之不我求，患无以应时之求。藉令国家举行故典，一旦下征辟之令，诸士试自审，其可以当德行、艺术之选者谁欤？其可以应孝廉、贤良方正之科者谁欤？语曰：羡鱼莫若结网。盖言豫也。诸生岂将有所待，而始卒办袭取以应之耶？科目之设，固止于词章矣，然经史所陈，皆操行之楷模、师古之龟鉴，国家以此造士，固将使之目击而心维、口诵而身蹈之，处以饬躬，出以经世，斯取士于学之初意也。吾邑往哲奋自科目者，磊磊可指数。无论古昔，且以近者言之：忠烈若陈公性善，俭素若司马公恂，刚方若王公鉴之，恬退若陈公壮，清峻若费公愚，力学若蔡公宗兖，耿介若汪公应轸，之数公者，即以当前代德行之选、贤良方正之科，无愧矣。若是，则科目岂能坏人耶？士自坏耳。故士诚自砥砺，即科目犹之乎选举也。不然，选举行而径窦开，其弊不有甚于科目者乎？"孙应鳌《孙山甫督学文集》卷一《世用录序》："以经义造士，欲人知正学，意良厚善。其流弊，使业兹术者挟持浮说，因以逃去本质。未用则如承蜩，已售则如弁髦，乌在所谓知正学也！古者，师所为教与士所为学，无不毕志道德，曰俊曰秀，各不自枉其才。……此意既失，上之人不知素养，士之知以古自待益寡，多急于自用，眩目熏心皆贵富之途。于是掇拾经义之学，若语意，若规格，择已售者之糟粕，敝精神以求相肖，冀以侥幸。洎一得志于时，上焉者犹稍稍顾畏名检、自全徽誉，以古之孳孳者，为文字绪余所及。反是者，视昔所诵读且不啻冰炭，遂甘心贵富而陆沉之，至丧败天下国家不之恤。古之人务力行，而文莫不举，则两得之。后之学文者已非古之文，既以文得志，遂不复顾其它，则两失之。"钱谦益《牧斋有学集》卷三十八《复徐巨源书》："窃观古人之文章，衔华佩实，画然不朽，或源或委，咸有根底。……去古日远，学法芜废。自少及壮，举甚聪明猛利、朝气方盈之岁年，耗磨于始科帖括之中。年运而往，交臂非故，顾欲以余景残暑，奄有古人分年程课之功力，虽上哲亦有所不能。"钱谦益《牧斋有学集》卷四十五《家塾论举业杂说》："冯祭酒开之好作经义，紫柏大师遗书诲之曰：'时义不做亦可。即相知求教者，称心现量，打发足矣，何必苦心自作？昔李伯时画马，秀铁面诃之，以必堕马腹而入地狱。今之留心时义者，心术纯良，一旦出身做好官，则亦有益。如心术不佳，藉此出身，为大盗而劫人，则先生之罪较李时尤甚。'"

十一月

翰林院编修杨廷麟改兵部赞画主事，赴总督卢象升行营。（据《国榷》卷九十六）

高阳失守，前大学士孙承宗殉难（1563—1638）。《国榷》卷九十六："（崇祯十一年十一月戊辰）建虏陷高阳，少师大学士孙承宗死之。初建虏攻三日，且退。凌晨噪城下，守者亦噪。虏将某善兵法，曰：'此城泣，易破也。'承宗被执自经，子尚宝司丞钥、贡士轸（鉁）等俱死，知县雷之渤走免。承宗字维（稚）绳，万历甲辰廷试及第。授翰林编修，转左中允，历左谕德司经局洗马。天启初，进左庶子，直日讲。进少詹事，加礼部右侍郎。生平博涉群书，尤谙兵事。壬戌正月，敌渡河，我弃广宁，朝议汹汹。二月，拜承宗兵部尚书兼东阁大学士直阁。九日即署兵部事，专理边关战守。章奏推解经邦经略辽东，辞不赴。又推王在晋，意专守关。寻召回，承宗自请督师。至则整顿士马，酌用辽人，拟抚西虏。癸亥二月，内阁出镇，承宗委曲陈请。甲子九月，进太子少傅，进少傅文渊阁大学士。又叙功进少师武英殿，覃恩进建极殿。十月出关，按行各险隘，自石门寨至蓟辽，仍详三路可汰可借之兵以回山海。因入贺万寿面陈，有旨阻回。九月叙门功，加左柱国，进中极殿。会总兵鲁之甲败没于柳河，引疾去。崇祯己巳，建虏薄京师，起原官督理兵马，驻天津。庚午二月，敌退，进少傅，荫锦衣卫千户。辛未十一月，乞休。十二月，以德陵大凌河事，命闲住，夺世荫。承宗死难，知县雷之渤宣言其斩饷生变。薛国观惑其说，故未恤。己卯，赠复原官，祭九坛，赠太傅。弘光初，谥文忠。"（参见《明史·庄烈帝二》）

十二月

翰林院检讨屠象美，以荐刑部主事张凤翼召对，被酒失所言。象美谢罪。（据《国榷》卷九十六）

方逢年罢归。《明鉴纲目》卷八："纲：冬十二月，方逢年罢。目：时刑科奏摘参未完疏，逢年以犯赃私者，人亡产绝，瓜蔓亲戚，遂轻议以上。而帝意欲罪刑部尚书刘之凤，责逢年疏忽，逢年引罪，即罢归。"

卢象升战死于巨鹿。福王时，追谥忠烈。见《明史·庄烈帝二》。《明鉴纲目》卷八："纲：督师侍郎卢象升败于巨鹿，死之。目：是时清兵分三路深入，一由涞水攻易州，一由新城攻雄县，一由定兴攻安肃。象升闻之，从涿州进据保定，令将分道出御。大战庆都，犹未败衄，而一时列城多望风失守。嗣昌乃奏落象升尚书衔，以侍郎督师。象升自擢兵备，与流贼角，大小数十战。贼虽强盛，俱乌合之众，一败即散走，故所向摧破。及是清军在前，又为嗣昌所扼，兵力单，饷久乏，将士饥甚，自知必死。晨出帐，四面拜曰：'吾与将士同受国恩，患不得死，不患不得生。'众皆泣，莫能仰视。旋进至巨鹿南贾庄，中官高起潜拥关宁兵，相距五十里。象升遣赞画主事杨廷麟（字伯祥，清江人）往乞援，因与诀曰：'死西市，何如死疆场？吾以一死报君，犹为薄耳。'廷麟诣起潜，起潜不应。象升卒仅五千，行至嵩水桥，与清兵遇。总兵王朴先引兵逃去，惟虎大威、杨国柱从。象升勒麾下卒居中，大威帅左，国柱帅右。大战移时，乃休兵。夜半被围，明日清骑益大至，围三重。象升麾兵力战，炮尽矢穷，大威请溃围出，象升不许，犹奋斗，身中四矢三刃，手格杀数十人，乃死。一军尽亡，惟大威、国柱得脱。起潜闻败，遂仓皇星遁。嗣昌既夙恶象升，而起潜惧坐罪诛，讳象升死状。嗣昌疑不死，诏验视，廷麟遣将得其尸，麻衣犹被体。一卒遥见，即号泣曰：'此吾卢公也。'肃拜，众皆拜。畿民皆奔走雨泣曰：'卢公死，谁恤我者？'竞立祠祀之。顺德知府于颖（金坛人），核其状以上，事始白。嗣昌故靳之，逾两月，乃得敛。（象升尝三赐剑，未尝戮一偏裨，爱才恤下，如恐不及。没后，群臣多为请恤。帝先中嗣昌言，不纳。及嗣昌败，乃加赠恤。福王时，追谥忠烈。）"

本年

诸名士在苏州虎丘为千英之会。彭师度《彭省庐先生文集》卷首载其子彭士超序："崇祯戊寅岁，诸名士为千英之会，毕集文人于虎丘。时先君年甫十五，即席立成《虎丘夜宴同人序》，高华典赡。吴梅村先生于千人石上抚掌称绝，诸名士争为识荆，以故梅村先生有江左三凤凰之目，盖谓先君与吴先生汉槎、陈先生其年也。"

徐孚远、陈子龙、宋征璧等编辑《皇明经世文编》五百四卷成。陈子龙《陈子龙自撰年谱》卷上："崇祯十一年戊寅……是夏，读书南园。偕闇公、尚木网罗本朝名卿巨公之文，有涉世务国政者，为《皇明经世文编》。岁馀梓成，凡五百馀卷。虽成帙太速，稍病繁芜；然敷奏咸备，典实多有，汉家故事，名相所采，良史必录者也。"宋征璧《经世文编凡例》："儒者幼而志学，长而博综，及致治施政，至或本末眩瞀，措置乖方，此盖浮文，无裨实用，泥古未能通今也。唐、宋以来，如《通典》、《通考》暨《奏疏衍义》诸书，允为切要，亦既繁多，乃本朝典故，缺焉未陈。其藏之金匮石室者，闻见局促，曾未得睹记，所拜手而献，抵掌而谈者，若左右史所记，小生宿儒，又病于抄撮，不足揄扬圣美，网罗前后，此有志之士所抚膺而叹也。徐子孚远、陈子子龙，因与征璧取国朝名臣文集，撷其精英，勒成一书。如采木于山，探珠于渊，多者多取，少者少取。至本集不载，而经国所必须者，又为旁采，以助高深。共为文五百卷有奇，人数称是。志在征实，额曰经世云。"

南浙十馀郡文士创澄社。孙爽《容庵文集》卷下《吕季臣文稿序》："戊寅岁，两浙始创有澄社之举。惟时季臣吕子实称首功。"吕季臣即吕留良之兄吕愿良。吕留良《吕晚村先生文集》卷七《孙子度墓志铭》："崇祯十一年戊寅，余兄季臣会南浙十馀郡为澄社。杂沓千馀人中，重志节，能文章，好古负奇者，仅得数人焉。孙君子度，其一也。"孙爽（1614—1652），字子度，号容庵，浙江石门人。工诗，师事程嘉燧。著有《容庵诗集》十卷《文集》二卷。

明思宗崇祯十二年己卯（公元 1639 年）

正月

洪承畴总督蓟辽军务。孙传庭总督保定、山东、河北军务，寻下狱。《明鉴纲目》卷八："纲：己卯十二年，春正月，以洪承畴总督蓟辽军务，孙传庭总督保定、山东、河北军务。寻下传庭于狱。目：朝议移承畴蓟辽，帅秦兵东守，传庭言秦兵不归，则流贼势张，且军士家在秦，久留于边，非哗则逃，无益。帝不能用。寻又移传庭于保定。传庭疏请召见，为杨嗣昌所阻，愠甚，引疾乞休。嗣昌复劾之，诏斥为民，逮系论死。"

翰林院检讨杨士聪予告。（据《国榷》卷九十七）

兵科给事中沈迅荐张缙彦、任濬、黄奇遇、涂必泓、张若麒。于是翰林院检讨张缙彦改兵科都给事中。（据《国榷》卷九十七）

巡按苏松常镇御史王志举荐地方人才王在晋、许誉卿、周镳、贺王盛等。上责其私滥。（据《国榷》卷九十七）

姚明恭、张四知为礼部左右侍郎兼翰林院侍读学士，文安之为南京国子祭酒。（据《国榷》卷九十七）

二月

刘宇亮削籍。《明鉴纲目》卷八："纲：二月，刘宇亮罢。目：初，宇亮自请督察军情，抵保定，闻卢象升败，惧甚，急趋晋州，不敢战，尾清兵而北。至天津，乃劾总兵刘光祚逗留，诏斩光祚军前。而光祚适有武清之捷，宇亮复具疏乞宥。帝责其前后矛盾，削籍。"

三月

清兵出青山口。《明鉴纲目》卷八："纲：三月，清兵出青山口。目：帝逮治失守封疆诸臣，巡抚陈祖苞总兵吴国镇等三十六人，同日弃市。"

大学士杨嗣昌夺秩视事。（据《国榷》卷九十七）

春

陈子龙删补《农政全书》。陈子龙《陈子龙自撰年谱》卷上："崇祯十二年己卯。读书南园，编《农政全书》。故相徐文定公（徐光启）负经世之学，首欲明农。衰古今田里沟洫之制，黍稷桑麻之宜，下至于蔬国渔牧之利，以荒政终焉。有草稿数十卷藏于家，未成书也。予从其孙得之，慨然以富国化民之本在是。遂删其繁芜，补其缺略，粲然备矣。"

四月

河南贡士宝丰牛金星有罪戍边。（据《国榷》卷九十七）

程国祥乞休去。《明鉴纲目》卷八："纲：程国祥罢。目：初，国祥之相也，帝御中极殿，召廷臣七十余人，发策亲试之。时天大雨，诸臣面对后，漏已深，终考者止三十七人。然帝意已前定，第假是为名。居数日，国祥遂与杨嗣昌等同相。时先后居政府者八人（刘宇亮，傅冠，薛国观，杨嗣昌，方逢年，蔡国用，范复粹，及国祥，凡八人），而嗣昌、薛国观独用事，国祥委蛇其间，有守而已。至是召对，国祥无一言。帝传谕责其缄默，大负委任，国祥遂乞休去。（寻卒于家，未几蔡国用亦卒。）"

五月

杨嗣昌奏准今科乡试乙榜准贡。（据《国榷》卷九十七）嘉庆《三水县志》卷九《选举·贡途》："宋元为舍法，明以后为贡生。按宋诸州舍法选补，悉如太学。县升州，州许补上舍一人，内舍三人，岁贡之上舍，附太学外舍，试中补内舍，内舍免试，补太学上舍。各执一经，从讲官受学，月试优等，以次升舍。上舍免发解及礼部试。明初止有岁贡，中叶复有优贡、恩贡、拔贡、岁贡。以序拔贡，以文优贡，以行恩贡，即岁贡之遇恩诏者，优贡则学使者特荐之，非常例也。崇祯己卯，复以副榜准贡。……又正统二年，特以廪生年四十五以上者充贡，谓之取贡，以振淹滞，各学多至五人。后惟天顺六年再一举行。"

姚明恭、张四知、魏照乘入内阁、预机务。《明鉴纲目》卷八："纲：五月，以姚明恭、张四知（费县人），魏照乘（滑县人）并为礼部尚书，兼东阁大学士，预机务。目：三人皆庸劣，四知尤甚，薛国观力援入阁。"

张献忠叛于谷城。《明鉴纲目》卷八："纲：张献忠叛于谷城。目：献忠在谷城，拥兵索饷，不奉调遣，且日肆劫夺，人咸知其必叛。知县阮之钿（字实甫，桐城人），力言于熊文灿，文灿不省。洪承畴等入卫，罗汝才诸贼疑见剿，亦乞降，文灿益自喜。至是，献忠复叛，杀之钿，毁谷城，进陷房县，知县郝景春（字和满，江都人），及其子鸣鸾皆死之（鸣鸾力敌万夫，击伤献忠左足，杀其所爱善马。又用间入贼垒，阴识献忠卧帐，将袭擒之。会指挥张三锡开门纳贼入，守备杨道选巷战死，景春，鸣鸾，及主簿朱邦闻，皆被执，不屈死）。左良玉、罗岱追击之，至罗睺山，遇伏，岱被执，不屈死。良玉军大败，丧士卒万人。时李自成亦出收馀众，往依献忠。献忠欲图之，遁去。（时议者以李自成之遁车箱峡，张献忠之叛谷城，为明所由亡，而陈奇瑜与熊文灿，其罪首云。）"

李建泰为国子祭酒。（据《国榷》卷九十七）

六月

加征练饷。《明鉴纲目》卷八："纲：六月，加征练饷。目：廷臣多请练边兵，帝命杨嗣昌定议，边镇及畿辅山东河北凡四总督，十三总兵官，各抽练额兵，总三十七万有奇。又汝郡县佐贰，设练备练总，专练民兵。于是剿饷外，复增饷七百三十万。"

孙承泽言保举事宜。《国榷》卷九十七："（崇祯十二年六月）癸巳，刑科给事中孙承泽言：'保举法诚辟门咨岳之盛心，征赴公车累累也，茂才异等，实未有闻，寻常布衣，思膺民社，讵无蚁慕而蝇逐者。古人谓上以孝取人，则勇者割股、怯者庐墓；上以廉取人，则敝车羸马、恶衣菲食。宋臣苏轼曰：'得人有道在知人，知人之法在责实。'当今最急毋如强兵裕国，草泽间果谙练兵法，留心国计，不费加派而九边充足，授之以官，必试而后用，毋用而后试。庶真才得而奔竞息矣。'"

七月

削熊文灿官，寻下狱论死。命杨嗣昌督师讨贼。《明鉴纲目》卷八："纲：秋七月，削熊文灿官，命杨嗣昌督师讨贼。目：帝闻谷城之变，大惊，削熊文灿官，以军中不可无帅，令戴罪视事。及闻左良玉败，益怒，遂命嗣昌往代。逮文灿下狱论死。（明年十月弃市。）嗣昌既受代，乃大誓师，左良玉、陈洪范等毕会。嗣昌以良玉有大将之才，其兵亦可用，请拜良玉平贼将军，报可。良玉既佩将军印，志寖骄，遣使以书谢嗣昌，嗣昌不悦。"

八月

　　《奏雅世业》收有来集之己卯科乡试判数篇。《荒芜田地》判："不艺禾菽，既树桑麻，天地莫非王土；倘加卤莽，必报蔑裂，一民或受其饥。故田家卜水旱于蝗声，而牧人占歉丰于鱼梦。今某高卧陇上之阴，习懒长林之下。共说西郊之禾欲熟，乃亦有秋乎；独言南山之豆成箕，人生行乐耳。定知象耕鸟耘，凄迷晓雨；行见兔葵燕麦，荡摇秋风。诸不在四民之业者有诛，岂不辨五土之宜者勿罪？"《申索军需》判："执殳而为虎士，长征而无家室之欢；拥甲以卧龙沙，远道而有饥渴之苦。故吴士有乞粮之叹，而楚军矜挟纩之温。今某计切肥家，情深盗国。岂有爱钱之武夫，尚不惜死？罔念翳桑之饿士，感及壶浆。意神算将矜其唱筹，抑秘计顿行于减灶。利昏其心，积丝毫而至巨万，是可忍也；威克厥爱，罪一人以服众人，曷可赦乎！"《服舍逾式》判："聚鹬之冠，之子不称其服；飞翚之栋，丈夫何以家为？故缊袍不耻，入圣域而已优；而湫隘自甘，显君名而不逼。今某衣藻而拟山龙，厦成而贺燕雀。若曰吾爱之而勿吾夺也，岂知极盛矣而难为上乎？灼于中必文于外，谁赓勿曳勿娄之诗；歌于斯复哭于斯，罔念善颂善祷之语。终朝三褫，是为当罪，付之一炬，岂曰过苛。"《封赏印信》判："结绳不可以治今，鸟篆龙文之是作；质剂正宜于从古，虎符龟纽之俱威。倘南山之具瞻不严，则北门之锁钥靡固。今某罔念国灵所寄，不知天鉴斯存，彼则术既擅于阴阳，巧等如姬之窃；倘其急则投诸水火，几同汉帝之销。譬彼千金之玉，毁于椟中；总有五花之押，迷于纸上。苏武之节，似不如是，萧何之律，有以加之。"《堤防失时》判："百丈之坡而羊牧其上，是防之不峻也；千尺之堤而蚁穴其旁，何备之大疏乎！与其听国为壑，而民命杂于龙蛇，何如浚畎距川，而鲜食奏于鱼鳖。今某当局而袖手，不知《诗》戒其康之为何思；临事而灰心，宁念卦取诸豫之为何义。倘其秋霖乍涨，将土木偶之俱沉：空使百川灌河，望东海若而兴叹。《考工》所以作也，刑书宁勿铸乎？"

　　陈绍颜、陈参两举乡试。陈舜系《乱离见闻录》卷上："是年（崇祯十二年），大院陈绍颜、干塘陈参两中式。先是，县主王泰征（湖广人，乡试七名，连捷进士）礼遇士类，月课每赏。廪生萧元登秋奉调往省，不入闱场。后诸生录文呈阅，是科题'若臧武仲之知'四句。公方朝饭，阅元登作毕，再阅参两作。后阅绍颜作，至'前帝尧而后帝舜，君则武而相则周'四句，以箸密圈。出见诸生曰：'绍颜文佳甚，落萧同考房必魁，他则否。异日揭榜，五名处，不必看也。参两文房房俱中，但散榜耳。元登平日文字好，今姜荼如是，恐明经尚难必，矧科第乎？'后绍颜卷果落萧房，荐之主考，阅'前帝尧而后帝舜'四句，欲涂之，萧以手按卷，请曰：'大人再想。'如是数次。主考曰：'吾固不解。'萧曰：'此正古之成人者。'主考颔之，取第四，魁《易》卷。参两亦《易》房中三十七名。元登不数年未贡卒。人咸服王精鉴云。"

　　诛元氏知县刘业燦。业燦乐安人，崇祯丁丑进士。城陷通款。籍其家，父兄编管二千里，妻女入官为奴。（据《国榷》卷九十七）

故庶吉士郑鄤磔于市。初，法司拟辟。上怒其渎伦，命加等。鄤武进人，天启壬戌进士。选庶吉士。未久，直谏声满宇内。以淫悖败。（据《国榷》卷九十七）

秋

陈贞慧、吴应箕等在南京结国门广业社。黄宗羲《陈定生先生墓志铭》："崇祯己卯，金陵解试，先生、次尾举国门广业之社，大略《留都防乱揭》中人也。昆山张尔公、归德侯朝宗、宛上梅朗三、芜湖沈昆铜、如皋冒辟疆及余数人，无日不连舆接席，酒酣耳热，多咀嚼大铖以为笑乐。"

十一月

方以智、吴应箕等复社同仁集于南京，请有司刊行张自烈《删定四书大全》。钱禧时文为时所重。张自烈《芑山文集》卷三《旅记·四》："（己卯）十一月朔日，四方同学杨廷枢、刘城、吴应箕、陈梁、方以智、周岐、孙临、余垣、余维枢、钱禧、方其义，凡三百四十人，合辞白国子何公楷、周公凤翔，请以予《删定四书大全》咨部，檄江右学使者镂版袁州。"梁章钜《制义丛话》卷七："孟瓶庵师曰：前辈言钱吉士禧临大节而不可夺文专为张江陵而作。当时神宗不念顾命之勋，而剥其裔，反其政，国势大坏，疆圉日棘，故吉士借此题痛切言之，云：'一人之权，一国之所眈眈也，慷慨任事而以为树功，婉转用几而以为避谤，一人揽其权而人人揣一用权之路，于是有小臣者，无端而痛哭，无端而太息，思夺其顾命之权，而若臣不顾也。彼不以为揽权之日，而以为临大节之日，其精诚且不必吁先君，而宁夺于旁观之弹射。一人之意，一国之所惴惴也，政在图新而以为纷更，人惟求旧而以为朋党，一人行其意而人人据一用意之私，于是有大臣者，忽焉而中忌，忽焉而旁挠，思阻其行权之意，而若臣不顾也。彼不以为行意之时，而以为临大节之时，其斡旋亦不必傍成格，而宁夺于同列之调停。'按：其时有作江陵诗者曰：'门户尽时公论定，封疆危日相才难。'持平之论，当与此文参观，所谓知人论世也，不然且不知是题何以作是语矣。""钱吉士曰：有作'君子胡不慥慥尔'篇，中比用'尔'字煞尾，以为文章神韵全在中比押字，此陋识也。圣贤之言摘为题目，不过欲使学者究心义理耳，故题止一句，文衍八股，取其能发圣贤之意，非欲其摩拟字句也，若徒泥字句，则八股何为者耶？果如所言，则题止一'尔'字，中股何用两'尔'字乎？况'尔'字之下又有后股、束股，是亦不可以已乎？如丁未'君子之仕也，行其义也'元魁文，中股亦用两'也'字煞，为主司所击节，选家所大赏。今试阅之，文中两'也'字与题中两'也'字果相合否？倡此言者，似是而非，又不幸袭之而效，误人久矣。不知文贵明理，理既明，则于圣贤语气自无不合，倘必之还之、乎还乎、者也还者也，彼题之无虚字结尾者，又将用何字贴合哉？"

熊文举之父论戍。《国榷》卷九十七："（崇祯十二年十一月）戊午，先是仙居知县过周谋，以薛国观所举士，托同乡吏部员外郎熊文举馈五百金，营转礼曹，手书隐语'五百年名世'，为东厂所缉。国观奏辨，委其事于文举。时文举主试未至，刑部鞫其父应之，论戍。文举官如故。”

前庶吉士张居请行铜钞，从之。（据《国榷》卷九十七）

杨汝成为南京国子祭酒。（据《国榷》卷九十七）

本年

李御史设立粤东科举文会约。康熙《平远县志》卷二《文会田纪略》："崇祯十二年己卯，李御史设立文会。谓粤东文献之邦，士子家弦户诵，以文会友，务集思广益。但贫士苦于醵金，粗泽之资维艰，殊非广励之意。本院观风兹土，兴起斯文，与有责焉。合行府、州、县印官，各捐赎锾，设立科举文会约，上庠肆百，中庠叁百，下庠贰百为式。每庠择一二富厚谨饬诸生收掌轮，故每岁量收息贰分，凡课生会课卷纸饮食之费取诸此。每月二课，教官与诸生操觚对作，以文会呈学道，或郡邑守令，以定诸生等第云云。本年春，何督学三省牌行各郡。时邑令胡有英集绅士鼓议，本邑讼简锾希，无从捐措。但上台锐意作人，相应遵行，自出俸金贰拾两，余则分派在城与十五乡，各出银壹拾贰两，凑二百金，令各处诸生立虚券领之。如遇会课，随数取办应急。议定申文，上台谓：'绅士如檄捐轮，崇文盛典，郁然兴起。但平远僻在万山，道里旷阔，会文难以同堂。请照十六处各设会所，着该处诸生德行殷实二人，领银壹拾贰两，吐息供费。'诸生已有领，本县已立案。越明年，学宪牌行各郡，奉巡按批驳，文会捐金属之虚券，殊难经久，着尽行置产。时司谢长文牒呈署县陈燕翼、新令王聘臣，核实前银，置田若干，征租若干，著于籍。此文会田之始末也。……按：文会田先经巡抚李公檄府、州、县，各捐赎锾置产，为诸生每月二次课文之费。平邑以讼简锾希无从捐，令各乡诸生醵金贰百两，凑置文会田。此上台作兴造士，崇文盛典也。而后乃以课文为迂阔，岁征租税则有之，而操觚对作之令竟束高阁，讵上台作人意耶？"

侯方域、贾开宗创雪苑社，与社者吴伯裔、吴伯胤、徐作霖、刘伯愚。（据侯方域《壮悔堂集》卷五《徐作霖张渭传》）

海宁查继佐合观社、晓社为旦社。沈起《查东山先生年谱》："己卯，先生三十九岁。海昌诸君子稍稍有异同。在邑则范文白、朱近修选观社，龙山则徐邈思、沈闻大亦有晓社之选。先生自吴门归，欲平意见，乃合诸公之文而归于一，名旦社，而两社之刻遂止。"

陈继儒（1558—1639）卒。（据台湾中央图书馆编《明人传记资料索引》）《明史·隐逸传》："陈继儒，字仲醇，松江华亭人。幼颖异，能文章，同郡徐阶特器重之。长为诸生，与董其昌齐名。太仓王锡爵招与子衡读书支硎山。王世贞亦雅重继儒，三吴名下士争欲得为师友。继儒通明高迈，年甫二十九，取儒衣冠焚弃之。隐居昆山之阳，构庙祀二陆，草堂数椽，焚香晏坐，意豁如也。时锡山顾宪成讲学东林，招之，谢弗往。亲亡，葬神山麓，遂筑室东畲山，杜门著述，有终焉之志。工诗善文，短翰小词，皆极风致，兼能绘事。又博闻强识，经史诸子、术伎稗官与二氏家言，靡不较核。或刺取琐言僻事，铨次成书，远近竞相购写。征请诗文者无虚日。性喜奖掖士类，屡常满户外，片言酬应，莫不当意去。暇则与黄冠老衲穷峰泖之胜，吟啸忘返，足迹罕入城市。其昌为筑来仲楼招之至。黄道周疏称'志尚高洁，博学多通，不如继儒'，其推重如此。侍郎沈演及御史、给事中诸朝贵，先后论荐，谓继儒道高齿茂，宜如聘吴与弼故事。屡奉诏征用，皆以疾辞。卒年八十二，自为遗令，纤细毕具。"

郝敬（1558—1639）卒。《明史》郝敬传："郝敬，字仲舆。……敬幼称神童，性趹弛，尝杀人系狱。维桢，其父执也，援出之，馆于家。始折节读书，举万历十七年进士。历知缙云、永嘉二县，并有能声。征授礼科给事中，乞假归养。久之，补户科，数有所论奏。……贪污不检，物论皆不予，遂投劾归，杜门著书。崇祯十二年卒。"黄宗羲《明儒学案》卷五十五："郝敬字仲舆，号楚望，楚之京山人。万历乙丑进士。知缙云县，调永嘉，入为礼科给事中，改户科。……不为要人所喜，考下下，再降。遂挂冠而归，筑园著书，不通宾客。《五经》之外，《仪礼》、《周礼》、《论》、《孟》各著为解，疏通证明，一洗训诂之气。明代穷经之士，先生实为巨擘。……先生之学，以下学上达为的，行之而后著，习矣而后察，真能行习，未有不著察者也。……然按先生之下学，即先生所言之格物也，而先生于格物之前，又有一段知止工夫，亦只在念头上，未著于事为，此处如何下学？不得不谓之支离矣！"

明思宗崇祯十三年庚辰（公元 1640 年）

闰正月

翰林院侍读学士陈演为礼部右侍郎，署詹事府事。（据《国榷》卷九十七）

二月

少保兼太子太保吏部尚书武英殿大学士薛国观、蔡国用主礼闱。录取杨琼芳等三百人。（据《国榷》卷九十七）

江西宗贡朱统钦以五经试义求破格，不许。（据《国榷》卷九十七）

丁丑，令会试贡士，先廷对日校射。（据《崇祯实录》卷十三）《国榷》卷九十七："（崇祯十三年二月）丁丑，令会试贡士，先廷对日校射。"

《奏雅世业》收有来集之庚辰会墨《圣人之德无以加于孝论》。来集之《圣人之德无以加于孝论》："有可以致于一身而推于天下，作则于一时而垂宪于无穷者，则以为圣人之德之最尊且美者矣。其实孩依孺抱，得展其诚，无难尽之心，蔬衣布裳，得修其养，无难备之物。庶人而耕田服贾，洗典羞荐，卿大夫而勇战敬官，鼎牲禄奉，皆足以明其分之无逃，而意之无已，亦无难完之职业也。然必聪明间出，乃擅尽美之称。神哲挺生，始归无间之号。则是人人可到，而人人未之能到，人人可以无憾，而人人未必能无憾者，不得不推而高之以属于圣人，何也？天下之事，君子皆可行其才，转恐性分之间，多才靡用；天下之物，儒者皆得将其文，更疑一气之合，文过则伤。观夫于田之涕泪，鹿豕与游，致勤四岳之荐；世子之问寝，鸡鸣而兴，遂感三龄之梦。积石之功，与河雒俱远，而夏贡虽繁，祗以消黄熊之恨；升阼之业，见长发之祥，而《商颂》有作，仅以扬虮降之芳。岂非圣人之德，竖之而天地，横之而四海，幽之而鬼神，显之而民物，莫不均以孝感通之而立之极哉！鸟之有乌也，养老之义所以起也，鸾凤不得矜以彩矣；兽之有羔也，曲踞之礼所繇出也，彪虎不得傲以气矣。乔梓之木，彼何情兮，而自深其俯仰；葛藟之蔓，亦何力也，而能庇其本根。圣人因乎自然，而功莫与并，道莫与隆。血肉体发，非以自爱也，念及所以从来者，而登高临深之惧，不啻渊冰；昆虫喙息，非以自私也，念及所以光被者，而剖胎杀妖之伤，凛于临汝。彼从于匪彝，即于慆淫之众，可无容悯恻矣，若曰此先王所养之黎庶也，而草菅之，奚其忍？贡于九州，赋于万方之财，可无容吝啬矣，若曰此先王所摶节之物力也，而泥沙之，奚其忍？于是麟凤龟龙，四灵协也，郊祀烝尝，天神格也。制礼作乐，致其中和，传之无斁也。象鞮译寄，服其德威，被之无外也。道无隆污，自叔末追于上古；物有本末，繇天子达于庶人。噫，至矣！蔑以加矣！而吾切有感于春秋之际也，城颍置而黄泉誓，徒深尔有母遗之唏。瘄生之残也，既不爱其弟，胡以有其亲？艾猳歌而阳速进，酿成子弄父兵之惨。蒯瞆之忍也，已有不可言于其亲，而后子亦无所不可加于其父：二子乘泛泛之舟，益播新台之秽，四矢美射候之鹄，愈兴敝笱之惭。申生之畏谗也，死非其正矣，而犹谥之以'恭'，念不忘乎父也。许止之不慎药也，身既能死矣，而犹加之以弑，志不存乎亲也。此夫子之所以志在《春秋》，而行在《孝经》乎！《孝经》之义，盖乎《春秋》之先矣，故著之者麟吐其篆，赞之者乌萃其冠。诵之而逆贼有退销之气，讲之而羽林有效听之诚，天经地义，夫亦可以不朽矣！"房座师李筠圃先生评："元气磅礴，炳蔚之光，昭回云汉。"房座师孙硕肤先生评："义蕴无穷，发言不匮，弘通广肆之文。"

　　《奏雅世业》收有来集之庚辰会墨《策理财》。来集之《策理财》："一家之财，供一家之费；一国之财，供一国之费。瓮牖绳枢之子，计量耕织，权衡珠桂，足以免妇子于啼寒号饥，况乎奄有天下之大，八荒在闼，四野为藩，而旦给暮困，襟促肘露，何以昭示无穷，震惊有截哉！古今理财之法，莫详于《周礼》，亦莫善于《周礼》，然大都以人与财参辅而得也。顾有天地自然之财，有人物资生之财。天地自然之财，有饶有乏，人物资生之财，有消有息。何为天地自然之财？山之至顽，而或以出金，或以出铜，海之至幻，而渔鱼于此，煮盐于此。蚕吐丝以自固耳，而人资之以为文，蜂酿蜜以自甘耳，而人取之以成味。何为人物资生之财？女红不脱于机，而后适市有衣锦之子，荷锄不停于野，而后登庚有大有之书，贸有以通无，而后荆之玉可饰燕姬之鬓，酌彼以济此，而后淮之珠可作冀庭之供。何为自然之财有饶有乏？望舒满而珠圆，冷风至而谷实。美其花者不必甘其果，予其角者或至缺其齿。故周之盛也，其球以遍于万国，其既衰也，金车或求于诸侯。何为资生之财有消有息？饱暖之生侈淫，侈淫之生空乏，俭啬之生操作，操作之生富强。夷羊在牧之郊，一日而蒙大赉；驺虞在野之盛，忽时而忧孑遗。故礼乐者干戈之终，而黍稷者荆棘之始，审于此而理财之术亦思过半矣。从来经国不讳言财，禹之不忘乎终也，而山亦名于会计，周之不忘乎始也，而范遂陈于食货，乃汉、唐、宋以来，得失互异。至我二祖所画一之天下，详略损益，亦既善读《周官》矣，乃迄今而忧不给，何与？吾观理财之法，黄帝、尧、舜取诸天，故修水火之政；夏、商、周取诸地，故急田畴之事。至汉取诸商行榷税之法，宋取诸农行青苗之法，皆取诸人矣。取诸天者，人得而因之，取诸地者，人得而成之，取诸人者，大地不得而生息休养之。则凡今搜括裁节诸事，其名有甚巧甚美，而一时不可以奉行，亦势会之相因也。然则生财信莫大于用人哉？孔明之志管仲，其趋似下，而以之兴蜀而有余；王荆公之志《周礼》，其术似正，而以之倾宋而不救。故以实心行之而漏穴俱塞，以平心调之而百废具举。以国家之财，经国家之费，神而明之，裕如也，无袭《周礼》之名，而昧《周礼》之实哉！"房座师李筠圃先生评："借箸以筹，有裨国计。"房座师孙硕肤先生评："取诸天，取诸地，取诸人，立论奇而确，读此便有世运污隆之感。"

《奏雅世业》收有来集之庚辰会墨《策人才》。来集之《策人才》："才之生也不数矣，古之人有恨不同时之叹，有相见何晚之叹。然汉武之于相如，未见则羡慕之，见则终沈于下位；汉文之于贾生，与言则神往之，退则复锢于远方。繇是言之，才非生之难，而知之难，非知之难，而用之难也。今天下需才急矣，鹰眼未化，鸮音未怀，则思方叔、召虎之才；青草在野，悬磬在室，则思太公、管仲之才。内外相蒙而群靡莫砥，东西见告而众剧莫割，则思德兼孝友，如《诗》所称张仲，业兼将相，如史所称裴度之才。才无所不乏，则亦无所不需，而区区张一目之网，谓足以盖于弥天，而使上无漏鸿，下无隐鳞也，不待智者而已知其非矣。然而科目一途，自高皇帝以迄于今，奉行不废，虽有变通英略之臣，无改张易弦于其际者，何也？曰：亦惟其公而已。尧以天下举人而天下治者，公之也；禹以天下与子而天下亦治者，公之也。科举之法，糊名易书，遴才者与献才者，俱漠然相遭于不可意计之中，则在上者当力之既竭，而藉手以告无怨，在下者知命之不犹，而甘心以处空谷。推此心也，而在上者虚则生明，慎则生敬，在下者怨而不怒，困而不伤，天下即相安于无事，长享于不败可已。故自熙朝明盛，而中间繇科目而起者，如王文成、于忠肃、王威宁、刘忠宣诸人，皆履险出奇，刬繁定断，足生青史之色。今日者，特以羽书旁午，帑藏内虚，因时之难措手，而转思才之别有奇，遂欲立法以济科目之穷，乃呈身识面之余，情私易徇，抑名浮而实短，始是而终移。如保举者，仍之不可意计与科目等，而反多其情私。何如以科目之不可穷者，行于可穷之中，而更进而求之，则变通之术已寓乎？诸葛武侯《出师》一表，而王佐之才恳恳矣，司马温公《通鉴》一书，而相业之大班班矣。天下固有言之而未必能行之之言，亦有言之而即能行之之人。秉鉴者平心静气以求焉，而真伪莫遁，虽未见其人也，因言而测行，未必非保举也。且士一登仕路，而巡方扬历者之纠察于外，持铨执宪者之权量于内，兵刑钱谷，若何其可专；清直忠亮，若何其勿负也。已见其人矣，因先而信后，未必非保举也。嗟乎！士盖有必可见，亦有必不可见。锥处囊中，其末立露，此可见者也；良玉在璞，有美未彰，此不可见者也。以其可见，求其不可见，不以其不可见，乱其所可见，虽尧、舜知人之法，何多让焉。"房座师孙硕肤先生评："文情疏宕，爽吻如风，当为长公得意笔。"

《奏雅世业》收有来集之庚辰会墨《策士习文体》。来集之《策士习文体》："今夫天下之人，皆可为圣贤之言，则亦皆可为圣贤之人。为圣贤之言而弗能为圣贤之人，则自欺之过也。欲为圣贤之人，而弗能为圣贤之言，则亦欺人之过也。圣贤之言不可闻，读《六经》之书而闻之，圣贤之人不可见，读《六经》之书而见之。天下之文皆尚奇，而《六经》尚平，天下之文仅能为平，而《六经》尤能为奇。《易》之履虎载鬼，其意奇而其言亦奇。《诗》之鳦鸟生民，其语奇而其事亦奇。《周礼》亡《冬官》以存疑，然奇与疑矣，故考功补之，而无句不奇。《春秋》之记夏五以存信，然奇与信矣，故三《传》合之而无章不奇。然而聱牙之句，大理斯彰，怨哀之词，至性弥出，《六经》之文所以不见奇而只见正也。韩、柳分之以为碑碣，而碑碣传于来兹，欧、苏分之以为制策，而制策高于后学。方今之文益胜，而为士者将有不可知。杨花柳叶之词，传于士女；巴猿陇水之曲，矜于管弦。笔之兴酣，则使灌夫之酒而骂坐；墨之途穷，乃惜大阮之恸而回车。杂货利于学术，杀身而及其子孙；逞诡异于伦纲，生心而害于政事。宜执事有士习文体之忧，而思有以正之也。愚生伏处草茅，沐二祖列宗之泽，以诵法孔、孟，有慨于中久矣。然所为士习者，既就习之一字而可以正之也。所为文体者，既就体之一字而可以正之也。川谷异势，南北殊音。宋冠无当于越发，齐傅难移于楚咻。斯朝歌之地，闻其名而不入；素丝之染，考其终而深悲。今诚使坊肆之中，不列非圣之书；荐绅先生，共服先民之学。士即欲不正，其如习之已正何？肩高于项，则奚以高视而望远？尻以代踵，则不可安步而徐行。舍粟帛而谈神鬼，是废耳目而用梦寐也；弃忠孝而传怪力，是去饮食而争山海也。今诚使考声于钟鼓者，不杂兜离之乐；绘彩于日月者，共懋龙虎之文。而文即有不正，其如体之已正何？今者悬《孝经》以返《六经》之始，颁《小学》以端《六经》之终。天下之士，将学海而不阻于潢流，为山而不阻于九仞。菁菁者莪，愚生载赓以观作人之盛。"房座师李筜圃先生评："洞悉文习病根，可为今时针砭。"房座师孙硕肤先生评："《六经》尚平而能为奇，奇论亦正论也。折衷群言，自抒心得，文章关乎世运，得此而卜中天矣。"

《奏雅世业》收有来集之庚辰会墨《策漕运》。来集之《策漕运》："国家奠鼎北平，势不得不仰粟于漕；仰粟于漕，势不得不倚漕于河。则河流之通塞难易，亦有心当世之士，所能心计之而口陈之者也。彼后世之言贡赋者，本于禹，而禹之取于外州者，凡器物财币之小者耳，而菽粟不与，故无甚重难举之事。即如梁之因桓是来，浮潜逾沔，历水陆陆水之苦而不以为劳；荆之江沱潜汉，逾雒入河，经四水二渎之多而不以为远。今之漕粟动逾四百万石，而所推挽而来者，无不出数千里之外，则梗塞之忧不能尽杜，而疏导之事所宜急讲矣。河之源不可得考，而河身之在中国者潏决无时，以尧之德而九载勿绩，以殷之盛而五迁厥邦。汉之治河，以防冲决，去其害而不求其利也。宋主治河，以堑敌寇，资以守而不资以养也。我国家则异于是，且腹心恃之，而咽喉系之。比者轻骑入内，而焚掠之祸，几有脱巾之虞。深计者遂持海运兼济之说。夫海之利于河者有数端，而其艰于河者亦有数端。详考之而筑舍之谋，可定画一之议矣。海之利于河者曰：深流无底，而无烦浚导之功，森渺靡崖，而不恃坊筑之力，且水积甚厚，而负舟有力，则一舟兼数舟之用。海道渐熟而制御有方，则防漕即防海之端。至于驱民试不测之渊，则寄民命于海若，运粟于风涛之险，则委物力于波臣。况夫黄雀之风动地，黑蜃之气成云，则中流有失楫之虞，不若河之两岸徐行，缆索可施也。鲸鳄之啸聚靡常，舻艒之飘流靡定，则侵暴有相加之势，不若河之数里烟炊，村落可倚也，则夫海之利于河，与艰于河者，殆相半焉。夫人臣之事君也，于其从容无事之日，必择其有利无害者，方慨然行之。于其纷纭多事之日，则酌其利多害少者，亦断然行之。何则？势有所不能待，情有所不得已耳。故夫开胶、莱，则用海而仍去海之害；引众流，则用胶、莱而仍得胶、莱之利。始而惊之，渐而熟之，久而便之，天下事类如此也。安在非常之原，不可身任也哉！矧于海运者，终胜国行之而不以为艰，即我国初举行之而几见其利。彼夫平江之伯，舳舻之侯，可按其名而修其旧也，何独于今日而疑之？”房座师李筠圃先生评：“事核而言练。”房座师孙硕肤先生评：“指筹海运，具有担当，似子可借前箸。”

《奏雅世业》收有来集之庚辰会墨《策战守》。来集之《策战守》："今天下苦边祸者二十余年，苦寇祸亦十余年矣。主忧则臣辱，是诸臣致命之年，恶稔则罪盈，乃丑逆灭亡之日。以天下之大，四海之广，岂无抱四郊多垒之惭，而奋长缨系颈之思者？乃边筎日鸣于塞下，不闻出军之捷；流烽肆毒于中原，谁为在泮之献？国家之金钱固足惜，而民命之所关亦非细也。揆其繇来，寇之祸因边而起，半则阵逃之匿卒，半则饥荒之余魂也。而边之祸因寇而甚，溃于中者难支，突于外者益不逞也。考其标本，定其缓急，以为惩挞之先后，则寇在所当先而后可以议边，寇必驱殄之无一人为寇而后已。边则御之塞外，勿使侵边而政治可得而隆已。盖天之生民，原有南北之限，而圣人治国，恒有外惧之释。故是二者，御寇莫如剿，而剿有后图，非抚无以善吾剿。御边莫如守，而守有先着，非战无以善吾守。方寇之始起，以为饥寒之甚，且旦夕死耳，畏饥寒因以不畏官府，不畏官府因以不畏王法，群然称戈而起，然不能用之以其所畏，亦当通之以其所爱。吾观流寇之流滋也，爱财货则必爱桑麻矣，爱子女则必爱妻孥矣。使其弥首之后，而即有田园之乐，家室之安，则亦何所锢而不投戈脱剑而起哉！以吾之民而为吾之寇，其罪不可恕也，为吾之寇而即吾之民，其情大可怜也。今既厚集其师，而天子之元老，且亲执橐鞬，以壮三军之气色。穴中之蚁，难稽钺诛，而平淮之碑，以次颂作。顾何以分渠魁胁从之治，而玉石无容混也，何以授闲田旷土之居，而良杂不相惊也。以良相兼上将之功，仍以良牧收胜将之局，而雀符之泽，不歌我黍哉！若筹边则异于是，太祖电扫中原，文皇复三临绝域，居则奠辰而北，战则望斗而南，以成此久安长治，至今日而成涓涓之江河也。禁关门，修堡堞，曰守矣，而岂所以守哉？兴坂筑之役以峻其城垒，行搜田之令以简其军实，扬兵于九天之上，制胜于千里之中。戎容暨暨，用宣武威，天阵堂堂，大张挞伐。或坚壁以挫吴楚，称十全之师；或雪夜而袭淮蔡，作一鼓之气。此非愚生私言也，渡泸征蛮，抚以善剿，出祁伐魏，战以善守，古之人有行之者。"房座师李筠圃先生评："剀切明备，有原有委。"房座师孙硕肤先生评："真切洞达，非纸上谈兵者。"

《奏雅世业》收有来集之庚辰会墨《拟上谕兵部将钦定修练储备四事刊书颁布省直文武等官务共图实遵依限报竣昭朝廷保民至意群臣谢表》。谢表全文如下："伏以天子有道在乎守，敌不知其所攻，仁者无敌图乎先，屈人兵而非战。严霜戒而誓师，官莫专于司马；阴雨未而彻土，民尚集其哀鸿。保民至与保赤同心，文事遂与武事具举。捧书则莫赞一字，受命而不胜三思。臣等诚惶诚恐、稽首顿首上言。窃惟五材之用，谁能去兵？四友之称，予有御侮。鲁人三郊三遂而士奋谷敲，则刍茭锋刃之毕豫，公刘乃积乃仓而人张弓矢，亦泉原版筑之俱新。故师为黄帝所起，即教战可也，乃城防于方命圮族之鲧，何为亦传其法而不遗？食者后稷之种，即积储宜矣，乃兵销于放牛归马之周，胡不竟藏其器而不示？昔秦筑长城，而戍卒聚怨于函谷，岂其先小戎驷铁，袍泽之训未精？洎隋侈蓄穰，而新李生花于洛阳，意其时开河渡辽，甲胄之锋俱钝。是以城杞而役及绛县之老，练卒而斩及吴宫之姬，何其烈也，必有以也。公孙或乞粮而呼庚，公徒或执冰而释甲，啜其泣矣，何嗟及矣。盖城恶众溃，池上之巫臣深姬姜代匮之忧，而矢尽粮绝，塞上之李陵有妇人不扬之气。未有饥渴壶飧，民心坚于兕革；山河表里，众志壮于藩屏，足示来兹，勒为定典，如今日者也。兹盖伏遇皇帝陛下，德不在险，惠而安民。尧之容覆，兼舜之举才放凶。文岸之惠鲜有，武之咸刘敌忾。四海皆吾一家，则牖户惧其侮我；百年不可忘战，则干戈亦以生人。笳声隐于雉堞，谁厉熊黑当道之威；战具包于虎皮，孰分鹦鹉啄余之粒。读七月流火之诗，即六月出师之诗之所自始；考十年教训之道，即十年生聚之道之所自终。特殚宸谟，爰勤睿虑。谓跖犬既可吠尧，可无设险养兵之策，况戎鸮尚未集泮，能无务农重谷之谋？往屈玉趾而亲临百堵，筑斯凿斯，辨风尘之色而见天地之心；兹涣王言而别为四章，一哉大哉，经云雷之屯而通山泽之气。城非不高也，粟非不多也，兵非不利也，委而去之，吾甚恐；民未知信与？民未知礼与？民未知义与？入而教之，此其时。人人可守，则在野有干城之兔罝，念念皆兵，则临阵无惊人之鹤唳。闻之匹夫成城矣，而练兵又不如练气之为大；以为师行粮食乎，而备敌又不如备器之为先。威行无外，念念不忘乎白碛黄砂；吉在师中，下不遗于神州赤县。梨枣之字初传，鱼鳞列而奋虎符之用；桑麻之乐竟野，鸡犬安而靡鲸突之忧。臣等智仅守瓶，才同窥牖。闻鼓鼙而思，未能效说《礼》、《乐》而敦《诗》、《书》之郤縠，请长缨而出，何尝学盛粻粮而修器备之智罃。聆申宁之天语，总先庚先甲之芸规，诵纂辑之全书，矢后食后乐之大节。且之告成曰克诘，毕之告康曰张皇，则不讳兵而兵渐消为日月凤麟之彩；系颐之卦曰养民，系师之卦曰畜众，则能爱民而民可用于云风蛇鸟之中。敢不成之于勿亟子来，藏之于有备无患？讨军实而儆，惟民艰之陈。虽隋、陆无武，绛、灌无文，世乏兼才；而文不爱钱，武不惜死，修惟一德。伏愿安愈求安，大而益大。因兵而念农，则河上不逍遥，而田间多耕耰；因城而议守，则百仞无逾越，而百室有康宁。庶左姬公，右君奭，而吏饕帅债之俱清；前方叔，后召虎，而民阜兵雄之可倚矣。臣等无任瞻天仰圣、激切屏营之至，谨奉表称谢以闻。"房师李筠圃先生评："藏经济于骈偶之中。"房师孙硕肤先生评："壮丽恢宏，编连彩致，然皆比切时事，抒独得以为言，可与鲍、谢诸家更盛迭贵矣。"

《奏雅世业》收有来集之庚辰会墨《越城判》。《越城判》："鳌弧先登，许祀几乎遂覆；纺缁以度，纪妇所以摅冤。故秦关莫塞于泥丸，得称百二；而先王特严于击柝，以守重门。今某似鸟道之可登，因鸡鸣而潜渡。其自下而上者，比雕隼能飞，恐云中无搏射之手；其自外而人者，倘鹜鹅声乱，疑雪夜有淮蔡之虞。游侠之民，夸尔剑术，昧暗之事，服我刑书。"

《奏雅世业》收有来集之庚辰会墨《祭享判》。《祭享判》："郑庄请释泰山，即为弃亲；楚昭弗祭大河，得称知道。故淫祀之举无福，而有道之鬼不灵。今某神不通神，祀非所祀。不智者三，先惑于新鬼故鬼，作歌者九，莫辨其小巫大巫。为坛于南方，北面将启鸿渚之雷；乞灵于西母，东公空盼铜仙之露。有求于非类之歆，神其吐之乎？莫道于自作之孽，帝已命我矣。"

《奏雅世业》收有来集之庚辰会墨《钱法判》。《钱法判》："蚨青有翼，不逢风雨而能飞；鹅眼虽轻，每经日月而不改。令必可行，法以惩其非法；流而不息，钱之义取乎泉。今某五行生我，而金气锢其蓬心；三才贵人，而铜山不填贪壑。未疗寒儒之饥，莫如春色三分之榆叶；可染滑人之指，似碎夏金九鼎于杨花、以一日千日之律而诛之，于三尺五刑之法为平矣。"

《奏雅世业》收有来集之庚辰会墨《信牌判》。《信牌判》："千里不传声而传字，寄鸟篆于龟符；三军不畏将而畏权，问龙章于虎节。倘下上其手，幻暮四朝三之术；必中外生心，携合五聚六之情。今某笔有文而可舞，墨已泼而暗移。阴阳灭没，片楮不言，神鬼那移，三章莫定。弄五花如五朵之云，何其铄眼；借一家易一路之哭，是所甘心。"

《奏雅世业》收有来集之庚辰会墨《河防判》。《河防判》："一曲即长千里，惟河为雄；一溃何啻千金，莫水为患。故《禹贡》初成，尚未详星宿所出；而郦经有注，亦遂传银汉溯来。今某四时习懒，两岸垂危。倘秋水啮牛羊之野，畴乞命于江妃；或春霖挟鱼鳖而来，谁诉家于河伯？鲧殛殛乎汩陈，痛九载之弗绩；皋刑称为平允，亦三宥之弗加。"

会试外监场告示以杜嫌疑、免挨挤为要目。陈龙正《几亭全书》卷二十九《崇祯庚辰会试外监场告示（为陈云从道长具）》："本院奉命监试……所得司者，又不过二条：一曰为诸士杜嫌疑，二曰使诸士免挨挤。至于散题催卷，誊录较对，俱非本院事。

其文中简点各项，在诸士自用细心，非本院所能谆嘱也。今将职掌条约开后：一、严搜简以杜嫌疑。……今定每牌二十名，听唱名时，高声答应，即朱点准到，免其领签。每生用番皂二名，细细搜简，然后鱼贯徐行。若带片纸只字，定行题参如法。番役不许宽假体面，反使不肖生侥幸之心，贤士合败群之耻。如或暗受仇唆，陷害举子者，查出反坐。其诸生随身衣服，止许照常。况今适逢闰正，入闱之候，已近暮春，风日融和，春衣可试，不必过带毡裘。亦不许穿用浅色，并携挈大篮、纸封、食物等项。各务遵守，勿自贻悔。一、蚤启方门，严禁闲人，以免挨挤。士子三场，无不以挨挤为第一苦事。然所以致挤之故，在官在士，亦各有一端。方门固闭，士子之心，惟恐迟进，有误点名，竞相喧闹。愈挤愈闭，愈闭亦愈挤。今本院于未申时，即令大启方门，彻夜不闭，听士子自度应点时候，安心依序而进。则在上致挤之弊，已洞然彻去矣。惟是士子送考一项，或亲友，或僮仆，或班役，一人辄带数人，是自求挤也。今严为立约，三场每前一日，自第二层栅栏之内，俱不许闲杂一人擅进。但有犯者，重责枷号，至三场毕日释放。令在必行，誓不姑息。"

张自烈作《四书大全辩序》。张自烈《芑山文集》卷二《四书大全辩序》："今天下士学不适用，诸畔弃圣经，荡越古训，何其纷纷与？揆所自，读书不审去从，锢往说，溺文辞，去道滋远耳。《四书大全》，本朝文皇帝诏谕谆悉，务极精备，冀学者明理弼治，意甚盛哉。诸儒臣纂修，值国多故，鲜克覃思竭智，折衷大道，以故去取颇谬于圣人。学者弗察，辄无敢是正，曰以奉王制，以宗程、朱，墨守《大全》足矣。予究观其书，程、朱而外，横渠、安定、南轩暨龟山诸家，有足采者，它天台、温陵、仁山、玉溪、东阳，繁复者众。甚则抵牾经传，安得概取而傅会之？况《大全》阐绎传注，属辑自诸儒臣，非四子之书之莫可易也。其间义理无尽，俟后人赓续发明，非《祖训》、《大诰》、律令之无可议也。又况圣贤立言，以救时为急，不悖道为正，既不无异同。孟子愿学孔子，其论断子产、管仲与孔子异；朱子师事李延平，迨权衡格物致知，有时轻延平而轩程氏。至于程氏之说，疑而不足信者，朱子尤有所不取。夫程、朱一代大儒，程子生平论著，间尝自以为未当。朱子《集注》初本改本，更定至易箦，不能无憾。它书属程、朱门人问答、杂记类，皆失真而滋讹谬。由此推之，非断之以不易之理，未有不为往说文辞所惑者。然则学者以程、朱未定之论，与国初诸儒臣未精未备之书，从风以靡，罕所雠正，则是名为尊王，舍其匡救将顺之大者，而曲阿儒臣一隅之见，□宗程、朱，不能得其微言大义，而卒以乖乱孔、孟立言之旨，如是而欲其明道以适用，不亦难乎？予生也晚，窃有志于道，不幸不与程、朱同时，又不幸不亲见文贞、文敏诸人，与论定是非，助《大全》所未及。今也不得已，私有折衷，虽宋诸儒世所共宗，亦罔敢傅会，不知者且怪以为妄，可叹也已！然予犹幸遭今上圣明，讲学求治，匹休二祖，中外虽孔棘，孳孳论诚正，颁《孝经》，以风厉学官，惜夫诸大臣未有以厘正《大全》之说进者。夫《大全》，理学忠孝所自出，昧此则乱，明此则治。今士习其读，遗其意，或庸鄙而登膴仕，或佛老而窜圣经，其先皆始于不明是非，不深求《学》、《庸》、《语》、《孟》之义。当是时而靡然不为之辩，可乎哉？予不揣固陋，偕家仲、季，定著《四书大全辩》行世，盖将使天下知孔、孟、程、朱虽尝异同而同归于道如此，《大全》诸说之杂见诸儒臣编纂之疵漏如此，读《大全》不可不审去从如此，非敢谓论辩证据有功经传。学者苟推予辩，以求其常，庶知所取正，不为往说文辞所惑，虽以适用匡治无难，则道在是矣。故予惟惧辩之未详，辩之虽详而行弗逮，不能渐几于圣贤之道，是则可忧也。彼异己者之议，恶是恤哉！崇祯十三年仲春月既望。"张自烈《芑山文集》卷一《重定四书大全第一疏》："臣某为致治首明理学，黜邪先正人心，恳乞敕订《四书大全》，阐绎圣经，光昭祖制事。臣按《四书大全》，荷成祖特命纂修，功在万世；自坊本承讹，彼纂此删，与原本顿异。后学文辞失真，义理寝晦，悖孔、孟而崇佛老，弃忠孝而尚权奸，甚乖纂修初意。此世道人心之患，非独是书阙略而已。臣少遵祖父庭训，偕臣弟自熙、自勗讲贯是书，见坊本脱误，心甚痛之。因叹诸儒臣承命纂修，召集学徒，成书太速，各章小注，不可不加厘正。又永乐后名儒论议，宜择别增入。或诘臣曰：先儒说具在，何增定为？臣谓本朝洪武二十三年，诏征钱宰等正定《书传》，凡蔡氏得者存之，失者正之。又集诸说，足所未备，书成，赐名《书传会选》。今臣增修《大全》，盖推本太祖足《书传》之意，虽微分轩轾，不至离经叛圣，同罪可知。尤幸四方博学洽闻之士，览臣义例，不以臣言为非，见呈南京国子监咨部锓行。崇祯十四年，江西学臣侯峒曾据两直十三省以呈转详按臣徐养心请旨重订。学臣行文袁州，取臣《四书大全辩》写本到道，验实进御。臣以前此未经具题，写本先出，互相传钞，妄有去取，与臣初稿相背。即臣写本涂乙，义例虽明，伦次未定，故未赍送学臣。然又恐臣马齿日长，天下多故，不自卒业，坐视删纂纷纷，乱后世学术，臣学不终，臣罪滋甚，此臣所以终不能已于言也。伏乞特诏有司，许加较定，假臣编摩数月，于国家无少劳费，在是书粗有发明。书成缮写呈进，恭请皇上御制序文，赐名《四书大全辩》，颁布学校。庶学者知所取正，义理自著，经术徐兴，久安长治，实基于此，岂惟不负二祖建学兴教至意，天下晓然知皇上明理学、正人心，虽时方孔棘，不废讲求，播诸中外，收诸史册，尤足为万世圣子神孙法。臣虽寡昧，竭管窥万一，使坊本不终淆乱，亦可无罪于孔、孟、程、朱矣。它如臣所论定《程朱遗书语类》、《古今理学辩似录》、《史辩）、《大学衍义辩》、《历代名臣奏议辩》、《古诗文辩）、《宦寺贤奸录》、《先冢臣余懋衡古方略》等书，篇卷浩繁，剞劂有待，拟次第上进，仰取圣裁。至时政得失利弊，诸大臣所不能言、不及言者，臣居恒非无刍议，然身伏草野，就《大全》言《大全》，不敢越次而有条例也。所拟重定《四书大全序例》一卷、《辩略》十卷、《与友人论大全书》一卷，谨随本奉进以闻。臣无任悚切待命之至。"张自烈《芑山文集》卷一《进四书大全辩疏》："臣某为修辑圣经，恭请御序，以明正学，以佐时艰事。臣愚窃谓今天下事有似缓而实急，有似迂而实巨，莫如当干戈俶扰之日，宗法孔、孟，折衷众论，熄一时乱贼之邪说，而肇亿万年治平之丕基者也。历稽前代讲道右文之主，孜孜访名儒，购经籍，后世称之。自秦燔《诗》、《书》，汉兴遗书稍稍著，光武还洛，所载经牒秘书颇众。唐开元迄五代后唐，或募民献书，或镂版行世。迨宋太宗建崇文书院，后先搜补书籍特盛。我太祖安内攘外，首求遗书，既克婺州，命王显宗开郡学，延宋濂等为经师，又尝用御史袁凯议，敕台省聘儒士与诸将说书。永乐中，购书官四出，成祖又命儒臣编纂经书《性理大全》颁布学校。由是观之，书籍之在天下，犹天地之有日月，无日月则天道乖，无书籍则彝伦坠。古今治乱文武，皆不可废书。况宗社沦陷以来，馆阁卷帙，荡无复存，又况《四书大全》虽先儒覃力雠正，锓流日久，其间阿程、朱而叛孔、孟者为多。臣后先论《大全》书疏具在，人心世道，可为流涕。欣遇我皇上光宅函寓，什倍创垂，方近踵二祖阐道崇儒之盛，远驾汉、唐、宋而过之。臣伏读明诏，急求者三事，自求贤、闻过外，其一则在古书，又慎选督学以明传注，恪遵祖训以策多士，此皆天下万世斯文之幸。臣民宜服膺恐后，而臣偕臣弟自熙、自勋增定《四书大全辩》，奉崇祯、弘光两朝明旨颁行。今年春，臣及门饶州德兴县生员臣金城、臣余楷、太学生臣笪三开等，协心襄梓将竣，诸所辩正皆与祖训传注相发明，兢兢冀无负皇上急求古书至意，尤不可不急请御序表章，揭日月而行霄壤者也。昔陈公辅推究宋乱，独归罪王安石学术，李忠定锐图恢复，惓惓以变士风为急。其言曰：用兵与士风似不相及，实相表里，士风厚则议论正而是非明，赏罚当而人心服。然则今日购求书史、讲悉经传皆所以正士风，皆所以修政事，既不可视为阔迂无当。而《四书大全》，臣与臣弟借史学以翼经术，引程、朱以归孔、孟，辑宝训以示来兹，去近代拘儒曲学远甚。前任江西学臣侯峒曾、按臣徐养心、臣周灿、南京国子监祭酒今殉难周凤翔、臣师今辅臣姜曰广、臣友臣今督师杨廷麟，皆不谓臣谬，欲急取臣书进御，盖皆本四方绅衿心同理同之论。钦承国初二祖列宗降师儒颁学校之制，以上慰孔、孟在天之灵，仰副我皇上翼传明经求治之意，使后学知所折中而不敢违悖，非苟阿所好可知也。臣谨装潢如干卷，署曰《增定四书大全辩》，冒进经筵，伏乞皇上万几之暇详赐省览，宠锡御序，特诏礼部颁行，敕付史馆，将见二祖所未删辑，崇祯、弘光两朝所未锓布，赖皇上补其阙漏，集其大成。因访两朝储书之旧，增翰林典籍之员，自《四书》、《五经》外，讨求掌故，实见诸行，使古圣贤垂世立教之言，载道为治之具，灿然复明于世，学校幸甚，宗社幸甚。臣某不胜惶切，待命之至。”张自烈《芑山文集》卷一《复请颁行四书大全辩第二疏》："臣某为刍言可采，圣学宜明，复恳颁布《四书大全》，以佐储讲，以裨盛治事。臣窃见坊刻《大全》，讹谬日滋，谓宜厘正增定，推广成祖纂修初意。臣于本年某月日具疏，恭录旧所撰《序例》、《辩略》、《与友人论大全书》呈进，仰候圣裁。适阅邸抄，见江西按臣徐养心据南京国子监咨文，特疏具题，请颁行臣重定《四书大全辩》，随奉‘既系倡明理学，该部速覆’之旨，识者举手加额，谓理学丕振，人文蔚兴，起衰济溺，端在今日。不谓部覆延缓至今，臣不胜惶惧。虽然，臣言非迂谬无当也。臣自少迄壮，反复是书，多所发明，即臣生平不附流俗，不背经传，概见于此。臣先是窃从诸儒臣闻文华殿额曰：‘学二帝三王治天下大经大法。’因念祖宗朝治天下之道，莫不繇学，大经大法，莫著于《四书》，独士子割绶为文，冀幸进取，空习句读，罔裨实用，臣甚惜之。我皇上法祖勤治，讲求帝王大经大法甚悉，臣尝伏读明纶‘诚正功疏，治平罔效’等语，仰见皇上服膺圣经至意，然则《四书》为治平纲要明甚；士子宜覃力《四书》，求所为治平之道明甚；《四书》既治平所自出，不可不厘正增修又明甚。况今储讲方新，诸儒臣宜先明大经大法，宜先求诸《四书》。今《大全》舛讹者，不思厘正，阙漏者，不亟增补，理学不明，实效不著，皆由是始。非所以端治本，光祖制也。臣又伏念当日纂修《大全》，太祖未暇而有待于成祖，今增定《大全》，成祖、列宗未暇，而又有待于皇上。皇上如谓是书不必增定，则是太祖所未暇举，成祖不必创为纂修，成祖既可纂修，皇上岂难增定。盖法祖翼圣，世异道同，未可以字句增修，为悖祖、为叛经也。况增订雠正，臣身任之，既无筑舍道谋之嫌，兼省开局辟属之费。事苟合道，不行何待？臣前疏论列甚明，傥荷曲垂省览，慨赐施行，将《大全》一书，如日再旦，皇上阐绎圣经，光照前绪，岂惟学校攸赖，所裨助储讲，且亿万世无疆矣。伏惟圣明采择，臣不胜激切待命之至。"张自烈《芑山文集》卷一《回奏锓行四书五经大全辩疏》："臣某为遵旨锓行书籍、谬陈管见、仰候圣裁事。臣旧增定《四书大全辩》，崇祯十六年具疏恭请先帝御序，镌布学校，疏成未上。前任按臣徐养心特疏题请颁行。既奉先帝'倡明理学、该部速覆'之旨，前任学臣侯峒曾牌行袁州，酌议动支本县官银授梓。臣今四方多故，公帑告匮，不忍刻书扰民，事寝不行。十六年十二月，寇陷袁州，臣一门罹祸独惨，先人见背、仲弟沦谢，臣出入兵燹中，身被重创，仅存喘息，东西奔播。十七年正月，臣扶老母挈季弟流寓广信兴安县，旅魂少定，方卒业是书。未几，惊闻国变，日夕崩怚，不遑辑次。十七年十月内，臣阅邸抄，见按臣周灿据江西府属举、贡监生连名公呈，续题前事，奉旨：'《四书五经大全辩》每锓十部进览，钦此。'钦遵。臣亟图镂版装潢呈进。窃疑者按臣前后疏具在，皆专言《四书大全》，《五经》尚有待明旨。骤及《五经》，果《五经》、《四书》一时并锓乎？抑先《四书》，次《五经》乎？所锓者果孰助工价，孰董剞劂乎？臣仅能增定雠正，力不能自锓，果孰锓此《四书五经大全》，遽令进呈乎？本年四月内，管袁州府事臣廖文英，奉抚臣旷昭、按臣王孙蕃、学臣吴炳各衙门照会，专差星驰至兴安，督臣锓就进御。臣且惶且惧，盖缘篇卷浩繁，刻费莫措，未能功成不日。因念国初诸儒臣承命纂修，时方承平，费出内帑，今臣偕臣弟自助，是正诸家，补儒臣未逮，适当中原鼎沸，一切缮写刊较，或俟诸同学，或委诸梓人。蚤暮淹速，臣难逆睹，伏乞皇上展限暮年，俟书成捧进睿览，特诏礼部颁行。近以绍先帝未竟之志，远以昭二祖列宗崇文阐道之绪。则圣经粗明，承学攸赖，而臣亦不至延缓获戾矣。抑臣愚尤有进焉。王言纶绰，宜详且慎，按臣既专言《四书大全》，明旨宜曰增删《四书大全辩》着进览，《五经大全》并令增定颁行。如此，则部臣灼见次第，臣亦知所适从。若之何并《五经》、《四书》而遽锓之也。按臣止言《四书》，而明旨遽及《五经》，又不明示以锓行之故与进呈之期，臣愚不能无惑。况臣于《四书大全》，折衷群言，权衡史事，皆发明古圣贤帝王大经大法，私冀我皇上因文求实，稽古济时，或痛戒沉湎，或严抑权奸，或择辅弼而释党禁，或戒聚敛而汰冗费，或绥边靖患而光复土宇，或复仇雪耻而祗绍丕基。诸如此类，微寓讽劝，皆有裨初政之万一。皇上励精勤治，本之以清心寡欲，推之于设诚致行，孳孳与诸大臣求拨乱反治之道，中兴盛业，取诸《四书》、《五经》而裕，此臣区区弋获之见，为新朝涓埃之助，非特补辑训诂而已。惟皇上鉴臣之心，思臣之言，不以为阔迂而忽之，则学校幸甚，宗社幸甚。"

三月

以保举换授多夤贿，命今后赴部者并送国子监肄业考验，如例贡选除，其不堪罢之。（据《国榷》卷九十七）

丙申，策贡士杨琼芳等三百人于建极殿。（据《国榷》卷九十七）

魏藻德（1605—1614）、葛世振、高尔俨（？—1655）等进士及第、出身有差。李逊之《崇祯朝记事》卷三："（崇祯）十三年庚辰三月十五日，上御皇极殿策诸进士。上乘步辇降殿阶，从容周视，距诸生几案咫尺。上亲谕试策，谕礼部传胪展期。十九日传旨，召进士杨琼芳等至会极门，中使执名册，传呼某人等四十人至文华门外序立。上御殿，诸进士行一拜三叩头礼毕。上谕曰：'尔等前日所对的策，切实的固有，浮纵者亦多，特召尔等四十人来问报仇雪耻一事。尔等学问之功既久，时势之感又深，各将胸中所见明白奏来，如切实，可不拘常格用。'诸士承旨起，过东偏立，中使奉一黄绫函传御题十幅，即面谕每四人共阅。阅毕，以次跪报姓名对，上注听甚殷，执御笔书录数语，或有名注圈点者。分十班对毕，行礼出。二十日传胪，赐魏藻德、葛世振、高尔俨及第。又传圣谕：'昨召诸士奏对，明爽者赵玉森、姚宗衡、刘瑄、孙一脉、严似祖，着授翰林。黄云师、周正儒、宣国柱、周鼎、李如璧授科员。冯垣登、陈纯德、陈羽白、魏景琦、吴邦臣授御史。稍明者董国祥、颜浑、张朝缝、葛奇祚、钱志驹、张经、吕阳、卢若腾、蔡肱明、田有年，授吏、兵二部司务，即行察缺填补。'初，阁中照例进十二卷，上命取余卷再三，皆以十二卷进，共至四十余卷，皆一一召对，亲拔数人。藻德，北通州人，自言三次守城功，上心识之，遂拔第一。壬午冬，复以面对称旨，超拜詹事入阁，旋正首揆。甲申之变，不能尽节，为贼夹辱而死，负恩甚矣。上以考选不列举贡，传谕吏部将廷试就教举人、贡生二百六十三人吴康侯等，悉照进士选授部、寺司属、推、知等，语此系特用，后不为例。于是与选者遂竖黄旗竿，称御进士，此一奇也，然卒无一人可用，可副破格特恩者。"李调元《制义科琐记》卷三《四十八人》："崇祯庚辰殿试，帝思得人，复召四十八人于文华殿，问：'今内外交讧，何以报仇雪耻？'魏藻德对曰：'以臣所见，使诸大臣皆知所耻，则才能自生，功业自建。故孔子论政曰："知耻近乎勇。"论士曰："行己有耻。"孟子亦曰："一人横行于天下，武王耻之。"如勾践券鸟以治吴，燕昭式蛙以灭齐，皆知耻之效也。'又自叙十一年守通州功。帝善之，亲擢第一，且意其有抱负，从修撰超拜大学士。一无建白，惟倡议令百姓捐助而已。闯贼至京，即首同陈演开门迎降，为贼考赃献万金，贼以为少，酷刑五日，脑裂而死，时四月初二也。"杨士聪《玉堂荟记》卷下："（崇祯）庚辰殿试，照例进呈十二卷，上取余卷至再三，皆以十二卷进，遂至三十余卷，因而召对，问'绥边靖患报仇雪耻'之策，诸人各有所对。独通州魏藻德对曰：'以臣所见，不离明问之中'，因以'耻'字立论，累数百言，朗朗可听。上为倾耳久之。时朝臣在列者，皆谓且为状元，已而果然。《中庸》曰：'知耻近乎勇。'魏之立论，亦奏疏体，单拈一字，易于见奇。谓内外文武诸臣皆知所耻，则才能自生，功业自建，论诚高矣！其所以生才能建功业者，未之及也。一段利口，不惟将状元骗去，其后来柄用，实原于此。夫能言未必能行，周勃重厚少文，然安刘氏者必勃也。一旦爰立，吾恐海内拭目俟之矣。"

据《崇祯十三年进士履历便览》，庚辰科进士地域分布情形如下：北直隶二十五人：顺天府十人，沈光裕，吴邦臣，梁以樟，吴从义，何平，李耿，彭三益，张凤翼，魏藻德，韩祥；保定府二人、河间府二人，吕翕如，李天笃，高尔俨，张国枢；真定府三人、广平二人，陈显际，刘有澜，董国祥，冯兆煇，张溥；大名府六人，陈达情，辛广恩，王廷抡，郗献珂，李在公，杨希震。南直隶四十三人：应天府五人，夏时泰，罗策，杨琼芳，杨宗简，葛奇祚；安庆府六人，颜浑，宣国柱，方以智，马之瑛，姚孙棐，田有年；徽州府四人，姚宗衡，洪明伟，游有伦，张士楚；宁国府二人、池州府一人，徐律时，翟翼，胡士瑾；苏州府五人，冯士骅，董来思，吴晋锡，胡周鼒，沈云祚；松江府五人，顾其言，吴永孚，单恂，李绮，钱世贵；常州府十人，吴方思，杨球，赵继鼎，毛协恭，吕阳，赵玉森，邹式金，周正儒，路朝阳，周世臣；镇江府三人，淮安府一人，凤阳府一人，钱志驹，吕兆龙，于华玉，陈台孙，黄廷才。浙江四十三人：杭州府十人，金堡，钱喜起，沈捷，陆培，姚奇胤，钱开宗，朱朝瑛，沈兆昌，章光岳，俞可弘；嘉兴府九人，王先甲，高承埏，朱茂曔，李松，徐名琦，金和，冯洪孜，沈中柱，曹广；湖州府八人，张嶙然，吴景亶，李令晳，刘鸿嘉，姚序之，金滦，胡璇，沈应旦；宁波府四人，葛世振，林时对，王台明，沈宸荃；绍兴府十人，王三俊，祁熊佳，刘明孝，王绍美，韩日将，来集之，陈相才，邵秉节，姜谦受，卢鸣玉；衢州府一人、严州府一人，叶仕魁，余国祯。江西十六人：南昌府二人，朱统钵，王锡；瑞州府一人、饶州府二人，冯垣登，卢兆熊，鲍文弘；南康府一人、九江府二人，张士璠，黄云师，叶承光；抚州府三人，傅鼎铨，杨汝良，徐鹏起；建昌府四人、吉安府一人，徐芳，张之奇，汤来贺，季秋实，王华玉。福建四十人：福州府十人，林日光，杨杰，林慎，陈亨，孙昌祖，陈轼，张利民，刘中藻，郭文祥，陈世浚；泉州府十四人，蔡肱明，张朝綖，丁胤甲，张潜夫，梁玉蕤，黄锡衮，吴韩起，吴第，张鼎涓，辜胤奇，洪垣星，卢若腾，叶翼云，郭贞一；兴化府三人、建宁府一人，唐煜，周吉，柯载，黄大鹏；漳州府十二人，方文耀，张鸣骏，张若仲，李光熙，林翰冲，陈羽白，胡丹诏，林明顺，郭启宸，张际熙，李开芳，谢禧昌。湖广二十一人：武昌府三人，李自重，丁时魁，任弘震；汉阳府一人、黄州府四人，刘定勋，万曰吉，高弘基，毛祈蕃，王臣缙；承天府四人、荆州府二人，陈绣，李向中，杜渭阳，刘延褙，熊华国，骆鹓；岳州府二人、长沙府一人，沈以曦，刘瑄，周星；常德府三人、永州府一人，周命世，王大捷，罗其鼎，陈纯德。河南二十一人：开封府七人，朱在铆，朱朝壹，周亮工，孟明辅，卢世扬，赵翀，季之骏；归德府二人、彰德府二人，张翼，魏景琦，刘芳远，杨其廉；卫辉府一人、河南三人，许作梅，李际期，张可选，宗麟祥；汝宁府四人、南阳府二人，周兰，孙自一，吴孳昌，胡来觐，彭而述，许宸。山东三十二人：济南府七人，马云龙，王屼生，郑问玄，李赞明，张吉士，傅上瑞，俎如兰；兖州府八人、东昌府一人，孔尚则，宋霈，刘浚源，连璧，李用质，任孔当，陆一鹏，孙一脉，彭遇飚，尹任；青州府七人，孙景昌，孙廷铨，赵进美，来仪，冯士标，郑瑜，张延祚；登州府五人、莱州府三人，李日成，宋璜，孙凤毛，王丕修，姜垓，杨种圻，李森先，赵开成。山西十九人：太原府三人，桑芸，陈三梌，郝芳声；平阳府八人，段耀然，许曰可，王则尧，崔允升，张耿，荆世爵，宋东璧，马鸣骙；沁州二人、泽州五人、大同府一人，魏令望，魏名大，丁泰运，杨暄，李蕃，杨鹏翼，王廷瓒，刘今尹。陕西十三人：西安府八人，陈君诰，王健，王家楫，张正学，史标，王于曜，任伟业，李可植，杨景震；汉中府一人、延安府三人，王云声，刘世芳，石莹玉，马及时。四川十四人：成都府五人，李如璧，朱应选，邹璘，张经，李荐佳；保宁府二人、重庆府三人，刘以修，汤愃，龚懋熙，杨乔然，王起峩；镇雄府一人、嘉定州三人，刘尧珍，朱祚增，潘登贵，梁应奇。广东七人：广州府五人，黄葵日，黄鹤仙，李际明，陈世杰，刘大启；潮州府二人，蔡承瑚，洪梦栋。广西：桂林府一人，谢良瑾。云南六人：云南府一人，严似祖；临安府三人，廖履亨，张一甲，张宜；大理府一人、蒙化府一人，鲁高捷，左廷皋。

庚辰科进士方以智、孙自一，其时文所关甚大。梁章钜《制义丛话》卷七："徐存庵曰：方密之以智'何谓知言'一节题文，后四比云：'一时皆喜为新论，而将来遂传为异书，一人倡而百家并起，其心亡，其发不觉也；学士惊慕以为美谈，国家动信以为要术，大纲失而凡事皆谬，其害甚，其言愈炽也。甚或明知其有害而附和之，且驾言圣人为不足道焉，吾恐天下后世，有敢以邪说为经者矣；甚且明知其非圣而好尚之，又借言圣人本与之同焉，吾恐天下后世，有群以异端为师者矣。'按：康熙间，湖广有朱方旦者，聚徒横议，造《中说补》，谓中道在两眉之间、山根之上，自诩前知，出入军营以决人休咎，大江南北多所蛊惑。华亭王鸿绪得其所著《中质秘书》，乃上疏劾其诬罔君上、悖逆圣道、摇惑人心三大罪，始逮治伏法。当方密之作文时，此孽早已萌芽，后二比切中陷溺一辈之隐，文字所关讵不大哉？""又曰'饭疏食'三句，非若清旷飘渺，害马去而世事捐，如一部《南华经》也。'不义而富且贵'二句，非若大丈夫得意之馀，回头寂寞，如半枕黄粱梦也。拈此等题，当寻圣贤真正学问，看先辈实落揣摩。崇祯庚辰，孙淡一自一文起句云：'今夫贫贱岂易处哉？千古惟宜富贵之人而后可以处贫贱也。即富贵岂易处哉？千古惟能贫贱之人而后可以处富贵也。'数句便是格言。万历状元张君一以诚破题云：'圣心有真乐，自可以轻天下之遇矣。'二语便是题解。"

进士魏藻德为翰林院修撰，葛世振、高尔俨、赵玉春为编修，姚宗衡、刘瑄、孙一脉、严似祖为检讨，黄云师、周正儒、宣国柱、周萧、李如璧为给事中，云师户科，正儒礼科，国柱兵科，萧刑科，如璧工科。冯垣登、陈纯德、陈羽白、魏景琦、吴邦臣为试监察御史，颜浑、黄国祥为吏部稽勋验封主事，张朝 、葛奇祚、钱志驹、张经、吕阳、陈缳、卢若腾为兵部主事。俱前召对称旨，即钦授。（据《国榷》卷九十七）

礼科给事中吴家周降翰林院孔目。（据《国榷》卷九十七）

四月

解学龙、黄道周被逮下狱，寻遣戍。《明鉴纲目》卷八："纲：夏四月，逮江西巡抚解学龙（字石帆，扬州兴化人）及黄道周下狱，寻遣戍。目：道周贬江西按察司照磨。时巡抚解学龙荐所部官，推奖道周备至。故事，但下所司。大学士魏照乘素恶道周，拟旨责学龙滥荐。帝怒，立削二人籍，逮下刑部狱。责以党邪乱政，并廷杖八十，究党与，欲置之死。尚书李觉斯（东莞人）谳轻，严旨切责。再拟谪戍烟瘴，帝犹以为失出，除觉斯名。尚书刘泽深（扶沟人）言，二人罪至永戍，至矣，过此惟论死。论死，非封疆则贪酷，未有以建言者。道周无封疆贪酷之罪，而有建言蒙戮之名，于道周得矣，非我圣主覆载之量也。仍以原议请，乃谪戍广西。"

摘京省乡试录瑕颣，罚治考官。《国榷》卷九十七："主考官翰林院编修马世奇、检讨杨观光、礼科右给事中尹洗各镌二级，编修卫胤文、刘文瀚、陈际泰镌一级，汪国士、熊世懿夺俸五月，左谕德王廷垣、吏科给事中顾国宝、修撰刘理顺、兵科左给事中吴甘来、王心纯、曹辉夺俸三月。今后考官务遵功令，文期纯雅正大，以为士鹄。谈迁曰：'程录出于主司，追琢考据易工也。近即以士子登之，风檐草率，于经义虽入彀，于古学疏甚。累纸连牍，多如嚼蜡。于是稍惩考官，未变士习。其风气浸淫，非可以旦晚疗也。'"

巡按湖广御史林铭球荐黄冈诸生冯云路学行。（据《国榷》卷九十七）

赵玉森改翰林院检讨。（据《国榷》卷九十七）

李建泰、李绍贤、黄景昉为少詹事兼翰林院侍讲学士，方拱乾为翰林院编修。（据《国榷》卷九十七）

韩四维为国子司业，吴伟业为南京国子司业。（据《国榷》卷九十七）

谕吏部特用贡士。《国榷》卷九十七："谕吏部曰：'年来资格畛域，抑坏人才，考选屡奉旨举贡兼收，究竟不遵，非祖宗破格用人至意。就教贡士并试过岁贡生共二百六十三人，俱着于六部司属、都、通、太常寺各司属及推、知正官，通行察阙，依次填补。此系特用，后不为例。'张自烈曰：'今日特用，亦将拔用举贡才能之特出者，非凡举贡皆可用也。乃一旦合二百六十三人而皆用之，果皆才且贤乎？皆才且贤，尤当量能授职，委任责成，使真伪无杂进，奈何概使之依序填补乎？既依次填补，亡论未必皆才。其间有不堪户部而补户部、不堪兵部而补兵部、不堪推知而补推知，始用既违其才，考课亦难责效，能必皆胜任而愉快乎？就此二百六十三人中，拔其尤者数十人，畀之殊秩，委以重任，庶几有济，焉有特用而仅使之备员庶官乎？然则有破格之名而亡其实，不欲抑坏人才，而究不能甄别真似，实收人才之效。且又曰特用后不为例，岂祖制仅可行于一时、不可行于异日乎？岂此日举贡二百六十三人皆堪特用，异日虽复有才且贤远迈此二百六十三人者，皆不足用乎？此又明旨之不可以告中外臣民者也。'"张岱《琅嬛文集》卷四《五异人传》："十叔煜芳，号紫渊。……庚辰，以岁进士赴廷试。思

宗皇帝恨廷臣不任事，欲破格用人。乃命吏部考选科道，兼取科贡，以收人才之用。已
而以吏部考选，仍不列科贡，遂命贡士，与岁贡士六十三名，一榜尽赐进士。查京官现
缺，悉为填补。紫渊名次第十九，得补刑部贵州司主事。"

崇祯十三年"特用"举贡名单如下，共二百六十三名：

史惇	俞泰交	章晋锡	史赞圣	丁序琨	王榜
陈兆珂	王辰	陈兴言	彭敦历	张奕颖	张应璧
杨垂云	项如皋	蔡凤	雷缤祐	陈礼	吴篪
钟镇	戴宪明	王效通	伍堣	王灏	饶元珙
钟奇	巢昆源	吴元伯	冯毓舜	杨畏知	关家炳
郭弥芳	张君圣	陈兴门	龚善选	孙玉润	景淑范
任乔年	李懋修	盛广	陈嬰	张广	薛从善
丁元模	吴从杙	周汝谊	姜赐履	夏时	朱仪
吴志舜	朱慈烂	王襄	田炌	黎春曦	胡国琏
王沛	唐绩光	陈谨	应昌士	何景云	丁运泰
罗祚胤	徐亮工	刘显传	黄天经	张元品	罗如绮
朱履蹂	朱方乾	江文淳	邹德淇	熊培元	邓宗荩
黄玄经	武鼎升	高文烨	何乔松	刘有源	史延亮
黄卷	李之驹	屠斯立	贺良弼	霍藻	李升
许兆进	张国光	申翀	华廷献	李春华	艾吾鼎
彭汝亨	周汉杰	王元参	陈际泰	严而舒	袁懋龄
李贞佐	陈鸿飞	周攀第	柯士芳	王胤隆	杨植纲
宋一贞	汪有润	陶尔成	马汗朱	王祚	史其文
梁若衡	李正茂	邓芳晖	邓淑夔	萧时彦	钟景福
翟文术	王师保	朱治泰	张弘任	罗以旌	黄虞龙
李思睿	姜孔殷	鹿善治	彭耀	张永胤	袁士美
吴正心	陈猷奋	尹建泰	朱之干	李沂	朱璘如
朱稷	周铉	林宗仁	林润蓁	陈昌期	连城璧
王士瑞	杨世荣	刘宪模	钱光泰	徐登缙	李逊
陈光胤	金声希	王骏声	戴弁球	蔡完梅	曾撰
邓惟高	张祺	陈迪纯	萧竑	张翰翀	孙有统
吴江鲸	蔡一德	袁生芝	龚胜桢	赵向宸	蒋克达
郭际昌	吴康侯	陆禹思	吴炆祎	曾瑞来	徐有声
潘汝嘉	林转亨	吴文帜	张煜芳	王廷授	万尧一
方梦祯	顾经祖	董养河	曾益	白瑜	李庚齐
龙纳箴	裘应宣	解胤标	仇秉忠	傅浚	吴世玭
黄继冕	戈用忠	陈金声	徐美	董卿	姚居恭

赏奇璧	庄天麟	罗桂秋	朱统鍼	胡三极	高翼耀
周士多	谭振豪	陈仕奎	杨 森	瞿 骞	韩三奇
徐进明	徐时勉	朱民仰	缪太白	鄢廷海	宋守朴
荆 伟	朱世昌	罗仪则	卫拱宸	徐可汲	林士科
刘必达	王都俞	周 婴	唐 夔	张仲友	徐毓光
李日华	李 选	王廷霈	王建善	俞昌言	朱翌辩
王国材	王锡恩	王克家	黄大本	季应龙	龚有升
李 素	唐从悌	崔尔岉	梁士纯	朱由林	刘凝祚
姚之夔	徐维鼎	刘汉向	纪天叙	张德溥	朱议鎏
郑抚民	吕仲修	黄永祈	李宣猷	黄敬止	李 倬
姚张斓	张启忠	何廷炜	汪德元	陈其时	吴延龄
陈 说	叶 沛	李 茂	李鹏翀	孙茂槐	

谢升、陈演入内阁、预机务。《明鉴纲目》卷八："纲：以谢升、陈演（并研人）为礼部尚书，并兼东阁大学士，预机务。目：演，庸才寡学，工结纳。初入馆，即与内侍通。帝简用阁臣，每亲发策，观所条对，觇能否。演结中官，探得帝所问数事，密授演，条对独称旨，遂被擢用。"

南居仁为国子祭酒。（据《国榷》卷九十七）

五月

石砫女官秦良玉败罗汝才于夔州。《明鉴纲目》卷八："纲：五月，石砫女官秦良玉，败罗汝才于夔州。目：汝才犯夔州，遇官军屡捷。会良玉至，以兵邀击，连败之，斩千馀级，夺汝才大纛，擒其渠六人。汝才走大宁（宋县，今改巫溪县，属四川）。

特授岁贡生史惇、俞泰交、章晋锡、陆禹思、张奕颖、王榜、陈兆珂、陈兴言、徐有声俱户部主事，吴康侯礼部主事，吴炌伟兵部主事，王辰、曾瑞来、潘汝嘉、项如皋、杨垂云、林转亨、雷演（缵）祚、吴文炽、陈礼、张煜芳、钟镇、王廷授俱刑部主事，王灏、饶元珫、方梦祯、钟奇俱工部主事，巢昆源吏部司务，顾经祖户部司务，吴元伯礼部司务，董养河、杨畏知工部司务，关家炳、曾益南京户部兵部司务。（据《国榷》卷九十七）

姚明恭罢归。《国榷》卷九十七："（崇祯十三年五月）己酉，大学士姚明恭致仕。"《明鉴纲目》卷八："纲：姚明恭罢。目：明恭出赵兴邦之门，公论素不与。柄用后，乡人诣阙讼之，明恭不自安，请告归，遂罢。"

处违例中式举人及考官。《国榷》卷九十七："顺天崔玙、邓林、侣鸿举停科，主考谕德王廷垣、中允黄起有各夺岁俸。应天毛羽皇、侯曦、陶元祐停科，主考谕德张维机、检讨杨观光各夺俸十月。江西龚帝选、李益灿停科，主考编修马世奇、礼科右给事中尹洗各夺俸六月。陕西刘凝鼎停科，主考吏部员外郎熊文举有另案免议，中书舍人李仲熊夺俸六月。浙江骆惟恭、福建唐名世、湖广刘锺蓉、河南丁光先、山东董光裕、山西崔志乾、四川李昌祺各停科,主考浙江编修卫胤文、吏科给事中顾国宝,福建修撰刘理顺、兵科左给事中吴甘来,湖广检讨王邵、户科给事中章正宸,河南吏部员外郎柴挺然、兵部员外郎张若麒,山东吏科给事中洪恩炤、礼部员外郎吴贞启,山西光禄寺少卿姚钿、户部主事王追骏,各夺俸三月,其房考夺俸亦有差。"

六月

翰林院编修林增志降待诏。(据《国榷》卷九十七)

薛国观以罪免归。寻遣使逮入都,赐死。《明鉴纲目》卷八:"纲:六月,薛国观以罪免,寻遣使逮入都,赐死。目:国观柄政,一踵温体仁所为,而才智远不逮,操守亦弗如。帝初甚信向之,后意亦渐移。帝忧国用不足,国观请借助于戚畹,因以武清侯李国瑞为言。国瑞,孝定太后兄孙,帝曾祖母家也。国瑞薄庶兄国臣,国臣愤,诡言父资四十万,臣当得其半,今请助国为军资。故国观言之。帝因欲尽借所言四十万,不应,则勒期严追。或教国瑞匿资勿献,拆毁居第,陈什器通衢鬻之,示无所有。嘉定伯周奎与有连,代为请。帝怒夺国瑞爵,国瑞悸死。有司追不已,戚畹皆自危。会皇子病,宦官宫妾倡言孝定太后,已为九莲菩萨,降神言帝薄外家,诸皇子尽当殀。俄皇子卒,帝大恐,封国瑞七岁儿存善为侯,尽还所纳金银,而追恨国观,待隙而发。初,帝尝燕见国观,语及朝士贪婪,国观曰:'使厂卫得人,安敢如是?'时东厂太监王德化在侧,汗出沾背。于是专察国观阴事,悉以上闻,国观不知也。及是,行人吴昌时(吴江人)当考选,恐国观抑己,因其门人以见。国观伪许第一,当得吏科。选命下,乃得礼部主事。昌时大恨,以为卖己,与所善东厂谋,尽发国观受贿不法事,以达于帝。帝遂借票拟发怒(时杨嗣昌有所陈奏,帝令国观拟旨),下五府九卿科道会议,革国观职,放归。帝怒犹未已。会国观出都重车累累,侦事者以闻。而东厂所遣伺国观邸者,值中书王陛彦至(国观向与交关),报之,得其平日招摇通贿状,词所连及甚众(尚书傅永淳,侍郎蔡弈琛等,皆与焉)。诏下陛彦诏狱穷治。顷之,给事中袁恺(聊城人)复上疏,再劾国观。帝以陛彦行贿有据,不俟狱具,即命弃市,而遣使往逮国观。国观迁延不赴,久之,始入都,遂赐死。(事在明年八月。)"

国子司业韩四维,以滥举蒋克震议降。(据《国榷》卷九十七)

辑《武经七书大全》。大学士范复粹总裁。礼部右侍郎黄锦,少詹事李绍贤副总裁。右赞善胡世安,修撰刘理顺,编修方拱乾、卫胤文、吴国华、唐元宸、刘正宗、黄文焕、朱天麟、李士淳,检讨王用予、梁兆阳、廖国镇为纂修官。(据《国榷》卷九十七)

七月

山西诸生张讷奏强兵实着。上以卧碑有禁，令学臣戒饬。（据《国榷》卷九十七）

苍梧教谕谢允言五事：先身范，核士行，正文体，定学规，重名器。部覆从之。（据《国榷》卷九十七）

李绍贤为詹事兼翰林院侍读学士。（据《国榷》卷九十七）

广西道御史魏景琦劾大学士范复粹、张四知庸才重任。降景琦二级，仍任。（据《国榷》卷九十七）

八月

卫胤文为国子司业。（据《国榷》卷九十七）

户部主事史惇等，请试过岁贡生谒太学立石。许之。（据《国榷》卷九十七）李调元《制义科琐记》卷三《特用榜》："崇祯庚辰，思陵留意人材，俾下第举人及廷试贡士，俱留特用，悉升以民社之任。于是举人史惇以下一百六十三人，贡士吴康侯以下一百人，许同进士出身。惇等请援例谒文庙，行释菜礼，并立石太学题名。阁臣张四知持不可，思陵特允惇所请。大学士周延儒奉敕撰文，太仆寺少卿兼翰林院侍书朱国诏书丹篆额，工部营缮司郎中王灏监刻，立石于西南隅。盖自万历丙辰钱士升榜，至魏藻德榜九科，有题名而无记，及是，始有记焉。特用榜死事者，户部郎中金坛、徐有声，兵部员外郎升贵州安平道副使临川曾益，金沧道参议宝鸡杨畏知，开封知府武进蔡凤，黄州府同知弋阳王府辅国中尉朱统鏺，郏县知县赠河南按察副使安邑李贞佐，汾阳知县西安山阳刘必达，大同山阴知县庆阳卫李倬，巩昌安定知县临海应昌士，四川兴文知县汉阳艾吾鼎，呈贡知县锺祥黄卷。立贤无方，未尝不收国士之报，克勤复社耆宿，注名特用榜中，与陈孝廉瑚、归处士庄敦高尚之节，亦不愧是科者。惇，金坛人，官至九江太守。野史撰《恸余杂纪》者，即其人也。"

九月

礼科右给事中李煾言宗才保举之额宜严，限期宜定，荐劾宜慎。（据《国榷》卷九十七）

前大学士薛国观削籍，吏部尚书傅永淳、南京礼部尚书朱继祚并免，都察院左副都御史叶有声下刑部狱，前户部右侍郎常自裕、巡抚宣府兵部右侍郎刘永祚、平阳知府李灿，各令回奏。（据《国榷》卷九十七）

吏部参进士平原张吉士、宜兴周世臣俱谒选，探筹得武强汉川，规避挠法。命削籍，永不叙。世臣前大学士延儒姪。延儒再相，世臣令吉士诉吏部前文选郎中张维元不

法，除吉士苑马寺录事，转平阳推官。世臣补永平府检校，转兴化推官。（据《国榷》卷九十七）

十月

钱受益为左春坊左庶子，方拱乾为右春坊右中允。（据《国榷》卷九十七）

黄锦为吏部左侍郎，行右侍郎事，兼翰林院侍读学士。（据《国榷》卷九十七）

命翰林官推各部侍郎，如吏礼二部例兼侍读学士衔，惟巡抚不许。（据《国榷》卷九十七）

吏部题选御史。上以科贡并收，屡奉明旨，今仅乡举三人，贡二人，不允。（据《国榷》卷九十七）

十一月

张自烈作《古今论表策合辩序》。张自烈《芑山文集》卷三《古今论表策合辩序》："今天下选论、表、策，未有合古今成书者也。合辩古今论、表、策自予始。予因窃叹近代取士之法之寝降也。国初颁《科举程式》，冀士子通经学古，出济时用。亡何，士竞禄利，苟且为两闱应举之文。初场七义，尚剿略不尽合经传，卒观二三场，空疏腐迂尤甚。它号淹博者，指事析理，与古颉颃。既仕，无尺寸裨于世，去空疏腐迂几何？又两闱典文官，类循资次，知人能得士者鲜。一时分较诸人免戾塞明诏而止，不能博搜士之通经学古者进之，以故初场中式，二三场陋劣，置勿论。七义苟见黜，策、论虽贾、董、欧、曾，求主者一寓目不可得。士繇是徼倖取世资，罕通古学，往往不适用。嗟乎！如是而谓得人可与图治，不甚谬欤！夫士之学术精微，不尽见于策、论，与夫四六骈丽、五判浮剿之空言明矣。当国家大利害，决几合变，因时信诎，又非沾沾策、论克胜厥任可知也。取士以策、论轩轾，虑具文寡效，宜兼古明试意，矧徒取夫寸晷急就空疏腐迂者，使皆得以跻巍科，陟腆仕邪？私惟策、论不足以尽士，然舍策、论不可以得士。其道莫若使之繇今而求诸古，其求诸古也，莫若使之因文而求诸实。士皆学古而得其实，虽处从官大臣之列，备文儒道德之任，绰有余裕，孰谓策、论空言哉？予也惧士学不古，合古今论、表、策为之辩，是非去取，折中于圣人，盖欲学者晓然知古之论、策如彼，今之论、策如此，古今工论、策者，文过其质，不足与有为又如此。既求之于古文之法度，不至空疏腐迂，如近代两闱论、策之甚。又将深窥古人经权智勇忠孝节义之尤大者，本诸身以见诸行。而诸典文官，复据古经术进退天下士，虽不尽以古法绳之，一切不适用者悉罢去。士孳孳敦古学，耻华竞，彼空言乱天下者，安得杂然进哉？故予今日之为合辩，皆推本国初取士之意，以实用倚属考官暨诸进士，非徒好辩而已。傥闻予言而以为迂，则太祖高皇帝开科求贤才，正文体，诏谕具在，尚敬听之哉！崇祯十三年仲冬既望。"

兵部左侍郎余珹协理京营戎政，王锡衮、蒋德璟为礼部左右侍郎兼翰林院侍读学士。（据《国榷》卷九十七）

十二月

李自成入河南，饥民从者甚众，其势大振。（据《明史·庄烈帝二》、计六奇《明季北略》卷十六）《明鉴纲目》卷八：“纲：九月，李自成走郧均，遂入河南。目：先是杨嗣昌在彝陵，檄自成出令降，自成出嫚语，官军围之鱼复城中（古鱼复县，因山为城，所谓赤岬山也，在四川奉节县东），自成大困。（时贼将多出降，自成欲自经，以义子双喜劝而止。有刘宗敏者，蓝田锻工也，最骁勇，亦欲降。自成知之，与步入丛祠，愿而叹曰：‘人言我当为天子，盍卜之神？不吉，若断我头以降。’宗敏诺，遂三卜，三吉。宗敏还，杀其两妻，谓自成曰：‘吾死从若矣。’军中壮士闻之，亦多杀妻子愿从者。）会巡抚邵捷春移置戍兵，围者懈，自成乃尽焚辎骑由郧均走河南。河南大旱，斛谷万钱，饥民从自成者数万。遂自南阳出攻宜阳，杀知县唐启泰。移攻永宁，杀知县武大烈（临潼人。拒守三昼夜，城陷，与主簿魏国辅，教谕任维清，守备王正巳，百户孙世英，皆死之），戕万安王采鑋（伊王支属，居永宁）。攻偃师，一日而陷，知县徐日泰（金溪人），骂贼死。自成于是势大炽。（杞县举人李信者，逆案中尚书李精白子也。尝出粟赈饥民，民德之曰：李公子活我。会绳伎红娘子反，据信，强委身焉。信逃归，官以为贼，困狱中。红娘子来救，饥民应之，共出信。往归自成，约为兄弟，改名岩。卢氏举人牛金星，磨勘被斥，私入自成军，为主谋议。金星又荐卜者宋献策。献策长三尺余，上谶记曰：‘十八子，主神器。’自成大悦。自成猜忍好杀，岩因说曰：‘取天下以人心为本。请勿杀人，收天下心。’自成从之，屠戮为减。又散所掠财物赈饥民。民受饷者，不辨岩、自成也，杂呼曰，李公子活我。岩复造谣词曰：‘迎闯王，不纳粮。’使儿童歌之，以相煽动。民方被剿饷练饷之苦，从自成者日益众矣。）”

大学士范复粹上《百胜录》。（据《国榷》卷九十七）

命陕西抚按以故大学士薛国观入京即讯。（据《国榷》卷九十七）

本年

滇中下第举子，因无邮符往返，流离不能复归，至有缢死天坛者。杨士聪《玉堂荟记》卷上：“滇中之地极高，每入京谓之‘下京’，计其地在数十仞之上，以渐而下也。会试例给邮符往返，至庚辰下第，一概不许用。流离不能复归，乃有缢死在天坛者，皆本兵杨嗣昌为之。自昔祖宗成法，其为计岂疏于嗣昌哉！节省几何，而失士子之心，兼失远人之心，非所谓得策也。”

施绍莘（1581—1640）卒。庄一拂《明清散曲作家汇考》：“施绍莘（1581—1640），字子野，号峰泖浪仙。华亭（今江苏松江县）人。作品有乐府《花影集》行世。"康熙《青浦县志》卷七："施绍莘，字子野，少补诸生，负隽才，跌宕不羁，隐于西畲，就麓山居。工乐府新词，著《花影集》行世。时辈称其才艳。"

明思宗崇祯十四年辛巳（公元1641年）

正月

张献忠败官军于开县，遂出川。《明鉴纲目》卷八："纲：辛巳十四年，春正月，官军追张献忠于开县，败绩，献忠遂东犯。目：先是，杨嗣昌驻重庆，监军评事万元吉（字吉人，南昌人），知左良玉跋扈不可使，又虑贼或东突，不可无备，劝嗣昌令前军蹑贼，后军继之，分中军从间道出梓潼，扼其归路。嗣昌不听。（时嗣昌下令，赦罗汝才罪，降则授官，惟献忠不赦，能斩者赉万金，爵侯。翌日，自堂皇至庖湢，遍题有斩督师者，赉白金三钱。嗣昌骇愕，疑左右皆贼，勒三日进兵。会雨雪，道断，遂复戒期。）乃自统舟师下云阳，令诸将陆行追贼。及开县之黄陵城（在县东），总兵猛如虎参将刘士杰迎战。士杰深入，所当披靡。献忠登高望见无秦人旗帜，而良玉前部无斗志，乃密选壮士潜行箐谷中，乘高大呼驰下。良玉兵先溃，如虎突围出，士杰与游击郭开皆战死。嗣昌方悔不用元吉言，而献忠已席卷出川，下夔门，绝新开驿置，楚蜀消息中断。"

王廷垣为南京国子祭酒。（据《国榷》卷九十七）

李自成陷河南，杀福王朱常洵。据查继佐《罪惟录·帝纪》卷十七。《明鉴纲目》卷八："纲：李自成陷河南府，杀福王常洵。目：先是，援兵过洛阳者，喧言先帝困天下以肥王，今王府金钱山积，乃令吾辈枵腹死贼。尚书吕维祺方家居，劝王散财饷士。不从。及是，贼大至，总兵陈绍禹等，入城守御。绍禹亲军从城上呼贼，相笑语，挥刀杀守堞者，烧城楼，开北门纳贼。常洵缒城出，匿迎恩寺。明日，贼迹而执之，遂遇害。世子由崧，裸而逃。维祺被执，不屈死。（同时以乡官死难者，待诏郭显星，推官党克念，知县刘芳奕，皆洛阳人。以举人死难者，洛阳张民表，嵩县王翼明。以布衣死难者，孟津孙挺生，新安马明山，李登英。）贼既杀王，勺其血，杂鹿肉以食，曰福禄酒。火王宫，散金以赈饥民。乘胜围开封，周王恭枵（定王橚十世孙），急发库金，募死士，与巡按高名衡（沂水人），及副将陈永福等固守。自成攻七昼夜，不克，解去。"

徐弘祖（1586—1641）卒。钱谦益《徐霞客传》："霞客死时，年五十有六。西游归，以庚辰六月，卒以辛巳正月。葬江阴之马湾。"年五十六。弘祖，字振之，号霞客，又号霞逸，江阴（今属江苏）人（陈函辉《徐霞客墓志铭》、钱谦益《徐霞客传》)。著有《徐霞客游记》，今人褚绍唐、吴应寿有整理本《徐霞客游记》十卷，卷分上下，上海古籍出版社 1982 年出版。

二月

张献忠陷襄阳，杀襄王朱翊铭。《明鉴纲目》卷八："纲：二月，张献忠陷襄阳，杀襄王翊铭（灵王瞻墭六世孙）。目：杨嗣昌以襄阳为军府，饷金甲器，各数十万，皆聚焉。每门设副将防守，启闭甚严。及是，献忠令罗汝才缀郧阳兵，自率轻骑，一日夜驰三百里，杀嗣昌使者于道，取其军符，以二十八骑绐入襄阳城。时襄阳未知败问，合符信，遂纳之。夜半火从中起，城陷。贼缚翊铭，属卮酒曰：'吾欲借王头，使嗣昌以陷藩伏法。'遂与贵阳王常法同遇害。参议张克俭（字禹型，屯留人），推官邝日广（南海人），游击黎民安（金溪人）等死之。献忠因得其所失妻妾，居二日乃去。（陷樊城当阳，复与罗汝才合，入光州，残商城。知县盛以恒，意图守御，城陷，及其孙觉，教谕曹惟祯，典史吕维显，皆不屈死。邑绅士殉难者，则有削籍副都御史杨所修，副使洪引征，行取知县马纲中，候选教官段增辉，举人容善。诸生卢诏德，黄焯，陈廷对，廷璋，郑光启，刘泽长，杨士琦，皆骂贼死。所修党魏忠贤，丽名逆案，及是死节。○盛以恒，潼关卫人。）"

何瑞征、管绍宁为左右庶子兼翰林院侍读，黄起有、周凤翔、孙从度为左谕德兼侍读。（据《国榷》卷九十七）

三月

杨嗣昌闻福王被杀，畏罪自尽。《明鉴纲目》卷八："纲：三月，杨嗣昌自杀。目：嗣昌旋师至荆州沙市（镇名，注见前），闻襄阳、洛阳皆陷，忧惧不食死。以丁启睿代为督师。启睿本庸才，惮李自成不敢讨。闻张献忠在固始稍弱，请专剿献忠。从之。"

方拱乾为左春坊左谕德兼翰林院侍读，朱统䥝、杨光先、胡世安、徐泂为右春坊右谕德兼翰林院侍读学士。（据《国榷》卷九十七）

四月

大学士魏照乘上章字讹，夺俸三月。（据《国榷》卷九十七）

张缙彦言科贡选法。《国榷》卷九十七："兵科都给事中张缙彦言科贡选法。曰单选：嘉靖十三年，朱隆禧授兵科，周洪范授御史，俱独选单题。今行抚按察粮完欠，完则刻期开复起送。曰减俸：内地有城守军功经荐，宜减年与科甲同。曰擢教职：科贡出身，半沦教职。成祖尝曰：'教官果称师范，升六科理事。'今贡士三荐以上、岁贡两岁以上，如县官行取。曰廷试选用：贡生年深，再坐监始选有司，多衰老。宜廷试，次日通候过堂，择壮年授以民社。曰巡方，曰荐举，曰京职改授。章下所司。"

许乡试副榜部试授官，同科甲考选。（据《国榷》卷九十七）

召前大学士周延儒、张至发、贺逢圣入朝。先是丹阳监生贺顺醵金都门，虞城侯氏首捐三千金。余各互输，约十万缗，以贿太监曹化淳、王之心、王裕民等。命少俟之。又逾年，更醵如前之半。果再召。（据《国榷》卷九十七）

五月

南京国子祭酒许士柔降尚宝司丞。（据《国榷》卷九十七）

范复粹致仕。《明鉴纲目》卷八："纲：夏五月，范复粹罢。目：薛国观罢后，复粹为首辅。御史魏景琦，劾其与张四知学浅才疏，伴食中书，贻讥海内。帝以妄诋，下之吏。至是洛阳陷，帝召廷臣，语及福王被害，泣下。复粹曰：'此天数。'帝曰：'虽天数，亦赖于人事挽回。'复粹等惭不能对，寻致仕去。"

初八日，张溥（1602—1641）卒。见张采《知畏堂集·文存》卷八《庶常天如张公行状》。《吴梅村全集》卷二十四《复社纪事》："先生前十日属疾，卒于家，千里内外皆会哭，私谥曰仁学先生。崇祯十四年辛巳五月也。"《明史·文苑传》："至十四年，溥已卒，而事犹未竟（即朝中攻讦复社事）。刑部侍郎蔡奕琛坐党薛国观系狱，未知溥卒也，讦溥遥握朝柄，已罪由溥，因言采结党乱政。诏责溥、采回奏，采上言：'复社非臣事，然臣与溥生平相淬砺，死避网罗，负义图全，谊不出此。念溥日夜解经论文，矢心报称，曾未一日服官，怀忠入地。既今严纶之下，并不得泣血自明，良足哀悼。'当是时，体仁已前罢，继者张至发、薛国观皆不喜东林，故所司不敢复奏。及是，至发、国观亦相继罢，而周延儒当国，溥座主也，其获再相，溥有力焉，故采疏上，事即得解。明年，御史刘熙祚、给事中姜采交章言溥砥行博闻，所纂述经史，有功圣学，宜取备乙夜观。帝御经筵，问及二人，延儒对曰：'读书好秀才。'帝曰：'溥已卒，采小臣，言官何为荐之？'延儒曰：'二人好读书，能文章。言官为举子时读其文，又以其用未竟，故惜之耳。'帝曰：'亦未免偏。'延儒曰：'诚如圣谕，溥与黄道周皆偏，因善读书，以故惜之者众。'帝领之，遂有诏征溥遗书，而道周亦复官。有司先后录上三千馀卷，帝悉留览。溥诗文敏捷。四方征索者，不起草，对客挥毫，俄顷立就，以故名高一时。卒时，年止四十。"张采有《具陈复社本末疏》，见《知畏堂集·文存》卷八。张溥著述宏富，其诗文著作有《七录斋诗文合集》十六卷、《七录斋近集》十六卷，尚有《周易注疏大全合纂》六十八卷、《诗经注疏大全合纂》三十四卷、《四书注疏大全合纂》三十七卷、《春秋三书》三十二卷、《历代史论二编》十卷、《古文五删》五十二卷、《历代名臣奏议》三百五十卷、《汉魏六朝百三名家集》一百十八卷等。

张献忠、罗汝才合攻南阳，冒雨穴城。知府颜日愉、指挥王汝宁力拒之。贼退，日愉力瘁，寻卒。日愉上虞人，万历癸卯贡士。（据《国榷》卷九十七）

詹事兼翰林院侍读学士钱受益卒。（据《国榷》卷九十七）

起雷跃龙礼部右侍郎，署詹事府事。降闪仲俨左春坊左赞善兼翰林院检讨。（据《国榷》卷九十七）

六月

罗大任为国子司业。（据《国榷》卷九十七）

七月

吴太冲为南京国子司业。（据《国榷》卷九十七）

蔡奕琛又奏："庶吉士太仓张溥，故礼部右侍郎常熟钱谦益等倡复社，朋陷及臣。"命溥、谦益各具奏。先是无锡东林书院，万历中三吴士大夫林居讲学，及援引登用，目为东林党。崇祯初，吴中士人缔复社，选义刊布，海内科第递进，援引更广。（据《国榷》卷九十七）

八月

左良玉大败张献忠于信阳。《明鉴纲目》卷八："纲：八月，左良玉败张献忠于信阳。目：献忠自商城疾趋，犯信阳（知州尚孝志，训导李逢旭，陈所闻，邑进士张应宿，皆死之）、罗山、固始、泌阳诸州县，群盗附者万计，遂东肆略。献忠自玛瑙山之败，心畏良玉，及屡胜，颇有骄色。至是良玉追击之信阳，大破之，降贼众数万。献忠被重创，乘夜东奔，良玉急追之。会大雨，江溢道绝，官兵不能进，献忠走免。已复出商城，将向英山，又为副将王允成所破，众散且尽，所从止数十骑。时罗汝才已先与自成合，献忠遂因以投自成。自成欲以部曲遇之，献忠不从。自成欲杀之，汝才曰：'不如留之，使扰汉南，分官军兵力。'阴与献忠五百骑，曰：'急东走，此地非若所当留也。'因遁去，道纠土贼一斗谷、瓦罐子等，势复盛。"

上幸太学，以重修告成也。（据《国榷》卷九十七）

九月

陕西总督傅宗龙死节。《明鉴纲目》卷八："纲：九月，陕西总督傅宗龙（字仲纶，昆明人），军溃于新蔡，死之，以汪乔年（字岁星，遂安人）为总督。目：自成陷河南，势大盛。帝以故尚书傅宗龙总督陕西，别敕保定总督杨文岳（字斗望，南充人），会师。宗龙驰入关，与巡抚汪逢年调兵，兵已发尽，乃檄河南大将李国奇、贺人龙兵隶麾下。急出关，次新蔡，遇伏，人龙先走，国奇及虎大威继之。宗龙与文岳合兵结营，保兵宵溃，走陈州。宗龙穿堑守八日，矢石俱尽，夜半溃围走，被执死。贼屠项城、商水、扶沟，陷叶县，围左良玉于郾城。帝乃擢乔年为总督。"

周延儒、贺凤圣入阁。《明鉴纲目》卷八："纲：召周延儒、贺逢圣入阁。目：初，延儒里居，颇从东林游，善姚希孟（字孟长，吴县人）罗喻义。既陷钱谦益，遂仇东林。及主会试，所取士张溥、马世奇（字君常，无锡人）等，又皆东林也。归后失势，心内惭，而体仁益横。比体仁去后，张至发、薛国观相继当国，与杨嗣昌等，并以媚嫉称，一时正人，若刘宗周、郑三俊、黄道周等，皆得罪。溥等忧之，说延儒曰：'公若再相，易前辙，可重得贤声。'延儒以为然。溥友吴昌时，为交关近侍，冯铨复助为谋。会帝亦颇思延儒，而国观适败。至是，因与贺逢圣复召入阁。溥等因以数事要之，延儒慨然曰：'吾当锐意行之，以谢诸公。'既入朝，悉反体仁辈弊政。首请释漕粮欠户，蠲民间积逋。凡兵残岁荒地，减见年两税。苏松常嘉湖诸府大水，许以明年夏麦代漕粮。及召还言事迁谪诸臣李清（字映碧，春芳五世孙），等。帝皆忻然从之。"

十一月

李自成攻陷南阳，唐王朱聿镆被杀。总兵猛如虎死节。《明鉴纲目》卷八："纲：冬十一月，李自成陷南阳，杀唐王聿镆（聿键弟），总兵猛如虎死之。目：如虎随杨嗣昌下荆州，诏移驻南阳。自成来攻，如虎凭城拒战，杀贼数千。及城陷，犹短兵大呼冲击，血盈袍袖，北面叩头谢帝，自称力竭，遂被害。参政艾毓初（字孩如，米脂人），知县姚运熙（馆陶人）等死之（同时死者，主簿门迎恩，训导杨气开。○明年十月，自成再破南阳，知府邱懋素亦死之）。贼连陷邓州等十四城，再攻开封，高名衡及陈永福竭力拒守。永福射中自成一目，自成退屯朱仙镇。"

提督太和山内官监阴象坤殴均州诸生蒋懋孚，下狱死。巡抚宋一鹤以闻。上责提学佥事高世泰。世泰引咎，且奏象坤初至谒太庙，仿按臣礼，坐明伦堂讲书。士林哂之，因构衅。命下巡按御史，彼内臣谒庙讲书，果故事否。（据《国榷》卷九十七）

进周延儒少师兼太子太师中极殿大学士，荫中书舍人。（据《国榷》卷九十七）

本年

十四年，谕各部臣特开奇谋异勇科。诏下，无应者。（据《明史·选举志》）

浙江石门（崇德）文士孙爽等十馀人创征书社。吕留良《吕晚村先生文集》卷七《孙子度墓志铭》："崇祯十一年戊寅，余兄季臣会南浙十馀郡为澄社……越三年子度择同邑十馀人为征书社。时余年十三，子度见其文，辄大惊曰：'非吾畏友乎！'社中曰：'稚子耳！'子度曰：'此岂以年论耶？'竟拉与同席。"

浙江石门（崇德）曹序等立兰皋社。吕留良《吕晚村先生续集》卷三《质亡集小序》："曹序射侯（同邑）：崇祯时，射侯叔则为兰皋社，与余社友不相契。余兄弟与射侯兄弟，独相得于尘壒之外，不以藩篱间也。"

陈际泰（1567—1641）卒。（据台湾"中央图书馆"编《明人传记资料索引》）《明史·文苑传》："陈际泰，字大士，亦临川人，父流寓汀州武平，生于其地。家贫，不能从师，又无书，时取旁舍儿书，屏人窃诵。从外兄所获《书经》，四角已漫灭，且无句读，自以意识别之，遂通其义。十岁，于外家药笼中见《诗经》，取而疾走。父见之，怒，督往田，则携至田所。踞高皋而哦，虽毕身不忘。久之，返临川，与南英辈以时文名天下。其为文，敏甚，一日可二三十首。先后所作至万首，经生举业之富，无若际泰者。崇祯三年举于乡，又四年成进士，年六十有八矣。又三年除行人。居四年，护故相蔡国用丧南行，卒于道。"《四库总目提要》卷八著录陈际泰《易经说易》七卷、《周易翼简捷解》十六卷附《群经辅易说》一卷，同书卷三十四又著录其《五经读》五卷："明陈际泰撰。际泰有《易经说意》，已著录。其平生以制艺传，经术非所专门，故是编诠释五经，亦皆似时文之语，所谓习惯成自然也。"同书卷三十七又著录其《四书读》十卷。《明史·艺文志》著录陈际泰《太乙山房集》十四卷。

沈自征（1591—1641）卒。（据庄一拂《明清散曲作家汇考》）康熙《吴江县志》卷三十五："沈自征，字君庸，副使珫之子也。幼自负，好大言……崇祯三年，永平副使张椿闻其名，延至幕府。自征为椿画甚至……自征颖悟绝人，为文立就，不录稿，散失莫纪。惟仿元人作《渔阳三弄》曲，其友梓之行世。"

明思宗崇祯十五年壬午（公元 1642 年）

正月

起孙传庭为兵部侍郎，督京军赴援开封。《明鉴纲目》卷八："纲：壬午十五年，春正月，起孙传庭为兵部侍郎，督京军，援开封。目：李自成围开封益急。开封故宋汴都，金人重筑，厚数丈。贼用火攻法，于城坏处，实药瓮中，火然药发，当辄糜碎，名曰放迸。城土坚，火迸皆外击，贼骑多歼。自成骇而去，南陷西华。寻屠陈州，副使关永杰（字人孟，巩昌卫人），知州侯君耀（字际明，成安人），乡官崔泌之（鹿邑人），举人王受爵，俱骂贼死。归德、睢州、宁陵、太康数十郡县，悉被残毁。商邱知县梁以梓，全家歼焉。已复还攻开封，为持久计。诏释传庭于狱，特召见，奖劳甚至，命督京军赴援。"

二月

传升张之奇、刘世芳为翰林院检讨，张国泰、高来凤改待诏，刘明翰、谭易为中书舍人。（据《国榷》卷九十八）

十八日，清兵攻陷松山，总督洪承畴降清。（据蒋良骐《东华录》卷四）《明鉴纲目》卷八："纲：清兵陷松山，洪承畴降，遂取锦州。目：松山围久食尽，督师范志完（虞成人）不能救。吴三桂遣将卒尾清军后，复败走。会松山副将夏承德，遣子为质，约日献城。清军如期来攻，城遂拔，巡抚丘民仰（字长白，渭南人），总兵官曹变蛟等，死之。承畴与总兵祖大乐皆降。宁远关门劲卒尽丧，锦州城内粮亦尽，人相食。祖大寿战守计穷，又闻松山已失，遂率所部以城降，杏山、塔山皆下。（大寿寻以病卒。）帝论诸逃将罪，诛王朴，镌吴三桂三秩。时诸将多拥厚资，赂权要，故朴以外皆获宥。（时败书闻，或传承畴已死，帝惊悼甚，诏设坛都城，赐承畴祭十六，民仰六。寻命建祠都城外，承畴、民仰并列，将亲临奠。已闻承畴降，乃止。）"

三月

魏照乘罢归。《明鉴纲目》卷八："纲：三月，魏照乘罢。目：照乘居位四年，御史徐殿臣劾其昵妾弃妻，纵壻为奸诸丑迹。照乘犹欲辨，御史刘之勃（字安侯，凤翔人），复论之，遂引疾归。"

春

郑元勋、李雯等复社社友大会于苏州虎丘。杜登春《社事本末》："复社自己巳至辛巳，十三年中凡三大会……壬午春，又大集虎丘，维扬郑朝宗先生元勋、吾松李舒章先生雯为主盟，桐城方密之先生以智、直之先生其义……皆与焉。"

四月

刑科给事中左懋第上疏请焚毁《水浒传》。东北图书馆编《明清内阁大库史料》上册："……李青山诸贼啸聚梁山，破城焚漕，咽喉梗塞，二京鼎沸。诸贼以梁山为归，而山左前此莲妖之变，亦自郓城、梁山一带起。臣往来舟过其下数矣，非崇山峻岭，有险可凭。而贼必因以为名，据以为薮泽者，其说始于《水浒传》一书。以宋江等为梁山啸聚之徒，其中以破城劫狱为能事，以杀人放火为豪举，日日破城劫狱，杀人放火，而日日讲招安，以为玩弄将吏之口实。不但邪说乱世，以作贼为无伤，而如何聚众竖旗，如何破城劫狱，如何杀人放火，如何讲招安，明明开载，且预为逆贼策算矣。臣故曰：此贼书也……《水浒传》一书，贻害人心，岂不可恨哉！"

谢升削籍。《明鉴纲目》卷八："纲：夏四月，谢升罢。目：初，清主皇太极屡遗书议和，兵部尚书陈新甲，以国内困敝，亦请主和以纾患，密遣职方郎中马绍愉等，持书议和。皇太极授以书，令还报，遣人送至连山而还。其事甚密。一日，新甲私告傅宗龙，宗龙以语谢升。升后见疆事大坏，于帝前述宗龙之言，帝惭。升进曰：'倘肯议和，和亦可恃。'帝默然。已而言官谒升，升言上意主和。于是言官交章劾升，帝怒其泄漏，削籍去。新甲亦由此得罪。（初，帝密以和议委新甲，手诏往返者数十，皆戒以勿泄。一日，马绍愉以密语报，新甲视之，置几上，其家僮误以为塘报，付之抄传。于是言路哗然，论劾新甲。帝怒甚，留疏不下，严旨切责，令自陈。新甲不引罪，反诩己功。遂诏下狱，寻弃市。"

右庶子张维机为少詹事兼翰林院侍读学士，左赞善闪仲俨为左庶子，编修曹勋为左谕德，并兼侍读。左中允吴伟业为左谕德兼侍讲，编修马世奇、司业罗大任为左中允并兼编修。（据《国榷》卷九十八）

五月

郑三俊复为吏部尚书。《明鉴纲目》卷八："纲：五月，以郑三俊为吏部尚书。目：周延儒言于帝，以老成名德，不可轻弃，请召三俊复故官。会吏部尚书李日宣（字晦伯，吉水人），以会推阁臣得罪（日宣等列蒋德璟、黄景昉等名以上。帝命再推，复上房可壮等三人。大僚不获推者，为流言入内，帝深惑之。特御中左门，召日宣，及与推诸臣。责日宣徇情滥举，命锦衣官褫冠带，就执，群臣皆股栗失色。遂下日宣刑部，拟戍。与推之臣，亦有被罪者。○蒋德璟，字申葆。黄景昉，字太稚。俱晋江人），即命三俊代之。延儒又请以刘宗周长都察院，范景文长工部，倪元璐佐兵部，皆起自废籍。其它李邦华、张国维、徐石麟（字宝摩，嘉兴人）等，皆复官，布满九列。中外翕然，称延儒为贤。（延儒尝偕同列燕侍，帝语及黄道周，时道周方谪戍辰州，延儒曰：'道周气质少偏，然学与守皆可用。'同列因请移戍道周近地，延儒曰：'上欲用即用之耳，何必移戍？'帝额之。即日，复道周官。"

张献忠连陷庐州等州县，南京大震。起马士英总督庐凤军务。《明鉴纲目》卷八："纲：张献忠陷庐州，起马士英（贵阳人）总督庐凤军务。目：初，汴围急，督师丁启睿，及左良玉往援，献忠乘间陷亳州，入英霍。至是复纠别贼陷舒城，据之。（教谕杨廷璧，与在籍编修胡守恒，协力严守至三昼夜，城陷被执，骂贼死。○廷璧，字荆璞，江都人。守恒，字见可。）连陷庐州（通判赵兴基，经历程元缓，指挥赵之璞，皆力战死。○兴基，太和人），含山，巢，庐江，无为，六安，诸州县，南京大震。诏逮凤阳总督高斗光，起马士英代之。士英初巡抚宣府，取公帑馈朝贵，坐遣戍。至是，礼部侍郎王锡衮（禄丰人），荐其知兵，周延儒力赞之，遂自戍所起用。"

国子祭酒南居仁致仕。（据《国榷》卷九十八）

孙从度为国子祭酒，孙晋为大理寺左少卿。（据《国榷》卷九十八）

六月

王彦泓（1593—1642）卒。（据金坛王氏族谱）

礼部以礼科都给事中沈胤培请广科额，遂加应天诸生解额十人、监生解额五人，顺天诸生七人、监生八人，浙江、江西、福建、湖广各十人，山东、河南、山西、陕西、四川各八人，广东六人，广西、云贵各二人。（据《国榷》卷九十八）

贺逢圣、张四知罢归。蒋德璟等入阁。《明鉴纲目》卷八："纲：六月，贺逢圣、张四知罢，以蒋德璟、黄景昉、吴甡，并为礼部尚书，兼东阁大学士，预机务。目：先是，李日宣虽被谴，德璟、景昉、甡三人，已先有旨入阁。德璟等以日宣故，叩辞新命，因言臣等并在会推中，若诸臣有罪，臣等岂能安。及是三人召对称旨，遂并入直。"

禁民间收藏、印制、阅读《水浒传》。东北图书馆编《明清内阁大库史料》上册："兵部为梁山寇虽成擒等事该本部题前事等因，崇祯十五年六月□日，本尚书陈等具题。十五日，奉圣旨：降丁各归里甲，勿令仍有占聚，着地方官设法清察本内，严禁《浒传》……凡坊间家藏《浒传》并原板，速令尽行烧毁，不许藏匿。"《浒传》即《水浒传》。

翰林院待诏林增志仍编修。（据《国榷》卷九十八）

故总督蓟辽尚书洪承畴，赠少保，荫中书舍人。故巡抚辽东丘民仰，赠左都御史，荫子入国子监。各予祭葬。（据《国榷》卷九十八）

礼部右侍郎蒋德璟，詹事黄景昉，兵部右侍郎吴甡并为礼部尚书兼东阁大学士，直文渊阁。（据《国榷》卷九十八）

七月

左良玉等所率四镇兵溃于襄阳。《明鉴纲目》卷八："纲：秋七月，左良玉兵溃于朱仙镇，诸镇皆溃。目：开封围急，帝命良玉赴援。杨文岳合虎大威、杨德政、方国安，及良玉，四镇兵，次朱仙镇。良玉见贼盛，一夕拔营走襄阳，诸军皆溃。"

刑部拟李日宣等贡举非其人律，拟杖。（据《国榷》卷九十八）

暂停河南乡试。（据《国榷》卷九十八）时李自成久围开封。

杨汝成为詹事，韩四维为国子司业。（据《国榷》卷九十八）

停乡试副榜准贡。（据《国榷》卷九十八）

詹事杨汝成署翰林院事，闪仲俨为少詹事兼翰林院侍读学士，丘瑜为礼部右侍郎。（据《国榷》卷九十八）

八月

御史刘熙祚言："故庶吉士张溥力学砥行，著述甚多。"命进其刊本写本。俱汇上。（据《国榷》卷九十八）

仍优免诸生。（据《国榷》卷九十八）

壬午乡试，黄淳耀、戚价人之作传诵一时。时有章云李者，亦不愧名家。梁章钜《制义丛话》卷三："俞桐川曰：裁六经题以为制义，独重于科目者，为其明义理、切伦常，实可见诸行事，非若策论之功利、辞赋之浮华而已。有宋家法远胜于历朝，至于光宗失其纪矣，间于谗谤而夫子忤，夺于嬖宠而夫妇乖。陈君举先生傅良以儒生争之，虽所陈不尽见用，而义理、伦常赖以不坠矣。先生工于制义，所传几三十首，于宋文最富，读之足以见先生所争不负所学。而有明以来，壬午、甲申之忠义，四珰、三案之气节，削藩、监国之权变，大礼、国本之议论，皆能原本经术，见诸施行，而亦君举诸公有以倡之也。制义所关顾不重耶？"梁章钜《制义丛话》卷七："徐存庵曰：崇祯壬午南闱'臣事君以忠'题文，纯是商声，自系气运使然。所异者卢幼哲、陆集生，词稍和平，便无意味，至采臣玉骐，竟多不祥语矣。惟陶庵此篇文，前幅光明古峻，全无臣道忠言格套，入后则直书所学，束句云：'正本清源以养其学，致命遂志以尽其才，昊天上帝以矢其诚，日星河岳以达其气。'更不殊文山之《正气歌》矣。按：文中有云：'未有一日之报，而先以百年养之；未有手足之劳，而先以心膂待之。'尤为痛心之言，恐戚价人当望而却步也。""俞桐川曰：干将铸剑，其妻莫邪自投炉中而剑成。夫剑，小技也，夫杀其妻，妻乃自杀，不惜其生以精其艺，古人之专也如是。闻戚价人于壬午闱中，漏下数刻，呕血数升，仅成首艺，故其墨直驾陶庵而上，阅其全稿，率皆性命以之。故予谓价人之文，亦莫邪之于剑而已。""徐存庵曰：戚价人作'学而时习'全章，文末云：'若此者终身终古为之，其诣不必竟也，一人一日为之，其候即有验也。未至不能举似，已至又难名言，学者自得之而自信之而已。'如此数言，非实有体认人不能道，似又不专从刻苦中来者。""孟瓶庵师曰：戚价人文促音急节，未改几社遗规，惟'臣事君以忠'篇切响坚光，实足以式浮振靡。此篇为崇祯壬午闱艺，相传在矮檐中苦思结构，至于咯红满壁而不自知，果为房师来元成所赏，作者、识者一时争叹服焉。按：徐存庵谓戚价人此题文中有云：'禹、皋、伊、旦，中晚即无此数人，此道自在天壤。'对比云：'诚意正心，今日即不列王庭，此事自盟学问。'初读之警拔非常，细加研审，遂见语病。夫圣贤何代不生，朝廷之上岂不讲学？即如春秋之末有孔子，战国之际有孟子，何得直断之曰'无此数人'，又曰'不列王庭'乎？存庵此论，似刻而未可重非，操觚者能加慎重，至此自不敢轻易下笔，亦精益求精之法也。""林畅园师曰：德清章云李金牧之文，惊才绝艳，而不为时辈所推，乃抱其文稿入空山，对丛冢骷髅诵之，既不能应，则痛哭曰：'已矣乎！吾文微但人不知，即鬼亦不识也。'后俞长城选入《百二十名家》，而云李之名始显。至乾隆间而盛行，操觚家无有不读其文者。自金坛之派行而云李遂微，几于烟消烬灭，然间取而诵之，光焰自万丈也。檀吉甫尝言：'时文家习熟陈腐之理语，几于撑肠拄腹，云李之文一人，定有蹙破菜园之梦，宜其为人所吐弃。然推倒一世之智勇，拓开万古之心胸，终不可废也。'斯持平之论矣。""郑苏年师曰：'临事而惧，好谋而成'二语，时文家多能切实发挥，亦时有名理，而最惊心骇目者，无过章云李数行，如云：'何道不本圣贤，我心敢不兢惕；何事不因君父，我心敢不靖共。鬼神伏于人心，不召之则不至；阴阳杂于血气，不聚之则不神。'似此设想，皆从周秦诸子分来，非耳目近玩也。后来望溪文似尚说未到此。"

九月

顾锡畴为南京礼部右侍郎，雷跃龙改南京吏部右侍郎，倪元璐为兵部右侍郎兼翰林院侍读学士。（据《国榷》卷九十八）

复赵士春翰林院编修。（据《国榷》卷九十八）

复刘同升翰林院修撰。（据《国榷》卷九十八）

仍于明年新进士中选庶吉士。（据《国榷》卷九十八）

前翰林院侍讲徐时泰、太仆寺卿潘云翼上章自理。户科给事中廖国遴劾其以逆案思逞，命逐回。（据《国榷》卷九十八）

李自成决河灌开封。城中百万户，皆漂荡一空。《明鉴纲目》卷八："纲：九月，李自成决河灌开封，城陷。目：高名衡议决朱家寨口（在河南开封县城西北十七里）河灌贼，贼侦知之，遂移营高阜。亦驱难民数万决河，河水自北门入贯东南门出，奔声如雷，城中百万户，皆荡尽，得脱者惟周王妃，世子，及抚按以下，不及二万人。贼亦漂没万馀，乃拔营去。时孙传庭方治军关中，帝以开封急，屡趣之出关。传庭言秦兵新募，不堪用，不听。不得已抵关。而开封既陷，急攻贼于南阳，败之，追奔三十里，至郏县三冢头。贼弃甲仗军资于道，官军趋利，遂为所乘，大溃。传庭乃走入关。（是役也，天大雨，粮不至，士卒采青柿以食，冻且馁，故大败。豫人因谓之柿园之败。）"

十月

吏部尚书郑三俊疏言积分监生姚弁等比例乞考推知事。孙承泽《山书》卷十六《积分送考》："崇祯十五年十月，吏部尚书郑三俊疏言：'积分监生姚弁等比例乞考推知，先该臣部具覆，因奉有"本内与国初之典未可同语，是何缘故，还着察明奏夺"之旨。该臣部覆察得，国初积分之典，凡生员通《四书》未通经义者，居正义、崇志、广业堂。一年半之上，经史兼通、文理俱优者，升率性堂。必升至率性堂，方许积分。每试文理俱优者，与一分，岁内积至八分为及格，方与出身。是其间经年累月，磨练作养，盖以考其才，更以课其行也。今之积分，虽经国学按月科试，要不过择其文理，咨部候考。其于升至率性、积分八分之典制，实未如式，所以有今昔不同之论耳。在臣部仰体皇上作人盛心，故再加考试，以上卷量取通判，次卷取授州同。在后治行超卓，不妨一体优异，在今不可谓之非出身矣。察国子监咨送积分，除南监题咨积分徐孚远等十名见在，候考有于凡恺、孔亦昭二人外，其北监于十四年十二月咨送十二名，十五年七月咨送十名，闰十一月又咨送三十六名，往例每岁咨送不过一次，每次不过数名，今则一岁之中咨送三四次，一次送至数十名，则滥矣。课其文艺，且未必优，况言积分，而又概希正选，妄觊清华，此又未可轻徇者也。相应严加考试，如果才学优长，堪备任使者，照例授以通判、州同职衔，只如往岁收取文数，平常者授以监生本职，文理缪者仍发回该监肄业，以俟岁终及格再为汇送。以后积分之法如欲永行，每岁止可咨送一次，每次不过数名，庶限制有定，不致滥觞可也。'"郭鎜《皇明太学志》卷八："背书簿：监生每日本堂号书三本，各依监规日期堂上掣签，付博士厅细背。凡背讫及背生者俱揭送西厢试背，背生者或责或罚旷，悉登于簿。讲书簿：会讲先日，堂官开题送西厢裁（点），具稿送厢改正，随发博士厅录于簿。查课簿：监生每月作课六篇，完送本堂官看讫，汇送博士厅详定等第，揭送西厢列等以示劝惩。中有篇数不完，字书潦草者，计篇罚旷或责，悉登于簿。查仿簿：监生每日写仿一幅，完送本堂官圈改，月终呈送西厢查验，中有字书顽□□草率者，重责，悉登于簿。"郭鎜《皇明太学志》卷七《政事》上："唐大司成领六学，有律学、有书学、有算学。我高祖屡诏诸生讲习律令，而于书仿，监规所示亦既详明。后又颁书及数之法于国学暨诸乡学。今律令既不常讲，而书仿或亦应文，至于数置不复及矣。按：原洪武二十五年所颁数法，凡生员每日务要习学算法，必由乘因加，归除减，精通九章之数。昔之善教者，经义讼事，贵在兼通，曾谓律令数学切于日用，可忽而不知学乎？"黄儒炳《续南雍志》卷十三《典式考》："季考，凡春秋季考，东厢先期出示通监，监生各依式备卷，开堂班、姓名、年籍、经书于卷后，送绳愆厅弥封讫，查举人若干卷、岁贡生若干卷、援例生已成材若干卷、未成材若干卷、给假若干卷，开揭姓名，连卷呈厢用印。至日黎明，两厢至堂，但奉委官员入揖，监生各便服赍赴太学门外，听委官唱名、散卷、散签，率性、诚心、崇志三堂东边进，修道、正义、广业三堂西边进，仍听搜检，随牌鱼贯进至大堂，本生认签就坐。所委监试巡视官防传递，守门官严启闭，供给官备茶饼。卷完陆续赴两厢坐前跪交，每积至二十人给牌赴守门官验牌照出。收毕仍查总计若干卷封置箱内。各厅堂未奉委者俱免揖。次日两厢上堂将卷发厅堂官分阅，拟上、中、下卷送两厢详定出榜。其上榜者典簿厅备纸剀，候两厢至东堂，厅堂官东西侍坐，礼生唱名给赏，一等绵纸、刀，二等绵纸、刀，赏毕列班跪稟拜谢，兴，揖，再向厅堂官两揖，兴毕，跪，大班散。其无故不到及犯规矩怀挟作弊并文理荒谬者，分别罚治，详载酌定国子学规内。"

浙江阃司合十一郡世胄材官良家子之娴于武者若干人，以侍御史左公试之。陈子龙《安雅堂稿》卷四《浙江武举乡试录序》："今上之十有五载，天下又当大试文武之士。时维孟冬，玄冥届令，浙江阃司合十一郡世胄材官良家子之娴于武者若干人，以侍御史左公试之。乃莱田立耒，刘兰置旃，舍士于中。初试刀石，洸洸仡仡，是挈是投，不中式者罢之。次试马射，驰骋纵送，鼓騧旗举，不中式者罢之。次试步射，五人为耦，四镞树，不中式者又罢之。次则锁院，策以时事，问以兵书，取其晓畅明习者得五十人，将以贡于司马。……高皇帝损益古今，先技后文，定制近于有宋。今皇帝时当多难，拊髀颇、牧，首重勇力，参用唐代翘门负石之制，著为令，科目之重，同于文吏矣!"

谕礼部同詹事翰林等官覆议祀典。(据《国榷》卷九十八)

戊午，增明年会试额六十人。(据《崇祯实录》卷十五)

十一月

清兵破蓟州，分道南阳，畿南山东多个州县失守。(详见计六奇《明季北略》卷十八)

姜曰广为南京詹事府詹事兼翰林院侍读，吴太冲为右春坊右中允兼翰林院编修。(据《国榷》卷九十八)

闰十一月

李自成等攻陷汝宁，杨文岳等死节。《国榷》卷九十八："（崇祯十五年闰十一月）庚戌，贼戴扉环攻，云梯百道并登，执总督杨文岳及兵备佥事王世琮。文岳、世琮骂贼，贼以大炮击之，縻骨以死。文岳南充人，万历己未进士。世琮达州人，天启甲子贡士。初授河南推官，屡却贼，射矢贯耳不动，号王铁耳。"《明鉴纲目》卷八："纲：闰月，李自成陷汝宁，前总督侍郎杨文岳等死之。目：自成并合群贼，（先是马守应称老狚狚，贺一龙称革里眼，贺锦称左金王，刘希光称争世王，蔺养成称乱世王，号革左五营，至是俱归自成。）连营五百里，再屠南阳，进攻汝宁，总兵虎大威中炮死，城遂陷。文岳被执，大骂贼，贼缚之城南，以大炮击杀之。兵备佥事王世琮（字仲发，达州人），知府傅汝为（字子宣，江陵人），通判朱国宝（成都人），副将贾悌，参将冯名圣，汝阳知县文师颐（全州人）等，亦俱不屈死。时河南郡邑，无不残破，朝廷不复设官，遗黎多结寨自保。大者洛阳李际遇，汝宁沈万登，南阳刘洪起兄弟，众各数万，诸小寨附之。或降贼，或受朝命，复互相吞并。中原祸乱，于是为极。逮明年帝下诏蠲租赦罪，已不可为矣。"

姜采、熊开元下狱，寻遣戍。《明鉴纲目》卷八："纲：下给事中姜采（字如农，莱阳人）、行人司副熊开元（字鱼山，嘉鱼人）于锦衣狱，寻遣戍。目：先是有造为二十四气之说，以指朝士二十四人，其言直达御前。及是，帝适下诏，戒谕百姓，责言路尤切。采疑帝已入其说，乃上言：'陛下视言官独重，故责之独严。如圣谕所云，代人规卸，为人出缺者，臣岂敢谓尽无其事？然陛下何所见而云然？倘如二十四气蜚语，腾播清禁，此必大奸巨憝，欲激至尊之怒，箝言官之口，将来谁复为陛下言天下事者。臣区区之愚，不独为言官职掌，更为朝廷清治乱之源也。'是时帝方忧劳天下，至默告上帝，戴罪省愆，所颁戒谕，词旨痛切，而采顾反复诘难，若深疑于帝者。帝遂大怒曰：'采敢诘问诏旨，藐玩特甚！'立下诏狱考讯。而时又有熊开元事。开元欲论周延儒，屡请召对。及入见，延儒同在，不敢言。一日，帝御德政殿，秉烛独坐。开元从辅臣入，奏言《易》称君不密，则失臣，臣不密，则失身。请辅臣暂退。延儒等引退，帝不许。帝疑开元意有所为，诘问者久之。开元但言小臣面奏，而大臣皆在左右，谁敢为异同之论以速祸。帝不怿，命之退。延儒等请令补牍，从之。开元本欲尽发延儒罪，以其在侧，不敢言，而延儒虑其补牍，阴令吴昌时沮之。（昌时，开元令吴江时所拔士。）及奏上，不更及延儒他事。帝大怒，命锦衣卫逮治。卫帅骆养性，开元乡人也。素怨延儒，令尽发延儒之隐以闻。帝益怒甚，令养性潜毙采及开元于狱。养性惧，商之同官，不敢即奉命。已而语泄，有奏之帝者。会帝意已渐解，逮采、开元，至午门，并杖一百，移刑部定罪，已皆遣戍。（采宣州，开元杭州。）方采、开元下狱时，或谓延儒当救。不从。既而刘宗周以救二人削籍，徐石麟又以救宗周罢去，延儒竟无一言。""姜采"，进士题名碑等均作"姜垛"。

倪思辉为南京户部右侍郎兼右佥都御史，总督粮储。朱统鉎为南京国子祭酒。（据《国榷》卷九十八）

翰林院修撰魏藻德上言兵事，上善之。（据《国榷》卷九十八）

十二月

都察院左都御史刘宗周削籍，左副都御史金光宸降调。吏部尚书郑三俊、刑部尚书徐石麒各疏救，不听。贡士海宁祝渊奏宽宗周，有旨停渊会试。（据《国榷》卷九十八）

吴国华为南京国子司业。（据《国榷》卷九十八）

本年

壬午科试，山西学使李芳联抡才失真太甚。李中馥《原李耳载》卷上"恃才昏鉴"："晋学使李公芳联，蜀人也，少负异质，有神童名，十七领乡荐，又数科发甲，而年未三旬也。负才任气，无所不至。督学时，值壬午科试，所属名宿，如魏伯阳辈，置劣等者甚众。文水拔贡郭鹏霄名震久矣，不惟不录，乃别写一榜，书：取五等拔贡郭某。试文随榜揭示，阅者叹其苍古典赡，不愧作手，抄刻传颂。郭生计尚不误北闱期，遂北诣成均，两闱联捷。又高平毕振姬试列四等，邑令求免不可，泽州牧求免不可，冀南宗观察札恳亦不可。毕生直指观风首也，知学道有心相抑，恐抑而得隽，于己不光耳，乃径送藩司入册预试，毕，竟发元，遂有'五魁三落卷，一榜半遗才'之谣。从来抡才，失真者有矣，未有若此公之甚者，盖矜愎太过，造物故为之昏其鉴也。"

明廷改称诸儒先贤。《明通鉴》卷八十八："是岁，诏以左丘明亲授经于圣人，改称先贤。并改宋儒周、二程、张、朱、邵六子亦称先贤，位七十子下，汉、唐诸儒之上。然仅国学更置之，阙里庙廷及天下学宫未遑颁行也。"

左都御史刘宗周上疏禁赌、禁娼、禁戏曲。刘宗周《刘蕺山集》卷五《申明巡城执掌疏》："不法之类，轻者拿问，如赌博盗贼；又轻者径行驱逐，不许潜往京师，如私娼、小唱、戏子、游僧、游尼之类，所不令行而禁止者，未之闻也。"

沈德符（1578—1642）卒。（据吴荣光《历代名人年谱》）沈德符，字景倩，一字景伯，又字虎臣，浙江嘉兴人，万历四十六年举人。自幼随祖父、父亲居住北京，熟悉朝章故事，见闻颇广，著有《万历野获编》三十卷，另有其后人《补遗》四卷。中华书局1959年出版《万历野获编》断句本。钱谦益《列朝诗集小传》丁集下《沈先辈德符》："德符，字景倩，嘉兴人，故太史自邠之子也。自王、李之学盛行，吴越间学者拾其残沈，相戒不读唐以后书，而景倩独近搜博览，其于两宋以来史乘别集、故家旧事，往往能敷陈其本末，疏通其端绪。家世仕宦，习闻国家故事，且习见嘉靖以来名人献老，讲求掌故，网罗放失，将勒成一家之言，以上史馆，惜其有志而未逮也。其论诗宗尚皮、陆及陆放翁，与同时钟、谭之流，声气翕合，而格调迥别，不为苟同。年四十，始上春官，累举不得志而死。"

明思宗崇祯十六年癸未（公元1643年）

正月

李自成入承天。《明鉴纲目》卷八："纲：癸未十六年，春正月，李自成陷承天。目：自成初无远图，所得城邑，辄焚毁弃去。及灌开封，败秦军，群贼咸附。乃胁崇王由樻（简王见泽六世孙）使从军，陷荆襄诸郡，杀湘阴王俨钘（辽王支属），遂犯承天，焚献陵，巡抚宋一鹤（宣城人），总兵钱中选，留守孙寿崇（宣城人，有容子），副使张凤翥，知府王玑（扶风人），锺祥令萧汉（字云涛，南丰人）等，皆死之。徇下旁近州县，自号顺天倡义大元帅，称罗汝才代天抚民威德大将军。初，自成善攻，汝才善战，两人相须，若左右手。及是，自成兵强士附，有专制心，顾独忌汝才。乃召汝才所善贺一龙宴，缚之，晨以二十骑斩汝才于帐中，悉并其众。于是谋以荆襄为根本，改襄阳曰襄京，修襄王宫殿居之，僭号新顺王。又以牛金星言，创设官爵名号，置五营二十二将，上相，左辅，右弼，六政府（有侍郎郎中从事等官）。要地设防御使，府曰尹，州曰牧，县曰令。崇王由樻等俱封伯。官吏降者，并授伪职。（自成每陷城邑，令军士毋得室处，寝兴悉用单布幕，绵甲坚厚，矢炮不能入。一兵倅马三四匹，冬则以裯褥藉其蹄，剖人腹为马槽，见人辄踞牙思噬。腾山巅直上。水惟惮黄河，若淮、泗，则万人翘足马背，或抱鬣缘尾，呼风而渡。临阵列马三万，名三垛墙，前者返顾，后者杀之。战久不胜，马兵佯败，诱官军，步卒长枪三万，击刺如飞。骑兵回击，无不大胜。攻城迎降者不杀。守一日，杀十之一二，二日杀十之七，三日屠之。凡杀人，束尸为燎，谓之打亮。城将陷，步兵环堞下，马兵巡徼，无一人得脱者。献忠虽至残忍，不逮也。）"

左春坊左庶子杨观光、翰林院修撰刘理顺各以直东宫讲读，不便守门，免之。（据《国榷》卷九十九）

许河南补乡试。（据《国榷》卷九十八）

三月

礼部尚书东阁大学士吴甡兼兵部尚书，督师平寇。赐尚方剑，给五万金旌功。（据《国榷》卷九十九）

国子生徐尔斗上故大学士徐光启《农书》。命梓行。（据《国榷》卷九十九）

四月

乙丑，改会试期至八月。（据《崇祯实录》卷十六）《国榷》卷九十九："（崇祯十六年四月）乙丑，改礼闱八月。"

周延儒督师通州，不敢战。清兵北还。《明鉴纲目》卷八："纲：夏四月，周延儒自请督师，许之。清兵北还。目：时清兵自山东还，至近畿，帝忧甚。大学士吴甡，方奉命办流寇，延儒度不得已，遂自请视师。帝大喜，奖以召虎、裴度，赐章服，白金，文绮，上驷，给金帛赏军。延儒驻通州，不敢战，惟与幕下客饮酒娱乐，而日腾章奏捷。及清兵至怀柔，赵光抃（字彦清，德化人）合唐能、白广恩等八镇兵，邀战于螺山（在京兆怀柔县北），皆溃，总兵张登科、和应荐败没。延儒侦清兵已还，乃言兵退，请下兵部议将吏功罪。遂归京师。"

趣大学士王应熊入朝。（据《国榷》卷九十九）

张献忠自鸭蛋洲渡江捣武昌，前大学士贺逢圣同守臣力拒。（据《国榷》卷九十九）

五月

方以智撰成《物理小识》初稿。钱嘉淦《明末理学阐微》："当有明末造，爱新觉罗氏兴于满洲，国家命运，危在旦夕。山林隐逸者流，抱残守缺，从事著述，而理学亦起于此时。至崇祯十六年，即西历 1643 年……有密山愚者方以智著《物理小识》六卷，公诸世。大别为十六门，即天、历、风雷雨旸、地、占候、人身、医要、医药、饮食、衣服、金石、器用、草木、鸟兽、神鬼方术、异事，搜罗綦文，时有精义。"《四库全书总目·物理小识提要》："《物理小识》十二卷：明方以智撰。以智有《通雅》，已著录。此书为其子中通、中德、中发、中履所编。又《通雅》之绪余也。首为总论，中分天类、历类、风雷雨旸类、地类、占候类、人身类、鬼神方术类、异事类、医药类、饮食类、衣服类、金石类、器用类、草木类、禽兽类凡十五门。大致本《博物志》、《物类相感志》诸书而衍之。……所论亦不免时有附会。而细大兼收，固亦可资博识，而利民用。"

张维机为詹事，署翰林院事。（据《国榷》卷九十九）

魏藻德入阁，预机务。《明鉴纲目》卷八："纲：五月，以魏藻德（顺天通州人。）为少詹事，兼东阁大学士，预机务。目：藻德时官修撰（庚辰殿试第一），长于辨说，应对捷给。先是都城戒严，疏陈兵事，又召对称旨，帝意其有抱负，遂擢至政府，去释褐甫四年也。既入阁，一无建白，但倡议令百官捐助而已。"

吴甡罢归。《明鉴纲目》卷八："纲：吴甡罢。目：初，帝以襄阳、荆州、承天连陷，召对廷臣，陨涕谓甡曰：'卿向历岩疆，可往督湖广师。'甡请得精兵三万，自金陵趋武昌，扼贼南下。帝以所需兵多，猝难得集，南京隔远，不必退守。甡奏言左良玉跋扈甚，前督师杨嗣昌，九檄征兵，一旅不发。臣不如嗣昌，而良玉踞江汉，甚于曩时。臣节制不行，徒损威重。南京从襄阳顺流而下，窥伺甚易，宜兼顾，非退守也。帝乃令兵部速议发兵。尚书张国维，请以总兵唐通、马科，及京营兵共一万，畀甡。又言此兵方北征，俟撤备后，始可调。帝命姑俟之。甡屡请，帝曰：'徐之。撤备则兵自集，卿独往何益？'逾月，周延儒出督师，朝受命，夕启行。蒋德璟等，讥甡畏贼迟回，而兵部所拨唐通兵，陈演又以关口不可无备，请留之。甡不得已，以五月辞朝。先一日，帝犹命中官赐银牌给赏，越宿，忽下诏，责其逗留，命辍行入直。甡惶恐引罪，遂许致仕。既行，陈演等复构之，征至议罪，遣戍金齿。"

周延儒罢归。《明鉴纲目》卷八："纲：周延儒罢。目：延儒自通州回，帝大加奖劳。居数日，掌锦衣卫事骆养性，尽发所刺军中事。（养性本延儒所荐，背延儒与中官结，及是以军中事，与中官并发之。）帝大怒，责延儒蒙蔽推诿，下廷臣察议。延儒席稿待罪，自请戍边。帝犹降温旨，许驰驿归。（自延儒再相，帝尊礼特重。尝于岁首日，东向揖之曰：'朕以天下听先生。'因遍及诸阁臣。然延儒实庸驽，无他才略。当边境丧师，李自成残掠河南，张献忠蹂躏楚蜀，天下大乱，延儒一无谋画，任其自败而已。性故贪黩。会张溥已卒，马世奇以远嫌不至，左右无正言，所信用惟吴昌时，与门下客盛顺、董廷献辈，因缘为奸利，故败。）"

岁贡生部试改六月望，廷试七月望。（据《国榷》卷九十九）

张献忠入武昌，贺逢圣等死节。《明鉴纲目》卷八："纲：张献忠陷武昌，沉楚王华奎于江。前文渊阁大学士贺逢圣等死之。目：献忠方袭陷太湖，闻左良玉避自成东下，尽撤湖广兵自从，遂趋黄梅，连陷广济，蕲州，蕲水，入黄州。黄民尽逃。乃驱妇女铲城，寻杀之以填堑。又西陷汉阳，武昌，及旁近属邑，执楚王华奎，笼而沉诸江。长史徐学颜（字君复，永康人），参将崔文荣（海宁卫人），俱战死。逢圣方家居，载家人至墩子湖，凿舟沉之。（妻危氏，子觐明，光明，子妇曾氏，陈氏，孙三人，皆从死。福王时，追赠逢圣少傅，谥文忠。）贼乃尽杀楚宗室，录男子二十以下，十五以上者为兵，馀皆杀之。（由鹦鹉洲至道士㳇，浮胔蔽江。逾月，人脂累寸，鱼鳖不可食。○鹦鹉洲，道士㳇，注俱见前。）献忠遂僭号，改武昌曰天授府，江夏曰上江县。据楚王第，铸西王之宝，伪设尚书、都督、巡抚等官，开科取士。下令发楚邸金，赈饥民，蕲黄等二十一州县悉附。（时官绅士庶死节者，通判李毓英，武昌卫经历汪文熙，巡检戴良瑄，及黄冈诸生冯云路、汪延陛，江夏诸生明睿、熊雯，大冶尹如翁，嘉鱼知县王良鉴，蒲圻知县曾栻等。又巡江都司朱士鼎者，城陷被执，戟手骂贼，贼断其两手，不死。贼退，令人缚笔于臂，能作楷字，招集旧卒，训练如常。○李毓英，固安人。王良鉴，霍山人。曾栻，临川人。朱士鼎，字玉节，休宁人。）"

六月

仍选武举三科。（据《国榷》卷九十九）

七月

谕德项煜、方拱乾为左庶子兼翰林院侍读。（据《国榷》卷九十九）

八月

太子少保户部尚书武英殿大学士陈演、少詹事兼东阁大学士魏藻德主礼闱。录取陈名夏等四百人。故事，内阁首次主试，时推四人：陈演、蒋德璟、黄景昉、魏藻德。上命演、藻德，皆有成心。故不数日景昉予告。（据《国榷》卷九十九）归庄《归庄集》卷三《送兄尔复会试序》："崇祯十六年，改会试于八月。"叶梦珠《阅世编》卷二《科举》二："旧制：以辰、戌、丑、未年二月八日设科会试。独崇祯十六年癸未，以流寇充斥河南，已停壬午乡试。各省计偕举子道阻难集，改至八月会试。故事：会元大概非鼎甲即馆选。惟崇祯庚辰会元杨琼芳年迈中式，不得入词林，皆会试之变局也。"谈迁《枣林杂俎·圣集》："永乐癸未，以靖难渡江，会试改八月。天顺癸未，贡院灾，改八月。明年廷试。崇祯癸未，以边患改八月会试，九月廷试。"永乐癸未，即永乐元年（1403）。天顺癸未，即天顺七年（1463）。李调元《制义科琐记》卷三《癸未》："永乐癸未，初即位，天顺癸未，南省火，皆改于明年会试。至崇祯朝六会试，竟以癸未终，此亦数也。"李调元《制义科琐记》卷三《癸未榜》："崇正癸未一榜，结有明全代之局。然是科殊多盛事。子先登第，则南丰汤绍中。子来贺，庚辰进士。壬午绍中乡荐，来贺以扬州司理分校南闱，所取徐征麟与绍中同榜，登会榜而门生乃为年伯。父子同科，则常熟王曰俞，丁卯孝廉，六上春官，至是与子澧偕捷。而榜中复有一王曰俞，阳城人。兄弟同科，则全洲吴国鼎、国龙，并为《诗》魁。四代进士，则武进吴刚思，而刚思母丁氏，乃观察亮之媵，三子并贵，柔思，壬戌进士；简思，辛未进士。《五经》中式，则嘉兴谭贞良，慈溪冯元飏。"顾炎武《日知录》卷十六《进士得人》："明初荐辟之法既废，而科举之中尤重进士。神宗以来，遂有定例，州县印官，以上中为进士缺，中下为举人缺，最下乃为贡生缺。举贡历官，虽至方面，非广西、云贵不以处之，以此为铨曹一定之格。间有一二举贡受知于上，拔为卿贰大僚，则必尽力攻之，使至于得罪谴逐且杀之而后已。于是不由进士出身之人，遂不得不投门户以自庇。资格与朋党二者牢不可破，而国事大坏矣。至于翰林之官，又以清华自处，而鄙夷外曹。崇祯中，天子忽用推知考授编检，而众口交哗，有'适从何来，遽集于此'之诮。呜呼！科第不与资格期，而资格之局成，资格不与朋党期，而朋党之形立。防微虑始，有国者其为变通之计乎！"朱之瑜《朱舜水集》卷十《答源光国问十一条》："夫以明朝之制，状元初授为修撰，十二年考满为谕德。若或九载升迁，仅得中允。又三年而为谕德、赞善，又三年而为庶子，又三年而学士，前后已二十年矣。状元擢英俊之巍科，翰林学士为清华之首选，而人士之冠冕，其举动系天下观望，岂敢一毫自轻！"查继佐《罪惟录》志卷十八《科举志·科举盛事》："论曰：明取士，初本荐辟（如贤良方正、聪明正直、孝弟力田、通经、孝廉等科）。改由科目，后偶征召，不果实授。自进士、乡贡士而外，又有岁贡、恩贡、选贡、官生、监生积分、吏员三考。盖先之以明理，而程事次之。其钦天监、太医院，不由出身，则以其习之也。至于世降恩例不等，传升无额，如洪尚观以栉工至太常卿，蔡春以皂隶至布政使，常中孚以煮金从巡检忽擢吏部，许绅以医至尚书，蔡信以匠役历侍郎，其副亦骤贵，则非夫开国、靖难时破格用人比。最甚义子璧人，非常宠幸，附录借名，竟列勋劳，内监戚属，在褓名封，乳母夫男，没身优眷，以视徐曦、万祺以吏员，李希安以乐舞生，张苗以承差，或至尚书，间邀宫保，诸不足骇听矣。幸理学倡明，内外竞尊科目，杂途虽处要便，情所不歆。然乙榜不及公孤，贡途止臻副贰，则分别或太甚耳。迨其末祀，仗节死义，由科目者独多，岂非圣贤学问之持世者最大哉！"

河南补乡试，主考吏部文选司员外郎郭万象等二人。（据《国榷》卷九十九）

永王出阁就学。翰林院检讨方以智、傅鼎铨，待诏吕和阳、陈皋谟侍讲。中书舍人史起、何其达侍书。（据《国榷》卷九十九）

清太宗皇太极（1592—1643）卒。福临即位，是为清世祖，以明年为顺治元年。蒋良骐《东华录》卷四："崇德八年……八月初九日，上厌代（年五十有二），庙号太宗，葬昭陵。""世祖章皇帝福临，太宗皇帝第九子也……六岁即嗜书史。至是，礼亲王代善等奉上嗣位，王贝勒大臣等共为誓书，昭告天地。以郑亲王济尔哈朗、睿亲王多尔衮辅政，亦与诸王大臣誓告天地。"《清史稿·太宗本纪二》："（崇德）八年春正月丙申朔，上不豫……八月……庚午，上御崇政殿。亥时，无疾崩，年五十有二，在位十七年。九月壬子，葬昭陵。"《明鉴纲目》卷八："纲：清主皇太极殂，福临嗣立（是为世祖章皇帝），福临方在幼冲，以济尔哈朗（封郑亲王），多尔衮（封睿亲王），摄理国政。"

九月

杨廷鉴（1613—?）、宋之绳、陈名夏（1601—1655）等进士及第、出身有差。《国榷》卷九十九："（崇祯十六年九月）丙午，策贡士陈名夏等四百人于皇极殿，赐杨廷鉴、宋之绳、陈名夏等进士及第、出身有差。"

据《明清进士题名碑录索引》，崇祯十六年癸未科录取名单如下：

第一甲三名

杨廷鉴	宋之绳	陈名夏①

第二甲七十八名

谭贞良	王自超	陈丹衷	周　钟	秦　汧	吴国龙
纪腾蛟	张元琳	朱乔秀	史可程	王道成	归起先
朱　积	陈殿桂	俞元良	郑元勋	杨　璥	周爱访②
史继鳝	万发祥	徐家麟	金拱敬	冯世巩	包壮行
潘应斗	何九云	周　奭	冯元飈	林志远	□□□
黄淳耀③	吴贞毓	余　飚	吴　璇	刘鸣凤	丘俊孙
李呈祥	□□□	王之相	方元会	李膺品	陈履贞
姚文然	张　恂	陆贻吉	李　皓	徐复仪	苏国瓓
刘世斗	李光龙	荆廷实	水荣旭④	□□□	梁清标
徐丙晋	秦祖襄	王　澧	于　沚	沈　龙	孙圣兰
黄　燦	杨文荐	张清议	汪　挺	郭符甲	陆庆衍
徐养元	龚之遂	刘廷琮	□□□	唐元楫	□□□
陆　鉌	钟抡芳	李安世	赵　渔	周定礽	林日升

---

①　本科《碑录》二甲七十五名、三甲七十八名皆题李安世籍贯分别为浙江山阴民籍、浙江余姚民籍，又三甲七十五、二百十二名皆题顾咸建，籍贯分别为直隶昆山民籍、直隶吴县民籍，又三甲一百二十八、二百三十一名皆题李震成，籍贯均作直隶沧州民籍。经查《进士履历》（《崇祯十六年癸未科进士三代履历》的简称）载：李安世，籍贯作浙江山阴籍、余姚人。顾咸建，籍贯作直隶吴县籍、昆山人。李震成，籍贯作沧州人。姓名并无重复。

②　《山东通志》作：周爱访。

③　初名：黄金耀。

④　《进士履历》作：孙荣旭。

第三甲三百一十四名

姜宗灝
魏学濂
江潢
王支焘
庄恒
王觐光
刘世杰
龚鼎
周齐曾
傅廷献
吕崇烈
成克巩
王风仁
李馥蒸
高珩
詹承克
陈翔
钱默
何运亮
强恂
杨栖鹗
严尔琮
李实
翟文凤
倪俊明
汪铉
张玄锡

冯斐
蔡而煤
韩昌锡
王运熙
汪姬生
张家玉
唐諴
李丹衷
杨永言
蔡元宸
林坔
王启祚
林铸禹
李安世
何胤光
步文政
程兆科
万适
薛昌胤⑦
吴刚思
朱统鎬
卢象观
张凤抱
胡统虞
王麟标
华洧吉⑧
曾五典

吴国鼎
郁汝持
陈宸铭
刘徐谟①
郭承汾
荣尔奇
孟应春
俞璧
曹鸣远
陶元佑
潘维垕
宫伟镠
王显名④
曹胤昌
孙钟皋
吴中奇
谢于宣
高辅辰
张一琺
陈震生
刘肇国
任道脉
卜云吉
高辛胤
施爐
周玮
熊纬

杨明琅
李用楫
沈泓
钟性朴
朱珣
齐棋晤②
余正元
朱日升
李毓英
张端
沈崇埨
黄钟谐
许吉燝⑤
李长祥
郑为虹
王玉藻
何家驹
林之番
史垂誉
汤芬
乔廷桂
李震成
吴梦白
杜立德
严正矩
林饬
方学圣

宋征璧
闵肃
温璜
赵最
史夏隆
何通武
吕云藻
姚奇胤③
余增远
王尔禄
施召征
邓士廉
顾咸建
朱议汧
蔺完璋
陈燨
罗宪文⑥
刘霖懋
单世德
傅作楫
熊兴麟
王绪宏
张之俊
张以迈
俞文渊
李一元
黄宗庠

胡显
王士捷
王龙贲
凌駧
朱廷墇
沈佺期
朱永康
姜金胤
翁冠英
史起明
张岳
杨泽
马瑞
吴煌甲
许令喻
程玉成
高简
彭长宜
陈调元
鲁廷芝
徐征麟
杨自谦
方名荣
陶履卓
冯玮
李发藻
张云翼

---

① 《进士履历》作：刘馀谟。
② 《畿辅通志》作：齐棋曜。
③ 《浙江通志》作：姚奇引。
④ 《山西通志》作：王显明。
⑤ 《福建通志》作：翁吉燝。
⑥ 《进士履历》作：罗宪汶。
⑦ 《山西通志》作：韩昌允。
⑧ 《进士履历》作：华洧古。

吴易①	潘琪	林嵋	孙榘	李思谟	徐远
彭遇颷	林之骥	萧坚操	苏名世	王景亮	庞耀统
余纶	刘允浩	龚棻	曹清	严通	吴闻礼
聂玠	孙之昊	虞赞尧	徐稚佳	李化麟	王文栋
连坛场	严之伟	瞿昶②	王观瀛	黄道昶	周志畏
张廷榜	朱鼎娈③	韩昌谷④	欧养素	叶富春	牛应征
许国杰⑤	李待问	郑琬	林必达	陈经文	樊望
万翮	王曰俞	白胤谦	梁于涘	冯昆	朱耀先
贾席宣	顾朱	曹毓芬	顾咸建	钮应斗	张丕吉
卜兆麟	刘曙	岳暎斗	赵天麒	周之桂	刘逢盛
孙士宁	张玠之	朱懋华	刘承吉	沈润	傅学禹
关键	杨一葵	夏有奇	赵庚	李震成	朱鼎延
黄士𥺪	费景烷	宋日英	张若义	王毓奇	钟谔
袁韰	凌夫惇	上官铉	王质	戴长治	鲁栗
罗国瓛	陈廷武	周试	毛羽皇	于翰⑥	金允治
程源	郑羽仪	孙建宗	汤绍中	孙奕焕	赵频
王宗熙	马梦桂	王政敏	王鸣珂	刘浚本	朱长世
王延陶	秦之鉴	田本沛	金廷诏	魏天赏	顾之俊
庞霖	李为蒲	吴臣辅	李承尹	洪维翰	胡全才
张珨	沈士英	李崇稷	徐鼎	贾汉儒	荀廷诏
周继芳	程言	张罗俊	陈儒朴	吕潜	黄毅中
刘俊	夏供佑	王崇简	武愫	王泰际	袁声
张铨	孙志儒	赵日懁	许学	丁期昌	沈宗塙
沈玄锡⑦	朱胤显	陈瑜如	吴伯尚	杜芳	刘复昆
孙启贤	龚廷祥⑧	曹元芳⑨	张大年	吴尔埠	史譄
陆亮辅	孟张明⑩	谢元汴	石隥		

未殿试十一人

---

① 一作：吴易。
② 《福建通志》作：瞿昶。
③ 《山东通志》作：朱鼎要。
④ 《山东通志》作：韩昌国。
⑤ 《进士履历》作：吴国杰。
⑥ 《进士履历》作：梁羽翰。
⑦ 《浙江通志》作：沈元锡。
⑧ 《江南通志》作：龚复昆。
⑨ 《进士履历》作：曹元方。
⑩ 《进士履历》作：孟明章。

杨于先	龚九畴	陈国琠	李孔昭	曹如麟	雷鸣皋
张佐辰	席教事	张 标	周 暹	邵士标	

据《崇祯十六年癸未科进士三代履历》补阙二名

钱尔登　　王曰俞

据地方志补阙三名

杨若梓　　张元锡　　张 铃

癸未一科，时义名家如林，而黄淳耀（陶庵）以行践言，堪称完人。梁章钜《制义丛话》卷二："唐翼修曰：文有一意分出两层者，如黄陶庵'敬事而信'题文，推此心以敬国家之大事，推此心以敬国家之小事；吴国华'在下位不援上'题文，上援我而我援之，上不援我而我援之之类是也。有一意翻出两层者，如魏光国'孰能一之'题文，以无论诸侯王实竞且争，无间诸敌国实应且憎；宋学显'丹之治水也愈于禹'题文，以禹治难而丹治易，禹治远而丹治迩，分股作翻之类是也。有一层衬出两层者，如萧士玮'邹人与楚人战'题文，后幅臣见今人之所欲类此，臣见今人之所求似此，分股衬贴之类是也。知此三法，则凡题到手自不患窘缩矣。"梁章钜《制义丛话》卷七："俞桐川曰：黄陶庵先生馆钱牧斋家，日阅邸报，见朝政得失、时事废兴，作为文章，皆本经济。既成进士，犹嗜学不衰，国步既移，即以身殉，遂成一代完人。故吾谓有制义以来，他人可言者未必可行，惟陶庵可行；他人能言者未必能行，惟陶庵能行。癸未一科，名士如林，而皆出于浮饰，大节既堕，文亦鲜传。惟陶庵发于至情，体于实践，故身名并烈。昔人云：'举业不患妨功，惟患夺志。'若尽如陶庵先生者，则励志莫如文，又何患乎？""王耘渠评黄陶庵文云：'世之诟病时文者，谓其气体之非古耳。若得左、马之笔，发孔、孟之理，岂不所托尤尊，而其传当更远乎？愚故谓有明制义，实直接《史》、《汉》以来文章正统，得先生文悬之为鹄，其亦可以无疑也夫。'""林畅园师曰：陶庵馆于钱东涧家，为钱所重，然心非其所为，故作'见义不为'及'鄙夫事君'两文以刺之，所云：'巽懦出于性生，则虽学问经术本异庸流，而举平日之所知所能，尽以佐其浮沉之具；畏葸积于阅历，则虽醇谨老成不无可取，而因此日之一前一却，遂以酿乎篡弑之阶。'当时以此文为酷肖东涧之为人。时东涧名正盛，而先生预知其晚败，醇儒之远鉴如此。""方望溪曰：黄蕴生文，较金、陈、章、罗气质略粗，而指事类情，肝胆呈露，精神自不可磨灭。又曰：金、黄二家之文，言及世道人心，便能使读者义理之心勃然而生，故知言者心之声，不可以伪为也。如'见义不为无勇也'篇与'人而无信'章篇，皆脍炙人口，而'见义'篇尤卓炼。先生致命遂志与陈、夏诸公同，而平日立品尤过之，不依门户，不逐声气，盖方正恬淡之性，自天授也。是文大抵感甲申陷贼诸人作，却皆题所应有，故非霸才。""阎百诗曰：余初晤陆元辅翼王，语其师黄陶庵'曲肱而枕'之文，余曰：'凡字有体有用，如枕上声，体也、实也；去声，用也、虚也。此题《集注》云枕去声，奈何通篇俱作实物解乎？'翼王曰：'题虽去声之枕，而文以上声之枕伴说，似亦无碍。'余曰：'只缘承题云"至曲肱以为之枕"，点题云"称此而为枕，则枕必以曲肱矣"，知其通篇俱错认此字耳。'朱兰坡珵曰：阎百诗议陶庵以‘枕’字即为荐首之物，至谓其不识字。窃谓一字分两音，一虚一实，乃后人所为，岂孔子时已有周、沈四声之别耶？况实字原可作虚用，如戴《记》丧国之社屋之，《史记·伯夷传》左右欲兵之，扬子《法言》言子胥抉目东门曰眼之，正与此枕之文法相同。其馀经史中，实字虚用者甚多，百诗通人，似不应为此语也。”
“（阎百诗）又曰：黄陶庵‘以防求为后于鲁’一节文，起讲云：‘昔之臣，有得罪以死而仍为之立后者，叔牙是也；有得罪以奔而亦为之立后者，臧纥是也。是两者皆成于季氏，而武仲之事则尤有可论焉。’可谓能自断案。然按公叔敖以淫奔，而鲁人立文伯，文伯者名谷，敖之长子也，犹可解曰此成之于襄仲也。若叔孙侨如出奔，齐召叔孙豹于齐而立之，非季文子乎？臧昭伯从公伐季氏不克而出奔，乃立臧会，非季平子乎？只缘起讲尺幅太狭，不容多说，如《春秋》之属词比事，可以历历陈之，故仅取上二事。有黄陶庵‘郊社之礼’二句文，中比云：‘郊之礼有二，正月行之为祈谷，十一月行之为报本。’按：仲夏之月，大雩帝，非又一祈乎；季秋之月，大飨帝，非又一报乎，不皆于郊行之乎？参以陈用之言，古岁祭天者四，《诗序》云：‘夏祈谷于上帝。’又曰：‘丰年，秋冬报。’春祈谷，《左传》所谓‘启蛰而郊’是；夏祈谷，所谓‘龙见而雩’是；秋报，《月令》所谓‘季秋大飨帝’是；冬报，《周礼》所谓‘冬日至，于地上之圜丘’是。凡此正祭也，二为陶庵之所及，二为余之所补。对比云：‘社之礼亦有二，后土之祭在北郊，社稷之祭在国中。’按：王为群姓立社曰大社，王自为立社为王社。王社所在，先儒或谓在大社之西，或谓在籍田，参以陈用之言，王与诸侯之社皆三，其二社所以尽祈报之诚，其胜国之社所以示鉴戒之理，是社亦有四，二为陶庵所遗。想当日陶庵博雅，岂反不记忆及此？只缘中比尺幅有限，故只得各以二事立义，亦其体使之然也。善乎，魏冰叔之言曰：‘八股之法，病在于排比有定式。夫一题之义理，有博衍数十端，然后足以尽之者；有举其一端，扼要而无遗者。今必勒为排比，则是多端者不可尽而得，其一说而毕者，必将强为一说以对之，又必摹其出比之语，斤斤然句栉字比而不敢或乱。以之而译圣经贤传，其陋可知矣。’”“（徐存庵）又曰：黄陶庵‘守望相助’文中二比云：‘凡守者聚而处，望者散而布，聚之则苦其多也，散之又苦其寡也。今即平日之什伍联缀者，弯弧击柝而互生其形势。此为彼守，不必仰食于所守之家，故不厌多；彼为此望，不必身践其所望之处，故不嫌寡。是耰锄棘荆之间，而俨然有旗鼓之节矣。凡守者来而距，望者往而伺，彼来则恐其力不敌也，我往则恐其情不得也。今即平日之耦俱无猜者，献禽馌兽而训习于险阻。以八家为一家守，而实则自为守，故其力悉敌；以八家为一家望，而实则自为望，故其情悉得。是苴蒲被襖之下，而森然有部勒之风矣。’评者谓其指画精详，有实实经济在，可以保甲，可以筹边。器识如斯，惜乎未得展其用也。”“郑苏年师曰：‘子贡欲去告朔之饩羊’章文，陶庵作似在大士之上，在其本集中亦是高一格文字。后半幅曰：‘鲁诚无腴，然使日刲一羊而弃之，于事胡伤？国诚后亡，然使岁取一礼而废之，于时何望？吾与赐为人臣子，得无于此少踌躇乎哉。’似此沉郁清疏，读之可歌可泣，岂得以帖括目之。”“黄陶庵文有指切时事，最为雄快，如‘《秦誓》曰若有一个臣’四节文中云：‘今自中主以下，其心皆知有子孙之当安，与黎民之无罪者也，究其所为，则一切不然。彼有以小察为知人之明，以多疑为御下之术，以吝惜诛赏为善核名实，以杂用贤奸为能立制防，其弊也，上下狐疑，枉直同贯，此不仁之一道也；则又有以忠謇弼亮之人为奸慝，以阴贼佞邪之人为忠良，以公论为必不可容，以众智为皆莫己若，其弊也，群邪项领，方正戮没，此不仁之又一道也。'论者以为神、光、熹、怀四朝实录总序，其于邪正消长、治乱倚伏之机，不啻烛照而数计矣。""《四勿斋随笔》云：阎百诗谓黄陶庵'桃应'章文，后四小比云：'盖以一夫之命，为轻于天子父之命者，此三代以下之论，非所施于上古；以父子之乐，为不如有天下之乐者，此豪杰以下之情，非所出于圣人。法申于宫禁，则人不可妄杀，而海内刑措矣；亲重于天下，则力无所不竭，而大孝锡类矣。'以为从此看出以天下养养之至来，为真经术文字。按：'以父子之乐，为不如有天下之乐'二句，毕竟碍理，非可以比较豪杰、圣人，不知陶庵文何以出此，而阎氏又何以赏此也。若阎氏所赏'曾子养曾皙'两段文云：'盖至请所与而惧可知也，惧中馈之不洁，而亲以为不必颁；至问有馀而喜可知也，喜馂食之和甘，而亲以为有可共。则疾应之曰有而已，不必其果有馀也，亲以为有馀，是即有馀也。'则真入神之语矣。""张惕庵曰：《小弁》之诗，实平王之不幸，人伦之大变，舍怨字别无以自处，岂反谈笑而道之？高叟之固，自不待言。但平王并非孝子，与舜天渊之隔，此诗亦宜曰之傅所为，非自出胸臆也。黄陶庵文云：'平王之孝可议，《小弁》之诗不可议。'圣人复起，不易斯言。又《凯风》传云：'美七子能慰母心，以成其志也。'鲁曾煜谓以七子言语触犯其母，欲弃之大归，其子惶恐作诗自责，其母复安其室。明人徐时进文云：'寒泉依其在浚，黄鸟怀以好音，安知不悔于厥心。'亦主此说。故云过小，盖此母并未改适也。""杨芸士文荪云：黄陶庵'鄙夫可与事君也与哉'全章文，说者以为刺某公而作。吕念恭瞿良亦有是题文，专就'与'字发论，文云：'有人焉，具经营一世之才略，而惜其误用于身家；有转移君国之机权，而惜乎但知有富贵。自世言之，重臣也、才相也；自吾言之，鄙夫也。其得也，良史讥之，清流诮之，而与之者未尝与其荣，其得而终不无失也；当时罪之，后世监之，而与之者且与同其败，则奈何同立一朝，同事一君，而代他人受诟哉？由是知世有乱臣，非其志与为乱也，极庸臣之态而遂以乱臣之谋；世有党臣，非其心与为党也，安具臣之名而不觉受党臣之目。可无戒哉，可无戒哉！'真目击心痛之言也。""林畅园师尝以王柳潭自超时文授余，为言柳潭举崇祯壬午乡试，癸未成进士，选庶常。甲申后，遁归隐于僧寺，而文稿盛行于时，虽熊钟陵亦不免袭用其语。康熙间，先辈云：'王柳潭文不满五十篇，而本朝藉以成进士者三百馀人。'其见重于时如此，即方望溪选《十家文矩》亦不遗之。自金坛之派行，而柳潭之焰始衰矣。""又曰：王柳潭文，人但赏其才气横溢，而不知其清夷澹折处最足移人。如'君使臣以礼'二句文，起比云：'天子有什伯庸众之才，高居黄屋，其身已足为臣下之所畏，与人共事而使人畏，不可也。祖宗本自有法，出之郑重人则畏矣，出之不甚郑重人愈畏矣，古人有感于堂陛之间也。许人以父母之身，慷慨而来，其心已足为天子之所疑，终身事人而使人疑，不可也。性情本所自有，出之吝惜人乃疑矣，出之不甚吝惜人愈疑矣，古人有慨于北面之文也。'一重一掩，所谓深人无浅语矣。""《同文录》云：林子垐先生垒稿仅二十篇，其自序尚以为有不存者，所见如此，文安得不传？按：子垐，吾乡福清人。志节峻厉，为胜国完人。草书入颠、素之室，时文不多见，其二十篇稿，访之里中，迄不可得。惟《甲癸集》有'道之以政'章一篇，后二比隽永深折，如披异书，余已录入《闽文复古编》。""（张惕庵）又曰：明人曹石霞，名士也。作'鲁欲使慎子为将军'文，以鲁为齐弱久矣，本不敢觊觎齐地，值燕昭王复仇，乐毅下齐七十馀城，鲁于此时欲乘衅而动，取南阳之地。其说恰中情理，盖慎子亦非愚无知者，齐若无衅，岂敢妄动？至于后来乐毅奔赵，齐地尽复，田单破燕之后，率强兵责取南阳，鲁将何以御之？小人谋国但见目前，往往如此也。按：石霞，名允昌，麻城人。崇祯己卯解元，癸未进士。洪文襄曾檄致军中，佯狂谩语，醉吐洪茵，又以诗诮之，乃遣归。""前明张西铭先生，最推重周介生钟时义。余尝觅其稿读之，则瑕瑜不相掩，文后宋侍御、钱青臣各评语，亦毁誉并下，然终因其人而不重其文。吴懋政选天、崇百篇评云：'通阅周介生全稿，气体阔大而骨力甚平，后来庸熟卷滥觞于此。'则并其文而诋諆之。邹乾一序至比之《剧秦美新》，尤可叹也。"

周齐曾中三甲进士。李邺嗣《杲堂文抄》卷一《周贞靖先生遗集序》："周贞靖先生齐曾，字唯一，癸未进士。……诸生竞为揣摩场屋之文，期于合时，独先生尽摆落华藻，自书所得。适得举于乡，会试，吴磊斋先生奇其卷，判曰：'自成一解。'遂得中进士。是其为制义也，盖不附主司。"

谭贞良以《五经》中进士。钱谦益《牧斋有学集》补遗《明五经进士谭君权厝志》："明《五经》进士者，嘉兴谭贞良，字元孩。……以贡入国学。崇祯壬午、癸未，用兼通《五经》得举。先帝奇其制策，擢二甲第一人。"

崇祯十六年二甲三十一名进士黄淳耀作有《科举论》一文。黄淳耀《陶庵文集》卷三《科举论·序》："三代以后设科取士之法，莫善于汉之贤良、方正，莫不善于唐之诗赋取士。宋初稍沿唐制，及安石变法，始专用经义，而诗赋之科终宋世数起数废。要其所谓经义者，特安石之新说而已。虽绍兴以后，王学稍衰，而河南、荆舒对立为两，则学者犹多舛驳也。至我明高皇帝厘正经术，宗濂、洛之义理，存先汉之注疏，使士子有所据依，于是释、老、庄、列影响依附之言廓然尽矣。且其制有论，有诏、诰、表、判，有时务策，三场并重，而科举之外有辟举，有岁贡，三途并用，故我国初得人之盛，雄视西京。士子之应科目者，无上书觅举之弊，无群聚京师之扰，无请谒举主之隙。规制之善，汉、唐、宋皆不及也。自宪皇帝以后，所谓三途者，遂废其二，而科举始独重矣。近则三场之所重者，止于七义，七义之所重者，止于三义，而科举之法弊矣。或者议欲废之，或又以为国家三百年来，文武忠孝之士，皆出是科，但当遵行无变。余窃以为二者之论皆非也。废科举者，其意一出于荐辟，而不得其法，其弊更有甚于科举也。然科举之法，则诚弊矣。《易》曰：'通其变，使民不倦。'今诚少变科举之法，参用辟举、岁贡之法，何为不可？夫天之有象纬一定者也，然治历者非随时修改，则数十年则一差，况人才气运之相推，如江河而未有极乎？使吾变之而畔违乎祖制，无变可也。其大者适与我祖制同，而其小者，质之立法之意而无谬，何为不可？愚不自揆，作为《科举论》三篇，以俟知言者折衷焉。"黄淳耀《陶庵全集》卷三《科举论上》："国家之以经义取士也，将以明经乎，抑以晦经乎？其出于明经也，必矣。然吾观今之经义，则其弊适足以晦经。夫晦经，非设科意也。盖宋人之有帖书墨义也，离其前后之文，以验其记诵，其事至陋，才士耻为之。至一变而为经义，则剖析义理，不徒记诵矣，故当时名之曰大义，而我国朝因之。盖其著为功令者，不过以观士之能通经术与否，而初非以此困之，使出于不可知之途也。今取洪、永间经义读之，言约理明，浑厚朴直，亦何尝剽剥割裂而为无根之辞乎？起昔人于今日，而为其剽剥割裂者，将或有所不能，进今人于洪、永，而为其浑厚朴直者，岁月之间可至矣。惟昔之为经义也易，而上下之好尚出于一，故士子气完力余，得以究心于天下之实学。惟今之为经义也难，故士子劳精神、穷日夜以求工于无益之空言，而不可施于用，且为之者益多，则其趋益乱，趋益乱，则上之人无所据以定其取舍，而其途益惑，趋乱而途惑，则士子益咎其文之不工，而无暇于实学。实学荒则其不遇者文质无所底，而其遇者以贪冒为得计，以廉耻为迂疏，且尽举其所以徼幸于科名者，而推之于政事之间，而科举之法遂大弊。夫科举之法弊，则郡县无循吏，疆场无能臣，欲寇盗平而四裔服，不可得也。然而科举之弊所以至此者无他，上之人不知驱士子以出于实学，而听其所趋，反相率而从之故也。嗟夫，如是而犹以科举之设为明经者，其亦不思而已矣。吾故以为将驱天下之士而使之出于实学，则必宜复祖制五篇之法，于七义中减二道，而阅卷必三场通较，不以一场为去取。经义取辨析义理而已，浮华者务在必黜。则士子亦安肯故为其难，以出于必不利之途哉？论则求其驰骋经史，表则求其骈俪四六，判则求其明习法令，策则求其晓畅治道。此虽与经义等为空言，然工拙易辨也。宋人既立经义，尚为宏词科，以收词赋之士，以继古者之制科，今独不可推其意于二三场哉？昔黄庭坚在贡院四十六日，九人半取一人，今主司鉴裁之明或不如古，而以数十人取一人，又程之于数日之中，日力无余，故所弃之卷，有不及阅二三场者，有不及阅经义者，有并不及阅《书》义者，所弃如此，则其所取可知也。吾又以为当宽其较阅之期，使得研核再四，以定其去取。至于士子平日所习之书，若经若史，一以颁诸学宫者课之，而尽焚其私刻，使耳目不淆。此数者行，则天下之实学可以渐而复矣。"黄淳耀《陶庵全集》卷三《科举论中》："驱天下之士而出于实学，则制科之弊可革。虽然，所谓实学者，亦止于言词之间而已矣，吾他日之所取而用者，非即用其言词也。夫宋世伟人如富弼，而犹以科举文字为难，如司马光而犹不长于四六，近世如陈真晟、胡居仁之流，而又不屑为科举之文矣，使吾无以收之，则天下笃实之士，皆格于科举而不进，而吾之法又敝。将救其敝，非严荐举之法、重岁贡之科不可。夫荐举近固行之矣，然而未睹其效者，是不得其方也。汉世之举贤良方正也，天子临轩亲策，至于再、至于三，其所言，上至君身，中至贵戚、大臣，下及宦竖，皆直言极论，无所忌讳。不称者罪坐举主，有保任之罚。夫人情畏罚，则不敢妄举，而知上之重己也，则不惮于直言，故两汉得才为多，然犹曰：'此往事也。'我明高皇帝行荐辟法，亲自较阅，不称职者辄坐举主，往往至于谪戍，故当时文武忠孝之士布满在位，内自卿宰，外至藩臬皆是也。今则不然，名为保举，不复严重其事，士之被荐诣阙下者，吏部试以策、论而已。天下不知其所谓策、论者何等也，故其愿仕者得一官以去，而其不愿仕者亦不至，彼岂真不愿仕哉？知荐举之重不及科举故尔。而荐人者，则仍取诸有声场屋而不第与其平日所亲幸之人，荐墨未干而责任已塞矣。夫荐至而不知其称否，姑试之而姑爵之，而荐人者又不尸其罚，则又安能拒不肖之幸滥而致奇伟非常之人哉？且不几以汉世贤良方正之名而居魏晋九品中正之实哉？今如吾说，不过两言而已，曰：'其求直言也，必重；其罚不称也，必严。'此所谓明荐举之法者也。按国初岁贡之科在荐辟之下、科举之上，儒生之居学校者，先德行而后文艺，岁课、月考，其法甚严。成材者循序而进之于国学，与察举之贤并擢为给事中、参政、主事等官，故南北之二雍与郡国之学校表里称盛。今自岁贡之科轻，而士之廪于学而历年多者，无贤不肖皆得贡。既贡，则使之为学官，历一二迁至县令或郡佐，辄注下考罢去之。故士之为岁贡者，齿暮气衰，荣路有限，其自待甚轻。在学校则坏学校，在州郡则坏州郡。上之人知其如此，复姑宽之曰：'是龌龊者为，可矜怜而已。'夫举朝廷之士民，姑寄此龌龊可怜之人以塞其无聊，岂理也哉！窃以为学校所急在选学官，学官得人则士子之贤不肖可辨，而岁贡之旧可复。然所谓学官者，不复可求之于今日之贡举也，或取诸荐辟之中，或择诸甲科之内，务求其德醇而文高者俾居其职。以行先之，以学课之，其廪于学者，不可专取文词，苟孝友忠信发闻于乡者，学官言于督学，核实而廪之，然后教以文学，而择其士之尤异者，不待年而贡之阙下，而天子即用荐辟之法亲试之，试可，则不待选举即为录用，其次则俟其材成，循次贡之国学，以待甄叙，一如祖宗朝授官之法。有文无行者，勿贡。误贡有罚。此所谓重岁贡之科者也。荐举之法明，岁贡之科重，则士实胜者出此两科，文胜者出于科举，不出于此，必出于彼矣。"

明代进士题名至崇祯十六年癸未科止。李调元《制义科琐记》卷四《题名碑》："刘公《嘉话录》：慈恩寺题名起于进士张莒题姓名于雁塔下。后书之于版，遂为故事。宋庞文英《文昌杂录》云：本朝进士题名，皆刻石于相国、兴国两寺。赵升《朝野类要》云：进士及第，各集乡人于佛寺作题名。乡会起于唐之慈恩寺塔也。予按：进士题名列诸梵刹，于义无取。至明乃立题名碑于国学。题名记，或学士或祭酒撰，其典始重。永乐壬辰已前在南雍，今京师太学持敬门内诸碑，则自永乐十四年丙申科始，至崇祯十六年癸未科止。螭首龟趺，星罗林立，一代之巨观也。"

谕吏部都察院：有司多阙，令会试副榜百十二人定衔，尽行除补到任。有愿再会试者听。（据《国榷》卷九十九）

大学士黄景昉予告。（据《国榷》卷九十九）

召进士陈丹衷于德政殿。丹衷请身往广西募诸土司兵。（据《国榷》卷九十九）

十月

丁丑，以马世奇、杨昌祚为顺天武乡试主考官。（据《痛史》本《崇祯长编》卷一)《国榷》卷九十九："（崇祯十六年十月）庚午，左春坊左中允兼翰林院编修马世奇、翰林院编修杨昌祚主武闱。"

总督孙传庭战死。李自成入西安。《明鉴纲目》卷八："纲：冬十月，李自成寇潼关，总督孙传庭死之，遂陷西安、延安诸郡。目：当是时，十三家，七十二营，诸大贼，降死殆尽，惟自成与张献忠存，而自成在襄阳尤劲。议兵所向，从事顾君恩言：'关中山河百二，宜先取之，建立基业。然后旁略三边，资其兵力，攻取山西，以向京师。此上策也。'自成从之。初，孙传庭之败于柿园而归也，力主固守潼关，控扼上游，益募壮士，缮器积粟，置火车三万辆，俟贼间而击之。适关中岁饥，苦征缮，士大夫日望其出关，咸上章催战，帝亦屡诏趣之。传庭不得已，率师东出，拔宝丰、唐县。至郏县，自成以万骑迎战，大败，几获之。会天大雨，道泞，粮车不进，自成遣轻骑出汝州，要截粮道。传庭乃分军为三，令白广恩从大道，高杰亲随，从间道迎粮，陈永福守营。传庭既行，永福兵亦争发，不可禁，遂为贼所蹑。至南阳，传庭还战，贼阵五重，官军克其三。已而稍却，火车奔，骑兵亦大奔，贼纵铁骑践之，传庭大败。自成空壁逐利，一日夜逾四百里，官军死者四万馀人，失亡兵器辎重数十万。传庭奔河北，转趋潼关，杰、广恩从之。贼遂至，杰曰：'我军家属，悉在关中，不如径入西安，凭坚城固守。'传庭曰：'贼一入关，则全秦糜沸，秦人尚为我用乎？'不听。已而自成攻关，广恩战败，传庭登陴固守。贼分兵从山后绕出其背，关城遂陷。传庭跃马挥刀，大呼冲入贼阵，与监军副使乔迁高（定襄人），同战死。贼遂陷华阴、渭南，（知县杨暄死之。乡官尚书南企仲，年八十三，骂贼不绝口，遂遇害。企仲族子尚书居益，子主事居业，皆被执不屈，加炮烙而死。○杨暄，高平人。南居益，字思受。）连破华商（商雒道黄世清，一门遇害，其仆唐世凤骂贼不屈死。○黄世清，字澄海，滕县人。）临潼。攻西安，守将王根子开门降。自成入秦王宫，执秦王存枢（愍王㰀九世孙），授伪官（授权将军，妃刘氏死之）。巡抚冯师孔（字若鲁，原武人）以下，死者十馀人。（师孔及按察使黄绚，俱投井死。秦府长史章尚纲，自经死。长安知县吴从义，指挥崔尔达，亦皆赴井死。乡官都御史焦源溥，骂贼支解死。其兄都御史源清，不屈死。佥事王征，绝食死。参政祝万龄，投缳死。时传庭妻张氏，在西安，率三妾二女，同赴井死。○黄绚，字季侯，光州人。章尚纲，会稽人。吴从义，字裕强，浙江山阴人。焦源溥，字涵一。源清，字湛一。皆三原人。王征，字蔡心，泾阳人。祝万龄，咸宁人。）布政使陆之祺（平湖人）等，皆降。（自成屡陷名城，大吏未有降者，自之祺始。）自成乃改西安曰长安，称西京。赐顾君恩女乐一部，赏入关策也。大发民修长安城，开驰道，阅兵渭桥，钲鼓震天地。诸将白广恩、陈永福等皆降。（永福以先射中自成目，据山岭不敢下，自成折箭为誓招之，乃降。）惟高杰以窃自成妻故，走延安，为李过所追，折而东，复渡宜川河，绝蒲津以守。自成兵所至，属城风靡，乃诣米脂祭墓（向为官军所发，焚弃其遗骸，自成乃筑土封之），改延安府曰天保府，米脂曰天保县，清涧曰天波府。凤翔不下，屠之。以伪檄诱降榆林，亦不下。自成大发兵攻之，兵备副使都任（字宏若，祥符人），督饷员外郎王家禄（黄冈人），里居总兵官汪世钦、尤世威、世禄等，集众城守，血战七昼夜。妇人孺子，皆发屋瓦击贼。城陷，无一降者，忠烈为天下最。贼遂乘胜降宁夏，屠庆阳，韩王稟珒（宪王松十世孙）被执，副使段复兴（字仲芳，阳谷人），一门死之。知府董琬，里居少卿麻禧，皆不屈死。移攻兰州，巡抚林日瑞（字廷辑，诏安人）等，亦皆死。（同时死节者，副将郭天吉，总兵官马爌，中军哈维新，姚世儒，同知蓝台，乡官罗俊杰、赵官等。）进陷西宁，甘肃，于是三边皆没。（又遣别将渡河，陷平阳，杀宗室三百馀人。帝遣副将熊通往援，通至，降于贼。并为贼说总兵周遇吉，遇吉斩之，传首京师。〇周遇吉，锦州卫人。）"

翰林院修撰刘理顺，编修杨昌祚、吴国华为左春坊左庶子。（据《国榷》卷九十九）

礼科都给事中沈胤培请考庶吉士，从之。额如天启。（据《国榷》卷九十九）

薛所蕴为国子司业，陈应元为南京太仆寺卿。（据《国榷》卷九十九）

核南场壬午科朱墨卷。以宦室子登南榜多达七十三人故也。（据《国榷》卷九十九）

授进士陈丹衷河南道御史，同副总兵成大用往调广西土司兵。赉土司银花蟒衣绢。（据《国榷》卷九十九）

贡士祝渊削籍，下镇抚司。以前疏救刘宗周，诘所使也。（据《国榷》卷九十九）

项煜、方拱乾为少詹事兼翰林院侍读学士。李化熙为右佥都御史，巡抚陕西。（据《国榷》卷九十九）

十一月

李景濂为南京国子司业。（据《国榷》卷九十九）

试进士馆选。（据《国榷》卷九十九）

今年馆选，正卷、副卷以银数之多寡为低昂。李清《三垣笔记·附识中》："癸未，进士选馆，百计钻营，正卷、副卷以银数之多寡为低昂，遂至互相刷揭。上闻之，谓内臣曰：'新进士选馆，将城内金子换尽矣。'命下日，止取正卷、副卷与未考者一体候选，不得优叙。"全祖望《鲒埼亭集》外编卷二十九《跋明崇祯十七年进士录》："呜呼！此结有明一代之局者也。……是科以边警阻隔，贡士之副计车者不能前，诏书特改试期于秋仲。倥偬释褐，未及题名太学，而国已亡。……相传是科馆选，流贼密令山西巨商主之。凡求读中秘者，巨商即召致之，为纳赂于宦者，无不得。及城陷，牛金星大言曰：'新翰林尤宜速报名！'诸人始悟前此来招致者之为贼也。内负疚而外畏祸，逡巡而出，尽污伪命。第一甲三人无论已，三十六庶常，不得免者三十四。呜呼！是馆阁未有之耻也。"王鏊《震泽长语》卷上："宋时两制，皆文学名天下者始应其选。虽一甲三人，亦出知外任，然后召试，欲其知民事也。其余应试，率皆一时赫然有名中外，所谓制科是也。故文学之士，不至遗弃，又通知民间利病，以其曾试于外也。国家翰林侍从，亦两制之类，率用高科，其余则用庶吉士。一甲三人，终不外任。庶吉士者，每科或选或不选，留者或多或少。国家之意，本欲使之种学绩文，以为异日公卿之储，士既与此选，自可坐致清要，不复苦心于学，又不通知民事。天下以文学名者，不复得预，遗才颇多，反不若制科之为得也。制科行，人人自奋于学，以求知于上，不待督责矣。"王锜《寓圃杂记》："翰林官惟第一甲三人即除授，其余进士选为庶吉士，教养数年而后除，远者八九年，近者四五年，有不堪者复除授他职，盖重其选也。然职清务简，优游自如，世谓之'玉堂仙'。好事者因谓第一甲三人为'天生仙'，余为'半路修行仙'，亦切喻也。"刘球《两溪文集》卷十一《赠古评事序》："今天下仕者，亦众矣。其由明经出学校者，亿万人中仅千人焉。虽明经出学校矣，其得出身进士之科者，千人中仅百人焉。虽出身进士矣，其得蒙上选为庶吉士、翰林，以尽读中秘书，充其所有而后出者，百人中不十数人焉。则由庶吉士出而受职者，视进士为已少，视出学校者为尤少，又岂发迹于他途者所可累数而等较哉？"谈迁《枣林杂俎·圣集》："庶吉士到院，阁臣送入锦衣卫，置宴亦太常乐。"

李自成遣试郡县诸生，上等任六政府从事，次任守令，又次任佐贰。（据《国榷》卷九十九）

李建泰、方岳贡入阁。《明鉴纲目》卷八："纲：十一月，以吏部侍郎李建泰（曲沃人），副都御史方岳贡（谷城人），并以原官兼东阁大学士，预机务。目：建泰先官祭酒，颇著声望。寻佐吏部。及是黄景昉罢（九月致仕），遂与岳贡，俱以本官入直。（岳贡以督漕参议，召对称旨，特授副都御史。）故事，阁臣无冠都御史者，岳贡一人而已。"

定翰林院庶吉士：朱积、周锺、刘余济（谟）、史可程、梁清标、成克巩、罗宪汶、史垂誉、魏学濂、张元琳、杨明琅、鲁栗、吴尔埙、黄灿、刘廷宗（琮）、万发祥、姚文然、张玄锡、王自超、胡统虞、李长祥、刘肇国、龚鼎、何胤光、杨栖鹤（鹗）、白胤谦、张家玉、李化麟、傅学禹、魏天赏、高珩、赵颖（频）、何九云、李呈祥、张瑞、吕崇烈等三十六人。（据《国榷》卷九十九）

十二月

逮周延儒。寻勒延儒自尽，籍其家。《明鉴纲目》卷八："纲：十二月，周延儒以罪逮至，赐死。目：初，延儒荐用侯恂（商邱人）范志完督师，皆偾事。又任选郎吴昌时，交通内侍，把持朝局。延儒既去，山东佥事雷缜祚（太湖人）劾志完纵兵淫掠，御史蒋拱辰，劾昌时赃私巨万，交通中官，漏泄机密，词皆连延儒。帝亲鞫志完、昌时于中左门，折昌时胫。察其事皆有迹，乃下狱论死，始有意诛延儒。初，薛国观赐死，人皆谓昌时致之。其门人魏藻德新入阁，有宠，恨昌时甚。因与陈演共排延儒。骆养性复腾蜚语。帝遂命尽削延儒职，遣缇骑逮入京师。时旧辅王应熊被召，延儒知帝怒甚，宿留道中，俟应熊先入，冀为请。帝知之。应熊既抵京，命之归。（未几应熊请老，许之。）延儒至，安置正阳门外古庙。上疏乞哀，不许。法司以戍请，同官申救，皆不许。及是志完、昌时弃市，勒延儒自尽，籍其家。"

程嘉燧（1565—1644）卒。（卒年据公历标注）（据郑威《程嘉燧年表》，载上海书画社刊行之《朵云》1986年第十期）《明史·文苑传》："程嘉燧，字孟阳，休宁人，侨居嘉定。工诗善画。与通州顾养谦善。友人劝诣之，乃渡江寓古寺，与酒人欢饮三日夜，赋《咏古》五章，不见养谦而返。崇祯中，常熟钱谦益以侍郎罢归，筑耦耕堂，邀嘉燧读书其中。阅十年返修宁，遂卒，年七十有九。谦益最重其诗，称曰松圆诗老。"

进陈演太子太保吏部尚书中极殿大学士。（据《国榷》卷九十九）

仲于陞世袭翰林院五经博士。（据《国榷》卷九十九）

本年

命瓮安设县学，以连年兵乱，不果行。民国《瓮安县志》卷十一《学校·学额》："神宗二十八年设县，以人文尚少，入学暂附黄平，岁、科二考，俱另册合案。入学额数未详，而廪额七名，照本县生员考案顶补，黄平生员纵考居首等者多，不得占瓮安廪缺。天启辛酉贵州乡试，县人中式者有朱应征、叶应甲二名。崇祯庚午，中式者有宋世裕、犹登元二名。丙子中式者林之平一名。本县以人文渐盛，详请开学，抚、按题请设官颁印。癸未命下，而连年兵乱，不果行。明季设廪膳生员、增广生员各十四名。"

生员冒滥之弊，至明末而极。顾炎武《日知录》卷十六《经文字体》："生员冒滥之弊，至今日而极。求其省记《四书》、本经全文，百中无一，更求通晓六书，字合正体者，千中无一者。简汰之法，是亦非难。但分为二场，第一场令暗写《四书》一千字，经一千字，脱误本文及字不遵式者，贴出除名。第二场乃考其文义，则夔相之射，仅有存者矣。或曰：此末节也，岂足为才士累？夫《周官》教国子以六艺，射、御之后，继以六书。而汉世试书九千字以上乃得为史。以《周官》童子之课而责之成人，汉世掾史之长而求之秀士，犹且不能，则退之陇亩，其何辞之有！北齐策孝秀于朝堂，对字有脱误者，呼起立席后；书迹滥劣者，饮墨水一升，文理孟浪者，夺席脱容刀。僭霸之君，尚立此制，以全盛之朝，求才之主，而不思除弊之方，课实之效，与天下因循于溷浊之中，以是为顺人情而已。权文公有言：常情为习所胜，避患安时，俾躬处休，以至老死，自为得计，岂复有揣摩古今风俗，整齐教化根本，原始要终，长辔远驭者邪！古今一揆，可胜慨息！"全祖望《鲒埼亭集》外编卷二十二《明初学校贡举事宜记》："明初，生员分为二等，有府州县学舍之生员，有乡里学舍之生员。府州县学舍生员有定额，自四十人以下为差，日给廪饩。而乡里则凡三十五家皆置一学，愿读书者尽得预焉。又谓之社学，盖即党庠术序之遗也。府州县学生员，责任守令于民间俊秀及官员子弟选充，守令亲身相视，必人材挺拔，容貌整齐，自年十五以上，已读《论语》、《孟子》、《四书》者，乃得预选。在内监察御史，在外按察使，行部到日，一一相视，有不成材者黜退，更择人补之。其所业，自经史外，礼律书共为一科，乐射算共为一科，以训导分曹掌之，而教授或学正或教谕为之提调。经史则教授辈亲董之。自五经、《四书》、三史、《通鉴》，旁及庄老、韬略。侵晨学经史、学律，饭后学书、学礼、学乐、学算，晡后学射。有余力，或习为诏诰、笺表、碑版、传记之属。其考验时，观其进退揖让之节，听其语言应对之宜。背诵经史，讲明大义，问难律条，试以断决。学书不拘体格，审音以详所习之乐；观射以验巧力，稽数则第其乘除之敏钝。学者苟能是，是亦足矣。使如此实心率而行之，而真材不出者，未之闻也。其计典，则守令与教官各置文簿报之，而巡按御史、按察使为政。守令一日一考验，有三月学不进者，教授辈及本科训导罚米。巡按御史、按察使一岁一考验，府学自十二人以上、州学自八人以上、县学自六人以上学不进者，守令、教授辈及本科训导罚俸。府学自二十四人以上、州学自十六人以上、县学自十二人以上学不进者，教授辈及本科训导罢黜，守令笞，生员有父兄者亦罪之。三年大比，贡之行省。行省、巡按御史拔其尤者，贡之朝。守令即并其妻子资送入京，恐贻其内顾也。天子临轩召见，皆令其说书一过，期于可行。继试之文字、试之射、试之算，即文字不工而射、算上者，亦取焉。故《槎庵小乘》载：国初有经明行修科、工习文词科、通晓四书科、人品俊秀科、言有条理科、精习算法科，诸科备者为上，以次而降，不通一科者不在擢中，即此谓也。其用之也，有径以为御史者，有以为知州、知县者，有以为教官者，有以为经历、县丞等官者，有以为部院书吏奏差者，有以为五府掾史者，不拘一例。若乡里学舍，则守令于其同方之先辈，择一有学行者以教之，在子弟称为师训，在官府称为秀才。其教之也，以百家姓氏、千文为首，继及经史律算之属。守令亦稽及所统弟子之数，时其勤惰而报之行省。三年大比，行省拔秀才之尤者贡之朝，守令资送妻子入京，天子临轩试之，加以录用。其学舍生员，则俊秀者升入学，补缺食饩，不成材者听其各就所业。是当时立法之始，直以三代人材，望之天下，而岂意行之不久而中替也！自乡里无需次之生员，而学宫之中一为增而再为附，人愈多而习愈恶。自六艺之教尽弛，而贴括讲章之学可至卿相。自守令之责不先，而诸生之不肖，反有进而挟持官长者。驯至愤时之士，竟以生员为蠹世之物，而谓必废之而为可以救世。呜呼！曷乎取太祖颁行之事宜，而读之可也。"

明思宗崇祯十七年甲申（公元 1644 年）

正月

初三日，李自成在西安称帝，国号大顺，年号永昌。（据计六奇《明季北略》卷二十）《明鉴纲目》卷八："纲：甲申崇祯十七年，（是年三月，流贼陷京师。五月，福王

3261

由崧即位于南京。以明年为弘光元年。清世祖顺治元年。）春正月朔，李自成僭号于西安。目：自成僭称王（改名自晟），国号顺，改元永昌，追尊其曾祖以下，加谥号，以李继迁为太祖。设天佑殿大学士，以牛金星为之。增置六政府尚书，设弘文馆以下等官。复五等爵，大封功臣，侯刘宗敏以下九人，伯刘体纯以下七十二人，子三十人，男五十五人。（草檄传布远近有云：君非甚暗，孤立而炀蔽恒多。臣尽行私，比党而公忠绝少。又云：狱囚累累，士无报礼之心。征敛重重，民有偕亡之痛。见者扼腕。）是日大风霾，黄雾四塞。有邱从周者，都司吏也，长不满三尺，素怀义愤。伺自成出，乘醉直至其前戟手骂曰：'若一贫贱细民，今妄据王府，僭称伪号，逆天背理，吾见汝尸之万段也！'自成大怒，立斫杀之。"

十二日，凌蒙初（1580—1644）卒。嘉庆十年乙丑刊《凌氏宗谱》卷六谓凌蒙初"生于万历庚辰五月初七日未时……卒于崇祯甲申正月十二日未时，寿六十五"。凌蒙初字玄房，号初成，一号稚成，亦名凌波，又字波厈，别署即空观主人，乌程（今浙江吴兴）人。副贡生，曾官徐州判、楚中监军佥事。以编撰《拍案惊奇》、《二刻拍案惊奇》驰名后世。另有诗文杂著、曲学论著以及杂剧、传奇多种。同治《湖州府志》卷七十八录郑龙采《凌君墓志》："凌蒙初，字玄房，号初成。乌程人，迪知子。案旧志误作稚隆子。崇祯中以副贡选授上海丞，署海防事，清盐场积弊，擢徐州判。居房村治时，会何腾蛟备兵淮、徐御流寇，慕其才名，征入幕，献《剿寇十策》，竟单骑诣贼营，谕以祸福，贼率众来降。腾蛟曰：'此凌别驾之功也。'上其功于朝，授楚中监军佥事，不赴，仍留房村。甲申正月，李自成薄徐境，誓与百姓死守。曰：'生不能得保障，死当为厉杀。'言与血俱，大呼'无伤百姓'者三而卒。众皆恸哭，自死以殉者十馀人，房村建祠祀之。"

雷跃龙改吏部右侍郎，张维机为礼部右侍郎，各教习庶吉士。（据《国榷》卷一百）

儒士陈于阶特授南京钦天监博士。（据《国榷》卷一百）

巡按苏松常镇御史周一敬参贡士金坛虞植逆亲害民。（据《国榷》卷一百）

李建泰督师剿贼，兵食并绌。《明鉴纲目》卷八："纲：李建泰自请督师剿贼，许之。目：帝闻自成僭号，大惊，召廷臣集议，欲亲征决战。建泰家曲沃，富于资，请以私财饷军，率师西讨。帝曰：'卿若行，朕当仿古推毂礼。'遂赐建泰敕，幸正阳门楼亲饯。建泰以宰辅督师，兵食并绌，所携止五百人。甫出都，闻曲沃已破，惊悸称病，日行三十里。至定兴，吏民闭城不纳，建泰攻破之，笞其长吏。抵保定，贼锋已逼。知府何复（字见元，平度人），同知邵宗元（字景康，砀山人），方城守，建泰叩城求入，宗元等不许。建泰以尚方剑恐之，或曰：'金御史毓峒（保定卫人。）监军。'亟推出视，信，乃纳之，遂屯城中。"

范景文、邱瑜入阁。《明鉴纲目》卷八："纲：以工部尚书范景文，礼部侍郎邱瑜（宜城人），并兼东阁大学士，预机务。目：李建泰既出督师，景文遂与瑜同入阁辅政。帝谓景文曰：'朕知卿久，今急而用卿，恨晚。卿尚勉之。'景文请释系狱张国维、郭景昌等，帝立从其言。李自成渐逼，有请帝南幸者，命集议阁中。景文言：'固结人心，坚守待援而已。此外非臣所知。'帝是其言。"

张献忠入四川。石砫女官秦良玉，兵寡败归。《明鉴纲目》卷八："纲：张献忠入四川。目：献忠自荆州趋蜀，陷夔州。石砫土官秦良玉驰援，兵寡败归。（先是，秦良玉自夔州败归，慷慨语其众曰：'吾兄弟二人，皆死王事。吾以一孱妇人，蒙国恩二十年。今不幸至此，其敢以余生事逆贼哉！'悉召所部约曰：'有从贼者族无赦。'乃分兵守四境。后贼招土司，独无敢至石砫者。）献忠至万县，水涨，留屯三月。已破涪州，进陷佛图关。（注见前）时四川巡抚陈士奇（字平人，漳浦人）已谢事，驻重庆。或劝之去，士奇不可，与副使陈缏、知府王行俭（字质行，宜兴人），知县王锡（新建人）等，竭力拒守，贼穴地轰城，遂陷，士奇等皆被执，瑞王常浩亦与焉。（王避闯贼，自汉中来奔。）指挥顾景，泣告献忠曰：'宁杀吾，无害帝子。'贼怒，遂害王，并杀景、士奇等。"

二月

明思宗下罪己诏。《明鉴纲目》卷八："纲：下诏罪己。目：发帑金五千，治守具，诏天下勤王。左都御史李邦华，请南迁，及太子抚军江南，皆不报。贼势急，复遣内臣高起潜、杜勋等，分临边镇及近畿要害。"

中书舍人张同敞言楚豫绅衿多从贼，宜察诸生忠逆为教官功罪。上然之。谈迁曰：忠逆本于士心，即教官何能为？宋士习坏于王介甫新说。今士习之坏，自晋江李贽始。相矜以权术，目坑焚为救时，訾濂洛为积腐，宜扬雄、冯道之流，踵接于世也。（据《国榷》卷一百）

兵部尚书张缙彦兼学士。从其请也。（据《国榷》卷一百）

进魏藻德礼部尚书兼工部尚书文渊阁大学士，总督河道屯练，往天津。进方岳贡户部尚书兼兵部尚书文渊阁大学士，总督漕运屯练，往济宁。（据《国榷》卷一百）

始命詹事翰林四员待召对。（据《国榷》卷一百）

罢免陈演。《明鉴纲目》卷八："纲：陈演罢。目：演在阁，一无筹画，惟以贿闻。贼入山西，蓟辽总督王永吉，请移宁远总兵吴三桂于关门，选士卒策应京师，演持不可。后帝决计行之，演始不自安，引疾求罢。入辞，自言佐理无状，当死。帝怒曰：'汝死不足蔽辜。'叱之出。演资多，不能遽行，遂留京师。"

大同城陷。《国榷》卷一百："李自成遣刘宗敏、李过攻大同。城陷，代王传齌阖家遇害。初，兵民皆欲降，命城守，不应。总兵朱三乐自刎，巡抚大同右佥都御史卫景瑗、督理粮储户部郎中徐有声、分巡道朱家仕俱死之。知府董复降。景瑗字仲吉，韩城人，天启乙丑进士。城陷，李自成居代王府，拥景瑗至，慰问不屈。伪校尉胁去入僧舍，夜自经。弘光初，赠兵部尚书，谥忠毅。徐有声字闻复，金坛人，崇祯乙亥拔贡。弘光朝赠太仆寺卿。朱家仕河县人，戊辰进士。宽平慈和，善题咏。城陷，或劝其逸，不听，呕驱妻妾子女入井，身从之。又大同诸生李若葵阖家九人自缢死，先题曰'一门完节'。"

三月

王征（1577—1644）卒。张缙彦《金宪王端节公墓志铭》："公讳征，字良甫，号葵心，自称了一道人。生而颖异，七岁从张贞惠先生游，已能日讲百千言。年十五，文章骏发，立志落落，不与众伍。敦大节，肆力问学。……壬戌成进士，年五十二，无论识与不识，咸相庆，以为是科得大儒矣。……公通西学，与利玛窦之徒罗君善，造天主堂居之。"（《王端节公遗集》卷一）《罪惟录·列传》卷十二："二十四举于乡。……困公车三十年，乃登天启壬戌进士，司理广平。……补扬州……征奉天主教，最辟佛事。因习西洋术，制有自行车、自行磨、引水、代耕、测漏、连弩，草《奇门图说》。……元化死，征赦归里。……迄崇祯癸未冬，贼自成乘胜入秦。……贼至，手剑坐天主堂，闭目不食，七日而死。"张炳璇《王端节先生传》："崇祯癸未之次年三月初四日，泾阳葵心王公卒于里第。卒之日，绅衿者凤思公痛公，不能置于其怀，相与喑而叹曰：'梦梦者天耶！胡生弗辰，乃竟使此公赍志以长逝耶！'既而不忍以名名公，复相与考行，私谥称端节先生。"（《王端节公遗集》卷一）《宝田堂王氏家乘》卷五："……公通西学，与利玛窦之徒罗君善，造天主堂居之。著有《畏天爱人极论》，为前人所未发。"

大同总兵官姜瓖、宣府监视太监杜勋降李自成。《明鉴纲目》卷八："纲：三月，大同总兵官姜瓖，宣府监视太监杜勋，俱降于李自成。目：自成将至大同，巡抚卫景瑗（字仲玉，韩城人），不知瓖已降贼，歃血要与共守。瓖布讹言，谓巡抚秦人，将应贼。代王果疑之，不与相见。及自成至，瓖开门迎降。自成杀代王传爀（简王桂十世孙）宗室殆尽。景瑗被执，自成欲官之，景瑗据地，以头触阶石，血淋漓，寻自缢死。贼叹为忠臣，而去。（分巡副使朱家仕尽驱妻妾子女入井，而己从之，一家死者十六人。督储郎中徐有声，山阴知县李倬，亦死之。朱家仕，河州人。徐有声，金坛人。李倬，陕西人。）至宣府，杜勋蟒玉鸣驺，郊迎三十里外。巡抚朱之冯（字乐三，大兴人）登城誓守，将士皆散走，默无应者。之冯抚膺叹曰：'不意人心至此。'俄贼入城，之冯南向叩头，缢死城楼下。（同时死难者，督粮通判朱敏泰，诸生姚时中，投缳死。副将宁龙，骂贼死。系狱总兵官董用文，副将刘九卿，及里居知县申以孝，并不屈死。其它妇女死义者十余人。）"

罢免蒋德璟。《明鉴纲目》卷八："纲：蒋德璟罢。目：李建泰自保定疏请南迁，帝召廷臣于平台，谕曰：'国君死社稷，朕将焉往？'德璟与少詹事项煜，请命太子往江南，帝不答。给事中光时亨追论练饷之害，德璟拟旨，有向来小人，逼为练饷，致民穷祸结等语。帝不悦，责其朋比，罢之。（德璟移寓外城，无何，都城陷，得逸去。而李建泰在保定，贼亦寻至。其部下为贼内应，城遂陷。知府何复，同知邵宗元，御史金毓峒，及中官方正化，乡官张罗俊等，皆不屈死。建泰竟降贼。）"

总兵官吴三桂等封伯。《明鉴纲目》卷八："纲：封总兵官吴三桂、唐通、左良玉、黄得功，俱为伯。"

居庸关守将唐通、太监杜之秩降李自成。《明鉴纲目》卷八："纲：李自成犯居庸，守将唐通、太监杜之秩，以关降。目：通先以兵入卫，命与杜之秩同守居庸。已而自成至，通与之秩俱降。贼遂入关，陷昌平，焚十二陵。总兵官李守鏻力战死。始，自成欲知京师虚实，往往遣其徒辇重资，贾贩都市。又令充部院掾吏，探刺机密，朝廷有谋议，千里立驰报。及是，昌平已陷，兵部发骑侦探，辄被勾去，无一还者。贼游骑至平则门，都人犹未知也。帝召问群臣，莫对，有泣者。顷之，贼环攻九门。门外先设三大营，贼至悉降，守陴者寥寥。益以内侍。内侍专守城事，百司皆不敢问。丙午（十八日），自成设座彰义门外，降贼太监杜勋侍，呼城上人，请入城见帝。监视太监曹化淳等，縋之入内。勋盛称贼势，请帝自为计。帝怒，叱之出。手书亲征诏，召驸马都尉巩永固（字洪图，宛平人，尚光宗女乐安公主），以家丁护太子南行。永固叩头曰：'亲臣不藏甲。臣安敢有家丁？'相向涕泣而已。"

李自成入北京。明思宗自缢于煤山。范景文等死节。《明鉴纲目》卷八："纲：京师陷，帝崩于煤山，大学士范景文等死之。目：杜勋既叱出，曹化淳等复縋之下城。勋顾谓曰：'吾辈富贵固在也。'及日晡，化淳遂启彰义门，贼尽入。帝出宫，登煤山，望见烽火彻天，叹息曰：'苦我民耳。'徘徊久之。还宫，命分送太子、永定二王于周奎、田宏遇（陕西人，田贵妃父，时贵妃已卒）第。以剑斫长平公主，叹曰：'汝何故生我家？'（太子投奎家，不得入，匿侍奄外舍，后为奄献于自成。永定二王亦被执，皆不屈。自成羁之宫中，寻封太子为宋王，挟之西去，不知所终。长平公主绝而复苏，逾年病卒。）趣皇后自尽。后即承旨自经。又斫杀妃嫔数人。翌日昧爽，内城亦陷。鸣钟集百官，无至者。帝乃复登煤山，书衣襟为遗诏曰：'朕凉德藐躬，上干天咎，致逆贼直逼京师，皆诸臣误朕。死无面目见祖宗。自去冠冕，以发覆面，任贼分裂，无伤百姓一人。'以帛自缢于山亭，遂崩。太监王承恩缢于侧。李自成毡笠缥衣，乘乌驳马，入承天门。伪丞相牛金星，尚书宋企郊（乾州人，以吏部员外郎家居降贼。）等，骑而从登皇极殿，下令大索帝后，期百官三日朝见。已知帝后崩，自成命以宫扉载出，盛柳棺置东华门外，百姓过者皆掩泣。（寻迁殡昌平州，州之士民率夫募钱，葬之田妃墓内，斩蓬蒿而封之，一切简率。○田妃墓在鹿马山，妃前卒，葬此。）时群臣殉难者，文臣则大学士范景文，（景文趋至宫门，遇宫人曰：'驾出矣。'复趋朝房。贼已塞道，从者请易服还邸，景文曰：'驾出安归？'赴双塔寺旁古井死。其妾闻之，即自经死。）尚书倪元璐，（元璐闻难，北向拜父，南向拜母，自缢而绝，一门殉节者十三人。）左都御史李邦华，（邦华走文丞相祠，北向再拜，三揖信国，作绝命词，自经死。）协理京营兵部右侍郎王家彦（城陷，家彦向阙叩头，投城下不死，缢于民舍而绝。○家彦，字开美，莆田人）。刑部右侍郎孟兆祥（兆祥奉命守正阳门，贼至，自缢门下。子进士章明，亦缢死。兆祥妻吕氏，章明妻王氏，亦同日并缢。○兆祥，字允吉，交河人）。左副都御史施邦曜（邦曜闻城陷，自缢，仆解之，复苏。邦曜叱曰：'若知大义，毋阻我死。'遂仰药而绝。〇邦曜，字尔韬，余姚人）。大理寺卿凌义渠，（义渠闻难，以首触柱，流血被面。乃取平生所阅书尽焚之曰：无被贼手污也。服绯正笏向阙拜，复南向稽首，作书辞父，阖户自经。〇义渠，字骏甫，乌程人）。太常少卿吴麟征（麟征奉命守西直门，贼诈为勤王兵请入，中官欲纳之，麟征不可，以土石塞其门，募死士缒城袭击，多所斩获。及城陷，入道旁祠，作书诀家人，自经死。〇麟征，字圣生，海盐人）。右庶子周凤翔（都城陷，或有传帝南幸者，凤翔趋入朝，见魏藻德、陈演等群入，而自成方据御座。凤翔至殿前，大哭，急从左掖门出，贼亦不问。归至邸，作书辞二亲，题诗壁间，自经死。〇凤翔，字仪伯，山阴人）。左谕德马世奇（城陷，世奇方早食，投箸起，问帝安在。或言已出城。明日知帝崩，东宫二王被执，作书别母，肃衣冠，捧所署司经局印，望阙再拜，自经。妾李氏朱氏并先缢死）。左中允刘理顺（城陷，理顺与妻万氏，妾李氏，子孝廉并婢仆十八人，阖门缢死。群盗多中州人，闻其死，入唁曰：'此吾乡之刘状元也，居乡多厚德，何遽死？'罗拜号泣而去。〇理顺，字复礼，杞县人）。检讨汪伟（京城陷，伟语继妻耿氏，善抚幼子，耿泣曰：'我独不能从公死乎？'因以幼子属其弟，衣新衣，上下缝，引刀自刭，不殊，复投缳而绝。伟欣然曰：是成吾志。移其尸于堂，援笔书于壁曰：日讲官翰林院检讨汪伟，同继妻耿氏死节处。乃自经。〇伟，字叔度，休宁人）。太仆寺丞申佳胤（佳胤出近畿阅马，闻李自成破居庸关，流涕曰：京师必不守矣。疾驰入都，贻子涵光书曰：'吾受国恩，当以死报。'城陷，冠带辞母，策马至王恭厂，将投井，从者持之下马。旁见灌畦巨井，急跃入。仆号呼欲出之，佳胤亦呼曰：'告太安人，有子作忠臣，勿过伤也。'遂死。〇佳胤，字孔嘉，永年人）。给事中吴甘来（甘来闻变，疾走皇城不得入，返作绝命词，尽取疏草焚之，曰：'贼寇纵横，徒持议论，无益毫末，留之罪弥大。'正衣冠，北向拜，投缳死。〇甘来，字受和，江西新昌人）。御史王章（章与给事中光时亨，守阜成门，贼入城，时亨要章走。俄贼突至，疾呼下马，时亨仓皇，下跪乞降。章骂贼不顾，贼攒槊刺死。〇章，字汉臣，武进人）。陈良谟（良谟母老，己未有子，而妾时氏方娠，乃谓之曰：'吾且死，汝幸妊身。急归父母家。'时泣曰：'公殉国，妾不当殉公耶？倘不幸有他，不如无子。'良谟曰：'能如是乎？'时乃先就缢。既死，良谟整衣冠，望阙拜，亦自缢。〇良谟，字士亮，鄞人。时氏，京师人）。陈纯德（奉命督学畿辅，因贼警还都。及城陷，恸哭作书别父母，遂自经。福王时谥恭节。〇纯德，字静生，零陵人）。赵譔（巡视中城，城陷，骂贼被杀）。兵部郎中成德（德闻帝崩，恸哭持鸡酒，奔奠梓宫前，触地流血。贼露刃胁之，不为动。奠毕归家。有妹年二十馀，因家难未嫁，德顾之曰：'我死汝何依？'妹请先死。德称善，哭而视其缢。继室霍氏，请继之。德痛不及视，入别其母，哭尽哀，出而自缢。母见子女及子妇皆死，亦投缳死。阖门死难。〇德，字元升，霍州人）。郎中周之茂（需次都下，贼搜得之，不屈被害。〇之茂，字松如，黄麻人）。吏部员外郎许直（直闻帝崩，一恸几绝。客以七十老父为解，直曰：'不死，辱及所生。'乃作书寄父，赋绝命诗六章，阖户自经死。〇直，字鲁若，如皋人）。兵部员外郎金铉（铉巡视皇城，京师陷，恸哭，急趋入朝，见宫人狂奔出，知帝已崩，解牙牌北向四拜，投金水河，从者力挽之，铉怒，奋臂入死。母章，妻王，弟銧，并同日死。○铉，字伯玉，武进人，占籍顺天之大兴）。员外郎宁丞烈（管太仓银库，城陷，自经于官廨。○丞烈，字养纯，大兴人）。中书宋天显（被执自经。○天显，松江华亭人）。光禄寺署丞于腾云（贼至，语其妻曰：'我为朝臣，汝亦命妇，不可污贼。'夫妇并衣命服，从容自经。○腾云，顺天人）。兵马司指挥姚成（城陷自经。○成，字孝成，余姚人）。知州马象乾（居京师，贼入，率妻及子女五人，并缢）。凡数十人。（又布衣汤文琼者，恸哭自杀。书其衣曰：位非文丞相之位，心则文丞相之心。贼徒见者，皆叹其忠。）勋戚则宣城伯卫时春（时春掌后府，京师陷，怀铁券，阖门十七人皆赴井死。○时春，颖六世孙）。惠安伯张庆臻（都城陷，庆臻召亲党，尽散资财，阖家自焚死。福王时，谥忠武）。新成侯王国兴（城陷自焚死。○国兴，熹宗母孝和太后弟升之子）。新乐侯刘文炳（文炳以孝纯皇太后弟子，嗣封侯。太后，帝生母也。文炳素与太学生申湛然，布衣黄尼麓，讲明忠义。贼攻西直门，势益急，尼麓踉跄告文炳，宜自为计。时太后母瀛国太夫人尚在，文炳与其母杜氏计，太夫人笃老不可俱烬，请匿之湛然家。杜氏曰：'太夫人得所，我与若妻妹俱死耳。'外城陷，文炳驰至崇文门，杀贼数十人。驰归第，母妻及其妹已俱缢死。家人共焚楼，火烈不得入。至后园，与叔继祖俱投井死。弟文耀守外城，城破，奔还，觅文炳死所，大书版井旁曰：左都督刘文耀，同兄文炳，毕命报国处。亦投井死。阖门死者四十二人。而湛然以匿瀛国太夫人，为贼拷掠，终不言，体糜烂以死。○刘文炳，字淇筠，宛平人。申湛然，黄尼麓，亦俱宛平人）。驸马都尉巩永固（都城陷时，公主已薨，未葬，永固以黄绳缚子女五人，系灵柩旁曰：'此帝甥，不可污贼手。'举剑自刎，阖室焚死。福王时谥贞愍）及锦衣卫指挥同知李若珪（城陷，作绝命词，自缢死）。千户高文采（一家十七人，皆自杀）等，皆同时死。（宫人魏氏，临御河大呼曰：'有志者当自为计。'遂投河死。顷刻间从死者一二百人。又有宫人费氏者，自投眢井中。贼钩出，见其姿容，争夺之。费绐曰：'我长公主也。'群贼不敢逼，拥见自成。自成命中官审视，非是，以赏部将罗某。费复绐罗曰：'我实天潢，义难苟合，将军宜择吉成礼。'罗喜，置酒极欢。费怀利刃，俟罗醉，断其喉，立死。因自诧曰：'我一弱女子，杀一贼帅足矣。'遂自刎。自成闻大惊，令收葬之。）越三日，己酉，昧爽，成国公朱纯臣（能七世孙），大学士魏藻德、陈演等，率百官入贺。演首劝进，自成不许。大改官制（六部曰六政府，司官曰从事，六科曰谏议，十三道曰直指使，翰林院曰弘文馆，巡抚曰节度使，其馀改者甚多），召见朝官。以大僚多误国，概囚系之。庶官则或用或否。（用者下吏政府铨除，不用者榜掠取资。）系纯臣、藻德、演及诸勋戚大臣等，悉付刘宗敏营，（藻德遇马世奇家人，泣曰：'我不能为若主，今求死不得矣。'）拷掠责赇赂，至灼肉折胫，备诸惨毒。金足，辄杀之。是时畿内府州县俱降，山东、河南亦多附。自成谓真得天命，令牛金星等撰登极仪，铸金玺，及永昌钱。"梁章钜《制义丛话》卷七："朱春门麐曰：近读季元仲世熊《寒支集》中载有丘义所作'之其所哀矜而辟焉'文。按：丘义，字明大，汀州之宁化丘坊人。崇祯末，补弟子员。甲申后，义不就试，其父诘之，对曰：'世代既变，人心亦变，即文字亦变。以前文应今试，徒取黜辱，无益也。'父曰：'不必言遇合，但功令严耳。'义乃就试，题为'之其所哀矜而辟焉'，督学闵公阅而判曰：'文心如此，何必应试？'除名免责。榜揭而诸生哗然，取原卷争相传写，一时纸贵，义以罢诸生而名益噪。其文云：'当可哀可矜之世，必无不哀不矜之人；世有辟于哀矜之人，必世有不胜哀矜之事也。今夫无怙无恃，哀之至也，乃至宗庙丘墟、鼎社迁改，哀又过之，《诗》所谓"哀恫中国，且赘卒荒"是也，更取父母之遗体而毁伤之，取圣王之冠裳而灭裂之。哀哉，"维今之人，不尚有旧"哉！鳏寡孤独，矜之至也，乃至天潢沟壑、宫闱泥涂，矜百倍之，《诗》所谓"爰及矜人，哀此鳏寡"抑末矣，更取匹耦而秽乱之，夫鳏而妻不寡，取耄倪而仆隶之，父独而子不孤，哀哉，"倬彼昊天，宁不我矜"哉！乃哀未毕也，而和悦继之，髡钳之不为辱，呼蹙之不为愤，即屠门覆祀不敢仇也；矜未毕也，而安乐继之，谓他人父而忘其孤，谓他人夫而忘其寡，他人不子不妻，而奴婢之不悔其贱也。此之谓失其本心，故曰哀莫大于心死，而形死次之。吾哀夫当哀而不知哀者，又哀夫己不能自哀而反哀他人之哀者，又哀夫己不哀而反禁人之哀者，又哀夫恣胸行臆挤人于可哀可矜而自为愉快者，又哀夫助虐相淫陷万家于可哀可矜而仅奉一人欢笑者。盖至此而荼毒攒心，无可告诉，徒饮痛衔恤而已，岂非之其所哀矜而辟乎？'按：此目击崇祯末年情事，借题以抒其愤激之心，异人异文，宜于《寒支》有默契焉。又按：提学道闵公名度，字裴卿，浙江乌程人，前明进士。其料理此生，亦可谓宽严并济矣。"

李自成召庶吉士史可程，令招其兄可法。（据《国榷》卷一百）

四月

二十九日，李自成在北京称帝，次日弃城西奔。（据计六奇《明季北略》卷二十）

魏学濂（1608—1644）羞惭自缢。《明通鉴》卷九十："故赠太常卿魏大中之次子学濂，中癸未进士，擢庶吉士，是年，贼逼京师，学濂与同官吴尔埙慷慨有所论建，大学士范景文以闻，先帝特召见两人，将任用。无何，京师陷，学濂不能死，受贼户部司务职，颓其家声。已，自成西奔，学濂将出，自惭，遂赋《绝命词》二章，自缢死。"魏学濂，字子一，号内斋，学洢弟。崇祯十六年进士。

五月

初一日，多尔衮入京师。《明通鉴》附编卷一上："戊子朔，我大清兵定京师。李自成西奔，大军追之于芦沟，于庆都，皆败之。"

初三日，明南京兵部尚书史可法、凤阳总督马士英等在南京拥立福王朱由崧，先称监国，旋即帝位。《国榷》卷一百一："崇祯十七年五月壬辰，南京兵部尚书史可法、户部尚书高弘图并为礼部尚书兼东阁大学士，直文渊阁。总督凤阳军务兵部右侍郎兼右都御史马士英进兵部尚书兼东阁大学士，仍总督。工部右侍郎周堪赓为南京户部尚书。时詹事姜曰广推阁员，令旨谓翰林止列姜先生。命复之。"《明通鉴》附编卷一上："是日，明臣立福王由崧于南京……庚申，王监国……壬寅，明福王称帝于南京，仍称崇祯十七年，以明年为弘光元年。"

八月

张自烈编成《四书程墨》，自为序。张自烈《芑山文集》卷三《四书程墨序上》："张子居芑山，选古今论、表、策竣，复删定《国朝四书程墨》，录文千有奇，合后先诸家之说而辩之。书成，自为序曰：今天下法有久而不变，行之非其人，而法不能无弊，制科是已。言有大而近夸，察之鲜其效，而言无补于治，谓制科尽善是已。夫制科既已尽善，有人于此绌制科为无益，敢为异论不顾，而群士大夫之说，无足以胜之，何也？我太祖高皇帝稽古定制，首重得人。洪武三年，特命天下开科，六年谓士罕实用，诏暂停罢，令有司察举贤才。十七年，始定今科举式。尝考靖难以来诸说节忠义士，颉颃青田、义乌、浦江诸人，可谓制科无益欤？迩者制不逮古，士牟宠尸位，上乃稍稍录用制科以外之人，是时繇制科进者，率救过弗给，末繇自著见，然后制科无益之说肆，而高皇帝颁定一代之制，几废不废者幸耳。若是而概谓之无弊，果可为定论欤？嗟乎！以三百年学校所尝教育课试之人，数进退以古经义之法，因循日久，蔑有克胜任者，一旦求诸制科以外，彼其人岂尽伊、召、周、傅哉？将决裂溃败、倍蓰科目而无复之邪！然则今天下之视制科又何如也？以予观制科非无益，后世徒守其法，语曰：我以尊王制云尔，一制科足以治天下云尔，舍其实而名，是竟使天下日见制科之蠹而不见其益，议者益信以为必可废。夫一制科耳，聪明神圣如高皇帝，举辄罢，罢复举，竞竞辅之以保任，申之以严试，俟后世善师其意而已。以故仁宗尝与杨文贞论其弊，意甚善，文贞顾独以南北士宜兼用，它无所损益。后是高文襄谓天下方重制科，宜无限科贡，惟贤是视，然卒不能矫重而善其法制。制科至今日，弊且有不胜言者。宋胡瑗患仕进专尚文辞，推本古圣贤修己淑人之道，分设经义、治事条科课士；程颢论取士，欲尽去声律小碎、糊名誊录一切无义理之弊，专以行实才学升进。朱熹议复古选举、学校，言所教不本于德行，所谓艺皆无用空言，欲分年课习经史，使德成才达，而不徒为科举之文。繇是推之，今天下具文无实，虽士习渐醨使然，抑三年中两闱贡举，其所以教之与所以进之者，不古若也。善乎先臣崔铣之言曰：经义视诗赋，法令远甚，然业之易能，无假深造，少而易仕，不俟大成。然则繇今之法，欲考德观业于士子记诵剽略之文，与夫两闱考官之取舍进退，思尽得天下通经学古、明理识务者，絜隆古昔，与其图吾治，盖不待智者而知其难也。予谓制科初场试七义本经传，至矣，次场试论，兼问诸史疑义，表、四六判，空文可罢，终场专策当时急务，学究摈勿录。中式后十日，仍覆试，仿古十科尝试法，勿骤予官。考官无资次，慎简富学、行能知人者充之。每岁仍察举况蔚数十辈备官使，勿概以经义绳束天下士。审如是，国家因材而核其实，吏士重法而黜其伪，法庶几尽善。后世虑不逮此，区区执尽善之说以求胜，卒使制科虽存不足恃，可胜叹哉！虽然，复古制科之盛有道，昔程元凤论格心之学，谓格士大夫之风俗，先格士大夫之心术。罗从彦曰：'天下之乱，不起于四方，而起于朝廷。'今天下岂必废科目哉？明天子省躬端本，慎诛赏而辨邪正，自左右大臣始，使一时制科以内之人，激发愧奋，以求胜任。而制科外者，思有以自见，鲜复觊幸窥窬。诸大臣复孳孳秉迪，敦勉公忠之殊节，屏斥异同之浮言，稍变通以厘正其取士之例，如予向所闻，以补文贞诸人所未逮，以无失祖宗朝得人图治初意，然后制科无益之说废然止，天下率繇制科而治，虽谓万世无弊可也。嗟乎！不思所以无弊之繇，而徒曰制科尽善，何益于治哉！吾友杨维斗言制科尽善，见《同文录·序说》，某窃疑之。沿至今日，逆贼犯阙，先帝宾天，而诸臣反面从贼，至更仆不尽，恶在制科是恃哉？崇祯甲申仲秋月望日。"熊开元《鱼山剩稿》卷五《三国鸿文序》："国家崇制义，萃天下人形神寝食，闭之户牖，达诸天地，其道不苟。然加之众矢所求，必以《六经》为鹄，虽异能无敢渝焉。不欲平天下则已，必平天下者，舍读书服古之儒，旁求武断，谓制义不足为，非本计也。"应大猷《容庵集》卷六《书道南书院录后序》："国家取士，惟举业一途。士多以此学，主司多以此取士，而有志者所不能脱焉者也。然举业元无害道。故曰：不患妨工，而患夺志。苟志于道矣，斯口用饮食，何往非道，何往非学，而况于举业乎哉！因举业而率天下于道，固忧世者之微意耳。"陈于陛《意见》："古之选举专论行，今之进士专论文，似相背驰。然古以行举者，未必便保其终如兹，科目虽以文进，而进士一科，尤为世所崇重。士登其目者，未免自顾科名，爱惜行检，不敢为非，是励行崇化之道，实默寓其间，与古之辟举，盖异辙而同途矣。"朱国桢《涌幢小品》卷七《进士中制》："进士科起于唐，其数至少，沿于宋，至多，亦无定期。唐则许荐，《韩昌黎文集》可考，未几有禁。国朝酌其数，最得中制，而其禁甚厉，盖祖制之失多矣，独此尚存公道，可屑越乎？"朱国桢《涌幢小品》卷二十四《士荣议论》："苑洛外孙张士荣，南阳人，九岁读书，皆识其义。年十七，从苑洛于京，问以致太平之道，对曰：'今之举子业与前代不同。经书传注，皆祖宗之制。律例者，国之成宪。今为文不详传注，治狱不依律例，祖宗制度违越如此，况望其学古议事？欲致太平，必先正此二者。'盖致天下之治在郡县，而后日为吏，皆庠序之士也。"

十月

初一日，清世祖在北京即皇帝位。蒋良骐《东华录》卷五："九月庚寅，睿亲王多尔衮遣甲喇章京顾纳代等自燕迎驾。甲午，上入山海关。壬子，供奉太祖武皇帝、孝慈武皇后、大行皇帝神主，安入太庙。十月乙卯朔，上定鼎燕京。"

监生蒋佐上累朝《实录》。（据《国榷》卷一百三）

十一月

十六日，张献忠在成都称帝，国号大西，改元大顺，定成都府为西京。（据吴伟业《绥寇纪略》卷十一、徐鼐《小腆纪年附考》卷八）

二十五日，吴继善（1606—1644）卒。吴伟业《吴梅村全集》卷五十二《志衍传》："其弟事衍徒跣万里，望家而哭曰：'吾兄以甲申十一月二十五日遇害，骂不绝口，贼脔而割之。一门四十馀人，同日并命。'嗟乎，何其酷也。"又："志衍博闻辩智，风流警速，于书一览辄记，下笔洒洒数千言，家本《春秋》，治三《传》，通《史》、《汉》诸大家，继又出入齐、梁，工诗歌，善尺牍，尤爱图绘，有元人风。下至樗蒲、六博、弹琴、蹴鞠，无不毕解。"

二十九日，卓尔康（1570—1644）卒。钱谦益《有学集》卷三十二《卓去病先生墓志铭》："去病，姓卓氏，名尔康。其为人，孝于亲，忠于君，笃厚于朋友。以通经术、讲经济为能事。孤峭介特，以世道为己任。虽其生值叔季，身沉下僚，天下之士，识与不识，皆信之无异词。去病，杭之塘西里人……去病卒甲申十一月廿九日，年七十有五。妻李氏，侧室刘氏、詹氏。子三：人向、人伊、人皋，女一。"卓尔康，字去病，号农山，仁和（今浙江杭州）人。万历四十年（1612）举人，历官大同谏官、两淮分司。著有《诗学全书》四十卷、《易学全书》五十卷、《春秋辨义》三十八卷、《农山全集》三十卷，另有《修馀堂集》。

十二月

南明翻逆案，重颁《三朝要典》。《明通鉴》附编卷一上："明重颁《三朝要典》，追恤逆案诸臣。"

本年

章世纯（1575？—1644）卒。（据谭正璧编《中国文学家大辞典》）《明史·文苑传》："章世纯，字大力，临川人。博闻强记。举天启元年乡试。崇祯中，累官柳州知府，年已七十矣，闻京师变，悲愤，遘疾卒。"《四库总目提要》卷三十六著录章世纯《四书留书》六卷，同书卷九十六又著录其《留书别集》二卷、《己未留》二卷。《明史·艺文志》著录章世纯《留书》八卷。工时文，与艾南英、陈际泰、罗万藻齐名，有"章罗陈艾"之称。梁章钜《制义丛话》卷六："韩湘帆师抡衡曰：章大力文，人皆服其笔之刻，吾独服其理之深。如'君娶于吴为同姓'二句文，非参天人之秘蕴，具制作之精心者，不得道其只字。其词云：'且先王于合之甚者，皆求有以别之。别之而为合，故其合也，固而能久，异而后事同，暌而后志通，此其义乎？然而为义不止于此。天地阴阳之气，皆以异类相求，异气相益，而至以一本之亲通其情昵，则有美尽之忧；人道礼义之治，常使疏不至离，亲不至渎，而至以燕亵之私讲于骨肉，则有道苦之害。其在太古之时者，其取义精，盖智足以辨微，故所详者专于阴阳之际，同德者为同气，同气者同姓，异德者为异气，异气者异姓，同姓虽远不通婚姻，异姓虽近不避婚姻，故同为黄帝之子而著姓之殊，所以然者，纪异德以别所生之气也，古道然也。其在中古而后者，其据义显，盖其智不足以及微，故所辨者专于礼义之严，为正姓以统远，远者行饮食，为庶姓以统近，近者议服数，男子则称氏以别贵贱，女子则称姓以别婚姻，故有买妾不知姓则卜之文，所以然者，本所从以厚男女之别也，周道然也。'此于题前衍出半幅，议论翻空出奇，全为周公制礼以前，补阐出偌大道理，以免越礼者之借口，此有功世道之文，宜仇沧柱以为制义以来未曾见也。按：后幅云：'系子于吴，是夺吴宗也，以鲁之故而使吴不有其姓，非吴之所受也；且系子于吴，是又夺宋宗也，以鲁之故而使宋不得正其姓，非宋之所受也。于其存而称之曰孟子，讳君恶也；于其没而书之亦曰孟子，讳国恶也。曲为君讳，于臣子之义得，而为其所讳者，其谓之何哉？'陈大士评云：'上下千古以尽其理，出入题中以究其情。'盖合此文前后幅而论之。"
"'譬之宫墙'，宫是宫，墙是墙，子贡语原只侧卸到'墙'字，其'宗庙之美、百官之富'与'室家之好'，都在宫里分别，与墙无干。惟其宫有不同，故其墙有高卑之异。今人辄将宫、墙混合，一如墙之尺寸，即关圣贤之分量，岂非误欤？章大力文云：'人畜美以自实，而有馀不足之数相与差也，此宫之说也；亦标形以接物，而可测不可测之间亦相与差也，此墙之说也。求之于宫，而赐与夫子有馀不足之实，可相方而得之；求之于墙，而赐与夫子可测之情，亦可相方而得之。'如此认题得未曾有。""俞桐川曰：明有达官往肆中，见鬻江右四家文者，问以何用，其人答云：'其文高耳。'达官曰：'高而不售，安用之？吾所取者，富贵福泽之文也。'其人废然而去。然章大力售以辛酉，最奇而最先售，甲子而艾千子售，丁卯而罗文止售，庚午而陈大士售，彼富贵福泽之文亦未必其尽售也。大力文幽深沉鸷，一溪一壑皆藏蛟龙，不崇朝而云雨及天下，故沈何山、韩求仲、张受先皆重之。吾不知达官之论文果胜三先生否耳。达官者，忘其姓名，亦不必问其姓名也。"

参 考 文 献

A

《艾千子先生全稿》，（明）艾南英撰，四库禁毁书丛刊，北京出版社，2000 年影印本。

《爱礼先生集》，（明）刘驷撰，四库全书存目丛书，齐鲁书社，1997 年影印本。

《安分先生集》，（明）郑本忠撰，四库全书存目丛书，齐鲁书社，1997 年影印本。

《安龙逸史》，（清）屈大均撰，四库禁毁书丛刊，北京出版社，2000 年影印本。

《安雅堂稿》，（明）陈子龙著，辽宁教育出版社，2003 年版。

《鳌峰集》，（明）徐熥撰，续修四库全书，上海古籍出版社，1996 年影印本。

《鳌峰类稿》，（明）毛纪撰，四库全书存目丛书，齐鲁书社，1997 年影印本。

B

《八股文概说》，王凯符著，中华书局，2002 年版。

《八股文小史》，卢前著，商务印书馆，1937 年版。

《八十九种明代传记综合引得》，田继综编著，燕京大学出版社，1935 年版。

《白谷集》，（明）孙传庭撰，文渊阁四库全书本。

《白华楼藏稿》，（明）茅坤撰，四库全书存目丛书，齐鲁书社，1997 年影印本。

《白洛原遗稿》，（明）白悦撰，四库全书存目丛书，齐鲁书社，1997 年影印本。

《白石樵真稿》，（明）陈继儒撰，四库禁毁书丛刊，北京出版社，2000 年影印本。

《白石山房逸稿》，（明）张丁撰，四库全书存目丛书，齐鲁书社，1997 年影印本。

《白苏斋类集》，（明）袁宗道撰，续修四库全书，上海古籍出版社，1996 年影印本。

《白下集》，（明）黄姬水撰，四库全书存目丛书，齐鲁书社，1997 年影印本。

《白雪楼诗集》，（明）李攀龙撰，四库全书存目丛书，齐鲁书社，1997 年影印本。

《白榆集》，（明）屠隆撰，四库全书存目丛书，齐鲁书社，1997 年影印本。

《白云稿》，（明）朱右撰，续修四库全书，上海古籍出版社，1996 年影印本。

《白云集》，（明）陈昂撰，四库全书存目丛书，齐鲁书社，1997 年影印本。

《白云集》，（明）唐桂芳撰，文渊阁四库全书本。

《白云樵唱集》，（明）王恭撰，文渊阁四库全书本。

《白斋先生诗集》，（明）张琦撰，四库全书存目丛书，齐鲁书社，1997 年影印本。

《百花洲集》，（明）邓云霄撰，四库全书存目丛书，齐鲁书社，1997年影印本。

《百可亭摘稿》，（明）庞尚鹏撰，四库全书存目丛书，齐鲁书社，1997年影印本。

《百越先贤志》，（明）欧大任撰，文渊阁四库全书本。

《柏斋集》，（明）何瑭撰，文渊阁四库全书本。

《半江赵先生文集》，（明）赵宽撰，四库全书存目丛书，齐鲁书社，1997年影印本。

《半轩集》，（明）王行撰，文渊阁四库全书本。

《半洲稿》，（明）张经撰，四库全书存目丛书，齐鲁书社，1997年影印本。

《包侍御集》，（明）包节撰，四库全书存目丛书，齐鲁书社，1997年影印本。

《宝庵集》，（明）顾绍芳撰，四库禁毁书丛刊补编，北京出版社，2005年影印本。

《宝善堂稿》，（明）朱慎钟撰，四库全书存目丛书，齐鲁书社，1997年影印本。

《宝制堂录》，（明）刘节撰，四库全书存目丛书，齐鲁书社，1997年影印本。

《北窗琐语》，（明）余永麟撰，四库全书存目丛书，齐鲁书社，1995年影印本。

《北郭集》，（明）徐贲撰，文渊阁四库全书本。

《北游漫稿》，（明）郑若庸撰，四库全书存目丛书，齐鲁书社，1997年影印本。

《北虞先生遗文》，（明）邵圭洁撰，四库全书存目丛书，齐鲁书社，1997年影印本。

《备忘集》，（明）海瑞撰，文渊阁四库全书本。

《被褐先生诗文稿》，（明）华善述撰，四库全书存目丛书，齐鲁书社，1997年影印本。

《本朝京省人物考》，（明）过庭训撰，四库禁毁书丛刊，北京出版社，2000年影印本。

《笔峰文集》，（明）王凤灵，四库全书存目丛书，齐鲁书社，1997年影印本。

《笔记小说大观》，上海古籍出版社，2000年版。

《笔山崔先生文集》，（明）崔涯撰，四库全书存目丛书，齐鲁书社，1997年影印本。

《辟雍纪事》，（明）卢上铭，冯士骅撰，续修四库全书，上海古籍出版社，1996年影印本。

《碧川文选》，（明）杨守阯撰，四库全书存目丛书，齐鲁书社，1997年影印本。

《碧里杂存》，（明）董谷撰，四库全书存目丛书，齐鲁书社，1995年影印本。

《碧山学士集》，（明）黄洪宪撰，四库禁毁书丛刊，北京出版社，2000年影印本。

《薜荔山房藏稿》，（明）敖文桢撰，续修四库全书，上海古籍出版社，1996年影印本。

《薜荔园诗集》，（明）佘翔撰，文渊阁四库全书本。

《避园拟存诗集》，（明）王思任撰，四库禁毁书丛刊补编，北京出版社，2005年影印本。

《卞郎中诗集》，（明）卞荣撰，四库全书存目丛书，齐鲁书社，1997年影印本。

《蟫衣生草》，（明）郭子章撰，四库全书存目丛书，齐鲁书社，1997年影印本。

《冰玉堂缀逸稿》，（明）陈如纶撰，四库全书存目丛书，齐鲁书社，1997年影印本。

《病逸漫记》，（明）陆钎撰，四库全书存目丛书，齐鲁书社，1995年影印本。

《泊庵集》，（明）梁潜撰，文渊阁四库全书本。

《泊水斋文钞》，（明）张慎言撰，四库全书存目丛书，齐鲁书社，1997年影印本。

《博趣斋稿》，（明）王云凤撰，续修四库全书，上海古籍出版社，1996年影印本。

《博望山人稿》，（明）曹履吉撰，四库全书存目丛书，齐鲁书社，1997年影印本。

《薄游草》，（明）谢廷谅撰，四库全书存目丛书，齐鲁书社，1997年影印本。

《檗庵集》，（明）汪禔撰，四库全书存目丛书，齐鲁书社，1997年影印本。

《补刊震川先生集》，（明）归有光撰，续修四库全书，上海古籍出版社，1996年影印本。

《补注李沧溟先生文选》，（明）李攀龙撰，四库全书存目丛书，齐鲁书社，1997年影印本。

《布衣陈先生存稿》，（明）陈其晟撰，续修四库全书，上海古籍出版社，1996年影印本。

C

《采薇集》，（明）董传策撰，四库全书存目丛书，齐鲁书社，1997年影印本。

《蔡恭靖公遗稿》，（明）蔡国珍撰，四库全书存目丛书，齐鲁书社，1997年影印本。

《蔡文庄公集》，（明）蔡清撰，四库全书存目丛书，齐鲁书社，1997年影印本。

《残明纪事》，（清）佚名撰，四库禁毁书丛刊，北京出版社，2000年影印本。

《沧浪棹歌》，（明）陶宗仪撰，四库全书存目丛书，齐鲁书社，1997年影印本。

《沧螺集》，（明）孙作撰，文渊阁四库全书本。

《沧溟集》，（明）李攀龙撰，文渊阁四库全书本。

《沧溟先生集》，（明）李攀龙著，上海古籍出版社，1992年版。

《沧洲诗集》，（明）张泰撰，四库全书存目丛书，齐鲁书社，1997年影印本。

《苍耳斋诗集》，（明）方问孝撰，四库全书存目丛书，齐鲁书社，1997年影印本。

《藏密斋集》，（明）魏大中撰，四库禁毁书丛刊，北京出版社，2000年影印本。

《藏书》，（明）李贽著，中华书局，1959年版。

《曹大理集、石仓文稿》，（明）曹学佺撰，续修四库全书，上海古籍出版社，1996年影印本。

《曹太史含斋先生文集》，（明）曹大章撰，四库全书存目丛书，齐鲁书社，1997年影印本。

《曹月川集》，（明）曹端撰，文渊阁四库全书本。

《草窗集》，（明）刘溥撰，四库全书存目丛书，齐鲁书社，1997年影印本。

《草窗梅花集》，（明）童琥撰，四库全书存目丛书，齐鲁书社，1997年影印本。

《草阁诗文集》，（明）李晔撰，文渊阁四库全书本。

《草泽狂歌》，（明）王恭撰，文渊阁四库全书本。

《茶香室丛钞》，（明）俞樾著，中华书局，1995年版。

《茶余客话》（上、下册），（清）阮葵生著，中华书局，1959年版。

《槎翁文集》，（明）刘崧撰，四库全书存目丛书，齐鲁书社，1997 年影印本。

《柴墟文集》，（明）储巏撰，四库全书存目丛书，齐鲁书社，1997 年影印本。

《长谷集》，（明）徐献忠撰，四库全书存目丛书，齐鲁书社，1997 年影印本。

《苌楚斋随笔·续笔·三笔·四笔·五笔》，（清）刘声木著，中华书局，1998 年版。

《常评事集》，（明）常伦撰，四库全书存目丛书，齐鲁书社，1997 年影印本。

《晁氏宝文堂书目·徐氏红雨楼书目》，（明）晁瑮撰，（明）徐𤊹撰，上海古籍出版社，2005 年版。

《陈白沙集》，（明）陈献章撰，文渊阁四库全书本。

《陈白阳集》，（明）陈淳撰，四库全书存目丛书，齐鲁书社，1997 年影印本。

《陈恭介公文集》，（明）陈有年撰，续修四库全书，上海古籍出版社，1996 年影印本。

《陈后冈诗集》，（明）陈束撰，四库全书存目丛书，齐鲁书社，1997 年影印本。

《陈靖质居士文集》，（明）陈山毓撰，四库禁毁书丛刊，北京出版社，2000 年影印本。

《陈履吉采芝堂文集》，（明）周益祥撰，四库全书存目丛书，齐鲁书社，1997 年影印本。

《陈眉公集》，（明）陈继儒撰，续修四库全书，上海古籍出版社，1996 年影印本。

《陈剩夫先生集》，（明）陈真晟撰，四库全书存目丛书，齐鲁书社，1997 年影印本。

《陈氏荷华山房诗稿》，（明）陈邦瞻撰，续修四库全书，上海古籍出版社，1996 年影印本。

《陈太史无梦园初集》，（明）陈仁锡撰，续修四库全书，上海古籍出版社，1996 年影印本。

《陈文冈先生文集》，（明）陈棐撰，四库全书存目丛书，齐鲁书社，1997 年影印本。

《陈先生适适斋鉴须集》，（明）陈玉辉撰，四库全书存目丛书，齐鲁书社，1997 年影印本。

《陈献章集》，（明）陈献章著，孙通海点校，中华书局，1987 年版。

《陈元凯集》，（明）陈勋撰，四库全书存目丛书，齐鲁书社，1997 年影印本。

《陈竹山先生文集》，（明）陈诚撰，四库全书存目丛书，齐鲁书社，1997 年影印本。

《陈子龙诗集》，（明）陈子龙著，上海古籍出版社，1983 年版。

《诚意伯文集》，（明）刘基撰，文渊阁四库全书本。

《程文恭公遗稿》，（明）程文德撰，四库全书存目丛书，齐鲁书社，1997 年影印本。

《程仲权先生诗集》，（明）程可中撰，四库全书存目丛书，齐鲁书社，1997 年影印本。

《痴山集》，（明）陈孝逸撰，四库禁毁书丛刊，北京出版社，2000 年影印本。

《池北偶谈》，（清）王士祯撰，中华书局，1982 年版。

《耻躬堂文钞》，（清）彭士望撰，四库禁毁书丛刊，北京出版社，2000 年影印本。

《冲庵顾先生抚辽奏议》，（明）顾养谦撰，四库全书存目丛书，齐鲁书社，1996 年影印本。

《冲溪先生集》，（明）彭辂撰，四库全书存目丛书，齐鲁书社，1997 年影印本。

《崇兰馆集》，（明）莫如忠撰，四库全书存目丛书，齐鲁书社，1997 年影印本。

《崇雅堂集》，（明）钟羽正撰，四库全书存目丛书，齐鲁书社，1997 年影印本。

《崇祯长编》，无名氏撰，上海书店，1982 年影印版。

《崇祯朝记事》，（明）李逊之著，北京出版社，1998 年版。

《崇祯遗录》，（明）王世德撰，四库禁毁书丛刊，北京出版社，2000 年影印本。

《崇质堂集》，（明）李万实撰，四库全书存目丛书，齐鲁书社，1997 年影印本。

《畴人传》，（清）阮元撰，广陵书社，2007 年版。

《樗庵类稿》，（明）郑潜撰，文渊阁四库全书本。

《樗林摘稿》，（明）秦镗撰，四库全书存目丛书，齐鲁书社，1997 年影印本。

《刍荛集》，（明）周是修撰，文渊阁四库全书本。

《处实堂集》，（明）张凤翼撰，四库全书存目丛书，齐鲁书社，1997 年影印本。

《啜墨亭集》，（明）徐时进撰，四库禁毁书丛刊，北京出版社，2000 年影印本。

《船山遗书》，（明）王夫之著，北京出版社，1999 年版。

《春草斋集》，（明）乌斯道撰，文渊阁四库全书本。

《词话丛编》，唐圭璋主编，中华书局，1986 年版。

《词林典故》，（明）张位，于慎行撰，四库全书存目丛书，齐鲁书社，1996 年影印本。

《此观堂集》，（明）罗万藻撰，四库全书存目丛书，齐鲁书社，1997 年影印本。

《赐闲堂集》，（明）申时行撰，四库全书存目丛书，齐鲁书社，1997 年影印本。

《赐余堂集》，（明）吴中行撰，四库全书存目丛书，齐鲁书社，1997 年影印本。

《赐余堂集附年谱》，（明）钱士升撰，四库禁毁书丛刊，北京出版社，2000 年影印本。

《从野堂存稿》，（明）缪昌期撰，四库禁毁书丛刊，北京出版社，2000 年影印本。

《丛桂堂全集》，（明）颜延榘撰，四库全书存目丛书，齐鲁书社，1997 年影印本。

《丛桂轩诗》，（明）吴大经撰，四库全书存目丛书，齐鲁书社，1997 年影印本。

《崔东洲集》，（明）崔桐撰，四库全书存目丛书，齐鲁书社，1997 年影印本。

《崔氏洹词》，（明）崔铣撰，四库全书存目丛书，齐鲁书社，1997 年影印本。

《翠屏集》，（明）张以宁撰，文渊阁四库全书本。

《翠渠摘稿》，（明）周瑛撰，文渊阁四库全书本。

《翠娱阁近言》，（明）陆云龙撰，续修四库全书，上海古籍出版社，1996 年影印本。

《翠娱阁评选钟伯敬先生合集》，（明）钟惺撰，（明）陆云龙评，上海古籍出版社，
1996 年版。

《存家诗稿》，（明）杨巍撰，文渊阁四库全书本。

《存笥小草》，（明）冒日乾撰，四库禁毁书丛刊，北京出版社，2000 年影印本。

《存余堂诗话》，（明）朱承爵著，中华书局，1985 年版。

《寸碧堂诗集》，（明）汪膺撰，四库全书存目丛书，齐鲁书社，1997 年影印本。

D

《达观楼集》，（明）邹维琏撰，四库全书存目丛书，齐鲁书社，1997 年影印本。

《大复集》，（明）何景明撰，文渊阁四库全书本。

《大泌山房集》，（明）李维桢撰，四库全书存目丛书，齐鲁书社，1997 年影印本。

《大明光宗贞皇帝实录》，（明）张惟贤，叶向高等纂修，四库禁毁书丛刊，北京出版社，2000 年影印本。

《大明会典》，（明）申时行等修，（明）赵用贤等纂，续修四库全书，上海古籍出版社，1995 年影印本。

《大司马凤冈沈先生文集》，（明）沈良才撰，四库全书存目丛书，齐鲁书社，1997 年影印本。

《大厓李先生诗集》，（明）李承箕撰，四库全书存目丛书，齐鲁书社，1997 年影印本。

《大雅堂摘稿》，（明）况叔祺撰，四库全书存目丛书，齐鲁书社，1997 年影印本。

《大鄣山人集》，（明）吴子玉撰，四库全书存目丛书，齐鲁书社，1997 年影印本。

《呆斋稿》，（明）刘定之撰，四库全书存目丛书，齐鲁书社，1997 年影印本。

《戴名世集》，（清）戴名世著，中华书局，1986 年版。

《戴氏集》，（明）戴冠撰，四库全书存目丛书，齐鲁书社，1997 年影印本。

《戴震集》，（清）戴震著，上海古籍出版社，1980 年版。

《戴中丞遗集》，（明）戴鱀撰，四库全书存目丛书，齐鲁书社，1997 年影印本。

《丹崖集》，（明）唐肃撰，续修四库全书，上海古籍出版社，1996 年影印本。

《淡然轩集》，（明）余继登撰，文渊阁四库全书本。

《淡轩稿》，（明）林文撰，四库全书存目丛书，齐鲁书社，1997 年影印本。

《澹泉笔述》，（明）郑晓撰，续修四库全书，上海古籍出版社，1995 年影印本。

《澹然先生文集》，（明）陈敬宗撰，四库全书存目丛书，齐鲁书社，1997 年影印本。

《澹园集》，（明）焦竑撰，李剑雄点校，中华书局，1999 年版。

《甔甀洞稿》，（明）吴国伦撰，续修四库全书，上海古籍出版社，1996 年影印本。

《甔甀洞续稿》，（明）吴国伦撰，续修四库全书，上海古籍出版社，1996 年影印本。

《道山集》，（明）郑棠撰，四库全书存目丛书，齐鲁书社，1997 年影印本。

《道援堂诗集》，（清）屈大均撰，四库禁毁书丛刊，北京出版社，2000 年影印本。

《灯窗末艺》，（明）杨循吉撰，四库全书存目丛书，齐鲁书社，1997 年影印本。

《登科记考补正》，（清）徐松撰，孟二冬补正，燕山出版社，2003 年版。

《登坛必究》，（明）王鸣鹤辑，四库禁毁书丛刊，北京出版社，2000 年影印本。

《邓定宇先生文集》，（明）邓以赞撰，四库全书存目丛书，齐鲁书社，1997 年影印本。

《迪功集》，（明）徐祯卿撰，文渊阁四库全书本。

《滇略》，（清）谢肇淛撰，文渊阁四库全书本。

《殿阁词林记》，（明）黄佐，廖道南著，文渊阁四库全书本。

《调象庵稿》，（明）邹迪光撰，四库全书存目丛书，齐鲁书社，1997年影印本。

《丁清惠公遗集》，（明）丁宾撰，四库禁毁书丛刊，北京出版社，2000年影印本。

《定庵集》，（明）张悦撰，四库全书存目丛书，齐鲁书社，1997年影印本。

《定山集》，（明）庄昶撰，文渊阁四库全书本。

《东川刘文简公集》，（明）刘春撰，续修四库全书，上海古籍出版社，1996年影印本。

《东岱山房诗录》，（明）李先芳撰，四库全书存目丛书，齐鲁书社，1997年影印本。

《东皋录》，（明）释妙声撰，文渊阁四库全书本。

《东汇诗集》，（明）吕希周撰，四库全书存目丛书，齐鲁书社，1997年影印本。

《东极篇》，（明）文翔凤撰，四库全书存目丛书，齐鲁书社，1997年影印本。

《东江集钞》，（明）沈谦撰，四库全书存目丛书，齐鲁书社，1997年影印本。

《东江家藏集》，（明）顾清撰，文渊阁四库全书本。

《东廓邹先生文集》，（明）邹守益撰，四库全书存目丛书，齐鲁书社，1997年影印本。

《东里文集》，（明）杨士奇著，刘伯涵、朱海点校，中华书局，1998年版。

《东林列传》，（清）陈鼎著，明代传记丛刊，台北明文书局，1991年版。

《东林始末》，（明）蒋平阶撰，四库全书存目丛书，齐鲁书社，1996年影印本。

《东泷遗稿》，（明）彭教撰，四库全书存目丛书，齐鲁书社，1997年影印本。

《东麓遗稿》，（明）汪佃撰，四库全书存目丛书，齐鲁书社，1997年影印本。

《东明闻见录》，（明）瞿共美撰，四库禁毁书丛刊，北京出版社，2000年影印本。

《东南纪事》，（清）邵廷采，神州国光社，1951年版。

《东泉文集》，（明）姚镆撰，四库全书存目丛书，齐鲁书社，1997年影印本。

《东所先生文集》，（明）张诩撰，四库全书存目丛书，齐鲁书社，1997年影印本。

《东塘集》，（明）毛伯温撰，四库全书存目丛书，齐鲁书社，1997年影印本。

《东田集》，（明）马中锡撰，四库全书存目丛书，齐鲁书社，1997年影印本。

《东田遗稿》，（明）张羽撰，文渊阁四库全书本。

《东溪续稿》，（明）邓庠撰，四库全书存目丛书，齐鲁书社，1997年影印本。

《东岩集》，（明）夏尚朴撰，文渊阁四库全书本。

《东游集》，（明）黄金撰，四库全书存目丛书，齐鲁书社，1997年影印本。

《东园文集》，（明）郑纪撰，文渊阁四库全书本。

《东原集》，（明）杜琼撰，四库全书存目丛书，齐鲁书社，1997年影印本。

《东越文苑》，（明）陈鸣鹤撰，四库全书存目丛书，齐鲁书社，1996年影印本。

《东越证学录》，（明）周汝登撰，四库全书存目丛书，齐鲁书社，1997年影印本。

《东洲初稿》，（明）夏良胜撰，文渊阁四库全书本。

《董其昌系年》，任道斌编著，文物出版社，1988年版。

《董学士泌园集》，（明）董份撰，四库全书存目丛书，齐鲁书社，1997年影印本。

《董宗伯奏疏辑略》，（明）董传策撰，四库全书存目丛书，齐鲁书社，1996年影印本。

《洞麓堂集》，（明）尹台撰，文渊阁四库全书本。

《斗南老人集》，（明）胡奎撰，文渊阁四库全书本。

《读书后》，（明）王世贞撰，文渊阁四库全书本。

《独醉亭集》，（明）史谨撰，文渊阁四库全书本。

《杜曲集》，（明）戴澳撰，四库禁毁书丛刊，北京出版社，2000 年影印本。

《端峰先生松菊堂集》，（明）孙鑨撰，四库全书存目丛书，齐鲁书社，1997 年影印本。

《端简郑公文集》，（明）郑晓撰，四库全书存目丛书，齐鲁书社，1997 年影印本。

《对山集》，（明）康海撰，四库全书存目丛书，齐鲁书社，1997 年影印本。

《对山文集》，（明）康海著，台北伟文图书出版社有限公司，1976 年版。

《遁庵全集》，（明）蔡复一撰，四库禁毁书丛刊补编，北京出版社，2005 年影印本。

E

《鹅湖集》，（明）龚敩撰，文渊阁四库全书本。

《二酉园文集》，（明）陈文烛撰，四库全书存目丛书，齐鲁书社，1997 年影印本。

F

《伐檀斋集》，（明）张元凯撰，文渊阁四库全书本。

《繁露园集》，（明）董复亨撰，四库全书存目丛书，齐鲁书社，1997 年影印本。

《方苞集》，（清）方苞著，上海古籍出版社，1983 年版。

《方初庵先生集》，（明）方扬撰，四库全书存目丛书，齐鲁书社，1997 年影印本。

《方简肃文集》，（明）方良永撰，文渊阁四库全书本。

《方建元集》，（明）方于鲁撰，四库全书存目丛书，齐鲁书社，1997 年影印本。

《方麓集》，（明）王樵撰，文渊阁四库全书本。

《方山先生文录》，（明）薛应旂撰，四库全书存目丛书，齐鲁书社，1997 年影印本。

《方山薛先生全集》，（明）薛应旂撰，续修四库全书，上海古籍出版社，1996 年影印本。

《方斋存稿》，（明）林文俊撰，文渊阁四库全书本。

《方众甫集》，（明）方应选撰，四库全书存目丛书，齐鲁书社，1997 年影印本。

《方洲集》，（明）张宁撰，文渊阁四库全书本。

《方洲杂言》，（明）张宁撰，四库全书存目丛书，齐鲁书社，1995 年影印本。

《方子流寓草》，（清）方以智撰，四库禁毁书丛刊，北京出版社，2000 年影印本。

《芳洲文集》，（明）陈循撰，四库全书存目丛书，齐鲁书社，1997 年影印本。

《芳洲集》，（明）陈循撰，续修四库全书，上海古籍出版社，1996 年影印本。

《芳洲文集续编》，（明）陈循撰，续修四库全书，上海古籍出版社，1996 年影印本。

《仿洪小品》，（明）朱国桢著，燕山出版社，1995 年版。

《飞鸿亭集》，（明）吴鹏撰，四库全书存目丛书，齐鲁书社，1997 年影印本。

《菲泉先生存稿》，（明）来汝贤撰，四库全书存目丛书，齐鲁书社，1997 年影印本。

《霏云居集》，（明）张燮撰，四库禁毁书丛刊补编，北京出版社，2005 年影印本。

《分甘余话》，（清）王士祯著，中华书局，1982 年版。

《焚书·续焚书》，（明）李贽著，中华书局，1974 年版。

《丰草庵诗集》，（明）董说撰，四库禁毁书丛刊，北京出版社，2000 年影印本。

《丰对楼诗选》，（明）沈明臣撰，四库全书存目丛书，齐鲁书社，1997 年影印本。

《丰阳先生集》，（明）冯皋谟撰，四库全书存目丛书，齐鲁书社，1997 年影印本。

《丰正元先生诗》，（明）丰越人撰，四库全书存目丛书，齐鲁书社，1997 年影印本。

《枫山集》，（明）章懋撰，文渊阁四库全书本。

《冯元成选集》，（明）冯时可撰，四库禁毁书丛刊补编，北京出版社，2005 年影印本。

《凤池吟稿》，（明）汪广洋撰，文渊阁四库全书本。

《凤林先生文集》，（明）王从善撰，四库全书存目丛书，齐鲁书社，1997 年影印本。

《凤洲笔记》，（明）王世贞撰，四库全书存目丛书，齐鲁书社，1997 年影印本。

《奉使朝鲜稿》，（明）朱之蕃撰，四库全书存目丛书，齐鲁书社，1997 年影印本。

《奉使集》，（明）唐顺之撰，四库全书存目丛书，齐鲁书社，1997 年影印本。

《弗告堂集》，（明）于若瀛撰，四库禁毁书丛刊，北京出版社，2000 年影印本。

《福建通志》，（清）谢承道等修纂，乾隆元年刻本。

《甫田集》，（明）文徵明撰，文渊阁四库全书本。

《黼庵遗稿》，（明）柴奇撰，四库全书存目丛书，齐鲁书社，1997 年影印本。

《负苞堂集》，（明）臧懋循著，古典文学出版社，1958 年版。

《负苞堂诗选》，（明）臧懋循撰，续修四库全书，上海古籍出版社，1996 年影印本。

《复初集》，（明）方承训撰，四库全书存目丛书，齐鲁书社，1997 年影印本。

《复斋日记》，（明）许浩撰，四库全书存目丛书，齐鲁书社，1995 年影印本。

《覆瓿集》，（明）朱同撰，文渊阁四库全书本。

G

《陔余丛考》，（清）赵翼著，商务印书馆，1957 年版。

《改亭存稿、续稿》，（明）方凤撰，续修四库全书，上海古籍出版社，1996 年影印本。

《改亭奏草》，（明）方凤撰，四库全书存目丛书，齐鲁书社，1996 年影印本。

《甘白先生张子宜集》，（明）张适撰，四库全书存目丛书，齐鲁书社，1997 年影印本。

《甘肃通志》，（清）许容等修纂，文渊阁四库全书本。

《高陵县志（全)》，（明）吕柟著，成文出版社，1976 年版。

《高漫士木天清气集》，（明）高棅撰，四库全书存目丛书，齐鲁书社，1997 年影印本。

《高青丘集》，（明）高启著，上海古籍出版社，1985年版。

《高素斋集》，（明）黄姬水撰，四库全书存目丛书，齐鲁书社，1997年影印本。

《高文襄公集》，（明）高拱撰，四库全书存目丛书，齐鲁书社，1997年影印本。

《高阳集》，（明）孙承宗撰，续修四库全书，上海古籍出版社，1996年影印本。

《高子遗书》，（明）高攀龙撰，文渊阁四库全书本。

《革除遗事》，（明）黄佐著，中华书局，1991年版。

《葛端肃公文集》，（明）葛守礼撰，四库全书存目丛书，齐鲁书社，1997年影印本。

《葛太史公集》，（明）葛曦撰，四库全书存目丛书，齐鲁书社，1997年影印本。

《耿天台先生文集》，（明）耿定向撰，四库全书存目丛书，齐鲁书社，1997年影印本。

《耿中丞杨太史批点近溪罗子全集》，（明）罗汝芳撰，四库全书存目丛书，齐鲁书社，1997年影印本。

《勾漏集》，（明）顾起纶撰，四库全书存目丛书，齐鲁书社，1997年影印本。

《缑山先生集》，（明）王衡撰，四库全书存目丛书，齐鲁书社，1997年影印本。

《姑苏名贤小记》，（明）文震孟撰，四库全书存目丛书，齐鲁书社，1996年影印本。

《姑苏志》，（明）王鏊撰，文渊阁四库全书本。

《孤树裒谈》，（明）李默撰，续修四库全书，上海古籍出版社，1996年影印本。

《古庵毛先生文集》，（明）毛宪撰，四库全书存目丛书，齐鲁书社，1997年影印本。

《古城集》，（明）张吉撰，文渊阁四库全书本。

《古代选举及科举制度概述》，许树安著，天津人民出版社，1985年版。

《古夫于亭杂录》，（清）王士禛著，中华书局，1988年版。

《古今图书集成》，中华书局、巴蜀书社，1986年影印清刊本。

《古今治统》，（明）徐奋鹏撰，四库禁毁书丛刊，北京出版社，2000年影印本。

《古廉文集》，（明）李时勉撰，文渊阁四库全书本。

《古穰集》，（明）李贤撰，文渊阁四库全书本。

《古山先生文集》，（明）桂华撰，四库全书存目丛书，齐鲁书社，1997年影印本。

《古直先生文集》，（明）刘翔撰，四库全书存目丛书，齐鲁书社，1997年影印本。

《谷城山馆诗集》，（明）于慎行撰，文渊阁四库全书本。

《谷城山馆文集》，（明）于慎行撰，四库全书存目丛书，齐鲁书社，1997年影印本。

《谷平先生文集》，（明）李中撰，四库全书存目丛书，齐鲁书社，1997年影印本。

《谷原诗集》，（明）苏佑撰，四库全书存目丛书，齐鲁书社，1997年影印本。

《谷原文草》，（明）苏佑撰，四库全书存目丛书，齐鲁书社，1997年影印本。

《鼓棹》，（清）王夫之撰，四库禁毁书丛刊补编，北京出版社，2005年影印本。

《谷山笔麈》，（明）于慎行著，中华书局，1984年版。

《顾华玉集》，（明）顾璘撰，文渊阁四库全书本。

《顾太史文集》，（明）顾天埈撰，四库禁毁书丛刊，北京出版社，2000年影印本。

《顾亭林诗文集》，（清）顾炎武著，中华书局，1983年版。

《顾亭林先生年谱》，（清）张穆编，中华书局，1985年版。

《顾文康公文草、诗草、续稿》（明）顾鼎臣撰，四库全书存目丛书，齐鲁书社，1997年影印本。

《顾文康公续稿》，（明）顾鼎臣撰，四库禁毁书丛刊，北京出版社，2000年影印本。

《顾与治诗》，（明）顾梦游撰，四库禁毁书丛刊，北京出版社，2000年影印本。

《关洛纪游稿》，（明）王世懋撰，四库全书存目丛书，齐鲁书社，1997年影印本。

《关中集》，（明）余懋衡撰，四库全书存目丛书，齐鲁书社，1997年影印本。

《观政集》，（明）李濂撰，四库全书存目丛书，齐鲁书社，1997年影印本。

《馆阁漫录》，（明）张元忭撰，四库全书存目丛书，齐鲁书社，1996年影印本。

《光庵集》，（明）王宾撰，四库全书存目丛书，齐鲁书社，1997年影印本。

《（光绪）安徽通志》，（清）何绍基等修纂，光绪四年刻本。

《（光绪）抚州府志》，（清）谢煌等修纂，光绪二年刻本。

《（光绪）光化县志》，（清）段映斗等修纂，光绪十年刻本。

《（光绪）湖南通志》，（清）曾国荃等修纂，光绪十一年刻本。

《（光绪）荆州府志》，（清）顾嘉蘅等修纂，光绪六年刻本。

《（光绪）靖州乡土志》，（清）金容镜编，光绪三十四年刻本。

《（光绪）靖州直隶州志》，（清）唐际虞等修纂，光绪五年刻本。

《（光绪）开化县志》，（清）潘树棠等修纂，光绪二十四年刻本。

《（光绪）松阳县志》，（清）丁凤章等修纂，光绪元年刻本。

《（光绪）通州直隶州志》，（清）季念贻等修纂，光绪元年刻本。

《（光绪）武进阳湖县志》，（清）张球等修纂，光绪五年刻本。

《（光绪）宣城县志》，（清）章绶等修纂，光绪十四年活字本。

《（光绪）宣荆县志》，（清）吴德旋等修纂，光绪八年刻本。

《（光绪）鄞县志》，（清）张恕等修纂，光绪三年刻本。

《（光绪）余姚县志》，（清）孙德祖等修纂，光绪二十五年刻本。

《（光绪）震泽县志》，（清）倪师孟等修纂，光绪十九年刻本。

《广东历代状元》，陈广杰，邓长琚著，广东高等教育出版社，1998年版。

《广东通志》，（清）郝玉麟等修纂，文渊阁四库全书本。

《广西通志》，（清）金鉷等修纂，文渊阁四库全书本。

《广州人物传》，（明）黄佐撰，四库全书存目丛书，齐鲁书社，1996年影印本。

《归田稿》，（明）谢迁撰，文渊阁四库全书本。

《归先生文集》，（明）归有光撰，四库全书存目丛书，齐鲁书社，1997年影印本。

《归有园稿》，（明）徐学谟撰，四库全书存目丛书，齐鲁书社，1997年影印本。

《归庄集》，（明）归庄著，上海古籍出版社，1984年版。

《圭峰集》，（明）罗玘撰，文渊阁四库全书本。

《贵州通志》，（清）鄂尔泰等修纂，文渊阁四库全书本。

《桂坡集》，（明）左赞撰，四库全书存目丛书，齐鲁书社，1997 年影印本。

《桂轩稿》，（明）江源撰，续修四库全书，上海古籍出版社，1996 年影印本。

《桂洲诗集》，（明）夏言撰，续修四库全书，上海古籍出版社，1996 年影印本。

《夏桂洲先生奏议》，（明）夏言撰，江西书局，光绪十七年重刻本。

《郭襄靖公遗集》，（明）郭应聘撰，续修四库全书，上海古籍出版社，1996 年影印本。

《国朝典汇》，（明）徐学聚撰，四库全书存目丛书，齐鲁书社，1996 年影印本。

《国朝列卿记》，（明）雷礼撰，明代传记丛刊，台北明文书局，1991 年版。

《国朝献征录》，（明）焦竑撰，明代传记丛刊，台北明文书局，1991 年版。

《国琛集》，（明）唐枢，中华书局，1985 年版。

《国初群雄事略》，（清）钱谦益撰，四库禁毁书丛刊，北京出版社，2000 年影印本。

《国家、科举与社会——以明代为中心的考察》，钱茂伟著，北京图书馆出版社，2004 年版。

《“国立中央图书馆”善本序跋集录》，台湾图书馆，1994 年编印。

《国史纪闻》，（明）张铨撰，四库全书存目丛书，齐鲁书社，1996 年影印本。

《国史经籍志》，（明）焦竑著，商务印书馆，1959 年版。

《国史经籍志补》，宋定国、谢星缠编著，商务印书馆，1959 年版。

《过庭私录》，（明）吴鼎撰，四库全书存目丛书，齐鲁书社，1997 年影印本。

H

《海浮山堂稿》，（明）冯惟敏撰，续修四库全书，上海古籍出版社，1996 年影印本。

《海壑吟稿》，（明）赵完璧撰，文渊阁四库全书本。

《海樵先生全集》，（明）陈鹤撰，四库全书存目丛书，齐鲁书社，1997 年影印本。

《海桑集》，（明）陈谟撰，文渊阁四库全书本。

《海石先生文集》，（明）钱薇撰，四库全书存目丛书，齐鲁书社，1997 年影印本。

《海叟集》，（明）袁凯撰，四库全书存目丛书，齐鲁书社，1997 年影印本。

《海叟集》，（明）袁凯撰，文渊阁四库全书本。

《憨山老人梦游集》，（明）释德清撰，续修四库全书，上海古籍出版社，1996 年影印本。

《函山先生集》，（明）刘天民撰，四库全书存目丛书，齐鲁书社，1997 年影印本。

《寒邨集》，（明）苏志皋撰，四库全书存目丛书，齐鲁书社，1997 年影印本。

《韩五泉诗》，（明）韩邦靖撰，四库全书存目丛书，齐鲁书社，1997 年影印本。

《翰海》，（明）沈佳胤辑，四库禁毁书丛刊，北京出版社，2000 年影印本。

《翰林记》，（明）黄佐著，文渊阁四库全书本。

《翰林学士耐轩王先生天游杂稿》（明）王达撰，四库全书存目丛书，齐鲁书社，1997 年影印本。

《翰学三书》，傅璇琮，施纯德编，辽宁教育出版社，2003年版。

《合并黄离草》，（明）郭正域撰，四库禁毁书丛刊，北京出版社，2000年影印本。

《何翰林集》，（明）何良俊撰，四库全书存目丛书，齐鲁书社，1997年影印本。

《何心隐先生爨桐集》，（明）梁汝元撰，续修四库全书，上海古籍出版社，1996年影印本。

《何燕泉诗集》，（明）何孟春撰，四库全书存目丛书，齐鲁书社，1997年影印本。

《河村集》，（明）戴重撰，四库禁毁书丛刊，北京出版社，2000年影印本。

《河汾诗集》，（明）薛瑄撰，四库全书存目丛书，齐鲁书社，1997年影印本。

《河南通志》，（清）王士俊等修纂，文渊阁四库全书本。

《鹤田草堂集》，（明）蔡云程撰，四库全书存目丛书，齐鲁书社，1997年影印本。

《衡藩重刻胥台先生集》，（明）袁裹撰，四库全书存目丛书，齐鲁书社，1997年影印本。

《衡庐精舍藏稿》，（明）胡直撰，文渊阁四库全书本。

《弘光实录钞》，（清）黄宗羲撰，上海古籍出版社，1996年版。

《弘艺录》，（明）邵经邦撰，四库全书存目丛书，齐鲁书社，1997年影印本。

《洪季邻集》，（明）洪翼圣撰，四库禁毁书丛刊补编，北京出版社，2005年影印本。

《洪升年谱》，章培恒著，上海古籍出版社，1979年版。

《鸿宝应本》，（明）倪元璐撰，四库禁毁书丛刊补编，北京出版社，2005年影印本。

《鸿泥堂小稿》，（明）薛章宪撰，四库全书存目丛书，齐鲁书社，1997年影印本。

《胡公行实》，（明）胡桂奇撰，四库全书存目丛书，齐鲁书社，1996年影印本。

《胡文敬集》，（明）胡居仁撰，文渊阁四库全书本。

《胡文穆公文集》，（明）胡广撰，四库全书存目丛书，齐鲁书社，1997年影印本。

《胡仲子集》，（明）胡翰撰，文渊阁四库全书本。

《胡壮肃公文集》，（明）胡松撰，四库全书存目丛书，齐鲁书社，1997年影印本。

《壶山集》，（明）陈孝威撰，四库禁毁书丛刊，北京出版社，2000年影印本。

《湖广通志》，（清）迈柱等修纂，文渊阁四库全书本。

《湖上集》，（明）徐师曾撰，续修四库全书，上海古籍出版社，1996年影印本。

《浒东先生文集》，（明）张卤撰，四库全书存目丛书，齐鲁书社，1997年影印本。

《花当阁丛谈》，（明）徐复祚撰，续修四库全书，上海古籍出版社，1995年影印本。

《花王阁剩稿》，（明）纪坤撰，四库全书存目丛书，齐鲁书社，1997年影印本。

《华礼部集》，（明）华叔阳撰，四库全书存目丛书，齐鲁书社，1997年影印本。

《华孟达诗稿》，（明）华善继撰，四库全书存目丛书，齐鲁书社，1997年影印本。

《华泉集》，（明）边贡撰，文渊阁四库全书本。

《华泉先生集》，（明）边贡撰，四库全书存目丛书，齐鲁书社，1997年影印本。

《华阳洞稿》，（明）张祥鸢撰，四库全书存目丛书，齐鲁书社，1997年影印本。

《华阳馆诗集》，（明）宋仪望撰，四库全书存目丛书，齐鲁书社，1997年影印本。

《华阳馆文集》，（明）宋仪望撰，四库全书存目丛书，齐鲁书社，1997 年影印本。

《怀麓堂集》，（明）李东阳撰，文渊阁四库全书本。

《怀星堂集》，（明）祝允明撰，文渊阁四库全书本。

《槐野先生存笥稿》，（明）王维桢撰，续修四库全书，上海古籍出版社，1996 年影印本。

《环碧斋诗、尺牍》，（明）祝世禄撰，四库全书存目丛书，齐鲁书社，1997 年影印本。

《环溪集》，（明）沈恺撰，四库全书存目丛书，齐鲁书社，1997 年影印本。

《洹词》，（明）崔铣撰，文渊阁四库全书本。

《皇甫少玄集》，（明）皇甫涍撰，文渊阁四库全书本。

《皇甫司勋集》，（明）皇甫汸撰，文渊阁四库全书本。

《皇极篇》，（明）文翔凤撰，四库禁毁书丛刊，北京出版社，2000 年影印本。

《皇明宝训》，（明）吕本等辑，四库全书存目丛书，齐鲁书社，1996 年影印本。

《皇明表程文选》，（明）陈仁锡辑，四库禁毁书丛刊补编，北京出版社，2005 年影印本。

《皇明策程文选》，（明）陈仁锡辑，四库禁毁书丛刊补编，北京出版社，2005 年影印本。

《皇明词林人物考》，（明）王兆云著，明代传记丛刊，台北明文书局，1991 年版。

《皇明从信录》，（明）陈建撰，四库禁毁书丛刊，北京出版社，2000 年影印本。

《皇明大事记》，（明）朱国桢辑，四库禁毁书丛刊，北京出版社，2000 年影印本。

《皇明大训记》，（明）朱国祯撰，四库禁毁书丛刊补编，北京出版社，2005 年影印本。

《皇明大政纪》，（明）雷礼等辑，四库全书存目丛书，上海古籍出版社，1995 年影印本。

《皇明典要》，（明）陈建撰，四库禁毁书丛刊，北京出版社，2000 年影印本。

《皇明法传录》，（明）高汝栻辑，四库禁毁书丛刊补编，北京出版社，2005 年影印本。

《皇明贡举考》，（明）张朝瑞撰，续修四库全书，上海古籍出版社，1995 年影印本。

《皇明馆课》，（明）陈经邦辑，四库禁毁书丛刊补编，北京出版社，2005 年影印本。

《皇明纪略》，（明）皇甫录著，中华书局，1985 年版。

《皇明纪要》，（明）陈建撰，四库禁毁书丛刊补编，北京出版社，2005 年影印本。

《皇明嘉隆两朝闻见纪》，（明）沈越撰，四库全书存目丛书，齐鲁书社，1996 年影印本。

《皇明嘉隆疏抄》，（明）张卤辑，四库全书存目丛书，齐鲁书社，1996 年影印本。

《皇明经济文录》，（明）万表辑，四库禁毁书丛刊，北京出版社，2000 年影印本。

《皇明经世实用编》，（明）冯应京辑，四库全书存目丛书，齐鲁书社，1996 年影印本。

《皇明经世文编》，（明）陈子龙等辑，四库禁毁书丛刊，北京出版社，2000 年影印本。

《皇明历科状元录》，（明）陈鎏著，书目文献出版社，1998 年版。

《皇明两朝疏抄》，（明）顾尔行辑，四库全书存目丛书，齐鲁书社，1996 年影印本。

《皇明留台奏议》，（明）朱吾弼辑，四库全书存目丛书，齐鲁书社，1996 年影印本。

《皇明论程文选》，（明）陈仁锡辑，四库禁毁书丛刊补编，北京出版社，2005 年影印本。

《皇明名臣经济录》，（明）陈九德辑，四库禁毁书丛刊，北京出版社，2000 年影印本。

《皇明名臣琬琰录》，（明）徐纮著，明代传记丛刊，台北明文书局，1991 年版。

《皇明人物考》，（明）焦竑编次，（明）翁正春校，明代传记丛刊，台北明文书局，1991 年版。

《皇明三元考》，（明）张弘道，张凝道撰，四库全书存目丛书，齐鲁书社，1996 年影印本。

《皇明诗选》，（明）陈子龙等编选，华东师范大学出版社，1991 年影印明崇祯刊本。

《皇明十六朝广汇纪》，（明）陈建辑，四库禁毁书丛刊，北京出版社，2000 年影印本。

《皇明史惺堂先生遗稿》，（明）史桂芳撰，四库全书存目丛书，齐鲁书社，1997 年影印本。

《皇明世说新语》，（明）李绍文撰，续修四库全书，上海古籍出版社，1995 年影印本。

《皇明疏钞》，（明）孙旬编，台湾学生书局，1986 年版。

《皇明疏议辑略》，（明）张瀚辑，四库全书存目丛书，齐鲁书社，1996 年影印本。

《皇明通纪法传全录》，（明）陈建撰，四库禁毁书丛刊补编，北京出版社，2005 年影印本。

《皇明通纪集要》，（明）陈建辑，四库禁毁书丛刊，北京出版社，2000 年影印本。

《皇明续纪》，（明）卜大有撰，四库禁毁书丛刊补编，北京出版社，2005 年影印本。

《皇明泳化类编》，（明）邓球辑，四库禁毁书丛刊补编，北京出版社，2005 年影印本。

《皇明诏令》，（明）不著辑者，四库全书存目丛书，齐鲁书社，1996 年影印本。

《皇明诏制》，（明）不著辑者，四库全书存目丛书，齐鲁书社，1996 年影印本。

《皇明奏议备选》，（明）秦骏生辑，四库禁毁书丛刊，北京出版社，2000 年影印本。

《皇明祖训》，（明）朱元璋撰，四库全书存目丛书，齐鲁书社，1996 年影印本。

《黄淳父先生全集》，（明）黄姬水撰，四库全书存目丛书，齐鲁书社，1997 年影印本。

《黄丹岩先生集》，（明）黄云撰，四库全书存目丛书，齐鲁书社，1997 年影印本。

《黄梨洲文集》，（清）黄宗羲著，中华书局，1959 年版。

《黄石斋先生文集》，（明）黄道周撰，续修四库全书，上海古籍出版社，1996 年影印本。

《黄文简公介庵集》，（明）黄淮撰，四库全书存目丛书，齐鲁书社，1997 年影印本。

《黄吾野先生诗集》，（明）黄克晦撰，四库全书存目丛书，齐鲁书社，1997 年影印本。

《黄玄龙诗集》，（明）黄奂撰，四库全书存目丛书，齐鲁书社，1997 年影印本。

《黄忠宣公文集》，（明）黄福撰，四库全书存目丛书，齐鲁书社，1997 年影印本。

《黄宗羲年谱》，徐定宝主编，华东师范大学出版社，1995 年版。

《黄宗羲全集》，沈善洪主编，浙江古籍出版社，1987 年版。

《篁墩文集》，（明）程敏政撰，文渊阁四库全书本。

《喙鸣文集》，（明）沈一贯撰，续修四库全书，上海古籍出版社，1996年影印本。

J

《矶园稗史》，（明）孙继芳撰，续修四库全书，上海古籍出版社，1995年影印本。

《鸡土集》，（明）刘乾撰，四库全书存目丛书，齐鲁书社，1997年影印本。

《畿辅人物志》，（明）孙承泽辑，四库全书存目丛书，齐鲁书社，1996年影印本。

《畿辅通志》，（清）李卫等修纂，文渊阁四库全书本。

《集玉山房稿》，（明）葛昕撰，文渊阁四库全书本。

《几社壬申合稿》，（明）杜骐征等辑，四库禁毁书丛刊，北京出版社，2000年影印本。

《几亭全书》，（明）陈龙正撰，四库禁毁书丛刊，北京出版社，2000年影印本。

《济美堂集》，（明）吴文华撰，四库全书存目丛书，齐鲁书社，1997年影印本。

《继志斋集》，（明）王绅撰，文渊阁四库全书本。

《家藏集》，（明）吴宽撰，文渊阁四库全书本。

《嘉靖以来内阁首辅传》，（明）王世贞撰，中华书局，1991年版。

《（嘉庆）丹徒县志》，（清）蒋宗海等修纂，嘉庆十年刻本。

《（嘉庆）山阴县志》，（清）朱文翰等修纂，嘉庆八年刻本。

《（嘉庆）上海县志》，（清）李林松等修纂，嘉庆十九年刻本。

《嘉业堂藏书志》，（清）缪荃孙等著，复旦大学出版社，1997年版。

《甲申纪事》，（明）冯梦龙辑，四库禁毁书丛刊，北京出版社，2000年影印本。

《甲秀园集》，（明）费元禄撰，四库禁毁书丛刊，北京出版社，2000年影印本。

《甲乙事案》，（明）文秉撰，四库禁毁书丛刊，北京出版社，2000年影印本。

《坚瓠集》，（清）褚人获著，浙江人民出版社，1986年影印本。

《兼葭堂稿》，（明）陆楫撰，续修四库全书，上海古籍出版社，1996年影印本。

《简斋先生集》，（明）刘荣嗣撰，四库禁毁书丛刊，北京出版社，2000年影印本。

《剪胜野闻》，（明）徐祯卿撰，四库全书存目丛书，齐鲁书社，1995年影印本。

《謇斋琐缀录》，（明）尹直著，中华书局，1991年版。

《见素集》，（明）林俊撰，文渊阁四库全书本。

《见闻录》，（明）陈继儒撰，四库全书存目丛书，齐鲁书社，1995年影印本。

《见闻杂记》，（明）李乐著，上海古籍出版社，1986年版。

《渐斋诗草》，（明）赵汉撰，四库全书存目丛书，齐鲁书社，1997年影印本。

《江南通志》，（清）黄之隽等修纂，文渊阁四库全书本。

《江山人集》，（明）江瓘撰，四库全书存目丛书，齐鲁书社，1997年影印本。

《江西通志》，（清）谢旻等修纂，文渊阁四库全书本。

《江盈科集》，（明）江盈科著，岳麓书社，1997年版。

《姜凤阿文集》，（明）姜宝撰，四库全书存目丛书，齐鲁书社，1997 年影印本。

《蒋道林先生文粹》，（明）蒋信撰，四库全书存目丛书，齐鲁书社，1997 年影印本。

《蒋南泠集》，（明）蒋山卿撰，四库全书存目丛书，齐鲁书社，1997 年影印本。

《交翠馆集》，（明）万道光撰，四库全书存目丛书，齐鲁书社，1997 年影印本。

《郊居遗稿》，（明）沈懋学撰，四库全书存目丛书，齐鲁书社，1997 年影印本。

《椒邱文集》，（明）何乔新撰，文渊阁四库全书本。

《焦竑评传》，李剑雄著，南京大学出版社，1998 年版。

《焦氏笔乘》，（明）焦竑撰，李剑雄点校，上海古籍出版社，1986 年版。

《焦氏说楛》，（明）焦周撰，续修四库全书，上海古籍出版社，1995 年影印本。

《矫亭存稿》，（明）方鹏撰，四库全书存目丛书，齐鲁书社，1997 年影印本。

《峤雅》，（明）邝露撰，四库禁毁书丛刊，北京出版社，2000 年影印本。

《皆春园集》，（明）陈完撰，四库全书存目丛书，齐鲁书社，1997 年影印本。

《皆非集》，（明）万达甫撰，四库全书存目丛书，齐鲁书社，1997 年影印本。

《节庵集》，（明）高得旸撰，四库全书存目丛书，齐鲁书社，1997 年影印本。

《蚧蜣集》，（明）郑若庸撰，四库全书存目丛书，齐鲁书社，1997 年影印本。

《解弢集》，（明）邓云霄撰，四库全书存目丛书，齐鲁书社，1997 年影印本。

《戒庵老人漫笔》，（明）李诩著，中华书局，1982 年版。

《戒庵文集》，（明）靳贵撰，四库全书存目丛书，齐鲁书社，1997 年影印本。

《今献备遗》，（明）项笃寿著，明代传记丛刊，台北明文书局，1991 年版。

《今言》，（明）郑晓著，李致忠点校，中华书局，1984 年版。

《金榜题名　清代科举述要》，于景祥著，辽海出版社，1997 年版。

《金华征献录》，（清）王崇炳撰，四库全书存目丛书，齐鲁书社，1996 年影印本。

《金粟斋先生文集》，（明）金瑶撰，续修四库全书，上海古籍出版社，1996 年影印本。

《金文靖集》，（明）金幼孜撰，文渊阁四库全书本。

《金舆山房稿》，（明）殷士儋撰，四库全书存目丛书，齐鲁书社，1997 年影印本。

《金正希先生文集辑略》，（明）金声撰，四库禁毁书丛刊，北京出版社，2000 年影印本。

《堇山文集》，（明）李堂撰，四库全书存目丛书，齐鲁书社，1997 年影印本。

《近峰闻略》，（明）皇甫录撰，四库全书存目丛书，齐鲁书社，1995 年影印本。

《靳两城先生集》，（明）靳学颜撰，四库全书存目丛书，齐鲁书社，1997 年影印本。

《靳史》，（明）查应光辑，四库禁毁书丛刊，北京出版社，2000 年影印本。

《泾东小稿》，（明）叶盛撰，续修四库全书，上海古籍出版社，1996 年影印本。

《泾皋藏稿》，（明）顾宪成撰，文渊阁四库全书本。

《泾林诗文集》，（明）周复俊撰，四库全书存目丛书，齐鲁书社，1997 年影印本。

《泾野先生文集》，（明）吕柟撰，四库全书存目丛书，齐鲁书社，1997 年影印本。

《荆川集》，（明）唐顺之撰，文渊阁四库全书本。

《敬和堂集》，（明）许孚远撰，四库全书存目丛书，齐鲁书社，1997 年影印本。

《敬所王先生文集》，（明）王宗沐撰，四库全书存目丛书，齐鲁书社，1997 年影印本。

《敬亭集》，（明）姜垛撰，四库全书存目丛书，齐鲁书社，1997 年影印本。

《敬轩文集》，（明）薛瑄撰，文渊阁四库全书本。

《静庵张先生诗集》，（明）张羽撰，四库全书存目丛书，齐鲁书社，1997 年影印本。

《静庵集》，（明）张羽撰，文渊阁四库全书本。

《静观堂集》，（明）顾潜撰，四库全书存目丛书，齐鲁书社，1997 年影印本。

《静啸斋存草》，（明）董斯张撰，续修四库全书，上海古籍出版社，1996 年影印本。

《静啸斋遗文》，（明）董斯张撰，续修四库全书，上海古籍出版社，1996 年影印本。

《静轩先生文集》，（明）汪舜民撰，续修四库全书，上海古籍出版社，1996 年影印本。

《静学文集》，（明）王原采撰，文渊阁四库全书本。

《静志居诗话》，（清）朱彝尊著，黄君坦校点，人民文学出版社，1990 年版。

《镜山庵集》，（明）高出撰，四库禁毁书丛刊，北京出版社，2000 年影印本。

《九愚山房诗集》，（明）何东序撰，四库全书存目丛书，齐鲁书社，1997 年影印本。

《九籥集》，（明）宋懋澄著，中国社会科学出版社，1984 年版。

《九芝集》，（明）龙膺撰，四库全书存目丛书，齐鲁书社，1997 年影印本。

《旧京词林志》，（明）周应宾撰，四库全书存目丛书，齐鲁书社，1996 年影印本。

《傀寮集》，（明）释宗贤撰，四库全书存目丛书，齐鲁书社，1997 年影印本。

《矩洲诗集》，（明）黄衷撰，四库全书存目丛书，齐鲁书社，1997 年影印本。

《句注山房集》，（明）张凤翼撰，四库禁毁书丛刊，北京出版社，2000 年影印本。

《具茨集》，（明）王立道撰，文渊阁四库全书本。

《瞿冏卿集》，（明）瞿汝稷撰，四库全书存目丛书，齐鲁书社，1997 年影印本。

《瞿式耜集》，（明）瞿式耜著，上海古籍出版社，1981 年版。

《瞿文懿公集》，（明）瞿景淳撰，四库全书存目丛书，齐鲁书社，1997 年影印本。

《瞿忠宣公集》，（明）瞿式耜撰，续修四库全书，上海古籍出版社，1996 年影印本。

《觉非集》，（明）罗亨信撰，四库全书存目丛书，齐鲁书社，1997 年影印本。

《觉非斋文集》，（明）金实撰，续修四库全书，上海古籍出版社，1996 年影印本。

《筠谷诗集》，（明）李辕撰，文渊阁四库全书本。

《筠溪文集》，（明）钟芳撰，四库全书存目丛书，齐鲁书社，1997 年影印本。

《浚川内台集》，（明）王廷相撰，续修四库全书，上海古籍出版社，1996 年影印本。

《浚谷先生集》，（明）赵时春撰，四库全书存目丛书，齐鲁书社，1997 年影印本。

K

《康对山先生集》，（明）康海撰，续修四库全书，上海古籍出版社，1996 年影印本。

《康谷子集》，（明）刘养征撰，四库全书存目丛书，齐鲁书社，1997 年影印本。

《康海年谱》，韩结根著，复旦大学出版社，1999 年版。

《康海研究》，金宁芬著，崇文书局，2004 年版。

《（康熙）长洲县志摘要》，（清）蔡方炳等修纂，康熙二十九年刻本。

《（康熙）广东通志》，（清）金光祖等修纂，康熙三十六年刻本。

《（康熙）海宁县志》，（清）许三礼等修纂，康熙二十二年刻本。

《（康熙）会稽县志》，（清）董钦德等修纂，康熙二十二年刻本。

《（康熙）嘉兴府志》，（清）钱以垲等修纂，康熙六十年刻本。

《（康熙）江南通志》，（清）张九征等修纂，康熙二十三年刻本。

《（康熙）金华县志》，（清）张翀等修纂，康熙三十四年刻本。

《（康熙）靖州志》，（清）李大燡等修纂，康熙二十三年刻本。

《（康熙）宁国府志》，（清）刘尧枝等修纂，康熙十三年刻本。

《（康熙）钱塘县志》，（清）裘琏等修纂，康熙五十七年刻本。

《（康熙）青浦县志》，（清）诸嗣郢等修纂，康熙八年刻本。

《（康熙）山阴县志》，（清）沈麟趾等修纂，康熙十年刻本。

《（康熙）绍兴府志》，（清）王凤采等修纂，康熙三十年刻本。

《（康熙）绍兴府志》，（清）周徐彩等修纂，康熙五十八年刻本。

《（康熙）寿宁县志》，（清）王锡卤等修纂，康熙二十五年刻本。

《（康熙）苏州府志》，（清）沈世奕等修纂，康熙三十年刻本。

《（康熙）吴江县志》，（清）郭琇等修纂，康熙二十三年刻本。

《（康熙）新兴县志》，（清）康善述等修纂，康熙四十九年补刻本。

《（康熙）休宁县志》，（清）汪晋征等修纂，康熙三十二年刻本。

《（康熙）秀水县志》，（清）范正辂等修纂，康熙二十四年刻本。

《（康熙）续修顺德府志》，（清）张延庭等修纂，康熙十九年殷作霖增刻本。

《（康熙）浙江通志》，（清）黄宗羲等修纂，康熙二十三年刻本。

《康斋集》，（明）吴与弼撰，文渊阁四库全书本。

《考功集》，（明）薛蕙撰，文渊阁四库全书本。

《珂雪斋集》，（明）袁中道著，上海古籍出版社，1989 年版。

《珂雪斋近集》，（明）袁中道撰，续修四库全书，上海古籍出版社，1996 年影印本。

《珂雪斋前集》，（明）袁中道撰，续修四库全书，上海古籍出版社，1996 年影印本。

《科场风云》，李铁著，中国青年出版社，1991 年版。

《科场条贯》，（明）陆深撰，续修四库全书，上海古籍出版社，1995 年影印本。

《科举考试的教育视角》，刘海峰著，湖北教育出版社，1996 年版。

《科举史》，［日］宫崎市定著，平凡社，1987 年版。

《科举史话》，王道成著，中华书局，1980 年版。

《科举学导论》，刘海峰著，华中师范大学出版社，2005 年版。

《科举制的终结与科举学的兴起》，刘海峰主编，华中师范大学出版社，2006 年版。

《科举制度与中国文化》，金诤著，上海人民出版社，1990年版。

《科举制与"科举学"》，刘海峰著，贵州教育出版社，2004年版。

《可传集》，（明）袁华撰，文渊阁四库全书本。

《可经堂集》，（明）徐石麒撰，四库禁毁书丛刊，北京出版社，2000年影印本。

《可斋杂记》，（明）彭时撰，续修四库全书，上海古籍出版社，1995年影印本。

《刻孙百川先生文集》，（明）孙楼撰，四库全书存目丛书，齐鲁书社，1997年影印本。

《刻孙齐之先生松韵堂集》，（明）孙七政撰，四库全书存目丛书，齐鲁书社，1997年影印本。

《客座赘语》，（明）顾起元撰，四库全书存目丛书，齐鲁书社，1995年影印本。

《空同集》，（明）李梦阳撰，文渊阁四库全书本。

《空同先生集》，（明）李梦阳著，台北伟文图书出版社有限公司，1976年版。

《孔文谷集》，（明）孔天胤撰，四库全书存目丛书，齐鲁书社，1997年影印本。

《快雪堂集》，（明）冯梦祯撰，四库全书存目丛书，齐鲁书社，1997年影印本。

《愧瘖集》，（明）林大辂撰，续修四库全书，上海古籍出版社，1996年影印本。

《昆山人物传》，（明）张大复著，四库全书存目丛书，齐鲁书社，1996年影印本。

《鲲溟诗集》，（明）郭谏臣撰，文渊阁四库全书本。

L

《来复堂遗集》，（明）曾维纶撰，四库全书存目丛书，齐鲁书社，1997年影印本。

《来禽馆集》，（明）邢侗撰，四库全书存目丛书，齐鲁书社，1997年影印本。

《兰台奏疏》，（明）马从聘撰，四库全书存目丛书，齐鲁书社，1996年影印本。

《兰汀存稿》，（明）梁有誉撰，续修四库全书，上海古籍出版社，1996年影印本。

《兰庭集》，（明）谢晋撰，文渊阁四库全书本。

《蓝涧集》，（明）蓝智撰，文渊阁四库全书本。

《蓝山集》，（明）蓝仁撰，文渊阁四库全书本。

《蓝侍御集》，（明）蓝田撰，四库全书存目丛书，齐鲁书社，1997年影印本。

《谰言长语》，（明）曹安著，中华书局，1991年版。

《琅嬛史唾》，（明）徐象梅撰，四库全书存目丛书，齐鲁书社，1995年影印本。

《琅嬛文集》，（明）张岱著，岳麓书社，1985年版。

《乐陶吟草》，（明）姚舜牧撰，四库全书存目丛书，齐鲁书社，1997年影印本。

《类博稿》，（明）岳正撰，文渊阁四库全书本。

《冷庐杂识》，（清）陆以湉撰，崔凡芝点校，中华书局，1984年版。

《骊山集》，（明）赵统撰，四库全书存目丛书，齐鲁书社，1997年影印本。

《黎阳王太傅诗文集》，（明）王越撰，四库全书存目丛书，齐鲁书社，1997年影印本。

《黎阳王襄敏公疏议诗文辑略》，（明）王越撰，四库全书存目丛书，齐鲁书社，1997

年影印本。

《礼部志稿》，（明）俞汝楫等编撰，文渊阁四库全书本。

《礼庭吟》，（明）孔承庆撰，四库全书存目丛书，齐鲁书社，1997年影印本。

《李东阳集》，（明）李东阳著，周寅宾点校，岳麓书社，1984年版。

《李东阳年谱》，钱振民著，复旦大学出版社，1995年版。

《李宫保湘洲先生集》，（明）李腾芳撰，四库全书存目丛书，齐鲁书社，1997年影印本。

《李及泉先生奏议》，（明）李颐撰，四库全书存目丛书，齐鲁书社，1996年影印本。

《李开先集》，（明）李开先著，中华书局，1959年版。

《李山人诗》，（明）李生寅撰，四库全书存目丛书，齐鲁书社，1997年影印本。

《李氏山房诗选》，（明）李先芳撰，四库全书存目丛书，齐鲁书社，1997年影印本。

《李太仆恬致堂集》，（明）李日华撰，四库禁毁书丛刊，北京出版社，2000年影印本。

《李温陵集》，（明）李贽撰，四库全书存目丛书，齐鲁书社，1997年影印本。

《李文定公贻安堂集》，（明）李春芳撰，四库全书存目丛书，齐鲁书社，1997年影印本。

《李文敏公遗集》，（明）李国楷撰，四库全书存目丛书，齐鲁书社，1997年影印本。

《李襄敏公奏议》，（明）李遂撰，四库全书存目丛书，齐鲁书社，1996年影印本。

《李于田诗集》，（明）李化龙撰，四库全书存目丛书，齐鲁书社，1997年影印本。

《李征伯存稿》，（明）李兆先撰，四库全书存目丛书，齐鲁书社，1997年影印本。

《李中麓闲居集》，（明）李开先撰，四库全书存目丛书，齐鲁书社，1997年影印本。

《历代名人年谱》，吴荣光编，商务印书馆，1933年版。

《历代人物年里碑传综表》，姜亮夫著，中华书局，1959年版。

《历代诗话》，（清）何文焕辑，中华书局，1981年版。

《历代诗话续编》，（清）丁福保辑，中华书局，1983年版。

《历代文武状元》，王刚，彦平主编，中国文联出版社，2000年版。

《历科廷试状元策、总考》，（明）焦竑，（清）胡任兴辑，四库禁毁书丛刊，北京出版社，2000年影印本。

《立斋闲录》，（明）宋端仪撰，续修四库全书，上海古籍出版社，1995年影印本。

《立斋遗文》，（明）邹智撰，文渊阁四库全书本。

《璅川诗集》，（明）施峻撰，四库全书存目丛书，齐鲁书社，1997年影印本。

《梁园寓稿》，（明）王翰撰，文渊阁四库全书本。

《两朝剥复录》，（明）吴应箕撰，四库禁毁书丛刊，北京出版社，2000年影印本。

《两朝从信录》，（明）沈国元撰，四库禁毁书丛刊，北京出版社，2000年影印本。

《两朝宪章录》，（明）吴瑞登撰，四库全书存目丛书，齐鲁书社，1996年影印本。

《两溪文集》，（明）刘球撰，文渊阁四库全书本。

《两粤游草》，（明）陈第撰，四库全书存目丛书，齐鲁书社，1997年影印本。

《两浙名贤录》，（明）徐象梅辑，四库全书存目丛书，齐鲁书社，1996 年影印本。

《列朝诗集小传》，（清）钱谦益著，上海古籍出版社，1983 年版。

《林初文诗文全集》，（明）林章撰，续修四库全书，上海古籍出版社，1996 年影印本。

《林大钦集》，（明）林大钦著，黄挺校注，广东人民出版社，1995 年版。

《林登州集》，（明）林弼撰，文渊阁四库全书本。

《林居漫录》，（明）伍袁萃撰，续修四库全书，上海古籍出版社，1995 年影印本。

《林学士诗集》，（明）林爓撰，四库全书存目丛书，齐鲁书社，1997 年影印本。

《临安集》，（明）钱宰撰，文渊阁四库全书本。

《临皋文集》，（明）杨寅秋撰，文渊阁四库全书本。

《临朐进士传略》，曹立会著，齐鲁书社，2002 年版。

《凌溪先生集》，（明）朱应登撰，四库全书存目丛书，齐鲁书社，1997 年影印本。

《凌忠介公集》，（明）凌义渠撰，文渊阁四库全书本。

《刘伯温年谱》，王馨一撰，商务印书馆，1939 年版。

《刘大櫆集》，（清）刘大櫆著，上海古籍出版社，1990 年版。

《刘大司成文集》，（明）刘应秋撰，四库禁毁书丛刊补编，北京出版社，2005 年影印本。

《刘蕺山集》，（明）刘宗周撰，文渊阁四库全书本。

《刘练江先生集》，（明）刘永澄撰，四库全书存目丛书，齐鲁书社，1997 年影印本。

《刘聘君全集》，（明）刘元卿撰，四库全书存目丛书，齐鲁书社，1997 年影印本。

《刘尚宾文集、续集》，（明）刘夏撰，续修四库全书，上海古籍出版社，1996 年影印本。

《刘文烈公全集》，（明）刘理顺著，北京出版社，1999 年版。

《刘彦昺集》，（明）刘炳撰，文渊阁四库全书本。

《刘尧诲先生全集》，（明）刘尧诲撰，四库全书存目丛书，齐鲁书社，1997 年影印本。

《刘仲修先生诗文集》，（明）刘永之撰，续修四库全书，上海古籍出版社，1996 年影印本。

《刘子威集》，（明）刘凤撰，四库全书存目丛书，齐鲁书社，1997 年影印本。

《榴馆初函集选》，（明）杨思本撰，四库全书存目丛书，齐鲁书社，1997 年影印本。

《柳南随笔·续笔》，（清）王应奎著，中华书局，1983 年版。

《柳如是别传》，陈寅恪著，上海古籍出版社，1980 年版。

《柳如是诗文集》，谷辉之辑，上海古籍出版社，2000 年版。

《六十自定稿》，（清）王夫之撰，四库禁毁书丛刊补编，北京出版社，2005 年影印本。

《蓼蓼集》，（明）俞安期撰，四库全书存目丛书，齐鲁书社，1997 年影印本。

《龙皋文稿》，（明）陆简撰，四库全书存目丛书，齐鲁书社，1997 年影印本。

《龙江集》，（明）唐遹撰，续修四库全书，上海古籍出版社，1996 年影印本。

《龙溪王先生全集》，（明）王畿撰，四库全书存目丛书，齐鲁书社，1997 年影印本。

《隆池山樵诗集》，（明）彭年撰，四库全书存目丛书，齐鲁书社，1997 年影印本。

《陇首集》，（明）王与胤撰，四库全书存目丛书，齐鲁书社，1997 年影印本。

《娄子静文集》，（明）娄枢撰，四库全书存目丛书，齐鲁书社，1997 年影印本。

《楼居杂著》，（明）朱存理撰，文渊阁四库全书本。

《楼山堂集》，（明）吴应箕撰，续修四库全书，上海古籍出版社，1996 年影印本。

《鲁文恪公文集》，（明）鲁铎撰，四库全书存目丛书，齐鲁书社，1997 年影印本。

《陆文裕公行远集》，（明）陆深撰，四库全书存目丛书，齐鲁书社，1997 年影印本。

《陆子余集》，（明）陆粲撰，文渊阁四库全书本。

《菉竹堂稿》，（明）叶盛，四库全书存目丛书，齐鲁书社，1997 年影印本。

《鹿裘石室集》，（明）梅鼎祚撰，续修四库全书，上海古籍出版社，1996 年影印本。

《鹿原集》，（明）戴钦撰，四库全书存目丛书，齐鲁书社，1997 年影印本。

《鹿忠节公集》，（明）鹿善继撰，续修四库全书，上海古籍出版社，1996 年影印本。

《麓堂诗话》，（明）李东阳著，中华书局，1985 年版。

《吕坤年谱》，郑涵编，中州古籍出版社，1985 年版。

《吕新吾先生去伪斋文集》，（明）吕坤撰，四库全书存目丛书，齐鲁书社，1997 年影印本。

《履园丛话》，（清）钱泳著，中华书局，1979 年版。

《绿波楼诗集》，（明）张九一撰，四库全书存目丛书，齐鲁书社，1997 年影印本。

《绿滋馆稿》，（明）吴士奇撰，四库全书存目丛书，齐鲁书社，1997 年影印本。

《纶扉奏草》，（明）叶向高撰，四库禁毁书丛刊，北京出版社，2000 年影印本。

《论对》，（明）张孚敬撰，四库全书存目丛书，齐鲁书社，1996 年影印本。

《论文偶记》，（清）刘大櫆著，人民文学出版社，1959 年版。

《罗司勋文集》，（明）罗虞臣撰，四库全书存目丛书，齐鲁书社，1997 年影印本。

《骆两溪集》，（明）骆文盛撰，四库全书存目丛书，齐鲁书社，1997 年影印本。

《骆先生文集》，（明）骆日升撰，四库全书存目丛书，齐鲁书社，1997 年影印本。

《落落斋遗集》，（明）李应升撰，四库禁毁书丛刊，北京出版社，2000 年影印本。

M

《马东田漫稿》，（明）马中锡撰，四库全书存目丛书，齐鲁书社，1997 年影印本。

《马学士文集》，（明）马愉撰，四库全书存目丛书，齐鲁书社，1997 年影印本。

《幔亭集》，（明）徐熥撰，文渊阁四库全书本。

《毛襄懋先生文集》，（明）毛伯温撰，四库全书存目丛书，齐鲁书社，1997 年影印本。

《毛襄懋先生奏议》，（明）毛伯温撰，四库全书存目丛书，齐鲁书社，1996 年影印本。

《茅坤集》，（明）茅坤著，浙江古籍出版社，1993 年版。

《茅鹿门先生文集》，（明）茅坤撰，续修四库全书，上海古籍出版社，1996 年影印本。

《茅檐集》，（明）魏学洢撰，文渊阁四库全书本。

《卯洞集》，（明）徐珊撰，四库全书存目丛书，齐鲁书社，1997年影印本。

《眉庵集》，（明）杨基撰，文渊阁四库全书本。

《眉公诗钞》，（明）陈继儒撰，四库禁毁书丛刊，北京出版社，2000年影印本。

《梅颠稿》，（明）周履靖撰，四库全书存目丛书，齐鲁书社，1997年影印本。

《梅谷庄先生文集》，（明）庄履丰撰，四库全书存目丛书，齐鲁书社，1997年影印本。

《梅国前集》，（明）刘节撰，四库全书存目丛书，齐鲁书社，1997年影印本。

《梅花草堂集》，（明）张大复撰，续修四库全书，上海古籍出版社，1996年影印本。

《梅雪轩诗稿》，（明）朱敬鑐撰，四库全书存目丛书，齐鲁书社，1997年影印本。

《梅岩小稿》，（明）张旭撰，四库全书存目丛书，齐鲁书社，1997年影印本。

《渼陂集》，（明）王九思撰，四库全书存目丛书，齐鲁书社，1997年影印本。

《媚幽阁文娱初集·二集》，（明）郑元勋辑，中国文学珍本丛书，1935年版。

《孟有涯集》，（明）孟洋撰，四库全书存目丛书，齐鲁书社，1997年影印本。

《孟云浦先生集》，（明）孟化鲤撰，四库全书存目丛书，齐鲁书社，1997年影印本。

《梦虹奏议》，（明）邓显麒撰，四库全书存目丛书，齐鲁书社，1996年影印本。

《梦蕉存稿》，（明）游潜撰，四库全书存目丛书，齐鲁书社，1997年影印本。

《梦泽集》，（明）王廷陈撰，文渊阁四库全书本。

《密庵集》，（明）谢肃撰，文渊阁四库全书本。

《密勿稿》，（明）毛纪撰，四库全书存目丛书，齐鲁书社，1996年影印本。

《勉斋先生遗稿》，（明）郑满撰，四库全书存目丛书，齐鲁书社，1997年影印本。

《妙远堂全集》，（明）马之骏撰，四库全书存目丛书，齐鲁书社，1997年影印本。

《蠛蠓集》，（明）卢柟撰，文渊阁四库全书本。

《闵庄懿公诗集》，（明）闵珪撰，四库全书存目丛书，齐鲁书社，1997年影印本。

《闽海纪要》，（明）夏琳撰，四库禁毁书丛刊，北京出版社，2000年影印本。

《闽书》，（明）何乔远著，福建人民出版社，1995年版。

《闽小记》，（清）周亮工撰，上海古籍出版社，1985年版。

《闽中理学渊源考》，（清）李清馥撰，文渊阁四库全书本。

《（民国）海宁州志稿》，许传沛等修纂，民国十一年铅印本。

《（民国）华阳县志》，陈法驾等修纂，民国二十三年刊本。

《（民国）乾隆绍兴府志校记》，李慈铭著，民国十八年铅印本。

《（民国）太仓州志》，王祖畲等修纂，民国八年刻本。

《（民国）桃源县志》，眭文焕等修纂，民国六年铅印本。

《（民国）吴县志》，曹允源等修纂，民国二十二年苏州文新公司铅印本。

《名山藏》，（明）何乔远辑，四库禁毁书丛刊，北京出版社，2000年影印本。

《明别集版本志》，崔建英辑订，中华书局，2006年版。

《明朝小史》，（明）吕毖辑，四库禁毁书丛刊，北京出版社，2000年影印本。

《明臣奏议》，（清）乾隆敕选，中华书局，1985年版。

《明词汇刊》，赵尊岳辑，上海古籍出版社，1992年版。

《明词综》，（清）王昶编撰，上海古籍出版社，1992年版。

《明大政纂要》，（明）谭希思撰，四库全书存目丛书，齐鲁书社，1996年影印本。

《明代八股文史探》，龚笃清著，湖南人民出版社，2006年版。

《明代传奇全目》，傅惜华著，作家出版社，1959年版。

《明代福建进士研究》，多洛肯著，上海辞书出版社，2004年版。

《明代国家机构研究》，王天有著，北京大学出版社，1992年版。

《明代国子监教育与科举之研究》，丁榕萍著，台湾华光书局，1975年版。

《明代科举制度考论》，王凯旋著，沈阳出版社，2005年版。

《明代科举制度研究》，黄明光著，广西师范大学出版社，2000年版。

《明代科举史事编年考证》，郭培贵著，科学出版社，2008年版。

《明代诗学的逻辑进程与主要理论问题》，陈文新著，武汉大学出版社，2007年版。

《明代学校与科举制度研究》，赵子富著，北京燕山出版社，1995年版。

《明代杂剧全目》，傅惜华著，作家出版社，1958年版。

《明代浙江进士研究》，多洛肯著，上海古籍出版社，2004年版。

《明代政治制度研究》，关文发、颜广文著，中国社会科学出版社，1995年版。

《明代知识界讲学活动系年 1522~1602》，吴震著，学林出版社，2003年版。

《明代中晚期讲学运动 1522~1626》，陈时龙著，复旦大学出版社，2005年版。

《明代状元奇谈·明代状元谱》，周腊生著，紫禁城出版社，2004年版。

《明德先生文集》，（明）吕维祺撰，四库全书存目丛书，齐鲁书社，1997年影印本。

《明鼎甲徵信录》，（清）阎湘蕙著，明代传记丛刊，台北明文书局，1991年版。

《明会典》，（明）徐溥撰、李东阳重修，文渊阁四库全书本。

《明会典》（万历朝重修本），（明）申时行等修，中华书局，1989年版。

《明会要》，（清）龙文彬撰，续修四库全书，上海古籍出版社，1995年影印本。

《明纪编年》，（明）钟惺撰，四库禁毁书丛刊，北京出版社，2000年影印本。

《明纪编遗》，（清）叶珍撰，四库禁毁书丛刊，北京出版社，2000年影印本。

《明纪全载》，（清）朱璘撰，四库禁毁书丛刊补编，北京出版社，2005年影印本。

《明季北略》，（清）计六奇撰，中华书局，1984年版。

《明季甲乙汇编》，（明）东邨八十一老人撰，四库禁毁书丛刊，北京出版社，2000年影印本。

《明季南略》，（清）计六奇撰，中华书局，1984年版。

《明季遗闻》，（清）邹漪撰，四库禁毁书丛刊，北京出版社，2000年影印本。

《明鉴会纂》，（清）朱国标撰，四库禁毁书丛刊，北京出版社，2000年影印本。

《明鉴易知录》，（明）朱国标钞，（清）吴乘权等辑，四库禁毁书丛刊补编，北京出版社，2005年影印本。

《明鉴纲目》，（清）印鸾章，李介人修订，北京市中国书店，1985 年影印本。

《明经世文编》，（明）陈子龙等编，中华书局，1962 年版。

《明名臣言行录》，（清）徐开任著，明代传记丛刊，台北明文书局，1991 年版。

《明末纪事补遗》，（清）三余氏撰，四库禁毁书丛刊，北京出版社，2000 年影印本。

《明清贵州七百进士》，庞思纯著，贵州人民出版社，2005 年版。

《明清江苏文人年表》，张慧剑著，上海古籍出版社，1986 年版。

《明清进士题名碑录索引》，朱保炯，谢沛霖著，上海古籍出版社，1980 年版。

《明清历科进士题名碑录》，台湾华文书局，1969 年版。

《明清人物与著述》，何冠彪著，香港教育图书公司，1996 年版。

《明清散曲作家汇考》，庄一拂著，浙江古籍出版社，1992 年版。

《明清史论著集刊》，孟森著，中华书局，1959 年版。

《明清戏曲家考略》，邓长风著，上海古籍出版社，1994 年版。

《明清之际党社运动考》，谢国桢著，中华书局，1982 年版。

《明清之际苏州作家群研究》，李玫著，中国社会科学出版社，2000 年版。

《明人传记资料索引》，台湾"中央图书馆"编，中华书局，1987 年版。

《明儒学案》，（清）黄宗羲著，明代传记丛刊，台北明文书局，1991 年版。

《明儒言行录》，（清）沈佳著，明代传记丛刊，台北明文书局，1991 年版。

《明三元太傅商文毅公年谱》，（明）商振伦撰，四库全书存目丛书，齐鲁书社，1996 年影印本。

《明少保费文通公文集》，（明）费寀撰，四库全书存目丛书，齐鲁书社，1997 年影印本。

《明诗别裁集》，（清）沈德潜，周准编，上海古籍出版社，1979 年版。

《明诗话全编》，吴文治主编，江苏古籍出版社，1997 年版。

《明诗纪事》，（清）陈田辑，上海古籍出版社，1993 年版。

《明诗评》，（明）王世贞著，明代传记丛刊，台北明文书局，1991 年版。

《明诗评选》，（清）王夫之著，陈新点校，文化艺术出版社，1997 年版。

《明诗综》，（清）朱彝尊编撰，上海古籍出版社，1993 年影印本。

《明实录》，台湾"中央研究院历史语言研究所"，1967 年版。

《明实录研究》，谢贵安著，湖北人民出版社，2003 年版。

《明史》，（清）张廷玉等撰，中华书局，1974 年版。

《明史稿》，（清）王鸿绪撰，雍正间王氏敬慎堂自刻本。

《明史纪事本末（附补遗、补编）》，（清）谷应泰撰，上海古籍出版社，1994 年版。

《明史纪事本末》，（清）谷应泰撰，中华书局，1977 年版。

《明史讲义》，孟森著，上海古籍出版社，2002 年版。

《明史考证》，黄云眉著，中华书局，1986 年版。

《明史略》，（清）程嗣章撰，四库禁毁书丛刊补编，北京出版社，2005 年影印本。

《明史窃》，（明）尹守衡撰，四库禁毁书丛刊，北京出版社，2000 年影印本。

《明史选举志考论》，郭培贵著，中华书局，2006 年版。

《明史艺文志补编》，商务印书馆，1959 年版。

《明书》，（清）查继佐撰，齐鲁书社，2000 年版。

《明书》，（清）傅维麟撰，丛书集成初编本。

《明书》，（清）傅维麟撰，中华书局，1985 年版。

《明水陈先生文集》，（明）陈九川撰，四库全书存目丛书，齐鲁书社，1997 年影印本。

《明太保费文宪公文集选要》，（明）费宏撰，四库全书存目丛书，齐鲁书社，1997 年影印本。

《明太祖集》，（明）朱元璋撰，胡士萼点校，黄山书社，1991 年版。

《明通鉴》，（清）夏燮编，中华书局，1959 年版。

《明文案》，（清）黄宗羲辑，四库禁毁书丛刊补编，北京出版社，2005 年影印本。

《明文得》，（清）孙维祺辑，四库禁毁书丛刊，北京出版社，2000 年影印本。

《明文海》，（清）黄宗羲编，中华书局，1997 年版。

《明文英华十卷》，（清）顾有孝辑，四库禁毁书丛刊，北京出版社，2000 年影印本。

《明武宗外纪》，（清）毛奇龄著，神州国光社，1951 年版。

《明夏赤城先生文集》，（明）夏鍭撰，四库全书存目丛书，齐鲁书社，1997 年影印本。

《明夷待访录》，（清）黄宗羲著，中华书局，1981 年版。

《明遗民传记索引》，谢正光编，上海古籍出版社，1992 年版。

《明遗民录》，孙静庵编著，浙江古籍出版社，1985 年版。

《明遗民诗》，（清）卓尔堪选辑，中华书局上海编辑所，1961 年版。

《明永乐甲申会魁礼部左侍郎会稽质庵章公诗文集》，（明）章敞撰，四库全书存目丛书，齐鲁书社，1997 年影印本。

《明语林》，（清）吴肃公撰，四库全书存目丛书，齐鲁书社，1995 年影印本。

《鸣秋集》，（明）赵迪撰，四库全书存目丛书，齐鲁书社，1997 年影印本。

《鸣盛集》，（明）林鸿撰，文渊阁四库全书本。

《鸣玉堂稿》，（明）张天复撰，续修四库全书，上海古籍出版社，1996 年影印本。

《牧斋初学集》，（清）钱谦益著，上海古籍出版社，1985 年版。

《牧斋有学集》，（清）钱谦益著，上海古籍出版社，1996 年版。

《慕蓼王先生樗全集》，（明）王畿撰，四库全书存目丛书，齐鲁书社，1997 年影印本。

《穆考功逍遥园集》，（明）穆文熙撰，四库全书存目丛书，齐鲁书社，1997 年影印本。

N

《内阁藏书目录》，（明）孙能传，张萱，文渊阁四库全书本。

《内阁行实》，（明）雷礼著，明代传记丛刊，台北明文书局，1991 年版。

《内阁奏题稿》，（明）赵志皋撰，四库全书存目丛书，齐鲁书社，1996 年影印本。

《内台集》，（明）王廷相撰，四库全书存目丛书，齐鲁书社，1997 年影印本。

《南川漫游稿》，（明）陶谐撰，四库全书存目丛书，齐鲁书社，1997 年影印本。

《南村诗集》，（明）陶宗仪撰，文渊阁四库全书本。

《南渡纪事》，（明）李清撰，四库禁毁书丛刊，北京出版社，2000 年影印本。

《南海杂咏十卷》，（明）张诩撰，四库全书存目丛书，齐鲁书社，1997 年影印本。

《南湖先生文选》，（明）丁奉撰，四库全书存目丛书，齐鲁书社，1997 年影印本。

《南明史料》（八种），（清）黄宗羲，顾炎武等撰，江苏古籍出版社，1999 年版。

《南沙先生文集》，（明）熊过撰，四库全书存目丛书，齐鲁书社，1997 年影印本。

《南原家藏集》，（明）王韦撰，四库全书存目丛书，齐鲁书社，1997 年影印本。

《南斋先生魏文靖公摘稿》，（明）魏骥撰，四库全书存目丛书，齐鲁书社，1997 年影印本。

《倪文僖集》，（明）倪谦撰，文渊阁四库全书本。

《倪文贞集》，（明）倪元璐撰，文渊阁四库全书本。

《倪文正公遗稿》，（明）倪元璐撰，四库禁毁书丛刊，北京出版社，2000 年影印本。

《倪小野先生全集》，（明）倪宗正撰，四库全书存目丛书，齐鲁书社，1997 年影印本。

《廿二史札记校正》，（清）赵翼著，王树民校正，中华书局，1982 年版。

《念庵罗先生集》，（明）罗洪先撰，四库全书存目丛书，齐鲁书社，1997 年影印本。

《念庵文集》，（明）罗洪先撰，文渊阁四库全书本。

《鸟鼠山人小集》，（明）胡缵宗撰，四库全书存目丛书，齐鲁书社，1997 年影印本。

《聂豹·罗洪先评传》，吴震著，南京大学出版社，2001 年版。

《宁澹斋全集》，（明）杨守勤撰，四库禁毁书丛刊，北京出版社，2000 年影印本。

《农丈人文集》，（明）余寅撰，四库全书存目丛书，齐鲁书社，1997 年影印本。

O

《欧阳恭简公文集》，（明）欧阳铎撰，四库全书存目丛书，齐鲁书社，1997 年影印本。

《欧阳南野先生文集》，（明）欧阳德撰，四库全书存目丛书，齐鲁书社，1997 年影印本。

《欧虞部集》，（明）欧大任撰，四库禁毁书丛刊，北京出版社，2000 年影印本。

《偶记八卷》，（明）郑仲夔撰，四库禁毁书丛刊，北京出版社，2000 年影印本。

《耦耕堂集》，（明）程嘉燧撰，续修四库全书，上海古籍出版社，1996 年影印本。

P

《潘笠江先生集》，（明）潘恩撰，四库全书存目丛书，齐鲁书社，1997 年影印本。

《潘象安诗集》，（明）潘纬撰，四库全书存目丛书，齐鲁书社，1997 年影印本。

《庞眉生集》，（明）于慎思撰，四库全书存目丛书，齐鲁书社，1997 年影印本。

《彭惠安集》，（明）彭韶撰，文渊阁四库全书本。

《彭文思公文集》，（明）彭华撰，四库全书存目丛书，齐鲁书社，1997 年影印本。

《彭文宪公集》，（明）彭时撰，四库全书存目丛书，齐鲁书社，1997 年影印本。

《甓余杂集》，（明）朱纨撰，四库全书存目丛书，齐鲁书社，1997 年影印本。

《平桥稿》，（明）郑文康撰，文渊阁四库全书本。

Q

《七录斋诗文合集》，（明）张溥撰，续修四库全书，上海古籍出版社，1996 年影印本。

《七十自定稿》，（清）王夫之撰，四库禁毁书丛刊补编，北京出版社，2005 年影印本。

《七修类稿》，（明）郎瑛著，文化艺术出版社，1998 年版。

《栖真馆集》，（明）屠隆撰，续修四库全书，上海古籍出版社，1996 年影印本。

《期斋吕先生集》，（明）吕本撰，四库全书存目丛书，齐鲁书社，1997 年影印本。

《漆园卮言》，（明）庄起元撰，四库全书存目丛书，齐鲁书社，1997 年影印本。

《祁彪佳集》，（明）祁彪佳撰，中华书局上海编辑所，1960 年版。

《畦乐诗集》，（明）梁兰撰，文渊阁四库全书本。

《启祯野乘》，（清）邹漪撰，四库禁毁书丛刊，北京出版社，2000 年影印本。

《绮咏》，（明）汪汝谦撰，四库全书存目丛书，齐鲁书社，1997 年影印本。

《千顷堂书目》，（清）黄虞稷撰，瞿凤起、潘景郑整理，上海古籍出版社，2001 年版。

《千顷斋初集》，（明）黄居中撰，续修四库全书，上海古籍出版社，1996 年影印本。

《谦光堂诗集》，（明）朱弥钳撰，四库全书存目丛书，齐鲁书社，1997 年影印本。

《谦斋文录》，（明）徐溥撰，文渊阁四库全书本。

《钤山堂集》，（明）严嵩撰，四库全书存目丛书，齐鲁书社，1997 年影印本。

《钱吉士先生全稿》，（明）钱禧撰，四库禁毁书丛刊，北京出版社，2000 年影印本。

《钱临江先生集》，（明）钱琦撰，四库全书存目丛书，齐鲁书社，1997 年影印本。

《钱太史鹤滩稿》，（明）钱福撰，四库全书存目丛书，齐鲁书社，1997 年影印本。

《（乾隆）长洲县志》，（清）顾贻禄等修纂，乾隆十八年刻本。

《（乾隆）常昭合志》，（清）言如泗等修纂，乾隆六十年刻本。

《（乾隆）辰州府志》，（清）谢鸣谦等修纂，乾隆三十年刻本。

《（乾隆）福州府志》，（清）鲁曾煜等修纂，乾隆十九年刻本。

《（乾隆）杭州府志》，（清）邵齐然等修纂，乾隆四十九年刻本。

《（乾隆）吉安府志》，（清）朱承煦等修纂，乾隆四十一年刻本。

《（乾隆）江陵县志》，（清）魏耀等修纂，乾隆五十九年刻本。

《（乾隆）靖州志》，（清）张开东等修纂，乾隆二十六年刻本。

《（乾隆）梅里志》，（清）李富孙等修纂，乾隆三十五年刻本。

《（乾隆）如皋县志》，（清）周植等修纂，乾隆十五年刻本。

《（乾隆）上海县志》，（清）皇甫枢等修纂，乾隆四十九年刻本。

《（乾隆）松阳县志》，（清）潘茂才等修纂，乾隆三十四年刻本。

《（乾隆）苏州府志》，（清）王峻等修纂，乾隆十三年刻本。

《（乾隆）汀州府志》，（清）李绂等修纂，乾隆十七年刻本。

《（乾隆）吴江县志》，（清）倪师孟等修纂，乾隆十二年刻本。

《（乾隆）新安县志》，（清）吕宣曾等修纂，乾隆三十一年刻本。

《（乾隆）鄞县志》，（清）钱大昕等修纂，乾隆五十三年刻本。

《（乾隆）颍州府志》，（清）王敛福等修纂，乾隆十七年刻本。

《（乾隆）余姚县志》，（清）邵晋涵等修纂，乾隆四十六年刻本。

《（乾隆）镇洋县志》，（清）李鳞等修纂，乾隆十年刻本。

《潜学编》，（明）邓元锡撰，四库全书存目丛书，齐鲁书社，1997 年影印本。

《强斋集》，（明）殷奎撰，文渊阁四库全书本。

《青城山人集》，（明）王璲撰，文渊阁四库全书本。

《青峰先生存稿》，（明）汪柏撰，四库全书存目丛书，齐鲁书社，1997 年影印本。

《青湖先生文集》，（明）汪应轸撰，四库全书存目丛书，齐鲁书社，1997 年影印本。

《青来阁初集》，（明）方应祥撰，四库禁毁书丛刊，北京出版社，2000 年影印本。

《青棠集》，（明）董嗣成撰，四库全书存目丛书，齐鲁书社，1997 年影印本。

《青溪漫稿》，（明）倪岳撰，文渊阁四库全书本。

《青溪暇笔》，（明）姚福撰，续修四库全书，上海古籍出版社，1995 年影印本。

《清朝的状元》，宋元强著，吉林文史出版社，1992 年版。

《清代八股文》，邓云乡著，中国人民大学出版社，1994 年版。

《清代殿试考略》，傅增湘著，大公报社，1933 年版。

《清代考试制度》，章中如著，黎明书局，1931 年版。

《清代科举考试述录》，商衍鎏著，三联书店，1958 年版。

《清风亭稿》，（明）童轩撰，文渊阁四库全书本。

《清惠集》，（明）刘麟撰，文渊阁四库全书本。

《清江诗文集》，（明）贝琼撰，文渊阁四库全书本。

《清权堂集》，（明）沈德符撰，续修四库全书，上海古籍出版社，1996 年影印本。

《丘濬评传》，李焯然著，南京大学出版社，2005 年版。

《邱邦士文集》，（清）邱维屏撰，四库禁毁书丛刊，北京出版社，2000 年影印本。

《全明诗》，章培恒等主编，上海古籍出版社，1990 年版～1994 年版。

《全明诗话》，周维德辑校，齐鲁书社，2005 年版。

《全明文》，钱伯城等主编，上海古籍出版社，1992 年版～1994 年版。

《群玉楼稿》，（明）李默撰，四库全书存目丛书，齐鲁书社，1997 年影印本。

R

《人海记》，（清）查慎行著，北京古籍出版社，1989 年版。

《人瑞翁诗集》，（明）林春泽撰，四库全书存目丛书，齐鲁书社，1997 年影印本。

《日本东京所见小说书目》，孙楷第著，人民文学出版社，1958 年版。

《荣进集》，（明）吴伯宗撰，文渊阁四库全书本。

《容春堂集》，（明）邵宝撰，文渊阁四库全书本。

《容台集》，（明）董其昌撰，四库禁毁书丛刊，北京出版社，2000 年影印本。

《蓉川集》，（明）齐之鸾撰，四库全书存目丛书，齐鲁书社，1997 年影印本。

《儒林宗派》，（清）万斯同撰，文渊阁四库全书本。

《瑞阳阿集》，（明）江东之撰，四库全书存目丛书，齐鲁书社，1997 年影印本。

S

《三朝要典》，（明）顾秉谦等撰，四库禁毁书丛刊，北京出版社，2000 年影印本。

《三江遗稿》，（明）毛澄撰，四库全书存目丛书，齐鲁书社，1997 年影印本。

《三山王养静先生集》，（明）王褒撰，续修四库全书，上海古籍出版社，1996 年影印本。

《三畏斋集》，（明）朱吉撰，四库全书存目丛书，齐鲁书社，1997 年影印本。

《三垣笔记》，（清）李清撰，四库禁毁书丛刊，北京出版社，2000 年影印本。

《扫余之余、归涂闲纪》，（明）刘锡玄撰，四库全书存目丛书，齐鲁书社，1997 年影印本。

《沙溪集》，（明）孙绪撰，文渊阁四库全书本。

《山带阁集》，（明）朱曰藩撰，四库全书存目丛书，齐鲁书社，1997 年影印本。

《山东历代状元》，马文卿著，黄河出版社，1999 年版。

《山东通志》，（清）岳浚等修纂，文渊阁四库全书本。

《山海漫谈》，（明）任环撰，文渊阁四库全书本。

《山堂萃稿》，（明）徐问撰，四库全书存目丛书，齐鲁书社，1997 年影印本。

《山西历代进士题名录》，王欣欣著，山西教育出版社，2005 年版。

《山西通志》，（清）罗石麟等修纂，文渊阁四库全书本。

《山晓阁选明文全集》，（清）孙琮辑，四库禁毁书丛刊补编，北京出版社，2005 年影印本评。

《山斋文集》，（明）郑岳撰，文渊阁四库全书本。

《陕西通志》，（清）刘于义等修纂，文渊阁四库全书本。

《商文毅公集》，（明）商辂撰，四库全书存目丛书，齐鲁书社，1997 年影印本。

《商文毅公遗行集》，（明）商汝颐辑，四库全书存目丛书，齐鲁书社，1996年影印本。

《尚絅斋集》，（明）童冀撰，文渊阁四库全书本。

《尚约文钞》，（明）萧镃撰，四库全书存目丛书，齐鲁书社，1997年影印本。

《少傅野亭刘公遗稿》，（明）刘忠撰，续修四库全书，上海古籍出版社，1996年影印本。

《少谷集》，（明）郑善夫撰，文渊阁四库全书本。

《少湖先生文集》，（明）徐阶撰，四库全书存目丛书，齐鲁书社，1997年影印本。

《少泉诗集》，（明）王格撰，四库全书存目丛书，齐鲁书社，1997年影印本。

《少师朱襄毅公督蜀疏草》，（明）朱燮元撰，四库全书存目丛书，齐鲁书社，1996年影印本。

《少石集》，（明）陆釴撰，四库全书存目丛书，齐鲁书社，1997年影印本。

《少室山房笔丛》，（明）胡应麟著，上海书店出版社，2001年版。

《少室山房集》，（明）胡应麟撰，文渊阁四库全书本。

《少室山人集》，（明）杨本仁撰，续修四库全书，上海古籍出版社，1996年影印本。

《少墟集》，（明）冯从吾撰，文渊阁四库全书本。

《少岳诗集》，（明）项元淇撰，四库全书存目丛书，齐鲁书社，1997年影印本。

《射堂诗钞》，（明）吴梦旸撰，四库全书存目丛书，齐鲁书社，1997年影印本。

《涉江集》，（明）潘之恒撰，四库全书存目丛书，齐鲁书社，1997年影印本。

《申忠愍诗集》，（明）申佳胤撰，文渊阁四库全书本。

《沈兰轩集》，（明）沈彬撰，四库全书存目丛书，齐鲁书社，1997年影印本。

《沈周年谱》，陈正宏编著，复旦大学出版社，1993年版。

《沈自晋集》，（明）沈自晋撰，中华书局，2004年版。

《升庵集》，（明）杨慎撰，文渊阁四库全书本。

《升庵全集》，（明）杨慎著，商务印书馆，1937年版。

《升庵先生年谱》，杨调元校，中华书局，1991年版。

《省愆集》，（明）黄淮撰，文渊阁四库全书本。

《省中稿》，（明）许谷撰，四库全书存目丛书，齐鲁书社，1997年影印本。

《诗薮》，（明）胡应麟著，上海古籍出版社，1979年版。

《诗慰》，（清）陈允衡辑，四库禁毁书丛刊，北京出版社，2000年影印本。

《诗源辩体》，（明）许学夷著，人民文学出版社，1987年版。

《十岳山人诗集》，（明）王寅撰，四库全书存目丛书，齐鲁书社，1997年影印本。

《石比部集》，（明）石英中撰，四库全书存目丛书，齐鲁书社，1997年影印本。

《石川瀛洲遗集》，（明）殷云霄撰，四库全书存目丛书，齐鲁书社，1997年影印本。

《石淙诗稿》，（明）杨一清撰，四库全书存目丛书，齐鲁书社，1997年影印本。

《石洞集》，（明）叶春及撰，文渊阁四库全书本。

《石匮书后集》，（清）张岱著，中华书局，1959年版。

《石龙庵诗草》，（明）徐学诗撰，四库全书存目丛书，齐鲁书社，1997 年影印本。

《石门集》，（明）高濲撰，四库全书存目丛书，齐鲁书社，1997 年影印本。

《石民江村集》，（明）茅元仪撰，四库禁毁书丛刊，北京出版社，2000 年影印本。

《石民四十集》，（明）茅元仪撰，续修四库全书，上海古籍出版社，1996 年影印本。

《石民未出集三种》，（明）茅元仪撰，四库禁毁书丛刊补编，北京出版社，2005 年影印本。

《石民西崦集》，（明）茅元仪撰，四库禁毁书丛刊补编，北京出版社，2005 年影印本。

《石泉山房文集》，（明）郭汝霖撰，四库全书存目丛书，齐鲁书社，1997 年影印本。

《石室私抄》，（明）魏文焲撰，四库全书存目丛书，齐鲁书社，1997 年影印本。

《石田稿》，（明）沈周撰，续修四库全书，上海古籍出版社，1996 年影印本。

《石田诗选》，（明）沈周撰，文渊阁四库全书本。

《石田翁客座新闻》，（明）沈周撰，续修四库全书，上海古籍出版社，1995 年影印本。

《石田先生诗钞、文钞（附事略)》，（明）沈周撰，四库全书存目丛书，齐鲁书社，1997 年影印本。

《石田杂记》，（明）沈周撰，四库全书存目丛书，齐鲁书社，1995 年影印本。

《石西集》，（明）汪子祜撰，四库全书存目丛书，齐鲁书社，1997 年影印本。

《石溪周先生文集》，（明）周叙撰，四库全书存目丛书，齐鲁书社，1997 年影印本。

《石秀斋集》，（明）莫是龙撰，四库全书存目丛书，齐鲁书社，1997 年影印本。

《石隐园藏稿》，（明）毕自严撰，文渊阁四库全书本。

《石语斋集》，（明）邹迪光撰，四库全书存目丛书，齐鲁书社，1997 年影印本。

《史忠正公集》，（明）史可法撰，续修四库全书，上海古籍出版社，1996 年影印本。

《始丰稿》，（明）徐一夔撰，文渊阁四库全书本。

《士斋诗集》，（明）邹赛贞撰，四库全书存目丛书，齐鲁书社，1997 年影印本。

《世经堂集》，（明）徐阶撰，四库全书存目丛书，齐鲁书社，1997 年影印本。

《世说新语补》，（明）何良俊撰，四库全书存目丛书，齐鲁书社，1995 年影印本。

《书院与科举关系研究》，李兵著，华中师范大学出版社，2005 年版。

《菽园杂记》，（明）陆容著，中华书局，1985 年版。

《双槐岁钞》，（明）黄瑜著，中华书局，1999 年版。

《双江聂先生文集》，（明）聂豹撰，四库全书存目丛书，齐鲁书社，1997 年影印本。

《双溪集》，（明）杭淮撰，文渊阁四库全书本。

《双溪杂记》，（明）王琼撰，四库全书存目丛书，齐鲁书社，1995 年影印本。

《水东日记》，（明）叶盛著，中华书局，1980 年版。

《水明楼集》，（明）陈荐夫撰，四库全书存目丛书，齐鲁书社，1997 年影印本。

《水南稿》，（明）陈霆撰，四库全书存目丛书，齐鲁书社，1997 年影印本。

《睡庵稿》，（明）汤宾尹撰，四库禁毁书丛刊，北京出版社，2000 年影印本。

《睡足轩诗选一卷》，（明）边习撰，四库全书存目丛书，齐鲁书社，1997 年影印本。

《舜水先生文集》，（明）朱之瑜撰，续修四库全书，上海古籍出版社，1996年影印本。

《说八股》，启功，张中行，金克木著，中华书局，2000年版。

《说学斋稿》，（明）危素撰，文渊阁四库全书本。

《丝纶录》，（明）周永春辑，四库禁毁书丛刊，北京出版社，2000年影印本。

《司成遗翰》，（明）王维桢撰，续修四库全书，上海古籍出版社，1996年影印本。

《思轩文集》，（明）王偁撰，续修四库全书，上海古籍出版社，1996年影印本。

《思玄集》，（明）桑悦撰，四库全书存目丛书，齐鲁书社，1997年影印本。

《四川通志》，（清）黄廷桂等修纂，文渊阁四库全书本。

《四库全书总目》，（清）永瑢等撰，中华书局，1965年版。

《四库全书总目提要辨证》，余嘉锡著，中华书局，1980年版。

《四溟集》，（明）谢榛撰，文渊阁四库全书本。

《四品稿》，（明）李若讷撰，四库禁毁书丛刊，北京出版社，2000年影印本。

《四然斋藏稿》，（明）黄体仁撰，四库全书存目丛书，齐鲁书社，1997年影印本。

《四友斋丛说》，（明）何良俊著，中华书局，1959年版。

《松筹堂集》，（明）杨循吉撰，四库全书存目丛书，齐鲁书社，1997年影印本。

《松石斋集》，（明）赵用贤撰，四库禁毁书丛刊，北京出版社，2000年影印本。

《松圆浪淘集》，（明）程嘉燧著，民国风雨楼校镌本。

《松圆浪淘集》，（明）程嘉燧撰，续修四库全书，上海古籍出版社，1996年影印本。

《松圆诗老小传》，（明）钱谦益撰，续修四库全书，上海古籍出版社，1996年影印本。

《松月集》，（明）释睿略撰，四库全书存目丛书，齐鲁书社，1997年影印本。

《嵩阳集》，（明）刘绘撰，四库全书存目丛书，齐鲁书社，1997年影印本。

《嵩渚文集》，（明）李濂撰，四库全书存目丛书，齐鲁书社，1997年影印本。

《宋布衣集》，（明）宋登春撰，文渊阁四库全书本。

《宋代科举与文学考论》，祝尚书著，大象出版社，2006年版。

《宋景濂未刻集》，（明）宋濂撰，文渊阁四库全书本。

《宋濂全集》，（明）宋濂著，罗月霞校，浙江古籍出版社，1999年版。

《宋明理学史》，侯外庐，邱汉生，张岂之著，人民出版社，1987年版。

《颂天胪笔》，（明）金日升辑，四库禁毁书丛刊，北京出版社，2000年影印本。

《苏门集》，（明）高叔嗣撰，文渊阁四库全书本。

《苏平仲诗文集》，（明）苏伯衡撰，文渊阁四库全书本。

《苏山选集》，（明）陈柏撰，四库全书存目丛书，齐鲁书社，1997年影印本。

《苏州状元》，李嘉球著，上海社会科学院出版社，1993年版。

《素轩集》，（明）沐昂撰，续修四库全书，上海古籍出版社，1996年影印本。

《素园存稿》，（明）方弘静撰，四库全书存目丛书，齐鲁书社，1997年影印本。

《随园诗话》，（清）袁枚著，人民文学出版社，1982年版。

《岁寒集》，（明）孙玚撰，四库全书存目丛书，齐鲁书社，1997年影印本。

《孙文恪公集》，（明）孙升撰，四库全书存目丛书，齐鲁书社，1997 年影印本。

《荪堂集》，（明）吴文奎撰，四库全书存目丛书，齐鲁书社，1997 年影印本。

《所知录》，（清）钱澄之撰，四库禁毁书丛刊，北京出版社，2000 年影印本。

T

《台省疏稿》，（明）张瀚撰，四库全书存目丛书，齐鲁书社，1996 年影印本。

《台中疏略》，（明）毛堪撰，四库禁毁书丛刊，北京出版社，2000 年影印本。

《太白山人漫稿》，（明）孙一元撰，文渊阁四库全书本。

《太保费文宪公摘稿》，（明）费宏撰，续修四库全书，上海古籍出版社，1996 年影印本。

《太仓州志》，（明）张采撰，崇祯十五年刻本。

《太常少卿魏水洲先生文集》，（明）魏良弼撰，四库全书存目丛书，齐鲁书社，1997 年影印本。

《太古堂集》，（明）高弘图撰，四库全书存目丛书，齐鲁书社，1997 年影印本。

《太函集》，（明）汪道昆撰，四库全书存目丛书，齐鲁书社，1997 年影印本。

《太平清话》，（明）陈继儒撰，四库全书存目丛书，齐鲁书社，1995 年影印本。

《太师张文忠公集》，（明）张孚敬撰，四库全书存目丛书，齐鲁书社，1997 年影印本。

《太子少保王忠铭先生文集》，（明）王弘诲撰，四库全书存目丛书，齐鲁书社，1997 年影印本。

《泰泉集》，（明）黄佐撰，文渊阁四库全书本。

《谈艺录》，（明）徐祯卿撰，文渊阁四库全书本。

《谭友夏合集》，（明）谭元春著，中国文学珍本丛书本，1935 年版。

《谭元春集》，（明）谭元春著，上海古籍出版社，1998 年版。

《檀雪斋集》，（明）胡敬辰撰，四库全书存目丛书，齐鲁书社，1997 年影印本。

《檀园集》，（明）李流芳撰，文渊阁四库全书本。

《坦庵先生文集》，（明）梁本之撰，四库全书存目丛书，齐鲁书社，1997 年影印本。

《坦斋刘先生文集》，（明）刘三吾撰，四库全书存目丛书，齐鲁书社，1997 年影印本。

《汤显祖年谱》，徐朔方编著，中华书局上海编辑所，1958 年版。

《汤显祖全集》，（明）汤显祖著，徐朔方笺校，北京古籍出版社，1999 年版。

《汤显祖研究资料汇编》，毛效同编，上海古籍出版社，1986 年版。

《唐伯虎全集》，（明）唐寅著，周道振，张月尊辑校，中国美术学院出版社，2002 年版。

《唐文恪公文集》，（明）唐文献撰，四库全书存目丛书，齐鲁书社，1997 年影印本。

《唐愚士诗》，（明）唐之淳撰，文渊阁四库全书本。

《唐摭言校注》，王定保撰，姜汉椿校注，上海社会科学院出版社，2003 年版。

《棠陵文集》，（明）方豪撰，四库全书存目丛书，齐鲁书社，1997 年影印本。

《塘南王先生友庆堂合稿》，（明）王时槐撰，四库全书存目丛书，齐鲁书社，1997 年影印本。

《逃虚子集》，（明）姚广孝撰，四库全书存目丛书，齐鲁书社，1997 年影印本。

《桃溪净稿》，（明）谢铎撰，四库全书存目丛书，齐鲁书社，1997 年影印本。

《陶庵全集》，（明）黄淳耀撰，文渊阁四库全书本。

《陶文简公集》，（明）陶望龄撰，四库禁毁书丛刊，北京出版社，2000 年影印本。

《陶学士集》，（明）陶安撰，文渊阁四库全书本。

《陶庄敏公文集》，（明）陶谐撰，四库全书存目丛书，齐鲁书社，1997 年影印本。

《天池山人小稿五种》，（明）陆采撰，续修四库全书，上海古籍出版社，1996 年影印本。

《天马山房遗稿》，（明）朱浚撰，文渊阁四库全书本。

《天目山斋岁编》，（明）吴维岳撰，四库全书存目丛书，齐鲁书社，1997 年影印本。

《天目先生集》，（明）徐中行撰，四库全书存目丛书，齐鲁书社，1997 年影印本。

《天目先生集》，（明）徐中行撰，续修四库全书，上海古籍出版社，1996 年影印本。

《天启宫词百咏》，（明）陈悰撰，四库全书存目丛书，齐鲁书社，1997 年影印本。

《天山草堂存稿》，（明）何维柏撰，四库全书存目丛书，齐鲁书社，1997 年影印本。

《天台林公辅先生文集》，（明）林右撰，四库全书存目丛书，齐鲁书社，1997 年影印本。

《天问阁文集》，（明）李长祥撰，四库禁毁书丛刊，北京出版社，2000 年影印本。

《天一阁集》，（明）范钦撰，续修四库全书，上海古籍出版社，1996 年影印本。

《天一阁藏明代科举录选刊·登科录》，宁波市天一阁博物馆整理，宁波出版社，2007 年影印本。

《天隐子遗稿》，（明）严果撰，四库全书存目丛书，齐鲁书社，1997 年影印本。

《天佣子集》，（明）艾南英著，旧学山房藏本，道光丙申重刻本。

《田叔禾小集》，（明）田汝成撰，四库全书存目丛书，齐鲁书社，1997 年影印本。

《田亭草》，（明）黄凤翔撰，四库禁毁书丛刊，北京出版社，2000 年影印本。

《田亭草》，（明）黄凤翔撰，续修四库全书，上海古籍出版社，1996 年影印本。

《甜雪斋诗文》，（明）单思恭撰，四库全书存目丛书，齐鲁书社，1997 年影印本。

《同安林次崖先生文集》，（明）林希元撰，四库全书存目丛书，齐鲁书社，1997 年影印本。

《（同治）崇阳县志》，（清）傅燮鼎等修纂，同治五年刻本。

《（同治）大清一统志》，（清）阎树生等修纂，同治二年湖北景桓楼刻本。

《（同治）番禺县志》，（清）李福泰等修纂，同治十六年刻本。

《（同治）公安县志》，（清）周承弼等修纂，同治十三年刻本。

《（同治）临川县志》，（清）陈庆龄等修纂，同治九年刻本。

《（同治）上江两县志》，（清）莫祥芝等修纂，同治十二年原刻本。

《（同治）新建县志》，（清）陈友棠等修纂，同治十年刻本。

《（同治）芷江县志》，（清）盛一棵等修纂，同治九年刻本。

《铜马编》，（明）杨德周撰，四库全书存目丛书，齐鲁书社，1997 年影印本。

《童内方先生集》，（明）童承叙著，道光沔阳卢氏基斋刊本。

《童子鸣集》，（明）童佩撰，四库全书存目丛书，齐鲁书社，1997 年影印本。

《恸余杂记》，（明）史惇撰，四库禁毁书丛刊，北京出版社，2000 年影印本。

《涂水先生集》，（明）寇天叙撰，四库全书存目丛书，齐鲁书社，1997 年影印本。

《涂子类稿》，（明）涂几撰，四库全书存目丛书，齐鲁书社，1997 年影印本。

《涂子一杯水》，（明）涂伯昌撰，四库全书存目丛书，齐鲁书社，1997 年影印本。

《屠渐山兰晖堂集》，（明）屠应埈撰，四库全书存目丛书，齐鲁书社，1997 年影印本。

《屠康僖公文集》，（明）屠勋撰，四库全书存目丛书，齐鲁书社，1997 年影印本。

《退庵邓先生遗稿》，（明）邓林撰，四库全书存目丛书，齐鲁书社，1997 年影印本。

W

《纨绮集》，（明）张献翼撰，四库全书存目丛书，齐鲁书社，1997 年影印本。

《玩芳堂摘稿》，（明）王慎中撰，四库全书存目丛书，齐鲁书社，1997 年影印本。

《玩鹿亭稿》，（明）万表撰，四库全书存目丛书，齐鲁书社，1997 年影印本。

《玩梅亭集》，（明）柴惟道撰，四库全书存目丛书，齐鲁书社，1997 年影印本。

《晚香堂集》，（明）陈继儒撰，四库禁毁书丛刊，北京出版社，2000 年影印本。

《万历疏钞》，（明）吴亮辑，四库禁毁书丛刊，北京出版社，2000 年影印本。

《万历武功录》，（明）瞿九思撰，四库禁毁书丛刊，北京出版社，2000 年影印本。

《万历野获编》，（明）沈德符著，中华书局，1959 年版。

《万文恭公摘集》，（明）万士和撰，四库全书存目丛书，齐鲁书社，1997 年影印本。

《万子迂谈》，（明）万衣撰，四库全书存目丛书，齐鲁书社，1997 年影印本。

《汪仁峰先生文集》，（明）汪循撰，四库全书存目丛书，齐鲁书社，1997 年影印本。

《王常宗集》，（明）王彝撰，文渊阁四库全书本。

《王船山、杨升庵先生年谱五种》，北京图书馆出版社，1997 年版。

《王船山诗文集》，（清）王夫之著，中华书局，2006 年版。

《王端毅公文集》，（明）王恕撰，四库全书存目丛书，齐鲁书社，1997 年影印本。

《王奉常集》，（明）王世懋撰，四库全书存目丛书，齐鲁书社，1997 年影印本。

《王舍人诗集》，（明）王绂撰，文渊阁四库全书本。

《王氏存笥稿》，（明）王维桢撰，四库全书存目丛书，齐鲁书社，1997 年影印本。

《王氏家藏集》，（明）王廷相著，台北伟文图书出版公司，1976 年版。

《王氏家藏集》，（明）王廷相撰，四库全书存目丛书，齐鲁书社，1997 年影印本。

《王世周先生诗集》，（明）王伯稠撰，四库全书存目丛书，齐鲁书社，1997 年影印本。

《王侍御集》，（明）王瑛撰，四库全书存目丛书，齐鲁书社，1997 年影印本。

《王侍御类稿》，（明）王圻撰，四库全书存目丛书，齐鲁书社，1997 年影印本。

《王文安公诗文集》，（明）王英撰，续修四库全书，上海古籍出版社，1996 年影印本。

《王文成全书》，（明）王守仁撰，文渊阁四库全书本。

《王文端公诗集》，（明）王家屏撰，四库全书存目丛书，齐鲁书社，1997 年影印本。

《王文肃公集》，（明）王伣撰，四库全书存目丛书，齐鲁书社，1997 年影印本。

《王文肃公全集》，（明）王锡爵撰，四库全书存目丛书，齐鲁书社，1997 年影印本。

《王文肃公文集》，（明）王锡爵撰，四库禁毁书丛刊，北京出版社，2000 年影印本。

《王襄敏公集》，（明）王以旂撰，四库全书存目丛书，齐鲁书社，1997 年影印本。

《王阳明全集》，（明）王守仁著，吴光等编校，上海古籍出版社，1992 年版。

《王阳明先生全集》，（明）王守仁撰，四库全书存目丛书，齐鲁书社，1997 年影印本。

《王阳明先生文钞》，（明）王守仁撰，四库全书存目丛书，齐鲁书社，1997 年影印本。

《王忠文公集》，（明）王祎撰，文渊阁四库全书本。

《望云集》，（明）郭奎撰，文渊阁四库全书本。

《危学士全集》，（明）危素撰，四库全书存目丛书，齐鲁书社，1997 年影印本。

《卫阳先生集》，（明）周世选撰，四库全书存目丛书，齐鲁书社，1997 年影印本。

《未轩文集》，（明）黄仲昭撰，文渊阁四库全书本。

《畏庵周先生文集》，（明）周旋撰，四库全书存目丛书，齐鲁书社，1997 年影印本。

《畏斋薛先生艺文类稿》，（明）薛甲撰，续修四库全书，上海古籍出版社，1996 年影印本。

《渭厓文集》，（明）霍韬撰，四库全书存目丛书，齐鲁书社，1997 年影印本。

《魏子敬遗集》，（明）魏学洢撰，四库禁毁书丛刊补编，北京出版社，2005 年影印本。

《温恭毅集》，（明）温纯撰，文渊阁四库全书本。

《文简集》，（明）孙承恩撰，文渊阁四库全书本。

《文敏集》，（明）杨荣撰，文渊阁四库全书本。

《文太青先生文集》，（明）文翔凤撰，四库全书存目丛书，齐鲁书社，1997 年影印本。

《文温洲集》，（明）文林撰，四库全书存目丛书，齐鲁书社，1997 年影印本。

《文嘻堂诗集》，（明）朱芾煜撰，四库全书存目丛书，齐鲁书社，1997 年影印本。

《文宪集》，（明）宋濂撰，文渊阁四库全书本。

《文襄公奏议》，（明）桂萼撰，四库全书存目丛书，齐鲁书社，1996 年影印本。

《文毅集》，（明）解缙撰，文渊阁四库全书本。

《文渊阁书目》，（明）杨士奇撰，文渊阁四库全书本。

《文徵明集》，（明）文徵明著，周道振辑校，上海古籍出版社，1987 年版。

《文忠集》，（明）范景文撰，文渊阁四库全书本。

《卧龙山人集》，（清）葛芝撰，四库禁毁书丛刊，北京出版社，2000 年影印本。

《无梦园遗集》，（明）陈仁锡撰，四库禁毁书丛刊，北京出版社，2000年影印本。

《无他技堂遗稿》，（明）蒋臣撰，四库禁毁书丛刊，北京出版社，2000年影印本。

《无闻堂稿》，（明）赵钲撰，四库全书存目丛书，齐鲁书社，1997年影印本。

《无欲斋诗钞》，（明）鹿善继撰，四库全书存目丛书，齐鲁书社，1997年影印本。

《吴承恩年谱》，苏兴编著，人民文学出版社，1980年版。

《吴承恩诗文集笺校》（明）吴承恩著，刘修业辑校，刘怀玉笺校，上海古籍出版社，1991年版。

《吴继疏先生遗集》，（明）吴仁度撰，四库全书存目丛书，齐鲁书社，1997年影印本。

《吴郡二科志》，（明）阎秀卿著，中华书局，1985年版。

《吴梅村全集》，（清）吴伟业著，上海古籍出版社，1990年版。

《吴侍御奏疏》，（明）吴玉撰，四库全书存目丛书，齐鲁书社，1996年影印本。

《吴文恪公文集》，（明）吴道南撰，四库禁毁书丛刊，北京出版社，2000年影印本。

《吴文肃摘稿》，（明）吴俨撰，文渊阁四库全书本。

《吴兴备志》，（明）董斯张撰，文渊阁四库全书本。

《吴歈小草》，（明）娄坚撰，四库禁毁书丛刊，北京出版社，2000年影印本。

《吴中人物志》，（明）张昶著，四库全书存目丛书，齐鲁书社，1996年影印本。

《吴竹坡先生文集》，（明）吴节撰，四库全书存目丛书，齐鲁书社，1997年影印本。

《吾学编》，（明）郑晓撰，四库禁毁书丛刊，北京出版社，2000年影印本。

《吾学编余》，（明）郑晓撰，四库禁毁书丛刊，北京出版社，2000年影印本。

《梧冈集》，（明）唐文凤撰，文渊阁四库全书本。

《梧冈文正续两集》，（明）陈尧撰，四库全书存目丛书，齐鲁书社，1997年影印本。

《五峰遗稿》，（明）秦夔撰，续修四库全书，上海古籍出版社，1996年影印本。

《五鹊别集》，（明）卢宁撰，四库全书存目丛书，齐鲁书社，1997年影印本。

《五岳山人集》，（明）黄省曾撰，四库全书存目丛书，齐鲁书社，1997年影印本。

《五杂组》，（明）谢肇淛撰，四库禁毁书丛刊，北京出版社，2000年影印本。

《午坡文集》，（明）江以达撰，四库全书存目丛书，齐鲁书社，1997年影印本。

《午塘先生集》，（明）闵如霖撰，四库全书存目丛书，齐鲁书社，1997年影印本。

《武功集》，（明）徐有贞撰，文渊阁四库全书本。

X

《夕堂戏墨七种》，（清）王夫之撰，四库禁毁书丛刊补编，北京出版社，2005年影印本。

《夕堂永日绪论》，（清）王夫之撰，四库禁毁书丛刊补编，北京出版社，2005年影印本。

《西庵集》，（明）孙蕡撰，文渊阁四库全书本。

《西村集》，（明）史鉴撰，文渊阁四库全书本。

《西村诗集》，（明）朱朴撰，文渊阁四库全书本。

《西峰淡话》，（明）茅元仪撰，四库全书存目丛书，齐鲁书社，1995 年影印本。

《西郊笑端集》，（明）董纪撰，文渊阁四库全书本。

《西楼全集》，（明）邓原岳撰，四库全书存目丛书，齐鲁书社，1997 年影印本。

《西樵遗稿》，（明）方献夫撰，四库全书存目丛书，齐鲁书社，1997 年影印本。

《西山日记》，（明）丁元荐撰，续修四库全书，上海古籍出版社，1996 年影印本。

《西台漫纪》，（明）蒋以化撰，四库全书存目丛书，齐鲁书社，1995 年影印本。

《西台漫纪》，（明）蒋以化撰，续修四库全书，上海古籍出版社，1996 年影印本。

《西轩效唐集》，（明）丁养浩撰，四库全书存目丛书，齐鲁书社，1997 年影印本。

《西玄诗集》，（明）马汝骥撰，四库全书存目丛书，齐鲁书社，1997 年影印本。

《西野李先生遗稿》，（明）李玑撰，四库全书存目丛书，齐鲁书社，1997 年影印本。

《西隐集》，（明）宋讷撰，文渊阁四库全书本。

《西园闻见录》，（明）张萱著，明代传记丛刊，台北明文书局，1991 年版。

《西原先生遗书》，（明）薛蕙撰，四库全书存目丛书，齐鲁书社，1997 年影印本。

《西浙泉厓邵先生集》，（明）邵经济撰，续修四库全书，上海古籍出版社，1996 年影印本。

《希淡园诗》，（明）虞堪撰，文渊阁四库全书本。

《奚囊蠹余》，（明）张瀚撰，四库全书存目丛书，齐鲁书社，1997 年影印本。

《惜抱轩全集》，（清）姚鼐著，中国书店，1991 年版。

《稀见中国地方志汇刊》，中国科学院图书馆选编，中国书店，1992 年版。

《溪山堂草》，（明）沈思孝撰，四库全书存目丛书，齐鲁书社，1997 年影印本。

《溪田文集》，（明）马理撰，四库全书存目丛书，齐鲁书社，1997 年影印本。

《熙朝名臣实录》，（明）焦竑辑，四库全书存目丛书，齐鲁书社，1996 年影印本。

《熹庙拾遗》，（明）秦元方撰，四库禁毁书丛刊，北京出版社，2000 年影印本。

《蟋蟀轩草》，（明）刘士骥撰，四库全书存目丛书，齐鲁书社，1997 年影印本。

《狎鸥子摘稿》，（明）吴崇节撰，四库全书存目丛书，齐鲁书社，1997 年影印本。

《霞城集》，（明）程诰撰，四库全书存目丛书，齐鲁书社，1997 年影印本。

《下陴记谈》，（明）皇甫录撰，四库全书存目丛书，齐鲁书社，1995 年影印本。

《夏东岩先生诗集》，（明）夏尚朴撰，四库全书存目丛书，齐鲁书社，1997 年影印本。

《夏桂洲先生文集》，（明）夏言撰，四库全书存目丛书，齐鲁书社，1997 年影印本。

《夏内史集》，（明）夏完淳撰，中华书局，1985 年版。

《夏完淳集》，（明）夏完淳著，中华书局上海编辑所，1959 年版。

《夏忠靖公遗事》，（明）夏崇文撰，四库全书存目丛书，齐鲁书社，1996 年影印本。

《贤识录》，（明）陆钘撰，四库全书存目丛书，齐鲁书社，1995 年影印本。

《（咸丰）重修兴化县志》，（清）梁国楝等修纂，咸丰二年刻本。

《岘泉集》，（明）张宇初撰，文渊阁四库全书本。

《献征录》，（明）焦竑撰，上海书店，1987年版。

《香严斋诗集》，（清）龚鼎孳撰，四库禁毁书丛刊补编，北京出版社，2005年影印本。

《香宇集》，（明）田艺蘅撰，续修四库全书，上海古籍出版社，1996年影印本。

《香祖笔记》，（清）王士禛著，上海古籍出版社，1982年版。

《湘皋集》，（明）蒋冕撰，四库全书存目丛书，齐鲁书社，1997年影印本。

《湘真阁稿》，（明）陈子龙撰，续修四库全书，上海古籍出版社，1983年影印本。

《襄毅文集》，（明）韩雍撰，文渊阁四库全书本。

《洨滨蔡先生文集》，（明）蔡瑷撰，四库全书存目丛书，齐鲁书社，1997年影印本。

《小辨斋偶存》，（明）顾允成撰，文渊阁四库全书本。

《小草斋集》，（明）谢肇淛撰，四库全书存目丛书，齐鲁书社，1997年影印本。

《小草斋集》，（明）谢肇淛撰，续修四库全书，上海古籍出版社，1996年影印本。

《小草斋续集》，（明）谢肇淛撰，续修四库全书，上海古籍出版社，1996年影印本。

《小鸣稿》，（明）朱诚泳撰，文渊阁四库全书本。

《小山类稿》，（明）张岳撰，文渊阁四库全书本。

《小说考证》，蒋瑞藻著，古典文学出版社，1957年版。

《小司马草》，（明）项笃寿撰，四库全书存目丛书，齐鲁书社，1996年影印本。

《小腆纪年》，（清）徐鼒，中华书局，1957年版。

《小渔先生遗稿》，（明）唐汝楫撰，四库全书存目丛书，齐鲁书社，1997年影印本。

《歇庵集》，（明）陶望龄撰，续修四库全书，上海古籍出版社，1996年影印本。

《谢耳伯先生初集》，（明）谢兆申撰，四库全书存目丛书，齐鲁书社，1997年影印本。

《谢山存稿》，（明）陈吾德撰，四库全书存目丛书，齐鲁书社，1997年影印本。

《谢文贞公文集》，（明）谢德溥撰，四库禁毁书丛刊补编，北京出版社，2005年影印本。

《心远堂遗集》，（明）王永积撰，四库全书存目丛书，齐鲁书社，1997年影印本。

《新镌东厓王先生遗集》，（明）王襞撰，四库全书存目丛书，齐鲁书社，1997年影印本。

《新刊皇明名臣言行录》，（明）杨廉，徐咸撰，四库禁毁书丛刊，北京出版社，2000年影印本。

《新刻刘直洲先生文集》，（明）刘文卿撰，四库全书存目丛书，齐鲁书社，1997年影印本。

《新刻明朝通纪会纂》，（明）王世贞撰，四库禁毁书丛刊，北京出版社，2000年影印本。

《新刻明政统宗》，（明）涂山辑，四库禁毁书丛刊，北京出版社，2000年影印本。

《新刻谭友夏合集》，（明）谭元春撰，四库全书存目丛书，齐鲁书社，1997年影印本。

《新刻杨端洁公文集》，（明）杨时乔撰，四库全书存目丛书，齐鲁书社，1997年影印本。

《新刻张太岳先生诗文集》，（明）张居正撰，四库全书存目丛书，齐鲁书社，1997 年影印本。

《新知录摘抄》，（明）刘仕义著，中华书局，1985 年版。

《醒后集》，（明）卢维祯撰，四库全书存目丛书，齐鲁书社，1997 年影印本。

《杏东先生文集》，（明）郭维藩撰，四库全书存目丛书，齐鲁书社，1997 年影印本。

《熊峰集》，（明）石珤撰，文渊阁四库全书本。

《虚斋集》，（明）蔡清撰，文渊阁四库全书本。

《虚舟集》，（明）王偁撰，文渊阁四库全书本。

《徐康懿公余力稿》，（明）徐贯撰，四库全书存目丛书，齐鲁书社，1997 年影印本。

《徐民上先生集》，（明）徐来复撰，四库禁毁书丛刊补编，北京出版社，2005 年影印本。

《徐氏海隅集》，（明）徐学谟撰，四库全书存目丛书，齐鲁书社，1997 年影印本。

《徐朔方集》，徐朔方著，浙江古籍出版社，1993 年版。

《徐渭集》，（明）徐渭著，中华书局，1983 年版。

《徐子卿近集》，（明）徐日久撰，四库禁毁书丛刊补编，北京出版社，2005 年影印本。

《许文穆公集》，（明）许国撰，四库禁毁书丛刊，北京出版社，2000 年影印本。

《许钟斗文集》，（明）许獬撰，四库全书存目丛书，齐鲁书社，1997 年影印本。

《序芳园稿》，（明）赵伊撰，四库全书存目丛书，齐鲁书社，1997 年影印本。

《续补明纪编年》，王汝南著，台湾银行经济研究室，1961 年版。

《续藏书》，（明）李贽著，中华书局，1974 年版。

《续刻杨复所先生家藏文集》，（明）杨起元撰，四库全书存目丛书，齐鲁书社，1997 年影印本。

《续文献通考》，（清）王圻著，现代出版社，1986 年版。

《续吴先贤赞》，（明）刘凤著，四库全书存目丛书，齐鲁书社，1996 年影印本。

《续修四库全书总目提要》，中国科学院图书馆整理，中华书局，1993 年版。

《续震泽纪闻》，（明）王禹声撰，续修四库全书，上海古籍出版社，1996 年影印本。

《玄盖副草》，（明）吴稼澄撰，四库全书存目丛书，齐鲁书社，1997 年影印本。

《玄居集》，（明）李春熙撰，四库全书存目丛书，齐鲁书社，1997 年影印本。

《选举社会及其终结》，何怀宏著，三联书店，1998 年版。

《薛文介公文集》，（明）薛三省撰，四库全书存目丛书，齐鲁书社，1997 年影印本。

《薛文清公年谱》，（明）杨鹤，杨嗣昌撰，四库全书存目丛书，齐鲁书社，1996 年影印本。

《薛文清公行实录》，（明）王鸿辑，四库全书存目丛书，齐鲁书社，1996 年影印本。

《学古绪言》，（明）娄坚撰，文渊阁四库全书本。

《雪堂集》，（明）沈守正撰，四库禁毁书丛刊，北京出版社，2000 年影印本。

《雪翁诗集》，（明）魏耕著，浙江古籍出版社，1985 年版。

《雪洲集》，（明）黄瓒撰，四库全书存目丛书，齐鲁书社，1997 年影印本。

《谑庵文饭小品》，（明）王思任撰，续修四库全书，上海古籍出版社，1996 年影印本。

《逊志斋集》，（明）方孝孺撰，文渊阁四库全书本。

《巽川祁先生文集》，（明）祁顺撰，四库全书存目丛书，齐鲁书社，1997 年影印本。

《巽峰集》，（明）尹襄撰，四库全书存目丛书，齐鲁书社，1997 年影印本。

《巽隐集传》，（明）程本立撰，文渊阁四库全书本。

Y

《雅似堂文集》，（明）文德翼撰，四库全书存目丛书，齐鲁书社，1997 年影印本。

《雅宜山人集》，（明）王宠撰，四库全书存目丛书，齐鲁书社，1997 年影印本。

《严文靖公集》，（明）严讷撰，四库全书存目丛书，齐鲁书社，1997 年影印本。

《俨山集》，（明）陆深撰，文渊阁四库全书本。

《弇山堂别集》，（明）王世贞著，中华书局，1985 年版。

《弇州四部稿》，（明）王世贞撰，文渊阁四库全书本。

《弇州续稿》，（明）王世贞撰，文渊阁四库全书本。

《燕居录、李文节集》，（明）李廷机撰，四库禁毁书丛刊，北京出版社，2000 年影印本。

《燕市杂诗》，（明）于燕芳撰，中华书局，1985 年版。

《燕诒录》，（明）孙应奎撰，四库全书存目丛书，齐鲁书社，1997 年影印本。

《阳峰家藏集》，（明）张璧撰，四库全书存目丛书，齐鲁书社，1997 年影印本。

《阳溪遗稿》，（明）徐灿撰，四库全书存目丛书，齐鲁书社，1997 年影印本。

《杨大洪先生文集》，（明）杨涟，四库禁毁书丛刊，北京出版社，2000 年影印本。

《杨道行集》，（明）杨于庭撰，四库全书存目丛书，齐鲁书社，1997 年影印本。

《杨全甫谏草》，（明）杨天民撰，续修四库全书，上海古籍出版社，1996 年影印本。

《杨慎学谱》，王文才著，上海古籍出版社，1988 年版。

《杨文定公诗集》，（明）杨溥撰，续修四库全书，上海古籍出版社，1996 年影印本。

《杨文恪公集》，（明）杨廉撰，续修四库全书，上海古籍出版社，1996 年影印本。

《杨文弱先生集》，（明）杨嗣昌撰，续修四库全书，上海古籍出版社，1996 年影印本。

《杨襄毅公本兵疏议》，（明）杨博撰，四库全书存目丛书，齐鲁书社，1996 年影印本。

《杨一清集》，（明）杨一清撰，唐景绅、谢玉杰点校，中华书局，2001 年版。

《杨忠介集》，（明）杨爵撰，文渊阁四库全书本。

《杨忠烈公文集》，（明）杨涟撰，四库禁毁书丛刊，北京出版社，2000 年影印本。

《杨忠愍集》，（明）杨继盛撰，文渊阁四库全书本。

《仰节堂集》，（明）曹于汴撰，文渊阁四库全书本。

《姚文敏公遗稿》，（明）姚夔撰，四库全书存目丛书，齐鲁书社，1997 年影印本。

《瑶光阁集》，（明）黄端伯撰，四库全书存目丛书，齐鲁书社，1997 年影印本。

《瑶石山人稿》，（明）黎民表撰，文渊阁四库全书本。

《也是录》，（明）邓凯撰，四库禁毁书丛刊，北京出版社，2000 年影印本。

《野古集》，（明）龚诩撰，文渊阁四库全书本。

《野航诗文稿》，（明）朱存理撰，文渊阁四库全书本。

《野获园诗》，（明）欧阳铉撰，四库全书存目丛书，齐鲁书社，1997 年影印本。

《野记》，（明）祝允明撰，四库全书存目丛书，齐鲁书社，1995 年影印本。

《叶海峰文集》，（明）叶良佩撰，四库全书存目丛书，齐鲁书社，1997 年影印本。

《叶文庄公奏疏》，（明）叶盛撰，四库全书存目丛书，齐鲁书社，1996 年影印本。

《掖垣谏草》，（明）张贞观撰，四库全书存目丛书，齐鲁书社，1996 年影印本。

《掖垣题稿》，（明）顾九思撰，四库全书存目丛书，齐鲁书社，1996 年影印本。

《一峰文集》，（明）罗伦撰，文渊阁四库全书本。

《一斋集》，（明）陈第撰，四库禁毁书丛刊，北京出版社，2000 年影印本。

《遗民诗》，（清）卓尔堪辑撰，四库禁毁书丛刊，北京出版社，2000 年影印本。

《颐庵文选》，（明）胡俨撰，文渊阁四库全书本。

《颐山私稿》，（明）吴仕撰，四库全书存目丛书，齐鲁书社，1997 年影印本。

《艺苑卮言校注》，（明）王世贞著，罗仲鼎校注，齐鲁书社，1992 年版。

《亦玉堂稿》，（明）沈鲤撰，文渊阁四库全书本。

《抑庵文集》，（明）王直撰，文渊阁四库全书本。

《易斋稿》，（明）刘璟撰，续修四库全书，上海古籍出版社，1996 年影印本。

《陶堂摘稿》，（明）许应元撰，续修四库全书，上海古籍出版社，1996 年影印本。

《逸园新诗》，（明）耿志炜撰，四库全书存目丛书，齐鲁书社，1997 年影印本。

《毅斋集》，（明）王洪撰，文渊阁四库全书本。

《尹讷庵先生遗稿》，（明）尹昌隆撰，四库全书存目丛书，齐鲁书社，1997 年影印本。

《蚓窍集》，（明）管时敏撰，文渊阁四库全书本。

《隐秀轩集》，（明）钟惺著，上海古籍出版社，1992 年版。

《荥阳外史集》，（明）郑真撰，文渊阁四库全书本。

《雍野李先生快独集》，（明）李尧民撰，四库全书存目丛书，齐鲁书社，1997 年影印本。

《永历纪事》，（明）丁大任撰，四库禁毁书丛刊，北京出版社，2000 年影印本。

《永历实录》，（明）王夫之著，上海古籍出版社，1987 年版。

《甬东山人稿》，（明）吕时撰，四库全书存目丛书，齐鲁书社，1997 年影印本。

《咏怀堂诗集》，（明）阮大铖撰，黄山书社，2006 年版。

《涌幢小品》，（明）朱国桢撰，文化艺术出版社，1998 年版。

《幽心瑶草》，（明）孙应鳌撰，四库全书存目丛书，齐鲁书社，1997 年影印本。

《由庚堂集》，（明）郑汝璧撰，续修四库全书，上海古籍出版社，1996 年影印本。

《由拳集》，（明）屠隆撰，四库全书存目丛书，齐鲁书社，1997 年影印本。

《疣赘录》，（明）顾梦圭撰，四库全书存目丛书，齐鲁书社，1997 年影印本。

《酉阳山人编蓬集》，（明）唐汝询撰，四库全书存目丛书，齐鲁书社，1997 年影印本。

《佑山先生文集》，（明）冯汝弼撰，四库全书存目丛书，齐鲁书社，1997 年影印本。

《余德甫先生集》，（明）余曰德撰，四库全书存目丛书，齐鲁书社，1997 年影印本。

《余肃敏公奏议》，（明）余子俊，四库禁毁书丛刊，北京出版社，2000 年影印本。

《余文敏公文集》，（明）余有丁撰，续修四库全书，上海古籍出版社，1996 年影印本。

《渔石集》，（明）唐龙撰，四库全书存目丛书，齐鲁书社，1997 年影印本。

《隅园集》，（明）陈与郊撰，四库全书存目丛书，齐鲁书社，1997 年影印本。

《愚谷集》，（明）李舜臣撰，文渊阁四库全书本。

《虞德园先生集》，（明）虞淳熙撰，四库禁毁书丛刊，北京出版社，2000 年影印本。

《玉尘新谭》，（明）郑仲夔撰，四库禁毁书丛刊，北京出版社，2000 年影印本。

《玉恩堂集》，（明）林景旸撰，四库全书存目丛书，齐鲁书社，1997 年影印本。

《玉茗堂全集》，（明）汤显祖撰，四库全书存目丛书，齐鲁书社，1997 年影印本。

《玉堂丛语》，（明）焦竑撰，顾思点校，中华书局，1981 年版。

《玉堂荟记》，（清）杨士聪撰，中华书局，1985 年版。

《玉堂遗稿》，（明）萧良有撰，四库全书存目丛书，齐鲁书社，1997 年影印本。

《玉岩先生文集》，（明）周广撰，四库全书存目丛书，齐鲁书社，1997 年影印本。

《郁仪楼集》，（明）邹迪光撰，四库全书存目丛书，齐鲁书社，1997 年影印本。

《郁洲遗稿》，（明）梁储撰，文渊阁四库全书本。

《寓林集》，（明）黄汝亨撰，续修四库全书，上海古籍出版社，1996 年影印本。

《寓圃杂记》，（明）王琦著，中华书局，1984 年版。

《御龙子集》，（明）范守己撰，四库全书存目丛书，齐鲁书社，1997 年影印本。

《元释集》，（明）释克新撰，四库全书存目丛书，齐鲁书社，1997 年影印本。

《袁鲁望集》，（明）袁尊尼撰，四库全书存目丛书，齐鲁书社，1997 年影印本。

《袁文荣公诗略》，（明）袁炜撰，四库全书存目丛书，齐鲁书社，1997 年影印本。

《袁中郎全集》，（明）袁宏道撰，四库全书存目丛书，齐鲁书社，1997 年影印本。

《袁宗道集笺校》，（明）袁宗道著，孟祥荣笺校，湖北人民出版社，2003 年版。

《远山堂诗集》，（明）祁彪佳撰，续修四库全书，上海古籍出版社，1996 年影印本。

《远山堂文稿》，（明）祁彪佳撰，续修四库全书，上海古籍出版社，1996 年影印本。

《苑洛集》，（明）韩邦奇撰，文渊阁四库全书本。

《愿学集》，（明）邹元标撰，文渊阁四库全书本。

《岳归堂合集》，（明）谭元春撰，四库全书存目丛书，齐鲁书社，1997 年影印本。

《粤大记》，（明）郭棐著，中山大学出版社，1998 年版。

《云村集》，（明）许相卿撰，文渊阁四库全书本。

《云冈选稿》，（明）龚用卿撰，四库全书存目丛书，齐鲁书社，1997 年影印本。

《云间志略》，（明）何三畏撰，四库禁毁书丛刊，北京出版社，2000 年影印本。

《云林集》，（明）危素撰，文渊阁四库全书本。

《云南通志》，（清）鄂尔泰等修纂，文渊阁四库全书本。

《云山堂集》，（明）魏裳撰，四库全书存目丛书，齐鲁书社，1997 年影印本。

《运甓漫稿》，（明）李昌祺撰，文渊阁四库全书本。

Z

《在鲁斋文集》，（明）孔贞时撰，四库禁毁书丛刊，北京出版社，2000 年影印本。

《曾西墅先生集》，（明）曾棨撰，四库全书存目丛书，齐鲁书社，1997 年影印本。

《增城集》，（明）李蛟祯撰，四库禁毁书丛刊补编，北京出版社，2005 年影印本。

《增订刘伯温年谱》，郝兆矩编著，中州古籍出版社，1990 年版。

《詹养贞先生文集》，（明）詹事讲撰，四库禁毁书丛刊补编，北京出版社，2005 年影印本。

《湛甘泉先生文集》，（明）湛若水撰，四库全书存目丛书，齐鲁书社，1997 年影印本。

《湛然堂诗稿》，（明）陈汝玚撰，四库全书存目丛书，齐鲁书社，1997 年影印本。

《张苍水集》，（明）张煌言著，上海古籍出版社，1985 年版。

《张岱诗文集》，（明）张岱著，上海古籍出版社，1991 年版。

《张东海先生诗集》，（明）张弼撰，四库全书存目丛书，齐鲁书社，1997 年影印本。

《张方洲奉使录》，（明）张宁撰，四库全书存目丛书，齐鲁书社，1997 年影印本。

《张恭懿松窗梦语》，（明）张瀚撰，续修四库全书，上海古籍出版社，1996 年影印本。

《张伎陵集》，（明）张凤翔撰，四库全书存目丛书，齐鲁书社，1997 年影印本。

《张可庵先生书牍》，（明）张栋撰，四库全书存目丛书，齐鲁书社，1997 年影印本。

《张龙湖先生文集》，（明）张治撰，四库全书存目丛书，齐鲁书社，1997 年影印本。

《张南湖先生诗集》，（明）张綖撰，四库全书存目丛书，齐鲁书社，1997 年影印本。

《张溥年谱》，蒋逸雪著，齐鲁书社，1982 年版。

《张水南文集》，（明）张衮撰，四库全书存目丛书，齐鲁书社，1997 年影印本。

《张文定公集》，（明）张邦奇撰，续修四库全书，上海古籍出版社，1996 年影印本。

《张文僖公文集》，（明）张升撰，四库全书存目丛书，齐鲁书社，1997 年影印本。

《张阳和先生不二斋文选》，（明）张元忭撰，四库全书存目丛书，齐鲁书社，1997 年影印本。

《张禺山戊己吟》，（明）张含撰，四库全书存目丛书，齐鲁书社，1997 年影印本。

《张忠烈公集》，（明）张煌言撰，续修四库全书，上海古籍出版社，1996 年影印本。

《张庄僖文集》，（明）张永明撰，文渊阁四库全书本。

《章大力先生全稿》，（明）章世纯撰，四库禁毁书丛刊，北京出版社，2000 年影印本。

《昭代经济言》，（明）陈子壮编，中华书局，1985 年版。

《昭代武功编》，（明）范景文撰，续修四库全书，上海古籍出版社，1996 年影印本。

《赵浚谷诗集》，（明）赵时春撰，四库全书存目丛书，齐鲁书社，1997 年影印本。

《赵文肃公文集》，（明）赵贞吉撰，四库全书存目丛书，齐鲁书社，1997 年影印本。

《赵忠毅公诗文集》，（明）赵南星撰，四库禁毁书丛刊，北京出版社，2000 年影印本。

《蛰庵日录》，（明）顾起元撰，四库全书存目丛书，齐鲁书社，1997 年影印本。

《柘轩集》，（明）凌云翰撰，文渊阁四库全书本。

《浙醝纪事、玉城奏疏》，（明）叶永盛撰，四库全书存目丛书，齐鲁书社，1997 年影印本。

《浙江通志》，（清）沈翼机等修纂，乾隆元年刻本。

《贞白遗稿》，（明）程通撰，文渊阁四库全书本。

《贞翁净稿》，（明）周伦撰，四库全书存目丛书，齐鲁书社，1997 年影印本。

《震川集》，（明）归有光撰，文渊阁四库全书本。

《震川先生文集》，（明）归有光著，上海古籍出版社，1981 年版。

《震泽集》，（明）王鏊著，上海古籍出版社，1991 年版。

《震泽纪闻》，（明）王鏊撰，续修四库全书，上海古籍出版社，1996 年影印本。

《整庵存稿》，（明）罗钦顺撰，文渊阁四库全书本。

《郑端简公年谱》，（明）郑履淳撰，四库全书存目丛书，齐鲁书社，1996 年影印本。

《支华平先生集》，（明）支大纶撰，四库全书存目丛书，齐鲁书社，1997 年影印本。

《芝堂遗草》，（明）叶朝荣撰，四库全书存目丛书，齐鲁书社，1997 年影印本。

《芝园定集》，（明）张时彻撰，四库全书存目丛书，齐鲁书社，1997 年影印本。

《执斋先生文集》，（明）刘玉撰，续修四库全书，上海古籍出版社，1996 年影印本。

《止山集》，（明）丘云霄撰，文渊阁四库全书本。

《止止堂集》，（明）戚继光撰，四库全书存目丛书，齐鲁书社，1997 年影印本。

《制义丛话》，（清）梁章钜著，上海书店出版社，2001 年版。

《制义科琐记》，（清）李调元著，中华书局，1985 年版。

《治世余闻》，（明）陈洪谟著，中华书局，1985 年版。

《中丞集》，（明）练子宁撰，文渊阁四库全书本。

《中川遗稿》，（明）王教撰，四库全书存目丛书，齐鲁书社，1997 年影印本。

《中国的科名》，齐如山著，辽宁教育出版社，2005 年版。

《中国古代科举百态》，熊庆年著，东方出版中心，1997 年版。

《中国古代文学通论》（明代卷），傅璇琮、蒋寅总主编，郭英德分卷主编，辽宁人民出版社，2005 年版。

《中国古代小说总目》，石昌渝主编，山西教育出版社，2004 年版。

《中国古代职官科举研究》，龚延明著，中华书局，2005 年版。

《中国古典戏曲论著集成》，中国艺术研究院编，中国戏剧出版社，1959 年版。

《中国教育制度通史》，李国钧，王炳照总主编，金林祥主编，山东教育出版社，2000年版。

《中国考试发展史》，刘海峰著，华中师范大学出版社，2002年版。

《中国考试史文献集成》，杨学为总主编，高等教育出版社，2003年版。

《中国考试思想史》，田建荣著，商务印书馆，2004年版。

《中国考试制度史》，邓嗣禹纂著，上海书店出版社，1996年影印版。

《中国考试制度史》，沈兼士著，台湾"商务印书馆"，1969年版。

《中国考试制度研究》，邓定人著，民智书局，1929年版。

《中国科举考试制度》，张希清著，新华出版社，1993年版。

《中国科举时代之教育》，陈东原著，商务印书馆，1934年版。

《中国科举史》，刘海峰，李兵著，东方出版中心，2004年版。

《中国科举史话》，林白，朱梅苏著，江西人民出版社，2002年版。

《中国科举制度史》，李新达著，文津出版社，1995年版。

《中国科举制度研究》，王炳照，徐勇著，河北人民出版社，2002年版。

《中国历代榜眼》，王鸿鹏等著，解放军出版社，2004年版。

《中国历代名人年谱总目》，王德毅著，华世出版社，1979年版。

《中国历代名状元传》，祖慧著，杭州出版社，2004年版。

《中国历代年谱总录》，杨殿珣编，书目文献出版社，1980年版。

《中国历代探花》，王鸿鹏等著，解放军出版社，2004年版。

《中国历代文状元》，王鸿鹏等著，解放军出版社，2004年版。

《中国历代武状元》，王鸿鹏等著，解放军出版社，2002年版。

《中国历代小说序跋集》，丁锡根编，人民文学出版社，1996年版。

《中国历代选官制度》，陈茂同著，华东师范大学出版社，1994年版。

《中国历代状元录》，康学伟等著，沈阳出版社，1993年版。

《中国历代状元诗》（明朝卷），王鸿鹏选注，昆仑出版社，2006年版。

《中国历代奏议大典》，丁守和等主编，哈尔滨出版社，1994年版。

《中国历史大事编年》（第四卷），邓珂，张静芬编著，北京出版社，1987年版。

《中国历史人物生卒年表》，吴海林，李延沛编，黑龙江人民出版社，1981年版。

《中国明代教育史》，尹选波著，人民出版社，1994年版。

《中国年谱辞典》，黄秀文主编，百家出版社，1997年版。

《中国善本书提要》，王重民著，上海古籍出版社，1983年版。

《中国善本书提要补编》，王重民著，书目文献出版社，1991年版。

《中国通俗小说总目》，孙楷第著，人民文学出版社，1982年版。

《中国文学编年史》（明末清初卷），陈文新主编，赵伯陶分卷主编，湖南人民出版社，2006年版。

《中国文学编年史》（明前期卷），陈文新主编，何坤翁分卷主编，湖南人民出版社，

2006 年版。

《中国文学编年史》（明中期卷），陈文新主编，湖南人民出版社，2006 年版。

《中国文学家大辞典》，谭正璧编，上海书店，1981 年版。

《中国文学史大事年表》，吴文治著，黄山书社，1993 年版。

《中国文言小说总目提要》，宁稼雨著，齐鲁书社，1996 年版。

《中国戏曲史编年》（元明卷），王永宽、王钢编著，中州古籍出版社，1994 年版。

《中国小说史料》，孔另境著，上海古籍出版社，1982 年版。

《中国野史集成》，缪钺主编，巴蜀书社，2000 年版。

《中国状元辞典》，王金中著，香港新世纪出版社，1992 年版。

《中国状元大典》，毛佩琦著，云南人民出版社，1999 年版。

《中国状元谱》，莫雁诗、黄明著，广州出版社，1993 年版。

《中国状元全传》，车吉心主编，山东美术出版社，1993 年版。

《中华大典·文学典·明清文学分典》，吴志达，陈文新等编著，凤凰出版社，2005 年版。

《中华帝国的成功阶梯：关于社会流动》，［美］何炳棣著，哈佛大学出版社，1960 年版。

《中华教育历程》，安树芬，彭诗琅主编，光明日报出版社，1997 年版。

《中外历史年表》，翦伯赞主编，中华书局，1961 年版。

《中兴实录》，（明）佚名撰，四库禁毁书丛刊，北京出版社，2000 年影印本。

《忠谏静思张公遗集》，（明）张选撰，四库全书存目丛书，齐鲁书社，1997 年影印本。

《忠介烬余集》，（明）周顺昌撰，文渊阁四库全书本。

《忠靖集》，（明）夏原吉撰，文渊阁四库全书本。

《忠肃集》，（明）于谦撰，文渊阁四库全书本。

《钟台先生文集》，（明）田一㒞撰，四库全书存目丛书，齐鲁书社，1997 年影印本。

《仲蔚先生集》，（明）俞允文撰，四库全书存目丛书，齐鲁书社，1997 年影印本。

《周恭肃公集》，（明）周用撰，四库全书存目丛书，齐鲁书社，1997 年影印本。

《周海门先生文录》，（明）周汝登撰，四库全书存目丛书，齐鲁书社，1997 年影印本。

《周季平先生青藜馆集》，（明）周如砥撰，四库全书存目丛书，齐鲁书社，1997 年影印本。

《周叔夜先生集》，（明）周思兼撰，四库全书存目丛书，齐鲁书社，1997 年影印本。

《周中丞疏稿》，（明）周孔教撰，四库全书存目丛书，齐鲁书社，1996 年影印本。

《朱邦宪集》，（明）朱察卿撰，四库全书存目丛书，齐鲁书社，1997 年影印本。

《朱枫林集》，（明）朱升撰，四库全书存目丛书，齐鲁书社，1997 年影印本。

《朱福州集》，（明）朱豹撰，四库全书存目丛书，齐鲁书社，1997 年影印本。

《朱少师奏疏钞》，（明）朱燮元撰，四库全书存目丛书，齐鲁书社，1996 年影印本。

《朱舜水集》，（明）朱舜水著，中华书局，1981 年版。

《朱太复文集》，（明）朱长春撰，四库禁毁书丛刊，北京出版社，2000年影印本。

《朱文肃公集》，（明）朱国桢撰，续修四库全书，上海古籍出版社，1996年影印本。

《朱文懿公文集》，（明）朱赓撰，四库全书存目丛书，齐鲁书社，1997年影印本。

《朱一斋先生文集》，（明）朱善撰，四库全书存目丛书，齐鲁书社，1997年影印本。

《竹涧集》，（明）潘希曾撰，文渊阁四库全书本。

《竹居集》，（明）王珙撰，四库全书存目丛书，齐鲁书社，1997年影印本。

《竹素堂藏稿》，（明）陈所蕴撰，四库全书存目丛书，齐鲁书社，1997年影印本。

《竹岩集》，（明）柯潜撰，文渊阁四库全书本。

《竹斋集》，（明）王冕撰，文渊阁四库全书本。

《渚山堂词话·词品》，（明）陈霆著，（明）杨慎著，王幼安校点，人民文学出版社，1960年版。

《庄渠遗书》，（明）魏校撰，文渊阁四库全书本。

《壮悔堂文集》，（清）侯方域撰，四库禁毁书丛刊，北京出版社，2000年影印本。

《状元传》，曹济平主编，河南人民出版社，1992年版。

《状元史话》，宋元强著，中国大百科全书出版社，2000年版。

《状元史话》，萧源锦著，重庆出版社，2004年版。

《状元图考》，（明）顾祖训原编，（明）吴承恩增补，（清）陈枚续补，明代传记丛刊，台北明文书局，1991年版。

《卓澄甫诗续集》，（明）卓明卿撰，四库全书存目丛书，齐鲁书社，1997年影印本。

《卓光禄集》，（明）卓明卿撰，四库全书存目丛书，齐鲁书社，1997年影印本。

《子相文选》，（明）宗臣撰，四库全书存目丛书，齐鲁书社，1997年影印本。

《紫峰陈先生文集》，（明）陈琛撰，四库全书存目丛书，齐鲁书社，1997年影印本。

《自怡集》，（明）刘琏撰，文渊阁四库全书本。

《自愉堂集》，（明）来俨然撰，四库全书存目丛书，齐鲁书社，1997年影印本。

《自知堂集》，（明）蔡汝楠撰，四库全书存目丛书，齐鲁书社，1997年影印本。

《宗伯集》，（明）冯琦撰，四库禁毁书丛刊，北京出版社，2000年影印本。

《宗伯集》，（明）孙继皋撰，文渊阁四库全书本。

《宗子相集》，（明）宗臣撰，文渊阁四库全书本。

《邹公存真集》，（明）邹元标撰，四库禁毁书丛刊补编，北京出版社，2005年影印本。

《邹聚所先生文集》，（明）邹德涵撰，四库全书存目丛书，齐鲁书社，1997年影印本。

《罪惟录》，（清）查继佐撰，浙江古籍出版社，1986年版。

《尊拙堂文集》，（明）丁元荐撰，四库全书存目丛书，齐鲁书社，1997年影印本。

《遵岩集》，（明）王慎中撰，文渊阁四库全书本。

《左忠毅公集》，（明）左光斗撰，四库禁毁书丛刊，北京出版社，2000年影印本。

《左忠毅公集》，（明）左光斗撰，续修四库全书，上海古籍出版社，1996年影印本。

《坐隐先生全集》，（明）汪廷讷撰，四库全书存目丛书，齐鲁书社，1997年影印本。

术 语 索 引

A

2440 – 2442, 2444, 2453, 2457, 2460, 2462, 2469, 2471, 2506, 2521,
2530, 2539 – 2541, 2546, 2547, 2550, 2552, 2553, 2560, 2561, 2563,
2565, 2566, 2569, 2574 – 2576, 2584, 2612, 2632, 2688, 2721, 2798,
2811, 2888, 3195, 3222

B

拔贡　　395, 1367, 1368, 1724, 1988, 3096, 3161, 3167, 3171, 3191, 3203,
　　　　3242, 3263

榜眼　　7,134, 135, 146, 187, 204, 225, 258, 386, 464, 498, 534, 567, 618,
　　　　644, 678, 749, 818, 987, 1171, 1532, 1782, 2275, 2650, 2677, 2788,
　　　　2882, 2883, 2983, 3127

保举　　117,428, 467, 468, 472, 502, 539, 544, 593, 624, 694, 804, 874,
　　　　883, 924, 1274, 1313, 1976, 2487, 2975, 3157, 3162, 3163, 3188,
　　　　3192, 3204, 3210, 3211, 3219, 3226, 3256

北监　　9,10, 113, 315, 355, 361, 446, 451, 472, 583, 592, 634, 922, 1035,
　　　　1042, 1110, 1158, 1208, 1319, 1360, 1365, 1443, 1452, 1913, 2365,
　　　　2796, 2804, 2807, 2828 – 2830, 2837 – 2839, 2841, 2979, 2980, 3240

北卷　　142,191, 339, 340, 343, 1104, 1110, 1210, 1429, 1541, 1546, 2042,
　　　　2731

本经义　27, 101, 111, 143, 162, 170, 695, 1282

边方　　142,144, 633, 804, 858, 866, 1096, 1278, 1539, 1541, 1688, 1693,
　　　　1694, 1696, 1701, 1820, 1912, 1915, 1969, 2027, 2038, 2143, 2414,
　　　　2520, 2740, 2741, 2744, 2841, 2855, 3003, 3126

编修　　6,11 – 14, 19, 21, 22, 24, 27, 28, 30 – 32, 34 – 36, 46, 49, 55 – 57,
　　　　59, 61, 62, 64, 69, 73, 74, 78, 88, 89, 96 – 98,101, 112, 120, 121,
　　　　125 – 128, 134 – 136, 145, 156, 158, 159, 166, 167, 177, 179,
　　　　183 – 187,189, 198, 202, 208, 211 – 216,219 – 221,223, 224, 229 – 232,
　　　　235, 237, 238, 241, 242, 248, 251, 255, 257, 261, 269, 271, 276,
　　　　284, 286, 287, 292, 294, 301, 302, 305, 314, 315, 320, 321, 323,
　　　　328, 332, 334, 337, 344, 347 – 349, 353, 357, 359, 360, 373, 375,
　　　　376, 389, 391, 392, 395, 396, 399 – 402, 406, 416, 418, 420 – 423,
　　　　429, 431, 432, 435, 437, 444, 447, 448, 453, 467, 472, 473, 475,
　　　　477, 478, 483, 503, 510, 512, 515 – 518,537 – 539,542 – 544,546, 547,
　　　　549, 552 – 554, 571 – 574, 576, 579, 581, 583, 586, 587, 589, 590,
　　　　594, 595, 613, 614, 624, 625, 627, 629, 631, 632, 639, 640, 643,
　　　　644, 664, 681, 688, 690, 692 – 696, 699, 702, 704 – 706, 708, 713,

715, 717 – 721, 723, 724, 728 – 732, 758, 760, 764, 765, 770,
772 – 775, 799, 800, 802, 805, 807 – 810, 815, 817, 829, 843,
867 – 873, 886, 904, 917 – 920, 923, 930, 932, 934 – 936, 938 – 942, 944,
951, 952, 988, 990, 992 – 994, 996 – 998, 1002 – 1004, 1026, 1035,
1041, 1044 – 1048, 1083 – 1087, 1090, 1093, 1098, 1103, 1104, 1106,
1108 – 1110, 1152 – 1156, 1159, 1161, 1165, 1167 – 1171, 1178, 1185,
1213, 1214, 1216, 1220, 1221, 1224, 1229, 1230, 1267, 1269, 1271,
1272, 1278, 1279, 1281, 1284, 1286, 1289 – 1291, 1295, 1297,
1299 – 1302, 1305, 1309 – 1312, 1314 – 1318, 1320 – 1323, 1325, 1358,
1359, 1362 – 1366, 1370 – 1372, 1374, 1407, 1408, 1410, 1411, 1414,
1416, 1418, 1422, 1423, 1425, 1428 – 1430, 1433, 1435 – 1437,
1439 – 1444, 1447, 1449 – 1455, 1457, 1461, 1463, 1467, 1469 – 1471,
1475, 1477, 1478, 1482 – 1485, 1487, 1490 – 1496, 1500 – 1503, 1508,
1511, 1514 – 1516, 1520, 1522 – 1527, 1529 – 1532, 1536 – 1540, 1542,
1543, 1547, 1548, 1553, 1556, 1600, 1601, 1606, 1608 – 1610, 1613,
1614, 1619, 1623 – 1626, 1629, 1631, 1632, 1637, 1638, 1643, 1647,
1649, 1653, 1656, 1669, 1675, 1704 – 1706, 1715, 1716, 1732,
1734 – 1736, 1779, 1782, 1789, 1802, 1805, 1822, 1823, 1826, 1828,
1830, 1838, 1839, 1841, 1843, 1844, 1909, 1916, 1922, 1927 – 1929,
1933, 1936, 1970, 1972, 1974, 1975, 1977, 1981 – 1984, 1987, 1992,
2026, 2029, 2031, 2032, 2041, 2042, 2048, 2049, 2069, 2089, 2091,
2094 – 2099, 2103, 2142, 2144 – 2147, 2149 – 2152, 2154, 2155, 2157,
2161, 2200, 2203, 2213, 2215, 2216, 2263 – 2268, 2270, 2274, 2276,
2312, 2317, 2322 – 2326, 2330, 2364, 2365, 2368 – 2373, 2375, 2378,
2380, 2381, 2421, 2423, 2424, 2428, 2437, 2447, 2458, 2488, 2494,
2496, 2498, 2501 – 2504, 2506, 2507, 2521 – 2523, 2526, 2527, 2534,
2537, 2538, 2558, 2587 – 2592, 2594, 2596 – 2598, 2610, 2614, 2619,
2620, 2623, 2632, 2633, 2636, 2639, 2642, 2643, 2645, 2647, 2652,
2653, 2659, 2662, 2663, 2666, 2668, 2670, 2676, 2683, 2684, 2689,
2691, 2692, 2697, 2698, 2700 – 2703, 2708, 2712, 2713, 2721, 2724,
2738, 2744, 2745, 2757 – 2759, 2764, 2766, 2768, 2769, 2787, 2792,
2796, 2797, 2799, 2803, 2805, 2808, 2809, 2811, 2812, 2818, 2820,
2823, 2824, 2826, 2830, 2832, 2836, 2837, 2842, 2851, 2857 – 2859,
2869, 2870, 2884, 2887, 2895, 2897 – 2899, 2901 – 2904, 2920, 2926,
2928, 2930, 2936, 2939, 2943, 2945 – 2947, 2950, 2951, 2953, 2957,
2960, 2963, 2964, 2968 – 2972, 2974, 2976, 2978, 2983, 2987, 2994,

2999, 3000, 3002, 3006, 3013, 3014, 3019, 3021, 3027, 3031, 3032, 3037, 3038, 3044, 3054, 3056, 3058 – 3060, 3072, 3078 – 3080, 3085, 3089 – 3092, 3094, 3098, 3104 – 3106, 3110, 3111, 3119, 3123, 3124, 3132, 3134, 3135, 3143, 3147, 3148, 3156, 3159, 3166, 3173, 3178, 3179, 3181, 3182, 3188, 3193, 3196, 3200, 3221, 3222, 3224, 3225, 3236, 3237, 3239, 3241, 3257, 3258

宾兴　8,35, 152, 157, 339, 340, 447, 499, 500, 566, 616, 618, 644, 676, 679, 863, 915, 1222, 1827, 1828, 1832, 1913, 2142, 2260, 2360, 2501, 2598, 2714, 2723, 2734, 2804, 2812, 2924, 2967, 2979, 2980, 3120, 3139

拨历　54,55, 101, 149, 192, 361, 450, 472, 473, 482, 634, 726, 799, 875, 922, 924, 942, 991, 1036, 1042, 1103, 1104, 1158, 1209, 1211, 1212, 1214, 1281, 1282, 1319, 1362, 1368, 1454, 1471, 1475, 1601, 1717, 1718, 1913, 1977, 2040, 2041, 2365, 2584, 2611, 2615, 2821, 2829, 2855, 3163

博士　8,9, 12, 13, 15, 20, 32, 34, 36, 37, 46, 58, 59, 93, 96, 97, 100, 103, 109, 111, 114, 115, 126, 134, 136, 140, 153, 157, 172, 174 – 177, 181, 191, 193 – 198, 206, 207, 211, 212, 215, 217, 219 – 222, 232, 238, 245, 246, 268, 292, 311, 315, 332, 334, 337, 338, 344, 348, 360, 365, 371, 373, 389 – 391, 441, 443, 470, 480, 501, 549, 581, 627, 662, 688 – 693, 702, 708, 713, 724, 726, 759, 792, 796, 806, 858, 883, 884, 914, 929, 945, 946, 974, 993, 1002, 1007, 1024, 1037, 1042, 1208, 1215, 1219, 1239, 1313, 1315, 1319, 1363, 1414, 1415, 1425, 1426, 1439, 1441 – 1443, 1459, 1503, 1510, 1530, 1543, 1601, 1605, 1611, 1642, 1644, 1650, 1704, 1714, 1719, 1736, 1757, 1779, 1781, 1786, 1792, 1805, 1810, 1817, 1870, 1913, 1919, 1921, 1927, 1988, 2049, 2100, 2101, 2146, 2151, 2156, 2194, 2197, 2201, 2266, 2268, 2303, 2319, 2322, 2364, 2369 – 2371, 2378, 2386, 2421, 2467, 2522, 2526, 2527, 2566, 2589, 2594, 2595, 2600, 2632, 2650, 2658, 2668, 2681, 2685, 2686, 2696, 2697, 2715, 2717, 2762, 2767, 2798, 2812, 2813, 2847, 2912, 2913, 2936, 2946, 2947, 2972, 3013, 3029, 3048, 3054, 3058, 3118, 3126, 3130, 3133, 3137, 3156, 3157, 3164, 3169, 3172, 3199, 3240, 3260, 3262

不第　24,28, 34 – 36, 134, 163, 170, 253, 255, 404, 595, 698, 754, 922, 932, 942, 1110, 1167, 1169, 1222 – 1224, 1228, 1277, 1298, 1423, 1478, 1501, 1546, 1607, 1621, 1645, 1646, 1705, 1723, 1816, 1832,

1833, 1922, 1978, 1979, 2102, 2158, 2217, 2264, 2275, 2316, 2323, 2365, 2423, 2438, 2439, 2522, 2592, 2598, 2601, 2626, 2644, 2651, 2663, 2739, 2761, 2822, 2896, 2953, 2981, 3008, 3014, 3034, 3039, 3144, 3151, 3179, 3190, 3191, 3256

C

2703, 2734, 2766, 2768, 2779, 2780, 2794, 2894, 2899, 2943, 3002, 3057, 3082, 3097, 3199

充吏　48,54, 101, 112, 113, 138, 170, 177, 207, 218, 223, 236, 260, 354, 356, 360, 364, 388, 400, 403, 430, 437, 446, 447, 453, 513, 539, 572, 575, 640, 761, 762, 814, 864, 885, 921, 1270, 1305, 1316, 1612, 1917, 1918, 2613, 2728, 3190

出身　7,10, 23 − 26, 31, 34 − 39, 41, 46 − 48, 54, 55, 101, 110, 111, 118, 124, 126 − 129, 133, 135 − 137, 142, 144 − 146, 157, 158, 170, 173, 174, 184 − 187, 189, 190, 192, 202 − 205, 218, 224 − 226, 228 − 231, 234, 241 − 243,248, 250, 258, 259, 261, 268 − 270,275 − 277,286 − 288, 301, 302, 316 − 319, 328, 329, 336, 339, 340, 344, 356, 357, 361, 363, 374, 375, 377, 380, 395, 398, 400, 404, 405, 407, 410, 419, 424, 431, 434, 435, 444, 448, 452 − 454, 457, 468, 472 − 474, 480, 481, 483, 484, 488, 501, 505, 516, 517, 519, 523, 545, 551, 552, 554, 558, 594 − 596, 598, 604, 623, 629, 634, 636, 640, 642 − 645, 657, 683, 686, 689, 705, 706, 714, 715, 717, 721, 724, 730, 732, 733, 738, 757, 761, 766, 767, 774, 776, 782, 797, 799, 808, 815, 816, 826, 834, 858, 865, 869, 873 − 875, 883, 885 − 887, 894, 919, 921, 931, 932, 947, 950, 951, 960, 1002 − 1004, 1013, 1036, 1047 − 1049, 1057, 1092 − 1094, 1106, 1108, 1109, 1111, 1121, 1166, 1167, 1170 − 1172,1180, 1208, 1212, 1215, 1229, 1231, 1239, 1269, 1271, 1273, 1281, 1282, 1284 − 1286, 1289, 1296, 1297, 1300, 1305, 1308, 1315, 1318, 1320, 1322, 1324, 1333, 1361, 1371, 1373, 1375, 1382, 1407, 1414, 1415, 1419, 1429, 1456, 1457, 1462, 1467, 1469, 1477, 1478, 1483, 1492, 1495, 1496, 1500, 1518, 1525, 1531, 1547, 1549, 1563, 1619, 1620, 1632, 1645, 1655, 1657, 1658, 1667, 1711, 1719, 1727, 1733 − 1735, 1737, 1744, 1817, 1840, 1841, 1845, 1854, 1927, 1929, 1932, 1941, 1986, 1988, 1997, 2048 − 2050, 2059, 2102, 2104, 2113, 2147, 2157 − 2159, 2168, 2216, 2218, 2228, 2273, 2275, 2284, 2322, 2326, 2327, 2336, 2380, 2382, 2391, 2427, 2436, 2440, 2448, 2512, 2529, 2537 − 2539, 2547, 2585, 2586, 2589, 2601, 2602, 2613, 2622, 2628, 2642, 2643, 2649, 2650, 2677, 2706, 2730, 2751, 2788, 2798, 2801, 2814, 2815, 2818, 2844, 2881, 2882, 2908, 2918, 2931, 2951, 2953, 2954, 2982, 2983, 3009, 3021, 3043, 3072, 3073, 3099, 3100, 3113, 3127, 3150, 3151, 3163, 3164, 3183, 3191, 3200, 3219, 3226, 3230, 3239, 3240, 3247, 3248, 3259

《春秋》　7,8, 13, 23, 24, 27, 39 - 46, 84, 92, 93, 116, 125, 150, 179, 200, 275, 285, 299, 356, 363, 373, 377 - 379, 381 - 384, 410, 412, 414, 415, 426, 448, 450, 454 - 456, 458, 460 - 462, 464 - 466, 485 - 488, 490 - 496, 511, 520, 521, 523 - 529, 531, 554 - 565, 574, 598, 599, 601, 602, 604, 605, 607 - 609, 611 - 615, 622, 632, 646 - 653, 655 - 659, 661 - 665, 668, 670 - 672, 674, 675, 696, 704 - 706, 724, 726, 734 - 736, 739 - 743, 745 - 747, 771, 776 - 779, 782 - 786, 789, 794 - 797, 826, 828 - 831, 833 - 836, 839 - 845, 847, 848, 852, 856, 872, 876, 890, 892 - 905, 907, 908, 952 - 956, 958 - 964, 967, 968, 970, 972 - 974, 976 - 978, 1000, 1005 - 1008, 1010, 1011, 1014 - 1019, 1022, 1024, 1025, 1027 - 1032, 1034, 1047, 1049 - 1052, 1055 - 1061, 1068, 1070 - 1072, 1079, 1083, 1089, 1093, 1111, 1113, 1115, 1116, 1121, 1122, 1124, 1126 - 1128, 1131, 1132, 1134, 1136 - 1142, 1175, 1178, 1179, 1181, 1182, 1184 - 1186, 1188 - 1192, 1194, 1195, 1215, 1232, 1233, 1235, 1240, 1243, 1247, 1249, 1250, 1252 - 1254, 1256 - 1258, 1274, 1324, 1325, 1327 - 1330, 1332, 1335, 1337, 1339, 1342, 1344, 1346, 1347, 1349, 1350, 1363, 1364, 1377, 1378, 1381, 1383, 1384, 1389 - 1392, 1395, 1403, 1423, 1455, 1519, 1536, 1550 - 1552, 1556, 1558, 1560, 1561, 1564 - 1566, 1568 - 1572, 1578, 1583, 1584, 1586, 1587, 1652, 1658 - 1661, 1664, 1666, 1667, 1670 - 1672, 1675 - 1682, 1686, 1692, 1697, 1700, 1702, 1704, 1718, 1723, 1737, 1739 - 1743, 1745, 1747, 1748, 1750, 1752, 1754 - 1758, 1762, 1764, 1765, 1777, 1778, 1781, 1782, 1784 - 1790, 1792, 1794 - 1797, 1799, 1801, 1803, 1804, 1809 - 1812, 1816, 1835, 1847, 1849 - 1852, 1854, 1856, 1858, 1859, 1861 - 1865, 1867, 1873, 1898, 1932, 1936, 1939, 1941 - 1943, 1945 - 1951, 1953, 1955 - 1957, 1960, 1962, 1989, 1991 - 1994, 1996, 1997, 1999, 2000, 2003 - 2005, 2008 - 2014, 2024, 2050, 2051, 2054, 2056, 2058 - 2060, 2062, 2066 - 2068, 2070, 2072, 2073, 2075, 2076, 2078 - 2080, 2107 - 2109, 2111, 2113, 2115 - 2121, 2124, 2125, 2127, 2129 - 2131, 2159 - 2162, 2164, 2165, 2168, 2169, 2173, 2175, 2177, 2179, 2182, 2185 - 2189, 2218, 2221 - 2226, 2228 - 2232, 2234, 2237, 2240 - 2244, 2246, 2247, 2249, 2252, 2266, 2275, 2277, 2279 - 2281, 2284, 2286, 2287, 2289, 2292 - 2295, 2297, 2300, 2301, 2303, 2327, 2328, 2330, 2334, 2335, 2339, 2340, 2342, 2344 - 2350, 2352, 2353, 2355, 2382, 2383, 2385, 2386, 2390 - 2393, 2396 - 2403, 2406, 2408, 2427, 2445 - 2447, 2453 - 2455, 2457, 2458, 2460, 2462, 2464, 2465,

2468 – 2470, 2472 – 2477, 2510, 2539, 2540, 2542, 2544 – 2549, 2554,
2555, 2557, 2561 – 2563, 2566, 2567, 2570 – 2573, 2575 – 2577, 2593,
2598, 2635, 2730, 2735, 2737, 2740, 2741, 2770, 2810, 2827, 2839,
2842, 2870, 2891, 2894, 2903, 2928, 2971 – 2973, 2995, 3002, 3005,
3033, 3047, 3063, 3068, 3091, 3125, 3148, 3172, 3182, 3197, 3209,
3211, 3252, 3271

传胪　7, 36, 37, 132, 133, 142, 186, 189, 203, 242, 269, 302, 328, 357,
376, 434, 435, 553, 596, 645, 733, 946, 947, 1108, 1286, 1722,
1735, 2882, 3121, 3132, 3133, 3135, 3158, 3219

D

《大诰》　6, 18, 124, 137, 143, 158 – 162, 185, 189, 309, 441, 1076, 1151,
1371, 1402, 1404, 1544, 1591, 1698, 1884, 1895, 2479, 2806, 2855,
3215

大比　7, 27, 33, 116, 117, 144, 157, 168, 200, 210, 220, 224, 328, 370,
415, 499, 500, 577, 771, 863, 915, 922, 1156, 1285, 1357, 1370,
1542, 1546, 1715, 1727, 1831, 1979, 2036, 2042, 2325, 2497, 2498,
2509, 2538, 2671, 2699, 2705, 2731, 2759, 2839, 2864, 2914, 2970,
2971, 2980, 3028, 3035, 3139, 3261

大计　205, 470, 498 – 500, 519, 578, 579, 640, 641, 911, 928, 1426, 1428,
1590, 1618, 1628, 2030, 2038, 2039, 2048, 2200, 2484, 2491, 2512,
2523, 2535, 2608, 2668, 2721, 2760, 2798, 2840, 2852, 2853, 2859,
2919, 2962, 2970, 3009, 3013, 3026, 3077, 3090

《大学》　9, 20, 122, 235, 441, 464, 533, 535, 536, 566, 704, 824, 865,
878 – 881, 884, 909, 916, 945, 1077, 1204, 1310, 1413, 1478, 1521,
1767, 1983, 2141, 2156, 2359, 2361, 2363, 2600, 2628, 2645, 2647,
2692, 2696, 3029, 3094, 3098

登科　7, 24, 37, 68, 128, 145, 155, 158, 174, 187, 190, 203, 225, 240,
242, 253, 269, 276, 302, 303, 318, 329, 722, 770, 775, 1640, 2093,
2324, 2707, 3142

登科录　36, 37, 39, 47, 70, 122, 186, 225, 255, 270, 329, 375, 376, 385,
406, 407, 452 – 454, 457, 462, 483, 484, 488, 497, 516 – 519, 523,
532, 551 – 554, 558, 566, 594, 596 – 598, 604, 615, 642, 644, 645,
657, 676, 681, 704, 730, 732, 733, 738, 747, 774 – 776, 782, 797,
815, 817, 825, 826, 834, 886, 887, 894, 909, 912, 915, 950, 951,
960, 978, 981, 984, 1003, 1004, 1013, 1047 – 1049, 1057, 1074, 1077,

1079, 1108, 1109, 1111, 1121, 1142, 1143, 1146, 1149, 1170 – 1172,
1180, 1198, 1199, 1201, 1204, 1229 – 1231, 1239, 1258, 1261, 1264,
1286, 1306, 1322 – 1324, 1333, 1351, 1353, 1355, 1373 – 1375, 1382,
1398, 1400, 1403, 1547 – 1549, 1563, 1588, 1589, 1592, 1596, 1634,
1655, 1656, 1658, 1667, 1688, 1691, 1694, 1697, 1699, 1701, 1733,
1734, 1736, 1737, 1744, 1766, 1767, 1770, 1773, 1840 – 1842, 1845,
1854, 1876, 1878, 1880, 1882, 1886, 1890, 1892, 1893, 1896, 1898,
1900, 1904, 1929 – 1932, 1941, 1962, 1964, 1966, 1971, 1986 – 1988,
1997, 2016, 2017, 2019, 2023, 2048 – 2050, 2059, 2080, 2083, 2086,
2102, 2103, 2104, 2113, 2132, 2133, 2136, 2139, 2157 – 2159, 2168,
2189, 2190, 2193, 2196, 2216 – 2218, 2228, 2255, 2258, 2273 – 2275,
2284, 2303, 2307, 2310, 2326, 2327, 2336, 2356, 2359, 2362,
2380 – 2382, 2391, 2411, 2413, 2417, 2434, 2436, 2437, 2440, 2448,
2478, 2481, 2485, 2513, 2537 – 2539, 2547, 2577, 2578, 2580, 2582,
2707, 2710, 2844, 2909, 2910, 2967

典簿　　8, 9, 12, 13, 26, 69, 100, 101, 103, 157, 180, 185, 206, 352, 365,
763, 799, 927, 1389, 1443, 1676, 1722, 1787, 1913, 1933, 1944,
1970, 2160, 2464, 2729, 2946, 3240

典试　　8, 125, 155, 478, 1843, 2048, 2379, 2583, 2644, 2667, 2693, 2698,
2699, 2703, 2712, 2716, 2731, 2741, 2744, 2757, 2764, 2768, 2781,
2807 – 2809, 2833, 2836, 2838, 2852, 2897, 2903, 2951, 2958, 2970,
2971, 2981, 3001, 3038, 3042, 3054, 3069, 3107, 3108, 3122, 3126,
3146, 3174, 3176

殿试　　7, 23, 24, 34, 35, 37, 46, 47, 117, 120, 122, 125, 128, 132, 133,
135, 142, 159, 186, 187, 202, 203, 228, 241, 259, 269, 275, 276,
286, 287, 301, 302, 317, 347, 375, 385, 406, 407, 420, 433, 452,
453, 462, 483, 484, 497, 517, 518, 532, 552, 553, 594, 596, 597,
615, 642, 644, 676, 679, 695, 705, 730, 732, 733, 747, 767,
773 – 775, 798, 815, 817, 886, 887, 931, 932, 946, 950, 951,
1002 – 1004, 1035, 1036, 1047, 1048, 1092, 1095, 1102, 1109,
1169 – 1171, 1229, 1230, 1286, 1322, 1323, 1359, 1373, 1374, 1430,
1496, 1518, 1531, 1533, 1547, 1548, 1655, 1656, 1733 – 1735, 1840,
1841, 1843, 1906, 1929 – 1931, 1986, 1987, 2048, 2049, 2101 – 2103,
2158, 2216, 2217, 2273, 2274, 2327, 2367, 2380, 2381, 2436, 2437,
2512, 2537, 2538, 2593, 2650, 2652, 2707, 2710, 2800, 2818, 2850,
2929, 2954, 2968, 2983, 3001, 3026, 3043, 3049, 3098, 3104, 3125,

3128, 3135, 3150, 3167, 3172, 3179, 3219, 3245, 3250

丁忧　　54,55, 112, 170, 376, 477, 482, 540, 544, 691, 726, 798, 802, 866,
873, 921, 939, 941, 997, 1036, 1103, 1155, 1159, 1161, 1214, 1215,
1224, 1267, 1274, 1291, 1300, 1302, 1309, 1315, 1360, 1362 - 1364,
1367, 1369, 1372, 1408, 1428, 1434, 1441, 1442, 1451, 1452, 1454,
1461, 1467, 1470, 1489, 1499, 1539, 1605, 1630, 1809, 2043, 2147,
2217, 2379, 2493, 2694, 2728, 2763, 2791, 2811, 2847, 2848

都司　　17,72, 88, 112 - 114, 119, 124, 149, 154, 168, 170, 196, 248, 338,
340, 394, 480, 492, 522, 556, 564, 587, 646, 655, 657, 658, 671,
674, 725, 731, 821, 843, 858, 900, 904, 937, 939, 940, 958, 987,
1021, 1069, 1118, 1127, 1130, 1278, 1334, 1370, 1383, 1427, 1433,
1488, 1506, 1507, 1512, 1550, 1676, 1710, 1725, 1726, 1742, 1751,
1762, 1788, 1808, 1828, 1912, 1942, 1945, 1958, 2064, 2073, 2074,
2079, 2112, 2115, 2173, 2184, 2186, 2187, 2300, 2343, 2350, 2354,
2393, 2396, 2397, 2410, 2454, 2528, 2571, 2575, 2608, 2849, 2852,
2887, 2916, 2925, 3033, 3037, 3136, 3137, 3138, 3152, 3158, 3191,
3246, 3262

读卷官　25,36, 37, 46, 127, 132, 133, 135, 223, 327, 374, 375, 406, 433,
434, 452, 483, 516, 517, 519, 551 - 553, 594, 596, 642, 681, 705,
706, 730, 760, 774, 815, 817, 886, 932, 946, 950, 1002, 1003,
1047, 1048, 1092, 1109, 1170, 1229, 1230, 1286, 1305, 1322, 1373,
1374, 1429, 1430, 1457, 1478, 1496, 1532, 1547, 1619, 1620, 1655,
1733, 1734, 1840 - 1842, 1876, 1929, 1931, 1986, 2048, 2091, 2102,
2157, 2216, 2273, 2380, 2436, 2537, 2628, 2670, 2676, 2677, 2710,
2819, 2846, 3150

对策　　25,47, 107, 122, 128, 135, 145, 155, 162, 202, 223, 225, 229, 241,
276, 287, 288, 301, 317, 328, 340, 357, 375, 376, 385 - 387, 405,
434, 449, 453, 463 - 465, 483, 497, 498, 500, 517, 532, 534, 535,
552, 566, 567, 569, 595, 616, 618, 619, 644, 676, 678, 680, 706,
732, 733, 747, 749, 751, 797, 817, 818, 860, 885, 909, 912, 914,
915, 932, 950, 978, 981, 984, 987, 1002, 1037, 1047, 1074, 1077,
1079, 1093, 1143, 1146, 1149, 1199, 1201, 1204, 1230, 1258, 1261,
1264, 1351, 1353, 1355, 1398, 1400, 1403, 1512, 1546, 1589, 1592,
1596, 1688, 1691, 1694, 1697, 1699, 1701, 1767, 1770, 1773, 1842,
1876, 1878, 1880, 1882, 1886, 1890, 1892, 1893, 1896, 1898, 1900,
1904, 1962, 1964, 1966, 1985, 2017, 2019, 2023, 2080, 2083, 2086,

2133, 2136, 2139, 2158, 2190, 2193, 2196, 2255, 2258, 2266, 2303, 2307, 2310, 2356, 2359, 2362, 2364, 2411, 2413, 2417, 2478, 2481, 2485, 2578, 2580, 2582, 2662, 2689, 2709, 2710, 2800, 2952, 3130, 3133, 3135, 3183

对读　7,28, 34, 36, 46, 117 – 119, 162, 584, 594, 642, 814, 1000, 1210, 1276, 1832, 2427, 2623, 2734, 2742, 2772, 2924, 2995, 3006, 3041

E

恩贡　10,149, 346, 2041, 2509, 2511, 2525, 2563, 2566, 2575, 2584, 2608, 2653, 2804, 2895, 2898, 2917, 2941, 3076, 3167, 3191, 3203, 3247

恩生　8, 10, 201, 591, 866, 1734, 1841, 1935, 2115, 2383, 2401, 2404, 2601, 2614

二甲　7,23 – 25, 34, 35, 37, 39, 46, 47, 122, 126 – 129, 133, 135, 137, 145, 146, 158, 174, 187, 188, 190, 202, 203, 205, 225, 229, 230, 234, 241, 242, 255, 258, 269, 270, 275, 276, 287 – 289, 301, 302, 318, 320, 328, 329, 347, 357, 358, 377, 407, 435, 448, 449, 452, 454, 483, 484, 517, 519, 552, 554, 596, 598, 621, 642, 644, 645, 681, 706, 730, 733, 774, 776, 797, 798, 815, 826, 863, 886, 887, 932, 947, 950, 951, 1003, 1004, 1048, 1049, 1094, 1097, 1109, 1111, 1170, 1172, 1223, 1229 – 1231, 1277, 1286, 1292, 1306, 1308, 1322, 1324, 1373, 1375, 1411, 1429, 1430, 1458, 1479, 1496, 1498, 1533, 1546, 1547, 1549, 1599, 1600, 1621, 1624, 1625, 1634, 1637, 1644, 1653, 1655, 1657, 1658, 1704, 1705, 1734, 1736, 1737, 1775, 1776, 1778 – 1786, 1788 – 1790, 1792 – 1807, 1809 – 1812, 1814, 1816, 1840, 1842, 1843, 1845, 1876, 1927, 1929 – 1932, 1986, 1988, 2029, 2048, 2050, 2090, 2091, 2101, 2102, 2104, 2147, 2159, 2216, 2218, 2273, 2275, 2327, 2364, 2372, 2380, 2382, 2436, 2440, 2488, 2512 – 2514, 2516, 2537, 2539, 2584, 2602, 2626, 2628, 2629, 2646, 2651, 2663, 2679, 2681, 2706, 2707, 2710, 2717, 2752, 2766, 2788, 2846, 2901, 2908, 2932, 2943, 2955, 2982, 2983, 3009, 3022, 3044, 3046, 3073, 3100, 3132, 3150, 3156, 3185, 3192, 3248, 3254

F

翻译　250,422, 882, 1208, 3118, 3161

防闲　33, 632, 1081, 1317, 2135, 2193, 2481, 2484, 2850, 2859, 2875, 2977, 3083

房稿　1599,2793, 2794, 3116

房考　8, 125, 594, 632, 637, 696, 1732, 1925, 2050, 2101, 2103, 2538,
2583, 2626, 2649, 2689, 2696, 2716, 2730, 2741, 2766, 2780, 2793,
2817, 2861, 2885, 2895, 2897, 2927, 2928, 2951, 2971, 2972, 2974,
2976 - 2978, 2990, 3002, 3005 - 3007, 3024, 3029, 3038, 3041, 3050,
3090, 3097, 3100, 3138, 3139, 3150, 3189, 3225

府学　2,8, 9, 14, 17, 32, 64, 77, 90, 99, 102, 103, 112, 113, 149, 163,
167, 169, 177, 178, 185, 192, 218, 219, 236, 270, 278, 315, 324,
361, 364, 377, 381 - 385, 389, 390, 394, 395, 407 - 415, 422, 428,
437, 454, 455, 457 - 462, 470, 480, 484, 486 - 494, 496, 497,
519 - 526,528 - 531, 545, 553 - 559, 561 - 565, 598 - 601, 604 - 615,
646, 648, 650 - 653, 655, 656, 659 - 664, 666 - 669, 671, 673 - 676,
725, 734 - 736, 738, 739, 743, 744, 746, 747, 762, 776 - 779,
781 - 783,785, 786, 788 - 790, 792, 794 - 796, 826 - 828, 830, 831,
835, 837, 838, 840, 841, 843, 844, 846 - 848, 850 - 853, 855 - 858,
888, 892, 896 - 900, 902 - 908, 951, 953, 961, 966, 968, 969,
971 - 976,997, 1004, 1007, 1010 - 1012,1016, 1017, 1019, 1020, 1023,
1025, 1026, 1029, 1030, 1033, 1042, 1049 - 1051, 1054 - 1058,
1062 - 1065,1070, 1071, 1073, 1084, 1088, 1111, 1112, 1114, 1115,
1117, 1119, 1122, 1123, 1128, 1132 - 1135, 1138, 1141, 1172, 1174,
1177, 1180 - 1182, 1186, 1187, 1189 - 1196, 1231, 1232, 1234, 1238,
1239, 1242, 1243, 1245 - 1248, 1251 - 1255, 1257, 1278, 1281, 1283,
1317, 1319, 1324 - 1327, 1331, 1332, 1337 - 1339, 1341, 1344 - 1349,
1369, 1378, 1379, 1384, 1385, 1387, 1390, 1393 - 1396, 1550 - 1552,
1554, 1555, 1558 - 1566, 1568 - 1571, 1573, 1575 - 1577, 1579 - 1581,
1583, 1584, 1586, 1587, 1612, 1650, 1658 - 1660, 1662, 1664 - 1673,
1675, 1676, 1679 - 1684, 1687, 1717, 1724, 1727, 1737, 1739 - 1741,
1743, 1744, 1748, 1750 - 1752, 1754, 1755, 1757, 1758, 1760, 1765,
1792, 1800, 1814, 1846 - 1849, 1851 - 1856, 1860, 1863 - 1870, 1872,
1875, 1917, 1919, 1932 - 1934, 1936, 1937, 1939 - 1945, 1949 - 1954,
1957, 1959 - 1961, 1989 - 1991, 1993, 1996, 1999, 2003 - 2010, 2012,
2014, 2016, 2039, 2040, 2050, 2051, 2053 - 2057, 2059 - 2071,
2073 - 2076, 2078, 2080, 2105, 2106, 2108 - 2110, 2112, 2113,
2117 - 2119,2121, 2123, 2124, 2127, 2131, 2151, 2159 - 2161, 2163,
2166, 2168, 2169, 2171, 2172, 2175, 2176, 2178, 2181 - 2185, 2188,
2219 - 2224, 2226, 2227, 2229 - 2236, 2238 - 2242,2247, 2249, 2253,

G

1213, 1273, 1276, 1280, 1281, 1368, 1419, 1437, 1451, 1452, 1484, 1511, 1569, 1583, 1632, 1667, 1671, 1683, 1708, 1717, 1721, 1724, 1737, 1743, 1756, 1780, 1803, 1804, 1808, 1814, 1818, 1819, 1833, 1835, 1846, 1854 – 1856, 1859, 1865, 1866, 1875, 1909, 1923, 1932, 1941, 1944, 1946, 1947, 1949, 1950, 1955, 1992, 1998, 2007, 2009, 2010, 2012, 2016, 2051, 2057, 2060 – 2062, 2067, 2070, 2072, 2080, 2101, 2110, 2113, 2116, 2123, 2126, 2149, 2150, 2160, 2164, 2167, 2170, 2174, 2176, 2182, 2183, 2187, 2188, 2219 – 2222, 2228, 2230, 2231, 2233, 2244, 2250, 2278, 2283, 2285 – 2288, 2290 – 2292, 2296, 2298, 2301, 2319, 2329 – 2331, 2334, 2335, 2338, 2342, 2343, 2347 – 2349, 2351, 2352, 2354, 2365, 2383, 2384, 2386, 2387, 2391 – 2393, 2401, 2404, 2450, 2454, 2455, 2457, 2459, 2466 – 2469, 2474, 2475, 2498, 2508, 2509, 2511, 2525, 2539, 2542 – 2544, 2552, 2553, 2558, 2559, 2563, 2564, 2566, 2568, 2574 – 2576, 2593, 2602, 2606 – 2613, 2632, 2638, 2653, 2691, 2714, 2715, 2730, 2759, 2791, 2806, 2822, 2827, 2829 – 2831, 2838, 2851, 2859, 2895, 2898, 2917, 2925, 2927, 2936, 2967, 2985, 2989, 2995, 3014, 3031, 3035, 3053, 3059, 3076, 3097, 3126, 3171, 3174, 3190, 3203, 3219, 3222, 3224, 3226, 3230, 3240, 3245, 3247, 3262

贡院　7, 691, 766, 767, 774, 1217, 1283, 1512, 1614, 1617, 1912, 2050, 2428, 2501, 2527, 2604, 2731, 2742, 2771, 2772, 2776, 3246, 3255

关节　19, 632, 637, 1317, 1318, 1423, 1634, 1720, 1732, 2098, 2428, 2431, 2498, 2532, 2667, 2693, 2698, 2700, 2712, 2714, 2723, 2734, 2740 – 2742, 2758, 2770, 2771, 2780, 2839 – 2841, 2859, 2885, 2895, 2897, 2918, 2919, 2952, 2953, 2975 – 2977, 2982, 2988, 2991, 2992, 2995, 3009, 3050, 3107, 3108, 3149, 3150, 3153

观政　118, 126 – 128, 135, 229, 234, 269, 288, 301, 399, 406, 434, 435, 472, 621, 632, 798, 856, 919, 934, 1269, 1277, 1291, 1308, 1535, 1626, 1799, 1816, 1919, 2604, 2620, 2689, 2847, 3156, 3164

官生　8, 10, 117, 166, 191 – 193, 250, 266, 424, 640, 655, 715, 717, 806, 866, 886, 1210, 1226, 1227, 1361, 1418, 1449, 1513, 1517, 1541, 1555, 1556, 1566, 1630, 1710, 1737, 1739, 1793, 1799, 1802, 1808, 1815 – 1817, 1841, 1851, 1854, 1913, 1930, 1943, 1951, 1990, 2014, 2043, 2049, 2051, 2058, 2066, 2074, 2096, 2103, 2110, 2112, 2115, 2121, 2131, 2145, 2157, 2177, 2178, 2180, 2208, 2216, 2218, 2230, 2240, 2248, 2262, 2270, 2274, 2276, 2300, 2326, 2328, 2381 – 2383,

1719，1720，1722，1731，1735，1786，1802，1803，1805，1814，1825，
1829，1830，1835，1839，1842，1909，1910，1913，1914，1918，1920，
1930－1932，1944，1948，1973，1975，1977，1981，1987，2004，2031，
2034，2035，2037，2040，2041，2045，2049，2056，2091，2092，2094，
2100，2103，2119，2142－2144，2149，2151，2152，2156，2158，2179，
2187，2200，2206，2208－2210，2217，2263－2265，2269，2270，2272，
2275，2279，2303，2314，2317，2327，2340，2365，2368，2369，2372，
2375，2380，2381，2422，2423，2425，2427，2428，2430，2437，2453，
2464，2467，2490，2491，2494－2496，2502－2506，2509，2512，2521，
2524－2526，2528，2530，2538，2546，2558，2584－2588，2590，2592，
2594－2597，2600，2601，2605－2607，2611，2613，2615，2616，2619，
2620，2622，2636，2638，2643，2646，2648，2652，2653，2655，2657，
2659，2663，2670，2683，2688，2689，2696，2699，2703，2712－2716，
2722，2724，2726，2727，2734，2736，2740，2751，2755－2757，2762，
2764，2767，2778，2781，2783，2792，2796－2800，2803，2806，2809，
2812，2814，2821，2823，2826，2831，2837，2841，2849，2854，2857，
2858，2867，2886，2888，2890，2898，2900，2912，2915，2918，2922，
2923，2936，2938，2941，2947，2953，2958，2963，2964，2969，2974，
2979，2990，2998，3014，3024，3031，3035，3036，3039，3040，3042，
3047，3048，3052，3055，3056，3076，3078，3084，3086，3090，3091，
3095，3097，3104，3106，3113，3118，3136，3138，3146，3156，3163，
3165，3166，3187，3188，3190，3192，3216，3217，3219，3237，3240

H

翰林院　1，2，8，9，11，12，14，16，21，25，26，31，32，34，36，49，54，57，
60，61，64，70，71，74，85，88，90，91，97，98，103，108，
110－115,118，123，125－128,133－137,143，145，146，151－153,162，
163，166，169，170，172，175，177，181，182，184，186，191，194，
195，197，198，202，205，206，208，211－214，216，218－220，
222－225,228－239，241，242，244，246－259，261，265，267，269，
271－278，284－288，290，291，295，297－299，301，305，306，311，
313－317,320－323,325－328,332－335,337，338，341，342，344－352，
354－357,359，360，363，365，369，370，373－376,389－391,394－399，
401，402，405，406，408，416，418－423，425，426，428－435，439，
440，444，446，448－454，458，461，462，467，470－473，475，
477－479,481－483,501，503－505,507，510，512－520,522，529，538，

539, 541, 543, 545 – 548, 551 – 554, 571, 572, 575, 579 – 581, 583 – 591,

593 – 597, 600, 605, 608, 613, 614, 621 – 633, 635 – 644, 681, 684,

685, 687 – 706, 708 – 718, 720 – 732, 742, 754, 757 – 760, 762 – 766,

768, 770, 772 – 775, 791, 797 – 803, 805, 807, 809, 810, 815, 817,

859, 861, 864, 869 – 872, 874, 875, 885, 886, 904, 918, 919, 923,

925, 928, 930, 934, 935, 938, 941, 946, 947, 950, 951, 968,

988 – 990, 993, 994, 996, 998 – 1000, 1003, 1017, 1024, 1038, 1045,

1046, 1048, 1050, 1089, 1090, 1093, 1098, 1105, 1106, 1108 – 1110,

1112, 1124, 1136, 1152, 1156, 1158 – 1162, 1165 – 1172, 1176, 1178,

1182, 1207 – 1209, 1213, 1214, 1216, 1221, 1229, 1230, 1267 – 1269,

1273, 1274, 1280, 1282, 1284, 1289, 1290, 1293 – 1297, 1299 – 1303,

1309, 1310, 1314, 1315, 1317, 1321 – 1323, 1325, 1333, 1343, 1359,

1360, 1362, 1363, 1369, 1371 – 1374, 1383, 1406, 1408 – 1410,

1413 – 1416, 1418, 1419, 1422, 1423, 1425, 1427 – 1430, 1433, 1434,

1436, 1439 – 1457, 1461 – 1464, 1466, 1467, 1474, 1475, 1477, 1478,

1482, 1483, 1485, 1486, 1489, 1492, 1493, 1495, 1496, 1499, 1501,

1503, 1506, 1507, 1510, 1511, 1514 – 1516, 1518, 1525 – 1527, 1531,

1532, 1537, 1538, 1540 – 1543, 1545, 1547, 1548, 1551, 1553, 1554,

1556, 1588, 1600, 1601, 1603, 1609, 1611 – 1614, 1619, 1620, 1625,

1626, 1631, 1637, 1641, 1643, 1651, 1652, 1655 – 1657, 1669, 1675,

1704 – 1708, 1715, 1716, 1719, 1722, 1725, 1731 – 1735, 1747, 1778,

1779, 1782, 1783, 1787, 1790, 1791, 1793, 1798 – 1803, 1805, 1811,

1812, 1814, 1818, 1822 – 1824, 1826 – 1830, 1833, 1835 – 1838,

1840 – 1843, 1872, 1916, 1920, 1922, 1924, 1927 – 1933, 1936, 1939,

1950, 1951, 1954, 1973, 1974, 1976, 1977, 1979, 1981 – 1983,

1985 – 1988, 1992, 1993, 2000, 2027 – 2032, 2035, 2037, 2041, 2042,

2045, 2048 – 2050, 2069, 2079, 2089, 2096, 2097, 2099, 2101 – 2103,

2117, 2143, 2145 – 2147, 2152 – 2154, 2156 – 2158, 2161, 2200, 2206,

2207, 2210, 2212, 2213, 2216, 2217, 2219, 2225, 2228, 2240, 2244,

2261 – 2266, 2268 – 2270, 2272 – 2275, 2313, 2314, 2317, 2322, 2323,

2325 – 2327, 2330, 2355, 2366, 2368, 2370, 2372, 2374 – 2377, 2380,

2381, 2385, 2422, 2425 – 2429, 2431, 2433, 2436, 2437, 2447, 2458,

2488 – 2490, 2494 – 2496, 2498, 2501 – 2504, 2506, 2513, 2518, 2519,

2521, 2523, 2526 – 2528, 2530, 2537, 2538, 2541, 2549, 2558, 2586,

2587, 2590, 2591, 2593 – 2601, 2605, 2606, 2608, 2610, 2614 – 2616,

2618 – 2620, 2626, 2628, 2631 – 2634, 2636, 2638, 2642, 2643,

2645－2649,2652－2657, 2659, 2660, 2662－2666, 2668, 2670, 2675, 2676, 2682－2684, 2686, 2688－2691, 2698, 2700, 2702, 2703, 2706, 2712－2714,2716－2722, 2724, 2726, 2727, 2733, 2738, 2742, 2744, 2745, 2751, 2754－2760, 2763, 2764, 2766, 2768, 2769, 2780, 2781, 2787, 2791－2793, 2796－2800, 2803, 2805, 2807, 2811, 2812, 2814, 2819, 2822－2824, 2826, 2828, 2830－2832, 2836, 2837, 2842, 2849, 2853, 2854, 2857－2859, 2867－2870, 2884, 2886－2890, 2895－2899, 2901－2904, 2912, 2913, 2915－2917, 2920, 2922, 2923, 2925, 2926, 2928, 2929, 2938, 2941, 2945, 2946, 2948, 2949, 2951, 2953, 2956－2959, 2961－2964, 2966, 2968, 2969, 2972, 2974, 2976, 2978, 2985－2987, 2989, 2990, 2992－2995, 2999－3002, 3004, 3006, 3008, 3012, 3013, 3015, 3017, 3019－3021, 3024－3027, 3029－3031, 3033, 3037, 3048, 3072, 3078, 3082, 3085, 3092－3094, 3097－3099, 3104－3106, 3108, 3110, 3111, 3113, 3117, 3119, 3123－3125, 3135, 3147, 3148, 3157－3160, 3165, 3166, 3168, 3170, 3179, 3181, 3182, 3187, 3190, 3192, 3193, 3196, 3200, 3202, 3208, 3221, 3222, 3225－3228, 3230－3232, 3235, 3236, 3237, 3239, 3241, 3242, 3244－3247,3257－3260,3266, 3267

号舍　1222,1454, 1545, 1650, 2501, 2508, 2723, 3007

会试录　35,37, 117, 122, 128, 150, 158, 223, 270, 405, 452, 1000, 1228, 1285, 1304, 1428, 1455, 1477, 1518, 1521, 1634, 1652, 1731, 1985, 2156, 2379, 2534, 2647, 2744, 2964, 2972, 3009, 3135, 3149

会闱　288,2156, 2365, 2536, 3042, 3097

会议　98, 188, 348, 479, 506, 513, 537, 572, 584, 594, 760, 800, 858, 866, 871, 1036, 1104, 1156, 1295, 1296, 1361, 1541, 1617, 1704, 1705, 2040, 2766, 2801, 2802, 2975, 2977, 2988, 2991, 2993, 3051, 3107, 3162, 3225

会元　7,8, 31, 34－36, 49, 144, 146, 158, 187, 188, 202, 204, 224, 225, 258, 288, 347, 376, 426, 435, 438, 519, 818, 949, 987, 988, 1047, 1171, 1172, 1286, 1306, 1310, 1455, 1456, 1471, 1546, 1619, 1644, 1647, 1654, 1705, 1732, 1837, 1838, 2046, 2047, 2090, 2102, 2325, 2434, 2438, 2505, 2509, 2510, 2535, 2601, 2624, 2626, 2627, 2648, 2649, 2663, 2670, 2672, 2681, 2705, 2707, 2745, 2746, 2750, 2751, 2781, 2782, 2788, 2793, 2813, 2815, 2817, 2819, 2842－2844, 2870－2875,2877, 2904, 2951, 2982, 3006－3009, 3021, 3097, 3098, 3125, 3127, 3147－3150, 3183, 3246

J

积分   8,69, 101, 111, 144, 184, 185, 192, 1282, 1367, 1719, 2040, 2041, 3163, 3164, 3169, 3239, 3240, 3247

及第   7,23, 24, 28, 32, 34 − 37, 39, 46, 47, 125, 127, 129, 133, 142, 145, 146, 157, 158, 173, 174, 186, 187, 189, 190, 202 − 204, 224, 225, 228 − 231, 241, 242, 257, 269, 270, 275, 276, 286 − 288, 301, 302, 308, 316 − 318, 328, 329, 356, 357, 359, 374 − 376, 405, 407, 426, 427, 434, 435, 438, 448, 450, 452 − 454, 481, 483, 484, 515 − 519,551 − 554, 581, 589, 594 − 597,621, 642 − 645,705, 706, 730, 732, 733, 774 − 776, 815 − 818, 825, 873, 885, 887, 919, 921, 927, 931, 932, 950, 951, 987, 988, 992, 1002 − 1004, 1036, 1039, 1047 − 1049, 1085, 1092 − 1094, 1098, 1102, 1106, 1108 − 1111, 1170 − 1172,1213, 1229, 1231, 1267, 1269, 1278, 1281, 1285, 1286, 1288, 1305, 1306, 1309, 1311, 1317, 1322, 1323, 1359, 1365, 1370, 1373, 1375, 1429, 1430, 1433, 1444, 1456, 1457, 1467, 1477 − 1479, 1495, 1496, 1518, 1531, 1532, 1546 − 1549, 1602, 1606, 1619, 1620, 1624, 1640, 1644, 1655 − 1658, 1722, 1733 − 1736, 1840, 1842, 1845, 1911, 1929 − 1931, 1986 − 1988, 2045, 2048 − 2050, 2099, 2102 − 2104, 2142, 2157 − 2159, 2216, 2217, 2273, 2275, 2326, 2327, 2373, 2380 − 2382,2423, 2426, 2432, 2433, 2436, 2437, 2440, 2494, 2512, 2513, 2532, 2537 − 2539, 2597, 2599, 2601, 2602, 2628, 2638, 2642, 2647, 2649, 2650, 2676 − 2678, 2691, 2696, 2706, 2751, 2752, 2767, 2788, 2818, 2844, 2859, 2881 − 2883, 2902, 2908, 2931, 2946, 2951, 2953, 2954, 2960, 2982, 2983, 3005, 3009, 3013, 3014, 3021, 3043, 3066, 3072, 3073, 3099, 3100, 3126, 3127, 3132, 3150, 3151, 3183, 3200, 3219, 3248, 3256

祭酒   2,8 − 10, 22, 30, 34, 36, 37, 46, 54, 57, 64, 69, 72, 80, 83, 84, 91, 95, 100 − 103, 106, 110, 111, 115, 117, 145, 149, 153, 157, 158, 162, 163, 180 − 182, 185, 189, 191, 192, 195, 209, 213, 217, 219, 221, 233, 235, 238, 241, 244, 251, 257, 265, 273, 285, 305, 308, 311, 322, 323, 331, 338, 339, 344, 345, 350, 356, 359, 363, 365, 368, 394, 395, 401, 405, 421, 424 − 426, 429, 431, 433, 441, 450, 451, 472, 474, 476, 478, 479, 482, 501, 504 − 507, 510, 511, 514, 517, 540, 541, 545, 547, 584 − 586, 589 − 591, 593, 596, 621, 622, 624, 625, 628 − 630, 633, 635, 638, 639, 649, 690, 691, 705,

708, 715, 720, 722 – 726, 730, 732, 755, 757, 759, 760, 763, 769, 773, 799 – 803, 805 – 807, 825, 860, 861, 864, 868, 873, 875, 918, 923, 924, 926 – 928, 938, 940, 942, 944, 946, 952, 987, 993, 994, 996, 998, 999, 1036, 1038, 1040, 1041, 1043, 1044, 1046, 1083, 1092, 1110, 1140, 1156, 1160, 1164, 1165, 1167, 1171, 1207 – 1209, 1211 – 1216, 1224, 1269, 1271, 1279, 1281, 1282, 1289, 1291, 1295, 1300, 1310, 1317, 1318, 1358, 1364, 1365, 1367 – 1369, 1406, 1407, 1409, 1411, 1413, 1419, 1420, 1423, 1425, 1426, 1428, 1433, 1436, 1439, 1441, 1443, 1445, 1447, 1451, 1452, 1454, 1455, 1462, 1468, 1470, 1471, 1474, 1483, 1485, 1492, 1501, 1503, 1505, 1510, 1514 – 1516, 1527, 1535, 1536, 1540, 1541, 1543, 1547, 1600 – 1602, 1607, 1610, 1611, 1613, 1631, 1632, 1635, 1636, 1642, 1643, 1649, 1655, 1704, 1707 – 1709, 1714 – 1716, 1722, 1724, 1725, 1731, 1732, 1802, 1803, 1824, 1825, 1829, 1830, 1839, 1909, 1913, 1914, 1918, 1920, 1927, 1932, 1975, 1977, 1981, 1988, 2026, 2031, 2034, 2035, 2037, 2044, 2045, 2089 – 2092, 2095, 2098, 2100, 2101, 2142 – 2144, 2148, 2149, 2151, 2152, 2154, 2156, 2179, 2200, 2206, 2208 – 2210, 2214, 2261, 2263 – 2266, 2268, 2270 – 2272, 2279, 2314, 2317, 2322, 2365, 2368, 2369, 2371 – 2373, 2380, 2381, 2422 – 2425, 2427, 2428, 2432, 2437, 2489 – 2491, 2494, 2496, 2502 – 2507, 2509, 2511, 2512, 2519, 2521, 2522, 2524 – 2526, 2528, 2530, 2537, 2546, 2584 – 2588, 2590, 2596, 2600, 2605, 2606, 2608, 2615, 2616, 2619, 2620, 2622, 2623, 2626, 2632, 2634, 2636 – 2638, 2642, 2643, 2646 – 2649, 2652, 2653, 2657, 2659 – 2661, 2663, 2670, 2682 – 2684, 2686 – 2691, 2695, 2696, 2699, 2702, 2703, 2712 – 2714, 2717, 2721, 2722, 2724, 2726 – 2729, 2738, 2740, 2745, 2755 – 2757, 2761 – 2764, 2766, 2767, 2778, 2781, 2791 – 2793, 2796 – 2798, 2803 – 2806, 2812, 2814, 2817, 2821 – 2823, 2826, 2828 – 2831, 2833, 2842, 2848, 2849, 2851, 2854, 2856, 2859, 2867, 2881, 2887, 2888, 2890, 2898, 2900, 2915, 2918 – 2920, 2922, 2923, 2925, 2938, 2941, 2946, 2947, 2949, 2953, 2958, 2959, 2961, 2962, 2964, 2969, 2970, 2979, 2981, 2990, 2992, 2998, 3004, 3008, 3011, 3014, 3015, 3018, 3020, 3024, 3031, 3032, 3035, 3036, 3039, 3040, 3042, 3044, 3051, 3054 – 3056, 3059, 3060, 3062, 3076, 3078, 3081, 3084, 3086, 3090, 3095 – 3097, 3106, 3108, 3109, 3111 – 3113, 3118, 3120, 3121, 3136, 3138, 3157, 3162, 3163, 3165, 3168, 3173, 3179, 3188, 3190, 3196, 3200, 3202, 3204, 3207,

3217, 3224, 3229, 3231, 3236, 3237, 3242, 3256, 3259

甲科 36, 69, 118, 271, 518, 632, 941, 1283, 1372, 1516, 1626, 1636, 1652, 2489, 2505, 2528, 2592, 2614, 2615, 2620, 2669, 2693, 2698, 2730, 2764 - 2766, 2792, 2802, 2973, 2994, 3005, 3015, 3018, 3161, 3164, 3166, 3175, 3256

监丞 8 - 10, 21, 34, 36, 65, 78, 100, 101, 103, 157, 181, 185, 217, 235, 245, 365, 416, 520, 537, 579, 585, 627, 628, 638, 644, 650, 681, 685, 766, 799, 805, 920, 921, 935, 995, 1039, 1179, 1411, 1471, 1618, 1720, 1722, 1786, 1805, 1812, 1913, 1973, 2101, 2594, 2607, 3052, 3086, 3090, 3188

监生 8 - 10, 48, 54, 55, 61, 66, 69, 74, 79, 82, 91, 101, 103, 106, 110, 115, 117, 118, 123, 137 - 139, 144, 149, 154, 157, 159, 166, 168, 170, 172, 176, 179, 184, 185, 188, 192, 198, 207, 213 - 219, 221 - 223, 231, 233, 234, 236, 239, 241, 246, 250, 251, 255, 256, 260, 261, 264 - 266, 268, 271 - 273, 277 - 285, 287, 296, 298, 300, 307 - 310, 314, 315, 320, 321, 323, 324, 326, 333 - 335, 339, 343 - 345, 348, 350, 351, 354, 355, 359 - 361, 363 - 367, 369, 371, 375, 376, 388 - 391, 393 - 398, 400, 401, 406, 416, 418, 422, 424 - 426, 429 - 432, 438, 441, 446, 448, 450, 452, 453, 468, 469, 472 - 474, 476, 478, 480, 482 - 484, 501, 502, 504 - 507, 511, 512, 517, 518, 538, 539, 541, 543, 546, 547, 549, 551, 553, 572, 573, 579, 581, 583, 584, 586, 591, 592, 595 - 597, 621, 622, 628 - 630, 633 - 638, 640, 643, 666, 685 - 687, 689 - 692, 694, 699, 704, 711, 713, 715, 720, 721, 723, 724, 726, 730, 732, 754, 756, 757, 759, 768, 771, 773 - 775, 779, 784, 798, 805 - 809, 811, 813, 815, 816, 831, 832, 834 - 836, 841, 848, 849, 854, 857, 861, 863, 865, 867, 868, 873 - 875, 882, 883, 886, 919, 922 - 925, 927, 928, 941 - 943, 951, 990, 993, 994, 1001, 1003, 1031, 1035, 1036, 1040, 1042, 1048, 1083, 1090, 1098, 1100, 1103, 1104, 1109, 1117, 1120, 1122, 1125, 1127, 1138, 1140, 1142, 1152, 1156, 1158, 1159, 1161, 1162, 1166, 1170, 1171, 1174, 1177 - 1179, 1182 - 1185, 1187 - 1192, 1194 - 1196, 1198, 1208, 1211, 1212, 1215 - 1217, 1227, 1229, 1230, 1233, 1236, 1242, 1243, 1245 - 1247, 1249, 1252, 1256, 1270, 1271, 1276, 1277, 1280 - 1285, 1289, 1297, 1302 - 1304, 1316, 1318, 1319, 1323, 1328 - 1330, 1338, 1341, 1343 - 1345, 1359, 1360, 1362, 1365, 1368, 1374, 1375, 1383, 1385, 1391, 1392, 1394 - 1396, 1406, 1411, 1415,

1422, 1443, 1444, 1447, 1451, 1452, 1454, 1466, 1470, 1475, 1485,
1539, 1545, 1547, 1548, 1551, 1553 – 1556, 1559, 1563, 1564, 1566,
1568, 1572, 1575, 1576, 1579, 1580, 1582 – 1584, 1586, 1601, 1608,
1635, 1636, 1644, 1652, 1658 – 1661, 1663 – 1665, 1667, 1668, 1670,
1675, 1677, 1679, 1680, 1682, 1683, 1686, 1687, 1710, 1711,
1717 – 1720, 1737 – 1742, 1744, 1747 – 1749, 1751 – 1754, 1756,
1758 – 1760, 1762, 1763, 1765, 1766, 1777, 1778, 1780, 1784, 1785,
1787, 1788, 1790 – 1796, 1798, 1800 – 1802, 1805, 1808 – 1811,
1814 – 1816, 1845 – 1851, 1853 – 1855, 1859 – 1861, 1863, 1866 – 1870,
1872, 1875, 1913, 1933 – 1935, 1937, 1939, 1940, 1943 – 1948,
1953 – 1961, 1976, 1977, 1989, 1992 – 1996, 1998, 2000 – 2002,
2004 – 2011, 2013, 2014, 2034, 2039, 2040, 2049 – 2052, 2054,
2056 – 2061, 2065 – 2067, 2069 – 2071, 2074, 2075, 2077 – 2079, 2103,
2105, 2107 – 2111, 2114 – 2117, 2119, 2121, 2122, 2125 – 2129, 2132,
2150, 2157, 2159 – 2164, 2167 – 2169, 2171 – 2176, 2179, 2180,
2182 – 2186, 2188, 2209, 2218 – 2224, 2227, 2228, 2230, 2231,
2233 – 2235, 2237, 2242 – 2247, 2254, 2276, 2277, 2279, 2281 – 2285,
2287, 2288, 2291, 2292, 2294, 2295, 2297, 2300, 2301, 2303, 2327,
2329, 2332 – 2334, 2337 – 2340, 2342 – 2344, 2347 – 2349, 2351 – 2356,
2381 – 2386, 2388 – 2392, 2394, 2396 – 2408, 2410, 2428, 2430, 2431,
2437, 2440, 2441, 2443 – 2450, 2452 – 2454, 2457, 2465, 2466, 2469,
2471, 2472, 2474 – 2477, 2498, 2499, 2501, 2504, 2505, 2525, 2527,
2539 – 2541, 2543 – 2546, 2548 – 2553, 2557, 2558, 2560, 2561, 2563,
2564, 2566, 2567, 2569 – 2571, 2573 – 2576, 2584, 2593, 2599, 2611,
2613, 2614, 2686, 2690, 2691, 2695, 2712, 2716, 2723, 2727 – 2731,
2736, 2758, 2770, 2778, 2779, 2804, 2807, 2812, 2818, 2837 – 2841,
2855, 2859, 2894, 2918, 2919, 2926, 2927, 2950, 2953, 2967, 2975,
2977 – 2980, 2997, 3000, 3009, 3017, 3020, 3032, 3052 – 3054, 3060,
3063, 3067, 3089, 3091, 3093, 3095, 3096, 3109, 3118, 3163, 3169,
3185, 3187, 3191, 3218, 3231, 3237, 3239, 3240, 3247, 3270

监试　　25, 28, 34, 36, 46, 47, 117 – 119, 142, 162, 201, 202, 223, 348,
375, 399, 403, 406, 436, 453, 483, 518, 548, 553, 583, 592, 593,
597, 640, 643, 692, 694 – 696, 730, 762, 767, 775, 814, 815, 886,
937, 940, 950, 1000, 1003, 1044, 1048, 1109, 1170, 1217, 1229,
1286, 1323, 1370, 1374, 1427, 1457, 1491, 1499, 1507, 1512, 1541,
1547, 1635, 1656, 1734, 1827, 1828, 1831, 1834, 1837, 1841, 1843,

1926, 1929, 1970, 1987, 2038, 2041, 2045, 2049, 2095, 2102, 2157, 2213, 2216, 2274, 2326, 2380, 2427, 2430, 2433, 2434, 2436, 2496, 2498, 2500, 2501, 2518, 2519, 2528, 2532, 2537, 2613, 2621 - 2623, 2626, 2650, 2665, 2668, 2676, 2677, 2694, 2695, 2701, 2715, 2731, 2734 - 2736, 2741, 2742, 2770, 2771, 2775, 2801, 2802, 2818, 2838, 2848, 2850, 2915, 2927, 2929, 2952, 2972, 2976, 2977, 2995, 3000, 3003, 3007, 3134, 3135, 3150, 3189, 3214, 3240

检讨　　10 - 13, 22, 29, 30, 37, 75, 92, 97 - 99, 108, 114, 115, 120, 123, 126 - 128, 134 - 136, 149, 152, 159, 163, 186 - 188, 192, 198, 206, 212 - 216, 218 - 222, 229, 230, 232, 235, 249, 254, 255, 259, 260, 271, 273, 280, 286, 291, 292, 295, 298, 299, 309, 311, 313, 321, 332, 334, 337, 338, 344, 347 - 349, 352, 354, 362, 365, 367 - 369, 373, 375, 389 - 391, 394, 397, 401, 408, 416, 418, 420, 421, 425, 428, 429, 431, 432, 437, 439, 442, 445, 447, 461, 462, 473, 475, 483, 507, 512, 518, 520, 522, 537, 538, 540, 545 - 547, 555, 576, 579, 581, 583, 585, 587, 590, 591, 600, 622, 623, 627, 629, 630, 632, 636, 638 - 640, 642, 654, 657, 685, 689, 710, 713, 721, 722, 724, 753, 758, 763, 764, 768, 797, 800, 802, 803, 805, 807, 810, 830, 861, 868 - 872, 883 - 885, 923, 925 - 927, 930, 935, 941, 942, 968, 973, 998, 999, 1017, 1038, 1045, 1046, 1064, 1082, 1086, 1090, 1099, 1101, 1108, 1109, 1124, 1152, 1157, 1159, 1162, 1166 - 1168, 1170, 1209, 1210, 1214 - 1216, 1270, 1272, 1290, 1291, 1296, 1299, 1301, 1302, 1310, 1315, 1319, 1321, 1323, 1363, 1365, 1371, 1372, 1407, 1410, 1414, 1420, 1424, 1426, 1429, 1430, 1433, 1434, 1439, 1442, 1444, 1447, 1450, 1451, 1466, 1467, 1475, 1482, 1486, 1487, 1489, 1495, 1499, 1509, 1511, 1515, 1522, 1524, 1531, 1537, 1540, 1547, 1548, 1613, 1614, 1647, 1704, 1705, 1708, 1747, 1787, 1791, 1794, 1803, 1812, 1843, 1844, 1872, 1909, 1922, 1929, 1931, 1954, 1974, 1976, 1977, 1982, 1987, 2000, 2028, 2041, 2049, 2088, 2091, 2092, 2094 - 2097, 2101, 2103, 2117, 2149, 2153, 2154, 2156, 2157, 2200, 2209 - 2213, 2225, 2244, 2268, 2270, 2274, 2315, 2322, 2323, 2326, 2368, 2374, 2381, 2421, 2425, 2428, 2433, 2501, 2503, 2517, 2526, 2527, 2537, 2538, 2541, 2549, 2590, 2596, 2597, 2619, 2620, 2631 - 2633, 2643, 2653, 2661, 2663, 2665, 2668, 2684, 2697, 2700, 2702, 2721, 2722, 2738, 2755, 2756, 2766, 2780, 2805, 2807, 2809, 2812, 2820, 2826, 2830 - 2832, 2836, 2842, 2849, 2854,

2857, 2858, 2869, 2870, 2895, 2897, 2899, 2901, 2903, 2913, 2915,
2916, 2926, 2928, 2938, 2947, 2949, 2953, 2959, 2963, 2964, 2966,
2968, 2972, 2974, 2987, 2992, 2993, 2998, 3000, 3001, 3014, 3017,
3019, 3026, 3027, 3060 – 3062, 3078, 3081, 3085, 3091 – 3094, 3097,
3099, 3103, 3113, 3119, 3132, 3173, 3188, 3192, 3193, 3196, 3200,
3202, 3221, 3222, 3224, 3225, 3232, 3234, 3247, 3266

荐举　15, 25, 58, 69, 97 – 99, 106, 115, 121, 134, 135, 198, 212, 229,
275, 335, 361, 362, 365, 367, 390, 393, 402, 440, 467, 471, 508,
571, 579, 585, 623, 631, 635, 704, 808, 814, 883, 910, 921, 1161,
1313, 1357, 1707, 1710, 1717, 1772, 1821, 1822, 1833, 1915, 1919,
2036, 2607, 2612, 2621, 2727, 2728, 2766, 2918, 2944, 3082, 3118,
3170, 3171, 3175, 3188, 3231, 3255, 3256

降调　773, 918, 1452, 1618, 1972, 2379, 2531, 2611 – 2613, 2634, 2852,
3147, 3150, 3242

教授　5, 10, 11, 16, 17, 19, 34, 62, 64, 69, 77, 82, 84, 85, 88 – 90, 94,
95, 98, 99, 104, 109, 116, 117, 120 – 123, 135, 137, 141, 152,
154 – 156, 161, 164 – 166, 169, 170, 172, 174, 177 – 179, 183, 186, 188,
193, 194, 197, 205, 206, 210, 211, 215, 216, 219, 222, 232 – 234,
238, 252, 255, 260, 278, 291, 292, 301, 309, 315, 342, 343, 351,
352, 359, 360, 365 – 367, 372, 373, 377, 379, 389, 391, 392, 394,
395, 405, 430, 437 – 439, 441 – 443, 447, 456, 460, 469, 476, 480,
482, 486, 488, 491, 492, 508, 512, 516, 518, 537 – 539, 555, 556,
561, 562, 571, 585, 591, 594, 597, 598, 601, 604 – 606, 613, 624,
625, 635, 636, 646, 647, 656, 658, 660, 665, 669, 670, 698, 716,
744, 745, 771, 779, 783, 789, 790, 794, 796, 808, 813, 828, 833,
835, 840, 845 – 848, 892, 896, 952, 954 – 960, 964 – 967, 974, 1007,
1010, 1014, 1015, 1020, 1022, 1025, 1028, 1029, 1031, 1032, 1051,
1052, 1056, 1061, 1064, 1070, 1073, 1092, 1115, 1129, 1130, 1133,
1173, 1178, 1181, 1182, 1188, 1208, 1215, 1231 – 1233, 1235, 1236,
1238, 1240, 1277, 1325, 1328, 1331, 1332, 1335, 1339, 1345, 1346,
1377, 1382, 1387, 1398, 1462, 1465, 1517, 1552, 1561, 1569, 1573,
1578, 1618, 1627, 1645, 1650, 1661, 1663, 1667, 1668, 1670, 1684,
1749, 1759, 1760, 1765, 1776, 1781, 1782, 1784, 1786, 1788, 1790,
1792, 1798, 1800, 1805, 1814, 1832, 1853, 1854, 1873, 1874, 1908,
1919, 1924, 1937, 1949, 1950, 1952, 1953, 1956, 1957, 1970, 1983,
1990 – 1992, 1997, 1998, 2003, 2027, 2038, 2041, 2057, 2068, 2072,

2080, 2119, 2120, 2122, 2123, 2131, 2144, 2151, 2169, 2170, 2176, 2186, 2189, 2218, 2233, 2237, 2252, 2264, 2292, 2296, 2319, 2332, 2343, 2351, 2382, 2383, 2393, 2395, 2396, 2399, 2404, 2405, 2423, 2451, 2452, 2456, 2464, 2465, 2468, 2470, 2473, 2478, 2527, 2559, 2566, 2569, 2575, 2577, 2588, 2589, 2598, 2607, 2613, 2668, 2716, 2736, 2755, 2792, 2800, 2806, 2823, 2856, 2922, 2935, 2958, 3058, 3065, 3113, 3126, 3157, 3172, 3175, 3190, 3261

教习　10,31, 32, 136, 155, 352, 374, 395, 419, 422, 434, 435, 480, 571, 644, 723, 724, 732, 774, 817, 864, 875, 885, 886, 1001, 1110, 1225, 1226, 1268, 1269, 1282, 1303, 1406, 1438, 1452, 1457, 1506, 1517, 1532, 1539, 1628, 1629, 1647, 1655, 1704, 1705, 1713, 1735, 1802, 1817, 1822, 1840, 1842, 1843, 1918, 1988, 2031, 2035, 2103, 2143, 2152, 2217, 2257, 2262, 2490, 2494, 2495, 2518, 2523, 2587, 2590, 2593, 2594, 2596, 2611, 2631, 2632, 2663, 2683, 2684, 2686, 2688, 2690, 2708, 2713, 2714, 2727, 2738, 2756, 2793, 2802, 2820, 2823, 2830, 2849, 2886, 2888, 2913, 2915, 2919, 2920, 2939, 2940, 2992 – 2994, 2999, 3026, 3032, 3033, 3035, 3048, 3049, 3082, 3085, 3105, 3157, 3159, 3163, 3166, 3167, 3262

教谕　10,11, 17, 31, 32, 48, 49, 69, 80, 87 – 89, 91, 101, 108, 109, 134, 135, 145, 151, 152, 163, 165, 169, 170, 172, 177, 180, 183, 185, 186, 192, 193, 205, 206, 209, 215 – 217, 219, 232, 239, 252, 254 – 257,259 – 261, 264 – 266, 273, 286, 287, 290 – 292, 300, 308, 310, 315, 320, 324, 327, 330, 342, 343, 350 – 352, 354, 359 – 361, 366, 367, 369, 370, 373, 375, 380, 382 – 384, 388, 389, 391, 394 – 396,402, 406, 407, 409, 412, 414 – 416, 420, 422, 425, 428, 429, 438, 439, 441, 443, 444, 450, 457, 458, 460, 476 – 478, 482, 484 – 488, 490, 493, 496, 502, 504, 507, 508, 512, 516, 518, 521, 524, 539, 542, 548, 551, 555, 558, 559, 561 – 563, 575, 576, 579, 590, 591, 601, 602, 605, 607, 610 – 613, 624, 627, 635, 646, 647, 654, 656, 657, 661 – 663, 665, 666, 669, 673, 689 – 692, 695, 726, 734, 736, 737, 741, 744 – 746, 771, 776, 777, 780, 781, 783, 785, 787, 792, 793, 796, 797, 811, 826, 827, 831, 833, 838, 846, 852, 853, 856, 879 – 882, 888 – 891, 898, 900, 905, 906, 952, 953, 957 – 961,963 – 966,968, 969, 971, 972, 978, 1005, 1015, 1018 – 1020, 1023 – 1027, 1031, 1032, 1054, 1055, 1057, 1061, 1065, 1067 – 1069, 1111, 1112, 1114, 1116, 1118, 1124 – 1129, 1131, 1134, 1136, 1138,

1139, 1159, 1169, 1172 – 1174, 1176, 1177, 1179 – 1181, 1184, 1185,
1187, 1190 – 1192, 1194, 1198, 1215, 1231, 1242, 1244, 1247, 1248,
1250, 1253 – 1256, 1270, 1289, 1326, 1328 – 1331, 1333, 1336, 1339,
1341 – 1344, 1346, 1349, 1350, 1378, 1380, 1383, 1386, 1388, 1393,
1397, 1449, 1463, 1468, 1550, 1554 – 1557, 1562, 1565, 1566, 1568,
1571, 1573, 1574, 1577, 1579, 1582, 1584, 1586, 1605, 1615, 1618,
1631, 1660, 1663 – 1665, 1670 – 1673, 1679, 1680, 1682, 1684, 1685,
1687, 1738, 1739, 1743, 1746, 1751 – 1755, 1759, 1761, 1778, 1782,
1786, 1792, 1793, 1798, 1800, 1802, 1805, 1807, 1809, 1814, 1847,
1851, 1853 – 1855, 1858 – 1860, 1862, 1864, 1865, 1868 – 1873, 1932,
1934, 1938, 1939, 1942, 1944, 1951, 1954, 1956, 1958, 1988, 1993,
1997, 2000 – 2006, 2015, 2016, 2038, 2041, 2055, 2062, 2069 – 2072,
2106, 2110, 2112, 2115, 2120, 2123, 2125, 2164, 2166, 2169, 2171,
2173, 2178, 2179, 2183, 2187 – 2189, 2213, 2217, 2218, 2221, 2222,
2225, 2226, 2228, 2232, 2234, 2237, 2241, 2244, 2249, 2253,
2279 – 2282, 2287, 2295, 2297, 2298, 2337, 2339, 2341, 2343, 2345,
2349, 2354, 2380, 2387, 2390, 2391, 2393, 2395, 2399, 2445, 2446,
2449, 2456 – 2458, 2460, 2463, 2464, 2467, 2469 – 2472, 2474 – 2477,
2489, 2524, 2540, 2554, 2557, 2558, 2561, 2569, 2573, 2609, 2631,
2639, 2661, 2698, 2741, 2811, 2885, 3004, 3113, 3114, 3117, 3126,
3160, 3167, 3173, 3190, 3196, 3226, 3228, 3230, 3236, 3261

解额　　7, 56, 57, 192, 346, 347, 353, 369, 370, 391, 399, 418, 441, 474,
499, 500, 584, 637, 638, 641, 694, 695, 704, 870, 873, 941, 1104,
1163, 1277, 1366, 1429, 1446, 1449, 1508, 1726, 1911 – 1913, 1978,
1985, 2039, 2040, 2042, 2088, 2099, 2270, 2427, 2501, 2596, 2613,
2768, 2804, 2806, 2807, 2828, 2830, 2837, 2838, 2859, 2926, 2947,
2968, 2970, 2974, 2978 – 2980, 2997, 2998, 3092, 3122, 3171, 3176,
3237

解元　　7, 8, 28, 37, 125, 128, 144, 146, 147, 187, 200, 204, 224, 225,
258, 275, 286, 376, 454, 514, 517 – 519, 588, 589, 592, 658, 696,
697, 724, 763, 798, 947, 987, 1044, 1092, 1094, 1171, 1172, 1224,
1300, 1301, 1305, 1306, 1310, 1479, 1481, 1483, 1532, 1644, 1815,
2038, 2047, 2091, 2099, 2429, 2438, 2505, 2620, 2621, 2650, 2665,
2670, 2678, 2701, 2735, 2740, 2768, 2788, 2818, 2819, 2833, 2859,
2860, 2864, 2869, 2899, 3008, 3056, 3120, 3188, 3254

锦衣　　25, 47, 54, 55, 80, 102, 127, 133, 134, 168, 193, 222, 232, 257,

261, 271, 284, 286, 312, 324, 335, 341, 354, 355, 359, 363, 375, 397, 399, 401, 406, 433, 447, 453, 484, 505, 506, 509, 514, 515, 517, 518, 540, 543, 550, 551, 553, 597, 599, 604, 606, 611, 622, 623, 626, 627, 640, 643, 644, 652, 665, 671, 672, 675, 683, 684, 696, 700, 701, 703, 712, 714, 722, 729, 731, 732, 734, 736, 754, 763, 764, 766, 768 – 771, 773, 775, 780, 785, 786, 793, 794, 809, 815 – 817, 828 – 830, 838, 840, 841, 843, 853, 861, 867, 886, 887, 891, 896, 899, 918, 937, 944, 951, 958, 963, 967, 968, 975, 996, 1004, 1015, 1033, 1036, 1038, 1048, 1057, 1067, 1069, 1083, 1096, 1102, 1109, 1113, 1118, 1119, 1137, 1140, 1141, 1164, 1171, 1175, 1179, 1181, 1184, 1187, 1194, 1221, 1227, 1230, 1236, 1240, 1241, 1243, 1245, 1248, 1252, 1268, 1270, 1283, 1289, 1308, 1323 – 1325, 1327, 1330, 1333, 1334, 1337, 1343, 1347, 1349, 1374, 1376 – 1379, 1381, 1385, 1395, 1397, 1417, 1422, 1424, 1425, 1435, 1437, 1452, 1464 – 1466, 1500, 1502, 1507, 1512, 1528, 1529, 1548, 1552, 1556 – 1558, 1562, 1570, 1575, 1576, 1578, 1602, 1610, 1613, 1616, 1625, 1627, 1640, 1650, 1656, 1660, 1665, 1683, 1734, 1738, 1739, 1753, 1757, 1761, 1783, 1786, 1791, 1793, 1797, 1803, 1841, 1843, 1845, 1895, 1919, 1925, 1926, 1929, 1930, 1935, 1937, 1986, 1987, 1992, 1993, 2002, 2003, 2009, 2011, 2016, 2027, 2037, 2038, 2040, 2049, 2053, 2054, 2060, 2069, 2091, 2096, 2103, 2107, 2117, 2118, 2125, 2131, 2132, 2158, 2161, 2165, 2169, 2171, 2177 – 2180, 2206, 2207, 2213, 2216, 2217, 2223, 2224, 2226, 2231, 2246, 2274 – 2276, 2290, 2292, 2302, 2303, 2317, 2318, 2326 – 2330, 2335, 2340, 2342, 2344, 2355, 2375, 2381, 2383, 2398, 2399, 2421, 2435, 2437, 2453, 2454, 2490, 2538, 2544, 2566, 2570, 2576, 2595, 2607, 2614, 2616, 2638, 2653, 2655, 2663, 2667, 2682, 2716, 2740, 2743, 2801, 2819, 2842, 2848, 2853, 2887, 2894, 2895, 2900, 2921, 2966, 2986, 2990, 3024, 3031, 3033, 3059, 3061, 3088, 3094, 3123, 3127, 3158, 3171, 3193, 3200, 3236, 3241, 3242, 3245, 3259, 3267

京察　1632, 2200, 2206, 2724, 2770, 2805, 2919, 2926, 2962, 2963, 2969, 3034, 3050, 3055, 3076

京学　112, 149, 261, 584, 592, 690, 858, 1490, 1923

经书义　2612, 2617, 2641, 2646

举监　10, 1159, 2143, 2659, 2660, 2848

举人　7 – 11, 25, 27 – 29, 31, 33, 49, 52, 55 – 58, 62, 69, 72, 96, 116 – 119,

122, 126, 127, 134 – 136, 145, 149, 150, 154, 155, 157, 158, 162,
163, 169, 170, 173, 176, 183, 186, 187, 189, 192, 193, 200, 202,
203, 205, 216, 220 – 224, 228 – 230, 233, 234, 241, 242, 244, 253,
255, 258, 261, 264, 269, 275, 276, 286 – 288, 290, 301, 311, 316,
317, 320, 327, 328, 339, 340, 343, 346, 348, 350, 356, 357, 367,
370, 374, 375, 388, 391, 399, 403 – 406, 410, 411, 418, 424, 433,
434, 436, 438, 439, 441, 444, 446, 447, 452, 453, 461, 467, 470,
476 – 479, 481 – 483, 507, 512 – 514, 516, 517, 538, 539, 546, 551,
552, 572, 575, 584, 593 – 596, 605, 621, 623, 637, 638, 640,
642 – 645,655, 682, 683, 691, 692, 695 – 697,704 – 706,726, 730 – 732,
756, 762, 766, 767, 769, 770, 774, 778, 779, 806, 811, 814 – 817,
830, 843, 848, 865, 870, 872, 874, 875, 883, 885, 886, 919, 923,
927, 931, 932, 937, 941, 950, 1000, 1002, 1003, 1035, 1036, 1042,
1046, 1047, 1090, 1092, 1093, 1103, 1104, 1106 – 1109, 1114, 1118,
1123, 1135, 1163, 1166 – 1168, 1170, 1209, 1215, 1217, 1222, 1223,
1227 – 1229, 1266, 1271, 1272, 1275 – 1277, 1280, 1284, 1285, 1298,
1304, 1305, 1308, 1316, 1321, 1322, 1367, 1368, 1372, 1373, 1407,
1411, 1422, 1455 – 1457, 1462, 1470, 1477, 1478, 1494, 1495, 1501,
1508, 1513, 1531, 1536, 1539, 1542, 1547, 1551, 1555, 1573, 1574,
1612, 1619 – 1621, 1627, 1632, 1639, 1645, 1652, 1655, 1663, 1664,
1671, 1711, 1719, 1727, 1731 – 1733, 1743, 1753, 1761, 1777, 1783,
1787, 1788, 1790 – 1792, 1795, 1798, 1800 – 1802, 1805 – 1809, 1811,
1813 – 1818, 1831, 1833, 1837, 1840, 1864, 1867, 1911, 1912, 1922,
1928, 1929, 1931, 1942, 1944, 1951, 1984, 1986, 2002, 2016,
2040 – 2042,2048, 2093, 2101, 2102, 2150, 2211, 2216, 2264, 2273,
2283, 2310, 2365, 2379, 2380, 2423, 2426, 2427, 2433, 2434, 2436,
2489, 2495, 2496, 2499, 2501, 2505, 2507, 2523 – 2525, 2532, 2537,
2585, 2586, 2589, 2591 – 2594, 2602, 2613 – 2615, 2617, 2618, 2622,
2631, 2640, 2668, 2669, 2677, 2678, 2687, 2693, 2694, 2696 – 2700,
2702, 2705, 2713, 2716, 2719, 2723, 2727, 2728, 2735 – 2737, 2739,
2740, 2743 – 2745, 2752, 2754, 2757 – 2759, 2764, 2765, 2767, 2772,
2773, 2775, 2778, 2780, 2781, 2791, 2792, 2794, 2801, 2802, 2804,
2812, 2814, 2817, 2818, 2821, 2822, 2835, 2838, 2839, 2841, 2842,
2844, 2855, 2856, 2860, 2869, 2870, 2874, 2881, 2885, 2886, 2896,
2898, 2899, 2912, 2918 – 2920,2923, 2924, 2927, 2936, 2946 – 2953,
2958, 2973 – 2977, 2981, 2987, 2989, 2999, 3002 – 3004, 3006 – 3009,

3014, 3017, 3024, 3025, 3030, 3036, 3039, 3042, 3047, 3053, 3065,
3071, 3072, 3076, 3092, 3093, 3097, 3098, 3104, 3107, 3113,
3120 - 3122, 3126, 3133, 3135, 3149, 3150, 3157, 3160, 3169, 3189,
3196, 3197, 3210, 3219, 3224, 3226, 3228 - 3230, 3234, 3240, 3243,
3247, 3271

举业　47,65, 110, 251, 393, 634, 644, 694, 761, 762, 918, 932, 947, 987,
988, 1037, 1169, 1208, 1297, 1411, 1412, 1533, 1542, 1599, 1606,
1639, 1640, 1654, 1716, 1732, 1733, 1816, 1823, 1845, 1914, 1915,
2046, 2047, 2204, 2217, 2325, 2375, 2438, 2439, 2500, 2510, 2511,
2513, 2514, 2528, 2533, 2589, 2608, 2613, 2628, 2634, 2642, 2668,
2674, 2698, 2720, 2721, 2731, 2752, 2761, 2813, 2819, 2885, 2886,
2930, 2943, 3011, 3028, 3040, 3065, 3140, 3152, 3154, 3198 - 3200,
3234, 3251, 3270

举主　16, 105, 118, 119, 121, 355, 363, 390, 440, 467, 468, 544, 632,
815, 920, 1156, 1207, 1217, 1218, 1280, 1365, 1708, 1838, 2041,
2744, 2928, 3163, 3254, 3255

K

考察　58,97, 182, 219, 253, 348 - 350, 365, 386, 394, 477, 513, 575, 631,
691, 862, 882, 883, 910, 915, 919, 927, 939, 943, 1087, 1160,
1226, 1268, 1285, 1294, 1320, 1369, 1411, 1428, 1439, 1441, 1455,
1485, 1628, 1821, 1916, 1923, 2030, 2036, 2038, 2203, 2209, 2264,
2273, 2312, 2315, 2377, 2379, 2418, 2495, 2503, 2529, 2531, 2600,
2612, 2613, 2618, 2634, 2666, 2700, 2755, 2800, 2805, 2847, 2919,
2947, 2951, 2952, 2958, 2973, 2985, 3052, 3065, 3157, 3162

考核　51, 54, 71, 87, 97, 98, 105, 121, 169, 188, 207, 211, 212, 216,
234, 247, 311, 351, 388, 392, 399, 430, 500, 512, 690, 728, 798,
913, 998, 1207, 1369, 1411, 1525, 1628, 1716, 1717, 1720, 1819,
2043, 2308, 2311, 2418, 2482, 2720, 2854, 2895, 2897, 2917, 2919,
2947, 3065, 3157

考满　97, 109, 124, 135, 169, 170, 182, 201, 204, 211, 212, 216, 247,
250, 257, 350, 352, 365, 371, 391, 399, 400, 438, 476, 479, 480,
482, 551, 585, 586, 634, 638, 690, 691, 866, 874, 875, 988, 1035,
1085, 1096, 1098, 1166, 1167, 1226, 1227, 1266, 1270, 1274, 1295,
1359, 1407, 1465, 1467, 1485, 1493, 1514, 1525, 1619, 1624, 1625,
1627, 1628, 1714, 1838, 1975, 2043, 2150, 2489, 2494, 2530, 2599,

2614, 2622, 2646, 2653, 2716, 2732, 2757, 2827, 2898, 2914, 2915, 2939, 3025, 3247

考校 8, 18, 51, 69, 112, 114, 166, 373, 419, 514, 644, 762, 772, 774, 806, 808, 817, 885, 886, 990, 1003, 1082, 1156, 1164, 1170, 1225, 1278, 1308, 1358, 1434, 1447, 1482, 1488, 1517, 1544, 1634, 1690, 1721, 1728, 1822, 1828, 1917, 1919, 1930, 1975, 2036, 2043, 2095, 2145, 2431, 2493, 2497, 2518, 2531, 2532, 2587, 2605, 2612, 2613, 2695, 2759, 2841, 2918, 2921, 3013, 3132

考选 9, 57, 104, 117, 118, 127, 134, 138, 149, 230, 231, 236, 359, 419, 423, 429, 453, 479, 502, 513, 517, 539, 545, 570, 575, 630, 691, 705, 708, 709, 733, 759, 761, 762, 809, 864 – 866, 882, 919, 923, 931, 950, 990, 1045, 1047, 1093, 1159, 1163, 1170, 1208, 1213, 1214, 1226, 1267, 1273, 1289, 1305, 1367, 1368, 1406, 1438, 1447, 1477, 1488, 1503, 1517, 1539, 1544, 1547, 1620, 1624, 1628, 1655, 1704, 1714, 1717, 1721, 1724, 1817, 1820, 1822, 1842, 1843, 1910, 1917 – 1919, 2026, 2029, 2042, 2048, 2088, 2100, 2101, 2142, 2157, 2209, 2210, 2273, 2326, 2420, 2436, 2492, 2517, 2520, 2525, 2531, 2585, 2589, 2611, 2613, 2614, 2631, 2649, 2690, 2691, 2693, 2695, 2698, 2706, 2708, 2713, 2722, 2723, 2725, 2765, 2792, 2820 – 2822, 2848, 2849, 2885, 2913, 2923, 2926, 2927, 2937 – 2939, 2943, 2953, 2954, 2957, 2968, 2970, 2971, 2986, 3006, 3009, 3016, 3029, 3030, 3104, 3118, 3131, 3142, 3156, 3157, 3159, 3164, 3169, 3170, 3174, 3190, 3192, 3194, 3219, 3222, 3223, 3225, 3231

科道 182, 184, 192, 440, 450, 697, 802, 803, 825, 868, 870, 918, 926, 1035, 1045, 1085, 1099, 1154 – 1157, 1280, 1289, 1292, 1407, 1416, 1422, 1434, 1445, 1451, 1452, 1460, 1463, 1477, 1495, 1510, 1516, 1620, 1624, 1632, 1637, 1638, 1647, 1648, 1705, 1706, 1708, 1711, 1714, 1719, 1817, 1822, 1826, 1840, 1843, 1905, 1913, 1971, 2101, 2200, 2315, 2499, 2528, 2531, 2604, 2676, 2677, 2682, 2694, 2700, 2706, 2736, 2739, 2740, 2743, 2744, 2755, 2758, 2791, 2796, 2798, 2801, 2802, 2821, 2824, 2825, 2851, 2914, 2918, 2919, 2939, 2949, 2952, 2954, 2961, 2968, 2973, 2975, 2985, 2988, 2990, 2996, 3002, 3006, 3009, 3013, 3016, 3055, 3095, 3096, 3108, 3132, 3142, 3157, 3160, 3162, 3163, 3167, 3169, 3192, 3223, 3225

科甲 726, 1292, 1352, 1368, 1460, 1626, 1645, 1820, 2264, 2415, 2488, 2719, 2730, 2995, 3069, 3167, 3177, 3185, 3230, 3231

科目　　　7,10, 19, 28, 33, 48, 51, 106, 110, 117, 135, 205, 241, 250, 253,
339, 340, 348, 357, 400, 424, 429, 435, 446, 448, 480, 497, 499,
584, 586, 588, 596, 621, 640, 695－698, 709, 714, 803, 804, 808,
825, 863, 865, 875, 912, 923, 928, 931, 949, 950, 987, 995, 1035,
1036, 1041, 1145, 1169, 1304, 1354, 1406, 1430, 1477, 1488, 1549,
1612, 1623, 1632, 1634, 1644, 1645, 1652, 1720, 1727, 1729, 1731,
1827, 1828, 1832, 1833, 1898, 1912, 1917, 1968, 2039, 2040, 2042,
2145, 2195, 2217, 2500, 2521, 2525, 2533, 2535, 2585, 2586, 2589,
2591, 2592, 2645, 2655, 2691, 2715, 2720, 2741, 2813, 2814, 2829,
2854, 2944, 2997, 3009, 3011, 3129, 3133, 3142, 3164－3166, 3169,
3170, 3175, 3176, 3178, 3183, 3198, 3199, 3210, 3238, 3241, 3247,
3254, 3269, 3270

L

礼闱　　　34,89, 190, 202, 230, 241, 482, 551, 767, 1223, 1428, 1499, 1546,
1602, 1644, 1722, 1843, 1925, 1985, 2048, 2101, 2156－2158, 2215,
2364, 2365, 2431, 2438, 2534, 2608, 2656, 2663, 2724, 2744, 2766,
2781, 2817, 2839, 2842, 2874, 2882, 2883, 2903, 2920, 2930, 2946,
2959, 2963, 3014, 3066, 3072, 3081, 3097, 3110, 3123, 3125, 3146,
3181, 3183, 3208, 3244, 3246

历事　　　8,54, 55, 66, 69, 71, 86, 101, 144, 168, 185, 188, 207, 217, 234,
268, 331, 333, 336, 344, 355, 359, 361, 366, 369, 371, 388, 390,
395, 419, 420, 427, 430, 439, 448, 450, 468－470, 472－474, 476,
482, 501, 509, 541, 551, 634, 640, 642, 686, 689, 691, 692, 704,
714, 715, 720, 721, 757, 760, 769, 774, 861, 868, 874, 885, 917,
922, 927, 942, 990, 1035, 1036, 1040, 1092, 1217, 1281, 1282,
1302, 1304, 1319, 1368, 1447, 1452, 1471, 1545, 1601, 1718, 1977,
2430, 2525, 2527, 2584, 2599, 2611, 2677, 2723, 2729, 2838, 2855,
2918, 3052, 3164, 3193

例监　　　10,149, 591, 592, 635

廪膳　　　8,17, 88, 90, 100, 102, 123, 138, 149, 175, 177, 236, 267, 348,
364, 375, 388, 403, 416, 431, 437, 445, 453, 537, 539, 572, 576,
634, 692, 753, 761, 762, 858, 865, 866, 922, 990, 991, 1045, 1273,
1367, 1368, 1612, 1713, 1717, 1727, 1983, 2035, 2612, 2613, 2653,
2918, 3003, 3190, 3260

廪生　　　170,424, 431, 437, 1546, 1601, 1727, 1785, 1786, 1792, 1793, 1798,

	1800, 1801, 1808, 1811, 1979, 2525, 2604, 2660, 2892, 2894, 2916, 3053, 3161, 3167, 3203, 3205
六堂	8, 9, 55, 100, 101, 103, 111, 181, 182, 185, 472, 732, 1282, 1411, 2919, 3113, 3163
落卷	186, 187, 190, 308, 449, 546, 551, 763, 937, 1103, 1618, 2037, 2364, 2429, 2499, 2500, 2528, 2596, 2649, 2730, 2734, 2740, 2766, 2767, 2779, 2809, 2811, 2833, 2836, 2839, 2951, 2952, 2974, 2976, 2977, 3242
《论语》	9, 122, 376, 441, 533, 704, 771, 812, 1000, 1159, 1260, 1304, 1409, 1611, 1723, 1825, 1895, 1983, 2037, 2038, 2046, 2255, 2511, 2513, 2514, 2600, 2623, 2742, 2940, 3102, 3129, 3260

M

《孟子》	9, 53, 122, 175, 258, 259, 269, 376, 441, 694, 695, 704, 705, 812, 865, 1107, 1220, 1268, 1491, 1655, 1706, 1723, 2514, 2534, 2623, 2644, 2874, 3260
门生	90, 97, 109, 113, 590, 698, 725, 770, 1043, 1220, 1305, 1468, 1649, 1653, 1705, 1833, 2029, 2033, 2034, 2045, 2046, 2097, 2320, 2365, 2510, 2531, 2532, 2583, 2584, 2599, 2682, 2712, 2744, 2765, 2770, 2777, 2832, 2836, 2839, 2983, 3001, 3060, 3062, 3083, 3123 – 3125, 3131, 3147, 3148, 3176, 3177, 3180 – 3182, 3247
弥封	7, 25, 34, 36, 46, 47, 117 – 119, 375, 406, 436, 453, 483, 518, 553, 584, 596, 597, 642, 643, 696, 704, 730, 775, 815, 886, 947, 950, 1003, 1048, 1109, 1169, 1171, 1210, 1217, 1230, 1276, 1286, 1308, 1323, 1374, 1427, 1512, 1547, 1620, 1656, 1734, 1735, 1818, 1822, 1832, 1841, 1842, 1929, 1987, 2049, 2098, 2102, 2157, 2216, 2274, 2326, 2380, 2436, 2492, 2493, 2498, 2499, 2501, 2528, 2531, 2537, 2740, 2742, 2743, 2771, 2772, 2774, 2779, 2791, 2928, 2976, 2977, 2995, 3113, 3240
民生	10, 112, 138, 191, 192, 278, 351, 430, 469, 591, 635, 776, 809, 858, 865, 990, 1018, 1045, 1115, 1292, 2214, 2257, 2309, 2413, 2512, 2582, 2586, 2691, 2745, 2805, 2867, 2999, 3019, 3104, 3111, 3113, 3163, 3167, 3187, 3190
磨勘	258, 1590, 2693, 2737, 2766, 2770, 2894, 2931, 2974, 3003, 3006, 3009, 3024, 3040, 3065, 3093, 3108, 3123, 3146, 3183, 3188, 3189, 3192, 3194, 3228

墨卷 7,28, 106, 119, 471, 695 - 697, 814, 1000, 1471, 1720, 2038, 2046, 2099, 2325, 2499 - 2501, 2511, 2532, 2534, 2621, 2624, 2627, 2681, 2690, 2693, 2694, 2698, 2705, 2721, 2734, 2735, 2737, 2739, 2741, 2743, 2745, 2747, 2757, 2758, 2768, 2780, 2794, 2808, 2809, 2833, 2838, 2870, 2872, 2873, 2880, 2892, 2894, 2895, 2951, 2952, 2976, 3002, 3008, 3069, 3071, 3132, 3154, 3155, 3189, 3258

N

纳马 9,438, 591, 592, 634, 805, 811, 865, 874, 915, 1212, 1270, 1317, 2613, 2729, 2918

纳粟 10,55, 170, 395, 424, 437, 584, 591, 592, 633 - 636, 638, 806, 810, 811, 865, 874, 910, 915, 990, 991, 1091, 1098, 1103, 1161, 1166, 1211 - 1213, 1224, 1225, 1270, 1271, 1317, 1352, 2176, 2613, 2728, 2729, 2731, 2837, 2918, 2968, 3163

南监 9,10, 113, 135, 446, 472, 571, 592, 1035, 1036, 1042, 1085, 1110, 1271, 1319, 1358, 1360, 1365, 1367, 1368, 1443, 1475, 1913, 2215, 2365, 2504, 2505, 2525, 2615, 2696, 2796, 2804, 2807, 2828 - 2830, 2837, 2979, 3240

南卷 191,339, 340, 343, 1429, 2929

内帘 118,119, 223, 814, 1217, 1308, 1427, 1456, 1488, 1491, 1634, 1720, 1827, 1828, 1832, 2095, 2098, 2364, 2427, 2500, 2532, 2662, 2690, 2693, 2695, 2734, 2735, 2742, 2764 - 2766, 2779, 2802, 2818, 2972, 2977, 2982, 2995, 3001, 3041, 3138, 3139, 3149

P

判语 27,101, 111 - 113, 116, 143, 160, 162, 877, 1035, 1282, 1519, 1731, 3190

Q

骑射 7,15, 19, 24, 142, 480, 503, 718, 755, 803, 804, 810, 921, 923, 1168, 1268, 1272, 1359, 1427, 1428, 1449, 1453, 1482, 1513, 1540, 1541, 1619, 2192, 2314, 2315, 2413, 2588, 2715, 2758, 2767, 2769, 2823, 2824, 2934, 2935, 2944, 2980, 3019, 3131 - 3133, 3167, 3170, 3171, 3191

起废 1923,2719, 2992, 3001, 3039, 3097

青衣 634,1531, 1727, 3003, 3019

清黄　54,55，101，474，634，720，721，808，922，938，1106，1281，1282，
　　　　1718

清军　54,55，371，469，473，999，1281，1282，1633，1805，1827，2027，
　　　　2886，2990，3181，3201，3235

铨选　101,167，174，386，479，544，912，915，923，991，1145，1226，1268，
　　　　1320，1402，1693，1821，1834，1835，1911，2150，2801，2994，3012，
　　　　3164

R

儒士　4,6，16，20，26，29，30，47，48，58，59，61，62，78，84，89 - 91，
　　　　94，96，98，99，102，106 - 108，114，117，118，121，122，124，134，
　　　　137，143，150，170，193，212，215，217，234，238，245，246，250，
　　　　252，266，286，296，298，332，337，343 - 345，348，363，370，375，
　　　　377 - 382，384，389，399，406 - 408，410，412，413，416，431，438，
　　　　441，444，456，461，468，474，476，479，482，483，486，487，490，
　　　　495，513，519 - 521，523，527，545，551，553，556，561，583，591，
　　　　593，594，596，597，602，604，612，613，621，631，636，637，640，
　　　　642，643，647，654，657，659，661，667，671，685，692 - 694，699，
　　　　704，723，724，731，737，745，779，781，784，792，827，831，832，
　　　　840，842，845，847，849，852，863，886，887，889，890，892，895，
　　　　897，899，900，903，904，906，909，950，959，960，962，966，971，
　　　　972，987，991，994，999，1005，1006，1011，1024，1032，1036，1044，
　　　　1048 - 1050，1055，1058，1060，1063，1065，1067，1069，1071，1109，
　　　　1129，1130，1141，1157，1171，1174，1192，1198，1217，1224，1230，
　　　　1231，1240，1247 - 1249，1255 - 1257，1274，1318，1326，1327，1334，
　　　　1340，1349，1350，1387，1425，1542，1547，1556，1575，1578，1582，
　　　　1621，1634，1643，1656，1664，1678，1681，1688，1706，1713，1718，
　　　　1727，1734，1763，1779，1785，1786，1790，1800，1807，1816，1841，
　　　　1846，1927，1929，1932，1947，1987，2039，2040，2049，2055，2056，
　　　　2065，2079，2102，2103，2116，2157，2216，2250，2274，2290，2326，
　　　　2333，2334，2352，2381，2388，2437，2502，2525，2537，2538，2557，
　　　　2699，2772，2774，2837，2867，2903，2935，3053，3142，3217，3262

儒学　13,16 - 19，21，26，48，50，63，64，67，68，70，84，87，90，93，94，
　　　　97，100，102，107，109，110，113，114，118，123，138，143，152，
　　　　154，155，160，161，163，166 - 168，170，171，173，178 - 180，198，
　　　　212，216，218 - 220，235，248，267，270，272，283，284，291，295，

297, 309, 340, 342, 343, 348 – 351, 353, 355, 359, 360, 373,
377 – 380, 385, 392, 394, 399, 403, 405, 416, 424, 427, 430, 432,
436 – 439, 441, 443, 456, 460, 470, 474, 478 – 480, 484, 486, 493,
508, 512, 519, 529, 537, 539, 541, 544 – 546, 548, 571 – 573, 575,
576, 580, 585, 636, 643, 716, 725, 761, 809, 858, 863, 865, 870,
917, 922, 935, 939, 945, 947, 990, 1035, 1047, 1087, 1210,
1213 – 1215, 1221, 1278, 1300, 1361, 1371, 1415, 1433, 1438, 1445,
1448, 1462, 1488, 1508, 1544, 1623, 1641, 1650, 1721, 1725 – 1727,
1798, 1826, 1828, 1833, 1910, 1911, 1924, 2039, 2149, 2209, 2212,
2495, 2520, 2577, 2592, 2597, 2605, 2606, 2611, 2613, 2615, 2619,
2621, 2622, 2681, 2712, 2716, 2720, 2723, 2759, 2792, 2796, 2797,
2801, 2828, 2849, 2859, 2889, 2922, 2924, 2934 – 2936, 2943, 2944,
2962, 2979, 2980, 3003, 3035, 3056, 3088, 3089, 3191, 3199

入监　　8 – 10, 54, 113, 134, 135, 144, 148, 149, 153, 154, 156, 166, 192,
201, 253, 272, 348, 361, 375, 388, 395, 437, 444, 448, 450, 472,
474, 479, 482, 505, 551, 552, 591, 592, 629, 633 – 635, 637, 638,
642, 689, 714, 721, 723, 754, 811, 865, 866, 869, 913, 917, 924,
935, 941, 991, 998, 1035, 1036, 1042, 1085, 1096, 1098, 1101,
1106, 1107, 1110, 1153, 1266, 1270, 1271, 1282, 1296, 1367, 1368,
1418, 1466, 1470, 1471, 1475, 1484, 1509, 1510, 1540, 1909, 1913,
1978, 2041, 2101, 2149, 2150, 2365, 2425, 2495, 2520, 2521, 2524,
2525, 2592, 2615, 2619, 2727 – 2729, 2731, 2767, 2796, 2804, 2833,
2837, 2915, 2917, 2918, 2923, 2953, 3191

入帘　　814, 1228, 1450, 1831, 2434, 2698, 2731, 2765, 2766, 2775, 2779,
2801, 2802, 2839, 2869, 2930, 2972, 2974, 2977, 2978, 3149, 3153

入闱　　1456, 2589, 2693, 2699, 2701, 2735, 2740, 2744, 2751, 2781, 2811,
2818, 2860, 2928, 2970, 3001, 3006, 3019, 3146, 3205, 3215

S

三甲　　7, 23 – 25, 34 – 36, 38, 41, 46, 47, 57, 122, 126 – 129, 133 – 135, 137,
145, 146, 158, 174, 187, 190, 204, 226, 229, 230, 234, 241 – 243,
258, 269, 270, 275 – 277, 287, 289, 301 – 303, 319, 320, 328, 329,
347, 357, 358, 380, 406, 410, 435, 452, 457, 483, 488, 517, 523,
552, 558, 596, 604, 637, 638, 642, 644, 657, 707, 730, 738, 774,
782, 815, 834, 886, 894, 933, 947, 950, 960, 1003, 1013, 1048,
1057, 1094, 1097, 1109, 1121, 1170, 1180, 1215, 1229, 1239, 1287,

1292, 1307, 1322, 1333, 1373, 1382, 1429 – 1431, 1458, 1480, 1495, 1497 – 1499, 1534, 1547, 1563, 1622, 1623, 1655, 1667, 1734, 1744, 1775 – 1815, 1841, 1843, 1854, 1929, 1931, 1941, 1986, 1988, 1997, 2048, 2059, 2090, 2091, 2101, 2102, 2113, 2168, 2216, 2228, 2273, 2284, 2336, 2374, 2380, 2391, 2436, 2438, 2448, 2514, 2516, 2537, 2547, 2583, 2603, 2604, 2629, 2651, 2679, 2707, 2710, 2753, 2788, 2790, 2846, 2847, 2896, 2901, 2909, 2912, 2919, 2920, 2932, 2934, 2954, 2955, 2982, 2983, 3010, 3011, 3022, 3023, 3045, 3073, 3100, 3103, 3130, 3132, 3135, 3147, 3156, 3161, 3185, 3189, 3248, 3249, 3254

三氏学　5,112, 811, 813, 1434, 1713

三途并用　1717,2533, 2614, 2918, 3170, 3254

三元　286,516 – 519, 579, 2437, 2713, 2836, 2938

散馆　231, 1647, 1705, 2209, 2708, 2769, 2820, 2914, 2923, 2928, 2936, 2949, 3002, 3006, 3012, 3016, 3119

沙汰　344,823, 1285, 1312, 1714, 1715, 1727, 1728, 1822, 1823, 2686

《诗》　7,8, 13, 15, 23, 24, 27, 31, 35, 68, 116, 118, 123, 125, 171, 216, 272, 275, 283, 293, 307, 317, 417, 422, 453, 463 – 466, 498, 499, 511, 533, 534, 536, 617, 619, 632, 677, 679 – 681, 686, 695 – 697, 724, 728, 748, 820, 984, 999, 1000, 1003, 1047, 1075, 1079, 1087, 1103, 1147, 1149, 1151, 1264, 1284, 1316, 1351, 1353, 1372, 1399, 1401, 1402, 1418, 1499, 1519, 1523, 1524, 1542, 1591, 1594, 1596, 1598, 1694, 1712, 1773, 1835, 1877, 1882, 1883, 1887, 1893, 1897, 1900, 1901, 1904, 1914, 2087, 2190, 2196, 2197, 2255, 2360, 2411, 2416, 2417, 2427, 2433, 2438, 2483, 2486, 2505, 2509, 2510, 2582, 2602, 2635, 2681, 2727, 2728, 2762, 2811, 2839, 2842 – 2844, 2861, 2870, 2871, 2881, 2894, 2903, 2925, 2928, 2972, 2982, 2995, 3005, 3021, 3040, 3068, 3124, 3130, 3148, 3182, 3189, 3205, 3210, 3211, 3213, 3216, 3247, 3268

膳夫　17, 100, 150, 170, 267, 366, 447, 476, 517, 540, 576, 622, 630, 762, 1036, 1722, 1725, 1911, 1913, 2728, 2729

社学　67,68, 114, 395, 439, 440, 545, 694, 709, 762, 863, 1041, 1042, 1047, 1284, 1358, 1371, 1372, 1415, 1526, 1537, 1538, 1544, 2613, 2623, 2625, 2738, 2759, 2943, 3056, 3057, 3142, 3260

升迁　170,538, 875, 928, 1624, 1704, 1819, 2379, 2586, 2697, 2912, 2914, 3014, 3061, 3247

生员　9, 10, 17, 18, 25, 26, 28, 32, 47, 48, 67, 68, 88, 90, 92, 100, 101, 103, 104, 107, 111 – 115, 117 – 120, 123, 124, 136, 138, 139, 143, 144, 148, 149, 151 – 154, 159 – 164, 169, 170, 177, 185, 186, 192, 219, 223, 235, 236, 239, 244, 250, 260, 267, 271, 311, 315, 316, 320, 332, 335, 343, 346, 348, 350, 351, 356, 359, 360, 364, 371, 375, 389, 399, 402, 403, 405, 416, 419, 424, 429, 430, 436 – 439, 444, 446 – 448, 450, 452, 470, 479, 480, 482, 484, 502, 513, 537 – 539, 545, 546, 548, 551, 552, 571, 572, 575, 587, 588, 591, 592, 596, 597, 633 – 635, 640, 691, 692, 694, 698, 704, 709, 720, 724, 725, 731, 732, 759, 761, 762, 809, 811, 814, 815, 827, 832, 834, 850, 858, 865, 866, 874, 917, 927, 939, 940, 979, 991, 1000, 1001, 1046, 1084, 1148, 1163, 1165, 1205, 1209, 1210, 1213, 1214, 1217, 1265, 1270, 1272, 1273, 1275 – 1277, 1281, 1303, 1367, 1368, 1371, 1406, 1409, 1428, 1447, 1462, 1470, 1488, 1491, 1525, 1540, 1544, 1612, 1632, 1650, 1656, 1657, 1676, 1713, 1715, 1717, 1721, 1724 – 1728, 1734, 1739, 1775 – 1781, 1783 – 1816, 1818 – 1820, 1822, 1823, 1831, 1910 – 1912, 1917, 1929, 1959 – 1961, 1976, 1987, 1993, 2008, 2035, 2039, 2040, 2042, 2049, 2057, 2068, 2069, 2078, 2101, 2103, 2149, 2150, 2157, 2180, 2209, 2216, 2274, 2295, 2318, 2326, 2365, 2381, 2427, 2428, 2436, 2497 – 2499, 2501, 2504, 2520, 2521, 2525, 2531, 2539, 2549, 2551, 2566, 2570, 2587, 2592, 2607, 2608, 2611 – 2613, 2615, 2618, 2623, 2659, 2660, 2698, 2716, 2720, 2723, 2728, 2731, 2736, 2740, 2759, 2765, 2777, 2791, 2804, 2807, 2837 – 2839, 2841, 2855, 2859, 2892, 2894 – 2896, 2898, 2900, 2914, 2917, 2923, 2924, 2936, 2949, 2950, 2952, 2978, 2979, 2986, 2993, 2997, 3003, 3017, 3035, 3053, 3061, 3076, 3079, 3088, 3095, 3103, 3167, 3172, 3175, 3176, 3189 – 3191, 3196, 3217, 3239, 3240, 3260, 3261

十八房　2793, 2794, 2873, 3002, 3005

时文　34, 60, 259, 318, 376, 398, 509, 813, 947, 948, 988, 1107, 1207, 1468, 1488, 1498, 1538, 1606, 1607, 1640, 1654, 1659, 1709, 1729, 1845, 1931, 2047, 2146, 2203, 2434, 2489, 2513, 2536, 2624, 2783, 2794, 2810, 2813, 2833, 2854, 2861, 2863, 2874, 2880, 2883, 2886, 2891, 3011, 3012, 3040, 3046, 3068, 3069, 3075, 3102, 3103, 3154, 3159, 3163, 3175, 3176, 3178, 3206, 3221, 3234, 3239, 3251, 3253, 3254, 3271

侍读学士 12-14,18, 22, 24, 27, 28, 30, 33, 34, 63, 86, 97, 109, 116, 136, 143, 158, 172, 206, 211, 213, 215, 216, 218-224, 229-232, 235, 239, 241, 242, 248, 298, 301, 305, 327, 328, 332, 334, 352, 356, 370, 373, 375, 388, 398, 401, 402, 405, 406, 416, 423, 427, 429, 433-435, 439, 447-449, 451, 454, 471, 476, 482, 483, 504, 513, 515, 517, 518, 538, 543, 548, 550, 552, 553, 571, 575, 577, 578, 585, 587, 631, 636, 638, 715, 717, 721, 725, 728, 729, 732, 758, 762, 764, 768, 772-775, 778, 798, 800, 802, 805, 810, 812, 815-817, 857, 862, 867, 868, 875, 885, 886, 917, 918, 925-928, 936, 938, 939, 941, 943, 946, 950, 991, 993, 994, 996-999, 1001-1003, 1041, 1083, 1086, 1087, 1098, 1106, 1108, 1109, 1152, 1157, 1166, 1169, 1213, 1215, 1216, 1218, 1222, 1224, 1228, 1267-1269, 1271, 1274, 1278, 1280, 1283, 1285, 1286, 1288-1290, 1294-1297, 1299, 1305, 1311, 1314, 1315, 1321-1323, 1343, 1358-1360, 1362-1366, 1369, 1372, 1407, 1408, 1416, 1443-1445, 1448, 1449, 1457, 1461-1464, 1467, 1470, 1471, 1478, 1482, 1484, 1490, 1492, 1496, 1503, 1504, 1514, 1515, 1531, 1547, 1609, 1611-1614, 1617, 1624, 1631, 1637, 1644, 1655, 1705, 1706, 1709, 1715, 1719, 1722, 1725, 1732, 1734, 1735, 1802, 1823, 1830, 1833, 1837, 1841-1843, 1909, 1914, 1916, 1920, 1923, 1924, 1926, 1927, 1929, 1974, 1977, 1981, 1985, 1986, 2026, 2032, 2042, 2045, 2049, 2089, 2094, 2096, 2099, 2100, 2102, 2152, 2157, 2206, 2210, 2262, 2264, 2267, 2268, 2273, 2275, 2315, 2323, 2326, 2366, 2368, 2376, 2378, 2380, 2422, 2423, 2427, 2428, 2431, 2433, 2436, 2490, 2494, 2498, 2499, 2506, 2507, 2519, 2527, 2530, 2531, 2537, 2538, 2586-2588, 2590, 2593-2596, 2605, 2606, 2614, 2615, 2618, 2619, 2623, 2626, 2628, 2631, 2632, 2638, 2643, 2646, 2647, 2652-2654, 2659, 2660, 2663-2666, 2675, 2683, 2684, 2686, 2688-2690, 2702, 2703, 2706, 2713, 2714, 2718, 2721, 2727, 2738, 2744, 2751, 2752, 2755-2757, 2760, 2763, 2766, 2780, 2781, 2792, 2793, 2796-2799, 2805, 2814, 2822, 2823, 2828, 2830, 2831, 2842, 2854, 2857, 2869, 2887-2889, 2897, 2898, 2903, 2919, 2920, 2928, 2945, 2949, 2951, 2958, 2959, 2961, 2964, 2969, 2971, 2974, 2987, 2989, 2992-2994, 2999, 3002, 3004, 3012, 3021, 3031-3033, 3048, 3054, 3055, 3058, 3059, 3082, 3085, 3087, 3097, 3098, 3105, 3106, 3111, 3117, 3146, 3165, 3168, 3178, 3187, 3202, 3208, 3226-3228, 3230, 3231, 3236,

725, 730, 755, 757, 762, 763, 766, 768, 773, 802, 990, 996, 1160,
1286, 1319, 1428, 1462, 1465, 1469, 1471, 1489, 1492, 1501, 1509,
1515, 1525, 1715, 1824, 2621, 3031, 3059, 3109, 3137

收掌　7,36, 117, 118, 373, 447, 448, 868, 1216, 1442, 2735, 2742, 2772

《书》　7,8, 13, 19, 23, 24, 27, 35, 68, 116, 118, 123, 125, 216, 228,
269, 275, 293, 301, 309, 317, 328, 337, 356, 361, 373, 407, 417,
422, 453, 463 – 466, 498 – 500, 509, 511, 533, 534, 536, 567, 574,
615, 617 – 620, 632, 677, 679, 681, 686, 694, 696, 697, 724, 748,
820, 858, 912, 979, 984, 986, 1000, 1003, 1047, 1075, 1079, 1087,
1147, 1149, 1151, 1199, 1203, 1204, 1264, 1283, 1284, 1351, 1353,
1363, 1399, 1401, 1402, 1457, 1490, 1518, 1523, 1524, 1540, 1591,
1594, 1596, 1598, 1637, 1647, 1692, 1698, 1700, 1712, 1773, 1835,
1877, 1883, 1885, 1887, 1893, 1897, 1899, 1900, 1904, 1907, 1914,
1968, 1984, 2024, 2081, 2133, 2135, 2141, 2190, 2193, 2194, 2196,
2197, 2199, 2255, 2307, 2310, 2357, 2360, 2363, 2411, 2417, 2427,
2479, 2481 – 2483, 2486, 2510, 2512, 2578, 2602, 2635, 2656, 2670,
2681, 2703, 2727, 2728, 2730, 2739, 2741, 2793, 2839, 2842, 2861,
2869, 2870, 2903, 2928, 2930, 2931, 2982, 2995, 3005, 3008, 3009,
3043, 3064, 3068, 3072, 3124, 3125, 3130, 3140, 3147, 3148, 3182,
3185, 3189, 3213, 3216, 3255

庶常　127,128, 224, 231, 255, 330, 478, 592, 594, 681, 1003, 1098, 1456,
1547, 1612, 1615, 1625, 1637, 1647, 1988, 2321, 2538, 2627, 2638,
2663, 2701, 2724, 2954, 2986, 3013, 3046, 3091, 3122, 3132, 3166,
3231, 3253, 3258

庶吉士　18,26, 54, 57, 63, 75, 77, 80, 86, 99, 110, 126 – 128, 134, 135,
138, 145, 147, 167, 192, 224, 225, 228 – 231, 233, 235, 237, 238,
240 – 242, 246, 249, 251 – 253, 255, 258, 261, 269, 273, 275 – 277,
279, 280, 287, 288, 291, 292, 297, 301, 305, 309, 316, 317, 320,
321, 328, 343, 344, 347, 349, 350, 356, 357, 371, 374, 376, 405,
406, 416, 418 – 420, 423, 429, 431, 432, 434, 435, 442, 445, 453,
469, 477, 478, 517, 540, 541, 547, 549, 571, 575, 578, 580, 581,
583, 587, 595, 596, 602, 621, 625, 626, 629, 631, 638, 639, 643,
644, 681 – 684, 692, 699, 705, 720, 722, 724, 725, 728, 730, 732,
733, 758, 760, 764, 774 – 776, 797, 798, 805, 810, 816, 817, 858,
860, 869, 870, 872, 883 – 886, 918, 926, 930 – 932, 934 – 936, 943,
950, 998, 1002, 1003, 1034, 1045 – 1047, 1083, 1086, 1088, 1093,

1108, 1110, 1152, 1155, 1157, 1164 – 1170, 1218, 1222, 1223, 1266 – 1269, 1271 – 1273, 1284, 1288 – 1290, 1295, 1296, 1299, 1301, 1302, 1305, 1310, 1312, 1320 – 1323, 1365, 1373, 1374, 1406, 1408, 1410, 1412, 1413, 1418, 1419, 1425, 1426, 1429, 1430, 1433, 1434, 1436, 1440, 1443 – 1447, 1451, 1453, 1454, 1456, 1457, 1463, 1465, 1467, 1469, 1475 – 1477, 1478, 1482, 1483, 1486, 1487, 1489, 1490, 1492, 1495, 1496, 1500, 1503, 1509 – 1511, 1514 – 1516, 1525, 1527, 1530 – 1532, 1535, 1536, 1538, 1543, 1547, 1601, 1603, 1613, 1614, 1616, 1619, 1620, 1623 – 1625, 1629, 1636 – 1638, 1643, 1647, 1648, 1653, 1655, 1656, 1704, 1705, 1733, 1735, 1736, 1778, 1782, 1790, 1793, 1794, 1799 – 1803, 1805, 1811 – 1813, 1821, 1822, 1826, 1835, 1840, 1842 – 1844, 1909, 1916, 1922, 1927, 1931, 1970, 1974, 1981, 1984, 1988, 2025, 2026, 2028, 2029, 2031, 2035, 2037, 2039, 2041, 2042, 2048, 2089 – 2092, 2096, 2097, 2103, 2142 – 2144, 2147, 2152, 2154, 2156, 2157, 2203, 2209, 2210, 2217, 2261, 2262, 2266, 2268, 2270, 2273, 2317, 2322, 2323, 2326, 2355, 2366, 2370 – 2372, 2375, 2380, 2381, 2420, 2431, 2433, 2435, 2438, 2489, 2490, 2494 – 2496, 2498, 2501, 2506, 2517, 2518, 2523, 2526, 2527, 2538, 2586, 2587, 2590 – 2594, 2596, 2597, 2610, 2614 – 2616, 2619, 2623, 2626, 2631, 2632, 2639, 2642, 2643, 2645, 2646, 2649, 2653, 2656, 2658, 2660 – 2663, 2683, 2684, 2686, 2688, 2690, 2692, 2699, 2702, 2706 – 2708, 2713 – 2715, 2717, 2718, 2721, 2722, 2727, 2730, 2738, 2744, 2755, 2756, 2762, 2766, 2769, 2791 – 2793, 2797, 2799, 2802, 2803, 2811, 2818, 2819, 2822, 2823, 2826, 2830, 2831, 2836, 2848, 2849, 2854, 2859, 2868, 2886, 2888, 2897, 2899, 2913 – 2915, 2919, 2920, 2922, 2923, 2928, 2936 – 2940, 2945, 2948, 2950, 2951, 2953, 2954, 2957, 2961, 2964, 2968, 2969, 2971, 2976, 2986, 2992 – 2994, 2998, 2999, 3002, 3006, 3009, 3012, 3013, 3015 – 3017, 3021, 3025, 3026, 3029, 3030, 3032, 3033, 3035, 3038, 3048, 3049, 3058, 3059, 3061, 3072, 3078, 3081, 3082, 3085, 3086, 3089, 3091, 3092, 3094, 3095, 3098, 3103 – 3106, 3111, 3114, 3115, 3117, 3119, 3122, 3131, 3132, 3143, 3145, 3157, 3165, 3166, 3173, 3178, 3179, 3187, 3191, 3195, 3196, 3206, 3207, 3232, 3237, 3239, 3258, 3259, 3262, 3268

司业　　　8, 9, 27 – 30, 32 – 35, 80, 82 – 84, 88, 89, 93, 95, 100, 101, 103, 106, 111, 117, 153, 157, 162, 164, 169, 173, 180, 181, 189, 195, 206, 217, 244, 245, 254, 255, 257, 265, 266, 274, 279, 285, 313,

338, 345, 353, 356, 360, 365, 366, 396, 399, 401, 424, 425, 428, 472, 476, 510, 511, 517, 537, 545, 624, 630, 633, 634, 636, 638, 666, 714, 723 – 725, 767, 768, 807, 873, 926, 927, 996, 998, 1106, 1156, 1158, 1160, 1164, 1165, 1269, 1282, 1284, 1289, 1295, 1317, 1318, 1358, 1365, 1366, 1411, 1413, 1425, 1433, 1435, 1452, 1454, 1467, 1475, 1483 – 1485, 1493, 1505, 1506, 1508, 1525, 1531, 1537, 1539, 1540, 1546, 1602, 1613, 1631, 1638, 1643, 1649, 1715, 1721, 1724, 1727, 1732, 1733, 1778, 1824, 1834, 1909, 1910, 1913, 1914, 1927, 1969, 1974, 1977, 1978, 2034, 2036, 2041, 2042, 2045, 2089, 2094, 2095, 2101, 2142, 2144, 2146, 2200, 2203, 2209 – 2211, 2265, 2267, 2268, 2316, 2325, 2366, 2369, 2373, 2375, 2421, 2422, 2494, 2504, 2505, 2507, 2519, 2521, 2525, 2526, 2534, 2558, 2587, 2589, 2590, 2594, 2597, 2610, 2620, 2623, 2631, 2634, 2642, 2652, 2661, 2662, 2664, 2670, 2675, 2683, 2686, 2689 – 2691, 2696, 2697, 2712, 2713, 2716, 2717, 2722, 2725, 2727, 2730, 2751, 2757, 2764, 2767, 2768, 2778, 2792, 2799, 2803, 2806 – 2808, 2823, 2824, 2826, 2832, 2840, 2849, 2858, 2859, 2881, 2887, 2898, 2915, 2916, 2918, 2920, 2923, 2925, 2928, 2938, 2947, 2949, 2957, 2964, 2968, 2969, 2972, 2978, 2981, 2987, 3000, 3008, 3013, 3014, 3016, 3018, 3027, 3029, 3031, 3047, 3048, 3054, 3056, 3088, 3089, 3091, 3092, 3094, 3096, 3097, 3108, 3109, 3111, 3113, 3117, 3123, 3157, 3168, 3178, 3179, 3187, 3196, 3222, 3225, 3226, 3232, 3236, 3237, 3242, 3258

《四书五经大全》 7,298, 2207, 2944, 3218

四夷馆 250,251, 444, 450, 478, 541, 571, 575, 636, 694, 768, 864, 872, 875, 882, 993, 1208, 1303, 1433, 1438, 1445, 1488, 1509, 1539, 1633, 1638, 1714, 1799, 1977, 2350, 2492, 2502, 2511, 2518, 2521, 2589, 2686, 2799, 2846

搜检 7,34, 36, 46, 117 – 119, 234, 544, 640, 814, 937, 940, 1512, 1542, 1617, 1722, 2156, 2427, 2430, 2433, 2434, 2694, 2715, 2729, 2730, 2771, 2772, 2775, 2776, 2808, 3028, 3240

岁贡 10,18, 33, 112, 117, 118, 149, 158, 160 – 163, 169, 170, 177, 185, 191, 192, 205, 272, 311, 332, 334, 350, 388, 403, 416, 430, 431, 446, 450, 482, 552, 575, 629, 637, 638, 689, 692, 708, 709, 772, 808, 809, 858, 865, 866, 925, 935, 1035, 1045, 1084, 1212, 1227, 1277, 1278, 1281, 1284, 1317, 1367, 1368, 1411, 1449, 1451, 1454, 1508, 1509, 1601, 1611, 1624, 1632, 1650, 1711, 1717, 1721, 1724,

1727, 1762, 1777, 1789, 1799, 1802, 1817 – 1820, 1823, 1836, 1917,
1927, 2039 – 2041, 2150, 2263, 2294, 2365, 2393, 2430, 2431, 2489,
2493, 2495, 2501, 2504, 2525, 2593, 2601, 2605, 2606, 2608, 2615,
2622, 2661, 2690, 2701, 2719, 2728, 2731, 2754, 2759, 2799, 2804,
2830, 2831, 2833, 2837, 2838, 2892, 2895, 2898, 2917 – 2919, 2923,
2927, 2941, 3015, 3053, 3076, 3113, 3126, 3167, 3190, 3191, 3203,
3223, 3230, 3247, 3254 – 3256

岁考　817, 1045, 1226, 1308, 1409, 1590, 1650, 1727, 1823, 2043, 2145,
2263, 2493, 2497, 2605, 2612, 2759, 2764, 2765, 2895, 2913, 2914,
2918, 2924, 2937, 2950, 2987, 2993, 3003, 3019, 3028, 3035, 3080

T

探花　7, 134, 135, 146, 147, 204, 225, 231, 258, 387, 435, 448, 450, 465,
500, 535, 569, 619, 644, 680, 751, 987, 1171, 1286, 1548, 1644,
2044, 2424, 2513, 2650, 3127

誊录　7, 28, 34, 61, 117 – 119, 162, 163, 340, 420, 447, 448, 584, 711,
814, 868, 869, 1000, 1210, 1216, 1275, 1276, 1283, 1368, 1427,
1442, 1488, 1614, 1842, 2094, 2364, 2427, 2499, 2501, 2623, 2634,
2656, 2734, 2739, 2759, 2772, 2774, 2850, 2891, 2924, 2928, 2929,
2976, 2995, 3041, 3214, 3269

提调　7, 17, 18, 25, 28, 34, 36, 46, 47, 101, 111 – 113, 115, 117 – 119,
133, 135, 136, 143, 162, 186, 223, 236, 244, 261, 307, 359, 364,
371, 374, 375, 403, 406, 430, 436, 437, 452, 479, 480, 482, 483,
505, 518, 539, 546, 548, 553, 572, 575, 580, 582 – 584, 586, 596,
638, 640, 643, 692, 694 – 696, 730, 762, 775, 809, 814, 815,
864 – 866, 874, 875, 886, 921, 939, 940, 950, 1000, 1001, 1003,
1046, 1107 – 1109, 1160, 1167, 1170, 1208, 1217, 1221, 1229, 1276,
1278, 1282, 1286, 1289, 1290, 1299, 1319, 1320, 1323, 1370, 1374,
1409, 1423, 1425, 1429, 1434, 1466, 1467, 1486, 1487, 1491, 1502,
1509, 1515, 1532, 1539, 1547, 1635, 1656, 1717, 1720, 1726, 1728,
1734, 1819, 1820, 1827, 1828, 1831, 1832, 1834, 1841, 1913, 1917,
1918, 1925, 1926, 1928, 1929, 1986, 2038, 2039, 2041, 2045, 2048,
2090 – 2092, 2095, 2102, 2145, 2157, 2213, 2216, 2274, 2326, 2380,
2427, 2433, 2436, 2500, 2501, 2520, 2537, 2597, 2598, 2608, 2611,
2613, 2620, 2623, 2626, 2653, 2693, 2716, 2720, 2731, 2734, 2735,
2737, 2741, 2742, 2771, 2772, 2801, 2802, 2805, 2859, 2930, 2934,

2950, 2972, 2976 – 2979, 3007, 3016, 3052, 3189 – 3191, 3261

提学　　17,18, 28, 91, 112 – 114, 117, 118, 124, 138, 149, 170, 236, 292, 358, 394, 430, 432, 437, 438, 440, 443, 444, 448, 451, 453, 468, 469, 471, 472, 477, 480, 502, 505, 506, 512, 514, 537, 539, 545, 546, 572, 587, 627, 632, 634, 682, 686, 716, 727, 753, 763, 805, 806, 809, 813, 866, 874, 921, 923, 929, 937, 939, 987, 988, 990, 993, 997, 998, 1035, 1045 – 1047, 1082, 1087, 1089, 1157, 1166, 1167, 1169, 1209, 1212, 1213, 1218, 1221, 1224, 1273, 1277, 1278, 1280, 1282, 1288, 1292, 1293, 1303, 1307, 1308, 1319, 1320, 1328, 1341, 1360, 1365 – 1371, 1406, 1408, 1409, 1411, 1412, 1415, 1417, 1420, 1423, 1427, 1432, 1434, 1436 – 1438, 1446 – 1448, 1452, 1455, 1456, 1462, 1471, 1481, 1482, 1484, 1486 – 1488, 1490, 1495, 1505, 1514, 1516, 1517, 1525, 1526, 1530, 1532, 1536 – 1538, 1540 – 1542, 1544, 1546, 1553, 1554, 1562, 1603, 1611, 1616, 1618, 1623, 1625, 1627, 1629, 1631, 1632, 1636 – 1638, 1646, 1650, 1661, 1708, 1713 – 1717, 1720, 1721, 1724, 1726 – 1728, 1732, 1735, 1736, 1775, 1784, 1789, 1790, 1794, 1797, 1798, 1801, 1806, 1808, 1812 – 1814, 1818 – 1820, 1822, 1823, 1826 – 1828, 1830, 1832, 1833, 1835, 1836, 1838, 1911 – 1913, 1916 – 1919, 1925, 1926 – 1928, 1936, 1960, 1971, 1974, 1975, 1977, 1979, 1981, 1982, 1984, 2027, 2030, 2034, 2038 – 2040, 2042, 2043, 2072, 2089, 2092, 2111, 2112, 2143 – 2145, 2150, 2159, 2164, 2200, 2203, 2205, 2207, 2213, 2215, 2225, 2261, 2263, 2266, 2269, 2271, 2312, 2314, 2317, 2324, 2334, 2345, 2350, 2368, 2370, 2371, 2373, 2428, 2431, 2443, 2446, 2449, 2495, 2497 – 2499, 2501 – 2504, 2509, 2516, 2525 – 2528, 2530, 2531, 2549, 2552, 2604 – 2608, 2610 – 2613, 2615, 2625, 2632, 2635, 2637, 2646, 2654, 2660, 2661, 2665, 2666, 2668, 2686, 2689, 2690, 2692, 2693, 2695, 2698 – 2702, 2713, 2714, 2717, 2719 – 2724, 2726, 2730, 2734, 2738, 2755, 2757, 2759, 2761, 2764 – 2766, 2771, 2772, 2799, 2809, 2822, 2824, 2828, 2830, 2838, 2841, 2846, 2851, 2885, 2886, 2892, 2895, 2896, 2913, 2914, 2918, 2919, 2921, 2924, 2928, 2937, 2943, 2966, 2986, 2992, 2993, 2999, 3000, 3003, 3013, 3016, 3018, 3019, 3054, 3076, 3077, 3080, 3082, 3090, 3094, 3108, 3123, 3126, 3141, 3142, 3144, 3157, 3158, 3167, 3170 – 3172, 3174, 3175, 3187, 3190, 3191, 3233, 3268

题名碑　　128,145, 229, 231, 241, 269, 287, 288, 358, 435, 514, 706, 769,

932，1094，1285，1286，1306，1430，1457，1465，1479，1496，1533，
1621，2146，2514，2602，2629，2651，2679，2710，2752，2788，2908，
2932，2955，2983，3009，3021，3044，3073，3100，3242，3248，3256

添注 1100，1704，1794，1817，1913，2203，2376，2646，2719，2772，2925，
2990

听选 57，117，119，352，366，579，584，634，637，640，642，648，652，
691，692，757，774，779，788，814，829，839，882，891，893，913，
917，919，922，925，927，956，961，966，967，975，1022，1033，
1051，1054，1067，1074，1090，1113，1120，1126，1156，1166，1184，
1188，1193，1195，1198，1217，1227，1231，1234，1249，1251，1255，
1276，1281，1282，1285，1324，1325，1335，1337，1348，1379，1382，
1387，1551，1558，1559，1567，1574，1586，1588，1608，1671，1680，
1718，1741，1758，1766，1779，1791，1804，1805，1814，1845，1866，
1868，1931，1941，1945，1947，1950，1952，1961，1990，1999，2002，
2003，2006 - 2008，2069，2074，2076，2104，2125，2164，2172，2223，
2233，2275，2277，2280，2283 - 2285，2287，2288，2292，2293，2296，
2299，2301，2334，2336，2339，2342，2388，2389，2395，2397，2405，
2406，2441，2443，2453，2541，2543，2545，2573，2576，2589，2593，
2729，2811，2838，2847，2848，2975

廷试 7，8，31，33，34，36，37，46，68，77，82，107，113，128，135，145，
149，158，173，174，186，189，190，203，223 - 225，241，242，247，
255，258，259，269，271，288，301，308，317，327，328，347，357，
358，376，404，435，449，454，472，473，516，518，519，553，571，
578，579，594，597，641，644，645，684，697，698，706，733，760，
765，766，774，775，817，818，878，881，919，932，948，987，988，
1037，1043，1093，1098，1108，1110，1171，1172，1210，1223，1230，
1234，1267，1269，1277，1286，1306，1323，1368，1369，1408，1429，
1430，1440，1453，1457，1465，1475，1478，1483，1495，1499，1518，
1531，1541，1546，1548，1606，1619 - 1621，1637，1644，1649，1653，
1656，1657，1704，1705，1717，1721，1735，1775 - 1816，1818 - 1820，
1836，1840，1842，1843，1917，1918，1928，1930，1931，1937，1980，
1982，1987，1988，2029，2030，2050，2090，2091，2095，2101，2103，
2149，2158，2217，2273，2275，2313，2327，2372，2378，2380，2381，
2431，2433，2435，2437，2438，2463，2488，2508，2509，2512，2513，
2517，2538，2601，2602，2607，2608，2611 - 2613，2626，2628，2646，
2649，2674，2676 - 2678，2684，2690，2706，2709，2717，2726，2730，

2745, 2752, 2768, 2787, 2821, 2822, 2830, 2844, 2846, 2860, 2882, 2886, 2895, 2898, 2917, 2929, 2931, 2936, 2945, 2949, 2951 – 2953, 2995, 3001, 3002, 3021, 3031, 3059, 3076, 3091, 3100, 3110, 3127, 3130, 3132, 3137, 3149, 3150, 3164, 3171, 3198, 3200, 3219, 3222, 3226, 3230, 3245, 3246

360，364，371，400，424，430，437，444，468，482，539，541，576，
579，582，583，589，630，633，636，702，706，708，709，712，713，
715，718，754，756，759 - 762，768，809，814，861，864，875，921，
923，925，990，998，1045，1089，1097，1100，1207，1208，1225，
1226，1274，1291，1316，1406，1417，1422，1424，1425，1428，1430，
1433，1438，1447，1450 - 1452，1462，1495，1604，1605，1630，1633，
1640，1641，1643，1717，1722，1800，1834，1969，1975，1982，1983，
2038 - 2042，2050，2089 - 2091，2097，2142，2202，2263，2265，2317，
2372，2379，2421，2429，2433，2436，2437，2493，2506，2587，2593，
2609，2612，2613，2615，2618，2633，2665，2669，2670，2676，2694，
2701，2707，2716，2725，2726，2728，2736，2740，2741，2744，2760，
2777，2791，2798，2800，2809，2818，2826，2866，2867，2961，3008，
3044，3072，3076，3092，3096，3110，3165，3171，3174，3202

违限　54，55，101，316，388，400，1367，1428，1429，1433，1470，1612，
1803，2430，2728，2974

卫学　112，123，149，170，179，430，441，445，457，469，470，480，508，
521，554，564，591，646，655，738，776，787，794，808，809，826，
833，847，858，865，939，954，960，965，970，1018，1042，1087，
1088，1115，1118，1189，1251，1280，1281，1345，1408，1438，1462，
1488，1581，1586，1628，1662，1717，1721，1726，1727，1741，1759，
1761，1820，1910，1947，1955，1983，2004，2035，2170，2188，2292，
2293，2300，2343，2349，2354，2392，2400，2542，2543，2575，2899，
2947，3191

文举　6，7，19，804，1359，1371，1372，1427，1452，1541，2208，2262，
2520，2626，2687，2824，3121

卧碑　17，91，104，165，170，348，364，479，762，1148，1526，1650，1728，
1895，2479，2509，2612，2717，2965，2993，3003，3095，3226

五经　7，8，11 - 13，19，20，23 - 25，27，56，59，69，72，94，95，97，106，
111，118，119，134，136，152，172，212，219，221，238，262，267，
276，285，291，292，298，330 - 332，337，340，344，373，376，389，
397，417，444，470，473，541，581，584，593，627，634，683，688，
690 - 693，696，697，702，708，724，759，760，801，812，817，818，
858，879，920，993，1000，1093，1218，1282，1304，1308，1313，
1315，1363，1414，1415，1425，1430，1432，1439，1441 - 1443，1455，
1488，1510，1522，1545，1601，1634，1704，1723，1731，1732，1912，
2049，2141，2146，2266，2268，2325，2365，2369，2370，2375，2426，

X

311, 320, 348, 388, 449, 516, 517, 645, 682, 692, 705, 732, 733, 763, 767, 769, 885, 917, 1034, 1035, 1094, 1110, 1169, 1222, 1223, 1229, 1301, 1367, 1456, 1545, 1621, 1632, 1723, 1833, 1922, 2093, 2103, 2150, 2158, 2364, 2365, 2436, 2495, 2504, 2505, 2524, 2531, 2538, 2584, 2589, 2598, 2615, 2626, 2635, 2650, 2684, 2702, 2707, 2734, 2766, 2790, 2821, 2869, 2918, 2944, 3001, 3007, 3014, 3026, 3116, 3130, 3226, 3228

闲住 251, 359, 579, 773, 774, 802, 809, 860, 874, 882, 1036, 1039, 1040, 1086, 1157, 1161, 1226, 1285, 1416, 1417, 1441, 1442, 1452, 1633, 1710, 1711, 1780, 1812, 1915, 2036, 2050, 2090, 2096, 2147, 2210, 2379, 2422, 2423, 2491, 2493, 2495, 2587, 2607, 2616, 2682, 2700, 2701, 2724, 2757, 2761, 2848, 2851, 2949, 2952, 2975, 2985, 3002, 3007, 3110, 3112, 3150, 3171, 3200

县学 8 - 10, 17, 25, 31, 32, 47 - 49, 102, 104, 111 - 113, 117, 123, 138, 149, 150, 163, 165, 169, 170, 177, 180, 185, 192, 218 - 220, 224, 235, 236, 239, 252, 298, 315, 332, 356, 361, 364, 377 - 385, 390, 392, 395, 399, 400, 402, 407 - 415, 419, 422, 428, 437, 442, 446, 448, 450, 454 - 462, 469, 479, 480, 484 - 497, 502, 507, 508, 519 - 532, 545, 554 - 565, 575, 597 - 615, 645 - 663, 666 - 676, 689, 691, 694, 695, 709, 725, 733 - 737, 739 - 746, 762, 776 - 783, 786 - 797, 808, 826 - 835, 837 - 840, 842 - 851, 853, 854, 856, 858, 863, 865, 887 - 889, 891 - 902, 905, 907 - 909, 942, 951 - 960, 962, 963, 965, 966, 969 - 976, 978, 982, 1004, 1005, 1007, 1009, 1012 - 1018, 1020 - 1024, 1026, 1027, 1030 - 1033, 1042, 1049 - 1053, 1056, 1058 - 1062, 1064, 1066 - 1068, 1070 - 1073, 1112, 1115 - 1117, 1119, 1120, 1123 - 1132, 1134 - 1139, 1141, 1142, 1163, 1165, 1172 - 1174, 1176, 1178, 1179, 1181 - 1185, 1187 - 1191, 1193 - 1198, 1231, 1232, 1234 - 1237, 1239 - 1245, 1248 - 1257, 1276, 1281, 1317, 1325, 1326, 1328 - 1350, 1376, 1379 - 1397, 1408, 1452, 1462, 1508, 1526, 1549 - 1561, 1563 - 1565, 1567 - 1588, 1658, 1660 - 1669, 1671 - 1675, 1677 - 1688, 1724, 1736 - 1746, 1748 - 1756, 1758 - 1766, 1794, 1822, 1846 - 1876, 1917, 1919, 1928, 1931, 1933 - 1962, 1988 - 2016, 2050 - 2070, 2072 - 2080, 2105 - 2128, 2130 - 2132, 2159 - 2166, 2168, 2169, 2171 - 2180, 2182, 2185 - 2189, 2217, 2218, 2220 - 2239, 2241 - 2248, 2250 - 2253, 2263, 2275 - 2303, 2328 - 2356, 2382 - 2410, 2440 - 2477, 2539 - 2577, 2608, 2631, 2687, 2759, 2813, 2914, 2916, 2924, 2957,

3027, 3126, 3190, 3191, 3260, 3261

乡试　　7,11, 22 – 25, 27 – 29, 31, 33 – 37, 39 – 49, 51, 53, 55, 77, 83, 116 – 120, 122, 123, 126, 142, 145, 147, 150, 154, 155, 163, 169, 171, 174, 183, 191, 192, 197, 200, 202, 205, 210, 213, 218, 220, 224, 239, 253 – 255, 258, 272, 275, 276, 284, 285, 297 – 299, 308, 311, 314, 325 – 327, 339, 340, 343, 345, 346, 352, 353, 356, 359, 360, 368 – 370, 376 – 385, 399 – 404, 407 – 415, 428, 429, 436, 438, 441, 444, 447 – 449, 454 – 462, 470, 472 – 474, 476 – 478, 480, 484 – 497, 512 – 514, 516, 519 – 532, 544, 547 – 551, 554 – 566, 577, 581, 584, 588, 589, 594, 597 – 615, 622, 631 – 633, 636 – 638, 640, 641, 644 – 676, 682 – 684, 686, 692 – 698, 709, 713, 717, 720, 722, 724 – 726, 728, 730, 733 – 747, 760, 763, 765, 766, 770, 774, 776 – 798, 803, 804, 808 – 810, 825 – 856, 860, 866, 870, 872, 873, 875, 876, 879, 882 – 884, 887 – 909, 917, 921, 922, 927 – 929, 936, 937, 940 – 942, 951 – 978, 988, 990, 995, 997 – 1000, 1004 – 1035, 1041, 1043, 1044, 1049 – 1074, 1082, 1089, 1095, 1100, 1102 – 1104, 1106, 1107, 1110 – 1142, 1152, 1156, 1163, 1166, 1168, 1171 – 1198, 1217, 1218, 1222 – 1224, 1227, 1231 – 1258, 1273, 1275 – 1277, 1280, 1281, 1283, 1290, 1292, 1293, 1297, 1300, 1309, 1311, 1312, 1316, 1318, 1319, 1324 – 1350, 1359, 1365, 1366, 1369, 1370, 1372, 1375 – 1398, 1406, 1407, 1422, 1423, 1427, 1429, 1436, 1437, 1440, 1443, 1446, 1448 – 1450, 1453, 1463, 1467, 1470 – 1472, 1476, 1478, 1483, 1486, 1488, 1490, 1491, 1500, 1501, 1503, 1506, 1508, 1511 – 1516, 1525, 1535, 1536, 1538, 1539, 1541, 1542, 1546, 1549 – 1588, 1602, 1605, 1606, 1612, 1614 – 1621, 1627 – 1629, 1632, 1634, 1638, 1642, 1644 – 1646, 1653, 1657 – 1688, 1705, 1720 – 1727, 1729, 1731, 1732, 1736 – 1766, 1775 – 1816, 1826 – 1828, 1831 – 1834, 1845 – 1876, 1910 – 1913, 1917, 1919, 1924, 1925, 1927, 1928, 1931 – 1962, 1975, 1976, 1979, 1982, 1988 – 2016, 2026, 2036 – 2042, 2050 – 2080, 2088, 2089, 2095, 2098, 2099, 2104 – 2132, 2153, 2159 – 2189, 2207 – 2209, 2213, 2217 – 2255, 2262, 2263, 2269, 2270, 2275 – 2303, 2318, 2322, 2323, 2327 – 2356, 2372, 2374, 2377, 2378, 2382 – 2411, 2420, 2427 – 2429, 2432, 2434, 2437, 2439 – 2478, 2488, 2496, 2499 – 2501, 2504 – 2506, 2520, 2521, 2525 – 2529, 2531, 2532, 2539 – 2577, 2587, 2596 – 2598, 2604, 2613, 2616, 2620, 2621, 2641, 2643, 2644, 2649, 2650, 2654, 2656, 2665, 2670, 2683, 2687, 2690, 2693 – 2703, 2709, 2712, 2716,

2723, 2727, 2730, 2731, 2733 - 2736, 2739, 2740, 2742, 2756, 2764, 2765, 2768 - 2772, 2777, 2778, 2801, 2802, 2804, 2808, 2809, 2811, 2821, 2823, 2826, 2829, 2830, 2833, 2835 - 2839, 2850, 2857 - 2859, 2861, 2894, 2895, 2899, 2904, 2926, 2927, 2929, 2947, 2948, 2952, 2960, 2967 - 2974, 2977, 2979, 2985, 2997, 3000, 3002, 3005, 3006, 3013, 3019, 3026, 3039, 3043, 3052, 3053, 3062, 3063, 3065, 3077, 3082, 3092, 3120, 3122, 3144, 3145, 3150, 3155, 3161, 3171, 3173, 3174, 3177, 3179, 3183, 3185, 3186, 3203, 3205, 3231, 3237, 3238, 3244, 3246, 3247, 3253, 3256, 3260, 3271

写本　54, 55, 144, 469, 473, 634, 640, 689, 711, 715, 922, 942, 1212, 1281, 1282, 1318, 1319, 1368, 1449, 1471, 1718, 2853, 3164, 3216, 3237

写诰　54, 55, 144, 469, 473, 501, 502, 682, 875, 882, 883, 922, 1219, 1281, 1282, 1718

行取　136, 575, 634, 866, 922, 924, 1103, 1267, 1271, 1299, 1312, 1368, 1407, 1449, 1451, 1452, 1470, 1471, 1714, 1719, 1794, 1802, 1814, 1817, 1818, 1843, 1913, 2495, 2604, 2615, 2630, 2682, 2696, 2764, 2798, 2802, 2819, 2847, 2914, 2923, 2937, 2967, 2968, 3016, 3126, 3157, 3162, 3166, 3169, 3170, 3230

省亲　90, 92, 101, 253, 352, 388, 595, 935, 938, 1035, 1082, 1158, 1209, 1214, 1282, 1302, 1314, 1363, 1372, 1499, 1626

修撰　6, 11 - 13, 21, 32, 34, 36, 37, 46, 58, 59, 68, 69, 71, 74, 75, 77, 82, 85, 86, 92, 96, 97, 115, 125 - 128, 134 - 138, 145, 158, 159, 166, 167, 175, 176, 182, 184, 186 - 189, 195, 197, 198, 202, 203, 206, 212 - 216, 219 - 221, 223, 224, 229 - 233, 235, 237, 241, 242, 244, 249, 250, 254, 255, 266, 269, 271, 273, 276, 286 - 288, 292, 294, 295, 297 - 299, 301, 302, 305 - 308, 310, 313 - 315, 318, 320, 325, 326, 328, 332, 333, 338, 347, 348, 352 - 354, 357, 359, 365, 368 - 370, 373, 375, 376, 389, 393, 396, 398 - 401, 406, 418, 421 - 423, 425, 427 - 429, 431, 433, 435, 437, 439, 442, 447, 448, 450, 453, 469, 472 - 475, 478, 483, 505, 508, 512, 516 - 519, 522, 538, 545 - 548, 550, 552, 553, 571, 572, 575, 578 - 581, 583, 587, 589, 590, 593 - 596, 608, 613, 621, 624, 627 - 629, 638, 640 - 642, 644, 657, 684, 689, 691, 693, 694, 696, 702, 705, 706, 708, 710 - 713, 718, 721, 724, 729 - 732, 754, 760, 763, 764, 766, 773 - 775, 786, 798, 800, 802, 803, 806 - 808, 815 - 817, 857, 859 - 861,

864, 866 – 870, 872, 874, 882, 886, 918, 919, 923, 926 – 929, 932, 935, 938, 939, 941, 942, 946, 950, 951, 988 – 990, 993, 994, 997 – 999, 1001 – 1004, 1035, 1037, 1039, 1040, 1043, 1045, 1047, 1048, 1064, 1084, 1085, 1091 – 1093, 1096, 1098, 1101, 1102, 1106, 1108, 1152, 1153, 1162, 1165 – 1167, 1169 – 1172, 1176, 1214, 1216, 1220, 1228, 1230, 1253, 1267, 1271, 1282, 1286, 1289, 1290, 1296, 1305, 1310, 1312, 1318, 1321, 1322, 1363, 1365, 1369, 1371, 1374, 1407, 1408, 1410, 1413, 1414, 1416, 1417, 1426, 1428, 1429, 1439 – 1442, 1444, 1447, 1448, 1450, 1451, 1454, 1456, 1457, 1461, 1469, 1470, 1475, 1477, 1478, 1482, 1484, 1487, 1490, 1496, 1501 – 1503, 1510, 1516, 1525, 1527, 1530, 1532, 1536, 1537, 1540, 1543, 1546, 1551, 1588, 1602, 1603, 1608, 1609, 1614, 1618, 1625, 1629, 1631, 1637, 1638, 1644, 1646, 1647, 1653, 1656, 1657, 1704 – 1706, 1711, 1719, 1727, 1732, 1734, 1789, 1802, 1811, 1814, 1818, 1827, 1828, 1831, 1841, 1911, 1920, 1923, 1927, 1932, 1979, 1981, 1982, 1987, 2000, 2030, 2033, 2037, 2042, 2045, 2048, 2050, 2089, 2094, 2096, 2097, 2103, 2149, 2153, 2154, 2156, 2157, 2201, 2203, 2212, 2213, 2216, 2262, 2265, 2268, 2271 – 2273, 2313, 2315, 2317, 2322, 2323, 2367 – 2369, 2377, 2380, 2381, 2385, 2421, 2422, 2425, 2426, 2429, 2437, 2494, 2502, 2504, 2507, 2519, 2528, 2534, 2587, 2589, 2590, 2597, 2610, 2614 – 2616, 2619, 2623, 2632 – 2634, 2642, 2643, 2649, 2652, 2656, 2659, 2661, 2662, 2664 – 2666, 2689, 2696 – 2698, 2703, 2712, 2714, 2716, 2717, 2721, 2726, 2727, 2733, 2734, 2751, 2757, 2758, 2766, 2768, 2769, 2791, 2797 – 2800, 2805, 2808, 2819, 2823, 2832, 2836, 2838, 2839, 2869, 2897, 2901, 2904, 2921, 2923, 2925, 2943, 2958, 2959, 2963, 2964, 2972, 2974, 2987, 2991, 3000, 3001, 3024, 3026, 3027, 3037, 3044, 3059, 3066, 3079, 3085, 3089, 3091, 3095, 3110, 3124, 3148, 3156, 3172, 3173, 3188, 3219, 3221, 3222, 3225, 3239, 3242, 3244, 3245, 3247, 3258

秀才　　5,8, 21, 47, 61, 67, 68, 73, 76, 78, 82, 96, 99, 105, 106, 123, 135, 146, 171, 194, 237, 277, 315, 316, 333, 434, 447, 448, 474, 499, 541, 643, 721, 730, 770, 815, 825, 925, 1050, 1109, 1112, 1182, 1230, 1274, 1323, 1374, 1442, 1547, 1548, 1656, 1734, 1838, 1841, 1929, 2049, 2103, 2157, 2306, 2321, 2432, 2489, 2510, 2620, 2667, 2681, 2806, 2978, 3130, 3169, 3170, 3172, 3176, 3231, 3261

选贡　　10,111 – 113,138, 149, 170, 361, 866, 1084, 1367, 1368, 1650, 1719,

1721, 1732, 1784, 1785, 1814, 1816, 1820, 1831, 2150, 2504, 2608, 2764, 2804, 2807, 2821, 2829, 2830, 2837 – 2839, 2854, 2885, 2917 – 2919,2953, 2979, 2980, 3167, 3190, 3191, 3247

学规　17, 100, 101, 103, 111, 153, 164, 191, 238, 239, 365, 442, 472, 477, 479, 480, 686, 721, 725, 806, 864, 939, 940, 991, 1043, 1268, 1411, 3016, 3226, 3240

学录　8, 9, 30, 52, 100, 103, 150, 157, 181, 195, 206, 217, 219, 245, 268, 279, 292, 337, 365, 377, 395, 477, 485, 548, 556, 584, 689, 708, 813, 836, 852, 1133, 1425, 1434, 1503, 1587, 1708, 1709, 1721, 1913, 1970, 2526, 2600, 2658, 2974, 3090

学正　8 – 10,17, 21, 30, 31, 59, 62, 72, 76, 84, 87, 88, 93, 100, 103, 104, 110, 123, 126, 156, 157, 165, 169, 170, 177, 179, 181, 206, 216 – 219, 245, 260, 261, 266, 268, 278, 292, 295, 304, 310, 311, 338, 342, 343, 345, 347, 350, 351, 365 – 367, 375, 388, 391, 392, 406, 412, 416, 421, 424, 427, 431, 437 – 439, 474, 479, 492, 495, 508, 512, 521, 522, 529, 539, 546, 551, 572, 579, 591, 594, 600, 612, 650, 685, 686, 690, 721, 722, 732, 767, 780, 789, 811, 898, 963, 978, 995, 1007, 1022, 1050, 1057, 1137, 1179, 1215, 1231, 1250, 1252, 1255, 1340, 1347 – 1349, 1380, 1381, 1386, 1394, 1395, 1503, 1511, 1538, 1544, 1555, 1565, 1569, 1573, 1579, 1617, 1668, 1686, 1720, 1721, 1751, 1759, 1795, 1805, 1814, 1835, 1874, 1913, 1914, 1924 – 1927, 1942, 1944, 1948, 1952, 1954, 1993, 1995, 2001, 2004, 2012, 2052, 2056, 2077, 2112, 2126, 2187, 2215, 2234, 2239, 2244, 2252, 2298, 2344, 2345, 2384, 2393, 2397, 2409, 2449, 2464, 2466, 2537, 2550, 2585, 2594, 2613, 2620, 2631, 2638, 2654, 2697, 2712, 2823, 2825, 2899, 2991, 3018, 3113, 3126, 3173, 3190, 3261

学政　17,86, 146, 365, 387, 439, 587, 663, 716, 761, 808, 864, 865, 875, 922, 932, 995, 998, 1365, 1367, 1481, 1728, 1790, 1823, 1917, 1918, 1983, 2092, 2142, 2145, 2155, 2213, 2324, 2369, 2611, 2612, 2622, 2641, 2654, 2659, 2760, 2823, 2827, 2901, 2912, 2935, 2947, 2966, 2987, 2995, 3003, 3039, 3052, 3056, 3078 – 3080, 3144, 3174, 3178

Y

《易》　7,8, 13, 19, 23, 24, 27, 35, 48, 116, 118, 125, 205, 228, 245, 275, 307, 396, 405, 441, 463 – 466, 478, 511, 536, 615 – 620, 628,

632, 635, 677, 681, 686, 696, 722, 724, 752, 825, 857, 980, 984, 986, 1000, 1046, 1079, 1199, 1203, 1204, 1212, 1263, 1363, 1364, 1407, 1436, 1437, 1518, 1520, 1540, 1614, 1639, 1644, 1693, 1698, 1709, 1710, 1773, 1824, 1835, 1836, 1843, 1894, 1896, 1898, 1899, 1914, 1969, 2021, 2024, 2081, 2134, 2135, 2196, 2199, 2307, 2363, 2365, 2427, 2429, 2579, 2582, 2635, 2654, 2681, 2703, 2730, 2839, 2842, 2847, 2869, 2881, 2903, 2928, 2941, 2942, 2972, 2982, 2988, 2995, 3005, 3046, 3047, 3068, 3123, 3124, 3140, 3147, 3149, 3150, 3179, 3181, 3182, 3189, 3198, 3199, 3205, 3211, 3242, 3254

一甲　7, 23 – 25, 36, 37, 39, 46, 47, 126 – 129, 133, 135, 136, 145, 146, 158, 174, 187, 190, 202, 203, 224, 225, 229 – 231, 234, 242, 258, 269, 270, 276, 287, 289, 301, 302, 318, 320, 328, 329, 357, 358, 375, 376, 389, 406, 407, 435, 452 – 454, 483, 484, 517, 519, 552, 554, 594 – 597, 637, 642, 644, 645, 683, 706, 730, 732, 733, 774, 776, 797, 815, 817, 825, 886, 887, 932, 947, 950, 951, 987, 1002 – 1004, 1047 – 1049, 1093, 1094, 1108, 1109, 1111, 1170, 1172, 1229 – 1231, 1286, 1292, 1305, 1306, 1322, 1323, 1373 – 1375, 1429, 1430, 1433, 1456 – 1458, 1478, 1479, 1495, 1496, 1532, 1533, 1547, 1549, 1606, 1619 – 1621, 1626, 1634, 1637, 1655, 1658, 1704, 1734 – 1736, 1779, 1806, 1814, 1821, 1840, 1842, 1845, 1876, 1878, 1880, 1929 – 1931, 1980, 1986, 1988, 2048, 2050, 2090, 2091, 2101, 2102, 2104, 2158, 2159, 2216, 2217, 2272, 2273, 2275, 2327, 2364, 2380 – 2382, 2436, 2440, 2514, 2537, 2539, 2602, 2628, 2629, 2631, 2650, 2651, 2679, 2707, 2710, 2752, 2788, 2822, 2883, 2887, 2908, 2932, 2937, 2955, 2983, 3009, 3012, 3022, 3029, 3043, 3044, 3073, 3100, 3127, 3135, 3150, 3156, 3248, 3258, 3259

医学　10, 120, 124, 217, 240, 295, 320, 370, 404, 410, 412, 424, 482, 487, 522, 531, 601, 655, 671, 691, 740, 832, 851, 900, 904, 920, 921, 957, 961, 972, 973, 977, 1007, 1031, 1033, 1178, 1185, 1192, 1198, 1226, 1248, 1254, 1256, 1324, 1327, 1569, 1587, 1588, 1758, 1795, 1817, 1851, 1935, 2001, 2043, 2044, 2058, 2225, 2298, 2334, 2337, 2387, 2539, 3005

依亲　54, 55, 75, 117, 135, 144, 375, 376, 388, 436, 452, 474, 546, 551, 552, 622, 628, 634, 638, 683, 692, 706, 726, 732, 754, 755, 774, 798, 856, 924, 927, 1035, 1036, 1040, 1042, 1092, 1097, 1227, 1267, 1271, 1372, 1449, 1451, 1452, 1470, 1471, 1509, 1626, 1913,

Z

1749 – 1751, 1754, 1755, 1758, 1759, 1764 – 1766, 1786, 1798, 1800,
1801, 1814, 1822, 1846 – 1850, 1852 – 1854, 1860, 1862 – 1864, 1867,
1869, 1871, 1872, 1874 – 1876, 1914, 1931, 1932, 1934, 1939 – 1946,
1948, 1949, 1957, 1959, 1990, 1991, 1994, 1997, 1998, 2001,
2003 – 2006, 2011 – 2014, 2050 – 2054, 2057, 2058, 2061, 2062, 2066,
2078 – 2080, 2108 – 2111, 2114 – 2116, 2118, 2119, 2121 – 2124, 2126,
2127, 2130, 2160, 2169, 2171, 2173, 2174, 2177, 2178, 2180 – 2183,
2185, 2186, 2188, 2218, 2223 – 2226, 2228, 2230 – 2235, 2238 – 2242,
2244, 2245, 2247, 2248, 2277, 2281, 2282, 2284, 2287 – 2290, 2292,
2295 – 2299, 2301, 2303, 2329, 2331, 2333, 2334, 2337, 2339, 2340,
2342 – 2344, 2347, 2349, 2351, 2353, 2355, 2356, 2382, 2383, 2387,
2389, 2390, 2393 – 2397, 2401 – 2404, 2406, 2408 – 2410, 2441 – 2443,
2445 – 2450, 2452, 2454, 2455, 2457, 2458, 2460 – 2463, 2465, 2466,
2468, 2470 – 2473, 2475 – 2477, 2533, 2540 – 2545, 2547 – 2554, 2556,
2558, 2560, 2562, 2563, 2566 – 2574, 2577, 2612, 2613, 3003, 3167,
3190, 3260

诏、诰、表 7,8, 27, 101, 111, 143, 258, 877, 1519, 1652, 3254

正历 54,55, 634, 640, 1281, 1302, 1319, 1320, 1449, 1471, 1475, 1718,
1719, 1913, 1977, 2495, 2584, 2967, 3164

制义 7,8, 25, 34, 56, 126, 128, 138, 145, 187, 188, 190, 203, 231, 234,
258, 259, 276, 288, 302, 305, 318, 407, 516, 519, 551, 553, 594,
597, 644, 645, 658, 696, 763, 798, 817, 825, 856, 932, 947 – 949,
987, 988, 1034, 1044, 1047, 1152, 1206, 1223, 1224, 1283, 1301,
1302, 1306, 1310, 1319, 1358, 1373, 1430, 1478, 1479, 1498, 1546,
1548, 1606, 1619, 1637, 1653, 1654, 1657, 1659, 1729, 1732, 1746,
1761, 1837, 1838, 1844, 1931, 2037, 2047, 2101, 2102, 2153, 2157,
2213, 2217, 2268, 2291, 2381, 2385, 2429, 2435, 2438, 2439, 2504,
2511, 2513, 2516, 2517, 2528, 2535, 2536, 2539, 2601, 2608, 2621,
2627 – 2630, 2640, 2646, 2649 – 2652, 2665, 2674, 2675, 2678, 2681,
2687, 2707, 2708, 2710, 2730, 2744, 2750, 2786, 2793 – 2795, 2814,
2815, 2821, 2844, 2846, 2874, 2883, 2891, 2899, 2908, 2930, 2934,
2941, 2952, 2954, 2960, 2976, 2982, 3008, 3012, 3023, 3026, 3027,
3029, 3033, 3039, 3043, 3044, 3046, 3063, 3065, 3068, 3070, 3075,
3076, 3093, 3097, 3098, 3102, 3103, 3107, 3109, 3120, 3125, 3127,
3129, 3130, 3140, 3141, 3148 – 3151, 3153, 3176 – 3178, 3185, 3206,
3219, 3221, 3226, 3238, 3246, 3247, 3251, 3254, 3256, 3267,

致仕 4,10, 31, 32, 47, 61, 64, 68, 69, 71, 72, 77 – 79, 81, 82, 84, 86, 88, 89, 92, 95, 97, 98, 106, 109, 118, 140, 155, 161, 170, 171, 175 – 177, 183, 187, 212, 224, 238, 240, 245, 275, 282, 320, 324, 332, 333, 338, 345, 347, 349, 356, 360, 364, 366, 376, 389, 399, 405, 415, 418, 425, 430, 432, 439, 441, 451, 456, 457, 460, 466 – 469, 471, 473, 476, 478, 482, 492, 495, 504, 507, 514, 541, 545, 547, 550, 561, 576, 579, 581, 586, 589, 590, 598, 605, 608, 613, 622, 626, 627, 633, 635, 639, 640, 682, 696, 699, 703, 708, 710, 716, 720, 723 – 725, 727 – 730, 733, 758, 759, 763, 764, 769, 774, 798 – 801, 803, 806, 808, 812, 813, 842, 857, 858, 860, 868, 872, 884, 919, 921, 923, 925, 926, 928, 937, 938, 943, 992, 993, 996, 997, 999, 1000, 1037, 1039, 1041, 1083, 1086, 1088, 1091, 1096, 1098 – 1100, 1102, 1103, 1108, 1116, 1152, 1154 – 1157, 1161, 1163, 1165, 1169, 1213 – 1217, 1219, 1220, 1222, 1238, 1241, 1256, 1270, 1271, 1273 – 1275, 1278, 1281, 1289, 1293, 1296, 1297, 1299 – 1301, 1303, 1305, 1308 – 1311, 1316, 1318, 1322, 1358, 1361, 1364 – 1366, 1368 – 1370, 1407, 1408, 1413, 1414, 1417, 1420, 1422 – 1424, 1426 – 1429, 1432, 1435 – 1437, 1439, 1441, 1442, 1447 – 1455, 1457, 1461 – 1463, 1466 – 1468, 1477, 1478, 1482, 1483, 1487 – 1493, 1495, 1496, 1501, 1503 – 1505, 1512, 1514 – 1517, 1525, 1526, 1538, 1540, 1543, 1602, 1603, 1605, 1606, 1608, 1610, 1611, 1627, 1630, 1634, 1636, 1639, 1641 – 1643, 1646, 1648, 1652, 1678, 1707, 1708, 1711, 1714, 1717 – 1719, 1721, 1732, 1737, 1739, 1775, 1778, 1780, 1783, 1785, 1786, 1789, 1791, 1793, 1796, 1798, 1799, 1802, 1804 – 1808, 1810 – 1812, 1814 – 1816, 1830, 1836, 1838, 1839, 1844, 1864, 1909 – 1911, 1927, 1969, 1970, 1973 – 1976, 1981, 2026, 2027, 2039, 2045, 2099, 2142, 2148, 2149, 2207, 2210, 2268, 2271, 2323, 2324, 2369, 2370, 2372, 2379, 2423, 2425, 2454, 2491, 2505, 2511, 2513, 2519, 2522, 2585, 2590, 2594, 2596, 2600, 2607, 2608, 2613, 2632, 2633, 2637, 2639, 2642, 2652, 2657, 2659, 2664, 2689, 2690, 2700, 2717, 2724, 2730, 2736, 2738, 2756, 2757, 2761, 2770, 2787, 2797 – 2800, 2806, 2813, 2846, 2854, 2859, 2881, 2897, 2898, 2901, 2919, 2920, 2922, 2926, 2942, 2956, 2973, 2974, 2998, 2999, 3001, 3018, 3035, 3053, 3054, 3094, 3112, 3126, 3136, 3160, 3161, 3178, 3192, 3196, 3224, 3231, 3236, 3245, 3259

中卷　　191, 339, 340, 343, 698, 1104, 1210, 1429, 1449, 1617, 1721, 2042, 2731, 2841, 3122

中式　　7, 8, 24, 27, 28, 33－35, 48, 104, 111－113, 115, 117, 122, 123, 125, 135, 136, 139, 142, 143, 149, 151, 154, 157, 160, 162, 163, 170, 185, 186, 189, 190, 192, 193, 200, 201, 203, 223－225, 241, 244, 255, 258, 269, 316, 328, 340, 343, 348, 350, 356, 368, 374, 400, 405, 429, 430, 433, 447, 452, 481, 482, 518, 546, 551, 592－594, 596, 621, 634, 636, 638, 640, 642, 683, 692, 694－698, 704, 709, 717, 725, 730, 733, 754, 769, 770, 775, 797, 917, 927, 1002, 1047, 1092, 1103, 1114, 1135, 1170, 1207, 1228, 1229, 1272, 1285, 1301, 1302, 1305, 1321, 1322, 1361, 1372, 1373, 1427, 1433, 1449, 1450, 1455, 1457, 1477, 1486, 1495, 1507, 1508, 1516, 1532, 1540, 1541, 1551, 1600, 1615, 1617, 1632, 1635, 1652, 1717, 1725－1727, 1729, 1731－1733, 1816, 1818, 1820, 1832－1834, 1910, 1912, 1925, 1928, 1929, 1975, 1979, 1985, 2039, 2040, 2042, 2046, 2049, 2088, 2093, 2101, 2144－2146, 2208, 2262, 2270, 2323, 2325, 2379, 2381, 2427－2429, 2434, 2488, 2498, 2499, 2501, 2504, 2505, 2508, 2509, 2520, 2521, 2525, 2528, 2529, 2531, 2532, 2538, 2587, 2593, 2597, 2598, 2601, 2602, 2620, 2634, 2638, 2643, 2647, 2650, 2662, 2665, 2676－2678, 2683, 2691, 2693, 2694, 2700－2702, 2715, 2716, 2720－2723, 2731, 2732, 2734, 2736, 2737, 2739－2741, 2745, 2757, 2758, 2766－2768, 2770, 2780, 2781, 2812, 2817, 2818, 2821, 2829, 2837－2841, 2844, 2860, 2870, 2881, 2885, 2887, 2892, 2894, 2919, 2923, 2927, 2931, 2943, 2947, 2951, 2952, 2958, 2967, 2973, 2977, 2979, 2980, 2985, 2998, 3005, 3006, 3008, 3009, 3017, 3036, 3038, 3040, 3042, 3053, 3072, 3076, 3092, 3093, 3097, 3108, 3121, 3125, 3133, 3135, 3137, 3138, 3149, 3174, 3176, 3189, 3190, 3205, 3224, 3227, 3240, 3241, 3246, 3247, 3260, 3269

《中庸》　9, 122, 259, 283, 376, 466, 478, 532－536, 569, 619, 641, 679, 681, 714, 749, 811, 812, 878, 909, 912, 916, 945, 1204, 1521, 1634, 1654, 1699, 1897, 1898, 2103, 2204, 2623, 2628, 2672, 2735, 2743, 2876, 3220

州学　　17, 102, 112, 149, 163, 168, 169, 185, 192, 236, 364, 379, 380, 382, 383, 395, 408, 409, 411, 413－415, 428, 431, 437, 450, 456－458, 461, 462, 485, 487, 489, 491－493, 495, 496, 523, 526－531, 545, 555, 558, 560, 562, 563, 565, 572, 601－603, 606,

609, 610, 651, 655, 658, 661, 663, 666, 670, 671, 675, 713, 727, 740, 742, 747, 762, 784, 790, 793, 797, 827, 828, 830, 838, 842, 847, 848, 850, 853, 858, 891, 894, 895, 898, 902, 906, 955, 959 - 961, 964, 966 - 970, 972, 975, 977, 1017, 1018, 1025, 1050, 1055, 1059, 1062, 1064, 1073, 1114, 1115, 1117, 1121, 1126, 1127, 1129, 1131, 1174, 1175, 1177, 1182, 1188, 1190 - 1192, 1198, 1210, 1233, 1238, 1241, 1243, 1245, 1252, 1281, 1324, 1332, 1334, 1335, 1340, 1343, 1377 - 1379, 1383, 1384, 1391, 1395, 1396, 1508, 1552, 1553, 1563 - 1565, 1569, 1571, 1575, 1576, 1578, 1581, 1659, 1660, 1663, 1667 - 1669, 1671, 1672, 1674, 1677, 1681, 1682, 1686, 1713, 1717, 1724, 1736, 1738, 1744, 1745, 1749 - 1752, 1755, 1759, 1765, 1847 - 1850, 1853 - 1856, 1858, 1860, 1861, 1864 - 1866, 1868 - 1872, 1874, 1875, 1917, 1933, 1938, 1939, 1942, 1943, 1945, 1946, 1948, 1949, 1952, 1954, 1957 - 1959, 1990, 1997 - 1999, 2005, 2006, 2008, 2011 - 2013, 2053, 2054, 2056, 2058, 2061, 2062, 2064, 2067, 2069, 2071, 2072, 2076, 2078, 2080, 2106, 2107, 2110 - 2114, 2117, 2120 - 2122, 2129 - 2131, 2165, 2167, 2169, 2171, 2176, 2178, 2184, 2186, 2205, 2221, 2225 - 2228, 2230 - 2232, 2237, 2240, 2244, 2246 - 2248, 2250 - 2252, 2254, 2277, 2280, 2287, 2289, 2291 - 2293, 2295, 2297, 2298, 2301, 2330, 2333, 2340, 2342, 2345, 2352, 2354, 2355, 2388 - 2396, 2399, 2402 - 2404, 2406 - 2410, 2441, 2442, 2444 - 2446, 2448, 2451, 2456, 2457, 2459, 2460, 2462, 2464, 2467, 2469, 2471 - 2473, 2475 - 2477, 2541, 2544, 2547, 2552, 2554, 2557, 2559, 2561, 2564, 2566, 2571, 2572, 2574, 2575, 2577, 2608, 3261

朱卷　695, 696, 1304, 1308, 1477, 2532, 2607, 2613, 2662, 2671, 2694, 2698, 2700, 2716, 2720, 2731, 2734, 2735, 2737, 2739, 2742, 2743, 2757, 2758, 2770, 2780, 2836, 2838, 2951, 2952, 2974, 2978, 3002, 3005

诸生　7 - 10, 17, 18, 31, 54, 56, 62, 67, 69, 73, 76, 80, 90, 91, 95, 96, 100 - 103, 110, 144, 149, 150, 153, 155, 156, 159, 165, 166, 170, 179 - 181, 185, 186, 190, 193, 195, 202, 203, 209, 216, 217, 223, 241, 251, 252, 254, 255, 257, 267, 269, 276, 287, 301, 316, 317, 320, 333, 342, 345, 348, 354, 357, 358, 361, 365, 374, 385, 393, 400, 405, 434, 437, 438, 441, 443, 447, 451, 453, 470, 472, 479, 482, 483, 497, 501, 502, 506, 509, 510, 513, 517, 532, 537, 541, 542, 545, 552, 570, 593, 623, 624, 630, 633, 639, 682, 687, 716,

722, 725, 753, 756, 765, 799, 805, 808, 810, 817, 864, 923 - 925, 927, 938, 942, 978, 988, 1000, 1002, 1036, 1037, 1044, 1074, 1075, 1082, 1093, 1098, 1105, 1208, 1213, 1268, 1274, 1277, 1281, 1282, 1288, 1296, 1301, 1312, 1361, 1365, 1368, 1406, 1412, 1418, 1432, 1434, 1443, 1446, 1453, 1478, 1488, 1489, 1512, 1514, 1517, 1520, 1528, 1533, 1542, 1589, 1600, 1618, 1623, 1632, 1636, 1650, 1705, 1708, 1710, 1727, 1820 - 1824, 1835, 1843, 1898, 1909, 1913, 1916, 1930, 1977, 1983, 1984, 2040, 2041, 2047, 2094, 2142, 2147, 2150, 2155, 2204, 2208, 2209, 2267, 2318, 2321, 2323, 2371, 2426, 2431, 2488, 2495, 2497, 2507, 2508, 2520, 2528, 2537, 2584, 2598, 2613, 2616, 2620, 2621, 2624, 2625, 2635, 2638, 2644, 2645, 2647, 2654, 2656 - 2658, 2662, 2666, 2675, 2691, 2700 - 2702, 2718 - 2725, 2727, 2729, 2731, 2734, 2737, 2739 - 2741, 2756, 2759, 2761, 2770, 2786, 2794, 2801, 2803, 2804, 2806, 2807, 2812, 2827 - 2830, 2833, 2839 - 2841, 2855, 2856, 2882, 2885, 2891, 2904, 2913, 2915 - 2919, 2922, 2926, 2929, 2934 - 2937, 2940, 2944, 2952, 2958, 2960, 2964 - 2967, 2969, 2971, 2976, 2977, 2979, 2981, 2985, 2986, 2992, 2993, 2997, 2999, 3003, 3004, 3016, 3017, 3019, 3020, 3026 - 3029, 3036, 3041, 3043, 3054, 3057, 3065, 3068, 3077, 3078, 3081, 3083, 3084, 3096, 3098, 3103, 3109, 3113, 3115, 3122, 3125, 3127, 3135, 3148, 3155, 3158, 3160, 3161, 3164, 3167, 3172, 3187, 3188, 3195, 3196, 3199, 3205, 3207, 3215, 3219, 3222, 3225, 3229, 3230, 3233, 3237, 3238, 3240, 3246, 3254, 3259, 3261, 3263, 3264, 3268

主考 7, 27, 28, 33, 35, 36, 118, 122, 125, 155, 189, 201, 223, 286, 288, 298, 327, 356, 449, 478, 588, 594, 595, 631, 632, 636, 693, 695, 696, 704, 705, 726, 765, 818, 937, 942, 947, 995, 1044, 1156, 1280, 1304, 1309, 1310, 1317, 1318, 1373, 1407, 1437, 1453, 1456, 1461, 1463, 1476, 1483, 1486, 1488, 1511, 1525, 1542, 1546, 1614, 1618, 1630, 1634, 1635, 1644, 1645, 1647, 1652 - 1654, 1720 - 1722, 1731, 1732, 1827, 1828, 1832, 1833, 1924, 1978, 1979, 1982, 2037, 2045, 2089, 2095, 2098, 2099, 2101, 2153, 2156, 2203, 2213, 2269, 2314, 2322, 2364, 2365, 2377, 2427, 2429, 2430, 2499, 2500, 2504, 2511, 2513, 2528, 2534, 2538, 2583, 2587, 2595, 2597, 2601, 2620 - 2622, 2627, 2643, 2644, 2647, 2665, 2670, 2689, 2693, 2695, 2698, 2701 - 2703, 2713, 2730, 2731, 2733, 2734, 2739, 2741 - 2744, 2764 - 2766, 2769 - 2772, 2775, 2777, 2779, 2801, 2802, 2808, 2811,

2817, 2819, 2835, 2836, 2839, 2840, 2857 – 2859, 2869, 2885, 2895, 2897, 2902, 2903, 2908, 2927, 2930, 2946, 2948, 2951, 2952, 2958, 2970, 2972 – 2978, 2983, 2995, 2997, 2999, 3000, 3002, 3005, 3006, 3019, 3037, 3038, 3042, 3049, 3050, 3053, 3059, 3060, 3069, 3081, 3085, 3092, 3106, 3107, 3118 – 3120, 3133, 3135, 3138, 3139, 3146, 3147, 3150, 3158, 3173 – 3176, 3181, 3188, 3199, 3205, 3222, 3224, 3225, 3247, 3256

主司　33, 35, 49, 50, 155, 163, 183, 328, 418, 499, 589, 682, 697, 698, 704, 863, 947, 949, 950, 987, 995, 1041, 1223, 1430, 1456, 1488, 1524, 1545, 1546, 1618, 1619, 1634, 1654, 1730, 1731, 1733, 1833, 1835, 1980, 1985, 2434, 2487, 2497, 2500, 2525, 2528, 2529, 2535, 2634, 2644, 2671, 2677, 2678, 2693 – 2695, 2731, 2734, 2743, 2750, 2794, 2795, 2804, 2808, 2814, 2816, 2873, 2885, 2895, 2904, 2951, 2953, 2980, 2995, 3007, 3028, 3029, 3097, 3108, 3120, 3140, 3141, 3176, 3185, 3206, 3222, 3254, 3255, 3270

助教　8, 9, 22, 32, 58, 59, 61, 68, 69, 78, 80, 82 – 84, 86, 89, 91, 94, 100, 103, 104, 121, 124, 126 – 128, 134, 152, 153, 155, 157, 160, 177, 187, 192, 195, 206, 207, 212, 215, 217, 232, 248, 268, 279, 282, 311, 323, 334, 345, 347, 365, 371, 391, 394, 399, 416, 421, 425, 446, 448, 461, 476, 485, 492, 507, 517, 537, 546, 576, 579, 591, 609, 614, 629, 685, 743, 806, 811, 827, 829, 840, 841, 866, 927, 995, 1049, 1050, 1136, 1157, 1208, 1215, 1340, 1503, 1677, 1708, 1721, 1763, 1788, 1913, 1931, 1970, 2004, 2044, 2101, 2119, 2213, 2264, 2294, 2340, 2453, 2491, 2520, 2524, 2526, 2587, 2594, 2613, 2658, 2800, 2958, 3164, 3169, 3192

状元　7, 25, 28, 31, 33, 34, 36, 37, 47, 60, 77, 127, 128, 133 – 135, 145, 146, 158, 186, 187, 202, 204, 224, 225, 231, 258, 259, 277, 302, 347, 375, 376, 385, 407, 415, 434, 448 – 450, 453, 454, 463, 483, 484, 497, 517 – 519, 532, 552 – 554, 566, 595, 597, 616, 621, 644, 645, 676, 682, 695, 706, 711, 732, 747, 767, 775, 817, 818, 825, 887, 947, 951, 987, 1004, 1043, 1044, 1048, 1093, 1094, 1110, 1170 – 1172, 1206, 1223, 1230, 1286, 1292, 1306, 1323, 1374, 1375, 1456, 1479, 1532, 1544, 1548, 1599, 1600, 1602, 1631, 1644, 1653, 1656, 1657, 1722, 1735, 1841, 1925, 1930, 1980, 1987, 1988, 2029, 2049, 2050, 2091, 2103, 2158, 2217, 2272, 2275, 2327, 2381, 2382, 2437, 2532, 2538, 2585, 2620, 2637, 2638, 2650, 2658, 2670, 2677,

	2788, 2819, 2882, 2883, 2933, 2952, 2966, 2983, 3021, 3043, 3100, 3116, 3127, 3133, 3135, 3151, 3158, 3183, 3191, 3219 – 3221, 3247, 3266
资格	26,47, 81, 144, 149, 163, 167, 202, 205, 210, 218, 221, 336, 389, 391, 400, 452, 483, 512, 517, 552, 596, 640, 642, 717, 730, 771, 774, 815, 886, 910, 950, 1003, 1048, 1109, 1170, 1227, 1229, 1284, 1285, 1322, 1361, 1373, 1547, 1624, 1625, 1655, 1690, 1703, 1711, 1734, 1821, 1840, 1929, 1986, 2026, 2048, 2101, 2102, 2195, 2216, 2260, 2273, 2380, 2436, 2480, 2496, 2537, 2585, 2586, 2614, 2622, 2688, 2801, 2814, 2821, 2833, 2913, 2926, 2944, 2973, 3012, 3017, 3142, 3156, 3161, 3163, 3165, 3166, 3169, 3170, 3174, 3183, 3222, 3247
宗学	983, 1202, 1517, 1544, 2523, 2635, 2668, 2755, 2761, 2806, 2986, 3111
宗正	2635,2668, 2755, 2761
坐班	10,184, 185, 192, 634, 1271, 1281, 1319, 1470, 1718, 2041, 2728, 2729, 2918
坐监	54,55, 110, 113, 149, 250, 469, 472, 482, 505, 634, 642, 685, 704, 754, 755, 885, 922, 924, 1035, 1092, 1208, 1281, 1282, 1367, 1451, 1452, 1718, 1719, 1912, 2101, 2631, 2838, 2918, 3126, 3163, 3230
坐堂	10,54, 55, 101, 111, 144, 355, 451, 474, 501, 517, 540, 634, 640, 689, 692, 726, 873, 875, 922, 924, 942, 1036, 1040, 1280, 1282, 1319, 1367, 1452, 1475
座师	947,1705, 2663, 2721, 2882, 3005, 3008, 3176, 3177, 3209 – 3213
座主	590, 1300, 1372, 1531, 1637, 1653, 2104, 2584, 2642, 2663, 2745, 2846, 3001, 3041, 3117, 3125, 3145, 3231

编者说明

根据《中华人民共和国国家通用语言文字法》第十七条和《出版物汉字使用管理规定》第七条，在整理、出版古代典籍以及古代历史文化学术研究著述中可以保留或使用繁体字、异体字。涉及人名、地名等情况时，尤有必要适当保留繁体字。特此说明。

《中国科举文化通志》书目